Gerhard Köbler

Historisches Lexikon der deutschen Länder

Gerhard Köbler

Historisches Lexikon der deutschen Länder

Die deutschen Territorien vom Mittelalter bis zur Gegenwart

Siebente,
vollständig überarbeitete Auflage

Verlag C. H. Beck München

1. Auflage 1988
2., verbesserte Auflage 1989
3., verbesserte, um ein Register erweiterte Auflage 1990
4., vollständig überarbeitete Auflage 1992
5., vollständig überarbeitete Auflage 1996
6., vollständig überarbeitete Auflage 1999

7., vollständig überarbeitete Auflage 2007

Satz: Fotosatz Otto Gutfreund GmbH, Darmstadt
Druck und Bindung: Druckerei C. H. Beck, Nördlingen
Gedruckt auf säurefreiem, alterungsbeständigem Papier
(hergestellt aus chlorfrei gebleichtem Zellstoff)
Printed in Germany

ISBN 978 3 406 54986 1

www.beck.de

Inhalt

Vorwort

Die deutsche Geschichte ist zunächst und vor allem die Geschichte des deutschen Volkes, das sich allmählich aus indogermanischer und germanischer Wurzel entwickelt hat. Spätestens um die erste nachchristliche Jahrtausendwende sind sich die hieraus erwachsenen Völkerschaften der Franken, Bayern, Alemannen, Thüringer, Sachsen und zu einem gewissen Grade wohl auch der Friesen ihrer sie verbindenden, zu einer gemeinsamen Sprache und einem gemeinsamen Namen strebenden Eigenheit bewusst. Seitdem ging dieses Bewusstsein im Kern bis zur Gegenwart nicht mehr verloren.

Daneben ist die deutsche Geschichte aber auch die Geschichte des von diesem Volk in erster Linie getragenen Reiches. Durch die Verbindung seiner Herrscher mit der christlichen Kirche und durch die mehr oder minder stark angestrebte Nachfolge römischer Weltherrschaft hat es als Heiliges Römisches Reich überdeutsche europäische Geltung erlangt. Gleichzeitig haben die Deutschen damit vielfach weit über den Bereich all ihrer Einzelstämme hinaus ausgegriffen.

Zugleich hatte gerade diese Hinwendung zu übernationalen Aufgaben aber die Schwächung des deutschen Herrschers zur Folge. Zwar gelang es dem König im Laufe des 12. Jahrhunderts, die mit ihm seit dem Zerfall des fränkisch-karolingischen Gesamtreiches um die Herrschaft wetteifernden herzoglichen Geschlechter zu überwinden, aber fast im gleichen Atemzug traten in den der Schwächeperiode nach 1198 folgenden Jahren landesherrliche Familien an der Stelle der Stammesführer in diesen Wettbewerb um die Macht ein.

Von daher ist die deutsche Geschichte auch und nicht zuletzt eine Geschichte der deutschen Länder und der sie beherrschenden Dynastien. Sie wurde dies spätestens mit der Aufteilung der alten auf die Stämme bezogenen Herzogtümer in die festeren Territorien, wie sie etwa schon 1156 mit der Abtrennung des neuen Herzogtums Österreich vom alten Herzogtum der Bayern sichtbar zu werden beginnt und 1180 mit der erfolgten Aufteilung des überkommenen Herzogtums der Sachsen ganz augenfällig ist. Sie blieb dies bis zur Gegenwart, in der noch immer alle bedeutenden deutschen Staaten aus einer Mehrzahl von Ländern zusammengesetzt sind.

Die Geschichte der einzelnen deutschen Länder stand im Vergleich zur Geschichte des gesamten deutschen Volkes und der Geschichte des sie einheitlich umschließenden Heiligen Römischen Reiches lange Zeit sehr im Hintergrund. Deswegen wurde zu Recht schon vor einiger Zeit eine „Geschichte der deutschen Länder" veröffentlicht, die zu einem wichtigen Standardwerk deutscher Geschichtsschreibung wurde. Trotz dieses Erfolges erfüllte sie nach eigenem Eingeständnis ihre Zielsetzung einer Geschichte der deutschen Länder nicht wirklich, sondern traf, „weil eine gesamtdeutsche Landesgeschichte nicht anders verfahren könne", eine zwar bedauerte, aber für unvermeidlich gehaltene Auswahl der wichtigeren unter den vielen Territorien und führte selbst diese Auswahl nicht selbständig, sondern nach historischen Räumen gegliedert vor.

Wenn es dabei auch die Vielzahl der Länder der deutschen Geschichte den Verfassern unmöglich erscheinen ließ, nach ihnen zu gliedern, so sollte doch am Ende der Darstellung eine Übersicht aller am Ende des Reiches (1806) bestehenden Territorien, nach Reichskreisen geordnet, gegeben werden, damit der Leser jedes Zwergterritorium finden könne, dessen Erwähnung er innerhalb der Behandlung der historischen Räume vermisst habe. Diese im ersten Band jenes Werkes für den zweiten Band mitgeteilte Ankündigung erfüllte der zweite Band nicht. Der deswegen im zweiten Band angekündigte dritte Band ist noch nicht erschienen.

Von daher besteht noch immer eine wichtige Lücke im Schrifttum der deutschen Geschichte. Sie will der vorliegende Band vorläufig und hilfsweise schließen. Sein Ziel ist die möglichst knappe Übersicht über die Geschichte, wenn auch vielleicht nicht schon aller, so doch aber möglichst vieler deutscher „Länder" und Herrschaften im weiteren Sinn (einschließlich zahlreicher für diese bedeutsamer sonstiger Ansatzpunkte) vom Mittelalter bis zur Gegenwart.

Dass dabei die Einheit deutscher Geschichte notwendigerweise in den Hintergrund tritt, versteht sich von selbst. Deswegen verbietet sich von vornherein auch der Versuch einer sachlichen, zahllose Abgrenzungsschwierigkeiten aufwerfenden Gliederung. Vielmehr liegt es ohne weiteres nahe, eine formale, alphabetisch-lexikalische Ordnung zu wählen.

Das damit in seinen Grundzügen festgelegte „Historische Lexikon der deutschen Länder" will – ausgehend von der Reichsunmittelbarkeit im Heiligen Römischen Reich (deutscher Nation) – in erster Linie in notwendiger Kürze alle wichtigeren Länder und Herrschaften der Deutschen im Sinne historischer, in ihrem Gewicht ganz unterschiedlicher Bausteine der gesamtdeutschen Entwicklung erfassen. Es nimmt dabei als seinen Ausgangspunkt, wie schon der Titel zeigt, den Begriff des Landes, wie er das Verfassungsrecht der Gegenwart kennzeichnet. Schon die verhältnismäßig wenigen Länder aber beispielsweise in der Bundesrepublik Deutschland sind im Einzelfall in vielfacher Hinsicht ganz unterschiedlich. Diese Verschiedenheit nimmt zu, wenn man die weiteren deutschen oder deutschsprachigen Länder oder Staaten einbezieht, und sie vervielfacht sich darüber hinaus, wenn man die tatsächliche geschichtliche Entwicklung berücksichtigt. Weil die gegenwärtigen Länder aus ganz unterschiedlichen, in mannigfaltiger Weise in der Dimension Zeit zugleich auch personengebundenen Ansatzpunkten (Herzogtümern, Fürstentümern, Grafschaften, Herrschaften, Herrlichkeiten, Gerichten, Städten, Dörfern, Tälern und Bünden) entstanden und von ganz verschiedenen Familien und Einzelmenschen geprägt sind, kann an dem formellen namengebenden Begriff des Landes nicht wirklich festgehalten werden. Vielmehr müssen inhaltlich zahllose weitere Gegebenheiten berücksichtigt werden, welche nicht selbst zum Land geworden, sondern in einem Land aufgegangen sind, ohne dass dies in jedem Zeitpunkt der geschichtlichen Entwicklung absehbar gewesen wäre. Über diesen noch immer engen und nicht immer leicht handhabbaren Rahmen hinaus sollen zahlreiche zusätzliche Artikel das Gesamtverständnis erleichtern. Bedeutsamere Einheiten sind dabei in der Regel ausführlicher, unbedeutendere kürzer beschrieben, gelegentlich sogar überhaupt nur ohne weitere Angaben aufgeführt, so unbefriedigend dies im Einzelfall auch sein mag.

Dass die für diesen Zweck gesammelten und nach Möglichkeit von den frühen Anfängen jeweils bis zur Gegenwart verfolgten rund 5000 entsprechend der geschichtlichen Wirklichkeit ganz unterschiedlichen Einheiten bzw. territorial/personalen Ansatzpunkte von einem einzelnen Bearbeiter angesichts einzelner Lücken des Schrifttums einerseits wie seiner allgemeinen Überfülle andererseits in überschaubarer Zeit nicht in allen Einzelheiten fehlerfrei erfasst werden können, wird sich dabei von selbst verstehen. Deswegen muss der landesgeschichtliche Fachmann Nachsicht haben, wenn er für die ihm vertrauten Länder Angaben im Text oder in den Literaturhinweisen vermisst oder auf eigene oder aus der Literatur übernommene Fehler stößt. Im Übrigen kann diese erste, auch für den geschichtlich interessierten Laien bestimmte Übersicht vielleicht den Anstoß zu einem größeren Gemeinschaftswerk vieler Sachkundiger bilden, welches diese bisher sicher nicht ohne Grund nicht vorgelegt haben. Sollte dies durch das vorliegende Buch erreicht werden, so hätte dieses zumindest mittelbar ein über sich selbst hinausreichendes weiteres Ziel erreicht.

Wichtige Hilfsmittel für das damit beschriebene, streng alphabetisch geordnete Nachschlagewerk über die bedeutendsten territorialen Bausteine der deutschen Geschichte waren neben anderem vor allem die Geschichte der deutschen Länder, Territorien-Ploetz, Bd. 1 f. 1964 ff., das Handbuch der historischen Stätten, der Große Historische Weltatlas, Emil Wallners Zusammenstellung der kreissässigen Territorien, Carl Wolffs Übersicht über die unmittelbaren Teile des ehemaligen römisch-deutschen Kaiserreichs, das Lexikon deutscher Geschichte und das Lexikon des Mittelalters, welche die Erfassung der deutschen Geschichte beispielsweise von der Einheit des historischen Raumes (28 historische Räume: Rheinlande, Mittelrheinlande [Hessen und Mainz], Franken, Pfalz und Saarland, Oberrheinlande, Schwaben, Bayern, Niedersachsen, Westfalen-Lippe, Ostfriesland, Schleswig-Holstein, Hanse und die Städte Lübeck, Hamburg und Bremen, Thüringen, Sachsen [Obersachsen] und die Lausitz, Magdeburg-Wittenberg [– nördliche Territorien –], Brandenburg, Mecklenburg, Pommern, Deutschordensland Preußen, Schlesien, Niederösterreich [Österreich unter der Enns], Oberösterreich [Österreich ob der Enns], Steiermark [Karantanische Mark], Kärnten, Krain, Salzburg, Tirol, Vorarlberg) oder der Vielfalt der einzelnen Orte (ca. 15 000 Orte), von der Kartographie, vom Reich, von den Reichskreisen oder von der allgemeinen Lexikographie her versuchten.

Zeitliche Anfangsgrenze dieser neuen, erstmals vom Territorium ausgehenden Übersicht war dabei fast ausnahmslos das Jahr 1180, in welchem durch den Sturz Heinrichs des Löwen und die grundsätzliche Auflösung des Stammesherzogtums die Territorialisierung des Reiches unübersehbar eingeleitet wurde, so dass die etwa 500 für die Zeit bis 1100 bezeugten und zu etwa einem Drittel mit dem Wort -gau gebildeten Landschaftsbezeichnungen (Gaunamen) bisher grundsätzlich ebenso wenig berücksichtigt wurden wie die bereits für die Karolingerzeit erarbeiteten 42 hochadeligen Familien, obgleich beide wichtige Wurzeln für die Entwicklung vieler Länder gebildet haben dürften. Bei dieser (für die Artikelauswahl verwendeten) strikten zeitlichen Grenzziehung, in deren Umfeld sich zwischen 1150 und 1230 der Reichsfürstenstand augenfällig aussondert, wurde zwar keineswegs übersehen, dass die Bestimmung anhand einer einzigen genauen Jahreszahl, welche ein Zurückgehen innerhalb der ausgewählten Einheiten auf die älteren Verhältnisse keineswegs verbietet, der Komplexität eines derart vielfältigen Vorganges, wie ihn die allmähliche Verdichtung unterschiedlichster Rechte (Eigengut, Grundherrschaft, Gerichtsrechte, Regalien, Vogteien usw.) zur Landesherrschaft im späten Mittelalter und zur Landeshoheit in der frühen Neuzeit darstellt, nicht völlig gerecht werden kann, doch kann hierauf grundsätzlich nicht allgemein, sondern nur im Rahmen der jeweiligen individuellen Einheit eingegangen werden. Die zeitliche Endgrenze ergab sich demgegenüber (trotz eines damit zwangsläufig verbundenen relativen Schematismus') naturgemäß aus der unmittelbaren Gegenwart, weil nur so eine vollständige Verknüpfung von Vergangenheit und eigener Zeit möglich erschien.

Örtlich bildete der jeweilige, mehr oder weniger feste Bestand des (deutschen) Reiches bzw. seiner Nachfolger den Ausgangspunkt. Dies hatte notwendigerweise ein Ausgreifen weit über die Grenzen der heutigen Bundesrepublik Deutschland sowie Österreichs und der Schweiz hinaus zur Folge. Selbst der deutsche Sprachraum musste an vielen Stellen verlassen werden, wenn die Einheit deutscher Geschichte im Sinne der Geschichte aller Deutschen gewahrt bleiben sollte.

Sachlich stand dabei anfangs die strenge formale Abgrenzung der Reichsunmittelbarkeit im Vordergrund. Die Beschränkung auf die reichsunmittelbaren Einheiten des Heiligen Römischen Reiches (deutscher Nation) wurde bald aber aus übergeordneten sachlichen Erwägungen aufgegeben. Deswegen wurden zahlreiche verschiedene weitere Artikel aufgenommen, die insgesamt zu einem einfacheren und besseren Verständnis der territorialen Entwicklung Deutschlands führen sollen. Auf die unmittelbare Beziehung zum Reich wurde dabei aber jeweils besonders hingewiesen.

Die unter diesen Abgrenzungen insgesamt ermittelten historischen Einheiten sind – so weit wie dies einem einzelnen Bearbeiter in überschaubarer Zeit und auf beschränktem Raum möglich war – jeweils in Entstehung, Bestand und Untergang kurz beschrieben worden. Besonderer Wert wurde dabei der ungefähren geographischen Festlegung der territorialen Entwicklung beigemessen, welche sich alphabetisch geordnet auch im angeschlossenen Ortsregister widerspiegelt, mit dessen Hilfe sich zahlreiche weitere Einheiten geschichtlich einordnen lassen. Die beigefügten ausgewählten Literaturhinweise in der allgemeinen Übersicht wie bei den einzelnen Artikeln wollen, ohne erschöpfend sein zu können, den vertieften Einstieg ermöglichen, den das Werk selbst von seiner Anlage her nicht zu gewähren vermag. Eine Einbeziehung von Stammtafeln und Landkarten war, so sehr sie auch zur Verbesserung des Verständnisses zu begrüßen wäre, bisher aus Zeit-, Raum- und Kostengründen leider noch nicht möglich. Insoweit muss ich beispielsweise vorläufig auf meinen einfachen Atlas deutscher Länder europäischen Rahmens verweisen.

Für freundliche Hinweise habe ich vor allem Hans Kaminsky, Peter Moraw, Volker Press und Fred Schwind sehr zu danken. Für technische Unterstützung bin ich Bettina Kesselgruber, Andrea Jäger, den Bediensteten der Universitätsbibliothek Gießen und des Hochschulrechenzentrums Gießen sowie der Bibliothek des Germanischen Nationalmuseums in Nürnberg verpflichtet. Für die freundschaftliche verlegerische Betreuung schulde ich Ernst-Peter Wieckenberg vom C. H. Beck-Verlag besonders herzlichen Dank.

Gießen, den 20. 4. 1988 Gerhard Köbler

Vorwort zur 6. Auflage

Der einfache, lange vor jeder wirklichkeitsnahen Hoffnung auf eine Einheit von Bundesrepublik Deutschland und Deutscher Demokratischer Republik begonnene und 1988 in erster Auflage vorgelegte Versuch, einen Überblick über die landesgeschichtliche Entwicklung der Deutschen zu geben, ist von der Öffentlichkeit ungewöhnlich gut aufgenommen worden. Dies liegt zum einen daran, dass die bisher bestehende Lücke offensichtlich als besonders groß und schmerzlich empfunden wurde. Zum anderen kommt dies daher, dass die Vorzüge des einbändigen, knappen und klaren, wissensdemokratisierenden Lexikons seine Mängel eindeutig überwiegen. Schließlich dürfte auch die in seiner Konzeption von Anfang an (im Widerspruch zur seinerzeitigen politischen Gegenwart wie zur damals gegenwärtigen Politik, welche beide in dieser Zeit – wie im Übrigen auch heute – nicht unmaßgeblich von den anderen europäischen Staaten wie von vielen egoistisch-opportunistischen deutschen Politikern mitbestimmt wurden) enthaltene Aufforderung zu umfassender deutscher Einheit auf eine inzwischen teilweise Wirklichkeit gewordene Sehnsucht gestoßen sein. Nicht anders lässt es sich erklären, dass binnen zehn Jahren die sechste Auflage dieser eher nüchternen Datensammlung möglich wird.

Diese sechste, von Veronika Schönegger und Eva Tiefenbrunner mit ganzer Kraft geförderte Auflage berichtigt alle mir – vor allem durch dankenswerte unmittelbare Leserhinweise – bekannt gewordenen Versehen, wie sie trotz aufrichtiger Mühen in einem in knapper Zeit von einem einzelnen Verfasser unter ungewöhnlich schwierigen und in den letzten Jahren auch ausgesprochen leistungsfeindlichen Umständen mit unzulänglicher Unterstützung erstellten umfänglichen Nachschlagewerk kaum ausbleiben können, fügt zahlreiche neue Stichwörter und Literaturhinweise ein, bringt das Werk auf den von der jüngsten geschichtlichen Entwicklung geschaffenen Stand und verbessert das Register der wichtigsten Orte durch Übergang vom formalen zum inhaltlichen Hinweis (d. h. von der Angabe von Seitenzahlen auf die Angabe des jeweiligen Artikels, in welchem ein Ort behandelt wird) nochmals beträchtlich.

Möge dieses einfache Übersichtswerk allen seinen an der Geschichte und damit der eigenen Herkunft interessierten Benutzern dienlich sein. Möge es die Meister der Landesgeschichtsforschung dazu anregen, für dasselbe Ziel noch bessere Mittel zur Verfügung zu stellen. Möge es schließlich auch in der Zukunft dazu beitragen, das Deutsche zum Wohle aller Menschen günstig mitzugestalten.

Erlangen, den 20. 4. 1998 Gerhard Köbler

Vorwort zur 7. Auflage

Die der freundlichen Betreuung des Verlages zu verdankende siebente Auflage bringt das Werk auf den neuesten Stand. Sie verwertet die zahlreichen und wichtigen, mir liebenswürdigerweise von Max Mühlbauer nach jahrelanger, mühevoller Forschungstätigkeit gegebenen Hinweise und fügt zusätzlich insbesondere die in den bisherigen Auflagen ausgesparten Landschaftsbezeichnungen (Gaue) des Frühmittelalters ein. Sie werden nach der Wanderung der anfangs schriftlosen Völker in den geschriebenen Quellen sichtbar und gehen den Territorien und damit der Zeit ab 1180 *(Sturz Herzog Heinrichs des Löwen und Aufteilung des Herzogtums der Sachsen bzw. 1156 Aufteilung des Herzogtums der Bayern in Bayern und Österreich)* voraus. Außerdem legt sie formal die neue deutsche Rechtschreibung zugrunde.

Regensburg, den 20. 10. 2006

Gerhard Köbler

Überblick

A. Die Anfänge

I. Die Vorgeschichte

Im Sinne der dem Menschen erlebbaren Zeit entstand vor vielleicht 10 000 000 000 Jahren aus unbekannter Ursache das All. Auf der Erde als einem winzigen seiner zahllosen Teile entwickelte sich vor kaum mehr als 1 000 000 Jahren die erste Frühform des Menschen. Nur aus den letzten fünf Tausenden dieser Jahre wissen wir als Folge der Erfindung der Schrift etwas genauere Einzelheiten über ihn.

II. Die Frühgeschichte

Dabei sind uns die unmittelbaren Vorläufer der Deutschen aus dieser Zeit noch ein so großes Rätsel, dass wir sie nur wissenschaftlich vermuten und diese Vermutung nur mit dem wissenschaftlichen Kunstwort Indogermanen benennen können. Dieses noch schriftlose, aus später überlieferten, offensichtlich verwandten Sprachen jüngerer Nachfahren wie Indern und Germanen erschlossene Volk lebte am Übergang von der bereits das unsichere Umherziehen des Jägers, Sammlers und Viehzüchters gegen die eine gewisse Vorratsbildung und damit verhältnismäßige Lebenssicherung gestattende Sesshaftigkeit des Ackerbauern eintauschenden Steinzeit zur Metallzeit. Seine Heimat lag wahrscheinlich irgendwo im Gebiet zwischen dem Indischen Ozean und der Ostsee.
Von diesem Urvolk spalteten sich seit dem zweiten vorchristlichen Jahrtausend namentlich bekannte einzelne Völker ab. Zu ihnen zählen beispielsweise Inder, Iraner, Hethiter, Griechen und Römer, die wie Sumerer und Ägypter schon vor der Zeitenwende mächtige Reiche von noch heute beeindruckender Größe und Dichte schufen. Davon erstreckte sich das um das angeblich 753 v. Chr. gegründete Rom geformte römische Weltreich vom Schwarzen Meer bis zum Atlantik und vom nördlichen Afrika bis zu Donau, Rhein und den nordwestlichen Inseln.

III. Die Germanen

Die nördlichen Nachbarn der Römer an oberer Donau und niederem Rhein waren nach der Verdrängung der Kelten viele, zu nicht genau bekannter Zeit an den Ufern der Ostsee erscheinende Völker oder Volksstämme, für die der antike Schriftsteller Poseidonios um 90 v. Chr. erstmals den zusammenfassenden, nicht klar deutbaren Namen Germanen bezeugt. Von ihnen waren bereits 102 v. Chr. die Teutonen bis Aix in Südgallien und 101 v. Chr. die Kimbern bis Vercellae in Oberitalien vorgedrungen, wo sich ihre mutigen Scharen an den gut geschulten Heeren der Römer aufgerieben hatten. Vor allem Gaius Julius Caesar († 44 v. Chr.) und Publius Cornelius Tacitus (98 n. Chr.) überliefern Einzelnamen und Einzelumstände dieser in viele Untereinheiten gegliederten, vom Süden angezogenen, noch weitgehend in der Schriftlosigkeit verharrenden Völkergruppe, welcher der seit 84 n. Chr. an Donau und Rhein errichtete römische Grenzwall (limes) das Eindringen in das von den Römern beherrschte Gebiet über Jahrhunderte so erfolgreich verwehrte, dass sie auf den Südosten ausweichen musste.

IV. Die Völkerwanderung

Im Jahre 375 n. Chr. beginnt dann unter dem Ansturm der aus China und Turkistan vertriebenen Hunnen auf die wohl von Südskandinavien ans Schwarze Meer gelangten Goten die bekannte Völkerwanderung. Während dieser ziehen die Westgoten nach Gallien und Spanien, die Wandalen von der Weichsel nach Nordafrika, die Ostgoten nach Italien, die Jüten,

Angeln und Sachsen nach Britannien, die Franken nach Gallien und die Langobarden als Nachfolger der im Kampf um Rom aufgeriebenen Ostgoten nach Italien. Mitten in diesen grundstürzenden Veränderungen endet 476 n. Chr. mit der Absetzung des weströmischen Herrschers Romulus Augustulus die römische Herrschaft im westlichen Teil des römischen Weltreichs.

V. Das Reich der Franken

Die reichste Beute in dieser Wanderungsbewegung errangen dabei die 258 n. Chr. erstmals am Niederrhein bezeugten Franken. Ihr sie gewaltsam einender König Chlodwig ([* um 466] 481–511) aus der Familie der Merowinger schlug 486 den römischen Statthalter Syagrius in Nordgallien, 496 die Alemannen am oberen Rhein und an der oberen Donau sowie 507 die Westgoten in Südgallien (Aquitanien). Seine Nachfolger brachten 531 die Thüringer, 532/534 die Burgunder und wenig später die um 550 erstmals genannten Bayern im nördlichen Voralpengebiet unter ihre Abhängigkeit. 732 gelang dem fränkischen König durch den arnulfingischen Hausmeier Karl Martell bei Tours und Poitiers die dauerhafte Abwehr des Ansturms der von Nordafrika nach Spanien vorgedrungenen Araber.
Mit Einverständnis des durch reiche Gaben italienischer Güter belohnten Papstes verdrängte 751 der arnulfingische Hausmeier Pippin den merowingischen König. Pippins Sohn war Karl der Große, der 773/774 die Langobarden in Italien besiegte, 788 den Herzog von Bayern entmachtete und zwischen 772 und 804 die Sachsen niederrang, so dass sich das Reich der Franken nunmehr von den Pyrenäen bis zur Eider und von der Kanalküste bis Mittelitalien erstreckte. Als ihn Papst Leo III. am Weihnachtstag des Jahres 800 in Rom zum Kaiser krönte, verlieh er mehr als 300 Jahre nach dem Untergang Westroms dem Aufstieg der Franken zur führenden Macht in Europa symbolisch den angemessenen Ausdruck.

VI. Die fränkische Reichsteilung

Allerdings gliederten bereits die Enkel Karls des Großen nach merowingischen Vorbildern 843, 870 und 879/880 das Gallorömer, Burgunder, Alemannen, Friesen, Sachsen, Thüringer, Bayern, Langobarden und Italoromanen einschließende, mit Hilfe von Herzögen in Herzogtümern und Grafen in Grafschaften oder Gauen verwaltete Reich der Franken in mehrere Teile. Dabei wurden im östlichen Teil zwischen Rhein und Elbe, Nordsee und Alpen vor allem die Menschen (Franken, Alemannen, Bayern, Thüringer, Sachsen und Friesen) vereinigt, welche die (germanisch/)germanistische Volkssprache (ahd. diotisk, zu ahd. diot „Volk") verwendeten und sich dadurch von den (französischen) Romanen im Westen (Gallien) und den (italienischen) Romanen im Süden (Italien) deutlich unterschieden. Bei der Aufteilung des lotharingischen Mittelreiches wurde das Ostreich in den Westen (und das Westreich in den Osten) bis Maastricht, Trier und Metz ausgedehnt.

VII. Das deutsche Reich

Mit dem Übergang von den 911 ausgestorbenen ostfränkischen Karolingern über den Franken Konrad I. auf die sächsischen Ottonen (Heinrich I. 919) erwuchs aus dieser Teilung in kurzer Zeit die um die erste Jahrtausendwende als solche erkennbare neue politische Einheit deutsches Reich, die zwar das fränkische Durchgangsland Gallien/Frankreich nicht mehr einschloss, aber schon unter Heinrich I. die Westgrenze an Schelde und oberer Maas sicherte, unter Otto dem Großen 955 die Ungarn auf dem Lechfeld zurückschlug und 962 das langobardische Königreich bzw. Italien bis nach Rom (Reichsitalien) zurückgewann, in der Folge letztlich dauerhaft in den nach dem Abzug der Germanen (Goten, Wandalen) zwischenzeitlich slawisch besiedelten Osten jenseits der Elbe ausgriff und unter Konrad II. (1032/1033) Burgund als (drittes) Königreich anschloss.
Im Inneren dieses im Umherziehen von Pfalz zu Pfalz regierten Reiches war der König vielfachen Schwierigkeiten durch seine von ihm belehnten Herzöge (etwa von Franken, Schwa-

ben, Bayern oder Sachsen) und Grafen ausgesetzt. Deswegen gingen die Ottonen und die ihnen 1024 folgenden fränkischen Salier dazu über, Erzbischöfe, Bischöfe und Äbte in ihr Herrschaftswesen einzubeziehen (ottonisch-salisches Reichskirchensystem). Hieraus erwuchs am Ende des dadurch hervorgerufenen zwischen Kaiser Heinrich IV. und Papst Gregor VII. zum Ausbruch gekommenen Investiturstreites um die Besetzung der kirchlichen Ämter (1075–1122) die bedeutsame Erscheinung der zahlreichen geistlichen, dem König unmittelbar verbundenen Fürstentümer des deutschen Reiches.

B. Die Kurfürstentümer, Reichsfürstenländer, Reichsstädte, Reichsritter und Reichsdörfer des Hochmittelalters und Spätmittelalters

I. Die Kurfürstentümer

Als 1125 der letzte salische Kaiser Heinrich V. kinderlos verstarb, entschieden sich die Königsmacher, unter stärkster Beeinflussung durch den Papst, für seinen Gegenspieler, den sächsischen, die Ostsiedlung (Mecklenburg, Pommern, später auch Schlesien) wieder aufgreifenden Herzog (1106) Lothar von Supplinburg (Süpplingenburg), dem schon 1127 Konrad von Staufen als Enkel des salischen Königs Heinrich IV. als zunächst erfolgloser Gegenkönig gegenübertrat. Bei Lothars söhnelosem Tod (1137) wählten einige Fürsten auf Betreiben des Erzbischofs von Trier 1138 Konrad von Staufen, weil der noch von Lothar von Supplinburg vorgeschlagene Herzog der Bayern und Sachsen, Heinrich der Stolze aus dem Hause der Welfen, Schwiegersohn Lothars, der römischen Kirche und den deutschen Fürsten als Inhaber zweier der insgesamt vorhandenen vier großen Herzogtümer zu mächtig erschien. Als neuer anerkannter König entzog Konrad III. folgerichtig dem Welfen in Halbierung seiner Macht das Herzogtum der Bayern und belehnte 1139 damit seinen Halbbruder Leopold IV. von Babenberg. 1156 gab zwar Konrads III. Nachfolger, der Staufer Friedrich I. Barbarossa, zwecks friedlichen Ausgleichs Bayern seinem welfischen, im Besitz des Herzogtums der Sachsen befindlichen Vetter Heinrich dem Löwen wieder zurück, löste dabei jedoch das im Südosten Bayerns gelegene Österreich vom Herzogtum der Bayern ab und erhob es zu einem eigenen territorialen, nicht mehr länger auf ein Volk oder einen Stamm bezogenen Herzogtum Österreich. Weil ihn aber Heinrich der Löwe bei seinen italienischen Unternehmungen im Stich ließ, entzog er 1180 in der abschließenden Auseinandersetzung mit Heinrich dem Löwen dem Welfen nicht nur beide Herzogtümer (Bayern und Sachsen) ganz, sondern teilte auch das Herzogtum der Sachsen in gleicher Weise in territoriale Herzogtümer auf und vergab das verbliebene Herzogtum (Rest-)Sachsen (ohne Westfalen) an die Askanier und (Rest-) Bayern (ohne Österreich und Steiermark) an die Wittelsbacher. Damit war an die Stelle der großen Stammesgebiete (der Bayern und Sachsen) das von den Bewohnern verselbständigte kleinere Land (Bayern, Sachsen) getreten. Nach dem alten Grundsatz „teile und gebiete" hatte sich somit der König einer grundsätzlichen Gefahr entledigt.
Zur gleichen Zeit gewann freilich umgekehrt auch die von den Landesherren geförderte Vorstellung an Bedeutung, dass der König als oberster Lehnsherr beim Rückfall des Lehens dieses nicht behalten durfte. Vielmehr musste er es erneut an einen Lehnsmann ausgeben. Dadurch wurde, anders als in England und Frankreich, auf Dauer die Ansammlung von Gut in der Hand des Königs verhindert, so dass auch die Reichsfürsten die ihnen vom König drohenden Gefahren einzuschränken verstanden hatten.
Hinzu kam, dass der staufische, durch Heirat das normannische Sizilien gewinnende Kaiser Heinrich VI., der zu Beginn des Jahres 1196 den Fürsten noch die Umwandlung des deutschen Reiches in eine Erbmonarchie vorschlug, bereits 1197 im Alter von 32 Jahren starb. Seinem Bruder Philipp von Schwaben setzten einige Fürsten auf Betreiben des Erzbischofs von Köln den zweiten Sohn Heinrichs des Löwen als Gegenkönig Otto IV. entgegen, wobei freilich keinem von beiden wirklich Erfolg vergönnt war. Bald danach traten unter dem Staufer Friedrich II. mit den Erzbischöfen von Mainz, Köln und Trier, dem König von Böhmen, dem Pfalzgrafen bei Rhein, dem Herzog von Sachsen und dem Markgrafen von Brandenburg sieben Fürsten als Königswähler hervor, von deren Entscheidung nunmehr der König bis zum

Ende des Heiligen Römischen Reiches grundsätzlich abhängig war und denen es 1356 gelang, sich die Vorrechte der Primogeniturerbfolge und der Nichtevokation sowie der Nichtappellation in der Goldenen Bulle Karls IV. von Luxemburg festschreiben zu lassen.
Um die Besetzung des Königtums rangen dabei in der nachstaufischen Zeit vor allem die Geschlechter der Luxemburger, Habsburger und Wittelsbacher. Von ihnen bewirkten die Luxemburger 1327/1339/1348 den Übergang Schlesiens von Polen an Böhmen und damit an das Reich. Nach ihrem Aussterben übernahmen die Habsburger das luxemburgische Erbe.

II. Die Reichsfürstenländer

Unabhängig von der Entscheidung gegen die Erbmonarchie und für das an die Auswahl aus wenigen führenden Geschlechtern durch sieben Kurfürsten gebundene Wahlkönigtum setzte sich die allgemeine Territorialisierung des Reiches rasch durch. Auf unterschiedlichster Grundlage entstanden Landesherrschaften, die sich entsprechend den jeweiligen familiären Gegebenheiten in kurzer Zeit vielfältig aufsplitterten. Bereits für das hohe Mittelalter werden dementsprechend mehr als 100 sonstige Reichsfürsten gezählt, von denen allerdings rund drei Viertel geistlicher Zugehörigkeit waren.
Entsprechend ihrer großen Zahl waren ihre Herrschaftsgebiete meist klein. Jeder einzelne sonstige Reichsfürst bildete deshalb für den König keine Gefahr mehr. Nur in ihrer Gesamtheit vermochten sie sich als eigener Reichsstand neben (dem König und) den Kurfürsten zu organisieren.
Hauptgegenstand ihrer Interessen war demgemäß nicht mehr das Reich. Vielmehr wurde die Mehrung ihrer eigenen Güter ihr wichtigstes Anliegen. Als bedeutsamste Entscheidungen in dieser Richtung erwiesen sich auf Dauer dabei die Belehnung der eigenen Söhne mit dem Herzogtum Österreich durch König Rudolf von Habsburg im Jahre 1282 und die Belehnung des königlichen Feldherren und Rates Burggraf Friedrich von Zollern (Hohenzollern) mit der kurberechtigten Markgrafschaft Brandenburg durch den habsburgischen König Sigmund im Jahre 1417, während der Übergang Thüringens von den Ludowingern (1247/1264) und Sachsens von den Askaniern (1423) an die Wettiner durch deren zahlreiche Erbteilungen ohne allgemeinere Auswirkungen blieb.

III. Die Reichsstädte

Neben den sieben unteilbaren Kurfürstentümern und den vielen, zahllosen Teilungen in kleinste Teilfürstentümer unterworfenen Ländern der sonstigen Reichsfürsten erschienen schon seit dem ausgehenden 11. Jahrhundert die durch Handel und Gewerbe aufblühenden Städte als nach eigenständigem Gewicht strebende Kräfte. In manchen von ihnen setzten sich die Bürger gewaltsam gegen ihre geistlichen Stadtherren durch. Daneben errangen die Bürger der dem König unterstehenden Städte insbesondere seit dem zwischen dem Untergang der Staufer (1254) und der Wahl Rudolfs von Habsburg zum König (1273) eintretenden Interregnum allmählich die Stellung einer dem Reich unmittelbar zugehörigen Stadt (Reichsstadt), was insgesamt rund 125 Städten für eine mehr oder minder umfassende Zeit gelang.

IV. Die Reichsritter

Weniger bedeutsam waren gegenüber Kurfürsten, sonstigen Reichsfürsten und Reichsstädten die seit dem Spätmittelalter (1422, 1495) erkennbaren, seit der ersten Hälfte des 16. Jahrhunderts, vor allem seit etwa 1540, deutlicher sichtbaren, zu einem großen Teil den Reichsdienstmannen entstammenden Reichsritter, denen allmählich die Errichtung einer eigenen Organisation neben der am Beginn der Neuzeit (1500 bzw. 1512) getroffenen Einteilung des Reiches in Reichskreise gelang. Innerhalb dieser umfasste der Ritterkreis Schwaben mit Sitz in Ehingen die Kantone Donau (Ehingen), Hegau mit Hegau (Radolfzell) und Allgäu-Bodensee (Wangen), Neckar(-Schwarzwald, Ort Ortenau) (Tübingen), Kocher (Esslingen) und Kraichgau (Heilbronn), der Ritterkreis Franken die Kantone Odenwald (Heilbronn, dann

Kochendorf), Steigerwald (Erlangen), Gebirg (Bamberg), Altmühl (Wilhermsdorf), Baunach (Nürnberg) und Rhön-Werra (Schweinfurt) sowie der Ritterkreis Rhein (am Rheinstrom) die Kantone Oberrheinstrom (Mainz), Mittelrheinstrom (Friedberg) und Niederrheinstrom (Koblenz), neben denen sich auch die Ritter im Unterelsass und im Vogtland als zusammengehörig verstanden. Die nicht unbeträchtliche Bedeutung der Reichsritter lässt sich dabei daraus ersehen, dass in der nicht unerheblich fluktuierenden, literarisch nicht wirklich befriedigend aufgearbeiteten Reichsritterschaft, für die allein die Nennung der Familien schon über den allgemein bekannten Literaturstand hinausführt und die Aufführung aller territorialen Einheiten erstrebenswert erscheint, zum Jahre 1790 für Schwaben etwa 670 ritterschaftliche Territorien mit 140 Familien und 160 000 Einwohnern sowie 70 Quadratmeilen, für Franken etwa 700 ritterschaftliche Territorien mit 150 Familien und 200 000 Einwohnern sowie 80 Quadratmeilen und für Rhein etwa 360 ritterschaftliche Territorien mit 60 Familien und 90 000 Einwohnern sowie 40 Quadratmeilen genannt werden, so dass auf der Grundlage dieser Zahlen insgesamt von etwa (1475 bis) 1730 Territorien mit etwa 450 000 Einwohnern und knapp 200 Quadratmeilen Gebiet (nach anderer Schätzung: 200 000 Einwohner und mehr als 100 Quadratmeilen) ausgegangen werden kann, die überwiegend erst 1805/1806 mediatisiert wurden. Sie alle bildeten trotz Fehlens der Reichsstandschaft eigene, dem Reich unmittelbar verbundene Herrschaftsgebiete, die – so unvollkommen dies auf der Grundlage der vorliegenden allgemeinen Literatur auch nur geschehen kann – es verdienen, in einer Übersicht über die deutschen Länder – sei es von territorialer Seite, sei es von personaler Seite her – aufgenommen zu werden.

V. Die Reichsdörfer

Nicht ganz so bedeutsam und wohl auch nicht so zahlreich waren demgegenüber die meist aus altem Reichsgut stammenden, trotz Fehlens der Reichsstandschaft dem Reich ebenfalls unmittelbar verbundenen Reichsdörfer, von denen sich für das Hochmittelalter einschließlich der Reichsflecken, Reichshöfe und freien Leute etwa 120 ermitteln lassen. Sie gingen zudem schon seit dem 13. Jahrhundert dem Reich allmählich verloren. Einige von ihnen (u. a. Gochsheim, Holzhausen [Burgholzhausen], Sennfeld, Soden, Sulzbach, Leutkircher Heide) wussten sich aber gleichwohl bis zum Ende des Heiligen Römischen Reichs zu erhalten.

VI. Die Herrschaften

Neben den drei reichsunmittelbaren Ständen und den beiden reichsunmittelbaren, der Reichsstandschaft aber entbehrenden Gruppen sind schließlich noch zahlreiche nicht reichsunmittelbare, politische Einheiten zu nennen, die meist mit dem vielschichtigen und komplexen Begriff der Herrschaft bezeichnete Elemente der territorialen Geschichte Deutschlands bildeten. Sie waren vielfach den reichsunmittelbaren Gebilden in vielen Zügen recht ähnlich. In manchen Fällen war zudem der Status der Reichsunmittelbarkeit auch dauerhaft umstritten.

VII. Die Titularfürsten

Keine Reichsstandschaft hatte grundsätzlich auch der mit Karl IV. (1316–1378) einsetzende Briefadel.Er beruhte meist auf bloßer Titularkonzession. Gleichwohl verdienen auch die Titularreichsfürsten wegen des Sachzusammenhanges an dieser Stelle wenigstens eine Erwähnung.

C. Das Heilige Römische Reich der (frühen) Neuzeit

I. Die Reichsglieder am Übergang zur Neuzeit

Eine nicht ganz zuverlässige Übersicht, erschienen am Übergang vom Mittelalter zur Neuzeit, nannte als Folge der Territorialisierung des seit der zweiten Hälfte des 13. Jahrhunderts als Heiliges Römisches Reich bezeichneten, nunmehr von Frankreich im Westen und den Türken bzw. Osmanen im Osten angegriffenen Gebildes 327 (bzw. 328) Glieder. Als solche wurden 6 Kurfürsten, 43 geistliche und 29 weltliche Reichsfürsten in Deutschland und 3 in Welschland erwähnt. Hinzu kamen 118 Grafen und Herren, 50 Prälaten und Äbtissinnen, 4 Balleien des Deutschen Ordens und 74 Städte. Tatsächlich dürfte die Zahl der Reichsglieder zu dieser Zeit sogar etwa 420 betragen haben.

II. Die Reichsmatrikel von 1521

Dem entspricht es, wenn am Beginn der frühen Neuzeit die für praktische Zwecke angefertigte Reichsmatrikel des Jahres 1521 rund 400 (384 bzw. 392) Einträge aufwies. Sie bezogen sich auf 7 Kurfürsten, 3 bzw. 4 Erzbischöfe, 45 bzw. 47 Bischöfe, 31 weltliche Fürsten, 65 Prälaten, 13 bzw. 14 Äbtissinnen, 4 Balleien, 137 bzw. 140 Herren und Grafen sowie 84 (freie Städte und) Reichsstädte. Diese Zahlen wurden bis 1776 vom Reich aus seiner Vorstellung und Wirklichkeit nicht immer sicher trennenden Sicht immer wieder fortgeschrieben, wobei sich freilich die tatsächliche Herrschaft über Italien schon seit dem Hochmittelalter immer mehr verflüchtigte und die von der Reformation Martin Luthers des Jahres 1517 ausgelösten, zuletzt unter maßgeblicher Beteiligung Frankreichs und Schwedens im Dreißigjährigen Krieg (1618–1648) ausgetragenen religiösen Gegensätze zwischen den Protestanten im Norden und den Katholiken im Süden spätestens nach dem Frieden von Münster und Osnabrück des Jahres 1648 auch nördlich der Alpen den Kaiser und das durch Verluste an vielen Grenzen (Schweiz, Elsass, nördliche Niederlande [Generalstaaten], Bremen, Verden, Vorpommern, Wismar) geschmälerte Reich gegenüber Ländern und Landesherren immer deutlicher zurücktreten ließen.

III. Die Reichsstände

1792 ergab sich dabei folgende, nach Reichskollegien geordnete Übersicht über die Verfassung des bekanntlich von dem Reichspublizisten Samuel Pufendorf 1667 als ein unregelmäßiges, einem Zwitter ähnliches Gebilde beschriebenen Reichs, das nach manchen am ehesten als Bündnis weitgehend unabhängiger Staaten zu begreifen ist:
Das Kurfürstenkolleg: 1. Erzbischof von Mainz, 2. Erzbischof von Trier, 3. Erzbischof von Köln, 4. König von Böhmen, 5. Pfalzgraf bei Rhein (bzw. Herzog von Bayern), 6. Kurfürst von Sachsen, 7. Kurfürst von Brandenburg (seit 1618 in Personalunion auch Herzog des aus verbliebenem Deutschen Ordensland gebildeten Herzogtums Preußen, 1701 König in Preußen), 8. Herzog von Braunschweig-Lüneburg (seit 1692).
Reichsfürstenrat: a) Geistliche Bank: 1. Herzog von Österreich (seit 1477/1493 Erbe Burgunds [ohne Provence und Dauphiné], seit 1526 auch König von Böhmen und Ungarn), 2. Herzog von Burgund, 3. Erzbischof von Salzburg, 4. Erzbischof von Besançon, 5. Hoch- und Deutschmeister, Bischöfe (bzw. Bischof) von: 6. Bamberg, 7. Würzburg, 8. Worms, 9. Eichstätt, 10. Speyer, 11. Straßburg, 12. Konstanz, 13. Augsburg, 14. Hildesheim, 15. Paderborn, 16. Freising, 17. Regensburg, 18. Passau, 19. Trient, 20. Brixen, 21. Basel, 22. Münster, 23. Osnabrück, 24. Lüttich, 25. Lübeck, 26. Chur, Äbte (bzw. Abt) von: 27. Fulda, 28. Kempten, 29. Propst von Ellwangen, 30. Johanniter-Meister, 31. Propst von Berchtesgaden, 32. Propst von Weißenburg, Äbte von 33. Prüm, 34. Stablo, 35. Corvey, 36. Schwäbische Prälaten, 37. Rheinische Prälaten.
36 und 37 waren dabei Kuriatstimmen, die im Gegensatz zu den ihnen vorangehenden Virilstimmen von mehreren Berechtigten nur gemeinschaftlich geführt wurden, und zwar 36. (Schwäbische Prälaten) von: a) den Äbten und Prälaten von: 1. Salem, 2. Weingarten, 3. Och-

senhausen, 4. Elchingen, 5. Irsee, 6. Ursberg, 7. Kaisheim (1756), 8. Roggenburg, 9. Rot, 10. Weißenau, 11. Schussenried, 12. Marchtal (= Obermarchtal), 13. Petershausen, 14. Wettenhausen (1566, vorher Reichsritterschaft), 15. Zwiefalten (1749), 16. Gengenbach (1751), 17. Neresheim (1766), und b) den Äbtissinnen von: 18. Heggbach, 19. Gutenzell, 20. Rottenmünster, 21. Baindt, 22. Söflingen (1775) und 23. Sankt Jörgen zu Isny (1782), 37. (Rheinische Prälaten) von: 1. Abt von Kaisheim, 2. Ballei Koblenz, 3. Ballei Elsass und Burgund, 4. Odenheim und Bruchsal, 5. Werden, 6. Sankt Ulrich und Sankt Afra in Augsburg, 7. Sankt Georgen in Isny, 8. Kornelimünster, 9. Sankt Emmeram zu Regensburg, 10. Essen, 11. Buchau, 12. Quedlinburg, 13. Herford, 14. Gernrode, 15. Niedermünster in Regensburg, 16. Obermünster in Regensburg, 17. Burtscheid, 18. Gandersheim und 19. Thorn.
b) Weltliche Bank: 1. Bayern, 2. Magdeburg, 3. Pfalz-(Kaisers-)Lautern, 4. Pfalz-Simmern, 5. Pfalz-Neuburg, 6. Bremen, 7. Pfalz-Zweibrücken, 8. Pfalz-Veldenz, 9. Sachsen-Weimar, 10. Sachsen-Eisenach, 11. Sachsen-Coburg, 12. Sachsen-Gotha, 13. Sachsen-Altenburg, 14. Brandenburg-Ansbach, 15. Brandenburg-Kulmbach, 16. Braunschweig-Celle, 17. Braunschweig-Calenberg, 18. Braunschweig-Grubenhagen, 19. Braunschweig-Wolfenbüttel, 20. Halberstadt, 21. Vorpommern, 22. Hinterpommern, 23. Verden, 24. Mecklenburg-Schwerin, 25. Mecklenburg-Güstrow, 26. Württemberg, 27. Hessen-Kassel, 28. Hessen-Darmstadt, 29. Baden-Baden, 30. Baden-Durlach, 31. Baden-Hachberg, 32. Holstein-Glückstadt, 33. Sachsen-Lauenburg, 34. Minden, 35. Holstein-Oldenburg, 36. Savoyen, 37. Leuchtenberg, 38. Anhalt, 39. Henneberg, 40. Schwerin, 41. Cammin, 42. Ratzeburg, 43. Hersfeld (Hirschfeld), 44. Nomeny, 45. Mömpelgard, 46. Arenberg, 47. Hohenzollern, 48. Lobkowitz, 49. Salm, 50. Dietrichstein, 51. Nassau-Hadamar, 52. Nassau-Dillenburg, 53. Auersperg, 54. Ostfriesland, 55. Fürstenberg, 56. Schwarzenberg, 57. Liechtenstein, 58. Thurn und Taxis, 59. Schwarzburg, 60. Wetterauische Grafen, 61. Schwäbische Grafen, 62. Fränkische Grafen, 63. Westfälische Grafen.
60–63 waren Kuriatstimmen, die im Gegensatz zu den ihnen vorangehenden Virilstimmen gemeinschaftlich geführt wurden, und zwar 60. (Wetterauische Grafen) von: 1. Nassau-Usingen, 2. Nassau-Weilburg, 3. Nassau-Saarbrücken, 4. Solms-Braunfels, 5. Solms-Lich, 6. Solms-Hohensolms, 7. Solms-Rödelheim, 8. Solms-Laubach, 9. Isenburg-Birstein, 10. Isenburg-Büdingen-Meerholz/Wächtersbach, 11. Stolberg-Gedern(-Ortenberg), 12. Stolberg-Stolberg, 13. Stolberg-Wernigerode, 14. Sayn-Wittgenstein-Berleburg, 15. Sayn-Wittgenstein(-Wittgenstein), 16. Wildgraf und Rheingraf zu Grumbach, 17. Wildgraf und Rheingraf zu Rheingrafenstein, 18. Leiningen-Hartenburg, 19. Leiningen-Heidesheim und Leiningen-Guntersblum, 20. Westerburg, christophische Linie, 21. Westerburg, georgische Linie, 22. Reuß (Reuß von Plauen), 23. Schönburg, 24. Ortenburg, 25. Kriechingen, 61. (Schwäbische Grafen) von: 1. Fürst zu Fürstenberg als Graf zu Heiligenberg und Werdenberg, 2. Gefürstete Äbtissin zu Buchau, 3. Komtur der Ballei Elsass und Burgund als Komtur zu Altshausen, 4. Fürsten und Grafen zu Oettingen, 5. Österreich wegen der Grafschaft Menthor (Montfort), 6. Kurfürst in Bayern wegen der Grafschaft Helfenstein, 7. Fürst von Schwarzenberg wegen der Landgrafschaft Klettgau und der Grafschaft Sulz, 8. Grafen von Königsegg, 9. Truchsessen von Waldburg, 10. Markgraf von Baden-Baden wegen der Grafschaft Eberstein, 11. Graf von der Leyen wegen Hohengeroldseck, 12. Grafen Fugger, 13. Österreich wegen der Grafschaft Hohenems, 14. Grafen von Traun wegen der Herrschaft Eglofs, 15. Fürst und Abt zu Sankt Blasien wegen der Grafschaft Bonndorf, 16. Graf von Stadion wegen Thannhausen, 17. Fürst von Thurn und Taxis wegen der Herrschaft Eglingen, 18. Grafen von Khevenhüller, Personalisten, 19. Grafen von Kuefstein, 20. Fürst von Colloredo, Personalist, 21. Grafen von Harrach, 22. Grafen von Sternberg, 23. Graf von Neipperg, 24. Grafen von Hohenzollern, 62. (Fränkische Grafen) von: 1. Fürsten und Grafen von Hohenlohe, 2. Grafen von Castell, 3. Grafen zu Erbach, 4. Fürsten und Grafen von Löwenstein wegen der Grafschaft Wertheim, 5. gräflich limpurgischen Allodialerben, 6. Grafen von Nostitz wegen der Grafschaft Rieneck, 7. Fürst von Schwarzenberg wegen der Herrschaft Seinsheim oder der gefürsteten Grafschaft Schwarzenberg, 8. gräflich wolfsteinischen Allodialerben, nämlich Fürst von Hohenlohe-Kirchberg und Graf von Giech, 9. Grafen von Schönborn wegen der Herrschaft Reichelsberg, 10. Grafen von Schönborn wegen der Herrschaft Wiesentheid, 11. Grafen von Win-

dischgrätz, Personalisten, 12. Grafen (Ursin) von Rosenberg, Personalisten, 13. Ältere Linie der Grafen von Starhemberg, Personalisten, 14. Grafen von Wurmbrand, Personalisten, 15. Graf von Giech, Personalist, 16. Graf von Grävenitz, 17. Grafen von Pückler, Personalisten, 63. (Westfälische Grafen) von: 1. Markgraf von Ansbach wegen Sayn-Altenkirchen, 2. Burggraf von Kirchberg wegen Sayn-Hachenburg, 3. König in Preußen wegen der Grafschaft Tecklenburg, 4. Wied-Runkel wegen der oberen Grafschaft Wied, 5. Fürst zu Wied-Neuwied (Direktor dieses Kollegiums), 6. Landgraf von Hessen-Kassel und Graf zu Lippe-Bückeburg wegen der Grafschaft Schaumburg, 7. Herzog zu Holstein-Gottorp-Oldenburg, 8. Grafen von der Lippe, 9. Graf von Bentheim, 10. König von England wegen der Grafschaft Hoya, 11. König von England wegen der Grafschaft Diepholz, 12. König von England wegen der Grafschaft Spiegelberg, 13. Fürst und Grafen von Löwenstein wegen Virneburg, 14. Fürst von Kaunitz wegen Rietberg, 15. Fürst von Waldeck wegen der Grafschaft Pyrmont, 16. Graf von Törring wegen der Grafschaft Gronsveld, 17. Graf von Aspremont wegen der Grafschaft Reckheim oder Reckum, 18. Fürsten zu Salm wegen der Grafschaft Anholt, 19. Grafen von Metternich wegen der Herrschaft Winneburg und Beilstein, 20. Fürst zu Anhalt-Bernburg-Schaumburg wegen der Grafschaft Holzappel, 21. Grafen von Sternberg wegen der Grafschaft Blankenheim und Gerolstein, 22. Grafen von Plettenberg wegen Wittem, 23. Grafen von Limburg-Styrum wegen der Herrschaft Gemen, 24. Graf von Wallmoden wegen der Herrschaft Gimborn und Neustadt, 25. Graf von Quadt wegen der Herrschaft Wickrath, 26. Grafen von Ostein wegen der Herrschaft Millendonk, 27. Grafen von Nesselrode wegen der Herrschaft Reichenstein, 28. Grafen zu der Mark wegen der Grafschaft Schleiden, 29. Grafen von Schaesberg wegen der Grafschaft Kerpen und Lommersum, 30. Grafen zu Salm-Reifferscheid wegen der Herrschaft Dyck, 31. Grafen zu der Mark wegen Sassenburg, 32. Grafen von Platen wegen Hallermunt, 33. Grafen von Sinzendorf wegen Rheineck.
Kollegium der Städte: a) Rheinische Bank: 1. Köln, 2. Aachen, 3. Lübeck, 4. Worms, 5. Speyer, 6. Frankfurt (am Main), 7. Goslar, 8. Bremen, 9. Hamburg, 10. Mühlhausen, 11. Nordhausen, 12. Dortmund, 13. Friedberg, 14. Wetzlar, b) Schwäbische Bank: 1. Regensburg, 2. Augsburg, 3. Nürnberg, 4. Ulm, 5. Esslingen, 6. Reutlingen, 7. Nördlingen, 8. Rothenburg (ob der Tauber), 9. Schwäbisch Hall, 10. Rottweil, 11. Überlingen, 12. Heilbronn, 13. Schwäbisch Gmünd, 14. Memmingen, 15. Lindau, 16. Dinkelsbühl, 17. Biberach, 18. Ravensburg, 19. Schweinfurt, 20. Kempten, 21. Windsheim, 22. Kaufbeuren, 23. Weil der Stadt, 24. Wangen, 25. Isny, 26. Pfullendorf, 27. Offenburg, 28. Leutkirch, 29. Wimpfen, 30. Weißenburg (im Nordgau), 31. Giengen, 32. Gengenbach, 33. Zell am Harmersbach, 34. Buchhorn, 35. Aalen, 36. Buchau, 37. Bopfingen.

IV. Die Reichskreise

Ordnet man diese vielen Reichsglieder regional nach den bei der Reichsreform von 1500 bzw. 1512 geschaffenen sechs bzw. zehn Reichskreisen, so ergibt sich für das Ende des Heiligen Römischen Reiches (deutscher Nation) etwa folgendes Bild:
1. Österreichischer Reichskreis: Erzherzogtum Österreich ob der Enns (Oberösterreich) und Österreich unter der Enns (Niederösterreich), (Innerösterreich mit) Herzogtum Steiermark (Karantanische Mark), Herzogtum Kärnten, Herzogtum Krain, Herzogtum Friaul österreichischen Anteils, gefürstete Grafschaft Tirol (auch [zusammen mit Vorderösterreich] als Oberösterreich bezeichnet), (Vorderösterreich mit) Landgrafschaft im Breisgau, Schwäbisch-Österreich, Vorarlbergische Herrschaften, Hochstift Trient, Hochstift Brixen, Deutscher Orden: Ballei Österreich und Ballei an der Etsch, Herrschaft Tarasp (Hochstift Chur).
2. Burgundischer Reichskreis: Herzogtum Brabant, Herzogtum Limburg, Herzogtum Luxemburg, Grafschaft Flandern, Grafschaft Hennegau, Grafschaft Namur, Oberquartier des Herzogtums Geldern.
3. Kurrheinischer Reichskreis: Mainz (Kurmainz), Trier (Kurtrier), Köln (Kurköln), Pfalz (Kurpfalz), Fürstentum Arenberg, Thurn und Taxis, Deutscher Orden: Ballei Koblenz, Herrschaft Beilstein, Grafschaft Niederisenburg, Burggrafentum Rheineck.

4. Fränkischer Reichskreis: Hochstift Bamberg, Hochstift Würzburg, Fürstentum Kulmbach (Bayreuth), Hochstift Eichstätt, Fürstentum Ansbach, Deutscher Orden: Meistertum Mergentheim (und Ballei Franken), gefürstete Grafschaft Henneberg, gefürstete Grafschaft Schwarzenberg, Fürstentum Löwenstein-Wertheim, Grafschaft Hohenlohe, Grafschaft Castell, Grafschaft Wertheim, Grafschaft Rieneck, Grafschaft Erbach, Herrschaft Limpurg, Herrschaft Seinsheim, Herrschaft Reichelsberg, Herrschaft Wiesentheid, Herrschaft Welzheim, Herrschaft Hausen, Reichsstadt Nürnberg, Reichsstadt Rothenburg (ob der Tauber), Reichsstadt Windsheim, Reichsstadt Schweinfurt, Reichsstadt Weißenburg.
5. Bayerischer Reichskreis: Erzstift Salzburg, Herzogtum Bayern nebst Oberpfalz, Hochstift Freising, Fürstentümer Neuburg (Pfalz-Neuburg) und Sulzbach (Pfalz-Sulzbach), Hochstift Regensburg, gefürstete Landgrafschaft Leuchtenberg, Hochstift Passau, gefürstete Grafschaft Sternstein (Störnstein), gefürstete Propstei Berchtesgaden, gefürstete Abtei zu Sankt Emmeram in Regensburg, Grafschaft Haag, Grafschaft Ortenburg, gefürstete Abtei Niedermünster in Regensburg, Herrschaft Ehrenfels, gefürstete Abtei Obermünster in Regensburg, Herrschaften Sulzbürg und Pyrbaum, Herrschaft Hohenwaldeck, Herrschaft Breiteneck bzw. Breitenegg, Reichsstadt Regensburg.
6. Schwäbischer Reichskreis: Hochstift Konstanz, Hochstift Augsburg, fürstliche Propstei Ellwangen, fürstliche Abtei Kempten, Herzogtum Württemberg und Teck, obere Markgrafschaft Baden (Baden-Baden), untere Markgrafschaft Baden (Baden-Durlach), Markgrafschaft Hachberg, gefürstete Grafschaft Hohenzollern-Hechingen, Grafschaft Hohenzollern-Sigmaringen, gefürstete Frauenabtei Lindau, gefürstete Frauenabtei Buchau, gefürstete Grafschaft Thengen, Grafschaft Heiligenberg, Grafschaft Oettingen, gefürstete Landgrafschaft im Klettgau, Fürstentum Liechtenstein, Abtei Salem (Salmannsweiler), Abtei Weingarten, Abtei Ochsenhausen, Abtei Elchingen, Abtei Irsee, Abtei Ursberg, Abtei Kaisheim (Kaisersheim), Abtei Roggenburg, Abtei Rot, Abtei Weißenau, Abtei Schussenried, Abtei Marchtal, Abtei Petershausen, Propstei Wettenhausen, Abtei Zwiefalten, Abtei Gengenbach, Abtei Heggbach, Abtei Gutenzell, Abtei Rottenmünster, Abtei Baindt, Deutscher Orden: Kommende Mainau (Teil der Ballei Elsass-Burgund [Elsass und Burgund]), Landgrafschaft Stühlingen, Landgrafschaft Baar, Herrschaft Wiesensteig, Herrschaft Hausen, Herrschaft Messkirch, Herrschaften Tettnang und Argen, Lande des fürstlichen Hauses Oettingen-Wallerstein, Lande der Erbtruchsessen zu Waldburg-Zeil-Zeil und Waldburg-Zeil-Wurzach, Lande der Erbtruchsessen Waldburg-Wolfegg-Wolfegg und Waldburg-Wolfegg-Waldsee, Lande der Erbtruchsessen zu Waldburg-Scheer-Scheer und Waldburg-Trauchburg (Waldburg-Zeil-Trauchburg), Grafschaft Rothenfels und Herrschaft Stauffen (Staufen), Grafschaft Königsegg und Herrschaft Aulendorf, Herrschaften Mindelheim und Schwabegg, Herrschaft Gundelfingen, Grafschaft Eberstein, Lande der Grafen Fugger, Grafschaft Hohenems, Herrschaft Justingen, Grafschaft Bonndorf, Herrschaft Eglofs, Herrschaft Thannhausen, Grafschaft Hohengeroldseck, Herrschaft Eglingen, Reichsstadt Augsburg, Reichsstadt Ulm, Reichsstadt Esslingen, Reichsstadt Reutlingen, Reichsstadt Nördlingen, Reichsstadt Schwäbisch Hall, Reichsstadt Überlingen, Reichsstadt Rottweil, Reichsstadt Heilbronn, Reichsstadt Schwäbisch Gmünd, Reichsstadt Memmingen, Reichsstadt Lindau, Reichsstadt Dinkelsbühl, Reichsstadt Biberach, Reichsstadt Ravensburg, Reichsstadt Kempten, Reichsstadt Kaufbeuren, Reichsstadt Weil (der Stadt), Reichsstadt Wangen, Reichsstadt Isny, Reichsstadt Leutkirch, Reichsstadt Wimpfen, Reichsstadt Giengen, Reichsstadt Pfullendorf, Reichsstadt Buchhorn, Reichsstadt Aalen, Reichsstadt Bopfingen, Reichsstadt Buchau, Reichsstadt Offenburg, Reichsstadt Gengenbach, Reichsstadt Zell (am Harmersbach).
7. Oberrheinischer Reichskreis: Hochstift Worms, Hochstift Speyer, gefürstete Propstei Weißenburg, Hochstift Straßburg, Hochstift Basel, Hochstift Fulda, Fürstentum Heitersheim (Johanniterorden), gefürstete Abtei Prüm, Reichspropstei Odenheim (Odenheim und Bruchsal), Fürstentum Simmern (Pfalz-Simmern), Fürstentum Lautern (Pfalz-[Kaisers-] Lautern), Fürstentum Veldenz (Pfalz-Veldenz), Fürstentum Zweibrücken (Pfalz-Zweibrücken), Landgrafschaft Hessen-Kassel, Landgrafschaft Hessen-Darmstadt, Fürstentum Hersfeld, Grafschaft Sponheim, Markgrafschaft Nomeny, gefürstete Grafschaft Salm, Lande des

Fürsten zu Nassau-Weilburg, Lande des Fürsten zu Nassau-Saarbrücken-Usingen, Lande des Fürsten zu Nassau-Saarbrücken-Saarbrücken, Grafschaft Waldeck, Grafschaft Hanau-Münzenberg, Herrschaft Hanau-Lichtenberg, Lande des fürstlichen Hauses Solms-Braunfels, Lande des gräflichen Hauses Solms-Lich-Hohensolms, Lande des gräflichen Hauses Solms-Laubach, Lande des gräflichen Hauses Solms-Rödelheim, Grafschaft Königstein (teils kurmainzisch, teils stolbergisch), Grafschaft Oberisenburg, geteilt unter: das fürstliche Haus Isenburg-Birstein, das gräfliche Haus Isenburg-Büdingen-Büdingen, das gräfliche Haus Isenburg-Büdingen-Wächtersbach, das gräfliche Haus Isenburg-Büdingen-Meerholz, Lande der Wild- und Rheingrafen (Wildgrafen und Rheingrafen), geteilt unter: die fürstliche Linie Salm-Kyrburg, die rheingräfliche Linie Grumbach (Salm-Grumbach), die rheingräfliche Linie zu Stein (Salm-Stein), Lande der Grafen Leiningen-Hartenburg, reichsunmittelbares Schloss und Dorf Mensfelden bzw. Münzfelden, Grafschaft Sayn-Wittgenstein-Wittgenstein, Grafschaft Sayn-Wittgenstein-Berleburg, Grafschaft Falkenstein, Herrschaft Reipoltskirchen, Grafschaft Kriechingen, Grafschaft Wartenberg, Herrschaft Bretzenheim, Herrschaft Dagstuhl, Herrschaft Ollbrück (Olbrück), Reichsstadt Worms, Reichsstadt Speyer, Reichsstadt Frankfurt (am Main), Reichsstadt Friedberg, Reichsstadt Wetzlar.
8. Niederrheinisch-westfälischer Reichskreis: Hochstift Münster, Herzogtum Kleve nebst den Grafschaften Mark und Ravensberg (1614 an Brandenburg), Herzogtümer Jülich und Berg (1614 an Pfalz-Neuburg), Hochstift Paderborn, Hochstift Lüttich, Hochstift Osnabrück, Fürstentum Minden, Fürstentum Verden, gefürstete Abtei Corvey, gefürstete Abteien Stablo und Malmedy, Abtei Werden, Abtei Kornelimünster, gefürstete Abtei Essen, Frauenstift Thorn, Frauenstift Herford, Lande der Fürsten zu Nassau-Diez, Fürstentum Ostfriesland, Fürstentum Moers, Grafschaft Wied, Grafschaft Sayn, Grafschaft Schaumburg (teils zu Hessen-Kassel, teils zu Lippe gehörig), Grafschaften Oldenburg und Delmenhorst, Grafschaft Lippe, Grafschaft Bentheim, Grafschaft Steinfurt, Grafschaften Tecklenburg und Lingen, Grafschaft Hoya, Grafschaft Virneburg, Grafschaft Diepholz, Grafschaft Spiegelberg, Grafschaft Rietberg, Grafschaft Pyrmont, Grafschaft Gronsveld, Grafschaft Reckheim, Herrschaft Anholt, Herrschaften Winneburg und Beilstein, Grafschaft Holzappel, Herrschaft Wittem, Grafschaften Blankenheim und Gerolstein, Herrschaft Gemen, Herrschaft Gimborn und Neustadt, Herrschaft Wickrath, Herrschaft Millendonk (Myllendonk), Herrschaft Reichenstein, Grafschaft Kerpen und Lommersum (Kerpen-Lommersum), Grafschaft Schleiden, Grafschaft Hallermunt, Reichsstadt Köln, Reichsstadt Aachen, Reichsstadt Dortmund.
9. Obersächsischer Reichskreis: Sachsen (kursächsische Lande), Mark Brandenburg, Lande der Herzöge zu Sachsen ernestinischer Linie: Fürstentum Sachsen-Weimar, Fürstentum Sachsen-Eisenach, Fürstentum Sachsen-Coburg, Fürstentum Sachsen-Gotha, Fürstentum Sachsen-Altenburg, Lande der Fürsten von Hatzfeld, Fürstentum Querfurt, Herzogtum Pommern schwedischen Anteils, Herzogtum Pommern preußischen Anteils, Fürstentum Cammin, Fürstentum Anhalt, Abtei Quedlinburg, Abtei Gernrode, Stift Walkenried, Fürstentum Schwarzburg-Sondershausen, Fürstentum Schwarzburg-Rudolstadt, Grafschaft Mansfeld, Grafschaften Stolberg und Wernigerode, Grafschaft Barby, Herrschaften der Grafen von Reuß, Herrschaften der Grafen von Schönburg, Grafschaft Hohnstein nebst den Herrschaften Lohra und Klettenberg.
10. Niedersächsischer Reichskreis: Herzogtum Magdeburg, Herzogtum Bremen, Fürstentum Lüneburg (Celle), Fürstentum Grubenhagen (Braunschweig-Grubenhagen), Fürstentum Calenberg (Braunschweig-Calenberg), Fürstentum Wolfenbüttel (Braunschweig-Wolfenbüttel), Fürstentum Halberstadt, Herzogtum Mecklenburg-Schwerin, Herzogtum Mecklenburg-Güstrow, Herzogtum Holstein-Glückstadt, Herzogtum Holstein-Gottorp, Hochstift Hildesheim, Herzogtum Sachsen-Lauenburg, Hochstift Lübeck, Fürstentum Schwerin, Fürstentum Ratzeburg, Fürstentum Blankenburg, Grafschaft Rantzau, Reichsstadt Lübeck, Reichsstadt Goslar, Reichsstadt Mühlhausen, Reichsstadt Nordhausen, Reichsstadt Hamburg, Reichsstadt Bremen.
Nicht in diese sechs bzw. zehn Reichskreise eingekreist waren: Königreich Böhmen, Markgrafentum Mähren, Herrschaft Asch, Reichsstift Burtscheid, Propstei Cappenberg, Herr-

schaft Dreis, Herrschaft Dyck, Frauenstift Elten, Herrschaft Freudenberg (Freudenburg), Herrlichkeit Hörstgen nebst Rittersitz Frohnenburg (Frohnenbruch), Land Hadeln, Grafschaft Homburg, Herrschaft Jever, Markgrafentum Oberlausitz, Markgrafentum Niederlausitz, Herrschaft Kniphausen, Reichsherrschaft Landskron, Herrschaft Lebach, Reichsherrschaft Mechernich, Grafschaft Mömpelgard, Herrschaft Nalbach, Herrschaft Oberstein, Herrschaft Pyrmont, Herrschaft Rhade (Rath), Herrschaft Rheda, Herrschaft Richold, Herrschaft Saffenburg, Herzogtum Schlesien preußischen und böhmischen Anteils, Grafschaft Glatz, Reichsherrschaft Schauen, Herrschaft Schaumburg, Herrschaft Schönau, Abtei Schönthal (Schöntal), Herrschaft Schwarzenholz, Herrschaft Stein, Herrschaft Wasserburg, Herrschaft Wildenberg (Wildenburg), Kirchspiel Winden, Herrschaft Wylre, Grafschaft Fagnolle (sowie die Reichsritter und die Reichsdörfer).

V. Veränderungen durch den Reichsdeputationshauptschluss

Nachdem zahlreiche weitere kriegerische Auseinandersetzungen nach 1648 erhebliche Wandlungen herbeigeführt hatten (z. B. Verluste an Frankreich [1681 Straßburg], Übergang der südlichen Niederlande und einiger Teile Oberitaliens von Spanien an Österreich, Gewinne Österreichs im Südosten, Erwerbungen Kleve-Mark-Ravensbergs für Brandenburg, Erlangung der Souveränität und der Königskrone in Preußen durch Brandenburg, Eroberung Schlesiens durch Preußen, Aufteilung Polens unter Russland, Österreich und Preußen, Zusammenführung der wittelsbachischen Güter, Verbindung Hannovers mit England und Sachsens mit Polen), bewirkte reichsverfassungsrechtlich der Reichsdeputationshauptschluss vom 25. 2. 1803 (§ 32) insofern noch kurzfristig erhebliche Veränderungen, als er einerseits zum Zweck der Entschädigung für linksrheinische Verluste an Frankreich die Auflösung von 41 der insgesamt 47 noch vorhandenen Reichsstädte und nahezu aller geistlichen Herrschaften (3 Kurfürstentümer, 19 Reichsbistümer und 44 Reichsabteien) verfügte, die vor der Reformation immerhin etwa ein Sechstel bis ein Siebtel des deutschsprachigen Reichsgebietes umfasst hatten und zuletzt noch in einer Zahl von knapp 80 im Reichstag vertreten gewesen waren, und andererseits zu den bisherigen und weiterhin verbleibenden Mitgliedern des Reichstags, von denen Baden für 8 Quadratmeilen Verlust 59 Quadratmeilen Entschädigung, Bayern für 255 Quadratmeilen Verlust 290 Quadratmeilen Entschädigung, Preußen für 48 Quadratmeilen Verlust 235 Quadratmeilen Entschädigung und Württemberg für 7 Quadratmeilen Verlust 29 Quadratmeilen Entschädigung erhielten, noch folgende neue Virilstimmen hinzufügte:
Der Kaiser, als Erzherzog zu Österreich: für Steiermark eine, für Krain eine, für Kärnten eine und für Tirol eine (insgesamt 4 Stimmen); der Kurfürst von der Pfalz, als Herzog von Bayern: für das Herzogtum Berg eine, für Sulzbach (Pfalz-Sulzbach) eine, für Niederbayern eine und für Mindelheim eine (insgesamt 4 Stimmen); der König von Preußen, als Herzog von Magdeburg: für Erfurt eine und für das Eichsfeld eine (insgesamt 2 Stimmen); der Kurfürst (von Mainz) Reichserzkanzler: für das Fürstentum Aschaffenburg eine (1 Stimme); der Kurfürst von Sachsen: als Markgraf zu Meißen eine, für die Burggrafschaft Meißen eine und für Querfurt eine (insgesamt 3 Stimmen); der Kurfürst von Sachsen, wechselweise mit den Herzögen von Sachsen-Weimar und von Sachsen-Gotha: für Thüringen eine (1 Stimme); der König von England, als Herzog von Bremen: für Göttingen (Braunschweig-Göttingen) eine (1 Stimme); der Herzog von Braunschweig-Wolfenbüttel: für Blankenburg eine (1 Stimme); der Markgraf von Baden: für Bruchsal anstatt Speyer eine, und für Ettenheim anstatt Straßburg eine (insgesamt 2 Stimmen); der Herzog von Württemberg: für Teck eine, für Zwiefalten eine und für Tübingen eine (insgesamt 3 Stimmen); der König von Dänemark, als Herzog von Holstein: für Plön eine (1 Stimme); der Landgraf von Hessen-Darmstadt: für das Herzogtum Westfalen eine und für Starkenburg eine (insgesamt 2 Stimmen); der Landgraf von Hessen-Kassel: für Fritzlar eine und für Hanau eine (insgesamt 2 Stimmen); der Herzog von Modena: für den Breisgau eine und für die Ortenau eine (insgesamt 2 Stimmen); der Herzog von Mecklenburg-Strelitz: für Stargard eine (1 Stimme); der Herzog von Arenberg:

seine auf diesseitige Lande versetzte Virilstimme (1 Stimme); der Fürst von Salm-Salm: eine eigene Stimme, die vorher mit Salm-Kyrburg gemeinschaftlich war (1 Stimme); der Fürst von Nassau-Usingen eine (1 Stimme); der Fürst von Nassau-Weilburg eine (1 Stimme); der Fürst von Hohenzollern-Sigmaringen eine (1 Stimme); der Fürst von Salm-Kyrburg eine (1 Stimme); der Fürst von Fürstenberg: für Baar und Stühlingen eine (1 Stimme); der Fürst von Schwarzenberg: für Klettgau eine (1 Stimme); der Fürst von Thurn und Taxis: für Buchau eine (1 Stimme); der Fürst von Waldeck eine (1 Stimme); der Fürst von Löwenstein-Wertheim eine (1 Stimme); der Fürst von Oettingen-Spielberg eine (1 Stimme); der Fürst von Oettingen-Wallerstein eine (1 Stimme); der Fürst von Solms-Braunfels eine (1 Stimme); die Fürsten von Hohenlohe-Neuenstein eine (1 Stimme); der Fürst von Hohenlohe-Waldenburg-Schillingsfürst eine (1 Stimme); der Fürst von Hohenlohe-Waldenburg-Bartenstein eine (1 Stimme); der Fürst von Isenburg-Birstein eine (1 Stimme); der Fürst von Kaunitz: für Rietberg eine (1 Stimme); der Fürst von Reuß-Plauen-Greiz eine (1 Stimme); der Fürst von Leiningen eine (1 Stimme); der Fürst von Ligne: für Edelstetten eine (1 Stimme); der Herzog von Looz: für Wolbeck eine (1 Stimme).

Hieraus hatte sich insgesamt folgende, in § 32 des Reichsdeputationshauptschlusses festgelegte Aufrufordnung des Reichsfürstenrates ergeben:

1. Österreich, 2. Oberbayern, 3. Steiermark (Österreich), 4. Magdeburg (Preußen), 5. Salzburg, 6. Niederbayern, 7. Regensburg, 8. Sulzbach (Pfalz-Sulzbach), 9. Deutscher Orden, 10. Neuburg (Pfalz-Neuburg), 11. Bamberg, 12. Bremen, 13. Markgraf von Meißen, 14. Berg (Bayern, Pfalz), 15. Würzburg, 16. Kärnten (Österreich), 17. Eichstätt, 18. Sachsen-Coburg, 19. Bruchsal (Baden), 20. Sachsen-Gotha, 21. Ettenheim (Baden), 22. Sachsen-Altenburg, 23. Konstanz, 24. Sachsen-Weimar, 25. Augsburg, 26. Sachsen-Eisenach, 27. Hildesheim, 28. Brandenburg-Ansbach, 29. Paderborn, 30. Brandenburg-Bayreuth, 31. Freising, 32. Braunschweig-Wolfenbüttel, 33. Thüringen (Sachsen bzw. Sachsen-Weimar, Sachsen-Gotha), 34. Braunschweig-Celle, 35. Nassau, 36. Braunschweig-Calenberg, 37. Trient, 38. Braunschweig-Grubenhagen, 39. Brixen, 40. Halberstadt, 41. Krain (Österreich), 42. Baden-Baden, 43. Württemberg, 44. Baden-Durlach, 45. Osnabrück, 46. Verden, 47. Münster, 48. Baden-Hachberg, 49. Lübeck, 50. Württemberg (Teck), 51. Hanau (Hessen-Kassel), 52. Holstein-Glückstadt, 53. Fulda, 54. Holstein-Oldenburg, 55. Kempten, 56. Mecklenburg-Schwerin, 57. Ellwangen, 58. Mecklenburg-Güstrow, 59. Malteserorden, 60. Hessen-Darmstadt, 61. Berchtesgaden, 62. Hessen-Kassel, 63. Westfalen (Hessen-Darmstadt), 64. Vorpommern, 65. Holstein-Plön (Dänemark), 66. Hinterpommern, 67. Breisgau (Modena), 68. Sachsen-Lauenburg, 69. Corvey, 70. Minden, 71. Burggraf von Meißen (Sachsen), 72. Leuchtenberg, 73. Anhalt, 74. Henneberg, 75. Schwerin, 76. Cammin, 77. Ratzeburg, 78. Hersfeld (Hirschfeld), 79. Tirol (Österreich), 80. Tübingen (Württemberg), 81. Querfurt (Sachsen), 82. Arenberg, 83. Hohenzollern-Hechingen, 84. Fritzlar (Hessen-Kassel), 85. Lobkowitz, 86. Salm-Salm, 87. Dietrichstein, 88. Nassau-Hadamar, 89. Zwiefalten (Württemberg), 90. Nassau-Dillenburg, 91. Auersperg, 92. Starkenburg (Hessen-Darmstadt), 93. Ostfriesland, 94. Fürstenberg, 95. Schwarzenberg, 96. Göttingen (Braunschweig-Göttingen), 97. Mindelheim (Bayern), 98. Liechtenstein, 99. Thurn und Taxis, 100. Schwarzburg, 101. Ortenau (Modena), 102. Aschaffenburg (Mainz) (bzw. Kurerzkanzler), 103. Eichsfeld (Preußen), 104. Braunschweig-Blankenburg (Braunschweig-Wolfenbüttel), 105. Stargard (Mecklenburg-Strelitz), 106. Erfurt (Preußen), 107. Nassau-Usingen, 108. Nassau-Weilburg, 109. Hohenzollern-Sigmaringen, 110. Salm-Kyrburg, 111. Fürstenberg-Baar, 112. Schwarzenberg-Klettgau, 113. Taxis-Buchau (Thurn und Taxis), 114. Waldeck, 115. Löwenstein-Wertheim, 116. Oettingen-Spielberg, 117. Oettingen-Wallerstein, 118. Solms-Braunfels, 119. Hohenlohe-Neuenstein, 120. Hohenlohe-Waldenburg-Schillingsfürst, 121. Hohenlohe-Waldenburg-Bartenstein, 122. Isenburg-Birstein, 123. Kaunitz-Rietberg, 124. Reuß-Plauen-Greiz, 125. Leiningen, 126. Ligne (Edelstetten), 127. Looz (Wolbeck), 128. Schwäbische Grafen, 129. Wetterauische Grafen, 130. Fränkische Grafen, 131. Westfälische Grafen.

Innerhalb der im Reichsfürstenrat erfassten Reichsfürsten galten dabei, weil sie schon auf dem Augsburger Reichstag von 1582, auf dem man die bis dahin jedem Fürsten verliehenen

Virilstimmen (53 weltliche Virilstimmen bei 46 geistlichen Virilstimmen, gegenüber 1792 64 weltliche Virilstimmen bei 38 geistlichen Virilstimmen und zuletzt 61 weltliche Virilstimmen bei 33 geistlichen Virilstimmen) auf die gerade vorhandenen Herrschaftsgebiete festgelegt hatte, erfasst worden waren, Österreich, Bayern, Pfalz-Lautern, Pfalz-Simmern, Pfalz-Neuburg, Pfalz-Zweibrücken, Pfalz-Veldenz, Sachsen-Weimar, Sachsen-Eisenach, Sachsen-Coburg, Sachsen-Gotha, Sachsen-Altenburg, Brandenburg-Ansbach, Brandenburg-Kulmbach, Braunschweig-Celle bzw. Lüneburg, Braunschweig-Calenberg, Braunschweig-Grubenhagen, Braunschweig-Wolfenbüttel, Mecklenburg-Schwerin, Mecklenburg-Güstrow, Württemberg, Hessen-Kassel, Hessen-Darmstadt, Baden-Baden, Baden-Durlach, Baden-Hachberg, Holstein-Glückstadt, Savoyen, Leuchtenberg, Anhalt, Henneberg, Nomeny, Mömpelgard und Arenberg als altfürstliche Häuser (der 14 altfürstlichen Dynastien, 1776 9). Zu den nach 1582 in den Reichsfürstenstand erhobenen (14, 1767 13) neufürstlichen Häusern gehörten demgegenüber Hohenzollern, Eggenberg (1717 ausgestorben), Lobkowitz, Salm, Dietrichstein, Piccolomini (bis 1757), Nassau-Hadamar (bis 1771), Nassau-Dillenburg, Nassau-Siegen (bis 1743), Auersperg, Portia (bis 1776), Ostfriesland, Fürstenberg, Schwarzenberg, Waldeck, Mindelheim (vorübergehend für den Herzog von Marlborough), Liechtenstein, Thurn und Taxis und Schwarzburg, weiter die aus den Reichsgrafen hervorgegangenen, nicht mit Virilstimmen begabten Häuser Colloredo, Hohenlohe, Isenburg, Leiningen, Oettingen, Rosenberg, Sayn, Schönburg, Solms, Stolberg, Waldburg und Wied sowie die nach 1803 hinzugekommenen Häuser Metternich, Trauttmannsdorf und Windischgrätz.

D. Deutscher Bund

Am 6. 8. 1806 legte der habsburgische Kaiser des Heiligen Römischen Reiches, der nach dem Vorbild Napoleons 1804 für seine Erblande ebenfalls einen (zweiten) Kaisertitel angenommen hatte, auf politischen Druck Napoleons und der mit diesem verbündeten Fürsten des Rheinbundes die Krone des Reiches nieder. Bald stand fest, dass damit die noch bestehenden Reichsglieder selbständige Staaten geworden waren, mit denen Napoleon während der sieben verbleibenden Jahre seiner Machtausübung fast nach Belieben schaltete. Sie entschieden sich allerdings nach der Befreiung von der Herrschaft Napoleons (1813) gegen einen vor allem von liberalen Idealisten geforderten deutschen Nationalstaat und für einen von ihren Fürsten und von den nichtdeutschen Mächten Europas befürworteten, auf der Grundlage des vornapoleonischen Gebietsstandes die Souveränität der Einzelfürsten wahrenden deutschen Bund. Zu diesem 1815 entstandenen, bis 1866 währenden Staatenbund, der 1815 etwa 11 495 Quadratmeilen umfasste und rund 32 Millionen Einwohner im Bundesgebiet zählte, gehörten folgende Staaten: Österreich (3480 Quadratmeilen 9 765 500 Einwohner), Preußen (3307 Quadratmeilen 8 730 000 Einwohner), Bayern (1499 Quadratmeilen 3 630 800 Einwohner), Sachsen (278 Quadratmeilen 1 386 900 Einwohner), Hannover (695 Quadratmeilen 1 463 700 Einwohner) (bis 1837 in Personalunion mit England bzw. Großbritannien), Württemberg, Baden, Kurhessen (Hessen-Kassel), Großherzogtum Hessen (Hessen-Darmstadt), Holstein (und Lauenburg) (Dänemark), Luxemburg (Niederlande), Braunschweig, Mecklenburg-Schwerin, Nassau, Sachsen-Weimar(-Eisenach), Sachsen-Gotha (1825 erloschen), Sachsen-Coburg (seit 1826 Sachsen-Coburg-Gotha), Sachsen-Meiningen, Sachsen-Hildburghausen (bis 1826), Sachsen-Altenburg (seit 1826), Mecklenburg-Strelitz, (Holstein-)Oldenburg, Anhalt-Dessau (seit 1863 Anhalt), Anhalt-Bernburg (1863 erloschen), Anhalt-Köthen (1847 erloschen), Schwarzburg-Sondershausen, Schwarzburg-Rudolstadt, Hohenzollern-Hechingen, Hohenzollern-Sigmaringen (1849 an Preußen), Liechtenstein (2,45 Quadratmeilen 5800 Einwohner), Waldeck, Reuß ältere Linie, Reuß jüngere Linie, Schaumburg-Lippe (9,75 Quadratmeilen 25 500 Einwohner), Lippe(-Detmold), Lübeck, Frankfurt, Bremen, Hamburg, Limburg (seit 1839, Niederlande) sowie Hessen-Homburg (7,84 Quadratmeilen 20 400 Einwohner, seit 1817, 1866 erloschen).
Im Übrigen erhielt Russland den größten Teil des Herzogtums Warschau als Königreich (Kongresspolen) in Personalunion, erlangte Preußen die nördliche Hälfte Sachsens, die

Rheinlande, Westfalen, das verbliebene schwedische Vorpommern, Danzig, Thorn und Posen, gewann Österreich (wieder) Vorarlberg, Tirol, Salzburg (Inn- und Hausruckviertel 1816), Kärnten, Krain, Istrien, Kreis Tarnopol, Lombardo-Venetien, Toskana und Modena (bei Verlust des Breisgaues und der südlichen Niederlande) und erreichte die Schweiz die Kantone Wallis, Neuenburg und Genf sowie die Sicherung der immerwährenden Neutralität.

E. Norddeutscher Bund

Als der Deutsche Bund am 24. 8. 1866 am politischen Gegensatz zwischen dem protestantisch ausgerichteten, straff geführten Preußen und dem katholischen habsburgischen Vielvölkerstaat Österreich-Ungarn zerbrach, verhinderten die nichtdeutschen Großmächte die Bildung eines bereits 1848 ins Auge gefassten kleindeutschen Nationalstaates unter der Führung Preußens. Diesem wurde im August 1866 lediglich die Schaffung des 415 000 Quadratkilometer und 30 Millionen Einwohner umfassenden Norddeutschen Bundes gestattet. Seine 22 Mitglieder waren Preußen, Sachsen, Hessen(-Darmstadt, nördlich des Maines), Mecklenburg-Schwerin, Mecklenburg-Strelitz, Oldenburg, Braunschweig, Sachsen-Weimar, Sachsen-Meiningen, Sachsen-Altenburg, Sachsen-Coburg-Gotha, Anhalt, Schwarzburg-Rudolstadt, Schwarzburg-Sondershausen, Waldeck, Reuß ältere Linie, Reuß jüngere Linie, Schaumburg-Lippe, Lippe, Hamburg, Bremen und Lübeck. Seine Verfassung stammte vom 1. 7. 1867 und war durch die Vorrangstellung Preußens gekennzeichnet.

F. Zweites Deutsches Reich und Drittes Deutsches Reich

I. Zweites Deutsches Reich

Der überwältigende Sieg Preußens und der ihm folgenden deutschen Staaten gegen Frankreich 1870/1871 im Ringen um die Thronfolge in Spanien erlaubte dann freilich bald den Beitritt der wenigen verbliebenen süddeutschen Staaten und die Umwandlung des norddeutschen Bundes in ein Reich. Dieses zweite, von Preußen beherrschte Deutsche Reich umfasste 540 742 Quadratkilometer mit 56,37 Millionen Einwohnern. Es gliederte sich nur noch in die Länder bzw. die Königreiche Preußen, Bayern, Sachsen, Württemberg, die Großherzogtümer Baden, Hessen-Darmstadt, Mecklenburg-Schwerin, Mecklenburg-Strelitz, Sachsen-Weimar, Oldenburg, die Herzogtümer Braunschweig, Sachsen-Meiningen, Sachsen-Altenburg, Sachsen-Coburg-Gotha, Anhalt, die Fürstentümer Schwarzburg-Sondershausen, Schwarzburg-Rudolstadt, Waldeck, Reuß ältere Linie und Reuß jüngere Linie, Schaumburg-Lippe, Lippe, die freien Städte Bremen, Hamburg, Lübeck sowie das Reichsland Elsass-Lothringen.

Am 10. 11. 1918 wurde dieses Reich Republik. Auch in den Ländern dankten die Monarchen ab. Die territoriale Einteilung wurde trotz großer Verluste an den Grenzen (Elsass-Lothringen, Eupen-Malmedy, Nordschleswig, Westpreußen, Posen, Kreis Soldau, Oberschlesien, Danzig, Memelland, Saargebiet [gleichzeitige Beschränkung Österreichs auf seine deutschsprachigen Gebiete, Verlust Südtirols an Italien]) dadurch grundsätzlich freilich nicht verändert.

II. Drittes Deutsches Reich

An der territorialen Gliederung rüttelte auch die außenpolitisch mit Gewalt über die bestehenden Grenzen ausgreifende Diktatur Adolf Hitlers zwischen 1933 und 1945 (Anschluss Österreichs und des Sudetenlandes, Memelland, Reichsprotektorat Böhmen und Mähren, Reichsgaue Danzig-Westpreußen und Wartheland, Ostoberschlesien, Eupen-Malmedy, Luxemburg, Elsass-Lothringen, Teile von Slowenien) nicht grundsätzlich. Allerdings höhlte sie den bisherigen Föderalismus sachlich weitgehend aus und stellte neben die Länder 42 Gaue. Entscheidungen wurden hauptsächlich zentralistisch getroffen.

G. Bundesrepublik Deutschland, Deutsche Demokratische Republik, Österreich, Schweiz und Liechtenstein auf dem Weg nach Europa

I. Die Kapitulation und die Besatzungszonen

Nach dem Zweiten Weltkrieg wurde Deutschland auf Grund der im Februar 1945 in Jalta von der Sowjetunion, den Vereinigten Staaten von Amerika und Großbritannien beschlossenen Einteilung in vier Besatzungszonen der alliierten Großmächte besetzt. Österreich, dessen verschiedenen Zielsetzungen dienende Wiederherstellung bereits am 1. 1. 1943 auf einer Konferenz der alliierten Außenminister beschlossen worden war, wurde vom Deutschen Reich getrennt und in vier Besatzungszonen aufgeteilt, für die aber das Verfassungsüberleitungsgesetz einer provisorischen Staatsregierung vom 1. 5. 1945 das Wiederinkrafttreten der Bundesverfassung des Jahres 1920 in der Fassung des Jahres 1929 bestimmte. Auch die Tschechoslowakei wurde wieder hergestellt.

In Deutschland unterzeichneten am 5. 6. 1945 die alliierten Oberbefehlshaber eine Deklaration über die Ausübung bzw. Übernahme der obersten Gewalt in Deutschland und errichteten den Alliierten Kontrollrat, der am 30. 7. 1945 erstmals zusammentrat. Durch das Potsdamer Abkommen der alliierten Siegermächte vom 2. 8. 1945 wurde Deutschland bis zu einer Friedensregelung in vier Besatzungszonen, zwei Gebiete unter sowjetischer und polnischer Verwaltung (tatsächliche Verminderung des deutschen Herrschaftsgebiets gegenüber 1937 um 24 %) sowie das innerhalb der sowjetischen Besatzungszone geviertelt einem Sonderstatus unterliegende Berlin geteilt.

Bereits am 9. 7. 1945 waren im sowjetisch besetzten Osten durch Anordnung der sowjetischen Militäradministration in Deutschland fünf Länder (Brandenburg, Mecklenburg-Vorpommern, Sachsen, Sachsen-Anhalt und Thüringen) und am 19. 9. 1945 im amerikanisch besetzten Gebiet drei Länder (Bayern, Großhessen und Württemberg-Baden) (neu) gebildet worden. Am 21. 4. 1946 wurden in der sowjetischen Besatzungszone die Sozialdemokratische Partei und die Kommunistische Partei zur Sozialistischen Einheitspartei zusammengeschlossen. Im Sommer 1946 entstanden im britisch besetzten Teil die Länder Nordrhein-Westfalen, Niedersachsen und Schleswig-Holstein, im französisch besetzten Teil die Länder Baden, Württemberg-Hohenzollern und Rheinland-Pfalz.

Frankreich und die Sowjetunion betrachteten ihre Zonen als Gegenstand der Ausbeutung, während es den Vereinigten Staaten von Amerika demgegenüber mehr um demokratische Erneuerung ging. Von daher erklärt es sich, dass am 1. 1. 1947 amerikanische Zone und britische Zone zu einer Bizone zusammengeschlossen wurden. (Das als für die beiden Weltkriege mitverantwortlich angesehene) Preußen wurde durch Gesetz vom 25. 2. 1957 aufgelöst.

II. Der Neuaufbau

Am 20. 3. 1948 stellte die Sowjetunion ihre Mitarbeit im Alliierten Kontrollrat ein. In der Folge versuchte sie, den Zugang zu Berlin zu blockieren. Das führte zur verstärkten Zusammenarbeit im Westen, in dem am 8. 4. 1949 die Bizone zur Trizone erweitert wurde.

Die drei Westmächte schufen auf Grund der Londoner Sechsmächtekonferenz vom 6. 3. 1948 das Besatzungsstatut für Westdeutschland. Am 25. 5. 1949 verkündeten sie das Grundgesetz für die neugeschaffene Bundesrepublik Deutschland. Demgegenüber errichtete die Sowjetunion mit der Annahme einer Verfassung auf ihrem Besatzungsgebiet am 7. 10. 1949 die Deutsche Demokratische Republik (108 178 Quadratkilometer, 17 Millionen Einwohner), in der 1952/1958 die Länder in Bezirke umgewandelt und damit beseitigt wurden (str.).

Österreich wurde am 15. 5. 1955 unter Verpflichtung zur Neutralität durch Staatsvertrag als souveräner unabhängiger und demokratischer Staat in den Grenzen vom 1. 1. 1938 anerkannt.

III. Der Weg nach Europa

Die Bundesrepublik Deutschland schloss am 14. 4. 1951 mit Frankreich, Italien, den Niederlanden, Belgien und Luxemburg den der Kontrolle über die Rüstungsindustrie vornehmlich Deutschlands dienenden Vertrag über die Europäische Gemeinschaft für Kohle und Stahl. 1952 trat sie der Europäischen Verteidigungsgemeinschaft, der Westeuropäischen Union und 1954 der am 4. 4. 1949 gegründeten Nordatlantischen Verteidigungsorganisation bei und am 5. 5. 1955 wurde sie von den Westmächten für souverän erklärt. 1957 vereinbarte sie mit Frankreich, Italien, den Niederlanden, Belgien und Luxemburg Verträge über die Nutzung der Atomenergie und über die Europäische Wirtschaftsgemeinschaft.
In der Deutschen Demokratischen Republik wurde am 17. 6. 1953 ein Aufstand mit sowjetischer Waffengewalt niedergeschlagen. Am 13. 8. 1961 wurde mit dem Bau einer Mauer an der Westgrenze begonnen. In der Neufassung der Verfassung wurde am 7. 10. 1974 die Vorstellung einer deutschen Nation aufgegeben.
Im August 1989 flüchteten, begünstigt von der Reformpolitik Michael Gorbatschows in der Sowjetunion, Tausende von hinter dem Eisernen Vorhang bzw. der „antifaschistischen Schutzmauer" eingesperrten Bewohnern der Deutschen Demokratischen Republik in die bundesdeutschen Botschaften in Budapest, Prag, Warschau sowie in die ständige Vertretung in Ostberlin. Am 10. 9. 1989 öffneten daraufhin die Außenminister Ungarns und Österreichs mit einer Drahtschere den Stacheldrahtzaun zwischen ihren Ländern. Danach begannen in der Deutschen Demokratischen Republik Massendemonstrationen für die Freiheit.
Am 9. 11. 1989 wurden Ausreisegenehmigungen ohne Vorbedingung zugesagt. Am 18. 3. 1990 fanden freie Wahlen statt. Sie führten zu einer bürgerlichen Mehrheit.
Am 3. 10. 1990 trat die Deutsche Demokratische Republik (unter [Wieder-]Errichtung [str.] der Länder Brandenburg, Mecklenburg-Vorpommern, Sachsen, Sachsen-Anhalt und Thüringen) der Bundesrepublik Deutschland bei. Der Vertrag über die abschließende Regelung in Bezug auf Deutschland vom 12. 9. 1990 erklärte die nach 1945 faktisch durchgeführte Gebietsneuverteilung für endgültig. Am 14. 11. 1990 wurde der Vertrag zwischen der Bundesrepublik Deutschland und der Republik Polen über die Bestätigung der zwischen ihnen bestehenden Grenze unterzeichnet.
1992 wurde innerhalb der auf zwölf Staaten (mit England, Irland, Dänemark, Spanien, Portugal und Griechenland) erweiterten Europäischen Gemeinschaften ein gemeinsamer Binnenmarkt verwirklicht. Die Gemeinschaften wurden zu einer Gemeinschaft und danach zur Europäischen Union umgeformt. Dieser traten zum 1. 1. 1995 Österreich, Finnland und Schweden bei, zum 1. 5. 2004 Tschechien, Ungarn, Slowakei, Slowenien, Polen, Estland, Lettland, Litauen, Malta und Zypern, während in der Schweiz, der Liechtenstein eng verbunden ist, der Beitritt förmlich abgelehnt wurde, wenn auch 1998 zwei Drittel der Bevölkerung dem Beitritt bejahend gegenüberstanden.

H. Die deutschsprachigen Länder in der Gegenwart

In der Gegenwart gliedern sich die wichtigsten föderalistisch aufgebauten Staaten des deutschen Sprachraumes, die im Wesentlichen den Raum des Heiligen Römischen Reiches einnehmen, noch folgendermaßen:
Die Bundesrepublik Deutschland (357 092 Quadratkilometer, 82,4 Millionen Einwohner) setzt sich aus den Bundesländern Baden-Württemberg (Stuttgart), Bayern (München), Brandenburg (Potsdam), Bremen (Bremen), Hamburg (Hamburg), Hessen (Wiesbaden), Mecklenburg-Vorpommern (Schwerin), Niedersachsen (Hannover), Nordrhein-Westfalen (Düsseldorf), Rheinland-Pfalz (Mainz), Saarland (Saarbrücken), Sachsen (Dresden), Sachsen-Anhalt (Magdeburg), Schleswig-Holstein (Kiel), Thüringen (Erfurt) sowie Berlin zusammen. Österreich (83 871 Quadratkilometer, 8,26 Millionen Einwohner) besteht aus den neun Bundesländern Niederösterreich (seit 1986 Sankt Pölten), Steiermark (Graz), Tirol

(Innsbruck), Oberösterreich (Linz), Kärnten (Klagenfurt), Salzburg (Salzburg), Burgenland (Eisenstadt), Vorarlberg (Bregenz) und Wien (Wien). Die zu rund 75 % deutschsprachige Schweiz (41 285 Quadratkilometer, 7,48 Millionen Einwohner) gliedert sich in die 26 Kantone bzw. Halbkantone Aargau (Aarau), Appenzell-Außerrhoden (Herisau), Appenzell-Innerrhoden (Appenzell), Basel-Stadt (Basel), Basel-Land(schaft) (Liestal), Bern (Bern), Freiburg (Freiburg), Genf (Genf), Glarus (Glarus), Graubünden (Chur), Jura (seit 1979) (Delsberg/Delémont), Luzern (Luzern), Neuenburg (Neuenburg), Sankt Gallen (Sankt Gallen), Schaffhausen (Schaffhausen), Schwyz (Schwyz), Solothurn (Solothurn), Tessin (Bellinzona), Thurgau (Frauenfeld), Unterwalden nid dem Wald bzw. Unterwalden-Obwalden (Stans), Unterwalden ob dem Wald bzw. Unterwalden-Nidwalden (Sarnen), Uri (Altdorf), Waadt (Lausanne), Wallis (Sitten), Zug (Zug) und Zürich (Zürich).

Verzeichnis der wichtigsten Abkürzungen

A	= Amt
A.	= Auflage
Abh.	= Abhandlung
Abt.	= Abteilung
AdFrauenKl	= adeliges Frauenkloster
ahd.	= althochdeutsch
alemann.	= alemannisch
and.	= altniederdeutsch
anhalt.	= anhaltinisch
Anm.	= Anmerkung
Ann.	= Annalen
Arch.	= Archiv
as.	= altsächsisch
AUF	= Archiv für Urkundenforschung
Ba	= Ballei
bad.	= badisch
BaDo	= Ballei des Deutschen Ordens
bay.	= bayerisch
Bd.	= Band
bearb.	= bearbeitet
Bg	= Burg
BgG	= Burggraf(en)
BgGt	= Burggrafschaft
Bll.	= Blätter
Btm	= Bistum
BundesL	= Bundesland
burg.	= burgundisch
DA	= Deutsches Archiv für Geschichte des Mittelalters
dän.	= dänisch
DDR	= Deutsche Demokratische Republik
Diss.	= Dissertation
DoKomm	= Kommende des Deutschen Ordens
dt.	= deutsch
EBtm	= Erzbistum
ed.	= editus, ediert
EdelH	= Edelherr(en)
Ergbd.	= Ergänzungsband
EStift	= Erzstift
f., ff.	= folgende(r)
F	= Fürst(en)
FAb	= Fürstabtei
FBtm	= Fürstbistum
FDLK	= Forschungen zur deutschen Landeskunde
fläm.	= flämisch
Fn.	= Fußnote
Forsch.	= Forschungen
Fpt	= Fürstpropstei
fränk.	= fränkisch
FreiGt	= Freigrafschaft
FreiH	= Freiherr(en)
fries.	= friesisch
frz.	= französisch
FS	= Festschrift
FStift	= Fürststift
Ftm	= Fürstentum
G	= Graf(en)
Ga	= Ganerben
GA	= Germanistische Abteilung
gen.	= genannt
geograph.	= geographisch
Gesch.	= Geschichte
Geschl.	= Geschlecht
gfAbtei	= gefürstete Abtei
gfGt	= gefürstete Grafschaft
gfLGt	= gefürstete Landgrafschaft
gfPr	= gefürstete Propstei
gfRAbtei	= gefürstete Reichsabtei
gfRGt	= gefürstete Reichsgrafschaft
GroßFtm	= Großfürstentum
GroßHztm	= Großherzogtum
Gt	= Grafschaft
Gymn.	= Gymnasial-
H	= Herr(en)
hannov.	= hannoversch
He.	= Heft(e)
hess.	= hessisch
hg.	= herausgegeben
hist.	= historisch
Hlk	= Herrlichkeit
Ht	= Herrschaft
Ht Gebiet	= Herrschaftsgebiet
Hz	= Herzog
HZ	= Historische Zeitschrift
Hztm	= Herzogtum
Inst.	= Institut
ital.	= italienisch
Jb.	= Jahrbuch
Jber.	= Jahresbericht
Jh.	= Jahrhundert
jur.	= juristisch

Ka	= Kanton
KA	= Kanonistische Abteilung
KBlGV	= Korrespondenzblatt des Gesamt-Vereins der deutschen Geschichts- und Altertumsvereine
kelt.	= keltisch
KFtm	= Kurfürstentum
kgl.	= königlich
KglKl	= königliches Kloster
KgR	= Königreich
Kl	= Kloster
Komm.	= Kommission
Korr.	= Korrespondenz
Kulturzs.	= Kulturzeitschrift
kurrhein.	= kurrheinisch
L	= Land
L.	= Literatur
lat.	= lateinisch
LexMA	= Lexikon des Mittelalters
LG.	= Landesgeschichte
LGt	= Landgrafschaft
Lief.	= Lieferung
lipp.	= lippisch
loth.	= lothringisch
Lschaft	= Landschaft
lübeck.	= lübeckisch
LV	= Landvogtei
LVAmt	= Landvogteiamt
mainfrk.	= mainfränkisch
masch.schr.	= maschinenschriftlich
math.nat.	= mathematisch-naturwissenschaftlich
meckl.	= mecklenburgisch
MGH	= Monumenta Germaniae Historica
mhd.	= mittelhochdeutsch
MinderHt	= Minderherrschaft
MIÖG	= Mitteilungen des Instituts für österreichische Geschichtsforschung
Mk	= Mark
MkG	= Markgraf(en)
MkGt	= Markgrafschaft
mlat.	= mittellateinisch
mnd.	= mittelniederdeutsch
NdRh.	= Niederrhein
ndt.	= niederdeutsch
N. F.	= Neue Folge
nhd.	= neuhochdeutsch
niederl.	= niederländisch
niedersächs.	= niedersächsisch
oberhess.	= oberhessisch
oberrhein.	= oberrheinisch
obersächs.	= obersächsisch
o. J.	= ohne Jahr
oldenburg.	= oldenburgisch
o. O.	= ohne Ort
Opf.	= Oberpfalz
österreich.	= österreichisch
Perst	= Personalist
Pf	= Pfalz
PfG	= Pfalzgraf(en)
PfGt	= Pfalzgrafschaft
phil.	= philosophisch
poln.	= polnisch
preuß.	= preußisch
Progr.	= Programm
Prov	= Provinz
Pst	= Personalist
Qu	= Quartier
RAbtei	= Reichsabtei
RBg	= Reichsburg
RBgGt	= Reichsburggrafschaft
RDorf	= Reichsdorf
Rep	= Republik
RF	= Reichsfürst
rfGericht	= reichsfreies Gericht
rfreieHt	= reichsfreie Herrschaft
RFreiH	= Reichsfreiherr(en)
RFtm	= Reichsfürstentum
RG	= Reichsgraf(en)
RGanerbschaft	= Reichsganerbschaft
RGt	= Reichsgrafschaft
RGut	= Reichsgut
rhein.	= rheinisch
rheinhess.	= rheinhessisch
RHof	= Reichshof
RHt	= Reichsherrschaft
Ri	= Ritter
riGanerbschaft	= ritterschaftliche Ganerbschaft
riHt	= ritterschaftliche Herrschaft
riOrt	= ritterschaftlicher Ort
RiKreis	= Ritterkreis
RK	= Reichskreis
RKl	= Reichskloster
RL	= Reichsland
RLV	= Reichslandvogtei
RPropstei	= Reichspropstei
RProv	= Reichsprovinz
RRi	= Reichsritter
rriBg	= reichsritterschaftliche Burg
rriHt	= reichsritterschaftliche Herrschaft

rriOrt	= reichsritterschaftlicher Ort
RRischaft	= Reichsritterschaft
RS	= Reichsstadt
RStift	= Reichsstift
ruAbtei	= reichsunmittelbare Abtei
ruDorf	= reichsunmittelbares Dorf
ruGt	= reichsunmittelbare Grafschaft
ruHt	= reichsunmittelbare Herrschaft
ruKl	= reichsunmittelbares Kloster
ruS	= reichsunmittelbare Stadt
ruStift	= reichsunmittelbares Stift
RVS	= Reichsvogteistadt
S	= Stadt
sächs.	= sächsisch
SB.	= Sitzungsbericht
Schr.	= Schrift(en)
schwäb.	= schwäbisch
schweiz.	= schweizerisch
SKom	= Stadtkommune
slaw.	= slawisch
slowen.	= slowenisch
sorb.	= sorbisch
SS	= Scriptores
SStaat	= Stadtstaat
staatl.	= staatlich
städt.	= städtisch
str.	= streitig
T.	= Teil
thür.	= thüringisch
topograph.	= topographisch
TRE	= Theologische Realenzyklopädie
tschech	= tschechisch
ungedr.	= ungedruckt
unv.	= unverändert
vaterländ.	= vaterländisch
Ver.	= Verein
Verh.	= Verhandlung(en)
Vjbll.	= Vierteljahresblätter
Vjh.	= Vierteljahresheft(e)
vogtländ.	= vogtländisch
Vortr.	= Vorträge
westdt.	= westdeutsch
westfäl.	= westfälisch
Wiss.	= Wissenschaft
württemberg.	= württembergisch
WZ	= Westdeutsche Zeitschrift für Geschichte und Kunst
ZGO	= Zeitschrift für Geschichte des Oberrheins
ZOF	= Zeitschrift für Ostforschung
ZRG	= Zeitschrift für Rechtsgeschichte
Zs.	= Zeitschrift
ZSHG	= Zeitschrift der Gesellschaft für Schleswig-Holsteinische Geschichte

Mit dem jeweiligen Anfangsbuchstaben abgekürzt ist das Stichwort jedes Artikels. Für einzelne Fachausdrücke muss allgemein auf die vorliegende geschichtliche Literatur, wie sie etwa auch in den Literaturhinweisen verzeichnet ist, hingewiesen werden.

Literaturhinweise

Abhandlungen zum historischen Atlas der österreichischen Alpenländer, Archiv für österreichische Geschichte, 1907 ff.

Aegidi, L. K., Der Fürstenrat nach dem Lunéviller Frieden, 1853

Akkulturation und Selbstbehauptung. Studien zur Entwicklungsgeschichte der Lande zwischen Elbe/Saale und Oder im späten Mittelalter, hg. v. Moraw, P., 2001

Alpenübergänge vor 1850. Landkarten-Straßen-Verkehr, hg. v. Lindgren, U., 1987

Als Mitteleuropa zerbrach. Zu den Folgen des Umbruchs in Österreich und Jugoslawien nach dem ersten Weltkrieg, hg. v. Karner, S./Schöpfer, G., 1990

Althoff, G., Die Ottonen, 2000

Amtliche Schlüsselnummern und Bevölkerungsdaten der Gemeinden und Verwaltungsbezirke in der Bundesrepublik Deutschland, hg. v. Statistischen Bundesamt Ausgabe 1998, 1998

Amtliches Gemeindeverzeichnis für das Deutsche Reich, hg. v. Statistischen Reichsamt, Teil 1 Altreich und Land Österreich, 4. A. 1939

Andermann, K., Die geistlichen Staaten am Ende des alten Reiches, HZ 271 (2000), 593

Andraschke, J., Arianische und fränkische Missionierung im Regnitz- und Obermaingebiet um 500 bis 800 n. Chr., Bericht des hist. Vereins Bamberg 135 (1999), 89

Angermeier, H., Die Reichsreform 1410–1555. Die Staatsproblematik in Deutschland zwischen Mittelalter und Gegenwart, 1984

Arbeiten zum historischen Atlas von Südwestdeutschland, 1954 ff.

Aretin, K. O. Frhr. v., Das alte Reich, Bd. 1 ff. 1993 ff.

Aretin, K. O. Frhr. v., Die Lehensordnungen in Italien im 16. und 17. Jahrhundert und ihre Auswirkungen auf die europäische Politik, in: Politische Ordnungen und soziale Kräfte im Alten Reich, hg. v. Weber, H., 1980, 53 ff.

Aretin, K. O. Frhr. v., Heiliges Römisches Reich 1776–1806. Reichsverfassung und Souveränität, 1967

Aretin, K. O. Frhr. v., Vom Deutschen Reich zum Deutschen Bund, 1980

Arndt, J., Das niederrheinisch-westfälische Reichsgrafenkollegium und seine Mitglieder 1653–1806, 1991

Arndt, J., Hochadel in Nordwestdeutschland, Bll. f. dt. LG. 126 (1990), 185 ff.

Atlas des deutschen Lebensraumes in Mitteleuropa, hg. v. Krebs, N., 4. Lief. 1937–1942. Dazu die Karten: 41. Horstmann, K., Die deutschen Gaue, Marken und Herzogtümer im 10. Jahrhundert, 44. Schulze, B., Das deutsche Reich 1790, 45. Schulze, B., Der deutsche Bund 1815–1871

Atlas Deutsche Demokratische Republik, hg. v. d. Akad. d. Wiss. der DDR, Lief. 1 1977

Atlas deutscher Länder s. Köbler, Gerhard, Atlas

Atlas historique Meuse-Moselle, 1974

Atlas zur Geschichte, hg. vom Zentralinstitut für Geschichte d. Akad. d. Wiss. der DDR. 1. Von den Anfängen der menschlichen Gesellschaft bis 1917, 1973, 2. 1917–1972, 1975

Bachmann, S., Die Landstände des Hochstifts Bamberg, 1962 (98. Ber. d. hist. Ver. Bamberg, mit Liste der ritterschaftlichen Vertreter des 15./16. Jahrhunderts)

Bader, K. S., Der deutsche Südwesten in seiner territorialstaatlichen Entwicklung, 1950, 2. unv. A. 1978

Bader, K. S., Die oberdeutsche Reichsstadt im alten Reich, in: Esslinger Studien 11 (1965)

Bader, K. S., Reichsadel und Reichsstädte in Schwaben am Ende des alten Reichs, in: Aus Verfassungs- und Landesgeschichte, FS Mayer, T., 1954

Bader, K. S., Studien zur Rechtsgeschichte des mittelalterlichen Dorfes, Bd. 1 ff. 1967 ff.

Baethgen, F., Deutschland und Europa im Spätmittelalter, 1978

Baudisch, S., Burgen und Herrensitze in Nordwestsachsen, 1886

Baudisch, S., Lokaler Adel in Nordwestsachsen, 1999

Bauer, A., Gau und Grafschaft in Schwaben, 1927

Bauer, H., Der Ritterkanton Odenwald, Zs. f. württemberg. Franken 8 (1868), 115 ff.
Bauer, H./Bauer, A., Klöster in Bayern, 1985
Bauer, V., Repertorium territorialer Amtskalender, Bd. 1 f. 1993 ff.
Baumann, F., Die Gaugrafschaften im Wirtembergischen Schwaben (mit einer Karte), 1879
Baumgart, W., Bücherverzeichnis zur deutschen Geschichte, 12. A. 1997
Bechtolsheim, H. Frhr. v., s. Mauchenheim
Beiträge zum hochmittelalterlichen Städtewesen, hg. v. Diestelkamp, B., 1982
Beiträge zur Bildung der französischen Nation im Früh- und Hochmittelalter, hg. v. Beumann, H., Nationes. Historische und philologische Untersuchungen zur Entstehung der europäischen Nation im Mittelalter Bd. 4, 1983
Below, G. v., Territorium und Stadt. Aufsätze zur deutschen Verfassungs-, Verwaltungs- und Wirtschaftsgeschichte, 2. A. 1923
Berghaus, H., Deutschland seit 100 Jahren, I. Abteilung, Bd. 1, 2 1859 (gibt die Territorialverteilung von 1750)
Bericht über die neuere Litteratur zur Deutschen Landeskunde, Bd. 1 ff. 1896 ff., s. a. Berichte
Berichte zur Deutschen Landeskunde, Bd. 1 (1941/1942) bis Bd. 35 (1965), s. a. Bericht, Neues Schrifttum
Berner, H., Die Aufhebung des reichsritterschaftlichen Kantons Hegau-Radolfzell, in: Aus Verfassungs- und Landesgeschichte, FS Mayer, T., 1954
Beschorner, H., Matthias Oeder und die Landesvermessungen seiner Zeit in Deutschland, Mitt. d. Ver. Erdkunde Dresden 3 (1924)
Bibliographie der Landesbeschreibungen und Regionalatlanten Deutschlands, bearb. v. Schmidt, R. D./Kosack, H., 1972
Bibliographie der Ortsnamenbücher des deutschen Sprachgebietes in Mitteleuropa, hg. v. Schützeichel, R., 1988
Bibliographie zur deutschen historischen Städteforschung, T. 1, hg. v. Schröder, B./Stoob, H., 1986
Bibliotheca Cartographica. Bibliographie des kartographischen Schrifttums, hg. von der Bundesanstalt für Landeskunde. Schriftleitung Heine, K. H./Kramm, H. R./Schmidt, D., 1, 1957–29/30, 1972. Dann fortgeführt als Bibliotheca Cartographica, hg. v. d. Staatsbibliothek Preußischer Kulturbesitz, Deutsche Gesellschaft für Kartographie. Redaktion Zögner, L., Nr. 1 ff., 1974 ff.
Biedermann, J. G., Geschlechterregister der Reichs-Frey-unmittelbaren Ritterschaft Landes zu Franken löblichen Orts (z. B. Ottenwald), 1747 ff., s. dazu auch Stieber
Biographisches Wörterbuch zur deutschen Geschichte, 2. A. bearb. v. Bosl, K./Franz, G./Hofmann, H. H., Bd. 1 ff. 1973 ff.
Blaschke, K., Die Landesgeschichte in der DDR – ein Rückblick, Bll. f. dt. LG. 126 (1990), 243 ff.
Blaschke, K., Wechselwirkungen zwischen der Reformation und dem Aufbau des Territorialstaates, in: Der Staat 9 (1970)
Böhme, E., Das fränkische Reichsgrafenkollegium im 16. und 17. Jahrhundert. Untersuchungen zu den Möglichkeiten und Grenzen der korporativen Politik mindermächtiger Reichsstände, 1989
Böhn, G., Inventar des Archivs der niederrheinischen Reichsritterschaft, 1971
Boockmann, H., Die deutsche Stadt im späten Mittelalter, 1986
Borck, H. G., Der schwäbische Reichskreis im Zeitalter der französischen Revolutionskriege, 1970
Borgolte, M., Die Grafen Alemanniens in merowingischer und karolingischer Zeit. Eine Prosopographie, 1986
Borgolte, M., Geschichte der Grafschaften Alemanniens in fränkischer Zeit, 1984
Born, K., Wirtschafts- und Sozialgeschichte des deutschen Kaiserreichs (1867/71–1914), 1985
Börsting, H., Geschichte der Matrikel von der Frühkirche bis zur Gegenwart, 1959
Boshof, E., Reichsfürstenstand und Reichsreform in der Politik Friedrichs II., Bll. f. dt. LG. 122 (1986), 41 ff.
Bosl, K., Geistliche Fürsten, in: Lexikon für Theologie und Kirche, hg. v. Höfer, J./Rahner, K., Bd. 4 1960
Bosl, K., Landesherrschaft und Territorialstaat, in: Handbuch der deutschen Geschichte, hg. v. Gebhardt, B./Grundmann, H., 9. A. 1970

Brandes, D./Dönninghaus, V., Bibliographie zur Geschichte und Kultur der Russlanddeutschen, Bd. 2 2000
Brandt, O., Geschichte Schleswig-Holsteins, 7. A. überarb. v. Klüver, W., 1976
Breu, J., Geographisches Namenbuch Österreichs, 1975
Brunner, K., Oppositionelle Gruppen im Karolingerreich, 1979
Brunner, O., Land und Herrschaft. Grundfragen der territorialen Geschichte Österreichs im Mittelalter, 6. A. 1973
Brüsch, T., Die Brunonen, 2000
Bundschuh, M. J. K., Versuch einer historisch-topographisch-statistischen Beschreibung der unmittelbaren freien Reichsritterschaft in Franken nach seinen sechs Orten, 1801, in: Bundschuh, J. C., Geographisches, statistisches und topographisches Lexicon von Franken, Bd. 4
Büsching, A. F., Erdbeschreibung, Bd. 5–9, 7. A. 1789 ff. (gibt die Territorialverteilung von 1789–1792)
Buttlar-Elberberg, R. v., Stammbuch der althessischen Ritterschaft, 1888
Calender s. Des Heiligen Römischen Reiches usw.
Casser, P., Der niederrheinisch-westfälische Reichskreis, (in) Der Raum Westfalen 2, 2 1934
Clemm, L., Repertorium des hessischen Staatsarchivs Darmstadt, Abteilung oberrheinische Reichsritterschaft, Bd. 1 f. 1973 ff.
Conrad, H., Der deutsche Staat. Epochen seiner Verfassungsentwicklung 834–1945, 1974
Conrad, H., Die verfassungsrechtliche Bedeutung der Reichsstädte im Deutschen Reich (etwa 1500–1806), in: Studium Generale 16 (1963)
Conrad, R., Der bayerische Reichskreis im 16. Jahrhundert, Diss. phil. Köln 1974
Craig, G. A., Deutsche Geschichte 1866–1945, 1980
Craig, G. A., Geschichte Europas im 19. und 20. Jahrhundert, Bd. 1 f. 1978/1979
Crämer, U., Das Allgäu. Werden und Wesen eines Landschaftsbegriffs (mit 18 Karten), 1954 (FDLK 84)
Curs, O., Deutschlands Gaue im zehnten Jahrhundert (nach den Königsurkunden), Diss. phil. Göttingen 1908
Dacheröden, E. v., Versuch eines Staatsrechts, Geschichte und Statistik der freyen Reichsdörfer in Teutschland, Theil 1 1785
Dahlmann/Waitz, Quellenkunde der deutschen Geschichte, 10. A. hg. v. Heimpel, H./Geuss, H., Bd. 1 ff. 1969 ff. (mit rund 200 000 Veröffentlichungen)
Daniel, H. A., Handbuch der Geographie 4, 1874 (gibt die Territorialzugehörigkeit der Verwaltungsgebiete und Orte des 18. Jahrhunderts)
Danner, W., Die Reichsritterschaft im Ritterkantonsbezirk Hegau in der zweiten Hälfte des 17. und im 18. Jahrhundert, 1970/1971
Das Land Baden-Württemberg. Amtliche Beschreibung nach Kreisen und Gemeinden, Bd. 1 ff. 1974 ff.
Das Land zwischen Main und Steigerwald, hg. v. Wendehorst, A., 1998
Der Adel an der Schwelle des bürgerlichen Zeitalters, 1780–1860, hg. v. Reden-Dohna, A. v., 1988
Der deutsche Territorialstaat im 14. Jahrhundert, hg. v. Patze, H., Bd. 1, 2, 1970/1971, 2. A. 1985
Der dynastische Fürstenstaat. Zur Bedeutung von Sukzessionsordnungen für die Entstehung des frühmodernen Staates, hg. v. Kunisch, J., 1982
Des Heiligen Römischen Reiches vollständiger Genealogisch- und Schematischer Calender (jeweiliges Jahr)
Deuerlein, E., Deutschland 1963–1970, 1972
Deutsche Biographische Enzyklopädie, hg. v. Killy, W., Bd. 1 ff. 1995 ff.
Deutsche Geschichte im Überblick, hg. v. Rassow, P., 3. A. 1973
Deutscher Planungsatlas. Atlas über Raum, Volk und Wirtschaft der Bundesrepublik Deutschland, hg. v. d. Akad. für Raumforschung und Landesplanung, 1960 ff.
Deutscher Sprachatlas, auf Grund des Sprachatlas des Deutschen Reiches von Wenker, G., begonnen von Wrede, F., fortgesetzt von Mitzka, W./Martin, B., 1927–1956
Deutscher Sprachatlas, Regionale Sprachatlanten, hg. v. Schmitt, L. E. u. a., 1961 ff.
Deutsches Ortsverzeichnis, bearb. unter Leitung v. Höpker, H., 1930, Neudruck 1972
Deutsches Städtebuch, hg. v. Keyser, E. (/Stoob, H.), Bd. 1 ff. 1939 ff. (1 Nordost-

deutschland, 2 Mitteldeutschland, 3 Nordwestdeutschland [Niedersachsen und Bremen, Westfalen, Rheinland], 4,1 Hessen, 4,2,1 Baden, 4,2,2 Württemberg, 4,3 Rheinland-Pfalz und Saarland, 5 Bayern)
Deutschland unter alliierter Besatzung 1945–1949/55, hg. v. Benz, W., 1999
Deutschland vor 3 Jahrhunderten, 1971 (Kartenreproduktionen nach Vorlagen von Blaeu, Braun, Hogenberg, Hoefnagel)
Deutschlands Grenzen in der Geschichte, hg. v. Demandt, A., 3. A. 1993
Dictionnaire topographique de la France, comprenant les noms de lieu anciens et modernes, Bd. 1 ff. 1861 ff.
Die Deutsche Demokratische Republik. Daten, Fakten, Analysen, hg. v. Fischer, A., 1988
Die deutschen Königspfalzen, hg. v. Max-Planck-Institut für Geschichte, Bd. 1 Hessen 1984 ff., Bd. 2 Thüringen 1984 ff., Bd. 4 Niedersachsen 1999
Die deutschen Landkreise, hg. v. Linder, E., 1996
Die deutschen Landkreise. Wappen, Geschichte, Struktur, hg. v. Linder, D. E./Olzog, G., 1986
Die Geschichte Baden-Württembergs, hg. v. Rinker, R./Setzler, W., 1986
Die Grundherrschaft im späten Mittelalter, hg. v. Patze, H., Bd. 1 f. 1983
Die historische Landschaft zwischen Lech und Vogesen, Forschungen und Fragen zur gesamtalemannischen Geschichte, hg. v. Fried, P./Sick, W., 1988
Die Kapitulation von 1945 und der Neubeginn in Deutschland. Symposion an der Universität Passau, 30.–31. 10. 1985, hg. v. Becker, W., 1987
Die Länder und der Bund, Beiträge zur Entstehung der Bundesrepublik Deutschland, hg. v. Först, W., 1989
Die Regesta Imperii, hg. v. Zimmermann, H., 2000
Die Regierungen der deutschen Mittel- und Kleinstaaten 1815–1933, hg. v. Schwabe, K., 1983
Die Säkularisation 1803. Vorbereitung – Diskussion – Durchführung, hg. v. Oer, R. Freiin v., 1970
Die Territorien des Reichs im Zeitalter der Reformation und Konfessionalisierung. Land und Konfession 1500–1650, hg. v. Schindling, A./Ziegler, W., Bd. 1 ff. 1989 ff. z. T. 2. A. 1992
Die Vertreibung der Deutschen aus dem Osten. Ursachen, Ereignisse, Folgen, hg. v. Benz, W., 1985
Die Weimarer Republik 1918–1933, Politik, Wirtschaft, Gesellschaft, hg. v. Bracher, K., 1987
Domke, W., Die Virilstimmen im Reichsfürstenrat, 1882
Dopsch, H./Brunner, K./Weltin, M., Die Länder und das Reich. Der Ostalpenraum im Hochmittelalter, 1999
Dotzauer, W., Die deutschen Reichskreise in der Verfassung des alten Reiches und ihr Eigenleben (1500–1806), 1989
Dotzauer, W., Geschichte des Nahe-Hunsrück-Raumes von den Anfängen bis zur französischen Revolution, 2001
Droysen, J. G., Allgemeiner historischer Handatlas, 1886
Durschmied, E., Der Untergang großer Dynastien, 2000
Eberbach, O., Die deutsche Reichsritterschaft in ihrer staatsrechtlich-politischen Entwicklung von den Anfängen bis zum Jahre 1422, 1912
Eberl, J. u. a., Die Donauschwaben. Deutsche Siedlung in Südosteuropa, Ausstellungskatalog, 1987
Eggert, R., Der Urheberrechtsschutz bei Landkarten, 1999
Eiflia sacra, hg. v. Mötsch, J. u. a., 1994
Enderle, W., Die katholischen Reichsstädte im Zeitalter der Reformation und der Konfessionsbildung, ZRG KA 106 (1989)
Endres, R., Die Reichsritterschaft – Die voigtländische Ritterschaft, in: Spindler, M., Handbuch der bayerischen Geschichte III 1, 1971
Engelbert, G., Die Erhebungen in den Reichsfürstenstand, Diss. phil. Marburg 1948 (masch.schr.)
Ennen, E., Die europäische Stadt des Mittelalters, 4. A. 1987
Erbe, M., Deutsche Geschichte 1713–1740, 1985
Erläuterungen zum geschichtlichen Atlas der Rheinprovinz, Bd. 1 1895 ff. (Publikationen der Gesellschaft für rhein. Geschichtskunde 12)
Erläuterungen zum Historischen Atlas der österreichischen Alpenländer, 1910 ff.

Erzwungene Trennung. Vertreibungen und Aussiedlungen in und aus der Tschechoslowakei 1938–1947 im Vergleich mit Polen, Ungarn und Jugoslawien, hg. v. Brandes D., u. a., 2000
Essen, L. van der, Atlas de géographie historique de la Belgique, 1919–1932
Europäische Stammtafeln. Stammtafeln zur Geschichte der europäischen Staaten. Neue Folge, hg. v. Schwennicke, D., Bd. 1 ff. 1978 ff.
Fabricius, W., Erläuterungen zum geschichtlichen Atlas der Rheinprovinz, Bd. 2 1898, 509
Facius, E., Zwischen Souveränität und Mediatisierung. Das Existenzproblem der thüringischen Kleinstaaten von 1806–1893, in: Staat und Gesellschaft im Zeitalter Goethes, FS Tümmler, H., 1977
Fauser, A., Repertorium älterer Topographischer Druckgraphik von 1486–1750, 1978 (16 000 Titelangaben)
Fehn, H., Historische Kartographie, Bll. f. dt. LG. (1987), 605 ff.
Fehrenbach, E., Vom Ancien Régime zum Wiener Kongress, 1981
Feine, H. E., Zur Verfassungsentwicklung des Heiligen Römischen Reichs seit dem Westfälischen Frieden, ZRG GA 52 (1932), 65 ff.
Fellner, R., Die fränkische Ritterschaft von 1495–1524, 1905
Ficker, J. v., Vom Reichsfürstenstande, Bd. 1 1861, Bd. 2 1–3, hg. u. bearb. v. Puntschart, P., 1911, 2. Neudruck 1984
Flach, D., Das Reichsgut im Aachener Raum. Versuch einer vergleichenden Übersicht, Rhein. Vjbll. 51 (1987)
Föderative Nation. Deutschlandkonzepte von der Reformation bis zum Ersten Weltkrieg, hg. v. Langewiesche, D. u. a., 2000
Förstemann, E., Altdeutsches Namenbuch, 3. A. 1913 ff., Bd. 2 Orts- und sonstige geographische Namen, Teil 1, 2, Neudruck 1967
Forsthoff, E., Deutsche Verfassungsgeschichte der Neuzeit, 4. A. 1975
Frank, K. F. v., Standeserhebungen und Gnadenakte für das Deutsche Reich, Bd. 1–5 1967 ff. (reicht von 1558 bis 1806)
Franz, G., Deutschland im Jahr 1789. Staats- und Verwaltungsgrenzen, Karte 1 : 1 Mill. und Textheft, 1952
Franz, G., s. Verwaltungsgrenzen
Franz, G./Jäger, H., Historische Kartographie – Forschung und Bibliographie, 3. A. 1980
Fried, P., Modernstaatliche Entwicklungstendenzen im bayerischen Ständestaat des Spätmittelalters, in: Der deutsche Territorialstaat im 14. Jahrhundert, hg. v. Patze, H., 1971
Fried, P., Die Entstehung der Landesherrschaft in Altbayern, Franken und Schwaben im Lichte der historischen Atlasforschung, in: Land und Reich, Stamm und Nation, Festgabe Spindler, M., 1984
Fried, P., Zur Ausbildung der reichsunmittelbaren Klosterstaatlichkeit in Ostschwaben, in: Speculum Sueviae, FS Decker-Hauff, H., 1981
Friedrich der Große, Franken und das Reich, Bd. 1, hg. v. Duchhardt, H., 1986
Früh- und hochmittelalterlicher Adel in Schwaben und Bayern, hg. v. Eberl, I., 1988
Furrer, N., Glossarium Helvetiae Historicum, Ortsnamen, 1991
Furtwängler, M., Die Standesherren in Baden, 1996
Gaisberg-Schöckingen, F. Frhr. v., Die Reichsritterschaft, in: Herzog Karl Eugen von Württemberg und seine Zeit, Bd. 2, 1909
Gaspari, A., Der Deputations-Receß, 1803, hg. v. Becker, H., 2003
Gebhardi, L. A., Genealogische Geschichte der erblichen Reichsstände in Teutschland, Bd. 1 1776
Gebhardt, B., Handbuch der deutschen Geschichte, 9. A. hg. v. Grundmann, H., Bd. 1 ff. 1970 ff.
Geistliche Staaten in Oberdeutschland im Rahmen der Reichsverfassung, hg. v. Wüst, W., 2003
Gemeinde-Lexikon für das Deutsche Reich, bearb. v. Drübel, D., 1888 ff.
Genealogisches Handbuch des Adels, Fürstliche Häuser, Bd. 1–12 1951 ff.
Gensicke, H., Landesgeschichte des Westerwaldes, 1958, 2. A. 1987
Geographisches Lexikon der Schweiz, mit dem Beistand der geographischen Gesellschaft zu Neuenburg hg. unter der Leitung von Knapp, C. u. a., dt. Ausg. besorgt v. Brunner, H., Bd. 1 ff. 1902 ff.
Geographisch-statistische Beschreibung aller Staaten und Nationen der Erde, bearb. v. Fick, J. C., Teil 1 1817

Gerlich, A., Geschichtliche Landeskunde des Mittelalters, Genese und Probleme, 1986

Gerteis, K., Die deutsche Stadt in der Frühen Neuzeit. Zur Vorgeschichte der bürgerlichen Welt, 1986

Geschichte der deutschbaltischen Geschichtsschreibung, hg. v. Garleff, M./ Rauch, G. v., 1986

Geschichte der deutschen Länder. Territorien-Ploetz, hg. v. Sante, G.W., Bd. 1, 2 1964 ff., Neudruck 1978

Geschichte der Schweiz und der Schweizer. Wissenschaftlich betreut vom Comité pour une Nouvelle Histoire de la Suisse. Red. der deutschsprachigen Ausgabe Messmer, B., Bd. 1 ff. 1982/1983

Geschichte in Karten, hg. v. Behr, H./ Heyen, F., 1985

Geschichtlicher Atlas der Rheinlande, hg. v. Irsigler, F., 1. Liefg. 1982

Geschichtlicher Atlas der Rheinprovinz, 1894 ff.

Glanz und Elend der alten Klöster. Säkularisation im bayerischen Oberland 1803, hg. v. Kirmeier, J. u. a., 1991

Gmür, R., Städte als Landesherren vom 16. bis zum 18. Jahrhundert, FS Thieme, H., 1986, 177

Gollwitzer, H., Die Standesherren. Die politische und gesellschaftliche Stellung der Mediatisierten 1815 bis 1918, 1957, 2. A. 1964

Graesse, J. G. T., Orbis Latinus. Lexikon der lateinischen geographischen Namen des Mittelalters und der Neuzeit, 1861, Neudruck 1969, neu bearb. v. Pleche, H./Pleche, B. H., Bd. 1 ff., 4. A. 1972, Kurzausgabe in 1 Bd. 1971

Grenzen in Ostmitteleuropa, hg. v. Lemberg, H., 2000

Gritzner, M., Landes- und Wappenkunde der Brandenburgisch-Preußischen Monarchie. Geschichte ihrer einzelnen Landesteile, deren Herrscher und Wappen, 1894

Gross, L., Die Geschichte der deutschen Reichshofkanzlei 1559–1806, 1933

Großer Historischer Weltatlas, hg. v. Bay. Schulbuchverlag, 1. Teil Vorgeschichte und Altertum, hg. v. Bengtson, H./Milojcic, V., 1954, 5. A. 1972, 2. Teil Mittelalter, hg. v. Engel, J., 1970, 2. A. 1979, 3. Teil Neuzeit, hg. v. Engel, J., 1957, 3. A. 1967, Erläuterungen, hg. v. Zeeden, E., Bd. 1 ff. 1976 ff.

Grotefend, H., Zeitrechnung des deutschen Mittelalters und der Neuzeit, Bd. 1, 2 1891–1898, Neudruck 1984

Gruchmann, L., Nationalsozialistische Großraumordnung, 1962

Gschliesser, O. v., Der Reichshofrat, 1942

Gumpelzhaimer, H., Die Reichs-Matrikel aller Kreise, 1796 (beruht auf Reichsmatrikel von 1776)

Guttenberg, E. Frhr. v., Die Territorienbildung am Obermain, 1927, Neudruck 1966

Gysseling, M., Toponymisch Woordenboek van Belgie, Nederland, Luxemburg, Noord-Frankrijk en West Duitsland (voor 1226), Bd. 1 f. 1960

Hahn, P., Fürstliche Territorialhoheit und lokale Adelsgewalt. Die herrschaftliche Durchdringung des ländlichen Raumes zwischen Elbe und Aller (1300–1700), 1989

Hallstein, K., Kartographische Auswertung des Atlas totius dynastiae Breubergae 1757, Wertheimer Jb. 1957

Hammerstein, N., Zur Geschichte und Bedeutung der Universitäten im Heiligen Römischen Reich Deutscher Nation, HZ 241 (1985)

Handbuch der bayerischen Ämter, Gemeinden und Gerichte 1799–1980, hg. v. Volkert, W., 1983

Handbuch der deutschen Bundesländer, hg. v. Esche, F./Hartmann, J., 1990, 3. A. 1997

Handbuch der deutschen Geschichte, hg. v. Brandt, O./Meyer, O./Just, L., Bd. 1 (1957 o. J.)

Handbuch der historischen Stätten (überwiegend nach heutigen Ländern gegliederte Einzelbände in verschiedenen Auflagen und von verschiedenen Herausgebern)

Handwörterbuch zur deutschen Rechtsgeschichte, hg. v. Erler, A./Kaufmann, E., Bd. 1 ff. 1971 ff., 2. A. hg. v. Cordes/Lück, Bd. 1 ff. 2004 ff.

Hänlein/Kretschmann, Staatsarchiv für die königlich preußischen Fürstentümer in Franken, 1797 ff. (Bd. 1, 428 ff., 492 ff., 504 ff. Verzeichnisse der fränkischen Ritterschaft)

Harpprecht, J. H. Frhr. v., Staatsarchiv des Kayserlichen und des Heiligen Römischen Reichs Cammer-Gerichts, Theil 1–6 Ulm 1757/1758

Hartung, F., Geschichte des fränkischen Reichskreises 1521–1559, 1910

Hartung, W., Süddeutschland in der frühen Merowingerzeit. Studien zu Gesellschaft, Herrschaft, Stammesbildung bei Alamannen und Bajuwaren, 1983
Hastenrath, W., Das Ende des niederrheinisch-westfälischen Reichskreises, 1949
Hauck, A., Die Entstehung der geistlichen Territorien, 1909
Haverkamp, A., Aufbruch und Gestaltung, Deutschland 1056–1273, 1984
Hayt, F., Atlas d'Histoire Universelle et d'Histoire de la Belgique, 1968, 1976
Hefner, O. v., Stammbuch des blühenden und abgestorbenen Adels in Deutschland, Bd. 1 ff. 1860 ff.
Heinemeyer, K., König und Reichsfürsten in der späten Salier- und frühen Stauferzeit, Bll. f. dt. LG. 122 (1986), 1 ff.
Heinig, P.-J., Reichsstädte, Freie Städte und Königtum 1389–1450, 1983
Heinzle, J., Das Mittelalter in Daten, 1993
Heit, A./Voltmer, E., Bibliographie zur Geschichte des Mittelalters, 1997
Heitz, G., Agrargeschichtliche Probleme eines historischen Ortslexikons, Jb. für Wirtschaftsgeschichte 1974
Helbig, H., Der wettinische Ständestaat, 2. A. 1980
Helbok, A., Grundlagen der Volksgeschichte Deutschlands und Frankreichs. Vergleichende Studien zur deutschen Rassen-, Kultur- und Staatsgeschichte, Kartenband 1938, 126 Karten
Hellbach, J. C. v., Adels-Lexikon, 1825, Neudruck 1976
Hellstern, D., Der Ritterkanton Neckar-Schwarzwald 1561–1805, 1971, Veröff. d. Stadtarchivs Tübingen 5
Henius, Großes Orts- und Verkehrslexikon für das deutsche Reich, hg. v. Höpker, H., 1928
Herder-Lexikon Geschichte, bearb. im Auftrag der Lexikonredaktion von Hagenmeier, W., Bd. 1 f. 1978, 3. A. 1983
Herrschaft und Stand. Untersuchungen zur Sozialgeschichte im 13. Jahrhundert, hg. v. Fleckenstein, J., 1977
Hersche, P., Die deutschen Domkapitel im 17. und 18. Jahrhundert, Bd. 1 ff. 1984
Heupel, A./Hoffmann, F./Domann, H. D./Hubatsch, W., Karten und Stammtafeln zur deutschen Geschichte, 1972 u. ö. (Deutsche Geschichte, hg. v. W. Hubatsch
Heuvel, C. van den, Beamtenschaft und Territorialstaat. Behördenentwicklung und Sozialstruktur der Beamtenschaft im Hochstift Osnabrück 1550–1800, 1984
Higounet, C., Die deutsche Ostsiedlung im Mittelalter, 1986
Hilgemann, W., Atlas zur deutschen Zeitgeschichte 1918–1968, 1984
Hillgruber, A., Deutsche Geschichte 1945–1986, 6. A. 1987
Historisch-biographisches Lexikon der Schweiz, hg. m. d. Empfehlung der allgemeinen geschichtsforschenden Gesellschaft der Schweiz unter der Leitung von Türler, H. u. a., Bd. 1 ff. 1921 ff.
Historische Bibliographie, hg. v. der Arbeitsgemeinschaft außeruniversitärer historischer Forschungseinrichtungen in der Bundesrepublik Deutschland, 1986 ff.
Historische Landeskunde Mitteldeutschlands, hg. v. Heckmann, H., 1991 (z. T. 3. A. 1991)
Historischer Atlas der österreichischen Alpenländer, hg. v. d. Akad. d. Wiss. in Wien, 1906 ff.
Historisches Gemeindeverzeichnis der Bundesrepublik Deutschland [1970–1982], hg. v. Statistischen Bundesamt, 1983
Historisches Lexikon der Schweiz, hg. v. d. Stiftung Historisches Lexikon der Schweiz, Bd. 1 ff. 2002 ff.
Historisches Ortsnamenbuch von Bayern, hg. v. d. Kommission für bayerische Landesgeschichte, 1952 ff.
Hlawitschka, E., Vom Frankenreich zur Formierung der europäischen Staaten- und Völkergemeinschaft 840–1046, 1986
Hochadelige Herrschaft im mitteldeutschen Raum (1200 bis 1600), hg. v. Rogge, J. u. a., 2003
Hochholzer, H., Das geschichtliche Raumgefüge Oberitaliens, 1956
Hochmittelalterliche Territorialstrukturen in Deutschland und Italien, 1996
Höfler, C., Das älteste officielle Verzeichnis der fränkischen Reichsritterschaft von 1495, 1850
Hofmann, H. H., Adelige Herrschaft und souveräner Staat. Studien über Staat und Gesellschaft in Franken und Bayern im 18. und 19. Jahrhundert, 1962

Hölzle, E., Der deutsche Südwesten am Ende des alten Reiches, 1938
Hömig, K. D., Der Reichsdeputationshauptschluss vom 25. Februar 1803 und seine Bedeutung für Kirche und Staat, 1969
Hoogeweg, H., Verzeichnis der Stifter und Klöster Niedersachsens vor der Reformation, 1908
Hörger, K., Die reichsrechtliche Stellung der Fürstäbtissinnen, AUF 9 (1926)
Hösch, E., Geschichte der Balkanländer. Von der Frühzeit bis zur Gegenwart, 1988
Hubatsch, W., Deutschland zwischen dem Dreißigjährigen Krieg und der Französischen Revolution, 1973
Huber, E. R., Deutsche Verfassungsgeschichte seit 1789, Bd. 1 ff. 1979 ff.
Huber, E. R., Dokumente zur Deutschen Verfassungsgeschichte, Bd. 1 Deutsche Verfassungsdokumente 1803–1850, 3. A. 1978
Hugo, G., Verzeichniß der freien Reichsdörfer in Deutschland, Zs. f. Archivkunde 2 (1836), 446 ff.
Humbracht, J. M. V., Die höchste Zierde Teutsch-Landes und Vortrefflichkeit des Teutschen Adels, vorgestellt in der Reichs-Freyen Rheinischen Ritterschaft, Frankfurt 1707
Identità territoriali e cultura politica nella età moderna. Territoriale Identität und politische Kultur in der frühen Neuzeit, hg. v. Bellaberba, M. u. a., 2000
Ilgen, T., Quellen zur inneren Geschichte der rheinischen Territorien, 1921, Publikationen der Gesellschaft für rheinische Geschichtskunde 38
In Europas Mitte. Deutschland und seine Nachbarn, hg. v. Duchhardt, H., 1988
Isenmann, E., Die deutsche Stadt im Spätmittelalter, 1250–1500, Stadtgestalt, Recht, Stadtregiment, Kirche, Gesellschaft, Wissenschaft, 1988
Jäger, E., Bibliographie zur Kartengeschichte von Deutschland und Osteuropa, 1978
Jäger, F., Bosniaken, Kroaten, Serben, 2001
Jäger, H., Reichsstadt und Schwäbischer Kreis. Korporative Städtepolitik im 16. Jahrhundert unter der Führung von Ulm und Augsburg, 1975
Jähnig, B., Kleiner Atlas zur deutschen Territorialgeschichte, 1989
Jakobs, H., Kirchenreform und Hochmittelalter 1046–1215, 1984
Janssen, W., Die niederrheinischen Territorien im Spätmittelalter, Rhein. Vjbll. 64 (2000), 45
Janssen, W., Die niederrheinischen Territorien in der zweiten Hälfte des 14. Jahrhunderts, Rhein. Vjbll. 44 (1980)
Janssen, W., Landesherrliche Verwaltung und landständische Vertretung in den niederrheinischen Territorien 1250–1350, Ann. d. Hist. Ver. NdRh. 173 (1971)
Jenichen, G., Abhandlung von denen Reichs-Dörffern und Reichs-freyen Leuten, 1768
Jilek, H., Bibliographie zur Geschichte und Landeskunde der böhmischen Länder von den Anfängen bis 1948, Publikationen der Jahre 1850–1975, Bd. 2 Nr. 9600–23848, 1988
Kaemmerer, M., Ortsnamenverzeichnis der Ortschaften jenseits von Oder und Neiße, 3. A. 1988
Kahlfuss, H. G., Die topographischen Kartenwerke in der zweiten Hälfte des 18. Jahrhunderts, 1970
Kähni, O., Die Reichsstädte der Ortenau, in: Esslinger Studien 11, 1965
Kalender s. Des Heiligen Römischen Reiches usw.
Karten in Bibliotheken, hg. v. Zögner, L., in: Festgabe Kramm, H., Kartensammlung und Kartendokumentation 9 (1971)
Kartendrucke von Deutschland (bis 1815), hg. v. Scharfe, W., Titelverzeichnis, Lief. 1 1978: Einführung, Titel 1–100 mit Beschreibung der Karten und zahlreichen Ausschnittreproduktionen, Personenregister, Register der Verfasser von Literatur zu den Karten
Kartographie s. Franz, G./Jäger, H., Historische Kartographie
Kastner, D./Torunsky, V., Kleine rheinische Geschichte 1815–1986, 1987
Kerner, J. G., Staatsrecht der unmittelbaren freyen Reichsritterschaft in Schwaben, Franken und am Rhein, 1786 ff.
Kesting, H., Geschichte und Verfassung des niedersächsisch-westfälischen Reichsgrafenkollegiums, Westfäl. Zs. 106 (1956)
Keyser, E., Bibliographie zur Städtegeschichte Deutschlands, 1969
Klauser, H., Lexikon deutscher Herrscher und Fürstenhäuser, 2. A. 1984
Klein, T., Die Erhebungen in den weltlichen

Reichsfürstenstand 1550–1806, Bll. f. dt. LG. 122 (1986), 137 ff.
Kleinn, H., Nordwestdeutschland in der exakten Kartographie der letzten 150 Jahre, Westfäl. Forsch. 17 (1964)
Klueting, H., Das konfessionelle Zeitalter (1525–1648), 1989
Knapp, T., Der schwäbische Adel und die Reichsritterschaft, in: Württemberg. Vjh. N. F. 3 (1925)
Kneschke, E. H., Neues allgemeines Deutsches Adels-Lexikon, Bd. 1–9 1859 ff.
Köbler, G., Atlas deutscher Länder europäischen Rahmens. Arbeiten zur Rechts- und Sprachwissenschaft 39, 1993 (mit 613 Schwarzweißkarten)
Köbler, G., Bilder aus der deutschen Rechtsgeschichte, 1998
Köbler, G., Deutsche Rechtsgeschichte, 6. A. 2005
Köbler, G., Indogermanisches Wörterbuch, 3. A. 2006
Köbler, G., Lexikon der europäischen Rechtsgeschichte, 1997
Köbler, G., Taschenwörterbuch des althochdeutschen Sprachschatzes, 1994
Köbler, G., Wörterbuch des althochdeutschen Sprachschatzes, 1993
Köbler, G., Zielwörterbuch europäischer Rechtsgeschichte, 3. A. 2005
Koch, R., Deutsche Geschichte 1815–1848, 1985
Kocka, J., Sozialgeschichte. Begriff-Entwicklung-Probleme, 2. A. 1986
Kolb, E., Die Weimarer Republik, 1984
Kolb, G., Die Kraichgauer Ritterschaft unter der Regierung des Kurfürsten Philipp von der Pfalz, 1909
Kollmer, G., Die schwäbische Reichsritterschaft zwischen westfälischem Frieden und Reichsdeputationshauptschluss. Untersuchung zur wirtschaftlichen und sozialen Lage der Reichsritterschaft in den Ritterkantonen Neckar-Schwarzwald und Kocher, 1979
Komaszynski, M., Deutschland im 17. Jh. nach den Reisebeschreibungen der königlichen Familie Sobieski, Archiv für Kulturgeschichte 71 (1989)
Kommunale Bündnisse Oberitaliens und Oberdeutschlands im Vergleich, hg. v. Maurer, H., 1987
König, W., dtv-Atlas zur deutschen Sprache, 1978
Kossert, A., Masuren. Ostpreußens vergessener Süden, 2001
Kramm, H., Verzeichnis deutscher Kartensammlungen, 1959
Krauss, G., Geschichtliche Entwicklung der topographischen Landesaufnahme in den Rheinlanden und Westfalen unter besonderer Berücksichtigung der ersten geschlossenen Aufnahme der Rheinlande, Rhein. Vjbll. 29 (1964)
Kretschmer, K., Historische Geographie von Mitteleuropa, 1904, 551 ff. (gibt die Territorialverteilung von 1770), Neudruck 1964
Lancizolle, C. W. v., Übersicht der deutschen Reichsstandschafts- und Territorial-Verhältnisse vor dem französischen Revolutionskriege, der seitdem eingetretenen Veränderungen und der gegenwärtigen Bestandtheile des deutschen Bundes und der Bundesstaaten, 1830 (gibt die Territorialverteilung am 1. Januar 1792), Neudruck mit einer Einleitung hg. v. Hattenhauer, H., 2003
Landau, G., Die Rittergesellschaften in Hessen während des 14. und 15. Jahrhunderts, 1840
Landesbeschreibungen Mitteleuropas vom 15. bis 17. Jahrhundert, hg. v. Harder, H., 1980
Landesgeschichte als Herausforderung und Programm, hg. v. John, U. u. a., 1997
Landesgeschichte in Deutschland, hg. v. Buchholz, W., 1998
Landgemeinde und frühmoderner Staat, Beiträge zum Problem der gemeinsamen Selbstverwaltung in Dänemark, Schleswig-Holstein und Niedersachsen in der frühen Neuzeit, hg. v. Lange, U., 1988
Landwehr, G., Die Verpfändung der deutschen Reichsstädte im Mittelalter, 1967
Langewiesche, D., Europa zwischen Restauration und Revolution 1815–1849, 1985
Langwerth v. Simmern, E., Die Kreisverfassung Maximilians I. und der schwäbische Reichskreis in ihrer rechtsgeschichtlichen Entwicklung bis zum Jahre 1648, 1896
Laufs, A., Der schwäbische Kreis, 1971
Layer, A., Die Reichsritterschaft, in: Spindler, M., Handbuch der bayerischen Geschichte III 2, 1972
Lehmann, E., Altdeutsche Landkarten, 1935
Leiser, W., Territorien süddeutscher Reichsstädte. Ein Strukturvergleich, in: Zs. f. bay. LG. 38 (1975)

Lexikon der deutschen Geschichte von 1945 bis 1990, hg. v. Behnen, M., 2002
Lexikon der deutschen Geschichte, hg. v. Taddey, G., 2. A. 1983
Lexikon des Mittelalters, Bd. 1 ff. 1980 ff.
Lexikon zur Geschichte der Kartographie von den Anfängen bis zum Ersten Weltkrieg, bearb. v. Kretschmer, I. u. a., Bd. 1 ff. 1986
Lindgren, U., Die Kartographie des alten Reiches, in: Reichsstädte in Franken, 1987
Loch, G., Der kurrheinische Reichskreis 1697–1714, Diss. phil. Bonn 1951
Loersch, H., Der geschichtliche Atlas der Rheinprovinz, Mitt. Stadtarchiv Köln 5 (1888)
Lünig, J. C., Die Freye Reichs-Ritterschaft in Schwaben, Francken und am Rhein-Strom, so dann des Ritter-Bezirks im Unter-Elsaß, 1713, (in) Lünig, J. C., Des teutschen Reichs-Archivs part. spec. cont. 3 (Bd. 12), 1713, 339 ff.
Lünig, J. C., Thesaurus Juris Derer Grafen und Herren des Heiligen Römischen Reichs, worin von deren Ursprung, Wachsthum, Praerogativen und Gerichtsamen ..., 1725
Lutz, H., Reformation und Gegenreformation, 2. A. 1982
Mader, J., Reichsritterschaftliches Magazin, Bd. 1 ff. 1780 ff. (1, 642, 2, 538, 714, 8, 670)
Mally, A. K., Der österreichische Kreis in der Exekutionsordnung des römisch-deutschen Reiches, 1967
Mangold, G., Die ehemalige Reichsritterschaft in Baden vom Wiener Kongress bis zur Erteilung der Verfassung, ZGO 46 (1933)
Mau, H., Die Rittergesellschaften mit St. Jörgenschild in Schwaben, 1941
Mauchenheim genannt v. Bechtolsheim, H. Frhr. v., Des Heiligen Römischen Reichs unmittelbarfreie Ritterschaft zu Franken Ort Steigerwald im 17. und 18. Jahrhundert, 1972
Maurer, H. M., Die Ausbildung der Territorialgewalt oberschwäbischer Klöster vom 14. bis zum 17. Jahrhundert, Bll. f. dt. LG. 109 (1973), 151 ff.
May, H. G. Die vogtländische Ritterschaft – eine verfassungsrechtliche Studie, 1951
Mayer, T., Die Ausbildung der Grundlagen des modernen Staates im hohen Mittelalter, 1939
Meister, C. A., Der Graf Georg Eberhardt zu Limburg, 1705
Meister, R., Nassau und die Reichsritterschaft vom Reichsdeputationshauptschluss bis zum Wiener Kongreß (1803–1815), 1923
Mell, A., Der Comitatus Liupoldi und dessen Aufteilung in die Landgerichte des 19. Jahrhunderts. Texte und Kartenprobe zum historischen Atlas der österreichischen Alpenländer, MIÖG 21 (1900)
Mensch und Landschaft in der Antike, hg. v. Sonnabend, H., 1999
Merker, O., Grafschaft, Go und Landesherrschaft, Niedersächs. Jb. f. LG. 4 (1954)
Merzbacher, F., Die Bischofsstadt, 1961
Meuthen, E., Das 15. Jahrhundert, 2. A. 1985
Meyer, C., Adel und Ritterschaft im deutschen Mittelalter, in: Sammlung gemeinverständlicher wissenschaftlicher Vorträge N. F. Serie 5 Heft 103 (1890)
Meyers Orts- und Verkehrslexikon des Deutschen Reichs, 5. A. 1912 f.
Mielke, H., Die Auflösung der Länder in der SBZ/DDR, 1995
Mitteldeutsche Bistümer im Spätmittelalter, hg. v. Schmidt, R., 1988
Mitzka, W., Handbuch zum Deutschen Sprachatlas, 1952
Mitzka, W./Schmitt, L. E., Deutscher Wortatlas, 1951–1973
Moeller, B., Deutschland im Zeitalter der Reformation, 3. A. 1988
Monographien Deutscher Landkreise, hg. v. Constantin, O./Stein, E., Bd. 1 1925
Moraw, P., Fürstentum, Königtum und Reichsreform im deutschen Spätmittelalter, Bll. f. dt. LG. 122 (1986), 177 ff.
Moraw, P., Reichsstadt, Reich und Königtum im späten Mittelalter, Zs. f. hist. Forsch. 6 (1979)
Moraw, P., Von offener Verfassung zu gestalteter Verdichtung. Das Reich im späten Mittelalter 1250–1490, 1989
Moraw, P., Wahlreich und Territorien. Deutschland 1273–1500, 1986
Moraw, P./Press, V., Probleme der Sozial- und Verfassungsgeschichte des Heiligen Römischen Reichs im späten Mittelalter und in der frühen Neuzeit (13.–18. Jahrhundert), Zs. f. hist. Forsch. 2 (1975), 95
Moser, J. J., Von der teutschen Crays-Verfassung, 1773

Moser, J. J., Beiträge zu reichsritterschaftlichen Sachen, 1775
Moser, J. J., Grundriß der heutigen Staatsverfassung des Römischen Kayserthums, 1729
Moser, J. J., Grundriß der heutigen Staatsverfassung des teutschen Reichs, 1731
Moser, J. J., Neueste Geschichte der Reichsritterschaft, 1775
Moser, J. J., Vermischte Nachrichten von reichsritterschaftlichen Sachen, Bd. 1 1772, 1 ff., 194 ff.
Moser, J. J., Von denen deutschen Reichsständen, 1767
Moser, J. J., Von der Teutschen Reichsstände Landen, 1769, Neudruck 1977
Müller, F., Müllers Verzeichnis der jenseits der Oder-Neisse gelegenen, unter polnischer Verwaltung stehenden Ortschaften, 1951
Müller, H., Der letzte Kampf der Reichsritterschaft um ihre Selbständigkeit, 1910
Müller, J., Müllers Großes Deutsches Ortsbuch, 16. A. 1968, 23. A. 1988, 26. A. 1996
Müller, J., Veränderungen im Reichsmatrikelwesen um die Mitte des 16. Jahrhunderts, Zs. d. hist. Ver. f. Schwaben und Neuburg 23 (1896), 115 ff.
Müller, K. O., Die oberschwäbischen Reichsstädte, 1912
Müller, M. F., Die Teilungen Polens 1772–1793–1795, 1984
Müller, U., Die ständische Vertretung in den fränkischen Markgrafentümern in der ersten Hälfte des 16. Jahrhunderts, 1984
Nawratil, H., Schwarzbuch der Vertreibung, 4. A. 1999
Neff, O. N., Die Reichsritterschaft in Schwaben, Franken und am Rhein von ihrem Entstehen bis zu ihrer Auflösung, in: Winkopp, P. A., Der Rheinische Bund Bd. 5, 1806–1811
Neue Deutsche Geschichte, hg. v. Moraw, P./Press, V./Schieder, W., 10 Bde. 1984 ff.
Neues Schrifttum zur deutschen Landeskunde, Bd. 36 ff. 1966 ff., s. a. Bericht, Berichte
Neuhaus, H., Reichsständische Repräsentationsformen im 16. Jahrhundert. Reichstag – Reichskreistag – Reichsdeputationstag, 1982
Neunhöffer, C., Beiträge zur Geschichte der Karten des Rhein-Main-Gebietes unter besonderer Berücksichtigung der Arbeiten von Johannes Heinrich Haas, 1933
Niedersachsen in alten Karten, 1976
Niedersächsischer Städteatlas, 1933–1935, 1935
Niessen, J., Geschichtlicher Handatlas der deutschen Länder am Rhein. Mittel- und Niederrhein, 1950, Neubearbeitung des geschichtlichen Handatlas der Rheinprovinz, hg. v. Aubin, H./Niessen, J., 1926
Nipperdey, T., Deutsche Geschichte 1800–1866, 3. A. 1985
Nonn, U., Pagus und Comitatus in Niederlothringen – Untersuchung zur politischen Raumgliederung im früheren Mittelalter, 1983
Obenaus, H., Recht und Verfassung der Gesellschaften mit St. Jörgenschild in Schwaben, 1961
Oberschelp, R., Die Bibliographien zur deutschen Landesgeschichte und Landeskunde, 1967, 2. A. 1977, 3. A. 1997
Oehme, R., Die Geschichte der Kartographie des deutschen Südwestens, 1961
Oehme, R., Johannes Georgius Tibanus. Ein Beitrag zur Kartographie und Landesbeschreibung Südwestdeutschlands im 16. Jahrhundert, 1956
Oestreich, G., Ständetum und Staatsbildung in Deutschland, in: Geist und Gestalt des frühmodernen Staates, 1969
Opll, F., Stadt und Reich im 12. Jh. (1125–1190), 1986
Ortsbuch der Bundesrepublik Deutschland, 11. A. 1989, 12. A. 1991
Ortslexikon Deutsche Demokratische Republik, 1986
Österreichisches Städtebuch, hg. v. d. Akad. d. Wiss., Bd. 1 ff. 1968 ff.
Österreich-Lexikon, hg. v. Bamberger, R./Maier-Bruck, F., Bd. 1, 2 1966
Overmann, A., Die Reichsritterschaft im Unterelsass, ZGO N. F. 11 (1896), 12 (1897)
Partenheimer, L., Albrecht der Bär, 2001
Peukert, D., Die Weimarer Republik 1918–1933. Die Krisenjahre der klassischen Moderne, 1987
Pfaff, K., Die Verhandlungen des Herzogs Karl Eugen wegen und mit der Reichsritterschaft, Württemb. Jb. 1857
Pfalzatlas, hg. v. Alter, W., 1963 ff.
Pfeiffer, G., Studien zur Geschichte der fränkischen Reichsritterschaft, Jb. für fränk. Landesforsch. 22 (1962), 173 ff.
Ploetz, Deutsche Geschichte, Epochen und

Daten, hg. v. Conze, W./Hentschel, V., 3. A. 1983
Ploetz, K., Die Bundesrepublik Deutschland, Daten, Fakten, Analysen, hg. v. Ellwein, T., 1984
Ploetz, K., s. Die Deutsche Demokratische Republik
Polenz, P. v., Landschafts- und Bezirksnamen im frühmittelalterlichen Deutschland, 1961
Politische Ordnungen und soziale Kräfte im Alten Reich, hg. v. Weber, H., 1980
Pollmann, K. E., Parlamentarismus im Norddeutschen Bund 1867–1870, 1985
Press, V., Das Römisch-Deutsche Reich – ein politisches System in verfassungs- und sozialgeschichtlicher Fragestellung, in: Spezialforschung und Gesamtgeschichte, hg. v. Klingenstein, G./Lutz, H., 1981, 221 ff.
Press, V., Die Reichsritterschaft im Reich der frühen Neuzeit, Nassauische Annalen 87 (1976)
Press, V., Die Ritterschaft im Kraichgau zwischen Reich und Territorium 1500–1623, ZGO 122 (1974)
Press, V., Die Territorialstruktur des Reiches und die Reformation, in: FS Wohlfeil, R., 1989
Press, V., Formen des Ständewesens in den deutschen Territorialstaaten des 16. und 17. Jahrhunderts, in: Ständetum und Staatsbildung in Brandenburg-Preußen, hg. v. Baumgart, P., 1983, 280
Press, V., Reichsgrafenstand und Reich. Zur Sozial- und Verfassungsgeschichte des deutschen Hochadels in der frühen Neuzeit, (in) FS Schulz, G., 1989
Prinz, F., Grundlagen und Anfänge, Deutschland bis 1056, 1985
Procházka, R. Frhr. v., Genealogisches Handbuch erloschener böhmischer Herrenstandsfamilien, Ergbd. 1989
Propyläen Geschichte Deutschlands, hg. v. Groh, D., Bd. 1 ff. 1983 ff.
Puhl, R., Die Gaue und Grafschaften des frühen Mittelalters im Saar-Mosel-Raum, 1999
Pütter, J., Historisch-politisches Handbuch von den besonderen Teutschen Staaten. Erster Teil von Oesterreich, Bayern und Pfalz, 1758
Püttner, G., Gemeinden und Gemeindereform in der ehemaligen DDR, 1997
Putzger, F. W., Historischer Weltatlas, 100. A., 2. Druck 1980
Quarthal, F./Wieland, G., Die Behördenorganisation Vorderösterreichs von 1753 bis 1805, 1977
Quellen zum Verfassungsorganismus des Heiligen Römischen Reiches Deutscher Nation 1495–1815, hg. v. Hofmann, H. H., 1976
Quellen zur Bevölkerungs-, Sozial- und Wirtschaftsstatistik Deutschlands 1815–1875, hg. v. Köllmann, W., Bd. 1 ff. 1980 ff.
Quellen zur Entstehung der Landesherrschaft, hg. v. Patze, H., 1969
Quellensammlung zur Geschichte der Reichsverfassung, hg. v. Zeumer, K., 2. A. 1913
Quirin, H., Einführung in das Studium der mittelalterlichen Geschichte, 5. A. 1991
Rabe, H., Reich und Glaubensspaltung, Deutschland 1500–1600, 1989
Rahrbach, A., Reichsritter in Mainfranken, 2003
Reden-Dohna, A. v., Reichsstandschaft und Klosterherrschaft. Die schwäbischen Reichsprälaten im Zeitalter des Barock, 1982
Reichsritterschaftlicher Almanach aufs Jahr 1791, hg. v. Brandenstein, F. v., 1973
Reichsstädte in Franken, Bd. 1 Verfassung und Verwaltung, Bd. 2 Wirtschaft, Gesellschaft und Kultur, hg. v. Müller, R., 1987
Reitzenstein, C. Frhr. v., Der reichsfreie Adel bei Auflösung des alten Deutschen Reiches, welcher bei der Reichsritterschaft zu Schwaben, Franken und am Rheinstrom immatrikuliert war, Vierteljahresschrift für Wappen-, Siegel- und Familienkunde 3 (1875)
Reitzenstein, W. Frhr. v., Lexikon der bayerischen Ortsnamen, 2. A. 1991
Repertorium Germanicum. Verzeichnis der in den päpstlichen Registern und Kameralakten vorkommenden Personen, Kirchen und Orte des Deutschen Reiches, seiner Diözesen und Territorien vom Beginn des Schismas bis zur Reformation, Bd. 6 Nikolaus V., 1447–1455, bearb. v. Albert, J. F./Deeters, W., 1985
Reynolds, S., Kingdoms and Communities in Western Europe, 900–1300, 1984
Rheinische Geschichte, in 3 Bänden nebst Bild- und Dokumentarband, hg. v. Petri, F./Droege, G., 1978 ff. z. T. 2. A.
Rheinischer Städteatlas, hg. v. Landschafts-

verband Rheinland und Amt für rheinische Landeskunde Bonn, 1972 ff.
Richter, E., Ein historischer Atlas der österreichischen Alpenländer, KBlGV 44 (1896)
Richter, E., Nochmals der geschichtliche Atlas der österreichischen Alpenländer, MIÖG Ergbd. 5 (1896)
Riedenauer, E., Kontinuität und Fluktuation in der fränkischen Reichsritterschaft, in: Gesellschaft und Herrschaft. Eine Festgabe für Karl Bosl zum 60. Geburtstag, 1969, 87 ff.
Ritter, E., Freie Reichsländer, 1927
Roeck, B., Reichssystem und Reichsherkommen. Die Diskussion über die Staatlichkeit des Reiches in der politischen Publizistik des 17. und 18. Jahrhunderts, 1984
Rogalla v. Bieberstein, J., Adelsherrschaft und Adelskultur in Deutschland, 1988
Romeyk, H., Verwaltungs- und Behördengeschichte der Rheinprovinz 1914–1945, 1985
Roth von Schreckenstein, C. Frhr. v., Geschichte der ehemals freien Reichsritterschaft in Schwaben, Franken und am Rheinstrome, Bd. 1 f. 1859 ff., 2. A. 1886
Rottgardt, D., Die Einzelstaaten des Heiligen Römischen Reiches Deutscher Nation um ca. 1760, 2. A. 1992 (KLIO – Arbeitsgruppe Siebenjähriger Krieg)
Ruch, F. W., Die Verfassung des Kantons Hegau-Allgäu-Bodensee der unmittelbaren freien Reichsritterschaft, Diss. jur. Mainz 1955
Rüdt v. Collenberg, K. Frhr., Die reichsunmittelbare freie Reichsritterschaft, Deutsches Adelsblatt 5 (1925)
Sachwörterbuch zur deutschen Geschichte, hg. v. Rössler, H./Franz, G., 1958
Schaab, M. u. a., Entwicklung ausgewählter geistlicher Territorien in Südwestdeutschland, Hist. Atlas v. Baden-Württemberg, Erl. VI/8, 1977
Schaab, M., Grundzüge und Besonderheiten der südwestdeutschen Territorialentwicklung, in: Bausteine zur geschichtlichen Landeskunde von Baden-Württemberg, 1979
Scharf, H., Historische Stätten in Deutschland und Österreich, 1983
Schell, E., Die Reichsstädte beim Übergang an Baden, 1929
Schepp, P., Die Reichsritterschaft, Deutsche Geschichtsblätter 14 (1913)
Schieder, W., Säkularisation und Mediatisierung. Die Veräußerung der Nationalgüter im Rhein-Mosel-Department 1803–1813, 1987
Schiffmann, K., Historisches Ortsnamenslexikon des Landes Oberösterreich, Bd. 1, 2 1935
Schlesien als Aufgabe interdisziplinärer Forschung, hg. v. Bossle, L./Keil, G./Menzel, J. u. a., 1986
Schlesinger, W., Die Entstehung der Landesherrschaft, 1941
Schlier, R., Standesherren. Zur Auflösung der Adelsvorherrschaft in Deutschland (1815–1818), 1978
Schmidt, G., Der Städtetag in der Reichsverfassung, 1984
Schmidt, G., Der Wetterauer Grafenverein, 1989
Schmidt, G., Die politische Bedeutung der kleineren Reichsstände im 16. Jahrhundert, Jb. für Gesch. des Feudalismus 12 (1989)
Schmidt, R./Kosack, H. P., Bibliographie der Landesbeschreibungen und Regionalatlanten Deutschlands, Berichte zur deutschen Landeskunde Sonderheft 14 (1972)
Schmidt, R./Schmidt-Glassner, H., Deutsche Reichsstädte, 1957
Schmidt, W., Geschichte des niedersächsischen Reichskreises, Niedersächsisches Jahrbuch für Landesgeschichte 7 (1930)
Schnath, G., Historische Kartographie (betreffend ältere Kartenwerke). Methodisches Handbuch für Heimatforschung in Niedersachsen, Veröffentl. des Inst. für hist. Landesforschung der Universität Göttingen, Bd. 1 (1965)
Schneider, J., Spätmittelalterlicher deutscher Niederadel, 2003
Schneidmüller, B., Städtische Territorialpolitik und spätmittelalterliche Feudalgesellschaft am Beispiel von Frankfurt am Main, Bll. f. dt. LG. 118 (1982), 115
Schnelbögl, F., Die fränkischen Reichsstädte, in: Zs. f. bay. LG. 31 (1968)
Schnur, R., Der Rheinbund von 1658 in der deutschen Verfassungsgeschichte, 1955
Schriften des Landesamtes für geschichtliche Landeskunde von Hessen und Nassau, hg. v. Stengel, E. E., 1925 ff.
Schroeder, K., Das alte Reich und seine Städte. Untergang und Neubeginn, 1991
Schubert, E., König und Reich. Studien

zur spätmittelalterlichen deutschen Verfassungsgeschichte, 1979
Schubert, F., Die deutschen Reichstage in der Staatsrechtslehre der frühen Neuzeit, 1966
Schulz, T., Der Kanton Kocher der Schwäbischen Reichsritterschaft 1542–1805, 1986
Schulze, H. K., Die Grafschaftsverfassung der Karolingerzeit in den Gebieten östlich des Rheins, 1973
Schulze, H. K., Grundprobleme der Grafschaftsverfassung, Zs. f. württemberg. LG. 4 (1985)
Schulze, H. K., Grundstrukturen der Verfassung im deutschen Mittelalter, 1985, 2. A. z. T. 1991, 3. A. z. T. 2000
Schulze, H., Die Hausgesetze der regierenden deutschen Fürstenhäuser, 1862 ff.
Schulze, W., Deutsche Geschichte im 16. Jahrhundert, 1500–1618, 1987
Schulz-Vobach, K., Die Deutschen im Osten. 1000 Jahre Siedlungs- und Kulturgeschichte, 1989
Schwennicke, D., Europäische Stammtafeln, Bd. 1 ff. 1980 ff.
Schwind, F., Die Landvogtei in der Wetterau. Studien zur Herrschaft und Politik der staufischen und spätmittelalterlichen Könige, 1972
Schwineköper, B., Königtum und Städte bis zum Ende des Investiturstreites. Die Politik der Ottonen und Salier gegenüber den werdenden Städten im östlichen Sachsen und in Nordthüringen, 1977
See, K. v., Europa und der Norden im Mittelalter, 1999
Series episcoporum ecclesiae catholicae occidentalis ab initio usque ad annum MCXCVIII. Series V: Germania, Tomus II: Archiepiscopatus Hammaburgensis sive Bremensis, coadiuvantibus Kluger, H./Pack, E./Grosse, R., curaverunt Weinfurter, S./Engels, O., 1984
Seyler, G., Personalmatrikel des Ritterkantons Rhön-Werra, Archiv d. hist. Ver. f. Unterfranken 21 (1871)
Seyn, E. de, Dictionnaire historique et géographique de communes Belges, Bd. 1 f. 1924–1926
Sicken, B., Der fränkische Reichskreis, 1970
Sieber, J., Zur Geschichte des Reichsmatrikelwesens im ausgehenden Mittelalter (1422–1521), 1910
Sokop, B., Stammtafeln europäischer Herrscherhäuser, 2. A. 1989
Sozialgeschichte in Deutschland. Entwicklungen und Perspektiven im internationalen Zusammenhang, hg. v. Schieder, W./Sellin, V., Bd. 1 f. 1986
Sperling, W., Landeskunde DDR: eine annotierte Auswahlbibliographie, 1978
Spindler, M., Handbuch der bayerischen Geschichte, Bd. 1 ff. 1967 ff.
Spruner, C. v., Historischer Handatlas, 1837, 3. Abt. Teil 1 Atlas Antiquus, 3. A. bearb. v. Menke, T./Kressling, M., 4. A. 1893, Teil 2 Handatlas für die Geschichte des Mittelalters und der Neuzeit, 3. A. bearb. v. Menke, T., 1880
Staats- und Verwaltungsorganisation in Ost-Mitteleuropa, Hist. Kartenwerk, hg. v. Göttinger Arbeitskreis, 1954 ff.
Städtenamenbuch der DDR, hg. v. Eichler, E./Walther, H., 1986
Städteordnungen des 19. Jahrhunderts, Beiträge zur Kommunalgeschichte Mittel- und Westeuropas, hg. v. Naunin, H., Städteforschung Reihe A Bd. 19 (1984)
Stendell, E., Die Familien der ehemaligen unmittelbaren Reichsritterschaft in Schwaben, Franken und am Rhein, Jber. d. Realschule Eschwege 1887, 1 ff., 1901, 3 ff.
Stetten, W. v., Die Rechtsstellung der unmittelbaren freien Reichsritterschaft, ihre Mediatisierung und ihre Stellung in den neuen Landen. Dargestellt am fränkischen Kanton Odenwald, 1973
Stetten-Buchenbach, L. Frhr. v., Vom Ende der Reichsritterschaft, Preußische Jahrbücher 113 (1903)
Stieber, G., Allgemeine Register über sämtliche Biedermannische genealogische Tabellen der reichsfrei ohnmittelbaren Ritterschaft der sechs Orte Landes zu Franken (Altmühl, Baunach, Gebürg, Odenwald, Rhön-Werra und Steigerwald), dann der Ritterschaft in Voigtland und des adeligen Patriciats in Nürnberg, 1771
Stock, K. F., Bibliographie österreichischer Bibliographien, Sammelbibliographien und Nachschlagewerke, 1978 (Selbstverlag)
Stolleis, M., Geschichte des öffentlichen Rechts in Deutschland, Bd. 1 Reichspublizistik und Policeywissenschaft 1600–1800, 1988
Stürmer, M., Die Reichsgründung. Deut-

scher Nationalstaat und europäisches Gleichgewicht im Zeitalter Bismarcks, 1984
Suppan, A., Zwischen Adria und Karawanken, 1998
Süß, A., Geschichte des oberrheinischen Kreises und der Kreisassoziationen in der Zeit des spanischen Erbfolgekrieges 1697–1714, ZGO 103 (1955), 104 (1956)
Svoboda, K. J., Aus der Verfassung des Kantons Kraichgau der unmittelbaren freien Reichsritterschaft in Schwaben unter besonderer Berücksichtigung des territorialen Elements, ZGO 116 (1968)
Sydow, J., Städte im deutschen Südwesten, 1985
Tellenbach, G., Die Entstehung des Deutschen Reiches, 1950
Teuner, R., Die fuldische Ritterschaft 1510–1656, 1982
The Third Reich, 1933–1939. A Historical Bibliography, Santa Barbara, Denver, Oxford, ABC-Clio Information Services, 1984
The Weimar Republic: A Historical Bibliography, Santa Barbara, Denver, Oxford, ABC-Clio Information Services, 1984
Theuerkauf, G., Land und Lehenswesen vom 14. bis zum 16. Jahrhundert. Ein Beitrag zur Verfassung des Hochstifts Münster und zum norddeutschen Lehensrecht, 1961
Theuerkauf, G., Zur Typologie spätmittelalterlicher Territorialverwaltung in Deutschland, Annali della Fondazione italiana per la storia amministrativa 2 (1965)
Thomas, H., Deutsche Geschichte des Spätmittelalters 1250–1500, 1983
Tillmann, C., Lexikon der deutschen Burgen und Schlösser, Bd. 1 ff., Bd. 4 Atlas mit 67 Karten, 1958 ff.
Uhlhorn, F., Grundzüge der Wetterauer Territorialgeschichte, Friedberger Geschichtsblätter, Heft 8 Nr. 10, 11 (1972)
Uhlhorn, F./Schlesinger, W., Die deutschen Territorien, in: Gebhardt, B., Handbuch der deutschen Geschichte, Bd. 2, 9. A. 1970
Urkunden und Aktenstücke des Reichsarchivs Wien zur reichsrechtlichen Stellung des burgundischen Reichskreises, hg. v. Groß, L. u. a., Bd. 1 ff. 1944 f.
Urkunden zur Geschichte der Territorialverfassung, hg. v. Sander, P./Spangenberg, H., 4 Hefte, 1922–1926
Urkunden zur Geschichte des Städtewesens in Mittel- und Niederdeutschland bis 1350, hg. v. Stoob, H., 1985
Verbrechen an den Deutschen in Jugoslawien, verf. v. Arbeitskreis Dokumentation in der donauschwäbischen Kulturstiftung, 1998
Verwaltungsgrenzen in der Bundesrepublik Deutschland seit Beginn des 19. Jahrhunderts, hg. v. Franz, G., 1977 (Forschungen und Sitzungsberichte der Akad. für Raumforschung und Landesplanung 110)
Verzeichnis der Gemeinden und Ortsteile der Deutschen Demokratischen Republik, hg. v. d. Staatlichen Zentralverwaltung für Statistik, 1996
Vierhaus, R., Deutschland im 18. Jahrhundert, Politische Verfassung, soziales Gefüge, geistige Bewegungen. Ausgewählte Aufsätze, 1987
Vogtherr, T., Die Reichsabteien der Benediktiner und das Königtum im hohen Mittelalter (900–1125), 2000
Vom Reichsfürstenstande, hg. v. Heinemeyer, W., 1987
Vorderöstereich, hg. v. Metz, F., 3. A. 1978
Vorderösterreich in der frühen Neuzeit, hg. v. Maier, H./Press, V., 1983
Vorgeschichte der Bundesrepublik Deutschland. Zwischen Kapitulation und Grundgesetz, hg. v. Becker, J./Stammen, T./Waldmann, P., 1979
Waechter, E. Frhr. v., Die letzten Jahre der deutschen Reichsritterschaft, Württemb. Vjh. N. F. 40 (1934)
Wagner, C., Comitate im Bistum Paderborn, Westfälische Zeitschrift 103/104 (1954)
Wagner, E., Historisch-statistisches Ortsnamenbuch für Siebenbürgen, 1977
Wagner, G., Comitate im karolingischen Reich, 1952
Wagner, G., Comitate in Franken, Mainfränkisches Jahrbuch für Geschichte und Kunst 6 (1954)
Wagner, G., Comitate in Hessen, Zeitschrift des Vereins für hessische Geschichte und Landeskunde 67 (1956)
Wagner, G., Comitate um den Harz, Harzzeitschrift 1 (1948)
Wagner, G., Comitate zwischen Rhein, Main und Neckar, Zeitschrift für die Geschichte des Oberrheins 103 (1955)
Wagner, G., Die Verwaltungsgliederung im karolingischen Reich, 1963

Walder, E., Das Ende des alten Reiches, 1948, 3. A. 1975
Waley, D., Die italienischen Stadtstaaten, 1969
Wallner, E., Die kreissässigen Territorien am Vorabend des Lunéviller Friedens, 1929
Weber, H., Die Bedeutung der Dynastien für die europäische Geschichte der frühen Neuzeit, in: Das Haus Wittelsbach und die europäischen Dynastien, 1981
Wehner, P. M., Practicarum iuris observationum selectarum liber singularis, 1624
Weimarer Republik. Eine Nation im Umbruch, hg. v. Schulz, G., 1987
Weltatlas s. Großer Historischer Weltatlas
Wenker, G./Wrede, F., Der Sprachatlas des Deutschen Reiches, Dichtung und Wahrheit, 1895
Werner, K. F. u. a., Deutschland, LexMA 3 (1984)
Westdeutschland 1945–1955. Unterwerfung, Kontrolle, Integration, hg. v. Herbst, L., 1986
Westfälische Geschichte, hg. v. Kohl, W., Bd. 1 ff. 1982 ff.
Westfälisches Klosterbuch, hg. v. Hengst, K., 1992 ff.
Wiemann, H., Materialien zur Geschichte der ostfriesischen Landschaft, 1982
Wild, W., Steuern und Reichsherrschaft, Studie zu den finanziellen Ressourcen der Königsherrschaft im spätmittelalterlichen deutschen Reich, 1984
Willoweit, D., Deutsche Verfassungsgeschichte, 1988, 5. A. 2005
Willoweit, D., Rechtsgrundlagen der Territorialgewalt, 1984
Winkelmann-Holzapfel, B., Besitzungen und Organisation der Reichsritterschaft im hessischen Raum am Ende des alten Reiches, Hess. Jb. f. LG. 11 (1961)
Wolf, A., Europäische Rechtsgeschichte in Geschichtsatlanten, FS Coing, H., 1971
Wolff, C., Die unmittelbaren Teile des römisch-deutschen Kaiserreiches nach ihrer früheren und gegenwärtigen Verbindung, 1873 (gibt im Allgemeinen die Territorialverteilung im letzten Jahrzehnt des 18. Jahrhunderts ohne durchgehenden Stichzeitpunkt)
Wollstein, G., Das Großdeutschland der Paulskirche. Nationale Ziele in der bürgerlichen Revolution 1848/49, 1977
Württembergisches Klosterbuch, hg. v. Zimmermann, W. u. a., 2003
Zechlin, E., Die deutsche Einheitsbewegung. Die Reichsgründung, in: Deutsche Geschichte, Ereignisse und Probleme, hg. v. Hubatsch, W., 1967
Zeumer s. Quellensammlung
Zielinski, H., Der Reichsepiskopat in spätottonischer und salischer Zeit, Teil 1 (1002–1125), 1984
Zimmermann, J. F. S., Ritterschaftliche Ganerbenschaften in Rheinhessen, 1957
Zögner, G./Zögner, L., Biographisches Lexikon der deutschen Kartenmacher, 1986
Zögner, L., Bibliographie zur Geschichte der deutschen Kartographie, 1984
Zögner, L., Die frühen Landesaufnahmen der deutschen Länder (62. Dt. Geodätentag, Tagungsführer 56–66), 1978

Historisches
Lexikon

A

Aach (Herrschaft). A. an der Quelle der Radolfzeller Aach entstand vielleicht im 6. Jahrhundert und wird erstmals 1158 erwähnt. Es wurde Mittelpunkt einer Herrschaft der Herren von A., von denen diese um 1200 an das Hochstift Konstanz gelangte, dessen habsburgischer Bischof sie wohl kurz nach 1273 an die Grafen von Habsburg gab. Als Teil der österreichischen Vorlande (Vorderösterreich) wurde sie oft verpfändet. 1543 wurde sie der Landgrafschaft Nellenburg Österreichs zugeteilt. Am 26. 12. 1805 bzw. 1806 gelangte sie an Württemberg, 1810 an Baden und damit 1951/1952 an Baden-Württemberg.

L.: Wolff 43; Mayer, A., Aus der Geschichte der Stadt Aach, 1911; Keller, E., Marktrecht und Markttreiben in der Stadt Aach, 1985.

Aachen (Reichsstadt). Die warmen Quellen von A. wurden schon in vorrömischer Zeit genutzt. Unter den Römern entwickelte sich dort seit dem Ende des ersten nachchristlichen Jahrhunderts ein Militärbad, später ein militärischer Stützpunkt mit ziviler Ansiedlung, dessen antiker Name vielleicht Aquae Granni lautete und sich von dem keltischen Heilgott Grannus ableitete. Ohne nachweisbare Siedlungskontinuität findet sich in merowingischer Zeit ein Königshof (765 Pfalz, 766 villa regia bezeugt), den Karl der Große bis 789 ausbaute und mit reichem Königsgut versah. Seit 936 war A. (972 Aquisgrani vulgari vocabulo Ahha) Krönungsstätte der deutschen Könige (bis 1531). Allerdings schmolz das um A. gelegene Königsgut durch zahlreiche Vergabungen auf ein sich nach Nordosten erstreckendes Gebiet zusammen. Unter Friedrich I. Barbarossa erhielt A. 1166 besondere Rechte (Karlsprivileg und Barbarossaprivileg). 1171 bis 1175 wurde es ummauert, von der Mitte des 13. Jahrhunderts bis gegen 1330 wurde der Mauerring erweitert. Besondere Bedeutung erlangten das Tuchmachergewerbe und das Messinggewerbe. Das 1192 neben der universitas der Bürger nachgewiesene Schöffenkolleg wurde Ansatzpunkt eines bedeutenden Oberhofes. 1250 erscheinen Stadtrat und Bürgermeister. Bis zum Ende der Stauferzeit wurde A. freie Reichsstadt. 1336 bestätigte Kaiser Ludwig der Bayer das zur Stadt gehörige Gebiet (Aachener Reich), 1356 legte die Goldene Bulle A. als Krönungsort rechtlich fest. Seit 1530 wurde A. allmählich protestantisch (Aachener Streit), 1614 durch die Erzbischöfe von Köln wieder katholisiert. 1656 vernichtete ein Stadtbrand etwa 90 % der Stadt. 1794 wurde A. von Frankreich besetzt und 1801 an Frankreich abgetreten. Von 1798 bis 1814 war es Sitz der Verwaltung des Roerdepartements, von 1802 bis 1814/1815 auch Sitz eines Bischofs. Um 1800 hatte die Stadt eine Größe von etwa 1,5 Quadratmeilen und 18 000 Einwohner. 1815 fiel A. an Preußen. 1944 wurde es fast völlig vernichtet. 1946 kam es zu Nordrhein-Westfalen. S. niederrheinisch-westfälischer Reichskreis.

L.: Wolff 370; Zeumer 554 III a 2; Wallner 704 WestfälRK 47; Großer Historischer Weltatlas II 78 (1450) F3, III 22 (1648) C4, III 38 (1789) B2; Loersch, H., Aachener Rechtsdenkmäler, 1871; Regesten der Reichsstadt Aachen, Bd. 1 1937, Bd. 2 (1301–50) hg. v. Mummenhoff, W., 1961, Bd. 3 bearb. v. Kraus, T., 1999; Huyskens, A., Das alte Aachen 1953; Geschichte Aachens in Daten hg. v. Poll, B., 2. A. 1965; Aachener Urkunden 1101–1250, bearb. v. Meuthen, E., 1972; Flach, D., Untersuchungen zur Verfassung und Verwaltung des Aachener Reichsguts von der Karolingerzeit bis zur Mitte des 14. Jahrhunderts, 1976; Meuthen, E., Aachen, LexMA 1 1980, 1; Schmitz, W., Die Aachener Wirren im Spiegel der kaiserlichen Politik (1550–1616), 1983; Nonn, U., Pagus und Comitatus in Niederlothringen, 1983, 189; Kulmbach, H. v., Aachen, 1985; Krumbach, K., Die Ratspräsenzen der Reichsstadt Aachen 1622–1756, 1985; Erdmann, C., Aachen im Jahre 1812, 1986; Wynands, D., Kleine Geschichte Aachens, 2. A. 1986; Kraus, T., Jülich, Aachen und das Reich. Studien zur Entstehung einer Landesherrschaft im Westen des Reiches, 1988; Escher, M. u. a., Die urbanen Zentren, 2005, 2, 9.

Aagau (Aga, Gau um die Aa, linker Nebenfluss der Werre, Westfalen)

L.: Curs, O., Deutschlands Gaue im zehnten Jahrhundert. Nach den Königsurkunden. Diss. phil. Göttingen 1908, 1; Polenz, P. v., Landschafts- und Bezirksnamen, 1961, II, 24, IV, 16 (Aga, ‚Aagau' Westfalen).

Aalen (Reichsstadt). Östlich eines römischen Kastells, das seinerseits 4 km südöstlich des Limes lag, und einer römischen zivilen Ansiedlung wurde neben dem 1136 erwähnten Dorf A. am Schnittpunkt alter Straßen zwischen 1241 und 1246 von den Staufern die Stadt A. planmäßig gegründet. 1258 fiel sie über die Grafen von Dillingen an die Grafen von Oettingen. Um 1359 wurde sie von den Grafen von Oettingen an Württemberg verpfändet, 1360 von Karl IV. erobert, aus der Pfandschaft gelöst und zur Reichsstadt erhoben. 1374 erlangte A. die Selbstverwaltung, 1401 den Blutbann, 1418 das Reichsammannamt. Ein nennenswertes Herrschaftsgebiet gewann es nicht (0,8 Quadratmeilen). Im Reich gehörte es dem schwäbischen Reichskreis und der schwäbischen Städtebank an. 1575 wurde die Reformation eingeführt. 1802/1803 fiel es mit etwa 4000 Einwohnern und seinem auf wenige Weiler und Höfe beschränkten Herrschaftsgebiet an Württemberg und wurde Sitz eines Oberamts. Über Württemberg gelangte es 1951/1952 an Baden-Württemberg.

L.: Wolff 225; Zeumer 555 III b 35; Schroeder 355; Teurer, H., Aalen in der Vergangenheit, 1952; Rossmann, A., Aalen einst und heute, 1960; Bauer, K., Aalen – Stadt und Landschaft in der Geschichte, Aalener Jahrbuch 1978; Aalener Jahrbuch, hg. v. Geschichts- und Altertumsverein Aalen, 1978; Pfisterer, H., Aalen innerhalb der Stadtgräben, 1989.

Aalst, Alst (Grafschaft). Die nach einer 870 erstmals erwähnten Burg benannte Grafschaft A. gehörte über die Grafschaft Flandern zum burgundischen Reichskreis. Sie war bereits 1056 als Reichslehen an die Grafen von Flandern (Reichsflandern) gekommen, die 1166 die ab 964 bekannte, seit 1117–1145 als comes titulierte Familie der Grafen von A. beerbten. 1384/1385 gelangte Flandern an Burgund und 1477 mit diesem an Habsburg. 1794 fiel es an Frankreich, 1814 an die Niederlande und 1830 an Belgien.

L.: Roosbroeck, R. van, Geschichte Flanderns, 1968; Warlop, E., De Vlaamse adel voor 1300, Bd. 1 ff. 1968; Blok, D., Aalst, LexMA 1 1980, 5.

Aarberg (Grafen). Die Grafen von A. sind ein Zweig der Grafen von Neuenburg in der Schweiz. Von diesen spalteten sich um 1215 die Grafen von Aarberg-Aarberg und von Aarberg-Valangin ab. 1358 wurde die Herrschaft Aarberg-Aarberg an Bern verpfändet. 1517 erlosch die ebenfalls überschuldete Linie Aarberg-Valangin im männlichen Stamm.

L.: Wolff 519; Patze, H., Aarberg, LexMA 1 1980, 6.

Aargau (Landschaft, Grafschaft, Kanton). Das schon vorgeschichtlich besiedelte, dann von den Römern beherrschte, seit dem 5. Jahrhundert von den Alemannen eroberte und im 6. Jahrhundert dem fränkischen Reich eingegliederte Gebiet um die Aare wird 763 erstmals als A. bezeichnet. Um 861 wurde zwischen Oberaargau und Unteraargau geschieden. Der Oberaargau stand zu Anfang des 15. Jahrhunderts unter der Herrschaft Berns, der Unteraargau unter der Herrschaft der Grafen von Habsburg, die ihn 1264/1400 von den Grafen von Lenzburg bzw. den diesen 1173/1174 folgenden Grafen von Kiburg (Kyburg) ererbt hatten. 1415 eroberte die schweizerische Eidgenossenschaft den Unteraargau. Danach unterstand der westliche Teil mit Lenzburg, Zofingen, Aarau und Aarburg Bern, kleinere Teile Luzern und Zürich, die Grafschaft Baden, die Städte Mellingen und Bremgarten sowie das Freiamt im Osten seit 1443 als gemeine Herrschaft den acht eidgenössischen Orten. 1528 wurde im Berner Gebiet die Reformation eingeführt. 1798 entstanden die beiden Kantone A. und Baden der Helvetischen Republik, die 1803 unter Einbeziehung des österreichischen Fricktals vereinigt wurden. 1805 wurde der A. souveräner Kanton der Schweiz. 1831 erhielt er eine liberale Verfassung. 1841 wurden im Aargauischen Klosterstreit die Klöster aufgehoben.

L.: Großer Historischer Weltatlas II 72 (bis 1797) E2; Curs, O., Deutschlands Gaue im zehnten Jahrhundert. Nach den Königsurkunden. Diss. phil. Göttingen 1908, 1 (zwischen Aare und Reuß, Kirchberg); Aargauer Urkunden, Bd. 1 ff. 1930 ff.; Aargauische Heimatgeschichte, hg. v. Ammann, H., Bd. 1 ff. Aarau 1930 ff.; Halder, A., Geschichte des Kantons Aargau, Bd. 1 (1803–1830) 1953; Tschopp, C., Der Aargau. Eine Landeskunde, 2. A. Aarau 1962; Polenz, P. v., Landschafts- und Bezirksnamen, 1961, II, 9, 22–24, 27, 266, Aragouwe, Argowe, Argue, Argoia, Oberargeuue, Araris pagus; Stettler, B., Studien zur Geschichte des oberen Aareraumes im Früh- und Hochmittelalter, 1964; Borgolte, M., Geschichte der Grafschaften Alemanniens in fränkischer Zeit, 1984, 55; Hartmann, M., Die Römer im Aargau, 1985; Eichenberger, K., Verfassung des Kantons Aargau, 1986; Geissmann, H., Das Allgemeine Bürgerliche Gesetzbuch für den Kanton Aargau (1847–1855), 1991.

Abenberg (Grafen). Die Grafen von A., die vermutlich um 1040 erstmals erwähnt werden (Abinberch), waren im 11. und 12. Jahrhundert Grafen im Radenzgau und im Rangau und – sicher seit 1108 – Vögte des Hochstiftes Bamberg sowie Vögte verschiedener Klöster (u. a. Banz) und stellten eine Reihe von Bischöfen und Äbtissinnen. Ihre Güter fielen 1189 zu einem Teil an das Hochstift Bamberg und nach ihrem Aussterben um 1199/1200 durch Heirat an die Burggrafen von Nürnberg aus dem Hause Zollern (Hohenzollern), die den Ort A. 1296 an das Hochstift Eichstätt verkauften.

L.: Wolff 106; Guttenberg, E. Frhr. v., Die Territorienbildung am Obermain, 1927, Neudruck 1966; Schreibmüller, H., Der Ausgang des fränkischen Grafengeschlechts von Abenberg, Schwabacher Heimatbuch 3 (1933); Buchner, F. X., Die Grafen von Abenberg, in: Sperber, J., St. Stilla und Abenberg, 1950; Ulsamer, W., 100 Jahre Landkreis Schwabach, 1964; Seitz, F., Grenzsteine des eichstättischen Pflegeamts Abenberg, 1988.

Abenberg (Reichsritter). Die A. zählten zu Beginn des 16. Jahrhunderts zu den Kantonen Altmühl und Steigerwald des Ritterkreises Franken.

L.: Stieber; Riedenauer 122.

Abensberg (Grafen, reichsunmittelbare Herrschaft). A. bei Kelheim wird erstmals 1031 erwähnt (Abensberch). Seit dem 12. Jahrhundert erscheinen Grafen von A. aus dem Hause der Babonen. Sie sind zwischen Donau und Abens um Altmannstein und an der unteren Altmühl begütert und handeln als Vögte über Regensburger Eigenkirchen. 1247 kam es nach dem Aussterben der älteren Grafen zur Linientrennung in die Herrschaften A. und Altmannstein. 1485/1486 gelangte die reichsunmittelbare Herrschaft A. mit dem Tod des letzten Grafen von A. (1485) als Reichslehen zur Münchener Linie der Herzöge von Bayern (Bayern-München). 1552 wurden die Gerichte A. und Altmannstein mit Sitz in A. durch Personalunion verbunden.

L.: Kral, J., Abensberg und Umgebung, 1952; Diepolder, G., Oberbayerische und niederbayerische Adelsherrschaften, Zs. f. bay. LG. 25 (1962), 47 ff.; Gerlich, A., Aben(s)berg, LexMA 1 1980, 27 f.; Flachenecker, H., Die Reichsherrschaft Abensberg, Z. f. bay. LG. 64 (2001), 693.

Abensberg und Traun (Grafen, Reichsritter), Abensperg-Traun. 1722 zählten die Grafen von A. wegen der 1764 vom Stift Kempten gekauften Herrschaft Siggen zum Kanton Allgäu-Bodensee des Ritterkreises Schwaben. S. Traun.

L.: Ruch Anhang 82.

Abersfeld (Reichsritter). Die A. zählten zu Beginn des 16. Jahrhunderts zum Kanton Rhön-Werra des Ritterkreises Franken.

L.: Riedenauer 122.

Absberg (Reichsritter). Die Rodungsherrschaft der edelfreien Herren von A. bei Gunzenhausen erhielt früh die Blutgerichtsbarkeit. Karl IV. gewährte den Herren das Befestigungsrecht für den Hauptort, die Markgrafen von Brandenburg 1469 das Vizeerbkämmereramt des Reiches. Vom 15. bis zur Mitte des 17. Jahrhunderts zählten die A. zum Kanton Altmühl des Ritterkreises Franken. Bis etwa 1680 waren sie auch im Kanton Odenwald immatrikuliert. 1647 kam A. an den Deutschen Orden, der nach langwierigem Rechtsstreit die Erben abfand. 1796 wurde die Ordensherrschaft von Preußen mediatisiert und fiel 1806 an Bayern.

L.: Biedermann, Altmühl; Stieber; Wolff 113; Roth von Schreckenstein 2, 593; Pfeiffer 197, 212; Riedenauer 122; Stetten 32; Rahrbach 1.

Abtsgmünd (reichsritterschaftliche Herrschaft). A. mit Wöllstein zählte zum Kanton Kocher des Ritterkreises Schwaben und kam an Ellwangen, über das es 1802/1803 an Württemberg und 1951/1952 zu Baden-Württemberg gelangte.

L.: Wolff 157.

Achalm (Grafen, Reichsdorf?). A. bei Reutlingen wird im 11. Jahrhundert erstmals erwähnt. Danach benannte Grafen starben 1098 aus. Ihre Burg, im 13. Jahrhundert Sitz eines Reichsvogts, gelangte 1330 als Reichspfandschaft an Württemberg. A. war möglicherweise Reichsdorf.

L.: Dacheröden 102; Hugo 474; Brustgi, F., Eningen unter Achalm, 1976.

Achberg (Herrschaft, reichsritterschaftliche Herrschaft). Burg und Herrschaft A. südlich von Wangen werden erstmals 1194 genannt. Sie gelangten von den Herren von A. im 14. Jahrhundert an die Truchsessen von Waldburg, 1335 an die Herren von Molpertshaus, die A. 1352 Habsburg zu Lehen auftrugen, 1412 an die Herren von Königsegg, 1530 erbweise an die Herren von Sürgenstein (Syrg von Syrgenstein), 1691 als zum Kanton Hegau des Ritterkreises Schwaben steuernd durch Verkauf von den Herren von Sürgenstein (Syrg von Syrgenstein) an den Deutschen Orden (Landkomtur zu Altshausen), 1805/1806 an Bayern, dann durch die Rheinbundakte von 1806 an Hohenzollern-Sigmaringen und mit diesem 1850 an Preußen. Bis 1854 war A. Sitz eines Oberamtes. 1947 kam es zu Württemberg-Hohenzollern, 1951/1952 zu Baden-Württemberg.

L.: Wolff 195; Eisele, F., Die ehemalige Herrschaft und jetzige Exklave Achberg, 1922.

Achilgouwe (pagus Aculinsis, pagus Aquilinsis, ‚Eichelgau', Elsass) s. Eichelgau

L.: Polenz, P. v., Landschafts- und Bezirksnamen, 1961, II, 16, 24 (Achilgouwe).

Achstetten (Herrschaft). In dem erstmals 1194 genannten A. bei Biberach saß seit der Mitte des 14. Jahrhunderts ein Zweig der Herren von Freyberg. 1447 veräußerten sie ein Drittel der Herrschaft an die Abtei Gutenzell. 1639 kamen die restlichen Güter beim Aussterben der Linie an die Grafen von Oettingen-Spielberg zu Schwendi, 1766 durch Tausch an die Freiherren von Welden-Großlaupheim, 1795 an die Freiherren (seit 1819 Grafen) Reuttner von Weil (Reutner von Weil). S. Baden-Württemberg.

L.: Hölzle, Beiwort 80.

Acqui (Stadtkommune). Das dem römischen Aquae Statiellae folgende Acqui Terme an der Bormida gehörte im 12. Jahrhundert dem Bund der lombardischen Städte (lombardischen Städtebund) an. Von 1260 bis 1708 unterstand es mit Unterbrechungen den Markgrafen von Montferrat. Danach fiel es an Savoyen.

L.: Großer Historischer Weltatlas II 48 (1300) C2.

Adalhartesbara (Gau)

L.: Polenz, P. v., Landschafts- und Bezirksnamen, 1961, II, 78, 79, 82, 83, 89, Adalhartespara; Borgolte, M., Geschichte der Grafschaften Alemanniens in fränkischer Zeit, 1984, 127 (Baldingen).

Adalahkeuue (Gau zwischen Isar und kleiner Vils in Niederbayern)

L.: Curs, O., Deutschlands Gaue im zehnten Jahrhundert. Nach den Königsurkunden, Diss. phil. Göttingen 1908, 1 (Beutelhausen); Polenz, P. v., Landschafts- und Bezirksnamen, 1961, II, 34, 90, III, 8, 262, Adalahgouwe, Adalahkeuue.

Adelmann von Adelmannsfelden (Reichsritter, Reichsfreiherren, Reichsgrafen). Adelmannsfelden westlich von Ellwangen wird erstmals 1113 genannt. Seit dem zweiten Jahrzehnt des 12. Jahrhunderts sind Herren (später Reichsministeriale) von Adelmannsfelden nachgewiesen. Um die Mitte des 14. Jahrhunderts gaben sie die namengebende Burg auf und ließen sich seit 1385/1407 in Neubronn nieder. Später wurden sie mit dem 1530 erworbenen Hohenstadt, dem im 15. Jahrhundert erlangten Schechingen und den 1657 an die Lang verkauften Gütern Dewangen, Reichenbach, Faulherrnhof und Rodamsdörfle Mitglied im Kanton Kocher der schwäbischen Reichsritterschaft. 1680 wurden sie in den Reichsfreiherrenstand, 1790 in den Reichsgrafenstand erhoben.

L.: Roth von Schreckenstein 2, 592; Hölzle, Beiwort 61; Kollmer 375; Schulz 257.

Adelmannsfelden (Herrschaft). A. westlich von Ellwangen wird erstmals 1113 erwähnt. Nach ihm nannten sich Herren Adelmann von Adelmannsfelden, die um die Mitte des 14. Jahrhunderts die namengebende Burg aufgaben. A. selbst fiel nach dem Interregnum an die Grafen von Oettingen und von dort durch Verkauf 1361 an das Kloster Ellwangen, 1380 an die Schenken von Limpurg und 1493 an Georg von Vohenstein. 1806 kam die zuletzt 46 Dörfer umfassende, zum Kanton Kocher des Ritterkreises Schwaben zählende Herrschaft an Württemberg und damit A. 1951/1952 zu Baden-Württemberg.

L.: Wolff 510; Adelmannsfelden, F. G. Frhr. v., Zur Geschichte von Adelmannsfelden, 1948; Der Ostalbkreis, 1978; Franz, G. Frhr. v., Zur Geschichte von Adelmannsfelden, 1984.

Adelsheim (Freiherren, Reichsritter, Herrschaft). A. bei Buchen westlich von Mergentheim war schon in fränkischer Zeit besiedelt (799 genannt). Ortsherren waren seit Beginn des 14. Jahrhunderts die Herren von A., denen auch Sennfeld bei Buchen zur Hälfte gehörte. 1347 wurde der Ort Stadt genannt und war Lehen Würzburgs. Stadtrechte wurden 1347 durch Karl IV. verliehen. Von etwa 1550 bis um 1800 zählten die ursprünglich wohl reichsministerialischen Freiherren von A. (mit der vor 1439 erworbenen Herrschaft A., einem Achtel Edelfingen, Binau am Neckar, Laudenberg, Sennfeld, Volkshausen, drei Fünfteln Wachbach, Nassau bei Weikersheim, mit einem Drittel Hachtel und zwei Dritteln Dörtel) zum Kanton Odenwald des Ritterkreises Franken. In der zweiten Hälfte des 16. Jahrhunderts waren sie auch im Kanton Rhön-Werra immatrikuliert. 1806 gelangte A. an Baden. Wachbach mit Hachtel und Dörtel fielen 1808 an Württemberg, Laudenberg, Volkshausen und Sennfeld an Baden. S. Baden-Württemberg.

L.: Wolff 511; Hölzle, Beiwort 55; Roth von Schreckenstein 2, 593; Winkelmann-Holzapfel 141; Pfeiffer 197; Riedenauer 122; Stetten 32, 35, 184, 186; Rahrbach 3; Weiss, J., Regesten der Freiherrn von Adelsheim und der Stadt Adelsheim, 1885; Graef, G., Heimatbilder aus der Geschichte der Stadt Adelsheim im badischen Frankenland, 1939.

Adelshofen (Reichsritter). Im 16./17. Jahrhundert zählten die A. zum Kanton Steigerwald des Ritterkreises Franken.

L.: Riedenauer 122; Bechtolsheim 14.

Adelsreuth (Herrschaft), Adelsreute. Die Herrschaft A. gehörte am Ende des 18. Jahrhunderts der Abtei Salem. Diese gelangte über Baden (1802/1803) 1951/1952 zu Baden-Württemberg.

L.: Wolff 180.

Adelstetten (reichsritterschaftliche Herrschaft). A. zählte zum Kanton Kocher und kam bei der Mediatisierung an Württemberg. S. Baden-Württemberg.

Adendorf (reichsritterschaftliche Herrschaft). Das vermutlich aus Reichsgut stammende A. südlich von Bonn wird erstmals 893 unter den Gütern des Klosters Prüm erwähnt. Dessen Rechte nahmen später vor allem die Grafen von Hochstaden wahr. Im 12. Jahrhundert hatte das Domkapitel zu Trier den Hof Cumbe in A. inne. Lehnsträger waren zunächst die von A., 1215 die von Tomburg. 1246 übertrug der letzte Graf von Hochstaden seine Rechte an das Erzstift Köln. 1336 trugen die von Hüchelhoven den Hof Cumbe von Trier zu Lehen. 1413 belehnte Trier Johann von Kempenich als Nachfolger der Hüchelhoven, 1420 die Birgel (Bürgel), 1453 die Schöneck, danach die Orsbeck. Bald nach 1453 ging das Lehnsrecht des Hofes Cumbe an die Abtei Siegburg über. Im 16. Jahrhundert saßen die Freiherren von der Leyen in A. Nach dem Anfall der Grafschaft Neuenahr an Jülich 1546 wurde A. Gericht innerhalb Jülichs, doch tauschte der Kurfürst von der Pfalz als Herzog von Jülich 1659 das Gericht A. gegen den Anteil der von der Leyen an Landskron (Landskrone) ein. Kaiser Leopold I. erhob A., das zum Kanton Niederrheinstrom des Ritterkreises Rhein steuerte, zur reichsunmittelbaren Herrschaft. 1815 kam A. zu Preußen, 1946 zu Nordrhein-Westfalen.

L.: Wolff 515.

Adler (Reichsritter). Im 18. Jahrhundert zählten die A. mit Teilen von Sachsenflur zum Kanton Odenwald des Ritterkreises Franken.

L.: Winkelmann-Holzapfel 141; Stetten 35; Riedenauer 122.

Admont (Kloster). In dem 859 erstmals genannten A. im Ennstal errichteten der Erzbischof von Salzburg und die Gräfin von Friesach 1074 das älteste Männerkloster der Steiermark.

L.: Wichner, J., Geschichte des Benediktiner-Stiftes Admont, Bd. 1–4 1874 ff.; Kremser, F., Besitzgeschichte des Benediktinerstifts Admont 1074–1434, Diss. phil. Graz 1969; List, R., Stift Admont 1074–1974, 1974; Mannewitz, M., Stift Admont, 1989.

Aerschot (Herzogtum), Aarschot. Das 1612 aus dem Erbgut der Herzöge von Croy an Arenberg gekommene Herzogtum A. in Brabant gehörte zum burgundischen Reichskreis.

L.: Wolff 54; Wallner 700 BurgRK 1; Escher, M. u. a., Die urbanen Zentren, 2005, 2, 14.

Aestbrucksteraland (Gebiet in Friesland)

L.: Polenz, P. v., Landschafts- und Bezirksnamen, 1961, II, 49 (Aestbrucksteraland).

Aestersemeraland (Gebiet in Friesland)

L.: Polenz, P. v., Landschafts- und Bezirksnamen, 1961, II, 49 (Aestsemeraland).

Affa (Gau nördlich des Bodensees)

L.: Curs, O., Deutschlands Gaue im zehnten Jahrhundert. Nach den Königsurkunden, Diss. phil. Göttingen 1908, 1; Polenz, P. v., Landschafts- und Bezirksnamen, 1961, II, 78, 83, 95, 96, III, 30, V, 2, Appha; Borgolte, M., Geschichte der Grafschaften Alemanniens in fränkischer Zeit, 1984, 133 (Altheim, Riedlingen, Waldhausen, Mörsingen, Friedingen, Zwiefalten, Gauingen, Hayingen, Grüningen).

Afra s. Augsburg, Sankt Ulrich und Afra

Aga s. Aagau

Agartinga (Gau südwestlich Paderborns)

L.: Curs, O., Deutschlands Gaue im zehnten Jahrhundert. Nach den Königsurkunden, Diss. phil. Göttingen 1908, 1 (Wewer); Polenz, P. v., Landschafts- und Bezirksnamen, 1961, III, 1, 4 (Agradingun).

Agratingun (Gebiet am Mittellauf der Ems)

L.: Curs, O., Deutschlands Gaue im zehnten Jahrhundert. Nach den Königsurkunden, Diss. phil. Göttingen 1908, 1 (Meppen); Polenz, P. v., Landschafts- und Bezirksnamen, 1961, III, 1, 4 (Agradingun).

Ahaus (Herrschaft). A. (1020 Ahusun) wird 1139 (Herren von A.) erstmals urkundlich genannt und entwickelte sich im 14. Jahrhundert zur Stadt (Stadtrecht 1391). Die Herrschaft A. war im 12. Jahrhundert mit Diepenheim (1134 Herren von Diepenheim) (Overijssel) verbunden, gelangte 1241 nach dem Aussterben des Geschlechts durch Heirat an eine Linie der Herren von Horstmar und 1406 nach Abtrennung Ottensteins und des Gogerichts zum Steinernen Kreuz durch Verkauf an das Hochstift Münster, das in A. ein Amt errichtete. Ab 1803 residierten dort die Prinzen von Salm-Kyrburg, welche die Ämter A. und Bocholt zu einem Drittel als Entschädigung für linksrheinische Verluste erhalten hatten. Seit 1810 gehörte A. zum Kaiserreich Frankreich und gelangte 1815 an Preußen, 1946 an Nordrhein-Westfalen.

L.: Wolff 312; Kreis Ahaus, hg. v. Lindemann, K./Brambrink, H., 1938; Kohl, W., Geschichte der Stadt Ahaus, 1980; Schloss Ahaus 1690–1990, hg. v. Püttmann, K., 1990.

Ahausen s. Sommerhausen, Winterhausen

L.: Hugo 455.

Ahrenfels (Herrschaft) s. Arenfels

Ahrensberg (Land). 1329 wurde das Land A. mit Schloss Strelitz an das Land Stargard angegliedert, das 1304 von Brandenburg an Mecklenburg gelangt war.

Ahrensbök (Kloster, Amt). Das 1397 errichtete Kloster A. bei Eutin wurde 1542 aufgelöst. Seine Güter wurden 1565 in ein Amt umgewandelt, das von 1623 bis 1761 Teil des Herzogtums Schleswig-Holstein-Sonderburg-Plön war. 1866 ließ sich der Großherzog von Oldenburg durch das Amt A. für seine Erbansprüche auf Teile von Holstein abfinden.

L.: Wolff 445; Pauls, V., Die Klostergrundherrschaft Ahrensbök, Zs. der Ges. für schlesw.-holst. Geschichte 54 (1924); Wätjer, J., Die Geschichte des Kartäuserklosters „Templum Beatae Mariae“ zu Ahrensbök (1397–1564), 1988; Prange, W., Kloster Ahrensbök 1328–1565, 1989; Brather, J., Ahrensbök in großherzoglich-oldenburgischer Zeit 1867–1919, 1990.

Ahrenthal (reichsritterschaftliche Herrschaft), Ahrental. Zu Beginn des 13. Jahrhunderts errichteten die Herren von Sinzig auf Reichsgut die Burg A. südwestlich von Sinzig, nach der sie sich benannten. Im 16. Jahrhundert gingen die Reichslehnrechte verloren. Die Herrschaft kam im Erbgang an die Herren Wildberg (Wiltberg), an die Effern, an die Freiherren von Meerscheid genannt Hillesheim und schließlich an die Grafen von Spee (Spe). 1702 wurde die Herrschaft reichsritterschaftlich (Kanton Niederrheinstrom des Ritterkreises Rhein). S. Rheinland-Pfalz.

L.: Bruchhäuser, K., Heimatbuch der Stadt Sinzig, 1953.

Ahrgau (Gau) (Arachgouue 769)

L.: Curs, O., Deutschlands Gaue im zehnten Jahrhundert. Nach den Königsurkunden, Diss. phil. Göttingen 1908, 1 (Arengowe, Unterlauf der Ahr links des Rheins, Lantershofen); Polenz, P. v., Landschafts- und Bezirksnamen, 1961, II, 15 f., 23 f., 26, 44, 266 (Aragouwe II, Arisco, Arahaugia, pagus Arensis, pagus Aroensis, im Rheinland); Nonn, U., Pagus und comitatus in Niederlothringen, 1983, 205.

Ahrn, Aren, Arnim?, Arnsberg? (Reichsritter). Im 16. Jahrhundert zählten die A. zum Kanton Gebirg des Ritterkreises Franken. S. Arnim.

L.: Riedenauer 122.

Aichfeld

L.: Polenz, P. v., Landschafts- und Bezirksnamen, 1961, II, 63, 72, Aichfeld, Steiermark.

Aichholzheim, Aicholzheim (Reichsritter). Um 1550 zählten die A. zum Kanton Odenwald des Ritterkreises Franken.

L.: Stetten 32; Riedenauer 122.

Aichinger (Reichsritter). In der zweiten Hälfte des 18. Jahrhunderts zählten die A. zum Kanton Gebirg des Ritterkreises Franken. S. Eichinger von Eichstamm.

Aichstetten (Herrschaft). 1491 erwarben die Truchsessen von Waldburg die Herrschaft A. zwischen Memmingen und Leutkirch, die später an die Linie Waldburg-Zeil-Trauchburg bzw. Waldburg-Zeil-Zeil fiel.

L.: 900 Jahre Pfronstetten, 1990.

Aisch (Reichsritter). Zu Beginn des 16. Jahrhunderts zählten die A. zum Kanton Steigerwald des Ritterkreises Franken.

L.: Stieber; Riedenauer 122.

Aislingen (Herrschaft). Die um A. südlich von Dillingen gebildete Herrschaft wurde 1489 vom Hochstift Augsburg erworben. S. Bayern.

Alaholfsbaar (Gau)

L.: Polenz, P. v., Landschafts- und Bezirksnamen, 1961, II, 78, 83 Aulaulfispara; Borgolte, M., Geschichte der Grafschaften Alemanniens in fränkischer Zeit, 1984, 132 (an der Donau um Kloster Marchtal, um Munderkingen, Dentingen, Bierlingen, Essendorf, Haidkirch bei Haisterkirch).

Alb (Gebietsname)

L.: Polenz, P. v., Landschafts- und Bezirksnamen, 1961, I, 7, Alb, Albae, Albe, Alben, comitatus Alpium, Vvfunalbun.

Alba (Stadtstaat). Das dem römischen Alba Pompeia folgende A. am Tanaro war Mitglied des lombardischen Städtebundes. Nach längerem Streit zwischen Mailand und Montferrat kam es zu Montferrat, 1631 zu Savoyen und damit 1861 zu Italien.

L.: Mazzatini, G., Note per la storia della città di Alba, 1893; Großer Historischer Weltatlas II 48 (1300) C2.

Albani (Reichsfürst). 1710 wurde Annibale A. zum Reichsfürsten erhoben. 1715 wurde das Hausgut Soriano Fürstentum.

L.: Klein 168, 170.

Albanum (Lehen). A. mit Castel Gandolfo am Albanersee war im 18. Jahrhundert kaiserliches Lehen im Kirchenstaat.

L.: Aretin, Das alte Reich 2, 370 ff.

Albeck (Herrschaft). Seit 1107 ist ein hochadliges Geschlecht nachweisbar, das sich nach dem „Eck" am Albrand nördlich von Ulm nannte. A. wurde Mittelpunkt einer Herrschaft, die um 1250 beim Erlöschen der Herren bzw. Grafen von A. über die Erbtochter an die Markgrafen von Burgau, 1293 ebenfalls über die Erbtochter an die Grafen von Werdenberg(-Sargans) fiel. 1381 erwarb die Reichsstadt Ulm von dem verschuldeten Grafen von Werdenberg-Albeck die Burg und die Herrschaft diesseits der Lone, 1385 den Rest. Von 1802 bis 1810 kam das Gebiet an Bayern, 1810 an Württemberg und damit 1951/1952 zu Baden-Württemberg.

L.: Wolff 211; Geschichte von Städtle und Schloss – ein Spaziergang durch die Zeit, hg. v. d. Stadt Langenau, 1989.

Albegouwe II (Albegau in Lothringen, zwischen Saargau, Seillegau, Kalmenzgau [Chaumontois] und Vogesen)

L.: Polenz, P. v., Landschafts- und Bezirksnamen, 1961, II, 24, 26 f., Albegouwe II, Albechowa; Puhl, R., Die Gaue und Grafschaften des frühen Mittelalters im Saar-Mosel-Raum, 1999, 69 (816 pagus Albinsis), Namenmotiv ungewiss (Bonmoutier, Domêvre-sur-Vezouse, Vacqueville).

Albersfeld? (Reichsritter). Kanton Rhön-Werra, Ritterkreis Franken.

L.: Stieber.

Albertiner s. Sachsen, Wettiner

Albertini (Reichsritter), Albertini von Ichtratzheim. 1773 gehörten die bereits im Stichjahr 1680 angesessenen und mit ihren Gütern bei der Ritterschaft immatrikulierten A. von Ichtratzheim zum Ritterkreis Unterelsass. 1802 zählte Franz Reinhard Hannibal A. Freiherr und Pannerherr von Ichtratzheim zum Ort Ortenau des Kantons Neckar des Ritterkreises Schwaben. 1808 erloschen die A. von Ichtratzheim männlicherseits.

L.: Hölzle, Beiwort 66.

Alberts (Reichsfürst), Albert. 1742 wurde der bayerische Graf Louis Joseph d'A., seit 1729 Fürst von Grimberghen (Grimbergen), zum Reichsfürsten erhoben.

L.: Klein 184.

Albicgouwe (Albgau bei Karlsruhe)

L.: Polenz, P. v., Landschafts- und Bezirksnamen, 1961, II, 24, 26 f., Albicgouwe, ‚Albgau' bei Karlsruhe.

Albini (Reichsritter). Im ausgehenden 18. Jahrhundert zählten die A. mit dem 1799 von Groschlag von Dieburg erworbenen Messel zum Kanton Odenwald des Ritterkreises Franken. Messel fiel 1808 an Hessen-Darmstadt und damit 1945 an Hessen.

L.: Stetten 35, 187; Riedenauer 122.

Albrecht (Reichsritter). Möglicherweise gehörten die A. im 17. und 18. Jahrhundert dem Kanton Steigerwald des Ritterkreises Franken an.

L.: Riedenauer 122.

Albuinsbaar (Gau)

L.: Polenz, P. v., Landschafts- und Bezirksnamen, 1961, II, 78 f., 82 f., 89, Albwinespara, zwei Baarbezirke; Borgolte, M., Geschichte der Grafschaften Alemanniens in fränkischer Zeit, 1984, 128 (Rötenbach, Döggingen, Hausen vor Wald, Friedenweiler, Löffingen), 132 (Eschenbach, Berkach, Bielingen, Bettighofen, Risstissen).

Aldenburg (Reichsgrafen). Die Reichsgrafen von A. sind die Nachkommen des nichtehelichen Sohnes Anton des Grafen Anton Günther von Oldenburg († 1667). Als Fideikommiss gehörten ihnen die Herrschaften Kniphausen und Varel. Diese gingen durch Heirat 1761 an die westfälische Linie der Grafen Bentinck über.

Aldingen (reichsritterschaftliche Herrschaft). A. zählte zum Kanton Kocher des Ritterkreises Schwaben und kam an Württemberg. S. Baden-Württemberg.

L.: Stein, N./Theiner, E./Pfitzenmayer, H., Die Herren von Kaltental und die reichsfreien Nothaft von Hohenberg, 1989.

Alemannia (Landname)

L.: Polenz, P. v., Landschafts- und Bezirksnamen, 1961, I, 10, 12, II, 22, 76, 77, III, 33, Alemannia.

Alessandria (Stadtstaat). Das 1168 gegründete und 1168 nach Papst Alexander III. benannte

A. am Tanaro war Mitglied des lombardischen Städtebundes. 1348 fiel es an Mailand, 1707 an Savoyen (1861 Italien).

L.: Jachino, G., Storiografia alessandrina, 1898; Großer Historischer Weltatlas 48 II (1300) C2.

Aletzheim (Reichsritter). Um 1550 zählten die A. zum Kanton Odenwald des Ritterkreises Franken.

L.: Stetten 32; Riedenauer 122.

Alfingen (Herrschaft). Die um A. (Wasseralfingen) bei Aalen gebildete Herrschaft wurde 1553 von der Propstei Ellwangen erworben. Über Württemberg (1802/1803) kam A. 1951/1952 zu Baden-Württemberg. S. Wasseralfingen.

Alingavias (Langeais)

L.: Polenz, P. v., Landschafts- und Bezirksnamen, 1961, I, 13, Alingavias.

Allendorf (Ganerben, Reichsritter im Kanton Rhön-Werra). Mit Conrad von Allendorf erscheint 1174 ein im 13. und 14. Jahrhundert den Grafen von Katzenelnbogen und im 13. Jahrhundert dem Erzstift Mainz verbundenes Adelsgeschlecht, das von 1499 bis 1533 an der Ganerbschaft Mommenheim beteiligt war, dann aber ausstarb.

L.: Stieber; Zimmermann 62; Riedenauer 122.

Allerheiligen (Kloster). 1196 gründete Uta von Schauenburg die Prämonstratenserpropstei A. im nördlichen Schwarzwald. Im 13. Jahrhundert wurde das Kloster dem Kloster Lorsch einverleibt, 1657 zur Abtei erhoben. Diese kam 1803 an Baden. S. Baden-Württemberg.

L.: Heizmann, L., Das Prämonstratenserkloster Allerheiligen, 1924.

Allerheiligen (Reichskloster) s. Schaffhausen (Reichskloster)

Allgäu (Kanton, Kantonsbezirk, Alpgau Gau), Allgäu-Bodensee. A. ist ein Teil des Kantons Hegau, A. und Bodensee (Hegau-Allgäu-Bodensee) des Ritterkreises Schwaben der Reichsritterschaft (Sitz in Wangen).

L.: Baumann, F./Rottenkolber, J., Geschichte des Allgäus, Bd. 1 ff. 1883 ff., Neudruck 1971 ff.; Polenz, P. v., Landschafts- und Bezirksnamen, 1961, I, 9, II, 9, 24, 27, III, 32, Albegouwe I, Allgäu; Weitnauer, A., Allgäuer Chronik, Bd. 1 ff. 1962 ff.; König, W., Allgäu, LexMA 1 1980, 429; Borgolte, M., Geschichte der Grafschaften Alemanniens in fränkischer Zeit, 1984, 63, 188.

Allgäu-Bodensee (Quartier) s. Hegau

Alliata (Reichsfürst). 1716 wurde Giuseppe A. zum Reichsfürsten erhoben.

L.: Klein 169; Tangheroni, M., Gli Alliata, 1969.

Allstedt (Pfalz). In A. bei Sangerhausen, aus dem schon Karl der Große den Zehnten an Hersfeld gab und das am Ende des 9. Jahrhunderts an die Liudolfinger gekommen sein dürfte, befand sich in ottonischer und salischer Zeit (935 Altsteti) eine Pfalz mit zugehörigem Reichsgut. Sie wurde von Ludwig dem Bayern an die Grafen von Anhalt bzw. die Grafen von Mansfeld als Reichslehen ausgetan. Von Karl IV. wurde sie als Kern der Pfalzgrafschaft Sachsen 1363 an die Askanier (Herzöge von Sachsen) gegeben, von denen sie 1423 an die Wettiner (seit 1554 endgültig an die ernestinische Linie) fiel. Von 1369 bis 1469 war A. an die Herren von Querfurt, von 1526 bis 1575 an die Grafen von Mansfeld weiterverliehen. Von 1741 bis 1920 war es bei Sachsen-Weimar, danach bei Thüringen. 1945 gelangte es zu Sachsen-Anhalt.

L.: Wolff 396; Hartung, E., Die äußere Geschichte des Amtes Allstedt 1496–1575, 1931; Facius, F., Allstedt 1935; Grimm, P., Deutsche Königspfalzen 1965, 2, 277 ff.; Die deutschen Königspfalzen, hg. v. Max-Planck-Institut für Geschichte, Bd. 2 1984, 1 ff.

Almegau (Almunga, Gau um die Alme links der Lippe, Westfalen)

L.: Curs, O., Deutschlands Gaue im zehnten Jahrhundert. Nach den Königsurkunden, Diss. phil. Göttingen 1908, 1; Polenz, P. v., Landschafts- und Bezirksnamen, 1961, II, 24 (Almanga); Niemeyer, W., Der pagus des frühen Mittelalters in Hessen, 1968, 177.

Almen (Herrschaft), Alme. Die Herrschaft A. gehörte zum brilonschen Quartier des Herzogtums Westfalen.

L.: Wolff 87.

Almut (Herrschaft), Allmut. Die Herrschaft A. im Hochschwarzwald gehörte zur Grafschaft Bonndorf, die 1613 durch Kauf an die Abtei Sankt Blasien gelangte. Über Baden (1802/1803) kamen die Güter 1951/1952 zu Baden-Württemberg.

Alpgau (Gau im südlichen Schwarzwald)

L.: Curs, O., Deutschlands Gaue im zehnten Jahrhundert. Nach den Königsurkunden, Diss. phil. Göttingen 1908, 1 (Schwaningen); Polenz, P. v., Landschafts- und Bezirksnamen, 1961, III, 32 (Alpegouwe); Borgolte, M., Geschichte der Grafschaften Alemanniens in fränkischer Zeit, 1984, 58, 121 (Schwaningen).

Alpgau (Allgäu) (Gau) s. Allgäu

L.: Polenz, P. v., Landschafts- und Bezirksnamen, 1961, I, 9, II, 9, 24, 27, III, 32, Albegouwe I, Allgäu;

Borgolte, M., Geschichte der Grafschaften Alemanniens in fränkischer Zeit, 1984, 63, 188 (Fischen, Oberstaufen).

Alpirsbach (Kloster). 1095 wurde an der oberen Kinzig das Benediktinerkloster A. gegründet. Vögte waren seit etwa 1400 die Grafen, später die Herzöge von Württemberg. 1559 wurde die Reformation eingeführt und das Klosteramt zum evangelischen Kirchengut gezogen, 1810 auf die angrenzenden weltlichen Ämter verteilt. S. Baden-Württemberg.

L.: Wolff 162; Schmidt, R., Kloster Alpirsbach, 1965; Alpirsbach, hg. v. Landesdenkmalamt Baden-Württemberg, 2001.

Alschhausen (Reichsdorf?) s. Altshausen

Alsenz (Herrschaft). A. bei Rockenhausen ist vielleicht 775 erstmals erwähnt. 1398 waren dort die Raugrafen, die Randecker und Lewensteiner und die Rheingrafen berechtigt. Die Rheingrafen zu Grumbach-Grehweiler traten 1755 ihren Teil an Pfalz-Zweibrücken ab. Dieses gab 1756 durch Tausch ganz A. an Nassau (Nassau-Weilburg), das die Herrschaft A. 1803 verlor. S. Rheinland-Pfalz.

L.: Wolff 265, 279

Alsenzgau (pagus Alsencensis, Luxemburg) s. Alzettegau

L.: Polenz, P. v., Landschafts- und Bezirksnamen, 1961, I, 13, II, 17 f., 27 (Alsencensi).

Alst (Grafschaft) s. Aalst

Altaich (Kloster), Niederaltaich. Das 741 von Herzog Odilo von Bayern gegründete Kloster A. (Niederaltaich) an der Donau gewann 857 die Reichsunmittelbarkeit, verlor sie aber 1152 durch Unterstellung unter das Hochstift Bamberg und wurde 1803 zugunsten Bayerns aufgelöst.

Altburg (reichsritterschaftliche Herrschaft). A. mit Weltenschwan zählte zum Kanton Kocher des Ritterkreises Schwaben und kam an Württemberg und damit 1951/1952 zu Baden-Württemberg.

Altdorf (Reichsdorf). A. bei Ravensburg wird erstmals am Ende des 11. Jahrhunderts erwähnt. 1330 verpfändete Ludwig der Bayer die Reichssteuern zu A. und 1332 das Reichsdorf A. an den Grafen Hugo von Bregenz. Im Wege erbrechtlicher Nachfolge kam es von dort an die Grafen von Montfort. 1415 verpfändete König Sigismund den Ort, dem er 1414 die Rechte bestätigt hatte, an den Reichserbtruchsess Johann von Waldburg. S. Baden-Württemberg.

L.: Dacheröden 120; Hugo 450; Wolff 44.

Altdorf (Reichslandvogtei) s. Schwaben (Reichslandvogtei)

Altdorf s. Gailing von A.

Alteburg (Herrschaft). Die um A. gebildete Herrschaft wurde 1437 von der Reichsstadt Reutlingen erworben. Diese fiel 1803 an Württemberg und damit 1951/1952 an Baden-Württemberg.

L.: Hölzle, Beiwort 89.

Altena (Grafen). A. bei Arnsberg wird erstmals zum Ende des 10. Jahrhunderts erwähnt. Die 1122 genannte Burg war von 1161 bis 1200 Sitz der Grafen von A., eines Zweiges der Grafen von Berg. Am Anfang des 13. Jahrhunderts verlegten die Grafen ihren Sitz nach Burg Mark, von wo aus sie das Herrschaftsgebiet Mark ausbauten. A. selbst war seit etwa 1188 Lehen Kölns.

L.: Wolff 319; Polenz, P. v., Landschafts- und Bezirksnamen, 1961, II, 49, Altena (Land); Flebbe, H., Quellen und Urkunden zur Geschichte der Stadt Altena, 1967; Droege, G., Altena, LexMA 1 1980, 466.

Altenau s. Volz von A.

Altenburg (Fürstentum). Von 1603 bis 1672 war A. (1146/1147 Burggrafschaft, 1324 Verpfändung an die Markgrafen von Meißen) bei Leipzig Sitz einer Linie der Ernestiner. S. Sachsen-Altenburg, Thüringen.

L.: Wolff 398; Roubitscheck, W., Die Altenburger Landesvermessung und die von ihr abgeleiteten Kartenwerke, Wiss. Zs. der Martin-Luther-Univ. Halle-Wittenberg Math.-nat. Reihe 7 (1958); Thieme, A., Die Burggrafschaft Altenburg, 2001.

Altenburg (Reichsstadt). In A. bei Leipzig wurde ein slawischer Rundwall (um 800) festgestellt, an dessen Stelle im 10. Jahrhundert eine Burg errichtet wurde, die Otto II. 976 an den Bischof von Zeitz gab. Im 12. Jahrhundert war die Pfalz A. Mittelpunkt des staufischen Reichsterritoriums Pleißenland und erhielt Stadtrecht. 1290 wurde A. reichsunmittelbar, kam aber schon 1311/1328 unter die Herrschaft der Wettiner. 1485 fiel es an die ernestinische Linie. Von 1603 bis 1672 war es Residenz einer nach ihm benannten Linie der Ernestiner (Sachsen-Altenburg). Zu Sachsen-Gotha gehörte es, bis es von 1826 bis 1918 Residenz des jüngeren Herzogtums Sachsen-Altenburg wurde. 1920 kam es im Freistaat A. zum Freistaat Thüringen.

L.: Schneider, K., Geschichte der Stadt Altenburg und ihrer nächsten Umgebung, 1923; Gessner, A., Die Entwicklung der Stadt Altenburg bis zum Ausgang des Mittelalters, 1925; Altenburger Urkundenbuch 975–1350, bearb. v. Patze, H., 1955; Fuchs, W., Heimatgeschichtliche Materialsammlung. Das Pleißener Land und die Stadt Altenburg im Mittelalter, 1956; Die deutschen Königspfalzen, hg. v. Max-Planck-Institut für Geschichte, Bd. 2 1984, 39 ff.

Altenheim (Reichsritter). Im 16. Jahrhundert zählten die A. zum Kanton Odenwald des Ritterkreises Franken.

L.: Pfeiffer 210.

Altenkirchen (Amt). A. im Westerwald an der Trennung der Straßen Köln-Frankfurt und Köln-Leipzig wurde wohl in fränkischer Zeit gegründet und erscheint 1131 anlässlich einer Gabe an das Kassiusstift in Bonn erstmals. Im 12. Jahrhundert ist es in den Händen der Grafen von Sayn. Seit dem 15. Jahrhundert war es gelegentlich Amtssitz, seit 1662 Sitz der Grafschaft Sayn-Altenkirchen, die 1741 den Herzögen von Sachsen-Eisenach, dann bis 1791 den Markgrafen von Ansbach, bis 1802 Preußen, bis 1815 Nassau (Nassau-Usingen) und dann Preußen gehörte. 1946 kam A. zu Rheinland-Pfalz.

L.: Wolff 346; Rausch, J., Geschichte des Kreises Altenkirchen, 1921; Beiträge zur Wirtschafts-, Sozial- und Zeitgeschichte des Kreises Altenkirchen, hg. v. d. Kreisverwaltung Altenkirchen, 1980; Hanke, E., Altenkirchen/Westerwald, 1988.

Altenmuhr (reichsritterschaftliche Herrschaft). Mure an der mittleren Altmühl wird 893 erstmals als vicus genannt. Seit 1169 sind dort Ministeriale des Hochstifts Eichstätt bezeugt. Seit 1383 gingen die zunehmend den Burggrafen von Nürnberg aufgetragenen Güter allmählich an die Lentersheim über. 1538 starben die Muhr (Mur) aus. Seitdem überwog die Oberlehnsherrlichkeit der Markgrafen von Ansbach. Seit 1752 hatten die Lentersheim die Güter als reichsritterschaftliche Mediatherrschaft. Mit ihrem Aussterben fielen sie 1799 an die Hardenberg. S. Bayern.

Altenschönbach s. Esel von A.

Altensteig (Herrschaft). A. bei Calw wird erstmals um 1085 genannt (Aldunsteiga). Es gehörte seit dem Anfang des 13. Jahrhunderts zur hohenbergischen Herrschaft Wildberg, von der es 1355 bei einer Güterteilung als eigene Herrschaft abgetrennt wurde. Die Stadt ist eine Gründung der Grafen von Hohenberg in der zweiten Hälfte des 14. Jahrhunderts. 1398 kam A. durch Kauf von Hohenberg zur Hälfte, wenig später ganz an die Markgrafen von Baden, 1603 durch Kauf an die Herzöge von Württemberg (bis 1811 Amt). Von 1945 bis 1952 gehörte es zu Württemberg-Hohenzollern, danach zu Baden-Württemberg.

L.: Wolff 161; Böhmler, H., Geschichte von Altensteig-Stadt, Altensteig-Dorf und dessen Filialorten Zumweiler, Heselbronn und Lengenloch, 1911; 700 Jahre Stadtgeschichte Altensteig, 1987.

Altenstein s. Stein zum A.

Altes Land (bei Hamburg)

L.: Polenz, P. v., Landschafts- und Bezirksnamen, 1961, II, 49, Altes Land.

Altgau (Altgeuue, Gau zwischen Wipper und Unstrut in Thüringen)

L.: Curs, O., Deutschlands Gaue im zehnten Jahrhundert. Nach den Königsurkunden, Diss. phil. Göttingen 1908, 1 (Bellstädt, Holzsussra, Rockstedt, Weningen, Wolferschwende, Großbehringen, Wolfsberingen, Osterberingen, Beurenfeld, Hörschel, Asbach, Eckartsleben, Aschara, Langensalza, Obdorla, Niederdorla, Ehrich); Hessler, W., Mitteldeutsche Gaue des frühen und hohen Mittelalters, 1957, 113 (Bellstedt, Großberndten, Großenehrich, Wenigenehrich, Großfurra, Greußen, Körner, Nägelstedt, Rohnstedt, Haussömmern, Niederspier, Tennstedt, Thamsbrück, Wolferschwenda); Polenz, P. v., Landschafts- und Bezirksnamen, 1961, II, 24, Altgouwe.

Altgeringeland (Gebiet in Friesland)

L.: Polenz, P. v., Landschafts- und Bezirksnamen, 1961, III, 10, Altgeringeland.

Althausen (Reichsdorf). Über A. bei (Bad) Mergentheim hatte die Schirmgerechtigkeit der Deutsche Orden, die Rechte in Kirchensachen Ansbach und die übrigen Rechte die Gemeinde.

L.: Wolff 505.

Altheim (Reichsdorf?), s. a. Gailing von A.

L.: Dacheröden 115; Hugo 474.

Althohenfels (Herrschaft). Die Burg A. am Bodensee bei Sipplingen bildete den Mittelpunkt einer Herrschaft, die 1479 von der Reichsstadt Überlingen erworben wurde. S. Baden-Württemberg.

L.: Lachmann, T., Alt- und Neuhohenfels, 1967.

Altingen (Reichsdorf?)

L.: Dacheröden 117; Hugo 474.

Altkirch (Herrschaft). A. in der Burgundischen Pforte gehörte zunächst den Grafen von Mömpelgard, seit 1103 den Grafen von Pfirt. 1324 kam die Herrschaft A. an Habsburg, 1648 an Frankreich.

L.: Wolff 300; Specklin, R., Altkirch, type de petite ville, Paris 1953; Escher, M. u. a., Die urbanen Zentren, 2005, 2, 18.

Altleiningen (Burg). Vermutlich zwischen 1110 und 1120 erbaute Graf Emich II. die Burg Leiningen bei Frankenthal, die seit 1242 A. genannt wurde, um sie von der neuen Burg Neuleiningen zu unterscheiden. 1317 fiel A., an dem durch Erbschaft auch die Grafen von Sponheim (bis 1532) und von Nassau (bis etwa 1429) Rechte erlangt hatten, an Leiningen-Dagsburg, im 15. Jahrhundert in weiblicher Erbfolge an Leiningen-Westerburg. S. Leiningen-Westerburg-Altleiningen.

L.: Wolff 282.

Altmannshofen (Herrschaft, Reichsritter). Nach dem 1188 erstmals belegten A. (Altmannishovin) an der Straße von Lindau nach Memmingen nannten sich seit 1201 die von den von Lautrach stammenden Herren von A., die das Marschallamt in Schwaben innehatten. Ihre Güter wurden 1478/1539 von den Herren von Landau erworben. 1601 kam die Herrschaft an die Freiherren von Muggental, die seit 1662 an die Truchsessen von Waldburg-Zeil verkauften. Die dem Ritterkanton Hegau-Bodensee-Allgäu (Hegau-Allgäu-Bodensee) des Ritterkreises Schwaben steuerbare Herrschaft fiel 1806 an Württemberg und damit 1951/1952 an Baden-Württemberg.

L.: Der Kreis Wangen, 1962.

Altmark (Mark). Die A. ist der seit dem 14. Jahrhundert als A. bezeichnete, nördliche, bis zur Elbe reichende Teil (Nordmark) des 965 gedrittelten Herrschaftsgebiets des Markgrafen Gero († 965), der 1134 an Albrecht den Bären (Askanier) kam. Die Askanier verdrängten die Burggrafen von Arneburg und die Grafen von Osterburg, Gardelegen und Hillersleben. 1316 wurde der Südteil um Wolmirstedt an das Erzstift Magdeburg abgetreten. Nach dem Aussterben der brandenburgischen Askanier (1317/1319) fiel die restliche A. durch Heirat der Witwe des letzten Markgrafen an Herzog Otto von Braunschweig, kam aber später weitgehend ans Reich zurück und von dort 1415 an die Burggrafen von Nürnberg/Markgrafen von Brandenburg. Von 1807 bis 1813 war sie Teil des Elbdepartements des Königreichs Westphalen Frankreichs. 1816 wurde sie als Teil des Regierungsbezirks Magdeburg Preußens in die Provinz Sachsen eingegliedert. S. Brandenburg, Preußen, Sachsen-Anhalt.

L.: Wolff 385; Schultze, H. K., Adelsherrschaft und Landesherrschaft, 1963; Podehl, W., Burg und Herrschaft in der Mark Brandenburg, 1975; Wohlbrück, S., Geschichte der Altmark bis zum Erlöschen der Markgrafen aus Ballerstädtischem Hause, 1975; Zahn, W., Der Drömling, 1986.

Altmühl (Kanton). A. ist ein Kanton des Ritterkreises Franken der Reichsritterschaft, der seinen Sitz in Wilhermsdorf hatte. Die Kantonskorporation war 1806 ebenfalls Mitglied des Kantons.

L.: Moser, Vermischte Nachrichten 194 ff.; Mader 7, 645 ff.; Wolff 513; Riedenauer 116, 122 ff.; Biedermann, J., Geschlechtsregister der reichsfrey-unmittelbaren Ritterschaft Landes zu Franken loeblichen Orts an der Altmühl, Neudruck 1987; Riedenauer, E., Die Dissidien des Ritterkantons Altmühl 1758–1761. Eine Fallstudie zu Führungsstil und Verwaltung einer adeligen Genossenschaft des alten Reichs, Jb. für fränkische Landesforschung 49 (1989).

Altschell (Reichsritter). Um 1800 zählten die A. zum Kanton Altmühl des Ritterkreises Franken.

L.: Riedenauer 122.

Altshausen (Reichsdorf?), Altschhausen, Alschhausen, Aschhausen. A. nordwestlich von Ravensburg kam 1004 von Kaiser Heinrich II. mit der Grafschaft im Eritgau an Wolfrad von A. Die Herkunft seiner an Donau und in Oberschwaben reich begüterten Familie ist ungeklärt. Seit etwa 1134 nannten sich die Grafen von A. nach Veringen. Um 1170 begründeten sie die Grafen von Nellenburg. A. kam 1245 über die Grafen von Grüningen-Landau an den Reichskämmerer Heinrich von Bigenburg, der sie dem Deutschen Orden gab. A. wurde die reichste der 16 Kommenden der Ballei Elsass-Schwaben-Burgund. Seit dem 15. Jahrhundert war A. Sitz des Landkomturs, der den Rang eines Reichsgrafen hatte. Zur Herrschaft A. zählten 9 Dörfer, zur Kommende auch die Herrschaften Arnegg, Illerrieden, Ellenhofen, Achberg und Blumenfeld. Am Ende des 18. Jahrhunderts gehörte A. als Komturei des Deutschen Ordens mit einem Gebiet von etwa 3,5 Quadratmeilen dem schwäbischen Reichskreis an.

Über Württemberg kam A. 1951/1952 an Baden-Württemberg. S. Elsaß und Burgund (Ballei des Deutschen Ordens).

L.: Hugo 474; Wolff 195, 505; Zeumer 553 II b 61, 3; Wallner 687 SchwäbRK; Rueß, B., Geschichte von Altshausen, 1935.

Altstadt (Reichsdorf), Altenstadt. A. bei Weißenburg wurde am 20. 8. 1504 zusammen mit Weißenburg, der Mundat und den Reichsdörfern Schleythal (Schleithal), Seebach, Schwinghoffen (Schwinghofen) und Warspach von Maximilian I. in seinen Schutz genommen. S. Elsass.

L.: Hugo 470.

Altstätten (Reichsstadt). A. südlich des Bodensees wurde bereits 1298 von König Adolf von Nassau an die Abtei Sankt Gallen, 1347 von Kaiser Ludwig dem Bayern an die Grafen von Werdenberg, 1415 von Kaiser Sigmund an die Grafen von Nellenburg und 1417 an Lienhard von Jungingen und Frischhans von Bodman, 1424 an den Grafen von Toggenburg und 1430 an Ulrich und Konrad Peyerer verpfändet. Später fiel es an den Kanton Sankt Gallen.

Altzelle (Abtei). Das 1162 von Markgraf Otto von Meißen auf 800 Hufen neugerodeten Landes südlich der Freiberger Mulde gegründete, 1169/1170 (1175?) errichtete Zisterzienserkloster Cella Sanctae Mariae (seit etwa 1268 A.) war eines der reichsten Klöster des mitteldeutschen Ostens, wurde aber in den sich ausbildenden Staat der Markgrafen von Meißen einbezogen. 1540 wurde das stets landsässige Kloster säkularisiert. S. Sachsen.

L.: Beyer, E., Das Cistercienserstift und Kloster Altzell, 1825; Gurlitt, C., Das Zisterzienserkloster Altenzelle in Sachsen, 1922; Schmidt, O. E., Kloster Altzelle, Mitt. des Landesvereins sächs. Heimatschutz 21 (1932), 226 ff.; Altzelle, hg. v. Schattkowsky, M. u. a., 2002.

Alverdissen (Herrschaft, Stadt). Das 1151 unter den Gütern des Herforder Stifts auf dem Berge erwähnte A. (Alwardessen) erhielt von den Grafen von Sternberg städtische Rechte. Im 15. Jahrhundert war es meist verpfändet, im 16. Jahrhundert in den Händen einer Nebenlinie des Hauses Lippe in Pyrmont-Spiegelberg. 1613/1640/1647 kam es an Schaumburg-Lippe und 1812 an Lippe. S. Lippe-Alverdissen, Nordrhein-Westfalen.

L.: Wolff 350.

Alzettegau (pagus Alsenciensis)

L.: Puhl, R., Die Gaue und Grafschaften des frühen Mittelalters im Saar-Mosel-Raum, 1999, 72 (926 pagus Alsenciensis), benannt nach der Alzette, am Mittellauf der Alzette, eingebettet in den nördlichen Teil des pagus Wabrensis, berührt sich mit dem Methingau, (Steinsel, Weimerskirch). S. a. Alsenzgau.

Alzey s. Wilch von

L.: Böhn, G., Beiträge zur Territorialgeschichte des Landkreises Alzey, 1958; Escher, M. u. a., Die urbanen Zentren, 2005, 2, 19.

Amavorum pagus (Amavense pagus, in Burgund)

L.: Polenz, P. v., Landschafts- und Bezirksnamen, 1961, I, 13, II, 18, Amavorum pagus, Burgund.

Amberga (Ambraga, Ambargan, Ommergavvi) s. Ammergau

L.: Polenz, P. v., Landschafts- und Bezirksnamen, 1961, II, 15, 24, III, 30, Amberga, Ambraga, Ambaragan, Ommergavvi.

Amblise (Herrschaft, Fürst). Die Herrschaft A. in den spanischen Niederlanden gehörte den Grafen von Reckheim und Apremont und wurde dann selbständiges Fürstentum, das über die Erbtochter an Renatus von Angeur, Herren zu Bourlemont fiel. Der Fürst von A. zählte nach der Reichsmatrikel von 1776 zum niederrheinisch-westfälischen Reichskreis.

Ambrachgau (Gau, ‚Ammergau' bei Tübingen)

L.: Polenz, P. v., Landschafts- und Bezirksnamen, 1961, II, 24, 26 Ambrahgouwe; Borgolte, M., Geschichte der Grafschaften Alemanniens in fränkischer Zeit, 1984, 130.

Ameiden (Herrschaft). Die ursprünglich Brederodische Herrschaft A. in den Niederlanden kam 1687 von der Familie Dohna an die Grafen von Lippe (Lippe-Detmold). S. Niederlande.

Amelungsborn (Kloster). Um 1129/1135 stiftete der Graf von Northeim-Bomeneburg am Südrand des Odfeldes das Zisterzienserkloster A. bei Holzminden. Es war Mutterkloster von Riddagshausen und Doberan, von denen wiederum Isenhagen-Marienrode, Walshausen, Dargun und Pelplin ausgingen. Vor allem durch die Edelherren von Homburg und die Grafen von Everstein erhielt es viele Güter zwischen Weser und Leine (Allersheim, Schnettinghausen [Schnedinghausen], Erzhausen, Bruchhof), aber auch in Mecklenburg (in Satow und Dranse). Die mecklenburgischen Güter gingen im 14. Jahrhundert verloren. Im 16. Jahrhundert geriet das Kloster unter die Abhängigkeit der Herzöge von Braunschweig, die 1568 die Reformation einführten. S. Niedersachsen.

L.: Wolff 439; Heutger, N., Das Kloster Amelungsborn im Spiegel der zisterziensischen Ordensgeschichte, 1968.

Amerdingen, Ammerdingen (reichsritterschaftlicher Ort). A. südlich von Nördlingen zählte zum Kanton Kocher des Ritterkreises Schwaben. S. Bayern.

L.: Wolff 510.

Ammann von der Laufenburg (Reichsritter), Amann von der Laufenbürg. Im frühen 16. Jahrhundert zählten die A. zum Kanton Altmühl des Ritterkreises Franken.

L.: Stieber; Riedenauer 122.

Ammerdingen s. Amerdingen

Ammergau (Ambergeuue, Ambraga, Ambergau, Ommergavvi, Ammeri, Amberga, Gau zwischen Nette und Innerste) s. Amberga

L.: Curs, O., Deutschlands Gaue im zehnten Jahrhundert. Nach den Königsurkunden, Diss. phil. Göttingen 1908, 1 (Deesen, Dahlum, Belecke?); Hessler, W., Mitteldeutsche Gaue des frühen und hohen Mittelalters, 1957, 114 (Königsdahlum, Holle, Seesen, Upstedt).

Ammeri (Ammiri, Ambria, Ammern, Amerland, ‚Oldenburger Ammerland')

L.: Polenz, P. v., Landschafts- und Bezirksnamen, 1961, II, 49, 95, III, 22, Ammeri I.

Amorbach (Abtei). Vermutlich stiftete eine fränkische Adelsfamilie aus dem Gebiet um Worms und Speyer im 8. Jahrhundert (734?) das Kloster A. im Odenwald. 849 vermehrte Kaiser Ludwig der Deutsche die vor allem im südlichen Odenwald gelegenen Güter um Rechte am Bach Mud und am Wald Wolkmann. Die bis zum 10. Jahrhundert an den König gelangten Rechte über die Abtei wurden 993 durch Urkundenfälschungen an das Hochstift Würzburg gezogen. Im 12. Jahrhundert belehnte der König die Herren von Dürn (Durna) mit der Vogtei. 1272 wurde Ulrich von Dürn gezwungen, die Stadt A. an das Erzstift Mainz abzugeben. 1803 wurde die seit 1742 neu gebaute Abtei, die im späten 16. Jahrhundert auch Mitglied im Kanton Odenwald des Ritterkreises Franken war und um das Jahr 1800 Güter in 100 Orten hatte, säkularisiert und als Entschädigung an die Fürsten von Leiningen übertragen. 1806 wurde das neue Fürstentum mediatisiert. A. kam an Baden, Hessen und 1816 an Bayern.

L.: Wolff 80; Riedenauer 128; Amorbach, Beiträge zu Kultur und Geschichte von Abtei, Stadt und Herrschaft, in: Neujahrsbll. hg. v. d. Ges. f. fränk. Gesch. 25 (1953); Krebs, R., Amorbach im Odenwald, 1923; Schäfer, A., Untersuchung zur Rechts- und Wirtschaftsgeschichte der Benediktinerabtei Amorbach bis in die Zeit nach dem 30jährigen Kriege, Diss. Freiburg 1955 masch.schr.; Die Abtei Amorbach im Odenwald, hg. v. Oswald, F./Störmer, W., 1984; Andermann, K., Klösterliche Grundherrschaft und niederadelige Herrschaftsbildung – das Beispiel Amorbach, in: Siedlungsentwicklung und Herrschaftsbildung im Hinteren Odenwald, 1988.

Amstelland (Gebiet bei Amsterdam)

L.: Polenz, P. v., Landschafts- und Bezirksnamen, 1961, II, 49, Amstelland.

Amtitz (Herrschaft). A. war eine Standesherrschaft in der Niederlausitz (Kreis Guben). S. Polen.

L.: Wolff 471.

Andechs (Grafen, Herzöge). Die Grafen von A. (um 1060 Andehsa, „Platz, der sich aus dem Strauchwerk der Umgebung abhebt") am Ammersee sind ein Zweig der vielleicht von den Rapotonen stammenden und mit einem Grafen Berthold um 990 an der oberen Isar bei Wolfratshausen erstmals nachweisbaren Grafen von Dießen, die sich zunächst nach Dießen am Ammersee (Berthold II. 1025–1060), unter Umwandlung der allodialen Stammburg in ein Augustinerchorherrenstift aber seit 1132 nach A. benannten (1521 erscheinen aber noch Grafen von Dießen in der Reichsmatrikel), in dessen Raum altes Reichslehngut und Reichsvogtei sicher sind. Im 11. Jahrhundert griff das Geschlecht nach Westen in den Augstgau zwischen Lech und Ammersee aus, gewann die Isargrafschaft um Wolfratshausen mit den Klöstern Tegernsee und Schäftlarn, die Grafschaft um den Würmsee sowie die Huosigaugrafschaft der Sigimare. Mit dem Aussterben der jüngeren Markgrafen bzw. Grafen von Schweinfurt (1058) erlangte Arnold von Dießen über seine Frau Gisela reiche Güter am oberen Main (Kulmbach, 1135 Errichtung der Plassenburg, Ende des 12. Jahrhunderts Gründung von Bayreuth, Vogtei der Klöster Banz und Langheim), die durch die Ehen Bertholds II. mit einer Tochter des Grafen von Weimar-Orlamünde und Boppos von A. mit Kunigunde von Giech planmäßig erweitert wurden

(Giech, Lichtenfels). Vom Hochstift Brixen erhielten die Grafen am Ende des 11. Jahrhunderts die Grafschaften Unterinntal (1180 Gründung Innsbrucks) und Pustertal zu Lehen und hatten die Hochstiftsvogtei und die Vogtei über Neustift. 1158 erbten sie von den Grafen von Formbach die Grafschaften Neuburg am Inn, Schärding am Inn und Windberg an der Donau. 1173 übertrugen ihnen die Staufer für treue Dienste die Markgrafschaft Istrien zu Lehen. 1180/1181 wurden sie Herzöge von Meranien (am Guarnero um Fiume) (Kroatien und Dalmatien), so dass sie neben den Welfen zum bedeutendsten süddeutschen Geschlecht aufsteigen konnten. Von den Kindern Herzog Bertholds heiratete Agnes den König von Frankreich, Gertrud den König von Ungarn, Hedwig den Herzog von Schlesien, Otto die Erbin der Pfalzgrafschaft Burgund und Heinrich Sophie von Weichselburg. Mechthild wurde Äbtissin von Kitzingen, Berthold Patriarch von Aquileja und Ekbert Bischof von Bamberg. 1208 bereits verloren die Grafen von A. allerdings infolge angeblicher Beteiligung an der Ermordung Philipps von Schwaben durch Otto von Wittelsbach ihre oberbayerischen Güter mit A. an die wittelsbachischen Herzöge von Bayern, die Markgrafschaft Istrien an Aquileja und die Hochstiftsvogtei Brixen an die Grafen von Tirol. Andererseits gewann Graf Otto I. († 1234) durch Vermählung mit einer Enkelin Kaiser Friedrich I. Barbarossas die Pfalzgrafschaft von Burgund. 1248 erlosch der Mannesstamm mit Pfalzgraf Otto II. von Burgund. Das Erbe fiel an die Herzöge von Bayern, die Grafen von Tirol, (über Graf Ottos II. jüngere Schwester) an die Burggrafen von Nürnberg (Bayreuth), das Hochstift Bamberg (Lichtenfels) sowie an die Grafen von Orlamünde und Truhendingen.

L.: Oefele, E., Frhr. v., Geschichte der Grafen von Andechs, 1877; Herlitz, G., Geschichte der Herzöge von Meran aus dem Hause Andechs, Diss. phil. Halle 1909; Stolz, O., Geschichte des Landes Tirol, 1955, Neudruck 1973; Bosl, K., Europäischer Adel im 12./13. Jahrhundert. Die internationalen Verflechtungen des bayerischen Hochadelsgeschlechts der Andechs-Meranier, Zs.f.bay.LG. 30 (1967), 20 ff.; Tyroller, F., Die Grafen von Andechs, in: Bayerische Streifzüge durch 12 Jahrhunderte, hg. v. Fink, A., 1971, 19 ff.; Auer, L., Andechs, LexMA 1 1980, 593 f.; Fried, P./Winterholler, H./Mülbe, W. v. d., Die Grafen von Dießen-Andechs, 1988; Holzfurtner, L., Die Grafschaft der Andechser, 1994; Katalog der Ausstellung Die Andechs-Meranier, 1998; Hlawitschka, E./Hlawitschka-Roth, E., Andechser Anfänge, 2000; Frenken, A., Hausmachtpolitik und Bischofsstuhl, Z. f. bay. LG. 63 (2000), 711; Weller, T., Die Heiratspolitik, 2004.

Andlau (Frauenkloster). Das gegen 880 von der Kaiserin Richardis gegründete und reich ausgestattete benediktinische Frauenkloster A. war bis zur Aufhebung während der Französischen Revolution unmittelbar dem Reich unterstellt.

L.: Büttner, H., Kaiserin Richgard und die Abtei Andlau, Archives de l'église d'Alsace 23 (1956), 83 ff.; Escher, M. u. a., Die urbanen Zentren, 2005, 2, 26

Andlau (Grafen, Reichsritter). A. im Elsass wird erstmals zum Jahre 900 genannt (Andelaha). 1150 wird ein Graf Otto de Andelahe erwähnt. Zum Herrschaftsgebiet des edelfreien Geschlechts gehörten das Andlautal sowie später auch Güter im Oberelsass. 1773 zählten die bereits im Stichjahr 1680 angesessenen und mit ihren Gütern bei der Ritterschaft immatrikulierten A. zum Ritterkreis Unterelsass.

L.: Roth von Schreckenstein 2, 595; Hölzle, Beiwort 66.

Angelach s. Angeloch, Angelloch

Angeloch, Angelloch, Angelach (Reichsritter). Caspar von A. zu Malmßen (Malmsheim) war 1581 Mitglied des schwäbischen Ritterkreises im Kanton Neckar. Im 18. Jahrhundert zählten die A. zum Ritterkreis Rhein. Weiter war Dietrich von A. 1564–1567 Inhaber von Utzmemmingen im Kanton Kocher des Ritterkreises Schwaben.

L.: Roth von Schreckenstein 2, 594; Hellstern 200; Schulz 257.

Anglahgouwe (Angilahgouwe, Engilacgouwe, Andahgouwe, Gau in Nordbaden)

L.: Polenz, P. v., Landschafts- und Bezirksnamen, 1961, II, 24, 26, 27, Anglahgouwe.

Angleria (Grafschaft). Die Grafschaft A. zählte im 18. Jahrhundert zu dem von Österreich beanspruchten Lehen Herzogtum Mailand.

L.: Aretin, Das alte Reich 2, 374.

Anhalt (Grafen, Fürstentum, Herzogtum, Freistaat, Landesteil). Im 11. Jahrhundert beherrschte das seit etwa 1000 erkennbare Geschlecht der Askanier, das sich zeitweise Grafen von Ballenstedt nannte, das Gebiet zwischen Harzvorland und Fläming. Dem 1170 verstorbenen Albrecht dem Bären folgten die Söhne Otto und Bernhard. Von ihnen erlangte Bernhard nach dem Sturz Heinrichs des Löwen den Titel Herzog von Sachsen sowie den an der unteren Elbe bei Lauenburg befindlichen Teil des Herzogtums Sachsen und gewann dazu das rechtselbische Gebiet um Wittenberg. Bei seinem Tode (1218) erhielt sein ältester Sohn Heinrich I. (1212–1244) die eigentlichen Hausgüter zwischen Ostharz (Unterharz) und Mittelelbe (unterer Elbe) (Aschersleben [Andersleben], Ballenstedt, Bernburg, Köthen, Dessau). Er nannte sich nach der vielleicht um 1050 von Esiko von Ballenstedt nach der Umwandlung Ballenstedts in ein Stift errichteten Burg über dem Selketal und gehörte als einziger Graf seit 1218 dem Reichsfürstenstand an, wobei der Fürstentitel erstmals 1223 urkundlich erscheint, ohne dass Nachrichten über eine Verleihung vorliegen. 1252 entstanden nach seinem Tod durch Erbteilung im später stets von Brandenburg-Preußen und Sachsen eingeengten Hause Anhalt die Linien Anhalt-Aschersleben (bis 1315), Anhalt-Bernburg ältere Linie (bis 1468) und Anhalt-Köthen (später Anhalt-Zerbst ältere Linie). Ansprüche auf askanisches Erbe in Brandenburg und Wittenberg konnten 1319 bzw. 1422 nicht durchgesetzt werden. Die Linie Aschersleben starb 1315 aus. Ihr Gebiet fiel 1322, soweit es nicht wie Ascherleben selbst an das Hochstift Halberstadt (1648 an Brandenburg-Preußen) verlorenging, an die Linie Anhalt-Bernburg. 1307/1319 erwarb die Linie Anhalt-Köthen von den Grafen von (Arnstein-)Barby die Herrschaft Zerbst (ältere Zerbster Linie). 1396 zerfiel Anhalt-Köthen (bzw. Zerbst, ältere Linie) in die Siegmundische Linie (rechtes Elbeufer, Zerbst) und die Albrechtsche Linie (linkes Elbeufer, Köthen). Die Siegmundische Linie erlangte Teilbesitz der Albrechtschen Linie sowie 1468 mit dem Aussterben der Bernburger Linie deren Güter. 1474 spaltete sie sich erneut in die ältere Köthener Linie (Anhalt-Köthen) und die ältere Dessauer Linie (Anhalt-Dessau). Die ältere Köthener Linie erwarb 1508 einen Teil der Zerbster Lande. Ihre Güter fielen bei ihrem Aussterben 1562 an die Dessauer Linie. Diese teilte sich 1546 in die Linien Zerbst, Plötzkau und Dessau. Infolge der seit 1526 in Anhalt-Köthen, bis 1534 aber auch in Anhalt-Dessau eingeführten Reformation konnten die Güter der unter anhaltischer Vogtei stehenden Klöster Nienburg/Saale, Gernrode und Hecklingen erworben werden. 1547 gingen Zerbst und Köthen an Sigismund von Lodron (Ladrona) verloren, kamen aber nach Veräußerung an Reuß 1552 durch Vertrag zurück. 1570 vereinigte Fürst Joachim Ernst (1561–1586) aus der älteren Dessauer Linie infolge verschiedener Erbfälle alle anhaltischen Gebiete mit einem Umfang von 40,8 Quadratmeilen vorübergehend und erließ für sie 1572 eine umfassende Landes- und Kirchenordnung. 1603 entstanden nach vorübergehender gemeinsamer Regierung der 5 Söhne durch Erbteilung die jüngeren Linien Anhalt-Dessau (bis 1918), Anhalt-Bernburg (bis 1863), Anhalt-Köthen (bis 1665), Anhalt-Zerbst (bis 1793) und Anhalt-Plötzkau (bis 1818/1847). Seit 1635 wurde für gemeinsame Angelegenheiten eine Senioratsverfassung eingeführt, wonach der jeweils älteste die Mehrheitsbeschlüsse aller durchführte. Alle Fürsten hatten eine gemeinsame Stimme im Reichsfürstenrat und vertraten außerdem die Stimme der Reichsabtei Gernrode. Innerhalb der Reichskreise gehörten sie zum obersächsischen Reichskreis. Von den fünf Linien erlosch Anhalt-Köthen 1665. Die Güter dieser Linie wurden mit Anhalt-Plötzkau vereinigt, das sich seitdem Anhalt-Köthen nannte. Anhalt-Zerbst erlangte 1667 durch Erbgang die Herrschaft Jever. Als die Linie 1793 ausstarb, fielen ihre Güter an Anhalt-Dessau, Anhalt-Bernburg und Anhalt-Köthen. Jever kam an Katharina II. von Russland, die Schwester des letzten Fürsten von Anhalt-Zerbst. Von Anhalt-Bernburg spaltete sich die Linie Anhalt-Bernburg-Harzgerode ab, die bis 1709 bestand. 1707 kam es weiter zur Abteilung der Nebenlinie Anhalt-Bernburg-Schaumburg, die das Erbe der Grafen von Holzappel und Schaumburg erhielt. Ihre anhaltischen Landesteile fielen nach ihrem Erlöschen 1812 an Anhalt-Bernburg zurück. Anhalt-Dessau war von 1632 bis 1643 geteilt. 1702 fiel Fürst Leopold, dem „alten Dessauer", von seiner oranischen Mutter eine reiche Erbschaft an. Von 1726 bis 1823 bestand die aus einer heimlichen standeswidrigen Ehe hervorgegangene Linie der Grafen von Anhalt. 1806 wurde Anhalt-Bernburg, 1807 auch Anhalt-Dessau und Anhalt-Köthen(-Plötzkau), das 1808 den Code Napoléon einführte, mit dem Eintritt in den Rheinbund Herzogtum. 1815 traten Anhalt-Bernburg, Anhalt-Köthen und Anhalt-Dessau, die zusammen um 1800 ein Gebiet von 48 Quadratmeilen mit 118000 Einwohnern umfassten, als souveräne Staaten dem Deutschen Bund bei. 1847 fiel Anhalt-Köthen an Anhalt-Dessau. 1849 erhielt ganz Anhalt eine Verfassung. 1863 kam auch Anhalt-Bernburg an Anhalt-Dessau, so dass nunmehr alle sich auf mehrere Landesteile an mittlerer Elbe, unterer Saale und im Unterharz erstreckenden anhaltischen Lande vereinigt waren. Am 12. 11. 1918 dankte der Herzog von Anhalt ab. Der neue Freistaat Anhalt umfasste 2326 Quadratkilometer mit 432000 Einwohnern (1939) und erhielt am 18. 7. 1919 eine Verfassung. Hauptstadt war Dessau. 1933 wurde A. mit Braunschweig einem gemeinsamen Reichsstatthalter unterstellt. Am 9. 7. 1945 wurde A. innerhalb der sowjetischen Besatzungszone mit den aus der Provinz Sachsen am 1. 7. 1944 gebildeten Provinzen Magdeburg und Halle-Merseburg Preußens vereinigt und 1947 dem Land Sachsen-Anhalt eingegliedert, das am 23. 7. 1952/8. 12. 1958 aufgelöst wurde (str.). Der größere Teil kam zum Bezirk Halle, der kleinere zum Bezirk Magdeburg. Mit dem Beitritt der Deutschen Demokratischen Republik zur Bundesrepublik Deutschland entstand das Land Sachsen-Anhalt am 3. 10. 1990 wieder.

L.: Wolff 406; Zeumer 553 II b 38; Gringmuth-Dallmer, H., Magdeburg-Wittenberg, in: Geschichte der deutschen Länder, Bd. 1; Die Territorien des Reichs 2, 88; Heinemann, O. v., Codex diplomaticus Anhaltinus, 1867 ff.; Weyhe, E., Landeskunde des Herzogtums Anhalt-Dessau, Bd. 1 f. 1907; Wäschke, H., Anhaltische Geschichte, Bd. 1–3 1912 f.; Schröder, A., Grundzüge der Territorialentwicklung der anhaltinischen Lande, Anhalt. Geschichtsbll. 2 (1926), Diss. phil. Berlin 1927; Specht, A., Bibliographie zur Geschichte von Anhalt, 1930, Nachtrag 1935; Wütschke, J., Zur Territorialentwicklung Anhalts, in: Anhalt. Geschichtsbll. 13 (1937), 90; Handbuch der historischen Stätten Deutschlands, Bd. 11 Provinz Sachsen/Anhalt, hg. v. Schwineköper, B., 1977; Klein, T., Anhalt, 1981; Schlenker, G./Lehmann, G./Wille, M., Geschichte in Daten, 1994; Assing, H., Brandenburg, Anhalt und Thüringen im Mittelalter, 1997; Partenheimer, L., Albrecht der Bär, 2001; Die Fürsten von Anhalt, hg. v. Freitag, W., 2003.

Anhalt-Aschersleben (Grafschaft). Aschersleben wird erstmals im 11. Jahrhundert erwähnt (Ascegereslebe). Seit dem 12. Jahrhundert war es Dingstätte der Grafschaft im nördlichen Schwabengau, die sich in der Herrschaft der Askanier befand. Durch Erbteilung im Hause Anhalt entstand 1252 die Linie A., die 1315 erlosch. Die Grafschaft (Anhalt-)Aschersleben (A.) fiel (1322) an das Hochstift Halberstadt, 1648 an Brandenburg, die übrigen Güter an Anhalt-Bernburg (ältere Linie).

Anhalt-Bernburg (Grafen, Fürstentum, Herzogtum). Nach dem erstmals 1138 als Burg erwähnten Bernburg an der unteren Saale nannten sich verschiedene Linien des Hauses Anhalt. Die ältere Linie entstand 1252 und wurde, nachdem sie 1315/1322 einen Teil der Güter der Linie Anhalt-Aschersleben geerbt hatte, 1468 von der Siegmundischen Linie Anhalt-Köthens beerbt. Die jüngere Linie entstand 1603. Sie erhielt unter anderen die Ämter Ballenstedt, Hecklingen, Plötzkau, Hoym, Gernrode, Harzgerode und Bernburg. Hiervon spaltete sich 1630 die Linie Anhalt-Bernburg-Harzgerode ab, deren Güter 1709 beim Aussterben zurückkamen. 1707 kam es zur Abtrennung von Anhalt-Bernburg-Schaumburg(-Hoym) (bis 1812). 1793 wurden aus dem Erbe von Anhalt-Zerbst die östlichen Ämter Coswig und Mühlingen erworben. 1863 fiel A., das 1806 zum Herzogtum erhoben wurde, 1807 dem Rheinbund und 1815 dem Deutschen Bund als Land beitrat, beim Aussterben des Hauses an Anhalt-Dessau.

L.: Wolff 407 f.; Bauer 1, 137; Wäschke, H., Anhaltische Geschichte, Bd. 1–3 1912 f.

Anhalt-Bernburg-Harzgerode (Fürsten). Nach dem 993/994 als Marktsiedlung des Klosters Nienburg gegründeten Harzgerode im Unterharz nannte sich eine von 1630 bis 1709 bestehende Linie der Fürsten von Anhalt-Bernburg.

L.: Pfenningsdorf, E., Geschichte der Stadt Harzgerode, 1901.

Anhalt-Bernburg-Schaumburg(-Hoym) (Fürstentum). Die Fürsten von A. sind eine 1707 von Anhalt-Bernburg abgespaltete, mit dem Erbe der Grafen von Holzappel und Schaumburg begüterte Linie der Fürsten von Anhalt-Bernburg, deren anhaltische Landesteile nach dem Erlöschen 1812 an Anhalt-Bernburg zurückfielen.

L.: Zeumer 554 II b 63, 20.

Anhalt-Dessau (Grafen, Fürstentum, Herzogtum). Die nach dem 1213 erstmals erwähnten Dessau nahe der Mündung der Mulde in die Elbe benannte (ältere) Linie A. des Hauses Anhalt entstand 1474 durch Teilung der Siegmundischen Linie Anhalt-Köthens. Sie erwarb 1562 die Güter der älteren Linie Anhalt-

Köthen und bis 1570 auch die übrigen anhaltischen Güter, nachdem sie sich selbst 1546 in die Linien Zerbst, Plötzkau und Dessau gespalten hatte. Die jüngere, mit dem ältesten Sohn Joachim Ernst 1603 entstandene, 1632–1643 geteilte, 1702 (Fürst Leopold, der alte Dessauer) eine reiche Erbschaft von der oranischen Mutter erlangende, im 18. Jahrhundert kulturell sehr bedeutsame, 1808 die Herzogswürde gewinnende Dessauer Linie mit Gütern um Dessau (Dessau, Ämter Wörlitz, Radegast, Gröbzig [Gröbzigk], Sandersleben, Freckleben und Großalsleben) vereinigte bis 1863 erneut alle anhaltischen Güter (1793 nördliche Teile von Anhalt-Zerbst mit Zerbst, 1847 Anteil an Anhalt-Köthen, 1863 Anhalt-Bernburg), dankte aber am 12. 11. 1918 ab, womit aus dem Herzogtum Anhalt der Freistaat Anhalt entstand.

L.: Wolff 407; Wäschke, H., Anhaltische Geschichte, Bd. 1–3 1912 f.

Anhalt-Köthen (Fürstentum, Herzogtum). Die nach dem 1115 erstmals erwähnten slawischen Orte Köthen, an dem die Askanier eine Burg erbauten, benannte ältere Linie A. entstand 1252. 1307/1319 erwarb sie die Herrschaft Zerbst von den Grafen von Arnstein-Barby. 1396 zerfiel sie in die Siegmundische Linie mit Zerbst und die Albrechtsche Linie mit Köthen. Nach der Vereinigung der anhaltischen Lande (1570) entstand unter dem jüngsten Sohn Joachim Ernsts 1603 die jüngere Linie A. Das Gebiet der Linie umfasste die Städte und Ämter Köthen und Nienburg, das Amt Wulfen und die Grafschaft Warmsdorf. Sie wurde mit ihrem Aussterben 1665 von Anhalt-Plötzkau beerbt, das sich nun seinerseits A. nannte. 1793 erbte (dieses) A. beim Aussterben von Anhalt-Zerbst dessen mittleren Teil um Roßlau. 1795 spaltete es eine Nebenlinie in Pless ab. 1807 wurde A. Herzogtum und trat dem Rheinbund bei. 1810 führte A. den Code Napoléon als Gesetzbuch ein und erließ 1811 eine 1812 wieder beseitigte Verfassung. 1815 trat es dem Deutschen Bund bei. Unter der zur Regierung gelangten Nebenlinie Pless trat es 1828 dem preußischen Zollsystem bei. 1846 verkaufte es Pless. Nach dem Tod des letzten Fürsten 1847 kam A. unter die gemeinsame Verwaltung von Anhalt-Bernburg und Anhalt-Dessau, 1863 mit Anhalt-Bernburg ganz an Anhalt-Dessau.

L.: Wolff 408; Wäschke, H., Anhaltische Geschichte, Bd. 1–3 1912 f.

Anhalt-Köthen-Pless (Fürstentum). 1765 spaltete Anhalt-Köthen die Nebenlinie Pless (A.) ab. Nachdem diese zur Regierung gekommen war, trat Anhalt-Köthen 1828 dem preußischen Zollsystem bei. 1846/1847 wurde Pless an die Grafen von Hochberg und Freiherren zu Fürstenstein verkauft.

Anhalt-Plötzkau (Anhalt-Köthen[-Plötzkau]) (Fürsten). Nach dem 1049 als Burg erstmals erwähnten, 1435 an Anhalt gekommenen Plötzkau bei Bernburg nannte sich die 1603 entstandene Linie der Fürsten von Anhalt. Sie erlangte 1665 durch Erbfall die Güter der Linie Anhalt-Köthen und nannte sich seitdem Anhalt-Köthen.

Anhalt-Schaumburg s. Anhalt-Bernburg-Schaumburg

Anhalt-Zerbst (Fürsten). Zerbst an der Nuthe zwischen Elbe und Fläming wird 948 erstmals als slawische Siedlung erwähnt. Nach der später angelegten Burg, die 1307/1319 an die Linie Anhalt-Köthen fiel, nannte sich die ältere Linie A. (Anhalt-Köthen). Nach der Vereinigung aller anhaltischen Lande 1570 entstand 1603 unter dem vierten Sohn Joachim Ernsts die jüngere Linie A., die 1667 erbweise die Herrschaft Jever erwarb und deren Güter (Stadt und Amt Zerbst, Walternienburg, Dornburg, Roßlau und Coswig [Koswig] und das Amt Mühlingen) 1793 an Anhalt-Dessau (nördlicher Teil mit Zerbst), Anhalt-Bernburg (östlicher Teil mit Coswig und Mühlingen), Anhalt-Köthen (mittlerer Teil mit Roßlau) sowie über Katharina II. an Russland (Jever) fielen.

L.: Wolff 408; Wäschke, H., Anhaltische Geschichte, Bd. 1–3 1912 f.

Anhaltinische Fürstentümer s. Anhalt

Anholt (reichsunmittelbare Herrschaft). Vermutlich im 12./13. Jahrhundert erbauten die Ritter von Zuylen (Sulen) die Burg A. bei Borken, neben der eine 1347 als Stadt bezeichnete Siedlung erscheint, die 1349 volles Stadtrecht erhielt. 1380 kam die um A. gebildete, zwischen den Hochstiften Köln, Münster und Utrecht liegende Herrschaft im Umfang eines Kirchspiels durch Heirat der Erbtochter der Herren von Zuylen (Sulen) an die Herren von Gemen und 1402 durch Teilung an die Herren von (Bronkhorst-Batenburg) Bronckhorst-Batenburg, die sich 1431 von Kaiser Sigmund mit A. belehnen ließen und ihre Unabhängigkeit gegenüber Geldern und den Generalstaaten zu wahren verstanden. 1641 ging die dem niederrheinisch-westfälischen Reichskreis angehörige Herrschaft durch Heirat an die Fürsten von Salm (später Salm-Salm), die nach dem Verlust ihrer linksrheinischen Güter 1793/1801 das ein Gebiet von einer Quadratmeile umfassende A. zum Verwaltungssitz ihrer münsterischen Entschädigungslande erhoben. 1810 gelangte A. mit dem Fürstentum Salm an Frankreich, 1815 an Preußen (Provinz Westfalen) und 1946 an Nordrhein-Westfalen.

L.: Wolff 360 f.; Zeumer 554 II b 63, 18; 600 Jahre Stadt Anholt (1347–1947), 1947; Zelzner, M., Geschichte von Schloss und Stadt Anholt, 1954; Köbler, G., Gericht und Recht in der Provinz Westfalen (1815–1945), FS G. Schmelzeisen, 1980, 171.

Annweiler (Reichsstadt). A. bei Landau wird 1086 erstmals genannt. Um 1117 gelangte es durch Tausch an die Staufer. Friedrich II. verlieh 1219 das Stadtrecht. 1330 wurde die Reichsstadt an die Pfalz (Kurpfalz) verpfändet. 1410 ging sie an Pfalz-Zweibrücken über. Von 1792 bis 1814 stand sie unter der Herrschaft Frankreichs, kam 1815 zu Bayern und 1946 zu Rheinland-Pfalz.

L.: Wolff 249; Biundo, G., Annweiler, Geschichte einer alten Reichsstadt, 1937; Landkreis Bergzabern, 1962; Achtermann, W., Annweiler-Queichhambach, FS zur 700-Jahr-Feier im Stadtteil Queichhambach, 1983; Bönnen, G., Die Stadterhebung Annweilers durch König Friedrich II. im Jahre 1219, Mitteilungen d. Hist. Vereins der Pfalz 86 (1988); Escher, M. u. a., Die urbanen Zentren, 2005, 2, 27.

Ansbach, Brandenburg-Ansbach (Fürstentum, Markgrafschaft). A. wird erstmals zum Jahre 786 erwähnt (Onoldisbach). Das dort um 748 gegründete Benediktinerkloster kam an das Hochstift Würzburg. 1228 gelangte A. von den Herren von Dornberg, ehemaligen Untervögten der Staufer, an die Grafen von Oettingen. Die Vogtei über Stadt und Stift A. kauften 1331 die Grafen von Hohenzollern/Zollern, die seit 1192 Burggrafen von Nürnberg waren und durch Beerbung der Grafen von Abenberg (um 1199/1200) und Andechs-Meranien (1248) reiche Güter (Abenberg-Cadolzburg, Neustadt an der Aisch, Windsheim, Creußen [1251 Lehen], Bayreuth [1260]) erlangt hatten. Sie erwarben außerdem das Sechsämterland im Fichtelgebirge (1292 Arzberg), Kulmbach (1338, Erbe der Grafen von Weimar-Orlamünde), Erlangen, Uffenheim, Crailsheim, Feuchtwangen, Wassertrüdingen (1368), Gunzenhausen, Schwabach (1364) und das seit 1323 den Vögten von Weida zugeordnete Gebiet um Hof (Kauf 1373). 1385 wurde A. Residenz. 1398 wurde die Herrschaft in das Gebiet „ob dem Gebirg" (Kulmbach, seit 1604/1662 Bayreuth) und „unter dem Gebirg" (A.) geteilt. 1411/1415 ging nach dem Erwerb der Markgrafschaft Brandenburg der Titel Markgrafschaft auch auf die Fürstentümer Ansbach-Bayreuth über. Von 1415 bis 1440 und von 1470 bis 1486 bestand eine Personalunion mit Brandenburg. 1486 kam A. an Markgraf Friedrich VII., Bayreuth an Sigmund, fiel aber 1495 (bis 1515) an A. 1525 zwang der Markgraf Rothenburg zur Abgabe zahlreicher Dörfer. Seit 1521 wurde die Reformation eingeführt. 1557 kam das Fürstentum Kulmbach wieder zu A. 1603 traten beim Aussterben der älteren Linie der fränkischen Hohenzollern zwei märkische Hohenzollern die vertragliche Erbfolge in den beiden Markgrafschaften an, wobei Markgraf Christian seine Residenz von der Plassenburg nach Bayreuth verlegte. 1741 fiel die Grafschaft Sayn-Altenkirchen an A. Seit 1769 wurden nach dem Aussterben der Bayreuther Linie A. und Bayreuth von der Ansbacher Linie regiert. 1791 wurden die wegen einiger 1783 von den Hutten erworbener Güter (Asbachhof, Gollachostheim teilweise und Pfahlenheim teilweise) auch zum Kanton Odenwald sowie außerdem zu den Kantonen Altmühl und Steigerwald des Ritterkreises Franken zählenden Lande (A. 68 Quadratmeilen mit 195 000/200 000 Einwohnern, Bayreuth 72 Quadratmeilen mit 186 000/250 000 Einwohnern) an Preußen verkauft, das die Rechte der Reichsritterschaft, des Deutschen Ordens und der Hochstifte Bamberg und Eichstätt in den eingeschlossenen Gebieten aufhob und den Reichsstädten Windsheim, Weißenburg und Nürnberg das Landgebiet entzog. Durch (den Schönbrunner) Vertrag kam A. 1805 an Bayern, Bayreuth (Tilsiter Frieden) 1807 an Frankreich, 1810 an Bayern, Sayn-Altenkirchen 1802 an Nassau (Nassau-Usingen) und 1815 an Preußen (Rheinprovinz) (sowie 1946 an Rheinland-Pfalz).

L.: Wolff 106; Zeumer 553 II b 14, 554 II b 63, 1; Riedenauer 128; Winkelmann-Holzapfel, 141; Stetten 183; Die Territorien des Reichs 1, 10; Meyer, C., Geschichte der Burggrafschaft Nürnberg und der späteren Markgrafschaften Ansbach und Bayreuth, 1908; Schwammberger, A., Die Erwerbspolitik der Burggrafen von Nürnberg in Franken, 1930; Herding, O., Die Ansbacher Oberämter und Hochgerichte im 18. Jahrhundert, Jb. für fränk. Landesforschung 5 (1939); Bergler, K. A., Das markgräfliche Oberamt Gunzenhausen. Ein Beitrag zur Entstehung der Territorialhoheit im südlichen Franken, Diss. phil Erlangen 1951; Hauck, K., J. G. Vetter (1681–1745). Der Schöpfer der ersten Ansbachischen Oberamtsbeschreibungen und Landkarten, Jb. für fränk. Landesforschung 12 (1953); Franken hg. v. Scherzer, C., 1959 ff.; Endres, R., Ansbach-Bayreuth, in: Handbuch der bayerischen Geschichte, hg. v. Spindler, M., Bd. 3,1 3. A. 1997; Foerster, R., Herrschaftsverständnis und Regierungsstruktur in Brandenburg-Ansbach 1648–1703, 1975; Schuhmann, G., Die Markgrafen von Brandenburg-Ansbach, 1980; Seyboth, R., Die Markgraftümer Ansbach und Kulmbach unter der Regierung Markgraf Friedrichs des Älteren (1486–1515), 1985; Geschichte und ausführliche Beschreibung der markgräflich-brandenburgischen Haupt- und Residenzstadt Anspach, hg. v. Fischer, J., 1986; Schmid, A., Fränkisches Adelskloster – staufische Territorialstadt – hohenzollersche Residenz, Jb. f. fränk. Landesforschung 59 (1999), 23; Nolte, C., Familie, Hof und Herrschaft, 2004.

Ansbach (Reichsritter). Im frühen 16. Jahrhundert zählten die A. zum Kanton Odenwald des Ritterkreises Franken.

L.: Riedenauer 122.

Ansbach-Bayreuth (Fürstentum, Markgrafschaft) s. Ansbach, Bayreuth

L.: Großer Historischer Weltatlas III 22 E4; Süßheim, K., Preußens Politik in Ansbach-Bayreuth, 1965.

Antwerf (Gau um Antwerpen)

L.: Curs, O., Deutschlands Gaue im zehnten Jahrhundert. Nach den Königsurkunden, Diss. phil. Göttingen 1908, 1; Polenz, P. v., Landschafts- und Bezirksnamen, 1961, IV, 3, 4, 7, 19 (Antwerpa, Antwerpha, Antwerf, Ansguers).

Antwerpen (Markgrafschaft), frz. Anvers. Das schon römisch besiedelte A. an der Schelde wird 726 erstmals erwähnt. Spätestens 1008 wurde es Sitz eines Markgrafen. Am Ende des 11. Jahrhunderts kam es an Brabant, 1357/1430 an das Herzogtum Burgund. Teile der Markgrafschaft gehörten über Brabant und Burgund/Spanien dem burgundischen Reichskreis an.

L.: Wolff 54; Wallner 700 BurgRK 1; Voet, L./Verhulst, A., De stad Antwerpen, 1978; Andriessen, J., Antwerpen, hg. v. Becker, K. v., 1986; Escher, M. u. a., Die urbanen Zentren, 2005, 2, 28.

Anwanden s. Diether von A.

Anweil (Reichsritter). Von 1548 bis 1663 waren die A. Mitglied des Kanton Neckar des Ritterkreises Schwaben.

L.: Hellstern 200.

Aosta (Herzogtum). Das in den Westalpen gelegene, zunächst von keltisch-ligurischen Salassen bewohnte Aostatal wurde im Jahre 25 v. Chr. von den Römern erobert, die den Ort Aosta gründeten. Über Ostgoten, Oströmer und Langobarden kam es zum Königreich Burgund und 1025 an das Grafengeschlecht der Humbertiner, das sich seit 1125 nach Savoyen benannte. 1191 erhielt es eine Freiheitsurkunde, auf Grund deren A. eine im frühen 16. Jahrhundert vertiefte, bis 1773 währende Autonomie gewann. Im frühen 19. Jahrhundert bildete das Herzogtum A. eine Art Brücke zwischen dem Stammland Savoyen und Piemont mit der Hauptstadt Turin. Mit dem Anfall Savoyens an Frankreich wurde A. 1860 in Italien zum von Turin aus verwalteten Grenzgebiet. 1926 entstand innerhalb Italiens die Provinz A. mit einem Präfekten an der Spitze und Autonomie für die teilweise französischsprachige Bevölkerung.

L.: Tibaldi, T., Storia della valle d'Aosta, Bd. 1 ff. 1902 ff.; Zanotto, A., Histoire de la vallée d'Aoste, 1968; Omezzoli, T., Prefetti e fascismo, 1999.

Apafi (Reichsfürst). 1710 wurde Michael II. A., Fürst von Siebenbürgen und seit 1694 mit einer Rente in Wien lebend, zum Reichsfürsten erhoben.

L.: Klein 177.

Appeldorn (Herrlichkeit). Die Herrlichkeit A. östlich von Kalkar gehörte zum Herzogtum Kleve (klevischer landrätlicher Kreis). S. Preußen, Nordrhein-Westfalen.

L.: Wolff 317.

Appenheim (Ganerben). Mit Peter von A. erscheint im frühen 13. Jahrhundert ein Adelsgeschlecht in der Nähe der Herren von Bolanden, das 1444 an der Ganerbschaft Bechtolsheim beteiligt war.

L.: Zimmermann 62.

Appenzell (Kanton). A. wird erstmals 1071 erwähnt (Abbacella, abbatis cella). Der größte Teil des Landes stand im Hochmittelalter unter der Herrschaft der Abtei Sankt Gallen, die 1345–81 vom Reich die Vogtei und damit die Landesherrschaft erwarb, die sie rasch zu verstärken versuchte. Zusammen mit den Gemeinden Hundwil, Urnäsch, Gais, Teufen, Speicher, Trogen und Herisau erreichte A. in Bündnissen mit dem Schwäbischen Städtebund, der Stadt Sankt Gallen und mit Schwyz durch Siege in den Appenzeller Kriegen zwischen 1377 und 1429 die politische Unabhängigkeit. Seit 1411 war A. zugewandter Ort der Eidgenossenschaft der Schweiz. 1442 erlangte es Reichsunmittelbarkeit, 1445/1460 erwarb es die Vogteien Rheintal und Rheineck (Rheinegg) (bis 1490) und 1452 wurde es als Ort minderen Rechts in die Eidgenossenschaft aufgenommen. Am 17. 12. 1513 wurde es vollberechtigtes dreizehntes Mitglied der Eidgenossenschaft. Von 1522 bis 1530 traten die meisten äußeren Rhoden (Gemeinden) der Reformation bei. Als Folge hiervon wurde 1597 in das evangelische Appenzell-Außerrhoden und das katholische Appenzell-Innerrhoden geteilt, die 1798 im Kanton Säntis der Helvetischen Republik vereinigt wurden, 1803/1815 als Halbkantone der Eidgenossenschaft der Schweiz aber wieder auseinandertraten.

L.: Wolff 526 f.; Großer Historischer Weltatlas II 72 (bis 1797) G2; Appenzeller Urkundenbuch, Bd. 1 (bis 1513) 1913; Fischer, R./Schläpfer, W./Stark, F., Appenzeller Geschichte, 1964; Stark, F., 900 Jahre Kirche und Pfarrei St. Mauritius Appenzell, 1971; Fischer, R., Appenzell, LexMA 1 1980, 806; Fuchs u. a., Herisau, 1999.

Appenzell-Außerrhoden (Halbkanton). Appenzell-Außerrhoden ist der 1597 durch Teilung entstandene evangelische Halbkanton des Kantons Appenzell mit dem Hauptort Herisau. 1997 wurde die Landsgemeinde infolge tatsächlicher Durchführungsschwierigkeiten als überholt aufgegeben.

L.: Wolff 527; Fuchs u. a., Herisau, 1999.

Appenzell-Innerrhoden (Halbkanton). Appenzell-Innerrhoden ist der 1597 durch Teilung entstandene katholisch gebliebene Halbkanton des Kantons Appenzell mit dem Hauptort Appenzell.

L.: Wolff 526; Sutter, C., Die Standeskommission des Kantons Appenzell-Innerrhoden 1873–1988, 1988.

Appold (Reichsritter). Die Familie A. zählte im 18. Jahrhundert wegen Trendel zum Kanton Altmühl des Ritterkreises Franken.

L.: Biedermann, Altmühl; Stieber; Riedenauer 122.

Apremont (Herrschaft). Die Herren von A. in Lothringen stiegen im 13. Jahrhundert infolge Heirat und Belehnung zu Grafen auf. Sie besetzten den Bischofsstuhl in Metz und Verdun. Die Herrschaft A. gehörte im 14. Jahrhundert zum Herzogtum Bar. S. a. Aspremont.

L.: Großer Historischer Weltatlas II 66 (1378) C4; Parisse, M., Apremont, LexMA 1 1980, 811; Escher, M. u. a., Die urbanen Zentren, 2005, 1, 462, 3, 32.

Aquensis pagus (Gebiet um Aachen)

L.: Polenz, P. v., Landschafts- und Bezirksnamen, 1961, II, 17, 32, IV, 13, Aquensis pagus.

Aquileja (Patriarchat, Erzstift), mhd. Aglei, Aglar. A. in Norditalien nahe der Adria wurde 181 v. Chr. als römische Kolonie gegründet. Das seit 314 nachweisbare Bistum A., dem Venetien, Istrien, Westillyrien, Noricum und die Raetia secunda unterstanden, beanspruchte seit Anfang des 5. Jahrhunderts Rechte als Erzbistum und seit 558/568 den Patriarchentitel. 798 verlor es das Bistum Säben, gewann aber die streitige Metropolitangewalt über Istrien. Später geriet die Mark Friaul, in der es lag, unter den Einfluss der Herzöge von Bayern (952). Danach wurde das nunmehr auf Reichsgebiet gelegene Patriarchat ein Stützpunkt der deutschen Herrschaft in Oberitalien. 1027 wurde es von der Unterordnung unter Kärnten befreit. Heinrich IV. übertrug 1077 dem Patriarchen Friaul (Herzogtum), Istrien (Markgrafschaft) und Krain (Markgrafschaft) und machte ihn damit zum Reichsfürsten. Am Ende der Stauferzeit verlor A. an Bedeutung. 1418/1421 wurde es mit seinem Gebiet von Venedig erobert. 1445 trat es alle weltliche Herrschaft an Venedig ab. Im 16. Jahrhundert kam A. an Österreich. 1751 wurde das Patriarchat auf Drängen Maria Theresias vom Papst aufgelöst und 1752 durch die Erzbistümer Udine und Görz ersetzt.

L.: Wolff 35; Wallner 713 ÖsterreichRK 1; Großer Historischer Weltatlas II 66 (1378) G5; Renaldis, G. de, Memorie storiche dei tre ultimi secoli del patriarcato d'Aquileja, hg. v. Gropperlo, G., Udine 1888; Schmidinger, H., Patriarch und Landesherr. Die weltliche Herrschaft des Patriarchen von Aquileja bis zum Ende der Staufer, 1954; Seneca, F., La fine del patriarcato aquileiese 1748–1751, Venedig 1954; Göbel, W., Entstehung, Entwicklung und Rechtsstellung geistlicher Territorien im deutsch-italienischen Grenzraum. Dargestellt am Beispiel Trients und Aquilejas, 1976; Das Patriarchat Aquileja – Schnittpunkt der Kulturen, hg. v. Ernst, G., 1983; Gamber, K., Das Patriarchat Aquileja und die bayrische Kirche, 1987.

Aquino (Reichsfürst). 1626 wurde Giovanni A., Diplomat im spanischen Dienst, von Kaiser Ferdinand zum Reichsfürsten erhoben.

L.: Klein 165.

Aragona (Reichsfürst). 1648 wurde Diego d'A., Hofmeister der spanischen Königin, zum Reichsfürsten erhoben.

L.: Klein 171.

Aragouwe s. Aargau

Arberg s. Schenk von A.

Arbongau (Gau)

L.: Polenz, P. v., Landschafts- und Bezirksnamen, 1961, II, 16, 30, 32, 83, III, 30, IV, 9 (Arbungouwe, pagus Arboninsis, pagus Arbogaunensis); Borgolte, M., Geschichte der Grafschaften Alemanniens in fränkischer Zeit, 1984, 105 (Sankt Gallen, Mörschwil, Goldach, Rorschach, Steinach, Buch, Berg, Wilen, Gommenschwil).

Arco (Grafschaft). Nach A. am Nordende des Gardasees nannte sich ein 1124 erstmals bezeugtes, zum vornehmsten bayerischen Adel (romanischer Herkunft?) zählendes Geschlecht, das dem Bischof von Trient lehnspflichtig war. 1413 erhielt es von Kaiser Sigmund den Reichsgrafenstand verliehen. Bis 1614 verlor es nach heftigen Kämpfen unter Beibehalt des Reichslehnscharakters die Reichsunmittelbarkeit an die Landesherren von Tirol.

L.: Aretin, E. v., Werden und Vergehen der Grafschaft Arco, Adler 5 (1943); Waldstein-Wartenberg, B., Geschichte der Grafen von Arco im Mittelalter, 1971; Rill, G., Geschichte der Grafen von Arco 1487–1614. Reichsvasallen und Landsassen, 1975.

Ardennergau

L.: Curs, O., Deutschlands Gaue im zehnten Jahrhundert. Nach den Königsurkunden. Diss. phil. Göttingen 1908, 1 (Ardennengau, Bertogne, Surré); Polenz, P. v., Landschafts- und Bezirksnamen, 1961, I, 12, II, 18 Arduenna, pagus Ardenensis, die Ardennen; Nonn, U., Pagus und Comitatus in Niederlothringen, 1983, 150.

Ardey (Edelherren, Herrschaft). Zwischen Haarstrang und Ruhr errichteten die Edelherren von A. eine Herrschaft, die 1318 mit dem Erlöschen an die Grafschaft Mark fiel. S. Preußen, Nordrhein-Westfalen.

Are (Grafen, Grafschaft). Die Burg A. bei Altenahr in der Eifel war der Sitz der Grafen von A., die um 1070 das Kloster Steinfeld gründeten. Sie sind 1087 zuerst bezeugt und stammen aus dem Hause Limburg. Sie hatten die Grafschaft im Zülpich-Eifelgau, die Vogtei von Prüm sowie Allodialgut im nördlichen Limburg und in der Eifel. Sie zerfielen seit etwa 1140 in die Linien Are-Hochstaden (bis 1246) und Are-Nürburg, die sich um 1200 weiter aufspalteten (Are-Wickrath und Are-Neuenahr). Von ihnen starb Are-Hochstaden 1246 und 1589 als letzte die Linie Are-Neuenahr aus.

L.: Bader, U., Geschichte der Grafen von Are, 1979.

Are-Hochstaden (Grafen). Die Grafen von Are-Hochstaden sind eine nach der Burg Hochstaden bei Grevenbroich benannte, um 1140 entstandene Linie der Grafen von Are. Sie starb 1246 aus. Ihre Güter gelangten zum Teil an die Herren von Bergheim und über sie 1312 an die Grafen von Jülich.

Are-Neuenahr (Grafen). Die Grafen sind eine 1589 ausgestorbene Linie der Grafen von Are.

Are-Nürburg (Grafen). Die Grafen von Are-Nürburg sind eine um 1140 entstandene Linie der Grafen von Are.

Are-Wickrath (Grafen). Die Grafen von Are-Wickrath sind eine Linie der Grafen von Are.

Arenberg, Aremberg (Herren, Grafen, Herzöge). Wahrscheinlich um die Mitte des 12. Jahrhunderts entstand im Ahrgau bei Ahrweiler die Burg A. an der Ahr, nach der sich die 1117–1129 erschließbare, erstmals 1166 erwähnte edelfreie Familie von A. (Heinrich von A.) nannte, die an der oberen Ahr, an Erft, Sieg und im Westerwald reich begütert war und zeitweilig das Amt des Burggrafen von Köln ausübte (1279 Verkauf an den Erzbischof). Von ihr spaltete sich in der ersten Hälfte des 13. Jahrhunderts das Geschlecht Wildenburg (Wildenfels) im Rheinland ab. Die Hauptlinie erlosch im Mannesstamm um 1280 (vor 1281). Ihre später reichsunmittelbaren Güter kamen durch Heirat der Erbtochter Mechthild (1299) an die Grafen von der Mark, welche die zweite Linie der Herren von A. begründeten. Sie erwarb Güter in Belgien, den Niederlanden und in Lothringen, verzweigte sich aber in mehrere Linien (Neufchateau, Rochefort, Herzöge von Bouillon). Nach dem Aussterben der Hauptlinie im Jahre 1547 kamen Burg und Herrschaft A. durch Heirat der Schwester des letzten Grafen von der Mark an die Linie, die 1480 Barbançon geerbt hatte. Sie nahm 1549 den Namen A. an und wurde in den Reichsgrafenstand sowie 1576 in den Reichsfürstenstand (gefürstete Grafschaft) erhoben. 1606 gewann diese Linie von Frankreich die Herrschaft Enghien und 1612 aus Erbgut der Herzöge von Croy das Herzogtum Aarschot

(Aerschot) in Brabant. Dazu kamen weitere Güter. 1644 erhielt diese dritte Linie für Treue zum Haus Habsburg den Herzogstitel. 1801 verlor sie das südwestlich von Bonn gelegene, dem kurrheinischen Reichskreis angehörige Herzogtum mit 4 Quadratmeilen und 2900 Einwohnern an Frankreich. 1803 wurde sie für den Verlust ihrer – linksrheinischen – Güter mit Recklinghausen (aus dem Erzstift Köln) und dem Amt Meppen an der mittleren Ems (aus dem Hochstift Münster) entschädigt (660 Quadratkilometer mit 76 000 Einwohnern), aus denen das neue Herzogtum A. (Arenberg-Meppen) gebildet wurde, das 1806 dem Rheinbund beitrat und dabei die Souveränität auch über das Herzogtum Croy erlangte. Recklinghausen kam 1810 zum Großherzogtum Berg und 1815 zu Preußen. Meppen wurde 1810 von Frankreich annektiert und 1815 Hannover zugewiesen. 1826 erhielt das standesherrliche Gebiet Meppen innerhalb Hannovers die Bezeichnung Herzogtum Arenberg-Meppen. 1866 fiel es mit Hannover an Preußen, das 1875 die standesherrlichen Rechte ablöste. S. Niedersachsen.

L.: Wolff 91; Zeumer 553 II b 46; Wallner 700 KurrheinRK 6; Großer Historischer Weltatlas 38 (1789) B2; Bödiker, A., Das herzogliche Haus Arenberg, 1904; Kleinschmidt, A., Geschichte von Arenberg, Salm und Leyen 1789–1815, 1912; Neu, H., Das Herzogtum Arenberg, 2. A. 1940; Neu, H., Die Anfänge des herzoglichen Hauses Arenberg, 1942; Gauß'sche Landesaufnahme der durch Hannover erworbenen Gebiete, bearb. v. Engel, F., 6. Emsland, 1977; Topographische Karte des Herzogtums Arenberg-Meppen 1850–1860, hg. v. Niedersächs. Landesvermessungsamt 1977 ff.; Die Arenberger in der Eifel, hg. v. Heyen, F., 1987; Heyen, F., Die Arenberger im Emsland und in Westfalen, 1989; Neu, P., Die Arenberger und das Arenberger Land, 1989; Inventar des herzoglich arenbergischen Archivs in Edingen/Enghien (Belgien) bearb. v. Renger, C., 1990 ff.

Arenberg-Chimay s. Arenberg, Chimay

Arenberg-Ligne s. Arenberg, Ligne

Arenberg-Meppen s. Arenberg, Meppen

Arenfels, Ahrenfels (reichsritterschaftliche Herrschaft). Die Burg A. am rechten Rheinufer gegenüber von Sinzig wurde 1258/1259 Sitz der Linie Isenburg-Arenberg in der Vogtei Hönningen. Nach dem Aussterben der Linie (1371) erwarb das Erzstift Trier als Lehnsherr Burg und Herrschaft von den beiden Schwiegersöhnen des letzten Herren (Graf Wilhelm von Wied und Salentin von Isenburg). 1504 kamen Burg und Herrschaft wieder an Isenburg (Isenburg-Grenzau). 1664 zog Trier A. nach dem Aussterben der Grafen von Isenburg-Grenzau als heimgefallenes Lehen ein und gab es 1670 an die von der Leyen als Unterherrschaft aus. A. steuerte zum Kanton Niederrheinstrom des Ritterkreises Rhein. 1815 kam A. zu Preußen, 1946 zu Rheinland-Pfalz.

L.: Wolff 515.

Arezzo (Stadtstaat). Dem 225 v. Chr. von Rom eroberten Arretium am oberen Arno folgte nach der Herrschaft langobardischer Gastalden, fränkischer Grafen sowie des Bischofs seit 1098 allmählich die Stadtrepublik A. Schon 1337 und dann erneut 1384 kam sie durch Verkauf an Florenz.

L.: Großer Historischer Weltatlas II 48 (1300) D3; Pasqui, U., Documenti per la storia della città di Arrezzo, Bd. 1 ff. 1899 ff.; Verger, J., Arezzo, LexMA 1 1980, 920 f.

Argen (Herrschaft). Am Ende des 18. Jahrhunderts gehörten die zusammen 6 Quadratmeilen umfassenden Herrschaften Tettnang und A. über Österreich zum schwäbischen Reichskreis. S. Tettnang, Baden-Württemberg.

L.: Wolff 197; Wallner 686 SchwäbRK 21; Kastner, A., Die Grafen von Montfort-Tettnang, 1957; Vorderösterreich, hg. v. Metz, F., 3. A. 1978.

Argengau (Gau)

L.: Polenz, P. v., Landschafts- und Bezirksnamen, 1961, II, 16, 23 f., III, 30, 32 f., IV, 8 f. Argungouwe, pagus Argoninsis, pagus Arconcessa, pagus Argunensium, marcha Argungaunensium; Borgolte, M., Geschichte der Grafschaften Alemanniens in fränkischer Zeit, 1984, 61 (Leiblach, Gwiggen, Hohenweiler), 188 (Lindenberg, Lauterach)

Aringon (Aringun, Gau an der Leine, Personenverbandsname)

L.: Curs, O., Deutschlands Gaue im zehnten Jahrhundert. Nach den Königsurkunden, Diss. phil. Göttingen 1908, 2 (Brüggen, Rheden); Hessler, W., Mitteldeutsche Gaue des frühen und hohen Mittelalters, 1957, 114 (Aringau, Teil von Flenithi, Brüggen, Rheden); Polenz, P. v., Landschafts- und Bezirksnamen, 1961, II, 15, 35, 41, III, 1, 2, 4, IV, 8, Aringun, Eriggavvi, Aringhomarca.

Arlenningerhundari

L.: Polenz, P. v., Landschafts- und Bezirksnamen, 1961, II, 88, Arlenningerhundari.

Arles (Reichsstadt). A. an der unteren Rhone kam über die keltischen Saluvier und das griechische Massilia an Rom, das unter Cäsar die Colonia Julia Paterna Arelate Sextanorum gründete. Seit dem 3. Jahrhundert war es Bischofssitz, 395 wurde es Hauptort Galliens und um 400 Sitz eines Erzbischofs. 536 fiel der Ort an die Franken und wurde 879 Hauptort des Königreiches Provence. Mit dem im 10. Jahrhundert hinzutretenden Königreich Burgund kam es – im Arelat – 1033 an das Reich. Die Bürger von A. schüttelten 1220 die seit 921 bestehende Herrschaft des Erzbischofs ab. Damit wurde A. unter den Staufern (1237) Reichsstadt. Bereits 1239 endete die Freiheit der Stadtgemeinde. 1251 musste sie sich Graf Karl von Anjou unterwerfen und kam 1481 mit der Grafschaft Provence an Frankreich.

L.: Benoit, F., Arles, 1928; Benoit, F., Histoire municipale d'Arles, 1935; Engelmann, E., Zur städtischen Volksbewegung in Südfrankreich. Kommunefreiheit und Gesellschaft, Arles 1200–1250, 1959; Kaiser, R., Arles, LexMA 1 1980, 953 ff.

Arnegg (Herrschaft). A. an der Blau westlich von Ulm war vermutlich ursprünglich Lehen der Grafen von Dillingen. Die um die Burg gebildete Herrschaft wurde 1338 durch die Grafen von Württemberg und den Ulmer Bürger Hans von Stein, der seinen Anteil später an Württemberg veräußerte, von der Ulmer Familie Seveler erworben. Später wurde die Herrschaft an die Stein von A. und 1410 an die Herren von Stadion verpfändet, die sie 1470 erwarben. 1700 kam sie an die Deutschordenskommende Altshausen der Ballei Elsass und Burgund, 1806 an Württemberg und damit 1951/1952 zu Baden-Württemberg.

L.: Wolff 195; Fink, H., Markbronn und seine Geschichte, 1969.

Arnheim s. Geldern

L.: Escher, M. u. a., Die urbanen Zentren, 2005, 2, 34.

Arnim (Reichsritter). Seit dem frühen 16. Jahrhundert zählten die A. (Ahrn) zum Kanton Gebirg des Ritterkreises Franken.

L.: Stieber; Riedenauer 122.

Arnsberg (Grafschaft). Um die Mitte des 11. Jahrhunderts errichtete Bernhard II. von Werl am Schnittpunkt der Straßen Köln-Paderborn und Essen-Kassel die „Alte Burg" bei A. in Westfalen. Nachdem Lupold von Werl († 1089) die Alte Burg zusammen mit seinem Erbteil dem Erzstift Köln vermacht hatte, baute Konrad von Werl um 1060 eine neue Burg an der oberen Ruhr, die nach dem Ort A. benannt wurde. Nach ihr nannte sich vor der Wende des 11. zum 12. Jahrhundert (1082 Konrad von A.) die Hauptlinie der Grafen von Werl. 1102 verlor Graf Friedrich der Streitbare die halbe Grafschaft A. mit der Burg A. an das Erzstift Köln, so dass sich die Grafschaft A. auf das nördliche Sauerland – einschließlich des reichen Klosters Meschede – beschränkte. 1124/1139 fiel sie über die Erbtochter im Erbweg an die niederländischen Grafen von Cuyk (Cuijk, Cuyck), die sich von da an nach A. nannten und die jüngere Linie der Grafen von A. begründeten. Im 12. Jahrhundert spalteten sie die Grafen von Rietberg ab. 1167 wurden sie vom Erzstift Köln lehnsabhängig. Ehe sie 1371 ausstarben, verkaufte der letzte Graf Gottfried 1368 die Grafschaft A. an das Erzstift Köln. Sie bildete seitdem den wichtigsten Bestandteil des Herzogtums Westfalen der Erzbischöfe von Köln. A. wurde dessen Hauptstadt. 1803 kam A. an Hessen-Darmstadt, 1816 an Preußen, 1946 an Nordrhein-Westfalen.

L.: Wolff 86; Arnsberg – 700 Jahre Stadt – hg. v. d. Stadtverwaltung Arnsberg, 1938; 150 Jahre Regierungsbezirk Arnsberg. Westfalen zwischen Lippe, Ruhr und Sieg, 1964; Leidinger, P., Untersuchungen zur Geschichte der Grafen von Werl, 1965; Hömberg, A. K., Die Grafen von Arnsberg, 1967; 750 Jahre Arnsberg, hg. v. Arnsberger Heimatbund, 1989; Klueting, H., Arnsberg als Hauptstadt und Wechselresidenz in der Zeit der Kölner Kurfürsten (1371–1802), 1989; Escher, M. u. a., Die urbanen Zentren, 2005, 1, 423, 2, 36.

Arnsburg (Kloster). 1151 gründete Konrad von Hagen das Kloster Altenburg. Nach 1197 wurde es um etwa 1 Kilometer in das Tal der Wetter verlegt und wohl nach einer 1984 wieder ergrabenen neuen Burg A. genannt. 1802 fielen die Güter an Solms-Laubach, danach an Hessen. S. Hessen.

L.: Küther, W., Das ehemalige Zisterzienserkloster Arnsburg, 1979; Kloster Arnsburg in der Wetterau, hg. v. Gärtner, O., 1989.

Arnstadt (Herrschaft). An der Mündung der Weiße in die Gera bestand nach älteren Siedlungen ein Hof, den Heden 704 an den Bischof von Utrecht gab. Dieser übertrug ihn 726 an Echternach. Von dort kam A. später an Hersfeld. Vögte waren wohl die Grafen von Käfernburg, die A. dem Landgrafen von Thüringen zu Lehen auftrugen. 1302 belehnte der Landgraf die Grafen von Hohnstein. 1306 verkauften die mit Käfernburg verschwägerten

Grafen von Orlamünde, 1332 die Grafen von Hohnstein A. an die Grafen von Schwarzburg. Später galt die Herrschaft A. als weimarisches Lehen der Grafen von Schwarzburg. S. Schwarzburg-Arnstadt, Thüringen.

L.: Wolff 396, 412.

Arnstein (Grafen, Herrschaft). 1135 errichteten die von dem schwäbischen Geschlecht der Herren von Steußlingen abstammenden edelfreien Herren von Arnstedt bei Harkerode südöstlich von Aschersleben die Burg A. und nannten sich seit dem 13. Jahrhundert Grafen von A. Ihre zwischen 1080 und 1180 am Nordharz auf der Grundlage von Kirchenlehen, Vogteirechten, Rodungsrechten, Bergbaurechten, Münzrechten und Gerichtsrechten aufgebaute Herrschaft gilt als typische „Allodialgrafschaft". Im 12. Jahrhundert bildeten sich mehrere Seitenlinien aus. Die Hauptlinie erlosch um 1292/1296 mit dem Eintreten dreier Brüder in den Deutschen Orden. Burg und Herrschaft A. kamen 1294 an die mit ihnen verschwägerten Grafen von Falkenstein, in der Mitte des 14. Jahrhunderts an die Grafen von Regenstein, 1387 an die Grafen von Mansfeld, 1786 an die Freiherrn von Knigge. Die reichsunmittelbaren Linien Ruppin (Arnstein-Ruppin) und Barby (Arnstein-Barby) starben 1524 bzw. 1659 aus.

L.: Wolff 414; Heinrich, G., Die Grafen von Arnstein, 1961.

Arnstein (Kloster). 1139 schenkte der letzte, seit 1052 nach seiner Burg A. an der unteren Lahn genannte Graf im Einrichgau die Burg den Prämonstratensern für eine Abtei. Diese gehörte um 1790 wegen Seelbach und Winden mit Weinähr zum Kanton Mittelrheinstrom des Ritterkreises Rhein. 1803 kam sie an Nassau (Nassau-Weilburg) und damit 1866 an Preußen, 1946 an Rheinland-Pfalz.

L.: Wolff 493; Winkelmann-Holzapfel 141; Krings, B., Das Prämonstratenserstift Arnstein a. d. Lahn im Mittelalter, 1990.

Arnstein (Reichsritter). Im frühen 16. Jahrhundert zählten die A. zum Kanton Rhön-Werra des Ritterkreises Franken.

L.: Stieber; Riedenauer 122, Rahrbach 5.

Arnstein-Barby, Barby (Grafen). Die Burg Barby an der Elbe bei Magdeburg ist 814 erstmals erwähnt und 961 als Burgward bezeugt. 974 gab Kaiser Otto II. die Burg an das Stift Quedlinburg. Das engere Gebiet um Barby wurde spätestens am Ende des 12. Jahrhunderts durch Walther III. von Arnstein (um 1150 – nach 1196), der mit der Askanierin Gertrud von Ballenstedt verheiratet war, unter Ausnutzung Quedlinburger Vogteirechte erworben. Er gründete die Linie der Grafen von A. (Barby). Sein Sohn Walther IV. vereinigte Magdeburger, Nienburger und askanische Lehen. Das engere Herrschaftsgebiet lag um Barby, Calbe, Mühlingen (Grafschaft Mühlingen) und Schönebeck. Dazu kamen Rosenburg, Walternienburg (Walter-Nienburg) und Zerbst (1264–1307). 1497 wurde die Herrschaft durch Maximilian I. zur Reichsgrafschaft erhoben. 1540 wurde die Reformation eingeführt. Kurzzeitig gehörte die Familie dem westfälischen Reichsgrafenkollegium an. 1659 starb die Familie aus. Sachsen-Weißenfels, Anhalt-Zerbst und Magdeburg teilten sich das Gebiet. Das Amt Barby fiel als erledigtes Lehen an Sachsen-Weißenfels, das Arnstein-Barbys (Barbys) Stimme im Reichstag führte, 1746 an Sachsen (Kursachsen) und 1815 an Preußen. Rosenburg kam als früheres Lehen Magdeburgs an Brandenburg, die übrigen Güter gelangten als Lehen Sachsens an Anhalt-Zerbst. 1800 umfasste das Gebiet etwa 2 Quadratmeilen (Stadt Barby und einige Dörfer). Das Amt Rosenburg gelangte als ehemals magdeburgisches Lehen an Brandenburg, die Ämter Walternienburg und Mühlingen als sächsische Lehen an Anhalt-Zerbst. 1807 kamen die sächsischen und preußischen Teile zum Königreich Westphalen, 1815 wieder an Preußen. Barby gelangte von dort an Sachsen-Anhalt.

L.: Wolff 417 f.; Wallner 710 ObersächsRK 26; Stegmann, E., Burg und Schloss Barby, Magdeburger Geschichtsblätter 66/67 (1931/32), 40 ff.; Heinrich, G., Die Grafen von Arnstein, 1961; Heinrich, G., Barby, LexMA 1 1980, 1448.

Arnstein-Ruppin (Herrschaft, Grafen) s. Ruppin

Arrelensis pagus (Gebiet um Arlon)

L.: Polenz, P. v., Landschafts- und Bezirksnamen, 1961, II, 18, 32 Arrelense.

Artland

L.: Polenz, P. v., Landschafts- und Bezirksnamen, 1961, II, 50, Artland.

Artner (Reichsritter). Im frühen 18. Jahrhundert zählten die A. zum Kanton Gebirg des Ritterkreises Franken.

L.: Stieber; Riedenauer 122.

Artois (Grafschaft). Das Gebiet um Arras zwischen Picardie und Flandern kam 932 von fränkischen, in Arras sitzenden Grafen an die Grafen von Flandern und 1180/1191 als Mitgift Elisabeths von Hennegau bei ihrer Verheiratung mit König Philipp II. August an Frankreich, welches das A. 1237 in verändertem Umfang zugunsten einer Nebenlinie zur Grafschaft erhob, die es nach dem Rückfall (1362) 1384/1385 an die Herzöge von Burgund ausgab. 1477 fiel es als burgundisches Erbe an Habsburg, blieb aber zwischen Frankreich und Habsburg umstritten. Später wurde es Teil der habsburg-spanischen Niederlande. 1659 musste es teilweise, 1678 vollständig Frankreich überlassen werden.

L.: Wolff 64; Großer Historischer Weltatlas III 2 (1519–56) C3; Dhondt, J., Les origines de la Flandre et de l'Artois, Arras 1944; Lestocquoy, J., Histoire de la Flandre et de l'Artois, 2. A. Paris 1966; Histoire des Pays-bas français, hg. v. Trenard, L., 1972; Fossier, R., Artois, LexMA 1 1980, 1072 f.

Arzt (Freiherren, Reichsritter, Personalisten). Von 1718 bis 1737 waren die Freiherren von A., die einem altadligen Tiroler Geschlecht entstammten, als Personalisten Mitglied des Kantons Neckar des Ritterkreises Schwaben.

L.: Hellstern 200.

Ascanien s. Askanien

Ascfeldono marca (Bezirk um Aschfeld, pagus Ascfeld)

L.: Polenz, P. v., Landschafts- und Bezirksnamen, 1961, I, 10, II, 58, IV, 3 f., 8 f., Ascfeldono marca.

Asch (Herrschaft). A. im Nordwesten Böhmens gehörte ursprünglich zum Reichsland Eger. Nach dem Sturz der Staufer wurde es Mittelpunkt einer um die Burg Neuberg gebildeten eigenen Herrschaft. Sie kam 1400 an die Herren von Zedtwitz und umfasste A. und 18 Dörfer. Sie war reichsunmittelbares Lehen der Krone Böhmens und gehörte keinem Reichskreis an. Im Westfälischen Frieden von 1648 wurde ihr die Reformation bestätigt. Nach vergeblichen Versuchen von 1736 und 1746 wurde sie 1806 erfolgreich Böhmen eingegliedert. S. Tschechoslowakei.

L.: Wolff 492 f.; Alberti, K., Beiträge zur Geschichte der Stadt Asch und des Ascher Bezirkes, Bd. 1 ff., 1935 ff.

Aschach s. Henneberg-Aschach

Aschaffenburg (Fürstentum). A. wird zuerst als alemannische civitas Ascapha des späten 5. Jahrhunderts erwähnt. Vielleicht über die thüringischen Herzöge, jedenfalls über die Karolinger gelangte es an die Liudolfinger. Um 957 gründete dort Herzog Liudolf von Schwaben das Kollegiatstift St. Peter und Alexander. 982 ging A. von Otto von Bayern und Schwaben über Otto II. an das Erzstift Mainz über, das dort später ein Oberamt errichtete. Das Stift war um 1700 im Kanton Odenwald des Ritterkreises Franken immatrikuliert. Nach der Eroberung Mainz' durch Frankreich 1798 wurde A. Sitz der Regierung des Erzstifts Mainz. 1803 wurde für Karl Theodor von Dalberg, den letzten Mainzer Kurfürsten und Reichserzkanzler, das Fürstentum A. geschaffen. Es umfasste mit rund 1700 Quadratkilometern das alte Oberamt A., die mainzischen Ämter Aufenau, Lohr, Orb, Stadtprozelten, Klingenberg und das Amt Aura des Hochstifts Würzburg. 1810 wurde es zu einem Departement des Großherzogtums Frankfurt gemacht. 1814 ging A. an Österreich und 1814/1816 an Bayern über.

L.: Wolff 807; Riedenauer 128; Festschrift 1000 Jahre Stift und Stadt Aschaffenburg, hg. v. Fischer, W., 1957 (Aschaffenburger Jahrbuch für Geschichte, Landeskunde und Kunst des Untermaingebietes); Christ, G., Aschaffenburg. Grundzüge der Verwaltung des Mainzer Oberstifts und des Dalbergstaats, 1963, in: Historischer Atlas von Bayern, Teil Franken 12; Grimm, A., Aschaffenburger Häuserbuch, 1985; Thiel, M., Aschaffenburger Urkundenbuch, 1 Die Urkunden des Kollegiatstifts St. Peter und Alexander bis zum Jahre 1325, 1986; Spies, H., Von Kurmainz zum Königreich Bayern. Änderungen der territorialen und landesherrlichen Verhältnisse im Raum Aschaffenburg 1803–1816, Mitteilungen aus dem Stadt- und Stiftsarchiv Aschaffenburg 2, 1987 ff.

Aschau s. Hohenaschau

Aschbach (Reichsritter). Im frühen 16. Jahrhundert zählten die A. zum Kanton Steigerwald des Ritterkreises Franken.

L.: Stieber; Riedenauer 122.

Aschersleben s. Anhalt-Aschersleben

Aschfeld (an der Aschach rechts der unteren Wern)

L.: Niemeyer, W., Der pagus des frühen Mittelalters in Hessen, 1968, 122.

Aschhausen (Reichsdorf) s. Altshausen

Aschhausen (Reichsritter). Vom 16. bis 17. Jahrhundert zählten die A. zum Kanton Odenwald des Ritterkreis Franken. Von etwa 1600 bis um 1648 waren sie mit Steinbach ob Zeil auch im Kanton Steigerwald immatrikuliert. A. kam 1671 als heimgefallenes Lehen des Erzstifts Mainz durch Kauf an das Kloster Schöntal, 1803 an Württemberg und damit 1951/1952 an Baden-Württemberg.

L.: Stieber; Roth von Schreckenstein 2, 593; Pfeiffer 210; Bechtolsheim 17, 193; Stetten 32; Riedenauer 122.

Askanien, Ascanien (Reichsgrafschaft). Seit 1705 beantragte Preußen, wegen A. in das westfälische Reichsgrafenkollegium aufgenommen zu werden.

L.: Arndt 220.

Askanier (Geschlecht). Die A. sind ein ursprünglich aus dem alemannisch-fränkischen Raum stammendes, nach einer mythologisierenden Anknüpfung an den Äneassohn Ascanius seit dem frühen 13. Jahrhundert als A. benanntes Geschlecht, das im 6. Jahrhundert in den Schwabengau am Nordostrand des Harzes eingewandert sein soll und sich zunächst nach der Alten Burg bei Ballenstedt (Grafen von Ballenstedt) benannte. Der erste erschließbare A. dürfte ein Adalbert (um 1000) gewesen sein. Eine sehr erfolgreiche Heiratspolitik verschaffte den Askaniern im 11. Jahrhundert größere Anteile an verschiedenen Erbschaften. Aus der Erbschaft des Markgrafen Gero erhielten sie Teile des Schwabengaus, die sie mit eigenen Gütern zur Grafschaft Aschersleben (Ascharien) verbanden, nach der sie sich dann benannten. Über eine Erbtochter der Billunger gewann Otto der Reiche († 1123) Teile der billungischen Güter. Um 1060 stießen sie über die Saale nach Osten vor. Unter Albrecht dem Bären (Markgraf der Nordmark 1134–1170, 1140/1142 Markgraf von Brandenburg) betrieben sie planmäßig die deutsche Ostsiedlung. Albrecht dem Bären folgten 1170 die Söhne Bernhard, der 1180 nach dem Sturz Heinrich des Löwen den Titel des Herzogs von Sachsen und den an der unteren Elbe bei Lauenburg befindlichen Teil des Herzogtums Sachsen erhielt, und Otto, der die neuerworbenen Gebiete im Osten (Brandenburg) erlangte. Bernhard folgten 1212 die Söhne Albrecht († 1260) und Heinrich I. (1212–1244), von denen Heinrich die askanischen Hausgüter zwischen Ostharz und Mittelelbe erbte und Albrecht die Gebiete um Lauenburg und das neu gewonnene Gebiet um Wittenberg erlangte. Heinrich begründete das Haus Anhalt, Albrechts Söhne Johann († 1285) und Albrecht II. († 1298) die askanischen Linien Lauenburg (mit Lauenburg rechts der unteren Elbe, Neuhaus elbaufwärts und dem Land Hadeln) und Wittenberg, so dass seit 1226 askanische Linien in Brandenburg (Stendal und Salzwedel bis 1317/1319), Lauenburg (bis 1689) und Wittenberg (bis 1422) nebeneinander bestanden. Die brandenburgischen Güter fielen 1319 an die Wittelsbacher (und 1411 ff. an die Hohenzollern/Burggrafen von Nürnberg), die wittenbergischen 1422 an die Markgrafen von Meißen, die lauenburgischen 1689 an die Welfen.

L.: Hirschfeld, G. v., Geschichte der sächsischen askanischen Kurfürsten, 1884; Diederichs, A., Erbe und Erben Albrechts des Bären, VuG 28 (1938); Faden, E., Brandenburg, in: Geschichte der deutschen Länder, Bd. 1; Schmidt, E., Die Mark Brandenburg unter den Askaniern, 1973; Heinrich, G., Askanier, LexMA 1 1980, 1109; Partenheimer, L., Albrecht der Bär, 2. A. 2003.

Aspach, Asbach s. Großaspach

Aspach und Harrlach s. Holzschuher von A.

Asperg (Grafen). Eine Seitenlinie der Pfalzgrafen von Tübingen nannte sich seit 1228 nach A. bei Ludwigsburg, das 819 von Graf Gozbert an Weißenburg im Elsass und von diesem 1181 als Lehen an die Pfalzgrafen (Pfalz) gekommen war. 1308 wurde A. von Württemberg gekauft. S. Baden-Württemberg.

Aspremont (Grafen). Der Graf von A. (1776 Aspremont-Linden) zählte 1792 wegen der Grafschaft Reckheim oder Reckum zu den westfälischen Grafen der weltlichen Bank des Reichsfürstenrates des Reichstages. Die Grafschaft war dem niederrheinisch-westfälischen Reichskreis zugeteilt. Nach § 24 des Reichsdeputationshauptschlusses vom 25. 2. 1803 erhielt der Graf von Aspremont-Linden wegen Reckheim die Abtei Baindt und eine Rente von 850 Gulden von Ochsenhausen.

L.: Zeumer 554 II b 63, 17; Arndt 220. S. a. Apremont

Aspremont-Linden (Grafen) s. Aspremont

Asseburg (Herren). Die Herren von A. bei Wittmar bzw. Wolfenbüttel sind 1089 mit Widekind von Wolfenbüttel, einem Ministerialen des Markgrafen Ekbert von Braunschweig, erstmals nachweisbar. Um 1200 stiegen sie in die Reichsministerialität auf und errichteten nach 1218 die Reichsfeste A., die 1258 an Herzog Albrecht von Braunschweig übergeben werden musste. Am Ende des 13. Jahrhunderts teilte die Familie sich in einen westfälischen Zweig, der die Güter der Edelherren von Brakel um die Hinnenburg bei Paderborn erheiratete, und einen ostfälischen Zweig, der 1437 die Herrschaft Falkenstein im Unterharz von den Bischöfen von Halberstadt sowie Wallhausen 1509 als mansfeldisch-kursächsisches Lehen erhielt. 1793 gingen die westfälischen Güter durch Heirat an eine Linie der Herren von Bocholtz (1803 Grafen von Bocholtz-Asseburg) über.

L.: Asseburger Urkundenbuch, hg. v. Bocholtz-Asseburg, Graf J. v./Bocholtz-Asseburg, Graf E. v., Bd. 1 ff. 1876 ff.; Trippenbach, M., Asseburger Familiengeschichte, 1915; Bege, C., Geschichte einiger der berühmtesten Burgen und Familien des Herzogthums Braunschweig, Neudruck 1979.

Assenheim (Herrschaft) s. Solms-Assenheim

Asterburgi (territorium Osterborch)

L.: Polenz, P. v., Landschafts- und Bezirksnamen, 1961, III, 31, IV, 10, 14, Asterburgi.

Asterga (Gau westlich der Jademündung)

L.: Curs, O., Deutschlands Gaue im zehnten Jahrhundert. Nach den Königsurkunden, Diss. phil. Göttingen 1908, 2 (Reepsholt); Polenz, P. v., Landschafts- und Bezirksnamen, 1961, II, 36, 49, III, 10, 23, Asterga Astringi, Astringia, Astringerland, Östringen, s. a. Astrahi.

Astfala (Hastfala, Gau zwischen Oker und Innerste) s. Astfalahun

L.: Curs, O., Deutschlands Gaue im zehnten Jahrhundert. Nach den Königsurkunden, Diss. phil. Göttingen 1908, 2 (Dahlum, Nettlingen, Großlafferde, Kleinlafferde, Sauingen, Gadenstedt, Schmedenstedt, Hallendorf, Heerte, Denstorf, Vöhrum, Wendhausen, Adersheim, Leinde, Dörnten, Össelse, Hotteln, Wirringen, Heisede, Heinigen, Großflöthe, Kleinflöthe, Ohlhof, Bettingerode, Bersse, Aderstedt, Großquenstedt, Kleinquenstedt, Riestedt, Dittichenrode, Hildesheim).

Astfalahun (Volksname, Ostfalahun, Hastfala, Astfelde, Valun, Falhon, ‚Ostfalen‘)

L.: Polenz, P. v., Landschafts- und Bezirksnamen, 1961, I, 12, 26, II, 60, III, 27, Astfalahun, s. Astfala.

Asti (Stadtkommune). Dem antiken Hasta folgte A. am Tanaro, das seit dem 10. Jahrhundert vom Bischof von A. beherrscht wurde, danach sich aber von dieser Herrschaft löste (bürgerliche Magistratur 1095 bezeugt). Im 13. Jahrhundert konnte A. seine Macht vergrößern. 1312 unterwarf es sich Robert von Anjou. Nach mehrfachem Herrschaftswechsel kam es 1387 an die Herzöge von Orléans, danach an Frankreich, 1529 an Spanien (Karl V.) und 1575 an Savoyen.

L.: Großer Historischer Weltatlas II 48 (1300) C2; Vergano, L., Storia di Asti, Bd. 1 ff. Asti 1951 ff.; Bordone, R., Asti, LexMA 1 1980, 1 129 f.

Astrahi (Austrachia, Ostoraeche, Ostroh, Ostrike, Ostargao, Hostraga, Astergaland, ‚Ostergoo, Eastergea‘)

L.: Polenz, P. v., Landschafts- und Bezirksnamen, 1961, II, 15, 36, 38, 41, 46 f., 49, 94, III, 31, Astrahi, s. a. Asterga.

Atoariorum pagus (Gebiet in Burgund)

L.: Polenz, P. v., Landschafts- und Bezirksnamen, 1961, I, 13, Atoariorum pagus

Atrebatensis pagus (Artois)

L.: Polenz, P. v., Landschafts- und Bezirksnamen, 1961, II, 18, Atrebatensis pagus

Attems (Reichsgrafen, Reichsritter). Von 1753 bis 1805 waren die Reichsgrafen von A. mit dem 1790 an die Wächter verkauften Rittergut Hirrlingen und dem 1789 an die Raßler von Gamerschwang verkauften Bieringen am Neckar Mitglied des Kantons Neckar des Ritterkreises Schwaben.

L.: Hellstern 200; Kollmer 375.

Attergau (Gau um den Attersee in Oberösterreich)

L.: Curs, O., Deutschlands Gaue im zehnten Jahrhundert. Nach den Königsurkunden, Diss. phil. Göttingen 1908, 2 (Attersee); Polenz, P. v., Landschafts- und Bezirksnamen, 1961, II, 9, 24, 27 (Ateragouwe).

Au, Aue s. Auer von A.

Auburg (Herrschaft). Um 1512 bauten die Edelherren von Diepholz ein Vorwerk an der Aue zu einer Burg um, die sie 1521 dem Landgrafen von Hessen als Mannlehen auftrugen. 1585 zog Hessen sie beim Aussterben des Geschlechts zusammen mit einigen beigefügten Ortschaften ein. 1588 kam A. an Landgraf Wilhelms von Hessen nichtehelichen Sohn Phillipp Wilhelm von Cornberg. Als dessen Nachkommen anfangs des 18. Jahrhunderts die Reichsunmittelbarkeit anstrebten, verloren sie durch Prozess vor dem Reichskammergericht ihre fast landesherrliche Stellung. 1801 zählte das zwei Quadratmeilen große A. zum niederrheinisch-westfälischen Reichskreis. Nach Abfindung der Freiherren von Cornberg fiel es 1816 an Hannover und mit diesem 1866 an Preußen, 1946 an Niedersachsen

L.: Wallner 704 WestfälRK 39.

Auegau (Auganagavvi, um die Aue, nördlich von Gudingon)

L.: Curs, O., Deutschlands Gaue im zehnten Jahrhundert. Nach den Königsurkunden, Diss. phil. Göttingen 1908, 2; Polenz, P. v., Landschafts- und Bezirksnamen, 1961, II, 15, 20, 24, III, 30 (Auga, pagus Augensis, pagus Auguensis, Auganagavvi, Ahagewe).

Auelgau (Gau südlich der Sieg)

L.: Curs, O., Deutschlands Gaue im zehnten Jahrhundert. Nach den Königsurkunden, Diss. phil. Göttingen 1908, 2 (Limberge, Ramersdorf, Dullendorf, Rheinbreitenbach, Zissendorf, Königswinter); Polenz, P. v., Landschafts- und Bezirksnamen, 1961, II, 40, 96 Aualgouwe.

Auer von Aue, Auer von Au (Reichsritter). Die zum Kanton Altmühl des Ritterkreises Franken zählenden A. (zu Gebersdorf) erloschen um die Mitte des 17. Jahrhunderts.

L.: Biedermann, Altmühl; Stieber; Riedenauer 122.

Auer von Herrenkirchen (Reichsritter). Von etwa 1680 bis etwa 1780 zählten die A. zum Kanton Baunach des Ritterkreises Franken.

L.: Riedenauer 122.

Auerbach (Reichsritter). Im ausgehenden 17. Jahrhundert zählten die A. zum Kanton Odenwald des Ritterkreises Franken.

L.: Riedenauer 122.

Auerochs (Reichsritter). Bis etwa 1750 zählten die A. zum Kanton Rhön-Werra (A. von Oepfershausen) des Ritterkreises Franken.

L.: Stieber; Seyler 350; Riedenauer 122.

Auersbach (Reichsdorf)

Auersperg (Reichsfreiherren, Reichsgrafen, Reichsfürsten). Nach A. nannte sich ein seit 1220 als Ministeriale der Herzöge von Kärnten bezeugtes Geschlecht in Krain. In der Mitte des 15. Jahrhunderts teilte es sich in zwei Hauptlinien. 1530 wurde es in den Reichsfreiherrenstand, 1630 in den Reichsgrafenstand erhoben. 1653 erhielt der jüngere Zweig der älteren Linie den Reichsfürstenrang und 1654 für die erworbenen schlesischen Herrschaften Münsterberg und Frankenstein den Titel Herzog von Münsterberg. Die Herrschaft Tengen wurde 1664 zur gefürsteten Reichsgrafschaft erhoben, die zwar vorderösterreichischer Landstand war, zugleich aber Sitz und Stimme im schwäbischen Reichskreis gewährte. 1791 wurden die Güter in Schlesien an Preußen verkauft. Danach erhielten alle Mitglieder der Familie vom Kaiser den Reichsfürstenrang, der jeweilige älteste aber den Titel eines Herzogs von Gottschee, das 1604 erworben worden war.

L.: Zeumer 553 II b 53; Zöllner, E., Geschichte Österreichs, 8. A. 1990.

Aufenau (reichsunmittelbare Herrschaft). In dem zeitweilig an die Herren von Lißberg gekommenen A. bei Gelnhausen konnten die Familie der Forstmeister von Gelnhausen seit der Mitte des 14. Jahrhunderts eine kleine, später reichsunmittelbar gebliebene Sonderherrschaft errichten. Sie musste 1781 an das Erzstift Mainz verkauft werden, das sie 1787 mit dem Oberamt Orb vereinigte. S. Hessen.

Aufhausen (reichsritterschaftliche Herrschaft). A. zählte zum Kanton Kocher des Ritterkreises Schwaben und kam an Oettingen.

L.: Wolff 177.

Aufkirchen (Reichsdorf, Reichsstadt). A. bei Dinkelsbühl erscheint 1188 als burgum Ufkirchen. 1251 hatten die Staufer dort ein Pflegamt und eine Zollstelle. Konrad IV. verpfändete den Zehnten an die Grafen von Oettingen. 1290 wurde der Ort als Stadt bezeichnet, doch war das Schultheißenamt an die Burggrafen von Nürnberg und seit 1295 an die Grafen von Oettingen verpfändet. Die 1334/1367 erneuerte Verpfändung wurde nicht mehr eingelöst. Nach Einführung der Reformation (1558) wurde A. Sitz eines Oberamtes Oettingen-Spielberg(s). Mit der Mediatisierung fiel der dörfliche Ort an Bayern.

L.: Dachröden 126; Hugo 451; Wolff 177; Festschrift zum Festjahr 800 Jahre Aufkirchen (1188–1988), 1988.

Aufsess (Freiherren, Reichsritter). 1114 erscheinen erstmals edelfreie Herren von A. bei Ebermannstadt in Oberfranken. Um 1550 gehörten die Freiherren von A. zum Kanton Odenwald des Ritterkreises Franken. Daneben waren sie seit dem frühen 16. Jahrhundert (mit Königsfeld, Freienfels, Weiher [Weyher], Neidenstein, Kainach, Stechendorf, Truppach, Mengersdorf und Obernsees) Mitglied im Kanton Gebirg des Ritterkreis Franken. Außerdem gehörten sie am Ende des 18. Jahrhunderts dem Kanton Baunach an. S. Bayern.

L.: Stieber; Roth von Schreckenstein 2, 593; Pfeiffer 197, 210; Riedenauer 122; Stetten 32; Rahrbach 8.

Auga (Gau um Höxter an der Weser) s. a. Auegau

L.: Curs, O., Deutschlands Gaue im zehnten Jahrhundert. Nach den Königsurkunden, Diss. phil. Göttingen 1908, 1 (Forst bei Bevern).

Augau s. a. Auga, Auegau

L.: Wagner, G., Die Verwaltungsgliederung im karolingischen Reich, 1963, 9.

Augia (Algia, vallis, Tal, pays d'Auge)

L.: Polenz, P. v., Landschafts- und Bezirksnamen, 1961, I, 13, II, 47, Augia, Algia.

Augsburg (Hochstift). Das Bistum A. wird, obwohl sichere Quellenbelege fehlen, für das 4. Jahrhundert als bestehend angenommen. Es war der Kirchenprovinz Mailand (bis 539) und dann Aquileja zugeordnet und könnte 450 nach Säben (bzw. später Brixen) verlegt worden sein. Unter den Merowingern (709) könnte es neu gegründet (Bischof Wicterp 738, Bischof Rozilo 745) und (spätestens 829) der Kirchenprovinz Mainz angegliedert worden sein. Um 800 ging in ihm das 733–748 für seinen bayerischen Teil gegründete Bistum Neuburg-Staffelsee auf. Es reichte von der Iller bis zu Ilm und Walchensee sowie im Norden bis nach Feuchtwangen. Die an sich nicht geringen, aber zerstreuten Güter des Hochstifts lagen vor allem im Oberallgäu zwischen Iller und Lech. 1258 kam Dillingen hinzu und wurde zu seinem Mittelpunkt bestimmt (seit Anfang des 15. Jahrhunderts Residenz, 1544 theologisch-philosophische Universität). Allmählich löste sich das Hochstift von der Vogtei, die im 12. Jahrhundert den Herren von Schwabegg (Schwabeck) und nach 1167 den Staufern zustand und schließlich 1273 Rudolf von Habsburg überlassen wurde. Schon seit 1156 ging aber die Herrschaft über die Stadt A. verloren. 1802/1803 wurde das Hochstift mit 43 Quadratmeilen (2365 Quadratkilometern), 100 000 Einwohnern, 16 Pflegeämtern, 1 Rentamt, den Städten Dillingen und Füssen und 19 Ämtern des Domkapitels sowie 450 000 Gulden jährlichen Einkünften säkularisiert und ging überwiegend in Bayern auf. Das Bistum wurde 1817 der Kirchenprovinz München-Freising zugeordnet und 1821 im Verhältnis zu Rottenburg, Brixen und Konstanz neu umgeschrieben.

L.: Wolff 156; Zeumer 552 ff. II a 13; Wallner 689 SchwäbRK 2; Großer Historischer Weltatlas II 66 (1378) F5, III 22 (1648) E4, III 38 (1815–1866) D3; Die Territorien des Reichs 6, 8; Steichele, A./Schröder, A./ Zoepfl, A., Das Bistum Augsburg, Bd. 1–10 1861 ff.; Bauerreiss, R., Kirchengeschichte Bayerns, Bd. 1 ff. 1949 ff., 2. A. 1958 ff.; Zoepfl, F., Das Bistum Augsburg und seine Bischöfe, 1955; Fried, P., Augsburg, LexMA 1 1980, 1211 ff.; Seiler, J., Das Augsburger Domkapitel vom Dreißigjährigen Krieg bis zur Säkularisation, 1989; Böhm, C., Die Reichsstadt Augsburg, 1997.

Augsburg (Reichslandvogtei). 1273 wurde Rudolf von Habsburg mit der Vogtei A. belehnt und wandelte sie in Reichsgut um. Im Anschluss hieran fasste er das Reichsgut im östlichen Schwaben (u. a. Gersthofen) in den Reichslandvogteien A. und Oberschwaben zusammen. Ab 1426 geriet die Reichsvogtei A. unter den Einfluss der Stadt A.

Augsburg (Reichsstadt, Reichsvogteistadt). Nach der Eroberung Rätiens durch die Römer bestand zwischen 15 v. Chr. und 14–16 n. Chr. links der Wertach (in Augsburg-Oberhausen) an der Kreuzung wichtiger Straßen ein römisches Legionslager. Um 45 n. Chr. wurde auf einem Bergsporn zwischen Lech und Wertach Augusta Vindelicum als Vorort der römischen Provinz Rätien gegründet, der nach der Teilung der Provinz Vorort der Provinz Raetia secunda blieb. Die Christianisierung der Bewohner ist durch eine frühchristliche Basilika beim Dom und den Märtyrertod der heiligen Afra bezeugt. Eine gewisse Siedlungskontinuität kann angenommen werden. Bischöfe von A. werden für das 4. Jahrhundert angenommen und sind seit 738 nachgewiesen. 807 wird der Dom geweiht, 933–73 die 832 Augustburc genannte Siedlung um den Dom ummauert. 1156 grenzte eine Urkunde Friedrich I. Barbarossas die Rechte des Bischofs und die Rechte der Bürger voneinander ab. 1167/1168 ließ sich Friedrich I. Barbarossa die Hochstiftsvogtei und die Blutgerichtsbarkeit in A. übertragen. 1250 erhoben sich die Bürger gegen den Bischof. Nach dem Untergang der Staufer kam die Vogtei 1273 durch Rudolf von Habsburg an das Reich. 1276 schuf sich A. ein eigenes Stadtrecht, das Rudolf von Habsburg bestätigte (Reichsstadt). 1316 sicherte Ludwig der Bayer, für den A. Partei ergriffen hat, volle Reichsfreiheit zu. Das zur Reichsstadt gehörige Landgebiet blieb auffällig klein. 1368 erkämpften sich die Zünfte die Teilnahme am Stadtregiment. Gewerbe und Fernhandel (Fugger, Welser) begünstigten Augsburgs Aufstieg zu einer der wichtigsten europäischen Handelsstädte, die um 1500 etwa 18 000 Einwohner zählte, 1523/1524 zur Reformation überging und durch den Dreißigjährigen Krieg schwer geschädigt wurde. 1803 noch als Reichsstadt erhalten und durch § 27 des Reichsdeputationshauptschlusses vom 25. 2. 1803 mit den Gütern des Hochstifts und des Reichsstifts Sankt Ulrich und Afra entschädigt, ging das etwa 1 Quadratmeile große A. 1805/1806 an Bayern über.

L.: Wolff 210; Zeumer 555 III b 2; Wallner 689 SchwäbRK 76; Großer Historischer Weltatlas II 66 (1378) F5, III 22 (1648) E4, III 38 (1789) D3; Schroeder 93 ff.; Die Territorien des Reichs 6, 8; Berner, E., Zur Verfassungsgeschichte der Stadt Augsburg, 1879; Meyer, C., Geschichte der Stadt Augsburg, 1907; Eberlein, H., Augsburg, 1939; Zorn, W., Augsburg. Geschichte einer deutschen Stadt, 1955, 2. A. 1972; Augusta 955–1955, hg. v. Rinn, H., 1955; Schleiermacher, W., Augusta Vindelicum, in: Germania Romana 1, 1960; Batori, I., Die Reichsstadt Augsburg im 18. Jahrhundert, 1969; Schröder, D., Stadt Augsburg, 1975, in: Historischer Atlas von Bayern, Teil Schwaben 10; Warmbrunn, P., Zwei Konfessionen in einer Stadt. Das Zusammenleben von Katholiken und Protestanten in den paritätischen Reichsstädten Augsburg, Biberach, Ravensburg und Dinkelsbühl von 1548–1648, 1983; Geschichte der Stadt Augsburg, hg. v. Gottlieb, G., 1984; Fried, P., 2000 Jahre Augsburg, in: Schwalbe, Hauszeitschrift der BRZ und der BayWA, 1985; Augsburger Stadtlexikon. Geschichte, Gesellschaft, Kultur, Recht, Wirtschaft, hg. v. Baer, W. u. a., 1985; Steuer, P., Die Außenverflechtung der Augsburger Oligarchie von 1500 bis 1620, 1988; Fassl, P., Konfession, Wirtschaft und Politik, 1988; Roeck, B., Eine Stadt in Krieg und Frieden. Studium zur Geschichte der Reichsstadt Augsburg zwischen Kalenderstreit und Parität, 1989; Dietrich, R., Die Integration Augsburgs, 1993; Augsburg in der frühen Neuzeit, hg. v. Brüning, J., 1995; Böhm, C., Die Reichsstadt Augsburg, 1997; Möller, F., Bürgerliche Herrschaft in Augsburg, 1998; Schorer, R., Die Strafgerichtsbarkeit in der Reichsstadt Augsburg 1156–1548, 2000; Roeck, B., Geschichte Augsburgs, 2005.

Augsburg, Sankt Ulrich und Afra (Reichsstift). Die Märtyrerin Afra lebte in A. und wurde wohl 304 als Christin dort hingerichtet und auf dem römischen Friedhof bei der heutigen St. Ulrichs- und Afra-Basilika bestattet. Ihre Verehrung in A. ist seit dem 8. Jahrhundert vielfach bezeugt. Bereits König Pippin bedachte St. Afra mit reichen Gütern. Jedenfalls um 800 bestand beim Grab der heiligen Afra ein Kloster. Vermutlich war der Bischof von Augsburg anfangs zugleich Abt des Kanonikerstiftes St. Afra, bis dieses 1012/1013 von Bischof Bruno durch ein Benediktinerkloster ersetzt wurde, für das dann zusätzlich Bischof Udalrich (Ulrich) (923–973) namengebend wurde. 1156 wurde das Kloster unter den Schutz des Papstes, 1323 von Kaiser Ludwig dem Bayern unter den Schutz des Kaisers gestellt. 1577 erhielt das Stift von Kaiser Rudolf II. Reichsunmittelbarkeit und Reichsstandschaft, was vom Hochstift Augsburg erst nach jahrzehntelangen Prozessen 1643 gegen eine Entschädigung anerkannt wurde. Nach diesem Urteil wurde das Stift weiterhin von der Reichsstadt Augsburg bedrängt. Der Abt gehörte im Reichstag zu den rheinischen Reichsprälaten, war aber im schwäbischen Reichskreis nicht vertreten. Von der Mitte des 18. Jahrhunderts an war das Stift stark verschuldet. Seine weit gestreuten Güter kamen 1802/1803 bei seiner Aufhebung an die Reichsstadt Augsburg und an Bayern, 1805/1806 mit Augsburg ganz an Bayern.

L.: Wolff 228; Zeumer 552 II a 37, 6; Wallner 690 SchwäbRK 103; Hartig, M., Das Benediktiner-Reichsstift Sankt Ulrich und Afra in Augsburg, 1923; Zoepfl, F., Die heilige Afra von Augsburg, Bavaria Sancta 1, 1970, 51 ff.; Die Ausgrabungen in St. Ulrich und Afra in Augsburg 1961–68, hg. v. Werner, J., Bd. 1 f. 1977; Liebhart, W., Die Reichsabtei Sankt Ulrich und Afra in Augsburg: Studien zu Besitz und Herrschaft (1006–1803), 1982; Müntefering, R., Die Traditionen des Klosters St. Ulrich und Afra in Augsburg, 1985; Seiler, J., Die Abtei St. Ulrich und Afra in Augsburg, Münchener Theologische Zs. 46 (1995), 37.

Augstgau (Gau)

L.: Polenz, P. v., Landschafts- und Bezirksnamen, 1961, II, 18, IV, 19 Augustgouwe I, Ougesgouue, Ogasgouue, Owesgouue, ‚Augsburggau'; Borgolte, M., Geschichte der Grafschaften Alemanniens in fränkischer Zeit, 1984, 55, 185 (Türkenfeld am Ammersee, Stettwang, Hirschfeld, Ostendorf, Saal, Pforzen, Schlingen, Hausen, Großhausen bei Aichach)

Augustenburg s. Schleswig-Holstein-Augustenburg

Augustgouwe (Ougestgouwe, finis Augustinsis, Gau um Kaiseraugst bei Basel)

L.: Polenz, P. v., Landschafts- und Bezirksnamen, 1961, II, 30, 32, IV, 6 Augustgouwe II, Ougestgowe, finis Augustinsis.

Auhausen, Ahausen (Reichsdorf). S. Ahausen.

L.: Hugo 455.

Aulaulfispara s. Alaholfsbaar

Aulenbach (Reichsritter). Um 1550 zählten die A. zum Kanton Odenwald des Ritterkreises Franken. S. Kottwitz von A.

L.: Stetten 32.

Aulendorf (Herrschaft). A. an der Schussen erscheint erstmals 935. 1381 gehörte es den Herren von Königsegg, denen Kaiser Friedrich III. die Hochgerichtsbarkeit verlieh. 1629 wurde es Residenz der (reichsunmittelbaren und dem schwäbischen Reichskreis zugehörigen) Reichsgrafen Königsegg. 1806 fiel es an Württemberg, über das es 1951/1952 an Baden-Württemberg gelangte.

L.: Wolff 201; Wallner 688 SchwäbRK45.

Aulfingen (Herrschaft). 1776 kam die Herrschaft A. von den Freiherren von Wessenberg an die Fürsten von Fürstenberg. S. Wessenberg zu A., Baden-Württemberg.

L.: Hölzle, Beiwort 44.

Aura (reichsritterschaftliche Herrschaft). A. nördlich von Rieneck zählte zum Kanton Rhön und Werra des Ritterkreises Franken. S. Bayern.

L.: Wolff 513.

Aurach (Reichsritter). Im frühen 16. Jahrhundert zählten die A. (zu Pyrbaum) zum Kanton Steigerwald sowie zum Kanton Gebirg im Ritterkreis Franken.

L.: Stieber; Riedenauer 122.

Auricherland

L.: Polenz, P. v., Landschafts- und Bezirksnamen, 1961, II, 49, Auricherland.

Auritz (Freiherren, Reichsritter). Im 18. Jahrhundert zählten die Freiherren von A. mit Dennenlohe, Oberschwaningen, Obersteinbach, Roßbach, Stubach und Markttaschendorf zum Kanton Altmühl des Ritterkreises Franken. S. Bayern, Eichler von Auritz.

L.: Genealogischer Kalender 1753, 541.

Auritz s. Eichler von A.

Auschwitz (Herzogtum), poln. Oświęcim. A. bei Krakau war Hauptstadt des vor 1327 durch Teilung Teschens entstandenen, 1327 unter die Lehnshoheit Böhmens gelangten Herzogtums A. 1457 wurde es an Polen verkauft. 1521 starben die Herzöge von Auschwitz-Zator aus. 1772/1773 fiel A. mit Galizien an Österreich und gehörte seit 1818 zum Deutschen Bund. 1920 kam es an Polen zurück.

L.: Großer Historischer Weltatlas II 66 (1378) I/K4; Pelt, R. van/Dwork, D., Auschwitz, 1998.

Austeravia (Glesaria, Insel Ameland)

L.: Polenz, P. v., Landschafts- und Bezirksnamen, 1961, II, 46, 47, Austeravia.

Autenried (Reichsritter). Um 1790 zählten die A. zum Kanton Odenwald des Ritterkreises Franken.

L.: Riedenauer 122.

Autenried (reichsritterschaftliche Herrschaft). Das 1368 erstmals urkundlich erwähnte A. (zum Personennamen Uto) an der Kölz bzw. am Kölzbach bei Günzburg war innerhalb der Markgrafschaft Burgau Mittelpunkt einer vom Hochstift Augsburg lehnbaren Herrschaft, zu der noch Oxenbronn und Anhofen gehörten. Sie kam von den Ministerialen von Utenried (A.) an die Herren von Bühel (Bühl) (1368), 1509 an die Rechberg, 1599 an das Hochstift Augsburg, 1649 an den Generalwachtmeister von Lapière, 1684 an den mit der Witwe Lapières verheirateten Josef Anton Lasser von der Halden, 1798 an die Lassberg und 1805 an die Reck. 1806 fiel sie an Bayern.

L.: Wolff 157.

Auwach (Reichsritter). Im 18. Jahrhundert zählten die A. zum Ritterkreis Rhein.

L.: Roth von Schreckenstein 2, 594.

Avalos (Reichsfürst). 1704 wurde Cesare Michelangelo d'A. zum Reichsfürsten erhoben.

L.: Klein 168.

Avulla (Herrschaft). 1714 zog das Reich die Herrschaft A. ein und gab sie an den Marchese Malaspina-Podenzana.

L.: Aretin, Das alte Reich 2, 370 ff.

Ayrer zu Rosstal (Reichsritter). In der zweiten Hälfte des 17. Jahrhunderts zählten die A. zum Kanton Odenwald des Ritterkreises Franken.

L.: Riedenauer 122.

B

Baar (Landgrafschaft). Die seit dem 8. Jahrhundert urkundlich erwähnte B. ist die Landschaft an der obersten Donau zwischen Schwarzwald und Schwäbischer Alb. Schon im 6. Jahrhundert bestand ein B. genanntes Herrschaftsgebiet, das nach Osten über die heutige B. bis über den Bussen hinausreichte und von dem Geschlecht der Bertholde beherrscht wurde (z. B. 763 Perahtoltespara, daneben Folcholtsbaar oder Albuinsbaar, zu bar, Abgabe?). Sein Kern, die heutige B., fiel 973 an die Zähringer. Nach dem Aussterben der Herzöge von Zähringen 1218 erscheint 1264 als Landgraf in der B. der Edelfreie Konrad von Wartenberg, dessen Familie die Landgrafenwürde bis 1302 innehatte. Seit 1304/1307 ist die Würde eines Landgrafen in der B. mit den Grafen bzw. Fürsten von Fürstenberg, den Allodialerben der Herzöge von Zähringen, verbunden. Hauptsächlicher Inhalt dieser Stellung dürfte die Innehabung des seit dem Ende des 14. Jahrhunderts belegten Landgerichts gewesen sein. 1318 erbten die Grafen von Fürstenberg auch die wartenbergischen Güter, verloren aber 1305 Bräunlingen und Villingen an Habsburg. 1403 wird dann die fürstenbergische Landgrafschaft B. genannt, 1500 auch die Landgrafschaft Fürstenberg. 1488 kam Donaueschingen, 1520/1553 Möhringen, 1537 Blumberg und 1620 Hüfingen an Fürstenberg. Bis 1744 war die B. mehrfach unter verschiedenen Linien des Hauses Fürstenberg aufgeteilt. 1806 kam die 10 Quadratmeilen große B. mit Fürstenberg an Baden und damit 1951/1952 an Baden-Württemberg.

L.: Wolff 174; Wallner 685 SchwäbRK 10; Curs, O., Deutschlands Gaue im zehnten Jahrhundert. Nach den Königsurkunden. Diss. phil. Göttingen 1908, 2 (Bara, Para, Gau am Oberlauf des Neckars, Bochingen, Villingen, Seedorf, Epfendorf, Bösingen, Zimmern, Irslingen, Hadthausen, Waldmössingen, Hochmössingen, Oberndorf); Bader, K. S., Die Landgrafschaft Baar, Schriften des Vereins für Geschichte der Baar 25 (1960), 9 ff.; Polenz, P. v., Landschafts- und Bezirksnamen, 1961, II, 78–83, Para (Baar); Leiber, G., Das Landgericht der Baar, 1964; Schäfer, V., Die Grafen von Sulz, Diss. Tübingen 1969; Lutz, U., Die Herrschaftsverhältnisse in der Landgrafschaft Baar in der Wende vom 15. zum 16. Jahrhundert, 1979; Maurer, H., Baar, LexMA 1 1980, 1319.

Babenberger (Geschlecht). Die älteren B. sind ein in der Mitte des 11. Jahrhunderts nach der Burg Babenberg (Bamberg) benanntes, in Ostfranken (Volkfeld) und zeitweise der sorbischen Mark begütertes Adelsgeschlecht, das wegen seiner Leitnamen auch als Popponen bezeichnet wird (Poppo I. 819–840 [im Grabfeld], Poppo II. 880–892), im Kampf um die Vormacht in Franken den rheinfränkischen Konradinern 906 unterlag und um 945 letztmals bezeugt wird. Zu seinen Vorfahren zählen vielleicht die Rupertiner. Verwandtschaft mit den Liudolfingern und Hennebergern ist anzunehmen, für Abkunft der jüngeren B. sprechen Güter im Grabfeld und Namenstraditionen. Als erster jüngerer B. wird 976 ein marchio Liutpaldus als Markgraf der bayerischen Mark an der Donau (Ostmark) urkundlich erwähnt, dessen Name auf das bayerische Herzogsgeschlecht des 10. Jahrhunderts deutet. Sein Bruder Berthold († 980) verwaltete im königlichen Auftrag den bayerischen Nordgau mit Bamberg, doch starb die von ihm gegründete Linie der Grafen bzw. Markgrafen von Schweinfurt 1057 mit Otto von Schweinfurt, der Herzog in Schwaben war, aus, wobei die Güter an verschiedene Familien kamen (Markgrafen von Meißen, Bretislav von Mähren, Andechs, Habsberg-Kastl, Potenstein). Liutpolds Mark erstreckte sich beiderseits der Donau zwischen Enns und Tulln und wurde bald nach 1000 bis zur Leitha erweitert. Insbesondere unter dem mit der Salierin Agnes verheirateten Leopold III. wurde die babenbergische Herrschaft mit reichem Königsgut weiter ausgebaut. 1156 erhielten die B. als Ausgleich für den Verlust des Leopold IV. von seinem königlichen Halbbruder Konrad III. anvertrauten Herzogtums Bayern (1139–56) im sog. Privilegium minus die Erhebung der Mark (Ostmark, österreichische Markgrafschaft) zum territorialen Herzogtum. 1180 gewann das Geschlecht beim Sturz Heinrichs des Löwen das Gebiet zwischen Haselgraben und der Großen Mühl und vielleicht Teile des Traungaues. 1192 erfolgte nach dem Gewinn von Teilen Oberösterreichs auf Grund Erbvertrags von 1186 der Erwerb des Herzogtums Steiermark. 1229 wurden Andechser Güter in Krain erworben. Das Erbe des 1246 im Mannesstamm erloschenen Geschlechts traten nach den Wirren des Interregnums, in denen Österreich über Margarete von Babenberg an König Ottokar II. von Böhmen gelangt war, 1282 die Grafen von Habsburg an.

L.: Juritsch, G., Geschichte der Babenberger und ihrer Länder, 1894; Guttenberg, E., Frhr. v., Territorienbildung am Obermain, 1927, Neudruck 1966; Urkundenbuch zur Geschichte der Babenberger in Österreich, bearb. v. Fichtenau, H./Zöllner, E., Bd. 1–4,1 1950 ff.; Geldner, F., Zur Genealogie der „alten Babenberger", Hist. Jb. 84 (1964), 257 f.; Geldner, F., Neue Beiträge zur Geschichte der alten Babenberger, 1971; Babenberger-Forschungen, hg. v. Weltin, M., 1976; Das babenbergische Österreich, hg. v. Zöllner, E., 1978; Borgolte, M./Scheibelreiter, G., Babenberger, LexMA 1 1980, 1321; Lechner, K., Die Babenberger, 4. A. 1985; Faußner, H., Zur Frühzeit der Babenberger in Bayern und Herkunft der Wittelsbacher, 1990; Weller, T., Die Heiratspolitik, 2004.

Babenhausen (Herrschaft, Reichsfürstentum). Um das 1237 als Burg der Pfalzgrafen von Tübingen genannte B. an der Günz bei Illertissen lag die Herrschaft B., die sich als Lehen der Grafen von Württemberg, die ihrerseits den Pfalzgrafen von Tübingen nachfolgten, seit 1378 in den Händen der Herren von Rechberg befand, die 1471 die Blutsgerichtsbarkeit in der Herrschaft erlangten. Sie ging 1537/1538 durch Kauf Anton Fuggers an die Familie Fugger, welche die württembergische Lehnshoheit ablöste. 1803 wurde B. Reichsfürstentum, 1806 kam es mit 380 Quadratkilometern und etwa 11000 Einwohnern an Bayern.

L.: Wolff 205; Wallner 686 SchwäbRK 16a; Hölzle, Beiwort 45; Lieb, N., Die Fugger und die Kunst im Zeitalter der hohen Renaissance, 1958.

Babenhausen (Reichsritter). Im 16. Jahrhundert zählten die B. zum Kanton Odenwald des Ritterkreises Franken.

L.: Stetten 32; Riedenauer 122.

Babonen (Geschlecht). Die B. (Pabonen, Paponen) sind ein seit dem Ende des 10. Jahrhunderts erkennbares, in seiner Herkunft ungeklärtes, im Raum Regensburg (Landgrafen von Stefling, Burggrafen von Regenburg) begütertes Adelsgeschlecht (Babo, † um 1001). Später erlangten sie Güter im Bayerischen Wald und im Altmühlgebiet. Nach dem Aussterben beider um 1175 entstandenen Linien 1185/1196 setzten die Grafen von Wittelsbach Erbansprüche durch, die sich auf die Heirat Adelheids von Wittelsbach mit dem B. Otto († um 1175) gründeten.

L.: Mayer, M., Geschichte der Burggrafen von Regensburg, Diss. phil. München 1883; Wegener, W., Genealogische Tafeln zur mitteleuropäischen Geschichte, 1962 ff., 165 ff.; Prinz, F., Bayerns Adel im Hochmittelalter, Z. f. bay. LG. 30 (1967); Störmer, W., Babonen, LexMA 1 1980, 1322 f.

Bach (Reichsritter). Bis zur Mitte des 16. Jahrhunderts zählten die B. zum Kanton Steigerwald und bis zum Ende des 17. Jahrhunderts zum Kanton Baunach im Ritterkreis Franken.

L.: Stieber; Riedenauer 122.

Bach s. Schellenberg zu B.

Bacharat (Reichsritter). Vielleicht zählten im frühen 16. Jahrhundert die B. zu den Reichsrittern in Franken.

L.: Riedenauer 122.

Bachenau (Reichsdorf). B. an der Jagst bei Wimpfen erscheint in einer Urkunde von 1360, in der Karl IV. der Elisabeth, Schwiegertochter des Burkhard Sturmfeder, das demselben verpfändete Dorf bis zur Wiedereinlösung durch das Reich bestätigte. S. Baden-Württemberg.

L.: Hugo, 456.

Bachgouwe

L.: Polenz, P. v., Landschafts- und Bezirksnamen, 1961, II, 24, Bachgouwe.

Bächingen (reichsritterschaftliche Herrschaft). B. zählte zum Kanton Kocher des Ritterkreises Schwaben und kam 1806 an Bayern.

Bachstein (Reichsritter). Vielleicht zählten im frühen 16. Jahrhundert die B. zu den Reichsrittern in Franken.

L.: Riedenauer 122.

Backmeister (Reichsritter). Johann von B. war 1708–1711 als Personalist Mitglied im Kanton Kocher des Ritterkreises Schwaben.

L.: Schulz 257.

Bad Mergentheim s. Mergentheim

Badanachgau, Badanacgeuui (Bathinicgowe, Badeingowe, Gau nördlich der Tauber)

L.: Curs, O., Deutschlands Gaue im zehnten Jahrhundert. Nach den Königsurkunden, Diss. phil. Göttingen 1908, 2 (Gaubüttelbrunn, Gaukönigshofen); Polenz, P. v., Landschafts- und Bezirksnamen, 1961, II, 24, 26, III, 30, 33, IV, 8 (Badanahgouwe); Niemeyer, W., Der pagus des frühen Mittelalters in Hessen, 1968, 119 (Badanachgau).

Baden (Grafschaft). B. im Aargau war bereits in römischer Zeit ein Bad (Aquae Helveticae).

1415 wurde der 1291 an Habsburg gelangte Ort von den Schweizer Eidgenossen erobert und Sitz des Landvogts der Grafschaft B. 1712 kam B. an Zürich, Bern und Glarus. Von 1798 bis 1803 bildete die ehemalige Grafschaft mit dem Freiamt den Kanton B., der dann zum Kanton Aargau kam.

L.: Wolff 528; Großer Historischer Weltatlas II 72 (bis 1797) E1/2; Die Urkunden des Stadtarchivs zu Baden, hg. v. Welti, E., Bd. 1 f. 1896 ff.; Mächler, R., Baden, Bern 1955; Mittler, O., Geschichte der Stadt Baden, 1962 ff.

Baden (Markgrafschaft, Kurfürstentum, Großherzogtum, Land, Landesteil). Das römische Aquae Aureliae (220/221 Civitas Aurelia Aquensis) im Oostal wurde im 3. Jahrhundert von den Alemannen zerstört. Erst 987 erscheint dann wieder ein B., das zum Stammesherzogtum Schwaben gehört. Die Familie der Markgrafen von B. wird erkennbar mit Markgraf Hermann (1040–1074), einem Sohn Herzog Bertholds I. von Zähringen und einem Enkel Herzog Hermanns IV. von Schwaben, eines nahen Verwandten der Salier. Seine Güter im Nordschwarzwald hat er offenbar als Erbe der Grafen von Calw erlangt. Der Markgrafentitel leitet sich von der Mark Verona des Herzogtums Kärnten ab, in der Hermann I. vor 1072 als Markgraf erscheint. Nach der von Markgraf Hermann I. erheirateten Burg B. (Baden-Baden) nannte sich erstmals 1112 unter Fortführung des Markgrafentitels Hermanns gleichnamiger Sohn Hermann II. († 1130). Er hatte die Grafschaften im Breisgau und in der Ortenau inne und erlangte durch Heirat Güter um Backnang (um 1100). Sein Sohn Hermann III. war vermutlich mit einer Tochter König Konrads III. verheiratet und erlangte 1153 das ehemalige Königsgut Besigheim. Hermann V. erbte 1219 Pforzheim und erwarb Durlach und Ettlingen sowie Pfandschaften über Lauffen, Sinsheim und Eppingen. Mit dem Aussterben der Staufer rückte die Familie im heutigen Mittelbaden in deren Stellung ein, die auf Lehnsgut des Klosters Weißenburg im Elsass beruhte. Die Güter der 1190 von der Hauptlinie der Markgrafen von B. (mit der Ortenau um Offenburg) abgespalteten Linie der Markgrafen von Hachberg (Hochberg im Breisgau) und ihrer 1297 gebildeten Nebenlinie Sausenberg kamen 1415 durch Kauf (Hachberg) bzw. 1503 durch Erbrecht (Sausenberg) wieder an die Hauptlinie zurück, die zudem im 14. und 15. Jahrhundert weitere Güter gewann (Sponheim, Lahr und Mahlberg [Lahr-Mahlberg] zur Hälfte, 1387 die Grafschaft Eberstein zur Hälfte), im Raum um Stuttgart (u. a. 1504/1595 Besigheim, Mundelsheim) aber den Grafen von Württemberg weichen musste, so dass B. ein fast ausschließlich oberrheinisches Herrschaftsgebiet wurde, das hinter Habsburg und Württemberg zurückstand. 1515 erhielt Bernhard III. von B. die luxemburgischen und sponheimischen Güter (Baden-Baden), Ernst die breisgauischen Güter (Hachberg bzw. Hochberg, Sausenberg, Rötteln, Badenweiler, sog. Markgräflerland [Baden-Durlach]) und Philipp die restlichen Güter. Dazu kamen 1535 aus dem Anteil Philipps Stadt und Schloss Baden, das Gebiet südlich des Flusses Alb, die Herrschaft Beinheim und die Vogtei über Herrenalb und Frauenalb für Bernhard III. sowie Pforzheim, Durlach, Altensteig, Liebenzell und das Gebiet nördlich der Alb für Ernst, so dass sich (von 1515/1535 bis 1771) eine obere Markgrafschaft Baden-Baden und eine untere Markgrafschaft Baden-Durlach (Residenz in Pforzheim, seit 1724 in Karlsruhe) gegenüberstanden. Baden-Durlach wurde 1556 evangelisch, Baden-Baden nach 1555 (später aber rekatholisiert). Von 1594 bis 1622 besetzte Baden-Durlach Baden-Baden. Baden-Durlach trat zwecks Aufbringung der bei der Besetzung entstandenen Kosten Besigheim, Mundelsheim, Altensteig und Liebenzell an Württemberg ab, erwarb aber Malsch und Langensteinbach. Von 1635 bis 1648 kam Baden-Durlach vorübergehend an Baden-Baden. 1654 erließ Baden-Durlach ein Landrecht und eine Landesordnung. 1666/1667 erwarb Baden-Baden Teile der Grafschaft Eberstein. 1771 beerbte Baden-Durlach, das sich zum Musterstaat des aufgeklärten Absolutismus entwickelt hatte, Baden-Baden. Um 1785 umfasste B. – das um 1780 mit Argenschwang und einem Teil Weilers auch Mitglied des Kantons Niederrheinstrom des Ritterkreises Rhein und außerdem des Kantons Odenwald des Ritterkreises Franken war – 3500 Quadratkilometer mit etwa 190 000 Einwohnern. 1796 verlor es seine linksrheinischen Gebiete an Frankreich (Amt Rhodt bei Landau [Baden-Durlach], Herrschaft Beinheim im Unterelsass, Amt Gräfenstein bei

Pirmasens, Herrschaften Hesperingen und Rodemachern in Luxemburg und Teile der Grafschaft Sponheim im Hunsrück). Um 1800 umfasste B. ein Gebiet von 27 Quadratmeilen. Am 25. 2. 1803 wurde B. durch § 5 des Reichsdeputationshauptschlusses zum Kurfürstentum erhoben und durch die rechtsrheinischen Teile der Pfalz (Heidelberg, Mannheim, Ladenburg, Bretten) und die Hochstifte Konstanz, Basel (teilweise), Straßburg (teilweise), Speyer (teilweise), die hanau-lichtenbergischen bzw. hessen-darmstädtischen Ämter Lichtenau und Willstätt, die nassau-usingische Herrschaft Lahr, die Reichsabteien Petershausen, Gengenbach, Odenheim und Salem (ohne Ostrach), die Reichsstädte Offenburg, Pfullendorf, Gengenbach, Biberach (1806 an Württemberg), Zell am Harmersbach, Überlingen, Wimpfen (später an Hessen), das Reichstal Harmersbach und die Klöster Schwarzach, Frauenalb, Allerheiligen, Lichtental, Ettenheimmünster, Öhningen und Reichenau sowie kleinere Güter entschädigt, wodurch sich sein Umfang auf 7200 Quadratkilometer mit 445 000 Einwohnern vermehrte. 1805 erwarb es vom Herzog von Modena/Österreich den größten Teil des Breisgaues, die Ortenau, die Baar mit Villingen, die Stadt Konstanz und die Kommende Mainau des Deutschen Ordens mit insgesamt 2530 Quadratkilometern und 160 000 Einwohnern. Durch den Beitritt zum Rheinbund 1806 wurde es Großherzogtum und erhielt die Fürstentümer Fürstenberg, Leiningen, Krautheim (Salm-Krautheim), die Landgrafschaft Klettgau, die Reichsgrafschaft Bonndorf, das Johanniterpriorat Heitersheim, die südlich des Mains gelegenen Teile der Fürstentümer Wertheim und die eingeschlossenen Güter der Reichsritterschaft. 1806 wurden einige Gebietsänderungen mit Württemberg vereinbart. 1810 erhielt B. die seit 1805 württembergische Landgrafschaft Nellenburg und obere Grafschaft Hohenberg gegen Randgebiete im Schwarzwald (an Württemberg) und Amorbach (an Hessen-Darmstadt). Damit umfasste es etwa 15 000 Quadratkilometer mit ungefähr 975 000 Einwohnern. 1810 übernahm B. den Code Napoléon in der Form des Badischen Landrechts. 1818 erhielt es eine Verfassung (konstitutionelle Monarchie). Zugleich musste es an Bayern das Amt Steinfeld (bis 1810 Rothenfels [Rotenfels]) im Mainkreis und Tauberkreis und Teile Leiningens abtreten, erhielt aber von Österreich das Fürstentum von der Leyen. 1819 konnte es die Herrschaft Geroldseck (Hohengeroldseck) erwerben. 1830 wurde der Abkömmling Leopold des Großherzogs Karl Friedrich von B. mit Luise Geyer von Geyersberg (seit 1796 Reichsgräfin von Hochberg) Großherzog in B., das allmählich zum liberalen „Musterländle" wurde. 1870 trat B. in den Norddeutschen Bund bzw. das Deutsche Reich ein. Am 22. 11. 1918 dankte Großherzog Friedrich II. ab. Im März 1933 übernahmen die Nationalsozialisten die Regierung. 1945 wurde B. in das amerikanisch besetzte Nordbaden (Teil Württemberg-Badens) und das französisch besetzte Südbaden (B.) mit Freiburg als Hauptstadt geteilt, 1951/1952 ging es im neuen Baden-Württemberg auf.

L.: Wolff 163; Winkelmann-Holzapfel 141; Riedenauer 128; Die Territorien des Reichs 5, 124; Beschreibung des Oberamtes Besigheim, hg. v. kgl. stat.-top. Bureau, 1853, Neudruck 1962; Heyck, E., Geschichte der Herzöge von Zähringen, 1891; Regesten der Markgrafen von Baden und Hachberg, bearb. v. Fester, R./Witte, H., 1892 ff.; Fester, R., Markgraf Bernhard I. und die Anfänge des badischen Territorialstaates, 1896; Krieger, A., Topographisches Wörterbuch des Großherzogtums Baden, 1903–1905; Curtaz, L., Die Autonomie der standesherrlichen Familien Badens in ihrer geschichtlichen Entwicklung und nach geltendem Recht, Diss. jur. Heidelberg 1908; Gothein, E., Die badischen Markgrafschaften im 16. Jahrhundert, 1910; Krieger, A., Badische Geschichte, 1921; Lautenschlager, F./Schulz, W., Bibliographie der badischen Geschichte, Bd. 1–3 1929 ff.; Gärtner, K., Heimatatlas der Südwestmark Baden, 1937; Hölzle, E., Der deutsche Südwesten am Ende des alten Reiches, 1938; Baden im 19. und 20. Jahrhundert, 1948; Haebler, R., Badische Geschichte. Die alemannischen und pfälzisch-fränkischen Landschaften am Oberrhein in ihrer politischen, wirtschaftlichen und kulturellen Entwicklung, 1951, Neudruck 1987; Arndt, E., Vom markgräflichen Patrimonialstaat zum großherzoglichen Verfassungsstaat Baden, ZGO N. F. 62 (1953); Merkel, R., Studien zur Territorialgeschichte der badischen Markgrafschaft in der Zeit vom Interregnum bis zum Tode Markgraf Bernhards I. (1250–1431), Diss. phil. Freiburg 1953; Sütterlin, B., Geschichte Badens, 1967, 2. A. 1968; Jänichen, H./Schröder, K. H., 150 Jahre amtliche Landesbeschreibung in Baden-Württemberg, Zeitschrift für württembergische Landesgeschichte 33 (1974); Straub, A., Das badische Oberland im 18. Jahrhundert, 1977; Stiefel, K., Baden 1648–1952, Bd. 1, 2 1978; Wunder, G., Zur Geschichte der älteren Markgrafen von Baden, Württembergisch-Franken 1978, 13 ff.; Schwarzmaier, H., Baden, LexMA 1 1980, 1337 f.; Das Großherzogtum Baden zwischen Revolution und Restauration 1849–1851, hg. v. Real, W., 1983; Das Land Baden-Württemberg. Amtliche Beschreibung nach Kreisen und Gemeinden, hg. v. der staatlichen Archivverwaltung Baden-Württemberg, Bd. 1 ff. 1983; Müller, H. P., Das Großherzogtum Baden und die deutsche Zolleinigung 1819–1835/36, 1984; Sauer, P., Napoleons Adler über Württemberg, Baden und Hohenzollern, 1987; Wunder, G., Die ältesten Markgrafen von Baden, ZGO 135 (1987); Schwarzmaier, H., Von der Fürsten Tailung. Die Entstehung der Unteilbarkeit fürstlicher Territorien und die badischen Teilungen des 15. und 16. Jahrhunderts, Bll. f. dt. LG. 126 (1990), 161 ff.; Handbuch der baden-württembergischen Geschichte, hg. v. d. Komm. f. geschichtliche Landeskunde in Baden-Württemberg, Bd. 1 ff. 1990 ff.; Hug, W., Geschichte Badens, 1992; Schmid, K., Baden-Baden und die Anfänge der Markgrafen von Baden, ZGO 140 (1992), 1; Eibach, J., Der Staat vor Ort, 1994; Furtwängler, M., Die Standesherren in Baden, 1996; Repertorium der Policeyordnungen der frühen Neuzeit, hg. v. Härter, K./Stolleis, M., Bd. 3 1999; Schnabel, T. Geschichte von Baden und Württemberg 1900–1952, 2001 ... so geht hervor' ein neue Zeit, hg. v. Kohnle, A. u. a, 2003; Andermann, K., Die Markgrafen von Baden und der Adel im südlichen Ufgau und in der nördlichen Ortenau, ZGO 151 (2003), 93; Schwarzmaier, H., Baden, 2005; Escher, M. u. a., Die urbanen Zentren, 2005, 1, 500, 2, 41.

Baden-Baden (Markgrafschaft). B. ist seit 1515/1535 eine Teillinie der Markgrafen von Baden (obere Markgrafschaft Baden) mit der Residenz in Baden(-Baden) und seit 1705 in dem 1247 erwähnten, im 13. Jahrhundert von den Grafen von Eberstein-Calw erlangten Rastatt. Zur Markgrafschaft gehörten alle mittelbadischen Güter, die südlich des Flusses Alb lagen, eingeschlossen die Schirmvogtei über die Klöster Herrenalb und Frauenalb, die linksrheinische Herrschaft Beinheim und die Herrschaften in Luxemburg. Für B. wurde 1588 ein vom Württembergischen Landrecht von 1567 und den Kursächsischen Konstitutionen von 1572 beinflusstes, bis 1810 geltendes Landrecht erlassen (Badisches Landrecht 1). Von 1594 bis 1622 war B. von Baden-Durlach besetzt. 1666/1667 erwarb es Teile der Grafschaft Eberstein. 1771 wurde B. von Baden-Durlach beerbt.

L.: Wolff 164; Zeumer 553 II b 29, 61, 10; Wallner 684 SchwäbRK 3; Großer Historischer Weltatlas III 22 (1648) C4; Schmid, K., Baden-Baden und die Anfänge der Markgrafen von Baden, ZGO 140 (1992), 1; Repertorium der Policeyordnungen der frühen Neuzeit, hg. v. Härter, K./Stolleis, M., Bd. 3 1999.

Baden-Durlach (Markgrafschaft). B. ist seit 1515/1535 eine Teillinie der Markgrafen von Baden mit der Residenz in Pforzheim, seit 1565 in Durlach und seit 1724 in Karlsruhe. Sie umfasste die breisgauischen Herrschaften Hachberg, Rötteln, Sausenberg und Badenweiler (sog. Markgräflerland) sowie die Ämter, Städte und Schlösser Pforzheim, Durlach, Mühlburg (Mühlberg), Remchingen, Stein, Graben und Staffort, Altensteig und Liebenzell, Mundelsheim und Besigheim, dazu die Dörfer am Rhein nördlich der Alb mit der unteren Hardt. 1556 wurde B. evangelisch. Zwecks Aufbringung der bei der Besetzung von Baden-Baden (1594–1622) entstandenen Kosten trat B. Besigheim, Mundelsheim, Altensteig und Liebenzell an Württemberg ab, erwarb aber Malsch und Langensteinbach. Von 1635 bis 1648 kam B. vorübergehend an Baden-Baden. Für B. wurde 1654 ein schon 1622 gedrucktes, bis 1810 geltendes „Landrecht und Ordnung der Fürstenthumber der Markgraveschaften Baden und Hochberg" usw. in Kraft gesetzt (Badisches Landrecht 2). 1771 beerbte das zum Musterstaat des aufgeklärten Absolutismus entwickelte B. die Linie Baden-Baden. Baden umfasste um 1800 ein Gebiet von 27 Quadratmeilen.

L.: Wolff 165; Zeumer 553 II b 30; Wallner 684 SchwäbRK 4; Strobel, E., Neuaufbau der Verwaltung und Wirtschaft der Markgrafschaft Baden-Durlach nach dem Dreißigjährigen Krieg, 1935; Repertorium der Policeyordnungen der frühen Neuzeit, hg. v. Härter, K./Stolleis, M., Bd. 3 1999.

Baden-Hachberg s. Hachberg

L.: Wallner 685 SchwäbRK 5.

Baden-Sausenberg s. Sausenberg

Baden-Württemberg (Land). Seit 1918/1919 gab es Bestrebungen, Baden, Württemberg und den zu Preußen gehörenden Regierungsbezirk Hohenzollern zu vereinigen. 1945 schufen die alliierten Militärregierungen aus Nordbaden und Nordwürttemberg das amerikanisch besetzte Land Württemberg-Baden mit der Hauptstadt Stuttgart und einer Verfassung vom 28. 11. 1946, aus Südbaden das französisch besetzte Baden mit der Hauptstadt Freiburg und einer Verfassung vom 22. 5. 1947 sowie aus Südwürttemberg und Hohenzollern das französisch besetzte Württemberg-Hohenzollern mit der Hauptstadt Tübingen und einer Verfassung vom 18. 5. 1947. Versuche, diese drei Länder zu vereinigen, scheiterten zunächst an der (süd-)badischen Forderung der Wiederherstellung Badens. Bei einer auf Grund eines Neugliederungsgesetzes der Bundesrepublik Deutschland vom 4. 5. 1951 am 6. 12. 1951 durchgeführten Volksabstimmung wurde mit der Mehrheit (insgesamt

69,7 %) Nordbadens, Nordwürttembergs und Südwürttembergs (mit Hohenzollern) gegen Südbaden die Vereinigung beschlossen. Am 9. 3. 1952 wurde eine verfassungsgebende Landesversammlung für das neue Bundesland Baden-Württemberg, das 35750 Qadratkilometer mit (1964) 8,207 Millionen Einwohner umfasste und zu dessen Hauptstadt Stuttgart bestimmt wurde, gewählt. Am 11. 11. 1953 erhielt das Land eine Verfassung. Bei einem Volksbegehren vom 8./16. 9. 1956 sprachen sich nur 22 % der südbadischen und 8,7 % der nordbadischen Abstimmungsberechtigten für eine Wiederherstellung des Landes Baden aus.

L.: Ehmer, W., Südwestdeutschland als Einheit und Wirtschaftsraum, 1930; Eschenburg, T., Verfassungs- und Verwaltungsaufbau des Südwest-Staates, 1952; Jahrbücher für Statistik und Landeskunde von Baden-Württemberg, hg. v. Statistischen Landesamt, 1953 ff.; Baden-Württemberg. Land und Volk in Geschichte und Gegenwart, hg. v. Appel, R./Miller, M./Schmitz, J. P., 1961; Staatshandbuch für Baden-Württemberg. Wohnplatzverzeichnis 1961, 1964; Baden-Württemberg. Staat, Wirtschaft, Kultur, hg. v. Pfizer, 1963; Piel, F., Baden-Württemberg, 1964; Baden-Württemberg. Land, Volk, Geschichte, Kultur, Wirtschaft, Reihe: Information, 1964; Handbuch der historischen Stätten Deutschlands. Bd. 6 Baden-Württemberg, hg. v. Miller, M., 1965; Konstanzer, E., Die Entstehung des Landes Baden-Württemberg, 1969; Miller, M./Sauer, P., Württembergische Geschichte, 1971; Historischer Atlas von Baden-Württemberg, hg. v. d. Kommission für geschichtliche Landeskunde in Baden-Württemberg, Lfg. 1 ff. 1972 ff.; Das Land Baden-Württemberg. Amtliche Beschreibung nach Kreisen und Gemeinden, hg. v. d. Staatlichen Archivverwaltung Baden-Württemberg, Bd. 1 ff. 1974 ff.: Bd. 2: Die Gemeinden vor und nach der Gebietsreform. Landeskundlich-statistische Grunddaten, hg. v. d. Landesarchivdirektion Baden-Württemberg, 1975; Feuchte, P., Verfassungsgeschichte von Baden-Württemberg, 1983; Bury, C., Der Volksentscheid in Baden, 1985; Die Geschichte Baden-Württembergs, hg. v. Rinker, R./Setzler, W., 1986; Landesgeschichtliche Vereinigungen in Baden-Württemberg, bearb. v. Gönner, E., 1987; Boelcke, W., Wirtschaftsgeschichte Baden-Württembergs, 1987; Quarthal, F., Germania Benedictina, Bd. 5 Baden-Württemberg. Die Benediktinerklöster in Baden-Württemberg, 1987; Boelcke, W., Sozialgeschichte Baden-Württembergs 1800–1989. Politik, Gesellschaft, Wirtschaft, 1989; Franz, E. u. a., Gerichtsorganisation in Baden-Württemberg, Bayern und Hessen im 19. und 20. Jahrhundert, 1989; Handbuch der baden-württembergischen Geschichte, hg. v. d. Komm. f. geschichtliche Landeskunde in Baden-Württemberg, Bd. 1 ff. 1990 ff. (Bd. 2 Die Territorien im Alten Reich, 1995); 40 Jahre Baden-Württemberg – Aufbau und Gestaltung 1952–1992, hg. v. Schaab, M., 1992; Handbuch der baden-württembergischen Geschichte, hg. v. Schwarzmaier, H., Bd. 1 ff. 1995 ff.; Baden-Württemberg, hg. v. Wehling, H. u. a. 2002.

Badenweiler (Herrschaft). Bereits in römischer Zeit bestand in B. bei Müllheim eine Siedlung. Das 1028 Baden genannte B. war Sitz einer um die 1122 zähringische Burg gelegenen Herrschaft, die um 1368 an die Grafen von Freiburg überging. 1444 kam es an die Markgrafen von Hachberg (Baden-Hachberg), 1503 an Baden und damit 1951/1952 an Baden-Württemberg.

L.: Wolff 166; Wallner 685 SchwäbRK 5; Mylius, H./Nierhaus, R., Badenweilers Kurbad zu römischer Zeit, 1953.

Bafel (Reichsdorf)

Baiern s. Bayern

Baiersdorf s. Bayersdorf

Baiershofen (reichsritterschaftliche Herrschaft). B. zählte zum Kanton Kocher des Ritterkreises Schwaben und kam vor der Mediatisierung an Ellwangen.

Baindt (Reichsabtei). 1227 sammelten sich Frauen in Seefelden, 1231 in Mengen, dann in Boos bei Saulgau. Ihnen stellte Papst Gregor IX. am 20. 6. 1236 eine Gründungsurkunde für eine Zisterzienserinnenabtei aus. 1240/1241 verlegte der Schenk und Landvogt Konrad von Winterstetten die Abtei nach B. Kaiser Friedrich II. gewährte ihr den Schutz des Reiches (21. 8. 1240, März 1241). Die Abtei unterstand der geistlichen Aufsicht Salems und hatte kein eigenes Herrschaftsgebiet. 1803 wurde die reichsunmittelbare Abtei mit Sitz im schwäbischen Prälatenkollegium des Reichstages säkularisiert und fiel an den Grafen von Aspremont (Aspremont-Linden). 1806 kam sie an Württemberg und damit B. 1951/1952 an Baden-Württemberg.

L.: Wolff 194; Zeumer 552 II a 36, 21; Wallner 690 SchwäbRK 102; Großer Historischer Weltatlas III 38 (1789) C4; Erzberger, M., Die Säkularisation in Württemberg 1802–1810, 1902; Schützbach, B., Chronik und Heimatbuch der Gemeinde Baindt – Hortus Floridus, 1981; Reden-Dohna, A. v., Reichsstandschaft und Klosterherrschaft. Die schwäbischen Reichsprälaten im Zeitalter des Barock, 1982; Woll, G., Das Zisterzienserinnenkloster Baindt, Tübingen 1983 (Magisterarbeit); Riechert, U., Oberschwäbische Reichsklöster im Beziehungsgeflecht mit Königtum, Adel und Städten, 1986; Baindt: hortus floridus. Festschrift zur 750-Jahrfeier, hg. v. Beck, O., 1990.

Baldeck (Reichsritter). Von 1542–1565 waren die in Magolsheim begüterten B. Mitglied des Kantons Kocher des Ritterkreises Schwaben.

L.: Schulz 257.

Baldenstein, Baltenstein (Burg, Reichsritter). 1239 erscheinen erstmals Dienstmannen des

Klosters Kempten, die sich nach der Burg B. bei Kempten nennen. Im Jahre 1752 gehörten die B. zum Kanton Hegau des Ritterkreises Schwaben. B. selbst kam 1366 erbweise an Hainz den Raunzer von Raunzenried, 1370 durch Verkauf an die Familie Schellang und 1479 durch weiteren Verkauf an das Spital zu Kempten. Das Schloss B. löste das Stift Kempten 1551 von einem Augsburger Patrizier als Lehen wieder aus. S. Bayern.

L.: Ruch Anhang 80.

Baldenstein s. Rinck (Reich) von B.

Baldern (Herrschaft). B. am Westrand des Rieses erscheint erstmals 1153. 1215 ging die Burg durch Tausch vom Hochstift Regensburg an die Abtei Ellwangen. 1250 wurde die Herrschaft B. von den Grafen von Oettingen als Ellwanger Vögten zu Lehen erworben. Nach Teilung des Stammhauses 1662 war sie Residenz der Linie Oettingen-Baldern-Katzenstein. 1798 kam B. im Erbgang an Oettingen-Wallerstein, 1806 an Bayern und 1810 an Württemberg und damit 1951/1952 zu Baden-Württemberg.

L.: Wolff 177; Hölzle, E., Der deutsche Südwesten am Ende des alten Reiches, 1938; Wedel, G. Graf, Schloss Hohenbaldern, 1975; Der Ostalbkreis, 1978.

Baldesheim (Reichsritter). Um 1550 zählten die B. zum Kanton Odenwald des Ritterkreises Franken.

L.: Stetten 32.

Baldwile, Baldenwil (Reichsdorf). Am 26. 2. 1409 bestätigte König Ruprecht dem Eberhard von Ramschwag unter anderem die freien Leute zu B. (bei Herisau in der Schweiz).

L.: Hugo 473.

Balgheim s. Mock (Möckh) von B.

Ballenstedt s. Anhalt, Askanier

Ballmertshofen (reichsritterschaftliche Herrschaft). B. zählte zum Kanton Kocher des Ritterkreises Schwaben und kam an Thurn und Taxis. S. Baden-Württemberg.

Baltenstein (Reichsritter) s. Baldenstein

Baltikum (Gebiet) ist bis 1918 die gemeinsame Bezeichnung der drei 1561 aus der Livländischen Konföderation entstandenen Provinzen (Gouvernements) Estland, Livland und Kurland. 1918 bildete sich aus dem Gouvernement Estland und dem von Esten bewohnten Nordlivland Estland, aus Südlivland, Kurland und dem ehemaligen Polnisch-Livland Lettland sowie aus dem von Litauern bewohnten Gebiet Litauen.

L.: Rauch, G. v., Geschichte der baltischen Staaten (1918–1940), 1970; Schmidt, H., Geschichte des Baltikums, 1992; Baltische Länder, hg. v. Pistohlkors, G. v., 1994.

Baltzhofen (Reichsritter). Bis 1550 zählten die B. zum Kanton Odenwald des Ritterkreises Franken.

L.: Stetten 32; Riedenauer 122.

Balvengau (Balleuan, Gau südlich der Ruhr)

L.: Curs, O., Deutschlands Gaue im zehnten Jahrhundert. Nach den Königsurkunden, Diss. phil. Göttingen 1908, 2 (Balve).

Balzheim (Herrschaft). Unter der Landeshoheit Österreichs gehörte die Herrschaft B. an der Iller in Burgau den Herren von B. (Ehinger von B. † 1734). S. Baden-Württemberg.

Bamberg, Domkapitel (Reichsritter). Um 1800 zählte das Domkapitel zu Bamberg zu den Kantonen Gebirg und Steigerwald des Ritterkreises Franken.

L.: Riedenauer 128.

Bamberg, Dompropstei (Reichsritter). Um 1800 zählte die Dompropstei zu Bamberg zum Kanton Gebirg des Ritterkreises Franken.

L.: Riedenauer 128.

Bamberg (Hochstift). Das schon in der Hallstattzeit und wieder seit dem 8. Jahrhundert besiedelte B., in dem 741/742 eine Missionskirche gegründet wurde, wird seit Beginn des 10. Jahrhunderts als Castrum Bavenberg, Babenberg – auf dem Domberg – benannt (902 castrum Babenberh). Es war in karolingischer Zeit und nach dem Untergang der nach ihm benannten, im Volkfeld begüterten Babenberger 906 Königsgut, kam von Otto II. 973 an Herzog Heinrich den Zänker von Bayern, von dessen Sohn Heinrich II. und seiner Gemahlin Kunigunde, die es als Morgengabe erhalten hatte, 1007 an die in B. seit 1002 errichtete Kirche, die 1007 zur Bischofskirche der Slawenmission erhoben wurde. Das neue, bald dem Papst unmittelbar unterstellte Bistum wurde kaiserliches Stift und erhielt vor allem Würzburger und Eichstätter Gebiete (Fürth, Hersbruck, Erlangen, Vilseck, Forchheim [1062], Höchstadt [1157], Reichenhall). Die Zahl der Pfarreien vermehrte sich von etwa 30 bei der Gründung im Laufe des Mittelalters auf mehr als 200, doch blieb das Bistum, eingeengt von Würzburg (Banz, Ebrach), Eichstätt (Nürnberg) und Regensburg (Egerland), insgesamt klein. Die Grundlage des Hochstifts bildeten reiche Gaben Heinrichs II. im Volkfeldgau und Radenzgau (u. a. Theres aus dem 906 von den älteren Babenbergern an das Reich gelangten Gut), in Bayern und (vor allem zur Sicherung von Alpenübergängen in) Kärnten sowie auch der Steiermark, Oberösterreich und Tirol (Villach mit Tarvis und Pontafel, Wolfsberg und Bleiberg, Sankt Veit an der Glan, Rottenmann, Gleink, Kirchdorf, Schlierbach, Spital am Pyhrn, Windischgarsten, Attersee, Frankenburg, Kammer, Kogl, Sankt Georgen im Attergau, Friedburg, Mattighofen, Weilbach, Ebbs, Kitzbühel, Gais, Neuhaus, Sankt Georgen in Taufers u. a. m., die später abgerundet werden konnten) und später auch im Westen des Reiches. Trotz etwa der Verluste von Gütern im Nordgau (Hersbruck, Velden, Auerbach) gelang es den Bischöfen, begünstigt durch das Aussterben der Grafen von Schweinfurt, der Grafen von Abenberg, der die Vogtei innehabenden Grafen von Andechs (1248 Lichtenfels) und der Herren von Schlüsselberg bis zum Ende des 14. Jahrhunderts durch Erbschaft und Kauf ihre weltliche Herrschaft auf etwa die Hälfte des Bistums auszudehnen, wobei sie sich auch auf mehrere Grafschaften und seit 1248 auf das kaiserliche Landgericht B. stützen konnten. 1435 setzten sich die Bischöfe im Kampf um die Stadt B. gegen die Bürger durch. 1507 entstand die Bamberger Halsgerichtsordnung, die zum Vorbild für die Constitutio Criminalis Carolina von 1532 wurde. In der Reformation verlor das Bistum zwei Drittel aller Pfarreien, wurde aber teilweise rekatholisiert. 1631 wurde es durch Gustav Adolf von Schweden erobert und dem Herzogtum Franken zugeteilt, 1648 aber wiederhergestellt. 1647 erhielt es eine Hochschule, die 1735/1772 Volluniversität wurde (bis 1803). 1759 kamen die Kärntner Güter durch Kauf an Österreich. Um 1800 war B. Mitglied der Kantone Gebirg, Steigerwald und Baunach des Ritterkreises Franken. 1803 fiel das Fürstbistum mit etwa 65 Quadratmeilen bzw. 3580 Quadratkilometern Fläche, 220 000 Einwohnern und 1,5 Millionen Gulden Einkünften an Bayern. 1817 wurde eine neue Kirchenprovinz B. mit den Bistümern Würzburg, Eichstätt und Speyer als Suffraganen geschaffen.

L.: Wolff 97; Zeumer 552 II a 6; Riedenauer 128; Die Territorien des Reichs 4, 146; Zöpfl, H. M., Das alte Bamberger Recht, 1839; Looshorn, J., Die Geschichte des Bistums Bamberg Bd. 1 ff. 1886 ff., Neudruck 1967; Knochenhauer, T./Chroust, A., Chroniken der Stadt Bamberg, 1907 ff.; Wretschko, A. v., Skizzen zur bambergischen Zentralverwaltung in Kärnten, FS Zeumer 1909; Guttenberg, E., Frhr. v., Die Territorienbildung am Obermain, 1927, Neudruck 1966; Guttenberg, E. Frhr. v., Die Regesten der Bischöfe von Bamberg, 1932 ff.; Hofmann, M., Die Außenbehörden des Hochstifts Bamberg und der Markgrafschaft Bayreuth, Jb. für fränk. Landesforschung 3, 4 (1937, 1938); Neukamm, W., Territorium und Staat der Bischöfe von Bamberg, 84. Bericht d. Hist. Ver. Bamberg (1949); Heinhold-Fichtner, K., Die Bamberger Oberämter Kronach und Teuschnitz, 1951, Schr. des Inst. für fränk. Landesforschung, Hist. Reihe Bd. 3; Mayer, T., Die Anfänge des Bistums Bamberg, FS Stengel, E., 1952; Kist, J., Fürst- und Erzbistum Bamberg, 3. A. 1962; Henberg, E. Frhr. v./Wendehorst, A., Das Bistum Bamberg, Bd. 1 ff. Germania Sacra II, 1, 1, Neudruck 1963; Schimmelpfennig, B., Bamberg im Mittelalter, 1964; Guttenberg, E. Frhr. v./Wendehorst, A., Das Bistum Bamberg 2, Germania Sacra II, 1, 2, 1966; Ragger, M., Die Organisation der bambergischen Verwaltung in Kärnten, Diss. phil. Wien 1969 (masch.schr.); Weiss, H., Bamberg, 1974, in: Historischer Atlas von Bayern, Teil Franken Reihe I, 21; Berbig, H. J., Das kaiserliche Hochstift Bamberg und das Heilige Römische Reich vom westfälischen Frieden bis zur Säkularisation, Bd 1 f. 1976; Caspary, H., Staat, Finanzen, Wirtschaft und Heerwesen im Hochstift Bamberg (1672–1693), 1976; Schwarz, K./Geldner, F., Bamberg, LexMA 1 1980, 1394 ff.; Bibliographie zur Geschichte von Stadt und Hochstift Bamberg 1945–1975, hg. v. Grimm, C., Bd. 1 ff. 1985; Nöth, S., Urbare und Wirtschaftsordnungen des Domstifts Bamberg, T. 2 Die Grundherrschaft des Domstifts Bamberg im späteren Mittelalter, 1986; Rössler, W., Landkreis Bamberg, 1988; Zimmermann, G., Das Hochstift Bamberg und seine Anrainer. Grundzüge der Territorialstruktur im westlichen Oberfranken, in: Weltbild und Kartographie im Hochstift Bamberg, 1988; Das Bistum Bamberg in Geschichte und Gegenwart, 1992; Urban, J., Pfarreien, Klöster und Stifte, 1994; Register zu Johann Looshorns Geschichte des Bistums Bamberg, 1998; Kropf, E., Spurensuche. Bamberger Rechte und Einflüsse in Österreich, Italien, Slowenien und der Schweiz, 2004.

Bamberg, Kloster Sankt Klara (Reichsritter). Um 1800 zählte das Kloster Sankt Klara in Bamberg zum Kanton Gebirg des Ritterkreises Franken.

L.: Riedenauer 128.

Bamberg, Kloster Sankt Michael bzw. Kloster Michaelsberg (Reichsritter). Um 1800 zählte das Kloster Sankt Michael in Bamberg zu den Kantonen Steigerwald, Altmühl und Baunach des Ritterkreises Franken.

L.: Riedenauer 128.

Bamberg, Kloster Sankt Stephan (Reichsritter). Um 1800 zählte das Kloster Sankt Stephan zu Bamberg zu den Kantonen Gebirg, Steigerwald und Baunach des Ritterkreises Franken.

L.: Riedenauer 128.

Banz, Kloster (Reichsritter). Um 1800 zählte das Kloster Banz zu den Kantonen Gebirg und Baunach des Ritterkreises Franken.

L.: Riedenauer 128.

Banzgau (Banzgowe, nördlich Bambergs)

L.: Curs, O., Deutschlands Gaue im zehnten Jahrhundert. Nach den Königsurkunden, Diss. phil. Göttingen 1908, 2 (Rattelsdorf); Polenz, P. v., Landschafts- und Bezirksnamen, 1961, II, 33, IV, 9, 14, Banzgouwe, rus Banzense.

Bar (Grafen, Herzöge). Das Gebiet an der oberen Maas stand seit etwa 959 unter der Herrschaft der Herzöge von Lothringen (Oberlothringen). Um 960 errichtete Herzog Friedrich I. an der Grenze Lothringens zur Champagne die Burg Barrum Ducis (Bar-le-Duc). Die umliegenden Güter fielen beim Tod Herzog Friedrichs II. 1033 über eine Tochter an die späteren Grafen von B. Zu ihren Gütern gehörten Bar-le-Duc, Gondrecourt, die Vogtei über Saint-Mihiel (Saint Mihiel), Amance, Mousson an der Mosel sowie Briey mit Diedenhofen (Thionville), das später an Luxemburg kam. Nachdem 1284 Frankreich die Champagne erlangt hatte, musste Graf Heinrich III. 1301 die Güter links der Maas mit B. dem König von Frankreich zu Lehen auftragen. Am 13. 3. 1354, als Luxemburg Herzogtum wurde, fasste Karl IV. die beim Reich verbliebenen Gebiete der Grafschaft zur Markgrafschaft Pont-à-Mousson zusammen, womit die Grafen von B. als Herren der Stadt Pont-à-Mousson Reichsfürsten wurden. Noch im gleichen Jahr nahmen sie den Herzogstitel an. 1415 fiel das Herzogtum an Ludwig, Bischof von Verdun, der seinen Großneffen René d'Anjou adoptierte, so dass B. 1420 mit Lothringen vereinigt wurde. Mit dem Reich war das Herzogtum B. nur nominell verbunden. In Verfassung und Sprache neigte es Frankreich zu, von dem es 1634 besetzt wurde. 1659 wurde es Lehen Frankreichs. Am 5. 10. 1735 kam es (für den Verzicht auf Polen) an Stanislaus Leszczynski, 1738 tatsächlich und 1766 auch formell an Frankreich.

L.: Wolff 303; Großer Historischer Weltatlas II 66 (1378) C4, II 78 (1450) F4, III 22 (1648) B4; Servais, V., Annales historiques du Barrois de 1352 à 1411, Bd. 1, 2 1865 ff.; Grosdidier de Matons, M., Le Comté de Bar, 1921; Grosdidier de Matons, M., Catalogue des actes de Bar de 1022 à 1239, 1922; Bichelonne, F., Le comté de Bar après le traité de Bruges, Diss. 1962 (masch.schr.) (Ec. de Chartes); Actes des comtes de Bar, I, 1033–1190, hg. v. Parisse, M., 1972 (masch.schr.); Thomas, H., Zwischen Regnum und Imperium. Die Fürstentümer Bar und Lothringen zur Zeit Kaiser Karls IV., 1973; Poull, G., La maison de Bar, Bd. 1 (bis 1239), 1977; Thomas, H./Parisse, M., Bar, LexMA 1 1980, 1427 f.; Escher, M. u. a., Die urbanen Zentren, 2005, 1, 458, 2, 43.

Barbelstein, Berwartstein (Herrschaft). Um das Schloss B. nordwestlich von Weißenburg bildete sich eine Herrschaft. Sie stand später den Herren von Waldenburg zu. Sie gehörte mit Schöneck zur Unterstatthalterschaft Weißenburg in der Landgrafschaft Unterelsass (Niederelsass) und fiel mit dem Elsass an Frankreich. 1815 kam B. an Österreich, 1816 an Bayern und 1946 an Rheinland-Pfalz.

L.: Wolff 294.

Barbiano di Belgiojoso d'Este (Reichsfürst). 1769 wurde Antonio Maria B. zum Reichsfürsten erhoben.

L.: Klein 170.

Barby (Grafen) s. Arnstein-Barby

Barchfeld (Ort, Herrschaft). B. nahe der Werra an der Kreuzung der Straßen von Nürnberg nach Niederdeutschland und von Frankfurt nach Erfurt wird 933 erstmals genannt. 1330 kam es von den Frankenstein an die Grafen von Henneberg, die es nach mehreren Verpfändungen (1350 an Fulda, dann an die Herren von Stein [Stein-Liebenstein] sowie die Landgrafen von Hessen) ab 1521 dauernd mit Hessen teilen mussten. 1583 fiel es ganz an Hessen. Auf der seit 1690 erbauten Burg Wilhelmsburg hatte die Linie Hessen-(Philippstal-)Barchfeld ihren Sitz. S. Hessen-Barchfeld.

L.: Volkmar, K., Tausend Jahre Barchfeld, 1933.

Bardengau (Bardunga, Bardanga, Bardaga, Gau um Ilme rechts der Luhe, links der Elbe)

L.: Curs, O., Deutschlands Gaue im zehnten Jahrhundert. Nach den Königsurkunden, Diss. phil. Göttingen 1908, 3 (Bardewick, Ochtmissen, Wittorf, Brietlingen, Buntenburg/Lüneburg, Addenstorf, Großhesebeck, Kleinhesebeck, Bahnsen, Suderburg, Emmendorf, Lüder, Riestedt, Halligdorf, Großbollensen, Kleinbollensen, Tätendorf, Wichmannsdorf, Rohrstorf, Brockhimbergen, Havekost, Kettelsdorf, Großliedern, Kleinliedern, Nettelcamp, Wrestedt); Hessler, W., Mitteldeutsche Gaue des frühen und hohen Mittelalters, 1957, 114 (Bahnsen, Bollensen, Holdenstedt, Lüder, Nettelkamp, Oldenstadt, Riestedt, Suderburg, Wrestedt); Polenz, P. v., Landschafts- und Bezirksnamen, 1961, II, 23, 34, 35, 43, 49, 71, III, 10, 28, 30–33, 262, Bardunga, Bardinge, Bardingia, Bardengun, Partungen, Bardi, Bardongavenses.

Bärenfeld (Reichsfürsten). 1742 wurden die beiden Söhne Karl Friedrichs von Anhalt-Bernburg mit der 1719 zur Reichsgräfin von Ballenstedt erhobenen Tochter eines Kanzleirates unter dem Namen der Fürsten von B. in den Reichsfürstenstand erhoben. Bereits 1701 hatten die Gattin Leopolds von Anhalt-Dessau, die Apothekerstochter Anna Luisa Föse, und ihre Söhne den Reichsfürstenstand erhalten.

L.: Klein 189.

Bärenwalde, Bärwalde (Herrschaft). Die Herrschaft B. gehörte zur Mark Brandenburg und war nach einem Verzeichnis von 1577 mit Havelland, Glien, Bistum Brandenburg, Zauche, Beelitz, Zossen, Teupitz, Beeskow, Storkow und allen anderen Teilen der Mittelmark (Neumark) verwaltungsmäßig zusammengeschlossen.

Bargau (reichsritterschaftliche Herrschaft). Das erstmals 1326 erwähnte B. (Bargen) bei Schwäbisch-Gmünd ist vielleicht ursprünglich ellwangisches, dann hohenlohisches Lehen der Herren von Rechberg, die 1393 die Herrschaft zu eigen erwarben und 1544 an die Reichsstadt Schwäbisch Gmünd verkauften. Mit ihr kam es 1802/1803 an Württemberg und damit 1951/1952 zu Baden-Württemberg.

L.: Hölzle, Beiwort 88; Schulz 275; Seehofer, J., Bargau in Geschichte und Gegenwart, 1953.

Bargensis pagus (zum Ortsnamen Barr)

L.: Polenz, P. v., Landschafts- und Bezirksnamen, 1961, II, 18, IV, 20, Bargensis pagus.

Barille (Reichsritter). Im 18. Jahrhundert zählten die B. mit einem Anteil an den Rittergütern Gündringen und Dürrenhardt (Durrenhardt), den sie zwischen 1753 und 1759 an die Eck und Hungersbach verkauften, zum Kanton Neckar des Ritterkreises Schwaben.

L.: Hellstern 200; Kollmer 375.

Baringau

L.: Niemeyer, W., Der pagus des frühen Mittelalters in Hessen, 1968, 134 (Fladungen, Nordheim vor der Rhön, Sondheim vor der Rhön, Ostheim vor der Rhön, Westheim, Elsbach).

Barmstedt (Amt). Nach B. bei Pinneberg nannten sich im 12. Jahrhundert Herren von B. (Barmstede). Das Dorf gehörte zu dem Teil der Herrschaft Pinneberg, der nach dem Aussterben der Grafen von Schaumburg (Schauenburg) 1640 an den Herzog von Gottorp (Gottorf) fiel. Dieser verkaufte 1649 das Amt B. an den königlichen Statthalter Christian Rantzau, der 1650 zum Reichsgrafen erhoben wurde. 1726 zog der König von Dänemark das Amt ein. 1865 kam B. zu Preußen, 1946 zu Schleswig-Holstein. S. Rantzau, Schleswig-Holstein.

L.: Wolff 455; Barmstedt. Stadt und Kirchspiel. Eine geschichtliche Schau, hg. v. Dössel, H., Teil 1 ff. 1936 ff.

Bärnegg (Herrschaft). Die Burg B. in der Elsenau wurde vermutlich von Gottfried von Schildberg im letzten Viertel des 12. Jahrhunderts erbaut. Sie wurde Mittelpunkt einer geschlossenen Rodungsherrschaft und erscheint urkundlich erstmals 1316. Im 15. Jahrhundert wurde die Herrschaft B. von Österreich abgetrennt und mit der Steiermark verbunden. 1490 entzog sie der Kaiser den Pernern, gab sie aber 1529 wieder zurück. 1550/1571 kam sie erbweise an die Rindsmaul.

L.: Hofer, E., Die Herrschaft Bärnegg in der Elsenau, Diss. phil. Graz 1967.

Barr, Barre (Reichsdorf, Herrschaft). B. am Ostfuß der Vogesen war ursprünglich Reichsgut. Am 6. 6. 1409 erlaubte König Ruprecht seinem Sohn, dem Pfalzgrafen Ludwig bei Rhein, das Reichsdorf Barre – sowie Heiligenstein, Gertweiler (Gertwiler), Goxweiler (Goxwiler), Oberburgheim und Niederburgheim – als Reichspfandschaft innezuhaben. 1472 kam die daraus gebildete Herrschaft an die Pfalz, 1568 durch Kauf an die Reichsstadt Straßburg. 1790 endete sie innerhalb Frankreichs.

L.: Hugo 470; Wolff 295; Hölzle, Beiwort 91; Crämer, M., Verfassung und Verwaltung Straßburgs 1521–1681, 1931; Wunder, G., Das Straßburger Landgebiet, 1967.

Barre (Reichsdorf) s. Barr

Barrense

L.: Curs, O., Deutschlands Gaue im zehnten Jahrhundert. Nach den Königsurkunden, Diss. phil. Göttingen 1908, 3 (Masangias, Villare); Polenz, P. v., Landschafts- und Bezirksnamen, 1961, II, 32, Barrensis pagus (zum Ortsnamen Bar-le-Duc.

Bärstein, Börstingen (Reichsdorf?)

L.: Dacheröden 128; Hugo 474.

Bartenau? (Reichsritter). Kanton Odenwald, Ritterkreis Franken, später von Stetten.

L.: Stieber.

Bartenstein (Herrschaft). In dem 1247 erstmals genannten B. bei Schwäbisch Hall wurde eine Burg von den Herren von Stein errichtet. Ritter von B. sind zwischen 1247 und 1350 Lehnsmannen des Reiches und derer von Hohenlohe. Aus Mainzer und Hohenloher Lehen sowie Allodien entwickelte sich eine Herrschaft, die zwischen 1438 und 1475 allmählich von den Grafen von Hohenlohe erworben und dann dem Bischof von Würzburg zu Lehen aufgetragen wurde. 1533/1555 fiel B. an die Linie Hohenlohe-Waldenburg, danach an die Linie Hohenlohe-(Waldenburg-)Bartenstein, 1806 an Württemberg und damit 1951/1952 an Baden-Württemberg. S. Hohenlohe-Waldenburg-Bartenstein.

L.: Wolff 119; Muntsch, H., Geschichte der Stadtgemeinde Bartenstein, 1872.

Bartenstein (Reichsritter). 1743–1805 waren Angehörige der B. als Personalisten im Kanton Kocher des Ritterkreises Schwaben immatrikuliert.

L.: Schulz 257.

Barth (Herzogtum). Das 1232 erstmals erwähnte B. westlich von Stralsund an der Ostsee gehörte seit 1325/1369 zu Pommern und bildete von 1376 bis 1393, von 1425 bis 1451 und von 1457 bis 1478 den Sitz eines eigenen von Pommern-Wolgast abgespaltenen Herzogtums Pommern-Barth. S. Pommern-Barth, Mecklenburg-Vorpommern.

L.: Wolff 404; Bülow, W., Chronik der Stadt Barth, 1922; Festschrift zur 700-Jahrfeier der Stadt Barth, 1955.

Bartholomä (reichsritterschaftlicher Ort). Das bis zum Ende des Mittelalters Laubenhart genannte Dorf B. östlich von Schwäbisch Gmünd gehörte bis zur Mitte des 17. Jahrhunderts zur Herrschaft Lauterburg. Es zählte zum Kanton Kocher des Ritterkreises Schwaben. S. Baden-Württemberg.

L.: Wolff 510.

Bartholomäi-Ahausen s. Sommerhausen

Basel (Fürstbistum, Hochstift). B. wird erstmals durch Ammianus Marcellinus zum Jahre 374 bezeugt, ist aber sowohl urnenfelderzeitlich als auch keltisch und römisch (ca. 15 v. Chr.) besiedelt. Im 5. Jahrhundert erscheinen die ersten alemannischen, im 6. Jahrhundert die ersten fränkischen Gräber. Um die Mitte des 8. Jahrhunderts setzt mit Bischof Wala eine einigermaßen durchgehende Liste von in B. residierenden Bischöfen ein, deren Bistum dem Erzbistum Besançon untersteht und vielleicht am Anfang des 7. Jahrhunderts von (Basel-)Augst (Augusta Rauracorum) nach B. übertragen wurde. 1033 wurde B. durch Eingliederung des Königreichs Hochburgund, dem es seit 912 angehörte, in das Reich reichsunmittelbar. Die weltliche Herrschaft der Bischöfe wurde vor allem durch die Schenkung Moutier-Grandvals (Münster-Granfelden) seitens Rudolfs III. von Burgund (999/1000) begründet. Dazu kamen verschiedenartige Rechte und Güter (Grafschaft Herkingen 1080, Herrschaft Rappoltstein im Elsass 1163), die aber teilweise rasch wieder verlorengingen (z. B. Vogtei über die Stadt). Im 13. Jahrhundert wurden die Herrschaften und Vogteien Birseck (Reichslehen), Asuel, Ajoie, Sornegau, Saint-Ursanne (Saint Ursanne), Moutier-Grandval, Biel, La Neuveville, Montagne de Diesse (Montagne de Disse, Tessenberg), Erguel und die Grafschaften Homberg und Pfirt (bis 1324) erworben bzw. gesichert, im 14./15. Jahrhundert die Herrschaften Chauvilier (Chauvelin), Hartmannsweiler, Buchegg und Franquemont. Seit dem 13. Jahrhundert begann sich allerdings gleichzeitig die Stadt aus der Herrschaft der bischöflichen Stadtherren, die seit 1395 meist in Pruntrut oder Delsberg residierten, in B. selbst aber noch 1460 eine neue Universität gründeten, zu lösen und eine eigene Herrschaft aufzubauen (endgültige Ablösung der Ansprüche 1585). Der südliche Jura geriet seit der Mitte des 14. Jahrhunderts allmählich unter den Einfluss der Eidgenossenschaft. 1528 verbot die Reichsstadt B. den Katholizismus und zog die hochstiftischen Güter im Salsgau, Buchsgau, Sisgau und Frickgau an sich. Der Bischof verlegte seinen Sitz bleibend nach Pruntrut (Porrentruy) und verband sich 1577 mit den katholischen Kantonen der Eidgenossenschaft. Zum Hochstift gehörten schließlich Biel, Neuenstadt und die Herrschaften Erguel, Ilfingen (Illfingen), Tessenberg, Delsberg (Reichslehen), Pruntrut, Zwingen, Birseck (Reichslehen), Pfeffingen (Reichslehen), Schliengen (Reichslehen) und Freibergen (Freienberge) (Reichslehen) mit

20 Quadratmeilen und 60 000 Einwohnern. 1792 besetzten Revolutionstruppen Frankreichs die zum Reich gehörigen Teile Basels, verwandelten sie in eine Raurakische Republik und gliederten sie am 23. 3. 1793 Frankreich ein (Departement du Mont Terrible). 1793 wurden die eidgenössischen Teile Basels annektiert. Der kleine rechtsrheinische Teil des Hochstifts kam 1803 an Baden. Der Wiener Kongress (1815) bestätigte im übrigen die Zugehörigkeit zur Schweiz (Kantone Bern [als Ausgleich für die Verselbständigung des Aargaus und der Waadt], Basel [Birseck] und Neuenburg) und zu Frankreich.

L.: Wolff 237, 539; Zeumer 552 II a 21; Wallner 695 OberrheinRK 8; Zeumer 552 ff. II a 21; Großer Historischer Weltatlas II 66 (1378) D5, II 72 (bis 1797) C1, III 38 (1789) C5; Trouillat, J., Monuments de l'ancien évêché de Bâle, Bd. 1 ff. 1825 ff.; Vautrey, L., Histoire des évêques de Bâle, Bd. 1 f. 1884 ff.; Rohr, H., Die Entstehung der weltlichen Gewalt der Bischöfe von Basel, 1915; Gaus, K., Geschichte der Landschaft Basel und des Kantons Basel, 1932; Hieronymus, K.W., Das Hochstift Basel im ausgehenden Mittelalter, 1938; Mayer-Edenhauser, T., Zur Territorialbildung der Bischöfe von Basel, ZGO N. F. 52 (1939); Seith, G., Die rechtsrheinischen Gebiete des Bistums Basel und ihr Übergang an Baden, Diss. jur. Freiburg 1950; Fellmann, R., Basel in römischer Zeit, 1955; Bühler, M., Gewohnheitsrecht und Landesherrschaft im ehemaligen Fürstbistum Basel, 1972; Marchal, G. u. a., Basel, LexMA 1 1980, 1505 ff.; Kümmell, J., Bäuerliche Gesellschaft und städtische Herrschaft im Spätmittelalter. Zum Verhältnis von Stadt und Land im Fall Basel/Waldenburg 1300–1535, 1983.

Basel (Kanton) s. Basel (Hochstift), Basel (Reichsstadt), Basel-Landschaft, Basel-Stadt

Basel (Reichsstadt, Reichsvogteistadt). Das im 5. Jahrhundert erstmals genannte B. (voridg. „Eberstadt") stand anfangs ganz unter der bischöflichen Stadtherrschaft und gehörte seit 870 zum ostfränkischen Reich und von 912 bis 1032 zu Hochburgund. Der wachsende Reichtum der Stadt ermöglichte es ihr bei gleichzeitigem Fortschreiten der Zerrüttung der bischöflichen Finanzen, allmählich alle wichtigen Herrschaftsrechte an sich zu bringen. Seit 1362 zählte sich B. selbst zu den „fryen stetten" und wurde, nachdem dem Erwerb der Reichsvogtei durch Habsburg (1376) die Verjagung der Habsburger gefolgt war, 1387 als freie Stadt vor den Reichsstädten genannt. Der Erwerb Klein-Basels 1392 und der Sisgauer Herrschaften 1400 schuf die Grundlage zu einem eigenen Territorium. Am 13. 7. 1501 schloss sich B. widerstrebend als neunter Ort der Eidgenossenschaft der Schweiz an. 1521/1585 wurde endgültig der Einfluss des Bischofs auf die Stadt beseitigt, 1528 die Reformation durchgeführt. Seit 1531 erschien die Stadt nicht mehr auf dem Reichstag. 1798 gründete Basels Oberzunftmeister Ochs mit Unterstützung Frankreichs die Helvetische Republik, doch erhielt der Kanton B. die dabei verlorene Autonomie 1815 zurück und wurde 1830 in zwei Halbkantone geteilt. S. Basel-Landschaft, Basel-Stadt.

L.: Wolff 524; Großer Historischer Weltatlas II 66 (1378) D5, II 72 (bis 1797) D1, II 78 (1450) F4; Heusler, A., Verfassungsgeschichte der Stadt Basel im Mittelalter, 1860; Urkundenbuch der Stadt Basel, hg. v. Wackernagel, R., Bd. 1–11, 1899 ff.; Wackernagel, R., Geschichte der Stadt Basel (bis 1529), Bd. 1–3 1906 ff.; Burckhardt, P., Geschichte der Stadt Basel von der Reformation bis zur Gegenwart, 1943; Heusler, A., Geschichte der Stadt Basel, 6. A. 1969; Hagemann, H. R., Basler Rechtsleben im Mittelalter, Bd. 1 f. 1981 ff.; Berner, H., „Die gute Correspondenz", 1986; Rosen, J., Finanzgeschichte Basels im späten Mittelalter, 1989; Sarasin, P., Stadt der Bürger, 1990; Escher, M. u. a., Die urbanen Zentren, 2005, 2, 49.

Basel-Landschaft, Basel-Land (Halbkanton). Seit dem Ende des 14. Jahrhunderts gewann die Reichsstadt Basel ein ländliches Herrschaftsgebiet. Im Einvernehmen mit Frankreich erreichte 1798 Basels Oberzunftmeister Ochs die Gleichstellung der bisher im Untertanenverhältnis stehenden Landschaft in der Helvetischen Republik. Da dies 1814 rückgängig gemacht wurde, erhob sich 1830 die Landschaft im Bürgerkrieg. Daraufhin wurde der Kanton B. am 26. 8. 1833 in zwei Halbkantone geteilt. B. erhielt 1863 eine demokratische Verfassung.

L.: Wolff 524; Urkundenbuch der Landschaft Basel, hg. v. Boos, H., Bd. 1,2 1881 ff.; Weber, K., Die Revolution im Kanton Basel 1830–33, 1907; Heusler, A., Geschichte der Landschaft Basel und des Kanton Basel-Land, Bd. 1,2 1932.

Basel-Stadt (Halbkanton). Basel-Stadt ist der als Folge des Aufstandes der Landschaft Basel gegen die beherrschende Stadt Basel durch Teilung des Kantons Basel 1833 entstandene Halbkanton. S. Basel (Reichsstadt).

Baselgau (Basalgouwe)

L.: Polenz, P. v., Landschafts- und Bezirksnamen, 1961, II, 26, 30, 32, Basalgouwe.

Bassenheim (Herrschaft, [Reichsgrafen, Reichsfürsten]). B. bei Koblenz war Lehen der Erzbischöfe von Köln, seit 1373 der Grafen von Wied an die Grafen von Isenburg-Braunsberg. Von deren Afterlehnsträgern gelangte die Familie Waldbott durch Erbschaft und Kauf allmählich in den alleinigen Besitz der Herrschaft, die von 1729 bis 1801 reichsunmittelbar war. (Durch § 24 des Reichsdeputationshauptschlusses vom 25. 2. 1803 erhielt der Graf von B. wegen Pyrmont und Olbrück [Ollbrück] die Abtei Heggbach [ohne Mietingen und Sulmingen und den Zehnten zu Baltringen] und eine Rente von 1300 Gulden von Buxheim. 1806 wurden die Waldbott-Bassenheim [Waldbott von Bassenheim] in Bayern und Württemberg mediatisiert.)

L.: Koops, T., Passenheim und Bassenheim. Ein Blick in 600 Jahre Geschichte, Jb. für westdeutsche LG. 12 (1986).

Bastheim (Reichsritter). Seit 1185 erscheint das Geschlecht der B. bei Mellrichstadt. Sie trugen das Schloss als Lehen des Hochstifts Würzburg. Vom 16. bis zum ausgehenden 18. Jahrhundert gehörte die Familie der B. mit B. zum Kanton Rhön-Werra des Ritterkreises Franken. Außerdem war sie anscheinend von etwa 1600 bis etwa 1750 im Kanton Steigerwald immatrikuliert.

L.: Stieber; Roth von Schreckenstein 2, 593; Seyler 350; Riedenauer 122; Winkelmann-Holzapfel 141; Bechtolsheim 14; Rahrbach 10.

Báthory (Reichsfürst). Das siebenbürgische Fürstengeschlecht B. erscheint um 1250 erstmals. Zwischen den Türken und den Königen von Ungarn errang es eine verhältnismäßig große Selbständigkeit. Durch Vertrag von 1595 wurden Fürst Sigismund B. aus Siebenbürgen und seine Nachkommen zu Reichsfürsten erhoben. 1613 starb das Fürstengeschlecht aus.

L.: Klein 176; Bogyay, T. v., Báthory, LexMA 1 1980, 1550.

Battenberg (Grafen). Die Söhne des zwischen oberer Lahn und oberer Eder begüterten Grafen Werner I. von Wittgenstein, der wahrscheinlich mit den Edelherren von Grafschaft stammverwandt war, nannten sich Grafen von B. 1223 erkannten sie die Lehnshoheit des Erzbischofs von Mainz an, 1234 bzw. 1238 trugen sie auch Burg und Stadt B. mit dem zugehörigen Teil der Grafschaft an Mainz zu Lehen auf. 1291 wurde die Grafschaft B. mit Mainz real geteilt. Kurz vor dem Aussterben der Familie im Jahre 1314 verkaufte Graf Hermann seinen Anteil an Mainz. 1322 verzichteten die Grafen von Wittgenstein auf Erbansprüche. 1564/1583 kam das Amt B. an Hessen, 1648 an Hessen-Darmstadt. (1851/)1858 wurde der Titel Fürsten von B. für die Kinder aus der morganatischen Ehe des Prinzen Alexander von Hessen geschaffen.

L.: Wolff 255; Wrede, G., Territorialgeschichte der Grafschaft Wittgenstein, 1927; Jacob, B., Battenberg und Battenfeld, in: Unsere Heimat N. F. 10 (1937); Patze, H., Battenberg, LexMA 1 1980, 1551 f.; 750 Jahre Battenberg. Die Bergstadt im Walde, hg. v. Magistrat der Stadt Battenberg, 1984; Escher, M. u. a., Die urbanen Zentren, 2005, 2, 53.

Batthyány (Reichsfürst). Die seit dem ausgehenden 14. Jahrhundert erwähnten, im heutigen Burgenland und Niederösterreich begüterten B. erlangten 1630 den ungarischen Grafenstand. Am 3. 1. 1764 wurde Carl Graf von B., Obersthofmeister Josefs II., für den jeweiligen Erstgeborenen der B. zum Reichsfürsten erhoben.

L.: Klein 176; Bogyay, T. v., Batthyány, LexMA 1 1980, 1552.

Batuwa (Bevölkerungsname), Bataver, s. Betuwe

Baudissin (Reichsgrafen). Das vermutlich aus der Ministerialität der Wettiner hervorgegangene, nach Bautzen benannte Geschlecht B. ist seit 1326 bezeugt. 1741 wurde es in den Reichsgrafenstand erhoben. Seit dem Ende des 18. Jahrhunderts ist es in die beiden, in Holstein ansässigen Linien Knoop und Rantzau geteilt, wobei zur Letzten auch Baudissin-Zinzendorf gehörte.

Bauer von Eiseneck, Baur von Eiseneck (Reichsritter). Im 17. Jahrhundert zählten die B. zu den Kantonen Odenwald, Baunach (und Gebirg?) des Ritterkreises Franken.

L.: Riedenauer 122.

Bauer von Heppenstein (Reichsritter). Um 1806 zählten die B. zum Kanton Gebirg des Ritterkreises Franken.

L.: Riedenauer 122.

Bauerbach (Reichsdorf). B. bei Bretten ist 778/779 erstmals als Gut Lorschs genannt (Burbach). Von Lorsch ging es an das Kloster Hirsau über. Vermutlich über die Staufer kam die Vogtei über den Ort an das Reich. 1305 gab König Albrecht I. B. an Zeisolf von Magenheim. Am 18. 7. 1330 verpfändete Kaiser

Ludwig der Bayer dem Albrecht Hofwart von Kirchheim die Vogtei. Die Magenheim traten ihre Rechte an die Hofwarte ab, die B. zeitweise weiterverpfändeten. Seit 1463 übernahm die Pfalz die Schirmhoheit und ließ sich darin auch durch den Verkauf des Ortes samt Vogtei durch Hirsau an das Domkapitel in Speyer (1511) nicht beeinträchtigen. 1803 kam B. an Baden und damit 1951/1952 zu Baden-Württemberg.

L.: Hugo 452, 460; Bickel, O./Bickel, B., Bauerbach. Vom Reichsdorf zum Brettener Stadtteil, 1978.

Bauffremont s. Beauffremont

Baum von Baumsdorf (Ritter). Die B. zählten zur vogtländischen Ritterschaft (Vogtland).

L.: Stieber.

Baumgarten-Eriskirch (Herrschaft). Die Herrschaft B. am Bodensee wurde 1472 von der Reichsstadt Buchhorn erworben. S. Baden-Württemberg.

L.: Wolff 224.

Baumpartner (Freiherren) s. Paumgartner

Baumsdorf s. Baum von B.

Baunach (Herren). Das 804 in einer Fuldaer Notiz genannte B. nahe der Mündung der Itz in den Main, das als Lehen Fuldas bis 1057 den Markgrafen von Schweinfurt zustand, von diesen über eine Erbtochter an die Herzöge von Andechs-Meranien und von dort ebenfalls durch Heirat 1248 an die Grafen von Truhendingen kam, war von 1135 bis 1365 Sitz der Herren von B. 1388/1390 gelangte es durch Kauf an Bamberg. Mit Bamberg fiel es 1803 an Bayern.

L.: Wolff 98; Jakob, H., Baunach – eine mittelalterliche Stadt Oberfrankens, in: Fränkisches Land 2 (1954).

Baunach (Kanton). Der Kanton B. war eine Untergliederung des Ritterkreises Franken der Reichsritterschaft mit Sitz in Nürnberg. Sie war um 1800 selbst Mitglied der Kantone Steigerwald und B. des Ritterkreises Franken.

L.: Wolff 513; Riedenauer 116, 122 ff.

Baunach (Reichsritter). Im frühen 16. Jahrhundert zählten die B. zum Kanton Baunach im Ritterkreis Franken.

L.: Stieber; Riedenauer 122.

Baur (Reichsritter) s. Bauer

Baussau, Busau (Herrschaft). Die Herrschaft B. in Mähren gehörte dem Deutschen Orden in Mergentheim. S. Tschechoslowakei.

L.: Wolff 113.

Bautz zu Öden und Willenbach (Reichsritter) s. Capler von Oedheim genannt Bautz, Cappler von Oedheim

L.: Stetten 32; Riedenauer 122.

Bautzen (Land). Das von dem altsorbischen Personennamen Budych abgeleitete B. war seit Beginn der slawischen Besiedlung Hauptort des Stammesgebietes der Milcanen. Nach längeren Kämpfen konnte Konrad II. das Gebiet um B. gewinnen. 1081 kam es als Reichslehen an den Herzog von Böhmen. Dort verblieb es mit Ausnahme kürzerer Zwischenzeiten (1113–1115, 1143–1156 [Markgrafen von Meißen], 1262–1319 [Askanier], 1469–1490) bis 1635 und wuchs seit dem 15. Jahrhundert mit den Ländern Görlitz und Zittau zur Oberlausitz zusammen.

L.: Wolff 470; Ludat, H., An Elbe und Oder um das Jahr 1000, 1971; Ludat, H., Bautzen, LexMA 1 1980, 1692 f.; Schrammek, R., Verkehrs- und Baugeschichte der Stadt Bautzen, 1984.

Bayerischer Reichskreis. Der bayerische Reichskreis wurde im Jahre 1500 eingerichtet und seit 1538 um kleinere Reichsstände erweitert. Das Direktorium führten abwechselnd der Erzbischof von Salzburg und der Herzog von Bayern. Von den am Ende des 18. Jahrhunderts vorhandenen 20 Einzelstimmen verfügte Bayern nach 1792 über neun. Die acht geistlichen Kreisstände waren der Erzbischof von Salzburg, die Bischöfe von Freising, Regensburg und Passau, der gefürstete Propst von Berchtesgaden, der Abt von Regensburg-Sankt Emmeram und die Äbtissinnen von Regensburg-Niedermünster und Regensburg-Obermünster in Regensburg. Von den zwölf weltlichen Stimmen führte zuletzt Bayern die von Bayern, Pfalz-Neuburg, Pfalz-Sulzbach, Leuchtenberg, Haag, Ehrenfels, Sulzbürg und Pyrbaum, Hohenwaldeck und Breiteneck (Breitenegg). Daneben hatten noch Sternstein, Ortenburg und die Reichsstadt Regensburg eine Stimme. Zwischen 1521 und 1793 hielt der bayerische Reichskreis 252 Tagungen ab. 1806 wurde der Reichskreis aufgelöst.

L.: Gumpelzhaimer 41; Wolff 131; Handbuch der bayerischen Geschichte, hg. v. Spindler, M., Bd. 3,3 Geschichte der Oberpfalz und des bayerischen Reichskreises, 1995; Hartmann, P., Der bayerische Reichskreis, 1997.

Bayern (Herzogtum, Kurfürstentum, Königreich, Freistaat). Die B. (Baiern) werden erstmals um die Mitte des 6. Jahrhunderts bei Jordanes (Getica c. 55 Baibari) erwähnt. Sie setzen sich vor allem aus Germanen böhmischer, westlicher und östlicher Herkunft sowie Romanen zusammen, wobei – vielleicht den Alemannen besonderes Gewicht zukommt, aber – die aus Böhmen stammenden Einwanderer namengebend wurden (Boio-varii, Baju-warii) und der neue Stamm im Gebiet der römischen Provinz Noricum ripense und im Flachland der Raetia secunda im wesentlichen zu Beginn des 6. Jahrhunderts entstand. An seiner Spitze stehen die seit dem Tode Theoderichs des Großen (526) von dem Merowingerkönig Theudebald eingesetzten und von den Franken abhängigen (fränkischen?, burgundischen?) Agilolfinger (Garibald I. 550–590, Sitz in Regensburg), von denen nach dem Aufbau eines Königreichs (regnum) Tassilo III. 788 von Karl dem Großen abgesetzt wurde. Der Siedlungsraum reichte vom Lech bis zur Enns und von Premberg(/Burglengenfeld)/Nabburg bis zu den Alpen (Bozen). Das Recht des zu Beginn des 8. Jahrhunderts christianisierten Stamms wurde in der Lex Baiwariorum aufgezeichnet (vor 743). Am Ende der Karolingerzeit erscheint erneut ein Herzog der bis zur Raab und bis Friaul, Istrien und Dalmatien ausgreifenden B. (rex in regno Teutonicorum Arnulf 907–937, Sohn des Markgrafen Liutpold, Luitpold). Otto I. entsetzte 947 die Familie der Liutpoldinger (Luitpoldinger) des Herzogtums und übertrug es mit Friaul seinem mit der Liutpoldingerin (Luitpoldingerin) Judith verheirateten Bruder Heinrich. Unter dessen Sohn Heinrich (II.) dem Zänker erhielt B. seine größte Ausdehnung (952 Markgrafschaft Verona, Marken Krain und Istrien bis 976). Otto II. setzte aber Heinrich den Zänker 976 ab und trennte die bayerische Ostmark, den Nordgau und Kärnten mit den italienischen Marken von B., das Heinrich 985 wieder erhielt, ab. Unter den Saliern wurde B. meist an Familienmitglieder gegeben, von 1070 bis 1139 an die Welfen (1070 Welf I., 1101 Welf II., 1120 Heinrich der Schwarze, 1126 Heinrich der Stolze, der zugleich Sachsen erbte), 1139 an die Babenberger und von 1156 bis 1180 unter Abtrennung der den Babenbergern verbleibenden Mark an der Donau (Ostmark, Herzogtum Österreich) erneut an die Welfen (Heinrich den Löwen). 1180 gelangte mit der Absetzung Heinrichs des Löwen das noch um Oberösterreich, Traungau und Steiermark verkleinerte bayerische Herzogtum an Otto von Wittelsbach, einen Nachkommen der seit der Mitte des 11. Jahrhunderts urkundlich nachweisbaren Grafen von Scheyern(-Wittelsbach), die seit etwa 1120 das bayerische Pfalzgrafenamt innehatten. Die mit der Belehnung durch das Herzogtum B. neu begründete Dynastie der Wittelsbacher, die eine straffe Verwaltung in B. ausbildete (34 Landgerichte bzw. Pflegämter), wurde rasch in Auseinandersetzungen mit den bayerischen Großen verstrickt. Stadt und Hochstift Regensburg lösten sich ebenso wie das Erzstift Salzburg vom Herzogtum. Landesfürsten wurden auch die Bischöfe von Bamberg, Brixen, Freising und Passau sowie die Grafen von Tirol, das die Herzoginwitwe Margarethe 1363 an Herzog Rudolf IV. von Österreich übergeben hatte, und die Landgrafen von Leuchtenberg. Umgekehrt erhielt der Herzog 1208 die Bestätigung der Erblichkeit des Herzogtums und die Reichslehen des Pfalzgrafen Otto VIII. und des Andechser Grafen Heinrich von Istrien, 1214 die Belehnung mit der Pfalzgrafschaft bei Rhein und etwa gleichzeitig weitere Güter (u. a. Aibling). 1240 erlangte er die vordem freisingische Stadt München. 1242 beerbte er die Grafen von Bogen, 1248 die Grafen von Andechs und die älteren Grafen von Ortenburg und vertrieb den letzten Grafen von Wasserburg. 1254/1255 wurde B. dann in einen kleineren westlichen Teil („Oberbayern", zu dem der Nordgau und die Pfalzgrafschaft bei Rhein sowie die Kurwürde kamen) und einen größeren östlichen Teil („Niederbayern" zwischen Reichenhall, Cham, Freising und Landshut) geteilt. 1268 erhielt es das konradinische Erbe in der Oberpfalz und am Lech (Landsberg), was besonders Oberbayern (Amberg, Hohenstein, Vilseck [Vogtei], Auerbach, Plech, Hersbruck, Neuhaus, Neumarkt in der Oberpfalz, Berngau, Donauwörth, Mering, Schwabegg, Schongau) und nur in geringem Ausmaß auch Niederbayern (Floß, Parkstein, Weiden, Adelburg [Adelnburg]) zugute kam.

1289 verlor B. die Kurwürde an Böhmen. 1294 wurde die Pfalz von Oberbayern gelöst. 1314 wurde Ludwig IV. (von Oberbayern) zum deutschen König gewählt (1328 Kaiser). Er verlieh 1323 seinem Sohn Ludwig V. die durch das Aussterben der Askanier erledigte Mark Brandenburg. 1340 erlosch die 1331 dreigeteilte niederbayerische Linie. Ihre Güter fielen an Oberbayern, für das Kaiser Ludwig 1335/1346 ein Landrecht erließ, zurück. Schon 1329 hatte Ludwig selbst im Hausvertrag von Pavia den Söhnen seines Bruders die Pfalz (Rheinpfalz) und einen Teil des Nordgaus, die Oberpfalz, abgetreten (einschließlich der Kurwürde). Gegen Ludwigs des B. Pläne teilten dann seine sechs Söhne 1349/1351/1353 B. und weitere hinzuerworbene Güter (1346–1433 Grafschaften Holland, Seeland, Friesland, Hennegau, außerdem Tirol [1342–1363]) auf. Ludwig V. (Bayern-München) erhielt Oberbayern mit Tirol, Ludwig VI. und Otto V. gemeinsam die Mark Brandenburg, Stephan II. fast ganz Niederbayern, Wilhelm I. und Albrecht I. das Gebiet um Straubing (Bayern-Straubing) sowie die Niederlande. Hiervon fiel 1363 Oberbayern an Stephan II. von Niederbayern, der aber 1369 Tirol, das die Herzoginwitwe Margarethe an Herzog Rudolf IV. von Österreich übergeben hatte, an Habsburg abtreten musste. Brandenburg musste 1373 an Karl IV. abgegeben werden. 1392 wurde B. zum dritten Mal geteilt (Teilherzogtümer Bayern-München, Bayern-Landshut und Bayern-Ingolstadt). Herzog Johann II. erhielt den südwestlichen Teil Oberbayerns und den südlichen Nordgau (Bayern-München), Herzog Friedrich Niederbayern (Bayern-Landshut), Herzog Stephan III. Streubesitz an der oberen Donau und im Alpenvorland (Bayern-Ingolstadt). 1425 erlosch die in der zweiten Teilung 1349 ff. entstandene Straubinger Linie im Mannesstamm. Nach dem Pressburger Schied von 1429 fiel das 1425 rasch vom Kaiser an Habsburg verliehene Straubinger Land zur Hälfte an die beiden Münchener Herzöge (Bayern-München) und zu je einem Viertel an Bayern-Landshut und Bayern-Ingolstadt. 1433 musste die Herrschaft über die Niederlande an den Herzog von Burgund abgetreten werden. 1445/1447 starb mit Ludwig dem Buckligen die Linie Bayern-Ingolstadt aus. Ihre Güter fielen an Heinrich XVI. von Bayern-Landshut, der nunmehr zwei Drittel Bayerns beherrschte und dessen Nachfolger Ludwig der Reiche 1472 die Universität Ingolstadt gründete. 1450 trat Herzog Ludwig IX. von Bayern-Landshut im Erdinger Vertrag seinem Münchener Vetter einen kleinen Teil des Erbes ab. Gleichzeitig gewann Bayern-Landshut die Herrschaften Heidenheim, Heideck, Wemding und Weißenhorn. 1485 zog Albrecht IV. von Bayern-München die Grafschaft Abensberg ein. Von 1487 bis 1492 unterstellte sich die verschuldete Reichsstadt Regensburg seiner Landeshoheit. Am 1. 12. 1503 starb die Linie Bayern-Landshut mit Georg dem Reichen in männlicher Linie aus. Zwischen dem mit der Georgstochter Elisabeth verheirateten Ruprecht von der Pfalz und Albrecht IV. von Bayern-München kam es zum Erbfolgekrieg, da Georg Elisabeth zur Erbin eingesetzt hatte, obwohl nach dem Teilungsvertrag von 1392 und dem Erdinger Vertrag von 1450 beim Aussterben der Linie Bayern-Landshut Bayern-München das Erbe erhalten sollte. Gegen das Versprechen von Gebietsabtretungen erhielt Albrecht IV. die Unterstützung König Maximilians. Im Kölner Schied König Maximilians vom 30. 6. 1505 wurde das Landshuter Erbe dann dem Münchener Gebiet zugefügt und damit die Einheit Bayerns wiederhergestellt. Albrecht IV. musste aber 1505 verstreute Gebiete zwischen Fichtelgebirge und oberer Donau (Neuburg, Hilpoltstein, Heideck, Burglengenfeld, Sulzbach) zur Bildung des für die Kinder Ruprechts geschaffenen Fürstentums der „Jungen Pfalz" (Pfalz-Neuburg) sowie andere Güter an den Kaiser (Gerichte Kufstein, Rattenberg, Kitzbühel, das Zillertal sowie Kirchberg und Weißenhorn), an die Reichsstadt Nürnberg (Altdorf, Hersbruck) und an Württemberg (Heidenheim) abtreten. 1506 wurde ein Primogeniturgesetz in Kraft gesetzt, das die Einheit des Landes sichern sollte. Dieses so gefestigte Land erhielt 1516 eine Landesordnung, 1518 ein reformiertes Landrecht, 1520 eine Gerichtsordnung und 1616 durch Herzog Maximilian (1597–1651) erneut ein Landrecht. 1623 gewann der Herzog den Kurfürstenstand, 1607 Donauwörth, 1616 Mindelheim und 1628 die Oberpfalz. Maximilian II. Emanuel wurde 1691 Statthalter der spanischen Niederlande, verlor aber von 1704 bis 1714 B. an Österreich. Karl VII. Albrecht erwarb 1734 und 1740 die Herrschaften Hohenwaldeck, Wartenberg, Sulzbürg und Pyrbaum und erhielt 1742 die Kaiserkrone. Unter Maximilian III. Joseph öffnete sich B. der Aufklärung. 1758 stiftete er auf Betreiben Ickstatts und Loris die Akademie der Wissenschaften in München. Zugleich wurde durch Ickstatt die völlig zersplitterte Staatsverwaltung neu organisiert und durch Kreittmayr das bayerische Recht kodifiziert (Codex Juris Bavarici Criminalis 7. 10. 1751, Codex Juris Bavarici Judiciarii, Codex Maximilianeus Bavaricus Civilis 2. 1. 1756). 1777 starben die bayerischen Wittelsbacher aus und wurden durch die wittelsbach-pfälzischen Kurfürsten (Karl Theodor) beerbt, so dass – abgesehen von Pfalz-Zweibrücken(-Birkenfeld) – erstmals seit 1329 die getrennten wittelsbachischen Lande (einschließlich Pfalz, Jülich, Berg, Pfalz-Neuburg, Pfalz-Sulzbach) wieder vereinigt wurden. 1779 ging das bayerische Innviertel an Österreich verloren, 1797/1801 das linksrheinische Gebiet an Frankreich. Beim Tod des kinderlosen Karl Theodor gelangte Maximilian IV. Josef von der Linie Pfalz-Zweibrücken-Birkenfeld an die Herrschaft und vereinigte so die gesamten wittelsbachischen Lande. Maximilian IV. Joseph (1799–1825), seit 1806 König Maximilian I., und sein Minister Freiherr Maximilian Joseph von Montgelas (1799–1817) schufen dann den modernen Staat B. 1801 umfasste das Herzogtum B. mit den Reichsgrafschaften Valley, Hals bei Passau, Cham und Hohenschwangau sowie der Reichspflege Donauwörth (Wörth) 590 Quadratmeilen mit 880 000 Einwohnern. 1803 gewann B. durch § 2 des Reichsdeputationshauptschlusses als Entschädigung für die linksrheinischen Güter (Pfalz [Rheinpfalz], Pfalz-Zweibrücken, Pfalz-Simmern, Jülich, Pfalz-Lautern, Pfalz-Veldenz, Bergen-op-Zoom [Bergen op Zoom], Ravenstein) in Franken die Hochstifte Würzburg und Bamberg sowie die Reichsstädte Rothenburg, Weißenburg, Windsheim und Schweinfurt, die Abteien Waldsassen und Ebrach, die Reichsdörfer Gochsheim und Sennfeld sowie aus dem Hochstift Eichstätt die Ämter Sandsee, Wernfels-Spalt, Abenberg, Arberg-Ornbau und Wahrberg(/Vahrnberg)-Herrieden, in Schwaben das Hochstift Augsburg, eine Reihe von Klöstern (Kempten, Irsee, Wengen, Söflingen, Elchingen, Ursberg, Roggenburg, Wettenhausen, Ottobeuren, Kaisheim, Sankt Ulrich und Afra in Augsburg) und die Reichsstädte Dinkelsbühl, Kaufbeuren, Kempten, Memmingen, Nördlingen, Ulm, Bopfingen, Buchhorn, Wangen, Leutkirch sowie vor allem in Altbayern selbst die Hochstifte Freising und Passau diesseits von Inn und Ilz. Die rechtsrheinische Pfalz kam aber an Baden. 1805 erlangte B. in den Verträgen von Brünn und Pressburg die Reichsstadt Augsburg, die Markgrafschaft Burgau, habsburgische Güter in Oberschwaben, Vorarlberg, Passau, Eichstätt und Tirol mit Brixen und Trient (im Austausch gegen Würzburg). Am 1. 1. 1806 stieg es zum Königreich auf. Nach dem Beitritt zum Rheinbund am 12. 7. 1806 gewann es Ansbach (im Austausch gegen Berg) und zahlreiche kleine Herrschaften, die Reichsstadt Nürnberg sowie Gebiete des Deutschen Ordens. 1809/1810 erlangte es auf Kosten Österreichs das Innviertel und das Hausruckviertel, Salzburg und Berchtesgaden, außerdem Bayreuth und Regensburg, musste aber Südtirol an Italien und einen Teil Mainfrankens an das Großherzogtum Würzburg abgeben. Ein Vertrag mit Württemberg ließ im Westen die Iller zur Grenze werden und Ulm an Württemberg übergehen. 1815/1816 (14. 4. 1816) musste B. jedoch Tirol, Vorarlberg, Salzburg, das Innviertel und das Hausruckviertel an Österreich zurückgeben, erhielt aber seinerseits das Maingebiet von Würzburg bis Aschaffenburg und dazu die linksrheinische Pfalz zurück. Das 1805/1806 erlangte Vils im Außerfern wurde 1816 gegen Marktredwitz an Österreich gegeben. Die verschiedenen verbliebenen Gebiete wurden unter dem leitenden Minister Montgelas zu einer straff verwalteten Einheit vereinigt, die am 10. 6. 1815 als drittgrößter Staat widerstrebend dem Deutschen Bund beitrat, 1808 eine Konstitution bzw. am 26. 5. 1818 eine Verfassung und 1813 ein einheitliches modernes Strafrecht (Kriminalgesetzbuch) erhielt und die Universitäten Bamberg, Altdorf, Dillingen, Innsbruck und Salzburg aufhob. Alleiniger Mittelpunkt wurde München, das 1826 auch die 1800 schon von Ingolstadt nach Landshut verlegte Universität gewann. 1837 wurde das Land neu in sieben Regierungsbezirke (Schwaben, Oberbayern, Niederbayern, Oberpfalz, Oberfranken, Mittelfranken Unterfranken) gegliedert, zu denen noch die Pfalz als achter Regierungsbezirk trat. Durch preußisches Gesetz vom 24. 12. 1866 wurde das bisherige bayerische Bezirksamt Gersfeld, das aus Orten der früheren Herrschaft Gersfeld und der ehemals fuldischen Ämter Weyhers, Bieberstein und Oberamt Fulda bestand, und der bisher bayerische Landgerichtsbezirk Orb mit Orten, die 1815 aus dem Großherzogtum Frankfurt an B. gelangt waren, mit Preußen vereinigt. Am 20./23. 11. 1870 schloss B. als letzter süddeutscher Staat in Versailles den Vertrag über den Eintritt in das Deutsche Reich ab, bei dem es nach der Verfassung von 1871 als Reservatrechte eigene Diplomatie, Post, Eisenbahn, Bier- und Branntweinsteuer sowie beschränkte Wehrhoheit behielt. Im November 1918 rief der Führer der Unabhängigen Sozialdemokratie Eisner in B. die Republik aus. König Ludwig III. ging außer Landes, verweigerte aber jede Abdankung. Gleichwohl wandelte sich das Königreich zum Freistaat (Verfassung vom 12./19. 8. 1919). Auf Grund der neuen Verfassung verlor B. im Deutschen Reich fast alle Sonderrechte. Ein Teil der Pfalz Bayerns kam zum Saargebiet. Am 1. 7. 1920 wurde Sachsen-Coburg mit B. vereinigt. Am 9. 3. 1933 wurde die Regierung des Ministerpräsidenten Held (Bayerische Volkspartei) durch die Nationalsozialisten verdrängt. 1934 verlor B. seine Eigenstaatlichkeit und wurde Gebietskörperschaft des Reiches. 1945 kam es zur amerikanischen Besatzungszone, doch wurden Lindau und die Pfalz der französischen Besatzungszone zugeteilt. Umgekehrt kam das zuvor thüringische Ostheim zu B. Die Pfalz wurde von B. getrennt und 1946 dem Land Rheinland-Pfalz eingegliedert. Lindau kam 1956 zu B. zurück. Am 1. 12. 1946 erhielt B. eine neue Verfassung. 1949 lehnte der Landtag Bayerns das Grundgesetz der Bundesrepublik Deutschland wegen unzureichender Berücksichtigung bayerischer Sonderrechte ab, doch wurde B. Land der Bundesrepublik Deutschland. S. Pfalz, Wittelsbach.

L.: Wolff 134; Zeumer 553 II b1, II b 61, 6; Wallner 711 BayRK 1; Großer Historischer Weltatlas II 34 (1138–1254) G4, II 78 (bis 1450) G4, II 22 (1648) F4, III 38 (1789) D3; Die Territorien des Reichs 1, 56; Monumenta Boica, ed. Academia Scientiarum Boica, Bd. 1 ff. 1763 ff.; Buchner, A., Geschichte von Bayern, 1820–1855; Quellen und Erörterungen zur bayerischen und deutschen Geschichte, hg. v. d. hist. Komm. bei der bay. Akad. d. Wiss. Bd. 1 ff. 1856 ff.; Riezler, S. v., Geschichte Bayerns, 1878 ff., z. T. 2. A. 1927 ff., Neudruck 1964; Rosenthal, E., Geschichte des Gerichtswesens und der Verwaltungsorganisation Bayerns, Bd. 1, 2 1889 ff., Neudruck 1968; Götz, W., Geographisch-historisches Handbuch von Bayern, Bd. 1–2, 1895 ff.; Doeberl, M., Entwicklungsgeschichte Bayerns, Bd. 1 1906, 3. A. 1916, Bd. 2 2. A. 1928, Bd. 3 1931; Ortsbuch von Bayern 1932, hg. v. Reichspostzentralamt, 1932, mit Nachtrag von 1933; Spindler, M., Die Anfänge des bayerischen Landesfürstentums, 1937; Kornrumpf, M., Atlas Bayerische Ostmark, 1939; Keyser, E./Stoob, H., Deutsches Städtebuch 1939–1974, Bd. 5; Bauerreiß, R., Kirchengeschichte Bayerns, Bd. 1–7, 1949 ff. z. T. 3. A.; Historischer Atlas von Bayern, hg. von der Kommission für bayerische Landesgeschichte, 1950 ff. (Verzeichnis der bis 1980 erschienenen Hefte in Zs. f. bay. LG. 43 (1980), 799 ff.); Hiereth, S., Die bayerische Gerichts- und Verwaltungsorganisation vom 13. bis 19. Jahrhundert, 1950; Simon, M., Evangelische Kirchengeschichte Bayerns, 2. A. 1952; Rall, H., Kurbayern in der letzten Epoche der alten Reichsverfassung 1745–1801, 1952; Historisches Ortsnamenbuch von Bayern, hg. von der Kommission für bayerische Landesgeschichte, 1952 ff.; Zimmermann, W. G., Bayern und das Reich 1918–23, 1953; Reindel, K., Die bayerischen Luitpoldinger, 1953; Historisches Gemeindeverzeichnis von Bayern, Beiträge zur Statistik Bayerns 192 (1954); Schwend, K., Bayern zwischen Monarchie und Diktatur 1918–33, 1954;Schmidt, W./Reng, A., Straubinger Atlas, Straubinger Hefte 8 (1958); Bosl, K., Bayerische Geschichte, 7. A. 1990; Hubensteiner, B., Bayerische Geschichte, 10. A. 1985; Historischer Atlas von Bayerisch-Schwaben, hg. v. Zorn, W., 2. A. 1985 ff.; Polenz, P. v., Landschafts- und Bezirksnamen, 1961, I, 12, II, 22, 51, 52, 91, 94, III, 18, 19, 26, 27, Peiera, Volksname, Peigirolant, Landname, Baivarii, Baoioaria, Beiaro riche, Beireland; Werner, H., Die Herkunft der Bajuwaren und der „östlich-merowingische" Reihengräberkreis, FS Wagner, F., 1962; Fried, P., Herrschaftsgeschichte der altbayerischen Landgerichte Dachau und Kranzberg im Hoch- und Spätmittelalter sowie in der frühen Neuzeit, 1962; Hubensteiner, B., Bayern, in: Geschichte der deutschen Länder, Bd. 1; Finsterwalder, R., Zur Entwicklung der bayerischen Kartographie von ihren Anfängen bis zum Beginn der amtlichen Landesaufnahme, 1967; Apian, P., 24 baierische Landtafeln von 1568, hg. v. Fauser, A./Stetten, G., 1968; Handbuch der bayerischen Geschichte, hg. v. Spindler, M., Bd. 1 ff. 1968 ff., 2. A. 1981 ff., z. T. 3. A. 1995 ff.; Bayerischer Geschichtsatlas, hg. v. Spindler, M., 1969; Buzas, L./Junginger, F., Bavaria Latina. Lexikon der lateinischen geographischen Namen in Bayern, 1971; Altbayern im Frühmittelalter bis 1180, hg. v. Ay, K. L., 1974; Rall, H., Zeittafeln zur Geschichte Bayerns, 1974; Riedenauer, E., Das allgemeine Ortsregister zum Historischen Atlas von Bayern, Z. f. bay. LG. 39 (1976); Schwaben von 1268–1803, bearb. v. Blickle, P./Blickle, R., 1979; Wittelsbach und Bayern, hg. v. Glaser, H., Bd. 1 ff. 1980; Fried, P., Vorstufen der Territorienbildung in den hochmittelalterlichen Adelsherrschaften Bayerns, in: FS Kraus, A., 1982, 33 ff.; Demel, W., Der bayerische Staatsabsolutismus 1806/8 bis 1817, 1983, Schriftenreihe zur bayerischen Landesgeschichte 76; Handbuch der bayerischen Ämter, Gemeinden und Gerichte 1799–1980, hg. v. Volkert, W., 1983; Land und Reich, Stamm und Nation.

Probleme und Perspektiven bayerischer Geschichte, FS Spindler, M., 1984; Die Bayern und ihre Nachbarn, hg. v. Wolfram, H. u. a., 1985; Hausberger, K./Hubensteiner, B., Bayerische Kirchengeschichte, 1985; Reitzenstein, W. Frhr. v., Lexikon bayerischer Ortsnamen. Herkunft und Bedeutung, 2. A. 1991; Zorn, W., Bayerns Geschichte im 20. Jahrhunderts, 1986; Ay, K., Land und Fürst im alten Bayern, 16.–18. Jahrhundert, 1988; Bosl, K., Die bayerische Stadt in Mittelalter und Neuzeit. Altbayern, Franken, Schwaben, 1988; Bosls Bayerische Biographie, 1980 ff., Ergbd. 1000 Persönlichkeiten aus 15 Jahrhunderten, hg. v. Bosl, K., 1988; Neuanfang in Bayern, 1945–1949. Politik und Gesellschaft in der Nachkriegszeit, hg. v. Benz, W., 1988; Handbuch der bayerischen Geschichte, Bd. 2 Das alte Bayern, hg. v. Kraus, A., 2. A. 1988; Volkert, W., Die bayerischen Kreise. Namen und Einteilung zwischen 1808 und 1838, in: FS Bosl, K., Bd. 2, 1988; Lieberich, H., Die bayerischen Landstände 1313–1807, Einleitung und Verzeichnisse, 1988; Wolff, H., Cartographia Bavaricae. Bayern im Bild der Karte, 1988; Riepertinger, R., Typologie der Unruhen im Herzogtum Bayern 1525, Zs. f. bay. LG. 51 (1988); Hartmann, P., Bayerns Weg in die Gegenwart. Vom Stammesherzogtum zum Freistaat heute, 2. A. 1992; Franz, E. u. a., Gerichtsorganisation in Baden-Württemberg, Bayern und Hessen im 19. und 20. Jahrhundert, 1989; Kremer, R., Die Auseinandersetzungen um das Herzogtum Bayern-Ingolstadt 1438–1450, 1989; Liebhart, W., Bayern zur Zeit König Ludwigs, Bll. f. dt. LG. 123 (1987), 185 ff.; Störmer, W:, Die oberbayerischen Residenzen der Herzöge von Bayern, Bll. f. dt. LG. 123 (1987), 1 ff.; Ziegler, W., Die niederbayerischen Residenzen im Spätmittelalter, Bll. f. dt. LG. 123 (1987), 25 ff.; Götschmann, D., Altbayern vor 1806, 1979–1986 (Sammelbericht), Bll. f. dt. LG. 123 (1987), 711 ff.; Jahn, J., Ducatus Baiuvariorum. Das bairische Herzogtum der Agilolfinger, 1991; Typen der Ethnogenese unter besonderer Berücksichtigung der Bayern, hg. v. Wolfram, H./Pohl, W., 1993; Kraus, A., Geschichte Bayerns, 3. A. 2004; Tremel, M., Geschichte des modernen Bayern, 1994; Wolfram, H., Salzburg, Bayern, Österreich, 1996; Regierungsakte des Kurfürstentums und Königreichs Bayern, hg. v. Schimke, M., 1996; Prinz, M., Die Geschichte Bayerns, 1997; Handbuch der bayerischen Kirchengeschichte, hg. v. Brandmüller, W., 1998; Seitz, J., Die landständische Verordnung in Bayern, 1998; Repertorium der Policeyordnungen der frühen Neuzeit, hg. v. Härter, K./Stolleis, M., Bd. 3 1999; Kremer, R., Die Auseinandersetzungen um das Herzogtum Bayern-Ingolstadt 1438–1450, 2000; Volkert, W., Geschichte Bayerns, 2001; Bayern im Bund, hg. v. Schlemmer, H. u. a., 2001 ff.; Franz, M., Die Landesordnungen von 1516/1520, 2003; Kummer, K., Landstände und Landschaftsverordnung unter Maximilian I. von Bayern (1598–1651), 2005.

Bayern-Burghausen (Herzogtum). Burghausen an der Salzach gehörte 1025 der Kaiserin Kunigunde als Witwengut. 1164 kam es an die Grafen von Wittelsbach, 1255 an deren niederbayerische Linie. 1309 erhielt es einen Freiheitsbrief, 1322 das Recht Landshuts. 1331 entstand durch Teilung Niederbayerns das Herzogtum B., das aber 1334 wieder erlosch. 1392 fiel Burghausen an Bayern-Landshut.

Bayern-Deggendorf (Herzogtum). Nach Deggendorf an der Donau nannten sich im 12. Jahrhundert Grafen von Deggendorf, die ihre Rechte von den Babenbergern ableiteten. Nachdem 1220 der letzte Graf von Deggendorf nach Böhmen geflohen war, nahm um 1246 Herzog Otto II. von Bayern Deggendorf in Besitz. 1331 entstand durch Teilung Niederbayerns das Herzogtum B., das aber 1333 wieder erlosch.

L.: Festschrift zum 1200jährigen Jubiläum der unmittelbaren Stadt Deggendorf, 1950.

Bayern-Ingolstadt (Herzogtum) ist das bei der dritten Teilung Bayerns 1392 für Herzog Stephan III. gebildete Teilherzogtum mit Streubesitz an der oberen Donau und im Alpenvorland. Es erhielt nach dem Pressburger Schied von 1429 ein Viertel Bayern-Straubings. 1445/1447 starb mit Ludwig dem Buckligen die Linie B. aus. Ihre Güter fielen an Herzog Heinrich XVI. von Bayern-Landshut. S. Bayern.

Bayern-Landshut (Herzogtum) ist das bei der dritten Teilung Bayerns 1392 für Herzog Friedrich gebildete Teilherzogtum. Es erhielt nach dem Pressburger Schied von 1429 ein Viertel Bayern-Straubings. Nach dem Aussterben der Linie Bayern-Ingolstadt fielen deren Güter an Heinrich XVI. von B., der damit zwei Drittel Bayerns beherrschte. Sein Nachfolger Ludwig IX. gründete die Universität Ingolstadt und trat 1450 im Vertrag von Erding einen kleinen Teil Bayern-Ingolstadts an seinen Vetter von Bayern-München ab. Gleichzeitig gewann B. die Herrschaften Heidenheim, Heideck, Wemding und Weißenhorn. Am 1. 12. 1503 starb die Linie B. mit Georg dem Reichen, der entgegen dem Teilungsvertrag von 1392 und dem Vertrag von Erding von 1450 seine Tochter Elisabeth als Erbin einsetzte, in männlicher Linie aus. Zwischen dem mit der Tochter Elisabeth verheirateten Ruprecht von der Pfalz und Herzog Albrecht IV. von Bayern-München kam es zum Erbfolgekrieg. S. Bayern, Niederbayern.

L.: Großer Historischer Weltatlas II 66 (1378) G4.

Bayern-München (Herzogtum) ist das bei der dritten Teilung Bayerns 1392 für Herzog Johann II. gebildete Teilherzogtum mit dem südwestlichen Teil Oberbayerns und dem südlichen Nordgau. Es erhielt nach dem

Pressburger Schied von 1429 die Hälfte Bayern-Straubings. Im Vertrag von Erding von 1450 erlangte es von Bayern-Landshut einen kleinen Teil Bayern-Ingolstadts. 1485 zog Herzog Albrecht IV. die Grafschaft Abensberg ein. Von 1487 bis 1492 unterstellte sich die verschuldete Reichsstadt Regensburg seiner Herrschaft. Im Landshuter Erbfolgekrieg von 1503/1505 gewann Albrecht IV. gegen die Zusage von Gebietsabtretungen die Unterstützung König Maximilians. Im Schied von Köln vom 30. 6. 1505 wurde Bayern-Landshut Bayern-München zugesprochen, so dass Bayern (in Bayern-München) wieder vereinigt war. S. Bayern, Oberbayern.

L.: Großer Historischer Weltatlas II 66 (1378) F4/5.

Bayern-Straubing (Herzogtum). 1349/1351/1353 entstand durch Erbteilung unter Kaiser Ludwigs des Bayern Söhnen das Herzogtum B., zu dem Güter in den Niederlanden gehörten (Straubing-Holland). 1425 erlosch die Linie im Mannesstamm. Ihre Güter gab der Kaiser an Habsburg. 1429 mussten sie zur Hälfte an Bayern-München und zu je einem Viertel an Bayern-Landshut und Bayern-Ingolstadt zurückgegeben werden. Die niederländischen Güter kamen 1433 an den Herzog von Burgund. S. Bayern.

L.: Großer Historischer Weltatlas II 66 (1978) G4.

Bayersdorf, Baiersdorf (Reichsritter). Im frühen 16. Jahrhundert zählten die Baiersdorf zum Kanton Gebirg im Ritterkreis Franken.

L.: Stieber; Riedenauer 122.

Bayreuth, Brandenburg-Bayreuth (Fürstentum, Markgrafschaft). B. wird erstmals 1194 urkundlich erwähnt (Baierrute). Es ist eine Gründung der Grafen bzw. Herzöge von Andechs(-Dießen), die 1057 nach dem Aussterben der Markgrafen von Schweinfurt am Obermain die Herrschaft antraten. 1248 wurde es von den Grafen von Andechs an die Burggrafen von Nürnberg aus dem Hause Hohenzollern vererbt. Bei der Teilung im Hause Hohenzollern von 1398 gehörte es zu dem Gebiet „ob dem Gebirg" mit dem Vorort Kulmbach (Plassenburg). Von 1486 bis 1495 war es verselbständigt, kam dann aber bis 1515 wieder zu Ansbach, wohin es auch 1557 wieder fiel. Seit 1521 wurde die Reformation eingeführt. 1542 wurde die Kanzlei von Kulmbach nach Bayreuth verlegt. 1603 trat in B. wie auch in Ansbach beim Aussterben der älteren Linie der fränkischen Hohenzollern ein märkischer Hohenzollern die vertragliche Erbfolge an. 1603/1662 wurde B. nach dem Aussterben der älteren fränkischen (Ansbacher) Linie, an die es 1557 gelangt war, unter dem märkischen Hohenzollern Christian anstelle Kulmbachs Residenz des entsprechenden Fürstentums, das auf Grund des hohenzollerischen Erwerbs der Markgrafschaft Brandenburg den Titel Markgrafschaft führte. 1743 wurde die Universität Erlangen gegründet. Seit 1769 wurde die Markgrafschaft B. nach dem Aussterben der Bayreuther Linie in Personalunion mit der Markgrafschaft Ansbach regiert, 1791 mit 72 Quadratmeilen und 186000/250 000 Einwohnern an Preußen verkauft. B. teilte sich in das Oberland und das Unterland. Das Oberland umfasste die Amtshauptmannschaften Bayreuth, Kulmbach und Wunsiedel, die Oberämter Schauenstein, Helmbrechts, Lichtenberg, Thierbach, Lauenstein, Münchberg, Stockenroth, Gefrees, Berneck, Goldkronach, Stein, Creußen, Pegnitz, Schnabelwaid, Osternohe und Neustadt am Kulm und die Landeshauptmannschaft Hof. Das Unterland enthielt die Amtshauptmannschaft Erlangen, die Landeshauptmannschaft Neustadt an der Aisch und die Oberämter Baiersdorf, Hoheneck, Ipsheim und Neuhof. Um 1800 war B. Mitglied der Kantone Altmühl, Steigerwald und Gebirg des Ritterkreises Franken. 1806 wurde die Markgrafschaft von Frankreich besetzt. 1807 kam B. im Tilsiter Frieden an Frankreich, 1810 an Bayern.

L.: Wolff 102; Zeumer 553 II b 15; Wallner 691 FränkRK 2; Großer Historischer Weltatlas III 22 (1648) E4; Riedenauer 128; Die Territorien des Reichs 1, 10; Meyer, G., Geschichte der Burggrafschaft Nürnberg und der späteren Markgrafschaften Ansbach und Bayreuth, 1908; Guttenberg, E., Frh. v., Die Territorienbildung am Obermain, 1927, Neudruck 1966; Schwammberger, A., Die Erwerbspolitik der Burggrafen von Nürnberg in Franken, 1930; Hofmann, M., Die Außenbehörden des Hochstifts Bamberg und der Markgrafschaft Bayreuth, Jb. für fränk. Landesforschung 3, 4 (1937, 1938); Guttenberg, E. Frh. v., Kulmbach, in: Historisches Ortsnamenbuch von Bayern, hg. v. der Kommission für bay. LG. 1952 ff.; Dietrich, K. P., Territoriale Entwicklung, Verfassung und Gerichtswesen im Gebiet um Bayreuth bis 1603, 1958, Schr. d. Inst. für fränk. Landesforschung, Hist. Reihe Bd. 7; Gebeßler, A., Stadt und Landkreis Bayreuth, 1959; Endres, R., Ansbach-Bayreuth, in: Handbuch der bayerischen Geschichte, hg. v. Spindler, M., Bd. 3, 1 3. A. 1997; Vollet, H., Abriss der Kartographie des Fürstentums Kulmbach-Bayreuth, 1978, Die Plassenburg 38; Wendehorst, A., Bayreuth, LexMA 1 1980, 1719; Wiedemann, W., Bayreuth im ausgehenden Mittelalter. Untersuchungen zur politischen Struktur und Sozialgeschichte einer landesherrlichen Stadt, 1989; Endres, R., Auf- und Ausbau des Bayreuther Territoriums, Archiv f. Gesch. v. Oberfranken 74 (1994) 55; Bayreuth, hg. v. Endres, R., 1995; Pöhlmann, T., Zur mittelalterlichen Territorialstruktur des Amtes Bayreuth, Archiv f. Gesch. v. Oberfranken 76 (1996), 85; Bayreuth, bearb. v. Winkler, R., 1999.

Beauffremont, Bauffremont (Reichsfürst). 1757 wurden Louis de B. und seine Brüder und ihre Nachkommen als Erben der Gorevod zu Reichsfürsten erhoben.

L.: Klein 172.

Beauveau-Craon (Reichsritter, Reichsfürst). Von 1721/1722 bis 1728/1743 zählte der lothringische Marquis von B. mit dem um 1720 von den Closen erworbenen Rittergut Mühlhausen/Neckar, das 1728 von den Palm gekauft wurde, zum Kanton Kocher im Ritterkreis Schwaben.

L.: Kollmer 375; Schulz 257; Klein 178.

Bebenburg? (Reichsritter). Kanton Rhön-Werra, Ritterkreis Franken.

L.: Stieber; Rahrbach 12.

Bebendorf (Reichsritter). Im frühen 16. Jahrhundert zählten die B. zum Kanton Steigerwald im Ritterkreis Franken.

L.: Stieber; Riedenauer 122.

Bebenhausen (Dorf). Am Ende des 18. Jahrhunderts gehörten die nördlich von Tübingen gelegenen Güter der Grafen von Neipperg in Bebenhausen zum schwäbischen Reichskreis. S. Baden-Württemberg.

L.: Wallner 690 SchwäbRK 99.

Bebenhausen (Reichskloster). Kurz vor 1187 gründete Pfalzgraf Rudolf von Tübingen auf vom Hochstift Speyer eingelöstem Grund und Boden in B. nördlich von Tübingen ein Prämonstratenserkloster, das 1190 mit Zisterziensern besetzt wurde. Von 1280 bis zum Verkauf der Stadt Tübingen 1342 versuchten die Pfalzgrafen entgegen der Stiftungsurkunde des Klosters, dieses ihrer Herrschaft zu unterwerfen. Im 14. Jahrhundert kam die Vogtei an das Reich. In der zweiten Hälfte des 15. Jahrhunderts erwarb Württemberg als Nachfolger der Pfalzgrafen von Tübingen allmählich die Herrschaft über das Reichskloster. Seit 1498 besuchte der Abt den württembergischen Landtag. 1535 wurde die Reformation eingeführt. 1623 gehörten zum Kloster noch 14 Dörfer und Weiler, acht Höfe, ein Schloss, ein Burgstall und 876 Untertanen. 1807 wurde die Klosterverwaltung aufgelöst. S. Baden-Württemberg.

L.: Wolff 162; Großer Historischer Weltatlas II 66 E4; Paulus, E., Die Cisterzienserabtei Bebenhausen, 1886; Brand, H./Krins, H./Schiek, S., Die Grabdenkmale im Kloster Bebenhausen, 1989; Köhler, M., Die Bau- und Kunstgeschichte, 1994.

Beberlohe (Reichsritter). Die B. gehörten vielleicht zum Kanton Altmühl des Ritterkeises Franken. S. Dietenhofen.

L.: Stieber.

Bechtolsheim (Ganerbschaft). Am 13. 11. 1270 belehnte Philipp von Hohenfels als Erbe der Bolanden in einer Art verschleierten Verkaufs Ritter, Edle, Hübner sowie die ganze Gemeinde B. mit dem ganzen Ort und allen Rechten. Diese ritterschaftliche Ganerbschaft erlangte als freies Dorf die Ortshoheit. Unter den Ganerben waren die Mauchenheim genannt B. sowie die Beckers zu Westerstetten. Über Hessen-Darmstadt gelangte B. 1946 zu Rheinland-Pfalz. S. Mauchenheim genannt B.

L.: Zimmermann 63 f.; Geschichtlicher Atlas Hessen, Inhaltsübersicht 33.

Beck (Reichsritter). Von etwa 1650 bis etwa 1750 zählten die von dem B. zum Kanton Baunach des Ritterkreises Franken.

L.: Riedenauer 122.

Beckelnheim (Ganerben). Vom 13. bis zum 16. Jahrhundert erscheint ein aus Gaubickelheim stammendes Adelsgeschlecht, das von 1270 bis vor 1400 an der Ganerbschaft Bechtolsheim beteiligt war. S. Rheinland-Pfalz.

L.: Zimmermann 63 f.

Beckers zu Westerstetten (Freiherren, Reichsritter). Im 18. Jahrhundert zählten die Freiherren B. mit einem Zehntel der um 1700 erworbenen Ganerbschaft Bechtolsheim zum Kanton Oberrheinstrom des Ritterkreises Rhein sowie von 1743 bis 1776 Heinrich Anton von B. zum Kanton Kocher des Ritterkreises Schwaben. 1742 wurde die Familie in den Reichsgrafenstand erhoben.

L.: Zimmermann 63; Winkelmann-Holzapfel 141 f.; Schulz 258.

Bedburg (Herrschaft). B. an der Erft erscheint erstmals 893 unter den Gütern des Klosters Prüm (Betbure), später des Erzstifts Köln. Lehnsträger waren die Grafen von Sayn und von diesen die Herren von Myllendonk (Millendonk), 1282 die Herren von Reifferscheid. 1403 kam B. durch Heirat an die Grafen von Limburg, 1425 an die Grafen von Neuenahr. Seit 1584 war es zwischen den Herren von Reifferscheid, die es zu einer Herrschaft ausbauten, und den Erben der Grafen von Neuenahr umstritten, ein von 1600 bis 1791 währender Prozess wurde nicht entschieden. 1792 kam es aus den Händen der Grafen von Salm-Reifferscheid unter die Herrschaft Frankreichs. Nach der Reichsmatrikel von 1776 wurde es über die Grafen von Neuenahr vermutungsweise zum kurrheinischen Reichskreis gerechnet. 1815 fiel es an Preußen, 1946 an Nordrhein-Westfalen.

L.: Gumpelzhaimer, 140; Ohm, A./Verbeck, A., Kreis Bergheim, Bd. 1 1871.

Beeskow (Herrschaft). Vermutlich im Zusammenhang mit einer slawischen Burg auf einer Spreeinsel entstand in der 1. Hälfte des 13. Jahrhunderts B. Es wurde ein Mittelpunkt der Herrschaft Beeskow-Storkow der Ministerialen von Strehla, die 1382 an die Herren von Biberstein kam. 1490 wurde sie an die Herzöge von Sachsen, 1518 an das Hochstift Lebus verpfändet. 1556 fiel sie an Markgraf Johann von Küstrin, 1575 an Brandenburg. Sie gehörte dem obersächsischen Reichskreis an und stand bis 1742 unter Lehnshoheit Böhmens. S. Brandenburg.

L.: Wolff 388; Wallner 708 ObersächsRK 1; Petersen, C., Geschichte des Kreises Beeskow-Storkow, 1922; Urkunden der Stadt Beeskow in Regesten (1271–1649), hg. v. Beck, F., 2003.

Behaim, Behem (Reichsritter). Im 18. Jahrhundert zählten die B. zum Kanton Rhön-Werra des Ritterkreises Franken. S. Estenfeld genannt B., Mörlau genannt Böhm.

L.: Seyler 351; Riedenauer 122.

Behaim von Schwarzbach (Reichsritter). Um 1806 zählten die B. zum Kanton Gebirg des Ritterkreises Franken.

L.: Riedenauer 122.

Behr (Reichsritter). Im ausgehenden 18. Jahrhundert zählten die B. zum Kanton Odenwald des Ritterkreises Franken.

L.: Riedenauer 122.

Behr von Behrental (Reichsritter). Im 16. Jahrhundert zählten die B. zu Ehningen (Ehringen) zum Kanton Neckar des Ritterkreises Schwaben.

L.: Hellstern 201.

Beichlingen (Grafen). 1014 wird erstmals die Burg B. bei Kölleda erwähnt. Nach ihr nannte sich ein Grafengeschlecht, das seit dem Beginn des 13. Jahrhunderts in mehrere Linien aufgespalten aus Alloden, Reichslehen und Landgrafenlehen ansehnliche Güter zwischen Finne, Kelbra und Frankenhausen ansammelte (Kölleda, Kelbra, Frankenhausen, Worbis, Brücken, Vogtei über Oldisleben), diese aber im 14. Jahrhundert an die Grafen von Schwarzburg und die Wettiner verpfändete und verkaufte. S. Thüringen.

L.: Wolff 377; Wallner 708 ObersächsRK 2; Großer Historischer Weltatlas II 66 (1378) F3; Leitzmann, L., Diplomatische Geschichte der Grafen von Beichlingen, Zs. d. Vereins f. thür. Gesch. und Altertumskunde 8 (1871), 177 ff.; Mascher, K., Reichsgut und Komitat am Südharz, 1957; Kempen, W. van, Schlösser und Herrensitze, 1961; Patze, H., Beichlingen, LexMA 1 1980, 1812.

Beier von Boppard (Reichsritter). Von 1234 bis 1236 war Conrad Beyer Reichsschultheiß der Reichsstadt Boppard. 1331 bestellte der Erzbischof von Trier die Beier, die verschiedentlich auch den Bischofsthron zu Metz einnahmen, zu erblichen Burggrafen des zu Boppard gelegenen sog. Königshauses. 1464 gewann die jüngere Linie über weibliche Erbfolge Anteile an der Ganerbschaft Schornsheim, die sie bis zu ihrem Aussterben 1507 behielt. Im 18. Jahrhundert zählten die B. zum Ritterkreis Rhein.

L.: Roth von Schreckenstein 2, 594; Zimmermann 64.

Beilstein (Herrschaft). B. bei Zell an der Mosel wird erstmals 1129 erwähnt. Die Burg wurde 1689 zerstört. B. war Mittelpunkt einer aus Lehen des Reichs, der Erzstifte Köln und Trier sowie der Fürsten von Jülich gebildeten Reichsherrschaft der seit 1068 nachgewiesenen Herren von Braunshorn. Nach dem Aussterben der Familie im Mannesstamm kam die Herrschaft 1362 in weiblicher Erbfolge an die Herren von Winneburg, 1637 an das Erzstift Trier und von dort 1652 als Reichsafterlehen an die Freiherren von Metternich. Zusammen mit Winneburg war B. die Grundlage ihrer 1679 erfolgten Aufnahme in das westfälische Grafenkollegium. Zu Winneburg und B. gehörten zuletzt 17 Orte. Am Ende des 18. Jahrhunderts kam B. an Frankreich, wofür die Fürsten Metternich mit Ochsenhausen entschädigt wurden, 1815 an Preußen, 1946 an Rheinland-Pfalz.

L.: Wolff 361; Zeumer 554 II b 63, 19; Wallner 704 WestfälRK 34; Escher, M. u. a., Die urbanen Zentren, 2005, 2, 57.

Beilstein (Herrschaft). Im 11. Jahrhundert wurde die Burg B. im Westerwald in die Verwaltung des Reichs übernommen und in der Mitte des 12. Jahrhunderts an die Landgrafen von Thüringen und von diesen an die Grafen von Nassau verliehen, die nach 1226 die vom Hochstift Worms berechtigten Herren von B. verdrängten. Seit 1341 nannte sich eine Linie des Hauses Nassau nach B. 1561 kam B. an Nassau-Dillenburg. 1607 wurde es erneut Residenz einer Nebenlinie Nassau-Beilstein, die 1620 Nassau-Dillenburg erbte und bei ihrem Aussterben 1739 von Nassau(-Diez)-Oranien beerbt wurde. Die Herrschaft bestand aus den Ämtern B. mit der gleichnamigen Stadt und Marienberg und umfasste etwa 5 Quadratmeilen. Sie gehörte über Nassau(-Diez)-Oranien dem kurrheinischen Reichskreis an. S. Nassau-Beilstein.

L.: Wolff 94; Wallner 700 KurrheinRK 5; Sauer, W., Die Herren von Beilstein und Greifenstein, Nassauische Annalen 28/29 (1896/97).

Beinheim (Herrschaft). Die Herrschaft B. im Unterelsass kam bei der Teilung Badens 1535 zu Baden-Baden. Am Ende des 18. Jahrhunderts fiel sie an Frankreich. S. Baden.

L.: Wolff 164.

Belcsem (Belsheim, um Stendal, nördlich Magdeburgs)

L.: Curs, O., Deutschlands Gaue im zehnten Jahrhundert. Nach den Königsurkunden, Diss. phil. Göttingen 1908, 3 (Arneburg, Briest, Elversdorf, Stendal); Hessler, W., Mitteldeutsche Gaue des frühen und hohen Mittelalters, 1957, 39, 114 (Arneburg, Bellingen, Dahrenstedt, Deetz, Döbbelin, Elversdorf, Hämerten, Ostheeren, Schleuß, Großschwarzlosen, Windberge); Polenz, P. v., Landschafts- und Bezirksnamen, 1961, I, 13, II, 50, 52, 91, III, 25, Belcsem, Balsami, Belkesheim, Balsemerland.

Belgien s. Brabant, Burgund, Eupen, (Eupen-Malmedy), Flandern, Habsburg, Hennegau, Lüttich, Luxemburg, Malmedy, Niederlande, Stablo (und Malmedy)

L.: Koll, J., Die belgische Nation, 2003.

Bellelay (Kloster). Das 1136 von Moutier-Grandval aus gegründete B. nordwestlich von Biel wurde 1797 von Frankreich aufgehoben.

L.: Wolff 237; Großer Historischer Weltatlas II 72 b (bis 1797) C2.

Bellenz s. Bellinzona

Bellersheim (Reichsritter). Im 18. Jahrhundert zählten die B. zum Ritterkreis Rhein.

L.: Roth von Schreckenstein 2, 594.

Bellheim (Reichshof). B. bei Germersheim wird 776 in einer Lorscher Urkunde erwähnt. Es gehörte dem Reich und befand sich in der Mitte des 13. Jahrhunderts als Lehen in der Hand des Ritters Hugo genannt Havener. In einer Urkunde König Albrechts vom 11. 1. 1303 für das Kloster Hördt (Herd) wurde es als „villa nostra“ bezeichnet. Später kam es vermutlich durch Verpfändung an die Markgrafen von Baden und von diesen 1363 an die Pfalzgrafen bei Rhein (Pfalz). S. Bayern, Rheinland-Pfalz.

L.: Hugo 463; Biundo, G., Bellheim im Wandel der Zeiten, 1930.

Bellinzona, mittelalterlich Bellenz (Herrschaft). B. am Tessin geht vermutlich auf ein römisches Kastell des 4. Jahrhunderts zurück. Über Ostgoten, Langobarden, Franken und die Könige von Italien kam es an die Bischöfe von Como. 1192 wurde B. von den Staufern der Stadtkommune Como unterstellt. 1350 fiel es an Mailand. 1419 wurde es an Uri verkauft, 1422 von den Herzögen von Mailand erobert. 1503 musste es nach kampfloser Besetzung (1501) an Uri, Schwyz und Nidwalden abgetreten werden, die dort eine Landvogtei einrichteten und 1798 B. bzw. 1803 Tessin die Selbständigkeit zugestanden.

L.: Wolff 530; Großer Historischer Weltatlas II 72 (bis 1797) F4; Bonzanigo, A., Squarci di storia bellinzonese dagli inizi dell'indipendenza cantonale, Bellinzona 1967; Meyer, W., Bellinzona, LexMA 1 1980, 1849.

Belluno (Stadtstaat). Dem antiken B. am Piave folgte ein langobardischer Herzogssitz. Dieser war später Mittelpunkt der Grafschaft B. der Bischöfe von B. Im 12./13. Jahrhundert löste sich B. von der Herrschaft der Bischöfe und schloss sich dem lombardischen Städtebund an. 1404 kam sie an Venedig, 1797 an Österreich, 1805 an das Königreich Italien Frankreichs, 1815 an das Königreich Lombardo-Venetien Österreichs und 1866 an Italien.

L.: Großer Historischer Weltatlas II 48 (1300) E1, II 66 (1378) E/F1.

Bemmelberg (Reichsritter). Die B. zählten zum Ritterkreis Schwaben (1569–1661 wegen Hohenburg zum Kanton Kocher).

L.: Roth von Schreckenstein 2, 592; Schulz 258.

Benediktbeuern (reichsunmittelbares Kloster). B. nordöstlich des Kochelsees wurde 739 von vier vielleicht agilolfingischen Verwandten Karl Martells aus der Familie Huosi gestiftet. Es wurde von Karl dem Großen besonders gefördert. Seit der Mitte des 11. Jahrhunderts versuchten die Hochstifte Freising und Augsburg das 954 zerstörte und 1031/1032 wiedererrichtete Benediktinerkloster für sich zu gewinnen. 1133 sicherte der Kaiser die Freiheit. Vögte waren danach die Grafen von Andechs und seit 1248 die Herzöge von Bayern. 1275 wurde das Kloster mit der Reichsunmittelbarkeit privilegiert. Unter Ludwig dem Bayern verlor es den mit der Reichsunmittelbarkeit verbundenen fürstlichen Rang. Seit 1422 wurde es nicht mehr in der Reichsmatrikel geführt. 1803 wurde es in Bayern säkularisiert.

L.: Fleischer, B., Das Verhältnis der geistlichen Stifte Oberbayerns zur entstehenden Landeshoheit, Diss. Berlin 1934; Mindera, K., Benediktbeuern. Kulturland und Kirchen, 1957; Jarnut, J., Benediktbeuern, LexMA 1 1980, 1869; Hemmerle, J., Die Benediktinerabtei Benediktbeuren, 1995.

Benekendorf, Beneckendorff, Benkendorf (Ritter). Die Beneckendorff zählten zur vogtländischen Ritterschaft.

L.: Stieber.

Bengel (Reichsdorf). B. bei Kröv an der Mosel wurde vermutlich 1274 von Rudolf von Habsburg an die Grafen von Sponheim verpfändet. Am 11. 11. 1374 erlaubte Karl IV. dem Erzbischof von Trier die Einlösung. Sie erfolgte aber nicht. S. Preußen, Rheinland-Pfalz.

L.: Hugo 461.

Benkendorf (Reichsritter) s. Benekendorf, Beneckendorff

Bentheim (Grafschaft). Vermutlich zwischen 1126 und 1137 übertrug Lothar von Süpplingenburg die Burg B. auf einem schon von den Römern militärisch verwandten Felsberg an der Vechte nordwestlich von Münster nahe dem 1050 erstmals erwähnten Dorf B. seinem Schwager, dem Grafen Otto von Salm-Rheineck (Rieneck), dessen Witwe Gertrud von Northeim 1154 als Gräfin von B. bezeugt ist. Nach dem Aussterben dieses Geschlechts gelangte die Grafschaft B. (Obergrafschaft) 1154/1165 auf dem Wege der weiblichen Erbfolge Sophies von Rheineck an eine jüngere Linie der Grafen von Holland, die sich als Grafen von B. benannte. 1178/1196 wurde die Lehnshoheit Utrechts aufgehoben. Am Ende des 12. Jahrhunderts erhielten die Grafen das Gebiet um Uelsen und Hilten (Niedergrafschaft B.), das noch 1131 Teil der zu Utrecht gehörigen Twente gewesen war. Die wichtigsten Güter lagen um Bentheim, Schüttorf, Neuenhaus und Nordhorn. Bis um 1300 zwangen die Grafen die meisten adligen Familien in der Obergrafschaft und Untergrafschaft in ihre Abhängigkeit. 1421 erlosch die männliche Linie der Grafen. Eine neue Linie gründete sich auf den Enkel der Schwester des letzten Grafen Everwin von Götterswick aus dem klevischen Geschlecht von Güterwyk († 1454), der zudem durch Heirat 1421 die benachbarte Herrschaft (seit 1495 Reichsgrafschaft) Steinfurt erwarb. Beide Herrschaften wurden 1454 wieder geteilt. 1486 trugen die Grafen ihre Grafschaft zur Abwehr Münsteraner Ansprüche dem Kaiser auf und erhielten sie als Lehen zurück. Durch Heirat Everwins III. († 1562) kamen die Grafschaft Tecklenburg und die Herrschaft Rheda, durch Heirat Arnolds II. († 1606) die neuenahrische Grafschaft Hohenlimburg (Limburg) und die rheinische Herrschaft Alpen zu B. 1606 wurde B. in die Linien Bentheim-Tecklenburg, (Tecklenburg, Rheda, Limburg [Hohenlimburg]), B. und Steinfurt (Bentheim-Steinfurt) geteilt. Durch weitere Teilung entstanden insgesamt 5 Linien. Die 1622 gegründete ältere Linie Bentheim-Tecklenburg-Rheda verlor 1699 zwei Drittel von Tecklenburg und die Hälfte von Rheda nach längerem Rechtsstreit an Solms, das diese 1707 an Preußen verkaufte. 1707/1729 verzichteten die Fürsten von Bentheim-Tecklenburg zugunsten Preußens auf Tecklenburg, behielten aber die Herrschaft Rheda (teilweise) und Limburg (Hohenlimburg). Die ebenfalls 1622 gegründete Linie Bentheim-Steinfurt teilte sich in die Linien Bentheim-Steinfurt und Bentheim-Bentheim. Bentheim-Bentheim, das dem westfälischen Reichsgrafenkollegium angehörte, verpfändete 1752/1753 schuldenhalber seine Güter an Hannover und erlosch 1803. 1804 kam B. an

Steinfurt, 1806 an Frankreich. 1806 fielen alle Teile von B. mit insgesamt 17 Quadratmeilen und 28000 Einwohnern an das Großherzogtum Berg, am 10. 12. 1810 an Frankreich. 1815 kamen Rheda und Limburg (Hohenlimburg) als Standesherrschaften zu Preußen, B. zu Hannover und Steinfurt zu Preußen. 1817 wurden die Linien Bentheim-Tecklenburg und Bentheim-Steinfurt (B. und Steinfurt) in den Fürstenstand Preußens erhoben. B. fiel 1946 an Niedersachsen.

L.: Wolff 350f.; Zeumer 554 II b 63, 9; Wallner 702 WestfälRK 14; Großer Historischer Weltatlas II 66 (1378) B2, III 22 (1648) C2, III 38 (1789) B1; Die Territorien des Reichs 3, 182; Jung, J. H., Historia comitatus Benthemiensis libri tres, 1773; Müller, J. C., Geschichte der vormaligen Grafschaft Bentheim, 1879; Greinwing, J., Der Übergang der Grafschaft Bentheim an Hannover, Diss. phil. Münster 1934; Niedersachsen um 1780, Lief. 1, hg. v. Prinz, J., u. a., Bentheim, 1938; Sager, L., Die Grafschaft Bentheim in der Geschichte, 2. A. 1952; Der Landkreis Grafschaft Bentheim, bearb. v. Specht, H., 1953; Edel, L., Neue Bibliographie des landes- und heimatgeschichtlichen Schrifttums über die Grafschaft Bentheim, 1962; Finkemeyer, E., Verfassung und Verwaltung der Grafschaft Bentheim zur Zeit der hannoverschen Pfandschaft 1753–1804, 1967 (= Osnabrücker Mitteilungen 75 [1968], 1); Veddeler, P., Die territoriale Entwicklung der Grafschaft Bentheim bis zum Ende des Mittelalters, 1970; Gauß'sche Landesaufnahmen der durch Hannover erworbenen Gebiete, bearb. v. Engel, F., 6. Emsland, 1977; Topographische Karte der Grafschaft Bentheim, hg. v. Niedersächs. Landesvermessungsamt, 1977ff.; Schoppmeyer, H., Bentheim, LexMA 1 1980, 1919f.; Der Landkreis Grafschaft Bentheim, 1986; Guttmann, H., Emsland, Grafschaft Bentheim, 1989; Marra, S., Allianzen des Adels, 2006.

Bentheim-Bentheim (Grafen). Das durch Teilung Bentheim-Steinfurts entstehende, dem westfälischen Reichsgrafenkollegium angehörende, 1752/1753 seine Güter schuldenhalber an Hannover verpfändende B. erlosch 1803. S. Bentheim.

Bentheim-Steinfurt (Grafen). 1622 entstand durch Teilung der Grafschaft Bentheim die Linie B. Sie teilte sich in Bentheim-Bentheim und B. B. erlangte 1804 die 1753 pfandweise an Hannover gelangten Güter der 1803 erloschenen Linie Bentheim-Bentheim, kam dann aber zum Großherzogtum Berg. S. Steinfurt.

L.: Sager, L., Die Grafschaft Bentheim in der Geschichte, 2. A. 1952.

Bentheim-Tecklenburg (Fürsten). B. entstand 1606/1609 durch Teilung der Grafen von Bentheim und verlor 1699/1707/1729 zwei Drittel Tecklenburgs und die Hälfte Rhedas nach langem Rechtsstreit über Solms-Braunfels (1707 Verkauf) an Preußen, behielt aber die Hälfte der Herrschaft Rheda (teilweise) und Limburg (Hohenlimburg). 1806 kamen die Güter an das Großherzogtum Berg, 1810 an Frankreich und 1815 an Preußen.

Bentheim-Tecklenburg-Rheda (Fürsten) s. Bentheim-Tecklenburg

Bentinck (Ritter, Freiherren, Grafen, Fürsten). Seit dem Anfang des 14. Jahrhunderts (1304) ist das reich begüterte geldrische Rittergeschlecht von B. bezeugt. 1550 wurde es in den Freiherrenstand erhoben und im 17. Jahrhundert von Wilhelm von Oranien mit dem Grafentitel ausgezeichnet. Auf der Grundlage der Herrschaften Varel und Kniphausen, die Wilhelm von B. aus der 1733 erfolgten Ehe mit Sophie von Aldenburg erlangt hatte, entstand die reichsständische Dynastie B. 1808 wurde die Herrschaft von Oldenburg mediatisiert und von 1810 bis 1813 mit Oldenburg Frankreich eingegliedert. 1815 wurde die Selbständigkeit für Kniphausen mit 2800 Einwohnern wiederhergestellt. 1825 erhielt das Haus B. vertraglich unter Oberhoheit Oldenburgs die Hoheit über Kniphausen, 1830 auch über Varel. Nach dem Tode des letzten Reichsgrafen (1835) erwuchs ein langwieriger Erbfolgestreit, an dessen Ende 1854 das Großherzogtum Oldenburg Kniphausen und Varel für nahezu zwei Millionen Taler von den nichtehelichen Söhnen und den englischen Vettern des Erblassers übernahm.

L.: Huber, E., Deutsche Verfassungsgeschichte, Bd. 1766ff.; Schatzmann, P., The Bentincks. The History of an European Family, 1976.

Bentzel zu Sternau (Freiherren, Reichsritter, Reichsgrafen). Das angeblich schwedische, nach dem Dreißigjährigen Krieg in die Dienste des Erzstifts Mainz getretene katholische Adelsgeschlecht der B. wurde 1732 in den rittermäßigen Adelsstand aufgenommen und 1746 mit dem Beinamen Sternau in den Reichsfreiherrenstand erhoben. Seit 1743 war die Familie dem Kanton Mittelrheinstrom des Ritterkreises Rhein inkorporiert. 1790 gewann sie den Reichsgrafenstand. 1793 wurde Johann Baptist Graf B. Mitglied des Kantons Neckar des Ritterkreises Schwaben,

1797 sein Vetter Christian Joseph Graf B. Beide waren noch 1805 als Personalisten Kantonsmitglieder.

L.: Hellstern 201.

Benzenau? (Reichsritter). Kanton Rhön-Werra, Ritterkreis Franken.

L.: Stieber.

Berchtesgaden (Fürstpropstei). Zwischen 1102 und 1105 gründeten Irmgard und Berengar von Sulzbach die Zelle B. Sie wurde 1120 erneuert und war seit 1142 päpstliches Eigenkloster. Friedrich I. Barbarossa verlieh ihr 1156 Forstfreiheit und Schürffreiheit nach Salz und Metall (und damit Landeshoheit bzw. Reichsunmittelbarkeit). Heinrich VI. bestätigte ihr 1194 das Bergregal, Rudolf von Habsburg 1290 die Reichsunmittelbarkeit und Adolf von Nassau 1294 den Blutbann. 1380 erhielt der Propst von König Wenzel B. als Reichslehen, doch wurde B. wegen hoher Verschuldung von 1393 bis 1404/1407 in das Erzstift Salzburg inkorporiert. Seit 1558/1559 war der Propst Reichsfürst mit Sitz und Stimme im Reichsfürstenrat. Von 1594 bis 1723 waren Wittelsbacher Fürstpröpste von B. 1803 wurde B., dem außer Stift und Markt B. der Marktflecken Schellenberg, die Pfarrei Ramsau, die acht Gnodschaften (= Genossenschaften) Schönau, Ramsau, Bischofswiesen (Bischofwies), Gern, Scheffau, Au, Salzberg (Berg), Ettenberg (Ottenberg) und bedeutende mittelbare Herrschaften in Österreich, Bayern und Salzburg gehörten, mit insgesamt 14 Quadratmeilen und 18 000 Einwohnern säkularisiert und kam an Erzherzog Ferdinand von Toskana, 1805 an Österreich und 1809/1810/1816 an Bayern.

L.: Wolff 145; Zeumer 552 ff. II a 31; Wallner 712 BayRK 8; Großer Historischer Weltatlas II 66 (1378) G5, III 38 (1789) E3; Albrecht, D., Fürstpropstei Berchtesgaden, 1954; Martin, F., Berchtesgaden. Die Fürstpropstei der regulierten Chorherren 1923, 2. A. 1970; Dopsch, H., Berchtesgaden, LexMA 1 1980, 1932; Geschichte von Berchtesgaden, hg. v. Brugger, W. u. a., Bd. 1 f. 1991 ff.; Kissling, P., „Gute Policey" im Berchtesgadener Land, 1999.

Berckheim s. Berkheim

Berg (Grafen, Herzöge, Grafschaft, Herzogtum, Großherzogtum). In der zweiten Hälfte des 11. Jahrhunderts erscheint am Niederrhein ein Geschlecht mit den Leitnamen Adolf, Eberhard und Engelbert, das sich nach dem Stammsitz B. a. d. Dhün (Altenberg, vor 1152 als Zisterzienserabtei gestiftet) benannte, um 1150 ansehnliche Güter (Allod, Vogtei über die Klöster Werden, Deutz, Siegburg) zwischen Sieg und Lippe innehatte und in enger Verbindung zum Erzstift Köln stand. Um 1100 erwarb es Güter aus dem Erbe der Grafen von Werl. Seit 1101 führte es den Grafentitel. Von 1133 bis 1288 war der Hauptsitz B. (= Burg an der Wupper), das bis zum Anfang des 16. Jahrhunderts Residenz blieb. 1160/1161/1163 teilten sich die Grafen von B. in eine rheinische (B.) und eine westfälische Linie (Berg-Altena[-Mark], Altena), diese sich am Ende des 12. Jahrhunderts in einen märkischen und einen isenbergischen Zweig, von denen Isenberg rasch bedeutungslos wurde, die Grafen von Mark dagegen erhebliches Gewicht gewannen. Die Grafen von B., die 1176 Güter um Hilden und Haan und vielleicht um Duisburg und 1189 um Düsseldorf erwarben und mehrfach den Kölner Erzbischofsstuhl besetzten, starben 1225 in der Hauptlinie (rheinische Linie) aus. Sie wurden über Irmgard von B. von dem Haus Limburg beerbt, dessen Angehörige Güter um Duisburg, Mettmann und Remagen gewannen (Hauptort war seit 1280 Düsseldorf). Diese wurden 1348 über die Schwestertochter Margarete von B. und Ravensberg von dem Haus Jülich beerbt, das die letzten fremden Exklaven beseitigte (1355 Hardenberg, 1359 Solingen). Seit 1380 war B. Herzogtum. Ihm wurde die von Margarete von B. vom Vater ererbte Grafschaft Ravensberg angegliedert. 1423 vereinigte sich B. durch Erbfall mit dem Herzogtum Jülich. 1427 wurde Elberfeld gewonnen. 1511 starb das Haus Jülich (Jülich-Hengebach) aus und wurde durch die Grafen von der Mark beerbt, die seit 1368 auch in Kleve (Herzöge von Kleve) herrschten (Vereinigung von Jülich-Berg-Ravensberg mit dem Herzogtum Kleve-Mark). 1609 erlosch der märkische Zweig (Kleve-Mark) des alten bergischen Grafenhauses. Nach dem Jülich-Klevischen Erbfolgestreit kam 1614 (endgültig 1666) das katholisch gebliebene B. (mit den Städten Düsseldorf, Lennep, Wipperfürth, Ratingen, Radevormwald [Rade vor dem Wald], Solingen, Gerresheim, Blankenberg und Elberfeld, den Ämtern Düsseldorf, Angermund und Landsberg, Mettmann, Elberfeld, Barmen und Beyenburg, Solingen und Burg, Schöller, Hilden und Haan [Hahn],

Bornefeld und Hückeswagen, Monheim, Mieseloh [Meiseloh], Porz und Mülheim [Mühlheim], Odenthal [Odendahl], Scheiderhöh [Scheidenhöh], Lülsdorf [Lüstorf], Steinbach, Löwenberg [Leuenberg], den freien Herrschaften Hardenberg und Broich [Bruck] und der Herrschaft Schöller) mit Jülich an Pfalz-Neuburg, 1685 an Kurpfalz, womit B. Nebenland wurde, und 1777 mit der Pfalz an Bayern. 1805/1806 an Napoléon I. abgetreten, wurde B. unter dessen Schwager Joachim Murat zusammen mit nassauischen und preußischen Gebieten Großherzogtum (mit Herzogtum Münster, Grafschaft Mark, Tecklenburg, Lingen, Reichsabtei Essen, Elten und Werden, insgesamt 315 Quadratmeilen mit 878 000 Einwohnern). Dieses wurde in die vier Departements Rhein, Sieg, Ruhr und Ems eingeteilt und erhielt Verfassung und Verwaltung nach dem Muster des napoleonischen Frankreich. Auch der Code Napoléon wurde in Kraft gesetzt. 1809 wurde B. praktisch ein Teil Frankreichs, an das am 10. 12. 1810 Münster, Bentheim, Tecklenburg und Rheda mit insgesamt 87 Quadratmeilen ganz abgetreten werden mussten. 1813/1814 wurden die französischen Einrichtungen aufgehoben. 1815 kam B. an Preußen (Rheinprovinz), 1946 das Gebiet zu Nordrhein-Westfalen.

L.: Wolff 323 ff.; Wallner 701 WestfälRK 2; Großer Historischer Weltatlas II 66 (1378) D3, II 78 (1450) F3, III 22 (1648) C3; Die Territorien des Reichs 3, 86; Goecke, R., Das Großherzogtum Berg 1806–13, 1877; Hengstenberg, H., Das ehemalige Herzogtum Berg und seine nächste Umgebung, 2. A. 1897; Ilgen, T., Die ältesten Grafen von Berg und deren Abkömmlinge, die Grafen von Altena (Isenberg-Limburg und Mark), Zs. d. Berg. Geschichtsvereins 36 (1903), 14 ff.; Schönneshofer, B., Geschichte des Bergischen Landes, 2. A. 1912; Melchers, B., Die ältesten Grafen von Berg bis zu ihrem Aussterben, Zs. d. Berg. Geschichtsvereins 45 (1912), 5 ff.; Somya, J., Die Entstehung der Landeshoheit in der Grafschaft Berg bis zum Ende des 14. Jahrhunderts, 1926; Lülsdorff, J. v., Zur Entwicklung der Landeshoheit in den einzelnen Teilen des Herzogtums Berg, Zs. d. Berg. Geschichtsvereins 70 (1949), 255 ff.; Hömberg, A., Geschichte der Comitate des Werler Grafenhauses, WZ 100 (1950), 9 ff.; Hashagen, J. u. a., Bergische Geschichte, 1958; Wisplinghoff, E./Dahn, H., Die Rheinlande, in: Geschichte der deutschen Länder, Bd. 1; Schmale, F. J., Die Anfänge der Grafen von Berg, FS Bosl, K., 1974; Kraus, T. R., Die Entstehung der Landesherrschaft der Grafen von Berg bis zum Jahre 1225, 1981; Land im Mittelpunkt der Mächte. Die Herzogtümer Jülich, Kleve, Berg, 3. A. 1985; Regierungsakte des Großherzogtums Berg, hg. v. Rob, K., 1992; Lohausen, H., Die obersten Zivilgerichte im Großherzogtum, 1995; Engelbrecht, J., Das Herzogtum Berg, 1996; Repertorium der Policeyordnungen der frühen Neuzeit, hg. v. Härter, K./Stolleis, M., Bd. 3 1999; Schmidt, C., Das Großherzogtum Berg, 1999; Escher, M. u. a., Die urbanen Zentren, 2005, 1, 422.

Berg (Herrschaft). Nach B. an der Donau bei Ehingen nannten sich Grafen von B., die mit den Staufern verwandt waren und im 12. Jahrhundert drei Töchter mit den Herzögen von Böhmen, Mähren und Polen verheirateten. Graf Heinrich III. erhielt 1212 Burgau zu Lehen und übertrug hierauf den erheirateten Titel eines Markgrafen (von Ronsberg). Diese Linie starb 1301 aus. Von der 1346 aussterbenden Hauptlinie der Grafen von Wartstein erwarb Österreich 1343 die Herrschaft B. Unter der Landeshoheit Österreichs hatten in der Landvogtei Schwaben die Grafen (Schenk) von Castell die Herrschaft. S. Baden-Württemberg.

L.: Wolff 46; Wallner 714 ÖsterreichRK 1.

Berg s. Schrimpf von B., Schrimpff von B.

Berg? (Reichsritter). Kanton Rhön-Werra, Ritterkreis Franken.

L.: Stieber.

Berga (Reichsritter). Die B. zählten im 18. Jahrhundert mit Zwernberg (Zwerenberg) zum Kanton Altmühl des Ritterkreises Franken.

L.: Hölzle, Beiwort 55; Riedenauer 122.

Bergamo (Stadtstaat). Das antike Bergomum war später Mittelpunkt eines langobardischen Herzogtums und einer fränkischen Grafschaft. Im 12. Jahrhundert (1108 Konsuln) löste sich die Stadt aus der Herrschaft der Bischöfe und schloss sich dem lombardischen Städtebund an. 1333 kam B. an Mailand, 1428 an Venedig, 1805 zum Königreich Italien Frankreichs, 1814/1815 an das Königreich Lombardo-Venetien Österreichs und 1866 an Italien.

L.: Großer Historischer Weltatlas II 34 (1138–1254); Chardon, M., Bergamo, in: Méditerranée 8 (1967); Jarnut, J., Bergamo 568–1098, 1979; Jarnut, J./Soldi Rondini, G., Bergamo, LexMA 1 1980, 1945 f.

Berge (Reichskloster). Das südlich der Magdeburger Domburg gelegene Kloster wurde 966 gegründet und vom König ausgestattet. Bereits vor 1005 wurde es aber dem Erzstift Magdeburg übertragen.

L.: Holstein, H., Urkundenbuch des Klosters Berge bei Magdeburg, 1879; Roemer, C., Das Kloster Berge bei Magdeburg und seine Dörfer 968–1565, 1970.

Bergen, Bergen-op-Zoom (Markgrafschaft). Nördlich von Antwerpen bestand im 14. Jahrhundert am Rande des Herzogtums Brabant die kleine Markgrafschaft B.

L.: Großer Historischer Weltatlas II 66 C3; Escher, M. u. a., Die urbanen Zentren, 2005, 2, 63.

Bergen s. Pergon

L.: Polenz, P. v., Landschafts- und Bezirksnamen, 1961, IV, 10, Pergon, pagus ad Pergon, zum Ortsnamen Bergen.

Bergen s. Schelm von B.

Berger (Reichsritter). Von 1721 bis 1772 zählten Angehörige der B. zum Kanton Kocher des Ritterkreises Schwaben.

L.: Schulz 258.

Bergheim (Herrschaft). Beim Tod des Grafen Wilhelm III. von Jülich (1219) erhielt sein zweiter Sohn Walram die aus pfalzgräflichen Lehen und Alloden zusammengesetzte Herrschaft B. Nach 1233 errichtete er die Burg B. um das fränkische, 1028 erstmals erwähnte Dorf B. (altes Königsgut?) an der Erft und vergrößerte die Herrschaft um beträchtliche Teile der Erbschaft der 1246 ausgestorbenen Grafen von Are-Hochstaden. Nach dem Aussterben der Linie fiel die Herrschaft um 1312 wieder an die Hauptlinie zurück.

L.: Der Landkreis Bergheim (Erft), hg. v. Köhler, H., 1954; 150 Jahre Landkreis Bergheim, 1966; Kreis Bergheim, hg. v. Ohm, A./Verbeck, A., Bd. 1, 1971; Droege, G., Bergheim, LexMA 1 1980, 1956 f.

Berghes, Grimbergen, Berghes (Fürstentum). Das Fürstentum B. gehörte über Brabant und Burgund zum burgundischen Reichskreis.

L.: Wallner 700 BurgRK 1.

Bergrheinfeld (Ganerbschaft). Nachdem ursprünglich der König, das Kloster Fulda, dann die Markgrafen von Schweinfurt und als ihr Erbe Bischof Eberhard von Eichstätt (1098–1112) in B. bei Schweinfurt begütert waren, erscheint anfangs des 16. Jahrhunderts B. als ritterschaftliche Ganerbschaft der Herren von Schaumberg (Schaumburg), von Thüngen und Grumbach. 1631 fiel das Bergrheinfelder Lehen an das Hochstift Eichstätt heim, das 1664 seine Rechte an das Juliusspital Würzburg veräußerte. Dieses erwarb dort weitere Güter des Hochstifts Würzburg und des Domkapitels. S. Bayern.

L.: Geschichtlicher Atlas von Hessen, Inhaltsübersicht 33.

Bergzabern (Herrschaft). Im Schnittpunkt des Erlenbachtales und der Straße Landau-Weißenburg lag das römische Tabernae Montanae. Wohl im 12. Jahrhundert wurde das 1180 erstmals erwähnte B. um eine Wasserburg der Grafen von Zweibrücken gegründet. 1286 wurde der Ort Stadt. 1385/1393 kam B. von den Grafen an die Pfalz, bei deren Teilung 1410 an das Fürstentum Pfalz-Simmern. Am Ende des 18. Jahrhunderts fiel es an Frankreich, 1815 an die Pfalz bzw. Bayern, 1946 an Rheinland-Pfalz.

L.: Wolff 249; Hölzle, Beiwort 21; Maurer, C. L., Geschichte der Stadt Bergzabern, 1888; Festschrift zum Stadtjubiläum, 1936; Escher, M. u. a., Die urbanen Zentren, 2005, 2, 63.

Berihtilinpara (ein Bezirk der Baar)

L.: Polenz, P. v., Landschafts- und Bezirksnamen, 1961, II, 78, Perihtilinpara.

Bering (Reichsritter). In der zweiten Hälfte des 16. Jahrhunderts zählten die B. zum Kanton Gebirg des Ritterkreises Franken und zur vogtländischen Ritterschaft (Vogtland).

L.: Riedenauer 122.

Berka (Grafen, Herrschaft). Nach dem 1119 als Kirchdorf und 1414 als Stadt erwähnten B. an der Ilm nannten sich im 12. Jahrhundert (1154) die Grafen von B. Kurz vor 1273 starben sie aus. Um 1300 gelangte B. im Erbgang an die Grafen von Orlamünde, welche die Herren von Blankenhain (bis 1415) damit belehnten. Später stand B. unter Oberherrschaft des Hauses Wettin. Seit 1605/1608 gehörte es durch Kauf zu Sachsen-Weimar, seit 1920 zu Thüringen.

L.: Wolff 396; Willrich, B., Berka bei Weimar, 1888; Elle, C./Mueller, A., Die alte Herrschaft Berka an der Ilm, Zs. d. Vereins f. thür. Gesch. u. Altertumskunde N. F. 16 (1906), 5 ff., 261 ff., 17 (1907), 193 ff.

Berkheim, Berckheim (Freiherren, Reichsritter). 1773 zählten die bereits im Stichjahr 1680 angesessenen und mit ihren Gütern bei der Ritterschaft immatrikulierten Freiherren von B. mit dem halben Jebsheim zum Ritterkreis Unterelsass. Mit einem Sechstel Allmannsweier und sieben Zwölftel Wittenweier waren sie Mitglied im Bezirk (Kanton) Ortenau des Kantons Neckar des Ritterkreises Schwaben (1802 Christian Ludwig B., Karl Christian B.).

L.: Roth von Schreckenstein 2, 595; Hölzle, Beiwort 65 f., 58.

Berkley (Reichsfürst). 1801 wurde Elisabeth B., Gemahlin des Markgrafen Alexander zu

Brandenburg-Ansbach und Bayreuth, zur Reichsfürstin erhoben.

L.: Klein 191.

Berleburg (Burg, Herrschaft). 1258 verkaufte das Kloster Grafschaft die neuerrichtete civitas B. an Adolf von Grafschaft und Siegfried von Wittgenstein. 1322 gewannen die von Wittgenstein die alleinige Herrschaft. 1493 wurde Wittgenstein Mannlehen Hessens. Nach Einführung der Reformation wurde Wittgenstein geteilt in Sayn-Wittgenstein-Wittgenstein (mit Laasphe) und Sayn-Wittgenstein-Berleburg. 1792 wurden die Wittgensteiner Reichsfürsten und 1806 in Hessen-Darmstadt mediatisiert. 1806 kam das Gebiet zur Provinz Westfalen Preußens, 1946 zu Nordrhein-Westfalen.

L.: Wolff 285; 700jähriges Berleburg, 1958; 150 Jahre Landkreis Wittgenstein, 1966; Bruns, A., Berleburger Stadtrechte und Bürgerbuch, 1985; Escher, M. u. a., Die urbanen Zentren, 2005, 2, 64.

Berlepsch (Reichsritter). 1369 erbauten die von ihrer Stammburg Barlissen vertriebenen B. die Burg B. nördlich der Werra und trugen sie den Landgrafen von Hessen, deren Erbkämmerer sie wurden, zu Lehen auf. 1399 kam die Burg an Hessen, 1461 aber gegen Burg Sensenstein wieder an die B. Bis etwa 1760 gehörte die Familie zum Kanton Rhön-Werra des Ritterkreises Franken.

L.: Stieber; Seyler 351; Riedenauer 122; Rahrbach 15.

Berlichingen (Herren, Freiherren, Reichsritter). Den 1212 erstmals sicher nachweisbaren Herren von B. und dem 1176 gegründeten Kloster Schöntal gehörte der halbe Ort B., bei dem um 800 das Kloster Lorsch begütert war. Sie spalteten sich in zahlreiche Linien auf (u. a. Berlichingen-Rossach) und sind vor allem Lehensmannen der Bischöfe von Würzburg. Ihr bekanntester Vertreter ist Götz von B. (1480–1562), der Ritter mit der eisernen Hand. Bis zum Ende des Reiches gehörten die B. mit fünf Zwölftel von Baum-Erlenbach, halb B. (zur Häfte Deutscher Orden), Teilen von Hengstfeld, Hettigenbeuren (Hettingbeuren), Jagsthausen mit Olnhausen, Rossach und Unterkessach, Korb mit Hagenbach, Merchingen mit Hüngheim, Möglingen, Neunstetten, Diebach (Diesbach) und Gülthof Illesheim, Teilen von Walkershofen und halb Bieringen zum Kanton Odenwald des Ritterkreises Franken. Von 1569 bis 1617 mit Filseck und später mit dem 1617 erworbenen Rechenberg zählten die B. zum Kanton Kocher des Ritterkreises Schwaben und waren darüber hinaus vor und nach 1700 auch im Kanton Rhön-Werra sowie im Kanton Baunach des Ritterkreises Franken immatrikuliert. Ihre Güter im Kanton Odenwald fielen 1808 an Bayern, Hettigenbeuren (Hettingbeuren), Neunstetten und Hüngheim an Baden und damit 1951/1952 an Baden-Württemberg.

L.: Genealogischer Kalender 1753, 537; Stieber; Seyler 351; Roth von Schreckenstein 2, 593; Hölzle, Beiwort 55, 61; Pfeiffer 210; Winkelmann-Holzapfel 142; Riedenauer 122; Stetten 23, 32, 35, 184, 186; Schulz 258; Rahrbach 17; Archiv der Freiherren von Berlichingen Jagsthausen, hg. v. Kraus, D., 1999.

Berlichingen-Rossach (Reichsritter). Im 18. Jahrhundert zählten die B. mit Illesheim, das 1808 an Bayern fiel, zum Kanton Odenwald des Ritterkreises Franken. Die seit 1815 gräfliche Linie erlosch 1924.

L.: Stetten 183.

Berlin (Stadt, Land). In einem eiszeitlichen, von Havel, Spree und Panke durchflossenen Urstromtal entstanden im 12. Jahrhundert die Burgen und Siedlungen Köpenick, Spandau und Kölln, von denen Kölln 1232 Stadtrecht hatte. Zwischen 1230 und 1240 gründeten daneben die Markgrafen von Brandenburg B., das schon früh zunächst wirtschaftlich, dann politisch eine führende Stellung innerhalb Brandenburgs gewann. 1709 wurden B., Kölln und weitere Orte gegen ihren Willen zur Residenzstadt B. der Markgrafen vereinigt (56 600 Einwohner, 1800 172000, 1860 548000, 1880 1315000). Sie erhielt 1809/1810 eine Universität und wurde 1871 Hauptstadt des Deutschen Reiches. 1920 wurde sie mit umliegenden Dörfern und Städten zu Groß-Berlin umgestaltet. Dieses wurde 1945 in vier Besatzungszonen aufgeteilt und von Frankreich, Großbritannien, der Sowjetunion und den Vereinigten Staaten von Amerika in einer Alliierten Kommandantur für B. zunächst gemeinsam verwaltet, bis sich die Sowjetunion am 16. 6. 1948 hieraus zurückzog. Im September 1948 war B. tatsächlich politisch gespalten. 1949 erklärte die Deutsche Demokratische Republik Ost-Berlin zu ihrer Hauptstadt, ohne dass dies von den Westalliierten und der Bundesrepublik Deutschland anerkannt wurde. Nach seiner eigenen Verfassung von 1950 war Berlin-West ein Land der Bundesrepublik, doch wurde die entsprechende Bestimmung nicht als geltendes Recht angesehen. Die Hoheitsgewalt wurde von den drei westlichen Alliierten ausgeübt. Dementsprechend hatte West-B. ein eigenes Abgeordnetenhaus und einen eigenen Senat mit einem Regierenden Bürgermeister an der Spitze und entsandte nur Vertreter ohne volles Stimmrecht in den Bundesrat. Gesetze der Bundesrepublik Deutschland mussten durch Zustimmung des Abgeordnetenhauses übernommen werden. Der Einigungsvertrag zwischen Bundesrepublik Deutschland und Deutscher Demokratischer Republik vom 31. 8. 1990 bestimmte B. zur Hauptstadt der Bundesrepublik Deutschland. Mit dem Beitritt der Deutschen Demokratischen Republik zur Bundesrepublik Deutschland entstand zum 3. 10. 1990 das Land B., für das zum 11. 1. 1991 die bisherige (West-)Berliner Verfassung in Kraft gesetzt wurde. Am 20. 6. 1991 beschloss der Bundestag mit 338 zu 320 Stimmen, den Sitz des Bundestages und der Bundesregierung binnen 4 bis 8 Jahren in die Stadt B. zu verlegen. Eine Verbindung Berlins mit Brandenburg scheiterte am 5. 5. 1996 an einer Volksabstimmung.

L.: Wolff 387; Quirin, H., Berlin, LexMA 1 1980, 1965 f.; Geschichte Berlins, hg. v. Ribbe, W., Bd. 1 f., 1987; Fritze, W., Die Spandauer Stadtrechtsurkunden von 1232 und 1240 und die Anfänge Berlins, 1987, Jb. für brandenburgische LG. 38; Schich, W., Das mittelalterliche Berlin. Geschichte Berlins 1, 1987; Geschichte Berlins, hg. v. Ribbe, W., Bd. 1 f. 1987; Schütte, D., Geschichte der Berliner Verwaltungsbezirke, Bd. 1 Charlottenburg, 1988; Rechtsentwicklungen in Berlin, 8 Vorträge, gehalten anlässlich der 750-Jahr-Feier Berlins, hg. v. Ebel, F./Randelzhofer, A., 1988; Schultz, H., Berlin 1650–1800, 2. A. 1992; Creutz, U., Geschichte der ehemaligen Klöster im Bistum Berlin, 1995; Krätke, S./Borst, R., Berlin, 1999; Fritze, W./Schich, W., Gründungsstadt Berlin, 2000; Ziolkowski, T., Berlin, 2002; Thies, R., Ethnograph des dunklen Berlin, 2006.

Berlin von Waldershub (Reichsritter). Im frühen 17. Jahrhundert waren die B. im Kanton Altmühl des Ritterkreises Franken immatrikuliert.

L.: Riedenauer 122.

Bern (Kanton) s. Bern (Reichsstadt)

L.: Junker, B., Geschichte des Kantons Bern seit 1798, 1996.

Bern (Reichsstadt, Kanton). B., dessen Name wohl dem vorher zähringischen Verona nachgebildet ist, wurde 1160/1191 von Herzog Berthold V. von Zähringen auf ursprünglich burgundischem, später deutschem Königsgut gegründet. Nach dem Aussterben der Herzöge fiel es 1218 an das Reich zurück und erlangte von Rudolf von Habsburg 1274 die Anerkennung der Reichsunmittelbarkeit (Reichsstadt). Im 14. Jahrhundert erwarb die Stadt Güter im Umland (1323 Thun, 1324 Laupen, 1334 Reichsvogtei über Hasli, außerdem durch Schutzverträge 1265/1323 Interlaken, 1317 Sumiswald, 1329 Buchsee). 1353 verbündete sie sich in einem ewigen Bund mit der innerschweizerischen Eidgenossenschaft. Vor allem im 15. Jahrhundert baute sie ihr Gebiet durch Kauf und Eroberung vom Oberland bis zum Jurasüdfuß zum größten Stadtstaat nördlich der Alpen aus (1377 Aarberg, 1382/1384 Burgdorf und Thun, 1388 Nidau und Büren, 1400 Frutigen, 1406 Landgrafschaft Burgund, 1413 Bipp, 1415 Aargau, 1535/1536 von Savoyen die Waadt [1564 Verzicht auf Gex und Thonon]). 1528 führte B. die Reformation ein. Sein Gebiet umfasste schließlich mit 13 000 Quadratkilometern rund ein Drittel der heutigen Schweiz. 1798 verlor es Waadt, Aargau und Oberland an die Helvetische Republik, wurde aber deren Hauptstadt. 1814/1815 erhielt B. als Entschädigung für die Verselbständigung des Aargaus und der Waadt große Teile des Hochstifts Basel. Seit 1848 ist die Stadt B. Hauptstadt der Schweiz.

L.: Wolff 519 f.; Großer Historischer Weltatlas II 72 (bis 1797) C3; Die Rechtsquellen des Kantons Bern, Bd. 1 ff. 1902 ff.; Rennefahrt, H., Grundzüge der bernischen Rechtsgeschichte, Bd. 1–4 1928; Strahm, H., Studien zur Gründungsgeschichte der Stadt Bern, 1935; Feller, R., Geschichte Berns, Bd. 1–4 1946 ff.; Gmür, R., Der Zehnt im alten Bern, 1954; Planungsatlas Kanton Bern. Historische Planungsgrundlagen, hg. v. Grosjean, G., 1963; Ortsnamenbuch des Kantons Bern (Alter Kantonsteil), Bd. 1 Dokumentation und Deutung, T. 1 f., hg. v. Zinsli, P. u. a., 1976 ff.; Junker, B., Geschichte des Kantons Bern seit 1798, Bd. 1 ff. 1982 ff.; Gerber, B., Öffentliches Bauen im mittelalterlichen Bern, 1994; Pfister, M., Im Strom der Modernisierung, 1995; Gerber, R., Gott ist Burger zu Bern, 2001; Berns mutige Zeit, hg. v. Schwinges, R., 2003.

Bernau (Herrschaft). Unter der Landeshoheit Österreichs hatten seit 1635 die Freiherren von Roll die von den Freien von Bernau 1236 an die Freien von Gutenburg und danach an Henman von Rinach und Jakob von Raperg sowie Österreich gelangte Herrschaft B. mit

Gansingen, Galten, Büren Schwaderloch und Leibstatt im Aargau. S. Roll zu B. Aargau.

L.: Historisch-biographisches Lexikon der Schweiz 2 (1924), 187.

Bernburg (Burg, Herrschaft). Das im 12. Jahrhundert gegründete B. an der Saale kam beim Tode Herzog Bernhards von Sachsen 1218 an seinen Sohn Heinrich von Anhalt. 1252 entstand die ältere Linie Anhalt-Bernburg (bis 1468), 1603 die jüngere Linie Anhalt-Bernburg (bis 1863). S. Anhalt-Bernburg, Sachsen-Anhalt.

Lit.: Wolff 407.

Berneck s. Perneck, Zott von B.

Bernegger (Reichsritter), Berneker. Von etwa 1730 (Kauf von Vestenbergsgreuth) bis vor 1768 (Verkauf an die Holzschuher von Aspach und Harrlach) zählten die B. zum Kanton Steigerwald des Ritterkreises Franken. S. Bayern.

L.: Bechtolsheim 14 u. Anm. 760; Riedenauer 122.

Bernerdin (Reichsritter). Von 1645 bis 1782 zählten die B. zum Kanton Neckar des Ritterkreises Schwaben, von 1656 bis 1673 und von 1743 bis 1773 wegen Plüderhausen bzw. Adelmannsfelden zum Kanton Kocher.

L.: Roth von Schreckenstein 2, 592; Hellstern 201; Schulz 258.

Bernhausen (Freiherren, Reichsritter). Im 18. Jahrhundert gehörten die Freiherren von B. mit Herrlingen samt Klingenstein zum Kanton Donau des Ritterkreises Schwaben, von 1542–69 mit Katzenstein, Dunstelkingen, Bittenfeld und Buchenbach zum Kanton Kocher.

L.: Roth von Schreckenstein 2, 592; Hölzle, Beiwort 58; Schulz 258.

Bernheim (Reichsritter). Im frühen 16. Jahrhundert zählten die B. zum Kanton Odenwald des Ritterkreises Franken. Bis etwa 1650 waren sie wegen Steinsdorf (Steindorf) im Kanton Steigerwald immatrikuliert. Außerdem gehörten sie wahrscheinlich dem Kanton Altmühl an.

L.: Biedermann, Altmühl; Stieber; Roth von Schreckenstein 2, 593; Bechtolsheim 2, 13, 18; Stetten 32; Riedenauer 122.

Bernhold von Eschau (Reichsritter). Im 17. Jahrhundert waren die Bernhold (B.) Mitglieder des Kantons Odenwald des Ritterkreises Franken. Im 18. Jahrhundert zählten die B. zum Ritterkreis Rhein. 1773 gehörten die bereits im Stichjahr 1680 angesessenen und mit ihren Gütern bei der Ritterschaft immatrikulierten B. zum Ritterkreis Unterelsass. Sie erloschen in männlicher Linie 1775, in weiblicher Linie 1816.

L.: Roth von Schreckenstein 2, 594; Riedenauer 122.

Bernlohe (Reichsritter). In der zweiten Hälfte des 16. Jahrhunderts zählten die B. zum Kanton Gebirg des Ritterkreises Franken und zur vogtländischen Ritterschaft (Vogtland).

L.: Riedenauer 122.

Bernstein, Pernstein (Herrschaft). B. kam 1491 verwaltungsmäßig an Niederösterreich, 1647 unter die Verwaltung Ungarns und 1919 an Österreich.

L.: Scheuch, M., Standard 20. 2. 1998.

Bernstein (Reichsritter). Von etwa 1650 bis etwa 1700 zählten die B. zum Kanton Rhön-Werra des Ritterkreises Franken.

L.: Stieber; Seyler 351; Riedenauer 122.

Beroldingen (Freiherren, Grafen, Reichsritter). Im 18. Jahrhundert zählten die Freiherren, seit 1800 Grafen von B. mit Beerenberg (Berenberg), Gündelhart, Wildtal und Teilen von Umkirch zum Kanton Hegau des Ritterkreises Schwaben. Wegen des 1778 durch Heirat erworbenen Horn waren sie 1790–1805 auch im Kanton Kocher immatrikuliert. Im Kanton Neckar waren sie nach dem Erwerb der Rittergüter Graneck, Frideck (Friedeck) und Niedereschach seit 1692 Mitglied. Niedereschach wurde 1737 an die Reichsstadt Rottweil, Graneck und Frideck (Friedeck) 1756 an die von Tessin verkauft. B. fiel 1806 an Württemberg, das es 1810 an Baden abtrat. S. Baden-Württemberg.

L.: Genealogischer Kalender 1753, 529; Roth von Schreckenstein 2, 592; Hölzle, Beiwort 60 f.; Ruch 82, Anhang 77–79; Hellstern 201; Kollmer 375; Schulz 258.

Berstett (Freiherren, Reichsritter). Im 18. Jahrhundert zählten die bereits im Stichjahr 1680 angesessenen und mit ihren Gütern bei der Ritterschaft immatrikulierten Freiherren von B. mit fünf Sechsteln Berstett, einem Sechstel Hipsheim und Olwisheim zum Ritterkreis Unterelsass. Wegen eines Drittels Schmieheim waren sie auch Mitglied des Bezirks (Kantons) Ortenau des Kantons Neckar des

Ritterkreises Schwaben (1802 Wilhelm Ludwig B., Christian Jakob B.). Sie erloschen männlicherseits 1893, weiblicherseits 1970.

L.: Roth von Schreckenstein 2, 595; Hölzle, Beiwort 65f.

Bertoldsbaar

L.: Polenz, P. v., Landschafts- und Bezirksnamen, 1961, II, 78–82, Perahtoltespara, Bertholdsbaar, ein Baarbezirk; Borgolte, M., Geschichte der Grafschaften Alemanniens in fränkischer Zeit, 1984, 64 (Liptingen, Weigheim, Nordstetten, Biesingen, Wolterdingen, Flözlingen? bei Rottweil, Brittheim, Bickelsberg, Achdorf), 126 (Bachheim, Löffingen, Klengen, Priorberg, Dornstetten, Schopfloch, Wiesenstetten, Dietingen, Spaichingen, Gunningen, Wurmlingen, Baldingen, Pfohren, Behla, Hausen vor Wald, Aselfingen).

Bertram (Reichsritter). Von etwa 1650 bis etwa 1720 zählten die B. zum Kanton Odenwald des Ritterkreises Franken.

L.: Riedenauer 122.

Bertrand (Reichsritter). Seit 1710/1711 waren die B. wegen Dürnau Mitglied im Kanton Kocher des Ritterkreises Schwaben. Später gehörten sie ihm als Personalisten an.

L.: Schulz 258.

Bertremoville (Reichsritter). Im frühen 18. Jahrhundert zählten die B. zum Kanton Odenwald des Ritterkreises Franken.

L.: Riedenauer 122.

Besançon (Erzstift). Das schon 58 v. Chr. als Vesontio bezeugte B. am Doubs wurde im 4. Jahrhundert Sitz eines Bistums, das am Ende des 8. Jahrhunderts zum Erzbistum erhoben wurde. Der Erzbischof verlor im 13. Jahrhundert die Herrschaft über die Stadt, war aber geistlicher Reichsfürst. 1665/1668/1674/1678/1679 kam B. durch Eroberung zu Frankreich.

L.: Zeumer 552 II a 4; Niewisch, M., Beiträge zur Geschichte der Erzbischöfe von Besançon, Diss. phil. Breslau 1936; Le Diocèse de Besançon hg. v. Secrétariat Diocésan de la Pastorale, 1967.

Besançon (freie Reichsstadt), mhd. Bisanz. An einer wichtigen Straßenkreuzung (Rhone-Rhein, Oberitalien-Nordgallien) ist schon 58 v. Chr. ein oppidum maximum der Sequaner bezeugt (Vesontio). Seit Ende des 5. Jahrhunderts gehörte der Ort zum Burgunderreich, 870 wurde er Karl dem Kahlen zugeteilt. Seit etwa 900 unterstand er den Königen von Burgund (Hochburgund) bzw. den Grafen von Burgund und kam 1032/1034 an die deutschen Könige. Unter Friedrich I. Barbarossa, der die Stadt 1184 zur Reichsstadt erhob, verstärkte sich der deutsche Einfluss. 1290 gelang es der Stadt, sich im Kampf gegen den Erzbischof die Reichsunmittelbarkeit bestätigen zu lassen. Erst seit 1493 war B. aber eine tatsächlich auch von lokalen Gewalten unabhängige Reichsstadt. Später kam es zum Herzogtum Burgund, dann an Habsburg (1653 gegen Frankenthal an Spanien), 1665/1668/1674/1678/1679 durch Eroberung mit der Freigrafschaft Burgund an Frankreich, das wenig später in B. eine Universität einrichtete.

L.: Großer Historischer Weltatlas II 78 (1450) F4; Die Territorien des Reichs 6, 198; Niewisch, M., Beiträge zur Geschichte der Erzbischöfe von Besançon, Diss. phil. Breslau 1936; Hoke, R., Die Freigrafschaft Burgund, Savoyen und die Reichsstadt Besançon im Verbande des mittelalterlichen deutschen Reiches, ZRG GA 79 (1962), 106 ff.; Fohlen, C., Histoire de Besançon Bd. 1, 2 1964/1965; Ammann, H., Besançon im Mittelalter, SchweizZG 17 (1967), 482 ff.; Fiétier, R., La cité de Besançon, 1978; Kaiser, R., Besançon, LexMA 1 1980, 2052 ff.

Besserer (Reichsritter). 1628/1629 zählten die B. wegen Schnaitheim zum Kanton Kocher des Ritterkreises Schwaben.

L.: Schulz 258.

Bessungen (Gau südöstlich von Mainz)

L.: Curs, O., Deutschlands Gaue im zehnten Jahrhundert. Nach den Königsurkunden, Diss. phil. Göttingen 1908, 3 (Teil des Rheingaus, Bessingen, Gerau); Polenz, P. v., Landschafts- und Bezirksnamen, 1961, IV, 16, Bezzingun.

Betensis (Gau westlich der Mosel) s. Bitgau

L.: Curs, O., Deutschlands Gaue im zehnten Jahrhundert. Nach den Königsurkunden, Diss. phil. Göttingen 1908, 3 (Detzem, Manderscheid, Epternach).

Betringen (Reichsritter). Im frühen 17. Jahrhundert zählten die B. zum Kanton Odenwald des Ritterkreises Franken.

L.: Riedenauer 122.

Bettendorf, Bettendorff (Freiherren, Reichsritter). Ab etwa 1650 zählten die Freiherren von B. mit dem 1702 erworbenen Gissigheim, dem 1694 erworbenen Obereubigheim und Untereubigheim zum Kanton Odenwald des Ritterkreises Franken. Mit Falkenstein und Niederhofheim waren sie Mitglied des Kantons Mittelrheinstrom des Ritterkreises Rhein. 1773 zählten die bereits im Stichjahr 1680 angesessenen und mit ihren Gütern bei der Ritterschaft immatrikulierten, männlicherseits 1942 erloschenen B. zum Ritterkreis Unterelsass (Elsass). Gissigheim fiel 1808 an Baden und damit 1951/1952 an Baden-Württemberg.

L.: Genealogischer Kalender 1753, 547; Stieber; Roth von Schreckenstein 2, 593; Hölzle, Beiwort 55; Winkelmann-Holzapfel 142; Stetten 35, 186; Riedenauer 122; Rahrbach 19.

Bettenhausen (Reichsritter). Im frühen 16. Jahrhundert zählten die B. zum Kanton Rhön-Werra des Ritterkreises Franken.

L.: Riedenauer 122.

Bettingen (Herrschaft). Die Herrschaft B. westlich von Bitburg gehörte zur Grafschaft Blankenheim und Gerolstein, die über eine Erbtochter an Johann von Schleiden, über dessen Tochter an die Grafen von Manderscheid und 1780 erbweise an die Grafen von Sternberg gelangte. S. Preußen, Rheinland-Pfalz.

L.: Wolff 363.

Bettmaringen (Herrschaft). Die Herrschaft B. im Hochschwarzwald gehörte über die Grafschaft Bonndorf der Abtei Sankt Blasien. S. Baden, Baden-Württemberg.

Betuwe (Gau) (Batuvua 726)

L.: Polenz, P. v., Landschafts- und Bezirksnamen, 1961, II, 45, 47, 49, 96, III, 31, 33, Batuwa, de Betuwe, Volksname Batavi; Nonn, U., Pagus und Comitatus in Niederlothringen, 1983, 63.

Beulbitz s. Beulwitz

Beulwitz, Beulbitz (Reichsritter). Im 16. Jahrhundert gehörten die B. zum Kanton Gebirg des Ritterkreises Franken und zur vogtländischen Ritterschaft (Vogtland).

L.: Stieber; Pfeiffer 208 f.; Riedenauer 122.

Beuron, Biron (Kloster, Stift, Abtei [1687], Grundherrschaft). Im 861 erstmals genannten B. an der oberen Donau errichtete der Edelfreie Peregrin ein 1097 vom Papst bestätigtes Kloster, das seit 1253 unter der Vogtei der Grafen von Zollern (Hohenzollern) und von 1409 bis 1615 der Herren von Enzberg zu Mühlheim stand. Im Donautal und Bäratal sowie auf dem Heuberg gewann das Stift eine ansehnliche Grundherrschaft, die 1802 an Hohenzollern-Sigmaringen kam. S. Württemberg-Hohenzollern, Baden-Württemberg.

L.: Großer Historischer Weltatlas III 38 (1789) C3; Zingeler, K. T., Geschichte des Klosters Beuron, 1890; Engelmann, U., Beuron. Die Benediktinerabtei im Donautal, 1957; 250 Jahre Abteikirche Beuron. Geschichte, geistliches Leben, Kunst, hg. v. Schöntag, W., 1988.

Beuthen (Herzogtum). In der Mitte des 11. Jahrhunderts ist in B. eine Burg bezeugt. 1254 wurde dort eine Stadt mit deutschem Recht gegründet. Nach dem Tod des oberschlesischen Piasten Ladislaus von Oppeln 1281 wurde sie Sitz eines eigenen Herzogtums B., zu dem 1286 Cosel kam und das sich 1289 unter Lehnshoheit Böhmens stellte. Nach Aussterben des Herrscherhauses 1355 wurde Beuthen-Cosel nach einem Erbstreit zwischen Oels und Teschen geteilt. Beide Landesteile fielen 1475 an König Matthias Corvinus von Ungarn, 1498 an Oppeln, 1531 mit Jägerndorf pfandweise an Georg von Brandenburg-Ansbach und 1603 nach dem Aussterben der Ansbacher Hohenzollern an Preußen. Nach der Ächtung Johann Georgs von Brandenburg belehnte Kaiser Ferdinand II. 1623 Lazarus Henckel von Donnersmarck mit B. und Oderberg. 1742 kam die 14 Quadratmeilen große Herrschaft (1697 freie Standesherrschaft) an Preußen. 1945 fiel B. unter Verwaltung Polens sowie 1990 als politische Folge der deutschen Wiedervereinigung an Polen.

L.: Wolff 481 f.; Großer Historischer Weltatlas II 66 (1378) K3; Perlick, A., Geschichte der Stadt Beuthen in Oberschlesien, 1927.

Beveland (Bivilandia, Suthbeveland, Inseln Beveland)

L.: Polenz, P. v., Landschafts- und Bezirksnamen, 1961, II, 38, 48, 52, 55 f., 96, III, 32, Beveland.

Bevern (Burg, Herren). Nach B. bei Holzminden nannte sich ein seit 1258 nachweisbares Dienstmannengeschlecht der Grafen von Everstein. Die freigewordenen Lehen fielen nach dem Aussterben 1588 im Jahre 1594 an Statius von Münchhausen, der vor 1663 B. an den Herzog von Braunschweig übertrug. Seit 1667 war es Sitz der Linie Braunschweig-Bevern. S. Hannover, Preußen, Niedersachsen.

L.: Wolff 439; Steinacker, K., Die Bau- und Kunstdenkmäler des Kreises Holzminden, 1907.

Beyer (von Boppard) s. Beier (von Boppard)

Bibart s. Schenk von Bibert

Biberach (Reichsstadt). Um 1170 erwarb Friedrich I. Barbarossa an der Kreuzung zweier wichtiger Straßen Güter der 1083 erstmals bezeugten Herren von Bibra und gründete die Marktsiedlung B. an der Riss. Vermutlich um 1218 erhielt der Ort das jedenfalls 1258 bezeugte Stadtrecht. 1282 wurde die Stadt civitas regalis genannt, 1396 erwarb sie das Ammannamt und 1398/1401 den Blutbann als sichtbares Zeichen der Reichsunmittelbarkeit. Bedeutendstes Gewerbe war die Leinen- und Barchentweberei. 1531 wurde die Reformation eingeführt. Das Herrschaftsgebiet Biberachs umfasste 27 Dörfer und gehörte fast völlig dem seit 1320 städtischen Spital. 1802 fiel B. mit etwa 2 Quadratmeilen an Baden, 1806 im Tausch gegen Villingen an Württemberg und damit 1951/1952 an Baden-Württemberg.

L.: Wolff 218; Zeumer 555 III b 17; Wallner 688 SchwäbRK 58; Großer Historischer Weltatlas II 66 (1378) E4, III 22 (1648) D4, III 38 (1789) C3; Schroeder 298 ff.; Lutz, G., Beiträge zur Geschichte der ehemaligen Reichsstadt Biberach, 1876; Bruder, E., Biberach an der Riss. Bildnis einer oberschwäbischen Stadt, 1950; Eberhard, T., Die Verwaltung der freien Reichsstadt Biberach, Diss. jur. Freiburg 1954; Maier, G., Biberach, Geschichte und Gegenwart, 1972; Heckmann, P., Der Kreis Biberach, 1973; Warmbrunn, P., Zwei Konfessionen in einer Stadt. Das Zusammenleben von Katholiken und Protestanten in den paritätischen Reichsstädten Augsburg, Biberach, Ravensburg und Dinkelsbühl von 1584–1648, 1983; Geschichte der Stadt Biberach, 1991.

Biberachzell (Herrschaft). 1342 gelangte B. bei Weißenhorn aus dem Erbe der Herren von (Marstetten-)Neuffen an Wittelsbach, das bis 1449/1480 die Ulmer Patrizier Ehinger und Krafft belehnte. 1480 folgten die Thürheim den Krafft. Die B., Asch, Unterreichenbach, Wallenhausen und Wenenden (Weneden) umfassende Herrschaft steuerte zum Kanton Donau des Ritterkreises Schwaben. 1786 kaufte die Abtei Kaisheim die Herrschaft von den Thürheim (Türkheim). 1802 kam Kaisheim an Bayern.

L.: Gaiser/Matzke/Rieber, Kleine Kreisbeschreibung des Stadt- und Landkreises Neu-Ulm, 1959.

Biberbach, Marktbiberbach (Herrschaft). Bereits im 11. Jahrhundert war B. nahe der Schmutter Mittelpunkt einer Herrschaft von Herren von B. Daneben waren auch die Herren von Rechberg in B. begütert und erlangten 1219 in weiblicher Erbfolge die Biberbacher Güter. Im 14. Jahrhundert gehörte die Herrschaft (mit Markt, Langenreichen [Langereichen], Feigenhofen, Eisenbrechtshofen und Prettelshofen) den pappenheimischen Ministerialen von B. 1514 verkaufte Hans Marschall von B. die Herrschaft für 32 000 Gulden an Kaiser Maximilian, der sie zur Tilgung von Schulden an die Fugger weitergab. 1801 gehörten die Herrschaften Wellenburg (Wöllenburg), Gablingen (Gaiblingen) und B. westlich von Augsburg innerhalb Schwäbisch-Österreichs unter den Grafen Fugger-Wasserburg zum schwäbischen Reichskreis. S. Bayern.

L.: Wolff 205; Wallner 686 SchwäbRK 16 b; Pappenheim, H. Graf zu, Versuch einer Geschichte der frühen Pappenheimer Marschälle, 1927.

Biberberg (Herrschaft). 1666 wurde die Herrschaft B. bei Weißenhorn von der Abtei Kaisheim erworben. Kaisheim fiel 1802 an Bayern.

Biberen, Bieberehren (Reichsritter). Im frühen 16. Jahrhundert zählten die B. zum Kanton Steigerwald und zum Kanton Baunach des Ritterkreises Franken.

L.: Stieber; Stetten 32; Riedenauer 122; Rahrbach 26.

Bibergau, Biebergau (Reichsritter). Im frühen 16. Jahrhundert waren die B. im Kanton Odenwald im Ritterkreis Franken immatrikuliert.

L.: Stieber; Riedenauer 122.

Bibert s. Schenk von B.

Bibligouue (Gau zwischen Nagold und Neckar)

L.: Curs, O., Deutschlands Gaue im zehnten Jahrhundert. Nach den Königsurkunden, Diss. phil. Göttingen 1908, 3 (Kuppingen); Polenz, P. v., Landschafts- und Bezirksnamen, 1961, II, 34, 90, Bibligouwe.

Bibra (Freiherren, reichsritterschaftliche Herrschaft). Aus der Ministerialität des Klosters Hersfeld erwuchs das nach B. südlich von Meiningen benannte Adelsgeschlecht der B. Es nahm eine bedeutsame Stellung zwischen den Grafen von Henneberg und dem Hochstift Würzburg, das 1343 die teilweise Lehnshoheit über das Schloss B. gewann, ein. Vom 16. bis zum 18. Jahrhundert zählten die Freiherren von B. mit Gleimershausen, Irmelshausen und Aubstatt (Austatt) zum Kanton Rhön-Werra des Ritterkreises Franken. Mit Schwebheim und Adelsdorf waren sie im Kanton Steigerwald (ab etwa 1610) immatrikuliert, außerdem in den Kantonen Gebirg (um 1750), Altmühl und Baunach. 1803 kam B. zu Bayern, 1806 zum Großherzogtum Würzburg und 1808 zu Sachsen-Meiningen. S. Thüringen.

L.: Genealogischer Kalender 1753, 539–541; Stieber; Wolff 513; Roth von Schreckenstein 2, 593; Seyler 351–353; Bibra, W. v., Geschichte des Hauses Bibra, Bd. 1 ff. 1879 ff.; Winkelmann-Holzapfel 142; Pfeiffer 198, 212; Bechtolsheim 12, 17, 63; Riedenauer 122; Rahrbach 20.

Bibrach (Reichsritter). Im frühen 16. Jahrhundert zählten die B. zum Kanton Gebirg des Ritterkreises Franken. S. Schenk von Bibert?

L.: Riedenauer 122.

Biburg (Reichsdorf?, im Bistum Eichstätt bei Kelheim)

L.: Dacheröden 234; Hugo 474.

Bicken (Reichsritter). Nach dem 1218 erstmals erwähnten B. im Aartal östlich von Herborn nannten sich Edelherren von B. 1352 wurde Burg B. zerstört. Die Edelherren zogen sich nach Wolkersdorf in Hessen zurück. 1664 wurde die Familie reichsunmittelbar. Im 18. Jahrhundert zählten die B. zum Ritterkreis Rhein. Außerdem waren sie um 1700 im Kanton Odenwald des Ritterkreises Franken immatrikuliert.

L.: Stieber; Roth von Schreckenstein 2, 594; Riedenauer 122.

Bickenbach (Herren, Herrschaft). Die seit etwa 1130 nachweisbaren Herren von B. bei Darmstadt, die über die weibliche Erbfolge die 1365 dem Hochstift Würzburg zu Lehen aufgetragenen Güter der Herren von Homburg an der Wern gewonnen hatten, verkauften die Herrschaft 1469 an das Hochstift Würzburg. 1497 starben die Herren von B. aus. Die um 1230 erbaute Burg B. wurde 1310 Mainz zu Lehen aufgetragen und kam 1484 an Erbach, 1504 an Hessen. Die Herrschaft B. wurde 1255 durch Aussterben der Herren von Münzenberg Ganerbschaft und gelangte 1714 durch Kauf von Erbach an Hessen-Darmstadt. B. kam damit 1945 an Hessen.

L.: Reeg, W., Die alten Namen der Gemarkungen Hähnlein, Bickenbach und Alsbach an der Bergstraße, 1935; Feineis, D., Die Bickenbacher und die Herrschaft Hohenberg, Würzburger Diözesangeschichtsbll. 64 (2002), 159.

Bickenbach (Reichsritter). Im frühen 16. Jahrhundert zählten die B. zum Kanton Steigerwald des Ritterkreises Franken.

L.: Riedenauer 122.

Bidembach von Treuenfels (Reichsritter). Von 1647 bis 1747 zählten die B. wegen eines Drittels von Ossweil zum Kanton Kocher des Ritterkreises Schwaben. 1748 wurden die Güter an Württemberg verkauft.

L.: Schulz 258.

Biebelnheim (Ganerben). Nach B. bei Alzey nannten sich im 13. Jahrhundert Lehnsleute der Herren von Bolanden, die bis zu ihrem Erlöschen an den Ganerbschaften Bechtolsheim (vor 1553) und Mommenheim (vor 1499) beteiligt waren.

L.: Zimmermann 65.

Bieber (Gericht). B. im Spessart wird erstmals 1334 erwähnt. Es kam vermutlich vom Erzstift Mainz an die Grafen von Rieneck als Mainzer Vögte und im frühen 14. Jahrhundert an die mit ihnen verschwägerten Herren von Hanau. Nach dem Erlöschen der Grafen von Rieneck zog Mainz 1559 deren Hälfte ein. 1685 kam sie an Hanau.

Biebergau s. Bibergau

Biel (zugewandter Ort der Eidgenossenschaft), frz. Bienne. Seit 999 gehörte B. am Bieler See zum Hochstift Basel. 1352 schloss es gleichwohl ein ewiges Bündnis mit Bern. Seit dem Ende des 15. Jahrhunderts war es zugewandter Ort der Eidgenossenschaft und führte 1528 trotz Zugehörigkeit zum Hochstift die Reformation ein. 1798 wurde es von Frankreich besetzt. 1815 kam es zum Kanton Bern.

L.: Wolff 238, 532; Großer Historischer Weltatlas II 72 C2; Bourquin, W., Beiträge zur Geschichte Biels, 1922; Stadtbuch (Biel), hg. v. d. Stadtverwaltung Biel, 1936; Das Recht der Stadt Biel, hg. v. Blösch, P., 2003.

Bielitz (Herrschaft, Fürstentum, Herzogtum), poln. Bielsko. Das im 13. Jahrhundert gegründete B. an der Biala am Fuß der Karpaten gehörte nach 1281 zum Herzogtum Teschen, das 1625/1653 an Österreich fiel. 1572 wurde die Herrschaft B., die eine deutsche Sprachinsel im östlichen Oberschlesien bildete, durch Verkauf seitens Teschens selbständige Minderstandesherrschaft (mit etwa 2500 Einwohnern), 1752 Fürstentum, 1754 Herzogtum. 1919/1920 kam das 1742 bei Österreich gebliebene B. zu Polen. Es umfasste ein Gebiet von 4 Quadratmeilen.

L.: Wolff 489; Hanslik, E., Biala, eine deutsche Stadt in Galizien, 1909.

Biesterfeld (Meierei, Herrschaft). Nach dem Tod Graf Simons VII. von Lippe erhielt dessen Witwe aus dem Hause Waldeck die kurz zuvor errichtete landesherrliche Meierei B. im Amt Schwalenberg. Ihr Sohn Jobst Hermann begründete die Linie Lippe-Biesterfeld. Mit Lippe kam B. am 21. 1. 1947 an Nordrhein-Westfalen. S. Lippe-Biesterfeld.

L.: Reichold, H., Der lippische Thronstreit, 1967.

Bietgouwe (Piatahgewe, pagus Bedinsis, ‚Bitburggau', Bitgau)

L.: Polenz, P. v., Landschafts- und Bezirksnamen, 1961, II, 12, 16, 23, 30–32, Bietgouwe, Piatahgewe, pagus Bedinsis, pagus Bedonicus, Bitburggau; Puhl, R., Die Gaue und Grafschaften des frühen Mittelalters im Saar-Mosel-Raum, 1999, 73 Bitgau, (698/714 pagus Bedensis), benannt nach dem gallorömischen vicus Beda.

Bietingen (Reichsritter). (Im 16. Jahrhundert waren die B. Mitglied im Kanton Hegau des Ritterkreises Schwaben.) S. Hornstein.

L.: Ruch 18, Anm. 2.

Bildhausen (Kloster). Um 1790 zählte das um 1158 unter kaiserlicher Anerkennung von Heinrich von Stahleck, Pfalzgraf bei Rhein, gegründete Kloster B. in Unterfranken wegen Teilen von Poppenlauer und Unsleben zum Kanton Rhön-Werra des Ritterkreises Franken, außerdem auch zum Kanton Baunach.

L.: Wolff 101; Winkelmann-Holzapfel 142; Riedenauer 128.

Billigheim (Reichsdorf). Nach einer Urkunde Karls IV. vom 25. 10. 1361 war neben Godramstein, Steinweiler, Erlenbach (Erlebach), Klingen, Rohrbach und Impflingen das Reichsdorf B. bei Landau an die Pfalzgrafen bei Rhein verpfändet. S. Bayern, Rheinland-Pfalz.

L.: Wolff 90; Hugo 463.

Billunger s. Askanier, Sachsen, Welfen

L.: Freytag, H., Die Herrschaft der Billunger in Sachsen, 1951; Pischke, G., Herrschaftsbereiche der Billunger, der Grafen von Stade, der Grafen von Northeim und Lothars von Süpplingenburg, 1984.

Bilstein (Grafen). Seit 1145 nannte sich eine Familie von Grafen nach der westlich von Albungen bei Eschwege gelegenen Burg B. Auf Grund von Leitnamen und Grafschaftsrechten im Eichsfeld, bei Langensalza, Mühlhausen, Schlotheim, Frieda, Eschwege und weiteren Orten lässt sie sich bis zum Jahre 967, möglicherweise sogar bis zum Beginn des 9. Jahrhunderts zurückverfolgen. Vielleicht sind die Grafen mit Grafen von Bilstein, die bei Braubach am Rhein begütert sind, verwandt, sicher jedenfalls mit den Grafen von Wartburg bei Eisenach. 1301 verkaufte der letzte Graf von B. die bilsteinischen Lehen an Hessen.

L.: Wolff 254; Kollmann, K., Die „Grafen Wigger" und die Grafen von Bilstein, 1980, Diss. phil. Göttingen 1978; Patze, H., Bilstein, LexMA 2 1983, 195.

Bimbach s. Fuchs von B.

Bingenheim (Burg, Herrschaft). 951 kam der Wildbann zwischen Nidda und Horloff bei Echzell an Fulda. Im 12. Jahrhundert waren die Herren von Münzenberg, seit 1255 die Falkenstein, seit 1311 die Grafen von Ziegenhain teilweise damit belehnt. 1423 verkaufte Fulda, das die 1357 erlangte Verleihung des Stadtrechts von Friedberg für B. nicht ausnützte, die Hälfte der Burg B., die Mittelpunkt dieses seit 1320 als fuldische Mark bezeichneten Gebietes war, an die Grafen von Nassau-Saarbrücken. 1435 gelangten die Rechte der Grafen von Ziegenhain an die Landgrafen von Hessen. 1570 verkaufte Nassau-Saarbrücken seine Hälfte an Hessen-Marburg. Von 1648 bis 1681 war B. Residenz der Linie Hessen-Bingenheim. S. Hessen-Bingenheim, Hessen.

L.: Wolff 255; Knaus, H., Die königlichen Forstprivilegien für die Abtei Fulda, Diss. phil. Gießen 1938.

Binningen (reichsritterschaftlicher Ort). B. westlich von Singen ist seit dem 6. Jahrhundert alemannisch besiedelt. Bis 1623 erwarben die Herren von Hornstein die auf dem Hohenstoffeln errichteten Burgen. (Im 16. Jahrhundert zählte die Familie zum Kanton Hegau des Ritterkreises Schwaben.) Das 1706 erbaute Schloss B. diente den Freiherren von Hornstein-Hohenstoffeln-Binningen als Sitz. S. Baden, Baden-Württemberg.

L.: Ruch 18, Anm. 2; Hornstein-Grüningen, E. Frhr. v., Die von Hornstein und von Hertenstein, 1911.

Binningen s. Hornstein zu B.

Birckenwald (Reichsritter) s. Birkenwald

Birkenfeld (Herzogtum, Kanton, Fürstentum). B. im Nahetal erscheint 981 erstmals. Seit dem 13. Jahrhundert war es Vorort der Hinteren Grafschaft Sponheim. Von 1569/1584 bis 1720/1734 war es Sitz der Linie Pfalz-Birkenfeld der Herzöge der Pfalz (Pfalz-Zweibrücken-Birkenfeld. 1776 kam es an die Markgrafen von Baden-Baden. 1798 wurden unter der Verwaltung Frankreichs die Kantone B., Baumholder und Grumbach geschaffen. Sie kamen am 1. 7. 1816 an Preußen (Fürstentum Birkenfeld), das die Ämter B., Oberstein und Nohfelden an das Großherzogtum Oldenburg abtrat. Daraus entstand das (nicht in Oldenburg eingegliederte) Fürstentum B., das nach 1918 als Landesteil (B.) bei Oldenburg verblieb. Am 1. 4. 1937 kam es an Preußen (Rheinprovinz), 1946 an Rheinland-Pfalz. S. Pfalz-Birkenfeld, Pfalz-Zweibrücken-Birkenfeld.

L.: Wolff 261; Baldes, H., Die 100jährige Geschichte des oldenburgischen Fürstentums Birkenfeld, 1921;

Baldes, H., Geschichtliche Landeskunde der Birkenfelder Landschaft, 1923; Heimatchronik des Landkreises Birkenfeld, hg. v. Becker, K., 1961; Klar, H., Geschichte der Stadt Birkenfeld, in: Birkenfeld wird Garnison, 1964, 31 ff.; Brandt, H., Von der oldenburgischen Provinz zum preußischen Landkreis Birkenfeld, 1987.

Birkenfels, Birckenfels (Reichsritter). Im frühen 16. Jahrhundert zählten die B. zum Kanton Altmühl des Ritterkreises Franken. S. a. Zollner von B.

L.: Biedermann, Altmühl; Riedenauer 122.

Birkenwald, Birckenwald (Reichsritter). 1773 zählten die bereits im Stichjahr 1680 angesessenen und mit ihren Gütern bei der Ritterschaft immatrikulierten B. (des Stammes Dupré de Dortal) zum Ritterkreis Unterelsass. Sie erloschen männlicherseits 1783.

Birkig (Reichsritter). Im 16. und 17. Jahrhundert zählten die B. zum Kanton Baunach des Ritterkreises Franken.

L.: Riedenauer 122.

Birstein (Burg, Herrschaft). 1279 erscheint die Burg B. am Südhang des Vogelsberges als Lehen Fuldas an die Herren von Primberg, nachdem sie zuvor wohl von den Herren von Büdingen innegehabt worden war. 1335 hatten die Herren von Isenburg dort ebenfalls Rechte. Bis zur Mitte des 15. Jahrhunderts (1458) kauften sie alle Lehnsrechte an B. und der Gerichtsvogtei Reichenbach (Reichenberg). Seit dem 16. Jahrhundert war B. unter Verdrängung Reichenbachs Sitz der Grafen, seit 1744 Fürsten von Isenburg-Birstein. S. Isenburg-Birstein, Hessen.

Bisanz s. Besançon

Bischofsheim (Reichsritter). Vielleicht zählten die B. zum Kanton Rhön-Werra im Ritterkreis Franken.

L.: Stieber; Riedenauer 122.

Bischofsheim, Neckarbischofsheim (reichsritterschaftlicher Ort). B. (Neckarbischofsheim) südöstlich von Waibstadt zählte zum Kanton Kraichgau des Ritterkreises Schwaben. S. Baden (Neckarbischofsheim), Baden-Württemberg.

L.: Wolff 510.

Bischweiler s. Pfalz-Bischweiler

Bisein (Herrschaft). 1801 gehörte die Herrschaft B. durch das Hochstift Trient zum österreichischen Reichskreis.

L.: Wolff 47; Wallner 714 ÖsterrRK 2; Riedmann, J., Geschichte Tirols, 2. A. 1988.

Bissingen, Marktbissingen (Herrschaft). 1801 gehörte die Herrschaft B. im Ries durch das Fürstentum Oettingen-Wallerstein zum schwäbischen Reichskreis, mit der Herrschaft Hohenburg zum Kanton Kocher des schwäbischen Ritterkreises. S. Bayern.

L.: Wolff 177; Wallner 685 SchwäbRK 8.

Bissingen-Nippenburg (Reichsgrafen, Reichsritter). Im 18. Jahrhundert zählten die Grafen von B. mit der 1789 vom Jesuitenorden erworbenen Herrschaft Dotternhausen zum Kanton Neckar des Ritterkreises Schwaben.

L.: Roth von Schreckenstein 2, 592; Hölzle, Beiwort 64; Hellstern 201; Archiv der Grafen von Bissingen und Nippenburg Hohenstein, bearb. v. König, J., 2004.

Bitgau (Piatahgewe, pagus Bedinsis, ‚Bitburggau', Bitgau), s. Bietgau

L.: Polenz, P. v., Landschafts- und Bezirksnamen, 1961, II, 12, 16, 23, 30–32, Bitgau s. Bietgouwe; Puhl, R., Die Gaue und Grafschaften des frühen Mittelalters im Saar-Mosel-Raum, 1999, 73 Bitgau, (698/714 pagus Bedensis), zwischen Kyllburg und Echternach, benannt nach dem gallorömischen vicus Beda, (Alsdorf, Baustert, Beilingen?, Beyren, Bickendorf, Biewer, Bollendorf, Born-sur-Sûre?, Donven, Dorf, Dreis, Echternach, Edingen, Einschieder Hof?, Eisenach bei Bitburg, Eppeldorf, Ernzen, Esslingen bei Bitburg, Faha, Fliessem, Frenkingen=Bettingen, Gladbach bei Bernkastel, Gransdorf, Holsthum, Hüttingen an der Kyll, Idenheim, Idesheim, Irrel, Kersch, Kewenig, Klüsserath?, Kröv, Kyllburg, Lenningen, Malbergweich?, Meckel, Medernach, Mehring bei Trier, Meisburg, Metterich, Michelbach?, Mötsch, Nattenheim, Niederweis?, Oberleuken, Oberweis, Öfflingen, Osweiler, Peffingen, Prüm, Rittersdorf, Saarburg, Salm?, Schwirzheim, Sefferweich, Steinheim bei Echternach, Waldbillig?, Wolsfeld, Zittig).

Bitsch, Pitsch (Herrschaft). Die Burg B. in Lothringen wird erstmals 1098 erwähnt. Bei einer Erbteilung im oberlothringischen Herzogshaus fiel sie 1179 dem jüngeren Sohn Friedrich zu, der sich manchmal Herzog von B. nannte und dessen Sohn das Herzogtum Lothringen erbte. Nach dessen Tod kam sie bei einer erneuten Teilung an eine Linie, die durch Heirat auch die Grafschaft Blieskastel erhielt und 1274 ausstarb. Herzog Friedrich III. von Lothringen gab B. unter Vorbehalt seiner Lehnshoheit 1297 und 1302 an die Grafen von Zweibrücken gegen Güter in Linder, Mörsberg und Saargemünd. Als Folge hiervon wurde B. Sitz der Grafen von Zweibrücken-Bitsch, die 1394 Allode der Linie Zweibrücken erbten. Innerhalb ihrer Güter bildete B. eine zum oberrheinischen Reichskreis zählende Herrschaft, deren Reichsunmittelbarkeit von Lothringen bestritten wurde. 1570 starben die Grafen von Zweibrücken-Bitsch aus. B. fiel an Frankreich (Bitche).

L.: Wolff 305; Großer Historischer Weltatlas II 66 (1378) D4; Lehmann, J. G., Urkundliche Geschichte der Grafen Hanau-Lichtenberg, Bd. 2 1863; Pöhlmann, C., Abriss der Geschichte der Herrschaft Bitsch, 1911; Herrmann, H.W., Die Grafschaft Zweibrücken-Bitsch, in: Geschichtliche Landeskunde des Saarlandes Bd. 2, 1977, 323 ff.; Herrmann, H., Bitsch, LexMA 2 1983, 254 f.

Bittelschieß s. Hafner von B.

Bittenfeld s. Herwart von B., Herwarth von B.

Blâmont, Blankenburg (Herrschaft, Grafen). Der Ort B. (Blankenburg) kam im 12. Jahrhundert wahrscheinlich durch die Heirat Konrads von Salm mit Hadwid von Türkstein an die Grafen von Salm. 1225 beauftragte Heinrich II. von Salm seinen Sohn Friedrich mit der Verwaltung Blâmonts. 1247 erreichte dieser die Belehnung mit diesen Gütern durch den Bischof von Metz. Im Laufe der Zeit entstand aus der Vogtei über Güter der Abtei Senones und Metzer wie Lothringer Lehen eine reichsunmittelbare Herrschaft über rund ein Dutzend Dörfer. Ehe das Geschlecht der Grafen bzw. Herren von B. 1506 ausstarb, verkaufte Ulrich von B. 1499 eine Hälfte der Güter dem Herzog von Lothringen und vermachte ihm 1504 die zweite Hälfte. 1546 und 1561 verzichteten die Bischöfe von Metz zugunsten der Herzöge von Lothringen auf ihre Lehnsherrschaft. S. Frankreich.

L.: Wolff 304; Großer Historischer Weltatlas II 66 D4; Martimprey de Romecourt, E. Comte de, Les sires et comtes de Blâmont, Mémoires de la Société d'Archéologie Lorraine 1890, 76 ff.; Dedenon, A., Histoire du Blamontois des origines à la renaissançe, 1931; Herrmann, H., Blâmont, LexMA 2 1983, 256 f.

Blankenburg (Burg). B. am Rande des Thüringer Waldes kam vermutlich 1208 durch Verpfändung seitens König Ottos IV. an die Grafen von Schwarzburg. Dort fiel es 1231 an Graf Günther VII. und nach Rückkehr zur Hauptlinie (1259) 1274 an Schwarzburg-Blankenburg. S. Schwarzburg-Blankenburg, Thüringen.

L.: Wolff 412.

Blankenburg (Grafschaft, Fürstentum). 1123 ist die nach einem Kalkfelsen benannte Burg B. am Nordrand des Ostharzes in der Hand des Herzogs von Sachsen bezeugt. Seit 1128 wird ein welfischer Ministeriale Poppo von B., der über die Grafen von Northeim mit Lothar von Süpplingenburg verschwägert war, als Graf über den östlichen Harzgau zwischen Ilse und Bode genannt. Nach dem Sturz Heinrichs des Löwen wurden die Grafen Vasallen des Bischofs von Halberstadt. 1202/1203 und 1344 waren Burg B. und die seit 1167 erwähnte Burg Regenstein von den Welfen gegebene Lehen. 1311 galten gräfliche Rechte als Lehen des Bistums Halberstadt. Örtlich lagen Eigengüter und Lehen des Reiches, der Welfen, des Bistums Halberstadt und der Reichsstifte Quedlinburg und Gandersheim nördlich und südlich des Harzes. Im 13. und 14. Jahrhundert war die Familie zeitweise in die Linien Blankenburg, Regenstein und Blankenburg-Heimburg geteilt, wurde aber in der Mitte des 14. Jahrhunderts in der Linie Heimburg wieder vereinigt. Gegenüber dem Hochstift Halberstadt vermochten sich die Grafen als Landesherren nicht durchzusetzen. 1599 fiel das Lehnsgut beim Aussterben des Hauses (in der Linie Heimburg) an Herzog Heinrich Julius von Braunschweig-Wolfenbüttel als postulierten Bischof von Halberstadt heim. 1626 verlieh der letzte Bischof von Halberstadt Regenstein an den Grafen von Tettenbach, von dem es 1670 an Brandenburg fiel, das seit 1648/1649 das Hochstift Halberstadt beherrschte. B., das zeitweilig dem westfälischen Reichsgrafenkollegium angehörte, kam 1690 von Braunschweig-Wolfenbüttel an einen nachgeborenen Sohn, wurde 1707 zum Fürstentum erhoben, das 1731 wieder mit dem Herzogtum Braunschweig-Wolfenbüttel verbunden wurde, aber bis 1806 selbständiger Reichsstand blieb. 1945 gelangte der Landkreis B. von Braunschweig an Sachsen-Anhalt (Provinz Sachsen) und damit von 1949 bis 1990 an die Deutsche Demokratische Republik. S. Sachsen-Anhalt.

L.: Wolff 453; Wallner 707 NiedersächsRK 17; Großer Historischer Weltatlas II 66 (1378) F3, III 38 (1789) D2; Gringmuth-Dallmer, H., Magdeburg-Wittenberg, in: Geschichte der deutschen Länder, Bd. 1; Schmidt, G., Zur Genealogie der Grafen von Regenstein und Blankenburg bis zum Ausgang des 14. Jahrhunderts, Zs. d. Harzvereins f. Gesch. und Altertumskunde 22 (1889), 1 ff.; Steinhoff, R., Geschichte der Grafschaft bzw. des Fürstentums Blankenburg, der Grafschaft Regenstein und des Klosters Michaelstein, 1891; Petke, W., Blankenburg, LexMA 2 1983, 262; Casemir, K./Ohainski, U., Das Territorium der Wolfenbütteler Herzöge um 1616, 1996.

Blankenfels (Reichsritter) s. Plankenfels

Blankenhain (Herrschaft). B. bei Weimar wurde 1252 erstmals erwähnt und entstand in Anlehnung an eine Burg. Die Herrschaft B. (B., Berka, Remda) stand unter Mainzer Lehnshoheit den Herren von Melsungen-Blankenhain zu. 1415 kam sie an die Grafen von Gleichen, von 1631 bis 1704 an die Grafen von Hatzfeld, 1815 an Sachsen-Weimar. S. Thüringen.

L.: Wolff 399; Wallner 710 ObersächsRK 23; Facius, F., Die Herrschaften Blankenhain und Kranichfeld in der ernestinischen Politik vom 17. bis zum 20. Jahrhundert, Zs. d. Ver. f. thür. Gesch. u. Altertumskunde N. F. 35 (1941), 49.

Blankenheim (Grafschaft, Reichsgrafschaft). Nach der 1115 erstmals erwähnten Burg B. an der Ahrquelle nannte sich eine Familie von Edelherren. Sie bildete um die Burg allmählich eine reichsunmittelbare Herrschaft von 25 Flecken und Dörfern aus. 1380 wurde sie in den Grafenstand erhoben. Die Grafschaft kam nach dem Aussterben des Hauses in männlicher Linie 1406 im Jahre 1415 an die Familie von Loen und 1468/1469 an die Grafen von Manderscheid. Sie erfasste im Laufe der Zeit Gerolstein, Kronenburg, Dollendorf, Jünkerath, Meerfeld, Bettingen, Heistart und Schüller, Erp (Erb) und Daun und Kyll, Neuerburg und andere Herrschaften im Gebiet der Eifel. Von Manderscheid spaltete sich 1488 der Zweig B. (Manderscheid-Blankenheim) ab, der 1524 in die Linien B. und Gerolstein zerfiel. Von ihnen gehörte Blankenheim-Gerolstein dem westfälischen Reichsgrafenkollegium an. 1780 erlosch die Linie B. und damit das Grafenhaus Manderscheid im Mannesstamm. Über Augusta von Manderscheid kamen die Güter an böhmische Grafen von Sternberg. Wegen der Grafschaft B. und Gerolstein waren 1792 die Grafen von Sternberg Mitglied der westfälischen Grafen der weltlichen Bank des Reichsfürstenrates des Reichstages. 1794 wurde die zum niederrheinisch-westfälischen Reichskreis zählende Grafschaft von Frankreich besetzt. 1801 umfasste sie 4 Quadratmeilen mit 8000 Einwohnern. Die Grafen von Sternberg wurden 1803 wegen B., Jünkerath, Gerolstein und Dollendorf mit den Abteien Schussenried und Weißenau entschädigt. 1813/1814 fiel die Grafschaft an Preußen, 1946 das Gebiet an Nordrhein-Westfalen. S. Nordrhein-Westfalen.

L.: Wolff 363; Zeumer 554 II b 63, 21; Wallner 704 WestfälRK 32; Großer Historischer Weltatlas III 38 (1789) B2.

Blankenheim-Gerolstein s. Blankenheim, Gerolstein

Blarer von Wartensee (Reichsritter). 1602 wurden die B. wegen Unterböbingen (bis 1652) Mitglied im Kanton Kocher des Ritterkreises Schwaben. Von 1628 bis 1705 waren die B. in Baiershofen und Treppach begütert.

L.: Schulz 258.

Bläsheim s. Bock von B.

Blaubeuren (Kloster). Um 1085 verlegten die gräflichen Brüder Pfalzgraf Sigiboto von Ruck, Anselm und Hugo von Tübingen eine bei Egelsee versuchte Klostergründung an die an der Blauquelle bestehende Siedlung Beuron. Vögte waren nach den Grafen von Tübingen um 1280 die Grafen von Helfenstein, 1303 Habsburg und 1308 Württemberg, das B. 1535/1536 zum landsässigen Kloster machte. S. Baden-Württemberg.

L.: Wolff 161 f.; Die Benediktinerklöster in Baden-Württemberg, bearb. v. Quarthal, F., 1975, 160 ff. (Germania Benedictina 5); Kloster Blaubeuren 1085–1985, hg. v. Eberl, I., 1985; Blaubeuren. Die Entwicklung einer Siedlung in Südwestdeutschland, hg. v. Decker-Hauff, H./Eberl, I., 1985; Lonhard, O., 900 Jahre Blaubeuren. Kritische Überlegungen zur Gründungsgeschichte, Zs. f. württemb. LG. 46 (1987); Eberl, I., Blaubeuren an Aach und Blau, 1989.

Bleistein, Pleystein (Herrschaft). Die Herrschaft Pleystein (B.) an der Grenze zu Böhmen wurde 1418 von Leuchtenberg an die Pfalz verkauft. 1623 zog Ferdinand II. als König von Böhmen die Herrschaft als verwirktes Lehen ein und gab sie an Bayern. Dieses verkaufte sie 1626 an Pfalz-Neuburg. 1742/1745 kam sie nach dem Aussterben von Pfalz-Neuburg an die Grafen von Sinzendorf. S. Bayern.

L.: Wolff 141.

Blenio s. Bollenz

Blesensis (Blisinsis)

L.: Curs, O., Deutschlands Gaue im zehnten Jahrhundert. Nach den Königsurkunden, Diss. phil. Göttingen 1908, 3.

Bletz von Rotenstein (Reichsritter). (Im 18. Jahrhundert zählten die B. zum Kanton Kocher des Ritterkreises Schwaben.) S. Pletz von Rottenstein.

L.: Roth von Schreckenstein 2, 592.

Bliesichgouwe (Bliesgau)

L.: Curs, O., Deutschlands Gaue im zehnten Jahrhundert. Nach den Königsurkunden, Diss. phil. Göttingen

1908, 3 (unbekannt); Polenz, P. v., Landschafts- und Bezirksnamen, 1961, II, 16, 23 f., 26 f., 31 Bliesahgouwe, Blesitchowa, pagus Blesinsis, pagus Blesiacus; Puhl, R., Die Gaue und Grafschaften des frühen Mittelalters im Saar-Mosel-Raum, 1999, 118 (742 pagus Blesinsis, benannt nach der Blies, zwischen Vogesen, Eichelgau, oberem Saargau, Seillegau, Rösselgau) (Behren-lès-Forbach, Bischmisheim, Ernstweiler, Eschringen, Habkirchen, Hornbach, Illingen, Medelsheim, Mimbach, Neumünster, Niederlinxweiler, Petite-Rosselle, Ratzwiller, Rimling, Sankt Arnual, Schiffweiler, Walsheim).

Blieskastel, Castel (Herrschaft, Grafen). Nach der 1098 erwähnten Burg B. (castellum ad Blesam, Castel) an der unteren Blies im Saarland nannte sich eine gegen Ende des 11. Jahrhunderts von den Grafen von Metz-Lunéville abgespaltete lothringische Adelsfamilie, die ihrerseits im 12. Jahrhundert die Linien der Grafen von Homburg, Lützelstein (1172–1460) und Saarwerden abspaltete und von der Blies bis zur Mosel mit Allod (Achtelsbach, Bubenhausen, Reichweiler [Reichsweiler], Ormesheimer Berg, B.) sowie Lehen der Erzbischöfe von Trier (Hunolstein, Bernkastel) und der Bischöfe von Metz und Verdun (Schamburg [Schaumberg]) begütert war. Nach dem Tod des letzten Grafen von B. (1237) behielt seine älteste Tochter Elisabeth, die in zweiter Ehe mit Rainald von Lothringen-Bitsch verheiratet war, die Güter. Nach ihrem Tod kam es zum Blieskasteler Erbfolgekrieg (1276–1291) zwischen denen von Salm, Limburg, Blankenberg, Zweibrücken und Sponheim sowie dem Bischof von Metz einerseits und den Herzögen von Lothringen und Grafen von Saarbrücken andererseits, der nach vorübergehendem Gewinn Blieskastels, Liebenbergs, Püttlingens, Bernkastels und Hunolsteins durch die Grafen von Salm (1278) mit der Aufteilung des Erbes zwischen dem Herzog von Lothringen (Grafschaft Schaumburg), dem Bischof von Metz (1284 B., ohne Hunolstein, Schaumburg und Püttlingen) und dem Grafen von Salm (Püttlingen) endete. Die Burg B. verkaufte der Bischof von Metz 1337 an das Erzstift Trier, das bereits 1280 Bernkastel erworben hatte. 1456/1660 erwarben die Grafen von Leyen B. und verlegten 1773 ihre Residenz dorthin. B. zählte zum Kanton Niederrheinstrom des Ritterkreises Rhein. 1798/1802 kam es an Frankreich, 1815 an Preußen, 1816 an Bayern, 1919/1920 und 1945/1946 an das Saargebiet und damit 1957 zum Saarland.

L.: Wolff 515; Großer Historischer Weltatlas III 38 (1789) B3; Pöhlmann, C., Der Bliescasteler Erbfolgekrieg, Z. f. bay. LG. 8 (1935), 450 ff.; Herrmann, H.W., Die Grafen von Blieskastel, in: Geschichtliche Landeskunde des Saarlandes 2 (1977), 254 ff.; Mohr, W., Geschichte des Herzogtums Lothringen, 3 1979, 102 ff.; Herrmann, W., Blieskastel, LexMA 2 1983, 278.

Blittersdorff (Reichsritter) s. Plittersdorf, Plittersdorff

Bludenz (Herrschaft). Das nach älteren Vorläufern am Ende des 13. Jahrhunderts durch die Grafen von Werdenberg am Arlbergweg gegründete B. an der Ill bildete den Mittelpunkt einer Herrschaft, die am 5. 4. 1394 zusammen mit dem Montafon durch den letzten Grafen an Habsburg verkauft wurde und 1418 anfiel. S. Vorarlberg.

L.: Wolff 39; Bludenz-Sonderheft, in: Heimat. Vorarlberger Monatshefte 10 (1929).

Blumberg (Herrschaft). B. an der Schwäbischen Alb entstand als Burg. Sie war Sitz der Herren von B. 1536/1537 kam B. an die Fürsten von Fürstenberg, 1806 an Baden und damit 1951/1952 zu Baden-Württemberg.

L.: Wolff 174; Bader, K. S., Burg, Dorf, Stadt und Herrschaft Blumberg, 1950.

Blumegg (reichsritterschaftliche Herrschaft) nördlich von Stühlingen zählte zum Kanton Hegau-Allgäu-Bodensee des Ritterkreises Schwaben.

L.: Wolff 509.

Blumenegg (Herrschaft). 1510 kauften die Landgrafen von Klettgau aus dem Hause der Grafen von Sulz die Herrschaft B. am Oberrhein bei Bludenz. S. Vorarlberg.

L.: Wolff 182; Wallner 686 SchwäbRK 20; Großer Historischer Weltatlas III 38 (1789) D4, III 39 C4; Grabherr, J., Die reichsunmittelbare Herrschaft Blumenegg, Bregenz 1907.

Blumenfeld (Herrschaft). B. bei Konstanz war Mittelpunkt der Herrschaft B. Sie kam nach 1292 von den Herren von B. an die Ritter von Klingenberg. 1488 wurde sie an die Deutschordenskommende Mainau verkauft, die B. zum Sitz eines Amtsbezirkes mit 13 Ortschaften machte. 1806 kam B. an Baden und damit 1951/1952 zu Baden-Württemberg.

L.: Wolff 196; Stoll, F., Der großherzoglich-badische Amtsbezirk Blumenfeld, 1855; Motz, P., Die alten Hegaustädte Engen, Aach, Blumenfeld und Tengen, Bad. Heimat 1930, 64 ff.

Blumenthal (Herrschaft). Im 13. Jahrhundert erbauten die Ritter von Oumund das feste

Haus Blomendal nördlich von Bremen. 1305 wurde es von Bremen zerstört, 1354 aber an anderer Stelle neu errichtet. Nach dem Aussterben der Oumund 1436 kam es mit der zugehörigen Herrschaft gegen Geldzahlung von den Erben an Bremen. 1741 ging die Herrschaft an Hannover, 1866 an Preußen und 1939 an Bremen über.

L.: Wolff 431; Großer Historischer Weltatlas III 22 (1648) D2; Halenbeck, L., Blumenthal und Schönebeck. Ein Beitrag zur bremischen Geschichte, 1878.

Blümlein (Reichsritter). Vielleicht zählten die B. zum Kanton Steigerwald im Ritterkreis Franken.

L.: Stieber; Riedenauer 122.

Bobbio (Kloster, Reichsabtei). 612 gründete der heilige Columban an der Stelle eines älteren Petrusoratoriums die Abtei San Colombano bei B., die neben Monte Cassino zum bedeutendsten Skriptorium für die Überlieferung der antiken Literatur wurde. 628 erhielt B. als erstes abendländisches Kloster die Exemtion. Nach einer karolingischen Blütezeit trat B. trotz Gründung eines Bistums B. (1014) zunehmend zurück, wobei die Bedrängung durch Piacenza den Verfall beschleunigte. 1803 wurde das Kloster unter Zerstreuung der ansehnlichen Bibliothek aufgehoben.

L.: Großer Historischer Weltatlas II 34 c (1138–1254) C2; Cipolla, C./Buzzi, G., Codice diplomatico di San Colombano di Bobbio, Bd. 1 ff. 1918; Brühl, C., Studien zu den langobardischen Königsurkunden, 1970; Goez, W., Bobbio, LexMA 2 1983, 295 f.

Bobenhausen (Reichsritter). Bis etwa 1700 zählten die B. zum Kanton Odenwald im Ritterkreis Franken. Im 18. Jahrhundert waren sie mit Obbach und Ruppertshain (Rupertsheim) im Kanton Rhön-Werra immatrikuliert.

L.: Genealogischer Kalender 1753, 538; Stieber; Seyler 353; Winkelmann-Holzapfel 143; Stetten 32; Riedenauer 122; Rahrbach 27.

Böbingen (Herrschaft). Die Herrschaft B. wurde 1715 von der Fürstpropstei Ellwangen erworben. Sie fiel 1802/1803 an Württemberg und damit 1951/1952 an Baden-Württemberg.

Bock (Reichsritter). 1783–1805 war Johann Nikolaus Stephan von B. Personalist im Kanton Kocher des Ritterkreises Schwaben.

L.: Schulz 259.

Bock von Gerstheim, Bock von Bläsheim, Gerstheim, Obenheim (Freiherren, Reichsritter). Bis zu ihrem Aussterben 1791 (bzw. weiblicherseits 1792) zählten die bereits im Stichjahr 1680 angesessenen und mit ihren Gütern bei der Ritterschaft immatrikulierten Freiherren B. mit halb Gerstheim und einem Viertel Obenheim zum Ritterkreis Unterelsass.

L.: Genealogischer Kalender 1753, 532; Roth von Schreckenstein 2, 595; Hölzle, Beiwort 66.

Böckingen (Reichsdorf). B. (zum Personennamen Bago) bei Heilbronn wurde am 3. 8. 1310 von Heinrich VII. an Graf Albrecht von Löwenstein als Lehen ausgegeben. Zwischen 1342 und 1431 kam der Ort durch Kauf an die Reichsstadt Heilbronn, mit der er 1802 an Württemberg und 1951/1952 an Baden-Württemberg fiel.

L.: Hugo 452; Jäger, K., Geschichte der Stadt Heilbronn und ihres ehemaligen Gebietes, 1828.

Böcklin von Böcklinsau (Freiherren, Reichsritter). Im 18. Jahrhundert zählten die Freiherren B. mit einem Drittel Allmannsweier, einem Viertel Kehl-Dorf (Kehldorf), dem 1442 erworbenen Rust und einem Sechstel Wittenweier zum Bezirk (Kanton) Ortenau des Kantons Neckar des Ritterkreises Schwaben (1802 Franz Friedrich Siegmund August B. [Herr zu Rust, Kehl – bzw. Kehl-Dorf –, Allmannsweier und Wittenweier], Franz Karl Johann Siegmund B., Friedrich Wilhelm Karl Leopold B.). Mit dem 1411 erworbenen Bischheim, dem halben Obenheim und dem halben Wibolsheim waren sie Mitglied des Ritterkreises Unterelsaß, mit Helfenberg 1645–1685 Mitglied im Kanton Kocher.

L.: Roth von Schreckenstein 2, 592, 595; Hölzle, Beiwort 65 f.; Schulz 259.

Böcklinsau s. Böcklin von B.

Bode (Reichsritter). 1726–1746 waren Angehörige der Familie B. Personalisten im Kanton Kocher des Ritterkreises Schwaben.

L.: Schulz 259.

Bodeck (Reichsritter). Um 1806 zählten die B. zum Kanton Rhön-Werra im Ritterkreis Franken.

L.: Roth von Schreckenstein 2, 593; Riedenauer 122.

Bodeck von Ellgau, Bodeck und Ellgau (Reichsritter). 1802 zählte Freiherr Franz Ludwig von B. zum Ort (Kanton) Ortenau des

Kantons Neckar des Ritterkreises Schwaben. 1773 gehörten die bereits im Stichjahr 1680 angesessenen und mit ihren Gütern bei der Ritterschaft immatrikulierten B. zum Ritterkreis Unterelsass. Sie erloschen männlicherseits 1907.

Bodenlaube (Reichsritter). Im frühen 16. Jahrhundert zählten die B. zum Kanton Rhön-Werra des Ritterkreises Franken.

L.: Riedenauer 122.

Bödigheim, Bödikeim, Bödigkheim (Reichsritter). B. bei Buchen erscheint um 1100 in den Händen des Klosters Amorbach. Dieses gab 1286 an Wiprecht Rüdt ein Felsplateau zur Errichtung einer Burg ab. Um 1550 zählten die B. zum Kanton Odenwald des Ritterkreises Franken. 1806 kam B. an Baden und damit 1951/1952 an Baden-Württemberg. S. Vorburger zu B.

L.: Stetten 32; Riedenauer 122.

Bodman, Bodmann (reichsritterschaftlicher Ort, reichsritterschaftliche Herrschaft, Freiherren, Reichsritter). Die Familie der Freiherren von B., die bereits 1488 Mitglied der Rittergesellschaft Sankt Jörgenschild in Schwaben, Teil Hegau und am Bodensee war, ist seit dem 15. Jahrhundert in die Linie B. zu Bodman (Bodman, Espasingen, Wahlwies, Kargegg, Mooshof, 1786 Kauf Liggeringens, 1790 Kauf der Herrschaft Schlatt, davon Bodman, Espasingen und Wahlwies im 17. Jahrhundert an die Linie B. zu Kargegg) und die Linie B. zu Möggingen (1752 mit Möggingen, Liggeringen, Güttingen und Wiechs, Aufspaltung in die Zweige B. zu Güttingen, B. zu Möggingen, B. zu Wiechs) geteilt. Der Ort Bodman und die Familie B. zählten zum Kanton Hegau-Allgäu-Bodensee (Hegau) des Ritterkreises Schwaben. 1806 fielen die Güter an Württemberg, das sie 1810 an Baden abtrat, über das sie 1951/1952 an Baden-Württemberg gelangten.

L.: Genealogischer Kalender 1753, 530; Wolff 509; Roth von Schreckenstein 2, 592; Ruch, Anhang 3, 79; Mau, H., Die Rittergesellschaften mit St. Jörgenschild in Schwaben, 1941, 34; Flohrschütz, G., Zur ältesten Geschichte der Herren von Bodmann, Diss. phil. München 1951; Danner, W., Studien zur Sozialgeschichte einer Reichsritterschaft in den Jahren der Mediatisierung. Entwicklung der politischen und wirtschaftlichen Stellung der Reichsfreiherren von und zu Bodmann 1795–1815, in: Hegau 17/18 (1972/1973), 91 ff.; Bodman. Dorf, Kaiserpfalz, Adel, hg. v. Berner, H., Bd. 1 1977, Bd. 2 1985; Gräflich von Bodmansches Archiv, bearb. v. Halbekann, J., 2001.

Bodman zu Bodman, Bodmann (Freiherren, Reichsritter). Seit dem 15. Jahrhundert zählten die B. zunächst mit Bodman, Espasingen, Wahlwies und dem Hof Kargegg und Mooshof zum Ritterkreis Schwaben (Kanton Hegau). Sie erweiterten ihre Güter 1786 durch den Kauf von Liggeringen und 1790 durch den Kauf der Herrschaft Schlatt. 1806 fielen die Güter an Württemberg, das sie 1810 an Baden abtrat, über das sie 1951/1952 an Baden-Württemberg gelangten.

L.: Ruch 18, Anm. 2, 82; Hölzle, Beiwort 60; Bodmann, L. Frhr. v., Geschichte der Freiherren von Bodmann, 1894 ff.; Danner, W., Die Reichsritterschaft im Ritterkantonsbezirk Hegau in der zweiten Hälfte des 17. und im 18. Jahrhundert, 1969.

Bodman zu Kargegg, Bodmann (Reichsritter). Nach dem Verzicht eines Mitglieds der Familie Bodman zu Bodman auf die Herrschaft über Bodman, Espasingen und Wahlwies zugunsten der Familie B. im 17. Jahrhundert war diese mit diesen Gütern Mitglied der Ritterschaft (Kanton Hegau, Ritterkreis Schwaben).

L.: Hölzle, Beiwort 60; Danner, W., Die Reichsritterschaft im Ritterkantonsbezirk Hegau in der zweiten Hälfte des 17. und im 18. Jahrhundert, 1969.

Bodman zu Möggingen, Bodmann (Freiherren, Reichsritter). 1752 gehörten die Freiherren von B. mit Möggingen, Liggeringen, Güttingen und Wiechs zum Ritterkreis Schwaben (Kanton Hegau). Zu Beginn des 18. Jahrhunderts teilte sich die Familie in die Zweige Bodman zu Güttingen, Bodman zu Möggingen und Bodman zu Wiechs.

L.: Hölzle, Beiwort 60; Danner, W., Die Reichsritterschaft im Ritterkantonsbezirk Hegau in der zweiten Hälfte des 17. und im 18. Jahrhundert, 1969.

Bodman zu Wiechs, Bodmann zu Wiex (Freiherren, Reichsritter). Im Jahre 1752 gehörten die zu Beginn des 18. Jahrhundets von den Freiherren von Bodman zu Möggingen abgespalteten Freiherren von B. zum Ritterkreis Schwaben im Kanton Hegau.

L.: Ruch, Anhang 79.

Bogen (Grafen). Nach 1125 erscheinen nördlich der Donau nahe Straubing in der Nachfolge der Babenberger Grafen von B., die sich zu Beginn des 12. Jahrhunderts noch Grafen von Windberg genannt hatten. Den Kern der Grafschaft bildete (seit der Mitte des 11. Jahrhunderts?) der östliche Donaugau. Dazu kamen 1158 von den Grafen von Formbach die Grafschaft im Künziggau, 1230 große Lehen des Bischofs von Passau und des Herzogs von Böhmen sowie die Grafschaft Deggendorf. Mit Graf Albrecht IV. starb 1242 das Geschlecht aus. Die Grafschaft fiel an Herzog Otto II. von Bayern, den Stiefbruder Albrechts IV. aus der zweiten Ehe seiner Mutter Ludmilla von Böhmen mit Herzog Ludwig I. von Bayern. Die blauweißen Rauten der Grafen von B. gingen in das Wappen Bayerns ein.

L.: Piendl, M., Die Grafen von Bogen, Jber. des hist. Vereins Straubing 55 (1953) – 57 (1955); Piendl, M., Bogen, LexMA 2 1983, 317.

Böhl (Reichsdorf). König Wilhelm verpfändete am 20. 3. 1252 dem Bischof von Speyer die Dörfer Hassloch und Böhl (Bohelen) bei Neustadt an der Weinstraße (Hardt). Am 22. 1. 1330 verpfändete Ludwig der Bayer unter anderem beide Dörfer an die Pfalzgrafen bei Rhein. Dort verblieben sie, so dass sie über Bayern 1946 an Rheinland-Pfalz kamen.

L.: Hugo 463.

Bohlingen (Herrschaft). B. westlich von Radolfzell am Bodensee wird 733 erstmals erwähnt. Im 9. Jahrhundert war der dortige Kelhof in der Hand des Bischofs von Konstanz. Nach 1300 stand die um B. gebildete Herrschaft den Herren von Homburg zu, die seit 1426 auch die Blutgerichtsbarkeit ausübten. Ihnen folgten von 1456 bis 1469 das Kloster Salem und von 1469 bis 1497 die Grafen von Sulz. Von diesen gelangte die Herrschaft mit 5 Dörfern 1497 an das Hochstift Konstanz und mit diesem 1803 an Baden und damit 1951/1952 zu Baden-Württemberg.

L.: Wolff 156; Waßmann, H., Geschichte des Dorfes und der ehemaligen Herrschaft Bohlingen, 2. A. 1951.

Böhm s. Mörlau genannt B.

Böhmen (Herzogtum, Königreich). Der Name B. des seit der Steinzeit besiedelten Gebietes zwischen Böhmerwald, Erzgebirge, Sudeten und der Böhmisch-Mährischen Höhe geht auf die keltischen Boier (Bojo-haemum) zurück. Nach der Abwanderung der seit der Zeitenwende dort ansässigen Germanen drangen im 6. Jahrhundert Slawen in das Gebiet ein. Sie gerieten später unter fränkischen Einfluss und wurden im 9. Jahrhundert christianisiert (973 Bistum Prag). Zeitweise stand B. unter mährischer (Ende des 9. Jahrhunderts) bzw. polnischer Herrschaft (1003/1004). Seit dem 10. Jahrhundert (924–929, 935) gehörte B., in das bald zahlreiche deutsche Siedler kamen, dem deutschen Reich an (950 Lehnsverhältnis), nahm aber immer eine Sonderstellung ein, die sich auch darin zeigte, dass der böhmische Fürst, der aus der Dynastie der seit dem 9. Jahrhundert nachweisbaren Przemysliden (Herzöge von Prag) kam, vereinzelt schon seit Ende des 11. Jahrhunderts (1086) den Königstitel anstrebte. 1114 ist der böhmische Herzog erstmals als Inhaber eines Reichserzamtes (Schenk) bezeugt. 1198 erlangte Ottokar I. von Philipp von Schwaben die erbliche Königswürde. Vom Beginn des 13. Jahrhunderts an steigerten die böhmischen Könige rasch ihre Macht. Nach dem Erwerb Österreichs (1251), der Steiermark (1251/1260), des Egerlandes (1266), Kärntens und Krains (1269) griff der mit einer Babenbergerin (Margarete) verheiratete König Ottokar II. (1253–1278) nach der Kaiserkrone, unterlag aber 1278 in der Schlacht auf dem Marchfeld gegen Rudolf von Habsburg und verlor die Erwerbungen an der Donau und im Alpengebiet. 1306 starben die Przemysliden, die für kurze Zeit auch noch Ungarn und Polen gewannen, in männlicher Linie aus. Ihnen folgte über die Przemyslidin Elisabeth die Dynastie der Grafen von Luxemburg (1310–1437). Unter ihnen kam der größte Teil Oberschlesiens (1327/1329) unter böhmische Herrschaft. Karl IV. machte B. zum Kernland des Reiches, fasste B., Mähren und Schlesien sowie 1370(–1646) die beiden Lausitzen als die Länder der böhmischen Krone zusammen, veranlasste die Erhebung Prags zum Erzbistum (1344), gründete 1348 in Prag die erste Universität nördlich der Alpen und verschaffte in der Goldenen Bulle von 1356 dem König von B. die Kurwürde und den Vorrang unter den weltlichen Kurfürsten. Im Gefolge der hussitischen Bewegung erstarkte unter dem schwachen Nachfolger Wenzel das tschechische Nationalbewusstsein. Außer in den Städten setzte sich die tschechische Sprache weitgehend durch. Am Ende des Mittelalters beherrschte faktisch der Hochadel das von Habsburg zunächst vergeblich begehrte Land. 1471 fielen B., 1490 Mähren und Schlesien an die polnischen Jagiellonen (1471–1526) und wurden mit Polen und (1490) Ungarn vereinigt. In die Kreiseinteilung des Reiches von 1500 wurden sie nicht mehr einbezogen. 1526 wurde Ferdinand I. von Habsburg, der Schwager des letzten Königs, in starker Betonung des Rechts der freien Wahl als böhmischer König angenommen. 1618 kam es zum Aufstand des evangelischen böhmischen Adels gegen das katholische Haus Habsburg, doch setzte sich Habsburg schon 1620 militärisch durch und erließ 1627 als Ausdruck eines strengen Absolutismus die Verneuerte Landesordnung. Die Bindung Böhmens an das Reich trat zugunsten der engeren Verbindung mit den übrigen habsburgischen Ländern zurück. 1708 wurde die seit 1519 nicht mehr ausgeübte Stimme Böhmens im Kurfürstenkolleg wieder zugelassen. Das Gebiet von B. umfasste die Hauptstadt Prag und die Kreise Bunzlau, Königgrätz (Königingrätz), Bidschow, Chrudim (Chrudin), Časlau (Czaslau), Kauřim (Kaurzim), Tabor, Budweis, Prachin, Pilsen, Saaz, Elnbogen, Leitmeritz, Rakonitz (Rackonitz) und Beraun. 1742 musste fast ganz Schlesien an Preußen abgetreten werden. Im 19. Jahrhundert trat die nationale Frage wieder in den Vordergrund, wobei habsburgische Reformmaßnahmen das Wiedererstarken des tschechischen Nationalbewusstseins begünstigten. Unter dem Einfluss des Historikers Franz Palacky entstand die Forderung nach einer Neugliederung Österreichs nach Sprachgebieten. 1889/1891 wandte sich die tschechische Nationalbewegung vom österreichischen Staatsgedanken ab. 1918/1919 ging B. auf Grund der Stärke der tschechischen Bevölkerungsmehrheit (1905 75 Sitze der Tschechen und 55 Sitze der Deutschen im Reichsrat) in der neugegründeten Tschechoslowakei (Ausrufung am 27. 10. 1918) auf. 1949 wurde die alte politische Einheit B. innerhalb der Tschechoslowakei aufgelöst.

L.: Wolff 461 ff.; Zeumer 552 I 4; Großer Historischer Weltatlas II 34 (1138–1254) G4, II 66 (1378) H3, II 78 (1450) G/H 3/4, III 22 (1648) G4, III 38 (1789) E5; Die Territorien des Reichs 1, 134; Palacky, F., Geschichte Böhmens, Bd. 1 ff. 1836 ff.; Bachmann, A., Geschichte Böhmens bis 1526, 1899 ff.; Bretholz, B., Geschichte Böhmens und Mährens, Bd. 1–4 1912; Peterka, O., Rechtsgeschichte der böhmischen Länder, Bd. 1 ff. 1923 ff.; Uhlirz, K./Uhlirz, M., Handbuch der Geschichte Österreichs und seiner Nachbarländer Böhmen und Ungarn, Bd. 1 ff. 1924 ff., 2. A. 1963; Molisch, P., Der Kampf der Tschechen um ihren Staat, 1929; Kartographische Denkmäler der Sudetenländer, hg. v. Brandt, B., Heft 1 ff. 1930–1936; Gierach, K./Schwarz, E., Sudetendeutsches Ortsnamenbuch, 1932–1938; Monumenta cartographica Bohemiae. Karten von 1518–1720, hg. v. Sembera, V./Salomon, B., Prag 1938; Sedlmayer, K., Historische Kartenwerke Böhmens, 1942; Die Deutschen in Böhmen und Mähren, hg. v. Preidel, H., 2. A. 1952; Sudetendeutscher Atlas, hg. v. Meynen, E., 1954; Krallert, W., Atlas zur Geschichte der deutschen Ostsiedlung, 1958; Atlas östliches Mitteleuropa, hg. v. Kraus, T./Meynen, E./Mortensen, H./Schlenger, H., 1959; Wegener, W., Böhmen/Mähren und das Reich im Hochmittelalter, 1959; Prinz, F., Die Stellung Böhmens im mittelalterlichen deutschen Reich, Z. f. bay. LG. 28 (1965), 99 ff.; Handbuch der Geschichte der böhmischen Länder, hg. v. Bosl, K., Bd. 1 ff., 1966 ff.; Ortslexikon der böhmischen Länder 1910–1968, hg. v. Sturm, H., Lief. 1, Bezirke A-D, 1977; Biographisches Lexikon zur Geschichte der böhmischen Länder, Bd. 1 A-H, hg. v. Sturm, H., 1979, Bd. 2 I-M, hg. v. Sturm, H., 1984, Bd. 3 (in einz. Lief.) N-Pe, hg. v. Seibt, F./Lemberg, H./Slapnicka, H. u. a., 1986; Graus, F., Böhmen, LexMA 2 1983, 335 ff.; Prinz, F., Böhmen im mittelalterlichen Europa: Frühzeit, Hochmittelalter, Kolonisationsepoche, 1984; Jilek, H., Bibliographie zur Geschichte und Landeskunde der böhmischen Länder von den Anfängen bis 1948, Publikationen der Jahre 1850–1975, Bd. 1 Nr. 1–9599, 1986; Hoensch, J., Geschichte Böhmens, 3. A. 1997; Prinz, F., Geschichte Böhmens 1848–1948, 1988; Bernt, A., Die Germanen und Slawen in Böhmen und Mähren, 1989; Pleticha, H., Franken und Böhmen, 1990; Deutsche Geschichte im Osten Europas, Böhmen und Mähren, hg. v. Prinz, F., 1993; Mandelova, H., Europa im späten Mittelalter, 1994; Melville, R., Adel und Revolution in Böhmen, 1998; Bohemia in History, hg. v. Teich, M., 1998.

Bohn (Reichsritter). Im späten 17. Jahrhundert zählten die B. zum Kanton Odenwald des Ritterkreises Franken.

L.: Riedenauer 122.

Boineburg (Reichsritter) s. Boyneburg

Boitzenburg (Herrschaft). Die Burg B. nördlich von Templin wurde bald nach 1252 angelegt und 1276 als Mittelpunkt einer 10 Dörfer umfassenden Herrschaft der Kerkow erstmals erwähnt. 1330 übernahmen die Wittelsbacher B., das zeitweise an die Locken, Cottbus, Holtzendorff, Bredow und Maltzan gelangte. 1415 löste es Friedrich I. von Brandenburg aus der Pfandschaft Pommerns und gab es 1416 an die Bredow. Schon 1427, endgültig 1528 gelangte B. mit mehr als 20 Dörfern und Feldmarken als Lehen an die Arnim, die 1538/1539 auch Güter des aufgelösten Klosters B. von Brandenburg erwarben. Über Brandenburg kam B. von 1949 bis 1990 zur Deutschen Demokratischen Republik.

L.: Wolff 389; Harnisch, H., Die Herrschaft Boitzenburg, 1968.

Boizenburg (Land, Grafschaft). König Waldemar II. von Dänemark teilte zu Beginn des 13. Jahrhunderts die Grafschaft Ratzeburg auf und gab das Land Wittenburg und das Land B., das nach einer alten Burg an einem Elbübergang benannt wurde, an die Grafen von Schwerin. Von 1247 bis 1349 war B. Residenz einer Nebenlinie der Grafen. 1358 kam es an Mecklenburg und damit von 1949 bis 1990 zur Deutschen Demokratischen Republik.

L.: Wolff 443; Fabri, J. E., Boizenburg. Abriss einer Geschichte der Stadt Boizenburg nebst einer Beschreibung derselben von 1154–1789. Neudruck 1924; Boizenburg. Beiträge zur Geschichte der Stadt, hg. v. Rat der Stadt Boizenburg, 1980.

Bolanden (Herren, Reichsgrafen). Die Herren von B. sind ein vermutlich aus der Dienstmannschaft des Erzstifts Mainz hervorgegangenes, seit 1128 mit Werner I. nachweisbares Geschlecht von Reichsministerialen im rheinhessisch-pfälzischen Raum. Zentren der verstreuten Güter waren Lehen – 45 verschiedener Herren – und Vogteien der Reichsgutsbezirke um die Stammburg Donnersberg, um Nierstein, Gernsheim und Ingelheim. Die Familie erlangte 1212 die Reichstruchsessenwürde, 1246 die Reichskämmererwürde. Zugleich spaltete sie sich in die Linien B., Hohenfels und Falkenstein auf. Die Hauptlinie erlosch im Mannesstamm 1376, die 1199/1241 abgespaltete, in Reipoltskirchen ansässige Seitenlinie Hohenfels 1602, die 1241 gebildete Seitenlinie Falkenstein, die 1255/1288 die Ministerialen von Münzenberg beerbte, die Landvogtei der Wetterau und die Reichsvogtei im Forst Dreieich innehatte und 1398 in den Reichsgrafenstand aufstieg, bis 1407/1418. Das 1333 erstmals erwähnte Dorf B. kam 1709 von der Pfalz durch Tausch an Nassau-Weilburg, danach über Bayern 1946 zu Rheinland-Pfalz.

L.: Jacob, E., Untersuchungen über Herkunft und Aufstieg des Reichsministerialengeschlechtes Bolanden, Diss. phil. Gießen 1936; Engels, O., Bolanden, LexMA 2 1983, 356f.; Dotzauer, W., Geschichte des Nahe-Hunsrück-Raumes, 2001.

Bolchen (Herrschaft, Grafschaft). Im 12. Jahrhundert erscheint B. als Lehnsgut der Herren von Feltz von Seiten der Herren von Finstingen, nach dem sich die Herren von Feltz benannten. Sie bildeten durch Erwerb von Vogteien und Pfandschaften eine ansehnliche, aber nicht zusammenhängende Herrschaft. Im 14. Jahrhundert begegnet B. als Burglehen von Falkenberg (bis 1342), später als Lehen des Herzogs von Luxemburg (nach 1384). Zu Anfang des 15. Jahrhunderts fiel B. über Irmgard von B. an die Familie von Rodemachern, vor 1462 über Elisabeth von Rodemachern an Friedrich Graf von Moers. 1492 zog König Maximilian alle Rodemachernschen Güter wegen Felonie ein. Zwischen 1488 und 1503 kaufte der Herzog von Lothringen alle Rechte an B. auf. S. Frankreich.

L.: Wolff 305; Guir, F., Histoire de Boulay, 1933; Hermann, H., Bolchen, LexMA 2 1983, 357.

Bollenz (Herrschaft, Gemeine Herrschaft), Blenio. 1495/1500 kam Bollenz/Blenio im Tessin unter die Herrschaft der Eidgenossenschaft der Schweiz.

L.: Wolff 530; Großer Historischer Weltatlas II 72 b (bis 1797) F3.

Bömelburg (Freiherren, Reichsritter). Im 18. Jahrhundert zählten die Freiherren von B. mit dem 1594 erworbenen Erolzheim zum Kanton Donau im Ritterkreis Schwaben.

L.: Hölzle, Beiwort 58.

Bomeneburg (Grafen) s. Boyneburg

Bonfeld (reichsritterschaftliches Dorf). Nach B. südwestlich von Wimpfen nannten sich seit dem frühen 13. Jahrhundert Herren von B. Nach ihrem Aussterben um die Mitte des 15. Jahrhunderts traten die Herren von Helmstadt an ihre Stelle, die B. als Mannlehen des Hochstifts Worms hatten. 1476 erwarben die Gemmingen den zum Kanton Kraichgau des Ritterkreises Schwaben zählenden Ort, der über Württemberg 1951/1952 zu Baden-Württemberg kam.

L.: Wolff 510.

Bonn (Stadt). Am Ausgang des Rheindurchbruchs durch das Schiefergebirge bestand in günstiger Verkehrslage bereits eine keltische Siedlung. Deren Namen übernahm ein vor 50 n. Chr. errichtetes römisches Legionslager (Castra Bonnensia). Um 400 wurde der Ort von den Franken erobert (722/723 pagus Bonnensis belegt). Außerhalb des Lagers entstand bei der Märtyrerkapelle St. Cassius und Florentius ein neuer Siedlungskern, der unter die Herrschaft der Ezzonen, dann der Grafen von Sayn und im 12. Jahrhundert an das Erzstift Köln kam. Im 16. Jahrhundert wurde B. Hauptort des Erzstifts. 1786 erhielt es eine 1797 aufgehobene, 1815 aber neugegründete Universität. 1797 fiel es an Frankreich, 1815 an Preußen und damit 1946 an Nordrhein-Westfalen.

L.: Wolff 85; Ennen, E./Höroldt, D., Kleine Geschichte der Stadt Bonn, 3. A. 1976; Kaiser, R., Bonn, LexMA 2 1983, 426 f.; Nonn, U., Pagus und comitatus in Niederlothringen, 1983, 204; Escher, M. u. a., Die urbanen Zentren, 2005, 2, 74.

Bonndorf (Herrschaft, Grafschaft). B. im Hochschwarzwald wird 1223 erstmals erwähnt. Die Herrschaft B., die B., Münchingen, Wellendingen, Gündelwangen und Boll, später auch Holzschlag und Glashütte sowie seit 1609 Grafenhausen umfasste, gehörte seit 1460 zu Lupfen (Landgrafen von Stühlingen), wurde später aber reichsunmittelbar. 1613 gelangte sie durch Kauf von Joachim Christoph von Mörsberg für 150 000 Gulden an die Abtei Sankt Blasien, die sie 1699 durch die Ämter Blumegg, Gutenburg (Gutenberg) und Bettmaringen zur Grafschaft B. erweiterte. Dadurch wurde der Abt von Sankt Blasien 1746 Reichsfürst. 1803 kam das 3,5 Quadratmeilen große B. mit 8000 Einwohnern an den Malteserorden (Großpriorat Heitersheim), 1805 an Württemberg und 1806 an Baden und damit 1951/1952 an Baden-Württemberg.

L.: Wolff 207; Zeumer 553 II b 61, 15; Wallner 687 SchwäbRK 36; Großer Historischer Weltatlas II 66 (1378) E5; Kürzel, A., Der Amtsbezirk oder die ehemals St. Blasianische Reichsherrschaft Bonndorf, 1861; Stadt auf dem Schwarzwald Bonndorf, hg. v. d. Stadt Bonndorf, 1980.

Bonngau (Bunnechgouue, Bunnekowe, Gau um Bonn)

L.: Curs, O., Deutschlands Gaue im zehnten Jahrhundert. Nach den Königsurkunden, Diss. phil. Göttingen 1908, 3 (Muffendorf, Bornheim); Polenz, P. v., Landschafts- und Bezirksnamen, 1961, I, 8, II, 16, 30 f. Bunnegouwe, pagus Bonnensis, IV, 18 comitatus Bunnensis.

Bönnigheim (Reichsstadt, Ganerbiat, Ganerbschaft, reichsritterschaftliche Herrschaft). Im Jahre 793 gab die Nonne Hiltpurg B. bei Ludwigsburg an das Kloster Lorsch. Die Burg B. gehörte 1183 den Staufern. Im 13. Jahrhundert ging die Lehnsabhängigkeit von Lorsch an das Erzstift Mainz über. Spätestens um 1280 wurde der Ort zur Stadt erhoben, aber bald dem Reich entfremdet. 1288 kaufte ihn Rudolf von Habsburg, der ihn seinem natürlichen Sohn Albrecht von Löwenstein überließ. Von dessen Witwe fiel er 1330 an Friedrich von Sachsenheim. Durch Teilverkäufe kam es zu einem Ganerbiat (Ganerbschaft) zwischen Sachsenheim, Gemmingen, Neipperg und dem Erzstift Mainz. Bis 1750 setzte sich das Erzstift Mainz durch. 1785 verkaufte es das zum Kanton Kocher des Ritterkreises Schwaben zählende B. mit Cleebronn und Erligheim an Württemberg, über das B. 1951/1952 an Baden-Württemberg kam.

L.: Wolff 510; Geschichtlicher Atlas von Hessen, Inhaltsübersicht 33; Schulz 275; Zipperlen, E./Schelle, D., Bönnigheim. Stadt zwischen Neckar und Stromberg, 1970.

Boofzheim s. Mueg von B.

Boos (Herrschaft). Die Herrschaft B. nördlich von Memmingen wurde 1551 von den Grafen Fugger erworben. Sie fiel 1560 an die Linie Fugger-Babenhausen. Deren Güter kamen 1806 an Bayern.

L.: Wolff 205; Wallner 686 SchwäbRK 16 a; Stauber, A., Das Haus Fugger von seinen Anfängen bis zur Gegenwart, 1960.

Boos von Waldeck (Freiherren, Reichsritter). Im 18. Jahrhundert zählten die B. mit Hundsbach samt Lauschied und Teilen von Kappeln zum Kanton Niederrheinstrom des Ritterkreises Rhein.

L.: Genealogischer Kalender 1753, 545; Roth von Schreckenstein 2, 594; Winkelmann-Holzapfel 143.

Boos von Waldeck und Montfort (Freiherren, Grafen, Reichsritter). Die Freiherren, seit 1790 Grafen, B. zählten um 1790 mit Wasenbach zum Kanton Mittelrheinstrom und mit Hüffelsheim zum Kanton Niederrheinstrom des Ritterkreises Rhein.

L.: Winkelmann-Holzapfel 143.

Bopfingen (Reichsstadt). B. bei Aalen kam um 1150 zusammen mit der zugehörigen Burg Flochberg an die Staufer. In der Reichssteuerliste von 1241 erscheint der vielleicht um 1230 von den Staufern ausgebaute Ort als Stadt (Reichsstadt). 1384 erwarb die Stadt das Reichsammannamt. 1546 führte sie die Reformation ein. Ihr Herrschaftsgebiet blieb klein. 1802/1803 kam das 0,8 Quadratmeilen große B. mit 2000 Einwohnern an Bayern, 1810 an Württemberg und damit 1951/1952 an Baden-Württemberg.

L.: Wolff 225; Zeumer 555 III b 37; Wallner 689 SchwäbRK 81; Großer Historischer Weltatlas II 66 (1378) F4, III 22 (1648) E4; Schroeder 221 ff.; Schwab, C., Kurzer Abriss der ehemals freien Reichsstadt Bopfingen, 1872.

Boppard (Reichsland, Reichsstadt). In Urkunden des 7. Jahrhunderts erscheint im Raum B. Königsgut, das vermutlich auf römisches

Staatsland zurückgeht und 814 als fiscus bezeichnet wird. Später wird der relativ geschlossene Güterkomplex zugunsten der Hochstifte Hildesheim und Bamberg, der Abteien Burtscheid und Sankt Pantaleon in Köln, des Quirinusstifts in Neuss (Neuß), der Propstei Hirzenach, der Klöster Marienberg und Pedernach und Verlehnungen an Reichsministeriale aufgesplittert. Die Reste des Reichsgutes fielen zwischen 1309 und 1354 pfandweise an das Erzstift Trier und gingen im Kurfürstentum Trier auf. Das an der Stelle des auf eine keltischen Gründung zurückgehenden römischen Kastells Bodobriga (2. Hälfte 4. Jahrhundert) liegende B., das im frühen 13. Jahrhundert Reichsstadt wurde, verlor mit der Verpfändung an das Erzstift Trier 1312 die Reichsfreiheit, da alle Versuche zur Wiedergewinnung misslangen. 1794 geriet B. unter Verwaltung Frankreichs. 1815 kam es an Preußen. 1946 wurde es Bestandteil von Rheinland-Pfalz.

L.: Wolff 83; Boppard am Rhein. Ein Heimatbuch, 1953; Heyen, F. J., Reichsgut im Rheinland. Die Geschichte des königlichen Fiskus Boppard, 1956; Hahn, H., Boppard am Rhein, in: Berichte zur Deutschen Landeskunde 33, 1 (1964); Kaiser, R., Boppard, LexMA 2 1983, 444; Boppard, hg. v. Missling, H., 1998.

Boppart, Boppard, s. Beier von B.

Borgelngau (Burclaun, Gau um Borgeln in Westfalen)

L.: Curs, O., Deutschlands Gaue im zehnten Jahrhundert. Nach den Königsurkunden, Diss. phil. Göttingen 1908, 3 (Borgeln).

Borhtergo

L.: Curs, O., Deutschlands Gaue im zehnten Jahrhundert. Nach den Königsurkunden, Diss. phil. Göttingen 1908, 3 (Erenzell); Polenz, P. v., Landschafts- und Bezirksnamen, 1961, II, 35, 41, III, 18 f., 26, 28, 32 f. Borhtergo, Borahtrun, Borhtera, Borthari, Porahtani, Bructeri, ‚Brukterergau'.

Borié (Freiherren, Reichsritter). Im 18. Jahrhundert waren die Freiherren von B. mit Dürrnhof samt Neuhaus Mitglied des Kantons Rhön-Werra des Ritterkreises Franken.

L.: Seyler 354; Winkelmann-Holzapfel 143; Riedenauer 122.

Borken (Stadt, Herrschaft). Das am linken Ufer der Bocholter Aa bei einer frühen Kirche gelegene Dorf B. erhielt um 1226 Stadtrecht. Es war Mittelpunkt einer Hansegrafschaft und gehörte dem Hochstift Münster. Von 1803 bis 1805 war es Hauptstadt des Fürstentums Salm. 1815 fiel es an Preußen, 1946 an Nordrhein-Westfalen.

L.: Wolff 312; Unsere Heimat. Jahrbuch des Kreises Borken, hg. v. Oberkreisdirektor, 1980 ff.; Escher, M. u. a., Die urbanen Zentren, 2005, 2, 80

Borkulo (Herrlichkeit), Borculo. Die Herrlichkeit B. gehörte zum zütphenschen Quartier des Herzogtums Geldern.

L.: Wolff 68.

Bormio (Grafschaft), mhd. Worms. B. an der oberen Adda war im Mittelalter Sitz einer Grafschaft und kam von 1512 bis 1797 an Graubünden, 1814 an Österreich und 1859 an Italien.

L.: Wolff 535; Großer Historischer Weltatlas II 72 (bis 1797) I4.

Bornsatere, Bornegoo, friesisch.

L.: Polenz, P. v., Landschafts- und Bezirksnamen, 1961, III, 17, Bornsatere.

Bornstedt s. Mansfeld-Bornstedt.

Borth (Herrlichkeit). Die Herrlichkeit B. gehörte zum Herzogtum Kleve (weselscher landrätlicher Kreis). S. Preußen, Nordrhein-Westfalen.

L.: Wolff 317.

Bose (Reichsritter). Im 18. Jahrhundert zählten die B. mit einem 1780 an Werneck und Gemmingen verkauften Anteil an dem Rittergut Neubronn zum Kanton Kocher des Ritterkreises Schwaben. Außerdem waren sie um 1700 im Kanton Rhön-Werra des Ritterkreises Franken immatrikuliert.

L.: Stieber; Kollmer 375; Riedenauer 122.

Bosenstein s. Stein zu B.

Botzheim (Reichsritter). Im 18. Jahrhundert zählten die B. zum Kanton Oberrheinstrom des Ritterkreises Rhein, zum Kanton Odenwald des Ritterkreises Franken und zum Ort (Kanton) Ortenau des Kantons Neckar des Ritterkreises Schwaben (1802 Friedrich Ludwig B., Friedrich Wilhelm Karl B.).

L.: Genealogischer Kalender 1753, 544; Roth von Schreckenstein 2, 594; Riedenauer 122.

Bouillon (Herrschaft, Herzogtum). B. an der Semois in Lothringen (Niederlothringen) wird 988 erstmals erwähnt (Bullio). Die zugehörige, vielleicht auf einer älteren Befestigungsanlage um 1100 errichtete Burg wurde Mittelpunkt einer Herrschaft aus Gütern des Hauses Ardenne (Paliseul, Jéhonville, Faysles-Veneurs, Sensenruth [Sensenstruth]), zu denen Reimser Vogteilehen um Douzy kamen. 1096 verpfändete Gottfried von B. zur Finanzierung eines Kreuzzuges die Herrschaft an das Hochstift Lüttich. Seit 1330 wurde die Herrschaft wegen des Herzogstitels des Hauses Ardenne in Lothringen in offiziellen Quellen als Herzogtum bezeichnet. Seit 1430 gewannen die Grafen von der Mark (de la Marck-Arenberg) in B. an Bedeutung. 1482 entriss der Graf von der Mark dem Hochstift Lüttich das Land und übte von 1483 bis 1529 die Herrschaft aus. 1521 gab Karl V. das Herzogtum an Lüttich zurück, doch nannten sich die Grafen weiter Herzöge von B. Seit 1548 hatten die Grafen von der Mark erneut das Herzogtum inne. Ihre Rechte gingen 1591 durch Heirat an das Haus Latour d'Auvergne über. 1672 wurde B. von Frankreich erobert, 1678 aber den Latour d'Auvergne zuerkannt. 1693 kam es unter den Schutz Frankreichs, 1814/1821 als Standesherrschaft der Fürsten Rohan an Luxemburg (Niederlande), 1830/1837 an Belgien.

L.: Wolff 307; Großer Historischer Weltatlas II 66 (1378) C4, III 38 (1789) A3; Ozeray, Histoire de la ville et du duché de Bouillon, Bd. 1f. 2. A. 1864; Vannerus, H., Le château de Bouillon, quelques pages de son histoire, Ardenne et Gaume 10 (1955) 5ff.; Muller, J., Bouillon. Duché-Ville-Chateau, 1974; Petit, R., Bouillon, LexMA 2 (1982), 496ff.; Escher, M. u. a., Die urbanen Zentren, 2005, 2, 81

Boul (Reichsritter), Buol. 1752 zählte die Familie der Freiherren von B. mit Mühlingen, Hotterloch, Etschreute, Haldenhof und Reichlishardt (Reichlinshard) zum Kanton Hegau im Ritterkreis Schwaben. Ihre Güter fielen 1806 an Württemberg, das sie 1810 an Baden abtrat, über das sie 1951/1952 an Baden-Württemberg gelangten.

L.: Hölzle, Beiwort 60; Ruch 82 und Anhang 79.

Bourbon del Monte Santa Maria (Reichsfürst). 1702 erhob Kaiser Leopold I. Giovanni Mattia B. zum Reichsfürsten und sein Marchesat zum lehnbaren Fürstentum.

L.: Klein 167.

Bournonville (Fürstentum). Das Fürstentum B. gehörte über das Herzogtum Brabant und das Herzogtum Burgund zum burgundischen Reichskreis.

L.: Wallner 700 BurgRK 1.

Bouvinghausen, s. Buwinghausen

Bouwinghausen, s. Buwinghausen

Boyneburg, Boineburg (Freiherren, Reichsritter). Im 17. und 18. Jahrhundert waren die Freiherren von B. u. a. mit einem Teil von Stadtlengsfeld, Gehaus und Weilar (insgesamt 13 Dörfern) Mitglied des Kantons Rhön-Werra des Ritterkreises Franken. Außerdem zählten sie zum Ritterkreis Rhein sowie vielleicht zum Kanton Baunach des Ritterkreises Franken.

L.: Stieber; Roth von Schreckenstein 2, 594; Seyler 354–356; Winkelmann-Holzapfel 143; Riedenauer 122; Strickhausen, G., Die Boyneburg bei Eschwege, 1993; Rahrbach 28.

Boyneburg, Boineburg, Bomeneburg (Herren, Grafen, Herrschaft). Vielleicht schon der Sohn Siegfried (1082) Ottos von Northeim, jedenfalls Ottos Enkel Siegfried III. nannte sich 1123 nach der die Werralandschaft beherrschenden Burg B. (Boumeneburc) bei Eschwege. Nach seinem Tod (1144) fiel die Burg an die Grafen von Winzenburg bzw. das Reich und wurde nach einem Ausbau durch den Abt von Fulda durch Ministeriale verwaltet. 1292 übertrug König Adolf die B. und die Stadt Eschwege Landgraf Heinrich von Hessen als Reichslehen. Die Reichsministerialen von B., die sich inzwischen eine eigene Herrschaft um die Burg aufgebaut und sich im 12. Jahrhundert in zwei Linien geteilt hatten, mussten die Burg mit dem später 16 Dörfer umfassenden Gericht 1446 als Lehen Hessens anerkennen. Seit 1660 stand die zum Kanton Rhön-Werra des Ritterkreises Franken zählende Herrschaft im Kondominat Hessens und Boyneburgs. Nach dem Aussterben der Linie Boyneburg Hornstein zog Hessen deren Lehnsanteil ein, kaufte einen weiteren und fand 1803 die übrigen Berechtigten ab.

L.: Wolff 254; Genealogisches Handbuch des Adels, Bd. 18 Gräfliche Häuser A3, 1958; Lange, K. H., Der Herrschaftsbereich der Grafen von Northeim 950–1144, 1969; Schoppmeyer, H., Bomeneburg, LexMA 2 1983, 390; Strickhausen, G., Die Boyneburg bei Eschwege, 1993.

Bozen (Ballei) s. Etsch

Bozen (Grafschaft). Bereits Paulus Diaconus nannte für die Zeit um 680 einen für B. (Bauzanum) zuständigen Grafen. 1027 gab König Konrad II. die Grafschaft B. an das Hochstift von Trient, von dem sie bis 1170 an die Grafen von Greifenstein-Morit, danach an die Grafen von Tirol zu Lehen ging. 1242 wird sie letztmals genannt. Das erstmals 1048/1068 als Dorf bezeugte B. kam mit Südtirol 1919 an Italien.

L.: Wolff 37; Polenz, P. v., Landschafts- und Bezirksnamen, 1961, IV, 18; Hye, F. H., Anfänge und territoriale Entwicklung der Stadt Bozen, Der Schlern 1978; Riedmann, J., Geschichte Tirols, 2. A. 1988.

Brabant (Herzogtum). Der am Ende des 7. Jahrhunderts erstmals belegte fränkische Gau Bracbantum fiel 870 mit Lotharingien an das ostfränkische Reich und gehörte seit 959 zum Herzogtum Niederlothringen. Im 11. Jahrhundert erwarben die Grafen von Löwen die Grafschaft Brüssel und entrissen 1013 dem Bischof von Lüttich die Lehnsgrafschaft Bruningerode. 1106 verlieh ihnen Heinrich V. die Würde des Herzogtums Lothringen und die kaiserliche Mark Antwerpen. Danach gelang der Erwerb Toxandriens, so dass sie insgesamt die Herrschaft über das Gebiet der belgischen Provinzen Antwerpen und B. und der holländischen Provinz Nordbrabant erlangt hatten. Seitdem nannten sie sich Herzöge von B. (1188 dux Brabantiae) und wurden zu den Reichsfürsten gerechnet. In ihrem Gebiet verlor der Kaiser seit dem frühen 13. Jahrhundert fast jede Obergewalt. Nachdem schon 1204 die Maas (Maastricht) erreicht worden war, gewann Herzog Johann I. 1288 durch den Sieg bei Worringen über die Grafen von Geldern und den Erzbischof von Köln auch das Herzogtum Limburg zwischen Aachen und Maastricht und die Herrschaft Herzogenrath sowie die Burgen Wassenberg und Kerpen (zwischen Köln und Düren). 1371 wurden die Herzöge von den Herzögen von Jülich und Geldern vernichtend geschlagen. Die mit dem Luxemburger Wenzel vermählte Erbtochter Johanna Johanns III. († 1355) übertrug B., Limburg und Luxemburg 1390/1400/1430 unter Ausschaltung der Luxemburger an die Herzöge von Burgund. 1477/1482 kam B. über Maria von Burgund an Habsburg. Brüssel wurde Residenz. Im Achtzigjährigen Krieg eroberten die holländischen Generalstaaten Nordbrabant und verwalteten es seit 1648 als Generalitätslande, während Südbrabant (Löwen, Brüssel, Antwerpen, Mecheln) bei den spanischen, seit 1713/1714 österreichischen Niederlanden verblieb. Von 1794/1801 bis 1814 gehörte das um 600 Quadratmeilen große B. mit den übrigen Niederlanden zu Frankreich und wurde in drei Departements eingeteilt. 1815 wurde es Teil der Niederlande, 1830 nach einem Aufstand Kernland des neuen Königreiches Belgien, dessen Thronerbe seit 1840 den Titel Herzog von B. führt. Nordbrabant verblieb bei den Niederlanden.

L.: Wolff 53; Wallner 700 BurgRK 1; Großer Historischer Weltatlas II 34 (1138–1254) E3, II 66 (1378) C3, II 78 (1450) E3; Pirenne, H., Geschichte Belgiens (bis 1648), Bd. 1–4 1899 ff.; Vanderkindere, L., La formation territoriale des principautés belges au moyen-âge, Bd. 1 ff. 1902; Curs, O., Deutschlands Gaue im zehnten Jahrhundert. Nach den Königsurkunden, Diss. phil. Göttingen 1908, 3 ([Breibant, Bragbantinse, Brabantinse, Brachbant, Bracbantus], Lennick, Zellick, Crumbrugge); Knetsch, K., Das Haus Brabant. Genealogie der Herzöge von Brabant und Landgrafen von Hessen, Bd. 1–13 1918 ff.; Ganshof, F. L., Brabant, Rheinland und Reich im 12., 13. und 14. Jahrhundert, 1938; Martens, M., L'administration du domaine ducal en Brabant, 1954; Polenz, P. v., Landschafts- und Bezirksnamen, 1961, II, 23, 75, 77, 96, III, 31–33 Brakbant I, II, 75, 77, 96, 31 Brakbant II; Uytterbrouck, A., Le governement du duché de Brabant au bas Moyen Age, 1975; Mohr, W., Geschichte des Herzogtums Lothringen, Bd. 1 ff. 1974 ff.; Thomas, H./Houtte, J. van, Brabant, LexMA 2 1983, 529 ff.; Nonn, U., Pagus und Comitatus in Niederlothringen, 1983, 110; Nikolay, W., Die Ausbildung der ständischen Verfassung in Geldern und Brabant während des 13. und 14. Jahrhunderts, 1985; Godding, P., Le Conseil de Brabant sous le règne de Philippe le Bon (1430–1467), 1999; Weller, T., Die Heiratspolitik, 2004; Escher, M. u. a., Die urbanen Zentren, 2005, 1, 437.

Brackenlor s. Brakenlohe

Brake (Burg, Herrschaft). Die Burg B. bei Lemgo wird erstmals 1306 erwähnt. Zeitweise diente sie als Residenz. Von 1613 bis 1709 war sie Sitz der mit den Ämtern B., Barntrup, Blomberg und Schieder ausgestatteten Nebenlinie Lippe-Brake. Über Lippe kam B. 1946 zu Nordrhein-Westfalen.

L.: Wolff 349; Süvern, W., Brake, 1960.

Brakel (Herren). B. an der Nethe östlich von Paderborn wird 836 erstmals genannt. Im 13. Jahrhundert hatten zunächst die Herren von B. als Vögte des Stifts Neuenheerse die Herrschaft inne. Zwischen 1289 und 1384 ging B. von den Herren von B., die Vögte des Klosters Neuenheerse und Besitzer dreier Burgen waren, auf die Bischöfe von Paderborn über. S. Brakel (reichsunmittelbare Stadt?).

Brakel, Brackel (Reichshof bzw. Reichsdorf). B. bei Dortmund wird 980 erstmals genannt. Die curiae (Reichshöfe) Dortmund, Elmenhorst, B. und Westhofen verpfändete König

Albrecht am 20.1. 1300 an den Grafen von der Mark. Über Preußen gelangte B. 1946 an Nordrhein-Westfalen.

L.: Hugo 469.

Brakel (reichsunmittelbare Stadt?). B. an der Nethe östlich von Paderborn wird 836 erstmals erwähnt. Im 13. Jahrhundert hatten zunächst die Herren von B. als Vögte des Stifts Heerse die Herrschaft inne. Später gelangten Anteile an der Stadtherrschaft an die Asseburg und die Grafen von Everstein. Zwischen 1289 und 1384 gewann das Hochstift Paderborn durch Kauf und Heimfall die Herrschaft. Seit 1431 wurde B. vom Reich als Reichsstadt tituliert und zu Reichssteuern herangezogen. Die Stadt konnte aber im Ergebnis den Anspruch auf Reichsunmittelbarkeit nicht durchsetzen. 1803 kam sie an Preußen, 1807 zum Königreich Westphalen, 1815 wieder zu Preußen und 1946 zu Nordrhein-Westfalen.

L.: Reichsmatrikel 1521; Wolff 326; Brakel 829–1229–1979, hg. v. d. Stadt Brakel, 1979.

Brakenlohe, Brackenlor (Reichsritter). Im frühen 16. Jahrhundert zählten die B. zum Kanton Steigerwald im Ritterkreis Franken.

L.: Stieber; Riedenauer 122.

Bramberg (Reichsritter). Im frühen 16. Jahrhundert zählten die B. zum Kanton Baunach des Ritterkreises Franken.

L.: Riedenauer 122.

Brand (Ganerbschaft). In B. zwischen Hilders und Poppenhausen bestand eine ritterschaftliche Ganerbschaft. Über Hessen-Kassel und Preußen (Hessen-Nassau) kam B. 1945 zu Hessen.

L.: Geschichtlicher Atlas von Hessen, Inhaltsübersicht 33.

Brandau (Ganerbschaft). In B. nordöstlich von Bensheim bestand eine ritterschaftliche Ganerbschaft. B. gelangte über Hessen-Darmstadt 1945 an Hessen.

L.: Geschichtlicher Atlas von Hessen, Inhaltsübersicht 33.

Brandeis, Brandis (Herrschaft). Die Reichsmatrikel von 1776 erwähnt innerhalb des schwäbischen Reichskreises die Herrschaft Brandeis, Brandis.

L.: Gumpelzhaimer 1796, 85, 59; Wolff 464.

Brandenburg (Ballei) s. Johanniterorden

Brandenburg (Ganerbschaft). In B. westlich von Eisenach bestand eine ritterschaftliche Ganerbschaft. S. Thüringen.

L.: Geschichtlicher Atlas von Hessen, Inhaltsübersicht 33.

Brandenburg (Hochstift). Am Übergang wichtiger Fernstraßen über die Havel entstand nach Abzug der germanischen Semnonen in Gebiete westlich der Saale nach einer älteren Siedlung des 6. Jahrhunderts im 7. Jahrhundert eine slawische Burg, die vielleicht mit der zu 789 erwähnten civitas Dragowiti identisch ist. Am 1. 10. 948 gründete bei ihr Otto I. das bis 968 Mainz, dann Magdeburg unterstellte Bistum B. mit dem Gebiet zwischen Elbe, Schwarzer Elster, Oder und Ostsee. Von 983 bis 1150/1157 war B. wieder slawisch, fiel dann aber an den Askanier Albrecht den Bären. 1161/1165 wurde von Leitzkau aus das Bistum B. erneut errichtet, wenn auch in erheblich verkleinertem Umfang. Die Bischöfe verfügten nur über wenige Güter, die sie von den vier Ämtern Ziesar, Brandenburg, Ketzin und Teltow aus verwalten ließen. Der Aufbau einer eigenen Landesherrschaft gelang nur in Ansätzen. Dennoch war das Bistum, das unter Karl IV. nach 1373 faktisch zur Landsässigkeit gezwungen wurde, rechtlich reichunmittelbar. Nach der Reformation (1539) wurde das Bistum 1544 der Mark Brandenburg einverleibt und 1598 formell aufgelöst. Das Kapitel bestand als evangelisches Stift fort.

L.: Großer Historischer Weltatlas II 66 (1378) G2; Codex diplomaticus Brandenburgensis, hg. v. Riedel, A. F., I, VII 1848, I, IX, 1 ff. 1849; Curschmann, F., Die Diözese Brandenburg, 1906; Jablonski, L., Geschichte des fürstbischöflichen Delegaturbezirks Brandenburg und Pommern, 1929; Das Bistum Brandenburg. Teil 1 hg. v. Abb, G./Wentz, G., 1929, Teil 2 hg. v. Bünger, F./Wentz, G., 1941, Neudruck 1963, Germania Sacra; Kahl, H. D., Slawen und Deutsche in der brandenburgischen Geschichte des 12. Jahrhunderts, Bd. 1, 2 1964; Grebe, K., Die Brandenburg (Havel) – Stammeszentrum und Fürstensitz der Heveller, Ausgrabungen 21 (1976), 156 ff.; Ribbe, W., Brandenburg, LexMA 2 1983, 551 ff.; Das Domstift Brandenburg und seine Archivbestände, bearb. v. Schößler, W., 2005.

Brandenburg (Mark, Markgrafschaft, Kurfürstentum, Provinz, Land). Das zunächst von Semnonen, Langobarden und Burgundern bewohnte Gebiet der späteren Mark B. wurde nach dem Abzug der Germanen in der Völkerwanderung von Slawen (Liutizen, Heveller, Wilzen, Uker, Obotriten) besetzt. 927

schlug Heinrich I. die Slawen an der Elbe, eroberte 928/929 die deutsch Brennaburg bezeichnete slawische Burg an der Havel, die vielleicht schon auf eine slawische Siedlung des 6. Jahrhunderts zurückgeht, und bildete 931 die Mark Nordsachsen (Nordmark). Im Slawenaufstand von 983 ging das Gebiet wieder verloren. 1134 belehnte Kaiser Lothar von Süpplingenburg den Askanier Albrecht den Bären mit den deutsch verbliebenen Teilen der Altmark. Albrecht eroberte die Prignitz, erbte 1150 das Havelland hinzu und erscheint erstmals 1157 in bewusster Erinnerung an die Markgrafschaft Geros von Nordsachsen als Markgraf von Brandenburg, das er wegen seiner günstigen Lage am Übergang wichtiger Fernstraßen über die Havel anstelle von Stendal zum festen Sitz erhob und zum Vorort dieser neuen Mark ausbaute, wobei der königliche Burggraf auf der Brandenburger Dominsel rasch ausgeschaltet wurde. Nach dem Tod Albrechts wurde die Mark B. von den askanischen Stammlanden am Harz getrennt. Albrechts Sohn Otto I. gewann 1181 die Lehnshoheit über Mecklenburg und Pommern. Johann I., der 1252 erstmals als Kurfürst fungierte, und Otto III. († 1266/1267) erwarben Stargard, die Uckermark, Barnim, Teltow, Lebus und Zehden (Neumark), die Mark Landsberg und die Oberlausitz (1255) und wehrten Ansprüche des Erzbischofs von Magdeburg ab. Andererseits wurde das Geschlecht bei ihrem Tod 1267 in zwei gemeinsam regierende Linien mit Regierungssitzen in Stendal und Salzwedel gespalten, bis es unter Waldemar wieder vereinigt wurde. Mit seinem Tod erlosch 1319 der brandenburgische Zweig der Askanier, der als Reichskämmerer von der Ausbildung des Kurfürstenkollegiums an zu den Kurfürsten gezählt hatte. Nach dem Aussterben der Askanier zog Ludwig der Bayer aus dem Hause Wittelsbach die Mark B. 1320 in an den Grenzen verkleinertem Umfang als erledigtes Lehen ein, übertrug sie 1323 seinem achtjährigen Sohn Ludwig und ließ durch Beauftragte die wittelsbachischen Formen der Verwaltung einführen. Unter dieser wenig effektiven Herrschaft wurde 1356 B. als Kurfürstentum anerkannt. 1373 zog allerdings Kaiser Karl IV. nach langjährigen Auseinandersetzungen die Mark B. im Vertragsweg gegen 200 000 Goldgulden an das Haus Luxemburg (Residenz Tangermünde) und ließ 1375/1376 im Landbuch die verbliebenen Rechte und Aufgaben registrieren. Nach seinem Tod kam es zur Teilung der Mark (Kurmark d. h. Altmark und Gebiete zwischen Elbe und Oder an Siegmund, Neumark an den jüngsten Sohn Johann von Görlitz, 1386 ebenfalls an Siegmund), zu großen Adelsunruhen und zahlreichen Veräußerungen (1388 Verpfändung, 1397 Veräußerung der Kurmark an Jobst von Mähren, 1402 Veräußerung der Neumark an den Deutschen Orden). Am 8. 7. 1411 setzte König Sigmund auf Bitten der brandenburgischen Stände seinen Feldherren und Rat, den Burggrafen Friedrich VI. von Nürnberg, zum Verweser über die nach dem Tod Jobsts wieder angefallene Mark ein. Am 30. 4. 1413 übertrug er ihm für 400 000 Gulden das Kurfürstentum und am 18. 8. 1417 belehnte er ihn mit der Mark. Als über B., Altmark und Teile der Uckermark herrschender Kurfürst Friedrich I. brach der Burggraf die Macht des Adels. Sein Sohn Kurfürst Friedrich II. erzwang die Unterwerfung der Städte (u. a. Berlin 1447/1448), festigte allmählich die Herrschaft wieder, erlangte 1447 das Besetzungsrecht für die Bistümer B., Havelberg und Lebus, kaufte 1450 Wernigerode und gewann die Uckermark und Prignitz zurück. 1455 wurde die Neumark zurückgekauft. Außerdem wurden die Herrschaften Cottbus (1445) und Peitz in der Niederlausitz (1488) erworben. In der sog. dispositio Achillea des Markgrafen Albrecht Achilles von 1473 wurde die Erbfolge im Sinne der Unteilbarkeit der märkischen Lande geregelt und die Abtrennung der Mark von den fränkischen Gütern, die den zweiten und dritten Söhnen zufielen (Ansbach, Bayreuth), gefördert. 1482 wurden im Glogauer Erbfolgestreit große Teile des Herzogtums Crossen gewonnen (Crossen, Züllichau, Sommerfeld, Bobersberg). Kurfürst Johann Cicero, der als erster Hohenzoller ständig in der Mark residierte, kaufte 1486 die Herrschaft Zossen, gewann die Lehnsherrschaft über Pommern und unterwarf die altmärkischen Städte. Zwischen 1499 und 1535 wurde Roppen eingezogen. 1506 wurde die Universität Frankfurt an der Oder gegründet, 1516 das Kammergericht in Berlin eingerichtet. Die sog. Constitutio Joachimica bildete die Grundlage einer einheitlichen Rechtsprechung in B.

1524 wurde die Grafschaft Ruppin als erledigtes Lehen eingezogen und 1529 das vertraglich erworbene Erbfolgerecht in Pommern gesichert, das sich 1637/1648 realisierte. 1535 kam es zur Teilung des Landes in die Kurmark (Joachim II.) und die Neumark, die bis 1571 an Hans von Küstrin kam. Hiervon bestand die 444 Quadratmeilen umfassende Kurmark aus der Altmark, Mittelmark, Prignitz oder Vormark und der Uckermark. Die Altmark umfasste ein Gebiet von 82 Quadratmeilen (die Kreise Stendal, Tangermünde und Arneburg, Seehausen, Arendsee, Salzwedel-Gardelegen). Die Mittelmark mit einem Flächeninhalt von 250 Quadratmeilen, die bis ins 15. Jahrhundert zunächst Neumark hieß, enthielt die Landschaft Havelland (mit der Stadt Brandenburg, den Städten und Ämtern Potsdam, Spandau, Nauen, den Ämtern Königshorst, Fahrland und Fehrbellin, den Städten Rathenow und Pritzerbe, den Ländchen Rhinow und Friesack), die Kreise Glien-Löwenberg, Ruppin, Oberbarnim und Niederbarnim, Teltow, Lebus, Zauche, Beeskow-Storkow (letzterer erst im Jahr 1575 von der Lausitz erworben) und die Herrschaft Wusterhausen-Teupitz. Die 61 Quadratmeilen große Prignitz oder Vormark wurde aus den Kreisen Berleberg, Pritzwalk, Wittstock, Kyritz, Havelberg, Plattenburg und Lenzen gebildet. Die Uckermark, 68 Quadratmeilen groß, setzte sich aus dem uckermärkischen und dem stolpischen Kreis zusammen. Die 220 Quadratmeilen große Neumark bestand aus der eigentlichen Neumark nördlich der Warthe mit den Kreisen (Ämtern) Soldin, Königsberg, Landsberg, Friedeberg, Arnswalde, Dramburg, dem 30 Quadratmeilen umfassenden Herzogtum Crossen und den Herrschaften Cottbus und Peitz. Bald nach 1535 begann die Einführung der Reformation, in deren Gefolge der größte Teil der Kirchengüter (Havelberg, Lehnin, Chorin) in landesherrliche Domänen umgewandelt und die Bistümer B., Havelberg und Lebus eingezogen wurden. 1537 konnten folgenreiche Erbverbrüderungen mit den Herzögen von Liegnitz, Brieg und Wohlau abgeschlossen werden. 1569 wurde B. von Polen mit dem Herzogtum Preußen belehnt. Johann Georg (1571–1598) gelang es, das gesamte brandenburgische Gebiet wieder zu vereinigen und die böhmischen Lehen Beeskow und Storkow zu erwerben. 1603 überließ Joachim Friedrich die gerade angefallenen fränkischen Fürstentümer Ansbach und Bayreuth seinen Brüdern. In B. schuf er Weihnachten 1604 den Geheimen Rat als oberste Verwaltungsbehörde. 1614 erfolgte im Jülich-Klevischen Erbfolgestreit mit Pfalz-Neuburg der Erwerb von Kleve, Mark, Ravensberg und Ravenstein, 1618/1619 der endgültige erbweise Erwerb des Herzogtums Preußen. Friedrich Wilhelm der große Kurfürst (1640–1688) gewann 1648 Hinterpommern, die Bistümer Halberstadt mit Hohnstein und Mansfeld (1680), Kammin (Cammin) und Minden sowie die Anwartschaft auf das Erzbistum Magdeburg (Anfall 1680), erhielt 1657 Lauenburg, Bütow und Draheim als Lehen Polens, kaufte 1686 Schwiebus, erwarb 1691 Tauroggen und Serrey und begründete den brandenburg-preußischen Staat im modernen Sinn, der das ältere B. vom neuen Preußen scheidet. Kurfürst Friedrich III. von B., der 1694 die Universität Halle gründete, führte seit 1701 den Titel König in Preußen. Das 1800 664 Quadratmeilen große B. (Prignitz, Uckermark, Mittelmark, mit Niederlausitz und ohne Altmark [zur Provinz Sachsen] und nordöstliche Teile der Neumark) mit 980 000 Einwohnern war von 1815 bis 1945 eine preußische Provinz, aus der 1920 Groß-Berlin ausgesondert wurde. 1938 gelangten die Kreise Friedeberg und Arnswalde zu Pommern, wofür die Mark B. von der aufgelösten Provinz Grenzmark Posen-Westpreußen die Kreise Schwerin, Meseritz und Bomst (teilweise) erhielt. 1945 kam B. westlich der Oder zur sowjetischen Besatzungszone (Provinz Mark Brandenburg), östlich der Oder unter Polens Verwaltung. Seit 1947 war B., das nach Wahlen im Jahre 1946 im Jahre 1947 eine Verfassung erhielt, Land (Mark Brandenburg) in der sowjetischen Besatzungszone, seit 1949 Gliedstaat der Deutschen Demokratischen Republik. (Am 23. 7.) 1952 bzw. 1958 ging es in den Bezirken Potsdam, Frankfurt an der Oder und Cottbus der Deutschen Demokratischen Republik auf (str.). Mit dem Beitritt der Deutschen Demokratischen Republik zur Bundesrepublik Deutschland entstand das Land Brandenburg (ohne Berlin) am 3. 10. 1990 (mit der Hauptstadt Potsdam) wieder (ohne die Kreise Hoyerswerda [Sachsen], Jessen [Sachsen-Anhalt] und Weißwasser [Sachsen], aber mit den Kreisen Perleberg [Westprignitz], Prenzlau [Uckermark] und Templin [Uckermark]). Es ist das fünftgrößte Land der Bundesrepublik und zählt rund 2 600 000 Einwohner. Der Versuch einer Vereinigung mit Berlin scheiterte am 5. 5. 1996 an einer Volksabstimmung. S. Berlin.

L.: Wolff 382; Zeumer 552 I 7; Wallner 708 ObersächsRK 1; Großer Historischer Weltatlas II 34 (1138–1254) G3, II 66 (1378) G2, II 78 (1450) G3, III 22 (1648) F2, III 38 (1789) E1; Faden, E., Brandenburg, in: Geschichte der deutschen Länder, Bd. 1; Die Territorien des Reichs 2, 34; Mylius, C. O., Corpus constitutionum Marchicarum Bd. 1 ff. 1737 ff.; Bekmann, J./Bekmann, L., Historische Beschreibung der Chur und Mark Brandenburg, Bd. 1 f. 1751 ff., Neudruck 2004; Codex diplomaticus Brandenburgensis, hg. v. Gercken, P. W., Teil I-VII 1769; Codex diplomaticus Brandenburgensis continuatus, hg. v. Raumer, G. W. v., Teil I, II 1831 ff.; (Novus) Codex diplomaticus Brandenburgensis, hg. v. Riedel, A. F., 1838 ff.; Voigt, E., Historischer Atlas der Mark Brandenburg, 1846; Fidicin, E., Die Territorien der Mark Brandenburg, Bd. 1–4 1857 ff.; Stölzel, A., Brandenburg-preußische Rechtsverwaltung und Rechtsverfassung, Bd. 1 f. 1888; Landeskunde der Provinz Brandenburg, hg. v. Friedel, E./Mielke, R., Bd. 1–4 1909 ff.; Regesten der Markgrafen von Brandenburg aus dem askanischen Hause, hg. v. Krabbo, H./Winter, G., 1910 ff.; Holtze, F., Geschichte der Mark Brandenburg, 1912; Tümpel, L., Die Entstehung des brandenburg-preußischen Einheitsstaates, 1915; Hintze, O., Die Hohenzollern und ihr Werk, 3. A. 1916; Schulze, B., Brandenburgische Landesteilungen 1258–1317, 1928; Historischer Atlas der Provinz Brandenburg, hg. v. der hist. Kommission für die Provinz Brandenburg und die Reichshauptstadt Berlin, 1929 ff., N. F. 1962 ff.; Schulze, B., Die Reform der Verwaltungsbezirke in Brandenburg und Pommern 1809–1818, 1931; Hanke, M./Degener, H., Geschichte der amtlichen Kartographie Brandenburg-Preußens bis zum Ausgang der Friderizianischen Zeit, 1935; Das Handbuch der Mark Brandenburg, hg. v. Schultze, J., 1940; Atlas östliches Mitteleuropa, hg. v. Kraus, T./Meynen, E./Mortensen, H./Schlenger, H., 1959; Die Mark Brandenburg, hg. v. Schultze, J., Bd. 1 ff. 1961 ff., 2. A. Bd. 1 ff. 1989 ff.; Historischer Handatlas von Brandenburg und Berlin, hg. v. Quirin, H., 1962 ff.; Historisches Ortslexikon für die Mark Brandenburg, bearb. v. Enders, L., 1962 ff., Veröffentl. des Brandenburgischen Landeshauptarchivs, Teil 11 Orts- und Personenregister, 1995; Schulze, H. K., Adelsherrschaft und Landesherrschaft, 1963; Preußens Epochen und Probleme seiner Geschichte, hg. v. Dietrich, R., 1964 ff.; Bratring, F. W. A., Statistisch-topographische Beschreibung der gesamten Mark Brandenburg. Neuausgabe bearb. v. Büsch, O./Heinrich, G., 1968; Berlin und die Provinz Brandenburg im 19. und 20. Jahrhundert, hg. v. Herzfeld, H., 1968; Grassmann, A., Preußen und Habsburg im 16. Jahrhundert, 1968; Scharfe, W., Topographische Aufnahmen in Brandenburg 1816–1821, Jb. f. Gesch. Mittel- und Ostdeutschlands 18 (1969); Schreckenbach, H. J., Bibliographie zur Geschichte der Mark Brandenburg, Bd. 1 ff. 1970 ff.; Brandenburgische Jahrhunderte. Festgabe J. Schultze, hg. v. Heinrich G./Vogel, W., 1971; Scharfe, W., Abriss der Kartographie Brandenburgs 1771–1821, 1972, Veröff. der Hist. Kommission zu Berlin Bd. 35; Schmidt, E., Die Mark Brandenburg unter den Askaniern 1134–1320, 1973; Bohm, E., Teltow und Barnim. Untersuchungen zur Verfassungsgeschichte und Landesgliederung brandenburgischer Landschaften im Mittelalter, 1978, Mitteldeutsche Forschungen Bd. 83; Neue Forschungen zur Brandenburg-Preußischen Geschichte, hg. v. Benninghoven, F./Löwenthal-Hensel, C., 1979; Dralle, L./Ribbe, W., Brandenburg, LexMA 2 1983, 554 ff.; Ständetum und Staatsbildung in Brandenburg-Preußen, hg. v. Baumgart, P., 1983; Schindling, A., Kurbrandenburg im System des Reiches während der zweiten Hälfte des 17. Jahrhundert, in: Preußen, Europa und das Reich 1987; Mittenzwei, I., Brandenburg-Preußen 1648–1789. Das Zeitalter des Absolutismus in Text und Bild 1988 (1987); Hansische Stadtgeschichte – Brandenburgische Landesgeschichte, hg. v. Engel, E., 1989; Ahrens, K., Residenz und Herrschaft, 1990; Brandenburgische Geschichte, hg. v. Materna, I., 1994; Assing, H., Brandenburg, Anhalt und Thüringen im Mittelalter, 1997; 1050 Jahre Brandenburg, hg. v. Domstift, 1998; Repertorium der Policeyordnungen der frühen Neuzeit, hg. v. Härter, K./Stolleis, M., Bd. 2 1998; Bahl, P., Der Hof des großen Kurfürsten, 2000; Partenheimer, L., Albrecht der Bär, 2001; Neugebauer, W., Zentralprovinz im Absolutismus, 2001; Schiller, R., Vom Rittergut zum Großgrundbesitz, 2003.

Brandenburg (reichsritterschaftliche Herrschaft) mit dem Marktflecken Dietenheim am linken Illerufer zählte zum Kanton Donau des Ritterkreises Schwaben.

L.: Wolff 204, 508.

Brandenburg-Ansbach s. Ansbach

Brandenburg-Bayreuth s. Bayreuth

Brandenburg-Culmbach s. Bayreuth

Brandenburg-Onolzbach s. Ansbach

Brandenburg-Schwedt (Markgrafen). Der älteste Sohn aus der zweiten Ehe des Großen Kurfürsten, Philipp Wilhelm, begründete 1692 die Seitenlinie B. der Markgrafen von Brandenburg, die 1788 erlosch.

Brandenburger zu Riet (Reichsritter). Im 16. und Anfang des 17. Jahrhunderts zählten die B. zum Kanton Neckar des Ritterkreises Schwaben.

L.: Hellstern 201.

Brandenstein (Freiherren, Reichsritter). Bis etwa 1650 zählten die thüringischen, nach der Stammburg B. bei Pössneck benannten B. zum Kanton Baunach des Ritterkreises Franken. Außerdem gehörten die B. mit dem Gut Wüstenstein in der Fränkischen Schweiz zum Kanton Gebirg und zur vogtländischen Ritterschaft (Vogtland).

L.: Stieber; Riedenauer 122.

Brandenstein (Freiherren, Reichsritter) s. Schmid von B.

Brandis (Reichsritter). Um 1800 zählten die B. zum Kanton Altmühl des Ritterkreises Franken.

L.: Riedenauer 122.

Brandt (Reichsritter). Zwischen 1550 und 1650 zählten die B. zum Kanton Gebirg des Ritterkreises Franken.

L.: Riedenauer 122.

Brandt, Brandt von Neidstein (Reichsritter). Im späten 18. Jahrhundert zählten die B. zum Kanton Gebirg des Ritterkreises Franken.

L.: Riedenauer 122.

Brandt s. Zollner genannt B.

Brantz (Reichsritter). Der württembergische Rat Johann Christoph von B., der in Kirchheim an der Teck ansässig war, war von 1644 bis 1655 Mitglied im Kanton Neckar des Ritterkreises Schwaben.

L.: Hellstern 201.

Brasseur (Reichsritter). Um 1700 zählten die B. zum Kanton Odenwald des Ritterkreises Franken.

L.: Riedenauer 122.

Braubach (Herrschaft). Das 691/692 erstmals erwähnte B. am Mittelrhein kam 1283 durch Kauf an die Grafen von Katzenelnbogen und damit 1479 an Hessen, 1802/1806 von Hessen-Darmstadt an Nassau-Usingen bzw. Nassau und damit 1866 zu Preußen und 1946 zu Rheinland-Pfalz.

L.: Wolff 256; Baumgarten, W., Historisch-geographische Entwicklung der Kleinstädte am Mittelrhein von Bingen bis Koblenz, Diss. phil. Mainz 1951, 86.

Braun (Reichsritter). Im 18. Jahrhundert zählten die B. mit einem 1686 erworbenen Drittel Hipsheim zur Reichsritterschaft Unterelsass.

L.: Hölzle, Beiwort 67.

Braun von der Heidt zu Königheim (Königkheim) s. Heydt

Brauneck, Hohenlohe-Brauneck (Herren, Grafen). Nach der Burg B. bei Creglingen an der Tauber nannte sich von 1243 bis 1434 ein Zweig der Herren von Hohenlohe. Über die Erbtochter des letzten Grafen kamen Burg und Herrschaft an die Grafen von Schwarzburg und durch Verkauf seitens des Enkels des letzten Grafen (Michael von Hardeck) 1448 an die Markgrafen (von Brandenburg-Ansbach bzw.) Ansbach. S. Hohenlohe-Brauneck.

Braunfels (Burg, Herrschaft, Grafschaft). Um die Mitte des 13. Jahrhunderts wurde die Burg B. westlich von Wetzlar errichtet. Sie wurde Sitz einer Linie der Herren (seit 1223 Grafen) von Solms. B. kam 1806 an Nassau, 1815 an Preußen und 1945 an Hessen. S. Solms-Braunfels, Hessen.

Lit.: Wolff 273.

Braunsbach (ritterschaftlicher Ort). B. am Kocher wird vermutlich verhältnismäßig lange nach seiner Gründung 1255 erstmals erwähnt. Ortsherren waren meist Lehnsleute der von Limpurg und von Hohenlohe (1471–1549 Spieß, 1549–1637 Crailsheim). 1640 fiel es im Erbgang an die von Burglayen (Layen), 1644 an die von Lichtenstein und 1666 an die Wolfskehl von Reichenberg. Sie verkauften den zum Kanton Odenwald des Ritterkreises Franken steuernden Ort 1673 an Franz Johann Wolfgang von Vorburg, der ihn dem Hochstift Würzburg zu Lehen auftrug. 1737 kam B. als Pfand an das Domkapitel Würzburg. 1802 fiel es als Entschädigung an Hohenlohe-Jagstberg, 1806 an Württemberg und damit 1951/1952 an Baden-Württemberg.

L.: Wolff 511.

Braunschweig (Herzogtum, Freistaat). Am 6. 11. 1813 entstand ungefähr in den Grenzen des früheren Fürstentums (Herzogtums) Braunschweig-Wolfenbüttel das (unter vereinfachtem Namen Braunschweig Wolfenbüttel fortsetzende) Herzogtum B. Es trat 1815 dem Deutschen Bund bei. 1820 erhielt es eine Verfassung, die 1829 von Herzog Karl aufgehoben, aber 1832 erneuert wurde. 1867 trat das Herzogtum dem Norddeutschen Bund, 1871 dem Deutschen Reich bei. 1884 erlosch das Haus B. Da das erbberechtigte Haus Hannover, das 1866 Hannover an Preußen verloren hatte, die Reichsverfassung nicht anerkannte, bestand bis 1906 eine Regentschaft durch Prinz Albrecht von Preußen und bis 1913 durch Herzog Johann Albrecht von Mecklenburg. Der nach Anerkennung der Reichsverfassung seit 1913 regierende Herzog Ernst August dankte 1918 ab. Auf eine kurzlebige Räterepublik B. folgten ab Dezember

1918 sozialdemokratische bzw. bürgerliche Regierungen des Freistaates B., der sich am 6. 1. 1922 eine Verfassung gab. 1930 trat die Nationalsozialistische Deutsche Arbeiterpartei in die Regierung ein. 1940 wurde der Kreis Holzminden gegen Goslar mit Preußen ausgetauscht. 1945 wurde B. wiederhergestellt. Der größte Teil des Kreises Blankenburg und Calvörde wurde der sowjetischen Besatzungszone zugeteilt und gelangte damit 1949 an die Deutsche Demokratische Republik. Im Übrigen ging B. durch Anordnung der britischen Militärregierung am 1. 11. 1946 im neugebildeten Land Niedersachsen auf.

L.: Havemann, W., Geschichte der Lande Braunschweig und Lüneburg, 1853 ff.; Knoll, F., Topographie des Herzogtums Braunschweig, 1897; Kleinau, H., Geschichtliches Ortsverzeichnis des Landes Braunschweig, 1968; Moderhack, R., Braunschweigische Landesgeschichte im Überblick, 3. A. 1979; Weitkamp, S., Bibliographie zur braunschweigischen Landesgeschichte, Braunschweigisches Jb. 67 f., 1986 f.; Pischke, G., Die Landesteilungen der Welfen, 1987; Hackel, C., Der Untergang des Landes Braunschweig, 2000.

Braunschweig (reichsstadtähnliche Stadt). Das 1031 erstmals urkundlich erwähnte, aus Altstadt, Neustadt, Sack, Hagen und Altewiek zusammengewachsene, bei der um 1000 erbauten, 1134 genannten Burg Tanquarderoth (Dankwarderode) liegende B. (Brunesguik) wurde im 15. Jahrhundert wie eine Reichsstadt zu Reichstagen geladen, unmittelbar zur Reichssteuer herangezogen und unterhielt enge Beziehungen zum Kaiser, war aber nie Reichsstadt, sondern einer der Mittelpunkte des Herzogtums Braunschweig-Lüneburg, bis es 1671 an Braunschweig-Wolfenbüttel überging. 1946 kam es zu Niedersachsen.

L.: Wolff 438; Urkundenbuch der Stadt Braunschweig, hg. v. Hänselmann, L./Mack, H., Bd. 1 ff. 1872 ff.; Achilles, H., Die Beziehungen der Stadt Braunschweig zum Reich im ausgehenden Mittelalter und zu Beginn der Neuzeit, 1913; Germer, H., Die Landgebietspolitik der Stadt Braunschweig bis zum Ausgang des 15. Jahrhunderts, 1937; Moderhack, R., Braunschweigische Landesgeschichte im Überblick, 1976; Last, M., Braunschweig, LexMA 2 1983, 584 ff.; Braunschweig. Das Bild der Stadt in 900 Jahren, hg. v. Spies, G., Bd. 1 f. 1985; Rat und Verfassung im mittelalterlichen Braunschweig, hg. v. Garzmann, M., 1986; Ehlers, J., Historiographie, Geschichtsbild und Stadtverfassung im spätmittelalterlichen Braunschweig, in: Rat und Verfassung im mittelalterlichen Braunschweig, 1986; Testamente der Stadt Braunschweig, hg. v. Mack, D., 1988 f.; Kintzinger, M., Das Bildungswesen in der Stadt Braunschweig im hohen und späten Mittelalter, 1990; Die braunschweigische Landesgeschichte, hg. v. Jarck, H. u. a., 2000.

Braunschweig-Bevern (Fürstentum, Fürsten). Bevern am Beversbach bei Holzminden fiel kurz vor 1633 von Statius von Münchhausen an Herzog Friedrich Ulrich von Braunschweig-Wolfenbüttel. Seit 1667 war es Sitz der von Ferdinand Albrecht I. begründeten Linie B. des Neuen Hauses Braunschweig. Sie folgte nach dem Aussterben 1735 der Hauptlinie Braunschweig-Wolfenbüttel (bis 1884).

Braunschweig-Celle (Fürstentum). Celle an der Aller wird 990 erstmals erwähnt (Altencelle). 1292 verlegte der Herzog von Braunschweig-Lüneburg die daraus vor 1249 entstandene Stadt 3 Kilometer allerabwärts. 1371 wurde Celle nach der Zerstörung der herzoglichen Burg auf dem Kalkberg in Lüneburg Sitz der Herzöge von Braunschweig-Lüneburg. 1569 spaltete sich die jüngere Linie des Hauses Braunschweig-Lüneburg mit dem größten Teil des lüneburgischen Territoriums ab. Durch die Gründung des Neuen Hauses Braunschweig-Lüneburg erhielt B. das gesamte Fürstentum Lüneburg (1671 dannenbergische Ämter von Herzog Rudolf-August). Das Fürstentum umfasste die Städte Lüneburg, Uelzen, Celle, Harburg, Dannenberg, Lüchow, die Stifte Bardowick und Ramelsloh (Rammelslohe), die Klöster Lüne, Ebstorf, Medingen, Wienhausen, Isenhagen und Walsrode, die landesherrschaftlichen Ämter Harburg, Wilhelmsburg, Moisburg, Winsen an der Luhe, Bütlingen (Büttlingen), Scharnebeck, Lüne, Garze (Gartze), Bleckede, Hitzacker, Dannenberg, Lüchow, Wustrow, Schnackenburg, Oldenstadt, Medingen, Ebstorf, Bodenteich, Isenhagen, Knesebeck, Klötze, Fallersleben, Gifhorn, Meinersen, Burgdorf, Ahlden und Rethem, die Großvogtei Celle und die adligen Gerichte Gartow, Brome, Fahrenhorst und Wathlingen. Es ging 1705 bei der Vereinigung Braunschweig-Lüneburgs mit Braunschweig-Calenberg im Kurfürstentum Hannover (1692) auf. Über Hannover kam das Gebiet 1866 an Preußen und damit 1946 zu Niedersachsen.

L.: Wolff 434 ff.; Zeumer 553 II b 16; Pröve, H./Ricklefs, J., Heimatchronik der Stadt und des Landkreises Celle, 2. A. 1959; Ricklefs, J., Geschichte der Stadt Celle, 1961.

Braunschweig-Dannenberg (Fürstentum). Nach Dannenberg an der Jeetzel nannten sich seit 1158/1162 Grafen von Salzwedel, die

Heinrich der Löwe als Lehnsmannen eingesetzt hatte. 1303 fielen ihre Güter an die Herzöge von Braunschweig-Lüneburg. Nach Verpfändungen an Siegfried und Konrad von Saldern (1373–1377) und die Stadt Lüneburg (1382–1487) kam Dannenberg 1569 im Wege der Erbteilung im mittleren Haus Lüneburg an die von dem Sohn Heinrich († 1598) Herzog Ernsts des Bekenners begründete Nebenlinie der Herzöge von Braunschweig-Dannenberg (Herzog Heinrich überließ seinem Bruder Wilhelm von Braunschweig-Lüneburg die Landesherrschaft und übernahm Dannenberg und andere Gebiete). 1598 teilten seine Söhne die 1591 um Hitzacker, Lüchow und Warpke vermehrten Güter. August der Jüngere residierte zunächst in Hitzacker, erwarb 1618 das Amt Wustrow und begründete 1635 infolge des Anfalles des Herzogtums Braunschweig-Wolfenbüttel das Neue Haus Braunschweig in Wolfenbüttel, während Julius-Ernst 1636 kinderlos in Dannenberg starb. 1671 übergab Augusts Sohn Rudolf August das von August wieder übernommene Dannenberg dem Hause Braunschweig-Lüneburg in Celle (Herzog Georg Wilhelm von Braunschweig-Celle). Über Hannover kam das Gebiet von B. 1866 an Preußen und 1946 zu Niedersachsen.

L.: Großer Historischer Weltatlas III 21 (1618–1648) E2; Meyer-Seedorf, W., Geschichte der Grafen von Ratzeburg und Dannenberg, Diss. phil. Berlin 1910; Schulze, H. K., Adelsherrschaft und Landesherrschaft, 1963; Wachter, B., Aus Dannenberg und seiner Geschichte, 1981; Schriftenreihe des Heimatkundlichen Arbeitskreises Lüchow-Dannenberg 3; Last, M., Dannenberg, LexMA 3 1984, 544.

Braunschweig-Göttingen s. Braunschweig-Lüneburg

L.: Großer Historischer Weltatlas II 66 (1378) E/F2.

Braunschweig-Grubenhagen (Fürstentum). 1263 wird die Burg Grubenhagen bei Einbeck erstmals erwähnt. Seit 1285/1286 war sie Sitz des Fürstentums B., einer Linie des alten Hauses Braunschweig, das seinerseits 1267/1269 durch Aufteilung des 1235 geschaffenen Herzogtums Braunschweig-Lüneburg entstanden war. B. umfasste vor allem alte katlenburgische Güter am südlichen Harzrand (Einbeck, Osterode, Katlenburg, Lauterberg-Scharzfels, Duderstadt, Grubenhagen, Salzderhelden, Westerhof). 1342/1358 musste die Mark Duderstadt an das Erzstift Mainz verkauft werden. 1596 erlosch die Linie. B. fiel an das mittlere Haus Braunschweig-Wolfenbüttel. 1617 kam es durch kaiserliche Entscheidung an das mittlere Haus Lüneburg(-Celle), 1665 an Calenberg/Hannover. Über Preußen gelangte das Gebiet 1946 zu Niedersachsen. S. Grubenhagen.

L.: Zeumer 552 ff. II b 18; Wallner 707 NiedersächsRK 15; Großer Historischer Weltatlas II 66 (1378) F3; Max, G., Geschichte des Fürstentums Grubenhagen, Bd. 1 f. 1862 ff.; Zimmermann, P., Das Haus Braunschweig-Grubenhagen, 1911; Heine, M., Das Gebiet des Fürstentums Braunschweig-Grubenhagen und seine Ämter, 1942.

Braunschweig-Hannover s. Braunschweig-Lüneburg, Hannover

Braunschweig-Harburg (Fürstentum). 1142 erscheint in einer sumpfigen Niederung der Süderelbe Harburg (zu ahd. horo, Sumpf). Von 1527 bis 1642 war Harburg Sitz einer Nebenlinie des mittleren Hauses Lüneburg in Celle bzw. der Herzöge von Lüneburg-Celle. 1866 kam die 1850 rund 5300 Einwohner zählende Stadt mit Hannover zu Preußen. 1937 wurde Harburg Hamburg eingegliedert.

L.: Großer Historischer Weltatlas III 21 (1618–1648) D2; Wegewitz, W., Harburger Heimat, 1950.

Braunschweig-Kalenberg s. Calenberg

L.: Zeumer 552 ff. II b 17; Großer Historischer Weltatlas III 22 (1648) D2.

Braunschweig-Lüneburg (Herzogtum), (Fürstentum). Um die Jahrtausendwende wurde an der Kreuzung der Straßen Hildesheim-Magdeburg und Goslar-Lüneburg die Burg Dankwarderode (Tanquarderoth 1134) errichtet. In Anlehnung an sie entstand auf älterem Siedlungsboden Braunschweig (1031 Brunesguik). Dieses bildete bald einen Vorort im Stammesherzogtum Sachsen, das 1106 an Lothar von Süpplingenburg fiel, der durch Vermählung mit der Erbtochter des Grafen von Northeim, Richenza, die Erbgüter der Brunonen um Wolfenbüttel und Braunschweig erlangt hatte und sie über seine Tochter Gertrud an die Welfen weiterleitete. Nach dem Sturz Heinrichs des Löwen wurde das verbliebene Eigengut unter den Söhnen 1202/1203 geteilt (erste Teilung). Heinrich († 1218), Pfalzgraf bei Rhein, erhielt den westlichen Teil (Lüneburg von Hannover bis Göttingen und Dithmarschen), Wilhelm († 1215) den östlichen Teil (Lüneburg), König Otto IV. († 1218) Braunschweig bis zum Unterharz.

Otto verstarb 1218 kinderlos. Heinrichs Erbe kam von seinen Töchtern an Kaiser Friedrich II. Dieser erhob am 21. 8. 1235 nach der Übertragung der welfischen Eigengüter an das Reich B. als Reichslehen des Gesamthauses zum Herzogtum. Für dieses erwarb Herzog Otto das Kind († 1252), der Sohn Herzog Wilhelms, 1246 von der Landgrafschaft Thüringen das Werratal und Münden (Hannoversch-Münden) zurück und verband die aus dem billungischen Erbe um Lüneburg, aus dem brunonischen Erbe um Braunschweig und aus dem northeimischen Erbe zwischen Harz und oberer Leine gekommenen Güter zu einer Einheit. Verloren gingen allerdings 1236 die Grafschaft Stade und 1264 das Amt Gieselwerder. 1267/1269 wurde das Land von seinen Söhnen geteilt (zweite Teilung). Albrecht der Lange († 1279) wurde Herzog im Landesteil Braunschweig (Altes Haus Braunschweig, Gebiete um Braunschweig-Wolfenbüttel, Einbeck-Grubenhagen und Göttingen-Oberwald), Johann († 1277) Herzog im Landesteil Lüneburg (Altes Haus Lüneburg). Gemeinsam blieb die Stadt Braunschweig. Von dieser Teilung an standen mit Ausnahme der Jahre 1400 bis 1409 mindestens immer die beiden Häuser Braunschweig und Lüneburg, zeitweilig sogar vier oder fünf Linien nebeneinander. Dabei wurden nach Hameln (1261) noch Teile der Grafschaft Dassel (1269/1272), Güter im nördlichen Harz und um Calenberg gewonnen, 1352 das Untereichsfeld um Duderstadt aber verloren. Das Fürstentum Lüneburg wurde unter Otto dem Strengen 1303/1321 um die Grafschaften Dannenberg, Lüchow und Wölpe erweitert. 1369 starb die Linie mit Herzog Wilhelm aus. Es kam zum Lüneburger Erbfolgekrieg, an dessen Ende Lüneburg in der Auseinandersetzung mit den Askaniern an die Herzöge von Braunschweig-Wolfenbüttel fiel. Das Fürstentum Braunschweig, das seit 1279 der Vormundschaft Ottos des Strengen von (Braunschweig-)Lüneburg unterstand, wurde schon 1285/1286 unter den Söhnen Heinrich I. († 1322), Albrecht II. († 1318) und Wilhelm († 1292) weiter aufgeteilt in die Linien Grubenhagen (bis 1596), Göttingen (mit Münden bis 1463) und Braunschweig (dritte Teilung). Hiervon starb Wilhelm 1292 und seine Güter kamen an die Linie Göttingen. Diese teilte sich 1345 in die Linien Göttingen (Ernst I. † 1367) und Braunschweig(/Wolfenbüttel) (Magnus I. † 1369) (fünfte Teilung). Von diesen erhielt die Braunschweig/Wolfenbütteler Linie 1388 nach dem Lüneburger Erbfolgekrieg das Lüneburger Erbe Herzog Wilhelms. Sie führte aber neben dem Fürstentum Lüneburg das Fürstentum Braunschweig(/Wolfenbüttel) in einer Nebenlinie (Friedrich) bis 1400 fort (sechste Teilung), so dass Grubenhagen, Göttingen, Braunschweig-Wolfenbüttel und Lüneburg nebeneinander standen. Nach der Ermordung Herzog Friedrichs von Braunschweig im Jahre 1400 erbten die Herzöge von Lüneburg das Fürstentum Braunschweig-Wolfenbüttel. 1409 teilten sie erneut in Braunschweig und Lüneburg (mittleres Haus Lüneburg bis 1592 [siebente Teilung, achte Teilung]), wobei sie das braunschweigische Fürstentum (mittleres Haus Braunschweig bis 1634) um das Land zwischen Deister und Leine (Calenberg) vergrößerten (Revision der Teilung 1428). 1432 entstanden durch Teilung die Fürstentümer Braunschweig und Calenberg (neunte Teilung), von denen Calenberg 1447/1494 die Grafschaft Wunstorf erlangte und 1442/1463 durch Kauf das Fürstentum Göttingen (mit Münden) und 1473 durch Erbfolge das Fürstentum Braunschweig erwarb, 1481 und 1483 aber wieder teilte (zehnte, elfte Teilung). 1495 wurde das Fürstentum Braunschweig-Calenburg-Göttingen wieder geteilt (zwölfte Teilung). Herzog Heinrich erhielt Braunschweig, für das die neue Residenz Wolfenbüttel namengebend wurde. Herzog Erich I. bekam Calenberg-Göttingen. Beide teilten sich das in der Hildesheimer Stiftsfehde von 1519 bis 1523 eroberte Gebiet des Hochstifts Hildesheim (Hunnesrück [Hunsrück], Grohnde, Aerzen [Ärzen], Lauenstein, Gronau, Hallerburg, Poppenburg, Ruthe, Koldingen, das halbe Hameln, Bodenwerder, Dassel, Elze, Sparstedt an Braunschweig-Calenberg-Göttingen, Winzenburg, Wohldenburg [Woldenberg], Steinbrück, Lutter, Woldenstein, Schladen, Liebenburg, Wiedelah, Vienenburg, Westerhof, Alfeld, Bockenem, Lamspringe und Salzgitter an Braunschweig-Wolfenbüttel). Um die Mitte des 16. Jahrhunderts traten die welfischen Herzöge der Reformation bei. Herzog Julius von Braunschweig-Wolfenbüttel gründete 1576 die Universität Helmstedt. Er erbte 1584 das Fürstentum Calenberg-Göttingen und erlangte 1596 (bis 1617) das Fürstentum Grubenhagen. 1582 erwarb er die Reichsgrafschaft Hoya, 1599 die Reichsgrafschaft Regenstein mit Blankenburg und Hartingen im Harz. Kurz nach dieser Vereinigung der südlichen welfischen Lande starb 1634 die Wolfenbütteler Linie des mittleren Hauses Braunschweig aus. Ihr Land fiel an Lüneburg. Statt zur Bildung eines einheitlichen Landes kam es aber 1635 zu einer erneuten Gründung eines Neuen Hauses Braunschweig durch die Linie Dannenberg des Herzogtums Lüneburg. Sie erhielt das Fürstentum Wolfenbüttel (ohne Calenberg und Grubenhagen) samt Regenstein und gegen Hitzacker, Dannenburg, Lüchow und Scharnebeck noch Walkenried im Harz. Getrennt durch die Hochstifte Hildesheim und Halberstadt bestand es aus den Distrikten Wolfenbüttel, Schöningen, Harz und Weser und den Städten Braunschweig, Wolfenbüttel, Schöppenstedt, Helmstedt, Schöningen, Königslutter, Gandersheim, Seesen, Holzminden und Stadtoldendorf und residierte ab 1753 wieder in Braunschweig. Das Lüneburger Gebiet (Neues Haus Lüneburg, Residenz seit 1636 in Hannover) mit Calenberg, Göttingen und Grubenhagen und 1665 um die Grafschaft Diepholz erweitert wurde 1692 zum Herzogtum/Kurfürstentum Hannover erhoben (Kurbraunschweig). 1705 wurde an Hannover das Fürstentum Lüneburg mit der Grafschaft Hoya angegliedert. 1714 wurde Kurfürst Georg Ludwig von Hannover König von England. Von 1807 bis 1813 gehörte Braunschweig zum Königreich Westphalen. Am 6. 11. 1813 entstand es ungefähr in den Grenzen des Fürstentums Wolfenbüttel neu, nannte sich aber Herzogtum Braunschweig. 1815 trat es dem Deutschen Bund bei und erhielt 1820 eine Verfassung, die 1829 von Herzog Karl aufgehoben, 1832 aber erneuert wurde. 1867 trat das Herzogtum Braunschweig dem norddeutschen Bund, 1871 dem Deutschen Reich bei. 1884 erlosch das Haus Braunschweig. Da das erbberechtigte Haus Hannover, das 1866 Hannover an Preußen verloren hatte, die Reichsverfassung nicht anerkannte, bestand bis 1906 eine Regentschaft durch Prinz Albrecht von Preußen und bis 1913 durch Herzog Johann Albrecht von Mecklenburg. Der seit 1913 nach Anerkennung der Reichsverfassung regierende Herzog Ernst August dankte 1918 ab. Auf eine kurzlebige Räterepublik folgten ab Dezember 1918 sozialdemokratische bzw. bürgerliche Regierungen des Freistaates Braunschweig, der sich am 6. 1. 1922 eine Verfassung gab. 1930 trat die Nationalsozialistische Deutsche Arbeiterpartei in die Regierung ein. 1940 wurde der Kreis Holzminden gegen Goslar ausgetauscht (Preußen). 1945 wurde Braunschweig wiederhergestellt. Durch die Zonengrenzziehung wurde der größte Teil des Kreises Blankenburg und Calvörde der sowjetischen Besatzungszone zugeteilt. Im übrigen ging Braunschweig am 1. 11. 1946 durch Anordnung der britischen Militärregierung (mit Ausnahme der durch die Zonengrenze abgetrennten Gebiete) im Land Niedersachsen auf. S. a. Braunschweig-Wolfenbüttel.

L.: Wolff 432; Zeumer 552 I 8; Großer Historischer Weltatlas II 66 (1378) F4, III 22 (1648) E3; Die Territorien des Reichs 3, 8; Havemann, W., Geschichte der Lande Braunschweig und Lüneburg, Bd. 1–3 1853 ff.; Sudendorf, H., Urkundenbuch zur Geschichte der Herzöge von Braunschweig und Lüneburg (bis 1407), Bd. 1–11 1859 ff.; Max, G., Geschichte des Fürstentums Grubenhagen, 1862; Heinemann, O. v., Geschichte von Braunschweig und Hannover, Bd. 1–3 1882 ff.; Krieg, M., Die Entstehung und Entwicklung der Amtsbezirke im ehemaligen Fürstentum Lüneburg, 1922; Hüttebräuker, L., Das Erbe Heinrichs des Löwen. Die territoriale Grundlage des Herzogtums Braunschweig-Lüneburg, 1927; Pröve, H., Dorf und Gut im alten Herzogtum Lüneburg, 1929; Schnath, G., Die Gebietsentwicklung Niedersachsens, 1929; Beckurts, B. F., Grundriss der Braunschweiger Geschichte, 3. A. 1931; Schnath, G., Geschichtlicher Handatlas Niedersachsens, 1939; Karte des Landes Braunschweig im 18. Jahrhundert, bearb. v. Kleinau, H. u. a., 1956; Patze, H., Die welfischen Territorien im 14. Jahrhundert, VuF 14, 1971; Kleinau, H., Überblick über die Gesamtentwicklung des Landes Braunschweig, Braunschweig. Jb. 53 (1972); Boshof, E., Die Entstehung des Herzogtums Braunschweig-Lüneburg, in: Heinrich der Löwe, hg. v. Moormann, D., 1980; Weitkamp, S., Bibliographie zur braunschweigischen Landesgeschichte, Braunschweigisches Jb. 67 f. (1986 f.); Pischke, G., Die Landesteilungen der Welfen, 1987; Brück, A., Die Polizeiordnung Herzog Christians von Braunschweig-Lüneburg vom 6. Oktober 1618, 2003.

Braunschweig-Oels (Herzog). 1792 fiel (Württemberg-)Oels durch Heirat in weiblicher Erbfolge an Herzog Friedrich August von Braunschweig. Sein Neffe Friedrich Wilhelm nannte sich seit 1805 Herzog von B. 1884 kam Oels als erledigtes Thronlehen an Preußen. S. Oels.

L.: Häusler, W., Geschichte des Fürstentums Oels, 1883.

Braunschweig-Wolfenbüttel (Fürstentum, Herzogtum). Wolfenbüttel an der Oker im nördlichen Harzvorland wird 1118 erstmals erwähnt, ist aber vermutlich erheblich älter (10./11. Jahrhundert). Die Burg Wolfenbüttel unterstand zunächst den Herren von Asseburg (Gunzelin von Wolfenbüttel), die am Ende des 12. und Anfang des 13. Jahrhunderts zwischen Peine, Elm und Asse eine Herrschaft errichteten, und wurde nach der Zerstörung der Herrschaft durch die Welfen (1255) 1283 von diesen wieder aufgebaut. Seit dem Ende des 13. Jahrhunderts war es Sitz verschiedener aufeinanderfolgender Linien des Hauses Braunschweig, seit 1432 Hauptsitz der Herzöge von B. Nach der Teilung von 1495 wurde durch Herzog Heinrich den Älteren († 1514) das eigentliche Fürstentum B., dessen Name zwischen Braunschweig und Wolfenbüttel wechselte, begründet. Dieses erlangte 1523 Teile des Hochstifts Hildesheim, führte die Reformation ein, erbte 1584 Braunschweig-Calenberg sowie von 1596 bis 1617 Braunschweig-Grubenhagen und gewann 1568 die Verwaltung des Hochstifts Halberstadt sowie 1593/1599 die Güter der Grafschaften Hohnstein und Blankenburg-Regenstein, so dass es von Hoya bis Halberstadt herrschte. Nach Aussterben der Wolfenbütteler Linie (1634) kam es in drei getrennten Teilen (Braunschweig, Wolfenbüttel und Helmstedt, Gandersheim und Holzminden, Blankenburg, insgesamt zwei Siebtel der welfischen Güter) 1635 an die Linie Lüneburg-Dannenberg (Neues Haus Braunschweig). 1636 fiel Dannenberg an, 1651 Blankenburg und Regenstein, 1671 Braunschweig, doch musste 1643 der Anteil des Großen Stiftes an das Hochstift Hildesheim zurückgegeben werden. Von 1735 bis 1884 kam B. an die 1666 begründete Nebenlinie Braunschweig-Bevern. 1753/1754 wurde die zu europäischer Bedeutung aufgestiegene Residenz von Wolfenbüttel nach Braunschweig verlegt. Am Ende des 18. Jahrhunderts gehörte B. zur weltlichen Bank des Reichsfürstenrates des Reichstages. Durch den Reichsdeputationshauptschluss vom 25. 2. 1803 erhielt es die Abteien Gandersheim und Helmstedt. 1807 kam es zum Königreich Westphalen und wurde 1813 wiederhergestellt. Im 19. Jahrhundert setzte sich die Bezeichnung Herzogtum Braunschweig für Wolfenbüttel durch. Am 1. 11. 1946 ging Braunschweig in Niedersachsen auf.

L.: Wolff 438; Zeumer 553 II b 19; Wallner 706 NiedersächsRK 8; Großer Historischer Weltatlas II 66 (1378) F2, III 21 (1618–1648) E2, III 22 (1648) D/E2/3, III 38 (1789) C/D1/2; Bauer 1, 139; Germer, H., Die Landgebietspolitik der Stadt Braunschweig bis zum Ausgang des 15. Jahrhunderts, 1935; Spiess, W., Die Heerstraßen auf Braunschweig um 1550, 1937; Barner, W., Heimatatlas des Kreises Alfeld für Schule und Haus, 1953; Karte des Landes Braunschweig im 18. Jahrhundert, hg. v. Kleinau, H./Penners, T./Vorthmann, A., 1956; Historischer Atlas der Stadt Braunschweig, bearb. v. Vermessungsamt der Stadt, 1958 ff.; Kühlhorn, E., Ortsnamenlexikon für Südniedersachsen, 1964; Karpa, O., Wolfenbüttel, 2. A. 1965; Kleinau, H., Land Braunschweig, in: Geschichtliches Ortsverzeichnis von Niedersachsen, 3 Teile 1967; Thöne, F., Wolfenbüttel, Geist und Glanz einer alten Residenz 1963, 2. A. 1968; Beiträge zur Geschichte der Stadt Wolfenbüttel, hg. v. König, J., 1970; Kraatz, H., Die Generallandesvermessung des Landes Braunschweig von 1746–1784, 1975; Pischke, G., Die Landesteilungen der Welfen, 1987; Casemir, K./Ohainski, U., Das Territorium der Wolfenbütteler Herzöge um 1616, 1996; Medefind, H., Die Kopfsteuerbeschreibung des Fürstentums Braunschweig-Wolfenbüttel von 1678, 2001.

Breda (Herrschaft). B. am Zusammenfluss von Mark und Aa südöstlich von Rotterdam wird als Burg erstmals 1198 genannt. Die sich um B. ausbildende Herrschaft zählte zum Herzogtum Brabant. Von den Herren von B. ging sie um 1175 auf die van Schoten über, 1287 an die Gavere-Liederkerke und 1327 durch Verkauf an den Herzog von Brabant. Über die von ihm belehnten van Duvenvoorde (1339) und van Polanen (1353) gelangte B. 1404 durch Heirat (als deren erstes niederländisches Gut) an die Grafen von Nassau-Dillenburg und damit später an Nassau-Oranien. S. Niederlande.

L.: Wolff 54; Großer Historischer Weltatlas II 66 (1378) C3; Cerutti, F. F. X. u. a., Geschiedenis van Breda, 1952; Herborn, W., Breda, LexMA 2 1983, 598; Escher, M. u. a., Die urbanen Zentren, 2005, 2, 87.

Bregenz (Grafschaft, Grafen). Nach älteren Siedlungen errichteten die vindelikischen Brigantier im Mündungsdelta des Rheines in den Bodensee ihren Vorort. Den keltischen Namen Brigantion übernahm eine nachfolgende römische Siedlung (Brigantium). Am Ende des fünften Jahrhunderts war Brigantium in den Händen der Alemannen. In der Mitte des 11. Jahrhunderts wurde Bregenz Sitz der rings um den Bodensee reich begüterten Grafen von B. (1043 Uodalricus Prigantinus, Udalrichinger). Von ihnen kamen die Güter über die Grafen von Pfullendorf und die Pfalzgrafen von Tübingen (B.) an die Grafen von Montfort, die B. 1451/1523 an Habsburg bzw. Österreich verkauften. Unter Österreich zählte die Grafschaft zum österreichischen Reichskreis. Innerhalb Österreichs wurde es Landeshauptstadt Vorarlbergs. S. Montfort-Bregenz.

L.: Wolff 39; Wallner 711 ÖsterreichRK 1; Helbok, A., Bevölkerungsgeschichte der Stadt Bregenz vom 14. bis zum Beginn des 18. Jahrhunderts, 1912; Schmid, K., Bregenz, LexMA 2 1983, 599; Niederstätter, A., Quellen zur Geschichte der Stadt Bregenz 1330–1663, 1985; Klagian, T., Die Entwicklung von Bregenz, Montfort 51 (1999), 155.

Brehna (Grafen). Vor 1053 ließ Graf Thiemo I. in B. bei Bitterfeld eine Burg errichten. Die daneben vor 1274 entstandene Stadt und die Grafschaft B. wurden 1290 als Reichslehen an das Herzogtum Sachsen-Wittenberg vergeben. Sie kamen 1423 an Sachsen (Kursachsen, Wettin) und wurden 1815 an Preußen abgetreten (Provinz Sachsen, s. Sachsen-Anhalt).

L.: Wolff 377; Schmidt, A., Bilder aus der Geschichte der Grafschaft und der Stadt Brehna, 1931.

Breidbach, Breitbach (Freiherren, Reichsritter). Im 18. Jahrhundert zählten die Freiherren von B. mit dem vom späten 15. Jahrhundert bis 1679 allmählich erworbenen Bürresheim am Einfluss des Nitzbaches in das Nettetal zum Kanton Niederrheinstrom des Ritterkreises Rhein. Um 1760 gehörten B. auch zum Kanton Baunach des Ritterkreises Franken.

L.: Genealogischer Kalender 1753, 546; Riedenauer 122; Bornheim, W. gen. Schilling, Zur Geschichte der von Bürresheim im Mittelalter, Niederrhein. Annalen 158 (1956).

Breidenbach (Reichsritter). Um 1700 zählten die B. (genannt Breidenstein) zum Kanton Baunach und im frühen 18. Jahrhundert zum Kanton Rhön-Werra sowie vielleicht auch zum Kanton Steigerwald des Ritterkreises Franken. S. Breitenbach.

L.: Riedenauer 122.

Breidenbacher Grund (Ganerbschaft). Im B. bei Biedenkopf wird um 800 der pagus Bernaffa (Perfgau) genannt. Zwischen den Landgrafen von Hessen, den Grafen von Nassau, Wittgenstein und Battenberg konnten die mit den Hatzfeld verwandten Herren von Breidenbach eine adlige Herrschaft ausbilden. 1496 mussten sie die Lehnshoheit Hessens anerkennen. 1567 kam der B. zu Hessen-Marburg, 1648 zu Hessen-Darmstadt, 1866 zur Provinz Hessen-Nassau Preußens und 1945 zu Hessen. Bis 1823 waren die Freiherren von Breidenbach am Patrimonialgericht B. beteiligt.

L.: Wolff 255; Stammler, C., Das Recht des Breidenbacher Grundes, 1882; Huth, K., Breidenbach. Mittelpunkt einer historischen Kleinlandschaft, 1963; Geschichtlicher Atlas von Hessen, Inhaltsübersicht 33.

Breidenstein s. Breidenbach

Breisach (Reichsstadt). In B. an einem wichtigen Rheinübergang am Kaiserstuhl sind frühgeschichtliche Siedlungsspuren, ein Stützpunkt Ariovists (mons Brisiacus) und ein spätrömisches Kastell (369) nachgewiesen. 938/939 wird ein castrum (Burg) bzw. castellum genannt, das 1002 in die Hand der Bischöfe von Basel kam. Im 12. Jahrhundert gründeten die inzwischen ebenfalls berechtigten Staufer und die Bischöfe von Basel gemeinsam eine Stadt, die Heinrich VI. 1185 privilegierte. Die Lehen der Herzöge von Zähringen fielen 1218 bei deren Aussterben an die Staufer zurück. Rudolf von Habsburg entriss 1262 B. dem Hochstift Basel und gewährte der Stadt 1275 neues Recht (Reichsstadt). Ludwig der Bayer verpfändete sie 1331/1335 an Habsburg. 1469 ging die Pfandschaft an Burgund, 1474 wieder an Habsburg. 1639/1648 kam B. an Frankreich, 1697/1700 an Österreich. Von 1703 bis 1714, von 1744 bis 1748 und von 1801 bis 1805 war es wieder bei Frankreich. 1805 gelangte es an Baden und damit 1951/1952 an Baden-Württemberg.

L.: Wolff 41; Rosmann, P./Ens, T., Geschichte der Stadt Breisach, 1861; Poinsignon, G. A., Die Urkunden des Stadtarchivs zu Breisach, Mitt. d. bad. hist. Kommission 11 (1889), 1 ff.; Beyerle, F., Das älteste Breisacher Stadtrecht, ZRG GA 39 (1918), 318 ff.; Schmidlin, J., Breisacher Geschichte, 1936; Haselier, G., Geschichte der Stadt Breisach am Rhein, Bd. 1 1969, Bd. 3 1985; Schwineköper, B., Eine neue Geschichte Breisachs, Zs. d. Breisgau-Gesch. Vereins (Schauinsland) 94/95 (1976/1977), 363; Schmid, K., Breisach, LexMA 2 1983, 600 f.; Escher, M. u. a., Die urbanen Zentren, 2005, 2, 89

Breisgau (Grafschaft, Landgrafschaft, Landvogtei). Der aus dem Keltischen kommende Name der Landschaft zwischen Oberrhein und Schwarzwald wird um 400 erstmals genannt (7. Jahrundert Brisachgowe). Die karolingische Grafschaft des alemannisch besiedelten Breisgaues ist seit dem 11. Jahrhundert in den Händen der Zähringer belegt. 1064 ging sie an die verwandten Markgrafen von Baden, 1190 an deren Teillinie der Markgrafen von Hachberg. Nach dem Untergang der Staufer erlangten die Grafen von Habsburg einen Teil der Güter. 1269 fielen ihnen weitere Teile durch das Erlöschen der Grafen von Kiburg (Kyburg) zu, die 1218 einen Teil der Güter der Herzöge von Zähringen geerbt hatten. Während der südliche Teil des Breisgaus bei den Markgrafen verblieb (Markgräfler Land) und am Beginn der Neuzeit aus dem B. ausschied, wurde der nördliche „niedere" B. als Landgrafschaft 1318 an die Grafen von Freiburg (Urach-Freiburg) verpfändet und kam durch Erwerb der Landgrafschaft und der Schirmherrschaft über Freiburg 1368 von den Grafen von Freiburg überwiegend an Habsburg, das 1331 Breisach und Neuenburg sowie 1365 Kirnberg (Kürnberg) mit Kenzingen gewonnen hatte. Von 1469 bis 1474 wurde der B. von Sigmund von Tirol an Burgund verpfändet. 1478 ließ sich Habsburg mit der Landgrafschaft im Breisgau belehnen. Seit dieser Zeit hatte der B. (mit Freiburg, Breisach, Villingen, Neuenburg, Burkheim [Burgheim], Waldkirch, Fricktal und Grafschaft Hauenstein) eine eigene Verwaltung (in Ensisheim) und Landstände. Im Frieden von Lunéville des Jahres 1801 bzw. dem Reichsdeputationshauptschluss vom 25. 2. 1803 fiel er an den Herzog von Modena, 1803 als Erbe an Österreich-Este, 1805 an Baden und Württemberg. 1810 trat Württemberg seinen Anteil an Baden ab. Das Fricktal (Herrschaften Rheinfelden und Laufenburg) kam 1801 an Frankreich, 1802 an die Helvetische Republik und 1815 an die Schweiz. Der übrige B. fiel 1951/1952 mit Baden an Baden-Württemberg.

L.: Wolff 40; Wallner 713 ÖsterreichRK 1; Großer Historischer Weltatlas II 66 (1378) D5, III 22 (1648) C5, III 38 (1789) B4; Fehr, H., Die Entstehung der Landeshoheit im Breisgau, 1904; Windelband, W., Der Anfall des Breisgaus an Baden, 1907; Curs, O., Deutschlands Gaue im zehnten Jahrhundert. Nach den Königsurkunden, Diss. phil. Göttingen 1908, 3 ([Brisehguue, Prisekeuue, Prisecgeuue, Brisiggouue, Brisachgowe, Prisagouue, Brisikgowe, Brisikgouui, Brysichkowe, Brisihgowi, Prisgauue, Prisegouue, Brisiggowe, Brisichgowe, Prisichgowe, in Mittelbaden], Sulzburg, Waldkirch, Königsschaffhausen, Riegel, Endingen, Wendlingen, Kenzingen, Theningen, Bahlingen, Burgheim, Rottweil, Betzenhausen, Oberbergen, Vogtsburg, Kirchzarten, Liel, Tutschfelden, Oberbirken, Unterbirken, Haslach, Bellingen, Opfingen, Kirchen, Malterdingen, Ihringen, Wyl, Richtlingen, Mauracherhof, Neuershausen, Buggingen); Der Breisgau, hg. v. Busse, H. E. u. a., 2. A. 1941; Stolz, O., Geschichtliche Beschreibung der ober- und vorderösterreichischen Länder, 1945; Bader, K. S., Der deutsche Südwesten in seiner territorialstaatlichen Entwicklung, 1950, Neudruck 1978; Creutzburg, N. u. a., Freiburg und der Breisgau, 1954; Polenz, P. v., Landschafts- und Bezirksnamen, 1961, I, 1, 8, II, 16, 30–32, III, 31, IV, 8, 263, Brisihgouwe, pagus Brisiaquensis, pagus Brisacensis, finis Prisegauginsis, Brisigavi; Vorderösterreich. Eine geschichtliche Landeskunde, hg. v. Metz, F., 3. A. 1978; Wogau, K. v., Die landständische Verfassung des vorderösterreichischen Breisgaues 1679–1752, 1973; Zotz, T., Der Breisgau und das alemannische Herzogtum, 1974; Kageneck, A. Graf v., Das Ende der vorderösterreichischen Herrschaft im Breisgau, 1981; Zotz, T., Breisgau, LexMA 2 1983, 601 f.; Borgolte, M., Geschichte der Grafschaften Alemanniens in fränkischer Zeit, 1984, 56, 111 (Binzen, Rümmingen, Steinenstadt, Tumringen, Wollbach, Haltingen, Eimeldingen); Escher, M. u. a., Die urbanen Zentren, 2005, 1, 531.

Breitbach s. Breidbach

Breitenbach (Reichsritter). Im frühen 16. Jahrhundert zählten B. zu den Kantonen Gebirg und Baunach des Ritterkreises Franken. Von 1574 bis 1588 war Friedrich von B. wegen eines Fünftels Beihingen Mitglied im Kanton Kocher des Ritterkreises Schwaben. S. Breidenbach.

L.: Schulz 259; Riedenauer 122.

Breiteneck (Herrschaft), Breitenegg. Im 12. Jahrhundert unterstand B. nordwestlich von Kelheim den Herren von Laaber, später den Familien Hirschberg, Gumppenberg, Pappenheim und Wildenstein. Kurz vor 1600 kam die Herrschaft teils an Pfalz-Neuburg, teils an Bayern. 1611 kaufte Bayern den Anteil Pfalz-Neuburgs. 1624 gab Bayern B. an den 1623 zum Reichsgrafen erhobenen Johann Tserclaes Tilly, der 1631 auch die Landeshoheit und 1635 die kaiserliche Bestätigung der Reichsunmittelbarkeit erhielt. Seit 1649 gehörte die Herrschaft dem bayerischen Reichskreis an. Mit dem Erlöschen der Grafen von Tilly fielen 1724 die Lehen (drei getrennte Teile, Freystadt an der Schwarzach, Schloss und Markt Holnstein und der Marktflecken Hohenfels) an Bayern, die Eigengüter (zwei getrennte Teile mit Schloss und Markt B. und Schloss Helfenberg) 1732 über die Gräfin von Montfort, eine Schwester des Grafen Tilly, an die Freiherren von Gumppenberg (Gumpenberg). 1792 wurde B. von Pfalz/Bayern gekauft.

L.: Wolff 151; Wallner 712 BayRK 16.

Breitenstein (Herrschaft). Vermutlich im 12. Jahrhundert wurde die Burg B. (Altenbreitenstein) nördlich von Sulzbach-Rosenberg erbaut. In der zweiten Hälfte des 13. Jahrhunderts wird Hermann von B. genannt, der Reichslehen innehatte. 1356 unterwarfen sich die Herren von B. mit ihrer bis dahin unabhängigen Herrschaft Kaiser Karl IV. bzw. den Königen von Böhmen und erhielten 1361 die Hälfte von Königstein. 1373 kam die Hälfte der Herrschaft von Karl IV. an die Herzöge von Bayern. 1571 bejahte Kaiser Maximilian II. die Unterstellung unter Bayern. 1623/1627/1666 fiel die verschuldete Herrschaft mit dem Aussterben derer von B. ganz an Pfalz-Sulzbach und mit der Pfalz an Bayern.

L.: Schwemmer, W., Die ehemalige Herrschaft Breitenstein-Königstein, 1937.

Breitschwert (Breitschwerdt) von (und zu) Buchenbach (Reichsritter). Die Familie war 1486 von König Maximilian I. in den Adelsstand erhoben worden. Johann Leonhardt B. war 1663 Mitglied im Kanton Neckar des Ritterkreises Schwaben. Von 1659 bis 1711 zählten die B. wegen Buchenbach zum Kanton Kocher.

L.: Roth von Schreckenstein 2, 592; Hellstern 201; Schulz 259.

Breittenbach, genannt von Breittenstein (Reichsritter). Im 17./18. Jahrhundert gehörten die B. zum Kanton Rhön-Werra im Ritterkreis Franken. S. Breidenbach, Breitenbach.

L.: Seyler 356.

Breittenstein s. Breittenbach

Bremen (Erzstift, Herzogtum). Das 787/789 für den Angelsachsen Willehad gegründete, 804/845 gefestigte, zunächst dem Erzbistum Köln unterstellte Bistum B. wurde 845/847/848/864 als Ersatz für das zerstörte Hamburg zum Erzbistum erhoben, das sich die Missionierung des skandinavischen Nordens zum Ziel setzte, die 947 eingerichteten nordischen Suffraganbistümer (Schleswig, Ripen, Aarhus) aber 1104 an das neugegründete Erzbistum Lund verlor. Die weltliche Herrschaft der Erzbischöfe reichte zunächst von Dithmarschen bis zur Grafschaft Wildeshausen (1270), beschränkte sich dann aber auf das Gebiet zwischen Weser und Elbemündung (2. Hälfte des 11. Jahrhunderts alle Grafschaften des südelbischen Teils des Bistums, 1144/1236 Anfall der Grafschaft Stade nach dem Tode des letzten Grafen von Stade 1144), in dem 1234 Stedingen, 1306 Kehdingen und 1524 Wursten erlangt wurden. Die Versuche, die seit dem 13. Jahrhundert verlorene Herrschaft über die Stadt Bremen zu erringen, scheiterten zwischen 1363 und 1395. Gegen den Widerstand der letzten katholischen Erzbischöfe Christoph († 1558) und Georg († 1566) setzte sich seit 1535 die Reformation durch. 1621/1632 wurde das Hochstift von Dänemark bzw. Schweden besetzt. Im Westfälischen Frieden von 1648 wurde es wie Verden als Herzogtum (Bremen-Verden mit Sitz in Stade) Schweden zugesprochen. 1712 ging es durch Eroberung an Dänemark, das es 1715 an Hannover verkaufte, dem es Schweden 1719/1720 abtrat. 1803 wurde das Herzogtum mit 94 Quadratmeilen und rund 180 000 Einwohnern von Frankreich besetzt, am 14. 2. 1810 dem Königreich Westphalen und am 10. 12. 1810 Frankreich einverleibt. 1815 kam es zu Hannover und mit diesem 1866 an Preußen. 1946 gelangte das Gebiet an Niedersachsen.

L.: Wolff 430; Zeumer 553 II b 6; Wallner 707 NiedersächsRK 3; Großer Historischer Weltatlas II 66 (1378) E2, III 22 (1648) D2, III 38 (1789) C1; Die Territorien des Reichs 3, 44; Dehio, G., Geschichte des Erzbistums Bremen bis zum Ausgang der Missionszeit, Bd. 1, 2, 1877; Doerries, H., Studien zur älteren bremischen Kartographie, Bremische Jb. 31 f. (1928 f.); May, O. H./Möhlmann, G., Die Regesten der Erzbischöfe von Bremen, Bd. 1, 2 (bis 1327) 1929 ff.; Möhlmann, G., Der Güterbesitz des Bremer Domkapitels, Diss. phil. Göttingen 1933; Glaeske, G., Die Erzbischöfe von Hamburg-Bremen als Reichsfürsten, 1962; Schomburg, D., Land Bremen, in: Geschichtliches Ortsverzeichnis von Niedersachsen, 1964; Fiedler, B., Die Verwaltung der Herzogtümer Bremen und Verden in der Schwedenzeit 1652–1712, 1987; Drecktrah, V., Die Gerichtsbarkeit in den Herzogtümern Bremen und Verden, 2002.

Bremen (freie Reichsstadt, Republik, Land). B. (and. „an den Rändern") wird erstmals 781/782 genannt. Seit 787/789 entstand auf einem Dünenhügel zwischen Weser und Balge der Dom des Bischofssitzes B. (845/847 Erzbistum). 937 übertrug Otto I. die königliche Grundherrschaft an den Erzbischof von B. und gewährte 965 Marktrecht. Von 1186 an erlangten die Bürger vom König und vom Erzbischof verschiedene Privilegien. Unter dem 1225 zuerst erwähnten Rat erkämpfte sich die Stadt Unabhängigkeit vom erzbischöflichen Stadtherren. Von 1303 bis 1308 zeichnete sie unter Anlehnung an den Sachsenspiegel ihr Recht auf. Als Mitglied der Hanse (seit 1358) erlebte sie um 1400 eine wirtschaftliche Blütezeit. In der „Eintracht" von 1433 und der „Neuen Eintracht" kam es zur Festigung des patrizischen Stadtregimentes, das zunehmend die Stellung einer freien Stadt mit unmittelbarer Bindung an das Reich anstrebte. 1436 kam nach dem Aussterben der Ritter von Oumund deren Herrschaft Blumenthal gegen Geldzahlungen von den Erben an B. 1522 wurde die Reformation eingeführt, die bald calvinistische Züge annahm. 1541/1666 wurde die Reichsfreiheit errungen und 1741 gefestigt, doch ging Blumenthal mit 9 Dörfern an Hannover über und kam erst 1939 von Preußen wieder an Bremen zurück. Im 18. Jahrhundert erlebte B. infolge des Amerikahandels eine neue Blüte, behielt dann durch § 27 des Reichsdeputationshauptschlusses Bestand und konnte sogar sein Gebiet vergrößern (u. a. Domimmunität). Seit 1806 bezeichnete sich B. als Freie Hansestadt B. Von 1810 bis 1813 war es als Teil Frankreichs (10. 12. 1810) Hauptstadt des französischen Departements Wesermündungen. 1815 wurde es Mitglied des Deutschen Bundes. 1827 erwarb es das hannoversche Gebiet von Bremerhaven. 1849 gab es sich eine demokratische, 1854 eine konservative Verfassung. 1866 wurde es Mitglied des Norddeutschen Bundes, 1871 Bundesstaat des Deutschen Reiches. Nach der Novemberrevolution 1918 und einer kurzen Sozialistischen Repulik B. (10. 1. 1919–4. 2. 1919) gab sich B. am 18. 5. 1920 eine demokratische Verfassung. Im Dritten Reich unterstand B. mit rund 256 Quadratkilometern und 340 000 Einwohnern gemeinsam mit Oldenburg einem Reichsstatthalter. 1939 erhielt es preußische Gemeinden eingegliedert (Blumenthal, Grohn, Hemelingen), 1945 den restlichen Landkreis B. Gleichzeitig wurde 1939 die Stadt Bremerhaven (ohne das Hafengebiet) aus Bremen ausgegliedert und der 1924 aus Geestemünde (Geestmünde) und Lehe gebildeten Stadt Wesermünde in Preußen zugeteilt. In diesem Umfang gehörte B. seit Mai 1945 zur amerikanischen Besatzungszone. Am 23. 1. 1947 wurde rückwirkend zum 1. 1. 1947 das Land B. proklamiert. Am 7. 2. 1947 wurde Wesermünde mit dem Hafengebiet Bremerhaven vereinigt und als Stadt Bremerhaven dem Land B. zugeteilt, das 1949 Bestandtteil der Bundesrepublik Deutschland wurde.

L.: Wolff 460; Zeumer 554 III a 8; Wallner 707 NiedersächsRK 23; Großer Historischer Weltatlas II 66 (1378) E2, II 78 (1450) F3, III 22 (1648) D2, III 38 (1789) C1; Schnath, G./Lübbing, H./Engel, F., Niedersachsen, in: Geschichte der deutschen Länder, Bd. 1; Kellenbenz, H., Die Hanse und die Städte Lübeck, Hamburg und Bremen, in: Geschichte der deutschen Länder, Bd. 1; Die Territorien des Reichs 3, 44; Schroeder 89 ff.; Bauer 1, 141; Bremisches Urkundenbuch, hg. v. Ehmck, D. R./Bippen, W. v., Bd. 1 ff. 1873 ff.; Bippen, W. v., Geschichte der Stadt Bremen, Bd. 1–3 1892 ff.; Lehe, E. v., Grenzen und Ämter im Herzogtum Bremen, 1926; Gildemeister, J./Heineken, C. A., Das Gebiet der freien Hansestadt Bremen in 28 Kartenblättern nach den Originalaufnahmen, 1928; Doerries, H., Studien zur älteren bremischen Kartographie, Bremische Jb. 31 f. (1928 f.); Die mittelalterlichen Geschichtsquellen der Stadt Bremen, hg. v. Eckhardt, K. A., 1931; Allmers, C., Geschichte der bremischen Herrschaft Bederkesa, 1933; Buchenau, F., Die Freie Hansestadt Bremen und ihr Gebiet, 4. A. 1934; Deutsches Städtebuch, hg. v. Keyser, E./Stoob, H., Band 3 Teilband 1 1939 ff.; Kasten, H., Freie Hansestadt Bremen 1564–1947, 1947; Haase, C., Untersuchungen zur Geschichte des Bremer Stadtrechts im Mittelalter, 1953; Schwarzwälder, H., Entstehung und Anfänge der Stadt Bremen, 1955; Bessel, G., Bremen. Geschichte einer deutschen Stadt, 3. A. 1955; Spitta, T., Kommentar zur Bremer Verfassung von 1947, 1960; Schomburg, D., Geschichtliches Ortsverzeichnis des Landes Bremen, 1964; Die Chroniken der niedersächsischen Städte – Bremen, bearb. v. Meinert, H., 1968; Wilmanns, M., Die Landgebietspolitik der Stadt Bremen um 1400, 1973; Schwarzwälder, H., Geschichte der Freien Hansestadt Bremen, Bd. 1 ff. 1975 ff.; Meyer, H. H., Die vier Gohe um Bremen, Diss. phil. Hamburg 1977; Heineken, C., Geschichte der Freien Hansestadt Bremen von der Mitte des 18. Jahrhunderts bis zur Franzosenzeit, 1983; Hoffmann, H., Bremen, Bremerhaven und das nördliche Niedersachsen, 1986; Schwarzwälder, H., Reise in Bremens Vergangenheit, 1989; Tügel, G., Die Senate der Hansestädte Hamburg und Bremen, 1989; Schwarzwälder, H., Das große Bremen-Lexikon, 2000; Schulz, A., Vormundschaft und Protektion, 2001; 700 Jahre Bremer Recht 1303–2003, hg. v. Elmhäuser, K. u. a., 2003.

Brende (Reichsritter), Brend. Im frühen 16. Jahrhundert zählten die B. (Brendt, Brenn) zum Kanton Rhön-Werra im Ritterkreis Franken.

L.: Stieber; Riedenauer 122; Rahrbach 30.

Brendel von Homburg (Reichsritter). Im 18. Jahrhundert zählten die B. zum Ritterkreis Rhein, außerdem im späten 16. Jahrhundert zum Kanton Odenwald des Ritterkreises Franken.

L.: Stieber; Roth von Schreckenstein 2, 594; Riedenauer 122.

Brennhausen s. Günther von B.

Brenzgau, Brenzegouwe (Brenzgau)

L.: Polenz, P. v., Landschafts- und Bezirksnamen, 1961, II, 24, Brenzegouwe.

Brescia (Stadtstaat). Das zunächst keltische Brixia am Ausgang des Trompiatales stand seit 218 v. Chr. unter römischem Einfluss. Vom 6. bis 8. Jahrhundert war es Mittelpunkt eines langobardischen Herzogtums. Im 12. Jahrhundert wurde es Mitglied des lombardischen Städtebundes (1120 concio, 1127 consules). Nach häufigem Herrschaftswechsel seit 1258 fiel es 1426 an Venedig, 1797 an die zisalpinische Republik und an das Königreich Italien Frankreichs, 1815 an das Lombardo-Venetianische Königreich Österreichs. Seit 1859 gehörte es zum Königreich Sardinien(-Piemont) bzw. 1861 Italien.

L.: Großer Historischer Weltatlas II 48 (1300) D2; Storia di Brescia, hg. v. Treccani degli Alfieri, G., Bd. 1–4 1961 ff.; Soldi Rondinini, G., Brescia, Lex MA 2 1983, 608 ff.

Breslau (Fürstbistum). Kurz nach 990 wurde in B. an der oberen Oder ein Bistum eingerichtet, das im Jahre 1000 als Suffraganbistum Gnesens erwähnt wird. 1155/1245 umfasste seine Diözese ganz Schlesien (ohne Glatz und Lausitz). Der Bischof gehörte nicht zu den Reichsfürsten und war seit Anfang des 14. Jahrhunderts mit seinen sehr reichen Gütern (1290 Bistum Neiße von Heinrich IV. von Breslau, 1344 Grottkau von den Herzögen von Brieg) von den luxemburgischen Königen von Böhmen abhängig. 1810/1811 wurden die Güter unter der Herrschaft Preußens säkularisiert. S. Polen.

L.: Pfitzner, J., Besiedlungs-, Verfassungs- und Verwaltungsgeschichte des Breslauer Bistumslandes, Bd. 1 1926; Seppelt, F. X., Geschichte des Bistums Breslau, 1929; 950 Jahre Bistum Breslau, 1951; Marschall, W., Geschichte des Bistums Breslau, 1980.

Breslau (Herzogtum). Nach älteren Siedlungsspuren erscheint an einer wichtigen Straßenkreuzung an der oberen Oder im 8./9. Jahrhundert eine slawische Burg, die nach dem slawischen Personennamen Vratislav benannt ist. Kurz nach 990 wird dort ein Bistum eingerichtet. 1214 finden sich deutsche Siedler, 1261 erhält B. (vielleicht zum zweitenmal) deutsches Recht. Bei der Teilung der niederschlesischen Piasten von 1248/1254 erlangte Heinrich III. Breslau, seine Brüder Glogau und Liegnitz. 1280 wurde sein Sohn Heinrich IV. von König Rudolf von Habsburg als Reichsfürst belehnt. 1290 setzte sich nach dem Tod Heinrichs IV. Heinrich V. von Liegnitz durch, musste aber Schweidnitz und Münsterberg an Jauer und Oels an Glogau abgeben. 1311 kam B. bei der Teilung von Liegnitz an Heinrich VI., umfasste aber im wesentlichen nur noch die Städte und Weichbilder B., Neumarkt und Namslau. 1327 übertrug Heinrich VI. es mit Wirkung von 1335 an den König von Böhmen. Zwischen 1346 und 1356 erhielt es auf der Grundlage des Sachsenspiegels ein Landrecht. Von 1469 bis 1490 unterstand es dem König von Ungarn, um danach wieder zu Böhmen zurückzukehren. 1526 fiel es mit Böhmen an Habsburg bzw. Österreich. 1702 erhielt es von dort eine Universität. Das Herzogtum hatte einen Flächeninhalt von 42 Quadratmeilen und war in die Kreise B., Namslau und Neumarkt-Kanth eingeteilt. 1742 kam es an Preußen. Seit 1945 stand B. unter Verwaltung Polens, an das es 1990 als politische Folge der deutschen Wiedervereinigung gelangte.

L.: Wolff 474; Großer Historischer Weltatlas II 66 (1378) J3; Breslauer Urkundenbuch, bearb. v. Korn, G., 1870; Markgraf, H., Geschichte Breslaus in kurzer Übersicht, 2. A. 1913; Stein, R., Der Rat und die Ratsgeschlechter des alten Breslau, 1963; Menzel, J., Breslau, LexMA 2 1983, 610 ff.; Brunzel, K., Breslauer Lebensbilder aus drei Jahrhunderten, 1990; Rabe, C., Alma mater Leopoldina, 1999; Encyklopedia Wroclawia (Enzyklopädie Breslaus), hg. v. Harasimowicz, J., 2000; Quellenbuch zur Geschichte der Universität Breslau 1702 bis 1811, hg. v. Conrads, N., 2002; Eschenloer, P., Geschichte der Stadt Breslau, 2003; Thum, G., Die fremde Stadt, 2003.

Brettachgau, Bretahgouwe (Breitahagewe, ‚Brettachgau')

L.: Polenz, P. v., Landschafts- und Bezirksnamen, 1961, II, 24, 26, Bretahgouwe.

Bretten (Grafschaft). B. bei Karlsruhe wird 766 erstmals erwähnt. Es wurde Vorort der 1109–1161/1254? nachgewiesenen Grafschaft B. (Bretteheim). B. wurde 1219 von den Grafen von Eberstein erworben, 1330 an Baden und 1339 von Baden an die Pfalzgrafen bei Rhein (Pfalz) verpfändet. 1803 kam es an Baden und damit 1951/1952 zu Baden-Württemberg.

L.: Wolff 90; Groll, R., Grundzüge der Geschichte Brettens bis 1689, Brettener Jb. f. Kultur und Geschichte 1956; Urkunden, Rechtsquellen und Chroniken zur Geschichte der Stadt Bretten, hg. v. d. Stadt Bretten, 1967; Schäfer, A., Geschichte der Stadt Bretten, Oberrheinische Studien 4 (1977), 52 ff.; Schaab, M., Bretten, LexMA 2 1983, 635; Escher, M. u. a., Die urbanen Zentren, 2005, 2, 91.

Bretzenheim (Herrschaft, Grafen, Reichsritterschaft, Fürsten). Die Reichsherrschaft B. mit Winzenheim an der unteren Nahe war kölnisches Lehen der Grafen von Daun (Dhaun) und Falkenstein, von denen sie 1662 Graf Alexander von Velen/Vehlen erwarb. Er erhielt 1664 von Kaiser Leopold I. die Reichsunmittelbarkeit. B. wurde Mitglied des westfälischen Reichsgrafenkollegiums. 1733 nach dem Aussterben der Grafen zog das Erzstift Köln das Lehen ein, gab es aber 1734 an den Grafen von Virmond/Virmont und 1747 an den Freiherrn von Roll (zu Bernau). 1772/1773 wurde B. von Kurfürst Karl Theodor von Pfalz-Bayern (Pfalz/Bayern) für seinen nichtehelichen, von der Schauspielerin Seyffert (später Gräfin Heideck) geborenen Sohn Karl August erworben, der sich seitdem Graf von B. nannte. Dazu kamen weitere zusammengekaufte kleinere Herrschaften an der unteren Nahe. Mit der halben Ganerbschaft Burglayen (Burg Layen), dem 1786 von den Freiherren von Dalberg zu Herrnsheim gekauften Mandel und drei Vierteln Rümmelsheim zählten die Grafen zum Kanton Niederrheinstrom des Ritterkreises Rhein, mit dem 1791 von der Abtei Sankt Jakobsberg bei Mainz erlangten Planig zum Kanton Oberrheinstrom des Ritterkreises Rhein. 1790 erhielt der Graf von B. von Joseph II. den Fürstentitel verliehen. Das Fürstentum gehörte zum oberrheinischen Reichskreis und zum westfälischen Reichsgrafenkollegium. 1801 fiel B. mit 1,5 Quadratmeilen und 3000 Einwohnern an Frankreich. 1802/1803 erhielt der Fürst durch § 22 des Reichsdeputationshauptschlusses vom 25. 2. 1803 für B. und Winzenheim die Reichsstadt Lindau und das gefürstete Damenstift Lindau. Sie vertauschte er 1804 gegen ungarische Güter um Regez an Österreich, das Lindau 1805 an Bayern verlor. B. kam 1815/1816 zu Preußen und 1946 zu Rheinland-Pfalz.

L.: Wolff 288 f.; Wallner 699 OberrheinRK 49; Winkelmann-Holzapfel 143; Klein 190; Bechtolsheimer, H. u. a., Beiträge zur rheinhessischen Geschichte, 1916.

Breuberg (Herrschaft). B. an der unteren Mümling wurde im 12. Jahrhundert als Vogteiburg der Abtei Fulda gegründet. Vögte waren bis 1323 die im späten 12. Jahrhundert erscheinenden, dem Stande nach reichsministerialischen Herren von B. Bei ihrem Aussterben 1323 folgten allmählich die Grafen von Wertheim, die 1497 die Alleinherrschaft bei fuldischer Lehnshoheit erreichten. Bei ihrem Aussterben 1556 fiel das Erbe mit den drei Zentren Höchst, Lützelbach und Kirch-Brombach (Kirchbromberg) und dem Gericht Neustadt je zur Hälfte an die Grafen von Erbach und von Stolberg-Königstein bzw. Anfang des 17. Jahrhunderts die Grafen von Löwenstein. Das nur in den Nutzungen geteilte Kondominium, aus dem 1790 die Grafen von Löwenstein-Wertheim-Virneburg zum fränkischen Kreis steuerten, kam 1806 an das Großherzogtum Hessen-Darmstadt und damit 1945 zu Hessen.

L.: Wolff 121, 123; Wallner 692 FränkRK 10 f.; Hölzle, Beiwort 50; Weber, H./Röder, A., Burg Breuberg, 1951; Wackerfuß, W., Kultur-, Wirtschafts- und Sozialgeschichte des Odenwaldes, 1991.

Breuning von Buchenbach (Reichsritter). Wegen des 1587 erworbenen, 1659 abgegebenen Gutes Buchenbach zählten die B. von 1592 bis 1668 zum Kanton Kocher des Ritterkreises Schwaben.

L.: Schulz 259.

Brieg (Fürstentum), poln. Brzeg. Das seit Anfang des 13. Jahrhunderts erkennbare B. erhielt um 1247 Neumarkter Recht. 1311 entstand durch Erbteilung im Herzogtum Liegnitz das Herzogtum B. Es kam 1329 unter die Lehnshoheit Böhmens. 1344 wurde Grottkau an das Erzstift Breslau verkauft. Seit 1669 war B. mit Liegnitz und Wohlau vereinigt. 1675 fiel es nach dem Aussterben der Herzöge von Liegnitz an Habsburg bzw. Österreich. 1742 kam es an Preußen. Das Gebiet des Fürstentums umfasste 46 Quadratmeilen und war in die Kreise B., Ohlau, Strehlen, Nimptsch und Kreuzburg-Pitschen geteilt. Seit 1945 stand B. unter Verwaltung Polens, an das es 1990 als politische Folge der deutschen Wiedervereinigung gelangte.

L.: Wolff 475 f.; Großer Historischer Weltatlas II 66 (1378) J3; Schönborn, H., Geschichte der Stadt und des Fürstentums Brieg, 1907; Irrgang, W., Neuere Geschichte der Stadt Brieg 1740–1980, 1980; Gieysztor, A., Brieg, LexMA 2 1983, 683 f.

Brinck (Reichsritter). In der ersten Hälfte des 18. Jahrhunderts zählten die B. zum Kanton Rhön-Werra des Ritterkreises Franken.

L.: Stieber; Riedenauer 122.

Brisich (Herrschaft), Breisig. 1801 gehörte die Herrschaft B. durch das Herzogtum Jülich zum niederrheinisch-westfälischen Reichskreis. S. Preußen, Rheinland-Pfalz.

L.: Wolff 322; Wallner 701 WestfälRK 2.

Brisihgouwe s. Breisgau

L.: Polenz, P. v., Landschafts- und Bezirksnamen, 1961, 288.

Brixen (Hochstift). Seit 559/575 ist ein Bischof von Säben für das Eisacktal nördlich von Klausen, das Pustertal, das Wipptal und das Inntal vom Reschen bis zum Ziller nachgewiesen, der 798 dem Erzbischof von Salzburg unterstellt wurde. Er erhielt 892 von Kaiser Arnulf den Reichsforst Pustertal und 901 von König Ludwig dem Kind den Hof Prichsna (B., 828 locus Pressene), an den seit etwa 960 der Sitz des Bistums verlegt wurde. Unter den Ottonen erlangten die Bischöfe den später wieder verlorenen Hof Villach und die Herrschaft Bled (Veldes) in Krain. Konrad II. übertrug 1027 die Grafschaftsrechte im Eisacktal und Inntal (Norital, Unterinntal), Heinrich IV. 1091 die Grafschaft Pustertal. Landesherrliche Gewalt entwickelten die Bischöfe in und um B., im Pustertal sowie um Veldes, während im übrigen Bistum die Hochstiftsvögte die Herrschaft ausübten (Grafen von Morit, dann die Grafen von Andechs, um 1210 die Grafen von Tirol). Mit der Übergabe Tirols an Habsburg (1363) verlor das Bistum gegenüber dem Tiroler Landesfürsten an Bedeutung (seit 1363 Tirol „konföderiert") und behielt nur wenige Güter um Brixen und Bruneck. Das Pustertal kam über Bayern, Tirol und Görz 1500 an Österreich. 1803 wurde das 17 Quadratmeilen große Hochstift mit 30 000 Einwohnern säkularisiert, Österreich einverleibt und zu Tirol geschlagen. 1919 wurde B. mit Südtirol an Italien angeschlossen.

L.: Wolff 48; Zeumer 552 II a 20; Wallner 714 ÖsterreichRK 3; Großer Historischer Weltatlas II 66 (1378) F5, II 78 (1450) G4, III 22 (1648) E5, III 38 (1789) D4; Die Territorien des Reichs 1, 86; Sinnacher, F. A., Beyträge zur Geschichte der bischöflichen Kirche Säben und Brixen, Bd. 1–9 1821 ff.; Tinkhauser, G., Topographisch-historisch-statistische Beschreibung der Diözese Brixen, Bd. 1 ff. 1861 ff.; Redlich, O., Die Traditionsbücher des Hochstifts Brixen, 1888; Huter, F., Säben, Ursprung der bischöflichen Kirche Brixen. Der Schlern 51 (1927), 6 ff.; Santifaller, L., Die Urkunden der Brixner Hochstiftsarchive 845–1295, 1929; Granichstädten-Czerva, R., Brixen. Reichsfürstentum und Hofstaat, 1948; Hochholzer, H., Das geschichtliche Raumgefüge der Kulturlandschaft Oberitaliens, 1956; Sparber, A., Kirchengeschichte Tirols, 1957; Rinaudo, C., Atlante storico, 1959; Sparber, A., Die Brixner Fürstbischöfe im Mittelalter, 1968; Dörrer, F., Der Tiroler Anteil des Erzbistums Salzburg, 1969; Riedmann, J., Brixen, LexMA 2 1983, 704 f.; Riedmann, J., Geschichte Tirols, 2. A. 1988; Riedmann, J., Säben-Brixen als bairisches Bistum, 1992; Brixen, hg. v. Fuchs, B. u. a., 2004.

Brocckingeland (friesisch)

L.: Polenz, P. v., Landschafts- und Bezirksnamen, 1961, III, 10, Brocckingeland.

Brochenzell (Herrschaft). 861 ist die Zelle Eigelsweiler am Bodensee erstmals bezeugt. Vor 1274 kam die zugehörige, seit 1274 B. (gebrochene Zelle) benannte Herrschaft mit 8 Weilern an die Grafen von Heiligenberg, dann an die Grafen von Werdenberg, vor 1439 an die Grafen von Montfort und von diesen an die Familie Humpiß von Ravensburg. 1721 wurde die seit 1400 als Reichslehen geltende Herrschaft vom Kloster Weingarten erworben und kam 1803 an Nassau-Oranien, 1804 an Österreich und 1805 an Württemberg und damit B. 1951/1952 zu Baden-Württemberg.

L.: Wolff 182; Wallner 686 SchwäbRK 20; Der Kreis Tettnang, 1969.

Brockdorff (Reichsgrafen). Die Familie B. ist seit 1220 als holsteinisches Adelsgeschlecht nachweisbar. Eine (fränkische) Linie wurde 1706 in den Reichsgrafenstand erhoben. Wegen Unterleiterbach (Unterlettenbach) zählten die B. zum Kanton Gebirg des Ritterkreises Franken. Außerdem erscheinen sie seit der zweiten Hälfte des 17. Jahrhunderts im Kanton Baunach.

L.: Stieber; Riedenauer 122.

Broglie (Reichsfürst). 1759 wurde der General Victor François de B. zum Reichsfürsten erhoben.

L.: Klein 172.

Broich (Herren, freie Herrschaft). 1093 erscheinen erstmals Herren/Grafen von B., die sich nach der vielleicht in der zweiten Hälfte des neunten Jahrhunderts gegründeten Burg B. bei Mülheim nennen. Beim Aussterben ihrer Linie 1372 gingen ihre Güter an die Grafen von Limburg über. Landesherren wurden die Grafen und Herzöge von Berg, die 1377 Schloss B. in ihre Lehnsabhängigkeit brachten. Seit Ende des 14. Jahrhunderts mussten die Herzöge von Berg das Kirchspiel Mülheim an die Herzöge von Kleve und danach an das Erzstift Köln verpfänden. Köln gab seinen Pfandbesitz an Wilhelm II. von Limburg-Broich weiter. Da die Verpfändung nicht mehr eingelöst wurde, erlangten die Inhaber von Schloss B. im Kirchspiel Mülheim eine nahezu landesherrschaftliche Stellung. Die Burg B. blieb bis 1508 bei den Grafen von Limburg-Broich. Ihnen folgten die Grafen von Daun-Falkenstein und 1605 die Grafen von Leiningen-Dagsburg, die den Schutz Bergs anerkennen mussten. Seit 1766 stand die Unterherrschaft B. unter Verwaltung Hessen-Darmstadts. 1806 wurde sie dem Großherzogtum Berg eingegliedert. 1815 kam B. an Preußen, 1946 an Nordrhein-Westfalen.

L.: Wolff 324; Wallner 701 WestfälRK 2; Redlich, O. R., Mülheim an der Ruhr. Seine Geschichte von den Anfängen bis zum Übergang an Preußen 1815, 1939; Binding, G., Die spätkarolingische Burg Broich in Mülheim an der Ruhr, 1968; Binding, G., Broich, LexMA 2 1983, 710 f.; Keller, C., Die bergische Unterherrschaft Broich, Diss. Bonn 2003.

Brokmonnaland (friesisch)

L.: Polenz, P. v., Landschafts- und Bezirksnamen, 1961, II, 49, Brokmonnaland.

Brömbsen (Reichsritter). Vielleicht zählten die B. zum Kanton Steigerwald des Ritterkreises Franken. S. Brömser von Rüdesheim.

L.: Riedenauer 122.

Brömser von Rüdesheim (Reichsritter). Im 18. Jahrhundert zählten die B. zum Ritterkreis Rhein. Außerdem waren sie Mitglied des Kantons Steigerwald des Ritterkreises Franken. S. Brömbsen.

L.: Roth von Schreckenstein 2, 594; Zimmermann 77; Bechtolsheim 14.

Bronckhorst (Herren), Bronkhorst. Die Herren von B. erscheinen in der Reichsmatrikel von 1521.

L.: Reichsmatrikel 1521; Wolff 68.

Bronkhorst (Herren) s. Bronckhorst

Bronnbach (Abtei), (Reichsritterschaft). Um 1790 gehörte die um 1151 von Edelfreien an der unteren Tauber gestiftete, seit 1656 vom Erzstift Mainz und dem Hochstift Würzburg als terra nullius betrachtete Abtei B. wegen Rütschdorf zum Kanton Odenwald des Ritterkreises Franken. 1802 kam das Kloster mit Reichholzheim und Dörlesberg an Löwenstein-Wertheim-Rosenberg, 1806 an Baden. B. gelangte 1951/1952 zu Baden-Württemberg.

L.: Wolff 101; Winkelmann-Holzapfel 143; Riedenauer 128; Scherg, L., Die Zisterzienserabtei Bronnbach im Mittelalter, 1976; Ehmer, H., Das Kloster Bronnbach im Zeitalter der Reformation, Württemberg. Franken 72 (1988).

Bronnen (Herrschaft). Das 1295 durch Umwandlung aus einem Dominikanerfrauenkloster entstandene Benediktinerfrauenpriorat Mariaberg erwarb 1706 endgültig die Herrschaft B. bei Gammertingen zwischen Reutlingen und Sigmaringen. Später kam B. an Württemberg und damit 1951/1952 zu Baden-Württemberg.

L.: Hölzle, Beiwort 81.

Bronnen (reichsritterschaftliche Herrschaft). B. zählte zum Kanton Kocher und kam an Ellwangen und damit über Württemberg (1802/1803) 1951/1952 zu Baden-Württemberg.

Bronsart, Bronstardt (Reichsritter). Zwischen etwa 1550 und etwa 1750 zählten die B. zum Kanton Steigerwald (etwa 1650–1680), zum Kanton Baunach (Ende 17. Jahrhundert) und zum Kanton Rhön-Werra des Ritterkreises Franken.

L.: Stieber; Seyler 356 (Bronstardt); Bechtolsheim 14; Riedenauer 122.

Bronstardt (Reichsritter) s. Bronsart

Bruchhausen (Grafschaft). Im 12. Jahrhundert erscheinen Grafen von B. zwischen Nienburg und Verden. Als sie um 1220 ausstarben, kam die vom Erzstift Bremen zu Lehen gehende Grafschaft an die Grafen von Oldenburg, welche die Grafschaft 1259 teilten. Die Linie Altbruchhausen brachte ihren Anteil 1326 über die Erbtochter an die Grafen von Tecklenburg, die ihn an die Grafen von Hoya verkauften. Die Linie Neubruchhausen verkaufte ihren Anteil 1384 für 2000 Mark ebenfalls an die Grafen von Hoya. Innerhalb Hoyas kam B. zur Niedergrafschaft. Beim Aussterben der Grafen Hoya fiel Bruchhausen an Braunschweig-Lüneburg (Braunschweig-Celle). 1946 gelangte B. zu Niedersachsen.

L.: Wolff 355; Wallner 702 WestfälRK 8; Wallner 704 WestfälRK 31; Oncken, H., Die ältesten Lehnsregister der Grafen von Oldenburg und Oldenburg-Bruchhausen, 1893; Die Grafschaften Bruchhausen, Diepholz, Hoya und Wölpe, 2000.

Bruchsal s. Odenheim, Odenheim und Bruchsal

L.: Escher, M. u. a., Die urbanen Zentren, 2005, 2, 96.

Bruggen (Reichsritter). Vom 17. Jahrhundert bis 1806 zählten die B. mit dem Rittergut

Schernau zum Kanton Steigerwald des Ritterkreises Franken.

L.: Bechtolsheim 16; Riedenauer 122.

Brühl (Reichsgrafen). Die Familie B. ist seit 1344 als thüringisches Adelsgeschlecht bezeugt. Sie wurde 1737/1738 in den Reichsgrafenstand erhoben.

Brumath s. Zuckmantel von B.

L.: Escher, M., u. a., Die urbanen Zentren, 2005, 2, 104.

Brunengeruuz

L.: Curs, O. Deutschlands Gaue im zehnten Jahrhundert. Nach den Königsurkunden, Diss. phil. Göttingen 1908, 4; Polenz, P. v., Landschafts- und Bezirksnamen, 1961, IV, 19, Brunengeruuz, Brunengurt.

Brünn (Reichsstadt). B. (alttschechisch brn, Ton, Lehm) an der Mündung der Zittawa in die Schwarzawa wird 1091 erstmals erwähnt. Die Burg war Vorort eines mährischen Teilfürstentums bzw. Mährens. 1243 erhielt B. eigenes Recht. Unter Rudolf von Habsburg wurde es zur Reichsstadt erhoben, doch hat sich dies faktisch nicht ausgewirkt. S. Tschechoslowakei.

L.: Wolff 467; Rössler, E. F., Die Stadtrechte von Brünn aus dem 13. und 14. Jahrhundert, 1852, Neudruck 1963; Bretholz, B., Geschichte der Stadt Brünn, Bd. 1 1911; Hlavacek, I., Brünn, LexMA 2 1983, 762 ff.

Brunonen s. Braunschweig-Lüneburg, Meißen, Welfen, weitere Güter in Friesland, Greding, Kloster Homburg

L.: Brüsch, T., Die Brunonen, 2000.

Bubenheim s. Specht von B.

Bubenhofen (Reichsritter, Personalist). Die B., die bereits 1488 Mitglied der Rittergesellschaft St. Jörgenschild, Teil am Neckar, waren, zählten seit 1548 mit den Rittergütern Leinstetten und Bettenhausen sowie der Burg Lichtenfels zum Kanton Neckar des Ritterkreises Schwaben. Nach dem Verkauf dieser Güter im Jahre 1784 an die Frank (Franck) gehörte Johann Wilhelm von B. dem Kanton bis 1805 als Personalist an. Die Familie war auch mit dem 1575 erworbenen Kleinsüßen, dem 1621 erworbenen Winzingen und dem 1789 an die Rechberg verkauften Gut Mösselhof im Kanton Kocher immatrikuliert. Die Familie hatte außerdem Ramsberg (1550–1682), Krummwälden (1550–1805), Steinbach (1653–1666) und Großeisingen (1744–1765).

L.: Roth von Schreckenstein 2, 592; Hölzle, Beiwort 61; Hellstern 201 f.; Kollmer 369, 375; Schulz 259.

Buchau (Reichsstadt), Bad Buchau. Bei dem um 770 gegründeten Damenstift B. entstand im 10. Jahrhundert eine 1014/1022 bezeugte Siedlung. Sie erhielt im 13. Jahrhundert Stadtrecht und erlangte vermutlich am Ende des 13. Jahrhunderts Unabhängigkeit vom Stift. 1320 wurde sie unter den Reichsstädten genannt. 1524 erwarb diese kleinste der oberschwäbischen Reichsstädte das Ammannamt. Die Ausbildung eines eigenen Herrschaftsgebietes gelang ihr nicht. 1802/1803 kam sie, etwa 0,3 Quadratmeilen groß, an Thurn und Taxis und wurde mit dem Reichsstift B. zu einem Oberamt zusammengeschlossen, das 1806 an Württemberg fiel. 1951/1952 kam B. zu Baden-Württemberg.

L.: Wolff 225; Zeumer 555 III b 36; Wallner 690 SchwäbRK 93; Schroeder 440 ff.; Schöttle, J. E., Geschichte von Stadt und Stift Buchau, 1884; Beschreibung des Oberamtes Riedlingen, 2. A. 1928; Baumann, T., Buchau am Federsee, 1955.

Buchau (Reichsstift). Um 770 gründete eine fränkische (?) Adlige (Adelinde, Gemahlin Graf Warins) auf einer Insel im Federsee das Damenstift B. 819 erhielt es von Kaiser Ludwig dem Frommen Güter. 857 war es Eigenkloster Ludwigs des Deutschen, der es seiner Tochter Irmengard übertrug. 902 wurde es durch Adelindis, der Tochter des Grafen des Eritgau, neu gegründet. Es galt im Spätmittelalter als reichsunmittelbar. Seit 1347 hatte die Äbtissin fürstlichen Rang. Seit 1264 hatte B. niemals mehr als 10 Stiftsdamen. Das vor 1415 in ein Säkularstift umgewandelte Kloster erwarb durch Erweiterung seines Stiftungsgutes und nach 1625 durch Heimfall der Lehnsherrschaft Straßberg ein kleines Herrschaftsgebiet, zu dem Dürnau und Kappel, Kanzach, Betzenweiler, Streitberg, die Herrschaft Oggelsbeuren, das Amt Bierstetten, Moosburg und einige Ämter zu Mengen und Saulgau gehörten. Nach 1648 wurde es geschwächt. Es hatte Sitz auf dem Reichstag und dem schwäbischen Kreistag. 1803 fiel es, 2 Quadratmeilen groß, an Thurn und Taxis und wurde unter seiner Auflösung mit der Reichsstadt B. zu einem Oberamt zusammengeschlossen, das 1806 an Württemberg und damit 1951/1952 zu Baden-Württemberg kam. Straßberg gelangte an Hohenzollern-Sigmaringen und damit über Württemberg-Hohenzollern 1951/1952 zu Baden-Württemberg.

L.: Wolff 169; Zeumer 553 II a 37, 11, II b 61, 2; Wallner 688 SchwäbRK 53; Großer Historischer Weltatlas II 66 (1378) E4, III 38 (1789) C3; Schöttle, J. E., Geschichte von Stadt und Stift Buchau, 1884; Erzberger, M., Die Säkularisation in Württemberg 1802–1810, 1902; Beschreibung des Oberamtes Riedlingen, 2. A. 1928; Hölzle, E., Der deutsche Südwesten am Ende des alten Reiches, 1938; Baumann, T., Buchau am Federsee, 1955; Theil, B., Das Damenstift Buchau am Federsee zwischen Kirche und Reich im 17. und 18. Jahrhundert, Bll. f. dt. LG. 125 (1989), 189 ff.; Theil, B., Das (freiweltliche) Damenstift Buchau, 1994.

Buchau (ritterschaftliche Herrschaft). B. am oberen Main zählte zum Kanton Gebirg des Ritterkreises Franken und fiel später an Bayern.

L.: Wolff 512.

Buchenau (reichsritterschaftliche Herrschaft). Die B. zählten seit dem 16. Jahrhundert (um 1790 mit B. nördlich von Hünfeld, Bodes, Branders, Erdmannsrode, Fischbach, Giesenhain, Schwarzenborn und Soislieden) zum Kanton Rhön-Werra des Ritterkreises Franken sowie um 1750 zum Kanton Odenwald.

L.: Stieber; Seyler 356 f.; Wolff 513; Winkelmann-Holzapfel 143 f.; Riedenauer 122; Rahrbach 31.

Buchenbach s. Breitschwerdt von (und zu) B., Breuning von B.

Büchenbach (Buochinebach südwestlich Erlangens oder südlich Fürths)

L.: Curs, O. Deutschlands Gaue im zehnten Jahrhundert. Nach den Königsurkunden, Diss. phil. Göttingen 1908, 4 (Büchenbach).

Buchengau (Pochonia, Gau um Fulda)

L.: Curs, O. Deutschlands Gaue im zehnten Jahrhundert. Nach den Königsurkunden, Diss. phil. Göttingen 1908, 4 (Fulda); Polenz, P. v., Landschafts- und Bezirksnamen, 1961, I, 12, II, 22, 74, 76, Buohhunna, Buchonia, Boconia, Gebietsname.

Buches von Wasserlos, Buchs von Wasserlos (Reichsritter). Um 1550 zählten die B. zum Kanton Odenwald des Ritterkreises Franken.

L.: Stetten 32; Riedenauer 122.

Buchholz, Bucholtz (Reichsritter). Im späten 17. Jahrhundert zählten die B. zum Kanton Rhön-Werra des Ritterkreises Franken. Von 1592 bis 1629 waren sie wegen Helfenberg Mitglied im Kanton Kocher des Ritterkreises Schwaben.

L.: Stieber; Seyler 357; Riedenauer 122; Schulz 259.

Buchhorn (Reichsstadt) (seit 1811 Friedrichshafen). B. am Bodensee wird erstmals 838 erwähnt. Seit 1032/1040 erscheinen als Zweig der sog. Udalrichinger Grafen von B. Nach ihrem Aussterben 1089 fielen ihre Güter an die Welfen, 1189/1191 an die Staufer. Der von diesen zur Stadt ausgebaute Ort wird 1241 im Reichssteuerverzeichnis genannt und ist am Ende der staufischen Herrschaft in der Mitte des 13. Jahrhunderts Reichsstadt (nach 1254, 1275/1299). Rudolf von Habsburg verpfändete diese an die Grafen von Werdenberg, doch konnte B. nach 1323 die Reichsfreiheit wieder erlangen. 1472 erwarb B. vom Hochstift Konstanz die Herrschaft Baumgarten-Eriskirch. 1802/1803 fiel B. mit rund 40 Quadratkilometern und etwa 1800 Einwohnern an Bayern, 1810 an Württemberg. 1811 entstand aus der Vereinigung von B. und Hofen das nach König Friedrich von Württemberg benannte Friedrichshafen, das 1951/1952 zu Baden-Württemberg kam.

L.: Wolff 224; Zeumer 555 III b 34; Wallner 690 SchwäbRK 90; Großer Historischer Weltatlas III 22 (1648) D5; Schroeder 226 ff.; Knapp, E., Die älteste Buchhorner Urkunde, Württ. Vjh. für Landesgesch. 19 (1910), 155 ff.; Müller, K. O., Die oberschwäbischen Reichsstädte, 1912, 216 ff.; Oberamtsbeschreibung Tettnang, 1915; Hutter, O., Buchhorn-Friedrichshafen, 1939; Messerschmid, M., Buchhorn unter bayerischer Verwaltung, Schr. d. Vereins f. Gesch. des Bodensees und seiner Umgebung 80 (1962), 52 ff.; Der Kreis Tettnang und die Stadt Friedrichshafen, hg. v. Theiss, K./Baumhauer, M., 1969; Schmid, K., Buchhorn, LexMA 2 1983, 836.

Bucholt von Eschbach s. Bernhold

Bucholtz s. Buchholz

Bucki

L.: Polenz, P. v., Landschafts- und Bezirksnamen, 1961, II, 70, 72, 76, 95 f., III, 32, Bucki.

Büdingen (Herren, Grafen). In B. bestanden in fränkischer Zeit ein Königshof und danach im 12. Jahrhundert (1180/1190) eine Wasserburg der erstmals 1131 als Verwalter des mehr als 10 000 Hektar umfassenden Reichswaldes zwischen Kinzig, Salz, Nidder und dem ehemaligen Limes genannten Familie der edelfreien Herren von B. In der Mitte des 13. Jahrhunderts (um 1245)/1327 ging es nach dem Aussterben der Herren von B. an die vielleicht stammesgleichen Grafen von Isenburg über, die bis 1376 den gesamten Reichswald, 1377 Wächtersbach, 1420/1433 aus der Erbschaft der Falkensteiner unter anderem die Hälfte von Offenbach erhielten, die Burg Birstein und die Vogtei Reichenbach von Fulda kauften und 1442 den Reichsgrafentitel erlangten.

1517/1521 wurde das geschlossene isenburgische Territorium vom Vogelsberg bis über den Main geteilt. B. war von 1517 bis 1806 mit Unterbrechungen Sitz der Linie Isenburg-Büdingen. 1648 erfolgte dabei erneut eine Aufteilung in die Linien Birstein (Isenburg-Birstein) und B. (Isenburg-Büdingen) B. (Isenburg-Büdingen) teilte sich 1687 in B. (Isenburg-Büdingen-Büdingen) (bis 1941), Wächtersbach (Isenburg-Büdingen-Wächtersbach), Meerholz (Isenburg-Büdingen-Meerholz) (bis 1929) und Marienborn (Isenburg-Marienborn) (bis 1725). 1806 fiel es an Isenburg-Birstein (Isenburg-Offenbach-Birstein), das 1812 den Büdinger Reichswald allodifizierte, 1816 an Hessen-Darmstadt. 1945 kam B. zu Hessen. S. Isenburg-Büdingen (Isenburg-Büdingen-Büdingen), Isenburg-Büdingen-Meerholz, Isenburg-Büdingen-Wächtersbach.

L.: Wolff 277; Simon, H., Geschichte des reichsständischen Hauses Ysenburg und Büdingen, Bd. 1–3 1864 ff.; Nieß, P., Büdingen, 1951; Philippi, H., Territorialgeschichte der Grafschaft Büdingen, 1954; Demandt, K. E., Die Herren von Büdingen und das Reich in staufischer Zeit, Hess. Jb. f. LG. 5 (1955), 49; Kreis Büdingen. Wesen und Werden, 1956; Fahlbusch, F., Büdingen, LexMA 2 1983, 904; Bilder erzählen aus der Vergangenheit, hg. v. Heuson, H., 1988.

Budissin s. Bautzen

L.: Großer Historischer Weltatlas II 66 (1378) G/H3.

Bühl (Herrlichkeit). Die Herrlichkeit Gahlen und B. an der Lippe östlich von Wesel gehörte zum Herzogtum Kleve (weselscher landrätlicher Kreis). S. Nordrhein-Westfalen.

L.: Wolff 317.

Buhsgouwe

L.: Polenz, P. v., Landschafts- und Bezirksnamen, 1961, II, 30, Buhsgouwe.

Buirette von Oehlefeld (Oelefeld) (Reichsritter). Um 1800 zählten die B. zum Kanton Gebirg des Ritterkreises Franken.

L.: Riedenauer 122.

Bukowina (österreichisches Kronland). Das östlich von Siebenbürgen am Osthang der Karpaten gelegene, 1482 erstmals B. (Buchenland) genannte Gebiet gehörte seit dem 14. Jahrhundert zu dem späteren türkischen Vasallenfürstentum Moldau. 1769 wurde es von Russland erobert, 1774 von Österreich besetzt. Am 7. 5. 1775 wurde es mit 190 Quadratmeilen und 79 000 meist rumänischen Einwohnern von der Türkei an Österreich abgetreten. Am 1. 11. 1786 wurde die B. mit Galizien vereinigt. 1849 wurde sie eigenes Kronland. 1874/1875 wurde die deutsche Universität Czernowitz gegründet. Um 1900 lebten in der B. rund 85 000 Deutsche, 13 000 Deutschstämmige, 300 000 Rumänen, 300 000 Ruthenen, 130 000 Juden und 36 000 Polen. 1919 fiel die B. an Rumänien, 1940 der Norden mit Czernowitz an die Sowjetunion.

L.: Bidermann, H. J., Geschichte der Bukowina unter österreichischer Verwaltung 1775–1875, 1875; Kaindl, R. F., Geschichte der Bukowina, Bd. 1–3 2. A. 1896 f.; 150 Jahre Deutschtum in der Bukowina, hg. v. Lang, F., 1961; Turczynski, E., Geschichte der Bukowina in der Neuzeit, 1993; Galizien, Bukowina, Moldau, hg. v. Glassl, H., 1994; Röskau-Rydel, I., Galizien, Bukowina, Moldau 1999; Hausleitner, M., Die Rumänisierung der Bukowina, 2001.

Bulach, Bullach s. Zorn von B.

Bünau (Reichsritter). Im späten 16. Jahrhundert und im 18. Jahrhundert zählten die B. zum Kanton Gebirg im Ritterkreis Franken.

L.: Stieber; Riedenauer 122.

Bundenbach (Herrschaft). 1801 gehörte die Herrschaft B. bei Birkenfeld über Pfalz-Zweibrücken zum oberrheinischen Reichskreis. 1816 kam sie an Bayern, und 1946 B. zu Rheinland-Pfalz.

L.: Wolff 249; Wallner 695 OberrheinRK 3.

Bundorf (Reichsritter). Im frühen 16. Jahrhundert zählten die B. zum Kanton Baunach des Ritterkreises Franken.

L.: Riedenauer 122.

Burdian (Reichsritter). Im 16. Jahrhundert zählten die B. zum Kanton Baunach im Ritterkreis Franken.

L.: Stieber; Riedenauer 122.

Büren (Herrschaft). Seit dem 12. Jahrhundert sind Edelherren von B. bei Paderborn bezeugt. Ihre um die Burg gelegene Herrschaft kam im 14. Jahrhundert (1355) zu zwei Dritteln, 1660 auch im übrigen an das Hochstift Paderborn. 1802/1815 fiel B. an Preußen, 1946 an Nordrhein-Westfalen.

L.: Wolff 326; Wallner 702 WestfälRK 6; Heimatbuch des Kreises Büren, hg. v. Schnettler, W./Pagendarm, P., 1930; Oberschelp, R., Die Edelherren von Büren, 1963; Schmidt, A., Der Kreis Büren in Westfalen, in: Ber. z. dt. Landeskunde 32 (1964), 44; 150 Jahre Landkreis Büren, bearb. v. Pohlmeier, H., 1966; Schoppmeyer, H., Büren im Mittelalter, Westfäl. Zs. 138 (1988); Escher, M. u. a., Die urbanen Zentren, 2005, 2, 106.

Burg s. Ebinger von der B.

Burgau (Markgrafschaft). Im Gebiet zwischen Donau, Lech, Wertach, Schwabegg und Leipheim-Weißenhorn sind im 12. Jahrhundert die mit den Staufern verwandten Grafen von Berg (ab 1132/1160) begütert. Sie übernahmen nach dem Aussterben der Markgrafen von Ronsberg 1212/1213 deren Titel und übertrugen ihn auf den 1147 erstmals erwähnten B. Nach dem Erlöschen des burgauischen Zweiges der Grafen von Berg zog König Albrecht I. 1301 die aus Adels- und Reichsgut locker zusammengefügte Markgrafschaft 1301 als Reichslehen ein. Danach gelangte B. an Habsburg, das vor allem in den Orten B., Günzburg, Scheppach und Hochwang grundherrliche und niedergerichtliche Rechte, im übrigen Geleit, Zoll, Forst und Hochgericht hatte. Im 14. und 15. Jahrhundert war B. an die Westernach, Ellerbach und Knöringen, 1450 an Bayern-Landshut, 1485 an das Hochstift Augsburg und von 1486 bis 1492 an Bayern verpfändet. 1492 löste König Maximilian den B. mit Hilfe der Fugger, der Reichsstädte Augsburg und Ulm sowie der „Insassen" aus. Von 1498 bis 1559 war der B. an Augsburg verpfändet. Zwischen 1564 und 1665 war er der Tiroler Nebenlinie des Hauses Habsburg zugeordnet, kam dann aber an die Hauptlinie. Der Landvogt residierte in Günzburg. 1805 trat Österreich den B. an Bayern ab.

L.: Wolff 42; Wallner 713 ÖsterreichRK 1; Großer Historischer Weltatlas II 66 (1378) F4; Sartori, J. v., Staatsgeschichte der Markgrafschaft Burgau, 1788; Kolleffel, J. L., Schwäbische Städte und Dörfer um 1750. Geographische und topographische Beschreibung der Markgrafschaft Burgau 1749–1753, hg. v. Pfand, R., 1976–1978; Nebinger, G., Entstehung und Entwicklung der Markgrafschaft Burgau, in: Vorderösterreich. Eine geschichtliche Landeskunde, hg. v. Metz, 3. A. 1978, 753 ff.; Schulz, A., Burgau. Das Bild einer schwäbischen Stadt, 1983; Wüst, W., Die Markgrafschaft Burgau, 1988, in: Heimatverein für den Landkreis Augsburg, Jber. 1985/1986.

Burgberg (Herrschaft). Die Burg Berg über der Hürbe wird 1209 erstmals erwähnt. Wohl um 1270 kam die Burg zur Hälfte von den Rittern von Berg an die Grafen von Helfenstein, die ihre Lehnsrechte 1328 an Oettingen vertauschten. Die andere Hälfte war Allod derer von Böbingen, die 1339 das Ganze von Oettingen zu Lehen nahmen. Über die Familien Fetzer (Vetzer), von Stein und Gräter kam die inzwischen verfallene Burg 1442 durch Kauf an die Leimberg, 1459 an die Grafeneck. Bei deren Aussterben fiel 1728 B. an Oettingen-Wallerstein zurück, das auch die allodialen Teile erwarb. 1806 kam es an Bayern, 1810 an Württemberg und damit 1951/1952 an Baden-Württemberg.

Burgdorf wurde von den Herzögen von Zähringen gegründet und fiel 1218 an die Grafen von Kiburg, die es zu ihrem Sitz erhoben. Ihre Nachfolger waren die Grafen von Habsburg, von denen B. 1384 an Bern gelangte.

Burgenland (Bundesland). Der Name B. leitet sich von der Endung -burg der ungarischen Komitate Eisenburg, Ödenburg, Pressburg und Wieselburg her. 1919 wurde das meist zu Ungarn gehörige, seit dem elften Jahrhundert zunehmend von Deutschen besiedelte Gebiet (ohne Mosmon, Vasvar und Pressburg) Österreich zugesprochen. 1920 hielt es amtlich den Namen B. Nach einer nicht einwandfreien Volksabstimmung vom 14. 12. 1921 fiel Ödenburg an Ungarn. Von 1938 bis 1945 war das 3965 Quadratkilometer umfassende Bundesland B. mit der Hauptstadt Eisenstadt zwischen Niederösterreich (Niederdonau) und Steiermark aufgeteilt. 1945 wurde B. als Bundesland wieder hergestellt.

L.: Allgemeine Bibliographie des Burgenlandes, 1956 ff.; Guglia, O., Das Werden des Burgenlandes, 1961; Ernst, A., Geschichte des Burgenlandes, 2. A. 1991.

Burger (Reichsritter). Im 18. Jahrhundert zählten die B. mit einem Sechstel Hipsheim zum Ritterkreis Unterelsass.

L.: Hölzle, Beiwort 67.

Burgfarrnbach s. Kresser von (bzw. zu) B.

Burgfriede (ritterschaftliche Herrschaft). Der aus den Dörfern Kronweiler, Dorweiler und Mannebach bei Simmern bestehende sog. Burgfriede Waldeck zählte zum Kanton Niederrheinstrom des Ritterkreises Rhein. S. Waldeck.

L.: Wolff 515.

Burggraf zu Heppenheim (Reichsritter). Von etwa 1650 bis etwa 1720 zählten die H. zum Kanton Odenwald des Ritterkreises Franken.

L.: Riedenauer 122.

Burghaslach (ritterschaftlicher Ort). B. südwestlich von Schlüsselfeld im Steigerwald erscheint erstmals 1317 als Lehen der Hohenlohe-Speckfeld an die Vestenberg. Nach deren Aussterben 1687 fiel die zum Kanton Steigerwald des Ritterkreises Franken steuernde Herrschaft an die Grafen von Castell und damit 1806 an Bayern.

L.: Wolff 512; Stein, F., Geschichte der Grafen und Herren zu Castell bis 1528, 1892.

Burghausen (Grafen). B. an der Salzach gehörte 1025 der Kaiserin Kunigunde als Wittum und befand sich vielleicht seit der zweiten Hälfte des 11. Jahrhunderts in den Händen der von den Sighardingern kommenden Grafen von B. Um 1130 heißt es urbs. 1168 kam es an die Grafen von Wittelsbach, 1255 an Niederbayern. 1309 erhielt es einen Freiheitsbrief, 1322 das Recht Landshuts. Von 1331 bis 1334 war es Sitz der Linie Bayern-Burghausen. 1392 gelangte es an Bayern-Landshut. S. Bayern.

L.: Auer, L., Burghausen, LexMA 2 1983, 1053 f.; Buchleitner, A., Burghausen, 3. A. 1993; Kupfer, E., Die Machtstellung der Sieghardinger, 2004.

Burghausen (Reichsritter). Die B. zählten im frühen 17. Jahrhundert zum Kanton Odenwald und zum Kanton Rhön-Werra des Ritterkreises Franken.

L.: Riedenauer 122.

Burghausen, Kloster Sankt Maria, Mariaburghausen (Reichsritterschaft). Das Kloster Sankt Maria in B. (Mariaburghausen) zählte wegen Teilen von Volkershausen zum Kanton Rhön-Werra des Ritterkreises Franken.

L.: Winkelmann-Holzapfel 144, Riedenauer 122.

Burgheim (Reichsdörfer Oberburgheim, Niederburgheim). Ludwig der Bayer verpfändete am 29. 1. 1343 dem Viztum Rudolf von Andeld die Reichsdörfer Gertweiler und B. bei Schlettstadt im Elsass. Am 6. 6. 1409 erlaubte König Ruprecht seinem Sohn, dem Pfalzgrafen Ludwig bei Rhein, die von demselben eingelösten Reichsdörfer Gertweiler und B. nebst mehreren anderen als Reichspfandschaften zu besitzen.

L.: Hugo 470, 472.

Burgholzhausen (Reichsdorf) s. Holzhausen

Burgk (Burg, Herrschaft). B. bei Schleiz wurde vermutlich im 12. Jahrhundert errichtet. 1365 war es unter der Lehnshoheit der Wettiner in den Händen der Vögte von Gera, in die es wohl durch Heirat von den Herren von Lobdeburg gelangte. Zwischen 1366 und 1390 kam es durch Verkauf kurzzeitig an das Deutsche Haus in Schleiz. 1425 entstand durch Erbteilung die Herrschaft B. (bis 1452). Später kam B. unter der Lehnshoheit Böhmens (1547) an die Linie Reuß-Lobenstein, 1550 an die Burggrafen von Meißen und 1562/1590 an die Reuß von Plauen, 1594 mit Dörflas, Erkmannsdorf, Crispendorf, Grochwitz, Mönchgrün, Möschlitz, Neundorf (Neuendorf), Pahnstangen, Plothen, Remptendorf und Röppisch an Reuß-Greiz. Bis 1640 bestand ein älteres Haus Reuß-Greiz-Burgk (Reuß-Greiz-Burg), bis 1697 ein jüngeres Haus. Danach kam B. an Reuß-Obergreiz, seit 1748 Reuß ältere Linie. S. Reuß-Burgk (Reuß-Burg), Thüringen.

L.: Wolff 419 f.; Mendner, R., Die Herrschaft Burgk bis zu ihrer Angliederung an das Haus Reuß-Greiz 1596/1616, Diss. phil. Erlangen, 2. A. 1917.

Burgrain (Herrschaft). B. war von (811 bzw. vom 8. 10.) 1284 bis 1802 Mittelpunkt einer durch Vertrag vom 8. 10. 1284 zwischen dem Bischof von Freising und dem Herzog von Bayern begründeten Herrschaft des Hochstiftes Freising, die mit diesem zum bayerischen Reichskreis gehörte und an Bayern fiel (1803 2162 Einwohner).

L.: Wolff 139; Wallner 712 BayRK 7; Heilmaier, L., Die ehemalige freisingische Herrschaft Burgrain, 1911.

Burgschwalbach s. Roth von B.

Burgsinn (ritterschaftliche Herrschaft). Im Jahre 1001 erscheint Sinna in einem Tausch des Hochstifts Würzburg. Im 12. Jahrhundert errichteten die Grafen von Rieneck dort eine Wasserburg, die am Anfang des 14. Jahrhunderts unter der Herrschaft des Hochstifts Würzburg stand. 1405 erwarb der Würzburger Ministeriale Wilhelm von Thüngen die Burg. 1438 wurde sie den Markgrafen von Brandenburg als Mannlehen aufgetragen. Mit Altengronau, Obersinn und einigen weiteren Dörfern zählte sie über die Thüngen zum Kanton Rhön-Werra des Ritterkreises Franken. S. Bayern.

L.: Wolff 513.

Burgund (Königreich, Herzogtum, Freigrafschaft). Der Name B. für die Landschaft zwischen Saône und oberer Loire geht auf die ostgermanischen Burgunder zurück, die zwischen 400 bzw. 413 und 436 um Mainz und Worms und nach 443 um Genf, Lyon und das

Rhonegebiet ein eigenes, strukturell in sich recht verschiedenes Reich gegründet hatten, das 534 von den Franken zerstört wurde. B. bezeichnet danach zunächst das fränkische Teilreich B. um Orléans und Chalon-sur-Saône, später das Reich des Sohnes Karl (855–863) Kaiser Lothars I. (Niederburgund d.h. Provence und Dukat Vienne/Lyon). 879 wählten die geistlichen Großen des Gebietes den Grafen Boso († 887) von Vienne, den Schwager Karls des Kahlen, zum König von B. (spätere Franche-Comté, Chalon [Chalons], Mâcon, Vienne, Lyon, Languedoc, Teile Savoyens, Provence). Hauptstadt war Arles, weswegen das Reich, das Boso 885 von Kaiser Karl dem Dicken zu Lehen nahm, auch regnum Arelatense, Arelat genannt wurde. 888 riss der Welfe Graf Rudolf das Gebiet der späteren Franche-Comté und Teile der späteren Schweiz als Königreich (Hochburgund) an sich, während Bosos Bruder Richard das Gebiet der späteren Bourgogne westlich der Saône (Mâcon, Chalon [Chalons], Autun, Nevers, Auxerre, Sens, Troyes, Langres) als Herzogtum B. an sich zog, so dass Bosos Sohn nur den südlichen Rest behielt. 934 übertrug Graf Hugo von Provence dieses inzwischen erlangte Gebiet als Ausgleich für Italien an den Welfen Rudolf II., womit zwei Drittel Burgunds wiedervereinigt waren, während das Herzogtum B. dadurch, dass Richards Sohn Rudolf 923 König von Frankreich wurde, seitdem an Frankreich kam. 1016 sprach Rudolf III. von B. das Land Kaiser Heinrich II. als Erbe zu. Nach seinem Tod setzte Konrad II. 1032 die Erbansprüche auf das Königreich B. durch, doch war die Macht des Königs gegenüber Adel und Kirche von Anfang an gering, so dass dieses Gebiet nur unter Friedrich I. Barbarossa, der sich 1156 mit Beatrix von B., der Erbtochter der Grafen von B. verheiratete und 1169 Hochburgund zwischen oberer Saône und Jura zur reichsunmittelbaren Pfalzgrafschaft oder Freigrafschaft (seit 1350 Franche-Comté) mit Dole als Hauptort erhob, und Karl IV., der 1378 den französischen Thronfolger als Reichsvikar im Arelat ernannte, enger an das Reich gebunden werden konnte und bis zum Ausgang des Mittelalters teilweise an die Schweiz, Savoyen und Mömpelgard und im übrigen (Lyon, Dauphiné, Provence, Avignon, Arles) an Frankreich verlorenging, für das vom 11. Jahrhundert an drei Linien der westfränkischen Kapetinger/Robertiner das Herzogtum innegehabt hatten. Nach dem Aussterben der zweiten kapetingischen Seitenlinie 1361 kam das Herzogtum B. im Jahre 1363 als Lehen Frankreichs an den jüngsten Sohn Johanns II. von Frankreich, Philipp den Kühnen. Philipp erwarb durch seine 1369 mit Margareta von Flandern (d. J.) geschlossene Ehe 1384 Flandern, Artois und die weiterhin als Reichslehen zum deutschen Reich gehörende Freigrafschaft B., die über die Herzöge von Andechs-Meranien (1208–1248), die Grafen von Chalon (1248–1295) und die Könige von Frankreich (1295) an Margareta von Flandern (d. Ä.) gekommen war, Rethel, Nevers, Salins und Mecheln sowie 1390 durch Kauf die Grafschaft Charolles (Charolais). Sein Enkel Philipp der Gute eroberte die Grafschaft Boulogne und erwarb 1428 Namur durch Kauf, 1430 Brabant und Limburg durch Erbschaft sowie 1433 Hennegau, Holland und Seeland durch Gewalt. Im Frieden von Arras erhielt er 1435 die Gebiete von Mâcon, Auxerre und einen Teil der Picardie. Dazu kamen 1443 noch das Herzogtum Luxemburg und Chiny. 1477 fiel sein Sohn Karl der Kühne, der 1473 Geldern und Zütphen gewonnen und mit dem Friedrich III. die Schaffung eines Königreichs B. erörtert hatte, im Kampf gegen den Herzog von Lothringen. 1491 starb mit Johann von Nevers auch die Nebenlinie im Mannesstamm aus. Über die 1477 mit Maximilian von Habsburg vermählte Tochter Karls des Kühnen Maria († 1482) gelangte das Herzogtum B. mit der Freigrafschaft B. an das Haus Habsburg. Habsburg behauptete das burgundische Erbe (Niederlande) bis auf die Bourgogne (Herzogtum B.), die Picardie und Boulogne, die an Frankreich fielen, das seinerseits im Frieden von Madrid 1526 auf die Lehnshoheit über Flandern und Artois verzichtete. 1548 vereinte Karl V. die verbliebenen burgundischen Länder zum schon 1512/1521 angestrebten burgundischen Reichskreis, der später fast ausschließlich aus Ländern (einer Vielzahl von Ländern und Herrschaften) eines einzigen Landesherren (Habsburg als Herzog von Burgund) bestand (1556 Spanien, 1713 Erzherzog von Österreich bzw. König von Böhmen [ausgenommen die 1713 als Ersatz für Oranien an Preußen gelangten Teile des Oberquartieres Geldern]). Die Freigrafschaft B. wurde nach mehrfacher Besetzung durch Frankreich 1678 endgültig an Frankreich abgetreten. S. Niederlande, Belgien, Burgundischer Reichskreis.

L.: Zeumer 552 III a 2, 37, 3; Großer Historischer Weltatlas II 34 (1138–1254) F4, II 66 (1378) C5, II 78 (1450) F4; Die Territorien des Reichs 6, 198; Petit, E., Histoire des ducs de Bourgogne de la race capétienne, Bd. 1 ff. 1885 ff.; Berthaut, H. M. A., La carte de France 1750–1898, 1899; Cartellieri, O., Geschichte der Herzöge von Burgund, 1910; Hofmeister, A., Deutschland und Burgund im frühen Mittelalter, 1914; Febvre, L., Histoire de la Franche Comté, 7. A. 1922; Préchin, E., Histoire de la Franche-Comté, 1947; Meyer, W., Burgund, 2. A. 1965; Richard, J., Histoire de la Bourgogne, 1957; Calmette, J., Les grands ducs de Bourgogne, 3. A. 1959; Kaughan, R., Philip the Bold. The formation of the Burgundian State, 1962; Hoke, R., Die Freigrafschaft Burgund, Savoyen und die Reichsstadt Besançon im Verbande des mittelalterlichen deutschen Reiches, ZRG GA 79 (1962), 106 ff.; Bittmann, K., Ludwig XI. und Karl der Kühne, Bd. 1 ff. 1964 ff.; Boehm, L., Geschichte Burgunds, 2. A. 1979; Duranthon, M., La carte de France, son histoire 1678–1974, 1978; Werner, K. u. a., Burgund, LexMA 2 1983, 1062 ff.; Calmette, J., Die großen Herzöge von Burgund, 1987; Ehm, P., Burgund und das Reich, 2002; Kaiser, R., Die Burgunder, 2004; Escher, M. u. a., Die urbanen Zentren, 2005, 1, 470 (Herzogtum), 472 (Grafschaft).

Burgundischer Reichskreis. 1512/1521 sollten die Herzöge von Burgund, die Grafen von Nassau und die Grafen und Herren von Breda, Horn (Hein), Egmond und Bergen (Bergen-op-Zoom) den burgundischen Reichskreis bilden. 1548 wurde für die Güter Habsburgs in den Niederlanden die Zugehörigkeit zum B. R. geklärt und ein Schutzverhältnis vereinbart. 1551 gehörten dem burgundischen Reichskreis der Herzog von Burgund, die Grafen von Nassau, Breda und Dillenburg sowie die Herren von Hoya, Egmond, Bergen (Bergen-op-Zoom) und Walem (Wahlen) an. 1648 wurde die Zugehörigkeit des burgundischen Reichskreises – ohne die inzwischen verselbständigten Niederlande – zum Reich bestätigt. 1654 kam das 1651 vom Kaiser an Spanien abgetretene Besançon hinzu. 1678 gingen die Freigrafschaft Burgund und andere Teile an Frankreich verloren. 1713 kamen die verbliebenen spanischen Niederlande an Österreich, 1801 an Frankreich. Am Ende des 18. Jahrhunderts umfasste der burgundische Reichskreis nominell folgende Gebiete: Aerschot (Herzogtum, Burgund, Croy), Antwerpen (Markgrafschaft, Brabant, Burgund), Grimbergen (Berghes) (Fürstentum, Brabant, Burgund), Bournonville (Fürstentum, Brabant, Burgund), Brabant (Herzogtum, Burgund), Burgund (Herzogtum), Comines (Flandern, Burgund), Dalhem (Grafschaft, Limburg, Burgund), (Doornik) Tournai (Herrschaft, Burgund), Enghien (Herzogtum, Hennegau, Burgund), Flandern (Reichsgrafschaft), Gaveren (Fürstentum, Flandern, Burgund), Geldern (Herzogtum, Burgund), Gent (Burggrafschaft, Flandern, Burgund), Havre (Herzogtum, Hennegau, Burgund), Hennegau (Reichsgrafschaft, Burgund), Herzogenrath (Hertogenrade) (Herrschaft, Limburg, Burgund), Hoogstraten (Herzogtum, Burgund, Salm-Salm), Horn (Hornes) (Fürstentum, Brabant, Burgund), Izegem (Iseghem) (Fürstentum, Flandern, Burgund), Ligne (Fürstentum, Hennegau, Burgund), Limburg (Herzogtum, Burgund), Luxemburg (Herzogtum, Burgund), Mecheln (Burgund), Namur (Reichsgrafschaft), Rebecq (Rebecque) (Fürstentum, Hennegau, Burgund), Rubempré-Everberg (Fürstentum, Brabant, Burgund), Steenhuize (Steenhuysen) (Fürstentum, Flandern, Burgund), Tour et Tassis/Thurn und Taxis (Fürstentum, Hennegau, Burgund), Valkenburg (Grafschaft, Limburg, Burgund), insgesamt 600 Quadratmeilen. S. Niederlande, Belgien.

L.: Gumpelzhaimer 11, Wolff 50.

Burichyngas pagus (Gau)

L.: Polenz, P. v., Landschafts- und Bezirksnamen, 1961, II, 78, 83, 90, III, 8, 25, IV, 8, Burichinga, Burichinger marca; Borgolte, M., Geschichte der Grafschaften Alemanniens in fränkischer Zeit, 1984, 68 (Willmandingen, Undingen, Genkingen).

Burkhardt von der Klee, Burkard von der Klee (Reichsritter). 1712–1760 waren die B. als Personalisten Mitglied im Kanton Kocher des Ritterkreises Schwaben.

L.: Schulz 259.

Burkheim (Herrschaft). B. am Westrand des Kaiserstuhls wird 762 erstmals genannt. Im 10. Jahrhundert kam es aus gräflicher Hand durch Kaiser Otto I. an das Kloster Einsiedeln. Vögte des Klosters waren die Herren von Üsenberg. Neben ihnen erscheinen die Markgrafen von Hachberg (Baden-Hachberg), die B. 1330 an Habsburg verkauften. Unter Oberhoheit Österreichs hatte es innerhalb des Breisgaus später der Freiherr Mayer von Fahnenberg inne. 1806 kam es an Baden und damit 1951/1952 zu Baden-Württemberg.

L.: Wolff 41.

Bürresheim (Herrschaft, Ganerbschaft, Reichsritterschaft). Im 12. Jahrhundert entstand auf vielleicht ursprünglich gräflichem Gut am Einfluss des Nitzbaches in das Nettetal die 1157 genannte Burg B. (Burchenesem). Im 14. Jahrhundert war das Erzstift Köln infolge Kaufs alleiniger Lehnsherr. Zu den Ganerben der Burg zählten die Leutesdorf, Schöneck, Bell, Plieck von Lichtenberg und Kempenich. Vom 15. Jahrhundert bis 1679 erlangten nach Einheirat allmählich die Breidbach (Breitbach) Schloss und dem Kanton Niederrheinstrom des Ritterkreies Rhein angehörige Herrschaft B.

L.: Wolff 515; Bornheim, W., gen. Schilling, Zur Geschichte der von Bürresheim im Mittelalter, Niederrhein. Annalen 158 (1956); Geschichtlicher Atlas von Hessen, Inhaltsübersicht 33.

Burrweiler (ritterschaftliche Herrschaft). Die Herrschaft B. nördlich von Landau zählte zum Kanton Oberrheinstrom des Ritterkreises Rhein. Über Bayern kam B. 1946 zu Rheinland-Pfalz.

L.: Wolff 515.

Burscheid (Reichsritter). Im 18. Jahrhundert zählten die B. zum Ritterkreis Rhein.

L.: Roth von Schreckenstein 2, 594.

Bursibant (Gau am Mittellauf der Ems)

L.: Curs, O. Deutschlands Gaue im zehnten Jahrhundert. Nach den Königsurkunden, Diss. phil. Göttingen 1908, 4 (Altenrheine); Polenz, P. v., Landschafts- und Bezirksnamen, 1961, II, 39, 75, 77, 96, Bursibant.

Burtenbach (reichsritterschaftlicher Ort). Nach B. an der Mindel bei Günzburg nannte sich ein seit dem Anfang des 12. Jahrhunderts nachweisbares Adelsgeschlecht. Seit dem 14. Jahrhundert war B. teilweise Teil der von Bayern lehnbaren Herrschaft Eberstall, teilweise Lehen der Markgrafschaft Burgau und teilweise Lehen des Hochstifts Augsburg an die Familie Burggraf. Diese verkaufte 1532 ihre Güter an den Söldnerführer Sebastian Schertel (von Burtenbach) (Schertlin), der später auch die Lehen Bayerns und Burgaus erwarb und damit eine geschlossene ritterschaftliche Adelsherrschaft begründete, die zum Kanton Donau des Ritterkreises Schwaben zählte und 1806 an Bayern fiel. 1818 geriet die 1546 reformierte Herrschaft in Konkurs. S. Schertel von B.

L.: Wolff 508; Brüderlein, A., Burtenbach. Geschichte einer schwäbischen evangelischen Gemeinde, 1951.

Burtscheid (Reichsabtei, Reichsstift). Die Abtei B. bei Aachen wurde nach 996 und vor 1000 (997?) durch Otto III. als benediktinisches Reichskloster gegründet und 1018 durch Heinrich II. aus Aachener Reichsgut ausgestattet. 1138 beurkundete Konrad III. ihre Reichsunmittelbarkeit. 1220 wurde B. in ein Zisterzienserinnenstift umgewandelt. B. beherrschte ein kleines Gebiet. Vögte waren die Herren von Merode, bis 1649 die Äbtissin die Vogtei erwarb. B. hatte zwar Reichsstandschaft, war aber keinem Reichskreis eingegliedert. 1802 wurde das Stift aufgehoben. Über Preußen kam B. 1946 zu Nordrhein-Westfalen.

L.: Wolff 495; Zeumer 553 II a 37, 17; Großer Historischer Weltatlas III 38 (1789) B2; Germania Benedictina VIII, 1980, 232 ff.; Wurzel, T., Die Reichsabtei Burtscheid von der Gründung bis zur frühen Neuzeit, 1985; Escher, M. u. a., Die urbanen Zentren, 2005, 2, 108.

Busch (Reichsritter). Im späten 16. Jahrhundert zählten die B. zum Kanton Odenwald des Ritterkreises Franken.

L.: Riedenauer 122.

Buseck (Ganerbschaft, Reichsritter). Das die Orte Alten-Buseck (Altenbuseck), Großen-Buseck (Großenbuseck), Rödgen, Reiskirchen, Beuern, Bersrod, Oppenrod, Burkhardsfelden und Albach umfassende Busecker Tal östlich von Gießen wird erstmals am 2. 10. 1340 genannt. Wahrscheinlich war es zunächst konradinisches Reichslehngut, kam dann an die Grafen von Gleiberg, von diesen an die Grafen von Cleeberg bzw. Kleeberg und durch deren Erbtochter Gertrud an die Grafen von Peilstein, ehe es 1218 an das Reich zurückfiel. Vermutlich unmittelbar danach wurden die reichsministerialischen Familien von Buseck und Trohe vom Reich gemeinsam mit dem Gericht – und wohl dem Tal – zu B. belehnt. Im Jahre 1265 erwarb der Landgraf von Hessen die Grafschaft Gießen und war von da an am Erwerb des Busecker Tales interessiert. 1398 belehnte König Wenzel den Landgrafen mit dem Busecker Tal, widerrief die Belehnung aber noch im gleichen Jahr. 1480 anerkannten die Ganerben des Busecker Tales den Landgrafen als Landesherren. Seit etwa 1544 waren die Ganerben des Busecker Tals (Trohe, Merle, Schwalbach,

Buseck, Schenk zu Schweinsberg), die sich zwischenzeitlich in vielfache lehnsrechtliche Abhängigkeiten zu Hessen begeben hatten, Mitglieder des Kantons Wetterau der Reichsritterschaft, seit 1550 des Kantons Odenwald des Ritterkreises Franken (bis etwa 1700) und seit der Gefangennahme Landgraf Philipps des Großmütigen des Kantons Mittelrheinstrom des Ritterkreises Rhein. 1561 bestätigte Kaiser Ferdinand I. die Reichsunmittelbarkeit des Tales. 1576 unterwarfen sich die Ritter dem Landgrafen (von Hessen-Marburg) als Landesherrn, erst 1724/1725 jedoch gewann Hessen auf Grund des Gutachtens des 1702 angerufenen Reichshofrats endgültig die Lehnshoheit über das am Ende des 18. Jahrhunderts etwa 800 Personen umfassende Busecker Tal, wobei die Ganerben die Lehnsoberhoheit des Reiches und ausgedehnte Gerichtsrechte wahren konnten.

L.: Wolff 255; Roth von Schreckenstein 2, 594; Riedenauer 122; Rahrbach 33; Lindenstruth, W., Der Streit um das Busecker Tal, Mitteil. d. oberrhein. Geschichtsvereins N. F. 18 (1910), 85 ff., 19 (1911), 67 ff.; Geschichtlicher Atlas von Hessen, Inhaltsübersicht 33; Stetten 32; Becker, C., Die Busecker Ritterschaft zwischen Territorium und Reich, Magisterarbeit Gießen 1975 (ungedruckt).

Buss (Herrschaft) s. Bussen

Bussen (Herrschaft), Buss, Buß. Der 805 erstmals genannte B. zwischen Donau und Federsee wurde wohl vom letzten Angehörigen der Bertholde dem Kloster Reichenau übergeben. Im 12. Jahrhundert war er Mittelpunkt einer Herrschaft vermutlich der 1143 ausgestorbenen Grafen von Bregenz. Im 13. Jahrhundert könnte die Herrschaft in der Hand ritterlicher Reichsministerialen gewesen sein. 1314 verpfändete Habsburg die Herrschaft an die Grafen von Hohenberg, nach 1352 an die Ellerbach und 1387 an die Truchsessen von Waldburg, welche die Herrschaft 1786 an die Fürsten von Thurn und Taxis verkauften. Über Friedberg-Scheer der Fürsten von Thurn und Taxis und Österreich gehörte die Herrschaft zum österreichischen und schwäbischen Reichskreis. Über Württemberg gelangte B. 1951/1952 zu Baden-Württemberg.

L.: Wolff 46, 180; Wallner 714 ÖsterreichRK 1, Wallner 688 SchwäbRK 44; Buck, M. R., Der Bussen und seine Umgebung, 1868; Der Kreis Saulgau, 1971.

Bußmannshausen (Herrschaft). B. an der Rot bei Biberach wird 1083 erstmals erwähnt (Burmundeshusen). 1290 erscheinen Edelfreie von B. Ortsherren sind im 14. Jahrhundert die Ulmer Besserer, seit 1434 die Herren von Rodt, später in der Markgrafschaft Burgau die Freiherren Roth von Bußmannshausen (von Roth-Bußmannshausen), seit 1800 die Freiherren von Hornstein. Über Württemberg kam B. 1951/1952 zu Baden-Württemberg. S. Roth von Bußmannshausen.

Butjadingen, Butjadingerland

L.: Polenz, P. v., Landschafts- und Bezirksnamen, 1961, II, 49, III, 10 (Hriustri), Butjadinge.

Buttendorf (Reichsritter). Im frühen 16. Jahrhundert zählten die B. zum Kanton Altmühl des Ritterkreises Franken.

L.: Biedermann, Altmühl; Stieber; Riedenauer 122.

Buttenheim s. Stiebar von Buttenheim (Stibar von und zu Buttenheim)

Buttlar (Reichsritter). Im 17. und 18. Jahrhundert zählten die B. (genannt Neuenburg) zum Kanton Rhön-Werra des Ritterkreises Franken (bis etwa 1760). Von etwa 1650 bis 1760 waren sie mit Kirchschönbach, Krautheim und Herleshof auch im Kanton Steigerwald immatrikuliert. Von etwa 1560 bis etwa 1650 gehörten sie zum Kanton Altmühl.

L.: Stieber; Seyler, 357; Bechtolsheim 17 und Anm. 760; Riedenauer 122; Rahrbach 35.

Butzbach (Stadt, Herrschaft). Auf älteren Siedlungsspuren erscheint nach einem römischen Limeskastell 773 das Dorf Botisphaden. Es kam später von den Herren von Münzenberg an die Herren von Hanau, Falkenstein und Eppstein. 1321 erhielt es das Stadtrecht von Frankfurt. 1478 erscheinen als Mitberechtigte an der Stadt auch die Grafen von Katzenelnbogen, die ihren Anteil 1479 an Hessen vererbten, das 1741 einen weiteren Anteil der Grafen von Solms kaufte. Von 1609 bis 1643 war B. Sitz einer Nebenlinie Hessen-Darmstadts (Philipp III. von Hessen-Butzbach). S. Hessen-Butzbach, Hessen.

L.: Wolff 255; Aus Butzbachs Vergangenheit – Festschrift zur 600-Jahr-Feier der Stadt, 1921; Horst, L., Führer durch Butzbach in seiner Geschichte, 1956; Escher, M. u. a., Die urbanen Zentren, 2005, 2, 109.

Buwinghausen, Bouwinghausen, Bouvinghausen (Reichsritter). Seit 1619 gehörten die B. unter anderem mit dem 1710 an Württemberg verkauften Schloss Zavelstein, dem

1759 ebenfalls an Württemberg verkauften Rittergut Altburg und dem halben Weltenschwann (Weltenschwan) sowie seit 1772 mit Teilen von Helfenberg zu den Kantonen Neckar und Kocher des Ritterkreises Schwaben. Seit der zweiten Hälfte des 18. Jahrhunderts waren sie im Kanton Odenwald des Ritterkreises Franken immatrikuliert (um 1800 Personalisten).

L.: Roth von Schreckenstein 2, 592; Hölzle, Beiwort 61; Hellstern 202; Stetten 39; Kollmer 375; Schulz 259; Riedenauer 122.

Buxheim (Abtei, Reichskartause). 1402 gründete Heinrich von Ellerbach mit Unterstützung des Bischofs von Augsburg bei Memmingen die Kartause B. Als 1546 die Reichsstadt Memmingen in der Kartause die Reformation einführte, wurde ihr die Schutz- und Schirmgerechtigkeit entzogen und der Landvogtei Schwaben für Österreich übertragen. Damit konnte B. zur Reichsunmittelbarkeit aufsteigen. Mit drei Dörfern und drei Weilern gehörte B. zum schwäbischen Reichskreis. Durch § 24 des Reichsdeputationshauptschlusses vom 25. 2. 1803 erhielten die Grafen von Ostein für den Verlust der Herrschaft Millendonk/Mylendonk/Myllendonk die Abtei B. (ohne Pleß und belastet mit verschiedenen Renten). Das Dorf Pleß kam an den Grafen von Wartenberg. 1810 erbten die Grafen Waldbott von Bassenheim B., das danach an Bayern gelangte. S. Bayern.

L.: Wolff 45, 228; Arens, F./Stöhlker, F., Die Kartause Buxheim in Kunst und Geschichte, 1962; Faust, U., Zur Reichsunmittelbarkeit Ottobeurens und Buxheims (in) Suevia Sacra, hg. v. Liebhart, W. u. a. 2001.

C

Cadore (Grafschaft). Die 973 an das Hochstift Freising gelangte Grafschaft C. im Osten der Dolomiten wurde 1510 von Venedig annektiert.

Caldonatz (Herrschaft) ital. Caldonazzo. 1801 gehörte die Herrschaft C. über das Hochstift Trient zum österreichischen Reichskreis.

L.: Wolff 47; Wallner 714 ÖsterreichRK 2.

Calenberg (Fürstentum). Kurz vor 1300 errichteten die Welfen im Kampf gegen das Hochstift Hildesheim die Grenzburg C. östlich der Leine und südlich von Hannover. Seit der siebenten Teilung von Braunschweig-Lüneburg im Jahre 1409 wurde sie namengebend für ein welfisches Teilfürstentum zwischen Leine und Deister, zwischen 1432 und 1473 für das Fürstentum der Hauptlinie des mittleren Hauses Braunschweig, die 1432 die westlichen welfischen Güter erhalten hatte. In der Teilung von 1495 wurde C., seit 1513 verbunden mit dem Fürstentum Göttingen, unter Herzog Erich I. erneut verselbständigt. 1584 fiel beim Aussterben der Linie das Fürstentum Calenberg-Göttingen an Braunschweig-Wolfenbüttel. 1636 verlegte Herzog Georg von Braunschweig-Lüneburg, der 1635/1636 Calenberg-Göttingen nach dem Aussterben des mittleren Hauses Braunschweig geerbt hatte und das Neue Haus Lüneburg begründete, seine Residenz nach Hannover. Die Feste C. verfiel (1690 abgerissen). In der Folge erhielt das Land den Namen Hannover und 1692 die Kurfurstenwurde. 1705 wurde das Fürstentum Lüneburg mit der Grafschaft Hoya angeschlossen. Um 1800 umfasste das Fürstentum ein Gebiet von 48 Quadratmeilen. Es zerfiel in das hannoverische Quartier (mit den kanzleisässigen Städten Altstadt-Hannover, Neustadt-Hannover, Münder, Wunstorf, Pattensen, Eldagsen, den Stiften Loccum [Lockum] und Wunstorf, den Klöstern Marienrode, Mariensee, Wennigsen, Barsinghausen, Wülfinghausen und Marienwerder, den Kammerämtern Calenberg, Wittenburg, Koldingen [Coldingen], Langenhagen, Ricklingen, Neustadt am Rübenberge, Rehburg, Wölpe [Welpe] und Blumenau, den adligen Gerichten Linden, Rössing [Rössin], Bredenbeck und den kanzleisässigen Städten Hameln und Bodenwerder, dem Stift Sankt Bonifacii zu Hameln, den Kammerämtern Springe, Lauenstein, Ohsen, Grohnde, Polle, Aerzen [Ärzen], Lauenau, Bokeloh und Lachem, den adligen Gerichten Limmer, Dehnsen, Banteln, Hastenbeck [Hastenbek], Ohr und Hämelschenburg) und das göttingensche Quartier (mit den kanzleisässigen Städten Göttingen, Northeim, Münden, Dransfeld, Moringen, Uslar und Hardegsen, den Klosterämtern des Stifts Sankt Blasii in Northeim, den ehemaligen Klöstern Wiebrechtshausen, Fredelsloh oder Fredesloh, Marienstein, Weende, Mariengarten, Bursfelde und Hilwartshausen [Hildewardeshausen], den Kammerämtern Münden, Brackenberg, Friedland, Reinhausen [Rheinhausen], Niedeck, Brunstein, Westerhof, Moringen, Hardegsen, Harste, Uslar, Lauenförde, Nienover und Erichsburg, den Gerichten Hardenberg, Geismar, Adelebsen, Altengleichen, Imbsen, Gartedörfer, Waake, Imbshausen, Jühnde, Üssinghausen [Ueßinghausen] und Oldershausen). Über Preußen (1866) kam das Gebiet 1946 zu Niedersachsen.

L.: Wolff 436 f.; Zeumer 553 II b 17; Wallner 706 NiedersächsRK 9; Schnath, G./Lübbing, H./Engel, F., Niedersachsen, in: Geschichte der deutschen Länder, Bd. 1; Calenberger Urkundenbuch, hg. v. Hodenberg, W. v., 1855 ff., Register 1938; Havemann, W., Geschichte des Landes Braunschweig und Lüneburg, 2, 1855, Neudruck 1975; Spiess, W., Die Großvogtei Calenberg, 1933; Burchard, M., Die Bevölkerung des Fürstentums Calenberg-Göttingen gegen Ende des 16. Jahrhunderts, 1935; Kalthoff, E., Die Geschichte der Burg Calenberg, Nds. Jb. 50 (1978); Pischke, G., Calenberg, LexMA 2 1983, 1395; Lange, U., Landtag und Ausschuss, 1986; Casemir, K./Ohainski, U., Das Territorium der Wolfenbütteler Herzöge von 1616, 1996.

Calenberg, Callenberg (Reichsritter). Von etwa 1650 bis etwa 1750 gehörten die C. zum Kanton Rhön-Werra des Ritterkreises Franken.

L.: Stieber; Seyler 357; Riedenauer 122.

Calice (Herrschaft). Die einem der Fürsten Doria gehörige Herrschaft C. in Italien wurde 1714 vom Reich eingezogen und an einen Malaspina verkauft.

L.: Aretin, Das alte Reich 2, 369.

Calw (Grafen, Herrschaft). C. wird erstmals 1075 erwähnt. Nach ihm nennen sich die 1037 erstmals nachweisbaren Grafen von C., die im Murrgau, Zabergau, Ufgau, Enzgau, Glemsgau und Würmgau begütert waren (Zentren in Ingersheim, Löwenstein und Sindelfingen, Vogtei über Hirsau, Lorsch und Sindelfingen) und verwandtschaftliche Beziehungen zu den Saliern gehabt haben dürften. Um die Mitte des 11. Jahrhunderts verlegten sie ihren Sitz nach C. 1113 gewannen sie die Pfalzgrafschaft bei Rhein. Nach 1131 kam es zu Erbstreitigkeiten und Güterverlusten. Der Hauptzweig der Familie erlosch vor 1282. Ihre Güter kamen vor allem an die Pfalzgrafen von Tübingen. Die Linie Calw-Löwenstein erlosch nach 1277. Ihre Güter gingen kaufweise an die mittleren Grafen von Löwenstein, eine nichteheliche Nebenlinie der Grafen von Habsburg. Die weitere Seitenlinie der Grafen von Calw-Vaihingen starb 1361 aus. Ihre Güter kamen an die Grafen von Württemberg und damit 1951/1952 zu Baden-Württemberg.

L.: Wolff 161; Rheinwald, E./Rieg, G., Calw, 1952; Jänichen, H., Herrschafts- und Territorialverhältnisse um Tübingen und Rottenburg im 11. und 12. Jahrhundert, 1964; Greiner, S., Beiträge zur Geschichte der Grafen von Calw, Zs. f. württemberg. LG. 25 (1966), 35 ff.; Quarthal, F., Calw, LexMA 2 1983, 1404 f.; Der Kreis Calw, hg. v. Zerr, H., 1986.

Calw-Löwenstein (Grafen) s. Calw, Löwenstein

Calw-Vaihingen s. Calw

Camberg (Herrschaft). C. im goldenen Grund im hinteren Taunus geht vermutlich auf einen Herrenhof des 9. Jahrhunderts zurück und wird 1000 anlässlich der Übertragung vom Reich an das Kloster Burtscheid erstmals erwähnt (Cagenberg). Nach häufigem Herrschaftswechsel wurde es mit dem Aussterben der Grafen von Diez 1368 Gemeinschaftsgut der Erben, 1564 Gemeinschaftsgut des Erzstifts Trier und der Grafen von Nassau-Diez. Am Ende des 18. Jahrhunderts gehörte es zum kurrheinischen Reichskreis. 1802/1803 kam C. ganz an Nassau-Diez (Nassau) und damit 1866 an Preußen und 1945 an Hessen.

L.: Wolff 84, 337; Camberg. 700 Jahre Stadtrecht, hg. v. Magistrat der Stadt Camberg, 1981.

Cambrai (Hochstift, Erzstift), mhd. Kamerich. Um 500 oder am Ende des 6. Jahrhunderts entstand an der Straße von Tournai zum Pariser Becken das zum Erzbistum Reims gehörige Bistum C. (Bischof Vedastus, Bischof Gaugericus 585–624/627), das bis Antwerpen reichte (pagus Cambricinsis 663 belegt). Bei den karolingischen Teilungen kam es zum Ostreich. 1093 wurde von ihm das Bistum Arras abgetrennt. Trotz langanhaltender Eingliederungsbestrebungen Frankreichs hielt sich das Bistum, das 1559 zum Erzbistum (mit Arras, Tournai, Saint-Omer [Sankt Omer] und Namur) erhoben wurde, als Reichsfürstentum bis 1678/1679, als es im Frieden von Nimwegen (Nijmwegen) an Frankreich fiel. Noch die Reichsmatrikel von 1776 zählte es zum niederrheinisch-westfälischen Reichskreis.

L.: Wolff 65; Großer Historischer Weltatlas II 66 (1378) B3; Glay, A., Glossaire topographique de l'ancien Cambrésis, 1845; Destouches, C. J., Histoire de l'église de Cambrai, Bd. 1–3 1890 ff.; Schieffer, T., Reichsbistum Cambrai, Rhein. Vjbll. 6 (1936); Fossier, R., Cambrai, LexMA 2 1983, 1407 ff.; Nonn, U., Pagus und Comitatus in Niederlothringen, 1983, 118; Bauer, T., Lotharingien als historischer Raum, 1997.

Cambrai (freie Reichsstadt), mhd. Kamerich. C. war bereits in frühfränkischer Zeit Vorort eines Teilkönigtums. Im Jahre 1077 erzwangen die Einwohner vom Bischof erste Rechte, die später erweitert wurden. Im Hochmittelalter wurde es Reichsstadt. 1543 kam C. an Habsburg. 1679 fiel die Reichsstadt C. an Frankreich.

L.: Wolff 65; Reinecke, S., Geschichte der Stadt Cambrai, 1896; Fossier, R., Cambrai, LexMA 2 1983, 1407 ff.

Cameracensis (Departement Nordfrankreichs)

L.: Curs, O., Deutschlands Gaue im zehnten Jahrhundert. Nach den Königsurkunden, Diss. phil. Göttingen 1908, 4 (Mosterolcourt, Château-Cambrésis, Cambrai); Polenz, P. v., Landschafts- und Bezirksnamen, 1961, II, 18, 32, IV, 18, Cameracensis pagus.

Camerari, Camerarius, s. Cammermeister, Kammermeister genannt Camerari

Cämmerer von Worms, genannt von Dalberg (Reichsritter), Kämmerer von Worms, genannt von Dalberg. Die aus Worms stammenden Cämmerer genannt von Dalberg waren von 1544 bis 1800 durch weibliche Erbfolge an der Ganerbschaft Bechtolsheim und von 1521 bis 1800 wohl durch Kauf an der Ganerbschaft Mommenheim beteiligt. Im 18. Jahrhundert zählten die Cämmerer zum Ritterkreis Rhein, außerdem zum Kanton Rhön-Werra des Ritterkreises Franken. S. Dalberg.

L.: Stieber; Roth von Schreckenstein 2, 594; Zimmermann 74.

Cammermeister, genannt Camerari (Reichsritter), Kammermeister genannt Camerarius. Im 17. und 18. Jahrhundert, bis zum Verkauf ihrer Güter Bischberg, Hartlanden und Kreuzschuh 1741, zählten die aus Bamberger Stadtadel stammenden C. (Kammermeister), genannt Camerari(us), zum Kanton Steigerwald des Ritterkreises Franken, zwischen 1650 und 1720 auch zum Kanton Odenwald sowie im übrigen vielleicht auch zum Kanton Baunach.

L.: Stieber; Bechtolsheim 14, 21, 195; Riedenauer 122.

Cammin (Hochstift, Fürstentum), Kammin. C. (Kammin) in Pommern wird 1107 als pommersche Herzogsburg der Wilzen erwähnt. Um 1175 wurde dort nach einer von Otto von Bamberg errichteten Kirche ein Dom für den Bischof von Pommern erbaut und 1182 übersiedelte der seit 1140 in Wollin amtierende Bischof von Wollin nach C. (Kammin). Der Sprengel des 1188 dem Papst unmittelbar unterstellten, nach Mainz größten deutschen Bistums umfasste fast ganz Pommern, Teile Ostmecklenburgs, der Neumark und der Uckermark. 1240 überließ der Herzog dem Bischof das Land Stargard, 1248 im Tausch hierfür das Land Kolberg. 1276 musste das Hochstift das Land Lippehne und Schildberg (Schiltberg) an Brandenburg verkaufen, gewann aber dafür Kolberg. Daraufhin verlegte der Bischof seinen Sitz nach Kolberg, die Verwaltung des Hochstifts nach Köslin. Vor 1321 erlangte der Bischof das Land Bublitz. Seit dem Eintritt Pommerns in das Reich im 14. Jahrhundert wurde der Bischof als Reichsfürst angesehen, 1345, endgültig 1417 und 1521 in die Reichsmatrikel aufgenommen. 1542 wurde die Reichsunmittelbarkeit bestätigt. Nach der Einführung der Reformation (1534/1544) und dem Tode des letzten Bischofs amtierten bis 1556 protestantische Titularbischöfe unter der Hoheit des Herzogs. Danach war das Stift praktisch eine Sekundogenitur der Herzöge von Pommern. 1648 wurde es säkularisiert und fiel zur östlichen, 1679 auch zur westlichen Hälfte an Brandenburg. Das protestantische Domkapitel wurde 1810 aufgelöst. Das Bistum besaß seit dem 13. Jahrhundert neben Streubesitz um C. (Kammin) zusammenhängende Gebiete um Kolberg, Köslin und Bublitz, die Brandenburg 1650 gegen eine Abfindung in Verwaltung übernahm. Am Ende des 18. Jahrhunderts umfasste es ein Gebiet von 43 Quadratmeilen. S. Pommern, Polen.

L.: Zeumer 553 II b 41; Wallner 709 ObersächsRK 6; Großer Historischer Weltatlas II 66 (1378) H/I1; III 22 (1648) G/H1; Die Territorien des Reichs 2, 182; Wehrmann, M., Geschichte Pommerns, 2. A. 1919 ff.; Spuhrmann, R., Geschichte der Stadt Cammin in Pommern und des Camminer Domkapitels, 2. A. 1924; Müller, G., Das Fürstentum Kammin, 1929; Schulze, B., Besitz- und siedlungsgeschichtliche Statistik der brandenburgischen Ämter und Städte 1540–1800, Beiband zu Schulze, B., Brandenburg, Ämterkarte, 1935; Heyden, H., Kirchengeschichte Pommerns, 2. A. 1957; Petersohn, J., Der südliche Ostseeraum im kirchlich-politischen Kräftespiel vom 10. bis 13. Jahrhundert, 1979; Urkunden und Regesten zur Geschichte des Templerordens im Bereich des Bistums Cammin und der Kirchenprovinz Gnesen, neu bearb. v. Irgang, W., 1987; Schmidt, R., Kammin, LexMA 5 1990, 891 f.

Campo (Reichsritter). Um 1700 zählten die del C. zum Kanton Altmühl des Ritterkreises Franken.

L.: Riedenauer 122.

Candel (Grafen, Reichsritter). Von 1645 bis etwa 1663 war Karl Philibert Graf von C. mit Rübgarten Mitglied des Kantons Neckar des Ritterkreises Schwaben.

L.: Hellstern 202.

Cannstadt, Cannstatt, s. Schilling von C.

Canstein (Herrschaft) s. Kanstein

Capler (Reichsritter) s. Cappler

Cappel (Reichsritter). Im 16. und 17. Jahrhundert zählten die C. zum Kanton Gebirg des Ritterkreises Franken.

L.: Riedenauer 122.

Cappenberg (Propstei). In C. nördlich von Lünen wurde 1122 von den seit 1092 sich so nennenden Grafen von C. an Stelle der Burg ein Prämonstratenserdoppelkloster errichtet. Seit der zweiten Hälfte des 12. Jahrhunderts entwickelte sich hieraus ein Adelsstift. Das Frauenkloster verschwand nach der Mitte des 14. Jahrhunderts. Am Ende des 18. Jahrhunderts gehörte die Propstei C. zu den nicht eingekreisten Reichsteilen. Am 18. 12. 1802 wurde die Propstei aufgehoben, nachdem sie bei den Entschädigungsverhandlungen nach dem Frieden von Lunéville irrig als reichsunmittelbar behandelt und Preußen zugesprochen worden war. 1816/1819 wurde sie vom Freiherren vom Stein erworben und 1826 zu einer Standesherrschaft erhoben. Über Preußen fiel C. 1946 an Nordrhein-Westfalen.

L.: Wolff 494; Schnieder, S., Cappenberg, 1949; Petry, M., Die ältesten Urkunden und die frühe Geschichte des Prämonstratenserstifts Cappenberg in Westfalen, Archiv für Diplomatik 18/19 (1972/1973); Schoppmeyer, H., Cappenberg, LexMA 2 1983, 1487 f.; Leistikow, A., Die Geschichte der Grafen von Cappenberg und ihrer Stiftsgründungen Cappenberg, Varlar und Ilbenstadt, 1999.

Cappler von Oedheim, genannt Bautz, Capler von Oedheim, Cappler von Oeden, genannt Bautz (Reichsritter). Von etwa 1550 bis zum Beginn des 19. Jahrhunderts gehörten die C., genannt Bautz, mit dem halben Oedheim (Oeden) und Willenbacher Hof zum Kanton Odenwald des Ritterkreises Franken.

L.: Stieber; Roth von Schreckenstein 2, 593; Hölzle, Beiwort 55; Winkelmann-Holzapfel 144; Stetten 32, 35; Riedenauer 122; Rahrbach 37.

Caracciolo (Reichsfürst). 1715 wurde Marino Francesco Maria C. zum Reichsfürsten erhoben, 1725 Ambrogio C.

L.: Klein 169.

Carafa (Reichsfürst). 1622 wurde Fabrizio C., Principe de Roccella, zum Reichsfürsten erhoben, 1627 Geronimo C., Marchese di Montenero.

L.: Klein 165.

Carascus pagus (Carowascus pagus)

L.: Polenz, P. v., Landschafts- und Bezirksnamen, 1961, I, 13, II, 15, 23, Carascus pagus.

Carben (Reichsritter), Karben. Im 18. Jahrhundert gehörten die C. (Karben) zum Ritterkreis Rhein, außerdem die C. (Karben) zu Staden im 16 und 17. Jahrhundert zum Kanton Odenwald und zum Kanton Rhön-Werra (bis etwa 1610) des Ritterkreises Franken. S. Wetzel genannt von Karben (Carben).

L.: Stieber; Roth von Schreckenstein 2, 594; Riedenauer 122.

Cardona y Eril (Reichsfürst). 1716 wurde Josef Folch de C. zum Reichsfürsten erhoben. 1717 wurde er Obersthofmeister der Kaiserin.

L.: Klein 171.

Carignan (Herzogtum) s. Ivois (Herzogtum)

Carolath (Fürstentum). Die Herrschaft C. und Beuthen in Schlesien gehörte im 16. Jahrhundert den Glaubitz, die sie an die Freiherren von Schöneich verkauften. 1697 wurde die Herrschaft von Kaiser Leopold I. zur freien Standesherrschaft, 1741 von Friedrich II. zum Fürstentum erhoben. Dieses umfasste 4,5 Quadratmeilen mit C. und Beuthen und war dem Kreis Freistadt des Fürstentums Glogau zugeteilt. S. Niederschlesien, Polen.

L.: Wolff 487.

Carpi (Stadtkommune). C. in der Poebene nördlich von Modena fiel 1115 von Mathilde von Tuszien an den Papst. 1530 kam es durch Karl V. an die Este und wurde 1535 zum Fürstentum erhoben. Mit dem Herzogtum Modena der Este ging es 1797 in der zisalpinischen Republik und 1805 im napoleonischen Königreich Italien Frankreichs auf. 1814 kam es an Franz IV. von Österreich-Este. 1860 fiel es an Sardinien (1861 Italien).

L.: Großer Historischer Weltatlas II 48 (1300) D2.

Carrara (Herrschaft, Stadtkommune). Obwohl bereits in römischer Zeit die Marmorsteinbrüche von C. in der Toskana bekannt waren, dürfte die Stadt C. in ihren Anfängen nur bis in die zweite Hälfte des 10. Jahrhunderts zurückgehen. Am 19. 5. 963 gab Otto I. einen Hof in C. an den Bischof von Luni. In der zweiten Hälfte des 13. Jahrhunderts löste sich die Stadt von der Herrschaft des Bischofs. Danach gelangte sie unter die Herrschaft Pisas, zeitweise der Visconti und schließlich Venedigs. S. Italien.

L.: Großer Historischer Weltatlas II 66 (1378) H6; Repetti, E., Compendio storico di Carrara, 1821; Lupo Gentile, M., L'origine del comune di Carrara, 1910; Polica, S., Carrara, LexMA 2 1983, 1525; Kohl, B., Padua unter den Carrara, 1998.

Castel (Grafen) s. Blieskastel

Castelbarco (Reichsfürstin). 1765 wurde Theresia Gräfin von C. zur Reichsfürstin erhoben.

L.: Klein 191.

Castell (Grafschaft). C. bei Gerolzhofen wird 816 erstmals genannt. Seit 1091 ist der Ort namengebend für ein ab 1057 erkennbares edelfreies fränkisches Geschlecht (Berthold 1059?), das 1202 erstmals den Grafentitel führte. Zwischen Steigerwald und Main gewann es bis zum Beginn des 14. Jahrhunderts ein ausgedehntes Herrschaftsgebiet (Vogtei über einzelne Güter der Abteien Ebrach und Münsterschwarzach), das aber nach der Teilung um 1260 allmählich an Umfang wieder verlor und 1457 dem Hochstift Würzburg, dessen Erbschenken die Grafen waren, zu Lehen aufgetragen werden musste, ohne dass allerdings dadurch die Reichsstandschaft der Grafen aufgehoben wurde. Seit 1528 war die Grafschaft wieder in einer Hand vereint. In der Mitte des 16. Jahrhunderts wurde die Reformation eingeführt. 1556 erbten die Grafen von Seiten von Wertheim die Herrschaft Remlingen. 1597 erfolgte eine Teilung in die Linien Castell-Remlingen und Castell-Rüdenhausen. Mit Rücksicht auf angekaufte oder heimgefallene Lehen ließen sich die Grafen seit 1785/1794 mit einem Vertreter bei der fränkischen Reichsritterschaft aufschwören. Im 18. Jahrhundert zählten sie mit Breitenlohe samt Buchbach sowie Gleißenberg mit Frickenhochstadt (Frickenhochstädt) zum Kanton Steigerwald, mit Urspringen zum Kanton Rhön-Werra des Ritterkreises Franken. 1806 wurde die Grafschaft mit 4 Quadratmeilen, 3 Flecken, 28 Dörfern und rund 10 000 Einwohnern mediatisiert und fiel an Bayern, teilweise bis 1814 auch an das Großherzogtum Würzburg. 1803 starb die Linie Castell-Rüdenhausen aus, worauf die neuen Linien Castell-Castell und Castell-Rüdenhausen begründet wurden, die 1901/1913 nach dem Erstgeburtsrecht in den bayerischen Fürstenstand erhoben wurden.

L.: Wolff 119 f.; Zeumer 554 II b 62, 2; Wallner 692 FränkRK 14 a, b; Großer Historischer Weltatlas II 66 (1378) F4, III 38 (1789) D3; Winkelmann-Holzapfel 144; Bechtolsheim 2; Monumenta Castellana, hg. v. Wittmann, P., 1890; Stein, F., Geschichte der Grafen und Herren von Castell, 1892; Castell-Castell, P. Graf zu, Die Mediatisierung der Grafschaft Castell, Mainfrk. Jb. 2 (1950); Castell-Castell, P. Graf zu/Hofmann, H. H., Die Grafschaft Castell am Ende des alten Reiches (1792), 1955, in: Histor. Atlas von Bayern, Teil Franken II/3; Meyer, O./Kunstmann, H., Castell, 1979; Endres, R., Castell, LexMA 2 1983, 1557; Kemper, T. u. a., Castell. Unsere Kirche. Festschrift aus Anlass des 200jährigen Kirchenbaujubiläums, 1988; Büll, F., Die Grafen von Castell, in: Das Land zwischen Main und Steigerwald, hg. v. Wendehorst, A., 1998; Bachmann, M., Lehenhöfe von Grafen und Herren im ausgehenden Mittelalter. Das Beispiel Rieneck, Wertheim und Castell, 2000; Wagner, H., Miszellen zur Geschichte der Castell, Mainfränkisches Jb. 55 (2003), 13.

Castell s. Schenk von C.

Castell-Remlingen (Grafen). 1792 gehörte die 1597 durch Teilung entstandene Linie C. der Grafen von Castell zum fränkischen Reichsgrafenkollegium der weltlichen Bank des Reichsfürstenrates des Reichstages. Seit 1785 zählte sie mit Breitenlohe samt Buchbach sowie Gleißenberg mit Frickenhöchstadt (Frickenhöchstädt) zum Kanton Steigerwald des Ritterkreises Franken, daneben auch zum Kanton Rhön-Werra. S. Castell.

L.: Wallner 692 FränkRK 14 a; Bechtolsheim 65; Riedenauer 122.

Castell-Rüdenhausen (Grafen). 1792 gehörte die 1597 durch Teilung entstandene Linie C. der Grafen von Castell zum fränkischen Reichsgrafenkollegium der weltlichen Bank des Reichsfürstenrates des Reichstages. 1803 starb die Linie aus, ihre Güter (Amt Rüdenhausen) fielen an die Linie zu Castell. S. Castell.

L.: Wallner 692 FränkRK 14 b.

Castiglione (Fürstentum). C. delle Stiviere am Nordrand der Poebene fiel 1404 an eine Linie der Gonzaga. Unter ihr war es Hauptort eines eigenen Fürstentums. 1713/1714 kam es (mit den Lehen Medole und Sulferino) an Österreich, 1859 mit der Lombardei an Sardinien bzw. Italien.

L.: Aretin, Das alte Reich 2, 370.

Castro (Markgrafschaft). Im 18. Jahrhundert zählte C. zu dem von Österreich beanspruchten Lehen Herzogtum Mailand.

L.: Aretin, Das alte Reich 2, 374.

Castua (Herrschaft). 1801 gehörte die Herrschaft C. über die Markgrafschaft Istrien und das Erzherzogtum Österreich zum österreichischen Reichskreis.

L.: Wolff 33; Wallner 713 ÖsterreichRK 1.

Catubria (Kadoberthal)

L.: Curs, O., Deutschlands Gaue im zehnten Jahrhundert. Nach den Königsurkunden, Diss. phil. Göttingen 1908, 4.

Cebrowski (Reichsfürst). 1720 wurde Johann Philipp C., Freiherr von Ekersberg, zum Reichsfürsten erhoben.

L.: Klein 191.

Celle (Stadt). 1292 verlegte Herzog Otto der Strenge von Lüneburg C. (10./11. Jahrhundert Kellu) drei Kilometer allerabwärts von Altencelle nach Nigencelle (Neucelle). 1301 verlieh er dem Ort das Stadtrecht von Braunschweig. 1378 wurde die Stadt nach Zerstörung der herzoglichen Burg in Lüneburg Sitz des Fürstentums Lüneburg. 1705 verlor C. bei der Vereinigung von Lüneburg mit Hannover die Stellung als Residenz, erhielt aber 1711 ein

Oberappellationsgericht. 1946 kam C. über Preußen an Niedersachsen. S. Braunschweig-Celle, Braunschweig-Lüneburg, Niedersachsen.

L.: Wolff 434; Cassel, C., Geschichte der Stadt Celle, Bd. 1 f. 1930 ff.; Pröve, H./Ricklefs, J., Heimatchronik der Stadt und des Landkreises Celle, 2. A. 1959; Ricklefs, J., Geschichte der Stadt Celle, 1961; Busch, S., Hannover, Wolfenbüttel und Celle. Stadtgründungen und -erweiterungen in drei welfischen Residenzen vom 16. bis 18. Jahrhundert, 1969; Last, M., Celle, LexMA 2 1983, 1606 f.; Celler Chronik, Beiträge zur Geschichte und Geographie der Stadt und des Landkreises Celle, hg. v. Museumsverein Celle, 1983 ff.; Brosius, D., Urkundenbuch der Stadt Celle, 1996.

Centurione (Reichsfürst). 1654 wurde der Genueser Diplomat Carlo C. in den Reichsfürstenstand erhoben.

L.: Klein 166.

Ceva (Markgrafschaft). Die Markgrafschaft C. westlich von Genua stand um 1390 unter der Herrschaft der Visconti (1395 Herzöge von Mailand).

L.: Großer Historischer Weltatlas II 48 a (1300) B/C2.

Chablais (Landschaft). C. (lat. pagus Caput lacensis „Seehaupt") hieß zunächst das Gebiet an der Ostspitze des Genfer Sees, später auch das Gebiet südlich des Sees. Es gehörte zur Grafschaft Genf und fiel 1034 an die Grafen von Savoyen. 1792 wurde es von Frankreich annektiert, 1814 aber an Savoyen zurückgegeben. Mit Savoyen kam es 1860 wieder an Frankreich.

L.: Großer Historischer Weltatlas II 72 b (bis 1797) B4; Duparc, P., Le comté de Genève, IXe-XVe siècle, 1955.

Cham (Mark, Markgrafen). Die Cham-Further Senke war in agilolfingischer Zeit Herzogsland und wurde 788 Königsland. Seit ottonischer Zeit wurde um die 976 genannte, auf Königsland errichtete Burg Camma eine Grenzsicherungsorganisation errichtet. Die danach geschaffene, 1055 erstmals genannte Mark C. (Böhmische Mark) um die Burg fiel 1204 nach dem Aussterben der Markgrafen (Rapotonen, Diepoldinger) an das Haus Wittelsbach (Bayern). 1255 gelangte C. bei der Teilung Bayerns an Niederbayern und wurde 1352 an die Pfalzgrafen verpfändet. 1621/1625/1648 kam es wieder an Bayern, bei dem es bis auf die Jahre 1708–1714 (Pfalz) verblieb.

L.: Wolff 137; Wallner 711 BayRK 1; Brunner, J., Geschichte der Stadt Cham, 1919; Piendl, M., Das Landgericht Cham, 1955, in: Historischer Atlas von Bayern, Teil Altbayern 8; Polenz, P. v., Landschafts- und Bezirksnamen, 1961, IV, 3 f., 7, 9, Chamba, Champie marcha; Schmid, A., Cham, LexMA 2 1983, 1670; Bosl, K., Cham. Die Geschichte der Stadt und ihres Umlandes in 1200 Jahren, 1989; Haering, S., Die Mark Cham, in: Beiträge zur Geschichte im Landkreis Cham 11 (1994), 5.

Champrichi

L.: Polenz, P. v., Landschafts- und Bezirksnamen, 1961, II, 94, IV, 9, Champrichi.

Chanoffsky von Langendorf (Reichsritter). Von 1635 bis 1645 waren die C. wegen der konfiszierten sturmfederischen Güter und wegen des oberen Schlosses zu Talheim Mitglied im Kanton Kocher des Ritterkreises Schwaben.

L.: Schulz 260.

Châtenois (Herzog) s. Oberlothringen, Lothringen

L.: Escher, M. u. a., Die urbanen Zentren, 2005, 2, 118.

Chatillon (Herrschaft). Die Herrschaft C. an der Vezouze gehörte im 18. Jahrhundert zum Hochstift Metz, das 1789 in Frankreich säkularisiert wurde.

L.: Wolff 301.

Chavelitzky s. Schaffalitzky, Schaffelitzky

Chelesgouwe s. Kelsgau

L.: Polenz, P. v., Landschafts- und Bezirksnamen, 1961, II, 30, 32, Chelesgouwe.

Chelius (Reichsritter). Um 1700 zählten die C. zum Kanton Odenwald des Ritterkreises Franken.

L.: Riedenauer 122.

Chemnitz (Reichskloster). Vermutlich 1136 wurde von Lothar von Süpplingenburg an der C. (slaw. „Steinbach") im erzgebirgischen Königsforst an einer wichtigen Straßenkreuzung ein Benediktinerkloster gegründet. Konrad III. verlieh ihm 1143 für den Ort Marktrecht. Die sich hieraus entwickelnde Stadt wurde zum Mittelpunkt des Pleißenlandes. Das Kloster erwarb umfangreiche Güter (1375 Kauf der Herrschaft Rabenstein von Waldenburg). Der Abt galt als einziger Abt Sachsens als Reichsfürst. 1538 verlor das Kloster seine Reichsunmittelbarkeit und kam an Sachsen.

L.: Wolff 379; Ermisch, H., Geschichte des Benediktinerklosters zu Chemnitz, 1879; Schlesinger, K., Die Anfänge der Stadt Chemnitz, 1952; Blaschke, K., Chemnitz, LexMA 2 1983, 1792 f.

Chemnitz (Reichsstadt). Die sich bei dem vermutlich 1136 von Lothar von Süpplingenburg an einer wichtigen Straßenkreuzung gegründeten Kloster entwickelnde Stadt (slaw. „Steinbach") war zunächst Reichsstadt (1290 civitas imperio attinens), ging 1308 an die Markgrafen von Meißen über, kaufte jedoch 1423 von diesen die Ober- und Niedergerichtsbarkeit. Um 1550 zählte sie etwa 4000 Einwohner. Von 1770 an wurden in ihr zahlreiche Manufakturen gegründet. Die 1820 beginnende Industrialisierung veränderte das Stadtbild erheblich. 1953 wurde die Stadt in Karl-Marx-Stadt umbenannt, erhielt aber zum 1. 6. 1990 ihren alten Namen zurück.

L.: Wolff 379; Ermisch, H., Urkundenbuch der Stadt Chemnitz und ihrer Klöster, 1879; Blaschke, K., Chemnitz, LexMA 2 1983, 1792 f.

Chiavenna (Stadtkommune), mhd. Cleven. Das bereits in römischer Zeit vorhandene (Clavenna), seit dem 10. Jahrhundert von den Bischöfen von Como beherrschte C. an der Mera und am Treffpunkt des Bergell (Majolapass) und der Val San Giacomo (Splügenpass) wurde am Ende des 11. Jahrhunderts freie Kommune. 1335 fiel es an die Visconti (Herzogtum Mailand). 1512 wurde es von Graubünden erobert. 1797 schloss es sich mit dem Veltlin der zisalpinischen Republik an. 1815 kam es an Österreich, 1859 an Italien.

L.: Wolff 535; Großer Historischer Weltatlas II 72 b (bis 1797) G4; Heinemeyer, W., Chiavenna, LexMA 2 1983, 1809; Becker, C., Die Kommune Chiavenna, 1995.

Chiemgau (Chimengouue, Chiemihgovue, Chiemichouve, Gau um den Chiemsee)

L.: Curs, O., Deutschlands Gaue im zehnten Jahrhundert. Nach den Königsurkunden, Diss. phil. Göttingen 1908, 4 (Vogtareuth, Grabenstädt); Polenz, P. v., Landschafts- und Bezirksnamen, 1961, II, 9, 33 f., 40, Chiemingouwe.

Chiemsee (Hochstift). Die Inseln des Chiemsees waren schon spätsteinzeitlich besiedelt. Vor 770 wurde auf Herrenchiemsee ein Männerkloster gegründet, das Karl der Große 788 an den Bischof von Metz und König Arnulf 891 an den Erzbischof von Salzburg gab. Auf Frauenchiemsee wurde vor 782 ein Frauenkloster gestiftet, das Otto I. 969 dem Erzbischof von Salzburg übertrug. Nach der Zerstörung durch die Ungarn im 10. Jahrhundert wurde 1130 auf Herrenchiemsee ein Augustinerchorherrenstift neu begründet. 1216 (Beurkundung des Vollzugs am 30. 12. 1217) errichtete Erzbischof Eberhard von Salzburg mit Erlaubnis Friedrichs II. hieraus ein Bistum C. mit dem 1130 entstandenen Regularkanonikerstift Herrenchiemsee als Bischofskirche, das nur zehn Altpfarreien umfasste. Zum Hochstift C. gehörte das Amt Sachrang (1216), die Pfarrei Sankt Johann in Tirol sowie Güter außerhalb des Bistumssprengels. 1305 verlegte der Fürstbischof seinen Sitz nach Salzburg. 1803/1805/1807/1817/1818 wurde das Hochstift/Bistum innerhalb Bayerns aufgehoben.

L.: Geiss, E., Geschichte des Benediktinernonnenklosters Frauenwörth, Deutingers Beiträge 1 (1850), 271 ff.; Seidenschnur, W., Die Salzburger Eigenbistümer in ihrer reichs-, kirchen- und landesrechtlichen Stellung, ZRG KA 40 (1919), 177 ff.; Schwaiger, G., Die altbayerischen Bistümer Freising, Passau und Regensburg zwischen Säkularisation und Konkordat, 1959; Wallner, E., Das Bistum Chiemsee im Mittelalter (1215–1508), 1967; Moy, J. Graf v., Das Bistum Chiemsee, Mitt. d. Ges. für Salzburger LK 122 (1982), 1 ff.; Störmer, W./Wallner, E., Chiemsee, LexMA 2 1983, 1812 ff.

Chigi (Reichsfürst). 1659 wurde Agostino C., Neffe Papst Alexanders II. und Befehlshaber im Kirchenstaat, zum Reichsfürsten erhoben.

L.: Klein 166.

Chimay (Herrschaft, Fürstentum). Die Herrschaft C. im Hennegau, die 1486 zum Fürstentum erhoben wurde, gehörte lange Zeit dem Hause Croy und kam dann an Arenberg.

L.: Wolff 62.

Chiny (Grafschaft). Erster bekannter Graf von C. bei Luxemburg war wohl Otto von Warcq (vor 970–1000). Seine Nachkommen fügten Güter des Königs und der Ardennengrafen (Ivois, Margut, Jamoigne [Jamogne], Etalle, Longlier, Mellier, Orgeo) zusammen. Seit dem 12. Jahrhundert trugen sie ihre Güter den Grafen von Bar zu Lehen auf. Über die Erbtochter Johanna kam die Grafschaft an die Grafen von Loon (Looz), die sich seit 1226 auch Grafen von C. nannten. 1340 verkaufte der Graf von Loon die Kastellaneien Ivois, Virton und La Ferte (Laferté) an die Grafen von Luxemburg. 1342 ging die Lehnshoheit von Bar auf Luxemburg über. Am 16. 6. 1364 trat Graf Arnulf die Grafschaft C. an Luxemburg ab.

L.: Wolff 57; Bertholet, J., Histoire ecclésiastique et civile du duché de Luxembourg et comté de Chiny, Bd. 1–8 1741 ff.; Laret-Kayer, A., Entre Bar et Luxembourg: le comté de Chiny a origines à 1300, Thèse masch. Brüssel 1981.

Chiusi (Stadtstaat). C. am Südrand des Chianatals geht auf das etruskische Chamars und das antike Clusium zurück. Unter den Langobarden war es Hauptstadt eines eigenen Herzogtums, im 9. und 10. Jahrhundert Mittelpunkt einer Grafschaft. Später geriet das zugehörige Gebiet teilweise an die Visconti (Mailand). Die Stadt kam im 12. Jahrhundert an Orvieto, 1283 an Siena und 1566 an Florenz und damit 1861 an Italien.

L.: Großer Historischer Weltatlas II (1300) D3; Bersotti, G., Chiusi, 1974; Pauler, R., Chiusi, LexMA 2 1983, 1861.

Chletgouwe s. Klettgau

L.: Polenz, P. v., Landschafts- und Bezirksnamen, 1961, II, 39, 96, Chletgouwe.

Chochengouue s. Kochergau

L.: Polenz, P. v., Landschafts- und Bezirksnamen, 1961, II, 24, 27. Chochengouwe.

Choldici (973), Coledici

L.: Hessler, W., Mitteldeutsche Gaue des frühen und hohen Mittelalters, 1957, 30, 115 ([Coledici] Edderitz, Görzig, Kattau, Cösitz, Piethen); Wagner, G., Die Verwaltungsgliederung im karolingischen Reich, 1963, 910.

Chrapuhfeld (Krappfeld)

L.: Polenz, P. v., Landschafts- und Bezirksnamen, 1961, II, 58, 61, 63, 72, 96, Chrapuhfeld.

Chreihgouwe s. Kraichgau

Chrichton (Reichsritter). Um 1650 zählten die C. zum Kanton Steigerwald des Ritterkreises Franken.

L.: Riedenauer 122.

Christans, Christanz s. Groß von Trockau (zu C.)

L.: Riedenauer 122, 124.

Chuntici

L.: Hessler, W., Mitteldeutsche Gaue des frühen und hohen Mittelalters, 1957, 19, 116 Chutizi (Böhlitz, Colditz, Göttwitz, Grottewitz, Lastau, Leipzig, Leisnig, Liebertwolkwitz, Lößnig, Magdeborn, Mutzschen, Nauberg, Nerchau, Prießnitz, Rochlitz, Schkölen, Taucha, Taucha am Rippach, Wechselburg, Zwenkau); Wagner, G., Die Verwaltungsgliederung im karolingischen Reich, 1963, 10.

Chur (Hochstift). Der Ursprung von C. (zu kelt. kora, korja, Stamm, Sippe) in Graubünden liegt in vorrömischer Zeit. Nach 310 war C. Sitz des Präses der Provinz Raetia prima. Um 300 entstand ein Römerkastell (Curia Raetorum), vermutlich seit dem 4. Jahrhundert war der Ort Sitz eines 451 erstmals sicher erwähnten Bischofs (Asinio). Sein Sprengel gehörte bis zur Zuteilung an das ostfränkische Reich 843 zur Kirchenprovinz Mailand, dann bis 1803 zur Kirchenprovinz Mainz. Er umfasste den rätischen Teil des heutigen Kantons Sankt Gallen, den nördlichsten Teil von Glarus, fast ganz Graubünden, den Vinschgau bis Meran, Liechtenstein und Vorarlberg (Anfang des 9. Jahrhunderts etwa 230 Kirchen und Klöster). Die Bischöfe übten bis zur Trennung von Bistum und Grafschaft durch Karl den Großen (799/806/807) auch die weltlichen Herrschaftsrechte des Gebietes, dessen Recht im 8. Jahrhundert in der Lex Romana Curiensis aufgezeichnet wurde, aus. Im 10./11. Jahrhundert wurden sie ihnen vom König erneut zugeteilt. 955 erhielt der Bischof den halben Ort C., 958 das Münzrecht und 1055 die Reichsvogtei mit dem Blutbann. Seit dem 12. Jahrhundert umfasste die Herrschaft des Bischofs C., die Talschaften „Vier Dörfer", Bergell, Oberhalbstein, Oberengadin, Domleschg und Münstertal sowie die niedere Gerichtsbarkeit im Unterengadin und im Vinschgau. Im 15. Jahrhundert wurden die bischöflichen Rechte durch Landesherren und vor allem die freiheitliche Entwicklung der Drei Bünde wieder eingeengt und im Gefolge der Reformation 1526 durch Graubünden aufgehoben. Zwischen 1299, 1489 und 1526 verlor der Bischof auch schrittweise die Herrschaft über die (Reichs-)Stadt C. Dessen ungeachtet blieb er weiter, auch noch über 1648 hinaus, als Fürstbischof Mitglied des Reichsfürstenrates.

L.: Wolff 533; Zeumer 552 II a 26; Großer Historischer Weltatlas II 66 (1378) E5; Planta, Verfassungsgeschichte der Stadt Chur im Mittelalter, 1878; Mayer, J. G., Geschichte des Bistums Chur, Bd. 1 f. 1907 ff.; Casparis, H., Der Bischof von Chur als Grundherr im Mittelalter, 1910; Bündner Geschichte, 1945; Bistum Chur 1500 Jahre, 1950; Pieth, F., Helvetia Sacra, Bd. I, 1 1972, 449 ff.; Affentranger, U., Die Bischöfe von Chur in der Zeit von 1122 bis 1250, Diss. Salzburg 1975; Sennhausen, H./Meyer-Marthaler, E., Chur, LexMA 2 1981, 2058; Studien zur Geschichte des Bistums Chur, hg. v. Durst, M., 2002.

Chur (Reichsstadt, Reichsvogteistadt). Der Ursprung von C. (zu kelt. kora, korja, Stamm, Sippe) in Graubünden liegt in vorrömischer Zeit. Um 300 entstand dort ein Römerkastell (Curia Raetorum). Der Ort war nach 310 Vorort der Provinz Raetia prima. 614 wurde er erstmals als civitas bezeichnet. 831 erhielt der Bischof von C. einen Immunitätsbrief,

951 Steuerrechte, 952 den Zoll von C., 958 Münze und halbe civitas und 960 den Königshof. Die Stadt wuchs unter der Herrschaft des Bischofs. Seit 1299 befand sie sich in ständigem Streit mit dem Bischof um die Selbständigkeit und löste sich allmählich aus der Herrschaft. 1489 erwarb sie mit der Reichsvogtei, die der Bischof 1299 vom König erlangt hatte, die Stellung einer freien Reichsstadt bzw. verhielt sich jedenfalls dementsprechend. 1498 verbündete sie sich als zugewandter Ort mit der Eidgenossenschaft der Schweiz. Mit dem Übertritt zur Reformation im Jahre 1526 löste sie sich völlig von der bischöflichen Herrschaft.

L.: Wolff 533; Planta, P. C., Verfassungsgeschichte der Stadt Chur im Mittelalter, 1878; Bernhard, H., Chur, 1937; Kellias, H., Zur Entstehung der Churer Stadtverfassung, 1949; Simonett, C., Geschichte der Stadt Chur, Bd. 1 1976; Ludwig, A., Die deutsche Urkundensprache Churs im 13. und 14. Jahrhundert, 1989.

Churwalchen (Curouualahon, in der heutigen Schweiz)

L.: Curs, O., Deutschlands Gaue im zehnten Jahrhundert. Nach den Königsurkunden, Diss. phil. Göttingen 1908, 5; Polenz, P. v., Landschafts- und Bezirksnamen, 1961, II, 22 f., 64, III, 27, 29, Churwalahun, Bevölkerungsname, vallis Curualensis, Cornugallia, Retia Curiensis, Churrätien.

Chwinzingouwe (Quinzingouwe) s. Künzinggau

L.: Polenz, P. v., Landschafts- und Bezirksnamen, 1961, II, 30, 32, Chwinzingouwe.

Cibo-Malaspina (Reichsfürst). 1568 wurde Alberigo C. von Kaiser Maximilian unter Erhebung des Marchesats Massa und seiner anderen Güter zum Fürstentum in den Reichsfürstenstand erhoben.

L.: Klein 164.

Cilli (Grafschaft, Fürstentum). C. in Slowenien war bereits in römischer Zeit besiedelt (Celeia), doch wurde das römische municipium 579 vernichtet. Um 1130 war die Höhenburg C. Sitz der Markgrafen von Saunien. Später fiel C. an die Kärntner Grafen von Heunburg. 1322/1333 kam es von diesen mit weiteren Gütern erbweise an die seit 1130 nachweisbaren steirischen Freien von Sannegg/Sanneck, die 1308 in die Vasallität der Habsburger aufgenommen und am 16. 4. 1345 von Kaiser Ludwig dem Bayern mit der Gurker Lehnsherrschaft Lemberg als Grafschaft C. zu Grafen von C. erhoben wurden. 1372 erneuerte Kaiser Karl IV. die Verleihung. 1399 erhielten die Grafen die Grafschaft Zagorien (Seger). Seit 1406 nannten sich die Grafen Banus von Kroatien, Dalmatien und Slawonien. 1422 erbten sie Güter der Grafen von Ortenburg in Kärnten und Krain (Gottschee, Grafschaften Ortenburg, Sternberg). Nach der Vermählung von Barbara von C. mit Kaiser Sigmund wurden die Grafschaften Ortenburg, Sternberg und C. am 20. 11. 1436 zu Reichsgrafschaften und die Grafen in den Reichsfürstenstand (gefürstete Grafen) erhoben (Fürstentum mit Gütern in Ungarn, Kärnten, Krain und Steiermark). Am 19. 11. 1456 wurde Ulrich II., der 1455 zum faktischen Regenten in Österreich aufstieg, ermordet. Sein Erbe fiel nach längeren Kämpfen an Kaiser Friedrich III. von Habsburg/Österreich. Dem daraus in der unteren Steiermark entstandenen Cillier Kreis gehörten C., Rann, Feistritz, Windischgraz (Windischgrätz), 3 Märkte, 116 Herrschaften und mehrere Klöster zu.

L.: Wolff 28; Großer Historischer Weltatlas II 66 (1378) H5; Krones, F. v., Die Freien von Saneck und ihre Chronik als Grafen von Cilli, 1883; Pirchegger, H., Landesfürst und Adel in der Steiermark während des Mittelalters, Bd. 1 1951; Pirchegger, H., Die Grafen von Cilli, ihre Grafschaft und ihre untersteirischen Herrschaften, Ostdt. Wiss. 2 (1956), 157 ff.; Dopsch, H., Cilli, LexMA 2 1983, 2084 f.; Celjska knjiga listin I, bearb. v. Kos, D., 1996; Štih, P., Die Grafen von Cilli, MIÖG 110 (2002), 67.

Cirksena s. Ostfriesland

Clam (Herrschaft). Die Burg C. in Oberösterreich war Mittelpunkt einer Herrschaft. Diese kam 1523 an die aus Kärnten stammenden Perger von Höhenperg. Sie wurden 1655 in den Freiherrenstand und 1759 in den Grafenstand erhoben. 1778 erhielten sie durch Erbeinsetzung Namen und Gut der Grafen Gallas mit der Herrschaft Friedland und Reichenberg.

Clarstein (Reichsritter). Um 1650 zählten die C. zum Kanton Odenwald des Ritterkreises Franken.

L.: Riedenauer 122.

Clary und Aldringen (Reichsfürst). 1767 wurde Graf Franz Wenzel von C. zum Reichsfürsten erhoben, wobei die Würde nach dem Recht der Erstgeburt für den jeweiligen Inhaber der 1749 gebildeten Majoratsherrschaft Teplitz vererbt werden sollte.

L.: Klein 180.

Clebes von Nelßbach, Glebeß von Nelßbach (Reichsritter). Im 16. Jahrhundert gehörten die C. zum Kanton Odenwald des Ritterkreises Franken.

L.: Stetten 32; Riedenauer 122.

Cleeberg, Kleeberg (Herrschaft, Grafen). Die Burg C. war seit dem 12. Jahrhundert Mittelpunkt einer Herrschaft, die aus dem Erbe der Konradiner an eine Linie der Grafen von Luxemburg und von dieser an eine Linie der Grafen von Peilstein in Niederösterreich gefallen war, die sich Grafen von C. nannte. 1218 gelangte sie beim Erlöschen dieser Linie an die Herren von Isenburg. Später kam sie an mehrere Ganerben (u. a. Isenburg-Limburg, Eppstein, Nassau). C. wurde Stadt. Seit 1716 bestand nur noch eine Gemeinschaft zwischen Nassau-Weilburg (Nassau) und Hessen-Darmstadt. 1802 fiel das wieder dörfliche C. insgesamt an Nassau-Usingen (Nassau) und damit 1866 an Preußen und 1945 an Hessen.

L.: Wolff 255, 265.

Clermont (Grafschaft). Die Grafschaft C. westlich von Verdun gehörte 1378 über das Herzogtum Bar zum Reich. S. Frankreich.

L.: Wolff 492; Großer Historischer Weltatlas II 66 (1378) C4.

Clengel, Klengel (Reichsritter). Die C. gehörten im frühen 18. Jahrhundert wegen Thürnhofen (Dürrenhof) und Kaierberg (Keyerberg) zum Kanton Altmühl des Ritterkreises Franken. 1731–1746 war Johann Caspar von C. wegen eines ererbten Anteils an Bartholomä Mitglied im Kanton Kocher des Ritterkreises Schwaben. Wegen Amblishagen waren die C. zur gleichen Zeit im Kanton Odenwald immatrikuliert.

L.: Biedermann, Altmühl; Riedenauer 124; Schulz 260.

Clermont (Grafschaft). Die Grafschaft C. westlich von Verdun gehörte 1378 über das Herzogtum Bar zum Reich. S. Frankreich.

L.: Großer Historischer Weltatlas II 66 (1378) C4.

Cleßheim, Gleßheim (Reichsritter). Im 17. und 18. Jahrhundert zählten die C. (Fabrici genannt C.) zum Kanton Rhön-Werra und zum Kanton Odenwald des Ritterkreises Franken. S. Fabrici.

L.: Riedenauer 122.

Cleve s. Kleve

L.: Großer Historischer Weltatlas II 66 (1378) D3, III 22 (1648) C3, III 38 (1789) B2.

Clodt zu Ehrenberg (Freiherren, Reichsritter). Bis zum Tod ihres letzten Familienmitgliedes 1789 gehörten die Freiherren C. mit Teilen der Herrschaft Ehrenburg (Ehrenberg), nämlich Karbach samt Hirzenach (Oberhirzenach), zum Kanton Niederrheinstrom des Ritterkreises Rhein. Ihre Güter fielen 1789 an die Freiherren vom Stein an der Lahn zu Nassau.

L.: Genealogischer Kalender 1753, 546; Roth von Schreckenstein 2, 594; Winkelmann-Holzapfel 144.

Cloppenburg (Herrschaft). An der Kreuzung alter Handelsstraßen gründeten die Grafen von Tecklenburg vor 1297 die Burg C. Burg und Herrschaft kamen 1400 an Münster, 1803 an Oldenburg und 1946 zu Niedersachsen.

L.: Wolff 312; Festbuch 500 Jahre Stadt Cloppenburg, hg. v. Ottenjahn, H., 1935; Niedersachsen um 1780. Landschaftsbild und Verwaltungsgebiete, Lief. 1., hg. v. Prinz, J., 1938; Kuropka, J., 550 Jahre Cloppenburg. Jubiläum und historische Erinnerung, 1985, Beiträge zur Geschichte der Stadt Cloppenburg 1.

Closen (Reichsritter). Von 1592 bis in das 18. Jahrhundert zählten die C. mit dem 1768 an die Hopffer (Hopfer) verkauften Bläsiberg (Blasiberg), Wankheim und dem um 1720 an Leutrum von Ertingen verkauften Kilchberg (Kirchberg) zum Kanton Neckar des Ritterkreises Schwaben. Außerdem waren sie 1629 bis 1721 wegen des erheirateten Mühlhausen am Neckar und danach bis 1764 als Personalisten im Kanton Kocher immatrikuliert.

L.: Roth von Schreckenstein 2, 592; Hellstern 202; Kollmer 369, 375 f.; Schulz 260.

Coburg (Stadt, Fürstentum). Die Veste C. liegt auf ursprünglichem Königsgut, das seit 1012 in der Hand der rheinischen Ezzonen erkennbar ist. 1056 erhielt Erzbischof Anno II. von Köln von Königin Richenza mit Präkarievertrag die C. und übertrug sie an das Kloster Saalfeld. Danach gehörte C. den Grafen von Andechs. Von ihnen gelangte es um 1230/1248 an die Grafen von Henneberg, die auf der Veste ihren Sitz aufschlugen und den Ort um 1240 zur Stadt erhoben, die 1331 das Stadtrecht von Schweinfurt erhielt. 1347/1353 fiel es an die Wettiner/Markgrafen von Meißen, die es zu einem Vorort ausbauten und nach 1543 zur Residenz machten. Von 1572 (1596) bis 1633/1638 residierte dort die Linie Sachsen-Coburg-Eisenach bzw. Sachsen-Coburg, 1680/1681–1699 Sachsen-Coburg, 1735–1826 Sachsen-Coburg-Saalfeld, 1826–1918 Sachsen-Coburg und Gotha. Am Ende des 18. Jahrhunderts umfasste das Fürstentum, das sich in der Hand der Herzöge von Sachsen-Meiningen (die Städte und Ämter Schalkau, Sonneberg, Neuhaus, Salzungen und das Amt Altenstein), Sachsen-Coburg-Saalfeld (Stadt und Amt Coburg und die Gerichtsbezirke Gestungshausen, Lauter, Rodach, Neustadt an der Heide und Steinheid) und Sachsen-Hildburghausen (Städte und Ämter Hildburghausen, Eisfeld, Heldburg, Königsberg und die Klosterämter Veilsdorf [Weilsdorf] und Sonnefeld [Sonnenfeld]) befand, ein Gebiet von 23 Quadratmeilen mit 75 000 Einwohnern. 1918 trennte sich C. von Gotha und schloss sich 1920 nach Volksentscheid an Bayern an. S. Sachsen-Coburg, Sachsen-Coburg und Gotha, Sachsen-Coburg-Eisenach, Sachsen-Coburg-Saalfeld.

L.: Wolff 396 f.; Wallner 709 ObersächsRK 12 a–c; Föhl, W., Geschichte der Veste Coburg, 1954; Festgabe zum 900. Gedenkjahr der ersten Erwähnung der Ur-Coburg und ihres Umlandes; Coburg mitten im Reich, hg. v. Schilling, F., Bd. 1, 2 1956, 1961; Hoech, F., Coburg. Eine fränkische Stadt, 2. A. 1965; Erdmann, J., Coburg, Bayern und das Reich 1918–1923, 1969; Lorenz, W., Urkundenstudien zur Frühgeschichte der Coburg, Jb. d. Coburger Landesstiftung 1970, 317 ff.; Das älteste Coburger Stadtbuch, bearb. v. Andrian-Werburg, K. v., 1977; Wendehorst, A., Coburg, LexMA 2 1983, 2195 f.; Coburg 1353, 2003.

Coburg s. Vogt von C.

Cochem (Reichsgut). Das auf altem Siedlungsland gelegene C. wird 866 erstmals genannt. Auf dem ihnen verliehenen ehemaligen Reichsgut errichteten die Pfalzgrafen bei Rhein wahrscheinlich um 1020 die Burg C. 1151 wurde C. wieder Reichsgut. 1294 kam es, zunächst als Pfand, an das Erzstift Trier, bei dem es bis 1794 verblieb. 1689 wurde es weitgehend zerstört, von 1794 bis 1815 von Frankreich besetzt. Danach gelangte es an Preußen, 1946 an Rheinland-Pfalz.

L.: Wolff 83; Pauly, N., Stadt und Burg Cochem, 1883; Heimatbuch des Kreises Cochem, 1926; Krämer, C./Spieß, K., Ländliche Rechtsquellen aus dem kurtrierischen Amt Cochem, 1986; Escher, M. u. a., Die urbanen Zentren, 2005, 2, 123.

Colberg s. Löffelholz von C.

Colditz (Herrschaft, Herren). C. bei Grimma an der Freiberger Mulde ist aus einem 1046 genannten Vorort eines Burgwards hervorgegangen. 1147 gelangte C. mit Leisnig und Groitzsch an Herzog Friedrich von Schwaben. Dieser nahm als Kaiser Friedrich I. Barbarossa die Burg C. mit 20 Dörfern als Teil des Pleißenlandes ans Reich und übertrug sie dem Ministerialen Thimo. Die von ihm gegründete Familie spaltete im letzten Viertel des 13. Jahrhunderts die Nebenlinien Breitenhain und Wolkenburg ab. Die Hauptlinie erwarb am Anfang des 14. Jahrhunderts die Herrschaft Graupen in Böhmen, 1378 die Herrschaft Eilenburg, 1379 die Pfandschaft Pirna und 1382 Neuseeberg in Böhmen. 1396 wurde die ausgedehnte Herrschaft an das Haus Wettin verpfändet, 1404 verkauft. S. Sachsen.

L.: Wolff 379; Truöl, K., Die Herren von Colditz und ihre Herrschaft, Diss. phil. Leipzig 1914; Helbig, H., Der wettinische Ständestaat, 1955, 307 ff.; 700 Jahre Stadt Colditz, hg. v. Naumann, H., 1965; Blaschke, K., Colditz, 1984; Patze, H., Colditz, LexMA 3 1986, 29 f.

Colloredo (Fürst). 1302 erbaute der schwäbische Adlige Wilhelm von Mels die Burg C. bei Udine, nach der sich die Familie nunmehr benannte. Bei seinem Tod spaltete sie sich in eine 1693 erloschene Asquinische Linie, eine Bernhardinische Linie und eine Weikardische Linie. 1591 wurde das Haus mit den schwäbischen Grafen von Waldsee (Wallsee) an der Ach in Oberschwaben vereinigt, von denen die C. fälschlich ihren Ursprung herleiteten. 1629 erhielt die Asquinische Linie, 1724 das Gesamthaus den Reichsgrafenstand, 1763 den Reichsfürstenstand. Am Ende des 18. Jahrhunderts gehörte der Fürst von C. als Personalist zu den schwäbischen Grafen der weltlichen Bank des Reichsfürstenrates des Reichstages und zum Kanton Odenwald des Ritterkreises Franken. Der 1788 vom älteren Sohn weitergeführte fürstliche Zweig nannte sich seit 1789 Colloredo-Mannsfeld. Colloredo-Mannsfeld wurde 1805/1806 in Österreich und Württemberg mediatisiert.

L.: Zeumer 554 II b 61, 20; Klein 179; Stetten 39; Riedenauer 123; Crollalanza, G. B. v., Das Adelsgeschlecht der Waldsee-Mels und insbesondere der Grafen von Colloredo, 1889.

Colloredo-Mannsfeld (Fürst) s. Colloredo

Colloredo-Waldsee s. Colloredo

Colmar, Kolmar (Reichsstadt). C. im Oberelsass am Schnittpunkt wichtiger Straßen wird zuerst 823 als fiscus (Königshof) Columbarium erwähnt. 1226 wurde es Reichsstadt (civitas). 1354 trat C. dem elsässischen

Zehnstädtebund bei. 1672 bemächtigte sich Frankreich seiner und ließ die starken Befestigungen schleifen. Seitdem teilt es politisch das Schicksal des umliegenden Elsass. 1714 erwarb die Stadt die Herrschaft Hohlandsburg (Hohlandsberg) mit Logelnheim.

L.: Wolff 298; Großer Historischer Weltatlas II 66 (1378) D4, III 22 (1648) C4; Hund, A., Colmar vor und während seiner Entwicklung zur Reichsstadt, 1899; Pfleger, L., Colmarer Stadtrechte, 1938, Oberrhein. Stadtrechte 3; Sittler, L., Colmar, 1951; Sittler, L., La Décapole alsacienne des origines à la fin du Moyen Age, 1955; Sittler, L., Colmar, LexMA 3 1986, 46 ff.; Escher, M. u. a., Die urbanen Zentren, 2005, 2, 126.

Comacchio (freie Kommune, Fürstentum). C. in der Provinz Ferrara wurde von den Etruskern gegründet. Zu Beginn des 8. Jahrhunderts ist erstmalig eindeutig ein Bischof belegt (Vincentius). 971 kam C. an die römische Kirche und von dort als Lehen an den Erzbischof von Ravenna. Im 11. Jahrhundert wurde es freie Kommune, gelangte 1245 aber wieder an das Erzstift Ravenna und 1299 an das Haus Este, 1598 erneut an den Kirchenstaat des Papstes.

L.: Maestri, C., Storia di Comacchio dalle origini al 1860, 1978; Pauler, R., Comacchio, LexMA 3 1986, 68.

Comburg, Komburg (Abtei). Die Benediktinerabtei C. bei Schwäbisch Hall am Kocher wurde 1079 an Stelle einer gräflichen Burg gegründet. Von den Gründern kam die Vogtei an die Staufer. Von 1265 bis 1317 war das Kloster ohne Vogt. Danach gab der König die Vogtei an die Stadt Schwäbisch Hall. Vom 14. bis zum 16. Jahrhundert verlor die zeitweise völlig darniederliegende Abtei einen großen Teil ihrer beträchtlichen Güter. 1488 wurde sie weltliches Chorherrenstift, das 1521 in der Reichsmatrikel aufgeführt wird, und kam 1541 unter die Hoheit des Bischofs von Würzburg. Das Ritterstift, das ein Gebiet von 1,5 Quadratmeilen mit 3700 Einwohnern hatte, fiel 1802 an Württemberg. Zu seinen Gütern gehörten die Dörfer Steinbach, Großallmerspann und Hausen an der Rot, das Amt Gebsattel bei Rothenburg ob der Tauber, Lehnsgüter in Ingersheim, Enslingen und Reinsberg, Vasallenlehen und Rittermannslehen in Michelbach, im Hardter Holz oberhalb des Weilers Klingen bei Steinbach (Vorderholz ob Klingen), Anteile an Schloss Bartenau (Bardenau) in Künzelsau, die Obermühle in Jagstheim, ein Anteil an Nagelsberg, Morsbach (Moosbach) und Künzelsau, Heimbach, Tüngental (Thüngental), Blindheim, Untermünkheim, Arnsdorf (Arndorf) und Neunkirchen, 295 Erblehen, in 70 Orten die Zehntrechte sowie 30–40 000 Morgen Waldungen. Mit Teilen von Enslingen und von Künzelsau war es um 1800 Mitglied des Kantons Odenwald des Ritterkreises Franken.

L.: Wolff 101; Winkelmann-Holzapfel 155; Riedenauer 129; Erzberger, M., Die Säkularisation in Württemberg von 1802 bis 1810, 1902; Lamey, B., Die Comburg in Geschichte und Gegenwart, 2. A. 1956; Krüger, E., Comburg. Ein Gang durch Geschichte und Kunst, 1967; Germania Benedictina 5 1975, 351 ff.; Jooss, R., Kloster Komburg im Mittelalter. Studien zur Verfassungs-, Besitz- und Sozialgeschichte einer fränkischen Benediktinerabtei, 2. A. 1987; Schraut, E., Die Comburg, 1989; Eberl, I., Komburg, LexMA 5 1990, 1275 f.

Commercy (Herrschaft). Nach dem 823 (villa Commarciaco) bzw. 827/828 erstmals erwähnten Castrum C. an der Maas in Lothringen nannten sich die in der Mitte des 12. Jahrhunderts Güter der Grafen von Bar erheiratenden Herren von Broyes, die C. als Lehen des Hochstifts Metz hatten. Zu Beginn des 13. Jahrhunderts entstanden zwei Linien mit C. einerseits und Chateauvillain und Montrevel (Montrivel) andererseits. Eine Linie erheiratete 1273/1274 über die Erbtochter die Grafschaft Saarbrücken. 1341 erfolgte eine Teilung in Saarbrücken und ein Drittel der Herrschaft einerseits sowie zwei Drittel der Herrschaft andererseits. 1381/1384 ging die Linie Saarbrücken-Commercy über die Erbtochter in die walramische Linie Nassau-Weilburg der Grafen von Nassau (Nassau-Saarbrücken) über. S. Frankreich.

L.: Wolff 305; Dumont, C., Histoire de la ville et des seigneurs de Commercy, Bd. 1–3, 1843; François-Vives, S., Les seigneurs de Commercy au Moyen Age (XIe s.–1429), Mém. Soc. Arch. Lorr. 1936–1939; Mathieu, A., Recherches sur la topographie ancienne de Commercy, 1981 (masch.schr.); Parisse, M., Commercy, LexMA 3 1986, 83 f.; Escher, M. u. a., Die urbanen Zentren, 2005, 2, 129.

Como (Stadtkommune). Das antike C. wurde 196 v. Chr. römisch. In fränkischer Zeit wurde es Mittelpunkt einer Grafschaft. 1127 wurde es von Mailand zerstört, 1159 von Friedrich I. Barbarossa als staufischer Stützpunkt wieder aufgebaut. 1335, endgültig 1451, fiel es an Mailand (1861).

L.: Großer Historischer Weltatlas II 34 (1138–1254) C1; Cantù.215, C., Storia della cittá e della diocesi di Como, Bd. 1 f. 3. A. 1899 f.; Beretta, A., Como, 1935; Rovelli, L., Storia di Como, Bd. 1–3 1962 f.; Fasola, L., Como, LexMA 3 1986, 95 f.

Condroz (Gau im heutigen Belgien) (Condustrinsis 747)

L.: Curs, O., Deutschlands Gaue im zehnten Jahrhundert. Nach den Königsurkunden, Diss. phil. Göttingen 1908, 5 (Ellemelle); Nonn, U., Pagus und Comitatus in Niederlothringen, 1983, 104, 204.

Corray, de (Reichsritter). Johann de C., Obervogt zu Groß-Engstingen (Großengstingen), wurde als Pächter des Rittergutes Deufringen 1677 Mitglied des Kantons Neckar des Ritterkreises Schwaben.

L.: Hellstern 202.

Correggio (Grafschaft, Fürstentum). Die Familie C. erscheint im frühen 11. Jahrhundert mit Frogerius da C. in C. in der Emilia. Im 13. Jahrhundert erlangte sie vor allem die Führung von Parma. Im 14. Jahrhundert wurde sie auf C. beschränkt. Dieses wurde 1452 Grafschaft, 1616 Fürstentum, musste aber 1634 an die Este abgetreten werden. Zu Anfang des 18. Jahrhunderts starb die Familie aus.

L.: Tiraboschi, G., Memorie storiche modenesi, 1793–95; Finzi, R., Azzo da Correggio, 1928; Conti, P., Coreggio, LexMA 3 1986, 279 f.

Cortona (Stadtkommune). C. am Ostrand des Chianatals nahe dem Trasimenischen See war eine der ältesten etruskischen Städte, die seit 310 v. Chr. mit Rom verbündet war. Um 1300 gehörte die im 13. Jahrhundert zwischen Arezzo und Perugia umstrittene Stadt zum Reich. Im 14. Jahrhundert kam sie unter die Herrschaft der Casali und wurde 1411 von Ladislaus von Anjou-Durazzo bzw. Neapel, dem die von den Casali beherrschten Einwohner 1409 die Stadt geöffnet hatten, an Florenz verkauft.

L.: Großer Historischer Weltatlas II 48 (1300) E3; Uccelli, P., Storia di Cortona, 1835; Mancini, G., Cortona nel medioevo, 1897; Cardini, F., Cortona, LexMA 3 1984, 294.

Corvey (gefürstete Reichsabtei, Bistum, Fürstentum). 815/816 gründeten die Vettern Karls des Großen Adalhard und Wala in Hethi in Sachsen bei Neuhaus im Solling als Propstei des westfränkischen Klosters Corbie an der Somme ein Kloster, das Ludwig der Fromme 822 an seinen endgültigen Ort (Nova Corbeia, C., am Übergang des Hellweges über die Weser) verlegte. Durch Privilegien und Schenkungen (826 Eresburg, 834 Meppen) stark gefördert errang es rasch eine führende Rolle bei der Vermittlung der fränkischen Kultur in das neugewonnene Sachsen und besaß im 12. Jahrhundert 60 Kirchen zwischen Siegen, Halberstadt und Bremen. Im Hochmittelalter büßte es diesen Rang freilich wieder ein und verlor sein Herrschaftsgebiet bis auf einen kleinen Rest im unmittelbaren Umland. 1792/1794 wurde C. zum Fürstbistum erhoben, 1803 säkularisiert. Das weltliche Fürstentum mit Höxter und 16 Dörfern (5 Quadratmeilen bzw. 275 Quadratkilometer mit 10 000 Einwohnern) kam an den Erbprinzen von Nassau-Oranien (Oranien-Nassau), 1807 an das Königreich Westphalen und 1815 an Preußen. Aus dem Domanialgut entstand 1820/1822 das Mediatfürstentum C., das 1834 von Hessen-Rotenburg an die Fürsten von Hohenlohe-Schillingsfürst (seit 1840 Herzöge von Ratibor, Fürsten von C.) kam. 1946 fiel C. an Nordrhein-Westfalen.

L.: Wolff 332 f.; Zeumer 552 II a 35; Wallner WestfälRK 27; Großer Historischer Weltatlas II 66 (1378) E3, III 22 (1648), III 38 (1789) B3; Richtering, H./Kittel, E., Westfalen-Lippe, in: Geschichte der deutschen Länder, Bd. 1; Abhandlungen zur Corveyer Geschichtsschreibung, hg. v. Philippi, F., 1906 ff.; Thiele, K., Beiträge zur Geschichte der Reichsabtei Corvey, 1928; Rave, W., Corvey, 1958; Kunst und Kultur im Weserraum 800–1600. Ausstellung des Landes Nordrhein-Westfalen, Corvey 1966, Bd. 1 ff.; Kaminsky, H., Studien zur Geschichte der Abtei Corvey in der Salierzeit, Diss. phil. Köln 1968; Kaminsky, H., Studien zur Reichsabtei Corvey in der Salierzeit, 1972; Föllinger, G., Corvey – Von der Reichsabtei zum Fürstbistum, 1978; Die alten Mönchslisten und die Traditionen von Corvey Teil 1, neu hg. v. Honselmann, K., 1982; Prinz, J., Die Corveyer Annalen, 1982; Der Liber vitae der Abtei Corvey, hg. v. Schmid, K./Wollasch, J., 1983; Kaminsky, H./Fahlbusch, F., Corvey, LexMA 3 1986, 295 ff.; Metz, W., Corveyer Studien. Die älteren Corveyer Traditionen und ihre Personen, Archiv f. Diplomatik 34 (1988); Annalium Corbeiensium continuatio saeculi XII, bearb. v. Schmale-Ott, I., 1989; Wiesemeyer, H., Corvey, 1990; Schütte, L., Die alten Mönchslisten und die Traditionen von Corvey, 1992; Krüger, K., Studien zur Corveyer Gründungsüberlieferung, 2001.

Cosel, Kosel (Herrschaft, Herzogtum), poln. Kozle. C. an der Oder war im 12. Jahrhundert eine Grenzburg der Piasten gegen Mähren. 1281 wurde das Herzogtum C. aus Oppeln verselbständigt und kam 1286 an Beuthen, dessen Träger 1327 dem König von Böhmen huldigte. Von 1312 bis 1355 war C. Residenz eines Herzogtums. 1355 kam es an Oels. Von 1451 bis 1471 war es wieder selbständig, fiel 1472 an Münsterberg, 1475 an König Matthias Corvinus von Ungarn, 1490 an Oppeln und 1532 an Österreich. 1742 kam es an Preußen.

Seit 1945 stand C. unter der Verwaltung Polens, an das es 1990 als politische Folge der deutschen Wiedervereinigung gelangte.

L.: Weltzel, A., Geschichte der Stadt, Herrschaft und ehemaligen Festung Cosel, 2. A. 1888.

Cottbus, Kottbus (Herrschaft). C. wird erstmals 1156 als Burg an einem Spreeübergang erwähnt. Zu Anfang des 13. Jahrhunderts erhielt der Ort wohl durch die Herren von C. das Stadtrecht Magdeburgs. C. stand unter der Lehnshoheit der Wettiner (bis 1304), der Askanier (bis 1319) und danach wechselnd Meißens, Sachsens, der Wittelsbacher und der Luxemburger. 1445/1455 verkauften die Herren von C. die Herrschaft C. an Friedrich II. von Brandenburg, dessen Rechte unter der Lehnshoheit Böhmens 1462 anerkannt wurden. Am Ende des 18. Jahrhunderts zählte das zusammen mit Peitz ein Gebiet von 16 Quadratmeilen umfassende C. zum obersächsischen Reichskreis. 1807 an Sachsen abgetreten, kehrte die Herrschaft schon 1815 mit der gesamten Niederlausitz an Preußen zurück. Von 1949 bis 1990 gehörte D. (über Brandenburg) der Deutschen Demokratischen Republik an.

L.: Wolff 392; Wallner 708 ObersächsRK 1; Krüger, G., Die Geschichte der Stadt Cottbus, 1930, 2. A. 1941; 800 Jahre Stadt Cottbus, 1956; Ribbe, W., Cottbus, LexMA 3 1986, 304 f.

Craatz (von Scharfenstein) s. Kratz (von Scharfenstein)

Crailsheim (Freiherren, Reichsritter). C. an einer Jagstfurt ist wohl im 6. Jahrhundert von Franken gegründet worden. Nach ihm nannten sich die Herren von C. Von den Anfängen der Reichsritterschaft bis zum Ende des Heiligen Römischen Reiches zählten die Freiherren von C. zum Ritterkreis Franken. Mit Teilen von Hornberg, der Herrschaft Morstein, Teilen von Hengstfeld und Teilen von Gaggstatt (Gaggstadt), Dünsbach und Brachbach waren sie im Kanton Odenwald, mit Fröhstockheim, Walsdorf, Altenschönbach und Teilen von Rödelsee im Kanton Steigerwald und mit Teilen der Herrschaft Rügland und Sommersdorf, Thann und Rosenberg sowie Neuhaus im Kanton Altmühl immatrikuliert. Hornberg und Hengstfeld fielen 1806 an Bayern, Morstein mit Dünsbach an Württemberg und kamen damit 1951/1952 zu Baden-Württemberg.

L.: Biedermann, Altmühl; Wolff 108; Roth von Schreckenstein 2, 593; Hölzle, Beiwort 55 f., 58; Winkelmann-Holzapfel 144; Pfeiffer 197, 198, 210, 213; Stetten 10, 32, 35, 183 f.; Bechtolsheim 12, 18, 63; Riedenauer 123; Crailsheim, S. Frhr. v., Die Reichsfreiherren von Crailsheim, 1905.

Crailsheim (Reichsstadt?). C. an einer Jagstfurt wurde wohl im sechsten Jahrhundert gegründet. Wichtige Rechte gehörten im 12. Jahrhundert den Herren von Lohr, nach deren Aussterben den Herren von Oettingen, nach deren Ächtung 1310 dem Reich (?) und lehnsweise den verwandten Herren von Hohenlohe. Von 1323 bis 1336 verpfändete Ludwig der Bayer C. mit Burgstall Lohr und Dorf Honhardt an die Hohenlohe. 1323 war der Ort Stadt. 1387 verpfändeten die Hohenlohe C. an benachbarte Reichsstädte, 1388 und 1390 an die Landgrafen von Leuchtenberg, die das Pfand 1399 als verfallen an die Burggrafen von Nürnberg verkauften. Über die Markgrafen von Ansbach kam C. 1791 an Preußen, 1806 an Bayern, 1810 an Württemberg und damit 1951/1952 an Baden-Württemberg. 1945 wurde es stark zerstört.

L.: Wolff 108; Rahrbach 39; Heimatbuch Crailsheim, hg. v. Schumm, J./Hummel, F., 1928; Dienel, W. M., Crailsheim, 1967/1968; Schneider, W., Die Wirtschaftsgeschichte der Stadt Crailsheim, 1990.

Cratz (von Scharfenstein) s. Kratz (von Scharfenstein)

Crema (Stadtkommune, Stadtstaat). Vermutlich bereits in der Spätantike wurde C. am Serio nördlich von Cremona gegründet. Im elften Jahrhundert unterstand das castrum C. den Grafen von Bergamo. Seit 1098 war C. den Bischöfen von Cremona unterstellt. 1160 zerstörte Kaiser Friedrich I. Barbarossa die mit Mailand verbündete Stadt, doch erlangte sie wenig später die Anerkennung eigener Konsuln. 1338 kam C. an Mailand, wurde 1403 aber wieder autonom. 1423 fiel es erneut an Mailand, 1449 an Venedig, bei dem es bis 1797 blieb. S. Italien.

L.: Großer Historischer Weltatlas II (1300) 48 C2; Albini, G., Crema, LexMA 3 1984, 339.

Cremona (Stadtkommune). C. am Po kam 218 v. Chr. von den gallischen Cenomanen an Rom. 451 war es bereits Sitz eines Bischofs. 603 wurde es von den Langobarden erobert, geriet danach aber unter die Herrschaft der Bischöfe. Im 12. Jahrhundert war es freie Kommune (1112–1166 consules). Im Kampf gegen Mailand war es mit Kaiser Friedrich I. Barbarossa verbündet. 1334/1344 wurde es von den Visconti (Mailand) unterworfen und gelangte 1441 an die Sforza. Mit dem Herzogtum Mailand kam es 1797 unter die Herrschaft Frankreichs. 1815 fiel es an Österreich, 1859 an Sardinien (1861 Italien).

L.: Großer Historischer Weltatlas II 48 (1300) D2; Signori, E., Cremona, 1928; Montorsi, W., Cremona. Dalla città quadrata alla città nova, 1981; Zumhagen, O., Religiöse Konflikte und kommunale Entwicklung, 2001.

Creutzburg (Reichsritter). Vielleicht gehörten die C. zum Kanton Rhön-Werra des Ritterkreises Franken.

L.: Riedenauer 123.

Cronberg s. Kronberg

Croneck (Reichsritter). Im 18. Jahrhundert zählten die C. zum Ritterkreis Rhein. S. Kroneck.

L.: Roth von Schreckenstein 2, 594.

Cronheim zu Laufenbürg (Reichsritter). Im frühen 16. Jahrhundert zählten die C. zum Kanton Altmühl des Ritterkreises Franken.

L.: Biedermann, Altmühl; Riedenauer 123.

Crossen, Krossen (Herrschaft, Land), poln. Krosno. C. an der Mündung des Bober in die Oder wird 1005 erstmals erwähnt (Crosno, Crosna). Nach 1150 kam es von Polen an das Herzogtum Schlesien und als Teil von Sagan 1329 unter die Oberhoheit Böhmens und damit zum Reich. Am Ende des nach dem Tode Herzog Heinrichs XI. von Glogau († 1476), der mit Barbara von Brandenburg verheiratet gewesen war, ausbrechenden Glogauer Erbstreits gelangte 1482 das Herzogtum C. mit Bobersberg, Züllichau und Sommerfeld an Brandenburg und wurde damit von Schlesien gelöst. 1535 wurde es mit einem Gebiet von 30 Quadratmeilen (Stadt und Amt C., Städte Sommerfeld und Rothenburg, Stadt und Amt Züllichau) der Neumark Johanns von Küstrin eingegliedert. 1537 verzichteten die Herzöge von Münsterberg auf ihre Ansprüche als Erben von Glogau. C. wurde Lehen Brandenburgs von Böhmen. Die Markgrafen nannten sich seitdem Herzöge von Schlesien zu Crossen. 1742 endete die Lehnsabhängigkeit von Böhmen. S. Brandenburg, Polen.

L.: Wolff 391; Wallner 708 ObersächsRK 1; Wedekind, E. L., Geschichte der Stadt und des Herzogtums Crossen, 1840; Matthias, G. A., Chronica der Stadt und des ehemaligen Herzogtums Crossen, hg. v. Range, C., 1853; Obstfelder, K. v., Chronik der Stadt Crossen, 2. A. 1925; Berbig, F., Die Erwerbung des Herzogtums Crossen durch die Hohenzollern, 1882; Wein, K., Wo die Zeit einmündet in die Ewigkeit. Ein Heimatbuch der Stadt Crossen/Oder, 1962.

Cröwe s. Kröv

Croy (Herzog). Das nach dem Dorf C. bei Amiens in der Picardie benannte, altburgundisch-wallonisch-flämisch-westfälische Geschlecht C. ist seit dem Ende des 13. Jahrhunderts bezeugt. 1397 erwarb es die Herrschaft Chimay (Fürstentum), die es später wieder verlor. Durch die Ehe mit Isabelle de Renty gewann Guillaume von C. Renty, Sempy und Seneghem (Seringheim). Von Kaiser Maximilian I. erhielt C. die Reichsfürstenwürde. Im 15. Jahrhundert teilte C. sich in zwei Linien. Die Mitglieder der älteren Linie wurden 1533 Herzöge von Aarschot (Aerschot), 1594 Reichsfürsten und 1598 französische Herzöge von C. 1762 erlosch die Aarschoter (Aerschoter) Hauptlinie im Mannesstamm. Die jüngere Linie spaltete sich in zwei Zweige. Davon war die Linie Croy-Dülmen (Croy-Solre) seit 1677 reichsfürstlich. Sie erhielt 1803 für ihre 1801 verlorenen niederländischen Güter die Reste des ehemals hochstift-münsterschen Amtes Dülmen mit 6,5 Quadratmeilen und 8000 Einwohnern als reichsunmittelbares Herzogtum C., das bei der Gründung des Rheinbundes 1806 an Arenberg, 1810 an Frankreich und 1815 an Preußen fiel. Die Linie Croy-Havré (1627 Herzogtum Havré) erlosch 1839. S. Nordrhein-Westfalen.

L.: Klein 147; Kleinschmidt, A., Aremberg, Salm und von der Leyen 1789–1815, 1912; Zorn, P. K. L., Die staatsrechtliche Stellung des herzoglichen Hauses Dülmen, 1917; Vaughan, R., Philipp the Good, 1970; Blockmans, W., Croy, LexMA 3 1986, 357 ff.

Croy-Dülmen s. Croy

Croy-Havré s. Croy

Crumbach, Fränkisch-Crumbach (Herrschaft). Seit dem 7./8. Jahrhundert bestand – später umgeben von Erbach, Katzenelnbogen/Hessen und Pfalz – zwischen der oberen Gersprenz und dem Bierbach die allodiale freie Herrschaft C. mit eigenem Hochgericht und Mittelpunkt in C. Vom 12. Jahrhundert bis 1671 war C. Sitz der Herren von C., die Vögte von Höchst waren, und ihrer jüngeren Linie von Rodenstein. Im 13. Jahrhundert ging Reichelsheim an die Schenken von Erbach verloren. Nach starker Zerteilung an verschiedene Erben ging die Herrschaft 1692 und 1802 ganz an die Freiherren von Gemmingen-Hornstein über. S. Hessen.

Culemborg s. Cuylenburg

Culm, Kulm (Bistum). Bei der kirchlichen Einteilung Preußens durch den päpstlichen Legaten Wilhelm von Modena wurde dem Land C. (Kulm, Kulmerland) 1243 das Bistum C. (Kulm) zur Seite gestellt, dessen Sitz später in Löbau war. 1245/1255 kam es zum Erzbistum Riga, wurde 1264 dem Deutschen Orden mit gewissen Vorbehalten inkorporiert und gelangte 1466 zu Gnesen. 1601 wurde der Anteil Polens an Pomesanien hinzugefügt. 1772/1793 fiel das Bistum an Preußen.

L.: Urkundenbuch des Bistums Culm, hg. v. Woelky, C., 1885 ff.; Schmauch, H., Die Besetzung der Bistümer im Deutschordensstaat (bis 1410), Diss. Königsberg 1919; Lückerath, C., Kulm, LexMA 5 1991, 1562 ff.

Culm (Land), Kulmerland. Im Zuge der deutschen Ostsiedlung ging das Gebiet um C. (Culmer Land, Kulmerland) 1230 durch Verträge zwischen Konrad von Masowien und Bischof Christian von Preußen an den Deutschen Orden über (Deutschordensland Preußen). 1466 wurde es an Polen abgetreten. 1772 kam es zu Preußen, 1807 (ohne Graudenz) an das Herzogtum Warschau, 1814 wieder an Preußen, 1920 an Polen.

L.: Schulz, F., Geschichte der Stadt Culm, 1871; Brauns, Geschichte des Culmer Landes bis zum Thorner Frieden, 2. A. 1881.

Culmbach s. Brandenburg-Culmbach, Bayreuth, Kulmbach

Curtius zu Umstadt (Reichsritter). Um 1700 zählten die C. zum Kanton Odenwald des Ritterkreises Franken.

L.: Riedenauer 123.

Cuylenburg (Herrschaft, Grafschaft), niederl. Culemborg, westlich von Arnheim, ging um 1640 als reichsunmittelbare Herrschaft bzw. Grafschaft von dem letzten Grafen an die Grafen von Waldeck und von dort in weiblicher Erbfolge an den Herzog von Sachsen-Hildburghausen. Dieser verkaufte C. 1720 an die Generalstaaten der Niederlande bzw. de Staten van't Quartier von Nymegen (Nimwegen). S. Waldeck.

L.: Jong, J. de, Holland in vroege tijd, 1742, Neudruck 1964; Schilfgaarde, A. van, Het Archief der Heeren en Graven van Culemborg, 1949; Weel, A. van de, De incorporatie van Culemborg, 1977; Culemborg, hg. v. Beltjes, P. u. a., 1988.

Czartoryski (Reichsfürst). 1623 wurden die C. in den Reichsfürstenstand erhoben, was 1785 für Adam Casimir C. bestätigt wurde.

L.: Klein 173.

D

Dachau (Grafen). Um 1100 errichtete eine Seitenlinie der Grafen von Scheyern auf einer Anhöhe an der Amper die Burg D. neben einer älteren Siedlung. Seit etwa 1120 nannte sich Graf Arnold von Scheyern nach D. 1152/1153 wurde Graf Konrad II. von D. Herzog von Meranien, Dalmatien und Kroatien, 1182 starb das Geschlecht aber aus. Die Witwe verkaufte D. an die Grafen von Wittelsbach und damit an Bayern.

L.: Wolff 136; Fried, P., Die Landgerichte Dachau und Kranzberg, 1958, in: Historischer Atlas von Bayern, Altbayern Heft 11/12; Fried, P., Herrschaftsgeschichte der altbayerischen Landgerichte Dachau und Kranzberg im Hoch- und Spätmittelalter, 1962.

Dachenhausen (Reichsritter). Im 16. und 17. Jahrhundert zählten die D., die bereits 1488 Mitglied der Rittergesellschaft Sankt Jörgenschild, Teil am Neckar waren, zum Kanton Neckar des Ritterkreises Schwaben. Von 1629 bis 1673 waren die D. wegen Freudental Mitglied im Kanton Kocher des Ritterkreises Schwaben.

L.: Hellstern 202; Schulz 260.

Dacheröden (Reichsritter), Dachröden. Bis 1650 zählten die D. zum Kanton Odenwald des Ritterkreises Franken. Außerdem waren sie im Kanton Steigerwald und im Kanton Baunach und von 1764 bis 1772 wegen Helfenberg im Kanton Kocher des Ritterkreises Schwaben immatrikuliert.

L.: Bechtolsheim 13; Stetten 32; Schulz 260; Riedenauer 123.

Dachsbach (Reichsritter). Die D. zählten im frühen 16. Jahrhundert zum Kanton Steigerwald des Ritterkreises Franken.

L.: Stieber; Riedenauer 123.

Dachstetten (Reichsdorf). Am 24. 9. 1300 verpfändete König Albrecht dem Albrecht von Hohenlohe zur Sicherung von 200 Mark Burglehen die Dörfer Westheim, Urfersheim und D.

Lit.: Hugo 456.

Dagsburg (Grafschaft). Um die kurz vor 1000 durch Heirat erworbene Burg D. (frz. Dabo) in Lothringen lag die Grafschaft D. der Grafen von D., die auf die Etichonen (und Eberhardiner) zurückgehen und außer dem Erbe der 1144 ausgestorbenen Grafen von Egisheim an der oberen Saar ansehnliche Güter hatten (Moha, Waleffe, Stadtgrafschaft Metz, Vogtei über das Hochstift Metz). Sie starben 1225 aus. Ihre Güter (11 Burgen, Vogtei über 9 Klöster) fielen 1241 über die Erbtochter teilweise (um D.) an Leiningen, waren zeitweise aber mit den Bischöfen von Straßburg, denen die Markgrafen von Baden als Miterben ihre Rechte überlassen hatten, umstritten. Der Bischof von Metz zog die heimgefallenen Lehen ein. Moha und Waleffe kamen an das Hochstift Lüttich. Von 1317 bis 1467 bestand eine besondere Linie Leiningen-Dagsburg. 1792/1801 kam das Gebiet an Frankreich. S. Leiningen-Dagsburg, Leiningen-Dagsburg-Hartenburg., Leiningen-Hardenburg-Dagsburg.

L.: Wolff 282; Legl, F., Studien zur Geschichte der Grafen von Dagsburg-Egisheim, 1998.

Dagstuhl (Herrschaft). Um die spätestens 1290 südöstlich von Trier erbaute Burg D. der Edelherren von Saarbrücken entstand eine Herrschaft mit den Hochgerichten Wadern, Schwarzenberg, Primsweiler und Neunkirchen an der Nahe, die nach 1375 durch weibliche Erbfolge gemeinschaftlich an vier ritterschaftliche Familien (Pittingen, Rollingen, Brücken [Brucken], Fleckenstein) kam. Seit 1600 ist die Hoheit des Erzstifts Trier nachweisbar. Von 1616 bis 1625 erwarb der Erzbischof von Trier (Philipp Christoph von Sötern) die zum oberrheinischen Reichskreis gehörige Herrschaft mit den Hochgerichten Dagstuhl, Schwarzenberg und Weierweiler (Weierweiher) am Oberlauf der Prims und bildete daraus 1634 für seine Familie die Fideikommissherrschaft D. Sie kam 1697 durch Einheirat an die Grafen von Oettingen-Baldern (Oettingen-Baldern-Katzenstein). 1788 entstand nach dem Tod des Grafen Josef Anton von Oettingen und Sötern ein Erbstreit, in dem die Fürsten von Oettingen-Wallerstein 1803 Kirchengut in Schwaben als Entschädigung ihrer 1789 an Frankreich verlorenen Rechte erhielten. 1801 gehörte die Herrschaft der Fürstin Colloredo. 1815 kam

D. an Preußen (Rheinprovinz), 1919 und 1945 zum Saargebiet und 1957 zum Saarland.

L.: Wolff 289; Wallner 698 OberrheinRK 46.

Dahn (Herrschaft). Nach dem vermutlich im 10. Jahrhundert entstandenen D. bei Pirmasens nannte sich eine Familie von Reichsministerialen. Bei ihrem Erlöschen 1603 fiel die Herrschaft D. (D., Geisburg, Burrweiler und Birlenbach) an das Hochstift Speyer zurück. 1789 kam D. an Frankreich, von 1814 bis 1816 unter Verwaltung Österreichs und Bayerns, 1816 an Bayern und damit 1946 zu Rheinland-Pfalz.

L.: Wolff 235, 261; Schmid, E., Führer durch Dahn und Umgebung, 1951.

Dalberg (Herren, Reichsritter, Freiherren, Herrschaft). Seit 1132 ist in D. bei Kreuznach eine begüterte Edelherrenfamilie (von Stein, von Weierbach) nachweisbar. Sie übertrug ihre um die etwa 1170 erbaute Burg errichtete reichsunmittelbare Herrschaft (mit D., Wallhausen, Sommerloch, Spabrücken, Schlierschied [wüst], Aschborn [Eschborn], Oberhub, Unterhub, Münchwald und Wald-Erbach [Walderbach]) mit ihrem Namen 1315/1318/1325 erbweise an die seit dem 12. Jahrhundert nachweisbaren verwandten Kämmerer von Worms. 1367 erlangten die Pfalzgrafen durch die Öffnung der D. Einfluss auf die mit Lehnsrechten des Hochstifts Speyer belastete Herrschaft. Die D. gehörten zum Ritterkreis Rhein der Reichsritterschaft und wurden 1653/1654 in den Reichsfreiherrenstand erhoben. Die Familie zerfiel in zahlreiche Zweige (Dalberg-Dalberg bis 1848, Dalberg-Herrnsheim bis 1833). Um 1790 waren die D. zu D. mit Aschborn, D., Münchwald, Oberhub, Schlierschied (wüst), Sommerloch, Spabrücken, Unterhub, Wallhausen und der Hälfte von Wald-Erbach (Walderbach) Mitglied des Kantons Niederrheinstrom des Ritterkreises Rhein sowie außerdem im Kanton Rhön-Werra (von etwa 1650 bis 1806) und im Kanton Baunach (von etwa 1700 bis 1806) des Ritterkreises Franken immatrikuliert. Die D. zu Herrnsheim zählten mit Mandel zum Kanton Niederrheinstrom und mit Essingen, Herrnsheim samt Abenheim und Kropsburg zum Kanton Oberrheinstrom des Ritterkreises Rhein. Die D. zu Heßloch (Haßloch) rechneten um 1790 mit einem Zehntel der Ganerbschaft Bechtolsheim, einem Achtel der Ganerbschaft Mommenheim, Gabsheim und Heßloch (Haßloch) samt Hospitalhof ebenfalls zum Kanton Oberrheinstrom. Die Linie Dalberg-Heßloch (Dalberg-Haßloch) war seit 1810 als Grafen von Ostein in Böhmen begütert. Karl Theodor von Dalberg (8. 2. 1744–10. 2. 1817) war seit Juli 1802 der letzte Kurfürst von Mainz (1803 Fürstentum Regensburg mit Fürstentum Aschaffenburg und Wetzlar) und von Juni 1810 bis 1813 Großherzog von Frankfurt (ohne Regensburg, aber mit Fulda und Hanau).

L.: Wolff 515; Seyler 358; Hölzle, Beiwort 58; Winkelmann-Holzapfel 144; Riedenauer 123; Rahrbach 41, 43; Fabricius, N., Die Herrschaften des unteren Nahegebietes, 1914; Bilz, B., Die Großherzogtümer Würzburg und Frankfurt, 1968; Battenberg, F., Dalberger Urkunden. Regesten zu den Urkunden der Kämmerer von Worms gen. von Dalberg und der Freiherren von Dalberg 1165–1823, Bd. 1 ff. 1981 ff.; Färber, K., Der Übergang des Dalbergischen Fürstentums Regensburg an das Königreich Bayern – zum 175 jährigen Jubiläum, 1985, Verh. d. hist. Vereins f. Oberpfalz und Regensburg 125; Carl von Dalberg, hg. v. Spies, H., 1994; Carl von Dalberg, hg. v. Hausberger, K., 1995.

Dalberg zu Heßloch (Haßloch) (Freiherren, Reichsritter). Die Freiherren von D. gehörten um 1790 mit einem Zehntel der Ganerbschaft Bechtolsheim, einem Achtel der Ganerbschaft Mommenheim, Gabsheim und Heßloch (Haßloch) mit Hospitalhof zum Kanton Oberrheinstrom des Ritterkreises Rhein. Seit 1810 war sie als Grafen von Ostein in Böhmen begütert.

L.: Genealogischer Kalender 1753, 543; Winkelmann-Holzapfel 145; Rahrbach 43.

Dalhem (Grafschaft). 1801 gehörte die Grafschaft D. über das Herzogtum Limburg und den Herzog von Burgund bzw. Österreich zum burgundischen Reichskreis.

L.: Wolff 56; Wallner 701 BurgRK 1.

Dalmatien (Landschaft, Königreich). Das im ersten vorchristlichen Jahrhundert erstmals belegte, von den illyrischen Delmatern abgeleitete D. bezeichnete ursprünglich das Gebiet zwischen Cetina und Neretva, später das Gebiet zwischen Kvarner und Drinmündung an der Adria. Um die Zeitenwende wurde diese Gegend als Provinz D. dem römischen Reich eingegliedert. Seit dem Ende des 6. Jahrhunderts wurde es innerhalb des byzantinischen Reiches zunehmend von Slawen besetzt. 1420 kam es an das seit dem 11. Jahrhundert an ihm interessierte Venedig. 1797 fiel es an Österreich, 1805 an das napoleonische Königreich Italien, 1809 an die illyrischen Provinzen Frankreichs und 1814 wieder an Österreich. 1816 wurde es Königreich Österreichs. 1920 kam es bis auf einige Italien zugesprochene Reste an Jugoslawien.

L.: Pisani, P., Les possessions vénétiennes de Dalmatie, 1890; Pisani, P., La Dalmatie dé 1797 à 1815, 1893; Voinovitch, C. de, Histoire de Dalmatie, Bd. 1 f. 2. A. 1934; Wilkes, J. J., Dalmatia, 1969; Rapanic, Z., Dalmatien, LexMA 3, 1984, 444 ff.; Wakounig, M., Dalmatien und Friaul, 1990; Clewing, C., Staatlichkeit und nationale Identitätsbildung, 2000.

Dalminze (Daleminci, Dalaminci seu Zlomekia, Gau westlich Meißens)

L.: Curs, O., Deutschlands Gaue im zehnten Jahrhundert. Nach den Königsurkunden, Diss. phil. Göttingen 1908, 5 (Döbeln, Deutschluppa, Daubnitz, Schänitz, Mertitz, Veste auf dem Treppenberg bei Sachsenburg an der Zschoppau); Hessler, W., Mitteldeutsche Gaue des frühen und hohen Mittelalters, 1957, 117, Daleminci (Boritz, Daubnitz, Döbeln, Dobschütz, Dürrweitzschen, Glossen, Gröba, Leuben, Meißen, Mertitz, Mochau, Altmügeln, Oschatz, Riesa, Rottewitz, Schänitz, Schrebitz, Strehla, Weitzschenhain, Zadel, Zehren, Zschaitz).

Danckelmann, Dankelmann (Reichsritter). Von 1694 bis zu dem 1702 erfolgten Verkauf des Gutes Burggrub zählten die D. zum Kanton Steigerwald des Ritterkreises Franken.

L.: Bechtolsheim 14 und Anm. 760; Riedenauer 123.

Dänemark s. Dithmarschen, Holstein, Lauenburg, Schleswig, Schaumburg, Schauenburg

L.: Schäfer, D., Dänische Annalen und Chroniken von der Mitte des 13. bis zum Ende des 15. Jahrhunderts, 1872; Schäfer, D., Die Hansestädte und König Waldemar von Dänemark, 1879; Die Herzogthümer Schleswig-Holstein und das Königreich Dänemark, hg. v. Droysen, J., Neudruck 1989; Brandt, A. v., Die Hanse und die norddeutschen Mächte im Mittelalter, 1962; Mohrmann, W. D., Der Landfriede im Ostseeraum während des späten Mittelalters, 1972; Petersohn, J., Der südliche Ostseeraum im kirchlich-politischen Kräftespiel des Reiches, Polens und Dänemarks vom 10.–13. Jahrhundert; Historische Stätten Dänemark, hg. v. Klose, O., 1982; Tamm, D., Retsvidenskaben in Danmark, 1992.

Dangrieß, Danngrieß (Reichsritter). Um 1700 waren die D. im Kanton Altmühl immatrikuliert. Von etwa 1700 bis zu ihrem 1754 erfolgten Aussterben zählten die D. mit Gleißenberg und Frickenhöchstadt (Frickenhöchstädt) zum Kanton Steigerwald des Ritterkreises Franken.

L.: Stiebler; Bechtolsheim 15 und Anm. 760; Riedenauer 123.

Dankelmann s. Danckelmann

Dankenschweil (zu Worblingen) (Reichsritter). Im 16. Jahrhundert zählten die Dankenschweil mit Worblingen zum Kanton Hegau des Ritterkreises Schwaben.

L.: Ruch 18, Anm. 2.

Danndorf (Reichsritter). Im frühen 16. Jahrhundert zählten die D. zum Kanton Gebirg des Ritterkreises Franken.

L.: Riedenauer 123.

Dannenberg (Burg, Herrschaft). Nach der Burg D. kurz vor der Mündung der Jeetze in die Elbe nannten sich Grafen von D., die Lehnsträger der Welfen und Askanier waren. 1203 fiel D. innerhalb der ersten welfischen Teilung an Herzog Wilhelm von Braunschweig-Lüneburg (Lüneburg). 1303 kam D. beim Aussterben der Grafen an Herzog Otto den Strengen von Braunschweig-Lüneburg (Lüneburg). 1569 wurde D. Sitz der Linie Braunschweig-Dannenberg. 1671 kam es wieder an Braunschweig-Lüneburg in Celle. S. Braunschweig-Dannenberg, Niedersachsen.

L.: Wolff 434; Meyer-Seedorf, W., Geschichte der Grafen von Ratzeburg und Dannenberg, Diss. phil. Berlin 1910.

Dannenfels, Tannenfels (Herrschaft). D. bei Kirchheimbolanden war ursprünglich Teil der Herrschaft Kirchheim (Bolanden). Die um 1270 erbaute Burg wurde Sitz der von einer Linie der Grafen von Sponheim aus Gütern derer von Bolanden gebildeten Herrschaft D. (Tannenfels). Nach Zerstörung der Burg 1525 kam D. von 1574 bis 1797 an Nassau-Weilburg. 1815 fiel D. (über Nassau) an Bayern und 1946 an Rheinland-Pfalz.

L.: Döhn, H., Kirchheimbolanden, 1968.

Danngrieß s. Dangrieß

Danzig (Fürsten, Freie Stadt). Die Anfänge Danzigs sind durch archäologische Funde auf etwa 980 datiert. 997 (999) wird die urbs Gydannyzc genannt, vielleicht abgeleitet von einem Flussnamen mit dem Element *gud- oder von seinem slavischen Grundwort der Bedeutung feuchte Stelle, Wiese mit dem Suffix -sk-, -sko-. Der deutsche Name entstand aus der hypokoristischen Form Danczk. Zu dieser Zeit war D. Sitz der slawischen Fürsten von D., die sich seit etwa 1234 Fürsten/Herzöge von Pomerellen nannten. Seit dem Ende des 12. Jahrhunderts kamen zu den slawischen Pomoranen deutsche Zuwanderer, deren Siedlungen 1263 wahrscheinlich Recht Lübecks hatten und nach dem Aussterben des pomerellischen Herzogshauses 1294 und der Eroberung durch den Deutschen Orden 1301/1308/1309 in den Jahren 1342/1343 Recht Kulms (Culms) erhielten. Um 1300 hatte D. etwa 2000, um 1415 etwa 20 000 Einwohner. 1454 fiel D. vom Deutschen Orden ab und unterstellte sich Polen, behielt aber neben einem eigenen Gebiet weitgehende eigene Rechte als „Freie Stadt". 1523/1526 kam es zum Sturz des patrizischen Rates, von 1526 bis 1557 zur Reformation. Der Grad der politischen Selbständigkeit gegenüber Polen war unterschiedlich. Bei der ersten polnischen Teilung 1772 blieb D. unabhängig. Bei der zweiten Teilung Polens 1793 kam es an Preußen, im Tilsiter Frieden von 1807 wurde es mit vergrößertem Gebiet (2 Quadratmeilen) Freistaat unter Abhängigkeit von Frankreich. 1814 fiel es an Preußen. Am 10. 1./15. 11. 1920 wurde es, um Polen einen Zugang zum Meer zu verschaffen, mit 1966 Quadratkilometern und rund 400 000 Einwohnern (davon 4 % Polen) aus dem Deutschen Reich ausgegliedert und Freie Stadt unter dem Protektorat des Völkerbundes. Am 1. 9. 1939 wurde D. dem Deutschen Reich angegliedert und Hauptstadt des Reichsgaues Danzig-Westpreußen. Seit 1945 stand es unter der Verwaltung Polens, an das es 1990 als politische Folge der deutschen Wiedervereinigung gelangte.

L.: Simson, G., Geschichte der Stadt Danzig, Bd. 1–4 1913 ff.; Keyser, E., Danzigs Geschichte, 2. A. 1928, 4. A. 1941; Creutzburg, N., Atlas der Freien Stadt Danzig, 1936; Keyser, E., Danzigs Geschichte, 1959; Letkemann, P., Die preußische Verwaltung des Regierungsbezirks Danzig 1815–1870, 1967; Ruhnau, R., Danzig. Geschichte einer deutschen Stadt, 2. A. 1988; Ramonat, W., Der Völkerbund und die freie Stadt Danzig, 1978; Rhode, G., Die Freie Stadt Danzig 1920–1939, in: Europa im Zeitalter der Weltmächte, hg. v. Schieder, Th., 1979; Ruhnau, R., Die Freie Stadt Danzig 1919–1939, 1979; Danzig in acht Jahrhunderten, hg. v. Jähnig, B./Letkemann, P., 1985; Arnold, U., Danzig im 18. Jahrhundert, 1986, Schriften des Komitees der Bundesrepublik Deutschland zur Förderung der Slawischen Studien 1; Rankl, M., Bibliographie zur Literatur Ost- und Westpreußens mit Danzig 1945–1988, Bd. 1 f. 1990; Danzig Gdansk, 1996.

Darmstadt (Dorf, Herrschaft, Stadt). Als Ausgleich für den Verlust Großgeraus an das 1007 neugegründete Hochstift Bamberg erhielt das Hochstift Würzburg die Grafschaft Bessungen, die es den Grafen von Katzenelnbogen zu Lehen überließ. Diese förderten das auf römischem Siedlungsland gelegene Dorf D., verschafften ihm 1330 Mauer und Marktrecht und erhoben es unmittelbar darauf zum Mittelpunkt ihrer Obergrafschaft. 1479 fiel es mit Katzenelnbogen an die Landgrafen von Hessen, die 1567 die Linie Hessen-Darmstadt begründeten. 1945 ging Hessen-Darmstadt in Hessen auf. S. Hessen-Darmstadt.

L.: Wolff 256; Sturz, H. K., Darmstadt, Geschichtliche Heimatkunde der Stadt und ihrer Umgebung, 1957; Battenberg, F. u. a., Darmstadts Geschichte, 1980.

Darnau (Gau) (866)

L.: Polenz, P. v., Landschafts- und Bezirksnamen, 1961, II, 17, 21, 41, 45, 47, 96, Darnau, Darnegouwe, pagus Darnuensis; Nonn, U., Pagus und comitatus in Niederlothringen, 1983, 205, 249.

Dassel (Herrschaft, Grafschaft). D. am Nordostrand des Sollings bei Einbeck ist im 9. Jahrhundert als Herrensitz belegt. Nach ihm nannten sich später die seit 1113 nachweisbaren Grafen von D., die, nachdem Rainald von D. 1159 Erzbischof von Köln geworden und Heinrich der Löwe 1180 gestürzt worden war, umfängliche Reichsgüter im Solling gewannen. Bereits 1202 kam es allerdings zu einer Teilung. Kurz nach 1250 wurden die Güter links der Weser weitgehend an das Erzstift Mainz gegeben. 1269 wurde das Reichslehen Solling mit Nienover an Albrecht von Braunschweig übertragen und 1270/1272 verkauft. 1310 verkaufte der letzte Graf († 1329) die Grafschaft an das Hochstift Hildesheim. 1815 kam Dassel an Hannover und damit 1866 an Preußen und 1946 an Niedersachsen.

L.: Schildhauer, J., Die Grafen von Dassel, 1966 (Diss. phil. Greifswald 1949); Plüner, E., Geschichte der Stadt Dassel, 1965; Mirus, H., Chronik der Stadt Dassel, 1981; Kruppa, N., Die Grafen von Dassel 1097–1337/38, 2002.

Daun (Herren, Reichsritter). Die Burg D. am Oberlauf der Lieser in der Eifel war ein Reichslehen der seit 1136 nachweisbaren Herren von D. 1356 kam D. an das Erzstift Trier, so dass die Herren von D. nunmehr Afterlehnsträger des Erzstifts Trier waren. Bis zum 18. Jahrhundert starben alle Linien der Herren von D. aus. Burg und Herrschaft wurden vom Erzstift Trier teilweise als erledigtes Lehen eingezogen, teilweise an die von Manderscheid verlehnt, wodurch diese Teile 1780 mit Blankenheim und Gerolstein an die Grafen von Sternberg kamen. Nach 1797 wurde

D. Sitz einer Kantonsverwaltung Frankreichs, fiel 1815 an Preußen und 1946 an Rheinland-Pfalz.

L.: Wolff 83, 363; Blum, P., Geschichte der Stadt Daun in ihren Grundzügen, 2. A. 1954.

Daun (Reichsritter, Reichsgrafen). In der Mitte des 15. Jahrhunderts erscheint ein mittelrheinisches, aus Burgmannen erwachsenes Adelsgeschlecht, das zur Reichsritterschaft gehörte und mit den namengebenden altgräflichen Dienstherren nicht verwandt war. 1655 wurde es in den Reichsgrafenstand erhoben. Danach übersiedelte es nach Österreich. 1710 erlangte es den Titel eines Fürsten von Thiano. 1896 starb die Familie aus.

Dauphiné (Fürstentum). Die zum Königreich Burgund gehörige Grafschaft Vienne zwischen Alpen und Rhone wurde seit Burgunds Angliederung an das Reich im Jahre 1032 als Reichslehen angesehen. Der angelsächsisch geprägte Leitname des Grafengeschlechts Dolphinus ergab die französische Bezeichnung D. für die Grafschaft, die von 1029 bis 1349 als eigenständiges Fürstentum bestand. 1349 übergab der letzte Graf Humbert II. († 1355) die Grafschaft an Frankreich. Damit verlor das Reich das Gebiet, obgleich es zunächst weiter eine formelle Oberhoheit beanspruchte.

L.: Fournier, P., Le royaume d'Arles et de Vienne, 1891; Grieser, R., Das Arelat in der europäischen Politik, 1925; Giordanengo, G., Dauphiné, LexMA Bd. 3 1984, 586 f.

Deckendorf (Reichsritter). Im 17. Jahrhundert zählten die D. zum Kanton Altmühl des Ritterkreises Franken.

L.: Pfeiffer 197.

Degenberg (Herren, Grafschaft). Nach der Burg D. bei Bogen nannte sich ein Ministerialengeschlecht, das nach dem Aussterben der Grafen von Bogen (1242) von den Herzögen von Bayern einen großen Teil des Bogener Erbes erhielt. 1348 wurden die Güter in die Herrschaften Degenberg, Altnussberg und Weißenstein geteilt. 1602 fielen sie beim Aussterben der Familie, die 1465 in den Freiherrenstand erhoben worden war, an Bayern.

L.: Bleibrunner, H., Der Landkreis Bogen, 1962.

Degenfeld (Herren, Freiherren, Reichsritter). Die nach der auf altrechbergischem Gut liegenden Stammburg D. bei Schwäbisch Gmünd benannte Familie erscheint 1270. Sie gehörte zur Dienstmannschaft der Herren von Rechberg, hatte im 14. Jahrhundert Burg und Dorf D. (1597 zur Hälfte an Württemberg, 1791 zur rechbergischen anderen Hälfte unter Lehnshoheit Württembergs) und erwarb unter anderem 1456 Eybach und am Ende des 16. Jahrhunderts Neuhaus im Kraichgau. 1604 teilte sie sich in die Linien Eybach und Neuhaus. 1625 wurde sie in den Reichsfreiherrenstand, 1716 in der Linie Eybach in den Reichsgrafenstand erhoben. Diese Linie erbte 1719 die deutschen Güter des mit einer Tochter Karl Ludwigs von der Pfalz und Marie Susanne Luises von D. (seit 1667 Raugräfin) verheirateten Herzog Meinhards von Schomburg (Schonburg) und nannte sich seitdem Degenfeld-Schomburg (Degenfeld-Schonburg). Die Freiherren von D. zählten seit etwa 1700 mit Rothenberg (Rotenberg) und dem 1797 an den Grafen Erbach-Fürstenau verkauften Finkenbach zum Kanton Odenwald des Ritterkreises Franken, dem der Graf D. als Personalist angehörte. Außerdem waren sie zur gleichen Zeit wegen Vollmerz mit Ramholz und Steckelberg im Kanton Rhön-Werra, mit dem 1684 an Bayern verkauften, 1711/1771 wieder erworbenen Dürnau, mit Gammelshausen, mit den 1696 von den von Wöllwarth-Lauterburg erworbenen Teilen von Essingen, Eybach (seit 1456), den 1776 von den von Welden erworbenen Teilen von Groß-eislingen, Rechberghausen (seit 1789) und Staufeneck samt Salach (seit 1665) seit 1542 im Kanton Kocher des Ritterkreises Schwaben sowie mit Altdorf samt Freisbach und Gommersheim im Kanton Oberrheinstrom des Ritterkreises Rhein immatrikuliert.

L.: Stieber; Roth von Schreckenstein 2, 592; Seyler 358 f.; Hölzle, Beiwort 56, 58, 61; Stetten 35, 39; Winkelmann-Holzapfel 145; Kollmer 359; Schulz 260; Riedenauer 123; Thürheim, A. Graf, Christoph Martin von Degenfeld und dessen Söhne, 1881; Lange, L., Raugräfin Louise, 1908.

Degenfeld-Neuhaus (Freiherren, Reichsritter). Die von den Freiherren von Degenfeld abgespalteten Freiherren von D. waren mit Neuhaus samt Ehrstädt, Eulenhof und dem 1782 erworbenen Unterbiegelhof (Unterbigelhof) Mitglied des Kantons Kraichgau des Ritterkreises Schwaben.

L.: Genealogischer Kalender 1753, 534; Hölzle, Beiwort 63; Winkelmann-Holzapfel 145.

Degenfeld-Schonburg, Degenfeld-Schomburg s. Degenfeld

Degernau (Reichsritter). Im 18. Jahrhundert zählten die D. zum Ritterkreis Schwaben. S. Tegernau.

L.: Roth von Schreckenstein 2, 592.

Degernau s. Tegernau

Deggendorf (Grafen). An einem wichtigen Donauübergang bestand schon früh ein nach dem Personennamen Tekko benannter Herzogshof, der 788 Königsgut wurde. Im 10. Jahrhundert gab Herzogin Judith von Bayern den Hof an das Stift Niedermünster in Regensburg. Im 11. Jahrhundert legten daneben die Babenberger eine Siedlung an und übertrugen den Ort einer adligen Familie, die sich später Grafen von D. nannte. Diese verloren 1220 ihre Güter. Im Streit zwischen den 1242 ausgestorbenen Grafen von Bogen, den 1246 ausgestorbenen Babenbergern und den Herzögen von Bayern gewannen diese die Güter. 1255 kam D. zu Niederbayern. Von 1331 bis 1333 war es Sitz einer Linie Bayern-Deggendorf.

L.: Wolff 137; Festschrift zum 1200 jährigen Jubiläum der unmittelbaren Stadt Deggendorf, 1950.

Dehrn (Reichsritter), Dehren. Die D. zählten zum Kanton Odenwald des Ritterkreises Franken.

L.: Stieber.

Dekapolis (Zehnstädtebund 1354–1789) s. Colmar, Hagenau, Kaysersberg, Landau (ab 1512), Mülhausen (bis 1515), Münster, Oberehnheim, Rosheim, Schlettstadt, Türkheim, Weißenburg

L.: Sittler, L., La Décapole alsacienne, 1955; Sittler, L., Der elsässische Zehnstädtebund, seine geschichtliche Eigenheit und seine Organisation, 1964, Esslinger Studien 10; Ohler, C., Zwischen Frankreich und dem Reich, 2002.

Delligsen (Herren). D. (Mitte 9. Jahrhundert Disaldishusen) bei Gandersheim erscheint 1140 unter den edelfreien, von Corvey belehnten Herren von D. (Hohenbrüchen). 1355 kam es an die Edelherren von Homburg, bei deren Aussterben 1409 an die Welfen. S. Braunschweig, Niedersachsen.

L.: 1100 Jahre Delligsen. Geschichte der Hilsmulde und des Ortes Delligsen, hg. v. Reuter, A., 1950.

Dellmensingen (ritterschaftlicher Ort). D. rechts der oberen Donau zählte zum Kanton Donau des Ritterkreises Schwaben. Über Württemberg kam es 1951/1952 zu Baden-Württemberg.

L.: Wolff 508.

Delmenhorst (Grafschaft). Die von den Grafen von Oldenburg an der Straße Lübeck-Bremen-Brügge errichtete Burg D. wird 1254 erstmals erwähnt. Sie war seit Ende des 13. Jahrhunderts zeitweise Sitz einer jüngeren Linie der Grafen von Oldenburg mit der um D. gebildeten Herrschaft als eigener Grafschaft. Die ältere Linie (Oldenburg-) D. begann 1281 und endete 1447. Die mittlere Linie wurde 1463 gegründet, währte aber nur bis 1464. Von 1482 bis 1547 gehörte D. durch Eroberung zum Hochstift Münster. 1577 stiftete Graf Anton II. die jüngere Linie D. (Oldenburg-Delmenhorst). 1647 kam die 12 Quadratmeilen große Grafschaft D., die dem westfälischen Reichsgrafenkollegium angehörte, endgültig zu Oldenburg (1667 Dänemark, 1774 Holstein-Gottorp bzw. Gottorf), das am 1. 11. 1946 in Niedersachsen aufging.

L.: Wolff 343; Zeumer 554 II b 63, 7; Wallner 703 WestfälRK 17; Großer Historischer Weltatlas II 66 (1378) E2; Grundig, E., Geschichte der Stadt Delmenhorst, Bd. 1 ff. 1953 ff.; Grundig, E., Geschichte der Stadt Delmenhorst bis 1848, 1979; Die Grafschaften Oldenburg und Delmenhorst nach der Steuererhebung von 1744, hg. v. Krüger, K., Teil 1 Berufliche Gliederung und Veranlagung der Steuerpflichtigen, Teil 2 Namenslisten der Steuerpflichtigen, 1988; Mehrtens, J./Müsegades, K./Schröer, F., Delmenhorst im Wandel der Zeit, 1989.

Delsberg s. Sigelmann von D.

Demmingen (Herrschaft). Die Herrschaft D. nördlich von Dillingen gehörte den Fürsten von Thurn und Taxis. Über Württemberg kam D. 1951/1952 zu Baden-Württemberg.

Denkendorf (Kloster). In D. an der Körsch bei Esslingen wurde um 1129 ein Kloster zum heiligen Grab gegründet, das 1535 mit reichen Gütern von Württemberg säkularisiert wurde und über dieses 1951/1952 an Baden-Württemberg gelangte.

L.: Wolff 162; Werner, H., Kloster Denkendorf, 1954.

Densigau (Teil Ostfalens)

L.: Hessler, W., Mitteldeutsche Gaue des frühen und hohen Mittelalters, 1957, 118 (Jerstedt).

Derenburg (Herrschaft). 937 wird die Burg D. an der Holtemme bei Wernigerode am Harz erstmals erwähnt. Die im 12. Jahrhundert zerstörte Reichsburg wurde seit der

Mitte des 13. Jahrhunderts Hauptort der Grafschaft Regenstein des Hochstifts Halberstadt. 1599 fiel Regenstein an das Hochstift Halberstadt heim, dieses 1648 an Brandenburg. 1801 gehörte die Herrschaft D. über die Altmark der Markgrafschaft Brandenburg dem obersächsischen Reichskreis an. S. Preußen (Provinz Sachsen), Sachsen-Anhalt.

L.: Wolff 441; Wallner 708 ObersächsRK 1.

Derlingo (Derlingau, Derlingon, Therlingus, Derningon, Gau zwischen Aller und Oker)

L.: Curs, O., Deutschlands Gaue im zehnten Jahrhundert. Nach den Königsurkunden, Diss. phil. Göttingen 1908, 5 (Rohrsheim, Ueplingen, Ehmen, Fallersleben, Morsleben, Evessen, Veltheim am Fallstein, Hessen in Braunschweig, Barnsdorf, Küblingen, Beyenrode, Remlingen, Semmenstedt, Achim, Seinstedt, Isingerode, Schöningen, Kirsleber Mühle, Bisdorf, Wedesbüttel, Meine, Essenrode, Warxbüttel, Allenbüttel, Vordorf, Flecktorf); Hessler, W., Mitteldeutsche Gaue des frühen und hohen Mittelalters, 1957, 56, 138, Derlingau (Achim, Apelnstedt, Atzum, Barnsdorf, Bisdorf, Dannenbüttel, Ehemen, Essenrode, Evessen, Flechtorf, Grassel, Küblingen, Lauingen, Lucklum, Meine, Remlingen, Schliestedt, Schöningen, Schöppenstedt, Seinstedt, Semmenstedt, Sickte, Sunstedt, Twieflingen, Uhry, Veltheim, Vordorf, Wasbüttel, Watenstedt, Wedesbüttel, wohl irrtümlich Hessen, Rohrsheim); Polenz, P. v., Landschafts- und Bezirksnamen, 1961, II, 35, 41, III, 1, 2, 4, 6, Derlingun, Derlingorum provincia, Darlingowe; Wagner, G., Die Verwaltungsgliederung im karolingischen Reich, 1963, 9.

Dernbach (Herren, Reichsritter). Nach der wüst gewordenen Burg D. (Altdernbach) nördlich der Aar nordöstlich von Herborn nannten sich seit 1247 Herren, die ab 1230 mit den Grafen von Nassau in Streit um die Mark Herborn gerieten. 1327 wurde ihre Burg Altdernbach zerstört. Am 21. 5. 1333 mussten die Ganerben ihre Güter, die sie am 9. 11. 1309 schon an die Landgrafen von Hessen aufgetragen und als Erbburglehen erhalten hatten, an Nassau verkaufen, das es als Lehen Hessens erhielt. Die 1333/1336 errichtete Burg D. (Neudernbach) im Gericht Gladenbach verfiel nach 1540, als der Landgraf von Hessen eine Hälfte erworben hatte. Im 18. Jahrhundert zählten die D. zum Ritterkreis Rhein sowie im späten 17. Jahrhundert zu den Kantonen Rhön-Werra, Baunach und Steigerwald des Ritterkreises Franken.

L.: Stieber; Roth von Schreckenstein 2, 594; Seyler 359; Bechtolsheim 21; Riedenauer 123; Rahrbach 44; Renkhoff, O., Die Grundlagen der nassau-dillenburgischen Territorialentwicklung, Korrespondenzbl. d. Gesamtver. d. dt. Gesch. u. Altertumsver. 80 (1932).

Dersi (Dersaburg, marka Dherseborg, Desborger marke)

L.: Polenz, P. v., Landschafts- und Bezirksnamen, 1961, II, 95, V, 10 f., 14, Dersi.

Derwe (Derue, Enter[g]occi)

L.: Polenz, P. v., Landschafts- und Bezirksnamen, 1961, I, 7, II, 15, 41, 95, Derwe.

Dessau (Stadt, Herrschaft). D. nahe der Mündung der Mulde in die Elbe wurde vermutlich im 7. Jahrhundert von Sorben gegründet. Zu Anfang des 13. Jahrhunderts war es Stadt. Seit 1603 war es Sitz der Fürsten bzw. Herzöge von Anhalt-Dessau. S. Anhalt-Dessau, Sachsen-Anhalt.

L.: Wolff 407.

Detmold (Stadt, Herrschaft). 783 erscheint D. am Osning erstmals (Theotmelli, „Dingplatz"). Vermutlich erhob Bernhard III. von Lippe († 1265) den Ort zur Stadt. Seit 1613 war D. Regierungssitz von Lippe. 1946 kam es in Lippe(-Detmold) zu Nordrhein-Westfalen. S. Lippe-Detmold.

L.: Wolff 349; Geschichte der Stadt Detmold, 1953; Kittel, E., Geschichte des Landes Lippe, 1957; Fleischhack, E., Literatur über die Stadt Detmold, 1985; Detmold in der Nachkriegszeit, hg. v. Müller, W. u. a., 1994; Escher, M. u. a., Die urbanen Zentren, 2005, 2, 138.

Dettelbach (Reichsritter). Die D. zählten im frühen 16. Jahrhundert zum Kanton Steigerwald des Ritterkreises Franken sowie bis etwa 1650 zum Kanton Altmühl.

L.: Stieber; Riedenauer 123; Rahrbach 46.

Dettingen (Reichsdorf?). D. an der Erms erscheint erstmals im 11. Jahrhundert (1090 Tetingen). Es war Sitz der Grafen von Achalm, von denen vielleicht die Grafen von Urach abstammen. Neben den Grafen von Achalm, die 1090 die Hälfte des Dorfes an die verwandten Grafen von Grüningen abgaben, war dort auch das Kloster Zwiefalten begütert. Über die Grafen von Urach kam D. vor 1265 an Württemberg. König Albrecht erteilte am 17. 1. 1303 dem Kloster Zwiefalten das Recht, den Reichsvogt zu Achalm, Colberg, D. (Detlingen), Neuhausen und Pfullingen unter bestimmten Umständen abzusetzen. Über Württemberg gelangte D. 1951/1952 an Baden-Württemberg.

L.: Dacheröden 130; Hugo 474.

Dettingen (Reichsritter). Vom 16. bis zu Beginn des 17. Jahrhunderts zählten die D. mit

D. am Neckar zum Kanton Neckar des Ritterkreises Schwaben.

L.: Hellstern 202.

Dettlingen (Reichsritter). Im 18. Jahrhundert zählten die bereits im Stichjahr 1680 angesessenen und mit ihren Gütern bei der Ritterschaft immatrikulierten D. mit einem Sechstel Berstett und Teilen von Gerstheim zum Ritterkreis Unterelsass. Sie erloschen männlicherseits 1852.

L.: Hölzle, Beiwort 67.

Deufstetten s. Drechsel von D.

Deuring (Freiherren, Reichsritter). Im 18. und beginnenden 19. Jahrhundert zählten die Freiherren von D. mit den Herrschaften Heilsperg (Heilsberg) mit Ebringen und Gottmadingen und Randegg zum Kanton Hegau des Ritterkreises Schwaben. Ihre Güter fielen 1806 an Württemberg, das sie 1810 an Baden abtrat und damit 1951/1952 an Baden-Württemberg.

L.: Hölzle, Beiwort 60; Ruch 71, 82 und Anhang 80.

Deuring zu Randegg (Reichsritter). Am Ende des 18. Jahrhunderts zählten die D. zum Kanton Hegau des Ritterkreises Schwaben. S. Deuring.

L.: Ruch 71.

Deutsche Demokratische Republik (Staat). Nach der Aufteilung des Deutschen Reiches kam 1945 das Gebiet der früheren Reichsländer Mecklenburg, Preußen (Brandenburg, Sachsen), Anhalt, Sachsen und Thüringen zwischen Oder-Neiße und Elbe zur sowjetischen Besatzungszone (9. 6. 1945 Sowjetische Militäradministration), wobei Berlin zusätzlich in vier Besatzungszonen aufgeteilt wurde. Schon früh wurde mit der aus der Vereinigung von Kommunistischer Partei Deutschlands und Sozialdemokratischer Partei Deutschlands hervorgegangenen Sozialistischen Einheitspartei Deutschlands (21. 4. 1946) ein entscheidendes politisches Herrschaftsinstrument zur Bildung eines neuen sozialistischen Staates geschaffen. Mit der Deutschen Wirtschaftskommission (4. 6. 1947) und dem Deutschen Volksrat entstanden Vorläufer von Staatsorganen. Am 7. 10. 1949 wurde vom Deutschen Volksrat als provisorischer Volkskammer die erste Verfassung der Deutschen Demokratischen Republik (108 178 Quadratkilometer, ca. 17 Millionen Einwohner) geschaffen. Ihr Ziel war die Verwirklichung des Sozialismus. In diesem Zusammenhang wurde das Privateigentum weitgehend beseitigt. Am 23. Juli 1952 wurden die (inzwischen gebildeten) Länder Sachsen, Sachsen-Anhalt, Thüringen, Brandenburg und Mecklenburg-Vorpommern aufgelöst (str.) und durch 14 Bezirke ersetzt. Ein Aufstand der Bevölkerung wurde am 17. 6. 1953 mit Hilfe der Sowjetunion gewaltsam niedergeschlagen. Zur Eindämmung der danach einsetzenden Massenflucht in den Westen wurde am 13. 8. 1961 in Berlin eine Mauer errichtet. In der Folge schien sich die D. allmählich zu einem weltweit anerkannten, wirtschaftlich erfolgreichen Staat zu entwickeln. Im Sommer 1989 zeichnete sich unter dem Einfluss der von Michael Gorbatschow in der Sowjetunion betriebenen Politik der Veränderung eine neue Fluchtbewegung über das Urlaubsland Ungarn ab. Am 9. 9. 1989 öffnete Ungarn seine Grenze nach Österreich. Danach kam es zu umfangreichen politischen Demonstrationen in den großen Städten der Deutschen Demokratischen Republik. Am 18. 10. 1989 trat Erich Honecker als Staatsratsvorsitzender der Deutschen Demokratischen Republik zurück. Am 9. 11. 1989 öffnete diese die Grenzen nach Westen. In der am 18. 3. 1990 durchgeführten freien Wahl erhielt die bürgerliche Allianz für Deutschland 48 % der Stimmen. Am 18. 5. 1990 vereinbarte die neue Regierung mit der Bundesrepublik Deutschland eine Währungsunion, Wirtschaftsunion und Sozialunion. Am 31. 8. 1990 schloss sie einen Einigungsvertrag ab, demzufolge die D. am 3. 10. 1990 der Bundesrepublik Deutschland beitrat.

L.: Ortslexikon der Deutschen Demokratischen Republik, 2. A. 1974; Bundesrepublik Deutschland – Deutsche Demokratische Republik, hg. v. Hamel, H., 1977; Brunner, G., Einführung in das Recht der DDR, 2. A. 1979; BRD und DDR, hg. v. Jesse, E., 1981; Staritz, D., Die Gründung der DDR, 1985; Ortslexikon Deutsche Demokratische Republik, 1986; Weber, H., Die DDR 1945–1986, 1988; Weber, H., DDR 1990; Brunner, G., Was bleibt übrig vom DDR-Recht nach der Wiedervereinigung? JuS 1991, 353; Markovits, I., Die Abwicklung, 1992; Eine Diktatur vor Gericht, hg. v. Weber, J. u. a., 1995; Hauschild, I., Von der Sowjetzone zur DDR, 1996; Heitmann, S., Die Revolution in der Spur des Rechts, 1997.

Deutscher Bund (Staatenbund). Zum Deutschen Bund (8. 6. 1815–24. 8. 1866) zählten folgende selbständig gewordene deutsche Staaten:

Kaiserreich: Österreich; Königreiche: Preußen, Bayern, Sachsen, Hannover (bis 1837 in Personalunion mit Großbritannien), Württemberg; Kurfürstentum: Hessen(-Kassel); Großherzogtümer: Baden, Hessen(-Darmstadt), Mecklenburg-Schwerin, Mecklenburg-Strelitz, Oldenburg, Sachsen-Weimar (-Eisenach), Luxemburg (in Personalunion mit Niederlande); Herzogtümer: Holstein und Lauenburg (bis 1864 in Personalunion mit Dänemark), Nassau, Braunschweig, Sachsen-Gotha (1825 erloschen), Sachsen-Coburg (seit 1826 Sachsen-Coburg und Gotha [Sachsen-Coburg-Gotha]), Sachsen-Meiningen, Sachsen-Hildburghausen (bis 1826), Sachsen-Altenburg (seit 1826), Anhalt-Dessau (seit 1863 Anhalt), Anhalt-Köthen (1847 erloschen), Anhalt-Bernburg (1863 erloschen), Limburg (1839 aufgenommen, in Personalunion mit Niederlande); Landgrafschaft: Hessen-Homburg (1817 aufgenommen); Fürstentümer: Waldeck, Lippe(-Detmold), Schaumburg-Lippe, Schwarzburg-Rudolstadt, Schwarzburg-Sondershausen, Reuß ältere Linie, Reuß jüngere Linie, Hohenzollern-Hechingen, Hohenzollern-Sigmaringen (1849 an Preußen), Liechtenstein; Freie Städte: Lübeck, Bremen, Hamburg, Frankfurt.

L.: Deutscher Bund und deutsche Frage, hg. v. Rumpler, H., 1990.

Deutscher Orden, Deutscher Ritterorden, (Orden, Reichsfürst [Deutschmeister seit 1494 Reichsfürst, Hochmeister nicht belehnbar, aber den Reichsfürsten gleichgestellt]). Eine im dritten Kreuzzug 1190 von Lübecker und Bremer Bürgern vor Akkon gebildete Spitalbruderschaft, die nach eigenem Anspruch aus einem deutschen, 1143 vom Papst der Oberhoheit des Johanniterordens unterstellten deutschen Hospital in Jerusalem hervorgegangen sein soll, wurde am 5. 3. 1199 (1198) nach dem Vorbild des Templerordens wie des Johanniterordens zu einem geistlichen Ritterorden (homines imperii) mit Sitz in Montfort bei Akkon umgeformt. 1211 wurde der Orden in Siebenbürgen (Burzenland) gegen die heidnischen Kumanen eingesetzt. 1216 erhielt er von Kaiser Friedrich II. Ellingen an der schwäbischen Rezat, das später Sitz der Ballei Franken wurde (1796 an Preußen, 1806 an Bayern). 1225/1226 rief ihn Herzog Konrad von Masowien mit dem Versprechen des Culmer Landes (Kulmer Landes, Kulmerlandes) gegen die heidnischen Pruzzen zu Hilfe. Im März 1226 gab Kaiser Friedrich II. dem Hochmeister des Ordens für dieses Ordensland reichsfürstliche Rechte und begriff ihn in die Herrschaft des Reiches ein, ohne den nicht lehnsfähigen geistlichen Ordensobersten in die Lehnsverfassung des Reiches einzubeziehen. 1230 überließ Herzog Konrad dem Orden das Kulmer Land. 1231 wurde das Gebiet der Pruzzen erobert, 1243 die Bistümer Kulm (Culm), Pomesanien, Samland und Ermland errichtet. 1290 wurde die Grenze gegen Litauen erreicht. Infolge der weiteren Erwerbung Danzigs und Pommerellens (1309), Kurlands, Nordestlands (1346), der Besetzung Gotlands (1398) und der Pfandnahme der Neumark (1402) erreichte der Orden, dessen Hochmeister nach dem Fall Akkons 1291 seinen Sitz nach Venedig, 1309 nach Marienburg in Westpreußen und 1457 nach Königsberg verlegte, anfangs des 15. Jahrhunderts seine größte Ausdehnung. Zugleich gewann er vor allem in den alten salisch-staufischen Königslandschaften des Reiches zahlreiche Häuser, Hospitäler und Pfarreien, auf deren Grundlage ihm allmählich der Aufbau von allerdings nur selten geschlossenen Herrschaften um mehrere Mittelpunkte gelang, wobei organisatorisch zwischen den Hochmeister bzw. Landmeister einerseits und die einzelnen Ordenshäuser (Komtureien, Kommenden) andererseits die (wieder in Komtureien und Ämter untergliederten) Balleien eingefügt wurden. Nach der vernichtenden Niederlage des Ordens gegen den seit 1386 übermächtigen feindlichen König von Polen (und Litauen) bei Tannenberg (1410) musste der Hochmeister 1466 nach dem Verlust Westpreußens (Pommerellen, Kulm, Ermland mit Danzig, Elbing, Marienburg [1457]) im zweiten Thorner Frieden die Schirmherrschaft des Königs von Polen anerkennen. Der Deutschmeister, der über 12 Balleien deutschen Gebiets verfügte (Thüringen, Österreich, Hessen [Marburg], Franken [Mergentheim], Koblenz, Elsass-Schwaben-Burgund, Bozen [an der Etsch], Utrecht [bis 1637], Altenbiesen [bei Maastricht], Lothringen, Sachsen, Westfalen), wurde 1494 als Reichsfürst mit den Regalien belehnt. 1527/1530 erhielt er, nachdem der Hochmeister am 8. 4. 1525 das inzwischen protestantisch gewordene Preußen (trotz

Nichtanerkennung durch Kaiser und Papst) als Herzogtum von Polen zu Lehen genommen hatte, die Administration des Hochmeistertums in Preußen und damit vor allem den Anspruch auf das alte Ordensland. 1525/1526 verlegte er seinen Sitz von Horneck am Neckar nach Mergentheim, das Mittelpunkt der Güter an Tauber, Neckar und in Franken wurde (insgesamt rund 2200 Quadratkilometer mit 100 000 Einwohnern). Das Deutschmeistertum des Ordens gehörte mit Mergentheim und den zwei Komtureien Virnsberg und Ellingen der Ballei Franken (10 Quadratmeilen mit 32 000 Einwohnern [u. a. 1250 Gundelsheim und Horneck, 1506 Hohenfels]) dem fränkischen Reichskreis, mit der Ballei Koblenz, die trotz reicher Güter kein eigenes Gebiet besaß und durch den Komtur der Ballei vertreten wurde, dem kurrheinischen Reichskreis an. Wegen der Hälfte von Berlichingen und wegen Teilen von Gollachostheim zählte der Deutsche Orden zum Kanton Odenwald des Ritterkreises Franken, wegen Teilen von Volkershausen zum Kanton Rhön-Werra. Außerdem war er um 1800 in den Kantonen Altmühl, Baunach und Steigerwald immatrikuliert. 1803 blieb der Orden bestehen und erhielt durch § 26 des Reichsdeputationshauptschlusses für den Verlust seiner drei linksrheinischen Balleien als Entschädigung die mittelbaren Stifter, Abteien und Klöster in Vorarlberg, in dem österreichischen Schwaben (Schwäbisch-Österreich) und überhaupt alle Mediatklöster der Augsburger und Konstanzer Diözesen in Schwaben, über die nicht disponiert worden war, mit Ausnahme der im Breisgau gelegenen. 1805 schuf das Haus Habsburg das Fürstentum Mergentheim als österreichische Sekundogenitur. 1809 wurde dieses durch Napoléon zugunsten der Rheinbundstaaten (Württemberg) beseitigt. Der Orden behielt nur noch die in Österreich liegenden mittelbaren Balleien Österreich und Bozen (Etsch). In Österreich wurde der Deutsche Orden 1834 durch Franz I. unter Erzherzögen als Hoch- und Deutschmeistern wiederbelebt. 1845 erhielt auf Grund eines Vertrages zwischen dem Deutschen Orden, der freien Stadt Frankfurt und Österreich das Deutschordenshaus in Sachsenhausen (bei Frankfurt) durch die Fiktion der Zugehörigkeit zur diplomatischen Mission Österreichs völkerrechtliche Privilegien. 2000 wurde der 65. Hochmeister des zu dieser Zeit rund 1000 Mitglieder zählenden Ordens gewählt. S. Fränkischer Reichskreis.

L.: Wolff 111; Zeumer 552 II a 5; Wallner 692 FränkRK 12; Großer Historischer Weltatlas III 39 (1803) D3; Riedenauer 129; Winkelmann-Holzapfel 145 f.; Forstreuter, K., Deutschordensland Preußen, in: Geschichte der deutschen Länder, Bd. 1; Die Territorien des Reichs 6, 224; Voigt, J., Geschichte Preußens von den ältesten Zeiten bis zum Untergang der Herrschaft des Deutschen Ordens, Bd. 1 ff. 1827 ff.; Voigt, J., Geschichte des Deutschen Ritterordens in seinen 12 Balleien in Deutschland, 1857; Scriptores rerum Prussicarum (Die Geschichtsquellen der preußischen Vorzeit bis zum Untergang der Ordensherrschaft), hg. v. Hirsch, T. u. a., Bd. 1 ff. 1861 ff., Neudruck 1965; Preußisches Urkundenbuch, hg. v. Philippi, F. u. a., Bd. 1 ff. 1882 ff., Neudruck 1960; Perlbach, M., Die Statuten des Deutschen Ordens, 1890; Pettenegg, E. G. Graf v., Die Privilegien des Deutschen Ritter-Ordens, 1895; Prutz, H., Die geistlichen Ritterorden, 1908; Krollmann, C., Politische Geschichte des Deutschen Ordens in Preußen, 1932; Maschke, E., Der deutsche Ordensstaat, 1935, 3. A. 1943; Haaf, R. ten, Kurze Bibliographie zur Geschichte des Deutschen Ordens, 1949; Haaf, R. ten, Deutschordensstaat und Deutschordensballeien, 2. A. 1965; Forstreuter, K., Vom Ordensstaat zum Fürstentum, 1951; Quellen zur Geschichte des Deutschen Ordens, hg. v. Hubatsch, W., 1954; Tumler, M., Der deutsche Orden, 1955; Grill, R., Die Deutschordens-Landkommende Ellingen, Diss. phil. Erlangen 1958; Hofmann, H. H., Der Staat des Deutschmeisters, 1962; Stengel, E. E., Abhandlungen und Untersuchungen zur Geschichte des Kaisergedankens, 1965; Acht Jahrhunderte Deutscher Orden, hg. v. Wieser, K., 1967; Forstreuter, K., Der Deutsche Orden am Mittelmeer, 1967; Militzer, K., Die Entstehung der Deutschordensballeien im Deutschen Reich, 1970; Favreau, M. L., Studien zur Frühgeschichte des Deutschen Ordens, 1974; Lampe, K. H., Bibliographie des Deutschen Ordens bis 1954, bearb. v. Wieser, K., 1975; Von Akkon nach Wien. Studien zur Deutschordensgeschichte, FS Tumler, M., hg. v. Arnold, U., 1978; Wippermann, W., Der Ordensstaat als Ideologie, 1979; Die geistlichen Ritterorden Europas, hg. v. Fleckenstein, J./Hellmann, M., 1980; Tumler, M./Arnold, U., Der Deutsche Orden, 1981; Boockmann, H., Der Deutsche Orden, 1981; Boockmann, H., Die Vorwerke des Deutschen Ordens in Preußen, in: Die Grundherrschaft im späten Mittelalter, hg. v. Patze, H., Bd. 1 1983; Diefenbacher, M., Territorienbildung des Deutschen Ordens am unteren Neckar im 15. und 16. Jahrhundert, 1985; Beiträge zur Geschichte des Deutschen Ordens, hg. v. Arnold, U., 1986; Tumler, M./Arnold, U., Der Deutsche Orden. Von seinem Ursprung bis zur Gegenwart, 4. A. 1986; Neitmann, K., Die Staatsverträge des Deutschen Ordens in Preußen 1230–1449, Studien zur Diplomatie eines spätmittelalterlichen deutschen Territorialstaates, 1986; Arnold, U., Deutschsprachige Literatur zur Geschichte des Deutschen Ordens 1980–1985. Ein Bericht, 1987, Zs. f. hist. Forschung 14; Seiler, A., Der Deutsche Orden. Geschichte und Ideologie, 1988, Beiträge zur Kulturgeschichte von Altshausen und Umgebung 11; Boockmann, H., Der Deutsche Orden, 12 Kapitel aus seiner Geschichte, 3. A. 1989; Grzegorz, M., Die territorialen Erwerbungen des Deutschen Ordens in Pommerellen vor 1308, Zs.f. Ostforschung 38 (1989); 800 Jahre Deutscher Orden, 1990; Diefenbach, M., Der Deutsche Orden in Bayern, 1990; Beiträge zur Geschichte des Deutschen Ordens, 2 1993; Die Hochmeister des Deutschen Ordens 1190–1994, hg. v. Arnold, U., 1998; Militzer, K., Von Akkon zur Marienburg, 1999; Biskup, M./Labuda, G., Die Geschichte des Deutschen Ordens in Preußen, 2000; Klebes, B., Der Deutsche Orden in der Region Mergentheim im Mittelalter, 2002; Demel, B., Der Deutsche Orden im Spiegel seiner Besitzungen und Beziehungen in Europa, 2004; Militzer, K., Die Geschichte des Deutschen Ordens, 2005; Demel, B., Unbekannte Aspekte der Geschichte des Deutschen Ordens, 2006.

Deutschleuthen (Minderherrschaft), Deutsch-Leuthen. Die aus einigen Dörfern bestehende Minderherrschaft D. in Oberschlesien, innerhalb Schlesiens böhmischen Anteils, kam durch Kauf an den irländischen Lord Taaffe. S. Tschechoslowakei.

L.: Wolff 490.

Deutschösterreich (Republik). D. war vom 19. Jahrhundert bis 1918 die Bezeichnung für die von Deutschen bewohnten Gebiete der österreichisch-ungarischen Monarchie (Österreich-Ungarn). Diese Gebiete bildeten nach dem Zusammenbruch Österreichs am 12. 11. 1918 die Republik D. (Länder Niederösterreich, Oberösterreich, Steiermark, Kärnten, Tirol, Vorarlberg und Salzburg, Ansprüche auf Südtirol, Deutschböhmen und Sudetenland), die ein Teil des Deutschen Reiches sein wollte. Der Friede von Saint Germain untersagte jedoch 1919 den Anschluss an Deutschland und die Führung des Namens D. Zugleich gab er die sudetendeutschen Gebiete an die Tschechoslowakei. Am 21. 10. 1919 wurde der Name in Republik Österreich umgewandelt.

L.: Ende und Anfang. Österreich 1918/19, hg. v. Jedlicka, L., 1969; Brauneder, W., Deutsch-Österreich 1918, 2000.

Deutzgau s. Tiuzihgouwe

L.: Polenz, P. v., Landschafts- und Bezirksnamen, 1961, 290, II, 30 f., Tiuzihgouwe, Deutszgau (Escher, M. u. a., Die urbanen Zentren, 2005, 2, 139).

Deventer (Reichsstadt). D. an der Ijssel erscheint anlässlich einer Kirchengründung Lebuins kurz vor 776. 952 gab König Otto I. seine von den Karolingern ererbten Güter in D. an das Mauritiuskloster in Magdeburg, 1046 König Heinrich III. Münzregal und Grafschaft an den Bischof von Utrecht. 1123 erließ der Kaiser den Bewohnern Hauszinse an das Lebuinsstift. Später war D. Reichsstadt und Mitglied der Hanse. 1528 kam es vom Hochstift Utrecht an Kaiser Karl V. 1591 wurde es den spanischen Habsburgern durch die Generalstaaten der Niederlande entrissen.

L.: Wolff 75; Landwehr, G., Die Verpfändung der deutschen Reichsstädte im Mittelalter, 1967, 201; Koch, A. C. F., Die Anfänge der Stadt Deventer, WF 10 (1975), 167.

Dexheim (Reichsdorf?). D. (Thechidesheim) links des Rheins bei Oppenheim wird erstmals 774 anlässlich der Übertragung von Gütern durch Karl den Großen an Lorsch und 889 (Dechidestein) anlässlich der Schenkung der Kirche durch König Arnulf an das Kloster Fulda erwähnt. Als Reichsgut begegnet es dann wieder 1259. Am 16. 1. 1315 verpfändete Ludwig der Bayer D. neben anderen Orten an das Erzstift Mainz, am 25. 12. 1356 Karl IV. zur Hälfte an die Stadt Mainz und am 12. 2. 1375 an den Pfalzgrafen bei Rhein. Die Könige Wenzel und Ruprecht bestätigten die Verpfändung an die Pfalz. Über Hessen kam der 1689 zerstörte Ort 1946 zu Rheinland-Pfalz.

L.: Hugo 464, 466.

Dhaun (Grafen, Wildgrafschaft, Wild- und Rheingrafen). Die Burg D. an der Nahe wurde von den Wildgrafen als den Vögten von Sankt Maximin in Trier auf Klostergrund erbaut. 1221 erscheint ein Graf von D. (Dune), das seit 1215 als Lehen des Erzstifts Trier galt. Nach der Teilung von 1263 nannte sich ein Hauptzweig des Geschlechtes nach D. 1350 traten die Rheingrafen das Erbe der Wildgrafen in der Herrschaft D. an. Seit 1499 und 1561 nannten sich jüngere Seitenlinien der Wild- und Rheingrafen (Rheingrafen) nach D. Beim Aussterben der rheingräflichen Linie D., welche die Wildgrafschaft D., das Hochgericht Rhaunen, das Ingrichtsamt Hausen, die Hälfte der Stadt Kirn und der Oberschultheißerei Meddersheim, das Amt Flonheim und ein Viertel der Herrschaft Diemeringen/Dimringen besessen hatte, beanspruchten die Linien Grumbach und Rheingrafenstein (Stein) die Hälfte, die Häuser Salm das Ganze. Die Wild- und Rheingrafschaft von D. gehörte dem wetterauischen Reichsgrafenkollegium an. S. Oberrheinischer Reichskreis.

L.: Wolff 280; Salden-Lunkenheimer, E., Besitzungen des Erzstiftes Mainz im Naheraum, Diss. phil. Mainz 1949.

Dhronecken, Thronecken, Tronecken, Thonecken (Herrschaft). Die auch Mark Thalfang genannte Herrschaft D. bei Hermeskeil auf dem Hunsrück gehörte am Ende des 18. Jahrhunderts zu einem Viertel den beiden fürstlichen Häusern Salm gemeinsam und zu drei Vierteln den Wild- und Rheingrafen zu Grumbach (Rheingrafen bzw. Grafen Salm-Grumbach) und zählte über sie zum oberrheinischen Reichskreis. Nach der Besetzung durch Frankreich fiel D. 1815 an Preußen und damit 1946 an Rheinland-Pfalz.

L.: Wolff 279; Wallner 697 OberrheinRK 22.

Didelzheim, Dieselzheim (Reichsritter). Die D. zählten im frühen 16. Jahrhundert zum Kanton Odenwald des Ritterkreises Franken.

L.: Stetten 32; Riedenauer 123.

Die (Grafen). Nach D. in der Dauphiné nannten sich seit dem 11. Jahrhundert Grafen. Graf Wilhelm von D. unterstützte als Vasall König Heinrichs IV. 1073 den Bischof von D. gegen den Legaten Gregors VII. Am Ende des 12. Jahrhunderts verschwanden die Grafen. Ihre Güter kamen zumeist an die Artaud de Montauban.

L.: Roman, J., Les derniers comtes de Die et la famille Artaud de Montauban, Bull. de la Soc. d'archéologie et de statistique de la Drôme 20 (1886).

Die (Hochstift). 325 erscheint erstmals ein Bischof der gallorömischen civitas Dea Augusta Voconciorum. Im Streit um die Metropolitanzugehörigkeit zwischen Vienne und Arles entschied Papst Calixt II. am 15. 2. 1120 zugunsten von Vienne. Am 30. 7. 1178 bestätigte Kaiser Friedrich I. Barbarossa den Bestand des Bistums und seinen Rang im Königreich Arelat. Um die Mitte des 15. Jahrhunderts wurde die weltliche Herrschaft des Bischofs von D., der seit 1275 zugleich Bischof von Valence war, durch den Dauphin Ludwig II. empfindlich beschränkt. S. Dauphiné.

L.: Bligny, B., L'Eglise et les ordres religieux dans le royaume de Bourgogne aux XIe et XIIe siècle, 1960.

Dieburg (Burg, Herrschaft). In römischer Zeit lag am Schnittpunkt wichtiger Straßen im Gersprenztal der Mittelpunkt der civitas Auderiensium. Im Frühmittelalter gehörte das Gebiet zum Reichsforst Dreieich. Am Ende des 12. Jahrhunderts war D. in den Händen der Bolanden, 1239 der Münzenberg. Als deren Erben verkauften die Isenburg und Hohenlohe-Brauneck Burg und Stadt D. an das Erzstift Mainz, von dem es 1803 an Hessen-Darmstadt kam. Nach D. nannten sich die Groschlag von D. S. Groschlag von (und zu) Dieburg, Hessen, Ulner von Dieburg.

L.: Wolff 80; Hoch, G., Territorialgeschichte der östlichen Dreieich, Diss. phil. Marburg 1953; Escher, M. u. a., Die urbanen Zentren, 2005, 2, 140.

Diede zum Fürstenstein (Reichsritter). Im 18. Jahrhundert zählten die D. zum Ritterkreis Rhein.

L.: Roth von Schreckenstein 2, 594.

Diedenhofen (Reichsgut?), frz. Thionville. In D. an der Mosel nördlich von Metz erscheint nach älteren Siedlungsspuren 751 eine Königspfalz (Theodonis villa). 930 wurde die Kirche von D. an das Kloster Sankt Maximin zu Trier gegeben. Dessen Vögte waren die Grafen von Luxemburg, die auch die umliegende Grafschaft innehatten. Sie eigneten sich das Königsgut an. Immerhin kam, nachdem das deutsche Königtum an die Grafen von Luxemburg gefallen war, D. zur Reichskammer. 1441/1461 gelangte es an Burgund, 1477 an Habsburg, später an Frankreich.

L.: Wolff 58; Joset, C., Les villes au pays de Luxembourg, 1940; Escher, M. u. a., Die urbanen Zentren, 2005, 2, 142.

Diedenhofen (Reichsritter) s. Dietenhofen

Diemantstein (Freiherren, Herrschaft). Um 1260 errichtete Tiemo von dem Stein, der mit den Familien der Edelfreien der Hohenburg und zu Fronhofen verwandt gewesen sein dürfte, im Tal der Kessel bei Dillingen die Burg D. Seit 1712 waren die Freiherren von Diemantstein (Stein) Reichsgrafen (von Diemenstein). Beim Aussterben des Geschlechts folgten 1730 die Elster, 1756 die Schaudi, 1758 das Reichsstift Sankt Ulrich und Afra zu Augsburg und 1777 die Fürsten von Oettingen-Wallerstein. D. gehörte seit 1542 dem Kanton Kocher des Ritterkreises Schwaben an. Über Oettingen gelangte D. an Bayern.

L.: Schulz 260.

Diemar (Reichsritter). Seit dem 16. Jahrhundert zählten die D. zum Kanton Rhön-Werra des Ritterkreises Franken sowie von 1557 bis 1574 wegen Lindach zum Kanton Kocher des Ritterkreises Schwaben und um 1750 zum Kanton Altmühl des Ritterkreises Franken.

L.: Stieber; Roth von Schreckenstein 2, 593; Seyler 359 f.; Riedenauer 123; Schulz 260; Rahrbach 47.

Diemeringen, Dimringen (Herrschaft). 1801 gehörte ein Viertel der Herrschaft D. über die Wild- und Rheingrafen zu Grumbach (Rheingrafen von Salm-Grumbach) zum oberrheinischen Reichskreis.

L.: Wolff 279 f.; Wallner 697/698 OberrheinRK 22, 33, 43 a.

Diener, Dyener (Reichsritter). Im 16. Jahrhundert zählten die D. zum Kanton Rhön-Werra des Ritterkreises Franken.

L.: Pfeiffer 211 f.

Dienheim (Freiherren, Reichsritter). Die seit Beginn des 13. Jahrhunderts bezeugten Freiherren von D. bei Oppenheim waren vom 16. bis 18. Jahrhundert mit einem Zehntel der Ganerbschaft Bechtolsheim, Friesenheim, Hahnheim, einem Achtel der Ganerbschaft Mommenheim, einem Siebtel der Ganerbschaft Niedersaulheim, Rudelsheim und einem Fünftel der Ganerbschaft Schornsheim Mitglied des Kantons Oberrheinstrom des Ritterkreises Rhein sowie im 17. Jahrhundert Mitglied des Kantons Odenwald des Ritterkreises Franken.

L.: Zimmermann 65 f.; Winkelmann-Holzapfel 146; Riedenauer 123.

Dienheim (Reichsdorf). D. bei Oppenheim wurde schon von Karl dem Großen an die Abtei Fulda gegeben. Später kam es als Reichspfand an die Pfalzgrafen bei Rhein und von der Pfalz an Hessen-Darmstadt und 1946 an Rheinland-Pfalz.

L.: Hugo 464.

Diepholz (Herren, Grafschaft). Edelfreie Herren von D., die aus dem Land Hadeln stammen, sind erstmals 1085 belegt. Sie erbauten zwischen 1120 und 1160 an der oberen Hunte eine 1160 erstmals bezeugte Burg, die zum Vorort ihrer von Mooren geschützten, zwischen den Hochstiften von Minden, Osnabrück und Münster gelegenen Herrschaft zwischen Wildeshausen und Bassum bzw. Levern und Rahden wurde. Wichtige Rechte gingen um 1300 von den Welfen bzw. den Askaniern sowie den Grafen von Ravensberg zu Lehen. Weitere Rechte bestanden im friesischen Küstenraum (Midlum), doch blieb das Herrschaftsgebiet insgesamt bescheiden. 1512 nahmen die Herren zum Schutz gegen Minden die Lehnshoheit des Reiches, 1531 der Herzöge von Braunschweig-Lüneburg an. 1521 trugen sie das Amt Auburg im Südwesten den Landgrafen von Hessen als Mannlehen auf. 1531 erwarben sie (wohl zusammen mit der Reichslehnbarkeit) den Grafenrang. 1585 starb das Geschlecht aus. Die Grafschaft fiel auf Grund einer Anwartschaft von 1517 an Braunschweig-Lüneburg (bis 1665 Braunschweig-Celle, dann Calenberg), Auburg (trotz eines 1606 vor dem Reichskammergericht angestrengten, zweihundert Jahre währenden Rechtsstreits mit den Welfen) an Hessen. 1593 wurden die Welfen vom Kaiser belehnt. Die Grafschaft gehörte dem westfälischen Reichsgrafenkollegium an. 1685/1723 ging sie, um 9 (bzw. 11,5) Quadratmeilen groß, mit den Ämtern D. (mit den Vogteien Barnstorf und Drebber) und Lemförde (mit dem Flecken Lemförde und acht Dörfern) in Hannover auf (1823 zusammen mit der Grafschaft Hoya Landdrostei Hannover). 1816 kam nach Abfindung der Freiherren von Cornberg auch Auburg an Hannover. Über Hannover fiel D. 1866 an Preußen und 1946 an Niedersachsen. S. Niederrheinisch-westfälischer Reichskreis.

L.: Wolff 356; Zeumer 554 II b 63, 11; Wallner 703 WestfälRK 18; Großer Historischer Weltatlas II 66 (1378) E2; Schnath, G./Lübbing, H./Engel, F., Niedersachsen, in: Geschichte der deutschen Länder, Bd. 1; Moormeyer, W., Die Grafschaft Diepholz, 1938; Guttzeit, E., Geschichte der Stadt Diepholz, Teil 1 1982; Die Grafschaften Bruchhausen, Diepholz, Hoya und Wölpe, 2000.

Diepoldinger, Rapotonen (Geschlecht). Das durch die Leitnamen Diepold und Rapoto gekennzeichnete Geschlecht stellte ursprünglich die Grafen im Traungau und Augstgau (Diepold 955 †, 977 Rapoto). Wahrscheinlich nach 1060 wurde es mit den Marken Cham (1073) und Nabburg (1077) im Nordgau belehnt. Diepold III. († 1146) baute die Herrschaft im Egerland aus (1118 Reichenbach, um 1132 Waldsassen). 1146 wurde das Egerland ans Reich gezogen. Cham und Vohburg fielen 1204 von der gleichzeitig entstandenen älteren Linie an den verschwägerten Herzog von Bayern. Die Familie erlosch in ihrer jüngeren Linie mit den Staufern um 1257 in Italien. Damit kamen auch die Güter um Nabburg sowie das inzwischen erlangte Hohenburg an Bayern.

L.: Doeberl, M., Regesten und Urkunden zur Geschichte der Dipoldinger Markgrafen auf dem Nordgau, 1893; Doeberl, M., Die Markgrafschaft und die

Markgrafen auf dem baierischen Nordgau, 1894; Bosl, K., Die Markengründungen Kaiser Heinrichs III., Zs. f. bay. LG. 14 (1944), 189; Throner, C., Die Diepoldinger und ihre Ministerialen, 1944; Spindler, M., Handbuch der bayerischen Geschichte, Bd. 1 ff. 1967 ff.; Kirch, K. H., Die Diepoldinger in der Oberpfalz, Oberpfälzer Heimat 12 (1967); Schmid, A., Diepoldinger, LexMA 3 1986, 1009; Weller, T., Die Heiratspolitik, 2004.

Dierbach, Direnbach (Reichsdorf). König Wenzel verpfändete am 22. 1. 1379 an den Pfalzgrafen bei Rhein unter anderem das Dorf D. bei Bergzabern, nachdem dieser es aus der Pfandschaft der Grafen von Leiningen gelöst hatte. Über die Pfalz und Bayern kam D. 1946 zu Rheinland-Pfalz.

L.: Hugo 464.

Diersburg, Dierspurg (reichsritterschaftliche Herrschaft). Nach der Burg D. bei Hohberg in der Ortenau nannte sich erstmals 1197 ein Walther de Tirsperc, der mit den Grafen von Geroldseck verwandt war. 1279 kam die Burg erbweise an die Ritter von Schwarzenberg, am Ende des 14. Jahrhunderts je zur Hälfte an die Markgrafen von Baden und an die Ritter Hummel von Stauffenberg, die ihre Hälfte im 15. Jahrhundert an Baden verkauften. 1463 belehnte Baden den Ritter Andreas Röder mit Burg und Herrschaft. Im 18. Jahrhundert gehörte die Familie der D. (Röder von D.) mit D. und Reichenbach zum Ort (Kanton) Ortenau des Kantons Neckar des Ritterkreises Schwaben sowie zum Ritterkreis Unterelsass. D. gelangte über Baden 1951/1952 an Baden-Württemberg. S. Röder von Diersburg.

L.: Genealogischer Kalender 1753, 531.

Diersfordt (Herrlichkeit). Die Herrlichkeit D. bei Wesel am Niederrhein gehörte zum Herzogtum Kleve (weselscher landrätlicher Kreis).

L.: Wolff 317.

Dieselzheim (Reichsritter) s. Didelzheim

L.: Stetten 32; Riedenauer 123.

Dießen (Grafen). Nach D. am Ammersee nannten sich zunächst die Grafen von Andechs, die 1140 den Ort D. dem vielleicht 815 gestifteten und um 1020 erneuerten Kloster übertrugen. 1802 wurde dieses in Bayern säkularisiert. S. Andechs.

L.: Hugo, J. A., Chronik des Marktes Dießen, 1901; Fried, P./Winterholler, H./Mülbe, W. v. d., Die Grafen von Dießen-Andechs, 1988.

Dießen (reichsritterschaftlicher Ort). D. südwestlich von Horb am Neckar erscheint erstmals am Ende des 11. Jahrhunderts. Begütert waren dort die Dießer (bis 1520), Hülwer (bis 1528), Ow (bis etwa 1500) und die Neuneck (bis 1499). Von den Neuneck ging D. erbweise an die Herren von Ehingen, 1556 an die Herren von Wernau und 1696 an die Schenken von Stauffenberg über. Diese verkauften die reichsritterschaftliche, zum Kanton Neckar des Ritterkreises Schwaben zählende Herrschaft mit Dettingen und Bittelbronn 1706/1708 an Muri. 1803 kam D. mit der Herrschaft Glatt an Hohenzollern-Sigmaringen und damit 1849 an Preußen, 1945 an Württemberg-Hohenzollern und 1951/1952 an Baden-Württemberg.

L.: Wolff 509; Hodler, F. X., Geschichte des Oberamtes Haigerloch, 1928.

Dietenheim (Herrschaft). Die mit den Grafen von Kirchberg verwandten Grafen von Brandenburg nahmen ihr bisheriges Allod D. (Tutenheim) bei Ulm vom Reich zu Lehen. 1313 verpfändete Friedrich der Schöne D. mit Brandenburg und Regglisweiler als Lehen Habsburgs an die Herren von Ellerbach, welche die Güter 1446 an den Ulmer Bürger Krafft verkauften. Von den Krafft und den mit ihnen verwandten Ehinger, die seit 1477 die Hälfte innehatten, erwarben 1481 die Rechberg die Güter. Bei ihrem Aussterben 1537 fielen die Güter an Österreich heim, von dem sie 1539 an Anton Fugger kamen. Im 18. Jahrhundert lebte in D. die Linie Fugger-Dietenheim(-Brandenburg). 1805 fiel D. an Bayern, 1810 an Württemberg und damit 1951/1952 an Baden-Württemberg.

L.: Wolff 204, 508; Eggmann, F., Geschichte des Illertales, 1862.

Dietenhofen, Diedenhofen (Reichsritter). Die vielleicht zum Kanton Altmühl des Ritterkreises Franken zählenden D. waren im 18. Jahrhundert bereits erloschen.

L.: Biedermann, Altmühl; Stieber; Riedenauer 123.

Dietherr von Anwanden und Schwaich? (Reichsritter). Kanton Rhön-Werra, Ritterkreis Franken.

L.: Stieber.

Dietkirchen (Kollegiatstift). An der mittleren Lahn erscheint 841 erstmals das Kollegiatstift D. Seine Vogtei hatten zumindest seit der ersten Hälfte des 13. Jahrhunderts die Grafen von Nassau inne. 1564 fiel es an das Erzstift Trier, 1802/1803 unter Säkularisierung an Nassau-Oranien (Nassau). Über Preußen kam D. 1945 zu Hessen.

L.: Struck, W., Erzbistum Trier, Bd. 4 Das Stift St. Lubentius in Dietkirchen, 1986.

Dietrichstein (Grafen, Reichsgrafen, Reichsfürsten). 1136 erscheint in Kärnten das Geschlecht der (Grafen von) D. Es teilte sich in mehrere Linien (u. a. Dietrichstein-Dietrichstein, Dietrichstein-Hollenburg, Dietrichstein-Nikolsburg [Dietrichstein-Niclasburg], Dietrichstein-Rabenstein, Dietrichstein-Weichselstädt), die in der Steiermark, in Niederösterreich und in Mähren begütert waren. 1506 stellten sie die Erbmundschenken in Kärnten. 1514 wurden sie Freiherren, 1578 (Adam von D.) bzw. 1612 Reichsgrafen. In zwei Ästen der Linie Hollenburg wurden sie 1624 und 1648 in den Reichsfürstenstand erhoben. 1803 erhielt der Fürst von D. durch § 11 des Reichsdeputationshauptschlusses vom 25. 2. 1803 für die Herrschaft Tarasp (Trasp) in Graubünden die Herrschaft Neuravensburg. 1880 erlosch die Familie im Mannesstamm.

L.: Zeumer 553 II b 50; Klein 150.

Diez (Grafen). Landgraf Philipp der Großmütige von Hessen überließ die Ämter Lißberg, Bickenbach, Umstadt, Ulrichstein, Schotten, Stornfels und Homburg vor der Höhe seinen Söhnen aus zweiter Ehe als Grafen von D. 1577 fielen die Güter an die vier Söhne aus erster Ehe zurück. S. Hessen.

L.: Kissel, O., Neuere Territorial- und Rechtsgeschichte des Landes Hessen, 1961.

Diez (Grafschaft). Grafen von D. (790 Theodissa [Altendiez?], später Didesse, 933 Dissermark) an der Lahn, die sich gelegentlich auch Grafen von Weilnau nannten und vielleicht ursprünglich Grafen des Niederlahngebietes waren, erscheinen etwa 100 Jahre nach Aussterben der Konradiner (seit 1044/1073) und werden kurz nach 1150 als solche genannt. Unter den Staufern nahmen sie wichtige Stellungen ein. 1302 teilten sie ihre Herrschaft in Altweilnau und Neuweilnau südwestlich von Usingen. Ihre sog. Goldene Grafschaft lag um Diez, Kirberg an der Lahn, um Camberg und Wehrheim, um Hasselbach und Salz. In der ersten Hälfte des 14. Jahrhunderts waren umfängliche Güter verpfändet. 1355 kamen ansehnliche Teile an Nassau-Merenberg, 1362 ein Viertel der Grafschaft und 1376 Kirberg an das Erzstift Trier. Bei ihrem Aussterben fiel die Goldene Grafschaft 1376/1384 über die Erbtochter an die Grafen von Nassau-Dillenburg sowie an Trier (Pfand, Lehnsheimfall), Katzenelnbogen (1453 Kauf) und (1420 über Jutta von Nassau-Dillenburg an) Eppstein, 1564 nach Auflösung der Gemeinschaft zwischen Trier (ein Viertel) und Nassau-Dillenburg (drei Viertel) an Nassau allein, wofür Trier die Kirchspiele Hundsangen, Nentershausen, Salz, Meudt und Lindenholzhausen erhielt. 1530 hatte Nassau den Eppstein verbliebenen Anteil (ein Achtel) erworben, aber nicht vermocht, ihn gegen Trier zu halten. 1557 hatte Nassau dafür einen Anteil Hessens (ein Viertel) gewonnen, den dieses von Katzenelnbogen ererbt hatte. Seit 1607 benannte sich eine Linie der Grafen von Nassau nach D. (Nassau-[Dillenburg-]Diez). 1806–1815 fiel das um 15 Quadratmeilen große D. an das Herzogtum Nassau, 1866 an Preußen und 1946 an Rheinland-Pfalz. S. Nassau-Diez.

L.: Wolff 337; Laut, R., Territorialgeschichte der Grafschaft Diez samt der Herrschaften Limburg, Schaumburg und Holzappel, Diss. phil. Marburg 1943; Heck, H., Die Goldene Grafschaft, 1956; Gensicke, H., Landesgeschichte des Westerwaldes, 2. A. 1987; Kloft, J., Territorialgeschichte des Kreises Usingen, 1971; Storto, F./Stein, H., 650 Jahre Stadt Diez. 1329–1979, 1979; Schwind, F., Diez, LexMA 3 1986, 1039; Escher, M. u. a., Die urbanen Zentren, 2005, 2, 147.

Dillenburg (Burg, Herrschaft). Wohl schon in der ersten Hälfte des 12. Jahrhunderts erbauten die Grafen von Laurenburg/Nassau an der Dill die Burg D., die 1255 an die ottonische Linie der Grafen von Nassau fiel. Seit 1290 war sie Sitz der Grafen. S. Nassau-Dillenburg, Hessen.

L.: Wolff 337; Becker, E., Schloss und Stadt Dillenburg, 1950, Neudruck 1983.

Dillingen (Grafen). D. an der Donau, das als Siedlung bis in die alemannische Landnahmezeit zurückgehen dürfte, ist seit 973 als Burg der vermutlich ursprünglich in Wittislingen ansässigen Grafen aus dem Geschlecht Hupalds († 909) bezeugt. Seit 1111 werden Grafen von D. genannt. Um 1070 erwarben die Grafen durch Heirat die Grafschaft Kiburg (Kyburg), die sie nach mehrfachen Teilungen, zuletzt 1180, in der Linie der Grafen von Kiburg (Kyburg) 1264 an Habsburg vererbten. Die schwäbischen Lehen fielen 1261 an Bayern, andere Güter vermutlich über Töchter an die Grafen von Helfenstein und die Pfalzgrafen von Tübingen. 1248/1258 (29. 12. 1258) kam D. durch Graf Hartmann V. († 1286), der Bischof von Augsburg war und mit dem die Familie ausstarb, an das Hochstift Augsburg. Vom 15. Jahrhundert an wurde es Residenz der Bischöfe von Augsburg, die 1554 eine bis 1804 bestehende Universität gründeten. 1802 fiel D. an Bayern.

L.: Wolff 156; Layer, A., Dillingen an der Donau, 1961; Stadt Dillingen an der Donau, bearb. v. Meyer, W./Schädler, A., 1964; Seitz, R. H., Dillingen, in: Historisches Ortsnamenbuch von Bayern, hg. v. der Kommission für bay. Landesgesch. 1966; Eberl, I., Dillingen, LexMA 3 1986, 1053 ff.; Holzfurtner, L., Die Grafschaft Dillingen, Zs. f. bay. LG. 57 (1994), 321.

Dillingen (Herren). D. an der Saar, in dessen Umgebung schon eine bedeutende römische Siedlung angelegt worden war (Contiomagus), war im Mittelalter Sitz einer lothringischen Lehnsherrschaft bzw. nassau-saarbrückischen Afterlehnsherrschaft der Herren von D. bzw. Siersberg. Vom 16. Jahrhundert an wechselte es mehrfach den Herren. 1766 fiel es an Frankreich, 1816 an Preußen und 1946 an das Saargebiet bzw. 1957 an das Saarland.

Dilsberg (Grafen). 1208 ist die Burg D. am Neckar bei Heidelberg als Sitz der Grafen des Elsenzgaues (Grafen von Lauffen) belegt. Um 1220 fiel sie über eine Erbtochter an die Herren von Dürn (Walldürn), die sich Grafen von D. nannten. 1286 wurde sie an König Rudolf von Habsburg verkauft, etwa um 1330 an die Pfalzgrafen bei Rhein veräußert. 1803 fiel sie an Baden. Damit gelangte D. 1951/1952 zu Baden-Württemberg.

L.: Bernhard, J., Die Bergfeste Dilsberg, 1961; Lenz, R., Kellerei und Unteramt Dilsberg. Entwicklung einer regionalen Verwaltungsinstanz im Rahmen der kurpfälzischen Territorialpolitik am unteren Neckar, 1989.

Dimringen s. Diemeringen

Dinkelsbühl (Reichsstadt). Das 1188 erstmals erwähnte D. (burgus Tinkelspuhel) an der Wörnitz wurde vermutlich um 1180 unter Einbeziehung einer älteren Siedlung an der Kreuzung wichtiger Fernstraßen zwischen Augsburg und Würzburg sowie Ulm und Nürnberg als Stadt von den Staufern gegründet. Seit 1251 wurde es an die Grafen von Oettingen verpfändet, konnte aber 1351 die Pfandschaft selbst ablösen und von 1273 an die Stellung einer Reichsstadt erwerben (1305 Stadtrecht von Ulm, 1351/1315 freie Richterwahl, 1398 Blutbann). 1387 erzwangen die Zünfte die Aufnahme in das Stadtregiment. Um 1400 hatte die Stadt etwa 4000 Einwohner. 1530/1534 wurde die Bevölkerung überwiegend evangelisch, 1649 D. paritätische Reichsstadt (mit katholischem Magistrat und evangelischer Bevölkerung). 1802/1803 ging die Stellung als Reichsstadt verloren. D. kam mit einer Quadratmeile Gebiet und 8000 Einwohnern an Bayern, 1804 an Preußen und 1805/1806 wieder an Bayern.

L.: Wolff 218; Zeumer 555 III b 16; Wallner 689 SchwäbRK 78; Großer Historischer Weltatlas II 66 (1378) F4, III 22 (1648) E4, III 38 (1789) D3; Schroeder 236 ff.; Beck, L., Übersicht über die Geschichte der ehemaligen freien Reichsstadt Dinkelsbühl, 1886; Christoffel, M., Dinkelsbühl, 1928; Gluth, P., Dinkelsbühl. Die Entwicklung einer Reichsstadt, 1958; Die Urkunden der Stadt Dinkelsbühl (1282–1500) Bd. 1, 2, bearb. v. Schnurrer, L., 1960 ff.; Gebeßler, A., Stadt und Landkreis Dinkelsbühl, 1962; Schnurrer, L., Die Territorien der Reichsstadt Dinkelsbühl, Jb. d. hist. Ver. v. Mittelfranken 80 (1962/1963), 55 ff.; Warmbrunn, P., Zwei Konfessionen in einer Stadt. Das Zusammenleben von Katholiken und Protestanten in den paritätischen Reichsstädten Augsburg, Biberach, Ravensburg und Dinkelsbühl von 1548–1648, 1983; Fahlbusch, F. B., Dinkelsbühl, LexMA 3 (1985), 1067.

Dinklage (Herren, Herrlichkeit). Seit dem 13. Jahrhundert sind die nach der Burg D. bei Vechta benannten Herren von D. nachweisbar. Ihre 1279 zu Lehen genommenen Güter kamen im 17. Jahrhundert an die Galen. 1827 fielen sie an Oldenburg und damit 1946 an Niedersachsen.

L.: Niemann, C. L., Das Oldenburger Münsterland, Bd. 1, 2 1889 ff.

Dinslaken (Herren, Herrschaft). Die Burg D. am Nordwestrand des Ruhrgebiets wird 1163 (Dincelachen) zuerst genannt. Nach 1220 fiel sie durch Heirat der Erbtochter der Herren von D. an die Grafen von Kleve. Mit Kleve kam sie 1368 durch Heirat an die Grafen von der Mark (1368–1406 selbständig) und 1609/1614/1666 erbweise an Brandenburg. 1946 fiel D. an Nordrhein-Westfalen.

L.: Wolff 316; Triller, A., Stadtbuch von Dinslaken, 1959; Dinslaken zwischen gestern und morgen, 1970; Escher, M. u. a., Die urbanen Zentren, 2005, 2, 152.

Direnbach (Reichsdorf) s. Dierbach

Dirmstein s. Lerch von D.

Dischingen, Tischingen (reichsritterschaftlicher Ort), Markttischingen. D. an der Egau südlich von Neresheim war Hausgut der Hupaldinger. Durch Heirat Adelas von Vohburg mit Friedrich I. Barbarossa kam es an die Staufer. Innerhalb der Herrschaft Trugenhofen fiel es um 1330 an die Grafen von Oettingen, danach an die Helfenstein, Riedheim, Hürnheim-Katzenstein (1365), Westernach (1428) und unter der 1510 anerkannten Landeshoheit Pfalz-Neuburgs erbweise an die Leonrod (1544), dann durch Heirat 1663 an die Schenk von Castell und durch Kauf 1734 an Anselm Franz von Thurn und Taxis. 1773 wurde die Befreiung aus der Landsässigkeit der Pfalz erreicht. 1810 kam die reichsritterschaftliche, zum Kanton Donau des Ritterkreises Schwaben zählende Herrschaft (Markttischingen) an Württemberg und damit D. 1951/1952 zu Baden-Württemberg.

L.: Wolff 508; Dischingen in Vergangenheit und Gegenwart 1366–1966, 1966; Müller, A., Dischingen, 2. A. 1968.

Disentis (Reichsabtei, reichsunmittelbares Kloster), rätoroman. Mustèr. Das im 7. Jahrhundert zur Sicherung des Lukmanierpasses im Vorderrheintal in der Hochgebirgslandschaft Disertinas von dem Franken Sigisbert und dem Räter Placidus gegründete, 960 von Otto I. erneuerte Benediktinerkloster D. kam 1020 durch Heinrich II. an das Hochstift Brixen, erhielt aber 1048 von Heinrich III. die Reichsunmittelbarkeit, der Abt die Reichsfürstenwürde. Dank kaiserlicher Verleihungen gewann es bis ins Urserental ein großes reichsunmittelbares Herrschaftsgebiet. 1395/1424 beteiligte sich der Abt maßgeblich an der Stiftung des Grauen Bundes (Graubünden). 1472 wurde die Herrschaft Jörgenberg von den Grafen von Hohenzollern gekauft.

L.: Wolff 533; Poeschel, E., Die Kunstdenkmäler des Kantons Graubünden, Bd. 5 1943; Müller, I., Geschichte der Abtei Disentis, 1971; Müller, I., Ergänzungen der Disentiser Klostergeschichte, 1987, Studien und Mitteilungen zur Geschichte des Benediktiner-Ordens und seiner Zweige 98.

Disibodenberg (Abtei). An der Mündung der Glan in die Nahe wurde wohl schon vor 700 das Kloster D. gegründet. 975 wurde es Chorherrenstift, 1108 Benediktinerabtei und 1259 Zisterzienserabtei. Das für die Territorialpolitik des Erzstifts Mainz bedeutsame Kloster wurde 1555 infolge der Reformation aufgehoben. S. Rheinland-Pfalz.

L.: Wolff 90; Polke, J., Die Aufhebung des Klosters Disibodenberg in der Reformationszeit, 1987, Ebersburg-Hefte 21.

Dithmarschen (nahezu freie Bauernrepublik). Das Gebiet zwischen Elbe, Eider und Wattenmeer der Nordsee war im Frühmittelalter ein in vier Siedlungsräume gegliederter sächsischer Gau, der unter Karl dem Großen christianisiert wurde. Im 11. Jahrhundert (1062) kam das nach dem Personennamen Dietmar benannte, in ottonischer Zeit weitgehend sich selbst überlassene Gebiet (Thedmarsgoi) durch Heinrich IV. unter die Herrschaft des Erzstifts Bremen. 1147 wurde es von Heinrich dem Löwen unterworfen, 1180 fiel es wieder an Bremen. Vom 13. Jahrhundert an errangen die durch die Kultivierung des Marschbodens wohlhabend gewordenen Bauerngeschlechter eine weitgehende Selbständigkeit mit eigener politischer Organisation (1448 Achtundvierziger als Vertreter der Kirchspiele, 50 Schlüter [Schließer] und 300 Geschworene zusammen als die Vollmacht, die jeweils zuletzt in Heide zusammenkam) und eigenem Landrecht (1321/1447, gedruckt 1487). 1473/1474 erhielten die Könige von Dänemark und Herzöge von Holstein D. gegen den Widerspruch der Achtundvierziger von Kaiser Friedrich III. als Lehen, wurden aber 1500 vom dithmarsischen Volksheer geschlagen. 1532 wurde die Reformation eingeführt. 1559 konnten der König von Dänemark und die Herzöge von Holstein-Gottorp (Gottorf) das Land unterwerfen. 1580/1581 wurde die nördliche Hälfte (Norderdithmarschen mit Heide) an Holstein-Gottorp (Gottorf) gegeben (herzoglicher Anteil), kam aber 1773 unter die Oberherrschaft Dänemarks, das bereits die südliche Hälfte (Süderdithmarschen, königlicher Anteil) erhalten hatte. 1866 fiel es mit Schleswig und Holstein an Preußen und kam 1946 zu Schleswig-Holstein.

L.: Wolff 445 f.; Großer Historischer Weltatlas II 66 (1378) E1; Adolfi gen. Neocorus, J., Chronik des Landes Dithmarschen, hg. v. Dahlmann, F. C., Bd. 1 f. 1827, 1904, Neudruck 1927; Michelsen, A., Urkundenbuch zur Geschichte des Landes Dithmarschen, 1834; Michelsen, A., Sammlung altdithmarscher Rechtsquellen, 1842; Chalybaeus, R., Geschichte Dithmarschens bis zur Eroberung des Landes im Jahre 1559, 1888; Marten, G./Mäckelmann, K., Dithmarschen, Geschichte und Landeskunde, 1927; Carstens, W., Bündnispolitik und Verfassungsentwicklung in Dithmarschen, Zs. d. Ges. für schleswig-holstein. Geschichte 66 (1938); Klüver, W., Dithmarschen und Schleswig-Holstein im Wandel der Geschichte, 1951; Stoob, H., Die Dithmarscher Geschlechterverbände, 1951; Stoob, H., Geschichte Dithmarschens im Regentenzeitalter, 1959; Polenz, P. v., Landschafts- und Bezirksnamen, 1961, II, 15, 34, 41, 49, 95 f., III, 10, 31, 33, Thiadmariska, Thiadmaresgaho, Tedmarsgoi, Ditmarticorum terra, Ditmarcos, Sietmaringenses, ‚Dithmarschen'; Hadel, W. v., Die Eingliederung des Landes Dithmarschen in den Verband der Herzogtümer Schleswig und Holstein, 1963; Kamphausen, A. u. a., Dithmarschen. Geschichte und Bild einer Landschaft, 1968; Eggers, P., Das Prozessrecht nach dem Dithmarscher Landrecht von 1567 und seine Entwicklung bis zum Ende der Gottorfer Herrschaft 1773, 1986; Sax, P., Werke zur Geschichte Nordfrieslands und Dithmarschens, Bd. 7 Ergbd. Register und Ergänzungen, 1987.

Dittelsheim (Ganerbschaft). D. bei Worms wird 775 erstmals genannt. Um 1190 hatte Werner von Bolanden D. von den Grafen von Katzenelnbogen zu Lehen. 1358 kaufte das Kloster Fulda D. wiederlöslich von den Grafen von Nassau. Später kam es allmählich an die Pfalz (u. a. von den Kämmerern von Worms genannt von Dalberg), danach an Hessen und 1946 an Rheinland-Pfalz.

L.: Geschichtlicher Atlas von Hessen, Inhaltsübersicht 33.

Döben (Burggrafschaft). Vermutlich im ausgehenden 10. Jahrhundert wurde die 1117 erstmals erwähnte Burg D. an der Mulde bei Grimma errichtet, in der 1181/1185 ein Reichsburggraf eingesetzt wurde. Seit 1198 kam er aus der Familie der Erkenbertinger (von Tegkwitz). Nach deren Aussterben fiel die Burggrafschaft wohl schon 1286 an die Markgrafen von Meißen und als deren Lehen später an die Burggrafen von Leisnig. S. Sachsen.

L.: Helbig, H., Der wettinische Ständestaat, 2. A. 1980.

Dobeneck (Reichsritter). Im frühen 16. Jahrhundert zählten die D. zum Kanton Gebirg des Ritterkreises Franken und zur vogtländischen Ritterschaft (Vogtland).

L.: Stieber; Riedenauer 123.

Doberan (Abtei). 1171 gründete auf Anregung Bischof Bernos von Schwerin der Abodritenfürst Pribislaw von Rostock die Zisterzienserabtei D. bei Rostock. Sie erwarb eine bedeutende Grundherrschaft. 1552 wurde sie in Mecklenburg aufgehoben.

L.: Wolff 443; Compart, F., Geschichte des Klosters Doberan bis 1300, 1872; Gloede, G., Das Doberaner Münster, 1963.

Doberlug (Kloster). Am 1. 5. 1165 gründete Dietrich von Landsberg das Zisterzienserkloster D. bei Cottbus in der Niederlausitz. Bis 1370 erwarb es rund 40 Dörfer. 1541 wurde es in Sachsen säkularisiert. Die Standesherrschaft D. mit D. und Kirchhain gehörte zur Markgrafschaft Niederlausitz. S. Brandenburg, Preußen.

L.: Wolff 471; Lehmann, R., Die ältere Geschichte des Zisterzienserklosters Doberlug in der Lausitz, Niederlausitzer Mitteilungen 13 (1916); Urkundenbuch des Klosters Doberlug, hg. v. Lehmann, R., 1941 f.

Dobrilugk (Herrschaft) s. Doberlug

Dodican (Teil des Laginga)

L.: Curs, O., Deutschlands Gaue im zehnten Jahrhundert. Nach den Königsurkunden, Diss. phil. Göttingen 1908, 5.

Dohna (Reichsburggrafschaft). 1040 wird die am Weg nach Böhmen auf einer vorgeschichtlichen Anlage wohl schon im 10. Jahrhundert errichtete Burg D. bei Dresden erstmals erwähnt. 1086 kam sie unter der Herrschaft Böhmens an Wiprecht von Groitzsch. 1127 erscheint ein edelfreies Geschlecht von Rotowe (Röda bei Altenburg?) im Pleißner Land, das (1144 oder) 1156 von Friedrich I. Barbarossa mit der Reichsburggrafschaft über das 1152 von Böhmen an das Reich zurückgefallene Donin (seit dem 15. Jahrhundert D.) als Reichslehen belehnt wurde. Sich nach D. benennend breitete es sich im 13. und 14. Jahrhundert über Böhmen, die Lausitz und Schlesien aus. 1402 wurde die Familie durch die Markgrafen von Meißen gewaltsam aus der Burggrafschaft vertrieben. Die Hauptlinie starb 1415 aus. 1423, 1558 und 1648 bestätigten die Kaiser gleichwohl die Reichsunmittelbarkeit. Außerdem erhielt die Familie 1648 die kaiserliche Anerkennung als Reichsburggrafen und Grafen, ohne dass dadurch Reichsstandschaft verliehen worden wäre. Die in der Lausitz, in Schlesien, Böhmen und Preußen begüterte Familie teilte sich seit 1649 in eine 1711 erloschene schlesisch-katholische Linie und eine ostpreußisch-protestantische Linie mit den Zweigen Lauck, Reichertswalde, Schlobitten und Schlodien (seit 1619) sowie Dohna-Glodin und Dohna-Wartenberg.

L.: Wolff 378; Großer Historischer Weltatlas II 66 (1378) G3; Dohna, S. Graf v., Aufzeichnungen über die erloschenen Linien der Familie Dohna, 1876; Dohna, S. Graf v., Aufzeichnungen über die Vergangenheit der Familie Dohna, Bd. 1 ff. 1877 ff.; Kekulé v. Stradonitz, S., Die staatsrechtliche Stellung der Grafen zu Dohna am Ende des 17. und Anfang des 18. Jahrhunderts, 1896; Meiche, A., Historisch-topographische Beschreibung der Amtshauptmannschaft Pirna, 1927; Helbig, H., Der wettinische Ständestaat, 2. A. 1980.

Dölau (Burg, Herrschaft). D. westlich von Halle war zeitweise Sitz der Linie Reuß-Dölau. S. Reuß-Dölau.

L.: Wolff 420.

Dölau (Reichsritter). Im späten 16. Jahrhundert zählten die D. zum Kanton Odenwald des Ritterkreises Franken. S. Rabensteiner.

L.: Riedenauer 123.

Dollendorf (Herrschaft). Die Herrschaft D. gehörte zur Grafschaft Blankenheim und Gerolstein, die 1780 an die Grafen von Sternberg fiel. Danach kam D. an die Rheinprovinz Preußens.

L.: Wolff 363.

Donau (Kanton). Der Kanton D. gehörte zum Ritterkreis Schwaben der Reichsritterschaft. Seine Kanzlei hatte ihren Sitz in Ehingen.

L.: Wolff 507.

Donaugau (Tuonehkeuue, Tônahgeouui, Danachgowe, Thunkuchaw, Tuonocgouwe, Duonacgouue, Tunecgouue, Gau zwischen Regen und Isar)

L.: Curs, O., Deutschlands Gaue im zehnten Jahrhundert. Nach den Königsurkunden, Diss. phil. Göttingen 1908, 5 (Mintraching, Mangolding, Sallach, Nittenau, Regensburg, Bogenberg, Aiterhofen, Schierling, Lindhart, Rogging, Bayerbach, Genstal, Diepenried, Siffkofen); Polenz, P. v., Landschafts- und Bezirksnamen, 1961, II, 16, 24, 26 f., 29, Tonahgouwe, pagus Danubiicensis, ‚Donaugau'.

Donaustädte (Städtegruppe, Verwaltungseinheit) war die (1384/1386) aus Mengen, Munderkingen, Riedlingen, Saulgau und Waldsee gebildete Verwaltungseinheit in Schwäbisch-Österreich, die 1805 von Österreich an Württemberg und damit 1951/1952 an Baden-Württemberg fiel.

L.: Wolff 45.

Donaustauf (Herrschaft), mhd. Tumbstauf. Die Burg D. (894/930 Stufo) lag im königlichen Forst Sulzbach, den König Konrad I. 914 dem Hochstift Regensburg gab. Dieses konnte die sich um D. bildende Herrschaft gegen Bayern behaupten, musste sie aber 1355 an Kaiser Karl IV. verpfänden. Seitdem kam es zu mehrfachem Herrschaftswechsel (Reichsstadt Regensburg, Hochstift Regensburg, Bayern), bis das zum bayerischen Reichskreis zählende D. 1715 endgültig von Bayern an das Hochstift kam. Mit ihm fiel es 1803 an den Staat Karl Theodors von Dalberg, 1810 bei Schaffung des Großherzogtums Frankfurt aber an Bayern.

L.: Wolff 142; Wallner 712 BayRK 10; Janner, F., Geschichte der Bischöfe von Regensburg, 1883 ff.; Schratz, W., Geschichte der Walhalla und des Marktes Donaustauf, 1926.

Donauwörth (Reichspflege). Zur staufischen Vogtei D. gehörte als Reichspflege D. ein mit Hochgerichtsbarkeit verbundener Bezirk südlich der Donau. Die Pflege kam aus dem Erbe der Staufer an die Herzöge von Pfalz und Oberbayern, musste aber als Reichsgut an Rudolf von Habsburg herausgegeben werden. 1608 vollstreckte Bayern die Reichsacht gegen die Reichsstadt Donauwörth und erzwang für die Vollstreckungskosten die Verpfändung.

L.: Dacheröden 133; Wolff 136; Wallner 711 BayRK 1; Wöhrl, J., Die Reichspflege Donauwörth, 1928/1929.

Donauwörth (Reichsstadt). D. wurde vermutlich nach 900 von den Grafen von Dillingen gegründet. 1030 wird D. (Weride) anlässlich der Bestätigung und Erweiterung der Verleihung des Markt-, Münz- und Zollrechts an die Herren von Werde (Mangolde) durch Otto III. erstmals genannt. Nach deren Aussterben fiel es zwischen 1147 und 1156 an das Reich heim. Von 1156 bis 1183 unterstand es den Grafen von Wittelsbach. 1191 wurde es von den Staufern als Reichsgut eingezogen und Sitz einer staufischen Vogtei. Nach längeren Auseinandersetzungen mit Bayern wurde D. 1301 Reichsstadt (meist Schwäbisch Wörth genannt). Von 1376 bis 1434 war es an Bayern verpfändet, das 1462 auf alle Ansprüche verzichtete. In der Reformationszeit wurde es mehrheitlich protestantisch. Da die protestantische Bevölkerung von den Regeln des Augsburger Religionsfriedens von 1555 durch Störung katholischer Prozessionen abwich, wurde 1607 über sie die Reichsacht verhängt, die 1608 durch Besetzung von Bayern vollstreckt wurde. Im Dreißigjährigen Krieg war es hart umkämpft, blieb aber auf Dauer bayerisch und katholisch, da die 1705 erfolgte Wiederherstellung der Reichsunmittelbarkeit durch Joseph I. bereits 1714 wieder aufgehoben wurde.

L.: Wolff 136; Stieve, F., Der Ursprung des 30-jährigen Krieges, Bd. 1 1875; Stenger, H., Verfassung und Verwaltung der Reichsstadt Donauwörth (1193–1607), 1909; Grohsmann, L./Zelzer, M., Geschichte der Stadt Donauwörth, Bd. 1 f. 1958 ff.; Landkreis Donauwörth. Werden und Wesen eines Landkreises, 1966.

Dönhoff (Reichsgrafen). 1282 wird das westfälische, in der Grafschaft Mark ansässige

Adelsgeschlecht erstmals erwähnt. Im 14. Jahrhundert wurde ein D. in Livland ansässig und erwarb in Ostpreußen ansehnliche Güter. 1632 wurde diese Familie in den Reichsgrafenstand erhoben. 1696 teilte sich die Familie in Zweige zu Friedrichstein, Dönhofstädt (Dönhoffstädt) (bis 1816) und Beinuhnen (Beinunnen) (bis 1838).

L.: Dönhoff, M. Gräfin, Namen, die keiner mehr nennt, 1962.

Doornik (Herrschaft) s. Tournai

Doornwaard (Herrlichkeit). Die hohe und freie Herrlichkeit D. gehörte zum arnheimischen Quartier des Herzogtums Geldern.

L.: Wolff 68.

Dorfmerkingen (reichsritterschaftliche Herrschaft). D. zählte zum Kanton Kocher des Ritterkreises Schwaben und kam vor der Mediatisierung an Ellwangen, 1802/1803 an Württemberg und damit 1951/1952 an Baden-Württemberg.

Doria (Reichsfürsten). 1714 zog das Reich die einem Fürsten D. gehörenden Herrschaften Calice und Veppo ein und verkaufte sie an Malaspina. 1760 wurde das Haus D. in Genua in den Reichsfürstenstand erhoben.

L.: Aretin, Das alte Reich 2, 369; Klein 170.

Doria (Reichsfürstin). 1627 wurde Donna Zenobia D., Schwester des Fürsten Giovanni Andrea, zur Reichsfürstin erhoben.

L.: Klein 191.

Dörnberg (Reichsritter), Doringenberg. Von etwa 1560 bis 1700 zählten die D. zum Kanton Rhön-Werra des Ritterkreises Franken.

L.: Riedenauer 123.

Dornbirn (freie Leute). D. westlich des Einflusses des Rheines in den Bodensee erscheint 895 erstmals (Torrinpuirron). Begütert waren dort Sankt Gallen, Weingarten, Mehrerau, das Stift Lindau, die Herren von Hohenems (Ems) und das Reich. 1343 verpfändete Ludwig der Bayer unter anderem die reichsfreien Leute zu D. bei Bregenz für 1200 Mark Silber an Ulrich von Hohenems. Später wurde die Pfandschaft in einen Verkauf umgewandelt. 1765/1771 kam die Grafschaft Hohenems an Österreich, das schon 1375/1359 die Herrschaft Feldkirch gekauft hatte. S. Vorarlberg.

L.: Dacheröden 134; Hugo 475.

Dorngau (Tornegouue, Gau)

L.: Polenz, P. v., Landschafts- und Bezirksnamen, 1961, II, 39, 96, Tornegouwe, ‚Dorngau'; Borgolte, M., Geschichte der Grafschaften Alemanniens in fränkischer Zeit, 1984, 129 (Dornstetten, Bildechingen, Gündringen, Gültstein, Bierlingen).

Dornheim s. Fuchs von D.

Dornhennebach s. Dürrenhembach

Dornstetten (Herrschaft). Das 767 (Stetten) erstmals erwähnte D. im Schwarzwald fiel als Lehen des Hochstifts Bamberg beim Aussterben der Herzöge von Zähringen 1218 an die Grafen von Urach bzw. Fürstenberg, von denen es um 1270 Stadtrecht erhielt, und kam 1320 an Württemberg und damit 1951/1952 an Baden-Württemberg.

L.: Wolff 161; Wößner, J./Bohn, K., Heimatbuch der Stadt und des alten Amtes Dornstetten, 1968.

Dornum (Herrlichkeit). Die Herrlichkeit D. gegenüber der Insel Baltrum gehörte als adlige Herrschaft zum Fürstentum Ostfriesland.

L.: Wolff 339.

Dorpat (Hochstift), russ. Jurev. Am 21. 7. 1224 wurde für Estland am rechten Ufer des Embach als Nachfolger des Bischofs von Estland mit Sitz in Leal das Bistum D. in einer schon für die Mitte des ersten nachchristlichen Jahrtausends nachgewiesenen estnischen Burg, die 1224 von den Deutschen erobert worden war, begründet. Es war zunächst dem Erzbischof von Lund, seit 1245 dem Erzbischof von Riga unterstellt. Das Territorium wurde zwischen Bischof und Deutschem Orden aufgeteilt. Am 6. 11. 1225 wurde der Bischof durch König Heinrich (VII.) mit dem Bistumsgebiet belehnt und zum Reichsfürsten erhoben. Seit 1525 drang die Reformation durch. Mit der Verschleppung des letzten Bischofs 1558 nach Russland erlosch das Bistum.

L.: Gernet, A. v., Verfassungsgeschichte des Bistums Dorpat bis zur Ausbildung der Landstände, 1896; Koch, F., Livland und das Reich bis 1225, 1943; Rauch, G. v., Stadt und Bistum Dorpat zum Ende der Ordenszeit, ZOF 24 (1975).

Dörrenbach (Reichsdorf), Dierbach. 992 gab Kaiser Otto III. Dörrenbach bei Bergzabern an die Abtei Selz. Am 22. 1. 1379 verpfändete König Wenzel dem Kurfürsten Ruprecht von der Pfalz unter anderem verschiedene Dörfer bei Bergzabern. Die Pfalz verpfändete den Ort an Leiningen. Mit der Herrschaft Guttenberg war D. in den Händen von Leiningen und Pfalz, meist aber Zweibrücken. Von 1684 bis 1814 unterstand es Frankreich. S. Bayern, Rheinland-Pfalz, Dierbach.

L.: Hugo 464.

Dortmund (Grafschaft). Die um Dortmund liegende, etwa 77 Quadratkilometer umfassende Grafschaft D. wurde, nachdem die Grafen von D. als Reichlehnsträger 1316 in männlicher Linie ausgestorben waren, 1343 und 1504 jeweils zur Hälfte durch die Reichsstadt D. von den Grafen von der Mark erworben (Dortmund-Lindenhorst). Mit D. fiel ihr Gebiet 1803 an Nassau-Oranien(-Fulda), 1808 an das Großherzogtum Berg, 1815 an Preußen und 1946 an Nordrhein-Westfalen.

L.: Rübel, K., Geschichte der Grafschaft und der freien Reichsstadt Dortmund, Bd. 1 1917; Meininghaus, A., Die Entstehung von Stadt und Grafschaft Dortmund, 1920.

Dortmund (Reichshof, Reichsstadt). Zwischen 881 und 884 wird an einer wichtigen Straßenkreuzung des Rhein und Weser verbindenden Hellwegs der vielleicht in Anlehnung an einen karolingischen Königshof und späteren Grafenhof entstandene Ort Throtmanni, Trutmundi, Trutmania, erwähnt. 990 besaß er Marktrecht. Bereits 1152 war er vielleicht befestigt (lat. Tremonia). Seit 1226 ist D. als einzige westfälische Reichsstadt bezeugt. Sie wurde Mitglied der Hanse und unter Überflügelung Soests Vorort des gemeinen Kaufmanns von Westfalen. Sie erwarb, nachdem die Familie der Grafen von D. 1316 in männlicher Linie erloschen war, 1343 und 1504 jeweils eine Hälfte der umliegenden Grafschaft mit 1,5 Quadratmeilen bzw. 77 Quadratkilometern und 80 Dörfern, geriet 1388/1389 aber (nach 1248 wie 1301 erfolgten Verpfändungen an das Erzstift Köln und die Grafen von der Mark) in Auseinandersetzungen mit dem Erzbischof von Köln und den Grafen von der Mark (Große Dortmunder Fehde), durch die sie wirtschaftlich erheblich geschwächt wurde. 1514 bestätigte Kaiser Maximilian I. die Reichsunmittelbarkeit. Von 1523 bis 1570 drang die Reformation ein. 1567 ging Brackel (Brakel) an Kleve-Mark verloren. 1803 kam das 2,3 Quadratmeilen große zum niederrheinisch-westfälischen Reichskreis zählende D. mit 6000 Einwohnern an Nassau bzw. Nassau-Oranien (Nassau-Oranien-Fulda), 1808 zum Großherzogtum Berg (Sitz des Präfekten des Ruhrdepartements), 1815 zu Preußen (Provinz Westfalen), das schon lange den Erwerb angestrebt hatte, und damit 1946 zu Nordrhein-Westfalen.

L.: Wolff 371; Zeumer 552ff. III a 12; Wallner 704 WestfälRK 38; Großer Historischer Weltatlas II 66 (1378) D3, II 78 (1450) F3, III 22 (1648) C3, III 38 (1789) B2; Richtering, H./Kittel, E., Westfalen-Lippe, in: Geschichte der deutschen Länder, Bd. 1; Mallinckrodt, A., Versuch über die Verfassung der kayserlichen und des Heiligen Römischen Reiches freyer Stadt Dortmund, Bd. 1f. 1795; Dortmunder Urkundenbuch, bearb. v. Rübel, K., Geschichte der Grafschaft und der freien Reichsstadt Dortmund, Bd. 1 1917; Heimatatlas für Dortmund, hg. v. Frommberger, A., 1961; Winterfeld, L. v., Geschichte der freien Reichs- und Hansestadt Dortmund, 7. A. 1981; Mämpel, A., Bergbau in Dortmund, 1963; Dortmund. Westfälische Großstadt im Revier. Bilder aus und über Dortmund, Westfalen und das Ruhrgebiet 1947–1967, bearb. v. Bieber, H./Hüser, F., 2. A. 1968; Dortmund. 1100 Jahre Stadtgeschichte, hg. v. Luntowski, G./Reimann, N., 1982; Reimann, N., In burgo Tremonia. Pfalz und Reichsstadt Dortmund in der Stauferzeit, Bll. f. dt. LG. 120 (1984); Thier, D., Melius Hereditati, 1987; Zeit-Räume, bearb. v. Schilp, T., 1989; Escher, M. u. a., Die urbanen Zentren, 2005, 2, 158.

Dortmund-Lindenhorst s. Dortmund

Dörzbach (Herren, reichsritterschaftlicher Ort). D. (1245 Torcebach) bei Künzelsau war Sitz der Herren von D., die als Dienstmannen der Herren von Krautheim-Boxberg 1416 ausstarben. 1601 kam es von den den Ort an sich ziehenden Berlichingen durch Kauf an die Herren von Eyb. Lehnsherren waren die Schenken von Limpurg, dann die Markgrafen von Ansbach, 1791 Preußen und 1801 Hohenlohe. 1806 fiel das zum Kanton Odenwald des Ritterkreises Franken zählende D. an Württemberg und damit 1951/1952 an Baden-Württemberg.

L.: Wolff 511.

Döttingen (Herrschaft). D. bei Schwäbisch Hall war der Stammsitz der Herren von Bachenstein, die das Dorf 1488 mit der zugehörigen Herrschaft an die Grafen von Hohenlohe verkauften. Später kam es an die Linie Hohenlohe-Neuenstein-Langenburg-Kirchberg. Bis 1809 war es Sitz eines Amtes Hohenlohes. Über Württemberg gelangte D. 1951/1952 an Baden-Württemberg.

L.: Wolff 119; Hölzle, Beiwort 46.

Drachenberg s. Trachenberg, Hatzfeld

Drachenfels (Herrlichkeit). Die im 12. Jahrhundert entstandene Festung D. des Erzstifts Köln wurde vor 1149 an das Kassiusstift in Bonn übertragen. Die bis 1530 nachweisbaren Burggrafen von D. gewannen gegenüber dem Kassiusstift Unabhängigkeit, wurden Lehnsleute des Erzstifts Köln und begründeten als Kölner Unterherrschaft 1402 das Drachenfelser Ländchen mit neun Dörfern auf der gegenüberliegenden Rheinseite. Die Herrlichkeit D. gelangte (1799 vom Herzogtum Westfalen) 1803 an Nassau-Usingen, 1806 an das Großherzogtum Berg, 1815 an Preußen und 1946 an Nordrhein-Westfalen.

L.: Wolff 87; Biesing, W., Drachenfelser Chronik, 1980.

Drachgau (Trachgouwe)

L.: Polenz, P. v., Landschafts- und Bezirksnamen, 1961, II, 40, Trachgouwe, Drachgau.

Drachsdorff, Drachsdorf (Freiherren, Reichsritter). Im 18. Jahrhundert zählten die Freiherren von D., die im frühen 16. Jahrhundert schon dem Kanton Gebirg angehört hatten, zum Kanton Baunach und später auch zum Kanton Rhön-Werra des Ritterkreises Franken. S. Traxdorff.

L.: Seyler 360; Riedenauer 123.

Dragini (Dreini, Dreen, Reinidi), s. Dreingau

L.: Polenz, P. v., Landschafts- und Bezirksnamen, 1961, II, 69, 95 f., III, 31, Dragini.

Drawehngau (Dreuani, Gau zwischen Jetzel und Ilmenau südlich der unteren Elbe) s. Drevani

L.: Curs, O., Deutschlands Gaue im zehnten Jahrhundert. Nach den Königsurkunden, Diss. phil. Göttingen 1908, 5 (Klenze).

Drechsel (Reichsritter). Um 1700 zählten die D. zum Kanton Gebirg des Ritterkreises Franken und zur vogtländischen Ritterschaft (Vogtland).

L.: Riedenauer 123.

Drechsel von Deufstetten (Reichsritter). Wegen des 1698 veräußerten Unterdeufstetten zählten die D. von 1655 bis 1673 zum Kanton Kocher des Ritterkreises Schwaben. Unterdeufstetten kam über Württemberg 1951/1952 zu Baden-Württemberg.

L.: Schulz 260.

Drehna (Herrschaft). Die Standesherrschaft D. bei Luckau gehörte zur Markgrafschaft Niederlausitz.

L.: Wolff 471.

Dreingau (Dreni, Gau westlich Paderborns)

L.: Curs, O., Deutschlands Gaue im zehnten Jahrhundert. Nach den Königsurkunden, Diss. phil. Göttingen 1908, 6 (Liesborn).

Dreis, Dreiß (reichsunmittelbare Herrschaft, Reichsdorf?). D. nördlich der mittleren Mosel wird bereits am Ende des 8. Jahrhunderts durch Karl den Großen der Abtei Echternach bestätigt. Seit Ende des 15. Jahrhunderts bis 1714 prozessierte das 1121 Hektar umfassende Dorf um seine Anerkennung als Reichsdorf. Dem Abt gelang es aber sowohl dieses Begehren als auch die Ansprüche des Erzstifts Trier durch Urteil des Reichskammergerichts von 1602 abzuwehren. Die mit dem Aussterben der Herren von Esch seit 1665 vogtfreie Herrschaft Echternachs ging mit der Besetzung durch Frankreich 1794 unter. 1815 kam D. zu Preußen, 1946 zu Rheinland-Pfalz.

L.: Wolff 499; Looz-Corswarem, O. v., Die Beziehungen der Gemeinde D. zur Abtei Echternach in neuerer Zeit, Rhein. Vjbll. 24 (1954), 90 ff.

Drente, Drenthe (Grafschaft). Das Gebiet westlich der unteren Ems erscheint 820 erstmals als Gau D. Kaiser Heinrich III. belehnte die Bischöfe von Utrecht mit der Grafschaft D. 1412 wurde das Drentische Landrecht festgelegt. 1522 fiel die Grafschaft an Karl von Geldern, 1536 an Karl V. Unter der Republik war D. Mitglied der Union (Niederlande), hatte aber keinen Sitz in den Generalstaaten.

L.: Wolff 76; Großer Historischer Weltatlas III 2 (1519–1556) C3; Oorkondenboek van Groningen en Drente, hg. v. Blok, P. J., 1896–1899; Linthorst, H. J., Geschiedenis van Drente, 1947; Buiskool, H. T., Zuidoost-Drente, Bd. 1 ff. 1950 ff.; Polenz, P. v., Landschafts- und Bezirksnamen, 1961, 290, II, 49, 76, III, 27, Drente, Drentland (Thrianta); Blok, D. P., Geschiedenis van Drenthe, 1984.

Drevani (Gau) s. Drawehngau

L.: Hessler, W., Mitteldeutsche Gaue des frühen und hohen Mittelalters, 1957, 120 (Clenze westsüdwestlich Lüchows).

Drewergau (Treueresga, Threueresga, Gau um Drewer zwischen Lippe und Ruhr)

L.: Curs, O., Deutschlands Gaue im zehnten Jahrhundert. Nach den Königsurkunden, Diss. phil. Göttingen 1908, 6 (Drewer).

Drosendorf (Reichsritter). Im frühen 16. Jahrhundert zählten die D. zum Kanton Gebirg im Ritterkreis Franken.

L.: Stieber; Riedenauer 123.

Duderstadt (Stadt). Das 927/929 als Königshof erwähnte D. im Untereichsfeld kam 974

an das Stift Quedlinburg. Im 12. Jahrhundert geriet es unter den Einfluss Heinrichs des Löwen, kam 1236 als Lehen an die Landgrafen von Thüringen und 1247 bei deren Aussterben an die Welfen. Seit 1368 erwarb die Landstadt, die um 1400 etwa 4000 Einwohner hatte, allmählich 16 Dörfer. Über Hannover und Preußen gelangte D. 1946 zu Niedersachsen.

L.: Wolff 80; Urkundenbuch der Stadt Duderstadt bis zum Jahre 1500, hg. v. Jaeger, J., 1885; Lerch, C., Duderstädter Chronik von der Vorzeit bis zum Jahre 1973, 1979; Wiegand, G., Bibliographie des Eichsfeldes, Teil 3 1980, 313 ff.

Düdinghausen (Freigrafschaft). Die Freigrafschaft D. südlich von Wellingen im Sauerland gehörte zum brilonschen Quartier des Herzogtums Westfalen.

L.: Wolff 87.

Düffelgau, Düffel (Gau) (Dublensis 721/722)

L.: Polenz, P. v., Landschafts- und Bezirksnamen, 1961, II, 15, 21, 24, 41, III, 25, IV, 8, V, 2, Dubla, pagus Dublensis, Duuelero marco, Tubalgouwe, Duffel; Nonn, U., Pagus und Comitatus in Niederlothringen, 1983, 204, 249.

Duisburg (Reichsstadt). 883/884 wird D., dessen Name zum Personennamen Thio gestellt wird, als fränkische Königspfalz erwähnt. Im 12. Jahrhundert entwickelte es sich allmählich zur Stadt (regia villa, 1129?). Eine Verlagerung des Rheins kurz nach 1200 ließ den wirtschaftlichen Aufschwung abbrechen. 1290 wurde D. von Rudolf von Habsburg an das Herzogtum Kleve verpfändet und kam mit diesem zusammen 1614 an Preußen. Von 1543 an setzte sich die Reformation durch, 1655 wurde durch den Großen Kurfürsten Friedrich Wilhelm von Brandenburg eine bis 1818 als klevische Landesuniversität bestehende Universität gegründet. 1946 fiel D. an Nordrhein-Westfalen.

L.: Wolff 316; Averdunk, H., Geschichte der Stadt Duisburg bis zum Jahre 1666, 1894; Averdunk, H./Ring, W., Geschichte der Stadt Duisburg, 2. A. 1949; Ring, W., Heimatchronik der Stadt Duisburg, 1954; Domke, H., Duisburg, 1960; Bätz, H./Steeger, H., Heimatatlas Duisburg, 1968; Roden, G. v., Geschichte der Stadt Duisburg, Bd. 1 1970; Milz, J./Pietsch, H., Duisburg im Mittelalter, 1986; Bergmann, W. u. a., Urkundenbuch der Stadt Duisburg, Bd. 1 904–1350, 1989; Born, G./Kropatschek, F., Die alte Universität Duisburg, 1992; Jägers, R., Duisburg im 18. Jahrhundert, 2001; Escher, M. u. a., Die urbanen Zentren, 2005, 2, 167.

Dülmen (Grafschaft). D. im westlichen Münsterland wird als ein aus dem Fronhof des Bischofs von Münster erwachsenes Dorf 889 in einer Urkunde für Werden erstmals erwähnt (Dulmenni). 1802/1803 kam das Amt D. Münsters als Grafschaft D. an die Herzöge von Croy (Croy-Solre). 1806 wurde es dem Herzog von Arenberg zugesprochen, 1811 kam es zu Frankreich. 1815 fiel es an Preußen, 1946 D. an Nordrhein-Westfalen.

L.: Wolff 312; Glässer, E., Der Dülmener Raum, 1968; 650 Jahre Stadt Dülmen. FS hg. v. Brathe, H., 1961; Dülmen. Von der Bauerschaft zum zentralen Ort, hg. v. Brathe, H., 1986; Escher, M. u. a., Die urbanen Zentren, 2005, 2, 162.

Dungern (Freiherren, Reichsritter). Im 18. Jahrhundert zählten die Freiherren von D. zum Ort (Bezirk, Kanton) Ortenau des Kantons Neckar des Ritterkreises Schwaben.

L.: Hölzle, Beiwort 66.

Dunningen (reichsunmittelbares Dorf). Im Jahre 786 gab Graf Gerold Güter in D. bei Rottweil an Sankt Gallen. Um 900 ist Königsgut nachweisbar. Das im Spätmittelalter reichsunmittelbare Dorf stellte sich 1435 unter den Schutz der Reichsstadt Rottweil, mit der es 1802 an Württemberg und damit 1951/1952 zu Baden-Württemberg kam.

Dunstelkingen (reichsritterschaftliche Herrschaft). D. zählte zum Kanton Kocher und kam an Thurn und Taxis, danach an Württemberg und damit 1951/1952 an Baden-Württemberg.

Dünwerde (Herrschaft). 1801 gehörte das Amt Spangenberg als vormalige Herrschaft D. über die Landgrafen von Hessen-Kassel zum oberrheinischen Reichskreis. S. Preußen, Hessen

L.: Wallner 694 OberrheinRK 1.

Dürckheim, Dürkheim s. Eckbrecht von D.

L.: (Escher, M. u. a., Die urbanen Zentren, 2005, 2, 165.)

Düren (Reichsritter) s. Dürn

Düren (Reichsstadt). D. wird 748 (villa Duria) erstmals erwähnt. Es war karolingischer Königshof, der zur Pfalz ausgebaut wurde und aus dem Güter an Stablo (814), das Aachener Münster (888) und das Hochstift Verdun (1057) kamen. Im frühen 13. Jahrhundert entwickelte es sich zur Stadt (Reichsstadt). Sie wurde 1242/1246 an die Grafen von Jülich verpfändet, wurde aber noch längere Zeit zu Reichstagen eingeladen. 1614 kam D. an Pfalz-Neuburg, 1790/1801 an Frankreich,

1815 an Preußen und 1946 an Nordrhein-Westfalen.

L.: Wolff 322; Schoop, A., Rechts- und Wirtschaftsgeschichte der Stadt Düren bis 1794, 1920; Geschichte der Stadt Düren, 1923; Grotelüschen, W., Die Städte am Nordostrand der Eifel, 1933; Der Landkreis Düren, bearb. v. Küster, K., 1967; Kessler, A., Von Karl dem Großen bis Napoleon Bonaparte. Grundzüge einer Geschichte des Dürener Landes, 1968; Kaemmerer, W., Urkundenbuch der Stadt Düren, I 1–2, 1971 ff.; Flach, D., Zur Geschichte des Dürener Reichsgutes, in: Dürener Geschichtsbll. 71 (1982); Escher, M. u. a., Die urbanen Zentren, 2005, 2, 163.

Durgouwe s. Thurgau

L.: Polenz, P. v., Landschafts- und Bezirksnamen, 1961, II, 22, 24, 26 f., III, 30, 266, Durgouwe, Thurgau.

Duria (Durihin, Gau zwischen oberer Günz rechts der Donau und Wertach links des Lechs)

L.: Curs, O., Deutschlands Gaue im zehnten Jahrhundert. Nach den Königsurkunden, Diss. phil. Göttingen 1908, 6 (Eggenthal, Sontheim an der Günz); Polenz, P. v., Landschafts- und Bezirksnamen, 1961, II, 95, III, 30, V, 2, Duria, Durihin.

Durlach (Ort, Herrschaft). D. bei Karlsruhe erscheint 1161 erstmals als Eigengut der Staufer. Später kam es an die Markgrafen von Baden. Bei der Teilung Badens wurde es 1565 Sitz der Markgrafen von Baden-Durlach (bis 1715). S. Baden-Durlach, Baden-Württemberg.

L.: Wolff 165; Escher, M. u. a., Die urbanen Zentren, 2005, 2, 171.

Dürmentingen (Oberamt, Herrschaft). D. bei Biberach an der Riss wird 811 erstmals genannt. Um 1300 gelangte es mit dem Bussen an Habsburg und 1387 als Pfand an die Truchsessen von Waldburg. Im 16. Jahrhundert wurde es im schwäbischen Reichskreis waldburgischer Verwaltungsmittelpunkt für die Herrschaft Bussen und die untere Grafschaft Friedberg rechts der Schwarzach. 1786 wurde das Oberamt D. mit der Grafschaft Friedberg-Scheer an die Fürsten von Thurn und Taxis verkauft. 1806 wurde es der Landeshoheit Württembergs unterstellt und gelangte damit 1951/1952 zu Baden-Württemberg.

L.: Wolff 180; Wallner 688 SchwäbRK 44; Der Kreis Saulgau, 1971; Der Kreis Biberach, 1973.

Dürn (Herren, Herrschaft). Unter den Staufern sind die hochadligen Herren von D. (Durne, Walldürn östlich von Amorbach) Reichsleute im Odenwald. Mittelpunkt ihrer Herrschaft war Amorbach. Über eine Erbtochter der Grafen von Lauffen erlangten sie deren Güter, verloren danach aber rasch an Bedeutung. 1271/1272 mussten sie ihre Güter an das Erzstift Mainz veräußern. 1332 starben sie aus.

L.: Liebler, H., Die Edelherren von Dürn, in: Amorbach, Beitr. zu Kultur und Geschichte. Neujahrsbll. hg. v. d. Ges. f. frk. Gesch. 25 (1953).

Dürn (Reichsritter) s. Adelsheim, Kanton Odenwald, Ritterkreis Franken

Dürn zu Riedsberg, Düren zu Riedsberg (Reichsritter). Im 16. Jahrhundert zählten die D. zum Kanton Odenwald und anfangs auch zum Kanton Rhön-Werra des Ritterkreises Franken.

L.: Stieber; Pfeiffer 210; Riedenauer 123; Stetten 32.

Dürrenhembach (Reichsdorf) s. Hembach

Dürriegel von Riegelstein, Dürrigl von Riegelstein (Reichsritter). Im frühen 16. Jahrhundert zählten die D. zum Kanton Gebirg im Ritterkreis Franken.

L.: Stieber; Riedenauer 123.

Düsseldorf (Ort, Herrschaft). Zwischen 1135 und 1159 erscheint an der Mündung der Düssel in den Rhein D., das spätestens 1189 durch Verpfändung von den Herren von Tyvern an die Grafen von Berg kam. Unter den Grafen von Jülich wurde es 1384 räumlich wesentlich erweitert. Nach der Vereinigung von Jülich, Kleve und Berg mit Mark und Ravensberg 1521 wurde es Hauptstadt dieser Länder und kam 1614 mit Jülich und Berg an Pfalz-Neuburg, 1806 an das Großherzogtum Berg, danach an Frankreich, 1815 an Preußen und 1946 an Nordrhein-Westfalen.

L.: Wolff 324; Lau, F., Geschichte der Stadt Düsseldorf, 1921, Neudruck 1980 f.; Weidenhaupt, H., Kleine Geschichte der Stadt Düsseldorf, 8. A. 1980; Düsseldorf vor 100 Jahren, hg. v. Kuntz, A., 1988; Düsseldorf. Geschichte von den Ursprüngen bis ins 20. Jahrhundert, hg. v. Weidenhaupt, H., Bd. 1 Von der ersten Besiedlung zur frühneuzeitlichen Stadt (bis 1614), Bd. 2 Von der Residenzstadt zur Beamtenstadt, 1988; Droste, W., Die Entwicklung der kommunalen Selbstverwaltung, Diss. jur. Bonn 1999; Brockerhoff, M./Bußkamp, T., Düsseldorf, 2003; Escher, M. u. a., Die urbanen Zentren, 2005, 2, 166.

Duttenberg (Reichsdorf), Tutemburg. Am 4. 7. 1360 überließ Kaiser Karl IV. der Elisabeth, Schwiegertochter des Burkhard Sturmfeder, unter anderem das diesem verpfändete Dorf Duttenberg (Tutemburg) bei Wimpfen.

L.: Hugo 459 f.

Dyck (Reichsherrschaft). 1094 werden Herren von D. zwischen Rheydt und Grevenbroich erstmals genannt. Ihnen gelang es, um ihre Burg D. aus den Kirchspielen Bedburdyck, Hemmerden und der Herrlichkeit Schelsen eine Herrschaft zu errichten. Die Reichsherrschaft D. kam 1394/1395 beim Erlöschen der Herren an das Haus Salm-Reifferscheid, das 1628 den Titel Altgraf erhielt, dem westfälischen Reichsgrafenkollegium angehörte und 1804 in den Reichsfürstenstand erhoben wurde. 1813/1815 fiel die 1 Quadratmeile große Herrschaft an Preußen, 1946 kam D. an Nordrhein-Westfalen.

L.: Wolff 497; Zeumer 554 II b 63, 30; Bremer, J., Die reichsunmittelbare Herrschaft Dyck, 1959.

Dyener (Reichsritter) s. Diener

E

Ebeleben (Herren). Nach E. bei Sondershausen nannten sich seit dem 13. Jahrhundert Ministeriale der Landgrafen von Thüringen. Ihre Güter waren zur Hälfte Lehen der Wettiner, zur anderen Hälfte Lehen der Grafen von Schwarzburg. Diese erwarben 1616 die protestantisch gewordene Herrschaft durch Kauf. Von 1651 bis 1681 war E. Sitz der Linie Schwarzburg-Ebeleben. 1920 kam E. zu Thüringen.

L.: Wolff 378, 412.

Ebenheim, genannt Übel (Reichsritter) s. Ehenheim (Reichsritter). Um 1550 zählten die E. zum Kanton Odenwald des Ritterkreises Franken.

L.: Stetten 32.

Ebenweiler (Herrschaft). Die Herrschaft E. ist eine Erwerbung der Grafen von Königsegg, die am Ende des 18. Jahrhunderts der Linie Königsegg und Aulendorf zustand. 1806 fiel Königsegg an Württemberg und kam damit 1951/1952 zu Baden-Württemberg.

Eberbach (Kloster). Das um 1116 von Erzbischof Adalbert von Mainz nahe der Mündung des Eberbaches in den Rhein (westlich Wiesbadens) gegründete, 1135 den Zisterziensern überlassene Kloster war in mehr als 200 mittelrheinischen Orten begütert und wurde 1803 in Nassau-Usingen (Nassau) säkularisiert. Über Preußen kam E. 1945 an Hessen.

L.: Bär, H., Diplomatische Geschichte der Abtei Eberbach im Rheingau, hg. v. Rossel, K., Bd. 1–3 1855 ff.; Rossel, K., Urkundenbuch der Abtei Eberbach im Rheingau, Bd. 1, 2 1862 ff.; Schnorrenberger, G., Wirtschaftsverwaltung des Klosters Eberbach im Rheingau 1423–1631, 1977; Mossig, C., Grundbesitz und Güterbewirtschaftung des Klosters Eberbach im Rheingau 1136–1250, 1978; Meyer zu Ermgassen, H., Der Oculus Memorie. Ein Güterverzeichnis von 1211 aus Kloster Eberbach im Rheingau, 1981 ff.; Elm, K., Das Kloster Eberbach. Ein Spiegel zisterziensischen Geisteslebens, 1986.

Eberbach (Reichsritter). Im frühen 17. Jahrhundert zählten die E. zum Kanton Odenwald des Ritterkreises Franken.

L.: Riedenauer 123.

Eberbach (Reichsstadt). Auf altem Siedlungsland am unteren Neckar, das 988/1011/1012 vom König an das Hochstift Worms kam, errichteten die Bischöfe die Burg E. 1227 musste der Bischof die Burg gegen eine Geldentschädigung an König Heinrich VII. zu Lehen geben. Gleich danach errichteten die Staufer die Stadt E. Sie wurde nach dem Untergang der Staufer (um 1254) Reichsstadt und hatte das Stadtrecht von Wimpfen. Seit der Wende vom 13. zum 14. Jahrhundert wurde sie wiederholt verpfändet und kam 1330 als Pfand an die Pfalz, 1410 an Pfalz-Mosbach und 1499 wieder an die Kurpfalz. 1803 fiel sie an Leiningen und 1806 an Baden und damit 1951/1952 an Baden-Württemberg.

L.: Weiß, J. G., Geschichte der Stadt Eberbach am Neckar, 2. A. 1927; Vetter, R., Alt-Eberbach 1800–1975, 1981; Schwarzmaier, H., Geschichte der Stadt Eberbach am Neckar bis zur Einführung der Reformation (1556), 1986.

Eberhardzell (Herrschaft). 1520 erwarben die Truchsessen von Waldburg die Herrschaft E. südlich von Biberach von Österreich, das sie 1331 mit der Herrschaft Waldsee erlangt hatte, zu Pfand, 1530 zu Eigengut. Am Ende des 18. Jahrhunderts gehörte sie zu Waldburg-Wolfegg-Waldsee. Über Württemberg gelangte E. 1951/1952 an Baden-Württemberg.

L.: Hölzle, Beiwort 54.

Ebermann (Reichsritter). Im späten 17. Jahrhundert waren E. Mitglied im Kanton Steigerwald des Ritterkreises Franken.

L.: Riedenauer 123.

Ebern, Pfarrei (Reichsritter). Die Pfarrei E. zählte um 1800 zum Kanton Baunach im Ritterkreis Franken.

L.: Riedenauer 129.

Ebernburg (Herrschaft). 1448 gelangte die Herrschaft E. an der Mündung der Alsenz in die Nahe als Pfand an Ritter Reinhard von Sickingen. 1750/1751 fiel sie von dort an die Pfalz. Über Bayern kam E. 1946 zu Rheinland-Pfalz.

L.: Wolff, 261; Böcher, O., Die Ebernburg. Geschichte und Baugeschichte, 1988, Ebernburg-Hefte 22.

Ebers (Reichsritter). Vielleicht zählten E. zum Kanton Rhön-Werra des Ritterkreises Franken.

L.: Riedenauer 123.

Ebersberg (Reichskloster). 934 gründeten die Grafen von Sempt in E. bei München ein Augustinerchorherrenstift. Dieses wurde 1013 in ein Benediktinerkloster umgewandelt. Von etwa 1040 bis nach 1300 war es gefreites Reichskloster. Danach kam es an Bayern. Bekannt ist die spätalthochdeutsch-frühmittelhochdeutsche Paraphrase des Hohen Liedes durch Abt Williram von Ebersberg († 1085).

L.: Paulhuber, F. X., Geschichte von Ebersberg und dessen Umgebung in Oberbayern, 1847; Guggetzer, M., Ebersberg und seine Geschichte, 1932; Der Landkreis Ebersberg in Geschichte und Gegenwart, 1960; Der Landkreis Ebersberg. Raum und Geschichte, hg. v. Mayr, G., 1982.

Ebersberg (reichsritterschaftliche Herrschaft). E. zählte zum Kanton Kocher des Ritterkreises Schwaben und kam bei der Mediatisierung an Württemberg.

Ebersberg, Ebersberg genannt von Weyhers (Reichsritter, Freiherren, Herrschaft). Das 944 erstmals erwähnte Gersfeld in der Rhön war fuldaisches Lehen der Herren von Schneeberg, das nach der Eroberung durch Würzburg 1402/1428 an die schon im 12. Jahrhundert nachweisbaren Herren von E. genannt Weyhers kam. Die unterhalb der Wasserkuppe in der Rhön in staufischer Zeit errichtete Burg E. wurde 1271 vom Abt von Fulda zerstört, 1396 als Ganerbenburg unter Lehnshoheit Fuldas wieder aufgebaut, 1460 aber erneut von Fulda erobert. 1435 entstand im Anschluss daran die reichsunmittelbare Herrschaft der Herren von E. Seit dem 16. Jahrhundert zählte die in 3 Linien geteilte Familie der E. zum Kanton Rhön-Werra des Ritterkreises Franken (im 17. und 18. Jahrhundert mit der Herrschaft Gersfeld, Bodenhof, Dammelhof, Diesgraben, Dörrenhof, Dresselhof, Holenbrunn [Hohlenbrunn], Kippelbach, Maiersbach, Mosbach, Obernhausen, Rengersfeld, Rodenbach, Rommers, Sandberg und Schachen). Im frühen 17. Jahrhundert gehörten sie auch dem Kanton Baunach an. Ernst Friedrich von E. erlangte 1732 einen Anteil an den Ganerbschaften Bechtolsheim und Mommenheim (bis 1790) und wurde 1733 unter Hinzufügung des Namens und Wappens seines Schwiegervaters Hans Eberhard Freiherr von Leyen in den Reichsfreiherrenstand erhoben. Die Freiherren von E. waren bis zum 1790 erfolgten Verkauf von einem Zehntel der Ganerbschaft Bechtolsheim und einem Achtel der Ganerbschaft Mommenheim an den Freiherren von Wallbrunn zu Nieder-Saulheim (Niedersaulheim) Mitglied des Kanton Oberrheinstrom des Ritterkreises Rhein. 1785 heiratete die letzte, in Gersfeld lebende Erbin den Grafen Johann Wilhelm von Montjoye. Gersfeld kam 1816 an Bayern, 1866 an Preußen und 1945 an Hessen. S. Ebersberg, genannt von Weyhers, Weyhers.

L.: Genealogischer Kalender 1753, 544, 546; Seyler 360; Pfeiffer 198; Winkelmann-Holzapfel 146 f.; Zimmermann 66; Riedenauer 123; Rahrbach 48; Abel, A., Der Kreis Gersfeld nach seiner erdkundlichen und geschichtlichen Seite, 1924.

Ebersberg, genannt von Weyhers (Freiherren, Reichsritter) s. Ebersberg

Ebersberg, genannt von Weyhers und Leyen (Freiherren, Reichsritter) s. Ebersberg

Ebersdorf (Ort, Herrschaft). E. bei Lobenstein wurde 1678 unter Graf Heinrich X. Sitz der Linie Reuß-Ebersdorf. Unter ihr entwickelte sich E. zu einem Mittelpunkt des Pietismus. 1848 dankte Graf Heinrich LXXII. zugunsten von Reuß-Schleiz ab. 1920 gelangte E. an Thüringen.

L.: Wolff 420.

Eberstätt s. Jahnus von E., Janus von E.

Eberstein (Grafschaft). 1085/1120 erscheinen Edelfreie, die sich nach der Burg E. im Murgtal benennen. Sie stifteten um die Mitte des 12. Jahrhunderts die Klöster Herrenalb und Frauenalb und bauten eine bedeutende Herrschaft im Nordschwarzwald mit dem Hauptort Gernsbach auf (nach 1102 unter anderem Lehen des Bischofs von Speyer um Rotenfels am Unterlauf der Murg). Um 1200/1270 wurden sie Grafen. Im 13. Jahrhundert (vor 1251) zogen sie in das neuerbaute Schloss E. bei Gernsbach. 1219 erfolgte eine Erbteilung. 1283 erwarben die Markgrafen von Baden die Hälfte der namengebenden Burg. 1387 musste der größte Teil der Grafschaft an die Markgrafen von Baden verkauft werden. 1660 erlosch das Geschlecht im Mannesstamm, der ebersteinische Anteil an Gernsbach fiel an Speyer als Lehnsherren, 1803 an Baden, das 1666/1667 bereits andere Teile der Güter erhalten hatte. Die dem schwäbischen Reichskreis angehörige Grafschaft, die um 6 Quadratmeilen groß war und unter anderem

Schloss und Flecken E., die Stadt Gernsbach, die Abtei Frauenalb und den Marktflecken Muggensturm umfasste, hatte Sitz und Stimme im schwäbischen Reichsgrafenkollegium des Reichsfürstenrates und im schwäbischen Reichskreis.

L.: Wolff 166, 202 f.; Zeumer 553 II b 61, 10; Wallner 686 SchwäbRK 23; Großer Historischer Weltatlas II 66 (1378) E4; Krieg v. Hochfelden, G. H., Geschichte der Grafen von Eberstein in Schwaben, 1836; Neuenstein, K. Frhr. v., Die Grafen von Eberstein in Schwaben, 1897; Langenbach, H., Gernsbach im Murgtal, 1919; Langenbach, H., Schloss Eberstein im Murgtal, 1953; Schäfer, A., Staufische Reichslandpolitik und hochadlige Herrschaftsbildung im Uf- und Pfinzgau vom 11. bis 13. Jahrhundert, ZGO 117 (1969).

Eberstein (Reichsritter). 1116 erscheint ein ostfränkisch-thüringisches Geschlecht, das sich nach der 1282 vom Bischof von Würzburg zerstörten Burg E. in der vorderen Rhön benannte. Es gehörte im 16. Jahrhundert zum Kanton Rhön-Werra und zum Kanton Baunach im Ritterkreis Franken.

L.: Stieber; Riedenauer 123; Rahrbach 51; Eberstein, L. F. Frhr. v., Urkundliche Geschichte des reichsritterlichen Geschlechts Eberstein vom Eberstein auf der Rhön, Bd. 1 ff. 2. A. 1889.

Ebing s. Ebinger (von der Burg)

Ebinger von der Burg, Ebing von der Burg (Freiherren, Reichsritter). Vom 16. Jahrhundert bis um 1800, seit 1672 mit Steißlingen zählten die nach dem 793 erstmals erwähnten Ebingen (Ebinga) in der schwäbischen Alb benannten Freiherren E. zum Kanton Hegau des Ritterkreises Schwaben.

L.: Roth von Schreckenstein 2, 592; Hölzle, Beiwort 60; Ruch 18, Anm. 2 und Anhang 77.

Ebnet, Ebneth s. Marschalk (Marschall) von E.

Ebrach (Reichsabtei?). E. an der Mittelebrach im Steigerwald wurde 1127 als drittältestes deutsches Zisterzienserkloster vom Kloster Morimond aus gegründet. Es wurde seinerseits Mutterkloster für sechs Tochterklöster. Um 1800 war es in den Kantonen Steigerwald und Baunach des Ritterkreises Franken immatrikuliert. Obwohl es vergeblich versucht hatte, gegenüber dem Hochstift Würzburg die Reichsunmittelbarkeit zu gewinnen, wurde es 1802/1803 als Reichsabtei Bayern überlassen.

L.: Riedenauer 129; Zeiss, H., Reichsunmittelbarkeit und Schutzverhältnisse der Abtei Ebrach vom 12. bis 16. Jahrhundert, 1928; Weiß, H., Die Zisterzienserabtei Ebrach, 1962; Zimmermann, G., Ebrach und seine Stifter. Die fränkischen Zisterzienser und der Adel, Mainfränk. Jb. f. Gesch. u. Kunst 21 (1969), 162; Wiemer, W., Zur Entstehungsgeschichte des neuen Baues der Abtei Ebrach, 1989; Codex diplomaticus Ebracensis I. Die Urkunden der Zisterze Ebrach 1127–1306, bearb. v. Goez, E., 2001.

Ebringen (reichsritterschaftliche Herrschaft). E. am Schönberg im Breisgau wird 716/720 erstmals erwähnt. Es war später Verwaltungsmittelpunkt der Güter des Klosters Sankt Gallen im Breisgau. 1349 belehnte das Stift den Ritter Werner von Hornberg gegen Auftragung seiner Burg Schneeburg (Schneeberg) auf dem Schönberg mit der Herrschaft E. Später wechselten die Lehnsleute mehrfach, bis seit 1621 Sankt Gallen das zurückerworbene Lehen wieder selbst verwaltete. Die geistlichen Statthalter wurden bezüglich der Herrschaft als Mitglieder der breisgauischen Ritterschaft betrachtet. Über Baden kam E. 1951/1952 zu Baden-Württemberg.

L.: Wolff 41; Wohleb, J. L., Die Sankt Gallische Herrschaft Ebringen im Breisgau, 1941; Rößler, K. J., Geschichte des Dorfes Ebringen, 1959; Förderverein Dorfarchiv, Ebringen im Wandel der Zeit, 1988; Ebringen. Herrschaft und Gemeinde, hg. v. Schott, C./Weeger, E., Bd. 1 1992.

Ebstorf (Stift). Um 1160 wurde südlich von Lüneburg auf Anregung der Grafen von Dannenberg in E. ein Kanonikerstift errichtet (vielleicht 1288–1314 Weltkarte). 1303 wurden die Herzöge von Lüneburg Vögte. In der Mitte des 16. Jahrhunderts wurde E. in ein Damenstift umgewandelt. Über Hannover und Preußen kam E. 1946 an Niedersachsen.

L.: Wolff 434; Das Benediktinerinnenkloster Ebstorf im Mittelalter. Vorträge einer Tagung im Kloster Ebstorf vom 22.–24. Mai 1987, hg. v. Jaitner, K., 1988; Ebstorf, 1994; Wilke, J., Die Ebstorfer Weltkarte, 2001.

Echallens (Stadt, Herrschaft). 1350 wurde das schon römisch besiedelte E. am Talent bei Lausanne ummauert. 1475 wurde es von den Eidgenossen der Schweiz erobert. Von 1484 bis 1789 stand es unter gemeinsamer Herrschaft von Freiburg im Üchtland und Bern.

L.: Wolff 530; Großer Historischer Weltatlas II 72 (bis 1797) B3.

Echter (Reichsritter). Im 16. und 17. Jahrhundert zählten die E. zum Kanton Odenwald und zum Kanton Rhön-Werra, im 17. Jahrhundert auch zum Kanton Steigerwald und zum Kanton Baunach des Ritterkreises Franken.

L.: Pfeiffer 210; (Stetten 32;) Riedenauer 123.

Echter von Mespelbrunn (Reichsritter). Im 18. Jahrhundert zählten die E. zum Kanton Rhön-Werra des Ritterkreises Franken. Von etwa 1600 bis 1650 waren sie mit Dingolshausen, Gaibach, Öttershausen (Oettershausen), Kirchschönbach/Schwarzenau, Traustadt, Weisbrunn, Schallfeld und Gochsheim auch im Kanton Steigerwald und wegen des Zehnthofs in Talheim 1603–1629 auch im Kanton Kocher des Ritterkreises Schwaben immatrikuliert. S. Ingelheim.

L.: Stieber; Roth von Schreckenstein 2, 593; Seyler 361; Bechtolsheim 13, 17, 34, 63; Schulz 260; Rahrbach 53.

Echternach (Reichsabtei). Auf römischen Siedlungsresten errichtete 698 der heilige Willibrord, Bischof von Utrecht, eine Benediktinerabtei auf Land der heiligen Irmina und ihrer Tochter Plektrudis. Seit 751 war die Abtei reichsfrei. Am Ende des 12. Jahrhunderts musste gegen Trier die Unabhängigkeit verteidigt werden. Die Reichsmatrikel von 1776 verzeichnete das Kloster im Erzstift Trier und im niederrheinisch-westfälischen Reichskreis mit einer Last von 2 zu Pferd und 18 zu Fuß bzw. 96 Gulden. 1797 wurde die Abtei durch Frankreich aufgehoben. 1815 kam sie zu Luxemburg.

L.: Wolff 57; Wampach, C., Geschichte der Grundherrschaft Echternach im Frühmittelalter, Bd. 1f. 1929f.; Metz, P., Das Goldene Evangelienbuch von Echternach, 1956; Metzler, J./Zimmer, J./Bakker, L., Die römische Villa Echternach und die Anfänge der mittelalterlichen Grundherrschaft, 1982; Schroeder, J./Trauffler, H., Die Anfänge der Abtei Echternach, 1996; Die Abtei Echternach, hg. v. Ferrari, M. u. a., 1999; Escher, M. u. a., Die urbanen Zentren, 2005, 2, 172.

Eck und Hungersbach (Freiherren, Reichsritter). Im 18. Jahrhundert zählten die Freiherren zu E. mit dem 1702 erworbenen Rittergut Gündringen und Dürrenhardt, das 1805 an den Freiherren von Münch gelangte, zum Kanton Neckar des Ritterkreises Schwaben.

L.: Hölzle, Beiwort 64; Hellstern 202, 218.

Eckbrecht von Dürckheim, Eckbrecht von Dürkheim (Reichsritter). Im 18. Jahrhundert zählten die E. zum Ritterkreis Rhein. 1773 gehörten sie zu den bereits 1680 angesessenen und mit ihren Gütern bei der Ritterschaft immatrikulierten Familien des Ritterkreises Unterelsass, am Ende des 18. Jahrhunderts auch zum Kanton Altmühl des Ritterkreises Franken.

L.: Roth von Schreckenstein 2, 594; Riedenauer 123.

Eckersberg (Reichsritter). Im 16. Jahrhundert zählten die E. zum Kanton Gebirg, im 17. und 18. Jahrhundert mit Schernau zum Kanton Steigerwald des Ritterkreises Franken.

L.: Bechtolsheim 15 und Anm. 760; Riedenauer 123.

Eckmühl (Herrschaft) s. Eggmühl

Edelfingen (Ganerbschaft). In dem durch Mauer und Graben befestigten E. an der Tauber bei Mergentheim saßen im 13. Jahrhundert Herren von E. (Uotelfingen). Seit dem Spätmittelalter bestand eine Ganerbschaft des Deutschen Ordens (fünf Achtel), derer von Hohenlohe (zwei Achtel) und des Hochstifts Würzburg (ein Achtel). Den Anteil Würzburgs hatten seit 1503 die Adelsheim zu Lehen, den Anteil Hohenlohes seit 1639 die Herren von Hatzfeld. Das Achtel der Adelsheim fiel 1806 an Baden, das es 1846 durch Staatsvertrag an Württemberg, das alles andere erhalten hatte, gab. Über Württemberg gelangte E. 1951/1952 zu Baden-Württemberg.

L.: Wolff 504.

Edelstetten (Reichsstift, Grafschaft). Im 12. Jahrhundert wurde in Edelstetten bei Krumbach in Schwaben ein Kanonissenstift gegründet. Dieses war seit etwa 1500 adliges Damenstift. 1802 wurde die Abtei säkularisiert und nach § 11 des Reichsdeputationshauptschlusses vom 25. 2. 1803 als Grafschaft zur Entschädigung für Fagnolle (Fagnolles) an die Fürsten von Ligne gegeben. Diese beantragten vergeblich die Aufnahme in das westfälische Reichsgrafenkollegium (1804 Esterházy). 1806 kam E. an Bayern.

L.: Wolff 42; Großer Historischer Weltatlas III 38 (1789) D3, III 39 (1803) D3; Arndt 220.

Ega, Egen, Egn (Reichsritter). Im 17. Jahrhundert zählten die E. zum Kanton Odenwald des Ritterkeises Franken.

L.: Riedenauer 123.

Eger (Reichsstadt), tschech. Cheb. Das Gebiet an der E. (Egerland) kam nach der allmählichen Eindeutschung des nach dem Abzug der Germanen im Frühmittelalter slawisch besiedelten Raumes vor 1167 an die Staufer, die neben dem 1061 erstmals erwähnten Dorf E. die Stadt E. gründeten. 1277 wurde E. Reichsstadt. 1322 verpfändete Ludwig der Bayer nach mehreren früheren Verpfändungen E. mit dem Egerland an Böhmen. 1353 übernahm Karl IV. als König von Böhmen das Pfand. Die Pfandschaft wurde bis 1806 nicht eingelöst. Mit dem Egerland wurde dann E. Böhmen staatsrechtlich eingegliedert. 1918 kam es an die Tschechoslowakei.

L.: Wolff 465; Schürer, O., Geschichte der Burg und Pfalz Eger, 1934; Sturm, H., Eger, Geschichte einer Reichsstadt, 1951.

Egerland (Reichsland). Eger an der Eger wird 1061 erstmals erwähnt. Die historische Landschaft E. ist der nördliche Teil des mittelalterlichen Banngebiets auf dem bayerischen Nordgau mit Fichtelgebirge und Egerer Becken. Im frühen 12. Jahrhundert wurde es von der bayerischen Besiedelung erfasst (Bau einer Burg durch den Diepoldinger Markgrafen Diepold III. von Vohburg) und erscheint seit 1135 als Region Eger. Sie wurde nach 1146 und vor 1167 auf Grund der Heirat Friedrichs I. Barbarossa mit Adela von Vohburg dem Reich unmittelbar unterstellt und von Friedrich I. Barbarossa zu einer straff organisierten Herrschaft mit dem Vorort Eger ausgebaut (provincia Egrensis, 1261 Egerlant). Nach dem Sturz der Staufer wurde das bis 1266 reichsunmittelbare Land aufgeteilt. Der Süden wurde vom Kloster Waldsassen zum Stiftland (Stiftsland) zusammengefasst, das 1411 unter den Schutz, in der Mitte des 16. Jahrhunderts unter die Landeshoheit der Pfalz und 1628 unter die Landeshoheit Bayerns kam. Den Westen zogen die Burggrafen von Nürnberg an sich und bildeten vom 15. Jahrhundert an um Wunsiedel die sechs Ämter auf dem Gebirg (Sechsämterland), die mit der Markgrafschaft Bayreuth 1810 an Bayern kamen. Im Norden fielen Teile an das meißnische Vogtland, wobei die Reichsherrschaft Asch entstand. Den Rest erwarb Böhmen, das es aber 1276 dem Reich zurückgeben musste. 1322 gewann es Johann von Luxemburg als Gegenleistung für die böhmische Stimme bei der Wahl Ludwigs des Bayern zum König (neben 20 000 Mark Silber) als Reichspfandschaft Eger. Diese wurde bis 1806 nicht eingelöst und erst in diesem Zeitpunkt staatsrechtlich Böhmen eingegliedert. 1945 wurde die fast rein deutsche Bevölkerung aus der 1918 enstandenen Tschechoslowakei weitgehend ausgewiesen.

L.: Wolff 465; Gradl, H., Geschichte des Egerlandes bis 1437, 1893; Bergmann, A., Das heutige Egerland, 1957; Käubler, R., Das Alter der deutschen Besiedlung des Egerlandes, 1958; Sturm, H., Handbuch der Geschichte der böhmischen Länder, Bd. 2 1967 f.; Sturm, H., Districtus Egranus, Historischer Atlas von Bayern, Altbayern Bd. 2,2 1981; Pscheidt, E., Eger. Ehemals eine freie Reichsstadt, Ausstellungskatalog o. J. (1984); Ambronn, K. O./Hlavácek, I., Eger, LexMA 3 1986, 1604 ff.

Eggenberg (Freiherren, Fürsten, Reichsfürsten). Johann Ulrich E. (1568–1634) entstammte einer protestantischen steirischen Kaufmannsfamilie. Als enger Vertrauter Ferdinands II. wurde er 1598 Freiherr, 1623 Reichsfürst und 1628 Herzog von Krumau. 1717 erlosch die neufürstliche Familie. Ihre Güter in Böhmen fielen an die Fürsten Schwarzenberg, das Schloss E. bei Graz an die Grafen von Herberstein.

L.: Klein 150; Heydendorff, W. E., Die Fürsten und Freiherren zu Eggenberg und ihre Vorfahren, 1965.

Eggmühl, Eckmühl (Herrschaft). 1801 zählte die Herrschaft (Pfleggericht) E. über Bayern (Niederbayern) zum bayerischen Reichskreis.

L.: Wolff 137; Wallner 711 BayRK 1.

Egisheim (Grafen), frz. Eguisheim. Die nach der von Herzog Eberhard erbaute Burg E. südlich von Colmar benannten Grafen von E. stammen wie die Grafen von Habsburg von den Herzögen im Elsass (Etichonen) ab. Herzog Hugo II. begründete im 10. Jahrhundert die Linie Egisheim-Dagsburg. 1144 starben die Grafen von E. aus und wurden von den Grafen von Dagsburg beerbt. Bei deren Aussterben 1225 kam die Grafschaft an das Hochstift Straßburg (obere Mundat). S. Dagsburg, Staufer.

L.: Wolff 236; Das Reichsland Elsass-Lothringen, Bd. 2 1901 ff.; Legl, F., Studien zur Geschichte der Grafen von Dagsburg-Egisheim, 1998; Escher, M. u. a., Die urbanen Zentren, 2005, 2, 174.

Eglingen (reichsfreie Herrschaft). E. bei Heidenheim an der Brenz war Sitz der seit dem 17. Jahrhundert reichsfreien Herrschaft E. Diese kam vom Ortsadel über mehrere Hände 1530 an die Freiherren, seit 1664 Grafen von Grafeneck, die 1615 die Lösung von der Oberherrschaft Pfalz-Neuburgs erreichten, und 1723/1728 vom letzten Grafen von Grafeneck durch Verkauf an Thurn und Taxis, 1806, um 0,5 Quadratmeilen groß, an Bayern sowie 1810 an Württemberg. Der Inhaber der Herrschaft war Mitglied des schwäbischen Reichsgrafenkollegiums des Reichsfürstenrates und hatte Sitz und Stimme im schwäbischen Reichskreis. Über Württemberg fiel E. 1951/1952 an Baden-Württemberg.

L.: Wolff 209; Zeumer 554 II b 61, 17; Wallner 689 SchwäbRK 86.

Egloffstein (Freiherren, Grafen, Reichsritter). 1190 erscheinen die nach der Burg E. bei Forchheim benannten Herren von E. (Hegelofveste). 1509/1515 wurde die Burg Lehen des Hochstifts Bamberg. Von etwa 1600 bis 1806 gehörten die E. mit dem Rittergut Mühlhausen zum Kanton Steigerwald des Ritterkreises Franken. Außerdem waren sie im Kanton Gebirg immatrikuliert. Nach 1650 gehörten sie auch dem Kanton Odenwald, um 1780 auch dem Kanton Altmühl zu.

L.: Stieber; Roth von Schreckenstein 2, 593; Pfeiffer 196, 199, 208; Bechtolsheim 12, 18, 63; Riedenauer 123; Rahrbach 56; Egloffstein, G. Frhr. von und zu, Chronik der Grafen und Freiherren von Egloffstein, 1894.

Eglofs (Herrschaft, Grafschaft, Reichsdorf). Die aus der Grafschaft im Alpgau hervorgegangene Herrschaft E. in Oberschwaben kam von den Udalrichingern über die Grafen von Kirchberg und Grüningen (Württemberg-Grüningen) 1243 an die Staufer und wurde danach Reichsgut. Dieses wurde mehrfach verpfändet und von den Pfandberechtigten erheblich geschmälert, so dass sich ihr Gebiet nach 1500 auf die nähere Umgebung des Dorfes E. zwischen Oberer Argen und Unterer Argen beschränkte. 1582 löste Kaiser Rudolf II. die Pfandschaft ein. 1661 wurde sie als Reichsgrafschaft an die Grafen von (Abensberg und) Traun verkauft, die 1662 Sitz und Stimme im schwäbischen Reichsgrafenkollegium und beim schwäbischen Reichskreis erlangten. Zur Grafschaft zählten auch die im Allgäu zerstreuten Freien vom oberen und unteren Sturz, ehemals reichsfreie Bauern. 1804 wurde E. von Fürst Windischgrätz erworben und 1805 zusammen mit der Herrschaft Siggen zum Reichsfürstentum Windischgrätz erhoben. 1806 kam E. mit rund 2 Quadratmeilen bzw. 35 Quadratkilometern und etwa 2000 Einwohnern an Württemberg. Die Bauern von E. bewahrten eigene, vielleicht auf fränkische Wehrbauernsiedlung zurückgehende, jedenfalls seit 1243 bezeugte Freiheiten bis ins 19. Jahrhundert. Über Württemberg gelangte E. 1951/1952 zu Baden-Württemberg.

L.: Dacheröden 165; Hugo 452; Wolff 207; Zeumer 553 II b 61, 14; Wallner 688 SchwäbRK 56; Mayer, T., Bemerkungen und Nachträge zum Problem der freien Bauern, Zs. f. württemberg. LG. 13 (1954); Handbuch der bayerischen Geschichte, hg. v. Spindler, M., Bd. 3, 2 1971; Kissling, P., Freie Bauern, 2006.

Egmond (Grafen). Die Reichsmatrikel von 1776 verzeichnet im burgundischen Reichskreis die Grafen von E. mit 10 zu Pferd und 45 zu Fuß bzw. 300 Gulden. Stammsitz der Grafen war E. aan Zee westlich von Alkmar in Nordholland. S. Niederlande.

L.: Gumpolzhaimer 15.

Ehegau, Egouwe (benannt nach dem Ehebach bei Neustadt an der Aisch)

L.: Polenz, P. v., Landschafts- und Bezirksnamen, 1961, II, 24, 27, Egouwe; Niemeyer, W., Der pagus des frühen Mittelalters in Hessen, 1968, 121.

Ehenheim (Reichsritter). Im 16. Jahrhundert zählten die später erloschenen E. (genannt Übel, Grummat, Wild, Steinfelder) zum Ritterkreis Franken (Kanton Altmühl). Bis etwa 1650 waren sie im Kanton Steigerwald immatrikuliert, bis zum Anfang des 18. Jahrhunderts im Kanton Odenwald.

L.: Biedermann, Altmühl; Roth von Schreckenstein 2, 593; Pfeiffer 214; Bechtolsheim 13, 18; Riedenauer 123; Rahrbach 59.

Ehestetten (Herren, ritterschaftlicher Ort). Nach E. bei Reutlingen nannten sich im 12. und 13. Jahrhundert Herren von E. Später war E. ritterschaftlicher Ort der Speth von Steingebronn, die ihn 1364 von den Herren von Gundelfingen erworben hatten. Über Württemberg kam E. 1951/1952 zu Baden-Württemberg.

Ehingen (Reichsritter). Von 1548 bis zu ihrem Aussterben 1697 zählten die E., die bereits 1488 Mitglied der Rittergesellschaft Sankt Jörgenschild, Teil am Neckar, waren, mit Schloss und Stadt Obernau bei Rottenburg, bis 1608 mit dem halben Bühl und Börstingen zum Kanton Neckar des Ritterkreises Schwaben. Börstingen gelangte 1697 an die Hohenberg und über Württemberg 1951/1952 zu Baden-Württemberg.

L.: Hellstern 149 f., 203.

Ehingen (reichsstadtähnliche Stadt). In dem 760 oder 961 erstmals erwähnten E. an der Donau wurde um 1230 von den schwäbischen Grafen von Berg neben einer älteren Siedlung eine Stadt gegründet. 1343 wurde E. nach dem Aussterben der Grafen an Habsburg verkauft, bis 1568 von Habsburg aber mehrfach verpfändet. In dieser Zeit gewann es eine reichsstadtähnliche Stellung (1379 Befreiung vom auswärtigen Gericht, 1434 Blutbann, 1444 Wahl des Ammannes, 1447 Befreiung von auswärtigen Kriegsdiensten, von 1568 bis 1680 Erwerb der Pfandschaft der Herrschaften Berg, Ehingen und Schelklingen) und wurde Tagungsort der Landstände Schwäbisch-Österreichs sowie Sitz des Kantons Donau des Ritterkreises Schwaben. 1806 kam es von Österreich an Württemberg und damit 1951/1952 zu Baden-Württemberg.

L.: Wolff 46; Weber, F. M., Ehingen. Geschichte einer oberschwäbischen Donaustadt, 1955; Bauer, C., Ehingen als vorderösterreichische Stadt, in: Vorderösterreich. Eine geschichtliche Landeskunde, hg. v. Metz, F., Bd. 2, 3. A. 1978.

Ehnheim (Reichsstadt) s. Oberehnheim

Ehrenberg (Reichsritter). Von etwa 1560 bis 1700 waren die E. im Kanton Odenwald des Ritterkreises Franken immatrikuliert. S. Ernberg.

L.: Stieber; Riedenauer 123; Rahrbach 61.

Ehrenberg s. Clodt zu, Ehrenburg

Ehrenburg (reichsritterschaftliche Herrschaft). Vermutlich in der ersten Hälfte des 12. Jahrhunderts wurde am Ehrbach bei Brodenbach die E. erbaut, die das Erzstift Mainz den Pfalzgrafen bei Rhein zu Lehen gab. Nach der E. nannten sich seit 1189 Ritter von E., die Lehnsleute der Pfalz waren. Um 1399 zog die Pfalz die Herrschaft als erledigtes Lehen ein, teilte aber 1413 mit Schönenburg und Pyrmont. 1426 erbte Pyrmont den Anteil Schönenburgs. 1545 kamen die Güter durch Erbfolge von Pyrmont-Ehrenburg an Eltz-Pyrmont, 1561 an Quadt von Landskron, 1668 an die Freiherren Clodt zu Ehrenberg (E.) und 1789 an den Freiherren vom Stein. Die aus den Dörfern Brodenbach und Karbach und der Vogtei Hirzenach (Oberhirzenach) bestehende Herrschaft zählte zum Kanton Niederrheinstrom des Ritterkreises Rhein. Über Preußen gelangten die Gebiete 1946 an Rheinland-Pfalz.

L.: Wolff 515; Skiba, W., Die Burg in Deutschland. Aufzeichnung und Analyse der Ehrenburg auf dem Hunsrück, 1962 (masch. schr.).

Ehrenfels (Herrschaft). Die Burg E. nordwestlich von Regensburg an der Schwarzen Laber (Laaber) war Mittelpunkt einer Herrschaft (u. a. Beratzhausen), die seit 1256 denen von E. (Hohenfels) unterstand. Im 14. Jahrhundert ging sie erbweise an die Herren von Stauf über. 1567 wurde E. an die Pfalzgrafen (Pfalz-Neuburg) verkauft. 1801 gehörte die Herrschaft dem bayerischen Reichskreis an und befand sich im Besitz der Pfalz bzw. Bayerns, die aber Sitz und Stimme bei dem Reichskreis wie im Reichsfürstenrat nicht wahrnahmen.

L.: Wolff 149; Wallner 713 BayRK 18.

Ehrensberg (Herrschaft) s. Erisberg

Ehrenstein (Herren). Um 1330 erbauten die edelfreien Herren von Ütgenbach, die als Zeugen in saynischen Urkunden und als Prümer sowie Schwarz-Rheindorfer (Schwarzrheindorfer) Vögte erscheinen, die Burg E. bei Neuwied, nach der sich seit 1331 Herren von E. nennen. 1449 verkauften sie die Herrschaft E. den verschwägerten Herren von Nesselrode. 1524 kam sie über die Erbtochter an die Rennenberg, die 1526 von Köln damit belehnt wurden. Später fiel sie an Preußen und 1946 an Rheinland-Pfalz.

L.: Gensicke, H., Landesgeschichte des Westerwaldes, 2. A. 1987, 202 ff., 319 f.

Eibingen (adliges Frauenkloster [Reichsritterschaft]). Das 1148 von Marka von Rüdesheim gegründete adlige Frauenkloster E. bei Rüdesheim war um 1790 wegen Bermersheim Mitglied des Kantons Oberrheinstrom des Ritterkreises Rhein.

L.: Winkelmann-Holzapfel 147.

Eichelberg (Reichsritter). Um 1700 zählten die E. (Aichler von Aichelberg?) zum Kanton Rhön-Werra des Ritterkreises Franken. S. Eichler.

L.: Stieber; Seyler 362; Riedenauer 123.

Eichelgau s. Achilgouwe

L.: Polenz, P. v., Landschafts- und Bezirksnamen, 1961, 291; Puhl, R., Die Gaue und Grafschaften des frühen Mittelalters im Saar-Mosel-Raum, 1999, 136, benannt nach dem Flüsschen Eichel, rechts der Saar, zwischen Bliesgau und oberem Saargau, an der mittlern Eichel, Lokalisierung von Orten schwierig.

Eichinger von Eichstamm (Reichsritter). Die E. zählten wegen Seibelsdorf (Seeboldsdorf) zum Kanton Gebirg des Ritterkreises Franken.

L.: Stieber; Riedenauer 122.

Eichler von Auritz (Reichsritter). Bis zum 1765/1766 erfolgten Verkauf von Obersteinbach, Rossbach, Stübach und Markt Taschendorf an die Künßberg (Künsberg, Künßberg-

Thurnau) zählten die E. kurzzeitig zum Kanton Steigerwald des Ritterkreises Franken. Außerdem gehörten sie im 18. Jahrhundert mit Dennenlohe und Oberschwaningen zum Kanton Altmühl. S. Bayern.

L.: Biedermann, Altmühl; Stieber; Bechtolsheim 15, 20, 198; Riedenauer 123.

Eichsfeld (Landschaft, Fürstentum). Das zwischen oberer Leine und Harz gelegene E. wird als Gau nördlich und westlich von Mühlhausen 897 erstmals genannt. Vom 11. Jahrhundert an gewann das Erzstift Mainz auf der Grundlage der Mission um Heiligenstadt im Obereichsfeld umfangreiche Güter (Hanstein 1209, Gleichenstein-Dingelstädt 1294, Bischofstein 1329/1440, Greifenstein 1420, Scharfenstein 1294, Harburg 1130/1137, Worbis 1342/1375, Bodenstein 1573, Westernhagen 14. Jahrhundert, Gerode 1124/1431). Das nordwestlich von Duderstadt gelegene Untereichsfeld war zunächst liudolfingisches Hausgut und ottonisches Reichsgut, kam im 10. Jahrhundert an das Stift Quedlinburg und fiel 1247 an Braunschweig-Lüneburg. Dessen Linie Grubenhagen verpfändete es 1342/1358 mit Duderstadt und Gieboldehausen, 1434 mit Lindau an das Erzstift Mainz. 1802/1803 kam das zunächst protestantisch gewordene, am Ende des 16. Jahrhunderts rekatholisierte E. als Fürstentum an Preußen. Von 1806/1807 bis 1813 war es Teil des Königreiches Westphalen (Harzdepartement). 1813 kam das E. an Preußen, 1815 das Obereichsfeld zur Provinz Sachsen und damit von 1945/1949 bis 1990 zur sowjetischen Besatzungszone bzw. der Deutschen Demokratischen Republik. Das Untereichsfeld wurde von Preußen an Hannover abgetreten, gelangte mit diesem aber 1866 an Preußen zurück und gehört damit seit 1946 zu Niedersachsen. S. Kurrheinischer Reichskreis.

L.: Wolff 80; Wallner 699 KurrheinRK 1; Großer Historischer Weltatlas II 66 (1378) F3; Wolf, J., Politische Geschichte des Eichsfelds 1792, neu bearb. v. Löffler, K., 1921; Curs, O., Deutschlands Gaue im zehnten Jahrhundert. Nach den Königsurkunden, Diss. phil. Göttingen 1908, 6 (Gau im Quellegebiet der Leine, Geisleden); Aus der Geschichte der Goldenen Mark, bearb. v. Otto, B., Teil 1 1949; Hessler, W., Mitteldeutsche Gaue des frühen und hohen Mittelalters, 1957, 120 (Ammern, Dachrieden, Diedorf, Geisleden, Görmar, Lengefeld); Polenz, P. v., Landschafts- und Bezirksnamen, 1961, I, 9, II, 58, 61 f., III, 30; Riese, W., Das Eichsfeld. Entwicklungsprobleme einer Landschaft, 1977; Fahlbusch, F. B., Eichsfeld, LexMA 3 1986, 1670 f.

Eichstamm s. Eichinger von E.

Eichstätt (Hochstift). Um 741/745 gründete Bonifatius das Bistum E. an der Altmühl, setzte den Angelsachsen Willibald als Bischof ein und unterstellte das von der Donau bis zu den späteren Orten Nürnberg, Erlangen und Sulzbach reichende Bistum der Erzdiözese Mainz. Erste Güter wurden von einem gewissen Suidger gegeben. 888 kam die Abtei Herrieden an der oberen Altmühl hinzu. Durch die Gründung des Bistums Bamberg (1007) verlor es Gebiete im Norden zwischen Schwabach, Pegnitz und Regnitz, durch die Reformation Nürnberg, Weißenburg, Ansbach und das Oberstift Öttingen (Oettingen). Das Gebiet des Hochstifts, das um 1800 im Kanton Altmühl des Ritterkreises Franken immatrikuliert war, war verhältnismäßig klein und zersplittert (Oberstift mit Herrieden, Ornbau, Sandsee, Wernfels-Spalt [1304/1305], Pleinfeld; Unterstift mit Eichstätt, Greding [11. Jh.], Beilngries, Hirschberg) und wurde mit rund 20 Quadratmeilen und 62 000 Einwohnern 1802 säkularisiert und von Bayern annektiert, nachdem schon 1794 Preußen die Enklaven in Franken eingezogen hatte. Von 1802/1803 bis 1805 wurde es zum größten Teil des Unterstifts als Sekundogenitur Österreichs dem Großherzogtum Toskana zugeteilt, während der Rest an Bayern kam. 1805 fiel auch der größere Teil an das Königreich Bayern. Teile des Oberstifts kamen 1803 an Preußen (Ansbach), 1806 ebenfalls an Bayern. Von 1817 bis 1832/1834/1855 errichtete Bayern aus einem Teil des Hochstifts das Herzogtum Leuchtenberg als freie Standesherrschaft für Eugène de Beauharnais, Herzog von Leuchtenberg.

L.: Wolff 105; Zeumer 552 II a 9; Wallner 692 FränkRK 8; Großer Historischer Weltatlas II 66 (1378) F4, III 22 (1648) E4, III 38 (1789) D3; Riedenauer 129; Die Territorien des Reichs 4, 166; Heidingsfelder, F., Die Regesten der Bischöfe von Eichstätt 741–1324, 1915 ff.; Sax, J. v./Bleicher, J., Die Bischöfe und Reichsfürsten von Eichstätt, Bd. 1, 2 (2. A.) 1927; Buchner, F. X., Das Bistum Eichstätt, historisch-statistische Beschreibung, Bd. 1, 2 1937 ff.; Bauerreiß, R., Kirchengeschichte Bayerns, Bd. 1 1949; Hirschmann, G., Eichstätt, 1959, in: Historischer Atlas von Bayern 1, 6; Handbuch der bayerischen Geschichte, hg. v. Spindler, M., Bd. 3, 1 1971; Sage, W./Wendehorst, A., Eichstätt, LexMA 3 1986, 1671 ff.; Röttel, K., Das Hochstift Eichstätt, 1987; Schuh, R., Territorienbildung im oberen Altmühlraum. Grundlagen und Entwicklung der eichstättischen Herrschaft im 13. und 14. Jh., Zs. f. bay. LG. 50 (1987); Weinfurter, S., Die Grundlagen der geistlichen Landesherrschaft in Eichstätt um 1300, Bll. f. dt. LG. 123 (1987), 137; Schindling, A., Das Hochstift Eichstätt im Reich der frühen Neuzeit. Katholisches Reichskirchen-Fürstentum im Schatten Bayerns, 1988, Sammelblätter Hist. Verein Eichstätt 80; Buchholz-Johanek, I., Geistliche Richter und geistliches Gericht im spätmittelalterlichen Bistum Eichstätt, 1988; Flachenecker, H., Eine geistliche Stadt, 1988; Lengenfelder, B., Die Diözese Eichstätt zwischen Aufklärung und Restauration, 1990; Braun, H., Das Domkapitel zu Eichstätt, 1991; Arnold, B., Count and Bishop, 1991; Beiträge zur Eichstätter Geschichte, hg. v. Flachenecker, H./Littger, K., 1999.

Eiderstedt (Landschaft). Die heute 30 Kilometer lange und 340 Quadratmeilen große Halbinsel E. an der Nordsee gewann im Frühmittelalter eine verhältnismäßig große Selbständigkeit, die sie noch 1252 gegenüber dem König von Dänemark zu wahren verstand. Später musste das Land sich unter den Schutz der Herzöge von Gottorp (Gottorf) begeben. 1426 zeichnete es in der 1572 durch den Herzog bestätigten „Krone der rechten Wahrheit" sein Recht auf. Auch unter den Herzögen von Schleswig bzw. den Königen von Dänemark behielt es unter einem Staller (Statthalter) weitgehende Selbstverwaltung. 1866 kam es mit Schleswig zu Preußen, 1946 zu Schleswig-Holstein.

L.: Fischer, O., Eiderstedt, 1956; Fiedler, W., Halbinsel Eiderstedt, 2. A. 1967; Jessen-Klingenberg, M., Eiderstedt 1713–1864. Landschaft und Landesherrschaft in königlich-absolutistischer Zeit, 1967; Löw, I., Die Eiderstedter Landrechte von 1426 bis 1591, 2003.

Eidgenossenschaft s. Schweiz

Eifelgau (Gau) (Eflinsis 762)

L.: Polenz, P. v., Landschafts- und Bezirksnamen, 1961, I, 13, II, 18, Eifla, Eifila, pagus Eiflensis; Nonn, U., Pagus und Comitatus in Niederlothringen, 1983, 177, 204.

Eilenburg (Herrschaft), Eulenburg. Vermutlich ließ Heinrich I. an der Stelle einer sorbischen Feste die 961 erstmals genannte Burg E. bei Leipzig errichten. Burg und Umland kamen vor 1000 als Reichslehen an die Wettiner, von diesen im 12. Jahrhundert an die 1170 erstmals erwähnten ministerialischen Vögte und Herren von E. (Ileburg) bzw. Eulenburg. 1364 geriet die Herrschaft unter die Lehnshoheit Böhmens, wurde aber 1402 vom Markgrafen von Meißen zurückgekauft. Die Familie Eulenburg erwarb außerdem Herrschaften in Böhmen und in der Lausitz und siedelte sich im 14./15. Jahrhundert in Ostpreußen an. 1709 wurde sie in den preußischen Freiherrenstand, 1786 in den preußischen Grafenstand erhoben. Sie spaltete sich in mehrere Linien (Gallingen, Prassen, Eicken). 1815 fiel E. an Preußen.

L.: Wolff 378; Diplomatarium Ileburgense, hg. v. Mülverstedt, A. v., 2 Bd. 1877 ff.; Platen, P., Die Herrschaft Eilenburg von der Kolonisationszeit bis zum Ausgang des Mittelalters, 1914; Büchting, W., Geschichte der Stadt Eilenburg, 1923; Eulenburg, S. Graf zu, Die Eulenburgs. Geschichte eines ostpreußischen Geschlechts, 1948.

Eilendorf (Herrschaft). E. bei Aachen kam vor 1238 vom Reich an das Stift Kornelimünster. Nach der Besetzung durch Frankreich 1797 fiel die Herrschaft E. mit Kornelimünster 1815 an Preußen, 1946 an Nordrhein-Westfalen.

Einrich (Einriche, Einrichgau, Gau an der unteren Lahn)

L.: Curs, O., Deutschlands Gaue im zehnten Jahrhundert. Nach den Königsurkunden, Diss. phil. Göttingen 1908, 6 (Braubach, Oberlahnstein, Niederbrechen, Oberbrechen); Polenz, P. v., Landschafts- und Bezirksnamen, 1961, II, 11, 94, 96, Einrichi, Landschaft Ahrich; Niemeyer, W., Der pagus des frühen Mittelalters in Hessen, 1968, 103.

Einsiedel (Reichsgrafen). Das nach E. bei Chemnitz benannte, 1299 erstmals erwähnte Ministerialengeschlecht Meißens wurde 1745 in der Linie Einsiedel-Scharfenstein-Wolkenburg in den Reichsgrafenstand erhoben. Die E. gehörten zu den reichsten und einflussreichsten Familien des niederen Adels Sachsens.

L.: Genealogisches Handbuch der gräflichen Häuser, A Bd. 1 1942, Bd. 3 1958.

Einsiedeln (Reichsabtei). Um die Zelle des 861 ermordeten Einsiedlers Meinrad wurde zu Beginn des 10. Jahrhunderts eine Klausnergemeinde gegründet, die 934 Benediktinerabtei wurde. 947 stattete König Otto I. das Kloster mit Immunität und freier Abtwahl aus (Reichsabtei). Seit dem Anfang des 12. Jahrhunderts stand (Maria) E. im Streit mit Schwyz um seine südlichen Güter (Marchenstreit). 1283 kam die Vogtei an Habsburg, 1286/1294/1424 an Schwyz, das 1350 bereits die streitigen Güter gewonnen hatte. Damit unterfiel die Abtei der Herrschaft von Schwyz.

L.: Wolff 522; Ringholz, O., Geschichte des fürstlichen Benediktinerstifts Einsiedeln, Bd. 1 1904; Kläui, P., Untersuchungen zur Gütergeschichte des Klosters Einsiedeln vom 10. bis zum 14. Jahrhundert, Festgabe H. Nabholz, 1934, 78 ff.; Kälin, W., Einsiedeln, 1958; Corolla Heremitana. Neue Beiträge zur Kunst und Geschichte Einsiedelns und der Innerschweiz, hg. v. Schmid, A. A., 1964; Keller, H., Kloster Einsiedeln im ottonischen Schwaben, 1964; Gilomen-Schenkel, E., Einsiedeln, LexMA 3 1986, 1743 f.; Böck, H., Einsiedeln, 1989.

Eisack (Reichsritter). Um 1650 zählten die E. zum Kanton Odenwald des Ritterkreises Franken.

L.: Riedenauer 123.

Eiselstein (Herren) s. Egmond (Grafen), Ijsselstein

Eisenach (Stadt, Fürstentum). E. an der Hörsel wurde im 12. Jahrhundert Marktort. Um 1190 nannte sich ein Sohn des Landgrafen von Thüringen Landgraf von E. Das Stadtrechtsprivileg Landgraf Albrechts des Entarteten von 1283 erklärte E. zum Oberhof für die Städte des Fürstentums. Der Stadtschreiber Johann Rothe (1350/1360–1434) verfasste ein Eisenacher Rechtsbuch, in dem er Stadtrecht, Landrecht (Meißner Rechtsbuch nach Distinktionen) und gelehrtes Recht (Dekret, Dekretalen, römisches Recht) zu verbinden versuchte. Der Stadtschreiber Johann Purgold (um 1490) überlieferte es in zehn Büchern. Seit 1572 war E. mit Unterbrechungen Hauptstadt eines Herzogtums Sachsens. 1741 kam es mit den Städten und Ämtern E., Creuzburg (Kreuzburg) und Gerstungen, Remda und Allstedt, den Ämtern Tiefenort, Großrudestedt (Großenrudstedt) und Jena und der Herrschaft Farnroda an Sachsen-Weimar, 1920 an Thüringen. S. Sachsen-Eisenach, Sachsen-Weimar-Eisenach.

L.: Wolff 396; Storch, J. W., Topographisch-historische Beschreibung der Stadt Eisenach, 1837; Die Stadrechte von Eisenach, Gotha und Waltershausen, hg. v. Devrient, E., 1909; Peter, H., Die Entstehung des Herzogtums Eisenach, 1921; Helmboldt, H., Geschichte der Stadt Eisenach, 1936; Eisenacher Rechtsbuch, bearb. v. Rondi, P., 1950; Patze, H., Eisenach, LexMA 3 1986, 1754 ff.

Eisenbach s. Riedesel

Eisenburg (reichsritterschaftliche Herrschaft). Um 1288 erscheint erstmals die auf welfischem Gut um Memmingen in staufischer Zeit errichtete Burg E. Sie wurde um 1300 Mittelpunkt einer von den Herren von E. unter der Landvogtei Oberschwaben errichteten Herrschaft, zu der Amendingen, E., Grünenfurt, Schwaighausen, Trunkelsberg und Unterhart gehörten. Seit 1455 war die dem Kanton Donau des Ritterkreises Schwaben angehörige Herrschaft in den Händen der patrizischen Settelin von Memmingen. 1580 kam sie an das Unterhospital Memmingen, 1601 an die Neubronner von E. 1671 erfolgte eine Zwölfteilung (Wachter, Zoller, Ebertz [Eberz], Schermar, Lupin). 1803 fiel die 1801 über die Reichstadt Memmingen zum schwäbischen Reichskreis gerechnete Herrschaft an Bayern.

L.: Wolff 217, 508; Wallner 688 SchwäbRK 57.

Eisenburg s. Neubronner von E.

Eiseneck s. Bauer von, Eisack

Eisenstadt (Herrschaft). E. am Südostrand des Leithagebirges wird nach älteren Vorläufern 1264 als minor Martin (Kleinmartin) erwähnt. Die um die im 14. Jahrhundert entstandene Burg gebildete Herrschaft gehörte zunächst den Kanizsai. 1445/1491 fiel sie an Habsburg und wurde verwaltungsmäßig mit Niederösterreich vereinigt. 1647 kam E. wieder unter die Verwaltung Ungarns, 1919 zu Österreich (Burgenland).

L.: Allgemeine Landestopographie des Burgenlandes, Bd. 2: Der Verwaltungsbezirk Eisenstadt und die Freistädte Eisenstadt und Rust, 1963.

Eiß, Eys (Herrschaft), ndl. Eijs. 1801 zählten die Herrschaften Wittem, E. und Schlenacken westlich von Aachen mit 1,5 Quadratmeilen und 2700 Einwohnern in den Händen der Grafen von Plettenberg zum niederrheinisch-westfälischen Reichskreis. Später gelangte sie an die Niederlande.

L.: Wolff 362; Wallner 704 WestfälRK 44.

Eitrahuntal (Aitrachtal)

L.: Polenz, P. v., Landschafts- und Bezirksnamen, 1961, II, 29, 64 f., 82 f.

Ekkehardiner s. Meißen

L.: Rupp, G., Die Ekkehardiner, 1996.

Elben (Ganerbschaft). Das 1074 erstmals erwähnte E. südlich von Wolfhagen gehörte nachweislich seit 1361 den seit 1235 genannten Herren von E., die es 1386 dem Stift Sankt Alban bei Mainz zu Lehen auftrugen. Nach dem Aussterben der Familie kam E. 1537 über die Taubenheim an eine Ganerbschaft der Boyneburg und Buttlar. Über Preußen (Hessen-Nassau) gelangte E. 1945 an Hessen.

L.: Geschichtlicher Atlas von Hessen, Inhaltsübersicht 33.

Elbing (reichsunmittelbare Stadt?). An dem Übergang der Straße aus der Mark Brandenburg ins Baltikum über die Weichsel-Nogat-Niederung östlich von Danzig errichteten um 1240 lübische Kaufleute die Stadt E. Am 10. 4. 1246 erlangte die Stadt außer dem Recht Lübecks vom Hochmeister des Deutschen Ordens ein Landgebiet von rund 200 Quadratkilometern. 1288 gewährte der Orden hier die niedere, 1339 die hohe Gerichtsbarkeit. Dementsprechend gewann E. eine durchaus mit den Reichsstädten vergleichbare Stellung. Am 24. 8. 1457 erlangte E. in Verhandlungen mit Polen eine Erweiterung des Herrschaftsgebiets auf rund 500 Quadratkilometer. 1521 erscheint E. unter den freien und Reichsstädten der Reichsmatrikel. Die Wiedervereinigung Altpreußens durch Friedrich den Großen bedeutete dann das Ende der Selbständigkeit Elbings und die Eingliederung in Preußen. 1945 wurde es von der Sowjetunion nahezu gänzlich zerstört. Etwa vier Fünftel der Bevölkerung flohen. E. kam unter die Verwaltung Polens, an das es 1990 als politische Folge der deutschen Wiedervereinigung gelangte.

L.: Reichsmatrikel 1521; Carstenn, E., Geschichte der Hansestadt Elbing, 1937; Boockmann, H., Elbing, LexMA 3 1986, 1777 f.; 750 Jahre Elbing, hg. v. Jähnig, B./Letkemann, P., in: FS E. Bahr, 1987; Schuch, H., Elbing, 1989; Kaim-Bartels, A., Die Städte Kulm und Elbing und ihre Dörfer im Mittelalter, Beiträge zur Geschichte Westpreußens 11 (1989), 5 ff.

Elbingerode (Herren). 1008 gab Kaiser Heinrich II. E. im nordwestlichen Unterharz an das Kloster Gandersheim. Von dort kam E., nach dessen Burg sich Herren von E. nannten, über mehrere Hände 1422 an die Welfen und damit 1705 an Hannover, 1866 an Preußen (1932 Provinz Sachsen) und 1946 zur Provinz bzw. 1947 zum Land Sachsen-Anhalt.

L.: Lindemann, G., Geschichte der Stadt Elbingerode, 1909.

Elchingen (Reichsabtei, Reichsstift). Kurz nach 1100 gründeten Graf Albert von Ravenstein (Graf von Dillingen?) und seine Gattin (?) Bertha auf dem Grund der Burg E. bei Neu-Ulm ein Benediktinerkloster. Nach einem Brand von 1134 wurde es vor 1142 von Berthas Tocher Luitgard und ihrem Gemahl Markgraf Konrad von Meißen neugegründet. 1225 kam es unter den Schutz des Papstes. Die Vogtei gelangte links der Donau 1396 an die Reichsstadt Ulm, rechts der Donau über die Markgrafen von Burgau an Habsburg. 1484/1495 wurde E. zum freien Reichsstift erhoben, das dann dem schwäbischen Reichskreis angehörte. 1802 wurde es säkularisiert, sein weitgehend geschlossenes Stiftsgebiet (Oberamt E. und Pflegämter Fahlheim, Stoffenried und Tomerdingen, insgesamt 2,5 Quadratmeilen und 4200 Einwohnern) kam 1803 an Bayern. Mit der Abtretung des größten Teil des Ulmer Gebietes 1810 an Württemberg fiel der von diesem Gebiet eingeschlossene nördliche Teil von E. ebenfalls an Württemberg und gelangte damit 1951/1952 an Baden-Württemberg.

L.: Wolff 184; Zeumer 552 II a 36, 4; Wallner 688 SchwäbRK 48; Großer Historischer Weltatlas III 38 (1789) D3; Dirr, A., Die Reichsabtei Elchingen, 1926; Hagel, F. J., Kloster Elchingen, 1928; Hölzle, E., Der deutsche Südwesten am Ende des alten Reiches, 1938; Konrad, A. H., Die Reichsabtei Elchingen, 1965; Hemmerle, J., Die Benediktinerklöster in Bayern, 1970, Germania Benedictina 2.

Eldenburg (Land). 1317 erteilte Markgraf Waldemar von Brandenburg Heinrich II. von Mecklenburg die Anwartschaft auf die früher mecklenburg-werlischen Lande E. (bei Lübz) und Wredenhagen, die sich 1319 verwirklichte.

Elfershausen (Ganerbschaft). In E. bei Melsungen bestand eine Ganerbschaft. E. gelangte an Hessen.

L.: Geschichtlicher Atlas von Hessen, Inhaltsübersicht 33.

Elkerhausen, Elkershausen (Herren, Reichsritter). Nach der 1191 erwähnten Wasserburg E. südlich von Weilburg nannten sich Herren von E., die Lehnsleute des Erzstifts Trier und des Stifts Wetzlar waren. 1352 wurde ihre Burg von Trier, 1396 Neuelkerhausen von Nassau zerstört. Im 18. Jahrhundert zählten die E. zum Ritterkreis Rhein. 1718 verkauften sie ihre Güter an Nassau-Weilburg. 1725 starben die Herren aus. Über Preußen (Hessen-Nassau) kam E. 1945 zu Hessen.

Elkershausen (Reichsritter) s. Elkerhausen

L.: Roth von Schreckenstein 2, 594.

Ellershausen (Reichsritter) s. Ellrichshausen

Ellgau (Herrschaft). 1801 gehörte die Herrschaft E. der Grafen Fugger-Glött zum schwäbischen Reichskreis. Sie gelangte danach an Bayern. S. Bodeck von Ellgau.

L.: Wolff 205; Wallner 685 SchwäbRK 14 b.

Ellingen (Ort, Herrschaft). Das 899 erwähnte E. an der schwäbischen Rezat gab Kaiser Friedrich II. 1216 an den Deutschen Orden. Später wurde es Sitz der Ballei Franken des Deutschen Ordens. 1796 fiel es an Preußen, 1806 an Bayern.

L.: Wolff 113.

Ellrichshausen, Ellrichhausen, Ellershausen (Freiherren, Reichsritter). Die Burg E. bei Schwäbisch Hall erscheint erstmals 1240 (Oulrichshausen). Von etwa 1550 bis um 1806 zählten die Freiherren von E. mit der 1676 erworbenen Herrschaft Assumstadt, Ziegelhütten, Züttlingen und Maisenhälden (Maisenhelden), Teilen von Jagstheim, Teilen von Satteldorf, Teilen von E. und bis 1788 auch mit Neidenfels zum Kanton Odenwald des Ritterkreises Franken. Ihre Güter (Neidenfels und Jagstheim, Züttlingen mit Assumstadt, Ziegelhütten und Maisenhälden) fielen später an Württemberg und damit 1951/1952 an Baden-Württemberg. Im 16. Jahrhundert waren die E. auch im Kanton Altmühl immatrikuliert.

L.: Stieber; Roth von Schreckenstein 2, 593; Hölzle, Beiwort 56; Pfeiffer 211; Winkelmann-Holzapfel 147; Stetten 32, 35, 183, 185; Riedenauer 123; Rahrbach 62.

Ellwangen (Fürstpropstei, fürstliche Propstei, Fürstentum). Das Benediktinerkloster E. (zu Elch) an der Jagst wurde um 764 (750?) im Grenzwald Virgunna zwischen Franken und Schwaben von den fränkischen Herren Hariolf und Erlolf (Bischof von Langres) gegründet. Seit 817 erschien das 812 erstmals genannte Kloster unter den Reichsabteien. Seine staufertreuen Äbte waren seit 1215 Reichsfürsten. Die Vogtei hatten zuerst die Grafen von Oettingen, seit etwa 1370 die Grafen von Württemberg. 1460 wurde es in ein exemtes weltliches Chorherrenstift mit einem Fürstpropst und einem Stiftskapitel (12 adlige Kanoniker, 10 Chorvikare) umgewandelt. Zu den 1337 bestehenden Ämtern E., Tannenburg und Kochenburg kamen 1471 Rötlen, 1545 Wasseralfingen und 1609 Heuchlingen. Um 1800 war es im Kanton Odenwald des Ritterkreises Franken immatrikuliert. E. stellte die bedeutendste geistliche Herrschaft in Württemberg dar, die bei der Säkularisation 1802 etwa 20 000 Menschen umfasste. Das Herrschaftsgebiet von etwa 500 Quadratkilometern (7 Quadratmeilen) gliederte sich in die sechs fürstlichen Oberämter und ein Oberamt des Stiftskapitels. 1802/1803 kam E. an Württemberg und damit 1951/1952 zu Baden-Württemberg.

L.: Wolff 157; Zeumer 552 II a 29; Wallner 686 SchwäbRK 17; Großer Historischer Weltatlas II 66 (1378) F4, III 22 (1648) E4, III 38 (1789) D3; Riedenauer 129; Beschreibung des Oberamts Ellwangen, 1886; Die Ellwanger und Neresheimer Geschichtsquellen, 1888, Anhang zu Württemberg. Vierteljahreshefte; Hutter, O., Das Gebiet der Reichsabtei Ellwangen, Diss. phil. Tübingen 1914; Häcker, E., Ellwangen an der Jagst, 1927; Schefold, M., Stadt und Stift Ellwangen, 1929; Hölzle, E., der deutsche Südwesten am Ende des alten Reiches, 1938; Pfeifer, H., Verfassungs- und Verwaltungsgeschichte der Fürstpropstei Ellwangen, 1959; Ellwangen 764–1964. Beiträge und Untersuchungen zur 1200-Jahrfeier, hg. v. Burr, V., Bd. 1f. 1964; Ellwangen, Germania Benedictina V: Baden-Württemberg, 1975; Seiler, A., Ellwangen. Von der Klostersiedlung zur modernen Flächenstadt, 1979; Fahlbusch, F., LexMA 3 1986, 1850; Schulz, T., Das Fürststift Ellwangen und die Ritterschaft am Kocher, 1986, Ellwanger Jb. 31 (1986); Stievermann, D., Das geistliche Fürstentum Ellwangen im 15. und 16. Jh., Ellwanger Jb. 32 (1988); Pfeifer, H., Das Chorherrenstift Ellwangen, FS H. Maurer, 1994, 207.

Elm (Reichsritter). Im frühen 16. Jahrhundert zählten die E. zum Kanton Rhön-Werra im Ritterkreis Franken.

L.: Stieber; Riedenauer 123.

Elmenhorst (Reichshof, Reichsdorf). Vermutlich schon 1248 verpfändete König Wilhelm von Holland den Reichshof E. bei Recklinghausen an das Erzstift Köln, was Rudolf von Habsburg, Adolf von Nassau 1292 und Albrecht I. 1298 bestätigten. Am 20. 1. 1300 verpfändete König Albrecht dem Grafen Eberhard von der Mark für 1400 Mark die Reichshöfe Dortmund, E., Brackel (Brakel) und Westhofen. Allerdings gelang es den Grafen von der Mark nicht, den Hofesverband zu einer geschlossenen Herrschaft auszubauen, vielmehr mussten die Herzöge von Jülich als ihre Erben 1561/1565 die Zuordnung zu Köln bzw. Dortmund anerkennen. Über Preußen kam E. 1946 an Nordrhein-Westfalen.

L.: Hugo 470.

Elpershofen (Reichsritter) s. Eltershofen

Elsass (Landgrafschaft), frz. Alsace. Das zunächst keltisch besiedelte E. (ahd. ali-saz, Fremdsitz) zwischen Oberrhein und Vogesen (Wasgenwald) wurde 58 v. Chr. von Cäsar erobert (82/90 n. Chr. Germania superior, Obergermanien). Von 260 n. Chr. an wurde es allmählich von Alemannen besetzt, die 496 den Franken unterlagen. Zum Jahre 610 erscheint der Name Alesaciones. Bis 740 war das Gebiet zeitweise eigenes fränkisches Herzogtum der Etichonen (Herzog Eticho 673), das nach der Wiedereingliederung des alemannischen ostrheinischen Herzogtums in das Frankenreich nicht wieder besetzt wurde. 843 kam es zu Lotharingien, 870 zum ostfränkischen Reich. 925 wurde es Teil des Herzogtums Schwaben. Von der Mitte des 11. Jahrhunderts an wurde es zunächst ein Kerngebiet der königlichen Herrschaft, kam 1079 an Friedrich von Staufen, zerfiel aber nach dem Untergang der Staufer in zahlreiche einzelne Herrschaften. König Rudolf von Habsburg richtete zur Wiedergewinnung und Verwaltung des Reichsgutes unter anderem die Reichslandvogteien Oberelsass und Unterelsass (Niederelsass) ein, die noch zu seinen Lebzeiten in Hagenau zusammengelegt wurden. Die Landgrafschaft im Oberelsass (Sundgau), die seit 1135/1268 den Grafen von Habsburg zustand, ließ Habsburg zum wichtigsten weltlichen Landesherren werden. Ausgangspunkt waren dabei Güter um Ottmarsheim, zu denen 1130 Güter um Landser und Ensisheim kamen, sowie die Vogtei über Murbach. 1224 erwarb Habsburg die Herrschaft Rotenberg (Rougemont), 1283 die Herrschaft Dattenried (Delle) von den Grafen von Mömpelgard, 1324 durch die Heirat mit der Erbtochter der Grafen von Pfirt die Grafschaft Pfirt mit den Herrschaften Altkirch, Pfirt, Blumenberg (Florimont), Thann und Sennheim, 1347 die Herrschaft Rosenfels (Rosemont), 1350/1361 die Herrschaft Belfort. Die Landgrafschaft im Unterelsass (Niederelsass), dem früheren Nordgau, die zuerst von den Grafen von Hünenburg, dann von den Grafen von Werd ausgeübt wurde, kam 1359/1362 an das Hochstift Straßburg. 1469 verpfändete die Tiroler Linie Habsburgs ihre elsässischen Gebiete an Burgund, doch wurden die burgundischen Herrscher 1475 vertrieben und fiel Burgund seinerseits über Maria von Burgund an Habsburg zurück, das 1504 die Reichslandvogtei (in Hagenau) von der Pfalz zurückgewinnen konnte. Bei der Einteilung in Reichskreise kam das habsburgische Oberelsass zum österreichischen Reichskreis, das Unterelsass zum oberrheinischen Reichskreis. Wichtige Herren neben Habsburg waren die Pfalz (Grafschaft Rappoltstein, Herrschaft Rappoltsweiler), Württemberg (Grafschaft Horburg, Herrschaft Reichenweier) sowie die Reichsgrafen von Hanau-Lichtenberg, Leiningen und Salm. 1648/1684/1697 wurden der Sundgau Habsburgs und die Vogtei über die zehn in der Reformation protestantisch gewordenen, 1674 besetzten Reichsstädte Weißenburg, Hagenau, Rosheim, Oberehnheim, Schlettstadt, Kaysersberg, Türkheim, Colmar (Kolmar), Münster, Landau und Straßburg an Frankreich abgetreten. 1681 wurde Straßburg von Frankreich besetzt und bis 1697 verleibte sich Frankreich den größten Teil des restlichen E. ein. Der Conseil Souverain d'Alsace trat als oberste Behörde Frankreichs an die Stelle der Regierung Österreichs in Ensisheim. Gleichwohl blieb das E. bis 1789/1790, als die Provinz E. durch die Départements Haut-Rhin und Bas-Rhin ersetzt wurde und Frankreich die deutschen Reichsgesetze offiziell aufhob und die Reichsgrafschaften und Reichsherrschaften annektierte, deutschsprachig und geistig-kulturell dem Reich verbunden. Danach wurde es zunehmend in Frankreich integriert. S. a. Elsass-Lothringen.

L.: Wolff 293 ff.; Großer Historischer Weltatlas II 34 (1138–1254) F4; Stoffel, G., Topographisches Wörterbuch des Oberelsass, 2. A. 1876; Clauss, J., Historisch-topographisches Wörterbuch des Elsass, Lief. 1–15 (A-St) 1895 ff.; Die alten Territorien des Elsass nach dem Stand vom 1. Januar 1648, 1896 (Statistische Mitteilungen über Elsass-Lothringen, Heft 27); Jacob, K., Die Erwerbung des Elsass durch Frankreich im Westfälischen Frieden, 1897; Jacob, K., Das Reichsland Elsass-Lothringen, Bd. 1–3 1898 ff.; Die alten Territorien des Bezirks Lothringen nach dem Stande vom 1. Januar 1648, Teil 1 1898 (Statistische Mitteilungen über Elsass-Lothringen, Heft 28); Berthaut, H./Berthaut, A., La carte de France 1750–1848, 1899; Becker, J., Geschichte der Reichslandvogtei im Elsass 1273–1648, 1905; Müller, F.W., Die elsässischen Landstände, 1907; Curs, O., Deutschlands Gaue im zehnten Jahrhundert. Nach den Königsurkunden, Diss. phil. Göttingen 1908, 6 (Alsatia, Alsaciensis, Helisaze, Elisadiun, Colmar, Hüttenheim, Badelsbach, Selz, Sermersheim, Lupstein, Schweighausen, Wittersheim, Reichshofen, Altorf, Brumath, Ebersheim, Andlau, Schlettstadt, Kühnheim, Winzenheim, Morschweiler, Balzenheim, Hindisheim, Illenkirchen, Offenheim, Heßheim, Ostheim, Feldkirch); Vildhaut, H., Politische Strömungen und Parteien im Elsass von 1871 bis 1911, 1911; Schott, K., Die Entwicklung der Kartographie des Elsasses, Mitt. d. Ges. für Erdkunde und Kolonialwesen zu Straßburg, 1913; Wackernagel, R., Geschichte des Elsass, 1919; Elsass-Lothringen-Atlas, 1935; Büttner, H., Geschichte des Elsass, Bd. 1 1939; Marichal, P., Dictionnaire topographique du département des Vosges, comprenant les noms de lieu anciens et modernes, 1941; Fallex, M., L'Alsace, la Lorraine et les Trois-Evêchés, du début du 18. siècle à 1789, 1941; Polenz, P. v., Landschafts- und Bezirksnamen, 1961, I, 9, II, 9, 13, 21–23, 41, III, 11, 14, 16, 30, Elisazun, Elisaz, Alisatia, pagus Alisacensis, Helisaze, Hillisazaas, Illisacia, Alesaciones, Alisanzgouwe, Elisgaugium, Elsass; Himly, F. J., Atlas des villes médiévales d'Alsace, 1970; Paroisses et communes de France. Dictionnaire d'histoire administrative et démographique: Kintz, J. P., Bas-Rhin, 1977; Duranthon, M., La carte de France, son Histoire 1678–1979, 1978; Dreyfus, F. G., Histoire de l'Alsace, 1979; Seidel, K. J., Das Oberelsass vor dem Übergang an Frankreich. Landesherrschaft, Landstände und fürstliche Verwaltung in Alt-Vorderösterreich (1602–1638), 1980, Bonner Historische Forschungen 45; Dollinger, P., Histoire de l'Alsace, 4. A. 1984; Dollinger, P., Elsass, LexMA 3 1986, 1852 ff.; Hiery, H., Reichstagswahlen im Reichsland, 1986; Vogler, B., Das Elsass zur Zeit des französischen Ancien Régime (1648–1789), Alemannisches Jb. 1987/88 (1988); Ebert, K., Das Elsass, 1989; Das Elsass und Tirol, hg. v. Thurnher, E., 1994; Seiler, T., Die frühstaufische Territorialpolitik im Elsass, 1995; Das Elsass, hg. v. Erbe, M., 2002; Escher, M. u. a., Die urbanen Zentren, 2005, 1, 528 (Unterelsass), 530 (Oberelsass).

Elsass-Burgund s. Elsass-Schwaben-Burgund

Elsass-Lothringen (Reichsland, Reichsprovinz). Nach dem Ausbruch des deutsch-französischen Krieges von 1870 verlangte die vor allem auf das 1869 von R. Boeckh publizierte Buch „Der Deutschen Volkszahl und Sprachgebiete" gestützte deutsche öffentliche Meinung die Rückkehr des seit 1648 von Frankreich erfassten und seit 1790 zunehmend französisierten Elsass zu Deutschland. Im Frankfurter Frieden vom 10. 5. 1871 musste Frankreich gegen den Willen der betroffenen Bevölkerung (von der daraufhin 128 000 Personen nach Frankreich wechselten) das Elsass (Bas-Rhin, Haut-Rhin) außer Belfort und einen Teil Lothringens (Meurthe, Moselle) mit Metz an das neugegründete Deutsche Reich abtreten. Beide wurden zum Reichsland Elsass-Lothringen zusammengeschlossen. Dieses war reichsunmittelbarer Gebietsteil, nicht Bundesstaat. Es wurde innerhalb seines Sonderstatus nach dem Muster einer preußischen Provinz verwaltet. Die Bevölkerung stand dem mehrheitlich nicht gewünschten Wandel überwiegend ablehnend gegenüber. Gleichwohl gaben 1900 von 659 432 Einwohnern des Unterelsass nur 24 521 (3,7 Prozent) und von 486 553 Einwohnern des Oberelsass nur 27 673 (5,7 Prozent) Französisch als Muttersprache an, wobei sich die frankophone Bevölkerung vor allem auf den Raum Straßburg/Schlettstadt und die zur Vogesengrenze hin gelegenen Gebiete verteilte. Durch den Vertrag von Versailles kamen die Gebiete ohne Abstimmung zu Frankreich zurück, woraufhin 110 000 Einwohner nach Deutschland ausgewiesen wurden bzw. abwanderten. Frankreich begann mit subtilen und drakonischen Mitteln eine beim geschäftlich, kulturell und karrieremäßig nach Paris ausgerichteten Bürgertum erfolgreiche Französisierungspolitik. 1940 wurde nach der französischen Niederlage in dem ehemaligen Reichsland eine dem Führer unmittelbar unterstellte deutsche Zivilverwaltung errichtet. Elsass wurde dem Gau Baden, Lothringen dem Gau Saarpfalz (Westmark) angegliedert. Rechtlich blieben beide französisch. Nach 1945 wurden die Gebiete unter hohem Zuzug aus Frankreich und seinen ehemaligen Kolonien zielstrebig französisiert, so dass der Rhein rasch Sprachgrenze wurde.

L.: Stoffel, G., Topographisches Wörterbuch des Oberelsass, 2. A. 1876; Clauss, J., Historisch-topographisches Wörterbuch des Elsass, Lief. 1–15 (A-St) 1895 ff.; Die alten Territorien des Elsass nach dem Stand vom 1. Januar 1648, 1896 (Statistische Mitteilungen über Elsass-Lothringen Heft 27); Jacob, K., Die Erwerbung des Elsass durch Frankreich im Westfälischen Frieden, 1897; Jacob, K., Das Reichsland Elsass-Lothringen, Bd. 1–3 1898 ff.; Die alten Territorien des Bezirks Lothringen nach dem Stande vom 1. Januar 1648, Teil 1, 1898 (Statistische Mitteilungen über Elsass-Lothringen Heft 28); Berthaut, H./Berthaut, A., La carte de France 1750–1848, 1899; Becker, J., Geschichte der Reichslandvogtei im Elsass 1273–1648, 1905; Müller, F.W., Die elsässischen Landstände, 1907; Vildhaut, H., Politische Strömungen und Parteien im Elsass von 1871 bis 1911, 1911; Schott, K., Die Entwicklung der Kartographie des Elsasses, Mitt. d. Ges. für Erdkunde und Kolonialwesen zu Straßburg, 1913; Spahn, M., Elsass-Lothringen, 1919; Wackernagel, R., Geschichte des Elsass, 1919; Das Reichsland Elsass-Lothringen 1871–1918, hg. v. Schlenker, M./Wolfram, G., Bd. 1–5 1931 ff.; Elsass-Lothringen-Atlas, 1935; Büttner, H., Geschichte des Elsass, Bd. 1 1939; Marichal, P., Dictionnaire topographique du département des Vosges, comprenant les noms de lieu anciens et modernes, 1941; Fallex, M., L'Alsace, la Lorraine et les Trois-Evêchés, du début du 18. siècle à 1789, 1941; Wehler, H. U., Elsass-Lothringen von 1870 bis 1918, ZGO 109 (1961); Himly, F. J., Atlas des villes médievales d'Alsace, 1970; Becker, J., Baden, Bismarck und die Annexion von Elsass und Lothringen, 1972; Poidevin, R., L'Alsace-Lorraine 1871–1918, 1972; Rothenberger, K. H., Die elsass-lothringische Heimat- und Autonomiebewegung zwischen den beiden Weltkriegen, 2. A. 1976; Paroisses et communes de France. Dictionnaire d'histoire administrative et demographique: Kintz, J. P., Bas-Rhin, 1977; Duranthon, M., La carte de France, son Histoire 1678–1979, 1978; Seidel, K. J., Das Oberelsass vor dem Übergang an Frankreich. Landesherrschaft, Landstände und fürstliche Verwaltung in Alt-Vorderösterreich (1602–1638), 1980, Bonner Historische Forschungen 45; Grünewald,

I., Die Elsass-Lothringer im Reich 1918–1933, 1984; Hiery, H., Reichstagswahlen im Reichsland. Ein Beitrag zur Landesgeschichte von Elsass-Lothringen und zur Wahlgeschichte des Deutschen Reiches 1871–1918, 1986.

Elsass und Burgund, Elsass-Schwaben-Burgund (Ballei des Deutschen Ordens). Die Ballei Elsass-Schwaben-Burgund (Elsass und Burgund) war eine der 12 Balleien des Deutschen Ordens im Reich. Ihr gehörten die Kommenden Kaysersberg (vor 1295), Rohr und Waldstetten (zu der die Flecken Rohr-Waldstetten [Rohr und Waldstetten], das Dorf Bleichen, der Marktflecken Herrlingen, Schloss Arnegg [Arneck], das Kastenamt in der Reichsstadt Ravensburg, Schloss und Herrschaft Achberg und das Bergschloss Hohenfels nebst mehreren Dörfern gehörten), Straßburg (1278), Mülhausen (1227), Suntheim (1278), Gebweiler (nach 1270) und Andlau (1268), Sumiswald (1225), Köniz (Könitz) bei Bern (1226), Basel (1293), Hitzkirch (1237) und Bern (1238), Beuggen (1246) (Dorf Beuggen bei Rheinfelden und die Schaffnereien Frick im südlichsten Breisgau und Rheinfelden), Freiburg (1260/1263) (welche die Dörfer Wasenweiler, Walddorf [Waldorf], Unterschwandorf [Schwandorf] und Vollmaringen [Volmeringen], Rexingen [Räxingen], Ihlingen [Illingen], Rohrdorf und Hemmendorf umfasste), Altshausen (1264, mit dem Schloss Altshausen und einer Anzahl Dörfer) und Mainau (um 1270) (mit der Insel Mainau, Ämtern in der Stadt Immenstadt und der Reichsstadt Überlingen sowie dem Amt Blumenfeld mit mehreren Dörfern) an. Auf Grund der Verpfändung der Ballei durch den Deutschmeister an den Hochmeister 1394/1396 gewann sie weitgehende Selbständigkeit. Am Ende des 18. Jahrhunderts zählte sie zu den rheinischen Prälaten der geistlichen Bank des Reichsfürstenrates des Reichstages. Zugleich war ihr Komtur zu Altshausen (Aschhausen, Altschhausen, Alschhausen) Mitglied der schwäbischen Grafen der weltlichen Bank des Reichsfürstenrates des Reichstages. Sitz des Landkomturs war von 1410 bis 1806 Altshausen bei Saulgau.

L.: Wolff 195; Zeumer 552 II a 37, 3, II b 61, 3; Rueß, B., Geschichte von Altshausen, 1932; Haaf, R. ten, Deutschordensstaat und Deutschordensballeien, 1951; Tumler, L., Der deutsche Orden im Werden, Wachsen und Wirken bis 1400, 1954; Müller, K. O., Beschreibung der Kommenden der Deutschordensballei Elsass-Schwaben-Burgund im Jahre 1393, 1958; Millitzer, K., Die Entstehung der Deutschordensballeien im Deutschen Reich, 1970; Der Deutsche Orden und die Ballei Elsass-Burgund, hg. v. Brommer, H., 1996.

Elsenheim (Reichsritter). Im 18. Jahrhundert zählten die E. mit dem nach 1643 erworbenen halben Oberschäffolsheim zum Ritterkreis Unterelsass.

L.: Hölzle, Beiwort 67.

Elsenz (Reichsdorf). Am 22. 5. 1344 erlaubte Ludwig der Bayer Ludwig von Sickingen, das an die Helmstadt verpfändete Dorf E. gegen den Pfandschilling auszulösen. E. kam über Baden 1951/1952 zu Baden-Württemberg.

L.: Hugo 465.

Elsenzgau (Gau um die Elsenz östlich Bruchsals)

L.: Curs, O., Deutschlands Gaue im zehnten Jahrhundert. Nach den Königsurkunden, Diss. phil. Göttingen 1908, 6 (Eppingen); Polenz, P. v., Landschafts- und Bezirksnamen, 1961, II, 24, Elisanzgouwe, Elsenzgau.

Elsgau (Elisgouwe, Elischowa, franz. Ajoie)

L.: Polenz, P. v., Landschafts- und Bezirksnamen, 1961, II, 22, 24, 26 f.

Elster, Elstern (Reichsritter). 1715–1721 zählte Albrecht von E. wegen Ederheim zum Kanton Kocher des Ritterkreises Schwaben.

L.: Schulz 261.

Elstra (Herrschaft). Vermutlich um 1200 entstand das erstmals 1248 bezeugte Kolonistendorf E. bei Dresden. Es wurde bald Vorort der unbedeutenden Herrschaft E., die vielleicht auf die Burggrafen von Strehla zurückgeht. 1635 kam es an Sachsen (Kursachsen).

L.: Wolff 470; Nachrichten über die Stadt Elstra, 1929; Helbig, H., Die Oberlausitz im 13. Jahrhundert. Herrschaften und Zuwanderung des Adels, Jb. f. Gesch. Mittel- und Ostdeutschlands 5 (1956), 59.

Elten (Stift, Damenstift, Frauenstift, Reichsstift). 967 gründete Graf Wichmann von Hamaland auf dem Eltenberg bei E. am Niederrhein, auf dem 944 erstmals eine Burg erwähnt wird, ein adliges Damenstift. Dieses wurde 968 von Kaiser Otto I. bestätigt und erhielt 973 von Kaiser Otto II. königlichen Schutz. Bald ging es an das Reich über. 1473 überließ der Herzog von Burgund den Herzögen von Kleve die Vogtei über E. und seine umfangreichen Güter (1469 Hektar). 1802 wurde E. von Preußen in Besitz genommen. 1806/1807 kam es an das Großherzogtum

Berg, 1815 erneut an Preußen, 1946 zu Nordrhein-Westfalen.

L.: Wolff 494 f.; Großer Historischer Weltatlas III 38 (1789) B2; Gies, L., Elten, 1958; Köbler, G., Gericht und Recht in der Provinz Westfalen (1815–1945), FS G. K. Schmelzeisen, 1980, 177; Binding, G., Hochelten, LexMA 5 1990, 57.

Eltershofen, Elpershofen (Reichsritter). Im 16. Jahrhundert zählten die E. zum Kanton Odenwald und zum Kanton Altmühl des Ritterkreises Franken sowie von 1542 bis 1578 und von 1651 bis 1712 wegen Ebersberg, Adelstetten, Schnait, Teilen von Schaubeck und Kleinbottwar zum Kanton Kocher des Ritterkreises Schwaben.

L.: Biedermann, Altmühl; Stieber; Roth von Schreckenstein 2, 593; Pfeiffer 211; Riedenauer 123; Schulz 267.

Eltingshausen, Eltinghausen (Reichsritter). Die E. zählten vielleicht zum Kanton Rhön-Werra im Ritterkreis Franken.

L.: Stieber; Riedenauer 123.

Eltz (Herrschaft, Herren, Grafen, Reichsritter). Nach der im 12. Jahrhundert kurz vor dem Einfluss der Elz in die Mosel entstandenen Burg E. nannten sich seit 1150/1157 Herren von E. Durch allmähliche Aufspaltung des Geschlechts in mehrere Linien wurde die Burg Ganerbenburg. 1331/1336 erzwang der Erzbischof von Trier die Übergabe. Die Herren von E. wurden Lehnsleute des Erzstifts Trier. Die Burg war Mittelpunkt einer kleinen Herrschaft der später in den Reichsgrafenstand erhobenen Familie. Im 18. Jahrhundert waren die Grafen zu E. mit einem Drittel Burg-Gräfenrode (Burggräfenrode) im Kanton Mittelrheinstrom, mit einem Viertel der Ganerbschaft Burglayen (Burg Leyen) und einem Viertel Rümmelsheim im Kanton Niederrheinstrom und mit Vendersheim im Kanton Oberrheinstrom des Ritterkreises Rhein immatrikuliert. Ab etwa 1760 gehörten E. auch zum Kanton Baunach des Ritterkreises Franken. 1815 kam Eltz zu Preußen, 1946 an Rheinland-Pfalz. S. Faust von Stromberg.

L.: Genealogischer Kalender 1753, 544 f.; Roth von Schreckenstein 2, 594; Zimmermann 66 f.; Winkelmann-Holzapfel 147; Riedenauer 123.

Emblikheim, Emlichheim (Herrschaft). 1801 zählte die Herrschaft (Amt) E. über die Grafschaft Bentheim zum niederrheinisch-westfälischen Reichskreis.

L.: Wolff 351; Wallner 702 WestfälRK 14.

Embs, Ems (Reichsritter). Im frühen 16. Jahrhundert zählten die E. zum Kanton Altmühl des Ritterkreises Franken.

L.: Biedermann, Altmühl; Riedenauer 123.

Emerkingen (Herren, Herrschaft). Nach dem 805 erstmals erwähnten E. an der Donau (Antarmarhingas) nannten sich Herren von E., die verschiedenen Herren dienten. 1293 waren sie Reichsministeriale, von 1285 bis 1297 Vögte des Klosters Zwiefalten. Vor 1297 kam die von ihnen gegründete Stadt Munderkingen an Habsburg. 1367 wurde die Herrschaft E. an die Freyberg verkauft. Danach ging sie an die Stein zum Rechtenstein (Stein) über und 1445 zur Hälfte an Habsburg/Österreich, das 1732/1734 damit die Stadion belehnte, die im 19. Jahrhundert auch die andere Hälfte erwarben. 1805 kam E. an Württemberg und damit 1951/1952 zu Baden-Württemberg.

Emisga (Emesgonia, Emsegerlant, Emestenland, ‚Emsgau‘)

L.: Polenz, P. v., Landschafts- und Bezirksnamen, 1961, II, 24, 49, III, 17, 23, 30, Emisga.

Emlichheim s. Emblikheim

Ems (Reichsdorf). 1343 verpfändete Ludwig der Bayer Hohenems (Ems) bei Bregenz an Ulrich von E. für 1200 Mark Silber. S. Hohenems, Vorarlberg.

L.: Hugo 475; Wolff 206.

Emsgau s. Münster (Hochstift), Ravensberg

Emsland (Gebiet). Seit 1300 bezeichnete E. (Emslandia) ein Gebiet an der unteren Ems zwischen Rheine und Aschendorf-Papenburg, erweitert um den Bereich am Unterlauf der Hase östlich von Meppen, den Hümmling und das Bourtanger Moor. Es war 1252 zusammen mit Vechta von Ravensberg an das Hochstift Münster verkauft worden. Zusammen mit dem 1394/1400 von Tecklenburg veräußerten Amt Cloppenburg bildete es das Niederstift Münster. 1803 fiel das Amt Meppen an Arenberg, 1815 mit diesem an Hannover, 1866 an Preußen und (in allmählich auf die Niedergrafschaft Lingen und die Grafschaft Bentheim erweitertem Umfang) 1946 an Niedersachsen.

L.: Wolff 312; Bickel, O., Geschichte des Emslandes, o. J.

Enckevort (Reichsritter). Im frühen 17. Jahrhundert zählten die E. zum Kanton Steigerwald des Ritterkreises Franken.

L.: Bechtolsheim 15; Riedenauer 123.

Ender (Reichsritter). Im späten 16. Jahrhundert zählten die E. zum Kanton Gebirg des Ritterkreises Franken.

L.: Riedenauer 123.

Endingen (Reichsritter). Im 18. Jahrhundert zählten die E. zum Ritterkreis Schwaben.

L.: Roth von Schreckenstein 2, 592 (Escher, M. u. a., Die urbanen Zentren, 2005, 2, 179).

Endtlicher (Reichsritter). Um 1700 zählten die E. zum Kanton Odenwald des Ritterkreises Franken.

L.: Riedenauer 123.

Engelberg (Abtei). In einem Talkessel der Unterwaldener Alpen gründete 1120 Konrad von Selenbüren das Benediktinerkloster E. Ab 1124 stand es unter päpstlichem und kaiserlichem Schutz. Aus der Ausstattung in Streulage wurde rasch ein geschlossenes Gebiet im Engelbergertal zwischen Grafenort und Stierenbachfall. Zu Beginn des 13. Jahrhunderts übertrug der Abt die Vogtei dem König. Der Abt war Inhaber der hohen und niederen Gerichtsbarkeit in der nächsten Umgebung des Klosters. Nach 1415 entfiel der kaiserliche Schutz und die Abtei wurde nicht selten durch die Vogtei der Eidgenossenschaft der Schweiz bedrängt. Nach dem Umsturz von 1798 kam E. zum Kanton Waldstätte, 1803 zu Nidwalden, 1815 zu Obwalden.

L.: Wolff 531; Großer Historischer Weltatlas II 66 (1378) E5, II 72 b (bis 1797) E3; Güterbock, F., Engelbergs Gründung und erste Blüte, 1120–1223, 1946; Reznicek, F. v., Das Buch von Engelberg, 1964; Hunkeler, L., Benediktinerstift Engelberg, 3. A. 1968; Heer, G., Aus Vergangenheit von Kloster und Tal Engelberg, 1975; Abendländische Mystik im Mittelalter, hg. v. Ruh, K., 1986; Gilomen-Schenkel, E., Engelberg, LexMA 3 1986, 1914.

Engelstadt (Ganerben). Nach E. bei Ingelheim nannten sich spätestens seit 1356 Lehnsträger der Rheingrafen. Sie waren 1429 an der Ganerbschaft Schornsheim und von 1521 bis vor 1544 an der Ganerbschaft Mommenheim beteiligt. Über Hessen-Darmstadt (Hessen) kam E. 1946 zu Rheinland-Pfalz.

L.: Zimmermann 67.

Engen (Herren). E. bei Konstanz wird 1050 erstmals erwähnt. Nach ihm nannten sich Herren von E. (auch Herren von Hewen), die um E. begütert waren. 1398 kam E. an Habsburg, 1639 an die Grafen von Fürstenberg, 1806 an Baden und 1951/1952 zu Baden-Württemberg.

L.: Wolff 173; Sandermann, W., Die Herren von Hewen und ihre Herrschaft, 1956; Engen im Hegau, Bd. 1: Mittelpunkt und Amtsstadt der Herrschaft Hewen, hg. v. Berner, H., Bd. 1 ff. 1983 ff.

Engern (Angeron, Angira, Angera, Angri, Gebiet der Engern zwischen Westfalen und Ostfalen)

L.: Curs, O., Deutschlands Gaue im zehnten Jahrhundert. Nach den Königsurkunden, Diss. phil. Göttingen 1908, 6 (Schieder an der Emmer, Helmarshausen an der Diemel, Völlinghausen nördlich Meschede, Kloster Helmarshausen); Polenz, P. v., Landschafts- und Bezirksnamen, 1961, I, 12, II, 22, III, 18 f., 26, Engera, Angeron, Angrarii, Angrivarii, Angraria, ‚Engern'; Niemeyer, W., Der pagus des frühen Mittelalters in Hessen, 1968, 179.

Engersgau (Angeresgouue, Angeresgauue, Engrisgouue, Ingerisgouue, Gau nördlich Koblenz)

L.: Curs, O., Deutschlands Gaue im zehnten Jahrhundert. Nach den Königsurkunden, Diss. phil. Göttingen 1908, 7 (Wirges, Hönningen, Irrlich, Krümmel, Oberbiber, Unterbiber, Arenberg, Leutesdorf); Polenz, P. v., Landschafts- und Bezirksnamen, 1961, II, 33, III, 25, IV, 8, Engerisgouwe, Angergewere marcha., ‚Engersgau'; Niemeyer, W., Der pagus des frühen Mittelalters in Hessen, 1968, 100.

Enghien (Herzogtum). 1801 gehörte das Herzogtum E. über die Reichsgrafschaft Hennegau zum burgundischen Reichskreis Österreichs.

L.: Wolff 62; Wallner 701 BurgRK 1.

Engilacgouwe s. Anglahgouwe

L.: Polenz, P. v., Landschafts- und Bezirksnamen, 1961.

Engilin (Engila, Engili, Gau zwischen Wipper und Unstrut)

L.: Curs, O., Deutschlands Gaue im zehnten Jahrhundert. Nach den Königsurkunden, Diss. phil. Göttingen 1908, 7 (Trebra, Rockstedt); Hessler, W., Mitteldeutsche Gaue des frühen und hohen Mittelalters, 1957, 121 (Beichlingen, Gorsleben, Kirchscheidungen, Kölleda, Trebra); Polenz, P. v., Landschafts- und Bezirksnamen, 1961, II, 69, 91, III, 27, 29, Engilin, Englide, Engleheim.

Enntzlin (Reichsritter). Johann E. zu Stuttgart war als Inhaber des nippenburgischen adligen Gutes Riet von 1610 bis 1614 Mitglied des Kantons Neckar des Ritterkreises Schwaben.

L.: Hellstern 203.

Ensitala (Gau im oberen Ennstal)

L.: Curs, O., Deutschlands Gaue im zehnten Jahrhundert. Nach den Königsurkunden, Diss. phil. Göttingen

1908, 7 (Admont); Polenz, P. v., Landschafts- und Bezirksnamen, 1961, II, 29, 64 f., Ensital, ‚Ennstal'.

Enslingen, Enßlingen (Reichsritter). Um 1550 zählten die E. zum Kanton Odenwald im Ritterkreis Franken.

L.: Stetten 32; Riedenauer 123.

Enzberg (Herrschaft). E. an der Enz wird erstmals 1100 erwähnt. Nach ihm nannte sich seit 1236 ein Ministerialengeschlecht. Ort und Burg wurden 1324 Lehen Badens. Nach 1384 siedelten die Herren nach Mühlheim an der Donau über, das sie 1409 von den Weltingen kauften. 1438 erwarb Kloster Maulbronn ein Viertel des im übrigen ritterschaftlichen Ortes. 1544 wurde die hohe und fürstliche Obrigkeit der Herrschaft E. durch Vertrag der Grafschaft Hohenberg und damit Habsburg/Österreich übertragen. 1685 kam das ritterschaftliche E. an Württemberg, 1806 auch Mühlheim. Die Freiherren von E. waren 1488 Mitglied der Rittergesellschaft Sankt Jörgenschild in Schwaben, Teil im Hegau und am Bodensee, seit dem 16. Jahrhundert mit Mühlheim an der Donau und Bronnen Mitglied des Kantons Hegau des Ritterkreises Schwaben. 1951/1952 gelangte E. zu Baden-Württemberg.

L.: Wolff 509; Roth von Schreckenstein 2, 592; Hölzle, Beiwort 60; Ruch 18, Anm. 2, Anhang 4, 81; Bauser, F., Mühlheim und die Herren von Enzberg, 1909; Wissmann, F., Das ehemalige Städtchen Enzberg, 1952.

Enzingouwe (Enzgau)

L.: Polenz, P. v., Landschafts- und Bezirksnamen, 1961, II, 24, 26.

Eppan (Grafen), ital. Appiano. Nach der südwestlich von Bozen in Südtirol gelegenen Burg Hocheppan nannten sich die 1116 erstmals erwähnten Grafen von E., die mit den Welfen verwandt waren und um 1165 die Grafen von Morit-Greifenstein, die Vögte der Bischöfe von Brixen waren, beerbten. Sie hatten den nördlichen Teil der Grafschaft Trient bis Marling (Merling) bei Meran. Nach dem Ableben des letzten Familienmitgliedes weltlichen Standes (1248) verloren sie 1253 die Grafschaft E. an die Grafen von Tirol und starben nach 1250 im Mannesstamm und insgesamt um 1300 aus.

L.: Buch, A., Eppaner Höhenburgen und Schlösser und Begebenheiten um und in Eppan aus der Geschichte Tirols, 1903; Mahlknecht, B., Burgen, Schlösser und Ansitze in Eppan, 1980; Nössing, J., Eppan, LexMA 3 1986, 2091; Riedmann, J., Geschichte Tirols, 2. A. 1988; Eppan – Geschichte und Gegenwart, hg. v. Mahlknecht, B., 1990; Mahlknecht, B., Die Grafen von Eppan, Der Schlern 72 (1998), 675.

Eppenstein (Burg, Herrschaft, Herzöge). Nach dem Aussterben der seit 916 als Grafen im Viehbachgau nachgewiesenen, den Leitnamen Markwart führenden, in der Karantanischen Mark bzw. in Kärnten amtierenden Eppensteiner (1122) erbauten die Traungauer als Erben die Burg E. an der Handelsstraße von Judenburg nach Kärnten. Die um 1135 erstmals genannte Burg war von 1242 bis etwa 1300 in den Händen der Wildon, dann über den Landesfürsten in den Händen der Lobming, Teuffenbach und Wallsee (Walsee). Von 1482 bis 1489 war sie von Ungarn besetzt. 1608 kam die Herrschaft durch Kauf an die Freiherren von Schrottenbach. S. Karantanische Mark, Kärnten, Sponheim (Spanheim), Steiermark, Traungauer.

L.: Keller, P. A., Eppenstein, 1956; Klaar, Die Herrschaft der Eppensteiner in Kärnten, Archiv für vaterländische Geschichte und Topographie 61 (1966); Dopsch, H., Eppensteiner, LexMA 3 1986, 2091 f.

Eppensteiner (Herzöge) s. Eppenstein

Eppichhausen, Eppishausen? (Herrschaft). 1801 gehörte die Herrschaft E. der Grafen Fugger-Kirchheim zum schwäbischen Reichskreis.

L.: Wolff 205; Wallner 685 SchwäbRK 15 a.

Eppingen (Reichsstadt). E. bei Heilbronn wird 985 anlässlich einer Übertragung vom Reich an das Domstift Worms erstmals erwähnt. 1188 erscheint es als burgum, 1219 als civitas des Reiches. 1282 wurde es von Rudolf von Habsburg zur Reichsstadt erhoben und erhielt 1303 das Recht der Reichsstadt Heilbronn. Seit 1383 gehörte es meist als Pfand zur Pfalz, die es 1462 nach der Schlacht bei Seckenheim endgültig in Besitz nahm. 1803 kam es an Baden und damit 1951/1952 zu Baden-Württemberg.

L.: Wolff 90; Braun, A., Geschichte der Stadt Eppingen, 1914; Gleim, F., Die Städte des Kraichgaus, Diss. phil. Heidelberg 1950; Rund um den Ottilienberg. Beiträge zur Geschichte der Stadt Eppingen und Umgebung, hg. v. d. Heimatfreunden Eppingen, Bd. 1 1979.

Eppstein (Herren). In E. im Taunus wurde im 10./11. Jahrhundert eine 1122 erstmals erwähnte, seit 1124 zur Hälfte dem Erzstift Mainz gehörige Reichsburg erbaut, mit der 1183/1190 die in der Mitte des 12. Jahrhunderts erstmals belegten Edelherren von Hainhausen bei Seligenstadt belehnt wurden, die sich von nun an Herren von E. nannten und in enger Beziehung zum Erzstift Mainz standen, für das die Herren von E. im 13. Jahrhundert vier Erzbischöfe stellten. Ihre Herrschaft (1418 Königstein) setzte sich aus Eigen und Lehen vorwiegend des Reichs und des Erzstifts Mainz zusammen und reichte vom Odenwald bis zur Lahn. 1264 gelangten beim Aussterben einer Linie Teile der Güter an die verschwägerten Grafen von Katzenelnbogen und die Grafen von Nassau. 1433 erfolgte eine Teilung in die Linien Eppstein-Münzenberg und Eppstein-Königstein. 1492 wurde der Westteil der Herrschaft Eppstein-Münzenberg an die Landgrafen von Hessen verkauft. Das Erbe des 1505 die Grafenwürde erlangenden, 1535 in den Hauptlinien Münzenberg und Königstein erloschenen, zum oberrheinischen Reichskreis zählenden Hauses fiel an Stolberg und 1581 an Mainz. 1803 kam E. an Nassau-Usingen (Nassau), 1866 an Preußen und 1945 an Hessen.

L.: Wolff 256, 275; Wallner 695 OberrheinRK 2; Pietsch, W., Die Entwicklung des Territoriums der Herren von Eppstein im 12. und 13. Jahrhundert, Hess. Jb. f. LG. 12 (1962), 15 ff.; Berichte zur deutschen Landeskunde 37, 1 (1966); Picard, E., Eppstein im Taunus. Geschichte der Burg, der Herren und der Stadt, 1968; Gerlich, Eppstein, LexMA 3 1986, 2092; Schäfer, R., Die Herren von Eppstein, 2000.

Erb, Erp (Herrschaft). Die Herrschaft E., Daun und Kyll gehörte zur Grafschaft Blankenheim und Gerolstein, die 1780 an die Grafen von Sternberg fiel. Über Preußen kam das Gebiet 1946 zu Rheinland-Pfalz.

L.: Wolff 363.

Erbach (Herrschaft). E. (1254 Erlbach) an der Donau war Lehen der Grafen von Berg-Schelklingen, das nach deren Aussterben 1345 an Habsburg fiel. Ortsherren waren die Herren von Ellerbach. Durch Kauf und Erbschaft kam E. an die Lochen und Stadion, an die Stein (1348), Schenk (1400), Villenbach und Westernach (1466), von denen es der Herzog von Bayern-Landshut 1488 kaufte. Nach dem Landshuter Erbfolgekrieg 1503/1505 forderte Kaiser Maximilian das Lehen zurück, das nach mehreren Verpfändungen 1535 an den Augsburger Bürger Hans Baumgartner (Hans von Baumgarten) den Jüngeren zu Lehen gegeben wurde. Nach dem Aussterben der Baumgartner (Baumgarten) 1610 zog Österreich das Lehen ein und gab es zunächst als Pfand, 1622 als Lehen an den in den Reichsfreiherrenstand erhobenen Reichsvizekanzler Hans Ludwig von Ulm zu Erbach. E. gehörte zur Markgrafschaft Burgau, als deren Landvögte die Herren von Ulm zu Erbach (Ulm-Erbach) im 18. Jahrhundert zeitweise in Günzburg residierten. 1805 fiel es mit Burgau an Bayern, 1810 an Württemberg und damit 1951/1952 an Baden-Württemberg. S. Ulm zu E.

L.: Wolff 46; Wallner 714 ÖsterreichRK 1; Konrad, A. H., Schloss Erbach, 1968.

Erbach (Herrschaft, Grafschaft, Reichsgrafschaft). E. im Odenwald wird erstmals 1148 (Eberhard von Ertbach) erwähnt. Etwa gleichzeitig wird ein rheinfränkisches, möglicherweise auf die Reichsministerialen von Hagen-Arnburg-Münzenberg zurückführbares Ministerialengeschlecht sichtbar, das Vogteirechte der Reichsabtei Lorsch wahrnahm und um 1220 das Schenkenamt König Heinrichs (VII.) innehatte. 1223 überantwortete der König sie an die Pfalzgrafen bei Rhein. Vermutlich zwecks Verhinderung des Aufstiegs in die Reichsministerialität erhielt es um 1226 das Erbschenkenamt der Pfalzgrafen bei Rhein. Im späten 12. oder frühen 13. Jahrhundert entstand dann in E. eine Burg, die als Lehen der Pfalz im Besitz der Schenken zu E. war. Die Herrschaft E. beruhte im übrigen weitgehend auf Gütern des 1232 an das Erzstift Mainz fallenden Klosters Lorsch im östlichen Odenwald um Michelstadt, dazu Beerfelden (Lehen der Pfalz) und Reichelsheim. Um 1270 entstanden durch Teilung die Linien Erbach-Erbach (bis 1503), Erbach-Michelstadt und Erbach-Fürstenau (bis 1534). Bis 1307/1311 musste das Geschlecht alle Güter der Pfalz zu Lehen auftragen. Eine Aufteilung der Nutzung in die Linien Erbach und Reichenberg mit der Nebenlinie Michelstadt war nur vorübergehend von Bedeutung, da die Güter 1503 bzw. 1531 in der Linie Reichenberg wiedervereinigt wurden. Die im 15. Jahrhundert erworbene Herrschaft Bickenbach wurde 1704 wieder verkauft und dafür Rothenberg erworben. 1531 wurde die Gerichtsexemtion, 1541 das Münzrecht gewonnen. 1529 wurde das Landrecht der Grafschaft aufgezeichnet, 1532 wurden die Schenken von E. zu Reichsgrafen. Etwa gleichzeitig wurde die Reformation eingeführt. 1556 erlangten die Grafen durch Heirat wichtige Güter aus dem Erbe der Grafen von Wertheim (u. a. Breuberg). Georg Albrechts († 1647) Söhne teilten die Nutzung unter den Hauptlinien Erbach-Erbach und Erbach-Fürstenau. Nachdem Erbach-Erbach 1721 erloschen war, teilte sich die Familie 1717/1719/1748 in die Linien Erbach-Erbach und Erbach-Fürstenau und die von dieser abgespaltete Linie Erbach-Schönberg. 1801 gehörte die Reichsgrafschaft samt Herrschaft Breuberg mit 10,5 Quadratmeilen und 24 000 Einwohnern dem fränkischen Reichskreis an. 1804 übernahm die Linie Erbach-Erbach durch Adoption Namen und Gut der aussterbenden Grafen von Wartenberg-Rot (Wartenberg-Roth). 1806 kam E. mit 526 Quadratkilometern und rund 33 000 Einwohnern an Hessen-Darmstadt, das 1560 erworbene Amt Wildenstein an Bayern. Die Reichsgrafschaft Wartenberg-Rot (Wartenberg-Roth) wurde an Württemberg veräußert und gelangte damit 1951/1952 zu Baden-Württemberg.

L.: Wolff 123; Zeumer 552 II b 62, 3; Wallner 692 FränkRK 11; Großer Historischer Weltatlas II 66 (1378) E4, III 22 (1648) D4, III 38 (1789) C3; Simon, G., Die Geschichte der Dynasten und Grafen zu Erbach, 1858; Mornewag, K., Stammtafeln des mediatisierten Hauses Erbach, 2. A. 1908; Müller, C., Geschichte des Hauses Erbach-Erbach von 1818 bis zur Gegenwart, 1955; Kleberger, E., Territorialgeschichte des hinteren Odenwaldes, 1958, Neudruck 1987; Erbach im Odenwald, 1959; Landkreis Erbach im Odenwald, hg. v. Mushake, A. L. M., 1960; Berichte zur deutschen Landeskunde 37, 1 (1966); Fahlbusch, F., Erbach, LexMA 3 1986, 2100; Das Landrecht oder die eigentümlichen bürgerlichen Rechte und Sitten der Grafschaft Erbach, hg. v. Beck, F., 1989; Steinmetz, T., Die Schenken von Erbach, 2000.

Erbach s. Ulm zu E.

Erbach-Erbach (Grafen). Die Grafen von E. waren mehrfach Linien der Grafen von Erbach (1270–1503, 1678–1721, 1748 ff.). 1792 gehörten sie zum fränkischen Reichsgrafenkollegium. Ihre Güter umfassten die Ämter Erbach und Reichenberg.

Erbach-Fürstenau (Grafen, Reichsritterschaft). Die Grafen von E. waren mehrfach Linien der Grafen von Erbach (um 1270, 1678). 1792 gehörten sie zum fränkischen Reichsgrafenkollegium. Ihr Gut umfasste die Ämter Freienstein, Fürstenau mit der ehemaligen Benediktinerfrauenabtei Steinbach und Michelstadt. Seit 1797 zählten sie mit der Herrschaft Rothenberg, Kortelshütte, Moosbrunn, Rimhorn, Oberhainbrunn (Oberhaunbrunn) und Finkenbach (Unterfinkenbach) zum Kanton Odenwald des Ritterkreises Franken. (Rothenberg mit Finkenbach, Rimhorn und Oberhainbrunn [Hainbrunn] fielen 1808 an Hessen-Darmstadt und kamen damit 1945 zu Hessen.)

L.: Winkelmann-Holzapfel 147; Stetten 187; Riedenauer 129.

Erbach-Schönberg (Grafen). Das 1303 erstmals bezeugte Schloss Schönberg an der Bergstraße war seit 1717/1718 Sitz der von der Linie Erbach-Fürstenau ausgehenden Grafen bzw. Fürsten von E. 1792 gehörten sie zum fränkischen Reichsgrafenkollegium. Zu ihren Gütern zählten die Ämter Breuberg, König und Schönberg.

Erbach-Wartenberg-Rot, Erbach-Wartenberg-Roth (Grafen). 1804 übernahmen die Grafen von Erbach-Erbach durch Adoption Namen und Gut der aussterbenden Grafen von Wartenberg-Rot (Wartenberg-Roth). (Die Reichsgrafschaft Wartenberg-Rot wurde 1806 an Württemberg veräußert.)

Erdehe (Gau zum Ortsnamen Erda)

L.: Polenz, P. v., Landschafts- und Bezirksnamen, 1961, II, 41, IV, 3, 5, 8, V, 2, Erdeher marca, Ardehe, Ardingouuue.

Erden (Reichsdorf) s. Erlen

Erdwe (Reichsdorf) s. Erden (Erlen)

Erfenstein s. Schlüchter von E.

Erffa, Erff, Erpff (Reichsritter). Von etwa 1560 bis etwa 1750 gehörten die E. zum Kanton Rhön-Werra des Ritterkreises Franken sowie um 1650 zum Kanton Baunach und um 1750 zum Kanton Odenwald.

L.: Stieber; Seyler 362; Riedenauer 123; Rahrbach 64.

Erfurt (Reichsstadt). Das Gebiet von E. in Thüringen war schon in vorgeschichtlicher Zeit besiedelt. Um 706 wurde von Weißenburg im Elsass aus auf dem Petersberg ein Kloster (Peterskloster) angelegt. 741 errichtete Bonifatius auf dem Domhügel an der Furt der Straße Frankfurt-Breslau über die Gera (Erpha?) das Bistum E. (742 Erphesfurt, Bischof Willibald?), das 746 oder 752 zugunsten des Erzbistums Mainz aufgehoben wurde, woraus zugleich eine Verbindung Erfurts zum Erzstift Mainz erwuchs. 802 erscheint eine Pfalz. Der Zeitpunkt des Übergangs der königlichen Rechte an den Erzbischof von Mainz ist unklar (vor 1021/1031?). Um 1066 und 1167 wurde der Ort ummauert. Seit Anfang des 13. Jahrhunderts übernahm der 1217 (consiliarii, 1239 consilium) erstmals genannte Rat Rechte der gemeinsamen königlichen und mainzischen Vögte (1299 Blutgerichtsbarkeit von den Grafen von Gleichen, 1315 Verpfändung der Grafschaft an der schmalen Gera durch Sachsen, 1485 an Sachsen zurück). Seit dem Ende des 13. Jahrhunderts erwarb E. ein großes, teilweise aus Reichslehen bestehendes Landgebiet mit rund 900 Quadratkilometern (Kapellendorf, Sömmerda, Tonndorf, Mühlberg, Vippach, Großvargula) und mehr als 80 Dörfern und Burgen. Der Rat strebte, zeitweise nicht ohne Erfolg, Reichsunmittelbarkeit an. Am 16. 9. 1379 gestattete Papst Clemens VII. die Gründung einer 1392 eröffneten Universität (1501 Luther), die bis 1812 Bestand hatte. 1493 zählte E. 18 680 Einwohner. 1592 gab das Erzstift Mainz seine Rechte an Mühlberg und Tonna an Sachsen. 1664 setzte es sich mit Gewalt wieder in den Besitz der etwa 13 500 Einwohner zählenden Stadt. 1802/1803 wurde E. mit 25 Städten, 3 Flecken und 72 Dörfern sowie 46 000 Einwohnern an Preußen abgetreten, bildete aber vom 16. 10. 1806 bis 1813 eine Napoleon reservierte Domäne. 1815 fiel E. an Preußen zurück, wobei die Ämter Schloss Vippach, Azmannsdorf (Atzmannsdorf) und Tonndorf an Sachsen-Weimar abgegeben wurden. Am 1. 4. 1944 wurde der Reichsstatthalter in Thüringen mit der Wahrnehmung der Aufgaben und Befugnisse des Oberpräsidenten in der staatlichen Verwaltung des Regierungsbezirks Erfurt beauftragt (und zugleich der Kreis Schmalkalden der preußischen Provinz Hessen-Nassau einbezogen) (RGBl. 1944 I, 111). Nach der Kapitulation am 8. 5. 1945 kam E. an Thüringen, das von 1952/1958 bis 1990 in der Deutschen Demokratischen Republik aufging (str.). Das Bistum E. wurde 1992/1994 Suffragan von Paderborn.

L.: Wolff 80; Großer Historischer Weltatlas II 66 (1378) F3, II 78 (1450) G3; Horn, W., Erfurts Stadtverfassung und Stadtwirtschaft, Bd. 1 1903; Becker, K./Haetge, E., Die Stadt Erfurt, Bd. 1 ff. 1929 ff.; Beyer, C./Biereye, J., Geschichte der Stadt Erfurt, 1935; Schultze, J. H., Die Stadt E., 1948 (handschr.); Piltz, G./Hege, F., Erfurt. Stadt am Kreuzweg, 1955; Beiträge zur Geschichte der Stadt Erfurt, hg. v. Wiegand, F./Gutsche, W., Bd. 1 1955; Schlesinger, W., Städtische Frühformen zwischen Rhein und Elbe, in: Studien zu den Anfängen des europäischen Städtewesens, 1958, 297 ff.; Kleineidam, E., Universitas studii Erfordensis, 1964, Teil 1 2. A. 1985; Wiegand, F., Erfurt, 1964; Die deutschen Königspfalzen, hg. v. Max-Planck-Institut für Geschichte Bd. 2 1984, 103 ff.; Lorenz, S., Studium generale Erfordense, Habilschr. Stuttgart 1985; Boehm, L., Erfurt, LexMA 3 1986, 2131 ff.; Weiß, U., Die frommen Bürger von Erfurt, 1988; Geschichte der Stadt Erfurt, hg. v. Gutsche, W., 1989; Erfurt 742–1992. Stadtgeschichte, Universitätsgeschichte, hg. v. Weiß, U., 1992; Märker, A., Geschichte der Universität Erfurt, 1993; Erfurt – Geschichte und Gegenwart, hg. v. Weiß, U., 1995.

Erichsgau (Erigavvi, Gau nördlich der Ilme links der Leine)

L.: Curs, O., Deutschlands Gaue im zehnten Jahrhundert. Nach den Königsurkunden, Diss. phil. Göttingen 1908, 7.

Erigavvi s. Aringun

L.: Polenz, P. v., Landschafts- und Bezirksnamen, 1961, 291.

Erisberg, Ehrensberg (Herrschaft). Die Herrschaft E. wurde 1526 von der Abtei Kempten erworben, die 1803 an Bayern kam.

Eritgau (Ergau, Erihgeuue, Erigauue, Herekeuue, Gau nördlich des Bodensees)

L.: Curs, O., Deutschlands Gaue im zehnten Jahrhundert. Nach den Königsurkunden, Diss. phil. Göttingen 1908, 7 (Datthausen, Möhringen, Dürmentingen, Zell, Nonnenweiler, Moosheim); Borgolte, M., Geschichte der Grafschaften Alemanniens in fränkischer Zeit, 1984, 134 (Datthausen, Möhringen, Dürmentingen, Zell, Nonnenweiler, Moosheim); Polenz, P. v., Landschafts- und Bezirksnamen, 1961, II, 26, 31, 34, 78, 82–84, 90, Eritgouwe, Erihgowe.

Erkenbrechtshausen (reichsritterschaftlicher Ort). Die Wasserburg E. bei Crailsheim gehörte zur Herrschaft Lobenhausen, die 1399 über die Hohenlohe an die Burggrafen von Nürnberg (Ansbach) kam. Seit 1647 teilten sich als Nachfolger der Crailsheim die Rüdt von Collenberg, Seckendorff und Leubelfing (Leubelfingen) Burg und Herrschaft. Seit der Mitte des 18. Jahrhunderts hatten die Seckendorff (Seckendorf) den zum Kanton Odenwald des Ritterkreises Franken zählenden Ort allein inne. Über Württemberg kam E. 1951/1952 zu Baden-Württemberg.

Erkheim (Herrschaft). Die Herrschaft E. wurde 1693/1698 teilweise von der Abtei Ottobeuren erworben. Andere Teile unterstanden der Reichsstadt Memmingen. E. gelangte später an Bayern.

Erlach (Reichsritter). Erasmus von E. war von 1613 bis 1614 mit der Hälfte der Ortschaft Enzberg Mitglied des Kantons Neckar des Ritterkreises Schwaben.

L.: Hellstern 203.

Erlbeck (Reichsritter). Im frühen 16. Jahrhundert zählten die E. zum Kanton Gebirg des Ritterkreises Franken. S. Marschalk genannt Greif zu Erlebach?

L.: Riedenauer 123.

Erlen (Reichsdorf), (Erdwe?, Erden?). Am 11. 11. 1374 erlaubte Karl IV. dem Erzbischof Kuno von Trier u. a. das vermutlich von Rudolf von Habsburg 1274 an die Grafen von Sponheim verpfändete Dorf Erlen (Erden) bei Kröv auszulösen. S. Rheinland-Pfalz.

L.: Hugo 461.

Erlenbach (Reichsdorf). Am 25. 10. 1361 schlug Karl IV. u. a. auf das an die Pfalz verpfändete Reichsdorf Erlebach bei Kandel weitere 4000 Gulden mit der Bedingung, dass keines ohne das andere eingelöst werden solle. E. kam über Bayern 1945 zu Rheinland-Pfalz.

L.: Hugo 465.

Erlendorf (Reichsdorf) s. Ervendorf

Erlingshofen (Reichsritter). Im 16. Jahrhundert zählten die E. (Erlingshofen/Heideck) zum Kanton Altmühl des Ritterkreises Franken.

L.: Biedermann, Altmühl; Stieber; Riedenauer 123.

Ermland (Hochstift, Fürstbistum). Das dem altpreußischen Gau Warmien entsprechende E. in Ostpreußen erstreckt sich dreieckig vom Frischen Haff nach Südosten bis zur Masurischen Seenplatte. Das am 28./29. 7. 1243 gegründete Bistum Warmien/E. reichte darüber hinaus vom Pregel im Osten bis zur Drausensee im Westen. Ein Drittel des Bistums (Braunsberg, Heilsberg, Rößel, Allenstein) kam 1251 durch Vertrag mit dem Deutschen Orden, von dem die Bischöfe bis 1464 in weltlichen Angelegenheiten abhängig waren, unter die Herrschaft des Bischofs (in Braunsberg, später Heilsberg) und des Domkapitels (in Frauenburg). Das Bistum selbst unterstand von 1245 bis 1566 dem Erzbistum Riga. Seit 1478/1479 musste jeder Bischof dem König von Polen einen Treueid leisten. Im zweiten Thorner Frieden von 1466 und endgültig 1479 fiel das E. unter die Herrschaft Polens, 1772 gelangte es an Preußen. Bis 1918 war das Bistum E. exemt, danach Suffragan von Breslau. Seit 1945 stand E. unter der Verwaltung Polens, an das es 1990 als politische Folge der deutschen Wiedervereinigung kam. Das Bistum wurde zum Erzbistum mit Sitz in Allenstein (Olsztyn) erhoben.

L.: Die Territorien des Reichs 2, 206; Monumenta historiae Warmiensis, Bd. 1 ff. 1861 ff.; Röhrich, V., Geschichte des Fürstbistums Ermland, 1925; Perk, H., Verfassungs- und Rechtsgeschichte des Fürstbistums Ermland, 1931; Schmauch, H., Das staatsrechtliche Verhältnis des Ermlandes zu Polen, Altpreuß. Forsch. 11 (1934), 153; Schumacher, B., Geschichte Ost- und Westpreußens, 7. A. 1987; Unser Ermlandbuch, 1967; Poschmann, B., Ermland, LexMA 3 1986, 2159.

Ermreich (Reichsritter). Im frühen 16. Jahrhundert zählten die E. zum Kanton Gebirg des Ritterkreises Franken.

L.: Riedenauer 123.

Ernberg (Reichsritter). Im 18. Jahrhundert zählten die E. zum Ritterkreis Rhein. S. Ehrenberg.

L.: Roth von Schreckenstein 2, 594.

Ernestiner (Linie). Die E. sind die ältere, 1485 entstandene, nach Kurfürst Ernst benannte Linie der Herzöge von Sachsen aus dem Hause Wettin, die 1547 das Gebiet um Wittenberg an die Albertiner abgeben musste und auf den Raum um Eisenach, Weimar, Jena und Gotha beschränkt wurde. S. Sachsen, Sachsen-Coburg, Sachsen-Eisenach, Sachsen-Weimar, Sachsen-Altenburg, Sachsen-Weimar-Eisenach, Sachsen-Gotha, Sachsen-Meiningen, Sachsen-Hildburghausen, Sachsen-Saalfeld, Thüringen.

L.: Posse, O., Die Wettiner, 1897.

Eroldsheim, Erolzheim (Reichsritter). Wegen der blarerischen Güter zu Unterböbingen zählten die E. von 1652 bis 1689 zum Kanton Kocher des Ritterkreises Schwaben. Der Ort Erolzheim kam an Württemberg und damit 1951/1952 zu Baden-Württemberg.

L.: Schulz 261.

Erpesfelt (Arpesfelt, Gau südlich der oberen Lippe, Erpsfeld)

L.: Curs, O., Deutschlands Gaue im zehnten Jahrhundert. Nach den Königsurkunden, Diss. phil. Göttingen 1908, 7 (Hoinkhausen).

Erstein (Reichsabtei). Die 849/850 von der Etichonin Irmingard, der Gattin Lothars I., bei Schlettstadt gegründete Abtei ging nach einer rechtswidrigen Vergabung Heinrichs VI.

an den Bischof von Straßburg (1191), 1437 an das Domkapitel von Straßburg über. Mit dem Elsass gelangte E. an Frankreich.

L.: Friedel, R., Geschichte des Fleckens Erstein, 1927; Barth, M., Handbuch der elsässischen Kirchen im Mittelalter, 1960; Felten, F., Erstein, LexMA 3 1986, 2189; Escher, M. u. a., Die urbanen Zentren, 2005, 2, 185.

Erthal (Reichsritter). Die Familie E. ist bereits im 12. Jahrhundert (1133) in Franken nachweisbar. 1553/1555 teilte sie sich in eine Fuldaer, 1640 ausgestorbene Linie und eine fränkische Linie, die sich 1626 in eine Leuzendorfer Linie (bis 1764) und eine Elfershauser Linie spaltete. Mit Teilen von Elfershausen und Obererthal (Obertal) samt Hetzlos und Untererthal (Untertal) zählten die E. (vom 16. Jahrhundert bis 1806) zum Kanton Rhön-Werra des Ritterkreises Franken, mit Schloss Gochsheim und Schwarzenau (von etwa 1610 bis 1806) zum Kanton Steigerwald und (von etwa 1560 bis 1802) zum Kanton Baunach sowie mit Teilen der Herrschaft Binzburg samt Hofweier und Schutterwald zum Ort (Bezirk, Kanton) Ortenau des Kantons Neckar des Ritterkreises Schwaben. 1805 erlosch das Geschlecht.

L.: Stieber (zum Kanton Baunach); Roth von Schreckenstein 2, 593; Seyler 362; Hölzle, Beiwort 66; Winkelmann-Holzapfel 147 f.; Pfeiffer 211; Riedenauer 123; Bechtolsheim 12, 18; Rahrbach 66.

Ertingen s. Leutrum von E.

Ervendorf, Erbendorf (Reichsdorf). Am 8. 9. 1281 verpfändete Rudolf von Habsburg E. für 300 Mark an den Burggrafen von Nürnberg. Am 15. 5. 1300 bestätigte König Albrecht die Verpfändung. S. Bayern.

L.: Hugo 456.

Erzenberg s. Schwertzenberg

Esch (Reichsritter). Um 1700 zählten die E. zum Kanton Odenwald des Ritterkreises Franken.

L.: Riedenauer 123.

Eschau s. Bernhold von E.

Eschenbach, Essenbeck (Reichsritter). Im frühen 16. Jahrhundert zählten die E. zum Kanton Gebirg des Ritterkreises Franken.

L.: Riedenauer 123.

Eschenbach (reichsritterschaftliche Herrschaft). E. zählte zum Kanton Kocher des Ritterkreises Schwaben und kam zur Hälfte an Württemberg und damit 1951/1952 zu Baden-Württemberg.

Eschenbach s. Ebner von E.

Eschenlohe (Grafen). An einer natürlichen Straßensperre im Loisachtal entstand im 12. Jahrhundert die Burg E. Nach ihr benannten sich von den Edelfreien von Iffeldorf ausgehende Grafen, die im Oberinntal und in Südtirol begütert waren. 1294 kamen die Güter durch Verkauf an das Hochstift Freising, E. selbst wenig später in das Hochstift Augsburg. Ludwig der Bayer erwarb E. und gab es 1332 an das Kloster Ettal. Bei dessen Säkularisierung fiel es an Bayern. S. a. Hörtenberg.

Eschental (Tal, Herrschaft), it. Ossola. Von 1403 bis 1411 und von 1512 bis 1525 stand E./Ossola am Toce unter der Herrschaft der Eidgenossenschaft der Schweiz.

L.: Großer Historischer Weltatlas II 72 b (bis 1797) E4.

Eschwege (Reichsritter). Vom frühen 16. Jahrhundert bis etwa 1750 gehörten die E. zum Kanton Rhön-Werra des Ritterkreises Franken.

L.: Stieber; Seyler 363; Riedenauer 123.

Eschwege (Reichsstadt). E. an der Werra wird 973/974 (Eskiniwach) als Königshof erstmals erwähnt. Die im Anschluss an das vermutlich bald nach 1000 von Kaiser Ottos III. Schwester Sophie gegründete Stift entstandene Stadt war bis 1249/1250 Reichsstadt in Thüringen. 1264 kam sie an die Landgrafen von Hessen, die sie dem Reich zu Lehen auftrugen und auf die Belehnung mit E. und die Reichsburg Boyneburg ihre Erhebung zu Reichsfürsten gründeten, war aber bis 1433/1436 umstritten (1385 Thüringen, Mainz). Von 1627 bis 1834 gehörte E. zur Rotenburger Quart Hessen-Kassels. Von 1866 bis 1945 war es Teil Preußens und kam danach zu Hessen.

L.: Wolff 254; Schmincke, J. L., Geschichte der Stadt Eschwege. Mit Berichtigung und Ergänzungen neu hg. v. Stendell, E., 1922/1923; Bruchmann, K. G., Der Kreis Eschwege. Territorialgeschichte der Landschaft an der mittleren Werra, 1931; Eckhardt, W.W., Eschwege 1769, 1959; Eckhardt, K. A., Eschwege als Brennpunkt thüringisch-hessischer Geschichte, 1964; Heinemeyer, K., Der Königshof Eschwege in der Germar-Mark. Untersuchungen zur Geschichte des Königsgutes im hessisch-thüringischen Grenzgebiet, 1970; Die deutschen Königspfalzen, hg. v. Max-Planck-Institut für Geschichte, Bd. 1 1984, 98 ff.; Hofmeister, K., Die Arbeiterbewegung in Eschwege (1885–1920), 1987; Heinemeyer, K., Eschwege, LexMA 4 1989, 11.

Eschwege (Reichsstift). Ein Königshof E. wird erstmals 973/974 erwähnt. Er wurde wahrscheinlich dem bald nach 1000 von Kaiser Ottos III. Schwester Sophie gegründeten Kanonissenstift St. Cyriax übertragen. Dieses kam 1039 von der Stifterin an das Stift Gandersheim, 1075 durch Heinrich IV. an das Hochstift Speyer und 1213 durch Tausch wieder an das Reich. 1527 wurde es in Hessen säkularisiert.

L.: Schmincke, J. L., Geschichte der Stadt Eschwege. Mit Berichtigung und Ergänzungen neu hg. v. Stendell, E., 1922/1923; Bruchmann, K. G., Der Kreis Eschwege. Territorialgeschichte der Landschaft an der mittleren Werra, 1931; Eckhardt, W.W., Eschwege 1769, 1959; Eckhardt, K. A., Eschwege als Brennpunkt thüringisch-hessischer Geschichte, 1964; Heinemeyer, K., Der Königshof Eschwege in der Germar-Mark. Untersuchungen zur Geschichte des Königsgutes im hessisch-thüringischen Grenzgebiet, 1970; Die deutschen Königspfalzen, hg. v. Max-Planck-Institut für Geschichte, Bd. 1 1984, 98 ff.; Löwenstein, U., Ein Drittel vom Viertel – Hessen-Eschwege in der Quart, Zs. d. Ver. f. hess. Geschichte und Landeskunde 94 (1989); Heinemeyer, K., Eschwege, LexMA 4 1989, 11.

Eschweiler (Edelherren). E. bei Aachen wird 828/830 erstmals als zur Pfalz Aachen gehöriger Königshof Ascivilaris genannt. Es kam später an das Domstift Köln und war Sitz einer Familie von Edelherren. 1420 fiel es durch Verkauf an das Herzogtum Jülich. Über Preußen kam E. 1946 zu Nordrhein-Westfalen.

L.: Wolff 322; Kaemmerer, W., Eschweiler in seiner Geschichte, Bd. 1, 2 1964 ff.

Esel von Altenschönbach, Esel (Esel von Berg) (Reichsritter). Im frühen 16. Jahrhundert zählten die E. zum Kanton Steigerwald im Ritterkreis Franken.

L.: Stieber; Riedenauer 123.

Esens (Herrschaft). E. an der Nordsee hatte bereits vor 1156 (Eselinge) eine Kirche und war seit 1300 Vorort des Harlingerlandes. Es kam durch Heirat an Ulrich I. Cirksena, der es an Sibet Attena zu Lehen gab. Unter der Familie Attena behauptete das Harlingerland seine Selbständigkeit gegenüber Ostfriesland. 1540 wurde es über die Schwester des letzten Häuptlings mit der Grafschaft Rietberg und 1581/1600 ebenfalls durch Heirat mit Ostfriesland vereinigt. 1776 gehörte es als Herrschaft über Ostfriesland dem niederrheinisch-westfälischen Reichskreis an. 1815 kam es an Hannover, 1866 an Preußen und 1946 an Niedersachsen.

L.: Gumpelzhaimer, 151 (Westfälischer Reichskreis); Wolff 339; Reimers, H., Esens als Mittelpunkt des Harlingerlandes, 1924; Killisch, W. F., Die oldenburgisch-ostfriesischen Geestrandstädte, 1976.

Essen (Reichsabtei, gefürstete Abtei). E. wird anlässlich der Errichtung des adligen Damenstifts Maria, Cosmas und Damian auf einem ehemaligen Königshof durch (Bischof) Altfrid (von Hildesheim) um 846 (?) (860?) erstmals erwähnt (Asnidi). Gefördert durch die Ottonen schuf sich das seit 874/947 zur Reichsabtei gewordene Stift, dessen Vögte nacheinander die Grafen von Berg, die Grafen von der Mark (1288), die Herzöge von Jülich-Kleve-Berg und seit 1609/1648 die Markgrafen von Brandenburg waren, eine kleine Herrschaft zwischen Emscher und Ruhr (seit etwa 1300 Mittelpunkt in Borbeck). Zu ihr gehörte die Stadt Essen, deren Bestrebungen um Reichsunmittelbarkeit 1399 und endgültig 1670 zunichte gemacht wurden. Insgesamt hatte E., dessen Äbtissin 1228 als Reichsfürstin bezeichnet wurde, rund 3000 Bauernhöfe um E., im Vest Recklinghausen, am Hellweg um Breisig und bei Godesberg. Durch einen Erbvogteivertrag mit den Herzögen von Kleve-Mark (1495) wurde E. politisch von diesen abhängig. 1802/1803 kam die 3 Quadratmeilen große Abtei nach der Säkularisation an Preußen, gehörte aber von 1806/1807 bis 1813 zum Großherzogtum Berg. 1946 fiel E. an Nordrhein-Westfalen.

L.: Wolff 335; Zeumer 553 II a 37, 10; Wallner 704 WestfälRK 33; Großer Historischer Weltatlas II 66 (1378) D3, III 22 (1648) C3, III 38 (1789) B2; Beiträge zur Geschichte von Stadt und Stift Essen, Jg. 1, 1881 ff.; Hoederath, H. T., Die Landeshoheit der Fürstäbtissinnen von Essen, Beiträge zur Geschichte von Stadt und Stift Essen 43 (1926); Schulteis, K., 5 Karten zur Geschichte von Altenessen und seiner Umgebung, 1928; Hübinger, P. E., 1100 Jahre Stift und Stadt Essen, Beiträge zur Geschichte von Stadt und Stift Essen 68 (1952); Zimmermann, W., Das Münster zu Essen, 1956; Weigel, H., Studien zur Verfassung des Frauenstifts Essen, 1960; Küppers, L./Mikat, P., Der Essener Münsterschatz, 1966; Historischer Atlas der Stadt Essen, hg. v. Bronczek, W., 1966; Brand, J., Geschichte der ehemaligen Stifter Essen und Werden während der Übergangszeit von 1806–1813 unter besonderer Berücksichtigung der großherzoglich-bergischen Justiz und Verwaltung, 1971; Bettecken, W., Stift und Stadt Essen, 1988; Schoppmeyer, H., Essen, LexMA 4 1989, 22; 1150 Jahre Stift und Stadt Essen, 2002.

Essen (Reichsstadt). Im Anschluss an die Reichsabtei Essen am Hellweg entstand seit dem 11. Jahrhundert die Siedlung E., die 1041 Marktrecht erhielt. Sie erlebte allmählich einen, nicht zuletzt auch durch den seit 1317 bezeugten Kohleabbau begünstigten wirtschaftlichen Aufschwung. 1377 erteilte Karl IV. der Stadt die erstrebte Reichsunmittelbarkeit. 1380 bestätigte er aber der Reichsabtei die Herrschaft über die Stadt, die diese 1399 anerkannte. Zu dieser Zeit umfasste E. etwa 680 Häuser auf einer Fläche von knapp 700 Hektar. Seit etwa 1563 bildeten sich eine reformierte und eine lutherische Gemeinde. Der Rat erklärte sich als evangelischer Reichsstand. 1670 wurde der Stadt statt Reichsunmittelbarkeit politische und wirtschaftliche Selbständigkeit unter der Äbtissin zugestanden. 1803 kam E. mit der Säkularisation der Reichsabtei an Preußen, gehörte aber von 1806/1807 bis 1813 zum Großherzogtum Berg. 1946 fiel sie an Nordrhein-Westfalen.

L.: Ribbeck, K., Geschichte der Stadt Essen, Bd. 1 1915; Jahn, R., Essener Geschichte, 2. A. 1957; Historischer Atlas der Stadt Essen, hg. v. Bronczek, W., 1966; Schneider, W., Essen, Abenteuer einer Stadt, 3. A. 1971; Sellmann, W., Essener Bibliographie, 1574–1960, Bd. 1 1980; Bettecken, W., Stift und Stadt Essen, „Coenobium Astnide" und Siedlungsentwicklung bis 1244, 1988; Schoppmeyer, H., Essen, LexMA 1989, 23; 1150 Jahre Stift und Stadt Essen, 2002; Escher, M. u. a., Die urbanen Zentren, 2005, 2, 186.

Essen und Thorn s. Essen, Thorn

Esslingen, Eßlingen (Reichsstadt). E. am Neckar, dessen Gebiet schon vorgeschichtlich besiedelt war, wird erstmals 777/866 (Hetslinga) erwähnt. Um 800 erhielt die dortige Zelle des Klosters St. Denis, die den Ort über Fulrad, den Kaplan Karls des Großen, von dem alemannischen Adligen Hafti erworben hatte, einen Markt. 1077 gehörte E. dem Herzog von Schwaben. 1147 unterstand es den Staufern. 1212 verlieh ihm Friedrich II. Stadtrecht. Seitdem war es als freie Reichsstadt anerkannt. Der Versuch, eine größere Herrschaft aufzubauen, scheiterte am Widerstand Württembergs, doch erwarb E. ein Dutzend kleiner Orte rechts des Neckars, einen schmalen Brückenkopf links des Neckars sowie die Spitaldörfer Deizisau, Möhringen und Vaihingen a. F. Im Jahre 1802 kam das zum schwäbischen Reichskreis zählende E. mit 1,5 Quadratmeilen bzw. 80 Quadratkilometern an Württemberg und damit 1951/1952 zu Baden-Württemberg.

L.: Wolff 212; Zeumer 555 III b 5; Wallner 689 SchwäbRK 69; Großer Historischer Weltatlas III 22 (1648) D4, III 38 (1789) C3; Schroeder 373 ff.; Pfaff, K., Geschichte der Reichsstadt Esslingen, 2. A. 1852; Urkundenbuch der Stadt Esslingen, hg. v. Diehl, A./Pfaff, K. H. S., 2 Bde. 1899 ff.; Wurster, O., Esslinger Heimatbuch, 1931; Borst, O., Esslingen am Neckar. Geschichte und Kunst einer Stadt, 2. A. 1967; Schneider, J., Bibliographie zur Geschichte und Kultur der Stadt Esslingen, 1975; Borst, O., Geschichte der Stadt Esslingen am Neckar, 1977; Schuler, P., Esslingen, LexMA 4 1986, 24.

Este (Burg, Geschlecht). E. bei Padua geht auf das antike Ateste an der Etsch der Veneter zurück, das 49 v. Chr. römisches Munizipium wurde, nach der Verlagerung der Etsch aber verödete. Otto I. gab es an eine ursprünglich fränkische, dann langobardische, in Markgraf Otbert († 975) erstmals nachweisbare Familie, die sich nach ihrer 1056 erbauten Burg E. benannte (Albert Azzo II, † 1097). Sie hatte bald mehrere Grafschaften inne. Nach 1097 entstanden aus der Ehe Azzos II. mit der Welfin Kunizza die beiden Linien Welf-Este in Deutschland und Fulc-Este in Italien. Seit 1171 ist die Führung des Titels Markgraf belegt. 1154 schlossen die Welf-Este (Heinrich der Löwe) mit den Fulc-Este einen Vergleich, der die italienischen Güter den Fulc-Este beließ. Die italienische Linie Fulc-Este setzte sich in Ferrara, Modena und Reggio fest, so dass E. 1275 an Padua, 1405 mit Padua an Venedig fallen konnte. 1452 erhielt sie von Kaiser Friedrich III. die Herzogtümer Modena und Reggio als Reichslehen, 1471 von Papst Paul II. das Herzogtum Ferrara. 1593 starb die Hauptlinie aus. Die nachfolgende Nebenlinie verlor Ferrara und musste ihren Sitz nach Modena verlegen. 1796 kamen Modena und Reggio an die Zisalpinische Republik. Als Entschädigung hierfür erhielt die Familie E. 1801 den Breisgau und die Ortenau. 1803 erlosch sie im Mannesstamm. Über die mit dem Sohn Ferdinand Kaiser Franz' II. verheiratete Erbtochter Maria Beatrix kamen die Güter an das neugegründete Haus Österreich-Este. Dieses verlor 1805 Breisgau und Ortenau, erhielt aber 1814 Modena zurück, das 1859 an Sardinien (1861 Italien) fiel. Die Familie E. erlosch zu Beginn des 19. Jahrhunderts im Mannesstamm.

L.: Großer Historischer Weltatlas II 48 (1300) D2; Chiappini, L., Gli Estensi, 1967; Bocchi, F., Este, LexMA 4 1989, 27.

Estenfeld genannt Behaim (Reichsritter). Im frühen 16. Jahrhundert zählten die E. zum Kanton Gebirg des Ritterkreises Franken.

L.: Riedenauer 123.

Esterau (Reichsherrschaft). 1643 kaufte der kaiserliche Feldmarschall Peter Eppelmann (Melander) aus Hadamar von den Fürsten von Nassau-Hadamar die unmittelbare Reichsherrschaft E. an der Lahn und die Vogtei Isselbach, die Kaiser Ferdinand III. daraufhin zur Reichsgrafschaft Holzappel erhob. 1806 kam sie an Nassau und damit 1866 an Preußen (Hessen-Nassau). 1946 gelangte das Gebiet zu Rheinland-Pfalz.

L.: Wolff 362.

Esterházy (Geschlecht). Die ungarische Adelsfamilie E. von Galantha ist 1238 erstmals belegt. Sie war im nördlichen Burgenland sehr begütert. 1671 erwarb sie die Güter der Familie Nadasdy, nachdem sie schon 1648 Eisenstadt erlangt hatte. Zu den wichtigsten Gütern gehörten Kobersdorf, Kittsee, Hornstein, Deutschkreutz (Deutschkreuz), Lockenhaus, Forchtenstein, Gattendorf, Lackenbach und Dörfl. 1687 gelangte in der Forchtensteiner Linie Graf Paul IV. in den Reichsfürstenstand. 1712 wurde dies auf den Erstgeborenen, 1783 auf alle Nachkommen ausgedehnt. 1804 erwarb das Haus die gleichzeitig zur erblichen Grafstadt erhobene ehemalige Abtei Edelstetten, wurde aber nicht mehr in den Reichsfürstenrat aufgenommen.

L.: Klein 175 f.

Estland (Landschaft, Republik). Das von den finno-ugrischen Esten besiedelte E. am Finnischen und Rigaischen Meerbusen wurde von 1207 bis 1227 vom Schwertbrüderorden und Dänemark erobert. Der König von Dänemark verkaufte seinen Anteil 1346 für 19 000 Silbermark an den Deutschen Orden. 1561 suchte die Ritterschaft Schutz vor russischen Einfällen unter der Herrschaft Schwedens, das 1580 die Rückeroberung begann und 1584 die vier Landschaften Harrien, Wierland, Jerwen und Wieck (Wiek) zum Herzogtum E. (Esthen) erhob. 1710 eroberte Russland die Provinz E. 1721 kam E. als Provinz (Gouvernement) an Russland. Die am 24. 2. 1918 ausgerufene baltische Republik E. (Gouvernement E. und das von Esten bewohnte Nordlivland) wurde am 6. 8. 1940 der Sowjetunion eingegliedert. Am 16. 11. 1989 verkündete E. seine Souveränität. Am 6. 9. 1991 erkannte der neue sowjetische Staatsrat die Unabhängigkeit Estlands an.

L.: Kraus, H., Grundriss der Geschichte des estnischen Volkes, 1935; Wittram, R., Baltische Geschichte. Die Ostseelande Livland, Estland, Kurland 1180–1918, 1954; Kaelas, A., Das sowjetisch besetzte Estland, 1958; Rauch, G. v., Geschichte der baltischen Staaten, 1970; Von den baltischen Provinzen zu den baltischen Staaten, Beiträge zur Entstehungsgeschichte der Republiken Estland und Lettland 1918–1920, hg. v. Hehn, J. v./Rimscha, H. v./Weiss, H., 1977; Blumfeldt, E./Loone, N., Bibliotheca Estoniae historica, 1987; Mühlen, H. v. zur, Esten, Estland, LexMA 4 1989, 32 ff.

Etsch, an der Etsch (Ballei), Bozen (Ballei). Am Ende des 18. Jahrhunderts zählten die Balleien Österreich und an der E. (Bozen) des Deutschen Ordens zum österreichischen Reichskreis.

L.: Wolff 49; Der Deutsche Orden in Tirol. Die Ballei an der Etsch und im Gebirge, hg.v. Noflatscher, H., 1991.

Ettenheim (Herrschaft). Das 810 erstmals erwähnte E. am Ausgang des Münstertals aus dem Schwarzwald wurde innerhalb des Hochstifts Straßburg um 1312 Stadt und Hauptort einer Herrschaft. 1803 fiel es an Baden und damit 1951/1952 an Baden-Württemberg.

L.: Wolff 236; Rest, J., Von der Mark Ettenheim, 1957.

Ettenheimmünster (Kloster). Vermutlich wurde bereits um 728/734 von Bischof Widegern von Straßburg eine kleine Mönchsgemeinschaft gegründet, die Bischof Eddo 762 als monachorum cella E. bei Ettenheim mit Gütern in der Ortenau, dem Breisgau, im Elsass und in der Schweiz erneuerte. Im 11. und 12. Jahrhundert verlor die Straßburg gehörende Abtei die meisten Güter außerhalb der Ortenau, in der ihr Münchweier, Münstertal (E.), Schweighausen, Dörlinbach und Wittelbach gehörten. 1803 kam die Abtei an Baden und damit E. 1951/1952 an Baden-Württemberg.

L.: Wolff 41; Kürzel, A., Benediktinerabtei Ettenheimmünster, 1870; Heizmann, L., Das Benediktinerkloster Ettenheimmünster, 1932; Die Klöster der Ortenau, hg. v. Müller, W., [1987], 150 ff.; Felten, F., Ettenheimmünster, LexMA 4 1989, 60.

Euerbach (Ganerbschaft). In E. nordwestlich von Schweinfurt bestand eine Ganerbschaft. E. kam später zu Bayern.

L.: Geschichtlicher Atlas von Hessen, Inhaltsübersicht 33.

Eulenburg s. Eilenburg

Eulner, Euler von Dieburg (Reichsritter) s. Ulner (von Dieburg)

L.: Pfeiffer 211; Riedenauer 123.

Eupen und Malmedy (Gebiet), Eupen-Malmedy. 1920 musste auf Grund des Versailler Vertrages und einer beeinflussten Abstimmung vom 24. 7. 1920, bei der sich von 33 726 Stimmberechtigten nur 270 in die offenen Listen zugunsten eines Verbleibs bei dem Deutschen Reich (Deutschland) eintrugen, das bis 1797 zumeist zu Österreich gehörende, danach von Frankreich besetzte und seit 1815 zu Preußen gehörige Gebiet der Kreise Eupen und Malmedy und eines Teils des Kreises Monschau mit 1036 Quadratkilometern und 60 000 zu fünf Sechsteln deutschsprachigen Einwohnern an Belgien abgetreten werden. Am 18. 5. 1940 wurde es mit Moresnet in das Deutsche Reich zurückgegliedert. 1944/1945 fiel es an Belgien zurück, wobei ein Grenzvertrag vom 24. 9. 1956 eine endgültige Regelung brachte.

L.: Bartz, K., Das Unrecht an Eupen und Malmedy, 1928; Kraus, T., Eupen-Malmédy-St. Vith, 1934; Pabst, K., Eupen-Malmedy in der belgischen Regierungs- und Parteienpolitik, Zs. d. Aachener Geschichtsvereins 76 (1964); Doepgen, H., Die Abtretung des Gebietes von Eupen-Malmedy an Belgien im Jahre 1920, 1966; Kaufmann, K., Der Grenzkreis Malmédy, 2. A. 1963.

Eussenheim, Eußenheim s. Heußlein von E.

Eutin (Burg, Fürstentum). In der Mitte des 12. Jahrhunderts besiedelte Graf Adolf II. von Schauenburg (Schaumburg) den slawischen pagus Utinensis durch Holländer. Ein Dorf übernahm den Namen Utin. 1156 kam das Gebiet an den Bischof von Lübeck, der 1257 Eutin mit dem Stadtrecht Lübecks begabte. Nach der Reformation wurden die Bischöfe Lübecks weltliche Fürstbischöfe, die seit 1586 aus dem Haus Holstein-Gottorp (Gottorf) kamen. Nach 1689 bauten sie die bisherige Burg E. zum Schloss aus. 1773 wurde das Hochstift Lübeck mit dem Herzogtum Oldenburg vereinigt, 1803 säkularisiert. 1937 wurde der Landesteil Oldenburgs der Provinz Schleswig-Holstein Preußens eingegliedert. S. Lübeck (Hochstift, Fürstentum), Holstein-Eutin, Schleswig-Holstein-Eutin.

L.: Wolff 451; Kollmann, P., Statistische Beschreibung des Fürstentums Lübeck, 1901; Peters, G., Geschichte von Eutin, 1958.

Eutingertal s. Schütz von E.

Everstein (Grafen). Nach der Burg E. (Eversten) bei Holzminden nannten sich seit 1116/1126 Edelherren/Grafen von E. Die Familie, die sich seit etwa 1200 in mehrere (1217 vier) Linien teilte, baute sich zwischen Höxter/Holzminden und Hameln eine Herrschaft auf, zu der noch Güter an der Diemel, im Eichsfeld, Vogtland sowie in Pommern kamen. Nach dem Untergang der Staufer erzwangen die Welfen 1284 den Verkauf der Burg. Die Linien Ohsen (bei Hameln) und Holzminden starben im 14. Jahrhundert aus, eine weitere Linie in ihrem niedersächsischen Zweig am Ende des 14. Jahrhunderts, in ihrem dänischen Zweig 1453. 1408 fiel das verbliebene Gebiet durch Heirat mit der Erbtochter der vor 1429 ausgestorbenen Poller Linie an die Herzöge von Braunschweig-Lüneburg. 1663 starb die Familie auch in ihrer pommerischen Seitenlinie aus. 1946 kam E. zu Niedersachsen.

L.: Großer Historischer Weltatlas II 66 (1378) E2/3; Spilcker, B. v., Geschichte der Grafen von Everstein, Beiträge zur älteren deutschen Geschichte 2 (1883); Schnath, G., Die Herrschaften Everstein, Homburg und Spiegelberg, 1922, Studien und Vorarbeiten zum hist. Atlas von Niedersachsen 7; Fahlbusch, F., Everstein, LexMA 4 1989, 142; Wieden, H. bei der, Die Grafen von Everstein, FS R. Schmidt, 1995, 269; Zunker, D., Adel in Westfalen, 2003, 28 (mit genealogischer Übersicht).

Exdorf (Reichsritter). Im frühen 16. Jahrhundert zählten die E. zum Kanton Rhön-Werra und zum Kanton Baunach des Ritterkreises Franken.

L.: Riedenauer 123.

Eyb (Freiherren, Reichsritter). Im 17. und 18. Jahrhundert zählten die Freiherren von E. mit Dörzbach, Hobbach und dem 1789 an die Thüna gelangten Messbach zum Kanton Odenwald des Ritterkreises Franken. Außerdem waren sie im 16. bis 18. Jahrhundert wegen Wiedersbach, Rammersdorf (Ramersdorf), Neuendettelsau und Vestenberg im Kanton Altmühl immatrikuliert. Dörzbach fiel 1808 an Württemberg. Daneben gehörten sie im späten 16. Jahrhundert zum Kanton Gebirg und um 1801 zum Kanton Baunach. Weiter zählten die Freiherren von E. im 16. und 17. Jahrhundert wegen des Rittergutes Riet und des 1682 von den Schertel von Burtenbach erworbenen Gutes Burtenbach zum Kanton Neckar und wegen der 1760 erworbenen Herrschaft Reisensburg zum Kanton Donau sowie von 1595 bis 1614 wegen Mühlhausen am Neckar und 1629 wegen Freudental zum Kanton Kocher des Ritterkreises Schwaben.

L.: Biedermann, Altmühl; Genealogischer Kalender 1753, 371; Stieber; Roth von Schreckenstein 2, 593; Hölzle, Beiwort 56, 58; Winkelmann-Holzapfel 148; Pfeiffer 197, 212; Riedenauer 123; Stetten 35, 184; Hellstern 203; Kollmer 381; Schulz 261; Rahrbach 68.

Eys s. Eiß

Eyß (Freiherren, Reichsritter). Die Freiherren von E. waren mit Rheinstein und dem zur Herrschaft Faitzberg gehörigen Lendershof um 1790 Mitglied des Kantons Niederrheinstrom des Ritterkreises Rhein.

L.: Winkelmann-Holzapfel 148.

F

Fabaria s. Pfäfers

Faber von Randegg (Reichsritter) s. Fauler von Randegg

Fabrici von Cleßheim (Reichsritter) s. Cleßheim

Fach (reichsritterschaftliche Herrschaft). F. zählte zum Kanton Kocher des Ritterkreises Schwaben und kam an Ellwangen und damit über Württemberg 1951/1952 zu Baden-Württemberg.

Fagnolle (Grafschaft). Die nahe der Stadt Marienburg im französischen Teil der Grafschaft Hennegau gelegene Herrschaft F. bestand nur aus einem verfallenen Schloss und einem Dorf. Sie gehörte dem Fürsten von Ligne und wurde 1770 zur Reichsgrafschaft erhoben. 1764/1772 beantragte der Fürst vergeblich die Aufnahme in das westfälische Reichsgrafenkollegium. 1803 erhielt der Fürst von Ligne für das 0,5 Quadratmeilen große, zum niederrheinisch-westfälischen Reichskreis zählende Fagnolles mit 500 Einwohnern die Abtei Edelstetten unter dem Namen einer Grafschaft.

L.: Wolff 369; Wallner 705 WestfälRK 55.

Fahnenberg (Reichsritter). Um 1800 zählten die F. zum Kanton Rhön-Werra des Ritterkreises Franken.

L.: Riedenauer 123.

Falhovarii (Volksname) s. Astfalahun

L.: Polenz, P. v., Landschafts- und Bezirksnamen, 1961, 291.

Falken (Herrschaft). Die Herrschaft F. wurde 1587 von der Abtei Kempten erworben, die 1803 an Bayern kam.

L.: Hölzle, Beiwort 80.

Falkenberg (Herrschaft, Herzogtum). F. an der Steinau bei Oppeln erscheint 1224 als slawisches Dorf (Nemodlin) bei einer Burg. Dort wurde vor 1283 eine deutsche Stadt (Valkenberch) gegründet. Sie gehörte zum Herzogtum Oppeln und war von 1313 bis 1382 Sitz eines eigenen Herzogtums, das 1327 Böhmen huldigte. 1532 kam F. mit Oppeln an Böhmen, 1740 an Preußen, 1945 unter Verwaltung Polens, an das es 1990 als politische Folge der deutschen Wiedervereinigung gelangte.

L.: Wolff 479; Großer Historischer Weltatlas II 66 (1378) J3; Praschma, H. Graf, Geschichte der Herrschaft Falkenberg in Oberschlesien, 1929; Heimatbuch des Kreises Falkenberg in Oberschlesien, 1971; Marsch, A., Oppeln – Falkenberg – Groß-Strehlitz, 1998.

Falkenburg (Herrschaft) s. Leiningen-Dagsburg-Falkenburg

Falkenhausen (Freiherren, Reichsritter). Im 18. Jahrhundert (um 1750 bis 1760) zählten die Freiherren von F. mit einem Achtel Bibersfeld, das um 1790 an den Freiherren von Gemmingen ging, zum Kanton Odenwald des Ritterkreises Franken. Seit etwa 1720 waren sie auch im Kanton Altmühl immatrikuliert.

L.: Wolff 158; Hölzle, Beiwort 56; Riedenauer 123.

Falkenstein (Herrschaft). Nach der Burg F. im unteren Inntal südlich von Flintsbach bzw. Rosenheim nannte sich eine seit Anfang des 12. Jahrhunderts durch Heirat und Lehen rasch aufsteigende Grafenfamilie, deren Stammsitz zuvor Weyarn und dann Neuburg gewesen war. Sie unterlag im 13. Jahrhundert den benachbarten Grafen von Wasserburg. Mit Wasserburg kam F. 1247 an Bayern. Der nach F. benannte Codex Falkensteiniensis ist das einzige mittelalterliche Handbuch adliger Wirtschaftsführung.

L.: Freed, J. B., The Counts of Falkenstein: Noble Self-Consciousness in Twelfth-Century Germany, 1984; Böck, F., Falkenstein, LexMA 4 1986, 240.

Falkenstein (Herrschaft). In der Mitte des 12. Jahrhunderts wird erstmals die Burg F. an der Brenz erwähnt. Sie kam um 1260 über die Erbtochter von den Herren von F. an die Faimingen, 1349 als Pfand an den Herzog von Teck und über die Grafen von Helfenstein ganz an den Herzog von Teck. Dieser verkaufte 1390 F. mit Bindsteinmühle und Gütern in Dettingen, Heuchlingen, Ballendorf und Mehrstetten an Albrecht von Rechberg. 1531 erlangte die Herrschaft Heidenheim die Obrigkeit. 1593 kaufte Württemberg die zum schwäbischen Reichskreis gehörige Herrschaft, womit F. 1951/1952 an Baden-Württemberg kam.

L.: Wallner 684 SchwäbRK 1.

Falkenstein (Herrschaft, Ganerbschaft). Nach der erstmals 1330 erwähnten, anstelle der Burg Nürings errichteten Burg Neu-Falkenstein wurde die Herrschaft F. im Taunus benannt, die nach dem Aussterben der Reichsministerialen von Münzenberg (1255) an die Linie F. der reichsministerialischen Herren von Bolanden fiel. Die Herren von F. saßen nicht auf der Burg, die sich bald zu einer Ganerbenburg entwickelte. 1271 spaltete sich die Familie in die Linien Butzbach und Lich. Kurz nach 1350 gingen in Auseinandersetzungen mit den Grafen von Hanau um das Münzenberger Erbe Güter verloren. Die Burg befand sich 1350 im Besitz der Herren von Sponheim, die sie an die Grafen von Hohenlohe vererbten. Im späten 14. Jahrhundert (1385) kam die Herrschaft über die Erbtochter unter die Lehnshoheit der Grafen von Nassau-Weilburg, die den Ganerben, den Herren von Kronberg und den Hattstein, ihre ererbten Teile neu verlehnten. 1418 erlosch das Geschlecht F. Die Güter Königstein, Neufalkenstein, Vilbel, Dreieichenhain, Anteile an der Burg Kalsmunt bei Wetzlar, Butzbach, Lich, Münzenberg, Hungen kamen an die Grafen von Solms und die Herren von Eppstein. 1773 fiel die Burg F., die 1679 an die Herren von Bettendorf gekommen war, als erledigtes Lehen an Nassau zurück. Über Nassau kam F. 1866 an Preußen und 1945 an Hessen.

L.: Großer Historischer Weltatlas II 66 (1378) E3; Uhlhorn, F., Geschichte der Grafen von Solms im Mittelalter, 1931; Demandt, K. E., Geschichte des Landes Hessen, 2. A. 1972, Neudruck 1980; Hasselbach, W., Burg Falkenstein im Taunus, 1962; Löffler, A., Die Herren und Grafen von Falkenstein, 1994.

Falkenstein (Herrschaft, Grafschaft). Die Reichsburg F. am Donnersberg bei Rockenhausen wurde im frühen 12. Jahrhundert (vor 1157) erbaut. Vom Reich kam sie an die reichsministerialischen Herren von Bolanden, unter denen sie Sitz einer 1241 abgespalteten, 1398 zur Grafenwürde gelangten Seitenlinie wurde, die 1418 ausstarb. Die Grafschaft ging über die Schwestern des letzten Grafen an die Grafen von Virneburg über. 1456 kaufte sie Wirich von Daun (Dhaun), Herr von Oberstein. 1458 gab Kaiser Friedrich III. die Lehnsrechte als heimgefallenes Reichslehen an Lothringen. Von den Afterlehnsträgern Daun (Dhaun) gelangte sie in verwickelten Erbstreitigkeiten 1594 an den Grafen Löwenhaupt zu Rasberg und von Manderscheid-Kail. 1667 kam sie an Lothringen und mit der Heirat Franz Stephans von Lothringen 1731 an Österreich. Zur Grafschaft gehörten Schloss und Stadt Winnweiler, Sitz des Oberamtmanns der Grafschaft, Schlossruine und Flecken F. und eine Anzahl Dörfer. Franz Stephan führte nach dem Verlust Lothringens im Reichsfürstenrat die Stimme für Nomeny und F., Kaiser Joseph II. nur für F. 1796 gehörte die Grafschaft Falkenstein(-Daun bzw. -Dhaun) über Österreich zum oberrheinischen Reichskreis. 1787 hatte F. etwa 8000 Einwohner, 1801 etwa 2,5 Quadratmeilen mit rund 4000 Einwohnern. 1816 fiel die Grafschaft zum überwiegenden Teil an Bayern. 1946 kam F. zu Rheinland-Pfalz.

L.: Wolff 285 f.; Wallner 698 OberrheinRK 41; Stetten 38; Lehmann, J. G., Urkundliche Geschichte der Herren und Grafen von Falkenstein, Mitt. des hist. Ver. der Pfalz 3 (1872); Reiter, H. J., Die jüngere Grafschaft Falkenstein 1458–1735, 1969; Vorderösterreich. Eine geschichtliche Landeskunde, hg. v. Metz, F., 3. A. 1978.

Falkenstein (Herrschaft, Grafschaft). Um 1120 gründeten die Edlen von Konradsburg nach Umwandlung ihrer Stammburg in ein Kloster auf einem Felsen über dem Selketal am Rand des Harzes die Burg F. Seit 1155 nannten sie sich Grafen von F. Um 1200 erhielten sie die Vogtei über Quedlinburg. Graf Hoyer von F. († 1250/1251) veranlasste um 1220 die Abfassung des Sachsenspiegels durch Eike von Repgow. Durch Heirat wurde um 1292 die Grafschaft Arnstein erworben. 1386/1437 kam F., das 1332 an das Hochstift Halberstadt gelangt war, von diesem als Lehen bzw. durch Verkauf an die Herren von Asseburg. S. Sachsen-Anhalt.

L.: Wolff 440; Ledebur, L. v., Die Grafen von Valkenstein, 1847; Wäscher, H., Die Baugeschichte der Burg Falkenstein im Selketal, 1955.

Falkenstein (Reichsritter) s. Frankenstein, Franckenstein

L.: Stetten 38.

Famenne (Gau) (Falminne 862)

L.: Polenz, P. v., Landschafts- und Bezirksnamen, 1961, I, 13, II, 95, Falminne, Falmena; Nonn, U., Pagus und comitatus in Niederlothringen, 1983, 205.

Fanomarcensis (pagus) (Gau) (671)

L.: Nonn, U., Pagus und comitatus in Niederlothringen, 1983, 204.

Farfa (Reichsabtei). Die um 700 von dem fränkischen Mönch Thomas zwischen Rom und Rieti gegründete, rasch sehr begüterte Abtei erhielt 775 die Immunität. 967 festigte Otto I. die Bindung an den deutschen König. Letztmals erfolgreich machte Friedrich I. Reichsrechte geltend. Danach ging F. als päpstliches Eigenkloster im Kirchenstaat auf.

L.: Zielinski, H., Farfa, LexMA 4 1989, 295 ff.; Stroll, M., The Medieval Abbey of Farfa, 1997.

Farnroda (Herrschaft). F. bei Eisenach erscheint seit 1260 als Sitz einer Ritterfamilie, die sich nach ihm benannte. Die zugehörige kleine Herrschaft kam um 1400 in andere Hände und 1461 schließlich bis 1799 an die Burggrafen von Kirchberg. 1801 gehörte sie über das Fürstentum Sachsen-Weimar-Eisenach zum obersächsischen Reichskreis. 1920 kam F. zu Thüringen.

L.: Wolff 396; Wallner 710 ObersächsRK 19.

Faucigny (Herren). Die seit dem frühen 11. Jahrhundert bezeugten Herren von F. bei Bonneville gewannen im 12. Jahrhundert umfangreiche Güter, die 1268 an Dauphiné, 1355 an Savoyen und damit 1860 an Frankreich kamen.

L.: Demotz, B., Faucigny, LexMA 4 1989, 319.

Fauler von Randegg, Faber von Randegg (Reichsritter). Hans Wilhelm F. zu Brunnhaupten war von 1610 bis zu seinem Tod 1614 Mitglied im Kanton Neckar des Ritterkreises Schwaben. Hans Burkard von F. war von 1609 bis 1632 wegen des erheirateten Horn und des 1612 erworbenen Leinzell Mitglied im Kanton Kocher.

L.: Hellstern 203; Schulz 261.

Faulhaber (Reichsritter). Vielleicht zählten die F. zum Kanton Odenwald im Ritterkreis Franken.

L.: Riedenauer 123.

Faust von Stromberg (Reichsritter). Im frühen 18. Jahrhundert zählten die F. zum Ritterkreis Rhein und zu den Kantonen Rhön-Werra und Baunach im Ritterkreis Franken.

L.: Roth von Schreckenstein 2, 594; Riedenauer 123.

Fechenbach (Freiherren, Reichsritter). Von etwa 1550 bis um 1800 zählten die Freiherren von F. mit dem 1315 erworbenen Laudenbach (Lundenbach) und Sommerau zum Kanton Odenwald des Ritterkreises Franken. Bis etwa 1760 waren sie außerdem im Kanton Rhön-Werra immatrikuliert. Ihre Güter im Kanton Odenwald fielen 1808 an Aschaffenburg. F. selbst gelangte 1450 durch Kauf zusammen mit Reistenhausen, wo vorher die Herren von Grumbach Rechte gehabt hatten, als Eigengut an die Rüdt von Collenberg, die 1635 ausstarben. Die Herrschaft kam dann an die Grafen Reigersberg, 1803 an Aschaffenburg (Dalberg) und 1814 an Bayern.

L.: Roth von Schreckenstein 2, 593; Seyler 363; Hölzle, Beiwort 56; Riedenauer 123; Winkelmann-Holzapfel 148; Stetten 32, 35, 188; Rahrbach 71; Rüdt von Collenberg, Geschichte der Familie Rüdt von Collenberg, 1937 (masch. schr.).

Federitga (Federganaland)

L.: Polenz, P. v., Landschafts- und Bezirksnamen, 1961 II, 39, 49, 68 f., 96, III, 30.

Fehmarn (Insel, Herrschaft, Amt). Die 1075 erstmals genannte, 185 Quadratkilometer umfassende Ostseeinsel F. (Fembre, Imbria, slaw. Vemorje, im Meer) war im Frühmittelalter von Slawen bewohnt und wurde seit der Mitte des 12. Jahrhunderts von deutschen Bauern besiedelt. 1231 gehörte F. zum Herzogtum Schleswig, kam dann an Dänemark und als dänisches Reichslehen an die Grafen von Holstein. 1636 wurde die Verbindung des Amtes mit dem Herzogtum Schleswig bestätigt. 1864 wurde die Insel, die um 1320 ein ältestes fehmarisches Landrecht und 1557 ein neues Landrecht erhalten hatte, von Preußen erobert und 1867 dem Kreis Oldenburg in Holstein zugeteilt. 1946 kam F. zu Schleswig-Holstein.

L.: Sarauw, Versuch einer geschichtlichen Darstellung des politischen Verhältnisses der Insel Fehmarn bis zum Jahre 1329, Staatsbürgerliches Magazin 2 (1834), 4 (1836); Voß, J., Chronikartige Beschreibung der Insel Fehmarn, 1889.

Feilitsch (Reichsritter), Feilitzsch. Im 16. (und 18.) Jahrhundert zählten die F. zum Kanton Gebirg des Ritterkreises Franken sowie zur vogtländischen Ritterschaft (Vogtland).

L.: Stieber; Roth von Schreckenstein 2, 593; Pfeiffer 208; Riedenauer 123.

Feilitzsch (Reichsritter) s. Feilitsch

Felberg (Reichsritter). Im 16. Jahrhundert zählten die F. zum Kanton Odenwald des Ritterkreises Franken.

L.: Pfeiffer 210.

Feldaromarca (Gau zum Ortsnamen Velden)

L.: Polenz, P. v., Landschafts- und Bezirksnamen, 1961, III, 8, IV, 3 f., 8.

Feldkirch (Grafschaft). F. an der Ill in Vorarlberg, in dessen Gebiet wahrscheinlich die römische Siedlung Clunia lag, wird um 842 als Feldchirichun erstmals erwähnt und um 1190/1200 durch die Grafen von Montfort an günstigerer Stelle als Stadt neugegründet. 1375 verkauften die Grafen von Montfort F. an Habsburg. Über Österreich gehörte die Grafschaft F. als vorarlbergische Herrschaft zum österreichischen Reichskreis. S. a. Montfort-Feldkirch.

L.: Wolff 39; Wallner 713 ÖsterreichRK 1; Mone, Das Stadtrecht von Feldkirch in der Abfassung von 1388, ZGO 21 (1867); Gunz, K., Feldkirch, eine mittelalterliche Stadtrepublik, Jb. d. Bundesgym. in Feldkirch, 1927/28; Feldkirch, Stadt am Alpenrhein, 1949; Geschichte der Stadt Feldkirch: Bd. 1: Bilgeri, B./Fetz, H., Politik, Wirtschaft und Verfassung bis zum Beginn des 19. Jahrhunderts, 1986; Bd. 2: Burmeister, K. H., Kulturgeschichte bis zum Beginn des 19. Jahrhunderts, 1985; Bd. 3: Albrecht, K./Wanner, G., Politik, Wirtschaft, Kultur im 19. und 20. Jahrhundert, 1986; Fetz, H./Spiegel, C., Ur- und Frühgeschichte des Feldkircher Raumes, 1987.

Felldorf s. Megenzer von F.

Felsberg (Grafen). F. bei Melsungen war Sitz der 1090 (Velisberc) erstmals genannten Grafen von F. Noch vor deren Aussterben am Ende des 13. Jahrhunderts kam es an Hessen und diente im 15./16. Jahrhundert vielfach als Witwensitz hessischer Fürstinnen.

L.: Wolff 254; Berichte zur deutschen Landeskunde 37, 1 (1966).

Feltre (Stadtkommune). Das auf das antike Feltria zurückgehende F. an einem Nebenfluss des Piave wurde vom 10. bis 13. Jahrhundert von seinen Bischöfen beherrscht. 1440 fiel es an Venedig, 1797 an Österreich, 1805 an das napoleonische Königreich Italien, 1814 wieder an Österreich und 1859/1860 schließlich an Sardinien (1861 Italien).

L.: Großer Historischer Weltatlas II 48 E2; Silvestri, G., Feltre, in: Le Vie d'Italia 60 (1954).

Feluwa

L.: Polenz, P. v., Landschafts- und Bezirksnamen, 1961, II, 45, 47, 96, s. Veluwe.

Fenkion (Fenkiga, Venkinne)

L.: Polenz, P. v., Landschafts- und Bezirksnamen, 1961, II, 41, 95 f., III, 30, IV, 13.

Ferrara (Stadtkommune, Herzogtum). Das vielleicht im frühen 7. Jahrhundert gegründete, 757 erstmals erwähnte F. am Po di Volano wurde gegen Ende des 10. Jahrhunderts vom Papst an die Markgrafen der Toskana gegeben. Im 12. Jahrhundert war es freie Stadt. 1208 kam F. an die Familie Este. 1240 entstand in F. unter den Este die erste städtische Signorie. 1471 wurde F. Herzogtum. 1597/1598 wurde es vom Papst eingezogen.

L.: Raccolta ferrarese, 1869; Fontana, B., Documenti vaticani di un plebiscito in Ferrara sul principio del secolo XIV, 1887; Facchini, G. A., La storia di Ferrara, 1933; Visconti, A., La Storia dell'Università di Ferrara 1391–1950, 1950; Castagnetti, A., Società e politica a Ferrara, 1985; Bocchi, F., Ferrara, LexMA 4 1989, 385 ff.; Emich, B., Territoriale Integration in der frühen Neuzeit, 2005.

Fetzer von Ockenhausen, Fetzer von Oggenhausen (Reichsritter). Wilhelm F. war im Jahr 1614 wegen des adligen Gutes Gärtringen Mitglied des Kantons Neckar und wegen Oggenhausen von 1542 bis 1629 im Kanton Kocher des Ritterkreises Schwaben.

L.: Hellstern 203; Schulz 261.

Feuchtwangen (Reichsabtei). Das wahrscheinlich im 8. Jahrhundert von einem Grundherren gegründete und dann an Karl den Großen gegebene Benediktinerkloster F. (fiuhtinwang) bei Ansbach wird 817 erstmals erwähnt. Es wurde zur Reichsabtei, erscheint aber ab 1197 nur noch als ein Kollegiatstift. Die Vogtei verlieh der Bischof von Augsburg im Namen des Königs, unter anderem an die Grafen von Oettingen. 1376 verpfändete Kaiser Karl IV. Stift und Vogtei an die Burggrafen von Nürnberg. 1563 wurde das Stift aufgehoben.

L.: Schaudig, W., Geschichte der Stadt und des ehemaligen Stiftes Feuchtwangen, 1927; Ramisch, H. K., Landkreis Feuchtwangen, 1964.

Feuchtwangen (Reichsstadt). F. bei Ansbach wird als Benediktinerkloster 817 erstmals genannt. Der seit der Jahrtausendwende daneben entstandene Ort wurde 1285 Reichsstadt. Sie wurde 1376 an die Burggrafen von Nürnberg verpfändet und gehörte dementsprechend tatsächlich zur Markgrafschaft Ansbach, seit 1791 zu Preußen. 1806 kam F. an Bayern.

L.: Wolff 108; Schaudig, W., Geschichte der Stadt und des ehemaligen Stiftes Feuchtwangen, 1927; Funk, W., Feuchtwangen. Werden und Wachsen einer fränkischen Stadt, 1954; Ramisch, H. K., Landkreis Feuchtwangen, 1964; Die Urkunden der Stadt Feuchtwangen 1284–1700(–1772), bearb. v. Hörber, W., 1979.

Feuerbach s. Weiß von F.

Fildira, Fidira, Uildira (Gau)

L.: Polenz, P. v., Landschafts- und Bezirksnamen, 1961, II, 58 f., 95 f.; Borgolte, M., Geschichte der Grafschaften Alemanniens in fränkischer Zeit, 1984, 12.

Filisarihart (Gau zum Bevölkerungsnamen Filisara)

L.: Polenz, P. v., Landschafts- und Bezirksnamen, 1961, II, 72, 74, III, 22, 28 f.

Filseck s. Fischer von F., Moser von F.

Filusgouwe (Filusir, zum Bevölkerungsnamen Filusera)

L.: Polenz, P. v., Landschafts- und Bezirksnamen, 1961, II, 24, III, 22, ‚Vilsgau', Viluesgau.

Filwisgouue (Filsgau)

L.: Polenz, P. v., Landschafts- und Bezirksnamen, 1961, II, 24, s. Viluesgau.

Fin, de (Freiherren, Reichsritter). Im Jahre 1752 zählten die Freiherren de F. zum Kanton Hegau des Ritterkreises Schwaben.

L.: Ruch, Anhang 77, 79.

Finale, Finale Ligure (Herrschaft). F. an der Riviera di Ponente ist 1190/1193 Herrschaftsgebiet der Familie Del Carretto. Die Eigenständigkeit wurde von Genua bestritten. 1598 wurde die Herrschaft von Sforza Andrea del Carretto an Spanien verkauft. 1713 wurde F. vom Reich, an das es gelangt war, für 3 Millionen Gulden an Genua verkauft, das 1815 mit dem Königreich Sardinien (1861 Italien) vereinigt wurde.

L.: Lessico universale Italiano, Bd. 7 1971, 713 f.; Enciclopedia Italiana, Bd. 15 1932, 384–386; Edelmayer, F., Maximilian II., Philipp II. und Reichsitalien. Die Auseinandersetzung um das Reichslehen Finale in Ligurien, 1988.

Finningen (Herrschaft). Die Herrschaft F. bei Ulm gehörte überwiegend seit alters, im übrigen seit 1443 der Abtei Sankt Ulrich und Afra in Augsburg und fiel mit dieser an Bayern.

L.: Hölzle, Beiwort 83.

Finsgouwe s. Vinschgau

L.: Polenz, P. v., Landschafts- und Bezirksnamen, 1961, II, 9, 35, 64, 66, III, 25, 28 f.

Finsterlohe?, Vinsterlohe? (Reichsritter) s. Finsterlohr

L.: Biedermann, Altmühl.

Finsterlohr, Finsterlohr zu Lauttenbach, Finsterlohr zu Laudenbach (Reichsritter). Um 1550 zählten die F. zum Kanton Odenwald sowie zum Kanton Altmühl des Ritterkreises Franken.

L.: Biedermann, Altmühl; Pfeiffer 210; Riedenauer 123; Stetten 32; Rahrbach 73.

Finsterwalde (Herrschaft). F. auf der Südseite des Lausitzer Landrückens (Oberlausitz) und an der Salzstraße Lüneburg-Magdeburg-Liegnitz-Breslau entstand in Anlehnung an eine vermutlich kurz nach 1200 errichtete, 1301 erstmals erwähnte deutsche Burg. Sie gehörte nacheinander den Landsberg, Biterolf, Ileburg, Rodstock, Gorenc, Polenz sowie Hans Pack. 1425 kam die Herrschaft F. durch Kauf an Sachsen, das 1422/1423 an die Markgrafen von Meißen gefallen war. 1815 gelangte sie an Preußen. S. Brandenburg.

L.: Wolff 378; Schlobach, O./Riedbaum, W., Zur Geschichte der Stadt Finsterwalde, 2. A. 1930; Gericke, W., Geschichte der Stadt Finsterwalde, 1936.

Finstingen (reichsunmittelbare Herrschaft), frz. Fénétrange. Die Herren von F. stammen von den Herren von Malberg in der Eifel ab. Aus Vogteigütern der Abtei Remiremont und Lehen des Hochstifts Metz entstand um F. in Lothringen im 12. Jahrhundert eine reichsunmittelbare Herrschaft. Die Rechte an ihr waren später stark aufgesplittert. Seit 1751 standen sie Lothringen und damit Frankreich zu. Die Familie erlosch 1467/1500 im Mannesstamm.

L.: Wolff 305; Großer Historischer Weltatlas II 66 (1378) D4; Herrmann, H., Finstingen, LexMA 4 1989, 485.

Firihseton (Bevölkerungsname)

L.: Polenz, P. v., Landschafts- und Bezirksnamen, 1961, II, 72, III, 11.

Firnihgouwe (Vernika, ‚Vernagau')

L.: Polenz, P. v., Landschafts- und Bezirksnamen, 1961, II, 15, 26, 31, 33.

Fischbach (Herrschaft). Die Herrschaft Horn-Fischbach zwischen Biberach und Memmingen war 1320 in den Händen der Herren von Essendorf. Nach deren Aussterben kam sie 1578 mit dem Blutbann als Lehen Österreichs an die Schenken von Stauffenberg, die sie 1748 an Ochsenhausen verkauften. 1801 gehörte die Herrschaft (Amt) F. über die Abtei Ochsenhausen zum schwäbischen Reichskreis. Über Württemberg kam F. 1951/1952 zu Baden-Württemberg.

L.: Wolff 183; Wallner 687 SchwäbRK 33.

Fischbeck (Kloster). Im mittleren Wesertal am westlichen Abhang des Süntel wurde 955 das Augustinerkanonissenstift F. gegründet. Es wurde 1563/1566 freiweltliches adliges Damenstift. 1946 gelangte F. zu Niedersachsen.

L.: Wolff 348; Müller-Krumwiede, H.W., Stift Fischbeck an der Weser, 1955; Kunst und Kultur im Weserraum 800–1600, 3. A. 1966.

Fischborn (Reichsritter). Im frühen 16. Jahrhundert zählten die F. zum Kanton Rhön-Werra des Ritterkreises Franken.

L.: Riedenauer 123.

Fischer von Filseck (Reichsritter). Von 1647 bis 1707 waren die F. wegen Filseck Mitglied im Kanton Kocher des Ritterkreises Schwaben.

L.: Schulz 261.

Fivilga (Fivelinge, Fivelingeland, Fivelgoo)

L.: Polenz, P. v., Landschafts- und Bezirksnamen, 1961, II, 24, 49, III, 10.

Flach von Schwarzenberg (Ganerben). Mit Steinkallenfels verbunden sind die F., die durch Belehnung seitens Nassaus von 1542 bis 1639 in die Ganerbschaft Schornsheim gelangten, zu Anfang des 17. Jahrhunderts aber erloschen.

L.: Zimmermann 67 f.

Flachgau

L.: Polenz, P. v., Landschafts- und Bezirksnamen, 1961, II, 96.

Flachslanden (Freiherren, Reichsritter). Im 18. Jahrhundert zählten die Freiherren von F. mit dem im 18. Jahrhundert erworbenen halben Mackenheim und dem 1726 erworbenen Stützheim zur Reichsritterschaft Unterelsass. Sie gehörten zu den bereits im Stichjahr 1680 angesessenen und mit ihren Gütern bei der Ritterschaft immatrikulierten Familien. Sie erloschen am Ende des 18. Jahrhunderts.

L.: Hölzle, Beiwort 67.

Fladungen (Reichsritter). Im frühen 16. Jahrhundert zählten die F. zum Kanton Rhön-Werra im Ritterkreis Franken.

L.: Stieber; Riedenauer 123.

Flandern (Grafschaft). Der im frühen 8. Jahrhundert erstmals belegte Name F. (Flachland) bezeichnete vom 9. Jahrhundert an eine Grafschaft zwischen Schelde, Canche und Nordsee. 843 kam das Gebiet zum westfränkischen Reich. Die Grafschaft war französisches Lehen der Familie der Balduine (Kron-Flandern), von denen Balduin I. Schwiegersohn Karls des Kahlen war, und reichte im Osten bis Gent und Kortrijk, an der Nordseeküste bis Boulogne. Unter Arnulf I. (918–965) kam Artois hinzu. 1056 belehnte Kaiser Heinrich III. Graf Balduin V. mit dem nördlichen Land der vier Ambachten und der Landschaft Aalst östlich der Schelde (Reichs-Flandern), wovon das Mündungsgebiet der Schelde und die Mark Antwerpen behauptet wurden. 1107 gewannen die Grafen die Schutzherrschaft über das Hochstift Cambrai. 1191 ging F. über die Erbtochter an einen Grafen des Hennegaus über. Der Versuch des französischen Königs, F. nach 1214 fester an sich zu binden, scheiterte 1302 (Niederlage von Kortrijk). 1262 erlangten die Grafen von F. die Grafschaft Namur. 1384/1385 kam F. mit Artois nach dem Aussterben der hennegauischen Grafen bzw. des seit 1278 regierenden Hauses Dampierre über die Erbtochter an das Herzogtum Burgund und 1477 mit Burgund über Maria von Burgund an Habsburg, wobei Artois zwischen Habsburg und Frankreich umstritten blieb. 1556 wurde F. der spanischen Linie Habsburgs zugeteilt. Der Norden fiel 1648 an die Republik der Vereinigten Niederlande (Generalstaaten). Staatsflandern: Das freie Land von Sluis mit den Städten Sluis, Aardenburg und Oostburg (Dostburg), dem Amt Aardenburg, einem Teil der Grafschaft Middelburg und dem Amt Oostburg (Dostburg), der Insel Cadzand (Razand), Stadt und Amt Ysendyk und der Stadt Biervliet und das Hulsteramt). Artois und andere flandrische Gebiete kamen 1659/1668/1678 an Frankreich (das Quartier des Freilandes mit den Städten und Kastellaneien Grevelingen [Gravelingen], Bourbourg und Bergues, das Quartier Cassel mit der Stadt und Kastellanei Cassel und der Kastellanei Bailleul und das Quartier oder Land l'Isle oder Lille mit der Stadt und Kastellanei Lille und den Ämtern Orchies und Douai [Donay]). 1714 gelangte das verbliebene F. mit einem Teil der spanischen Erbschaft an Österreich, 1794 an Frankreich, 1814 an die Niederlande und 1830 überwiegend an Belgien.

L.: Wolff 58 f.; Wallner 701 BurgRK 1; Großer Historischer Weltatlas II 66 (1378) B3; Vanderkindere, L., La formation territoriale des principautés belges, Bd. 1 f. 2. A. 1902; Curs, O., Deutschlands Gaue im zehnten Jahrhundert. Nach den Königsurkunden, Diss. phil. Göttingen 1908, 7; Sproemberg, H., Die Entstehung der Grafschaft Flandern, 1935, Neudruck 1965; Geschiedenis van Vlaanderen, hg. v. Roosbroeck, R. van, Bd. 1–6 1936 ff.; Flandria nostra, redig. v. Broeckx, J. L. u. a. Bd. 1–5 1957 ff.; Polenz, P. v., Landschafts- und Bezirksnamen, 1961, III, 1, 3, 27, Flandrun, Flamingun,

Bevölkerungsname; Domke, H., Flandern, das burgundische Erbe, 1964; Roosbroeck, R. van, Geschichte Flanderns, 1968; Allgemene Geschiedenis der Nederlanden (neue Ausgabe), Bd. 1 ff. 1980 ff.; Berings, G., Flandern, LexMA 4 1989, 514 ff.; Nicholas, D., Medieval Flanders, 1992; Mohr, W., Die Vorgeschichte der Grafschaft Flandern, 1994.

Flandrinse (Gau an der Nordseeküste des heutigen Belgien). S. Flandern.

L.: Curs, O., Deutschlands Gaue im zehnten Jahrhundert. Nach den Königsurkunden, Diss. phil. Göttingen 1908, 7 (Vlachem).

Flavon (Grafen). Die Güter der Grafen von F. wurden im 13. Jahrhundert von den Grafen von Tirol erworben.

L.: Riedmann, J., Geschichte Tirols, 2. A. 1988.

Fleckenstein (Herrschaft). Die aus vier Teilen bestehende Herrschaft F. im Unterelsass (Niederelsass) mit Sulz, Niederrödern, Uffried, Weitersweiler, Hohweiler (Hochweiler), Drachenbronn (Drachenbrunn), Lembach, Trimbach und Niederseebach gehörte den vielfach teilenden Herren von F. Nach deren Aussterben 1720 fiel sie an die Fürsten von Rohan-Soubise und kam mit dem Elsass an Frankreich.

L.: Wolff 293; Großer Historischer Weltatlas II 66 (1378) D4; Müller, P., Die Herren von Fleckenstein, 1990.

Flehingen (Herren, Reichsritter). Das zwischen 779 und 876 in Zeugnissen Lorschs viermal erwähnte F. (Flancheim, Flaningheim) bei Karlsruhe wurde 1368 von den Edlen von Stralenberg an die Pfalz verkauft. Von 1396 bis 1637 hatten es die Herren von F., deren Sitz es war, als Lehen der Pfalz inne. Nach deren Aussterben kam es an die Grafen Wolff-Metternich zur Gracht. Die F. zählten am Ende des 18. Jahrhunderts zum Ritterkreis Schwaben. 1803 fiel F. mit der Pfalz an Baden und gelangte damit 1951/1952 zu Baden-Württemberg.

L.: Roth von Schreckenstein 2, 592; Feigenbutz, L., Der Amtsbezirk Bretten, 1890.

Flenithi (Flenithigavve, Gau zwischen Innerste und Weser)

L.: Curs, O., Deutschlands Gaue im zehnten Jahrhundert. Nach den Königsurkunden, Diss. phil. Göttingen 1908, 7 (Wrisbergholzen, Segeste, Petze, Sellenstedt, Grafelde, Elze, Boitzum, Esbeck, Hohnsen, Alferde, Diedersen, Thüste, Söhre, Heersum, Halbe); Hessler, W., Mitteldeutsche Gaue des frühen und hohen Mittelalters, 1957, 121 (Alferde, Boitzum, Esbeck, Gandersheim, Grafelde, Heersum, Petze, Segeste, Sellenstedt, Söder, Wrisbergholzen); Polenz, P. v., Landschafts- und Bezirksnamen, 1961, II, 15, 41, 68 f.; Wagner, G., Die Verwaltungsgliederung im karolingischen Reich, 1963, 9.

Flersheim (Reichsritter), Flörsheim. Die aus Niederflörsheim (zwischen Alzey und Worms) stammende Familie erlosch 1655 in der Hauptlinie. Im 18. Jahrhundert zählten die F., die Ganerben zu Gundheim und Nieder-Saulheim (Niedersaulheim) waren, zum Ritterkreis Rhein.

L.: Roth von Schreckenstein 2, 594; Zimmermann 68.

Flethite (Fladate)

L.: Polenz, P. v., Landschafts- und Bezirksnamen, 1961, II, 68, 96.

Flina

L.: Polenz, P. v., Landschafts- und Bezirksnamen, 1961, II, 95 f.

Flochberg (Burg, Herrschaft). Die Burg der 1138 erstmals erwähnten Herren von F. war 1145 castrum regis. 1330 verlehnte König Ludwig der Bayer die zerstörte Burg an die Grafen von Oettingen. 1347 verpfändete Karl IV. F. an die Grafen. 1806 kam es mit Oettingen an Bayern, 1810 an Württemberg und damit 1951/1952 zu Baden-Württemberg. S. Oettingen-Flochberg.

L.: Wolff 177; Der Ostalbkreis, 1978.

Florenz (Stadt, Stadtkommune, Herzogtum), ital. Firenze. Nach prähistorischen und etruskischen Vorläufern entstand vermutlich im zweiten vorchristlichen Jahrhundert das römische Florentia am Arno, das um 200 n. Chr. vielleicht 10 000 Einwohner hatte. Im 4. Jahrhundert wurde es Sitz eines Bischofs, in langobardischer Zeit Sitz eines Herzogs und unter den Ottonen Sitz eines Grafen. Noch vor 1115 setzte der Kampf um die Selbständigkeit ein. 1125 unterwarf F. Fiesole. 1138 sind consules (Konsuln) nachweisbar. Im 13. und 14. Jahrhundert wurde die Stadt mit ihrer bedeutenden Tuchherstellung führende Macht im mittleren Italien und zählte 1348 etwa 120 000 Einwohner. Ihre Währung (Florentiner) gewann als Gulden (abgekürzt fl.) Bedeutung weit über Florenz hinaus. 1406 wurde Pisa erobert, 1421 Livorno erworben. 1434 kam die Familie Medici an die Macht, die 1531 von Karl V. zu Herzögen erhoben wurde. 1737 fiel das Herzogtum an Österreich, 1801 als Hauptstadt an das Königreich Etrurien Frankreichs, von 1808 bis 1814 an Frankreich, von 1814 bis 1859 an Österreich und schließlich an Sardinien bzw. 1861 an das Königreich Italien, dessen Hauptstadt es von 1865 bis 1879 war.

L.: Großer Historischer Weltatlas II 48 (1300) D3, II 78 (1450) G5; Davidsohn, R., Geschichte von Florenz, Bd. 1–4 1896 ff., Neudruck 1969; Caggese, R., Firenze dalla decadenza di Roma al Risorgimento, Bd. 1–3 1912 ff.; Panella, A., Storia di Firenze, 1949; Nardi, J., Istorie della città di Firenze, 1958; Lopes Pegna, M., Firenze dalle origini al medioevo, 1962; Bargellini, P., La splendida storia di Firenze, 1966; Grote, A., Florenz, Gestalt und Geschichte eines Gemeinwesens, 2. A. 1968; Raith, W., Florenz vor der Renaissance. Der Weg einer Stadt aus dem Mittelalter, 1976; Hale, J., Die Medici und Florenz, 1979; Brucker, G., Firenze 1138–1737, 1983; Panella, A., Storia di Firenze, 1984; Cardini, F., Florenz, LexMA 4 1989, 554 ff.; Bouboullé, G., Florenz, 1989; Brucker, G., Florenz in der Renaissance, 1990; Reinhardt, V., Florenz zur Zeit der Renaissance, 1990; Cohn, S., Creating the Florentine State, 1999; Zumhagen, O., Religiöse Konflikte und kommunale Entwicklung, 2001.

Flutwidde (Gau südlich Celles, Mulbeze)

L.: Curs, O., Deutschlands Gaue im zehnten Jahrhundert. Nach den Königsurkunden, Diss. phil. Göttingen 1908, 7 (Aligse, Engensen, Wiedenrode, Hardesse, Uetze, Seershausen, Schepelse, Wathlingen); Hessler, W., Mitteldeutsche Gaue des frühen und hohen Mittelalters, 1957, 122 (Hardesse, Schepelse, Seershausen, Uetze, Wathlingen, Wiedenrode, Wienhausen); Polenz, P. v., Landschafts- und Bezirksnamen, 1961, II, 70, Flotwidde, Flutwidde, Flotwito, Flotwede; Wagner, G., Die Verwaltungsgliederung im karolingischen Reich, 1963, 9.

Folcholtsbaar (Gau)

L.: Borgolte, M., Geschichte der Grafschaften Alemanniens in fränkischer Zeit, 1984, 130 (Marchtal, Bussen, Seekirch, Haisterkirch, Wengen, Hochdorf, Weiler, Obermöhringen, Untermöhringen, Daugendorf, Grüningen, Emerkingen, Wachingen, Erbstetten, Oberwilzingen, Unterwilzingen, Haidgau).

Folcfeld s. Volkfeld

L.: Polenz, P. v., Landschafts- und Bezirksnamen, 1961, II, 27, 29, 58, 61 f., III, 25, 30, Folcfeld, Volcfeld.

Folcholtespara, s. Folcholtsbaar

L.: Polenz, P. v., Landschafts- und Bezirksnamen, 1961, II, 34, 78–82.

Forbach (Grafschaft). Die südwestlich von Saarbrücken gelegene Grafschaft F. in Lothringen gehörte am Ende des 18. Jahrhunderts den Grafen von Leiningen-Guntersblum. Mit Lothringen gelangte F. an Frankreich.

L.: Wolff 283, 305.

Forcalquier (Grafschaft). Die 1111 erstmals genannten Grafen von F. stammen aus dem Pyrenäenraum. Sie gewannen im 12. Jahrhundert ein wenig zusammenhängendes Herrschaftsgebiet um das Durancetal. 1178 mussten sie dem Grafen von Provence den Vasalleneid leisten. 1209 starben sie in männlicher Linie aus. S. Provence.

L.: Chomel, V., Forcalquier, LexMA 4 1989, 631.

Forchtenstein (Herrschaft). Um 1300 erbauten die Grafen von Mattersdorf die Burg F. im Burgenland. Sie wurde Mittelpunkt einer Herrschaft, die 1455 an Habsburg kam und 1491 verwaltungsmäßig mit Niederösterreich vereinigt wurde. Seit 1622 war sie im Besitz der Esterhazy. 1647 wurde F. der Verwaltung Ungarns unterstellt. 1919 fiel es an Österreich.

Fork, Vorkene? (Reichsritter). Bis 1650 zählten die F. zum Kanton Odenwald des Ritterkreises Franken.

L.: Stetten 32; Riedenauer 123.

Formbach (Grafen) (Vornbach). Im 9. bzw. 10. Jahrhundert erscheinen mit einem Meginhard Grafen von F., die außer mit den Liutpoldingern, Brunonen und Wettinern mit den Grafen von Wels-Lambach verwandt waren und die Grafschaft im Traungau innehatten. 1158 erlosch die im 11. Jahrhundert in den Linien Formbach-Neuburg (Ekbert), Vichtenstein und Windberg-Ratelberg (Winzenburg) sichtbare Familie, die gestützt auf mehr als hundert Edelfreienfamilien und Ministerialenfamilien zwischen Isar, Hausruck, Rott und Böhmen begütert war und zeitweise die Grafschaft im Schweinachgau und im Künziggau (zwischen Isar und Vils) sowie die Vogtei über die Hochstifte Regensburg, Passau und Bamberg und die Klöster Göttweig, Niederaltaich und Sankt Nikola bei Passau innehatte und 1040/1094 das Kloster Vornbach (Formbach) am Inn stiftete. Erben waren vor allem die Babenberger und Otakare sowie die Grafen von Andechs, Bogen und Ortenburg.

L.: Lechner, K., Die Babenberger, 1976; Das babenbergische Österreich (976–1246), hg. v. Zöllner, E., 1978; Jungmann-Stadler, F., Formbach, LexMA 4 1989, 645; Lashofer, C., Die Formbacher als Vögte des Stiftes Göttweig, in: Studien und Mitteilungen zur Geschichte des Benediktinerordens 106 (1995), 221; Loibl, R., der Herrschaftsraum der Grafen von Vornbach, 1997.

Forst (Herrschaft), Forsta. Die Standesherrschaft F. bei Guben gehörte zur Markgrafschaft Niederlausitz.

L.: Wolff 471.

Forster, Vorster (Freiherren, Reichsritter). Um 1790 zählten die Freiherren von F. mit einem Siebtel der Ganerbschaft Nieder-Saulheim (Niedersaulheim) zum Kanton Oberrheinstrom des Ritterkreises Rhein.

L.: Zimmermann 79; Winkelmann-Holzapfel 167.

Forster, Vorster (Reichsritter). Im 18. Jahrhundert zählten die F. mit der Herrschaft Burghausen (Hausen) zum Kanton Altmühl des Ritterkreises Franken.

L.: Stieber; Hölzle, Beiwort 55; Riedenauer 128.

Forstmeister (Reichsritter) s. Forstmeister von Gelnhausen, Forstmeister von Lehenhan

Forstmeister von Gelnhausen (Forstmeister zu Gelnhausen) (Freiherren, Reichsritter). Um 1550 bis etwa 1650 zählten die im Dienst im Büdinger Wald reich gewordenen F. zum Kanton Odenwald des Ritterkreises Franken. Im späten 16. Jahrhundert waren sie auch im Kanton Rhön-Werra immatrikuliert. Im 18. Jahrhundert waren sie mit der Herrschaft Aufenau, die vielleicht von Fulda zeitweilig an die Herren von Lißberg und dann im 14. Jahrhundert an die Forstmeister gelangt und reichsunmittelbar geworden war, 1781 wegen Überschuldung aber an das Erzstift Mainz verkauft werden musste, Schloss Kinzighausen und Neudorf Mitglied des Kantons Mittelrheinstrom des Ritterkreises Rhein.

L.: Roth von Schreckenstein 2, 594; Winkelmann-Holzapfel 148; Pfeiffer 212; Riedenauer 123; Stetten 32.

Forstmeister von Lebenhan (Reichsritter). Im 16. Jahrhundert zählten die F. zum Kanton Rhön-Werra im Ritterkreis Franken.

L.: Riedenauer 123; Rahrbach 76.

Forstner (Reichsritter). Von etwa 1785 bis 1806 zählten die F. mit Hausen, das 1808 an Bayern fiel, zum Kanton Odenwald des Ritterkreises Franken. Um 1750 waren sie auch im Kanton Altmühl immatrikuliert.

L.: Stetten 35, 183; Riedenauer 123.

Forstner von Dambenois, Forstner-Dambenoy (Reichsritter). Von 1720 bis 1805 zählten die F. zum Kanton Neckar des Ritterkreises Schwaben.

L.: Hellstern 203.

Förtsch von Thurnau (Reichsritter). Im frühen 16. Jahrhundert zählten die F. zum Kanton Gebirg im Ritterkreis Franken.

L.: Riedenauer 123; Rahrbach 75.

Fouquet (Reichsfürst). 1743 wurde Charles-Louis Auguste F. zum Reichsfürsten erhoben.

L.: Klein 171.

Franche Comté (Freigrafschaft) s. Burgund

L.: Großer Historischer Weltatlas III 22 (1648) B/C5.

Franchimont (Markgrafschaft). Die Markgrafschaft F. gehörte am Ende des 18. Jahrhunderts über das Hochstift Lüttich zum niederrheinisch-westfälischen Reichskreis.

L.: Wolff 327; Wallner 702 WestfälRK 4.

Franckenstein (Freiherren, Reichsritter) s. Frankenstein

Frank, Franck (Freiherren, Reichsritter). 1780 wurde der brandenburgisch-ansbachische geheime Rat Philipp Jacob von F. zusammen mit seinem Vater, der Wechsler in Straßburg war, von Kaiser Joseph II. in den Reichsadelsstand erhoben. Er war von 1785 bis zu seinem Tod 1789 ohne männliche Nachkommen mit den 1783/1784 gekauften bubenhofischen Gütern Leinstetten und Bettenhausen, die 1791 an den Grafen von Sponeck gelangten, Mitglied des Kantons Neckar des Ritterkreises Schwaben. Um 1800 erscheint F. auch im Kanton Gebirg des Ritterkreises Franken.

L.: Hölzle, Beiwort 64; Riedenauer 123; Hellstern 203; Kollmer 375.

Franken (Ballei [des Deutschen Ordens]). Zur Ballei F. des Deutschen Ordens zählten ursprünglich 23 im 13. Jahrhundert gegründete Komtureien (u. a. Nürnberg, Regensburg, Mergentheim, Würzburg, Ulm). Seit 1444 war sie mit dem Meistertum des Deutschen Ordens sehr eng verknüpft. Vor 1796 bestand sie noch aus den zum fränkischen Reichskreis gehörigen Komtureien Ellingen, Virnsberg, Nürnberg, Würzburg und Münnerstadt, den zum schwäbischen Reichskreis zählenden Komtureien Heilbronn, Oettingen, Kapfenburg und Ulm, den zum bayerischen Reichskreis gehörigen Komtureien Donauwörth, Blumenthal in Oberbayern, Gangkofen in Niederbayern und Regensburg sowie den Komtureien Fritzlar (kurrheinischer Reichskreis) und Kloppenheim im Gebiete der Burg Friedberg (oberrheinischer Reichskreis). Die Ballei war innerhalb Bayerns landsässig. 1796 kamen verschiedene Güter an Preußen (Ansbach), das übrige wenig später an Bayern.

L.: Wolff 113; Hofmann, H. H., Der Staat des Deutschmeisters, 1964; Weiß, D., Die Geschichte der Deutschordens-Ballei Franken im Mittelalter, 1991.

Franken (Herzogtum). Nach dem Zerfall des karolingischen Reiches konnte sich in dem Gebiet zwischen Neckar und Eder, Thüringerwald und Rhein ein fränkisches Stammesherzogtum, wie sich dies angeboten hätte, nicht ausbilden. 939 wurde das Land unmittelbar dem König unterstellt. Im 12. Jahrhundert entstanden im Westen zahlreiche kleinere Herrschaften (Pfalz, Nassau, Hessen, Katzenelnbogen, Hanau, Mainz, Worms, Speyer), so dass der Name F. rasch verschwand. Im Osten beanspruchte der Bischof von Würzburg seit Anfang des 12. Jahrhunderts herzogliche Rechte. Auf Grund gefälschter Urkunden wurden sie ihm von Kaiser Friedrich I. 1168 bestätigt. In der Folge festigte sich für dieses östliche Gebiet der Name F., obwohl der Bischof von Würzburg die Herzogsgewalt nicht über das Hochstift hinaus auf Bamberg, Fulda, Henneberg, Castell, Nürnberg und Hohenlohe auszudehnen vermochte. Erst in der Errichtung des fränkischen Reichskreises wurde dieses östliche F. lose vereint. 1633 wurden die Hochstifte Würzburg und Bamberg als Herzogtum F. an Herzog Bernhard von Weimar als Lehen Schwedens gegeben, aber bereits 1634 wieder verselbständigt. 1803/1806 kamen die fränkischen Herrschaften überwiegend an Bayern.

L.: Großer Historischer Weltatlas II 34 (1138–1254) F4; Zimmermann, G., Franken, in: Geschichte der deutschen Länder, Bd. 1; Stein, F., Geschichte Frankens, Bd. 1 f. 1885 f., Neudruck 1966; Wittmann, L., Landkarten von Franken aus der Zeit von 1490–1700, 4. Lief. 1940–1942, 1952; Historischer Atlas von Bayern, hg. v. d. hist. Komm. f. bayer. Landesgeschichte, Teil Franken, Reihe I 1952 ff., Reihe II 1954 ff.; Hofmann, H. H., Franken am Ende des alten Reichs (1792), 1954/1956; Hofmann, H. H., Franken seit dem Ende des alten Reiches (1790–1945), in: Historischer Atlas von Bayern, Teil Franken, Reihe II, 1, 1a, 1955/1956; Franken, hg. v. Scherzer, C., 1959 ff.; Brod, W. M., Frankens älteste Landkarte. Ein Werk Sebastians von Rotenhan, Mainfränk. Jb. 11 (1959); Bonacker, W., Grundriss der fränkischen Kartographie des 16. und 17. Jahrhunderts, Mainfränk. Hefte 33 (1959); Spindler, M., Franken 1500–1818, in: Handbuch der bayerischen Geschichte Bd. 3, 1 3. A. 1997; Polenz, P. v., Landschafts- und Bezirksnamen, 1961, II, 22, 27, 30, 51 f., 77, 94; Moraw, P., Franken als königsnahe Landschaft im späten Mittelalter, Bll. f. dt. LG. 122 (1976), 123 ff.; Wendehorst, A., Die geistliche Grundherrschaft im mittelalterlichen Franken, in: Die Grundherrschaft im späten Mittelalter, Bd. 1 f., hg. v. Patze, H., 1983; Fried, P., Die Entstehung der Landesherrschaft in Altbayern, Franken und Schwaben im Lichte der historischen Atlasforschung, in: Land und Reich, Stamm und Nation, FS M. Spindler, 1984; Friedrich der Große, Franken und das Reich, hg. v. Duchhardt, H., 1986; Fränkische Reichsstädte, hg. v. Buhl, W., 1987; Wendehorst, A., Franken, LexMA 4 1989, 728 ff.; Pleticha, H., Franken und Böhmen, 1990; Guth, K., Konfessionsgeschichte in Franken 1555–1955, 1990; Lubich, G., Auf dem Weg zur „Güldenen Freiheit", 1996; Franken von der Völkerwanderungszeit bis 1268, bearb. v. Störmer, W., 1999; Merz, J., Fürst und Herrschaft. Der Herzog von Franken und seine Nachbarn 1470–1519, 2000; Franken im Mittelalter, hg. v. Merz, J. u. a., 2004.

Franken (Ritterkreis), fränkischer Ritterkreis. Der Ritterkreis F. war wie der Ritterkreis Schwaben und der Ritterkreis Rhein(strom) eine Untergliederung der Reichsritterschaft. Seine Geschäfte wurden von jeweils derjenigen Kantonskanzlei erledigt, auf die das Generaldirektorium turnusgemäß entfiel (z. B. Schweinfurt). Im frühen 16. Jahrhundert zählten zu ihm vielleicht 481 Familien (Odenwald 132, Gebirg 123, Rhön-Werra 86, Steigerwald 37, Altmühl 62, Baunach 41), zu denen später zumindest zeitweise 572 Familien hinzukamen, so dass einschließlich verschiedener Zweifelsfälle mit einer Gesamtzahl von knapp 1100 zugehörigen, nicht unbeträchtlich wechselnden Familien gerechnet werden kann. Um 1790 umfasste der Ritterkreis rund 700 Gebiete mit etwa 200 000 Einwohnern und 150 Ritterfamilien. Er gliederte sich in die Kantone Odenwald (Heilbronn, seit 1764 Kochendorf), Gebirg (Bamberg), Rhön-Werra (Schweinfurt), Steigerwald (Erlangen), Altmühl (Wilhermsdorf) und Baunach (Baunach, seit 1778 Nürnberg). Um 1800 zählte die Reichsritterschaft F. (selbst) zu den Mitgliedern des Kantons Steigerwald des Ritterkreises F.

L.: Stieber; Biedermann; Wolff 511; Riedenauer 87 ff.; Die Territorien des Reichs 4, 182; Bundschuh, M., Versuch einer historisch-topographisch-statistischen Beschreibung der unmittelbaren freyen Reichsritterschaft in Franken, 1801.

Frankenberg, Frankenberg zu Riet (Reichsritter). Von 1601 bis 1614 war der württembergische Rat Balthasar von F. (zu Riet) Mitglied des Kantons Neckar des Ritterkreises Schwaben.

L.: Hellstern 203.

Frankenberg (reichsritterschaftlicher Ort). In F. nördlich von Uffenheim erbaute der Bischof von Würzburg um 1200 eine Burg, die seit 1554 verfiel. Eine von den Burggrafen von Nürnberg 1254 errichtete weitere Burg (Vorderfrankenberg) wurde 1284 den Hohenlohe verpfändet und von diesen 1362 Böhmen zu Lehen aufgetragen. Um 1390 wurde sie als Herrschaft an die Seckendorff verkauft. 1429 erwarb Würzburg die Herrschaft, verpfändete sie aber bald an die Heßberg. 1452/1445 kam die allodiale Ganerbenburg an die Absberg, die sie 1464 den Markgrafen von Ansbach auftrugen. 1520 fiel sie an die Hutten, die sie 1630 durch Konfiskation verloren, 1638/1639 aber wieder zurückgewannen. Nach deren Aussterben 1783 kam es zu einem Streit zwischen Schwarzenberg und Pölnitz (Pöllnitz). Einzelne Güter zog Ansbach ein. 1796 wurde der zum Kanton Odenwald des Ritterkreises Franken steuernde Ort von Preußen in Besitz genommen, 1806 fiel er an Bayern.

L.: Wolff 511.

Frankenberg s. Hutten zu F.

Frankenstein, Franckenstein (Freiherren, Reichsritter). Im 17. und 18. Jahrhundert (1650–1720) zählten die F. zum Kanton Rhön-Werra des Ritterkreises Franken. Im 16. und 17. Jahrhundert sowie um 1806 waren sie im Kanton Odenwald immatrikuliert. Im 17. und 18. Jahrhundert gehörten sie mit dem Rittergut Ullstadt und Langenfeld zum Kanton Steigerwald des Ritterkreises Franken. Im 18. Jahrhundert zählten sie mit einem Viertel Allmannsweier, Niederschopfheim und einem Viertel Wittenweier zum Ort (Bezirk, Kanton) Ortenau des Kantons Neckar des Ritterkreises Schwaben sowie als Ganerben zu Mommenheim zum Ritterkreis Rhein. 1802 waren Johann Friedrich Karl Joseph Xaver F. (Herr der Herrschaft Binzburg [Bünzburg], Niederschopfheim usw.), Johann Philipp Anton Franz F. und Franz Christoph Karl Philipp F. immatrikuliert. Die Freiherren von F. zu Ockstadt waren um 1790 mit Messenhausen Mitglied des Kantons Odenwald des Ritterkreises Franken. Wegen der Hälfte von Dorn-Assenheim (Dornassenheim), Ockstadt mit Oberstraßheimer Hof und Usafeldchen gehörten sie auch dem Kanton Mittelrheinstrom des Ritterkreises Rhein an.

L.: Stieber; Roth von Schreckenstein 2, 594; Seyler 363; Pfeiffer 210 f.; Hölzle, Beiwort 66; Zimmermann 68 f.; Winkelmann-Holzapfel 148; Riedenauer 123; Stetten 32; Bechtolsheim 196.

Frankenstein, Franckenstein (Fürstentum, Herrschaft). F. bei Breslau wurde um 1280 durch Herzog Heinrich IV. von Schlesien an der Straße von Breslau nach Prag gegründet. Seit etwa 1300 war es Sitz eines Fürstentums, das in der Mitte des 14. Jahrhunderts unter die Oberhoheit Böhmens kam. Zeitweise war es mit Münsterberg vereinigt. Die Herrschaft F. war von 1654 bis 1791 durch kaiserliche Verleihung in der Hand der Familie Auersperg. 1742 fiel F. an Preußen. 1791 wurde die Herrschaft an Preußen verkauft. 1990 kam F. als politische Folge der deutschen Wiedervereinigung an Polen.

L.: Wolff 477; Kopitz, A., Geschichte der deutschen Kultur und ihrer Entwicklung in Frankenstein und im Frankensteiner Lande, 1910.

Frankenstein, Franckenstein zu Ockstadt (Freiherren, Reichsritter) s. Frankenstein

L.: Winkelmann-Holzapfel 148.

Frankenthal (Abtei). F. (ursprünglich unmittelbar) am Rhein wird 772 erstmals erwähnt. Um 1119 gründete der Wormser Kämmerer Erkenbert ein Augustinerchorherrenstift (Großfrankenthal). Es war zunächst Propstei und wurde 1163 zur Abtei erhoben. Ihm gehörte fast das ganze Dorf F., das Dorf Mörsch und das halbe Dorf Eppstein. Nach der Zerstörung im Bauernkrieg wurde es 1562 durch Kurfürst Friedrich III. von der Pfalz aufgelöst. Kurfürst Friedrich IV. baute F. zum Hauptstützpunkt seiner linksrheinischen Güter aus. Über Bayern kam F. 1946 zu Rheinland-Pfalz.

L.: Wolff 90; Großer Historischer Weltatlas II 66 (1378) E4; Franz, G., Aus der Geschichte der Stadt Frankenthal, 1912; Eckardt, A. u. a., Stadt- und Landkreis Frankenthal, 1939; Illert, F., Frankenthal im geschichtlichen Bild des Rhein-Neckar-Raumes, 2. A. 1957; Amberger, H., Dero Stadt Frankenthal, 1962.

Frankfurt (Reichsstadt, Großherzogtum, freie Stadt). Im verkehrsgünstig gelegenen Stadtgebiet von F. fanden sich Siedlungsreste aller seit der jüngeren Steinzeit im Rhein-Maingebiet nachgewiesenen Kulturen. In römischer Zeit bestand unter anderem die Siedlung Nida zwischen Heddernheim und Praunheim, die vielleicht eine keltische Siedlung fortsetzte. Der Name F. wird dann erstmals 794 erwähnt (Franconofurt). Aus der damit bezeichneten karolingischen Pfalz nördlich des Mains entwickelte sich bis zum 12. Jahrhundert eine Marktsiedlung, zu der umfangreiches Königsgut gehörte (z. B. die Dreieich südlich des Maines), in der eine Herbstmesse stattfand und die um die Mitte des 12. Jahrhunderts ummauert wurde (1189 Schultheiß, 1194 Schöffen [iudicii]. Schon 856 und 887 und häufig seit dem 12. Jahrhundert war F., das bis 1378 etwa 300 mal vom König aufgesucht wurde, Ort von Königswahlen (zwischen 1147 und 1356 15 von 20 Wahlen, zwischen 1356 und 1806 alle Wahlen bis auf 5), seit 1563 auch Ort der Krönung. Das Recht der Stadt F., deren älteste überlieferte gerichtliche Entscheidung aus dem Jahre 1222 stammt, war vorbildlich für das Umland (Friedberg, Gelnhausen, Hanau, Limburg, Wetzlar), wurde aber erst 1297 (Weistum über Pfahlbürger für Weilburg) aufgezeichnet. Seit 1300 entwickelte sich der Ort zu einem zentralen europäischen Handelsplatz, dem 1330 eine Frühjahrsmesse verliehen wurde. Seit 1372 war F. Reichsstadt. Das Herrschaftsgebiet der Stadt blieb aber klein (zwölf Dörfer, fünf Burgen bzw. Burganteile einschließlich der betreffenden Herrschaften, ein befestigter Hof und der Stadtwald, wovon auf Dauer aber nur 13 dieser 19 Güter verblieben). Die Einwohnerzahl betrug 1400 etwa 10000, 1475 etwa 15000. 1509 und 1578 wurde das Frankfurter Recht durch eine romanisierende Reformation erneuert. 1535 schloss sich F. dem lutherischen Bekenntnis an. 1726/1732 wurde die Stadtverfassung durch Karl VI. neugeordnet. 1792 und 1796 wurde F. von Frankreich besetzt. Nach § 27 des Reichsdeputationshauptschlusses vom 25. 2. 1803 blieb F. Reichsstadt und wurde für den Verlust seines Anteils an Soden und Sulzbach entschädigt. Durch Art. 22 der Rheinbundakte (1806) wurden F. und sein 100 Quadratkilometer umfassendes Gebiet dem Fürstprimas Karl Theodor von Dalberg (1755–1817), dem letzten Kurfürsten von Mainz und Reichserzkanzler, der einen aus den Territorien von Regensburg, Aschaffenburg und Wetzlar gebildeten Staat geschaffen hatte, zugesprochen. Mit dem Fürstentum Fulda ohne Herbstein und dem Fürstentum Hanau ohne die Ämter Babenhausen, Dorheim, Heuchelheim, Münzenberg, Ortenberg und Rodheim wurde es mit 95 Quadratmeilen und 302 000 Einwohnern am 10./16./19. 2. 1810 unter Verzicht Dalbergs auf Regensburg zum Großherzogtum F. (mit den Departements F., Hanau, Aschaffenburg, Fulda sowie der Hauptstadt F.) unter Dalberg vereinigt. Der Thronfolger sollte Napoleons Stiefsohn Eugène de Beauharnais sein. Am 16. 8. 1810 wurde eine Verfassung erlassen, 1811 der Code Napoléon eingeführt. Am 28. 10. 1813 dankte Dalberg ab. Das Großherzogtum wurde am bzw. ab 6. 11. 1813 zusammen mit dem Fürstentum Isenburg und der Niedergrafschaft Katzenelnbogen in ein Generalgouvernement übergeleitet. Am 14. 12. 1813 wurde F. dank der Vermittlung des Freiherrn vom Stein eine freie Stadt, die sich eine neue Verfassung gab, und danach Sitz der Bundesversammlung des Deutschen Bundes (Constitutions-Ergänzungs-Acte vom 19. 7. 1816). Auf dem Wiener Kongress 1815 wurde das Großherzogtum F. aufgelöst. Fulda (teilweise) und Wetzlar kamen an Preußen, das Fulda 1816 an das Kurfürstentum Hessen-Kassel überließ, Hanau an das Kurfüstentum Hessen-Kassel, Aschaffenburg an Bayern. 1848 war F. Sitz der Nationalversammlung. 1856 erhielt es eine neue Verfassung. Am 18. 7. 1866 wurde es von Preußen besetzt und am 17. 8./22. 9./3. 10. 1866 mit 78 000 Einwohnern und einschließlich der Dörfer Bonames, Bornheim, Hausen, Oberrad, Niederrad und einem Anteil an Niederursel mit Preußen vereinigt. 1914 gründete die Frankfurter Bürgerschaft eine Universität. Im zweiten Weltkrieg wurde die Innenstadt fast völlig zerstört. Am 19. 9. 1945 kam F. an Großhessen, das sich seit 1. 12. 1945 Land Hessen nannte. Hier wurde es zu einem führenden europäischen Bankenplatz und Messeort (u. a. Buchmesse).

L.: Wolff 291; Zeumer 554 III a 6; Wallner 699 OberrheinRK 47; Großer Historischer Weltatlas II 34 (1138–1254) F3, II 66 (1378) F3, II 78 (1450) F3, III 22 (1648) D3, III 38 (1789) B3; Demandt, K., Die Mittelrheinlande, in: Geschichte der deutschen Länder, Bd. 1; Die Territorien des Reichs 4, 40; Schroeder 93 ff.; Codex diplomaticus Moenofrancofurtanus. Urkundenbuch der Reichsstadt Frankfurt, hg. v. Böhmer, J. F. 1836, neubearb. v. Lau, F., 1901 ff.; Thomas, J. G. C., Der Oberhof zu Frankfurt am Main, hg. v. Euler, L., 1841; Kriegk, F. L., Geschichte von Frankfurt am Main in ausgewählten Darstellungen, 1871; Darmstädter, P., Das Großherzogtum Frankfurt, 1901; Horne, A., Geschichte von Frankfurt am Main, 4. A. 1902; Schwemer, R., Geschichte der Freien Stadt Frankfurt am Main 1814–1866, Bd. 1–3 1910 ff.; Dietz, A., Frankfurter Handelsgeschichte, Bd. 1–4 1910 ff.; Bothe, F., Geschichte der Stadt Frankfurt am Main, 3. A. 1929, Neudruck 1966; Kracauer, I., Geschichte der Juden in Frankfurt am Main 1150–1824, Bd. 1 f. 1925 ff.; Coing, H., Die Rezeption des römischen Rechts in Frankfurt am Main, 1939; Hertel, W., Karl Theodor von Dalberg zwischen Reich und Rheinbund, Diss. phil. Mainz

1952; Die Bürgerbücher der Reichsstadt Frankfurt am Main 1311–1400, bearb. v. Andernacht, D./Stamm, O., 1955; Kissel, O. R., Neuere Territorial- und Rechtsgeschichte des Landes Hessen, 1961; Demandt, K. E., Schrifttum zur Geschichte und Landeskunde von Hessen, Bd. 1 1965, 771 ff.; Berichte zur deutschen Landeskunde 37, 2 (1966); Bilz, W., Die Großherzogtümer Würzburg und Frankfurt, Diss. phil. Würzburg 1968; Schalles-Fischer, M., Pfalz und Fiskus Frankfurt, 1969; Kropat, W. A., Frankfurt zwischen Provinzialismus und Nationalismus. Die Eingliederung der „Freien Stadt" in den preußischen Staat (1866–1871), 1971; Schneidmüller, B., Städtische Territorialpolitik und spätmittelalterliche Feudalgesellschaft am Beispiel von Frankfurt am Main, Bll. f. dt. LG. 118 (1982), 115 ff.; Heitzenröder, W., Reichsstädte und Kirche in der Wetterau, 1982, Studien zur Frankfurter Geschichte 16; Koch, R., Grundlagen bürgerlicher Herrschaft. Verfassungs- und sozialgeschichtliche Studien zur bürgerlichen Gesellschaft in Frankfurt/Main (1612–1866), 1983; Reformacion der Stadt Franckenfort am Meine des heiligen Romischen Richs Cammer anno 1509, hg. v. Köbler, G., 1984; Die deutschen Königspfalzen, Bd. 1 Hessen, 1985, 131 ff.; Klötzer, W., Frankfurt ehemals, gestern und heute. Eine Stadt im Wandel, 3. A. 1985; Koch, R., Grundzüge der Frankfurter Verfassungsgeschichte bis zur Mitte des 18. Jahrhunderts, in: Wahl und Krönung in Frankfurt am Main, 1986; Bund, K., Findbuch zum Bestand Ratswahlen und Ämterbestellungen in der Reichs- und Freien Stadt Frankfurt am Main, (1193)–1887, 1989; Gimbel, R., Die Reichsstadt Frankfurt am Main, 1990; Schwind, F., Frankfurt, LexMA 4 1989, 735 ff.; Frankfurt am Main, hg. v. d. Frankfurter historischen Kommission, 1991; Frankfurt am Main 1200, hg. v. Gall, L., 1994; Regierungsakten des Primatialstaates und des Großherzogtums Frankfurt, hg. v. Rob, K., 1995; Fischer, A., Kommunale Leistungsverwaltung im 19. Jahrhundert, 1995; Roth, R., Stadt und Bürgertum in Frankfurt am Main, 1996; Weber, M., Verfassung und Reform in Vormärz und Revolutionszeit, Diss. jur. Frankfurt am Main 1996; Holtfrerich, C., Finanzplatz Frankfurt, 1999; Dzeja, S., Die Geschichte der eigenen Stadt, 2003; Escher, M. u. a., Die urbanen Zentren, 2005, 2, 200.

Fränkisch-Crumbach s. Crumbach

Fränkischer Reichskreis. Der 1500 auf dem Boden des alten Stammesherzogtums Franken geschaffene, bis 1803/1806 unter dem Vorsitz Bambergs und Kulmbach/Ansbachs einigermaßen funktionierende fränkische Reichskreis (zwischen 1517 und 1791 322 Tagungen) umfasste folgende Mitglieder: Ansbach (seit 1791 Preußen), Bamberg (Hochstift), Bayreuth (s. Kulmbach), Castell, (Coburg s. Sachsen-Coburg-Gotha), Deutscher Orden (Mergentheim), Eichstätt (Hochstift), Erbach, Henneberg (Sachsen, Sachsen-Weimar, Sachsen-Meiningen, Sachsen-Coburg, Sachsen-Gotha, Sachsen-Hildburghausen mit wechselndem Stimmrecht), Hessen-Kassel, Hohenlohe (Hohenlohe-Neuenstein, Hohenlohe-Waldenburg), Kulmbach (seit 1791 Preußen), Limpurg-Gaildorf, (Mergentheim s. Deutscher Orden), Nürnberg (Reichsstadt), Preußen (seit 1791), Rieneck, Rothenburg (Reichsstadt), (Sachsen, Sachsen-Coburg-Gotha, Sachsen-Hildburghausen, Sachsen-Meiningen, Sachsen-Weimar,) Schönborn (Reichelsberg, Wiesentheid), (Schwarzenberg), Schweinfurt (Reichsstadt), Seinsheim, Wertheim, Weißenburg (Reichsstadt), Windsheim (Reichsstadt), Würzburg (Hochstift).

L.: Gumpelzhaimer 17; Wolff 96; Hartung, F., Geschichte des fränkischen Reichskreises 1521–1959, 1910; Sicken, B., Der fränkische Reichskreis, 1970; Wüst, W., Die „gute" Policey im fränkischen Reichskreis, 2003.

Fränkischer Ritterkreis s. Franken (Ritterkreis)

Fränkisches Reichsgrafenkollegium. Im 16. Jahrhundert schlossen sich neben den schwäbischen Grafen und den wetterauischen Grafen die fränkischen Grafen zu einem latent von der Mediatisierung bedrohten fränkischen Verein zusammen. Dieser musste 1545 dem Kollegium der schwäbischen Reichsgrafen beitreten. Seit 1630/1641 erhielten die fränkischen Grafen eine eigene Stimme auf dem Reichstag. Zu dem den evangelischen Reichsständen zugerechneten Kollegium gehörten vor allem Castell, Erbach, Giech (Personalisten), Grävenitz, Hohenlohe, Limpurg, Löwenstein-Wertheim, Nostitz (für Rieneck), Pückler (Personalisten), Rieneck, Rosenberg (Ursin von Rosenberg, Personalisten), Schönborn (für Reichelsberg und Wiesentheid), Schwarzenberg (für Seinsheim), Starhemberg (Personalisten), Windischgrätz (Personalisten), Wolfstein und Wurmbrand (Personalisten). 1806 endete das Kollegium.

L.: Zeumer 553 II b 62; Böhme, E., Das fränkische Reichsgrafenkollegium im 16. und 17. Jahrhundert, 1989.

Frankreich ist der aus den karolingischen Teilungen des in der Völkerwanderungszeit entstandenen fränkischen Reichs im 10. Jahrhundert erwachsende Staat westlich Deutschlands, der im Hochmittelalter, unter König Ludwig XIV. und unter Napoleon Bonaparte kulturell und politisch führend in Europa wird. Nach 1945 macht er den Oberrhein zur Sprachgrenze. Seit 1951/1952 verbündet er sich mit der Bundesrepublik Deutschland, den Niederlanden, Belgien, Luxemburg und Italien zur die deutsche Rüstungsindustrie kontrollierenden Gemeinschaft für Kohle und Stahl (Montanunion), der eine europäische Atomunion und eine europäische Wirtschaftsgemeinschaft folgen. 1993 erwächst hieraus die Europäische Union mit (1995) 15 bzw. (2004) 25 bzw. (2007) 27 Mitgliedstaaten. S. u. a. Andlau (Reichsabtei), Arenberg, Artois, Bar, Berg, Besançon, Bitsch, Bremen, Burgund, Cambrai, Dauphiné, Elsass, Flandern, Freiburg, Geldern, Germersheim, Hamburg, Hanau-Lichtenberg, Hannover, Homburg, Kaiserslautern, Lauenburg, Lautern, Leiningen, Lothringen, Lübeck, Lützelstein, Luxemburg, Metz, Mömpelgard, Murbach (Reichsabtei), Namur, Niederlande, Oldenburg, Pfalz, Prüm (Reichsabtei), Provence, Rheingrafen, Saarbrücken, Salm, Salm-Salm, Salm-Kyrburg, Savoyen, Simmern, Speyer, Sponheim, Straßburg, Toul, Trier, Veldenz, Verdun, Westphalen, Zweibrücken.

L.: Sieburg, H. O., Grundzüge der französischen Geschichte, 1966; Sieburg, H. O., Geschichte Frankreichs, 4. A. 1989; Koeller, H./Töpfer, B., Frankreich. Ein historischer Abriss, 3. A. Teil 1, 2 1976; Bertier de Sauvigny, G. de, Die Geschichte der Franzosen (Histoire de France), deutsche Übers. v. Sontheimer, K., 1980; Mueller, B., Précis d'histoire de France. Abriss der französischen Geschichte, 2. A. 1981; Sauvigny, G. de Bertier de, Die Geschichte der Franzosen, 1986; Schreiber, H., Frankreichs große Jahrhunderte, 1986; Ehlers, J., Geschichte Frankreichs im Mittelalter, 1987; Frankreich-Ploetz. Französische Geschichte zum Nachschlagen, bearb. v. Loth, W., 2. A. 1988; Contamine, P., Frankreich, LexMA 4 1989, 747 ff.; Grüner, S./Wirsching, A., Frankreich, 2003; Escher, M. u. a., Die urbanen Zentren, 2005, 1, 469.

Franquemont (Herrschaft). 1801 gehörte die Herrschaft F. über das Hochstift Basel zum oberrheinischen Reichskreis.

L.: Wallner 695 OberrheinRK 8.

Frauenalb (Kloster). 1180/1185 gründeten die Grafen von Eberstein das Benediktinerinnenkloster F. (Cella sanctae Mariae) bei Herrenalb. Die Vogtei über das Kloster, das die Orte Schielberg, Metzlinschwand (Mentzlinschwand), Muggensturm, Pfaffenrot, Völkersbach, Burbach, Spessart, Sulzbach, Ersingen, Bilfingen und Unterniebelsbach erwarb, kam seit dem Ende des 13. Jahrhunderts an die Markgrafen von Baden, 1535 an Baden-Baden. 1803 fiel das 1598–1631 aufgehobene F. an Baden und damit 1951/1952 an Baden-Württemberg.

L.: Wolff 203; Thoma, A., Geschichte des Klosters Frauenalb, 1898.

Frauenberg (Reichsritter). Von 1548 bis 1623 zählten die F. zum Kanton Neckar des Ritterkreises Schwaben. Letztes Kantonsmitglied war Conrad von F. zu Rosenfeld. Von 1560 bis 1636 gehörten sie wegen des unteren Schlosses zu Talheim dem Kanton Kocher an.

L.: Hellstern 203; Schulz 261.

Frauenberg, Fraunberg s. Haag

Frauenhofen, Fraunhofen (reichsritterschaftlicher Ort). F. bei Landshut war 1789 reichsritterschaftlich.

L.: Großer Historischer Weltatlas III 38 (1789) E3.

Fraumünster (Reichsabtei) s. Zürich

Fraunhofen (reichsritterschaftlicher Ort) s. Frauenhofen

Frechen (Herrschaft). Das schon in römischer Zeit besiedelte F. bei Köln wird 877 anlässlich einer Bestätigung Kaiser Karls des Kahlen für die Abtei Saint-Bertin (Saint Bertin) und das Stift Saint-Omer (Saint Omer) erstmals erwähnt. 1230 gelangte F. an die Herzöge von Jülich und wurde Sitz einer Lehnsherrschaft und Unterherrschaft, welche die Grafen von Jülich aus pfalzgräflichem Gut gebildet hatten. Trotz langwieriger Auseinandersetzungen mit dem Erzstift Köln kam F. 1521 an Jülich-Kleve-Berg und mit diesem 1609/1614 an Pfalz-Neuburg, 1815 an Preußen und 1946 zu Nordrhein-Westfalen.

L.: Steinbach, F., Frechen. Zur Geschichte einer rheinischen Gemeinde, 1951; Festschrift der Stadt Frechen aus Anlass der Erhebung zur Stadt, 1951.

Freckenfeld (Reichsdorf). Am 22. 1. 1379 verpfändete König Wenzel dem Kurfürsten Ruprecht von der Pfalz u. a. das Dorf F. bei Karlsruhe, das Ruprecht aus der Verpfändung an Graf Emich von Leiningen eingelöst hatte. Über Bayern kam F. 1946 zu Rheinland-Pfalz.

L.: Hugo 465.

Freckenhorst (Stift). Gegen 856 gründeten die sächsischen Adligen Everward und Geva das 860/861 erstmals sicher genannte Kanonissenstift F. bei Warendorf. Seine umfangreichen Güter wurden im 11. Jahrhundert im altsächsischen Freckenhorster Heberegister beschrieben und umfassten bei seiner Aufhebung 1811 noch mehr als 250 Bauernhöfe. Schutzherren waren zunächst die Herren von F., seit 1190/1191 die von der Lippe und seit

1365 auf Grund der Herrschaft Rheda die Grafen von Tecklenburg. 1803 fiel das zeitweise zur Reformation neigende, im 17. Jahrhundert aber wieder der katholischen Religion zugeführte Stift an Preußen. 1811 wurde es von Frankreich aufgehoben. Über Preußen kam F. 1946 an Nordrhein-Westfalen.

L.: Breede, L./Nolde, H., 1100 Jahre Freckenhorst, 1951; Ruppert, G., Freckenhorst, LexMA 4 1989, 883 f.

Fredeburg (Herrschaft, Land). Die Burg F. an der oberen Wenne am Nordostabhang des Sauerlandes entstand im ersten Drittel des 14. Jahrhunderts als Mittelpunkt der östlichen Hälfte der Herrschaft Bilstein (Wormbach, Berghausen, Dorlar-Ilpe, Kirchrarbach [Kirchrahrbach], Eslohe, Reiste, Schliprüthen, Cobbenrode [Kobbenrode]). 1367 musste Graf Gottfried IV. von Arnsberg die Burg an die Grafen von der Mark abtreten. 1444 wurde das Land F., dessen Bauern weitgehend persönlich frei waren und zur Hälfte ihre Höfe zu Erbeigentum (Freigut) hatten, in der Soester Fehde vom Erzbischof von Köln erobert und (1449) dem erzstiftischen Herzogtum Westfalen eingegliedert. 1815 fiel F. an Preußen, 1946 das Gebiet an Nordrhein-Westfalen.

L.: Wolff 87; Hömberg, A., Geschichte der Stadt Fredeburg, 1962.

Fredenergau (Friethenigavvi, Gau an der Leine)

L.: Curs, O., Deutschlands Gaue im zehnten Jahrhundert. Nach den Königsurkunden, Diss. phil. Göttingen 1908, 7.

Freiberg, Freyberg (Freiherren, Reichsritter). Im 18. Jahrhundert zählten die Freiherren von F. mit Teilen des 1662 erworbenen Wäschenbeuren (außerdem 1534–1569 Beihingen, 1557–1594 Neidlingen, 1608–1665 Salach, 1608–1653 Steinbach) zum Kanton Kocher des Ritterkreises Schwaben. Seit 1609 (Conradt-Sigmundt v. Freyberg-Eisenberg zu Willendingen) waren sie Mitglied des Kantons Neckar. 1802 übten sie über die dem Kanton Neckar inkorporierte Ortschaft Wellendingen (Eigengut unter Territorialhoheit Österreichs) die Herrschaft aus. Außerdem zählte die Familie im 18. Jahrhundert wegen Worndorf zum Kanton Hegau und wegen Allmendingen (1593), Altheim (1512), Griesingen (1503) und Öpfingen, Hürbel, Knöringen mit Wiblishausen, Landstrost (1659) mit Offingen und Waldkirch (1506) zum Kanton Donau. S. Hohenfreyberg.

L.: Genealogischer Kalender 1753, 529; Roth von Schreckenstein 2, 592; Freyberg-Eisenberg, M. Frhr. v., Genealogische Geschichte des Geschlechts der Freiherren von Freyberg, 1884 (handschriftl.); Hölzle, Beiwort 58, 60, 62, 64; Ruch 18, Anm., Anhang 78, 80; Hellstern 204, 219; Schulz 261.

Freiberg, Freyberg zu Aulfingen und Wellendingen (Reichsritter). S. Freiberg, Freyberg.

L.: Ruch 18, Anm. und Anhang 80.

Freiberg, Freyberg s. Hohenaschau

Freiberg, Hohenfreyberg (Herrschaft, ritterschaftlicher Ort). Die vom Hochstift Augsburg umschlossene Herrschaft Hohenfreyberg (F.) am rechten Ufer der oberen Wertach südöstlich von Kempten gehörte zum Kanton Donau des Ritterkreises Schwaben. 1806 kam sie an Bayern.

L.: Wolff 509.

Freiburg (Grafen, Stadt, Reichsstadt), Freiburg im Breisgau. Vermutlich 1120 gründeten die Herzöge Berthold III. und Konrad II. von Zähringen am Handelsweg von Schwaben nach Burgund im Anschluss an ältere Siedlungen den Marktort Freiburg. Nach ihrem Aussterben fiel er 1218 an die Grafen von Urach, die sich seitdem Grafen von F. (Urach-Freiburg) nannten und auf der vielleicht von Berthold II. am Ende des 11. Jahrhunderts erbauten Burg auf dem Schlossberg saßen. 1368 unterstellte sich F. im Kampf mit seinen Grafen Habsburg. Unter dessen Herrschaft hatte es von 1415 bis 1427 während der Reichsacht Herzog Friedrichs die Stellung einer Reichsstadt und erwarb später die Dörfer Herdern, Betzenhausen, Lehen, Zarten, Kirchzarten, Horben sowie die Güter und die Vogtei des Klosters Sankt Märgen. 1678 kam es an Frankreich, 1697 wieder an Österreich und 1805 an Baden und damit 1951/1952 an Baden-Württemberg. S. a. Urach-Freiburg.

L.: Wolff 41; Großer Historischer Weltatlas II 66 (1378) D5; Schreiber, H., Geschichte der Stadt und Universität Freiburg im Breisgau, Bd. 1–4 1857 ff.; Bader, J., Geschichte der Stadt Freiburg, Bd. 1 f. 1882 ff.; Albert, P., 800 Jahre Freiburg, 1920; Hefele, F., Freiburger Urkundenbuch, Bd. 1–3 1938 ff.; Freiburg im Breisgau. Stadtkreis und Landkreis. Amtliche Kreisbeschreibung, Bd. 1 1965; Freiburg im Mittelalter, hg. v. Müller, W., 1970; Freiburg in der Neuzeit, hg. v. Müller, W., 1970; Diestelkamp, B., Gibt es eine Freiburger Gründungsurkunde aus dem Jahre 1120?, 1973; Keller, H., Über den Charakter Freiburgs in der Frühzeit der Stadt, in: FS B. Schwineköper, hg. v. Maurer, H./Patze, H., 1982; Scott, T., Die Territorialpolitik der Stadt Freiburg im Breisgau im ausgehenden Mittelalter, Schauinsland 102 (1983), 7 ff.; Schott, C., Die Zugorte des Freiburger Oberhofes, FS H. Thieme, 1986, 157; Nüwe Stattrechten und Statuten der loblichen Statt Fryburg im Pryszgow gelegen, hg. v. Köbler, G., 1986; Blattmann, M., Die Freiburger Stadtrechte zur Zeit der Zähringer, Diss. Freiburg 1988; Boehm, L., Freiburg im Breisgau, LexMA 4 1989, 888 ff.; Nassall, W., Das Freiburger Stadtrecht von 1520, 1989; Geschichte der Stadt Freiburg, hg. v. Haumann, H. u. a., Bd. 2 1994; Freiburg 1091–1120, hg. v. Schadek, H. u. a., 1995; Kälble, M., Zwischen Herrschaft und bürgerlicher Freiheit, 2001; Escher, M. u. a., Die urbanen Zentren, 2005, 2, 204.

Freiburg (Freiburg im Üchtland) (Reichsstadt, Kanton). 1157 gründete der Herzog von Zähringen auf mit Burgund 1032 an das Reich gelangtem Gebiet die Stadt F. Sie fiel 1218 von den Herzögen von Zähringen an die Grafen von Kiburg (Kyburg), von diesen 1264/1277 an Habsburg. 1452 unterwarf sie sich Savoyen. 1478 erhielt sie Reichsunmittelbarkeit. 1481/1506 wurde sie als neunter Ort in die Eidgenossenschaft der Schweiz aufgenommen. Zwischen 1536 und 1538 eroberte sie von Savoyen Romont (Romort), Estavayer und Bulle, 1544 kaufte sie fast die gesamte Grafschaft Greyerz (Gruyères). Die Stadt wurde 1613 Sitz des Bischofs von Lausanne und Mittelpunkt der Gegenreformation in der Schweiz.

L.: Wolff 525; Großer Historischer Weltatlas II 72 b (bis 1797) C3; Castella, G., Histoire du Canton de Fribourg, 1892; Zurich, P. de, Les origines de Fribourg et le quartier du Bourg au XVe et XVe siècles, 1924; Gedenkband zur 800-Jahrfeier-Freiburg, 1957; Geschichte des Kantons Freiburg, hg. v. Rufieux, R., Bd. 1 f. 1981; Portmann, U., Bürgerschaft im mittelalterlichen Freiburg, 1984; Carlen, L., Freiburg im Üchtland, LexMA 4 1989, 891 f.

Freienseen, Freyensee (Reichsflecken?). Das den Grafen von Solms-Laubach gehörige F. bei Laubach erhielt 1555, 1659 und 1713 kaiserliche Schutzbriefe. Über Solms kam es zu Hessen.

L.: Hugo 475.

Freies Land (das freie Land) an der flandrischen Küste. 1792 gehörte das Freie Land an der flandrischen Küste zum burgundischen Reichskreis Österreichs.

L.: Wolff 60; Wallner 701 BurgRK.

Freihan, Freyhan (Minderherrschaft). Die freie Minderherrschaft F. in Niederschlesien böhmischen Anteils war ursprünglich ein Teil von Militsch, bis sie an die Freiherren von Maltzan und durch Heirat an die Reichsgrafen von Strattmann gelangte. Von dort kam sie später an einen Fürsten Sapieha und an die Grafen von Wilamowitz-Moellendorff (Wilamowski-Möllendorf).

L.: Wolff 487.

Freimersheim (Ganerben). Die F., die sich auch Ysenberg nannten, waren Lehnsleute der Grafen von Sponheim und der Rheingrafen. Peter von F. hatte von 1429 bis 1440 Anteile an der Ganerbschaft Schornsheim, die nach seinem Tod an die Winnenberg fielen.

L.: Zimmermann 69.

Freisbach (Reichsdorf). F. bei Landau war ursprünglich Reichsdorf und behielt Reste der alten Freiheit bis ins Mittelalter. Das mit Gommersheim gemeinsame Hochgericht wurde erst 1596 aus dem Freisbacher Wald nach Gommersheim verlegt. Über Bayern gelangte F. 1946 zu Rheinland-Pfalz.

Freising (Hochstift). Auf dem Boden des heutigen F. bestand vermutlich schon eine römische Siedlung. Um 700 erbauten die agilolfingischen Herzöge auf dem Domhügel links der Isar eine 744 erstmals erwähnte Burg (castrum Frigisinga zu dem Personennamen Frigis). 724 rief Herzog Grimoald den heiligen Korbinian († 725) nach F., der dort die Anfänge des 1020 erneuerten Klosters Weihenstephan begründete. Um 738/739 errichtete der heilige Bonifatius das Bistum F. (Bischof Erimbert), welches das obere Isargebiet (Landshut, Inn, Ammersee, Werdenfels) umfasste und zunächst Mainz, seit 798 Salzburg unterstellt war. Vermutlich hat gegen 765 Bischof Arbeo von F. das lateinisch-lateinische Synonymenlexikon mit dem Anfangswort Abrogans ins Althochdeutsche übertragen lassen (erstes erhaltenes althochdeutsches Buch). Das zum späteren bayerischen Reichskreis gehörige Hochstift hatte grundherrschaftliche, unter Vogtei der Grafen von Wittelsbach stehende Güter in Bayern, Tirol (Pustertal), Österreich, Steiermark, Kärnten und Krain, erlangte im Ringen mit den Herzögen von Bayern die Landesherrschaft (1220 Reichsunmittelbarkeit) aber nur für das Kerngebiet um F. (F., Grafschaften Ismaning [um 1294], Werdenfels mit Garmisch, Herrschaft Burgrain). 1156 entriss Heinrich der Löwe dem Hochstift die Zollstelle in Oberföhring (Föhring) zugunsten Münchens. Die

973 erlangte Grafschaft Cadore im Osten der Dolomiten wurde 1510 von Venedig annektiert. Seit dem 13. Jahrhundert zählten die Bischöfe zu den Reichsfürsten. 1802/1803 fielen die Güter an Bayern (mit Reichsgrafschaft Ismaning, Werdenfels [einschließlich Reichsgrafschaft Partenkirchen-Mittenwald] und der Herrschaft Burgrain bei Wasserburg, 15 Quadratmeilen, 11 919 Einwohner).

L.: Wolff 138; Zeumer 552 II a 16; Wallner 712 BayRK 7; Großer Historischer Weltatlas II 66 (1378) F4, III 22 (1648) F4; III 38 (1789) D3; Meichelbeck, C., Historia Frisingensis, Bd. 1 f. 1724 ff.; Deutinger, M. v., Beiträge zur Geschichte, Topographie und Statistik des Erzbistums München und Freising, Bd. 1–13 1850 ff.; Mayer, A./Westermayer, G., Statistische Beschreibung des Erzbistums München-Freising, Bd. 1–3 1874 ff.; Bitterauf, T., Die Traditionen des Hochstifts Freising, Bd. 1 f. 1905 ff.; Ammer, A., Der weltliche Grundbesitz des Hochstiftes Freising, in: FG zum zwölfhundertjährigen Jubiläum des heiligen Korbinian, hg. v. Schlecht, J., 1924, 299 ff.; Kriechbaum, E., Zur Kulturgeographie des Freisinger Landes, Dt. Archiv f. Landes- u. Volksforschung 6 (1942), 310; Albrecht, D., Hochstift Freising. Die Grafschaft Werdenfels, in: Historischer Atlas von Bayern, Teil Altbayern, 1955; Alckens, A., Freising, Geschichte einer altbayerischen Bischofsstadt, 1964; Stahleder, H., Hochstift Freising, Freising, Ismaning, Burgrain, in: Historischer Atlas von Bayern, Teil Altbayern, 1974; Beitrag zur Geschichte, Topographie und Statistik des Erzbistums München und Freising, hg. v. Verein für Diözesangeschichte München und Freising, 1988; Maß, J., Das Bistum Freising im Mittelalter, 1988; Das Bistum Freising in der Neuzeit, hg. v. Schwaiger, G., 1989; Das Erzbistum München und Freising im 19. und 20. Jahrhundert, hg. v. Schwaiger, G., 1989; Stahleder, H., Freising, LexMA 4 1989, 903 ff.; Freising, hg. v. Fahr, F., 1989; Hagen, D., Herrschaftsbildung zwischen Königtum und Adel, 1995.

Freistadt (Herrschaft). 1142 gab König Konrad dem Kloster Garsten 400 Hufen zwischen der Aist und der Jaunitz im nördlichen Oberösterreich. Hier entstand das 1241 erstmals genannte F. an der Feldaist. Die zugehörige Herrschaft wurde von Habsburg meist zu Pfand vergeben (1290–1358 an Wallsee, 1620–1644 an die Grafen von Meggau). 1644 kam sie über die Slawata an die Kolowrat, 1700 an die Grafen Harrach und danach durch Heirat an die Fürsten Kinsky. 1750 zählte sie 844 Untertanen.

L.: Wolff 27; Grüll, G., Kurze Geschichte von Freistadt, Bd. 1 1949; Hageneder, O., Das Land ob der Enns und die Herrschaft Freistadt im späten Mittelalter, Jb. d. oberösterreich. Musealvereins 127 I (Linz 1982); Marckgott, G., Freistadt, LexMA 4 1989, 906.

Frentz (Reichsritter). Im 18. Jahrhundert zählten die F. zum Ritterkreis Rhein.

L.: Roth von Schreckenstein 2, 594.

Fresenburg (Herrschaft). 1226 wird die vermutlich schon im 12. Jahrhundert von Ravensburg errichtete Burg F. im Emsland an der Grenze zu Friesland erwähnt. 1252 ging sie mit der zugehörigen Herrschaft an das Hochstift Münster über. Über Preußen gelangte F. 1946 zu Nordrhein-Westfalen.

Frettenheim (Ganerben). Die F. bei Alzey waren Lehnsträger der Pfalz. Von 1521 bis 1603 waren sie an der Ganerbschaft Mommenheim beteiligt. Mit Anna Christine zu Frettenheim, die mit Georg Philipp von Geispitzheim verheiratet war, erlosch das Geschlecht.

L.: Zimmermann 69.

Freudenberg, Freudenburg (Burggrafentum, Herrschaft). Die Herrschaft F. an der Saar kam durch Kauf vom letzten Burggrafen von F. an die Abtei Sankt Maximin in Trier. Am Ende des 18. Jahrhunderts wurde sie von Frankreich besetzt und dem Departement Saar zugeteilt. 1815 fiel F. an Preußen (Rheinprovinz), 1919 kam es zum Saargebiet.

L.: Wolff 493 f.

Freudenberg (Burg, Herrschaft). Um 1190 erbaute der Bischof von Würzburg die Grenzburg F. am Main. Als Lehen des Hochstifts Würzburg kam sie dann an die Grafen von Wertheim. Nach deren Aussterben 1556 zog Würzburg F. als erledigtes Lehen ein. 1802 fiel es an Löwenstein-Wertheim-Virneburg (Löwenstein-Wertheim-Freudenberg), 1806 an Baden und damit 1951/1952 an Baden-Württemberg. S. Löwenstein-Wertheim-Freudenberg.

L.: Wolff 100; Mai, E., Geschichte der Stadt Freudenberg am Main, 1908.

Freudenegg s. Gripp von F.

Freudenstein s. Grempp von F.

Freudental (Herrschaft), Freudenthal. Die Herrschaft F. in Oberschlesien stand seit 1682 dem Meistertum des Deutschen Ordens in Mergentheim zu.

L.: Wolff 113, 489.

Freudental (reichsritterschaftliche Herrschaft). F. zählte zum Kanton Kocher des Ritterkreises Schwaben und kam vor der Mediatisierung an Württemberg und damit 1951/1952 zu Baden-Württemberg.

L.: Wolff 161.

Freudental s. Neipperg zu F.

Freundstein (Reichsritter). Im 18. Jahrhundert zählten die F. mit Schmieheim, Schweighausen, Berrweiler (Beerweiler), Bertschweiler (Berolzweiler) und Sierenz (Sierens) zum Ort (Bezirk, Kanton) Ortenau des Kantons Neckar des Ritterkreises Schwaben. S. Waldner von Freundstein.

L.: Genealogischer Kalender 1753, 531.

Freundstein s. Waldner von F.

Freusburg (Herrschaft). Die Herrschaft F. (914, 1048 Froudesbrahderofanc) mit Betzdorf fiel 1220 von den seit 1131 nachweisbaren Herren/Grafen von F. über Eberhard Burggraf von Arenberg an die Grafen von Sayn. Betzdorf gehörte von 1661 bis 1741 zu Sachsen-Weimar-Eisenach, 1741–1791 zu Brandenburg-Ansbach, 1791–1802 zu Preußen, 1802–1806 zu Nassau-Usingen, 1806–1815 zum Herzogtum Nassau und 1815–1945 zu Preußen. Das 1376 dem Hochstift Trier zu Lehen aufgetragene F. wurde 1606 eingezogen, musste aber 1652 an die Erbtöchter Sayns zurückgegeben werden. Über Sayn-Altenkirchen kam es 1802 an Nassau-Usingen (Nassau), 1866 an Preußen und 1946 an Rheinland-Pfalz.

L.: Wolff 346; Semmelroth, R., Die Freusburg, 1930; Neu, H./Laux, J., Heimatchronik des Kreises Altenkirchen, 1956.

Freyberg s. Freiberg

Freyensee s. Freienseen

Freyling s. Schifer von F.

Freystadt (Herrschaft), Freistadt. 1572 mussten die schlesischen Herzöge von Teschen die Herrschaft F. verkaufen, die dadurch zur selbständigen Minderstandesherrschaft wurde.

L.: Wolff 489 f.

Friaul (Herzogtum). Das im östlichen Norditalien (Pordenone, Udine, Görz, Triest) zwischen Karnischen Alpen, Julischen Alpen und Adria gelegene, zunächst keltisch besiedelte F. ist nach der römischen Stadt Forum Iulii (zu Ehren Julius Cäsars) benannt. Im 6. Jahrhundert war es das erste langobardische Herzogtum in Italien, seit 776 fränkische, 828 in vier Grafschaften aufgeteilte Markgrafschaft. Otto der Große vereinigte 976 einen Teil Friauls (Gebiet von Cividale) mit der Mark Kärnten, das übrige Friaul kam mit Krain und Istrien 1077 unter die Herrschaft der Patriarchen von Aquileja. 1420 wurde es mit Ausnahme vor allem der Güter der Grafen von Görz, die 1500 an Habsburg fielen, von Venedig erobert. Mit Venedig kam es 1797 an Österreich, 1866 an Italien. Die Grafschaft Görz fiel 1919 an Italien. 1947 wurde der östliche, von Slowenen besiedelte Teil Friauls Jugoslawien zugeteilt.

L.: Wolff 33; Storm, K., Burgen und Städte im mittelalterlichen Friaul, 1940; Paschini, P., Storia del Friuli, Bd. 1 f. 2. A. 1981; Leicht, P. S., Studi di storia friulana, 1955; Leicht, P., Breve storia di Friuli, 4. A. 1970; Valussi, G., Friuli, Venezia Giulia, 1955; Gentilli, J., Il Friuli, i climi, 1964; Brozzi, M., Il ducato del Friuli, 2. A. 1981; Cervani, R., Friaul, LexMA 4 1989, 915 f.; Wakounig, M., Dalmatien und Friaul, 1990; Krahwinkel, H., Friaul im Frühmittelalter, 1992; Venetien Istituto regionale per la storia del movimento di liberazioni nel Friuli-Venezia Giulia: Friuli e Venezia Giulia, 1997.

Frichgouwe (‚Frickgau')

L.: Polenz, P. v., Landschafts- und Bezirksnamen, 1961, II, 33.

Frick von Frickenhausen (Reichsritter). Im frühen 16. Jahrhundert zählten die F. zum Kanton Steigerwald im Ritterkreis Franken.

L.: Stieber; Riedenauer 123.

Frickenhausen s. Vöhlin von F.

Fricktal (Tal, Herrschaft, Kanton). Das durch die Sisseln entwässerte, etwa 130 Quadratkilometer große F. zwischen Jura und Schwarzwald unterstand im 12. Jahrhundert den Grafen von Homburg, von Kiburg (Kyburg), der Stadt Rheinfelden und dem Kloster Säckingen. Ihre Rechte gingen seit dem ausgehenden 12. Jahrhundert an Habsburg über, das 1408 schließlich die Städte Laufenburg und Säckingen erwarb. Am 29. 1. 1802 kam das F. mit den österreichischen Herrschaften Rheinfelden und Laufenburg an die Schweiz (Kanton F.) und wurde am 9. 2. 1803 dem Kanton Aargau angegliedert.

L.: Wolff 41; Großer Historischer Weltatlas II 72 b (bis 1797) D1; Stalder, P., Vorderösterreichs Schicksal und Ende, 1932; Jegge, E., Die Geschichte des Fricktales bis 1803, Laufenburg 1943; Graf, W., Die Selbstverwaltung der fricktalischen Gemeinden im 18. Jahrhundert, 1966; Vorderösterreich, hg. v. Metz, F., 3. A. 1978.

Friedberg (Burggrafschaft). Nach römischer und vermutlich auch fränkischer Besiedlung errichtete um 1170 Friedrich Barbarossa zur Sicherung der Güter des Reichs in der Wetterau die 1216 erstmals erwähnte Reichsburg F. Die reichsunmittelbare Burgmannschaft erwarb seit dem 15. Jahrhundert eine eigene Herrschaft in der Wetterau (1455

Reichsstadt F. als Pfandschaft, 1475 Grafschaft Kaichen). 1806 kam sie an Hessen-Darmstadt und damit 1945 zu Hessen.

L.: Wolff 503; Mader, F. C., Sichere Nachrichten von der Reichsburg Friedberg und der dazugehörigen Grafschaft, Bd. 1–3 1766 ff.; Dieffenbach, P., Geschichte der Stadt und Burg Friedberg in der Wetterau, 1857; Roth, H., Burg und Stadt Friedberg, 2. A. 1959; Schilp, T., Die Reichsburg Friedberg im Mittelalter, 1982, Wetterauer Geschichtsblätter 31; Schilp, T., Die Reichsburg Friedberg im Mittelalter, Regesten der Urkunden 1216–1410, 1987; Rack, K., Die Burg Friedberg im Alten Reich, Studien zu ihrer Verfassungs- und Sozialgeschichte zwischen dem 15. und 19. Jahrhundert 1988; Friedberg in Hessen, hg. v. Keller, M., Bd. 1 f. 1997 ff.

Friedberg (Grafschaft) s. Friedberg-Scheer (Grafschaft)

Friedberg (Reichsstadt). F. in Hessen war bereits römisch (civitas Taunensium bis etwa 260), vermutlich auch fränkisch besiedelt. Um 1170 errichtete Friedrich I. Barbarossa zur Sicherung der Güter des Reichs in der Wetterau die 1216 erstmals erwähnte Burg F. Um 1200 entstand vor der Burg die 1219 erstmals sicher bezeugte Stadt, die seit 1252 Reichsstadt war. 1347 wurde sie, vielleicht 3000 Einwohner zählend, erstmals, seit 1349 öfter an verschiedene Herren, seit 1455 zumeist an die Burggrafschaft F. verpfändet. 1541 wurde sie evangelisch. 1802/1803 kam die zum oberrheinischen Reichskreis zählende Stadt, die ohne weiteres Gebiet war, mit 2000 Einwohnern an Hessen-Darmstadt. 1834 wurden Burg und Stadt vereinigt und gelangten 1945 zu Hessen.

L.: Wolff 292; Zeumer 552 ff. III a 13; Wallner 699 OberrheinRK 56; Großer Historischer Weltatlas III 38 (1789) C2; Die Territorien des Reichs 4, 40; Schroeder 386 ff.; Urkundenbuch der Stadt Friedberg, Bd. 1, hg. v. Ropp, G. V. D./Foltz, M., 1904; Waas, C., Die Chroniken von Friedberg, Bd. 1–3 1937 ff.; Dreher, F., Friedberg in Hessen, 1938; Roth, H., Burg und Stadt Friedberg, 2. A. 1959; Friedberg in der Wetterau. Vergangenheit und Gegenwart, Teil 1, 1966; Braun, W. H., Friedberg im Spätmittelalter (1250–1500), Wetterauer Geschichtsblätter 15 (1968), 59 ff.; Schilp, T., Die Reichsburg Friedberg im Mittelalter, 1982, Wetterauer Geschichtsblätter 31; Heitzenröder, W., Reichsstädte und Kirche in der Wetterau, 1982, Studien zur Frankfurter Geschichte 16; Schartl, R., Das Privatrecht der Reichsstadt Friedberg im Mittelalter, Diss. Gießen 1987; Schwind, F., Friedberg, LexMA 4 1989, 918; Friedberg in Hessen, hg. v. Keller, M., Bd. 1 f. 1997 ff.; Escher, M. u. a., Die urbanen Zentren, 2005, 2, 209.

Friedberg-Scheer (Grafschaft). 1282 erwarb Rudolf von Habsburg die 1274 erstmals erwähnte Grafschaft Friedberg an der oberen Donau im Tiengau (und Ergau) von den Grafen von Nellenburg und 1289 Scheer von den Grafen von Montfort. Beide Herrschaften wurden 1314/1315 an Montfort verpfändet und von diesem 1369 zur Grafschaft F. vereinigt. Sie kamen 1452 durch Kauf an die Reichserbtruchsessen von Waldburg (Waldburg-Sonnenberg). Durch Vertrag von 1680 wurde die Grafschaft Mannlehen Österreichs. Die Erben der 1772 ausgestorbenen Linie Waldburg-Trauchburg veräußerten 1786 F. mit den Herrschaften Dürmentingen und Bussen an die Fürsten von Thurn und Taxis, die 1787 die Grafschaft als Reichslehen verliehen erhielten. 1806 fiel die reichsunmittelbare, zum schwäbischen Reichskreis zählende und seit 1787 gefürstete Grafschaft mit rund 190 Quadratkilometern bzw. 3 Quadratmeilen und etwa 9000 Einwohnern an Württemberg. Sie umfasste die Herrschaft Scheer, die Grafschaft Friedberg, die Herrschaften Dürmentingen und Bussen, letztere mit Schloss Bussen und fünf Orten und das zwischen Saulgau und Aulendorf gelegene Dorf Renhardsweiler (Renartsweiler). Über Württemberg kam das Gebiet 1951/1952 zu Baden-Württemberg.

L.: Wolff 179; Wallner 688 SchwäbRK 44; Nordmann, J., Kodifikationsbestrebungen in der Grafschaft Friedberg-Scheer am Ende des 18. Jahrhunderts, Zs. f. württ. LG. 28 (1969); Der Kreis Saulgau, 1971; Kretzschmar, R., Vom Obervogt zum Untergänger. Die Verwaltung der Grafschaft Friedberg-Scheer unter den Truchsessen von Waldburg im Überblick (1452–1786), in: FS E. Gönner, 1986.

Friedeck, Friedek (Herrschaft). 1572 mussten die schlesischen Herzöge von Teschen die Herrschaft F. verkaufen, die dadurch zur selbständigen Minderstandesherrschaft wurde.

L.: Wolff 489.

Friedland (Herrschaft, Herzogtum). In F. in Nordböhmen erscheint im 13. Jahrhundert eine Burg. Die Herrschaft F., ursprünglich in der Lausitz gelegen, kam vor 1278 vom Hochstift Meißen an Böhmen, gehörte von 1278 bis 1551 den Herren von Biberstein (Bieberstein), die 1534 die Reformation einführten, und dann vor 1620 Herren von Redern. Nach 1620 wurde sie eingezogen, fiel 1621/1622 an Albrecht von Wallenstein und gab dessen auf etwa 1200 Quadratkilometern erweitertem Herzogtum (1625/1627–1634) den Namen. Nach 1634 kam F. mit der Herrschaft

Reichenberg an die Grafen Gallas. Der letzte Graf übertrug die Güter 1757 dem Grafen Clam. 1918/1919 kam F. zur Tschechoslowakei, 1938 im Sudetengebiet zum Deutschen Reich und 1945 wieder an die Tschechoslowakei.

L.: Wolff 467; Schicketanz, A., Die Geschichte des Kreises Friedland, 1965.

Friero marca (Gau nördlich der Mangfall links des Inn)

L.: Curs, O., Deutschlands Gaue im zehnten Jahrhundert. Nach den Königsurkunden, Diss. phil. Göttingen 1908, 7 (Helfendorf); Polenz, P. v., Landschafts- und Bezirksnamen, 1961, III, 8, IV, 5.

Fries (Grafen, Reichsritter). Im 18. Jahrhundert zählten die Grafen von F. mit den um 1770 von den Eichler von Auritz erworbenen Teilen der Herrschaft Dennenlohe zum Kanton Altmühl des Ritterkreises Franken.

L.: Hölzle, Beiwort 55; Riedenauer 123.

Friesack (Herrschaft, Ländchen). In dem vermutlich von den Ministerialen von Jerichow angelegten F. bei Potsdam bestand früh eine Burg der Askanier. Burg, Stadt und Herrschaft F. gehörten im 13. Jahrhundert den Herren von F. 1335 kamen sie als Lehen der Markgrafen von Brandenburg an die Herren von Bredow. Von 1949 bis 1990 fiel F. mit Brandenburg an die Deutsche Demokratische Republik.

L.: Wolff 387; Bardey, E. G., Geschichte von Stadt und Ländchen Friesack, 1894; Koss, H. v., Das Ländchen Friesack und die Bredows, 1965.

Friesenhausen s. Marschalk von F. (Marschalk von Ostheim)

Friesland (Land, Landschaft). Die erstmals durch Plinius im ersten nachchristlichen Jahrhundert für das Gebiet zwischen Rhein und Ems erwähnten Friesen (Frisii, germ. *Frisioz, daneben Frisiavones, später auch Frisiones, germ. *Frision, vielleicht zu germ. *friskraus, lockig) bewohnten im 7. Jahrhundert einen Streifen an der Nordsee zwischen Sinkfal bei Brügge und Weser. 734/785 wurden sie von den Franken unterworfen. Um 802 wurde ihr Recht aufgezeichnet (Lex Frisionum). Etwa um diese Zeit besiedelten sie die Nordseeinseln und einen Streifen an der schleswig-holsteinischen Westküste (Nordfriesland). 843 wurde das alte friesische Gebiet dem Mittelreich Lothars zugewiesen, später dem Ostreich, doch verflüchtigte sich die Herrschaft des Reiches weitgehend, so dass die Friesen zunehmend unabhängig wurden. 1289 unterwarfen die Grafen von Holland das westfriesische Gebiet zwischen Sinkfal und Zuidersee. Das mittelfriesische Gebiet zwischen Zuidersee und Lauwers und das Ommeland westlich der Ems bei Groningen schieden seit dem 16. Jahrhundert, endgültig 1648 als Teil der Generalstaaten (Provinz F.) aus dem Reich aus. Lediglich Ostfriesland zwischen Ems und Weser, das 1464 Reichsgrafschaft geworden war, verblieb mit dem Reiderland südlich von Emden beim Reich.

L.: Wolff 73; Großer Historischer Weltatlas II 34 (1138–1254) F3, II 66 (1378) D2; Curs, O., Deutschlands Gaue im zehnten Jahrhundert. Nach den Königsurkunden, Diss. phil. Göttingen 1908, 7; Schmidt, H., Politische Geschichte Ostfrieslands, 1975; Lengen, H. van, Friesland, LexMA 4 1989, 970 ff.

Friesonoueld (Uresinauelde, Gau nördlich der Unstrut)

L.: Curs, O., Deutschlands Gaue im zehnten Jahrhundert. Nach den Königsurkunden, Diss. phil. Göttingen 1908, 7 (Osterhausen, Amsdorf, Wanzleben, Hornburg, Rothenschirmbach, Sittichenbach) (Hosgau-Friesenfeld); Hessler, W., Mitteldeutsche Gaue des frühen und hohen Mittelalters, 1957, 126 (Allstedt, Asendorf, Benkendorf, Bornstedt, Burgsdorf, Dornstedt, Eisleben, Geusa, Goseck, Gröst, Helfta, Holleben, Hornburg, Oberklobikau, Niederklobikau, Knapendorf, Lauchstädt, Liederstädt, Lobitzsch, Merseburg, Morungen, Mücheln, Müllersdorf, Beyernaumburg, Neehausen, Obhausen, Osterhausen, Querfurt, Reinsdorf, Riestedt, Oberröblingen, Oberröblingen an der Helme, Klosterrohrbach, Rossleben, Salzmünde, Sangerhausen, Schaftstädt, Burgscheidungen, Großschierstedt, Oberschmon, Schortau, Schraplau, Seeburg, Sittichenbach, Spergau, Vitzenburg, Burgwerben, Wippra, Wormsleben, Wünsch, Zeuchfeld). S. Frisenafeld.

Frieß, Frießel (Reichsritter). Um 1700 zählten die F. zum Kanton Odenwald des Ritterkreises Franken.

L.: Riedenauer 123.

Frietheni (Fredengau)

L.: Polenz, P. v., Landschafts- und Bezirksnamen, 1961, II, 33, 41, Frietheni(ga?).

Frisenafeld (Friesenfeld)

L.: Polenz, P. v., Landschafts- und Bezirksnamen, 1961, II, 35, 58, 61 f., III, 28 f. (Hosgau-Friesenfeld); Hessler, W., Mitteldeutsche Gaue des frühen und hohen Mittelalters, 1957, 63 Hosgau und Friesenfeld, 126 Hosgau-Friesenfeld (Allstedt, Asendorf, Benkendorf, Bornstedt, Burgsdorf, Dornstedt, Eisleben, Geusa, Goseck, Gröst, Helfta, Holleben, Hornburg, Oberklobikau, Niederklobikau, Knapendorf, Lauchstädt, Liederstädt, Lobitzsch, Merseburg, Morungen, Mücheln, Müllersdorf, Beyernaumburg, Neehausen, Obhausen, Osterhausen, Querfurt, Reinsdorf, Riestedt, Oberröblingen, Oberröblingen an der Helme, Klosterrohrbach, Rossleben, Salzmünde, Sangerhausen, Schaftstädt, Burgscheidungen, Großschierstedt, Oberschmon, Schortau, Schraplau, Seeburg, Sittichenbach, Spergau, Vitzenburg, Burgwerben, Wippra, Wormsleben, Wünsch, Zeuchfeld). S. Friesonoueld.

Frisia (Land, Friesland), s. a. Frisie

L.: Polenz, P. v., Landschafts- und Bezirksnamen, 1961, I, 12, II, 22, 49, 51.

Frisie (Gau östlich der Wesermündung) s. a. Frisia

L.: Curs, O., Deutschlands Gaue im zehnten Jahrhundert. Nach den Königsurkunden, Diss. phil. Göttingen 1908, 7.

Fritzlar (Fürstentum). 723 gründete Bonifatius in F. ein Kloster. Im 11. Jahrhundert ging F., wo seit dem 10. Jahrhundert ein Königshof bestand, von den Konradinern an das Erzstift Mainz. 1803 fiel es durch § 7 I des Reichsdeputationshauptschlusses als neugebildetes Fürstentum mit den Ämtern Amöneburg, F., Naumburg und Neustadt an Hessen-Kassel und damit 1866 an Preußen und 1945 an Hessen.

L.: Wolff 80; Kissel, O. R., Neuere Territorrial- und Rechtsgeschichte des Landes Hessen, 1961; Schwind, F., Fritzlar, LexMA 4 1989, 981 f.

Frohberg (Reichsritter, Grafen). Um 1806 zählten die Frohberg-Montjoie zum Kanton Rhön-Werra des Ritterkreises Franken.

L.: Riedenauer 123.

Frohndorf (Herrschaft). 1801 gehörte die Herrschaft F. über Sachsen dem obersächsischen Reichskreis an. 1815 kam F. an Preußen (Provinz Sachsen).

L.: Wolff 377; Wallner 708 ObersächsRK 2.

Frohnenbruch, (Frohnenburg) (Rittersitz). Der reichsfreie Rittersitz F./Frohnberg gehörte zusammen mit der reichsunmittelbaren Herrschaft Hörstgen als Lehen von Moers den Freiherren von Millendonk (Mylendonk, Myllendonk). Mit Hörstgen kam er an Preußen und F. 1946 zu Nordrhein-Westfalen. S. Hörstgen.

L.: Wolff 494.

Frohnhoffen (Reichsritter) s. Fronhofen

Fronekeradeel (Gebiet in Friesland)

L.: Polenz, P. v., Landschafts- und Bezirksnamen, 1961, III, 23.

Fronhausen (Ganerbschaft). F. zwischen Gießen und Marburg ist 1159 als Gut des Stifts Essen bezeugt. Die Vogtei hatte seit 1199 eine Linie der Schenken zu Schweinsberg. Nach deren Aussterben kam die Oberburg an die Schenken von Schweinsberg. Die 1367 erbaute Unterburg wurde Hessen zu Lehen aufgetragen, an verschiedene Familien vererbt und 1589 von Hessen als erledigtes Lehen eingezogen.

L.: Wolff 255; Geschichtlicher Atlas von Hessen, Inhaltsübersicht 33; Schenk zu Schweinsberg, G., Aus der Geschichte der Fronhauser Burg 1367–1917, 1917; Schröder, F., Der Oberhof Fronhausen an der Lahn, 1931; Fronhausen an der Lahn, 1989.

Fronhofen, Frohnhoffen (Reichsritter). Im 16. Jahrhundert zählten die F. zum Kanton Altmühl. Im 16. Jahrhundert gehörten die F. zum Kanton Rhön-Werra sowie zum Kanton Odenwald des Ritterkreises Franken.

L.: Biedermann, Altmühl; Stieber; Seyler 363; Riedenauer 123.

Fuchs (Reichsritter). Im 16. und 18. Jahrhundert zählten die F. in den Kantonen Altmühl, Baunach, Gebirg und Steigerwald zum Ritterkreis Franken. S. Fuchs von Bimbach, Fuchs von Dornheim, Fuchs von Neidenfels, Fuchs von Rügheim, Fuchs von Wiesentheid.

L.: Roth von Schreckenstein 2, 593; Pfeiffer 209, 213.

Fuchs, Fuchß (Reichsritter). Ogier Fuchß, württembergischer Obrist und Kommandant auf Hohentübingen, war etwa von 1659 bis 1674 Mitglied im Kanton Neckar des Ritterkreises Schwaben.

L.: Hellstern 210.

Fuchs von Bimbach (Reichsritter). Vom Ende des 15. Jahrhunderts bis 1806 waren die F. mit dem Rittergut Bimbach Mitglied des Kantons Steigerwald des Ritterkreises Franken. Etwa in der gleichen Zeit waren die F. auch im Kanton Baunach immatrikuliert. Bis etwa 1650 erscheinen sie auch im Kanton Altmühl (Cronheim) sowie sehr früh auch im Kanton Gebirg.

L.: Pfeiffer 196, 198; Riedenauer 123; Bechtolsheim 12, 18, 63; Rahrbach 81.

Fuchs von Dornheim (Reichsritter). Vom Ende des 16. Jahrhunderts bis zu ihrem Aussterben 1727 zählten die F. zum Kanton Steigerwald des Ritterkreises Franken.

L.: Pfeiffer 198; Bechtolsheim 2, 194; Rahrbach 81.

Fuchs von Neidenfels (Reichsritter). Bis etwa 1650 zählten die F. zum Kanton Odenwald des Ritterkreises Franken.

L.: Pfeiffer 210; Stetten 32; Riedenauer 123.

Fuchs von Rügheim (Reichsritter). Die F. zählten zum Kanton Baunach im Ritterkreis Franken.

L.: Riedenauer 126.

Fuchs von Wiesentheid (Reichsritter). Vom 16. Jahrhundert bis zu ihrem Aussterben 1673 zählten F. zum Kanton Steigerwald des Ritterkreises Franken.

L.: Pfeiffer 198.

Fuchsstadt (Reichsritter). Vielleicht zählten die F. zum Kanton Baunach des Ritterkreises Franken.

L.: Riedenauer 123.

Fugger (Grafen, Reichsgrafen, Reichsfürsten). 1367 erscheint der Webermeister Hans Fugger aus Graben bei Schwabmünchen in Augsburg. Seine Nachkommen wurden bereits in der nächsten Generation ratsfähig. Während die von Andreas Fugger († 1457) begründete Linie F. vom Reh rasch in Bankrott geriet, erlangte die von Jakob Fugger begründete Linie F. von der Lilie durch die Fuggersche Handelsgesellschaft (Jakob Fugger der Ältere † 1469), das Kupfermonopol (Jakob Fugger der Reiche 1459–1525) und auch den Ablasshandel Weltgeltung. Seit 1504 waren die rasch zu den Bankiers der Päpste und der Habsburger aufsteigenden F. adlig, seit 1511 Grafen und seit 1514/1525/1530 Reichsgrafen. 1507 verpfändete König Maximilian I. der Familie die Grafschaft Kirchberg und die Stadt Weißenhorn, 1514 Biberbach in Burgau sowie 1536 die sog. Reichspflege. 1533 erwarben die F. die Herrschaft Oberndorf, 1537 Babenhausen und Glött, 1551 Kirchheim, 1580 Nordendorf, 1595 Wellenburg, 1597 Welden und 1682 die Herrschaft Hausen (bis 1756). Nach dem Tod Georg Fuggers († 1506) gründeten seine beiden Söhne Raimund († 1525) und Anton († 1560), der König der Kaufleute, der bei seinem Tode 6 Millionen Goldkronen bares Vermögen hinerließ, zwei Linien. Von Raimund stammen zwei Äste ab, von denen sich der eine in Pfirt (bis 1846), Sulmetingen (bis 1738) und Adelshofen (bis 1795), der andere in Weißenhorn (früh erloschen) und Kirchberg teilte. Von den Söhnen Anton Fuggers leiten sich die Linien Markus (mit Nordendorf, bis 1671), Johann und Jakob ab. Die Johann-Fuggerische Linie teilte sich in einen Ast, der die Herrschaft Nordendorf der Markusschen Linie erbte und deswegen – fälschlich – als Markus-Fuggerischer Ast bezeichnet wurde (mit der Herrschaft Nordendorf, den Dörfern Ehingen, Lauterbrunn [Lauterbronn], Duttenstein [Dutenstein], Demmingen [Diemingen], Wagenhofen [Wangerhof]), in den kirchheimischen Ast (mit Kirchheim, Eppishausen [Eppichhausen], Türkenfeld und Schmiechen [Schmüchen]), den mickhausischen (mückenhausischen) Ast (mit Mickhausen [Mückenhausen] und Schwindegg) und den glöttischen Ast (mit Glött, Hilgartsberg [Hilgartschberg], Oberndorf und Ellgau [Elgau]). Die Jakob-Fuggerische Linie zerfiel in den Zweig Babenhausen (mit Babenhausen und Boos) und den Zweig Wasserburg bzw. Wellenburg (mit Wellenburg, Gablingen [Gaiblingen], Biberbach und Rettenbach an der Günz). Im 18. Jahrhundert bestanden danach vor allem F. zu Nordendorf, Kirchheim, Mickhausen (Mückenhausen), Wasserburg oder Wellenburg, Glött, Babenhausen und Boos. Der Zweig Fugger von Babenhausen wurde 1803 in den Reichsfürstenstand erhoben (Reichsfürstentum Babenhausen). Die Fugger-Babenhausen und Fugger-Glött wurden 1805/1806 in Bayern mediatisiert, die Fugger-Nordendorf und Fugger-Kirchberg-Weißenhorn in Württemberg. Von 1560 bis 1805 zählten die F. wegen der 1551 erworbenen Herrschaften Niederalfingen und Stettenfels (bis 1747) zum Kanton Kocher des Ritterkreises Schwaben.

L.: Wolff 203; Zeumer 553 II b 61, 12; Großer Historischer Weltatlas III 22 (1648) E4, III 38 (1789) D3; Schulz 261; Ehrenberg, R., Das Zeitalter der Fugger, Bd. 1 f. 3. A. 1922; Studien zur Fuggergeschichte, hg. v. Strieder, J., Bd. 1–8 1907 ff.; Stauber, A., Das Haus Fugger von seinen Anfängen bis zur Gegenwart, 1960; Pölnitz, G. Frhr. v., Die Fugger, 2. A. 1960, Neudruck 1990; Unger, E. E., Die Fugger in Hall in Tirol, 1967; Fried, P., Die Fugger in der Herrschaftsgeschichte Schwabens, 1976; Nebinger, G./Rieber, A., Genealogie des Hauses Fugger von der Lilie, 1978; Kellenbenz, H., Fugger, LexMA 4 1989, 1010 f.; Mandrou, R., Die Fugger als Grundbesitzer in Schwaben, (1969, deutsch) 1997.

Fugger-Babenhausen (und Boos) (Reichsgrafen, Reichsfürsten). Am Ende des 18. Jahrhunderts hatten die Fugger-Babenhausen die Herrschaften Babenhausen, Boos, Reichau, Kettershausen, Mohrenhausen, Heimertingen und Wald. S. Fugger.

L.: Hölzle, E., Der deutsche Südwesten am Ende des alten Reiches, 1938.

Fugger-Dietenheim (und Brandenburg) (Reichsgrafen). Am Ende des 18. Jahrhunderts hatten die F. die 1539 erworbene Herrschaft Dietenheim mit Brandenburg. S. Fugger.

L.: Hölzle, E., Der deutsche Südwesten am Ende des alten Reiches, 1938.

Fugger-Glött(-Oberndorf) (Reichsgrafen). Am Ende des 18. Jahrhunderts hatten die F. die 1537 erworbene Herrschaft Glött und die Herrschaften Hilgartsberg, Oberndorf und Ellgau. S. Fugger.

L.: Hölzle, E., Der deutsche Südwesten am Ende des alten Reiches, 1938.

Fugger-Kirchberg-Weißenhorn (Reichsgrafen). Am Ende des 18. Jahrhunderts hatten die Grafen F. die Grafschaft Kirchberg und die Herrschaften Marstetten, Pfaffenhofen, Weißenhorn, Wullenstetten und Schnürpflingen. S. Fugger.

L.: Hölzle, E., Der deutsche Südwesten am Ende des alten Reiches, 1938.

Fugger-Kirchheim (Reichsgrafen). Am Ende des 18. Jahrhunderts hatten die F. die Herrschaften Kirchheim, Eppishausen, Türkenfeld und Schmiechen.

L.: Hölzle, E., Der deutsche Südwesten am Ende des alten Reiches, 1938.

Fugger-Mickhausen (Reichsgrafen), Fugger-Mückenhausen. Am Ende des 18. Jahrhunderts hatten die F. die Herrschaften Mickhausen (Mückenhausen) und Schwindegg.

L.: Hözle, E., Der deutsche Südwesten am Ende des alten Reiches, 1938.

Fugger-Nordendorf (Reichsgrafen). Um 1790 hatten die Grafen F. (Fugger zu Nordendorf) die 1551 erworbene Herrschaft Niederalfingen und die Herrschaft Nordendorf. S. Fugger.

L.: Hölzle, E., Der deutsche Südwesten am Ende des alten Reiches, 1938.

Fugger-Wasserburg (Reichsgrafen). Am Ende des 18. Jahrhunderts hatten die F. die Herrschaften Wasserburg, Wellenburg, Gablingen, Biberbach und Rettenbach.

L.: Hölzle, E., Der deutsche Südwesten am Ende des alten Reiches, 1938.

Führer von Haimendorf (Reichsritter?). Nürnberg, Kanton Odenwald, Ritterkreis Franken.

Fulda (Abtei, Reichsabtei, Hochstift, Fürstentum). Das Kloster F. (zu ahd. feld?, aha) an der Fulda wurde am 12. 3. 744 durch Bonifatius' Schüler Sturmi (Sturmius) auf altem, durch Einfälle der Sachsen um 700 aber verödetem Siedlungsgebiet, das Bonifatius sich 743 von dem Hausmeier Karlmann aus Königsgut hatte übertragen lassen, als Benediktinerabtei gegründet. 751 wurde es unmittelbar dem Papst unterstellt, 765 von König Pippin zur Reichsabtei erhoben und 774 von Karl dem Großen mit der Immunität versehen. Im 9. Jahrhundert wurde F. einer der wichtigsten deutschen Schreiborte (Hildebrandslied, Muspilli, Tatian), durch dessen Bibliothek wichtige Texte überliefert wurden. 968 erhielten die Äbte den päpstlichen Primat vor allen Äbten Germaniens und Galliens und 1170 den Titel Reichsfürsten. Der im 9. Jahrhundert von den Alpen bis zur Nordsee reichende Streubesitz, der für das 12. Jahrhundert noch auf 15 000 Hufen bzw. 450 000 Morgen geschätzt wurde, schrumpfte (z. B. durch den Verlust von Breuberg im Odenwald) bis zum 13. Jahrhundert auf eine kleine Herrschaft in der Rhön und über Brückenau bis Hammelburg in Franken, die aber als geschlossenes Gebiet an Umfang immer noch die Herrschaftsgebiete anderer Abteien des Reiches übertraf. Im 15. Jahrhundert gingen die Fuldische Mark und Gersfeld verloren. 1487 musste fast das gesamte Stiftsgebiet an Mainz und Hessen verpfändet werden. Bei der Reichskreiseinteilung kam F. zum oberrheinischen Reichskreis. 1626 wurde das Kloster innerlich erneuert. Von 1632 bis 1634 war es Wilhelm V. von Hessen-Kassel als Fürst von Buchen übertragen. 1648 verlor F. das letzte Drittel von Vacha an Hessen-Kassel. Am 5. 10. 1752 wurde für das Stiftsland ein selbständiges Fürstbistum (1829 als Bistum neu errichtet) eingerichtet. Um 1790 zählte F. wegen Burghaun, Großenmoor, Marbachshöfe (Marbachshof) und Mahlertshof (Mahlertshöfe), Rothenkirchen, Steinbach, Dalherda, Eichenzell, Welkers, Geroda, Langenschwarz, Hechelmannskirchen, Köhlersmoor, Schlotzau, Lütter mit Altenfeld und Hettenhausen, Mansbach, Glaam, Oberbreitzbach, Wenigentaft, Poppenhausen, Eichenwinden, Farnlieden (Farnliede), Gackenhof, Hohensteg, Kohlstöcken, Remerz (Remerts), Rodholz, Sieblos, Steinwand, Tränkhof, Schmalnau, Weyhers, Zillbach und Sannerz mit Weiperz zum Kanton Rhön-Werra des Ritterkreises Franken. 1802 wurde F. mit 33/37

Quadratmeilen und 90000 Einwohnern säkularisiert und wenig später die 1723/1734 gegründete Universität aufgehoben. 1803 fiel das Fürstbistum an Nassau-Oranien, 1806 an Frankreich, 1810 an das Großherzogtum Frankfurt und 1813 unter die Verwaltung Österreichs. 1815 kam es teilweise an Preußen, das es 1816 als Großherzogtum an Hessen-Kassel überließ, 1866 mit diesem wieder an Preußen, das zugleich von Bayern die Ämter Gersfeld, Hilders und Weyhers erhielt, 1945 zu Groß-Hessen bzw. zu dem Land Hessen. Die südlichen Gebiete gelangten 1815 an Bayern, die östlichen an sächsisch/thüringische Länder, Johannisberg (Johannesberg) im Rheingau an den Fürsten Metternich. Das Bistum F. wurde 1992/1994 Suffragan von Paderborn.

L.: Wolff 238; Zeumer 552 II a 27; Wallner 695 OberrheinRK 4; Großer Historischer Weltatlas II 66 (1378) E3, III 22 (1648) D3, III 38 (1789) B3; Riedenauer 129; Winkelmann-Holzapfel 149; Die Territorien des Reichs 4, 128; Kalkoff, P., Die Reichsabtei Fulda am Vorabend der Reformation, Archiv f. Reformationsgeschichte 22 (1925); Werner-Hasselbach, T., Die älteren Güterverzeichnisse der Reichsabtei Fulda, 1942; Lübeck, K., Die Fuldaer Äbte und die Fürstäbte des Mittelalters, 1952; Hilpisch, S., Die Bischöfe von Fulda, 1957; Hoffmann, A., Studien zur Entstehung und Entwicklung des Territoriums der Reichsabtei Fulda und seiner Ämter, 1958; Stengel, E. E., Urkundenbuch des Klosters Fulda, 1958; Stengel, E. E., Die Reichsabtei Fulda in der deutschen Geschichte, 1948, 1960; Kissel, O. R., Neuere Territorial- und Rechtsgeschichte des Landes Hessen, 1961; Der Landkreis Fulda, hg. v. Stieler, E., 1971; Die Klostergemeinschaft von Fulda im früheren Mittelalter, hg. v. Schmid, K., Bd. 1 ff. 1978; Teuner, R., Die fuldische Ritterschaft 1510–1656, 1982; Hussong, K., Studien zur Geschichte der Reichsabtei Fulda bis zur Jahrtausendwende, Arch. f. Diplomatik 31 (1985), 1 ff., 32 (1986), 129 ff.; Jäger, B., Das geistliche Fürstentum Fulda in der frühen Neuzeit. Landesherrschaft, Landstände und fürstliche Verwaltung, 1986; Raab, H., Das Fürstbistum Fulda (1752–1802/3), 1989, Archiv. f. mittelrheinische Kirchengeschichte 41; Rathsack, M., Die Fuldaer Fälschungen, 1989; Hahn, H., Kleine Fulda-Chronik, 1989; Leinweber, J., Die Fuldaer Äbte und Bischöfe, 1989; Weidinger, U., Untersuchung zur Grundherrschaft des Klosters Fulda in der Karolingerzeit, in: Strukturen der Grundherrschaft im frühen Mittelalter, 1989; Sandmann, M., Fulda, LexMA 4 1989, 1020 ff.; Fulda im alten Reich, hg. v. Jäger, B., 1994; Fulda in seiner Geschichte, 1995; Geuenich, D., Die Stellung der Abtei Fulda, Fuldaer Geschichtsblätter 7 (1995); Kloster Fulda, hg. v. Schrimpf, G., 1996; Witzel, W., Die fuldischen Ministerialen, 1998; Früh, M., Die Lehnsgerichtsbarkeit der Abtei Fulda, Hess. Jb. f. LG. 49 (1999), 39; Theisen, F., Mittelalterliches Stiftungsrecht, 2002.

Füllbach, Fulpach, Fullbach (Reichsritter). Im frühen 16. Jahrhundert zählten die F. zum Kanton Baunach des Ritterkreises Franken.

L.: Stieber; Pfeiffer 213; Riedenauer 123; Rahrbach 87.

Fürbringer (Reichsritter). Im 17. Jahrhundert zählten die F. zum Kanton Odenwald im Ritterkreis Franken.

L.: Riedenauer 123.

Fürfeld (reichsritterschaftlicher Ort). F. bei Heilbronn wurde 1516 von den Herren von Helmstadt an die Gemmingen verkauft. Es war Mannlehen des Hochstifts Worms. Es gehörte zum Kanton Kraichgau des Ritterkreises Schwaben. Über Württemberg kam F. 1951/1952 zu Baden-Württemberg.

L.: Wolff 510.

Fürstenau (Burg, Herrschaft). Um 1300 errichtete das Erzstift Mainz die Wasserburg F. bei Erbach. 1317 erlangten die Grafen von Erbach ein Burglehen, um 1350 den Pfandbesitz. Danach wurde F. zeitweise Sitz der Linie Erbach-Fürstenau. 1806 kam es an Hessen-Darmstadt und damit 1945 zu Hessen.

L.: Wolff 123.

Fürstenberg (Grafen, Fürsten, Fürstentum). Die Grafen und Fürsten von F. leiteten sich von einer fränkischen Grafenfamilie in Innerschwaben ab, die seit 1070 als Grafen von Urach bezeugt ist. 1218 erbten sie über Agnes von Zähringen die Güter der Herzöge von Zähringen um Freiburg sowie in der Baar bzw. im östlichen Schwarzwald (Haslach, Steinach, Biberach im Kinzigtal) und nannten sich zunächst nach Freiburg und seit etwa 1250 nach der zähringischen, 1175 erstmals erwähnten Burg Fürstenberg (fürdersten Berg) bei Neudingen in der Nähe von Donaueschingen. Weiter erhielten sie Lehen der Bischöfe von Straßburg. 1265 mussten sie aus dem Zähringer Erbe die Grafschaft Urach Württemberg überlassen. Heinrich I. von F. gewann 1278 Villingen, die Feste F. und die Herrschaft Dornstetten und erhielt 1283 als Vetter Rudolfs von Habsburg durch königliche Belehnung die Landgrafschaft Baar. Von 1286 bis 1386 teilte sich eine jüngere Linie mit Residenz in Haslach im Kinzigtal ab. Nach 1408 spaltete sich von der Linie Baar die ältere Linie Kinzigtal ab (bis 1490). 1305 ging Bräunlingen, 1325/1326 Villingen, später außerdem Freiburg an Habsburg, 1320

Dornstetten an Württemberg verloren, doch wurde 1488 Eschingen (Donaueschingen) gewonnen. Der Verlust von Reichslehen im Renchtal sowie der Herrschaft Dornstetten wurde durch den Erwerb der Herrschaft Wolfach ausgeglichen. 1509 reichte die Grafschaft F., die zeitweise durch mehrere Linientrennungen aufgespalten war, dann aber wieder zusammenkam, vom Feldberg bis zum Kniebis und von der Donau (Möhringen) bis zum Schönenberg. Durch Heirat fiel 1534 aus werdenbergischem Erbe die Landgrafschaft Heiligenberg an, 1627 von den Grafen von Helfenstein die Herrschaften Wildenstein, Messkirch, Gundelfingen und Neufra, 1636 ein Anteil an Wiesensteig sowie 1639 die Landgrafschaft Stühlingen mit der Herrschaft Hewen (Hohenhewen), so dass sich die Güter innerhalb von hundert Jahren insgesamt vervierfachten. Nach dem Tod Graf Friedrichs II. († 1559) entstanden aus der Baarer Linie die jüngere Kinzigtaler Linie, von der sich 1614 eine Messkircher und eine Stühlinger Linie abspalteten, und eine Heiligenberger Linie (bis 1716). 1664 wurde die (1716 ausgestorbene und von der Linie Messkirch beerbte) Linie Heiligenberg in den Reichsfürstenstand erhoben (1667 Sitz und Stimme in der Reichsfürstenbank), 1716 das ganze Haus. 1744 wurden die Güter nach Aussterben der Messkircher Linie durch die Stühlinger Linie in dem Fürstentum F. mit Residenz in Donaueschingen zusammengefasst. Am Ende des 18. Jahrhunderts hatten die Fürsten zu F. weiter die Herrschaften Hausen, Wartenberg, Prechtal, Romberg, Lenzkirch, Schenkenzell, Waldsberg, Schlatt a. R., Aulfingen und Hausen vor Wald, die Stadt Hüfingen, die Obervogteiämter Blumberg, Engen, Haslach, Löffingen, Möhringen, Neufra, Neustadt, Stühlingen und Trochtelfingen und die Oberämter Heiligenberg, Hüfingen, Jungnau, Messkirch und Wolfach. Wegen Waldsberg und Stetten zählten die Fürsten, die bereits 1488 als Grafen Mitglieder der Rittergesellschaft Sankt Jörgenschild, Teil im Hegau und am Bodensee gewesen waren, zum Kanton Hegau und wegen Kluftern und Efrizweiler zum Bezirk (Quartier) Allgäu-Bodensee des Ritterkreises Schwaben. 1804 erlosch die fürstliche Hauptlinie. Titel und Gut kamen an eine österreichisch-böhmische Nebenlinie. 1806 wurde F. mit 20 000 Quadratkilometern und 100 000 Einwohnern unter Baden, Württemberg, Hohenzollern und Bayern aufgeteilt. Auf 1945 verlorenen böhmischen Nebengütern und in Österreich waren im 19. Jahrhundert neue Seitenlinien entstanden.

L.: Wolff 171; Zeumer 553 II b 55, 61, 1; Großer Historischer Weltatlas II 66 (1378) E5, III 22 (1648) D5, III 38 (1789) C4; Ruch, Anhang 3, 77, 82; Fürstenbergisches Urkundenbuch, hg. v. Riezler, S./Baumann, F. L., Bd. 1–7 1877 ff.; Riezler, S., Geschichte des fürstlichen Hauses Fürstenberg bis 1509, 1883; Tumbült, G., Das Fürstentum Fürstenberg von seinen Anfängen bis zur Mediatisierung im Jahre 1806, 1908; Hölzle, E., Der deutsche Südwesten am Ende des alten Reiches, 1938; Link, R., Verwaltung und Rechtspflege im Fürstentum Fürstenberg in den letzten Jahrzehnten vor der Mediatisierung (1744–1806), Diss. phil. Freiburg 1942; Bader, K. S., Der deutsche Südwesten in seiner territorialgeschichtlichen Entwicklung, 2. unv. A. 1978; Vetter, A., Geschichte der Stadt Fürstenberg, 1960; Bader, K. S., Landes- und Gerichtsordnungen im Gebiet des Fürstentums Fürstenberg (15.–17. Jahrhundert), FS G. K. Schmelzeisen 1980, 9; Eltz, E., Die Modernisierung einer Standesherrschaft, 1980; Asch, R., Verwaltung und Beamtentum der gräflich-fürstenbergischen Territorien vom Ausgang des Mittelalters bis zum schwedischen Krieg (1490–1632), 1986; Eberl, I., Fürstenberg, LexMA 4 1989, 1037; Die Fürstenberger, 1994; Mauerer, E., Südwestdeutscher Reichsadel im 17. und 18. Jahrhundert, 2001.

Fürstenberg (Reichsritter). Seit dem 13. Jahrhundert ist eine im Sauerland beheimatete Ministerialenfamilie des Erzstifts Köln nachweisbar. Sie nannte sich seit 1295 nach der an der Ruhr gelegenen, im letzten Viertel des 13. Jahrhunderts erbauten, aber wohl kurz nach 1326 wieder zerstörten Burg F. bei Neheim. Sie stammte wahrscheinlich von dem Geschlecht der Binolen ab. Am Anfang des 15. Jahrhunderts hatte sich die Familie in die drei Hauptlinien Waterlappe, Höllinghofen-Hörde-Livland und Neheim-Neufürstenberg verzweigt. Güter hatte sie vor allem im nordwestlichen Teil des Herzogtums Westfalen, aber auch im südwestlichen Sauerland, im Märkischen, Münsterischen, Paderbornschen, am Nieder- und Mittelrhein (Geldern, Mainz) und in Livland. Sie war Mitglied des Ritterkreises Rhein. Seit 1572 hatte sie die Vogtei über Kloster Grafschaft inne.

L.: Roth von Schreckenstein 2, 594; Klocke, F. v., Fürstenbergsche Geschichte, Bd. 1 1939; Klocke, F. v. u. a., Fürstenbergische Geschichte, Bd. 1 ff. 1971 ff.; Fürstenberger Skizzen, hg. v. Gosmann, M., 1995.

Fürstenberg-Haslach (Grafen). 1286 entstand die Linie F. der Grafen von Fürstenberg, deren Güter 1386 teilweise dem Hochstift Straßburg zufielen, bis 1393 als Lehen aber wieder an die Grafen von Fürstenberg zurückkehrten.

Fürstenberg-Kinzigtal (Grafen). Nach dem Kinzigtal nannten sich im 15. und 16. Jahrhundert eine ältere (1408–1490) und eine jüngere (1559–1641) Linie der Grafen von Fürstenberg.

Fürstenberg-Messkirch (Fürsten). Die von der 1559 entstandenen Kinzigtaler Linie der Grafen von Fürstenberg abgespaltete Linie F. starb 1744 aus. Ihre Güter fielen an Fürstenberg-Stühlingen.

Fürstenberg-Stühlingen (Grafen). Von der 1559 entstandenen Kinzigtaler Linie der Grafen von Fürstenberg spaltete sich die Linie F. ab, die 1744 die Fürstenberger Güter in sich vereinigte. Sie hatte Sitz und Stimme im schwäbischen Reichsgrafenkollegium des Reichsfürstenrats des Reichstags und im schwäbischen Reichskreis.

Fürstenberg-Weitra (Fürsten, Landgrafen). Weitra in Österreich entstand am Ende des 12. Jahrhunderts im Zuge der Besiedlung des Grenzraumes gegen Böhmen. Die Burg war bald Mittelpunkt eines reichsunmittelbaren Gebietes (districtus Witrensis) der Kuenringer. 1278/1295/1296 kam Weitra an Habsburg, das es als Pflegschaft oder Pfand an Wallsee, Oettingen, Schaunberg, Maissau, Sternberg, Hardegg, Prag, Breuner und Greeß ausgab. 1581 belehnte Kaiser Rudolf II. Wolf Rumpf Freiherrn von Willroß mit der Herrschaft, die 1592 allodialisiert wurde. Seine Witwe heiratete Graf Friedrich zu Fürstenberg-Heiligenberg. Seit 1755 gehörte Weitra einer eigenen landgräflichen Linie F. 1848 verlor das Haus Fürstenberg die Herrschaft.

Fürsteneck (Herrschaft). Die Burg F. bei Wolfstein wurde um 1200 vom Bischof von Passau errichtet. Sie war Mittelpunkt einer Herrschaft. Diese gehörte 1801 über das Hochstift Passau zum bayerischen Reichskreis. 1805 fiel F. an Bayern.

L.: Wallner 712 BayRK 6.

Fürstenstein (Burg, Herrschaft). Vermutlich errichteten die Grafen von Bilstein im 13. Jahrhundert bei Albungen an der Werra die Burg F. Um 1301 kam sie durch Kauf oder Heimfall an Hessen. Von 1344 an waren die vielleicht ursprünglich zu den Burgmannen von Boyneburg gehörigen Diede von F. an der vielfach verpfändeten Burg berechtigt. Seit 1596 waren sie bis zu ihrem Aussterben 1807 die alleinigen Herren. S. Diede von Fürstenstein.

L.: Wengel, E., Der Fürstenstein, Burgwart 13 (1912).

Fürstenwärther (Freiherren, Reichsritter). Die Freiherren von F. waren wegen dem halben Duchroth mit dem halben Oberhausen und einem Viertel der Ganerbschaft Burglayen (Burg Layen) Mitglied des Kantons Niederrheinstrom des Ritterkreises Rhein.

L.: Winkelmann-Holzapfel 148.

Furtenbach (Reichsritter). Im 18. Jahrhundert (um 1760) zählten die F. mit den Rittergütern Schnodsenbach, Burgambach und Zeisenbronn zum Kanton Steigerwald des Ritterkreises Franken.

L.: Bechtolsheim 15, 414; Riedenauer 123.

G

Gaasterland (friesisch)

L.: Polenz, P. v., Landschafts- und Bezirksnamen, 1961, II, 49, III, 23.

Gablingen (Herrschaft). G. nördlich von Augsburg ist vielleicht schon früh besiedelt, urkundlich aber erst um 1100 genannt (Gabelungen). Im 14./15. Jahrhundert hatten die Marschälle von Biberbach und die Herren von Knöringen das Dorf inne. Die zugehörige Herrschaft veräußerten die Herren von Knöringen 1527 an Anton Fugger. Später kam sie an die Linie Fugger-Babenhausen. Am Ende des 18. Jahrhunderts gehörte die Herrschaft über die Fugger-Wasserburg dem schwäbischen Reichskreis an und kam danach zu Bayern.

L.: Wolff 205; Wallner 686 SchwäbRK 16 b; Stauber, A., Das Haus Fugger von seinen Anfängen bis zur Gegenwart, 1960.

Gadelsbusch (Land). 1203 wurde unter der Oberherrschaft Dänemarks das Land G. aus der Grafschaft Ratzeburg Mecklenburg zugeschlagen. S. Mecklenburg-Vorpommern.

L.: Wolff 442 f.

Gagern (Reichsritter). Das Adelsgeschlecht G. mit dem Sitz Gawern auf Rügen wird erstmals 1290 erwähnt. 1731 wurde eine Linie als Reichsfreiherren in den Kanton Oberrheinstrom des Ritterkreises Rhein aufgenommen.

L.: Genealogischer Kalender 1753, 544.

Gahlen (Herrlichkeit). Die Herrlichkeit G. bei Dorsten gehörte am Ende des 18. Jahrhunderts zum Herzogtum Kleve (Weselscher landrätlicher Kreis).

L.: Wolff 317.

Gaiblingen (Herrschaft) s. Gablingen

Gail (Reichsritter). Im 18. Jahrhundert zählten die G. mit Altorff, Mühlhausen und Staffelfelden zum Ort (Kanton) Ortenau des Kantons Neckar des Ritterkreises Schwaben. 1773 gehörten sie zu den bereits im Stichjahr 1680 angesessenen und mit ihren Gütern bei der Ritterschaft immatrikulierten Familien des Ritterkreises Unterelsass.

L.: Genealogischer Kalender 1753, 532; Roth von Schreckenstein 2, 592.

Gaildorf (Herrschaft). Nach G. am Kocher südlich von Schwäbisch Hall nannten sich seit 1255 Herren von G., die im Dienst der Schenken von Limpurg standen. Bei Teilungen in der Familie der Schenken seit 1441 fiel der 1404 zur Stadt erhobene Ort bis 1552 einer Linie zu und wurde später geteilt. Nach 1690 stand die Herrschaft der Linie Limpurg-Sontheim zu (Aussterben in männlicher Linie 1713). 1806 fiel G. mit der Herrschaft Limpurg an Württemberg, wo es bis 1938 Sitz eines Oberamtes war. 1951/1952 gelangte es damit zu Baden-Württemberg.

L.: Wolff 124; Hölzle, Beiwort 49.

Gailenbach (Herrschaft, reichsritterschaftlicher Ort). In dem vermutlich im 11. Jahrhundert gegründeten G. (1296 Galumbach) bei Augsburg erbaute 1592 der Reichspfennigmeister Zacharias Geizkofler ein Schloss, das 1622 an die Augsburger Patrizierfamilie Koch genannt von G., 1771 an die Paris und dann die Stetten kam. Die Herrschaft zählte zur Reichsritterschaft. G. fiel an Bayern.

Gailing von Altheim, Gailing, Gayling (Reichsritter). Um 1550 bis etwa 1720 gehörten die G. zum Kanton Odenwald des Ritterkreises Franken (Geyling). Im 18. Jahrhundert zählten die G. zum Ort (Kanton) Ortenau des Kantons Neckar des Ritterkreises Schwaben und zum Ritterkreis Unterelsass (Reichsfreiherren). Die G. erloschen männlicherseits 1940 und weiblicherseits 1987.

L.: Stieber; Roth von Schreckenstein 2, 592; Riedenauer 123; Stetten 32; Zander, P., Das Freiherrlich Gayling von Altheim'sche Gesamtarchiv, in: Barockschloss Ebnet bei Freiburg i. Br., 1989.

Gailing von Illesheim, Geiling von Illesheim (Reichsritter). Im frühen 16. Jahrhundert zählten die G. zum Kanton Altmühl des Ritterkreises Franken.

L.: Biedermann, Altmühl; Stieber; Riedenauer 123.

Gailingen (reichsritterschaftlicher Ort). G. bei Konstanz wird 965 erstmals erwähnt, dürfte aber bereits der frühen alemannischen Besiedlungszeit angehören. Bis 1806 zählte der Ort zum Kanton Hegau-Allgäu-Bodensee des Ritterkreises Schwaben. Von 1540 unterstand ein Drittel der Ortsherrschaft der Stadt

Schaffhausen. Die hohe Gerichtsbarkeit und Landeshoheit hatte von 1465 bis 1805 Habsburg bzw. Österreich. Über Baden kam G. 1951/1952 zu Baden-Württemberg.

L.: Götz, F., Untersee und Hochrhein, 1971.

Gailnau (Herrschaft). Die Herrschaft G. wurde 1406 von der Reichsstadt Rothenburg erworben. Diese kam 1802/1803 an Bayern.

L.: Hölzle, Beiwort 90.

Gaisbach (Herrschaft). Die Landeshoheit über die Herrschaft G. der Freiherren von Schauenburg stand am Ende des 18. Jahrhunderts dem Hochstift Straßburg zu.

L.: Hölzle, Beiwort 76.

Gaisberg (Freiherren, Reichsritter). Im 18. Jahrhundert zählten die Freiherren von G. mit Teilen von Helfenberg (seit 1740), Schloss und Gut Hohenstein (1678–1738), Gut Schnait (seit 1633) und dem Rittergut Kleinbottwar und Schabeck (1645–1765) zum Kanton Kocher des Ritterkreises Schwaben. Wegen graneckischer Güter gehörte die Familie seit 1599 zum Kanton Neckar. 1805 waren Kantonsmitglieder Carl Ludwig, Ludwig-Heinrich und Ludwig von G. zu Schöckingen. Um 1785 bis 1800 gehörte Benjamin von G. als Personalist dem Kanton Odenwald des Ritterkreises Franken an.

L.: Roth von Schreckenstein 2, 592; Hölzle, Beiwort 62; Hellstern 204; Stetten 39, 183; Riedenauer 123; Kollmer 370, 376f.; Schulz 262; Gaisberg-Schöckingensches Archiv Schöckingen. Urkundenregesten 1365–1829, bearb. v. Müller, P., 1993 (141 Urkunden).

Gaist von Wildeck (Reichsritter). Von 1581 bis 1623 waren die G. Mitglied des Kantons Neckar des Ritterkreises Schwaben.

L.: Hellstern 204.

Galen (Reichsritter). Im 18. Jahrhundert zählten die G. zum Ritterkreis Rhein.

L.: Roth von Schreckenstein 2, 594.

Galizien (Landschaft, Fürstentum, Königreich). Während das Karpatenvorland westlich des San mit Krakau um 1000 an Polen kam, bildeten sich im Gebiet östlich des San die Fürstentümer Halitsch (Halics) und Wladimir (Lodomerien). Davon gewann Halitsch/Galizien Anschluss an die Entwicklung Böhmens, Polens und Ungarns. Bei der ersten polnischen Teilung 1772 erhielt Österreich Rotrussland und Teile Podoliens mit Zamosc, Brody, Lemberg, Tarnopol und Halitsch (Halics) sowie die Herzogtümer Zator und Auschwitz. Dieses 1280 Quadratmeilen mit 1,2 Millionen Einwohnern umfassende Gebiet wurde als Königreiche G. und Lodomerien bezeichnet. 1784 wurde nach der Errichtung eines eigenen Gubernium für G. samt Lodomerien in Lemberg eine Universität geschaffen. 1795 kam bei der dritten polnischen Teilung Kleinpolen mit Krakau, Wieliczka, Rawka, Sandomir, Radom und Maciejowice (Maziejowice) (insgesamt 46000 Quadratkilometer mit 1,5 Millionen Einwohnern) als Westgalizien hinzu. 1809 musste dieses Westgalizien mit Zamosc an das Großherzogtum Warschau, der östliche Teil Galiziens an Russland abgetreten werden. 1815 kam dieser Teil an Österreich zurück, während die übrigen 1809 verlorenen Gebiete an Polen fielen. 1846 wurde der 1815 gebildete Freistaat Krakau einverleibt. 1918 schloss sich der westliche, 1772 an Österreich gelangte Teil Galiziens (mit Krakau, Tarnów und Przemyśl) Polen an. Das östliche Galizien mit Lemberg wurde 1919 gewaltsam Polen eingegliedert, 1939 an die Sowjetukraine angeschlossen.

L.: Kratter, F., Briefe über den itzigen Zustand von Galizien, 1786; Traunpaur, Chevalier d'Orphanie A. H., Dreyßig Briefe über Galizien, 1787; Stupnicki, H., Das Königreich Galizien und Lodomerien, 1853; Ortsrepertorium des Königreiches Galizien und Lodomerien, 1874; Brawer, A., Galizien, wie es an Österreich kam, 1910; Seefeldt, F., Quellenbuch zur deutschen Ansiedlung in Galizien unter Kaiser Joseph II., 1935; Schneider, L., Das Kolonisationswerk Josephs II. in Galizien, 1939; Rosdolski, R., Untertan und Staat in Galizien, 1992; Mark, R., Galizien, 1994; Röskau-Rydel, I., Galizien, Bukowina, Moldau, 1999; Bachmann, K., Ein Herd der Feindschaft gegen Russland, 2001.

Gallarate, Gallara (Grafschaft). Die Grafschaft G. bei Mailand unterstand am Ende des 18. Jahrhunderts den Grafen von Hohenems. S. Italien.

L.: Wolff 206; Welti, L., Hohenems und Gallarate, FS N. Grass, 1975.

Gallean, Gallian, Calliano (Reichsfürst). 1761 wurde Carl Hyazinth Anton von G. in den Reichsfürstenstand erhoben.

L.: Klein 190.

Gambs? (Reichsdorf? Gams bei Sankt Gallen?)

L.: Jenichen 12; Hugo 475.

Gamerschwang s. Raßler von G.

Gammertingen (reichsritterschaftliche Herrschaft). Nach bronzezeitlichen und merowingerzeitlichen Gräbern erscheint im 13. Jahrhundert die von den Grafen von Veringen, die das 1101 erstmals erwähnte Dorf über die Grafen von Achalm, die Grafen von G. (vor 1182), die Grafen von Ronsberg und die Herren von Neuffen in der Mitte des 13. Jahrhunderts erlangt hatten, angelegte Stadt G. am linken Lauchertufer bei Sigmaringen. Nach mehrfachem Herrschaftswechsel kaufte der württembergische Obervogt Dietrich von Speth die Herrschaft G. mit Hettingen, Hermentingen, Feldhausen, Kettenacker und Neufra. Sie zählte zum Kanton Donau des Ritterkreises Schwaben. 1806 kam sie an Hohenzollern-Sigmaringen, das die Spethschen Güter 1827 durch Kauf erwarb, 1850 an Preußen. Bis 1925 war G. Sitz eines Oberamtes. 1945 gelangte es an Württemberg-Hohenzollern, 1951/1952 an Baden-Württemberg.

L.: Wolff 508; Wiest, J., Geschichte der Stadt Gammertingen, 1928, Neudruck 1961; Burkarth, H., Die Geschichte der ehemaligen Herrschaft Gammertingen-Hettingen, 1983.

Gandersheim (Reichsstift) (seit 1932 Bad Gandersheim). Am Übergang des Hellweges über die Gande und an der Kreuzung mit der Straße Frankfurt-Lübeck errichteten die Liudolfinger eine Burg. 852 gründete Herzog Liudolf von Sachsen dort das Stift G., in dem in der zweiten Hälfte des 10. Jahrhunderts die Dichterin Hrotsvit wirkte. Es war reichsunmittelbar (877) und nach langem Streit vom Bischof von Hildesheim eximiert und dem Papst unmittelbar unterstellt (1208). Vögte waren seit der zweiten Hälfte des 12. Jahrhunderts die Welfen, doch vermochte die Äbtissin ihre Stellung als Reichsfürstin und ihren Sitz auf der rheinischen Prälatenbank bis zur freiwilligen Aufgabe 1802 zu behaupten. Die Ausbildung eines eigenen Herrschaftsgebiets gelang aber nicht, so dass sich das Reichsstift im wesentlichen auf die Stiftskirche beschränkte. 1568/1589 wurde G. ein evangelisches Damenstift. 1803 fiel es an Braunschweig. 1810 wurde es aufgelöst. 1946 kam G. zu Niedersachsen.

L.: Wolff 439; Zeumer 553 II a 37, 18; Curs, O., Deutschlands Gaue im zehnten Jahrhundert. Nach den Königsurkunden, Diss. phil. Göttingen 1908, 7; Rippel, J. K./Thilo, G., Der Landkreis Gandersheim, 1958/1960; Goetting, H., Das reichsunmittelbare Kanonissenstift Gandersheim, 1973; Kronenberg, K., Chronik der Stadt Bad Gandersheim, 1978; Fahlbusch, F., Gandersheim, LexMA 4 1989, 1102 ff.

Gandersheimergau (Gandesmigavvi, Gau zwischen Leine und Innerste)

L.: Curs, O., Deutschlands Gaue im zehnten Jahrhundert. Nach den Königsurkunden, Diss. phil. Göttingen 1908, 7 (Gandersheim), s. Gandesheim.

Gandesheim (marcha, Gandeshemiga?, zum Ortsnamen Gandersheim)

L.: Polenz, P. v., Landschafts- und Bezirksnamen, 1961, II, 33, 41, IV, 3 f., 6, 7, 9, 14, Gandesheim, s. Gandersheimergau.

Ganipi (Gau zwischen Waal und Maas)

L.: Curs, O., Deutschlands Gaue im zehnten Jahrhundert. Nach den Königsurkunden, Diss. phil. Göttingen 1908, 7 (Beek, Ewyck); Polenz, P. v., Landschafts- und Bezirksnamen, 1961, IV, 10, zum Ortsnamen Gennep.

Gans von Otzberg, Gans von Uzberg (Reichsritter). Im 18. Jahrhundert (um 1785) zählten die G. zum Ritterkreis Rhein und bis zum Beginn des 18. Jahrhunderts zum Kanton Odenwald des Ritterkreises Franken.

L.: Roth von Schreckenstein 2, 594; Riedenauer 123; Stetten 33.

Gardelegen (Grafen). Nach der 1133 erwähnten Burg G. an der Mulde, die zeitweise dem Kloster Corvey und dann dem Erzstift Magdeburg gehört hatte, nannten sich Grafen von G. Spätestens 1196 kam G. an die Markgrafen von Brandenburg.

L.: Wolff 386.

Gartachgau (Cartkeuue, Gau um die Gartach [Leinbach] rechts des Rheins)

L.: Curs, O., Deutschlands Gaue im zehnten Jahrhundert. Nach den Königsurkunden, Diss. phil. Göttingen 1908, 7; Polenz, P. v., Landschafts- und Bezirksnamen, 1961, II, 24, 26 f., Gardahgouwe.

Gartner (Reichsritter). Johann Thomas von G. war von 1714 bis 1730 Personalist im Kanton Kocher des Ritterkreises Schwaben.

L.: Schulz 262.

Gärtringen (Dorf, Herren, Herrschaft). G. bei Böblingen wurde 1382 von den Pfalzgrafen von Tübingen an Württemberg verkauft. Der Ortsadel starb 1559 aus. Das Gut kam als Lehen von 1610 bis 1616 an den württembergischen Rat Johann Sattler und 1640 durch Erbschaft an die Hiller und über Württemberg 1951/1952 zu Baden-Württemberg. S. Jäger von Gärtringen.

Gasterna

L.: Polenz, P. v., Landschafts- und Bezirksnamen, 1961, V, 2.

Gau, Wasgau s. Oberrheinstrom

Gau-Odernheim (Gauodernheim) s. Odernheim

Gauerstadt (Reichsritter), Gauberstadt. Im frühen 16. Jahrhundert zählten die G. zum Kanton Baunach des Ritterkreises Franken.

L.: Riedenauer 123.

Gauersheim s. Wallbrunn zu G.

Gaveren (Fürstentum, Roede). Das Fürstentum (Roede) G. gehörte am Ende des 18. Jahrhunderts über die Grafschaft Flandern und das Herzogtum Burgund zum burgundischen Reichskreis.

Gavi (Lehen). Das im Genuesischen gelegene Lehen des Reiches stand 1720 zum Verkauf.

L.: Aretin, Das alte Reich 2, 370 ff.

Gayling s. Gailing

Gebersdorf s. Auer von Au zu G.

Gebirg (Kanton). Der Kanton G. war eine Untergliederung des Ritterkreises Franken der Reichsritterschaft. Er war seinerseits in die Quartiere Fichtelberg, Forchheim, Hollfeld und Rodach eingeteilt. Um 1800 zählte die Kantonskorporation zu den Mitgliedern des Kantons.

L.: Mader 3, 318 ff., 8, 661 ff., 8, 682 ff.; Wolff 512; Riedenauer 116, 122 ff., 129; Waldenfels, W., Frhr. v., Die Ritterschaft des heutigen Oberfranken im Jahre 1495, Arch. d. hist. Ver. Oberfranken 26, 3 (1917), 61 ff.; Rupprecht, K., Ritterschaftliche Herrschaftswahrung in Franken, 1994.

Gebsattel (Reichsdorf). Vielleicht kurz vor 1100 entstand anlässlich der Gründung des Klosters Comburg (Komburg) durch die Grafen von Rothenburg an einer Furt über die Tauber der Witwensitz G. Im August 1251 verpfändete König Konrad IV. G. zusammen mit Rothenburg an Graf Gottfried von Hohenlohe. Später gelangte G. zu Bayern.

L.: Hugo 456.

Gebsattel (Reichsritter, Freiherren). Vielleicht kurz vor 1100 entstand an einer Tauberfurt als Witwensitz einer Gräfin von Rothenburg G. Als Folge der Ausdehnung Rothenburgs verlegten die G. ihren Sitz nach Acholshausen, später nach Trennfeld. Im 16. bis 18. Jahrhundert zählten die Freiherren G. mit Teilen von Haselbach, der Hälfte von Burglauer, Lebenhan und Teilen von Leutershausen zum Kanton Rhön-Werra des Ritterkreises Franken. Im frühen 16. Jahrhundert waren sie auch im Kanton Baunach, im 17. Jahrhundert auch im Kanton Odenwald immatrikuliert.

L.: Genealogischer Kalender, 1753, 538; Stieber; Roth von Schreckenstein 2, 593; Seyler 364; Winkelmann-Holzapfel 149; Pfeiffer 198, 211; Riedenauer 123; Rahrbach 88.

Gedern (Burg, Herrschaft). G. bei Büdingen kam 780 an Lorsch. Die von den Herren von Büdingen stammenden Herren von Ortenberg errichteten dort eine Burg. Von ihnen fiel G. an die Herren von Breuberg, die 1316 die Hälfte des Ortes dem Erzstift Trier zu Lehen auftrugen. 1323 gingen ihre Rechte an die Trimberg, 1376 an die Eppstein-Königstein und 1535 an die Grafen von Stolberg über. Diese führten die Reformation ein. Seit 1677 war G. Sitz einer eigenen, 1742 gefürsteten Linie Stolberg-Gedern, die 1804 von Stolberg-Wernigerode beerbt wurde. 1806 fiel G. an Hessen-Darmstadt, dann an Isenburg und 1816 wieder an Hessen-Darmstadt und damit 1945 an Hessen.

L.: Wolff 275; Thomée, H., Chronik der Stadt Gedern, 1956.

Gehmen s. Gemen

Gehren (Herrschaft). G. bei Suhl am Rand des Thüringer Waldes wird 1299 erstmals genannt. Bis zur Mitte des 15. Jahrhunderts gehörten Burg und Dorf G. den Rittern von Berlstedt. Sie verkauften G. an die Grafen von Schwarzburg-Sondershausen, über die G. 1920 zu Thüringen kam.

L.: Wolff 412.

Geilber (Reichsritter). Vielleicht zählten die G. zum Kanton Gebirg im Ritterkreis Franken und zur vogtländischen Ritterschaft (Vogtland).

L.: Riedenauer 123.

Geilenkirchen (Herrschaft, Land, Freiheit, Herrlichkeit). G. bei Jülich wird erstmals 1170 erwähnt. Bis zum Erlöschen ihres Mannesstamms 1334 gehörte es den Rittern von G., welche die Stammburg von den Herren von Heinsberg zu Lehen hatten. 1405 war es Mittelpunkt eines kleinen Landes, 1485 Freiheit. 1484 kam es mit der Herrschaft Heinsberg an Jülich, innerhalb dessen es als Herrlichkeit 1486 pfandweise an die Harff gelangte. 1815 fiel G. an Preußen, 1946 an Nordrhein-Westfalen.

L.: Wolff 322; Jansen, H., Die sozial- und siedlungsgeographische Entwicklung im westlichen Jülicher Land, 1957.

Geiling s. Gailing

Geilsdorf (Reichsritter). Im 16. Jahrhundert und im frühen 18. Jahrhundert zählten die G. zum Kanton Gebirg des Ritterkreises Franken.

L.: Riedenauer 123.

Geisberg s. Lichtenstein zu Geiersberg (Geisberg)

Geisenfeld (Kloster). In G. an der Ilm wurde um 1030 von den Grafen von Ebersberg ein Benediktinerinnenkloster gestiftet, dessen Vogtei 1045 die Grafen von Scheyern bzw. Wittelsbach erwarben. 1803 wurde es in Bayern aufgehoben.

L.: Jaeger, H., Die Traditionsnotizen des Benediktinerinnenklosters Geisenfeld, Diss. phil. München 1948.

Geisingen (Herrschaft). G. bei Donaueschingen wird 764 (Chisincas) erstmals erwähnt. Die Herren von G., die sich auch nach der um 1100 erbauten nahen Burg Wartenberg nannten, gründeten neben dem Dorf zwischen 1250 und 1300 eine Stadt. 1318 kam G. mit Wartenberg über die Grafen von Freiburg-Badenweiler erbweise an das rivalisierende Fürstenberg, 1806 an Baden und damit 1951/1952 zu Baden-Württemberg.

L.: Wolff 174; Barth, J., Geschichte der Stadt Geisingen an der Baar, 1880; Vetter, A., Geisingen. Eine Stadtgründung der Edelfreien von Wartenberg, 1964.

Geismar s. Geißmar

Geiso s. Geyso

Geispitzheim (Reichsritter). Im 18. Jahrhundert zählten die G., die ihren Namen von dem Städtchen G. im Elsass herleiten und in mehreren Linien bedeutend waren (Bube, Fetzer, Krieg) zum Ritterkreis Rhein. Sie waren im 15. und 16. Jahrhundert Ganerben zu Bechtolsheim, Mommenheim und Schornsheim.

L.: Roth von Schreckenstein 2, 594; Zimmermann 69 f.

Geißmar, Geismar (Reichsritter). Im 17./18. Jahrhundert zählten die G. zum Kanton Rhön-Werra und zum Kanton Odenwald des Ritterkreises Franken.

L.: Stieber; Seyler 364 f.; Riedenauer 123.

Geizkofler (Reichsritter). Von 1600 bis 1662 waren die G. wegen Haunsheim und Wäschenbeuren im Kanton Kocher des Ritterkreises Schwaben immatrikuliert.

L.: Schulz 262.

Geldern (Grafschaft, Herzogtum). Am Ende des 11. Jahrhunderts (Gerhard Flamens 1033–1057, Graf Gerhard 1061–1067) erscheinen im Raum des Herzogtums Niederlothringen als Nachkommen der Konradiner die Grafen von G. (1085–1118 auch von Wassenberg bei Erkelenz) mit Sitz in der Burg G. (1096 de Gelre) an der Niers. Sie hatten Vogteien in G., Erkelenz und Roermond sowie Eigengut östlich der unteren Maas (Obergeldern). Um 1120 erheiratete Graf Gerhard II. die durch die Grafschaft Kleve hiervon getrennte Grafschaft Zutphen an der Yssel/Ijssel und die Herrschaft Arnheim. Später erlangten die Grafen die Vogtei des Utrechter Marienstifts. 1247 erzwangen sie gegenüber König Wilhelm von Holland die Verpfändung der Reichsvogtei Nimwegen mit der Reichsstadt Nimwegen (Nijmwegen) (sog. Nimwegener Reich) und Emmerich, so dass die Grafen ein bedeutendes Herrschaftsgebiet zwischen Maas und Roer bis zur Zuidersee hatten. Nach der im Kampf um das schwiegerväterliche Herzogtum Limburg gegen Brabant 1288 erlittenen Niederlage von Worringen wurden die Grafen von den Ständen abhängig. 1339 erhielt Graf Reinald II. den Herzogstitel. 1371 starb das Geschlecht im Mannesstamm aus. Im geldrischen Erbfolgekrieg (1371–1379) fiel G. (1377/1379) an die durch Heirat verbundenen Grafen bzw. Herzöge von Jülich, wurde nach dem Erlöschen Jülich-Gelderns im Mannesstamm im Erbwege 1423 unter den von den Ständen gewählten Grafen von Egmont/Egmond aber wieder selbständig. 1472 verpfändete Arnold von Egmond das Herzogtum an Karl den Kühnen von Burgund, der es 1473 eroberte, vom Kaiser belehnt wurde und Teile Gelderns an Kleve (u. a. Goch [1614 Preußen]) gab. Mit Burgund fiel G. nach dem Aussterben der 1492 wieder selbständig gewordenen Grafen von Geldern (1538) mit den vier Quartieren Arnheim, Roermond, Zutphen und Nimwegen letztlich an Habsburg, das G. 1543 nach zeitweiliger Lösung (seit 1538 unter Jülich-Kleve-Berg) den habsburgischen Niederlanden im burgundischen Reichskreis einverleibte und 1548 dem burgundischen Reichskreis zuteilte. 1578/1579 löste sich unter dem Statthalter Johann von Nassau der größte Teil Gelderns (Nimwegen, Zutphen, Arnheim) von Habsburg und schloss sich den Generalstaaten als Provinz Gelderland an (Utrechter Union). Der südliche Teil (Oberquartier G. südlich von Kleve um G. und Venlo, Obergeldern) fiel nach dem 1702 erfolgten Aussterben der Prinzen von Oranien (König Wilhelm III. von England) als Ersatz für Oranien 1713 im Frieden von Utrecht an Preußen (G., Straelen, Wachtendonck, Kessel, Kriekenbeck [Kriekenbeek]). 1715 erwarben die Generalstaaten noch Venlo, Stevensweert und Montfoort (Montfort), 1719 nahm Pfalz-Neuburg Erkelenz, so dass bei den österreichischen Niederlanden nur Roermond und die Herrschaften Daelenbroeck (Dalenbroek), Swalmen, Wessem und Elmpt verblieben. Der österreichische Teil wurde 1801, der preußische 1795/1801 an Frankreich abgetreten. 1815 kam der österreichische Teil an die Niederlande, der preußische ging bis auf einige Teile, die zu den Niederlanden fielen (Kessel, alles Land eine halbe Meile landeinwärts vom Maasufer), 1946 in Nordrhein-Westfalen auf.

L.: Wolff 66; Wallner 701 BurgRK 1; Großer Historischer Weltatlas II 6 (1378) C2, II 78 (1450) F3, III 38 (1789) B2; Nettesheim, L. F., Geschichte von Stadt und Amt Geldern, 1863, Neudruck 2. A. 1963; Sloet v. de Beele, L. A. J. W., Oorkondenboek der graafschappen Gelre en Zutfen, Teil 1–3 1872 ff.; Heidrich, P., Der geldrische Erbfolgestreit 1537–43, 1896; Gouda Quint, P./Gouda Quint, S., Bibliographie van Gelderland, Bd. 1–3 1910 ff.; Holthausen, H., Verwaltung und Stände des Herzogtums Geldern preußischen Anteils im 18. Jahrhundert, Diss. phil. Bonn 1916; Heimatbuch des Landkreises Geldern, 1964; Ebe-John, E., Geldern, eine niederrheinische Festung, 1966; Jappe Alberts, W., Geschiedenis van Gelderland, 1966; Der Landkreis Geldern, hg. v. Ebbert, F. J., 1967; Nikolay, W., Die Ausbildung der ständischen Verfassung in Geldern und Brabant während des 13. und 14. Jahrhunderts, 1985; Frankewitz, S., Die geldrischen Ämter Geldern, Goch und Straelen im späten Mittelalter, 1986; Hövelmann, G., Geldern – Preußens Maasprovinz (1713–1794), Rhein. Vjbll. 50 (1986); Schiffer, P., Die Grafen von Geldern im Hochmittelalter (1085–1229), 1988; Venner, G., Die Grafschaft Geldern vor und nach Worringen, Bll. f. dt. LG. 124 (1988), 267 ff.; Herborn, W., Geldern, LexMA 4 1989, 1198 ff.; Nijsten, G., Het hof van Gelre, Diss. phil. Nimwegen 1992; Nijsten, G., In the Shadow of Burgundy, 2004; Escher, M. u. a., Die urbanen Zentren, 2005, 1, 401, 2, 217.

Geldern (Reichsritter). Vielleicht zählten die G. zum Kanton Steigerwald des Ritterkreises Franken.

L.: Riedenauer 123.

Geldersheim, Geltersheim (Reichsdorf)

L.: Dacheröden 229; Hugo 456.

Geleen s. Huyn von G.

Gellepgau (Gau) (Gildegavia 732/733)

L.: Polenz, P. v., Landschafts- und Bezirksnamen, 1961, II, 16, 30 f., Gildegouwe; Nonn, U., Pagus und comitatus in Niederlothringen, 1983, 204.

Gelnhausen (Reichsstadt). G. an der unteren Kinzig, das vermutlich nach dem Frauennamen Geila benannt wurde, erscheint erstmals 1123/1133 und kam zunächst an das Erzstift Mainz und kurz vor 1170 – teilweise als Lehen Mainz' – an das Reich. 1170 wurde es von Friedrich I. Barbarossa als Markt – und Reichsstadt – neu errichtet und vor 1180 um eine neue Kaiserpfalz auf einer Kinziginsel erweitert. 1180 fand hier das Verfahren gegen Heinrich den Löwen statt. Im Reichssteuerverzeichnis von 1241 wurde G. unter den deutschen Reichsstädten hinter Frankfurt an die zweite Stelle gesetzt. Später wurde es Oberhof für mehrere (16) stede und gerichte, von dem allerdings nur wenige Urteile überliefert sind. Seit 1326 wurde es mit seinen etwa 3000 Einwohnern mehrfach verpfändet. 1349 kam es als Pfand an die Grafen von Schwarzburg-Hohnstein, 1435 an die Pfalz und Hanau. 1736 trat Hessen-Kassel als Erbe Hanaus in die Pfandschaft ein, womit die Reichsfreiheit faktisch unterging. 1803 wurde G. in Hessen-Kassel eingegliedert und kam damit 1866 an Preußen, 1945 an Hessen. S. a. Forstmeister von Gelnhausen.

L.: Wolff 270; Großer Historischer Weltatlas II 34 (1138–1254) F3, II 66 (1378) E3; Junghans, F. W., Versuch einer Geschichte der Reichsstadt Gelnhausen, Zs. d. Ver. f. hess. Gesch. 22 (1886); Hotz, W., Gelnhausen, 1951; Fuchs, A., Gelnhausen, Städtebaugeschichtliche Untersuchung, 1960; Binding, G., Pfalz Gelnhausen. Eine Bauuntersuchung, 1965; Lienau, C., Berichte zur deutschen Landeskunde, 1966; Schmerbach, K., Der Oberhof Gelnhausen, Geschichtsblätter für Stadt und Kreis Gelnhausen, 1966, 13; Heitzenröder, W., Reichsstädte und Kirche in der Wetterau, 1982, Studien zur Frankfurter Geschichte 16; Schwind, F., Gelnhausen, LexMA 4 1989, 1206 f.; Schwind, F., Gelnhausen, in: Staufische Pfalzen, 1994, 67.

Gelsdorf, Gelstorf (Herrschaft). Die Herrschaft G. gehörte am Ende des 18. Jahrhunderts über das Herzogtum Jülich dem niederrheinisch-westfälischen Reichskreis an.

L.: Wolff 322; Wallner 701 WestfälRK 2.

Geltersheim s. Geldersheim

Gembek (Gambiki, Gau westlich Kassels)

L.: Curs, O., Deutschlands Gaue im zehnten Jahrhundert. Nach den Königsurkunden, Diss. phil. Göttingen 1908, 7.

Gemeine drei Bünde. Die gemeinen drei Bünde sind der 1367 entstandene Gotteshausbund, der 1424 gebildete graue Bund und der 1436 geschlossene Zehngerichtenbund. Diese drei Bünde bzw. ihre Mitgliedsorte verbanden sich später untereinander und vereinigten sich 1524 zum Freistaat der drei Bünde, für den später der graue Bund namengebend wurde (Graubünden).

L.: Großer Historischer Weltatlas II 72 b (bis 1797) G/H3; Plattner, W., Die Entstehung des Freistaates der drei Bünde, 1895.

Gemen, Gehmen (Herrschaft). Mit dem Königshof bei G. nahe Borken stattete Königin Mathilde (um 895–968) das Stift Nordhausen aus. Edelherren von G. werden 1092 erstmals genannt. Um ihre um 1250 dem Herzog von Kleve aufgetragene Burg entstand eine kleine Herrschaft. 1492 starb das Geschlecht, das als Lehen Kleves auch die Vogtei über das Stift Vreden innegehabt hatte und weitere zwischenzeitlich erworbene Güter (Bredevoort, Pfandschaft an Recklinghausen) nicht hatte halten können, aus. Es folgten in weiblicher Linie die Grafen von Holstein-Schaumburg, nach 1635 die Grafen von Limburg-Styrum. Ihnen gelang vor allem gegen das Hochstift Münster die Durchsetzung der Reichsunmittelbarkeit (1700) und die Aufnahme in das westfälische Reichsgrafenkollegium. 1733 erbten sie die südlich gelegene Herrschaft Raesfeld. 1784 umfasste die 1560 protestantisch gewordene Herrschaft Burg und Ort G. sowie zwei Bauerschaften mit insgesamt 0,5 Quadratmeilen. Sie gehörte zum niederrheinisch-westfälischen Reichskreis, ihre Inhaber zu den westfälischen Reichsgrafen. 1801 kam sie an die Reichsfreiherren von Boyneburg-Bömelberg. Am 12. 7. 1806 fiel sie mediatisiert an die Fürsten von Salm-Kyrburg. Am 13. 12. 1810 erfolgte der Anschluss an Frankreich, 1815 an Preußen. 1822 wurde G. von der Familie Landsberg-Velen erworben. 1946 kam G. zu Nordrhein-Westfalen.

L.: Wolff 364; Zeumer 554 II b 63, 23; Wallner 705 WestfälRK 54; Großer Historischer Weltatlas III 38 (1789) B2; Landsberg-Velen, F. Graf v., Geschichte der Herrschaft Gemen, 1884; Köbler, G., Gericht und Recht in der Provinz Westfalen (1815–1945), FS G. K. Schmelzeisen 1980, 171.

Gemmingen (Herren, Reichsritter). G. (Gemminisheim) bei Sinsheim im Kraichgau wird 768 anlässlich einer Gabe an Lorsch erstmals erwähnt. Seit 1274 benannten sich nach ihm die Herren von G., die sich später mit den Grafen von Neipperg in die Herrschaft über G. teilten. Die Familie war bereits 1488 Mitglied der Gesellschaft Sankt Jörgenschild, Teil am Neckar. Das später der schwäbischen und fränkischen Reichsritterschaft aufgeschworene Geschlecht bildete die Linien (Steineck bzw.) Steinegg, G., Mühlhausen, Presteneck, Horneck, Tiefenbronn und Hamberg (Homberg) aus. Zu ihren Gütern zählten innerhalb des Ritterkreises Schwaben im Kanton Neckar Hamberg (Homberg) (Lehen Badens, v. G. zu Steinegg, 1457), Hohenwart (Lehen Badens, v. G. zu Steinegg, 1457), Lehningen (Lehen Badens, v. G. zu Mühlhausen), Mühlhausen an der Würm (Erblehen von G. zu Mühlhausen), Neuhausen im Hagenschieß (Lehen Badens, v. G. zu Steinegg), Schellbronn (Lehen Badens, v. G. zu Steinegg, 1457), Steinegg (Lehen Badens, v. G. zu Steinegg, 1407), Tiefenbronn (Lehen Badens, v. G. zu Steinegg), im Kanton Kocher Ganerbschaft Bönnigheim (Bennigheim) mit Erligheim, Beihingen teilweise (seit 1675), Filseck (1593–1597), Neubronn teilweise, Hochberg (1786–1779), Talheim teilweise, im Kanton Kraichgau Erligheim, Guttenberg, Adersbach mit Rauhof, Bonfeld mit Babstadt, Fürfeld, Rappenau, Treschklingen, fünf Achtel Gemmingen, Hüffenhardt mit Kälbertshausen, Neckarmühlbach, Wollenberg und Michelfeld sowie im Kanton Odenwald des Ritterkreises Franken, in dem sie von den Anfängen bis 1806 immatrikuliert waren, drei Viertel Crumbach (Fränkisch-Crumbach), Bierbach, Eberbach, Erlau, Freiheit, Hof Güttersbach, Michelbach, Hof Rodenstein (17. Jahrhundert) mit Rodensteinschen Waldungen, Altenberg (Schloss und Gut mit Niedersteinach 1622), Hoffenheim (1771), Teile von Sachsenflur, Unterheimbach mit Oberheimbach, Bürg (1334), Ilgenberg, Leibenstadt, Lobenbacherhof, Neckarzimmern mit Schloss Hornberg (1612), Steinbach, Stockbronn (Stockbrunn), Teile von Widdern (15. Jahrhundert), Kochendorf teilweise (1749), Herrschaft Maienfels und Neuhütten (16. Jahrhundert, gemeinschaftlich mit den Weiler) sowie Schloss Presteneck teilweise.

Um 1790 waren die G. auch im Kanton Baunach immatrikuliert. 1806 kam G., wo 1520 die Reformation eingeführt worden war, an Baden und damit 1951/1952 an Baden-Württemberg.

L.: Roth von Schreckenstein 2, 592; Hölzle, Beiwort 56, 59, 62–64; Winkelmann-Holzapfel 150; Hellstern 204, 218 f.; Schulz 262; Riedenauer 123; Stetten 32, 36; Rahrbach 90; Fleck, A., Die Mediatisierung der Reichsfreiherrn von Gemmingen beim Übergang in die badischen Souveränitätslande, Diss. jur. Mainz 1972; Andermann, K., In Angelegenheiten der Ritterschaft, 1986.

Gemünden (Reichsstift). Das vom Grafen des Niederlahngaus 845 in Kettenbach gegründete und bald darauf nach G. im Westerwald verlegte Stift kam vermutlich noch im 10. Jahrhundert von den Konradinern ans Reich. Die Vogtei gelangte von den Konradinern vermutlich über die Grafen von Gleiberg an die Grafen von Leiningen, vor 1221 an Runkel-Westerburg und dann an die Herren von Westerburg und die Herren von Runkel, wobei die Bindung an das Reich seit 1336 verloren ging. Den Herren von Westerburg folgten die Grafen von Leiningen-Westerburg, unter denen das Stift 1566/1568 die Reformation annahm und die 1599 auch den Anteil der Grafen von Wied-Runkel erwarben. 1806 fiel G. mit Westerburg an Berg, 1815 an Nassau, 1866 an Preußen und 1946 an Rheinland-Pfalz.

L.: Wolff 282.

Generalitätslande (Gebiet) sind die seit der Loslösung der Generalstaaten von Spanien durch die Generalstaaten besetzten, nicht der Utrechter Union angeschlossenen Gebiete (Nordbrabant, Teile Limburgs, Obergelderns, Flanderns), die 1648 zu den Niederlanden kamen, aber bis 1795 keinen Anteil an der Regierung hatten. Über die Batavische Republik und Frankreich (1795) gelangten sie 1815 wieder an die Niederlande (seit 1839 Provinzen Nordbrabant, Limburg).

Generalstaaten (Provinzen). G. waren seit etwa 1506 die von Herzog Philipp dem Guten von Burgund seit 1464 nach französischem Vorbild an wechselnde Orte berufenen allgemeinen Landesvertretungen und davon abgeleitet später die nördlichen Provinzen der Niederlande, die sich während des niederländischen Aufstandes auf Betreiben des Statthalters Johann VI. von Nassau am 23. 1. 1579 zur Utrechter Union zusammenschlossen und am 26. 7. 1581 von Spanien lossagten. 1609 wurden Spanien durch militärische Eroberung weitere große Teile Flanderns, Brabants und Gelderns entrissen. Seit 1648 wurden die G. ohne förmliche Loslösung vom Deutschen Reich als souverän angesehen. Am 26. 1. 1795 wurde mit Unterstützung Frankreichs die Batavische Republik ausgerufen, die Maastricht, Venlo, Staatsflandern und Limburg an Frankreich abtreten musste. 1806 wurden die G. auf Geheiß Napoleons in das Königreich Holland seines Bruders Ludwig umgewandelt. 1810 wurde dieses Königreich Holland mit Frankreich vereinigt. 1815 wurden die Niederlande wieder selbständig.

L.: Geschiedenis van Nederland, hg. v. Brugmanns, H., Bd. 1–9 1935 ff.; Geyl, P., Geschiedenis van de nederlandse stam, Bd. 1 f. 2. A. 1948 f.; 500 Jaren Staten-Generaal 1964.

Genf (Grafen, Grafschaft). Obgleich der Bischof von Genf mit Grafschaftsrechten nie formal belehnt wurde, erscheint der comitatus G. bereits 839. Begründer des Hauses der Grafen von G. wurde Gerold (um 1030). Der Ausweitung der Rechte stellte sich schon 1124 der Bischof entgegen. Im 13. Jahrhundert verloren die Grafen ihre Güter am rechten Rhoneufer und nördlich des Genfer Sees weitgehend an die Grafen von Savoyen. Mit Graf Robert, der 1378 zum Papst gewählt wurde, erlosch 1394 das Geschlecht. Die Erben verkauften die Grafschaft 1402 an Savoyen, was 1422 vom Kaiser anerkannt wurde.

L.: Duparc, P., Le Comté de Genève IXe-XVe siècle, 2. A. 1977; Santschi, C., Genf, LexMA 4 1989, 1228 ff.

Genf (Hochstift). Gegen 400 erscheint in dem ehemaligen Hauptort der keltischen Allobroger am Ausfluss der Rhone aus dem von ihr gebildeten See ein seit 450 zur Erzdiözese Vienne gehöriger Bischof von G., dessen Diözese sich bis zum Mont Cenis, Großen Sankt Bernhard und Waadtland erstreckte. Von 443 bis 461 war an seinem Sitz der Hauptort des Reiches der Burgunder. 534 geriet das Gebiet unter die Herrschaft der Franken. Beim Zerfall des karolingischen Reiches kam G. 887 zum Königreich Burgund und damit 1032 an das deutsche Reich. Der Bischof galt als Reichsfürst. 1156 gelangte die Vogtei über das Hochstift von den Grafen von G. durch Friedrich I. Barbarossa an die Herzöge von Zähringen, welche die Rechte des Bischofs minderten. Seit dem 13. Jahrhundert wirkten die Grafen von Savoyen in gleicher Richtung. 1365 erhob Karl IV. die Grafen zu Reichsvikaren und leitete damit die völlige Lösung des Hochstifts vom Reich ein. Nachdem der Bischof, weil er die Herrschaft über die seit 1526 mit Bern und Freiburg verbündete Stadt an Savoyen übertragen wollte, 1533 zum Wechsel nach Annecy gezwungen worden war, verlor das Bistum bzw. Hochstift seinen Sitz im Reichsfürstenrat.

L.: Wolff 538; Großer Historischer Weltatlas II 66 (1378) D5; Geisendorf, P. F., Bibliographie raisonnée de l'histoire de Genève, 1967; Binz, L., Le diocèse de Genève, 1980 (Helvetica Sacra 1,3); Le diocèse de Genève-Annecy, hg. v. Baud, H., 1985; Histoire de Genève, hg. v. Guichonnet, P., 3. A. 1986; Santschi, C., Genf, LexMA 4 1989, 1228 ff.

Genf (Kanton). Nach der 1533 erfolgten Vertreibung des Bischofs von G. aus der Stadt G. wurde in der seit 1526 mit Bern und Freiburg (im Üchtland) verbündeten Stadt die Reformation eingeführt. 1584 schloss sich G. mit Bern und Zürich, später auch mit Frankreich gegen Savoyen zusammen, das 1603 Genfs Unabhängigkeit anerkannte. Nach der vorübergehenden Eingliederung in Frankreich (1798–1815) wurde G. nach gewissen gebietsmäßigen Abrundungen am 19. 5. 1815 als 22. Kanton der Eidgenossenschaft der Schweiz aufgenommen.

L.: Wolff 538; Histoire de Genève, hg. v. d. Société d' Histoire, Bd. 1 f. 1951 ff.; Geisendorf, P., Bibliographie raisonnée de l'histoire de Genève, 1967; Poncet, A. L., Châtelains et sujets dans la campagne genevoise (1536–1792), 1973; Eidgenössische Grenzfälle, hg. v. Kaiser, W. u. a., 2001.

Gengenbach (Reichsabtei). Um 748/753 gründeten iroschottische Mönche in G. (Genginbach) bei Offenburg eine Benediktinerabtei. Sie wurde um 820 Reichskloster. 1007 gab sie Kaiser Heinrich II. an das Hochstift Bamberg. Vögte waren seit Anfang des 12. Jahrhunderts die Herzöge von Zähringen, dann die Staufer, die Bischöfe von Straßburg und seit 1296 die Inhaber der Reichslandvogtei Ortenau, wodurch G. wieder Reichsabtei wurde. Von der Abtei ausgehend entstand der Ort G., dem der Abt 1230 Stadtrecht verlieh. 1751 wurde die Abtei reichsunmittelbar. Sie gehörte dem schwäbischen Reichskreis und dem schwäbischen Reichsprälatenkollegium an. 1803 wurde die Reichsabtei, die ohne weiteres Gebiet war, mediatisiert und kam an Baden, das sie 1803/1807 aufhob. S. Baden-Württemberg.

L.: Wolff 192; Zeumer 552 II a 36, 16; Wallner 690 SchwäbRK 101; Schroeder 303 ff.; Sutter, O. E./Wohleb, J. L., Gengenbach, 1952; Gengenbach. Vergangenheit und Gegenwart, hg. v. Schaaf, P., 1960; Reden-Dohna, A. v., Kloster Gengenbach und das Reich, ZGO 133 (1985), 157 ff.; Eberl, I., Gengenbach, LexMA 4 1989, 1232 f.; Escher, M. u. a., Die urbanen Zentren, 2005, 2, 223

Gengenbach (Reichsstadt). Der vom Abt der um 748/753 gegründeten Benediktinerarbtei 1230 zur Stadt erhobene Ort G. bei Offenburg wurde spätestens 1360 durch Karl IV. zur Reichsstadt. Zu ihrem Herrschaftsgebiet gehörten Reichenbach, Schwaibach, Ohlsbach und Bermersbach. 1525 wurde die Stadt evangelisch, 1547 aber rekatholisiert. 1689 wurde sie nahezu völlig zerstört. 1803 fiel sie mit etwa 2 Quadratmeilen an Baden und kam damit 1951/1952 zu Baden-Württemberg.

L.: Wolff 226; Zeumer 552 III b 32; Wallner 688 SchwäbRK 61; Kuner, M., Die Verfassung und Verwaltung der Reichsstadt Gengenbach, 1922, 1939; Sutter, O. E./Wohleb, J. L., Gengenbach, 1952; Andreas, W., 600 Jahre Reichsstadt Gengenbach, ZGO 108 (1960), 297; Hillenbrand, E., Stadt und Kloster Gengenbach im Spätmittelalter, ZGO 124 (1976), 75 ff.; Eine Stadt feiert. Chronik des festlichen Jahres 1980, als Gengenbach sich erinnerte, 750 Jahre Stadt zu sein, bearb. v. End, R., 1980.

Gent (Burggrafschaft). G. am Zusammenfluss von Schelde und Leie, dessen aus dem Keltischen kommender Name Ganda Mündung bedeutet, wird schon im 8. Jahrhundert genannt (Abteien Sint Baafs, Sint Pieters). Bereits im 12. Jahrhundert erlangten die dort seit dem 10. Jahrhundert siedelnden Kaufleute besondere Rechte gegenüber den Grafen von Flandern. Im 13. Jahrhundert erwarb G. als Stadt der Tuchmacher europäische Geltung. Im 14. Jahrhundert erhob sich die mehr als 56000 Einwohner zählende Stadt, deren wirtschaftliche Bedeutung unter der wachsenden englischen Konkurrenz litt, gegen die Grafen von Flandern, verlor aber 1540 alle besonderen Rechte. Am Ende des 18. Jahrhunderts gehörte die Burggrafschaft G. über die Grafschaft Flandern und das Herzogtum Burgund zum burgundischen Reichskreis.

L.: Wolff 60; Wallner 701 BurgRK 1; Fris, V., Histoire de Gand depuis les origines jusqu'en 1913, 2. A. 1930; Werveke, H. van, Kritische Studien betreffende de oudste geschiedenis van de stad Gent, 1933; Dumont, M. E., Gent. Een stedenaardrijkskundige studie, Bd. 1, 2 1951; Polenz, P. v., Landschafts- und Bezirksnamen, 1961, II, 17 f., 32, IV, 20, pagus Gandensis, zum Ortsnamen Gent; Verhulst, A./Ryckaert, M. u. a., Gent, LexMA 4 1989, 1237 ff.; Vleeschouwers, C., De oorkonden van de Sint-Baafs-abdij, Bd. 1 f. 1990 f.

Genua (Stadtkommune, Republik). G. am südlichen Steilabfall der ligurischen Alpen war schon im Altertum ein bedeutendes Handelszentrum. Seit 218 v. Chr. stand es unter römischem Einfluss und behielt die zu unbestimmtem Zeitpunkt erlangte römische Munizipalverfassung bis zur Völkerwanderungszeit bei. Über Ostgoten, Byzantiner (554) und Langobarden (641) kam es an die Franken, die es zum Mittelpunkt einer Grafschaft erhoben. Seit dem 10. Jahrhundert erlangte G. (958 Privileg für die habitatores in civitate Ianuensi) eine eigene, seit etwa 1100 von drei oder mehr Konsuln als Compagna ausgeübte Verwaltung, die Friedrich I. Barbarossa beließ. Zusammen mit Pisa gewann die durch Handel reich gewordene Stadt Sardinien und Korsika und setzte sich 1284 auch gegen Pisa und 1298 gegen Venedig durch. Gleichzeitig wurde G. durch heftige innere Auseinandersetzungen der Familien der Doria, Fieschi, Grimaldi und Spinola erschüttert. 1380 unterlag es bei Chioggia gegen Venedig. Von 1396 bis 1409 stand es unter der Herrschaft Frankreichs, von 1421 bis 1436 unter der Herrschaft Mailands und von 1458 bis 1461 wieder unter der Herrschaft Frankreichs. Nach dem Fall Konstantinopels 1453 gingen alle östlichen Niederlassungen verloren (1471 Trapezunt, 1475 Kaffa [Caffa], 1566 Chios). Mehrfach geriet die Stadt unter die Herrschaft Mailands und Frankreichs. 1768 trat Genua Korsika an Frankreich ab. Am 6. 6. 1797 wurde Genua von Frankreich als Ligurische Republik eingerichtet, 1805 nach einem Volksentscheid von Frankreich annektiert. 1815 wurde G. mit dem Königreich Sardinien vereint, das 1861 im Königreich Italien aufging.

L.: Großer Historischer Weltatlas II 48 (um 1300) C2; Storia di Genova dalle origini al tempo nostro, Bd. 1–3 1941 f.; Cozzani, E., Genova, 1961; Le ville genovosi, hg. v. De Negri, E. u. a., 1967; Costantini, C., La repubblica di Genova nell'età moderna, 1978; Piergiovanni, V., Lezioni di storia giuridica genovese, 1983; Petti Balbi, G., Genua, LexMA 4 1989, 1251 ff.; Kurowski, F., Genua aber war mächtiger, 1990; Schweppenstette, F., Die Politik der Erinnerung, 2003.

Gera (Gau [999], Herren, Herrschaft). G. in Thüringen wird 995 erstmals als Bezeichnung eines Gaues (terminus Gera) genannt, den Otto III. 999 dem Stift Quedlinburg gab. Vögte des Klosters wurden vermutlich am Ende des 12. Jahrhunderts die Herren von Weida. Sie erhoben die Siedlung G. vor 1237 zur Stadt mit dem Recht Magdeburgs. Seit 1238 benannte sich eine ihrer Linien nach G. Diese dehnte ihr Herrschaftsgebiet durch Heiraten geschickt aus (Schleiz, Mühltroff, Lobenstein, Saalburg). Infolge des vogtländischen Kriegs stand die Herrschaft G. seit 1358 unter der Oberhoheit des Hauses Wettin, an welches das Stift Quedlinburg die Vogtei übertragen und die Herrschaft G. verlehnt hatte. 1425 teilte sich G. in die Linien G., Schleiz und Lobenstein (seit 1371 Lehen Böhmens), doch wurden die Güter 1497 wieder vereinigt. 1547 fiel infolge Verzichts Sachsens zugunsten des Kaisers die Oberhoheit an Böhmen, 1550 beim Aussterben der Vögte die Herrschaft G. an die Burggrafen von Meißen, 1562 an die jüngere Linie des Hauses Reuß, die 1616 noch Schleiz erhielt und bis 1918 in G. residierte. Seit 1920 gehörte G. zu Thüringen, seit 1945 zur sowjetischen Besatzungszone und von 1949 bis 1990 zur Deutschen Demokratischen Republik. S. Reuß-Gera.

L.: Wolff 420; Wallner 709 ObersächsRK 7 b; Urkundenbuch der Vögte von Weida, Gera und Plauen, bearb. v. Schmidt, B., Bd. 1 f. 1885 ff.; Kretzschmer, E. P., Geschichte der Stadt Gera und ihrer nächsten Umgebung, Bd. 1 1926; Beiträge zur Geschichte der Stadt Gera. Festgabe zur 700-Jahrfeier, bearb. v. Auerbach, A., 1937; Gerisch, P. H., Gera und Umgebung, 1956; Hessler, W., Mitteldeutsche Gaue des frühen und hohen Mittelalters, 1957, 122 (Cretzschwitz, Geißen, Groitschen, Nauendorf, Negis, Röpsen, Roschütz, Söllmnitz); Gera, hg. v. Ebersmann, H., 1987.

Geradstetten (reichsritterschaftliche Herrschaft). G. zählte zum Kanton Kocher des Ritterkreises Schwaben und kam noch vor der Mediatisierung (zu einem Drittel) an Württemberg und damit 1951/1952 zu Baden-Württemberg.

Gerau s. Motschiedel

Gerbercensis (pagus)

L.: Puhl, R., Die Gaue und Grafschaften des frühen Mittelalters im Saar-Mosel-Raum, 1999, 143 (910/911 pago Gerbercinse), Benennungsmotiv unklar, im Tal der Orne(, La Neufville, Vernéville).

Gerboth, Gerrodt (Reichsritter). Von etwa 1560 bis etwa 1650 waren die G. im Kanton Odenwald des Ritterkreises Franken immatrikuliert.

L.: Riedenauer 123.

Germara (Germarene, Germaro, Gau zwischen Werra und Unstrut)

L.: Curs, O., Deutschlands Gaue im zehnten Jahrhundert. Nach den Königsurkunden, Diss. phil. Göttingen 1908, 8 (Eschwege, Frieda, Mühlhausen, Schlotheim, Bollstedt, Felchta, Sömmerda); Hessler, W., Mitteldeutsche Gaue des frühen und hohen Mittelalters, 1957, 123 Germarmark (Bollstedt, Eschwege, Felchta, Frieda, Martinfeld, Mühlhausen, Schlotheim, Haussömmern); Polenz, P. v., Landschafts- und Bezirksnamen, 1961, IV, 3 f., 6–8, Germarene marcha, Germara marcha, Germarsmarca, zum Ortsnamen Görmar.

Germepi

L.: Polenz, P. v., Landschafts- und Bezirksnamen, 1961, V, 2.

Germersheim (Reichsstadt). Vermutlich stand an der Mündung der Queich in den Rhein bei Speyer in römischer Zeit das Kastell vicus Iulii. G. selbst wird erstmals 1055 genannt. Es war königliche Zollstätte und Burg. 1276 verlieh ihm Rudolf von Habsburg das Recht der Reichsstadt Speyer und damit die Stellung einer Reichsstadt. 1330 verpfändete Ludwig der Bayer G. an die Pfalz. 1792 wurde es von Frankreich besetzt und kam zum Departement Donnersberg. Von 1814 bis 1816 stand es unter Verwaltung Österreichs und Bayerns, 1816 fiel es an Bayern, 1946 an Rheinland-Pfalz.

L.: Wolff 90; Probst, J., Geschichte der Stadt und Festung Germersheim, 1898; Reinert, F., Streifzug durch die Geschichte der Rheinstadt Germersheim, 1955; Hehr, E., in: Berichte zur deutschen Landeskunde 33, 1 (1964); Escher, M. u. a., Die urbanen Zentren, 2005, 2, 224.

Gernrode (Reichsabtei). 959 gründete Markgraf Gero in seiner am Rande des Harzes gelegenen Burg G. das Kanonissenstift Sankt Cyriakus. Otto I. nahm die reich ausgestattete Abtei G. 961 in den königlichen Schutz auf. Allmählich wurde sie Mittelpunkt einer kleinen Herrschaft, zu der auch der Ort G. gehörte, der 1539/1549 Stadtrecht erhielt. Bis 1544 schrumpfte die Herrschaft auf G. und fünf Dörfer zusammen. Stiftsvögte waren seit Mitte des 12. Jahrhunderts die Askanier bzw. Fürsten von Anhalt. Die Abtei behielt auch nach der etwa 1525 erfolgten Umwandlung in ein evangelisches Damenstift ihre Reichsstandschaft und ihre Zugehörigkeit zum obersächsischen Reichskreis. 1610/1614 wurde das um 2 Quadratmeilen große Stift durch die Fürsten von Anhalt aufgehoben. Über Anhalt gelangte G. 1945 zu Sachsen-Anhalt.

L.: Wolff 408 f.; Zeumer 553 II a 37, 14; Wallner 710 ObersächsRK 25; Schulze, H. K. u. a., Das Stift Gernrode, 1965; Beumann, H., Gernrode, LexMA 4 1989, 1348.

Geroldseck, Hohengeroldseck (Grafschaft, Herrschaft, Reichsgrafschaft). 1139 wird die Burg G. (Hohengeroldseck) bei Lahr erstmals erwähnt. Nach ihr nannten sich die seit Anfang des 12. Jahrhunderts in der Ortenau nachweisbaren Herren von G. Sie bauten um die im 13. Jahrhundert genannte Burg H. eine Herrschaft auf. Walter von G. band fast den gesamten Adel der Ortenau an sich und erlangte 1246/1247 durch Heirat mit der Erbtochter Helika von Mahlberg die Stadt Lahr. Nach seinem Tod (1277) kam es zu Erbstreitigkeiten und Teilungen (Linien Lahr-Mahlberg [bis 1426] und Veldenz [bis 1440] mit den Zweigen Hohengeroldseck und Sulz). Die an die Linie Lahr-Mahlberg fallende Hälfte wurde 1426 an die Grafen von Moers-Saarwerden vererbt und kam 1442/1497 an Baden. Die übrigen Güter (Herrschaft G.) fielen an Heinrich, der mit Agnes von Veldenz verheiratet war und sich Graf von Veldenz nannte. 1504 begab sich G. unter die Lehnshoheit Österreichs. Nach dem Aussterben der Grafen (1634) belehnte der Kaiser mit dem heimgefallenen Lehen die Grafen von Kronberg/Cronenberg, nach deren Aussterben (1692) entgegen einer Besetzung durch Baden 1697/1705 die Freiherren und späteren Grafen von der Leyen. Am Ende des 18. Jahrhunderts umfasste die zum schwäbischen Reichskreis zählende Grafschaft ein Gebiet von 2,3 Quadratmeilen und hatte 4000 Einwohner. 1806 wurde die Herrschaft zu einem souveränen, dem Rheinbund beitretenden Fürstentum erhoben, 1815 aber wieder der Lehnshoheit Österreichs unterstellt (mediatisiert). 1819 trat Österreich G. an Baden ab. Damit gelangte G. 1951/1952 zu Baden-Württemberg.

L.: Zeumer 553 II b 61, 11; Wallner 688 SchwäbRK 52; Großer Historischer Weltatlas II 66 (1378) D4; Fickler, C. D. A., Kurze Geschichte der Häuser Geroldseck und von der Leyen, 1844; Kohler, O., Die letzten 150 Jahre Geroldsecker Herrschaft, Alemann. Jb. 1957; Kramer, W., Beiträge zur Familiengeschichte des mediatisierten Hauses von der Leyen und zu Hohengeroldseck, 1964; Bühler, C., Die Herrschaft Geroldseck. Studien zu ihrer Entstehung, ihrer Zusammensetzung und zur Familiengeschichte der Geroldsecker im Mittelalter, 1981.

Geroldseck (Herren). G. bei Straßburg ist die Stammburg der Herren von G., die ab 1120 erscheinen. Sie waren im Unterelsass sehr begütert. 1387 erlosch die Familie im Mannesstamm. Name und Wappen wurden 1414 von den Herren von Wangen aufgenommen.

Geroldseck am Wasichen s. Wangen zu G.

Geroldshausen s. Gerlachshausen, Rösch von G.

Gerolstein (Herrschaft, Grafschaft). Um 1355 wurde die Burg Gerhardstein in der Eifel gegründet. Gerhard VI. von Blankenheim stiftete danach die Linie Blankenheim-Gerolstein (Blankenheim-Kasselberg). 1403 konnte Gerhard VIII. die 1380 in den Grafenstand erhobene Linie Blankenheim beerben und den Grafentitel erwerben. Nach seinem Tod kam die um G. entstandene Herrschaft 1406 mit Blankenheim an die Grafen von Loen, 1468/1469 an die Grafen von Manderscheid und 1488 deren Linie Manderscheid-Blankenheim. Seit 1524 war G. unter einer Blankenheimer Nebenlinie (bis 1697) selbständig. Nach dem Aussterben Manderscheid-Blankenheims 1780 fiel es an die in Böhmen begüterten Grafen von Sternberg. Wegen der Grafschaft Blankenheim und G. waren die Grafen von Sternberg 1797 Mitglied des westfälischen Grafenkollegiums der weltlichen Bank des Reichsfürstenrates des Reichstages sowie des niederrheinisch-westfälischen Reichskreises. 1794 wurde G. von Frankreich besetzt. Die Grafschaft umfasste 1801 4 Quadratmeilen mit 8000 Einwohnern. 1815 kam sie an Preußen und damit 1946 G. zu Rheinland-Pfalz.

L.: Wolff 363 f.; Zeumer 554 II b 63, 21; Wallner 704 WestfälRK 32; Kroner, G., in: Berichte zur deutschen Landeskunde 33 (1964); Dohm, B., Gerolstein in der Eifel, 2. A. 1965.

Gerolzhofen s. Lamprecht von G.

Gersau (freier Ort, zugewandter Ort, Republik). 1064 wird der Hof G. am Vierwaldstätter See als Gut des Klosters Muri erstmals erwähnt. Die Vogtei hatten zunächst die Grafen von Habsburg, seit Ende des 13. Jahrhunderts durch Verpfändung Luzerner Patrizier und seit 1390 durch Kauf G. selbst, das sich bereits 1332/1359 als zugewandter Ort der Eidgenossenschaft der Schweiz angeschlossen hatte. 1433 erlangte es die Anerkennung der Reichsunmittelbarkeit. 1798 ging es im Kanton Waldstätte der Helvetischen Republik auf und kam 1817 mit etwa 1000 Einwohnern und 15 Quadratkilometern Gebiet zum Kanton Schwyz.

L.: Wolff 531; Camenzind, D., Geschichte der Republik Gersau, 1863.

Gersfeld (Stadt, Herrschaft). 944 gaben Gerhard und Snelburg ihre Güter in dem vermutlich älteren G. (Geresfeld) an der oberen Fulda an das Kloster Fulda. Dieses erwirkte 1359 Stadtrecht für G. 1402 und 1428 eroberte das Hochstift Würzburg den Ort und gab ihn an die von Ebersberg genannt von Weyhers. Sie führten um 1540 die Reformation ein. 1804 kam das zum Kanton Rhön-Werra des Ritterkreises Franken zählende G. an das Großherzogtum Würzburg, 1806 an Bayern, 1866 an Preußen (Hessen-Nassau) und 1945 an Hessen.

L.: Wolff 513; Abel, A., Heimatbuch des Kreises Gersfeld, 1924; Kissel, O. R., Neuere Territorial- und Rechtsgeschichte des Landes Hessen, 1961.

Gerstheim s. Bock von (Bläsheim und) G.

Gertweiler (Reichsdorf). Am 29. 1. 1343 verpfändete Ludwig der Bayer die Reichsdörfer G. und Burgheim bei Schlettstadt im Elsass an den Viztum Rudolf von Andeld für 100 Mark Silber. Am 6. 6. 1409 erlaubte König Ruprecht seinem Sohn, dem Pfalzgrafen Ludwig bei Rhein, unter anderem, diese von diesem eingelösten Reichsdörfer als Reichspfandschaft zu besitzen.

L.: Hugo 470.

Geseke (Stift). Um die Mitte des 10. Jahrhunderts wurde auf dem am Hellweg gelegenen Königshof des 833 erstmals erwähnten Dorfes G. ein 952 von Otto I. bestätigtes Kanonissenstift gegründet, das 1823 aufgehoben wurde und über Preußen 1946 zu Nordrhein-Westfalen gelangte.

L.: Wolff 86; Pohlmeier, K., 1000 Jahre Geseke 952–1952, 1952; Escher, M. u. a., Die urbanen Zentren, 2005, 2, 228.

Gessiongau (Gesinegauue, Gau nordwestlich Paderborns)

L.: Curs, O., Deutschlands Gaue im zehnten Jahrhundert. Nach den Königsurkunden, Diss. phil. Göttingen 1908, 8; Polenz, P. v., Landschafts- und Bezirksnamen, 1961, II, 33, IV, 16, Gesinega, Gession.

Gettelmare, Gaigelmar, Gägelhof (freie Leute). Am 26. 2. 1409 bestätigte König Ruprecht dem Eberhard von Ramschwag als Reichspfandschaften den Zoll zu Lindau, den Hof zu Kriessern, die freien Leute zu Gägelhof

(Gaigelmar, Gettelmare) bei Schwellbrunn (in der Schweiz), Erzenberg (Schwertzenberg), Baldenwil (Baldwile), Neunegg (Unegcze), Schwänberg (Swenberg) und Uzwil (Uezwile) (in der Schweiz).

L.: Hugo 473.

Geuder von Heroldsberg, Geuder (Reichsritter). 1391 erwarben die in Nürnberg sitzenden Patrizier Geuder das Reichslehen Heroldsberg, das vor ihnen die Nassauer und von diesen über die Burggrafen von Nürnberg Herzog Svantibor von Pommern innegehabt hatte. Im 17. Jahrhundert zählten die G. zum Kanton Gebirg des Ritterkreises Franken, im 18. Jahrhundert wegen Stein (Kanton Altmühl) und anderer Güter (Kanton Baunach) zum Ritterkreis Franken (Geuder-Rabenstein). S. Heroldsberg.

L.: Biedermann, Altmühl; Stieber; Roth von Schreckenstein 2, 593; Pfeiffer 196; Riedenauer 123.

Geyer (Reichsritter) s. Geyer von Giebelstadt Die G. entstammten der Ministeralität der Grafen von Rieneck.

L.: Pfeiffer 210; Stetten 32.

Geyer von Geyersberg (Reichsritter). Im 18. Jahrhundert zählten die G. zum Ritterkreis Franken.

L.: Roth von Schreckenstein 2, 593.

Geyer von Giebelstadt, Geyer zu Giebelstadt (Reichsritter). Die Geyer von Giebelstadt bei Ochsenfurt entstammten der Ministerialität der Grafen von Rieneck. Bekanntester Vertreter war Florian G. (1490–3. 6. 1525). Von vor 1550 bis nach 1700 zählten die G. zum Kanton Odenwald, in der zweiten Hälfte des 16. Jahrhunderts auch zum Kanton Altmühl des Ritterkreises Franken. 1685 wurden die G. Reichsgrafen. Nach ihrem Aussterben fiel ihre Reichsgrafschaft mit Giebelstadt, Ingolstadt in Unterfranken, Reinsbronn, Goldbach und Rechten in Neunkirchen an Brandenburg/Preußen (1704).

L.: Stetten 32; Riedenauer 123; Rahrbach 94.

Geyern (Grafen). Die Grafen von G. gehörten dem fränkischen Reichskreis an. Bei ihrem Aussterben strebte Preußen die Erbfolge an. 1708 verweigerte jedoch der Direktor des fränkischen Reichskreises Preußen die Stimme.

Geyern (reichsritterschaftlicher Ort). 1276 vergaben die Herzöge von Bayern die ihnen als Reichsgut zugefallene Burg G. bei Weißenburg, nach der sich die von den Grafen von Hirschberg mit dem Amt der Schenken des Hochstifts Eichstätt begabten Ministerialen von Hochstetten bald nannten. Über eine Erbtochter fielen drei Viertel ihrer Güter an die Ehenheim. Als Afterlehen der Markgrafen von Ansbach hatten beide Familien das reichslehnbare Halsgericht Nennslingen. 1599 folgten den Ehenheimern die Markgrafen von Ansbach. 1796 erzwang Preußen die Huldigung seitens der dem Ritterkanton Altmühl aufgeschworenen Schenken von G. auf Syburg (1470 erworben). 1806 fiel G. an Bayern. S. Schenk von G.

L.: Wolff 107.

Geylstorff (Reichsritter). Im 16. Jahrhundert zählten die G. zum Kanton Gebirg des Ritterkreises Franken.

L.: Pfeiffer 209.

Geypel, Geubel, Gruppel (Reichsritter). Von vor 1550 bis nach 1720 zählten die G. zum Kanton Odenwald des Ritterkreises Franken.

L.: Stetten 32; Riedenauer 123.

Geyso zu Mansbach (Reichsritter). Die G. zählten im 16. bis 18. Jahrhundert mit Mansbach, Glaam, Oberbreitzbach, der Hälfte von Rossdorf und Wenigentaft zum Kanton Rhön-Werra des Ritterkreises Franken.

L.: Genealogischer Kalender 1753, 538; Stieber; Seyler 365; Winkelmann-Holzapfel 151; Riedenauer 123.

Giebelstadt (reichsritterschaftlicher Ort). G. bei Ochsenfurt wird erstmals 820 erwähnt. Nach ihm nannten sich die aus der Ministerialität der Grafen von Rieneck hervorgegangenen Geyer und Zobel. S. Geyer, Zobel (von Giebelstadt).

L.: Wolff 108.

Giech (Reichsritter, Reichsgrafen). Seit 1125 erscheint die Burg G. bei Bamberg, nach der sich seit 1137 eine ministerialische Adelsfamilie G. aus dem Hause der Grafen von Wertheim benannte, die in den Diensten der Grafen von Andechs und der Bischöfe von Bamberg stand. Sie erwarb Güter um Bamberg und Würzburg, in der Oberpfalz und in Böhmen. Um 1350 teilte sie sich in die bald ausgestorbene Linie Brunn und in die Linie Ellern-Kröttendorf. Die G. waren zunächst fränkische Reichsritter (Kanton Gebirg „Thurnau, Buchau“, im frühen 16. Jahrhundert auch Kanton Steigerwald, außerdem im frühen 16. und späten 18. Jahrhundert Kanton Baunach), seit 1680 Reichsfreiherren und seit 1695 Reichsgrafen. Von 1564/1731 bis 1796 hatten sie die Herrschaft Thurnau der Ministerialenfamilie Förtsch von Thurnau. 1726 erlangten sie Sitz und Stimme im fränkischen Reichsgrafenkollegium und im fränkischen Reichskreis. 1740 beerbten sie zusammen mit Hohenlohe-Kirchberg die Grafen von Wolfstein. 1796 wurden sie von Preußen gewaltsam mediatisiert, behielten aber ihr Stimmrecht im Reichsgrafenkollegium und im Reichskreis. Von 1806 bis 1810 stand G. mit Bayreuth unter der Herrschaft Frankreichs, 1810 fiel G. mit Bayreuth an Bayern. Die Burg G. kam schon in der Mitte des 12. Jahrhunderts durch Heirat an die Grafen von Andechs, bei deren Aussterben 1248 an die Truhendingen und die Burggrafen von Nürnberg, 1390 durch Kauf von den Truhendingen an das Hochstift Bamberg.

L.: Wolff 98; Zeumer 554 II b 62, 8, 62, 15; Rahrbach 96; Pfeiffer 196, 208, 214; Riedenauer 123; Bechtolsheim 2; Guttenberg, E., Die Territorienbildung am Obermain, 1927, Neudruck 1966; Pezolt, U. v., Die Herrschaft Thurnau im 18. Jahrhundert, 1968; Pezold, U. v., Adelige Standesherrschaft im Vormärz, 2003.

Giel von Gielsberg (Freiherren, Reichsritter). Im 18. Jahrhundert zählten die Freiherren G. zum Kanton Hegau des Ritterkreises Schwaben. Außerdem waren sie 1783 wegen Reisensburg, Nornheim und Leinheim im Kanton Donau immatrikuliert.

L.: Genealogischer Kalender 1753, 529; Roth von Schreckenstein 2, 592; Ruch, Anhang 78.

Giengen (Reichsstadt). Neben einem alemannischen Reihengräberfeld erscheint um 1077 eine von den Hupaldingern eroberte Burg G. an der Brenz, nach der sich eine Familie von G. benannte. Nach 1147 wurde der durch Mitgift Adelas von Vohburg, einer Enkelin Diepolds II. von G., an die Staufer gelangende Ort Mittelpunkt ihrer Güter im Brenztal. 1307 zählte G. zu den zwölf alten schwäbischen Reichsstädten. 1332 wurde es von Ludwig dem Bayern an die Grafen von Helfenstein verpfändet, kaufte sich 1368 aber frei. 1481 erhielt es von Kaiser Friedrich III. den Blutbann. Der Erwerb eines eigenen Herrschaftsgebietes gelang nicht. 1556 wurde die Reformation in der zum schwäbischen Reichskreis zählenden Stadt eingeführt. 1802/1803 fiel sie mit etwa 1600 Einwohnern und 0,5 Quadratmeilen an Württemberg, wo G. bis 1810 Oberamt war, und damit 1951/1952 an Baden-Württemberg.

L.: Wolff 223; Zeumer 555 III b 31; Wallner 690 SchwäbRK 89; Schroeder 358 ff.; Magenau, R. F. H., Historisch-topographische Beschreibung der Stadt Giengen, 1830; 900 Jahre Giengen an der Brenz. Beiträge zur Stadtgeschichte, 1978.

Gießen, Giese? (Reichsritter). Im 17. Jahrhundert zählten die G. zum Kanton Steigerwald des Ritterkreises Franken.

L.: Bechtolsheim 15; Riedenauer 123.

Gildegouwe (Keldaggouwe, pagus Keldocense) s. Gellepgau

L.: Polenz, P. v., Landschafts- und Bezirksnamen, 1961, II, 16, 30 f.

Gillgau (Gau) (Gilegovi 962)

L.: Polenz, P. v., Landschafts- und Bezirksnamen, 1961, II, 24, Gilegouwe; Nonn, U., Pagus und comitatus in Niederlothringen, 1983, 205.

Gimborn (Herrschaft, Grafschaft) s. Gimborn-Neustadt

Gimborn-Neustadt (reichsunmittelbare Herrschaft, Grafschaft). Schloss Gimborn an der oberen Leppe (bei Gummersbach) gehörte seit dem 13. Jahrhundert verschiedenen Herren (Herren von Sankt Gereon in Köln, Berg, Mark, Kruwell, Burtscheid, Nesselrode, Harff). 1550 kam es durch Einheirat von den märkischen Rittern von Harff an das mainfränkische Geschlecht Schwarzenberg. 1610 wurde Gimborn zur Unterherrschaft Brandenburgs und der Pfalz erhoben. Adam von Schwarzenberg, der erste Minister in Brandenburg, eroberte das märkische, 1614 Brandenburg zugeteilte Amt Neustadt, bewirkte bis 1621 die Belehnung mit 12 Bauerschaften nördlich der Agger, kaufte 16 adlige und steuerbare Güter im Binnenbergischen und erreichte 1630 die Übertragung durch Brandenburg als Mannlehen und freie Reichsherrschaft sowie 1631 die Reichsunmittelbarkeit dieser Herrschaft G. (u. a. Gummersbach). 1682 wurden die Güter zur Grafschaft erhoben. Die Grafschaft gehörte dem westfälischen Reichsgrafenkollegium an. 1782/1783 verkauften die inzwischen in Wien ansässigen Fürsten von Schwarzenberg das 5 Quadratmeilen große G. mit 18 000 Einwohnern an die Grafen von Wallmoden (Wallmoden-

Gimborn). 1806 kam es an das Großherzogtum Berg, 1815 an Preußen und 1946 zu Nordrhein-Westfalen.

L.: Wolff 364 f.; Zeumer 554 II b 63, 24; Wallner 704 WestfälRK 29; Großer Historischer Weltatlas III 38 (1789) B2; Sybel, F. v., Chronik und Urkundenbuch der Herrschaft Gimborn-Neustadt, Grafschaft Mark 1880.

Ginnaha (Gau zum Ortsnamen Altengönna)

L.: Polenz, P. v., Landschafts- und Bezirksnamen, 1961, IV, 10 f.

Ginolfs (Ganerbschaft). In G. östlich von Gersfeld bestand am Ende des 18. Jahrhunderts eine Ganerbschaft. Danach fiel G. an Bayern.

L.: Geschichtlicher Atlas von Hessen, Inhaltsübersicht 33.

Ginsheim (Reichsdorf). G. bei Mainz war ein Reichsdorf. 1248 wurde es an die Grafen von Katzenelnbogen verpfändet. Später fiel es an die Herren von Falkenstein, 1419 an Isenburg und 1600 an Hessen.

Giovanni e Zappata (Reichsfürst). 1723 wurde Vincenzo G. zum Reichsfürsten erhoben.

L.: Klein 169.

Girger von Grünbühl (Reichsritter). Seit 1661 war der als württembergischer Capitain über das Landvolk bezeichnete Maximilian Jakob G. Mitglied des Kantons Neckar des Ritterkreises Schwaben.

L.: Hellstern 204.

Glarus (Kanton). Das ursprünglich rätisch, seit dem 6. Jahrhundert alemannisch besiedelte Tal der Linth kam vermutlich im 9. Jahrhundert an das Kloster Säckingen, dessen Schutzpatron, der heilige Fridolin, es christianisiert haben soll. Im späten 13. Jahrhundert wurde es durch die den Grafen von Lenzburg (bis 1173), Otto von Burgund und den Grafen von Kiburg (Kyburg) 1264 folgenden habsburgischen Vögte bedroht. Deshalb verband sich die erstmals 1289 fassbare Talschaft 1323 mit Schwyz und 1352 mit den Eidgenossen der Schweiz und erlangte durch den eidgenössischen Sieg bei Näfels 1388 die Unabhängigkeit. 1395 kaufte der Ort G. sämtliche Rechte von Säckingen, 1415 erlangte er vom König die Reichsunmittelbarkeit sowie den Blutbann. Daneben beteiligte sich G. an der Eroberung des Aargaus, bekam Anteil an den sog. gemeinen Herrschaften, nahm 1436 zusammen mit Schwyz Toggenburg ins Landrecht auf und sicherte sich die Pfandschaft über Uznach und Gaster. 1473 wurde G. vollberechtigtes Mitglied der Eidgenossenschaft. 1517 kaufte es die Herrschaft Werdenberg und die Herrschaft Wartau (Untertanenlande). 1528 trat es überwiegend zur Reformation über. 1798 wurde G. mit den gemeinen Herrschaften, den Untertanenlanden, dem Rheintal und dem Oberen Toggenburg als Kanton Linth Teil der Helvetischen Republik. 1803/1815 wurde das ehemalige Glarner Gebiet als Kanton anerkannt. 1836 gab es sich eine am 22. 5. 1887 abgeänderte Verfassung mit Landsgemeinde, Landrat, Landammann und Obergericht.

L.: Wolff 523 f.; Spälti, H., Geschichte der Stadt Glarus, 1911; Thürer, G., Kultur des alten Landes Glarus, 1936; Stucki, F., Beiträge zur Geschichte des Landes Glarus, 1936; Winteler, J., Geschichte des Landes Glarus, Bd. 1 f. 1952 ff.; Die Rechtsquellen des Kantons Glarus, hg. v. Stucki, F., 1984; Steinmüller, J., Glarus um 1800, 1989; Hauser, W., Die Entwicklung der Zivilrechtspflege des Kantons Glarus, 1989; Tremp, E., Glarus, LexMA 4 1989, 1476 f.

Glatt (Herrschaft). 731/736 erscheint G. bei Sulz am Neckar in einer Urkunde Sankt Gallens. Am Ende des 13. Jahrhunderts gehörte es mit dem halben Dürrenmettstetten und einem Sechstel Dettingen den Herren von Neuneck. Nach deren Aussterben (1678) kam es durch Testament an das Domstift Trier, durch Verkauf an den Freiherren von Landsee und 1706 an das Stift Muri im Aargau, das Dettingen, Dießen (bei Horb), Dettlingen (Dettensee) und Neckarhausen anfügte. Nach der Säkularisation fiel die Herrschaft G. an Hohenzollern-Sigmaringen und bildete bis 1854 ein Oberamt. Über Preußen und Württemberg-Hohenzollern kam G. 1951/1952 an Baden-Württemberg.

L.: Wetzel, J. N., Das hohenzollerische Schwarzwalddorf Glatt und das Adelsgeschlecht von Neuneck, Bll. d. württemberg. Schwarzwaldvereins 19 (1911), Neudruck 1966; Ottmar, J., Geschichte der Burg Neuneck, 1963; Hermann, W., Die niederadelige Herrschaft Glatt vom Ende des 15. bis zur Mitte des 16. Jahrhunderts, Zs. f. Hohenzollerische Geschichte 24 (1988).

Glatz (Grafschaft). G. an der Neiße in Schlesien ist als Burg Böhmens an der Grenze zu Polen erstmals 981 (Cladsko) bezeugt. Seit dem 12. Jahrhundert wurde G. deutsch besiedelt (1223 deutsche Namensform G.) und erhielt Magdeburger Recht. Es war Mittelpunkt der Grafschaft G. (G., Habelschwerdt, Neurode), die ursprünglich zu Böhmen gehörte, nach der Niederlage Ottokars II. von Böhmen 1278 aber längere Zeit böhmisches Lehen schlesischer Fürsten wurde (1278–1290, 1327–1335 Breslau, 1336–1341 Münsterberg, 1351 Glogau-Sagan, E. 14. Jahrhundert Troppau-Ratibor). 1440–1454 waren G. und Münsterberg in Händen der Kruschina von Lichtenberg, 1454–1501 der Podiebrad, 1501–1534 der Grafen von Hardegg (Hardeck). 1554/1560 kam die 1636 Quadratkilometer große Grafschaft G. wieder an Böhmen bzw. Habsburg, das sie aber 1742 an Preußen abtreten musste. Die Grafschaft war in die Distrikte G., Landeck, Habelschwerdt, Hummel, Wünschelburg und Neurode geteilt. Seit 1945 war G. unter Verwaltung Polens, an das es 1990 als politische Folge der deutschen Wiedervereinigung gelangte.

L.: Wolff 490; Kutzen, J., Die Grafschaft Glatz, 1873; Geschichtsquellen der Grafschaft Glatz, hg. v. Volkmer, F./Hohaus, Bd. 1–5 1883 ff.; Ludwig, F., Die Grafschaft Glatz in Wort und Bild, 1897; Klemenz, P., Die Literatur der Landes- und Volkskunde der Grafschaft Glatz, 2. A. 1924; Fogger, J., Das Glatzer Land und Volk in der Geschichte, 1956/1958; Geschichte Schlesiens, hg. v. d. hist. Komm. f. Schlesien, Bd. 1, Von der Urzeit bis zum Jahre 1526, 1961; Bernatzky, A., Landeskunde der Grafschaft Glatz, 1988.

Glaubitz (Reichsritter). 1773 zählten die G. zu den bereits im Stichjahr 1680 angesessenen und mit ihren Gütern bei der Ritterschaft immatrikulierten Familien des Ritterkreises Unterelsass.

Glauchau (Herrschaft). Um 1170 errichteten die Herren von Schönburg auf dem Hochufer der Zwickauer Mulde die Burg G., die Mittelpunkt ihrer Herrschaft G. wurde. Später gelangte G. mit Schönburg an Sachsen.

L.: Wolff 422; Schlesinger, W., Grundzüge der Geschichte der Stadt Glauchau, 1940.

Glehuntra (zwischen Nagold und Neckar)

L.: Curs, O., Deutschlands Gaue im zehnten Jahrhundert. Nach den Königsurkunden, Diss. phil. Göttingen 1908, 8 (Holzgerlingen); Polenz, P. v., Landschafts- und Bezirksnamen, 1961, II, 82 f., Glehuntari.

Gleiberg (Grafen). Nach der wohl im 10. Jahrhundert bei Gießen von den Konradinern als Grafen des Lahngaus erbauten Burg G. nannten sich seit 1045/1062/1064 Grafen von G., die von den Grafen von Luxemburg und den Grafen der Wetterau abstammten. Am Ende des 12. Jahrhunderts starb die Familie in männlicher Linie aus und vererbte ihre reichen Güter an die Herren von Merenberg, die Pfalzgrafen von Tübingen und vermutlich die Grafen von Solms. Die merenbergischen Güter fielen 1328 durch Erbfolge an die Grafen von Nassau-Weilburg, die tübingischen Güter 1265 durch Verkauf an die Landgrafen von Hessen.

L.: Wolff 265.

Gleichen (Grafen). Die Grafen von G. bei Erfurt in Thüringen sind 1099 als Grafen von Tonna erstmals nachweisbar (Graf Erwin I.). Im Dienst der Erzbischöfe von Mainz erlangten sie die Vogtei über Erfurt (1120) und umfangreiche Güter im Eichsfeld. Seit 1162 nannten sie sich nach der Burg G., die Graf Erwin II. als Lehen von Mainz erhalten hatte, an das sie von den Askaniern gelangt war. 1290 verkauften sie die Vogtei über Erfurt an die Stadt, 1294 die Güter im Eichsfeld an das Erzstift Mainz. 1342 wurde Ohrdruf erworben, dessen Vogtei die Grafen seit 1170 innehatten. Zur selben Zeit wurden die Grafen Lehnsleute der Markgrafen von Meißen, doch erschienen sie bis 1521 in der Reichsmatrikel. 1550 verlegten sie die Residenz nach Ohrdruf. 1631 starben die dem obersächsischen Reichskreis angehörigen Grafen völlig verschuldet aus. Von den verbliebenen Gütern kam die Obergrafschaft (Ohrdruf, Emleben, Schwabhausen, Petriroda, Wechmar, Pferdingsleben, Werningshausen) an die Grafen von Hohenlohe-Langenburg, die 2,5 Quadratmeilen große Untergrafschaft (G., Wandersleben, Günthersleben, Sülzenbrücken, Ingersleben, Stedten) an die Grafen von Schwarzburg-Sondershausen (Schwarzburg-Arnstadt), die Herrschaft Tonna an den Schenken von Tautenburg, 1638/1640 an Waldeck und 1677 durch Kauf an Sachsen-Gotha, das auch die Landeshoheit über die gesamte Grafschaft behauptete. Die Burg G. wurde 1639 den Grafen von Hatzfeld verliehen (seit 1640 Hatzfeld-Gleichen).

L.: Wolff 398 f.; Wallner 710 ObersächsRK 8; Großer Historischer Weltatlas III 38 (1789) D2; Tümmler, H., Die Geschichte der Grafen von Gleichen von ihrem Ursprung bis zum Verkauf des Eichsfeldes (1100–1294), 1929; Zeyß, E., Beiträge zur Geschichte der Grafen von Gleichen und ihres Gebiets, 1931; Gauß'sche Landesaufnahme der durch Hannover erworbenen Gebiete, bearb. v. Engel, F., 2. Gericht Gleichen, 1977; Gleichen, hg. v. Janner, O., 1988; Plümer, E., Gleichen, LexMA 4 1989, 1494 f.

Gleichen genannt von Rußwurm (Freiherren, Reichsritter). Seit etwa 1750 waren die Freiherren von G. mit Bonnland Mitglied des Kantons Rhön-Werra des Ritterkreises Franken. S. Rußwurm.

L.: Stieber; Seyler 365 f.; Winkelmann-Holzapfel 151; Riedenauer 123; Rahrbach 100.

Glemisgouwe (Glemsgau)

L.: Polenz, P. v., Landschafts- und Bezirksnamen, 1961, II, 82, 83.

Gleßheim s. Cleßheim

Glogau (Fürstentum, Herzogtum). G. in Niederschlesien erscheint 1010 als polnische Herzogsburg. Seit dem 12. Jahrhundert strömten deutsche Siedler zu. 1253 erhielt die Stadt G. Magdeburger Recht. Bereits 1251 hatte dort Herzog Konrad I. von Niederschlesien anlässlich einer Erbteilung (1248/1252) eine neue Linie der Piasten gegründet. 1273/1274 teilten seine drei Söhne das Gebiet und nannten sich Herzöge von Sagan, Steinau und G. Herzog Heinrich III. von G. († 1309) konnte seine Herrschaft über fast ganz Polen ausdehnen. 1312/1322 wurden Wohlau und Oels abgetrennt. 1331 kam G., wie die meisten schlesischen Fürstentümer seit 1329, unter die Lehnshoheit Böhmens, das einen Teil des Gebietes besetzte. 1368 wurde das Herzogtum G. erneut geteilt. Eine Hälfte fiel an die Herzöge von Sagan, die andere an den König von Böhmen (Karl IV.) und von diesem 1383 an die Herzöge von Teschen, 1476 nach dem Aussterben der Glogauer Hauptlinie an König Matthias Corvinus von Ungarn. 1482 wurde Crossen (Krossen) mit Bobersberg, Züllichau und Sommerfeld an Brandenburg verkauft. Matthias Corvinus' nichtehelicher Sohn Johann Corvinus vereinigte beide Teile Glogaus wieder und vergab sie als Lehen an Prinz Johann Albert (1492–1498) und König Sigismund von Polen (1498–1506). Seit 1506 war G. kein selbständiges Herzogtum mehr, kam 1508 von Polen an Böhmen zurück und fiel 1526 mit diesem an Habsburg. 1632–1634 trug Wallenstein nochmals den Titel eines Herzogs von G. 1742 ging G., das einen Flächeninhalt von 83 Quadratmeilen aufwies und in die Kreise G., Freystadt (Freistadt), Guhrau, Sprottau, Grünberg (Grüneberg) und Schwiebus gegliedert war, an Preußen über. 1945 kam es unter die Verwaltung Polens sowie 1990 als politische Folge der deutschen Wiedervereinigung an Polen.

L.: Wolff 485 f.; Großer Historischer Weltatlas II 66 (1378) H3; Stamm- und Übersichtstafeln der schlesischen Fürsten, hg. v. Wutke, K., 1911; Blaschke, J., Geschichte der Stadt Glogau und des Glogauer Landes, 1913; Geschichte Schlesiens, hg. v. d. hist. Komm. f. Schlesien, Bd. 1 1961; Bein, W., Glogau in alten Ansichten, 1998.

Glogau-Sagan, (Sagan) (Herzogtum, Herrschaft). Sagan am Bober in Niederschlesien wird 1202 erwähnt. Vor 1280 wurde bei der dortigen Burg eine Stadt zu deutschem Recht angelegt. Sie war von 1273/1397 bis 1472 Residenz eines Teilherzogtums der schlesischen Piasten. 1329 kam G. unter die Lehnshoheit Böhmens. 1472 wurde Sagan an das Haus Wettin verkauft. 1504 starben die Herzöge von G. aus. 1549 kam G. an Habsburg, 1740 an Preußen. Von 1628 bis 1634 war die Herrschaft Sagan im Besitz Wallensteins, von 1646 bis 1786 der Fürsten Lobkowitz. Nach dem Verkauf durch diese kam Sagan mit 20 Quadratmeilen Gebiet (den Städten Sagan, Priebus, Naumburg und Freiwaldau) als preußisches Lehnsfürstentum 1786 an Herzog Peter Biron von Kurland, über dessen Tochter Dorothea an das Haus Talleyrand-Périgord. 1929 erlosch der Titel eines Herzogs von Sagan. 1945 fiel Sagan unter die Verwaltung Polens und damit 1990 als politische Folge der deutschen Wiedervereinigung an Polen. S. Sagan

L.: Wolff 486; Leipelt, A., Geschichte der Stadt und des Herzogtums Sagan, 1853; Wolff, O., Kritische Sichtung der Geschichte der Stadt und des Herzogtums Sagan, wie sie namentlich von A. Leipelt dargestellt worden ist, 1859; Heinrich, A., Geschichte des Fürstentums Sagan, 1911; Sieber, H., Schlösser und Herrensitze in Schlesien, 1957; Handke, K.W./Steller, G., Beschreibung der schlesischen Kreise Sagan und Sprottau, 1968.

Glogau-Steinau, (Steinau) (Herzogtum). Neben einem 1202 bezeugten Dorf wurde vor 1248 die deutsche Stadt Steinau an der Oder in Niederschlesien gegründet. Von 1274 bis 1289 und von 1319 bis 1365 war sie Sitz verschiedener piastischer Familien, zeitweilig ein eigenes Herzogtum. 1329 kam G. unter die Lehnshoheit Böhmens. Seit 1945 stand es unter Verwaltung Polens, an das es 1990 als politische Folge der deutschen Wiedervereinigung gelangte. S. Steinau.

L.: Schubert, H., Urkundliche Geschichte der Stadt Steinau, 1885.

Glött (Herrschaft). G. an der Glött südlich von Dillingen wird im 12. Jahrhundert als Sitz eines Adelsgeschlechts erstmals erwähnt. Im 14. Jahrhundert unterstand es den Herren von Knöringen-Burgau als Ministerialen der Markgrafen von Burgau. 1537 kaufte es Anton Fugger und verwandelte das Lehen der Grafen zu Fürstenberg in Allod. Später gelangte es an die Linie Fugger-Kirchberg. Die dem schwäbischen Reichskreis zugehörigen Fugger-Glött wurden 1805/1806 in Bayern mediatisiert.

L.: Wolff 205; Lieb, N., Die Fugger und die Kunst im Zeitalter der hohen Renaissance, 1958.

Glücksburg (Burg). An der Stelle des 1210 gegründeten Rudeklosters ließ Herzog Johann der Jüngere, der Sonderburg, Aerösköbing (Aeroeskoebing), Norburg, Plön und Ahrensbök sowie später die Klöster Rudekloster und Reinfeld sowie weitere Güter erhalten hatte, 1582 das Schloss G. erbauen. Sein Sohn Philipp machte G. zur Hauptstadt des ihm vererbten Herzogtums Schleswig-Holstein(-Sonderburg)-Glücksburg, das beim Aussterben der Linie 1779 vom König von Dänemark als Herzog von Schleswig-Holstein übernommen wurde. S. Holstein-Glücksburg, Schleswig-Holstein.

L.: Kruse, H., Aus der Vergangenheit Glücksburgs, 1925.

Glückstadt (Hafen, Herrschaft). 1616/1617 gründete König Christian von Dänemark an der Einmündung der Stör in die Elbe den Hafen G., der Tönning, Altona und Hamburg ersetzen sollte. Seit 1649 war G. Sitz der Verwaltung Dänemarks in Schleswig-Holstein. 1866 kam es zu Preußen, 1946 zu Schleswig-Holstein. S. Holstein-Glückstadt.

L.: Wolff 445.

Gmund (Reichsritter). Vielleicht zählten G. zur Ritterschaft im Ritterkreis Franken.

L.: Riedenauer 123.

Gmünd s. Schwäbisch Gmünd

L.: Großer Historischer Weltatlas II 66 (1378) E4, II 78 (1450) F4, III 22 (1648) D4, III 38 (1789) C3; Graf, K., Gmünder Chroniken im 16. Jahrhundert, 1984.

Gnesen (Erzstift, Fürsten). An der Stelle G. (zu poln. gniazdo, gnezdo, Nest, Vertiefung) in Kujawien bestand bereits im späten 8. Jahrhundert eine befestigte Siedlung. Diese wurde im 10. Jahrhundert Fürstensitz und 991 Hauptstadt Polens (bis 1039). Im Jahre 1000 gründete Kaiser Otto III. dort das Erzbistum G. Unterstellt waren die Bischöfe von Kolberg, Breslau und Krakau, im 11./12. Jahrhundert auch Posen, Leslau, Plock und Lebus (bis 1424). Die Zugehörigkeit Breslaus war seit 1354 nur noch formell. Lebus kam im 15. Jahrhundert an Magdeburg. 1387 wurden Wilna, 1417 Miedniki (Samogitien) und nach 1466 Culm (Kulm) G. unterstellt, dessen Diözese aus dem östlichen Teil des 968 gegründeten Bistums Posen gebildet wurde. Im 13. Jahrhundert erwarben die Erzbischöfe das Fürstentum Lowicz und nannten sich seitdem Fürsten von G. Im Zuge der polnischen Teilungen ging G. an Preußen über. Von 1793 bis 1807 und von 1814/1815 bis 1918 gehörte G. zu Preußen, das 1821 Posen zum Erzbistum erhob und mit G. in Personalunion verband. 1918 kam es mit der Abtrennung Westpreußens und Posens vom deutschen Reich wieder an Polen zurück. Das polnische Konkordat von 1925 bestätigte die Erzdiözese Gnesen-Posen mit den beiden Bistümern Kulm (Culm) und Leslau.

L.: Warschauer, A., Geschichte der Stadt Gnesen, 1918; Kehr, P., Das Erzbistum Magdeburg und die erste Organisation der christlichen Kirche in Polen, 1920, Abh. d. Ak. d. Wiss. Berlin; Völker, K., Kirchengeschichte Polens, 1930; Sappok, G., Die Anfänge des Bistums Posen, 1937; Urkunden und Regesten zur Geschichte des Templerordens im Bereich des Bistums Cammin und der Kirchenprovinz Gnesen, neu bearb. v. Irgang, W., 1987; Labuda, G., Gnesen, LexMA 4 1989, 1522 ff.; 1000 lat archidiecezji gnieźnieńskiej (1000 Jahre Erzdiözese Gnesen) hg. v. Strzelczyka, J. u. a., 2000.

Gnodstadt, Gnodtstatt, Gnottstadt (Reichsritter). Im frühen 16. Jahrhundert zählten die G. zum Kanton Steigerwald im Ritterkreis Franken.

L.: Riedenauer 123; Rahrbach 102.

Gochsheim (Reichsdorf). Das vielleicht im 6. Jahrhundert entstandene G. bei Schweinfurt wird 796 erstmals genannt. Am 23. 11. 1234 behielt sich König Heinrich die Rechte seiner Vorfahren u. a. in G. vor. Ferdinand I. erteilte der Reichsstadt Schweinfurt die Schutz- und Schirmgerechtigkeit über die Reichsdörfer G. und Sennfeld, die Schweinfurt 1572 an das Hochstift Würzburg abtrat. 1575 wurde der Bischof durch Vertrag als Reichsvogt, Schutzherr und Schirmherr anerkannt. Die 1637 vom Kaiser bestätigte Würzburger Landesherrschaft wurde 1649 wieder beseitigt. 1802 kam G. an Bayern.

L.: Wolff 505 f.; Hugo 457; Segnitz, S. F., Geschichte und Statistik der beiden Reichsdörfer Gochsheim und

Sennfeld, 1802; Weber, F., Geschichte der fränkischen Reichsdörfer Gochsheim und Sennfeld, 1913; Zeilein, F., Das freie Reichsdorf Gochsheim, in: Reichsstädte in Franken 1, 1987.

Gödens (Herrlichkeit). Die Herrlichkeit G. westlich von Wilhelmshaven gehörte als adlige Herrschaft zu Ostfriesland.

L.: Wolff 339.

Godingon (Guddingun, Gudinge, Gau östlich der Leine)

L.: Curs, O., Deutschlands Gaue im zehnten Jahrhundert. Nach den Königsurkunden, Diss. phil. Göttingen 1908, 8 (Hemmendorf, Mehle, Banteln [Gronau]); Hessler, W., Mitteldeutsche Gaue des frühen und hohen Mittelalters, 1957, 123 Gudingau, Teil von Flenithi (Banteln, Großfreden, Hemmendorf, Mehle, Wallensen); Polenz, P. v., Landschafts- und Bezirksnamen, 1961, II, 1, 4, Guddingun, Guottinga, Gudinge, Personenverbandsname.

Godramstein (Reichsdorf, Reichsstadt?). G. bei Landau erscheint erstmals 767 in einer Urkunde für Lorsch (Godmarstaine). Durch eine Königsurkunde von 900 erhielt die Abtei Hornbach Güter. 1285 verlieh Rudolf von Habsburg dem Ort die Freiheiten Speyers. Am 10. 3. 1287 verordnete er, dass die Erhebung von G. bei Landau zu einer Reichsstadt den Rechten des Klosters Hornbach nicht schaden solle. Karl IV. schlug am 25. 10. 1361 auf die an die Pfalzgrafen verpfändeten Reichsdörfer Billigheim, G., Steinweiler, Erlenbach (Erlebach), Klingen, Rohrbach und Impflingen sowie die übrigen Reichspfandschaften des Pfalzgrafen 4000 Gulden mit der Bedingung, dass keines ohne das andere eingelöst werden solle. Am Ende des 18. Jahrhunderts ging die Beziehung zum Reich zugunsten der Pfalz, die im 14. Jahrhundert die Landvogtei im Speyergau erlangt hatte, gänzlich verloren. Über Bayern gelangte G. 1946 zu Rheinland-Pfalz.

L.: Hugo 463, 465; Hagen, J., Grundzüge der Geschichte von Godramstein, 1941.

Goez (Reichsritter). Im späten 17. Jahrhundert zählten die G. zum Kanton Baunach des Ritterkreises Franken.

L.: Riedenauer 123.

Gofer, Hofer? (Reichsritter). Um 1780 zählten G. zum Kanton Rhön-Werra des Ritterkreises Franken.

L.: Riedenauer 123.

Gohr zu Nahrstett (Reichsritter). 1773 zählten die bereits im Stichjahr 1680 angesessenen und mit ihren Gütern bei der Ritterschaft immatrikulierten G. zum Ritterkreis Unterelsass. Sie erloschen weiblicherseits 1936.

Goldbach (Reichsritter). Vielleicht zählten im frühen 16. Jahrhundert G. zur Ritterschaft im Ritterkreis Franken.

L.: Riedenauer 123.

Goldineshuntari (an der oberen Donau)

L: Curs, O., Deutschlands Gaue im zehnten Jahrhundert. Nach den Königsurkunden, Diss. phil. Göttingen 1908; Polenz, P. v., Landschafts- und Bezirksnamen, 1961, II, 34, 82 f.; Borgolte, M., Geschichte der Grafschaften Alemanniens in fränkischer Zeit, 1984, 134 (Herbertingen, Worndorf, Krumbach).

Goldochs zu Beratsweiler (Reichsritter). Im frühen 16. Jahrhundert zählten die G. zum Kanton Odenwald und zum Kanton Altmühl des Ritterkreises Franken.

L.: Riedenauer 123.

Göler von Ravensburg (Reichsritter). Im 18. Jahrhundert zählten die G. mit Sulzfeld und Teilen von Kieselbronn zum Kanton Kraichgau sowie 1651 mit einem Viertel Beihingen zum Kanton Kocher, beide im Ritterkreis Schwaben. Seit der Mitte des 17. Jahrhunderts waren sie im Kanton Odenwald des Ritterkreises Franken immatrikuliert, um 1750 im Kanton Gebirg. Außerdem zählten sie zur vogtländischen Ritterschaft (Vogtland).

L.: Stieber; Roth von Schreckenstein 2, 592; Hölzle, Beiwort 63; Riedenauer 123; Schulz 262.

Goll (Gollen) (Freiherren, Reichsritter). Im 18. Jahrhundert zählten die Freiherren von G. mit Neunthausen, das um 1800 an Freiherr von Gaisberg und 1803 teilweise an Freiherrn von Linden gelangte, zum Kanton Neckar des Ritterkreises Schwaben.

L.: Hölzle, Beiwort 64.

Gollachgau (Gollohkeuue, Golligowi, Gau südlich des Mainknies bei Ochsenfurt)

Lit.: Curs, O., Deutschlands Gaue im zehnten Jahrhundert. Nach den Königsurkunden, Diss. phil. Göttingen 1908, 8 (Welbhausen, Rodeheim); Polenz, P. v., Landschafts- und Bezirksnamen, 1961, II, 24, 26 f., Gollahgouwe; Niemeyer, W., Der pagus des frühen Mittelalters in Hessen, 1968, 120.

Göllnitz (Freiherren, Reichsritter). Die Freiherren von G. zählten von 1654 bis zum Tod Christoph Wilhelms von G. 1793 zum Kanton Neckar des Ritterkreises Schwaben sowie von 1651 bis 1790 wegen Waldenstein zum Kanton Kocher.

L.: Genealogischer Kalender 1753, 531; Roth von Schreckenstein 2, 592; Hellstern 204; Schulz 262.

Golnitz (Reichsritter). Im frühen 16. Jahrhundert waren die G. Mitglied im Kanton Gebirg des Ritterkreises Franken.

L.: Riedenauer 123.

Gommersheim (Reichsdorf). Das wohl noch im 6. Jahrhundert entstandene und vor 800 genannte G. bei Landau war ursprünglich Reichsdorf. Im Hochmittelalter war es Reichslehen der Schenken von Ramberg, zu denen die Steinkallenfels hinzukamen. 1508 gewann die Pfalz das Schutzrecht. Die Rechte Rambergs kamen über die Fleckenstein an die Dalberg, die übrigen Rechte über die Hattstein und Welde an Friedrich von Schonburg (Schomburg), dessen Sohn 1708 die Hälfte Dalbergs durch Kauf erwarb. 1717 gelangte G. zur Grafschaft Degenfeld-Schonburg (Degenfeld-Schomburg). Über Bayern kam G. 1946 zu Rheinland-Pfalz.

Gondertheim (Reichsdorf). Am 14. 11. 1409 erlaubte König Ruprecht dem Barthold von Wickertsheim, Schultheißen zu Hagenau, das halbe Dorf G. bei Hagenau vom Ritter Hans Ulrich von Müllheim für 60 Mark zu lösen. S. Elsass.

L.: Hugo 470.

Gonsrodt s. Guntzenroth, Guntzenrodt

Gonzaga (Fürsten). Nach der Burg G. bei Mantua benannte sich ein seit dem 12. Jahrhundert nachweisbares Fürstengeschlecht (Corradi di G.). Es gewann 1328 die Signorie Mantua und wurde 1329 von Kaiser Ludwig dem Bayern mit dem Reichsvikariat Mantua belehnt. 1362 wurde es durch den Kaiser zu Grafen, 1433 zu Markgrafen und 1530 zu Herzögen von Mantua erhoben. 1536 erwarb es die Markgrafschaft Montferrat. Die Hauptlinie erlosch 1627 (mantuanischer Erbfolgekrieg), die Nebenlinien Bozzolo 1703, Novellara 1728, Guastalla 1746 und Luggara 1794.

L.: Klein 164; Brinton, S., The Gonzaga-Lords of Mantua, 1927; Mantova, 1: La storia, hg. v. Coniglio, G., Bd. 1–3 1958 ff.; Coniglio, G., I Gonzaga, 1967; Il tempo dei Gonzaga, 1985; Biondi, A., Gonzaga, LexMA 4 1989, 1556 f.; Severidt, E., Familie, Verwandtschaft und Karriere bei den Gonzaga, 2002.

Gopp, Goppe von Marezek (Reichsritter). Vielleicht zählten die G. zum Kanton Rhön-Werra im Ritterkreis Franken.

L.: Riedenauer 123.

Gorevod, Gorrevod (Reichsfürst). 1623 wurde Carl Emanuel de G. zum Reichsfürsten erhoben.

L.: Klein 147.

Görlitz (Herzogtum). An der Kreuzung der Straßen Stettin-Frankfurt an der Oder-Prag und Leipzig-Breslau wird 1071 die wendische villa G. an der Neiße anlässlich der Vergabung seitens des Königs an den Bischof von Meißen erstmals erwähnt. 1126 erscheint eine Burg, 1210/1220 die Stadt G., die 1259 an Brandenburg (Askanier) kam, 1268 Sitz eines eigenen Landes wurde und innerhalb der Oberlausitz 1303 Magdeburger Recht bestätigt erhielt. Von 1319 bis 1329 gehörte G. zum Herzogtum Jauer, danach zu Böhmen. Von 1377 bis 1396 war G. Residenz des eigenen Herzogtums G. des dritten Sohnes Kaiser Karls IV. 1635/1648 fiel G. an Sachsen, 1815 an Preußen, 1945 in die sowjetische Besatzungszone und damit von 1949 bis 1990 in die Deutsche Demokratische Republik (Sachsen).

L.: Wolff 470; Jecht, R., Geschichte der Stadt Görlitz, 1922 ff.; Lemper, E. H., Görlitz, 1959, 4. A. 1980; Heyde, W. G./Piltz, G., Görlitz, 2. A. 1972; Blaschke, K., Görlitz, LexMA 4 1989, 1560 f.; Anders, I./Wolfrum, P., Görlitz, 1998; Jajesniak-Quast, D./Stoklosa, K., Geteilte Städte an Oder und Neiße, 2000; Görlitz – Ansichten eines Denkmals, 2000.

Görtz (Schlitz genannt von) s. Schlitz genannt von Görtz

Görz (Erzbistum). 1752 wurde für den österreichischen Teil des Patriarchates Aquileja ein Erzbistum G. errichtet, das 1788 nach Laibach verlegt wurde.

Görz (Grafschaft). 1101 gab Kaiser Otto III. G. (ital. Gorizia) am Isonzo in Oberitalien an Aquileja. Seit 1107 erscheinen aus der Familie der Meinhardiner (?) (Stammvater Meginhard [Meinhard] von Gilching?, Vogt des Bischofs von Brixen, † 1011) Grafen von G., die ihre teilweise von den um 1125 ausgestorbenen Lurngaugrafen ererbten Güter um Lienz in Osttirol (Pustertal, Gailtal, Mölltal und Drautal) mit Vogteirechten des Patriarchats Aquileja am Isonzo, die sie (um 1122) als Lehnsleute der Grafen von Peilstein erlangten, vereinigten (um 1120 Görz?, 1146/1147

Benennung nach Görz). Im 13. Jahrhundert vergrößerten sie die Grafschaft zu Lasten des Patriarchats von der Wippach bis zum Isonzo. 1249/1253 erbten sie über die Tochter Albrechts III. von Tirol die südliche Hälfte der Grafschaft Tirol (Etschtal und Eisacktal) und im späten 13. Jahrhundert erlangten sie die Pfalzgrafenwürde von Kärnten. 1267/1271 wurden die Güter in die 1335/1363 ausgestorbene Tiroler (Meinhard) und die Görzer Linie (Albert) geteilt. Die Görzer Linie erhielt die Grafschaft G., Gebiete in Istrien und Friaul sowie Allod im Pustertal von der Haslacher Klause abwärts und in Oberkärnten (vordere Grafschaft G.), vermochte aber infolge starker Schwächung durch weitere Teilungen von 1303 und 1323 die 1335/1363 beim Aussterben der Tiroler Linie entstandenen Ansprüche auf Tirol nicht gegen Habsburg durchzusetzen, sondern verlor trotz der 1365 erfolgten Anerkennung als Reichsfürsten schon 1374 auch Gebiete in Inneristrien (Grafschaft Mitterburg), in der Windischen Mark und um Möttling an Habsburg. 1500 erlosch die Görzer Linie. Ihre Güter (Lienz, Pustertal) kamen auf Grund von Erbverträgen an Habsburg und damit zum österreichischen Reichskreis. 1754 erfolgte die Vereinigung von G. mit Gradisca zu einer gefürsteten Grafschaft. Von 1809 bis 1814 war G. bei Frankreich. 1816 wurde nach der Rückkehr zu Österreich aus Görz, Triest und Istrien die Verwaltungseinheit Küstenland geschaffen. 1861 erhielt das Kronland Görz und Gradisca innerhalb Österreichs eigene Verwaltungszuständigkeit. 1919 fiel G. an Italien. Nach dem zweiten Weltkrieg (1947) musste Italien einen Teil des Gebietes an Jugoslawien abtreten.

L.: Wolff 34; Wallner 713 ÖsterreichRK 1; Großer Historischer Weltatlas II 66 (1378) G6, III 22 (1648) F5; Czoernig, C. v., Das Land Görz und Gradiska, Bd. 1 f. 1873 ff.; Mell, A., Görz, in: Erläuterungen zum Historischen Atlas der österreichischen Alpenländer, 1914; Leicht, P. S., Breve storia del Friuli, 2. A. 1930; Klebel, E., Die Grafen von Görz als Landesherren in Oberkärnten, Carinthia 125 (1935); Wiesflecker, H., Die politische Entwicklung der Grafschaft Görz und ihr Erbfall an Österreich, MIÖG 56 (1948); Wiesflecker, H., Die Regesten der Grafen von Görz und Tirol, Bd. 1 f. 1949 ff.; Weingartner, J., Die letzten Grafen von Görz, 1952, Schlernschriften 98; Gorizia nel medioevo, 1956; Bozzi, C. L., Gorizia e la provincia isontina, 1965; Pizzinini, M., Die Grafen von Görz in ihren Beziehungen zu den Mächten im nördlichen Italien 1264–1358, Diss. Innsbruck 1968 (masch.schr.); Dopsch, H., Görz, LexMA 4 1989, 1564; Stih, P., Studien zur Geschichte der Grafen von Görz, 1996; Wiesflecker, H., Die Grafschaft Görz und die Herrschaft Lienz, Veröff. Des Tiroler Landesmuseums 78 (1998), 131; Härtel, R., Görz und die Görzer im Hochmittelalter, MIÖG 110 (2002), 1; Dopsch, H. u. a., Von Bayern nach Friaul, Z. f. bay. LG. 65 (2002), 293.

Görz und Gradisca (gefürstete Grafschaft). 1754 wurden innerhalb Österreichs die Grafschaften Görz und Gradisca (Gradiska) zur gefürsteten Grafschaft G. vereinigt.

Gorze (Abtei). Die wohl 757 von Bischof Chrodegang von Metz südwestlich von Metz gegründete Benediktinerabtei G. verfiel schon nach kurzer Zeit, erlebte aber 933 durch Bischof Adalbero I. eine bedeutende Reform. 1453 verlor sie ihre Selbständigkeit und wurde 1572 säkularisiert.

L.: Hallinger, K., Gorze-Kluny, Bd. 1, 2 1950 f., Neudruck Graz 1971; Jäschke, K. U., Zur Eigenständigkeit einer Junggorzer Reformbewegung, Zs. f. Kirchengeschichte 81 (1970); Parisse, M., Gorze, LexMA 4 1989, 1566 f.; L' abbaye de Gorze, hg. v. Parisse, M. u. a., 1993.

Goschütz (freie Herrschaft). Die aus ursprünglich zum Fürstentum Oels gehörigen Gütern gebildete freie Standesherrschaft G. in Niederschlesien gelangte 1717 als Niederherrschaft an die Langenau und von diesen 1727 an die Grafen von Reichenbach. 1741 erhob sie Friedrich II. zu einer freien Standesherrschaft. Sie umfasste mit den Städten G. und Festenberg 1,75 Quadratmeilen. Über Preußen gelangte G. zu Polen.

L.: Wolff 479.

Goslar (Reichsstadt). G. am Harz an der Straße vom Rhein zur mittleren Elbe wird 922 erstmals erwähnt, reicht aber vielleicht noch in karolingische Zeit (karolingisches Lager von 802). 965/968 begann der Silberbergbau auf dem nahen Rammelsberg. Um 1005/1015 verlegte Heinrich II. die vorher in Werla an der Oker befindliche Pfalz nach G., das in der Salierzeit beliebter Aufenthaltsort deutscher Herrscher und bis ins 13. Jahrhundert Stätte vieler Reichstage war. Etwa 1073 wurde die Reichsvogtei G. zur Verwaltung des umliegenden Reichsgutes geschaffen, die von 1152 bis 1168 an Heinrich den Löwen gelangte. 1219 verlieh Friedrich II. der Stadt einen umfangreichen Freiheitsbrief. 1290/1340 errang, beginnend mit dem Erwerb der Vogtei, G. die Stellung einer Reichsstadt (Reichsunmittelbarkeit). Im 14. Jahrhundert, in dessen Mitte das Stadtrecht in den Goslarischen Statuten aufgezeichnet wurde, gelang die Gewinnung der Pfandschaft am Rammelsberg. Mit dem Einlösen der Pfandschaft Rammelsberg durch Braunschweig-Wolfenbüttel 1526/1552 setzte ein wirtschaftlicher Niedergang der 1528 protestantisch gewordenen Stadt ein. 1802/1803 kam G. mit 8500 Einwohnern an Preußen, 1807 zum Königreich Westphalen, 1814 an Hannover, danach an Preußen, 1816 wieder an Hannover, 1866 mit Hannover an Preußen und 1941 an Braunschweig. Am 1. 11. 1946 ging Braunschweig in Niedersachsen auf.

L.: Wolff 456 f.; Zeumer 554 III a 7; Wallner 707 NiedersächsRK 27; Großer Historischer Weltatlas II 66 (1378), III 22 (1648) E3, III 38 (1789) D2; Urkundenbuch der Stadt Goslar, hg. v. Bode, G./Hölscher, U., Bd. 1–5 1893 ff.; Frölich, K., Gerichtsverfassung von Goslar im Mittelalter, 1910; Hoelscher, U., Die Kaiserpfalz Goslar, 1927; Frölich, K., Verfassung und Verwaltung der Stadt Goslar im späten Mittelalter, 1921; Wiederhold, W., Goslar als Königsstadt und Bergstadt, 1922; Bruchmann, K. G., Goslar, 1952; Goslar, hg. v. Hillebrand, W., 2. A. 1965; Ebel, W., Das Stadtrecht von Goslar, 1968; Wilke, S., Das Goslarer Reichsgebiet und seine Beziehungen zu den territorialen Nachbargewalten, 1970; Schuler, P., Goslar, LexMA 4 1989, 1568 ff.; Graf, S., Das Niederkirchenwesen der Reichsstadt Goslar, 1998; Goslar im Mittelalter, hg. v. Engelke, H., 2003; Kelichhaus, S., Goslar um 1600, 2003.

Goslar (Reichsvogtei). 1073 erscheint erstmals ein prefectus Bodo, der vermutlich einen G. und weitere Reichsgüter umfassenden, von der Grafengewalt befreiten Bezirk leitete. Seit dem 12. Jahrhundert ist die Tätigkeit anscheinend auf das Gebiet G. und die Verwaltung der Reichsgüter beschränkt. Von 1152 bis in die sechziger Jahre (1168) hatte Heinrich der Löwe diese Vogteirechte als Reichslehen inne. 1290 erwarb die Reichsstadt G. die Reichsvogtei und damit vor allem das Recht, den Vogt einzusetzen.

L.: Wilke, S., Das Goslarer Reichsgebiet und seine Beziehungen zu den territorialen Nachbargewalten, 1970.

Goslar, Petersberg (Reichsstift). 1056 gründete Kaiserin Agnes zu Ehren des Apostels Petrus auf dem Kalkberg östlich von G. das unmittelbare Reichsstift zum Petersberg. Dieses wurde nach der Reformation reichsunmittelbares, evangelisches Stift. G. kam 1803 an Preußen, das es 1816 an Hannover abgab.

L.: Wolff 456.

Goslar, Sankt Simon und Judas (reichsunmittelbares Stift). In Goslar gründete Kaiser Heinrich III. 1040 als Königskapelle (capella regis) das Domstift Sankt Simon und Judas. Nach der Reformation war es reichsunmittelbares, evangelisches Stift. G. fiel 1803 an Preußen, das es 1816 an Hannover abgab.

L.: Wolff 456; Nöldeke, E., Verfassungsgeschichte des kaiserlichen Exemtstifts SS. Simon und Judae zu Goslar, 1904; Schuler, P., Goslar, LexMA 4 1989, 1568 ff.; Lohse, T., Das Goslarer Pfalzstift St. Simon und Judas, Harz-Zs. 54/55 (2002/2003), 85.

Göß (Göss) (Reichsabtei). Nach älteren Siedlungsspuren erscheint 904 die villa Costiza an der Mur. Sie gehörte zu einer königlichen Gabe an die Pfalzgrafen von Bayern (Aribonen), von denen Pfalzgräfin Adela mit der Gründung eines Stifts begann. 1020 übergab ihr Sohn Aribo, Erzbischof von Mainz, das Stift G. an Kaiser Heinrich III. und schuf so für verhältnismäßig kurze Zeit die einzige Reichsabtei in den später habsburgischen Ländern. Schon in der 2. Hälfte des 12. Jahrhunderts kam die Klostervogtei über das zur Benediktinerabtei gewordene Stift aber als landesfürstliches Lehen an die steirischen Ministerialen von Stubenberg. 1782 wurde die Abtei aufgehoben. Von 1783 bis 1804 war sie Sitz des Bistums Leoben.

L.: Wichner, J., Geschichte des Nonnenklosters Göss, 1892; Pelican, B., Geschichte des Benediktinerstifts Göss, 1924; Ebner, H., Die Besitzgeschichte des Nonnenstiftes Göß, Diss. Graz 1950; Bracher, K., Stift Göss, 1966; Ebner, H., Göß, LexMA 4 1989, 1570.

Goßbach (Reichsritter). Philip G. zu Freudental (Freudenthal) war 1592/1593 Mitglied des Kantons Neckar des Ritterkreises Schwaben.

L.: Hellstern 204.

Gotha (Herren). G. in Thüringen gehörte vermutlich zum alten thüringischen, von den Franken übernommenen Königsgut. 775 (Gothaha) gab es Karl der Große an das Stift Hersfeld. 1109 erscheinen Herren von G., die Burgmannen der ludowingischen Landgrafen von Thüringen gewesen sein dürften. 1247 kam G. an die Markgrafen von Meißen, galt von 1287 bis ins 15. Jahrhundert als Lehen Mainz' und fiel 1640 an die ernestinische Linie des Hauses Wettin. 1640 wurde es Residenz des Fürstentums Sachsen-Gotha. Das Gebiet des Fürstentums umfasste Stadt und Amt Gotha, die Ämter Tenneberg, Reinhardsbrunn, Georgenthal, Schwarzwald oder Zella, Wachsenburg, Volkenroda und Tonna, die obere Herrschaft Kranichfeld und den unter gothaischer Oberhoheit stehenden Teil der Grafschaft Gleichen (1681–1825 Sachsen-Gotha-Altenburg, 1826–1918 Sachsen-Coburg-Gotha). Es zählte zum obersächsischen Reichskreis. 1920 kam G. zu Thüringen und damit von 1945/1949 bis 1990 zur sowjetischen Besatzungszone bzw. zur Deutschen Demokratischen Republik. S. Sachsen-Gotha, Sachsen-Gotha-Altenburg, Sachsen-Coburg und Gotha (Sachsen-Coburg-Gotha).

L.: Wolff 397 f.; Beck, A., Geschichte der Stadt Gotha, 1870; Strenge, K. F. v./Devrient, E., Stadtrechte von Eisenach, Gotha und Waltershausen, 1909; Gotha. Das Buch einer deutschen Stadt, hg. v. Schmidt, K., Bd. 1 f. 1927 ff.; Schmidt, K., Gotha im heimatkundlichen Schrifttum, 1939; Uhlig, L., Gotha. Stadt und Umland. Ihr Struktur- und Funktionswandel, Diss. Leipzig 1967; Steguweit, W., Geschichte der Münzstätte Gotha vom 12. bis zum 19. Jahrhundert, 1987; Raschke, H., Residenzstadt Gotha 1640–1918, 1990; Klinger, A., Der Gothaer Fürstenstaat, 2002.

Gotschee s. Gottschee

Gottesfelden, Gotzfeld (Reichsritter). Im frühen 16. Jahrhundert zählten die G. zum Kanton Gebirg im Ritterkreis Franken.

L.: Riedenauer 123.

Gotteshausbund s. Graubünden

L.: Festschrift 600 Jahre Gotteshausbund, 1967.

Gottesmann zum Thurn, Gottsmann von Thurn (Reichsritter). Im frühen 16. Jahrhundert zählten die G. zu den Kantonen Gebirg (bis ins frühe 17. Jahrhundert), Steigerwald, Altmühl und Baunach des Ritterkreises Franken.

L.: Riedenauer 123.

Gottfahrt (Reichsritter). Vielleicht zählten die G. zum Kanton Baunach im Ritterkreis Franken.

L.: Riedenauer 123.

Göttingen (Fürstentum). G. an der Leine wird als Dorf Gutingi 953 erstmals erwähnt. 1211/1212 erhielt der Ort vermutlich Stadtrecht. Ab 1235 gehörte Göttingen zum Herzogtum Braunschweig-Lüneburg. Von (1291 bis 1292 und von) 1345 bis 1463 war es Sitz des Fürstentums G. (Oberwald), das von Münden (Hannoversch Münden) bis Hahausen bei Bockenem reichte. Im Kampf mit dem Landesherren erlangte die Stadt weitgehende Selbständigkeit. Das Fürstentum kam nach seiner Zerrüttung unter Otto dem Quaden 1435/1442/1463 an das Fürstentum Calenberg des mittleren Hauses Braunschweig, das 1498/1584 in Münden residierte, und ging schließlich in Hannover auf (1692). Es gehörte dem niedersächsischen Reichskreis an. Über Preußen (1866) gelangte G. 1946 zu Niedersachsen. S. Braunschweig-Göttingen.

L.: Wolff 437; Wallner 706 NiedersächsRK 9; Mager, F./Spiess, W., Erläuterungen zum Probeblatt Göttingen der Karte der Verwaltungsgebiete Niedersachsens um 1780, 1919; Saathoff, A., Geschichte der Stadt Göttingen, Bd. 1 f. 1937 ff.; Fahlbusch, O., Topographie der Stadt Göttingen, 1952; Bartel, G., Der ländliche Besitz der Stadt Göttingen, 1952; Fahlbusch, O., Der Landkreis Göttingen in seiner geschichtlichen, rechtlichen und wirtschaftlichen Entwicklung, 1960; Kühlhorn, E., Ortsnamenlexikon für Südniedersachsen, 1964; Ronge, R./Hoffmann, W., Der Landkreis Münden. Geschichte, Landschaft, Wirtschaft, 1970; Kalthoff, E., Geschichte des südniedersächsischen Fürstentums Göttingen und des Landes Göttingen im Fürstentum Calenberg (1285–1584), 1982; Pischke, G., Die Landesteilungen der Welfen im Mittelalter, 1987.

Göttingen (reichsunmittelbare Stadt?). G. an der Leine wird 953 (Gutingi) anlässlich der Gabe der Güter des Vasallen Billung durch Kaiser Otto den Großen an das Moritzkloster (Erzstift) Magdeburg erstmals erwähnt. 1371/1372 erwarb die im 13. Jahrhundert entstandene Stadt die Pfalz Grona (Grone), 1372 Herberhausen, 1380 Omborne (Omborn) und Roringen. 1387 schlugen die Bürger Herzog Otto den Quaden und zerstörten seine Burg in der Stadt. Von 1446 bis 1536 erlangten sie die Pfandschaft über Geismar, von 1424 bis 1530 über Burg und Amt Friedland. 1521 erscheint G. in der Reichsmatrikel unter den freien und Reichsstädten. Die Wirren des 16. und 17. Jahrhunderts führten dann aber wieder zur Eingliederung in das Herzogtum (1584 Braunschweig-Wolfenbüttel, 1635 Calenberg, 1692 Hannover). 1734 wurde in G. eine Universität geschaffen, die zwischen Halle (1694) und Berlin (1810) den Typus der modernen Universität bildete. 1866 kam die Stadt mit Hannover an Preußen, 1946 an Niedersachsen.

L.: Reichsmatrikel 1521; Saathoff, A., Geschichte der Stadt Göttingen, Bd. 1 f. 1937 ff.; Fahlbusch, O., Topographie der Stadt Göttingen, 1952; Fahlbusch, O., Göttingen im Wandel der Zeiten, 6. A. 1966; Göttingen. Geschichte einer Universitätsstadt, hg. v. Denecke, D., Bd. 1 1987; Sachse, W., Göttingen im 18. und 19. Jahrhundert, 1987; Göttingen 1690–1755, hg. v. Wellenreuther, H., 1988; Steenweg, H., Göttingen, LexMA 4 1989, 1609; Steenweg, H., Göttingen um 1400, 1994; Göttingen, hg. v. Böhme, E. u. a., Bd. 2 2002.

Gottorf s. Gottorp

Gottorp, Gottorf (Burg, Herzöge [Herzogtum]). Zwischen 1161 und 1268 entstand im innersten Wasserwinkel der Schlei die Wasserburg G. der Bischöfe von Schleswig. Vor 1268 kam sie an Herzog Erik Abelson, 1340 an die Grafen von Schauenburg (Schaumburg), 1459 an den König von Dänemark. Unter Herzog Adolf von Holstein-Gottorp (Schleswig-Holstein-Gottorf) begann seit etwa 1565 die selbständige Entwicklung eines eigenen Herzogtums. Seit 1713 war das Schloss G. Sitz des Statthalters des Königs von Dänemark. S. Holstein-Gottorp(-Oldenburg).

L.: Brandt, O., Geschichte Schleswig-Holsteins, 5. A. 1957; Brandt, O./Klüver, W., Geschichte Schleswig-Holsteins, 8. A. 1981.

Gottschee, Gotschee (Herrschaft, Grafschaft, Land, Ländchen), slowen. Kocevje. Das Kulpatal an der kroatischen Grenze wurde im 14. Jahrhundert seitens der Kärntner Grafen von Ortenburg durch deutsche Bauern besiedelt. 1363 wird in diesem Zusammenhang G. erstmals genannt. Die zugehörige Herrschaft mit etwa 3000 Einwohnern kam nach dem Aussterben der Grafen von Ortenburg 1418 über Bischof Albrecht von Trient, die Grafen von Cilli und Ladislaus Postumus an Habsburg (1456–1641), das sie meist verpfändete. 1641 gelangte das 1623 zur Grafschaft erhobene Gebiet an die Grafen bzw. Fürsten Auersperg. 1791 wurde es Herzogtum und folgte Krain. Mit diesem kam es 1918 an Jugoslawien. Die deutschen Siedler wurden 1941 umgesiedelt und 1945 aus Jugoslawien vertrieben.

L.: Wolff 31; Dimitz, A., Geschichte Krains, Bd. 1 4 1874 ff.; Hauptmann, L., Entstehung und Entwicklung Krains, 1929; Widmer, G., Urkundliche Beiträge zur Geschichte des Gottscheer Landes (1406–1627), 1931; Kundegraber, M., Bibliographie zur Gottscheer Volkskunde, 1962/1963; Hödl, G., Gottschee, LexMA 4 1989, 1612.

Gotzfeld s. Gottesfelden, Gottsfeld

Goxweiler (Reichsdorf). Am 6. 6. 1409 erlaubte König Ruprecht seinem Sohn, dem Pfalzgrafen Ludwig bei Rhein, die von demselben eingelösten Reichsdörfer Barr, Heiligenstein, Gertweiler, G. und (Ober- und Nieder-)Burgheim (Oberburgheim und Niederburgheim) als Reichspfandschaften zu besitzen.

L.: Hugo 471.

Gozfeld (Gau östlich Würzburgs)

Lit.: Curs, O., Deutschlands Gaue im zehnten Jahrhundert. Nach den Königsurkunden, Diss. phil. Göttingen 1908, 8 (Kitzingen); Polenz, P. v., Landschafts- und Bezirksnamen, 1961, II, 58, 61 f., III, 30.

Gozfeldene marcha (zum Ortsnamen Goßfelden)

L.: Polenz, P. v., Landschafts- und Bezirksnamen, 1961, IV, 5, Gozfeldene marcha; Niemeyer, W., Der pagus des frühen Mittelalters in Hessen, 1968, 121 Gozfeld.

Grabenhof s. Stettner von G.

Grabfeld (Grapfeld, Craffelda, Graphuelt, Graffeld, Grapfeldun, Grafphelt, Gau zwischen Fulda und Werra)

L: Curs, O., Deutschlands Gaue im zehnten Jahrhundert. Nach den Königsurkunden, Diss. phil. Göttingen 1908, 8, Grabfeldgau (Großentaft, Rohr, Stockheim, Meiningen, Walldorf, Salz, Eichenhausen, Streu, Fulda); Polenz, P. v., Landschafts- und Bezirksnamen, 1961, I, 7, 9, 19, II, 58, 61, 96, III, 25, 30 f., IV, 8, Grapfeld; Niemeyer, W., Der pagus des frühen Mittelalters in Hessen, 1968, 130.

Grabow (Land). G. in Mecklenburg wurde in Anlehnung an eine slawische Burg 1252 von den Grafen von Dannenberg gegründet. Das Land G. kam 1288 an Brandenburg und 1320 an Mecklenburg.

L.: Wolff 443.

Gracht s. Wolff-Metternich (Metternich) zur G.

Gradisca, Gradiska (Grafschaft). 1471–1481 erbaute Venedig am rechten Ufer des unteren Isonzo gegen die Türken die Festung G. (d'Isonzo), deren Name slawischen Ursprungs ist. 1521 kam sie als Grenzfestung gegen Venedig an Österreich. Dieses vereinigte die Stadt G. mit dem Umland zu einer dem österreichischen Reichskreis angehörigen Grafschaft, die 1647 den Fürsten von Eggenberg übertragen wurde. 1717 fiel sie nach deren Aussterben wieder an Österreich. 1754 wurde sie mit Görz zur gefürsteten Grafschaft Görz und Gradisca vereinigt.

L.: Wolff 34; Wallner 713 ÖsterreichRK 1.

Gradiska (Grafschaft) s. Gradisca

Gräfenberg (Grafen). Seit dem 12. Jahrhundert erscheint die Burg G. an der Straße von Nürnberg nach dem Vogtland, nach der sich die Grafen von G. benennen. Im 16. Jahrhundert erlangte die Reichstadt Nürnberg G. 1806 fiel es an Bayern.

L.: Wolff 128; Breuer, T., Stadt- und Landkreis Forchheim, 1961.

Grafeneck, Graveneck (Reichsritter). Von 1592 bis 1600 war Ferdinand Friedrich von G., Herr zu Marschalkenzimmern und Hofrichteramtsstatthalter zu Rottweil, Mitglied des Kantons Neckar des Ritterkreises Schwaben. Von 1629 bis 1651 waren die G. wegen Gütern in Geradstetten, Bartenbach und Lerchenberg, von 1674 bis 1697 wegen Unterwaldstetten (Waldstetten) im Kanton Kocher des Ritterkreises Schwaben immatrikuliert.

L.: Hellstern 204; Schulz 262.

Grafenhausen (Herrschaft). G. nördlich von Waldshut wurde zusammen mit umfangreichen Gütern 1095 durch die Grafen von Nellenburg an das Kloster Allerheiligen in Schaffhausen gegeben. Die Vogtei über eine 1096 genannte Benediktinerabtei kam von den Grafen von Nellenburg über die schaffhausischen Patrizier von Roth 1341 an das Kloster Allerheiligen (in Schaffhausen) und 1344 an die Landgrafen von Stühlingen. 1609 ging die Herrschaft G. von dem Marschall von Pappenheim an das nahe Kloster Sankt Blasien (Herrschaft Bonndorf). Mit diesem kam sie 1805 an Württemberg, 1806 an Baden und damit G. 1951/1952 zu Baden-Württemberg.

L.: Kürzel, A., Der Amtsbezirk Bonndorf, 1861; Hölzle, Beiwort 82.

Grafenreuth, Gravenreuth (Reichsritter). Im 16. Jahrhundert waren die G. Mitglied im Kanton Gebirg des Ritterkreises Franken.

L.: Riedenauer 123.

Grafenstaden (Reichsdorf). Am 12. 1. 1369 erlaubte Karl IV. dem Ritter Johann Erbe, die von dem Reiche verpfändeten Dörfer G. bei Straßburg, Illkirch und Illwickersheim einzulösen und pfandweise zu besitzen.

L.: Hugo 471.

Gräfenstein, Grävenstein (Herrschaft). Die Herrschaft G. nördlich von Pirmasens gehörte am Ende des 18. Jahrhunderts über die Grafen von Sponheim und Baden zum oberrheinischen Reichskreis. S. Rheinland-Pfalz.

L.: Wolff 166, 261; Wallner 696 OberrheinRK 15.

Grainga

L.: Polenz, P. v., Landschafts- und Bezirksnamen, 1961, II, 35, 40 f., III, 4.

Graisbach, Lechsgemünd-Graisbach (Grafen). Nach der Burg G. bei Donauwörth – aber auch nach der 1248 zerstörten Burg Lechsgemünd bei Marxheim – benannten sich Grafen von G. (1091 Kunrad de Lecheskemundi). Sie hielten das Hochgericht im Gau Sualafeld, das als kaiserliches, später bayerisches Landgericht bis 1523/1550 seinen Sitz auf der Burg hatte, und hatten reiche Güter zwischen Wörnitz und Donau. 1302/1304 verkauften sie das Landgericht außerhalb ihres eigenen Herrschaftsbereiches an den Grafen von Hirschberg, von dem es 1305 die Herzöge von Bayern erbten. 1327 starb das Geschlecht mit Bischof Gebhart von Eichstätt in der Manneslinie aus. Die verbliebenen Güter kamen an Bertold IV. von Neiffen, wurden aber 1342 nach Bertolds Tod von Kaiser Ludwig dem Bayern zugunsten Bayerns eingezogen. 1550 wurde das Landgericht nach Monheim verlegt.

L.: Wolff 140; Tyroller, F., Die Grafen von Lechsgemünd und ihre Verwandten, Neuburger Kollektaneenblatt 107 (1953), 9 ff.; Pohl, W., LexMA 4 1989, 1637.

Grandson (Herrschaft). Nach der um 1000 gegründeten Burg G. am südwestlichen Neuenburger See nannten sich Herren von G. Die zugehörige Herrschaft kam 1389 zu Savoyen und wechselte 1475/1476 mehrfach zwischen Bern und Freiburg. 1815 gelangte G. zum Kanton Waadt.

L.: Wolff 530; Großer Historischer Weltatlas II 72 (bis 1797) B3; Michaud, L., Grandson, 1957.

Gränrodt, Grorodt (Reichsritter) s. Grorodt, Grünrod

Granvelle s. Perrenot de

Grapfeld s. Grabfeld

L.: Polenz, P. v., Landschafts- und Bezirksnamen, 1961, I, 7, 9, 19, II, 58, 61 f., 96, III, 25, 30 f., IV, 8.

Grappendorf (Reichsritter). Im 17. (etwa 1680) und 18. Jahrhundert (etwa 1760) zählten die G. zum Kanton Rhön-Werra des Ritterkreises Franken.

L.: Stieber; Seyler 366; Riedenauer 123.

Grassalkovich von Gyarak (Reichsfürst). 1784 wurde Anton G. für den jeweiligen Erstgeborenen der G. zum Reichsfürsten erhoben.

L.: Klein 176.

Graubünden (Kanton). Das ursprünglich von den Rätern bewohnte Gebiet im Südosten der heutigen Schweiz wurde 15 v. Chr. von den Römern unterworfen (Provinz Raetia prima). Seit 536/539 gehörte es zum fränkischen Reich, seit 843 zu dessen ostfränkischem Teil. Wichtigste Herren waren der Bischof von Chur und der Abt von Disentis. Seit 1200 sind Gemeinden von Freien nachweisbar, zu denen freie Rodungssiedler (Walser) kamen. Gegen Versuche der Grafen von Habsburg, ihre Herrschaft auszudehnen, entstand 1367 der Gotteshausbund der Talschaften Domleschg, Oberhalbstein, Bergell und Engadin sowie der Stadt Chur und des Domkapitels. 1395 vereinigte sich u. a. das Vorderrheintal (Disentis, Rhäzüns, Sax, 1395 Gruob, 1399 Hohentrins, 1406 Schams, 1441 Cazis, 1480 Misox, Calanca) zum Oberen oder (vielleicht wegen der grauen Bekleidung der bäuerlichen Einwohner seit 1442) Grauen Bund (1424 erneuert), am 8. 6. 1436 die ehemals toggenburgischen Gemeinden im Prätigau (Prättigau) zum Zehngerichtenbund (Belfort, Davos, Klosters, Castels, Schiers, Schanfigg, Langwies, Churwalden, Maienfeld, Malans-Jenins). Diese Bünde bzw. deren Orte verbanden sich 1471 untereinander. 1470 wurden sechs Gerichte im Prättigau durch Kauf erworben. 1497/1498 gingen Gotteshausbund, Grauer Bund und Zehngerichtenbund ein Bündnis mit den Eidgenossen der Schweiz ein. 1499 wurden die Grafen von Tirol bzw. Erzherzöge von Österreich besiegt. 1512 eroberten die Drei Bünde (Gemeine drei Bünde) Chiavenna, Veltlin und Bormio. Wenig später fand die Reformation Eingang. Am 23. 9. 1524 schlossen sich die drei Bünde eng zum Freistaat der drei Bünde zusammen. Namengebend wurde dabei der Graue Bund. Von 1649 bis 1652 wurden die letzten Rechte Österreichs im Zehngerichtenbund und im Engadin abgelöst. Im Gegenzug gab der Bischof von Chur seine Leute im Vinschgau an die Grafen von Tirol bzw. Erzherzöge von Österreich. Im 17. Jahrhundert besetzten Frankreich und Österreich/Spanien abwechselnd das Gebiet, doch gelang Georg Jenatsch die Sicherung der Unabhängigkeit. 1797 gingen Chiavenna, das Veltlin und Bormio an die Zisalpinische Republik verloren. 1798/1799 wurde G. als Kanton Rätien mit der Helvetischen Republik vereinigt, 1803/1815 fünfzehnter, um Tarasp vergrößerter Kanton der Eidgenossenschaft. 1814 gab sich G. eine neue Verfassung.

L.: Wolff 533 ff.; Plattner, W., Die Entstehung des Freistaates der drei Bünde, 1895; Heierli, J./Oechsli, W., Urgeschichte Graubündens, 1903; Planta, P. C. v., Geschichte von Graubünden, 3. A. 1913; Caliezi, B., Der Übergang der Herrschaft Räzüns an den Kanton Graubünden, 1920; Heuberger, R., Raetien im Altertum und Frühmittelalter, 1932; Gillardon, P., Geschichte des Zehngerichtenbundes, 1936; Müller, I., Die Entstehung des Grauen Bundes, Zs. f. schweizer. Geschichte 21 (1941); Kern, W., Graubünden, Bd. 1 f. 1944 ff.; Pieth, F., Bündnergeschichte, 1945; Bündner Urkundenbuch, bearb. v. Meyer-Marthaler, E./Perret, F., 1947 ff.; Jenny, R., Historisches über den Freistaat Graubünden, Bd. 1 ff. 1964; Festschrift 600 Jahre Gotteshausbund, 1967; Bundi, M., Zur Besiedlungs- und Wirtschaftsgeschichte Graubündens im Mittelalter, 1982; Bischofberger, H., Graubünden, LexMA 4 1989, 1659; Rathgeb, C., Die Verfassungsentwicklung Graubündens im 19. Jahrhundert, 2003.

Graveneck (Reichsritter) s. Grafeneck

Grävenitz (Grafen). Die über Christiane von G. (1686–1744) in Württemberg hochgekommenen Grafen von G. waren am Ende des 18. Jahrhunderts Mitglied des Kollegiums der fränkischen Grafen der weltlichen Bank des Reichsfürstenrates des Reichstages. Von 1711 bis 1764 waren sie Mitglied im Kanton Kocher des Ritterkreises Schwaben (davon 1727–1736 wegen Freudental).

L.: Zeumer 554 II b 62, 16; Schulz 262; Oßwald-Bargende, S., Die Mätresse, der Fürst und die Macht, 2000.

Gravenreuth s. Grafenreuth

Grävenstein (Herrschaft) s. Gräfenstein

Greck von Kochendorf, Greck zu Kochendorf (Reichsritter). Von vor 1550 bis etwa 1750 zählten die G. zum Kanton Odenwald des Ritterkreises Franken.

L.: Stieber; Riedenauer 124; Stetten 32.

Greenergau (Grenigavvi, Gau westlich der Leine)

L.: Curs, O., Deutschlands Gaue im zehnten Jahrhundert. Nach den Königsurkunden, Diss. phil. Göttingen 1908, 8.

Greifen (Geschlecht). Der vor 1124 christianisierte Wartislaw I. († um 1135) und sein Bruder Ratibor († 1155/1156) sind die ältesten bekannten Mitglieder der Herzöge der Pomoranen, deren Nachfolger 1181 die Anerkennung ihres Herrschaftsgebietes als reichsunmittelbares Herzogtum Pommern (Reichslehen) erreichten, seit 1214 einen Greifen im Wappen führten, sich im 15. Jahrhundert selbst nach diesem benannten und mit Bogislaw XIV. 1637 in männlicher Linie ausstarben. S. Pommern.

L.: Wehrmann, M., Genealogie des pommerschen Herzogshauses, 1937; Hofmeister, A., Genealogische

Untersuchungen zur Geschichte des pommerschen Herzogshauses, 1938; Schmidt, R., Greifen, LexMA 4 1989, 1694 f.

Greifenclau, Greiffenclau zu Vollrads (Freiherren, Reichsritter). Im 18. Jahrhundert zählten die Freiherren von G. mit Gereuth, Hafenpreppach und Albersdorf (Aldersdorf) zum Kanton Baunach des Ritterkreises Franken. Seit 1750 waren sie (als Personalisten) Mitglieder des Kantons Odenwald. Von 1723 bis 1738 war Lothar von Greiffenclau-Vollrads wegen Großeislingen im Kanton Kocher des Ritterkreises Schwaben immatrikuliert. Bis 1764 waren Familienangehörige dort Personalisten.

L.: Genealogischer Kalender 1753, 542; Stieber; Riedenauer 124; Stetten 39; Schulz 262.

Greifenclau-Dehrn zu Vollrads, Greiffenclau-Dehrn zu Vollrads (Freiherren, Reichsritter). Im 17. und 18. Jahrhundert zählten die Freiherren von Greiffenclau-Dehrn zu Vollrads mit einem Achtel der Ganerbschaft Mommenheim zum Kanton Oberrheinstrom des Ritterkreises Rhein.

L.: Zimmermann 70 f.; Winkelmann-Holzapfel 151; Rahrbach 103.

Greifensee (Herrschaft). Am Ostufer des G. bei Zürich gründeten die Grafen von Rapperswil im 13. Jahrhundert das Städtchen G. 1402 kam die Herrschaft G. an Zürich.

L.: Wolff 519; Schaufelberger, O., Der Greifensee, 1954; Kläui, P., Bezirkschroniken des Kantons Zürich, Bd. 3 1961.

Greifenstein (Herrschaft). Die kurz nach 1226 von den Grafen von Nassau aus Beilstein verdrängten Herren errichteten oder erneuerten noch vor der Mitte des 13. Jahrhunderts die Burg G. bei Wetzlar. 1298 zerstörten die Grafen von Nassau die Burg, doch blieb die Ruine mit der zugehörigen Herrschaft zwischen Nasssau, Solms und Hessen umstritten. 1382 erbauten die Grafen von Solms-Burgsolms zusammen mit den Grafen von Nassau-Sonnenberg die Burg wieder. 1395 verkaufte Nassau-Dillenburg die Herrschaft an Solms-Burgsolms. Beim Aussterben von Solms-Burgsolms 1415 kam G. an Solms-Braunfels. Mit diesem fiel die zum oberrheinischen Reichskreis zählende Herrschaft 1806 an Nassau, 1815 an Preußen und 1945 an Hessen.

L.: Wolff 273; Wallner 696 OberrheinRK 19; Himmelreich, F. H., Greifensteiner Chronik, 2. A. 1903.

Greifenstein s. Rußwurm auf G.

Greiffenstein (Herrschaft). Die Burg G. bei Greiffenberg in Schlesien war Mittelpunkt der Herrschaft G. Sie wurde 1392/1395 von König Wenzel IV., an den sie mit Schweidnitz-Jauer und Böhmen gelangt war, an Seyfried von Raußendorf gegeben und befand sich seit 1399/1419 in der Hand der Herren von Schaffgotsch.

L.: Winkler, B. v., Greiffenstein, Geschichte der Burg und Herrschaft, 3. A. bearb. v. Herbig, A., o. J. (1923).

Greifswald (Stadt). Das nach dem pommerschen Herzogsgeschlecht der Greifen benannte, erstmals 1248 erwähnte G. am Ryck entstand vielleicht 1209 als Siedlung der Zisterzienserabtei Eldena. Von dieser nahm es der Herzog 1249 zu Lehen. 1250 gewann es Stadtrecht Lübecks. 1456 erhielt es eine Universität. 1648 kam es mit Vorpommern an Schweden, 1815 an Preußen, von 1949 bis 1990 an die Deutsche Demokratische Republik (Mecklenburg). S. Mecklenburg-Vorpommern.

L.: Wolff 404; Erdmann, G., Die Ernst-Moritz-Arndt-Universität Greifswald, 2. A. 1959; Schmidt, R., Greifswald, LexMA 4 1989, 1695 f.; Wächter, J., Die Anfänge Greifswalds, FS R. Schmidt, 1995, 133; Greifswald, hg. v. Wernicke, H., 2000; Matthiesen, H., Greifswald in Vorpommern, 2000.

Greith, Greuth (Reichsritter). Im 16. Jahrhundert zählten die G. (Greuth) zum Kanton Hegau des Ritterkreises Schwaben.

L.: Ruch 18, Anm 2.

Greiz (Burg, Herrschaft). Die Burg G. (zu slaw. grad, Burg) an der Weißen Elster erscheint 1209, dürfte aber als deutsche Siedlung nach slawischen Vorgängern im 12. Jahrhundert angelegt worden sein. Sie unterstand den Vögten von Weida, von denen sich Heinrich V. seit 1238 Vogt von G. nannte. 1240 kam G. an Heinrich I. von Plauen. Heinrich II. begründete 1306 die Linie Reuß von Plauen, die ihren Sitz in G. nahm. Seitdem war G. bis 1918 Sitz einer Linie des Hauses Reuß und gelangte 1920 an Thüringen. S. Reuß-Greiz.

L.: Wolff 419; Thoß, A., Die Geschichte der Stadt Greiz bis zum Ausgang des 17. Jahrhunderts, 1933.

Gremlich von Jungingen, Gremlich von Jungningen (Reichsritter). Von 1581 bis 1623 waren die G. wegen der Hälfte von Sondelfingen

Mitglied des Kantons Neckar des Ritterkreises Schwaben.

L.: Hellstern 204.

Grempp, Gremp (Reichsritter). Im 17. Jahrhundert gehörten die G. zum Kanton Odenwald des Ritterkreises Franken.

L.: Riedenauer 124.

Grempp von Freudenstein (Reichsritter). Joachim G., Burgvogt auf Zollern, zählte seit 1548 zum Kanton Neckar des Ritterkreises Schwaben. Die Familie war bis etwa 1628 Kantonsmitglied. 1773 gehörten die bereits im Stichjahr 1680 angesessenen und mit ihren Gütern bei der Ritterschaft immatrikulierten G. zum Ritterkreis Unterelsass. Sie erloschen männlicherseits im 20. Jahrhundert.

L.: Hellstern 204.

Greni, Greniga (Gau zum Ortsnamen Greene)

L.: Polenz, P. v., Landschafts- und Bezirksnamen, 1961, II, 33, 41.

Grenzau (Burg). Kurz vor 1213 erbaute Heinrich von Isenburg auf einem von dem Abt von Laach (Maria Laach), der Abtei Siegburg und dem Marienstift Utrecht erworbenen Berg im Brextal im Westerwald die Burg Gransioie. Sie wurde Mittelpunkt einer Herrschaft, die nach einer zwischen 1304 und 1310 erfolgten Abteilung von Gütern an Isenburg-Arenfels über Isenburg-Büdingen 1342 an die mittlere Linie Isenburg-Grenzau kam. Von 1439 bis 1446 waren die Grafen von Nassau-Beilstein an der Herrschaft beteiligt. Beim Aussterben der Grafen von Isenburg-Grenzau fiel G. als heimgefallenes Lehen an das Erzstift Trier, 1803 an Nassau-Weilburg (Nassau), 1866 an Preußen und 1946 an Rheinland-Pfalz. S. Isenburg-Grenzau.

L.: Wolff 95.

Gretinge (Gau nördlich der Mündung der Oker in die Aller)

L: Curs, O., Deutschlands Gaue im zehnten Jahrhundert. Nach den Königsurkunden, Diss. phil. Göttingen 1908, 8 (Müden); Hessler, W., Mitteldeutsche Gaue des frühen und hohen Mittelalters, 1957, 123 Gretingau (Beedenbostel, Hankensbüttel, Müden); Polenz, P. v., Landschafts- und Bezirksnamen, 1961, II, 40, 95 f., III, 10, 31, Greti, Gretinge.

Grettstadt (Reichsdorf). Nach einer undatierten Urkunde König Ruprechts hatte das Reich im Spätmittelalter Gefälle in G. bei Schweinfurt. G. kam später zu Bayern.

L.: Hugo 458.

Greul, Graul, Dernbach genannt Greul (Reichsritter). Im 16. Jahrhundert zählten die G. zum Kanton Gebirg des Ritterkreises Franken. (S. Dernbach.)

L.: Riedenauer 124.

Greusing (Reichsritter). Im frühen 16. Jahrhundert zählten die G. zum Kanton Baunach und zum Kanton Rhön-Werra des Ritterkreises Franken.

L.: Riedenauer 124.

Greyerz (Grafen), frz. Gruyères. Nach der seit 1073 bezeugten Burg G. südöstlich von Bulle an der Saane nannten sich Grafen, deren Grafschaft in der Mitte des 13. Jahrhunderts neben G. unter anderem Saanen und Château-d'Oex umfasste. Diese beiden Orte schlossen 1401 Burgrecht mit Bern, die übrige Grafschaft 1474 mit Freiburg im Üchtland. Die ursprünglich nach Savoyen ausgerichteten Grafen näherten sich vor 1475 der Eidgenossenschaft der Schweiz. Nach dem Konkurs der Grafen von 1554 kamen Saanen und Château-d'Oex an Bern, das übrige Gebiet an Freiburg im Üchtland.

L.: Wolff 525; Hisely, J., Histoire du comté de Gruyère, 1851 ff.; Naef, H., Gruyère, 1954; Gremaud, H., Gruyère, 1963; Carlen, L., Greyerz, LexMA 4 1989, 1702 f.

Griessenberg s. Ulm zu Marspach

Grimmerslevo (Gau zwischen Saale und Elbe)

L: Curs, O., Deutschlands Gaue im zehnten Jahrhundert. Nach den Königsurkunden, Diss. phil. Göttingen 1908, 8 (Grimschleben); Polenz, P. v., Landschafts- und Bezirksnamen, 1961, IV, 10 f., zum Ortsnamen Grimschleben.

Grindiriga (Gau zum Bevölkerungsnamen Grindera?)

L.: Polenz, P. v., Landschafts- und Bezirksnamen, 1961, II, 35, 40, III, 22, 28 f.

Gripp auf Storzeln-Freudenach (Reichsritter). Im 16. Jahrhundert zählten die G. zum Kanton Hegau des Ritterkreises Schwaben.

L.: Ruch 18, Anm. 2.

Gripp von Freudenegg (Reichsritter). Im 18. Jahrhundert zählten die G. zum Ritterkreis Schwaben.

L.: Roth von Schreckenstein 2, 592.

Grohenrodt (Ganerben). Von 1568 bis 1610 waren die G. zu Nierstein an der Ganerbschaft Schornsheim beteiligt.

L.: Zimmermann 71.

Groitzsch (Grafschaft). Die Grafschaft G. fiel 1143 an die Wettiner.

Grolach (Reichsritter). Im 16. Jahrhundert zählten die G. zum Kanton Rhön-Werra des Ritterkreises Franken.

L.: Riedenauer 124.

Groll, Grol s. Zorn von Bulach

Gronau (Herrschaft). 1371 erscheint die Burg G. bei Ahaus. Die 1435 durch Güter Gisbertas von Bronkhorst (Bronckhorst) aus der Erbschaft Solms-Ottenstein erweiterte Herrschaft G. war zwischen dem Bischof von Münster als Lehnsherren und den Grafen von Bentheim-Steinfurt, an die sie über Steinfurt (bis 1421) und Bentheim gelangt war, bzw. seit 1638 den Bentheim-Tecklenburg-Rheda als ihren Erben, umstritten. 1699 wurde G. durch Vergleich Unterherrlichkeit des Hochstifts Münster. Nach 1803 wechselte die Herrschaft mehrfach (1803–1806 mit Horstmar Wild- und Rheingrafen zu Grumbach [Wildgrafen und Rheingrafen von Salm-Grumbach], 1806–1810 Großherzogtum Berg, 1811–1813 Frankreich). 1815 kam G. mit Münster an Preußen und 1946 zu Nordrhein-Westfalen.

L.: Jesse, O., Geschichte der Herrschaft und Stadt Gronau, 1925; Gronau und Epe. Landschaft, Geschichte, Volkstum, hg. v. Bremer, H., 1939.

Grönenbach, Grönbach (Herrschaft). 1384 erwarben die Ritter von Rothenstein die von Kaiser Otto II. dem Stift Kempten überlassene, bis 1260 bei den Freiherren von G. befindliche Herrschaft G. bei Memmingen. 1482 kam die zum schwäbischen Reichskreis zählende Herrschaft erbweise an die Marschälle von Pappenheim, 1612 an die Fugger und 1695/1696 durch Rückkauf an die Fürstabtei Kempten. 1803 fiel sie an Bayern.

L.: Wolff 158; Wallner 685 SchwäbRK 7; Sedelmayer, J., Geschichte des Marktfleckens Grönenbach, 1910.

Groningen (freie Stadt?). G. wird erstmals im Jahre 1000 genannt. Es gehörte infolge einer Schenkung Heinrichs III. (1040) zum Hochstift Utrecht. Seit dem Ende des 13. Jahrhunderts versuchte die Stadt, die angrenzenden friesischen Ommelande zu unterwerfen. 1499 kam sie selbst unter die Herrschaft des Herzogs von Sachsen. Von 1506 bis 1514 beherrschte Ostfriesland G., ehe es von dem zu Hilfe gerufenen Karl von Geldern eingenommen wurde. 1536 wandten sich G. und Ommelande Kaiser Karl V. zu. 1580 fiel G. an Spanien. 1594 wurde G. durch Moritz von Oranien den Niederlanden eingegliedert.

L.: Wolff 75; Schepers, J. P., Groningen als Hanzestad, 1891; Oorkondenboek van Groningen en Drente, hg. v. Block, P. J. u. a., Teil 1 f. 1895 ff.; Rijken van Olst, H., De provincie Groningen en overig Nederland, 1958; Siemens, B. W., Historische atlas van de provincie Groningen, 1963; Schuitema Meijer, A. T., Groningen, 1968; Visser, J., Groningen, LexMA 4 1989, 1724 f.

Gröningen (Ganerbschaft). In G. bei Crailsheim, das bis 1625 freieigene Bauerngüter aufwies, saßen bis um 1300 die Ritter von G. Ihnen folgten die Crailsheim und im 14. Jahrhundert die Schopfloch und Rechberg als Lehnsleute der Hohenlohe. Die Ortsherrschaft stand unter der Herrschaft Ansbachs später mehreren Ganerben zu (1532 u. a. Crailsheim, Ansbach, Priorat Anhausen, Vellberg, Wollmershausen und die Reichsstädte Rothenburg, Schwäbisch Hall und Dinkelsbühl, im 17. Jahrhundert vor allem die Crailsheim, im 18. Jahrhundert hauptsächlich die Seckendorff). 1796 kam G. mit Ansbach an Preußen, 1806 an Bayern und 1810 an Württemberg und damit 1951/1952 zu Baden-Württemberg.

Gröningen (Herrschaft). Nach der Burg G. nördlich von Crailsheim nannten sich gegen 1300 Ritter von G. Die zugehörige Herrschaft gehörte ursprünglich der Linie Limpurg-Sontheim, nach deren Aussterben bis 1804 den Grafen von Hohenlohe(-Waldenburg)-Bartenstein, danach den Fürsten von Colloredo-Mansfeld.

L.: Hölzle, Beiwort 49.

Gröningen (Reichskloster)

L.: Fleckenstein, J., Die Gründung des Klosters Walsrode im Horizont ihrer Zeit, in: 1000 Jahre Kloster Walsrode, 29.

Gronsfeld, Gronsveld (reichsunmittelbare Herrschaft, Grafschaft). Südwestlich von Maastricht bildete sich seit dem 11. Jahrhundert im Herzogtum Limburg um G. eine Herrschaft aus. Von ihr löste sich zu Anfang des 14. Jahrhunderts die Herrschaft Richold ab. 1498 wurde G. durch König Maximilian zur Baronie erhoben. Zwischen 1576 und 1588 wurde das lediglich aus zwei Kirchdörfern zusammengesetzte Gebiet eine zum niederrheinisch-westfälischen Reichskreis und zum westfälischen Reichsgrafenkollegium zählende Grafschaft. Von den Herren von G. kam es an die Bronkhorst-Batenburg (Bronckhorst-Batenburg) und 1719 an die Grafen von Törring-Jettenbach. 1794 wurde es von Frankreich besetzt. 1815/1839 gelangte G. zur Provinz Limburg (Südlimburg) der Niederlande.

L.: Wolff 359; Zeumer 554 II b 63, 16; Wallner 705 WestfälRK 50.

Gronsveld (Grafschaft) s. Gronsfeld

L.: Wallner 705 WestfälRK 50.

Grorodt, Gränrodt (Reichsritter). Um 1700 zählten die G. zum Kanton Odenwald im Ritterkeis Franken. S. Grünrod.

L.: Riedenauer 123.

Groschlag (Reichsritter). Vom frühen 16. Jahrhundert bis 1806 zählten die G. zum Kanton Odenwald des Ritterkreises Franken.

L.: Stetten 32; Riedenauer 124.

Groschlag von Dieburg, Groschlag von und zu Dieburg (Freiherren, Reichsritter). Im 18. Jahrhundert zählten die nach Schloss und Gut Dieburg benannten Freiherren von G. mit dem 1808 an Hessen-Darmstadt kommenden Hergershausen (Hengershausen), Eppertshausen, dem 1799 an den Grafen Lerchenfeld (Lerchfeld) gelangenden Sickenhofen und dem seit 1799 den Albini gehörenden Messel zum Kanton Odenwald des Ritterkreises Franken. Außerdem waren sie Mitglied im Ritterkreis Rhein.

L.: Stieber; Roth von Schreckenstein 2, 594; Winkelmann-Holzapfel 151; Stetten 36, 187.

Groß (Reichsritter). Im Jahre 1801 zählten die G. mit Allersheim, das 1808 an Würzburg fiel, und Rottenbauer zum Kanton Odenwald des Ritterkreises Franken. Zeitweise gehörten sie auch dem Kanton Baunach an. (S. Groß von Trockau.)

L.: Stetten 36, 188; Riedenauer 124.

Groß s. Pferffelder genannt Groß

Groß von Trockau (Freiherren, Reichsritter). Vom frühen 16. Jahrhundert bis 1806 zählten die Freiherren G. mit Teilen der Herrschaft Trockau zum Kanton Gebirg des Ritterkreises Franken.

L.: Stieber; Roth von Schreckenstein 2, 593; Hölzle, Beiwort 55; Winkelmann-Holzapfel 151; Pfeiffer 208; Riedenauer 124.

Großaspach (reichsritterschaftlicher Ort). G. nordwestlich von Backnang zählte zum Kanton Kocher des Ritterkreises Schwaben.

L.: Wolff 510.

Groß-Berlin s. Berlin

Grosseto (Stadt). G. in der Toskana geht vielleicht auf ein im 9. Jahrhundert entstandenes Kastell zurück. Seit dem 11. Jahrhundert war es Lehen der Aldobrandeschi. Seit 1151 geriet es unter den Einfluss Sienas. Im 16. Jahrhundert fiel es an Florenz.

L.: Guerrini, G., La Maremma grossetana, 1964; Polock, M., Grosseto, LexMA 4 1989, 1727 f.

Großgartach (Reichsdorf). G. bei Heilbronn erscheint erstmals 765 anlässlich einer Übertragung an Lorsch. 1122 kam der Ort von den Grafen von Lauffen an deren Hauskloster Odenheim. Am 18. 7. 1330 verpfändete Ludwig der Bayer dem Albrecht Hofwart von Kirchheim die Vogtei über das Kloster zu Odenheim, über die Dörfer Odenheim, Tiefenbach, Großgartach und Bauerbach. Seit 1376 erwarb Württemberg allmählich ein Viertel der Vogtei und die hohe Obrigkeit. Über Württemberg kam G. 1951/1952 zu Baden-Württemberg.

L.: Dacheröden 140; Hugo 452; 1200 Jahre Großgartach, 1965.

Großhessen (Land). Vom 19. 9. 1945 bis 1. 12. 1946 hießen die rechtsrheinischen Teile des Volksstaates Hessen und die preußischen Provinzen Nassau und Kurhessen (ohne die später zu Rheinland-Pfalz gekommenen Teile) G. Dieses benannte sich am 1. 12. 1946 in Hessen um.

Großmünster s. Zürich, Großmünster

Großwinternheim, Groß-Winternheim s. Winternheim

Grottkau (Herzogtum). Neben einem slawischen und deutschen, 1210 genannten Dorf (Grodcovichi) nahe der Glatzer Neiße wurde 1268 die deutsche Stadt G. in Oberschlesien angelegt. Sie war später Mittelpunkt eines Herzogtums G. Dieses gehörte infolge Verkaufs seitens des Herzogs von Brieg von 1344 bis zur Säkularisation im Jahr 1810 dem Bischof von Breslau, der den Titel Fürst von Neiße und Herzog von G. führte. Über Preußen kam G. zu Polen.

L.: Wolff 477; Chronik der Stadt Grottkau, 1867; Wilczek, G., Heimatbuch des Kreises Grottkau in Oberschlesien, 1967; Wilczek, G., Das Grottkau-Ottmachauer Land, 1970.

Grubenhagen (Herzogtum, Fürstentum). Die nach dem Ministerialengeschlecht der Grube benannte, 1263 erstmals bezeugte Burg G. südlich von Einbeck war seit 1285/1286 (spätestens seit Anfang 1291) Sitz einer Linie (des alten, 1267/1269 durch Teilung des 1235 geschaffenen Herzogtums Braunschweig-Lüneburg entstandenen Hauses) der Herzöge von Braunschweig. Die Herrschaft des Fürstentums G. umfasste vor allem alte (katlenburgische) Güter am südlichen Rand des Harzes. 1342/1358 musste G. die Mark Duderstadt an das Erzstift Mainz verkaufen. 1596 erlosch die Grubenhagener Linie der Welfen. Das aus zwei räumlich getrennten Teilen bestehende, zunächst von Braunschweig-Wolfenbüttel besetzte, aber 1617 an Lüneburg abgetretene und 1665 an Calenberg fallende Fürstentum G. umfasste die Städte Einbeck und Osterode, die landesherrschaftlichen Kammerämter Rotenkirchen (Rothenkirchen), Salzderhelden, Katlenburg, Osterode, Herzberg, Scharzfels (Scharzfeld), Radolfshausen und Elbingerode, das Gericht Rüdigershagen (Rüdigershausen) und den Harz und seine Bergwerke. Über Hannover und Preußen (1866) kam das Gebiet 1946 zu Niedersachsen. (S. Braunschweig-Grubenhagen.)

L.: Wolff 435; Zeumer 553 II b 18; Wallner 707 NiedersächsRK 15; Großer Historischer Weltatlas II 66 (1378) F 3; Max, G., Geschichte des Fürstentums Grubenhagen, Bd. 1 f. 1862 f.; Zimmermann, P., Das Haus Braunschweig-Grubenhagen, 1911; Heine, M., Das Gebiet des Fürstentums Braunschweig-Grubenhagen und seine Ämter, 1942; Schnath, G./Lübbing, H./Engel, F., Niedersachsen, in: Geschichte der deutschen Länder, Bd. 1; Heimatchronik des Kreises Einbeck, 1955; Pischke, G., Die Landesteilungen der Welfen im Mittelalter, 1987; Casemir, K./Ohainski, U., Das Territorium der Wolfenbütteler Herzöge um 1616, 1996.

Grumbach (Grafen). G. bei Birkenfeld gehörte schon früh den 1103/1135 erscheinenden Wildgrafen, deren Stammburg Kyrburg bei Kirn an der Nahe war und die von den Rheingrafen auf dem Stein bei Münster „am Stein" beerbt wurden. Seit (dem Wildgrafen und Rheingrafen) Johann Christoph (1555–1585) wurde G. namengebend für einen Zweig dieses Geschlechts, der 1696 die Herrschaft (Rheingrafen-)Stein (Rheingrafenstein) erbte, um 1800 ein Gebiet von 6 Quadratmeilen mit 17000 Einwohnern beherrschte und zum oberrheinischen Reichskreis zählte. Seit 1816 gehörte G. zum Fürstentum Lichtenberg des Herzogs von Sachsen-Coburg-Saalfeld, seit 1834 durch Abtretung zu Preußen. 1946 fiel es an Rheinland-Pfalz.

L.: Wolff 279; Zeumer 553 II b 60, 16; Wallner 697 OberrheinRK 22; Karsch, O., Geschichte des Amtes Grumbach, 1959, Mitteilungen d. Ver. f. Heimatkunde im Kreis Birkenfeld Sonderheft 3.

Grumbach (Reichsritter). Im 16. bis 18. Jahrhundert zählten die G. zu den Kantonen Rhön-Werra (von Anfang des 16. bis Mitte des 18. Jahrhunderts) und Steigerwald (17. Jahrhundert) des Ritterkreises Franken. Früh waren sie auch im Kanton Odenwald immatrikuliert. Wilhelm von G. (1503–1567) war Schwager Florian Geyers sowie Lehnsmann des Hochstifts Würzburg und der Markgrafen von Brandenburg und unternahm für die Reichsritterschaft den letzten Versuch einer Erhebung gegen die Landesherren (Grumbachsche Händel), in dessen Verlauf er 1563 geächtet und 1567 hingerichtet wurde.

L.: Stieber; Roth v. Schreckenstein 2, 593; Ortloff, F., Geschichte der Grumbacher Händel, 1868 ff.; Seyler 366; Pfeiffer 198, 211; Bechtolsheim 13, 17; Riedenauer 124; Stetten 10 f., 25; Rahrbach 110.

Grün, Kryn (Reichsritter). Von etwa 1550 bis ins 18. Jahrhundert zählten die von (der) G. zeitweise zu den Kantonen Gebirg und Odenwald des Ritterkreises Franken. 1643–1651 war Michael von (der) G. wegen des 1640 erworbenen Oberensingen im Kanton Kocher des Ritterkreises Schwaben immatrikuliert.

L.: Roth von Schreckenstein 2, 593; Pfeiffer 209; Stetten 32; Riedenauer 124; Schulz 263.

Grünau, Kloster (Reichsritter). Um 1785 zählte das Kloster G. zum Kanton Odenwald des Ritterkreises Franken.

L.: Riedenauer 129.

Grünbühl s. Girger von G.

Grundesbach, Griesbach (Reichsdorf). Am 7. 1. 1409 bevollmächtigte König Ruprecht seinen Sohn, den Herzog Ludwig, hinsichtlich der im Münstertal im Elsass gelegenen Reichsdörfer Griesbach (Grundesbach) und Günsbach (Grussersbach), die von Johann Ulrich vom Huse und anderen in Besitz genommen worden waren, vor Gericht zu klagen und eine Untersuchung vornehmen zu lassen.

L.: Hugo 471.

Grünenbach (reichsritterschaftlicher Ort). G. südlich von Isny im Allgäu zählte zum Kanton Donau des Ritterkreises Schwaben. S. Grönenbach.

L.: Wolff 508.

Grüningen (Herrschaft). G. in der Schweiz war Mittelpunkt einer Herrschaft, die das Kloster Sankt Gallen 1283/1297 an die Grafen von Habsburg als Klostervögte verkaufen musste. Von 1408 bis 1798 war es Sitz eines zürichischen Landvogts.

L.: Wolff 519.

Grüningen (reichsritterschaftlicher Ort). In G. bei Biberach übertrugen die Bertholde 805 Güter an Sankt Gallen und 973 an das Kloster Reichenau. Nach Edelfreien von G. des 12. Jahrhunderts und einer Linie G. der Grafen von Württemberg erscheinen im 13. Jahrhundert Herren von G. Ihre Nachfolger waren nach 1355 die Herren von Hornstein. Von ihnen hatten verschiedene Linien ihren Sitz in G. Über Württemberg kam G. 1951/1952 zu Baden-Württemberg. (S. Hornstein zu G.)

L.: Selinka, R., Grüningen und seine Geschichte, 1928; Der Kreis Saulgau, 1971; Der Kreis Biberach, 1973.

Grünrod? (Reichsritter). Um 1700 zählten die G. zum Kanton Odenwald des Ritterkreises Franken. S. Gränrodt.

L.: Riedenauer 124.

Grünstadt (Grafschaft) s. Leiningen-Grünstadt

Grünstein s. Ritter zu G.

Grüntal, Grünthal (Reichsritter). Von 1695 bis etwa 1730 waren die G. Mitglieder des Kantons Neckar des Ritterkreises Schwaben, von 1618 bis 1633 wegen Harteneck des Kantons Kocher.

L.: Hellstern 204 f.; Schulz 263.

Grünwald (Reichsritter). Von 1712 bis 1731 war Christoph Otto von G. Mitglied im Kanton Kocher des Ritterkreises Schwaben.

L.: Schulz 263.

Grunzwiti (Gau zum Ortsnamen Grünz)

L.: Polenz, P. v., Landschafts- und Bezirksnamen, 1961, II, 70, IV, 10.

Grüssau (Kloster). 1242 gründeten die Herzöge von Schlesien das Benediktinerkloster G. am Riesengebirge. 1292 wurden die Benediktiner durch Zisterzienser ersetzt. Das Kloster erwarb im 14. Jahrhundert fast 40 Dörfer und die beiden Städte Liebau und Schömberg und behielt diese Güter bis zur Säkularisation durch Preußen im Jahre 1810. S. Niederschlesien, Polen.

L.: Wolff 476; Rose, A., Abtei Grüssau, 1930; Grundmann, G., Kloster Grüssau, 1944; Lutterotti, N. v., Vom unbekannten Grüssau, 3. A. 1962; Rose, A., Kloster Grüssau, 1974.

Grussersbach, Günsbach (Reichsdorf). Am 7. 1. 1409 bevollmächtigte König Ruprecht seinen Sohn, den Herzog Ludwig, hinsichtlich der im Münstertal im Elsass gelegenen Reichsdörfer Griesbach (Grundesbach) und Günsbach (Grussersbach), die von Johann Ulrich von Huse und anderen in Besitz genommen worden waren, vor Gericht zu klagen und eine Untersuchung vornehmen zu lassen.

L.: Hugo 471.

Guasco (Reichsfürst). 1645 wurde Carlo G., Marchese di Solera, in den Reichsfürstenstand erhoben und erhielt das Fürstentum Lixheim.

L.: Klein 166.

Guastalla (Stadtkommune, Stadtstaat, Signorie, Grafschaft, Herzogtum). G. am Po wird im 8. Jahrhundert erstmals erwähnt (864 curtis Wardistalla). Seit Anfang des 11. Jahrhunderts unterstand es den Canossa. Danach wurde es Streitobjekt verschiedener Stadtstaaten (Cremona, Piacenza). Seit 1307 stand es den Correggio und seit 1335 den Visconti zu. 1406 wurde es mit dem umliegenden Gebiet als Lehen der Visconti Signorie der Torelli und 1428 Grafschaft. 1539 kam es durch Verkauf an die Familie Gonzaga. 1621 wurde G. Herzogtum. 1729 wurde es nach dem Aussterben der Herrscherfamilie eingezogen. 1746 fiel es an Österreich und wurde 1748 dem gegen Neapel und Sizilien an Österreich gelangten und an Karls III. Bruder Philipp überlassenen Herzogtum Parma und Piacenza einverleibt. 1805 wurde es an Napoleons Schwester Pauline Borghese gegeben, fiel aber wenig später an das Königreich Italien bzw. Parma. 1815 kam es mit Parma und Piacenza an die Gemahlin Napoleons, 1848 an das Herzogtum Modena und 1860 an das Königreich Sardinien bzw. 1861 Italien.

L.: Großer Historischer Weltatlas III, 12 D2; Il tempo dei Gonzaga, 1985; Bocchi, F., Guastalla, LexMA 4

1989, 1761 f.; Affò, I., Istoria della città e ducato di Guastalla, o. J.

Gudensberg (Grafschaft). Die Burg G. (1121 Udenesberc, d. h. Wodansberg) zwischen Fritzlar und Kassel war im 12. Jahrhundert Sitz der Grafen von Hessen. Am Ende des 18. Jahrhunderts gehörte die Grafschaft G. über die Landgrafen von Hessen-Kassel zum oberrheinischen Reichskreis. G. gelangte über Preußen (1866) 1945 zu Hessen.

L.: Wolff 254.

Guddingun s. Godingon

L.: Polenz, P. v., Landschafts- und Bezirksnamen, 1961, II, 1, 4, Guottinga, Gudinge, Personenverbandsname.

Gugel (Reichsritter). 1805/1806 zählten G. vielleicht zum Kanton Gebirg des Ritterkreises Franken.

L.: Riedenauer 124.

Guin, Guyn (Reichsritter). Von 1650 bis 1666 war Wilhelm von G. wegen Staufeneck mit Salach Mitglied im Kanton Kocher des Ritterkreises Schwaben.

L.: Schulz 263.

Gültlingen (Reichsritter). Vom 16. Jahrhundert bis 1805 zählten die erstmals um 1100 genannten, 1488 an der Rittergesellschaft Sankt Jörgenschild, Teil Neckar, beteiligten und 1495 zu Erbkämmerern der Herzöge von Württemberg ernannten G. mit Pfäffingen (bis 1699) und Deufringen und am Ende des 18. Jahrhunderts mit Berneck samt Überberg und Zumweiler (Zinnweiler), Garrweiler, Gaugenwald, Heselbronn und Lengenloch zum Kanton Neckar des Ritterkreises Schwaben. Seit 1762 war die Familie wegen erheirateter Anteile an Adelmannsfelden auch im Kanton Kocher immatrikuliert. Die Oberherrlichkeit über den schon im frühalemannischer Zeit besiedelten Ort G. kam 1363 mit der Herrschaft Wildberg von den Grafen von Hohenberg an die Pfalz und 1440 an Württemberg. Damit gelangte G. 1951/1952 zu Baden-Württemberg.

L.: Roth von Schreckenstein 2, 592; Hölzle, Beiwort 64; Hellstern 154, 205, 218; Schulz 263; Nagolder Heimatbuch, hg. v. Wagner, G., 1925.

Gundelfingen (Herren, reichsunmittelbare Herrschaft). Nach der Burg G. an der Lauter nannten sich 1105 erscheinende hochadlige Herren, die bis zur Mitte des 13. Jahrhunderts um Lauter und Donau ein kleines Herrschaftsgebiet errichteten, das durch Erbteilungen aber bald wieder zerfiel. Der letzte Freiherr von G. vererbte G. 1546 an die Grafen von Helfenstein, von denen es 1627 an Fürstenberg fiel (Linie Messkirch, 1744 Linie Stühlingen). Am Ende des 18. Jahrhunderts gehörte die freie Herrschaft G. mit einer Quadratmeile (66 Quadratkilometer, 2800 Einwohner) über die Fürsten von Fürstenberg zum schwäbischen Reichskreis sowie zum schwäbischen Reichsgrafenkollegium. 1806 fiel sie an Württemberg. Damit gelangte G. 1951/1952 zu Baden-Württemberg.

L.: Wolff 175; Uhrle, A., Regesten zur Geschichte der Edelherren von Gundelfingen, von Justingen, von Steußlingen und von Wildenstein, Diss. phil. Tübingen 1962.

Gundelsheim (Reichsritter). Im 16. Jahrhundert zählten die später erloschenen G. (Gundelsheim-Brauneck) zum Kanton Altmühl des Ritterkreises Franken, danach zum Kanton Odenwald und von 1593 bis 1614 wegen Schenkenstein und Aufhausen zum Kanton Kocher des Ritterkreises Schwaben.

L.: Biedermann, Altmühl; Stieber; Pfeiffer 213; Riedenauer 124; Schulz 263.

Günderode (Freiherren, Reichsritter). Im späteren 17. Jahrhundert gehörten die G. zum Kanton Rhön-Werra des Ritterkreises Franken. Im 18. Jahrhundert zählten die G. mit Höchst an der Nidder zum Kanton Mittelrheinstrom des Ritterkreises Rhein.

L.: Stieber; Roth von Schreckenstein 2, 594; Seyler 366; Winkelmann-Holzapfel 151; Riedenauer 124.

Gundheim (Ganerben). Die G. waren Lehnsleute der Grafen von Sponheim, der Rheingrafen und der Pfalz. 1567 war Hans von G. an der Ganerbschaft Nieder-Saulheim (Niedersaulheim) beteiligt.

L.: Zimmermann 71.

Gundheim (Ganerbschaft). G. bei Worms wird 774 erstmals erwähnt (Guntheim). Im Mittelalter hatten die Hohenfels das Lehen, das 1306 an die Grafen von Leiningen verpfändet wurde, von denen es eine Familie von Meckenheim übernahm. Zusammen mit den Kämmerern von Worms, später den Oberstein und Flörsheim (Flersheim) bildeten sie eine Ganerbschaft. Diese erlangte G. zeitweise als Lehen der Pfalz, an die der Ort im 15. Jahrhundert gelangt war. Nach dem

Aussterben des letzten Ganerbenstammes stand das Dorf wieder der Pfalz zu, die 1700 die Freiherren Greiffenclau zu Vollraths (Greifenclau) belehnte. Diese hatten G. bis zum Ende des 18. Jahrhunderts. Über die Pfalz gelangte G. an Hessen (Hessen-Darmstadt) und 1946 an Rheinland-Pfalz.

L.: Geschichtlicher Atlas von Hessen, Inhaltsübersicht 33.

Güns (Herrschaft). Bei einer vermutlich auf das 9. Jahrhundert zurückgehenden Burg der Grafen von Güssing wurde im 13. Jahrhundert die Stadt G. gegründet. Sie war Mittelpunkt einer Herrschaft, die 1491 verwaltungsmäßig mit Niederösterreich vereinigt, 1647 aber wieder der Verwaltung Ungarns unterstellt wurde. 1921 kam G. zu Ungarn.

Guntersblum (Dorf, Herrschaft). G. bei Mainz dürfte zeitlich erheblich weiter zurückreichen als seine erste Erwähnung im 13. Jahrhundert anzudeuten scheint. 1237 verkaufte das Stift Xanten Patronatsrecht und Zehnten an das Domstift Worms. Später kam G. an die Grafen von Leiningen und danach an Hessen (Hessen-Darmstadt) und 1946 an Rheinland-Pfalz. S. Leiningen-Guntersblum.

L.: Wolff 282; Großer Historischer Weltatlas II 66 (1378) E4.

Günther von Brennhausen (Reichsritter). Im späteren 17. Jahrhundert zählten die G. zum Kanton Baunach des Ritterkreises Franken.

L.: Riedenauer 124.

Guntzenroth, Gonsrodt (Reichsritter). Im 16. Jahrhundert zählten die G. (Lengenstein genannt G.) zum Kanton Odenwald und zum Kanton Rhön-Werra des Ritterkreises Franken.

L.: Stetten 32; Riedenauer 124.

Günzburg (Herrschaft). An der Stelle von G. an der Günz stand 77/78 n. Chr. ein römisches Kastell, zu dem eine zivile Siedlung hinzutrat. In karolingischer Zeit lag dort vermutlich Königsgut. 1274 verpfändete der Bischof von Augsburg G. dem Markgrafen von Burgau. Am Ende des 18. Jahrhunderts gehörte die Herrschaft G. über die Fürstabtei Kempten zum schwäbischen Reichskreis. 1805/1806 gelangte G. an Bayern.

L.: Wolff 43; Wallner 685 SchwäbRK 7; Edlhard, F., Chronik der unmittelbaren Stadt Günzburg an der Donau, 1894.

Gunzendorf s. Ochs von G.

Günzer (Reichsritter). Im 18. Jahrhundert zählten die G. mit dem 1684 erworbenen halben Plobsheim zur Reichsritterschaft Unterelsass.

L.: Hölzle, Beiwort 67.

Gurk (Hochstift). Das schon vorrömisch besiedelte G. kam 898 von Kaiser Arnulf von Kärnten an einen vornehmen Schwaben. Dessen Familie errichtete 1043 ein Benediktinerinnenkloster. Am 6. 5. 1072 gründete der Erzbischof von Salzburg ein Eigenbistum G., das mit den Klostergütern ausgestattet wurde. 1131 erhielt G. eine kleine Diözese im Gurktal und Metnitztal. Residenz wurde nach dem Verlust von Friesach die 1147 errichtete Burg Straßburg (in Kärnten). Seit dem 14. Jahrhundert gewann Habsburg als Landesherr von Kärnten zunehmenden Einfluss. Sitz des Bistums G. wurde 1787 Klagenfurt.

L.: Wolff 133; Großer Historischer Weltatlas II 66 (1378) H5; Die Gurker Geschichtsquellen 864–1269, Bd. 1 f. hg. v. Jaksch, A. v., 1896 ff.; Maier, A., Kirchengeschichte von Kärnten, Bd. 1 ff. 1951 ff.; Obersteiner, J., Die Bischöfe von Gurk 1072–1822, 1969; Festgabe zum 900-Jahrjubiläum des Bistums Gurk 1072–1972, hg. v. Neumann, W. 1971/1972; Dopsch, H., Gurk, LexMA 4 1989, 1796.

Gurketal (Gau in Kärnten, ‚Gurktal')

L: Curs, O., Deutschlands Gaue im zehnten Jahrhundert. Nach den Königsurkunden, Diss. phil. Göttingen 1908, 8 (Lieding); Polenz, P. v., Landschafts- und Bezirksnamen, 1961, II, 65.

Gürzenich (Herren). G. bei Düren war im 12. Jahrhundert Sitz der Herren von G. (1151 Gorzenich). Sie waren Ministeriale des Erzstifts Köln. Später wurde G. Sitz einer Unterherrschaft des Herzogtums Jülich. Sie kam 1404 zur Hälfte an Johann Schellart von Obbendorf und einen von Lintzenich, nach 1523 ganz an die Schellart. Über Preußen gelangte G. 1956 zu Nordrhein-Westfalen.

Güssen von Güssenburg, Güss von Güssenberg (Reichsritter). 1596/1597 zählten die G. wegen Utzmemmingen zum Kanton Kocher des Ritterkreises Schwaben.

L.: Schulz 263.

Güstrow (Burg, Stadt). G. südlich von Rostock war bis 1695 Sitz der Herzöge von Mecklenburg-Güstrow. S. Mecklenburg-Güstrow, Mecklenburg-Vorpommern.

L.: Wolff 442.

Gut von Sulz (Reichsritter). Die Familie G. war bereits 1488 Mitglied der Gesellschaft Sankt Jörgenschild, Teil am Neckar. Von 1548 bis etwa 1614 zählte sie zum Kanton Neckar des Ritterkreises Schwaben.

L.: Hellstern 205.

Gutenstein (Herrschaft). Am Ende des 18. Jahrhunderts gehörte die 1735 erworbene Herrschaft G. der Grafen (Schenk) von Castell innerhalb Nellenburgs unter der Landeshoheit Österreichs zum österreichischen Reichskreis.

L.: Wolff 46; Wallner 714 ÖsterreichRK 1; Hölzle, Beiwort 40; Vorderösterreich an oberem Neckar und oberer Donau, hg. v. Zekorn, A. u. a., 2002.

Gutenzell (reichsunmittelbare Abtei). G. bei Biberach an der Riss in Oberschwaben wurde um 1230 als Zisterzienserinnenkloster gegründet und 1237 erstmals erwähnt. 1238 stellte es der Papst unter seinen besonderen Schutz. Das Kloster blieb ohne Vogt. Seit dem späten Mittelalter war es reichsunmittelbar und gewann landesherrliche Rechte über 11 Dörfer. Bis 1753 stand es unter der geistlichen Aufsicht des Abtes von Salem, danach des Abtes von Kaisheim. Durch § 24 des Reichsdeputationshauptschlusses vom 25. 2. 1803 fiel es mit 43 Quadratkilometern und rund 1500 Einwohnern an die Grafen von Törring-Jettenbach, 1806 an Württemberg. Damit gelangte G. 1951/1952 zu Baden-Württemberg.

L.: Wolff 192; Zeumer 552 II a 36, 19; Wallner 689 SchwäbRK 68; Großer Historischer Weltatlas III 38 (1789) D3; Erzberger, M., Die Säkularisation in Württemberg von 1802–1810, 1902; Beck, P., Kurze Geschichte des Klosters Gutenzell, 1911; Pöllmann, L., St. Kosmas und Damian Gutenzell, 1976; Rheden-Dohna, A. v., Reichsstandschaft und Klosterherrschaft. Die schwäbischen Reichsprälaten im Zeitalter des Barock, 1982; Gutenzell, hg. v. Beck, O., 1988.

Guttenberg (Freiherren, Reichsritter). Kurz vor 1320 wurde die Burg G. am Obermain errichtet, nach der sich ein Ministerialengeschlecht der Herzöge von Andechs-Meranien nannte, das seit 1149 als von Plassenburg greifbar ist. Es war Lehnsträger für die Burggrafen von Nürnberg sowie die Hochstifte Würzburg und Bamberg. Innerhalb der Reichsritterschaft gehörte es den Kantonen Rhön-Werra (1650–1801/1802 mit Kleinbardorf), Baunach (spätes 16. Jahrhundert, 1750–1806 mit Kirchlauter), Steigerwald (1700, 1790), Odenwald (17. Jahrhundert) und Gebirg (frühes 16. Jahrhundert bis 1805/1806) des Ritterkreises Franken an. Die Linie Steinenhausen hatte seit 1691 erblich das Amt des Obermarschalls des Hochstifts Würzburg inne. 1700 stieg es in den Reichsfreiherrenstand auf. 1802 wurden die Güter von Bayern besetzt und 1804 an Preußen übertragen. Später kamen sie an Bayern zurück.

L.: Genealogischer Kalender 1753, 542; Stieber; Roth von Schreckenstein 2, 593; Seyler 367; Pfeiffer 196, 208; Bechtolsheim 15, 20; Riedenauer 124; Rahrbach 113; Guttenberg, E. Frhr. v., Die Territorienbildung am Obermain, 1927, Neudruck 1966; Bischoff, J., Genealogie der Ministerialen von Blassenberg und der Freiherren von und zu Guttenberg, 1966; Rupprecht, K., Ritterschaftliche Herrschaftswahrung in Franken, 1994.

Guttenberg (Herrschaft). G. bei Bergzabern war ursprünglich eine Reichsburg. Die zugehörige Herrschaft kam als Lehen 1317 an die Grafen von Leiningen und um 1330 als Reichspfand an die Pfalz (Kurpfalz). 1379 hatten die Pfalz und Leiningen die Reichspfandschaft je zur Hälfte. Der Anteil der Pfalz kam 1410 an Pfalz-Simmern, der Anteil Leiningens 1463 über die von Lichtenberg an die Pfalz und Pfalz-Zweibrücken. 1556 fiel der Anteil der Pfalz an Pfalz-Zweibrücken und Pfalz-Veldenz. 1733 kam Pfalz-Zweibrücken durch Vergleich in den alleinigen Besitz der Herrschaft. Über Bayern gelangte G. 1946 zu Rheinland-Pfalz.

L.: Wolff 250.

Gützkow (Grafschaft). Die Burg G. bei Greifswald war Sitz einer slawischen Grafschaft zwischen Peene und Ryck in Pommern. Die slawischen Grafen von G. bewahrten auch nach der deutschen Besiedlung des Landes ihre Selbständigkeit, hatten aber seit 1233 Stadt und Land G. als Lehen der Herzöge von Pommern. 1357 fiel die Grafschaft an die Herzöge von Pommern. S. Mecklenburg-Vorpommern.

L.: Wolff 404; Ewert, W., Gützkow, die Grafenstadt an der Peene, 1935.

Guyn (Reichsritter) s. Guin

Gymnich (Herren). Die in dem 1120 erstmals genannten G. bei Euskirchen ansässigen Herren von G. hatten die Vogtei der Güter des Klosters Siegburg in G. Das halbe Dorf war Unterherrschaft Kölns der Herren von G. Über Preußen kam G. 1946 zu Nordrhein-Westfalen.

H

Haag (Herrschaft, Reichsgrafschaft). Die Burg H. nördlich von Wasserburg am Inn in Oberbayern wird erstmals im 10. Jahrhundert erwähnt. Sie war Mittelpunkt einer ehemals freien Herrschaft zwischen Hohenlinden, Inn und der Salzstraße. Diese stand zunächst den Gürre von H. zu und wurde nach deren Aussterben von Kaiser Friedrich II. 1245 den aus der herzoglich bayerischen Ministerialität stammenden Fraunberg verliehen (seit 1434 nachweisbar Reichslehen). Sie mussten zwar 1469 die Oberhoheit Bayerns anerkennen, konnten sich später hiervon aber wieder befreien. 1509 wurden sie zu Grafen erhoben. Der letzte Graf trat zum Protestantismus über. Nach seinem Tod fiel die Grafschaft 1566 an Bayern, das sie rekatholisierte. 1567 wurde Bayern vom Reich belehnt und hatte zeitweise einen eigenen Sitz unter den wetterauischen Grafen der weltlichen Bank des Reichsfürstenrates des Reichstages. Über Bayern gehörte H. zum bayerischen Reichskreis. Im Jahre 1800 umfasste das Gebiet der Grafschaft 8 Quadratmeilen.

L.: Wolff 146; Wallner 712 BayRK 9; Borch, L. Frhr. v., Die Rechtsverhältnisse der Besitzer der Grafschaft Haag, 1884; Schlereth-Weber, E., Die ehemalige Grafschaft Haag, Inn-Isengau, 1926; Trautner, A., Tausend Jahre Haager Geschichte, 1955; Janker, S., Grafschaft Haag, 1993, Historischer Atlas von Bayern.

Habe? (Reichsritter). Kanton Odenwald, Ritterkreis Franken. S. Habern?

Haberkorn (Reichsritter). Im 16. Jahrhundert waren die H. Mitglied des Kantons Rhön-Werra des Ritterkreises Franken. Im späten 17. Jahrhundert waren sie auch im Kanton Steigerwald immatrikuliert.

L.: Pfeiffer 212; Bechtolsheim 15; Riedenauer 124.

Haberkorn (Reichsritter) s. Reuß genannt H.

Haberland (Reichsritter). Im späten 16. Jahrhundert zählten die H. zum Kanton Gebirg des Ritterkreises Franken.

L.: Riedenauer 124.

Habermann (Reichsritter). Die H. waren im späteren 18. Jahrhundert mit Teilen von Unsleben Mitglied des Kantons Rhön-Werra des Ritterkreises Franken. Mit dem Rittergut Erlabronn waren sie bis 1806 im Kanton Steigerwald immatrikuliert.

L.: Seyler 367; Winkelmann-Holzapfel 151; Bechtolsheim 16, 22; Riedenauer 124; Rahrbach 116.

Habern (Reichsritter). Von etwa 1550 bis ins 17. Jahrhundert zählten die H. zum Kanton Odenwald des Ritterkreises Franken.

L.: Roth von Schreckenstein 2, 593; Pfeiffer 210; Stetten 32; Riedenauer 124.

Habondange, Habudingen, Hagendingen (Herrschaft). Die Herrschaft H. gehörte im 18. Jahrhundert als bischöfliche Lehnsherrschaft zum Hochstift Metz, das 1789 in Frankreich säkularisiert wurde.

L.: Wolff 301.

Habsberg (Reichsritter). Die H. zählten seit 1548 zum Kanton Neckar des Ritterkreises Schwaben sowie zum Kanton Odenwald des Ritterkreises Franken. Letztes Mitglied im Kanton Neckar (Rittermatrikel von 1608) war Conrad von H. zu Nordstetten und Isenburg.

L.: Hellstern 205; Pfeiffer 210.

Habsburg (Grafen). Nach der um 1020 vom ihnen verwandten (oder verschwägerten) Bischof Werner von Straßburg und Förderer von Muri errichteten Burg H. (Habichtsburg) an der Aare im heutigen schweizerischen Kanton Aargau nannten sich erstmals 1090 (urkundlich 1108 comes de Hauichburch) seit 952 (Guntramus dives) nachweisbare Grafen (Eberhardiner), die vielleicht von den Herzögen des Elsass, den Etichonen, abstammen und mit den Welfen verwandt waren. Sie waren im Elsass, am Oberrhein (Grafschaft Klettgau) und zwischen Aare und Reuß begütert. Durch Beerbung anderer schwäbischer Geschlechter vermehrten sie ihre Güter weiter. Seit Kaiser Heinrich V. (1125) hatten sie die Grafschaft im oberen Elsass inne, seit 1170 auch die Grafschaften im Zürichgau und später im Aargau, Frickgau und Thurgau, so dass sie bereits in der ersten Hälfte des 13. Jahrhunderts das wichtigste südwestdeutsche und eines der bedeutendsten süddeutschen Geschlechter waren. Zwischen 1232 und 1238 spaltete sich die 1408/1415 erloschene Linie Habsburg-Laufenburg von der Hauptlinie, welche die meisten Eigengüter im Elsass, die Grafenrechte im Aargau und Zürichgau und die Landgrafschaft im Oberelsass behielt, ab. Nach dem Interregnum wurde Graf Rudolf von Habsburg, für den Kaiser Friedrich II. Pate geworden war, 1273 zum deutschen König gewählt. Er beerbte die Grafen von Kiburg (Kyburg) bei Zürich, besiegte 1278 den König von Böhmen, Ottokar II., und belehnte 1282 seine beiden Söhne mit den Herzogtümern Österreich und Steiermark. 1306 gewann sein Sohn Rudolf Böhmen, das jedoch 1308 an das Haus Luxemburg überging. Im zähen Ringen mit den 1438 aussterbenden Luxemburgern und den Wittelsbachern wurden 1335 Kärnten und Krain, 1363 Tirol, 1368 Freiburg im Breisgau und 1382/1383 Triest gewonnen. Seit 1359 wurde auf Grund gefälschter Urkunden (sog. privilegium maius) der Titel eines (Pfalz-)Erzherzogs in Anspruch genommen. 1379 teilte sich das Geschlecht unter den Brüdern Rudolfs IV. in die albertinische Linie (Albertiner) in Niederösterreich und Oberösterreich und die leopoldinische Linie (Leopoldiner) in Innerösterreich (Steiermark, Kärnten, Krain, Istrien, Görz, Tirol, Vorderösterreich), 1409/1411 die Leopoldiner Linie in eine jüngere steirische und eine Tiroler Linie (Tirol, Vorderösterreich). Aus der albertinischen Linie erwarb Albrecht V. durch seine Ehe mit Elisabeth von Luxemburg 1437 Böhmen und Ungarn, die 1457 aber wieder verlorengingen. 1438 wurde Albrecht V., der Schwiegersohn König Sigmunds, als Albrecht II. König. Sein Nachfolger Friedrich III. aus der steirischen leopoldinischen Linie gewann erneut und auf Dauer die deutsche Krone. Außerdem erwarb er zu den ererbten Ländern Steiermark, Kärnten und Krain 1457 nach dem Tod seines Neffen Ladislaus Postumus Niederösterreich und 1463 nach dem Tod seines Bruders Oberösterreich. Zugleich wurde 1453 der Vorsitz der nicht zu den Kurfürsten gezählten Habsburger im Rat der übrigen Reichsfürsten anerkannt. 1490 trat Friedrichs III. kinderloser Vetter Siegmund Tirol und Vorderösterreich an Maximilian I., den einzigen Sohn Friedrichs III., ab, so dass dieser nach dem Aussterben der Albertiner Linie und der Tiroler Linie wieder die Gebiete aller Linien vereinigte. Hinzu kamen die durch die Heirat (1477) mit Maria von Burgund († 1482) angefallenen Lande der Herzöge von Burgund sowie 1500 Görz und 1505 nach dem bayerischen (Landshuter) Erbfolgekrieg die Landvogtei Hagenau (von der Pfalz), die schwäbische Herrschaft Weißenhorn sowie Kufstein, Rattenberg und Kitzbühel (von Bayern), doch waren im 14. und 15. Jahrhundert der Tiroler Linie die althabsburgischen Güter in der Schweiz verlorengegangen (1415 Aargau, 1450 Zürich, 1460 Thurgau). Maximilians Sohn Philipp der Schöne († 1506) heiratete die Thronerbin Spaniens (Johanna von Spanien), so dass Maximilians Enkel Karl V. nach dem Tod seines Vaters Philipp die ehemals burgundischen Niederlande, nach dem Tod seines mütterlichen Großvaters, Ferdinand des Katholischen von Spanien, 1516 Spanien mit Neapel/Sizilien und den in Amerika neu gewonnenen Kolonien sowie 1519 die österreichischen Lande erben konnte. Diese überließ er 1521/1522/1526 seinem jüngeren Bruder Ferdinand, so dass sich das Haus H. in eine Linie Spanien und eine Linie Österreich (ohne Niederlande, Freigrafschaft Burgund und Mailand) teilte. Ferdinand eroberte als Schwager des letzten Königs von Ungarn und Böhmen 1526 Böhmen (mit Schlesien) und Ungarn und wurde damit Begründer der österreichisch-ungarischen Donaumonarchie. 1564 teilte sich das Haus Österreich (Maximilian II. erhielt Niederösterreich und Oberösterreich, Böhmen und Ungarn, Ferdinand Tirol und Vorderösterreich, Karl Innerösterreich mit Steiermark, Kärnten und Krain), wurde aber 1598/1619 unter Ferdinand II. (1619–1637) von der jüngeren steirischen Linie wieder vereinigt, da die von Maximilian II. gegründete Linie ausstarb und die Nachkommen Ferdinands aus morganatischer Ehe stammten. 1623 kamen Tirol und die Vorlande an Ferdinands Bruder Leopold Wilhelm und dessen Nachkommen, doch starb diese Linie bereits 1665 im Mannesstamm aus und kam Tirol 1705 zurück. 1700/1701 starben die Habsburger in Spanien aus. Von Leopolds I. beiden Söhnen verstarb Joseph I. 1711, so dass der verbleibende Karl VI. von Rechts wegen auch die spanischen Güter erlangen konnte, durch den spanischen Erbfolgekrieg (1701–1714) im Ergebnis aber auf den Erwerb der meisten spanischen Nebenländer (Neapel-Sizilien, Mailand, um die Generalstaaten geschmälerte spanische Niederlande) beschränkt wurde. Als letzter Habsburger im Mannesstamm regelte Karl VI. 1713 in der

Pragmatischen Sanktion die Thronfolge nach dem Aussterben im Mannesstamm und legte die Unteilbarkeit der Güter fest. Weiter gelang ihm 1718 die endgültige Bannung der seit dem 15. Jahrhundert entstandenen Türkengefahr, doch musste er Sizilien, das soeben durch Heirat gewonnene Lothringen (faktisch) sowie Serbien und die Walachei (1736–1739) aufgeben. Seine Tochter Maria Theresia (1740–1780) verlor in den schlesischen Kriegen (1740/1742, 1744, 1756/1763) Schlesien bis zur Oppa und die Grafschaft Glatz an Preußen. Wegen ihrer Heirat mit Franz Stephan von Lothringen wurde die Dynastie von nun an als Haus Habsburg-Lothringen bezeichnet. Aus der kinderreichen Ehe stammten Joseph II., Leopold II. und Ferdinand, der Gründer des Hauses Österreich-Este (Modena, bis 1859/1875). Joseph II. vollendete im Geiste der Aufklärung die schon von Maria Theresia begonnene Umformung der Erblande zu einem modernen absolutistischen und zentralistischen Staat und erreichte zudem Landgewinne aus dem 1778/1779 ausgefochtenen bayerischen Erbfolgekrieg und der ersten Teilung Polens. Leopolds II. Sohn Franz II. war letzter Kaiser des Heiligen Römischen Reiches deutscher Nation. Am 11. 8. 1804 nahm er als Reaktion auf die Selbsternennung Napoleons zum Kaiser der Franzosen den Titel Kaiser von Österreich an. Am 6. 8. 1806 verzichtete er infolge der Bildung des Rheinbundes auf den deutschen Kaiserthron. Die schweren Territorialverluste von 1801/1805/1809 wurden 1814/1815 wieder ausgeglichen. In Italien begründeten die Habsburg-Lothringer Sekundogenituren und Tertiogenituren (Toskana, Modena), die im Zuge der Einigung Italiens 1860 abgesetzt wurden. 1859 verlor Österreich auch die Lombardei und 1866 Venetien an Italien. Als Folge des Ersten Weltkrieges verzichtete Kaiser Karl I. am 11. 11. 1918 auf jeden Anteil an den Staatsgeschäften, ohne abzudanken. Die dadurch entstehende, im wesentlichen auf deutschsprachige Gebiete beschränkte Republik (Deutschösterreich bzw.) Österreich hob durch Gesetz vom 3. 4. 1919 alle Herrscherrechte des Hauses Habsburg-Lothringen auf. In Ungarn verloren die Habsburger durch Gesetz vom 6. 11. 1921 den Thron.

L.: (Wolff 511;) Haselier, G., Die Oberrheinlande, in: Geschichte der deutschen Länder, Bd. 1; Monumenta Habsburgica, Bd. 1ff. 1854ff.; Schulte, A., Geschichte der Habsburger in den ersten drei Jahrhunderten, 1887; Luschin v. Ebengreuth, A., Österreichische Reichsgeschichte, Bd. 1f. 1895; Tezner, F., Der österreichische Kaisertitel, seine Geschichte und seine politische Bedeutung, (Grünhuts) Zeitschrift für das Privat- und öffentliche Recht der Gegenwart 25 (1898), 351ff.; Koehler, C., Stammtafel des Hauses Habsburg und Habsburg-Lothringen, 1900; Turba, G., Geschichte des Thronfolgerechts in allen habsburgischen Ländern, 1903; Regesta Habsburgica. Bd. 1,1 Die Regesten der Grafen von Habsburg bis 1281, bearb. v. Steinacker, H., 1905; Kahler, E. v., Das Geschlecht Habsburg, 1919; Ammann, H., Die Habsburger und die Schweiz, 1931; Feine, H., Die Territorialbildung der Habsburger im deutschen Südwesten, ZRG GA 67 (1950), 176; Wandruszka, A., Das Haus Habsburg. Die Geschichte einer österreichischen Dynastie, 2. A. 1968; Hellbling, E. C., Österreichische Verfassungs- und Verwaltungsgeschichte, Wien 1956; Hantsch, H., Die Geschichte Österreichs, Bd. 1 4. A. 1959, Bd. 2 2. A. 1953; Zöllner, E., Geschichte Österreichs, 8. A. 1990; Uhlirz, K./Uhlirz, M., Handbuch der Geschichte Österreich-Ungarns, 2. A. 1963; Benedikt, H., Kaiseradler über dem Appennin, 1964; Randa, A., Österreich in Übersee, 1966; Stadtmüller, G., Geschichte der habsburgischen Macht, 1966; Vorderösterreich, hg. v. Metz, F., 3. A. 1978; Wandruszka, A., Das Haus Habsburg, 1978; Wachter, D., Aufstieg der Habsburger. Das Reich und Europa im 13./14. Jahrhundert, 1982; Rieger, E., Das Urkundenwesen der Grafen von Kiburg und Habsburg, 1984, Archiv für Diplomatik Beiheft 5; Brauneder, W., Österreichische Verfassungsgeschichte, 10. A. 2005; Hödl, G., Habsburg und Österreich 1273–1493, 1988; Die Habsburger, Ein biographisches Lexikon, hg. v. Hamann, G., 1988; Herm, G., Der Aufstieg des Hauses Habsburg, 1988; Evans, R., Das Werden der Habsburgermonarchie 1550–1700, 1989; Scheibelreiter, G., Habsburger, LexMA 4 1989, 1815 f.; Kann, R., Geschichte des Habsburgerreiches, 1990; Krieger, K., Die Habsburger im Mittelalter, 1994; Bérenger, J., Die Geschichte des Habsburgerreiches, 1995; Die Habsburger im deutschen Südwesten, hg. v. Quarthal, F. u. a., 1999; Nuss, P., Les Habsbourg en Alsace, 2002; Escher, M. u. a., Die urbanen Zentren, 2005, 1, 503.

Habsburg-Laufenburg (Grafen). 1232/1238 spaltete sich von den Grafen von Habsburg die Linie H. ab. Sie erlosch 1408/1415. (Später zählte Laufenburg zum österreichischen Reichskreis.)

L.: Wallner 713 ÖsterreichRK 1.

Habudingen (Herrschaft) s. Habondange

Hachberg, Hochberg (Herren, Herrschaft, Markgrafschaft). Nach der Burg H. (Hochberg) bei Emmendingen nannte sich eine von Markgraf Hermann († 1074), dem Sohn Herzog Bertholds I., begründete Adelslinie. Seit 1112 benannte sie sich nach der Burg Baden bei Oos (s. Baden). Von diesen Markgrafen von Baden spaltete sich nach 1197 die

Linie (Baden-Hachberg bzw.) H. und von dieser 1297 die Nebenlinie (Baden-Sausenberg bzw.) Sausenberg ab. H. kam 1415 durch Kauf wieder an die Hauptlinie zurück. Die sausenbergische Linie, die 1306 Rötteln, später Lörrach und verschiedene Dörfer, 1444 Badenweiler und 1457 die Grafschaft Neuenburg (Neuchâtel) erwarb, erlosch 1503. Ihre Güter kamen an Baden, Neuenburg über eine Tochter an den Herzog von Orléans-Longueville (Longueville). 1535 fiel H. an Baden-Durlach. Für die Herrschaften Badenweiler, Rötteln und Sausenberg kam im 16. Jahrhundert die Bezeichnung Markgräflerland auf (im Gegensatz zum Breisgau Österreichs). Über Baden gelangten die meisten Güter 1951/1952 zu Baden-Württemberg. S. a. Hochberg.

L.: Wolff 165; Zeumer 553 II b 31; Wallner 685 SchwäbRK 5; Großer Historischer Weltatlas II 66 (1378) D4; Weech, F. v., Die Zähringer in Baden, 1881; Regesten der Markgrafen von Baden und Hachberg, hg. v. Fester, R./Witte, H./Krieger, A., Bd. 1–4 1892 ff.; Hölzle, E., Der deutsche Südwesten am Ende des alten Reiches, 1938; Merkel, R., Studien zur Territorialgeschichte der badischen Markgrafschaft in der Zeit vom Interregnum bis zum Tode Markgraf Bernhards I. (1250–1431), Diss. phil. Freiburg 1953; Sütterlin, B., Geschichte Badens, 1967; Wunder, G., Zur Geschichte der älteren Markgrafen von Baden, Württemberg. Franken 1978, 13 ff.; Treffeisen, J., Das Abgabenverzeichnis der Markgrafschaft Hachberg und der Herrschaft Üsenberg, Jb. des Landkreises Emmendingen 1994, 147.

Hachenburg (Grafschaft). Vermutlich am Ende des 12. Jahrhunderts errichteten die Grafen von Sayn an der späteren Straße von Köln nach Leipzig die 1222 zuerst genannte Burg H. im Westerwald. Über eine Erbtochter kam H. 1606 an Sayn-Wittgenstein-Sayn (Sayn-Wittgenstein). Die Grafschaft H. fiel 1632/1649/1652 beim Aussterben der Linie Sayn-Wittgenstein-Sayn über Sayn-Hachenburg und Manderscheid-Blankenheim bis 1714 an die Burggrafen von Kirchberg, 1799 an Nassau-Weilburg. Über Nassau und Preußen (1866) kam H. 1946 zu Rheinland-Pfalz.

L.: Wolff 346; Söhngen, W., Geschichte der Stadt Hachenburg, 1914; 650 Jahre Stadt Hachenburg, 1964; Escher, M. u. a., Die urbanen Zentren, 2005, 2, 241.

Hadamar (Herrschaft, Grafschaft). H. bei Limburg erscheint erstmals 832 und dürfte wohl zu einem Reichsgutsgebiet um Limburg gehört haben. Vermutlich als Erben der Grafen von Leiningen und als Lehnsträger der Wormser Vogtei über das Stift Dietkirchen brachten die Grafen von Nassau im 13. Jahrhundert H. an sich. Von 1303 bis 1394 spalteten sie eine Linie Nassau-Hadamar ab. 1405 hatten die Grafen von Katzenelnbogen zwei Drittel, seit 1443 die Hälfte der Herrschaft H., die von ihnen 1479 an Hessen gelangte. Dieses verpfändete den Anteil von 1492 bis 1557 an die Herren von Eppstein und gab ihn nach der Wiedereinlösung an Nassau-Dillenburg. Von 1607 bis 1711 war H. Sitz der jüngeren, 1650 gefürsteten, zum niederrheinisch-westfälischen Reichskreis zählenden Linie Nassau-Hadamar. Über Nassau und Preußen (1866) kam H. 1945 zu Hessen.

L.: Wolff 337; Wallner 703 WestfälRK 23.

Hadeln (Land). H. zwischen Elbemündung und Wesermündung gehörte im 8. Jahrhundert als Haduloha (797) zum Stammesgebiet der Sachsen. Nach dem Sturz Heinrich des Löwen 1180 kam es, zunehmend eingeengt auf die Marsch zwischen den Geestrücken der Hohen Lieth und der Wingst, an das Herzogtum Sachsen-Lauenburg, war aber im 13. Jahrhundert nur noch lose hieran angeschlossen. Es erlangte zahlreiche mit der Kolonisation verbundene eigene Rechte, die trotz verschiedener Eingliederungsversuche von Seiten Hamburgs (1402/1407–1481 Pfandherrschaft) wie Sachsen-Lauenburgs Bestand behielten und im 15. Jahrhundert im Hadler Landrecht aufgezeichnet wurden. Der Adel war praktisch bedeutungslos. Die drei Stände des 5,5 Quadratmeilen großen Landes waren: Der erste Stand auch Landschaft oder Hochland genannt mit den Kirchspielen Altenbruch (Altenburch), Lüdingworth, Nordleda, Neuenkirchen, Osterbruch, Osterende-Otterndorf, Westerende-Otterndorf. Der zweite Stand, auch Sietland genannt, mit den Kirchspielen Westerihlienworth (Westerihlionworth), Osterihlienworth (Osterihlionworth), Steinau, Wanna und Odisheim. Der dritte Stand war die Stadt Otterndorf. Nach dem Aussterben Sachsen-Lauenburgs kam H. 1689 unter die Verwaltung des Kaisers. 1731 fiel es an Hannover (Präsident der Regierung in Stade in Personalunion Gräfe von Hadeln), 1866 an Preußen und am 1. 11. 1946 an Niedersachsen. Die Selbstverwaltung wurde von Hannover 1852 beseitigt, die Ständeversammlung in Otterndorf 1884 durch Preußen aufgelöst.

L.: Wolff 450; Großer Historischer Weltatlas III 22 (1648) D2, III 38 (1789) C1; Rüther, H., Geschichte des Landes Hadeln, 1949; Polenz, P. v., Landschafts- und Bezirksnamen, 1961, I, 11 f., II, 29, 49, 70, 72–74, 96, III, 23 f., 30, Haduloha, Hadalaon, Hadelere, Haedelreland, ‚Hadeln'; Bierwirth, L., Siedlung und Wirtschaft im Lande Hadeln, 1967; Hadler Chronik, bearb. v. Rüther, E., 2. A. 1979; Hofmeister, A., Besiedlung und Verfassung der Stader Elbmarschen im Mittelalter, 1979 ff.; Schmidt, H., Hadeln, LexMA 4 1989, 1817 f.; Geschichte des Landes zwischen Elbe und Weser, Bd. 2 1995, 321; Drecktrah, V., Die Gerichtsbarkeit in den Herzogtümern Bremen und Verden, 2002.

Hadmersleben (Grafen). H. wird erstmals 961 erwähnt. Die Burg H. am Übergang der Straße von Halberstadt nach Magdeburg über die Bode war Stammsitz der Grafen von H. (1144–1416). Der Ort H. fiel 1367/1372 an das Erzstift Magdeburg, 1680 an Brandenburg.

Hafenpreppach (Ganerbschaft). H. bei Ebern unterstand zunächst den Hessberg und dann den Stein von Altenstein. Von 1664 bis 1789 hatten es die Greiffenclau zu Vollrads zu drei Vierteln vom Hochstift Würzburg und zu einem Viertel von Henneberg-Sachsen-Römhild zu Lehen. Ganerben waren im 18. Jahrhundert die Greiffenclau zu Vollrads, Lichtenstein und das Hochstift Würzburg. Danach gelangte H. zu Bayern.

Hafergau (Hauerga, Gau am Haferbach links der Werre)

L: Curs, O., Deutschlands Gaue im zehnten Jahrhundert. Nach den Königsurkunden, Diss. phil. Göttingen 1908, 8; Polenz, P. v., Landschafts- und Bezirksnamen, 1961, II, 39, 96, IV, 16 Haverga.

Haffen (Herrlichkeit). Die Herrschaft H. und Mehr südöstlich von Rees gehörte als adlige Herrlichkeit zum Herzogtum Kleve. Über Preußen kam H. 1946 zu Nordrhein-Westfalen.

L.: Wolff 317.

Haffner von Wasselnheim, Haffner von Wasslenheim (Reichsritter). 1773 zählten die bereits im Stichjahr 1680 angesessenen und mit ihren Gütern bei der Ritterschaft immatrikulierten H. zum Ritterkreis Unterelsass. Sie erloschen männlicherseits 1800.

Hafner, Haffner (von Bittelschieß), Hafner von Büttelschieß (Reichsritter). Nach Bittelschieß bei Sigmaringen nannten sich seit 1083 Herren von Bittelschieß (Butelsciez), denen der Ort bis zur Wende des 14. Jahrhunderts gehörte. Vom 16. bis ins 18. Jahrhundert zählte die Familie der H. zum Kanton Hegau des Ritterkreises Schwaben. Über Hohenzollern, Preußen und Württemberg-Hohenzollern kam Bittelschieß 1951/1952 zu Baden-Württemberg.

L.: Ruch 18, Anm. 2 und Anhang 78.

Hafner s. a. Haffner

Hafner-Obernzell (Herrschaft). Die Herrschaft H. (Obernzell) gehörte am Ende des 18. Jahrhunderts über das Hochstift Passau zum bayerischen Reichskreis. S. Obernzell.

L.: Wallner 712 BayRK 6.

Hagen zur Motten (Ganerben). 1651 war Johann Adam von H. zur Motten Ganerbe in Bechtolsheim.

L.: Zimmermann 71.

Hagenau (Landvogtei, Reichslandvogtei). Um die Burg H. im Unterelsass lag umfangreiches Königsgut (Hagenauer Forst). Unter den Staufern wurde das mit staufischen Gütern verschmolzene Königsgut von der zur Pfalz erweiterten Burg verwaltet. In staufischer Nachfolge bestellten die Grafen von Habsburg seit 1280 einen Reichslandvogt als königlichen Verwalter der zehn elsässischen Reichsstädte, der Reichslandvogtei Kaysersberg und des Hagenauer Forstes. Seit 1341 wurde die Reichslandvogtei verpfändet (Bayern, Pfalz, Habsburg, Luxemburg, Mähren), seit 1408/1413 an die Pfalz. 1504 musste die Pfalz H. nach dem bayerischen (Landshuter) Erbfolgekrieg an Habsburg abtreten, das sie von 1530 bis 1558 erneut an die Pfalz verpfändete. Das Gebiet der Landvogtei umfasste etwa 35 Dörfer. Nach 1633/1634 richtete Frankreich eine französische Verwaltung ein, die 1648 bestätigt wurde. Ludwig XIV. verlieh H. 1659 dem Kardinal und 1661 dem Herzog von Mazarin, dann dem Hause Chatillon und nach dessen Aussterben dem Herzog von Choiseul. 1678/1697 kam die Landeshoheit rechtlich an Frankreich.

L.: Wolff 294 f.; Becker, J., Die Reichsdörfer der Landvogtei und Pflege Hagenau, ZGO N. F. 14 (1899), 207; Becker, J., Geschichte der Reichslandvogtei im Elsass, 1905.

Hagenau (Reichsstadt). H. im Unterelsass entstand um 1035 um eine Burg des Grafen Hugo IV. von Egisheim im Hagenauer Forst. Seit 1153 bestand eine Pfalz, in der bis 1208 die Reichskleinodien aufbewahrt waren.

Friedrich I. Barbarossa erteilte dem Ort 1164 Stadtrecht. 1260 wurde die Stadt Reichsstadt. Diese umfasste noch 3 Dörfer. Im 14. Jahrhundert war sie Hauptort des elsässischen Städtebundes und Sitz der aus dem Königshof in Schweighausen hervorgegangenen kaiserlichen Landvogtei. Ihre Einwohnerzahl betrug etwa 3000. 1648 fiel H. an Frankreich.

L.: Wolff 295; Großer Historischer Weltatlas II 66 (1378) D4; Guerber, V., Histoire politique et religieuse de Haguenau, 1876; Schrieder, E., Verfassungsgeschichte von Hagenau im Mittelalter, 1909; Schlag, G., Die Kaiserpfalz Hagenau. In: Oberrhein. Kunst 10 (1942), 14; Gromer, G., Über die Entwicklung des engeren Stadtgebiets der ehemaligen Reichsstadt Hagenau, in: Oberrhein. Kunst 10 (1942); Burg, A. M., Haguenau, 1950; Schuler, P., Hagenau, LexMA 4 1989, 1 838; Escher, M. u. a., Die urbanen Zentren, 2005, 2, 242.

Hagenbach (Reichsstadt). H. bei Germersheim wird erstmals in einer Urkunde König Ludwigs des Deutschen erwähnt. Später stand die Vogtei über das Reichsgut dem Kloster Weißenburg im Elsass zu. 1281 erteilte König Rudolf von Habsburg Stadtrechte. 1353 überließ Kaiser Karl IV. Burg, Stadt, Kellerei und Vogtei der Pfalz. 1358 wurde H. der Landvogtei H. zugeteilt. Die Vogtei Weißenburgs kam 1361/1384 an die Pfalz. 1768 trat die Pfalz das 1674 von Frankreich besetzte Amt H. an Zweibrücken ab. Dieses erhielt 1774 von Frankreich zur Sicherung seiner Rechte einen offenen Brief. 1815 kam H. zu Bayern und 1946 zu Rheinland-Pfalz.

L.: Wolff 90; Landwehr, G., Die Verpfändung der deutschen Reichsstädte, 1967, 101.

Hagenbach s. Wittstadt (Wittstatt) genannt Hagenbach

Hagendingen s. Habondange

Hagenmann (Reichsritter). Der 1569 an einem Rittertag teilnehmende Carl Friedrich von H. war Mitglied des Kantons Neckar des Ritterkreises Schwaben.

L.: Hellstern 205.

Hagestein (Herrlichkeit). Die Herrlichkeit H. gehörte zur Grafschaft Holland.

L.: Wolff 70.

Hagnau (Herrschaft). Die Herrschaft H. am Bodensee südöstlich von Meersburg gehörte am Ende des 18. Jahrhunderts über die Abtei Weingarten zum schwäbischen Reichskreis. (Weingarten fiel 1806/1808 an Württemberg und kam damit 1951/1952 zu Baden-Württemberg.)

L.: Wolff 182; Wallner 686 SchwäbRK 20; Überlingen und der Linzgau am Bodensee, hg. v. Schleuning, H., 1972.

Haideneck (Reichsritter). Um 1700 zählten die H. zum Kanton Gebirg des Ritterkreises Franken.

L.: Riedenauer 124.

Haider (Reichsritter). Im frühen 16. Jahrhundert zählten die H. zum Kanton Gebirg des Ritterkreises Franken.

L.: Riedenauer 124.

Haidnob s. Heidenopp

Haigerloch (Herrschaft). 1095 wird die Burg H. an der Eyach erstmals erwähnt. Die Grafschaft H. gehörte den um 1162 aussterbenden Grafen von H., denen die um 1170 von den Grafen von Zollern abgespaltenen Grafen von Hohenberg nachfolgten. 1381 verkauften die Grafen die gesamte Grafschaft Hohenberg mit H. an Habsburg, das die Herrschaft mehrfach verpfändete. 1488 kam H. an die Grafen von Zollern, die es 1497 gegen die Herrschaft Rhäzüns in Graubünden (an Österreich) eintauschten. 1575/1576 wurde H. Sitz einer Linie der Zollern bzw. Hohenzollern (Hohenzollern-Haigerloch). Nach dem Aussterben der Linie 1634 fiel die Herrschaft an Hohenzollern-Sigmaringen. 1801 gehörte die Herrschaft Haigerloch-Wehrstein (Haigerloch-Wöhrstein) mit 3 Quadratmeilen und 7000 Einwohnern unter den Hohenzollern zum schwäbischen Reichskreis. Mit Hohenzollern-Sigmaringen kam H. am 7. 2. 1849 an Preußen, 1945 an Württemberg-Hohenzollern und 1951/1952 an Baden-Württemberg.

L.: Wolff 168; Großer Historischer Weltatlas II 66 (1378) E4; Hodler, F. X., Geschichte des Oberamtes Haigerloch, 1928; Blessing, E., Stadt und Herrschaft Haigerloch im Mittelalter, 1974; Bumiller, C., Historiographische Probleme um die Grafen von Haigerloch und Wiesneck, ZGO 146 (1998), IV 245.

Haigerloch-Wehrstein, Haigerloch-Wehrstein (Herrschaft) s. Haigerloch

Hain, Han, Haun? (Reichsritter). Im 16. und 17. Jahrhundert zählten die H. zum Kanton Rhön-Werra und vielleicht auch zum Kanton Baunach des Ritterkreises Franken.

L.: Riedenauer 124.

Hainach (Reichsritter). Im 16. Jahrhundert und von etwa 1600 bis 1630 zählten die H. (Heinach) zum Kanton Steigerwald und zum Kanton Baunach des Ritterkreises Franken. S. a. Hainach zu Hundelshausen.

L.: Stieber; Bechtolsheim 13, 18; Riedenauer 124.

Hainach zu Hundelshausen (Reichsritter). Bis zu ihrem Aussterben (1680) zählten die H. mit Bischwind und Vögnitz zum Kanton Steigerwald des Ritterkreises Franken.

L.: Bechtolsheim 194.

Hainau s. Hennegau

L.: Polenz, P. v., Landschafts- und Bezirksnamen, 1961, II, 17, 21 f., 24, 41, 45, 47, III, 32.

Haistergau (Gau)

L.: Polenz, P. v., Landschafts- und Bezirksnamen, 1961, II, 26, 31, 34, 39, 90, Heistilingouwe, Heisterechgouwe; Borgolte, M., Geschichte der Grafschaften Alemanniens in fränkischer Zeit, 1984, 179 (Haisterkirch).

Halberstadt (Hochstift, Fürstentum). Karl der Große errichtete ein von Bischof Hildegrim von Châlons-sur-Marne geleitetes Missionsbistum für das südliche Sachsenland, das bis 818/820 seinen Sitz in Seligenstadt, dem heutigen Osterwieck, hatte. An seine Stelle trat (vor 814? oder um) 827 das Bistum H., das dem Erzbistum Mainz unterstellt wurde. Durch die Errichtung des Erzbistums Magdeburg wie des Bistums Merseburg verlor es seine östlichen Gebiete. 989 erwarb es Markt, Zoll und Bann des Ortes H. Von Heinrich III. erhielt es umfangreiche Grafenrechte (1052 Grafschaft im Harzgau), die es aber nur im engen Umkreis von H. zur Errichtung eines Herrschaftsgebietes (bis Osterwieck, Oschersleben, Ermsleben [1332] und Aschersleben [1322]) nutzen konnte. Von 1479 bis 1566 war es mit Magdeburg verbunden, wobei es 1541 zur Reformation übertrat. Danach fielen die Grafschaften Hohnstein und Regenstein heim. 1648 wurde das Bistum aufgehoben und das Hochstift als Fürstentum an Brandenburg übertragen. Das Fürstentum umfasste den halberstädtischen Kreis (mit der Stadt H., den Ämtern H., Gröningen, Kloster Gröningen und Schlanstedt, der Grafschaft Regenstein und acht adligen Gerichten), den ascherslebenschen Kreis (mit der Stadt Aschersleben, den Gerichten Gatersleben, Hausneindorf, Ermsleben und Konradsburg, dem Domkapitelsamt Schneidlingen und den Ämtern Winningen [Wieningen] und Falkenstein [Freckenstein]), den oschersleben-weferlingenschen Kreis (mit den Ämtern Oschersleben, Krottorf, Emmeringen und Weferlingen), den osterwieckhornburgischen Kreis (mit der Stadt Osterwieck, dem Domkapitelamt Zilly und den Ämtern Hornburg, Wülperode, Stötterlingen und Dardesheim) und die Herrschaft Derenburg. 1807 kam H., das mit der Reichsgrafschaft Regenstein zusammen 31 Quadratmeilen umfasste, zum Königreich Westphalen, 1815 zur preußischen Provinz Sachsen und 1945 zu Sachsen-Anhalt.

L.: Wolff 440 f.; Zeumer 553 II b 20; Wallner 706 NiedersächsRK 12; Großer Historischer Weltatlas II 66 (1378) F3, III 22 (1648) E5, III 38 (1789) D2; Gringmuth-Dallmer, H., Magdeburg-Wittenberg, in: Geschichte der deutschen Länder, Bd. 1; Urkundenbuch des Hochstifts Halberstadt, hg. v. Schmidt, G., Bd. 1–4 1883 ff.; Brackmann, A., Geschichte des Halberstädter Domkapitels, 1898; Fritsch, J., Die Besetzung des Halberstädter Bistums, 1913; Schmidt-Ewald, W., Die Entstehung des weltlichen Territoriums der Bischöfe von Halberstadt, 1916; Müller, E., Die Entstehungsgeschichte der sächsischen Bistümer unter Karl dem Großen, 1938; Bogumil, K., Das Bistum Halberstadt im 12. Jahrhundert, 1972; Schrader, F., Ringen, Untergang und Überleben der katholischen Klöster in den Hochstiften Magdeburg und Halberstadt von der Reformation bis zum Westfälischen Frieden, 1977; Militzer, K./Przybilla, P., Stadtentstehung, Bürgertum und Rat. Halberstadt und Quedlinburg bis zur Mitte des 14. Jahrhunderts, 1980; Maseberg, G., Halberstadt zur Zeit der Befreiungskriege, 1988; Bogumil, K., Halberstadt, LexMA 1989, 1870 ff.; Repertorium der Policeyordnungen der frühen Neuzeit, hg. v. Härter, K./Stolleis, M., Bd. 2 1998.

Halden s. Lasser genannt von H.

Haldenstein (Herrschaft eines zugewandten Ortes). H. am Vorderrhein war seit 1524 Sitz des Botschafters Frankreichs bei den gemeinen drei Bünden. Es unterstand der Herrschaft der gemeinen drei Bünde, die der Eidgenossenschaft der Schweiz zugewandt waren und in Graubünden aufgingen.

L.: Wolff 535; Großer Historischer Weltatlas II 72 b (bis 1797) H3.

Haldermannstetten (Reichsritter) s. Haltermannstetten

Halic s. Galizien

Hall s. Schwäbisch Hall

L.: Großer Historischer Weltatlas II 66 (1378) E4, II 78 (1450) F4, III 22 (1648) D4, III 38 (1789) C4.

Hallberg (Grafen, Reichsritter). Die Grafen von H. waren im 18. Jahrhundert mit einem

Zehntel der Ganerbschaft Bechtolsheim, Fußgönheim (Fußgoenheim) mit Ruchheim, Heuchelheim und einem Achtel der Ganerbschaft Mommenheim Mitglied des Kantons Oberrheinstrom des Ritterkreises Rhein. Mommenheim und Bechtolsheim kamen später zu Hessen-Darmstadt und 1946 zu Rheinland-Pfalz.

L.: Hölzle, Beiwort 58; Zimmermann 72; Winkelmann-Holzapfel 151.

Hallburg s. Zollner von (der) H.

Haller von Hallerstein (Reichsritter). Die aus Tirol stammenden Haller sind seit dem Ende des 13. Jahrhunderts in Franken bezeugt. Seit dem 14. Jahrhundert erwarben sie reiche Güter. Seit 1528 nannten sie sich H. Im 17. Jahrhundert zählten die Nürnberger Patrizier H. auch zum Kanton Steigerwald (?) des Ritterkreises Franken. Seit 1750 saßen sie als Vertreter der Stadt Nürnberg im Kanton Altmühl.

L.: Stieber; Bechtolsheim 15, 20; Riedenauer 124; Haller von Hallerstein, H./Zirnbauer, H., Die Haller von Hallerstein, 1961.

Hallermund (Grafschaft) s. Hallermunt

Hallermünde (Grafschaft) s. Hallermunt

Hallermunt, Hallermund, Hallermünde (Grafschaft). Nach der Burg H. an der Haller im Deister nannten sich seit dem 12. Jahrhundert Grafen von H. Sie bildeten um Springe (Hallerspringe, 10. Jahrhundert Hellereisprig) aus Allod (Springe) und Lehen des Hochstifts Minden ein kleines Herrschaftsgebiet aus. 1282 ergriffen die Herzöge von Braunschweig durch Pfandnahme Besitz von der Hälfte der Güter. 1411 verkaufte der letzte Graf († 1436) die auf Springe beschränkte Grafschaft gänzlich an die Welfen. 1434/1435 wurde die Burg abgerissen. 1704 belehnte Hannover den Geheimen Rat und Erbpostmeister Franz Ernst von Platen mit H. 1706 wurde die Grafschaft unter Erhebung Platens in den Reichsgrafenstand wiedererrichtet. Daraufhin wurde die Familie Platen 1709 in das westfälische Grafenkollegium des Reichstages und den niederrheinisch-westfälischen Reichskreis aufgenommen. Über Hannover und Preußen (1866) kam das Gebiet 1946 an Niedersachsen.

L.: Wolff 368 f.; Zeumer 554 II b 63, 32; Spieß, W., Die Großvogtei Calenberg, 1933; Hartmann, W., Geschichte der Stadt Springe am Deister, 1954.

Hallweil (Reichsritter). Die H. zählten von 1569 bis 1710 wegen Beihingen (Beilingen) zum Kanton Kocher im Ritterkreis Schwaben.

L.: Kollmer 361; Schulz 263.

Hals (Grafschaft). Nach der Burg H. an der Ilz benannte sich ein seit 1112 urkundlich bezeugtes Geschlecht, dessen Reichslehen 1190 an die Herren von Cambe übergingen, die sich die Halser nannten. 1207 wurde das Reichslehen den Bischöfen von Passau zugesprochen. 1279 erhob König Rudolf von Habsburg die Halser zu Grafen. Sie vererbten 1375 ihre Güter an die Landgrafen von Leuchtenberg, die H. 1485 an die Aichberg verkauften. Nach deren Aussterben kam es 1511 an Hans von Degenberg (Hans den Degenberger), der die zum bayerischen Reichskreis zählende Grafschaft 1517 an die Herzöge von Bayern verkaufte.

L.: Wolff 136; Wallner 711 BayRK 1; Brunner, L., Die Grafen von Hals, 1857.

Haltermannstetten, Haldermannstetten (Reichsritter). Die H. zählten zum Kanton Altmühl des Ritterkreises Franken. (S. Stettner von Grabenhof.)

L.: Biedermann, Altmühl; Stieber; Pfeiffer 213; Riedenauer 124.

Hamaland (Gau um die Ijssel) (Hamalando Anfang 9. Jahrhundert, Hamalant)

L.: Curs, O., Deutschlands Gaue im zehnten Jahrhundert. Nach den Königsurkunden, Diss. phil. Göttingen 1908, 8 (Deventer, Elten); Polenz, P. v., Landschafts- und Bezirksnamen, 1961, II, 47 f., 52, 55, III, 28, Hamuland, Hamaland, ‚Hameland'; Nonn, U., Pagus und Comitatus in Niederlothringen, 1983, 68, 205.

Hamb (Herrschaft). Seit Anfang des 16. Jahrhunderts hatten die Herren von Pallant (Palant) als Lehen der Herzöge von Geldern die freie Herrschaft H. bei Moers am Rhein inne. Um 1700 wurde die Herrschaft mit Geldern vereinigt. Über Preußen kam H. 1946 zu Nordrhein-Westfalen.

Hamburg (freie Reichsstadt, freie Stadt, Land). H. erscheint erstmals anlässlich des karolingischen Vorstoßes in das nordelbingische Sachsen. Vermutlich ordnete schon Karl der Große 804 die Anlegung eines Königshofes und 811 nahe der Mündung der Alster in die Elbe die Errichtung einer Taufkirche an. Um 825 ließ Ludwig der Fromme das Kastell Hammaburg erbauen. 831 wurde H. Bischofssitz, 834 Erzbischofssitz des heiligen Ansgar. 845/847 wurde der Sitz des Erzbistums nach verschiedenen Brandschatzungen durch die Wikinger von H. nach Bremen verlegt. Unter den Grafen von Schauenburg (Schaumburg), die 1111 durch Herzog Lothar von Süpplingenburg bzw. Sachsen mit der Grafschaft Holstein und der Grafschaft Stormarn belehnt wurden, erfolgte der Ausbau zu einem wichtigen Handelsplatz. Am 7. 5. 1189 erhielt die seit 1188 von Wirad von Boizenburg als Leiter einer Siedlergruppe planmäßig errichtete, 1216 mit der Altstadt vereinigte Neustadt H. um St. Nikolai Handelsrechte, Zollrechte und Schifffahrtsrechte durch Friedrich I. Barbarossa bestätigt. Etwa zur gleichen Zeit erscheint in H. erstmals ein Rat. 1228 übertrug der Erzbischof von Bremen seine Rechte an der Altstadt auf den Grafen von Schaumburg (Schauenburg). Unter seiner Herrschaft entwickelte sich H. rasch zu einem großen Ausfuhrhafen und zeichnete 1270 sein Stadtrecht im sog. Ordeelbook auf. Um 1300 war bei einer Einwohnerzahl von etwa 5000 Personen weitgehende Unabhängigkeit vom gräflichen Stadtherren, der 1292 der Stadt das Recht der eigenen Rechtssetzung (kore) verliehen hatte, erreicht. Im 14. Jahrhundert errang die Stadt besonderen Ruhm im Kampf gegen die Seeräuberei auf der Nordsee (1400 Hinrichtung Klaus Störtebekers) und wurde als eines der ersten Mitglieder der Hanse zu deren wichtigstem Umschlagplatz zwischen Nordsee und Ostseeraum (um 1430 etwa 16000 Einwohner). 1392 gelang zunächst pfandweise der Erwerb der Vogtei über die Stadt. 1375 wurde im Zuge einer selbständigen planmäßigen Territorialpolitik die Moorburg und 1393 die Feste Ritzebüttel (Cuxhaven) mit der Insel Neuwerk erlangt. 1420 musste Herzog Emil von Sachsen-Lauenburg Bergedorf und die Vierlande an H. und Lübeck abgeben, die das Gebiet bis 1868, als es H. durch Vertrag allein übernahm, gemeinsam verwalteten. Unter Kaiser Sigmund wurde die Stadt erstmals als reichsunmittelbar bezeichnet. Seit 1460, als die Könige von Dänemark an die Stelle der Grafen von Schauenburg traten, galt sie als Reichsstadt. 1510 wurde sie auf dem Reichstag zu Augsburg für eine Reichsstadt im niedersächsischen Reichskreis erklärt. 1618 bestätigte das Reichskammergericht Hamburgs Selbständigkeit und 1768 erkannte auch der König von Dänemark H. als kaiserliche Reichsstadt an. 1528/1529 wurde in H. die Reformation eingeführt. Zugleich kam es zu einem neuen wirtschaftlichen Aufschwung. 1603 wurde das schon 1497 in einer Bilderhandschrift neu gefasste Recht unter Verwendung der Reformation der Stadt Nürnberg und verschiedener anderer Quellen reformiert. Im Schutze einer starken Befestigung blieb die Stadt vom Dreißigjährigen Krieg weitgehend verschont. Seit 1770 hatte H. Sitz und Stimme im Städtekolleg des Reichstages. § 27 des Reichsdeputationshauptschlusses erhielt sie 1803 als Reichsstadt. Die Besetzung durch Dänemark (1801–1806) und durch Frankreich (1806) und die Kontinentalsperre führten zu einem gewichtigen Rückschlag für die sich seit 1806 als freie Hansestadt bezeichnende Stadt. Von 1810 bis 1814 war die Stadt als Hauptstadt des Elbe-Departements in das französische Reich eingegliedert. 1813/1814 verstand sich H. als selbständiger Einzelstaat. 1815 trat es als Freie und Hansestadt dem Deutschen Bund bei. Am 28. 9. 1860 gab es sich – nach älteren Rezessen zwischen Rat und Bürgerschaft von 1410, 1529 und 1712 und einem gescheiterten Verfassungsversuch vom 11. 7. 1849 – eine Verfassung mit Senat und Bürgerschaft. 1867 trat es dem Norddeutschen Bund bei und übertrug 1868 die Wehrhoheit auf Preußen, doch erst 1881/1888 wurde es Mitglied im deutschen Zollverein. 1871 schloss es sich dem Deutschen Reich an. 1919 gründete H. eine Universität. 1921 erhielt es eine neue Verfassung. 1933 wurde die Bürgerschaft aufgelöst und wurde ein Reichsstatthalter eingesetzt. Am 16. 1./9. 12. 1937 wurden die preußischen Städte Altona mit Blankenese, Wandsbek und Harburg-Wilhelmsburg sowie 27 Landgemeinden im Austausch gegen Cuxhaven (mit der Insel Neuwerk), Geesthacht und einige kleinere Orte eingegliedert. Nach dem Gesetz über die Verfassung und Verwaltung der Hansestadt H. stellte diese einen staatlichen Verwaltungsbezirk mit einer Einheitsgemeinde als Selbstverwaltungskörperschaft dar. Am 3. 5. 1945 wurde H. von Großbritannien besetzt und der britischen Besatzungszone zugeteilt. Am 6. 6. 1952 erhielt die seit 1949 der Bundesrepublik Deutschland zugehörige Freie und Hansestadt Hamburg (Stadtstaat) eine neue Verfassung. 1969 erlangte H. durch Vertrag mit Niedersachsen zur Schaffung eines Vorhafens wieder einen Teil des Elbemündungsgebietes mit der Insel Neuwerk.

L.: Wolff 458; Zeumer 554 III a 9; Wallner 707 NiedersächsRK 18; Großer Historischer Weltatlas II 78 (1450) F/G3, III 22 (1648) E2, III 38 (1789) C/D1; Kellenbenz, H., Die Hanse und die Städte Lübeck, Hamburg und Bremen, in: Geschichte der deutschen Länder, Bd. 1; Schroeder 89 ff.; Bauer 1, 177; Die Territorien des Reichs 6, 114; Anderson, C. D., Hamburgisches Privatrecht, Teil 1 ff. 1782 ff.; Hamburgisches Urkundenbuch, Bd. 1 (786–1300), hg. v. Lappenberg, J. M., 1842, Bd. 2 (1301–1336), hg. v. Stadtarchiv Hamburg, Bd. 3 (Register zu Bd. 2), bearb. v. Nirrnheim, H., 1953, Bd. 4 (1337–1350), bearb. v. Reetz, J., 1967; Lappenberg, J. M., Die ältesten Stadt-, Schiff- und Landrechte Hamburgs, 1845; Westphalen, N. A., Hamburgs Verfassung und Verwaltung in ihrer allmählichen Entwicklung bis auf die neueste Zeit, Bd. 1 f. 2. A. 1846; Baumeister, H., Das Privatrecht der freien und Hansestadt Hamburg, Bd. 1 f. 1856; Stubbe, E., Verfassung und Verwaltung der hamburgischen Marschgemeinden, Diss. jur. Hamburg 1922; Baasch, E., Geschichte Hamburgs 1814–1918, Bd. 1 f. 1924 f.; Wölfle, K., Hamburger Geschichtsatlas, 1926; Schöffel, J. S., Kirchengeschichte Hamburgs, Bd. 1 1929; Reincke, H., Hamburgs Geschichte, 1933; Reincke, H., Das Amt Ritzebüttel, Diss. phil. Hamburg 1935; Bolland, G., Hamburg, 1938; Bücherkunde zur hamburgischen Geschichte, hg. v. Möller, K. D./Tecke, A. Teil 1,2 1939, 1956; Studt, B., Hamburg 1951; Reincke, H., Forschungen und Skizzen zur hamburgischen Geschichte, 1951 (mit Karte der mittelalterlichen Stadtentwicklung); Drexelius, W./Weber, R., Die Verfassung der Freien und Hansestadt Hamburg vom 6. 6. 1952, 1953; Bolland, J., Das hamburgische Ordeelbook von 1270 und sein Verfasser, ZRG GA 72 (1956), 83 ff.; Ipsen, H., Hamburgs Verfassung und Verwaltung von Weimar bis Bonn, 1956; Johansen, P., Grundzüge der geschichtlichen Entwicklung der Freien und Hansestadt Hamburg, 2. A. 1967; Bolland, J., Die Hamburger Bürgerschaft in alter und neuer Zeit, 1959; Hamburgische Burspraken 1346 bis 1594, bearb. v. Bolland, J., 1960; Die Bilderhandschrift des Hamburger Stadtrechts 1497, erl. v. Reincke, H., 1968; Grundmann, G., Hamburg gestern und heute, 1972; Hamburg, Geschichte der Stadt und ihrer Bewohner, 1888–1980, hg. v. Jochmann, W., Bd. 1 f. 1982 ff.; Hanf, M., Hamburgs Weg in die praktische Unabhängigkeit vom schauenburgischen Landesherrn, 1986; Postel, R., Die Reformation in Hamburg, 1986; Stadt und Hafen, hg. v. Ellermeyer, J., 1986; Hamburg im Zeitalter der Aufklärung, hg. v. Stephan, J./Winter, H., 1989; Das alte Hamburg (1500–1848/49), hg. v. Herzig, A., 1989; Seegrün, W., Hamburg-Bremen, LexMA 4 1989, 1885 ff.; Stadtgeschichte Hamburg, red. v. Schöller, A., 1990; Postel, R., Hamburg-Bremen 1974–1989 (Sammelbericht), Bll. f. dt. LG. 126 (1990), 625 ff.; Klessmann, E., Geschichte der Stadt Hamburg, 7. A. 1994; Die Stadt im westlichen Ostseeraum, Bd. 1 1995, 93; Hamburg-Lexikon, hg. v. Kopitzsch, F. u. a., 1998.

Hamburg-Bremen (Erzstift) s. Bremen (Erzstift), Hamburg

L.: Zeumer 552 ff. III a 9.

Hamilton (Reichsritter). Um 1700 zählten die H. zum Kanton Odenwald des Ritterkreises Franken.

L.: Riedenauer 124.

Hammelburg

L.: Polenz, P. v., Landschafts- und Bezirksnamen, 1961, IV, 3 f., 7, Hamalunburg marca zum Ortsnamen Hammelburg.

Hammerstein (Burggrafen, Herrschaft). Im 10. Jahrhundert erbauten die Konradiner die Burg H. bei Neuwied. 1020 wurde sie als Folge der kirchlich verbotenen Ehe des Engersgaugrafen Otto von H. mit seiner Verwandten Irmingard von Heinrich II. erobert. Als Reichsburg war sie Sitz der Herrschaft H. 1374 fiel die Lehnshoheit an das Erzstift Trier, das nach dem Erlöschen der beiden Linien der Burggrafen von H. 1405/1419 die Güter als heimgefallenes Lehen einzog. 1815 kam H. an Preußen, 1946 an Rheinland-Pfalz.

L.: Wolff 83; Gensicke, H., Landesgeschichte des Westerwaldes, 2. A. 1987.

Hammerstein (Reichsritter). Im 17. Jahrhundert zählten die H. zum Kanton Odenwald des Ritterkreises Franken.

L.: Riedenauer 124.

Hamminkeln (Herrlichkeit). Die adlige Herrlichkeit H. nördlich von Wesel gehörte zum Herzogtum Kleve (weselscher landrätlicher Kreis). Über Preußen gelangte H. 1946 zu Nordrhein-Westfalen.

L.: Wolff 317.

Han (Reichsritter) s. Hain

Hanau (Grafen). H. wird erstmals 1143 als Wasserburg der Herren von Buchen (Stammburg Wachenbuchen [Wasserbuchen] bei H.), die Vögte des Mariengredenstifts in Mainz waren, auf einer Kinziginsel erwähnt (Hagenowa). 1166/1168 erscheint als Erbe eine Adelsfamilie, die sich zunächst nach ihrer Stammburg Dorfelden bei Frankfurt am Main, 1191 nach der Burg H. benannte und Mainz rasch weitgehend aus dem Gebiet der unteren Kinzig verdrängte. Im 13. Jahrhundert erwarb sie zu ihrer gräflichen Stellung und zu Gütern um Schlüchtern durch Heirat und Erbschaft Güter in der Wetterau (Beerbung Ulrichs II. von Münzenberg 1255, ein Sechstel Münzenberg, ein Sechstel Assenheim), im Rhein-Main-Gebiet (Babenhausen) und im Spessart (kurz nach 1272 Steinau).

Im 14. Jahrhundert gewann sie die Vogtei Schlüchtern und war mehrfach Inhaber der Reichslandvogtei in der Wetterau. 1320/1364 erlangte sie die Pfandschaft des Gerichts Bornheimerberg (Bornheimer Berg), 1429 die Reichsgrafenwürde. 1436 erhob sie H. zur ständigen Residenz. 1458 wurde in die Linien Hanau-Münzenberg (mit dem Sitz Hanau und den Gütern nördlich des Mains) und Hanau-Babenhausen (mit den Gütern südlich des Mains) geteilt. 1480 fiel der Linie Hanau-Babenhausen die halbe Grafschaft Lichtenberg mit Gütern im Unterelsass sowie um Kehl (Hanauer Land) an. Seitdem nannte sie sich Hanau-Lichtenberg. Um 1530 traten die Grafen zur Reformation über. 1570 beerbten die Grafen von Hanau-Lichtenberg die Grafen von Zweibrücken-Bitsch, 1642 die Grafen von Hanau-Münzenberg. Zweifelhaft ist, ob sie 1696 die seit 1685 angestrebte Erhebung in den Reichsfürstenrat gewannen. 1697 fielen die elsässischen Güter an Frankreich. Nach dem Aussterben Hanau-Lichtenbergs 1736 kam Hanau-Münzenberg mit H. durch Erbvertrag an Hessen-Kassel, Hanau-Lichtenberg (unter Landeshoheit Frankreichs) an Hessen-Darmstadt. Von 1806 bis 1810 war H. von Frankreich besetzt und wurde dann mit Ausnahme der Ämter Rodheim, Dorheim, Ortenberg, Babenhausen und des Dorfes Heuchelheim, die an Hessen-Darmstadt gelangten, zu dem neugegründeten Großherzogtum Frankfurt geschlagen. 1815 fiel die Grafschaft an Hessen-Kassel, 1866 an Preußen (Provinz Hessen-Nassau) und damit 1945 an Hessen.

L.: Wolff 270 f.; Großer Historischer Weltatlas II 66 (1378) E3, III 38 (1789) C2; Rathgeber, J., Die Grafschaft Hanau-Lichtenberg, 1876; Reimer, H., Urkundenbuch zur Geschichte der Herren von Hanau und der ehemaligen Provinz Hanau, Bd. 1–4 1891 ff.; Suchier, R., Genealogie des Hanauer Grafenhauses, 1894; Zimmermann, J. E., Hanau. Stadt und Land, 2. A. 1920; Cramer, K., Landesgeschichte der Obergrafschaft Hanau, Diss. phil. Marburg 1944; Lübbeck, F., Hanau, Stadt und Grafschaft, 1951; Hanau, Stadt und Land. Ein Heimatbuch, 1954; Schwind, F., Die Landvogtei in der Wetterau, 1972; 675 Jahre Altstadt Hanau, hg. v. Hanauer Geschichtsverein, 1978; Schwind, F., Hanau, LexMA 4 1989, 1893; Escher, M. u. a., Die urbanen Zentren, 2005, 2, 248.

Hanau-Lichtenberg (Grafen). Das Gebiet rechts des Rheins zwischen Willstätt (Willstädt) und Lichtenau kam nach 1250 durch den Bischof Konrad von Lichtenberg an das Hochstift Straßburg. 1299 hinterließ der Bischof seinen Neffen als Lehen 26 Dörfer um Willstätt und Lichtenau. Erben des 1480 im Mannesstamm ausgestorbenen letzten Herren von Lichtenberg waren zwei Nichten, die mit Grafen von Hanau-Münzenberg und Zweibrücken-Bitsch verheiratet waren. Willstätt kam an Hanau, Lichtenau an Zweibrücken, doch bildeten beide Ämter ein von Hanau aus gemeinsam regiertes Land. Seitdem nannten sich die Grafen von Hanau-Babenhausen Grafen von H. Sie hatten Sitz und Stimme auf dem Reichstag und im oberrheinischen Reichskreis. Beim Aussterben der Grafen von Zweibrücken-Bitsch fielen deren Güter im Elsass und um Lichtenau an die Grafen von H. 1606 tauschten diese ein Gebiet um Pirmasens von Lothringen ein. 1680/1697 fielen die im Elsass gelegenen Güter (Buchsweiler, Pfaffenhofen, Westhofen, Wolfisheim, Offendorf) an Frankreich, so dass die Grafen ihren Sitz von Buchsweiler nach Rheinbischofsheim verlegen mussten. Die übrigen Güter (die Ämter Lichtenau, Willstätt, Hatten, Ingweiler, Kutzenhausen [Kuzenhausen], Lemberg mit Pirmasens, Schaafheim, Wörth) kamen 1736 an Hessen-Darmstadt. 1803 fiel das sog. Hanauer Land um Lichtenau und Willstädt über Karoline Luise von Hessen-Darmstadt an Baden. Über Baden kam es 1951/1952 zu Baden-Württemberg. Pirmasens gelangte 1815 an Bayern und damit 1946 zu Rheinland-Pfalz.

L.: Wolff 272; Rathgeber, L., Die Grafschaft Hanau-Lichtenberg, 1876; Beinert, J., Geschichte des badischen Hanauer Landes, 1909; Eigler, F., Das Territorium der Herren von Lichtenberg 1202–1480, 1938; Lübbeck, F., Hanau. Stadt und Grafschaft, 1951; Lichtenberger Urkunden, hg. v. Battenberg, F., 1994.

Hanau-Münzenberg (Grafen). Die nach der Reichsburg Münzenberg in der Wetterau benannten Grafen von H. sind eine 1452/1458 entstandene Linie der Grafen von Hanau, deren um 1800 28 Quadratmeilen umfassende Güter 1642 an Hanau-Lichtenberg und 1736 durch Erbvertrag an Hessen-Kassel fielen. Die Grafschaft umfasste die Stadt Hanau, die Städte und Ämter Windecken, Ortenberg, Steinau, Schlüchtern (Steinau-Schlüchtern) und Babenhausen, die Ämter Büchertal, Bornheimerberg oder Bergen, Rodheim, Dorheim und Altenhasslau. Über Hessen-Kassel kam die zum oberrheinischen Reichskreis zählende Grafschaft 1866 an Preußen und 1945 an Hessen.

L.: Wolff 269 f.; Lübbeck, F., Hanau. Stadt und Grafschaft, 1951.

Handschuhsheim (Reichsritter). Im 16. Jahrhundert gehörten die H. dem Kanton Odenwald des Ritterkreises Franken an. Im 18. Jahrhundert zählten die H. (Handschuchsheim) zum Ritterkreis Rhein.

L.: Roth von Schreckenstein 2, 595; Stetten 32; Riedenauer 124.

Hannover (Fürstentum, Herzogtum, Kurfürstentum, Königreich, Provinz, Land). Am Übergang der Straße von Hildesheim nach Bremen über die Leine entstand vor 1100 die um 1150 erwähnte Siedlung (vicus) Honovere, die durch Heinrich den Löwen so gefördert wurde, dass sie 1189 als civitas (Stadt?) bezeichnet werden konnte. Seit 1235/1241 gehörte sie durch Erwerb von den Grafen von Roden den Herzögen von Braunschweig-Lüneburg. Ansatzpunkt für das Land H. wurde dann die mittlere Linie des Hauses Braunschweig-Lüneburg. Ihr unterstanden unter dem Namen Braunschweig-Celle Lüneburg und Celle mit H. und Harburg. 1582 erwarb sie die Reichsgrafschaft Hoya, 1585 die Reichsgrafschaft Diepholz. 1617 sprach Kaiser Matthias das Herzogtum Grubenhagen Braunschweig-Wolfenbüttels zu. Nach dem Aussterben Braunschweig-Wolfenbüttels (1634) fielen Wolfenbüttel sowie die Reichsgrafschaft Regenstein und Blankenburg an die durch August von Braunschweig-Lüneburg († 1666) begründete Linie. Die Herzogtümer Calenberg und Göttingen sowie die Güter der 1642 ausgestorbenen Linie Harburg kamen 1635/1636 an seine Neffen Friedrich († 1648) und Georg († 1641), welche die Stadt H. zwangen, Hofstaat und Soldaten aufzunehmen. 1648 erhielten die Lüneburger das Kloster Walkenried, das sie gegen Dannenberg an Braunschweig gaben. 1636 verlegte Herzog Georg seine Residenz nach H. Herzog Ernst August (Regent seit 1679, † 1698) erwarb 1689 das Herzogtum Sachsen-Lauenburg und erreichte 1692/1708 die Erhebung zum Kurfürsten (Kurbraunschweig, später Kurhannover). Sein Sohn erlangte 1700 die Herrschaft Wildeshausen und vereinigte nach dem Tode seines Onkels und Schwiegervaters Georg Wilhelm von Braunschweig-Celle (1705) alle nichtbraunschweigischen Güter der Welfen (Calenberg-Göttingen, Grubenhagen, Lüneburg). 1714 begann auf Grund einer Sukzessionsakte von 1701 – Herzog Ernst Augusts Gemahlin Sophie von der Pfalz war Enkelin des englischen Königs Jakob I. – eine bis 1837 währende Personalunion mit England/Großbritannien. 1720 wurden durch Kauf die Herzogtümer Verden und Bremen von Schweden erworben, 1731 das Land Hadeln und 1741 das Amt Blumenthal und das Gericht Neuenkirchen gegen Abtretung Vegesacks an die Reichsstadt Bremen. Damit war insgesamt ein Herrschaftsgebiet von rund 700 Quadratmeilen mit 750 000 Einwohnern geschaffen, für das der Kurfürst sechs Stimmen im Reichsfürstenrat (Calenberg, Celle, Grubenhagen, Bremen, Verden, Sachsen-Lauenburg) und drei Stimmen im westfälischen Reichsgrafenkollegium (Hoya, Diepholz, Spiegelberg [Hallermunt an Graf Platen überlassen]) sowie 5 Stimmen im niedersächsischen Reichskreis (Celle, Grubenhagen, Calenberg, Sachsen-Lauenburg, Bremen), 3 Stimmen im niederrheinisch-westfälischen Reichskreis (Hoya, Diepholz, Spiegelberg) und 1 Stimme im obersächsischen Reichskreis (Walkenried) hatte. 1737 gründete H. die Landesuniversität Göttingen. 1752 gewann es die Pfandherrschaft über die Reichsgrafschaft Bentheim. Dazu kam die Schirmherrschaft über die Stadt Hildesheim, die Reichsstadt Goslar und die Reichsabtei Corvey. 1801/1802 war H. von Preußen besetzt. 1803 erhielt es durch § 4 des Reichsdeputationshauptschlusses für seine Ansprüche auf die Grafschaft Sayn-Altenkirchen Hildesheim, Corvey und Höxter sowie für seine Rechte und Zuständigkeiten in den Städten Hamburg und Bremen und die Abtretung des Amtes Wildeshausen das Hochstift Osnabrück, wurde aber durch Erwerbungen Preußens in Westfalen von diesem umklammert. Von 1803 bis 1813 war es von Frankreich besetzt (Regierung zuerst in Lauenburg, dann in Schwerin im Exil), 1806 kurz für wenige Monate Preußen einverleibt. Von 1807 bis 1813 gehörte der südliche Teil Hannovers mit Göttingen, Grubenhagen und Clausthal zum Königreich Westphalen, vom 10. 12. 1810 bis 1813 der nördliche Teil unmittelbar zu Frankreich. Seit dem 12. 10. 1814 war H. ein Königreich, das 1815 um Osnabrück,

Emsland, Lingen, Meppen, Ostfriesland (im Tausch mit Preußen gegen Lauenburg), Hildesheim, Goslar und das Untereichsfeld vergrößert und um Lauenburg verkleinert wurde. 1819 wurde eine Verfassung eingeführt, die 1833 durch ein neues Staatsgrundgesetz ersetzt wurde (bis 1837, hannoverscher Verfassungskonflikt), das seinerseits 1840/1848 reformiert wurde. Am 20. 9./3. 10. 1866 wurde H. von Preußen annektiert. Am 1. 10. 1867 wurde die preußische Verfassung eingeführt. Der preußischen Provinz wurde 1922 die Grafschaft Pyrmont Waldecks und 1932 gegen Abtretung des Kreises Ilfeld an die Provinz Sachsen der Kreis Grafschaft Schaumburg zugeteilt. Am 23. 8. 1946 wurde das Land H. wiedererrichtet, ging aber am 1. 11. 1946 in Niedersachsen auf, dessen Hauptstadt die Stadt H. wurde.

L.: Wolff 436; Zeumer 554 II b 63, 10–12 (England); Großer Historischer Weltatlas III 38 (1789) C1; Schnath, G./Lübbing, H./Engel, F., Niedersachsen, in: Geschichte der deutschen Länder, Bd. 1; Bauer 1, 227; Havemann, W., Geschichte der Lande Braunschweig und Lüneburg, Bd. 1–3 1853 ff.; Oppermann, H. A., Zur Geschichte Hannovers 1832–1860, Bd. 1 f. 2. A. 1968; Heinemann, O. v., Geschichte von Braunschweig und Hannover, Bd. 1 f. 1884 ff.; Hassell, W. v., Geschichte des Königreiches Hannover, Bd. 1–3 1898 ff.; Meier, E. v., Hannoversche Verfassungs- und Verwaltungsgeschichte 1680–1860, Bd. 1 f. 1898 ff.; Loewe, V., Bibliothek der hannoverschen und braunschweigischen Geschichte, 1908; Tecklenburg, A./Dageförde, K., Geschichte der Provinz Hannover, 3. A. 1921; Topographische Landesaufnahme des Kurfürstentums Hannover 1764–1786, Begleitwort v. Wagner, H., 1924; Wolters, G., Das Amt Friedland und das Gericht Leineberg, 1927; Schnath, G., Die kurhannoverische Landesaufnahme 1764–86, Hannov. Magazin 7, 1931; Schnath, G., Die kurhannoverische Landesaufnahme des 18. Jh. und ihre Kartenwerke, Mitt. des Reichsamts für Landesaufnahme 1933–1934 (um 1933); Busch, F., Bibliothek der niedersächsischen Geschichte 1908–32, 1938; Schnath, G., Geschichte Hannovers im Zeitalter der neunten Kur und der englischen Sukzession 1674–1714, Bd. 1–4 1938–1982; Schnath, G., Geschichtlicher Handatlas Niedersachsens, 1939; Mundhenke, D., Das Patrimonialgericht Adelebsen, 1941; Niedersächsischer Städteatlas, Abt. 2 1933–1935, 1953; Die Kurhannoversche Landesaufnahme des 18. Jahrhunderts, bearb. v. Engel, F., 1959; Schnath, G., Niedersachsen und Hannover, 4. A. 1964; Kühlhorn, E., Ortsnamenlexikon für Südniedersachsen, 1964; Busch, S., Hannover, Wolfenbüttel und Celle. Stadtgründungen und -erweiterungen in drei welfischen Residenzen vom 16. bis 18. Jahrhundert, 1969; Hellfaier, D./Last, M., Historisch bezeugte Orte in Niedersachsen bis zur Jahrtausendwende, 1976; Barmeyer, H., Hannovers Eingliederung in den preußischen Staat: Annexion und administrative Integration, 1983; Dann, U., Hannover und England 1740–1760, 1986; Press, V., Kurhannover im System des alten Reichs 1692–1803, 1986, Prinz-Albert-Studien 4; Zimmermann, H., Hannover. Geschichte unserer Stadt, 1986; Müller, S., Stadt, Kirche und Reformation, 1987; Müller, S., Hannover im 18. Jahrhundert, 1987; Hannover und sein Umland, hg. v. Hauptmeyer, C., 1994; Hannovers Übergang vom Königreich zur preußischen Provinz, hg. v. Sabelleck, R., 1995; Rechtsquellen aus den hannoverschen Landen, hg. v. Oberschelp, R., 1999.

Hannoversch Münden s. Münden

Hanstein (Reichsritter). Im 18. Jahrhundert zählten die H. zum Ritterkreis Rhein. Im späten 17. und frühen 18. Jahrhundert gehörten sie auch dem Kanton Rhön-Werra des Ritterkreises Franken an. S. Haustein.

L.: Roth von Schreckenstein 2, 594; Riedenauer 124.

Harant, Horant (Reichsritter). Im frühen 16. Jahrhundert zählten die H. zum Kanton Baunach des Ritterkreises Franken.

L.: Riedenauer 124.

Harburg (Burg). 1142 erscheint in einer sumpfigen Niederung der Süderelbe H. (Horeburg) erstmals. 1297 wurde die anschließende Siedlung von den welfischen Herzögen zur Stadt erhoben. Von 1527 bis 1642 war sie Sitz einer Seitenlinie des mittleren Hauses Lüneburg zu Celle. 1866 kam H. zu Preußen, 1937 zu Hamburg.

L.: Wolff 434; Matthes, D., Die welfische Nebenlinie in Harburg, 1962; Harburg. Von der Burg zur Industriestadt, hg. v. Ellermeyer, J., 1988.

Harburg (Reichsstadt, Reichsdorf). H. an der Wörnitz wird als Burg erstmals 1093 erwähnt. 1150 war es in den Händen der Staufer. Die unter der Burg gelegene Siedlung wurde vor 1250 Markt. Am 7. 10. 1251 verpfändete König Konrad IV. die Städte H. und Dinkelsbühl, die Burg Gosheim (Sorheim) und die Vogtei des Klosters Mönchsroth (Rot) sowie den Zehnten zu Aufkirchen an den Grafen von Oettingen. 1295 wurden Burg und Ort vom Reich erneut an die Grafen von Oettingen verpfändet, die von 1493 bis 1549 dort residierten. In einer Bestätigung König Ruprechts vom 24. 2. 1407 wird H. Markt genannt. 1731 kam H. an Oettingen-Wallerstein. 1806 fiel es an Bayern.

L.: Hugo 452; Wolff 177; Rieser Kirchenbuch, 1954.

Harda (Reichsritter) s. Herda

L.: Pfeiffer 197.

Hardaga s. Harzgau

L.: Polenz, P. v., Landschafts- und Bezirksnamen, 1961, II, 23, III, 10, 35, III, 28, 30 f., 33, Hardaga, Hartingo, Hardegan, Harudi, ‚Harzgau'.

Hardegg (reichsunmittelbare Grafschaft). Die im 12. Jahrhundert errichtete Burg H. an der Thaya in Niederösterreich war Sitz der Grafen von H., die sich vor 1187 Grafen von Plain (bei Salzburg bzw. Reichenhall) nannten. 1278 verlieh König Rudolf von Habsburg die dem Reich 1260 durch Aussterben des Mannesstammes heimgefallene Grafschaft an den dritten Gemahl der Witwe des letzten Grafen Berthold von Rabenswalde. 1481 fiel die bedeutende, seit dem Ende des 15. Jahrhunderts reichsunmittelbare Grafschaft (mit Hardegg, Pulkau und Retz [1280]) durch Erbvertrag und Verzicht an Friedrich III. und damit an Österreich. Dort kam H. 1495 ohne Retz an die Prüschenk, die gleichzeitig zu Reichsgrafen von H. erhoben wurden.

L.: Wolff 26; Jordan, R./Helmreich, J., Hardegg, 1964; Hardegg und seine Geschichte, 1976; Weltin, M., Böhmische Mark, Reichsgrafschaft Hardegg und die Gründung der Stadt Retz, Retzer Heimatbuch Bd. 1 2. A. 1984, 7 ff.; Das Urbar des Grafen Burkhard III. von Maidburg-Hardegg aus dem Jahre 1363, hg. v. Zehetmayer, R., 2001.

Hardenberg (Herrschaft). Die Burg H. bei Düsseldorf bildete den Mittelpunkt der Herrschaft H. der 1145 erstmals genannten Herren von H. Sie gelangte 1355 durch Verkauf an die Grafen von Berg und gehörte dem niederrheinisch-westfälischen Reichskreis an. 1808 kam H. an das Großherzogtum Berg, 1815 an Preußen und 1946 an Nordrhein-Westfalen.

L.: Wolff 324; Ophüls, W., Altlangenberg, 1936; Aders, G., Quellen zur Geschichte der Städte Langenberg und Neviges, 1967.

Hardenberg (Reichsritter). Um 1801/1802 zählten die H. zum Kanton Altmühl des Ritterkreises Franken.

L.: Riedenauer 124.

Hardenburg s. Leiningen-Dagsburg-Hardenburg bzw. Leiningen-Hardenburg-Dagsburg

Hardheim (Herren). Nach dem vielleicht schon im 8. Jahrhundert besiedelten, 996 erwähnten H. im südöstlichen Odenwald nannten sich Herren von H. Die seit dem 14. Jahrhundert belegten beiden Burgen kamen nach langem Streit mit dem Erzstift Mainz 1656 an das Hochstift Würzburg und 1806 an Baden und damit 1951/1952 an Baden-Württemberg.

L.: Wolff 100.

Harling (Freiherren, Reichsritter). Von 1739 bis 1805 waren die Freiherren von H. mit dem 1733 von den Münchingen erworbenen Gut und Schloss Münchingen Mitglieder des Kantons Neckar des Ritterkreises Schwaben. Von 1770 bis 1795 waren sie wegen erheirateter Teile von Adelmannsfelden auch im Kanton Kocher immatrikuliert.

L.: Hölzle, Beiwort 64; Hellstern 205; Kollmer 379; Schulz 263.

Harlingerland („Land"). Der nach dem Flüsschen Harle benannte nordöstlichste Teil Ostfrieslands (Esens, Wittmund, Carolinensiel, Bensersiel, Neuharlingersiel) erscheint im 13. Jahrhundert als selbständiges Harlinger Land. Im 15. Jahrhundert erreichte es durch Vereinigung der Herrschaften Esens, Stedesdorf und Wittmund unter dem Häuptling Sibet Attena seine endgültige Gestalt. 1540 wurde das dem niederrheinisch-westfälischen Reichskreis angehörige H. infolge Heirat mit der westfälischen Grafschaft Rietberg sowie 1600 ebenfalls infolge Heirat mit Ostfriesland vereinigt und kam über Hannover und Preußen (1866) 1946 an Niedersachsen.

L.: Wolff 339; Polenz, P. v., Landschafts- und Bezirksnamen, 1961, II, 24, 49, III, 10, Herloga, ‚Harlingerland'; Gröttrup, H., Die Verfassung und Verwaltung des Harlingerlandes 1581–1744, 1962; Salomon, A., Geschichte des Harlingerlandes bis 1600, 1965.

Harmersbach (Reichstal). Das seit 1139 genannte Reichstal H. in der Ortenau gehörte ursprünglich zur Reichslandvogtei Ortenau und danach zur Reichsstadt Zell am Harmersbach. Als Ludwig der Bayer 1330 dem Hochstift Straßburg und der Pfalz die Ortenau verpfändete, brach er das Tal H. heraus und gab es als Pfand an Fürstenberg, das sich Einlösungsversuchen widersetzte. 1367 kam H. als eigene Pfandschaft an das Hochstift Straßburg und von dort 1401 an die Familie Bock. 1689 löste der Kaiser das Pfand ein. 1718 wurde die Reichsunmittelbarkeit der allmählich eigenständig gewordenen Bauerngemeinde anerkannt. 1803 fiel H., 1,5 Quadratmeilen groß, mit rund 2000 Einwohnern an Baden und kam damit 1951/1952 an Baden-Wurttemberg.

L.: Wolff 227; Wallner 689 SchwäbRK 73; Handbuch der historischen Stätten, Baden-Württemberg, Oberharmersbach.

Harrach (Reichsfreiherren, Reichsgrafen). Das in Böhmen und Oberösterreich begüterte Adelsgeschlecht H. wird 1195 erstmals erwähnt. Zunächst erwarb es Güter in Kärnten und in der Steiermark, 1524 die Herrschaft Rohrau in Niederösterreich. 1550 wurde es in den Stand der Reichsfreiherren erhoben, 1627 in den Stand der Reichsgrafen. 1620 erhielt es aus der böhmischen Konfiskationsmasse reiche Güter. Im Reichsfürstenrat wurde die Familie zu den schwäbischen Grafen gerechnet.

L.: Zeumer 554 II b 61, 21.

Harras (Reichsritter). Vielleicht zählten die H. zum Kanton Baunach des Ritterkreises Franken.

L.: Riedenauer 124.

Harrlach s. Holzschuher von Aspach und Harrlach

Harseldt (Reichsritter). Im frühen 17. Jahrhundert zählten die H. zum Kanton Odenwald des Ritterkreises Franken.

L.: Riedenauer 124.

Harstall (Reichsritter). Im frühen 18. Jahrhundert zählten die H. zum Kanton Odenwald im Ritterkreis Franken.

L.: Riedenauer 124.

Hartenberg (Burg). Nach der Burg H. bei Römhild nannten sich 1276/1278 erstmals Herren, die vermutlich Burggrafen von Henneberg waren. Nach H. benannte sich auch eine 1274 gebildete Linie der Grafen von Henneberg. Beim Aussterben der Linie kam H. durch Erbvertrag, Verkauf und Vergleich 1378/1380 an Henneberg-Aschach. H. gelangte 1920 zu Thüringen. S. Henneberg-Hartenberg-Römhild.

Hartenburg s. Leiningen-Dagsburg-Hartenburg

Hartenstein (Herrschaft, Grafschaft). Um 1170 wurde von Meinher von Werben (Burgwerben) die Burg H. bei Zwickau als Stützpunkt der deutschen Besiedlung des westlichen Erzgebirges errichtet. Sie wurde Mittelpunkt der Herrschaft H. Diese wurde 1406 von den verwandten Burggrafen von Meißen an Schönburg verkauft. Ein Teil der zum obersächsischen Reichskreis zählenden Grafschaft kam 1559 an Sachsen.

L.: Wolff 422; Wallner 709 ObersächsRK 10 a.

Harteshusa (Gau südlich der Paar rechts der Donau)

L: Curs, O., Deutschlands Gaue im zehnten Jahrhundert. Nach den Königsurkunden, Diss. phil. Göttingen 1908, 9 (Kühbach).

Harthausen (reichsunmittelbare Herrschaft). H. nördlich von Rottweil erscheint 882. Im Jahre 994 gab dort Herzogin Hadwig Güter an das Kloster Petershausen. Die Lehnsoberhoheit lag zunächst bei Sulz und seit 1471 bei Württemberg. Die später zum Kanton Neckar des Ritterkreises Schwaben steuernde reichsunmittelbare Herrschaft unterstand zunächst den Hack (Hacken) von H., seit 1481 den Rosenfeld und seit 1549 den Herren Stein von Steinegg (Steineck) bzw. Stein zum Rechtenstein. 1806 kam H. an Württemberg und damit 1951/1952 zu Baden-Württemberg.

L.: Wolff 509.

Harthausen (reichsunmittelbare ritterschaftliche Herrschaft). H. bei Günzburg bildete mit Rettenbach und Remshart innerhalb der Markgrafschaft Burgau eine reichsunmittelbare ritterschaftliche Herrschaft. Sie gehörte im 14. Jahrhundert den Blossen, 1492 Veit von Schwendi zu Klingenstein und seit 1570 den Herren bzw. Freiherren von Riedheim, die Rettenbach schon 1440 von den Knöringen erlangt hatten, die es seinerseits 1432 von denen von Rothenbach erworben hatten. 1806 fiel H. an Bayern.

Hartheim (Reichsritter). Um 1550 zählten die H. zum Kanton Odenwald des Ritterkreises Franken.

L.: Stetten 32; Riedenauer 124.

Hartig, Hartegg (Reichsritter). Von 1718 bis zu seinem Tod 1754 war der Reichshofrat, spätere Reichsgraf und Reichshofrats-Vizepräsident Anton Elias von H. Mitglied des Kantons Neckar des Ritterkreises Schwaben.

L.: Hellstern 205.

Hartingshausen, Hartungshausen (Reichsritter). Die H. waren im 16. und 17. Jahrhundert Mitglied des Kantons Neckar des Ritterkreises Schwaben.

L.: Hellstern 206.

Harxthausen (Ganerben, Reichsritter) s. Haxthausen

L.: Zimmermann 72.

Harzgau (Gau zwischen Bode und Oker)

L.: Curs, O., Deutschlands Gaue im zehnten Jahrhundert. Nach den Königsurkunden, Diss. phil. Göttingen 1908, 9 (Harthago, Hardegouue, Hardago, Harthaga, Hardego, Hardega, Harthega, Hartegouue, Thale, Oschersleben, Ueplingen, Rohrsheim, Schauen, Dirfirth, Brockenstedter Mühle bei Heimburg, Sillstädt,

Elbingerode, Ströbeck, Wienrode, Minsleben, Reddeber, Ilsenburg, Derenburg, Heudeber, Wulferstedt, Halberstadt); Hessler, W., Mitteldeutsche Gaue des frühen und hohen Mittelalters, 1957, 58, 124 Harzgau (Abbenrode, Börnecke, Derenburg, Ditfurt, Drübeck, Klostergröningen, Halberstadt, Harsleben, Heudeber, Ilsenburg, Minsleben, Reddeber, Rohrsheim, Schauen, Silstedt, Ströbeck, Weddersleben, Wulferstedt, Hessen nordöstlich Osterwiecks); Polenz, P. v., Landschafts- und Bezirksnamen, 1961, II, 23, III, 10, 35, III, 28, 30 f., 33, Hardaga, Hartingo, Hardegan, Harudi, ‚Harzgau'; Wagner, G., Die Verwaltungsgliederung im karolingischen Reich, 1963, 9.

Hasagouwe (‚Haßgau')

L.: Polenz, P. v., Landschafts- und Bezirksnamen, 1961, II, 24, 27, III, 25.

Hasbain, Hasbengau (Grafschaft), Hasbanien, Hasbaniensis, frz. Hesbaye. Die Grafschaft H. westlich der Maas (Hasbengau, frz. Hesbaye, Gau Hasbanien als Hasbanienis erstmals 741/742 belegt) gehörte am Ende des 18. Jahrhunderts über das Hochstift Lüttich zum niederrheinisch-westfälischen Reichskreis.

L.: Wolff 327; Wallner 702 WestfälRK 4; Curs, O., Deutschlands Gaue im zehnten Jahrhundert. Nach den Königsurkunden, Diss. phil. Göttingen 1908, 8 (Haspengewe, Hasbanitus, Hasbaie, westlich der Maas, Gelinden, Tourinne la Chaussée); Polenz, P. v., Landschafts- und Bezirksnamen, 1961, II, 15, 17, 21–23, 26, 41, III, 32, Haspengouwe, Haspinga, Hasbania, pagus Hasbaniensis, Asbania, pagus Hispanicus, Hasmachgouwe; Nonn, U., Pagus und Comitatus in Niederlothringen, 1983, 132, 204.

Hasga (‚Hasegau')

L.: Polenz, P. v., Landschafts- und Bezirksnamen, 1961, II, 24.

Haskerawald (friesisch)

L.: Polenz, P. v., Landschafts- und Bezirksnamen, 1961, III, 23.

Haskerland (friesisch)

L.: Polenz, P. v., Landschafts- und Bezirksnamen, 1961, II, 49.

Haslach (Herrschaft). H. an der Kinzig wird 1099 als Reichslehen der Herzöge von Zähringen erstmals erwähnt. 1218 fiel es an die Grafen von Urach, die sich seit etwa 1250 nach Fürstenberg benannten. 1250 musste es vom Hochstift Straßburg zu Lehen genommen werden, wurde 1278 aber wieder Reichslehen. Von 1286 bis 1386 war es Sitz einer Linie Fürstenberg-Haslach. Nach dreijährigem Erbstreit wurde es dem Hochstift Straßburg als Reichslehen zugesprochen, war aber bereits 1393 wieder straßburgisches Lehen Fürstenbergs. 1806 kam es an Baden und mit diesem 1951/1952 an Baden-Württemberg.

L.: Wolff 174; Hölzle, Beiwort 44

Haslach (Reichsritter), Haßlach, Haßlohe s. Hasslach

Haslital. Das H. der oberen Aare gehörte bereits 1378 zum Herrschaftsbereich der Eidgenossenschaft der Schweiz. Später kam es zum Kanton Bern.

L.: Wolff 520; Großer Historischer Weltatlas II 66 (1378) E5; Mühlemann, A., Studien zur Geschichte der Landschaft Haslital, 1895.

Haspengau s. Hasbain

L.: Polenz, P. v., Landschafts- und Bezirksnamen, 1961, II, 15, 17, 21–23, 26, 41, III, 32; Escher, M. u. a., Die urbanen Zentren, 2005, 1, 519.

Hassaga (Gau)

L.: Polenz, P. v., Landschafts- und Bezirksnamen, 1961, II, 24, 27, III, 25, Hasagouwe, ‚Hassgau'; Wagner, G., Die Verwaltungsgliederung im karolingischen Reich, 1963, 9.

Hassega, Hosgowe, Hassigani, Hassingi, Hasgethe, Hohsegowe, Hohsingi

L.: Polenz, P. v., Landschafts- und Bezirksnamen, 1961, II, 35, 69, III, 10, 28, 29–31.

Hasserode (Herrschaft). Die Herrschaft H. wurde 1740 vom Fürstentum Halberstadt Preußens aus verwaltet. Über Preußen kam H. 1945 zu Sachsen-Anhalt.

L.: Wolff 417.

Hasslach (Reichsritter), Haßlach, Haslach, Haßlohe. Im 16. Jahrhundert zählten die H. zum Kanton Baunach und zum Kanton Gebirg des Ritterkreises Franken.

L.: Stieber; Pfeiffer 213; Riedenauer 124.

Hassloch (Reichsdorf). H. bei Neustadt an der Weinstraße wird 773 erstmals erwähnt. Wie Böhl und Iggelheim war es Reichsdorf und bildete mit diesen zusammen die Pflege H. Am 20. 3. 1252 verpfändete König Wilhelm dem Bischof von Speyer die Dörfer H. und Böhl. Am 22. 1. 1330 verpfändete Ludwig der Bayer den Pfalzgrafen Rudolf und Ruprecht neben fünf Reichsstädten die Dörfer H. und Böhl. 1379 kamen drei Viertel der Pflege H. als Mannlehen der Pfalz an die Grafen von Leiningen. Nach langjährigen Streitigkeiten erhielt 1517 in einem Vergleich die Pfalz die Oberherrlichkeit über die Pflege, gab diese aber an Leiningen zu Lehen. 1815 kam H. zu Bayern, 1945 zu Rheinland-Pfalz.

L.: Hugo 464 f., Wolff 465; Wenz, G., Beiträge zur Geschichte der Pflege Hassloch, 2. A. 1925; Karst, T., Das kurpfälzische Oberamt Neustadt an der Haardt, 1960.

Hattenhuntari

L.: Polenz, P. v., Landschafts- und Bezirksnamen, 1961, II, 67, 82 f., 87; Borgolte, M., Geschichte der Grafschaften Alemanniens in fränkischer Zeit, 1984, 129 (Talheim, Hechingen, Dusslingen)

Hatteri (Gau östlich des Rheins südlich der Ruhrmündung)

L: Curs, O., Deutschlands Gaue im zehnten Jahrhundert. Nach den Königsurkunden, Diss. phil. Göttingen 1908, 8 (Mündelheim).

Hattstein (Ganerbschaft, Herrschaft). In H. im Taunus südlich von Altweilnau bestand eine Ganerbschaft. Diese wurde 1432 eingerichtet, nachdem die vermutlich am Ende des 12. Jahrhunderts von den 1226 erstmals bezeugten Herren von H. erbaute Burg vom Erzstift Mainz erobert worden war. Bis 1467 hatte Frankfurt die Vorherrschaft innerhalb der Ganerben, danach waren H., Nassau und Eppstein berechtigt. Seit der ersten Hälfte des 16. Jahrhunderts lag die Herrschaft bei den Reifenberg, von denen sie 1686 mit Reifenberg an die Waldbott von Bassenheim, 1806 an Nassau, 1866 an Preußen und 1945 an Hessen kam.

L.: Geschichtlicher Atlas von Hessen, Inhaltsübersicht 33.

Hattstein (Reichsritter). Im frühen 18. Jahrhundert zählten die H. zum Ritterkreis Rhein und zu Beginn des 18. Jahrhunderts zum Kanton Odenwald des Ritterkreises Franken. S. Haustein.

L.: Roth von Schreckenstein 2, 595; Riedenauer 124.

Hattuarien (Gau) (terra Hattuariorum 715)

L.: Polenz, P. v., Landschafts- und Bezirksnamen, 1961, I, 7, 26, II, 21, III, 11, 18 f., 26, Hetterun, Hattuarias, pagus Hattuariensis; Nonn, U., Pagus und Comitatus in Niederlothringen, 1983, 74, 204.

Hatzfeld, Hatzfeldt (Herren, Reichsgrafen, Reichsfürsten, Reichsritter). Nach der 1282 erwähnten Burg H. an der oberen Eder benannte sich eine seit 1138/1145 nachweisbare edelfreie Familie (Hepisvelt). Zu Anfang des 14. Jahrhunderts teilte sie sich in zwei Hauptlinien. Sie musste 1311 ihre Burg an Hessen zu Lehen auftragen, erwarb aber um 1380/1430 die reichsunmittelbare Herrschaft Wildenburg bei Altenkirchen sowie 1387 Bringhausen und 1503 Eifa. Die Herrschaft H. kam nach dem Aussterben einer Linie 1570, 1588 und 1772 an die Landgrafen von Hessen. 1635/1640 wurde die Familie H. in den Reichsgrafenstand erhoben. 1641 erlangte sie aus der Konfiskationsmasse des Grafen Schaffgotsch die freie Standesherrschaft Trachenberg (Drachenberg) in Niederschlesien, die 1741 Fürstentum wurde. Dazu kamen weitere Güter (1639 Belehnung mit den Teilen Mainz' der Grafschaft Gleichen [1794 an Mainz zurück], 1641 Herrschaften Haltenbergstetten [vom Hochstift Würzburg, 1794 dorthin zurück], Rosenberg, Waldmannshofen, Pfand der Herrschaft Laudenbach bei Weikersheim). Außerdem gehörte zu den Ländereien der Fürsten die niedere Herrschaft Kranichfeld und die Herrschaft Blankenhain im obersächsischen Reichskreis. Mit Haltenbergstetten, Eichhof, Ermershausen, Eulenhof, Neubronn, Niederstetten, Oberndorf, Rinderfeld, Streichental, Wermutshausen und dem 1637 erworbenen, 1806 an Bayern und 1810 an Württemberg fallenden Waldmannshofen zählten die H. im 17. und 18. Jahrhundert zum Kanton Odenwald des Ritterkreises Franken (außerdem um 1700 zum Kanton Rhön-Werra), mit dem Kirchspiel Friesenhagen und mit den Schlössern Wildenburg und Krottorf sowie Wissen rechts der Sieg, Schönstein und Merten in der Linie Hatzfeld-Wildenberg zum Kanton Mittelrheinstrom des Ritterkreises Rhein. Durch Friedrich den Großen wurde der Linie Hatzfeld-Trachenberg der Fürstenstand verliehen. Bei ihrem Aussterben (1794) wurde sie von Graf Franz Ludwig von Hatzfeld-Werther-Schönstein beerbt, dem 1803 der preußische Fürstenstand bestätigt wurde. Die von ihm begründete Linie Hatzfeld-Trachenberg erhielt 1900 den Titel eines Herzogs von Trachenberg. Der Linie Hatzfeld-Wildenburg wurde 1870 die preußische Fürstenwürde verliehen.

L.: Wolff 398 ff.; Großer Historischer Weltatlas III 38 (1789) D2; Roth von Schreckenstein 2, 595; Hölzle, Beiwort 56; Winkelmann-Holzapfel 152; Stetten 183; Riedenauer 124; Genealogischer Kalender 1753, 547; Genealogisches Handbuch des Adels. Fürstliche Häuser, Bd. 1 1951, 485 ff.; Gensicke, H., Landesgeschichte des Westerwaldes, 2. A. 1987; Kloft, J., Inventar des Urkundenarchivs der Fürsten von Hatzfeld, 1975; Friedhoff, J., Die Familie von Hatzfeldt, 2004.

Hatzfeld-Trachenberg (Herren, Reichsgrafen, Reichsfürsten). Die Familie H. ist eine nach der 1641 erlangten Herrschaft Trachenberg in Niederschlesien benannte Linie der Familie

Hatzfeld, die 1635/1640 zu Reichsgrafen und 1748 zu Reichsfürsten erhoben wurde. Sie starb 1794 aus, wurde aber durch den Erben, Graf Franz Ludwig von Hatzfeld-Werther-Schönstein, neu begründet.

Hatzfeld-Wildenburg (Herren, Reichsgrafen, Reichsfürsten). Die Familie H. ist eine nach der 1380 erworbenen reichsunmittelbaren Herrschaft Wildenburg benannte Linie der Familie Hatzfeld. Sie zählte zum Kanton Mittelrheinstrom des Ritterkreises Rhein.

L.: Gensicke, H., Landesgeschichte des Westerwaldes, 2. A. 1987.

Haueisen, Hausen? (Reichsritter). Im frühen 16. Jahrhundert zählten die H. zum Kanton Gebirg des Ritterkreises Franken.

L.: Riedenauer 124.

Hauenstein (Grafschaft). An einem alten Rheinübergang bei Laufenburg erlangten die Grafen von Habsburg als Nachfolger der Grafen von Lenzburg (1173) bzw. Kiburg (Kyburg) 1264 mit der Vogtei über Sankt Blasien die Burg H. (Houwinstein), die sie zeitweilig an die Herren von Schönau zu Lehen gaben bzw. der Linie Habsburg-Laufenburg überließen. Nach deren Aussterben 1408 kam die Herrschaft, seit 1562 Grafschaft H. an Habsburg zurück. 1806 fiel sie mit rund 500 Quadratkilometern und etwa 25000 Einwohnern an Baden, 1951/1952 H. mit diesem an Baden-Württemberg.

L.: Wolff 41; Vorderösterreich, hg. v. Metz, F., 3. A. 1978.

Haun, Hune (Reichsritter). Im 16. und 17. Jahrhundert zählten die H. zum Kanton Rhön-Werra des Ritterkreises Franken. Die von ihnen vermutlich im 14. Jahrhundert bei Hünfeld erbaute Burg Hauneck musste bereits 1409 an Hessen gegeben werden. Zwischen Hessen und Fulda war noch im 18. Jahrhundert das links der Haune gelegene Rothenkirchen streitig, das über die H. in die Matrikel der Reichsritterschaft gelangt war und von Fulda bis zur Säkularisation erfolgreich gegen Hessen verteidigt wurde, danach aber über Hessen-Kassel und Preußen (1866, Provinz Hessen-Nassau) 1945 zu Hessen kam.

L.: Stieber; Seyler 367, Riedenauer 124; Rahrbach 117.

Haunsberg (Herren). Nach ihrer Burg auf dem H. bei Salzburg nannte sich seit Anfang des 12. Jahrhunderts ein hochfreies Geschlecht. Ihm gehörten Linz (bis 1207) und bedeutende Gebiete westlich der Salzach (Gerichte H., Unterlebenau). 1211 wurde die Burg H. vom Erzstift Salzburg gekauft, an das 1229 von den Grafen von Lebenau auch die übrigen Güter des 1211 erloschenen Geschlechts kamen. Über Salzburg gelangten die Güter 1803/1816 an Österreich.

Hausen (Herrschaft). Im 11. Jahrhundert wurde in H. im Tal bei Beuron eine Burg errichtet. Sie war bis 1648 Sitz der Grundherrschaft H. in der Grafschaft Hohenberg. 1682 kam die zum österreichischen Reichskreis zählende, außerdem Stetten am kalten Markt, Nusplingen, Oberglashütte, Unterglashütte, halb Neidingen (Neidlingen) und weitere Güter umfassende Herrschaft H. über Berthold von Stein zu Klingenstein und Kaiser Leopold I. durch Verkauf an die Fugger-Kirchberg-Weißenhorn (Fugger zu Kirchberg und Weißenhorn), 1735 an die Grafen Schenk von Castell, 1756 als Pfand an das Kloster Salem und 1803 an Baden sowie damit 1951/1952 zu Baden-Württemberg.

L.: Wallner 714 ÖsterreichRK1; Stemmler, E., Die Grafschaft Hohenberg und ihr Übergang an Württemberg (1806), 1950.

Hausen (Herrschaft). Die Herrschaft H. nördlich von Schwäbisch Gmünd lag innerhalb der Herrschaft Limpurg. H. war Mannlehen Bayerns. Nach dem Aussterben der Limpurg kam es als Lehen an einen Herrn von Bredow. Am Ende des 18. Jahrhunderts gehörte die Herrschaft über die Markgrafen von (Brandenburg-)Ansbach zum fränkischen Reichskreis.

L.: Wolff 127; Wallner 694 FränkRK 21.

Hausen, Hausner, Heußner, Heuß (Reichsritter). Von 1545 bis 1569 war Wolf von H. wegen eines Schlosses in Trochtelfingen im Kanton Kocher des Ritterkreises Schwaben immatrikuliert. Bis etwa 1650 zählten die H. zum Kanton Odenwald und zum Kanton Altmühl des Ritterkreises Franken. S. Haueisen?

L.: Biedermann, Altmühl; Riedenauer 124; Schulz 263.

Hausen vor Wald s. Schellenberg

Hausengau (Hosi, Gau zwischen Amper links der Isar und Würm)

L: Curs, O., Deutschlands Gaue im zehnten Jahrhundert. Nach den Königsurkunden, Diss. phil. Göttingen

1908, 9 (Polling, Weilheim, Uffing, Landstetten, Aschering, Wangen, Oberpfaffenhofen, Rieden).

Hausenheim s. Pach zu H.

Haustein, Hattstein, Hanstein (Reichsritter). Im frühen 16. Jahrhundert zählten H. vielleicht zu den Reichsrittern des Ritterkreises Franken.

L.: Riedenauer 124.

Haußlode (Reichsritter), Hußlode? Die zum Kanton Altmühl des Ritterkreises Franken zählenden H. waren im 18. Jahrhundert bereits erloschen.

L.: Stieber.

Hauxleben (Freiherren, Reichsritter). 1752 zählten die Freiherren von H. zum Kanton Hegau des Ritterkreises Schwaben.

L.: Ruch, Anhang 79.

Havelberg (Hochstift). (947 oder) 948 gründete Otto I. in H., das infolge seiner günstigen Lage kurz vor der Einmündung der Havel in die Elbe wohl schon zuvor ein slawischer Stammesmittelpunkt gewesen und an dem vielleicht nach 929 eine Höhenburg angelegt worden war, ein Missionsbistum, das zunächst dem Erzbistum Mainz, 968 dem Erzbistum Magdeburg unterstellt und nach der Zerstörung 983 erst im 12. Jahrhundert, nach der Wiedereroberung des Gebietes durch den Askanier Albrecht den Bären (1136/1137), wiederbegründet wurde (1147/1150). Es erlangte umfangreiche Güter (Plattenburg, Putlitz, Wilsnack, Wittstock) und war zunächst reichsunmittelbar, geriet aber vom 14. Jahrhundert an zunehmend in Abhängigkeit von den Markgrafen von Brandenburg, wurde im 15. Jahrhundert landsassig und blieb bis zu seiner Aufhebung 1571 unter der Landeshoheit Brandenburgs. Das evangelisch gewordene Domkapitel bestand bis 1819.

L.: Wolff 387; Heckel, J., Die evangelischen Dom- und Kollegiatstifter Preußens, 1924; Historischer Atlas der Provinz Brandenburg, Kirchenkarten Nr. 1 und 2, hg. v. Wentz, G., 1929 ff.; Wentz, G., Das Bistum Havelberg, 1933; Schultze, J., Die Prignitz, 1956; Mitteldeutsche Bistümer im Spätmittelalter, hg. v. Schmidt, R., 1988; Escher, P., Havelberg, LexMA 4 1989, 1980 f.

Haverga s. a. Hafergau

L.: Polenz, P. v., Landschafts- und Bezirksnamen, 1961, II, 39, 96, IV, 16.

Havré (Herzogtum). Am Ende des 18. Jahrhunderts gehörte das Herzogtum H. über die Grafschaft Hennegau zum burgundischen Reichskreis. S. Hennegau, Niederlande, Belgien.

L.: Wolff 62; Wallner 701 BurgRK 1.

Haxthausen, Harxthausen (Freiherren, Reichsritter). Die aus dem Hochstift Paderborn stammende, dessen Erbhofmeisteramt tragende Familie gelangte im 17. Jahrhundert an den Rhein. 1670 gewann sie erbweise von den Rodenstein den unter der Herrschaft der Pfalz stehenden Häuserhof bei Ingelheim. Im 18. Jahrhundert waren die Freiherren von H. mit Dilshofen und Georgenhausen Mitglied im Kanton Odenwald des Ritterkreises Franken und mit einem Siebtel der Ganerbschaft Nieder-Saulheim (Niedersaulheim) im Kanton Oberrheinstrom des Ritterkreises Rhein immatrikuliert. Ihre Güter im Kanton Odenwald fielen 1808 an Hessen-Darmstadt und gelangten damit 1945 zu Hessen.

L.: Stieber; Roth von Schreckenstein 2, 595; Zimmermann 72; Winkelmann-Holzapfel 152; Stetten 36, 187; Riedenauer 124.

Hebele (Reichsritter). Die H. zählten zum Ritterkreis Franken.

L.: Riedenauer.

Hebenhausen, Hedingshausen? (Reichsritter). Im 17./18. Jahrhundert zählten die H. zum Kanton Rhön-Werra des Ritterkreises Franken.

L.: Seyler 368; Riedenauer 174.

Hechingen (Burg, Herrschaft). Bei dem 786 erstmals erwähnten H. (Hahhingum) an der Starzel errichteten die Grafen von Zollern (Hohenzollern) eine Burg. Später wurde H. Verwaltungsmittelpunkt der Grafschaft Zollern. Danach war es Sitz der Linie Hohenzollern-Hechingen. 1849 kam H. mit dem 1806 voll souverän gewordenen, wirtschaftlich aber kaum lebensfähigen Fürstentum an Preußen, 1951/1952 über Württemberg-Hohenzollern zu Baden-Württemberg. S. Hohenzollern-Hechingen.

L.: Wolff 168; Bauer, W., Die Stadt Hechingen, 2. A. 1955; Eisele, K., Studien zur Geschichte der Grafschaft Zollern, 1956; Kuhn-Rehfus, M., Streifzüge durch die Geschichte Hechingens, in: 1200 Jahre Hechingen, 1987; Mors, K., Hechingen und Burg Hohenzollern, 1989.

Hedergau (Hedergo, Gau im Quellgebiet der Aue links der Weser)

L: Curs, O., Deutschlands Gaue im zehnten Jahrhundert. Nach den Königsurkunden, Diss. phil. Göttingen

1908, 9 (Heden); Polenz, P. v., Landschafts- und Bezirksnamen, 1961, II, 33, 35, III, 23, Hederga, zum Ortsnamen Heden.

Heddesdorf, Heddersdorf, Hedersdorf, Hettersdorf (Freiherren, Reichsritter). Im 18. Jahrhundert zählten die auch in den Kantonen Rhön-Werra und Baunach immatrikulierten H. mit dem 1808 an Aschaffenburg gefallenen Bessenbach (Besenbach) zum Kanton Odenwald des Ritterkreises Franken, mit Lörzweiler zum Kanton Oberrheinstrom sowie mit Teilen von Horchheim und Arzheim zum Kanton Niederrheinstrom des Ritterkreises Rhein. 1805 war Christoph von H. als Personalist Mitglied des Kantons Odenwald.

L.: Genealogischer Kalender 1753, 546; Stieber; Roth von Schreckenstein 2, 593; Winkelmann-Holzapfel 153; Pfeiffer 211; Riedenauer 124, 188; Stetten 32, 38 f.; Rahrbach 123.

Hedingshausen, Hebenhausen? (Reichsritter). Im späten 18. Jahrhundert zählten die H. zum Kanton Odenwald des Ritterkreises Franken.

L.: Riedenauer 124.

Hees (Freiherren, Reichsritter). Im 18. Jahrhundert zählten die Freiherren von und zu der H. mit Holdinghausen (Holdingshausen) zum Kanton Niederrheinstrom des Ritterkreises Rhein.

L.: Genealogischer Kalender 1753, 547.

Heesperg (Reichsritter). Im 16. Jahrhundert zählten die H. zum Kanton Rhön-Werra des Ritterkreises Franken.

L.: Pfeiffer 211.

Hegau (Kanton) s. Hegau-Allgäu-Bodensee

Hegau (Landgrafschaft). Der H. (zu *kev-, Bergrücken?) zwischen Konstanz, Schaffhausen, Geisingen, Immendingen, Überlingen, Neuhausen ob Eck (Egg) und Randen wird als Grafschaft erstmals 787 erwähnt. Er war eine Kernlandschaft des Herzogtums Schwaben. Um 1180 fiel er von den Grafen von Pfullendorf an Kaiser Friedrich I. Barbarossa und damit an die Staufer. Er ging dann mit Nellenburg in der Landgrafschaft Hegau auf, die 1422 an die Herren von Tengen, von 1465 bis 1805 durch Kauf als Landgrafschaft Nellenburg zu Habsburg/Österreich, 1805 zu Württemberg und 1810 zu Baden kam. Von dort gelangte das Gebiet 1951/1952 zu Baden-Württemberg.

L.: Großer Historischer Weltatlas III 22 (1648) D5; Curs, O., Deutschlands Gaue im zehnten Jahrhundert. Nach den Königsurkunden, Diss. phil. Göttingen 1908, 9 (Hegouue, Heuugowe, Gau am Bodensee, Singen, Stein); Polenz, P. v., Landschafts- und Bezirksnamen, 1961, II, 9, Hegouwe, ‚Hegau'; Gerber, H., Der Hegau, Landschaft zwischen Rhein, Donau und Bodensee, 1970; Tumbült, G., Die Grafschaft des Hegaus, 1984, in: MIÖG Ergbd. 3; Borgolte, M., Geschichte der Grafschaften Alemanniens in fränkischer Zeit, 1984, 59, 198 (Merishausen, Öhningen, Kirchen im Aitrachtal); Kiewat, R., Ritter, Bauern und Burgen im Hegau, 1986.

Hegau-Allgäu-Bodensee, Hegau (Kanton). H. ist ein Kanton des Ritterkreises Schwaben. Er gliederte sich in die Bezirke (Sonderorte oder Quartiere) Hegau (Kanzlei in Radolfzell) und Allgäu-Bodensee (Kanzlei in Wangen).

L.: Wolff 509.

Heggbach, Hegbach, Hepbach (reichsunmittelbare Abtei). In H. (Hecchibach) bei Biberach wurde vermutlich in Anlehnung an eine ursprünglich adlige, dann über König Heinrich (VII.) an die Linzgauzisterze und von dort an einen zunächst bei Maselheim angesiedelten Konvent von Beginen gelangte Eigenkirche vor 1231 ein Zisterzienserinnenkloster gegründet. Es erlangte 1429 die niedere Gerichtsbarkeit für sein Gebiet und war seit dem späten Mittelalter, weil es nie einen Vogt hatte, reichsunmittelbar. In geistlicher Hinsicht unterstand es der Oberaufsicht des Abts von Salem. Die Herrschaft des zum schwäbischen Reichskreis zählenden Klosters umfasste die fünf Dörfer Baustetten, Bronnen, Maselheim, Mietingen und Sulmingen, insgesamt ein Gebiet von 1,5 Quadratmeilen bzw. 80 Quadratkilometern mit 3000 Einwohnern. Durch § 24 des Reichsdeputationshauptschlusses vom 25. 2. 1803 kam es (bis 1873) an die Grafen Waldbott von Bassenheim bzw. (von) Waldbott-Bassenheim, die Dörfer Mietingen, Sulmingen sowie der Zehnt von Baltringen an die Grafen von Plettenberg, 1806 an Württemberg. Bibliothek und Archiv wurden 1820 nach Buxheim gebracht. 1875/1884 ersteigerten die Franziskanerinnen von Reute (Reutte) das Klostergelände. Über Württemberg kam H. 1951/1952 zu Baden-Württemberg.

L.: Gumpelzhaimer 67; Wolff 192; Zeumer 552 II a 36, 18; Wallner 689 SchwäbRK 67; Großer Historischer Weltatlas III 38 (1789) C3; Erzberger, M., Die Säkularisation in Württemberg 1802–1810, 1902; Mayer, F. A., Geschichte des vormaligen Reichsstifts und Gotteshauses Heggbach, 1917; Beck, O., Die Reichsabtei Heggbach, 1980; Mayer, F. A., Geschichte des vormaligen Reichsstifts und Gotteshauses Heggbach, 1981; 750

Jahre Kloster Heggbach (1231–1981), hg. v. Haas, L., 1981; Rheden-Dohna, A. v., Reichsstandschaft und Klosterherrschaft. Die schwäbischen Reichsprälaten im Zeitalter des Barock, 1982.

Hehl (Reichsritter). 1651 und 1666 war Johann Sigmund von H. wegen Bromberg im Kanton Kocher des Ritterkreises Schwaben immatrikuliert.

L.: Schulz 263.

Hehsinga (Gau zwischen Isar und Inn)

L: Curs, O., Deutschlands Gaue im zehnten Jahrhundert. Nach den Königsurkunden, Diss. phil. Göttingen 1908, 9 (Neuching); Polenz, P. v., Landschafts- und Bezirksnamen, 1961, II, 90, III, 8, IV, 10 f., Ortsname oder Personenverbandsname.

Heichelheim? (Heyenheim?) (Reichsdorf). Am 25. 1. 1374 erlaubte Karl IV. der Reichsstadt Friedberg, die seitens des Reiches der Familie von Karben verpfändeten Gerichte und Dörfer Ockstadt, Hollar (Heller), Melbach und H. südlich von Melbach einzulösen. Die Erlaubnis wurde aber nicht verwirklicht.

L.: Hugo 461 f.

Heideck (Herrschaft). Die um 1250 entstandene Burg H. bei Hilpoltstein in Mittelfranken war Sitz der Herren von H., die aus dem Anlautertal stammten und sich im 11. Jahrhundert von Arnsberg und 1129 von Erlingshofen nannten. Sie waren Leute der Bischöfe von Eichstätt und erlangten am Ende des 12. Jahrhunderts Eigengüter. 1288 erbten sie Güter der Schalkhausen-Dornberg. Im 14. Jahrhundert wurde ihre Herrschaft reichsunmittelbar, 1360 Lehen Böhmens. 1437 wurde H. geteilt und 1445 an Bayern-Landshut verpfändet. 1472 kam es nach dem Tod Konrads II. von H. an Bayern-Landshut, 1505 an Pfalz-Neuburg und damit später wieder an Bayern. Von 1542 bis 1585 hatte Nürnberg die Pfandherrschaft und führte für diese Zeit die Reformation in der zum bayerischen Reichskreis zählenden Herrschaft ein. S. Erlingshofen.

L.: Wolff 140; Wallner 712 BayRK 4; Großer Historischer Weltatlas II 66 (1378) F4; Schöffel, P., Die Herren von Heideck, in: Frankenkalender 1940; Neuburg, die junge Pfalz, hg. v. Heider, J., 1955; Deeg, D., Die Herrschaft der Herren von Heideck, 1968.

Heidelsheim (Reichsstadt). H. (Heidolfesheim) bei Bruchsal wird 770 in einer Urkunde Lorschs erstmals genannt. 1124/1125 gelangte der Ort von den Saliern, die ihre Rechte als Vögte des Klosters Weißenburg erlangt hatten, an die Staufer. Vermutlich schon vor 1286 war H., das 1241 mit 100 Pfund Hellern Jahressteuer im Reichssteuerverzeichnis aufgeführt wurde, Reichsstadt und wurde jedenfalls 1307 als solche bezeichnet. 1311 wurde H. an Baden verpfändet, 1333 an die Pfalz. 1424/1642/1643 kam es endgültig an die Pfalz, 1803 an Baden und damit 1951/1952 an Baden-Württemberg.

L.: Wolff 90; Härdle, O., Geschichte und Bild der ehemaligen Reichsstadt Heidelsheim, 1960.

Heidenheim (Herrschaft). Neben älteren Siedlungen bestand in H. an der Brenz ein erstmals zwischen 750 und 802 anlässlich einer Schenkung an Fulda erwähntes, auf alemannischem Herzogsgut errichtetes Dorf. In der Mitte des 12. Jahrhunderts stand das meiste Gut in H. den Hellenstein zu, von denen Degenhard von Kaiser Friedrich I. Barbarossa zum procurator des Königsgutes in Schwaben bestellt wurde. König Rudolf von Habsburg zog das ehemals staufische Gut an das Reich. 1302 wurde es an die Helfenstein verpfändet, welche die Höhenburg Hellenstein zum Mittelpunkt der Herrschaft Hellenstein machten, die 1448 als Herrschaft H. an Württemberg und 1450 von dort an Bayern-Landshut veräußert wurde. 1504 kam die zum schwäbischen Reichskreis zählende Herrschaft nach dem Erbfolgekrieg um Bayern-Landshut wieder an Württemberg, wo sie abgesehen von 1635/1648 (Bayern) verblieb. 1951/1952 gelangte damit H. zu Baden-Württemberg.

L.: Wolff 161; Wallner 684 SchwäbRK 1; 600 Jahre Stadt Heidenheim/Brenz 1356–1956, 1956; Heimatbuch des Kreises Heidenheim, 2. A. 1963; Heidenheim an der Brenz, bearb. v. Schneider, F., 1970; Bühler, H., Heidenheim im Mittelalter, 1975; Akermann, M., Schloss Hellenstein über Heidenheim, 1978.

Heidenheim (Reichsritter). Im 18. Jahrhundert zählten die H. zum Ritterkreis Schwaben.

L.: Roth von Schreckenstein 2, 592.

Heidenopp, Haidnob (Reichsritter). Von 1654 bis 1666 waren die H. wegen Gütern in Plüderhausen und Bromberg im Kanton Kocher des Ritterkreises Schwaben immatrikuliert. Im 16. Jahrhundert zählten die H. (Haidnob) zum Kanton Gebirg des Ritterkreises Franken.

L.: Schulz 263; Riedenauer 124.

Heidingsfeld (Reichsdorf, Reichsstadt). H. (Heitingsveldono) bei Würzburg wird 779 in der Würzburger Markbeschreibung erstmals genannt. Um 849 ist dort zu Lehen ausgegebenes Königsgut nachweisbar, das an Fulda und von dort als Lehen an die Grafen von Rothenburg und damit an die Staufer kam. Am 18. 11. 1297 verkündigte König Adolf den Männern in H. und Lützelfeld (Lutzelenvelt), dass er sie an den Bischof von Würzburg verpfändet habe. Im 14. Jahrhundert war der Ort durch Einlösung der Pfandschaft seitens Karls IV. bei Böhmen und erhielt 1368 das Stadtrecht von Sulzbach. Von 1431 bis 1488 war H. bei Nürnberg und seit dem Anfang des 16. Jahrhunderts bzw. endgültig seit 1628 bei dem Hochstift Würzburg, mit dem er später an Bayern gelangte.

L.: Dacheröden 232; Hugo 458; Wolff 100; Mathes, W. S., Heidingsfeld, Diss. phil. Würzburg 1956.

Heigero marca, pagus Heigera

L.: Polenz, P. v., Landschafts- und Bezirksnamen, 1961, IV, 3 f., 6, 8 f., 17, 21.

Heilango (Helinge, Gau südwestlich der Elbemündung)

L: Curs, O., Deutschlands Gaue im zehnten Jahrhundert. Nach den Königsurkunden, Diss. phil. Göttingen 1908, 9 (Buxtehude?, Heeslingen, Wedel, Wohlerstedt, Kakerbeck); Polenz, P. v., Landschafts- und Bezirksnamen, 1961, II, 35, 41, III, 4, Heilanga.

Heilbronn (Reichsstadt). H. am Neckar erscheint nach älteren Siedlungsspuren als fränkisches Königsgut, dessen Kirche und Zehnt dem 742 gegründeten Bistum Würzburg übertragen wurden (822 Heilibrunna). Um die Mitte des 11. Jahrhunderts unterstand es den Grafen von Calw, die es 1146 an Hirsau gaben. Später war es zwischen den Herren von Dürn, dem Hochstift Würzburg und den Staufern umstritten. Spätestens im 13. Jahrhundert kam es an die Staufer. 1215/1225 wurde es oppidum genannt. Das erste erhaltene Stadtrecht stammt von 1281. Vielleicht schon seit dem Interregnum, jedenfalls seit dem 14. Jahrhundert (1322 Blutbann, 1334 Nichtevokationsprivileg, 1360 Erwerb des Schultheißenamtes, 1464 Erwerb der Vogtei) war es Reichsstadt. Zu ihr gehörten das Reichsdorf Böckingen sowie drei weitere Dörfer. Um 1790 war H. im Kanton Odenwald des Ritterkreises Franken immatrikuliert. 1802 fiel das zum schwäbischen Reichskreis zählende H. mit Böckingen, Flein, Frankenbach, Neckargartach und Lautenbacher Hof (Lauterbacher Hof), insgesamt 1 Quadratmeile bzw. rund 55 Quadratkilometer Gebiet, und rund 9400 Einwohnern an Württemberg, über das es 1951/1952 zu Baden-Württemberg kam.

L.: Wolff 215; Zeumer 555 III b 12; Wallner 689 SchwäbRK 77; Großer Historischer Weltatlas II 66 (1378) E4, III 22 (1648) D4, III 38 (1789) C3; Riedenauer 129; Schroeder 346 ff.; Jäger, K., Geschichte der Stadt Heilbronn und ihrer ehemaligen Gebiete, 1828; Knapp, T., Über die vier Dörfer der Reichsstadt Heilbronn, in: Erinnerungsschrift des herzogl. Karls-Gymnasiums in Heilbronn, 1894; Beschreibung des Oberamtes Heilbronn, Bd. 1 f. 1901 ff.; Urkundenbuch der Stadt Heilbronn, Bd. 1–4 1904 ff.; Gauss, W., Heilbronn, die Stadt am heiligen Brunnen, 1956; Hempe, L., Die Stadtgemeinde Heilbronn, 1959; Weingärtner, K. H., Studien zur Geschichtsschreibung der Reichsstadt Heilbronn am Neckar, 1962; Hellwig, H., Der Raum um Heilbronn, 1970; Stadt- und Landkreis Heilbronn, 1973; Aus der Heilbronner Geschichtsschreibung, hg. v. Schrenk, C., 1988; Schuler, P., Heilbronn, LexMA 4 1989, 2013 f.; Jäschke, K., Heilbronn, 1991; Schrenk, C., Von Helibrunna nach Heilbronn, 1998.

Heiligenberg (Grafen, Grafschaft, Landgrafschaft). Nach der Burg H. bei Überlingen nannten sich die im 10. Jahrhundert erwähnten Grafen von H., welche die Vogtei über das Hochstift Konstanz hatten. Die räumlich dem vorangehenden Linzgau entsprechende Grafschaft kam 1277 durch Verkauf seitens des letzten Grafen an die Grafen von Werdenberg und 1534 im Erbgang an die Grafen von Fürstenberg. 1664 wurde sie gefürstete Grafschaft. Innerhalb Fürstenbergs gehörte sie von 1562 bis 1716 zur Linie Heiligenberg, dann zu den Linien Messkirch und Stühlingen und seit 1744 zur Linie Messkirch. Sie zählte zum schwäbischen Reichskreis. 1806 fiel sie mit rund 5 Quadratmeilen bzw. 270 Quadratkilometern an Baden. Damit gelangte ihr Gebiet 1951/1952 zu Baden-Württemberg.

L.: Wolff 172; Zeumer 553 II b 61, 1; Wallner 687 SchwäbRK 28; Großer Historischer Weltatlas II 66 (1378) E5; Berenbach, E., 800 Jahre Grafen von Heiligenberg, 1936; Überlingen und der Linzgau am Bodensee, hg. v. Schleuning, H., 1972; Himmelheber, G., Schloss Heiligenberg, 9. A. 1974.

Heiligenstein (Reichsdorf). Am 16. 4. 1276 verpfändete Rudolf von Habsburg das Dorf H. zwischen Straßburg und Schlettstadt dem Eberhard von Landsberg für 100 Mark. Am 5. 12. 1339 erlaubte Ludwig der Bayer dem Johann von Ecketich die Einlösung. Am 2. 1. 1357 verpfändete Karl IV. dem Edlen von Landsberg das Dorf für 150 Mark Silber. Am

6. 6. 1409 erlaubte König Ruprecht von der Pfalz seinem Sohn, das eingelöste Reichsdorf als Reichspfandschaft zu besitzen. S. Elsass.

L.: Hugo 471.

Heiligkreuztal, Heiligenkreuztal (freies? Stift). 1227 erwarben mehrere fromme Frauen von Werner von Altheim das Gut Wasserschaff und errichteten dort unter dem Namen H. 1231/1233 ein Zisterzienserinnenkloster, das päpstlichen und kaiserlichen Schutz erlangte, aber der Oberaufsicht des Abts von Salem unterstand. Es erwarb vor allem von den Justingen und den Grafen von Grüningen-Landau ein kleines Herrschaftsgebiet von 8 Dörfern. Nach langem Rechtsstreit konnte 1719 die Vogtei der Grafen von Hohenzollern-Sigmaringen abgelöst werden. 1750 wurde das Kloster innerhalb Schwäbisch-Österreichs dem Oberamt Nellenburg unterstellt. Am Ende des 18. Jahrhunderts umfasste es ein Gebiet von 1,5 Quadratmeilen mit 3200 Einwohnern. Dazu gehörten die Dörfer und Weiler H., Andelfingen, Binzwangen, Beuren, Ertingen, Friedingen, Hundersingen und Waldhausen, die Höfe Landauhof (Landau), Talhof (Thalhof) und Dollhof, mehrere auswärtige Güter und Gefälle und Weinberge in Markdorf und Hechingen. 1803 fiel das Stift an Württemberg. Mit diesem kam H. 1951/1952 zu Baden-Württemberg.

L.: Wolff 45; Erzberger, M., Die Säkularisation in Württemberg von 1802–1810, 1902; Urkundenbuch des Klosters Heiligkreuztal, 1910 ff.; Kögel, M., Rechts- und Besitzverhältnisse des Klosters Heiligkreuztal, Diss. phil. Tübingen 1973; Der Kreis Biberach, 1973; Heiligenkreuztal 1277–1977, 2. A. 1978.

Heimbach, (Heimbach-Weis) (Freiheimgericht). H. im Westerwald gehörte ursprünglich zum Reichsgut um Engers. Am 16. 5. 1343 belehnte Kaiser Ludwig der Bayer den Grafen Wilhelm von Wied mit dem Freiheimgericht in H., Weis und Gladbach im Westerwald als Reichsmannlehen, nachdem er am 30. 5. 1336 den Grafen von Isenburg die Einsetzung von Schultheiß und Schöffen und die Ausübung des Blutbannes gestattet hatte. Faktisch entwickelte sich das Gebiet zu einem Kirchspiel ohne Herren. Dieses wurde im September 1545 auf Grund kaiserlicher Belehnung von Friedrich von Reifenberg zu Sayn in Besitz genommen, diesem aber ein Jahr später bereits wieder auf Grund einer Intervention des Erzstifts Trier, dem der Abt von Rommersdorf seine Rechte abgetreten hatte, entzogen. Zu Beginn des 17. Jahrhunderts war das Kirchspiel ganz in das Erzstift Trier einbezogen. Über Nassau gelangte H. 1866 zu Preußen (Provinz Hessen-Nassau).

L.: Gensicke, H., Landesgeschichte des Westerwaldes, 2. A. 1987; Leicher, H., Heimbach-Weiser Heimatbuch, 1961.

Heimbach (Ganerbschaft). In Lindschied und H. bei Wiesbaden bestand eine Ganerbschaft. S. Preußen, Hessen.

L.: Geschichtlicher Atlas von Hessen, Inhaltsübersicht 33.

Heimbach (Herren, Herrschaft). Im 11. Jahrhundert erscheint erstmals die Burg Hengebach bei Düren. Nach ihr benannte sich ein seit 1085 erwähntes Edelherrengeschlecht, das vermutlich von den Grafen von Are-Hochstaden abstammt. Dieses erlangte 1207/1208 beim Aussterben der Grafen von Jülich durch Erbschaft die Grafschaft Jülich. Ihre Herrschaft wurde danach ein Jülicher Amt. Ansprüche des Erzstifts Köln wurden erfolgreich abgewiesen.

L.: Wolff 322; Die schöne Eifel, 1956.

Heimendorf s. Führer von H.

Heimertingen (Herrschaft). Die Herrschaft H. nördlich von Memmingen wurde 1589 von den Grafen Fugger erworben. Sie stand der Linie Fugger-Babenhausen (Babenhausen und Boos) zu. Später kam H. zu Bayern.

L.: Wolff 204; Hölzle, Beiwort 45.

Heimerzheim (auf der Swist) (Reichsdorf) s. Heymersheim

Heinach s. Hainach

Heinold (Reichsritter). Im 16. Jahrhundert zählten die H. zum Kanton Gebirg des Ritterkreises Franken.

L.: Riedenauer 124.

Heinrichen (Reichsritter). Vom 17. Jahrhundert bis 1806 zählten die H. mit den Rittergütern Grasmannsdorf und Grub zum Kanton Steigerwald des Ritterkreises Franken. Außerdem waren sie um 1805/1806 auch im Kanton Gebirg immatrikuliert.

L.: Bechtolsheim 16; Riedenauer 124.

Heinsberg (Herren, Grafen). In H. bei Jülich erscheint 1085 eine Burg. Nach ihr nannten sich die Herren von H. 1190 kamen die Güter über die Erbtochter an Arnold von Kleve,

1233 über dessen Enkelin an Graf Heinrich von Sponheim, 1469 über eine Erbtochter an Johann II. von Nassau-Saarbrücken und 1472/1483 über eine Erbtochter und die Abfindung der zweiten Erbtochter an Jülich und damit 1614 an Pfalz-Neuburg, 1742 an Pfalz-Sulzbach, 1814 an Preußen und 1946 H. an Nordrhein-Westfalen.

L.: Wolff 322; Großer Historischer Weltatlas II 66 (1378) D3; Mirbach, W. v., Zur Territorialgeschichte des Herzogtums Jülich, 1874 ff.; Corsten, S., Das Heinsberger Land im frühen Mittelalter, 1959; Viendenbantt, Forschungen zur Geschichte des ersten heinsberg-valkenbergischen Dynastengeschlechts, 1965; Herborn, V., Heinsberg, LexMA 4 1989, 2111; Escher, M. u. a., Die urbanen Zentren, 2005, 1, 410, 2, 256.

Heinsheim (reichsritterschaftlicher Ort). Das vermutlich bereits im 6. oder 7. Jahrhundert gegründete H. bei Wimpfen am Neckar zählte zum Kanton Kraichgau des Ritterkreises Schwaben und kam 1806 zu Baden und damit 1951/1952 zu Baden-Württemberg.

L.: Wolff 510; Neuwirth, G., Geschichte des Dorfes Heinsheim, 2. A. 1965.

Heistart (Herrschaft). Die Herrschaft H. und Schüller gehörte zur Grafschaft Blankenheim und Gerolstein, die 1780 an die Grafen von Sternberg fiel.

L.: Wolff 363.

Heisterbach (Abtei). Die 1189 durch Erzbischof Philipp von Köln auf dem Petersberg gegründete Zisterzienserabtei wurde 1193 nach H. verlegt und 1803 aufgehoben. Über Preußen kam H. 1946 zu Nordrhein-Westfalen.

L.: Urkundenbuch der Abtei Heisterbach, hg. v. Schmitz, F., 1908; Beitz, E., Kloster Heisterbach, 1908; Pauen, H., Die Klostergrundherrschaft Heisterbach, 1913; Simon, J., Heisterbach, LexMA 4 1989, 2112; Brunsch, S., Das Zisterzienserkloster Heisterbach, 1998.

Heistilingouwe, Heisterechgouwe s. Haistergau

L.: Polenz, P. v., Landschafts- und Bezirksnamen, 1961, II, 26, 31, 34, 39, 90.

Heitersheim (Johanniterpriorat, Fürstentum). H. südwestlich von Freiburg erscheint erstmals 777 in Lorscher Urkunden. 1272 gelangte es an den Johanniterorden. 1276 gab Markgraf Heinrich II. von Hachberg die Gerichtsrechte und Vogtrechte. Von 1428 (auf Dauer seit 1505) bis 1806 war der reichsunmittelbare Ort Sitz des Johanniter-Großpriors (Johannitermeisters) von Deutschland. Dieser erhielt 1546 Fürstenrang mit Sitz und Stimme auf dem Reichstag. Das 4 Quadratmeilen bzw. (ohne die 1803 erworbene Grafschaft Bonndorf) 50 Quadratkilometer große, etwa 5000 Einwohner umfassende, dem oberrheinischen Reichskreis angehörige Fürstentum H. kam allmählich faktisch unter Landeshoheit Österreichs, fiel 1797 mit dem Breisgau an den Herzog von Modena und 1805/1806 an Baden. Damit gelangte H. 1951/1952 zu Baden-Württemberg. S. Johanniterorden (Johannitermeister).

L.: Wolff 240; Wallner 697 OberrheinRK 28; Schneider, W., Das Fürstentum und Johannitergroßpriorat Heitersheim und sein Anfall an Baden, Diss. jur Freiburg 1950; Kraus-Mannetstätter, K., Heitersheim, die Malteserstadt, 1952; Heitersheim, hg. v. Hecht, J., 1972; Die Heitersheimer Herrschaftsordnung, hg. v. Barz, W., 1999.

Helbe (Reichsritter). Im frühen 16. Jahrhundert zählten die H. zum Kanton Rhön-Werra und zum Kanton Baunach im Ritterkreis Franken.

L.: Riedenauer 124.

Heldburg (Herrschaft). H. bei Hildburghausen wird erstmals 837 anlässlich einer Übertragung an Fulda genannt (Helidberga). Zu Beginn des 14. Jahrhunderts war die Burg Sitz der Grafen von Henneberg. 1353 gelangte sie mit der zugehörigen Herrschaft durch Heirat an die Burggrafen von Nürnberg, 1374 an Sachsen. 1826 fiel das bis 1806 über Sachsen-Hildburghausen zum obersächsischen Reichskreis zählende H. an Sachsen-Meiningen und kam damit 1920 zu Thüringen.

L.: Wolff 397; Bießmann, K., Das fürstlich-sächsische Amt Heldburg in der Mitte des 16. Jahrhunderts, Diss. phil. Jena 1936.

Heldritt (Reichsritter). Im frühen 16. Jahrhundert zählten die H. zum Kanton Gebirg und zum Kanton Rhön-Werra (bis etwa 1750), im frühen 17. Jahrhundert auch zum Kanton Baunach des Ritterkreises Franken.

L.: Stieber; Roth von Schreckenstein 2, 593; Seyler 368; Riedenauer 124; Rahrbach 118.

Heldrungen (Herren). H. bei Halle wird 786 erstmals erwähnt. Bis 1480 war die Burg H. Sitz der Herren von H. Später kam H. zu Preußen (Provinz Sachsen) und damit 1945 zu Sachsen-Anhalt, 1990 zu Thüringen.

L.: Wolff 401; Naumann, L., Geschichte des Kreises Eckartsberga, 1927; Heldrungen um 1500, hg. v. d. Heldrunger Museumskommission, 1955.

Helfedange Helflingen (Herrschaft). Die Herrschaft H. gehörte als bischöfliche Lehnsherrschaft im 18. Jahrhundert zum Hochstift Metz, das 1789 in Frankreich säkularisiert wurde.

L.: Wolff 301.

Helfenstein (Grafen). Um 1100 wurde die Burg H. bei Geislingen an der Steige errichtet. Nach ihr nannten sich die im staufischen Reichsdienst bedeutenden, seit 1113 bezeugten Grafen von H., die um 1258 Teile der Güter der Grafen von Dillingen erbten. Sie hatten Güter um Geislingen/H., Wiesensteig, Blaubeuren (nach 1267) und Heidenheim (1351), die vielfach geteilt wurden. Die Linie Wiesensteig erwarb 1546 Gundelfingen und 1594 Messkirch. Seit 1396 und nach dem Aussterben der Wiesensteiger Linie (1627) kamen diese Güter an die Reichsstadt Ulm (Güter der Wiesensteiger Linie ohne Wiesensteig), an die Grafen von Fürstenberg (Messkirch, Gundelfingen, Neufra), an Württemberg (1447/1448) und Bayern (1642), 1806/1810 fast ganz an Württemberg und damit 1951/1952 zu Baden-Württemberg. S. Wiesensteig.

L.: Zeumer 553 II b 61, 6; Großer Historischer Weltatlas II 66 (1378) E4; Kerler, H. F., Geschichte der Grafen von Helfenstein, 1840; Eberl, I., Helfenstein, LexMA 4 1989, 2118 f.

Helfenstein (Herren)

L.: Gensicke, H., Landesgeschichte des Westerwaldes, 2. A. 1987.

Helflingen (Herrschaft) s. Helfedange

Helgoland (Insel). Die auf einem unterirdischen Salzstock ruhende, schon in der Steinzeit bewohnte Nordseeinsel H. (heiliges Land?) wurde im Frühmittelalter von Friesen besiedelt. 1402 kam sie an das Herzogtum Schleswig, 1490 durch Landesteilung an die Herzöge von Schleswig-Holstein-Gottorp bzw. Gottorf. 1714 musste sie an Dänemark, 1807/1814 von diesem an England abgetreten werden. Durch Vertrag vom 1. 7. 1890 wurde H. vom Deutschen Reich gegen Sansibar eingetauscht und durch Gesetz vom 15. 12. 1890 dem Reich, durch preußisches Gesetz vom 18. 2. 1891 Preußen einverleibt. Am 18. 4. 1945 wurde der Ort durch Bombenangriffe vernichtet. Am 18. 4. 1947 versuchte England als Besatzungsmacht vergeblich die Insel insgesamt mit 6,5 Millionen Kilogramm Sprengstoff zu zerstören. Am 1. 3. 1952 wurde H. an Deutschland zurückgegeben und dem Land Schleswig-Holstein zugeteilt (1972 2,9 Quadratkilometer, 2500 Einwohner). Seit 1. 1. 1996 gehört (das durch das Meer gefährdete) H. zum deutschen Hoheitsgebiet und Steuergebiet.

L.: Sell, M., Das deutsch-englische Abkommen 1890, 1926; Siebs, B. E./Wohlenberg, E., Helgoland, Landes- und Volkskunde, 1953; Bahr, M., Helgoland, Fries. Jb. 30 (1955), 203; Lüth, E., Helgoland, 2. A. 1963; Friedrichs, K., Umkämpftes Helgoland, 1988.

Hellerkirch, Hollar (Reichsdorf). Am 25. 1. 1374 erlaubte Karl IV. der Reichsstadt Friedberg, die vom Reiche den von Karben verpfändeten Gerichte und Dörfer Ockstadt, Heller, Melbach und Heyenheim (Heichelheim) einzulösen. Diese Erlaubnis wurde aber nicht verwirklicht.

L.: Hugo 461 f.

Helmarshausen (Reichsabtei). H. an der Diemel bei Hofgeismar ist vor 944 (Helmerateshusa) als Königshof bezeugt. Zu Ende des 10. Jahrhunderts entstand vermutlich durch Graf Eckhard von Rheinhausen ein Benediktinerkloster, das vor 997 zur Reichsabtei mit Freiheit wie Corvey erhoben wurde. 1017 gab Kaiser Heinrich II. H. an den Bischof von Paderborn. 1220 übernahm das Erzstift Köln den Schutz der Abtei gegen Paderborn. Von 1479 bis 1597/1617 kam H. durch Unterstellung an Hessen. Die Reichsabtei wurde 1536 aufgehoben. 1597 verzichtete Paderborn nach langem Rechtsstreit auf seine Rechte. Später gelangte H. an Preußen (Provinz Hessen-Nassau).

L.: Wolff 254; Pfaff, F., Die Abtei Helmarshausen, Zs. d. Ver. f. hess. Gesch. u. Landeskunde 44 (1910), 188 ff., 45 (1911); Heinemeyer, W., Ältere Urkunden und ältere Geschichte der Abtei Helmarshausen, Arch. f. Diplomatik 9/10 (1963/1964); Fahlbusch, F., Helmarshausen, LexMA 4 1989, 2123 f.; Helmarshausen, hg. v. Baumgärnter, I., 2003.

Helmegau (Helmingouuue, Helmungouui, Helmengouue, Helmengovue, Helmingouue, Helmengouw, Gau um die Helme südlich des Harzes)

L: Curs, O., Deutschlands Gaue im zehnten Jahrhundert. Nach den Königsurkunden, Diss. phil. Göttingen 1908, 9 (Breitungen, Bösenrode, Bliedungen, Mackenrode, Ahtenfelde, Sundhausen, Wallhausen, Berga); Hessler, W., Mitteldeutsche Gaue des frühen und hohen Mittelalters, 1957, 125 (Berga am Kyffhäuser, Bliedungen, Breitungen, Görsbach, Mackenrode südlich Bad Sachsas, Salza, Sundhausen, Wallhausen); Polenz, P. v., Landschafts- und Bezirksnamen, 1961, II, 24, Helmungouwe, ‚Helmegau'.

Helmstadt (reichsritterschaftlicher Ort). H. bei Sinsheim wird erstmals 782 in Lorscher

Urkunden erwähnt. Es war Sitz der im 13. Jahrhundert weit verzweigten Adelsfamilie von H. (1229), deren Angehörige ursprünglich Ministeriale der Staufer waren. 1273 kam es durch Auftragung an die Pfalz. Diese belehnte 1401 die Herren mit dem später zum Kanton Kraichgau des Ritterkreises Schwaben zählenden Dorf, das 1681 nach deren Aussterben an die Berlichingen und Auerbach fiel. Von der Pfalz kam es 1803 an Baden und damit 1951/1952 an Baden-Württemberg.

L.: Wolff 510; Senges, W., Geschichte des Kraichgaudorfes Helmstadt, 1937.

Helmstadt, Helmstatt, Helmstädt (Reichsritter, Grafen). Vom frühen 16. Jahrhundert bis zum frühen 18. Jahrhundert zählten die von den Göler von Ravensburg abstammenden H. zum Kanton Odenwald des Ritterkreises Franken. Um 1790 waren die Grafen von H. mit Berwangen, Hochhausen, Neckarbischofsheim mit Hasselbach, einem Drittel Kälbertshausen und Oberbiegelhof Mitglied des Kantons Kraichgau des Ritterkreises Schwaben. Von 1603 bis 1629 waren die H. wegen Dunstelkingen, Ebersberg und Talheim im Kanton Kocher immatrikuliert. 1581 zählten die H. zum Kanton Neckar-Schwarzwald-Ortenau des Ritterkreises Schwaben. Sie gehörten auch zur vogtländischen Ritterschaft (Vogtland).

L.: Stieber; Roth von Schreckenstein 2, 592; Hölzle, Beiwort 63; Stetten 32; Winkelmann-Holzapfel 152; Schulz 264; Riedenauer 124.

Helmstedt (reichsunmittelbare Abtei). Aus einer um 800 vom Kloster Werden aus gegründeten Missionszelle entwickelte sich vor 887 die Benediktinerabtei St. Ludgeri, deren angebliche Exemtion vom Bistum Halberstadt auf Urkundenfälschung beruht und die mit dem Kloster Werden bis 1802 durch einen gemeinsamen Abt verbunden war. Sie war bis 1802/1803 reichsunmittelbar. Die Herrschaft über die Stadt H. (952 Helmonstedi) verlor der Abt 1490 an die Herzöge von Braunschweig, die 1576 in H. die bis 1810 bestehende Universität „Juleum" gründeten. Über Braunschweig kam H. 1946 an Niedersachsen.

L.: Wolff 439; Mutke, E., Helmstedt im Mittelalter, 1913; Goetting, H., Papsturkundenfälschungen für die Abteien Werden und Helmstedt, MIÖG 62 (1954), 425 ff.; Stelzer, O., Helmstedt und das Land um den Elm, 1954; Schaper, H., Helmstedt. Die Geschichte einer Stadt, 1964; Der Landkreis Helmstedt, bearb. v. Conrady, H.W., 1965; Fahlbusch, F., Helmstedt, LexMA 4 1989, 2126; Alschner, U., Universitätsbesuch in Helmstedt, 1998.

Hembach, Dürrenhembach (Reichsdorf?). 1360 versprach Karl IV. den Brüdern von Wendelstein bei Nürnberg, die ihnen für tausend Heller versetzten Dörfer Nerreth (Nuwenreuthe), Dürrenhembach (Hembach) und Raubersried (Robesreut) nur gemeinschaftlich auszulösen.

L.: Hugo 456.

Hemmerueldun (Gau südlich der Diemel links der Weser)

L: Curs, O., Deutschlands Gaue im zehnten Jahrhundert. Nach den Königsurkunden, Diss. phil. Göttingen 1908, 9 (Sieberhausen); Polenz, P. v., Landschafts- und Bezirksnamen, 1961, II, 58, IV, 10, Hemmerfeld, Ortsname?.

Hemmingen s. Varnbüler von H., Varnbühler von und zu H.

Henckel-Beuthen s. Henckel von Donnersmarck

Henckel von Donnersmarck (Freiherren, Grafen). Aus einem vielleicht ursprünglich aus Geldern (von Kell), danach aus der Zips stammenden, nach der Burg Donnersmarck (Quintoforo, Donnerstagsmarkt) im Bezirk Leutschau genannten Geschlecht erwarb Lazarus H. (1551–1624) 1623 die Herrschaft Beuthen und Oderberg in Schlesien. 1636 wurde die Familie in den Freiherrenstand, 1651 in den Grafenstand erhoben. Später hatte die ältere katholische Linie die Herrschaft Beuthen, die jüngere evangelische Linie Güter in Tarnowitz, Neudeck, Zyglin und Repten.

L.: Perlick, A., Oberschlesische Berg- und Hüttenleute, 1953.

Henckel-Oderberg s. Henckel von Donnersmarck

Henckel-Tarnowitz s. Henckel von Donnersmarck

Hendrich (Reichsritter). Im 18. Jahrhundert zählten die H. zum Kanton Baunach des Ritterkreises Franken.

L.: Riedenauer 124.

Henfenfeld s. Pfinzing von H.

Hengistfeld

L.: Polenz, P. v., Landschafts- und Bezirksnamen, 1961, II, 58, 61, 63, 66, III, 30.

Henlein (Reichsritter). Im frühen 16. Jahrhundert zählten die H. zum Kanton Gebirg des Ritterkreises Franken.

L.: Riedenauer 124.

Henneberg (Grafschaft). Seit dem Ende des 11. Jahrhunderts nannte sich ein aus dem Grabfeld stammendes, möglicherweise mit den älteren Babenbergern verwandtes und 1037 (Poppo I. † 1078) erstmals urkundlich bezeugtes Geschlecht, das zwischen Thüringer Wald, Rhön und Hassbergen begütert war, nach der Burg H. im Grabfeld bei Meiningen. Es trat nach schweren Niederlagen durch die Bischöfe von Würzburg, deren Reichsvögte, Burggrafen und Marschälle das Geschlecht stellte, in deren Lehnsdienst ein. 1230 verlor es das Burggrafenamt von Würzburg sowie Meiningen, Mellrichstadt und Stockheim und wurde mit dem Kern seiner Herrschaft nach Thüringen abgedrängt, 1310 aber in den gefürsteten Grafenstand erhoben. Im thüringischen Erbfolgestreit erhielt es 1249 für seine Ansprüche Schmalkalden („neue Herrschaft", die 1291 in weiblicher Linie vorübergehend an Brandenburg fiel). 1274 erfolgte eine Teilung in die drei Linien Henneberg-Schleusingen (bis 1583), Henneberg-Aschach (bis 1549, 1486 in den Reichsfürstenstand erhoben) und Henneberg-Hartenberg(-Römhild) (bis 1378/1379, Güter durch Verkauf an Henneberg-Aschach). Die sog. „neue Herrschaft" (Coburg, Sonneberg), die Heinrich VIII. über Jutta von Brandenburg zurückgewonnen hatte, ging 1353 über drei Erbtöchter als Frauenlehen größtenteils an das Haus Wettin (Sachsen), teilweise (um Königshofen) an Würzburg verloren. 1542 wurde Meiningen im Tauschwege vom Hochstift Würzburg erworben. Wilhelm V. schloss 1554 infolge Verschuldung eine Erbverbrüderung mit dem Haus Wettin (Sachsen). Nach dem Tode des letzten Grafen (1583) verwalteten auf Grund der Erbverbrüderung von 1554 die beiden wettinischen Linien die Güter gemeinsam bis 1660. Bei der Teilung fiel der Hauptteil an das ernestinische Sachsen-Meiningen (bis 1920), der Rest an Sachsen (Kursachsen). Die Herrschaft Schmalkalden musste Hessen-Kassel überlassen werden. Am Ende des 18. Jahrhunderts war die ursprünglich 28 Quadratmeilen große, zum fränkischen Reichskreis zählende Herrschaft H. mit etwa 74 000 Einwohnern wie folgt aufgeteilt: Sachsen hatte ein Gebiet von 8,5 Quadratmeilen mit 22 000 Einwohnern (die Ämter Schleusingen, Suhl, Kühndorf, Benshausen und die Kammergüter und Vorwerke Veßra und Rohr [Rohra]), Sachsen-Weimar-Eisenach 5,3 Quadratmeilen mit 15 000 Einwohnern (die Ämter Ilmenau, Lichtenberg oder Ostheim und Kaltennordheim), Sachsen-Meiningen 10 Quadratmeilen mit 26 000 Einwohnern (Stadt Meiningen und die Ämter Meiningen und Maßfeld, Wasungen, Sand, Frauenbreitungen und Römhild), Sachsen-Coburg-Saalfeld 2,7 Quadratmeilen mit 7600 Einwohnern, Sachsen-Gotha-Altenburg 0,6 Quadratmeilen mit 1800 Einwohnern (das Amt Themar) und Sachsen-Hildburghausen 0,75 Quadratmeilen mit 1800 Einwohnern (das Amt Behrungen). Der kursächsische Teil kam 1815, der hessische 1866 an Preußen. Sachsen-Meiningen ging 1920 in Thüringen auf.

L.: Wolff 114; Zeumer 553 II b 39; Wallner 691 FränkRK 6 a-f, 16, 21; Großer Historischer Weltatlas II 66 (1378) F3, III 22 (1648) D2; Schultes, J. A., Die Geschichte des gräflichen Hauses Henneberg, Teil 1 f. 1788 ff.; Hennebergisches Urkundenbuch, hg. v. Schöppach, K./Brückner, G., Teil 1–7 1842 ff.; Füsslein, W., Berthold VII. Graf von Henneberg, 1905, Neudruck 1984; Zickgraf, E., Die gefürstete Grafschaft Henneberg-Schleusingen, Geschichte des Territoriums und seiner Organisation, 1944; Hess, U., Die Verwaltung der gefürsteten Grafschaft Henneberg, Diss. phil. Würzburg 1944 (ungedruckt); Henning, E./Jochums, G., Bibliographie zur Hennebergischen Geschichte 1976; Wendehorst, A., Henneberg, LexMA 4 1989, 2130; Wölfling, G., Geschichte des Henneberger Landes zwischen Grabfeld, Rennsteig und Rhön, 1992; Mötsch, J./Witter, K., Die ältesten Lehnsbücher der Grafen von Henneberg, 1996; Wagner, H., Entwurf einer Genealogie der Grafen von Henneberg, Jb. d. hennebergisch-fränk. Geschichtsvereins 11 (1996), 33.

Henneberg s. Hingka zu H.

Henneberg s. Truchsess von H.

Henneberg-Aschach (Grafen, Reichsfürsten). Die Grafen von H. sind eine 1274 entstandene Teillinie der Grafen von Henneberg, die 1486 in den Reichsfürstenstand erhoben wurde und 1549 ausstarb. Ihr entstammte der Mainzer Erzbischof Berthold von Henneberg (1481–1504). Sie erlangte 1378 die Güter von Henneberg-Hartenberg(-Römhild). Sie verkaufte die Herrschaft Aschach an Würzburg, siedelte nach Römhild über und nannte sich (nach) Römhild. Später verkaufte sie einen

Teil ihrer Güter an die Grafen von Mansfeld. Der Rest kam bei ihrem Erlöschen an Henneberg-Schleusingen.

Henneberg-Hartenberg(-Römhild) (Grafen). Die Grafen von H. sind eine 1274 entstandene, 1378 ausgestorbene Teillinie der Grafen von Henneberg. Ihre Güter fielen an Henneberg-Aschach.

Henneberg-Römhild (Grafschaft). Henneberg-Aschach nannte sich nach dem Anfall Henneberg-Hartenberg(-Römhilds) (1378) H. Es erwarb zahlreiche Güter (1433 Lichtenberg, 1435 Fladungen, 1335/1344 Kühndorf, 1455 ein Viertel Fischberg). 1465/1502 verlor die Linie durch Teilung an Bedeutung. 1548 kamen die Güter Graf Bertholds XVII. an die verschwägerten Grafen von Mansfeld und von diesen teilweise an Henneberg-Schleusingen (ein Viertel Hennebergs). Die Güter Graf Albrechts fielen an die verschwägerten Grafen von Stolberg. Am Ende des 18. Jahrhunderts war die über den Herzog von Sachsen-Meiningen (1660) zum fränkischen Reichskreis zählende Grafschaft H. 2,9 Quadratmeilen groß und hatte 8000 Einwohner.

L.: Wallner 693 FränkRK 21; Regesten des Archivs der Grafen von Henneberg-Römhild, hg. v. Mötsch, J., 2006.

Henneberg-Schleusingen (gefürstete Grafen). Die Grafen von H. sind eine 1274 entstandene, 1310 gefürstete Teillinie der Grafen von Henneberg (mit Henneberg, Wasungen, Themar), die rasch viele Güter erwarb (Belrieth 1323, Bettenhausen, Seeba, Friedelshausen 1297, Roßdorf 1317, Tambach, Schmalkalden, Barchfeld, Maßfeld 1325, Coburg). Ihre 1549 infolge Beerbung Henneberg-Römhilds vermehrten Güter fielen bei ihrem Aussterben (1583) an Linien der Wettiner und an Hessen-Kassel (Herrschaft Schmalkalden). Am Ende des 18. Jahrhunderts gehörte die Grafschaft H. über Sachsen, Sachsen-Weimar und Sachsen-Hildburghausen dem fränkischen Reichskreis an.

L.: Wallner 693 FränkRK 6 f.; Zickgraf, E., Die gefürstete Grafschaft Henneberg-Schleusingen, 1944; Henning, E., Die gefürstete Grafschaft Henneberg-Schleusingen im Zeitalter der Reformation, 1981; Mötsch, J., Das Urbar der Grafschaft Henneberg-Schleusingen von 1360/66, Jb. d. hennebergisch-fränkischen Geschichtsvereins 17 (2002), 97.

Henneberg-Schmalkalden (Grafschaft). 1249 kam im thüringischen Erbfolgestreit Schmalkalden an die Henneberg. Später fiel es an Hessen zurück. Am Ende des 18. Jahrhunderts gehörte H. über Hessen-Kassel mit 6,8 Quadratmeilen zum fränkischen Reichskreis. S. Henneberg, Schmalkalden.

L.: Wallner 693 FränkRK 16.

Hennegau (Grafschaft), frz. Hainaut. Der erstmals 750 (Hainoavio) genannte, karolingische, nach dem Flüsschen Haine benannte, den Süden des damaligen Bistums Cambrai östlich der oberen und mittleren Schelde umfassende Gau H. fiel mit den Reichsteilungen des 9. Jahrhunderts an Lothringen. In spätkarolingischer Zeit war der H. eine Grafschaft um Mons, welche die in weiblicher Linie von Kaiser Lothar I. abstammenden Reginare innehatten, die von 911 bis 939/944 Herzöge von Niederlothringen waren und sich nach 998 in Bergen (Mons) eine Residenz schufen. 1051 fiel der H. nach dem Aussterben der Reginare (1030) über die Gräfin Richilde an die Grafen von Flandern und wurde von 1070 bis 1191 von einer Nebenlinie der Balduine beherrscht. 1188 belehnte Kaiser Friedrich I. Barbarossa die Grafen mit der Grafschaft Namur. 1191 wurde die Grafschaft durch die Heirat Graf Balduins V. von H. mit Margarete von Flandern, der Schwester Philipps von Elsass, wieder mit Flandern verbunden. Nach dem Tode der Töchter Johanna (1205–1244) und Margarethe von Flandern (1244–1280) kam es zu Erbstreitigkeiten zwischen den Häusern Avesnes (Graf Johann von Avesnes war illegitimer Enkel Margarethes) und Dampierre. H. fiel an Avesnes, das 1299 auch die Grafschaft Holland erhielt und 1323 Seeland besetzte. Über Ludwig des Bayern Gemahlin und Johann von Avesnes' Enkelin Margarethe fielen die Grafschaft H. und Holland 1346 an das Haus Wittelsbach (Bayern) und von diesem durch Verzicht der Urenkelin Ludwigs des Bayern 1433 an die Herzöge von Burgund. Seit 1477 gehörten sie auf Grund der Heirat Maximilians mit Maria von Burgund zu Habsburg, dessen spanische Linie (Spanien) von 1555 bis 1701/1713 und dessen österreichische Linie (Österreich) von 1713 bis 1792/1794 herrschte. 1678 wurde allerdings der südliche Teil an Frankreich abgetreten. Vergrößert um Teile der Provinzen Brabant und Lüttich sowie um Stadt und Land Tournai wurde der übrige Teil 1794 zum französisch beherrschten Département Jemappes, das als H. 1815 an das Königreich der Vereinigten Niederlande und 1830 an Belgien kam.

L.: Wolff 61; Wallner 701 BurgRK 1; Großer Historischer Weltatlas II 66 (1378) B3, II 78 (1450) E3; Gislebert von Mons: Chronicon Hanoniense (1068–1195), hg. v. Arndt, W. 1869, hg. v. Vanderkindere, L., 1904; Vanderkindere, L., Histoire de la formation territoriale des principautés belges au moyen-âge, Bd. 1–2 1902 f.; Curs, O., Deutschlands Gaue im zehnten Jahrhundert. Nach den Königsurkunden, Diss. phil. Göttingen 1908, 9 (Haginao, Heinia, Heinau, Gau um Valenciennes, Wambaix, Douchy, Buvrinnes, Hayna); Dony, E., Histoire du Hainaut de 1433 á nos jours, 1925; Polenz, P. v., Landschafts- und Bezirksnamen, 1961, II, 17, 21 f., 24, 41, 45, 47, III, 32, Hainau, Heinegouwe, Heinia, Haginao, pagus Hainensis, pagus Hainoensis, Hennegau; Hainaut d'hier et d'aujourd'hui, 1962; Bruwier, M., Le passé économique du Hainaut, in: Le Hainaut français et belge, 1969, 71 ff.; Mohr, W., Geschichte des Herzogtums Lothringen, Bd. 1 ff. 1974 ff.; Cauchies, J., La législation princière pour le comté de Hainaut (1427–1506), 1982; Nonn, U., Pagus und Comitatus in Niederlothringen, 1983, 121; Cauchies, J., Hennegau, LexMA 4 1989, 2131 ff.

Hepbach (Herrschaft) s. Heggbach

Heppenheim, genannt Saal (Reichsritter). Im frühen 17. Jahrhundert zählten die H. zum Kanton Steigerwald des Ritterkreises Franken. (S. Burggraf zu H.)

L.: Bechtolsheim 15; Riedenauer 124.

Heppenheimere marcha

L.: Polenz, P. v., Landschafts- und Bezirksnamen, 1961, IV, 3 f., 6 f., zum Ortsnamen Heppenheim; Escher, M. u. a., Die urbanen Zentren, 2005, 2, 258.

Heppenstein s. Bauer von H.

Herbilstadt, Herbolsthal (Reichsritter) s. Herbstadt

Herbore marca

L.: Polenz, P. v., Landschafts- und Bezirksnamen, 1961, IV, 3 f., 6, zum Ortsnamen Herborn (Escher, M. u. a., Die urbanen Zentren, 2005, 2, 259).

Herbrechtingen (Reichsstift). 774 gab Karl der Große das auf altem Siedlungsland errichtete H. (Hagrebertingas) an die dort durch Fulrad von Saint-Denis (Saint Denis) gegründete Kirche. Im frühen 10. Jahrhundert zog Herzog Burchard von Schwaben das daraus erwachsene Stift als Erbgut seiner Gemahlin Reginlind an sich. Kaiser Friedrich II. übertrug die Vogtei über das nunmehrige Augustinerchorherrenstift an die Herren von Wolfach, die sie 1227 an die Grafen von Dillingen verkauften. 1258 bemächtigte sich Graf Ulrich von Helfenstein als Schwiegersohn des letzten Grafen von Dillingen des Stifts und zog es zur Grafschaft Helfenstein bzw. Herrschaft Heidenheim. 1531/1536 wurde die Reformation eingeführt. 1648 kam das Stift endgültig an Württemberg und H. 1951/1952 zu Baden-Württemberg.

L.: 1200 Jahre Herbrechtingen, 1974.

Herbstadt, Herbilstadt, Herbolsthal (Reichsritter). Im 16. Jahrhundert zählten die H. zum Kanton Rhön-Werra, zum Kanton Steigerwald und zum Kanton Baunach des Ritterkreises Franken.

L.: Pfeiffer 212; Riedenauer 124; Rahrbach 119.

Herbsthain (Reichsritter). Im 16. Jahrhundert waren die H. Mitglied im Kanton Hegau des Ritterkreises Schwaben.

L.: Ruch 18, Anm. 2.

Herckam, Horken?, Horkheim? (Reichsritter). Im 16. Jahrhundert zählten die H. zum Kanton Altmühl des Ritterkreises Franken.

L.: Pfeiffer 213; Riedenauer 124.

Hercolani (Reichsfürst). 1699 erhob Kaiser Leopold I. Filippo H. zum Reichsfürsten und seine Herrschaft Fioremonte (Florimonte) zum Marchesat.

L.: Klein 167.

Herda, Hörda, Harda (Reichsritter). Im 16. und 17. Jahrhundert zählten die H. zum Kanton Rhön-Werra des Ritterkreises Franken, im 17. Jahrhundert auch zum Kanton Odenwald.

L.: Seyler 368; Pfeiffer 197; Riedenauer 124.

Herdegen (Reichsritter). Im 16. Jahrhundert zählten die H. zum Kanton Gebirg des Ritterkreises Franken.

L.: Riedenauer 124.

Herdwangen (Herrschaft). Die Herrschaft H. nördlich von Überlingen wurde im 11. Jahrhundert von der reichsunmittelbaren Abtei Petershausen erworben, die 1803 an Baden fiel. Damit gelangte H. 1951/1952 an Baden-Württemberg.

L.: Wolff 190; Hölzle, Beiwort 82.

Heressem (Reichsritter) s. Herisem

Herford (Frauenstift, reichsunmittelbares Stift). An der Kreuzung wichtiger Straßen und Furten über Aa und Bowerre (Werre) wurde um 800 (823?, Weihe 832) von dem Adligen Walger auf dem Boden des Hofes „Oldenhervorde" (838 Herivurth, 972 curtis imperatoria Herivurde) als ältester Frauenkonvent in Sachsen das Damenstift H. gegründet. Kaiser Ludwig der Fromme gab ihm ein Drittel der für Corvey vorgesehenen Güter und machte es zur Reichsabtei. Von 919 bis 924 zerstört, wurde es ab 927 wieder aufgebaut. 1147 wurde es mit 39 Oberhöfen und etwa 800 zinspflichtigen Unterhöfen reichsunmittelbar. Vögte waren ursprünglich vermutlich die Billunger, dann Heinrich der Löwe und wohl als Untervögte Heinrichs des Löwen und seit 1180 des Erzstifts Köln die Grafen von Schwalenberg, denen vielleicht schon vor 1261 die Grafen von Sternberg und 1382 die Grafen von Jülich-Berg folgten. Um 1533 wurde das Stift evangelisch. 1802 wurde das dem niederrheinisch-westfälischen Reichskreis angehörige Stift von Preußen aufgehoben und am 25. 2. 1803 der Grafschaft Ravensberg einverleibt, die seit 1614 zu Preußen gehörte. 1810 wurde es nach Umwandlung in ein Kollegiatstift für Männer (1804) endgültig aufgelöst. 1946 kam H. zu Nordrhein-Westfalen.

L.: Wolff 336; Zeumer 553 II a 37, 13; Wallner 705 WestfälRK 57; Pape, R., Über die Anfänge Herfords, Diss. phil. Kiel 1955; Cohausz, A., Ein Jahrtausend geistliches Damenstift Herford, Herforder Jahrbuch 1 (1960); 100 Jahre Landkreis Herford, 1966; Herforder Geschichtsquellen, Bd. 1 1968; Pape, R., Sancta Herfordia. Geschichte Herfords von den Anfängen bis zur Gegenwart, 1979; Köbler, G., Gericht und Recht in der Provinz Westfalen (1815–1945), FS G. K. Schmelzeisen, 1980, 173; Pape, R., Waltger und die Gründung Herfords, 1988; Herford zur Kaiserzeit, bearb. v. Pape, R., 1989; 1200 Jahre Herford, hg. v. Helmert-Corvey, T., 1989; Fahlbusch, F., Herford, LexMA 4 1989, 2152 f.

Herford (Reichsstadt). Die im Anschluss an das adlige, reichsunmittelbare Frauenstift H. entstandene Siedlung besaß seit etwa 1170 oder 1180 Stadtrecht. Die Reichsunmittelbarkeit der ab 1520 evangelisch gewordenen Stadt wurde 1631 durch Urteil des Reichskammergerichts bestätigt, obwohl der Ort 1547 durch Urteil des Reichskammergerichts Jülich-Berg unterstellt worden war. Seit 1647/1652 stand die Stadt aber unter der Hoheit Brandenburgs bzw. Preußens, das H. als Erbe von Jülich-Berg-Ravensberg 1647 bis 1650 und 1652 endgültig besetzte. 1810/1811 kam H. zum Königreich Westphalen, 1815 wieder zu Preußen und 1946 zu Nordrhein-Westfalen.

L.: Wolff 320; Korte, F., Die staatsrechtliche Stellung von Stift und Stadt Herford vom 14.–17. Jahrhundert, Jahresberichte d. hist. Ver. f. Gfsch. Ravensberg 58, 1 ff.; Pape, R., Über die Anfänge Herfords, Diss. phil. Kiel 1955; Pape, R., Herford im Bild, 1964; Freie und Hansestadt Herford, hg. v. Herforder Verein f. Heimatkunde, Bd. 1 ff. 1982 ff.; 1200 Jahre Herford – Spuren der Geschichte, hg. v. Schuler, T./Helmert-Corvey, T., 1989; Rechtsbuch der Stadt Herford. Vollständige Faksimile-Ausgabe im Orginal-Format der illuminierten Handschrift aus dem 14. Jahrhundert, hg. v. Helmert-Corvey, T., 1989.

Heringen (Reichsritter). Die H. zählten ab etwa 1785 mit Wehrda, Schloss Hohenwehrda (Hohenwerda), Rhina, Schletzenrod und Wetzlos zum Kanton Rhön-Werra des Ritterkreises Franken.

L.: Winkelmann-Holzapfel 152; Riedenauer 124.

Herisem, Heressem (Reichsritter). Im späteren 17. Jahrhundert zählten die H. zum Kanton Baunach des Ritterkreises Franken.

L.: Riedenauer 124.

Herloga s. Harlingerland

L.: Polenz, P. v., Landschafts- und Bezirksnamen, 1961, II, 24, 49, III, 10, Herloga, Herlingalond, ‚Harlingerland'.

Herman von Hermansdorf (Freiherren, Reichsritter). Im 18. Jahrhundert zählten die Freiherren von H. mit dem 1784 erworbenen Bellenberg zum Kanton Donau des Ritterkreises Schwaben sowie von 1715 bis 1776 zum Kanton Kocher (zeitweise mit Dettingen).

L.: Hölzle, Beiwort 58; Kollmer 361; Schulz 264.

Herold (Reichsritter). Im späten 17. Jahrhundert zählten die H. zum Kanton Odenwald des Ritterkreises Franken.

L.: Riedenauer 124.

Heroldsberg (reichsritterschaftlicher Ort). Am Ende des 13. Jahrhunderts war das im Sebalder Reichswald bei Nürnberg gelegene H. Mittelpunkt eines an Nassau verpfändeten, von diesem über die Burggrafen von Nürnberg an Herzog Swantibor von Pommern gelangten Reichsamtes. 1391 erwarben die Patrizier Geuder aus Nürnberg das Reichslehen. Ihre Linie Geuder-Rabenstein (seit 1649) zählte zur Reichsritterschaft, innerhalb deren H. dem Kanton Gebirg des Ritterkreises Franken angehörte. 1806 fiel es an Bayern. S. Geuder.

L.: Wolff 512.

Herrenalb (Reichsabtei) (seit 1971 Bad Herrenalb). 1149 gründete Graf Berthold III. von Eberstein das Zisterzienserkloster Alba bzw. H. bei Calw. Es erwarb rasch bedeutende

Güter, die es zu einem geschlossenen Gebiet von etwa 340 Quadratkilometern mit mehr als 40 Orten ausbaute. Früh wurde es reichsunmittelbare Abtei. Vögte waren im 13. Jahrhundert nach den Grafen von Eberstein die Markgrafen von Baden, seit 1338 durch königliche Verleihung die Grafen von Württemberg. 1497 ging im Streit zwischen Baden und Württemberg die Reichsunmittelbarkeit zugunsten Württembergs verloren. 1535 wurde die Abtei von Württemberg durch Einführung der Reformation aufgehoben und die Güter von Württemberg übernommen. Mit diesem gelangte H. 1951/1952 zu Baden-Württemberg.

L.: Wolff 162; Großer Historischer Weltatlas II 66 (1378) E4; Seilacher, K., Herrenalb. Geschichte des Klosters, 1952; Pflüger, H., Schutzverhältnisse und Landesherrschaft der Reichsabtei Herrenalb bis 1497, 1958; Kottmann, A., Herrenalb, 1966; Mattejiet, U., Herrenalb, LexMA 4 1989, 2180; Bad Herrenalb, hg. v. d. Stadt Bad Herrenalb, 1990; 850 Jahre Kloster Herrenalb, hg. v. Rückert, P. u. a., 2001.

Herrenkirchen s. Auer von H.

Herrenstein (Herrschaft). Die nach dem Schloss H. bei Neuweiler im Unterelsass (Niederelsass) benannte Herrschaft mit drei Dörfern wurde 1651 von der Stadt Straßburg an Herrn von Rosen verkauft und gelangte durch Heirat an die Fürsten von Broglie.

L.: Wolff 294.

Herrot, Herroth (Herrschaft). Die Herrschaft H. südwestlich von Leutkirch gehörte am Ende des 18. Jahrhunderts über die Grafen von Waldburg-Zeil-Zeil dem schwäbischen Reichskreis an. 1806 fiel sie an Württemberg und damit H. 1951/1952 an Baden-Württemberg.

L.: Wolff 200; Wallner 686 SchwäbRK 26 a.

Hersfeld (Reichsabtei, Fürstentum). Nach 769 gründete Erzbischof Lull von Mainz an der Einmündung von Haune und Geis in die Fulda und an der Straße von Frankfurt in den Osten auf eigenem Boden die Benediktinerabtei H. (Haireulfisfelt), der bereits eine Einsiedelei (cella) Sturmis von 736 vorausgegangen war. Sie wurde 775 durch Schutzprivileg Karl des Großen Reichsabtei. Sie war vor allem in Thüringen und Sachsen begütert (u. a. Niederaula) und zeichnete die ersten Erwerbungen im sog. Breviarium Lulli des 9. Jahrhunderts auf. Ihre Bibliothek bewahrte eine 1470 in Italien gedruckte Handschrift der Germania des Tacitus auf. 968 wurde H. von Mainz getrennt. Heinrich II. gab ihm Forstrechte und Wildbannrechte. 1073 ging der mit dem Erzstift Mainz geführte Streit um die Zehnten in Thüringen verloren. Etwa in dieser Zeit verfasste der Mönch Lambert von Hersfeld († 1082) seine Annales. Im 13. Jahrhundert gewann die Abtei ein kleines Herrschaftsgebiet, das sie gegen ihre Vögte, die Landgrafen von Thüringen und seit 1247 die Landgrafen von Hessen, erfolgreich verteidigte. Die schweren Kämpfe der Stadt H. gegen die Abtei im 14. und 15. Jahrhundert führten 1432 durch Abt Albrecht zur Schutzherrschaft Hessens über Stadt und Abtei. Seit 1606 hatte Hessen einen Administrator in H. 1648 kam die zum oberrheinischen Reichskreis zählende Reichsabtei als Fürstentum zur Landgrafschaft Hessen-Kassel und mit ihr 1866 zu Preußen und 1945 H. zu Hessen. Um 1800 umfasste sie ein Gebiet von 7 Quadratmeilen (nämlich die Stadt H., das Dechaneigericht und Amt Hersfeld, die Ämter Niederaula, Obergeis [Obergeisa], Hauneck, Landeck und Frauensee, das Amt oder Buchenauische Lehngericht Schildschlag, die Gerichte und ehemaligen Propsteien Johannesberg [Johannisberg] an der Haune und Petersberg und die Vogtei Kreuzberg).

L.: Gumpelzhaimer 1776, 113; Wolff 259; Zeumer 553 II b 43 (Hirschfeld); Wallner 696 OberrheinRK 18; Großer Historischer Weltatlas II 66 (1378) E3, III 22 (1648) D3, III 38 (1789) B3; Hafner, P. H., Die Reichsabtei Hersfeld, 2. A. 1936; Ziegler, E., Das Territorium der Reichsabtei Hersfeld von seinen Anfängen bis 1821, 1939; Neuhaus, W., Geschichte von H. von den Anfängen bis zur Gegenwart, 2. A. 1954; Struwe, T., Hersfeld, LexMA 4 1989, 2182 f.

Hersfeld (Reichsstadt) (Bad Hersfeld). Bei der 769 gegründeten Abtei H. entwickelte sich im Laufe der Zeit eine Siedlung, die 1170 besonders genannt ist. Sie wurde von König Wilhelm (1249–1252) als Reichsstadt anerkannt, unterstand aber seit 1256 wieder der Abtei, mit der sie nach schweren Kämpfen im 13. und 14. Jahrhundert 1648 an die Landgrafschaft Hessen-Kassel und damit 1866 an Preußen und 1945 an Hessen fiel.

L.: Butte, H., Stift und Stadt Hersfeld im 14. Jahrhundert, 1911; Neuhaus, W., Geschichte von Hersfeld von den Anfängen bis zur Gegenwart, 2. A. 1954; 1250 Jahre Bad Hersfeld, red. v. Rauche, B., 1986; Struve, T., Hersfeld, LexMA 4 1989, 2182 f.; Witzel, J., Hersfeld 1525 bis 1726, 1994.

Herstal (Herrschaft), frz. Héristal. Das vor allem in merowingisch-karolingischer Zeit bedeutsame H. (fiscus von rund 3000 Hektar) bei Lüttich war Mittelpunkt einer Herrschaft. Im Oktober 1740 verzichtete Preußen zugunsten des Hochstifts Lüttich auf strittige Rechte hieran.

L.: Werner, M., Der Lütticher Raum in frühkarolingischer Zeit, 1980; Joris, A., Herstal, LexMA 4 1989, 2183 f.

Herter von Herteneck (Reichsritter). Die H. waren von 1548 bis 1613 Mitglieder im Kanton Neckar des Ritterkreises Schwaben (zuletzt Hans Christoph Herter von Herteneck zu Dusslingen) sowie von 1567 bis 1614 mit Harteneck im Kanton Kocher.

L.: Hellstern 205; Schulz 264.

Hertfeld

L.: Polenz, P. v., Landschafts- und Bezirksnamen, 1961, II, 58, 61, 96, ‚Härtsfeld'.

Hertinghausen (Reichsritter). Im 18. Jahrhundert zählten die H. zum Ritterkreis Rhein.

L.: Roth von Schreckenstein 2, 595.

Hertogenrade, Herzogenrath (Herrschaft). Die Herrschaft H. gehörte am Ende des 18. Jahrhunderts über das Herzogtum Limburg dem burgundischen Reichskreis an.

L.: Wolff 56; Wallner 701 BurgRK 1 (Escher, M. u. a., Die urbanen Zentren, 2005, 2, 265).

Herwart von Bittenfeld (Reichsritter), Herwarth von Bittenfeld. Von 1574 bis zur Mitte des 17. Jahrhunderts war die Augsburger Patrizierfamilie Herwart mit dem 1245 erstmals erwähnten, vor 1253 an Württemberg gelangten und im 15. Jahrhundert vorübergehend an die Herren von Bernhausen gekommenen Bittenfeld bei Waiblingen belehnt. Die H. zählten zum Kanton Kocher im Ritterkreis Schwaben. Bittenfeld kam 1951/1952 über Württemberg zu Baden-Württemberg.

L.: Roth von Schreckenstein 2, 592; Schulz 264.

Herxheim (Herren). Auf älterem Siedlungsland wird in den 70er Jahren des 8. Jahrhunderts in Urkunden Weißenburgs und Lorschs H. bei Landau erwähnt. 1057 gab König Heinrich IV. sein Gut in H. an das Hochstift Speyer. Nach der Burg H. nannten sich dann seit dem letzten Viertel des 13. Jahrhunderts Herren von H., denen vom 15. bis 18. Jahrhundert die reich begüterten Ritter Holzapfel von H. folgten, die als Vögte des Hochstifts in Madenburg und Lauterburg amteten. S. Holzapfel von H.

L.: Deutsch, A., Aus der Geschichte der Gemeinde Herxheim, 1934.

Herzegowina (Landschaft, Land). Das Gebirgsland im Nordwesten der Balkanhalbinsel an der Neretwa zählte in römischer Zeit zur Provinz Dalmatia und wurde seit dem 7. Jahrhundert von Südslawen besiedelt. Im Mittelalter gehörte es zum Herrschaftsbereich Kroatiens, Serbiens und Bosniens. Um die Mitte des 15. Jahrhunderts erlangte es als H. (Herzogsland des Stefan Vukcic) eine gewisse Selbständigkeit, wurde aber 1465/1482 von den Türken erobert. 1878 wurde es nach dem russisch-türkischen Vertrag mit Bosnien von Österreich okkupiert und 1908 annektiert. 1918 kam es zu Jugoslawien. 1995 zu Bosnien-H.

L.: Cirkovic, S., Herzegowina, LexMA 4 1989, 2189; Dzaja, S., Bosnien-Herzegowina, 1994; Haselsteiner, H., Bosnien-Hercegovina, 1996; Gabriel, K., Bosnien-Herzegowina, 1878, 2003.

Herzogenrath (Herrschaft) s. Hertogenrade

Hesperingen (Herrschaft). Die Herrschaft H. bei Luxemburg wurde 1492 von Baden erworben. Sie blieb unter der Landeshoheit Österreichs bzw. Luxemburgs.

L.: Hölzle, E., Der deutsche Südwesten am Ende des alten Reiches, 1938.

Heß, Hess (Reichsritter). Von 1782 bis 1805 waren die H. als Personalisten Mitglied im Kanton Kocher des Ritterkreises Schwaben.

L.: Schulz 264.

Heßberg, Hessberg (Reichsritter). Im 16. Jahrhundert zählten die H. (Hespergk, Hesperg) zu den Kantonen Altmühl (bis 1806), Steigerwald (bis 1806) (wegen Lenzersdorf [Lentzelsdorf]), Baunach, Odenwald, Rhön-Werra und Gebirg des Ritterkreises Franken.

L.: Biedermann, Altmühl; Roth von Schreckenstein 2, 593; Pfeiffer 208, 213 f.; Bechtolsheim 13, 17, 195; Riedenauer 124; Rahrbach 121.

Hessen (Grafschaft, Landgrafschaft, Land). In unsicherem Zusammenhang mit dem zwischen Lahn, Main, Werra, Fulda und Eder bezeugten germanischen Stamm der (fränkischen?) Chatten erscheint im 8. Jahrhundert für einen kleinen Stamm an der unteren Fulda der Name Hessi (738). Unabhängig hiervon geriet dieser Raum seit dem 4. Jahrhundert in den Einflussbereich der Franken, die seit dem 6. Jahrhundert in das von ihnen bald dicht besiedelte Rhein-Main-Gebiet eindrangen und anschließend unter Übernahme und Ausbau der Festungen Glauburg, Amöneburg, Christenberg und Büraburg nach Nordosten gegen die Sachsen vorstießen. Durch Bonifatius wurde das Gebiet seit der ersten Hälfte des 8. Jahrhunderts christianisiert (723 Fällung der Donar-Eiche). Die drei wichtigsten Klöster Fritzlar, Hersfeld und Fulda wurden noch im 8. Jahrhundert Reichsabteien. Das den Rupertinern um die Mitte des 9. Jahrhunderts folgende Grafenhaus der Popponen oder Konradiner stand so fest in karolingischer Tradition, dass es nach erfolgreicher Auseinandersetzung mit den Babenbergern beim Aussterben der Karolinger 911 mit Konrad I. für kurze Zeit zur Königswürde gelangte. Unter den sächsischen Ottonen wurde das Gebiet durch Grafen verschiedener Herkunft im Auftrag des Königs verwaltet und die konradinische Stellung vermindert. Unter den Saliern hatten die aus dem schwäbisch-alemannischen Raum kommenden Grafen Werner, die als Bannerträger des Reichsheeres eine hohe Reichsstellung einnahmen, die Grafschaft inne (1024–1121). Seit Anfang des 12. Jahrhunderts trat der Erzbischof von Mainz mit immer größeren Erwerbungen hervor, brachte Amöneburg, Fritzlar und Hofgeismar an sich und war Lehnsherr der Grafschaft H. 1121 übernahmen als Erben der Grafen Werner die Gisonen (Grafen von Gudensberg), 1122 über die gisonische Erbtochter Hedwig die Ludowinger die Grafschaft. 1130 wurden die Ludowinger Landgrafen von Thüringen und behandelten H. (Gebiet um Gudensberg südwestlich von Kassel und Maden, dem Sitz des Hauptgerichts der Grafschaft H., im Gegensatz zum Gebiet um Marburg, das zunächst Land an der Lahn hieß) als Nebenland, so dass im Norden allmählich eine Reihe verhältnismäßig selbständiger Herrschaften und Grafschaften entstehen konnte (Ziegenhain, Waldeck, Wittgenstein, Nassau, Diez, Runkel, Limburg, Katzenelnbogen, Eppstein), während im Rhein-Main-Gebiet die Staufer eine unmittelbare Reichsherrschaft aufzubauen versuchten, die nach dem Interregnum in zahlreiche Kleinherrschaften zerfiel (u. a. Hanau, Solms, Büdingen). 1247 starben die ludowingischen Landgrafen von Thüringen mit Landgraf Heinrich Raspe im Mannesstamm aus. Landgräfin Sophie (Tochter Landgraf Ludwigs von Thüringen, Gemahlin Heinrichs von Lothringen und Brabant, Nichte Landgraf Heinrich Raspes) vermochte im thüringisch-hessischen Erbfolgekrieg (1247–1264) mit dem Hause Wettin (Markgrafen von Meißen) und gegen den Widerstand des Erzbischofs von Mainz H. als eigene Landgrafschaft mit Sitz in Kassel von Thüringen zu lösen und mit den Werrastädten Eschwege und Witzenhausen für ihren 1244 geborenen Sohn Heinrich das Kind zu behaupten, der 1265 zu den bisherigen Gütern zwischen Wolfhagen, Zierenberg, Eschwege, Wanfried, Alsfeld, Grünberg, Frankenberg und Biedenkopf einen Teil der Grafschaft Gleiberg mit Gießen von den Pfalzgrafen von Tübingen erwarb und sich seinerseits in langen Kämpfen gegen den Erzbischof von Mainz durchsetzte. Am 11. 5. 1292 wurden die Landgrafen von H. durch König Adolf von Nassau auf Grund der Eschweger Güter in den Reichsfürstenstand erhoben. Nach zahlreichen kleineren Erwerbungen im 13. Jahrhundert (1294 Schartenberg, 1297 Grebenstein) und im 14. Jahrhundert (1305 Trendelburg, 1306 Wanfried, 1330 [Hofgeismar] Geismar, 1350 Kirchhain, 1350 Spangenberg, 1358 Romrod, 1365 Tannenberg) erlitt der Aufstieg Hessens, das 1308 bis 1311 kurzfristig in Oberhessen und Niederhessen geteilt war, im 14. Jahrhundert durch andauernde Kämpfe mit dem Adel einen schweren Rückschlag, dem es durch die von Karl IV. bestätigte Erbverbrüderung mit den Markgrafen von Meißen (Kursachsen) vom 9. 6. 1373 begegnete, durch welche die ganze Landgrafschaft reichslehnbares Fürstentum wurde. Zugleich wurden die H. durchsetzenden Gebiete der Grafen von Dassel, Bilstein, Everstein und Itter und der Herren von Treffurt allmählich aufgesogen. Unter Landgraf Ludwig I. (1413–1458) gelang es 1439, die Erbvereinigung mit der Grafschaft Wittgenstein zu vollziehen, die Grafschaften Waldeck (1431/1438), Lippe (1449) und Rietberg in Westfalen (1456) zu hessischen Lehen zu machen, die Herrschaft Schöneberg zu erwerben sowie die Grafschaft Ziegenhain an der mittleren Schwalm und der oberen Nidda, die zwischen den hessischen Gütern (Oberhessen um Marburg, Niederhessen um Kassel) gelegen hatte, zu erwerben (1437/1450). Nach der Mainzer Stiftsfehde von 1461 bis 1463 musste der Erzbischof von Mainz die mainzischen Güter (Hofgeismar, Schöneberg, Gieselwerder, Battenberg, Kellerberg, Rosenthal [Rosental], Mellnau [Melnau], halb Wetter) an H. verpfänden und 1583 außer Amöneburg-Neustadt und Fritzlar-Naumburg aufgeben. 1432 geriet die Reichsabtei Hersfeld, 1438 Fritzlar und 1434 Corvey unter hessische Schutzherrschaft. Bis ins 16. Jahrhundert kamen auch Fulda und Arnsburg unter kaiserliche Vormundschaft. 1479 fiel durch Heirat die Grafschaft Katzenelnbogen an, durch die H. den Rhein (Rheinfels, Sankt Goar, Braubach) und den Main (Rüsselsheim, Darmstadt) erreichte. Die 1458 erfolgte Teilung Hessens in Hessen-Marburg und Hessen-Kassel, während der das große hessische Landgesetz von 1497 (Hessen-Marburg) und 1500 (Hessen-Kassel) aufgezeichnet wurde, war nur vorübergehend (bis 1500). 1524 trat Philipp der Großmütige zum Luthertum über, 1526 wurde die Reformation eingeführt, 1527 die Universität Marburg als erste protestantische Universität gegründet und wurden zugleich die hessischen Klöster säkularisiert. Nach dem Tode Philipps des Großmütigen (1567) wurde allerdings H. unter seine vier Söhne aufgeteilt. Wilhelm IV. erhielt Hessen-Kassel mit rund 88 Quadratmeilen (etwa die Hälfte Hessens), Ludwig IV. Hessen-Marburg (etwa ein Viertel Hessens), Philipp der Jüngere mit ca. 1300 Quadratkilometern und 20 000 Einwohnern Hessen-Rheinfels und Georg I. Hessen-Darmstadt (etwa je ein Achtel Hessens). Philipp der Jüngere starb 1583 erbenlos. Seine Güter wurden unter Hessen-Kassel (Niedergrafschaft Katzenelnbogen), Hessen-Marburg (Lissberg, Ulrichstein, Itter) und Hessen-Darmstadt (Schotten, Stornfels, Homburg vor der Höhe) aufgeteilt. 1604 starb Ludwig IV. von Hessen-Marburg. Von seinen Gütern fiel nach langjährigen Auseinandersetzungen 1648/1650 die nördliche Hälfte mit Marburg an Hessen-Kassel, die südliche an Hessen-Darmstadt. Hessen-Kassel erhielt den Vorrang im Reichstag. Hessen-Darmstadt, das 1607 die Landesuniversiät Gießen gründete und von dem sich von 1609 bis 1643 Hessen-Butzbach und 1622 das 1866 erloschene Hessen-Homburg abzweigten, erwarb 1736 die Grafschaft Hanau-Lichtenberg, überzog aber durch prunkvolle Hofhaltung bei weitem seine Mittel. 1803 erreichte es im Reichsdeputationshauptschluss zum Ausgleich des Verlustes von Hanau-Lichtenberg (40 Quadratmeilen mit 100 000 Einwohnern) Teile des Erzstiftes Mainz und der Pfalz, das zum Erzstift Köln gehörige Herzogtum Westfalen (Brilon, Arnsberg, bis 1815) sowie Friedberg (insgesamt 100 Quadratmeilen mit 218 000 Einwohnern), so dass das Land nunmehr 175 Quadratmeilen mit 520 000 Einwohnern umfasste. Von Baden tauschte es Wimpfen ein. 1806 fielen die Grafschaft Erbach und reichsritterschaftliche Gebiete an das in die Provinzen Starkenburg, Oberhessen und Westfalen gegliederte Land. Der Beitritt zum Rheinbund brachte 1806 die Erhebung zum Großherzogtum. 1815 erhielt Hessen-Darmstadt für die Abgabe Westfalens an Preußen das Fürstentum Isenburg-Birstein (Offenbach), Worms, Alzey und Bingen, 1816 die Festung Mainz. Insgesamt umfasste das Land damit 152,75 Quadratmeilen mit 720 000 Einwohnern. Seit 1816 nannte sich der Landesherr Großherzog von H. und bei Rhein. 1866 musste Hessen-Darmstadt das seit 1622 einer Nebenlinie zugehörige Hessen-Homburg sowie die Kreise Biedenkopf und Vöhl an Preußen abtreten und sich dem Norddeutschen Bund anschließen. 1871 wurde es Bundesstaat des Deutschen Reiches. Von 1918 bis 1945 war Hessen-Darmstadt unter dem Namen Volksstaat H. ein Freistaat, in dem 1933 die Nationalsozialisten die Macht übernahmen. Das unter dem Sohn Wilhelms IV., Moritz, 1604 calvinistisch gewordene Hessen-Kassel, von dem sich Hessen-Rotenburg, Hessen-Eschwege (bis 1655), Hessen-Philippsthal (1686–1713) und Hessen-Barchfeld abzweigten, erwarb 1647/1648 die Grafschaft Schaumburg, 1648 Hersfeld sowie 1736 die Grafschaft Hanau-Münzenberg. Durch den Reichsdeputationshauptschluss von 1803 erlangte es außer der Kurfürstenwürde (Kurhessen) nur einzelne mainzische Güter. 1807 wurde es mit 145 Quadratmeilen und 393 000 Einwohnern von Frankreich besetzt und weitgehend dem Königreich Westphalen einverleibt. 1813/1815 wurde es wiederhergestellt und erhielt für die Niedergrafschaft Katzenelnbogen das Hochstift Fulda und 1816 Teile Isenburgs. Den Titel Kurfürst behielt der Landesherr bei. Am 1. 8. 1866 wurde Hessen-

Kassel infolge seines Übertrittes auf österreichische Seite von Preußen annektiert (Regierungsbezirk Kassel der Provinz Hessen-Nassau). Am 19. 9. 1945 wurden die preußischen Provinzen Nassau (Hessen-Nassau) und Kurhessen (ohne die Kreise Sankt Goarshausen, Unterlahn [Unterlahnkreis], Unterwesterwald [Unterwesterwaldkreis] und Oberwesterwald [Oberwesterwaldkreis], die zu Rheinland-Pfalz kamen) auf eigenen Wunsch durch Proklamation der amerikanischen Militärregierung mit den rechtsrheinischen Teilen des Volksstaates H. zu Großhessen vereinigt. Großhessen wurde am 1. 12. 1946 in Land H. umbenannt.

L.: Wolff 251 ff.; Großer Historischer Weltatlas II 34 (1138–1254) F3, II 66 (1378) E3, II 78 (1450) F3; Demandt, K., Die Mittelrheinlande, in: Geschichte der deutschen Länder, Bd. 1; Die Territorien des Reichs 4, 254; Sammlung fürstlicher Landesordnungen, Bd. 1 ff. 1767 ff.; Wenck, H. B., Hessische Landesgeschichte, Bd. 1–3 1783 ff.; Rommel, C. v., Geschichte von Hessen, Bd. 1–10 1820 ff.; Landau, G., Die hessischen Ritterburgen und ihre Besitzer, Bd. 1 ff. 1832 ff., Neudruck 2000; Rehm, F., Handbuch der Geschichte beider Hessen, 1842 ff.; Baur, L., Urkunden aus dem großherzoglich hessischen Haus- und Staatsarchiv, Bd. 1 ff. 1846 ff.; Ewald, L., Historische Übersicht der Territorialveränderungen der Landgrafschaft Hessen und des Großherzogtums Hessen, 1872; Knetsch, K., Das Haus Brabant, Genealogie der Herzöge von Brabant und der Landgrafen von Hessen, Teil 1 f. Bd. 1 ff. 1918 ff.; Karte vom Großherzogtum Hessen 1823–1850. Niveaukarte vom Kurfürstentum Hessen 1840–1861, Karte vom Kurfürstentum Hessen, 1840–1855, neu hg. v. Hess. Landesvermessungsamt, o. J.; Diehl, W. D., Hassia Sacra, Bd. 1–11 1921 ff.; Klibansky, E., Die topographische Entwicklung der kurmainzischen Ämter in Hessen, 1925; Reimer, H., Historisches Ortslexikon von Kurhessen, 1926, Veröffentl. d. Hist. Kommission Kurhessen und Waldeck 14; Dilich, W., Landtafeln hessischer Ämter zwischen Rhein und Weser nach dem Originalen, hg. v. Stengel, E. E., 1927, Schriften des Landsamts für gesch. Landeskunde 5 (1927), Einleitung neugedruckt bei Stengel, E. E., Abhandlungen und Untersuchungen zur hessischen Geschichte, 1960; Classen, W., Die kirchliche Organisation Alt-Hessens im Mittelalter samt einem Umriss der neuzeitlichen Entwicklung, 1929; Falk, H., Die kurmainzische Beamtenorganisation in Hessen und auf dem Eichsfelde bis zum Ende des 14. Jahrhunderts, 1930; Wollheim, S., Staatsstraßen und Verkaufspolitik in Kurhessen von 1815 bis 1840, 1931; Gundlach, F., Die hessischen Zentralbehörden von 1247 bis 1604, Bd. 1 f. 1931 ff.; Müller, W., Hessisches Ortsnamenbuch, Bd. 1 Starkenburg, 1937, Neudruck 1972; Kleinfeldt, G./Weirich, H., Die mittelalterliche Kirchenorganisation im oberhessisch-nassauischen Raum, 1937; Helbig, B., Das Amt Homberg an der Efze, 1938; May, K. H., Territorialgeschichte des Oberlahnkreises, 1939, Schriften des Instituts für geschichtliche Landeskunde von Hessen und Nassau 18; Keyser, E./Stoob, H., Deutsches Städtebuch, 1939–1974, Band 3 Teilband 1; Müller, W., Die althessischen Ämter im Kreis Gießen. Geschichte ihrer territorialen Entwicklung, 1940; Krummel, W., Die hessischen Ämter Melsungen, Spangenberg, Lichtenau und Felsberg, 1941; Kürschner, W., Das Werden des Landes Hessen, (1950); Blume, H., Das Land Hessen und seine Landschaften, 1951; Dülfer, K., Fürst und Verwaltung. Grundzüge der hessischen Verwaltungsgeschichte vom 16. bis 19. Jahrhundert, Hess. Jb. f. LG. 3 (1953); Werle, H., Das Territorialbild Rheinhessens um 1550, Mitteilungsblatt zur rheinhess. Landeskunde 3 (1954); Zinn, G. A./Stein, E., Die Verfassung des Landes Hessen, Bd. 1 ff. 1954 ff.; Kleeberger, E., Territoralgeschichte des hinteren Odenwaldes, 1958; Kellner, W. E., Landrecht und Landesgeschichte, Betrachtungen zu einer hessischen Rechtskarte für 1792, Hess. Jb. für LG. 9 (1959); Geschichtlicher Atlas von Hessen, bearb. v. Uhlhorn, F., 1960 ff.; Kissel, O. R., Neuere Territorial- und Rechtsgeschichte des Landes Hessen, 1961; Polenz, P. v., Landschafts- und Bezirksnamen, 1961, I, 9, 12, 26, II, 13, 15, 21 f., 35, 41, 50, III, 10, 27, 33, IV, 8; Demandt, K. E., Geschichte des Landes Hessen, 2. A. 1972, Neudruck 1980; Handbuch der historischen Stätten Deutschlands. Bd. 4: Hessen, hg. v. Sante, G. W., 2. A. 1967; Demandt, K. E., Schrifttum zur Geschichte und geschichtlichen Landeskunde von Hessen, Bd. 1–3 1965 ff.; Demandt, B., Die mittelalterliche Kirchenorganisation in Hessen südlich des Mains, 1966; Niemeyer, W., Der Pagus des frühen Mittelalters in Hessen, 1968; Historisches Gemeindeverzeichnis für Hessen, H. 1: Die Bevölkerung der Gemeinden 1834–1967, H. 2: Gebietsänderungen der hessischen Gemeinden und Kreise 1834–1967, 1968; Weigt, T., Das Landrecht der vier Herren Gebrüder, Diss. jur. Göttingen 1972; Lennarz, U., Die Territorialgeschichte des hessischen Hinterlandes, 1973; Crusius, E., Der Kreis Alsfeld, 1975; Ruppel, H. G./Müller, K., Historisches Ortsverzeichnis für das Gebiet des ehemaligen Großherzogtums und Volksstaats Hessen, 1976, Darmstädter Archivschriften 2; Weiss, Ulrich, Die Gerichtsverfassung in Oberhessen bis zum Ende des 16. Jahrhunderts, 1978, Schriften d. Hess. Landesamts f. gesch. Landeskunde 37; Demandt, K. E., Der Personenstaat der Landgrafschaft Hessen im Mittelalter, 1981; Krüger, K., Finanzstaat Hessen 1500–1567. Staatsbildung im Übergang vom Domänenstaat zum Steuerstaat, 1981; Die Geschichte Hessens, hg. v. Schultz, U., 1983; Hessisches Gemeinde-Lexikon, 1983; Hessen im Frühmittelalter, hg. v. Roth, H./Wamers, E., 1984; Geschichtlicher Atlas von Hessen. Text- und Erläuterungsband, hg. v. Schwind, F., 1984; Lilge, H., Hessen in Geschichte und Gegenwart, 1986; Das Werden des Landes Hessen, hg. v. Heinemeyer, W., 1987; Hessischer Flurnamenatlas, hg. v. Ramge, H., 1987; Wolff, F./Engel, W., Hessen im Bild alter Landkarten, 1988; Franz, E. u. a., Gerichtsorganistaion in Baden-Württemberg, Bayern und Hessen im 19. und 20. Jahrhundert, 1989; Demandt, K., Regesten der Landgrafen von Hessen, 1989; Eckhardt, W., Appellation in den zweiherrischen Gebieten Oberhessens im 16. Jahrhundert, Hess. Jb. f. LG. 42 (1992), 117 ff.; Wegner, K., Kurhessens Beitrag für das heutige Hessen, 1999; Hessen, hg. v. Heidenreich, B. u. a., 2000; Franz, E., Das Haus Hessen, 2005; Escher, M. u. a., Die urbanen Zentren, 2005, 1, 434.

Hessen (Großherzogtum) s. Hessen-Darmstadt

Hessen-Barchfeld (Landgrafen). Die Linie H. war eine Nebenlinie von Hessen-Philippsthal ohne Landeshoheit mit Sitz in Barchfeld (Wilhelm von Hessen-Barchfeld † 1761).

L.: Volkmar, K., Tausend Jahre Barchfeld, 1933.

Hessen-Bingenheim (Landgrafen). Von 1648 bis 1681 war Bingenheim in der sog. fuldischen Mark Sitz der von Hessen-Homburg und damit von Hessen-Darmstadt abgespalteten Linie H.

Hessen-Butzbach (Landgrafschaft). Das 773 erwähnte, 1255 von den Herren von Münzenberg an Falkenstein und danach an verschiedene Berechtigte (u. a. Katzenelnbogen) gelangte Butzbach in der Wetterau war Sitz einer durch Landgraf Philipp von H. gefürsteten Nebenlinie Hessen-Darmstadts. Von 1609 bis 1643 zweigte sich H. von Hessen-Darmstadt ab.

L.: Aus Butzbachs Vergangenheit. Festschrift zur 600-Jahr-Feier der Stadt, 1921; Horst, L., Führer durch Butzbach und seine Geschichte, 1956; Demandt, K. E., Geschichte des Landes Hessen, 2. A. 1972, Neudruck 1980.

Hessen-Darmstadt (Landgrafschaft, Großherzogtum). Darmstadt geht vermutlich auf ein karolingisches Jagdhaus im geschlossenen Reichsgut um Frankfurt zurück und erscheint im 11. Jahrhundert als Darmundestat in der Grafschaft Bessungen des Hochstifts Würzburg. 1256 belehnte das Hochstift die Grafen von Katzenelnbogen mit der Grafschaft. 1479 fiel Katzenelnbogen nach dem Aussterben der Grafen an Hessen. 1567 wurde Darmstadt bei der Erbteilung nach Philipp dem Großmütigen unter Georg I. Residenz der lutherischen Linie Hessen-Darmstadt der Landgrafen von Hessen, die mit rund 1300 Quadratkilometern und 20 000 Einwohnern etwa ein Achtel Hessens geerbt hatte. H. gewann erbweise 1583 von Hessen-Rheinfels Schotten, Stornfels und Homburg vor der Höhe, kaufte 1600 Mörfelden und erbte 1604 die südliche Hälfte Hessen-Marburgs (mit Gießen), die ihr nach heftigsten Auseinandersetzungen mit Hessen-Kassel endgültig aber erst 1648/1650 zugesprochen wurde. 1607 gründete H. die lutherische Landesuniversität Gießen. Von 1609 bis 1643 zweigte sich Hessen-Butzbach, 1622 das 1866 erloschene Hessen-Homburg ab. 1736 erwarb es die Grafschaft Hanau-Lichtenberg (mit Pirmasens), überzog aber durch prunkvolle Hofhaltung bei weitem seine Mittel. Um 1806 zählte es zum Kanton Odenwald des Ritterkreises Franken. Durch § 7 des Reichsdeputationshauptschlusses vom 25. 2. 1803 gewann H. zum Ausgleich für die Grafschaft Hanau-Lichtenberg und die Aufhebung von Rechten über Wetzlar und Frankfurt sowie für die Abtretung der Ämter Lichtenau und Willstädt an Baden und von Katzenelnbogen, Braubach, Ems, Cleeberg bzw. Kleeberg, Eppstein und des Dorfes Weiperfelden an Nassau-Usingen das zum Erzstift Köln gehörige Herzogtum Westfalen (Brilon, Arnsberg, bis 1815) mit Volkmarsen, die mainzischen Ämter Gernsheim, Bensheim, Heppenheim, Lorsch, Fürth im Odenwald, Steinheim, Alzenau, Vilbel, Rockenberg, Hassloch, Astheim, Hirschhorn, die mainzischen Güter Mönchhof, Gundhof und Klaraberg (Klarenberg), die pfälzischen Ämter Lindenfels, Umstadt, Otzberg, Alzey (teilweise) und Oppenheim (teilweise), den Rest des Hochstifts Worms, die Abteien Seligenstadt und Marienschloss bei Rockenburg, die Propstei Wimpfen und die Reichsstadt Friedberg (insgesamt 100 Quadratmeilen mit 218 000 Einwohnern), so dass das (in die Provinzen Starkenburg, Oberhessen und Westfalen gegliederte) Land nunmehr 175 Quadratmeilen mit 520 000 Einwohnern umfasste. Von Baden tauschte es (die Reichsstadt) Wimpfen ein. 1806 fielen die Grafschaft Erbach und reichsritterschaftliche Gebiete an. Außerdem umfasste das bisherige Gebiet Hessen-Darmstadts die Oberämter Gießen (mit den Städten Gießen und Staufenberg, den Gerichten Lollar, Heuchelheim und Steinbach) und Nidda, die Ämter und Städte Allendorf, Grünberg, Homberg/Ohm, Alsfeld, Grebenau, Lauterbach, Ulrichstein, Schotten, Rosbach (Roßbach), Butzbach, Königsberg, Biedenkopf und Battenberg, die Ämter Burg-Gemünden (Burggemünden), Stornfels, Bingenheim, Petterweil (Peterweil), Cleeberg, Hüttenberg, Blankenstein, Itter und Grund Breidenbach, einige adlige Besitzungen (die Zent Lauterbach, die Gerichte Engelrod und Ober-Ohmen [Oberohm], den rabenauischen oder Londorfer Grund, das Busecker Tal mit 9 Dörfern und das Gericht [Gebiet] Frohnhausen mit 2 Dörfern). 1806 wurde die Landgrafschaft anlässlich des Beitrittes zum Rheinbund zum

Großherzogtum erhoben. Außerdem mediatisierte sie bis 1815 Hessen-Homburg. 1815 erhielt Hessen-Darmstadt für die Abgabe Westfalens an Preußen das Fürstentum Isenburg-Birstein (Offenbach), Worms, Alzey und Bingen, 1816 die Festung Mainz. Pirmasens kam an Bayern. Insgesamt umfasste das Land damit 152,75 Quadratkilometer mit 720 000 Einwohnern. Seit 1816 nannte sich der Landesherr von H. Großherzog von Hessen und bei Rhein. 1866 musste H. das seit 1622 einer Nebenlinie zugehörige, 1866 zurückgefallene Hessen-Homburg sowie die Kreise Biedenkopf und Vöhl an Preußen abtreten und mit Preußen eine Militärkonvention eingehen, die faktisch den Verlust der politischen und militärischen Selbständigkeit bedeutete. Außerdem musste es sich dem Norddeutschen Bund anschließen. 1871 wurde es Bundesstaat des Deutschen Reiches. Von 1918 bis 1945 folgte dem Großherzogtum der Volksstaat Hessen, in dem 1933 die Nationalsozialistische Deutsche Arbeiterpartei die Macht übernahm und der mit seinen rechtsrheinischen Gebieten am 19. 9. 1945 in Großhessen aufging, das sich seinerseits seit 1. 12. 1946 Land Hessen nannte.

L.: Wolff 255; Zeumer 553 II b 28; Wallner 695 OberrheinRK 2; Großer Historischer Weltatlas III 22 (1648) D3, III 38 (1789) C2; Hof- und Staatshandbuch des Großherzogtums Hessen, 1835 ff.; Hattemer, K., Entwicklungsgeschichte Darmstadts, 1913; Blass, G., Das Stadtbild von Darmstadt und seine Entwicklung, 1927; Müller, A., Aus Darmstadts Vergangenheit, 3. A. 1939; Das Rhein-Maingebiet vor 150 Jahren, 1787, entworfen v. Strecker, K., hg. v. Wagner, W., 1939; Kissel, O. R., Neuere Territorial- und Rechtsgeschichte des Landes Hessen, 1961; Nahrgang, K., Stadt- und Landkreis Offenbach am Main, 1963; Schmidt, K., Darmstädter Bürgerbuch, 1964; Demandt, K. E., Geschichte des Landes Hessen, 2. A. 1972, Neudruck 1980; Knodt, M., Die Regenten von Hessen-Darmstadt, 1989; Schulz A., Herrschaft durch Verwaltung, 1991; Lange, T., Hessen-Darmstadts Beitrag, 1993.

Hessen-Eschwege (Landgrafen). Nach dem bereits 973/974 erwähnten Eschwege an der Werra nannte sich im 18. Jahrhundert eine Seitenlinie der Landgrafen von Hessen-Kassel (Rotenburger Quart).

Hessen-Homburg (Landgrafschaft). 1502 fiel die Herrschaft Homburg an die Landgrafschaft Hessen. 1521 wurde dies vom Kaiser bestätigt. 1583 kam Homburg von Hessen-Rheinfels, an das es 1567 gelangt war, an Hessen-Darmstadt. 1622 bildete sich in Hessen-Darmstadt unter Friedrich, dem Bruder Ludwigs V. von Hessen-Darmstadt, die Nebenlinie H. Von 1648 bis 1681 spaltete sich die Linie Hessen-Bingenheim ab. 1708 gewann H. die Landeshoheit. Von 1806 bis 1815 war H. von Hessen-Darmstadt mediatisiert, wurde aber wiederhergestellt und um die linksrheinische Herrschaft Meisenheim vergrößert. 1817 trat der Landgraf dem Deutschen Bund bei. Am 24. 3. 1866 kam Homburg nach dem kinderlosen Tod des letzten Landgrafen an Hessen-Darmstadt, das es am 3. 9. 1866 an Preußen abtreten musste. 1945 gelangte Homburg an Großhessen bzw. 1946 Hessen.

L.: Wolff 255; Lotz, F., Geschichte der Stadt Homburg, Bd. 1 1964; Demandt, K. E., Geschichte des Landes Hessen 2. A. 1972, Neudruck 1980.

Hessen-Kassel (Landgrafschaft, Kurfürstentum Kurhessen). Kassel erscheint als Chassalla, Chassella (zu lat. castellum) erstmals 913 und ist vermutlich wenig früher von den Konradinern gegründet worden. Heinrich II. schenkte 1008 den Königshof seiner Gemahlin Kunigunde, die damit das Kloster Kaufungen ausstattete. Noch 1154 wurde Kassel als Reichsgut bezeichnet. Bald danach unterstand es den Landgrafen von Thüringen. 1189 wurde Kassel civitas genannt. 1277 wurde es Sitz der Landgrafen von Hessen, die in Kassel eine neue Burg errichteten. 1373 wurden Altstadt, Unterneustadt und Freiheit vereinigt. In der zweiten Hälfte des 15. Jahrhunderts war Kassel Sitz der Landgrafschaft H. (1458–1500), die wieder in Hessen aufging. Seit dem Anfang des 16. Jahrhunderts war es Verwaltungsmittelpunkt Hessens. Bei der Erbteilung nach Philipp dem Großmütigen 1567 erhielt Wilhelm IV. etwa die Hälfte Hessens mit Kassel als Residenz. 1571 gewann er die Herrschaft Plesse, 1582 die Hoyaer Ämter Uchte und Freudenberg. 1583 erwarb H. von Hessen-Rheinfels die Niedergrafschaft Katzenelnbogen. 1604 wurde Landgraf Moritz unter dem Einfluss Graf Johanns von Nassau-Dillenburg calvinistisch. Deswegen kam es beim Tode Ludwigs IV. von Hessen-Marburg 1604 zum hessischen Erbfolgestreit, in dessen Folge unter anderem in Gießen eine lutherische Universität als Nachfolgerin des calvinistisch gewordenen Marburg gegründet wurde. Im Ergebnis behielt Hessen-Kassel 1648/1650 den nördlichen Teil Hessen-Marburgs mit Marburg und gewann endgültig

Hersfeld. Zuvor hatte es 1640 die Grafschaft Schaumburg erworben. 1736 fiel ihm die Grafschaft Hanau-Münzenberg an (u. a. mit Nauheim). 1800 umfasste es ein Gebiet von etwa 170 Quadratmeilen. Mit Völkershausen, Martinroda, Willmanns, Wölferbütt und Altengronau gehörte Hessen-Kassel dem Kanton Rhön-Werra des Ritterkreises Franken, mit dem Lindentaler Hof dem Kanton Mittelrheinstrom des Ritterkreises Rhein an. Außerdem war es um 1806 Mitglied im Kanton Odenwald. Durch § 7 des Reichsdeputationshauptschlusses vom 25. 2. 1803 erlangte es für Sankt Goar und Rheinfels sowie seine Ansprüche auf Corvey außer der Kurwürde nur einzelne mainzische Güter (Ämter Fritzlar, Naumburg, Neustadt und Amöneburg, Kapitel Fritzlar und Amöneburg, die Klöster in diesen Kapiteln) sowie die (Reichs-)Stadt Gelnhausen und das Reichsdorf Holzhausen (Burgholzhausen). Danach nannte sich der Landgraf von H. Kurfürst von Hessen. 1806/1807 wurde H., da es nicht dem Rheinbund beigetreten war, von Frankreich besetzt und dem Königreich Westphalen (Hauptstadt Kassel) einverleibt. 1813/1815 wurde es wiederhergestellt und erhielt für die Niedergrafschaft Katzenelnbogen das Großherzogtum Fulda und Teile Isenburgs. Den Titel Kurfürst behielt der Landesherr (trotz Untergangs des Heiligen Römischen Reichs und seines Wahlrechts [Kurrechts der Kurfürsten]) bei. 1831 wurde eine Verfassung erlassen. Durch preußisches Gesetz vom 20. 9. 1866 wurde H. wegen der Unterstützung Österreichs in der misslungenen Bundesexekution des Jahres 1866 gegen Preußen von Preußen annektiert und Teil der preußischen Provinz Hessen-Nassau (Hauptstadt Kassel). Die damit preußischen Gebiete gingen am 19. 9. 1945 im Wesentlichen in Großhessen und damit in Hessen auf.

L.: Wolff 254; Zeumer 553 II b 27; Wallner 694 OberrheinRK 1; Großer Historischer Weltatlas III 22 (1648) D3, III 38 (1789) C1; Winkelmann-Holzapfel 152 f.; Riedenauer 129; Landau, G., Die hessischen Ritterburgen und ihre Besitzer, Bd. 1 ff. 1832 ff., Neudruck 2000; Piderit, F. C., Geschichte der Haupt- und Residenzstadt Cassel, 2. A. 1882; Brunner, H., Geschichte der Residenzstadt Cassel, 1913; Losch, P., Geschichte des Kurfürstentums Hessen 1803–66, 1922; Anhalt, E., Der Kreis Frankenberg. Geschichte seiner Gerichte, Herrschaften und Ämter von der Urzeit bis ins 19. Jahrhundert, 1928; Meisenträger, M./Krug, E., Territorialgeschichte der Kasseler Landschaft, 1935; Schröder-Petersen, A., Die Ämter Wolfhagen und Zierenberg. Ihre territoriale Entwicklung bis ins 19. Jahrhundert, 1936; Stengel, E. E., Johann Georg Schleensteins Landesaufnahme der Landgrafschaft Hessen-Kassel, Hessenland 44 (1933), und in: Stengel, E. E., Abhandlungen und Untersuchungen zur hessischen Geschichte, 1960; Kissel, O. R., Neuere Territorial- und Rechtsgeschichte des Landes Hessen, 1961; Demandt, K. E., Geschichte des Landes Hessen, 2. A. 1972, Neudruck 1980; Speitkamp, W., Restauration als Transformation. Untersuchungen zur kurhessischen Verfassungsgeschichte 1813–1830, 1986; Akten und Dokumente zur kurhessischen Parlaments- und Verfassungsgeschichte 1848–1866, hg. v. Seier, H., 1987; Hollenberg, G., Die hessen-kasselischen Landstände im 18. Jahrhundert, 1988, Hessisches Jb. f. LG. 38 (1988); Grothe, E., Verfassungsgebung und Verfassungskonflikt, 1996; Wegner, K., Kurhessens Beitrag für das heutige Hessen, 1999.

Hessen-Marburg (Landgrafschaft). In Marburg an der Lahn wurde am Übergang einer West-Ost-Straße über die Lahn vermutlich schon im 11. Jahrhundert von den Grafen Werner oder von den Gisonen eine Burg errichtet. Sie wurde nach 1122 von den als Grafen nachfolgenden Landgrafen von Thüringen auf den Schlossberg verlegt. Die in ihrem Schutz entstandene Siedlung war von Anfang an landgräflich. Seit dem 13. Jahrhundert war Marburg Verwaltungsmittelpunkt des sog. Landes an der Lahn, des „Oberfürstentums" Hessen. In der zweiten Hälfte des 15. Jahrhunderts wurde Marburg Sitz der Teillinie H. (1458–1500), die aber wieder in Hessen aufging. 1527 gründete Landgraf Philipp der Großmütige in Marburg die erste protestantische Universität. Bei Philipps Tode (1567) fiel Marburg an seinen Sohn Ludwig IV. (H.). Er starb 1604 ohne erbberechtigte Nachkommen. Die Güter fielen 1605/1650 an die Linien Hessen-Kassel (nördliche Hälfte einschließlich Marburgs) und Hessen-Darmstadt (südliche Hälfte einschließlich Gießens).

L.: Küch, F., Quellen zur Rechtsgeschichte der Stadt Marburg, Bd. 1 f. 1918 ff.; Lotzenius, L., Geschichte der hessischen Ämter Battenberg und Wetter, 1931; Kürschner, W., Geschichte der Stadt Marburg, 1934; Diefenbach, H., Der Kreis Marburg, 1943; Demandt, K. E., Geschichte des Landes Hessen, 2. A. 1972, Neudruck 1980.

Hessen-Nassau (Provinz). Nach dem Sieg Preußens über den Deutschen Bund annektierte Preußen mit dem Gesetz vom 7. 9. 1866 Kurhessen (Hessen-Kassel), das Herzogtum Nassau und die freie Stadt Frankfurt am Main. Sie wurden am 24. 11. 1866 mit der Landgrafschaft Hessen-Homburg, den nordhessischen Kreisen Biedenkopf und Vöhl und einem Teil des Kreises Gießen von Hessen-Darmstadt, dem Bezirksamt Gersfeld und dem Landbezirk Orb von Bayern in den Regierungsbezirken Kassel und Wiesbaden zusammengefasst. Am 7. 12. 1868 wurde daraus die Provinz H. mit Sitz des Oberpräsidenten in Kassel gebildet. 1929 wurden Waldeck und der Kreis Wetzlar angeschlossen. 1932 wurde die Grafschaft Schaumburg an Hannover überführt. 1944 wurde die Provinz in die beiden Provinzen Kurhessen und Nassau aufgelöst. Der Kreis Schmalkalden kam an den Regierungsbezirk Erfurt. 1945 fiel der größte Teil der ehemaligen Provinz H. (bzw. Kurhessen, Nassau) an das neu geschaffene Land Großhessen bzw. Hessen.

L.: Demandt, K., Geschichte des Landes Hessen, 2. A. 1972, Neudruck 1980; Klein, T., Hessen-Nassau, 1979; Klein, T., Hessen-Nassau. Vom Oberpräsidialbezirk zur Provinz, 1985, Hessisches Jb. f. LG. 35; Klein, T., Von der Annexion zur Integration, Bll. f. deutsche LG. 121 (1985).

Hessen-Pfalz (Provinz). Die im Juli 1945 aus der Pfalz Bayerns und Rheinhessen Hessen-Darmstadts gebildete Provinz H. kam am 30. 8. 1946 zum Land Rheinland-Pfalz. S. Hessen, Pfalz, Rheinland-Pfalz.

Hessen-Philippsthal (Landgrafschaft). In Philippsthal an der Werra wurde vermutlich kurz vor 1191 das Benediktinerinnenkloster Kreuzberg gegründet. Im Bauernkrieg wurde es zerstört. Nach Abfindung des letzten Propstes gelangten die Einkünfte an Hessen. 1686 übertrug Landgraf Karl von Hessen-Kassel seinem jüngeren Bruder Philipp die aus den Klostergütern gebildete Vogtei Kreuzberg. Landgraf Philipp erbaute das Schloss Philippsthal und verwandte es als Sitz der Nebenlinie H. der Landgrafschaft Hessen-Kassel, bei der die Landeshoheit verblieb und an die die Güter 1713 wieder zurückfielen. Von H. spaltete sich noch Hessen-Barchfeld ab.

L.: Kissel, O. R., Neuere Territorial- und Rechtsgeschichte des Landes Hessen, 1961; Demandt, K. E., Geschichte des Landes Hessen, 2. A. 1972, Neudruck 1980.

Hessen-Rheinfels (Landgrafschaft). Die Burg Rheinfels bei Sankt Goar wurde um 1245 von den Grafen von Katzenelnbogen errichtet. Sie diente ihnen bald als Residenz. 1479 kam sie mit der Grafschaft an die Landgrafschaft Hessen-Kassel, die 1500 in der Landgrafschaft Hessen aufging. 1567 wurde Rheinfels unter Philipp dem Jüngeren Sitz der mit etwa einem Achtel der hessischen Güter ausgestatteten Linie H. der Landgrafen von Hessen. Sie starb 1583 aus. Ihre Güter fielen 1583/1599 an die Linien Hessen-Darmstadt (Schotten, Stornfels, Homburg v. d. Höhe), Hessen-Marburg (Lißberg, Ulrichstein, Itter) und vor allem Hessen-Kassel (Niedergrafschaft Katzenelnbogen). 1648/1649 kam Hessen-Kassels Anteil unter Vorbehalt der Landesherrschaft bis 1815/1822 an Hessen-Rotenburg (Hessen-Rotenburg-Rheinfels).

L.: Kissel, O. R., Neuere Territorial- und Rechtsgeschichte des Landes Hessen, 1961; Demandt, K. E., Geschichte des Landes Hessen, 2. A. 1972, Neudruck 1980.

Hessen-Rotenburg (Hessen-Rotenburg-Rheinfels) (Landgrafschaft). Rotenburg an der Fulda wurde um 1200 neben einer 1150 erbauten Burg Rotenberg als Burg und später Stadt von den Landgrafen von Thüringen errichtet. H. ist eine durch die Söhne Landgraf Moritz' von Hessen-Kassel aus zweiter Ehe 1627 begründete Nebenlinie der Landgrafen von Hessen-Kassel, der ein Viertel des Landes (Rotenburger Quart) hinsichtlich der Einkünfte, nicht aber der Landeshoheit zustand (Niedergrafschaft Katzenelnbogen mit Rheinfels, Ämter und Städte Rotenburg, Wanfried, Eschwege, Treffurt, Ludwigstein, Amt Neuengleichen [Gleichen], Herrschaft Plesse). Sie erhielt 1815/1822 als Ersatz für an Preußen abgetretene Güter (Niederkatzenelnbogen, Plesse, Neuengleichen) die schlesische Herrschaft Ratibor als Mediatfürstentum und das Stift Corvey, starb 1834 aus und wurde von Hessen-Kassel beerbt. Das preußische Mediatfürstentum kam an Hohenlohe-Schillingsfürst.

L.: Wolff 256; Festschrift zur 700-Jahr-Feier der Stadt Rotenburg, 1948; Kissel, O. R., Neuere Territorial- und Rechtsgeschichte des Landes Hessen, 1961; Schellhase, K., Territorialgeschichte des Kreises Rotenburg an der Fulda und des Amtes Friedewald, hg. v. Lachmann, H. P., 1971.

Hessen-Wanfried (Hessen-Rotenburg-Rheinfels-Wanfried) (Landgrafen). Nach Wanfried an der Werra benannten sich im 18. Jahrhundert Landgrafen von Hessen-Rotenburg.

Hessengau (in Franken) (Hessiun, Hassia, provincia Hassorum, Hassiae, Hassim, Hessia, Gau um Kassel)

L: Curs, O., Deutschlands Gaue im zehnten Jahrhundert. Nach den Königsurkunden, Diss. phil. Göttingen 1908, 9 (Viermünden, Salz, Hersfeld, Hundshausen, Marzhausen, Kassel, Oberkaufungen, Niederkaufungen, Vollmarshausen, Uschlag?, Wolfsanger, Herbertshausen); Hessler, W., Mitteldeutsche Gaue des frühen und hohen Mittelalters, 1957, 126 (Bebra, Braach, Heinebach, Hersfeld, Solz, Velmeden); Polenz, P. v., Landschafts- und Bezirksnamen, 1961, I, 9, 12, 26, II, 13, 15, 21f., 35, 41, 50, III, 10, 27, 33, IV, 8, Hessiun, Hassia, pagus Hassensis, marca Hassorum, Hessiga; Niemeyer, W., Der pagus des frühen Mittelalters in Hessen, 1968, 143.

Hessengau (in Sachsen-Engern) (Hasagovue, Hessi, Hassia, Hessiga, pagus Hassonum, Hassim, Hassi, Hesse, Gau um die Diemel)

L: Curs, O., Deutschlands Gaue im zehnten Jahrhundert. Nach den Königsurkunden, Diss. phil. Göttingen 1908, 910 (Rhöda, Rommershausen, Großeneder, Rösebeck, Westuffeln, Burguffeln, Gottesbüren, Bühne, Elsungen, Stammen, Hümme, Escheberg, Meiser, Helmarshausen, Hilwartshausen).

Hessengau (in Sachsen-Ostfalen) (Hasagouue, Hoisgouue, Hassagoi, Hassigeuui, Hassega, Hassaga, Hassegovue, Hassago, Hessigouue, Hassegowe, Hôsgowe, Hosageuue, Gau um Merseburg)

L: Curs, O., Deutschlands Gaue im zehnten Jahrhundert. Nach den Königsurkunden, Diss. phil. Göttingen 1908, 9 (Wiederstedt, Asendorf, Lobitsch, Dornstedt, Oberschmon, Niederschmon, Geusa, Allstedt, Osterhausen, Riestedt, Klobikau, Möckerling, Memleben, Liederstädt, Vitzenburg, Schortau, Gröst, Zeuchfeld, Reinsdorf, Kuckenburg, Obhausen, Schierstedt, Burgsdorf, Bauna, Merseburg, Wormsleben).

Hessenstein (Reichsfürsten). 1772 erhielten Graf Friedrich Wilhelm, natürlicher Sohn des schwedischen Königs Friedrich I., Landgraf zu Hessen-Kassel (1676–1751), sowie seine Brüder den Reichsfürstenrang.

L.: Klein 188.

Hessiun s. Hessengau

L.: Polenz, P. v., Landschafts- und Bezirksnamen, 1961, I, 9, 12, 26, II, 13, 15, 21f., 35, 41, 50, III, 10, 27, 33, IV, 8.

Hessler, Heßler (Reichsritter). Im frühen 16. Jahrhundert zählten die H. zum Kanton Rhön-Werra des Ritterkreises Franken.

L.: Riedenauer 124.

Heßloch s. Dalberg zu H.

Hettersdorf (Reichsritter) s. Heddesdorf

Hetterun (Hattuarias, pagus Hattuariensis) s. Hattuarien

L.: Polenz, P. v., Landschafts- und Bezirksnamen, 1961, I, 7, 26, II, 21, III, 11, 18 f., 26.

Hettingen (Herrschaft, reichsritterschaftlicher Ort). H. an der Lauchert wird um 1135 erstmals erwähnt (Hatingin) und gehörte zunächst den Grafen von Achalm und dann den Grafen von Veringen. 1524 erwarben die Herren von Speth mit der Herrschaft Gammertingen auch H. und bildeten 1599 aus H., Hermentingen und Kettenacker eine eigene Herrschaft. Sie zählte zum Kanton Donau des Ritterkreises Schwaben. 1806/1827 kamen die Güter an Hohenzollern-Sigmaringen und damit über Preußen (1849) und Württemberg-Hohenzollern (1945) 1951/1952 zu Baden-Württemberg.

L.: Wolff 508.

Hettman? (Reichsritter). Am Ende des 17. Jahrhunderts zählten die H. zum Kanton Odenwald des Ritterkreises Franken.

L.: Riedenauer 124.

Hetzelsdorf, Hezelsdorf (Reichsritter). Bis etwa 1650 waren die H. im Kanton Gebirg des Ritterkreises Franken immatrikuliert.

L.: Stieber; Riedenauer 124.

Heubscher (Reichsritter). Im frühen 16. Jahrhundert zählten die H. zum Kanton Gebirg des Ritterkreises Franken.

L.: Riedenauer 124.

Heuchlingen (Herrschaft). Nach der Burg H. bei Heilbronn nannten sich bereits 1222 Herren von H. (Huchelheim). Im 15. Jahrhundert ging die Burg von der Propstei Ellwangen zu Lehen. 1466 und 1502 erwarb der Deutsche Orden die Anteile der Wittstadt und Cappler von Oedheim, 1590 die Propstei Ellwangen die gesamte zum Kanton Kocher des Ritterkreises Schwaben zählende Herrschaft. Über Württemberg gelangte H. 1951/1952 zu Baden-Württemberg.

L.: Wolff 157; Hölzle, Beiwort 80; Schulz 275.

Heusenstamm (Herrschaft). H. in der unteren Mainebene wird erstmals 1211 erwähnt, als der Ritter Eberhard Waro genannt Geware sein Reichslehen H. an das Reich zurückgab und es über die Grafen von Eppstein zurückerhielt. Es zählte zum Kanton Odenwald des Ritterkreises Franken. 1628 kam die Herrschaft pachtweise an den Frankfurter Patrizier Stefan von Cronstetten, 1661 kaufweise an die Grafen von Schönborn, 1816 an Hessen-Darmstadt und damit H. 1945 zu Hessen.

L.: Wolff 511; Roth, H., Ortsgeschichte von Heusenstamm mit Patershausen und Gravenbruch, 1911.

Heusenstamm, Heußenstamm, Haußenstamm, Heussenstein (Reichsritter). Im 16. und 17. Jahrhundert zählten die seit dem 11. Jahrhundert bezeugten H. zum Kanton Odenwald des Ritterkreises Franken, im 18. Jahrhundert zum Ritterkreis Rhein.

L.: Roth von Schreckenstein 2, 595; Zimmermann 72; Stetten 32, Pfeiffer 210; Riedenauer 124.

Heuß (Reichsritter). Im 18. Jahrhundert zählten die H. mit dem 1729 erworbenen Trunkelsberg zum Kanton Donau des Ritterkreises Schwaben. S. Hausen (Hausner).

L.: Hölzle, Beiwort 58.

Heussen (Reichsritter). Im 16. Jahrhundert zählten die H. zum Kanton Odenwald des Ritterkreises Franken. S. Heußner.

L.: Pfeiffer 210.

Heußenstamm s. Heusenstamm

Heußlein von Eußenheim, Heußlein von Eussenheim (Reichsritter). Im 16. bis 18. Jahrhundert zählten die H. zum Kanton Rhön-Werra des Ritterkreises Franken. Von etwa 1600 bis gegen 1700 gehörten sie mit dem Rittergut Fatschenbrunn dem Kanton Steigerwald an. Weiter waren sie im 18. Jahrhundert im Kanton Gebirg immatrikuliert.

L.: Stieber; Seyler 368 f.; Bechtolsheim 13, 18, 194; Riedenauer 124; Rahrbach 125.

Heußner (Reichsritter). Um 1550 zählten die H. zum Kanton Odenwald des Ritterkreises Franken. S. Hausen, Heussen.

L.: Stetten 32.

Hevel (Reichsritter). Die H. waren seit der Aufnahme des Reichshofrates Heinrich Edler Herr von H. in die Reichsritterschaft von 1699 bis etwa 1737 Mitglied des Kantons Neckar des Ritterkreises Schwaben.

L.: Hellstern 206.

Hevellergau (Heueldun, Heveldon, Heuellon, Gau um die Havelseen)

L: Curs, O., Deutschlands Gaue im zehnten Jahrhundert. Nach den Königsurkunden., Diss. phil. Göttingen 1908, 10 (Brandenburg, Nienburg, Duben, Potsdam, Geltow); Polenz, P. v., Landschafts- und Bezirksnamen, 1961, I, 13, Heveldun, Hevellon.

Hewen (Herrschaft). Auf dem schon vorgeschichtlich besiedelten Hohenhewen bei Engen im nach H. benannten Hegau wurde schon früh eine Burg errichtet. Sie war der Mittelpunkt der Herrschaft der Edelfreien von H., zu der auch Engen gehörte. Diese stand seit 1398 unter der Oberherrschaft Habsburgs. 1404 kam sie an die Grafen von Lupfen, dann an die Erbmarschälle von Pappenheim, 1639 an die Grafen von Fürstenberg. Sie gehörte zum schwäbischen Reichskreis. Über Württemberg und Baden kam H. 1951/1952 zu Baden-Württemberg.

L.: Wolff 173; Wallner 686 SchwäbRK 22; Sandermann, W., Die Herren von Hewen und ihre Herrschaft, 1952; Gut, T., Hohenhewen, 2001.

Heydt, Haidt, Hawdt (Reichsritter). Im 16. und 17. Jahrhundert zählten die H. (Broum von der Heydt) zum Kanton Odenwald des Ritterkreises Franken.

L.: Riedenauer 124; Stetten 32.

Heyenheim (Reichsdorf) s. Heichelheim

Heymersheim (auf der Twysten?), Heimerzheim (auf der Swist) (Reichsdorf?)

L.: Hugo 475.

Heyne s. Hain

Hezelsdorf s. Hetzelsdorf

Hilchen von Lorch (Reichsritter). Im 18. Jahrhundert zählten die H. zum Ritterkreis Rhein.

L.: Roth von Schreckenstein 2, 595.

Hildburghausen (Herrschaft). H. an der Werra dürfte in fränkischer Zeit gegründet worden sein, erscheint aber erstmals 1234 (Hiltebburgehusin), als Graf Otto von Henneberg-Botenlauben (Henneberg-Bodenlaube) seine Güter in H. an das Hochstift Würzburg übertrug. Von 1270 bis etwa 1304 gab Würzburg es als Lehen an die Herren von Wildberg. Danach kam es kurz an die Markgrafen von Brandenburg und dann an die Herrschaft Coburg, die Berthold VII. von Henneberg-Schleusingen 1316 erwarb. 1353 fiel H. an die Burggrafen von Nürnberg und 1374 mit Heldburg durch Heirat an die Landgrafen von Thüringen. Innerhalb des Hauses Wettin kam es 1572 an Sachsen-Coburg-Eisenach (Sachsen-Coburg) 1638/1640 an Sachsen-Altenburg und von 1672 bis 1680 an Sachsen-Gotha. 1680 wurde es Sitz des (aus H., Heldburg, Eisfeld, Veilsdorf, Schalkau, seit 1683 Königsberg, seit 1705 Sonnefeld und seit 1714 Behrungen gebildeten) Herzogtums Sachsen-Hildburghausen. 1920 gelangte H. an Thüringen. S. Sachsen-Hildburghausen.

L.: Wolff 397; Human, A., Chronik der Stadt Hildburghausen, 1886.

Hildebrandt (Reichsritter). Im frühen 17. Jahrhundert zählten die H. zum Kanton Odenwald des Ritterkreises Franken.

L.: Riedenauer 124.

Hildesheim (Hochstift). Vermutlich bestand bereits im 8. Jahrhundert am Übergang des Hellweges über die Innerste eine Siedlung, die dann nach dem Personennamen Hiltwin benannt wurde. Um 815 gründete Ludwig der Fromme das Bistum H. (Bischof Gunthar), das zur Kirchenprovinz Mainz gehörte. Im Frühmittelalter gewann es durch königliche Gunst reiche Güter (u. a. an der Mosel, im Odenwald, an der Bergstraße, Grafschaft im Harzgau). Im Süden des Bistums erlangten die Bischöfe im 13. Jahrhundert an Leine und Oker die Landeshoheit (Dassel am Solling, daneben Peine). In der Hildesheimer Stiftsfehde (1519–1523) verloren sie die meisten Güter an die Herzöge von Braunschweig-Lüneburg. Während diese Güter protestantisch wurden, behauptete sich im verbliebenen sog. Kleinen Stift (Stadt H., Ämter Peine und Steuerwald, Domkapitelamt Marienburg, 9 Propsteidörfer, 12 landtagsfähige Güter) mit Ausnahme der Stadt H. und des Amtes Peine der Katholizismus. 1643 durch Spruch des Reichshofrates wieder auf den alten Umfang vergrößert, wurde das Hochstift nun meist mit Köln und den westfälischen Bistümern in die Pfründenkombination des Hauses Wittelsbach einbezogen. Nach der Säkularisation gehörte es mit 32 Quadratmeilen und 132 000 Einwohnern von 1802 bis 1807 zu Preußen, von 1807 bis 1813 zum Königreich Westphalen und seit 1813 zu Hannover. Mit diesem kam es 1866 an Preußen. Seit 1. 11. 1946 ist das Gebiet Teil des Landes Niedersachsen. Das Bistum H. kam 1992/1994 zur Erzdiözese Hamburg.

L.: Wolff 447 f.; Zeumer 552 II a 14; Wallner 706 NiedersächsRK 11; Großer Historischer Weltatlas II 66 (1378) F2, III 22 (1648) E2, III 38 (1789) D1; Schnath, G./Lübbing, H./Engel, F., Niedersachsen, in: Geschichte der deutschen Länder, Bd. 1; Die Territorien des Reichs 3, 8; Bauer 1, 271; Doebner, R., Urkundenbuch der Stadt Hildesheim, Bd. 1–8 1881 ff.; Janicke, K./Hoogeweg, H., Urkundenbuch des Hochstifts Hildesheim und seiner Bischöfe, Bd. 1–6 1896 ff.; Bertram, A., Geschichte des Bistums Hildesheim, Bd. 1–3 1899 ff.; Müller, O., Die Entstehung der Landeshoheit der Bischöfe von Hildesheim, 1908; Gebauer, J., Geschichte der Stadt Hildesheim, Bd. 1 f. 1922 ff.; Klewitz, H.W., Studien zur territorialen Entwicklung des Bistums Hildesheim, 1932; Seeland, H., Kurzer Abriss der Geschichte des Bistums Hildesheim, 1948; Gebauer, J. H., Die Stadt Hildesheim, 1950; Niedersächsischer Städteatlas Abt. 2, Einzelne Städte, 1953; Peters, W., Quellen zur Hildesheimer Landesgeschichte, 1964; Jan, H. v., Hildesheim, 1967; Das Bistum Hildesheim 1933–1945. Eine Dokumentation, hg. v. Engfer, H., 1971; Gauß'sche Landesaufnahme der durch Hannover erworbenen Gebiete, bearb. v. Engel, F., 1. Fürstentum Hildesheim (Bl. 15), 1977; Die Bistümer der Kirchenprovinz Mainz. Das Bistum Hildesheim Bd. 3: Die Hildesheimer Bischöfe von 815–1221, bearb. v. Goetting, H., 1984, Germania Sacra N. F. 20; Quellen zur Geschichte der Stadt Hildesheim im Mittelalter, hg. v. Borck, H., 1986; Heinemann, E., Im alten Hochstift, 1987; Plümer, I., Hildesheim, LexMA 5 1990, 16 ff.; Klingebiel, T., Ein Stand für sich? Lokale Amtsträger in der frühen Neuzeit, 2002.

Hilgartsberg, Hilgartschberg (Herrschaft). Am Ende des 18. Jahrhunderts gehörte die Herrschaft H. über die Fugger-Glött zum schwäbischen Reichskreis.

L.: Wolff 205; Wallner 685 SchwäbRK 14 b.

Hilpersdorf, Hilgersdorf (Reichsdorf). Nach einer undatierten Urkunde König Ruprechts hatte das Reich Gefälle in dem Dorf H. bei Schweinfurt, das mit Geldersheim Gochsheim, Sennfeld, Grettstadt (Gretzstadt) und Rottershausen (Ratershausen) zur Reichsvogtei Schweinfurt gehört hatte. S. Bayern.

L.: Dacheröden 232; Hugo 456, 458.

Hilpoltstein (Herrschaft, Reichsritter). 1264 wird erstmals die Burg H. (Stein) bei Roth in Mittelfranken genannt. Sie gehörte den Reichsrittern von Stein. 1385/1386 kam sie beim Aussterben dieser Herren durch Kauf an Bayern, 1505 nach dem bayerischen (Landshuter) Erbfolgekrieg an Pfalz-Neuburg. Von 1542 bis 1578 war sie an Nürnberg verpfändet, das die 1627 wieder beseitigte Reformation einführte. Von 1619 bis 1644 war H. Residenz des Pfalzgrafen Johann Friedrich. 1742 kam Pfalz-Neuburg an Pfalz-Sulzbach, das 1777 auch Bayern erbte.

L.: Wolff 140; Wallner 712 BayRK 4; Mader, F., Bezirksamt Hilpoltstein, 1929.

Hilzingen (Herrschaft). H. bei Überlingen zählt vermutlich zu den ältesten alemannischen Siedlungen im Hegau. Im Frühmittelalter gehörte es zur Herzogsburg Hohentwiel und wurde vermutlich dem Hohentwielkloster übertragen, das seinerseits dem Hochstift Bamberg unterstellt war. Später war die Herrschaft, die dann dem schwäbischen Reichskreis zugeordnet war, häufig geteilt. 1595 und 1609 kam sie an Österreich, das H.

teils als Lehen, teils als Pfand ausgab. 1659 erlangte das Kloster Petershausen H. mit Staufen für 60 000 Gulden als Pfand. 1722 wurde das Pfand in Lehen umgewandelt, 1723 das Lehen unter Zustimmung des Hochstifts Bamberg in Eigentum. 1735 kam das Dorf Riedheim hinzu. Petershausen fiel 1803 an Baden, wodurch H. 1951/1952 zu Baden-Württemberg gelangte.

L.: Wolff 43, 190; Wallner 688 SchwäbRK 50; Riede, R., Geschichte von Hilzingen, 1926.

Himmerod (Abtei). 1134 wurde in der Südeifel die Zisterzienserabtei H. gegründet. 1802 wurde sie aufgehoben.

L.: Schneider, A., Die Cistercienserabtei Himmerod im Spätmittelalter, 1954; Simon, J., Himmerod, LexMA 5 1990, 27; Eiflia sacra, 1994, 115.

Hingka zu Henneberg (Reichsritter). Im 16. Jahrhundert zählten die H. zum Kanton Rhön-Werra des Ritterkreises Franken.

L.: Riedenauer 124.

Hingsingen, Hinguezange (Herrschaft). Die Herrschaft H. gehörte im 18. Jahrhundert als bischöfliche Lehnsherrschaft zum Hochstift Metz, das 1789 in Frankreich säkularisiert wurde.

L.: Wolff 301.

Hinterpommern (Landschaft, Teil eines Herzogtums). Als H. wurde der östlich der Oder gelegene, zum obersächsischen Reichskreis zählende Teil Pommerns bezeichnet. Er kam 1945 unter Verwaltung Polens und fiel 1990 als politische Folge der deutschen Wiedervereinigung an Polen.

L.: Wolff 405; Zeumer 553 II b 22; Wallner 708 ObersächsRK 2; Städtebuch Hinterpommern, neubearb. v. Tippach, T., 2003.

Hirnheim (Reichsritter) s. Hürnheim

Hirnsberg (Reichsritter). Um 1550 zählten die H. zum Kanton Odenwald des Ritterkreises Franken und zur vogtländischen Ritterschaft (Vogtland).

L.: Stieber; Stetten 33; Riedenauer 124.

Hirsau (reichsunmittelbare Abtei). Nach 1049 (1059) erneuerte Graf Adalbert II. von Calw ein durch Vorfahren gegründetes, von 830 bis zum Ende des 10. Jahrhunderts in H. (zu ahd. hiruz, Hirsch) bei Calw bestehendes Benediktinerkloster. Dieses Kloster wurde unter dem zweiten Abt Wilhelm (1069–1091) zum Zentrum der kluniazensischen Reformbewegung in Deutschland (Hirsauer Reform). Im 11. und 12. Jahrhundert hatte es Güter in mehr als 350 Orten und sechs abhängige Priorate. Im 15. Jahrhundert kam es an Württemberg, war aber bis zur Einführung der Reformation im Jahre 1534 nominell reichsunmittelbar. Über Württemberg gelangte H. 1951/1952 zu Baden-Württemberg.

L.: Wolff 162; Großer Historischer Weltatlas II 66 (1378) E4; Schmid, K., Kloster Hirsau und seine Stifter, 1959; Jakobs, H., Die Hirsauer. Ihre Ausbreitung und Rechtsstellung im Zeitalter des Investiturstreites, 1961; Greiner, K., Hirsau, seine Geschichte und seine Ruinen, 6. A. 1962; Irtenkauf, W., Hirsau. Geschichte und Kultur, 3. A. 1978; Nothelfer, U., Hirsau, LexMA 5 1990, 35 ff.

Hirsberg (Reichsritter). Die H. zählten zum Ritterkreis Franken.

L: Riedenauer.

Hirschaid (Reichsritter). Im 16. Jahrhundert zählten die H. zum Kanton Gebirg im Ritterkreis Franken.

L.: Riedenauer 124.

Hirschberg (Grafen, Herrschaft). Seit Anfang des 13. Jahrhunderts erscheinen Grafen von H. in Altmühltal, die seit dem 11. Jahrhundert als Grafen von Grögling, Dollnstein und Ottenburg aufgetreten waren und verwandtschaftliche Beziehungen mit Sulzbach, Oettingen, Tirol, Württemberg und Wittelsbach aufweisen. Diese Grafen waren Vögte des Hochstifts Eichstätt. Ihre Güter um H. kamen 1304/1305 testamentarisch an das Hochstift Eichstätt, das Landgericht H. an Bayern. 1806 fiel H. an Bayern.

L.: Wolff 106; Kalisch, H., Die Grafschaft und das Landgericht Hirschberg, ZRG GA 34 (1913), 141; Mader, F., Geschichte des Schlosses und Oberamts Hirschberg, 1940.

Hirschberg, Hirsberg (Reichsritter). Im frühen 16. Jahrhundert zählten die H. zum Kanton Odenwald des Ritterkreises Franken.

L.: Stetten 32; Riedenauer 124.

Hirschfeld (Reichsfürsten[tum]) s. Hersfeld

Hirschhorn (Herren, Reichsritter, reichsritterschaftlicher Ort). Vermutlich um 1200 entstand die Burg H. am Neckar. Die danach benannten Herren von H. hatten Pfandschaften über Mosbach, Sinsheim und Weißenburg sowie weitere Güter. 1317 wurde die Burg H. dem Erzstift Mainz geöffnet. H. zählte zum Kanton Kraichgau des Ritterkreises Schwaben, doch waren die Herren von H. bis etwa 1650 auch im Kanton Odenwald des Ritterkreises Franken immatrikuliert. 1803 kam H. von Mainz an Hessen-Darmstadt und damit 1945 an Hessen.

L.: Wolff 80, 511; Riedenauer 124; Kissinger, F. R., Aus Hirschhorns Geschichte, 1900; Stetten 33; Irschlinger, R., Zur Geschichte der Herren von Hirschhorn, 1986; Lohmann, E., Die Herrschaft Hirschhorn, 1986.

Hirschlach s. Schenk von H.

Hirschlatt (Herrschaft). H. bei Friedrichshafen am Bodensee wird 1074 erstmals erwähnt. Um 1150 gelangte es an das Augustinerchorherrenstift Kreuzlingen. Die Vogtei über die um H. gebildete Herrschaft hatten zunächst die Welfen, dann die Staufer und seit etwa 1300 pfandweise die Grafen von Montfort. 1659 erwarb das Kloster die Vogtei, 1749 die hohe Gerichtsbarkeit. 1803 gelangte die Herrschaft an Hohenzollern-Hechingen, 1813 durch Kauf an Württemberg und damit H. 1951/1952 zu Baden-Württemberg.

L.: Hölzle, Beiwort 80; Der Kreis Tettnang, 1969.

Hoch- und Deutschmeister s. Deutscher Orden

Hochaltingen (Herrschaft). H. (Haheltingen) bei Nördlingen war Sitz der Adelsherrschaft H. Seit 1238 unterstand es den Hürnheim-Niederhaus-Hochaltingen, bei deren Aussterben es über die Erbtochter 1585 an die Freiherren von Welden kam. Seit 1764/1777 gehörte es durch Kauf zu Oettingen-Spielberg. Die Herrschaft war reichsritterschaftlich (Kanton Kocher des Ritterkreises Schwaben). 1806 kam sie an Bayern.

L.: Monninger, Das Ries und seine Umgebung, 1892; Hölzle, Beiwort 52.

Hochberg (Grafen). In Anlehnung an das zu Baden gehörige H. (Hachberg) wurde 1796 die morganatische Gemahlin des späteren Großherzogs Karl Friedrich von Baden (Luise Geyer von Geyersberg) zur Reichsgräfin von H. erhoben. Ihre Söhne wurden 1806 für erbberechtigt erklärt und erhielten 1817 den Titel Markgrafen von Baden. 1830 wurde Leopold Großherzog von Baden. S. a. Hachberg.

L.: Großer Historischer Weltatlas III 38 (1789) B3.

Hochberg (reichsritterschaftliche Herrschaft). Zwischen 1231 und 1270 ist die Burg H. am Neckar bei Ludwigsburg bezeugt. Den Herren von H. folgte die württembergische Dienstmannenfamilie Nothaft, die 1684 die dem Kanton Kocher des Ritterkreises Schwaben eingegliederte Herrschaft über die Erbtochter den von Gemmingen zubrachte. Diese verkauften 1779 H. mit Hochdorf und Kirschenhardthof (Kirschenhardshof) an Württemberg. S. Baden-Württemberg.

Hochkönigsburg, Hohkönigsburg (Herrschaft). Die Burg H. bei Schlettstadt erscheint 1147 als Gut der Staufer. Im Mittelalter umfasste die Herrschaft H. die Dörfer Sankt Pilt und Orschweiler (1790 an die Grafen von Türkheim) sowie Zoll und Geleit durch das Lebertal und Weilertal. Mit dem Elsass kam H. an Frankreich.

L.: Ebhardt, B., Die Hohkönigsburg im Elsass, 1908.

Hochmeister s. Deutscher Orden

Hoch- und Deutschmeister s. Deutscher Orden

Hochseegau s. Hassegau, Hosgau-Friesenfeld

L.: Hessler, W., Mitteldeutsche Gaue des frühen und hohen Mittelalters, 1957, 126 (Allstedt, Asendorf, Benkendorf, Bornstedt, Burgsdorf, Dornstedt, Eisleben, Geusa, Goseck, Gröst, Helfta, Holleben, Hornburg, Oberklobikau, Niederklobikau, Knapendorf, Lauchstädt, Liederstädt, Lobitzsch, Merseburg, Morungen, Mücheln, Müllersdorf, Beyernaumburg, Neehausen, Obhausen, Osterhausen, Querfurt, Reinsdorf, Riestedt, Oberröblingen, Oberröblingen an der Helme, Klosterrohrbach, Rossleben, Salzmünde, Sangerhausen, Schaftstädt, Burgscheidungen, Großschierstedt, Oberschmon, Schortau, Schraplau, Seeburg, Sittichenbach, Spergau, Vitzenburg, Burgwerben, Wippra, Wormsleben, Wünsch, Zeuchfeld); Polenz, P. v., Landschafts- und Bezirksnamen, 1961, 295 Hosgau-Friesenfeld.

Höchst (Ganerbschaft). H. an der Nidder bei Büdingen wird erstmals 1245 als Ganerbschaft der Büches und der Karben erwähnt. Zu Beginn des 15. Jahrhunderts ging die nach einer Niederlegung neu erbaute Burg über die Erbtochter als Lehen Isenburgs auf die Stockheim über. Nach deren Erlöschen im Mannesstamm erlangten nach längeren Erbstreitigkeiten 1589 die Karben die Burg. Bei ihrem Aussterben kam H. 1729 an die Bernstein, durch Verkauf 1791 an die Mansbach und 1756 an die Günderode. 1762 wurde das Lehen gelöst. 1806 fiel H. an Hessen-Darmstadt und damit 1945 an Hessen.

L.: Geschichtlicher Atlas von Hessen, Inhaltsübersicht 33.

Hochstaden (Grafen). Die Burg (Motte) Husterknupp bei dem inzwischen wegen Tagebergbaus verschwundenen Dorf Frimmersdorf westlich von Köln war Stammsitz der 1080 erstmals erwähnten, 1261 mit dem Kölner Erzbischof Konrad von H. ausgestorbenen Grafen von Are-Hochstaden (Hochstaden), deren Grafschaft 1246 durch Schenkung an das Erzstift Köln kam. S. Are-Hochstaden.

Höchstädt (Landvogteiamt). H. an der Donau bei Dillingen wird 1081 erstmals erwähnt, reicht aber vermutlich in karolingische Zeit zurück. Im 13. Jahrhundert fiel es von den Staufern an Bayern, im Spätmittelalter über Bayern-Ingolstadt an Pfalz-Neuburg. Am Ende des 18. Jahrhunderts gehörten Grundstücke in dem Landvogteiamt H. des Fürstentums Pfalz-Neuburg zum schwäbischen Reichskreis. Über Pfalz-Neuburg kamen sie zu Bayern.

L.: Wolff 140; Wallner 690 SchwäbRK 98.

Hoevelaken (Herrlichkeit). Die Herrlichkeit H. gehörte zum Herzogtum Geldern.

L.: Wolff 68.

Hofen (reichsritterschaftliche Herrschaft). H. zählte zum Kanton Kocher des Ritterkreises Schwaben und kam an Württemberg und damit 1951/1952 zu Baden-Württemberg.

Hofer von Lobenstein (Hofer zum Lobenstein) (Freiherren, Reichsritter). Im 18. Jahrhundert zählten die aus Niederbayern stammenden Freiherren von H. mit dem 1662 erworbenen Wildenstein und Neustädtlein, Rötlein (Röthlein) und Tempelhof (1699 an Ansbach verkauft) zum Kanton Kocher des Ritterkreises Schwaben, um 1801/1802 auch zum Kanton Odenwald des Ritterkreises Franken.

L.: Roth von Schreckenstein 2, 592; Hölzle, Beiwort 62; Kollmer 370, 377; Riedenauer 124; Schulz 264.

Hoff (Holff) (Reichsritter). Von 1720 bis etwa 1737 war der württembergische Obrist-Jägermeister Friedrich Ludwig von H. Mitglied des Kantons Neckar des Ritterkreises Schwaben.

L.: Hellstern 206.

Hoffenheim (reichsritterschaftlicher Ort). H. nordwestlich von Sinsheim zählte zum Kanton Odenwald des Ritterkreises Schwaben und kam 1806 an Baden und damit 1951/1952 zu Baden-Württemberg.

L.: Wolff 511.

Höfingen, Truchseß von Höfingen, Truchsess von Höfingen (Truchsessen, Reichsritter). Höfingen bei Leonberg erscheint auf altem Siedlungsland spätestens im 11./12. Jahrhundert. Nach ihm nannten sich Herren von Höfingen, die 1285 Truchsessen Württembergs wurden. Sie gaben Teile Höfingens an Württemberg ab. 1488 waren sie Mitglied in der Rittergesellschaft Sankt Jörgenschild, Teil am Neckar. Von 1548 bis 1705 zählten sie mit Wendelsheim zum Kanton Neckar des Ritterkreises Schwaben.

L.: Hellstern 149, 206.

Hofstätten, Hofstetten, Hochstetten (Reichsdorf). Am 22. 1. 1379 verpfändete König Wenzel dem Ruprecht von der Pfalz unter anderem das Dorf Hoffstetten (Hofstätten bei Annweiler), das dieser aus der Pfandschaft des Grafen Emich von Leiningen gelöst hatte.

L.: Hugo 464 f.

Hofwart von Kirchheim, Hoffwart, Hoschwardt (Reichsritter). Im späten 16. Jahrhundert und im frühen 17. Jahrhundert zählten die H. zum Kanton Odenwald im Ritterkreis Franken.

L.: Stieber; Riedenauer 124.

Hoge, Hooge-Zwaluwe (Herrlichkeit). Die Herrlichkeit Hooge-Zwaluwe (H.) gehörte zur Grafschaft Holland.

L.: Wolff 70.

Hogtrunga s. Ostinga, Ostegau

L.: Polenz, P. v., Landschafts- und Bezirksnamen, 1961, II, 24, III, 2 f., Ostinga (Hogtrunga), ‚Ostegau'.

Hohenaschau (reichsfreie Herrschaft). In der zweiten Hälfte des 12. Jahrhunderts errichteten die mit den Grafen von Falkenstein im Inntal verwandten Herren von Hirnsberg die Burg H. im Priental. Sie wurde Sitz einer auf die Vogteirechte der Grafen von Falkenstein über Güter des Erzstifts Salzburg gestützten Herrschaft, die auch nach dem Sturz der Lehnsherren Bestand behielt. 1276 erkannten die Herzöge von Bayern proprietas, feodum, advocatia, districtus (Eigen, Lehen, Vogtei und Bann) als bestehend an. Zu Beginn des 14. Jahrhunderts kam die Herrschaft an die mit den Herren von Aschau verschwägerte Familie Mautner, 1400 an die Herren von Freyberg (Freiberg), die 1529 Lehen des Erzstifts Salzburg zu allodifizieren vermochten, 1610 durch Heirat an das Haus Preysing. Danach gelangte H. 1805/1808 an Bayern.

1848 fiel auch die mit der Burg verbundene Gerichtsbarkeit an Bayern.

L.: Wolff 136; Wallner 712 BayRK 1; Beckmann, G., Die Herrschaften Aschau und Hirnsberg-Wildenwart bis zum Aussterben der Freyberg (1276–1603), Zs. f. bay. LG. 1 (1928), 14; Sandberger, A., Die Entstehung der Herrschaft Aschau, Wildenwart, Zs. f. bay. LG. 11 (1938), 362; Sandberger, A., Die Herrschaften Hohenaschau und Wildenwart, in: Diepolder, G. u. a., Rosenheim, 1978, 119 ff., Historischer Atlas von Bayern, Altbayern 38; Kellner, S., Die Hofmarken Jettenbach und Aschau in der frühen Neuzeit, 1985.

Hohenberg (Grafschaft). Die Burg Oberhohenberg im Kreis Rottweil war der Stammsitz der 1170 erstmals erwähnten, vom Haus Zollern/Hohenzollern abstammenden Grafen von H. Sie verkauften ihr im 12. und 13. Jahrhundert erworbenes Gebiet (Rottenburg, Horb, Oberndorf, Spaichingen, Haigerloch) 1380/1381 an Habsburg, unter dem die zum österreichischen Reichskreis zählende Herrschaft H. mit dem Verwaltungsmittelpunkt Rottenburg einen wesentlichen Bestandteil Schwäbisch-Österreichs (Österreichisch-Schwabens) bis zum Ende des alten Reiches bildete. Verwaltungssitz war Fridingen an der Donau. 1497 fiel Haigerloch an die Grafen von Zollern/Hohenzollern. 1805 kam H. mit rund 750 Quadratkilometern und rund 48 000 Einwohnern an Württemberg. Damit gelangte das Gebiet 1951/1952 zu Baden-Württemberg.

L.: Wallner 713 ÖsterreichRK 1; Großer Historischer Weltatlas II 66 (1378) E4; Hagen, K. J., Die Entwicklung des Territoriums der Grafen von Hohenberg, 1914, Darstellungen aus der württembergischen Geschichte 15; Stemmler, E., Die Grafschaft Hohenberg und ihr Übergang an Württemberg, 1950; Müller, K. O., Quellen zur Verwaltungs- und Wirtschaftsgeschichte der Grafschaft Hohenberg, 1953.

Hohenberg (Reichsritter). Die H. waren seit 1640 unter anderem mit dem 1697 von den Ehingen erworbenen Gut Börstingen Mitglied des Kantons Neckar des Ritterkreises Schwaben (zuletzt Franz-Joseph-Anton von H. zu Rottenburg, Herr zu Weitingen, Rohrdorf, Wendelsheim, Wurmlingen und Hirschau, 1727 immatrikuliert). S. Nothaft von H.

L.: Hellstern 206; Kollmer 376.

Hohenbodman (Herrschaft). Die Herrschaft H. am Bodensee wurde 1478 von der Reichsstadt Überlingen erworben. Sie fiel 1803 an Baden und damit H. 1951/1952 an Baden-Württemberg.

L.: Wolff 215; Hölzle, Beiwort 91.

Hohenburg (Grafschaft, Reichsherrschaft). Vermutlich um die Jahrtausendwende entstand an einer wichtigen Handelsstraße von Magdeburg nach Regensburg die Burg H. auf dem Nordgau im Lauterachtal. Sie wurde Mittelpunkt einer Grafschaft, die schon 1142 für den Fall des söhnelosen Todes des Inhabers an das Hochstift Regensburg vergeben wurde. Nach dem Anfall (1248) verblieb sie bis 1810 als zum bayerischen Reichskreis zählende Reichsherrschaft bei Regensburg und kam dann an Bayern.

L.: Wolff 142; Wallner 712 BayRK 10.

Hohenburg (Herrschaft). Die Herrschaft H. im Unterelsass (Niederelsass) zwischen Wegelnburg (Wagelburg) und Fleckenstein umfasste die Schlösser H. und Löwenstein sowie drei Dörfer und gehörte den Herren von Sickingen. Mit dem Elsass gelangte sie an Frankreich.

L.: Wolff 293.

Hohenburg (Kloster, königliches Kloster). Das Nonnenkloster H. im Elsass (seit dem 17. Jahrhundert Odilienberg) geht vielleicht auf die heilige Odilia, eine Tochter des Herzogs Eticho, und damit auf das 8. Jahrhundert zurück. Im Hochmittelalter stand es unter der Vogtei der Staufer. In der Reformationszeit verfiel es weitgehend.

Hoheneck (Reichsritter). Im 17. Jahrhundert zählten die H., die bereits im Jahr 1488 Mitglied der Gesellschaft Sankt Jörgenschild, Teil am Hegau und am Bodensee waren, zum Kanton Neckar des Ritterkreises Schwaben, im ausgehenden 18. Jahrhundert mit Monbrunn, Röllbach und Teilen von Sachsenflur zum Kanton Odenwald des Ritterkreises Franken. Wegen Teilen von Helfenberg waren sie von 1597 bis 1629 im Kanton Kocher immatrikuliert.

L.: Hölzle, Beiwort 56; Ruch, Anhang 4; Winkelmann-Holzapfel 153; Hellstern 206; Stetten 36; Riedenauer 124; Schulz 264.

Hohenegg (Herrschaft), Hoheneck. Die Burg H. bei Lindau war Mittelpunkt der Herrschaft H. im westlichen Allgäu. 1359 fiel sie von den Herren von H., die 1300 Vils (1327 Stadt) von der Abtei Kempten zu Lehen erhielten, an die Grafen von Montfort-Bregenz, 1451 an Habsburg. 1805 kam H. an Bayern.

L.: Wolff 39.

Hohenems, Ems (Reichsritter, Reichsgrafen). In H., ursprünglich Ems, bei Dornbirn in Vorarlberg wurde um 1170 eine Reichsburg errichtet. Sie war Sitz der seit etwa 1180 nachweisbaren Reichsministerialen, Reichsritter und nach einer Heiratsverbindung mit den Medici seit 1560 Reichsgrafen von H., die hier eine kleine, seit 1400 reichslehnbare Herrschaft gründeten und um Lustenau mit Widnau und Haslach erweiterten. Sie erwarben von 1614 bis 1669 von den Grafen von Sulz die Herrschaft Vaduz und Schellenberg. Nachdem in der Mitte des 17. Jahrhunderts die beiden Linien Hohenems-Hohenems (bald wieder ausgestorben) und Hohenems-Vaduz entstanden und letztere 1759 ausstarb, kam 1759/1765 mit diesem Aussterben der Reichsgrafen im Mannesstamm die Landeshoheit an Österreich. 1790 erhielt Graf Harrach die Herrschaft H. 1814 fiel sie endgültig, nachdem sie zunächst 1805 zugunsten Bayerns mediatisiert worden war, an Österreich zurück. Die Eigengüter kamen später an die Truchsess von Waldburg. Um 1800 war die zum schwäbischen Reichskreis zählende Grafschaft 3,5 Quadratmeilen groß und enthielt 4000 Einwohner. Sie umfasste die Bergschlösser Althohenems und Neuhohenems, den Flecken Ems und einige Dörfer, die Orte Widnau und Haslach (in der schweizerischen Landvogtei Rheintal gelegen), die Grafschaft Gallarate (Gallara) bei Mailand (seit 1578) sowie Bistrau (Bistra), Bohnau (Bonna), Trepien (Trpin) und Laubendorf (in Böhmen).

L.: Wolff 205; Zeumer 553 II b 61, 13; Wallner 687 SchwäbRK 35; Großer Historischer Weltatlas III 38 (1789) C4; Bergmann, J., Die Edlen von Embs und die Reichsgrafen von und zu Hohenems, 1860/1861; Welti, L., Geschichte der Reichsgrafschaft Hohenems und des Reichshofes Lustenau, 1930; Bilgeri, B., Geschichte Vorarlbergs, Bd. 1 ff. 1976 ff.

Hohenems (Reichsdorf, Reichsstadt?), Ems, Embs. 1333 erhielt Ems (Hohenems) bei Dornbirn in Vorarlberg von Kaiser Ludwig dem Bayern alle Rechte und Freiheiten der Reichsstadt Lindau, konnte sich aber nicht zu einer Stadt entwickeln.

L.: Dacheröden 138; Hugo 475; Wolff 206; Welti, L., Die Entwicklung von Hohenems zum reichsfreien Residenzort, in: Heimatbuch Hohenems 1975; Welti, L., Hohenems und Gallarate, FS N. Grass, 1975.

Hoheneppan s. Pach zu Hausenheim und H.

Hohenfeld (Reichsritter). Die H. zählten nach dem 1648 erfolgten Kauf von Mühlhausen an der Enz von 1650 bis 1689 zum Kanton Kocher des Ritterkreises Schwaben. Von 1654 bis 1678 gehörten sie außerdem dem Kanton Neckar des Ritterkreises Schwaben an. Johann Adam von H. starb 1689 ohne Nachkommen. Mit der Hälfte von Eisenbach zählte H. im 18. Jahrhundert zum Kanton Mittelrheinstrom und mit Allmech und Aistersheim zum Kanton Niederrheinstrom des Ritterkreises Rhein.

L.: Genealogischer Kalender, 1753, 547; Hellstern 206; Winkelmann-Holzapfel 153; Schulz 264.

Hohenfels s. Bolanden

Hohenfels (Herrschaft). Nach der Burg H. bei Sipplingen am Bodensee nannten sich seit 1148 Herren von H. 1352 kam die Herrschaft an die Herren von Jungingen zu Jungnau. Nach ihrem Aussterben wurde sie 1506 an den Deutschen Orden verkauft, unter dem sie zum oberrheinischen Reichskreis zählte. 1806 fiel H. an Hohenzollern-Sigmaringen und kam damit über Württemberg-Hohenzollern 1951/1952 zu Baden-Württemberg.

L.: Wolff 195; Wallner 696 OberrheinRK 17.

Hohengeroldseck s. Geroldseck

Hohenheim (Reichsgrafen). Herzog Karl Eugen von Württemberg ließ 1774 seine Geliebte Franziska von Adelmannsfelden, geb. von Bernardin (10. 1. 1748–1. 1. 1811), zur Reichsgräfin von H. erheben. Sie zählte mit dem 1640 an die Bernerdin (Bernardin) gelangten Schloss Sindlingen zum Kanton Neckar und mit dem 1785 von den Stein zum Rechtenstein (Stain) erworbenen Mühlhausen an der Enz und dem 1790 von den Stein zum Rechtenstein (Stain) erworbenen Rittergut Bächingen zum Kanton Kocher des Ritterkreises Schwaben.

L.: Hölzle, Beiwort 62, 64; Kollmer 381.

Hohenheim (Reichsritter). Vielleicht zählten im frühen 16. Jahrhundert H. zur Ritterschaft im Ritterkreis Franken.

L.: Riedenauer 124.

Hohenlandsberg (Herrschaft). Die Herrschaft H. wurde 1382/1435 von den Fürsten von Schwarzenberg erworben.

L.: Hölzle, Beiwort 52.

Hohenlimburg s. Bentheim, Isenberg, Limburg

Hohenlohe (Grafschaft, Fürstentum). Die erstmals 1153 bezeugten Herren (Konrad, Heinrich) von Weikersheim nannten sich seit 1178/1198 nach der die Straße Frankfurt-Würzburg-Augsburg beherrschenden Burg H. (Hohlach) bei Uffenheim. Im staufischen Reichsdienst erlangten sie 1232/1235 Langenburg und 1250 Öhringen, später Neuenstein, Möckmühl (1445 Verkauf an Pfalz) und Waldenburg sowie den Grafenrang. Trotz der Gabe Mergentheims an den Deutschen Orden (1219) und mehrfacher Erbteilung (1215/1254 Hohenlohe-Hohenlohe [bis 1412], Hohenlohe-Brauneck [bis 1390/1434] und Hohenlohe-Weikersheim) gelang ihnen die Errichtung eines fast geschlossenen Herrschaftsgebiets um Kocher und Tauber. Seit 1530 wurden sie (wegen der erbrechtlich begründeten, aber tatsächlich nicht umsetzbaren Belehnung mit den Grafschaften Ziegenhain und Nidda) als Reichsgrafen anerkannt, waren etwa zu dieser Zeit aber auch im Kanton Altmühl des Ritterkreises Franken immatrikuliert. 1551/1553 erfolgte die Teilung des erst 1551 wieder vereinigten Gebietes in die protestantische, 1764 gefürstete Linie Hohenlohe-Neuenstein und die (seit 1667 wieder) katholische, 1744 gefürstete, nach der (erstmals 1253 erwähnten, als Lehen des Hochstifts Regensburg erlangten) Burg Waldenburg bei Schwäbisch Hall benannte Linie Hohenlohe-Waldenburg. Die Linie Hohenlohe-Neuenstein teilte sich dann in die Zweige Hohenlohe-Langenburg, Hohenlohe-Ingelfingen, Hohenlohe-Kirchberg und Hohenlohe-Öhringen (Hohenlohe-[Neuenstein-]Öhringen) (bis 1805). Sie erwarb 1631 durch Erbschaft die halbe Grafschaft Gleichen mit Ohrdruf. Die Linie Hohenlohe-Waldenburg zerfiel 1615 in Hohenlohe-Pfedelbach (bis 1728) und Hohenlohe-Waldenburg (bis 1679) sowie Hohenlohe-Schillingsfürst, das sie beerbte, sich aber wiederum in die Linien Hohenlohe-Bartenstein und Hohenlohe-Schillingsfürst aufteilte (seit 1840 infolge des 1834 erfolgten Anfalls des Erbes des letzten Landgrafen von Hessen-Rotenburg[-Rheinfels] preußische Herzöge von Ratibor und Fürsten von Corvey). Durch § 18 des Reichsdeputationshauptschlusses vom 25. 2. 1803 wurden die Fürsten von Hohenlohe-Bartenstein, Hohenlohe-Waldenburg, Hohenlohe-Ingelfingen und Hohenlohe-Neuenstein entschädigt. 1806 fielen die zum fränkischen Reichskreis zählenden hohenlohischen Gebiete, die etwa 32 Quadratmeilen mit rund 100 000 Einwohnern in 17 Städten, 7 Marktflecken und etwa 250 Dörfer und Weilern umfassten, überwiegend an Württemberg, im übrigen an Bayern (Kirchberg [1810 an Württemberg], Schillingsfürst). S. Baden-Württemberg.

L.: Zeumer 554 II b 62, 1; Wallner 692 FränkRK 7 a–d, 9 a, b; Großer Historischer Weltatlas II 66 (1378) E4, III 22 (1648) D4, III 38 (1789) C3; Fischer, A., Geschichte des Hauses Hohenlohe, Bd. 1 f. 1868 ff.; Hohenlohisches Urkundenbuch (1153–1375), hg. v. Weller, K./Belschner, C., Bd. 1–3 1899 ff.; Weller, K., Geschichte des Hauses Hohenlohe (bis Mitte des 14. Jahrhunderts), Bd. 1 f. 1904 ff.; Belschner, C., Die verschiedenen Linien und Zweige des Hauses Hohenlohe seit 1153, 1926; Engel, W., Würzburg und Hohenlohe, 1949; Fischer, W., Das Fürstentum Hohenlohe im Zeitalter der Aufklärung, 1958; Schremmer, E., Die Bauernbefreiung in Hohenlohe, 1963; Genealogisches Handbuch des Adels, Fürstliche Häuser, Bd. 9 1971; Thumm, A., Die bäuerlichen und dörflichen Rechtsverhältnisse des Fürstentums Hohenlohe im 17. und 18. Jahrhundert, 1971; Hohenlohische Dorfordnungen, bearb. v. Schumm, K./Schumm, M., 1985; Seibold, G., Die Radziwillsche Masse, 1988; Wendehorst, A., Hohenlohe, LexMA 5 1990, 82; Kleinehagenbrock, F., Die Grafschaft Hohenlohe im Dreißigjährigen Krieg, 2003.

Hohenlohe-Bartenstein (Hohenlohe-Waldenburg-Bartenstein) (Fürsten). Die 1247 genannte Burg Bartenstein bei Schwäbisch Hall war seit dem 15. Jahrhundert Sitz eines Amtes der Grafen von Hohenlohe. 1688 errichteten die Reichsgrafen von H. (Hohenlohe-Waldenburg-Bartenstein) dort ihre Residenz. Die Linie H. ist ein 1635 entstandener Zweig der Linie Hohenlohe-Schillingsfürst, die von Hohenlohe-Waldenburg abstammt. 1728 beerbte sie die erloschene Linie Hohenlohe-Pfedelbach. Um 1800 umfasste das zum fränkischen Reichskreis zählende Gebiet von H. zusammen mit Hohenlohe-(Waldenburg-)Schillingsfürst etwa 12 Quadratmeilen. H. hatte die Oberämter Bartenstein und Pfedelbach und die Ämter Herrenzimmern, Sindringen, Schnelldorf und Mainhardt. Durch § 18 des Reichsdeputationshauptschlusses vom 25. 2. 1803 erhielt der Fürst von Hohenlohe-Waldenburg-Bartenstein, der auch zum Kanton Odenwald des Ritterkreises Franken zählte, für die kurz zuvor ererbte Herrschaft Oberbronn (im Elsass) die Ämter Haltenbergstetten, Laudenbach, Jagstberg und

Braunsbach, den Würzburger Zoll im Hohenlohischen, Anteil am Dorf Neunkirchen, das Dorf Münster und den östlichen Teil des Gebiets von Karlsberg. S. Hohenlohe-Waldenburg-Bartenstein.

L.: Wolff 119; Wallner 692 FränkRK 9 a.

Hohenlohe-Brauneck (Herren). Nach der Burg Brauneck bei Creglingen an der Tauber nannte sich seit 1243 ein Zweig der Herren von Hohenlohe. Den Herren von H. gehörte im 14. Jahrhundert unter anderem das erstmals 1045 genannte Creglingen. 1434 erlosch die Familie im Mannesstamm. Durch die Erbtochter kam die Herrschaft an die Grafen von Schwarzburg, dann an den Sohn (Michael von Hardegg [Hardeck]). Dieser verkaufte die Güter 1448 an die Markgrafen von Ansbach (Brandenburg-Ansbach). 1810 kam Creglingen an Württemberg und damit 1951/1952 zu Baden-Württemberg.

Hohenlohe-Ingelfingen (Grafen, Fürsten). Das 1080 erstmals genannte Ingelfingen bei Künzelsau kam 1287 mit der Burg Lichteneck an die Grafen von Hohenlohe. Durch Teilung der Linie Hohenlohe-Langenburg entstand 1699 die Nebenlinie H. Von 1701 bis 1805 war Ingelfingen Residenz der zum fränkischen Reichskreis zählenden Fürsten zu H. Um 1800 umfasste das Gebiet der H. zusammen mit Hohenlohe-Kirchberg, Hohenlohe-Langenburg und Hohenlohe-Öhringen etwa 22 Quadratmeilen. In Besitz der Linie H. befanden sich Ingelfingen, das Amt Schrozberg und das Salinenamt Weißbach (Weisbach). H. zählte auch zum Kanton Odenwald des Ritterkreises Franken. Durch § 18 des Reichsdeputationshauptschlusses vom 25. 2. 1803 erhielt der Fürst von H. für seine Rechte und Ansprüche auf die 7 Dörfer Königshofen, Rettersheim, Rinderfeld (Reiderfeld), Wermutshausen, Neubronn, Streichental und Oberndorf das Dorf Nagelsberg. 1805 erbte H. Hohenlohe-Öhringen. Ingelfingen fiel 1806 an Württemberg und kam damit 1951/1952 zu Baden-Württemberg.

L.: Wallner 692 FränkRK 7 c; Riedenauer 129.

Hohenlohe-Jagstberg (Fürsten). Nach Jagstberg an der Jagst nannte sich eine edelfreie Familie. 1340 kam Jagstberg von Hohenlohe-Brauneck an Bayern, 1387 an Würzburg. 1802 fiel es an Prinz Karl Joseph zu Hohenlohe-Bartenstein, der sich Fürst von H. nannte. S. Hohenlohe.

Hohenlohe-Kirchberg (Grafen, Fürsten, gräflich Wolfsteinischer Allodialerbe). Durch Teilung der Linie Hohenlohe-Langenburg entstand 1699 die Nebenlinie H. der Grafen von Hohenlohe. 1740 beerbte sie zusammen mit den Grafen von Giech die Grafen von Wolfstein. (Um 1800 umfasste das Gebiet von H. zusammen mit Hohenlohe-Ingelfingen, Hohenlohe-Langenburg und Hohenlohe-Öhringen 22 Quadratmeilen.) In Besitz der Linie zu H. befanden sich Stadt und Amt Kirchberg und das Amt Döttingen.

L.: Wolff 119; Zeumer 554 II b 62, 8; Wallner 692 FränkRK 7 d; Großer Historischer Weltatlas II 66 (1378) F4; Hölzle, E., Der deutsche Südwesten am Ende des alten Reiches, 1938.

Hohenlohe-Langenburg (Grafen, Fürsten). Nach Langenburg benannte sich ein 1610 durch Teilung entstandener Zweig der Linie Hohenlohe-Neuenstein der Grafen von Hohenlohe. Er erwarb 1631 durch Erbschaft die obere Grafschaft Gleichen mit Ohrdruf und zählte zum fränkischen Reichskreis. Später teilten sich die H. in die Nebenlinen H., Hohenlohe-Ingelfingen und Hohenlohe-Kirchberg. Um 1800 umfasste das Gebiet der H. zusammen mit Hohenlohe-Ingelfingen, Hohenlohe-Kirchberg und Hohenlohe-Öhringen etwa 22 Quadratmeilen. Die Linie H. hatte das Amt Langenburg und einige Dörfer.

L.: Wolff 119; Wallner 692 FränkRK 7 b; Hölzle, E., Der deutsche Südwesten am Ende des alten Reiches, 1938; Taddey, G., Barockbau im Kleinterritorium, in: Barock in Baden-Württemberg Bd. 2 1981, 145 ff.

Hohenlohe-Neuenstein (Grafen, Fürsten). In Neuenstein bei Öhringen bestand im 13. Jahrhundert eine Burg der Herren von Neuenstein. Sie kam nach 1300 an die Grafen von Hohenlohe. Von 1553 bis 1698 war sie Sitz der 1551 entstandenen protestantischen Hauptlinie H. Sie teilte sich 1610 in die 1698 ausgestorbene Linie H., die Linie Hohenlohe-Öhringen und die Linie Hohenlohe-Langenburg, die ihrerseits die Nebenlinien Hohenlohe-Langenburg, Hohenlohe-Ingelfingen und Hohenlohe-Kirchberg hervorbrachte. 1764 wurden die Grafen zu Reichsfürsten erhoben. Durch § 18 des Reichsdeputationshauptschlusses vom 25. 2. 1803 erhielt der Fürst von H. für die Abtretung des Dorfes Münster und des östlichen

Teiles des Gebietes von Karlsberg das Dorf Amrichshausen und die Mainzer, Würzburger und Comburger Anteile an Künzelsau.

L.: Wolff 119; Klein 184.

Hohenlohe-Neuenstein-Langenburg s. Hohenlohe-Langenburg, Hohenlohe-Neuenstein

Hohenlohe-Neuenstein-Öhringen s. Hohenlohe-Neuenstein, Hohenlohe-Öhringen

Hohenlohe-Öhringen (Fürsten). Um 150 n. Chr. verschoben die Römer die Reichsgrenze vom Neckar hinweg und errichteten am neuen vorderen Limes den vicus Aurelianus. 1037 erscheint die Siedlung Orengowe in der Hand der Mutter Kaiser Konrads II., die dort ein Kollegiatstift gründete. Vögte dieses Stiftes waren später die Herren von Hohenlohe, die um 1250 Öhringen erwarben. Auch nach der Landesteilung von 1551/1553 gehörte Öhringen den Hauptlinien Hohenlohe-Neuenstein und Hohenlohe-Waldenburg. Durch Teilung der Hauptlinie Hohenlohe-Neuenstein entstand 1641 die Linie H. die sich seit 1782 Hohenlohe-Neuenstein-Öhringen (bzw. H.) nannte. H. zählte zum fränkischen Reichskreis und gehörte auch dem Kanton Odenwald des Ritterkreises Franken an. Um 1800 umfasste das Gebiet der H. zusammen mit Hohenlohe-Langenburg, Hohenlohe-Ingelfingen und Hohenlohe-Kirchberg etwa 22 Quadratmeilen. H. hatte die Stadt Öhringen, Stadt und Amt Neuenstein, die Ämter Michelbach, Forchtenberg, Künzelsau und Stadt und Amt Weikersheim. Die Güter fielen nach Aussterben der Linie 1805 an Hohenlohe-Ingelfingen und damit über Württemberg 1951/1952 an Baden-Württemberg.

L.: Wolff 119; Wallner 692 FränkRK 7a; Hölzle, E., Der deutsche Südwesten am Ende des alten Reiches, 1938; Der Landkreis Öhringen, 1968.

Hohenlohe-Pfedelbach (Grafen). H. entstand 1615 bei Teilung der Linie Hohenlohe-Waldenburg. Die Linie erlosch 1728 und wurde von Hohenlohe-Bartenstein beerbt. S. Hohenlohe.

Hohenlohe-Schillingsfürst (Grafen, Fürsten). Das im Jahre 1000 in der Hand von Reichsministerialen erwähnte Schillingsfürst bei Rothenburg kam aus deren Erbe an die Herren von Hohenlohe. 1615 entstanden durch Teilung der Hauptlinie Hohenlohe-Waldenburg die Linien Hohenlohe-Pfedelbach (bis 1728), Hohenlohe-Waldenburg (bis 1679) und H. 1679 beerbte H. die Linie Hohenlohe-Waldenburg, teilte sich aber wieder in die Nebenlinien Hohenlohe-Bartenstein und H. 1723 errichtete Graf Philipp von Hohenlohe-Waldenburg als Residenz seiner Hauptlinie einen dreigliedrigen Palast. Am Ende des 18. Jahrhunderts hatte die zum fränkischen Reichskreis zählende Linie H. die Stadt Waldenburg und die Ämter Schillingsfürst, Adolzfurt, Kupferzell, und Ohrntal mit einer Anzahl Dörfer. Zusammen mit Hohenlohe-Bartenstein (Hohenlohe-[Waldenburg-]Bartenstein) umfasste ihr Gebiet etwa 12 Quadratmeilen). Durch § 18 des Reichsdeputationshauptschlusses vom 25. 2. 1803 erhielten die Fürsten von Hohenlohe-Waldenburg-Schillingsfürst und Hohenlohe-Waldenburg-Bartenstein für ihren Anteil am Bopparder Zoll Renten von 600 Gulden auf Comburg. 1806 kam Schillingsfürst an Bayern. 1840 erhielt Prinz Viktor von H. den Titel Herzog von Ratibor für das 1834 erbweise erlangte Ratibor.

L.: Wolff 119; Wallner 692 FränkRK 9b; Hölzle, E., Der deutsche Südwesten am Ende des alten Reiches, 1938; Hofmann, H. H., Burgen, Schlösser und Residenzen in Franken, 1961.

Hohenlohe-Waldenburg (Reichsgrafen). An einer wichtigen Fernstraße vom Rhein zur Donau erscheint 1253 die vermutlich in staufischer Zeit als Reichsburg ausgebaute Burg Waldenburg als Lehen des Hochstifts Regensburg der Herren von Hohenlohe, welche die Vogtei über Öhringen hatten. 1551/1555 wurde Waldenburg Sitz der 1551 entstandenen Hauptlinie H., die 1615 in die Linien Hohenlohe-Pfedelbach (bis 1728), Hohenlohe-Waldenburg (bis 1679) und Hohenlohe-Schillingsfürst weiter aufgeteilt wurde. Die Linie H. wurde 1667 rekatholisiert und (1679) von Hohenlohe-Schillingsfürst beerbt, das sich in Hohenlohe-Bartenstein und Hohenlohe-Schillingsfürst teilte. 1744 wurden die Grafen zu Reichsfürsten erhoben. Um 1800 umfasste H. mit Hohenlohe-Schillingsfürst etwa 12 Quadratmeilen. 1806 kam Waldenburg an Württemberg und damit 1951/1952 zu Baden-Württemberg. S. Hohenlohe.

L.: Wolff 119; Schumm, K., 700 Jahre Stadt Waldenburg, 1954.

Hohenlohe-Waldenburg-Bartenstein (Reichsgrafen, Fürsten). Die 1247 genannte Burg

Bartenstein bei Schwäbisch Hall war seit dem 15. Jahrhundert Sitz eines hohenlohischen Amtes. 1688 errichteten die Reichsgrafen von H., die 1744 zu Reichsfürsten erhoben wurden, dort ihre Residenz, 1756 ein Schloss. Am Ende des 18. Jahrhunderts hatte die Linie die Oberämter Bartenstein und Pfedelbach und die Ämter Mainhardt und Sindringen. Durch § 18 des Reichsdeputationshauptschlusses vom 25. 2. 1803 erhielten die Häupter der beiden Linien Hohenlohe-Waldenburg (Hohenlohe-Waldenburg-Schillingsfürst, H.) für ihren Anteil am Bopparder Zoll Renten von 600 Gulden auf Comburg. 1806 ging H. an Württemberg über. S. Baden-Württemberg.

L.: Klein 184; Der Landkreis Crailsheim, 1953.

Hohenlohe-Waldenburg-Bartenstein-Jagstberg s. Hohenlohe-Waldenburg-Bartenstein, Hohenlohe-Bartenstein, Hohenlohe-Jagstberg

Hohenlohe-Waldenburg-Schillingsfürst (Fürsten) s. Hohenlohe-Schillingsfürst

L.: Wallner 692 FränkRK 9 b; Hölzle, E., Der deutsche Südwesten am Ende des alten Reiches, 1938.

Hohenlohe-Weikersheim (Grafen). Weikersheim an der Tauber war altes Reichsgut. Im 9. Jahrhundert erhielt dort das Kloster Fulda, im 12. Jahrhundert das Kloster Comburg Güter. Seit 1153 erscheinen Herren von Weikersheim, die sich später nach der Burg Hohlach Herren von Hohenlohe nannten. Sie erwarben 1244 die Güter von Comburg zurück. Im 13. Jahrhundert entstanden die Linien Hohenlohe-Hohenlohe (bis 1412), Hohenlohe-Brauneck (bis 1434) und die beide beerbende Linie H. Die letzte in Weikersheim residierende Familie erlosch 1756, ihre Güter kamen zunächst an Hohenlohe-Neuenstein (Hohenlohe-Neuenstein-Öhringen), von 1805 bis 1861 an Hohenlohe-Langenburg und Hohenlohe-Kirchberg, 1861 an Hohenlohe-Langenburg. Kirchberg fiel 1810 an Württemberg, das bereits 1806 die meisten hohenlohischen Güter erlangt hatte, und gelangte damit 1951/1952 zu Baden-Württemberg.

L.: Belschner, C., Die verschiedenen Linien und Zweige des Hauses Hohenlohe seit 1153, 1926; Dürr, E., Weikersheim im Laufe der Zeiten, 1950.

Hohenrechberg s. Rechberg

Hohensax (Land). Das Land H. bei Appenzell gehörte zur Eidgenossenschaft der Schweiz. S. Sax.

L.: Großer Historischer Weltatlas II 72 b (bis 1797) G2.

Hohenschwangau (Herren, Herrschaft). 1090 erscheint die Burg Schwangau am Austritt des Lechs aus den Alpen. Die zugehörige Herrschaft kam 1191 von den Welfen an die Staufer und nach deren Ende ans Reich. Die Herren von Schwangau hatten die Herrschaft noch am Ende des 15. Jahrhunderts inne. 1535 kam sie an die Augsburger Patrizierfamilie Baumgartner, 1561 pfandweise an Brandenburg, das seine Rechte 1567 an Bayern verkaufte. 1603/1604 erlangte Bayern eine Anwartschaft, 1670 das zum bayerischen Reichskreis zählende Reichslehen selbst. Von 1705 bis 1714 und 1778/1779 war H. kurzfristig beim Reich.

L.: Wolff 136; Wallner 711 BayRK 1; Knussert, R., Das Füssener Land in früher Zeit, 1955.

Hohensolms (Burg, Grafen). Kurz vor 1323 erbauten die Grafen von Solms-Burgsolms-Braunfels auf dem Altenberg bei Wetzlar die Burg H., die 1349 von Hessen zerstört wurde. 1351 errichteten sie mit Einverständnis der Landgrafen von Hessen auf dem zwei Kilometer entfernten Ramsberg eine neue Burg H. Sie war vom Anfang des 15. Jahrhunderts bis 1718 Sitz der Linie Solms-Hohensolms. H. kam über Nassau und Preußen (Provinz Hessen-Nassau) 1945 zu Hessen. S. Solms-Hohensolms, Solms-Lich-Hohensolms, Hessen.

L.: Wolff 136.

Hohenstadt (reichsritterschaftlicher Ort). Um 1147 erscheint das Dorf H. (Hummstat) am Kocher südwestlich von Ellwangen. Am Ende des 13. Jahrhunderts hatten es die Grafen von Oettingen, die es von 1361 bis 1367 den Herren von Westerstetten und von 1376 bis 1407 den Wöllwarth zu Lehen gaben. 1407 kam es an Conz Adelmann aus Schwäbisch Hall bzw. Adelmannsfelden. Er gab 1407 die Hälfte an seine Tochter als Mitgift und veräußerte 1408 die andere Hälfte an seinen Schwiegersohn Georg Schenk von und zu Schenkenstein (Schenk von Schenkenstein). 1530 kaufte Hieronymus Adelmann von Adelmannsfelden Burg und Dorf. 1680 wurde die Familie, die auch Schechingen und Rechberghausen hatte, zu Reichsfreiherren, 1790 zu Reichsgrafen erhoben. Der zum Kanton Kocher des

Ritterkreises Schwaben zählende Ort kam 1806 an Württemberg und damit 1951/1952 zu Baden-Württemberg.

L.: Wolff 510; Kaißer, B., Geschichte und Beschreibung der Marktflecken Hohenstadt und Schechingen, 1867; Mangold, M., Heimatbuch von Hohenstadt, 1953.

Hohenstein (Ganerben). Nach H. bei Bad Schwalbach nannte sich ein vom 11. Jahrhundert bis zum Anfang des 17. Jahrhunderts nachweisbares Geschlecht, das 1576 an der Ganerbschaft Nieder-Saulheim (Niedersaulheim) beteiligt war.

L.: Zimmermann 72.

Hohenstein (Grafschaft) s. Hohnstein

Hohenstein (reichsritterschaftliche Herrschaft). H. zählte zum Kanton Kocher und kam an Württemberg und damit 1951/1952 zu Baden-Württemberg.

Hohenstein s. Sayn-Wittgenstein-Hohenstein

Hohenthann (Herrschaft), Hohentann. Die Herrschaft H. wurde 1502 von der Abtei Kempten erworben. Diese fiel 1803 an Bayern.

L.: Hölzle, Beiwort 80.

Hohenwaldeck (Reichsherrschaft). Nach Waldeck am Ostende des Schliersees nannte sich ein Freisinger Ministerialengeschlecht, das seit dem 13. Jahrhundert auf der Grundlage der zu Erbrecht gehaltenen Vogtei über Freisings Güter an Schlierach, Mangfall und Leitzach eine Herrschaft aufbaute, die der Gerichtsbarkeit der Herzöge von Bayern weitgehend entzogen werden konnte. 1476 erkannte Kaiser Friedrich III. die Reichsunmittelbarkeit dieser Herrschaft (mit dem Hauptort Miesbach) an. Über die Höhenrain (1483) und Sandizeller (1487) kam H. durch Kauf an die Herren (seit 1548 Reichsfreiherren) von Maxlrain, denen 1523 die Ablösung der Lehnsherrlichkeit des Hochstifts Freising gelang. Die Einführung der Reformation wurde von Bayern vertraglich (1559) und militärisch (1583) verhindert. Beim Aussterben der Reichsfreiherren von Maxlrain, die 1636 vom Kaiser zu Grafen von H. erhoben worden waren, in männlicher Linie fiel die zum bayerischen Reichskreis zählende, nur einige Dörfer umfassende Herrschaft 1734 an Bayern.

L.: Wolff 150; Wallner 712 BayRK 12; Großer Historischer Weltatlas III 22 (1648) E5; Riezler, S., Zur Geschichte der Herrschaft Hohenwaldeck, SB d. bay. Ak. d. Wiss. 1890; Knappe, W., Wolf Dietrich von Maxlrain und die Regulierung in der Herrschaft Hohenwaldeck, 1920, Quellen und Forschungen zur bayerischen Kirchengeschichte 4; Vogel, H., Schliersee, seine Grundherrschaft und Vogtei, Diss. phil. München 1939; Andrelang, F., Landgericht Aibling und Reichsgrafschaft Hohenwaldeck, 1967.

Hohenzollern (Grafen, gefürstete Grafschaft). 1061 erscheinen Burchard und Wezil de Zolorin, seit 1111 Graf Friedrich von Zollern (Zolre), die sich nach der aus dem 11. Jahrhundert stammenden Burg Zollern (seit 1350 H., aus lat. [mons] solarius?, Sonnenberg) bei Hechingen nannten und vielleicht von den Burchardingern, die im 10. Jahrhundert das schwäbische Herzogtum innehatten, abstammten. Graf Burchard eröffnete um 1170 eine 1486 erloschene Linie Hohenzollern-Hohenberg. Graf Friedrich III. erlangte 1191 durch Heirat mit Sophie von Raabs neben Gütern in Österreich die Burggrafschaft Nürnberg. Seine Söhne teilten um 1204/1227 die Güter. Konrad erhielt die Burggrafschaft Nürnberg und begründete die fränkische, später evangelische Linie, Friedrich erhielt die schwäbischen Stammgüter und begründete die schwäbische, katholisch bleibende Linie (Hechingen, Haigerloch, Sigmaringen). Innerhalb der fränkischen Linie heiratete Konrad die Erbtochter der Grafen von Abenberg und erwarb Friedrich III. († 1297) durch Heirat aus dem Erbe der Herzöge von Andechs-Meranien Bayreuth und Kulmbach. Friedrich IV. († 1332) kaufte 1331 Ansbach. Friedrich V. wurde 1363 in den Reichsfürstenstand erhoben. 1364 wurde Schwabach, 1368 Gunzenhausen erworben, um 1400 Wassertrüdingen, Feuchtwangen, Uffenheim, Crailsheim und Erlangen. 1403 wurden die Güter in die Gebiete auf dem Gebirg um Kulmbach, Bayreuth und Hof mit dem Vogtland sowie in die Gebiete unter dem Gebirg um Ansbach geteilt, fielen 1420 aber wieder zusammen. 1411/1415/1417 wurde außerdem von König Sigmund das Kurfürstentum Brandenburg erlangt, womit zugleich der Rückzug aus Nürnberg begann. Kurfürst Albrecht Achilles bestimmte 1473 durch die sog. dispositio Achillea die fränkischen Fürstentümer zu einer Sekundogenitur Brandenburgs. 1791 fielen die zwischenzeitlich mehrfach vereinigten und wieder verselbständigten fränkischen Markgrafschaften Ansbach und Bayreuth durch Abtretung seitens Markgraf Alexanders, mit dem die fränkischen Nebenlinien 1806 erloschen, an Preußen. Die schwäbische Linie erwarb 1497 durch Tausch gegen ihre erheiratete Herrschaft Rhäzüns in Graubünden von Österreich die Herrschaft Haigerloch, 1534 durch Erbschaft von den Grafen von Werdenberg Österreichs Lehngrafschaften Sigmaringen und Veringen sowie 1552 die Herrschaft Wehrstein. 1576 wurden die Güter zwischen den Linien Hohenzollern-Hechingen (Eitel Friedrich II.) und Hohenzollern-Sigmaringen (Karl II.) geteilt. Eitel Friedrich IV. erhielt die alte Grafschaft Zollern (bzw. seit Mitte des 16. Jahrhunderts H.) mit Hechingen und den Klöstern Rangendingen, Sankt Luzen (Sankt Lutzen) in Hechingen und Stetten (Hohenzollern-Hechingen), Karl II. die Grafschaft Sigmaringen mit den Klöstern Hedingen und Inzigkofen sowie die Grafschaft Veringen, zu denen noch die Herrschaft Haigerloch mit Kloster Gruol und die Herrschaft Wehrstein kamen (Hohenzollern-Sigmaringen). 1623 erlangten beide Linien die Reichsfürstenwürde, 1653 Sitz und Stimme im Reichsfürstenkollegium. 1800 umfassten die zum schwäbischen Reichskreis zählenden Grafschaften ein Gebiet von 4,5 Quadratmeilen mit 12 000 Einwohnern. 1803/1806 blieben sie von der Mediatisierung verschont und erlangten ihrerseits weitere Güter (Hirschlatt, Glatt, Beuron u. a.). Am 7. 12. 1849 dankten die Fürsten beider Linien zugunsten Preußens, mit dem seit 1695/1707 Erbverträge bestanden, ab (preußischer Regierungsbezirk Sigmaringen bzw. hohenzollerische Lande). Die Linie Hohenzollern-Hechingen starb 1869 aus. Seitdem nannte sich die Linie Hohenzollern-Sigmaringen Fürsten von H. 1926 erhielten die H. als Enteignungsentschädigung für alle ihre Güter rund 100 000 Hektar Land, 15 Millionen Reichsmark und einige Schlösser. 1945 wurde der preußische Regierungsbezirk Sigmaringen dem Land Württemberg-Hohenzollern zugeteilt. 1951/1952 kamen die Kreise Hechingen und Sigmaringen mit 1142 Quadratkilometern und 86 000 Einwohnern an Baden-Württemberg. S. Ansbach, Bayreuth, Brandenburg, Nürnberg, Preußen, Württemberg-Hohenzollern, Baden-Württemberg.

L.: Wolff 167; Zeumer 553 II b 47, 554 II b 61,24; Wallner 687 SchwäbRK 30; Großer Historischer Weltatlas III 22 (1648) D4, III 38 (1789) C3; Faden, E., Brandenburg, in: Geschichte der deutschen Länder, Bd. 1; Monumenta Zollerana, hg. v. Graf Stillfried, R./Märcker, T., Bd. 1–8 1852 ff.; Cramer, J., Die Grafschaft Hohenzollern 1400–1850, 1873; Graf Stillfried, R., Stammtafel des Gesamthauses Hohenzollern, 1879; Schmid, L., Die älteste Geschichte des Gesamthauses der Hohenzollern, Bd. 1–3 1884 ff.; Hohenzollersche Forschungen, hg. v. Meyer, C., Bd. 1–7 1891 ff.; Kessler, H., Beschreibung der Hohenzollernschen Lande, 1893; Quellen und Forschungen zur deutschen, insbesondere hohenzollernschen Geschichte, 1905 ff.; Rogge, B., Fünf Jahrhunderte Hohenzollernherrschaft in Brandenburg-Preußen, 1915; Hintze, O., Die Hohenzollern und ihr Werk, 3. A. 1916, Neudruck 1987; Hodler, F. X., Geschichte des Oberamtes Haigerloch, 1928; Schwammberger, A., Die Erwerbspolitik der Burggrafen von Nürnberg und Franken, 1932; Eisele, K., Studien zur Geschichte der Grafschaft Zollern und ihrer Nachbarn, 1956; Kallenberg, F., Die Fürstentümer Hohenzollern am Ausgang des alten Reichs, 1962; Bernhardt, W./Seigel, R., Bibliographie der Hohenzollerischen Geschichte, 1975, Arbeiten zur Landeskunde Hohenzollerns 12; Seyboth, R., Die Markgrafentümer Ansbach und Bayreuth unter der Regierung Markgraf Friedrichs des Älteren (1486–1515), 1985; Schuhmann, G., Residenzen der fränkischen Hohenzollern, Bll. f. dt. LG. 123 (1987) 67 ff.; Sauer, P., Napoleons Adler über Württemberg, Baden und Hohenzollern, 1987; Mast, P., Die Hohenzollern in Lebensbildern, 1988; Kiel, R., Die Hauschronik der Grafen Zollern. Eine Prachthandschrift im Bestand der Kanzleibibliothek Bayreuth, 1988; Bumiller, C., Studien zur Sozialgeschichte der Grafschaft Zollern im Spätmittelalter, 1990; Massenbach, H. Frhr. v., Die Hohenzollern einst und jetzt, 1990; Wendehorst, A., Hohenzollern, LexMA 5 1990, 83 f.; Stamm-Kuhlmann, D., Die Hohenzollern, 1995; Hohenzollern, hg. v. Kallenberg, F., 1996; Neugebauer, W., Die Hohenzollern, Bd. 1 ff. 1996 ff.

Hohenzollern-Berg (Grafen). H. war im 18. Jahrhundert eine Nebenlinie der Grafen von Hohenzollern.

Hohenzollern-Haigerloch (Grafen). Die Herrschaft Haigerloch wurde 1488 pfandweise und 1497 tauschweise von der schwäbischen Linie der Hohenzollern erworben. 1575/1576 wurde Haigerloch der Linie Hohenzollern-Sigmaringen zugeteilt, von der sie sich verselbständigte. Die Linie H. wurde 1634 von Hohenzollern-Sigmaringen beerbt.

L.: Graf Stillfried, R., Stammtafel des Gesamthauses Hohenzollern, 1879; Hintze, O., Die Hohenzollern und ihr Werk, 3. A. 1916, Neudruck 1987; Hodler, F. X., Geschichte des Oberamtes Haigerloch, 1928.

Hohenzollern-Hechingen (Grafen, Reichsfürsten). Die Linie H. ist eine 1575/1576 entstandene Linie der Grafen von Hohenzollern, welche die alte Grafschaft Zollern (Hohenzollern) mit der Stadt Hechingen und den Klöstern Rangendingen, Sankt Luzen (Sankt

Lutzen) in Hechingen und Stetten erhielt. Sie erlangte 1623 die Reichsfürstenwürde und 1653 Sitz und Stimme im Reichsfürstenkollegium. 1803 gewann sie durch § 10 des Reichsdeputationshauptschlusses vom 25. 2. 1803 für ihre Feudalrechte in der Grafschaft Geulle und den Herrschaften Mouffrin (Moulfrin) und Baillonville im Lütticher Lande die Herrschaft Hirschlatt des Stifts Kreuzlingen und das Kloster Stetten. 1805 wurde H. durch Verzicht Österreichs auf seine Lehnshoheit souverän. 1806 schloss sich H. dem Rheinbund, 1815 dem Deutschen Bund an. Am 7. 12. 1849 dankte H. zugunsten Preußens ab. 1869 starb die Linie aus. Das Gebiet kam 1951/1952 über Württemberg-Hohenzollern zu Baden-Württemberg.

L.: Wolff 168; Klein 148; Graf Stillfried, R., Stammtafel des Gesamthauses Hohenzollern, 1879; Hintze, O., Die Hohenzollern und ihr Werk, 3. A. 1916, Neudruck 1987; Vom Fels zum Meer, hg. v. Haus der Geschichte Baden-Württemberg, 2002.

Hohenzollern-Hohenberg (Grafen) s. Hohenberg

Hohenzollern-Kinsky (Grafen). H. war im 18. Jahrhundert eine Nebenlinie der Grafen von Hohenzollern.

Hohenzollern-Sigmaringen (Grafen, Reichsfürsten). Durch Erbteilung entstand 1575 die Linie H. der Grafen von Hohenzollern, welche die Grafschaft Sigmaringen mit den Klöstern Hedingen und Inzighofen, die Herrschaft Haigerloch mit Kloster Gruol, die Grafschaft Veringen und die Herrschaft Wehrstein erhielt. 1623 gewann sie die Reichsfürstenwürde, 1653 Sitz und Stimme im Reichsfürstenkollegium. 1634 fiel das zwischenzeitlich abgespaltete Haigerloch wieder an. 1803 erhielt das zum schwäbischen Reichskreis zählende H. durch § 10 des Reichsdeputationshauptschlusses vom 25. 2. 1803 für seine Feudalrechte in den Herrschaften Boxmeer (Boxmer), Diksmuide (Dixmüde), Berg, Gendringen, Etten, Wisch (Visch), Pannerden und Millingen (Mühlingen) und für seine Domänen in Belgien die Herrschaft Glatt des Stifts Muri, die Klöster Inzigkofen, Beuron (Klosterbeuren) und Holzen (Holzheim) (im Augsburgischen), 1806 durch die Rheinbundakte die ehemals österreichischen Mediatklöster Habsthal und Wald, die Herrschaft Achberg und Hohenfels des Deutschen Ordens, die Souveränität über die Herrschaften Jungnau und Trochtelfingen sowie den nördlich der Donau gelegenen Teil der Herrschaft Messkirch der Fürsten von Fürstenberg, die vormals Salem gehörige Herrschaft Ostrach, die ehemals buchauische Herrschaft Straßberg der Fürsten von Thurn und Taxis sowie die ritterschaftlichen Herrschaften Gammertingen und Hettingen der Freiherren von Speth. 1805 wurde H. durch Verzicht Österreichs auf seine Lehnshoheit souverän. 1806 schloss es sich dem Rheinbund, 1815 dem Deutschen Bund an. Am 7. 12. 1849 dankte der Fürst zugunsten Preußens ab. 1945 kam Sigmaringen an Württemberg-Hohenzollern, 1951/1952 an Baden-Württemberg.

L.: Wolff 168; Wallner 687 SchwäbRK 39; Klein 148; Graf Stillfried, R., Stammtafel des Gesamthauses Hohenzollern, 1879; Hintze, O., Die Hohenzollern und ihr Werk, 3. A. 1916, Neudruck 1987; Kreis Sigmaringen, bearb. v. Hossfeld, F., 1942; Baur, W., Die Stadt Sigmaringen, 1956; Mayer, D.W., Die Grafschaft Sigmaringen und ihre Grenzen im 16. Jahrhundert. Die Rolle des Forsts beim Ausbau der Landeshoheit, 1959, Arbeiten zur Landeskunde Hohenzollerns 4; Der Kreis Sigmaringen, 1963; Kaufhold, W./Seigel, R., Schloss Sigmaringen und das fürstliche Haus Hohenzollern an der oberen Donau, 1966; Bader, K. S., Der deutsche Südwesten in seiner territorialstaatlichen Entwicklung, 2. unv. A. 1978; Schäfer, R., Die Rechtsstellung der Haigerlocher Juden im Fürstentum Hohenzollern-Sigmaringen von 1634–1850, 2002; Vom Fels zum Meer, hg. v. Haus der Geschichte Baden-Württemberg, 2002.

Hohkönigsburg (Herrschaft) s. Hochkönigsburg

Hohlandsburg (Herrschaft), Hohlandsberg. Die Herrschaft H. wurde 1714 von der Reichsstadt Colmar erworben, die bereits 1672 an Frankreich gelangt war.

L.: Wolff 278; Hölzle, Beiwort 88.

Hohlenfels (Ganerbschaft). Zur Sicherung der von den Grafen von Weilnau erworbenen Güter erbaute Graf Johann von Nassau-Merenberg 1355–1363 die Burg H. Seit 1363 war die Burg Lehen Nassau-Weilburgs in der Hand der Langenau. 1464 wurden 7 Ganerben genannt. 1564 waren alle Anteile bei den Mudersbach vereinigt. Nach deren Aussterben 1604 kam H. an die Kronberg, nach deren Aussterben 1704 an die Waldecker zu Kaimt (Kempt). 1753 fiel das Lehen an Nassau-Weilburg (Nassau) heim und kam über Preußen (1866) an Hessen (1945).

L.: Schmidt, H., Burg Hohlenfels, 1908; Geschichtlicher Atlas von Hessen, Inhaltsübersicht 33.

Hohnstein, Hohenstein, Honstein (Grafschaft). Nach der vielleicht schon vor dem 12. Jahrhundert bei Neustadt bei Nordhausen errichteten, 1130 erstmals genannten Burg H. nannten sich seit 1182/1188 die seit 1154 (comes Adalger) nachweisbaren, vielleicht von Lothar von Süpplingenburg (1125–1137) mit Reichsgut ausgestatteten, mit den ludowingischen Landgrafen von Thüringen verwandten Grafen von Ilfeld (dort vor 1190 ein Stift). Sie gewannen rasch umfangreiche Güter zwischen Wipper und Oberharz, verloren aber den Osten des Gebiets, als sich um 1200 (1201) die Linie der Grafen von Stolberg abzweigte. Die vielleicht schon von König Lothar III. von Süpplingenburg eingerichtete Grafschaft H. erwarb zwischen 1238 und 1267 stückweise als Lehen Halberstadts die Grafschaft Klettenberg mit der Vogtei über Kloster Walkenried, 1268 Sömmerda und im 14. Jahrhundert die Grafschaft Lohra. Die 1289 abgetrennte Linie Sondershausen drang nach Thüringen vor und wurde 1356 von den Grafen von Schwarzburg beerbt. Eine weitere Teilung erfolgte 1315. Ein Zweig erhielt 1481 die Herrschaft Schwedt an der Oder als Lehen, starb aber 1609 aus. Die Hauptlinie Klettenberg starb nach verschiedenen Teilungen 1593/1633 aus. Von den Gütern ging die nach 1253 erlangte Reichsvogtei über Nordhausen an Sachsen-Weimar, andere Teile an Braunschweig sowie vor allem an das Hochstift Halberstadt und damit 1648 an Brandenburg, das sie von 1653 bis 1702 an die Grafen von Sayn-Wittgenstein-Wittgenstein (Sayn-Wittgenstein) gab. Um 1800 umfasste die zum obersächsischen Reichskreis zählende Grafschaft ein Gebiet von 5 bzw. 7 Quadratmeilen, die sich wie folgt aufteilten: Um 1 bzw. 2 Quadratmeilen gehörten dem König von Großbritannien, 3 Quadratmeilen den Grafen Stolberg-Stolberg und 1 bzw. 2 Quadratmeilen den Grafen Stolberg-Wernigerode. Das über Braunschweig an Hannover gelangte Gebiet fiel 1866 an Preußen. S. Sachsen-Anhalt.

L.: Wolff 422 ff.; Wallner 711 ObersächsRK 22, 27, 28; Großer Historischer Weltatlas II 66 (1378) F3, III 22 (1648) E3, III 38 (1789) D2; Gringmuth-Dallmer, H., Magdeburg-Wittenberg, in: Geschichte der deutschen Länder, Bd. 1; Meyer, K., Die Grafen von Hohnstein, Zs. d. Harzvereins 28 (1895); Meyer, K., Die Burg Hohnstein, 1897; Reichardt, R., Die Grafschaft Hohenstein im 16. und 17. Jahrhundert, 1900; Mascher, K., Reichsgut und Komitat am Südharz im Hochmittelalter, 1957; Blaschke, K., Hohnstein, LexMA 5 1990, 86; Casemir, K./Ohainski, U., Das Territorium der Wolfenbütteler Herzöge um 1616, 1996.

Höhnstett (Reichsritter). Generalmajor Quirinus von H. auf Weitenburg und Sulzau war etwa von 1659 bis 1686 Mitglied des Kantons Neckar des Ritterkreises Schwaben.

L.: Hellstern 207.

Holach (Hollach) s. Jacob zu H.

Holdermann von Holderstein (Reichsritter). Von 1607 bis etwa 1623 waren die H. mit dem vom Markgrafen von Baden gekauften Gut Zumweiler (Weiler) Mitglied des Kantons Neckar des Ritterkreises Schwaben. Von 1560 bis 1599 waren sie wegen Hochdorf im Kanton Kocher immatrikuliert.

L.: Hellstern 206; Schulz 264.

Holff (Reichsritter) s. Hoff

Holland (Grafschaft). Seit dem 10. Jahrhundert sind im zunächst friesischen, seit 689 fränkischen Gebiet der Maasmündungen um Dordrecht die friesischen Grafen von H. (Holtland, seit 1101 Bezeichnung der Grafschaft) bezeugt. Gefördert von den deutschen Königen begannen die Grafen um 1000 ihre gegen die Herzöge von Niederlothringen und die Bischöfe von Utrecht gerichtete Erweiterungspolitik. Hauptort der Grafschaft wurde Leiden, später 's-Gravenhage (Den Haag). 1289 konnte Nordholland angegliedert werden. Beim Aussterben des Geschlechts (1299) fielen die Güter (Amsterdam, Rotterdam, Delft, Leiden, Alkmaar) an die verwandten Grafen von Hennegau, die Seeland (Maasinseln und Scheldeinseln) hinzugewannen, von dort über Ludwig des Bayern Gemahlin Margarethe 1345 an das Haus Wittelsbach (Straubing-Holland), von dort durch Abtretung nach langem Widerstand 1433 an die Herzöge von Burgund, 1477 über Maria von Burgund schließlich an Habsburg. 1579 entstand nach dem niederländischen Aufstand gegen Habsburg/Spanien die Vereinigte Republik der Niederlande, die dann vielfach auch als H. bezeichnet wurde. Während der ganzen Zeit der Generalstaaten war H. führend. 1796 wurde es Mittelpunkt der Batavischen Republik und gab von 1806 bis 1810 dem von Napoleon für seinen Bruder errichteten Königreich H. den Namen. 1810 wurde das Gebiet Teil Frankreichs, 1815 Teil des Königreiches der Vereinigten Niederlande.

L.: Wolff 69; Großer Historischer Weltatlas II 34 (1138–1254) E3, II 66 (1378) C2, II 78 (1450) E3; Oppermann, O., Untersuchungen zur nordniederländischen Geschichte, 1921f.; Blok, P. J., Geschiedenis van het Nederlandsche Volk, Bd. 1–4 3. A. 1923ff.; Geschiedkundiger Atlas van Nederland, hg. v. Beekmann, A. A., 1913–1938; Reese, W., Die Niederlande und das deutsche Reich, 1941; Deventer, J. van, De Kaarten van de nederlandsche provincien in de zestiende eeuw, hg. v. Hoff, B. van t', 1941; Gosses, I., De vorming van het graafschap Holland, 1946; De Genealogie der graven van Holland, 1954; Heger, E., Alfabetische Plaatsnamenlijst van Nederland, 1958; Koeman, C., Collections and maps and atlases in the Netherlands: their history and present state, 1961; Polenz, P. v., Landschafts- und Bezirksnamen, 1961, II, 48, 52, 55, 72, 74, 96, III), 23, 32, Holtland, Hollandri, Hollandrenses Bevölkerungsname; Pannekoek, A. J. u. a., Atlas of the Netherlands, 1963ff.; Koch, A./Kruisheer, J., Oorkondenboek van Holland end Zeeland tot 1299, 1970ff.; Algemene Geschiedenis der Nederlanden, Bd. 1ff. 1949ff., Neue Ausgabe 1980ff.; Cordfunke, Gravinnen van Holland, 1987; De Nederlanden in de late middeleeuwen, hg. v. Boer, D. de/Marsilje, J., 1987; De Hollandse stad in de dertiende eeuw, hg. v. Cordfunke u. a., 1988; Blok, D./Blockmans, W., Holland, LexMA 5 1990, 90f.; Price, L., Holland, 1994; Escher, M. u. a., Die urbanen Zentren, 2005, 1, 398.

Hollar (Reichsdorf) s. Hellerkirch

Holstein (Herzogtum). H. erscheint um 800 als nördlicher Teil des Stammesgebietes der Sachsen (Nordalbingien). Es setzte sich zusammen aus Dithmarschen im Westen, Stormarn im Süden, H. (Holsten, Holsaten = Waldsassen) im Norden und Wagrien im Osten. Es wurde von Karl dem Großen mit Hilfe der slawischen Abodriten unterworfen, denen er dafür Wagrien überließ. Die holsteinischen Gebiete waren im allgemeinen ein Teil des Herzogtums Sachsen, doch gehörte Dithmarschen zur Grafschaft Stade, später zum Erzbistum Bremen (Hamburg-Bremen). Lothar III. von Süpplingenburg ernannte 1110/1111 Adolf von Schauenburg (Schaumburg) zum Grafen von H. und Stormarn. Adolf II. eroberte Wagrien. Adolf III. erlangte nach dem Sturz seines Lehnsherren Heinrich des Löwen auch die Herrschaft über Dithmarschen, verlor die Güter aber 1201/1214 an Dänemark. Adolf IV. gelang die Wiedereroberung mit dem Sieg von Bornhöved (1227). Dithmarschen fiel allerdings an das Erzstift Bremen zurück. Nach 1261 teilte sich die Familie in mehrere Linien (1272/1273, 1294/1297). Die Schauenburger (Schaumburger) Linie, welche die Stammgrafschaft Schaumburg und die Herrschaft Pinneberg innehatte, erlosch 1640. Die Rendsburger Linie vereinigte nach und nach die übrigen Güter (1316 Holstein-Segeberg, 1390 Holstein-Plön), erwarb Schleswig zeitweise faktisch, 1375/1386 nach dem Aussterben des dänisch-schleswigschen Herzogshauses als Lehen Dänemarks. Seitdem blieben Schleswig und H. in fester staatsrechtlicher Verbindung. Als 1459 die Linie ausstarb, kamen Schleswig und H. auf Grund des Vertrages von Ripen (1460) in Personalunion an das Haus Oldenburg, das 1448 den Thron in Dänemark bestiegen hatte. 1474 wurde H. mit Stormarn, Wagrien und Dithmarschen, das endgültig aber erst 1559 einverleibt wurde, durch Kaiser Friedrich III. zum reichsunmittelbaren Herzogtum erhoben (und damit von Sachsen bzw. Sachsen-Lauenburg bzw. seit 1434 den Bischöfen von Lübeck gelöst). Eine Teilung von 1490 schuf einen königlichen Segeberger Anteil und einen herzoglichen Gottorper (Gottorfer) Anteil. 1524 wurde Friedrich zum König von Dänemark (Friedrich I.) gekrönt und wurden damit Schleswig und H. wieder vereint. Am Ende des 18. Jahrhunderts bestanden auf dem Gebiet Holsteins die Herzogtümer Holstein-Glückstadt und Holstein-Gottorp (Holstein-Gottorf). Der Wiener Kongress des Jahres 1815 erklärte H. zum Mitglied des Deutschen Bundes. S. Schleswig-Holstein.

L.: Wolff 444ff.; Wallner 706 NiedersächsRK 6, 7; Großer Historischer Weltatlas II 34 (1138–1254) F3, II 78 (1450) F3, III 38 (1789) C1; Geerz, F., Geschichte der geographischen Vermessungen und der Landkarten Nordalbingiens vom Ende des 15. Jahrhunderts bis zum Jahre 1859, 1859; Schott, C., Beiträge zur Landeskunde von Schleswig-Holstein, 1953; Polenz, P. v., Landschafts- und Bezirksnamen, 1961, I, 9, II, 39f., 49, 72, III, 11, 14, 24, 33, Holcetae, Holzeten, Holsati, Holtsatia, Holzatenses, Holstenland, ‚Holstein'; Dankwerth, C., Die Landkarten von Joh. Meyer, Husum, aus der Neuen Landesbeschreibung der zwei Herzogtümer Schleswig und Holstein 1652, neu hg. v. Domeiner, K./Haack, M., 1963; Wieden, H. bei der, Schaumburgische Genealogie, 1966; Kahlfuss, H. J., Landesaufnahme und Flurvermessung in den Herzogtümern Schleswig, Holstein, Lauenburg vor 1864, 1969; Brandt, O./Klüver, W., Geschichte Schleswig-Holsteins, 8. A. 1981; Kramer, K., Volksleben in Holstein (1550–1800), 1987; Opitz, E., Schleswig-Holstein, 1988; Hoffmann, E., Holstein, LexMA 5 1990, 100ff.; Geschichte Schleswig-Holsteins, hg. v. Lange, U., 1996.

Holstein-Augustenburg s. Schleswig-Holstein-Augustenburg

Holstein-Beck s. Schleswig-Holstein-Beck

Holstein-Eutin s. Schleswig-Holstein-Eutin

Holstein-Glücksburg s. Schleswig-Holstein-Glücksburg

Holstein-Glückstadt (Herzogtum). Der 1721 bei Dänemark verbliebene Teil Holsteins gehörte um 1800 zusammen mit dem 1761 angefallenen Holstein-Plön und der Landschaft Süderdithmarschen als Herzogtum H. zum niedersächsischen Reichskreis.

L.: Wolff 445; Zeumer II b 32; Wallner 705 NiedersächsRK 6, 1; Großer Historischer Weltatlas III 32 (1648–189) F 1; s. Schleswig-Holstein-Glückstadt.

Holstein-Gottorf-Oldenburg s. Schleswig-Holstein-Gottorp-Oldenburg

Holstein-Gottorp (Herzogtum). Dem Herzog von Gottorp (Gottorf) blieben ab 1721 von seinem Anteil an Schleswig-Holstein nur die Gebiete in Holstein mit der Residenzstandt Kiel. Als 1767 Herzog Karl Peter Ulrich als Peter III. den Thron Russlands bestieg, gab er sein Herzogtum zugunsten Dänemarks auf. Die sog. bischöfliche Linie Gottorps (Gottorfs), die das Hochstift Lübeck mit Eutin innehatte, erhielt durch Vertrag Oldenburg. Um 1800 umfasste das Gebiet des mit der Landschaft Norderdithmarschen zum niedersächsischen Reichskreis zählenden Herzogtums etwa 70 Quadratmeilen.

L.: Wolff 446; Zeumer 553 II b 35; Wallner 705 NiedersächsRK 7; Großer Historischer Weltatlas III 32 (1648–189 F 1.

Holstein-Gottorp-Oldenburg, Holstein-Gottorf-Oldenburg s. Schleswig-Holstein-Gottorp-Oldenburg

Holstein-Kiel s. Schleswig-Holstein-Kiel

Holstein-Norburg s. Schleswig-Holstein-Norburg

Holstein-Oldenburg s. Schleswig-Holstein-Oldenburg, Holstein-Gottorp, Holstein-Gottorf

Holstein-Pinneberg (Herrschaft) s. Holstein, Pinneberg

Holstein-Plön (Grafen, Herzöge). Vermutlich seit dem neunten Jahrhundert war die Wasserburg Plune Sitz slawischer Fürsten. Von 1290 bis 1390 war Plön Sitz einer Linie der Grafen von Schauenburg (Schaumburg). Von 1623/1636 bis 1761 war H. Teil des Herzogtums Schleswig-Holstein-Plön und fiel 1761 mit diesem an Dänemark zurück. S. a. Holstein-Sonderburg-Plön.

Holstein-Rendsburg (Grafen). In Rendsburg an der Eider wurde nach älteren Vorläufern um 1150 eine Burg (Reinholdsburg) der Grafen von Schauenburg (Schaumburg) errichtet. Unter Graf Heinrich I. († 1304) wurde Rendsburg Sitz des Hauptzweiges der Grafen von Schauenburg (Schaumburg) (Rendsburger Linie). 1386 siedelten die Grafen nach Gottorp (Gottorf) über. 1459 starb die Linie aus. Schleswig und Holstein kamen auf Grund des Vertrages von Ripen (1460) an das Haus Oldenburg, das 1448 den Thron in Dänemark bestiegen hatte.

L.: Großer Historischer Weltatlas II 66 (1378) E/F1/2.

Holstein-Segeberg (Grafen). Auf einem Kalkberg an der Trave wurde durch Kaiser Lothar von Süpplingenburg eine Burg angelegt (Sigeburg). Um 1273 kam die Burg an die Kieler Linie der Grafen von Schauenburg (Schaumburg) und wurde Mittelpunkt eines besonderen Segeberger Landesteils. 1316 fiel dieser an Holstein-Rendsburg zurück. Später gehörte Segeberg zum königlichen Anteil an Holstein.

L.: Rieken, A. D., Das Amt Segeberg, Diss. phil. 1963.

Holstein-Wiesenburg s. Schleswig-Holstein-Wiesenburg

Holtland s. Holland

L.: Polenz, P. v., Landschafts- und Bezirksnamen, 1961, II, 48, 52, 55, 72, 74, 96, III, 23, 32.

Holtseton s. Holstein

L.: Polenz, P. v., Landschafts- und Bezirksnamen, 1961, I, 9, II, 39 f., 49, 72, III, 11, 14, 24, 33, Holcetae, Holzeten, Holsati, Holtsatia, Holzatenses, Holstenland, ‚Holstein'.

Holtz, vom, Holz (Reichsritter). Im 18. Jahrhundert zählten die vom H. mit Aichelberg (1663), Alfdorf (1628/1640), Bartholomä 1708, Wißgoldingen (1742) und Unterdeufstetten (1742–1761, von den Rüdingern von Rüdingerfels erworben) zum Kanton Kocher des Ritterkreises Schwaben. Mit der Herrschaft Mühringen (Hohenmühringen) erlangten sie bis zum Verkauf an die Markgrafen von Brandenburg (Ansbach) (1695) die Mitgliedschaft im Kanton Neckar. Mit Amlishagen, Hagenhof sowie Teilen von Limbach, Michelbach und Hengstfeld gehörten sie seit der Mitte des 18. Jahrhunderts dem Kanton Odenwald des Ritterkreises Franken an.

L.: Genealogischer Kalender 1753, 532; Roth von Schreckenstein 2, 592; Hölzle, Beiwort 56, 62; Hellstern 206; Kollmer 370, 377, 380; Winkelmann-Holzapfel 153; Stetten 36, 183; Riedenauer 124; Schulz 264; Rahrbach 126.

Holzapfel von Herxheim (Reichsritter). Im 18. Jahrhundert zählten die H. zum Ritterkreis Unterelsass.

L.: Roth von Schreckenstein 2, 595.

Holzappel (Reichsgrafschaft). 1643 erwarb der aus armer reformierter westerwäldischer Bauernfamilie stammende, 1641 in den Reichsgrafenstand erhobene kaiserliche Feldmarschall Peter Melander (gräzisiert aus Eppelmann) von den Grafen von Nassau-Hadamar, die seit dem 10. Jahrhundert den Herren von Laurenburg, den späteren Grafen von Nassau, gehörige Grundherrschaft Esterau an der Lahn mit der Ruine Laurenburg und der Vogtei Isselbach und Eppenrod mit insgesamt 16 Ortschaften (Hauptort Esten), auf Grund deren Kaiser Leopold I. die Reichsgrafschaft H. mit Sitz und Stimme im westfälischen Grafenkolleg des Reichstages bildete. Melanders Witwe erlangte dazu durch Kauf 1656 Burg und Herrschaft Schaumburg von Leiningen-Westerburg. Die reichen Güter kamen durch die Ehe der Tochter mit einem Grafen von Nassau-Dillenburg an Nassau (Nassau-Schaumburg) und in weiblicher Erbfolge 1707 an Anhalt-Bernburg (Anhalt-Bernburg-Schaumburg), von 1812 bis 1867 an eine erzherzogliche Linie des Hauses Österreich, dann an Oldenburg und 1888 an Waldeck. Mit Waldeck kam das 1806 in Nassau mediatisierte H. am 1. 4. 1929 an Preußen (Provinz Hessen-Nassau).

L.: Wolff 361 f.; Zeumer 554 II b 63, 20; Wallner 704 WestfälRK 35; Laut, R., Territorialgeschichte der Grafschaft Diez samt den Herrschaften Limburg, Schaumburg und Holzappel, 1943; Weiler, C., in: Nassauische Annalen 63 (1952).

Hölzel von Sternstein (zu Biberfeld), Hölzl (Reichsritter). Um 1750 zählten die H. zum Kanton Odenwald im Ritterkreis Franken.

L.: Riedenauer 124.

Holzhausen (Reichsdorf). H. (Burgholzhausen bei Friedberg) kam über die Herren von Eppstein im Erbwege an die Grafen von Stolberg, die es 1578/1595 an die Grafen von Hanau verkauften. Vor 1645 belehnte der Kaiser den mainzischen Kanzler Reigersberger mit zwei Dritteln. 1649 kaufte dieser das letzte Drittel von Hanau. Seine Nachkommen veräußerten H. an die Herren von Ingelheim, die seit 1702 für H. 1 Gulden und 30 Kreuzer an den oberrheinischen Reichskreis leisteten. 1741 besetzte der Landgraf von Hessen-Kassel als Erbe Hanau-Münzenbergs wegen seiner Ansprüche auf zwei Drittel den Ort. 1765 verzichteten die Ingelheim auf ihre Rechte, mit dem 27. 4. 1803 genehmigte der Kaiser in § 6 des Reichsdeputationshauptschlusses den Verzicht. Über Hessen-Kassel kam Burgholzhausen 1945 zu Hessen.

L.: Hugo 461; Wolff 506; Eckhardt, W. A., Das Reichsdorf Holzhausen, Z. d. V. f. hess. Gesch. 92 (1987), 155.

Holzhausen s. Rau von H.

Holzhausen s. Schütz von H.

Holzingen (Reichsritter). Im frühen 16. Jahrhundert zählten die H. zum Kanton Altmühl des Ritterkreises Franken.

L.: Stieber; Riedenauer 124.

Hölzl s. Hölzel

Holzschuher von Aspach und Harrlach (Reichsritter). Von der Mitte des 18. Jahrhunderts bis 1806 zählten die H. mit dem Rittergut Vestenbergsgreuth zu dem Kanton Steigerwald und außerdem zu den Kantonen Odenwald und Altmühl des Ritterkreises Franken.

L.: Stieber; Bechtolsheim 16, 22, 198, 415; Riedenauer 124.

Holzschuher von Harrlach (Reichsritter). Im 18. Jahrhundert zählten die H. mit dem Rittergut Vestenbergsgreuth zum Kanton Steigerwald des Ritterkreises Franken. S. Holzschuher von Aspach und Harrlach.

L.: Bechtolsheim 415.

Homberg (reichsritterschaftlicher Ort, Herren), Hornberg. Die Burg H. am Neckar war im 12. Jahrhundert Sitz der Herren von H. Danach wechselte sie mehrfach den Berechtigten. 1517 kam sie an Götz von Berlichingen.

Homburg (Grafen). Nach älteren Siedlungsspuren erscheint im 12. Jahrhundert an der Blies die Burg H. Nach ihr benannten sich als Seitenlinie der Grafen von Metz Grafen von H. Ihr Gebiet an der mittleren Blies verlor durch Veräußerungen allmählich an Bedeutung. Die Reste fielen 1449 beim Aussterben der Grafen an die Grafen von Nassau-Saarbrücken. In den Reunionskriegen war H. seit

1679 von Frankreich besetzt. 1714 kam es wieder an Nassau-Saarbrücken, 1755 durch Tausch an Pfalz-Zweibrücken und damit später zu Bayern und 1919/1920 bzw. 1945/1946 zum Saargebiet und damit 1957 zum Saarland (sowie z. T. zu Rheinland-Pfalz).

L.: Wolff 249, 266; Hoppstädter, K., Burg und Festung Homburg, Rhein. Vjbll. 19 (1954), 370 ff.; Homburg (Saar) 1558–1958, hg. v. d. Stadt Homburg, 1958.

Homburg (Herrschaft) (seit 1912 Bad Homburg vor der Höhe). Um 1180 erscheint die Burg H. am Taunus, nach der sich Herren von Hohenberg und Steden nannten. Seit etwa 1200 war sie in den Händen der Herren von Eppstein bzw. Eppstein-Münzenberg, unter denen sie Mittelpunkt einer Herrschaft war. 1487 kam H. durch Kauf als Lehen der Pfalz an Hanau. 1502 wurde es von Hessen gewonnen. 1567 fiel es an Hessen-Rheinfels, 1583 an Hessen-Darmstadt. 1622 wurde es Sitz einer bis zum 24. 3. 1866 bestehenden Nebenlinie Hessen-Homburg Hessen-Darmstadts. 1866 musste es an Preußen abgegeben werden. 1945 kam es zu Hessen.

L.: Wolff 255; Lotz, F., Geschichte der Stadt Homburg, Bd. 1 1964; Demandt, K. E., Geschichte des Landes Hessen, 2. A. 1972, Neudruck 1980.

Homburg (Herrschaft). Vermutlich zum Schutz des 1129 gestifteten Klosters Amelungsborn wurde von Siegfried IV. von Northeim-Boyneburg die Burg H. bei Stadtoldendorf errichtet. 1150 musste sie von den Grafen von Winzenburg als Erben dem Hochstift Hildesheim zu Lehen aufgetragen werden, dem sie von 1152 bis 1180 Heinrich der Löwe auf Grund von Erbansprüchen entzog. Seit 1250 war die Burg als Lehen des Hochstifts ungeteilt in den Händen der Edelherren von H. Ihre 6 Burgen, 3 Städte und rund hundert Dörfer umfassende, seit etwa 1140 aufgebaute Herrschaft zwischen oberer Weser und mittlerer Leine (1225–1238 Spiegelberg, 1245 Bodenwerder, 1355 Hohenbüchen) wurde 1409 durch Erbkauf und Heirat der Witwe des letzten Grafen mit Herzog Otto von Grubenhagen (1415) von den Welfen geerbt. 1428 kam Homburg an Braunschweig-Wolfenbüttel und damit 1946 zu Niedersachsen.

L.: Schnath, G., Die Herrschaften Everstein, Homburg und Spiegelberg, 1922.

Homburg (Herrschaft, Reichsherrschaft). Vor 1259 erlangte Gottfried von Sayn durch Heirat Juttas von Isenberg (Isenburg) Güter im Oberbergischen, die er durch die Burg H. bei Marienberghausen sicherte. 1276 übertrug er sie als Eigengut an Rudolf von Habsburg und erhielt sie als Lehen zurück. 1385 wurde die Vogtei Wiehl hinzuerworben. 1361 gewann Sayn durch Heirat die Grafschaft Wittgenstein. Den Grafen von Sayn-Wittgenstein gelang auf Dauer die Behauptung der Herrschaft, obwohl diese von Gütern Bergs eingeschlossen war. 1635 wurde H. für ein Jahrhundert Sitz einer Seitenlinie Sayn-Wittgenstein-Berleburgs. 1815 kam es an Preußen, 1946 an Nordrhein-Westfalen.

L.: Wolff 285, 499 f.; Großer Historischer Weltatlas III 38 (1789) B2; Heckmann, K., Geschichte der ehemaligen Reichsherrschaft Homburg an der Mark, 1938.

Homburg s. Brendel von H.

Honnecourt (Kloster, Reichskloster). Das Kloster H. bei Cambrai ist in die Reichsmatrikel von 1521 aufgenommen und erscheint trotz seines Überganges an Frankreich noch 1755 in einer offiziösen Bestandsübersicht des Reiches.

Hönningen (Herrschaft). Die Herrschaft H. gehörte im 11. Jahrhundert dem Stift Sankt Simeon in Trier. Dessen Vögte waren die Herren von Isenberg. Sie legten auf dem Gebiet der Vogtei die Burg Arenfels an und gewannen volle Landeshoheit. Über Preußen gelangte H. 1946 zu Rheinland-Pfalz.

Honstein (Grafschaft) s. Hohnstein

Hooge-Zwaluwe (Herrschaft) s. Hoge

Hoogstraten, Hoogstraaten (Herzogtum). Das Herzogtum H. gehörte über das Herzogtum Brabant zum burgundischen Reichskreis.

L.: Wolff 54; Wallner 701 BurgRK 1 (Escher, M. u. a., Die urbanen Zentren, 2005, 2, 268).

Hoorn (Reichsgrafschaft), niederl. Horn, Hornes. Das zwischen Lüttich, Obergeldern und Brabant gelegene H. war wahrscheinlich 1390 von den Herren von H. dem Hochstift Lüttich zu Lehen aufgetragen worden. 1450 wurde die Herrschaft zur Reichsgrafschaft erhoben. Nach dem Aussterben der Grafen von H. 1544 gelangte die Grafschaft in verschiedene Hände, bis sie 1614 an Lüttich fiel, das bereits seit 1576 die Oberaufsicht, Schutz und Schirm über H. erlangt hatte. Die Reichsgrafschaft H. gehörte über das Hochstift Lüttich zum westfälischen Reichskreis und gelangte mit Lüttich 1795/1801 an Frankreich und 1815 an Niederlande.

L.: Gumpelzhaimer 15; Wolff 328; Wallner 702 WestfälRK 4; Großer Historischer Weltatlas II 66/67 a (1378) C3.

Hopffer s. Schott von Schottenstein

Höpfigheim (reichsritterschaftliche Herrschaft). H. zählte zum Kanton Kocher des Ritterkreises Schwaben und kam bei der Mediatisierung an Württemberg und damit 1951/1952 zu Baden-Württemberg.

L.: Wolff 616.

Hoppetenzell (Herrschaft). H. bei Stockach wurde (vor 777) von einem Adalung an Fulrad von Saint Denis (Saint-Denis) gegeben. 866 bestätigte König Ludwig der Deutsche die Übertragung. Später stand innerhalb Schwäbisch-Österreichs die Herrschaft H. der Johanniterkommende Überlingen zu. 1803 kam H. an Baden und 1951/1952 an Baden-Württemberg.

L.: Hölzle, Beiwort 4.

Horbach (Reichsdorf). Am 22. 1. 1379 verpfändete König Wenzel unter anderem dem Kurfürsten Ruprecht von der Pfalz das Dorf H. bei Bergzabern, das Ruprecht aus der Pfandschaft des Grafen Emich von Leiningen gelöst hatte. Über Bayern kam H. 1946 zu Rheinland-Pfalz.

L.: Hugo 464 f.

Horben (Freiherren, Reichsritter). 1752 zählten die Freiherren von H. zum Bezirk (Quartier) Allgäu-Bodensee des Kantons Hegau des Ritterkreises Schwaben.

L.: Ruch, Anhang 82.

Horburg, Horbourg (Herrschaft, Grafschaft). H. bei Colmar steht an der Stelle eines römischen Kastells (Argentovaria?). Es war Stammsitz der Grafen von H. Diese verkauften die Grafschaft, die elf Dörfer umfasste, 1324 an die Grafen von Württemberg. Ihnen verblieb sie bis 1793. Danach fiel H. an Frankreich.

L.: Wolff 297; Herrenschneider, E. A., Römerkastell und Grafenschloss Horburg, 1894; Bader, K. S., Der deutsche Südwesten in seiner territorialgeschichtlichen Entwicklung, 2. unv. A. 1978, 100.

Horkheim, Horkenn, Horckheim, Horben? (Reichsritter). Um 1550 zählten die H. (Horkenn von Wallstadt) zum Kanton Odenwald des Ritterkreises Franken. Wegen Trochtelfingen, Horn, Leinzell und Haunsheim waren die H. bis 1542 bzw. 1624 im Kanton Kocher des Ritterkreises Schwaben immatrikuliert. S. (Horxheim), Lemlin von Horkheim, Seybold von Horkheim.

L.: Stetten 33; Riedenauer 124; Schulz 264.

Hörda s. Herda

Hörde (Herren). Nach der Burg H. bei Dortmund benannten sich seit 1198 die Herren von H. Von ihnen kam die Burg 1296 gegen den Widerstand des Erzstifts Köln an die Grafen von der Mark und damit später an Brandenburg bzw. Preußen und 1946 zu Nordrhein-Westfalen.

L.: Wolff 319; Brockpähler, W., Hörde, 1928.

Horevun (Gau zwischen Naab und Regen)

L: Curs, O., Deutschlands Gaue im zehnten Jahrhundert. Nach den Königsurkunden, Diss. phil. Göttingen 1908, 10 (Holzheim).

Horn (Herrschaft). H. in Niederösterreich am Zusammenfluss von Mödringbach und Taffa wird erstmals um 1050 anlässlich der Schenkung der Kirche durch Graf Gerold an den Bischof von Passau genannt. Die dort im 12. Jahrhundert errichtete Burg wurde Mittelpunkt einer Herrschaft, die vor 1210 von den Grafen von Poigen bzw. Wildberg-Hohenburg an den Landesfürsten (Babenberger) und von ihm an die Grafen von Vohburg kam. Im Interregnum fiel sie als Eigen an die Freien und späteren Ministerialen von Maissau, welche die Güter 1430 als Lehen nahmen. Nach ihrem Aussterben 1440 kam sie 1441 durch Erbvertrag an die später lutherischen Herren von Puchheim und von diesen 1622 nach Entziehung an Vinzenz Muschinger, der sie an seinen Schwiegersohn, Reichsgraf Kurz, vererbte. 1659 erbte dessen Schwiegersohn Graf von Sprinzenstein, 1679 die verschwägerten Grafen Hoyos.

L.: Wolff 26; Liebleitner, K., Die Entwicklung der Stadt Horn vom Ausgang des Mittelalters bis zum Weltkrieg, 1929 (Gymn.-Progr.).

Horn (Reichsgrafschaft) s. Hoorn

Hornau s. Liesch von H.

Hornbach (Herrschaft). Die freie Herrschaft H. zwischen Biberach und Memmingen gehörte am Ende des 18. Jahrhunderts über die Abtei Ochsenhausen zum schwäbischen Reichskreis. Ochsenhausen fiel 1802/1803 an den Fürsten Metternich und danach an Württemberg, über das es 1951/1952 zu Baden-Württemberg kam.

L.: Wolff 183; Wallner 687 SchwäbRK 33.

Hornbach (Kloster). Um (737 bzw.) 740 gründete der heilige Pirmin auf altem Königsland des fränkischen Adligen Warnharius aus der Familie der Widonen das Kloster H. bei Zweibrücken. Über die Widonen kam es an die Salier. 1087 gab Kaiser Heinrich IV. das Kloster dem Hochstift Speyer. Vögte wurden am Anfang des 12. Jahrhunderts die Grafen von Saarbrücken, dann 1182/1188 als ihre Nachfolger die jede Weiterentwicklung des Klosters früh unterbindenden Grafen von Zweibrücken, seit 1394 die Kurfürsten von der Pfalz, 1410 die Herzöge von Pfalz-Zweibrücken, die es 1558 aufhoben. Über Bayern kam H. 1946 zu Rheinland-Pfalz.

L.: Wolff 249; Neubauer, A., Regesten des ehemaligen Benediktinerklosters Hornbach, 1904; Drumm, E., Geschichte der Stadt Hornbach, 1952; Hermann, H., Hornbach, LexMA 5 1990, 126 f.; Escher, M. u. a., Die urbanen Zentren, 2005, 2, 271.

Hornberg (Burg) s. Homberg

Hornberg (Herrschaft). Um 1100 wurde die Burg H. im Gutachtal bei Wolfach erbaut. Sie war Sitz der Herren von H. Von ihnen kam die Herrschaft H. mit der im 13. Jahrhundert entstandenen Stadt H. 1423/1448 nach und nach an Württemberg, 1810 an Baden und damit H. 1951/1952 an Baden-Württemberg.

L.: Wolff 167; Hitzfeld, K., Die Schlösser zu Hornberg, zugleich die Entwicklung des Hornberger Stadtbildes, in: Ortenau 45 (1965), 189 ff.

Hornberg (Reichsritter). Im 18. Jahrhundert zählten die H., die bereits 1488 Mitglied des Sankt Jörgenschildes, Teil im Hegau und am Bodensee waren, zum Ritterkreis Schwaben.

L.: Roth von Schreckenstein 2, 592; Ruch Anhang 4.

Hornberg, Homberg (reichsritterschaftlicher Ort). H. am Neckar bei Wimpfen zählte zum Kanton Odenwald des Ritterkreises Franken. 1806 kam es zu Baden und damit 1951/1952 zu Baden-Württemberg.

L.: Wolff 511.

Horneck (Reichsritter), Horneck von Hornberg. Im 18. Jahrhundert zählten die H. zum Kanton Kocher des Ritterkreises Schwaben ([Horneck von Hornsberg] 1674–1740 wegen Helfenberg im Kanton Kocher).

L.: Roth von Schreckenstein 2, 592; Schulz 265.

Horneck von Weinheim (Freiherren, Reichsritter), Horneck zu Weinheim. Um 1790 zählten die Freiherren von H., die sich nach der Stadt Weinheim an der Bergstraße nannten und seit dem 14. Jahrhundert bestanden, mit einem Siebtel der Ganerbschaft Nieder-Saulheim (Niedersaulheim) zum Kanton Oberrheinstrom des Ritterkreises Rhein. Die H. (von Weinheim) gehörten im 17. Jahrhundert dem Kanton Odenwald des Ritterkreises Franken, im späteren Jahrhundert den Kantonen Baunach und Gebirg an.

L.: Zimmermann 73; Winkelmann-Holzapfel 153; Riedenauer 124; Rahrbach 128.

Hornense (Gau)

L: Curs, O., Deutschlands Gaue im zehnten Jahrhundert. Nach den Königsurkunden, Diss. phil. Göttingen 1908, 10.

Hornes (Fürstentum). (Das Fürstentum H. gehörte am Ende des 18. Jahrhunderts über das Herzogtum Brabant zum burgundischen Reichskreis.) S. Hoorn, Horn.

L.: Wallner 700 BurgRK 1.

Hornstein (Freiherren, Reichsritter). Nach der Burg H. am Laucherttal bei Sigmaringen nannten sich seit 1244 Herren. Im 18. Jahrhundert zählten die Freiherren von H., die bereits 1488 Mitglied der Rittergesellschaft Sankt Jörgenschild, Teil im Hegau und am Bodensee waren, mit der 1579/1623 von Werner von Reischach erworbenen Herrschaft Hohenstoffeln zum Kanton Hegau des Ritterkreises Schwaben. Mit dem im 14. Jahrhundert erworbenen Göffingen und Grüningen waren sie im Kanton Donau immatrikuliert. Nachdem sie 1773 von den Freiherren von Rost Göttelfingen und Vollmaringen und 1770 das halbe Zimmern unter der Burg erlangt hatten, waren sie damit dem Kanton Neckar inkorporiert. Nach der Erbteilung 1686 entstanden mehrere Linien (Binningen, Grüningen, Weiterdingen). Die Linie Binningen hatte Hinterstoffeln, Mittelstoffeln und Binningen, die Linie Weiterdingen Vorderstoffeln, Schloss und Dorf Weiterdingen, Bietingen und Gut Homboll, die 1805 an die Linie Binningen gelangten. Die Güter fielen 1806 an Württemberg, das sie 1810 größtenteils an Baden gab. Damit gelangte das Gebiet 1951/1952 an Baden-Württemberg. Vielleicht waren die H. am Ende des Heiligen Römischen Reiches auch im Ritterkreis Franken immatrikuliert.

L.: Roth von Schreckenstein 2, 592; Hölzle, Beiwort 59f., 64; Mau, H., Die Rittergesellschaften mit St. Jörgenschild in Schwaben, 1941, 34; Ruch, Anhang 4, 77–80; Riedenauer 124; Danner, W., Die Reichsritterschaft im Ritterkantonsbezirk Hegau in der zweiten Hälfte des 17. und im 18. Jahrhundert, 1969.

Hornstein (Herrschaft). Die Burg H. am Leithagebirge wurde um 1341 als ungarische Grenzburg gegen Österreich errichtet. 1364 verkauften sie die Wolfart an die Kanizsay, welche die Herrschaft H. schufen. 1491 wurde sie verwaltungsmäßig mit Niederösterreich vereinigt. 1647 kam H. unter die Verwaltung Ungarns. 1702 wurde die Herrschaft von den Esterhazy gekauft. 1919 fiel H. an Österreich.

L.: Schweizer, Geschichte des freiherrlichen Hauses Hornstein, in: Archiv für Geschichte, Genealogie, Diplomatik 1846.

Hornstein zu Binningen (Freiherren, Reichsritter). 1752 zählten die Freiherren von H. mit Hinterstoffeln, Mittelstoffeln und Binningen zum Kanton Hegau des Ritterkreises Schwaben. 1806 fielen ihre Güter an Württemberg, das sie 1810 an Baden gab. Damit gelangten sie 1951/1952 zu Baden-Württemberg.

L.: Ruch 82, Anhang 78; Danner, W., Die Reichsritterschaft im Ritterkantonsbezirk Hegau in der zweiten Hälfte des 17. und im 18. Jahrhundert, 1969.

Hornstein zu Grüningen (Freiherren, Reichsritter). Im Jahre 1752 zählten die Freiherren von H. zum Kanton Hegau des Ritterkreises Schwaben.

L.: Ruch, Anhang 77, 79.

Hornstein zu Weiterdingen (Freiherren, Reichsritter). Vom 17. bis ins 18. Jahrhundert zählten die Freiherren von H. mit Vorderstoffeln, Schloss und Dorf Weiterdingen, Bietingen und Gut Homboll, die im Erbgang 1805 an die H. zu Binningen gelangten, zum Kanton Hegau des Ritterkreises Schwaben. 1806 fielen die Güter an Württemberg, das sie 1810 an Baden gab. Damit gelangten sie 1951/1952 zu Baden-Württemberg.

L.: Ruch 18, Anm. 2, 82 und Anhang 80; Danner, W., Die Reichsritterschaft im Ritterkantonsbezirk Hegau in der zweiten Hälfte des 17. und im 18. Jahrhundert, 1969.

Horschelt (Reichsritter). Im späteren 18. Jahrhundert zählten die H. zum Kanton Steigerwald im Ritterkreis Franken.

L.: Riedenauer 124.

Hörstgen (Herrlichkeit, Herrschaft). Die kleine Herrschaft H. am Niederrhein bei Kamp-Lintfort war Lehen der Grafschaft Moers. Mit ihr war als Lehen Gelderns der Rittersitz Frohnenbruch (Frohnenburg) verbunden. Aus der Erbschaft von Drachenfels kam H. an die Mirlar zu Myllendonk (Millendonk) und 1754 an die Freiherren von Knesebeck. H. zählte zu den nicht eingekreisten reichsunmittelbaren Reichsteilen, doch war die Reichsunmittelbarkeit durch Moers und das Erzstift Köln bestritten. 1794 wurde die 418 Hektar umfassende Herrschaft von Frankreich besetzt. 1815 fiel H. an Preußen und damit 1946 an Nordrhein-Westfalen.

L.: Wolff 494.

Horstmar (Herrschaft, Grafschaft). Im frühen 11. Jahrhundert ist H. bei Steinfurt erstmals bezeugt. Nach der Burg H. benannten sich seit 1092 edelfreie Herren von H. Über eine Erbtochter gelangte H. an die Grafen von Rietberg, welche die Lehnshoheit des Bischofs von Münster anerkennen mussten. Durch Vertrag vom 11. 11. 1269 kam die Herrschaft H. durch Verkauf an das Hochstift Münster und wurde bis 1635 bevorzugte Residenz der Bischöfe. 1803 ging das münsterische Amt H. an die Wild- und Rheingrafen zu Grumbach (Grafen von Salm-Grumbach [Rheingrafen]), die sich seitdem Grafen von Salm-Horstmar nannten. Vom 12. 7. 1806 an kam H. zusammen mit den Grafschaften Lingen und Tecklenburg an Berg, 1810 an Frankreich (Oberemsdepartement im Gouvernement Hamburg). Von hier aus fiel es 1815 an Preußen und 1946 an Nordrhein-Westfalen.

L.: Wolff 312; Börsting, H., Geschichte der Stadt Horstmar, 1928; Köbler, G., Gericht und Recht in der Provinz Westfalen (1815–1945), FS G. K. Schmelzeisen, 1980, 172.

Hörtenberg (Herrschaft, Grafschaft). Nach der vermutlich karolingischen Burg H. in Tirol nannten sich seit 1239 Grafen von Eschenlohe. Von 1281 bis 1291 ging H. mit den zugehörigen Herrschaftsrechten um Telfs durch Kauf an die Grafen von Tirol über. S. a. Eschenlohe.

Horxheim (Reichsritter). Im 18. Jahrhundert zählten die H. zum Ritterkreis Rhein.

L.: Roth von Schreckenstein 2, 595.

Hosgau-Friesenfeld

L. Hessler, W., Mitteldeutsche Gaue des frühen und hohen Mittelalters, 1957, 63, 126 Hosgau und Friesenfeld, (Allstedt, Asendorf, Benkendorf, Bornstedt, Burgsdorf, Dornstedt, Eisleben, Geusa, Goseck, Gröst, Helfta, Holleben, Hornburg, Oberklobikau, Niederklobikau, Knapendorf, Lauchstädt, Liederstädt, Lobitzsch, Merseburg, Morungen, Mücheln, Müllersdorf, Beyernaumburg, Neehausen, Obhausen, Osterhausen, Querfurt, Reinsdorf, Riestedt, Oberröblingen, Oberröblingen an der Helme, Klosterrohrbach, Rossleben, Salzmünde, Sangerhausen, Schaftstädt, Burgscheidungen, Großschierstedt, Oberschmon, Schortau, Schraplau, Seeburg, Sittichenbach, Spergau, Vitzenburg, Burgwerben, Wippra, Wormsleben, Wünsch, Zeuchfeld). S. Friesenfeld.

Hoßkirch (Reichsdorf). H. zwischen Saulgau und Pfullingen erscheint 1083 als Sitz der Edelfreien von H., die im 12. Jahrhundert den Ort dem Kloster Weingarten gaben. Sie erloschen noch im 12. Jahrhundert. Danach unterstand H. den Herren von Fronhofen als königlichen Vögten. 1286 kam die Vogtei an die Herren von Königsegg. Am 18. 10. 1403 bestätigte König Ruprecht den Gebrüdern Hans, Ulrich, Albrecht und Eck von Königsegg die Reichspfandschaft H. 1527/1535 erlangten die Königsegg die Grundherrschaft, 1806 fiel H. an Württemberg und kam damit 1951/1952 zu Baden-Württemberg.

L.: Hugo 453; Der Kreis Saulgau, 1971; Der Kreis Ravensburg, 1976.

Hoya (Grafschaft). Nach der Burg H. (urspr. Hoch) an der Weser nannten sich seit 1202 Grafen (de Hogen), die sich zuvor als Edelherren von Stumpenhausen bezeichnet hatten oder aus dem Friesischen zugewandert waren. Sie bauten von dieser Burg aus eine Grafschaft auf (1215 Grafschaft Nienburg, 1326/1384 Grafschaft Bruchhausen). 1302 erlangten sie von Braunschweig das Amt Drakenburg und die Vogtei zu Bücken als Lehen. Vielleicht von 1299 bis 1311 und 1343/1346 wurde das Gebiet in eine obere Grafschaft (um Nienburg) und eine niedere Grafschaft mit Sitz in H. aufgeteilt. Von 1345 bis 1503 war H. Sitz der Niedergrafschaft H., nach dem Aussterben ihrer Linie Residenz der Obergrafschaft. Zu Anfang des 16. Jahrhunderts waren die Grafen zur Anerkennung der Lehnshoheit Braunschweig-Lüneburgs gezwungen. Beim Aussterben der Grafen (H. 1503, Nienburg 1534/1582) wurde die Grafschaft als Reichslehen unter die Linien des welfischen Hauses (Calenberg, Wolfenbüttel und Celle) aufgeteilt. Calenberg und Wolfenbüttel erhielten die obere Grafschaft mit den Ämtern Stolzenau, Ehrenburg (Ehrenberg), Syke, Steyerberg (Steierberg), Siedenburg, Diepenau, Harpstedt und Barenburg und dem Stift Bassum. Celle erlangte die untere Grafschaft mit den Ämtern H., Nienburg, Liebenau, Westen, Altbruchhausen, Neubruchhausen und Thedinghausen. Diese Güter fielen 1584 an Wolfenbüttel allein und 1634 an Celle. Die Ämter Uchte mit den Vogteien Uchte und Kirchdorf und Freudenberg mit den Flecken Bassum, Freudenberg und Loge und siebzehn Dörfern, die 1526/1527 an Hessen zu Lehen aufgetragen worden waren, waren als hessische Lehnsstücke (1582) an Hessen-Kassel zurückgefallen. 1705, nach Aussterben der Häuser Calenberg und Wolfenbüttel, war Celle (Hannover) im Besitz der gesamten, zum niederrheinisch-westfälischen Reichskreis und zum westfälischen Reichsgrafenkollegium zählenden Grafschaft. Um 1800 umfasste sie ein Gebiet von etwa 45 Quadratmeilen mit 60 000 Einwohnern. Von 1810 bis 1813 fiel H. an Frankreich, danach (einschließlich Uchtes und Freudenbergs) an Hannover, 1866 an Preußen und damit 1946 an Niedersachsen.

L.: Wolff 354 f.; Zeumer 554 II b 63, 10; Wallner 702 WestfälRK 8, 704, 31; Großer Historischer Weltatlas II 66 (1378), III 22 (1648) D2, III 38 (1789) C1; Schnath, G./Lübbing, H./Engel, F., Niedersachsen, in: Geschichte der deutschen Länder, Bd. 1; Hoyer Urkundenbuch, hg. v. Hodenberg, W. v., Teil 1–8 1855 ff.; Gade, W., Historisch-statistisch-topographische Beschreibung der Grafschaften Hoya und Diepholz, Bd. 1 f. 1901; Hellermann, F., Die Entstehung der Landeshoheit der Grafen von Hoya, 1912; Erler, G., Das spätmittelalterliche Territorium Grafschaft Hoya (1202–1582), Diss. Göttingen 1972; Dienwiebel, H., Geschichtliches Ortsverzeichnis der Grafschaften Hoya und Diepholz, A–K, 1989; Fahlbusch, F., Hoya, LexMA 5 1990, 143 f.; Hucker, B., Die Grafen von Hoya, 1993; Casemir, K./Ohainski, U., Das Territorium der Wolfenbütteler Herzöge um 1616, 1996; Hucker, B., Der Ursprung der Grafen von Hoya, in: Die Grafschaften Bruchhausen, Diepholz, Hoya und Wölpe, 2000.

Hoyerswerda (Herrschaft). H. südlich von Cottbus war Mittelpunkt der Herrschaft H. in der Oberlausitz. S. Sachsen.

L.: Wolff 470.

Hrittiga s. Rittegau

L.: Polenz, P. v., Landschafts- und Bezirksnamen, 1961, II, 39, 68 f., 96, III, 30, Hrittiga, Rietdega, Hratigan.

Hriustri s. Rüstringen

Huckarde-Dorstfeld (Herrschaft). König Ludwig der Deutsche übergab den Hof Huckarde (heute in Dortmund) dem Stift Essen. Zusammen mit dem Nachbardorf Dorstfeld bildete Huckarde dann eine vom übrigen Stiftsgebiet abgesonderte besondere Herrschaft des Stifts, deren Vogtei 1288 den Grafen von der Mark übertragen wurde und zuletzt Preußen zustand. Mit Essen fiel die Herrschaft 1802/1803 an Preußen. Nach zwischenzeitlicher Zugehörigkeit zum Großherzogtum Berg (1808–1813/1815) wurde H. 1929 nach Dortmund eingemeindet und fiel bei der Aufteilung Preußens 1946 an Nordrhein-Westfalen.

Huckelheim (Herrschaft, reichsritterschaftlicher Ort). H. östlich von Hanau zählte zum Kanton Odenwald des Ritterkreises Franken. Es gehörte den Grafen von Schönborn und umfasste als Herrschaft und Amt 16 Orte. Später fiel es über Aschaffenbrug 1814/1816 an Bayern.

L.: Wolff 511.

Hückeswagen (Edelherren, Grafschaft). H. an der oberen Wupper wird 1085 erstmals erwähnt. Es war Sitz eines Edelherrengeschlechts und Mittelpunkt der Grafschaft H. 1260 verkauften die Herren von H. ihre Güter an die Grafen von Berg. 1815 kam H. zu Preußen, 1946 zu Nordrhein-Westfalen.

L.: Wolff 324; Hückeswagen. Hundert Jahre Stadt, 1959; Paffrath, A., Hückeswagen, 1965.

Huetigo (Uetego, Gau in Lippe)

L: Curs, O., Deutschlands Gaue im zehnten Jahrhundert. Nach den Königsurkunden, Diss. phil. Göttingen 1908, 10 (Schieder).

Hugmerki (Hummesingheland, Hummerkerland, Humsterland)

L.: Polenz, P. v., Landschafts- und Bezirksnamen, 1961, II, 49, III, 10, 17, 23 f., 28, zum Volksnamen Hugoz.

Hülchrath (Herrschaft, Grafschaft). Nach H. bei Grevenbroich nannten sich Grafen, deren das Erbe der kölnischen Stiftsvögte von Saffenberg aufnehmende Grafschaft von Büttgen bis vor Köln reichte. Die Grafschaft kam vom Haus Sayn an das Haus Sponheim und von diesem 1247 an Kleve. Aus der Hand einer klevischen Nebenlinie kaufte sie 1314 das Erzstift Köln und schloss damit die Lücke zwischen Oberstift und Niederstift. Über Preußen fiel H. 1946 an Nordrhein-Westfalen.

L.: Wolff 86; Kisky, H., Hülchrath, 1964; Hülchrath, bearb. v. Ritzerfeld, U., 2003.

Huldenberg (Reichsritter). Von 1722 bis 1743 waren die H. als Personalisten im Kanton Kocher des Ritterkreises Schwaben immatrikuliert.

L.: Schulz 265.

Huldenfeld s. Wucherer von H.

Hüls von Ratsberg, Hüls von Rathsberg (Reichsritter) (Hülsen von Rathsberg). Im früheren 18. Jahrhundert waren die H. im Kanton Gebirg im Ritterkreis Franken immatrikuliert.

L.: Riedenauer 124.

Hultschin (Ländchen), Hultschiner Ländchen, tschech. Hlucinsko. Kurz vor 1278 gründete König Ottokar II. von Böhmen den Ort H. in Nordmähren. Das umliegende Gebiet zwischen Oppa, Oder und Zinna war seit der Trennung von Mähren am Ende des 14. Jahrhunderts keine selbständige Einheit, sondern nur Teil verschiedener schlesischer Fürstentümer (Troppau). Mit diesen gelangte es an Habsburg. 1742 kam es von Österreich an Preußen. 1919/1920 fiel das Hultschiner Ländchen mit 315,8 Quadratkilometern und (1910) 48 446 Einwohnern ohne Volksbefragung an die Tschechoslowakei (Versailler Vertrag vom 28. 6. 1919, Besetzung 4. 2. 1920). Von 1938 bis 1945 gehörte es nochmals zu Deutschland.

L.: Wolff 481; Bollacher, E., Das Hultschiner Ländchen im Versailler Friedensvertrag, 1930; Schellin, G., Das Hultschiner Ländchen. Eine Landeskunde, Diss. phil. Königsberg 1933.

Hultschiner Ländchen s. Hultschin

Humbertiner s. Savoyen

Hummel (Herrschaft). Nach einer älteren Befestigung des 11. Jahrhunderts wurde im 13. Jahrhundert an der Straße von Prag nach Glatz und Breslau auf dem Hummel eine Burg errichtet. Sie bildete den Mittelpunkt einer böhmischen Herrschaft, die im 14. Jahrhundert den Pannwitz gehörte. Danach fiel sie an Dietrich von Janowitz (1392–1411), Heinrich von Lazan (1411–1414), Boczek von Kunstadt/von Podiebrad (1415–1454) sowie Georg von Podiebrad (1454–1477), den späteren König von Böhmen. Durch dessen Sohn Herzog Heinrich von Münsterberg kam die Herrschaft H. 1477 zur Grafschaft Glatz, die 1742 an Schlesien fiel. Seit 1559 wurde die Herrschaft durch Verkauf einzelner Dörfer allmählich aufgelöst. Seit 1945 war das Gebiet unter der Verwaltung Polens, an das es 1990 als Folge der deutschen Wiedervereinigung gelangte.

L.: Wolff 491; Albert, D., Die Geschichte der Herrschaft Hummel und ihrer Nachbargebiete, Teil 1 (bis 1477), 1932.

Hummertsried (Herrschaft). Die Herrschaft H. bei Wurzach wurde 1613 von der Abtei Ochsenhausen erworben und fiel mit ihr 1802/1803 an die Fürsten Metternich, danach an Württemberg. Damit gelangte H. 1951/1952 zu Baden-Württemberg.

L.: Hölzle, Beiwort 81.

Humpiß (Freiherren, Reichsritter), Hundbiß. Im 18. Jahrhundert zählten die Freiherren von H., die bereits 1488 Mitglied der Rittergesellschaft Sankt Jörgenschild, Teil im Hegau und am Bodensee waren, mit dem im 15. Jahrhundert erworbenen Waltrams zum Kanton Hegau des Ritterkreises Schwaben.

L.: Hölzle, Beiwort 60; Ruch, Anhang 4.

Humpiß genannt von Ratzenried (Freiherren, Reichsritter), Humpiß, genannt von Ratzenried. Im 18. Jahrhundert zählten die Freiherren von H., die bereits 1488 Mitglied der Rittergesellschaft Sankt Jörgenschild, Teil im Hegau und am Bodensee waren, mit dem 1453 erworbenen Ratzenried zum Kanton Hegau des Ritterkreises Schwaben.

L.: Hölzle, Beiwort 60; Ruch, Anhang 5.

Humpiß von Waltrams (zu Wellendingen) (Reichsritter). Im 16. und 17. Jahrhundert zählte die Familie H. mit Wellendingen zum Kanton Neckar des Ritterkreises Schwaben.

L.: Roth von Schreckenstein 2, 592; Hellstern 207.

Hund, Hundt (Reichsritter) s. Hund von Wenkheim

L.: Pfeiffer 211; Stetten 33.

Hund von Saulnheim (Reichsritter). Im 18. Jahrhundert zählten die H. zum Ritterkreis Rhein.

L.: Roth von Schreckenstein 2, 595.

Hund von Wenkheim (Reichsritter). Im 16. Jahrhundert zählten die H. zum Kanton Odenwald des Ritterkreises Franken (bis etwa 1700).

L.: Stieber; Roth von Schreckenstein 2, 593; Pfeiffer 211; Riedenauer 124; Stetten 33; Rahrbach 129.

Hundelshausen s. Hainach zu H.

Hundem (Freigrafschaft), Hundemen. Die Freigrafschaft H. gehörte zum bilsteinischen Quartier des Herzogtums Westfalen.

L.: Wolff 87.

Hunesga (Hunsegen, Hunesgonia, Hunsgerlant, Hunsengeland, Hunsingerland, Hunsegoo)

L.: Polenz, P. v., Landschafts- und Bezirksnamen, 1961, II, 24, 49, III, 10, 23, 30.

Hungen (Burg, Herrschaft). H. bei Gießen nahe dem römischen Limes erscheint 782 (Houngun, Hoingen) in einer Urkunde Karls des Großen für die Abtei Hersfeld. Als deren Vögte erlangten die Falkenstein die Herrschaft und errichteten eine 1383 erwähnte Burg. 1419 kam H. durch Erbschaft an die Grafen von Solms, deren Linie Solms-Hungen von 1602 bis 1678 in H. ihren Sitz hatte. 1806 fiel H. an Hessen-Darmstadt und damit 1945 an Hessen.

L.: Wolff 274; Das Buch der Stadt Hungen, 1961.

Hungersbach s. Eck und H.

Hunolstein, Hunoltstein s. Vogt von (und zu) H.

Hünxe (Herrlichkeit). Die adlige Herrlichkeit H. (1092 Hungese) gehörte zum Herzogtum Kleve (weselscher landrätlicher Kreis). 1946 kam H. über Preußen (Rheinprovinz) zu Nordrhein-Westfalen.

L.: Wolff 317.

Huosun (Huosi, Ouscowe, Personenverbandsname)

L.: Polenz, P. v., Landschafts- und Bezirksnamen, 1961, II, 35 f., 41, 90, III, 8, 9, 27, 29.

Hürnheim (Reichsritter). Im frühen 16. Jahrhundert zählten die H. zum Kanton Altmühl des Ritterkreises Franken. Von 1542 bis 1586 waren die H. wegen H., Hochaltingen, Abtsgmünd und Utzwingen im Kanton Kocher des Ritterkreises Schwaben immatrikuliert. H. kam an Oettingen und damit 1806 an Bayern.

L.: Stieber; Riedenauer 124; Schulz 265.

Hurnia

L.: Polenz, P. v., Landschafts- und Bezirksnamen, 1961, II, 95 f.

Hürrlingen (reichsritterschaftlicher Ort). H. bei Stühlingen zählte zum Kanton Neckar des Ritterkreises Schwaben und kam 1806 an Baden.

L.: Wolff 509.

Husengau (Gau südlich Paderborns)

L: Curs, O., Deutschlands Gaue im zehnten Jahrhundert. Nach den Königsurkunden, Diss. phil. Göttingen 1908, 10.

Husitin

L.: Polenz, P. v., Landschafts- und Bezirksnamen, 1961, I, 13.

Hußlode, Haußlode? (Reichsritter) s. Haußlode

Huste (Gau)

L: Curs, O., Deutschlands Gaue im zehnten Jahrhundert. Nach den Königsurkunden, Diss. phil. Göttingen 1908, 10 (Aldeneyck).

Hutten (Reichsritter). Beim Zerfall der Herrschaft Steckelberg im oberen Kinzigtal kam Ramholz im späten 13. Jahrhundert an die Familie H., die sich dort gegen die Grafen von Hanau behauptete. Vom 16. bis 18. Jahrhundert gehörten die H. zum Ritterkreis Franken der Reichsritterschaft. Sie waren in den Kantonen Rhön-Werra, Baunach (Steigerwald?) und Odenwald immatrikuliert. Ihr bekanntester Angehöriger war Ulrich von H. (1488–1523), der Anhänger der Reformation war, 1519/1520 umfassende Reichsreformpläne erarbeitete, die auf ein gegenüber den Fürsten starkes, auf die Reichsritterschaft gestütztes Kaisertum zielten, und 1521 vergeblich Privatfehden gegen Geistliche in Raubritterart zu führen versuchte. (1642 kam Ramholz an die Freiherren von Landas, 1677 an die Freiherren und späteren Grafen von Degenfeld. 1803 fiel es an Hessen-Kassel. Über Preußen gelangte es 1945 zu Hessen.)

L.: Genealogischer Kalender 1753, 542; Stieber; Roth von Schreckenstein 2, 593; Seyler 369; Pfeiffer 196 f., 212; Riedenauer 124; Stetten 11, 23, 33; Rahrbach 131; Strauß, D. F., Ulrich von Hutten, 1858 ff., hg. v. Clemen, O., 3. A. 1938; Steinfeld, L., Die Ritter von Hutten, 1988; Körner, H., Die Anfänge der Fränkischen Reichsritterschaft und die Familie v. Hutten, in: Ulrich von Hutten, Katalog des Landes Hessen anlässlich des 500. Geburtstages, 1988; Körner, H., Die Familie v. Hutten, in: Ulrich von Hutten, Katalog des Landes Hessen anlässlich des 500. Geburtstages, 1988.

Hutten von Frankenberg (Reichsritter), Hutten zu Frankenberg. Bis zu ihrem Aussterben 1783 waren die Freiherren von H. mit dem 1783 an Ansbach heimgefallenen Asbachhof, Bullenheim, Teilen der 1520 an die Familie gefallenen Herrschaft Frankenberg, Geckenheim, Ippesheim mit Reusch und Nenzenheim Mitglied im Kanton Odenwald des Ritterkreises Franken.

L.: Hölzle, Beiwort 56; Winkelmann-Holzapfel 153; Rahrbach 133.

Hutten vom Stolzenberg (Freiherren, Reichsritter), Hutten zum Stolzenberg. Im 18. Jahrhundert waren die Freiherren von H. mit Romsthal mit Eckardroth, Kerbersdorf, Marborn und Wahlert sowie Steinbach Mitglied des Kantons Rhön-Werra des Ritterkreises Franken.

L.: Seyler 369; Winkelmann-Holzapfel 153; Rahrbach 133.

Hüttenbach s. Lochner von H.

Hüttenheim (Reichsdorf?), Huttenheim

L.: Dacheröden 233; Hugo 475.

Hüttersdorf (Reichsherrschaft). H. an der Prims im Saarland war bis zur französischen Revolution Sitz einer kleinen, zum Kanton Niederrheinstrom des Ritterkreises Rhein zählenden Reichsherrschaft. 1815 fiel es an Preußen (Saargebiet).

L.: Wolff 516.

Huy (Hoio, Hoiensis, Gau westlich der Maas)

L: Curs, O., Deutschlands Gaue im zehnten Jahrhundert. Nach den Königsurkunden, Diss. phil. Göttingen 1908, 10 (Tourinne-la-Chaussée); Polenz, P. v., Landschafts- und Bezirksnamen, 1961, IV, 18 f., Hoio, Hoiensis, zum Ortsnamen Huy.

Huyn von Geleen (Reichsritter). Die H. zählten um 1650 zum Kanton Baunach des Ritterkreises Franken.

L.: Riedenauer 124.

Hwetiga (Huettagoe, Huueitago, Wetigo, Waizzagawi, Wizgaugi)

L.: Polenz, P. v., Landschafts- und Bezirksnamen, 1961, II, 39, 96.

Hwitanga (Wittingen)

L.: Polenz, P. v., Landschafts- und Bezirksnamen, 1961, II, 35, 41, III, 4, heute Ortsname Wittingen.

I

Ibisvelt, campus Ibose s. Ipsfeld

Ichenhausen (reichsritterschaftlicher Ort). I. an der unteren Günz gehörte vom 14. Jahrhundert bis 1574 überwiegend den Herren von Roth als Lehen Burgaus. 1574 verkauften die Roth an Bernhard vom Stein zum Rechtenstein (Stain von Rechtenstein) zu Niederstotzingen und Harthausen. Von dessen Nachkommen fiel das zum Kanton Donau des Ritterkreises Schwaben zählende I. 1806 an Bayern.

L.: Wolff 508; Sinz, H., Geschichtliches vom ehemaligen Markt und der nunmehrigen Stadt Ichenhausen, 1926, Ergänzungsband 1935.

Ichtratzheim s. Albertini von I.

Idenheim (Reichsdorf)

Idstein (Herrschaft). I. im Taunus wird 1102 erstmals erwähnt (Etichestein). Um 1120 ging das Reichslehen auf die Erzbischöfe von Mainz über, die es den Grafen von Nassau zu Lehen gaben. 1355 kam die Herrschaft I. an Nassau-Idstein, 1605 an Nassau-Weilburg, 1629/1651 wieder an eine jüngere Linie Nassau-Idstein und 1721 an Nassau-Usingen (Nassau-Saarbrücken-Usingen). Über Nassau-Usingen gehörte I. am Ende des 18. Jahrhunderts zum oberrheinischen Reichskreis. Von Nassau fiel es 1866 an Preußen und 1945 an Hessen.

L.: Wolff 265; Schmidt, W., Territorialgeschichte der Herrschaft Nassau-Idstein und der angrenzenden Ämter, 1954; Escher, M. u. a., Die urbanen Zentren, 2005, 2, 276.

Iffgau (Iphigouue, Iphigewi, Gau südwestlich Bambergs)

L: Curs, O., Deutschlands Gaue im zehnten Jahrhundert. Nach den Königsurkunden, Diss. phil. Göttingen 1908, 11; Polenz, P. v., Landschafts- und Bezirksnamen, 1961, II, 24, 27, Iphigouwe, ‚Iffgau'; Niemeyer, W., Der pagus des frühen Mittelalters in Hessen, 1968, 120.

Ifflinger von Graneck (Freiherren, Reichsritter). Die Freiherren I. waren von 1548 bis 1805 Mitglied des Kantons Neckar des Ritterkreises Schwaben. 1802 übte die Familie über Lackendorf, das Lehen Württembergs und dem Kanton Neckar inkorporiert war, die Ortsherrschaft aus.

L.: Hölzle, Beiwort 64; Hellstern 207, 218; Kollmer 377.

Iggelheim (Reichsdorf). Am 22. 1. 1379 verpfändete König Wenzel dem Kurfürsten Ruprecht von der Pfalz unter anderem das Reichsdorf I. bei Hassloch, das dieser aus der Pfandschaft des Grafen Emich von Leiningen gelöst hatte. I. kam seitdem zur sog. Pflege Hassloch, über welche die Pfalz die Oberherrlichkeit hatte, die sie aber an Leiningen weiterverlieh. Über Bayern gelangte I. 1946 zu Rheinland-Pfalz.

L.: Hugo 466; Karst, T., Das kurpfälzische Oberamt Neustadt an der Haardt, 1960.

Ijsselgau (Gau) (Hisloa 794)

L.: Polenz, P. v., Landschafts- und Bezirksnamen, 1961, II, 15, 24, 41, 45, 47, Isloi, Islegouwe, ‚Ijsselau'; Nonn, U., Pagus und comitatus in Niederlothringen, 1983, 205.

Ilargouwe s. Illergau

L.: Polenz, P. v., Landschafts- und Bezirksnamen, 1961, II, 24, III, 32, Ilargouwe, Hilargaugensies populus.

Ilbenstadt (Stift, Abtei). In dem schon 818 besiedelten I. an der Nidda errichteten vermutlich an Stelle eines Adelshofes 1123 die Grafen von Cappenberg (Kappenberg) auf Anregung des Erzbischofs von Mainz 1123 ein Prämonstratenserstift. Das 1657 zur Abtei gewandelte Stift erstrebte die Reichsunmittelbarkeit, konnte diese aber nicht erreichen. Andererseits gelang es auch der Burggrafschaft Friedberg nicht, das Kloster und seine reichen, vielleicht letztlich von den Konradinern stammenden Güter zu gewinnen. 1803 kam I. (unter Auflösung des Stifts) an Leiningen-Westerburg-Altleiningen (Leiningen-Westerburg) 1806 an Hessen-Darmstadt und damit 1945 an Hessen.

L.: Heinemeyer, L., Ilbenstadt, LexMA 5 1990, 377.

Ilfeld (Kloster). Seit 1154 erscheint eine vielleicht von Lothar von Süpplingenburg (1125–1137) mit Reichsgut ausgestattete Adelsfamilie, die sich nach der Burg I. bei Nordhausen nannte. 1190 gründete sie dort ein Stift, das 1247 in Appenrode, Auleben, Girbuchsrode, Niederspier, Thalleben, Otterstedt, Westerengel, Sachswerfen, Baldenrode, Woffleben (Wolffleben), Espe, Kirchengel und Oberilfeld begütert war. 1252 erklärte König Wilhelm von Holland, I. sei von den Grafen von Hohnstein, die auch die Vogtei hatten, auf Reichsboden gegründet worden. Über Hohnstein und Preußen (1866 Provinz Hannover, 1932 Provinz Sachsen) gelangte I. 1946 zur Provinz Sachsen-Anhalt bzw. 1947 zum Land Sachsen-Anhalt. Der südliche Teil des Landkreises I. fiel zum 1. 10. 1932 an den Landkreis Grafschaft Hohenstein.

L.: Wolff 424; Meyer, K., Kloster Ilfeld, 1897; Köhler, C., Ilfelder Regesten, Bd. 1 1932; Mascher, K., Reichsgut und Komitat am Südharz im Hochmittelalter, 1957.

Illereichen (Herrschaft), Illereichheim. Die Herrschaft I. an der Iller, die von 1771 bis 1778 durch Verkauf von Seiten der Grafen von Limburg-Styrum an die Grafen Palm gelangt war, gehörte seit dem Ende des 18. Jahrhunderts über die Grafen Schwarzenberg zum schwäbischen Reichskreis und zählte zum Kanton Donau des Ritterkreises Schwaben. 1776 erscheint in der Reichsmatrikel der Eintrag I. Mit der Mediatisierung fiel I. an Bayern.

L.: Wolff 508; Bader, Der deutsche Südwesten in seiner territorialstaatlichen Entwicklung, 2. unv. A. 1978, 133.

Illereichheim s. Illereichen

Illergau (Gau)

L.: Borgolte, M., Geschichte der Grafschaften Alemanniens in fränkischer Zeit, 1984, 182 (Kempten, Heimertingen, Niderrieden).

Illertissen (reichsfreie Herrschaft). In vorgeschichtlich besiedelter Gegend gelegen erscheint I. 954 erstmals (Tussen). Mindestens seit 1181 unterstand es den Grafen von Kirchberg, die es zeitweise zu Lehen ausgaben. Von 1520 bis 1756 war es durch Kauf reichsfreie, zum Kanton Doanau des Ritterkreises Schwaben zählende Herrschaft der Memminger Patrizierfamilie Vöhlin. 1756 fiel es durch Verkauf der verarmten Vöhlin an Bayern.

L.: Wolff 136, 508; Nebinger, G./Rieber, A., 1000 Jahre Illertissen, 1954; Habel, H., Landkreis Illertissen, 1967.

Illertissen s. Vöhlin von I.

Illesheim s. Gailing von I.

Illingen (reichsritterschaftliche Herrschaft). I. südwestlich von Ottweiler gehörte zunächst den Grafen von Saarwerden, dann den Grafen von Moers-Saarwerden und schließlich den Grafen von Nassau-Saarbrücken als Lehnsherren. Seit dem 14. Jahrhundert war die Herrschaft in den Händen der Herren von Kerpen, die von den Herren von Manderscheid abstammten. Die reichsritterschaftliche Herrschaft zählte zum Kanton Niederrheinstrom des Ritterkreises Rhein und umfasste 1789 Wemmetsweiler, Gennweiler, I. und Merchweiler. 1815 kam I. zu Preußen und 1919 bzw. 1945 zum Saargebiet und damit 1957 zum Saarland.

L.: Wolff 516.

Illkirch (Reichsdorf). Am 12. 1. 1369 erlaubte Karl IV. dem Ritter Johann Erbe, die vom Reich verpfändeten Dörfer I., Illwickersheim und Grafenstaden bei Straßburg einzulösen und pfandweise zu besitzen. Mit dem Elsass kam I. zu Frankreich.

L.: Hugo 471 f.

Illwickersheim (Reichsdorf). Am 12. 1. 1369 erlaubte Karl IV. dem Ritter Johann Erbe, die vom Reich verpfändeten Dörfer Illkirch, I. und Grafenstaden bei Straßburg einzulösen und pfandweise zu besitzen. Mit dem Elsass kam I. zu Frankreich.

L.: Hugo 471 f.

Illyrien (Königreich, Provinz). I. ist im Altertum das von den Illyrern bewohnte Gebiet der östlichen Adriaküste, das von 230 v. Chr. an allmählich dem römischen Reich eingegliedert wurde (167 v. Chr. Teil der Provinz Gallia cisalpina). Im 4. nachchristlichen Jahrhundert war I. einer der vier römischen Reichssprengel. 395 kam das Gebiet zur westlichen Reichshälfte, fiel 537 aber an Byzanz. Im Mittelalter gehörte das Gebiet zu verschiedenen Herrschaften, von denen Österreich allmählich bestimmend wurde. 1809 musste Österreich Westkärnten, Krain, Görz, Triest, Istrien, Fiume, Dalmatien und Kroatien an Napoleon I. abtreten, der diese Gebiete als illyrische Provinzen Frankreich einverleibte. 1814 fielen sie an Österreich zurück, das aus Kärnten, Krain, Görz, Triest und Istrien 1816 ein Königreich I. bildete, das 1849 in die Kronländer Kärnten, Krain und Küstenland aufgelöst wurde. 1918 kam das Gebiet weitgehend zu Jugoslawien.

L.: Großer Historischer Weltatlas III 40 c (1806–1812) D/E5, II 46 (1815) G/H4.

Ilten, Illten (Reichsritter). Im 17./18. Jahrhundert zählten die I. zum Kanton Rhön-Werra des Ritterkreises Franken.

L.: Stieber; Seyler 370; Riedenauer 124.

Ilzgau s. Ylsgouwe

Imhoff, Imhof (Reichsritter). Vom 16. bis 18. Jahrhundert zählten die I. zeitweise zu den Kantonen Odenwald (18. Jahrhundert), Gebirg (16. Jahrhundert, frühes 18. Jahrhundert) und Baunach (von etwa 1790 bis 1806) des Ritterkreises Franken. S. Imhoff von Merlach.

L.: Riedenauer 124.

Imhoff (Im Hoff) **von Kirchentellinsfurt** (Reichsritter), Imhof von Kirchtellinsfurt. Von 1610 bis 1702 waren die I. Mitglieder des Kantons Neckar des Ritterkreises Schwaben. 1659 war Hans Ernst I. mit Buchenbach im Kanton Kocher des Ritterkreises Schwaben immatrikuliert.

L.: Hellstern 207; Schulz 265.

Imhoff von Mörlach (Reichsritter), Imhof von Merlach. Im 18. Jahrhundert zählten die I. zum Ritterkreis Franken. S. Imhoff.

L.: Roth von Schreckenstein 2, 593.

Imhoff zu Untermeitingen (Reichsritter), Imhof zu Untermeithingen. 1752 zählten die I. zum Kanton Hegau des Ritterkreises Schwaben.

L.: Ruch, Anhang 78.

Immendingen s. Streit von I.

Immenstadt (Reichsgrafschaft). I. zu Füßen der Burg Rothenfels im Allgäu kam von den Staufern als Lehen an die Herren von Schellenberg. 1332 erwarben die Grafen von Montfort die Herrschaft Rothenfels mit dem Mittelpunkt Immendorf (Imdorf). 1565 kam Rothenfels durch Kauf an die Freiherren von Königsegg. Seit 1629 war I. (so seit 1618) Reichsgrafschaft. 1804 fiel es an Österreich, 1805 an Bayern.

L.: Wolff 201; Baumann, F. L., Geschichte des Allgäus, Bd. 1–3 1883 ff.; Heimatbuch der Stadt Immenstadt (1360–1960), 1960.

Impflingen (Reichsdorf). Am 25. 10. 1361 schlug Karl IV. unter anderem auf das an die Pfalz verpfändete Reichsdorf I. bei Landau weitere Gelder. Über die Pfalz kam I. an Bayern und 1946 an Rheinland-Pfalz.

L.: Hugo 463, 466.

Ingelfingen (Burg, Herrschaft). I. gehörte zunächst den Herren von Stein und danach im 13. Jahrhundert den Krautheim-Boxberg, seit 1287 den Herren von Hohenlohe. 1701 wurde der Ort Sitz der von Hohenlohe-Langenburg abgespalteten Linie Hohenlohe-Ingelfingen. 1806 kam I. an Württemberg und damit 1951/1952 an Baden-Württemberg.

L.: Wolff 119; Rauser, J., Regestenchronik von Ingelfingen 1550–1650, 1968.

Ingelheim (Freiherren, Reichsritter) s. Ingelheim genannt Echter von Mespelbrunn

L.: Stieber; Seyler 370; Zimmermann 73; Riedenauer 124.

Ingelheim, genannt Echter von Mespelbrunn (Freiherren, Grafen, Reichsritter). Im 18. Jahrhundert zählten die Freiherren von I. zum Kanton Rhön-Werra und zum Kanton Steigerwald (um 1800) des Ritterkreises Franken. Im 18. Jahrhundert zählten die Grafen zu I. zum Ritterkreis Rhein und zwar wegen Schöneberg (Schönberg), Dörrebach mit Ruine Gollenfels, Hergenfeld, Schweppenhausen, Seibersbach und Waldhilbersheim zum Kanton Niederrheinstrom und wegen Gaulsheim zum Kanton Oberrheinstrom. Außerdem gehörten sie mit Unterhausen und Teilen von Würzberg zum Kanton Odenwald des Ritterkreises Franken. Unterhausen fiel 1808 an Aschaffenburg.

L.: Genealogischer Kalender 1753, 543, 545; Stieber; Roth von Schreckenstein 2, 595; Seyler 370; Zimmermann 73; Winkelmann-Holzapfel 154; Riedenauer 124; Stetten 36, 39; Rahrbach 136.

Ingelheim (Reichsdorf). In I. am Rhein bei Bingen bestanden schon in römischer Zeit verschiedene Siedlungen. In Niederingelheim errichtete Karl der Große vermutlich 774–787 eine Pfalz. Sie war Mittelpunkt des Ingelheimer Reiches. Am 16. 1. 1315 verpfändete König Ludwig der Bayer unter anderem die beiden Dörfer I. an den Erzbischof von Mainz. Am 25. 12. 1356 verpfändete Kaiser Karl IV. I. an die Stadt Mainz. Am 12. 2. 1375 verpfändete er sie an Ruprecht von der Pfalz. König Wenzel bestätigte dies am 7. 7. 1376 und erhöhte die Pfandsumme am 10. 8. 1378. Am 23. 8. 1402 verpfändete König Ruprecht I. (bzw. das Ingelheimer Reich mit Ober-Ingelheim [Oberingelheim], Nieder-Ingelheim [Niederingelheim], Groß-Winternheim, Bubenheim, Elsheim, Wackernheim, Sauerschwabenheim und Frei-Weinheim [Freiweinheim]) seinem ältesten Sohn Ludwig von der Pfalz. Eine Auslösung des wegen seines mehr als 70 Orte einschließenden, im 17. Jahrhundert von der Pfalz aufgehobenen Oberhofes bekannten Ortes erfolgte nicht mehr. 1815 kam I. zu Hessen-Darmstadt, 1946 zu Rheinland-Pfalz.

L.: Hugo 466 f., Wolff 91; Erler, A., Die älteren Urteile des Ingelheimer Oberhofes, Bd. 1 ff. 1952 ff.; Ingelheim am Rhein, hg. v. Böhner u. a., 1965; Gudian, G., Ingelheimer Recht im 15. Jahrhundert, 1968; Schmitz, H., Pfalz und Fiskus Ingelheim, 1974; Erler, A., Das Augustiner-Chorherrenstift in der Königspfalz zu Ingelheim am Rhein, 1986; Gerlich, A., Ingelheim, LexMA 5 1990, 414 f.; Escher, M. u. a., Die urbanen Zentren, 2005, 2, 278.

Ingolstadt. Um 1250 wurde I. Stadt, von 1392 bis 1445 Sitz des Herzogtums Bayern-Ingolstadt und 1472 Ort einer zunächst humanistischen, später gegenreformatorischen, 1802 nach Landshut und 1826 nach München verlegten Universität. S. Bayern-Ingolstadt.

Inhausen, Innhausen (Freiherren, Reichsgrafen). Um 1350 erbaute Ino Tiarkesna die Burg I. (bei Wilhelmshaven), die Mittelpunkt einer Herrschaft vom Umfang des Kirchspiels Sengwarden wurde. Im 15. Jahrhundert erwarb ein edelfreies friesisches Häuptlingsgeschlecht, dessen Stammreihe mit Grote Onneken († um 1405) beginnt, die Herrschaft I. Seit 1495 war sie selbständig. 1496 wurde sie mit der Herrschaft Kniphausen (Knyphausen) vereint. Dazu kam im 16. Jahrhundert die Herrlichkeit Lütetsburg in Ostfriesland. 1588 wurde das Geschlecht in den Freiherrenstand, 1694 in einer älteren, 1737 ausgestorbenen Linie in den Reichsgrafenstand erhoben. (Kniphausen kam 1623 an Oldenburg und damit 1946 zu Niedersachsen.)

Innerösterreich (Ländergruppe, Gebietseinheit). I. ist die im Spätmittelalter (1379–1463) und der frühen Neuzeit (1564) infolge von Erbteilungen des Hauses Habsburg entstandene, Steiermark, Kärnten, Krain, Görz, Gradisca (Gradiska) und Windische Mark umfassende Gebietseinheit. Seit Maximilian I. und seit Ferdinand II. (1619) war I. mit den übrigen Ländern wieder vereint, galt aber auch später noch als eigene Verwaltungseinheit.

L.: Die Territorien des Reichs 1, 102.

Innhausen s. Inhausen

Inntal (Uallensium pagus, Intervalles, Val Eniana) Inntal

L.: Polenz, P. v., Landschafts- und Bezirksnamen, 1961, II, 18, 23, 64–66, III, 32 f.

Innviertel (Landschaft, Gebiet). I. ist die zwischen Salzach, unterem Inn, Donau und Hochstift Salzburg gelegene Landschaft um den Hauptort Ried. Sie kam nach dem bayerischen Erbfolgekrieg 1779 im Frieden von Teschen an Österreich. Von 1809 bis 1814 fiel sie kurzzeitig an Bayern zurück.

L.: Wolff 27; Großer Historischer Weltatlas III 38 (1789) E3; Das Innviertel, in: Oberösterreich 16 (1966).

Insterlaca (Gau um die Ihme rechts der Aller)

L: Curs, O., Deutschlands Gaue im zehnten Jahrhundert. Nach den Königsurkunden, Diss. phil. Göttingen 1908, 11 (Moide).

Iphigouwe s. Iffgau

L.: Polenz, P. v., Landschafts- und Bezirksnamen, 1961, II, 24, 27.

Ippesheim (Ganerbschaft). In I. südlich von Bingen bestand eine Ganerbschaft. Über Hessen-Darmstadt gelangte I. 1946 zu Rheinland-Pfalz.

L.: Geschichtlicher Atlas von Hessen, Inhaltsübersicht 33.

Ippesheim (reichsritterschaftlicher Ort). I. nördlich von Uffenheim zählte zum Kanton Odenwald des Ritterkreises Franken. 1806 fiel es an Bayern.

L.: Wolff 511.

Ipsfeld (Ibisvelt, campus Ibose, Geländename)

L.: Polenz, P. v., Landschafts- und Bezirksnamen, 1961, II, 58.

Ipt von Ipthausen (Reichsritter), Ippt von Ippthausen. Vielleicht waren die I. im Kanton Baunach des Ritterkreises Franken immatrikuliert.

L.: Riedenauer 124.

Ipthausen, Ippthausen s. Ipt von I., Ippt von I.

Irsee (Reichsabtei). 1182/1185 gründeten die Grafen von Ronsberg die Benediktinerabtei I. bei Kaufbeuren, die der Papst 1209 und Kaiser Friedrich II. 1227 bestätigte. Sie war seit dem 15. Jahrhundert Reichsabtei (1428 Niedergericht, 1498 Ortsherrschaft, 1521 Eintrag in die Reichsmatrikel, 1541 Recht zu Polizeiordnungen, 1692 Erwerb des Blutbanns von den Untervögten). Die Grenzen der I. und einige umliegende Dörfer umfassenden Herrschaft der zum schwäbischen Reichskreis zählenden Abtei (Hauptvögte um 1240 bis 1390 Montfort, von 1390 bis 1551/1564 bzw. 1803 Habsburg, Untervögte seit dem 14. Jahrhundert die Herren von Pienznau, durch Kauf von

1551 bis 1692 die Fürstabtei Kempten) bildeten die Herrschaften Mindelheim und Schwabegg (Schwabeck), im Osten das Hochstift Augsburg, im Süden das Gebiet der Reichsstadt Kaufbeuren und der gefürsteten Abtei Kempten und im Westen Kempten und Mindelheim. 1802 wurde sie mit weitgehend geschlossenem Gebiet und rund 3200 Einwohnern in Bayern säkularisiert.

L.: Wolff 185; Zeumer 552 II a 36, 5; Wallner 688 SchwäbRK 54; Großer Historischer Weltatlas III 22 (1648) E5, III 38 (1789) D4; Wiebel, R., Kloster Irsee, 1927; Plötzl, W., Geschichte des Klosters Irsee, 1969; Das Reichsstift Irsee, hg. v. Frey, H., 1981; Sitzmann, G., Die Vögte der Benediktinerabtei Irsee im Mittelalter, Allgäuer Geschichtsfreund 93 (1994), 56 ff.

Isargouwe* (Isargau) s. Isanahgouwe, Isengau

L.: Polenz, P. v., Landschafts- und Bezirksnamen, 1961, II, 24.

Iseghem, Izegem (Fürstentum). Das Fürstentum I. gehörte am Ende des 18. Jahrhunderts über die Grafschaft Flandern zum burgundischen Reichskreis.

L.: Wallner 701 BurgRK 1.

Isenberg (Grafen). Bei Hattingen an der Ruhr erbaute Graf Arnold von Altena vor 1200 die Burg I. und nannte sich nach ihr. Seine Nachfolger hatten die Vogtei über die Güter des Stiftes Essen. Nach einem Überfall auf den Erzbischof von Köln 1225 wurde Graf Friedrich hingerichtet. Seinem Sohn Dietrich blieb nach 13-jährigem Kampf gegen die Grafen von Altena-Mark ein etwa 120 Quadratkilometer großes Gebiet. Seit 1247 nannte er sich Graf von Limburg. S. Altena, Limburg.

L.: Der Ennepe-Ruhr-Kreis, 1954.

Isenberg-Limburg (Grafen). 1459 erlosch der in Limburg (seit 1879 Hohenlimburg) herrschende Mannesstamm der Grafen von Isenberg. Die Grafschaft Limburg fiel in raschem Wechsel an Neuenahr, Limburg-Broich, Daun (Dhaun), Neuenahr und 1589/1592 an Bentheim und von dort 1806 an Berg und 1815 an Preußen. 1946 kam ihr Gebiet zu Nordrhein-Westfalen.

Isenburg, Ysenburg (Grafen, Grafschaft, Fürstentum). Zunächst nach Rommersdorf, dann nach der 1103 erstmals erwähnten Burg I. bei Neuwied nannten sich die seit 1098 bezeugten Grafen von I. (Rembold I. † 1121), die vermutlich zu einem seit dem 9./10. Jahrhundert auftretenden edelfreien mittelrheinischen Geschlecht gehören. Sie waren Vögte der Reichsabtei Fulda und Grafen im Gau Einrich links der unteren Lahn sowie Grafen von Arnstein, von 1232 bis 1414 Grafen von Limburg und von 1326 bis 1462 Grafen von Wied. Seit der Mitte des 12. Jahrhunderts teilten sie sich in (die Linien Kobern an der unteren Mosel [bis 1301], Grenzau [mit den Abspaltungen Limburg vor 1249, Büdingen und Arenfels vom Ende 13. Jahrhundert bis 1373] und Braunsberg [seit 1340 Grafen von Wied] bzw.) den gerlachschen und den remboldschen Stamm und erbauten bis zum Ende des 12. Jahrhunderts in vier Linien die vier Häuser der Burg (Runkeler Haus 1373 an Wied, Wiedisches Haus, Kobernhaus 1344 an salentinische Linie, viertes Haus im 16. Jahrhundert an Isenburg-Neumagen). Der gerlachsche Stamm (Niederisenburg) erlosch 1664 mit der Linie Niederisenburg (Isenburg-Grenzau), die Lehen teils des Erzstifts Trier, teils des Erzstifts Köln hatte. Beim Aussterben zog Trier die Lehen ein. Die Grafen von Wied beanspruchten das Erbe, erlangten aber zusammen mit den Freiherren von Walderdorff (Walderdorf), die sich vom letzten Grafen eine Anwartschaft auf die Lehen hatten erteilen lassen, nur Isenburg, Großmaischeid (Großmeyscheid) und Meud, während Grenzau und Hersbach (Herschbach) bei Trier blieben und 1803 an Nassau-Weilburg kamen. Dieses erhielt 1806 auch die wiedschen Teile und gab das ehemals niederisenburgische Gut 1815 überwiegend an Preußen (Regierungsbezirk Koblenz) ab. Herschbach (Hersbach) kam 1866 mit Nassau an Preußen. Der remboldsche Stamm (Oberisenburg) beerbte um 1213/1245 (vor 1247) mit anderen (Eberhard von Breuberg, Konrad von Hohenlohe-Brauneck, Rosemann von Kempenich und Albert von Trimberg) die Herren/Grafen von Büdingen zwischen Nidder, Kinzig, Salz und Limes (Herrschaft Büdingen [1324 fünf Achtel], Grafschaft Cleeberg) und baute im Reichsforst Büdingen eine Herrschaft auf. Sie wurde seit 1335 auf Birstein und seit 1412/1419/1486 auf Offenbach ausgedehnt. 1442 wurde wegen Büdingen von der Linie Isenburg-Birstein der Reichsgrafenstand erworben. Im 16. Jahrhundert erfolgte der Übertritt zum Calvinismus und eine Aufspaltung in zahlreiche Linien (1517 Linien Isenburg-Ronneburg, Isenburg-Birstein). Von 1601 bis 1628 wurde das Haus nochmals vereinigt (u. a. erlosch 1625 Isenburg-Marienborn). 1628 teilte es sich jedoch erneut in fünf Linien (u. a. Isenburg-Offenbach bis 1718, Isenburg-Birstein, Isenburg-Philippseich bis 1920). 1635 kam es zur vorübergehenden Sequestrierung der Grafschaft an den Landgrafen von Hessen-Darmstadt. Seit 1684 bestanden die Hauptlinien Isenburg-Büdingen und Isenburg-Birstein. Isenburg-Birstein wurde 1744 in den Reichsfürstenstand erhoben. Im 18. Jahrhundert zählte die Fürstin von I., geborene Gräfin von Parkstein, wegen Altenbamberg (Altenbaumburg), Alte Baumburg und Steigerhof zum Kanton Oberrheinstrom des Ritterkreises Rhein. Durch § 19 des Reichsdeputationshauptschlusses vom 25. 2. 1803 erhielt der Fürst von I. für die Abtretung des Dorfes Okriftel das Dorf Gainsheim/Geinsheim am Rhein mit gewissen Resten der Abtei Sankt Jakobesberg (Jakobsburg) auf der rechten Rheinseite sowie das Dorf Bürgel bei Offenbach, die Fürstin zu I., Gräfin von Parkstein, für ihren Anteil an der Herrschaft Reipoltskirchen und anderen Herrschaften am linken Rheinufer eine Rente von 23 000 Gulden. 1806 trat Isenburg-Birstein dem Rheinbund bei, erlangte die Güter von Isenburg-Philippseich und die Hälfte der Herrschaft der Grafen Schönborn-Heusenstamm, sicherte sich die Hoheit über die gräflich gebliebenen Linien (u. a. Isenburg-Büdingen, Isenburg-Wächtersbach, Isenburg-Meerholz) und vereinigte so alle isenburgischen Güter mit 190 Quadratkilometern und etwa 58 000 Einwohnern. 1815 wurde es aber mediatisiert und kam zunächst an Österreich und 1816 teils an Hessen-Darmstadt, teils an Hessen-Kassel und damit 1866 an Preußen und 1945 an Hessen. S. a. Niederisenburg, Oberisenburg.

L.: Wolff 94 f., 276 f.; Wallner 697 ff. OberrheinRK 20, 34, 42, 48; Großer Historischer Weltatlas II 66 (1378) D3, III 22 (1648) D3, III 38 (1789) B3; Winkelmann-Holzapfel 154; Fischer, C. H. H. v., Isenburg. Geschlechts-Register der uralten deutschen Reichsständischen Häuser Isenburg, Wied und Runkel samt einer Nachricht von deren theils ehehin besessenen, theils noch besitzenden Landen und der Erbfolge-Ordnung aus Urkunden und Geschichtsschreibern, Mannheim 1775; Simon, G., Geschichte des reichsständischen Hauses Ysenburg und Büdingen, Bd. 1–3 1864 f.; Isenburg, Prinz W. K. v., Meine Ahnen, 1925; Isenburg, Prinz W. K. v., Isenburg-Ysenburg, Stammtafeln, 1941; Philippi, H., Territorialgeschichte der Grafschaft Büdingen, 1954; Gensicke, H., Landesgeschichte des Westerwaldes, 2. A. 1987; Isenburger Urkundenregesten 947–1500, bearb. v. Battenberg, F., 1976; Decker, K., Isenburg, LexMA 5 1990, 673 f.

Isenburg-Birstein (Grafen, Reichsfürsten). Die Grafen von I. sind eine seit 1628 bestehende Linie der Grafen von Isenburg, die 1744 in den Reichsfürstenstand erhoben wurde. Im 18. Jahrhundert zählte die Fürstin von I., geborene Gräfin von Parkstein, wegen Altenbamberg, Altenbaumburg und Steigerhof zum Kanton Oberrheinstrom des Ritterkreises Rhein. Am Ende des 18. Jahrhunderts umfassten die zum oberrheinischen Reichskreis zählenden Güter 7 Quadratmeilen mit 22 500 Einwohnern (die Gerichte Reichenbach, Wenings, Wolferborn, Selbold, Langendiebach und das Oberamt nebst Stadt Offenbach). Durch § 19 des Reichsdeputationshauptschlusses vom 25. 2. 1803 erhielt der Fürst von I. für die Abtretung des Dorfes Okriftel das Dorf Geinsheim am Rhein mit gewissen Resten der Abtei Sankt Jakobsberg auf der rechten Rheinseite sowie das Dorf Bürgel bei Offenbach, die Fürstin von I., Gräfin von Parkstein, für ihren Anteil an der Herrschaft Reipoltskirchen und anderen Herrschaften auf dem linken Rheinufer eine Rente von 23 000 Gulden. 1806 trat I. dem Rheinbund bei, erlangte die Güter Isenburg-Philippseichs und die Hälfte der Herrschaft der Grafen von Schönborn-Heusenstamm, sicherte sich die Hoheit über die gräflich gebliebenen Linien (u. a. Isenburg-Büdingen-Büdingen, Isenburg-Büdingen-Wächtersbach und Isenburg-Büdingen-Meerholz) und vereinigte so alle oberisenburgischen Güter mit 190 Quadratkilometern und etwa 58 000 Einwohnern. 1815 wurde I. mediatisiert. Seine Güter kamen 1816 teils an Hessen-Darmstadt, teils an Hessen-Kassel und damit 1866 an Preußen und 1945 an Hessen.

L.: Wolff 277; Zeumer 553 II b 60, 9; Wallner 697 OberrheinRK 20; Simon, G., Geschichte des reichsständischen Hauses Ysenburg und Büdingen, Bd. 1–3 1965; Isenburg-Ysenburg 963–1963, hg. v. Isenburg, Fürstin I. v., 1963.

Isenburg-Büdingen-Büdingen (Grafen), Isenburg-Büdingen. Die Grafen von I. sind eine 1687 entstandene Linie der Grafen von Isenburg, deren zum oberrheinischen Reichskreis zählende Güter, 3,5 Quadratmeilen Gebiet mit 10 500 Einwohnern (Stadt und Gericht Büdingen, Gerichte Düdelsheim und Mockstadt), 1806 unter die Hoheit Isenburg-Birsteins und damit 1815/1816 an Hessen-Darmstadt bzw. 1945 Hessen fielen.

L.: Wolff 277; Wallner 698 OberrheinRK 34; Philippi, H., Territorialgeschichte der Grafschaft Büdingen, 1954; Ackermann, J., Verschuldung, Reichsdebitverwaltung, Mediatisierung, 2002; Mutschler, T., Haus, Ordnung, Familie, 2004.

Isenburg-Büdingen-Meerholz (Grafen). Anstelle des vermutlich zwischen 1158 und 1173 bei Gelnhausen gegründeten Prämonstratenserinnenstiftes Meerholz (Miroldes) erbauten die Grafen von Isenburg-Büdingen nach der Säkularisaton 1755/1764 ein Schloss, das Sitz der Linie I. wurde. Am Ende des 18. Jahrhunderts umfassten die zum oberrheinischen Reichskreis zählenden Güter der Grafen ein Gebiet von 1,5 Quadratmeilen mit 6000 Einwohnern (die Gerichte Meerholz, Gründau oder Lieblos und Eckartshausen). 1806 geriet I. unter die Hoheit Isenburg-Birsteins und kam 1816 an Hessen-Kassel und damit 1866 an Preußen und 1945 an Hessen.

L.: Wolff 277; Wallner 699 OberrheinRK 48.

Isenburg-Büdingen-Wächtersbach (Grafen). 1685 wurde die vor 1236 errichtete, bis 1458 ganz an Isenburg gelangte Wasserburg Wächtersbach im mittleren Kinzigtal Sitz der mit ihren Gütern zum oberrheinischen Reichskreis zählenden Linie I. Am Ende des 18. Jahrhunderts umfasste ihr Gebiet 2 Quadratmeilen mit 6000 Einwohnern (Stadt und Gericht Wächtersbach, die Gerichte Spielberg, Wolferborn [zur Hälfte] und Assenheim [teilweise]). 1806 kam es unter die Hoheit von Isenburg-Birstein, 1816 an Hessen-Kassel und damit 1866 an Preußen und 1945 an Hessen.

L.: Wolff 277; Zeumer 553 II b 60, 10; Wallner 698 OberrheinRK 42.

Isenburg-Grenzau (Herren, Grafen). Die kurz vor 1213 von den Herren von Isenburg errichtete Burg Grenzau östlich von Neuwied im Westerwald wurde Sitz einer kleinen Herrschaft, von der nach einer Erbteilung zwischen 1304 und 1310 Teile an Isenburg-Büdingen kamen. Sie spaltete die Linie I. ab. Vorübergehend waren von 1439 bis 1446 die Grafen von Nassau-Beilstein an Burg und Herrschaft Grenzau beteiligt, doch fiel sie dann ganz an die salentinische Linie Isenburgs. 1664 zog das Erzstift Trier die Herrschaft nach dem Aussterben Isenburgs (Niederisenburgs) als heimgefallenes Lehen ein. 1803 kam Grenzau an Nassau und damit 1866 an Preußen und 1946 an Rheinland-Pfalz. S. Grenzau, Niederisenburg.

Isenburg-Kobern (Grafen). Die Grafen von I. sind eine am Ende des 12. Jahrhunderts durch Gerlach von Isenburg auf Grund der Heirat der Erbtochter derer von Kobern gegründete, 1301 im Mannesstamm ausgestorbene Linie derer von Isenburg, deren Güter 1347/1351 an das Erzstift Trier kamen.

Isenburg-Limburg (Grafen). Die Grafen von Isenburg-Limburg sind eine nach Limburg an der Lahn benannte, 1232 erscheinende, 1407 erlöschende Linie der Grafen von Isenburg, der die Ehefrau Adolf von Nassaus entstammt.

L.: Decker, K., LexMA 5 1991, 763

Isenburg-Marienborn (Grafen). Nach Übertragung eines Teiles des Hofes Niedernhausen bei Büdingen an den Zisterzienserinnenkonvent Herrn-Haag (Haag) durch Ludwig I. von Isenburg-Büdingen entstand das Kloster Marienborn. 1559 fiel es an die Grafen von Isenburg-Birstein zurück. 1673 errichtete Graf Karl August für die Linie I. ein Schloss. 1725 fielen die Güter an Isenburg-Büdingen-Meerholz (Isenburg-Meerholz). 1816 kam Marienborn an Hessen-Darmstadt und damit 1945 zu Hessen.

Isenburg-Meerholz s. Isenburg-Büdingen-Meerholz

Isenburg-Offenbach (Grafen). Das erstmals 977 erwähnte Offenbach gehörte zum Reichsforst Dreieich und gelangte über die Herren von Münzenberg und Falkenstein 1418 teilweise, bis Ende 1486 gänzlich an Isenburg. 1556 erhob Graf Reinhard von Isenburg-Büdingen den Ort zu seiner Residenz, 1718 erlosch I. 1816 fiel Offenbach an Hessen-Darmstadt und damit 1945 an Hessen. S. Offenbach.

L.: Pirazzi, E., Bilder und Geschichten aus Offenbachs Vergangenheit, 1879.

Isenburg-Philippseich (Grafen). I. ist eine nach 1718 begründete Nebenlinie der Fürsten von Isenburg, die in Philippseich bei Offenbach ihren Sitz hatte und 1920 erlosch.

Isenburg-Wächtersbach s. Isenburg-Büdingen-Wächtersbach

Isengau (Ysinachgouue, Hisiniggouuue, Isinincgouua, Gau zwischen Isen rechts der Isar und Vils rechts der Donau)

L: Curs, O., Deutschlands Gaue im zehnten Jahrhundert. Nach den Königsurkunden, Diss. phil. Göttingen 1908, 11 (Winhöring, Oberdingolfing, Goldern, Frichlkofen, Deibersdorf, Tichling, Pilberskofen, Heilberskofen, Bergham, Mamming, Bachhausen, Berg, Kuttenkofen, Schmidlkofen, Adlkofen, Hinkofen, Graflkofen, Anderskofen, Griesbach, Gablkofen, Obergünzkofen, Untergünzkofen, Reichersorf, Falkenberg, Oberheft, Pfisterham, Volksdorf, Heißprechting, Oberellbach, Unterellbach, Obereschlbach, Untereschlbach, Mertsee, Geigenkofen, Langenkatzbach, Bachham, Taubendorf, Wiendorf); Polenz, P. v., Landschafts- und Bezirksnamen, 1961, II, 24, 26 f., Isanahgouwe, ‚Isengau'.

Isla (Gau nördlich des Lek)

L: Curs, O., Deutschlands Gaue im zehnten Jahrhundert. Nach den Königsurkunden, Diss. phil. Göttingen 1908, 11.

Isloi (Islegouwe) ‚Ijsselgau'

L.: Polenz, P. v., Landschafts- und Bezirksnamen, 1961, II, 24 f., 41, 45, 47.

Ismaning (reichsunmittelbare Grafschaft). I. an der Isar wird um 800 erstmals erwähnt. Bis 1272 kam es mit seinem Umland durch Gaben und Tausch an das Hochstift Freising. 1319 verkaufte Kaiser Ludwig der Bayer unter Absonderung aus dem Landgericht Wolfratshausen die Landeshoheit auf dem rechten Isarufer zwischen München und Freising mit Ismaning, Oberföhring, Unterföhring, Daglfing und Englschalking an das Hochstift Freising. Das Gebiet wurde fortan als reichsunmittelbare Grafschaft I. bezeichnet. 1803 fiel die zum bayerischen Reichskreis zählende Herrschaft (1200 Personen) mit dem Hochstift Freising an Bayern.

L.: Wolff 139; Wallner 712 BayRK 7; Stahleder, H., Hochstift Freising, 1974, in: Historischer Atlas von Bayern.

Isny (Grafschaft). 1803 wurde aus der Reichsabtei I. und der Reichsstadt I. die Grafschaft I. gebildet, die den Grafen von Quadt (Quadt-Wickrath) als Entschädigung für den Verlust ihrer linksrheinischen Güter übertragen wurde. Sie fiel 1806 an Württemberg, über das I. 1951/1952 zu Baden-Württemberg kam.

L.: Speth, H., Die Reichsstadt Isny am Ende des alten Reiches (1775–1806), 1973.

Isny (St. Georg, St. Jörgen) (Reichsabtei). In dem vielleicht zu 1042 oder 1096 erstmals erwähnten I. im Allgäu (villa Isinensis) stiftete Graf Wolfrad von Veringen-Altshausen 1042 eine Jakobus und Georg geweihte Pfarrkirche. 1096 übergab sie Graf Mangold Mönchen aus Hirsau zur Gründung eines Benediktinerklosters, in dem neben dem Männerkloster auch ein Frauenkonvent eingerichtet wurde. Dieser wurde 1189 nach Rohrdorf verlegt, dessen Pfarrei kurz vorher Kaiser Friedrich I. Barbarossa an I. gegeben hatte, und hatte bis zum 15. Jahrhundert Bestand. Das 1106 vom Papst bestätigte Kloster kam 1306 an die Truchsessen von Waldburg. Sie erweiterten ihre Vogteirechte allmählich zur völligen Herrschaft über das Kloster und seine Güter. Seit 1693 gelang der Abtei die Einschränkung dieser Rechte und am 4. 10. 1781 die vollständige Ablösung. Damit war I. reichsunmittelbar. Der Abt von St. Georg in I. zählte am Ende des 18. Jahrhunderts zu den rheinischen Prälaten der geistlichen Bank des Reichsfürstenrates, die Äbtissin von St. Jörgen zu den schwäbischen Prälaten. Die Güter der Abtei umfassten die vier Pfarreien Unterreitnau, I., Rohrdorf und Menelzhofen und die Filialkirche Weiler. Ein eigenes Herrschaftsgebiet bestand nicht. 1803 kam die Abtei zusammen mit der Reichsstadt I. als Grafschaft I. an die Grafen von Quadt (Quadt-Wickrath), 1806 an Württemberg.

L.: Zeumer 552 ff. II a 36, 23/37, 7; Großer Historischer Weltatlas III 38 (1789) D4; Erzberger, M., Die Säkularisation in Württemberg 1802–1810, 1902; Kammerer, I., Isnyer Regesten, 1953; Kammerer, I., Isny im Allgäu. Bilder aus der Geschichte einer Reichsstadt, 1956; Eisele, K. F., Stadt- und Stiftsgebiet Isny in den Jahren 1803–1810, Ulm und Oberschwaben, 38 (1967); Isny, 1975, in: Germania Benedictina Bd. 5 Baden-Württemberg; Reichsabtei St. Georg in Isny, hg. v. Reinhardt, R., 1996.

Isny (Reichsstadt). Bei dem 1096 gestifteten Benediktinerkloster I. im Allgäu gründeten die Grafen von Veringen-Altshausen 1171 einen Markt. Dieser wurde 1257 an die Truchsessen von Waldburg verpfändet und 1281 durch Rudolf von Habsburg mit dem Stadtrecht von Lindau begabt. 1306 wurde I. zusammen mit der Herrschaft Trauchburg an die Truchsessen von Waldburg verkauft. 1365 errang die Stadt durch Loskauf von den Truchsessen von Waldburg die Reichsunmittelbarkeit. I. zählte zum schwäbischen Reichskreis. 1803 kam I. mit 2000 Einwohnern und einem Gebiet von 0,5 bzw. 0,7 Quadratmeilen zusammen mit der Abtei I. als Grafschaft I. an die Reichsgrafen von Quadt (Quadt-Wickrath), 1806 an Württemberg und damit 1951/1952 zu Baden-Württemberg.

L.: Wolff 221; Zeumer 555 III b 25; Wallner 689 SchwäbRK 87; Großer Historischer Weltatlas III 22 (1648) E5, III 38 (1789) D4; Schroeder 434 ff.; Müller, K. O., Die oberschwäbischen Reichsstädte, 1912; Kammerer, I., Isnyer Regesten, 1953; Kammerer, I., Isny im Allgäu, Bilder aus der Geschichte einer Reichsstadt, 1955; Eisele, K. F., Stadt- und Stiftsgebiet Isny in den Jahren 1803–10, Ulm und Oberschwaben 38 (1967); Speth, H., Die Reichsstadt Isny am Ende des alten Reiches (1775–1806), 1973; Hauptmeyer, C. H., Verfassung und Herrschaft in Isny, 1976; Greiffenhagen, S., Politische Kultur Isnys im Allgäu, 1988.

Isselstein, Ijsselstein, Eiselstein, Ysselstein (Herrlichkeit). Die Herrlichkeit I. gehörte zur Grafschaft Holland.

L.: Wolff 70.

Istrien (Markgrafschaft). 177 v. Chr. eroberten die Römer das Gebiet von I. und teilten es den Provinzen Italia und Illyricum zu. 539 kam das Gebiet an Oststrom, 788 an das fränkische Reich. 952 fügte es Kaiser Otto I. als Teil Friauls Bayern hinzu, löste es aber 976 als Herzogtum zusammen mit Kärnten wieder. Seit dem 11. Jahrhundert wurde zu I. das Gebiet um den Kvarner gerechnet (sog. Meranien). 1058 unterstand I. mit Krain dem Markgrafen Ulrich von Weimar-Orlamünde. 1077 gab König Heinrich IV. die Markgrafschaft I. an Aquileja, das I. erst 1209 tatsächlich von den seit 1173 als Markgrafen herrschenden Grafen von Andechs-Meranien erlangte und bis 1412/1430 an Venedig verlor. Das von der Markgrafschaft gelöste Inneristrien kam als Grafschaft I. über die Grafen von Görz 1374/1381 an Österreich, die anderen Gebiete (Küstenland) 1797 (1805 an Italien, von 1809 bis 1815 an Frankreich). Der österreichische Anteil an I. umfasste die im Jahre 1500 durch das Aussterben der Grafen von Görz an Österreich gefallene Grafschaft Mitterburg mit den Städten Mitterburg (Pisino), Biben (Pedena), Galignano, Berschetz, Lovrana und einigen Märkten und Klöstern und die im Jahre 1400 an Österreich gekommene Herrschaft Castua. 1816 gelangte er als ein Teil des Deutschen Bundes an das Königreich Illyrien Österreichs und war seit 1849 Teil des Kronlandes Görz-Gradisca-Istrien (Görz-Gradiska-Istrien). 1918/1920 kam I. an Italien, 1945/1947 an Jugoslawien. In der Gegenwart versteht man unter I. die Halbinsel südlich einer Linie vom Golf von Triest bis zum Kvarner.

L.: Wolff 32; Wallner 713 ÖsterreichRK 1; Großer Historischer Weltatlas II 34 G4; Lenel, W., Venezianisch-istrische Studien, 1911; Vergottini, G. de, Lineamenti storici della costituzione politica dell' Istria durante il medio evo, 1924 f.; Pirchegger, H., Überblick über die territoriale Entwicklung Istriens, in: Erläuterungen zum historischen Atlas der österreichischen Alpenländer, 1, 4, 1, 1927, 488 ff.; Ferluga, J., Istrien, LexMA 5 1990, 792 ff.

Italien (Halbinsel, Königreich). Der 768 von Karl dem Großen den Langobarden abgewonnene Teil Italiens, den Otto der Große 951/962 wieder an das deutsche Reich zog und in dem sich seit dem 11. Jahrhundert nach Selbständigkeit strebende Kommunen entwickelten, zerfiel seit dem hohen Mittelalter in zahlreiche Reichslehen (10 größere Herzogtümer und 250 kleine Lehen). Nach dem Scheitern der Idee eines einheitlichen Imperiums unter der Herrschaft der Staufer stand I. für drei Jahrhunderte im Zeichen verhältnismäßig selbständiger Mittelstaaten mit teils fürstlicher oder quasifürstlicher Spitze (Visconti, Este, Gonzaga), teils republikanischer Gestaltung (Venedig, Genua, Lucca, Siena), denen der Kirchenstaat und das Königreich (beider) Sizilien (mit Neapel) im Süden gegenüberstanden. Als dem Heiligen Römischen Reich angehörige Teile Italiens galten vor allem: Fürstentum Carrara, Fürstentum Castiglione, Fürstentum Comacchio, Fürstentum Correggio, Fürstentum Doria, Herzogtum Ferrara, Herzogtum Finale, Herzogtum Florenz (Toscana), Herzogtum Genua (leugnete Reichszugehörigkeit, wurde aber zu Reichssteuern herangezogen), Herzogtum Guastalla, Lucca (leugnete die Reichszugehörigkeit, wurde aber zu Reichssteuern herangezogen), Herzogtum Mailand (Modena-Reggio), Herzogtum Mantua, Herzogtum Massa, Herzogtum Mirandola, Herzogtum Modena, Herzogtum Monaco, Herzogtum Montferrat, Neapel, Herzogtum Novellara, Herzogtum Parma, Herzogtum Piacenza, Savoyen (Savoyen-Piemont, Reichsstand, der nicht mehr zu den Reichstagen erschien, weil er sich für souverän hielt), Sizilien, Soramo, Herzogtum Spinola, Toscana/Toskana sowie Venedig. Mit dem Zug Frankreichs gegen die auf die Anjou gefolgte aragonesische Seitenlinie in Neapel (1494) wurde I. zum Streitobjekt zwischen Frankreich und Spanien/Habsburg, in dem Spanien/Habsburg die Vorherrschaft gewann. Nach dem Aussterben der spanischen Habsburger (1700) erhielt nach dem spanischen Erbfolgestreit (1701–1713/1714) die spanische Linie der französischen Bourbonen den Süden (Neapel, Sizilien), Österreich den Norden (Mailand). Infolge des Aussterbens einheimischer Dynastien fielen Toskana und Mantua an Österreich, Parma-Piacenza dagegen an Frankreich. Die verbleibenden Herzöge von Savoyen-Piemont gewannen 1713 den Königstitel mit Sizilien, das sie 1720 gegen Sardinien tauschten (Königreich Sardinien). 1731 bestanden 13 lombardische Reichslehen (u. a. Mailand, Mantua, Montferrat, Mirandola, Gonzagische Fürstentümer), 19 ligurische Reichslehen (u. a. Gebiete der Doria), 20 bononesische Reichslehen (u. a. Modena, Ferrara, Gebiete der Spinola und der Doria), 10 toskanische Reichslehen (u. a. Florenz, Piombino, Soramo, Comacchio) und 11 tirnisanische Reichlehen (u. a. Fürsten von Massa, Malaspina). Zwischen 1734 und 1737 brach die Reichsitalienpolitik zusammen (vgl. Calice, Veppo, Avulla, Spigno, Medole, Sulferino, Novi, Gavi, Palladio, Val di Taro, Albanum, Pavia, Angleria, Castro, Malgrate, Siena). Seit 1796 drang wiederum Frankreich in I. ein und errichtete verschiedene Republiken, die später teils Frankreich eingegliedert wurden (Doria, Ferrara, Finale, Lucca, Mirandola, Neapel, Novellara, Spinola, Soramo), teils in französisch beherrschte Königreiche umgewandelt wurden. 1815 wurden Österreich (Lombardo-Venetien, Toskana, Modena) und die Bourbonen (Neapel-Sizilien, Lucca, 1847 Parma-Piacenza) wieder nach I. zurückgeführt. Piemont-Savoyen gewann Genua. Als Folge des erwachenden Nationalgefühls und des sog. risorgimento kam es 1859 zum sardinisch-piemontesisch-französischen Feldzug gegen Österreich, das 1859 die Lombardei räumen musste. 1860 wurden Toskana, Modena, Parma und die Romagna an Sardinien (Sardinien-Piemont, Piemont) angeschlossen, das seinerseits Savoyen an Frankreich abgeben musste. Danach wurden die Bourbonen aus Neapel-Sizilien vertrieben. Auch die Marken und Umbrien wurden Sardinien (Sardinien-Piemont, Piemont) angegliedert. Viktor Emanuel II. nahm 1861 den Titel eines Königs von I. an. 1866 wurde Venetien gewonnen und 1860/1870 der Kirchenstaat bis auf geringe Reste eingezogen. S. a. Lombardei.

L.: Aretin, Das alte Reich 2, 92 ff.; Punti essenziali toccanti la Commissione Imperiale in Italia im Akt Plenipotenz 3 des Haus-, Hof- und Staatsarchivs Wien; Moser, J., Compendium juris publici moderni imperii Romani oder Grundriß der heutigen Staatsverfassung des Römischen Kayserthums, 1729; Overmann, A., Die Besitzungen der Großgräfin Mathilde von Tuscien nebst Regesten ihrer Urkunden, 1892 (Diss.); Croce, B., Storia dell'età barocca in Italia, 1929; Goez, W., Italien im Mittelalter, Bd. 1 f. 1942; Pieri, P., Il Rinascimento e la crisi militare italiana, 1952; Landogna, F., Storia d'Italia, 1957; Waley, D., Die italienischen Stadtstaaten, 1960; Storia d'Italia, ed. Valeri, N. F., 2. A. Bd. 1–5 1965 ff.; Kramer H., Geschichte Italiens, Bd. 1 f. 1968; Volpe, Storia d'Italia, Bd. 1 f. 1968 ff.; Haverkamp, A., Herrschaftsformen der Frühstaufer in Reichsitalien, 1970 f.; Storia d'Italia, Bd. 1–6 1972–1976; Keller, H., Adelsherrschaft und städtische Gesellschaft in Oberitalien (9.–12. Jahrhundert), 1979; Schumann, R., Geschichte Italiens, 1983; Goez, W., Grundzüge der Geschichte Italiens in Mittelalter und Renaissance, 1984; Fellner, F., Die österreichische Geschichtsforschung über Italien, 1985, Annali dell'istituto storico italo-germanico in Trento 11; Italien-Ploetz. Italienische Geschichte zum Nachschlagen, bearb. v. Schwarzkopf, J., 1986; Haverkamp, A., Italien im hohen und späten Mittelalter, 1056–1454, Handbuch der europäischen Geschichte, 2. A. 1987; Lill, R., Geschichte Italiens in der Neuzeit, 4. A. 1988; Seidlmayer, M., Geschichte Italiens, 2. A. 1989; Haverkamp, A., Italien, LexMA 5 1990, 705 ff.; Die großen Familien Italiens, hg. v. Reinhardt, V., 1992; Indice biografico italiano, hg. v. Nappo, T., Bd. 2 ff. 1993; Chielloni, C. u. a., Italien, 3. A. 1995; Italien-Lexikon, hg. v. Brütting, R., 1995; Die deutsche und italienische Rechtskultur, hg. v. Mazzacane, A. u. a., 1995; Chittolini, G., Città, comunità e feudi regali, 1996; Pauler, R., Die deutschen Könige und Italien, 1997; Jones, P., The Italian city-State, 1997; Reinhardt, V., Geschichte Italiens, 2003.

Itongau (pagus Idonensis)

L.: Puhl, R., Die Gaue und Grafschaften des frühen Mittelalters im Saar-Mosel-Raum, 1999, 148 (benannt nach dem gallischen Namen Idona der Nied), entlang der deutschen Nied zwischen südlichem Niedgau und nördlichem Seillegau (Guinglange/Gänglingen).

Ittendorf (Herrschaft). Die Herrschaft I. östlich von Meersburg gehörte am Ende des 18. Jahrhunderts über das Hochstift Konstanz dem schwäbischen Reichskreis an. Konstanz fiel 1803 an Baden, das 1951/1952 zu Baden-Württemberg kam.

L.: Wolff 156; Wallner 686 SchwäbRK 27.

Itter (Herrschaft). Die Burg I. bei Frankenberg war Sitz einer Herrschaft – einer älteren, 1123 ausgestorbenen und dann – einer jüngeren, 1167 erstmals nachweisbaren, 1441 erloschenen Linie der Herren von I., zu deren

Gütern neben I. Gossenbühl mit Lotheim und Vöhl sowie Höringhausen mit Eimelrod zählten, die vermutlich über eine Erbtochter von der älteren Linie erlangt worden waren. 1356/1357 eroberten die Landgrafen von Hessen, das Erzstift Mainz und die Grafen von Waldeck Burg und Herrschaft I. und teilten sie unter sich auf. 1562/1588 kam die zum oberrheinischen Reichskreis zählende Herrschaft, die 1383 als Pfand an die Wolff von Gudensberg gelangt war, unmittelbar an Hessen, 1648/1650 an Hessen-Darmstadt. Über Hessen-Kassel und Preußen (1866, Provinz Hessen-Nassau) gelangte Dorfitter 1945 zu Hessen.

L.: Wolff 255; Wallner 695 OberrheinRK 2; Großer Historischer Weltatlas III 38 (1789) C2; Kopp, J. A., Kurze historische Nachricht von den Herren zu Itter, Kassel 1751.

Itter (Herrschaft) war eine Herrschaft Salzburgs in Tirol.

Ittergau (Nihterga, Gau um die Itter links der Eder, Nihtresi)

L: Curs, O., Deutschlands Gaue im zehnten Jahrhundert. Nach den Königsurkunden, Diss. phil. Göttingen 1908, 11; Polenz, P. v., Landschafts- und Bezirksnamen, 1961, II, 24, 28, 41, III, 31, IV, 16, V, 2, s.Nihtresi, Nihterga; Niemeyer, W., Der pagus des frühen Mittelalters in Hessen, 1968, 169.

Ivois (Herzogtum) in den Ardennen geht auf das gallorömische Epusum zurück. 1162 wurde I. Herzogtum. Dieses wurde einer Seitenlinie Savoyens gegeben, die sich nach Carignan bei Turin benannte.

Ivrea (Stadt, Markgrafschaft). I. am Austritt der Dora Baltea aus dem Aostatal wurde 100 v. Chr. als römische Kolonie Eporedia gegründet. Später war es Sitz eines Herzogs der Langobarden, dann Mittelpunkt einer Piemont und Ligurien umfassenden Mark eines Markgrafen der Franken. 1015 ging die Macht an den Bischof über. Im 12. und 13. Jahrhundert erlangte I. Selbständigkeit und wurde von kaiserlichen Vikaren und italienischen Potentaten beherrscht. 1238 nahm Kaiser Friedrich II. die Stadt ein. In der zweiten Hälfte des 13. Jahrhunderts kam I. formell zur Markgrafschaft der Markgrafen von Montferrat. Nach mehrfachem Herrschaftswechsel fielen Stadt und Markgrafschaft seit dem 14. Jahrhundert (1313) an die Grafen von Savoyen.

L.: Großer Historischer Weltatlas II 48 a (1815–1866) B2; Hofmeister, A., Marken und Markgrafschaften im italienischen Königreich, 1906, MIÖG-Ergänzungsbd. 7; Carandini, F., Vecchia Ivrea, 3. A. 1963; Sergi, G., Ivrea, LexMA 5 1990, 841.

Izegem (Fürstentum) s. Iseghem

J

Jablonsky (Reichsfürst). 1743 wurden Stanislaus J., Woiwode von Rawa, und sein Haus zu Reichsfürsten erhoben.

L.: Klein 174.

Jacob von Holach (Reichsritter), Jacob von und zu Holach. Im 18. Jahrhundert zählten die J. zeitweise zum Kanton Odenwald im Ritterkreis Franken.

L.: Riedenauer 124.

Jacout (Reichsritter). Im 18. Jahrhundert zählten die J. mit Pfulgriesheim zum Ritterkreis Unterelsass.

L.: Hölzle, Beiwort 67.

Jäger von Gärtringen (Reichsritter). Die J. waren von 1592 bis 1711 (seit 1679 mit Rübgarten) Mitglied des Kantons Neckar des Ritterkreises Schwaben. Wegen des württembergischen Lehens Höpfigheim waren die J. von 1578 bis 1678/1683 im Kanton Kocher immatrikuliert. Sie hatten von 1606 bis 1649 auch Güter zu Ebersberg.

L.: Hellstern 207; Schulz 265.

Jägerndorf (Herzogtum). J. in Oberschlesien an der Straße Breslau-Olmütz wurde am Anfang des 13. Jahrhunderts als Stadt zu deutschem Recht gegründet. Es gehörte ursprünglich zum Herzogtum Troppau. 1384 fiel es von Troppau an Oppeln, 1390 an Jodok von Mähren, 1411 an König Wenzel von Böhmen und 1421 an Ratibor. 1437 spaltete sich J. als eigenes Herzogtum ab. 1493 kam es nach Absetzung des Fürsten durch König Matthias Corvinus (1474) an die Freiherren von Schellenberg. 1523 erwarb Markgraf Georg von Ansbach dieses Herzogtum. Nach dem Tod seines Sohnes Georg Friedrich fiel es an die Markgrafen von Brandenburg, die es mit Oderberg und Beuthen zusammenfassten. 1617/1621 gingen diese Gebiete infolge Teilnahme des Herzogs am böhmischen Aufstand an Österreich verloren. Den nördlichen Teil des Landes konnte Friedrich II. 1742 an Preußen zurückgewinnen. Das Herzogtum umfasste ein Gebiet von 17 Quadratmeilen. 1918/1919 fiel das Gebiet von Österreich an die Tschechoslowakei.

L.: Wolff 481, 488; Biermann, G., Geschichte der Herzogtümer Troppau und Jägerndorf, 1874; Stamm- und Übersichtstafeln der schlesischen Fürsten, hg. v. Wutke, K., 1911; Geschichte Schlesiens, hg. v. d. Hist. Komm. f. Schlesien, Bd. 1 1961.

Jagstberg (Herrschaft). J. an der Jagst, nach dem sich edelfreie Herren nannten, kam als Lehen Würzburgs 1340 von Hohenlohe-Brauneck an die Söhne Ludwigs des Bayern und 1387 an Würzburg. 1802 fiel es an Hohenlohe-Bartenstein (Hohenlohe-Jagstberg). Über Württemberg gelangte es 1951/1952 zu Baden-Württemberg. S. Hohenlohe-Jagstberg.

L.: Wolff 100.

Jagstgau (Jagasgouue, Gau an der unteren Jagst)

L: Curs, O., Deutschlands Gaue im zehnten Jahrhundert. Nach den Königsurkunden, Diss. phil. Göttingen 1908, 11; Polenz, P. v., Landschafts- und Bezirksnamen, 1961, II, 24, Jagesgouwe, ‚Jagstgau'.

Jagsthausen (reichsritterschaftlicher Ort). An der Jagst erscheint nach einem römischen Kastell 1090 der Ort J. (Husun). Die nach ihm benannten Herren von Hausen, die Ministeriale der Grafen von Dürn (Walldürn) und dann der Herren von Hohenlohe waren, starben um 1370 aus. J. kam allmählich an die Berlichingen. Es zählte zum Kanton Odenwald des Ritterkreises Franken. 1806 gelangte der Ort an Württemberg und damit 1951/1952 an Baden-Württemberg.

L.: Wolff 512.

Jagsthausen, Jaxthausen (Reichsritter). Um 1800 zählten die J. zum Kanton Odenwald des Ritterkreises Franken und vielleicht auch zum Kanton Rhön-Werra.

L.: Riedenauer 124.

Jagstheim (Ganerbschaft), Jaxtheim. Nach der Burg J. bei Crailsheim nannten sich seit 1443 die Zehe von Bödigheim. Sie starben 1443 aus. Dorfherren waren 1533 Ansbach, Ellrichshausen, Vellberg und Dinkelsbühl. 1806 kam J. an Württemberg und damit 1951/1952 zu Baden-Württemberg. S. Jaxtheim.

L.: König, H. J., Aus der Vergangenheit des Dorfes Jagstheim, in: Frankenspiegel 19/20 (1967/1968).

Jagstheim, Jaxtheim (Reichsritter). Im 17. und 18. Jahrhundert zählten die J. mit Erlabronn zum Kanton Steigerwald, seit dem 16. Jahrhundert wegen Obermögersheim zum

Kanton Altmühl des Ritterkreises Franken, um 1700 zum Kanton Baunach, vielleicht zum Kanton Odenwald sowie wegen Utzmemmingen und Ederheim (1542–1584) bzw. von 1652 bis 1666 als Personalisten zum Kanton Kocher des Ritterkreises Schwaben.

L.: Biedermann, Altmühl; Bechtolsheim 13, 195; Riedenauer 124; Schulz 265; Rahrbach 138.

Jahnus von Eberstätt (Reichsritter), Janus von Eberstätt. Im 18. Jahrhundert zählten die J. zum Kanton Altmühl des Ritterkreises Franken.

L.: Riedenauer 124.

Jakob s. Jacob

Janersfeld s. Plato von J.

Janowitz (Reichsritter). Um 1581 war Hermann von J. zu Ditzingen, Obervogt zu Sachsenheim, Mitglied des Kantons Neckar des Ritterkreises Schwaben. Zeitweise war die Familie wegen Ditzingen, das 1951/1952 über Württemberg zu Baden-Württemberg kam, auch im Kanton Kocher immatrikuliert.

L.: Hellstern 207; Schulz 265.

Janus von Eberstätt s. Jahnus von Eberstätt

Jauer (Fürstentum). Neben Burg und Dorf Alt-Jauer in Niederschlesien wurde vermutlich vor 1242 die Stadt J. nach Magdeburger Recht gegründet. Seit 1278 war J. Sitz des im Wege der Teilung des Herzogtums Liegnitz geschaffenen Fürstentums J., zu dem 1286 Löwenberg hinzukam. Durch Vereinigung mit Teilen des Fürstentums Breslau (Schweidnitz, Münsterberg) wurde es 1291/1292 bis 1301 vergrößert, dann aber erneut geteilt. Von 1346 an waren Schweidnitz und J. erneut vereinigt. Durch die Heirat der Erbin Anna von Schweidnitz mit Kaiser Karl IV. kamen diese Gebiete 1368/1392 an Böhmen. 1474 fiel J. an Ungarn, 1526 an Österreich, 1742 an Preußen. Das Fürstentum hatte einen Flächeninhalt von etwa 56 Quadratmeilen und war in die Kreise J., Hirschberg und Bunzlau-Löwenberg gegliedert. 1945 kam es (als Jawor) unter die Verwaltung Polens und damit 1990 als politische Folge der deutschen Wiedervereinigung an Polen.

L.: Wolff 483; Schönaich, G., Die alte Fürstentumshauptstadt Jauer, 1903; Stamm- und Übersichtstafeln der schlesischen Fürsten, hg. v. Wutke, K., 1911; Koischwitz, O., Jauer, 1930; Heimatbuch des schlesischen Kreises Jauer-Bolkenhain, hg. v. Tost, A., 1956; Geschichte Schlesiens, hg. v. d. Hist. Komm. f. Schlesien, Bd. 1 5. A. 1988; Menzel, J., Jauer, LexMA 5 1990, 309 f.

Jaxtheim, Jagstheim (Reichsritter) s. Jagstheim

Jemmerer (Reichsritter?). Kanton Odenwald, Ritterkreis Franken.

Jennelt, Jindelt (Herrlichkeit). Die adlige Herrschaft J. bei Emden gehörte zu Ostfriesland. Über Hannover und Preußen (1866) kam J. 1946 an Niedersachsen.

L.: Wolff 339.

Jerichow (Land). Nach der schon 1144 bezeugten Burg J. am Elbeufer wurde das zugehörige Umland zwischen Elbe und Havel bis zum Plauer See als Land J. bezeichnet. Es war zwischen den Erzbischöfen von Magdeburg und den Markgrafen von Brandenburg umstritten. 1680 fiel es mit dem Hochstift an Brandenburg und gehörte damit von 1949 bis 1990 zur Deutschen Demokratischen Republik.

L.: Wolff 428 f.; Eiteljörge, A., Jerichow, die alte Klosterstadt, 2. A. 1925.

Jett von Münzenberg (Reichsritter). Im 18. Jahrhundert zählten die J. zum Ritterkreis Rhein.

L.: Roth von Schreckenstein 2, 595.

Jettingen (reichsritterschaftliche Herrschaft). J. an der Mindel bei Günzburg unterstand ursprünglich dem Hochstift Augsburg und den Markgrafen von Burgau. Als deren Lehen kam es im 13. Jahrhundert an die Ministerialen von J. (Uettingen). Ihnen folgten von 1351 bis 1469 die Knöringen, dann bis 1747 die Stein zu Ronsberg (Stain zu Ronsberg), welche die Herrschaft Eberstall mit Oberwaldbach, Ried und Freihalden hinzuerwarben, und ab 1748 die Schenk Freiherren von Stauffenberg. Die reichsritterschaftliche Herrschaft zählte zum Kanton Donau des Ritterkreises Schwaben. 1806 fiel J. an Bayern.

L.: Wolff 508; Hartmann, C., Ortsgeschichte der Marktgemeinde Jettingen, 1953.

Jever (Herrschaft). Die alte friesische Siedlung J., die ursprünglich einen Zugang zur Jade hatte und in deren Nähe 1850 etwa 5000 römische Münzen der Kaiserzeit gefunden wurden, erscheint seit dem 11. Jahrhundert selbst als Münzstätte (Gefri denarii) der Billunger Herzöge von Sachsen und entwickelte sich im Mittelalter zum Hauptort der friesischen Landschaft Östringen. Durch Zusammenschluss der Landschaften Östringen und Wangerland sowie Teilen von Rüstringen um 1370 entstand die von Sachsen wie von Oldenburg gelöste Herrschaft J., deren ständiger Sitz J. im 15. Jahrhundert war. 1517 gewann Ostfriesland eine Anwartschaft auf J. 1532 suchte die Regentin Schutz bei Kaiser Karl V. und erkannte die Lehnshoheit Burgunds an. 1536 erhob sie J. zur Stadt. 1575 fiel im Streit zwischen Oldenburg und Ostfriesland die Herrschaft J. infolge testamentarischer Bestimmung an Oldenburg. 1667 kam sie nach dem Aussterben der Hauptlinie der Grafen von Oldenburg an Anhalt-Zerbst und bei der Aufteilung der Anhalt-Zerbster Güter 1793 über Katharina II., die Schwester des letzten Fürsten von Anhalt-Zerbst, von Anhalt-Zerbst an Russland. Die Herrschaft war 6 Quadratmeilen groß. 1818 übertrug Kaiser Alexander I. von Russland J. wieder an die verwandten Herzöge von Oldenburg, wodurch es 1946 an Niedersachsen gelangte.

L.: Wolff 495 f.; Großer Historischer Weltatlas III 38 (1789) B1; Bauer 1, 287; Riemann, F.W., Geschichte des Jeverlandes, Bd. 1 f. 1896 ff.; Sello, G., Territoriale Entwicklung des Herzogtums Oldenburg, 1917; Sello, G., Östringen und Rüstringen, 1928; Niedersachsen um 1780. Landschaftsbild und Verwaltungsgebiete, 1. Lief., Prinz, J., Norden-Jever, 1938; Fissen, K., Burg und Schloss von Jever, 2. A. 1963; Rogowski, H., Verfassung und Verwaltung der Herrschaft und Stadt Jever bis zum Jahre 1807, 1967.

Jöbstelsberg s. Jöstelsberg

Joham von Mundolsheim (Reichsritter). 1773 zählten die bereits im Stichjahr 1680 angesessenen und mit ihren Gütern bei der Ritterschaft immatrikulierten J. mit dem 1537 erworbenen Mundolsheim und Mittelhausbergen zur Reichsritterschaft Unterelsass. Sie erloschen männlicherseits 1820. Mit dem Elsass gelangten die Güter an Frankreich.

L.: Roth von Schreckenstein 2, 595. Hölzle, Beiwort 67.

Johannitermeister (Reichsfürst) s. Johanniterorden

Johanniterorden (Reichsfürst), Johannitermeister. Vermutlich 1048, jedenfalls vor 1072 gründeten Kaufleute aus Amalfi bereits vor den Kreuzzügen in Jerusalem ein Spital. Daraus entstand nach der Eroberung Jerusalems (1099) eine Ordensgemeinschaft, die zunächst in den Kreuzfahrerstaaten, bald aber auch in allen Teilen Europas Ordenshäuser bzw. Hospitäler errichtete und in den Kreuzfahrerstaaten Antiochien und Tripolis auch herrschaftliche Rechte gewann. Die von dem Ordensmeister Raymund von Puy (1120–1160) 1137 erlassene Ordensregel gab dem geistlichen Orden ritterschaftliche Züge. An der Spitze des Ordens stand der Großmeister, der von den acht Großwürdenträgern der acht Zungen des Ordens beraten wurde. Nach dem Fall Akkons (1291) verlegte der Großmeister seinen Sitz nach Limassol (Limisso) auf Zypern und wurde Vasall des dortigen Königshauses. Von 1308 bis 1310 eroberte er Rhodos und dessen Nachbarinseln. 1312 erlangte er einen Teil der Güter des aufgelösten Templerordens in Frankreich. 1372 ließ sich die Ballei Brandenburg im Vergleich von Heimbach besondere Rechte einräumen. 1522/1523 musste nach Siegen der Türken der Sitz von Rhodos verlegt werden (u. a. Viterbo). 1530 übertrug Kaiser Karl V. als König von Sizilien dem Orden Malta und seine Nachbarinseln sowie Tripolis gegen einen symbolischen Tribut aber ohne Heerfolgepflicht zu Lehen. Seitdem wurde der Orden auch Malteserorden genannt. Nach der Reformation traten die Mitglieder der Ballei Brandenburg zum evangelischen Glauben über. 1548 erhielt der J. bzw. der Johannitermeister in Deutschland, der seit 1187 als Großprior an der Spitze der deutschen Zunge des Ordens stand und seit 1428 (endgültig 1505) seinen Sitz in Heitersheim hatte, Sitz und Stimme auf der geistlichen Bank des Reichsfürstenrates des Reichstages. Deutsche Kommenden bestanden u. a. in Dätzingen und Rohrdorf, Schwäbisch Hall (Hall) und Affaltrach, Heitersheim, Hemmendorf und Rexingen, Kleinerdlingen (Kleinnördlingen), Leuggern, (Neuburg) Rothenburg, Überlingen, Villingen, Würzburg und Biebelried. 1781 wurde der Orden mit dem Antoniterorden vereinigt. 1789 verlor er seine Güter in Frankreich, 1798 auch Malta (an Frankreich). Um 1800 zählte der J. zum Kanton Steigerwald des Ritterkreises Franken. Durch § 27 des Reichsdeputationshauptschlusses vom 25. 2. 1803 erhielt der Johanniterorden bzw. Malteserorden für den Verlust seiner linksrheinischen Güter die Grafschaft Bonndorf, die Abteien Sankt Blasien, Sankt Trudpert,

Schuttern, Sankt Peter, Tennenbach und alle Stifter, Abteien und Klöster im Breisgau. 1806 erlosch auch das Großpriorat in Heitersheim, nachdem das Fürstentum Heitersheim schon früher allmählich tatsächlich unter die Landeshoheit Österreichs sowie 1805/1806 an Baden gelangt war. 1852 wurde die Ballei Brandenburg vom König von Preußen in ihren Rechten wiederhergestellt. 1999 hatte der evangelische Teil des Johanniterordens rund 3400 Mitglieder.

L.: Zeumer 552 II a 30; Riedenauer 129; Geschichte des Malteserordens nach Vertot, bearb. v. Niethammer, Bd. 1ff. 1792; Falkenstein, K., Geschichte des Johanniterordens, 1867; Pflugk-Harttung, J. v., Die Anfänge des Johanniterordens in Deutschland, 1899; Rödel, W. G., Das Großprioriat Deutschland des Johanniterordens, Diss. phil. Mainz 1966; Engel, C. E., Histoire de L'Ordre de Malte, 1968; Waldstein-Wartenberg, B. Graf v., Rechtsgeschichte des Malteserordens, 1969; Der Johanniter-Orden. Der Malteser-Orden, hg. v. Wienand, A., 3. A. 1988; Barz, W., Georg Schilling von Cannstatt. Ein deutscher Johanniter auf Malta, in: Der Johanniterorden in Baden-Württemberg 69 (1984), 5; Riley-Smith, J., Johanniter, LexMA 5 1990, 613 ff.

Jöstelsberg, Jöbstelsberg, Löbstelsberg (Reichsritter). Von etwa 1665 bis 1725 zählten die J. zum Kanton Steigerwald des Ritterkreises Franken.

L.: Bechtolsheim 15, 21; Riedenauer 124.

Judiciacensis (Judicii)

L: Curs, O., Deutschlands Gaue im zehnten Jahrhundert. Nach den Königsurkunden, Diss. phil. Göttingen 1908, 11; Polenz, P. v., Landschafts- und Bezirksnamen, 1961, IV, 18, Judicii, Judiciacensis, zum Ortsnamen Jeutz.

Jugoslawien (Königreich, Volksrepublik). Im 5./6. oder 7. Jahrhundert wanderten die slawischen Serben auf die Balkanhalbinsel ein. Sie wurden im 9. Jahrhundert christianisiert, gerieten aber unter den Einfluss Bulgariens bzw. Ostroms. Um 1180 erkämpften sie ein unabhängiges Fürstentum. Dieses fiel 1389/1459 an die Türken. 1830 entstand ein im Zuge von Freiheitsbestrebungen autonomes Erbfürstentum Serbien unter osmanischer Oberhoheit, 1878 ein unabhängiger Staat, der sich 1882 in ein Königreich umwandelte. Diesem schlossen sich 1918 die nordöstlich davon gelegenen Gebiete des Kaiserreichs Österreich-Ungarn, die auch Italien als Preis für seinen Eintritt in den Ersten Weltkrieg auf Seiten der Alliierten begehrte, an. Daraus entstand das Königreich der Serben, Kroaten und Slowenen, das sich 1929 in Jugoslawien umbenannte. Am 29. 11. 1945 wurde es Republik, am 31. 1. 1946 Föderative Volksrepublik. Am 10. 2. 1947 wurde sein Gebiet um Teile Italiens in Istrien und Dalmatien vergrößert, 1954/1975 erhielt es die Zone B um Triest. Zum 26. 6. 1991 lösten sich Kroatien und Slowenien durch Erklärung vom serbisch beherrschten J., später auch Bosnien-Herzegowina und Mazedonien (Makedonien), so dass nur noch Serbien und Montenegro in J. verblieben. 1999 wurden die albanischen Bewohner des Amselfelds (Kosovo) von Serben vertrieben, aber durch Kriegseinsatz des Nordatlantischen Verteidigungsbündnisses zurückgeführt. Am 4. 2. 2003 wurde die Bundesrepublik J. aufgelöst und der Staat Serbien-Montenegro begründet (bis 2006). S. Dalmatien, Friaul, Görz, Gottschee, Herzegowina, Illyrien, Istrien, Kärnten, Krain, Küstenland, Österreich, Steiermark, Triest.

L.: Als Mitteleuropa zerbrach. Zu den Folgen des Umbruchs in Österreich und Jugoslawien nach dem Ersten Weltkrieg, hg. v. Karner, S./Schöpfer, G., 1990; Suppan, A., Zwischen Adria und Karawanken, 1998; Dérens, J./Samary, C., Jugoslawien von A bis Z, 2001.

Jülich (Grafschaft, Markgrafschaft, Herzogtum). J. bei Düren ist im Anschluss an die römische Zivilsiedlung Juliacum an einer wichtigen Straßenkreuzung entstanden. Im 9. Jahrhundert kam der Ort an das Erzstift Köln. Als dessen Vögte wirkten die Grafen des schon in fränkischer Zeit J. umgebenden Jülichgaus. Seit dem frühen 11. Jahrhundert erscheinen Grafen mit dem Leitnamen Gerhard, die sich bald nach J. benannten (1081 comes de Julicho). Sie erwarben am Ende des 12. Jahrhunderts durch Heirat (1177) die Waldgrafschaft am Nordrand der Eifel und die Grafschaft Nörvenich. Sie starben 1207 aus und wurden über die Schwester des letzten Grafen von den in der Nordeifel begüterten Herren von Heimbach (Hengebach) beerbt, die sich nunmehr nach J. benannten. Sie gewannen die Belehnung mit der Vogtei über Aachen, die Reichsabtei Kornelimünster und die linksrheinischen Güter Essens. Zusammen mit Berg, Kleve und Brabant besiegten sie 1288 bei Worringen den Erzbischof von Köln und brachen die Vorherrschaft des Erzstifts Köln am Niederrhein. 1304/1307 wurden Teile der Grafschaft Kessel (Kassel) mit Grevenbroich, Gladbach (Mönchengladbach) und Brüggen gekauft. 1312 kam das Amt Münstereifel von einer Nebenlinie zurück. 1336 wurden die Grafen von J., die 1346 durch Heirat Ravensberg und 1348 auch Berg, das bis 1423 einer Jülicher Nebenlinie zugeteilt wurde, sowie 1335 die Vogtei über Aachen gewannen, zu Markgrafen, 1356 zu Herzögen erhoben. Für kurze Zeit wurde auch Geldern gewonnen (bis 1423). Weiter erwarben die Herzöge Monschau (1435), Euskirchen und Heinsberg sowie Geilenkirchen, Millen, Wassenberg und Löwenburg. Residenz wurde Düsseldorf. 1511 wurden beim Aussterben des Geschlechts im Mannesstamm die zum niederrheinisch-westfälischen Reichskreis zählenden Herzogtümer Jülich-Berg-Ravensberg und Kleve-Mark durch Heirat in Personalunion vereinigt. 1538 konnte Geldern erworben werden, ging aber 1543 wieder verloren. 1614 fielen J. und Berg im Jülich-Klevischen Erbfolgestreit (1614/1666) an Pfalz-Neuburg (Wittelsbach). Seit 1777 war J. (mit Berg) durch Pfalz-Sulzbach in Personalunion mit Bayern vereinigt. Zu dieser Zeit umfasste es 75 bzw. 129 Quadratmeilen mit 400 000 Einwohnern und war in 19 bzw. 33 bzw. 44 Ämter aufgeteilt. Von 1794 bis 1814 war es bei Abfindung Bayerns durch Ansbach (1806) und Bayreuth (1810) von Frankreich, das es 1801 vertraglich erlangte, besetzt. 1814 wurde seine Aufteilung auf Preußen und die Niederlande vorgesehen. 1815 kam es an Preußen, 1946 an Nordrhein-Westfalen.

L.: Wolff 321 ff.; Wallner 701 WestfälRK 2; Großer Historischer Weltatlas II 66 (1378) D3, II 78 (1450) F3, III 22 (1648) C3, III 38 (1789) B2; Die Territorien des Reichs 3, 86; Mirbach, W. v., Zur Territorialgeschichte des Herzogtums Jülich, 1874 ff.; Kuhl, J., Geschichte der Stadt Jülich, Bd. 1–4 1891 ff.; Landtagsakten von Jülich-Berg 1400–1610, hg. v. Below, G. v., Bd. 1 f. 1895 ff.; Redlich, O. R., Jülich-Bergische Kirchenpolitik am Ausgang des Mittelalters, Bd. 1 f. 1904 ff.; Geschichte des Rheinlandes, hg. v. Aubin, H./Frings, T. u. a., Bd. 1 f. 1922; Güthling, O., Jülich-Bergische Landesaufnahmen im 18. Jahrhundert, Düsseldorfer Jb. 1938; Geschichtlicher Handatlas der deutschen Länder am Rhein, Mittel- und Niederrhein, bearb. v. Nießen, J., 1950; Theunert, F., Kreis und Stadt Jülich, 1951 ff.; Corsten, S., Die Grafen von Jülich unter den Ottonen und Saliern, Beiträge zur Jülicher Geschichte 45 (1978), 3 ff.; Walz, J., Stände und frühmoderner Staat: Die Landstände von Jülich-Berg im 16. und 17. Jahrhundert, 1982; Land im Mittelpunkt der Mächte. Die Herzogtümer Jülich, Kleve, Berg, 3. A. 1985; Jülich und das Jülicher Land im Bild, hg. v. Mainz, A. (o. J.); Kraus, T., Jülich, Aachen und das Reich, 1987; Bers, G., Studien zur Jülicher Stadtgeschichte, 1989; Herborn, W., Jülich, LexMA 5 1990, 803 ff.; Repertorium der Policeyordnungen der frühen Neuzeit, hg. v. Härter, K./Stolleis, M., Bd. 3 1999; Escher, M. u. a., Die urbanen Zentren, 2005, 1, 407, 2, 286.

Jülich-Berg (Herzogtum) s. Jülich, Berg

Jülich-Berg-Ravensberg (Herzogtum) s. Jülich, Berg, Ravensberg

Jülich-Kleve-Berg (Provinz). J. ist die 1816 nach Übergang des Rheinlandes (Jülich, Berg, Erzstift Köln, Erzstift Trier, Teile von Luxemburg und Limburg, Arenberg, Manderscheid-Schleiden, Malmedy, Kornelimünster, Köln, Aachen, weitere Güter der Pfalz, der Rheingrafen und Mainz' zwischen Kleve und Saarbrücken, Wetzlar) an Preußen gebildete Provinz mit der Hauptstadt Köln, die 1822 in der Rheinprovinz aufging.

L.: Bär, M., Die Behördenverfassung der Rheinprovinz seit 1815, 1919.

Jülichgau (Gau) (Juliacensis 846)

L.: Polenz, P. v., Landschafts- und Bezirksnamen, 1961, II, 16, 23, 30–32 pagus Juliacensis, Julece, ‚Jülichgau'; Nonn, U., Pagus und Comitatus in Niederlothringen, 1983, 172, 205.

Jungen (Ganerben). Die aus Mainz stammende Familie zum J. hatte von 1521 bis vor 1544 Anteile an der Ganerbschaft Mommenheim.

L.: Zimmermann 73.

Jungingen, Jungningen s. Gremlich von Jungingen

Jungken genannt Münzer von Morenstamm (Reichsritter). Von 1766 bis 1790 waren die J. wegen Güter in Adelmannsfelden Mitglied im Kanton Kocher des Ritterkreises Schwaben.

L.: Schulz 265.

Jungnau (Herrschaft). Um 1230 wird der neben der Burg Schiltau bei Sigmaringen bestehende Ort erwähnt (Jungnow). Nach diesem nannte Ritter Burkhard von Jungingen eine zweite Burg, die er auf 1316 von Berthold vom Schiltau erworbenen Gebiet errichtete. 1367 kauften die Herren von Reischach die Herrschaft, 1418 erwarben die Grafen von Werdenberg Feste und Städtlein. Nach ihrem Aussterben 1534/1535 fiel die aus dem Flecken J. und einigen Dörfern bestehende, zum schwäbischen Reichskreis zählende Herrschaft an die Grafen von Fürstenberg. 1806 wurde J. mediatisiert und 1840 von Hohenzollern-Sigmaringen erworben. Über Preußen (1849) kam J. 1945 zu Württemberg-Hohenzollern und 1951/1952 zu Baden-Württemberg.

L.: Wolff 172; Wallner 687 SchwäbRK 28.

Jungningen, Jungingen s. Gremlich von Jungingen

Jünkerath (Herrschaft). Die Herrschaft J. nordöstlich von Prüm gehörte zur Grafschaft Blankenheim und Gerolstein, die 1780 an die Grafen von Sternberg fiel. S. Preußen (Rheinprovinz).

L.: Wolff 363.

Junotal (Jauntal)

L.: Polenz, P. v., Landschafts- und Bezirksnamen, 1961, II, 64–66, Junotal.

Jura (Kanton). Aus dem Hochstift Basel kamen nach der Säkularisation die französischsprachigen Teile 1815 zum Kanton Bern der Schweiz. Dies führte seit 1830 zu Streitigkeiten. Nach einer erfolglos gebliebenen Volksabstimmung von 1959 sprachen sich am 23. 6. 1974 36 802 Abstimmungsberechtigte für und 3452 Abstimmungsberechtigte gegen eine Verselbständigung aus. 1978 wurde daraufhin aus den Bezirken Delémont (Delsberg), Franches Montagnes (Freibergen), Porrentruy (Pruntrut) und 8 Gemeinden des Bezirkes Moutier der Kanton J. mit der Hauptstadt Delémont (Delsberg) gebildet (rund 837 Quadratkilometer, 65 000 Einwohner).

L.: Junker, B., Geschichte des Kantons Bern seit 1798, 1991.

Justingen (Herrschaft). Am Ende des 11. Jahrhunderts tauchen die mit den Steußlingen und Gundelfingen verwandten freien Herren von J. auf. Nach dem Aussterben 1343 kam die aus einem Gutshof und vier Dörfern bestehende Herrschaft J., deren Gebiet im Norden, Westen und Süden von den Ämtern Blaubeuren, Münsingen und Steußlingen und im Osten von Schelklingen begrenzt wurde, an die Stöffeln und nach mehrfachem Wechsel 1530 an die Freyberg, die sie 1751 an Württemberg verkauften. Über dieses zählte die etwa 0,7 Quadratmeilen bzw. rund 24 Quadratkilometer und etwa 1600 Einwohner umfassende Herrschaft am Ende des 18. Jahrhunderts zum schwäbischen Reichskreis. 1951/1952 kam J. zu Baden-Württemberg.

L.: Wolff 161, 206; Wallner 689 SchwäbRK 82; Schilling, A., Die Reichsherrschaft Justingen, 1881; Uhrle, A., Regesten zur Geschichte der Edelherren von Gundelfingen, von Justingen, von Steußlingen und von Wildenstein, 1962.

Jüterbog (Land). J. an der oberen Nuthe wird vermutlich als Dorf und Burg erstmals 1007 genannt. Es bildete den Mittelpunkt des zwischen Zauche, Teltow, Baruth und Lausitz gelegenen Landes (1174/1185) J. (Luckenwalde, J., Jessen und 60 Dörfer). Bis 1635 gehörte J. zum Erzstift Magdeburg, von 1635 bis 1815 zu Sachsen, dann zu Preußen (Brandenburg) sowie von 1945 bis 1990 zur sowjetischen Besatzungszone/Deutschen Demokratischen Republik.

L.: Wolff 401; Brandt, J. C., Geschichte der Kreisstadt Jüterbog, 1826 ff.; Heffter, C. C., Urkundliche Chronik der alten Kreisstadt Jüterbog und ihrer Umgebungen, 1851; Sturtevant, E., Chronik der Stadt Jüterbog, 1936.

K

Kadoberthal (Catubria)

L.: Curs, O., Deutschlands Gaue im zehnten Jahrhundert. Nach den Königsurkunden, Diss. phil. Göttingen 1908, 4.

Kadolz s. Seefeld

Käfernburg (Grafen). Nach der Burg K. südöstlich von Arnstadt nannten sich abwechselnd mit der Burg Schwarzburg Grafen, die vielleicht bis in das 8. Jahrhundert zurückverfolgt werden können und die im letzten Viertel des 11. Jahrhunderts die Grafschaft im Längwitzgau innehatten. 1160/1221 erfolgte eine Teilung in die Linien Schwarzburg und K. Die rasch bedeutungslos gewordene Linie K., die sich 1249 den Landgrafen von Thüringen unterwarf, starb nach weiteren Teilungen 1385 aus. S. Schwarzburg-Käfernburg, Schwarzburg, Thüringen.

L.: Wolff 396, 412; Wittmann, H., Zur Frühgeschichte der Grafen von Käfernburg-Schwarzburg, Zs. d. V. f. thür. Gesch. 51 (1997), 9.

Kageneck (Freiherren, Grafen, Reichsritter). Im 18. Jahrhundert zählten die bereits im Stichjahr 1680 angesessenen und mit ihren Gütern bei der Ritterschaft immatrikulierten (Grafen von) K. mit einem 1399 erworbenen Drittel Hipsheim zur Reichsritterschaft Unterelsass.

L.: Roth von Schreckenstein 2, 595; Hölzle, Beiwort 67.

Kahldorf (Reichsdorf?) s. Kaldorf.

Kaichen (Grafschaft, Freigericht). K. bei Friedberg in Hessen war seit dem 13. Jahrhundert Mittelpunkt der zwischen Vogelsberg und Taunus gelegenen Grafschaft K. (1293 comitia in Kouchene). Zu dem unter der Linde in Kaichen tagenden Freigericht gehörten 18 Orte (Rodenbach, Altenstadt, Oberau, Rommelhausen, Heldenbergen, Büdesheim, Rendel, Groß-Karben [Großkarben], Klein-Karben [Kleinkarben], K., Burg-Gräfenrode [Burggräfenrode], Okarben, Kloppenheim und Ilbenstadt sowie vier Wüstungen, die Burgen Assenheim, Höchst, Dorfelden und das Kloster Naumburg). Seit 1467 gelangte es allmählich unter die Herrschaft der Burggrafschaft Friedberg und damit 1806 an Hessen-Darmstadt und 1945 an Hessen.

L.: Mader, F. C., Sichere Nachrichten von der Reichsburg Friedberg und der dazugehörigen Grafschaft, Bd. 1–3 1766 ff.; Wolff 504; Thudichum, F., Geschichte des freien Gerichts Kaichen, 1858.

Kaimt, Keimpt s. Waldecker zu K.

Kaisersberg s. Kayersberg

Kaisersheim (Abtei) s. Kaisheim

L.: Wolff 186; Zeumer 552 ff. II a 36, 7/37, 1; Wallner 687 SchwäbRK 41.

Kaiserslautern (Reichsstadt). An der Straße vom Rhein nach Lothringen erscheint 882 der fränkische Königshof Luthra an der Lauter. Das Reichsgut um diesen Ort kam 985 an die salischen Grafen des Wormsgaues (Herzog Otto von Kärnten) und von diesen später an die Staufer. Friedrich I. Barbarossa baute den Königshof zur Pfalz aus. 1237 erscheint die Bezeichnung Lutra imperialis (K., 1322 Kayserlutern). 1276 wurde K. zur Reichsstadt erhoben. Mehrfach verpfändet kam es 1375 als Pfand an die Pfalz. Unter Pfalzgraf Johann Casimir (1576–1592) wurde es Residenz des Fürstentums Pfalz-Lautern (Lautern). 1797 wurde es von Frankreich besetzt. 1816 fiel es an Bayern, 1945 an Rheinland-Pfalz.

L.: Wolff 245; Schlag, G., Die deutschen Kaiserpfalzen, 1940; Kaiserslautern 1276–1951, Festschrift zur 675jährigen Stadterhebung, hg. v. Münch, O., 1951; Münch, O., Kaiserslautern, Barbarossastadt im Herzen des Pfälzer Waldes, 1957; Berichte zur Deutschen Landeskunde 33, 1, 1964; Landkreis Kaiserslautern, bearb. v. Reh, K. u. a., 1968; Schaab, M., Geschichte der Kurpfalz, Bd. 1 1988; Gerlich, A., Kaiserslautern, LexMA 5 1990, 860; Urkundenbuch der Stadt Kaiserslautern, hg. v. Dolch, M. u. a., Bd. 1 ff. 1994 ff.; Das Lauterer Gericht und sein Speyerer Oberhof, hg. v. Dolch, M. u. a., 1996; Ratsprotokolle der Stadt Kaiserslautern 1566–1571, hg. v. Dolch, M. u. a., 2002; Escher, M. u. a., Die urbanen Zentren, 2005, 2, 289.

Kaiserswerth (Reichsstadt). Ursprünglich auf einer ihm von Hausmeier Pippin überlassenen Rheininsel (wert) Rinhusen bei Düsseldorf gründete der angelsächsische Missionar Suitbert 695 ein Benediktinerkloster. Daneben bestand ein fränkischer Königshof, den Heinrich III. zu einer Pfalz ausbaute. Wahrscheinlich 1181 erhielt der Ort Stadtrecht und wurde im 13. Jahrhundert Reichsstadt. 1235 verlor er durch Versanden seine Insellage. Seit Ende des 13. Jahrhunderts war K. mehrfach verpfändet, seit 1424 an das Erzstift Köln. 1772 kam es nach längerem Rechtsstreit an den Herzog von Jülich und damit an die Pfalz. Das Stift wurde 1803 aufgelöst. 1806 fiel K. an das Großherzogtum Berg und 1815 an Preußen. 1946 kam es zu Nordrhein-Westfalen.

L.: Urkundenbuch des Stifts Kaiserswerth, hg. v. Kelleter, H., 1904; Redlich, O. R., Die Bedeutung von Stift und Burg Kaiserswerth für Kirche und Reich, Ann. d. hist. Vereins NdRhein 115 (1929); Heck, K., Geschichte von Kaiserswerth, 1936; Kaiserswerth, hg. v. Zimmermann, C./Stöcker, H., 2. A. 1981; Struve, T., Kaiserswerth, LexMA 5 1990, 860 f.; Grossmann, K., Die mittelalterliche Gerichtsverfassung und Verwaltungsorganisation in Kaiserswerth nach dem Stadtrecht aus dem 14. Jahrhundert, 1992; Lorenz, S., Kaiserswerth, in: Staufische Pfalzen, 1994, 99; Escher, M. u. a., Die urbanen Zentren, 2005, 2, 291.

Kaisheim, Kaisersheim (Reichsstift). 1133 (bzw. 1135) gründeten die Grafen von Lechsgemünd (Lechsgemünd-Graisbach) auf ihrem Familiengut das Zisterzienserkloster K. (Kegesheim) bei Donauwörth. 1135 bestätigte der König, 1147/1185 der Papst die Stiftung. Obwohl Kaiser Karl IV. 1363 die Reichsunmittelbarkeit gewährte und 1370 die Vogtfreiheit bekräftigte, konnte die sich zur Festigung ihrer Stellung auch Kaisersheim nennende Abtei nur nach langem Ringen (1656/1757) die Reichsunmittelbarkeit gegenüber dem seit 1342 den Grafen von Graisbach (bzw. Lechsgemünd-Graisbach) folgenden Herzog von Bayern (1505 Pfalz-Neuburg) durchsetzen. Das Gebiet des Stiftes (3–6 Quadratmeilen Streubesitz mit 9537 Bewohnern) umfasste unter anderem die Pflegeämter Biberachzell mit den Herrschaften Biberachzell (Biberach Zell), Biberberg und Oberhausen, Lauingen, Nördlingen und Stotzingen. 1802/1803 kam K. zu Bayern und wurde säkularisiert.

L.: Wolff 186; Zeumer 552 ff. II a 36, 7/37, 1; Wallner 687 SchwäbRK 41; Reindl, L., Geschichte des Klosters Kaisheim, 1926; Huber, K., Die Zisterzienserabtei Kaisheim, Diss. Erlangen 1928; Hölzle, E., Der deutsche Südwesten am Ende des alten Reiches, 1938; Hoffmann, H., Die ältesten Urbare des Reichsstiftes Kaisheim 1319–1352, 1959; Morimond et son Empire, 1994, 175; Maier, B., Kloster Kaisheim, 1999.

Kalb von Kalbsrieth (Reichsritter), Kalb von Kalbsried. Am Ende des 18. Jahrhunderts zählten die K. zu den Kantonen Rhön-Werra und Steigerwald des Ritterkreises Franken.

L.: Riedenauer 124.

Kalbsrieth, Kalbsried s. Kalb von K.

Kaldorf (Reichsdorf?), Kahldorf. Möglicherweise war K. bei Weißenburg im Nordgau Reichsdorf.

L.: Dacheröden 234, Hugo 475.

Kalenberg (Fürstentum) s. Braunschweig-Calenberg, Calenberg

L.: Großer Historischer Weltatlas III 38 (1789) E4.

Kallenberg (Herrschaft). Die Herrschaft K. gehörte am Ende des 18. Jahrhunderts im Rahmen von Schwäbisch-Österreich zum österreichischen Reichskreis.

L.: Wolff 46; Wallner 714 ÖsterreichRK 1; Vorderösterreich an oberem Neckar und oberer Donau, hg. v. Zekorn, A. u. a., 2002.

Kallstadt s. Vogt zu K.

Kaltenbrunn (Reichsritter?). Um 1700 zählten die K. zum Kanton Odenwald des Ritterkreises Franken.

L.: Riedenauer 124.

Kaltenburg (reichsritterschaftliche Burg). Die Burg K. am Übergang einer Römerstraße über die Lone bei Niederstotzingen wird um 1240 erstmals erwähnt. Nach ihr nannten sich ministerialische Herren von K. Um 1349 saß auf der Burg ein Vogt der Grafen von Helfenstein. Graf Ulrich der Jüngere verkaufte K. als Inhaber der Herrschaft Heidenheim an die Riedheim, die sie 1393 Bayern-Ingolstadt zu Lehen auftrugen. Von 1496 bis 1821 war die zum Kanton Donau des Ritterkreises Schwaben zählende Burg in Händen der Riedheim-Remshart. 1806 kam sie an Bayern, 1810 an Württemberg und damit 1951/1952 zu Baden-Württemberg.

Kaltental (Reichsritter), Kaltenthal. Im 18. Jahrhundert zählten die K. unter anderem mit dem 1722 verkauften Hofgut Steinächle (Steinachlin) zum Ritterkreis Schwaben. Wegen Aldingen (14. Jahrhundert–1746), Mühlhausen am Neckar (bis 1582) und Oßweil (bis 1647) war die Familie im Kanton Kocher immatrikuliert. An der Wende vom 17. zum 18. Jahrhundert gehörte sie auch zum Kanton Odenwald des Ritterkreises Franken.

L.: Roth von Schreckenstein 2, 592; Kollmer 378; Riedenauer 124; Schulz 265.

Kamenz (Herren, Herrschaft). Gegen 1200 gründeten die Herren von Vesta die Burg K. (zu tschech. kamen, Stein) an der Schwarzen

Elster nördlich von Dresden. Sie machten sie zum Mittelpunkt eines ausgedehnten Herrschaftsbereichs in der späteren Oberlausitz und benannten sich seitdem nach K. K. gelangte später zu Sachsen.

L.: Wolff 470; Muhle, W., Die Kamenzer Landschaft im Wandel der Zeit, 1924; Kühne, G., Die Stadt Kamenz, 1937; Kubasch, H., Heimatbuch Kreis Kamenz, 1954.

Kamenz (Stift). 1096 erbaute der Herzog von Böhmen im Überschwemmungsgebiet der Neiße die Burg K. (zu tschech. kamen, Stein). 1210 errichteten dort die Herren von Pogarell mit dem Bischof von Breslau das Stift K. Dieses kam 1742 an Preußen und wurde 1810 aufgehoben. Damals hatte es 31 Ortschaften.

L.: Wolff 477; Knauer, P., Kloster Kamenz/Schlesien. Zeit- und Lebensbilder aus seiner Geschichte 1210–1810, 1932.

Kamerich s. Cambrai

Kämmerer von Worms s. Cämmerer, Dalberg

L.: Zimmermann 74.

Kammin s. Cammin

Kandel (Reichsdorf). Am 22. 1. 1379 verpfändete König Wenzel dem Kurfürsten Ruprecht von der Pfalz unter anderem das Dorf K., das der Kurfürst aus der Pfandschaft des Grafen von Leiningen gelöst hatte. Über Bayern gelangte K. 1946 zu Rheinland-Pfalz.

L.: Hugo 464; Wolff 91.

Kanstein (Herrschaft), Canstein. Herrschaft und Gericht K. (Börde K.) gehörten zum brilonischen Quartier des Herzogtums Westfalen. Über Preußen (Provinz Westfalen) gelangte K. zu Nordrhein-Westfalen.

L.: Wolff 87.

Karabant (Carabant, pagus Karabantinsis)

L.: Polenz, P. v., Landschafts- und Bezirksnamen, 1961, II, 75 Karabant.

Karantanische Mark s. Kärnten

Karben s. Carben

Karg von Bebenburg (Reichsritter). Mit Oberweilersbach, Mittlerweilersbach (Mittelweilersbach) und Unterweilersbach waren die K. im 18. Jahrhundert im Kanton Gebirg des Ritterkreises Franken immatrikuliert, außerdem im Kanton Baunach.

L.: Stieber; Riedenauer 124.

Karl-Marx-Stadt s. Chemnitz

Kärnten (Herzogtum, Bundesland). K. in einem Alpenbecken an der mittleren Drau war zunächst keltisch (2. Jahrhundert v. Chr. Noriker [dann römisch, 15 v. Chr.], 45 n. Chr. röm. Provinz Noricum), etwa ab 590 nach kurzer langobardischer Herrschaft vorwiegend slawisch besiedelt. Das in der 2. Hälfte des 7. Jahrhunderts errichtete slawische Reich, dessen Bewohner in der 2. Hälfte des 8. Jahrhunderts als Carontani/Carantani (Kosmograph von Ravenna, Carantana d. h. Zollfeld, zwischen Klagenfurt und Sankt Veit, zu kelt. caranto, Fels) genannt werden, geriet um 740/750 (743/748) unter die Herrschaft der gegen die Awaren zu Hilfe gerufenen Bayern. 828 traten bayerisch-fränkische Grafen an die Stelle der slawischen Fürsten und verstärkten den bayerischen Einfluss noch. 976 trennte Otto II. K. (als eigenes Herzogtum?), zu dem auch die Steiermark und die Marken Verona, Istrien, Friaul und Krain gehörten, von Bayern ab. Danach kam es überwiegend an landfremde Große, von 1077 bis 1122 an die Eppensteiner. Dabei zerfiel das Herzogtum und bis etwa 1180 verselbständigten sich die Marken (1035 Karantanische Mark mit Mürztal und Ennstal, 1040 Krain, Istrien, 1055 Mark an der Mur/Steiermark, 1077 Friaul). Die aus Rheinfranken stammenden Grafen von Sponheim (Spanheimer) (1122–1269) nahmen nur eine schwache Stellung ein. 1269 kam K. nach dem Aussterben der Grafen von Sponheim (Spanheimer) an Böhmen (bis 1276), 1286 an die Grafen von Tirol, 1335 durch Ludwig den Bayern an die Grafen von Habsburg. Sie fügten 1500 die (Vordere) Grafschaft Görz hinzu, fassten K. mit Steiermark, Krain, Istrien und Triest zur Ländergruppe Innerösterreich zusammen und setzten in der Neuzeit im Kampf gegen die Stände ihre Herrschaft durch. 1748 wurden drei Kreisämter eingerichtet. 1759 löste Maria Theresia die Rechte des Hochstifts Bamberg in K. (Villach mit Tarvis und Pontafel, Wolfsberg und Bleiburg u. a.) durch Kauf ab. Von 1809 bis 1814 gehörte Oberkärnten (Villacher Kreis) zu den illyrischen Provinzen Frankreichs, von 1814 bis 1849 (seit 1816/1825 auch der Klagenfurter Kreis) zum österreichischen Königreich Illyrien. Danach war das Herzogtum K. Kronland Österreichs. Ohne Abstimmung kamen 1920 das Miestal/Mießtal mit Unterdrauburg und Seeland an Jugoslawien und das Kanaltal (mit 8350 Bewohnern) mit Tarvis an Italien. Im Kärntner Becken erklärten sich am 10. 10. 1920 59 Prozent der Bevölkerung für Österreich.

L.: Wolff 29; Wallner 713 ÖsterreichRK 1; Großer Historischer Weltatlas II 34 (1138–1254) G4, II 66 (1378) H5, III 22 (1648) F5, III 38 (1789) E4; Lechner, K., Kärnten, in: Geschichte der deutschen Länder, Bd. 1; Ankershofen, Frhr. G. v./Tangl, K., Handbuch der Geschichte des Herzogtums Kärnten, Bd. 1–6 1842 ff.; Aelschker, E., Geschichte Kärntens, Bd. 1 f. 1885; Monumenta historica ducatus Carinthiae 811–1414, hg. v. Jaksch, A. v./Wiessner, H., Bd. 1–5 1896 ff.; Curs, O., Deutschlands Gaue im zehnten Jahrhundert. Nach den Königsurkunden, Diss. phil. Göttingen 1908, 4 (Karintana, Karintriche, Karinthia); Erläuterungen zum Historischen Atlas der österreichischen Alpenländer, hg. v. d. Ak. d. Wiss. Abt. 1,4, 2,8 1914 ff.; Wutte, M., Kärntner Gerichtsbeschreibungen. Vorarbeit zu dem historischen Atlas der österreichischen Alpenländer, Archiv f. vaterländ. Gesch. u. Topographie 20, 21 (1921); Wutte, M./Paschinger, V./Lex, F., Kärntner Heimatatlas, 1925; Jaksch, A., Geschichte Kärntens bis 1335, Bd. 1 f. 1928 ff.; Jaksch, A./Wutte, M., Kärnten, in: Erläuterungen zum historischen Atlas der österreichischen Alpenländer, 1914, 1929; Paschinger, V., Landeskunde von Kärnten 1937; Braumüller, H., Geschichte von Kärnten, 1949; Paschinger, V., Kärntner Heimatatlas, Bd. 1 f. 1951 ff.; Maier, A., Kirchengeschichte von Kärnten, Bd. 1 ff. 1951 ff.; Fresacher, W./Moro, G. u. a., Kärnten, in: Erläuterungen zum historischen Atlas der österreichischen Alpenländer, 1956; Polenz, P. v., Landschafts- und Bezirksnamen, 1961, II, 51, 94, III, 23, 25, 31, regnum Carentanum, Charentariche, Karintriche (Kärnten, Karantanien); Zopp, F., Kärntner Bibliographie, 1961 ff.; Moro, G., Zur politischen Stellung Karantaniens im fränkischen und deutschen Reich, Südostforschungen 22 (1963), 78 ff.; Klaar, Die Herrschaft der Eppensteiner in Kärnten, 1966; Zöllner, E., Geschichte Österreichs. Von den Anfängen bis zur Gegenwart, 8. A. 1990; Fräss-Ehrfeld, C., Geschichte Kärntens, Bd. 1 Das Mittelalter, 1984; Neumann, W., Bausteine zur Geschichte Kärntens, 1985; Bertels, K., Carantania. Beobachtungen zur politisch-geographischen Terminologie und zur Geschichte des Landes und seiner Bevölkerung im frühen Mittelalter, Carinthia 177 (1987), 87 ff.; Wallas, A., Stände und Staat in Innerösterreich im 18. Jahrhundert, 1988; Dopsch, H., Kärnten, LexMA 5 1990, 1002 ff.; Stumfohl, R., Kärntner Bibliographie (1976–1980), 1989, (1981–1985), 1991; Migglautsch, K./Pust, I., Das Kanaltal und seine Geschichte, 1995; Karantanien – Ostarrichi, hg. v. Moritsch, A., 1997; Kärnten, hg. v. Rumpler, H., 1998; Gleirscher, P., Karantanien, 2000; Die Kärntner Volksabstimmung 1920, hg. v. Valentin, H. u. a., 2002.

Karosgau (pagus Caroascus)

L.: Puhl, R., Die Gaue und Grafschaften des frühen Mittelalters im Saar-Mosel-Raum, 1999, 150 (762 pago Charos), zu dem keltischen Gentilnamen *Karukes, zwischen Eifelgau, Maifeldgau, Bitgau und Ardennen, an den Oberläufen von Alfbach, Mehlenbach, Nims, Nierbach und Oosbach, (Birresborn, Büdesheim, Dingdorf, Oos, Rommersheim, Schwirzheim, Steffeln, Wallersheim, Wetteldorf).

Karpfen (Herrschaft). Die Herrschaft K. gehörte am Ende des 18. Jahrhunderts über das Herzogtum Württemberg zum schwäbischen Reichskreis.

L.: Wolff 29; Wallner 684 SchwäbRK 1.

Karpfen (Reichsritter), Karpffen. Von 1548 bis zu ihrem Aussterben 1663 zählten die K. mit Hausen ob Verena und Rietheim zum Kanton Neckar des Ritterkreises Schwaben.

L.: Hellstern 154, 207.

Karsbach, Karspach (Reichsritter). Die zu K. zählten im 17./18. Jahrhundert zum Kanton Rhön-Werra des Ritterkreises Franken. S. Wolf von Karsbach.

L.: Stieber; Seyler 370; Riedenauer 124.

Kassel (Burg, Stadt). K. an der Fulda (zu lat. castellum, Burg) erscheint erstmals 913 (Chassella). Im Jahre 1008 gab Kaiser Heinrich II. den dortigen Königshof an seine Gemahlin Kunigunde, die ihn zur Ausstattung des Klosters Kaufungen verwendete. Nach ihrem Tod fiel K. an das Reich zurück, wurde aber von Heinrich III. an Kunigundes Bruder gegeben. Von dort gelangte K. über den Erzbischof von Mainz 1039/1040 tauschweise wieder an Kaufungen. Nachdem zuletzt 1154 in K. Reichsgut erwähnt wurde, machte Heinrich I. von Hessen 1277 den Ort, dem 1239 die Stadtrechte bestätigt wurden, zum Mittelpunkt der Landgrafschaft Hessen. 1391 endeten die Versuche des Patriziats ergebnislos, größere Unabhängigkeit vom Stadtherrn zu erlangen. Nach 1567 wurde die etwa 5000 Einwohner zählende Stadt Sitz bzw. später Hauptstadt der Landgrafen von Hessen-Kassel (1807–1813 zu Westphalen). Mit Hessen-Kassel kam sie 1866 zu Preußen und 1945 zu Hessen.

L.: Piderit, F. C., Geschichte der Haupt- und Residenzstadt Cassel, 1844, 2. A. 1882; Brunner, H., Geschichte der Residenzstadt Cassel, 1913; Eisenträger, M. u. a., Territorialgeschichte der Kasseler Landschaft, 1935; Cosanne, A., Kassel, LexMA 5 1990, 1034 f.; Kassel im 18. Jahrhundert, hg. v. Wunder, H. u. a., 2000.

Kastelberg (Herren, Herrschaft). Die Burg K. bei Emmendingen wurde um 1283 als Sitz der Herren von K., der älteren Linie der Herren von Schwarzenberg, erbaut. Sie war Mittelpunkt der Herrschaft K. Diese kam 1354 an die Freiburger Ritterfamilie Malterer, 1396 (endgültig 1565) an Habsburg, 1805 an Baden und damit K. 1951/1952 zu Baden-Württemberg.

Lit.: Wolff 41.

Katzenelnbogen (Grafschaft). Um 1095 wurde südwestlich von Limburg an der Lahn auf Bleidenstädter Vogteigut die Burg K. (1102 Cazeneleboge, sichere Deutung fehlt) erbaut. Nach ihr nannten sich möglicherweise im Zusammenhang mit dem Kraichgau südlich des Neckars seit 1138 die Grafen von K., die vielleicht aus dem Erzstift Köln stammen (Diether 1066), zunächst als nobiles oder liberi bezeichnet wurden (Edelfreie) und um 1130 in verwandtschaftliche Beziehung zu den Staufern traten. Sie hatten anfangs die Vogteien der Klöster Prüm, Siegburg und Bleidenstadt sowie des Erzbistums Mainz im Gebiet südlich der Lahnmündung. Die Grafschaft im Kraichgau verloren sie, erwarben aber um 1160 mit den Grafen von Nassau die Grafschaft auf dem Einrich, um 1185 St. Goar mit dem Rheinzoll sowie seit dem 12. Jahrhundert Lehen Würzburgs um Darmstadt und Großgerau. Sie eigneten sich im Interregnum umfangreiches Reichsgut (1249 bei Trebur, nach 1255 Dreieich) an. Danach erstreckte sich ihr seit etwa 1260 an auf zwei Linien verteiltes, 1402 aber wieder vereinigtes Herrschaftsgebiet vom Odenwald bis zur unteren Lahn. Es bestand aus der Niedergrafschaft am Nordhang des Taunus um Rheinfels (Braubach, Sankt Goar, Bad Schwalbach, Burgschwalbach) und der Obergrafschaft um Darmstadt (Rüsselsheim, Groß-Gerau [Großgerau], Darmstadt, Zwingenberg), die durch Mainzer und Nassauer Gebiet voneinander getrennt waren, sowie verstreuten Gütern in der Wetterau, im östlichen Taunus, auf dem Westerwald, an der unteren Lahn und zahlreichen Rheinzöllen vom Oberrhein bis Holland. Hiervon waren nur geringe Güter allodial, doch gelang auch auf der Grundlage der durch Pfandrecht und Lehnrecht gebotenen rechtlichen Möglichkeiten die Entstehung von Landesherrschaft. Die wachsenden Gegensätze zu den Grafen von Nassau führten um 1400 zu einem Bündnis mit den Landgrafen von Hessen und 1457 zur Heirat der Erbtochter Anna mit Landgraf Heinrich III. 1479 fiel beim Aussterben der Familie in männlicher Linie das später zum oberrheinischen Reichskreis zählende Gut an Hessen (nach langem Streit mit Jülich-Berg [bis 1520] und Nassau [das den hessischen Anteil an der Grafschaft Diez und 450 000 Gulden erhielt] endgültig 1557). 1567 kam die Obergrafschaft, zu der die Ämter Darmstadt, Kelsterbach, Rüsselsheim, Dornberg, Jägersburg, Zwingenberg und Lichtenberg, die Gemeinschaft Umstadt, der hessen-darmstädtische Anteil an der Herrschaft Eppstein, das Amt Braubach und das eigentlich zur niederen Grafschaft gehörige, aber von Hessen-Darmstadt erworbene und zur oberen Grafschaft geschlagene Kirchspiel K. gehörten, an Hessen-Darmstadt. Die Niedergrafschaft, welche die Ämter Rheinfels, Reichenberg und Hohenstein, das Amt oder die Vogtei Pfalzfeld auf dem linken Rheinufer mit acht Dörfern und die Hälfte des so genannten Vierherrischen umfasste, wurde Teil von Hessen-Rheinfels und fiel bei Aussterben des Hauses 1583 an Hessen-Kassel. 1648 wurde dessen Nebenlinie Hessen-Rotenburg mit ihr ausgestattet. 1815 kam die Niedergrafschaft an das Herzogtum Nassau und fiel 1866 mit Nassau an Preußen und 1945 an Hessen. S. Nassau-Katzenelnbogen.

L.: Wolff 255; Wallner 694 OberrheinRK 1, 2; Großer Historischer Weltatlas II 66 (1378) D3, III 38 (1789) B2; Selchow, C. v., Magazin für die deutschen Rechte und Geschichte, Bd. 1 (1779) 475 ff. (Erstdruck des Landrechts); Demandt, K., Die Mittelrheinlande, in: Geschichte der deutschen Länder, Bd. 1; Landrecht der oberen Grafschaft Katzenelnbogen (von 1591), o. J. (1795, Verlag Stahl-Caselmann); Meinardus, O., Der Katzenelnbogener Erbfolgestreit, 1899 ff.; Sponheimer, M., Landesgeschichte der Niedergrafschaft Katzenelnbogen, 1932; Demandt, K. E., Die Anfänge des Katzenelnbogener Grafenhauses und die reichsgeschichtlichen Grundlagen seines Aufstieges, Nassauische Annalen 63 (1952), 17; Demandt, K., Regesten der Grafen von Katzenelnbogen 1060–1486, Bd. 1–4 1953 ff.; Demandt, K., Die letzten Katzenelnbogener und der Kampf um ihr Erbe, Nassauische Annalen 66 (1955), 98 ff.; Demandt, K., Die Grafschaft Katzenelnbogen und ihre Bedeutung für die Landgrafschaft Hessen, Rhein. Vjbll. 29 (1964) 73 ff.; Diestelkamp, B., Das Lehnrecht der Grafschaft Katzenelnbogen, 1969; Maulhardt, H., Die wirtschaftlichen Grundlagen der Grafschaft Katzenelnbogen im 14. und 15. Jahrhundert, 1980; Reichert, W., Finanzpolitik und Landesherrschaft. Zur Entwicklung der Grafschaft Katzenelnbogen vom 12. bis 14. Jahrhundert, 1985; Demandt, K. E., Katzenelnbogener Urkunden, 1989; Gerlich, A., Katzenelnbogen, LexMA 5 1990, 1080; Escher, M. u. a., Die urbanen Zentren, 2005, 1, 481.

Katzenelnbogen s. Knebel von K.

Katzenstein (Herrschaft). Nach der Burg K. bei Heidenheim nannten sich seit Anfang des 12. Jahrhunderts Vasallen der Grafen von Dillingen, die später nach Dillingen wechselten, seit 1252 ein Zweig der Edlen von

Hürnheim, der 1354 K. an die Grafen von Oettingen verkaufte. Sie verpfändeten K. zeitweise an die Grafen von Helfenstein und belehnten 1382 Berthold von Westerstetten, wozu 1453/1469 Dunstelkingen kam. 1572/1589 verkauften die Erben der Linie Westerstetten-Katzenstein die zum Kanton Kocher des Ritterkreises Schwaben zählenden Eigengüter an Oettingen, an das 1632 auch die Lehen zurückfielen. Zeitweilig war K. nach 1662 Sitz einer Seitenlinie Oettingen-Balderns (Oettingen-Baldern-Katzenstein). Mit Erlöschen der Linie Oettingen-Baldern kam K. 1798 an Oettingen-Wallerstein, 1810 an Württemberg und damit 1951/1952 an Baden-Württemberg.

L.: Wolff 177; Hölzle, Beiwort 52; Seitz, A. M., Zur Entstehungsgeschichte von Burg Katzenstein, Jb. d. hist. Ver. Dillingen 72 (1970).

Katzental (Reichsdorf). Am 4. 7. 1360 überließ Karl IV. der Elisabeth, Schwiegertochter des Burkhard Sturmfeder, unter anderem das diesem schon früher verpfändete Dorf K. bei Wimpfen. Über Baden kam K. 1951/1952 zu Baden-Württemberg.

L.: Hugo 458.

Kaufbeuren (Reichsstadt). K. an der Wertach entstand wohl im 8. Jahrhundert als fränkischer Königshof. 1126 wird es erstmals erwähnt. Es zählte bis 1167 zu den Gütern der 1116 erstmals genannten Herren von Beuren, kam dann jedoch an das Kloster Ottobeuren. Um 1167 unterstand es (als Lehen) den Welfen, ab 1191 den Staufern. Vor 1230/1240 wurde es zur Stadt (1241 Buren) erhoben. 1286 ist es urkundlich als Reichsstadt mit dem Recht Überlingens bestätigt (1301 erstmals Kufburun), 1373 erhielt es Zollrechte, 1418 den Blutbann und 1530 das Münzrecht. Seit 1525/1545 drang die Reformation zeitweise ein, doch wurde bis 1699 die Parität hergestellt. Die Stadt war Mitglied der schwäbischen Städtebank des Reichstages. Sie gehörte dem schwäbischen Reichskreis an. 1803 kam sie mit 2 Quadratmeilen (Amt Beuron) Gebiet und 6850 Einwohnern an Bayern.

L.: Wolff 220; Zeumer 555 II b 22; Wallner 688 SchwäbRK 59; Großer Historischer Weltatlas II 66 (1378) F5, III 22 (1648) E5, III 38 (1789) D4; Schroeder 215 ff.; Müller, K., Die oberschwäbischen Reichsstädte, 1912; Dertsch, R., Die Urkunden der Stadt Kaufbeuren 1240–1500, 1955; Dertsch, R., Stadt- und Landkreis Kaufbeuren, 1960; Dertsch, R., Kaufbeuren, in: Historisches Ortsnamenbuch von Bayern, hg. v. der Kommission für bayer. Landesgeschichte, 1960; Junginger, F., Geschichte der Reichsstadt Kaufbeuren im 17. und 18. Jahrhundert, 1965; Fahlbusch, F., Kaufbeuren, LexMA 5 1990, 1082.

Kaufungen (Kloster). Kaiser Heinrich II. baute 1008 nach Übertragung von Kassel an Kaiserin Kunigunde in K. bei Kassel eine neue Pfalz. 1019 übertrug er sie mit reicher Ausstattung und weiteren Gütern an ein dort 1017 gegründetes Benediktinerinnenkloster, das 1089 an das Hochstift Speyer kam, sich seit Ende des 12. Jahrhunderts davon aber lösen konnte. 1527 wurde es säkularisiert und 1532 der hessischen Ritterschaft gegeben. 1776 erscheint es im Rahmen des oberrheinischen Reichskreises in der Reichsmatrikel. 1810 wurde es aufgehoben, 1814 aber wiederhergestellt. Über Hessen-Kassel und Preußen (1866) kam K. 1945 an Hessen.

L.: Gumpelzhaimer 114; Eckhardt, W., Kaufungen und Kassel, FS K. Eckhardt, 1961, 21 ff.; Das Salbuch des Stiftes Kaufungen von 1519, bearb. v. Eckhardt, W., 1993; Eckhardt, W., Der Kaufunger Wald, in: Hundert Jahre Historische Kommission, 1997, 47.

Kaunitz (Grafen, Reichsfürsten). Die dem Ritteradel Böhmens entstammende Adelsfamilie K., von der Wenzel Anton Graf K. 1753 zum Staatskanzler Österreichs ernannt wurde, erlangte durch die Ehe Max Ulrichs von K. (1679–1746) mit der Tochter des letzten Grafen von Rietberg aus dem Hause Cirksena die Herrschaft Rietberg mit Anwartschaft auf drei ostfriesische Herrschaften. 1764 wurde sie in den Reichsfürstenstand erhoben. S. Rietberg.

L.: Zeumer 554 II b 63,14; Klingenstein, G., Der Aufstieg des Hauses Kaunitz, 1975.

Kaysersberg, Kaisersberg (Reichsstadt). Am Eingang des Weißtals im Elsass erwarb der Hagenauer Schultheiß im Namen Heinrichs (VII.) 1227 Land von den Herren von Horburg und von Rappoltstein zur Errichtung einer Burg. 1247 kam der vor 1230 civitas genannte Ort an die Gegner der Staufer und war seit dem Untergang der Staufer Reichsstadt. Als solche gehörte K. 1354 dem elsässischen Zehnstädtebund und später dem oberrheinischen Reichskreis an. 1648 gelangte es unter die Vogtei Frankreichs und mit dem Elsass an Frankreich.

L.: Wolff 298; Becker, J., Geschichte der Reichsvogtei Kaysersberg, 1902; Maier, W., Stadt und Reichsfreiheit.

Entstehung und Aufstieg der elsässischen Hohenstaufenstädte, 1972; Sittler, L., Kaysersberg, 1979; Rapp, F., Kaysersberg, LexMA 5 1990, 1092; Escher, M. u. a., Die urbanen Zentren, 2005, 2, 299.

Kechler von Schwandorf (Freiherren, Reichsritter). Die K. waren bereits 1488 Mitglied der Gesellschaft St. Jörgenschild, Teil am Neckar. Von 1548 bis 1805 – davon bis 1748 mit dem Rittergut Diedelsheim – gehörten sie dem Kanton Neckar des Ritterkreises Schwaben an. Im Jahre 1802 übten sie die Herrschaft über die dem Kanton Neckar inkorporierten Ortschaften Obertalheim und Untertalheim, beides Lehen Österreichs, sowie Unterschwandorf aus.

L.: Roth von Schreckenstein 2, 592; Hölzle, Beiwort 64, Hellstern 207, 218 f.; Kollmer 378.

Kehdingen (Land). Das etwa 47 Kilometer lange und 2,5 bis 9 Kilometer breite Marschland links der Unterelbe zwischen unterer Schwinge und Ostemündung, das durch mehrere Elbarme inselartig aufgeteilt war, wurde schon in vorgeschichtlicher Zeit besiedelt. 1157 erscheinen hier innerhalb der Grafschaft Stade liberi homines de Kedinghis, deren Name mit mittelniederländisch omkaden, eindeichen, in Verbindung gebracht wird. Seit dem 13. Jahrhundert kam das Land mit der Grafschaft Stade (1236) an das Erzstift Bremen, das seine Herrschaft durch mehrere Feldzüge (1274, 1300, 1306, 1336) sicherte, aber die weitgehenden Rechte der Bewohner nicht zu beseitigen vermochte. Seit 1397 bildete K. mit anderen Marschländern den vierten Stand des Erzstifts. Das seine Selbständigkeit weithin wahrende Land schloss im 15. Jahrhundert verhältnismäßig unabhängig verschiedene politische Bündnisse. 1648 kam es an Schweden und verlor seine seit 1594 bestrittene Landstandschaft. 1720 wurde es Hannover einverleibt, dem 1866 Preußen und 1946 Niedersachsen folgten. Seit 1932/1933 ist K. Teil des Kreises Stade.

L.: Wolff 431; Poppe, H., Vom Lande Kehdingen. Ein Beitrag zu seiner Geschichte und Kultur, 1924; Polenz, P. v., Landschafts- und Bezirksnamen, 1961, II, 49, III, 10; Hofmeister, A., Besiedlung und Verfassung der Stader Elbmarschen im Mittelalter, 1979 f.; Schmidt, H., Kehdingen, LexMA 5 1990, 1095.

Kehl (Reichsfestung). K. am Rhein gegenüber Straßburg erscheint seit 1289 in den Händen der Herren von Geroldseck. Im 15. Jahrhundert gingen die Rechte auf die Grafen von Moers-Saarwerden (1426), Kloster Frauenwerk (Unser Frauen Werk) zu Straßburg und Baden (1442/1497) als Kondominat über. 1527 folgte Nassau-Saarbrücken (Nassau) infolge Erbanfalls Moers-Saarwerden. 1678 wurde der 1525 reformierte Ort von Frankreich zerstört und zwischen 1680 und 1688 zur Festung ausgebaut, die 1697 an das Reich kam. Mit K. wurde vom Kaiser 1698 der Markgraf von Baden-Baden belehnt. In der Folge war K. vielfach umkämpft und unterstand 1703–1714, 1733–1736, 1798–1814, 1919–1930 und 1945–1949 Frankreich. Am Ende des 18. Jahrhunderts zählte es über die Markgrafschaft Baden-Baden zum schwäbischen Reichskreis. Über Baden kam es 1951/1952 zu Baden-Württemberg.

L.: Wolff 164; Rusch, O., Geschichte der Stadt Kehl und des Hanauer Landes, 1928; Hornung, K., 700 Jahre Geschichte, Wappen und Siegel der Großen Kreisstadt Kehl, 2. A. 1974.

Kehr (Reichsritter), Kere s. Kere

L.: Stieber; Roth von Schreckenstein 2, 593; Pfeiffer 212; Riedenauer 124; Rahrbach 139.

Keimpt, Kaimt s. Waldecker zu K.

Keldaggouwe s. Gildegouwe

L.: Polenz, P. v., Landschafts- und Bezirksnamen, 1961, 296.

Keller von Schleitheim (Reichsritter), Keller von Schlaitheim. Von 1642 bis 1805 zählten die K. unter anderem bis etwa 1736 mit dem Rittergut Neckarhausen und bis 1750 mit dem an die Raßler von Gamerschwang (Raßler, Rassler) verkauften Gut Lützenhardt zum Kanton Neckar des Ritterkreises Schwaben.

L.: Roth von Schreckenstein 2, 592; Hellstern 207; Kollmer 378.

Kellmünz (Herrschaft). An der mittleren Iller bestand schon in spätrömischer Zeit 35 Meter über der Iller die Befestigung Celio monte. Die später um K. entstandene Herrschaft war seit Ende des 18. Jahrhunderts in den Händen der Grafen von Schwarzenberg. Sie gehörte dem schwäbischen Reichskreis zu und kam 1806 an Bayern.

L.: Bader, K. S., Der deutsche Südwesten in seiner territorialstaatlichen Entwicklung, 2. unv. A. 1978, 133; Kellner, H. J., Das spätrömische Kellmünz, 1957.

Kelsgau (Chelsgouue, Kelescouve, Gau östlich Ingolstadts, Teil des Nordgaus)

L.: Curs, O., Deutschlands Gaue im zehnten Jahrhundert. Nach den Königsurkunden, Diss. phil. Göttingen

1908, 4 (Eining, Pförring, Irnsing); Polenz, P. v., Landschafts- und Bezirksnamen, 1961, II, 30, 32, Chelesgouwe.

Keltinstein (Gau zwischen Geltnach und Wertach, Keltenstein)

L.: Curs, O., Deutschlands Gaue im zehnten Jahrhundert, Nach den Königsurkunden. Diss. phil. Göttingen 1908, 4 (Biessenhofen); Polenz, P. v., Landschafts- und Bezirksnamen, 1961, IV, 13 Keltinstein (Geltenstein).

Kemnat (Herrschaft), Kemnath. Die Herrschaft K. gehörte am Ende des 18. Jahrhunderts über die Fürstabtei Kempten dem schwäbischen Reichskreis an und kam mit Kempten 1803 an Bayern.

L.: Wolff 158; Wallner 685 SchwäbRK 7.

Kemnat (Reichsritter). Im 16. Jahrhundert zählten die K. zum Kanton Baunach des Ritterkreises Franken.

L.: Riedenauer 124.

Kempfer (Reichsritter). Im 18. Jahrhundert zählten die K. mit dem 1684 erworbenen halben Plobsheim zur Reichsritterschaft Unterelsass. Plobsheim gelangte mit dem Elsass zu Frankreich.

L.: Hölzle, Beiwort 67.

Kempinsky (Reichsritter). Um 1750 zählten die K. zum Kanton Rhön-Werra im Ritterkreis Franken.

L.: Riedenauer 124.

Kempten (gefürstete Abtei, Fürststift). K. an der Iller wird erstmals als spätkeltische Siedlung Cambodunum von Strabo erwähnt. 15 v. Chr. wurde es von den Römern erobert, die dort eine Siedlung mit Markt, Tempeln und Thermen errichteten, die ihrerseits im 3. Jahrhundert von den Alemannen zerstört wurde. 742/743 gründete vielleicht das Kloster Sankt Gallen in Kempten eine Zelle und 752 ein Benediktinerkloster, das karolingisches Eigenkloster wurde. 1062 bestätigte Heinrich IV. seine durch mehrfache Vergabungen (vor 963 Augsburg, 1026 Schwaben, 1065 Rheinfelden) bedrohte Reichsunmittelbarkeit. 1348 wurde der Abt als Fürstabt betitelt, 1360 wurde das Kloster von Karl IV. zum Fürststift erhoben, das 1419 exemt wurde. Sein Herrschaftsgebiet entwickelte sich aus einer dem Kloster durch Karl dem Großen im 9. Jahrhundert verliehenen Immunität, die zwischen 1062 und 1213 zur Grafschaft erhoben wurde. 1213 gingen durch Verleihung Friedrichs II. die zuletzt von den Staufern ausgeübten Grafenrechte und Vogteirechte an den Abt über. Weitere Käufe rundeten im 17. und 18. Jahrhundert das Gebiet ab. Bis 1803 war dann das Fürststift nach dem Hochstift Augsburg das größte geistliche Herrschaftsgebiet in Ostschwaben. Es gehörten bei der Säkularisation (1803) zum Stift die 1728 mit Stadtrecht ausgestattete so genannte Stiftsstadt unmittelbar vor den Toren der Reichsstadt K. und die Marktflecken Sulzberg, Unterthingau (Thingau), Günzburg (Obergünzburg), Ronsberg, Dietmannsried, Grönenbach, Legau bei Altusried und Buchenberg sowie Martinszell (Sankt Martinszell) und die Herrschaften Wagegg, Westerried, Rotenstein, Kalden (Calde), Theinselberg-Hetzlinshofen-Herbishofen (Teisselberg-Hetzlingshofen-Erbishofen), Hohenthann (Hohentann) und Kemnat (Kemnath). Das Gebiet war in die acht Pflegämter Sulzberg und Wolkenberg, Unterthingau, Kemnat, Liebenthann oder Günzburg (Obergünzburg), Falken, Grönenbach, Hohentann oder Lautrach und das Pflegamt diesseits der Iller gegliedert. Als Exklave unterstand dem Abt auch die Obervogtei Binswangen. Wegen Lautrach (Lauterach) und Langenegg zählte der Abt zum Kanton Hegau (Hegau-Allgäu-Bodensee, Bezirk Allgäu-Bodensee) des Ritterkreises Schwaben. Für einen Teil der Eingesessenen war er gegenüber den Kantonen Hegau und Donau steuerpflichtig. 1803 fiel das Stift mit 18 Quadratmeilen weitgehend geschlossenem Gebiet und 40 000 Einwohnern an Bayern.

L.: Wolff 2158; Zeumer 552 II a 28; Wallner 685 SchwäbRK 7; Großer Historischer Weltatlas II 66 (1378) F5, III 38 (1789) D4; Ruch, Anhang 82; Wagner, F., Die Römer in Bayern, 4. A. 1928; Rottenkolber, J., Geschichte des hochfürstlichen Stiftes Kempten, 1933; Hölzle, E., Der deutsche Südwesten am Ende des alten Reiches, 1938; Weitnauer, A., Kempten, 1949; Schwarzmaier, H., Königtum, Adel und Klöster im Gebiet zwischen Iller und Lech, 1961; Dertsch, R., Stadt- und Landkreis Kempten, 1966; Blickle, P., Kempten, 1968: in: Historischer Atlas von Bayern, Teil Schwaben; Hermann, N., Kempten und das Oberallgäu, 2. A. 1984; Geschichte der Stadt Kempten, hg. v. Dotterweich, V., 1989; Böck, F., Kempten im Umbruch, 1989; Fahlbusch, F., Kempten, LexMA 5 1990, 1103; Walter, M., Das Fürststift Kempten, 1995; Bürgerfleiß und Fürstenglanz, hg. v. Jahn, W. u. a., 1998; Petz, W. Zweimal Kempten, 1998; Böck, F., Ein Einzelfall? (in) Suevia Sacra, hg. v. Liebhart, W. u. a., 2001.

Kempten (Reichsstadt). K. wird erstmals als spätkeltische Siedlung Cambodunum von Strabo erwähnt. Seit 15 v. Chr. bestand eine römische Siedlung, die im 3. Jahrhundert von den Alemannen zerstört wurde. 752 gründete vielleicht das Kloster Sankt Gallen nach einer Zelle der Jahre 742/743 in K. ein Benediktinerkloster, das karolingisches Eigenkloster und 1360 Fürststift wurde. Die bei ihm angelegte Siedlung erhielt 1289 Reichsfreiheit. 1310 gelangte die Vogtei über die Stadt wieder an das Kloster. 1340 hatte sie das Stadtrecht Ulms. 1361 wurde die Vogtei erneut vom Stift gelöst. 1525 kaufte K. sich nach jahrhundertelangem Streit mit dem Fürststift ganz von ihm frei und wurde 1527 protestantisch. Die Stadt zählte zum schwäbischen Reichskreis. 1803 kam sie mit 0,8 Quadratmeilen Gebiet und etwa 3500 Einwohnern an Bayern.

L.: Wolff 219; Zeumer 555 III b 20; Wallner 689 SchwäbRK 79; Großer Historischer Weltatlas III 22 (1648) E5; Schroeder 199 ff.; Haggenmüller, J. B., Geschichte der Stadt und der gefürsteten Grafschaft Kempten, 1840/1847; Wagner, F., Die Römer in Bayern, 4. A. 1928; Rottenkolber, J., Geschichte des hochfürstlichen Stifts Kempten, 1933; Weitnauer, A., Kempten, 1949; Dertsch, R., Stadt- und Landkreis Kempten, 1966; Blickle, P., Kempten, 1968, in: Historischer Atlas von Bayern, Teil Schwaben; Schleiermacher, W., Cambodunum, Kempten: eine Römerstadt im Allgäu, 1972; Hermann, N., Kempten und das Oberallgäu, 2. A. 1984; Haggenmüller, J., Geschichte der Stadt und der gefürsteten Grafschaft Kempten, 1988; Geschichte der Stadt Kempten, hg. v. Dotterweich, V., 1989; Fahlbusch, F., Kempten, LexMA 5 1990, 1103; Bürgerfleiß und Fürstenglanz, hg. v. Jahn, W. u. a., 1998; Petz, W., Zweimal Kempten, 1998.

Kennemerland (Kinhem, westlich der Zuidersee)

L.: Curs, O., Deutschlands Gaue im zehnten Jahrhundert. Nach den Königsurkunden, Diss. phil. Göttingen 1908, 4; Polenz, P. v., Landschafts- und Bezirksnamen, 1961, 196 (s. Kinhem).

Kere (Reichsritter), Kehr. Im frühen 16. Jahrhundert zählten die von der K. (Kere, Kießling von der Kere) zum Kanton Rhön-Werra des Ritterkreises Franken. Außerdem waren sie im Kanton Baunach und im Kanton Steigerwald im Ritterkreis Franken immatrikuliert.

L.: Stieber; Roth von Schreckenstein 2, 593; Pfeiffer 212; Riedenauer 124; Rahrbach 139.

Kerpen (Freiherren, Reichsritter). Im 18. Jahrhundert zählten die Freiherren von K. mit Würzweiler und Fürfeld samt Biedenthalerhof (Biedenthaler Hof) zum Kanton Oberrheinstrom des Ritterkreises Rhein. Mit Illingen, Lixingen und Ruhlingen (Rollingen) waren sie im Kanton Niederrheinstrom des Ritterkreises Rhein immatrikuliert.

L.: Genealogischer Kalender 1753, 545; Roth v. Schreckenstein 2, 595; Winkelmann-Holzapfel 154.

Kerpen (Herrschaft). Nach der 1136 erstmals erwähnten Burg K. nördlich von Daun in der Eifel nannten sich Herren von K., die um 1200 die Herrschaft Manderscheid erlangten. Sie errichteten in K. um 1250 eine besondere Linie Manderscheid-Kerpen. Die Herrschaft K. wurde im 14. Jahrhundert in drei Zweige aufgeteilt und gelangte nach 1450 durch Heirat und Kauf an die Sombreffe (Sombreff) und von diesen von 1506 bis 1518 an die Grafen von Manderscheid-Schleiden. Nach deren Aussterben 1593 war K. lange umstritten zwischen den Grafen von der Mark (bzw. ab 1679 den Grafen von Löwenstein-Wertheim-Rochefort als ihren Rechtsnachfolgern) und den Herzögen von Arenberg (Aremberg), die seit 1674 die Herrschaft tatsächlich innehatten. 1795 kam K. zu Frankreich, 1815 zu Preußen und ihr Gebiet 1946 zu Rheinland-Pfalz.

Kerpen (Herrschaft, Reichsgrafschaft [Kerpen-Lommersum]). 871 gab König Ludwig der Deutsche K. an der Erft zwischen Köln und Euskirchen (villa Kerpinna) an das Kloster Prüm. 1122 zerstörte der Kölner Erzbischof die dortige Reichsburg. 1282 kam die zugehörige Herrschaft an die Herzöge von Brabant (Bau der Burg K. durch Johann I. von Brabant), 1404 als Erbschaft an Burgund und von dort über Maria von Burgund (1477) an Habsburg/Spanien. Um 1587 umfasste sie Kerpen, Mödrath, Langenich sowie die Gutshöfe Haus und Hof Hahn, Lörsfeld, Dürsfeld, Brüggen bei Mödrath und die Broichmühle. Bis zum Ende des 17. Jahrhunderts wurde sie wie Lommersum mehrfach an die Grafen von Jülich und Nassau sowie den Erzbischof von Köln verpfändet, bis 1704 aber grundsätzlich vom brabantischen Brüssel aus regiert. 1710 wurde sie durch Karl VI. aus der Zugehörigkeit zu Spanien an Pfalz-Neuburg übertragen, das 1614 Jülich und Berg erlangt hatte. Kurfürst Johann Wilhelm von der Pfalz bzw. Jülich-Berg überließ die Herrschaften 1710 seinem Minister Graf Schaesberg. (1712 erhob Kaiser Karl VI. die vereinigten Herrschaften K. und Lommersum [Kerpen-Lommersum] zu einer Reichsgrafschaft, die 1786 die Reichsunmittelbarkeit erreichte und am

Ende des 18. Jahrhunderts zum niederrheinisch-westfälischen Reichskreis und zum westfälischen Reichsgrafenkollegium gehörte. 1795 kam sie mit 1,5 Quadratmeilen Gebiet und 3000 Einwohnern zu Frankreich, 1815 zu Preußen und 1946 ihr Gebiet zu Nordrhein-Westfalen. Die Grafen von Schaesberg erhielten durch § 24 des Reichsdeputationshauptschlusses vom 25. 2. 1803 hierfür das Amt Tannheim/Thannheim der Abtei Ochsenhausen.)

L.: Wolff 367; Zeumer 552 ff. II b 63, 29; Wallner 704 WestfälRK 46; Festschrift Sankt Martinus in Kerpen, 1953; Der Landkreis Bergheim (Erft), hg. v. Köhler, H., 1954; Kreis Bergheim, hg. v. Ohm, A./Verbeek, A., Bd. 1 1971; Escher, M. u. a., Die urbanen Zentren, 2005, 2, 303.

Kerpen-Lommersum (Reichsgrafschaft) 1712 erhob Kaiser Karl VI. die vereinigten Herrschaften K. und Lommersum (K.) zu einer Reichsgrafschaft der Grafen von Schaesberg, die 1786 die Reichsunmittelbarkeit erreichte und am Ende des 18. Jahrhunderts zum niederrheinisch-westfälischen Reichskreis und zum westfälischen Reichsgrafenkollegium gehörte. 1795 kam sie mit 1,5 Quadratmeilen Gebiet und 3000 Einwohnern zu Frankreich, 1815 zu Preußen und 1946 zu Rheinland-Pfalz. Die Grafen von Schaesberg erhielten durch § 24 des Reichsdeputationshauptschlusses vom 25. 2. 1803 hierfür das Amt Tannheim/Thannheim der Abtei Ochsenhausen. S. Kerpen, Lommersum.

L.: Wallner 704 WestfälRK 46.

Kesselstatt, Kesselstatt (Freiherren, Reichsritter). Im 18. Jahrhundert zählten die Freiherren von K. zum Kanton Niederrheinstrom des Ritterkreises Rhein.

L.: Genealogischer Kalender 1753, 546; Roth von Schreckenstein 2, 595.

Keßler von Sarmsheim (Ganerben), Kessler von Sarmsheim. 1227 erscheinen die Herren von Sarmsheim, von denen sich um 1317 die K. abspalteten. Von 1610 bis 1724 waren sie Ganerben in Schornsheim und bis 1724 auch in (Nieder-Saulheim) Niedersaulheim.

L.: Zimmermann 74.

Kettershausen (Herrschaft). Die Herrschaft K. an der Günz nördlich von Babenhausen wurde 1558 von den Grafen Fugger erworben und gehörte der Linie Fugger-Babenhausen und Boos, bis sie 1806 an Bayern kam.

L.: Hölzle, Beiwort 15.

Kettschau (Reichsritter) s. Kötschau

L.: Seyler 370.

Keudell zu Schwebda (Reichsritter), Keudel zu Schwebda. Kanton Rhön-Werra, Ritterkreis Franken.

Khevenhüller (Freiherren, Grafen, Fürsten). Vielleicht im 11. Jahrhundert zog das nach Kevenhüll bei Beilngries benannte, 1330 zuerst genannte Adelsgeschlecht aus dem bayerisch-fränkischen Begegnungsraum nach Kärnten, wo es erstmals 1396 urkundlich bezeugt ist. Seit der zweiten Hälfte des 14. Jahrhunderts war es um Villach reich begütert. Zu Beginn des 16. Jahrhunderts (1519) erfolgte eine Aufteilung in eine österreichische Linie (Khevenhüller-Frankenburg) und eine Kärntner Linie (Khevenhüller-Hochosterwitz). Die österreichische Linie erwarb 1581 drei Herrschaften in Oberösterreich, wurde 1593 zu Reichsgrafen von Frankenburg erhoben und erlosch 1817/1884. Die Linie in Kärnten nannte sich seit 1571 nach Hochosterwitz (Hohenosterwitz), wurde 1673 zu österrreichischen Grafen, 1725 zu Reichsgrafen von Hardegg ernannt und 1764 in den Reichsfürstenstand erhoben. Johann Joseph von Khevenhüller-Hochosterwitz (1706–1776) war verheiratet mit der Erbgräfin Metsch und nannte sich daher seit 1751 Khevenhüller-Metsch. Als Khevenhüller-Metsch gehörte die Familie dem schwäbischen Reichsgrafenkollegium des Reichsfürstenrates des Reichstages am Ende des 18. Jahrhunderts als Personalist an.

L.: Zeumer 554 II b 61, 18.

Khevenhüller-Hochosterwitz (Freiherren, Grafen, Fürsten). K. ist die 1519 entstandene Kärntner Linie der Freiherren bzw. Grafen bzw. Fürsten von Khevenhüller. Sie führte seit 1751 den Namen Khevenhüller-Metsch.

Khevenhüller-Metsch (Freiherren, Grafen, Fürsten). K. nennt sich seit 1751 die Linie Hochosterwitz der Khevenhüller, die am Ende des 18. Jahrhunderts dem schwäbischen Reichsgrafenkollegium des Reichsfürstenrates des Reichstages als Personalist angehörte.

Kiburg, Kyburg (Grafen). 1027 ist die Burg K. südlich von Winterthur erstmals bezeugt. Nach 1030 wurde sie vom König eingezogen. Sie fiel 1065 über die Erbtochter Adelheid von Winterthur aus dem Geschlecht der Udalrichinger an die Grafen von Dillingen, die sich seit der Mitte des 12. Jahrhunderts Grafen von K. nannten. 1172/1173 erlangten die Grafen von K. beim Aussterben der Grafen von Lenzburg die Grafenrechte im Zürichgau. 1180 wurde in einen schwäbisch-dillingischen und einen schweizerisch-kiburgischen Zweig (schweizerisch-kyburgischen Zweig) geteilt. Weitere linksrheinisch gelegene Güter kamen 1218 aus dem Erbe der verschwägerten Herzöge von Zähringen hinzu. Um 1255 wurde geteilt. Beim Aussterben der Grafen von K. 1264 fiel das Erbe (u. a. Grafenamt im Thurgau, Reichsvogteien Glarus und Zürich, nach 1273 [Verheiratung der Erbtochter Anna mit Eberhard von Habsburg-Laufenburg] Güter im Aargau, Zürichgau und den späteren Waldstätten) an Rudolf von Habsburg. 1419 starb die Habsburger Linie Kiburg (Neukiburg [Neukyburg], Kiburg-Burgdorf [Kyburg-Burgdorf]) aus. 1452/1460 ging die Grafschaft K. an die Eidgenossenschaft der Schweiz verloren.

L.: Wolff 519; Großer Historischer Weltatlas II 66 (1378) E5; Brun, D., Geschichte der Grafen von Kyburg bis 1264, Diss. phil. Zürich 1913; Dürr-Baumgartner, M., Der Ausgang der Herrschaft Kyburg, 1918/1919; Feldmann, M., Die Herrschaft der Grafen von Kyburg im Aaregebiet 1218–26, 1926; Largiader, A., Die Kyburg, 1946; Die Grafen von Kyburg, 1981; Rieger, E., Das Urkundenwesen der Grafen von Kiburg und Habsburg, 1984, Archiv für Diplomatik Beiheft 5; Rieger, E., Das Urkundenwesen der Grafen von Kiburg und Habsburg, hg. v. Härtel, R., 1986; Eberl, I., Kiburg, LexMA 5 1990, 1119.

Kiel (Burg, Stadt). Zwischen 1233 und 1242 gründete Adolf IV. von Schauenburg (Schaumburg), Graf von Holstein, auf einer Halbinsel der Förde die nach der keilförmigen Förde benannte Stadt Kiel (tom Kyle). 1250 wurde die Burg Hauptsitz der Grafen, später Sitz der Linie Holstein-Gottorp (Holstein-Gottorf), Holstein-Kiel. S. Schleswig-Holstein.

L.: Wolff 446; Klose, O./Sedlmaier, R., Alt-Kiel und die Kieler Landschaft, 2. A. 1962; Hoffmann, E., Kiel, LexMA 5 1990, 1120; Feiler, A., Die Entwicklung Kiels, 1995.

Kießling s. Kere, Kehr

Kilingohuntari

L.: Polenz, P. v., Landschafts- und Bezirksnamen, 1961, II, 86, III, 4, 28.

Killinger (Freiherren, Reichsritter). Um 1790 waren die Freiherren von K. mit Eschenau Mitglied des Kantons Kraichgau des Ritterkreises Schwaben.

L.: Hölzle, Beiwort 63; Winkelmann-Holzapfel 154.

Kinderbeuren, Kinderbeuern, Kinheimerburen (Reichsdorf). Am 11. 11. 1374 erlaubte Karl IV. dem Erzbischof von Trier unter anderem, das zum Kröver Reich an der Mosel gehörige, vielleicht 1274 von Rudolf von Habsburg den Grafen von Sponheim verpfändete Dorf Kinheimerburen bei Kröv auszulösen. Diese Erlaubnis wurde jedoch nicht verwirklicht. Über Preußen (Rheinprovinz) gelangte K. 1946 zu Rheinland-Pfalz. S. Kröv.

L.: Hugo 461 f.

Kinheim (Reichsdorf). Am 11. 11. 1374 erlaubte Karl IV. dem Erzbischof von Trier, unter anderem das zum Kröver Reich an der Mosel gehörige, vielleicht 1274 von Rudolf von Habsburg den Grafen von Sponheim verpfändete Dorf K. bei Kröv auszulösen. Diese Erlaubnis wurde jedoch nicht verwirklicht. Später kam K. an Preußen und 1946 an Rheinland-Pfalz. S. Kröv.

L.: Hugo 461.

Kinheimerburen s. Kinderbeuern, Kinderbeuren

Kinhem (Kinemaria, Kenemaerland, Kinemarenses Bevölkerungsname)

L.: Polenz, P. v., Landschafts- und Bezirksnamen, 1961, II, 49, 91, III, 23 f., 28, 33.

Kinski, Kinsky (Grafen, Reichsfürsten). Das urkundlich erstmals 1237 genannte böhmische Adelsgeschlecht K. hatte seine Stammsitze auf den Burgen Wchinitz (Vchynice, auch Kinz) bei Lobositz und Tettau im Böhmerwald. 1676 wurde es in den Reichsgrafenstand, 1747 in einer jüngeren Linie in den Reichsfürstenstand erhoben.

L.: Klein 179.

Kinziggau (Kinzechewes, zwischen Nidder und Kinzig)

L.: Curs, O., Deutschlands Gaue im zehnten Jahrhundert. Nach den Königsurkunden, Diss. phil. Göttingen 1908, 4 (Wertheim, Cassel, Höchst); Polenz, P. v., Landschafts- und Bezirksnamen, 1961, II, 24, 26, 29, Kinzehgouwe.

Kinzigtal (Herrschaft). Das aus dem Erbe der 1218 ausgestorbenen Herzöge von Zähringen stammende Haslach an der mittleren Kinzig südöstlich von Offenburg war Kern einer Herrschaft K. der Grafen von Fürstenberg und von 1286 bis 1386 Sitz einer jüngeren Linie. Hinzu kamen Wolfach (1291), Hausach (um 1328), das Prechtal (1406) sowie die Herrschaften Romberg und Schenkenzell (1490–1498). Im 15. und 16. Jahrhundert befand sich die Herrschaft K. in den Händen einer älteren (nach 1408–1490) und jüngeren Linie (nach 1559) Fürstenberg-Kinzigtal. 1641 fiel sie ganz an Fürstenberg-Stühlingen (das Sitz und Stimme im schwäbischen Reichsgrafenkollegium des Reichsfürstenrates des Reichstages und im schwäbischen Reichskreis hatte). 1806 kam das K mit etwa 350 Quadratkilometern an Baden und damit 1951/1952 an Baden-Württemberg.

Kirchberg (Burggrafen). In der Zeit König Konrads III. erscheinen auf dem alten Königsgut Kirchberg bei Jena edelfreie Burggrafen. Sie hatten Güter zwischen Weimar-Apolda und Jena und gründeten 1253 das Kloster Kapellendorf. Seit 1304 verloren sie ihre älteren Güter und mussten 1398 die wettinische Landeshoheit anerkennen. Im 14. Jahrhundert gewannen sie durch Heirat Oberkranichfeld und im 15. Jahrhundert vorübergehend auch Niederkranichfeld (Unterkranichfeld). 1714 erbten die Burggrafen von K. die Grafschaft Hachenburg der Linie Sayn-Wittgenstein-Sayn. Ihretwegen gehörten die Burggrafen von K. am Ende des 18. Jahrhunderts dem westfälischen Reichsgrafenkollegium des Reichsfürstenrates des Reichstages an. (1799 kam Hachenburg an Nassau-Weilburg, 1866 an Preußen und 1945 an Hessen.)

L.: Zeumer 554 II b 63, 2; Schlesinger, W., Kirchengeschichte Sachsens im Mittelalter, 1962.

Kirchberg (Grafschaft). 1507 verpfändete Kaiser Maximilian I. an die Familie Fugger die Grafschaft K. Nach ihr benannte sich die von Raimund Fugger († 1535) abstammende Linie der Fugger von K. und Weißenhorn (Fugger-Kirchberg-Weißenhorn). Die Grafschaft gehörte am Ende des 18. Jahrhunderts zum österreichischen Reichskreis. 1805/1806 wurden die Fugger-Kirchberg-Weißenhorn (in Württemberg) mediatisiert. 1951/1952 kam K. in Württemberg zu Baden-Württemberg.

L.: Wolff 45; Wallner 714 ÖsterreichRK 1; Hölzle, Beiwort 4, 45.

Kirchberg (Herrschaft). K. an der Jagst entstand seit dem 14. Jahrhundert um die im 12./13. Jahrhundert angelegte Burg der Herren von K. Nach deren Aussterben am Anfang des 14. Jahrhunderts gelangte die Burg an die Fürsten von Hohenlohe, die sie zur Siedlung ausbauten, 1398 an die Reichsstädte Rothenburg, Dinkelsbühl und Schwäbisch Hall verkauften und nach dem Rückerwerb 1562 zu ihrem Amtssitz machten. 1701 gab die Herrschaft den Namen für die 1764 in den Reichsfürstenstand erhobene, 1861 ausgestorbene Linie Hohenlohe-Kirchberg. K. fiel 1806 an Bayern, 1810 an Württemberg und damit 1951/1952 an Baden-Württemberg.

L.: Wolff 119; Sandel, T., Kirchberg an der Jagst, hg. v. Schaeff-Scheefen, Bd. 1 1936; Wunder, G., Das Kondominium der drei Reichsstädte Rothenburg, Hall und Dinkelsbühl in Kirchberg an der Jagst 1398–1567, Jb. f. fränk. Landesforschung 34/35 (1974/1975).

Kirchdorf (Herrschaft). Das 972 erstmals belegte K. (Kyrchtorf) an der Iller wurde 1604 von den Herren von Erolzheim an die Abtei Rot verkauft, die 1803 an die Grafen von Wartenberg und 1806 an Württemberg fiel. Damit kam K. 1951/1952 zu Baden-Württemberg.

L.: Hölzle, Beiwort 82.

Kirchen (reichsritterschaftliche Herrschaft). K. zählte zum Kanton Kocher und kam an Zwiefalten und damit über Württemberg 1951/1952 zu Baden-Württemberg.

Kirchensittenbach s. Schlüsselfelder von K.

Kirchentellinsfurt (reichsritterschaftlicher Ort). 1007 gab Kaiser Heinrich II. K. bei Tübingen an das Hochstift Bamberg. Von dort kam der durch Aufnahme des Ortsnamens Tälisfurt von anderen Kirchheimnamen unterschiedene Ort an die Grafen von Hohenberg und 1381 an Habsburg bzw. Österreich. K. steuerte zum Kanton Neckar des Ritterkreises Schwaben, bis Württemberg 1769 die Rechte ablöste. Über Württemberg gelangte K. 1951/1952 zu Baden-Württemberg. S. Imhoff (Im Hoff) von K.

Kirchheim (Herrschaft) s. Kirchheimbolanden

L.: Wallner 696 OberrheinRK 12.

Kirchheim s. Hofwart von K., Linck von K.

Kirchheim (am Lettenbach) (Herrschaft). K. bei Mindelheim wurde bereits im Frühmittelalter auf Reichsgut gegründet und kam im 10. Jahrhundert an das Hochstift Augsburg. Danach bildete es den Mittelpunkt einer Herrschaft, die später zum schwäbischen Reichskreis zählte. 1329 veräußerte die Augsburger Familie Onsorg die Herrschaft an die Herren von Freyberg (Freiberg), die 1343 die hohe Gerichtsbarkeit erlangten. 1484 kam sie an die Herren von Hürnheim, 1551 an die Fugger und 1806 an Bayern.

L.: Wolff 205; Wallner 685 SchwäbRK 15 a; Stauber, A., Das Haus Fugger von seinen Anfängen bis zur Gegenwart, 1900; Der Landkreis Mindelheim, 1968.

Kirchheim (am Neckar) (Reichsdorf). Am 8.1. 976 bestätigte Otto II. den tauschweisen Erwerb des Ortes K. durch Otto I. von Seiten des Hochstifts Chur. Dieses damit zum Reichsgut gehörige Dorf wurde danach in dem von König Albrecht am 29. 4. 1307 abgeschlossenen Landfrieden aufgeführt. Um 1400 unterwarf sich das Dorf zum Schutz gegen adlige Machtansprüche den Grafen von Württemberg. Über dieses gelangte K. 1951/1952 zu Baden-Württemberg.

L.: Dacheröden 151; Hugo 453; Grünenwald, G., Heimatbuch für Kirchheim am Neckar, 1949.

Kirchheimbolanden (Herrschaft). K. am Donnersberg wird 774 (als Kirchheim) erstmals erwähnt. Es kam im frühen 13. Jahrhundert an die Herren von Bolanden, dann über die von einer Linie der Grafen von Sponheim gebildeten Herren von Dannenfels und die Hohenlohe vor 1393/1394 an Nassau-Saarbrücken, 1574 an Nassau-Weilburg. Am Ende des 18. Jahrhunderts zählte es zum oberrheinischen Reichskreis. 1815 fiel es an Bayern und 1945/1946 an Rheinland-Pfalz.

L.: Wolff 265; Wallner 696 OberrheinRK 12; Köllner, A., Geschichte der Herrschaften Kirchheimbolanden und Stauf, 1854; Hopp, K., Geschichte der Herrschaft Kirchheim auf dem Gau, 1900; Schreibmüller, H., Burg und Herrschaft Stauf, 1913/1914; Döhn, H., Kirchheimbolanden, 1968 f.

Kirchlauter (reichsritterschaftlicher Ort). K. bei Ebern unterstand im 15. Jahrhundert den Herren von Füllbach. 1476 kam es an die Fuchs von Schweinshaupten, 1511 als Lehen des Hochstifts Würzburg an die Guttenberg. Es zählte zum Kanton Baunach des Ritterkreises Franken und fiel 1806 an Bayern.

L.: Wolff 512.

Kirnberg (Herrschaft) s. Kürnberg

L.: Hölzle, Beiwort 2.

Kirtorf (Ganerben). Von 1521 bis 1570 waren die K. an der Ganerbschaft Mommenheim beteiligt.

L.: Zimmermann 74.

Kisslegg (Herrschaft), Kißlegg. K. im Allgäu wurde vermutlich in der zweiten Hälfte des 8. Jahrhunderts als Ratboticella gegründet. Im 9. Jahrhundert war dort der Haupthof des Klosters Sankt Gallen im Nibelgau. 1227 nannten sich die 1135 bezeugten klösterlichen Meier nach der hier erbauten Burg von K. (Kiselegge). Sie erlangten die Klostergüter und das Niedergericht über K., Immenried, Waltershofen und Eintürnen als Lehen. Um 1300 wurden sie von den Herren von Schellenberg beerbt, die hier eine Linie begründeten. 1381 wurde die Herrschaft geteilt. Ein Teil kam 1708 an Waldburg-Wolfegg. Der andere Teil gelangte über die Sulzberg (1428), Freyberg (1525), Paumgarten (1592), Khuen-Belasi und Waldburg-Trauchburg (1669) 1793 an Waldburg-Zeil-Wurzach. Die Herrschaft war dem Kanton Hegau (Hegau-Allgäu-Bodensee, Bezirk Allgäu-Bodensee) des Ritterkreises Schwaben der Reichsritterschaft steuerbar. 1806 fiel K. an Württemberg und damit 1951/1952 an Baden-Württemberg.

L.: Wolff 200, 509; Wallner 685 f. SchwäbRK 12, 26 a; Der Kreis Wangen, 1962; Müller, S., Kißlegg im Allgäu, 1974.

Kitzingen (Kloster, Reichsabtei?). Das Kloster K. (748 Chittzinga) wurde vielleicht schon in vorbonifatianischer Zeit auf Reichsgut gegründet. 1007 war es eine Abtei königlichen Rechts, die dem Hochstift Bamberg gegeben wurde. Die Vogtei übten seit dem elften Jahrhundert die späteren Grafen von Hohenlohe aus. Im 14. Jahrhundert teilten sich Bischof von Würzburg und Burggrafen von Nürnberg (später die Markgrafen von Ansbach bzw. Brandenburg-Ansbach) die Herrschaft. 1521 erscheint K. in der Reichsmatrikel. 1544 wurde die Reformation eingeführt und 1802/1803 kam K. von Würzburg an Bayern.

L.: Wolff 100; Bachmann, L., Kitzinger Stadtgeschichte, 1929; Apud Kizinga monasterium, hg. v. Walter, H., 1995.

Kitzingen, Spital (Reichsritter). Um 1800 zählte das Spital in K. zum Kanton Steigerwald des Ritterkreises Franken.

L.: Riedenauer 129.

Kitzingen, Stadt (Reichsritter). Um 1800 zählte die Stadt K. zum Kanton Steigerwald des Ritterkreises Franken.

L.: Riedenauer 129: Hock, B., Kitzingen im Dreißigjährigen Krieg, 1981; Apud Kizinga monasterium, hg. v. Walter, H., 1995.

Klagenfurt (Stadt der Landstände von Kärnten, autonome Stadt). 1195 wird der von Herzog Hermann von Kärnten (1161–1181) gegründete Markt K. an einer Furt über die Glan (Chlagenfurt) erstmals erwähnt. Um 1250 gründete Herzog Bernhard den Markt an günstigerer Stelle und erhob ihn zwischen 1270 und 1290 zur Stadt, die einen Ausgleich für das bambergische Villach bieten sollte. 1338 bestätigte Herzog Albrecht II. von Österreich die Stadtrechte. 1518 übertrug Kaiser Maximilian in einem beispiellosen Vorgang den 1514 niedergebrannten Ort den Landständen von Kärnten, die sich verpflichteten, daraus die stärkste Festung des Landes zu machen. Zwischen 1543 und 1591 wurde Klagenfurt zur Landeshauptstadt ausgebaut und blieb bis 1848/1849 in der Herrschaft der Stände, kam danach aber an Österreich.

L.: Wolff 30; Die Städte Deutschösterreichs, hg. v. Stein, E., Bd. 4 Die Stadt Klagenfurt, 1929; Schmid, E., Die Beziehungen der Stadt Klagenfurt zu ihrem Umland, 1959; Die Landeshauptstadt Klagenfurt. Aus ihrer Vergangenheit und Gegenwart, hg. v. Moro, G., Bd. 1f. 1970; Hödl, G., Klagenfurt, LexMA 5 1990, 1192.

Klee s. Burkhardt von der K., Burkard von der K.

Kleinpolen (Gebiet) s. Polen

Kleinpommern (Gebiet) s. Pommerellen

Kleinschmidt (Reichsritter). Um 1700 zählten K. zum Kanton Odenwald des Ritterkreises Franken.

L.: Riedenauer 124.

Klengel s. Clengel

Klettenberg (Herrschaft, Grafschaft). Die nach der Burg Hohnstein bei Nordhausen benannten Grafen von Hohnstein, welche die älteren, 1187 erstmals bezeugten, nach der Burg K. bei Walkenried benannten Grafen von K., die vielleicht von der edelfreien Familie von Ballhausen abstammten und zwischen Walkenried und Nordhausen sowie am südlichen Rand der Goldenen Aue begütert waren, von 1238 bis 1253/1267 allmählich verdrängten, spalteten um 1315 die Linie K. ab. Sie starb nach weiteren Teilungen 1593/1633 aus. Die zum obersächsischen Reichskreis zählende Grafschaft fiel 1648 mit Halberstadt an Brandenburg, das sie als Lehen an die Grafen von Sayn-Wittgenstein-Wittgenstein (Sayn-Wittgenstein) ausgab, aber 1702 wieder einzog. Um 1800 umfasste ihr Gebiet zusammen mit der Herrschaft Lohra 7 bzw. 8 Quadratmeilen. Die Grafschaft K. enthielt die Städte Ellrich und Sachsa, die Ämter K., Fronderode (Frohnderode), Mauderode, Wolffleben (Wolfleben) und Benneckenstein (Beneckenstein) und eine Anzahl Dörfer. In Preußen kam K. zur Provinz Sachsen und nach 1945 zu Thüringen (ausgenommen Sachsa [zu Niedersachsen]), 1990 ff. zu Sachsen-Anhalt.

L.: Wolff 424f.; Wallner 710 ObersächsRK 20; Mascher, K., Reichsgut und Komitat am Südharz im Hochmittelalter, 1957, 17ff.; Eberhardt, H., Landgericht und Reichsgut im nördlichen Thüringen, Bll. f. dt. LG. 95 (1959), 74ff.; Blaschke, K., Klettenberg, LexMA 5 1990, 1211.

Klettenberg s. Pfraumheim genannt K.

Klettgau (gefürstete Landgrafschaft). Der K. (zu lat. cleta, Geflecht) an der unteren Wutach war in karolingischer Zeit eine Grafschaft. Um 1200 waren dort vor allem die Grafen von Küssaberg, die Herren von Krenkingen, das Kloster Allerheiligen in Schaffhausen und das Hochstift Konstanz begütert. Die Güter der Grafen von Küssaberg kamen 1245 teilweise an das Hochstift Konstanz, die Güter der Herren von Krenkingen von 1270 bis 1287 an Habsburg. Von 1282 bis 1408 unterstand der K. als Landgrafschaft den Grafen von Habsburg-Laufenburg (1315 Grafenamt, 1325 Landgrafenamt). Danach kam er durch Heirat an die Grafen von Sulz (am Neckar bei Tübingen), die unter anderem 1656 die obere nördliche Hälfte der reichsunmittelbaren Stadt Schaffhausen überließen, die sich 1501 der Eidgenossenschaft der Schweiz anschließen hatte müssen und 1525 Teile der Güter des Hochstifts Konstanz erworben hatte. Der Rest, ein Gebiet von 5,5 Quadratmeilen bzw. rund 300 Quadratkilometern (die 1482 erworbene Stadt Tiengen und eine Anzahl Dörfer) kam 1687 beim Aussterben der Grafen von Sulz über die Erbtochter an die Fürsten von Schwarzenberg (bis 1805) und wurde 1698 zu einer gefürsteten Landgrafschaft erhoben, die dem schwäbischen Reichskreis angehörte. 1805/1806 erwarb Baden die Landeshoheit, 1812/1813 die Schwarzenbergischen Eigengüter. Über Baden gelangte das Gebiet 1951/1952 zu Baden-Württemberg.

L.: Wolff 178; Zeumer 553 II b 61, 7; Wallner 689 SchwäbRK 25; Großer Historischer Weltatlas III 22 (1648) D5; Wanner, M., Geschichte des Klettgaues, 1857; Curs, O., Deutschlands Gaue im zehnten Jahrhundert. Nach den Königsurkunden, Diss. phil. Göttingen 1908, 4 (östlich der Wutach, rechts des Rheins); Polenz, P. v., Landschafts- und Bezirksnamen, 1961, II, 39, 96, Chletgouwe; Der Klettgau, hg. v. Schmidt, F., 1971; Bader, K. S., Der deutsche Südwesten in seiner territorial-staatlichen Entwicklung, 2. unv. A. 1978; Borgolte, M., Geschichte der Grafschaften Alemanniens in fränkischer Zeit, 1984, 59 (Löhningen), 208.

Kleve (Grafschaft, Herzogtum). Wahrscheinlich im 9. Jahrhundert wurde auf einer beherrschenden Anhöhe im niederrheinischen Tiefland die Burg K. (Clive, Kliff) errichtet. Sie war infolge der Gründung einer Grafschaft am linken Rheinufer durch Kaiser Heinrich II. (um 1020) ab Mitte des 11. Jahrhunderts Sitz der Grafen von K., deren älteste Grafen zugleich auch Grafen von Teisterbant, das im 11. Jahrhundert an Utrecht fiel, gewesen sein sollen. Als erster der Grafen ist 1092 ein comes Thiedericus de Cleve belegt. Die Grafen erweiterten den im südlichen Teil des Nimwegener Reichswaldes gelegenen Kern der ursprünglichen Grafschaft (K., Kalkar, [Monreberg] Monterberg) auf Kosten des Reiches und des Erzstiftes Köln. Spätestens im 13. Jahrhundert griffen sie auf das rechte Rheinufer über (Wesel [1233], Duisburg, Herrschaft Dinslaken), im 14. Jahrhundert nach Emmerich. Zugleich betrieben sie mit großem Eifer die Binnenbesiedlung. Nach dem Aussterben der Grafen 1368 setzte sich Graf Adolf III. von der Mark, der die Nichte des letzten Grafen geheiratet hatte, durch. Er gewann 1392 Rees und Aspel, verlor aber Linn bei Krefeld an Köln. 1398 wurde die Herrschaft über K. und Mark sowie Ravensburg und Ravenstein in einer Hand vereinigt. 1417 wurde das bis 1461 in seinen beiden Teilen getrennt verwaltete K. zum Herzogtum erhoben. 1424 wurde Gennep, 1429 Emmerich und der östliche Teil des Reichswaldes gewonnen. Die enge Verbindung mit Burgund im 15. Jahrhundert ermöglichte Gebietsgewinne auf Kosten Gelderns (1473 Goch, Aspenden, Weeze, Wachtendonk, Düffel, Vogtei über Elten). In der Soester Fehde erwarb K. Soest und Xanten (1444–1449) vom Erzstift Köln. 1521 wurden die Herzogtümer K. (Mark) und Jülich(-Berg-Ravensberg) infolge der 1496 erfolgten Heirat Johanns III. mit der Erbin von Jülich(-Berg-Ravensberg) in Personalunion vereinigt. Kleves Landstände gingen früh zum Luthertum und später teilweise zum Calvinismus über. 1609 starb das Grafenhaus aus. 1614 fielen K. und Mark im Jülicher Erbfolgestreit an das calvinistische Brandenburg. Im 18. Jahrhundert umfasste K. etwa 40 Quadratmeilen mit rund 100 000 Einwohnern. Das zum niederrheinisch-westfälischen Reichskreis zählende Herzogtum enthielt den so genannten steuerrätlichen Städtekreis und den landrätlichen Kreis. Ersterer bestand aus dem Städtekreis westseits des Rheines unterwärts mit den Städten K., Emmerich, Kranenburg (Cranenburg), Zevenaar, Huissen, Gennep, Griethausen und Goch, dem Städtekreis westseits des Rheines oberwärts mit den Städten Xanten, Orsoy, Kalkar, Sonsbeck, Uedem, Büderich, Kervenheim und Grieth und dem Städtekreis ostwärts des Rheines mit den Städten Wesel, Duisburg, Rees, Dinslaken, Ruhrort, Schermbeck, Holten und Isselburg. Letzterer umfasste den klevisch landrätlichen Kreis (die Richterämter K., Kleverham [Kleveham], Kalkar, Grieth, Goch, Asperden, Gennep, Kranenburg [Cranenburg], Düffel [Duiffeld], Uedem, Sonsbeck, Schravelen, die Jurisdiktionen Huisberden, Halt, Hönnepel [Hennepel], Niedermörmter, Moyland, Till, Heyen, Mook, Kessel, Mörmter und die adligen Herrlichkeiten Appeldorn, Weeze [Wees], Zyfflich-Wyler und Wissen), den weselschen landrätlichen Kreis (Richterämter Wesel, Brünen, Bislich, Büderich, Wallach, Xanten, Winnenthal, Dinslaken, Götterwickerhamm [Gotteswickerham], Spellen, Holten, Beeck, Schermbeck und die adligen Herrlichkeiten Hamminkeln, Meiderich, Diersfordt [Diersfort], Gahlen, Bühl, Hünxe [Hünke], Voerde, Haffen, Mehr, Borth, Veen mit der Freiheit Winnenthal) und den emmerichschen landrätlichen Kreis (Ämter Emmerich, Lobith, Rees, Hetter, Grietherbusch [Grieterbusch], Lymers, Huissen und Malburgen [Malburg], Jurisdiktionen Millingen und Hurl, Sonsfeld, Haldern [Halderen], Offenberg, Bienen, Wehl [Weel], Hüllhausen und Groin). 1795 verzichtete Preußen im Frieden von Basel zugunsten Frankreichs auf das linksrheinische K., 1805 verlor es den Rest an Frankreich, das das Gebiet mit dem Großherzogtum Berg vereinigte und Wesel zu Frankreich schlug. 1815 erhielt Preußen den größten Teil zurück (Provinz Jülich-Kleve-Berg 1816–1821, 1822 Rheinprovinz), während Zevenaar, Huissen und Malburgen (Malburg) an die Niederlande kamen. Von Preußen gelangten die Güter 1946 zu Nordrhein-Westfalen.

L.: Wolff 314 ff.; Wallner 710 WestfälRK 3; Großer Historischer Weltatlas II 78 (1450) F3; Die Territorien des Reichs 3, 86; Char, Geschichte des Herzogtums Cleve, 1845; Schottmüller, K., Die Organisation der Zentralverwaltung in Cleve-Mark vor der brandenburgischen Besitzergreifung 1609, 1897; Beiträge zur Geschichte des Herzogtums Kleve, hg. v. Herrmann, A., 1909; Quellen zur inneren Geschichte der rheinischen Territorien. Herzogtum Kleve, hg. v. Ilgen, T., Bd. 1–3 1921 ff.; Geschichte des Rheinlandes, hg. v. Aubin, H./Frings, T., Bd. 1 f. 1922; Geschichtlicher Handatlas der deutschen Länder am Rhein, Mittel- und Niederrhein, bearb. v. Niessen, J., 1950; Oediger, F. W., Die ältesten Grafen von Cleve, Ann. d. hist. Vereins f. d. Nied.Rhein 153/154 (1953); Rheinischer Städteatlas I, H. 1 Kleve, 1952–1956; Kastner, D., Die Territorialpolitik der Grafen von Kleve, 1972; Flink, K., Kleve im 17. Jahrhundert. Studien und Quellen, 1979; Köbler, G., Gericht und Recht in der Provinz Westfalen (1815–1945), FS G. K. Schmelzeisen, 1980, 176; Glezerman, A./Harsgor, M., Cleve – ein unerfülltes Schicksal. Aufstieg, Rückzug und Verfall eines Territorialstaates, (o. J.); Kraus, T., Studien zur Frühgeschichte der Grafen von Kleve und die Entstehung der klevischen Landesherrschaft, Rhein. Vbjll. 46 (1982), 1 ff.; Land im Mittelpunkt der Mächte. Die Herzogtümer Jülich, Kleve, Berg, 3. A. 1985; Schleidgen, W., Das Kopiar der Grafen von Kleve, 1986; Aymans, G., Das Clevische Kataster der Jahre 1731–1738, 1986, Erdkunde 40; Klevische Städteprivilegien (1241–1609), hg. v. Flink, K., 1989; Die klevischen Hofordnungen, hg. v. Flink, C., 1997; Repertorium der Policeyordnungen der frühen Neuzeit, hg. v. Härter, K./Stolleis, M., Bd. 2 1998; Escher, M. u. a., Die urbanen Zentren, 2005, 1, 405, 2, 308.

Kleve-Mark (Herzogtum) s. Kleve, Mark

Klinckhart, Klinkhart (Reichsritter). Im frühen 16. Jahrhundert zählten die K. von Wartenrode (Vockenrot [Vockenrodt]) zum Kanton Odenwald des Ritterkreis Franken.

L.: Riedenauer 124.

Klingen (Reichsdorf). Am 25. 10. 1361 schlug Karl IV. auf das neben anderem an die Pfalzgrafschaft verpfändete Dorf K. bei Landau eine weitere Summe auf. Über die Pfalz kam K. 1815 an Bayern und 1945/1946 an Rheinland-Pfalz.

L.: Hugo 466, 464.

Klinglin (Reichsritter). Im 18. Jahrhundert gehörten die K. mit dem 1765 endgültig erworbenen Hönheim zur Reichsritterschaft Unterelsass.

L.: Hölzle, Beiwort 67.

Klinkhart (Reichsritter) s. Klinckhart

Knebel von Katzenelnbogen (Freiherren, Reichsritter). Im späten 16. Jahrhundert und im 17. Jahrhundert gehörten die K. zum Kanton Odenwald des Ritterkreises Franken. Im 18. Jahrhundert zählten die Freiherren K. mit einem Zehntel der Ganerbschaft Bechtolsheim und Neuweier (Neuweyer) zum Kanton Oberrheinstrom des Ritterkreises Rhein sowie zum Ort (Kanton) Ortenau des Kantons Neckar des Ritterkreises Schwaben (1802 Philipp Franz K.).

L.: Genealogischer Kalender 1753, 544; Roth von Schreckenstein 2, 595; Zimmermann 75; Winkelmann-Holzapfel 154; Riedenauer 124.

Knechtsteden (Abtei). Die 1130 westlich von Dormagen gegründete Prämonstratenserabtei K., der fünf Damenstifte und fünf Pfarreien unterstanden, wurde 1802 aufgehoben. Über Preußen (Rheinprovinz) kam K. 1946 zu Nordrhein-Westfalen.

L.: Knechtsteden, hg. v. Schulten, W., 1961.

Kniestedt (Freiherren, Reichsritter). Im 18. Jahrhundert zählten die Freiherren von K. mit dem 1701 erworbenen Heutingsheim und dem 1765 erworbenen Schaubeck samt Kleinbottwar zum Kanton Kocher des Ritterkreises Schwaben. Von 1771 bis 1805 waren sie mit dem 1706 erworbenen Rübgarten auch im Kanton Neckar immatrikuliert.

L.: Roth von Schreckenstein 2, 592; Hölzle, Beiwort 62, 64; Hellstern 208, 218; Kollmer 376 f.; Schulz 265.

Kniphausen, Knyphausen (Herrlichkeit, Reichsherrschaft). 1496 erwarb Fulf von Inhausen die um die Burg K. nordwestlich von Wilhelmshaven gelegene Herrschaft K. (Kirchspiele Accum, Sengwarden, Fedderwarden) in Oldenburg. Nach Verlust an Jever 1547 und Rückgewinn kam K. 1623/1624 durch Entscheidung des Reichskammergerichts an Oldenburg als Nachfolger Jevers. 1667 erlangte es infolge eines Fideikommisses für Graf Anton von Aldenburg zusammen mit Varel wieder Selbständigkeit. Im 18. Jahrhundert wurde es infolge Testamentes Anton Günthers von Oldenburg eine Reichsherrschaft (1737) der Grafen von Bentinck. Von 1808 bis 1813 unterstand es Frankreich und danach der Hoheit Oldenburgs. 1828 umfasste die Herrlichkeit K. etwa 2800 Einwohner. Nach einem 1835 entbrannten Erbstreit kam sie 1854 zusammen mit Varel durch Verkauf wieder an Oldenburg und damit K. 1946 an Niedersachsen.

L.: Wolff 496f.; Großer Historischer Weltatlas III 38 (1789) C1; Zimmerli, G.W., Kulturbilder aus der friesischen Vergangenheit, 1905; Grundig, E., Der Kampf um Kniphausen 1836, Oldenburg. Jb. 51 (1951).

Knöringen (Freiherren, Reichsritter). Die Freiherren von K. waren mit der 1545 erworbenen Herrschaft Kreßberg (Krießberg) samt Lustenau bis 1805/1806 Mitglied des Kantons Altmühl des Ritterkreises Franken. Außerdem zählten sie zum Ritterkreis Schwaben (1605–1662 mit Wildenstein zum Kanton Kocher).

L.: Biedermann, Altmühl; Stieber; Roth von Schreckenstein 2, 592; Hölzle, Beiwort 55; Winkelmann-Holzapfel 154; Riedenauer 125; Schulz 266.

Kobern (Herrschaft). Nach der Burg K. an der unteren Mosel nannten sich seit dem 12. Jahrhundert Herren von K. Ihre Güter kamen am Ende des 12. Jahrhunderts über die Erbtochter an die Grafen von Isenburg, die eine Linie Isenburg-Kobern gründeten. 1195 nahm Gerlach von Isenburg die Herrschaft vom Erzbischof von Trier zu Lehen. (Nach Aussterben des Geschlechts im Mannesstamm [1301] verkauften die Töchter 1347 und 1351 die Herrschaft an das Erzstift Trier, das dadurch eine Verbindung zum Rhein erhielt.) In Triers linksrheinischen Gütern fiel K. 1794 an Frankreich, 1815 an Preußen und damit 1946 an Rheinland-Pfalz.

L.: Escher, M. u.a., Die urbanen Zentren, 2005, 2, 311.

Kobersdorf (Herrschaft). Am Anfang des 13. Jahrhunderts gehörte K. im mittleren Burgenland einem Pousa, Sohn des Botus de genere Szak. Wenig später gelangte es an die Atyinay. 1280 wurde es durch König Ladislaus IV. dem Geschlecht Csák verliehen. Nach 1291 gab es König Andreas III. von Ungarn dem Grafen Lamberg (Lamperg), doch kam es vor 1319 an die Grafen von Mattersdorf, die um 1300 die Burg Forchtenstein errichteten. Von den Forchtenstein erwarb 1447 der Herzog von Österreich die Herrschaft K. und gab sie 1451 an König Friedrich III. weiter. 1491 wurde sie verwaltungsmäßig mit Niederösterreich vereinigt. Allerdings wurde sie von Habsburg/Österreich vielfach verpfändet. Zu ihr gehörten neben K. Stoob, Kalkgruben, Weppersdorf und Oberpetersdorf, später Tschurndorf, Lindgraben und Neudorf. 1626 kam sie an Ungarn zurück, 1704 an die Esterhazy. Mit dem Burgenland gelangte das Gebiet 1919 zu Österreich.

Koblenz (Ballei). Am Ende des 18. Jahrhunderts zählte die Ballei K. des Deutschen Ordens zu den rheinischen Prälaten der geistlichen Bank des Reichsfürstenrates des Reichstages und zum kurrheinischen Reichskreis. Sie hatte kein weiteres Gebiet.

L.: Wolff 93; Zeumer 552 II a 37, 2; Wallner 700 KurrheinRK 11; Eiler, K., Stadtfreiheit und Landesherrschaft in Koblenz. Untersuchungen zur Verfassungsentwicklung im 15. und 16. Jahrhundert, 1980; Looz-Corswarem, O. v., Koblenz um 1800, 1981; Kerber, D./Liessen, U., Der Deutsche Orden in Koblenz, 1990; Kerber, D., Koblenz, LexMA 5 1990, 1242ff.; Geschichte der Stadt Koblenz, hg. v. Bátori, I. u.a., Bd. 1f. 1992f.; Eickels, K. v., Die Deutschordensballei Koblenz, 1995; Tippach, T., Koblenz, 2002; Escher, M. u.a., Die urbanen Zentren, 2005, 2, 313.

Koch, Kott? (Reichsritter). Die K. gehörten im frühen 17. Jahrhundert zum Kanton Odenwald des Ritterkreises Franken.

L.: Riedenauer 125.

Kochendorf s. Greck zu K.

Kocher (Kanton). Der Kanton K. gehörte zum Ritterkreis Schwaben der Reichsritterschaft.

L.: Wolff 510; Schulz, T., Das Fürststift Ellwangen und die Ritterschaft am Kocher, Ellwanger Jb. 31 (1985/1986); Schulz, T., Die Mediatisierung des Kantons Kocher, Zs. f. württemberg. LG. 47 (1988).

Kochergau (Chohhanguue, Chochengowe, Gau um Kocher)

L.: Curs, O., Deutschlands Gaue im zehnten Jahrhundert. Nach den Königsurkunden, Diss. phil. Göttingen 1908, 4 (Hüttlingen, Stödlen, Gerbertshofen, Hegenberg, Gauchshausen, Hochtänn, Eschelbach); Polenz, P. v., Landschafts- und Bezirksnamen, 1961, II, 24, 27, Chochengouwe.

Kocherstetten, (Ganerbschaft) (Reichsritter). Um 1700 zählte die Ganerbschaft K. zum Kanton Odenwald des Ritterkreises Franken. Der Ort K. kam über Württemberg 1951/1952 zu Baden-Württemberg.

L.: Riedenauer 129.

Köffikon s. Rüpplin von K.

Kohlberg (Reichsdorf?). 1307 verpfändete König Albrecht dem Bernhard von Ellerbach das Dorf Colberg (K. bei Zell am Harmersbach), das 1456 vom Kloster Zwiefalten ausgelöst wurde.

L.: Dacheröden 128; Hugo 475.

Köhrscheidt, Röhrscheid? (Reichsritter). Die K. gehörten vielleicht dem Kanton Gebirg (Vogtland) des Ritterkreises Franken und der vogtländischen Ritterschaft (Vogtland) an.

L.: Riedenauer 125.

Kolb (Reichsritter) s. Kolb von Rheindorf

L.: Riedenauer 125.

Kolb von Rheindorf (Reichsritter). Bis ins frühe 17. Jahrhundert waren Kolb im Kanton Odenwald des Ritterkreises Franken immatrikuliert. Im 17. und 18. Jahrhundert zählten die K., davon bis 1711 mit dem Rittergut Kreßbach (Krießbach), zum Kanton Neckar des Ritterkreises Schwaben.

L.: Stieber; Hellstern 208; Kollmer 378; Riedenauer 125.

Kolb von Wartenberg (Reichsritter). Im 18. Jahrhundert zählten die K. zum Ritterkreis Rhein.

L.: Roth von Schreckenstein 2, 595.

Kolberg (Bistum). Bei der Gründung des Erzbistums Gnesen im Jahre 1000 wird K. (Salsa Cholbergiensis) als Bistum genannt, später aber nicht mehr erwähnt. 1248 überließ der Herzog von Pommern dem Bischof von Cammin (Kammin) das Land K.

L. Wolff 485.

Kolberg (Burg, Bistum, Stadt). In K. an der Persante bestand bereits im 9. Jahrhundert eine slawische Burg. 1255 erhielt die deutsche Siedlung nördlich der slawischen Siedlung Stadtrecht von Lübeck. 1648 kam K. von Pommern an Brandenburg. Seit 1945 stand es unter Verwaltung Polens und gelangte 1990 als politische Folge der deutschen Wiedervereinigung an Polen.

L.: Wolff 485; Riemann, R., Geschichte der Stadt Kolberg, 1873; Völker, J., Geschichte der Stadt Kolberg, 1964; Tepp, P., Untersuchungen zur Sozial- und Wirtschaftsgeschichte der Hanse- und Salzstadt Kolberg im Spätmittelalter, 1980; Schmidt, R., Kolberg, LexMA 5 1990, 1252.

Kolmar s. Colmar

Kolingouwe (pagus Coloniensis) s. Kölngau

L.: Polenz, P. v., Landschafts- und Bezirksnamen, 1961, II, 16, 30.

Köln (Erzstift, Kurfürstentum). In K., das 50/38 v. Chr. als oppidum Ubiorum und 50 n. Chr. als Colonia Claudia Ara Agrippinensium erscheint, ist erstmals 313/314 ein Bischof (Maternus) bezeugt. Nach der Eroberung Kölns durch die Franken 459 n. Chr. wurde das Bistum 794/795 zum Erzbistum (Erzbischof Hildebold) erhoben. Ihm gehörten die Bistümer Utrecht (bis 1559), Lüttich, Münster, Osnabrück, Minden und (Hamburg-)Bremen (bis 834/843/864) an. 953 übertrug Otto der Große seinem Bruder Brun das Erzbistum (mit der Stadt) sowie das Herzogtum Lothringen, von dem ein schmaler 100 Kilometer langer und 25 Kilometer breiter linksrheinischer Streifen von Rheinberg bis Rolandseck (Andernach 1167 aus Reichsgut erhalten, dazu Deutz, Linz, Altenwied, Godesberg) die Grundlage weltlicher Herrschaft des Erzstifts K. bildete. 1028 erhielt der Erzbischof das Recht der Salbung und Krönung des deutschen Königs in Aachen, 1031 die Würde des Reichskanzleramtes in Italien. 1180 erwarb Erzbischof Philipp von Heinsberg, der sich auf vielleicht 2000 hofrechtlich und dienstrechtlich verpflichtete Ministeriale stützen konnte, im Zusammenhang mit dem Sturz Heinrichs des Löwen als Lohn für seine Kaisertreue das Herzogtum Westfalen (und Engern), dessen Mittelpunkt später die erworbene Grafschaft Arnsberg und dessen Vorort im 15. Jahrhundert Brilon wurde. Heinrich I. (1225–1238) gewann das Vest Recklinghausen aus der Erbschaft der dortigen Grafen. Wenig später kamen Güter um Altenahr, Nürburg und Hardt von Seiten Konrad von Hochstadens hinzu. Im 13. Jahrhundert wurde der Erzbischof einer der Kurfürsten (Kurköln). 1288 verlor allerdings Siegfried von Westerburg im limburgischen Erbfolgestreit mit Jülich und Brabant durch die Niederlage von Worringen die Herrschaft über die Stadt K. Obwohl dann im 14. Jahrhundert außer der Grafschaft Arnsberg (1368) die Grafschaft Hülchrath und das Land Linn mit Uerdingen hinzukamen, brachte doch die Soester Fehde (1444–1449) mit Kleve den weiteren Verlust von Soest und Xanten sowie tiefgreifende wirtschaftliche Zerrüttung. Die Bemühungen, in der Reformation das Erzstift in ein protestantisches weltliches Herrschaftsgebiet umzuwandeln, blieben erfolglos. Seit 1525 wurde Bonn Hauptstadt des Erzstifts (1663 Gymnasium, 1786 Universität). Unter wittelsbachischen Erzbischöfen (1583–1761) schloss sich das zum kurrheinischen Reichskreis zählende Erzstift der antihabsburgischen, frankreichfreundlichen Haltung Bayerns an. Am Ende des 18. Jahrhunderts umfasste das in das südlich von K. gelegene Oberstift, das nördlich von K. gelegene Unterstift und das Herzogtum Westfalen geteilte Erzstift 130 Quadratmeilen mit 230000 Einwohnern. 1801 annektierte Frankreich den linksrheinischen Teil des Erzstiftes und schuf hierfür kirchenrechtlich das Bistum Aachen. Der rechtsrheinische Teil wurde 1803 säkularisiert und an Wied-Runkel (Altenwied, Neuerburg [Neuenburg]), Nassau-Usingen, Arenberg (Recklinghausen) und Hessen-Darmstadt (Westfalen) aufgeteilt. 1806 musste Nassau Teile an das Großherzogtum Berg abgeben, das auch 1810 von Arenberg das Vest Recklinghausen erhielt. 1814 kam das Gebiet ohne die nassauischen Teile an Preußen (Provinz Westfalen), 1946 an Nordrhein-Westfalen bzw. Rheinland-Pfalz.

L.: Wolff 84; Zeumer 552 I 3; Wallner 700 KurrheinRK 3; Großer Historischer Weltatlas II 34 (1138–1254) F3, II 66 (1378) D3, III 22 (1648) C4, III 38 (1789) D2; Wisplinghoff, E./Dahm, H., Die Rheinlande, in: Geschichte der deutschen Länder, Bd. 1; Die Territorien des Reichs 3, 58; Walter, F., Das alte Erzstift und die Reichsstadt Köln, 1886; Regesten der Erzbischöfe von Köln im Mittelalter (313–1332), bearb. v. Knipping, R./Kisky, W./Oediger, F. W., Bd. 1–4 1901 ff.; Fabricius, W., Erläuterungen zum geschichtlichen Atlas der Rheinprovinzen, Bd. 1 1909; Braubach, M., Kurköln, 1949; Geschichtlicher Handatlas der deutschen Länder am Rhein, Mittel- und Niederrhein, bearb. v. Niessen, J., 1950; Droege, G., Verfassung und Wirtschaft in Kurköln unter Dietrich v. Moers 1414–1436, 1957; Gensicke, H., Landesgeschichte des Westerwaldes, 2. A. 1987; Handbuch des Erzbistums Köln, hg. v. Erzbischöflichen Generalvikariat Köln, Bd. 1 f. 26. A. 1966; Geschichte des Erzbistums Köln (bis 1189), hg. v. Neuss, W./Oediger, F. W., Bd. 1 2. A. 1972, Neudruck 1991; Picot, S., Kurkölnische Territorialpolitik am Rhein unter Friedrich von Saarwerden, 1977; Hegel, E., Das Erzbistum Köln zwischen Barock und Aufklärung (1688–1814), 1979; Janssen, W., Die mensa episcopalis der Kölner Erzbischöfe im Spätmittelalter, in: Die Grundherrschaft im späten Mittelalter Bd. 1, hg. v. Patze, H., 1983; Winterling, A., Der Hof des Kurfürsten von Köln 1688–1794, 1986; Tewes, L., Die Amts- und Pfandpolitik der Erzbischöfe von Köln im Spätmittelalter, 1987; Die Salier und das Reich, hg. v. Weinfurter, S., 1991 2, 1 ff., 267 ff.; Seibert, H., Köln, LexMA 5 1991, 1261 ff.; Ritzerfeld, U., Das Kölner Erzstift im 12. Jahrhundert, 1994; Höroldt, U., Studien zur politischen Stellung des Kölner Domkapitels, 1994; Janssen, W., Das Erzbistum Köln im späten Mittelalter, 1995 ff.; Quellen zur Geschichte der Stadt Köln, hg. v. Deeters, J. u. a., Bd. 2 ff. 1996 ff.; Repertorium der Policeyordnungen der frühen Neuzeit, hg. v. Härter, K./Stolleis, M., Bd. 1 1997; Prössler, R., Das Erzstift Köln, 1997; Bauer, T., Lotharingien als politischer Raum, 1997; Fuhrmann, H., Das Urkundenwesen der Erzbischöfe von Köln im 13. Jahrhundert, 2000; Weise, W., Der Hof der Kölner Erzbischöfe in der Zeit Kaiser Friedrich Barbarossas, 2004; Escher, M. u. a., Die urbanen Zentren, 2005, 1, 411, 2, 316.

Köln (freie Reichsstadt). Der Raum um Köln war seit der Altsteinzeit besiedelt. 50/38 v. Chr. siedelte Agrippa am linken Rheinufer die germanischen Ubier an (oppidum Ubiorum). 50 n. Chr. erhielt die erweiterte Siedlung italisches Stadtrecht und zu Ehren der Kaiserin Agrippina den Namen Colonia Claudia Ara Agrippinensium (verkürzt Colonia Agrippinensis, Colonia). Sie wurde rasch Vorort Niedergermaniens und wies bereits im 3. Jahrhundert christliche Gemeinden und im 4. Jahrhundert (313/314) einen Bischof auf. Nach dem Tod des Aetius wurde K. als letzte römische Festung am Rhein fränkisch und zeitweise Vorort des ripuarischen und austrasischen Teilreiches (460, 561). Später bewirkte vor allem die günstige Verkehrslage seine wirtschaftliche Vorrangstellung. Dazu kam 794/795 die Errichtung eines Erzbistums in K. Vielleicht schon im 9. Jahrhundert, jedenfalls 953 ging K. an den Erzbischof über. Hieraus entwickelten sich schwere Auseinandersetzungen zwischen der entstehenden Stadt und dem Erzbischof. 1074 kam es dabei zum Aufstand gegen den Erzbischof, 1112 zur Bildung einer Schwurgemeinschaft (coniuratio pro libertate). Bis 1180 erreichte die Stadt durch Einbeziehung der Rheinvorstadt (vor 989), von Oversburg und Niederich (E. 11. Jahrhundert) sowie von St. Severin, St. Gereon und St. Ursula ihre bis ins 19. Jahrhundert währende Ausdehnung. 1140/1142 erscheint das Schöffenkolleg, im 13. Jahrhundert der Rat. 1259 gewann K. das Stapelrecht. Der Sieg von Worringen (1288) brachte der Stadt eine weitgehend unabhängige, reichsunmittelbare Stellung, wenngleich die Erzbischöfe die Hochgerichtsbarkeit und verschiedene andere Rechte behaupten konnten. Innerhalb der Stadt wurde 1371/1396 das Patriziat von den Zünften aus seiner beherrschenden Stellung verdrängt. Dessen ungeachtet wurde gleichzeitig 1388 in Köln auf Betreiben des Rates die erste deutsche Stadtuniversität gegründet, die bis 1798 Bestand hatte. 1437 erfasste eine Statutensammlung beinahe den gesamten Bereich städtischer Rechtspraxis. Am 19. 9. 1475 erhob Kaiser Friedrich III. die Stadt, die mit rund 40000 Einwohnern auf einem Gebiet von rund 800 Hektar größte deutsche Stadt war, zur freien Reichsstadt, bestätigte aber gleichzeitig dem Erzbischof alle überkommenen Rechte. Rechtsstreite vor Reichskammergericht und Reichshofrat über die Stellung der Stadt wurden bis zum Ende des alten Reiches (1806) nicht entschieden. 1794 wurde die zum niederrheinisch-westfälischen Reichskreis zählende Stadt von Frankreich besetzt, 1801 annektiert, wobei 1797 die französische Munizipalverwaltung und 1798 die Departementsverwaltung und eine einheitliche Gerichtsverfassung eingeführt wurden. 1815 fiel sie an Preußen, unter dem 1919 die Universität neu begründet wurde, 1946 an Nordrhein-Westfalen.

L.: Wolff 369; Zeumer 552 IIIa, 1; Wallner 705 WestfälRK 58; Großer Historischer Weltatlas III 22 (1648) C3, III 38 (1789) B2; Die Territorien des Reichs 3, 58; Ennen, L., Quellen zur Geschichte der Stadt Köln, Bd. 1. ff. 1860 ff.; Ennen, L., Geschichte der Stadt Köln, Bd. 1–5 1863 ff.; Stein, W., Akten zur Geschichte der Verfassung und Verwaltung der Stadt Köln im 14. und 15. Jahrhundert, Bd. 1, 2 1893 ff.; Knipping, R., Die Kölner Stadtrechnungen, Bd. 1 f. 1897 ff.; Lau, F., Entwicklung der kommunalen Verfassung und Verwaltung Kölns von den Anfängen bis 1396, 1898; Keussen, H., Topographie der Stadt Köln im Mittelalter, Bd. 1 f. 1910; Keussen, H., Die alte Universität Köln, 1934 (Veröff. d. Köln. Geschichtsvereins 10); Planitz, H./Buyken, T., Die Kölner Schreinsbücher des 13. und 14. Jahrhunderts, 1937; Schmitz, H., Colonia Claudia Ara Agrippinensium, 1956; Ausgewählte Quellen zur Kölner Stadtgeschichte, hg. v. Frohn, R./Güttsches, A., Bd. 1–6 1958 ff.; Signon, H., Die Römer in Köln, 2. A. 1971; Klein, A., Vom Praetorium zum Paragraphenhochhaus, 1986; Schäfke, W., Köln – zwei Jahrtausende Kunst, Geschichte und Kultur, 1988; Die Salier und das Reich, hg. v. Weinfurter, S., 1991, 3, 75 ff.; Grotefend, M., Köln, LexMA 5 1991, 1256 ff.; Groten, M., Köln im 13. Jahrhundert, 1995; Mettele, G., Bürgertum in Köln, 1998; Heppekausen, Ulf, Die Kölner Statuten von 1437, 1999; Quellen zur Geschichte der Stadt Köln, hg. v. Rosen, W. u. a., Bd. 1 ff. 1999 ff.; Bartz, C., Köln im Dreißigjährigen Krieg, 2005; Leiverkus, Y., Köln, 2005; Escher, M. u. a., Die urbanen Zentren, 2005, 2, 316.

Kölngau (Gau) (Coloniensis 864)

L.: Curs, O., Deutschlands Gaue im zehnten Jahrhundert. Nach den Königsurkunden. Diss. phil. Göttingen 1908, 4 (Colingauwe, westlich Kölns, Horrem); Nonn, U., Pagus und Comitatus in Niederlothringen, 1983, 185, 205.

Komburg (Kloster) s. Comburg

Konfinen s. Welsche Konfinen

Köngernheim (Ganerben). Von 1270 bis vor 1400 waren die K. an der Ganerbschaft Bechtolsheim beteiligt.

L.: Zimmermann 75.

Königlich Preußen s. Preußen

Königsbach (reichsritterschaftlicher Ort). K. zwischen Karlsruhe und Pforzheim erscheint erstmals in einer um 1150 gefälschten Urkunde des Klosters Reichenau. Die zuerst 1252 belegten Herren von K. waren im 14. Jahrhundert Vasallen der Markgrafen von Baden. 1399 waren zwei Drittel Königsbachs Lehen Brandenburgs, ein Drittel Lehen Badens. Seit 1518 hatten die Herren von Venningen sieben Zwölftel als Lehen Brandenburgs, fünf Zwölftel der Markgraf von Baden. Die Herren von Venningen verkauften 1650 ihre Zwölftel an Daniel Rollin de Saint André. Der zum Kanton Kraichgau des Ritterkreises Schwaben steuernde Ort fiel 1806 an Baden und damit 1951/1952 an Baden-Württemberg.

L.: Wolff 511.

Königsbronn (Kloster). Die um 1240 erstmals erwähnte Burg Herwartstein an der Brenz war Mittelpunkt einer ursprünglich staufischen Herrschaft. Sie gelangte später an die Grafen von Helfenstein, die sie 1302 an König Albrecht verkauften. Er ließ 1308 dort ein Kloster gründen, das nach zögernden Anfängen allmählich ein kleineres Herrschaftsgebiet erwarb (Oberkochen, Schnaitheim, Albuch, Söhnstetten). 1353/1425 erlangten die Grafen von Helfenstein die Vogtei. 1552/1553 wurde durch Württemberg die Reformation eingeführt und die Ansprüche Habsburgs wurden abgegolten. Noch 1776 erscheint K. innerhalb des schwäbischen Reichskreises in der Reichsmatrikel. Über Württemberg kam der Ort K. 1951/1952 zu Baden-Württemberg.

L.: Gumpelzhaimer 1776, 62; Wolff 162; Heusel, K., Königsbronn, Das Kloster und die Eisenwerke, 1937.

Königsbrück (Herrschaft). K. nordöstlich von Dresden war Mittelpunkt der zur Oberlausitz gehörigen Herrschaft K. S. Sachsen.

L.: Wolff 470.

Königsegg (Grafschaft, Reichsgrafschaft). Nach K. in Oberschwaben benannten sich seit 1250 Herren von K., die von welfisch-staufischen Dienstmannen (Herren von Fronhofen) abstammen. 1311 wandelten sie das Lehen an der Burg K. in Eigen um. Zu ihren Stammgütern um K. und Aulendorf (1381) erwarben sie 1360 Immenstadt, 1440 die 1451 allodifizierte Herrschaft Staufen und im Jahre 1565 von

Montfort-Tettnang die Grafschaft Rothenfels im Allgäu. 1470 wurden sie Freiherren und schlossen sich 1488 der Rittergesellschaft Sankt Jörgenschild, Teil im Hegau und am Bodensee an. 1588 teilte sich die zum schwäbischen Reichskreis zählende Familie in die Linien Aulendorf (Königsegg-Aulendorf) und Rothenfels (Königsegg-Rothenfels), deren erste die alten Hausgüter (Aulendorf, K. und Ebenweiler) und die Neuerwerbungen Hüttenreute, Hosskirch und Grodt innehatte und sich zu Königsegg und Aulendorf nannte. Die zweite Linie erhielt Rothenfels und nannte sich danach Königsegg-Rothenfels. 1629 wurden die K. Reichsgrafen, die zum schwäbischen Reichskreis zählende Herrschaft K. Reichsgrafschaft. 1804 wurde Rothenfels an Österreich verkauft. 1806 fiel K. an Württemberg und damit 1951/1952 an Baden-Württemberg.

L.: Wolff 201; Zeumer 552 ff. II b 61, 8; Wallner 688 SchwäbRK 45; Hölzle, E., Der deutsche Südwesten am Ende des alten Reiches, 1938; Mau, H., Die Rittergesellschaften mit St. Jörgenschild in Schwaben, 1941, 34; Bader, K. S., Der deutsche Südwesten in seiner territorialstaatlichen Entwicklung, 2. unv. A. 1978; Heimatbuch der Stadt Immenstadt im Allgäu, 1960.

Königsegg-Aulendorf (Grafen). K. war die 1588 entstandene Linie der Grafen von Königsegg, welche die alten Stammgüter um Königsegg und Aulendorf (Aulendorf, Königsegg, Ebenweiler) und die neuen Erwerbungen Hüttenreute, Hoßkirch und Grodt hatte. Sie kam mit 3 Quadratmeilen bzw. 160 Quadratkilometern und 3000 Einwohnern 1806 an Württemberg und damit das Gebiet 1951/1952 zu Baden-Württemberg.

L.: Wolff 201.

Königsegg-Rothenfels (Grafen, Reichsritter). (Die Burg Rothenfels [Rotenfels] bei Immenstadt unterstand am Ende des 11. Jahrhunderts den Grafen von Buchhorn, nach denen sie die Welfen beanspruchten, aber an die Grafen von Kirchberg herausgeben mussten. 1243 kaufte Kaiser Friedrich II. die gesamte Albgaugrafschaft und überließ vermutlich den Herren von Schellenberg Rothenfels als Reichslehen. 1332 kam die Burg an die Grafen von Montfort-Tettnang, unter denen 1471 Rothenfels zur Grafschaft erhoben wurde.) Die Grafschaft K. wurde 1565 an die Herren von Königsegg verkauft, die dort 1588 die Linie K. gründeten. Sie umfasste Rothenfels und die Herrschaften Staufen und Werdenstein (1785). Herrschaftsmittelpunkt war Immenstadt. Wegen Stein und Bräunlings (Breunlings) zählten die Grafen zum Kanton Hegau (Hegau-Allgäu-Bodensee, Bezirk Allgäu-Bodensee) des Ritterkreises Schwaben. Die Güter der Rothenfelser Linie wurden 1804 gegen Güter in Ungarn an Österreich gegeben. Durch den Frieden von Pressburg kamen sie an Bayern.

L.: Ruch, Anhang 82; Hölzle, E., Der deutsche Südwesten am Ende des alten Reiches, 1938; Mau, H., Die Rittergesellschaften mit St. Jörgenschild in Schwaben, 1941, 34; Bader, K. S., Der deutsche Südwesten in seiner territorialstaatlichen Entwicklung, 2. unv. A. 1978.

Königsfeld (Kunigffeldt) (Reichsritter). Im 16. Jahrhundert zählten die K. zum Kanton Gebirg des Ritterkreises Franken.

L.: Pfeiffer 209; Riedenauer 125.

Königshain (Herren). Nach K. bei Görlitz nannten sich die zum niederen Adel zählenden Herren von K.

Königshofen (Reichsdorf). Am 25. 11. 1347 erlaubte Karl IV. der Stadt Straßburg die Auslösung des verpfändeten, später Straßburg eingegliederten Dorfes Königshofen bei Straßburg vom bislang Pfandberechtigten. Mit Straßburg gelangte K. zu Frankreich.

L.: Hugo 472.

Königshofen (Reichsritter). Im frühen 16. Jahrhundert zählten die K. zum Kanton Baunach des Ritterkreises Franken.

L.: Riedenauer 125.

Königstein (Grafschaft). 1225 erscheint die vermutlich von den Staufern errichtete Burg K. im Taunus. Bis 1255 unterstand sie den Herren von Münzenberg, die K. 1313 zur Stadt erhoben, bis 1418 den Herren von Falkenstein, danach den Herren von Eppstein, von denen sich 1433 die Linie Eppstein-Königstein abspaltete. Nach dem Erlöschen des Hauses 1535 fiel K. in weiblicher Erbfolge an die Grafen von Stolberg, welche die Reformation einführten. 1581 wurden sie vom Erzstift Mainz, das K. rekatholisierte, unter der Behauptung der Lehnserledigung aus dem größten Teil der Herrschaft verdrängt, doch wurde die zum oberrheinischen Reichskreis zählende, 7 Quadratmeilen umfassende Grafschaft K. noch am Ende des Heiligen Römischen Reiches als teils stolbergisch, teils mainzisch bezeichnet. Die Grafschaft umfasste einen kurmainzischen Anteil mit den Städten K. und Oberursel und den Kellereien Neuenhain, Vilbel, Eppstein und Rockenberg und einen stolbergischen Anteil mit Schloss und Flecken Gedern und einigen Dörfern (die fürstlich stolberg-gedernschen Teile), zwei Drittel von Stadt und Schloss Ortenberg, zwanzig Achtundvierzigstel der Stadt Münzenberg und eine Anzahl Dörfer (die gräflich stolberg-rosslaischen Teile). 1803 kam K. an Nassau-Usingen (Nassau) und damit 1866 an Preußen und 1945 an Hessen.

L.: Wolff 274; Wallner 697 OberrheinRK 31, 32 a, b; Königstein in Vergangenheit und Gegenwart, 1963; Handwerk und Gewerbe in Königstein, 1994; Escher, M. u. a., Die urbanen Zentren, 2005, 2, 322.

Königssundern (Cunigissundra, Kuningessundra, Gau zwischen Main und Taunus)

L.: Curs, O., Deutschlands Gaue im zehnten Jahrhundert. Nach den Königsurkunden, Diss. phil. Göttingen 1908, 4 (Kostheim, Wallau, Breckenheim, Wicker, Nordenstadt, Lorsbach, Schierstein, Biebrich, Mosbach, Walluf); Niemeyer, W., Der pagus des frühen Mittelalters in Hessen, 1968, 107.

Königswinter (Herrlichkeit). K. erscheint erstmals 893 (Wintre). Im 13. Jahrhundert fiel es an das Erzstift Köln. Die Herrlichkeit K. gelangte (1799 vom Herzogtum Westfalen des Erzstifts Köln) 1803 an Nassau-Usingen, 1806 an das Großherzogtum Berg und 1815 an Preußen und damit 1946 an Nordrhein-Westfalen.

L.: Wolff 87.

Königswusterhausen-Teupitz (Herrschaft), Wusterhausen-Teupitz. 1320 erscheint am Übergang über die versumpfte Notteniederung in Brandenburg neben älteren slawischen Siedlungen die Burg Wusterhausen (Wosterhusen). Am Ende des 14. Jahrhunderts gelangte das Schloss von den Markgrafen von Brandenburg als Lehen an die Herren von Schlieben, am Ende des 15. Jahrhunderts an die Schenken von Landsberg als Herren der Herrschaft Teupitz (Schenken von Teupitz), in der Mitte des 17. Jahrhunderts infolge Verschuldung an die Markgrafen von Brandenburg und damit von 1949 bis 1990 an die Deutsche Demokratische Republik. Sie zählte zum obersächsischen Reichskreis. S. Teupitz.

L.: Wolff 388; Wallner 708 ObersächsRK 1; Kindler, K., Chronik von Königswusterhausen, 2. A. 1908; Rocca, F., Geschichte und Verwaltung der königlichen Familiengüter, 1913; Metsk, F., Der kurmärkisch-wendische Distrikt, 1965.

Könitz, Köniz (Reichsritter). Seit dem frühen 16. Jahrhundert zählten die K. zum Kanton Baunach im Ritterkreis Franken. Während des 16. Jahrhunderts waren sie auch im Kanton Gebirg immatrikuliert.

L.: Riedenauer 125.

Konstanz (Hochstift). Nach Verlegung des Bistums Aventiacum von Avenches nach Windisch (Vindonissa) wurde im alemannisch gewordenen Teil des Bistums vielleicht zwischen 550 und 590 in K., wo vermutlich nach 300 (Constantius II. [337–361]) ein römisches Kastell mit dem im 6. Jahrhundert überlieferten Namen Constantia errichtet worden war, ein Bistum eingerichtet (Bischof Gaudentius † 613), das sich bald zum größten deutschen Bistum entwickelte (Breisgau, Waiblingen, Ulm, Oberstdorf, Bodensee, Glarus, Brienz, Thun, Aarau, genauer Umfang erst 1275 beschrieben). Es unterstand zunächst Besançon, seit der Mitte des 8. Jahrhunderts Mainz. Ihm gelang zwar die Eingliederung der Propstei Öhningen (1155), doch verlor es schon 1192 die Herrschaft über die Stadt K. Insgesamt glückte ihm im Wettbewerb mit Habsburg (Österreich) und Wittelsbach (Bayern) nur der Ausbau eines kleinen, zeitweise stark verschuldeten Hochstifts zu beiden Seiten des Bodensees (am Ende des 18. Jahrhunderts insgesamt 22 Quadratmeilen mit 50 000 Einwohnern). Altes Bischofsgut waren neben Meersburg (1113 Merdesburch, vor dem 12. Jahrhundert an das Hochstift) das in der Gegenwart auf der schweizerischen Seite liegende Gottlieben sowie Bischofszell und Horn. Dazu kamen zu verschiedenen Zeiten und aus verschiedenen Händen Gaienhofen, die Herrschaft Bohlingen, die Obervogtei Güttingen, die Herrschaft Homburg mit Stahringen, Ittendorf und Ahausen, Klingnau und Zurzach, Markdorf (1354 Kauf), die Obervogtei Öhningen, die Herrschaft Rosenegg, die Herrschaft Konzenberg in der östlichen Baar und die Herrschaft Liebburg. Die Reformation führte bald zu schweren Einbußen der Diözese (Schweiz, Württemberg, Ulm, Esslingen [Eßlingen], Reutlingen). 1540 gewann K. das Kloster Reichenau. Von 1526 bis 1803 residierte der zum schwäbischen Reichskreis gehörige Bischof in Meersburg. Im 18. Jahrhundert zählte er wegen Homburg und Stahringen zum Kanton Hegau des Ritterkreises Schwaben. 1803 fielen die rechtsrheinischen Gebiete des Hochstifts an Baden. Das Bistum wurde 1821 zugunsten des neuen Erzbistums Freiburg im Breisgau aufgelöst.

L.: Zeumer 552 II a 12; Wallner 686 SchwäbRK 27; Großer Historischer Weltatlas II 34 (1138–1254) F4, II 66 (1378) E5, III 22 (1648) D5, III 38 (1789) C4; Ruch, Anhang 77; Regesta episcoporum Constantiensium, hg. v. d. Bad. hist. Komm. Bd. 1–5 1886 ff.; Ahlhaus, J., Die Landdekanate des Bistums Konstanz im Mittelalter, 1929, Neudruck 1961; Isele, E., Die Säkularisation des Bistums Konstanz, 1933; Fleischhauer, M., Das geistliche Fürstentum Konstanz beim Übergang an Baden, 1934; Feger, O., Das älteste Urbar des Bistums Konstanz, 1943; Dann, W., Die Besetzung des Konstanzer Bischofsstuhls von der Gründung des Bistums bis zur Reformation, Diss. phil. Heidelberg 1950; Tüchle, H., Kirchengeschichte Schwabens, Bd. 1 1950; Reinhardt, Die Beziehungen von Hochstift und Diözese Konstanz zu Habsburg-Österreich in der Neuzeit, 1966; Burbach, R., Die Reformation in den freien Reichsstädten Lindau und Konstanz, 1983; Die Bischöfe von Konstanz, hg. v. Kuhn, L. u. a., Bd. 1 f. 1988; Bischof, F., Das Ende des Bistums Konstanz. Hochstift und Bistum im Spannungsfeld von Säkularisation und Suppression, 1989; Maier, K., Das Domkapitel von Konstanz und seine Wahlkapitulationen, 1990; Zimpel, D., Die Bischöfe von Konstanz im 13. Jahrhundert (1206–1274), 1990; Maurer, H., Konstanz, LexMA 5 1991, 1399 ff.; Degler-Spengler, B., Der schweizerische Teil der ehemaligen Diözese Konstanz, 1994; Derschka, H., Die Ministerialen des Hochstifts Konstanz, 1999; Die Konstanzer Bischöfe vom Ende des 6. Jahrhunderts bis 1206, bearb. v. Maurer, H., 2003.

Konstanz (Reichsvogteistadt). K. war bereits in der Jungsteinzeit besiedelt. Unter Tiberius (14–37 n. Chr.) wurde an dem verkehrsgünstig liegenden Ort am Ausfluss des Rheins aus dem Bodensee ein römischer Stützpunkt angelegt, vermutlich nach 300 ein Kastell, dessen im 6. Jahrhundert überlieferter Name Constantia war. Vielleicht zwischen 550 und 590 wurde K. Bischofssitz (bis 1821), um 900 erhielt es vom Bischof Marktrecht. 1192 wird in einem Privileg Heinrichs VI. die Ablösung der Herrschaft des Bischofs sichtbar. Im ersten Viertel des 13. Jahrhunderts erscheint der Rat. Friedrich II. wandelte die Vogtei über K. in eine Reichsvogtei um. 1237 wurde K. als Reichsstadt bezeichnet und führte seit 1388 den Bund der Reichsstädte am Bodensee an. Von 1414 bis 1418 war es Sitz des 16. allgemeinen Konzils zur Überwindung des abendländischen Schismas. 1417 gelang die Pfandnahme des Landgerichts im Thurgau aus der Hand König Sigmunds, doch musste 1460/1499 der Thurgau den Eidgenossen der Schweiz überlassen werden. 1510/1511 wurde K. zum Abschluss eines Schirmvertrages mit Habsburg gezwungen. Durch den Schmalkaldischen Krieg verlor die 1526 protestantisch gewordene Stadt, aus welcher der Bischof 1527 nach Meersburg übersiedelte, die Reichsfreiheit und kam von 1548 bis 1805 unter die Herrschaft Östereichs, unter der sie wieder katholisch wurde. 1805/1806 fiel sie an Baden und damit 1951/1952 an Baden-Württemberg.

L.: Wolff 46; Großer Historischer Weltatlas III 38 (1789) C4; Marmor, J., Geschichtliche Topographie der Stadt Konstanz, 1860; Konstanzer Häuserbuch, hg. v. Hirsch, F./Beyerle, K./Maurer, A., Bd. 1 f. 1906 ff.; Laible, J., Geschichte der Stadt Konstanz und ihrer nächsten Umgebung, 1921; Hofmann, A. v., Die Stadt Konstanz, 1922; Rüster, Die Steuerbücher der Stadt Konstanz, Bd. 1–3 1958 ff.; Feger, O., Konstanz, 1961; Der Landkreis Konstanz. Amtliche Kreisbeschreibung, Bd. 1 1968 ff.; Feger, O., Kleine Geschichte der Stadt Konstanz, 3. A. 1972; Maurer, H., Konstanzer Stadtgeschichte im Überblick, 1979; Maurer, H., Konstanz im Mittelalter, Bd. 1 f. 1989; Stahter, H., Das römische Konstanz und sein Umfeld, 1990; Maurer, H., Konstanz, LexMA 5 1991, 1399 ff.; Burkhardt, M./Dobras, W./Zimmermann, W., Konstanz in der frühen Neuzeit, 1991; Burkhardt, M., Konstanz im 18. Jahrhundert, 1997; Schuster, P., Eine Stadt vor Gericht, 1999; Seuffert, R., Konstanz, 2003.

Konzenberg (Herrschaft). Die Herrschaft K. nordwestlich von Tuttlingen wurde um 1600 vom Hochstift Konstanz erworben. Sie zählte zum schwäbischen Reichskreis und fiel 1803 an Baden. 1806 kam sie von Baden an Württemberg und damit 1951/1952 zu Baden-Württemberg. Einige Splitter erwarb die Eidgenossenschaft der Schweiz.

L.: Wolff 156; Wallner 686 SchwäbRK 27; Bader, Der deutsche Südwesten in seiner territorialstaatlichen Entwicklung, 2. unv. A. 1978, 112.

Kornburg s. Rieder zu K., Rieter zu K.

Kornelimünster (reichsunmittelbare Abtei). K. südlich von Aachen im Indatal wurde 814 von Ludwig dem Frommen für den Reformer Benedikt von Aniane als Benediktinerabtei gegründet. Diese war Mittelpunkt einer reichsunmittelbaren, zum niederrheinisch-westfälischen Reichskreis zählenden Herrschaft. Sie stand unter der Schirmvogtei der Grafen von Jülich. Im sog. Münsterländchen um K. und in benachbarten Dorfherrschaften hatte sie 1798 knapp 10 000 Hektar Grund. 1802 wurde sie mit einem Gebiet von 2,5

Quadratmeilen säkularisiert. 1815 kam K. an Preußen, 1946 an Nordrhein-Westfalen.

L.: Wolff 334f.; Zeumer 552 II a 37, 8; Wallner 704 WestfälRK 37; Großer Historischer Weltatlas II 66 (1378) D3, III 22 (1648) C3, III 38 (1789) B2; Nagel, F., Geschichte der Reichsabtei Cornelimünster, 1925; Hugot, L., Kornelimünster. Untersuchungen über die baugeschichtliche Entwicklung der ehemaligen Benediktinerklosterkirche, 1968; Eiflia sacra, 1994, 91.

Korvei s. Corvey

Kosel (Herzogtum) s. Cosel

Köselin (Reichsritter). Im frühen 16. Jahrhundert zählten die K. zum Kanton Baunach des Ritterkreises Franken.

L.: Riedenauer 125.

Koßpoth, Kospoth (Reichsritter). Vielleicht zählten im frühen 16. Jahrhundert die K. im Vogtland zum Ritterkreis Franken und zur vogtländischen Ritterschaft.

L.: Riedenauer 125.

Koßweiler, Kotzweiler (Reichsdorf). Am 1. 5. 1287 ermächtigte König Rudolf von Habsburg Otto von Ochsenstein, unter anderem das Dorf K. im Elsass von den Herren von Geroldseck auszulösen. Mit dem Elsass kam K. zu Frankreich.

L.: Hugo 470.

Köstner (Reichsritter). Vielleicht zählten die K. zum Kanton Steigerwald des Ritterkreises Franken.

L.: Stieber; Riedenauer 125.

Köstritz (Herrschaft). K. zwischen Gera und Jena war im 13. Jahrhundert Lehen der Markgrafen von Meißen, von 1364 an gehörte es zu Reuß. Seit 1690 war es Sitz einer von Graf Heinrich I. von Reuß-Schleiz eingerichteten Paragiatsherrschaft seines aus dritter Ehe geborenen Sohnes Heinrich XXIV.

L.: Wolff 420.

Köth von Wanscheid (Reichsritter). Bis zu ihrem Erlöschen 1788 zählten die K. mit einem Achtel der Ganerbschaft Mommenheim, einem Fünftel der Ganerbschaft Schornsheim, Sörgenloch und Udenheim zum Kanton Oberrheinstrom des Ritterkreises Rhein.

L.: Roth von Schreckenstein 2, 595; Zimmermann 75; Winkelmann-Holzapfel, 154.

Köthen (Burg, Herrschaft). Nach dem 1115 erstmals erwähnten slawischen Ort K. am Rande der Leipziger Bucht benannte sich seit 1252 eine ältere und seit 1603 eine jüngere Linie Anhalt-Köthen. Nach dem Tod des letzten Fürsten 1847 kam Anhalt-Köthen an Anhalt-Bernburg und Anhalt-Dessau, 1863 mit Anhalt-Bernburg an Anhalt-Dessau. Von 1949 bis 1990 gehörte Anhalt innerhalb Sachsen-Anhalts (1945) zur Deutschen Demokratischen Republik. S. Anhalt-Köthen, Sachsen-Anhalt.

L.: Wolff 408.

Kotlinsky, Kottlinsky (Reichsritter). Um 1700 zählten die K. zum Kanton Rhön-Werra des Ritterkreises Franken.

L.: Stieber; Seyler 370; Riedenauer 125.

Kötschau, Ketschau (Reichsritter). Von der Mitte des 16. bis zur Mitte des 18. Jahrhunderts zählten die K. zum Kanton Rhön-Werra im Ritterkreis Franken.

L.: Seyler 370; Riedenauer 125.

Kottbus (Herrschaft) s. Cottbus

Kottenheim, Rodenheim?, Tottenheim? (Reichsritter). Von der Mitte des 16. bis zur Mitte des 17. Jahrhunderts zählten die K. zum Kanton Odenwald im Ritterkreis Franken. S. Rodenheim.

L.: Riedenauer 125.

Kottwitz (Reichsritter), Kottwitz von Aulenheim. Im 16. und 17. Jahrhundert zählten die K. zum Kanton Odenwald des Ritterkreises Franken. Von der Mitte des 17. bis zur Mitte des 18. Jahrhunderts waren sie im Kanton Rhön-Werra immatrikuliert (Kottwitz von Aulenbach).

L.: Stieber, Seyler 370; Pfeiffer 210; Stetten 32f.; Riedenauer 125; Rahrbach 141.

Kottwitz von Aulenbach (Reichsritter) s. Kottwitz

L.: Stieber; Seyler 370; Stetten 32; Riedenauer 122.

Kotzau (Herren, Reichsritter). Nach der 1234 erstmals erwähnten Burg K. in Oberfranken nannten sich seit 1172 erscheinende Herren. Im 16. Jahrhundert zählten die K. zum Kanton Gebirg, zum Kanton Rhön-Werra und zum Kanton Baunach des Ritterkreises Franken sowie zur vogtländischen Ritterschaft (Vogtland). Als sie um die Mitte des 17. Jahrhunderts ausstarben, fielen ihre Güter an die Markgrafschaft Bayreuth (Brandenburg-Bayreuth). 1810 kam Oberkotzau mit der Markgrafschaft Bayreuth an Bayern.

L.: Stieber; Pfeiffer 209; Riedenauer 125; Sieghardt, A., Die Herren von Kotzau und ihr Schloss, in: Siebenstern, 1936; Gebessler, A., Stadt und Landkreis Hof, 1960.

Kotzweiler (Reichsdorf) s. Koßweiler

Kraichgau (Kanton). Der 769 erstmals erwähnte, nach dem Kraichbach benannte K. zwischen Schwarzwald, Odenwald, Oberrheinebene und Neckar, der 985 in der Hand der Salier war, aber seit dem 12. Jahrhundert politisch zerfiel und teilweise an die Grafen von Katzenelnbogen, die Markgrafen von Baden, die Pfalzgrafen (bei Rhein), das Hochstift Speyer und die Grafen von Eberstein im Murgtal gelangte, wurde später ein Kanton des Ritterkreises Schwaben der Reichsritterschaft, zu dem aber auch Orte anderer frühmittelalterlicher Gaue gehörten. 1803/1806 kam das Gebiet an Baden und damit 1951/1952 zu Baden-Württemberg.

L.: Wolff 510; Curs, O., Deutschlands Gaue im zehnten Jahrhundert. Nach den Königsurkunden, Diss. phil. Göttingen 1908, 5 (Chreihkewe, Chreihgouue, zwischen Kraichbach und Elsenz); Kolb, A. G., Die Kraichgauer Ritterschaft unter Kurfürst Philipp von der Pfalz, 1909; Metz, F., Der Kraichgau, 2. A. 1922; Polenz, P. v., Landschafts- und Bezirksnamen, 1961, II, 24, 26 f.; Umminger, G., Brücke vom Oberrhein nach Schwaben. Der Kraichgau – eine alte Durchgangslandschaft, Ber. zur dt. Landeskunde 32 (1964), 167; Press, V., Die Ritterschaft im Kraichgau zwischen Reich und Territorium 1500–1683, ZGO 122 (1974); Die Kraichgauer Ritterschaft in der frühen Neuzeit, hg. v. Rhein, S., 1993.

Krain (Herzogtum). Die schon vorgeschichtlich besiedelte Landschaft zwischen Karawanken, oberer Kulpa, Ternovaner Wald und Uskokengebirge gehörte seit dem späten ersten vorchristlichen Jahrhundert zur römischen Provinz Pannonien, später zu Italia annonaria und Illyricum. Vom späten 6. Jahrhundert an wurde sie nach dem Abzug der Langobaden von Slowenen besiedelt. Im 7./8. Jahrhundert war sie ein Teil des slowenischen Landes Carantana (Kärnten). Im 8. Jahrhundert kam sie an Bayern und wurde unter Karl dem Großen einer Grafschaft der neugebildeten Mark Friaul zugeschlagen. 820 taucht dann für sie der Name Carniola, 973 die Craina marcha (zu krajina, Grenze) mit dem Hauptort Krainburg auf. 952 kam sie mit Friaul zu Bayern, 976 zu Kärnten. Seit 1077/1093 war sie Lehen der Patriarchen von Aquileja, die aber nur Unterkrain beherrschten. Begütert waren in K. vor allem die Hochstifte Brixen und Freising. Im 12. Jahrhundert wurde das 1144 erstmals erwähnte Laibach Vorort Krains. Von 1173/1180 bis 1209/1228 waren die Grafen von Andechs (nach den Grafen von Weimar-Orlamünde, Sponheim und Bogen) die eigentlichen Herren von K. (Oberkrain). Ihr Erbe traten zunächst die Babenberger, die Kärntner Linie der Grafen von Sponheim (bis 1264), Böhmen (1269–1276), 1282 die Söhne Rudolfs von Habsburg und von 1282 bis 1335 als Pfandberechtigte die Grafen von Görz (Meinhardiner) sowie nach deren Aussterben 1335 die Grafen von Habsburg mit Kärnten, 1374 auch Windische Mark (mit Möttling) und Istrien (Grafschaft Mitterburg) an. 1379 kam K. an die leopoldinische Linie Habsburgs. 1394 wurde, nachdem schon Rudolf IV. sich seit 1364 Herzog von K. genannt hatte, K. zum Herzogtum erhoben. Kaiser Maximilian verband K. mit Steiermark, Kärnten, Istrien, Görz und Triest zur Ländergruppe Innerösterreich. Zeitweise litt das zum österreichischen Reichskreis zählende Land stark unter den Einfällen der Türken. 1803 wurden die reichsunmittelbaren Gebiete Freisings und Brixens einverleibt. Von 1809 bis 1814 war K. dann Teil der Illyrischen Provinzen Frankreichs, fiel danach aber wieder an Österreich (Königreich Illyrien) zurück. 1849 wurde es österreichisches Kronland. Am 29. 10. 1918 kam der größte Teil mit Laibach an Jugoslawien, Innerkrain (Hinterland von Triest, Fiume) an Italien. 1947 fiel auch Innerkrain an Jugoslawien und damit 1991 an Slowenien.

L.: Wolff 30; Wallner 713 ÖsterreichRK 1; Großer Historischer Weltatlas II 34 (1138–1254) G4, II 48 (1300) F1/2, II 66 (1378) H6, II 78 (1450) G4, III 22 (1648) G5; Lechner, K., Krain, in: Geschichte der deutschen Länder, Bd. 1; Valvasor, W. v., Die Ehre des Herzogtums Krain, Bd. 1–4 1869; Dimitz, A., Geschichte Krains, Bd. 1–4 1874 ff.; Schumi, F., Die Herren von Krain und die Windische Mark, Archiv für Heimatkunde 1 (1882/1883); Mell, A., Die territoriale Entwicklung Krains vom 10. bis 13. Jahrhundert, 1888; Curs, O., Deutschlands Gaue im zehnten Jahrhundert. Nach den Königsurkunden, Diss. phil. Göttingen 1908, 5 (Villach, Veldes); Hauptmann, L., Krain, in: Erläuterungen zum Historischen Atlas der Österreichischen Alpenländer, 1914, 1929; Hauptmann, L., Entstehung und Entwicklung Krains, 1929; Kos, M., Zgodovina Slovencev, Laibach 1955; Vilfan, S., Rechtsgeschichte der Slowenen bis zum Jahre 1941, 1968; Wolfram, H., Die Geburt Mitteleuropas, 1987; Hödl, G., Krain, LexMA 5 1991, 1465 ff.

Kranichfeld (Herrschaft). K. im mittleren Ilmtal ist seit 1143 bezeugt. Es gehörte zunächst den von den Grafen von Käfernburg abstammenden Herren von K. 1172 wurde die zugehörige Herrschaft in die obere und die niedere Herrschaft geteilt. Das größere Oberkranichfeld kam als Eigen beim Aussterben seiner Herren an die Burggrafen von Kirchberg, die 1398 unter die Landeshoheit der Wettiner gerieten, 1453 an die Herren Reuß von Plauen, 1615 an Sachsen-Weimar, 1620 an die Grafen von Schwarzburg, 1663 an Sachsen-Gotha, 1704–1728 an Sachsen-Weimar, 1728–1826 an Sachsen-Gotha-Altenburg (Sachsen-Gotha) und 1826–1920 an Sachsen-Meiningen. Das kleinere Niederkranichfeld (Unterkranichfeld) unterstand spätestens seit 1233 der Lehnshoheit des Erzstifts Mainz und geriet als Pfand an die Grafen von Schwarzburg, die es auch nach dem Aussterben der Herren von Niederkranichfeld (um 1310) behielten. 1412 kam es an die Burggrafen von Kirchberg, 1455 an die Grafen von Gleichen-Blankenhain, 1631 an die Grafen von Mörsberg und von 1675 bis 1794 an die Grafen von Hatzfeld. 1794 wurde es vom Erzstift Mainz als erledigtes Lehen eingezogen. 1803 fiel es an Preußen, 1806 an Frankreich, 1813 an Preußen, 1815 an Sachsen-Weimar-Eisenach (Sachsen-Weimar) und 1912 tauschweise an Sachsen-Meiningen, unter dem es mit Oberkranichfeld wiedervereinigt wurde. 1920 kam es zu Thüringen und damit von 1949 bis 1990 zur Deutschen Demokratischen Republik. Beide Herrschaften zählten bis 1806 zum obersächsischen Reichskreis.

L.: Wolff 397; 399; Wallner 709 ObersächsRK 8 (Oberkranichfeld); Wallner 710 ObersächsRK 23 (Unterkranichfeld); Kleinteich, H., Kranichfeld und seine Umgebung, Heft 1 1901, Supplement 1902.

Kranzenau (Herrschaft). Die Herrschaft K. im Breisgau stand am Ende des 18. Jahrhunderts unter der Landeshoheit Österreichs den Altstetten und Manikor gemeinsam zu. 1805 kam K. an Baden und damit 1951/1952 zu Baden-Württemberg.

L.: Hölzle, Beiwort 10 f.

Krappfeld

L.: Polenz, P. v., Landschafts- und Bezirksnamen, 1961, II, 58, 61, 63, 72, 96, Chrapuhfeld.

Kratz von Scharfenstein, Craatz von Scharfenstein (Reichsritter). Im 18. Jahrhundert zählten die K. zum Ritterkreis Rhein, außerdem um 1700 zum Kanton Odenwald des Ritterkreises Franken.

L.: Stieber; Roth von Schreckenstein 2, 594; Riedenauer 123.

Krauseneck (Reichsritter). Vielleicht zählten die K. zum Kanton Steigerwald des Ritterkreises Franken.

L.: Riedenauer 125.

Krautheim (Fürstentum) 1803 erhielt das Haus Salm-Reifferscheid-Bedburg als Entschädigung für seine linksrheinischen Verluste an Frankreich das mainzische Oberamt K., das würzburgische Amt Grünsfeld und das Priorat Gerlachsheim als Fürstentum K. 1806 fiel sein Gebiet teils an Baden, teils an Württemberg und kam damit 1951/1952 zu Baden-Württemberg. S. Krautheim (Herrschaft, Fürstentum).

L.: Dunkhase, H., Das Fürstentum Krautheim, Diss. phil. Würzburg 1968.

Krautheim, Krautwein (Herrschaft, Fürstentum). Um 1200 entstand die Burg K. an der Jagst, nach der sich die Herren von K. benannten. Die Herrschaft kam mit der Stadt K., die 1306 Rothenburger Stadtrecht erhielt, über Hohenlohe (1239), Eberstein (vor 1250), Würzburg (1346)/Mainz (1365) 1389 ganz an das Erzstift Mainz. (1803 wurde sie unter dem Fürsten von Salm-Reifferscheid-Bedburg Fürstentum [Salm-Krautheim]). 1806 fiel K. an Baden, Alt-Krautheim an Württemberg. Damit kam K. 1951/1952 zu Baden-Württemberg.

L.: Schönhuth, O., Crautheim sammt Umgebungen, 1846; Dunkhase, H., Das Fürstentum Krautheim, 1969; John, H., Krautheim, 1977.

Krautheim (Reichsritter). Um 1550 zählten die K. zum Kanton Odenwald des Ritterkreises Franken.

L.: Riedenauer 125; Stetten 33.

Krautwein s. Krautheim

L.: Riedenauer 125.

Kreidenstein s. Spreter von K.

Krenkingen (Herrschaft). K. nordöstlich von Waldshut wird 1152 erstmals erwähnt. Nach ihm nannten sich Herren von K., die nach 1100 (1102) im Albgau und Klettgau erscheinen und die im Klettgau die vier Burgen Weißenburg bei Weisweil, Neukrenkingen bei Riedern (zu Eigen) und Schwarzwasserstelz und Weißwasserstelz (zu Lehen) und im Allgäu die Burgen Krenkingen, Gutkrenkingen, Isnegg, Gutenburg, Steinegg und Roggenbach sowie außerdem die Vogtei über Sankt Blasien, Rheinau, Reichenau, Berau und Riedern innehatten. Sie eigneten sich die Güter Rheinaus im Klettgau und Thurgau an. Sie teilten sich spätestens im 13. Jahrhundert in zwei Linien. Bald nach 1260 musste die Gutenburg verpfändet und verkauft werden. 1275 kamen Gutkrenkingen und Isnegg an die Abtei Sankt Blasien, die bis 1480 alle albgauischen Güter der Herren erwarb, deren ältere Linie am Anfang des 15. Jahrhunderts (1414/1418) und deren jüngere Linie 1508 ausstarb. 1803 fiel Sankt Blasien an den Malteserorden (Johanniterorden), 1806 an Baden und damit K. 1951/1952 an Baden-Württemberg.

L.: Hölzle, Beiwort 82; Mayer, H.W., Heimatbuch für den Amtsbezirk Waldshut, 1926; Maurer, H., Die Herren von Krenkingen und das Land zwischen Schwarzwald und Randen, 1967.

Kreß von Kressenstein (Reichsritter). Im späteren 17. und 18. Jahrhundert zählten die K. wegen Dürrenmungenau zum Kanton Altmühl im Ritterkreis Franken.

L.: Biedermann, Altmühl; Roth von Schreckenstein 2, 593; Riedenauer 125.

Kresser von Burgfarrnbach (Reichsritter), Kresser zu Burgfarrnbach. Im 17. Jahrhundert zählten die später erloschenen K. zum Kanton Altmühl des Ritterkreises Franken.

L.: Biedermann, Altmühl; Pfeiffer 197; Riedenauer 125.

Kreuzberg s. Wurster von K.

Kreuzburg (Herrschaft). K. in Oberschlesien am rechten Stoberufer wurde 1252/1553 von den Kreuzherren aus Breslau als deutsche Stadt angelegt. 1294 gelangte K. von Breslau an Glogau, 1312 an Oels, 1323 und 1368 an Brieg. 1675 fiel es an den Kaiser heim. In der Mitte des 18. Jahrhunderts kam die zugehörige Herrschaft von Österreich an Preußen. Seit 1945 stand K. unter der Verwaltung Polens, an das es 1990 als politische Folge der deutschen Wiedervereinigung gelangte.

L.: Wolff 475; Heidenfeld, Chronik der Stadt Kreuzburg, 1861; Die niederschlesische Ostmark und der Kreis Kreuzburg, hg. v. Salomon, B./Stein, E., 1927; Gemeinde- und Heimatbuch des Kreises Kreuzburg/Oberschlesien, hg. v. Menz, H., 1954; Kreuzburg, hg. v. Heimatkreisverband Kreuzburg OS. e.V., 1990.

Kreuznach (Herrschaft). Am Schnittpunkt alter Verkehrswege zwischen Trier, Metz, Worms, Mainz und Koblenz errichteten auf älteren Siedlungsspuren die Römer den Ort Cruciniacum an der Nahe. Um 400 wurde K. fränkisch. Um 742 wurde die Kirche St. Martin an das Hochstift Würzburg gegeben und im 10. Jahrhundert an die Emichonen verlehnt. Um 1200 hatten sie als deren Teilerben die Grafen von Veldenz den jüngeren Rheingrafen verliehen. Das Umland gab Kaiser Heinrich III. 1045 dem Hochstift Speyer, das es kurz nach 1105 vermutlich als Lehen an die Grafen von Sponheim übertrug. Sie gründeten eine neue, das alte Cruciniacum überflügelnde Siedlung, die bei der Sponheimer Teilung 1223/1233 zur vorderen Grafschaft Sponheim(-Kreuznach) kam. Nach dem Aussterben der Grafen (1417, 1437) stand K. mit der Grafschaft bis 1559 unter dreifacher (Pfalz, Baden, Veldenz) und bis 1708 unter doppelter Herrschaft (Pfalz, Baden). 1815 kam es an Preußen, 1946 an Rheinland-Pfalz.

L.: Wolff 261; Geib, K., Historische Topographie von Kreuznach, 1929, 1939; Geib, K., Geschichte der Stadt Bad Kreuznach, 1940; Maßmann, G., Die Verfassung der Stadt Kreuznach unter der französischen Herrschaft von 1796–1814, Diss. phil. Bonn 1963; Kennzeichen KH, hg. v. Forster, H., 1986; Escher, M. u. a., Die urbanen Zentren, 2005, 2, 326.

Kriechingen, Crichingen (Grafen, Grafschaft), frz. Créhange. K. an der Nied bei Metz südwestlich von Saint Avold war Sitz der Grafen von K., die im Moselraum, im Saarland und in Luxemburg Güter erwarben. Kuno von K. war im 12. Jahrhundert Lehnsmann der Herren von Finstingen (Vinstingen) und der Herzöge von Lothringen. Später wurden die Herren, die durch einträgliche Heiraten ihre Güter vermehrten, von den Herren von Dorsweiler beerbt, die sich seitdem nach K. benannten. 1617 wurde K. zu einer Reichsgrafschaft des oberrheinischen Reichskreises erhoben. Die Grafschaft zerfiel seit 1531 in zwei Linien, eine pittingische (püttlingische) und eine kriechingische, von denen jene 1681, diese 1697 ausstarb. Nach dem Aussterben beider Linien der Grafen kam K. über eine Erbtochter an Ostfriesland, danach 1726 im Erbgang an Wied-Runkel (Wied-Isenburg-Runkel). Am Ende des 18. Jahrhunderts gehörte K. mit 2 Quadratmeilen und 4000 Einwohnern zu den wetterauischen Grafen der weltlichen Bank des Reichsfürstenrates des Reichstages. Durch die französische Revolution von 1789 wurde die Grafschaft aufgelöst und 1793 Frankreich einverleibt, gelangte aber 1871 als zu dem Teil Lothringens gehörend, der durch den Frankfurter Frieden an Deutschland zurückfiel, bis 1918 wieder zu Deutschland. Die enteigneten Grafen wurden 1803 mit Gütern Kölns entschädigt.

L.: Wolff 287, 344; Zeumer 553 II b 60, 25; Wallner 698 OberrheinRK 45; Großer Historischer Weltatlas III 38 (1789) B3; Chatelain, V., Histoire du comté de Créhange, Jb. d. Gesellschaft f. lothring. Gesch. 3–5 (1891–1893); Das Reichsland Elsass-Lothringen 2 (1901–1903).

Kriechingen-Püttlingen (Herrschaft). Die Herrschaft K., die Sitz einer Linie der Grafen von Kriechingen war, gehörte am Ende des 18. Jahrhunderts über Nassau-Saarbrücken zum oberrheinischen Reichskreis. S. Kriechingen.

L.: Wolff 287; Wallner 696 OberrheinRK 13.

Kriessern (Reichshof). Am 26. 2. 1409 bestätigte König Ruprecht dem Eberhard von Ramschwag die Pfandschaft unter anderen des Hofes zu K. bei Hohenems (Ems).

L.: Hugo 473.

Kroatengau (Coruuatis, Croudi, Chrouuah)

L.: Curs, O., Deutschlands Gaue im zehnten Jahrhundert. Nach den Königsurkunden, Diss. phil. Göttingen 1908, 5 (Sörg).

Kroatien (Republik). Das Gebiet zwischen Adria und Drau wurde nach dem Untergang des weströmischen Reiches (476) im 7. Jahrhundert von Slawen besiedelt. Ein 924 die Königswürde erlangendes Geschlecht starb 1091 aus. 1102 kam es zur Personalunion Kroatiens mit Ungarn. 1527 gelangte K. im Gefolge Ungarns an Habsburg bzw. Österreich. 1849 wurde K. mit Slawonien, dem Küstenland und Fiume Kronland. 1867 wurde es Ungarn unterstellt. 1918 wurde es Teil Jugoslawiens, von dem es sich zum 26. 6. 1991 verselbständigte.

L.: Omrcanin, I., Diplomatische und politische Geschichte Kroatiens, 1968; Gazi, S., A history of Croatia, 1973; Sanjek, F., Crkva i krscanstvo u Hrvata, 1988; Steindorff, L., Kroatien, 2001.

Kronberg, Cronberg (reichsritterschaftliche Herrschaft). 1230 erscheint die Burg K. im Taunus (Cronenberg) erstmals. Sie wurde vermutlich im Auftrag der Staufer von den reichsministerialischen Herren von Eschborn errichtet, die sich nach ihr nannten. 1704 starben die Herren aus. Das Reichslehen K. und Eschborn kam an Mainz. Die K./Cronberg zählten zum Ritterkreis Rhein, die Herrschaft zum oberrheinischen Reichskreis. Über Preußen (Hessen-Nassau) kam K. 1945 zu Hessen.

L.: Roth von Schreckenstein 2, 594; Wolff 79; Wallner 698 OberrheinRK 37; Gensicke, H., Die von Kronberg, 1987, Nassauische Annalen 98 (1987).

Kronberg zu Ladenberg, Cronberg zu Ladenberg (Reichsritter). Im 17. Jahrhundert zählten die C. zum Kanton Odenwald des Ritterkreises Franken.

L.: Riedenauer 123.

Kroneck (Reichsritter). Wegen des Erwerbs eines Teiles der Ganerbschaft Bönnigheim zählten die K. 1654 zum Kanton Kocher des Ritterkreises Schwaben. S. Croneck.

L.: Schulz 266.

Kronenburg (Herrschaft). Die 1277 erstmals erwähnte Burg K. bei Schleiden war Mittelpunkt der Herrschaft K. Seit 1327 gab es eine eigene Linie von K. Zu ihr kamen die Herrschaften Gladbach, Neuerburg und Esch an der Sauer. Im 15. Jahrhundert gelangte K. unter die Oberherrschaft Luxemburgs und fiel in weiblicher Erbfolge an Bolchen-Rodemachern (1414–1467), Virneburg (1467–1487), Manderscheid-Schleiden (1487–1598), Gerolstein (1603–1697), Königsegg-Rothenfels (1697–1719), bis es an Manderscheid-Blankenheim verkauft wurde. 1794 wurde es von Frankreich besetzt, 1815 kam es an Preußen und von dort am 23. 8. 1946 an Nordrhein-Westfalen.

L.: Wolff 58, 364; Kronenburg, ein Führer durch das alte Kronenburg, 1956; Olessak, E., Kronenburg, 1956.

Kronenburg (Herrschaft) s. Kronberg. Die Herrschaft K. nordwestlich von Frankfurt am Main gehörte am Ende des 18. Jahrhunderts mit einem Gebiet von etwa 3 Quadratmeilen über die Grafen von Solms-Rödelheim zum oberrheinischen Reichskreis. Solms-Rödelheim fiel 1806 an Hessen-Darmstadt und damit K. 1945 an Hessen.

L.: Wallner 698 OberrheinRK 37; Uhlhorn, F., Geschichte der Grafen von Solms im Mittelalter, 1931.

Krossen s. Crossen

Krottorf (Burg, Herrschaft). Nach der Burg K. bei Oschersleben nannten sich seit dem 12. Jahrhundert Herren von K. Die Burg kam später an die Grafen von Regenstein und dann an die Herren von Asseburg. Über

Preußen (Provinz Sachsen) gelangte K. 1945 zu Sachsen-Anhalt.

L.: Wolff 441; Wäscher, H., Feudalburgen, Bd. 1,2 1962.

Kröv (Reichsdorf), Cröwe. K. an der Mosel war seit karolingischer Zeit Mittelpunkt eines ausgedehnten Reichsgutbezirkes (K., Reil [Reitzel], Kinheim, Kinderbeuern [Kinheimerburen], Bengel, Erden), der im Mittelalter als Kröver Reich bezeichnet wurde. 1274 verpfändete es Rudolf von Habsburg an die Grafen von Sponheim. Am 11. 11. 1374 erlaubte Karl IV. dem Erzbischof von Trier, der 1355 die Vogteirechte erworben hatte, die Auslösung. Bis ins 18. Jahrhundert war K. zwischen den Grafen von Sponheim und dem Erzstift Trier umstritten. 1784 erhielt das Erzstift Trier die Landeshoheit zu einem Drittel. 1815 kam K. an Preußen und 1946 an Rheinland-Pfalz.

L.: Hugo 461; Wolff 261; Schaaf, E., Zur Herrschaftsstruktur des Kröver Reiches, Landeskundliche Vjbll. 41 (1995), 181.

Krumau (Herrschaft, Herzogtum), tschech. Český Krumlov. K. an der Moldau in Südböhmen wird als Stadt 1274 genannt. Es wurde Mittelpunkt der Güter der Rosenberg (Rosenberger) und der Eggenberg (Eggenberger). 1718/1719 fiel es an die Fürsten von Schwarzenberg (Herzogtum K.), 1918 an die Tschechoslowakei.

L.: Wolff 464; Tannich, K., Die Burg Krummau, in: Bohemia, Jb. des Collegium Carolinum 4 (1963); Himl, P., Die ‚armben Leüte' und die Macht. Die Untertanen der südböhmischen Herrschaft Český Krumlov/Krumau, 2003.

Krumbach (Herrschaft) s. Kürnbach

Kryn s. Grün

Küchenmeister (Reichsritter). Bis zur Mitte des 17. Jahrhunderts zählten die K. zum Kanton Odenwald (K. von Seldeneck, K. von Neuburg) sowie zum Kanton Rhön-Werra des Ritterkreises Franken.

L.: Stetten 33; Riedenauer 125; Rahrbach 143.

Küchenmeister von Nordenberg (Reichsritter), Küchenmeister von Nortenberg. Im 18. Jahrhundert zählten die K. zum Kanton Rhön-Werra des Ritterkreises Franken.

L.: Roth von Schreckenstein 2, 593.

Küdorff (Reichsritter) s. Kühdorf

Kuefstein, Kufstein (Grafen). Am Ende des 18. Jahrhunderts gehörten die Grafen von K., die mit den Herren von Spitz verwandt sind, in der Wachau begütert waren und 1620 wegen ihres Übertrittes zum Protestantismus in Niederösterreich geächtet wurden, zu den schwäbischen Grafen der weltlichen Bank des Reichsfürstenrates des Reichstags. Außerdem zählten sie zum Kanton Hegau des Ritterkreises Schwaben.

L.: Zeumer 554 II b 61, 19.

Kuenringer (Geschlecht). Die Familie der K., die vermutlich freier Abkunft ist und vielleicht aus Sachsen stammt, erscheint 1056 (Azzo, serviens des Markgrafen) erstmals in Österreich. Namengebend wurde das 1056 erlangte Königsgut zu Hetzmannswiesen, das seit etwa 1120 Kuenring (Kühnring bei Eggenburg in Niederösterreich) genannt wurde. Im 12. Jahrhundert stieg die Macht der Familie infolge von Herrendienst und Rodungstätigkeit stark an. Heinrich I. wurde 1233 oberster Schenk, Albero III. 1246/1247 capitaneus Austriae. Im 14. Jahrhundert trat die in einen Zweig Dürnstein (bis 1355) und einen Zweig Weitra (seit 1217)-Seefeld (seit 1292/1295 bis 1594) geteilte, im 16. Jahrhundert protestantisch gewordene Familie an Bedeutung zurück.

L.: Friess, G., Die Herren von Kuenring, 1874; Lechner, K., Das Waldviertel, 1937; Hellbling, E., Die Kuenringer, 1975; Lechner, K., Die Babenberger, 1976; Brunner, K., Die Kuenringer, 1980.

Kufstein s. Kuefstein

Kühdorf, Küdorff (Reichsritter). Im 16. Jahrhundert zählten die K. zum Kanton Altmühl des Ritterkreises Franken.

L.: Pfeiffer 213; Riedenauer 125.

Kulm (Bistum) s. Culm

Kulm (Land) s. Culm

Kulmbach (Burg, Stadt). Das 1028/1040 erstmals erwähnte K. (Kulma) befand sich zunächst in den Händen der Grafen von Dießen bzw. Andechs, von denen sich Berthold II. 1135 nach der Plassenburg nannte. 1248/1260 kam K. mit Plassenburg an die Grafen von Orlamünde, 1338/1340 an die Burggrafen von Nürnberg. 1398 wurde innerhalb der Burggrafschaft das Land auf dem Gebirg mit K., das 1397 Sitz des Hofes geworden war, von dem Land unterhalb des Gebirgs getrennt, 1457 aber wieder mit ihm vereinigt. 1603 kam K. an Brandenburg, das den Hof von K.

nach Bayreuth verlegte. 1791 fiel Bayreuth nach erneuter Verselbständigung mit K. an Preußen, 1807 an Frankreich und 1810 an Bayern. S. Bayreuth.

L.: Wolff 104; Hundt, M., Chronik der Stadt Kulmbach, 1951; Stößlein, H./Lenker, R., Kulmbach. Merkmale zur frühen Stadtentwicklung, 1978; Herrmann, E., Geschichte der Stadt Kulmbach, in: Die Plassenburg 45 (1985); Fahlbusch, F., Kulmbach, LexMA 5 1991, 1564.

Külsheim (Reichsritter). Um 1800 zählten die K. zum Kanton Altmühl des Ritterkreises Franken.

L.: Riedenauer 125.

Kunigessundera (Königssondern)

L.: Polenz, P. v., Landschafts- und Bezirksnamen, 1961, II, 29, 95, III, 30, 255.

Kuningisheim (marca)

L.: Polenz, P. v., Landschafts- und Bezirksnamen, 1961, IV, 3–7, zum Ortsnamen Kinzheim.

Kunitz? (Reichsritter). Im 16. Jahrhundert zählten die K. zum Kanton Gebirg des Ritterkreises Franken.

L.: Pfeiffer 210.

Künsberg, Künßberg (Freiherren, Reichsritter). Vom 16. bis zum 18. Jahrhundert zählten die bereits im Hochmittelalter als Herren sichtbaren, nach Altenkünsberg bei Creußen benannten Freiherren von K. mit Nagel, Tüschnitz und Thurnau zum Kanton Gebirg des Ritterkreises Franken. Mit Schernau, dem Rittergut Obersteinbach, Roßbach, Stübach und Markt Taschendorf (Markttaschendorf) gehörten sie im 18. Jahrhundert zum Kanton Steigerwald. Außerdem waren sie im 18. Jahrhundert in den Kantonen Altmühl und Baunach (auch um 1800) immatrikuliert. S. Künßberg-Thurnau.

L.: Genealogischer Kalender 1753, 535 f.; Stieber; Roth von Schreckenstein 2, 593; Pfeiffer 208; Bechtolsheim 12, 18; Riedenauer 125; Rahrbach 145.

Künsberg-Thurnau (Reichsritter), Künßberg-Thurnau s. Künsberg

L.: Bechtolsheim 16, 198.

Kunstadt s. Marschalk von Ebnet

Künzelsau (reichsritterschaftlicher Ort). K. am Kocher wird 1098 erstmals genannt. Von den Herren von Stein kam es erbweise an die Bartenau, Stetten, K. und Neuenstein. 1328 kauften die Hohenlohe Rechte. 1484 erwarb das Erzstift Mainz, 1499 das Hochstift Würzburg Rechte. 1489 vereinbarten Mainz, Hohenlohe, Schwäbisch Hall und die Stetten eine Ganerbenverwaltung. 1598 erlangte Hohenlohe den Anteil Schwäbisch Halls, 1717 Kloster Comburg den Anteil der Stetten. 1802 gewann Hohenlohe die Anteile Würzburgs und Mainz'. 1806 fiel das zum Kanton Odenwald des Ritterkreises Franken zählende K. an Württemberg und damit 1951/1952 an Baden-Württemberg.

L.: Wolff 119, 512; Eyth, L., Der Bezirk Künzelsau, 1900; Nowak, W., Die Ganerbschaft Künzelsau, 1967; Bibliographie des Landkreises Künzelsau, 1972.

Künzinggau (Cunzingouui, Gau südlich der Vils, rechts der Donau)

L.: Curs, O., Deutschlands Gaue im zehnten Jahrhundert. Nach den Königsurkunden, Diss. phil. Göttingen 1908, 5 (Perbing); Polenz, P. v., Landschafts- und Bezirksnamen, 1961, II, 30, 32, Chwinzinggouwe.

Küps (reichsritterschaftlicher Ort). K. an der Rodach bei Kronach zählte zum Kanton Gebirg des Ritterkreises Franken. 1806 fiel es an Bayern.

L.: Wolff 513.

Kurbayern s. Bayern

Kurbrandenburg s. Brandenburg

Kurbraunschweig s. Braunschweig, Hannover

Kurerzkanzler (Staat des Kurerzkanzlers). Karl Theodor von Dalberg war seit 1802 Kurfürst von Mainz und Reichserzkanzler. Durch § 25 des Reichsdeputationschauptschlusses vom 25. 2. 1803 wurde er nach dem Verlust seines Erzstifts Mainz mit den Fürstentümern Aschaffenburg und Regensburg und der Grafschaft Wetzlar entschädigt. Mit diesem zersplitterten Gebiet wurde er 1806 als Fürstprimas von Deutschland Mitglied des Rheinbunds und erhielt die Reichsstadt Frankfurt am Main. Nach dem Verzicht auf Regensburg verlegte er 1810 seinen Sitz von Regensburg nach Frankfurt am Main, das mit anderen Gebieten zum Großherzogtum Frankfurt vereinigt wurde. Mit der auf die Niederlage Napoleons bei Leipzig folgenden Abdankung Dalbergs endete am 28. 10. 1813 der Staat des Kurerzkanzlers.

Kurhannover s. Hannover

Kurhessen s. Hessen-Kassel (Kurfürstentum)

Kurköln s. Köln (Erzstift)

Kurland (Hochstift). Das in den Rigaischen Meerbusen ragende, im Norden von der

Düna, im Süden von Schamaiten begrenzte Kurland war zunächst von baltischen Kuren bewohnt. 1234 wurde zur Christianisierung ein Bistum Selonien-Semgallen mit dem Sitz in Pilten errichtet. Nach der Aufhebung des Bistums Semgallen wurde 1251 das Bistum K. (Kurland-Pilten) eingerichtet. Nach der endgültigen Eroberung Kurlands durch den Deutschen Orden erhielt das Bistum ein Drittel des eroberten Gebietes in drei voneinander getrennten Teilen (Stift Pilten). Die Reformation ermöglichte es dem Bischof, 1520 Reichsfürst zu werden. 1558 verkaufte der Bischof das Hochstift an den König von Dänemark, der es 1598 an Brandenburg verpfändete, das es 1609/1612 wieder an Kurland abtrat. Das Bistum erlosch.

Kurland (Land, Herzogtum). Das in den Rigaischen Meerbusen ragende, im Norden von der Düna, im Süden von Schamaiten begrenzte Kurland war zunächst von baltischen Kuren bewohnt. 1267 gewann der Deutsche Orden das Land, das danach einen der fünf Teile der Livländischen Konföderation bildete. 1561 nahm der letzte Landmeister des Schwertbrüderordens (Schwertritterordens) das Ordensgebiet südlich und westlich (links) der Düna von Polen als Lehnsherzogtum Kurland und Semgallen (ohne das Hochstift Kurland-Pilten). Polen gestand ihm freie Religionsausübung und deutsche Obrigkeit zu. Das überdünische Gebiet kam an Polen. 1629/1660 fielen die überdünischen Lande (Livland) weitgehend an Schweden, 1721 zusammen mit Estland an Russland. 1737 erhob die Kaiserin Anna von Russland ihren Günstling Biron zum Herzog von K. Nach dem Untergang Polens kam K. 1795 zu Russland und wurde eine Ostseeprovinz. 1918 gelangte es (neben Südlivland und Polnisch-Livland [Lettgallen, Inflanty]) an Lettland, 1939 an die Sowjetunion. Von 1915 bis 1919 und von 1941 bis 1944 war es von Deutschen besetzt. S. Lettland.

L.: Wittram, R., Baltische Geschichte 1180–1918, 1953; Mühlen, H. v. zur, Kuren, LexMA 5 1991, 1579; Das Herzogtum Kurland 1561–1795, hg. v. Oberländer, E./Misans, I., 1993.

Kurlande (Reichslehngebiete der Kurfürsten, Kurfürstenkollegium). S. Trier (Erzstift bis 1803); Mainz (Erzstift bis 1803); Köln (Erzstift bis 1803); Böhmen (Königreich); Sachsen, Sachsen-Wittenberg (Herzogtum); Brandenburg (Markgrafschaft); Pfalz (Pfalzgrafschaft[, bei Rhein]); Bayern (Herzogtum, seit 25. 2. 1623, 1628/1648 bis zur Vereinigung mit der Pfalz 1777); Braunschweig-Lüneburg (Herzogtum, seit 19. 12. 1642, 1708 [Braunschweig-]Hannover); Salzburg[-Berchtesgaden] (Herzogtum, 1803, seit 1805 Großherzogtum Würzburg bzw. Toskana); Baden (Markgrafschaft 1803); Hessen[-Kassel] (Landgrafentum, 1. 5. 1803), Württemberg (Herzogtum 1803), Kurerzkanzler (1803).

Kurmainz s. Mainz (Erzstift)

Kurmark (Mark, Landschaft, Verwaltungseinheit). Seit 1356 (Goldene Bulle) wurde für die Gebiete Brandenburgs (Altmark mit Stendal, Prignitz [Vormark] mit Perleberg, Brandenburg [Mittelmark], Uckermark mit Prenzlau und die Herrschaften Beeskow und Storkow) der Name K. üblich. (1807 kam die Altmark an das Königreich Westphalen.) 1815 wurde die K. ohne Altmark, aber mit der Neumark und von Sachsen abgetretenen Gebieten zur Provinz Brandenburg Preußens. Von 1949 bis 1990 gehörte das Gebiet zur Deutschen Demokratischen Republik.

L.: Wolff 385.

Kürnbach (Herrschaft), Krumbach. Über die Wälder der Herrschaft K. bei Eppingen hatte am Ende des 18. Jahrhunderts der Landgraf von Hessen-Darmstadt die Landeshoheit.

L.: Hölzle, Beiwort 41.

Kürnberg (Herrschaft), Kirnberg. 1298 nahm Rudolf von Üsenberg die Herrschaft K. mit dem schon 773 erwähnten Kenzingen von König Albrecht zu Lehen. 1365 kaufte Herzog Rudolf IV. von Habsburg die Herrschaft, die häufig verpfändet wurde. 1564 zog das Haus Österreich (Breisgau) sie wieder an sich. 1805 kam das Gebiet an Baden und damit 1951/1952 zu Baden-Württemberg.

L.: Wolff 41; Hölzle, Beiwort 2.

Kürnburg s. Pfaudt von K.

Kurpfalz s. Pfalz

Kurrheinischer Reichskreis. Seit dem 14. Jahrhundert traten die Erzbischöfe von Mainz, Trier und Köln mit dem Pfalzgrafen bei Rhein vielfach gemeinsam auf. Hieraus erwuchs 1512 der kurrheinische Reichskreis mit dem Erzbischof von Mainz als Kreisdirektor und kreisausschreibendem Fürsten. Mitglieder waren 1801: Kurfürstentum Mainz (insgesamt ca. 170 Quadratmeilen mit 400 000 Einwohnern, im Besitz des Kurfürsten von Mainz, der zugleich Direktor des Kurfürstenkollegiums war); Kurfürstentum Trier (zugleich mit Teilen der Herrschaften Vallendar, Rhaunen, Camberg und Wehrheim, insgesamt 150 Quadratmeilen im Besitz des Kurfürsten von Trier); Kurfürstentum Köln (zugleich umfassend das Vest Recklinghausen, das Herzogtum Westfalen, 4 westfälische Reichsgrafschaften und die Reichsgrafschaft Arnsberg, insgesamt 130 Quadratmeilen im Besitz des Kurfürsten von Köln); Kurfürstentum Pfalz (Pfalzgrafschaft am Rhein) (insgesamt umfassend 76 Quadratmeilen mit 310 000 Einwohnern, im Besitz des Kurfürsten von Pfalz-Bayern); Herzogtum Arenberg (4 Quadratmeilen südwestlich von Bonn mit 2000 Einwohnern im Besitz des Herzogs von Arenberg); Thurn und Taxis (die Mitgliedschaft war gegründet nicht auf ein Gebiet, sondern auf ein Kapital von 80 000 Reichstalern, das dem Kaiser geliehen war); Ballei Koblenz des Deutschen Ordens (Deutschen Ritterordens) (sie umfasste zwar reiche Besitzungen, aber kein eigenes Gebiet und wurde vertreten durch den Komtur der Ballei); Herrschaft Beilstein (5 Quadratmeilen nordwestlich von Wetzlar im Besitz von Nassau-Oranien [Nassau-Diez-Oranien] in den Niederlanden); Teile der Reichsgrafschaft Niederisenburg (2 Quadratmeilen nördlich von Koblenz im Besitz von Trier); Burggrafschaft Rheineck (0,5 Quadratmeilen am linken Rheinufer bei Andernach mit 1600 Einwohnern im Besitz von Sinzendorf[-Ernstbrunn]. (Die im Besitz von Wied-Runkel und Walderdorff befindlichen Teile der Reichsgrafschaft Niederisenburg mit 1,5 Quadratmeilen gehörten zum kurrheinischen Reichskreis, waren aber nicht vertreten.)

L.: Gumpelzhaimer 137; Wolff 78; Loch, G., Der Kurrheinische Reichskreis 1697–1714, Diss. phil. Bonn 1951; Dotzauer, W., Der Kurrheinische Reichskreis in der Verfassung des Alten Reiches, Nassauische Annalen 98 (1987).

Kursachsen s. Sachsen, Sachsen-Wittenberg

Kursächsische Lande s. Sachsen, Sachsen-Wittenberg

Kurtrier s. Trier (Erzstift)

Küstenland, Litorale (Land, Landschaft, Verwaltungseinheit). 1564 kam bei einer Neugliederung Österreichs K. neben Steiermark, Kärnten, Krain, Friaul-Görz und Westkroatien zur Ländergruppe Innerösterreich. 1809 wurde es den illyrischen Provinzen Frankreichs zugeschlagen. Nach dem Rückfall an Österreich 1814 wurde unter Abtrennung des Königreichs Dalmatien und Kroatien am 3. 8. 1816 das Königreich Illyrien mit der Hauptstadt Laibach gebildet. Zu ihm gehörten Kärnten, Krain, Görz mit Gradisca (Gradiska), Friaul und Istrien mit Trient. Von 1849 bis 1918 wurde nach Auflösung des Königreiches Illyrien aus Görz-Gradisca (Görz-Gradiska), Istrien und Triest ein Kronland K. mit einem gemeinsamen kaiserlichen Statthalter in Triest gebildet. Nach 1918/1919 kam es zu Italien, 1947 mit Ausnahme von Triest und Teilen von Görz-Gradisca (Görz-Gradiska) zu Jugoslawien, 1991 zu Slowenien und Kroatien.

L.: Wolff 35; Großer Historischer Weltatlas III 22 (1648) F6.

Kützgau (Gau) (Kuzzihgeuue 898)

L.: Polenz, P. v., Landschafts- und Bezirksnamen, 1961, II, 31, 33, Kuzzihgouwe, ‚Kützgau'; Nonn, U., Pagus und comitatus in Niederlothringen, 1983, 205.

Kyburg (Grafen) s. Kiburg

Kyll (Herrschaft). Die Herrschaft K. mit Stadkyll (der Stadt K.) gehörte zur Grafschaft Blankenheim und Gerolstein, die 1780 an die Grafen von Sternberg fiel. S. Preußen (Rheinprovinz).

L.: Wolff 363.

Kyrburg (Burg, Grafen). Vermutlich von den Emichonen stammten Grafen ab, die sich nach 1100 nach der auf dem Kyrberg bei Kirn an der Nahe errichteten Burg K. Wildgrafen von K. nannten. 1350 kam die Grafschaft K. mit Dhaun und Grumbach und 1408/1409 mit Kyrburg-Schmidtburg an die Rheingrafen. 1459 erheiratete Wildgraf Johann V. die halbe Grafschaft Obersalm, Johann VI. 1478 die Herrschaften Moers, Saarwerden mit Finstingen, Diemeringen und Eigenweiler. Ein Zweig nannte sich später Salm-Kyrburg. Seine Güter zählten zum oberrheinischen Reichskreis.

L.: Wolff 279; Wallner 698 OberrheinRK 43 a; Die Grafen von Kyrburg, 1981.

L

Laaber (Reichsherrschaft). Nach der Burg L. an der schwarzen Laber nannten sich im 12. Jahrhundert Herren von L. Sie bauten um L. eine Herrschaft mit reichslehnbarem Gericht auf. Diese kam 1435 mit 19 Dörfern durch Verkauf an Bayern-Landshut, wurde 1461 zurückgekauft, aber 1463 nach dem Aussterben der Familie von Bayern eingezogen. 1505 fiel L. an Pfalz-Neuburg und wurde Pflegamt bis 1802. Über Pfalz-Sulzbach (1742) kam L. 1777 wieder zu Bayern.

L.: Wolff 141; Neudegger, M. J., Zur Geschichte der Reichsherrschaft Laaber 1118–1802, Verh. d. hist. Ver. von Oberpfalz und Regensburg 54 (1902).

Laax (Grafschaft). 1299 kauften die Grafen von Habsburg die Grafschaft L.

L.: Wolff 533.

Ladenberg s. Kronberg (zu Ladenberg)

Ladengau (Lobodungouue, Lobotungouuue, Lobedengouue, Lobotengeuue, Lobitungeuue, Lobetengowe, Gau am unteren Neckar um Ladenburg), s. Lobodungouwe

L.: Curs, O., Deutschlands Gaue im zehnten Jahrhundert. Nach den Königsurkunden, Diss. phil. Göttingen 1908, 11 (Ladenburg, Hirschberg, Weinheim, Schriesheim); Polenz, P. v., Landschafts- und Bezirksnamen, 1961, II, 16, 30, 32, Lobodungouwe, pagus Lobodunensis, ‚Ladenburggau'; Niemeyer, W., Der pagus des frühen Mittelalters in Hessen, 1968, 89 (Lobdengau) (Escher, M. u. a., Die urbanen Zentren, 2005, 2, 330).

Laer (Freigrafschaft). 1279 kauften die Edlen von Steinfurt von den Edelherren von Ahaus die Freigrafschaft zu L. bei Steinfurt. 1357 verlehnte Kaiser Karl IV. die Freigrafschaft an die Steinfurt, die im 13. Jahrhundert auch das Gogericht Rüschau mit dem Mittelpunkt L. erworben hatten. Dieses kam bis 1716 unter die Landeshoheit des Hochstifts Münster und damit 1802/1803 zu Preußen und 1946 zu Nordrhein-Westfalen.

L.: Wolff 312.

Lagarde, La Garde (Herrschaft). Die Herrschaft L. gehörte im 18. Jahrhundert zum Hochstift Metz, das nach 1789 in Frankreich säkularisiert wurde.

L.: Wolff 301.

Lage-Zwaluwe (Herrlichkeit). Die Herrlichkeit L. gehörte zur Grafschaft Holland.

L.: Wolff 70.

Lahngau (Logenahe, Loginahi, Logonei, Logonê, Loginahe, Logenehe, Logenahi, Gau zwischen Lahn und Fulda)

L: Curs, O., Deutschlands Gaue im zehnten Jahrhundert. Nach den Königsurkunden, Diss. phil. Göttingen 1908, 11 (Zeuzheim, Oberneizen, Reiskirchen, Nenterode, Weilburg, Landswindehausen, Kirchgöns, Rödgen, Camberg, Leidenhofen); Polenz, P. v., Landschafts- und Bezirksnamen, 1961, I, 7, II, 16, 24, 41, III, 25, 31, IV, 8, V, 2, Loganahi, Loganahgouwe, Lognai, pagus Loganensis, Logeneher marca, ‚Lahngau'; Niemeyer, W., Der pagus des frühen Mittelalters in Hessen, 1968, 164.

Lahnstein s. Schilling von L.

Lahr (Herrschaft). L. an der Schutter erscheint 1250 als Tiefburg der Herren von Geroldseck. Um L. bildete sich die Herrschaft L. in der Ortenau. 1277 kam L. bei der Teilung der geroldseckischen Güter zusammen mit Mahlberg an die Linie Lahr-Mahlberg, 1426 durch Erbgang über eine Erbtochter (ohne Finstingen und niederrheinische Gebiete) an die Grafen von Moers-Saarwerden, denen auf Grund einer Heirat des Jahres 1507 nach 1527 die drei Linien Saarbrücken (bis 1574), Weilburg (bis 1629) und Usingen (bis 1803) des Hauses Nassau folgten. Seit 1422 war die Hälfte der ungeteilten, später zum oberrheinischen Reichskreis zählenden Herrschaft an Baden verpfändet, das 1497 diese Rechte käuflich erwarb (1535 Baden-Baden). 1629 wurde die gemeinsame Herrschaft zwischen Baden und Nassau aufgelöst. Mahlberg fiel an Baden, die zum oberrheinischen Reichskreis zählende Herrschaft L. an die Grafen von Nassau-Saarbrücken, 1803 an Baden und damit das Gebiet 1951/1952 an Baden-Württemberg.

L.: Wolff 265; Wallner 696 OberrheinRK 10; Knausenberger, W., Beiträge zur mittelalterlichen Geschichte von Lahr und Umgebung, 1954; Meyer, E., Lahr im Besitz der Grafen von Nassau-Saarbrücken, in: Der Altvater 27 (1969); Roth, K., Die Stadt Lahr, 1961; Escher, M. u. a., Die urbanen Zentren, 2005, 2, 331.

Lahr-Mahlberg (Herrschaft). 1246/1247 besetzten die Herren von Geroldseck die aus dem Erbe der Herzöge von Zähringen stammende Reichsstadt Mahlberg und errichteten am Ausgang des Tales der Schutter zum Rhein die Burg Lahr (1250). Bei Teilung der Güter der Herren von Geroldseck 1277 entstand die Herrschaft L. mit dem Hauptort Lahr. 1422 wurde Baden Pfandherr der Hälfte der Herrschaft und 1497 durch Kauf Eigentümer. Die übrige Hälfte war zunächst in Händen der Grafen von Moers-Saarwerden, denen 1527 Nassau-Saarbrücken folgte. 1558 wurde die Reformation eingeführt. Bei Auflösung des badisch-nassauischen Kondominates 1629 durch Teilung der Herrschaft L. bekam Baden-Baden (Baden) die Herrschaft Mahlberg (und Nassau-Saarbrücken die Herrschaft Lahr, die 1803 ebenfalls an Baden fiel).

L.: Binz, G., Die Stadt Mahlberg, 1923; Roth, K., Die Stadt Lahr, 1961.

Laihsheim, Lamsheim (Reichsritter). Im frühen 17. Jahrhundert zählten die L. zum Kanton Steigerwald im Ritterkreis Franken.

L.: Riedenauer 125.

Laineck (Reichsritter) s. Leineck

Lainega

L.: Polenz, P. v., Landschafts- und Bezirksnamen, 1961, s. Logni; Wagner, G., Die Verwaltungsgliederung im karolingischen Reich, 1963, 9.

Lake (Gau nördlich des Lek)

L: Curs, O., Deutschlands Gaue im zehnten Jahrhundert. Nach den Königsurkunden, Diss. phil. Göttingen 1908, 12; Polenz, P. v., Landschafts- und Bezirksnamen, 1961, I, 7, 10, V, 1, Lake et Isla, Raumbezeichnung mit Flussnamen.

Lambach (Abtei). Nahe der Einmündung der Ager in die Traun erbauten die Grafen von Wels-Lambach die Burg L., in der sie ein Kanonikerstift einrichteten. 1056 wandelte der letzte dieses Geschlechts die Burg in ein Kloster um. Die Erbvogtei erhielten die Otakare (Markgrafen von Steyr) und nach ihrem Aussterben 1192 die Babenberger. Um 1220 kaufte der Herzog von Österreich die Güter vom Hochstift Würzburg. S. Wels-Lambach.

L.: Wolff 27; Eilenstein, E., Die Benediktinerabtei Lambach in Österreich ob der Enns und ihre Mönche, 1936; Stelzer, W., Lambach, LexMA 5 1991, 1623.

Lamberg (Freiherren, Grafen, Reichsfürsten). Die Herren von L. waren seit dem 14. Jahrhundert in Krain begütert. 1397 teilte sich das Geschlecht in die 1689 erloschene rosenbühlsche Linie, die ebenfalls erloschene krainische Linie und die orteneggsche Linie. 1544 erfolgte die Erhebung in den Freiherrenstand, 1667 in den Reichsgrafenstand und 1702 in den Reichsfürstenstand (Landgrafschaft Leuchtenberg). Die Reichsfürstenwürde ging 1797 auf die bayerische Linie des Hauses über.

Lamprecht von Gerolzhofen (Reichsritter), Lamprecht. Im frühen 16. Jahrhundert zählten die L. zum Kanton Steigerwald im Ritterkreis Franken.

L.: Riedenauer 125.

Landas, Landass (Reichsritter). Um 1700 zählten die L. zum Kanton Rhön-Werra im Ritterkreis Franken. S. Swerts von L. zu Weinheim.

L.: Riedenauer 125.

Landau (in der Pfalz) (Reichsstadt). Das vielleicht in der Mitte des 13. Jahrhunderts nahe einer Burg in den Queichniederungen gegründete L. in der Pfalz bzw. im Nordelsass wird erstmals 1268 als Gut des Grafen Emich IV. von Leiningen genannt. 1274 erhielt es durch König Rudolf von Habsburg das Stadtrecht von Hagenau. 1290 schied es aus der Herrschaft der Grafen von Leiningen aus und wurde 1291 Reichsstadt. Seit 1317 wurde es mehrfach verpfändet, darunter von 1324 bis 1511 an das Hochstift Speyer. 1511 wurde es durch Kaiser Maximilian I. ausgelöst. 1517 wurde es der Landvogtei Elsass (Unterelsass) zugewiesen. 1521 wurde es Mitglied des elsässischen Zehnstädtebundes. 1648/1678/1713 fiel es an Frankreich (Reichslandvogtei über 10 elsässische Städte, 1688–1691 Umbau zu einer Festung durch Vauban), 1815 an Österreich. 1816 kam es an Bayern (1830 Bundesfestung), 1946 an Rheinland-Pfalz.

L.: Wolff 296; Großer Historischer Weltatlas III 22 (1648) D4; Lehmann, J. G., Urkundliche Geschichte der freien Reichsstadt und jetzigen Bundesfestung Landau, 1851; Hagen, J., Urkundliche Geschichte des Landauer Gebietes, Bd. 1 1937; Pemöller, A., in: Berichte zur Deutschen Landeskunde 33, 1 (1964); Landkreis Landau, hg. v. Mushake, A. L. M., 1964; Staab, F., Quod pro nobis et imperio, Geschichtliche Landeskunde 42 (1995), 85; Imhoff, A., Wirtschaft und Gesellschaft in einer Garnisonsstadt, 1996; Escher, M. u. a., Die urbanen Zentren, 2005, 2, 333.

Landeck (Reichsritter). Im 18. Jahrhundert zählten die L. zum Ritterkreis Rhein.

L.: Roth von Schreckenstein 2, 595.

Landenberg (Reichsritter). Die L. waren vom Anfang des 16. Jahrhunderts bis etwa 1654 Mitglied des Kantons Neckar des Ritterkreises Schwaben. 1531 hatten sie auch die dem

Kanton inkorporierte Herrschaft Schramberg. Sie zählten außerdem zum Ritterkreis Unterelsass und zum Ritterkreis Rhein.

L.: Roth von Schreckenstein 2, 595; Hellstern 148, 208.

Landgrafschaften s. Aargau (Albgau), Baar, Breisgau, Elsass, Hessen, Hessen-Darmstadt, Hessen-Homburg, Hessen-Kassel, Hessen-Marburg, Leuchtenberg (Linzgau), Nellenburg, Ortenau, Stühlingen, Thurgau, Thüringen.

L.: Mayer, T., Über die Entstehung und Bedeutung der Landgrafschaften, ZRG GA 58 (1938).

Landsberg (Mark, Fürstentum). Die Burg L. (1174 Landesberc) am Strengbach an der Schnittstelle der Straßen Halle-Wittenberg und Leipzig-Magdeburg wurde kurz nach der Mitte des 12. Jahrhunderts (1170) von Dietrich von Meißen in dem 1156 durch Teilung erlangten Gebiet auf einem Felsen, auf dem sich schon eine große slawische Wallanlage befunden hatte, erbaut. Seit 1174 nannte er sich Graf oder auch Markgraf von L., wobei L. nur einen Teil der Ostmark (Niederlausitz) umfasste. Nach seinem Tode wollte Kaiser Friedrich I. Barbarossa die Ostmark mit L. einziehen, doch kaufte sie der Wettiner Dedo V. 1261 gab Markgraf Heinrich der Erleuchtete von Meißen die Mark L. (ein nicht zusammenhängendes Gebiet zwischen Saale und Mulde, dazu Sangerhausen, Eckartsberga) ohne königliche Erlaubnis seinem Sohn Dietrich dem Weisen als eigenes Fürstentum (Reichsfürstentum). Dessen nördliche Hälfte (nördlich der Elster) wurde 1291 an die brandenburgischen Askanier verkauft, von denen sie 1347 als Lehen des Hochstifts Magdeburg über eine Erbtochter an Braunschweig fiel. Von Braunschweig kaufte Markgraf Friedrich der Ernsthafte von Meißen († 1349) L. nach Streit noch im gleichen Jahr zurück. Im Hause Wettin gehörte L. von 1657 bis 1731 zur albertinischen Nebenlinie Sachsen-Weißenfels. Bis 1815 blieb es bei Sachsen (Kursachsen), danach gehörte es zur preußischen Provinz Sachsen. S. Sachsen-Anhalt.

L.: Wolff 378; Posse, O., Die Wettiner, 1897; Giese, W., Die Mark Landsberg bis zu ihrem Übergang an die brandenburgischen Askanier im Jahre 1291, Thüring.-sächs. Zs. f. Geschichte 8 (1918), 1 ff., 105 ff.; Helbig, H., Der Wettinische Ständestaat, 1980; Blaschke, K., Landsberg, LexMA 5 1991, 1674.

Landsberg (Land), Landsberg/Warthe, poln. Gorzow Wielkopolski. L. an der Warthe wurde 1257 von den Markgrafen von Brandenburg gegründet. Es war Mittelpunkt eines 1337 etwa 40 Dörfer umfassenden Landes. 1313 kam es an Wittelsbach, dann an Luxemburg, 1402 an den Deutschen Orden und 1454 an Brandenburg, 1945 unter Verwaltung Polens und damit 1990 als politische Folge der deutschen Wiedervereinigung an Polen.

L.: Wolff 390; Eckert, R., Geschichte von Landsberg an der Warthe, Stadt und Kreis, Teil 1 1890; Landsberg an der Warthe, Geschichte und Schicksal, hg. v. Frohloff, E. K., 1955.

Landsberg, Landsperg (Reichsritter). Im 18. Jahrhundert gehörten die Freiherren von L. zum Ritterkreis Rhein sowie mit dem 1344 erworbenen Lingolsheim zum Ritterkreis Unterelsass, wo sie bereits im Stichjahr 1680 angesessen und mit ihren Gütern bei der Ritterschaft immatrikuliert waren. Sie erloschen männlicherseits 1837 und weiblicherseits 1842.

L.: Roth von Schreckenstein 2, 595; Hölzle, Beiwort 67.

Landschad (Reichsritter) s. Landschad von Steinach

L.: Riedenauer 125.

Landschad von Steinach (Reichsritter). Im 16. und 17. Jahrhundert gehörten die L. dem Kanton Odenwald und kürzere Zeit auch dem Kanton Rhön-Werra des Ritterkreises Franken an. Im 18. Jahrhundert zählten die L. zum Ritterkreis Rhein.

L.: Stieber; Roth von Schreckenstein 2, 595; Riedenauer 125; Stetten 33.

Landsee (Reichsritter). Von 1680 bis 1788 zählten die L. mit dem Rittergut Glatt zum Kanton Neckar des Ritterkreises Schwaben.

L.: Roth von Schreckenstein 2, 592; Hellstern 208.

Landshut (Burg). Um 1150 erscheint L. an der Isar. 1204 errichtete der Herzog von Bayern dort eine Burg (im Innenhof wurde 2005 in drei Metern Tiefe ein Holzkeller des frühen elften Jahrhunderts entdeckt), die schon unter seinem Sohn Otto II. 1225 Sitz des Herzogtums, seit 1255 Sitz des durch Teilung entstandenen Herzogtums Niederbayern wurde. 1475 feierte hier Georg der Reiche von Bayern-Landshut († 1503) Hochzeit mit Hedwig von Polen. 1505 kam L. nach dem Landshuter Erbfolgekrieg zu Bayern-München. 1799 verlor es das Viztumamt, erhielt aber 1802 die

1472 in Ingolstadt gegründete Universität (1826 nach München verlegt) und 1839 (bis 1932) und 1956 die Regierung Niederbayerns innerhalb Bayerns. S. Bayern-Landshut.

L.: Wolff 136; Landshuter Urkundenbuch, 1959 ff.; Heindl, Geschichte der Stadt Landshut, 1959; Kleinräumige Gliederung des Stadtgebietes (Stadt Landshut), hg. v. d. Stadt Landshut, 1984; Spitzlberger, G., Landshut in Geschichte und Kunst, 1987; Spitzlberger, G., Landshut, LexMA 5 1991, 1678; 1204 und die Folgen, hg. v. Niehoff, F., 2002; Tausche, G./Ebermeier, W., Geschichte Landshuts, 2003.

Landskron (Reichsherrschaft). Die unmittelbare Reichsherrschaft L. lag an der Ahr bei Ahrweiler. Sie war zuletzt in den Händen der Reichsgrafen von Nesselrode. 1806 kam sie zum Großherzogtum Berg, 1815 zu Preußen und damit 1946 ihr Gebiet zu Nordrhein-Westfalen.

L.: Wolff 499; Frick, H., Quellen zur Geschichte der Herrschaft Landskron an der Ahr, Bd. 1 f. 1966.

Landskron (Reichsritter). Im 18. Jahrhundert zählten die L. zum Ritterkreis Rhein.

L.: Roth von Schreckenstein 2, 595; Quellen zur Geschichte der Herrschaft Landskron an der Ahr, bearb. v. Frick, H. u. a., 1966.

Landstuhl (Herrschaft). L. bei Kaiserslautern wird als Königsgut Nannenstul zu Anfang des 9. Jahrhunderts im Reichsurbar Lorschs erstmals erwähnt. Mit der um 1160 erbauten Burg Nannenstein wurde L. dann Mittelpunkt einer Herrschaft, die als Reichslehen an verschiedene Inhaber gegeben wurde. Am Ende des 15. Jahrhunderts kam sie an die Sickingen, die sie bis zum Ende des 18. Jahrhunderts innehatten. In der Reichsmatrikel von 1776 wird das zum Kanton Oberrheinstrom des Ritterkreises Rhein zählende L. im schwäbischen Reichskreis genannt. 1815 fiel es an Bayern, 1946 an Rheinland-Pfalz.

L.: Gumpelzhaimer 92; Wolff 516; Knocke, T., Landstuhl in Vergangenheit und Gegenwart, 1951.

Landvogtei(en) s. Breisgau, Elsass, Hagenau, Ortenau, Schwaben, Speyergau, Wetterau

Lang, Lang von Leinzell (Reichsritter). Die aus Augsburger Patriziergeschlecht stammenden L. zählten mit dem im 1636 erworbenen ellwangischen Lehen Leinzell und den 1657 von den Adelmann erworbenen Gütern Dewangen, Reichenbach, Faulherrnhof und Rodamsdörfle zum Kanton Kocher des Ritterkreises Schwaben.

L.: Hölzle, Beiwort 62; Kollmer 362, 371, 375, 378; Schulz 266.

Lang von Leinzell s. Lang

Langaneka (Gau westlich Paderborns)

L: Curs, O., Deutschlands Gaue im zehnten Jahrhundert. Nach den Königsurkunden, Diss. phil. Göttingen 1908, 12; Polenz, P. v., Landschafts- und Bezirksnamen, 1961, IV, 16, Langaneka, Ortsname, Langeneicke.

Langen (Reichsritter). Um 1750 zählten die L. zum Kanton Altmühl im Ritterkreis Franken.

L.: Riedenauer 125.

Langenau (Herrschaft, Ganerbschaft). Die Burg L. an der Lahn wird erstmals 1243 genannt. Vermutlich über Mechthild von Sayn kam sie an das Erzstift Köln, von dem sie die L. zu Lehen hatten. Neben vielen ihrer verschiedenen Linien hatten in weiblicher Erbfolge auch andere Familien als Ganerben Anteile. Im Spätmittelalter erwarben die Ganerben für den engsten Bereich ihrer Burg Landeshoheit. 1693 vereinigten die Eltz-Langenau alle Anteile und vererbten sie an die Eltz-Rübenach, die sie 1635 an die Wolff-Metternich zur Gracht (Wolff genannt Metternich von Gracht) verkauften. Diese veräußerten sie 1696 an die Marioth aus Lüttich. 1946 kam L. an Rheinland-Pfalz. S. Marioth zu L.

L.: Gensicke, H., Landesgeschichte des Westerwaldes, 2. A. 1987, 327.

Langenburg (Herrschaft). 1226 trugen die Herren von L., die vielleicht mit den Herren von Hohenlohe verwandt waren, die Burg L. an der Jagst dem Bischof von Würzburg zu Lehen auf. 1232 erlangten die Hohenlohe die zugehörige Herrschaft, die im 13./14. Jahrhundert L., Bächlingen, Nesselbach, Dünsbach, Forst, Gerabronn (später an Brandenburg-Ansbach), Lindenbronn, Atzenrod, Eberbach, Oberregenbach und Unterregenbach umfasste. 1610 kam sie an die Linie Hohenlohe-Langenburg (Hohenlohe-Neuenstein-Langenburg), 1806 an Württemberg und damit 1951/1952 an Baden-Württemberg. S. Hohenlohe-Langenburg.

L.: Wolff 119; Hölzle, Beiwort 46; Schlauch, R., Langenburg, 1951.

Langendorf s. Chanoffsky von L.

Langenegg (Herrschaft). Nach der Burg L. an der Iller nannten sich Herren von L. Als sie um 1415 ausstarben, kam die zugehörige Herrschaft über die Erbtochter an die Herren von Rauns zu L. Kurz vor ihrem Aussterben im Mannesstamm verkauften sie 1513 einen

Teil der Burg an den verschwägerten Kemptener Patrizier Winter, der sich fortan von L. nannte. 1647 fiel L. als erledigtes Lehen an die Abtei Kempten, die 1803 an Bayern kam.

L.: Hölzle, Beiwort 80.

Langenrein s. Ulm zu Marspach, Griessenberg

Langenschwarz (Reichsritter). Die von und zu L. zählten im ausgehenden 17. und im 18. Jahrhundert mit L., Hechelmannskirchen, Köhlersmoor und Schlotzau zum Kanton Rhön-Werra des Ritterkreises Franken. Über Hessen-Kassel und Preußen (Hessen-Nassau) kamen die Orte 1945 zu Hessen.

L.: Stieber; Seyler 371; Winkelmann-Holzapfel 155; Riedenauer 125.

Langenstein s. Welschberg zu L.

Langheim (Kloster) (Reichsritter). Um 1800 zählte das Kloster L. zu den Kantonen Baunach und Gebirg des Ritterkreises Franken.

L.: Wolff 98; Riedenauer 129.

Languizza (Gau um die Ilm, links der Saale, Längwitzgau)

L: Curs, O., Deutschlands Gaue im zehnten Jahrhundert. Nach den Königsurkunden, Diss. phil. Göttingen 1908, 912 (Hausen); Hessler, W., Mitteldeutsche Gaue des frühen und hohen Mittelalters, 1957, 129 Langwizza (Hausen, Ichtershausen, Paulinzella); Polenz, P. v., Landschafts- und Bezirksnamen, 1961, I, 13, Langwizza, slawisch.

Langwerth zu Simmern (Freiherren, Reichsritter). Im 18. Jahrhundert waren die Freiherren von L. mit einem Siebtel der Ganerbschaft Nieder-Saulheim (Niedersaulheim) und einem Fünftel der Ganerbschaft Schornsheim Mitglieder des Kantons Oberrheinstrom des Ritterkreises Rhein. Außerdem waren sie im Kanton Mittelrheinstrom immatrikuliert.

L.: Genealogischer Kalender 1753, 547; Zimmermann 75 f.; Winkelmann-Holzapfel 155.

Lantorfere marcha

L.: Polenz, P. v., Landschafts- und Bezirksnamen, 1961, IV, 3, 4, zum Ortsnamen Londorf.

Lara (Lorgo, Laringia)

L.: Polenz, P. v., Landschafts- und Bezirksnamen, 1961, II, 41, 95 f., III, 10, 31, 257.

Larere marca (pagus Lare, pagus Larensis)

L.: Polenz, P. v., Landschafts- und Bezirksnamen, 1961, IV, 3 f., 8, zum Ortsnamen Lohra.

Lasser genannt von Halden (Freiherren, Reichsritter). Im 18. Jahrhundert zählten die Freiherren von L. mit dem 1765 erworbenen und 1798 an die Freiherren von Lassberg und von Deuring gelangten Autenried zum Kanton Donau des Ritterkreises Schwaben. (Autenried fiel an Bayern.)

L.: Hölzle, Beiwort 59.

Laubach (Herrschaft). L. an der Wetter bei Gießen wird im Frühmittelalter als Gut der Reichsabtei Hersfeld erstmals erwähnt. Seit 1278 ging L. zu Lehen an die Herren von Hanau. 1341 verkauften sie ihre Rechte an die Falkenstein, die 1404 auch die Rechte Hersfelds erwarben. Bei ihrem Aussterben 1418 fiel L. an Solms, 1548 an dessen ältere Linie, unter der von Fichard 1571 eine Gerichtsordnung und Landesordnung (Reformation) geschaffen wurde, 1607 an die Linie Solms-Laubach, 1676 an Solms-Wildenfels (Solms-Wildenfels-Laubach). 1806 kam es an Hessen-Darmstadt und damit 1945 zu Hessen. S. Solms-Laubach.

L.: Wolff 274; Der Graveschafft Solms etc. Gerichts- und Landtordnung, 1571; Roeschen, A., Zur Geschichte von Laubach, Mitt. des oberhess. Geschichtsvereins, N. F. 4 (1893); Merl, T., Laubach, 1986.

Laubenberg (Reichsritter). Von 1578 bis 1584 war Hans von L. wegen Steinbach im Kanton Kocher des Ritterkreises Schwaben immatrikuliert.

L.: Schulz 266.

Laudenbach, Lautenbach, Lauthenbach (Reichsritter). Um 1550 zählten die L. zum Kanton Odenwald des Ritterkreises Franken. S. Finsterlohr zu L., Windeln zu L.

L.: Stetten 33.

Lauenburg (Herzogtum). Das an der Niederelbe gelegene Land wurde nach dem Abzug der Germanen im Frühmittelalter von wendischen Polaben besiedelt, im 12. Jahrhundert aber von den Welfen erobert. 1142 wurde Heinrich von Badwide mit der Grafschaft Ratzeburg belehnt, die den größten Teil des späteren L. einnahm. Nach dem Sturz Heinrichs des Löwen 1180 fiel das Gebiet an die Askanier (Bernhard II.), die 1182 die Burg L. erbauten und nach dem Aussterben der Badewider die Grafschaft Ratzeburg einzogen. Bei der Teilung des askanischen Hauses entstand 1260 das Herzogtum Sachsen-Lauenburg (L. und Hadeln), das an die ältere Linie fiel. Nach dem Aussterben der protestantisch gewordenen Askanier (1689) setzte Herzog Georg Wilhelm von Lüneburg-Celle seinen Erbanspruch auf das zum niedersächsischen Reichskreis zählende Herzogtum, zu dem auch die Stadt Ratzeburg ([bis 1. 10. 1937] mit Ausnahme der Dominsel) gehörte, durch. 1705 kam L. mit Celle durch Erbfall an Hannover. 1815 wurde es von Hannover mit Ausnahme von Hadeln an Preußen abgetreten. Preußen überließ es 1815/1816 gegen Schwedisch-Vorpommern an Dänemark, das es 1864 zusammen mit Holstein im Wiener Frieden an Österreich und Preußen abtrat. 1865 wurde es durch die Konvention von Gastein gegen Entschädigung Österreichs in Personalunion mit Preußen verbunden. 1866 trat es dem Norddeutschen Bund bei, 1870 in das Deutsche Reich ein. Am 1. 7. 1876 wurde es als Kreis Herzogtum L. der Provinz Schleswig-Holstein Preußen eingegliedert und kam damit 1946 zu Schleswig-Holstein. Der Titel Herzog von L. wurde von Wilhelm II. an Bismarck verliehen. S. Sachsen-Lauenburg.

L.: Wolff 449 f.; Zeumer 552 ff. II b 33; Wallner 707 NiedersächsRK 13; Großer Historischer Weltatlas III 22 (1648) E2, III 38 (1789) E2; Geerz, F., Geschichte der geographischen Vermessungen und der Landkarten Nordalbingiens vom Ende des 15. Jahrhunderts bis zum Jahre 1859, 1859; Lammert, F., Die älteste Geschichte des Landes Lauenburg, 1933; Hellwig, L., Grundriss der Lauenburger Geschichte, 3. A. 1927; Prange, W., Siedlungsgeschichte des Landes Lauenburg im Mittelalter, 1960 (Diss. phil. Kiel); Nissen, N. R., Festschrift 700 Jahre Lauenburg, 1960; Geschichte Schleswig-Holsteins, Bd. 8: Provinz im Königreich Preußen, hg. v. Hauser, O., 1966; Kahlfuss, H. J., Landesaufnahme und Flurvermessung in den Herzogtümern Schleswig, Holstein, Lauenburg vor 1864, 1969; Stadtchronik zur 725-Jahr-Feier der Stadt Lauenburg/Elbe, hg. v. Magistrat der Stadt Lauenburg, 1985; Neuschäffer, H., Schlösser und Herrenhäuser im Herzogtum Lauenburg, 1987; Ländliche Siedlungs- und Verfassungsgeschichte des Kreises Herzogtum Lauenburg, hg. v. Jürgensen, J., 1990; Blaschke, K., Sachsen-Lauenburg, LexMA 7 1995, 1235; Kleinfeld, M., Die wirtschaftliche Entwicklung der Stadt Lauenburg/Elbe, 2000.

Lauenstein (Herrschaft). Die Burg L. im Osterzgebirge wurde vermutlich im 12. Jahrhundert von den Markgrafen von Meißen erbaut. Im 14. Jahrhundert war sie vorübergehend an die Burggrafen von Leisnig und von Meißen und an die Bergau verlehnt. Von 1517 bis 1821 war die Herrschaft (L., Neugeising, Zinnwald, 9 Dörfer) in den Händen der Bünau, von 1821 bis 1945 der Grafen von Hohenthal. Am Ende des 18. Jahrhunderts gehörte sie (über Sachsen-Wittenberg) zum obersächsischen Reichskreis. Über Sachsen fiel L. von 1949 bis 1990 an die Deutsche Demokratische Republik.

L.: Wolff 378; Wallner 708 ObersächsRK 2; Brandner, F. A., Lauenstein, seine Vorzeit, früheren Schicksale und jetzige Beschaffenheit, 1845.

Laufenburg (Herrschaft, Grafen). Schon 1173 trug eine Linie der Grafen von Habsburg die Burg L. am Rhein bei Waldshut vom Kloster Säckingen zu Lehen. 1232/1238 spaltete sich von Habsburg eine Linie Habsburg-Laufenburg ab. 1306 verkaufte der letzte Graf die Herrschaft an die Grafen von Habsburg (und Herzöge von Österreich). Damit zählte sie später zum österreichischen Reichskreis. 1408/1415 erlosch die Linie andgültig. 1801 kam L. zum Aargau der Schweiz. Das rechtsrheinische Kleinlaufenburg/L. in Baden fiel 1805 an Baden und damit 1951/1952 an Baden-Württemberg.

L.: Wolff 41; Wallner 713 ÖsterreichRK 1; Hölzle, Beiwort 1; Wernli, F., Die Stadt Laufenburg von 1386–1496, 1912; Schib, K., Geschichte der Stadt Laufenburg, 1951; Escher, M. u. a., Die urbanen Zentren, 2005, 2, 339.

Laufenbürg (Reichsritter), Lauffenburg. Die Ammann von der L. waren möglicherweise im Kanton Altmühl des Ritterkreises Franken immatrikuliert. S. Cronheim.

L.: Biedermann, Altmühl.

Laufenholz s. Lauffenholz

Lauffen, Lauter? (Reichsritter). Um 1700 waren die L. im Kanton Odenwald des Ritterkreises Franken immatrikuliert.

L.: Riedenauer 125.

Lauffen (Reichsstadt). Neben einem älteren Dorf mit karolingischem Königshof auf dem linken Ufer des Neckar wird eine Burg, nach der sich seit 1127 im Kochergau, im Maulachgau, im Remstalgau, im Elsenzgau, im Kraichgau (Bretten) und im Enzgau sowie in Hornberg, Eberbach und Dilsberg begüterte Grafen von L. nannten und 1234 die Stadt L. rechts des Neckars erwähnt. Nach dem Aussterben der Grafen von L. um 1219, bei dem viele Güter an die Staufer fielen, verpfändete Kaiser Friedrich II. L. an die Markgrafen von Baden. Im 14. Jahrhundert kam es an Württemberg und war bis 1808 Amtsstadt. 1951/1952 gelangte L. zu Baden-Württemberg.

L.: Bauer, H., Die Grafen von Lauffen, Württemberg. Franken 7 (1865–1867), 467 ff.; Klunzinger, K., Geschichte der Stadt Lauffen, 1846; Die Stadt Lauffen, 1934; Heimatbuch Lauffen, 1956; Jehle, F., Die gemeinsame Stadt, 1979; Schwarzmaier, H., Geschichte der

Stadt Eberbach am Neckar, 1986, 30 ff.; Lorenz, S., Lauffen, LexMA 5 1991, 1756.

Lauffenholz, Laufenholz (Reichsritter). Im 16. Jahrhundert zählten die L. zum Kanton Steigerwald und zum Kanton Baunach im Ritterkreis Franken.

L.: Stieber; Roth von Schreckenstein 2, 594; Riedenauer 125.

Lauingen (Reichsstadt). L. an der Donau wurde vermutlich im 6. oder 7. Jahrhundert alemannisch besiedelt. Im 12. Jahrhundert kamen die ansehnlichen Güter des Klosters Fulda über die Markgrafen von Vohburg und Giengen sowie die Güter der 1156 ausgestorbenen Herren von Werde an die Staufer. 1193 wurde Albertus Magnus (Albert von Bollstädt) in L. geboren. 1268 kam L. an Bayern. Zwischen 1291 und 1504 versuchte es vergeblich die Reichsunmittelbarkeit zurückzugewinnen. Zwischen 1325 und 1333 wurde es mehrfach verpfändet. Innerhalb Bayerns fiel es 1392 an Bayern-Ingolstadt, danach an Bayern-Landshut, 1503/1504 an Pfalz-Neuburg. Die 1542 durchgeführte Reformation wurde zwischen 1616 und 1618 beseitigt. Über Pfalz-Sulzbach (1742) kam L. 1777 zu Bayern.

L.: Wolff 140; Rückert, G., Die Anfänge der Stadt Lauingen, Zs. d. hist. Ver. f. Schwaben 57 (1950); Einleitung zum Einwohnerbuch für den Stadt- und Landkreis Dillingen an der Donau, 1961.

Lauis s. Lugano

Laupen (Reichsstadt). 1310 verpfändete Heinrich VII. die Reichsstadt L. im ostjuranischen Burgund an Otto von Granson. Später kam L. zum Kanton Bern.

L.: Wolff 519.

Laupheim (Herrschaft, reichsritterschaftlicher Ort). Nach dem 778 erstmals erwähnten L. (Louphaim) an der Riss nannten sich seit 1110 bezeugte Herren von L., die im Dienst der Grafen von Kirchberg standen. Die Herrschaft L. kam von den Staufern über die Truchsessen von Waldburg und die Herren von Waldsee 1331 an Österreich, das 1407 die Herren von Ellerbach, die 1362 das Pfand erlangt hatten, damit belehnte. Nach dem Aussterben der Ellerbach fiel die zum Kanton Donau des Ritterkreises Schwaben zählende Herrschaft 1582 an die Welden, 1806 an Württemberg und damit L. 1951/1952 an Baden-Württemberg.

L.: Wolff 508; Schenk, G., Laupheim, 1976; Diemer, K., Laupheim, 1979.

Lausanne (Hochstift). Nach vorrömischen Vorläufern entstand auf einem Bergsporn über dem Genfer See die römische Siedlung Lousonna (108 v. Chr.). Noch in römischer Zeit wurde in Aventiacum (Avenches) südwestlich von Bern ein Bistum gegründet, das beim Vordringen der Alemannen zunächst nach Windisch (Vindonissa) und um 600 (585–594) in das sicherere L. verlegt wurde. Es unterstand dem Erzbischof von Besançon (bis 1801, seitdem exemt) und wurde bis in das 13./14. Jahrhundert als Reichsfürstentum angesehen, nachdem es 1032 mit Burgund an das Reich gelangt war. Die weltliche Herrschaft beruhte auf der 1011 erfolgten Verleihung der Grafschaft Waadt, zu der 1079 Teile der Güter Rudolfs von Rheinfelden kamen. Die Herrschaft wurde durch die Vögte (bis 1218 Herzöge von Zähringen, dann Grafen von Savoyen) allmählich entfremdet. Die Stadt L. gewann weitgehende Selbständigkeit. 1536 eroberte Bern Waadt und führte die Reformation ein. Der Bischof verlor 1538 seine weltlichen Rechte in L. und seinen Sitz im Reichsfürstenrat. Seit 1613 hatte er seinen Sitz in Freiburg im Üchtland. 1798 wurde die Berner Herrschaft beseitigt und L. Hauptstadt des Kantons Waadt der Schweiz.

L.: Großer Historischer Weltatlas II 66 (1378) D5; Maillefer, P./Boissonas, F., Lausanne, 1923; Hüffer, H., Die Territorialmacht der Bischöfe von Lausanne in ihrer Entwicklung bis zum Ende der Zähringer 1218, Zs. f. schweiz. Geschichte 4 (1924); Biaudet, J. C./Biaudet, E., Lausanne, 1947.

Lausanne (Reichsstadt). Nach vorrömischen Vorläufern entstand auf einem Bergsporn über dem Genfer See die römische Siedlung Lousonna (108 v. Chr.). Unter der Herrschaft des um (bzw. kurz vor) 600 von Aventiacum (Avenches) über Windisch nach L. gezogenen Bischofs, dessen Bistum im Wesentlichen das ehemalige helvetische Siedlungsgebiet umfasste, entwickelte sich eine Siedlung, die 1224 in den Mauerring einbezogen wurde. 1334 erklärte Kaiser Ludwig der Bayer L. unter dem Vorbehalt der bischöflichen Rechte zur freien Reichsstadt. 1434 wurde dies von Kaiser Sigmund anerkannt. 1536 kam L. mit Waadt unter die Herrschaft Berns. 1798 wurde L. Hauptstadt des von Bern verselbständigten Kantons Waadt der Schweiz.

L.: Wolff 520; Guex-Rolle, H./Guex-Rolle, A., Lausanne d'hier à aujourd'hui, 1964; Grandjean, M., La ville de Lausanne, 1965; Histoire de Lausanne, hg. v.

Cabanis, J., 1982; Coutaz, G., Lausanne, LexMA 5 1991, 1762.

Lauschied (Ganerbschaft). In L. südlich von Sobernheim bestand eine Ganerbschaft. Später kam L. an Preußen und 1946 an Rheinland-Pfalz.

L.: Geschichtlicher Atlas von Hessen, Inhaltsübersicht 33.

Lausitz ist ursprünglich das Gebiet zwischen Sorau, Schwielochsee, Fläming und Bober, das nach der Ausdehnung des Namens auf die ebenfalls unter der Herrschaft Böhmens stehenden Gebiete um Bautzen und Görlitz (Oberlausitz) seit dem 14. Jahrhundert als Niederlausitz bezeichnet wurde. S. Niederlausitz, Oberlausitz.

L.: Großer Historischer Weltatlas II 34 (1138–1254) G3, II 66 (1378) H3; Die Territorien des Reichs 6, 92; Curs, O., Deutschlands Gaue im zehnten Jahrhundert. Nach den Königsurkunden, Diss. phil. Göttingen 1908, 12 (Lusiza, Luisci, Gau um die Spree, Trebitz, Leibchel, Pretschen, Gröditsch, Leibsch, Schlepzig, Krausnick); Lübke, C., Regesten zur Geschichte der Slaven an Elbe und Oder, 1985 ff.; Blaschke, K., Lausitz, LexMA 5 1991, 1766; Weller, T., Die Heiratspolitik, 2004.

Lautenbach (Reichsritter) s. Laudenbach

Lauter, Lutter, Lüdder (Reichsritter). Bis etwa 1700 gehörten die L. zum Kanton Odenwald des Ritterkreises Franken, bis etwa 1750 zum Kanton Rhön-Werra sowie zeitweise zum Kanton Altmühl(?) und zum Kanton Steigerwald, alle im Ritterkreis Franken. S. Lauffen?

L.: Biedermann, Altmühl; Stieber; Seyler 371; Bechtolsheim 15; Stetten 33; Riedenauer 125.

Lauterbrunn, Lauterbronn. L. erscheint 1776 in der Reichsmatrikel innerhalb des schwäbischen Reichskreises.

L.: Gumpelzhaimer 87; Wolff 205.

Lauterecken (Burg, Herrschaft). 1343 wird die Burg L. als Lehen der Grafen von Veldenz seitens Verdun erstmals genannt. Über die Veldenzer Erbtochter kam das Erbe 1409 an die Pfalz und 1543 an die Nebenlinie Pfalz-Veldenz, die in L. ihre Residenz errichtete. 1697/1733 fielen ihre Güter an die Pfalz zurück. 1776 erscheint L. im oberrheinischen Reichskreis in der Reichsmatrikel. 1815 kam L. an Bayern und 1946 an Rheinland-Pfalz.

L.: Gumpelzhaimer 114; Wolff 247.

Lautern (Fürstentum). Kaiserslautern kam 1375 an die Pfalz. Unter Pfalzgraf Johann Casimir (1576–1592) wurde es Residenz des 25 Quadratmeilen großen Fürstentums Pfalz-Lautern. S. Pfalz-Lautern, Kaiserslautern.

L.: Wallner 695 OberrheinRK 7; Münch, O., Kaiserslautern, 1957.

Lauterstein (Herrschaft). Um 1320 erbaute der Markgraf von Meißen an der schwarzen Pockau die Burg L. Sie wurde Mittelpunkt einer Herrschaft der Burggrafen von Leisnig, die 1434 mit Zöblitz und 15 Dörfern an die Berbisdorf verkauft wurde. 1559 erzwang Kurfürst August von Sachsen den Verkauf der Herrschaft. Mit Sachsen kam L. von 1949 bis 1990 zur Deutschen Demokratischen Republik.

Lauttenbach s. Finsterlohr zu L., Laudenbach

Lavant (Bistum). 1226 gründete der Erzbischof von Salzburg in Sankt Andrä im schon 860 vom König an das Erzstift Salzburg gelangten unteren Lavanttal in Kärnten auf Eigengut das kleine Eigenbistum L., das in der Reichsmatrikel von 1521 aufgenommen ist. Seine Ausstattung umfasste 1244 die Pfarren St. Andrä und Lavamünd sowie 5 anschließende Pfarren in der Steiermark. In der Mitte des 15. Jahrhunderts erhielt der Bischof den Titel Fürstbischof. 1786 kamen an Stelle der steirischen Pfarren der Kreis Völkermarkt und der Kreis Cilli mit 94 Pfarren an L. 1857 wurde das Bistum nach Marburg übertragen.

L.: Großer Historischer Weltatlas II 66 (1378) H5; Kovacic, F., Geschichte der Lavanter Diözese, 1928; Maier, A., Kirchengeschichte von Kärnten, Bd. 1 ff. 1951 ff.; Drexler, H., Beiträge zur Geschichte der Bischöfe von Lavant im Mittelalter, Diss. Wien 1952; Festschrift 750 Jahre Bistum Lavant (1228–1978), 1978; Dopsch, H., Lavant, LexMA 5 1991, 1770.

Laventatal (Labanta vallis) Lavanttal

L.: Polenz, P. v., Landschafts- und Bezirksnamen, 1961, II, 64 f.

Lay (Reichsritter). Im frühen 17. Jahrhundert zählten die L. zum Kanton Odenwald im Ritterkreis Franken.

L.: Riedenauer 125.

Layen, Burglayen (Ganerbschaft). In L. (Burglayen) bei Bingen bestand eine Ganerbschaft an der um 1200 in den Händen der Herren von Bolanden erstmals erwähnten Burg. 1772 kam die Ganerbenburg mit Rümmelsheim zur Herrschaft Bretzenheim und mit dieser

1815/1816 zu Preußen und 1946 zu Rheinland-Pfalz.

L.: Geschichtlicher Atlas von Hessen, Inhaltsübersicht 33.

Laymingen (Reichsritter). Die aus Bayern emigrierten L. waren wegen des württembergischen Lehens Lindach seit 1592 im Kanton Kocher des Ritterkreises Schwaben immatrikuliert. 1616 wurde die Familie, die 1679 erlosch, mit Bodelshofen belehnt. Von etwa 1628 bis 1727 waren L. Mitglied des Kantons Neckar des Ritterkreises Schwaben.

L.: Hellstern 208; Schulz 266.

Lebach (Herrschaft). Das 950 erstmals erwähnte L. (Leibach) im Saarland war Hauptort einer Herrschaft, die vier Herren gemeinsam zustand (je zwei Siebtel Erzstift Trier, Pfalz-Zweibrücken und Herren von Hagen zur Motten [Hagen], ein Siebtel Abtei Fraulautern). Zur Herrschaft gehörten L. mit Wahlenhof, Hahn, Jabach, Landsweiler, Niedersaubach (Niedersaulbach) und Rümmelbach (Rümelbach) mit Greinau. 1815 kam L. an Preußen und 1919 bzw. 1945/1946 an das Saargebiet bzw. am 1. 1. 1957 an das Saarland.

L.: Wolff 501 f.

Lebenhan s. Forstmeister von L.

Lebus (Land, Hochstift). Das Land zu beiden Seiten der unteren Oder bewohnten nach dem Abzug der Germanen in der Völkerwanderung zunächst die slawischen Leubuzzi. Zwar übertrug Kaiser Heinrich V. 1110 die spätestens im 9. Jahrhundert errichtete, gerade eroberte altslawische Burg L. an den Erzbischof von Magdeburg, doch kam das Gebiet vermutlich bald an Polen, für das Herzog Boleslaw III. wohl 1123/1124 in L. ein bis 1424 Gnesen unterstelltes, vielleicht von Rotrussland (Güter um Lemberg, Przemysl und Halitsch) hierher verlegtes Bistum errichtete, 1230 an den Herzog von Schlesien, um 1250 (1249/1250) durch Eroberung an den Erzbischof von Magdeburg und die Markgrafen von Brandenburg, die es spätestens 1287 allein erlangten. 1276 wurde der Sitz des Bischofs nach Göritz verlegt (bis 1326), 1373/1376 nach Fürstenwalde. In der Mitte des 14. Jahrhunderts drückten die Markgrafen von Brandenburg das in Schlesien, Großpolen und Kleinpolen begüterte Hochstift in die 1447 anerkannte Landsässigkeit hinab. 1424 wurde das Bistum Magdeburg unterstellt. 1518 wurde für 45 000 Gulden die Herrschaft Storkow gekauft, 1566/1567 vom Administrator des Hochstifts aber wieder an Markgraf Johann von Küstrin verkauft. Unter Bischof Georg von Blumenthal (1524–1550) wurde die Reformation eingeführt, 1555/1598 wurde das Hochstift in Brandenburg säkularisiert und auch das Domkapitel aufgelöst.

L.: Wolff 388; Großer Historischer Weltatlas II 66 (1378) H2; Wohlbrück, S.W., Geschichte des ehemaligen Bistums Lebus, Bd. 1–3 1829 ff.; Historischer Atlas der Provinz Brandenburg. Kirchenkarten 1 und 2, bearb. v. Wentz, G., 1929 ff.; Fischer, G., Das Land Lebus, 1936; Ludat, H., Bistum Lebus, 1942; Ludat, H., Das Lebuser Stiftsregister von 1405, 1965; Unverzagt, W., Ausgrabungen in der Burg von Lebus/Oder, in: Ausgrabungen und Funde 3 (1956), 7 (1962), 13 (1968), 14 (1969); Bohm, E., Das Land Lebus und seine Vogteien westlich der Oder, JGMODtl 25 (1976), 42 ff.; Bohm, E., Lebus, LexMA 5 1991, 1783; Willich, C., Die Ortsnamen des Landes Lebus, 1994.

Lechfeld s. Lechner von L.

L.: Polenz, P. v., Landschafts- und Bezirksnamen, 1961, II, 58, 61.

Lechner von Lechfeld (Reichsritter). Um 1700 zählten die L. zum Kanton Steigerwald des Ritterkreises Franken.

L.: Bechtolsheim 15; Riedenauer 125.

Lechsgemünd s. Graisbach

Lechsgemünd-Graisbach s. Graisbach

Ledergerb (Reichsritter). Vielleicht zählten die L. um 1800 zum Kanton Gebirg des Ritterkreises Franken.

L.: Riedenauer 125.

Leerdam (Grafschaft). Die Grafschaft L. gehörte zur Grafschaft Holland.

L.: Wolff 70.

Legeneraland (friesisch)

L.: Polenz, P. v., Landschafts- und Bezirksnamen, 1961, II, 49.

Lehnhaus (Herrschaft), poln. Wlénski Gródek. Die Burg L. am Bober in Niederschlesien entstand vermutlich im 11. Jahrhundert zur Sicherung der Grenze Polens gegen Böhmen. Sie wurde Mittelpunkt einer Herrschaft, zu der die vielleicht vom Herzog von Liegnitz um 1250 gegründete Stadt Lähn gehörte. Seit dem 14. Jahrhundert wurde sie vielfach verpfändet.

L.: Wolff 483; Knoblich, A., Chronik von Lähn und Burg Lähnhaus am Bober, 1863.

Lehrbach (Grafen, Reichsritter). Im 17. und 18. Jahrhundert (von etwa 1680 bis etwa 1760) gehörten die L. zum Kanton Rhön-Werra des Ritterkreises Franken. Von etwa 1785 bis etwa 1805 zählten die Grafen von L. wegen Laudenau (Lautenau) und Winterkasten mit Gumpen (Kleingumpen) zum Kanton Odenwald. Ihre Güter fielen 1808 an Hessen-Darmstadt und kamen damit 1945 zu Hessen.

L.: Stieber; Seyler 371; Winkelmann-Holzapfel 155; Riedenauer 125; Stetten 36.

Leidendorf (Reichsritter). Um 1800 zählten die L. zum Kanton Gebirg des Ritterkreises Franken.

L.: Riedenauer 125.

Leiher von Talheim (Reichsritter). Die L. zählten von 1563 bis 1614 zum Kanton Kocher des Ritterkreises Schwaben.

L.: Schulz 266.

Leinach (Reichsritter). Vielleicht zählten die L. zum Kanton Rhön-Werra im Ritterkreis Franken.

L.: Riedenauer 125.

Leineck, Leyneck, Laineck (Reichsritter). Im 16. Jahrhundert zählten die L. (Schütz von L.) zum Kanton Gebirg im Ritterkreis Franken.

L.: Pfeiffer 209; Riedenauer 125.

Leinegau (Lainga, Laginga, Lagni, Lochne, Lainega, Logni, Lacnigouui, Logne, Gau um die obere Leine, Obere Leinegau)

L.: Curs, O., Deutschlands Gaue im zehnten Jahrhundert. Nach den Königsurkunden, Diss. phil. Göttingen 1908, 12 (Salzderhelden, Parensen, Lödingsen, Adelebsen, Lenglern, Reiershausen, Hetjershausen, Wiershausen, Meensen, Hedemünden, Bovenden, Gimte, Diemarden, Großlengden, Kleinlengden, Wiensen, Wolbrechtshausen, Bremke, Witmarshof, Großschneen, Kleinschneen, Obernjesa, Niedernjesa, Dransfeld, Weende, Behrensen, Grone); Hessler, W., Mitteldeutsche Gaue des frühen und hohen Mittelalters, 1957, 130 Leinegau (Adelebsen, Behrensen, Bodenfelde, Bovenden, Bremke, Diemarden, Dransfeld, Gertenbach, Gimte, Grone westlich Göttingens, Hedemünden, Hemeln, Hetjershausen, Hübenthal, Niedernjesa, Großlengden, Kleinlengden, Lenglern, Lödingsen, Ludolfshausen, Meensen, Mollenfelde, Parensen, Reyershausen, Großschneen, Oberscheden, Sülbeck, Weende, Wiershausen, Wöllmarshausen); Polenz, P. v., Landschafts- und Bezirksnamen, 1961, II, 24, III, 10, 30, Lainega, Loginga, ‚oberer Leinegau'; Wagner, G., Die Verwaltungsgliederung im karolingischen Reich, 1963, 9; Niemeyer, W., Der pagus des frühen Mittelalters in Hessen, 1968, 181.

Leinegau (Lainga, Gau um die Ihme rechts der Aller, Untere Leinegau)

L: Curs, O., Deutschlands Gaue im zehnten Jahrhundert. Nach den Königsurkunden, Diss. phil. Göttingen 1908, 12 (Dorfmark); Hessler, W., Mitteldeutsche Gaue des frühen und hohen Mittelalters, 1957, 133, Loingau (Bommelsen, Büchten, Dorfmark, Hermannsburg, Mengebostel, Oldendorf, Ostenholz, Soltau, Niederstöcken, Stöckendrebber); Polenz, P. v., Landschafts- und Bezirksnamen, 1961, II, 24, III, 10, 30, Loinga, Loingin, Loinge, Loinginge, Laginge, Langinge, ‚unterer Leinegau'.

Leiningen (Fürstentum). Der Fürst von Leiningen-Dagsburg-Hardenburg erhielt 1803 durch § 20 des Reichsdeputationshauptschlusses für seine 1801 verlorenen linksrheinischen Güter (Grafschaft L., Grafschaft Dagsburg, Herrschaft Weyersheim, Ansprüche auf Saarwerden, Lahr und Mahlberg, insgesamt 2,5 Quadratmeilen) von Mainz die Ämter Miltenberg, Buchen, Seligental, Amorbach und Bischofsheim (Tauberbischofsheim), von Würzburg die Ämter Grünsfeld (1803 an Salm-Reifferscheid-Bedburg gegeben), Lauda, Hardheim und Rippberg sowie von der Pfalz die Ämter Boxberg und Mosbach, von Mainz die Abtei Amorbach sowie von Würzburg das Priorat Gerlachsheim (1803 an Salm-Reifferscheid-Bedburg gegeben). Das daraus gebildete Fürstentum L. (Residenz in Amorbach, 25 Quadratmeilen bzw. 1600 Quadratkilometer, etwa 95 000 bis 100 000 Einwohner) fiel 1806 an Baden. 1810 kamen die Ämter Amorbach und Miltenberg im Pariser Vertrag an Hessen-Darmstadt, das sie 1816 zum überwiegenden Teil an Bayern gab.

Leiningen (Grafen, Grafschaft, Fürstentum). Seit dem Ende des 11. Jahrhunderts (1086 Emich I. Graf im Wormsgau) sind fränkische Grafen nachgewiesen, die sich möglicherweise von einem Ahnherren Amicho (780, Emichonen) herleiten lassen und im Wormsgau und Nahegau begütert waren (Landgerichte auf dem Stahlbühl [Stahlbühel] bei Frankenthal, auf dem Kaldenberg [Kaltenberg] bei Wachenheim an der Pfrimm und auf dem Stamp). Ihre Hauptburg (Alt-Leiningen) entstand zwischen 1110 und 1120. 1128 wird Graf Emich II. als erstes gesichertes Mitglied der Grafen von L. genannt. 1204 erlangten die Grafen die Landvogtei über den Speyergau und die Vogtei über Kloster Limburg an der Haardt. Als sie 1220 in männlicher Linie ausstarben, fielen die Güter über die Erbtochter Liutgard (Lukardis) erbweise an den Schwestersohn des letzten Grafen, an Graf Friedrich von Saarbrücken, der Namen und Wappen der Grafen von L. annahm und aus den Saarbrücker Gütern die Herrschaft Hardenburg (Hartenburg) erhielt. Das neue Haus erwarb durch mütterliche Erbschaft (Mitgift) zu Beginn des 13. Jahrhunderts (1224/1234) die Reichsgrafschaft Dagsburg in den Vogesen als Lehen des Bischofs von Straßburg, 1242 Ormes und Rixingen (Rickingen, Rikingen, Réchicourt) sowie 1312 das Amt des Landvogts im Unterelsass und teilte sich 1317/1318 in eine 1467 erloschene ältere landgräfliche Linie (Leiningen-Dagsburg, friedrichsche Linie mit Oggersheim, Gräfenstein [Grevenstein], Madenburg [Magdeburg], Dürkheim [zur Hälfte], Grünstadt [Grünheim], Herxheim [Hornheim], Freinsheim, Sülzen [Salzen], Tiefenthal, Lautersheim, Asselheim, Ebertsheim, Boßweiler [Bossweiler], Niefernheim, Dagsburg und Ormes) und eine jüngere Linie [gottfriedische Linie] Leiningen-Hardenburg [Leiningen-Dagsburg-Hardenburg] [Herrschaft Hardenburg im Wormsgau, Guttenburg [Gutenburg], Falkenburg, Guntersblum). Der größere Teil der Güter (Altleiningen zur Hälfte, Neuleiningen zu einem Viertel, Grünstadt, Asselheim, Sausenheim, Obrigheim, Kirchheim, Tiefenthal, Ebertsheim, Lautersheim, Boßweiler [Bossweiler], Albsheim, Bissersheim, Hertlingshausen, Wattenheim, Seckenhausen, Wachenheim an der Pfrimm, Mertesheim [Mertelsheim], Quirnheim) der älteren Hauptlinie, die 1444 von König Friedrich III. die Würde eines Landgrafen im Elsass erlangt hatte, gelangte 1467/1468 beim Aussterben der Linie über die Schwester (Margarethe) des letzten Grafen an die verschwägerten Herren von (Runkel-)Westerburg (und Schaumburg), die sich darauf Grafen zu Leiningen-Westerburg (und Landgrafen im Elsass) nannten. Sie mussten zur Durchsetzung ihrer Rechte 23 Orte an die Pfalz abtreten. Ein kleinerer Teil der Güter mit Dagsburg fiel an Emich VII. aus der gottfriedischen Linie, die sich seitdem Leiningen-Dagsburg-Hardenburg nannte. Die Grafen von Leiningen-Westerburg spalteten sich 1695/1705 in die Linien Leiningen-Westerburg-Altleiningen und Leiningen-Westerburg-Neuleiningen. 1801 gingen alle linksrheinischen Güter an Frankreich verloren. Leiningen-Westerburg-Altleiningen wurde 1803 mit der Abtei Ilbenstadt in der Wetterau entschädigt, Leiningen-Westerburg-Neuleiningen mit der Abtei (Engeltal) Engelthal in der Wetterau. Diese Güter kamen 1806 an die Großherzogtümer Berg, Hessen-Darmstadt und die Fürstentümer Nassau-Weilburg und Nassau-Usingen. Die jüngere gottfriedische Linie teilte sich 1343 in Linien zu Leiningen-Rixingen (Rickingen) (Rixingen), das 1506 an Zweibrücken und später an Leiningen-Westerburg fiel, und Leiningen-Hardenburg. Diese jüngere Linie Leiningen-Hardenburg erwarb 1466 die Herrschaft Apremont (Aspremont) in Lothringen, erhielt 1467 erbweise Dagsburg und nannte sich seitdem Leiningen-Dagsburg-Hardenburg (Leiningen-Dagsburg). Weiter erlangte sie im 15./16. Jahrhundert Weißenburger Lehen mit Grünstadt, die Herrschaft Pfeffingen mit Kallstadt und Ungstein sowie das Amt Hassloch. 1560 teilte sie sich in die zwei Zweige Leiningen-Hardenburg-Dagsburg (Leiningen-Dagsburg-Hardenburg) (Hardenburg, Hausen, Dürkheim, Kallstadt, Ungstein, Pfeffingen, Herxheim, Leistadt [Leystadt], Weisenheim [Weißenheim], Bobenheim, Battenberg, Kleinkarlbach, Erpolzheim u. a.) und Leiningen-Dagsburg-Falkenburg (Falkenburg, Eischweiler, Einöd, Herschberg, Werschhausen, Horstal [Horsel], Mühlhausen [Mülhausen], Reinheim, Heidesheim, Kindenheim, Büdesheim, Guntersblum). Der ältere Zweig Leiningen-Dagsburg-Hardenburg geriet mit der Grafschaft Dagsburg 1681 unter die Hoheit Frankreichs, verlegte 1725 die Residenz von der Hardenburg nach Dürkheim und wurde 1779 (ohne Virilstimme) in den Reichsfürstenstand erhoben. 1803 erhielt er durch § 20 des Reichsdeputationshauptschlusses für seine 1801 verlorenen linksrheinischen Güter (Fürstentum L., Grafschaft Dagsburg, Herrschaft Weyersheim [Weikersheim], Ansprüche auf Saarwerden, Lahr und Mahlberg, insgesamt 2,5 Quadratmeilen) die mainzischen Ämter Miltenberg, Buchen, Seligental, Amorbach und Bischofsheim (Tauberbischofsheim), die würzburgischen Ämter Grünsfeld, Lauda, Hardheim und Rippberg/Rückberg sowie die pfälzischen Ämter Boxberg und Mosbach und die Abteien Gerlachsheim (Würzburg) und Amorbach (Mainz), die zu dem neuen rechtsrheinischen Fürstentum L. mit der Residenz in Amorbach sowie (25 Quadratmeilen bzw.) 1600 Quadratkilometern Fläche und etwa 85 000 bis 90 000 Einwohnern zusammengefasst wurden. Unter dessen Landeshoheit bekamen die Grafen von Leiningen-Dagsburg-Falkenburg-Guntersblum die zuvor mainzische Kellerei Billigheim, die Grafen von Leiningen-Dagsburg-Falkenburg-Heidesheim die zuvor mainzische Kellerei Neudenau. Das Fürstentum L. fiel 1806 mit den Grafschaften Leiningen-Billigheim und Leiningen-Neudenau an Baden. Der Zweig Leiningen-Dagsburg-Heidesheim-Falkenburg blieb gräflich. Er spaltete sich 1657 in die Zweige Dagsburg (bis 1706), Heidesheim (bis 1766) und Guntersblum (bis 1774, Anfall Dagsburgs an Leiningen-Dagsburg-Hardenburg). Davon erwarb Heidesheim im Erbgang die Herrschaften Broich, Oberstein und Reipoltskirchen (Reichholdskirchen). Bei seinem Aussterben fielen die Güter 1766 an Leiningen-Guntersblum, 1774 an Leiningen-Dagsburg-Hardenburg. Beim Aussterben der Linie Guntersblum Leiningen-Dagsburg-Falkenburgs 1774 kam Dagsburg an Leiningen-Dagsburg-Hardenburg. Die übrigen Güter fielen 1774/1787 an zwei Nebenlinien (Leiningen-Dagsburg-Falkenburg-Guntersblum, Leiningen-Dagsburg-Falkenburg-Heidesheim), die ihre Güter 1801 an Frankreich verloren. Leiningen-Dagsburg-Falkenburg-Guntersblum bzw. Leiningen-Guntersblum und Leiningen-Heidesheim erhielten Sitz und Stimme im wetterauischen Grafenkollegium. 1810 fielen im Pariser Vertrag die Ämter Amorbach und Miltenberg von Baden an Hessen-Darmstadt, das sie 1816 zum überwiegenden Teil Bayern abtrat. 1910 bzw. 1935 starb Leiningen-Dagsburg-Falkenburg mit den Ästen Leiningen-Neudenau und Leiningen-Billigheim aus.

L.: Wolff 280 ff.; Wallner 698 OberrheinRK 35 a, b, 40 a, b; Großer Historischer Weltatlas II 66 (1378) E4, III 38 (1789) C3; Lehmann, J. G., Urkundliche Geschichte des gräflichen Hauses Leiningen-Hardenburg und -Westerburg in dem ehemaligen Wormsgau, 1865; Brinckmeier, E., Genealogische Geschichte des Hauses Leiningen und Leiningen-Westerburg, Bd. 1 f. 1890 ff.; Kind, K., Fürst Karl Friedrich Wilhelm zu Leiningen als Landesherr 1803–1806, Diss. phil. Erlangen 1949 (masch.schr.); Wild, G., Das Fürstentum Leiningen vor und nach der Mediatisierung, Diss. jur. Mainz 1954; Vocke, R., Die Entwicklung der herrschaftlichen und rechtlichen Verhältnisse im Landkreis Miltenberg bis zum Übergang an Bayern, Diss. phil. Würzburg 1959 (masch.schr.); Kaul, T., Das Verhältnis der Grafen von Leiningen zum Reich und ihr Versuch einer Territorienbildung im Speyergau im 13. Jahrhundert, Mitt. d. hist. Vereins Pfalz 68 (1970); Toussaint, I., Die Grafen von Leiningen, 1982; Zotz, T., Die Grundherrschaft der Grafen von Leiningen, in: Die Grundherrschaft im späten Mittelalter, hg. v. Patze, H., 1983; Toussaint, I., Die Grafschaften Leiningen, in: Pfalzatlas Karten 67 f., Textband 21056 ff.; Herrmann, H., Leiningen, LexMA 5 1991, 1860.

Leiningen (Reichsritter) s. Laymingen. (Von etwa 1628 bis 1727 waren die L. Mitglied des Kantons Neckar des Ritterkreises Schwaben. S. a. Leiningen von Lemburg.)

L.: Hellstern 208.

Leiningen-Billigheim (Grafen). Die Grafen von Leiningen-Dagsburg-Falkenburg-Guntersblum erhielten am 25. 2. 1803 die mainzische Kellerei Billigheim und eine Rente von 3000 Gulden. Sie wurden 1806 in Baden mediatisiert. Sie erloschen 1935.

Leiningen-Dagsburg (Grafen). Die 1317/1318 gebildete ältere landgräfliche Linie der Grafen von Leiningen (friedrichsche Linie) erhielt Oggersheim, Gräfenstein, Madenburg, Dürkheim, (zur Hälfte) Grünstadt, Herxheim, Freinsheim, Sülzen, Tiefenthal, Lautersheim, Asselheim, Ebertsheim, Boßweiler, Niefernheim, Dagsburg und Ormes. 1444 erlangte sie von König Friedrich III. die Würde eines Landgrafen im Elsass. Bei ihrem Aussterben 1467 gelangte der größte Teil der Güter über die Schwester (Margarethe) des letzten Grafen an die verschwägerten Herren von Westerburg, die sich darauf Grafen von Leiningen-Westerburg (und Landgrafen im Elsass) nannten.

L.: Brinckmeier, E., Genealogische Geschichte des Hauses Leiningen und Leiningen-Westerburg, Bd. 1 f. 1890 ff.

Leiningen-Dagsburg-Bockenheim. L. ist eine nach Bockenheim bei Frankenthal benannte Nebenlinie der Grafen von Leiningen-Hardenburg (Leiningen-Hardenburg-Dagsburg).

Leiningen-Dagsburg-Falkenburg (Herrschaft, Grafen). Die Falkenburg bei Bergzabern wird 1246 erstmals als Reichsburg erwähnt. Sie diente dem Schutz der Bewohner des dem Reich zustehenden Siebeldingertales. Später war die Pflege Falkenburg gemeinschaftliche Herrschaft von Leiningen und Pfalz bzw. Pfalz-Zweibrücken. 1560 teilten sich die Grafen von Leiningen-Dagsburg-Hardenburg in die beiden Zweige Leiningen-Dagsburg-Hardenburg und L. (mit Falkenburg, Eschweiler, Einöd, Herschberg, Werschhausen, Oorstal, Mühlhausen, Reinheim, Heidesheim, Kindenheim, Büdesheim und Guntersblum). Die Grafen von L. spalteten sich 1657 in die Zweige Leiningen-Dagsburg (bis 1706), Leiningen-Heidesheim (bis 1766) und Leiningen-Guntersblum (bis 1774). Die Güter fielen bei dem Aussterben 1774 größtenteils an Leiningen zurück.

L.: Munzinger, H., Wilgartswiesen und Falkenburg, 1928.

Leiningen-Dagsburg-Hardenburg (Grafen, Reichsfürsten). Die Grafen von Leiningen-Hardenburg nannten sich nach dem Erwerb Dagsburgs 1467 L. Sie erlangten im 15. und 16. Jahrhundert Lehen Weißenburgs mit Grünstadt, die Herrschaft Pfeffingen mit Kallstadt und Ungstein sowie das Amt Hassloch (Haßloch). 1560 teilten sie sich in die Zweige L. (mit Hardenburg, Hausen, Dürkheim, Kallstadt, Ungstein, Pfeffingen, Herxheim, Leistadt, Weisenheim, Bobenheim, Battenberg, Kleinkarlbach, Erpolzheim u. a.) und in Leiningen-Dagsburg-Falkenburg. Der Zweig L. geriet mit der Herrschaft Dagsburg 1681 unter die Hoheit Frankreichs, verlegte 1725 die Residenz nach Dürkheim und wurde 1779 (ohne Virilstimme) in den Reichsfürstenstand erhoben.

L.: Zeumer 552 II b 60, 18; Wallner 697 OberrheinRK 35 a; Brinckmeier, E., Genealogische Geschichte des Hauses Leiningen und Leiningen-Westerburg, Bd. 1 f. 1890 ff.

Leiningen-Dürckheim und Bockenheim. Die Reichsmatrikel von 1776 verzeichnet im oberrheinischen Reichskreis die Grafen von L. S. Leiningen-Dagsburg-Bockenheim, Leiningen-Dagsburg-Hardenburg.

Leiningen-Grünstadt (Grafen, Grafschaft). Grünstadt bei Frankenthal ist aus mehreren frühmittelalterlichen Siedlungen erwachsen, von denen eine bereits vor 900 der Abtei Weißenburg gehörte, 991 als Lehen an die Salier und später an die Grafen von Leiningen kam, die 1549 auch die seit 875 der Abtei Glandern in Lothringen zustehenden Güter erwarben. 1698 errichteten dort die Grafen von Leiningen-Westerburg ein Schloss. Um 1800 umfasste die zum oberrheinischen Reichskreis zählende Grafschaft (L., Grünstadt) zusammen mit Leiningen-Westerburg ein Gebiet von 2,5 Quadratmeilen.

L.: Wallner 698 OberrheinRK 40 a; Feßmeyer, H., Bausteine zur Geschichte von Grünstadt, Teil 1 ff. 1930 ff.

Leiningen-Guntersblum (Grafen). Guntersblum bei Oppenheim wird trotz höheren Alters erst im 13. Jahrhundert erwähnt. Es gehörte schon früh den Grafen von Leiningen. Seit 1660 war es Sitz der Linie L. (1657 Leiningen-Dagsburg-Falkenburg-Guntersblum [Zweig Leiningen-Dagsburg-Falkenburg], nach Aussterben 1774 jüngere Linie 1774/1787). Die jünger Linie gehörte am Ende des 18. Jahrhunderts mit einem Gebiet von 3,5 Quadratmeilen (eine Anzahl Dörfer und die Grafschaft Forbach in Lothringen) gemeinsam mit Leiningen-Heidesheim (Leiningen-Dagsburg-Falkenburg-Heidesheim, jüngere Linie 1774/1487) zu dem wetterauischen Grafen der weltlichen Bank des Reichsfürstenrates des Reichstags. Durch § 20 des Reichsdeputationshauptschlusses vom 25. 2. 1803 erhielt der Graf von L. die mainzische Kellerei Billigheim und eine Rente von 3000 Gulden (Leiningen-Billigheim). Die L. wurden 1806 in Baden mediatisiert und erloschen 1935.

L.: Wolff 280 ff.; Zeumer 553 II b 60, 19; Wallner 698 OberrheinRK 35 b; Kaul, T., Die Grafen von Leiningen in Worms- und Speyergau im Hochmittelalter, Mitteilungsbl. zur rheinhess. Landeskunde 5 (1956).

Leiningen-Hardenburg, Leiningen-Dagsburg-Hardenburg (Grafen, Fürstentum). Die bei der Teilung der Grafen von Leiningen 1317/1318 entstandene jüngere (gottfriedische) Linie (mit der Herrschaft Hardenburg im Wormsgau, Guttenburg, Falkenburg und Guntersblum) nannte sich nach Hardenburg L. 1343 teilte sie sich in Leiningen-Rixingen (1506 an Zweibrücken und später an Leiningen-Westerburg) und L. (jüngere Linie). Die jüngere Linie L. erwarb 1466 die Herrschaft Apremont in Lothringen, erhielt 1467 als Erbe Dagsburg und nannte sich seitdem Leiningen. Dagsburg-Hardenburg. (Um 1800 umfasste das zum oberrheinischen Reichskreis zählende L. zusammen mit Leiningen-Guntersblum und Leiningen-Heidesheim 3,5 Quadratmeilen.)

L.: Wallner 698 OberrheinRK 35 a.

Leiningen-Hardenburg-Dagsburg, Leiningen-Dagsburg-Hardenburg (Grafen, Reichsfürsten). Die 1560 als Zweig der 1317 entstandenen jüngeren Linie der Grafen von Leiningen erwachsenen Grafen von L. wurden 1779 in den Reichsfürstenstand erhoben. Sie erhielten 1803 für die verlorenen linksrheinischen Güter das neue rechtsrheinische Fürstentum Leiningen (Amorbach, Miltenberg, Mosbach). Dieses fiel 1806 an Baden. S. Leiningen-Dagsburg-Hardenburg.

L.: Zeumer 552 ff. II b 60, 18; Brinckmeier, E., Genealogische Geschichte des Hauses Leiningen und Leiningen-Westerburg, Bd. 1 f. 1890 ff.

Leiningen-Heidesheim, Leiningen-Dagsburg-Falkenburg-Heidesheim (Grafen). In Heidesheim an der Eis nordöstlich von Grünstadt ließen die Grafen von Leiningen-Dagsburg-Falkenburg zwischen 1608 und 1612 ein Schloss errichten, das Sitz der 1657 entstandenen, nach ihm benannten Linie wurde, die im Erbgang die Herrschaften Broich, Oberstein und Reipoltskirchen gewann. Bei Aussterben der Linie fielen die Güter 1766 an Leiningen-Guntersblum und 1774 an Leiningen-Dagsburg-Hardenburg. Am Ende des 18. Jahrhunderts gehörte die jüngere Linie L. gemeinsam mit Leiningen-Guntersblum (Leiningen-Dagsburg-Falkenburg-Guntersblum) zu den wetterauischen Grafen der weltlichen Bank des Reichsfürstenrates des Reichstages. Zusammen mit dem Fürstentum Leiningen-Hardenburg umfassten die zum oberrheinischen Reichskreis zählenden Güter 2,5 Quadratmeilen. Durch § 20 des Reichsdeputationshauptschlusses vom 25. 2. 1803 erhielt der Graf von L. die zuvor Mainz gehörige Kellerei Neudenau und eine Rente von 3000 Gulden. Die Grafen wurden 1806 in Baden mediatisiert und erloschen 1910. Heidesheim kam über Bayern 1946 zu Rheinland-Pfalz (Colgenstein/Heidesheim).

L.: Zeumer 553 II b 60, 19; Wallner 698 OberrheinRK 35 b.

Leiningen-Heidesheim und Oberstein (Grafen). Die Grafen von L. erscheinen in der Reichsmatrikel von 1776 im oberrheinischen Reichskreis.

Leiningen-Neudenau. Am 25. 2. 1803 erhielten die Grafen von Leiningen-Dagsburg-Falkenburg-Heidesheim (Leiningen-Heidesheim) die zuvor Mainz gehörige Kellerei Neudenau (L.). Sie wurden 1806 in Baden mediatisiert und erloschen 1910.

Leiningen-Westerburg (Grafen). 1467 erbten die Herren von Westerburg über Margaretha von Leiningen den größten Teil der Güter der älteren Hauptlinie der Grafen von Leiningen (Altleiningen zur Hälfte, Neuleiningen zu einem Viertel, Grünstadt, Asselheim, Sausenheim, Obrigheim, Kirchheim, Tiefenthal, Ebertsheim, Lautersheim, Boßweiler, Albsheim, Bissersheim, Hertlingshausen, Wattenheim, Seckenhausen, Wachenheim an der Pfrimm, Mertesheim, Quirnheim) und nannten sich seitdem Grafen von L. und Landgrafen im Elsass. Zur Durchsetzung ihrer Herrschaft mussten sie 23 Orte an die Pfalz abtreten. 1656 veräußerten sie die Herrschaft Schaumburg an die Witwe Peter Eppelmanns (Melanders). 1705 spalteten sie sich in die Linien Leiningen-Westerburg-Altleiningen (christophische Linie) und Leiningen-Westerburg-Neuleiningen (georgische Linie). Um 1800 umfassten ihre zum oberrheinischen Reichskreis zählenden Güter zusammen mit Leiningen-Grünstadt 2,5 Quadratmeilen. Durch § 20 des Reichsdeputationshauptschlusses vom 25. 2. 1803 erhielt die ältere Linie (Leiningen-Westerburg-Altleiningen) die Abtei und das Kloster Ilbenstadt in der Wetterau mit der Landeshoheit in ihrem geschlossenen Umfange sowie eine Rente von 3000 Gulden, die jüngere Linie (Leiningen-Westerburg-Neuleiningen) die Abtei Engelthal (Engeltal) in der Wetterau und eine Rente von 6000 Gulden.

L.: Zeumer 553 II b 60, 20, 21; Wallner 698 OberrheinRK 40 b; Brinckmeier, E., Genealogische Geschichte des Hauses Leiningen und Leiningen-Westerburg, Bd. 1 f. 1890 ff.

Leiningen-Westerburg-Altleiningen (Grafen) s. Leiningen-Westerburg

Leiningen-Westerburg-Neuleiningen (Grafen) s. Leiningen-Westerburg

Leiningen von Lemburg, Laimingen? (Reichsritter). Um 1550 gehörten die L. zum Kanton Odenwald des Ritterkreises Franken.

L.: Stetten 33; Riedenauer 125.

Leinzell s. Lang von L.

Leisnig (Burggrafschaft). L. an der Freiberger Mulde erscheint erstmals 1046 als Burgward. Die vielleicht schon im 10. Jahrhundert, jedenfalls vor 1081 auf einem Bergsporn errichtete reichsunmittelbare Burg L. kam 1084 vom Kaiser an Wiprecht von Groitzsch, 1143

als Erbe an den bambergischen Stiftsvogt Rapoto von Abenberg und 1147 an Friedrich I. Barbarossa (1158 Reichsgut). Unter ihm wurde sie Mittelpunkt einer seit 1158 nachweisbaren Burggrafschaft L. Ihr unter edelfreien Burggrafen aufgebautes Gebiet wurde 1329/1365 gewaltsam vom Haus Wettin erworben. 1538 starb die damit bedeutungslos gewordene Familie aus. Die Burggrafschaft zählte zum obersächsischen Reichskreis. L. kam mit Sachsen von 1949 bis 1990 zur Deutschen Demokratischen Republik.

L.: Wolff 379; Wallner 708 ObersächsRK 2; Schellenberg, F., Chronik der Stadt Leisnig und ihre Umgebung, 1842; Grimmer, M., Leisnig in 900jähriger Geschichte, 1946; Helbig, H., Der wettinische Ständestaat, 2. A. 1980, 229ff.; Blaschke, K., Leisnig, LexMA 5 1991, 1863; Lück, H., Die kursächsische Gerichtsverfassung 1423–1550, 1997.

Lembeck (Herrlichkeit). Seit 1177 begegnen Herren von L. bei Recklinghausen als Dienstmannen des Hochstifts Münster. Vermutlich im 14. Jahrhundert errichteten sie eine Burg. Sie wurde Mittelpunkt einer seit 1467 bezeugten Herrlichkeit L. Diese fiel 1526 an die Westerholt, 1702 an die Merveldt und 1803 mit Ahaus an Salm-Salm (Salm-Anholt), 1815 an Preußen und damit 1946 an Nordrhein-Westfalen.

L.: Heimatkalender der Herrlichkeit Lembeck, 1925 ff.

Lemberg (Herrschaft). Um 1200 erbauten die Grafen von Zweibrücken die Burg L. bei Pirmasens. Sie wurde Mittelpunkt der Herrschaft L., die 1570 von Zweibrücken-Bitsch an die Grafen von Hanau-Lichtenberg kam. Diese verlegten 1636/1697 ihren Amtssitz von L. nach Pirmasens. Über Bayern fiel L. 1946 an Rheinland-Pfalz.

L.: Wolff 271; Geschichte der Burg Lemberg, 1950; Anschütz, F., Das Dorf Lemberg im Pfälzer Wald, 1952.

Lemburg s. Leiningen von L.

Lemgo (Reichsstadt?, freie Stadt?). Der Name taucht zunächst als Gaubezeichnung auf (1005 Limgauwe), seit 1149 auch als Name einer vielleicht schon im 9. Jahrhundert angelegten Siedlung. Stadtherren der um 1190 nördlich der Bega gegründeten Stadt waren die Edlen von der Lippe. Von ihnen wusste sich die Stadt zeitweise zu lösen. Dabei erwarb sie eine eigene Blutgerichtsbarkeit. 1521 wurde sie in die Reichsmatrikel aufgenommen. 1609 widersetzte sie sich erfolgreich der Einführung des Calvinismus. 1947 kam L. in Lippe zu Nordrhein-Westfalen.

L.: Wolff 349; Meier-Lemgo, K., Geschichte der Stadt Lemgo, 2. A. 1962; 800 Jahre Lemgo, 1990; Hemann, F., Lemgo, LexMA 5 1991, 1870.

Lemlin von Horkheim (Reichsritter). Die L. waren von 1542 bis 1640 wegen Talheim und Horkheim im Kanton Kocher des Ritterkreises Schwaben immatrikuliert. Über Württemberg kam Horkheim 1951/1952 zu Baden-Württemberg.

L.: Schulz 266.

Lengsfeld, Stadtlengsfeld (reichsritterschaftlicher Ort, reichsfreies Gericht). L. westlich von Salzungen erscheint 1235 als Lehen Fuldas in der Hand der Herren von Frankenstein. 1326 mussten diese Burg und Stadt an Fulda verkaufen. Um 1523 erwarben nach zahlreichen Verpfändungen die Boyneburg (Boineburg) die Herrschaft, die zum Kanton Rhön-Werra des Ritterkreises Franken zählte und wohl deswegen als reichsfreies Gericht galt. 1806 kam L. zu Sachsen-Weimar-Eisenach, 1820 zu Sachsen-Weimar, 1920 zu Thüringen und damit von 1949 bis 1990 zur Deutschen Demokratischen Republik.

L.: Wolff 513.

Lengenstein s. Guntzenroth

Lengsfeld s. Müller zu L.

Lentersheim, Lendersheim (Reichsritter). Vom 16. Jahrhundert bis 1739 (Verkauf der Güter) zählten die L. zum Kanton Steigerwald des Ritterkreises Franken. Außerdem waren sie mit Altenmuhr und Neuenmuhr bis etwa 1800 im Kanton Altmühl immatrikuliert. Im 16. Jahrhundert gehörten sie weiter den Kantonen Gebirg und Baunach an.

L.: Biedermann, Altmühl; Stieber; Roth von Schreckenstein 2, 593; Pfeiffer 197, 199, 213; Bechtolsheim 18, 195; Riedenauer 125; Rahrbach 148.

Lenz von Lenzenfeld (Freiherren, Reichsritter). Im 18. Jahrhundert zählten die Freiherren L. mit dem 1785 erworbenen und 1790 an Freiherrn von Bodman gelangten Schlatt unter Krähen und dem 1791 an Freiherren von Stotzingen gelangten Wiechs zum Kanton (Hegau-Allgäu-Bodensee) des Ritterkreises Schwaben.

L.: Hölzle, Beiwort 60.

Lenzburg (Grafen). Von den Grafen des Aargaus fiel die L. 976 an den Reichsvogt von

Zürich, dessen Familie sich später nach der L. nannte. Sie hatte die Vogtei über Schänis (Schännis), Beromünster, Zürich, Säckingen und Einsiedeln und die Grafschaft im Zürichgau. Die 1101 durch Teilung entstandene, 1172 ausgestorbene Linie Baden der Grafen von L., die von den Staufern die Grafschaften Blenio und Leventina erhalten hatten, vererbte ihre Güter (Reichsvogtei von Zürich, Grafschaft im Zürichgau) über die Erbtochter Richenza an die Grafen von Kiburg (Kyburg) die 1173 ausgestorbene Linie L. durch Testament an Kaiser Friedrich I. Barbarossa, der Teile der Reichslehen an die Grafen von Habsburg und an seinen Sohn Pfalzgraf Otto sowie an die Herzöge von Zähringen (Kirchenvogtei in Zürich) gab. Von ihm kamen die Güter an die Grafen von Habsburg und Kiburg (Kyburg).

L.: Wolff 519; Attenhofer, E., Die Grafen von Lenzburg, Lenzburger Neujahrsblätter 1943, 5 ff.; Kläui, H., Das Aussterben der Grafen von Lenzburg und die Gründung der Stadt Winterthur, Winterthurer Jb. 1973, 39 ff.; Eberl, I., Lenzburg, LexMA 5 1991, 1874.

Lenzkirch (Herrschaft). An der Straße vom Klettgau zum Titisee entstand im 13. Jahrhundert eine Herrschaft der zähringisch-urachischen Ministerialen von L. (Lendischilicha 1113). Vermutlich 1296 verkauften sie die Herrschaft an Graf Egon von Freiburg. Im 14. Jahrhundert unterstand die Herrschaft den Herren von Blumenegg. 1491 wurde sie von den Grafen von Fürstenberg gekauft und fiel 1806 an Baden und damit 1951/1952 an Baden-Württemberg.

L.: Bader, K. S., Die Anfänge der Herrschaft Lenzkirch, Schriften Baar XXI (1940).

Leo (Reichsritter). Um 1700 zählten die L. zum Kanton Odenwald des Ritterkreises Franken.

L.: Riedenauer 125.

Leoben (Bistum). Das 1786 im Erzbistum Salzburg eingerichtete Bistum L. in Göß wurde bereits 1800 nicht mehr besetzt und 1859 Seckau zugeteilt.

L.: Posch, A., Die Verhandlungen über die Aufhebung des Bistums Leoben, Zs. d. hist. Ver. für Steiermark 26 (1931).

Leoben (Herrschaft). Auf altem Siedlungsboden erscheint 904 Liupina an der oberen Mur als Mittelpunkt einer gleichnamigen Grafschaft. Sie war später Mittelpunkt einer Herrschaft, die von den Herren der Steiermark (seit 1282 Habsburg) häufig zu Pfand ausgegeben wurde (1711 an Wurmbrand).

L.: Wolff 29; Loehr, M., Leoben, Werden und Wesen einer Stadt, 1934; Freudenthaler, J., Eisen auf immerdar. Geschichte der Stadt und des Bezirks Leoben, 1936; List, R., Die Bergstadt Leoben, 1948; Leben und Arbeiten im Bezirk Leoben, hg. v. d. Geschichtswerkstatt Leoben, 1989.

Leobengau (Liubenthal, Gau in der Steiermark, Leobener Gau)

L: Curs, O., Deutschlands Gaue im zehnten Jahrhundert. Nach den Königsurkunden, Diss. phil. Göttingen 1908, 912 (Laming); Polenz, P. v., Landschafts- und Bezirksnamen, 1961, Leoben s. Liubana, Liupnatal.

Leomeriche (Gau Lijmers) (846)

L.: Polenz, P. v., Landschafts- und Bezirksnamen, 1961, s. Liemerska; Nonn, U., Pagus und comitatus in Niederlothringen, 1983, 205.

Leonrod (Grafen, Reichsritter). Vom 16. bis zum 18. Jahrhundert zählten die Grafen von und zu L. mit Leonrod, Hornsegen, Neudorf, Muggenhof (Mugenhof) und Stein zum Kanton Altmühl des Ritterkreises Franken. Wegen Ballmertshofen, das nach 1650 an Saint Vincent gelangte, waren sie im Kanton Kocher des Ritterkreises Schwaben immatrikuliert.

L.: Biedermann, Altmühl; Genealogischer Kalender 1753, 542; Stieber; Roth von Schreckenstein 2, 594; Pfeiffer 212; Riedenauer 125; Schulz 266; Rahrbach 150; Fürstenhöfer, V., Im Bannkreis der Bibert und Methlach, 1932.

Leonstein s. Lewenstein

Leopoldinische Linie s. Habsburg

Leoprechting (Herrschaft). Die Herrschaft L. gehörte am Ende des 18. Jahrhunderts über das Hochstift Passau zum bayerischen Reichskreis und gelangte dann zu Bayern.

L.: Wolff 144; Wallner 712 BayRK 6.

Lerch von Dirmstein (Reichsritter). Im 18. Jahrhundert zählten die L. zum Ritterkreis Rhein.

L.: Roth von Schreckenstein 2, 595.

Lerchenfeld (Graf, Personalist, Reichsritter). Um 1800 zählte der Graf von L. als Personalist zum Kanton Odenwald des Ritterkreises Franken.

L.: Stetten 39; Riedenauer 125.

Leri (Leriga I, Lieron, Lerin)

L.: Polenz, P. v., Landschafts- und Bezirksnamen, 1961, II, 41, 95 f., III, 30 f.

Leri (Leriga II, Gau um die obere Oker, Lere)

L: Curs, O., Deutschlands Gaue im zehnten Jahrhundert. Nach den Königsurkunden, Diss. phil. Göttingen 1908, 12 Lere (Dörnten); Hessler, W., Mitteldeutsche Gaue des frühen und hohen Mittelalters, 1957, 131 Leragau, Teil Ostfalens (Beddingen, Großdöhren, Dörnten, Großflöthe, Geitelde, Großgleidingen, Kleingleidingen, Lamme, Rüningen, Kleinschwülper, Sonnenberg, Großstöckheim, Thiede, Timmerlah, Weddingen, Wehre); Polenz, P. v., Landschafts- und Bezirksnamen, 1961, II, 41, 95 f., III, 31.

Leslau (Bistum), poln. Wloclawek. Nach der Christianisierung Pommerellens (Pomerellens) durch Polen kam 1123 der größte Teil Pommerellens (Pomerellens) zum Bistum L. (Kujawien) an der Weichsel. Von 1793 bis 1807 war L. bei Preußen.

Lettland (Land). Das Gebiet beiderseits der unteren Düna, das bis zum 19. Jahrhundert nur selten als L. und meist als Livland bezeichnet wurde, wurde (seit dem 9. [?] nachchristlichen Jahrhundert) von baltischen, möglicherweise schon vor der Zeitenwende ansässig gewordenen Letten besiedelt (Lettgaller [Selen, Semgaller]). Im 13. Jahrhundert kamen sie unter deutschen Einfluss. Die ostseefinnischen Liven wurden 1206, die Selen 1208, die Kuren 1267 und die Semgaller 1290 unterworfen. 1561 nahm der Ordensmeister des Deutschen Ordens das Gebiet südlich (links) der Düna (als Herzogtum Kurland und Semgallen) als Lehen Polens, die Gebiete nördlich (rechts) der Düna kamen (als Provinz) an Polen. Im frühen 17. Jahrhundert eroberte Schweden etwa zwei Drittel der Provinz Livland, während das südliche Drittel bis 1795 bei Polen blieb. 1810 wurden Kurland, Livland und Lettgallen unter Russland vereinigt. Am 18. 11. 1918 bildete sich aus Südlivland, Kurland und Polnisch-Livland ein unabhängiges L., das am 5. 8. 1940 von der Sowjetunion einverleibt wurde. Am 28. 7. 1989 erklärte sich L. für souverän. Am 6. 9. 1991 erkannte der neue sowjetische Staatsrat die Unabhängigkeit Lettlands an. S. Deutscher Orden.

L.: Die Letten, 1930; Von den baltischen Provinzen zu den baltischen Staaten. Beiträge zur Entstehungsgeschichte der Republiken Estland und Lettland 1918–1920, hg. v. Hehn, J. v./Rimscha, H. v./Weiss, H., 1977; Hellmann, M., Letten, Lett(en)land, LexMA 5 1991, 1913; Schmidt, H., Geschichte des Baltikums, 1992; Baltische Länder, hg. v. Pistohlkors, G. v., 1994.

Leubelfing, Leublfing (Reichsritter). Wegen Falbenthal und Untererlbach zählten die L. zum Kanton Altmühl des Ritterkreises Franken.

L.: Biedermann, Altmühl; Stieber; Riedenauer 125.

Leuchtenberg (Landgrafschaft, gefürstete Landgrafschaft). Am Anfang des 12. Jahrhunderts (1118) erscheint ein edelfreies Geschlecht, das seit 1158 den Grafentitel führte und sich nach dem Aussterben der ihm verwandten Babonen bzw. Paponen (Burggrafschaft Regensburg, Grafschaft Stefling) seit 1196 als Landgrafen von L. (Liukenberge, seit dem 14. Jahrhundert L.) an der Luhe bei Weiden benannte. Dieses beerbte über eine Erbtochter teilweise die 1119 ausgestorbenen Herren von Lengenfeld-Pettendorf (Waldeck). Seine an Luhe, Naab und Pfreimd gelegene Herrschaft bestand im Kern aus dem Landrichteramt L., dem Stadtrichteramt Pfreimd, dem Pflegamt Wernberg und dem Richteramt Miesbrunn. Hierzu kam schon im 12. Jahrhundert die Herrschaft Waldeck (Kemnath [Kemnat], Erbendorf). 1332 gewann es durch Tausch die Stadt Pfreimd. 1283 mussten die staufertreuen Landgrafen Landgericht und Geleit auf dem Nordgau mit weiteren Gütern (Herrschaft Waldeck, Steflinger Landgrafenamt) an die Herzöge von Bayern veräußern, 1353 die Mehrzahl der Herrschaften Karl IV. zu Lehen Böhmens auftragen. 1421 kam Grafenwöhr als Sitz einer leuchtenbergischen Herrschaft zu Pfalz-Neumarkt (Pfalz-Oberpfalz). In der Mitte des 15. Jahrhunderts wurden die (jüngeren) Landgrafen von L. zwar Reichsfürsten mit Sitz und Stimme im Reichstag, gerieten aber in erhebliche finanzielle Schwierigkeiten. Bei ihrem Aussterben 1646 fiel L. mit den verbliebenen Gütern um das 1332 gewonnene Pfreimd als Reichslehen an das Haus Wittelsbach (Albrecht VI. von Bayern, 1650 im Tausch an Maximilian I. von Bayern) und wurde, nachdem es 1705 von Kaiser Joseph I. nochmals an die Grafen Lamberg verliehen worden war, 1712/1714 Teil Bayerns (L., Pfreimd, Wernberg und Miesbrunn). Um 1800 war die Landgrafschaft 4 Quadratmeilen groß und hatte 7000 Einwohner.

L.: Wolff 143; Zeumer 553 II b 37; Wallner 712 BayRK 11; Großer Historischer Weltatlas II 66 (1378) G4; Wittmann, F. M., Geschichte der Landgrafen von Leuchtenberg, Bd. 1–3 1851 f.; Doeberl, M., Die Landgrafschaft der Leuchtenberger, 1893; Wagner, I., Geschichte der Landgrafen von Leuchtenberg, Bd. 1–6 1940 ff.; Berndt, D., Leuchtenberg, 1977, Historischer Atlas von Bayern; Ambronn, K., Leuchtenberg, LexMA 5 1991, 1915.

Leuchtenburg (Herrschaft). Die Burg L. an der mittleren Saale gehörte seit Mitte des 12. Jahrhunderts den Herren von Lobdeburg. Sie verpfändeten die zugehörige Herrschaft 1332 an die Grafen von Schwarzburg, die sie von den Wettinern unter Wiederkaufsvorbehalt zu Lehen nehmen mussten. 1389 mussten sie die Herrschaft an den Erfurter Bürger Heinrich von dem Paradis weiterverpfänden. Seit 1396 stand die Herrschaft den Markgrafen von Meißen allein zu.

L.: Wolff 393; Träger, R., Das Amt Leuchtenburg im Mittelalter, 1941.

Leupolz (Herrschaft). L. bei Wangen wird erstmals 1229 (Lipoltes) erwähnt. Die Herren von L. waren vermutlich Ministeriale von Sankt Gallen. 1411 wurde die Herrschaft L. unter den Vögten von Summerau mit der namengebenden Herrschaft Praßberg vereinigt. 1721 ging die vereinigte, zum Ritterkanton Hegau-Allgäu-Bodensee des Ritterkreises Schwaben steuerbare Herrschaft an die Freiherren von Westernach, 1749 an die Erbtruchsessen von Waldburg-Wolfegg-Wolfegg (Waldburg-Wolfegg) und 1806 an Württemberg, womit L. 1951/1952 zu Baden-Württemberg gelangte.

L.: Hölzle, Beiwort 54.

Leutershausen s. Peusser von L., Schenk von L., Schenk zu L.

Leuthen (Herrschaft). Die Standesherrschaft L. südlich von Cottbus gehörte am Ende des 18. Jahrhunderts zur Markgrafschaft Niederlausitz. S. Brandenburg.

L.: Wolff 471.

Leutkirch (Reichsstadt). L. an der Eschach bei Wangen wird 848 erstmals erwähnt und war im 8./9. Jahrhundert Gerichtsort, Pfarrei und fränkischer Stützpunkt. Mit der Grafschaft Zeil kam es von der Bregenzer Linie der Udalrichinger an die Grafen von Montfort, die es 1291 an das Reich verkauften. 1293 erhielt es das Stadtrecht von Lindau. 1397 wurde es durch Erwerb des Ammannamtes und des Blutbannes reichsunmittelbar und erlangte Sitz und Stimme im Reichstag und im schwäbischen Reichskreis. 1546 wurde die Reformation eingeführt. 1802 kam es mit 0,5 Quadratmeilen und 1300 Einwohnern an Bayern, 1810 an Württemberg und damit 1951/1952 an Baden-Württemberg.

L.: Wolff 222; Zeumer 555 III b 28; Wallner 690 SchwäbRK 88; Großer Historischer Weltatlas III 22 (1648) E5, III 38 (1789) D4, III 39 (1803) D3; Schroeder 231 ff.; Roth, R., Geschichte der ehemaligen Reichsstadt Leutkirch, Bd. 1 f. 1873 ff.; Müller, K. O., Die oberschwäbischen Reichsstädte, 1912; Gehring, H., Buchau, Leutkirch und Wangen im Allgäu am Ende des Alten Reiches, Diss. phil. Tübingen 1954; Der Kreis Wangen, 1962; Thierer, M., Die Städte im württembergischen Allgäu, 1973.

Leutkircher Heide (freie Leute). Leutkirch an der Eschach bei Wangen wird 848 erstmals erwähnt und war im 8./9. Jahrhundert Gerichtsort, Pfarrei und fränkischer Stützpunkt. Bei Leutkirch liegt die L., zu der im 14. Jahrhundert Freie genannt werden, denen zusammen mit der Stadt Leutkirch die L. gehörte. Am 22. 2. 1330 bestätigte Ludwig der Bayer dem Grafen von Bregenz die bereits früher erfolgte Verpfändung Leutkirchs. Am 3. 6. 1330 verpfändete er erneut Leutkirch, die freien Leute und was dazu gehört an die Grafen und schlug am 27. 5. 1333 weiteres Geld auf die Pfandschaft. 1348 ist ein Landgericht für die Freien bezeugt, das spätestens seit 1421 mit dem 1358 erstmals genannten Pirschgericht (der oberschwäbischen Reichslandvogtei) mit den Gerichtsstätten Ravensburg, Wangen, Tettnang und Lindau verschmolzen war. Am 3. 12. 1364 verpfändete Karl IV. an Graf Ulrich von Helfenstein unter anderem die freien Leute auf der L. Die Grafen von Helfenstein verpfändeten sie von 1382 bis 1396 an die Stadt Ulm. 1415 zog sie König Sigmund zur Landvogtei in Oberschwaben und Niederschwaben. 1802 wurden sie von Bayern in Besitz genommen und Bayern am 25. 2. 1803 zugeteilt. 1810 wurde das Land mit der Reichsstadt Leutkirch an Württemberg abgetreten und gelangte damit 1951/1952 zu Baden-Württemberg.

L.: Wolff 44, 222, 505; Hugo 453; Roth, R., Geschichte der ehemaligen Reichsstadt Leutkirch, Bd. 1 f. 1873 ff.; Gut, M., Das ehemalige kaiserliche Landgericht auf der Leutkircher Heide und in der Pirs, Diss. jur. Tübingen 1909.

Leutrum von Ertingen (Freiherren, Reichsritter). Die Freiherren L. zählten bereits 1488 zur Gesellschaft St. Jörgenschild, Teil am Neckar. Von 1548 bis 1805 waren sie mit

Kilchberg, Wankheim, Kreßbach (Krespach), Eck und Unterriexingen, Heidach (Haydach), Liebeneck und Nippenburg Mitglied des Kantons Neckar des Ritterkreises Schwaben. 1802 übten sie über das dem Kanton Neckar inkorponierte markgräflich badische Lehen Würm die Herrschaft aus. Von 1723 bis 1776 waren die L. wegen des 1721 erworbenen und 1755 verkauften Filseck im Kanton Kocher immatrikuliert.

L.: Genealogischer Kalender 1753, 530; Roth von Schreckenstein 2, 592; Hölzle, Beiwort 64; Hellstern 208, 218; Kollmer 378; Schulz 266.

Leuzenbronn, Leutzenbrunn, Leuzenbrunn (Reichsritter). Um 1550 zählten die L. zum Kanton Odenwald des Ritterkreises Franken.

L.: Stetten 33; Riedenauer 125.

Leventina, Livinen (Untertanenland, Herrschaft) Leventina am oberen Ticino (Tessin) wurde 1403 Untertanenland gemeiner Herrschaft (1439 Herrschaft) der Eidgenossenschaft der Schweiz.

L.: Großer Historischer Weltaltlas II 72 (bis 1797) F3/4.

Lewenstein, Leonstein (Reichsritter). Im frühen 17. Jahrhundert zählten die L. zum Kanton Baunach des Ritterkreises Franken.

L.: Riedenauer 125.

Leyden (Reichsritter). Von 1763 bis 1805 zählten die L. als Personalisten zum Kanton Kocher des Ritterkreises Schwaben.

L.: Schulz 266.

Leyen (Reichsritter, Freiherren, Grafen, Fürsten [von der Leyen]). 1158 erscheint an der Mosel ein edelfreies Adelsgeschlecht, das sich nach Gondorf (Cunthereve) benennt, seit 1300/1375 aber als von der L. (mhd. lei, Fels) auftritt. Seine Angehörigen waren Erbtruchsessen des Erzstifts Trier. 1653 wurden sie Reichsfreiherren und erwarben zu verstreuten reichsritterschaftlichen Gütern 1667 vom Erzstift Trier die Herrschaften Blieskastel und Bürresheim/Burrweiler (Burresheim/Burrweiler), wobei sie um 1760 Blieskastel zur Residenz ausbauten. Dazu kamen Adendorf bei Bonn, die Herrschaft Leiningen auf dem Hunsrück, die Herrschaft Arenfels nordwestlich von Neuwied und Sankt Ingbert. 1697/1705 erhielten sie als Lehen Österreichs die seit 1504 österreichische, zum schwäbischen Reichskreis steuernde, 170 Quadratkilometer umfassende Grafschaft Geroldseck (Hohengeroldseck) bei Lahr. 1711 wurden sie Reichsgrafen (schwäbische Bank), erwarben in Nassau, Schwaben und Bayern insgesamt 450 Quadratkilometer Güter und wurden wegen ihrer vorteilhaften verwandtschaftlichen Beziehungen zu Karl Theodor von Dalberg und Josephine Napoleon mit dem Beitritt zum Reichsbund 1806 Fürsten mit Souveränität über Geroldseck (Hohengeroldseck). Mit Nievern, Fachbach, Hohenmalberg, Hühnerberg (Hünerberg), Lindenbach, Miellen und den vier Potaschhöfen Büchelborn, Dachsborn, Erlenborn und Neuborn waren die Grafen Mitglied des Kantons Mittelrheinstrom, mit Otterbach Mitglied des Kantons Niederrheinstrom und mit Burrweiler und Modenbacherhof des Kantons Oberrheinstrom des Ritterkreises Rhein. Das Fürstentum wurde 1815 unter Österreich und 1819 unter Baden mediatisiert.

L.: Zeumer 553 II b 61, 11; Großer Historischer Weltatlas III 38 (1789) B3; Zimmermann 76; Winkelmann-Holzapfel 155; Kleinschmidt, A., Geschichte von Arenerg, Salm und Leyen 1789 bis 1815, 1912; Kramer, W., Beiträge zur Familiengeschichte des mediatisierten Hauses von der Leyen und zu Hohengeroldseck, 1964.

Leyneck (Reichsritter) s. Leineck

Lich (Stadt). An einer wichtigen Wegkreuzung einer seit langem besiedelten Landschaft erbauten vor 778 iroschottische Wandermissionare eine Kirche. Im 11. und frühen 12. Jahrhundert kam der zugehörige Ort L. an die Herren von Altenburg/Arnsburg (um 1160 Cuno de Liche), dann an die Hagen/Münzenberg. 1300 gab König Albrecht dem Ort das Recht der Reichsstädte. Innerhalb der Grafschaft Solms fiel L. mit Hohensolms und Laubach sowie 1478 Niederweisel (Nieder-Weisel) an die jüngere Linie Soms-Lich, die 1792 in den Reichsfürstenstand erhoben und 1806 in Hessen-Darmstadt mediatisiert wurde. Damit kam L. 1945 zu Hessen. S. Solms-Lich, Solms-Lich-Hohensolms.

L.: Wolff 274; Licher Heimatbuch, 1952; Escher, M. u. a., Die urbanen Zentren, 2005, 2, 343.

Lichtel, Liental (Herrschaft). Die Burg L. bei Creglingen an der Tauber war im 13. Jahrhundert in den Händen der Herren von Hohenlohe, die sie 1235 dem Erzstift Köln zu Lehen auftrugen. 1324 kam die Herrschaft von Hohenlohe an den Deutschen Orden in Mergentheim, der sie 1340/1349 an das Hochstift

Würzburg veräußerte, das sie seinerseits 1399 an die Reichsstadt Rothenburg verkaufte. 1803 kam L. an Bayern, 1810 an Württemberg und damit 1951/1952 zu Baden-Württemberg.

L.: Hölzle, Beiwort 90.

Lichtenau (Burg). Die Burg L. bei Rastatt wurde 1293/1296 vom Bischof von Straßburg erbaut. Sie kam später mit der zugehörigen Herrschaft an Hanau-Lichtenberg. Von Hessen-Darmstadt, das L. 1736 erbte, fiel es 1803 an Baden, 1951/1952 an Baden-Württemberg.

L.: Wolff 272.

Lichtenau (Grafschaft). Die Grafschaft L. (Hessisch-Lichtenau) gehörte am Ende des 18. Jahrhunderts über die Landgrafen von Hessen-Kassel zum oberrheinischen Reichskreis. Über Preußen kam L. 1945 an Hessen.

L.: Wolff 254.

Lichtenberg (Fürstentum). (Die Burg L. [Lichtenburg] bei Birkenfeld erscheint 1214 als Gut der Grafen von Veldenz. 1444 wurde sie vom Herzog von Pfalz-Zweibrücken geerbt.) Am 9. 9. 1816 gab Preußen ein Gebiet um Sankt Wendel, Baumholder und Grumbach an den Herzog von Sachsen-Coburg-Saalfeld (Sachsen-Coburg), das seit 24. 2. 1819 Fürstentum L. hieß. Es wurde wegen innerer Unruhen am 31. 5. 1834 wieder an Preußen (Rheinprovinz) verkauft. Der südliche Teil gehörte seit 1919 bzw. 1945/1946 zum Saargebiet (1957 Saarland), der Rest blieb bei Preußen und gelangte 1946 zu Rheinland-Pfalz.

L.: Haarbeck, W., Burg Lichtenburg, 1927, neu hg. 1964; Fischer, W., Das vormals sachsen-coburgische Fürstentum Lichtenberg, Heimatkalender des Kreises Birkenfeld 1956; Düwell, K., Sachsen-Coburg-Gotha linksrheinisch, FS A. Gerlich, 1995, 335.

Lichtenberg (Herrschaft). Nach der 1197 erstmals erwähnten Burg L. bei Ludwigsburg nannten sich die Herren Hummel von L., die im 13. Jahrhundert eine kleine Herrschaft mit der von ihnen gegründeten Stadt Großbottwar errichteten. 1357 verkauften sie Burg und Herrschaft an Württemberg, das 1361 die Burg und das Dorf Großbottwar Böhmen (bis 1805) zu Lehen auftrug. Über Württemberg kamen die Güter 1951/1952 zu Baden-Württemberg.

Lichtenberg (Herrschaft). Die aus einstigem Königsgut erwachsene Herrschaft L. bei Naila, als deren Mittelpunkt im 12. oder 13. Jahrhundert die Burg L. errichtet worden war, unterstand im 14. Jahrhundert den Grafen von Orlamünde, im 15. Jahrhundert nach Verkauf den Herren von Waldenfels. 1628 kam sie an die Hohenzollern bzw. die Markgrafen von Bayreuth und damit 1791 an Preußen und 1810 an Bayern.

L.: Wolff 104; Großer Historischer Weltatlas II 66 (1378) D4; Seiffert, H., Burgen und Schlösser im Frankenwald und seinem Vorland, 1951.

Lichtenberg (Herrschaft, Grafschaft). Nach der 1286 erneuerten Burg L. in den Nordvogesen benannte sich eine Familie, die um Buchsweiler im Unterelsass eine Herrschaft ausbildete. Seit 1249 hatte sie die Vogtei des Hochstifts Straßburg. Nach 1250 erwarb der ihr entstammende Straßburger Bischof Konrad von L. das ursprünglich zur alemannischen Grafschaft Mortenau (Ortenau) gehörige rechtsrheinische Gebiet zwischen Lichtenau und Willstätt mit insgesamt 26 Dörfern, das 1299 an seine Familie zu Lehen gegeben wurde. 1458 wurde die Herrschaft zur Grafschaft erhoben. Als die Familie 1480 in männlicher Linie ausstarb, fielen die Güter an die Gatten der Nichten des letzten Grafen, die Grafen von Hanau (Amt Willstätt) und die Grafen von Zweibrücken-Bitsch (Amt Lichtenau). Sie wurden überwiegend von Hanau aus als Kondominat verwaltet. Beim Aussterben der Grafen von Zweibrücken-Bitsch kamen ihre Güter 1570 an die Grafen von Hanau-Lichtenberg. (Sie tauschten 1606 von Lothringen ein Gebiet um Pirmasens ein. 1680/1697 kamen die elsässischen Güter [Buchsweiler, Pfaffenhofen, Westhofen, Wolfisheim, Offendorf] an Frankreich, so dass die Grafen ihren Sitz von Buchsweiler nach Rheinbischofsheim verlegen mussten. Um 1800 war die zum oberrheinischen Reichskreis zählende Herrschaft 5 Quadratmeilen groß und hatte 15 000 Einwohner. S. Hanau-Lichtenberg.)

L.: Wallner 697 OberrheinRK 26; Rathgeber, L., Die Grafschaft Hanau-Lichtenberg, 1876; Eyer, F., Das Territorium der Herren von Lichtenberg 1202–1480, 1938.

Lichtenberg (Reichsritter). Um 1806 zählten die L. zum Kanton Baunach des Ritterkreises Franken.

L.: Riedenauer 125.

Lichteneck (Herrschaft) s. Liechteneck

Lichtenstein (Herrschaft). Die Burg L. bei Glauchau an der Straße von Chemnitz nach Zwickau wurde vermutlich noch im 12. Jahrhundert von den Herren von Schönburg errichtet. 1740 mussten diese die landesherrlichen Rechte über die zugehörige Herrschaft an das Kurfürstentum Sachsen abtreten. Am Ende des 18. Jahrhunderts gehörte L. über die Fürsten von Schönburg-Waldenburg zum obersächsischen Reichskreis. Über Sachsen kam L. von 1949 bis 1990 zur Deutschen Demokratischen Republik.

L.: Wolff 422; Wallner 709 ObersächsRK 10 a.

Lichtenstein (Reichsritter). Vom 16. bis zum 18. Jahrhundert zählten die L. zum Kanton Baunach des Ritterkreises Franken. Außerdem waren sie im frühen 16. Jahrhundert im Kanton Altmühl und bis 1700 im Kanton Odenwald immatrikuliert.

L.: Genealogischer Kalender 1753, 543; Stieber; Roth von Schreckenstein 2, 594; Pfeiffer 196, 213; Stetten 33; Riedenauer 125; Rahrbach 152.

Lichtenstein zu Geiersberg (Reichsritter), Lichtenstein zu Geisberg. Am Ende des 16. Jahrhunderts zählten die L. zum Kanton Baunach des Ritterkreises Franken.

L.: Pfeiffer 196.

Lichtental (Abtei). 1803 fiel die Abtei L. bei Baden-Baden an Baden, womit die Güter 1951/1952 zu Baden-Württemberg gelangten.

L.: Schindele, P., Die Abtei Lichtenthal, 1985, Freiburger Diözesanarchiv 105; 750 Jahre Zisterzienserinnenabtei Lichtenthal, 1995.

Lidbekega s. Lübbeckegau

L.: Polenz, P. v., Landschafts- und Bezirksnamen, 1961, II, 33.

Liebburg (Herrschaft). Die Herrschaft L. wurde 1521 vom Hochstift Konstanz erworben, das 1803 in seinen rechtsrheinischen Teilen an Baden und damit 1951/1952 an Baden-Württemberg fiel.

L.: Hölzle, Beiwort 71.

Liebenfels (Freiherren, Reichsritter). Im 18. Jahrhundert zählten die Freiherren von L. mit Beuren/Aach, Teilen von Gailingen und Worblingen zum Kanton Hegau des Ritterkreises Schwaben. 1806 fielen ihre Güter an Württemberg, das sie 1810 an Baden abtrat. 1951/1952 gelangten sie zu Baden-Württemberg.

L.: Hölzle, Beiwort 60; Ruch, Anhang 77.

Liebenscheid (Burg). 1341/1343 fiel das Haus L. bei Haiger im Westerwald innerhalb Nassaus an Nassau-Beilstein. Zeitweise war die Burg Sitz einer Nebenlinie (Nassau-Liebenscheid) der Grafen von Nassau-Beilstein. Über Preußen (Provinz Hessen-Nassau) gelangte L. 1945 zu Hessen. S. Nassau-Liebenscheid.

Liebenstein (Freiherren, Reichsritter). Im 18. Jahrhundert zählten die seit 1243 bezeugten Freiherren von L. (Archiv 1678 teilweise an Württemberg) mit Buttenhausen (1782 von den Freiherrn von Gemmingen erworben), zum Kanton Donau des Ritterkreises Schwaben. Wegen des halben Köngen waren sie dem Kanton Neckar inkorporiert. Mit dem 1467 erworbenen Jebenhausen sowie mit den später aufgegebenen Gütern Eschenbach, L., Schlat, Steinbach und Teilen von Bönnigheim waren sie auch Mitglied im Kanton Kocher. L., Kaltenwesten und Ottmarsheim kamen an Württemberg und damit 1951/1952 zu Baden-Württemberg.

L.: Genealogischer Kalender 1753, 533; Roth von Schreckenstein 2, 592; Hölzle, Beiwort 59, 62; Hellstern 208; Kollmer 379; Schulz 267; Archiv der Freiherren von Liebenstein, Jebenhausen, bearb. v. Burkhardt, M. u. a., 2001.

Liebenstein (Ganerbschaft). In L. östlich von Boppard bestand eine Ganerbschaft.

L.: Geschichtlicher Atlas von Hessen, Inhaltsübersicht 33.

Lieberose (Herrschaft). Die Herrschaft L. östlich von Lübben gehörte zur Markgrafschaft Niederlausitz. S. Brandenburg.

L.: Wolff 471.

Liechteneck, Lichteneck (Herrschaft). Die Herrschaft L. im Breisgau gehörte seit dem Ende des 18. Jahrhunderts den Grafen Schwarzenberg. 1805 kam sie an Baden und damit das Gebiet 1951/1952 an Baden-Württemberg.

L.: Bader, K. S., Der deutsche Südwesten in seiner territorialstaatlichen Entwicklung, 2. unv. A. 1978, 133.

Liechtenstein (Fürstentum). Vielleicht ministerialischer, vielleicht auch hochfreier Herkunft lassen sich im früheren 12. Jahrhundert Ministeriale bzw. Edelherren von L. südlich von Wien nachweisen. Sie hatten umfangreiche Güter in der Steiermark, in Kärnten und in Mähren. Die steirische Linie Murau starb 1619 aus. Die mährische Linie Nikolsburg wurde 1608/1623 in den Reichsfürstenstand erhoben und erwarb 1613 die schlesische Herrschaft Troppau und 1623 das Herzogtum Jägerndorf. 1699/1712 kaufte sie die reichsunmittelbare, bis 1392/1416 den Grafen von Werdenberg, bis 1507/1510 den Freiherren von Brandis (die bis etwa 1435 auch die letzten Teile der Herrschaft Schellenberg erwarben), bis 1613 den Grafen von Sulz und dann durch Verkauf den Grafen von Hohenems gehörigen Herrschaften Vaduz (1712, für 290 000 Gulden) und Schellenberg (1699, für 115 000 Gulden) und erhielt dafür (gegen ein Darlehen von 250 000 Gulden) 1707 Sitz und Stimme auf der Fürstenbank des schwäbischen Reichskreises und 1713 (unter dem Obersthofmeister Anton Florian von L., dem Vertrauten Kaiser Karls VI.) im Reichsfürstenrat. 1719 wurden Vaduz und Schellenberg unter dem Namen L. zu einem reichsunmittelbaren Fürstentum erhoben, das 1723 Sitz und Stimme im Reichstag erhielt. 1781 spaltete sich das Haus in zwei Linien, von denen die ältere das Fürstentum L. mit dem Großteil der österreichischen und schlesischen Herrschaften und Güter übernahm. 1806 wurde das 3 Quadratmeilen große L. mit 5000 Einwohnern zum Beitritt zum Rheinbund gezwungen und danach souverän. 1815 trat es dem Deutschen Bund bei. 1862 erlangte es eine Verfassung. 1866 wurde es gänzlich unabhängig, blieb aber durch eine Zollunion mit Österreich verbunden, die es 1919 in eine Zollunion mit der Schweiz auswechselte. Das Fürstentum umfasst in der Gegenwart 160 Quadratkilometer mit (2005) 34 600 Einwohnern und (1984) knapp 50 000 Gesellschaften.

L.: Wolff 178; Zeumer 553 II b 57; Wallner 687 SchwäbRK 40; Großer Historischer Weltatlas III 22 (1648) D5, III 38 (1789) C4; Falke, J. v., Geschichte des fürstlichen Hauses Liechtenstein, Bd. 1–3 1868 ff.; Biermann, G., Geschichte der Herrschaften Troppau und Jägerndorf, 1874; Umlauft, F., Das Fürstentum Liechtenstein, 1891; Kaiser, P., Geschichte von Liechtenstein-Vaduz, 2. A. 1923; Regesten von Vorarlberg und Liechtenstein bis 1260, hg. v. Helbok, A., 1925; Flach, W., Landeskunde von Liechtenstein, 1938; Steger, C., Fürst und Landtag nach Liechtensteinischem Recht, Diss. jur. Freiburg im Üchtland 1950; Seger, O., Überblick über die liechtensteinische Geschichte, 2. A. 1965; Raton, P., Liechtenstein. Staat und Geschichte, 1969; Dopsch, H., Der Dichter Ulrich von Liechtenstein und die Herkunft seiner Familie, in: FS F. Hausmann, 1977, 93 ff.; Liechtenstein – Fürstliches Haus und staatliche Ordnung, 1987; Der ganzen Welt ein Lob und Spiegel, hg. v. Oberhammer, E., 1990; Csendes, P., Liechtenstein, LexMA 5 1991, 1968.

Liechtenstein (Reichsritter). Die L. zählten bereits 1488 zur Gesellschaft St. Jörgenschild, Teil am Neckar. Von 1548 bis 1663 waren sie Mitglied im Kanton Neckar des Ritterkreises Schwaben.

L.: Hellstern 208.

Liegnitz (Fürstentum). 1149 wird die wohl im 11. Jahrhundert erbaute Burg L. an der Hohen Straße in Niederschlesien erstmals erwähnt. Nach Heinrich II. aus dem Hause der schlesischen Piasten (1241) entstand durch Erbteilung des Herzogtums Niederschlesien das Herzogtum L. (1251) um die zwischen 1242 und 1252 zu deutschem Recht neu gegründete Stadt L., von dem sich 1251 Glogau sowie 1278 Jauer und Löwenberg abspalteten. Von 1290 bis 1311 war es mit Breslau vereinigt. Nach 1311 wieder selbständig wurde es zeitweise durch Landesteilung um das Fürstentum Brieg vermindert. 1329 geriet es unter Lehnshoheit Böhmens. 1419 starb die Linie L. der Piasten aus. L. kam an Brieg. 1532 erwarb es Wohlau. Nach zwischenzeitlichen Trennungen war L. seit 1663/1664 mit Brieg und Wohlau wieder vereinigt. Als 1675 die schlesischen Piasten ausstarben, wurden L., Wohlau und Brieg als erledigte Lehen Erbfürstentümer Österreichs. Seit 1681 erhob Preußen unter Berufung auf einen 1546 von König Ferdinand für ungültig erklärten Erbverbrüderungsvertrag Friedrichs II. von L. mit Joachim II. von Brandenburg vom 19. 10. 1537 Ansprüche auf die drei Fürstentümer. 1742 kamen sie nach dem ersten schlesischen Krieg mit 34 Quadratmeilen Gebiet an Preußen. Seit 1945 wurde L. von Polen verwaltet, an das es 1990 als politische Folge der deutschen Wiedervereinigung fiel.

L.: Wolff 483; Großer Historischer Weltatlas II 66 (1378) I3; Sammler, A./Kraffert, A. H., Chronik von Liegnitz, Bd. 1–4 1861 ff.; Urkundenbuch der Stadt Liegnitz und ihres Weichbildes bis zum Jahre 1455, hg. v. Schirrmacher, F., 1866; Liegnitz, siebenhundert Jahre eine Stadt deutschen Rechts, hg. v. Schönborn, T., 1942; Unser Liegnitz und sein Landkreis, hg. v. Hantschke, H., 1960; Bahr, E./König, K., Ostdeutschland unter fremder Verwaltung, Bd. 5: Niederschlesien, 1967; Finke, F., Aus dem Lebenslauf der Stadt Liegnitz, 1986; Jaeckel, G., Die Liegnitzer Erbverbrüderung von 1537 in der brandenburgisch-preußischen Politik bis zum Frieden von Hubertusburg 1763, 1988; Menzel, J., Liegnitz, LexMA 5 1991, 1974.

Liemerska (Leomeriche, Leomerike), s. Leomeriche

L.: Polenz, P. v., Landschafts- und Bezirksnamen, 1961, II, 94–96, Liemerska, de Lijmers.

Liental (Herrschaft) s. Lichtel

Lienzina (pagus Lienzina)

L.: Polenz, P. v., Landschafts- und Bezirksnamen, 1961, IV, 10, zum Ortsnamen Lienz.

Lierheim (Reichsritter). Wegen Hohenstein war Sebastian von L. von 1542 bis 1567 Mitglied im Kanton Kocher des Ritterkreises Schwaben.

L.: Schulz 267.

Liesch von Hornau (Reichsritter). Von 1581 bis 1604 waren die L. Mitglied im Kanton Neckar des Ritterkreises Schwaben.

L.: Hellstern 208.

Liesgau (Lisgo, Lisgouue, Lisga, Lischa, Gau zwischen Söse und Leine)

L: Curs, O., Deutschlands Gaue im zehnten Jahrhundert. Nach den Königsurkunden, Diss. phil. Göttingen 1908, 12 (Pöhlde, Mitlingerode, Förste, Elbingerode?, Bernshausen, Renshausen, Dorste, Landolfshausen, Ebergötzen, Minigerode, Waake, Germershausen, Gittelde); Hessler, W., Mitteldeutsche Gaue des frühen und hohen Mittelalters, 1957, 132 (Bernshausen, Dorste, Ebergötzen, Echte, Edesheim, Elbingerode, Förste, Germershausen, Gittelde, Hammenstedt, Himmigerode, Kalefeld, Landolfshausen, Pöhlde, Renshausen, Waake, Wulften); Polenz, P. v., Landschafts- und Bezirksnamen, 1961, II, 39, 96, Liskga, Hlisgo, Lisgo, Lischa.

Liezizi (Gau)

L.: Hessler, W., Mitteldeutsche Gaue des frühen und hohen Mittelalters, 1957, 38, 133 (Briest, Kabelitz, Melkow).

Ligne (Reichsgrafen, Reichsfürsten). 1047 erscheint erstmals die nach L. bei Tournai benannte Hennegauer Adelsfamilie L. Sie wurde 1545 in den Reichsgrafenstand, 1601 in den Reichsfürstenstand erhoben und gehörte dem burgundischen Reichskreis an. 1788 erlangte sie Sitz und Stimme im Kollegium der westfälischen Grafen des Reichstages. 1803/1804 hatte sie auf Grund des § 11 des Reichsdeputationshauptschlusses vom 25. 2. 1803 als Entschädigung für verlorene linksrheinische Gebiete (Fagnolles [Fagnolle]) das schwäbische Reichsstift Edelstetten unter dem Namen einer Grafschaft inne. (Die Grafschaft Edelstetten fiel später an Bayern.)

L.: Wallner 710 BurgRK 1.

Lijmers s. Leomerike, Liemerska

Limburg (Grafschaft). Nach der Hinrichtung Friedrichs von Altena-Isenberg (1226) verblieb seinen Erben unter anderem die Grafschaft L. zwischen Hagen und Iserlohn (ca. 120 Quadratkilometer) mit dem Hauptort Limburg (seit 1871 Hohenlimburg) in Westfalen als Lehen Kleves. Hier erlangten sie eine landesherrliche Stellung. Von den Söhnen Dietrichs I. begründete Johann I. (1253–1275) die 1459 im Mannesstamm erloschene Linie Hohenlimburg, Eberhard (1271–1304) die Linie Limburg-Styrum, die durch Heirat die spätere Reichsherrschaft Gemen erwarb und von der sich die Grafen von Limburg-Broich (bis 1508) abspalteten. Nach dem Aussterben des Geschlechts (1511) kam L. von 1513 bis 1542 an die Grafen von Daun, dann an die Grafen von Neuenahr. 1589/1592 fiel es an die Grafen von Bentheim, 1606/1638 an deren Zweig Tecklenburg-Rheda, der bis 1756 in L. saß. 1808 kam es an das Großherzogtum Berg, 1815 an Preußen, 1946 zu Nordrhein-Westfalen. S. Isenberg-Limburg.

L.: Wolff 319; Hülshoff, A., Geschichte der Grafen und Herren von Limburg und Limburg-Styrum, Bd. 1–4 1961 ff.

Limburg (Herzogtum, Provinz). Die um (1020? oder) 1064 auf durch Heirat mit einer Tochter des Herzogs von Niederlothringen gewonnenem Gut (Baelen) erbaute Burg L. im Vesdretal bei Eupen südwestlich von Aachen war die Stammburg der von den Ardennengrafen abstammenden Grafen, später Herzöge von L. (Herzogstitel auf Grund kurzzeitiger Verleihung [1101–1106] des Herzogtums Niederlothringen durch Kaiser Heinrich IV., Anerkennung 1165), die östlich der Maas zwischen Maastricht-Lüttich und Aachen begütert waren. Sie fiel über die Erbtochter (Judith) 1065 an die Grafen von Arlon (bzw. Limburg [und Arlon]). 1113 wurde durch Heirat Wassenberg, wenig später (1136) Herzogenrath gewonnen. 1214 gelang durch Heirat der Erwerb der Gebiete von Namur und Luxemburg, 1225/1226 durch eine Nebenlinie der Gewinn der ostrheinischen Grafschaft Berg. Arlon kam 1214 an Luxemburg. Nach 1247 wurde in Berg und L. geteilt. 1280 starb die Familie im Mannesstamm aus. 1283 starb die mit dem Grafen von Geldern vermählte Erbtochter (Ermengarde). Das Herzogtum L. fiel 1288 im anschließenden Erbfolgekrieg durch den Sieg bei Worringen an die Herzöge von Brabant, über die es 1430 an Burgund und damit infolge der Ehe Marias von Burgund mit Maximilian von Habsburg (1477) 1493 an Habsburg kam, so dass es zum burgundischen Reichskreis zählte. Im Westfälischen Frieden von 1648 wurde es zwischen Spanien bzw. Habsburg und den Generalstaaten der Niederlande geteilt. 1815 übernahm man auf dem Wiener Kongress den Namen L. für eine Provinz des Königreiches der Vereinigten Niederlande. Diese wurde nach der Unabhängigkeitserklärung Belgiens (1830) von diesem beansprucht und 1839 geteilt in die östlich der Maas gelegene niederländische Provinz L. mit Maastricht, die von 1839 bis 1866 im Ausgleich für das an Belgien gelangte Luxemburg als Herzogtum L. zum Deutschen Bund gehörte, und die westlich der Maas gelegene belgische Provinz L. mit Hasselt.

L.: Wallner 701 BurgRK 1; Großer Historischer Weltatlas II 66 (1378) C3; Ernst, H. S. P., Histoire du Limburg (– 1447), Bd. 1–7 1837 ff.; Coenen, J., Limburgische oorkunden, Bd. 1–4 1932 ff.; Schrijen, G., Das Werden des neuen Süd-Limburg, 1937; Grochtmann, H., Die niederländische Provinz Limburg im Deutschen Bund, 1937; Klingenberg, E. M., Die Entstehung der deutsch-niederländischen Grenze 1813–15, 1940; Niessen, J., Limburg, Geschichte einer deutsch-niederländischen Grenzlandschaft, in: Zwischen Rhein und Maas, 1942; Limburgs verleden, hg. v. Batta, E. C. M. A. u. a., 1960 ff.; Erkens, F., Zur verfassungsrechtlichen Stellung der Herzöge von Limburg im 12. und 13. Jahrhundert, Rhein. Vjbll. 43 (1973), 169 ff.; Munier, W. A. J., Historische Atlas van Limburg en aangrenzende Gebieden, 1976 ff.; Munier, W. A. J., Ein Atlas zur Geschichte der niederländischen Provinz Limburg, 1976; Weistümer und Rechtstexte im Bereich des Herzogtums Limburg, hg. v. Wintgens, L., 1988; Kupper, J., Limburg, LexMA 5 1991, 1986; Weller, T., Die Heiratspolitik, 2004.

Limburg (Provinz) s. Limburg (Herzogtum, Provinz)

Limburg an der Lahn (Herrschaft). An der Kreuzung der Straßen Frankfurt-Siegen und Koblenz-Wetzlar sowie dem Übergang über die Lahn befand sich wohl schon in merowingischer Zeit eine Siedlung. 910 wird L. anlässlich der Errichtung des Kollegiatstiftes Sankt Georg durch die Grafen des seit 821 genannten Niederlahngaues aus dem Geschlecht der Konradiner erstmals erwähnt. Das Stift erhielt reiche Schenkungen der sächsischen und salischen Könige und wurde aus der Grafschaft eximiert. Stiftsvögte waren nach dem Erlöschen der Konradiner die Pfalzgrafen bei Rhein und seit etwa 1180 die Grafen von Leiningen. Um 1220 übernahmen die Herren von Isenburg als Erben der Grafen von Leiningen die Vogtei und die Herrschaft L. (Burg und Stadt zu je einem Drittel vom Reich, vom Erzstift Mainz und von den Landgrafen von Hessen zu Lehen). Seit 1232 nannten sie sich Isenburg-Limburg. Zwischen 1322 und 1332 erlangte das Erzstift Trier die Lehnshoheit über die Vogtei und kaufte 1344 die Hälfte der Herrschaft L. Nach 1420 errang es die Landesherrschaft. 1624 erwarb es von Hessen die zweite Hälfte. 1802/1803 fiel L. bei der Säkularisierung des Erzstifts Trier an Nassau, wobei 1821 für die Katholiken des Herzogtums das Bistum L. errichtet wurde, und mit Nassau 1866 an Preußen. Am 19. 9. 1945 kam es zu Groß-Hessen, das sich am 1. 12. 1946 in Land Hessen umbenannte. S. Isenburg-Limburg.

L.: Wolff 84; Großer Historischer Weltatlas II 34 (1138–1254) F4; Hillebrand, A., Zur Geschichte der Stadt und Herrschaft Limburg, 1883 ff.; Höhler, J., Geschichte der Stadt Limburg an der Lahn, 1935; Laut, R., Territorialgeschichte der Grafschaft Diez samt den Herrschaften Limburg, Schaumburg, Holzappel, 1943; Schirmacher, E., Limburg an der Lahn, Enstehung und Entwicklung der mittelalterlichen Stadt, 1963; Füldner, E., in: Berichte zur deutschen Landeskunde 37 (1966); Großmann, G., Limburg an der Lahn, 1987; Wolf, K., Privatrecht, Prozessrecht und Notariat der Stadt Limburg im Mittelalter, Diss. jur. Gießen 1988; Struck, W., Zur Verfassung der Stadt Limburg an der Lahn im Mittelalter, Nassauische Annalen 99 (1988); Schwind, F., Limburg a. d. Lahn, LexMA 5 1991, 1989; Escher, M. u. a., Die urbanen Zentren, 2005, 2, 347.

Limburg-Gemen s. Limburg (Grafschaft)

Limburg-Styrum (Grafen). Von den Söhnen Dietrichs I. von Limburg begründete Eberhard (1271–1304) die in den Niederlanden blühende Linie L., die durch Heirat die spätere Reichsherrschaft Gemen erwarb. 1771 verkaufte sie die Herrschaft Illereichen an die Grafen Palm. S. Limburg, Nordrhein-Westfalen.

L.: Zeumer 554 II b 63, 23; Hülshoff, A., Geschichte der Grafen und Herren von Limburg-Styrum, Bd. 1–4 1961 ff.

Limga (Limgauuue, Gau um Lemgo in Westfalen)

L: Curs, O., Deutschlands Gaue im zehnten Jahrhundert. Nach den Königsurkunden, Diss. phil. Göttingen 1908, 12; Polenz, P. v., Landschafts- und Bezirksnamen, 1961, II, 40, 96, IV, 16, heute Ortsname Lemgo.

Limpurg (Schenken, Grafschaft). 1230/1234 wird die nach der von den 1144 erstmals genannten, aus der staufischen Reichsministerialität hervorgegangenen, schon vor 1146 das Amt des königlichen Schenken ausübenden Schenken von Schüpf (Oberschüpf) errichteten Burg L. bei Schwäbisch Hall benannte Grafschaft L. mit Allodialgütern an der Grenze zwischen Württemberg und Franken erstmals erwähnt. Wichtigstes Gut waren die von den Staufern übertragenen Reichsforste am mittleren Kocher. Die Güter um die Burg L. gingen weitgehend an Schwäbisch Hall verloren. 1335 wurde die Herrschaft Welzheim als Lehen Württembergs gewonnen, 1411/1435 Speckfeld mit Sommerhausen in Mainfranken, 1436 Gröningen, vor 1437 Schmiedelfeld und 1483 Sontheim. 1441, mit dem Verkauf ihrer Stammburg Comburg (Komburg), teilte sich die ursprünglich staufisch-reichsministerialische Familie, die seit 1356 als Afterlehen Böhmens das Amt des Reichserbschenken innehatte, in die Linien Limpurg-Gaildorf (Limpurg-Gaildorf-Schmiedelfeld), die 1690, die Linie Limpurg-Speckfeld (Limpurg-Speckfeld-Obersontheim), die 1705/1713, und die Linie Limpurg-Sontheim, die 1713 im Mannesstamm ausstarb. Um 1550 zählten die L. zum Kanton Odenwald des Ritterkreises Franken, im frühen 17. Jahrhundert zum Kanton Steigerwald. Seit der Mitte des 17. Jahrhunderts führten sie den Grafentitel. Die Grafschaft zählte zum fränkischen Reichskreis und zum fränkischen Reichsgrafenkollegium. Die letzten Grafen beider Hauptlinien (Limpurg-Gaildorf, Limpurg-Speckfeld), nach deren Tod 1713 die Lehen Bayerns und Württembergs eingezogen und die Lehen des Reiches von Brandenburg/Preußen auf Grund einer Anwartschaft aus dem Jahre 1693 bestritten wurden, hinterließen zehn Töchter. Danach bildeten sich im Laufe des 18. Jahrhunderts (Realteilung 1772/1774) aus den Gütern der Limpurg-Gaildorfer Linie der Solms-Assenheimische Landesteil und der Wurmbrandsche Landesteil, aus den Gütern der Limpurg-Sontheimer Linie die Herrschaften Gaildorf, Gröningen, Michelbach, Obersontheim und Schmiedelfeld, und aus den Gütern der Limpurg-Speckfelder Linie die Herrschaft Speckfeld mit den Ämtern Sommerhausen, Einersheim und Gollhofen, deren jeweilige Inhaber fortwährend wechselten. Seit 1780 begann Württemberg die einzelnen Teile aufzukaufen. Um 1800 umfasste die Grafschaft in sämtlichen Linien ein Gebiet von 6,8 Quadratmeilen mit 11000 (1785 14404) Einwohnern. 1806 fiel Gaildorf an Württemberg. Über Württemberg kamen die Güter 1951/1952 an Baden-Württemberg. Speckfeld gelangte bei der Mediatisierung an Bayern.

L.: Wolff 124; Zeumer 554 II b 62, 5; Wallner 693 FränkRK 17 a–h; Großer Historischer Weltatlas II 66 (1378) E4, III 22 (1648) D4, III 38 (1789) C3; Stetten 33; Riedenauer 125; Prescher, H., Geschichte und Beschreibung der zum fränkischen Kreis gehörigen Reichsgrafschaft Limpurg, Bd. 1, 2 1789 ff., Neudruck 1978; Müller, K. O., Das Geschlecht der Reichserbschenken zu Limburg bis zum Aussterben des Mannesstammes, Z. f. württemberg. LG. 5 (1941); Wunder, G./Schefold, M./Beutter, H., Die Schenken von Limpurg und ihr Land, 1982; Maurer, H., Die Schenken von Schüpf-Limpurg und die Burg Hohenstaufen, Z. f. württemberg. LG. 44 (1985), 294 ff.; Eberl, I., Limpurg, LexMA 5 1991, 1995.

Limpurg-Gaildorf (Schenken). Gaildorf bei Schwäbisch Hall wird 1255 erstmals erwähnt. Nach der Teilung des Hauses Limpurg 1441/1481 wurde es Sitz der Linie L., die 1690 ausstarb. Die halbe Stadt Gaildorf und die Herrschaften Schmiedelfeld und Gröningen, die unter anderem in Händen dieser Linie waren, fielen an die Linien Limpurg-Sontheim und Limpurg-Speckfeld der Schenken von Limpurg. 1806 kam Gaildorf an Württemberg und damit 1951/1952 an Baden-Württemberg.

L.: Müller, K. O., Das Geschlecht der Reichserbschenken zu Limpurg bis zum Aussterben des Mannesstammes, Z. f. württemberg. LG. 5 (1941).

Limpurg-Gaildorf-Schmiedelfeld (Schenken) s. Limpurg-Gaildorf

L.: Wunder, G./Schefold, M./Beutter, H., Die Schenken von Limpurg und ihr Land, 1982.

Limpurg-Sontheim (Schenken). L. ist eine 1441 entstandene, 1713 im Mannesstamm ausgestorbene Linie der zum fränkischen Reichskreis zählenden Schenken von Limpurg. Von ihrem Erbe kam 1746 die Hälfte an die Grafen von Löwenstein-Wertheim-Virneburg, ein Sechstel an die Grafen Pückler und wurde das letzte Drittel 1782 von Württemberg erworben.

L.: Wolff 125; Wallner 693 FränkRK 17 e–h; Hölzle, Beiwort 50.

Limpurg-Speckfeld (Schenken, Herrschaft). Durch Heirat des Schenken von Limpurg mit Gräfin Elisabeth von Hohenlohe-Speckfeld fiel die Herrschaft Speckfeld im Erbgang 1413 an Limpurg. 1441 entstand durch Teilung L., das 1705 im Mannesstamm ausstarb. 1774 wurde aufgeteilt in Limpurg-Schmiedelfeld (Graf Prösning, Salm, 1781 an Württemberg), Limpurg-Gröningen (Hessen-Homburg, dann Hohenlohe-Bartenstein, 1827 an Württemberg), Limpurg-Michelbach, Limpurg-Sontheim (Limpurg-Obersontheim) (Graf Löwenstein [Löwenstein-Wertheim-Virneburg] Pückler-Limpurg-Bentheim) und Limpurg-Gaildorf-Welzheim.

L.: Hölzle, Beiwort 50; Wunder, G./Schefold, M./Beutter, H., Die Schenken von Limpurg und ihr Land, 1982.

Linagga

L.: Polenz, P. v., Landschafts- und Bezirksnamen, 1961, I, 13, Linagga, Linaa.

Linck von Kirchheim (Reichsritter). Wegen eines 1608 erworbenen Freigutes zu Kirchheim waren die L. von 1611 bis 1684 im Kanton Kocher des Ritterkreises Schwaben immatrikuliert.

L.: Schulz 267.

Lindach (reichsritterschaftliche Herrschaft). L. zählte zum Kanton Kocher des Ritterkreises Schwaben und kam an Württemberg und damit 1951/1952 zu Baden-Württemberg.

Lindau (Fürstentum). Die Fürsten von Bretzenheim erlangten 1803 die Reichsstadt und das Reichskloster L. (am Bodensee) als Fürstentum L. Sie gaben es 1804 gegen Güter in Ungarn an Österreich. 1805 fiel es an Bayern.

Lindau (Grafschaft). Nach der Burg L. an der Nuthe bei Zerbst nannte sich im 12. Jahrhundert ein Ministerialengeschlecht der Askanier. 1274 unterstand die Burg den Herren bzw. Grafen von Arnstein. 1577 ging die Grafschaft L. an die Fürsten von Anhalt über.

Lindau (Reichskloster, Reichsstift). Im frühen 9. Jahrhundert (810/820) wurde in L. am Bodensee ein vermutlich von Graf Adalbert von Rätien aus der Familie der Burcharde (Burchardinger) gegründetes, 822 erstmals genanntes, 839 mit Immunität begabtes Damenstift (Unsere liebe Frau unter den Linden) gegründet. Im 13. Jahrhundert löste sich die allmählich entstandene Stadt in langwierigen Auseinandersetzungen aus seiner Herrschaft. 1466 wurde die Äbtissin gefürstet. Seit dem 16. Jahrhundert war das Stift reichsunmittelbar und zählte zum schwäbischen Reichskreis. Es hatte kein eigenes Herrschaftsgebiet, sondern nur vier Kellhöfe und zahlreiche Güter, aus denen es seine Einkünfte bezog. 1803 kam es als Teil des Fürstentums L. an die Fürsten von Bretzenheim und damit 1804 im Tausch gegen Güter in Ungarn an Österreich und 1805 an Bayern.

L.: Wolff 169; Wallner 690 SchwäbRK 100; Wolfart, K., Geschichte der Stadt Lindau, 1909; Ott, M., Lindau, 1968, in: Historischer Atlas von Bayern, Teil Schwaben; Löffler, H., Lindau, in: Historisches Ortsnamenbuch von Bayern, hg. v. der Kommission für bayerische Landesgeschichte, 1952 ff.

Lindau (Reichsstadt). L. am Bodensee erscheint erstmals 822 als Damenstift, das vermutlich von Graf Adalbert von Rätien aus der Familie der Burcharde (Burchardinger) im frühen 9. Jahrhundert gegründet wurde. Um 1079 verlegte das Reichsstift den Markt vom gegenüberliegenden Festland auf die Bodenseeinsel. Vor 1216 wurde L. Stadt. Bereits um 1240 galt diese als reich. Infolge der wirtschaftlichen Notlagen des Reichsstiftes verstärkte sich im 13. Jahrhundert die allmähliche Loslösung aus der Herrschaft des Stiftes. Unter Rudolf von Habsburg erlangte die Stadt (1264 Ratsherren) die Stellung einer Reichsstadt (1274/1275 Freiheit von fremden Gerichten, Schutz vor Verpfändung der Vogtei). In den Auseinandersetzungen mit dem Kloster vermochte sie bis zur Mitte des 14. Jahrhunderts im wesentlichen sich durchzusetzen. 1396 erlangte sie den Blutbann und die Befreiung vom stiftischen Hochgericht. 1430/1648 gewann sie die Pfandschaft der Reichsvogtei über die Kelhöfe des Stifts. Kurz vor 1530 trat sie zur Reformation über. 1803 kam die zum schwäbischen Reichskreis zählende Stadt mit 1,5 Quadratmeilen Gebiet und 5000–6000 Einwohnern an die Fürsten von Bretzenheim (Fürstentum L.), dann an Österreich, 1805 an Bayern. Zwischen 1945 und 1955 nahm L. wegen seiner Zugehörigkeit zur französischen Besatzungszone einerseits und zu Bayern andererseits eine Sonderstellung ein.

L.: Wolff 217; Zeumer 555 III b 15; Wallner 689 SchwäbRK 71; Großer Historischer Weltatlas III 38 (1789) C4; Schroeder 427 ff.; Wolfart, K., Geschichte der Stadt Lindau, 1909, Neudruck 1979; Müller, K. O., Die oberschwäbischen Reichsstädte, 1912; Cranach-

Sichart, E. v., Lindau, 1929; Horn, A./Meyer, W., Stadt- und Landkreis Lindau, 1954; Schneiders, T., Lindau im Bodensee, 4. A. 1965; Rieger, I., Landschaft am Bodensee, 1967; Ott, M., Lindau, 1968, in: Historischer Atlas von Bayern, Teil Schwaben; Eitel, P., Die oberschwäbischen Reichsstädte im Zeitalter der Zunftherrschaft. Untersuchungen zu ihrer politischen und sozialen Struktur unter besonderer Berücksichtigung der Städte Lindau, Memmingen, Ravensburg und Überlingen, 1970; Dobras, W., Bibliographie zur Geschichte der Stadt Lindau, 1972, Neujahrsbl. des Museumsvereins Lindau 22; Burbach, R., Die Reformation in den freien Reichsstädten Lindau und Konstanz, 1983; Niederstätter, A., Kaiser Friedrich III. und Lindau, 1986; Tönsing, M., Lindau, LexMA 5 1991, 1998; Burmeister, K., Die Lindauer Stadtrechtsfamilie, Der Geschichtsfreund 152 (1999), 85.

Lindelbach (Reichsritter). Im frühen 16. Jahrhundert zählten die L. zum Kanton Steigerwald im Ritterkreis Franken.

L.: Riedenauer 125.

Linden (Reichsritter). Im 18. Jahrhundert zählten die L. zum Ritterkreis Rhein. Von 1800 bis 1805 war der Kammergerichtsassessor Franz Joseph Freiherr von L. in Wetzlar Mitglied des Kantons Neckar des Ritterkreises Schwaben.

L.: Roth von Schreckenstein 2, 595; Hellstern 208.

Lindenfels (Reichsritter). Im späten 17. und 18. Jahrhundert zählten die L. zum Ritterkreis Franken. Sie waren in den Kantonen Gebirg (bis etwa 1750) und Altmühl immatrikuliert.

L.: Roth von Schreckenstein 2, 594; Riedenauer 125.

Lindenfels s. Mosbach von L.

Lindenhorst, s. Dortmund (Dortmund-Lindenhorst)

Lindheim (ritterschaftliche Ganerbschaft, Reichsganerbschaft). Das 930 erstmals erwähnte L. an der Nidder bei Büdingen gehörte ursprünglich zu einem größeren Reichsgutkomplex um den Glauberg. Nach Zerstörung der Burg in L. (1241) wurde seit 1289 mit Erlaubnis des Königs von den Herren von Büches eine neue Burg errichtet. Seit dem 14. Jahrhundert war L. eine ritterschaftliche Ganerbenburg, deren Inhaber sich im ausgehenden 15. Jahrhundert in große Fehden mit der Stadt Frankfurt verstrickten. Von 1535 bis 1542 schlossen sie sich der wetterauischen Reichsritterschaft an. Von 1632 bis 1672/1673 war L. Amtleuten überlassen, ehe die Oeynhausen in Auseinandersetzung mit den Rosenbach und Schlitz genannt Görtz den Ort allmählich für sich allein gewannen und an die von 1723 bis 1783 in L. herrschenden Herren von Schrautenbach vererbten. Zwischen 1784 und 1787 ging die Herrschaft an die Specht von Bubenheim über und fiel 1805 an Hessen-Darmstadt und damit 1945 an Hessen.

L.: Demandt, K., Die Reichsganerbschaft Lindheim, Hess. Jb. f. LG. 6 (1956), 10 (1960), 36 (1987).

Lindschied (Ganerbschaft). In L. nördlich von Kloster Eberbach bestand eine Ganerbschaft. S. Preußen (Provinz Hessen-Nassau).

L.: Geschichtlicher Atlas von Hessen, Inhaltsübersicht 33.

Lingen (Grafschaft). Vor 1150 erbauten die Grafen von Tecklenburg in L. am Übergang wichtiger Straßen über die Ems eine Burg. Die sich im Anschluss hieran entwickelnde Siedlung wurde zum Vorort der Grafschaft Tecklenburg. 1493/1496 entstand durch Teilung dieser Grafschaft die dem niederrheinisch-westfälischen Reichskreis zugeteilte Niedergrafschaft L. (Stadt L., die Ämter Lengerich, Freren, Thuine [Thüne] und Schapen), die von 1509 bis 1541 mit der Obergrafschaft L. (Ibbenbüren, Brochterbeck, Mettingen, Recke) verbunden war. Sie wurde nach dem Schmalkaldischen Krieg (1547) von Karl V. eingezogen und 1555 Philipp von Spanien überlassen. 1597 besetzte sie Moritz von Nassau-Oranien. Von 1605 bis 1632 kam sie wieder an Spanien, 1632 erneut an Nassau-Oranien. 1697 wurde in der Stadt L. ein bis 1819 bestehendes Gymnasium academicum (Universität) eingerichtet. 1702 gelangte die Grafschaft im Erbstreit nach dem Aussterben der Prinzen von Oranien (König Wilhelm III. von England) von Nassau-Oranien an Preußen und wurde verwaltungsmäßig mit Tecklenburg verbunden. Seit 1705 beantragte Preußen die Aufnahme in das westfälische Reichsgrafenkollegium. Von 1808 bis 1810 gehörte L. zum Großherzogtum Berg und von 1811 bis 1813 zu Frankreich. 1815 trat Preußen die Niedergrafschaft als Landverbindung zu Ostfriesland an Hannover ab, behielt aber die Obergrafschaft. 1866 fiel mit Hannover auch die Niedergrafschaft wieder an Preußen. Am 1. 11. 1946 kam L. zum Land Niedersachsen.

L.: Wolff 353 f.; Wallner 703 WestfälRK 16; Großer Historischer Weltatlas III 22 (1648) C2; III 38 (1789) B1; Die Territorien des Reichs 3, 182; Goldschmidt, B. A., Geschichte der Grafschaft Lingen, 1850; Lingen. Die

600jährige Stadt an der Ems, 1928; Cramer, W., Geschichte der Grafschaft Lingen im 16. und 17. Jahrhundert besonders in wirtschaftskundlicher Hinsicht, 1940; Tenfelde, W., Bibliographie über Lingen, 1948; Der Landkreis Lingen (Regierungsbezirk Osnabrück), bearb. v. Pohlendt, H. u. a., 1954; Topographische Karte der Grafschaft Lingen, hg. v. Niedersächs. Landesvermessungsamt, 1977 ff.; Gauß'sche Landesaufnahme der durch Hannover erworbenen Gebiete, bearb. v. Engel, F. G., Emsland, 1977.

Linz (an der Donau) (Bistum). 1783/1785 wurde innerhalb der Kirchenprovinz Wien für Oberösterreich in dem nach einer keltisch-römischen Siedlung (Lentia) und einer um 800 erwähnten Burg und Kirche (Linze) in der ersten Hälfte des 13. Jahrhunderts unter den babenbergischen Herzögen von Österreich zur Stadt entwickelten L. das Bistum L. eingerichtet.

L.: Ferihumer, H., Die kirchliche Gliederung des Landes ob der Enns im Zeitalter Kaiser Josephs II., 1952; Ruhsam, O., Historische Bibliographie der Stadt Linz, 1989; Mayrhofer, F./Katzinger, W., Geschichte der Stadt Linz, 1990; Marckhgott, G., Linz, LexMA 5 1991, 2003.

Linzgau (Linzihkeuue, Gau nördlich des Bodensees)

L.: Curs, O., Deutschlands Gaue im zehnten Jahrhundert. Nach den Königsurkunden, Diss. phil. Göttingen 1908, 9 (Deisendorf, Theuringen, Reute); Polenz, P. v., Landschafts- und Bezirksnamen, 1961, II, 24, 26 f., Linzgouwe; Borgolte, M., Geschichte der Grafschaften Alemanniens in fränkischer Zeit, 1984, 60, 187.

Lipani (Mark)

L.: Hessler, W., Mitteldeutsche Gaue des frühen und hohen Mittelalters, 1957, 133 (Clenze, Kassuhn, Krevese, Lübbnow, Seeben, Tülsen).

Lippe (Grafschaft, Fürstentum). 1123 erscheint im alten Stammesherzogtum Sachsen ein westfälisches Adelsgeschlecht, das die Vogtei über Kloster Geseke und die Grafschaftsrechte im Havergau, Limgau, Aagau und Thiatmelligau innehatte und sich nach seinem Allodialgut an der oberen L. edle Herren zur L. nannte. Als Anhänger Heinrichs des Löwen vermehrten sie ihre Güter (um 1184/1185 Gründung Lippes bzw. Lippstadts um 1190 Lemgos, 1192 Falkenbergs). 1190 erheirateten sie die Herrschaft Rheda. Weiter erlangten sie Rechte über das Stift Enger und östlich des Osnings. 1323/1325/1358 gewannen sie durch Heirat einen Großteil der Grafschaft Schwalenberg (Ämter Schwalenberg und Oldenburg, Kloster Falkenhagen), 1323 durch Kauf das spätere Amt Varenholz und 1399/1400/1405 als Pfand die Grafschaft Sternberg mit Salzuflen. 1365 ging Rheda als Folge der Landesteilung von 1344 an Tecklenburg verloren, 1376 musste die Stadt L. (später Lippstadt) verpfändet werden, woraus sich 1445 eine Gemeinschaftsherrschaft mit Kleve-Mark, später Preußen (bis 1850) ergab. 1449 erlangte Hessen über verschiedene, 1517 über alle Gebiete die Lehnsherrschaft, 1528/1529 erhielten die seit 1413 nachweisbar reichsständischen, seit 1512 dem niederrheinisch-westfälischen Reichskreis zugehörigen Edelherren den Reichsgrafenstand. 1530/1536 schloss sich das 1448 etwa 21000 und 1590 etwa 35000 Einwohner zählende Land unter dem Einfluss Hessens der Reformation, 1605 dem Calvinismus an. 1614/1621 enstanden durch Bildung von Nebenlinien die gräflichen Linien Lippe-Detmold (mit Detmold, Sternberg, Enger, Sassenberg, Aholz, Schwalenberg, Stoppelberg, Oldenburg, Varenholz, Falkenberg, die Hälfte von Lippstadt), Lippe-Brake und Lippe-Alverdissen (in der Herrschaft Sternberg mit Lipperode und Alverdissen), das 1640 über Graf Philipps von der Lippe-Alverdissen Schwester, die Mutter des letzten, 1640 verstorbenen Grafen von Schaumburg einen Teil der Grafschaft Schaumburg erlangte und die Grafschaft Schaumburg-Lippe begründete. Von Lippe-Detmold zweigte sich 1671 ohne Landeshoheit die Nebenlinie Lippe-Biesterfeld, von dieser 1736/1762 Lippe-Weißenfeld ab. 1687 wurde durch Heirat die Herrschaft Ameiden erworben. Lippe-Brake erlosch 1709 und fiel an Lippe-Detmold. Die Grafen von Lippe-Detmold, die dem westfälischen Reichsgrafenkollegium angehörten, wurden (1720) in den Reichsfürstenstand erhoben, führten diesen Titel aber erst seit 1789. 1763 erwarb Lippe-Detmold durch Kauf die Herrschaften Lippe-Biesterfeld und Lippe-(Biesterfeld-) Weißenfeld. 1806 und 1815 konnte die Mediatisierung verhindert werden. Am 8. 6. 1815 trat (Lippe-Detmold als) L. dem Deutschen Bund bei. 1819/1820 scheiterte der Versuch einer Verfassungsgebung am Widerstand der Stände. Ein erstes landständisches Grundgesetz kam 1836 zustande, wurde 1849 liberalisiert, 1853 restauriert und 1876 und 1912 modernisiert. 1866 trat L. dem Norddeutschen Bund bei. Nach dem Aussterben der Detmolder Linie (20. 7. 1895) folgte 1905 nach zehnjährigem Erbfolgestreit mit Schaumburg-Lippe die verwandtschaftlich nähere Linie Lippe-Biesterfeld. Am 12. 11. 1918 dankte der Fürst des um 1900 etwa 1215 Quadratkilometer und 138 000 Einwohner umfassenden Staates ab. Am 21. 12. 1920 erhielt L. eine neue Verfassung. 1933 wurde es dem Gauleiter von Westfalen-Nord unterstellt. Am 21. 1. 1947 wurde es von der britischen Besatzungsmacht Nordrhein-Westfalen zugeteilt. In dem am 12. 10. 1949 in Detmold eingerichteten Landesverband L. blieb ein Rest lippescher Eigenstaatlichkeit erhalten.

L.: Wolff 348 ff.; Zeumer 554 II b 63, 8; Wallner 702 WestfälRK 11; Großer Historischer Weltatlas II 66 (1378) E3, III 22 (1648) D2, III 38 (1789) B3; Richtering, H./Kittel, E., Westfalen-Lippe, in: Geschichte der deutschen Länder, Bd. 1; Die Territorien des Reichs 6, 152; Bauer 1, 293; Lippische Regesten, bearb. v. Preuss, O./Falkmann, A., Bd. 1–4 1860 ff.; Kiewning, H., 100 Jahre lippische Verfassung 1819 bis 1919, 1935; Henkel, W., Die Entstehung des Territoriums Lippe, 1937; Kiewning, H., Lippische Geschichte, 1942; Ebert, B., Kurzer Abriss einer lippischen Rechtsgeschichte, Mitt. aus der Lippischen Geschichte und Landeskunde 25 (1956), 12 ff.; Kittel, E., Geschichte des Landes Lippe, 1957; Lippesche Bibliographie, hg. v. Landesverband Lippe, 1957; Hömberg, A., Die Entstehung der Herrschaft Lippe, Lipp. Mitt. 29 (1960); Reichold, H., Der Streit um die Thronfolge im Fürstentum Lippe 1895–1905, 1967; Wieder, H. bei der, Schaumburg-Lippesche Genealogie, 1969; Der Anschluss Lippes an Nordrhein-Westfalen, bearb. v. Niebuhr, H./Scholz, K., 1984; Tewes, L., Mittelalter an Lippe und Ruhr, 1988; Wehlt, H., Lippische Regesten, N. F., 1989; Hemann, F., Lippe, LexMA 5 1991, 2004; Die Grafschaft Lippe im 18. Jahrhundert, hg. v. Bulst, N., 1993; Bartels-Ishikawa, A., Der Lippische Thronfolgestreit, 1995; Zunker, D., Adel in Westfalen, 2003, 86 (mit genealogischer Übersicht); Escher, M. u. a., Die urbanen Zentren, 2005, 1, 430.

Lippe-Alverdissen (Grafschaft). Die Grafen von L. sind eine 1614 durch Erbteilung entstandene Linie der Grafen von Lippe. Diese hatte die Herrschaft Sternberg mit dem Amt Lipperode und Alverdissen inne, residierte seit dem teilweisen Anfall von Schaumburg mit Bückeburg 1643/1644 in Bückeburg und nannte sich Schaumburg-Lippe. Von der Linie Lippe-Brake erbte sie Blomberg und Schieder.

L.: Kittel, E., Geschichte des Landes Lippe, 1957.

Lippe-Biesterfeld (Grafschaft). Die Grafen von L. sind eine 1671 ohne Landeshoheit von den Grafen von Lippe-Detmold abgespaltete Linie, die Schwalenberg und Weißenfeld innehatte, 1736/1762 Lippe-Weißenfeld abspaltete und 1905 und Lippe-Detmold beerbte.

L.: Kittel, E., Geschichte des Landes Lippe, 1957.

Lippe-Brake (Grafschaft). Die Grafen von L. sind eine 1614 durch Erbteilung entstandene und 1709 von Lippe-Detmold beerbte Linie der Grafen von Lippe mit den Ämtern Brake, Barntrup, Blomberg und Schieder.

Lippe-Bückeburg s. Schaumburg-Lippe

Lippe-Detmold (Grafschaft). Die Grafen von L. sind eine 1614 durch Erbteilung entstandene Linie der Grafen von Lippe (mit Detmold, Sternberg, Enger, Sassenberg, Aholz, Schwalenberg, Stoppelberg, Oldenburg, Varenholz, Falkenberg und dem halben Lippstadt). 1671 spaltete sich von ihr die Linie Lippe-Biesterfeld ab. 1687 wurde durch Heirat die Herrschaft Ameiden erworben. L. beerbte 1709 die Linie Lippe-Brake. 1720 wurden die dem westfälischen Reichsgrafenkollegium angehörenden Grafen von L. in den Reichsfürstenstand erhoben, führten diesen Titel aber erst ab 1789). 1763 kaufte L. die Herrschaften Lippe-Biesterfeld und Lippe-Weißenfeld. 1907 wurde L. von (ihrer 1671 abgespalteten Linie) Lippe-Biesterfeld beerbt.

L.: Kittel, E., Geschichte des Landes Lippe, 1957.

Lippe-Schaumburg s. Schaumburg-Lippe

Lippehne (Land), poln. Lipiany. In L. am Wendelsee bestand früh eine Burg. Sie war Mittelpunkt eines 1337 24 Orte umfassenden Landes, welches das Hochstift Cammin (Kammin) 1276 an Brandenburg verkaufen musste. 1945 kam L. unter Verwaltung Polens und gelangte damit 1990 als politische Folge der deutschen Wiedervereinigung an Polen.

L.: Wolff 390; Stöhr, G. C., Chronik der Stadt Lippehne und der umliegenden Ortschaften, hg. v. Winter, A., 1883; Biens, P., Chronik der Stadt Lippehne, 1905.

Lisberg s. Lissberg

Liskga s. Liesgau

L.: Polenz, P. v., Landschafts- und Bezirksnamen, 1961, II, 39, 96, Liskga, Hlisgo, Lisgo, Lischa.

Lissberg, Lißberg (Herrschaft). L. bei Büdingen war Stammsitz der von 1222 bis 1396 nachgewiesenen Herren von L. Seit 1335 war es Lehen der Grafen von Ziegenhain. Nach dem Aussterben der Herren von L. kam die Herrschaft an die Rodenstein. 1418 verkaufte Ziegenhain den heimgefallenen halben Teil des Schlosses L. an Hessen, dem nach 1450 auch die andere Hälfte zufiel. 1454/1493 wurden die Ansprüche der Rodenstein abgelöst. 1567 kam die zum oberrheinischen Reichskreis zählende Herrschaft an die Grafen von Diez, 1577 an Hessen-Rheinfels, 1584 an Hessen-Marburg, 1648 an Hessen-Darmstadt. 1945 gelangte L. an Hessen.

L.: Wolff 255; Wallner 695 OberrheinRK 2; Roeschen, A., Durch Vogelsberg, Wetterau und Rhön, 1910; Kissel, O. R., Neuere Territorial- und Rechtsgeschichte des Landes Hessen, 1961, 21 ff.

Lissberg, Lißberg, Lisberg (Reichsritter). Im frühen 16. Jahrhundert zählten die L. zum Kanton Steigerwald im Ritterkreis Franken.

L.: Riedenauer 125; Rahrbach 154.

Listrogouwe Lysgau?

L.: Polenz, P. v., Landschafts- und Bezirksnamen, 1961, II, 24, 42 Listrogouwe.

Litauen (Land). Im 13. Jahrhundert wurden die zu den Balten zählenden litauischen Stämme (1008 Litwa) an der oberen Memel und Düna durch Mindaugas (Mindowe, † 1263) zusammengefasst. Großfürst Gedimin (1316–1340) errichtete ein bis über den Dnjepr ausgedehntes Reich. 1386 vereinigte Großfürst Jaguila (Jogaila) durch Heirat der Erbin Polens (Hedwig) als König Jagiello L. mit Polen in Personalunion. 1569 kam es zum vollständigen Zusammenschluss (Realunion), 1772/1793/1795 infolge der Teilungen Polens zum Übergang Litauens an Russland. 1915 wurde L. vom Deutschen Reich (Deutschland) besetzt. 1917 gab es Pläne zur Einsetzung eines deutschen Fürsten als König. Am 16. Februar 1918 erlangte L. (mit dem von Litauern bewohnten Teil des Großfürstentums L.) unter dem Schutz des Deutschen Reiches (Deutschlands) Unabhängigkeit. Die am 2. 11. 1918 errichtete Republik wurde 1920 von Russland anerkannt. Im Oktober 1920 annektierte Polen das Gebiet um Wilna. Im Februar 1923 riss L. das Memelgebiet des Deutschen Reichs (Deutschlands) an sich, das es im März 1939 zurückgab. Zwischen dem 14. 6. und dem 6. 8. 1940 wurde das 1939 um Wilna vergrößerte, von Juli/August 1941 bis 1944/1945 vom Deutschen Reich (Deutschland) besetzte L. militärisch und politisch der Sowjetunion eingegliedert. Am 18. 5. 1989 beschloss L. eine Deklaration über seine staatliche Souveränität. Am 6. 9. 1991 erkannte der neue sowjetische Staatsrat die Unabhängigkeit Litauens an.

L.: Forstreuter, K., Deutschordensland Preußen, in: Geschichte der deutschen Länder, Bd. 1; Hellmann, M., Grundzüge der Geschichte Litauens, 1966; Hellmann, M., Das Großfürstentum Litauen bis 1569, in: Geschichte Russlands 1,2 1989, 718; Hellmann, M., Geschichte Litauens und des litauischen Volkes, 4. A. 1990; Hellmann, M., Litauen, LexMA 5 1991, 2014; Rowell, S., Lithuania Ascending, 1994; Mast, P, Ost- und Westpreußen und die Deutschen in Litauen, 2000.

Litorale s. Küstenland

L.: Großer Historischer Weltatlas III 22 (1648) F6.

Litschau (Grafschaft). Die um 1215 erstmals erwähnte Burg L. in Niederösterreich war Mittelpunkt der aus der Reichsgrafschaft Raabs erwachsenen Grenzgrafschaft L. Sie kam beim Aussterben der Grafen von Raabs 1191/1192 über eine Erbtochter an die Grafen von Hirschberg, dann an die Grafen von Plain-Hardegg und an die Grafen von Rosenberg und war bis Ende des 13. Jahrhunderts reichsunmittelbar. 1297 fiel sie an Österreich.

L.: Wolff 26; Zimmel, K., Die Stadt Litschau, 1912; Hauer, R., Heimatkunde des Bezirkes Gmünd, 2. A. 1951.

Littwag, Ledwacher (Reichsritter). Im frühen 16. Jahrhundert zählten die L. zum Kanton Altmühl des Ritterkreises Franken.

L.: Biedermann, Altmühl; Stieber; Riedenauer 125.

Liubana

L.: Polenz, P. v., Landschafts- und Bezirksnamen, 1961, IV, 19, zum Ortsnamen Leoben, s. Liupinatal.

Liudolfinger (Geschlecht) s. Sachsen

Liugas

L.: Polenz, P. v., Landschafts- und Bezirksnamen, 1961, IV, 18 f., 21, Liugas, Leuchia, Liuvensis comitatus, zum Ortsnamen Lüttich, s. Liuhgouwe.

Liuhgouue (Lewa, Gau um Lüttich) s. Lüttichgau

L: Curs, O., Deutschlands Gaue im zehnten Jahrhundert. Nach den Königsurkunden, Diss. phil. Göttingen 1908, 12 Liuhgouui (Soumagne, Soiron); Polenz, P. v., Landschafts- und Bezirksnamen, 1961, II, 17, 21, 30, 42, Liuhgouwe, pagus Lewa, pagus Liuvensis, ‚Lüttichgau'.

Liupinatal Leobental

L.: Polenz, P. v., Landschafts- und Bezirksnamen, 1961, II, 64–66, s. Liubana.

Liutpoldinger (Geschlecht), Luitpoldinger s. Bayern

Livinen, (Untertanenland, Herrschaft) s. Leventina

L.: Großer Historischer Weltatlas II 72 (bis 1797) F3/4.

Livland (Land). Das Gebiet zwischen Rigaischem Meerbusen, Düna und Peipussee wurde im Frühmittelalter von ostseefinnischen, sprachlich und ethnisch später von den baltischen Letten aufgesogenen Liven bewohnt. Sie wurden zu Anfang des 13. Jahrhunderts vom Schwertbrüderorden und vom Deutschen Orden unterworfen. Das Gebiet des Deutschen Ordens und die Bistümer Riga, Dorpat, Ösel und Kurland bildeten seitdem unter dem Namen L. einen zum römisch-deutschen Reich gerechneten Bund (Livländische Konföderation). 1526 wurde im Zuge der Reformation und des dadurch ausgelösten Ringens Polens, Schwedens und Russlands um L. der livländische Ordensmeister nach der Umwandlung des preußischen Ordensstaates in ein weltliches Herzogtum zum Reichsfürsten erhoben und 1530 mit L. belehnt. 1561 zerbrach der Bund. Der Ordensmeister anerkannte als Herzog von Kurland und Semgallen mit dem Gebiet südlich und westlich (links) der Düna die Oberhoheit Polens und schied damit aus dem Heiligen römischen Reich (deutschen Reich) aus. Das Gebiet südlich der Düna hieß seitdem Kurland. Der Norden stellte sich unter den Schutz Schwedens. Da sich seit der Besetzung durch Schweden 1584 für die nördlichsten Teile die Bezeichnung Estland (Esthen, Fürstentum Esten in L.) einbürgerte, verengte sich der Name L. auf den mittleren (überdünischen) Teil des ursprünglichen Gebiets. 1629 kam dieses L. an Schweden, 1710/1721 (zusammen mit Estland) an Russland. 1795 fielen bei der Teilung Polens auch das Herzogtum Kurland und Semgallen an Russland. 1918/1920 wurde L. zwischen Lettland und Estland geteilt, die 1940 in die Sowjetunion eingegliedert wurden. Damit trat die Zweiteilung Estland und Lettland an die Stelle der 1561 entstandenen Dreiteilung Estland, Livland und Kurland. S. Polen, Russland.

L.: Forstreuter, K., Deutschordensland Preußen, in: Geschichte der deutschen Länder, Bd. 1; Arbusow, L., Grundriss der Geschichte Liv-, Est- und Kurlands, 4. A. 1918; Wittram, R., Baltische Geschichte, 1180–1918, 1954; Donnert, E., Der livländische Ordensritterstaat und Russland, 1963; Hellmann, M., Livland und das Reich, 1989; Studien über die Anfänge der Mission in Livland, hg. v. Hellmann, M., 1989; Hellmann, M., Livland, LexMA 5 1991, 2045.

Lixfeld (Ganerbschaft). In L. nordöstlich von Dillenburg bestand im 18. Jahrhundert eine Ganerbschaft. Über Preußen (Provinz Hessen-Nassau) kam L. 1945 zu Hessen.

L.: Geschichtlicher Atlas von Hessen, Inhaltsübersicht 33.

Lobdeburg (Herrschaft). Die Herren von L. (Lobeda bei Jena) sind ein von den Herren von Auhausen an der Wörnitz abstammendes, 1166 in Camburg/Saale genanntes Adelsgeschlecht freier Herren. Dieses baute sich im 12. Jahrhundert zwischen Saale und Elster in Thüringen eine Herrschaft auf (u. a. bis 1300 Triptis). Später teilte es sich in mehrere Linien (um 1220 Saalburg, Berga? [in der Mitte des 14. Jahrhunderts erloschen], Leuchtenburg, um 1250 Arnshaugk, Elsterberg [1354 unter wettinischer Lehnshoheit]). Unter Verlust der Reichsunmittelbarkeit kamen die Herren im 14. Jahrhundert unter die Herrschaft der Markgrafen von Meißen bzw. Landgrafen von Thüringen. 1333 fielen Leuchtenburg, Roda (Stadtroda) und Kahla an die Grafen von Schwarzburg, 1331 der Anteil an Jena an die Landgrafen, nachdem bereits im 13. Jahrhundert Saalburg an die Vögte von Gera gekommen war. 1920 gelangten die Güter zu Thüringen und damit von 1949 bis 1990 zur Deutschen Demokratischen Republik.

L.: Grosskopf, H., Die Herren von Lobdeburg bei Jena, 1929; Helbig, H., Der wettinische Ständestaat, 2. A. 1980, 174 ff.; Blaschke, K., Lobdeburg, LexMA 5 1991, 2063.

Lobenhausen (Herrschaft). Seit 1085 sind Edle bzw. Grafen von L. nachweisbar, die das Erbe der Grafen des Maulachgaues übernommen zu haben scheinen. Ihre Burg kam als Mittelpunkt einer Herrschaft über die wesentliche Teile der ursprünglichen Herrschaft behaltenden Grafen von Hohenlohe (1298), die Bebenburg und die Landgrafen von Leuchtenberg 1399 an die Burggrafen von Nürnberg und damit an die Markgrafen von Ansbach bzw. Preußen. 1797 trat Preußen Burg und Ort L. an Hohenlohe-Kirchberg ab. Von dort kam L. an Württemberg und damit 1951/1952 an Baden-Württemberg.

L.: Wolff 108.

Lobenstein s. Hofer von L.

Lobenstein (Burg, Herrschaft). Die Burg L. an der Straße von Bamberg nach Leipzig erscheint erstmals 1250. Vor 1280 kam sie vermutlich durch Heirat von den Herren von Lobdeburg an die Vögte von Gera. Seit 1371 stand die Herrschaft unter Lehnshoheit Böhmens. Nach dem Aussterben der Vögte von Gera 1550 fiel die zum obersächsischen Reichskreis gehörige Herrschaft an die Vögte von Plauen, 1572 an die Reuß zu Greiz (Reuß-Greiz) und 1597 an Reuß jüngere Linie (Reuß-Gera). Seit 1647 war L. Sitz der Linie Reuß-Lobenstein (das 1848 als Reuß-Ebersdorf-Lobenstein mit Reuß-Greiz und Reuß-Schleiz zum Fürstentum Reuß jüngere Linie vereinigt wurde. Dieses ging 1920 in Thüringen auf). S. Reuß-Lobenstein.

L.: Wolff 420; Wallner 709 ObersächsRK 7 d, e.

Lobkowitz (Freiherren, Reichsfürsten). Nach der Burg L. bei Prag nannte sich seit 1410 ein böhmisches Adelsgeschlecht der Ujezd, das 1459 in den Reichsfreiherrenstand und 1624 (Linie Chlumez [Chlumetz] in den Reichsfürstenstand erhoben wurde. Seine Güter wurden wiederholt geteilt (1440 Linien Popel – mit den Nebenlinien Bilin und Chlumez [Chlumetz] – und Hassenstein). Eine Linie nahm nach dem Verkauf des 1646 erworbenen schlesischen Herzogtums Sagan 1786 den Titel eines Herzogs zu Raudnitz an. Die durch Heirat erlangte Herrschaft Neustadt an der Waldnaab wurde 1641 zur gefürsteten Grafschaft Sternstein (Störnstein) erhoben und 1653 in die Reichsfürstenbank aufgenommen. 1722 erlosch die ältere Linie Popel-Bilin, an deren Stelle die neue fürstliche Linie Hořin (Horcin) trat. Die jüngere Linie Popel-Chlumez (Popel-Chlumetz) spaltete sich 1715 in eine ältere und eine jüngere Linie, die beide seit 1807 den Titel Herzog von Raudnitz und Fürst von L. führten. 1789 starb die Linie Hassenstein aus. (Die Grafschaft Sternstein fiel 1807 an Bayern.)

L.: Zeumer 553 II b 48.

Loboduburg marcha (Lobodoburgensis marcha)

L.: Polenz, P. v., Landschafts- und Bezirksnamen, 1961, IV, 3, 7, zum Ortsnamen Ladenburg.

Lobodungouwe (pagus Lobodunensis) Ladenburggau, s. Ladengau

L.: Polenz, P. v., Landschafts- und Bezirksnamen, 1961, II, 16, 30, 32.

Lobositz (Herrschaft). L. in Nordböhmen war Mittelpunkt der Herrschaft L. Sie unterstand ehemals der Familie Schwarzenberg und gelangte 1918 zur Tschechoslowakei (1993 Tschechische Republik).

L.: Wolff 465.

Locarno (Reichsstadt), mhd. Luggarus. L. am Nordende des Lago Maggiore im Tessin war im Frühmittelalter (866) Königshof. 1186 erhielt die Stadt von Kaiser Friedrich I. Barbarossa vorübergehend die Reichsfreiheit. Von 1315 bis 1342 bildete L. ein selbständiges Gemeinwesen, kam dann aber an die Visconti bzw. Mailand. Nach mehrfachem Herrschaftswechsel wurde es 1513/1516 von den Eidgenossen der Schweiz besetzt und als gemeine Herrschaft eingegliedert.

L.: Wolff 531; Großer Historischer Weltatlas II 72 b (bis 1797) F4; Hardmeyer, J., Locarno und seine Täler, 5. A. 1923; Hudig-Frey, M., Locarno, 1966; Wielich, G., Das Locarnese im Altertum und Mittelalter, 1970; Deplazes, L., Locarno, LexMA 5 1991, 1063.

Loch s. Lochner von L.

Lochau (Reichsritter). Im frühen 16. Jahrhundert zählten die L. zum Kanton Gebirg des Ritterkreises Franken.

L.: Riedenauer 125.

Lochinger (Reichsritter). Im 16. Jahrhundert zählten die L. zum Kanton Odenwald (bis etwa 1700), zum Kanton Gebirg und zum Kanton Altmühl des Ritterkreises Franken. S. Lochner, Lochau.

L.: Stieber; Pfeiffer 210; Stetten 33; Riedenauer 125.

Lochner von Hüttenbach (Freiherren, Reichsritter). Im 18. Jahrhundert zählten die Freiherren L. zum Kanton Gebirg, im späten 18. Jahrhundert mit Querbachshof und Rödelmaier zum Kanton Rhön-Werra des Ritterkreises Franken. Außerdem waren sie vielleicht im Kanton Steigerwald immatrikuliert.

L.: Stieber; Roth von Schreckenstein 2, 594; Winkelmann-Holzapfel 155; Bechtolsheim 15, 20; Riedenauer 125; Rahrbach 155.

Lochner von Loch (Reichsritter). Im frühen 16. Jahrhundert zählten die L. zum Kanton Gebirg des Ritterkreises Franken.

L.: Riedenauer 125.

Lochtropgau, Locdorp (Lohthorp, Gau südlich der Ruhr), s. Lohthorpe

L: Curs, O., Deutschlands Gaue im zehnten Jahrhundert. Nach den Königsurkunden, Diss. phil. Göttingen 1908, 12 (Stockhausen, Oedingen); Niemeyer, W., Der pagus des frühen Mittelalters in Hessen, 1968, 174 (Hellefeld, Stockhausen, Ödingen).

Lodi (Stadtkommune). L. an der Adda, das in römischer Zeit Laus Pompeia hieß, war seit dem 4. Jahrhundert Bischofssitz. In den Kämpfen des späteren 12. Jahrhunderts stand das 1158 neugegründete L. auf Seiten Kaiser Friedrichs I. Barbarossa. Später fiel es unter die Herrschaft der Visconti.

L.: Großer Historischer Weltatlas II 48 (um 1300) C2; Codice Diplomatico Laudense, hg. v. Vignati, C., 1879 ff.; Albini, G., Lodi, LexMA 5 1991, 2068.

Löffelholz von Colberg (Reichsritter). Im 18. Jahrhundert zählten die Nürnberger Patrizier L. mit Mühlendorf und Erlau zum Kanton Steigerwald des Ritterkreises Franken. Außerdem waren sie vielleicht im 17. Jahrhundert im Kanton Gebirg immatrikuliert.

L.: Roth von Schreckenstein 2, 594; Bechtolsheim 21, 414; Riedenauer 125.

Loganahi (Loganahgouwe, Lognai, pagus Loganensis, Logeneher marca) s. Lahngau

L.: Polenz, P. v., Landschafts- und Bezirksnamen, 1961, I, 7, II, 16, 24, 41, III, 25, 31, IV, 8, V, 2, Loganahi.

Logne (Grafschaft). Am Ende des 18. Jahrhunderts gehörte die Grafschaft L. über die Abteien Stablo und Malmedy zum niederrheinisch-westfälischen Reichskreis.

L.: Wolff 533; Wallner 702 WestfälRK 13.

Logni s. Leinegau (oberer Leinegau)

L.: Polenz, P. v., Landschafts- und Bezirksnamen, 1961, II, 15, 24, 31, 41, V, 2, Logni, Lainega, Loginga.

Lohra (Grafschaft). Die Grafschaft L. der Grafen von Hohnstein zählte später zum obersächsischen Reichskreis. Um 1800 umfasste die Grafschaft ein Gebiet von 1 Quadratmeile bzw. mit der Herrschaft Klettenberg zusammen 8 Quadratmeilen. L. enthielt die Stadt Bleicherode, die Ämter L., Münchenlohra, Kleinbodungen, Nohra, Dietenborn (Diefenborn), das Dorf Friedrichsrode (Friedrichsroda) und einige adlige Güter und Dörfer. Das Amt Bodungen, ebenfalls zu L. gehörig, hatte Schwarzburg-Sondershausen als kursächsisches Lehen. S. Preußen (Provinz Sachsen), Thüringen.

L.: Wolff 424 f.; Wallner 710 f. ObersächsRK 20, 29.

Lohthorpe (pagus Locdorp, pagus Lochthorpe) s. Lochtropgau

L.: Polenz, P. v., Landschafts- und Bezirksnamen, 1961, IV, 10, zum Ortsnamen Lochtrop.

Loinga (Loingin, Loinge, Loinginge, Laginge, Langinge) unterer Leinegau, s. Leinegau

L.: Polenz, P. v., Landschafts- und Bezirksnamen, 1961, II, 24, III, 10, 30 (Loinga).

Lomacensis (Gau westlich der Maas)

L: Curs, O., Deutschlands Gaue im zehnten Jahrhundert. Nach den Königsurkunden, Diss. phil. Göttingen 1908, 12, s. Lommegau.

Lombardei (Landschaft). Das Gebiet der nordwestlichen Poebene war ursprünglich von Kelten besiedelt, die seit 222 v. Chr. allmählich in das römische Reich eingegliedert wurden. Nach dessen Zerfall wurden Norditalien und Mittelitalien (einschließlich der nordwestlichen Poebene) von den Langobarden erobert und erstmals 629 als Langobardia im geographischen Sinn bezeichnet. 774 fiel das Gebiet der Langobarden an die Franken. Am Ende des 11. Jahrhunderts erlangten die Städte der nordwestlichen Poebene wie Pavia, Mailand, Como oder Cremona Selbständigkeit. In Städtebünden wandten sie sich gegen die Staufer. Nach langen Kämpfen traten Signorien an die Stelle der Städte. Die Vormachtstellung gewann Mailand. Den Osten erlangte Venedig. 1535 kam das 1395 zum Herzogtum erhobene Mailand als Reichslehen an Spanien. 1714 fiel die L. nach dem spanischen Erbfolgekrieg an Österreich. 1797 wurde sie von Frankreich besetzt (Teil der Zisalpinischen Republik, seit 1805 des napoleonischen Königreiches Italien). 1815 wurde das Gebiet mit Venetien zum Lombardisch-Venezianischen Königreich (Lombardo-Venetien) Österreichs vereinigt. 1859 verlor Österreich die Lombardei an Sardinien, 1866 Venetien an das neue Königreich Italien (1861).

L.: Großer Historischer Weltatlas II 34 (1138–1254) F4; Rota, E., L'Austria in Lombardia, 1911; Hochholzer, H., Das geschichtliche Raumgefüge der Kulturlandschaft Oberitaliens, 1956; Arbinger, N., Komitat, Adel und städtische Kommune in der Lombardei während des 11. und 12. Jahrhunderts, Diss. phil. Wien 1967; Dilcher, G., Die Entstehung der lombardischen Stadtkommune, 1967; Margaroli, P., Lombardei, LexMA 5 1991, 2094; Mazohl-Wallnig, B., Österreichischer Verwaltungsstaat, 1993; Longobardia e longobardi nell'Italia meridionale, hg. v. Andenna, G. u. a., 1996.

Lomersheim (Reichsritter). 1567 war Dietrich von L. wegen Hohenstein im Kanton Kocher des Ritterkreises Schwaben immatrikuliert.

L.: Schulz 267.

Lommegau (Gau westlich der Maas) (Lommensis 762)

L.: Polenz, P. v., Landschafts- und Bezirksnamen, 1961, II, 17 f., 24, 42, 61, Lomogouwe, pagus Lomensis, pagus Lomacensis, pagus Laumacensis; Nonn, U., Pagus und comitatus in Niederlothringen, 1983, 143, 204.

Lommersum (Herrschaft[, Reichsgrafschaft Kerpen-Lommersum]). L. an der Erft zwischen Köln und Euskirchen wird 1047 erstmals erwähnt (Lomundesheim) und dürfte ursprünglich Königsgut gewesen sein. In der 2. Hälfte des 12. Jahrhunderts fiel es als Mittelpunkt einer Herrschaft an das Erzstift Köln, das diese 1288/1289 an die Herzöge von Brabant verlor. 1404 kam sie an Burgund, 1477 an Habsburg/Spanien. Um 1587 umfasste sie Lommersum, Derkum, Bodenheim und Hausweiler sowie die Gutshöfe Schneppenheim, Diefenthal (Dieffental) und Ottenheim. Bis zum Ende des 17. Jahrhunderts wurde sie wie Kerpen mehrfach an die Grafen von Jülich und Nassau sowie an den Erzbischof von Köln verpfändet. 1710 wurde sie durch Karl VI. von Spanien an Pfalz-Neuburg übertragen, das 1614 Jülich und Berg erlangt hatte. Kurfürst Johann Wilhelm von der Pfalz bzw. Jülich-Berg überließ die Herrschaften 1710 seinem Minister Graf Schaesberg. 1712 erhob Karl VI. die vereinigten Herrschaften Kerpen und L. zu einer Reichsgrafschaft (Kerpen-Lommersum), die zum niederrheinisch-westfälischen Reichskreis gehörte. 1795 kam sie zu Frankreich, 1815 zu Preußen, 1946 zu Nordrhein-Westfalen. S. Kerpen, Kerpen-Lommersum.

L.: Wolff 367; Zeumer 552 ff. II b 63, 29.

Londorf (Ganerbschaft). L. in der Rabenau bei Gießen wird 776 in einer Lorscher und 786 in einer Hersfelder und zwischen 750 und 779 in einer Fuldaer Urkunde erwähnt. Seit der Mitte des 12. Jahrhunderts waren die Herren von Nordeck Inhaber der niederen Gerichtsbarkeit. Sie teilten sich im 13. Jahrhundert in die Äste Nordeck zu Rabenau, Nordeck genannt Braun und L. (bis 1471). Seit Ende des 13. Jahrhunderts waren die Landgrafen von Hessen tatsächlich Landesherren, erlangten die volle Herrschaft über die 1555 ganz an die Linie Nordeck zu Rabenau gelangte Ganerbschaft aber erst im 16. Jahrhundert bzw. letzte Polizeigerechtsame erst 1822. 1567 fiel L. an Hessen-Marburg, 1604 an Hessen-Kassel, 1624 an Hessen-Darmstadt und damit 1945 an Hessen.

L.: Wolff 255; Steiner, Geschichte des Patrimonialgerichts Londorf und der Freiherrn von Nordeck zur Rabenau, 1876; Das 1200jährige Londorf und die Rabenau, hg. v. Knauß, E., 1958; Geschichtlicher Atlas von Hessen, Inhaltsübersicht 33.

Lonerstatt, Lonnerstadt (Reichsritter). Im frühen 16. Jahrhundert zählten die L. zum Kanton Steigerwald im Ritterkreis Franken.

L.: Riedenauer 125.

Looz (Grafschaft). Die Grafschaft L. (1040?) oder Loon lag nordwestlich von Lüttich. Nach ihr nannten sich seit 1015 urkundlich nachweisbare Grafen, die von den Grafen von Hennegau abstammten. Im 12. Jahrhundert teilte sich das Geschlecht, das u. a. die Herrschaft Kolmont-Bilzen, den Fiskus Maastricht, die Grafschaft Duras, die Grafschaft Chiny und die Vogtei über die Stadt Lüttich hatte. Die Linien Looz und Horn (Horne) links der Maas bei Roermond starben 1367 bzw. 1541 aus, wobei ihre Güter als erledigte Lehen an das Hochstift Lüttich heimfielen. Die Linie Agimont-Chiny erlosch im 15. Jahrhundert. Dagegen bestand die Linie Looz-Corswarem fort.

L.: Wolff 327; Wallner 702 WestfälRK 4; Baerten, J., Het graafschap Looz (11 de-14 de eeuw), 1969; Herborn, W., Looz (Loon), LexMA 5 1991, 2109; Escher, M. u. a., Die urbanen Zentren, 2005, 1, 448.

Looz-Corswarem (Grafen, Fürsten, Herzöge). Die Grafen von L. sind eine im 12. Jahrhundert entstandene Linie der Grafen von Looz. Sie erlangte 1106/1108 die Burggrafschaft und die Erzstiftsvogtei von Mainz und spaltete noch im 12. Jahrhundert die Grafen von Rieneck ab. Die Linie L. bestand auch in der Neuzeit fort. Ihre reichsunmittelbare Grafschaft gehörte zum burgundischen Reichskreis. Durch Maximilian I. wurden die Grafen mit Virilstimme in den Reichsfürstenstand, durch Karl VI. 1734 zu Herzögen erhoben. Bereits im 17. Jahrhundert teilten sie sich in drei Linien. 1794/1801 verloren sie ihre linksrheinischen Gebiete an Frankreich und erhielten dafür 1803 die Reste der früher zum Hochstift Münster gehörigen Ämter Rheine (Rheina) (Bevergern) und Wolbeck zwischen Greven und Meppen als Reichsfürstentum Rheina-Wolbeck mit 830 Quadratkilometern und 18 000 Einwohnern. (1806 wurde dieses Fürstentum dem Großherzogtum Berg zugeteilt, 1810/1811 Frankreich einverleibt. 1815 kam das Fürstentum in seinem südlichen Teil an Preußen, im nördlichen Teil an Hannover und damit 1866 ebenfalls an Preußen, 1946 das Gebiet zu Nordrhein-Westfalen.)

L.: Großer Historischer Weltatlas III 39 (1803) B1; Tönsmeyer, J., Das Landesfürstentum Rheina-Wolbeck, 1962.

Lorch s. Hilchen von L.

Lorsch (Reichsabtei). Nach einer Schenkung eines Hofgutes durch die Rupertiner (Williswind, Cancor) an Bischof Chrodegang von Metz um 764 (762/763) wurde in Altenmünster mit Hilfe von Mönchen aus Gorze ein Kloster gegründet, das der erste Abt 772 Karl dem Großen unterstellte (Reichsabtei). Seit 774 war dieses Kloster in L. (Lauresham) und wurde von Karl dem Großen besonders begünstigt. Es erhielt 773 die Mark Heppenheim im südwestlichen Odenwald. Durch weitere Gaben erlangte es Güter von den Niederlanden (bei Utrecht) bis zur Schweiz (bei Basel). 981 stellte es für das Reichsaufgebot 50 Panzerreiter und damit 10 mehr als das Bistum Worms und die Hälfte des Erzbistums Mainz. Sein Herrschaftsgebiet lag in der Rheinebene und im Odenwald, wo es von Heinrich II. den Wildbann erhalten hatte. 1170/1175 begann es mit der genauen Verzeichnung seiner Güter im Codex Laureshamensis, nachdem es 1147 Oppenheim, Wieblingen und Giengen an König Konrad hatte überlassen müssen. Weitere Güter entfremdeten die Pfalzgrafen bei Rhein aus dem Hause Wittelsbach als Klostervögte. 1232 übertrug Kaiser Friedrich II. das Kloster dem Erzbischof von Mainz. 1463 wurde L. von Mainz an die Pfalz verpfändet und 1555 aufgehoben. Die ehemalige Klosterbibliothek, die eine der größten mittelalterlichen Bibliotheken überhaupt gewesen sein dürfte, kam nach Heidelberg und wurde 1623 mit der Heidelberger Bibliothek von Tilly dem Papst geschenkt. 1621 brannten die Gebäude fast vollständig nieder (erhalten blieb vor allem die karolingische Torhalle). 1623 kam L. von der Pfalz an das Erzstift Mainz zurück, 1803 an Hessen-Darmstadt und damit 1945 an Hessen.

L.: Hülsen, F., Die Besitzungen des Klosters Lorsch in der Karolingerzeit, 1913, Neudruck 1965; Glöckner, K., Codex Laureshamensis, Bd. 1–3 1929 ff., Neudruck 1968; Minst, K. S., Das Königskloster zu Lorsch, 1949; Selzer, W., Das karolingische Reichskloster Lorsch, 1955; Die Reichsabtei Lorsch. Festschrift zum Gedenken an ihre Stiftung 764, 1964, 1973; Laurissa jubilans. Festschrift zur 1200-Jahrfeier von Lorsch, hg. v. Selzer, W., 1964; Wehlt, H. P., Reichsabtei und König. Dargestellt am Beispiel der Abtei Lorsch mit Ausblicken auf Hersfeld, Stablo und Fulda, 1970; Beiträge zur Geschichte des Klosters Lorsch, 2. A. 1980; Bischoff, B., Die Abtei Lorsch im Spiegel ihrer Handschriften, 1989; Seibert, H., Libertas und Reichsabtei, in: Die Salier und das Reich, Bd. 2 1991, 503 ff.; Seibert, H., Lorsch, LexMA 5 1991, 2117; Häse, A., Mittelalterliche Bücherverzeichnisse aus Kloster Lorsch, 2002; Felten, F., Das Kloster Lorsch in der Karolingerzeit, Archiv f. mittelrhein. KirchenG 55 (2003), 9.

Losa (Gau)

L.: Polenz, P. v., Landschafts- und Bezirksnamen, 1961, IV, 10, zum Ortsnamen Loose.

Loschwitz, Loschwiz, Löschwitz, Lüschwitz (Reichsritter). Im 16. und 18. Jahrhundert zählten die L. zeitweise zum Kanton Gebirg im Ritterkreis Franken.

L.: Riedenauer 125.

Lösenich, Lösnich (Herrschaft). 1789 beantragten die Kesselstatt (Kesselstadt) die Aufnahme von L. in das westfälische Reichsgrafenkollegium. Fälschlich wurde die Herrschaft zum Kanton Niederrheinstrom des Ritterkreises Rhein gezählt.

L.: Wolff 515; Arndt 220.

Losenstein (Herren). Die sich seit etwa 1170 nach der Burg L. im Ennstal benennenden Herren von L. in Niederösterreich sind in die Reichsmatrikel von 1521 aufgenommen. Die Herrschaft L., der 1750 216 Untertanen angehörten, kam beim Aussterben der Herren 1692 mit Losensteinleithen und Gschwendt an die mit ihnen verwandten Fürsten Auersperg.

L.: Aschauer, F., Losenstein einst und jetzt, 1958.

Loslau (Herren, Herrschaft), poln. Wodzislaw Slaski. L. im südlichen Oberschlesien wurde wahrscheinlich in der zweiten Hälfte des 13. Jahrhunderts (1275) von Herzog Wladislaus von Oppeln (1246–1281) gegründet. 1336 gelangte es unter der Lehnshoheit Polens an Troppau, 1377 an Jägerndorf. 1437 wurde es von Ratibor, 1464 von Rybnik getrennt. 1483 behielt nach dem Tod des Herzogs von Jägerndorf-Loslau Böhmen die Herrschaft L., veräußerte sie dann aber 1502 an Johann von Schellenberg. In der Folge wechselte die etwa 200 Quadratkilometer große Herrschaft unter Österreich (1532) häufig den Besitzer. 1742 kam L. an Preußen, 1921/1922 an Polen.

L.: Wolff 482; Henke, F., Chronik oder topographisch-geschichtlich-statistische Beschreibung der Stadt und freien Minderstandesherrschaft L., 1860 ff.

Lösnich (Herrschaft) s. Lösenich

Loßburg (Herrschaft). Die Herrschaft L. bei Alpirsbach gehörte zunächst den Geroldseck. 1501 wurde sie vom Kloster Alpirsbach erworben, dessen Vogtei seit Anfang des 15. Jahrhunderts Württemberg innehatte. Damit kam L. zu Württemberg und 1951/1952 an Baden-Württemberg.

L.: Hölzle, Beiwort 30.

Lothringen (Herzogtum). Bei der Aufteilung des karolingischen Frankenreiches 843 erhielt Lothar, der älteste Sohn Ludwigs des Frommen, ein die Moselgegend mit den Bistümern Metz, Toul und Verdun umfassendes Länderband zwischen Nordsee und Mittelitalien als eigenes Reich (Francia media). Dieses beim Übergang auf Lothar II. 855 auf den Raum zwischen Schweizer Jura, Nordsee, Rhein, Maas und Schelde begrenzte Gebiet (ohne Elsass und Worms, Speyer, Mainz) wurde als Lothari(i) regnum bezeichnet. Bei seiner Aufteilung 870 kamen Metz und Diedenhofen an das Ostreich, Toul und Verdun an das Westreich, 879/880 aber ebenfalls an das Ostreich. Im Jahre 900 endete das eigenständige, 895 nochmals begründete lotharingische Königtum. 911, bestätigt 921, brachte es Graf Reginar an das Westreich, seit 925 war es Lehen des deutschen Reiches (Ostreichs). Heinrich I. belehnte 929 seinen Schwiegersohn mit dem Herzogtum L., Otto I. gab es zunächst an seinen Schwager, 944 an seinen Schwiegersohn (bis 953), dann an seinen Bruder, der zur Vorbeugung gegen eine mögliche Königsfeindlichkeit das Herzogtum 959 in Oberlothringen an der Mosel, das den Namen L. fortführte, und Niederlothringen, das sich bald aufgliederte, teilte. Niederlothringen (Niederrheingebiet und Maasgebiet) kam an die Herzöge von Limburg und Brabant, Oberlothringen (Mosellanien) als Herzogtum und Markgrafentum L. an einen bei Bar-le-Duc begüterten Großen. Nach dem Aussterben dieser Dynastie 1033 belehnte Kaiser Konrad II. den Herzog (von Niederlothringen) und Grafen von Verdun mit (Ober-)L., so dass von 1033 bis 1044 die beiden L. nochmals vereinigt waren. 1048 kam das Land zwischen Andernach, Prüm, oberer Mosel und Maas nach Absetzung dieser Familie kurz an Adalbert von Metz und dann an Gerhard von Elsass, der Begründer der im Nordgau, Bliesgau und Saargau erheblich begüterten und früh in Nancy (Nanzig) residierenden, bis 1736 bestimmenden Dynastie wurde. Neben sie traten sowohl die Grafen von Vaudémont (1070) und die Grafen von Bar-Mousson wie auch die Hochstifte Metz, Toul und Verdun, die vom König als Gegengewicht gefördert wurden. Seit 1190 war die Herzogswürde in Niederlothringen lediglich ein von den Herzögen von Brabant fortgeführter Titel. Nach Friedrich II. schwand der Einfluss des Reiches, während Frankreich an Bedeutung gewann. 1301 mussten die Grafen von Bar den französischen König als Lehnsherr der westlich der Maas gelegenen Güter anerkennen, wenig später Toul und Verdun Schutzverträge mit Frankreich abschließen. 1354 wurden die Grafen von Bar durch die Errichtung der Markgrafschaft Pont-à-Mousson (Mussenbrück) lehnsrechtlich an das Reich gebunden. Sie erhielten den Titel Herzog und waren Reichsfürsten. 1361 wurde dem Herzog von L. von Kaiser Karl IV. die Lehnspflicht wegen des Herzogtums erlassen. Nach dem Aussterben der Herzöge von L. in der männlichen Linie (1431) kam das Herzogtum L. über die Erbtochter Isabella an die Herzöge von Bar (René d'Anjou), nach deren Aussterben in männlicher Linie unter René II. (1473–1509) an die Grafen von Vaudémont. In der folgenden Auseinandersetzung zwischen Frankreich und dem deutschen Reich wurde L. 1542 zum freien Herzogtum erklärt, das weder an das Reich noch an Frankreich fallen sollte. Lehnsabhängig war der Herzog lediglich für die 1354 errichtete Markgrafschaft Pont-à-Mousson sowie für kleinere Grafschaften und Herrschaften, auf denen seine Reichsstandschaft beruhte. 1567 erfolgte die Errichtung der Markgrafschaft Nomeny und Hattonchâtel, unter der die Herzöge von L. von nun an Sitz und Stimme im Reichsfürstenrat hatten. Schon 1552 allerdings hatte Frankreich Metz, Toul und Verdun durch Truppen besetzt und begonnen, sie ungeachtet ihrer formell fortdauernden Eigenschaft als Reichsstädte in die französische Monarchie einzugliedern. 1633 besetzte Frankreich das gesamte Herzogtum L. Während Metz, Toul und Verdun dann 1648 auch rechtlich zu Frankreich kamen, erhielt der Herzog von L. 1661 das Herzogtum zurück. 1662 trat er es an Frankreich ab, kündigte 1670 aber den Vertrag, woraufhin

Frankreich das Land besetzte. 1697 wurde das Herzogtum wiederhergestellt. Von 1702 bis 1714 wurde es erneut von französischen Truppen besetzt. 1735 erhielt der von seinem Schwiegersohn, dem König von Frankreich unterstützte König von Polen, Stanislaus Leszczynski, für seinen Verzicht auf Polen L. und Bar, der Herzog Franz Stephan, seit 1736 Gemahl der Kaisertochter Maria Theresia, für seinen Verzicht auf Lothringen das frei gewordene Großherzogtum Toskana. Damit schied L. aus dem Reich aus und kam 1738 tatsächlich, nach dem Tode Stanislaus Leszczynskis (1766) auch formell zu Frankreich, behielt aber – unter Nomeny – bis 1766 weiter Sitz und Stimme im oberrheinischen Reichskreis und bis 1801 im Reichsfürstenrat. 1801 gelangte L. auch völkerrechtlich an Frankreich. 1870/1871 fiel sein nördlicher Teil mit Metz zusammen mit Elsass an das Deutsche Reich (Elsass-Lothringen), 1919 aber wieder an Frankreich zurück.

L.: Wolff 303; Großer Historischer Weltatlas II 34 (1138–1254) F4, II 66 (1378) D4, II 78 (1450) F4, III 22 (1648) C4; Die Territorien des Reichs 5, 96; Calmet, A., Histoire ecclésiastique et civile de la Lorraine, 1728, 2. A. 1745; Warnkönig, L. A./Warnkönig, T. A./Stein, L., Französische Staats- und Rechtsgeschichte, Bd. 1 ff. 1875, Neudruck 1968; Derichsweiler, H., Geschichte Lothringens, Bd. 1 f., 1901; Derichsweiler, H., Geschichte Lothringens, 1905; Fitte, S., Das staatsrechtliche Verhältnis des Herzogtums Lothringen seit dem Jahr 1542, 1891; Die alten Territorien des Bezirks Lothringen nach dem Stande vom 1. Jan. 1648, Teil 1 in: Statistische Mitteilungen über Elsass-Lothringen Heft 28 (1898); Parisot, R., Histoire de Lorraine, Bd. 1–3 1915 ff., Bd. 1 2. A. 1926; Hübinger, P. E., Oberlothringen, Rhein und Reich im Hochmittelalter, Rhein. Vjbll. 7 (1937); Geschichtlicher Handatlas der deutschen Länder am Rhein, Mittel- und Niederrhein, hg. v. Niessen, J., 1950; Opel, H., Die Rechtsstellung der mit dem Anschluss Lothringens zum Deutschen Reich gekommenen Franzosen, Diss. jur. Göttingen 1954; Aimond, C., Histoire des Lorrains, Bar-le-Duc 1960; Schneider, J., Histoire de la Lorraine, 1967; Hlawitschka, E., Die Anfänge des Hauses Habsburg-Lothringen, 1969; Thomas, H., Zwischen Regnum und Imperium. Die Fürstentümer Bar und Lothringen zur Zeit Kaiser Karls IV., 1973; Mohr, W., Geschichte des Herzogtums Lothringen, Bd. 1 1974; Parisse, M., Les Ducs et le duché de Lorraine au XIIe siècle 1048–1206, Bll. f. dt. LG. 111 (1975), 86 ff.; Nonn, U., Pagus und Comitatus in Niederlothringen, 1983; Lothringen – Geschichte eines Grenzlandes, hg. v. Parisse, M. u. a., deutsche Ausgabe hg. v. Herrmann, H.W., 1984; Geiben, K., Verfassung und Verwaltung des Herzogtums Lothringen unter seinem letzten Herzog und einstigen König der Polen Stanislaus Leszczynski, 1989; Babel, R., Zwischen Habsburg und Bourbon, 1989; Parisse, M., Austrasie, Lotharingie, Lorraine, 1990; Barth, R., Der Herzog in Lotharingien im 10. Jahrhundert, 1990; Parisse, M., Lotharingien, LexMA 5 1991, 2128; Parisse, M., Lothringen, LexMA 5 1991, 2134; Werner, M., Der Herzog von Lothringen in salischer Zeit, (in) Die Salier und das Reich, hg. v. Weinfurter, S., Bd. 1 1991; Despy, G., Niederlothringen, LexMA 6 1993, 1142; Lotharingia, hg. v. Herrmann, H. u. a., 1995; Barth, R., Lotharingien im 10.–12. Jahrhundert, 1996; Le pouvoir et les libertés en Lotharingie, hg. v. Trauffler, H., 1997; Bauer, T., Lotharingien als historischer Raum, 1997; Weller, T., Die Heiratspolitik, 2004; Escher, M. u. a., Die urbanen Zentren, 2005, 1, 461.

Lötschental (Tal). L. ist ein von der Lonza durchflossenes rechtes Seitental der oberen Rhone. Das dortige Land stand unter der Herrschaft des der Eidgenossenschaft der Schweiz zugewandten Wallis.

L.: Großer Historischer Weltatlas II 72 b (bis 1797) D4; Siegrist, H., Das Lötschental, 1927.

Lottum (Herrschaft). Im 16. Jahrhundert wurde die Herrschaft L. von dem in Niederschlesien und Pommern angesessenen evangelischen Geschlecht Wylum erworben. Dieses wurde 1608 in den Freiherrenstand, 1701 in den Reichsgrafenstand erhoben.

Löw von Steinfurth (Reichsritter), Löw von und zu Steinfurt. Im 18. Jahrhundert zählten die Freiherren L. mit Steinfurth (Steinfurt) und der Vogtei zu Oberstraßheim, Staden, Florstadt, Stammheim und Wisselsheim zum Kanton Mittelrheinstrom des Ritterkreises Rhein.

L.: Genealogischer Kalender 1753, 547; Roth von Schreckenstein 2, 595; Winkelmann-Holzapfel 155; Löw, W. Frhr. v., Notizen über die Familie derer Freiherrn Löw von und zu Steinfurth, 1868.

Löw zu Bruckberg (Reichsritter). Vielleicht zählten die L. zum Kanton Altmühl des Ritterkreises Franken.

L.: Riedenauer 125.

Löwen (Graf, Herzog) s. Brabant

L.: Weller, T., Die Heiratspolitik, 2004; Escher, M. u. a., Die urbanen Zentren, 2005, 2, 357.

Löwenberg (Herren), poln. Lwówek Slaski. L. am Bober zwischen Bunzlau und Lehnhaus in Schlesien wurde vermutlich 1217 gegründet. Es wurde Mittelpunkt der umliegenden deutschen Waldhufendörfer. Nach ihm nannten sich Nachkommen des Herzogs von Liegnitz seit 1278 Herren von L. 1314 fiel L. an Jauer (seit 1346 Schweidnitz-Jauer), 1392 an Böhmen, 1474 an Ungarn, 1526 an Österreich und 1742 an Preußen. 1852 zog der letzte regierende Fürst von Hohenzollern-Hechingen nach L. Seit 1945 stand es unter Verwaltung Polens und gelangte 1990 als politische Folge der deutschen Wiedervereinigung an Polen.

L.: Wolff 483; Wesemann, H., Urkundenbuch der Stadt Löwenberg, Teil 1f., 1885 ff.; Heimatbuch des Kreises Löwenberg, hg. v. Möller-Löwenberg, A., 3. A. 1959.

Löwenstein (Grafschaft, Grafen, Fürsten). Nach der Burg L. an der Sulm bei Heilbronn nannte sich seit dem 12. Jahrhundert ein 1099 bzw. um 1146 abgeteilter Zweig der Grafen von Calw, der nach 1277 erlosch. Die Güter gingen 1277 kaufweise an das Hochstift Würzburg, 1281 kaufweise an Rudolf von Habsburg und 1282/1283 an den unehelichen Sohn Rudolfs, Albrecht von Schenkenstein, der die mittlere Linie der Grafen von L. begründete (bis 1464). 1441 erwarb die Pfalz durch Kauf die Grafschaft. Ab 1488/1494 nannte sich nach L. eine durch Verbindung Friedrichs I. von der Pfalz mit der Augsburger Patriziertochter Klara Tott (Dettin) begründete Seitenlinie der Pfalzgrafen bei Rhein. 1504/1510 wurde die zum schwäbischen Reichskreis zählende Grafschaft L. (rund 2 Quadratmeilen bzw. 140 Quadratkilometer mit etwa 5700 Einwohnern) nach kriegerischer Eroberung Lehen Württembergs. Nach dem Erwerb der Grafschaft Wertheim nannte sich das Haus seit etwa 1600 Löwenstein-Wertheim. L. kam über Württemberg 1951/1952 zu Baden-Württemberg.

L.: Wolff 162; Zeumer 5524 II b 62, 4, 63, 13; Wallner 684 SchwäbRK 1; Großer Historischer Weltatlas II 66 (1378) E4, III 38 (1789) C3; Rommel, K., Chronik der Stadt Löwenstein, 1893; Fritz, G., Die Geschichte der Grafschaft Löwenstein und der Grafen von Löwenstein-Habsburg vom späten 13. bis zur Mitte des 15. Jahrhunderts, 1986; Eberl, I., Löwenstein, LexMA 5 1991, 2145; Stockert, H., Adel im Übergang, 2000.

Löwenstein-Wertheim (Fürsten, Fürstentum, Reichsritter). Kurfürst Friedrich I. von der Pfalz hinterließ aus einer morganatischen Ehe mit der Augsburger Patriziertochter Klara Tott (Dettin) einen zur Versorgung mit der Herrschaft Scharfeneck ausgestatteten Sohn Ludwig, dem sein Vetter Kurfürst Philipp 1488 die für einen natürlichen Sohn Rudolfs von Habsburg gebildete, 1287 mit dem Titel der erloschenen Grafen von Löwenstein begabte, um die an der Sulm bei Heilbronn gelegene Burg Löwenstein liegende reichsständische Grafschaft Löwenstein verlieh, die 1441 von der Pfalz gekauft worden war. 1494 wurde Ludwig in den Reichsgrafenstand erhoben. 1510 musste als Folge des bayerischen Erbfolgekriegs die Lehnsherrschaft Württembergs anerkannt werden. Ludwigs Enkel Ludwig III. erlangte durch Heirat einer Gräfin von Stolberg die Grafschaft Wertheim mit den Herrschaften Rochefort, Montaigu (Montaigne), Herbeumont (Herbemont), Chassepierre und Breuberg (alleinige Inhaberschaft 1598) und nahm um 1600 den Namen Graf von L. an. 1604 wurde die Grafschaft Virneburg erworben. 1607 gingen die wertheimischen Lehen von Würzburg an das Hochstift verloren. Ludwigs III. Söhne gründeten 1611 die Linien Löwenstein-Wertheim-Virneburg und Löwenstein-Wertheim-Rochefort, wobei 1648 der Kondominat der Stammgrafschaft Wertheim festgelegt wurde. Im 18. Jahrhundert erwarb Löwenstein-Wertheim-Virneburg Anteile an der Grafschaft Limpurg. (Löwenstein-Wertheim-Rochefort kaufte 1730 von Hatzfeld die reichsritterschaftliche, zum Kanton Odenwald des Ritterkreises Franken steuernde Herrschaft Rosenberg, mit der es noch 1805 zum Kanton Odenwald des Ritterkreises Franken zählte.) Die ältere evangelische Linie (Grafen von Löwenstein-Wertheim-Virneburg) erhielt 1803 als Entschädigung für den Verlust der in der Eifel gelegenen Grafschaft Virneburg (1801) von Würzburg das Amt Freudenberg, die Kartause Grünau, das Kloster Triefenstein und die Dörfer Mondfeld (Montfeld), Rauenberg, Wessental und Trennfeld, nannte sich seitdem Löwenstein-Wertheim-Freudenberg mit Residenz in Kreuzwertheim und wurde 1812 gefürstet. Die jüngere, seit 1621 katholische, 1711 in den Reichsfürstenstand erhobene Linie (1713 Sitz und Stimme im Reichsfürstenrat) bekam für ihre linksrheinischen Güter (Rochefort, Chassepierre, Herbeumont [Herbemont], Agimont [Agimbat], Neufchâteau und Cugnon in den Ardennen, Scharfeneck und Grafschaft Püttlingen) das Amt Rothenfels, von Mainz die Dörfer Wörth und Trennfurt, von Würzburg die Ämter Rothenfels und Homburg sowie die Abteien Bronnbach, Neustadt und Holzkirchen (Löwenstein-Wertheim-Rosenberg). Beide Linien wurden 1806 mediatisiert. Die noch vorhandenen Güter wurden erst unter

Bayern, dann die Großherzogtümer Würzburg und Frankfurt und schließlich unter Bayern, Württemberg, Baden und Hessen-Darmstadt aufgeteilt.

L.: Stetten 39; Riedenauer 125; Kienitz, O., Die Löwenstein-Wertheimschen Territorien und ihre Entwicklung, Jb. d. hist. Ver. Alt-Wertheim, 1919; Historischer Atlas von Bayern, Teil Franken II, 2 1955; Hutt, C., Maximilian Carl Graf zu Löwenberg-Wertheim-Rosenberg und der fränkische Kreis, Diss. phil. Würzburg 1969; Stockert, H., Adel im Übergang, 2000.

Löwenstein-Wertheim-Freudenberg s. Löwenstein-Wertheim-Virneburg

Löwenstein-Wertheim-Rochefort (Grafen, Fürsten). Die 1611 durch Teilung entstandene, seit 1621 katholische Linie der Grafen von Löwenstein-Wertheim hatte um 1790 das 1490 erworbene, seit 1504 unter Landeshoheit Württembergs stehende Amt Abstatt der Grafschaft Löwenstein, einen 1581 erworbenen Anteil an der Grafschaft Wertheim, die 1728/1730 von dem Fürsten Hatzfeld gekaufte Herrschaft Rosenberg, die Herrschaft Breuberg und damit das Amt Kleinheubach inne. Um 1790 zählte sie mit Brehmen, Habitzheim, Rosenberg, Bofsheim, Bronnacker, Neidelsbach, Altenbuch, Hirschlanden und Hohenstadt zum Kanton Odenwald des Ritterkreises Franken sowie mit Gau-Köngernheim (Gauköngernheim) (Bösköngernheim) zum Kanton Oberrheinstrom des Ritterkreises Rhein. Altenbuch fiel 1808 an Aschaffenburg, Rosenberg, Bofsheim, Brehmen, Hohenstadt und Neidelsbach kamen an Baden und damit 1951/1952 zu Baden-Württemberg. 1711 wurden die Grafen von L. zu Reichsfürsten erhoben. 1713 erhielt die Linie Sitz und Stimme auf der schwäbischen Reichsgrafenbank. Nach dem Reichsdeputationshauptschluss waren Sitz und Stimme für Löwenstein-Wertheim im Reichsfürstenrat vorgesehen. 1803 erhielt L. als Entschädigung für die linksrheinischen Güter (Rochefort, Chassepierre, Herbeumont, Agimont, Neufchateau und Cugnon in den Ardennen, Scharfeneck und Grafschaft Püttlingen) von Mainz die Ämter Wörth und Trennfurt und von Würzburg die Ämter Rothenfels und Homburg sowie die Abteien Bronnbach, Neustadt und Holzkirchen (Löwenstein-Wertheim-Rosenberg).

L.: Winkelmann-Holzapfel 156; Stetten 186, 188; Stockert, H., Adel im Übergang, 2000.

Löwenstein-Wertheim-Rosenberg s. Löwenstein-Wertheim-Rochefort

Löwenstein-Wertheim-Virneburg (Grafen, Fürsten). Die 1611 durch Teilung des Hauses Löwenstein-Wertheim entstandenen evangelischen Grafen von L. hatten um 1790 den größten Teil der Grafschaft Löwenstein und einen Anteil an der Grafschaft Wertheim sowie im 18. Jahrhundert erworbene Anteile an der Grafschaft Limpurg. 1803 erhielten sie als Entschädigung für den Verlust der in der Eifel gelegenen Grafschaft Virneburg (1801) von Würzburg das Amt Freudenberg, die Kartause Grünau, das Kloster Triefenstein und die Dörfer Mondfeld, Rauenberg, Wessental und Trennfeld. Seitdem nannten sie sich Löwenstein-Wertheim-Freudenberg (Residenz in Kreuzwertheim). 1812 wurden sie Fürsten. S. Löwenstein-Wertheim.

L.: Stockert, H., Adel im Übergang, 2000; Löwenstein-Wertheim-Freudenbergsches Archiv, Grafschaft Virneburg, Inventar des Bestands F US 6, bearb. v. Eder-Stein, I. u. a., 2000.

Lübbeckegau (Lidbekegouue, Gau um Lübbecke in Westfalen)

L: Curs, O., Deutschlands Gaue im zehnten Jahrhundert. Nach den Königsurkunden, Diss. phil. Göttingen 1908, 12; Polenz, P. v., Landschafts- und Bezirksnamen, 1961, II, 33 Lidbekega.

Lübbenau (Herrschaft). 1301 erscheint erstmals die Burg L. (Lubbenowe) an der Spree, die den Herren von Ileburg (Eilenburg) gehörte. Sie verkauften sie mit 7 Dörfern an die Langen. Im Spätmittelalter war die Stadt L. Mittelpunkt der Herrschaft L. der Köckritz (1419–1456), Kalkreuth, Polenz, Köckritz (1496–1503) und Schulenburg. 1621 kam sie an die Grafen zu Lynar. S. Brandenburg.

L.: Wolff 471; Fahlisch, J. F. P., Geschichte der Spreewaldstadt Lübbenau, 2. A. 1928; Lehmann, R., Die Herrschaften in der Niederlausitz, 1966.

Lübeck (Hochstift, Fürstentum). 1160 (Domweihe 1163) wurde durch Heinrich den Löwen das 948 in Oldenburg im östlichen Holstein, dem Starigard der slawischen Wagrier, gegründete, zum Erzbistum Bremen-Hamburg gehörige, im 11. Jahrhundert wie im 12. Jahrhundert (1149) erneuerte Bistum in das von Heinrich dem Löwen 1158 übernommene L. verlegt. Um 1185 erlangte das Bistum die Reichsunmittelbarkeit. Als Hochstift umfasste es nur die Ämter Eutin (1156 an Oldenburg/Lübeck gelangt) und Schwartau sowie

46 Domkapitelgüter. Seit dem Ende des 13. Jahrhunderts verlegte der Bischof seinen Sitz nach Eutin (um 1350). 1530/1535 wurde die Reformation eingeführt. Seit 1555 regierten protestantische Administratoren (Fürstbischöfe, seit 1586 aus dem Hause Holstein-Gottorp [Gottorf]), die 1774 zu Herzögen und 1815 zu Großherzögen ernannt wurden. Residenz war zwischen 1689 und 1773 Eutin. 1773 erhielt Bischof Friedrich August von Holstein-Gottorp (Gottorf) durch Vertrag die Grafschaften Oldenburg und Delmenhorst. 1803 wurde das 9,5 Quadratmeilen umfassende Gebiet des Hochstiftes mit 22 000 Einwohnern säkularisiert und als weltliches Erbfürstentum (Fürstentum L. mit Hauptstadt Eutin) mit Oldenburg verbunden. Von 1810 bis 1814 gehörte es zu Frankreich. Seit 1919 war Eutin Hauptstadt des oldenburgischen Landesteils L., der 1937 an Preußen (Schleswig-Holstein) kam.

L.: Wolff 451 f.; Zeumer 552 II a 25; Wallner 707 NiedersächsRK 16; Großer Historischer Weltatlas II 66 (1378) F1, III 22 (1648) E1; Die Territorien des Reichs 6, 114; Bauer 1, 295; Illigens, E., Geschichte der Lübeckischen Kirche von 1530–1896, 1896; Kollmann, P., Statistische Beschreibung des Fürstentums Lübeck, 1901; Schubert, H. v., Kirchengeschichte Schleswig-Holsteins, Bd. 1 1907; Schwentner, B., Die Rechtslage der katholischen Kirche in den Hansestädten, 1931; Jordan, K., Die Bistumsgründungen Heinrichs des Löwen, 1933; Suhr, W., Die Lübecker Kirche im Mittelalter, 1938; Dieck, A., Die Errichtung der Slawenbistümer unter Otto dem Großen, Diss. phil. Heidelberg 1944 (masch.schr.); Urkundenbuch des Bistums Lübeck, hg. v. Leverkus, W., Bd. 1 1956; Friederici, A., Das Lübecker Domkapitel im Mittelalter, Diss. phil. Kiel 1957; Peters, G., Geschichte von Eutin, 2. A. 1971; Radtke, W., Die Herrschaft des Bischofs von Lübeck, 1968; Ende, B. am, Studien zur Verfassungsgeschichte Lübecks im 12. und 13. Jahrhundert, 1975; Wülfing, J. M., Grundherrschaft und städtische Wirtschaft am Beispiel Lübecks, in: Die Grundherrschaft im späten Mittelalter, hg. v. Patze, H., 1983; Gabriel, I./Kempke, T./Prummel, W. u. a., Starigard/Oldenburg. Hauptburg der Slawen in Wagrien, Bd. 1 ff. 1984 ff.; Friederici, A., Das Lübecker Domkapitel im Mittelalter, 1988; Starigard/Oldenburg. Ein slawischer Herrschersitz des frühen Mittelalters in Ostholstein, hg. v. Müller-Wille, M., 1991.

Lübeck (Reichsstadt). Der Name L. (Liubice, Schönort?) erscheint erstmals in der zweiten Hälfte des elften Jahrhunderts für eine am Unterlauf der Trave bei Bad Schwartau gelegene slawische Siedlung mit Burg und Handelsniederlassung. Nach ihrer Zerstörung (1127/1138) wurde ihr Name 1143 auf eine 6 Kilometer traveaufwärts von Graf Adolf II. von Schauenburg (Schaumburg) am Zusammenfluss von Trave und Wakenitz angelegte deutsche Siedlung, die eine ältere slawische Siedlung Buku fortsetzte, übertragen. Sie ging nach einem Brand (1157) 1158 an den an ihr sehr interessierten Herzog Heinrich den Löwen über, der sie (1159) erneuerte und um 1161/1163 mit besonderen, in einer wohl etwas verfälschten Fassung von 1226 überlieferten Rechten ausstattete. 1160 (1163?) wurde das Bistum Oldenburg/Holstein nach L. verlegt. Nach dem Sturz Heinrichs des Löwen (1180) fiel L. an Friedrich I. Barbarossa und erhielt 1181 und in erweitertem Umfang 1188 eine Bestätigung seiner Rechte. Durch Eroberung kam es von 1201/1202 bis 1225 an Dänemark. Durch Privileg vom 14. 6. 1226 wurde es Reichsstadt (specialis civitas et locus imperii), erlangte aber niemals die eigentliche Reichsstandschaft. Die welfische Burg wurde geschleift. Infolge seiner verkehrsgünstigen Lage zwischen Nowgorod und Brügge wurde es bald einer der wichtigsten Handelsplätze Europas (1350 18 000 Einwohner, 1400 20 000, 1502 25 444). Im 14. Jahrhundert wurde L. Führerin der 1282 erstmals erwähnten Hanse. Sein besonderes Recht (1188 ius Lubicense, um 1225 lateinisch, um 1240 mittelniederdeutsch aufgezeichnet) wurde an mehr als 100 Städte zwischen Tondern und Narwa verliehen. 1329 erwarb es Travemünde, 1359 das Pfand an Mölln (bis 1683). 1420 wurden mit Sachsen-Lauenburg und Hamburg Bergedorf und die Vierlande erobert. 1529 wurde die Reformation eingeführt. In der Grafenfehde gegen Dänemark (1534–1536) verlor das seit 1512 zum niedersächsischen Reichskreis zählende L. seine führende Stellung, in die Hamburg eintrat. Die schwere Schädigung des Handels im Dreißigjährigen Krieg führte zu weiterem wirtschaftlichem Niedergang. Um 1800 war die Stadt 5 Quadratmeilen groß und hatte 45 000 Einwohner. Durch § 27 des Reichsdeputationshauptschlusses vom 25. 2. 1803 wurde L. als Reichsstadt erhalten und für die Abtretung der von ihrem Hospital abhängenden Dörfer und Weiler in Mecklenburg mit Gütern des Hochstifts entschädigt. Von 1811 bis 1813 gehörte L. zu Frankreich. 1815 wurde es als Freie und Hansestadt des Deutschen Bundes anerkannt. Am 18. 4. 1848 erhielt diese eine neue, 1851 und 1875 revidierte Verfassung. 1866 trat L. dem Norddeutschen

Bund und 1868 dem Deutschen Zollverein bei. 1918/1919 erfolgte der Übergang zum parlamentarischen System. Am 1. 4. 1937 verlor L. durch Reichsgesetz seine Selbständigkeit und ging an Preußen (Schleswig-Holstein) über. 1946 kam es an Schleswig-Holstein.

L.: Wolff 455 f.; Zeumer 552 ff. III a 3; Wallner 707 NiedersächsRK 20; Großer Historischer Weltatlas II 66 (1378) F2, II 78 (1450) G3, III 22 (1648) E2, III 38 (1789) D1; Kellenbenz, H., Die Hanse und die Städte Lübeck, Hamburg und Bremen, in: Geschichte der deutschen Länder, Bd. 1; Schroeder 89 ff.; Die Territorien des Reichs 6, 114; Bauer 1, 307; Urkundenbuch der Stadt Lübeck, hg. v. Verein für Lübeck. Geschichte, Bd. 1–11 1843 ff.; Hoffmann, M., Geschichte der freien und Hansestadt Lübeck, Bd. 1 f. 1889 ff.; Rörig, F., Der Markt von Lübeck, 1922; Geschichte der freien und Hansestadt Lübeck, hg. v. Endres, F., 1926; Fink, G., Lübecks Stadtgebiet, FS F. Rörig, 1953; Brandt, A. v., Geist und Politik in der lübeckischen Geschichte, 1954; Ebel, W., Lübecker Ratsurteile, Bd. 1–4 1955 ff.; Schönherr, Lübeck – einst und jetzt, 1959; Krabbenhöft, G., Verfassungsgeschichte der Hansestadt Lübeck, 1969; Raiser, E., Städtische Territorialpolitik im Mittelalter. Eine vergleichende Untersuchung ihrer verschiedenen Formen am Beispiel Lübecks und Zürichs, 1969; Ebel, W., Lübisches Recht, Bd. 1 1971; Köbler, G., Das Recht an Haus und Hof im mittelalterlichen Lübeck, in: Der Ostseeraum, hg. v. Friedland, K., 1980; Ebel, W., Jurisprudencia Lubicensis. Bibliographie des lübischen Rechts, 1980; Neue Forschungen zur Geschichte der Hansestadt Lübeck, hg. v. Graßmann, A., 1985; Hoffmann, E., Der Aufstieg Lübecks zum bedeutendsten Handelszentrum an der Ostsee in der Zeit von der Mitte des 12. bis zur Mitte des 13. Jahrhunderts, Zs. d. Vereins f. Lübeckische Geschichte und Altertumskunde 66 (1986); Schneider, G., Gefährdung und Verlust der Eigenstaatlichkeit der freien und Hansestadt Lübeck und seine Folgen, 1986; Falk, A./Hammel, R., Archäologische und schriftliche Quellen zur spätmittelalterlich-neuzeitlichen Geschichte der Hansestadt Lübeck, 1987; Prange, W., Der Landesteil Lübeck 1773–1937, in: Geschichte des Landes Oldenburg, 1987; Friederici, A., Das Lübecker Domkapitel im Mittelalter. 1160–1400, 1987; Lübeckische Geschichte, hg. v. Graßmann, A., 2. A. 1989; Hammel-Kiesow, R., Lübeck, LexMA 5 1991, 2146; Die Stadt im westlichen Ostseeraum, Bd. 1 1995, 263; Demski, R., Adel und Lübeck, 1996; Lutterbeck, M., Der Rat der Stadt Lübeck, 2002.

Lucca (Stadtkommune, Herzogtum, Fürstentum). Einer etruskischen Siedlung folgte das römische Luca (89 v. Chr. municipium). Über Langobarden und Franken (774) fiel L. an die Markgrafen von Tuszien. 1119 wurde es freie Stadt. 1314 kam es unter die Herrschaft Pisas. 1316 schwang sich Castruccio Castracane zum Stadtherrn auf, der 1327 von Ludwig dem Bayern zum Herzog ernannt wurde. 1369/1370 wurde L. mit Hilfe Karls IV. wieder freie Stadt. 1805 gab Napoleon L. an seine Schwester Elisa Bacciocchi. 1815 kam es als Herzogtum an Maria Luise von Etrurien. Ihr Sohn Karl II. von Parma trat es 1847 an die Toskana ab. S. Italien (1861).

L.: Niccolò Machiavelli, Das Leben Castruccio Castracanis aus Luca, hg. v. Hoeges, D., 1998; Bini, T., Su i Lucchesi a Venezia. Memorie dei secoli 13 e 14, 1855; Mancini, A., Storia di Lucca, 1950; Schwarzmaier, H., Lucca und das Reich bis zum Ende des 11. Jahrhunderts, 1971; Manselli, R., La repubblica di Lucca, 1987; Lucca e l'Europa degli affari, secolo XV–XVII, hg. v. Mazzei, R./Fanfani, T., 1990; Luzzati, M., Lucca, LexMA 5 1991, 2156.

Lüchau (Reichsritter). Vom 16. bis zum 18. Jahrhundert zählten die L. mit Donndorf (Domdorf), Eckersdorf, Unterleinleiter und Sankt Gilgenberg zum Kanton Gebirg des Ritterkreises Franken. Außerdem waren sie im 16. Jahrhundert auch im Kanton Altmühl und im Kanton Rhön-Werra des Ritterkreises Franken immatrikuliert.

L.: Genealogischer Kalender 1753, 535; Roth von Schreckenstein 2, 594; Pfeiffer 210, 212; Riedenauer 125; Rahrbach 157.

Lüders (Abtei) s. Lure

L.: Moraw, P., TRE 11, 711.

Lüdinghausen (Herren). In L. an der Stever im südlichen Münsterland entstand um eine der Abtei Werden gehörende Kirche eine Siedlung, die 974 Marktrecht und Münzrecht erhielt. Die Herren von L. verliehen ihm zwischen 1225 und 1308 Stadtrecht. 1443 fiel L. an das Hochstift Münster, das Stadt und Amt 1499 dem Domkapitel verkaufte. 1802 kam L. an Preußen, 1808 an Berg, 1815 wieder an Preußen und 1946 an Nordrhein-Westfalen.

L.: Wolff 312; Schwieters, J., Geschichtliche Nachrichten über den westlichen Teil des Kreises Lüdinghausen, 1891; Hömberg, W., Lüdinghausen. Seine Vergangenheit und Gegenwart, 1954; Landkreis Lüdinghausen, hg. v. d. Kreisverwaltung Lüdinghausen, 1954; Schnieder, S., Lüdinghausen, 1958.

Ludowinger s. Thüringen, Hessen

L.: Petersohn, J., Die Ludowinger, Bll. f. dt. LG. 129 (1993), 1; Strickhausen, G., Burgen der Ludowinger, 1998; Weller, T., Die Heiratspolitik, 2004.

Lugano (Stadt, Herrschaft), mhd. Lauis. L. am Luganer See wird im 6. Jahrhundert als befestigter Ort erwähnt. Im 10. Jahrhundert (901) kam es als wichtiger Markt vom westfränkischen König an das Hochstift Como. 1303/1335 fiel es an die Visconti bzw. Mailand. 1512 wurde es von den Eidgenosssen der Schweiz erobert. Dort kam es 1798 zum Kanton Tessin.

L.: Großer Historischer Weltatlas II 72 (bis 1797) F4; Pometta, E./Chiesa, V., Storia di Lugano, 1942; Trezzini, C., Le diocèse de Lugano dans son origine historique et sa condition juridique: Discours rectoral, 1948; Vismara, G./Cavanna, A./Vismara, P., Ticino medievale, 2. A. 1990; Margaroli, P., Lugano, LexMA 5 1991, 2204.

Lügenfeld (Geländename, Rothfelth, rubeus campus, campus mentibus)

L.: Polenz, P. v., Landschafts- und Bezirksnamen, 1961, II, 58.

Luggarus s. Locarno

Luitpoldinger (Geschlecht) s. Bayern, Liutpoldinger

Luminensis (Gau westlich der Maas)

L: Curs, O., Deutschlands Gaue im zehnten Jahrhundert. Nach den Königsurkunden, Diss. phil. Göttingen 1908, 12 (Waulsort).

Lüneburg (Fürstentum). 795 wird erstmals der Ort Hliuni an der Ilmenau genannt. L. ist bei einer Billungerburg auf dem Kalkberg (um 950/951) entstanden und erhielt vermutlich durch Heinrich den Löwen Stadtrecht (1247 und 1401 erweitert aufgezeichnet, 1239 Ratsherren). 1267/1269 erwuchs durch Erbteilung des Herzogtums Braunschweig-Lüneburg das Fürstentum L., das seine Residenz bis 1371 in L. hatte, das bis 1639 eine einer freien Reichsstadt ähnliche Sonderstellung innerhalb des Fürstentums einnahm. Das Herzogtum bildete bis zur Mitte des 14. Jahrhunderts ein geschlossenes Herrschaftsgebiet zwischen Elbe, Weser, Altmark und den Hochstiften Hildesheim und Verden aus (Burg Hallermunt 1282, Grafschaft Wölpe 1302, Grafschaft Dannenberg 1303, Grafschaft Lüchow 1320, halbe Grafschaft Hallermunt 1366). 1369 erlosch die Linie im Mannesstamm. Im Lüneburger Erbfolgekrieg konnte sich 1388 die Göttinger Linie des alten Hauses Braunschweig gegen die von Kaiser Karl IV. auf Grund des Versäumnisses, eine Gesamtbelehnung zu gewinnen, allein belehnten Herzöge von Sachsen-Wittenberg durchsetzen, musste jedoch die Residenz nach Celle verlegen, nachdem die Stadt L. 1371 in einem Aufstand den Herzögen die Burg auf dem Kalkberg entrissen hatte. Von 1400 bis 1409 war L. bei der Braunschweiger Hauptlinie. 1409/1428 entstand durch deren Teilung das mittlere Haus L., dem das Fürstentum L. zugeordnet wurde, wobei 1409 Herzog Bernhard zunächst Wolfenbüttel erhalten, 1428 aber Lüneburg gewählt hatte. L. verlor 1443 einen angefallenen Teil der Grafschaften Everstein und Homburg als Pfand an das Hochstift Hildesheim. Von den Söhnen Herzog Heinrichs des Mittleren, der 1520 abdankte, begründeten Otto die Nebenlinie Harburg (1527 bis 1642) und Franz die Nebenlinie Gifhorn (bis 1549), während Ernst der Bekenner die Hauptlinie fortführte. Von ihr spaltete sich 1569 unter Ernsts drittem Sohn Heinrich die Nebenlinie Dannenberg ab, die das neue Haus Braunschweig begründete und 1635 das Fürstentum Braunschweig-Wolfenbüttel erhielt. Die seit 1569 als Neues Haus L. das zum niedersächsischen Reichskreis zählende Fürstentum L. (oder Celle [Lüneburg-Celle]) beherrschende Hauptlinie erwarb 1582 die Grafschaft Hoya und 1585 die Grafschaft Diepholz als erledigte Lehen. 1617 fiel durch Gerichtsentscheid das zunächst von Braunschweig-Wolfenbüttel in Besitz genommene Fürstentum Braunschweig-Grubenhagen an L., 1635 (Braunschweig-)Calenberg, 1643 Harburg, das seit 1527 Sitz einer Seitenlinie des mittleren Hauses L. gewesen war. Hiervon erhielt 1635 die Hauptlinie die Fürstentümer L. und Calenberg-Göttingen, die Nebenlinie Dannenberg das Fürstentum Wolfenbüttel. 1639 zwang der Landesherr die Stadt L. zur Aufnahme von Soldaten. Das 200 Quadratmeilen ausmachende Fürstentum L. umfasste die Städte L., Uelzen, Celle, Harburg, Dannenberg, Lüchow, die Stifte Bardowick und Ramelsloh, die Klöster Lüne, Ebstorf, Medingen, Wienhausen, Isenhagen und Walsrode, die landesherrlichen Ämter Harburg, Wilhelmsburg, Moisburg, Winsen an der Luhe, Bütlingen, Scharnebeck, Lüne, Garze, Bleckede, Hitzacker, Dannenberg, Lüchow, Wustrow, Schnackenburg, Oldenstadt, Medingen, Ebstorf, Bodenteich, Isenhagen, Knesebeck, Klötze, Fallersleben, Gifhorn, Meinersen, Burgdorf, Ahlden und Rethen, die Großvogtei Celle und die adligen Gerichte Gartow, Brome, Fahrenhorst und Wathlingen. Aus dem Reichsfürstentum Calenberg (seit 1636) ging 1692 das Kurfürstentum Hannover hervor. Das Fürstentum L. endete 1705 mit dem Tode Georg Wilhelms, nach dem es als Folge der Verheiratung der Erbtochter Sophie Dorothea mit dem Neffen Georg des Herzogs mit Hannover vereinigt wurde. Die landesherrliche Verwaltung wurde in Hannover vereint, doch blieb Celle Sitz der lüneburgischen Landschaft und erhielt 1711 das Oberappellationsgericht. 1866 kam Hannover an Preußen, 1946 das preußische Gebiet an Niedersachsen. S. Braunschweig-Lüneburg.

L.: Wolf 434 f.; Wallner 705 NiedersächsRK 1; Großer Historischer Weltatlas III 38 (1789) D1; Schnath, G./Lübbing, H./Engel, F., Niedersachsen, in: Geschichte der deutschen Länder, Bd. 1; Urkundenbuch der Herzöge von Braunschweig und Lüneburg, Bd. 1 ff. 1859 f.; Urkundenbuch der Stadt Lüneburg, hg. v. Volger, W., Bd. 1 ff. 1872 ff.; Krieg, M., Entstehung und Entwicklung der Amtsbezirke im ehemaligen Fürstentum Lüneburg, 1922; Büttner, E., Geschichte Niedersachsens, 1931; Reinecke, W., Geschichte der Stadt Lüneburg, Bd. 1 f. 1933; Busch, F., Bibliographie der niedersächsischen Geschichte, 1938 ff.; Schnath, G., Geschichtlicher Handatlas Niedersachsens, 1939; Friedland, K., Der Kampf der Stadt Lüneburg mit ihren Landesherren, 1953; Franz, G., Verwaltungsgeschichte des Regierungsbezirks Lüneburg, 1955; Thurich, E., Die Geschichte des Lüneburger Stadtrechts im Mittelalter, 1960; Behr, H. J., Die Pfandschlosspolitik der Stadt Lüneburg im 15. und 16. Jahrhundert, Diss. phil. Hamburg 1964; Arnswaldt, C. v., Die Lüneburger Ritterschaft als Landstand im Spätmittelalter. Untersuchungen zur Verfassungsstruktur des Herzogtums Lüneburg zwischen 1300 und 1500, 1969; Pischke, G., Die Landesteilungen der Welfen im Mittelalter, 1987; Reinbold, M., Die Lüneburger Sate, 1987; Hergemöller, B., Lüneburg, LexMA 6 1992, 9; Mellinger, J., Atlas des Fürstentums Lüneburg um 1600, hg. v. Aufgebauer, P., 2001.

Lüneburg (Stadt mit einer Rechtsstellung, die einer freien Reichsstadt ähnelt) s. Lüneburg (Fürstentum)

Lungau (Lungovue, Lungowe, Gau nördlich der Mur)

L: Curs, O., Deutschlands Gaue im zehnten Jahrhundert. Nach den Königsurkunden. Diss. phil. Göttingen 1908, 12; Polenz, P. v., Landschafts- und Bezirksnamen, 1961, II, 39, 66, 72, 74, 96, Lungouwe, Lungau.

Lunhane marcha

L.: Polenz, P. v., Landschafts- und Bezirksnamen, 1961, IV, 3 f., zum Ortsnamen Lumda.

Lupfen (Herren, Grafen). Die 1065 erstmals genannten Herren von L. hatten die Herrschaft um die Burg L. bei Tuttlingen an der oberen Donau inne. 1251 erbten sie von den Grafen von Küssaberg Stühlingen. Nach 1256 teilten sie sich in die Linien Lupfen-Lupfen (bis 1439) und Lupfen-Stühlingen (bis 1582). Lupfen-Lupfen verkaufte 1437 die Stammgüter um L. an Rudolf von Fridingen, der sie 1444 an Württemberg gab. 1404 erwarb die Linie Lupfen-Stühlingen die Herrschaft Hewen als Afterpfand Habsburgs. 1582 starben die Grafen aus und vererbten ihre zum schwäbischen Reichskreis zählenden Güter (Stühlingen, Hewen) an die 1637 aussterbenden Erbmarschälle von Pappenheim. Über diese fielen 1639 Landgrafschaft Stühlingen und die Herrschaft Hewen an die Grafen von Fürstenberg. Nach der Mediatisierung kam L. über Baden zu Baden-Württemberg.

L.: Wolff 161; Wallner 684 SchwäbRK 1; Wilhelm, L., Unsere Trossinger Heimat, 1927; Wais, R., Die Herren von Lupfen-Stühlingen bis 1384, 1961; Oka, H., Die Erbschaftsteilung der Grafen von Lupfen, ZGO 144 (1996), 215.

Lupinzgouwe

L.: Polenz, P. v., Landschafts- und Bezirksnamen, 1961, II, 33, IV, 3 f., 6 f., 7, 9, 14, Lupinzgouwe, Lupincemarcha, zum Ortsnamen Lupnitz.

Lure (Abtei), Lüders. Die Abtei L. bei Luxeuil hatte innerhalb der Freigrafschaft Burgund ein eigenes Herrschaftsgebiet. Der Prälat war Reichsfürst.

L.: Großer Historischer Weltatlas II 66 (1378) D5; Moraw, P., TRE 11, 711.

Lurntal

L.: Polenz, P. v., Landschafts- und Bezirksnamen, 1961, II, 64–66, Lurntal, Lurna vallis.

Lusici

L.: Hessler, W., Mitteldeutsche Gaue des frühen und hohen Mittelalters, 1957, 134 (Doberlug, Gehren, Schlieben, Zützen).

Lustenau (Reichshof). Das schon 887 Königshof genannte L. am Bodensee kam von König Arnulf an die Grafen von Linzgau, dann über die Grafen von Bregenz und die Grafen von Pfullendorf um 1180 an die Staufer sowie vor 1323 an die Grafen von Werdenberg und von diesen 1395 als Pfand, 1526 durch Kauf an die Ritter bzw. Grafen von Hohenems. 1767 zog Österreich L. an sich, musste es aber 1789 an die mit einem Grafen von Harrach verheiratete Erbtochter des letzten Grafen herausgeben. 1806 kam L. an Bayern, 1814 in Vorarlberg an Österreich. Bis 1830 behielt es eine Sonderstellung.

L.: Dacheröden 153; Hugo 454; Vetter, B., Der Reichshof Lustenau, 1935; Bilgeri, B., Geschichte Vorarlbergs, Bd. 1 ff. 1971 ff.

Lütetsburg (Herrlichkeit). L. in Ostfriesland ist nach dem friesischen Häuptling Lütet Manninga benannt. Lütet III. war mit einer Schwester Ulrich Cirksenas verheiratet. 1589 heiratete die einzige Tochter Unico Manningas Wilhelm zu Inhausen (Innhausen) und Kniphausen. Dieser wurde 1600 vom Kaiser in den Reichsfreiherrenstand, später in den Grafenstand und Fürstenstand erhoben. 1813 kam L. an Oldenburg, 1946 an Niedersachsen.

L.: Wolff 339; Alvensleben, U. v., Die Lütetsburger Chronik, 1955.

Lutter (Reichsritter) s. Lauter

L.: Stieber.

Lüttich (Hochstift), frz. Liège. Das (seit dem frühen 9. Jahrhundert?) dem Erzbistum Köln unterstellte Bistum L. entstand aus dem im 4. Jahrhundert (?) gegründeten, 346 erstmals genannten Bistum Tongern, dessen Sitz im 6. Jahrhundert (vor 535) nach Maastricht und seit 720 nach L. verlegt wurde. Karl Martell verlieh dem Bischof die Lehnsgerichtsbarkeit und Grafschaftsrechte. Auch Karl der Große förderte das Bistum nachhaltig. 870/879 wurde es Grenzbistum gegen Frankreich. 925 kam L. zum ostfränkischen Reich. Otto II. entzog 980 die Güter des Hochstifts der weltlichen Gerichtsbarkeit. Unter dem aus Schwaben stammenden, mit den Ottonen nahe verwandten Bischof Notker (972–1008) erwarb das Hochstift 985 die Grafschaften Huy und (987) Bruningerode (Brunnengeruut, Brunengeruuz) und wurde später mit dem pagus Hasbania (1047, Hasbengau, Haspinga), der Herrschaft Bouillon (1096), der Stadt Saint-Trond (Saint Trond) (1227), der Grafschaft Looz (1366) und den Markgrafschaften Franchimont und Condroz allmählich zum mächtigsten Hochstift im Westen, dessen Herrschaftsgebiet sich längs der Maas und der unteren Sambre erstreckte. 1095 gelang der Pfanderwerb des Herzogtums Bouillon. 1274 verlor L. die Grafschaften Montfoort (Montfort) und Kessel an Geldern. 1356 kaufte es das Stammschloss der Bouillons. Im 14. Jahrhundert wurde es Fürstentum mit Sitz und Stimme auf dem Reichstag. Kaiser Karl V. gab dem Hochstift, dessen Hauptort L. 1468 von Karl dem Kühnen von Burgund völlig eingeäschert worden war, das 1482 von den Grafen von der Mark entrissene Herzogtum Bouillon zurück. Wenig später verlor das Bistum einen großen Teil der Diözese infolge der Reformation wie der Neuerrichtung der Bistümer Mecheln, Namur, Antwerpen, 's-Hertogenbosch (Herzogenbusch) und Roermond. 1678 erzwang Frankreich die Abtretung Bouillons. 1795/1801 kam das zum niederrheinisch-westfälischen Reichskreis zählende Hochstift mit 105 Quadratmeilen an Frankreich, 1815 als souveränes Fürstentum an die Niederlande, 1830/1831 zu Belgien.

L.: Wolff 326 ff.; Zeumer 552 ff. II a 24; Wallner 702 WestfälRK 4; Großer Historischer Weltatlas II 66 (1378) C3, III 22 (1648) B3, III 38 (1789) A3; Die Territorien des Reichs 3, 200; Daris, J., Histoire du diocèse et de la principauté de Liège, 1863 ff.; Lejeune, J., La principauté de Liège, 1948, 3. A. 1980; Werner, M., Der Lütticher Raum in frühkarolingischer Zeit, 3. A. 1980; Dirsch-Wiegand, A., Stadt und Fürstentum in der Chronistik des Spätmittelalters, 1991, 109 ff.; Histoire de Liège, hg. v. Stiennon, J., 1991; Kupper, J., Lüttich, LexMA 6 1992, 26; Bauer, T., Lotharingien als historischer Raum, 1997; Escher, M. u. a., Die urbanen Zentren, 2005, 1, 449, 2, 366.

Lüttichgau (Gau) (Leuhio 779)

L.: Polenz, P. v., Landschafts- und Bezirksnamen, 1961, II, 17, 21, 30, 42, Liuhgouwe, pagus Lewa, pagus Liuvensis; Nonn, U., Pagus und Comitatus in Niederlothringen, 1983, 98, 204.

Lützelburg (Reichsritter). Von 1654 bis in das 18. Jahrhundert waren die L. Mitglied im Kanton Neckar des Ritterkreises Schwaben.

L.: Roth von Schreckenstein 2, 592; Hellstern 209.

Lützelburg s. Luxemburg

Lützelfeld, Lutzelenvelt (Reichshof). Am 18. 11. 1297 teilte König Adolf den Leuten von Heidingsfeld bei Würzburg und L. mit, dass er sie an den Bischof von Würzburg verpfändet habe.

L.: Hugo 458.

Lützelstein (Grafschaft). Die um 1200 errichtete Burg L. nördlich von Zabern und südöstlich von Saarwerden gehörte zunächst Graf Hugo, dem Sohn Hugos von Blieskastel und Kunigundes von Kyrburg, musste aber 1223 dem Hochstift Straßburg zu Lehen aufgetragen werden. 1447/1452 wurde die 1403 bereits zu einem Viertel pfälzisch gewordene Grafschaft von den Pfalzgrafen eingezogen. In der Pfalz kam die 1560 reformiert gewordene Grafschaft 1553 an Pfalz-Zweibrücken, 1566 an Pfalz-Veldenz (Pfalz-Veldenz-Lützelstein), später an Pfalz-Birkenfeld. 1680 wurde sie als Lehen Straßburgs von Frankreich annektiert, blieb aber bis 1790 unter der Oberhoheit Frankreichs Gut Pfalz-Birkenfelds. 1801 kam sie an Frankreich (frz. La Petite-Pierre).

L.: Wolff 250; Großer Historischer Weltatlas II 66 (1378) D4; Gümbel, T., Geschichte des Fürstentums Pfalz-Veldenz, 1900.

Luxemburg (Grafschaft, Herzogtum, Großherzogtum). Der nacheinander keltisch, römisch und fränkisch besiedelte Raum an der Mosel kam 843 zum Reich Lothars I. und 959 zum Herzogtum (Ober-)Lothringen. 963 erwarb Graf Siegfried I. († 997/998) aus dem an der Mittelmosel beheimateten Adelsgeschlecht der Herzöge von Lothringen (vielleicht Vater der Kaiserin Kunigunde) von der Trierer Abtei Sankt Maximin die Lucilinburhuc, nach der sich die Familie (1060/)1083 (Konrad I.) als Grafen von L. (bis ins 19. Jahrhundert Lützelburg) benannte. 1019 spaltete dieses Geschlecht die Linien Gleiberg (im 12. Jahrhundert erloschen) und Salm ab. 1136 erloschen die Grafen im Mannesstamm. Ihre Güter kamen an den verwandten Grafen Heinrich von Namur († 1196). Luxemburg, La Roche, Durbuy und die Vogteien über Echternach und Stablo fielen an seine spätgeborene Tochter Ermensinde, die 1214 Theobald von Bar und 1226 Walram III. von Limburg heiratete. Durch die Ehe Ermensindes von Luxemburg gelangten Ort und Markgrafschaft Arlon (Arel) als Mitgift an Luxemburg. Wenig später kam durch Heirat die Grafschaft Ligny hinzu. 1270 wurde Sankt Vith gekauft. Als im Erbfolgestreit um das Herzogtum Limburg 1288 Heinrich VI. bei Worringen fiel, ging Limburg an Brabant und mussten sich die Grafen auf L. und Arlon beschränken. Gleichwohl wurde Heinrich VII. 1308 König und 1312 Kaiser. 1310 trat er die Grafschaft an seinen Sohn Johann den Blinden ab, der gleichzeitig durch Heirat das Königreich Böhmen erwarb. Sein Sohn, Karl IV., verpfändete sein Stammland 1349 an Trier, übertrug die Grafschaft L. 1353 seinem Bruder Wenzel und erhob sie 1354 zum Herzogtum. 1355 vereinigte Wenzel L. durch Heirat mit Brabant, Limburg und der Markgrafschaft Antwerpen, erwarb 1364 durch Kauf die Grafschaft Chiny und löste die verpfändeten Gebiete wieder ein. Nach seinem Tod 1388 wurden Brabant, Limburg und Antwerpen wieder von L. getrennt. Als Herzog in L. folgte König Wenzel, der L. 1388 an seinen Vetter Jobst von Mähren verpfändete, über den das Pfandrecht an Elisabeth von Görlitz und Herzog Anton von Brabant und Limburg kam, die es aus Geldnot 1443 an Philipp von Burgund verkauften, wobei es als Reichslehen im Reich verblieb. Die Familie der Grafen bzw. Herzöge von L. starb 1437 im Mannesstamm aus. Es folgte der mit König Sigmunds Tochter Elisabeth verheiratete Habsburger Albrecht (V. bzw.) II., der 1437 König von Ungarn und Böhmen und 1438 König des Heiligen Römischen Reichs wurde. 1477/1493 kam L. über die Heirat Marias von Burgund mit Maximilian von Habsburg mit Burgund an Habsburg bzw. Österreich, 1555 an die spanischen Habsburger, blieb aber als Teil des burgundischen Reichskreises beim Reich. 1659 fiel Südluxemburg von Diedenhofen bis Montmédy an Frankreich, das 1684 auch das restliche Gebiet besetzte. Dieses kam 1714 wieder an Österreich, 1795/1797 aber erneut an Frankreich. 1814 wurde das Gebiet östlich von Mosel, Sauer und Our Preußen zugeteilt (Bitburg, Sankt Vith). 1815 wurde L. Großherzogtum und Mitglied des Deutschen Bundes, blieb jedoch bis 1890 als Entschädigung für den Verlust der nassauischen Erblande mit dem Königreich der Niederlande in Personalunion verbunden und wurde trotz seiner Souveränität wie eine niederländische Provinz regiert. Mit L. wurden Teile des früheren Hochstifts Lüttich und 1821 das Herzogtum Bouillon vereinigt. 1830/1839 wurde im Gefolge der belgischen Revolution, der sich L. anschloss, der westliche größere (wallonische) Teil Luxemburgs mit Arel bzw. Arlon an Belgien abgetreten, das östliche deutschsprachige Gebiet im Vertrag von London als Großherzogtum wiederhergestellt. 1841 erhielt L. eine landständische, am 9. 7. 1848 eine 1856 und 1868 revidierte demokratische Verfassung. 1866 schied L., das von 1842 bis 1919 dem Deutschen Zollverein angehörte, aus dem Deutschen Bund aus. 1867 wurde L. unter Zustimmung der europäischen Mächte gänzlich unabhängiger Staat. 1890 starb die ottonische Linie des Hauses Nassau-Oranien aus. Es folgte Großherzog Adolf aus der 1866 in Nassau entthronten walramischen Linie Nassau-Weilburg, womit die Personalunion mit den Niederlanden beendet war. 1912 erlosch auch die walramische Linie im Mannesstamm, doch hatte ein Hausgesetz von 1907 bereits die weibliche Erbfolge eröffnet (Großherzogin Maria Adelheid, Großherzogin Charlotte verheiratet mit Prinz Felix von

Bourbon-Parma). Seit 1918 verstärkte sich der Einfluss Frankreichs zusehends.

L.: Wolff 56; Wallner 701 BurgRK1; Großer Historischer Weltatlas III 38 (1789) F3, II 66 (1378) C/D 3/4, II 78 (1450) F3, III 38 (1789) A/B3; Faden, E., Brandenburg, in: Geschichte der deutschen Länder, Bd. 1; Vekene, E. van der, Les Cartes géographiques du Duché de Luxembourg, o. J.; Schötter, J., Geschichte des Luxemburger Landes, 1882 ff.; Hansen, J., Carte historique du Luxembourg, 1930; Urkunden- und Quellenbuch zur Geschichte der altluxemburgischen Territorien bis zur burgundischen Zeit, hg. v. Wampach, C., Bd. 1–10 1935 ff.; Renn, H., Das erste Luxemburger Grafenhaus 963–1136, 1941; Weber, P., Geschichte des Luxemburger Landes, 3. A. 1948; Schoos, J., Le développement politique et territorial du pays de Luxembourg dans la première moitié du 13e siècle, 1950; Meyers, J., Geschichte Luxemburgs, 1952; Uhlirz, M., Die ersten Grafen von Luxemburg, Deutsches Archiv 12 (1956); Gerlich, A., Habsburg – Luxemburg – Wittelsbach im Kampf um die deutsche Königskrone, 1960; Weber, P., Histoire du Grand-Duché de Luxembourg, 1961; Goedert, J., La formation territoriale du pays de Luxembourg, 1963; Atlas du Luxembourg, hg. v. Nationalen Erziehungsministerium, 1971; Ternes, C. M., Das römische Luxemburg, 1974; Dostert, P., Luxemburg zwischen Selbstbehauptung und nationaler Selbstaufgabe, 1985; Festschrift Balduin von Luxemburg, 1985; Hamer, P., Überlegungen zu einigen Aspekten der Geschichte Luxemburgs, 1986; Calmes, C., Die Geschichte des Großherzogtums Luxemburg, 1989; Pauly, M., Luxemburg im späten Mittelalter, Diss. phil. Trier 1990; Twellenkamp, M., Das Haus der Luxemburger, in: Die Salier, Bd. 1 1991, 475 ff.; Margue, M., Luxemburg, LexMA 6 1992, 28; Pauly, M., Luxemburg im späten Mittelalter, 1992 ff.; Reichert, W., Landesherrschaft zwischen Reich und Frankreich, 1993; Hoensch, J., Die Luxemburger, 2000; Franz, N., Die Stadtgemeinde Luxemburg, 2001; Escher, M. u. a., Die urbanen Zentren, 2005, 1, 453, 2, 373.

Luxueil (Reichsabtei). L. am Westrand der Vogesen wurde um 590 von dem Iren Columban nahe dem im 4. Jahrhundert oder erst um 450 zerstörten römischen Luxovium gegründet. Vom 11. bis 16. Jahrhundert war es Reichsabtei. Es hatte Güter im Rhônetal, in der Provence, im Elsass, in der Champagne und in Ponthieu (im 10. Jahrhundert möglicherweise 15000 Hufen), die sich im 11. Jahrhundert verminderten. 1248 unterstellte es sich dem Schutz des Herzogs von Lothringen, 1258 dem der Grafen von Champagne. 1534 wurde das Land der Abtei Burgund förmlich einverleibt. 1790 wurde L. in Frankreich aufgehoben.

L.: Großer Historischer Weltatlas II 66 (1378) D5; Prinz, F., Frühes Mönchtum in Frankreich, 1965; Moyse, G., Luxeuil, LexMA 6 1992, 34; Escher, M. u. a., Die urbanen Zentren, 2005, 2, 377.

Luzern (Kloster, Stadt, Kanton). Am Ausfluss der Reuß aus dem Vierwaldstättersee wurde wohl in der Mitte des 8. Jahrhunderts (um 750) ein St. Leodegar geweihtes Kloster gegründet, das vor 840 (1100?) der Abtei Murbach unterstellt wurde. 1178 erhob der Abt von Murbach den im Anschluss hieran gewachsenen Ort zur Stadt, die 1274 den besonderen Schutz des Reiches erhielt. 1291 verkaufte der Abt von Murbach seinen Anteil an L. an König Rudolf von Habsburg. Am 13. 11. 1332 verbündete sich L. mit Uri, Schwyz und Unterwalden und löste sich seitdem von Habsburg. 1370 erhielt es den Blutbann. 1380 kaufte es Weggis. 1386 gewann es die 1415 formell bestätigte Unabhängigkeit. Zugleich erwarb L. ein größeres Herrschaftsgebiet, das später Kanton der Schweiz wurde. 1479 löste L., das um 1350 etwa 4200 Einwohner und 1487 etwa 2800 Einwohner hatte, die letzten Rechte des Klosters (seit 1456 Chorherrenstifts) ab. Von 1798 bis 1803 war L. Hauptstadt der Helvetischen Republik.

L.: Wolff 520 f.; Großer Historischer Weltatlas II 72 (bis 1797) E2; Segesser, A. P. v., Rechtsgeschichte der Stadt und Republik Luzern, Bd. 3 1857; Schnyder, W. u. a., Geschichte des Kantons Luzern von der Urzeit bis zum Jahre 1500, 1932 ff.; Schaffer, F., Geschichte der luzernischen Territorialpolitik bis 1500, Geschichtsfreund 95 (1940/1941), 119; Luzern 1178–1978, 1978; Wicki, H., Bevölkerung und Wirtschaft des Kantons Luzern im 18. Jahrhundert, 1979; Dubler, A. M., Geschichte der Luzerner Wirtschaft, Luzern 1983; Aufbruch in die Gegenwart, hg. v. d. Jubiläumsstiftung, 1986; Marchal, G., Sempach 1386. Von den Anfängen des Territorialstaates Luzern, 1986; Glauser, F., Luzern 1291, Jb. d. hist. Ges. Luzern, 1991; Glauser, F., Luzern, LexMA 6 1992, 37.

Lychen (Land). L. in der Uckermark wurde 1248 durch den Markgrafen von Brandenburg gegründet. Von 1317 bis 1440 kam es mit dem zugehörigen Umland an Mecklenburg, danach an Brandenburg und damit von 1949 bis 1990 zur Deutschen Demokratischen Republik.

L.: Wolff 389; Metscher, G., Lychen einst und jetzt, 1937; Telle, J., Lychen im Wandel von 700 Jahren, 1951; Carsted, E., Chronik von Lychen, T. 1 ff. 1971 (Manuskript).

Lynar (Reichsritter). Im späten 16. Jahrhundert zählten die L. zum Kanton Gebirg des Ritterkreises Franken.

L.: Riedenauer 125.

M

Maasgau (Gau) (pagus Mosariorum 714) (Masao = Masuarien 633/656)

L.: Polenz, P. v., Landschafts- und Bezirksnamen, 1961, 298, II, 21, 24, 41, 45, 47 f., 55, III, 18 f., Masao, Masagouwe, Masaland II, Mashau, Mosavo, Masaugo, pagus Mosariorum, Mansuariones, zum Bevölkerungsnamen *Maswrjoz, s. Maasland, Masao; Nonn, U., Pagus und comitatus in Niederlothringen, 1983, 89.

Maasland (Masalant, Niedermaasland)

L.: Curs, O., Deutschlands Gaue im zehnten Jahrhundert. Nach den Königsurkunden, Diss. phil. Göttingen 1908, 13 (Kessel); Polenz, P. v., Landschafts- und Bezirksnamen, 1961, II, 48, 55, Masaland I, ‚Maasland' an der Maasmündung. s. Masaland, Masao.

Maastricht (Reichsstadt). M. an der Maas geht auf das römische Traiectum (Überfahrt) ad Mosam zurück. Seine nach dem ersten, in M. 384 verstorbenen Bischof von Tongern benannte Servatiuskirche stammt aus dem sechsten Jahrhundert. Bis zur Verlegung nach Lüttich im frühen 8. Jahrhundert war M. Sitz des Bischofs von Tongern. Das 889 dem Erzstift Trier gegebene Stift nahm Kaiser Otto I. 966 wieder an das Reich zurück. 1174 verpfändete Friedrich I. Barbarossa das dortige Reichsgut an den Bischof von Lüttich. Später (1284 festgelegt) stand M. unter der gemeinsamen Herrschaft der Bischöfe von Lüttich und der Herzöge von Brabant, die bis zum Ende des 18. Jahrhunderts beansprucht wurde. 1632 fiel M. durch Eroberung an die Niederlande, innerhalb deren es Hauptstadt der Provinz Limburg wurde.

L.: Wolff 54; Landwehr, G., Die Verpfändung der deutschen Reichsstädte im Mittelalter, 1967; Deeters, J., Servatiusstift und Stadt Maastricht, 1970; Ubachs, P., Twe heren, twee confessies. De verhouding van Staat en Kerk te Maastricht, 1975; Nonn, U., Pagus und Comitatus in Niederlothringen, 1983, 189; Deeters, J., Maastricht, LexMA 6 1992, 53; Escher, M. u. a., Die urbanen Zentren, 2005, 2, 379.

Macaire (Reichsritter). Der in Pforzheim lebende Jean de M. war 1686 Mitglied des Kantons Neckar des Ritterkreises Schwaben.

L.: Hellstern 209.

Machwitz (Reichsritter). Im 16. Jahrhundert zählten die M. zum Kanton Gebirg im Ritterkreis Franken.

L.: Riedenauer 125.

Maden (Dorf, Herrschaft). Das um 800 erstmals genannte M. bei Fritzlar war ursprünglich zusammen mit Gudensberg Hauptort der Grafschaft Hessen, verlor aber in der zweiten Hälfte des 13. Jahrhunderts seine Bedeutung. Im Dezember 1654 traten hier letztmals die Landstände Hessens zusammen. Über Hessen-Kassel kam M. 1866 zu Preußen (Hessen-Nassau) und 1945 zu Hessen.

Madfeldgau (Matfeld, Gau zwischen Diemel und Almequelle)

L.: Curs, O., Deutschlands Gaue im zehnten Jahrhundert. Nach den Königsurkunden, Diss. phil. Göttingen 1908, 13; Polenz, P. v., Landschafts- und Bezirksnamen, 1961, 298 II, 58, 60 f., 96, IV, 16, Matfeld, ‚Madfeld', Madfeld s. Matfeld; Niemeyer, W., Der pagus des frühen Mittelalters in Hessen, 1968, 177 (im Quellgebiet der Alme).

Madschiller (Reichsritter) s. Modschiedel, Modschiedl

Magenes (Gau)

L.: Curs, O., Deutschlands Gaue im zehnten Jahrhundert. Nach den Königsurkunden, Diss. phil. Göttingen 1908, 13 (Eining, s. Kelsgau).

Mägdeberg (Herrschaft). Der schon vorgeschichtlich besiedelte M. bei Singen kam vermutlich als alemannisches Herzogsgut bzw. fränkisches Königsgut im 8. Jahrhundert an Sankt Gallen und um 920 wohl durch Tausch an die Abtei Reichenau. 1343 wurde die zugehörige Herrschaft an die Reichenauer Ministerialen von Dettingen/Tettingen verpfändet und 1358 an die habsburgischen Herzöge von Österreich verkauft. Das Pfand kam 1359 von den Dettingen an Württemberg. 1481 musste Württemberg M. an Habsburg/Österreich herausgeben. Von 1518 bis 1528 als Pfand, dann als Erblehen kam die Burg M. an die Herren von Reischach, 1622–1638 an Johann Eggs, 1649–1656 an Hans Jakob von Buchenberg, 1657–1762 an die Freiherren bzw. Grafen von Rost und 1774–1840 an die Grafen von Enzenberg (Enzberg). M. gelangte über Baden 1951/1952 zu Baden-Württemberg.

L.: Hölzle, Beiwort 10; Dobler, E., Burg und Herrschaft Mägdeberg, 1959.

Magdeburg (Erzstift, Herzogtum). An einem Übergang wichtiger Straßen über die Elbe (Brücke um 1260 nachweisbar) wird 805 erstmals M. (slaw. Medeburu, Honigheide?, oder zu as. magath und as. burg) als Burg und Handelsplatz genannt. Nach einer Zerstörung am Beginn des 10. Jahrhunderts wurde M., das 929 im Heiratsgut der Gemahlin Ottos des Großen erscheint, um 936 durch Otto den Großen erneuert (937 Königshof, 942 Pfalz bezeugt). 937 stiftete er das 968 in ein Domstift umgewandelte Moritzkloster, 965 verlieh er das Marktrecht und 968 gründete er das ungewöhnlich kleine Erzbistum M. (erster Bischof Abt Adalbert von Weißenburg) als kirchliches Zentrum für die Gebiete östlich der Elbe, zu dem die Bistümer Brandenburg, Havelberg, Meißen (bis 1399), Merseburg, Posen (bis etwa 1000), Zeitz(-Naumburg) und Lebus (ab 1420) gehörten. Mit der Einrichtung des Erzbistums Gnesen im Jahre 1000 wurden die Ausdehnungsmöglichkeiten nach Osten beseitigt. Unter erzbischöflicher Herrschaft blühte der Ort als wichtiger Osthandelsplatz rasch auf. 1128 kaufte das Erzstift die Grafschaft Alsleben/Saale. Unter Erzbischof Wichmann (1152–1192) wurde 1166 die Reichsabtei Nienburg und durch Kauf das Gut der Pfalzgrafen von Sommerschenburg (1179) erworben und wurde 1188 Magdeburgs besonderes Recht aufgezeichnet, das später auf zahlreiche Ostsiedlungen übertragen wurde, für die M. meist auch die Funktion als Oberhof übernahm. Schon im 12. Jahrhundert begann eine gewisse Lösung der Stadt vom Stadtherrn (seit ca. 1240 Rat, 1294 faktischer Erwerb des Schultheißenamtes, jedoch 1331 Huldigungspflicht), die aber nie zur Reichsstandschaft des um 1400 etwa 30 000 Einwohner zählenden Ortes führte. Die Einführung der Reformation (1524) vertiefte den Gegensatz zwischen Stadt und Erzbischof, der seine Residenz 1503 nach Halle (bis 1714) verlegt hatte. Am 10. 5. 1631 verbrannte die Stadt bei der Eroberung durch Tilly fast vollständig. Im schon 1545 beginnenden Kampf um das Erzstift, dessen Herrschaft die Magdeburger Börde, die Länder Jerichow (zwischen Elbe und Havel bis zum Plauer See) und Jüterbog sowie die Gegend von Halle umfasste, wurde 1635 die Überlassung Magdeburgs an Prinz August von Sachsen erreicht, dann aber 1648 der Übergang Magdeburgs an Brandenburg/Preußen bestimmt, das sich nach dem Tod des letzten Administrators 1680 gegen Sachsen (Kursachsen) durchsetzte, das als Abfindung die Ämter Querfurt, Jüterbog, Dahme und Burg erhielt, das letztere aber 1687 an Brandenburg veräußerte. In Brandenburg war das Erzstift Herzogtum und zählte zum niedersächsischen Reichskreis. 1807 kam M. mit (1773) 5400 Quadratkilometern (91 Quadratmeilen) und 29 Städten zum Königreich Westphalen und wurde Sitz des Elbdepartements. 1814 fiel es an Preußen zurück. 1815 wurde M. Hauptstadt der Provinz Sachsen Preußens und Sitz des Regierungspräsidenten des Regierungsbezirks M. Seit 1. 7. 1945 gehörte M., das 1945 stark zerstört und im April 1945 von amerikanischen Truppen eingenommen wurde, zur sowjetischen Besatzungszone bzw. seit 1949 zur Deutschen Demokratischen Republik. Seit 1952 war es Hauptstadt eines der Bezirke der Deutschen Demokratischen Republik, der 1990 wieder im Land Sachsen-Anhalt aufging. Das Bistum M. wurde 1992/1994 Suffragan von Paderborn.

L.: Wolff 427 f.; Zeumer 552 ff. II b 2; Wallner 706 NiedersächsRK 4; Großer Historischer Weltatlas II 66 (1378) F2, III 22 (1648) E2, III 38 (1789) D1; Gringmuth-Dallmer, H., Magdeburg-Wittenberg, in: Geschichte der deutschen Länder, Bd. 1; Die Territorien des Reichs 2, 68; Regesta archiepiscopatus Magdeburgensis, Bd. 1–4 1876 ff.; Opel, J. O., Die Vereinigung des Herzogtums Magdeburg mit Kurbrandenburg, 1880; Urkundenbuch der Stadt Magdeburg, hg. v. Hertel, G., Bd. 1–3 1892 ff.; Wolter, F. A., Geschichte der Stadt Magdeburg, 1902; Kehr, P., Das Erzbistum Magdeburg und die erste Organisation der christlichen Kirche in Polen, 1920; Brackmann, A., Magdeburg als Hauptstadt des deutschen Ostens, 1931; Bauermann, J., Umfang und Einteilung der Erzdiözese Magdeburg, Zs. d. Vereins f. Kirchengesch. der Provinz Sachsen 29 (1933); Urkundenbuch des Erzstifts Magdeburg, Bd. 1 (937–1192), hg. v. Israel, F./Möllenberg, W., 1937; Wiebeck, G., Zur Methodik des Kartenvergleichs, 1938, Mitt. d. Reichsamts f. Landesaufnahme, Sonderheft 16; Rörig, F., Magdeburgs Entstehung und die ältere Handelsgeschichte, 1952; Schwineköper, B., Die Anfänge Magdeburgs, in: Vorträge und Forschungen 4 (1958), 389 ff.; Schlesinger, W., Kirchengeschichte Sachsens im Mittelalter, Bd. 1 f. 1962; Fischer, E., Magdeburg zwischen Spätabsolutismus und Bürgerlicher Revolution, Diss. Halle-Wittenberg 1966; Claude, D., Geschichte des Erzbistums Magdeburg bis in das 12. Jahrhundert, Bd. 1 1972 ff.; Geschichte der Stadt Magdeburg, hg. v. Asmus, H., 1975; Schrader, F., Ringen, Untergang und Überleben der katholischen Klöster in den Hochstiften Magdeburg und Halberstadt von der Reformation bis zum Westfälischen Frieden, 1977; Ebel, F., Magdeburger Recht, Bd. 1 f. 1983 ff.; Schrader, F., Stadt, Kloster und Seelsorge, 1988; Kintzinger, M., Magdeburg, LexMA 6 1992, 71; Burg – Burgstadt – Stadt, 1994; Repertorium der Policeyordnungen der frühen Neuzeit, hg. v. Härter, K./Stolleis, M., Bd. 2 1998; Beumann, H., Theutonum nova metropolis, 2000; Asmus, H./Wille, M., 1200 Jahre Magdeburg, 2000.

Magdeburg (Stadt) s. Magdeburg (Erzstift)

Magenheim (Herrschaft). Die Herrschaft M. mit der Stadt Brackenheim zählte um 1420 zu Württemberg. Brackenheim gelangte mit Württemberg 1951/1952 zu Baden-Württemberg.

L.: Bader, K., Der deutsche Südwesten, 2. A. 1978, 100.

Maggia, Maiental (Tal, Herrschaft). Das von der M. bis zum Lago Maggiore durchflossene Valle M. bzw. Maiental im Tessin war von 1411 bis 1422/1513 gemeine Herrschaft der Eidgenossen der Schweiz. Es kam später zum Kanton Tessin.

L.: Wolff 531; Großer Historischer Weltatlas II 72 (bis 1797) F4.

Magolsheim (reichsritterschaftliche Herrschaft). M. zählte zum Kanton Kocher des Ritterkreises Schwaben und kam zunächst zu zwei Dritteln, danach ganz an Württemberg und damit das Gebiet 1951/1952 zu Baden-Württemberg.

Mahlberg (Reichsstadt, Herrschaft). M. bei Lahr wird erstmals 1215 erwähnt. Es unterstand zunächst Ministerialen der Herzöge von Zähringen, die zugleich Vögte des Hochstifts Bamberg in der Ortenau waren. Nach dem Aussterben der Herzöge von Zähringen (1218) zog Kaiser Friedrich II. ihre Güter ein. 1241 wurde M. als Reichsstadt genannt. Seit 1246/1247 besetzten die Herren von Geroldseck die Stadt und erhoben sie zum Mittelpunkt ihrer Herrschaft M. Diese kam 1277 an die Linie Lahr-Mahlberg und 1426 über eine Erbtochter gegen die Ansprüche der Hauptlinie an die Grafen von Moers-Saarwerden. Nach Verpfändung an Baden 1442 erwarb dieses 1497 durch Kauf eine Hälfte der Herrschaft. Diese kam 1535 an Baden-Baden. Die verbliebene Moers-Saarwerdener Hälfte (Lahr) fiel 1527 durch Beerbung Moers' an Nassau-Saarbrücken. 1629 wurde die zum schwäbischen Reichskreis zählende, bis dahin ungeteilte Herrschaft real geteilt, wobei Mahlberg zu Baden (Baden-Baden) und Lahr zu Nassau (Nassau-Saarbrücken) kam. In beiden Teilen wurde 1558 die Reformation eingeführt. 1803 fiel auch Lahr an Baden und damit das Gebiet 1951/1952 an Baden-Württemberg.

L.: Wolff 165; Wallner 684 SchwäbRK 3; Binz, G., Die Stadt Mahlberg, 1923; Rieder, H., Die Stadt Mahlberg im Wandel der Zeiten, 1956; Roth, K., Die Stadt Lahr, 1961.

Mähren (Markgrafschaft, Markgrafentum). Bis in die Mitte des ersten vorchristlichen Jahrhunderts siedelten im „Gebiet an der March" zwischen der Böhmisch-Mährischen Höhe, den Ostsudeten, Westbeskiden, Kleinen Karpaten und dem Javornikgebirge Kelten, bis zum sechsten Jahrhundert Germanen (Quaden, Heruler, Rugier, Langobarden), danach um 530 von Norden und um 600 von Süden Slawen. Im 9. Jahrhundert (etwa ab 833) entstand das um 850 tributäre Bindungen an das Ostfrankenreich abschüttelnde Großmährische Reich (Swatopluk 870–894), nach dessen Zerfall im 10. Jahrhundert M. Streitobjekt zwischen Ungarn und Böhmen (Przemysliden) wurde. Nach kurzer Herrschaft Polens zu Beginn des 11. Jahrhunderts (um 1003–1010) fiel M. an Böhmen und wurde den nachgeborenen böhmischen Herzogssöhnen zugeteilt. 1182 erhielt es von Kaiser Friedrich I. Barbarossa die Reichsunmittelbarkeit als Markgrafschaft, blieb aber lehnsrechtlich an Böhmen gebunden und nur über dieses dem Reich angeschlossen. Danach erlebte M. bedeutenden Zuwachs an deutscher Bevölkerung. Hauptstadt wurde Olmütz (bis 1641), dann Brünn. Nach dem Aussterben der Markgrafen (1306) gab Karl IV. 1349 M. seinem Bruder Johann Heinrich. Mit dem Aussterben dieser Linie fiel M. an den König von Böhmen, danach an den späteren Kaiser Sigmund, der es 1423 seinem Schwiegersohn Herzog Albrecht von Österreich (König Albrecht II.) überließ. Nach dem Tod des nachgeborenen Sohnes Albrechts, Ladislaus Postumus, 1457 kam es an Polen, Ungarn und dann an Böhmen. 1526 fiel M. mit Böhmen nach der Schlacht von Mohacs endgültig an Österreich. Das Markgrafentum umfasste die Kreise Olmütz, Hradisch, Brünn, Znaim und Iglau. 1849 wurde M. Kronland in Österreich. Am 28. 10. 1918 wurde es Teil der Tschechoslowakei. Das Münchener Abkommen von 1938 löste die Landeshoheit auf, grenzte das nördliche, deutsch besiedelte Mähren-Schlesien als Regierungsbezirk Troppau vom tschechisch besiedelten Mittelmähren ab und gliederte das vorwiegend deutsch besiedelte Südmähren dem Regierungsbezirk Niederdonau an. Von März 1939 bis Mai 1945 bildete das verbleibende M. zusammen mit einem ebenfalls verkleinerten Böhmen das Reichsprotektorat Böhmen und M. Nach 1945 stellte die dritte tschechoslowakische Republik unter Vertreibung von etwa einer Million Deutschen die alten Landesgrenzen wieder her (1993 Tschechien, Tschechische Republik).

L.: Wolff 466 ff.; Großer Historischer Weltatlas II 34 (1138–1254) H4, II 66 (1378) I/K 4, II 78 (1450) H4, III 22 (1648) H4; Schwoy, F. J., Topographie vom Markgrafthum Mähren, Bd. 1–3 1793 ff.; Codex diplomaticus et epistolaris Moraviae, hg. v. Chlumecky u. a., Bd. 1–15 1836 ff.; Bretholz, B., Geschichte Mährens, Bd. 1 f. 1893 ff.; Juritsch, G., Die Deutschen und ihre Rechte in Böhmen und Mähren im 13. und 14. Jahrhundert, 1905; Bretholz, B., Geschichte Böhmens und Mährens, Bd. 1–4 1921 ff.; Peterka, O., Rechtsgeschichte der böhmischen Länder, Bd. 1 f. 1923–1928, Neudruck 1965; Kartographische Denkmäler der Sudetenländer, hg. v. Brandt, B., 10 Hefte 1930 ff.; Sudetendeutsches Ortsnamenbuch, hg. v. Gierach, K./Schwarz, E., 1932–1938; Grögler, A., Das Landkartenwesen von Mähren und Schlesien seit Beginn des 16. Jahrhunderts, 1943; Sudetendeutscher Atlas, hg. v. Meynen, E., 1954; Krallert, W., Atlas zur Geschichte der deutschen Ostsiedlung, 1958; Wegener W., Böhmen/Mähren und das Reich im Hochmittelalter, 1959; Schwarz, E., Volkstumsgeschichte der Sudetenländer, Bd. 2: Mähren-Schlesien, 1966; Glassl, H., Der mährische Ausgleich, 1967; Handbuch der Geschichte der böhmischen Länder, hg. v. Bosl, K., Bd. 1–4 1967 ff.; Schacherl, L., Mähren, 1968; Seibt, F., Deutschland und die Tschechen, 1974; Válka, J., Die Stellung Mährens im Wandel des böhmischen Lehensstaates, in: Europa 1500, 1986, 292 ff.; Bernt, A., Die Germanen und Slawen in Böhmen und Mähren, 1989; Hrabovec, E., Vertreibung und Abschub – Deutsche in Mähren 1945–1947, 2. A. 1996; Zemlicka, J., Mähren, LexMA 6 1992, 106; Deutsche Geschichte im Osten Europas, Böhmen und Mähren, hg. v. Prinz, F., 1993.

Maienfeld (Land). Das Land M. am Einfluss der Landquart in den oberen Rhein war zugewandter Ort bzw. Herrschaft eines zugewandten Ortes der Eidgenossenschaft der Schweiz. Es geht auf eine römische Station Magia zurück, die in karolingischer Zeit Königsgut war. Die Stadt M. wurde vermutlich von den Freiherren von Vaz errichtet. Später kam M. zu Graubünden.

L.: Die Kunstdenkmäler der Schweiz 9 (1957).

Maienfels (reichsritterschaftliche Burg). Auf der 1302 erstmals genannten Burg M. an der Brettach bei Heilbronn saß zunächst ein Zweig der Herren von Neudeck. Nach deren Aussterben war M. Ganerbengut (1426 Weiler, Urach, Venningen, Sickingen, später auch Schott von Schottenstein, Rauch von Winnenden, Gültlingen, Remchingen, Freyberg, Vellberg). Dieses wurde 1464 der Pfalz zu Lehen aufgetragen. 1505 gingen die Lehnsrechte weitgehend an Württemberg über. Nach 1500 erwarben die Gemmingen zwei Ganerbenanteile der Adelsheim und Vellberg. M. zählte zum Kanton Odenwald des Ritterkreises Franken. 1806 kam es an Württemberg und damit 1951/1952 an Baden-Württemberg. 1938 erwarben die Gemmingen von den Weiler den letzten fremden Ganerbenanteil am Schloss.

L.: Wolff 512.

Maienfels, Mayenfels (Reichsritter). Im frühen 17. Jahrhundert zählten M. zum Kanton Odenwald des Ritterkreises Franken.

L.: Riedenauer 125.

Maiental s. Maggia

Mailand (Stadtkommune, Stadtstaat, Herzogtum). Kaiser Diokletian († 313) erhob das vielleicht schon etruskische, danach auf einer Gründung der Insubrer beruhende, seit 222 v. Chr. römische Mediolanum in der Poebene, das schon in der Spätantike einen Bischof (erster sicher belegter Bischof um 200) bzw. Erzbischof beherbergte, 286 zur Residenzstadt. 489 geriet es unter die Herrschaft der Goten, nach schweren Zerstörungen (493, 539) 569 der Langobarden, unter denen es hinter Pavia zurücktrat, gleichwohl aber Sitz eines Herzogtums wurde. Nach Unterwerfung des langobardischen Reiches durch Karl den Großen 774 wurde M. Teil des fränkischen Reiches und Sitz eines Grafen. 951 kam es unter Otto dem Großen mit dem Königreich Italien erneut an das Reich und überflügelte allmählich Pavia, dessen Königspfalz 1024 zerstört wurde. Im 12. Jahrhundert wurde es mit seinen im Jahre 1097 nachweisbaren consules, die im 12. Jahrhundert die Grafschaftsrechte an sich zogen, Führer der gegen den Kaiser gerichteten lombardischen Städtebewegung, so dass es Kaiser Friedrich I. Barbarossa 1162 vollkommen zerstören ließ. 1167 begann der Wiederaufbau. 1183 musste der Kaiser nach der Niederlage von Legnano die städtische Selbstregierung unter der Oberhoheit des Reiches anerkennen. 1225 entstand ein Liber statutorum. 1240 kam die guelfische Familia della Torre an die Macht, ging 1259 zur Signorie über und erhielt 1274 von Rudolf von Habsburg das Reichsvikariat. 1277 wurde sie von der ghibellinischen Familie Visconti gestürzt, die 1294 das Reichsvikariat bestätigt bekam. Sie erlangte allmählich die

Herrschaft in ganz Mittelitalien und Oberitalien (Verona, Vicenza, Padua, Perugia, Assisi, Siena, Pisa, Bologna), 1380 das Reichsvikariat der Lombardei und 1395 durch Kauf die Erhebung der Herrschaft zum Herzogtum M. Im 15. Jahrhundert gingen große Teile verloren (Verona, Parma, Piacenza), die zum Teil an Venedig fielen, zum Teil selbständig wurden. 1447/1450 gelangte die Herrschaft nach dem Aussterben der Visconti (1447) über die Erbtochter an die Sforza. 1494 verlieh König Maximilian I. das Herzogtum an Lodovico il Moro. 1499 wurde M. von Frankreich, das Erbansprüche nach den Visconti geltend machte, erobert, das 1505 mit ihm belehnt wurde. 1512 wurde es ihm mit dem Tessin, Bormio, Veltlin und Chiavenna von der Schweiz entrissen, die nach dem Sieg Frankreichs 1515 aber nur den Tessin halten konnte. 1521 und erneut 1525 kam es an Karl V., dann an die Sforza, 1529 wieder an Frankreich und 1535 nach dem Aussterben der Sforza als erledigtes Lehen wieder an das Reich, das es an Karls V. Sohn Philipp II. und damit an die spanischen Habsburger (Spanien) ausgab. 1713/1714 fiel M. nach dem spanischen Erbfolgekrieg mit den Grafschaften Pavia und Angleria sowie den Markgrafschaften Castro und Malgrate an die deutschen Habsburger in Österreich. 1735 und 1748 mussten verschiedene Teile (Novara, Tortona) an Savoyen abgetreten werden, doch blühte M. infolge aufgeklärter Reformen rasch auf. 1797/1801 kam M. an Frankreich (Zisalpinische Republik, 1805 Königreich Italien), womit die Zugehörigkeit zum Reich erlosch. 1815 wurde es mit Venedig als Lombardo-Venetianisches Königreich Österreich zugeteilt. 1848 erhob sich M. vergeblich gegen Österreich. 1859 musste Österreich nach der Niederlage von Magenta M. aufgeben. M. kam zu Sardinien (Sardinien-Piemont) und damit zu Italien (1861).

L.: Großer Historischer Weltatlas II 66 (1378) E6, II 78 (1450) F4, III 22 (1648) D6; Cusani, F., Storia di Milano, Bd. 1–8 1861 f.; Anemüller, E., Geschichte der Verfassung Mailands in den Jahren 1075–1117, 1881; Ady, C. M., History of Milano under the Sforza, 1907; Muir, D., History of Milano under the Visconti, 1924; Visconti, A., Storia di Milano, 1937, Neudruck 1979; Cazzamini-Mussi, F., Milano durante la dominazione spagnola, 1947; Bosisio, A., Storia di Milano, 1958; Verri, P., Storia di Milano, Bd. 1–3 1962; Benedikt, H., Kaiseradler über dem Apennin, 1964; Dilcher, G., Die Entstehung der lombardischen Stadtkommune, 1967; Ferria, A., I terribili Sforza, 1970; Keller, H., Senioren und Vasallen. Untersuchungen über die Führungsschicht in den lombardischen Städten des 9.–12. Jahrhunderts, unter besonderer Berücksichtigung Mailands, 1972; Keller, H., Adelsherrschaft und städtische Gesellschaft in Oberitalien, 9.–12. Jh., 1979; Castellaneta, C., Storia di Milano, 2. A. 1976; Visconti, A., Storia di Milano, 1979; Blastenbrei, P., Die Sforza und ihr Heer, 1987; Ambrosiani, A./Chittolini, G., Mailand, LexMA 6 1992, 106; Hermes, R., Totius libertatis patrona, 1999; Zumhagen, O., Religiöse Konflikte und kommunale Entwicklung, 2001; Grillo, P., Milano in età comunale (1183–1276), 2001.

Mainau (Kommende des Deutschen Ordens). M. am Bodensee kam 724 aus konfisziertem alemannischem Herzogsgut bzw. fränkischem Königsgut bzw. alemannischem Herzogsgut an die Abtei Reichenau. Seit 1241 nannten sich Ministeriale nach M. Aus deren Erbe überließ Arnold von Langenstein 1271 die Insel und das davor gelegene Bodenseeufer unter Eintritt in den Deutschen Orden dem Deutschordenshaus Sandegg im Thurgau. Von 1272 bis 1805 gehörte sie mit der um 1500 erworbenen Herrschaft Blumenfeld im Hegau als Teil der Ballei Elsass und Burgund (Elsass-Schwaben-Burgund) dem Deutschen Orden. Sie zählte zum schwäbischen Reichskreis. 1805 fiel sie an Baden. Von Großherzog Friedrich II. kam das Eigentum an M. 1928 an seine Schwester Königin Viktoria von Schweden und 1930 an deren Enkel Graf Lennart Bernadotte.

L.: Wolff 195; Wallner 687 SchwäbRK 34; Roth von Schreckenstein, K. H., Die Insel Mainau, 1873; Babo, W. Frhr. v., Die Deutschordenskommende Mainau in den letzten Jahrzehnten vor der Säkularisation und ihr Übergang an Baden, 1952; Feger, O., Die Deutschordenskommende Mainau, 1958; Egg, E., Geschichte der Insel Mainau, 1958; Das Urbar der Deutschordenskommende Mainau von 1394, bearb. v. Diefenbacher, M., 1989.

Mainberg (Herrschaft). M. am Main in der Nähe von Schweinfurt wird erstmals 1245 erwähnt. Es war ursprünglich Reichsgut und kam als Mittelpunkt einer Herrschaft über die Herren von Wildberg (1245), von Gründlach, von Barby (1303) 1305 an die Grafen von Henneberg, die es 1542 mit 16 Ortschaften gegen Meiningen an das Hochstift Würzburg abgaben. 1806 gehörte es zum Großherzogtum Würzburg, 1814 kam es zu Bayern.

L.: Wolff 100; Scherzer, W., Schloss Mainberg, Schweinfurter Heimatblätter 32 Nr. 8 ff.

Mainbernheim (Reichsdorf). Am 19. 4. 1172 nahm Friedrich I. Barbarossa das bisher freie,

889 erstmals erwähnte Dorf Bernheim bei Kitzingen gegen Entrichtung von jährlich 25 Scheffel Weizen in den Reichsschutz. Später wurde es an die Grafen von Castell verpfändet. Rudolf von Habsburg willigte am 9. 2. 1282 in die Verpfändung durch Graf Heinrich von Castell an Bernhard Kilotho ein, weitere Verpfändungen folgten. 1525 kam es an die Burggrafen von Nürnberg bzw. Markgrafen von Ansbach. 1628 wurde aus der Pfandschaft Böhmens ein Lehen. Seit dem 16. Jahrhundert wurde der Name M. üblich. Mit Ansbach kam der Ort über Preußen (1791) 1805 an Bayern.

L.: Dacheröden 255; Wolff 108; Hugo 458.

Maingau (Moynichgouue, Moinehgouue, Moiinegouwe, Moiinegouwes, Moiinegouues, Moyngowe, Gau südlich des unteren Mains)

L.: Curs, O., Deutschlands Gaue im zehnten Jahrhundert. Nach den Königsurkunden, Diss. phil. Göttingen 1908, 13 (Ostheim, Dettingen, Mainaschaff, Umstadt, Seligenstadt, Dietesheim); Polenz, P. v., Landschafts- und Bezirksnamen, 1961, 298 s. Moinahgouwe, II, 16, 24, 26 f., 29, Moinahgouwe, ‚Maingau'; Niemeyer, W., Der pagus des frühen Mittelalters in Hessen, 1968, 95 (Großumstadt, Bellingen, Rumpenheim, Kleinwelzheim).

Mainz, Dompropstei (Reichsritterschaft). Die Dompropstei zu M. war wegen Heddernheim Mitglied des Kantons Mittelrheinstrom des Ritterkreises Rhein.

L.: Winkelmann-Holzapfel 156.

Mainz (Erzstift, Kurfürstentum). M. am verkehrsgünstig gelegenen Einfluss des Mains in den Rhein geht auf eine keltische, vielleicht nach dem Gott Mogon(tius) benannte Siedlung zurück, der um 15 (18–13) v. Chr. die Errichtung eines römischen Militärlagers folgte, das 44 n. Chr. als Mogontiacum erstmals bezeugt ist. Infolge seiner günstigen Lage entwickelte es sich als Handelsplatz so gut, dass es im 3. Jahrhundert ummauert, um 297 v. Chr. civitas genannt und dann zum Vorort der neugebildeten Provinz Germania prima gemacht wurde. Seit 346 (gesichert seit etwa 540/550, Bischof Sidonius) sind Bischöfe von M. erwähnt. Seit dem Ende des 5. Jahrhunderts (um 500) war der in der Völkerwanderung stark zerstörte Ort fränkisch. 746/747–754 hatte Bonifatius als Erzbischof das Bistum, dem er die Bistümer Büraburg und Erfurt eingliederte, inne. 780/781 oder 782 wurde das Bistum endgültig zum Erzbistum erhoben. Dieses Erzbistum reichte von Chur über Konstanz, Augsburg, Straßburg, Eichstätt, Speyer, Würzburg, Paderborn, Verden und Hildesheim bis Brandenburg und Havelberg, von M. und Worms bis Prag und Olmütz (bis 1344), wurde aber 968 durch die Errichtung Magdeburgs und später durch die Errichtung Prags (1343/1344) sowie die Abtrennung Verdens und Halberstadts (1648) verkleinert. Der Erzbischof war Primas Germaniae, hatte das Recht der Krönung des König (1054 Köln), war seit 965 ständig Erzkanzler des Reiches (mit dem Recht der Berufung zur Königswahl und der Leitung der Wahl) und wurde als solcher im 13. Jahrhundert einer der sieben Kurfürsten. Die Schwerpunkte der Güter des Hochstifts lagen im Rheingau (983 [Gau-]Algersheim, Bingen, sog. Unterstift), am Main (Aschaffenburg u. a.), im Taubertal (Tauberbischofsheim), im Spessart (Lorsch 1232), im Kinzigtal, in Hessen (1114–1137 Amöneburg, ursprünglich Reichsgut Kirchhain, Fritzlar, Naumburg), in Thüringen (Erfurt) und auf dem Eichsfeld (seit 1100), auf dem 1342 noch das Untereichsfeld (Duderstadt) durch Kauf erworben wurde. Seit dem 14. Jahrhundert wurde das Erzstift immer stärker von den Landgrafen von Hessen und den Pfalzgrafen bei Rhein bedrängt. Von 1244 bis 1462 gewann die Stadt M. faktisch weitgehende Unabhängigkeit vom Erzbischof (1331 freie Stadt des Reiches) und zwang ihn zur Verlegung seines Sitzes nach Eltville bzw. Aschaffenburg. Anlässlich einer der zahlreichen Doppelwahlen auf den Erzbischofsstuhl kam es 1461 zur Mainzer Stiftsfehde, in deren Folge das Erzstift seine wichtigsten Stellungen in Hessen an die Landgrafen von Hessen und im Rhein-Odenwald-Gebiet (Lorsch, Güter an der Bergstraße) an die Pfalzgrafen verlor, aber die Herrschaft über die Stadt M. wieder gewann. 1476/1477 wurde in M. von Erzbischof Diether von Isenburg eine bis 1792/1814/1816 bestehende Universität begründet. Durch die Reformation wurde das zum kurrheinischen Reichskreis zählende Erzstift M. weiterer Gebiete beraubt, konnte aber in der ersten Hälfte des 17. Jahrhunderts (1648) einige früher verlorene Güter an der Bergstraße sowie 1664 Erfurt zurückgewinnen. Am 1. 1. 1756 wurde das Mainzer Landrecht vom 24. 7. 1755 in Kraft gesetzt. Im ausgehenden 18. Jahrhundert zählte der Erzbischof wegen Kronberg mit

Eschborn und Niederhöchstadt sowie wegen des 1781 von den Forstmeister von Gelnhausen erworbenen Aufenau, mit Neudorf und Schloss Kinzighausen zum Kanton Mittelrheinstrom des Ritterkreises Rhein. Außerdem war er etwa zu dieser Zeit auch Mitglied des Kantons Odenwald des Ritterkreises Franken. Am Ende des 18. Jahrhunderts umfasste das Erzstift nach Erwerbung des Amts Kronberg im Taunus etwa 170 Quadratmeilen (8260 Quadratkilometer) mit 400 000 Einwohnern und 1,4 Millionen Gulden Einkünften. 1792/1793 fielen die linksrheinischen Güter an Frankreich (M. wurde von 1801 bis 1814 Hauptstadt des Departements Donnersberg), das 1804 den Code civil einführte. 1803 erhielt Preußen Erfurt (11,75 Quadratmeilen), das Eichsfeld (36 Quadratmeilen, Untereichsfeld an Hannover abgetreten) und weitere Güter in Thüringen. Andere Güter fielen an Hessen-Darmstadt (Oberstift, Ämter an der Bergstraße und im Odenwald, 11,25 Quadratmeilen), Hessen-Kassel (Ämter in Hessen) und Nassau-Usingen (Nassau) (Rheingau, 18 Quadratmeilen). Den Rest des Erzstifts, die Fürstentümer Aschaffenburg, Regensburg (mit Sankt Emmeram, Obermünster und Niedermünster), die Grafschaft Wetzlar und mehrere Ämter (Aufenau, Lohr, Orb, Prozelten [Stadtprozelten] Klingenberg, Aura [Aurach]) wurden durch § 25 des Reichsdeputationshauptschlusses vom 25. 2. 1803 zum Staat des Kurerzkanzlers Karl Theodor von Dalberg (1806 Fürstprimas des Rheinbundes) zusammengefasst (1810 Großherzogtum Frankfurt). 1816 kam M. als Hauptstadt der neugeschaffenen Provinz Rheinhessen an Hessen-Darmstadt. Das Bistum M. wurde 1821 Suffragan der Erzdiözese Freiburg. 1949 wurde das 1942/1945 stark zerstörte M., in dem 1946 erneut eine Universität eingerichtet worden war, Hauptstadt von Rheinland-Pfalz.

L.: Wolff 79; Zeumer 552 I 1; Wallner 699 KurrheinRK 1; Großer Historischer Weltatlas II 34 (1138–1254) F4, II 66 (1378) E3, II 78 (1450) F4, III 22 (1648) D4, III 38 (1789) B3; Winkelmann-Holzapfel 156; Riedenauer 129; Demandt, K., Die Mittelrheinlande, in: Geschichte der deutschen Länder, Bd. 1; Die Territorien des Reichs 4, 60; Schwab, K. A., Geschichte der Stadt Mainz, Bd. 1–4 1841 ff.; Böhmer, J. F., Regesta archiepiscoporum Maguntiensium (bis 1374), Bd. 1 f. 1877 ff., Neudruck 1966; Hegel, C., Verfassungsgeschichte von Mainz im Mittelalter, 1882; Monumenta Moguntina, hg. v. Jaffe, P., in: Bibliotheca rerum Germanicarum 3, 1886; Goldschmidt, H., Zentralbehörden und Beamtentum im Kurfürstentum Mainz vom 16. bis zum 18. Jahrhundert, 1908; Hensler, E., Verfassung und Verwaltung von Kurmainz um das Jahr 1600, 1909; Bockenheimer, K. G., Beiträge zur Geschichte der Stadt Mainz, Bd. 1–12 1910 ff.; Humpert, T., Die territoriale Entwicklung von Kurmainz, 1913; Vigener, F., Regesten der Erzbischöfe von Mainz 1286–1396, Bd. 1 f. 1913 ff.; Schrohe, H., Mainz in seinen Beziehungen zu den deutschen Königen und den Erzbischöfen der Stadt bis zum Untergang der Stadtfreiheit (1462), 1915; Stimming, M., Die Entstehung des weltlichen Territoriums des Erzbistums Mainz, 1915; Schrohe, H., Die Stadt Mainz unter kurfürstlicher Verwaltung (1467–1792), 1920; Klibansky, E., Die topographische Entwicklung der kurmainzischen Ämter in Hessen, 1925; Mainzer Urkundenbuch, hg. v. Stimming, M./Acht, P., Bd. 1 f. 1932 ff.; Kissel, O. R., Neuere Territorial- und Rechtsgeschichte des Landes Hessen, 1961; Dertsch, A., Die Urkunden des Stadtarchivs Mainz, Regesten 635–1400, Teil 1–4 1962 ff.; Erler, A., Die Mainzer Stiftsfehde 1459–1463 im Spiegel mittelalterlicher Rechtsgutachten, 1963; Geschichte der Stadt Mainz, hg. v. Brück, A. P./Falck, L., Bd. 1 ff. 1972 ff.; Demandt, D., Stadtherrschaft und Stadtfreiheit im Spannungsfeld von Geistlichkeit und Bürgerschaft in Mainz (11. bis 15. Jahrhundert), 1977; Gerlich, A., Der Aufbau der Mainzer Herrschaft im Rheingau, Nassauische Annalen 96 (1985); Rödel, W. G., Mainz und seine Bevölkerung im 17. und 18. Jahrhundert, 1985; Fischer, W., Die verfassungsgeschichtlichen Grundlagen des Mainzer Oberstifts, T. 1 f., Aschaffenburger Jb. 10 ff. (1986 ff.); Jürgensmeier, F., Das Bistum Mainz, 1988; Mathy, H., Tausend Jahre St. Stephan in Mainz, 1990; Hollmann, M., Das Mainzer Domkapitel im späten Mittelalter (1306–1476), 1990; Falck, L./Corsten, S./Gerlich, A., Mainz, LexMA 6 1992, 131; Heinemeyer, K., Territorien ohne Dynastie, Hess. Jb. f. LG. 44 (1994), 1; Repertorium der Policeyordnungen der frühen Neuzeit, hg. v. Härter, K./Stolleis, M., Bd. 1 1997; Erzstift und Erzbistum Mainz, hg. v. Jürgensmeyer, F., 1997; Mainz, hg. v. Dumont, F. u. a., 1998; Semmler, J., Series episcoporum Moguntinorum, Archiv für mittelrheinische Kirchengeschichte 50 (1998), 423; Rettinger, E., Die Umgebung der Stadt Mainz, 2002; Jendorff, A., Verwandte, Teilhaber und Dienstleute, 2004; Escher, M. u. a., Die urbanen Zentren, 2005, 1, 485; Grathoff, S., Mainzer Erzbischofsburgen, 2005.

Mainz (freie Stadt des Reiches). Von 1244/1331 bis 1462 gewann die Stadt M. faktisch weitgehend Unabhängigkeit vom Erzbischof als Stadtherrn. S. Mainz (Erzstift).

L.: Wolff 79; Mainz, hg. v. Dumont, F. u. a., 1998; Bausteine zur Mainzer Stadtgeschichte, hg. v. Matheus, M. u. a., 2002; Escher, M. u. a., Die urbanen Zentren, 2005, 2, 382.

Mainz (Republik). Am 17. 3. 1793 erklärte der aus Abgeordneten von etwa 130 Gemeinden bestehende rheinisch-deutsche Nationalkonvent in Mainz nach dem Einmarsch des französischen Generals Custine das Gebiet zwischen Bingen und Landau zu einem unabhängigen Staat mit dem Volk als einzigem rechtmäßigem Souverän. Am 21. 3. 1793 beantragte er die Vereinigung mit Frankreich. Am 23. 7. 1793 wurde Mainz nach viermonatiger Belagerung an Preußen übergeben, womit die Republik Mainz endete.

L.: Die Mainzer Republik. Der Rheinisch-deutsche Nationalkonvent, hg. v. Landtag des Landes Rheinland-Pfalz, 1993; Herrgen, J., Die Sprache der Mainzer Republik, 2000.

Mairhofen s. Mayerhofer

Malaspina (Reichsfürst). Seit 1124 sind als Nachkommen der Otbertiner in Oberitalien Mitglieder einer Familie belegt, die sich später M. nannte. 1221 teilte das Geschlecht die Güter längs der Magra. Seine Ländereien zählten trotz weiterer Teilungen zu den am längsten lehnrechtlich eingebundenen Gebieten Italiens und waren bis zum Ende des 18. Jahrhunderts reichsunmittelbar. 1693 erhob Kaiser Leopold I. Carlo M. zum Reichsfürsten. 1714 verkaufte das Reich die den Doria entzogenen Herrschaften Calice und Veppo an M. Hinzu kam die eingezogene Herrschaft Avulla (Malaspina-Podenzana).

L.: Klein 167; Porcacchi, T., Historia dell'origine et successione dell'illustrissima famiglia Malaspina, 1585; Conti, P., Malaspina, LexMA 6 1992, 163.

Malberg (Herren). Nach der Burg M. bei Bitburg nannten sich seit 1008 bezeugte, um 1280 ausgestorbene Herren von M.

Malerseck, Seck? (Reichsritter). Im frühen 16. Jahrhundert zählten die M. zum Kanton Gebirg des Ritterkreises Franken.

L.: Riedenauer 125.

Malgrate (Markgrafschaft). Im 18. Jahrhundert zählte M. zu dem von Österreich beanspruchten Lehen Herzogtum Mailand.

L.: Aretin, Das alte Reich 2, 374.

Malmedy (gefürstete Abtei, reichsunmittelbare Abtei), Malmédy. Die Abtei M. in den Ardennen bei Lüttich wurde kurz vor 650 (648) wie die Abtei Stablo durch König Sigibert bzw. den heiligen Remaclus auf Königsgut gegründet. Seit dieser Zeit waren M. und die Abtei Stablo eng verbunden. M. war ein Mittelpunkt der kluniazensischen Reform. 1794 verlor es die Reichsunmittelbarkeit und wurde 1796 aufgehoben. Von 1815 bis 1918 gehörte M. zu Preußen, bis 1920 (sowie vom 18. 5. 1940 bis 1944/1945) zum Deutschen Reich, danach zu Belgien.

L.: Wolff 333; Großer Historischer Weltatlas II 66 (1378) D3, III 38 (1789) B2; Halkin, J./Roland, C., Recueil des chartes de Stablo-Malmedy, Bd. 1 f. 1909 ff.; Kraus, T., Eupen-Malmédy-St. Vith, 1934; Kaufmann, K. L., Der Grenzkreis Malmédy, 2. A. 1963; George, P., Malmedy, LexMA 6 1992, 175.

Malteserorden s. Johanniterorden

Manderscheid (Herren, Grafen [Herrschaft, Grafschaft]). In M. bei Wittlich in der Eifel gab es eine Oberburg, die vor 1147 an das Erzstift Trier kam, und eine Unterburg, die Sitz der Herren von M. war. Die Herren von M. hatten die Vogtei des Klosters Echternach und waren Lehnsleute der Grafen von Luxemburg. Ihre Herrschaft fiel nach dem Aussterben der Familie um 1200 an die Herren von Kerpen bei Daun, die um 1250 eine besondere Linie Manderscheid-Kerpen gründeten. Die Herren von Kerpen beerbten im 15. Jahrhundert die Familien Schleiden (1435/1450 bzw. um 1440, Gewinn u. a. Jünkeraths) und Blankenheim (1468/1469, Gewinn u. a. Gerolsteins). 1457 wurde M. Reichsgrafschaft. 1487 erlangten die Herren seitens Virneburgs Neuerburg und Kronenburg, um 1500 Teile von Kerpen, Virneburg und Dollendorf. 1488 teilte sich das Haus M. (und Blankenheim) in den Zweig Manderscheid-Blankenheim (Blankenheim), den Zweig Manderscheid-Schleiden (Schleiden) und den Zweig Manderscheid-Kail (Kail). Der Zweig Manderscheid-Blankenheim zerfiel 1524 in die Linien Manderscheid-Blankenheim (mit Blankenheim, Jünkerath und einem Anteil an der Herrschaft Mechernich) und Manderscheid-Gerolstein (mit Gerolstein [bis 1697]). Zu Manderscheid-Schleiden gehörten Kasselburg, Kerpen (1525), M., Schleiden und Kronenburg sowie Neuerburg und seit 1545/1554 die Grafschaft Virneburg und die Herrschaft Saffenburg. Der Zweig Manderscheid-Kail hatte Dorf Salm, Vogtei Lüxem (Luxem) und seit 1527 die Herrschaft Dollendorf in der Eifel sowie seit 1593 Neuerburg. Nach dem Aussterben der Linie Manderscheid-Schleiden kam es zu langwierigen Erbstreitigkeiten. Der 1780 erlöschenden Linie Manderscheid-Blankenheim, die 1742 die Linie Manderscheid-Kail beerbt hatte, folgten die Grafen von Sternberg. 1794 wurde M. von Frankreich besetzt. 1814 kam es an Preußen, 1946 an Rheinland-Pfalz.

L.: Wolff 83; Neu, P., Geschichte und Struktur der Eifelterritorien des Hauses Manderscheid, Rhein. Archiv

80 (1972); Neu, P., Manderscheid und das Reich, Rhein. Vjbll. 36 (1972), 53 ff.; Die Manderscheider, 1990 (Katalog); Janssen, W., Manderscheid, LexMA 6 1992, 186.

Manderscheid-Blankenheim (Reichsgrafschaft). Die Grafen von M. waren eine nach dem erbweisen Anfall Blankenheims (1468/1469) an Manderscheid 1488 entstandene Linie der Grafen von Manderscheid, die nach der Reichsmatrikel von 1776 dem niederrheinisch-westfälischen Reichskreis zugehörte. Sie erlosch 1780 im Mannesstamm. Ihre Güter kamen über Augusta von Manderscheid an die böhmischen Grafen von Sternberg, die für den mit der Besetzung durch Frankreich 1794 erfolgenden Verlust ihrer linksrheinischen Güter 1803 mit den Abteien Schussenried und Weißenau entschädigt wurden. Über Preußen (Rheinprovinz) gelangten die linksrheinischen Güter 1946 zu Nordrhein-Westfalen.

L.: Gumpelzhaimer 160.

Manderscheid-Gerolstein (Grafen). Die Burg Gerhardstein in der Eifel fiel mit der zugehörigen Herrschaft 1469 an die Grafen von Manderscheid und 1488 die Linie Manderscheid-Blankenheim. Seit 1524 war Gerolstein eine selbständige Nebenlinie (bis 1697). Sie gehörte nach der Reichsmatrikel von 1776 zum niederrheinisch-westfälischen Reichskreis. 1794 wurde Gerolstein von Frankreich besetzt. 1815 kam es an Preußen und 1946 zu Rheinland-Pfalz.

L.: Gumpelzhaimer 160; Dohm, B., Gerolstein in der Eifel, 2. A. 1965.

Manderscheid-Kail s. Manderscheid

Manderscheid-Kerpen s. Manderscheid, Kerpen

Manderscheid-Schleiden (Grafen). 1488 bildeten die Grafen von Manderscheid, die 1435/1450 die Herren von Schleiden beerbt hatten, die Linie M. (mit Manderscheid). Sie erwarb durch Heirat die Herrschaften Kronenburg und Neuerburg, Kerpen (1525) und als Erbe die Grafschaft Virneburg (1545). Nach ihrem Aussterben 1593 kam es zu langwierigen Erbstreitigkeiten. Schleiden und Neublankenheim fielen an die Grafen von der Mark. Unter den Grafen von der Mark-Schleiden wurde Schleiden 1602 zur Reichsgrafschaft erhoben. Sie gehörte nach der Reichsmatrikel von 1776 zum niederrheinisch-westfälischen Reichskreis. Schleiden fiel 1815 an Preußen und 1946 an Rheinland-Pfalz.

L.: Gumpelzheimer 161.

Mannheim (Stadt). M. erscheint erstmals 776 (Mannenheim) in der Überlieferung Lorschs. Mit der Burg Rheinhausen an der Einmündung des Neckars in den Rhein kam es im Hochmittelalter von den Herren von Husen an Markward von Annweiler. 1250 zogen die Pfalzgrafen bei Rhein alle Rechte an sich. 1606 gründete Kurfürst Friedrich IV. von der Pfalz die Festung Friedrichsburg und schloss daran eine rational geplante neue handelsstädtische Siedlung M. an. 1720 verlegte Kurfürst Karl Philipp die Residenz von Heidelberg nach M., wo sie bis zum Wechsel nach München (1778), der dem Erbanfall Bayerns folgte, verblieb. 1802/1803 kam M. an Baden und damit 1951/1952 zu Baden-Württemberg.

L.: Wolff 90; Feder, H. v., Geschichte der Stadt Mannheim, Bd. 1 ff. 1875 ff.; Pleve, E., Zur Entwicklungsgeschichte der Stadt Mannheim, 1955; Mannheim im Kaiserreich, hg. v. Lindemann, A., 2. A. 1988.

Mansbach, Mannsbach (Reichsritter). Die M. zählten vom 16. bis zum 18. Jahrhundert (mit M., Glaam, Oberbreizbach und Wenigentaft) zum Kanton Rhön-Werra des Ritterkreises Franken, vielleicht auch zum Kanton Baunach sowie mit Höchst zum Kanton Mittelrheinstrom des Ritterkreises Rhein. Über Hessen-Kassel und Preußen (1866) kamen die fränkischen Güter 1945 zu Hessen.

L.: Genealogischer Kalender 1753, 547; Stieber; Seyler 371 f.; Winkelmann-Holzapfel 156; Riedenauer 125.

Mansbach (reichsritterschaftliche Herrschaft). Seit 1232 erscheinen ministerialische Herren von M. bei Hünfeld, die zwischen Fulda, Hersfeld und Hessen eine teilweise selbständige Herrschaft errichteten. Im 17. Jahrhundert erreichten die Herren nach langen Rechtsstreitigkeiten die Aufnahme in den Kanton Rhön-Werra des Ritterkreises Franken. 1651 verkauften sie die Hälfte der Güter an den hessischen Generalleutnant Johann Geyso. Bis zur Mediatisierung in Hessen-Kassel 1806 enthielt M. 3 Rittergüter, die von Fulda als landsässig beansprucht wurden, tatsächlich aber reichsunmittelbar waren. Über Preußen (Hessen-Nassau) (1866) gelangte M. 1945 zu Hessen. S. Geyso zu M.

L.: Wolff 514.

Mansfeld (Grafen, Grafschaft). Um 1060 (1063) werden Grafen sichtbar, die sich bald nach der etwa 1075 erbauten, 1229 genannten Burg M. an der Wipper am Ostrand des Harzes nannten und (als Nachfolger der Wettiner?) zwischen Wipper, Saale und Unstrut (Hassegau) in Eisleben, Hettstedt, Querfurt sowie Sangerhausen begütert waren. Das Geschlecht verlor nach einer Niederlage 1115 erheblich an Bedeutung und erlosch 1229 im Mannesstamm. Die Grafschaft kam durch weibliche Erbfolge an die Herren (Burggrafen) von Querfurt, die sich seit 1262/1264 Grafen von M. nannten, die Güter erheblich vermehrten (u. a. Kupferbergbau) und 1432 in der Reichsmatrikel erschienen. Infolge starker Verschuldung wie mehrfacher Teilung seit 1420/1475/1501 (1475 Mansfeld-Vorderort, Mansfeld-Hinterort, hiervon Mansfeld-Mittelort [bis 1567]) ging die Reichsunmittelbarkeit der Grafschaft zwischen Selke, Saale und unterer Helme im 15. Jahrhundert verloren. Die Grafschaft wurde 1484 hinsichtlich des kaiserlichen Bergregals Lehen Sachsens (Kursachsens) und hinsichtlich anderer Güter Lehen der Bischöfe von Halberstadt und Magdeburg. 1570/1573 kam M. schuldenhalber unter die Verwaltung Sachsens und Magdeburgs (bzw. 1680 Brandenburgs bzw. Preußens [1716 aufgehoben]). Als die letzte der auf Grund der seit 1420/1475 erfolgten Teilungen entstandenen Linien, die 1600 in den Reichsfürstenstand erhobene, katholische, 1502 von Mansfeld-Vorderort abgespaltete und seit 1710 allein bestehende Linie Mansfeld-Bornstedt 1738/1780 erlosch, wurde die 20 Quadratmeilen große, dem obersächsischen Reichskreis angehörige Grafschaft zwischen Preußen (zwei Fünftel) und Sachsen (drei Fünftel) geteilt. Der preußische Anteil der Grafschaft enthielt den Kreis M. mit den Städten M. und Leimbach und den Ämtern Klostermansfeld (Kloster M.), Unteramt Friedeburg (Unterfriedeburg), Gerbstedt (Gerbstädt), Großörner, Neu Asseburg (Neuasseburg), Hedersleben, Leimbach, Helmsdorf, Burgörner, Polleben und Helbra, und den Kreis Schraplau mit den Ämtern Friedeburg, Helfta, Holzzelle, Schraplau, Bennstedt (Benstedt), Seeburg und Erdeborn. Der sächsische Anteil umfasste die Städte Eisleben und Hettstedt und die Ämter Eisleben, Wimmelburg, Bornstedt, Arnstein-Endorf, Walbeck, Oberwiederstedt, Rammelburg, Leinungen-Moringen (Leiningen-Morungen), Artern und Voigtstedt (Bockstedt). Die von der Linie Bornstedt zwischenzeitlich erworbenen böhmischen Allodialgüter, deretwegen sie als Fürsten von Fondi 1600 den Reichsgrafenstand erlangt hatten, und der Name gingen über die Erbtochter Maria Isabella an das österreichische Haus Colloredo (Colloredo-Mansfeld). Der preußische Anteil gehörte von 1807 bis 1813 zum Königreich Westphalen, kam dann aber wieder an Preußen zurück. Der sächsische Anteil fiel 1815 ebenfalls an Preußen und wurde der Provinz Sachsen eingegliedert. 1945 kam M. an die sowjetische Besatzungszone und damit von 1949 bis 1990 an die Deutsche Demokratische Republik. S. Sachsen-Anhalt.

L.: Wolff 413 f.; Wallner 710 ObersächsRK 13 a, b; Großer Historischer Weltatlas II 66 (1378) F3, III 22 (1648) E3, III 38 (1789) D2; Gringmuth-Dallmer, H., Magdeburg-Wittenberg, in: Geschichte der deutschen Länder, Bd. 1; Die Territorien des Reichs 6, 78; Krumhaar, K., Die Grafen von Mansfeld und ihre Besitzungen, 1872; Leers, R., Geschichtskunde der Grafen von Mansfeld, Mansfelder Bll. 21 (1907); Möllenberg, W., Das Mansfelder Bergrecht und seine Geschichte, 1914; Hempel, E., Die Stellung der Grafen von Mansfeld zum Reich, 1917; Schmidt, K., Die Grundlagen der Entwicklung des Territoriums der Grafschaft Mansfeld, 1923, Mansfelder Blätter 36/37 (1930); Brandenburg, E., Die Ahnen Augusts des Starken, 1937; Helbig, H., Der wettinische Ständestaat, 2. A. 1980, 114 ff.; Mansfelder Land. Ergebnisse der heimatkundlichen Bestandsaufnahme, bearb. v. Neuß, E./Zühlke, D., 1982; Blaschke, K., Mansfeld, LexMA 6 1992, 201; Vötsch, J., Zwischen Reichsfreiheit und Landsässigkeit (in) Hochadelige Herrschaft im mitteldeutschen Raum, hg. v. Rogge, J. u. a., 2003.

Mansfeld (Reichsritter). Die M. zählten zum Ritterkreis Franken.

L: Riedenauer.

Mansfeld-Bornstedt s. Mansfeld

Manteuffel (Reichsgrafen). 1759 wurde der livländische Zweig der aus dem Hochstift Bremen stammenden, seit 1325 in Estland, Kurland und Livland begegnenden adligen Familie Zoege von M. (M. genannt Szoege) als Grafen von M. in den Reichsgrafenstand erhoben.

Mantua (Stadtkommune, Reichsvikariat, Markgrafschaft, Herzogtum). M. am Mincio wurde vermutlich von den Etruskern gegründet und kam nach der gotischen und langobardischen Zeit (603) 774 an das fränkische

Reich. Hier war es Sitz eines Bistums und einer Grafschaft (819), die im 10. Jahrhundert (977) an das Haus Canossa (Markgrafen von Tuszien) fiel. Nach dessen Ende (1115) erlangte M. Selbständigkeit und trat 1167 dem Bund der lombardischen Städte bei. 1236 eroberte Kaiser Friedrich II. die danach bald wieder unabhängige Stadt. 1263 enstand unter den Bonaccolsi eine Signorie. 1311 bestätigte Kaiser Heinrich VII. den in den Kämpfen der großen Geschlechter der Stadt siegreichen Rinaldo Bonaccolsi-Passerino als kaiserlichen Vikar. 1329 verlieh Kaiser Ludwig der Bayer Luigi Gonzaga das Reichsvikariat über M., das dieser zu einer umfassenden Herrschaft ausbaute. Kaiser Sigmund erhob 1432 Gianfrancesco Gonzaga zum Markgrafen, Kaiser Karl V. 1530 Frederigo II. zum Herzog von M. Dieser gewann 1536/1559 die 1574 zum Herzogtum erhobene Markgrafschaft Montferrat hinzu. Nach dem Aussterben der italienischen Hauptlinie der Gonzaga 1627 versuchte der Kaiser, die Länder M. und Montferrat als erledigte Reichslehen einzuziehen und an Spanien auszugeben, doch fiel das Herzogtum nach dem mantuanischen Erbfolgekrieg 1630/1631 an den Duc de Nevers (eine jüngere Linie der Gonzaga), der einen Teil Montferrats an Savoyen abtreten musste, das seinerseits Pinerolo (Pignerolo) an Frankreich verlor. Im spanischen Erbfolgekrieg zog Kaiser Leopold I. M. wegen des Übertrittes des letzten Nevers zu Frankreich als erledigtes Reichslehen ein und vereinigte es bis auf das 1703 an Savoyen gegebene restliche Montferrat 1745 mit dem bereits früher an Habsburg/Österreich gefallenen Herzogtum Mailand. 1801 erhob Napoleon nach der Eroberung Mantuas dieses zur Hauptstadt der Zisalpinischen Republik (1805 Königreich Italien), doch kam es nach den Befreiungskriegen (1810 Erschießung Andreas Hofers) 1814 zum Lombardo-Venetischen Königreich Österreichs zurück (Festungsviereck M., Verona, Peschiera, Legnago). 1859 wurde es mit Venetien vereinigt und kam 1866 an das neue Königreich Italien (1861).

L.: Großer Historischer Weltatlas II 48 (1300) D2, II 78 (1450) G4, III 12 (16./17. Jh.) D2, III 22 (1648) E6; Schneider, B., Der Mantuanische Erbfolgestreit, 1905; Quazza, R., La guerra per la successione di Mantua, Bd. 1 f. 1925 f.; Brinton, S., The Gonzaga lords of Mantua, 1927; Mantova, hg. v. Coniglio, G./Faccioli, E./Paccagnini, G., La storia, Bd. 1–3 1958 ff.; Colorni, V., Il territorio mantovano nel Sacro Romano Impero (800–1274), 1959; Mardi, B., Mantuanitas vergiliana, 1963; Schmid, E., Mantua, Cremona, Lodi, 1964; Pescasio, L., Parnasco mantovano, 1969–1971; Mozzarelli, C., Lo stato gonzaghesco. Mantua dal 1328 al 1707, in: Storia d'Italia, hg. v. Galasso, G., 17 (1979), 359; Vaini, M., Dal Comune alla Signoria, 1986; Lazzarini, I., Mantua, LexMA 6 1992, 206; Lazzarini, I., Fra un principe e altri stati, 1996.

Marburg (Burg). An einem wichtigen Übergang über die Lahn entstand wohl schon im 10. Jahrhundert eine Burg. Sie fiel an die 1122 die Grafschaft Hessen erbenden Ludowinger (1131 Landgrafen von Thüringen). Urkundlich erscheint diese nach dem nahen Grenzbach (Markbach) benannte Burg 1138/1139. 1228/1231 wirkte hier die Landgräfin Elisabeth von Thüringen. Wenig später wurde M. Verwaltungsmittelpunkt des Landes an der Lahn. 1527 gründete Landgraf Philipp der Großmütige in M. die erste lutherische (protestantische) Universität. 1567 wurde es Sitz der Linie Hessen-Marburg, deren Güter aber bereits 1604 zwischen Hessen-Kassel und Hessen-Darmstadt aufgeteilt wurden. Mit Hessen-Kassel fiel das reformiert gewordene M. 1866 an Preußen und 1945 an Hessen. S. Hessen-Marburg.

L.: Küch, F., Quellen zur Rechtsgeschichte der Stadt Marburg, Bd. 1,2 1918, 1922; Kürschner, W., Geschichte der Stadt Marburg, 1934; Marburger Geschichte, hg. v. Dettmering, E./Grenz, R., 2. A. 1982; Verscharen, F., Gesellschaft und Verfassung der Stadt Marburg beim Übergang vom Mittelalter zur Neuzeit, 1985; Großmann, G., Marburg an der Lahn, 1987; Schwind, F., Marburg, LexMA 6 1992, 218; Escher, M. u. a., Die urbanen Zentren, 2005, 2, 387.

Marahafeld (Marchfeld)

L.: Polenz, P. v., Landschafts- und Bezirksnamen, 1961, II, 58, 61, Marahafeld.

Marchtal (reichsunmittelbare Abtei), Obermarchtal. Das 1171 vom Pfalzgrafen von Tübingen erneuernd zur Propstei und 1440 zur Abtei erhobene Prämonstratenserstift M., dem ein 776 von den Alaholfingern errichtetes, im 10. Jahrhundert zerstörtes Benediktinerkloster vorausging, zählte seit Gewinnung der Reichsunmittelbarkeit um 1500 zu den schwäbischen Reichsprälaten und zum schwäbischen Reichskreis. Es gewann Hoheitsrechte über 30 Dörfer und Weiler. Am 25. 2. 1805 fiel es mit 3 Quadratmeilen Gebiet und 6500–7000 Einwohnern (Obermarchtal, Uttenweiler, Dieterskirch, Hausen, Sauggart,

Seekirch, Unterwachingen, Reutlingendorf und Oberwachingen) an Thurn und Taxis und wurde aufgehoben. 1806 kam es an Württemberg und damit 1951/1952 an Baden-Württemberg.

L.: Wolff 189; Zeumer 552 II a 36, 12; Wallner 687 SchwäbRK 42; Großer Historischer Weltatlas III 38 (1789) C3; Erzberger, M., Die Säkularisation in Württemberg von 1802–1810, 1902; Schefold, M., Kloster Obermarchtal, 1927; Hölzle, E., Der deutsche Südwesten am Ende des alten Reiches, 1938; Reden-Dohna, A., Reichsstandschaft und Klosterherrschaft. Die schwäbischen Reichsprälaten im Zeitalter des Barock, 1982.

Margaretenhausen s. Margrethausen

Margrethausen, Margaretenhausen (Kloster). 1338 entstand neben einer älteren Siedlung und nach einer Vorgängerin eine Klause in M. zwischen Balingen und Ebingen. Das Gebiet dieses späteren Franziskanerinnenklosters bestand am Ende des 18. Jahrhunderts aus den beiden Meiereihöfen Oberwannental (Oberwannenthal) und Unterwannental (Unterwannenthal) und einzelnen Rechten und Gütern zu M., Bitz, Bronnhaupten, Burgfelden, Ebingen, Messstetten, Ägelkofen (Aeggelkofen) bei Oberdigisheim, Pfeffingen, Tailfingen, Truchtelfingen und Zillhausen. 1803 fiel es an Württemberg. 1805 kam auch das ritterschaftliche Dorf an Württemberg und damit 1951/1952 an Baden-Württemberg.

L.: Erzberger, M., Die Säkularisation in Württemberg von 1802–1810, 1902.

Mariaberg (Kloster). Das Dominikanerinnenkloster M. bei Sigmaringen wurde wahrscheinlich von den Grafen von Gamertingen im 13. Jahrhundert gegründet. Ihm gehörte die Vogtei über das Dorf Bronnen. 1802 kam es an Württemberg und damit 1951/1952 an Baden-Württemberg.

L.: Großer Historischer Weltatlas III 38 (1789) C3; Wittmann, W./Wacker, K., Mariaberg als Kloster und Anstalt, 1937.

Mariaburghausen, Kloster (Reichsritter). Um 1800 zählte das Kloster M. zu den Kantonen Rhön-Werra (wegen Teilen Volkershausens) und Baunach des Ritterkreises Franken.

L.: Riedenauer 129; Winkelmann-Holzapfel 144.

Marienberg (Kloster). Das adlige Frauenkloster M. bei Boppard war wegen Ehr mit Mermicherhof (Mernich) und Teilen von Siebenborn Mitglied des Kantons Niederrheinstrom des Ritterkreises Rhein.

L.: Winkelmann-Holzapfel 156.

Marienborn s. Isenburg

Marienschloss (Kloster). Das Kloster M. bei Friedberg wurde vor 1337 von den Bellersheim genannt Rockenberg gegründet. Die Vogtei ging 1336 auf die den Stiftern verwandten Herren von Stockheim über. 1803 fiel es an Hessen-Darmstadt und damit 1945 an Hessen.

L.: Gesser, J. J., Rockenberg, 1950.

Marienstern (Kloster). Das Frauenkloster M. in Panschwitz-Kuckau bei Kamenz wurde 1248 gegründet. Es war seit 1264 Zisterzienserinnenabtei. Es war mit 52 Dörfern und 2 Städten ausgestattet. S. Sachsen.

L.: Wolff 470; Schmidt, E., Die Zisterzienserinnenabtei St. Marienstern, 1959.

Marioth zu Langenau (Freiherren, Reichsritter). Die Freiherren von M. waren mit Langenau Mitglied des Kantons Mittelrheinstrom des Ritterkreises Rhein.

L.: Winkelmann-Holzapfel 156.

Mark (Grafschaft, Grafen). Um 1160 (1161?) spaltete sich von den Grafen von Berg eine mit deren Allodialgut im westlichen Sauerland an der mittleren Ruhr (einschließlich Hamm) ausgestattete Linie ab, die sich nach der Burg Altena an der Lenne Grafen von Altena nannte. Seit 1202 wurde zur Unterscheidung von der um 1175 abgespalteten Linie Isenberg-Limburg die 1198 erworbene Burg M. bei Hamm namengebend. Diese Grafen von der M. schufen aus verschiedenartigen Bestandteilen (Vogtei über Essen [1288] und Werden, 1243 Königshof Unna) und in Auseinandersetzung vor allem mit dem Erzstift Köln (1288 Schlacht von Worringen) ein geschlossenes Herrschaftsgebiet von Lippe und Emscher bis zum Ebbegebirge und Rothaargebirge (1318 Herrschaft Ardey), wobei sich das 1226/1227 gegründete Hamm allmählich zum Vorort entwickelte (bis 1809). 1368 misslang der Erwerb der Grafschaft Arnsberg. 1392 kam es zur durch Heirat Adolfs III., der deswegen 1364 das Amt des Kölner Erzbischofs aufgab, ermöglichten Vereinigung mit der Grafschaft Kleve am Niederrhein. 1444 schloss sich in der Soester Fehde Soest mit der Soester Börde der Grafschaft an. Andererseits verlor die Grafschaft die Herrschaft Bilstein und Fredeburg an Köln. Seit 1461 wurden M. und Kleve gemeinsam verwaltet. 1511 wurden sie durch Heirat in Personalunion mit Jülich, Berg und Ravensberg verbunden. Im nach Aussterben der Grafen 1609 ausbrechenden jülich-klevischen Erbfolgestreit (1609–1614) wurden diese Länder wieder getrennt, wobei Kleve und M. (mit 50 Quadratmeilen und den Kreisen Hamm, Altena, Hörde und Wetter sowie der Stadt Soest, der Reichsgrafschaft Limburg und der Hälfte von Lippstadt) an Brandenburg fielen. Brandenburg überließ 1630 die 1614 erlangte Herrschaft Gimborn-Neustadt den Grafen von Schwarzenberg. Seit 1705 beantragte Preußen wegen M. die Aufnahme in das westfälische Reichsgrafenkollegium. 1807 wurde die Grafschaft M. mit rund 100 000 Einwohnern und einer seit 1750 stark geförderten Industrie an Frankreich abgegeben und 1808 dem Großherzogtum Berg zugeschlagen, 1813 aber wieder von Preußen besetzt. 1815 bezog Preußen M. in die Provinz Westfalen ein. 1946 kam das Gebiet zu Nordrhein-Westfalen. Den Titel Grafen von der Mark erhielten zwei Nachkommen Friedrich Wilhelms II. von Preußen und der Gräfin von Lichtenau.

L.: Wolff 318 f.; Zeumer 554 II b 63, 28, 31; Wallner 701 WestfälRK 3; Großer Historischer Weltatlas II 66 (1378) D3, II 78 (1450) F3, III 22 (1648) C3, III 38 (1789) B2; Richtering, H./Kittel, E., Westfalen-Lippe, in: Geschichte der deutschen Länder, Bd. 1; Drachenhausen, A. Frhr., Stammtafeln der Grafen von der Mark, 1908; Die Grafschaft Mark. Festschrift, hg. v. Meister, A., Bd. 1,2 1909; Rothert, H., Kirchengeschichte der Grafschaft Mark, 1913; Frisch, M., Die Grafschaft Mark. Der Aufbau und die innere Gliederung, 1937; Zeittafel der Grafschaft Mark, 1948; Vahrenhold-Huland, U., Grundlagen und Entstehung des Territoriums der Grafschaft Mark, 1968; Stoob, H., Westfälische Beiträge zum Verhältnis von Landesherrschaft und Städtewesen, Westfäl. Forsch. 21 (1969), 6; Reimann, N., Die Grafen von der Mark und die geistlichen Territorien der Kölner Kirchenprovinz (1313–1368), 1973; Schleidgen, W.-R., Kleve-Mark. Urkunden 1223–1368, 1983, Veröffentlichungen d. staatl. Archive d. Landes Nordrhein-Westfalen, Reihe C: Quellen und Forschungen 13; Timm, W., Schatzbuch der Grafschaft Mark 1486, 1986; Der Tag bei Worringen, hg. v. Janssen, W./Stehkämper, H., 1988, 407 ff.; Kupper, J., Mark, LexMA 6 1992, 297; Repertorium der Policeyordnungen der frühen Neuzeit, hg. v. Härter, K./Stolleis, M., Bd. 2 1998; Ribhegge, W., Die Grafen von der Mark, 2002; Escher, M. u. a., Die urbanen Zentren, 2005, 1, 431.

Markgröningen (Herrschaft, Reichsstadt). 779 wird M. (Gröningen) an der Glems bei Ludwigsburg erstmals erwähnt. Die Burg und Stadt M. wurden um 1240 von Friedrich II. auf seit 1189 staufischem Boden gegründet. Die Reichsstadt (13. Jahrhundert) kam 1336 als Reichslehen endgültig an Württemberg und damit 1951/1952 an Baden-Württemberg.

L.: Wolff 161; Roemer, H., Markgröningen im Rahmen der Landesgeschichte, Bd. 1 f. 1930 ff.; Roemer, H., Führer durch Markgröningen, 1949; Roemer, H., Die Anfänge der Stadt Markgröningen, in: Schwäb. Heimat 1 (1950); Markgröningen in alten Bildern, hg. v. Sieb, E., 1988.

Markt Taschendorf s. Taschendorf

Marktbiberbach (Herrschaft). Die Herrschaft M. (Biberbach) gehörte am Ende des 18. Jahrhunderts innerhalb Schwäbisch-Österreichs den Fugger-Babenhausen (Fugger zu Babenhausen und Boos). S. Biberbach.

L.: Hölzle, Beiwort 5.

Marktbissingen (reichsritterschaftliche Herrschaft). M. (Bissingen) gehörte in der Herrschaft Hohenburg zum Kanton Kocher und kam an Oettingen. S. Bissingen.

Markttischingen s. Dischingen

Marlborough (Reichsfürst). 1705 wurde John Churchill Herzog von Marlborough (1650–1722) auf der Grundlage des Fürstentums Mindelheim zum Reichsfürsten erhoben.

L.: Klein 160.

Marlenheim (Herrschaft). Die Herrschaft M. westlich von Straßburg gehörte am Ende des 18. Jahrhunderts der Reichsstadt Straßburg, die seit 1681 von Frankreich besetzt war.

L.: Wolff 295, Hölzle, Beiwort 91.

Marschalk (Reichsritter) s. Marschalk von Ebneth, Marschalk genannt Greif zu Erlebach, Marschalk von Ostheim

L.: Pfeiffer 196, 198, 208, 211.

Marschalk genannt Greif zu Erlebach (Reichsritter). Bis zur Mitte des 18. Jahrhunderts zählten die M. zum Kanton Baunach des Ritterkreises Franken.

L.: Riedenauer 125.

Marschalk von Ebneth (Kunstadt) (Reichsritter), Marschalk von Ebnet. Vom späten 16. Jahrhundert bis 1728 waren die M. mit Frensdorf und Weingartsgreuth im Kanton Steigerwald des Ritterkreises Franken immatrikuliert. Außerdem gehörten sie im frühen 16. Jahrhundert dem Kanton Baunach und bis etwa zur Mitte des 18. Jahrhunderts dem Kanton Gebirg an.

L.: Roth von Schreckenstein 2, 594; Bechtolsheim 13, 18, 194; Riedenauer 125; Rahrbach 184.

Marschalk von Ostheim (zu Marisfeld, Murrstadt, Waldersdorf, Walthershausen, Friesenhausen) (Freiherren, Reichsritter). Vom 16. bis zum 18. Jahrhundert zählten die Freiherren M. zum Kanton Rhön-Werra des Ritterkreises Franken. Wegen des Rittergutes Trabelsdorf waren sie bis 1806 im Kanton Steigerwald immatrikuliert. Außerdem gehörten sie vom späten 16. Jahrhundert bis etwa 1800 dem Kanton Baunach an.

L.: Roth von Schreckenstein 2, 594; Seyler 373 f.; Bechtolsheim 16; Riedenauer 125; Rahrbach 159.

Marschalk von Pappenheim s. Pappenheim

Marschalk von Raueneck s. Marschalk von Ebnet

Marschall s. Marschalk

Marsilien s. Wetzel von M.

Marspach s. Ulm zu M.

Marstem (Marstiem, Merstem, Gau zwischen Weser und Leine)

L.: Curs, O., Deutschlands Gaue im zehnten Jahrhundert. Nach den Königsurkunden, Diss. phil. Göttingen 1908 (Herrnhausen, Limmer, Pattensen, Davenstedt, Kobbensen, Nettelrode, Alvesrode, Heuerssen); Hessler, W., Mitteldeutsche Gaue des frühen und hohen Mittelalters, 1957, 134 (Davenstedt, Herrenhausen, Hüpede, Jeinsen, Kobbensen, Limmer, Linden [Teil Hannovers], Nettelrode, Oerie, Pattensen, Völksen); Polenz, P. v., Landschafts- und Bezirksnamen, 1961, II, 35, 91, III, 11, 16, 28 f., 30, 262, Mersthem, Marstem, Bevölkerungsname *Merseton; Wagner, G., Die Verwaltungsgliederung im karolingischen Reich, 1963, 9.

Marstetten (Grafschaft), Mauerstetten. M. bei Wangen erscheint um 1100 (Marstetin). Die Grafschaft unterstand zunächst einer Nebenlinie des Hauses Ursin-Ronsberg. 1240 kam sie an die Herren von Neuffen, 1342 über die Erbtochter an Bayern. Das aus der Grafschaft hervorgegangene, seit 1342 belegte Landgericht tagte bis 1458 in Memmingen, seit 1481 in Weißenhorn und verlor um 1500 seinen Einfluss an die Landvogtei Oberschwaben. Über Württemberg kam M. 1951/1952 zu Baden-Württemberg.

L.: Wolff 199; Der Kreis Wangen, 1962.

Marstetten (Herrschaft), Mauerstetten. M. bei Wangen erscheint um 1100 (Marstetin). Die Burg und engere Herrschaft M. waren seit dem 14. Jahrhundert (1351) in den Händen der Herren von Königsegg. 1566 kam die zum schwäbischen Reichskreis zählende Herrschaft an die Truchsessen von Waldburg, 1601 an die Linie Zeil und 1675 an die Linie Zeil-Wurzach. Um 1800 umfasste sie mit der Herrschaft Wurzach ein Gebiet von 5,5 Quadratmeilen und 10 000 Einwohnern. 1806 fiel sie an Bayern, 1810 an Württemberg und damit 1951/1952 an Baden-Württemberg.

L.: Wolff (55) 199; Wallner 686 SchwäbRK 26 b; Der Kreis Wangen, 1962.

Marstetten-Neuffen s. Marstetten

Marsum

L.: Polenz, P. v., Landschafts- und Bezirksnamen, 1961, II, 48, 55, 91, III, 28, Marsum, vgl. Masaland.

Masaland

L.: Polenz, P. v., Landschafts- und Bezirksnamen, 1961, II, 48, 55, Masaland, ‚Maasland' an der Maasmündung, s. Maasland.

Masao (Maasgau)

L.: Polenz, P. v., Landschafts- und Bezirksnamen, 1961, II, 21, 24, 41, 45, 47 f., 55, III, 18 f., Masao, Masagouve, Masaland II, Mashau, Mosavo, Masaugo, pagus Mosariorum, Mansuariones, zum Bevölkerungsnamen *Maswarjoz.

Martinstein (Ganerbschaft). In M. an der Nahe errichtete das Erzstift Mainz 1340 eine Burg, die mehrfach an Ritter verpfändet und verliehen wurde. 1716 kauften die Markgrafen von Baden die zum Kanton Niederrheinstrom des Ritterkreises Rhein zählende Herrschaft. 1815 kam M. an Preußen und 1946 an Rheinland-Pfalz.

L.: Wolff 516; Lunkenheimer-Salden, E., Besitzungen des Erzstiftes Mainz im Naheraum, Diss. phil. Mainz 1949; Geschichtlicher Atlas von Hessen, Inhaltsübersicht 33.

Masbach (Reichsritter), Maßbach. Im 16. Jahrhundert zählten die M. zum Kanton Rhön-Werra sowie vielleicht zum Kanton Baunach des Ritterkreises Franken.

L.: Stieber; Pfeiffer 198; Riedenauer 125; Rahrbach 161.

Massa (Herrschaft). M. in der Toskana wird 882 erstmals genannt. Seit 1434/1442 gehörte die Herrschaft M. den Malaspina, die 1473 auch Carrara erlangten. Sie wurden 1568 zu Fürsten und 1664 zu Herzögen erhoben. 1731 erloschen sie im Mannesstamm. Über die Erbtochter kam das Herzogtum 1741 an Modena-Este.

L.: Großer Historischer Weltatlas II 48 (1300) D3; Sassi, F., I primordi del principato massese, La Spezia 1930; Ragionamento storico intorno l' antica città di Luni e quella di Massa di Lunigiana, 1977.

Massa und Carrara s. Massa

Maßbach (Reichsritter) s. Masbach

Massenbach (Freiherren, Reichsritter). Im 18. Jahrhundert zählten die Freiherren von M. mit M. zum Kanton Kraichgau sowie 1564–1597 mit Ebersberg zum Kanton Kocher des Ritterkreises Schwaben. M. kam über Württemberg 1951/1952 zu Baden-Württemberg.

L.: Roth von Schreckenstein 2, 592; Hölzle, Beiwort 63; Winkelmann-Holzapfel 156; Schulz 267; Rahrbach 93.

Matfeld s. Madfeld

L.: Polenz, P. v., Landschafts- und Bezirksnamen, 1961, II, 58, 60 f., 96, IV, 16, Matfeld, ‚Madfeld'.

Mathildische Güter ([umstrittene] Reichsgüter?). M. sind die von Markgräfin Mathilde von Tuszien um 1080 (1079?, bestätigt 1102) Papst Gregor VII. gegebenen und zu Lehen mit dem Recht der freien Verfügung zurückerhaltenen Güter in Oberitalien (in den Grafschaften Reggio, Modena, Mantua, Brescia [mit Cremona], Ferrara [Lehen der Kirche], Parma und Verona [neben Eigengütern und Reichslehen in Niederlothringen]), die sie hinsichtlich der Eigengüter 1111/1115 an Heinrich V. vererbte, der sie 1116 in Besitz nahm. Im Streit zwischen Papst und Kaiser blieben die Güter bis zum Ende des 12. Jahrhunderts unter kaiserlicher Verwaltung. Am 12. 7. 1213 erkannte König Friedrich II. die päpstlichen Ansprüche an, doch kam der Papst gegenüber den Städten (z. B. Modena, Reggio) und dem Landadel, welche die Güter in ihre Herrschaften eingliederten, über eine ideelle Oberhoheit nicht hinaus.

L.: Overmann, A., Die Besitzungen der Großgräfin Mathilde von Tuszien nebst Regesten ihrer Urkunden, 1892 (Diss.); Overmann, A., Mathilde von Tuszien, 1895, Neudruck 1965; Haverkamp, A., Herrschaftsformen der Frühstaufer in Reichsitalien, Bd. 1 f. 1970 f.; Gross, T., Lothar III. und die Mathildischen Güter, 1990; Hägermann, D., Mathildische Güter, LexMA 6 1992, 394.

Mattersdorf (Grafen). 1202 erscheint Martinsdorf im Burgenland. Es wurde später M. genannt (1924 Mattersburg). Es war Sitz der Grafen von M., die 1291 ihre Burg schleifen mussten und darauf Forchtenstein erbauten.

L.: Pados, D., Studien zur Ortsgeschichte von Mattersburg, Diss. phil. Wien 1962.

Mattiggau (Matuggouuua, Matihgowe, Gau um die Mattig rechts der Salzach)

L.: Curs, O., Deutschlands Gaue im zehnten Jahrhundert. Nach den Königsurkunden, Diss. phil. Göttingen 1908, 13 (Mattighofen); Polenz, P. v., Landschafts- und Bezirksnamen, 1961, II, 16, 24, 26, Matahgouwe, pagus Maducianus, pagus Matahcensis.

Mattsee (Herrschaft). Wahrscheinlich stiftete Herzog Tassilo III. 777 das 783/784 erstmals belegte Kloster, das 817 königliche Abtei war und 907 zusammen mit Altötting dem Hochstift Passau übertragen wurde. 1390/1398 verkauften die Bischöfe von Passau die schon mehrfach verpfändete, von der Burg M. aus verwaltete Herrschaft M. mit Straßwalchen an das Erzstift Salzburg, das 1803 an Toskana und 1805 an Österreich kam.

L.: Wolff 133; Erben, W., Quellen zur Geschichte des Stiftes und der Herrschaft Mattsee, 1896; 1200 Jahre Stift Mattsee, Festschrift, 1977.

Mauchenheim genannt Bechtolsheim (Freiherren, Reichsritter). Um 1200 wird das zum rheinischen Uradel zählende Geschlecht erstmals urkundlich erwähnt. Es war seit 1270 Ganerbe zu Bechtolsheim, seit 1429 zu Schornsheim, seit 1553 zu Mommenheim und seit 1471 zu Nieder-Saulheim (Niedersaulheim). Im 17. und 18. Jahrhundert zählten die Freiherren von M. mit einem Zehntel der Ganerbschaft Bechtolsheim und einem Achtel der Ganerbschaft Mommenheim zum Kanton Oberrheinstrom des Ritterkreises Rhein. Mit Albertshofen samt Mainsondheim (Mainsontheim), Bibergau und Teilen von Mainstockheim waren sie seit 1727 Mitglied im Kanton Steigerwald des Ritterkreises Franken. Von etwa 1650 bis 1750 gehörten sie auch dem Kanton Rhön-Werra, kurz vor 1700 dem Kanton Odenwald an. Der Ort M. kam über Bayern 1946 zu Rheinland-Pfalz.

L.: Stieber; Roth von Schreckenstein 2, 595; Seyler 374; Hölzle, Beiwort 58; Zimmermann 63; Winkelmann-Holzapfel 156; Riedenauer 122; Pfeiffer 199; Bechtolsheim 16, 197, 360; Rahrbach 13.

Mauerstetten (Herrschaft). Die Herrschaft M. bei Kirchberg und Weißenhorn gehörte zu Schwäbisch-Österreich. Später kam sie zu Bayern. S. Marstetten.

L.: Wolff 55.

Maulachgau (Mulahgouue, Muleggouui, Mulagcowe, Gau um die Maulach links der Jagst)

L.: Curs, O., Deutschlands Gaue im zehnten Jahrhundert. Nach den Königsurkunden, Diss. phil. Göttingen 1908, 13 (Hüttlingen, Stödlen, Gerbertshofen, Hegenberg, Gauchshausen, Hochtänn, Eschelbach, Gallmersgarten, Hagenau, Traisdorf, Schillingsfürst, Bortenberg, Aurach, Ramstadt, Auerbach, Felden, Preuntsfelden?); Polenz, P. v., Landschafts- und Bezirksnamen, 1961, II, 24, 26, 27, Mulahgouwe, ‚Maulachgau'.

Maulbronn (Kloster). 1138 übergab Walter von Lomersheim sein Erbgut in Eckenweiher dem Zisterzienserkloster Neuburg im Elsass zur Anlage eines Tochterklosters. 1147 stellte der Bischof von Speyer hierfür M., ein Lehen Speyers, als geeigneten Platz zur Verfügung. 1148 gab der Papst eine Schutzbulle, 1156 Kaiser Friedrich I. Barbarossa ein Schutzprivileg. Zu Schutzherren des bald in mehr als 100 Orten begüterten Klosters erhoben sich nach 1231 die Bischöfe von Speyer (1237–1270), in deren Namen die Herren von Enzberg und seit etwa 1370 (1372) durch kaiserliche Übertragung die Pfalzgrafen. 1504 eroberte Württemberg das zum schwäbischen Reichskreis zählende Kloster, führte 1534–1537 die Reformation ein und hob es 1557/1558 auf. Über Württemberg kam der Ort 1951/1952 zu Baden-Württemberg.

L.: Reichsmatrikel 1521, 314 (Prälat); Gumpelzhaimer 60 (schwäbischer Reichskreis); Wolff 161; Klunzinger, K., Urkundliche Geschichte der vormaligen Zisterzienserabtei Maulbronn, 1854; Dörrenberg, I., Das Zisterzienserkloster Maulbronn, Diss. phil. München, 2. A. 1938; Classen, C.-W., Die Zisterzienserabtei Maulbronn im 12. Jahrhundert und der bernhardische Klosterplan, Diss. phil. Kiel 1956; Linck, O., Kloster Maulbronn, 11. A. 1965; Kloster Maulbronn 1178–1978, 1978; Anstett, P., Kloster Maulbronn, 1989; Frank, G., Das Zisterzienserkloster von Maulbronn, Diss. phil. Freiburg 1989 (masch.schr.); Eberl, I., LexMA 6 1992, 409; Morimond et son Empire, 1994, 175; Anfänge der Zisterzienser in Südwestdeutschland, hg. v. Rückert, P. u. a., 1998.

Maursmünsterer Mark, Moresmarcha, marca Aquilejensis

L.: Polenz, P. v., Landschafts- und Bezirksnamen, 1961, IV, 3 f., Moresmarcha zum Ortsnamen Maursmünster (Escher, M. u. a., Die urbanen Zentren, 2005, 2, 398).

Maxlrain (Herrschaft). M. (813 Mahsminreini) bei Bad Aibling war vermutlich altes Königsgut, das zumindest teilweise an das Hochstift Freising kam. Die Familie, die sich seit 1080 nach M. nannte, erwarb im 16. Jahrhundert die reichsfreie Herrschaft Hohenwaldeck und wurde 1548 zu Reichsfreiherren erhoben. Nach dem Aussterben der Familie 1734 gelangte M., das die Reichsmatrikel von 1776 im bayerischen Reichskreis aufführt, an die Satzenhofen, Lamberg, Reinstein-Tattenbach (Rheinstein-Tattenbach), Arco-Valley, Lodron, Radali, Leyden, Arco-Zinneberg, Hohenthal und Bergen. Die Lehnshoheit Freisings wurde 1523 im Tausch gegen Wallenburg erneuert, im 18. Jahrhundert aber abgelöst.

L.: Gumpelzhaimer 50; Demmel, K., Die Hofmark Maxlrain. Ihre rechtliche und wirtschaftliche Entwicklung, 1941.

Mayenberg (Reichsritter). Im frühen 16. Jahrhundert zählten die M. zum Kanton Steigerwald im Ritterkreis Franken.

L.: Riedenauer 125.

Mayenfels s. Maienfels

Mayenthal (Reichsritter). Im frühen 16. Jahrhundert zählten die M. zum Kanton Steigerwald im Ritterkreis Franken.

L.: Riedenauer 125.

Mayerhofer (Reichsritter), Mairhofen. Die vielleicht schon seit 1550 zum Ritterkreis Franken gehörenden M. zählten im 18. Jahrhundert (um 1800 mit Aulenbach, Klingenberg und Hobbach, die 1808 an Aschaffenburg fielen) zum Kanton Odenwald des Ritterkreises Franken.

L.: Stieber; Stetten 33, 36, 188; Riedenauer 125.

Mecheln (Herrschaft), niederl. Mechelen. Im Jahre 870 wird Malinas als Standort einer Abtei erstmals erwähnt. Es kam mit der umliegenden Grundherrschaft an das Hochstift Lüttich und nach dem Aussterben der die tatsächliche Herrschaft für den Bischof von Lüttich ausübenden Berthout (1331) nicht an Brabant, sondern 1357 an Flandern und von dort 1369 an Burgund. 1559 wurde in M. ein von Cambrai verselbständigtes Bistum errichtet. Am Ende des 18. Jahrhunderts zählte die Herrschaft M. zum burgundischen Reichskreis. 1830 kam M. an Belgien.

L.: Wolff 55; Wallner 701 BurgRK 1; Laenen, J., Geschiedenis van Mechelen, 2. A. 1934; Mechelen de Heerlijke, hg. v. Foncke, R., 1938 f.; Aerts, J./Raymackers, R. A., Het arrondissement Mechelen, 1961; De Geschiedenis van Mechelen, hg. v. Uytven, R. van, 1991; Uytven, R. van, Mecheln, LexMA 6 1992, 436.

Mecherer (Reichsritter). Vielleicht zählten die M. im frühen 16. Jahrhundert zum Ritterkreis Franken.

L.: Riedenauer 125.

Mechernich (Reichsherrschaft). Die nur 678 Hektar umfassende reichsunmittelbare Herrschaft M. östlich von Gemünd in der Eifel unterstand im 14. Jahrhundert den Herzögen von Jülich. In der Mitte des 15. Jahrhunderts erfolgte unter Beibehaltung der gemeinsamen hohen Obrigkeit und Hochgerichtsbarkeit eine Teilung. Eine Hälfte kam über die Rode, Frambach von Birgel, Nesselrode (1488), Twickel (1720) 1771 mit weiteren Gütern an den Herzog von Arenberg, die andere Hälfte von den Grafen von Blankenheim 1674 als Erbe an die Nesselrode und 1700 an die Grafen von Nesselrode-Reichenstein. 1794 besetzte Frankreich beide Teile. 1815 fielen sie mit der Rheinprovinz an Preußen und 1946 an Nordrhein-Westfalen.

L.: Wolff 497 f.

Mechitamulinero marcha

L.: Polenz, P. v., Landschafts- und Bezirksnamen, 1961, IV, 3 f., 8, Mechitamulinero marcha, pagus Meitamulin, zum Ortsnamen Möckmühl.

Mecinga

L.: Polenz, P. v., Landschafts- und Bezirksnamen, 1961, III, 4, Mecinga.

Mecklenburg (Fürsten, Herzogtum, Land, Landesteil). Das schon in der Mittelsteinzeit besiedelte, naturräumlich nicht stark ausgegrenzte Gebiet zwischen Pommern, Brandenburg und Schleswig-Holstein war bis etwa 500 n. Chr. von Germanen (Langobarden, Sachsen, Semnonen, Angeln) bewohnt. Um 600 besiedelten die slawischen Abodriten und Liutizen das freigewordene Land. Ihre unter Karl dem Großen (789 ff.) und Heinrich I. (928–934) hergestellte Abhängigkeit vom fränkischen bzw. deutschen Reich war jeweils nur von kürzerer Dauer. Das um 1060 auf der 995 erstmals erwähnten Burg M. (Michelenburg) bei Wismar, die im 10./11. Jahrhundert Hauptfürstensitz der abodritischen Wenden war, gegründete Bistum M. ging im Slawenaufstand von 1066 unter. Erst unter Heinrich dem Löwen gelang die dauerhafte Eingliederung. Dabei geriet seit 1142 der Westen in die Hand der Grafen von Ratzeburg und Dannenberg. 1154 wurde das Bistum Ratzeburg, nach 1160 das Bistum Schwerin gegründet. Heinrich der Löwe besiegte 1160 den im Osten herrschenden abodritischen Fürsten Niklot aus dem Haus der Nakoniden, das die Abodriten im 11./12. Jahrhundert geeint hatte. 1167 gab er aber das Gebiet mit Ausnahme der neugeschaffenen Grafschaft Schwerin (Länder Wittenburg, Boizenburg) an Niklots Sohn Pribislaw, den Gründer der bis 1918 regierenden Dynastie, als Lehen Sachsens zurück. Bald nach Heinrichs des Löwen Sturz (1180) kam das Gebiet bis 1227 unter die Oberherrschaft Dänemarks, unter der das Land Gadebusch (Gadelsbusch) aus der Grafschaft Ratzeburg M. zugeschlagen wurde (1203). 1256 wurde M. als Fürstensitz von Wismar abgelöst, doch wurde der Ortsname Landesname. 1229/1238 teilten die vier Urenkel Pribislaws M. in die vier Linien Mecklenburg(-Schwerin, das Land um die Wismarbucht und den Schweriner See), Werle (mit Güstrow, Land Wenden), Rostock und Parchim (Parchim-Richenberg), die sich ihrerseits weiter verzweigten. Die Fürstentümer Parchim (1256), Rostock (1314/1323) und Werle (1436) fielen bei ihrem Erlöschen an M. zurück, das außerdem 1298/1300 durch Heirat Stargard als Lehen Brandenburgs (mit Lychen und Wesenberg), 1320 Grabow, 1350 Stadt und Land Fürstenberg, zwischen 1343 und 1358 Schwerin (Verdrängung der Grafen von Schwerin nach Tecklenburg) und 1372 von den Herzögen von Sachsen Stadt und Land Dömitz erlangte, 1347 nach Ablösung der Lehnshoheit Sachsen-Lauenburgs und Brandenburgs Reichsunmittelbarkeit erwarb und am 8. 7. 1348 von Karl IV. zum Herzogtum (Reichslehen) erhoben wurde. Als 1471 die 1352 von Mecklenburg-Schwerin erneut abgezweigte Linie Stargard ausstarb, lag die Herrschaft über ganz M., das später zum niedersächsischen Reichskreis zählte, bei der Hauptlinie Mecklenburg-Schwerin, die 1442 den Markgrafen von Brandenburg Erbhuldigung leistete und Erbanwartschaft zugestehen musste. Neue Teilungen (nach der schon 1534 erfolgten tatsächlichen Trennung einer 1503/1520 vereinbarten Samtherrschaft) von 1555 (bis 1610) und 1621 führten zur Bildung der Herzogtümer Mecklenburg-Schwerin im Westen und Mecklenburg-Güstrow im Osten, doch blieben die Landstände, die Stadt Rostock und die 1419 gegründete Universität Rostock, das Hofgericht und – nach Einführung der Reformation – das Konsistorium gemeinsam. 1610 fiel Mecklenburg-Schwerin an Mecklenburg-Güstrow. Nach der erneuten Teilung (1621) verloren die Herzöge 1628/1629–1631 ihre Länder über das Reich an

Wallenstein, 1648 Wismar, Poel und Neukloster an Schweden (bis 1803/1903), erhielten aber andererseits die säkularisierten Hochstifte Schwerin und Ratzeburg und die Komtureien Mirow (Mecklenburg-Schwerin) und Nemerow (Mecklenburg-Güstrow). Nach dem Erlöschen der Güstrower Linie (1695) bildeten sich am 8. 3. 1701 die Linien Mecklenburg-Schwerin und Mecklenburg-Strelitz, das im Wesentlichen aus dem Fürstentum Ratzeburg (ohne Stadt Ratzeburg [ausgenommen die Dominsel]), der Herrschaft Stargard und den Komtureien Mirow und Nemerow bestand, wobei Landstände, Landtage und Gerichte gemeinsam blieben. 1755 schloss der Herzog von Mecklenburg-Schwerin mit den Ständen einen landesgrundgesetzlichen Vergleich. 1808 traten beide Herzöge dem Rheinbund bei und wurden 1815 zu Großherzögen erhoben. Mecklenburg-Strelitz erhielt außerdem noch ein Gebiet (drei Kreise) in der Eifel mit etwa 10 000 Einwohnern, das es 1819 an Preußen verkaufte. Eine am 3. 8. 1849 eingeführte liberale Verfassung wurde auf Einspruch von Mecklenburg-Strelitz und der Ritterschaft 1850 aufgehoben. 1866/1867 traten beide Großherzogtümer auf preußischen Druck dem Norddeutschen Bund und 1868 dem Deutschen Zollverein bei. Der Großherzog von Mecklenburg-Strelitz beging am 29. 2. 1918 Selbstmord, der Großherzog von Mecklenburg-Schwerin dankte am 14. 11. 1918 für beide Länder ab. Durch die Verfassung vom 17. 5. 1920 wurde der Freistaat Mecklenburg-Schwerin, durch das Landesgrundgesetz vom 29. 1. 1919/24. 5. 1923 Mecklenburg-Strelitz parlamentarisch-demokratische Republik. Zum 1. 1. 1934 wurden beide Länder durch Gesetz zum Land M. mit Regierungssitz in Schwerin vereinigt. 1937 erfolgte ein Gebietsaustausch, in dem die ratzeburgisch-mecklenburgischen Enklaven Breitenfelde, Mannhagen und Althorst zu Preußen und die bis dahin lübeckische Gegend um Schattin zu M. gelangten. 1945 kam M., um Vorpommern westlich der Oder (mit Rügen, aber ohne Stettin) vergrößert, jedoch um ein der Stadt Ratzeburg nach Osten hin vorgelagertes Gebiet um Ziethen, Bäk und Mechow (britische Besatzungszone) verkleinert, zur sowjetischen Besatzungszone (22 938 Quadratkilometer, 2,109 Millionen Einwohner). Es erhielt am 16. 1. 1947 eine neue Verfassung. 1949 wurde M. ein Land der Deutschen Demokratischen Republik. Durch Gesetz vom 23. 7. 1952 wurde das Land aufgelöst (str.) und zusammen mit Teilen Brandenburgs (Uckermark, Westprignitz) auf die Bezirke Schwerin, Rostock und Neubrandenburg aufgeteilt, zum 3. 10. 1990 aber als Mecklenburg-Vorpommern wiederhergestellt (Hauptstadt Schwerin), wobei 8 Gemeinden des Amtes Neuhaus 1990 den Landkreis Hagenow verließen, um sich in Niedersachsen eingliedern zu lassen.

L.: Wolff 441; Wallner 706 NiedersächsRK 2; Die Territorien des Reichs 2, 166; Mecklenburger Urkundenbuch, Bd. 1 ff. 1863 ff.; Strecker, W./Cordshagen, C., Mecklenburg, in: Geschichte der deutschen Länder, Bd. 1; Böhlau, H., Mecklenburgisches Landrecht, Bd. 1 ff. 1871 ff.; Büsing, O., Staatsrecht der Großherzogtümer Mecklenburg-Schwerin und Mecklenburg-Strelitz, 1884; Buchka, G. v., Landesprivatrecht der Großherzogtümer Mecklenburg-Schwerin und Mecklenburg-Strelitz, 1905; Sachsse, H., Die landständische Verfassung Mecklenburgs, 1907; Witte, H., Mecklenburgische Geschichte, Bd. 1 f. 1909 ff.; Vitense, O., Geschichte von Mecklenburg, 1920; Krause, H., System der landständischen Verfassung Mecklenburgs in der ersten Hälfte des 16. Jahrhunderts, 1927; Endler, E. A., Geschichte von Mecklenburg-Strelitz 1701–1933, 1935; Schmaltz, K., Kirchengeschichte Mecklenburgs, Bd. 1–3 1935 ff.; Engel, F./Schmidt, R., Historischer Atlas von Mecklenburg, 1935 ff.; Heeß, W., Geschichtliche Bibliographie von Mecklenburg, Bd. 1–3 1944; Engel, F., Erläuterungen zur historischen Siedlungsformenkarte Mecklenburg und Pommern, 1953; Hofer, E., Die Beziehungen Mecklenburgs zu Kaiser und Reich (1620–1683), 1956; Steinmann, P., Bauer und Ritter in Mecklenburg, 1960; Hamann, M., Das staatliche Werden Mecklenburgs, 1962; Hamann, M., Mecklenburgische Geschichte. Von den Anfängen bis zur Landständischen Union von 1523, 1968; Pagel, K., Mecklenburg. Biographie eines deutschen Landes, 1969; Geschichte der Universität Rostock 1419–1969, hg. v. Heitz, G., Bd. 1 f. 1969; Wieden, H. bei der, Grundriss zur deutschen Verwaltungsgeschichte 1815–1945, B XIII (Mecklenburg), 1976; Petersohn, J., Der südliche Ostseeraum im kirchlich-politischen Kräftespiel des Reichs, Polens und Dänemarks vom 10. bis 13. Jahrhundert, 1979; Beiträge zur pommerischen und mecklenburgischen Geschichte, hg. v. Schmidt, R., 1981; Wieden, H. bei der, Mecklenburg, LexMA 6 1992, 439; 1000 Jahre Mecklenburg, 1995; Ein Jahrtausend Mecklenburg und Vorpommern, 1995; Handbuch der historischen Stätten, Bd. 12 Mecklenburg-Vorpommern, 1995.

Mecklenburg-Güstrow (Herzogtum). Die Linie M. der Herzöge von Mecklenburg entstand 1555 (bis 1610) bzw. 1621 durch Teilung. 1695 erlosch die Linie. Ihre Güter (im wendischen Kreis die Städte Güstrow, Krakow, Goldberg, Plau, Malchow, Waren, Röbel, Penzlin, Stavenhagen, Malchin, Teterow, Neukalen [Neukalden], Gnoien, Sülze [Sülte], Marlow, Ribnitz, Tessin, Laage und Schwaan [Schwan], die Ämter Güstrow, Goldberg, Marnitz, Plau, Wredenhagen, Stavenhagen, Neukalen [Neukalden], Dargun, Gnoien, Ribnitz und Schwaan [Schwan], 255 adlige Güter, die Seestadt Rostock mit deren Distrikt und die Klöster Dobbertin, Ribnitz und Malchow sowie im stargardischen Kreis die Städte Neubrandenburg, Friedland, Woldegk [Woldeck], Stargard, Strelitz, Fürstenberg und Wesenberg, die Ämter Wanzka, Broda, Stargard, Feldberg, Strelitz, Fürstenberg, Wesenberg, Bergfeld, das Heideamt, Mirow und Nemerow und etwa siebzig adlige Güter) fielen an Mecklenburg-Schwerin.

L.: Wolff 441ff.; Zeumer 553 II b 25; Wallner 706f. NiedersächsRK 5, 10, 24; Großer Historischer Weltatlas III 22 (1648) F2; Witte, H., Mecklenburgische Geschichte, Bd. 1f. 1909ff.; Vitense, O., Geschichte von Mecklenburg, 1920; Hamann, M., Das staatliche Werden Mecklenburgs, 1962.

Mecklenburg-Schwerin (Herzogtum, Großherzogtum, Freistaat). Die Linie Mecklenburg(-Schwerin) des Hauses Mecklenburg entstand bei der 1229/1238 erfolgten Teilung. Bis 1436/1471 beerbte sie die übrigen Fürstentümer (Parchim, Rostock, Werle, Mecklenburg-Stargard). 1555 (bis 1610) bzw. 1621 entstand durch erneute Teilung das Herzogtum M., das 1695 die Linie Mecklenburg-Güstrow beerbte. 1701 spaltete sich die Linie Mecklenburg-Strelitz ab. 1755 schloss der Herzog von Mecklenburg-Schwerin mit den Ständen einen landesgrundgesetzlichen Vergleich. Am Ende des 18. Jahrhunderts umfasste das Herzogtum ein Gebiet von 129 Quadratmeilen. 1803 erhielt M. durch § 9 des Reichsdeputationshauptschlusses vom 25. 2. 1803 für seine Rechte und Ansprüche auf zwei erbliche Kanonikate der Kirche zu Strasburg (Straßburg), die ihm als Ersatz für den Hafen von Wismar gegeben waren, sowie für seine Ansprüche auf die Halbinsel Priwall (Priwal) in der Trave (an Lübeck) die Rechte und das Eigentum des Hospitals Lübeck in den Dörfern Warnkenhagen (Warnekenhagen), Alt Bikow (Altenbuchow), Krummbrook (Crumbrook) und denen der Insel Poel. Durch Vertrag vom 6. 6. 1803 mit Schweden erlangte M. Wismar, Poel und Neukloster pfandweise (1903 endgültig). 1806 wurde M. durch Napoleon unter Militärverwaltung gestellt, 1807 aber wiederhergestellt. 1808 trat der Herzog dem Rheinbund bei, 1815 wurde er zum Großherzog erhoben. Eine 1849 eingeführte Verfassung wurde 1850 aufgehoben. 1866/1867 trat der Großherzog auf preußischen Druck dem Norddeutschen Bund bei, 1868 dem Deutschen Zollverein. Am 14. 11. 1918 dankte er ab. Der Freistaat M. gab sich am 17. 5. 1920 eine Verfassung. Zum 1. 1. 1934 wurde M. durch Gesetz mit dem 1701 abgespalteten Mecklenburg-Strelitz zum Land Mecklenburg vereinigt.

L.: Wolff 441ff.; Zeumer 553 II b 24; Wallner 706 NiedersächsRK 2; Großer Historischer Weltatlas II 66 (1378) F3, III 22 (1648), III 38 (1789) D/E1; Strecker, W./Cordshagen, C., Mecklenburg, in: Geschichte der deutschen Länder, Bd. 1; Bauer 1, 351; Witte, H., Mecklenburgische Geschichte, Bd. 1f. 1909ff.; Vitense, O., Geschichte von Mecklenburg, 1920; Hamann, M., Das staatliche Werden Mecklenburgs, 1962.

Mecklenburg-Stargard (Fürsten). Das 1304 von Brandenburg an Mecklenburg gelangte Land Stargard nordwestlich der Uckermark unterstand mit den Ländern Sternberg und Eldenburg von 1352 bis 1471 der Linie M. und fiel danach wieder an die Hauptlinie zurück.

L.: Großer Historischer Weltatlas II 66 (1378) G2.

Mecklenburg-Strelitz (Herzogtum, Großherzogtum). 1701 entstand durch Teilung des Herzogtums Mecklenburg das Herzogtum M., das im wesentlichen aus dem Fürstentum Ratzeburg (ohne Stadt Ratzeburg [ausgenommen die Dominsel]) und der 42 Quadratmeilen großen Herrschaft Stargard (mit 42 000 Einwohnern) bestand, die durch Mecklenburg-Schwerin getrennt waren. Außerdem gehörten zu M. die Komtureien Mirow und Nemerow. 1808 trat der Herzog dem Rheinbund bei. 1815 wurde er zum Großherzog erhoben. Drei als Entschädigung erhaltene Kreise in der Eifel verkaufte er 1819 an Preußen. 1866/1867 trat er auf preußischen Druck dem Norddeutschen Bund, 1868 dem Deutschen Zollverein bei. Am 23. 2. 1918 beging der letzte Großherzog Selbstmord. Die Regierung ging an den Großherzog von Mecklenburg-Schwerin über, der am 14. 11. 1918 abdankte. Am 29. 1. 1919/24. 5. 1923 erhielt M. ein Landesgrundgesetz. Zum 1. 1. 1934 wurde es durch Gesetz mit Mecklenburg-Schwerin zum Land Mecklenburg vereinigt.

L.: Großer Historischer Weltatlas III 38 (1789) E1; Strecker, W./Cordshagen, C., Mecklenburg, in: Geschichte der deutschen Länder, Bd. 1; Bauer 1, 373; Endler, E. A., Geschichte des Landes Mecklenburg-Strelitz 1701–1933, 1935; Hamann, M., Das staatliche Werden Mecklenburgs, 1962.

Mecklenburg-Vorpommern (Land) ist das zum 3. 10. 1990 aus den Bezirken Schwerin, Rostock und Neubrandenburg der Deutschen Demokratischen Republik (ohne die Kreise Perleburg, Prenzlau und Templin) hergestellte Land der Bundesrepublik Deutschland mit der Hauptstadt Schwerin. Es ist das sechstgrößte Land und zählt etwa 2 000 000 Einwohner.

L.: Mast, P., Mecklenburg-Vorpommern, 1994; Handbuch der historischen Stätten, Bd. 12 Mecklenburg-Vorpommern, 1995; Mecklenburg-Vorpommern im Wandel, hg. v. Werz, N. u. a., 1998.

Medelsheim (reichsritterschaftliche Herrschaft). M. östlich von Saargemünd gehörte um 1150 zur Herrschaft Bitsch in Lothringen, im 14. Jahrhundert den Grafen von Zweibrücken und danach Kurpfalz. Als Mannlehen Österreichs geltend fiel M. 1576 an die Bollweiler, 1620 in weiblicher Erbfolge an die Fugger (Fugger-Kirchberg [Fugger zu Kirchberg]) und 1656 an die von der Leyen. M. zählte zum Kanton Niederrheinstrom des Ritterkreises Rhein. 1815 kam es zu Bayern (Provinz Rheinpfalz bzw. Pfalz), 1919 und 1945/1946 zum Saargebiet und 1957 zum Saarland.

L.: Wolff 516; Kampfmann, L., Heimatkunde des Bezirksamts Zweibrücken, 1912.

Medenenti, pagus Medelentinsis, Mélanthois

L.: Polenz, P. v., Landschafts- und Bezirksnamen, 1961, I, 13, II, 18.

Medole (Lehen) s. Castiglione

Meerfeld (Herrschaft). Die Herrschaft M. nordwestlich von Wittlich gehörte zur Grafschaft Blankenheim und Gerolstein, die 1780 an die Grafen von Sternberg fiel. Über Preußen gelangte das Gebiet 1946 zu Rheinland-Pfalz.

L.: Wolff 363.

Meerholz (Kloster). Vermutlich zwischen 1158 und 1173 wurde als Filiale des Chorherrenstiftes Langenselbold und als Nachfolgerin eines rheingauischen Nonnenklosters das Prämonstratenserchorfrauenstift M. (Miroldes) bei Gelnhausen gegründet, das 1555/1564 säkularisiert wurde. S. Isenburg-Büdingen-Meerholz, Hessen.

L.: Wolff 277.

Megenzer von Felldorf (Reichsritter). Die M. waren bereits 1488 Mitglied der Gesellschaft St. Jörgenschild, Teil am Neckar. Von 1548 bis etwa 1686 waren sie im Kanton Neckar des Ritterkreises Schwaben immatrikuliert. Letztes Kantonsmitglied war Philipp Jacob M. zu Mühlen und Egelstal. Von 1648 bis 1656 zählte Hans Kaspar von M. wegen Schaubeck und Kleinbottwar zum Kanton Kocher.

L.: Schulz 267; Hellstern 209.

Mehr (Herrlichkeit). Die adlige Herrlichkeit Haffen und M. gehörte zum Herzogtum Kleve (weselscher landrätlicher Kreis). Über Preußen gelangte das Gebiet 1946 zu Nordrhein-Westfalen.

L.: Wolff 317.

Meiderich (Herrlichkeit). Die adlige Herrlichkeit M. bei Duisburg (heute Stadtteil) gehörte am Ende des 18. Jahrhunderts zum Herzogtum Kleve (weselscher landrätlicher Kreis). Über Preußen gelangte M. 1946 zu Nordrhein-Westfalen.

L.: Wolff 317.

Meinefelt (Meiniueld, Meinifelt, Moeniuelt, Meinefeld, Meinuelt, Gau zwischen Rhein und Mosel um Mayen)

L.: Curs, O., Deutschlands Gaue im zehnten Jahrhundert. Nach den Königsurkunden, Diss. phil. Göttingen 1908, 13 (Kesselheim, Andernach, Kaifenheim, Reil, Gillenfeld, Lay?, Waldesch?, Winningen?, Bisjolder?, Trimbs?, Urmitz?); Polenz, P. v., Landschafts- und Bezirksnamen, 1961, II, 16, 18, 23, 30, 32, 58, 61 f., IV 22, Meinefeld, pagus Maginensis, Magicampus, Maifeld um Mayen.

Meinerzhagen, Meinertzhagen (Reichsritter). 1748 wurde Gerhard M., dessen Familie Hauptinhaber des Bleibergwerks in Mechernich war, in den Reichsritterstand erhoben. Später kamen die Güter an die verwandten Grafen zu Lippe.

L.: Wolff 319.

Meinhardiner s. Görz, Tirol

Meiningen (Herrschaft). 982 gab Kaiser Otto II. dem Stift Sankt Peter und Alexander in Aschaffenburg sein Eigengut in M. an der Werra am Rande des Grabfeldes. Kaiser Heinrich II. übertrug M. an Würzburg. 1222/1230 zogen die Grafen von Henneberg M. an sich. 1330 fiel es wieder an Würzburg, das es 1406 an die Buchenau verkaufte. Von ihnen kam es an die von der Tann und dann wieder an Würzburg, 1434 auf Wiederkauf wieder an die Grafen von Henneberg, die es 1542 im Tauschwege gegen Mainberg vom Hochstift Würzburg erwarben. Nach einem Erbvertrag von 1554 fiel es 1583 an Sachsen, 1660 endgültig an dessen ernestinische Linie. Von 1680 bis 1918 war es Hauptstadt von Sachsen-Meiningen, mit dem es 1920 zu Thüringen kam. S. Sachsen-Meiningen.

L.: Wolff 115; Güth, M. J. S., Poligraphia Meiningensis, das ist gründliche Beschreibung der uralten Stadt Meiningen, 1676, neu hg. v. Schaubach, E., 1861.

Meiningen (Reichsritter). Um 1790 waren die M. mit Oepfershausen bei M. Mitglied im Kanton Rhön-Werra des Ritterkreises Franken. Oepfershausen kam über Sachsen-Meiningen 1920 zu Thüringen.

L.: Winkelmann-Holzapfel 157.

Meisenbug, Meysenbug, Meisenbach (Reichsritter). Im frühen 18. Jahrhundert zählten die M. zum Kanton Rhön-Werra im Ritterkreis Franken. Meisenbach fiel 1945 über Preußen (Hessen-Nassau) an Hessen.

L.: Seyler 374; Riedenauer 125.

Meisenheim (Herrschaft) s. Hessen-Homburg

Meißen (Burggrafschaft). Die 929 von Heinrich I. als Stützpunkt der deutschen Herrschaft im eroberten Mittelelbegebiet angelegte Burg Misni auf einem Hügel über der Elbe war seit 968 Sitz der Bischöfe von M. und eines Markgrafen, seit 1046 der Markgrafen von M. und seit 1086 der Burggrafen von M. Das Amt des königlichen Burggrafen, der in einem weiteren Gebiet auch richterliche Aufgaben hatte, wurde im 13. Jahrhundert unter den Meinheringern erblich. Diese vermochten es nicht, aus den weit verstreuten Gütern ein geschlossenes Herrschaftsgebiet zu bilden. Nach langem Streit mussten sie die Burggrafschaft von den Markgrafen von M. zu Lehen nehmen. Nach ihrem Aussterben (1426) kam die Burggrafschaft 1426 an die Vögte von Plauen, 1439 an das Haus Wettin.

L.: Großer Historischer Weltatlas II 66 (1378) G3; Das Burggrafenthum Meißen, 1842; Riehme, E., Markgraf, Burggraf und Hochstift Meißen, Diss. phil. Leipzig 1907.

Meißen (Hochstift). Die 929 von Heinrich I. als Stützpunkt der deutschen Herrschaft im eroberten Mittelelbegebiet angelegte Burg Misni an der Einmündung der Triebisch in die Elbe war Sitz des auf Vorschlag Kaiser Ottos I. 968 von Papst Johannes XIII. gegen die Slawen eingerichteten Bistums M. (erster Bischof Burkhard) zwischen Bober, Queis, Erzgebirge, Lausitzer Gebirge, Mulde und mittlerer Spree, das dem gleichzeitig eingerichteten Erzbistum Magdeburg unterstellt wurde. Die Bischöfe vermochten als Reichsfürsten (1230) ein kleines Herrschaftsgebiet um das 1184 gegründete Stift Wurzen (Land Wurzen), Stolpen (1222) und im sog. Eigenschen Kreis in der Oberlausitz zu bilden, gerieten aber trotz der äußerlich weiter bestehenden Reichsunmittelbarkeit mehr und mehr in Abhängigkeit der Markgrafen von M. bzw. des Hauses Wettin (1485). Seit etwa 1400 hielt sich der Bischof meist in Stolpen, seit etwa 1500 meist in Wurzen auf. Das Bistum wurde 1399 dem Papst unmittelbar unterstellt und nach der 1539 erfolgten Reformation faktisch 1581 aufgehoben. Das Hochstift kam (zur Administration) an Sachsen (1587/1666). 1818 wurden die Stiftslande dem Staatsgebiet Sachsens endgültig einverleibt. 1921 wurde das Bistum M. als exemtes Bistum mit Sitz in Bautzen wiederhergestellt. Mit Sachsen fiel das Gebiet von 1949 bis 1990 in die Deutsche Demokratische Republik.

L.: Wolff 378; Großer Historischer Weltatlas II 66 (1378) G3; Codex diplomaticus Saxoniae regiae II: Urkundenbuch des Hochstifts Meißen, hg. v. Gersdorf, E. G., Bd. 1–3 1864 ff.; Kötzschke, R., Das Domstift Meißen in der Landesgeschichte, in: Der Dom zu Meißen, Festschrift des Hochstifts Meißen, 1929; Dittrich, P., Die Diözese Meißen unter der Kirchenpolitik der Landesherren des 16. und 17. Jahrhunderts, 1961; Schlesinger, W., Kirchengeschichte Sachsens im Mittelalter, Bd. 1 f. 1962; Rittenbach, R./Seifert, S., Geschichte der Bischöfe von Meißen 968–1581, 1965; Lobeck, A., Das Hochstift Meißen im Zeitalter der Reformation bis zum Tode Herzog Heinrichs 1541, 1971; Huth, J., Der Besitz des Bistums Meißen, in: Jb. f. dt. Kirchengeschichte 1973, 77 ff.; Streich, B., Die Bistümer Merseburg, Naumburg und Meißen zwischen Reichsstandschaft und Landsässigkeit, in: Mitteldeutsche Bistümer im Spätmittelalter, 1988; Blaschke, K., Meißen, LexMA 6 1992, 478; Ludwig, T., DO I. 406 und die Zugehörigkeit der Niederlausitz zum Bistum Meißen, DA 56 (2000), 171; Scharz, B., Die Exemtion des Bistums Meißen, ZRG KA 88 (2002), 294; Ludwig, T., Die Urkunden der Bischöfe von Meißen, 2005.

Meißen (Markgrafschaft). Die 929 von Heinrich I. als Stützpunkt der deutschen Herrschaft im eroberten Mittelelbegebiet an der Einmündung der Triebisch in die Elbe oberhalb des Meisabaches angelegte Burg Misni wurde 968 Sitz eines Markgrafen, 1046 Sitz der Markgrafen von M. Die 1046 erstmals so genannte Mark M. (marchia Misnensis) geht auf eine deutsche, nach dem Tod Markgraf Geros (965) abgespaltete Markgrafschaft zurück, als deren erster Inhaber 968 Wigbert erscheint. Sie hatte wechselnden Umfang (982 Markgrafschaft Merseburg, Zeitz und M.) und unterstand Markgrafen aus den Häusern der Ekkehardiner (Ekkehardinger) (985–1046), Weimar-Orlamünde (1046–1067), der Brunonen (1067–1088) und seit 1089/1125 zusammen mit M. der Eilenburger (Heinrich I. von Eilenburg) bzw. Wettiner, die ursprünglich als Grafen im Schwabengau und Hosgau saßen und deren Stammarkgrafschaft Wettin mit der gleichnamigen Burg an der Saale lag. Sie gewannen bis 1156 Eilenberg (Eulenburg) und Camburg, die Mark Niederlausitz (sächsische Ostmark), das Land Bautzen, die Gegend um Dresden, die Grafschaften Rochlitz und Groitzsch sowie die Kirchvogteien über das Hochstift Naumburg (Naumburg/Zeitz) und die Klöster Pegau, Chemnitz und Bosau. Der 1195 unternommene Versuch des Kaisers, die Mark als erledigtes Reichslehen einzuziehen, scheiterte. Markgraf Heinrich III. erwarb die Landgrafschaft Thüringen und die Pfalzgrafschaft Sachsen (1247/1274), sein Sohn das Reichsland Pleißen (Pleißenland) mit Altenburg, Chemnitz und Zwickau. Bei seinem Tode kam es zu Landesteilungen und Familienzwisten, welche die Bedeutung der Markgrafschaft erheblich minderten. 1300 zog König Adolf von Nassau das Land als erledigtes Lehen ein, doch konnte Markgraf Friedrich I. 1307 M. wie Thüringen zurückgewinnen. Unter den Nachfolgern gelangen Erwerbungen im Reichsland Pleißen sowie um Dohna und Pirna. Kernland der Markgrafen blieb das Gebiet um M. 1409 wurde von Markgraf Friedrich dem Streitbaren die Universität Leipzig gegründet. 1422/1423 erlangten die Markgrafen von M. Land, Herzogstitel und Kurwürde der Herzöge von Sachsen-Wittenberg. Damit trat die später zum obersächsischen Reichskreis zählende Markgrafschaft M. gegenüber dem Herzogtum Sachsen in den Hintergrund und wurde unter Sachsen mitverstanden. Sie umfasste das Gebiet der sogenannten meißnischen, Leipziger und erzgebirgischen Kreise. Der meißnische Kreis enthielt die Ämter M., Dresden, Dippoldiswalde, Pirna, Hohnstein (Hohenstein) und Lohmen, Stolpen, Radeberg mit Laußnitz (Lausnitz), Großenhain mit Moritzburg, Senftenberg, Finsterwalde, Mühlberg, Torgau und Oschatz. Der Leipziger Kreis umfasste die Ämter Leipzig, Delitzsch, Zörbig, Eilenburg mit Düben, Grimma, Mutzschen (Mutschen), Leisnig und Döbeln, Rochlitz, Colditz (Kolditz), Borna, Pegau und das Stiftsamt Wurzen. Der erzgebirgische Kreis zerfiel in die Ämter Freiberg, Augustusburg (Augustenburg), Chemnitz, Nossen, Grillenburg mit Tharandt, Frauenstein, Altenberg, Lauterstein, Wolkenstein mit Rauenstein, Grünhain mit Stollberg (Stolberg), Schwarzenberg mit Crottendorf (Krottendorf), Wiesenburg und Zwickau mit Werdau (Werda). Bei späteren Teilungen fiel der Hauptteil (Dresden, Freiberg, M.) an die albertinische Linie des späteren Königreichs Sachsen. Sachsen kam von 1949 bis 1990 zur Deutschen Demokratischen Republik.

L.: Wolff 378 f.; Wallner 708 ObersächsRK 2; Großer Historischer Weltatlas II 34 (1138–1254) G3, II 66 (1378) G3; Blaschke, K./Kretzschmar, H., (Ober-)Sachsen und die Lausitzen, in: Geschichte der deutschen Länder, Bd. 1; Posse, O., Die Markgrafen von Meißen und das Haus Wettin bis zu Konrad dem Großen, 1881; Kötzschke, R./Kretzschmar, H., Sächsische Geschichte, Bd. 1, 2 1935, Neudruck 1965; Helbig, H., Der wettinische Ständestaat bis 1485, Bd. 1 f. 2. A. 1980; Pannach, H., Das Amt Meißen vom Anfang des 14. bis zur Mitte des 16. Jahrhunderts, 1960; Polenz, P. v., Landschafts- und Bezirksnamen, 1961, III, 25, IV, 5, Misner Bevölkerungsname; Mark Meißen, hg. v. Weise, H., 1989; Blaschke, K., Geschichte Sachsens im Mittelalter, 1990; Blaschke, K., Meißen, LexMA 6 1992, 476 ff.; Rupp, G., Die Ekkehardiner, 1996; Weller, T., Die Heiratspolitik, 2004.

Meitamulin s. Mechitamulinero marcha

L.: Polenz, P. v., Landschafts- und Bezirksnamen, 1961, 299.

Melbach (Reichsdorf) Am 25. 1. 1374 erlaubte Kaiser Karl IV. der Reichsstadt Friedberg die vom Reich den Karben verpfändeten Gerichte und Dörfer Ockstadt, Hollar (Heller), M. und Heyenheim (Heichelheim) bei Friedberg einzulösen. Dazu kam es aber nicht. Später fiel M. an Hessen-Darmstadt und damit 1945 an Hessen.

L.: Hugo 462.

Meldegg s. Reichlin von M.

Meli-Lupi (Reichsfürst). Vor 1709 erhob Kaiser Leopold I. Giovanni Paolo Maria M. aus Parma zum Reichsfürsten.

L.: Klein 168.

Memelgebiet, Memelland (Landschaft, Verwaltungsgebiet). Das Gebiet an der Memel

(Njemen) war im Frühmittelalter von Schalauen und Kuren bewohnt. 1252 gründete der Deutsche Orden die 1254 mit lübischem Recht begabte Stadt Memel. 1273 unterwarf der Landmeister in Livland das M. 1328 kam dieses an Preußen. 1422 wurde die Grenze zwischen Deutschem Orden und Litauen so festgelegt, dass ein 15 bis 20 Kilometer breiter Streifen nördlich der Memel mit der Stadt Memel dem Deutschen Orden verblieb. Nach starker Eindeutschung seit dem 18. Jahrhundert wurde das Gebiet nördlich der Memel (2565 Quadratkilometer mit 145 000 Einwohnern, davon 1910 52,3 % deutschsprachig) nach Art. 99 des Versailler Vertrages vom 28. 6. 1919 an die Alliierten abgetreten und von einem französischen General vorläufig verwaltet. Nach militärischer Besetzung durch litauische Freischärler im Januar 1923 erhielt am 16. 2. 1923 Litauen die Souveränität. Im Memelabkommen vom 8. 5. 1924 wurden die Rechte der Alliierten auf Litauen übertragen, aber im Memelstatut vom 17. 5. 1924 weitgehende innenpolitische Autonomie zugestanden. Im Oktober 1938 trat Litauen das M. an Deutschland ab und gab es am 22. 3. 1939 vertraglich zurück. 1945 kam es unter die Verwaltung der Sowjetunion. Die Deutschen wurden weitgehend vertrieben. 1990 fiel es als politische Folge der deutschen Wiedervereinigung an die Sowjetunion. S. Litauen.

L.: Kopp, F., Der Kampf um das Memelgebiet, 1935; Schätzel, W., Das Reich und das Memelgebiet, 1943; Szameitat, M., Bibliographie des Memellandes, 1957; Plieg, E. A., Das Memelland 1920–39, 1962; Wallat, J., Die völkerrechtliche Stellung des Memelgebietes 1991 (Diss.); Gornig, G., Das Memelland, 1991.

Memelland s. Memelgebiet

Memleben

L.: Memleben. Königspfalz – Reichskloster – Propstei, hg. v. Wittmann, H, 2001.

Memmelsdorf (Reichsritter). Im frühen 16. Jahrhundert zählten die M. zum Kanton Baunach im Ritterkreis Franken.

L.: Stieber; Riedenauer 125.

Memmingen (Reichsstadt). Das (erstmals 1099 bzw.) 1128 genannte M. (Mammingin) wurde von Herzog Welf VI. von Bayern an der Kreuzung der Straßen Salzburg-Schweiz und Ulm-Fernpass nahe einer römischen Siedlung (Viaca, Cassiliacum?) gegründet (oder ausgebaut). Vermutlich vor 1180 wurde es Stadt. 1191 kam es an die Staufer. Vor 1286 wurde es Reichsstadt (1268?) und erhielt 1286 das Stadtrecht Überlingens, 1296 Ulms. In den seit 1398 zunächst vom städtischen, aus der Teilung des Kreuzherrenklosters 1365 hervorgegangenen Unterhospital erworbenen Gütern erlangte M. bis 1749 (Beilegung des Streites mit der Reichslandvogtei Oberschwaben) die Landesherrschaft. Seit 1522 wendete es sich der Reformation zu. Es zählte zum schwäbischen Reichskreis. 1802/1803 kam es mit seinen 12 Dörfern, 2 Quadratmeilen Gebiet und 12 000 Einwohnern an Bayern.

L.: Wolff 216; Zeumer 555 III b 14; Wallner 688 SchwäbRK 57; Großer Historischer Weltatlas II 66 (1378) F5, III 22 (1648) E4, III 38 (1789) D3; Schroeder 219 ff.; Müller, K. O., Die oberschwäbischen Reichsstädte, 1912; Braun, W., Amtlicher Führer durch Memmingen und Umgebung, 2. A. 1949; Breuer, T., Stadt und Landkreis Memmingen, 1959; Blickle, P., Memmingen, 1967, in: Historischer Atlas von Bayern, Schwaben 4; Eitel, P., Die oberschwäbischen Reichsstädte im Zeitalter der Zunftherrschaft. Untersuchungen zu ihrer politischen und sozialen Struktur unter besonderer Berücksichtigung der Städte Lindau, Memmingen, Ravensburg und Überlingen, 1970; Kießling, R., Die Stadt und ihr Land, 1989; Die Geschichte der Stadt Memmingen, hg. v. Jahn, J., Bd. 1 1992; Kießling, R., Memmingen, LexMA 6 1992, 509; Friess, P., Die Außenpolitik, 1993; Die Geschichte der Stadt Memmingen, hg. v. Jahn, J., 1997.

Mendel von Steinfels (Reichsritter). Georg M. war um 1654 Mitglied des Kantons Neckar des Ritterkreises Schwaben.

L.: Hellstern 209.

Mendris s. Mendrisio

Mendrisio, Mendris (Herrschaft). M. am Fuß des Monte Generoso im Tessin unterstand im 13. Jahrhundert Como. Später fiel es an das Herzogtum Mailand. 1512 wurde es von den Eidgenossen der Schweiz erobert und kam danach zum Tessin.

L.: Wolff 531; Großer Historischer Weltatlas II 72 (bis 1747) G5.

Mengen (Herrschaft, reichsstadtähnliche Stadt). M. nahe der Mündung der Ablach in die Donau wird anlässlich der Übertragung durch Kaiser Ludwig den Frommen an Buchau 819 erstmals erwähnt. Vor 1257 wurde vermutlich von den Staufern eine neue Siedlung errichtet. Von 1285 bis 1312 hatten die Habsburger die Vogtei. Danach wurde M. an habsburgische Amtleute und 1384 an die Truchsessen von Waldburg verpfändet. Es zählte zum österreichischen Reichskreis. 1680 löste es sich an Österreich zurück und kam 1805 an Baden, dann an Württemberg und damit 1951/1952 an Baden-Württemberg.

L.: Wolff 45; Wallner 714 ÖsterreichRK 1; Laub, J., Geschichte der vormaligen fünf Donaustädte in Schwaben, 1894; Rothmund, P., Die fünf Donaustädte in Schwäbisch-Österreich, Diss. phil. Tübingen 1955; Mayer, D. N., Die Grafschaft Sigmaringen und ihre Grenzen im 16. Jahrhundert, 1959; Der Kreis Saulgau, 1971; Das alte Mengen, hg. v. Bleicher, W., 1988.

Mengersdorf, Mengersdorff (Reichsritter). Bis etwa 1600 zählten die M. zum Kanton Gebirg im Ritterkreis Franken. Der Ort M. kam zu Bayern.

L.: Stieber; Roth von Schreckenstein 2, 594; Riedenauer 125; Rahrbach 163.

Mengersreuth (Reichsritter), Mengersreut. Im frühen 16. Jahrhundert zählten die M. zum Kanton Gebirg im Ritterkreis Franken. Der Ort M. kam zu Bayern.

L.: Riedenauer 125.

Mensfelden (Schloss und Dorf) s. Münzfelden

Menthor (Grafschaft). (Wegen der Grafschaft M. zählte Österreich am Ende des 18. Jahrhunderts zu den schwäbischen Grafen der weltlichen Bank des Reichsfürstenrates des Reichstages.) S. Montfort.

L.: Zeumer 553 II b 61, 5.

Menzingen, Mentzingen (Freiherren, Reichsritter). Im 18. Jahrhundert gehörten die Freiherren von M. mit M. und Gondelsheim (Gundelsheim) zum Kanton Kraichgau des Ritterkreises Schwaben. Von 1681 bis 1731 waren sie wegen des ererbten Bodelshofen Mitglied im Kanton Kocher des Ritterkreises Schwaben. Außerdem zählten sie zur vogtländischen Ritterschaft (Vogtland). Der Ort M. gelangte über Baden 1951/1952 zu Baden-Württemberg.

L.: Genealogischer Kalender 1753, 534; Stieber; Roth von Schreckenstein 2, 592; Hölzle, Beiwort 37, 63; Winkelmann-Holzapfel 157; Schulz 267.

Meppen (Herrschaft, Amt). Das am Zusammenfluss von Hase und Ems gelegene, um 780 auf Reichsgut gegründete M. kam 834 durch Kaiser Ludwig den Frommen an Corvey. 945 erhielt es Zoll und Münze, 946 Marktrecht. 1252 gelangte M. mit den Gütern der Grafen von Ravensberg im Emsland an das Hochstift Münster, in dem es Sitz eines Amtes wurde. 1803 fiel M. an den Herzog von Arenberg und danach an Preußen und damit 1946 an Niedersachsen. S. Arenberg-Meppen.

L.: Wolff 312; Geppert, A., Meppen. Abriss einer Stadtgeschichte, 1951; Meppen in alter und neuer Zeit 834–1984, hg. v. Knapstein, C., 1983.

Meppen-Arenberg s. Arenberg, Meppen

Meranien (Herzogtum). M. (Meerland) ist die Küstenlandschaft Kroatiens und Dalmatiens am adriatischen Meer (am Quarnero und um Fiume), die von Kaiser Heinrich IV. erobert wurde. Sie war zunächst Teil der Mark Istrien Bayerns. Kaiser Friedrich I. Barbarossa verlieh bereits 1152 den Titel eines Herzogs von M. an den 1159 verstorbenen Grafen von Dachau, trennte dann 1180 M. von Bayern und belehnte die Grafen von Andechs (seit 1173 Markgrafen von Istrien) als Herzöge von Kroatien, Dalmatien und M. mit M. Der Erwerb der Landeshoheit in dem Gebiet gelang dem Geschlecht nicht. Mit seinem Aussterben 1248 erlosch das Titularherzogtum.

L.: Polenz, P. v., Landschafts- und Bezirksnamen, 1961, III, 23, Meran; Weller, T., Die Heiratspolitik, 2004.

Merchingen, Merckingen Ganerbschaft (Reichsritter). Im 17. Jahrhundert zählte die Ganerbschaft M. zum Kanton Odenwald des Ritterkreises Franken. S. Merkingen.

L.: Riedenauer 129.

Merderaland (friesisch)

L.: Polenz, P. v., Landschafts- und Bezirksnamen, 1961, II, 49.

Merenberg (Herren). Die im Auftrag des Reichs errichtete Burg M. bei Weilburg an der Straße von Köln nach Frankfurt wird 1129 erstmals erwähnt. Nach ihr nannten sich die nach 1050 als Vögte des Stiftes Limburg zu Neunkirchen und Camberg nachweisbaren Herren von M. Ihre um M. und Gleiberg südlich der unteren Lahn und um Wetzlar gelegenen, durch die Vogtei über Wetzlar ergänzten Güter fielen bei ihrem Aussterben (1328) über eine Erbtochter gegen die Heiratsansprüche der Herren von Westerburg an die Grafen von Nassau-Weilburg (Nassau-Weilburg-Merenberg) und kamen 1355 an Nassau-Weilburg. Die Herrschaft zählte zum oberrheinischen Reichskreis. Über Nassau fiel M. 1866 an Preußen und 1945 an Hessen. Von

1868 bis 1965 nannte sich eine Nebenlinie der Herzöge von Nassau Grafen von M.

L.: Wolff 265; Wallner 696 OberrheinRK 12.

Mergentheim (Meistertum des Deutschen Ordens), Bad Mergentheim. Das wahrscheinlich im 8. Jahrhundert entstandene und vermutlich 720/750 mit einer Kirche ausgestattete M. an der Tauber wird 1058 erstmals als Sitz einer Grafschaft im Taubergau erwähnt. 1219 gaben die Grafen von Hohenlohe (als Nachfolger der Grafen von Lauda?) M. an den Deutschen Orden. Von 1525/1526 bis 1809 war M. nach der Zerstörung Hornecks Sitz des Deutschmeisters, der nach dem Übertritt des Hochmeisters Albrecht von Preußen zur Reformation auch das Amt des Hochmeisters des Deutschen Ordens übernahm. Das Meistertum umfasste die Stadt M., die Vogtei Hüttenheim, die Pflegen Hilsbach, Heuchlingen (Heuchelheim), Kürnbach (Kirnbach), Stupferich und Weingarten, die Ämter Weinheim, Neckarsulm, Kirchhausen, Stocksberg, die Kommentureien Horneck am Neckar, Frankfurt, zu Mainz und zu Speyer, die Kammerkommenturei zu Weißenburg im Elsass und die Herrschaften Freudenthal in Oberschlesien und Busau (Baussau) in Mähren. 1809 fiel M. an Württemberg und gelangte damit 1951/1952 zu Baden-Württemberg.

L.: Wolff 113; Beschreibung des Oberamts Mergentheim, hg. v. d. Statist.-Topograph. Bureau, 1880, Neudruck 1968; Carlé, W., Bad Mergentheim, 1957; Diehm, F., Geschichte der Stadt Bad Mergentheim, 1963; Hermes, G., Mergentheim und Umgebung, 1967; Horneck, Königsberg und Mergentheim. Zu Quellen und Ereignissen in Preußen und im Reich vom 13. bis 19. Jahrhundert, hg. v. Arnold, U., 1980; Sperling, F., Gerichtsorganisation und Prozesspraxis des Mergentheimer Stadtgerichts, 1981; Ulshöfer, K., Mergentheim, Stadt in der Geschichte 9 (1982), 26; Fahlbusch, F., Mergentheim, LexMA 6 1992, 537; Klebes, B., Der Deutsche Orden in der Region Mergentheim im Mittelalter, 2002.

Merkingen (Reichsritter). Im frühen 16. Jahrhundert zählten die M. zum Kanton Altmühl des Ritterkreises Franken. S. Merchingen, Merckingen.

L.: Biedermann, Altmühl; Stieber; Riedenauer 125.

Merl s. Zandt von M.

Merlach s. Imhoff von Mörlach

Merlau, Mörlau, Mörlau genannt Böhm (Reichsritter) s. Mörlau

L.: Stieber; Seyler 374; Riedenauer 125.

Merlau zu Münkheim, Mörlau zu Münkheim (Reichsritter). S. Mörlau zu Münkheim.

L.: Riedenauer 125.

Merode (Reichsgrafen, Fürsten). Im 12. Jahrhundert erscheinen Reichsministeriale, welche die Herrschaft Rode (Merode) bei Düren hatten. Sie wurden 1622 wegen Waroux Reichsgrafen und 1704 Fürsten von Rubempré.

L.: Domsta, H., Geschichte der Fürsten von Merode im Mittelalter, Bd. 1 f. 1974 ff.; Genealogisches Handbuch des Adels, Fürstliche Häuser 14 1991, 525 f.

Merseburg (Hochstift, Herzogtum). Schon in karolingischer Zeit (um 850) war die Burg M. (slaw. Mesibor, Mittenwalde) auf einem Hügel westlich der Saale Sitz von Grafen (von M.). Sie fiel durch die Gemahlin (Hatheburg) König Heinrichs I. an die Liudolfinger. Neben der von Heinrich I. errichteten Pfalz gründete Kaiser Otto der Große (962/968) unter Auslösung aus der Diözese von Halberstadt das Bistum M. (erster Bischof Boso von Sankt Emmeram in Regensburg), das zur Erzdiözese Magdeburg gehörte. Bekanntester Bischof des von 981 bis 1004 aufgelösten, ziemlich kleinen Bistums (Landschaft Chutizi zwischen Saale und Mulde mit einem schmalen Streifen östlich der Mulde) war Thietmar von M. (1008–1018). Die weltliche Herrschaft beschränkte sich auf die Stadt M. mit ihrer unmittelbaren Umgebung, ein 974 von Otto II. erhaltenes großes Waldgebiet zwischen Saale und Mulde (Schkeuditz, Lützen) und die Lehnshoheit über Leipzig. Nach der seit 1523 eindringenden Reformation brachte das Haus Wettin (Sachsen, Albertiner) als Administrator ab 1545/1561 das zum obersächsischen Reichskreis gehörige Stiftsgebiet, das die Ämter M., Lützen mit Zwenkau, Schkeuditz und Lauchstädt (Lauchstedt) umfasste, in seine Gewalt. Dies wurde 1635/1648 anerkannt. Von 1657 bis 1731 bestand eine wettinische Nebenlinie der Herzöge von Sachsen-Merseburg, bis 1815 eine besondere Verwaltung. 1815 kam das Gebiet ganz überwiegend zu Preußen, 1945 zur sowjetischen Besatzungszone und damit von 1949 bis 1990 zur Deutschen Demokratischen Republik. S. Sachsen-Merseburg.

L.: Wolff 380 f.; Wallner 708 ObersächsRK 2; Großer Historischer Weltatlas II 66 (1378) G3, III 38 (1789) D2; Gringmuth-Dallmer, H., Magdeburg-Württemberg, in: Geschichte der deutschen Länder, Bd. 1; Urkundenbuch des Hochstifts Merseburg, hg. v. Kehr, P., Teil 1 (bis 1357), 1899; Bönhoff, L., Das Bistum Merseburg, seine Diözesangrenzen und seine Archidiakonate, Neues Archiv f. Sächsische Geschichte 32 (1911); Heckel, J., Die evangelischen Dom- und Kollegiatstifte Preußens, insbesondere Brandenburg, Merseburg, Zeitz, 1924; Holtzmann, R., Die Aufhebung und Wiederherstellung des Bistums Merseburg, Sachsen und Anhalt 2 (1926); Schlesinger, W., Kirchengeschichte Sachsens, Bd. 1 f. 1962; Streich, B., Die Bistümer Merseburg, Naumburg und Meißen zwischen Reichsstandschaft und Landsässigkeit, in: Mitteldeutsche Bistümer im Spätmittelalter, 1988; Gemeinde auf dem Weg durch die Zeit, hg. v. Steenhoff, T., 1989; Blaschke, K., Die Christianisierung des Landes östlich des Saale, Jb. f. dt. Kirchengeschichte 17 (1989/90), 63 ff.; Blaschke, K., Merseburg, LexMA 6 1992, 546.

Merstem s. Marstem

L.: Polenz, P. v., Landschafts- und Bezirksnamen, 1961, II, 35, 91, III, 11, 16, 28–30, 262, Mersthem, Marstem, Bevölkerungsname *Merseton.

Merxheim (Ganerbschaft). Aus dem 11. Jahrhundert sind Güter mehrerer ritterlicher Familien in M. (Merkedesheim) bei Bad Kreuznach bekannt. Von 1358 bis 1442 bildete M. eine selbständige Herrschaft. Deren Inhaber wechselten mehrfach, bis um 1789 die Selbständigkeit verlorenging. S. Preußen (Rheinprovinz), Rheinland-Pfalz.

L.: Geschichtlicher Atlas von Hessen, Inhaltsübersicht 34.

Merz von Staffelfelden (Reichsritter). Rochus M. zu Schramberg war im 16. Jahrhundert mit Schramberg Mitglied im Kanton Neckar des Ritterkreises Schwaben.

L.: Hellstern 148, 209.

Merzbach (Reichsritter), (Kanton Baunach, Ritterkreis Franken). S. Rotenhan.

L.: Stieber; Riedenauer 125.

Meschede (Kloster). In karolingischer Zeit wurde in M. an der Ruhr von der vermutlich mit Graf Ricdag verwandten Emhildis ein Kanonissenstift gegründet, das schon vor Konrad I. (vor 913) in königlichen Schutz aufgenommen wurde. Mit über 400 Bauernhöfen zählte M. bald zu den reichsten Klöstern Westfalens, blieb aber unter der Vogtei der Grafen von Werl und Arnsberg. 1810 wurde es von Hessen aufgehoben. Über Preußen kam M. 1946 an Nordrhein-Westfalen.

L.: Göbel, B., 1000 Jahre Meschede, 1959; Quellen zur Geschichte von Stift und Freiheit Meschede, hg. v. d. Stadt Meschede, 1981.

Mespelbrunn (Burg, Herrschaft). 1412 übertrug das Erzstift Mainz der den Schenken von Erbach und dem Erzstift zu Diensten verbundenen Familie Echter die Wüstung Espelborn in einem Seitental der Elsava im Spessart. 1665 erlosch die Familie, die seit 1430 M. zu ihrem Stammsitz ausgebaut hatte, und wurde von den Ingelheim beerbt. S. Echter von M., Bayern.

L.: Kittel, A., Beiträge zur Geschichte der Freiherren Echter von Mespelbrunn, 1882.

Messkirch, Meßkirch, Mößkirch, Möskirch (Herrschaft). M. an der Ablach bei Sigmaringen wird 1202 erstmals erwähnt. Um 1210 kam die Herrschaft M. bei Aussterben der Grafen von Rohrdorf erbweise an eine Nebenlinie der Truchsessen von Waldburg, 1319/1354 erbweise an die Herren von Zimmern, nach deren Aussterben 1594 an die Grafen von Helfenstein und 1626/1627 erbweise an die Grafen von Fürstenberg. Innerhalb der Grafen von Fürstenberg stand die zum schwäbischen Reichskreis zählende Herrschaft zunächst der Linie Fürstenberg-Messkirch, seit 1744 der Linie Fürstenberg-Stühlingen zu. Sie bestand aus der eigentlichen Herrschaft M. mit der gleichnamigen Stadt und der Herrschaft Waldsberg mit mehreren Dörfern. 1806 fiel die 270 Quadratkilometer umfassende Herrschaft mit dem südlich der Donau gelegenen Teil an Baden, im übrigen an Hohenzollern-Sigmarinen und damit an Preußen, 1951/1952 aber insgesamt an Baden-Württemberg.

L.: Wolff 175; Wallner 687 SchwäbRK 29; Messkirch gestern und heute, 1961; Götz, F., Kleine Geschichte des Landkreises Stockach, 1966; Heim, A., Messkirch – Bibliographie, 1988; Heim, A., Die Stadt der Fürstenberger. Geschichte, Kunst und Kultur des barocken Messkirch, 1990; Schmid, H., Die Statuten des Landkapitels Messkirch von 1719, 1999.

Methingau (Matois, pagus Matensis)

L.: Puhl, R., Die Gaue und Grafschaften des frühen Mittelalters im Saar-Mosel-Raum, 1999, 156 (780? pago Matinse, 785/786 pago Mettensi), Benennungsmotiv unklar, vielfach (Vanderkindere, Wampach, Hlawitschka, Droege) mit dem Metzgau verwechselt, zwischen Luxemburg und Longwy bzw. Metz (Angevillers/Answeiler, Aumetz, Baslieux, Beuvillers, Contern, Labry, Luxemburg-Stadt, Mamer, Monnerich, Rédange, Syren, Vernéville, Villers-la-Montagne).

Methingouwe s. Methingau, (fälschlich) Metzgau

L.: Polenz, P. v., Landschafts- und Bezirksnamen, 1961, II, 16, 18, Methingouwe, pagus Methinsis, ‚Le Matois'.

Metsch (Freiherren, Reichsritter). Im frühen 18. Jahrhundert zählten die Freiherren von M. zum Kanton Rhön-Werra des Ritterkreises Franken.

L.: Stieber; Seyler 375; Riedenauer 125.

Metsch (Grafen). Die Grafen von M. erscheinen in der Reichsmatrikel von 1521.

L.: Reichsmatrikel 1521.

Metternich (Grafen, Reichsgrafen, Fürsten). Seit dem Ende des 13. Jahrhunderts nannte sich ein Zweig des rheinischen Adelsgeschlechts Hemberg (Hemmerich bei Bonn) nach dem Dorf M. westlich von Bonn. Er hatte die Erbkämmererwürde des Erzstifts Köln inne, stellte zahlreiche Bischöfe und Erzbischöfe und teilte sich in insgesamt 12 Linien. 1652 erhielt Philipp Emmerich vom Erzstift Trier die heimgefallenen Herrschaften Winneburg und Beilstein an der unteren Mosel zu Reichsafterlehen. 1635 wurde die Familie reichsfreiherrlich und 1679 reichsgräflich. Im 18. Jahrhundert zählte sie als Metternich-Winneburg mit dem Hofgut Denzerheide samt Sporkentaler Mühle zum Kanton Mittelrheinstrom des Ritterkreises Rhein. Außerdem war sie im früheren 18. Jahrhundert im Kanton Odenwald des Ritterkreises Franken immatrikuliert. 1803 erlangte sie als Entschädigung für ihre linksrheinischen Güter Winneburg und Beilstein, über die sie Sitz und Stimme im westfälischen Reichsgrafenkollegium hatte, die Reichsabtei Ochsenhausen in Schwaben (ohne das Amt Tannheim und mit verschiedenen Renten belastet) als Fürstentum (Winneburg), das 1806 aber von Württemberg mediatisiert und 1825 gekauft wurde. Klemens Wenzel Lothar M., der zum Staatskanzler Österreichs (1821) aufstieg, erhielt 1813 vom Kaiser von Österreich Schloss Johannisberg im Rheingau verliehen.

L.: Stieber; Zeumer 554 II b 63, 19; Roth von Schreckenstein 2, 595; Winkelmann-Holzapfel 157; Riedenauer 125; Klein 188.

Metternich zur Gracht, Wolff-Metternich zur Gracht (Grafen, Reichsritter). Im 18. Jahrhundert gehörten die Grafen Wolff M., die von den Grafen Metternich abstammten und sich nach dem Schloss zur Gracht in Liblar südwestlich Kölns nannten, mit dem 1638 erworbenen Flehingen zum Kanton Kraichgau des Ritterkreises Schwaben.

L.: Hölzle, Beiwort 63.

Metz (freie Reichsstadt). In keltischer Zeit war Divodurum Hauptort der Mediomatriker. Die Römer erbauten an der wichtigen Kreuzung der Straßen nach Reims, Trier, Straßburg und Mainz das Kastell Mediomatricum (später Mettis). Vermutlich im ausgehenden 3. (oder 4.) Jahrhundert wurde dort ein Bischofssitz eingerichtet. Zeitweise war der Ort Mittelpunkt des später Austrasien genannten fränkischen Reichsteils. 843 kam M., obwohl es dem romanisch-französischen Sprachraum zugehörig war, zu Lotharingien, 870 zum ostfränkischen Reich. Seit dem späten 12. Jahrhundert (1189) löste sich die Stadt aus der Abhängigkeit der Bischöfe, die ihren Sitz nach Vic verlegten, und stieg von 1180 bis 1210 zur Reichsstadt auf. Sie schuf sich ein Herrschaftsgebiet (Pays Messin), das im 14. Jahrhundert mit mehr als 130 Dörfern das größte aller Reichsstädte war, und verteidigte es gegen alle Angriffe der Herzöge von Lothringen. Nachdem 1551 die protestantischen deutschen Reichsfürsten dem König von Frankreich für dessen Hilfe gegen Karl V. das Reichsvikariat über die Bistümer M., Toul und Verdun zugesprochen hatten, besetzte der König von Frankreich 1552 die Stadt. 1648 wurde sie endgültig an Frankreich abgetreten. Als Hauptstadt des Bezirks Lothringen des Reichslandes Elsass-Lothringen gehörte M. von 1871 bis 1918 zum Deutschen Reich und war von 1940 bis 1944 deutsch besetzt.

L.: Wolff 308; Großer Historischer Weltatlas II 34 (1138–1254) F4, II 66 (1378) D4; Westphal, Geschichte der Stadt Metz, Bd. 1–3 1875 ff.; Albers, J., Geschichte der Stadt Metz, 1902; Zeller, G., La réunion de Metz à la France de 1552 à 1648, Bd. 1 f. 1926; Schneider, J., La ville de Metz aux XIIIe et XVe siècles, 1950; Hocquard, G. u. a., Metz, 1961; Polenz, P. v., Landschafts- und Bezirksnamen, 1961, II, 18, 32, IV, 18, pagus Mettensis, zum Ortsnamen Metz; Pundt, M., Metz und Trier, 1998; Escher, M. u. a., Die urbanen Zentren, 2005, 2, 408.

Metz (Hochstift, Fürstbistum). Vermutlich im ausgehenden 3. (oder 4.) Jahrhundert wurde im römischen Mediomatricum (später Mettis) ein seit 535 sicher feststellbarer Bischofssitz (u. a. Arnulf von Metz 617–639) eingerichtet, der zur Erzdiözese Trier gehörte. Bei den karolingischen Reichsteilungen kam M. zu Lothringen, 870 zum ostfränkischen Reich. Die im Frühmittelalter beträchtlichen weltlichen Güter, die anfangs vom Chiemsee bis zu den Cevennen und von Lüttich bis ins Elsass streuten und ein Gegengewicht zum Herzogtum Lothringen bilden sollten (u. a. [1005?] Grafschaft M., 1065 Grafschaft Saarbrücken, Saulnois von Vic bis Dieuze, Epinal, Senones, Neuweiler [Neuwiller], Maursmünster, Saint-Trond [Saint Trond], Dugny, Commercy), gingen besonders durch Verselbständigung der Stadt M. (1180–1210, 1189) seit dem 12. Jahrhundert stark zurück (u. a. Verlust der Grafschaft Dagsburg an die Grafen von Leiningen, weitere Verluste an den Herzog von Lothringen). 1296 wurde der Bischof Lehnsmann des Königs von Frankreich. 1357 sicherte Kaiser Karl IV. den Bestand des Hochstifts, dessen wichtigste Stützpunkte nun Chaligny, Epinal, Rambervillers, Moyen, Deneuvre, Senones-Salm, Vic und Metz waren. 1551 sprachen die protestantischen deutschen Reichsfürsten dem König von Frankreich für dessen Hilfe gegen Karl V. das Reichsvikariat über die Bistümer M., Toul und Verdun zu. 1552 besetzte Frankreich die Stadt M. und erhielt im Vertrag von Chaumont (1552) das bisher zum oberrheinischen Reichskreis zählende Hochstiftsgut. 1613 erzwang Frankreich die Huldigung im Hochstift. 1648 wurde das Fürstbistum M. endgültig an Frankreich abgetreten. Allerdings nannten sich die Bischöfe von M. bis 1790 Fürsten des Heiligen Römischen Reiches. Im 18. Jahrhundert umfasste das Gebiet des Bistums die bischöflichen Lehnsherrschaften Helflingen (Helfedange), Habudingen (Habondange) und Hingsinen (Hinguezange), die Herrschaften Lagarde (La Garde), Türkstein und Chatillon, die Grafschaft Rixingen, die Kastellaneien Remilly, Vic, Freiburg, Baccarat und Rambervillers. In den Wirren der französischen Revolution von 1789 ging das Bistum unter, wurde aber 1801 mit veränderten Grenzen wiederhergestellt, 1802 dem Erzbistum Besançon unterstellt und 1874 eximiert.

L.: Wolff 300 f.; Großer Historischer Weltatlas II 66 (1378) D4; Die Territorien des Reichs 5, 96; Histoire générale de Metz par des religieux Bénédictins de la Congrégation de Saint-Vannes, 1769 ff.; Dorvaux, N., Les anciens pouilles du diocèse de Metz, 1902; Bourgeat, G./Dorvaux, N., Atlas historique du diocèse de Metz, 1907; Morret, B., Stand und Herkunft der Bischöfe von Metz, Toul und Verdun im Mittelalter, 1911; Meyer, A., Der politische Einfluss Deutschlands und Frankreichs auf die Metzer Bischofswahlen im Mittelalter, 1916; Zeller, G., La reunion de Metz à la France, Bd. 1, 2 1926; Herrmann, W., Zum Stande der Erforschung der früh- und hochmittelalterlichen Geschichte des Bistums Metz, Rhein. Vjbll. 28 (1963); Tribout de Morembert, H., Le diocèse de Metz, 1970; Gauthier, N., L'evangélisation des pays de la Moselle, 1980; Histoire de Metz, 1986; Parisse, M., Austrasie, Lotharingie, Lorraine, 1990; Parisse, M., Metz, LexMA 6 1992, 585; Müller, M., Am Schnittpunkt von Stadt und Land, 1993; Die alte Diözese Metz, hg. v. Herrmann, H., 1993; Bauer, T., Lotharingien als politischer Raum, 1997; Escher, M. u. a., Die urbanen Zentren, 2005, 1, 463.

Metzgau (Mattensis, Gau nordwestlich Metz)

L.: Curs, O., Deutschlands Gaue im zehnten Jahrhundert. Nach den Königsurkunden, Diss. phil. Göttingen 1908, 13 (Baslieux); Polenz, P. v., Landschafts- und Bezirksnamen, 1961, II, 16, 18, Methingouwe, pagus Methinse, ‚Le Matois'; Puhl, R., Die Gaue und Grafschaften des frühen Mittelalters im Saar-Mosel-Raum, 1999, 167 (610/611 territurio Mittensem), abgeleitet von Metz, um Metz (Ars-sur-Moselle, Borny, Cheminot, Marieulles, Sablon, Saint-Julien-lès-Metz, Scy, Secourt, Vigy, räumlich entfernt Zellen in der Gemeinde Petit-Tenquin).

Meudt (Herrschaft). 1097 gab Pfalzgräfin Adelheid als Erbin der Konradiner und der Grafen von Luxemburg-Gleiberg Güter in M. im Westerwald an das Stift Sankt Georg zu Limburg. Mit Limburg kam M. an die Herren von Isenburg, bis 1664 an die Grafen von Isenburg und bis 1774 an die Grafen von Wied. Landesherren waren die Grafen von Diez. 1564 fiel das zum kurrheinischen Reichskreis zählende M. von Diez an das Erzstift Trier, 1806 an Nassau, 1866 an Preußen und 1946 an Rheinland-Pfalz.

L.: Wolff 95; Wallner 700 KurrheinRK 8.

Meyenburg (Herrschaft). Eine Burg der Markgrafen von Brandenburg bildete den Mittelpunkt einer Herrschaft, die 1319 an Mecklenburg fiel, 1329 aber an die Markgrafen von Brandenburg zurückkam. Nach mehrfachen Verpfändungen gelangte sie vor 1364 an die Herren von Rohr. S. Brandenburg.

L.: Wolff 386; Seehaus, F., Meyenburger Chronik, 1929.

Meyer zu Osterberg (Reichsritter). Am Ende des 17. Jahrhunderts zählten die M. zum Kanton Odenwald im Ritterkreis Franken.

L.: Riedenauer 125.

Meyern (Reichsritter) (Erben). Vom 18. Jahrhundert bis 1806 zählten die M. zum Kanton Steigerwald des Ritterkreises Franken sowie um 1800 auch zum Kanton Gebirg.

L.: Bechtolsheim 16; Riedenauer 125.

Meysenbug s. Meisenbug

Mezumroka (Gau) s. Nizizi

L.: Hessler, W., Mitteldeutsche Gaue des frühen und hohen Mittelalters, 1957, 24.

Michelbach (Herrschaft). Seit 1380 erwarben die Schenken von Limpurg das wohl schon karolingische Dorf M. an der Bilz bei Schwäbisch Hall. Innerhalb Limpurgs kam es an die Linie Limpurg-Sontheim. Nach deren Aussterben fiel es an Löwenstein-Wertheim-Virneburg. 1806 gelangte es an Württemberg und damit 1951/1952 an Baden-Württemberg.

L.: Hölzle, Beiwort 50.

Michelbach (Reichsdorf). M. bei Merzig war bis 1789 das einzige Reichsdorf im Saarland. Die Schirmherrschaft lag bis 1766 bei den Herzögen von Lothringen, dann bei den ihnen nachfolgenden Königen von Frankreich und ab 1778 bei dem Erzstift Trier. Grundherren waren das Stift Sankt Simeon in Trier und die Abtei Tholey. Über Preußen kam M. 1919 und 1945/1946 zum Saargebiet und damit 1957 zum Saarland.

Michelbergere marca

L.: Polenz, P. v., Landschafts- und Bezirksnamen, 1961, IV, 3 f., zum Ortsnamen Michelbach.

Michelstadt (Herrschaft). In der schon römisch besiedelten Gegend an der oberen Mümling erscheint 741/742 das Königsgut M. (Michilstat). 815 gab Kaiser Ludwig der Fromme Ort und Mark an Einhard, der es 819/840 an Lorsch weitergab. Seit dem 12. Jahrhundert wurde es dem Kloster durch die Schenken von Erbach als Vögte (1232, Aufhebung Lorschs) entfremdet. 1307 mussten die Schenken es der Pfalz zu Lehen auftragen. 1806 kam es an Hessen-Darmstadt und damit 1945 an Hessen. S. Erbach.

L.: Wolff 123; Buxbaum, P., Michelstadt, 1950; Polenz, P. v., Landschafts- und Bezirksnamen, 1961, IV, 3 f., 6 f., Marcha pertinens ad Michlenstat; Michelstadt vom Mittelalter zur Neuzeit, 1986; Braasch-Schwersmann, U., Michelstadt, LexMA 6 1992, 611.

Mickhausen, Mückenhausen, Mückhausen (Herrschaft). Die Herrschaft M. südwestlich Augsburgs gehörte am Ende des 18. Jahrhunderts über die Fugger-Mickhausen (Fugger-Mückenhausen) zum schwäbischen Reichskreis. Sie umfasste etwa 2 Quadratmeilen. 1806 kam sie zu Bayern.

L.: Wolff 205; Wallner 685 SchwäbRK 15 b.

Midahi (Middach, Midochi, Midagsterland)

L.: Polenz, P. v., Landschafts- und Bezirksnamen, 1961, II, 38, 46 f., III, 17, 31, Midahi.

Milano (Reichsfürst). 1731 wurde Giovanni Domenico M. zum Reichsfürsten erhoben.

L.: Klein 170.

Milchling s. Schutzbar genannt M.

Militsch (freie Herrschaft). Die freie Standesherrschaft M. in Niederschlesien war ursprünglich ein Teil des Fürstentums Oels. Nach dem Aussterben der Fürsten von Oels 1492 wurde sie von Ladislaus von Böhmen als eigene Herrschaft an die Kurzbach veräußert. Diese verkauften sie an die Freiherren von Maltzan, die Kaiser Leopold in den Reichsgrafenstand erhob. Die freie Standesherrschaft M. umfasste 8 Quadratmeilen. S. Preußen, Polen.

L.: Wolff 487.

Millendonk, Myllendonk, Mylendonk (Reichsritter, reichsunmittelbare Herrschaft). Nach der Wasserburg M. an der Niers bei Korschenbroich westlich von Düsseldorf benannten sich seit 1168 auftretende Edelherren von M., die Lehnsträger Gelderns waren. Ihre Herrschaft stand nach ihrem Aussterben um 1300 den Reifferscheid als Lehen Gelderns, seit etwa 1350 den Mirlar (Millendonk-Mirlar, Myllendonk-Mirlar) und danach den Bronkhorst (Bronckhorst) zu. Sie gehörte später zum niederrheinisch-westfälischen Reichskreis. 1682/1690 kam sie an die Herzöge von Croy, 1694 an die Gräfin von Berlepsch. 1700 wurde sie reichsunmittelbar. 1733 fiel sie in weiblicher Erbfolge mit 0,8 Quadratmeilen Gebiet und 1600 Einwohnern (im Wesentlichen das heutige Korschenbroich) den Grafen von Ostein zu. 1794 wurde sie von Frankreich besetzt. Die Grafen von Ostein erhielten für den Verlust der dem westfälischen Reichsgrafenkollegium angehörigen Herrschaft an Frankreich durch § 24 des Reichsdeputationshauptschlusses vom 25. 2. 1803 die Abtei Buxheim (ohne das Dorf Pleß und belastet mit verschiedenen Renten). 1813/1835 kam die Herrschaft, die 1832 an die Freiherren von Wüllenweber (Willenweber) vererbt wurde, an Preußen und damit das Gebiet 1946 an Nordrhein-Westfalen (heute Teil der Stadt Korschenbroich).

L.: Wolff 366; Zeumer 554 II b 63, 26; Wallner 705 WestfälRK 53; Bremer, J., Die Reichsherrschaft Millendonk, 1939; Quadflieg, E., Millendonk und seine „Vererbung“, 1959.

Milz (Reichsritter). Die M. zählten im frühen 16. Jahrhundert zum Kanton Baunach im Ritterkreis Franken.

L.: Stieber; Roth von Schreckenstein 2, 594; Riedenauer 125; Rahrbach 165.

Milzane (Gau um die obere Elster)

L.: Curs, O., Deutschlands Gaue im zehnten Jahrhundert. Nach den Königsurkunden, Diss. phil. Göttingen 1908 (Ostro, Drebnitz, Goeda).

Mindelheim (Herrschaft, Reichsfürst). An der Stelle von M. an der Mindel lagen eine alemannische Siedlung des 7. Jahrhunderts und ein fränkischer Königshof. M. selbst wird erstmals 1046 anlässlich der Übertragung vom Reich an das Hochstift Speyer erwähnt. 1365 kamen Stadt (vor 1256) und Herrschaft von den Herren von M. über die Hochschlitz an die Herzöge von Teck und 1433/1439 an die Herren von Rechberg. Von 1467 bis 1586 gehörten Herrschaft und Stadt M. den Freundsberg/Frundsberg. Danach kamen sie 1590 an die Fugger, deren Rechte aber von den Herren von Maxlrain bestritten wurden. Sie traten ihre Ansprüche an Bayern ab, das M. 1616 besetzte und die Fugger abfand. Seit 1616 war M., abgesehen von 1704/1705 bis 1713/1714, als es der Kaiser als aus seiner Sicht erledigtes Reichslehen John Churchill Marlborough, First Duke of Marlborough, als Belohnung für seinen Sieg über Bayern als Reichsfürsten überließ, was durch den Frieden von Rastatt 1714 allerdings wieder entschädigungslos beseitigt wurde, und abgesehen von 1778 bis 1780 (Besetzung durch Österreich, mit 7 Quadratmeilen Gebiet), Teil Bayerns und gehörte dem schwäbischen Reichskreis an.

L.: Wolff 136, 201; Wallner 685 SchwäbRK 13; Großer Historischer Weltatlas III 38 (1789) D3; Zoepfl, F., Geschichte der Stadt Mindelheim in Schwaben, 1948; Der Landkreis Mindelheim in Vergangenheit und Gegenwart, 1968; Vogel, R., Historischer Atlas von Bayern, Teil Schwaben, Mindelheim, 1970; Habel, H., Der Landkreis Mindelheim, 1971.

Minden (Hochstift, Fürstbistum, Fürstentum). M. an einem wichtigen Übergang über die Weser wird erstmals 796 genannt (Minda). Um 803/804 (?) wurde dort durch Karl den Großen unter dem um 790 zum Bischof ernannten Erkanbert (von Fulda) ein Bistum mit der Diözese zwischen Hunte und Aller (Hannover, Celle, Soltau, Dümmersee, Polle, Nienburg) eingerichtet, das zur Erzdiözese Köln gehörte. 961 erhielt es die Immunität, 977 Markt, Münze und Zoll. Vögte waren seit etwa 1073/1080 die billungischen Herzöge von Sachsen bzw. seit etwa 1096 bis 1398 die Herren vom Berge (Hausberge). M. gewann ein kleines Herrschaftsgebiet (etwa ein Viertel der Diözese), für das es 1180 nach dem Sturz Heinrichs des Löwen die Herzogsgewalt erhielt. Es entsprach nach dem vorübergehenden Erwerb Hamelns von Fulda (1259–1277, dann an die Welfen) und der Grafschaft Stemwede (Stenvede), dem Verlust Stolzenaus an die Grafen von Hoya (1336) sowie nach dem Anfall der Herrschaft der Edlen von (Haus-) Berg (Hausberge) 1398 etwa den Kreisen Lübbecke und M. (Schlüsselburg, Hausberge, Rahden, Bünde, Oldendorf, Löhne) und war damit eines der kleinsten geistlichen Fürstentümer des Reiches, dessen Vogtei bis 1397 den Edlen vom Berge zustand. In ihm erlangte die Stadt M. schon in der ersten Hälfte des 13. Jahrhunderts eine gewisse Selbständigkeit. Im 16. Jahrhundert kam das früh von der Reformation erfasste, zum niederrheinisch-westfälischen Reichskreis zählende M. unter den Einfluss der Herzöge von Braunschweig-Wolfenbüttel. 1661 starb der letzte Bischof. 1648 wurde es gegen Abfindung der Lüneburger Welfen mit Osnabrück als Entschädigung für Vorpommern Brandenburg zugesprochen, das es in ein weltliches Fürstentum umwandelte und 1719 verwaltungsmäßig mit der Grafschaft Ravensberg verband. Das Domkapitel bestand bis 1810 fort. Das Fürstentum enthielt die beiden unmittelbaren Städte M. und Lübbecke und die Ämter Hausberge, Petershagen, Reineberg, Rahden und Schlüsselburg. 1807/1808 ging es im Königreich Westphalen auf, das 1811 die Teile links der Weser mit der Stadt M. an Frankreich verlor. 1813/1814 nahm es Preußen wieder in Besitz und gliederte es 1815 der Provinz Westfalen an. 1946 kam es zu Nordrhein-Westfalen.

L.: Wolff 330 f.; Zeumer 553 II b 34; Wallner 702 WestfälRK 12; Großer Historischer Weltatlas II 66 (1378) E2, III 22 (1648) D2, III 38 (1789) C1; Richtering, H./Kittel, E., Westfalen-Lippe, in: Geschichte der deutschen Länder, Bd. 1; Holscher, L. A. T., Beschreibung des vormaligen Bistums Minden nach seinen Grenzen, Archidiakonaten, Gauen und alten Gerichten, 1877, Nachdruck o. J.; Spannagel, K., Minden-Ravensberg unter brandenburgisch-preußischer Herrschaft 1648–1719, 1894; Hoogeweg, H., Die Urkunden des Bistums Minden bis 1300, 1898; Frie, B., Die Entwicklung der Landeshoheit der Mindener Bischöfe, 1909; Mindener Geschichtsquellen, hg. v. Löffler, K., Bd. 1–3 1917 ff.;

Blotevogel, H., Die älteste brauchbare Karte des ehemaligen Fürstentums Minden. Die Schloenbachsche Handschriftenkarte von 1772, Mindener Heimatblätter 6 (1937); Blotevogel, H., Studien zur territorialen Entwicklung des ehemaligen Fürstentums Minden, Diss. phil. Münster 1939; Krieg, M., Kleine Chronik von Minden, 1950; Dammeyer, W., Der Grundbesitz des Mindener Domkapitels, 1957; Scriverius, D., Die weltliche Regierung des Mindener Stifts von 1140 bis 1397, Bd. 1f. 1966ff.; Assmann, H., Beiträge zur Geschichte des Kreises Minden 1816–1945, In: Mitt. des Mindener Geschichtsvereins 40 (1968), 79; Köbler, G., Gericht und Recht in der Provinz Westfalen (1815–1945), FS G. K. Schmelzeisen, 1980, 172; Ausgrabungen in Minden, hg. v. Trier, B., 1987; Leutheusser, H., Rechtsanwaltschaft und Justiz in Minden, (1989); Brandt, H./Hengst, K., Victrix Mindensis ecclesia, 1990; Hemann, F., Minden, LexMA 6 1992, 631; Linnemeier, B., Jüdisches Leben im alten Reich, 2000.

Minderslachen (Reichsdorf) s. Mundeslacht

Mindilriet

L.: Polenz, P. v., Landschafts- und Bezirksnamen, 1961, II, 95, Mindilriet, ‚Mindelried'.

Minfeld (Reichsdorf). M. südlich von Landau erscheint erstmals 982 anlässlich einer Übertragung vom Reich an das Hochstift Speyer. Mit der Herrschaft Guttenberg kam es an Pfalz-Zweibrücken und Leiningen. Am 22. 1. 1379 verpfändete König Wenzel an Kurfürst Ruprecht von der Pfalz unter anderem M., das Ruprecht aus der Pfandschaft des Grafen Emich von Leiningen eingelöst hatte. Später kam es über die Pfalz und Bayern 1946 an Rheinland-Pfalz.

L.: Hugo 464; Walther, J., Beiträge zur Geschichte der Dörfer Minfeld und Freckenfeld, 1906.

Minkwitz (Reichsritter). Im späten 16. Jahrhundert zählten die M. zum Kanton Gebirg des Ritterkreises Franken.

L.: Riedenauer 125.

Mintga

L.: Hessler, W., Mitteldeutsche Gaue des frühen und hohen Mittelalters, 1957, 135 (Altenzaun, Räbel); Polenz, P. v., Landschafts- und Bezirksnamen, 1961, II, 39, 96, Mintga.

Mirandola (Stadt, Fürsten, Herzöge). M. in der Emilia, das seit dem 11. Jahrhundert belegt ist, fiel zunächst an das Haus Canossa und dann an die sog. filii Manfredi. Von ihnen erhielt Francesco Pico 1311 von Kaiser Heinrich VII. M. und sein Umland als Erblehen. 1354 erklärte Kaiser Karl IV. M. als reichsunmittelbar. Die Stadt M. wurde seit dem Hochmittelalter von den Pico della Mirandola beherrscht. 1596 wurden sie zu Fürsten, 1617 zu Herzögen erhoben. 1747 starben sie aus. S. Modena, Italien.

L.: Memorie storiche della città Mirandola, Bd. 1ff. 1872ff.; Cappi, V., La Mirandola, 1973; Mirandola e le terre del basso corso del Secchia dal Medioevo all'età contemporanea, 1984; Andreolli, B., Mirandola, LexMA 6 1992, 664.

Mistek (Herrschaft). 1572 verkauften die Piasten von Teschen die Herrschaft M. in Schlesien an das Hochstift Olmütz. S. Tschechoslowakei.

Mistelbach, Mistelbeck (Reichsritter). Im 16. Jahrhundert zählten die M. zum Kanton Gebirg im Ritterkreis Franken. Der Ort M. kam zu Bayern.

L.: Riedenauer 125.

Mittelburg (Reichsritter). Im frühen 16. Jahrhundert zählten die M. zum Kanton Altmühl des Ritterkreises Franken.

L.: Biedermann, Altmühl; Riedenauer 125.

Mittelrheinstrom (Kanton). M. war ein Kanton des Ritterkreises Rhein der Reichsritterschaft. Die Kanzlei des in einen wetterauischen, rheingauischen, einrichschen und westerwaldischen Sonderort gegliederten Kantons war in der Burg Friedberg.

L.: Wolff 525.

Mittenwald s. Partenkirchen-Mittenwald

Mitterburg (Grafschaft). Am Ende des 18. Jahrhunderts gehörte die Grafschaft M. über die vormalige Markgrafschaft Istrien und das Erzherzogtum Österreich zum österreichischen Reichskreis. 1918 fiel M. an Jugoslawien.

L.: Wolff 32; Wallner 713 ÖsterreichRK 1.

Mock, Möckh (Reichsritter). Im 17. Jahrhundert zählten die M. zum Kanton Odenwald des Ritterkreises Franken.

L.: Riedenauer 125.

Mock von Balgheim, Möckh von Balgheim (Reichsritter). Im 16. und 17. Jahrhundert waren die M. Mitglied des Kantons Neckar des Ritterkreises Schwaben.

L.: Hellstern 209.

Modena (Stadtkommune, Herzogtum). M. geht auf das römische Mutina zurück, das seinerseits einer ligurischen und keltischen Siedlung folgte. In der Mitte des 4. Jahrhunderts wurde es Sitz eines Bischofs. In langobardischer und fränkischer Zeit war es Sitz eines Grafen. 961 unterstand es dem Haus Canossa. Danach erlangte es Selbständigkeit (1135 Konsuln). Von 1288 bis 1306 und von 1335/1336 bis 1796 stand es unter der Herrschaft der Este, die 1471 vom Papst auch mit Ferrara belehnt wurden. 1452 wurde es durch Kaiser Friedrich III. zusammen mit Reggio nell'Emilia zum Herzogtum erhoben. Beim Erlöschen der Hauptlinie zog der Papst 1597 Ferrara ein. 1628/1631 konnte Correggio erworben werden, 1711 Mirandola und 1728/1737 Novellara. Nach der Besetzung durch Frankreich wurde am 16. 10. 1796 in M. die Vereinigung des Herzogtums mit Bologna, Ferrara und Reggio zur Zispadanischen Republik beschlossen, die 1797 in der Zisalpinischen Republik und 1805 im Königreich Italien Frankreichs aufging. Durch den Reichsdeputationshauptschluss vom 25. 2. 1803 gelangten Breisgau und Ortenau als Entschädigung an den Herzog von M. (Modena-Breisgau) bzw. das verschwägerte Haus Österreich-Este, fielen aber 1805/1806 an Baden. 1814 kam das Herzogtum M. an Österreich-Este (zurück). 1859/1860 wurde es mit dem Königreich Italien (1861) vereinigt. Das Haus Österreich-Este starb 1875 aus.

L.: Collana di storiografia modenese, Modena 1964ff.; Barbieri, A., Modena ieri e oggi, Modena 1965; Santini, G., Lo stato estense tra riforme e rivoluzione, 1983; Storia illustrata di Modena, hg. v. Golinelli, P./Muzzioli, G., 1990 f.; Golinelli, P., Modena, LexMA 6 1992, 708; Rölker, R., Adel und Kommune in Modena, 1994.

Modena-Breisgau (Herzogtum). Durch den Reichsdeputationshauptschluss vom 25. 2. 1803 kamen Breisgau und Ortenau als Entschädigung für den Verlust Modenas an den Herzog von Modena bzw. Österreich-Este, fielen aber 1805/1806 an Baden.

Modena-Reggio (Herzogtum). 1452 wurde Modena unter der Herrschaft der Este durch Kaiser Friedrich III. mit Reggio (nell'Emilia) zum Herzogtum erhoben. S. Modena.

L.: Großer Historischer Weltatlas II 78 (1450) G5.

Modschiedel, Modschiedl, Motschider, Mutschiller, Mudschidler, Madschiller (Reichsritter). Im 16. Jahrhundert zählten die M. zum Kanton Odenwald und zum Kanton Gebirg des Ritterkreises Franken.

L.: Stetten 33; Pfeiffer 211; Riedenauer 125.

Moers, Mörs (Grafen, Fürstentum). M. am Niederrhein wird erstmals im 9. Jahrhundert in Heberegistern der Abtei Werden genannt. Am Ende des 12. Jahrhunderts (1186) erscheinen Herren von M., die sich seit 1228 auch und seit etwa 1375 nur noch Grafen nannten. Sie hatten um M. und Krefeld ein Herrschaftsgebiet, das sie gegen Kleve, das Erzstift Köln sowie Geldern erhalten konnten. Allerdings ging die Grafschaft seit 1250 von Kleve zu Lehen. 1376/1397 erheirateten die Grafen die Grafschaft Saarwerden, 1417 teilten sie in Moers und Moers-Saarwerden. Im Kampf gegen Burgund verlor M. im späten 15. Jahrhundert fast alle Güter. 1493 fiel M. an Wied-Runkel und 1519 an die Grafen von Neuenahr. Sie führten die Reformation ein und vererbten die Güter 1600 testamentarisch an das Haus Oranien (Nassau-Oranien). 1702 nahm (Brandenburg bzw.) Preußen M. im Zuge des nach dem Erlöschen der Prinzen von Oranien (König Wilhelm III. von England) entstehenden Erbfolgestreits als Erbe und als Herzog von Kleve in Besitz. Zwischen 1705 und 1707 beantragte Preußen die Aufnahme von M. in das westfälische Reichsgrafenkollegium. 1707 wurde M. vom Kaiser in ein Fürstentum umgewandelt. Seit 1723 war M. Sitz einer Regierung. Um 1800 hatte es 39 000 Einwohner bei 6 Quadratmeilen Gebiet und zählte zum niederrheinisch-westfälischen Reichskreis. Von 1801 bis 1814 gehörte es zu Frankreich, danach zur Rheinprovinz Preußens und kam damit 1946 zu Nordrhein-Westfalen.

L.: Wolff 340 f.; Wallner 703 WestfälRK 24; Henrichs, L., Geschichte der Grafschaft Moers, 1914; Ottsen, O., Die Geschichte der Stadt Moers, 1950; Roewer, H., Linksrheinische städtische Siedlungen, 1954; Der Landkreis Moers, hg. v. Brües, O., 1963; Barkhausen, M., Die Grafen von Moers als Typus kleinerer Territorialherren des späteren Mittelalters, in: Barkhausen, M., Aus Territorial- und Wirtschaftsgeschichte, 1963, 56 ff.; Hübner, W., Der Landkreis Moers. Geschichte, Landwirtschaft, Wirtschaft, 1965; Paravicini, W., Croy und Burgund, AHVN 179 (1977), 7 ff.; Janssen, W., Moers, LexMA 6 1992, 714; Moers, hg. v. Wensky, M., 2000.

Moers-Saarwerden (Grafschaft), Saarwerden. Die Grafschaft Saarwerden kam 1376 durch Heirat an die Grafen von Moers. Durch Teilung entstand 1417 die Grafschaft M. Diese fiel 1527 im Erbgang an die Grafen von Nassau-Saarbrücken, 1629 an Nassau-Weilburg. Zu ihr gehörten bis 1527 auch Lahr und Kehl. Sie zählte zum oberrheinischen Reichskreis. 1794 kam sie schließlich an Frankreich. S. Saarwerden.

L.: Herrmann, H.W., Geschichte der Grafschaft Saarwerden bis 1527, 1957.

Moguntiacensis pagus (Mainzgau)

L.: Polenz, P. v., Landschafts- und Bezirksnamen, 1961, IV, 12, zum Ortsnamen Mainz.

Mohrenfels s. Winckler von M.

Mohrenhausen (Herrschaft). Die Herrschaft M. wurde 1581 erworben und stand der Linie Fugger-Babenhausen und Boos (Fugger-Babenhausen) zu. M. kam zu Bayern.

L.: Hölzle, Beiwort 45.

Möhringen (Herrschaft). M. im Versickerungsgebiet der Donau bei Tuttlingen wird 882 erstmals genannt. Im 10. Jahrhundert kam es von dem letzten Alaholfinger an die Abtei Reichenau. Vögte waren wohl ursprünglich Herren von Möhringen, seit 1308 die Herren von Klingenberg. Um 1300 wurde der Ort Stadt. 1520 wurde die Herrschaft an Fürstenberg verkauft, das sie 1525 an das Schaffhauser Geschlecht Amstad (am Staad) veräußerte, 1553 aber zurückerwarb. Über Württemberg (1806) kam M. 1951/1952 an Baden-Württemberg.

L.: Wolff 174; Hölzle, Beiwort 44; Bühler, F., Heimatbuch Möhringen, 1958.

Moilla

L.: Polenz, P. v., Landschafts- und Bezirksnamen, 1961, II, 12, 15, 21, 31, 41, III, 32, V, 2, Moilla, Mulehkeuue, pagus Molensis, fines Molensium); Nonn, U., Pagus und comitatus in Niederlothringen, 1983, 205, 249 (Mühlgau).

Moinahgouwe (Maingau)

L.: Polenz, P. v., Landschafts- und Bezirksnamen, 1961, II, 16, 24, 26 f., 29.

Moiniwinidun (Mainwenden)

L.: Polenz, P. v., Landschafts- und Bezirksnamen, 1961, III, 27, 29, Bevölkerungsname.

Molsberg (Herrschaft). Die Burg M. im Westerwald an der Straße von Köln nach Frankfurt wird 1116 erstmals genannt. Sie gehörte Edelherren, die bereits vor 1048 die Vogtei von Sankt Maximin zu Trier um Niederbrechen innehatten. 1273 trugen sie ihren ausgedehnten Streubesitz dem Erzstift Trier zu Lehen auf. 1364 verpfändeten und 1365 verkauften sie die Güter an Trier, das 1657 den Walderdorff die Güter als trierische Unterherrschaft überließ. Über Nassau-Weilburg (Nassau) (1803) und Preußen (1866) kam M. 1946 an Rheinland-Pfalz.

L.: Gensicke, H., Landesgeschichte des Westerwaldes, 2. A. 1987.

Molsberg (Reichsritter). Im 18. Jahrhundert zählten die M. zum Ritterkreis Rhein.

L.: Roth von Schreckenstein 2, 595.

Moltbizi

L.: Polenz, P. v., Landschafts- und Bezirksnamen, 1961, III, 31, IV, 13, V, 2, Moltbizi, Mulbeze.

Mommenheim (Ganerbschaft). In M. südlich von Mainz bestand eine Ganerbschaft. Später kam M. an Hessen-Darmstadt, 1946 an Rheinland-Pfalz.

L.: Geschichtlicher Atlas von Hessen, Inhaltsübersicht 34.

Mömpelgard (Grafschaft, Reichsgrafschaft), frz. Montbéliard. Das nach der Burg Mons Biliardi benannte M. an der Allaine war seit dem 10. Jahrhundert Hauptort einer 1070 erstmals erwähnten Grafschaft, die mit der Teilung des Reichs der Lothare (Lotharingiens) 870 zum Ostreich gelangt war. Vermutlich kurz vor 1044 kam sie vom König an die Mousson, 1162 an die Montfauçon. Seit Rudolf von Habsburg war sie reichsunmittelbar (Reichskunkellehen), wobei die Herrschaften Granges, Clerval und Passavant den Grafen von Burgund (Freigrafschaft, Franche-Comté) lehnrührig waren. Nachdem die Grafen von Württemberg 1324 bereits die Herrschaften Horburg und Reichenweier gekauft hatten, fiel M. mit Clerval, Etobon, Granges, Saulnot (Saulmont), Passavant, etwa 50 Dörfern und Pruntrut 1397/1409 durch Heirat der Erbtochter (Henriette) an sie. Weiter erwarben sie die Herrschaften Blamont (1506), Clémont, Héricourt, Châtelot (1561) und Franquemont (1595). In Württemberg wurde M. immer wieder Nebenlinien zugeteilt (u. a. 1617–1723). 1534 wurde die Reformation eingeführt. Von 1674/1476 bis 1679/1697 und 1793 wurde M., das seit 1654 Sitz und Stimme auf dem Reichstag hatte, aber keinem Reichskreis angehörte, von Frankreich, dessen Oberhoheit Württemberg 1748 anerkennen musste, besetzt. 1796/1801 wurde es Frankreich einverleibt.

L.: Wolff 491 f.; Zeumer 553 II b 45; Großer Historischer Weltatlas II 66 (1378) D5, III 38 (1789) B4; Tuefferd, P. E., Histoire des comtes souverains de Montbéliard, 1877; Viellard, L., Documents et mémoire pour servir à l'histoire du territoire de Belfort, 1884; Adam, A. E., Mömpelgard und sein staatsrechtliches Verhältnis zu Württemberg und dem alten deutschen Reiche, Württemberg. Vjh. f. LG. 7 (1884), 181 ff., 278 ff.; Stälin, P. F., Geschichte Württembergs, Bd. 1 1887; Duvernoy, C., Montbéliard au XVIIIe siècle, 1891; Pigallet, M., Le

Comté de Montbéliard et ses dependances, 1915; Renard, L., Nouvelle histoire du pays de Montbéliard, 1950; Grube, W., Mömpelgard und Altwürttemberg, Alem. Jb. 7 (1959), 135 ff.; Kläui, P., Hochmittelalterliche Adelsherrschaft im Zürichgau, 1960; Bühler, H., Studien zur Geschichte der Grafen von Achalm und ihrer Verwandten, Z. f. württemberg. LG. 43 (1984), 7 ff.; Eberl, I., Montbéliard, LexMA 6 1992, 780; Escher, M. u. a., Die urbanen Zentren, 2005, 1, 505, 2, 420.

Monaco (Herrschaft, Fürstentum). M. östlich von Nizza ist vermutlich eine von Massilia (Marseille) aus erfolgte phönikische oder phokäische Gründung, die 154 v. Chr. den Römern als Herculis Moenaci portus bekannt war. 1215 eroberte Genua M. Im späten 13. Jahrhundert (1297) flüchteten dorthin die guelfischen Grimaldi. Sie wurden 1454 Herren des Ortes. Sie verbündeten sich meist mit Frankreich, 1524 mit Kaiser Karl V. 1641 unterstellten sie sich Frankreich und wurden 1659 zu Fürsten erhoben. 1793 wurde M. von Frankreich annektiert. 1815 erhielt Sardinien die Schutzherrschaft über M. 1861 gingen Mentone und Roccabruna (Roccabana) durch Verkauf an Frankreich verloren, wodurch das Fürstentum von 21,6 Quadratkilometern auf 1,5 Quadratkilometer und von 7400 auf 1500 Einwohner verkleinert wurde. 1911 erhielt M. eine 1962 geänderte Verfassung. Nach dem Schutzvertrag vom 17. 7. 1918 soll M. beim Aussterben der Dynastie als Protektorat an Frankreich fallen.

L.: Großer Historischer Weltatlas II 48 (1300) B3; Saige, G., Documents historiques relatifs à la principauté de Monaco, Bd. 1–3 1888 ff.; Saige, G., Monaco, ses origines et son histoire, 1898; Labande, L. H., Histoire de la Principauté de Monaco, 1934; Lamboglia, N., Il principato di Monaco, 1942; Robert, J. B., Histoire de Monaco, 1973; Pavoni, R., Liguria medievale, 1992; Petti Balbi, G., Monaco, LexMA 6 1992, 727; François, N., Introduction au droit monégasge, 1998.

Mondovi (Stadtkommune). M. westlich von Genua stand um 1390 unter der Herrschaft der Visconti. S. Mailand, Italien.

L.: Großer Historischer Weltatlas II 48 (1300) B2.

Mondsee (Stift). Auf altem Siedlungsboden gründete (vor) 748 der Herzog von Bayern das Kloster M. im Salzkammergut. 788 wurde es Königsgut (Reichskloster). 829 erhielt es das spätere Sankt Wolfgangsland. 833/837 wurde es dem Hochstift Regensburg übertragen, 1104 aber wieder von ihm gelöst. 1505 fiel das Mondseer Ländchen im Anschluss an den bayerischen Erbfolgekrieg an Habsburg bzw. Österreich.

L.: Wolff 27; Awecker, H., Mondsee, Markt, Kloster, Land, 1952; Das älteste Traditionsbuch des Klosters Mondsee, bearb. v. Rath, G./Reiter, E., 1989, Forschungen zur Geschichte Oberösterreichs 16; Haider, S., Mondsee, LexMA 6 1992, 751.

Monschau (Herrschaft). Die Burg M. an der Rur wird 1217 erstmals erwähnt. Sie bildete den Mittelpunkt der Herrschaft M. Diese fiel 1434 an die Herzöge von Jülich und kam damit über Preußen 1946 an Nordrhein-Westfalen.

L.: Wolff 322; Prümmer, H., Das Monschauer Land, historisch und geographisch gesehen, 1955; Pilgram, H., Der Landkreis Monschau, 1957.

Montbéliard s. Mömpelgard

Montecuccoli (Reichsfürst). 1651 wurde der kaiserliche Feldmarschall Raimund M., dessen Familie aus Modena stammte, zum Reichsfürsten erhoben.

L.: Klein 152; Senesi, J., Raimund Montecuccoli, 1933; Leisching, P., Hohenegg. Das Werden des montecuccolischen Herrschafts-Fideikommisses in Niederösterreich, Innsbrucker Historische Studien 10/11 (1988); Schreiber, G., Montecuccoli, Raimondo, 2000.

Montferrat (Markgrafschaft), ital. Monferrato, 909 Monsferratus. Die Markgrafschaft M. zwischen Po und unterem Tanaro in Oberitalien entstand im (10. und) 11. Jahrhundert. Die bis in die Mitte des 10. Jahrhunderts zurückverfolgbaren, im frühen 12. Jahrhundert erstmals so bezeichneten Markgrafen erlangten 1204 in den Kreuzzügen das Königreich Thessalien. 1305 kam M. durch Erbschaft über die Erbtochter (Irene) an eine Seitenlinie der Kaiser von Byzanz (Könige von Griechenland) und von diesen nach Aussterben der Linie (1533) 1536/1559 an die Gonzaga von Mantua. 1574 wurde es Herzogtum. 1630/1631 fiel im mantuanischen Erbfolgekrieg ein Teil an Savoyen. Dieses bzw. Sardinien erhielt 1703/1713 den Rest als durch Felonie Mantuas erledigtes Reichslehen. Über Savoyen/Sardinien kam M. zu Italien (1861).

L.: Großer Historischer Weltatlas II 48 (1300) B/C2, II 78 (1450) F4; Usseglio, L., I marchesi di Monferrato in Italia e in Oriente durante i secoli XII e XIII, hg. v. Patrucco, C., 1926; Colli, G., Monferrato, 1960; Haberstumpf, W., Regesto dei marchesi di Monferrato di stirpe aleramica e paleologa per l'Outremer e l'Oriente (S. XII–XV), 1989; Settia, A., Montferrat, LexMA 6 1992, 799.

Montfort (Grafen). Nach der um 1200 erbauten Burg M. bei Götzis in Vorarlberg nannte sich seitdem ein schwäbisches, die um 1160 ausgestorbenen Grafen von Bregenz (Udalrichinger) bzw. Pfalzgrafen von Tübingen um 1200 (nach 1182) beerbendes Grafengeschlecht. 1258 spalteten sich die Grafen von Werdenberg (mit Bludenz) ab. 1258/1260 bzw. 1267/1270 teilte sich M. in die Linien Montfort-Feldkirch (bis 1390), Montfort-Bregenz (bis 1338, beerbt von Montfort-Tettnang) und Montfort-Tettnang, von der 1354 eine jüngere Linie Tettnang (bis 1574) und eine jüngere Linie Bregenz (bis 1787) ausgingen. Die Grafen zählten 1488 zur Rittergesellschaft Sankt Jörgenschild, Teil im Hegau und am Bodensee, später wegen Schomburg zum Kanton Hegau (Hegau-Allgäu-Bodensee, Bezirk Allgäu-Bodensee) des Ritterkreises Schwaben. Von den umfangreichen Gütern am Bodensee und Alpenrhein sowie im Voralpengebiet gingen die meisten an die Grafen von Habsburg (Feldkirch 1375/1379, Bregenz 1451/1523). 1565 wurde Rothenfels an Königsegg veräußert, 1779/1780 Tettnang an Österreich verkauft. 1787 starben die Grafen aus. Wegen der Grafschaft M. (Menthor) zählte Österreich am Ende des 18. Jahrhunderts zu den schwäbischen Grafen der weltlichen Bank des Reichsfürstenrats des Reichstags. 1816 ernannte der König von Württemberg seinen Schwiegersohn (Jerôme Bonaparte 1784–1860), dessen Nachkommen in der Gegenwart in Frankreich leben, zum Fürsten von M.

L.: Wolff 39; Großer Historischer Weltatlas II 66 (1378) E5; Ruch, Anhang 3, 82; Vanotti, J. N. v., Geschichte der Grafen von Montfort und von Werdenberg, 1845; Roller, O., Die Stammtafel der Grafen von Montfort bis zum Anfang des 15. Jahrhunderts, ZGO 53 (1899); Bilgeri, B., Geschichte Vorarlbergs, Bd. 1 ff. 1971 ff.; Die Montforter, 1982 (Katalog); Burmeister, K., Montfort, LexMA 6 1992, 805; Burmeister, K., Die Grafen von Montfort, 1997.

Montfort-Bregenz (Grafen). Die Grafen von M. entstanden 1260 als Linie der Grafen von Montfort. Sie starben 1338 aus. Bei einer erneuten Teilung 1354 entstand eine jüngere Linie M. Sie erwarb 1359 die Herrschaft Hoheneck, zählte zum österreichischen Reichskreis und erlosch 1787.

L.: Wallner 713 ÖsterreichRK 1.

Montfort-Feldkirch (Grafen). Die Grafen von M. entstanden 1260 als Linie der Grafen von Montfort. Sie erlosch 1390. Die Herrschaft Feldkirch kam 1375/1379 an Habsburg bzw. Österreich (Vorarlberg).

Montfort-Tettnang (Grafen). Die Grafen von M. entstanden 1260 als Linie der Grafen von Montfort. Sie hatte von 1332 bis 1565 die Herrschaft bzw. seit 1471 Grafschaft Rothenfels im Allgäu inne, die 1565 an die Grafen von Königsegg kam. 1354 erfolgte eine zweite Teilung in eine jüngere Linie M. und eine jüngere Linie Montfort-Bregenz. 1574 erlosch die Linie M., 1787 auch der Bregenzer Zweig.

L.: Kastner, A., Die Grafen von Montfort-Tettnang, 1957.

Montmartin (Grafen, Reichsritter). Im späteren 18. Jahrhundert zählten die Grafen M. im Kanton Altmühl zum Ritterkreis Franken.

L.: Pfeiffer 197; Riedenauer 125.

Moosbeuren (Herrschaft). Die Herrschaft M. nördlich von Biberach wurde 1607 von den Grafen von Stadion erworben. 1806 kamen die Güter an Württemberg und damit 1951/1952 an Baden-Württemberg.

L.: Hölzle, Beiwort 53.

Moranga

L.: Hessler, W., Mitteldeutsche Gaue des frühen und hohen Mittelalters, 1957, 137 Moringau (Moringen westlich Northeims); Polenz, P. v., Landschafts- und Bezirksnamen, 1961, II, 33, IV, 10 f., zum Ortsnamen Moringen.

Morazani (Murizzi, Marscinerland)

L.: Hessler, W., Mitteldeutsche Gaue des frühen und hohen Mittelalters, 1957, 34, 135 Moraciani (Biederitz, Brietzke, Büden, Burg, Dretzel, Gommern, Grabow, Leitzkau, Loburg, Großlübs, Lüttgenziatz, Möckern, Möser, Nedlitz, Pechau, Pöthen, Schartau, Tryppehna, Tucheim, Wörmlitz, Ziepel); Polenz, P. v., Landschafts- und Bezirksnamen, 1961, I, 13, II, 50, III 25, Morazani, s. a. Moresceni.

Mörchingen (Herrschaft). Die um das 1206 in einem Personennamen bezeugte M. gebildete Herrschaft M. nordöstlich von Nancy gehörte zum Herzogtum Lothringen und gelangte mit diesem zu Frankreich.

L.: Großer Historischer Weltatlas II 66/67 D4; Escher, M. u. a., Die urbanen Zentren, 2005, 2, 422.

Moresceni (Moroszanorum pagus, Mrocini, Moriziani, Morazena, Morazani, Morozini, Mrozani, Gau zwischen Havel und Elbe östlich Magdeburgs)

L.: Curs, O., Deutschlands Gaue im zehnten Jahrhundert. Nach den Königsurkunden, Diss. phil. Göttingen 1908, 13 (Großtuchheim, Brietzke, Möser, Nedlitz, Pöthen, Lübs, Diederitz, Möckern, Dretzel, Neblitz, Büden, Nitzahme, Werbirg, Lietzow, Trippehna, Ziepel, Tröbnitz, Grebs, Krüssau, Loburg), s. a. Morazani.

Moresmarcha (marca Aquilejensis)

L.: Polenz, P. v., Landschafts- und Bezirksnamen, 1961, IV, 3 f., 7, Moresmarcha, Maursmünsterer Mark, zum Ortsnamen Maursmünster.

Moresnet (herrschaftsfreies Gebiet). M. bei Aachen blieb mit einem Teil (Neutral-Moresnet), mit dem Dorf Kelmis und dem Galmeibergwerk Altenberg sowie etwa 4000 Einwohnern bei der Neugestaltung der europäischen Staaten 1815 herrschaftsfrei. Zunächst wurde es von Preußen und den Niederlanden gemeinsam verwaltet, 1841 aber sich selbst überlassen. 1920 wurde es Belgien einverleibt. Vom 18. 5. 1940 bis 1944/1945 war M. nochmals Teil des Deutschen Reiches.

Morgen (Reichsritter). Im 17./18. Jahrhundert zählten die M. vielleicht zum Kanton Steigerwald des Ritterkreises Franken.

L.: Bechtolsheim 15; Riedenauer 125.

Moringergau (Morongano, Gau östlich Korveis)

L.: Curs, O., Deutschlands Gaue im zehnten Jahrhundert. Nach den Königsurkunden, Diss. phil. Göttingen 1908, 14 (Moringen).

Mörlau, Merlau, Mörlau genannt Böhm (Reichsritter). Die M. gehörten im 16. und 17. Jahrhundert zum Kanton Rhön-Werra des Ritterkreises Franken.

L.: Stieber; Seyler 374; Riedenauer 125.

Mörlau zu Münkheim, Merlau zu Münkheim (Reichsritter). Im späten 17. Jahrhundert zählten die M. zum Kanton Odenwald des Ritterkreises Franken.

L.: Riedenauer 125.

Mörlbach (Reichsritter). Im frühen 16. Jahrhundert zählten die M. zum Kanton Steigerwald im Ritterkreis Franken.

L.: Riedenauer 125.

Mormonnaland (friesisch)

L.: Polenz, P. v., Landschafts- und Bezirksnamen, 1961, II, 49, s. a. Morseton.

Mörs (Grafen) s. Moers

Mörsberg-Belfort (Grafen) s. Rosenegg

Morseton

L.: Polenz, P. v., Landschafts- und Bezirksnamen, 1961, III, 11, 14, 33, Morseton, Morseti, Morsaten, Morsacienses.

Morsheim, Mosheim, Mornsheim, Mortlßheim (Reichsritter). Vielleicht zählten die M. im frühen 16. Jahrhundert zum Ritterkreis Franken.

L.: Riedenauer 125.

Morstein (Reichsritter), Morstein zu Niedernhall. Im 16. und 17. Jahrhundert zählten die M. zum Kanton Odenwald des Ritterkreises Franken.

L.: Stieber; Stetten 33; Riedenauer 125.

Mortenau s. Ortenau

L.: Polenz, P. v., Landschafts- und Bezirksnamen, 1961, II, 21 f., 30, 41, 44, Mortunouwa, Mordenaugia, pagus Mortinaugensis, Mortonogouuua, ‚Ortenau'.

Mosau, Moßau s. Sünger von Moßau, Singer von Mosau

Mosau, Mossaw (Reichsdorf). Am 22. 1. 1379 verpfändete König Wenzel dem Kurfürsten Ruprecht von der Pfalz unter anderem das Dorf M., das Ruprecht aus der Pfandschaft des Grafen Emich von Leiningen gelöst hatte.

L.: Hugo 464, 466.

Mosbach, Mospach, Moßbach, Mussbach, M. von Lindenfels, M. zu Mosau, M. zu Reinheim, M. zu Rheinheim (Reichsritter). Die M. stammten aus M. bei Heidelberg und erbauten später die Burg Lindenfels im Odenwald. Von 1544 bis vor 1688 gehörten die M. von Lindenfels zur Ganerbschaft Mommenheim. Bis ins frühe 18. Jahrhundert zählten die M. zum Kanton Odenwald des Ritterkreises Franken.

L.: Pfeiffer 212; Stetten 33; Zimmermann 76; Riedenauer 125.

Mosbach (Reichsstadt). In M. an der Elz kurz vor der Mündung in den Neckar wurde um 736 ein Kloster gegründet, das erstmals 826 (Mosabach) bzw. urkundlich 976 (Reichsabtei) erwähnt wurde. Die zugehörige Dorfsiedlung kam im 13. Jahrhundert vom Hochstift Worms an das Reich, erhielt vermutlich zwischen 1273 und 1291 Stadtrecht und war 1291 Reichsstadt. 1297/1329 kam M. pfandweise an die Pfalz, wo es von 1410 bis 1499 Sitz von Pfalz-Mosbach war, 1803 an das Fürstentum Leiningen, 1806 an Baden und damit 1951/1952 an Baden-Württemberg. S. Pfalz-Mosbach.

L.: Wolff 90; Renz, J., Chronik der Stadt Mosbach, 1936; Lang, T., Die Hauptstadt der kleinen Pfalz, 1936; Kühne, I., Der südöstliche Odenwald und das angrenzende Bauland, 1964; Der Kreis Mosbach, 1967; Mosbacher Urkundenbuch, bearb. v. Krimm, K., 1986.

Mosbach von Lindenfels s. Mosbach

Moselgau (Moslicinse, Musalgovve, Muselguuae, Muselgowe, Muselgowi, Musolensi, Gau um die Mosel)

L.: Curs, O., Deutschlands Gaue im zehnten Jahrhundert. Nach den Königsurkunden, Diss. phil. Göttingen 1908, 14 (Emmel, Winterich, Wasserbillig, Lüxem, Löf, Rübenach, Mertert, Girst, Moselfeld); Polenz, P. v., Landschafts- und Bezirksnamen, 1961, II, 16, 24, 26, 32, Muselgouwe, Muselahgouwe, pagus Moslensis, pagus Muselenorum, ‚Moselgau'; Puhl, R., Die Gaue und Grafschaften des frühen Mittelalters im Saar-Mosel-Raum, 1999, 176 (699 pago Mosalinse), benannt nach der Mosel, zwischen Seillegau und Maifeldgau mit zeitlich unterschiedlicher Ausdehnung, (Altwies, Arssur-Moselle, Augny, Berg-sur-Moselle, Bettembourg, Beyren, Beyren-lès-Sierck, Biwer, Boler, Bombogen, Budange-sous-Justemont, Burmerange, Cheminot, Cochem, Dalheim, Daundorf, Dorf, Ebange, Edange, Elvange?, Elzing, Emerange, Ennery, Erden, Erzange, Faulbach, Fixem, Fontoy/Fentsch, Halling, Hellange, Hombourg, Jussy, Kédange-sur-Canner, Kirsch-lès-Luttange, Klüsserath, Koenigsberg, Koenigsmacker, Lenningen, Lessa, Lüxem, Maring, Mars-la-Tour, Marspich, Mehring, Merl, Morlange, Moutfort, Moyeuvre, Neumagen, Oeutrange, Pépinville, Pierrevillers, Pommern, Puttelange-lès-Thionville, Rémilly, Rodemacher/Rodemack, Rosselange, Rudling, Sackenheimer Hof, Salonnes, Schengen?, Schweich, Secourt, Semécourt, Semming, Séremange, Diedenhofen/Thionville, Valwig, Villers-lès-Rombas, Volmerange-lès-Mines, Wasserbillig, Wincheringen, Yutz).

Moser von Filseck (Reichsritter). Von 1617 bis 1673 waren die M. wegen Oberensingen im Kanton Kocher des Ritterkreises Schwaben immatrikuliert.

L.: Schulz 267.

Moside (Gau westlich der Luhe südlich der Elbe) s. Moswidi

L.: Curs, O., Deutschlands Gaue im zehnten Jahrhundert. Nach den Königsurkunden, Diss. phil. Göttingen 1908, 14 (Bedestorf, Rinchurst?, Buxtehude?).

Moßau s. Sünger von Moßau, Singer von Mosau, Mosau

Mossaw (Reichsdorf) s. Mosau

Mößkirch (Herrschaft) s. Messkirch

Moswidi (Gau westlich der Luhe südlich der Elbe)

L.: Polenz, P. v., Landschafts- und Bezirksnamen, 1961, II, 69, 70, 74, 96, III, 31, Moswidi, Moside.

Motschider, Motschider von Gerau s. Modschiedel

L.: Stieber.

Motten s. Hagen zur M.

Möttling (Grafschaft). In Krain bestand die Grafschaft M. mit dem Mittelpunkt Rudolfswert (Rudolfwerth) (1365 von Herzog Rudolf IV. angelegt).

L.: Wolff 31.

Moutier (zugewandter Ort), mhd./nhd. Münster. M. westlich von Solothurn im Jura wurde 1486 zugewandter Ort der Eidgenossenschaft der Schweiz. Später kam es zum Kanton Bern.

L.: Wolff 237; Großer Historischer Weltatlas II 72 (bis 1797) C2.

Mückenhausen, Mückhausen (Herrschaft) s. Mickhausen

L.: Wolff 205; Wallner 685 SchwäbRK 15 b.

Müdengau (Muthiwidde, Gau an der Oertze rechts der Aller)

L.: Curs, O., Deutschlands Gaue im zehnten Jahrhundert. Nach den Königsurkunden, Diss. phil. Göttingen 1908, 14 (Müden).

Mudersbach (Reichsritter). Im späten 17. Jahrhundert zählten die M. zum Kanton Baunach des Ritterkreises Franken.

L.: Riedenauer 125.

Müdesheim (Reichsritter). Im frühen 16. Jahrhundert zählten die M. zum Kanton Rhön-Werra des Ritterkreises Franken.

L.: Riedenauer 125.

Mudschidler (Reichsritter) s. Modschiedl

L.: Pfeiffer 211.

Mueg von Boofzheim (Reichsritter). Die 1684 ausgestorbene Familie M. gehörte zum Ritterkreis Unterelsass.

L.: Hölzle, Beiwort 67.

Muffel (Reichsritter). Im 16. und frühen 17. Jahrhundert zählten die Nürnberger Patrizier M. zum Kanton Gebirg des Ritterkreises Franken. Im 18. Jahrhundert waren sie wegen des 1730 erworbenen Rittergutes Vestenbergsgreuth auch im Kanton Steigerwald immatrikuliert.

L.: Pfeiffer 208, 209; Bechtolsheim 15, 21, 414; Riedenauer 125.

Muffelger, Muffelgern (Reichsritter). Im frühen 16. Jahrhundert waren die M. im Kanton Steigerwald des Ritterkreises Franken immatrikuliert.

L.: Riedenauer 125.

Müffling genannt Weiß, Muffling (Reichsritter). Im frühen 16. Jahrhundert zählten die M. zum Kanton Gebirg des Ritterkreises Franken und zur vogtländischen Ritterschaft (Vogtland).

L.: Riedenauer 125.

Mugelein (Reichsritter). Im frühen 16. Jahrhundert zählten die M. zum Kanton Gebirg des Ritterkreises Franken.

L.: Riedenauer 125.

Muggenthal (Reichsritter). Im 17. und frühen 18. Jahrhundert zählten die M. mit Laibach zum Kanton Odenwald im Ritterkreis Franken.

L.: Riedenauer 125; Stetten 79.

Mühlenbach (Herrschaft). 868 gab König Ludwig der Deutsche M., Arenberg und Immendorf bei Koblenz an das Kloster Herford. 1226 erwarben die Herren von Helfenstein das Erbmeieramt. Sie entwickelten aus der Vogtei und dem Meieramt die Herrschaft M. 1579 erbten die Rollshausen (Rolshagen), die von Steinkallenfels (Stein-Kallenfels), die Vögte von Hunolstein und die Wrede die Herrschaft. Seit 1715 hatten die Wrede allein die Herrschaft. Das Schutzrecht übte seit 1465/1470/1692 das Erzstift Trier aus. 1946 kam M. zu Rheinland-Pfalz.

L.: Gensicke, H., Landesgeschichte des Westerwaldes, 2. A. 1987, 326.

Mühlgau (Gau) (Moilla 837) s. Moilla

L.: Nonn, U., Pagus und comitatus in Niederlothringen, 1983, 205, 249.

Mühlhausen (Reichsdorf?, reichsritterschaftlicher Ort). Vielleicht wird M. an der Enz bereits 789/792 in der Überlieferung Lorschs genannt. Seit 1233 erwarb das Kloster Maulbronn Güter. 1508 verzichtete Maulbronn auf die Ortsherrschaft, die danach an verschiedene Reichsritter kam (u. a. Thumb von Neuburg). 1785 gelangte das zum Kanton Kocher des Ritterkreises Schwaben zählende M. an Württemberg und damit 1951/1952 an Baden-Württemberg.

L.: Dacheröden 174; Hugo 475.

Mühlhausen (Reichsstadt). Das (775 anlässlich der Übertragung eines Zehnten an Hersfeld oder) 967 erstmals erwähnte M. (Molinhusen) an der Unstrut in Thüringen (war seit karolingischer Zeit?) Mittelpunkt eines fränkischen Reichsgutes mit franci homines. Die zugehörige Pfalz wurde von den Kaisern und Königen des 10. und 11. Jahrhunderts häufig besucht. Bei ihr entwickelte sich eine Siedlung, die schon 974 hervorgehoben wurde. 1188 wurde M. civitas imperatoris, 1206 civitas regia und um 1220 des richis stad genannt. Um 1225 wurde ihr Recht im Mühlhäuser Reichsrechtsbuch aufgezeichnet. 1231/1337 wurde die Gerichtsbarkeit des Reichsburggrafen von der Stadt erworben, vor 1290 die kaiserliche Burg zerstört und 1336 das Reichsschultheißenamt erlangt. Seit 1348 galt M. als freie Reichsstadt. 1256 trat die Stadt dem rheinischen Städtebund, 1418 der Hanse bei. Ab 1311 wurden Statuten aufgezeichnet. Bis 1370 gewann M. ein Herrschaftsgebiet mit 19 Dörfern sowie etwa 220 Quadratkilometern und wuchs bis 1450 auf rund 8000 Einwohner. 1483 wurde M. Schutzstadt des Hauses Wettin. Zwischen dem Bauernkrieg und 1548 ging die Reichsfreiheit als Folge des Wirkens Thomas Müntzers (1524) vorübergehend verloren zugunsten eines jährlich wechselnden Regimentes durch Sachsen und Hessen. 1542 wurde die Stadt gewaltsam reformiert. 1710 wurde das zum niedersächsischen Reichskreis zählende M. Schutzstadt von Braunschweig-Lüneburg (Hannover). 1802/1803 fiel es mit 4 Quadratmeilen Gebiet und 9000 Einwohnern an Preußen (1807–1813 Teil des Harzdepartements des Königreiches Westphalen) und wurde 1815 der preußischen Provinz Sachsen angeschlossen. Am 1. 7. 1944 wurde der Reichsstatthalter in Thüringen mit der Wahrnehmung der Aufgaben und Befugnisse des Oberpräsidenten in der staatlichen Verwaltung des Regierungsbezirks Erfurt beauftragt. Mit Thüringen kam M. 1945 zur sowjetischen Besatzungszone und von 1949 bis 1990 zur Deutschen Demokratischen Republik. S. Thüringen.

L.: Wolff 457 f.; Zeumer 554 III a 10; Wallner 707 NiedersächsRK 22; Großer Historischer Weltatlas II 66 (1378) F3, II 78 (1450) G3, III 22 (1648) E3, III 38 (1789) D2; Herquet, K., Urkundenbuch der ehemaligen Freien Reichsstadt Mühlhausen, 1874; Jordan, R., Chronik der Stadt Mühlhausen, Bd. 1–4 1900 ff.; Jordan, R., Der Übergang der Reichsstadt Mühlhausen an das Königreich Preußen 1802, 1902; Steinert, R., Das Territorium der Reichsstadt Mühlhausen in Thüringen, 1910; Weißenborn, F., Mühlhausen in Thüringen und das Reich, 1911; Bemmann, R., Die Stadt Mühlhausen im späteren Mittelalter, 1915; Das Mühlhäuser Reichsrechtsbuch, hg. v. Meyer, H., 3. A. 1936; Günther, G., Mühlhausen in Thüringen. 1200 Jahre Geschichte der Thomas-Müntzer-Stadt, 1975; Günther, G./Korf, W., Mühlhausen Thomas-Müntzer-Stadt, 1986; Gockel, M., Mühlhausen oder Mölsen, Mühlhauser Beiträge 11 (1988), 26; Blaschke, K., Mühlhausen,

LexMA 6 1992, 891; Lau, T., Bürgerunruhen und Bürgerprozesse, 1999; Die Statuten der Reichsstadt Mühlhausen in Thüringen, bearb. v. Weber, W., 2003.

Mühlheim (an der Donau) (Herrschaft). 790 wird M. am Platz einer römischen Siedlung erstmals erwähnt. Die Neugründung durch die Grafen von Zollern (Hohenzollern) vor 1241 wurde Mittelpunkt einer Herrschaft, die 1391 mit Bronnen, Kolbingen, Beuron, Irndorf, Buchheim, Worndorf, Königsheim, Mahlstetten, Böttingen und Stetten sowie der Vogtei über Kloster Beuron an die Herren von Weitingen und von diesen 1409 samt Nendingen an die Herren von Enzberg verkauft wurde. Seit 1544 stand vertraglich die hohe Obrigkeit der Grafschaft Hohenberg und damit Habsburg/Österreich zu. 1806 kam die Herrschaft Enzberg an Württemberg und damit M. 1951/1952 an Baden-Württemberg.

L.: Wolff 509; Bauser, F., Mühlheim und die Herren von Enzberg, 1909; Blessing, E., Mühlheim an der Donau, 1985.

Mühlingen (Grafschaft) s. Arnstein-Barby

L.: Wolff 408.

Muhr, Mur, Muri (Reichsritter). Im frühen 16. Jahrhundert zählten die M. zum Kanton Altmühl des Ritterkreises Franken. S. Altenmuhr.

L.: Biedermann, Altmühl; Riedenauer 125.

Mühringen s. Widmann von M.

Mukodell, Mukkadell s. Schaffelitzky von Mukkadell, Schaffalitzky von Mukodell

Mulach (Reichshof). Am 29. 3. 1351 erlaubte Kaiser Karl IV. der Witwe Eberhards von Bürglen unter anderem M. im Thurgau bei Konstanz an Hermann von Breitlandenburg zu verpfänden. Von ihm kam M. an Burkhard Schenk. Am 1. 2. 1464 gestattete Kaiser Friedrich III. dem Abt von Sankt Gallen, die Reichsvogtei über M. von Burkhard Schenk einzulösen.

L.: Dacheröden 177; Hugo 473.

Mulahgouwe (Maulachgau)

L.: Polenz, P. v., Landschafts- und Bezirksnamen, 1961, II, 24, 26 f., Mulahgouwe, ‚Maulachgau', s. a. Mulechgau.

Mulehkeuue (Gau um die Roer rechts der Maas) Mulechgau, s. a. Maulachgau

L.: Curs, O., Deutschlands Gaue im zehnten Jahrhundert. Nach den Königsurkunden, Diss. phil. Göttingen 1908, 14 (Oestrich); Polenz, P. v., Landschafts- und Bezirksnamen, 1961, II, 12, 15, 21, 31, 41, III, 32, V, 2, Moilla, Mulehkeuue, pagus Molensis, fines Molensium, s. a. Polenz, P. v., Landschafts- und Bezirksnamen, 1961, II, 24, 26 f., Mulahgouwe, ‚Maulachgau'.

Mülhausen (Reichsstadt), frz. Mulhouse. M. im Elsass wird 803 erstmals erwähnt. Unter den Staufern wurde es zur Stadt (1223 civitas) erhoben. Als Reichsstadt (vor 1268) war es seit 1354 Mitglied des elsässischen Zehnstädtebundes. Seit 1515 war es zugewandter Ort der Eidgenossenschaft der Schweiz. 1523 wurde die Reformation eingeführt. 1798 schloss sich M. durch Volksabstimmung Frankreich an.

L.: Wolff 536 f.; Großer Historischer Weltatlas II 66 (1378) D5, II 72 (bis 1797) C1; Mossmann, X., Cartulaire de Mulhouse, Bd. 1–5 1883 ff.; Werner, L. G., Topographie historique du Vieux Mulhouse, 1949; Moeder, M., Les institutions de Mulhouse au moyen âge, 1951; Oberlé, R./Livet, G., Histoire de Mulhouse des origines à nos jours, 1977; Fahlbusch, F., Mülhausen, LexMA 6 1992, 891; Eidgenössische Grenzfälle, hg. v. Kaiser, Wolfgang u. a., 2001; Escher, M. u. a., Die urbanen Zentren, 2005, 2, 435.

Müllenheim (Reichsritter). 1773 zählten die bereits im Stichjahr 1680 angesessenen und mit ihren Gütern bei der Ritterschaft immatrikulierten M. zum Ritterkreis Unterelsass.

L.: Roth von Schreckenstein 2, 595.

Müller zu Lengsfeld (Freiherren, Reichsritter). Die Freiherren M. zählten im 18. Jahrhundert mit Stadtlengsfeld, Gehaus und Weilar zum Kanton Rhön-Werra des Ritterkreises Franken.

L.: Stieber; Seyler 375; Winkelmann-Holzapfel 157; Riedenauer 125.

Münch (Reichsfreiherr, Reichsritter). Bankier von M. stammte aus alten Patriziergeschlechtern der Reichsstädte Augsburg, Frankfurt, Ulm und Memmingen und wurde 1788 von Kaiser Joseph II. in den Reichsfreiherrenstand erhoben. Nach dem Erwerb der Herrschaft Mühringen (Hohenmühringen), Egelstal, Wiesenstetten und einem Teil von Mühlen war er von 1790 bis 1805 Mitglied des Kantons Neckar des Ritterkreises Schwaben. Mit dem 1748 von den Leutrum von Ertingen erworbenen Filseck gehörte er auch dem Kanton Kocher an.

L.: Hölzle, Beiwort 62, 64; Hellstern 209, 218 f.; Kollmer 378.

Münch von Rosenberg (Reichsritter). Im späteren 16. Jahrhundert zählten die M. zum Kanton Odenwald im Ritterkreis Franken.

L.: Riedenauer 125.

München (Stadt). 1157/1158 zerstörte Heinrich der Löwe, der seit September 1156 Herzog von Bayern war, die über die Isar führende Zollbrücke des Bischofs von Freising in Oberföhring und verlegte gegen Abfindung den Markt von Oberföhring nach M. (Munichen), dessen ältere Geschichte (Funde 4000 Jahre alter Tongefäßbruchstücke in der Nähe des Kultusministeriums 2003) weitgehend unbekannt ist. 1180 kam M. beim Sturz Heinrichs des Löwen wieder an das Hochstift Freising, 1240 erneut an Bayern. Seit 1255 wurde es zunächst neben Donauwörth, Dachau, Neuburg und Wolfratshausen, später allein Sitz des Herzogtums Oberbayern (seit 1392 Bayern-Münchens). S. Bayern-München.

L.: Wolff 136; Solleder, F., München im Mittelalter, 1938, Neudruck 1952; Schattenhofer, M., Die Anfänge Münchens, in: Abensberger Vorträge, hg. v. Bosl, K., 1978, 7 ff.; München, Musenstadt mit Hinterhöfen. Die Prinzregentenzeit 1886–1912, hg. v. Prinz, F./Kraus, M., 1988; Maier, L., Stadt und Herrschaft, 1989; Schmid, A., München, LexMA 6 1992, 897; Geschichte der Stadt München, hg. v. Bauer, R., 1992; Fenzl, F., Münchner Stadtgeschichte, 1994; Zerback, R., München und sein Stadtbürgertum, 1997; Bauer, R., Geschichte Münchens, 2003.

Münchhöf (Herrschaft). Zur Herrschaft M. bei Salem waren verschiedene, seit dem 12. Jahrhundert bestehende Höfe des Klosters Salem in M., Oberdornsberg, Unterdornsberg, Madachhof (Madach), Gründelbuch, Oberstohren, Unterstohren, Brielholz, Hirschlanden, Notzenberg, Schweingruben, Blumhof, Homberg, Mainwangen, Reismühle, Frauenberg über Bodman, Stockach und anderen Orten zusammengefasst. Gegen 64969 Gulden überließ Österreich der Reichsabtei Salem 1784 unter Vorbehalt der Landeshoheit der Landgrafschaft Nellenburg die hohe und niedere Gerichtsbarkeit. Am Ende des Jahres 1802 wurde Salem aufgehoben, die Güter kamen meist an Baden und von dort 1951/1952 zu Baden-Württemberg.

L.: Hölzle, Beiwort 4

Münchingen (Reichsritter). Im 18. Jahrhundert zählten die M. mit dem 1700 an die Nettelhorst verkauften Schlossgut Bittenfeld zum Kanton Kocher und mit dem 1709 an die Tessin verkauften Gut Hochdorf und dem 1733 an die Harling verkauften Gut und Schloss M. zum Kanton Neckar des Ritterkreises Schwaben.

L.: Kollmer 379; Hellstern 209; Heimatbuch Münchingen, 1973.

Münchwald (Herrschaft). Die Herrschaft M. stand am Ende des 18. Jahrhunderts unter der Landeshoheit Badens den Freiherren von Dalberg zu Dalberg (Dalberg) zu. Über Preußen kamen die Güter 1946 zu Rheinland-Pfalz.

L.: Hölzle, Beiwort 40.

Münchweiler (Herrschaft). M. an der Glan westlich von Kaiserslautern zählte mit etwa 10 Dörfern zum Kanton Niederrheinstrom des Ritterkreises Rhein. Später kam es zu Bayern und 1945 zu Rheinland-Pfalz.

L.: Wolff 516.

Mundatwald (Gebiet). Der M. bei Weißenburg im Elsass, der eine Fläche von 7 Quadratkilometern umfasst, ist zwischen Deutschland und Frankreich streitig. Er gehört nach umstrittener Rechtsansicht zum Staatsgebiet des Deutschen Reiches, nicht jedoch der Bundesrepublik Deutschland. Sein Eigentum steht dem Deutschen Reich und dem Freistaat Bayern zu.

L.: Bertzel, K., Die deutsch-französische Mundatwaldvereinbarung vom 10. 5. 1984, NJW 1986, 1403; Dünisch, H., Der Mundatwald, 1989, vgl. NJW 1989, 3079 (Rezension).

Münden, Hannoversch Münden (Burg, Herrschaft). Um 800 gab der Missionsbischof Erkanbert dem Kloster Fulda M. (Gemundi) am Zusammenfluss von Fulda und Werra. Vermutlich über die Grafen von Northeim und Winzenburg kam es an Heinrich den Löwen und fiel spätestens 1183 an die Landgrafen von Thüringen. 1246 wurde nach deren Aussterben der Herzog von Braunschweig-Lüneburg mit dem Reichslehen M. belehnt. Über Hannover gelangte M. 1866 an Preußen und 1946 zu Niedersachsen. S. Braunschweig-Lüneburg.

L.: Wolff 437; Lotze, W., Geschichte der Stadt Münden, 2. A. 1909; Beuermann, A., Hannoversch-Münden, Diss. phil. 1951; Eckhardt, K. A., Heinrich der Löwe an Werra und Oberweser, 1958; Festschrift zur 800-Jahrfeier der Stadt Münden, hg. v. d. Stadt Münden, 1983.

Munderkingen (reichsstadtähnliche Stadt). Die von den Herren von Emerkingen gegründete Stadt M. kam vor 1297 an Habsburg. 1384/1386 verpfändete Habsburg die mit reichsstadtähnlichen Rechten ausgestattete Stadt an die Truchsessen von Waldburg. 1680 löste sich die zum österreichischen Reichskreis gezählte Stadt an Österreich aus.

1805 kam sie an Württemberg und damit 1951/1952 an Baden-Württemberg.

L.: Wolff 45; Wallner 713 ÖsterreichRK 1; Rothmund, P., Die fünf Donaustädte in Schwäbisch-Österreich, Diss. phil. Tübingen 1955.

Mundeslacht, Mindeslachen (Reichsdorf). Am 22. 1. 1379 verpfändete König Wenzel an Kurfürst Ruprecht von der Pfalz unter anderem das Reichsdorf M., das Ruprecht aus der Pfandschaft des Grafen Emich von Leiningen gelöst hatte.

L.: Hugo 464.

Mundolsheim s. Joham von M.

L.: Roth von Schreckenstein 2, 595.

Munigisingeshuntari

L.: Curs, O., Deutschlands Gaue im zehnten Jahrhundert. Nach den Königsurkunden, Diss. phil. Göttingen 1908, 14 (Muntricheshuntera, Munderícheshundera, Munigiseshuntere, Gau südlich der Donau südwestlich Ulms, Reutlingen, Munderkingen, Aderzhofen, Dieterskirch); Polenz, P. v., Landschafts- und Bezirksnamen, 1961, II, 78, 82, 83, 89, Munigiseshuntari, Munigisingeshuntari, s. Ortsname Münsingen; Borgolte, M., Geschichte der Grafschaften Alemanniens in fränkischer Zeit, 1984, 134 (Dapfen, Egenhausen, Eglingen, Böttingen).

Münkheim s. Mörlau zu M., Merlau zu M.

Münster (Dorf). Das Dorf M. bei Donauwörth gehörte am Ende des 18. Jahrhunderts über den Abt des Kreuzklosters in Donauwörth zum schwäbischen Reichskreis. 1802/1803 fiel es an Bayern.

L.: Wolff 229; Wallner 690 SchwäbRK 97.

Münster (Freiherren, Reichsritter). Vom 16. bis zum 18. Jahrhundert zählten die Freiherren von M. mit Euerbach, M., Niederwerrn, Kleineibstadt, Pfändhausen, Teilen von Burglauer, Rannungen und Teilen von Poppenlauer zum Kanton Rhön-Werra des Ritterkreises Franken. Außerdem waren sie seit dem 17. Jahrhundert mit Lisberg (Lissberg, Lißberg) im Kanton Steigerwald immatrikuliert. Im späten 16. Jahrhundert gehörten sie auch dem Kanton Baunach an.

L.: Genealogischer Kalender 1753, 538 ff.; Roth von Schreckenstein 2, 594; Seyler 375 f.; Winkelmann-Holzapfel 157; Pfeiffer 198, 211; Bechtolsheim 12, 17, 63, 306; Riedenauer 125; Rahrbach 166.

Münster (Hochstift). Am Schnittpunkt zweier wichtiger Straßen mit der Aa errichtete Karl der Große an der Stelle einer germanischen Siedlung des 3. Jahrhunderts und einer sächsischen Siedlung des 7./8. Jahrhunderts um 782 eine Befestigung, die der Friese Liudger unter Gründung eines Klosters 793 zum Sitz seiner bischöflichen Friesenmission machte (805 Weihe zum Bischof). Der Name Mimigernaford (819) wich später dem 1068 bezeugten Namen Monastere (lat. monasterium, Kloster). Das dem Erzbistum Köln angehörige Bistum umfasste das Gebiet zwischen dem Oberlauf der Issel, Lippe und Ems sowie fünf/sieben friesische Gaue, die 1659 an Groningen und Deventer (Hengelo, Borculo, Winterswijk [Winterswyk]) verlorengingen. Wichtigste Abtei war Werden, das allerdings 864 von M. gelöst wurde. Das weltliche Herrschaftsgebiet ging von der Goherrschaft in einigen Großkirchspielen aus. Dazu kam 1122 der Erwerb der Grafschaft Cappenberg, der Erwerb der Herrschaften Stromberg (vor 1170), Emsland (Grafschaft im Emsgau), der zuvor ravensbergischen Güter Vechta und Aschendorf (1252), von Horstmar (1269), Lohn (1316), Cloppenburg (1393/1400), Ahaus (1406) und Ottenstein (1407), der zeitweise Erwerb von Delmenhorst (1482–1547) und Wildeshausen (1428–1634) sowie die Verdrängung der Grafen von der Mark aus ihrer Stellung nördlich der Lippe im späteren 14. Jahrhundert. 1173 wurde die Stiftsvogtei der Grafen von Tecklenburg abgelöst. Unter Otto IV. wurde der Bischof zum Reichsfürsten erhoben. In seiner endgültigen Gestalt war das zum niederrheinisch-westfälischen Reichskreis gehörige Hochstift (1559) in das Oberstift (Ämter Wolbeck [mit der Hauptstadt M. und den Städten Beckum, Ahlen, Telgte, Sendenhorst und Steinfurt], Sassenberg [mit der Stadt Warendorf], Stromberg, Werne, Dülmen, Lüdinghausen, Ahaus und auf der Bram [mit den Städten Ahaus, Borken, Vreden, Stadtlohn], Horstmar [mit den Städten Horstmar, Coesfeld, Billerbeck, Metelen und den Kirchspielen Borghorst, Holthausen], Rheine [Rheina], Laer, Bevergern und Bocholt [mit den Städten Bocholt und Werth]) (Regierungsbezirk M.) und das damit nur über eine schmale Landbrücke bei Lingen verbundene, ab 1252 entstandene, aber erst 1667/1676 auch geistlich dem Bistum M. unterstellte Niederstift (Meppen, Cloppenburg, Vechta, Bersenbrück) geteilt. Vom Umfang her war es das größte geistliche Fürstentum in Deutschland. Von 1450 bis 1457 war der Münsteraner Bischofsstuhl in der

Münsterschen Stiftsfehde umkämpft. 1534/1535 errichteten die Täufer in M. ein demokratisch-sozialistisches Reich. Der Versuch des Bischofs, M. in ein weltliches Fürstentum umzuwandeln, scheiterte. Am 3. 10. 1571 verkündete der Fürstbischof eine Landgerichtsordnung sowie eine Hofgerichtsordnung. Bentheim, Gronau, Oeding, Gemen und Werth gingen zum Luthertum bzw. Calvinismus über. 1773 wurde in der Stadt M. eine Universität gegründet. 1802/1803 wurde das Hochstift (Fürstentum) mit 194 Quadratmeilen und 310 000 Einwohnern unter Preußen, das den östlichen Teil (die Ämter Sassenberg, Stromberg, Werne, Lüdinghausen und Teile der Ämter Wolbeck, Dülmen, Horstmar, Rheine [Rheina] und Bevergern) mit der Stadt M. erhielt, Oldenburg (die Ämter Vechta und Cloppenburg), Arenberg (Amt Meppen), Looz-Corswarem (Amt Rheina und Teile des Amtes Wolbeck), Wild- und Rheingrafen zu Grumbach (Salm-Grumbach) (Teile des Amtes Horstmar), Salm-Salm (Ämter Bocholt und Ahaus und zwar zu zwei Dritteln an Salm-Salm und zu einem Drittel an Salm-Kyrburg) und Croy (Teil des Amtes Dülmen) aufgeteilt. 1806 sogen Arenberg und Salm die bei Looz-Corswarem und Croy befindlichen Teile auf, kamen bald aber selbst an Frankreich. 1807 wurde der preußische Teil mit dem Großherzogtum Berg vereinigt und kam am 10. 12. 1810 unmittelbar zu Frankreich. 1815 fiel das Oberstift größtenteils an Preußen (Provinz Westfalen), das Niederstift an Hannover (1866 Preußen) und Oldenburg und damit 1946 an Niedersachsen.

L.: Wolff 311 ff.; Zeumer 552 II a 22; Wallner 701 WestfälRK 1; Großer Historischer Weltatlas II 66 (1378) D3, III 22 (1648) C2, III 38 (1789) B1; Richtering, H./Kittel, F., Westfalen-Lippe, in: Geschichte der deutschen Länder, Bd. 1; Die Territorien des Reichs 2, 108; Bauer 1, 395; Westfälisches Urkundenbuch, Bd. 1, 2, 3, 8 1847 ff.; Olfers, C. v., Beiträge zur Geschichte der Verfassung und Zerstückelung des Oberstifts Münster, 1848; Die Geschichtsquellen des Bistums Münster, Bd. 1–8 1851 ff.; Brand, A., Geschichte des Fürstbistums Münster, 1925; Braubach, M./Schultze, E., Die politische Neugestaltung Westfalens 1795–1815, 1934; Friemann, H., Die Territorialpolitik des münsterischen Bischofs Ludwig von Hessen 1310–1357, 1937; Handbuch des Bistums Münster, hg. v. Börsting, H./Schröer, A., Bd. 1 f. 1946 ff.; Westfalia sacra, Bd. 1 1948; Rothert, H., Westfälische Geschichte, Bd. 1 f. 1949 f.; Börsting, H., Geschichte des Bistums Münster, 1951; Hömberg, A., Studien zur mittelalterlichen Kirchenorganisation in Westfalen, 1953; Engel, J., Die Karten des Johannes Gigas vom Fürstbistum Münster, Westf. Fgn. 12 (1959); Theuerkauf, G., Land und Lehenswesen vom 14. bis zum 16. Jahrhundert. Ein Beitrag zur Verfassung des Hochstifts Münster und zum norddeutschen Lehensrecht, 1961; Weiers, H., Studien zur Geschichte des Bistums Münster im Mittelalter, 1984; Germania Sacra N. F., Bd. 17, 2: Die Bistümer der Kirchenprovinz Köln: Das Bistum Münster; Bockhorst, W., Geschichte des Niederstifts Münster bis 1400, 1985; Kirchhoff, K., Forschungen zur Geschichte von Stadt und Stift Münster, 1988; Geschichte der Stadt Münster im Stadtmuseum Münster, hg. v. Galen, H., 1989; Fahlbusch, F./Hergenmöller, U., Münster, LexMA 6 1992, 914; Geschichte der Stadt Münster, hg. v. Jakobi, F., 1993; Das Bistum Münster, bearb. v. Kohl, W., 1999 ff.; Schumacher. S., Das Rechtssystem im Stift Münster in der frühen Neuzeit, 2004; Escher, M. u. a., Die urbanen Zentren, 2005, 1, 424, 2, 438.

Münster (Reichsgrafen). Das seit 1170 nachweisbare westfälische hochfreie Adelsgeschlecht wurde 1792 zu Reichsgrafen erhoben.

Munster (Reichsstadt) s. Münster

Münster, Munster (Reichsstadt). Im 7. Jahrhundert (675) wurde in M. im Gregoriental im Oberelsass eine Abtei gegründet, die 826 vom Kaiser die Immunität erhielt, im 12. Jahrhundert zu Basel gehörte, bis zur französischen Revolution von 1789 Bestand hatte und 1802 zerstört wurde. An sie schloss sich die Stadt M. an. Sie war seit dem 13. Jahrhundert Reichsstadt (1235?) und gehörte zum elsässischen Zehnstädtebund. 1536 wurde in M. die Reformation durchgeführt. Im 17. Jahrhundert fiel es an Frankreich.

L.: Wolff 298; Ohl, L., Geschichte der Stadt Münster und ihrer Abtei, 1897; Stintzi, P., Elsässische Klöster, 1933; Chavoen, G., Das elsässische Münstertal, 1940; Maier, W., Stadt und Reichsfreiheit, Diss. phil. Freiburg/Üchtland 1972; Fahlbusch, F., Münster, LexMA 6 1992, 917.

Münsterberg (Herzöge, Herzogtum). M. an der Ohle in Niederschlesien wurde wahrscheinlich um 1250 an Stelle des slawischen Ortes Sambice errichtet. Bei seiner ersten Erwähnung vom 1. 2. 1253 war es vermutlich bereits Stadt. 1290 kam es beim Tod des Herzogs von Breslau an Bolko I. von Jauer-Löwenberg und am 22. 11. 1321 an Bolko II., der die Linie der Herzöge von M. begründete. 1335/1336 musste er die Lehnshoheit Böhmens anerkennen. Nach dem Aussterben der Piasten 1428 unterstand M. unter der Lehnsherrschaft Böhmens verschiedenen Pfandherren und kam am 16. 5. 1454 an Georg von Podiebrad (Böhmen), 1465 zusammen mit Frankenstein und Glatz an seinen Sohn Heinrich, der 1495 auch Oels erwarb. 1537 wurde die Reformation eingeführt. 1542 wurde das Herzogtum M. an den Herzog von Liegnitz verpfändet. 1569/1570 kauften sich die Stände von dem Herzog von Oels frei und unterstellten M. als Erbfürstentum dem Kaiser als König von Böhmen. Dieser verlieh es 1653 an das Fürstentum Auersperg, das 1742 unter die Landeshoheit Preußens kam, das 1791 auch die privaten Güter Auerspergs kaufte. Das Land umfasste 15 Quadratmeilen und war in die Kreise M. und Frankenstein gegliedert. 1945 fiel M. fast unversehrt unter die Verwaltung Polens, 1990 kam es als politische Folge der deutschen Wiedervereinigung an Polen.

L.: Wolff 476 f.; Großer Historischer Weltatlas II 66 I 3; Hartmann, F., Geschichte der Stadt Münsterberg, 1907; Münsterberger Land. Ein Heimatbuch, hg. v. Kretschmer, M., 1930; Geschichte Schlesiens, hg. v. d. hist. Komm. f. Schlesien, Bd. 1 5. A. 1988; Menzel, J., Münsterberg, LexMA 6 1992, 917.

Muntricheshuntera, Munterícheshuntari s. a. Munigiseshuntere

L.: Curs, O., Deutschlands Gaue im zehnten Jahrhundert. Nach den Königsurkunden, Diss. phil. Göttingen 1908, 14; Polenz, P. v., Landschafts- und Bezirksnamen, 1961, II, 78, 82 f., 89, IV, 8, Muntericheshuntari, s. Ortsname Munderkingen.

Münzenberg (Herren, Herrschaft). Vor 1160 erbaute der Reichsministeriale Kuno I. von Hagen/Arnsburg die vielleicht 1165 bezugsfertige Burg M. in der Wetterau, nach der sich die Familie danach benannte. Sie war Mittelpunkt der 1155/1156 bezeugten Herrschaft M. Zu ihr kam nach 1170 ein Teil der Grafschaft Nürings. Nach dem Aussterben der Herren von M. gelangte die später zum oberrheinischen Reichskreis zählende, M., Assenheim, Königstein, Dreieichenhain, Babenhausen und rund hundert weitere Orte umfassende Herrschaft 1255 zum größten Teil (40/48) an die Herren von Falkenstein, die weitere Anteile von Weinsberg (1270), Schönberg (1272) und Pappenheim (1286) erwarben, im übrigen (8/48) an Hanau. Das Erbe der Herren von Falkenstein fiel 1418 an die Grafen von Solms, die zuletzt 20/48 hatten, und Eppstein. Für die Grafen von Eppstein traten 1581 Stolberg (10/48) und das Erzstift Mainz (10/48) ein. Die mainzischen Güter kamen 1684 an die Grafen von Hanau und damit 1736 an Hessen-Kassel, die Solmser Güter im frühen 18. Jahrhundert an Hessen-Darmstadt. Der Anteil Hessen-Kassels fiel 1810 über Frankreich an Hessen-Darmstadt. S. a. Hanau-Münzenberg, Hessen.

L.: Wolff 270 ff.; Wallner 698 OberrheinRK 19, 30, 37, 38, 42; Ködding, H., Geschichte der Stadt und Herrschaft Münzenberg, 1933; Bosl, K., Die Reichsministerialität der Staufer, Bd. 1 1950; Binding, G., Burg Münzenberg, 2. A. 1965; Gruber, K./Küther, W., Minzinberg – Burg, Stadt, Kirche, 1968; Hinz, H., Münzenberg, LexMA 6 1992, 931; Escher, M. u. a., Die urbanen Zentren, 2005, 2, 445.

Münzfelden, Mensfelden (Schloss und Dorf). Das zwischen den nassauischen Städten Diez und Kirchberg (Kirberg) gelegene, reichsunmittelbare Schloss und Dorf M. an der unteren Lahn gehörte am Ende des 18. Jahrhunderts über das Erzstift Trier (zwei Drittel) und das Fürstentum Nassau-Usingen (ein Drittel) zum oberrheinischen Reichskreis. Der Trierer Anteil hatte ursprünglich den Grafen von Leiningen zugestanden. 1803 gelangte das Dorf ganz an Nassau-Usingen und mit diesem 1866 an Preußen.

L.: Wolff 283 f.; Wallner 699 OberrheinRK 53.

Munzingen (Herren). M. bei Freiburg wird 1003 erstmals erwähnt. Die Burg M. war Sitz der Herren von M. Über die Grafen von Kageneck und die Landgrafschaft Breisgau kam M. 1805 an Baden und damit 1951/1952 an Baden-Württemberg.

Muoriztal (Mürztal)

L.: Polenz, P. v., Landschafts- und Bezirksnamen, 1961, II, 64–66, V, 2, Muoriztal, pagus Muoriza, ‚Mürztal', s. Mürztal.

Mur (Reichsritter) s. Muhr

Murbach (reichsunmittelbares Kloster, Reichsabtei). Vermutlich (um) 727 gründete der irische Wanderbischof Pirmin auf Eigengut des Herzogs Eberhard aus dem Geschlecht der Etichonen nordwestlich von Gebweiler im Elsass die Benediktinerabtei M., in der wenig später die althochdeutschen Murbacher Hymnen entstanden. Sie erhielt früh bedeutende königliche Privilegien (727 Immunität) und gewann reiche Güter vom Breisgau bis zur Schweiz. Nach der Zerstörung durch die Ungarn (926) wurde sie 959 erneuert. 1228 ist der reichsfürstliche Rang des königlich gewordenen Klosters erstmals bezeugt. Er blieb trotz der zeitweilig von Habsburg beanspruchten Vogtei bewahrt. 1214 gingen Mainzer Güter verloren, 1291 Luzerner Güter, 1456 das Kloster Luzern und dann auch das Kloster

Sankt Amarin, doch wurde 1554 Kloster Lure (Lüders, Luders) gewonnen. 1536 musste sich M. dem Schutz Habsburgs unterstellen, wodurch es die Reichsstandschaft verlor. Obwohl 1648 die Reichszugehörigkeit bekräftigt wurde, ging M. an Frankreich über, das es 1759/1764 in ein weltliches Ritterstift in Gebweiler umwandelte und 1789 aufhob. Die Abtei bestand aus den drei Vogteien Gebweiler (mit der Stadt Gebweiler und 5 Dörfern), Wattweiler (Watweiler) (mit der Stadt Wattweiler [Watweiler] und dem Flecken Uffholz [Ufholz]) und Sankt Amarin (mit der Stadt Sankt Amarin und 14 Dörfern).

L.: Wolff 297; Großer Historischer Weltatlas II 66 (1378) D5, III 22 (1648) C5; Gatrio, A., Die Abtei Murbach im Elsass, 1895; Büttner, H., Murbacher Besitz im Breisgau, Els.-lothr. Jb. 18 (1939); Beyerle, F., Bischof Pirmin und die Gründung der Abteien Murbach und Reichenau, Zs. f. schweizer. Geschichte 27 (1947); Barth, M., Handbuch der elsässischen Kirchen im Mittelalter, 1960; Bischoff, G., Recherches sur la puissance temporelle de l'abbaye de Murbach (1229–1525), 1975; Seibert, H., Murbach, LexMA 6 1992, 939.

Muri (Abtei). Um 1027 wurde M. an der Bünz als Eigenkloster der Grafen von Habsburg gegründet und von Einsiedeln aus besetzt. Güter lagen in Muri, Hermetschwil, Küssnacht, Gersau, Buochs, Thalwil, Rufach (Ruoffach) und Bellingen (Breisgau). 1415 kam die Vogtei von Habsburg an die Eidgenossen der Schweiz (gemeine Herrschaft). 1622/1649 wurde das Kloster exemt und 1701 zur Fürstabtei erhoben. 1706 erwarb es die Herrschaft Glatt. 1798 fielen seine Güter in der Schweiz an die Helvetische Republik, im übrigen 1802/1803 an Württemberg und Hohenzollern-Sigmaringen. 1803 erneuert, wurde es 1841 aufgehoben und 1843/1845 nach Gries bei Bozen verlegt.

L.: Wolff 529; Das Kloster Muri im Kanton Aargau, hg. v. Kiem, M., 1883; Kiem, M., Geschichte der Benedictinerabtei Muri-Gries, Bd. 1,2 1888, 1891; Rösener, W., Grundherrschaft im Wandel, 1991; Gilomen-Schenkel, E., Muri, LexMA 6 1992, 943.

Murrahgouwe (Murrgau)

L.: Polenz, P. v., Landschafts- und Bezirksnamen, 1961, II, 16, 24, 26.

Murrgau (Murrensis, Gau um die Murr rechts des Neckars)

L.: Curs, O., Deutschlands Gaue im zehnten Jahrhundert. Nach den Königsurkunden. Diss. phil. Göttingen 1908, 14 (Marbach); Polenz, P. v., Landschafts- und Bezirksnamen, 1961,.II, 16, 24, 26, 32, Murrahgouwe, pagus Murrensis, ‚Murrgau'.

Murrhardt (Kloster). In M. an der Murr bestand in römischer Zeit ein Limeskastell. In dessen Nähe erwuchs im 7. Jahrhundert eine fränkische Siedlung, die vor 750 eine Holzkirche erhielt. In dem vermutlich 788 erstmals als Murrahart genannten Ort gründete der einer Hochadelsfamilie angehörige, wahrscheinlich mit Bischof Megingoz von Würzburg und vielleicht auch mit Ludwig dem Frommen verwandte Waltrich am Anfang des 9. Jahrhunderts das Benediktinerkloster St. Januarius, dessen Ausstattung auf Königsgut beruhte (verschollene echte Dotationsurkunde Ludwigs des Frommen von mutmaßlich 816, gefälschte Gründungsurkunde von angeblich 817). 993 errang das Hochstift Würzburg die Eigenklosterherrschaft. Die Vogtei über das Kloster stand als Reichslehen den hessonischen Herren bzw. seit 1180 Grafen von Wolfsölden und seit 1230 über die Erbtochter den Grafen von Löwenstein zu, deren Rechte 1277 durch Verkauf an das Hochstift Würzburg, 1281 aus Geldmangel über König Rudolf von Habsburg an die neuen Grafen von Löwenstein und 1388/1395 an Württemberg kamen. Im späten 15. Jahrhundert wurde M. in Württemberg landsässig. 1525 gingen die Urkunden durch Plünderung verloren. 1552 wurde die Reformation durchgeführt. Das Kloster wurde aufgehoben. 1808 gingen Stadt M. und das Kloster M. im Oberamt Backnang Württembergs auf. 1951/1952 kam M. zu Baden-Württemberg.

L.: Wolff 161; Schöpfer, R., Geschichte Murrhardts bis 1900, in: Backnanger Heimatbuch 2 (1936); Jäger, G., Murrhardt einst und jetzt, 1955; Störmer, W., Schäftlarn, Murrhardt und die Waltriche des 8. und 9. Jahrhunderts, in: Zs. f. bay. LG. 28 (1965); Fritz, G., Kloster Murrhardt im Früh- und Hochmittelalter, 1982; Fritz, G., Stadt und Kloster Murrhardt im Spätmittelalter und in der Reformationszeit, 1990; Eberl, I., Murrhardt, LexMA 6 1992, 994; Wagner, H., Die Privilegierung des Klosters Murrhardt durch Ludwig den Frommen, DA 57 (2001), 421.

Murten (Reichsstadt, Herrschaft, Land). M. am Murtensee zwischen Solothurn und Avenches (Aventicum) erscheint 515 als burgundischer Königshof Muratum in der Gründungsurkunde des Klosters Saint-Maurice (Saint Maurice/Wallis, Sankt Moritz). Nach seiner 1034 erfolgten Zerstörung wurde es nach 1159 von den Herzögen von Zähringen als Stadt begründet. Nach dem Aussterben der Herzöge wurde es Reichsstadt, kam aber 1255 und nach der Rückgewinnung seitens des Reiches (1283) 1291 erneut an Savoyen. Von 1475 bis 1798 wurde es von Bern und Freiburg gemeinsam verwaltet. 1803 gelangte es an den Kanton Freiburg.

L.: Wolff 530; Großer Historischer Weltatlas II 72 (bis 1797) C3; Welti, F. E., Das Stadtrecht von Murten, 1925; Flückiger, E., Murten, 1946.

Mürzgau (Můriza, Gau um die Mürz links der Murr)

L.: Curs, O., Deutschlands Gaue im zehnten Jahrhundert. Nach den Königsurkunden, Diss. phil. Göttingen 1908, 14 (Dümlach), s. Mürztal.

Mürztal s. Kärnten

L.: Polenz, P. v., Landschafts- und Bezirksnamen, 1961, II, 64–66, V, 2, Muoriztal.

Muselgouwe s. Moselgau

Lit.: Polenz, P. v., Landschafts- und Bezirksnamen, 1961, II, 16, 24, 26, 32, Muselgouwe, Muselahgouwe, pagus Moslensis, pagus Muselenorum, ‚Moselgau'.

Musenlo (Reichsritter) s. Musslohe

Muskau (Herrschaft). M. an der Lausitzer Neiße war im 12. Jahrhundert ein kirchlicher Mittelpunkt. Später war es Sitz der Herrschaft M., zu der 1361 eine Wasserburg zählte. Die 27000 Hektar umfassende Standesherrschaft in Sachsen gehörte nacheinander Boto von Eilenburg (1361), Heinrich von Kittlitz, den Penzig (1390), den Biberstein (Bieberstein) (vor 1444), Böhmen, den Schönaich (1558), Böhmen bzw. dem Reich (zweiter Heimfall des Lehens an die Krone Böhmens), den Burggrafen von Dohna (1597), den Grafen von Callenberg (1644), den Grafen von Pückler (1785 [Errichtung eines vorbildlichen Landschaftsparkes, vgl. Pückler-Muskau, Hermann von, Andeutungen über Landschaftsgärtnerei, 1834]) dem Prinzen Friedrich der Niederlande (1846–1861) sowie zuletzt bis 1945 den Grafen von Arnim. S. Polen.

L.: Wolff 470; Arnim, S. Gräfin v., Der Landvogt von Callenberg, 1934; Arnim-Muskau, H. v./Boelcke, W., Muskau. Standesherrschaft zwischen Spree und Neiße, 1978, Neudruck 1992.

Musslohe, Musenlo (Reichsritter). Im frühen 17. Jahrhundert zählten die M. zum Kanton Altmühl des Ritterkreises Franken.

L.: Biedermann, Altmühl; Stieber; Riedenauer 125.

Muth (Reichsritter). Um 1806 zählten die M. zum Kanton Rhön-Werra des Ritterkreises Franken.

L.: Riedenauer 125.

Mutharicheshuntari

L.: Borgolte, M., Geschichte der Grafschaften Alemanniens in fränkischer Zeit, 1984, 133, s. Muntharicheshuntari.

Muthiwidde

L.: Hessler, W., Mitteldeutsche Gaue des frühen und hohen Mittelalters, 1957, 131 Muthwidde (Müden nördlich Celles); Polenz, P. v., Landschafts- und Bezirksnamen, 1961, II, 70, Muthiwidde.

Mylendonk (Herrschaft) s. Millendonk

Mylius (Reichsritter). Um 1700 zählten die M. zum Kanton Odenwald des Ritterkreises Franken.

L.: Riedenauer 125.

Myllendonk (Herrschaft) s. Millendonk

N

Nabelgau (Nabelgowe, Gau zwischen Wipper und Helme)

L.: Curs, O., Deutschlands Gaue im zehnten Jahrhundert. Nach den Königsurkunden, Diss. phil. Göttingen 1908 14 (Ichstedt); Hessler, W., Mitteldeutsche Gaue des frühen und hohen Mittelalters, 1957, 137 (Bendeleben, Ichstedt, Wolkramshausen); Polenz, P. v., Landschafts- und Bezirksnamen, 1961, II, 24.

Nagaltgouwe s. Nagoldgau

L.: Polenz, P. v., Landschafts- und Bezirksnamen, 1961, II, 24, 26 f., 78, Nagaltgouwe, ‚Nagoldgau'.

Nagold (Herrschaft). N. an der Nagold erscheint erstmals 786 anlässlich einer Gabe des Karl dem Großen verschwägerten Grafen des Nagoldgaus an das Kloster Sankt Gallen. 1007 übertrug König Heinrich II. Reichsgut in N. an das Hochstift Bamberg. Um 1250 kam N. von den Pfalzgrafen von Tübingen als Nachfolgern der Nagoldgaugrafen an die Grafen von Hohenberg, von denen sich eine Linie nach N. benannte. 1363 verkauften die Grafen von Hohenberg den um 1330 zur Stadt gewordenen Ort mit der zugehörigen Herrschaft an Württemberg. Mit Württemberg gelangte N. 1951/1952 zu Baden-Württemberg.

L.: Wolff 161; Wagner, G., Nagolder Heimatbuch, 1925; Dieterle, G., Die Stadt Nagold, 1931; Bader, K., Der deutsche Südwesten, 2. unv. A. 1978, 100; Escher, M. u. a., Die urbanen Zentren, 2005, 2, 448.

Nagoldgau (Gau)

L.: Curs, O., Deutschlands Gaue im zehnten Jahrhundert. Nach den Königsurkunden, Diss. phil. Göttingen 1908, 14 (Nagelkeuue, Nagalgouue, Gau um die Nagold rechts der Elsenz, Kuppingen, Nagold); Polenz, P. v., Landschafts- und Bezirksnamen, 1961, II, 24, 26 f., 78, Nagaltgouwe, Nagaltahgouwe, ‚Nagoldgau'; Borgolte, M., Geschichte der Grafschaften Alemanniens in fränkischer Zeit, 1984, 129 (Dornstetten, Glatten).

Nahegau (Nahgovue, Nahgouue, Nahgeuue, Nahcgouue, Nahkeuue, Nachgouue, Nachgouve,Nahgouue,Nahgowe,Nahgouui,Nachgowe, Nichgouue, Nahgowie, Gau zwischen Nahe und Rhein)

L.: Curs, O., Deutschlands Gaue im zehnten Jahrhundert. Nach den Königsurkunden, Diss. phil. Göttingen 1908, 14 (Saulheim, Großwinternheim, Albich, Wöllstein, Traisen, Huffelsheim, Niederolen, Oberolen, Kefersheim, Wieselbach, Hannweiler, Nierstein, Denzen, Flonheim, Ingelheim, Bornheim, Kirn, Mainz, Jugenheim, Bergen, Böschweiler, Hosenbach, Wendelsheim, Gaualgesheim); Polenz, P. v., Landschafts- und Bezirksnamen, 1961, II, 16, 19, 24, 26 f., Nahgouwe, pagus Nauuinsis, ‚Nahegau'; Puhl, R., Die Gaue und Grafschaften des frühen Mittelalters im Saar-Mosel-Raum, 1999, 224 (754 pago Nafinsi), benannt nach der Nahe, an der Nahe (u. a. Argenthal, Bergen, Biebern, Bosenbach, Denzen, Hausen, Hennweiler?, Hosenbach, Kaiserslautern, Kappel, Kirchberg,Kirn, Kübelberg, Merxheim, Monzingen, Niederkirchen, Osterbrücken, Reichenbach?, Sessbach, Simmertal).

Nahrstett s. Gohr zu N.

Nalbach (Herrschaft). Über die zur Herrschaft N. des Sankt Simeonsstiftes in Trier gehörenden Dörfer Bettstadt, Bilsdorf, Diefflen, Körprich, N. und Piesbach hatten im 15. Jahrhundert die Raugrafen die Obervogtei. Diese kam danach je zur Hälfte an das Erzstift Trier und die Pfalz. Diese belehnte die Herren von Rathsamhausen, danach die Braubach de Lénoncourt und 1711 die Hagen zur Motten (Hagen). Daneben hatten im 17. Jahrhundert die Herzöge von Lothringen eine sog. Schirmvogtei. 1784 erkannte das Sankt Simeonsstift die Landesherrschaft des Erzstifts und der Herren von Hagen an. Über Preußen kam N. 1919 und 1945/1946 zum Saargebiet und damit 1957 zum Saarland.

L.: Wolff 502.

Namen (Grafschaft) s. Namur

Namslau (Herrschaft), poln. Namyslow. N. an der Weide in Niederschlesien wurde vor 1278 als deutschrechtliche Stadt gegründet, die bis 1294 zum Herzogtum Breslau gehörte. Danach gelangte es an Glogau und 1312 an Oels. 1341 wurde es von Boleslaw von Brieg an Polen verpfändet. 1348 kam es aus Brieg an das 1335 Böhmen heimgefallene Herzogtum Breslau, von dem es durch Gebiet Briegs bzw. Oels' getrennt war. 1742/1745/1763 wurde es von Preußen erlangt. 1945 fiel es stark zerstört unter die Verwaltung Polens, an das es 1990 als politische Folge der deutschen Wiedervereinigung gelangte.

L.: Wolff 475; Liebich, W., Chronik der Stadt Namslau, 1862; Knoblich, A. H., Namslau, eine deutsche Stadt im Osten, 1941.

Namucensis (Gau an der Mündung der Sambre und der Maas, zum Ortsnamen Namur)

L.: Curs, O., Deutschlands Gaue im zehnten Jahrhundert. Nach den Königsurkunden. Diss. phil. Göttingen 1908, 15 (Brogne).

Namur (Grafschaft), fläm. Namen. Im Gebiet der Mündung der Sambre in die Maas lag wahrscheinlich schon im ersten vorchristlichen Jahrhundert das oppidum Aduaticorum. Im 7. Jahrhundert erscheint hier die Münzstätte N. Um die Burg entwickelten sich Stadt und Grafschaft (832 Gau Namucensi). Die um 930 den Grafen von Lomme (um 1150 Heinrich der Blinde Graf von Namur, Laroche, Durbuy, Longwy und Luxemburg, Vogt von Stablo, Sankt Maximin und Echternach) und 1188 den verwandten Grafen bzw. Markgrafen von Hennegau (und Flandern) zustehende Grafschaft fiel 1213 an die Courtenay und durch Verkauf 1263 an die Grafen von Flandern, 1421/1429 durch Verkauf seitens des erbenlosen Grafen Johann III. an Philipp von Burgund. Mit Burgund kam sie 1477/1493 an Habsburg und zählte zum burgundischen Reichskreis. 1692 wurde N. von Ludwig XIV. von Frankreich, 1695 von Wilhelm von Oranien erobert. Von 1715 bis 1781 gehörte N. zu den Barrierefestungen der (österreichischen) Niederlande. 1815 fiel es an die Niederlande. 1830/1831 kam es bei der Lösung Belgiens vom Königreich der Niederlande an Belgien.

L.: Wolff 63; Wallner 701 BurgRK 1; Großer Historischer Weltatlas II 66 (1378) C3, II 78 (1450) E3; Vanderkindere, L., La formation territoriale des principautés belges, Bd. 1 f. 1909; Actes des comtes de Namur, hg. v. Rousseau, 1936 f.; Brouette, E., Introduction aux études historiques, archéologiques et folkloriques du Namurois, 1947; Balon, J., La maison de Namur sur la scène de la grande histoire, 1950; Polenz, P. v., Landschafts- und Bezirksnamen, 1961, II, 18, 32, IV, 18, pagus Namurensis, pagus Namucensis; Genicot, L., Le Namurois politique, 1964; Genicot, L., Etudes sur les principautés lotharingiennes, 1975; Bovesse, J., La maison comtale namuroise (Xe s.–1429), 1979; Nonn, U., Pagus und comitatus in Niederlothringen, 1983, 205; Namur. Le site, les hommes. De l'époque romaine au XVIIIe siècle, 1988; Genicot, L., Namur, LexMA 6 1992, 1011; Escher, M. u. a., Die urbanen Zentren, 2005, 1, 452, 2, 448.

Nankenreuth (Reichsritter). Bis ins frühe 17. Jahrhundert zählten die N. zum Kanton Gebirg im Ritterkreis Franken.

L.: Stieber; Riedenauer 125.

Napurg

L.: Polenz, P. v., Landschafts- und Bezirksnamen, 1961, IV, 3 f., 7, Napurg, marcha ad Napurg, zum Ortsnamen Nabburg.

Nardingland

L.: Polenz, P. v., Landschafts- und Bezirksnamen, 1961, II, 48, 55, III, 3, 23 f., 28 f., Nardingland, Nardinckland, Nardingherland,

Nasina

L.: Polenz, P. v., Landschafts- und Bezirksnamen, 1961, IV, 12, Nasina, pagus Nasina, zum Ortsnamen Neisen.

Nassau (Grafschaft, Herzogtum). Nach der um 1125 von den Grafen von Laurenburg an der unteren Lahn erbauten, lehnshoheitlich im 12. Jahrhundert von Trier auf das Reich übergehenden Burg N. (Ort 915 erstmals erwähnt) nannte sich seit 1159/1160 ein Grafengeschlecht, das sich von dem Vogt Mainz' in Siegen Ruppert (1079–1089) und dessen Sohn Graf Dudo von Laurenburg herleitete (1117 erstmals sicher bezeugt), 1122/1124 den Grafen Udalrich von Idstein-Eppstein beerbte und nach 1124 Vogt des Hochstifts Worms in Weilburg wurde. Durch gezielte Erwerbspolitik gewann es zwischen Main, Mittelrhein, Sieg und Wetterau ein schmales Herrschaftsgebiet (um 1160 zusammen mit den Grafen von Katzenelnbogen von den Grafen von Isenburg die ursprünglich den Grafen von Arnstein zustehende Grafschaft auf dem Einrich, Herborner Mark, Kalenberger Zent, Westerwald, Lipporn, Miehlen, Marienfels, Idstein, Bleidenstadt, Ems, Wiesbaden um 1200) mit den Erzstiften Mainz und Trier sowie den Landgrafen von Hessen als Nachbarn. Am 16. 12. 1255 teilten die Grafen von N. die Güter längs der Lahn in die nördlich der Lahn gelegenen, wertvolleren Gebiete mit Siegen, Herborn und Dillenburg sowie den Vogteien Dietkirchen und Ems (ottonische [jüngere] Linie) und in die südlich der Lahn gelegenen Gebiete mit den Herrschaften Wiesbaden und Idstein sowie den Vogteien Weilburg und Bleidenstadt (walramische [ältere] Linie). Gemeinsam blieben die Burg N., der Einrich zwischen unterer Lahn und Taunus, die Laurenburg, die Pfandschaften und die Lehen. Die jüngere ottonische Linie, die unter Heinrich († 1343) die Vogteien und Gerichte Dernbach, Eibelshausen (Eibelsber, Haiger und Ewersbach [Ebersbach] hinzuerwarb, spaltete sich 1303 in die Linien Nassau-Hadamar (ältere Linie, bis 1394), Nassau-Siegen und Nassau-Dillenburg. Nassau-Dillenburg fiel 1328 an Nassau-Siegen, doch blieb Dillenburg Hauptort. Die Linie teilte sich 1343 in Nassau-Dillenburg und Nassau-Beilstein (ältere Linie bis 1561). Nassau-(Siegen-)Dillenburg beerbte 1394 Nassau-Hadamar und gewann durch Heiraten 1376/1378 die Reichsgrafschaft Diez, 1403/1404 Polanen, Leck, Breda und weitere Güter im Gebiet der heutigen Niederlande sowie 1416/1420 die gemeinsam mit Brüdern beherrschte Grafschaft Vianden im Herzogtum Luxemburg. Diese Gebiete wurden im 15. Jahrhundert mehrfach geteilt (1416 vier Linien, 1425 drei Linien: Nassau-Dillenburg-Diez [bis 1443], Nassau-Haiger-Siegen [bis 1429] und Nassau-Herborn-Breda), doch waren die nassau-dillenburgischen Güter von 1451 bis 1472 und von 1504 bis 1516 wieder vereinigt. Seit 1507 nannte sich die Linie wegen ihrer vergeblich geltend gemachten Erbansprüche auf Katzenelnbogen auch Nassau-Katzenelnbogen und wegen der Heirat mit der Erbtochter des Prinzen/Fürsten von Chalon und Oranien am Unterlauf der Rhone (1515, Erbfall 1530) auch Nassau-Oranien. Etwa gleichzeitig wurde die Reformation (zunächst das Luthertum, dann der Calvinismus) eingeführt. 1559 erfolgte eine erneute Teilung in die linksrheinischen (Nassau-Oranien) und die rechtsrheinischen (Nassau-Dillenburg) Güter. 1561 beerbte Nassau-Dillenburg Nassau-Beilstein. 1601/1607 erfolgte eine Teilung in die Linien Nassau-Dillenburg, Nassau-Hadamar, Nassau-Beilstein, Nassau-Siegen (1652 in den Reichsfürstenstand erhoben) und Nassau-Diez. Nassau-Dillenburg mit Dillenburg, Haiger und Herborn wurde 1620 von Nassau-Beilstein beerbt, das sich seitdem nach Dillenburg Nassau-Dillenburg nannte (1652 in den Reichsfürstenstand erhoben). Nassau-Hadamar (1650 in den Reichsfürstenstand erhoben) mit Hadamar und Rennerod kam 1711/1717 an Nassau-Diez. 1739 fiel Nassau-Dillenburg mit der Herrschaft Schaumburg an Nassau-Diez. Nassau-Siegen gelangte 1742/1743 an Nassau-Diez, das damit alle rechtsrheinischen Güter der nassau-ottonischen Linie in sich vereinigte. Weil Nassau-Diez außerdem 1702 die linksrheinischen Güter der Linie Nassau-Oranien erlangt hatte, nannte sich die Linie Fürsten von Nassau-Oranien. 1747 verlegte sie ihre Residenz nach Den Haag und regierte das Stammland über das deutsche Kabinett in Dillenburg. 1795/1797/1801 verlor sie alle linksrheinischen Güter an Frankreich und erhielt hierfür das Hochstift Fulda, das Schloss Johannisberg (Vollrads bei Östrich-Winkel), Corvey und Höxter, Dortmund, Weingarten, Sankt Gerold (in Vorarlberg), Hofen (bei Friedrichshafen), Dietkirchen und Bendern (in Liechtenstein) als neues Fürstentum Oranien (insgesamt 46 Quadratmeilen mit 120 000 Einwohnern). 1806 verlor es durch die Rheinbundakte auch die rechtsrheinischen Güter, vor allem das Fürstentum Diez an das Herzogtum Nassau und das Großherzogtum Berg. Nach dem Ende der französischen Vorherrschaft ergriff der Prinz von Nassau-Oranien am 20. 12. 1813 von seinen Ländern wieder Besitz. Am 14. 7. 1814 gab das Herzogtum Nassau an Nassau-Oranien das Fürstentum Diez und weitere Güter zurück. Durch Vertrag vom 31. 5. 1815 trat der Fürst von Nassau-Oranien, der 1815 König der Niederlande geworden war, alle deutschen Gebiete an Preußen als Gegenleistung für das ihm durch den Wiener Kongress zugesprochene Großherzogtum Luxemburg ab. Preußen gab seinerseits einen Teil der Gebiete (Fürstentum Diez, Hadamar, Dillenburg) an das Herzogtum Nassau (1806–1866) weiter. 1890 erlosch mit König Wilhelm III. von den Niederlanden die ottonische Linie im Mannesstamm. Die ältere walramische Linie, aus der König Adolf von N. (1292–1298) stammte, gewann 1328/1333 die Herrschaft (Reichsgrafschaft) Merenberg, die Herrschaft Lichtenstein und weitere Güter (pfandweise Neuweilnau, Burg und Stadt Katzenelnbogen, Altenkirchen, Dietenhausen [Diedenshausen]). 1355 teilte sie sich in die Linien Nassau-Idstein (mit Idstein und Wiesbaden) und Nassau-Weilburg (1366 gefürstete Grafen) mit Weilburg und Bleidenstadt. 1381 erlangte die Linie Nassau-Weilburg infolge Heirat die Grafschaft Saarbrücken, 1393 die Herrschaft Kirchheim und Stauf, 1405 Neuweilnau (Kauf), Bingenheim, Reichelsheim, Elkerhausen und Teile von Homburg, Löhnberg, Sonnenberg, Cleeberg bzw. Kleeberg und Mensfelden. 1429/1442 teilte sie sich in die Linien Nassau-Saarbrücken und die Neue Linie Nassau-Weilburg, wobei die Linie Nassau-Saarbrücken die meisten linksrheinischen Güter erhielt. Sie erwarb außerdem 1527 die Grafschaft Saarwerden und das Oberamt Lahr und Mahlberg. Nach ihrem Aussterben (1574) kamen ihre Güter an die 1561 in Nassau-Weilburg und Nassau-Weilnau geteilte neue Linie Nassau-Weilburg. Nassau-Weilnau wurde 1602 von Nassau-Weilburg beerbt. 1605 kam es durch Aussterben der Linie Nassau-Idstein zur Wiedervereinigung aller nassau-walramischen Güter in der Linie Nassau-Weilburg. Diese wurde 1629/1651 aufgeteilt in Nassau-Idstein mit Idstein, Wiesbaden und Lahr, Nassau-Weilburg mit Weilburg, Merenberg und Kirchheim und Nassau-Saarbrücken (mittlere Linie, 1659 dreigeteilt, mit Saarbrücken, Saarwerden und Usingen). 1688/1737 wurden die Grafen zu Reichsfürsten erhoben. Von den verschiedenen Linien starb Nassau-Idstein 1721 aus und vererbte die Güter an Nassau-Usingen (Nassau-Saarbrücken-Usingen), das außerdem 1723 Nassau-Saarbrücken (Nassau-Saarbrücken-Saarbrücken) und 1728 Nassau-Ottweiler (Nassau-Saarbrücken-Ottweiler) beerbte. Nassau-Weilburg erheiratete 1799 den größten Teil der Reichsgrafschaft Sayn-Hachenburg. 1801 verlor es alle linksrheinischen Gebiete an Frankreich, wurde aber dafür mit Gütern aus dem Erzstift Trier entschädigt. Nassau-Saarbrücken (mittlere Linie) teilte sich 1659 in die Linien Nassau-Ottweiler, Nassau-Saarbrücken und Nassau-Usingen. Dieses beerbte 1723 Nassau-Saarbrücken, 1721 Nassau-Idstein und 1728 Nassau-Ottweiler. 1735 wurde es erneut in Nassau-Saarbrücken (jüngere Linie) und Nassau-Usingen, das 1744 die Residenz von Usingen nach Biebrich und die Regierung nach Wiesbaden verlegte, geteilt. Nassau-Saarbrücken wurde 1797 von Nassau-Usingen beerbt. 1793/1801 verlor Nassau-Usingen seine linksrheinischen Güter, von denen die alte Grafschaft Saarbrücken 1815 an Preußen kam, erhielt dafür aber Entschädigung vor allem aus dem Erzstift Mainz im Rheingau und am unteren Main, aus dem Erzstift Trier (Montabaur, Limburg), aus dem Erzstift Köln (u. a. Deutz, Königswinter), aus Hessen-Darmstadt (Anteil an der Niedergrafschaft Katzenelnbogen um Braubach), aus Sayn-Altenkirchen und verschiedenen Klöstern und Stiften sowie Virilstimme im Reichsfürstenrat. Am 30. 8. 1806 schlossen sich die am 31. 7. 1806 dem Rheinbund unter Erhöhung zu Herzögen beigetretenen Fürsten von Nassau-Weilburg und Nassau-Usingen, das 1816 ausstarb, zu einem vereinten, für unteilbar und souverän erklärten Herzogtum N. zusammen. Sie bekamen die Grafschaft Wied-Runkel, die Grafschaft Wied-Neuwied, das Fürstentum Nassau-Oranien mit Grafschaft Diez, die Grafschaft Solms-Braunfels und andere Güter (Bassenheim, Grafschaft Holzappel, Herrschaft Schaumburg, Herrschaft Reifenberg, Herrschaft Kransberg, Gebiete der Reichsritterschaft), mussten aber die ehemals kölnischen Gebiete an das Großherzogtum Berg sowie Kastel (Mainz-Kastel) und Kostheim an Frankreich abtreten (Gesamtgebiet 103 Quadratmeilen mit 270 000 Einwohnern). 1813 mussten sie Güter an Nassau-Oranien zurückgeben. Am 1./2. 9. 1814 erhielt das Herzogtum, um den Widerspruch verschiedener mediatisierter Familien (Ostein, Schönborn, Waldbott von Bassenheim [Waldbott-Bassenheim], von der Leyen) und des Freiherren vom Stein zu beseitigen, vor allen anderen deutschen Staaten eine landständische Verfassung. 1815 tauschte das Herzogtum N. mit Preußen umfangreiche Gebiete (ehemals hessen-kasselische Niedergrafschaft Katzenelnbogen, Diez, Dillenburg, Hadamar [gegen die späteren Kreise Neuwied, Altenkirchen, Wetzlar und den rechtsrheinischen Teil des Kreises Koblenz]). Seit 1815 war das Herzogtum Mitglied des Deutschen Bundes. Seit 1816 regierte Nassau-Weilburg allein. 1836 trat N. dem Deutschen Zollverein bei. Am 28. 12. 1849 wurde eine liberale Verfassung erlassen, die im November 1851 aber wieder aufgehoben wurde. Am 8. 10. 1866 wurde N. wegen seiner Unterstützung Österreichs von Preußen (in die Provinz Hessen-Nassau) einverleibt und durch 8,5 Millionen Taler und die Schlösser Weilburg und Biebrich (Wiesbaden-Biebrich) abgefunden. Herzog Adolf von Nassau (aus der walramischen Linie) wurde 1890 Großherzog von Luxemburg. 1912 starb das Haus N. aus. 1945 kam der größte Teil Hessen-Nassaus an Hessen.

L.: Wolff 263, 336; Großer Historischer Weltatlas II 66 (1378) E3, II 78 (1450) F3; Demandt, K., Die Mittelrheinlande, in: Geschichte der deutschen Länder, Bd. 1; Die Territorien des Reichs 4, 234; Arnoldi, J., Geschichte der oranien-nassauischen Länder, Teil 1–3 1799 ff.; Vogel, C. D., Beschreibung des Herzogtums Nassau, 1843; Schliephake, F.W.T./Menzel, K., Geschichte von Nassau walramischen Teils, Bd. 1–7 1864 ff.; Roth, F.W. E., Fontes rerum Nassoicarum, Bd. 1–4 1880 ff.; Codex diplomaticus Nassoicus, hg. v. Menzel, K./Sauer, W., Bd. 1–3 1885 ff., Neudruck 1969; Düssell, H., Rechtskarte des Oberlandesgerichts Frankfurt am Main, hg. v. Sayn, O., 1902; Spielmann, C., Geschichte von Nassau, Bd. 1–3 1909 ff.; Renkhoff, O., Die Grundlagen der nassau-dillenburgischen Territorialentwicklung, Korr. Bl. Gesamtverein. 80 (1932); Kleinfeldt, G./Weirich, H., Die mittelalterliche Kirchenorganisation im oberhessisch-nassauischen Raum, 1937; May, K. H., Territorialgeschichte des Oberlahnkreises, 1939; Fritzemeyer, J., Die Ausbildung einer zentralen Behördenorganisation der Grafen bzw. Fürsten von Nassau, Diss. phil. Frankfurt 1943; Gensicke, H., Landesgeschichte des Westerwaldes, 2. A. 1987; Demandt, K. E., Geschichte des Landes Hessen, 2. A. 1972, Neudruck 1980; Oestreich, G., Grafschaft und Dynastie Nassau im Zeitalter der konfessionellen Kriege, in: Bll. f. dt. LG. 96 (1960); Kissel, O. R., Neuere Territorial- und Rechtsgeschichte des Landes Hessen, 1961; Polenz, P. v., Landschafts- und Bezirksnamen, 1961, I, 9, Territorialname; Demandt, K. E., Schrifttum zur Geschichte und geschichtlichen Landeskunde von Hessen, Bd. 1 ff. 1965 f.; Sante, G.W., Strukturen, Funktionen und Wandel eines historischen Raumes: Nassau, in: Nassauische Annalen 85 (1974), 151 ff.; Herzogtum Nassau: 1806–1866. Politik, Wirtschaft, Kultur. Eine Ausstellung des Landes Hessen und der Landeshauptstadt Wiesbaden (Katalog), Neudruck 1981; Gerlich, A., Nassau in politischen Konstellationen am Mittelrhein von König Adolf bis Erzbischof Gerlach (1292–1346), Nassauische Annalen 95 (1984), 1 ff.; Renkhoff, O., Nassauische Biographie, 1986; Steubing, J., Kirchen- und Reformationsgeschichte der Oraniennassauischen Lande, 1987; Faber, R., Die Bemühungen im Herzogtum Nassau um die Einführung von Mündlichkeit und Öffentlichkeit im Zivilprozessverfahren, 1990; Treichel, E., Der Primat der Bürokratie, 1991; Gerlich, A., Nassau, LexMA 6 1992, 1035; Jäger, W., Staatsbildung und Reformpolitik, 1993; Nassauische Parlamentarier, hg. v. Rösner, C., 1997; Escher, M. u. a., Die urbanen Zentren, 2005, 1, 479.

Nassau-Beilstein (Grafen). Die Burg Beilstein am oberen Ulmbach wurde um 1320 von den Grafen von Nassau erbaut. Die ottonische Linie der Grafen von Nassau spaltete sich 1303 in Nassau-Hadamar, Nassau-Siegen und Nassau-Dillenburg. Nach der Vereinigung von Nassau-Siegen und Nassau-Dillenburg teilte sich Nassau-Dillenburg 1343 in Nassau-Dillenburg und N. 1561 wurde N. von Nassau-Dillenburg beerbt. Von 1607 bis 1620 war Beilstein Residenz des Grafen Georg von N. Er beerbte 1620 Nassau-Dillenburg und nannte seine Linie fortan nach Dillenburg.

L.: Wolff 337; Spielmann, C., Geschichte von Nassau, Bd. 1–3 1909 ff.

Nassau-Breda s. Nassau, Breda

Nassau-Diez (Grafen). Die Linie Nassau-Dillenburg der ottonischen Linie der Grafen von Nassau gewann 1386 die Grafschaft Diez. Nach früheren Teilungen erfolgte 1607 erneut eine Abspaltung einer Linie N. Diese Linie beerbte 1711 Nassau-Hadamar, 1739 Nassau-Dillenburg, 1742/1743 Nassau-Siegen sowie 1702 Nassau-Oranien. Seitdem nannte sie sich Fürsten von Nassau-Oranien (Nassau-Diez-Oranien) und verlegte 1747 den Sitz nach Den Haag. 1803 wurde sie als Fürst von Nassau-Dillenburg mit Fulda, Corvey, Dortmund, Weingarten, Hofen (bei Friedrichshafen), Sankt Gerold (heute in Vorarlberg), Bendern (in Liechtenstein) und Dietkirchen entschädigt. 1815 trat der Fürst von Nassau-Oranien alle deutschen Gebiete als Gegenleistung für das Großherzogtum Luxemburg an Preußen ab.

L.: Spielmann, C., Geschichte von Nassau, Bd. 1–3 1909 ff.; Laut, R., Territorialgeschichte der Grafschaft Diez samt den Herrschaften Limburg, Schaumburg, Holzappel, 1943.

Nassau-Dillenburg (Grafen). Die ottonische Linie der Grafen von Nassau spaltete sich 1303 in Nassau-Hadamar, Nassau-Siegen und N. N. fiel 1328 an Nassau-Siegen, doch blieb Dillenburg Hauptort. 1343 spaltete sich Nassau-Beilstein von N. ab. N. gewann 1386 die Grafschaft Diez, 1403 Güter in den späteren Niederlanden (u. a. Polanen, Leck, Breda) und 1416/1420 die gemeinsam mit Brüdern beherrschte Grafschaft Vianden im Herzogtum Luxemburg. Diese Gebiete wurden mehrfach geteilt, doch waren sie von 1451 bis 1472 und von 1504 bis 1516 vereinigt. Wegen ihrer vergeblich geltend gemachten Ansprüche auf Katzenelnbogen nannte sich N. seit 1507 auch Nassau-Katzenelnbogen und wegen der Heirat mit der Erbtochter Claudia der Fürsten von Chalon und Oranien am Unterlauf der Rhone (1515, Erbfall 1530) auch Nassau-Oranien. Zu dieser Zeit wurde die Reformation eingeführt (zunächst das Luthertum, dann der Calvinismus). 1559 wurde in die linksrheinischen Güter (Nassau-Oranien) und die rechtsrheinischen Güter (N.) geteilt. N. beerbte 1561 Nassau-Beilstein. 1607 entstand durch Teilung erneut eine Linie N. (mit Dillenburg, Haiger und Herborn). Sie wurde 1620 von (einer neuen Linie) Nassau-Beilstein beerbt. Nassau-Beilstein nannte sich danach N. und wurde nach kurzer Zugehörigkeit zum westfälischen Reichsgrafenkollegium 1654 in den Reichsfürstenstand erhoben. 1739 fiel das etwa 8 Quadratmeilen große, zum niederrheinisch-westfälischen Reichskreis zählende N. mit den Ämtern Dillenburg, Haiger, Herborn, Driedorf, Mengerskirchen, Ellar, Burbach, Tringenstein und Ewersbach (Ebersbach) sowie der Herrschaft Schaumburg an Nassau-Diez. Am 25. 2. 1803 erhielt der Fürst von N. durch § 12 des Reichsdeputationshauptschlusses zur Entschädigung für die Statthalterschaft und seine Domänen in Holland und Belgien die Bistümer Fulda und Corvey, die Reichsstadt Dortmund, die Abtei Weingarten, die Abteien und Propsteien Hofen (bei Friedrichshafen), Sankt Gerold (heute in Vorarlberg), Bendern (in Liechtenstein), Dietkirchen an der Lahn sowie alle Kapitel, Propsteien und Klöster in den zugeteilten Landen.

L.: Wolff 337; Zeumer 553 II b 52; Wallner 703 WestfälRK 21; Spielmann, C., Geschichte von Nassau, Bd. 1–3 1909 ff.; Renkhoff, O., Territorialgeschichte des Fürstentums Nassau-Dillenburg, Diss. phil. Marburg 1932.

Nassau-Hadamar (Grafen). H. am Elbbach bei Limburg wird erstmals 832 als Mittelpunkt einer Mark genannt. Der seit 1190 belegte Hof Hadamar kam im 13. Jahrhundert an die Grafen von Nassau. Die Linie N. entstand 1303 bei der Aufspaltung der ottonischen Linie der Grafen von Nassau. 1320 machte sie Hadamar zum Hauptsitz. 1394 wurde sie von Nassau-Dillenburg (Nassau-Siegen-Dillenburg) und Katzenelnbogen beerbt (1479 Hessen). 1557 fiel Hadamar ganz an Nassau-Dillenburg. 1607 wurde erneut durch Teilung eine jüngere Linie N. geschaffen. Ihre Güter (Hadamar, Rennerod) fielen 1711 an Nassau-Diez. Am Ende des 18. Jahrhunderts umfasste die zum niederrheinisch-westfälischen Reichskreis zählende Grafschaft Hadamar (unter dem Erbstatthalter der Niederlande) ein Gebiet von etwa 7 Quadratmeilen.

L.: Wolff 337; Zeumer 553 II b 51; Wallner 703 WestfälRK 23; Spielmann, C., Geschichte von Nassau, Bd. 1–3 1909 ff.; Böhlen, H., Ein Stadtjubiläum. Ein Rückblick auf Hadamars Sechsjahrhundertfeier, 1925.

Nassau-Idstein (Grafschaft). Die Burg Idstein im Taunus wird 1102 erstmals erwähnt (Etichestein). Um 1120 ging das Reichslehen auf die Erzbischöfe von Mainz über, die es den Grafen von Nassau zu Lehen gaben. 1355 wurde Idstein Sitz der Linie N. der walramischen Linie der Grafen von Nassau. Bei ihrem Aussterben 1605 fielen ihre Güter an Nassau-Weilburg. 1629/1651 entstand durch Teilung erneut N. (mit Idstein, Wiesbaden und Lahr). Diese Linie vererbte 1721 ihre Güter an Nassau-Usingen (Nassau-Saarbrücken-Usingen).

L.: Schliephake, F.W.T./Menzel, K., Geschichte von Nassau walramischen Teils, Bd. 1–7 1864 ff.; Spielmann, C., Geschichte von Nassau, Bd. 1–3 1909 ff.; Schmidt, W., Territorialgeschichte der Herrschaft Nassau-Idstein und der angrenzenden Ämter, 1954.

Nassau-Katzenelnbogen (Grafen). Nassau-Dillenburg nannte sich wegen seiner (erfolglos geltend gemachten) Erbansprüche auf Katzenelnbogen seit 1507 zeitweise auch N.

L.: Sponheimer, M., Landesgeschichte der Niedergrafschaft Katzenelnbogen und der übrigen Herrschaften auf dem Einrich, 1932.

Nassau-Liebenscheid (Grafen). 1341/1343 erhielt die von der ottonischen Linie der Grafen von Nassau über Nassau-Dillenburg abgespaltete Linie Nassau-Beilstein die Burg Liebenscheid bei Haiger. Sie war zeitweise Sitz einer Nebenlinie der Grafen von Nassau-Beilstein.

Nassau-Oranien (Fürsten). Die Linie Nassau-Dillenburg der ottonischen Linie der Grafen von Nassau erwarb 1515/1530 durch Erbfall über die Erbtochter Claudia von Chalon Oranien und nannte sich seitdem N. (1544 Prince d'Orange). 1559 erfolgte eine Teilung in N. und Nassau-Dillenburg. 1702 fiel N., das Oranien durch Okkupation an Frankreich verlor, an das durch Teilung Nassau-Dillenburgs entstandene Nassau-Diez. Moers, Lingen und Neuenburg kamen unter Berufung auf das Erbrecht Luise Henriettes von Nassau-Oranien (1627–1667) an Preußen. Nassau-Diez, das auch die deutschen Güter der ottonischen Linie gewann, nannte sich seitdem Fürsten von N. und verlegte 1747 die Residenz nach Den Haag (Regierung des Stammlands über das deutsche Kabinett). 1732 trat N. zahlreiche niederländische Güter (Herstal, Montfoort [Montfort], Turnhout) an Preußen ab, das diese bald nach 1740 verkaufte. 1795/1797/1801 verlor N. alle linksrheinischen Güter an Frankreich und erlangte dafür als Entschädigung im Reichsdeputationshauptschluss vom 25. 2. 1803 das Hochstift Fulda, das Schloss Johannisberg (Vollrads bei Östrich-Winkel), Corvey und Höxter, Dortmund, die Benediktinerabtei Weingarten, Sankt Gerold (in Vorarlberg), das Benediktiner-Priorat Hofen (bei Friedrichshafen), Dietkirchen und Bendern (in Liechtenstein) (insgesamt 46 Quadratmeilen mit 120 000 Einwohnern). 1806 verlor es durch die Rheinbundakte auch die rechtsrheinischen

Güter, vor allem das Fürstentum Diez, an das Herzogtum Nassau und das Großherzogtum Berg. Nach dem Ende der französischen Vorherrschaft ergriff der Fürst von N. am 20.12. 1813 wieder Besitz von seinen Ländern. Am 14.7.1814 gab das Herzogtum Nassau an N. das Fürstentum Diez und weitere Güter zurück. Durch Vertrag vom 31.5. 1815 gab der Fürst von N., der 1815 König der Niederlande geworden war, alle deutschen Gebiete als Gegenleistung für das ihm auf dem Wiener Kongress zugesprochene Großherzogtum Luxemburg an Preußen.

L.: Spielmann, C., Geschichte von Nassau, Bd. 1–3 1909 ff.; Nassau und Oranien, hg. v. Tamse, C. A., 1985; Oranien-Nassau, die Niederlande und das Reich, hg. v. Lademacher, H., 1995.

Nassau-Ottweiler (Grafschaft). In Ottweiler bei Neunkirchen an der Blies begründete 871 der Bischof vom Metz ein Stift. Als dessen Obervögte wurden 1186 die Grafen von Saarbrücken genannt, welche die Burg Ottweiler errichteten. Über Saarbrücken kam Ottweiler 1381 an Nassau-Weilburg. 1659 wurde Ottweiler bei einer Teilung Sitz der von der walramischen Linie der Grafen von Nassau-Saarbrücken abgespalteten Grafen von N. Sie starben 1728 aus und vererbten ihre Güter an Nassau-Usingen. Am Ende des 18. Jahrhunderts umfasste die Herrschaft Ottweiler ein Gebiet von etwa 5 Quadratmeilen.

L.: Schliephake, F.W.T./Menzel, K., Geschichte von Nassau walramischen Teils, Bd. 1–7 1864 ff.; Schmidt, W./Schmidt, F., Geschichte der Stadt und Grafschaft Ottweiler, 1909.

Nassau-Saarbrücken (Grafschaft). Saarbrücken wird nach dem römischen vicus Saravus 999 erstmals erwähnt. Die Burg Saarbrücken war seit dem 12. Jahrhundert Sitz der Grafen von Saarbrücken. 1381 fiel Saarbrücken über die Erbtochter Johanna von Saarbrücken an die walramische Linie Nassau-Weilburg der Grafen von Nassau. Hinzu kam 1386 von Hohenlohe Kirchheim mit Stauf in der Pfalz. 1442 wurde Saarbrücken Sitz der Linie N. Diese Linie erbte 1527 die Grafschaft Saarwerden und die (Hälfte der) Herrschaft Lahr-Mahlberg (Lahr) von den Grafen von Moers-Saarwerden und vererbte nach einer 1547 erfolgten Teilung in die Linien Nassau-Saarbrücken (Saarbrücken) und Nassau-Ottweiler (Ottweiler) bei ihrem Aussterben 1574 ihre Güter Saarbrücken, Kirchheim (Kirchheimbolanden) und Lahr an ihre Stammlinie Nassau-Weilburg. Die Grafschaft Saarwerden wurde wegen Einführung der Reformation (1.1. 1574) von Lothringen als erledigtes Lehen eingezogen. 1629/1651 entstand durch Teilung erneut die Linie N. Diese teilte sich 1659 in die Linien Nassau-Ottweiler (bis 1728), N. und Nassau-Usingen. 1688 erfolgte die Erhebung in den Reichsfürstenstand ohne Sitz im Reichsfürstenrat. 1723 starb die Linie N. aus und vererbte ihre Güter an Nassau-Usingen. 1735 wurde Nassau-Usingen in Nassau-Usingen und N. geteilt. 1797 beerbte Nassau-Usingen N. 1793/1801 kam das 14 Quadratmeilen große, zum oberrheinischen Reichskreis zählende N. mit 40000 Einwohnern an Frankreich, Nassau-Usingen wurde 1803 entschädigt. 1815 fiel die Grafschaft Saarbrücken durch Vertrag (als Gegenleistung für Luxemburg) an Preußen, das es seiner Rheinprovinz zuteilte. Von 1919 bis 1935 und von 1945 bis 1957 unterstanden die Güter im Saargebiet Frankreich. S. Saarland.

L.: Zeumer 553 II b 60, 3; Wallner 696 OberrheinRK 13; Schliephake, F.W.T./Menzel, K., Geschichte von Nassau walramischen Teils, Bd. 1–7 1864 ff.; Ruppersberg, A., Geschichte der ehemaligen Grafschaft Saarbrücken, Teil 1–3 2. A. 1908 ff.; Geck, E., Das Fürstentum Nassau-Saarbrücken-Usingen im 18. Jahrhundert, 1953.

Nassau-Saarbücken-Weilburg s. Nassau-Saarbrücken

Nassau-Siegen (Grafen, Fürsten). Siegen an der Sieg ist zwischen 1079 und 1089 (Sigena) erstmals bezeugt. 1170 erscheint eine civitas Siegen um die Martinikirche, zu der 1224 eine Stadt auf dem Siegberg trat. Ab 1224 stand Siegen infolge Vergabung durch die Grafen von Nassau an das Erzstift Köln unter der Doppelherrschaft der Grafen von Nassau und der Erzbischöfe von Köln. 1303 erhielt es Soester Recht. Am Anfang des 15. Jahrhunderts kam es ganz an Nassau. 1303 spaltete sich die ottonische Linie der Grafen von Nassau in die Linien Nassau-Hadamar, N. und Nassau-Dillenburg. N. nannte sich nach der Beerbung Nassau-Dillenburgs 1328 Nassau-Dillenburg. 1607 entstand durch Teilung Nassau-Dillenburgs erneut N. mit später etwa 9000 Einwohnern. 1621 wurde das kleine Land gedrittelt, doch fielen 1642 zwei Drittel wieder zusammen. Danach residierten die beiden Linien im Oberen Schloss (ältere, katholische Linie) und im Unteren Schloss (jüngere, reformierte Linie) in Siegen. 1652 wurden sie in den Fürstenstand erhoben. 1734 starb der reformierte Zweig aus und wurde vom katholischen Zweig beerbt. Dieser trat 1742/1743 N. an Nassau-Diez-Oranien (Nassau-Diez bzw. Oranien) ab, das seitdem alle Gebiete der ottonischen Linie vereinigte. N. zählte zum niederrheinisch-westfälischen Reichskreis. Von 1806 bis 1813 gehörte Siegen als Unterpräfektur zum Großherzogtum Berg. 1815/1816 kam es zu Preußen (Provinz Westfalen), 1946 zu Nordrhein-Westfalen.

L.: Wolff 337; Siegener Urkundenbuch, Bd. 1f. 1887ff.; Spielmann, C., Geschichte von Nassau, Bd. 1–3 1909ff.; Bald, L., Das Fürstentum Nassau-Siegen, 1939; Lück, A., Siegerland und Nederland, 1967.

Nassau-Usingen (Grafschaft, Fürstentum). Usingen im Taunus wird im 8. Jahrhundert erstmals erwähnt. 1207 gehörte es den Grafen von Diez, 1326 den Grafen von Nassau. 1659 wurde Usingen bei der Teilung der Linie Nassau-Saarbrücken Sitz der walramischen Linie N. der Grafen von Nassau, die 1721 die Linie Nassau-Idstein, 1723 die Linie Nassau-Saarbrücken und 1728 die Linie Nassau-Ottweiler beerbte. Sie teilte sich 1735 in die Linien N. und Nassau-Saarbrücken. 1744 verlegte N. die Residenz von Usingen nach Biebrich und die Regierung nach Wiesbaden. Um 1790 war das zum oberrheinischen Reichskreis zählende N. mit Falkenstein, Kettenbach, Daisbach und Hausen Mitglied des Kantons Mittelrheinstrom des Ritterkreises Rhein. 1793/1801 verlor es seine linksrheinischen Güter an Frankreich. 1797 beerbte N. Nassau-Saarbrücken. Am 25. 2. 1803 erhielt der Fürst von N. durch § 12 des Reichsdeputationshauptschlusses für das Fürstentum Saarbrücken, zwei Drittel der Grafschaft Saarwerden, die Herrschaft Ottweiler und die Herrschaft Lahr in der Ortenau von Mainz die Ämter Königstein, Höchst, Kronberg (Kronenburg), Rüdesheim, Oberlahnstein, Eltville, Harheim (Haarheim), Kastel, vom Mainzer Domkapitel die Güter unterhalb Frankfurts, von der Pfalz das Amt Kaub, vom Erzstift Köln den Rest des eigentlichen Kurfürstentums Köln (u. a. Deutz, Königswinter, aber mit Ausnahme der Ämter Altenwied [Altwied] und Neuerburg [Nürburg]), von Hessen-Darmstadt die Ämter Katzenelnbogen, Braubach, Ems, Eppstein und Cleeberg (Kleeberg) (frei von solmsischen Ansprüchen), die Reichsdörfer Soden und Sulzbach, die Dörfer Weiperfelden, Schwanheim und Okriftel, die Kapitel und Abteien Limburg, Rommersdorf (Rumersdorf), Bleidenstadt, Sayn, alle Kapitel, Abteien und Klöster in den zugefallenen Landen, die Grafschaft Sayn-Altenkirchen und eine Virilstimme im Reichsfürstenrat. Am 30. 8. 1806 schloss sich das 16 Quadratmeilen große N. mit Nassau-Weilburg zum Herzogtum Nassau zusammen, das 1866 von Preußen annektiert wurde. Die Linie N. starb 1816 aus und wurde von Nassau-Weilburg beerbt.

L.: Wolff 265; Zeumer 553 II b 60, 1; Wallner 695 OberrheinRK 10; Schliephake, F.W.T./Menzel, K., Geschichte von Nassau walramischen Teils, Bd. 1–7 1864ff.; Winkelmann-Holzapfel 157; Kloft, J., Territorialgeschichte des Kreises Usingen, 1971.

Nassau-Weilburg (Grafschaft). Weilburg an der Lahn war seit merowingischer Zeit Königsgut. 906 errichteten die konradinischen Grafen des Lahngaues eine Burg, 912 ein Kollegiatstift Sankt Walpurgis. Nach 939 fiel der Ort als Reichslehen an den Bischof von Worms. Nach 1124 wurden die Grafen von Nassau Vögte des Hochstifts Worms. 1255 wurde Weilburg an die Grafen von Nassau verpfändet, nach 1292 von König Adolf von Nassau erworben. 1355 wurde W. Sitz der Linie N. der walramischen Linie der Grafen von Nassau. 1381 erlangte es infolge Heirat die Grafschaft Saarbrücken, 1393 die Herrschaften Kirchheim und Stauf, 1405 Neuweilnau (durch Kauf), Bingenheim, Reichelsheim, Elkerhausen und Teile von Homburg, Löhnberg, Sonnenberg, Cleeberg und Mensfelden. Sie teilte sich 1442 in die neue Linie N. und in die Linie Nassau-Saarbrücken. 1561 teilte sich die neue Linie N. in die Linien N. und Nassau-Weilnau. Diese beerbten 1574 Nassau-Saarbrücken. 1602 fielen die Güter der Linie Nassau-Weilnau an N. zurück. 1605 kamen auch die Güter der Linie Nassau-Idstein an N. zurück. 1629 wurde N. wieder aufgeteilt in Nassau-Idstein (mit Wiesbaden und Lahr, 1629–1721), N. (1629–1806) und Nassau-Saarbrücken (1629–1642, danach weitere Aufteilung). Am Ende des 18. Jahrhunderts umfasste ihr Gebiet die Ämter Weilburg, Weilmünster, Löhnberg, Merenberg, Cleeberg (Kleeberg), Atzbach, Miehlen und den Flecken Reichelsheim sowie das Amt Kirchheim umfassend die Herrschaften Kirchheim und Stauf (mit Kirchheim [Kirchheimbolanden]) (sowie die Grafschaft Saarwerden und das Amt Alsenz). 1799 erheiratete N. den größten Teil der Reichsgrafschaft Sayn-Hachenburg. 1801 verlor es alle linksrheinischen Güter an Frankreich. Am 25. 2. 1803 erhielt der Fürst von N. durch § 12 des Reichsdeputationshauptschlusses für den dritten Teil der Grafschaft Saarwerden und die Herrschaft Kirchheim (Kirchheimbolanden) den Rest des Fürstentums (Erzstifts) Trier (Ämter Montabaur und Limburg) mit den Abteien Arnstein, Schönau und Marienstatt (Marienstadt). Das zum oberrheinischen Reichskreis zählende N. schloss sich am 30. 8. 1806 mit dem aus Nassau-Saarbrücken 1735 entstandenen Nassau-Usingen zum Herzogtum Nassau zusammen und beerbte 1816 Nassau-Usingen. Die Linie N. starb 1912 aus.

L.: Wolff 265; Zeumer 553 II b 60, 2; Wallner 696 OberrheinRK 12; Schliephake, F.W.T./Menzel, K., Geschichte von Nassau walramischen Teils, Bd. 1–7 1864 ff.; Struck, W. H., Die Kollegiatstifte Dietkirchen, Diez, Gemünden, Idstein und Weilburg, 1959.

Nassau-Weilnau (Grafschaft). Weilnau bei Usingen wird 1208 erstmals erwähnt (Altweilnau). Nach der dortigen Burg nannten sich gelegentlich die Grafen von Diez. 1302 erbauten sie die Burg Neuweilnau und teilten ihre Herrschaft. Neuweilnau wurde 1326 von den Grafen von Nassau erworben, Altweilnau kam 1370 zur Hälfte als Pfand an Kronberg, im übrigen 1388 nach dem Aussterben der Grafen von Diez (1386) im Erbwege an Nassau-Dillenburg. 1561 wurde Weilnau Sitz der von Nassau-Weilburg abgespalteten Linie N. der walramischen Linie der Grafen von Nassau. 1602 fielen ihre Güter an Nassau-Weilburg zurück.

L.: Schliephake, F.W.T./Menzel, K., Geschichte von Nassau walramischen Teils, Bd. 1–7 1864 ff.

Nassau-Wiesbaden s. Nassau-Idstein

Natergouwe, Natresgauwe (Gau)

L.: Curs, O., Deutschlands Gaue im zehnten Jahrhundert. Nach den Königsurkunden, Diss. phil. Göttingen 1908, 15 (Heroldeshusen unbekannt), 22 [Uatergau], Gau nördlich der Unstrut, Kirchheiligen, Grabe, Merxleben, Großurleben, Kleinurleben), Natresgauwe; Hessler, W., Mitteldeutsche Gaue des frühen und hohen Mittelalters, 1957, 154 Vatergau, Teil des Altgaus (Altengottern, Großgrabe, Bothenheilingen, Körner, Großmehlra, Merxleben, Großurleben); Polenz, P. v., Landschafts- und Bezirksnamen, 1961, II, 24, Natergouwe, Uatergouue, Natresgouwe.

Naugard (Grafschaft). 1274 übergab der Bischof von Cammin (Kammin) dem Grafen von Everstein (Eberstein) die Burgsiedlung N. in Hinterpommern als Lehen. 1663/1684 fiel die danach benannte Grafschaft beim Aussterben der Grafen von Everstein (Eberstein) an Brandenburg. 1945 kam N. unter die Verwaltung Polens, an das es 1990 als politische Folge der deutschen Wiedervereinigung gelangte.

L.: Wolff 405; Großer Historischer Weltatlas III 22 (1648) G2.

Naumburg (Grafen). 1182 wird die Burg N. im Habichtswald erstmals erwähnt. Nach ihr nannten sich 1170 erstmals bezeugte Grafen, die zuvor auf der Weidelsburg saßen. 1265 verkaufte der letzte Graf seine Güter an Hessen, 1266 an das Erzstift Mainz. 1345 verpfändete Mainz einen Teil an die Grafen von Waldeck, den anderen an Thilo von Elben, von dem er 1384 an die Hertingshausen überging. Waldeck verpfändete seinen Teil an die Hertingshausen, löste 1544 die Pfandschaft aus, musste sie aber 1588 an Mainz zurückgeben. 1802/1803 kam N. an Hessen-Kassel (Fürstentum Fritzlar) und damit 1866 an Preußen und 1945 an Hessen.

L.: Wolff 80.

Naumburg (Hochstift). An der Mündung der Unstrut in die Saale erbaute vermutlich Markgraf Ekkehard I. von Meißen in der Nähe slawischer Vorsiedlungen um 1000 bzw. um 1010 die Burg N. (neue Burg). Um 1012 wurde das Hauskloster der Markgrafen, zwischen 1028 und 1030 das 968 von Kaiser Otto dem Großen in Zeitz gegründete Bistum (zwischen N., mittlerer und oberer Weißer Elster, oberer Zwickauer Mulde, Plauen und Erzgebirge) und wenig später die in Kleinjena bestehende Kaufmannsniederlassung nach N. verlegt. Die sich entwickelnde Stadt stand unter der Herrschaft des Bischofs. Die Vogtei über N. hatten die Markgrafen von Meißen, bis die Bischöfe in der zweiten Hälfte des 13. Jahrhunderts die Landeshoheit erwerben konnten. Die Bischöfe wurden im 13. Jahrhundert (1296) Reichsfürsten. Sie bildeten um N., Zeitz, Krossen (Crossen) und Strehla an der Elbe ein eigenes Herrschaftsgebiet aus. Beginnend bereits zu dieser Zeit gerieten sie zunehmend in Abhängigkeit des Hauses Wettin, das aus der Schirmvogtei Landesherrlichkeit entwickelte. Schon vor 1541 drang die Reformation ein. 1564 wurde anlässlich der Reformation das dem obersächsischen Reichskreis angehörige Stift N. in einen Verwaltungsbezirk Sachsens umgewandelt, der bis 1718 unter der Nebenlinie Sachsen-Zeitz stand. Das Hochstift umfasste die Ämter und Gerichtsbarkeiten des eigentlichen Stiftes N. (Stadt und Amt N., Amt St. Georgenkloster, Justizamt Haynsburg [Hainsburg] mit der Stadt Krossen [Crossen], Propsteigericht N. mit der Stadt Osterfeld) und die Ämter und Gerichtsbarkeiten des zeitzischen Anteils (Stadt und Amt Zeitz und Gericht Breitingen). 1815 wurde N. der neuen Provinz Sachsen Preußens zugeschlagen und kam damit von 1949 bis 1990 zur Deutschen Demokratischen Republik. S. Sachsen-Anhalt.

L.: Wolff 381; Wallner 708 ObersächsRK 2; Großer Historischer Weltatlas II 66 (1378) G3; Urkundenbuch des Hochstifts Naumburg, hg. v. Rosenfeld, F., Bd. 1 1925; Borkowsky, E., Naumburg an der Saale. Eine Geschichte deutschen Bürgertums 1028 bis 1928, 1928; Mitteldeutscher Heimatatlas, 1935 ff.; Kaiser, B., Die Entstehung der Stadt Naumburg an der Saale, 1949 (Mskr.); Schlesinger, W., Kirchengeschichte Sachsens, Bd. 1 f. 1962; Steinberg, H. G., Funktionswandel und räumliche Entwicklung der Städte im mittleren Saaletal bis zum Anfang des 19. Jahrhunderts, in: Berichte zur deutschen Landeskunde 30 (1963), 256; Blaschke, K. u. a., Die Kirchenorganisation in Naumburg um 1500, 1969; Hermann, B., Die Herrschaft des Hochstifts Naumburg an der mittleren Elbe, 1970; Streich, B., Die Bistümer Merseburg, Naumburg und Meißen zwischen Reichsstandschaft und Landsässigkeit, in: Mitteldeutsche Bistümer im Spätmittelalter, 1988; Schubert, E./Hege, F., Naumburg, 1989; Wiessner, H., Die Anfänge der Stadt Naumburg an der Saale und ihre Entwicklung im Mittelalter, Bll. f. d. LG. 127 (1991), 115; Das Bistum Naumburg, bearb. v. Wiessner, H., Bd. 1 1993; Wiessner, H., Naumburg, LexMA 6 1992, 1055; Das Bistum Naumburg, bearb. v. Wiessner, H., 1997.

Naumburg-Zeitz (Hochstift) s. Naumburg

Neapel (Königreich). N. an dem nach ihm benannten Golf im westlichen Unteritalien wurde als griechische Kolonie (Neapolis, neue Stadt) gegründet. 326 v. Chr. schloss es sich an Rom an. Nach dem Untergang Westroms gehörte es zum Reich der Ostgoten, dann seit etwa 550 (553) zum byzantinischen Exarchat. Hier erlangte N. unter seinen Erzbischöfen eine ziemlich freie Stellung. Von 1057 bis 1085 kam Unteritalien an die Normannen, die von 1061 bis 1091 auch Sizilien eroberten. 1139 wurde N. dem Königreich Sizilien einverleibt. Durch die Heirat Konstanzes von Sizilien 1186 errang Kaiser Heinrich VI. das Normannenreich für die Staufer. 1266/1268 eroberte der französische Prinz Karl II. von Anjou im Auftrag des Papstes das Reich. 1282 errang in der blutigen Sizilianischen Vesper König Peter von Aragonien, der Schwiegersohn des Staufers Manfred, die Herrschaft über Sizilien. Obwohl danach Sizilien selbständig war, wurde auch das Königreich der Anjou in Unteritalien als Königreich Sizilien und erst seit der Mitte des 14. Jahrhunderts auch als Königreich N. bezeichnet. Nach dem Aussterben der Hauptlinie der Anjou 1435 gewann Alfons V. von Aragonien den Kampf um das neapolitanische Erbe und vereinigte 1435/1442 Sizilien wieder mit N. (in Personalunion). Nach vorübergehendem Verlust an Frankreich (1495–1503) sicherte Ferdinand von Aragonien die spanische Herrschaft über N., das danach von spanischen Vizekönigen verwaltet wurde. Nach dem spanischen Erbfolgekrieg fielen 1713/1714 N. und Sardinien an Österreich, Sizilien an (den Urenkel Philipps II. von Spanien, Viktor Amadeus II. von Sayoyen-)Piemont. 1719/1720 tauschte Österreich Sizilien gegen Sardinien (an Piemont) ein. 1735 gab Kaiser Karl VI. nach der Niederlage im polnischen Nachfolgekrieg das Königreich Neapel-Sizilien an eine Nebenlinie der spanischen Bourbonen. 1806 fiel N. an Frankreich, kam aber 1815 an die Bourbonen zurück. 1816 begründete König Ferdinand von Bourbon unter Aufgabe des seit dem 16. Jahrhundert allgemeiner verwendeten Namens Königreich N. förmlich das Königreich beider Sizilien. Auf Grund einer Volksabstimmung vom 21. 10. 1860 gelangte das seit 1820 von Aufständen geschüttelte Land an das Königreich Sardinien bzw. das neue Königreich Italien (1861).

L.: Benedikt, H., Das Königreich Neapel unter Kaiser Karl VI., 1927; Gunn, P., Neapel, 1964; Croce, B., Opere, Bd. 3 Storia del regno di Napoli, 1966; Fuiano, M., Napoli nel Medioevo, 1972; Galasso, G., Intervista sulla storia di Napoli, 1978; Galasso, G., Il Regno di Napoli, in: Il Mezzogiorno angioino e aragonese (1266–1494), 1992, 1 ff.; Vitolo, G., Neapel, LexMA 6 1992, 1075; Cuozzo, E., Neapel, LexMA 6 1992, 1076; Pesendorfer, F., Österreich, Großmacht am Mittelmeer?, 1998; Kiesewetter, A., Die Anfänge der Regierung König Karls II., 1999.

Neckar, Neckar-Schwarzwald-Ortenau (Kanton). Der Kanton N. ist eine Untergliederung des Ritterkreises Schwaben. Der Ort (Bezirk) Neckar (Neckar-Schwarzwald) hatte seine Kanzlei in Tübingen, der Ort (Bezirk) Ortenau (an der Ortenau) in Kehl.

L.: Wolff 509; Kullen, S., Der Einfluss der Reichsritterschaft auf die Kulturlandschaft im mittleren Neckarland, 1967.

Neckarburg s. Spengler von N.

Neckargau (Necchargouue, Nechergeuue, Gau um den Neckar)

L.: Curs, O., Deutschlands Gaue im zehnten Jahrhundert. Nach den Königsurkunden, Diss. phil. Göttingen 1908, 15 (Kirchheim); Polenz, P. v., Landschafts- und Bezirksnamen, 1961, II, 16, 24, 27, Neckergouwe, ‚Neckargau'.

Neckargemünd (Reichsstadt). 988 wird erstmals das Dorf Gemundi unterhalb der Reichsburg Reichenstein am Zusammenfluss von Elsenz und Neckar erwähnt. 1241 ist der Ort als Reichsstadt bezeugt. 1329 konnte der Pfalzgraf die verpfändete Reichsstadt von den Herren von N. auslösen. 1395 kam diese an die Pfalz, 1803 an Baden und damit N. 1951/1952 zu Baden-Württemberg.

L.: Wolff 90.

Neckarsteinach (Reichsritter, reichsritterschaftliche Herrschaft). Kurz nach 1100 wurde in N. am Neckar östlich von Heidelberg die Hinterburg erbaut. Von ihr aus brachte das fränkische Rittergeschlecht der Landschad (Landschwalbe) von Steinach die 1142 erstmals bezeugte Vorderburg, die nach 1165 errichtete Mittelburg und die vielleicht im zweiten Viertel des 13. Jahrhunderts geschaffene Burg Schadeck (Schwalbennest) 1428 von unterschiedlichen Berechtigten (Helmstadt, Worms, Erbach, Mainz, Speyer, Handschuhsheim) an sich. 1653 starb das damit N. beherrschende Geschlecht aus. Es folgten die Metternich zu Burscheid und Müllenark und die Freiherren von Dorth. N. zählte zum Kanton Odenwald des Ritterkreises Franken. 1806 kam N. an Hessen-Darmstadt und damit 1945 an Hessen.

L.: Wolff 512; Möller, W./Kraus, K., Neckarsteinach, seine Herren, die Stadt und die Burgen, 1928.

Neckarsulm (Reichslehen). 771 wird erstmals die villa Sulmana in der Überlieferung Lorschs genannt. Sie ist später Reichslehen der Herren von Weinsberg. Um 1310 erhielt sie von diesen Stadtrecht. 1375 fiel sie durch Verkauf mit der Herrschaft Scheuerberg an das Erzstift Mainz, 1484 durch Tausch an den Deutschen Orden, 1805 an Württemberg und damit 1951/1952 an Baden-Württemberg.

L.: Wolff 113; Maucher, K., Neckarsulmer Chronik, 1901; Krapf, F., Neckarsulmer Heimatbuch, 1926; Neckarsulm. Die Geschichte einer Stadt, hg. v. d. Stadt Neckarsulm, 1992.

Neckar-Schwarzwald (Kanton) s. Neckar

Nederne (comitatus)

L.: Polenz, P. v., Landschafts- und Bezirksnamen, 1961, IV, 19, zum Ortsnamen Netra.

Neideck, Neidek (Reichsritter). Im 16. Jahrhundert zählten die N. zum Kanton Odenwald des Ritterkreises Franken sowie vielleicht auch zum Kanton Gebirg.

L.: Stieber; Stetten 33; Riedenauer 125.

Neidenfels (Burg, reichsritterschaftliches Gut). Die Burg N. (1391 Nidenfels [= Kampffels]) bei Schwäbisch Hall gehörte vom Ende des 14. Jahrhunderts an den Fuchs von Neidenfels (Dornheim). 1788 kam sie von den Ellrichshausen an die Freiherren bzw. Grafen von Soden, 1810 an Württemberg. Sie war dem Kanton Odenwald des Ritterkreises Franken inkorporiert. S. Fuchs von N., Steinheuser von N.

Neidlingen (reichsritterschaftliche Herrschaft). N. zählte zum Kanton Kocher des Ritterkreises Schwaben und kam an Württemberg und damit 1951/1952 zu Baden-Württemberg.

L.: Wolff 161.

Neidstein s. Brandt von N.

Neipperg (Herren, Reichsritter, Grafen, Reichsgrafen) Von dem 1120 erstmals bezeugten Birtilo von Schwaigern leitet sich das seit 1241 nach der Burg N. (Niberch) bei Brackenheim benannte fränkisch-schwäbische Geschlecht N. her, dem die 1302 erworbene Herrschaft Schwaigern im Kraichgau gehörte. Es wurde 1726 zu Reichsgrafen erhoben und gelangte 1766 in der schwäbischen Reichsgrafenbank als Personalist zur Reichsstandschaft. Den Grafen gehörten neben Schwaigern das 1407 erworbene Klingenberg, das 1737 erworbene Massenbachhausen, Adelshofen und halb bzw. drei Achtel Gemmingen. Alle diese Güter steuerten zum Kanton Kraichgau des Ritterkreises Schwaben. Die Stammherrschaft N. fiel 1806 an Württemberg und Baden und kam über Württemberg 1951/1952 zu Baden-Württemberg. S. Neitperger?

L.: Roth von Schreckenstein 2, 592; Zeumer 554 II b 61, 23; Hölzle, Beiwort 51; Winkelmann-Holzapfel 157; Klunzinger, K., Die Edlen von Neipperg, 1840; Eberl, I., Die Herren und Grafen von Neipperg, in: Schwaigern, 1994, 385; Archiv der Grafen von Neipperg 1280–1881, bearb. v. Kraus, D., 1997.

Neipperg zu Freudental (Reichsritter). Von etwa 1581 bis 1587 zählten die N. zum Kanton Neckar des Ritterkreises Schwaben.

L.: Hellstern 209.

Neiße (Fürstentum), poln. Nysa. Das aus einem älteren slawischen Dorf Nyza hervorgegangene, schon im 12. Jahrhundert in den Händen der Bischöfe von Breslau befindliche, vor 1223 Vorortaufgaben erhaltende N. in Schlesien erlangte im frühen 13. Jahrhundert flämisches Stadtrecht. Kurz vor dem 23. 6. 1290 räumte der Herzog von Breslau dem Hochstift Breslau auf seinen Gütern um N. und Ottmachau beschränkte Landesherrschaft ein, die spätestens 1333 zur vollen Landesherrschaft erstarkte. 1342 nahmen die Bischöfe dieses Bistumsland von Böhmen zu Lehen, erweiterten es 1344 durch den Kauf des Herzogtums Grottkau und nannten sich seitdem Fürsten von N. und Herzöge von Grottkau. N. hatte einen Flächeninhalt von 41 Quadratmeilen und war in die Kreise N. und Grottkau gegliedert. 1742 wurde N. zwischen Preußen und Österreich geteilt. Der zu Preußen gehörige Anteil wurde 1810 säkularisiert, der zu Österreich gehörige Anteil fiel 1918/1919 an die Tschechoslowakei. N. gelangte 1945 unter die Verwaltung Polens, 1990 als politische Folge der deutschen Wiedervereinigung an Polen.

L.: Wolff 477 f., 488; Kastner, A., Geschichte der Stadt Neiße mit besonderer Berücksichtigung des kirchlichen Lebens in der Stadt und dem Fürstentum Neiße, Bd. 1 f. 1854 ff.; Pfitzner, J., Besiedlungs-, Verfassungs- und Verwaltungsgeschichte des Breslauer Bistumslandes, 1926; Schönaich, G., Die alte Bischofsstadt Neiße, 1935; Keblowski, J., Nysa, 1972; Klose, A., „Festung Neisse“, 1980; Neiße, hg. v. d. Stiftung Kulturwerk Schlesien, 1988; Bein, W./Schmilewski, U., Neiße – das Schlesische Rom im Wandel der Jahrhunderte, 1988; Menzel, J., Neiße, LexMA 6 1992, 1086; Jarczyk, F., Neisse, 1996.

Neitperger (Reichsritter). Im frühen 16. Jahrhundert zählten die N. zum Kanton Gebirg im Ritterkreis Franken. S. Neipperg?

L.: Riedenauer 125.

Neletici (mit Giuicansten bzw. Vurcine)

L.: Curs, O., Deutschlands Gaue im zehnten Jahrhundert. Nach den Königsurkunden, Diss. phil. Göttingen 1908, 15 (Neletice, Neletiki, Nelectice, Gau an der Elbe östlich Halles, Neustadt in Halle, Brackstädt, Giebichenstein); Hessler, W., Mitteldeutsche Gaue des frühen und hohen Mittelalters, 1957, 137 Neletici 1 (Brachstedt, Giebichenstein, Gutenberg, Niemberg, Oppin, Radewell); Hessler, W., Mitteldeutsche Gaue des frühen und hohen Mittelalters, 1957, 137 Neletici 2 (Wurzen); Hessler, W., Mitteldeutsche Gaue des frühen und hohen Mittelalters, 1957, 138 Kleinneletici (Teil von Nizizi, Torgau); Wagner, G., Die Verwaltungsgliederung im karolingischen Reich, 1963, 9.

Nellenburg (Grafen, Landgrafschaft). Die Burg N. bei Stockach war Sitz der mit den Burchardingern und Udalrichingern verwandten, seit 889 erkennbaren Grafen von N., die als Stifter des Klosters Allerheiligen bei Schaffhausen hervortraten. Um 1050 wechselten die Grafen vom Zürichgau an den oberen Rhein. 1077/1078 verloren sie die Grafschaft im Zürichgau. Seit 1080 nannten sie sich nach N. 1100/1105 starben die älteren Grafen von N. aus und vererbten Herrschaft und Namen auf die Grafen von Bürglen, um 1170 auf die Grafen von Veringen. Vor 1256 vereinigten diese das zu N. und Stockach gehörige Gebiet mit dem Hegau (Landgrafschaft). 1422 kamen die Landgrafschaft und die Grafschaft an die Herren von Tengen. Von 1465 bis 1805 gehörte N. durch Kauf zu Habsburg/Österreich und bildete einen Teil Schwäbisch-Österreichs. 1805 kam die zum österreichischen Reichskreis zählende, von mehreren adligen Herrschaften und Städten durchsetzte Landgrafschaft N. mit rund 25000 Einwohnern an Württemberg, 1810 an Baden und damit 1951/1952 zu Baden-Württemberg.

L.: Wolff 43; Wallner 713 ÖsterreichRK 1; Großer Historischer Weltatlas II 66 (1378) E5; Berner, H., Die Landgrafschaft Nellenburg, in: Vorderösterreich, hg. v. Metz, F., 3. A. 1978; Hils, K., Die Grafen von Nellenburg im 11. Jahrhundert, 1967; Der Landkreis Konstanz, Bd. 1 1968, 293 ff.; Schib, K., Geschichte der Stadt und der Landschaft Schaffhausen, 1972; Seibert, H., Nellenburg, LexMA 6 1992, 1087.

Nelßbach s. Clebes von N.

Nerdincklamt (Gau südlich der Zuidersee)

L.: Curs, O., Deutschlands Gaue im zehnten Jahrhundert. Nach den Königsurkunden, Diss. phil. Göttingen 1908, 15.

Neresheim (reichsunmittelbare Abtei, Reichsabtei). 1095 gründeten die Grafen von Dillingen in dem sehr alten Dorf N. zwischen Heidenheim und Nördlingen ein Chorherrenstift, das wenig später in ein mit Mönchen aus Petershausen (Petersberg) besetztes Benediktinerkloster umgewandelt wurde. Nach dem Aussterben der Grafen 1258 kam die Vogtei über das seit dem 13. Jahrhundert recht begüterte Kloster (1298 sieben Dörfer und Einkünfte in 71 Orten) an das Hochstift Augsburg und 1263 an die Grafen von Oettingen. 1764 löste der Abt die zur Landesherrschaft ausgebauten Rechte Oettingens ab, wurde reichsunmittelbar und trat den schwäbischen Reichsprälaten bei. Das Gebiet der zum schwäbischen Reichskreis zählenden Abtei umfasste 1,5 Quadratmeilen bzw. 80 Quadratkilometer mit 2500 Einwohnern. Es gehörten dazu Stadt und Kloster N., Auernheim, Ebnat, Elchingen, Großkuchen, Ohmenheim, Ziertheim, die Mariabuchkapelle bei Neresheim (Mariabuch, die Kapelle bei N.), Dehlingen, Ballmertshofen, Dischingen und Trugenhofen, die Hofmark Ziertheim und bedeutende Waldungen. Am 25. 2. 1803 fiel N. an Thurn und Taxis, 1806 an Bayern, 1810 an Württemberg und damit 1951/1952 an Baden-Württemberg. 1920 wurde die Abtei wieder errichtet.

L.: Wolff 177, 194; Zeumer 552 II a 36, 17; Wallner 689 SchwäbRK 66; Großer Historischer Weltatlas III 38 (1789) D3; Erzberger, M., Die Säkularisation in Württemberg 1802–1810, 1902; Weißenberger, P., Neresheim, 1958; Neresheim, 1975, in: Germania Benedictina Bd. 5 Baden-Württemberg; Reden-Dohna, A. v., Reichsstandschaft und Klosterherrschaft. Die schwäbischen Reichsprälaten im Zeitalter des Barock, 1982; Eberl, I., Neresheim, LexMA 6 1992, 1094; Müller-Ueltzhöffer, B., Der 500jährige Rechtsstreit des Klosters Neresheim um die Erlangung der Reichsunmittelbarkeit, 2003.

Nerreth (Reichsdorf) s. Nuwenreuthe

Neschwitz (Herrschaft). N. bei Bautzen in der späteren Oberlausitz erscheint 1268 als Herrschaft. Mittelpunkt war die Wasserburg N. Von den Markgrafen von Meißen kam N. vermutlich nach 1268 an die Herren von Pannwitz (Pannewitz) und von Schreibersdorf, 1575 an die Schleinitz, Ponickau, Theler (1627–1708), die Herzöge von Württemberg-Teck, die Grafen Sulkowski und die Freiherren von Riesch (1763). Mit Sachsen fiel N. von 1949 bis 1990 an die Deutsche Demokratische Republik.

L.: Vietinghoff-Riesch, A. Frhr. v., Letzter Herr auf Neschwitz, 1958.

Nesselrode (Grafen). Seit dem 11. Jahrhundert ist ein niederrheinisches Adelsgeschlecht bezeugt, das sich nach der Stammburg N. an der Wupper bei Solingen benannte. Dessen ältere Linie Nesselrode-Reichenstein (Nesselrode-Reichenstein-Landskron) wurde 1652 in den Reichsfreiherrenstand und 1710 in den Reichsgrafenstand erhoben, die jüngere Linie Nesselrode-Ehreshoven 1705 in den Reichsgrafenstand. Am Ende des 18. Jahrhunderts gehörten die Grafen von N. wegen der Herrschaft Reichenstein zu den westfälischen Grafen der weltlichen Bank des Reichsfürstenrates des Reichstages. Durch § 24 des Reichsdeputationshauptschlusses vom 25. 2. 1803 erhielt der Graf von Nesselrode-Reichenstein für Burgfey (Burgfrei) und Mechernich eine Rente von 260 Gulden.

L.: Zeumer 554 II b 63, 27.

Nesselrode-Ehreshoven (Grafen). Die jüngere Linie N. der Grafen von Nesselrode wurde 1705 in den Reichsgrafenstand erhoben.

Nesselrode-Reichenstein (Reichsgrafen). Die ältere Linie N. der Grafen von Nesselrode wurde 1710 in den Reichsgrafenstand erhoben und 1803 mit einer Rente entschädigt.

Netga s. Nettegau

Nethegau (im Einzugsbereich der Nethe)

L.: Niemeyer, W., Der pagus des frühen Mittelalters in Hessen, 1968, 178 (Bökendorf 965), sichere Festlegung des Umfangs schwierig.

Nettegau

L.: Curs, O., Deutschlands Gaue im zehnten Jahrhundert. Nach den Königsurkunden. Diss. phil. Göttingen 1908, 15 (Lethgauue, Netga, Nithega, Gau um die Nette links der Weser, Bökendorf); Polenz, P. v., Landschafts- und Bezirksnamen, 1961, II, 24, Netga, ‚Nettegau'; Wagner, G., Die Verwaltungsgliederung im karolingischen Reich, 1963, 9.

Nettelhorst (Freiherren, Reichsritter). Von 1713 bis 1770 zählten die Freiherren von N. mit dem 1737 ererbten Teil von Adelmannsfelden und dem 1700 erworbenen Schlossgut Bittenfeld zum Kanton Kocher des Ritterkreises Schwaben.

L.: Genealogischer Kalender 1753, 533; Kollmer 379; Schulz 267.

Netzedistrikt (Gebiet). Von den Gebieten beiderseits der Netze, die seit dem späten Mittelalter zur Landschaft Kujawien in Polen gehörten, fiel 1772 der nördliche Teil an Preußen. 1776 wurde dieses sog. Kleinpreußen mit zwischenzeitlich erfolgten Erweiterungen zum N. (Kreise Deutsch Krone [Deutsch-Krone], Flatow und Bromberg) zusammengefasst. 1807 kamen große Teile hiervon an das neue Herzogtum Warschau. 1815 wurden die Kreise Deutsch Krone (Deutsch-Krone) und Flatow der Provinz Westpreußen, der Südteil des Netzedistrikts der Provinz Posen innerhalb Preußens zugeteilt. 1919 fiel der größte Teil an Polen, der Rest verblieb in der Provinz Grenzmark Posen-Westpreußen. Er kam 1945 unter die Verwaltung Polens und fiel 1990 als politische Folge der deutschen Wiedervereinigung an Polen.

L.: Ludat, H., Netze, LexMA 6 1992, 1099

Neu-Bamberg, Neubamberg (Herrschaft). Nordwestlich von Alzey gründeten die Raugrafen um 1250 bei Sarlesheim die Burg N. (neue Boinburg). In der zugehörigen Herrschaft bestand ein Kondominat des Erzstifts Mainz und der Pfalz. 1663 hatte das Erzstift Mainz drei Viertel zu Pfand, 1717 erlangte es den Rest sowie die Orte Volxheim und Siefersheim und drei Viertel der Herrschaft Wöllstein mit Gumbsheim, Pleitersheim und Desenheim (ein Viertel bei Nassau-Weilburg [Nassau]). 1803 kam N. an Hessen-Darmstadt, 1946 an Rheinland-Pfalz.

L.: Wolff 80; Geschichtlicher Atlas von Hessen, Karte 18.

Neubronner von Eisenburg (Reichsritter). Bis zu ihrem Aussterben im 17. Jahrhundert zählten die N. zum Kanton Donau des Ritterkreises Schwaben.

L.: Hölzle, Beiwort 59.

Neuburg (Fürstentum, seit etwa 1700 Herzogtum). Nach keltischen und römischen Siedlungen errichteten die Herzöge der Bayern in der Landnahmezeit auf einem Jurarücken an der Donau die schon bei dem Geographen von Ravenna (7. Jahrhundert) bezeugte civitas nova (N.). 742 wurde sie Sitz eines bis 801/807 bestehenden Bistums. N. selbst fiel 788 an den König, im 10. Jahrhundert aber wieder an die Herzöge von Bayern. Seit dem 12. Jahrhundert kam N. an die Pappenheim (Heinrich von Kalendin), 1247 gewaltsam wieder an Bayern. 1392 wurde es Bayern-Ingolstadt zugeteilt, 1445 Bayern-Landshut. Nach dem bayerischen Erbfolgekrieg 1505 wurde es Sitz des räumlich nicht geschlossenen, aus Teilen Bayern-Landshuts (Niederbayerns) und Bayern-Münchens (Oberbayerns) gebildeten Fürstentums (N. bzw.) Pfalz-Neuburg (Höchstädt, Monheim, Graisbach, Neuburg, Reichertshofen, Heideck, Hilpoltstein, Allersberg, Burglengenfeld, Sulzbach, Schwandorf, Parkstein, Weiden, Regenstauf, Kallmünz, Hemau, Lupburg und Laaber), dessen erster Fürst Ottheinrich war. Ihm folgte 1557 nach dem Wechsel Ottheinrichs in die Pfalz Wolfgang von Zweibrücken-Veldenz und diesem sein Sohn Philipp Ludwig, der zweien seiner Brüder für deren Lebzeiten unselbständige Teilfürstentümer einrichtete. Über die Heirat Pfalzgraf Philipp Ludwigs mit Anna von Jülich-Kleve-Berg wurden 1609/1614/1666 Jülich und Berg sowie 1670 Ravenstein gewonnen. 1614 wurde beim Tod Philipp Ludwigs in N., Neuburg-Sulzbach und Neuburg-Hilpoltstein (1644 an N. zurück) geteilt. 1685 fiel die Pfalz an. Beim Erlöschen Neuburgs (Pfalz-Neuburgs) erbte 1742 Neuburg-Sulzbach die Stammlande Neuburgs, Jülich-Berg und die Pfalz, 1777 folgte Neuburg-Sulzbach bzw. Pfalz-Sulzbach auch in Bayern nach. S. Pfalz-Neuburg.

L.: Wolff 140; Beitelrock, A. v., Geschichte des Herzogtums Neuburg oder der Jungen Pfalz, 1858 ff.; Heider, J., Neuburg, die junge Pfalz und ihre Fürsten, 1955; Kaess, F./Seitz, R., Neuburg an der Donau. Stadt der Renaissance und des Barock, 1986.

Neuburg (reichsritterschaftliche Herrschaft). N. an der Kammel zählte zum Kanton Donau des Ritterkreises Schwaben.

L.: Wolff 508.

Neuburg, Newperg s. Küchenmeister

Neuburg s. Thumb von N.

Neuburg s. Vöhlin von N.

Neuburg (am Inn) (Herrschaft). Im 11. Jahrhundert gründeten die Grafen von Formbach nach Umwandlung ihrer Stammburg in ein Kloster die Burg N. am Inn. Nach ihrem Aussterben 1158 kam sie an die Grafen von Andechs. Nach deren Aussterben gab sie Kaiser Friedrich II. 1248 an den Herzog von Bayern, später fiel sie mit der zugehörigen Herrschaft an Habsburg. 1463 belehnte Kaiser Friedrich III. Hans von Rohrbach mit der Burg. 1473 kam sie pfandweise an Bayern-Landshut, nach der Rückkehr zu Habsburg 1528 als Lehen an die Grafen von Salm und von 1664 bis 1680 an die Grafen von Sinzendorf. 1719 erwarb der Graf von Lamberg-Sprinzenstein die Burg. 1730/1739 fiel sie durch Kauf an das Hochstift Passau und 1802/1803 an Bayern.

L.: Wolff 144.

Neuchâtel s. Neuenburg

Neuenahr (Grafschaft) (seit 1927 Bad Neuenahr). Die um 1220 errichtete Burg N. wurde 1372 zerstört. Sie war Mittelpunkt der nach ihr benannten Grafschaft, zu der die Dörfer Wadenheim, Hemmessen und Beuel (Beul) gehörten. Sie war Lehen der Pfalzgrafen, die sie an die Grafen von Jülich weiterverliehen, und zählte zum niederrheinisch-westfälischen Reichskreis. 1545 zog Jülich nach dem Aussterben der Virneburg die Grafschaft als erledigtes Lehen ein. Über Preußen kam N. 1946 an Rheinland-Pfalz. S. Are-Neuenahr.

L.: Wolff 322; Wallner 701 WestfälRK 2; Frick, H., Quellen zur Geschichte von Bad Neuenahr, der Grafschaft Neuenahr und der Geschlechter Ahr, Neuenahr und Saffenburg, 1933.

Neuenburg (Grafschaft, Fürstentum), frz. Neuchâtel. An der Stelle vorgeschichtlicher Siedlungen und einer älteren Grafenburg wurde 1011 eine neue Burg (novum castellum) errichtet. 1032 (1032/1033) kam das im 9. Jahrhundert an das Königreich Burgund gefallene Gebiet um N. zum Deutschen Reich. Die seit der Mitte des 12. Jahrhunderts fassbaren, seit 1196 als Grafen auftretenden Herren von N. stammten von den Grafen von Fenis ab. 1214 wurde geteilt. 1218 wurden die Grafen nach dem Aussterben der Herzöge von Zähringen reichsunmittelbar. 1226 wurde in die Linien Nidau, Straßberg und Aarberg-Valangin geteilt. Seit 1288 waren die Grafen von Chalon (und später die Oranier) Oberlehnsherren. Nach dem Aussterben der Grafen von N. 1373 kamen ihre Güter erbweise 1395 an die verwandten Grafen von Urach-Freiburg und 1458 an die Markgrafen von Hachberg. 1406 ging N. mit Bern ein ewiges Burgrecht ein. 1504 fiel die Grafschaft über eine Erbtochter von den Hachberg an das Haus Orléans-Longueville (bourbonische Nebenlinie der Ducs de Longueville). Um 1530 wurde die Reformation eingeführt. 1579/1592 erwarb das Haus Orléans-Longueville die Rechte über Valangin. 1643 nahm es den Titel eines Fürsten von N. an. 1648 wurde die Grafschaft zum souveränen, unter dem Schutz der Eidgenossenschaft stehenden Fürstentum erhoben. Nach dem Aussterben des Hauses Orléans-Longueville 1694/1707 ging das Fürstentum durch Wahl der Stände an Friedrich I. von Preußen als testamentarischen Erben des Hauses Oranien, das die 1530 ausgestorbenen Grafen von Chalon beerbt hatte. 1713 wurde dies von Frankreich anerkannt. 1805 kam N. (wie Kleve) durch von Napoleon erzwungene Abtretung seitens Preußens (gegen Hannover) an Frankreich bzw. 1806 dessen Marschall Berthier. Nach der Wiedervereinigung mit Preußen (1814) gab König Friedrich Wilhelm III. dem Fürstentum eine Verfassung (charte constitutionelle vom 18. 6. 1814), erklärte es als einen souveränen Staat und bewirkte, dass es am 12. 9. 1814 als 21. Kanton in die Eidgenossenschaft der Schweiz aufgenommen wurde. In Bezug auf seine inneren Angelegenheiten blieb N. Fürstentum des Königs von Preußen. Die vom König von Preußen als persönlicher Besitz vorbehaltenen Hoheitsrechte wurden am 1. 3. 1848 revolutionär durch eine republikanische Verfassung aufgehoben und die Monarchie abgeschafft. Am 26. 5. 1857 verzichtete der König von Preußen auf alle Rechte, behielt aber den Titel Fürst von N. und Graf von Valangin, den er 1861 aufgab. S. Neuenburg (Kanton).

L.: Wolff 537; Großer Historischer Weltatlas II 66 (1378) D5, II 72 b (bis 1797) B2/3; Chambrier, F. de, Histoire de Neuchâtel et Valangin, 1840, Neudruck 1984; Oppinger, E., Neuenburg, die Schweiz und Preußen 1798 bis 1806, 1915; Bonjour, E., Preußen und Österreicher im Neuenburger Konflikt, 1931; Thévenaz, L., Histoire du pays de Neuchâtel, 1948; Bonjour, E., Der Neuenburger Konflikt, 1957; Neuchâtel et la Suisse, hg. v. Montandon, L. u. a., 1969; Histoire du Pays de Neuchâtel, Bd. 1 1989; Bibliographie neuchâteloise, hg. v. Froidevaux, A., 1990; Koler-Weiß, K., Neuenburg, LexMA 6 1992, 1100; Bachmann, A., Die preußische Sukzession in Neuchâtel, 1993; Stribrny, W., Die Könige von Preußen als Fürsten von Neuenburg-Neuchâtel, 1998.

Neuenburg (Kanton). Nachdem Friedrich Wilhelm III. von Preußen dem 1813 wiedererlangten Fürstentum N. eine Verfassung gegeben hatte (18. 6. 1814), bewirkte er, dass es als 21. Kanton in die Eidgenossenschaft der Schweiz aufgenommen wurde. Am 1. 3. 1848 wurde die Monarchie abgeschafft. Am 26. 5. 1857 verzichtete der König von Preußen auf alle Rechte. S. Neuenburg (Grafschaft, Fürstentum).

L.: Wolff 537 f.; Neuchâtel et la Suisse, hg. v. Montandon, L. u. a., 1969.

Neuenburg (Reichsritter). Im frühen 16. Jahrhundert zählten die N., die möglicherweise mit den Küchenmeister gleichzusetzen sind, zum Kanton Rhön-Werra im Ritterkreis Franken.

L.: Riedenauer 125.

Neuenburg (Reichsstadt). N. bei Müllheim wurde (vielleicht) um 1170/1180 von den Herzögen von Zähringen planmäßig angelegt. Nach 1218 war es vorübergehend Reichsstadt. 1797 kam es von Österreich an den Herzog von Modena, 1805 an Baden und damit 1951/1952 an Baden-Württemberg.

L.: Wolff 41; Schäfer, K., Neuenburg. Die Geschichte einer preisgegebenen Stadt, 1963; Escher, M. u. a., Die urbanen Zentren, 2005, 2, 454.

Neuenburg s. Buttlar

Neuengleichen (Herrschaft). Die beiden Burgen Gleichen südlich von Göttingen wurden um 1100 von den Grafen von Reinhausen erbaut. Über das Kloster Reinhausen kamen sie an das Erzstift Mainz, wurden 1152 aber von Heinrich dem Löwen eingezogen. 1270 gaben sie die Welfen gegen Güter im Solling an die Herren von Uslar. Diese teilten sich zu Anfang des 14. Jahrhunderts in die Linie Altengleichen und N. Die Linie N. verkaufte 1451 ihre Güter an die Landgrafen von Hessen, die sie von 1455 bis 1578 an die Herren von Bodenhausen verpfändeten. 1816 gab Hessen das Amt N. tauschweise an Hannover ab. Damit kam N. 1866 an Preußen und 1946 an Niedersachsen.

L.: Wolff 254; Geschichtlicher Atlas von Hessen, Karte 18; Lücke, H., Burgen, Amtssitze und Gutshöfe um Göttingen, 1952.

Neuenheerse (Kloster). Um 868 gründete Bischof Liuthard von Paderborn das Kanonissenstift Heerse an der Nethequelle. 871 nahm Ludwig der Deutsche die Stiftung in seinen Schutz. Die Vogtei hatten im 12. Jahrhundert die Edelherren von Eberschütz-Schöneberg als Lehen des Stifts inne. Bei ihrem Aussterben 1429 ging sie auf einen Herzog von Braunschweig-Lüneburg und 1438 auf die Landgrafen von Hessen über. 1810 wurde das 1803 in Preußen umgewandelte Stift im Königreich Westphalen aufgehoben. 1815 kam N. an Preußen und 1946 an Nordrhein-Westfalen.

L.: Gemmeke, A., Geschichte des adeligen Damenstifts zu Neuenheerse, 1931.

Neuenstadt (Land, zugewandter Ort) s. Neuveville

Neuenstein (Burg, Herren). Nach der Burg N. bei Künzelsau nannten sich seit 1230 von den Edelfreien von Stein stammende Herren von N. Nach 1300 erwarben die Hohenlohe ihre Güter. 1551/1555 wurde N. bis 1698 Sitz der Linie Hohenlohe-Neuenstein. 1806 fiel es an Württemberg und damit 1951/1952 an Baden-Württemberg.

L.: Wolff 119; Weller, K., Aus Neuensteins Vergangenheit, 1908; Schumm, K., Zur 600-Jahrfeier der Verleihung des Stadtrechtes, 1951.

Neuenstein (Freiherren, Reichsritter). (Um 1550 waren N. Mitglied des Kantons Odenwald des Ritterkreises Franken.) Im 18. Jahrhundert zählten die Freiherren von N. mit dem 1799 an Truchsess von Waldburg-Zeil-Trauchburg gelangten halben Zimmern unter der Burg zum Kanton Neckar, Ort Neckar-Schwarzwald und Ort Ortenau (1802 Leopold Joseph Andreas N. [Herr zu Rodeck], Johann Baptist N., Joseph Franz Xaver N., Karl N. [Herren zu Hubacker]) des Ritterkreises Schwaben. Außerdem gehörten die bereits im Stichjahr 1680 angesessenen und mit ihren Gütern bei der Ritterschaft immatrikulierten N. 1773 zum Ritterkreis Unterelsass.

L.: Hölzle, Beiwort 64; (Stetten 33; Riedenauer 125;) Kollmer 379.

Neuerburg (Herrschaft). Die Herrschaft N. bei Bitburg gehörte zur Grafschaft Blankenheim und Gerolstein, stand aber unter der Hoheit Luxemburgs. Sie fiel an Preußen (Rheinprovinz).

L.: Wolff 364.

Neuffen (Herren). Das schon um 300 besiedelte N. bei Nürtingen ist um 1100 als Dorf N. bezeugt. Seit 1198 gehörte der Ort, der um 1232 zur Stadt erhoben wurde, den edelfreien Herren von N. 1301 fiel er mit 5 Dörfern durch Verkauf an Württemberg. Die den Herren von N. ebenfalls gehörige Grafschaft Marstetten mit Weißenhorn kam 1342 an Bayern. N. gelangte über Württemberg 1951/1952 zu Baden-Württemberg.

L.: Wolff 161; Hezel, G., Neuffen und Hohen-Neufen, 1957; Maurer, H., Die hochadeligen Herren von Neuffen und Sperberseck, Zs. f. württemberg. LG. 25 (1966), 59 ff.; Eberl, I., Neuffen, LexMA 6 1992, 1101.

Neufra (Herrschaft). N. bei Saulgau im inneren Schwaben war in der zweiten Hälfte des

16. Jahrhunderts eine Residenz der Grafen von Helfenstein. 1627 fiel die Herrschaft N. als Erbgut an die Grafen von Fürstenberg. Über Hohenzollern, Preußen und Württemberg-Hohenzollern kam N. 1951/1952 an Baden-Württemberg.

L.: Wolff 175; Karler, H. F., Geschichte der Grafen von Helfenstein, 1840.

Neufra (reichsritterschaftlicher Ort). N. (Neuferen) westlich von Gammertingen auf der schwäbischen Alb zählte zum Kanton Donau des Ritterkreises Schwaben. Über Württemberg kam N. 1951/1952 an Baden-Württemberg.

L.: Wolff 508.

Neufürstliche Häuser s. Hohenzollern, Eggenberg (bis 1717), Lobkowitz, Salm, Dietrichstein, Piccolomini (bis 1757), Nassau-Hadamar (bis 1771), Nassau-Dillenburg, Nassau-Siegen (bis 1743), Auersperg, Portia (bis 1776), Ostfriesland, Fürstenberg, Schwarzenberg, Waldeck, Mindelheim (1705–1713), Liechtenstein, Thurn und Taxis, Schwarzburg, Colloredo, Hohenlohe, Isenburg, Leiningen, Oettingen, Rosenberg, Sayn, Schönburg, Solms, Stolberg, Waldburg, Wied, Metternich, Trauttmannsdorff, Windischgraetz.

L.: Aegidi, L. K., Der Fürstenrat nach dem Lunéviller Frieden, 1853.

Neuhaus (Amt). Das über das Herzogtum Braunschweig-Lüneburg und das spätere Königreich Hannover und damit Preußen (1866) 1945 mit 6500 Einwohnern von der britischen Besatzungszone im Zuge einer Grenzbegradigung an die sowjetische Besatzungszone und damit von 1949 bis 1990 an die Deutsche Demokratische Republik gelangte, 229 Quadratkilometer große Gebiet (Neu Wendischthun [Neuwindischthun], Sückau, Niendorf, Viehle, Sumte, Haar, Darchau, Vockfey, Stapel, Zeetze [Zetze], Laave, Kaarßen, Tripkau, Wehningen, Wilkenstorf) kam am 1. 7. 1993 von Mecklenburg-Vorpommern an Niedersachsen zurück.

L.: Wolff 450.

Neuhaus (Herrschaft). Die Herrschaft N. wurde 1398 vom Deutschen Orden erworben und von Mergentheim aus verwaltet.

L.: Hölzle, Beiwort 85.

Neuhaus (reichsritterschaftlicher Ort). Die Burg N. bei Sinsheim kam 1333 von Württemberg als Lehen an die Massenbach, 1580/1582 nach dem Aussterben der M. an die Degenfeld. N. war bis 1805 dem Kanton Kraichgau des Ritterkreises Schwaben inkorporiert und fiel dann an Baden und damit 1951/1952 an Baden-Württemberg.

Neuhausen (Reichsdorf?). Am 17. 1. 1303 erteilte König Albrecht dem Kloster Zwiefalten das Recht, den Reichsvogt zu Achalm, Kohlberg (Colberg), Dettingen, N. und Pfullingen abzusetzen. 1750 kam N. zu Württemberg und damit 1951/1952 zu Baden-Württemberg.

L.: Dacheröden 179; Hugo 475; Fritz, E., Das Dorfrecht von Neuhausen aus dem Jahr 1431, Zs. f. württemberg. LG. 48 (1989).

Neuhausen (Reichsritter). Von 1548 bis in das 18. Jahrhundert zählten die N. mit dem halben Gut Schnürpflingen (bis 1662) zum Kanton Donau und mit halb N. (bis 1699) zum Kanton Neckar des Ritterkreises Schwaben. Mit Hofen (1369–1753), Oeffingen (1369–1618), Oberensingen (1550–1640) und Alfdorf (Mitte 16. Jahrhundert–1619) war das 1754 erlöschende Geschlecht auch im Kanton Kocher immatrikuliert.

L.: Roth von Schreckenstein 2, 592; Hellstern 149, 209; Kollmer 380; Schulz 267.

Neuhof, Neunhof (reichsritterschaftlicher Ort). N. südöstlich Nürnbergs zählte am Ende des 18. Jahrhunderts zum Kanton Gebirg des Ritterkreises Franken. Es fiel an Bayern.

L.: Wolff 513.

Neukirchen (reichsritterschaftlicher Ort). N. an der Haune nördlich von Hünfeld zählte zum Kanton Rhön-Werra des Ritterkreises Franken und kam über Hessen-Kassel und Preußen (1866) 1945 an Hessen.

L.: Wolff 514.

Neuleiningen (Burg, Herrschaft). Zwischen 1238 und 1241 erbauten die Grafen von Leiningen die Burg Neuleiningen bei Frankenthal, die von Leiningen-Dagsburg bei dessen Erlöschen an Leiningen-Westerburg kam. 1308 war sie Lehen des Hochstifts Worms, mit dem 1508 ihr Gebiet geteilt werden musste. S. Leiningen-Westerburg-Neuleiningen.

L.: Wolff 232.

Neumark (Mark). N. ist das östlich der Oder und nördlich der unteren Warthe gelegene, seit etwa 1250 von Brandenburg eroberte und

1266 als terra trans Oderam, 1290 als nova terra ultra Oderam sowie seit etwa 1400 (im Gegensatz zur westelbischen Altmark) als nova marca (N.) bezeichnete Gebiet. 1402 verkaufte König Sigmund als Markgraf von Brandenburg die von Kaiser Karl IV. über dessen Sohn Johann 1396 an ihn gelangte N. an den Deutschen Orden. Markgraf Friedrich II. erwarb sie 1455 zurück. Von 1535 bis 1571 bildete sie unter Markgraf Johann I. von Brandenburg-Küstrin ein eigenes, um Sternberg (südlich der Warthe), Crossen (1538 erworben), Cottbus und Peitz erweitertes Herrschaftsgebiet. Von 1742 bis 1815 zählte auch das Land Schwiebus zu ihr. 1815 kam sie ohne Dramburg und Schivelbein, die an Pommern fielen, zur Provinz Brandenburg Preußens. 1945 wurde sie der Verwaltung Polens unterstellt. 1990 gelangte das Gebiet als politische Folge der deutschen Wiedervereinigung an Polen.

L.: Wolff 389; Großer Historischer Weltatlas II 34 G3; Niessen, P. v., Geschichte der Neumark im Zeitalter ihrer Entstehung und Besiedlung, 1905; Hoppe, W., Die Neumark, ein Stück ostdeutscher Geschichte, 1956.

Neumarkt, Neumarkt (in der Oberpfalz) (Reichsgut, Reichsstadt?). Das Gebiet um N. in der Oberpfalz gehörte zum bayerischen Nordgau und kam über die Heirat der Tochter des Markgrafen (Adela von Vohburg) mit Friedrich I. Barbarossa an die Staufer. Am Ende des 12. Jahrhunderts ist N. als Sitz eines Reichsschultheißenamtes bezeugt. Vielleicht war es 1235 Stadt. Im Interregnum (1268) gelangte es an Bayern, 1269 an Oberbayern und 1329 an die pfälzischen Wittelsbacher. 1410 fiel es an Herzog Johann von Pfalz-Neumarkt und wurde dessen Sitz. (Nach 1448 kam es an Pfalz-Mosbach und 1499 an die Pfalz, fiel aber 1628 an Bayern zurück.) Am 20. 4. 1945 wurde es fast vollständig zerstört. S. Pfalz-Neumarkt, Pfalz-Oberpfalz.

L.: Wolff 137; Hofmann, F. H./Mader, F., Stadt und Bezirksamt Neumarkt, 1909; Kurz, J. B., Die Stadt Neumarkt in der Oberpfalz, 1954; Ried, K., Neumarkt in der Oberpfalz. Eine quellenmäßige Geschichte der Stadt Neumarkt in der Oberpfalz, 1960; Heinloth, B., Neumarkt, 1967; Romstöck, K., Neumarkt in der Oberpfalz von 1500 bis 1945, 1985.

Neuneck (Herrschaft). Die Herrschaft N. bei Dornstetten gehörte am Ende des 18. Jahrhunderts über das Herzogtum Württemberg zum schwäbischen Reichskreis. 1951/1952 kam N. zu Baden-Württemberg.

L.: Wallner 684 SchwäbRK 1.

Neuneck (Reichsritter). Die N. gehörten bereits 1488 zur Gesellschaft Sankt Jörgenschild, Teil am Neckar. Von 1548 bis 1671 (dem Tod von Hans Caspar von N. zu Glatt und Dürrenmettstetten) waren die N. Mitglied im Kanton Neckar des Ritterkreises Schwaben.

L.: Hellstern 210.

Neunegg (freie Leute), Unegcze. Am 26. 2. 1409 bestätigte König Ruprecht unter anderem dem Eberhard von Ramschwag die Reichspfandschaft über die freien Leute zu N. (Unegcze) bei Herisau in der Schweiz.

L.: Hugo 473 f.

Neunhof (reichsritterschaftlicher Ort) s. Neuhof

Neunkirch-Hallau (Herrschaft). Seit 1302 gehörte die Herrschaft N. zum Hochstift Konstanz. Seit 1445 beanspruchten die Grafen von Sulz die Hochgerichtsbarkeit über die ganz von ihrem Gebiet eingeschlossene Herrschaft. Durch ein eidgenössisches Schiedsgericht wurde der Anspruch aber abgewiesen.

L.: Wolff 526.

Neunkirchen (Dorf, Herrschaft). Das Dorf N. am Waitzenberge war eine unmittelbare Herrschaft im Oberstift des Erzstifts Trier und gehörte der Abtei Sankt Maximin bei Trier. Es war nicht eingekreister Reichsteil.

L.: Wolff 502.

Neuravensburg (Herrschaft). Die Herrschaft N. nordöstlich von Lindau gehörte mit etwa 0,5 Quadratmeilen am Ende des 18. Jahrhunderts über die Abtei Sankt Gallen zum schwäbischen Reichskreis. 1803 wurde sie im Zuge der Säkularisation dem Fürsten Dietrichstein für die Herrschaft Tarasp gegeben. 1806 fiel sie an Württemberg und damit 1951/1952 an Baden-Württemberg.

L.: Wolff 229; Großer Historischer Weltatlas III 39 C4; Wallner 690 SchwäbRK 91.

Neurod, Nauert, Nurite (Reichsdorf)

L.: Hugo 464, 467.

Neuschloss (Minderherrschaft). Die freie Minderherrschaft N. in Niederschlesien gehörte ursprünglich zur freien Standesherrschaft Militsch. Nachdem sie an einen Freiherrn von Maltzan als besondere Herrschaft gefallen war, gelangte sie 1719 an die Grafen von Reichenbach und dann an die Grafen von Hochberg. 1990 fiel N. als politische

Folge der deutschen Wiedervereinigung an Polen.

L.: Wolff 487.

Neusickingen (Reichsherrschaft). Die Reichsherrschaft N. gehörte nach der Reichsmatrikel von 1776 zum schwäbischen Reichskreis.

L.: Gumpelzhaimer, 92.

Neustadt (Amt, Herrschaft). 1631 belehnte der Kaiser Adam Graf von Schwarzenberg, den ersten Minister des Kurfürsten Georg Wilhelm von Brandenburg, mit der Reichsunmittelbarkeit des Amtes N. im oberbergischen Land. S. a. Gimborn, Gimborn-Neustadt.

L.: Wolff 364 f.: Zeumer 554 II b 63, 24.

Neustetter genannt Stürmer (Reichsritter). Im 16. Jahrhundert zählten die N. zu den Kantonen Gebirg und Baunach im Ritterkreis Franken. Von etwa 1600 bis zur Mitte des 17. Jahrhunderts waren sie im Kanton Steigerwald immatrikuliert.

L.: Stieber; Roth von Schreckenstein 2, 594; Bechtolsheim 13, 18; Riedenauer 125; Rahrbach 170.

Neustift (Kloster). 1142 gründete der Burggraf von Säben das Augustinerchorherrenkloster Maria zur Gnade bei Brixen. 1807 wurde es aufgehoben, 1816 aber erneuert. 1919 kam N. mit Südtirol zu Italien.

L.: Sparber, A., Das Chorherrenstift Neustift in seiner geschichtlichen Entwicklung, 1953; Peintner, M., Kloster Neustift. Augustiner-Chorherren in Südtirol, 1985.

Neuveville (Land, zugewandter Ort). Das Land N. am Bieler See wurde 1388 zugewandter Ort der Eidgenossenschaft der Schweiz. 1815 kam es an Bern.

L.: Wolff 238; Quervain, P. de, Neuenstadt, 1946.

Neuweier (Herrschaft). Die Herrschaft N. bei Baden-Baden befand sich am Ende des 18. Jahrhunderts unter der Landeshoheit Badens in der Hand der Knebel von Katzenellbogen. Über Baden kam N. 1951/1952 an Baden-Württemberg.

L.: Hölzle, Beiwort 40.

Neuwied (Schloss). Um 1648 erbaute Graf Friedrich von Wied an Stelle des wüsten Dorfes Langendorf das Schloss N. Es wurde Sitz der Linie Wied-Neuwied. 1806 kam es an Nassau, 1815 an Preußen und 1946 N. an Rheinland-Pfalz. S. Wied-Neuwied.

L.: Wolff 345; Strupp, H.W., Die rechtsgeschichtliche Entwicklung der Stadt Neuwied, 1959.

Neuwürttemberg (Land). Die Württemberg 1796/1801 als Entschädigung für seine linksrheinischen Verluste an Frankreich in Aussicht gestellten Gebiete wurden im September/Oktober 1802 von Württemberg besetzt (Aalen, Esslingen, Giengen, Heilbronn, Reutlingen, Rottweil, Schwäbisch Gmünd, Schwäbisch Hall, Weil der Stadt, Comburg, Heiligkreuztal, Margrethausen, Oberstenfeld, Rottenmünster, Schöntal, Zwiefalten, halb Dürrenmettstetten) und in einem vom Herzogtum Württemberg rechtlich getrennten absolutistisch regierten Land mit der Bezeichnung N. (Hauptstadt Ellwangen, 2200 Quadratkilometer, 123 000 Einwohner) zusammengefasst, das am 7. 1. 1806 mit der Eingliederung in Württemberg sein Ende fand.

L.: Müller, M., Neuwürttemberg unter Herzog und Kurfürst Friedrich, 1934.

Neuzauche (Herrschaft). Die Herrschaft N. östlich von Lübben umfasste 9 Dörfer und gehörte zur Markgrafschaft Niederlausitz. S. Brandenburg.

L.: Wolff 471.

Neuzelle (Abtei, Herrschaft). Das Stift bzw. die Abtei N. nördlich von Guben mit der Stadt Fürstenberg war Standesherrschaft in der Markgrafschaft Niederlausitz. S. Brandenburg.

L.: Wolff 471.

Nibelgau (Gau nordöstlich des Bodensees)

L.: Curs, O., Deutschlands Gaue im zehnten Jahrhundert. Nach den Königsurkunden, Diss. phil. Göttingen 1908, 15 (Schwarzensee); Polenz, P. v., Landschafts- und Bezirksnamen, 1961, II, 24, III, 30, IV, 8 f., Nibalgouwe, pagus Nibalgaunensis; Borgolte, M., Geschichte der Grafschaften Alemanniens in fränkischer Zeit, 1984, 63, 170 (Leutkirch, Karbach, Kißlegg [Kisslegg], Rempertshofen, Aichstetten, Haselburg, Ausnang, Hettisried, Frauenzell, Winterstetten, Englisweiler, Arrisried, Zaisenhofen, Lauterseebach, Schönenberg, Willerazhofen, Herrot, Enenhofen, Allmishofen, Urlau).

Nidda (Grafen, Reichslehen). N. an der N. bei Büdingen wird im 10. Jahrhundert anlässlich einer Übertragung an Fulda erstmals erwähnt. Es gehörte ursprünglich den zuerst 1104 belegten Grafen von N., die vor allem im oberen Niddatal und Niddertal begütert waren, dann nach ihrem Aussterben vor 1206 den Grafen von Ziegenhain, welche die Grafschaft als Lehen Fuldas, Burg und Stadt (Stadtrechte seit 1311) als Reichslehen hatten.

1437 wurde Hessen das Afterlehen aufgetragen. 1450/1495 fiel N. beim Aussterben der Grafen von Ziegenhain an Hessen, 1604 an Hessen-Darmstadt. Die Grafschaft zählte zum oberrheinischen Reichskreis. 1945 kam N. an Hessen.

L.: Wolff 255; Roth, K., Beitrag zur Geschichte der Stadt Nidda, 1898; Kraft, K., Die Grafschaft Nidda, Büdinger Geschichtsbll. 1.

Niddaggau (Nitehgouue, Nidehgouue, Nitigowe, Nitegowe, Gau um die Nidder rechts des Mains)

L.: Curs, O., Deutschlands Gaue im zehnten Jahrhundert. Nach den Königsurkunden, Diss. phil. Göttingen 1908, 15 (Seckbach, Sindlingen, Escheborn); Polenz, P. v., Landschafts- und Bezirksnamen, 1961, II, 16, 19, 24, 26, 29, Nitahgouwe, pagus Nitensis, ‚Niddagau'; Niemeyer, W., Der pagus des frühen Mittelalters in Hessen, 1968, 109.

Nidinga (Gau)

L.: Polenz, P. v., Landschafts- und Bezirksnamen, 1961, IV, 19, 21, comitatus, zum Ortsnamen Neudingen; Borgolte, M., Geschichte der Grafschaften Alemanniens in fränkischer Zeit, 1984, 128 (Neudingen, Klengen).

Nidkiki (mit Belgora) (973) s. a. Nizizi

L.: Curs, O., Deutschlands Gaue im zehnten Jahrhundert. Nach den Königsurkunden, Diss. phil. Göttingen 1908, 15 (Nizizi, Niccicci, Nizisi, Nikiki, Gau nördlich Meißens, Pretsch, Klöden, Wörlitz, Graditz, Eutsch, Pratau, Reuden, Suptitz, Torgau, Elsing, Dommitsch, Trebitz, Zwethau); Wagner, G., Die Verwaltungsgliederung im karolingischen Reich, 1963, 9.

Nidwalden (Land) s. Unterwalden

Niederbayern (Herzogtum). Das durch die Landesteilung von 1255 geschaffene Herzogtum N. lag innerhalb Bayerns etwa zwischen Reichenhall, Cham, Freising und Landshut. 1309 übernahm Ludwig IV. von Oberbayern zeitweise vormundschaftlich die Herrschaft. 1331 wurde N. in drei Teile geteilt, doch fielen Bayern-Deggendorf 1333 und Bayern-Burghausen 1334 an die verbleibende dritte Linie zurück. 1340 kam es nach dem Aussterben der Herzöge wieder an Oberbayern. 1349 gelangte N. an Herzog Stephan II., der 1353 neben Lehen in Holland auch das Gebiet um Straubing (Straubinger Ländchen) an seine Halbbrüder Wilhelm I. und Albrecht I. überließ, das restliche Niederbayern aber 1363 wieder mit Oberbayern vereinigte. 1392 kam Niederbayern-Landshut an Herzog Friedrich. 1425/1429 wurde ein Teil Bayern-Straubings beim Aussterben der dortigen Linie hinzuerworben. 1447 gewann Bayern-Landshut (Niederbayern-Landshut) auch das wesentliche Erbe Bayern-Ingolstadts. Nach dem Aussterben Bayern-Landshuts 1503 kam N. 1505 zu Oberbayern, doch wurden einige Gebiete zur Bildung des Fürstentums Pfalz-Neuburg verwandt. S. Bayern, Bayern-Burghausen, Bayern-Deggendorf, Bayern-Landshut, Bayern-Straubing

L.: Wolff 136; Schnurrer, L., Urkundenwesen, Kanzlei und Regierungssystem der Herzöge von Niederbayern 1255–1340, 1972; Pietrusky, U., Niederbayern im 19. Jahrhundert, 1988; Hartmann, P., Bayerns Weg in die Gegenwart, 2. A. 1992; Stauber, R., Das Herzogtum Niederbayern, in: Sammelblatt des hist. Ver. Ingolstadt 102/103 (1993/1994), 169.

Niederbronn (Herrschaft). Die Herrschaft N. nördlich von Reichshofen im Unterelsass (Niederelsass) gehörte den Grafen von Steinthal. Mit dem Elsass fiel N. an Frankreich.

L.: Wolff 294.

Niederburgheim s. Burgheim

Niederelsass s. Elsass, Untereslass

L.: Wolff 293.

Niederhessen s. Hessen, Hessen-Kassel

Niederingelheim s. Ingelheim

Niederisenburg (Grafschaft). Der gerlachsche Stamm der Grafen von Isenburg erlosch 1664 mit der Linie N. (Isenburg-Grenzau), die teils Lehen des Erzstifts Trier, teils Lehen des Erzstifts Köln hatte. Beim Aussterben des Stammes zog Trier die Lehen ein. Die Grafen von Wied beanspruchten zwar das Erbe, erlangten aber zusammen mit den Freiherren von Walderdorff, die sich von dem letzten Grafen eine Anwartschaft auf die Lehen erteilen hatten lassen, nur Isenburg, Großmaischeid und Meudt, während Grenzau und Herschbach bei Trier blieben und 1803 an Nassau-Weilburg kamen. Die Grafschaft N. zählte zum kurrheinischen Reichskreis. 1806 erhielt Nassau auch die wiedschen Teile. 1815 gab es das ehemals niederisenburgische Gut (gegen Luxemburg) überwiegend an Preußen ab (Regierungsbezirk Koblenz). Herschbach kam 1866 mit Nassau an Preußen und 1946 an Rheinland-Pfalz. S. Isenburg.

L.: Wolff 94, 344; Wallner 700 KurrheinRK 7, 8; Großer Historischer Weltatlas III 22 (1648) C3, III 38 (1789) B2; Gensicke, H., Landesgeschichte des Westerwaldes, 2. A. 1987.

Niederkranichfeld (Herrschaft) s. Kranichfeld

Niederlande (Staat). Bei der karolinigischen Reichsteilung 843 fiel Flandern westlich der Schelde an das westfränkische Reich, der übrige Raum um Maas, Schelde und Rhein an das Reich Lothars und 879/925 an das ostfränkische Reich. 1477/1493 kam das sich (seit etwa 1200 oder 1540?) sprachlich verselbständigende Gebiet der späteren N. über Maria von Burgund von Burgund an Habsburg, das die von Burgund zusammengefassten Gebiete hausmachtpolitisch gegenüber dem Reich zu verselbständigen suchte. Karl V. fügte durch Kauf 1524 Friesland, durch Säkularisation 1528 Utrecht und Overijssel mit Deventer sowie 1538 Groningen und 1543 Geldern dem 1512/1548 gebildeten burgundischen Reichskreis hinzu, so dass insgesamt ein Komplex von 17 Gebieten entstand (Brabant, Limburg, Luxemburg, Geldern, Flandern, Artois [mit Arras], Hennegau, Holland, Seeland, Namur, Friesland, Rijssel [Lille], Doornik [Tournai], Mecheln, Utrecht, Overijssel und Groningen), und übertrug 1555 die Nachfolge an Philipp II. von Spanien (spanische N.). Seit 1565 wehrten sich Adlige in dem seit etwa 1540 zunehmend calvinisierten Gebiet gegen die von Philipp II. seiner Statthalterin Margarete von Parma (1559) in Auftrag gegebene Steigerung der königlichen Macht, mit der eine starke Erhöhung finanziellen wie religiösen Druckes einherging. Nach Ablehnung einer Bittschrift bildeten sie einen Bund des als Geusen verhöhnten Adels, der von den calvinistischen Religionsführern unterstützt wurde. 1567 wurde Margarete von Parma durch Alba abgelöst, der den Aufstand zunächst niederschlug. Am 1. 4. 1571 besetzten die Meergeusen Brielle (Briel) an der Maasmündung. Danach erhoben sich Seeland und Holland. Am 18. 7. 1572 wählten zwölf Städte in Seeland und Holland Wilhelm von Oranien zum königlichen Statthalter von Holland, Seeland und Utrecht. Am 8. 11. 1576 schlossen sich weitere Gebiete an. Am 23. 1. 1579 einigte Oranien in der Union von Utrecht die sieben nördlichen Provinzen Holland, Seeland, Utrecht, Geldern, Groningen, Overijssel (mit Drente) und Friesland, zu denen noch Flandern und Brabant kamen. 1581 setzte die Utrechter Union Philipp II. ab und schloss sich in den Generalstaaten zu einem losen Staatenbund zusammen (Republik der Vereinigten N.). Die südlichen N. wurden von Spanien erneut unterworfen. Nach weiteren schweren Kämpfen, in denen die seit 1635 mit Frankreich verbündeten Generalstaaten 1629–1637 den nördlichen Teil Brabants als Generalitätslande eroberten, wurden die Generalstaaten 1648 als eigener vom Reich gelöster Staat anerkannt. Ihr Interesse verlagerte sich rasch vom Reich auf die überseeischen Kolonien. Von 1590 bis 1700 waren die von 1572 bis 1650, von 1672 bis 1702 sowie von 1742 bis 1795 unter einem Statthalter handelnden N. das am stärksten urbanisierte und wirtschaftlich fortgeschrittenste Land Europas. Die südlichen (spanischen) Niederlande (Hennegau, Flandern, Artois, Namur, Luxemburg) kamen nach dem spanischen Erbfolgekrieg 1713/1714 von Spanien an Österreich. 1794 wurden sie von Frankreich erobert. Sie blieben Teil des deutschen Reiches. 1797/1801 musste Österreich sie an Frankreich abtreten. 1806 machte Napoleon die Generalstaaten zum Königreich Holland und vereinigte dieses 1810 mit Frankreich. 1814 wurde nach der Vertreibung der französischen Truppen die Vereinigung der nördlichen und südlichen N. sowie Lüttichs als Königreich der Vereinigten N. beschlossen. Dieses gehörte dem Deutschen Bund durch Personalunion mit Luxemburg an. 1830 wurde mittels der belgischen Revolution die Verbindung der sich benachteiligt fühlenden südlichen N. mit den nördlichen N. gelöst und Belgien von den N. getrennt. 1866 schieden Limburg und Luxemburg mit der Auflösung des Deutschen Bundes aus diesem aus. S. Flandern, Brabant, Hennegau, Namur, Limburg, Lüttich, Holland, Utrecht, Seeland, Geldern, Cambrai, Niederlothringen.

L.: Die Territorien des Reichs 3, 200; Blok, P. I., Geschichte des niederländischen Volkes, Bd. 1–6 1901 ff.; Geschiedkundige Atlas van Nederland, hg. v. Beekman, A. A., 1911 ff.; Pirenne, H., Histoire de Belgique, Bd. 1–6 1926; Geschiedenis van Nederland, hg. v. Brugmans, H., Bd. 1–9 1933 ff.; Reese, W., Die Niederlande und das Reich, Bd. 1 3. A. 1943; Allgemene geschiedenis der Nederlanden, hg. v. Niermeyer, J. F. u. a., Bd. 1–12 1949 ff., neue Ausgabe 1980 ff.; Polenz, P. v., Landschafts- und Bezirksnamen, 1961, II, 50; Buck, H. de, Bibliografie der geschiedenis van Nederland, 1968; Prevenier, W./Blockmans, W., Die burgundischen Niederlande, 1986; De Nederlanden in de late middeleeuwen, hg. v. Boer, D. de/Marsilje, J., 1987; Schepper, H. de, Belgium Nostrum, 1987; Schilling, J./Täubrich, R., Niederlande, 1988; Blockmans, W., Niederlande, LexMA 6 1993, 1141; Lademacher, H., Die Niederlande, 1993; North, M., Geschichte der

Niederlande, 1997; Mörke, O., Stadtholder oder Staetholder?, 1997; Weis, M., Les pays-bas espagnols, 2003.

Niederlausitz (Markgrafschaft, Markgrafentum, keine Reichsstandschaft). Die N. (zu sorb. luzica, Sumpfland) um Cottbus zwischen Sorau, Schwielochsee, Fläming und Bober war von den vielleicht um 600 eingewanderten, in der zweiten Hälfte des 9. Jahrhunderts erstmals erwähnten Lusici bewohnt, kam zwischen 928 und 965 unter deutsche Herrschaft und wurde Teil der sächsischen Ostmark. Von 1002 bis 1031 war sie Lehen Polens. 1034 kam sie an die Markgrafen von Meißen. Erstmals von 1046 bis 1117 und dann wieder von 1136 bis 1304 gehörte sie fast ohne Unterbrechung zum Haus Wettin, unter dessen Herrschaft die Einwanderung deutscher bäuerlicher Siedler erfolgte. 1304 kam sie durch Kauf an Brandenburg. Kaiser Karl IV., der das Gebiet seit 1346 schrittweise erwarb, unterstellte 1367/1370 die N. als Markgrafschaft Lausitz Böhmen. In der Folge dehnte sich wegen der gleichen Landesherrschaft Böhmens der Name Lausitz auf die Gebiete um Bautzen und Görlitz aus. Seitdem nannte man Lausitz im Gegensatz hierzu N. und die neuen Gebiete Oberlausitz. Seit etwa 1400 gewannen die Landstände zu Lasten des Landesfürsten an Macht. 1445/1455/1462 fiel unter anderem das Gebiet um Cottbus an Brandenburg. Auch die Wettiner erwarben einzelne Herrschaften. 1526 gelangte die N. als Nebenland Böhmens an Österreich, welches das Land 1623/1635 an Sachsen (Kursachsen) abtrat. Von 1657 bis 1738 gehörte die N. zum Sekundogeniturfürstentum Sachsen-Merseburg. Bis 1815 war sie als Markgrafschaft rechtlich selbständig. Sie umfasste die Kreise Luckau (mit der gleichnamigen Stadt, den Standesherrschaften Doberlug [Dobrilugk], Drehna und Sonnewalde [Sonnewaldeitse] und einigen ritterschaftlichen Orten), Guben (mit Stadt Guben, den Herrschaften Abtei Neuzelle, Johanniterordensamt Schenkendorf, Forst [Forsta], Pförten, Sorau, Triebel, Amtitz und einigen ritterschaftlichen Orten), Lübben, auch krummspreescher Kreis genannt, (mit Stadt und Amt Lübben, den Herrschaften Friedland [Johanniterordensamt], Librose/Lieberose, Straupitz, Leuthen und mehreren ritterschaftlichen Orten), Calau (Kalau) (mit der Stadt Calau [Kalau], der Herrschaft Lübbenau und ritterschaftlichen Orten) und Spremberg, insgesamt ein Gebiet von 105 Quadratmeilen. Mit der Abtretung von Sachsen an Preußen wurde sie der Provinz Brandenburg einverleibt. Seit 1945 standen die Gebiete östlich der Neiße unter der Verwaltung Polens und gelangten 1990 als politische Folge der deutschen Wiedervereinigung an Polen.

L.: Wolff 468, 470; Großer Historischer Weltatlas III 22 (1648) G3, III 38 (1789) E2; Blaschke, K./Kretzschmar, H., (Ober-)Sachsen und die Lausitzen, in: Geschichte der deutschen Länder, Bd. 1; Scheltz, T., Gesamtgeschichte der Ober- und Nieder-Lausitz, Bd. 1 f. 1847 ff.; Urkundenbuch zur Geschichte des Markgraftums Nieder-Lausitz, Bd. 1–5 1897 ff.; Lehmann, R., Bibliographie zur Geschichte der Nieder-Lausitz, Bd. 1 f. 1928 ff.; Lehmann, R., Geschichte des Markgrafentums Niederlausitz, 1937; Lehmann, R., Geschichte der Nieder-Lausitz, 1963; Lehmann, R., Die Herrschaften in der Niederlausitz, 1966; Lehmann, R., Urkundeninventar zur Geschichte der Nieder-Lausitz bis 1400, 1968; Quellen zur Geschichte der Niederlausitz, hg. v. Lehmann, R., 1972 ff.; Lehmann, R., Historisches Ortslexikon für die Niederlausitz, Bd. 1 f. 1979; Schrage, G., Slaven und Deutsche in der Niederlausitz, 1990; Ludwig, T., DO I. 406 und die Zugehörigkeit der Niederlausitz zum Bistum Meißen, DA 56 (2000), 171.

Niederlingen (Grafschaft) s. Lingen (Niedergrafschaft)

Niederlothringen s. Brabant, Geldern, Jülich, Köln, Limburg, Lothringen, Pfalz

L.: Werner, M., Der Herzog von Lothringen in salischer Zeit, in: Die Salier und das Reich, hg. v. Weinfurter, S., Bd. 1 1991; Despy, G., Niederlothringen, LexMA 6 1993, 1142.

Niedermünster (gefürstete Abtei, Reichsstift) s. Regensburg, Niedermünster

L.: Wolff 148.

Niedernhall s. Morstein zu N.

L.: Wolff 80.

Niederösterreich (Land, Ländergruppe, Bundesland). Das Gebiet zwischen Enns und March war südlich der Donau römische Provinz, nördlich der Donau germanischer Siedlungsraum. Nach Abzug der Römer drangen Bayern im Westen und Slawen im Osten ein. Um 790 wurde das ganze Gebiet dem Frankenreich eingegliedert und einem Markgrafen unterstellt. Von 905/907 bis 955 kam es unter die Herrschaft der Ungarn. Danach entstand wieder eine bayerische Mark an der Donau (Ostmark), die Kaiser Otto II. 976 den Babenbergern verlieh und in der 996 erstmals Ostarrichi genannt wurde. 1156 wurde diese

Markgrafschaft Herzogtum. 1180 kam das Land von der Hasel bis zur großen Mühl hinzu, 1254 das Gebiet zwischen Enns und Hausruck und zwischen Pitten und Wiener Neustadt. Nach dem Aussterben der Babenberger 1246 nahm 1251 der König von Böhmen das Herzogtum in Besitz, teilte das Land längs der Enns (östlich der Enns, Österreich [unter der Enns], 1264 N. [Austria inferior]), verlor es aber 1278 an König Rudolf von Habsburg. Dieser verlieh es 1282 seinen Söhnen. In einem erweiterten Sinn umfasste N. (Ländergruppe) im ausgehenden 14. Jahrhundert die Länder N., Oberösterreich, Steiermark, Kärnten und Krain. Dieses N. wurde von König Maximilian I. dem österreichischen Reichskreis zugeteilt. Seit 1564 galten nur noch das Land N. und das Land Oberösterreich als „niederösterreichische Länder". N. im engeren Sinn war als Land unter der Enns mit Wien als Zentrum bis 1918 das führende Erbland der Habsburger. Seit der Verfassung Österreichs vom 1. 10. 1920 gibt es das Bundesland N. (seit 1986 Sitz in Sankt Pölten), innerhalb dessen Wien als eigenes Bundesland verselbständigt wurde.

L.: Wolff 25; Lechner, K., Niederösterreich (Österreich unter der Enns), in: Geschichte der deutschen Länder, Bd. 1; Die Territorien des Reichs 1, 118; Topographie von Niederösterreich, hg. v. Verein für Landeskunde von Niederösterreich, Bd. 1–8 1871–1915; Vancsa, M., Historische Topographie mit besonderer Berücksichtigung Niederösterreichs, Dt. Geschichtsblätter 3 (1902); Vancsa, M., Geschichte von Niederösterreich und Oberösterreich (bis 1526), Bd. 1f. 1905 ff.; Grund, A., Beiträge zur Geschichte der hohen Gerichtsbarkeit in Niederösterreich, in: Abhandlungen zum Historischen Atlas der österreichischen Alpenländer, Archiv f. österr. Geschichte Band 99 (o. J.); Hassinger, H./Bodo, F., Burgenland, ein deutsches Grenzland im Südosten, 1941; Atlas von Niederösterreich, hg. v. d. Kommission für Raumforschung und Wiederaufbau der österr. Akademie d. Wiss., 1951 ff.; Allgemeine Landestopographie des Burgenlandes, bearb. v. Burgenländischen Landesarchiv, Bd. 1: Bezirk Neusiedl, 1954, Bd. 2: Bezirk Eisenstadt, 1962; Regele, O., Beiträge zur Geschichte der staatlichen Landesaufnahme und Kartographie in Österreich bis 1918, 1955; Grund, A./Giannoni, K. u. a., Niederösterreich I, II 1910, 1957; Wolf, H., Niederösterreich, 1956, in: Erläuterungen zum historischen Atlas der österreichischen Alpenländer; Bernleithner, E., Die Entwicklung der Kartographie in Österreich, Ber. zur dt. Landeskunde 22 (1959); Thenius, E., Niederösterreich, 1962; Vorberg, G., Zur Struktur des landesfürstlichen Besitzes in Niederösterreich, Diss. phil. Wien 1965 (masch.schr.); Winner, G., Klosteraufhebungen in Niederösterreich und Wien, 1967; Österreichisches Städtebuch, hg. v. Hoffmann, A., Bd. 1–4 1968 ff.; Handbuch der historischen Stätten. Österreich Bd. 1, hg. v. Lechner, K., 1970; Gutkas, K., Geschichte des Landes Niederösterreich, Bd. 1–3 1957–1959, 6. A. 1983; Zöllner, E., Geschichte Österreichs, 8. A. 1990; Lechner, K., Die Babenberger. Markgrafen und Herzöge von Österreich 976–1246, 1976; Berthold, W., Bibliographie zur Landeskunde von Niederösterreich, 1988; Friesinger, H./Vacha, B., Römer – Germanen – Slawen in Österreich, Bayern und Mähren, 1988; Feigl, H., Recht und Gerichtsbarkeit in Niederösterreich, 1989; Urkunde und Geschichte. Niederösterreichs Landesgeschichte im Spiegel der Urkunden seines Landesarchivs, bearb. v. Weltin, M., 2004.

Niederraunau, Raunau (reichsritterschaftliche Herrschaft). 1067 erwarb das Stift Sankt Peter zu Augsburg in N. (Ruonen, Raunau) an der Kammlach bei Krumbach die Güter Swiggers von Balzhausen. Um die Mitte des 12. Jahrhunderts gelangten Güter derer von N. (Rünun, Raunau) durch Übertragung an das Kloster Ursberg. Daneben hatte 1316 das Hochstift Augsburg Güter. Am Anfang des 15. Jahrhunderts vereinigten die Herren von Ellerbach die Güter zu einer reichsunmittelbaren Herrschaft, die 1494 die hohe Gerichtsbarkeit erlangte und zum Kanton Donau des Ritterkreises Schwaben steuerte. Diese kam durch Kauf und Erbe an die Kartause Buxheim, das Frauenkloster in Kaufbeuren, das Kloster Ursberg, die Ulmer Patrizier Ehinger und Ungelter, die Freyberg, Hausen, Westerstetten, Freyberg-Eisenberg und Ponickau. Die Herrschaft N. (Raunau) bestand aus dem Schloss Hohenraunau und dem Marktflecken Niederraunau. 1806 fiel sie an Bayern.

L.: Wolff 508; Miller, L., Geschichtliches vom ehemaligen Markt Niederraunau, in: Deutsche Gaue Sonderheft 70, 1908.

Niederrhein (Großherzogtum). 1815 wurde nach dem Übergang des Rheinlandes an Preußen ein Großherzogtum N. mit Sitz in Koblenz geschaffen, das 1822 in der Rheinprovinz aufging.

L.: Becker, N., Das Land am unteren Niederrhein, 1992; Der Kulturraum Niederrhein, 1996.

Niederrheinisch-westfälischer Reichskreis, westfälischer Reichskreis. Der häufig nur westfälischer Reichskreis genannte, 1500 geschaffene niederrheinisch-westfälische Reichskreis umfasste die Gebiete zwischen Weser und späterer Grenze der Niederlande, in dem aber auch Teile des zum kurrheinischen Reichskreis gehörigen Erzstifts Köln lagen. Kreisstände waren nach der 1548 vertragsweise erfolgten Ausgliederung Utrechts, Gelderns und Zütphens Kleve-Mark-Ravensberg, Jülich-Berg, die Hochstifte Münster, Paderborn, Lüttich, Osnabrück, Minden und Verden, die Abteien Corvey, Stablo und Malmédy, Werden, Kornelimünster, Essen, Thorn, Herford, die Grafschaften und Herrschaften Nassau-Diez, Ostfriesland, Moers, Wied, Sayn, Schaumburg, Oldenburg und Delmenhorst, Lippe, Bentheim, Steinfurt, Tecklenburg, Hoya, Virneburg, Diepholz, Spiegelberg, Rietberg, Pyrmont, Gronsfeld (Gronsveld), Reckheim, Anholt, Winneburg, Holzappel, Witten, Blankenheim und Gerolstein, Gemen, Gimborn-Neustadt, Wickrath, Millendonk (Myllendonk), Reichenstein, Kerpen-Lommersum, Schleiden, Hallermunt sowie die Reichsstädte Köln, Aachen und Dortmund. Kreisausschreibender Reichsstand (seit dem 17. Jahrhundert Kreisdirektor) war zunächst der Herzog von Jülich, seit dem Anfang des 17. Jahrhunderts der Bischof von Münster, der das Amt nach dem jülich-klevischen Erbfolgestreit mit Brandenburg und Pfalz-Neuburg teilen musste. Im 18. Jahrhundert wurde der niederrheinisch-westfälische Reichskreis, dessen wenige Kreistage in Köln stattgefunden hatten und dessen Kreisarchiv in Düsseldorf lag, weitgehend handlungsunfähig. 1806 löste er sich auf.

L.: Gumpelzhaimer 145; Casser, P., Der Niederrheinisch-westfälische Reichskreis, 1934, in: Der Raum Westfalen 2, 2; Hastenrath, W., Das Ende des Niederrheinisch-westfälischen Reichskreises, 1949; Der Kulturraum Niederrhein, 1996.

Niederrheinisch-westfälisches Reichsgrafenkollegium s. Westfälisches Reichsgrafenkollegium

Niederrheinstrom (Kanton). Der Kanton N. ist eine Untergliederung des Ritterkreises Rhein. Er hatte seine Kanzlei in Koblenz.

L.: Wolff 515.

Niedersachsen (Land). Der Name N., der 1354 erstmals bezeugt ist, stellte das Gebiet in Gegensatz zum oberen Sachsen um Lauenburg und Wittenberg. Bereits 1512 fand er im niedersächsischen Reichskreis Verwendung, doch gewann er größere Bedeutung erst nach der Annexion Hannovers durch Preußen (1866). Die 1945 unter britische Besatzung gelangten Länder Braunschweig, Oldenburg und Schaumburg-Lippe sowie das am 23. 8. 1946 aus einer Provinz wiedererrichtete Land Hannover Preußens wurden durch Verordnung Nr. 55 der britischen Militärregierung vom 1. 11. 1946 zum Land N. zusammengefasst. Hinzu kamen am 1. 1. 1947 Teile des Landgebietes Bremens. Verfassungsgrundlage war zunächst das Gesetz zur vorläufigen Ordnung der Landesgewalt vom 11. 2. 1947, danach die Verfassung vom 13. 4. 1951. Mit 47412 Quadratkilometern ist N. das zweitgrößte Land der Bundesrepublik Deutschland. Die Zahl seiner Einwohner betrug 1969 7100400 (1985 7204000). Am 1. 7. 1993 wechselten 8 Gemeinden um (Amt) Neuhaus (Neu Wendischthun [Neuwindischthun], Sückau, Niendorf, Viehle, Sumte, Haar, Darchau, Vockfey, Stapel, Zeetze [Zetze], Laave, Kaarßen, Tripkau, Wehningen, Wilkenstorf mit rund 6200 Bewohnern), die 1945 durch Beschluss der britischen Besatzungsbehörden von Preußen (Hannover) abgetrennt und der sowjetischen Besatzungszone zugeteilt wurden, von Mecklenburg-Vorpommern nach Niedersachsen.

L.: Schnath, G./Lübbing, H./Engel, F., Niedersachsen, in: Geschichte der deutschen Länder, Bd. 1; Keyser, E./Stoob, H. (Hg.), Deutsches Städtebuch, Bd. 3 Teilband 1 1952; Schnath, G., Niedersachsen und Hannover, 4. A. 1964; Geschichtlicher Handatlas Niedersachsens, hg. v. Schnath, G., 1939; Schnath, G., Streifzüge durch Niedersachsens Vergangenheit, 1968; Schnath, G., Ausgewählte Beiträge zur Landesgeschichte Niedersachsens, 1968; Niedersachsen. Territorien, Verwaltungseinheiten, geschichtliche Landschaften, hg. v. Haase, C., 1971; Schnath, G. u. a., Geschichte des Landes Niedersachsen, 6. A. 1994 (aus: Geschichte der deutschen Länder); Geschichte Niedersachsens, hg. v. Patze, H., Bd. 1 f. 1977 ff.; Oberschelp, R., Niedersachsen 1760–1820, 1982; Katalog zur Landesausstellung Niedersachsen 1985, 1985; Streich, G., Klöster, Stifte und Kommenden in Niedersachsen vor der Reformation, 1986; Kaemling, W., Atlas zur Geschichte Niedersachsens, 1987; Pischke, G., Geschichtlicher Handatlas von Niedersachsen, 1989; Krumwiede, H., Kirchengeschichte Niedersachsens, 1995; Casemir, C./Ohainski, U., Niedersächsische Orte bis zum Ende des ersten Jahrtausends, 1995; Geschichte Niedersachsens, hg. v. Hucker, B. u. a., 1997; Übergang und Neubeginn, hg. v. Merker, O., 1997; Niedersächsische Juristen, hg. v. Rückert, J. u. a., 2003; Handbuch der niedersächsischen Landtags- und Ständegeschichte, hg. v. Wieden, B. bei der, Bd. 1 2004.

Niedersächsischer Reichskreis. Der 1512 neben dem obersächsischen Reichskreis gebildete N. umfasste das Gebiet zwischen Weser, Harz und Elbe einschließlich Magdeburgs, Mecklenburgs und Holsteins. Kreisausschreibende Fürsten waren seit 1522 der Erzbischof von Magdeburg und der Herzog von Braunschweig-Lüneburg, abwechselndes Direktorium seit 1648 Brandenburg und Schweden. Die wichtigsten Mitglieder des seit 1682/1702 im Wesentlichen handlungsunfähigen Gebildes waren Erzstift Magdeburg (seit 1648 Brandenburg), Erzstift Bremen (seit 1715 Hannover), Lüneburg, Grubenhagen, Calenberg-Göttingen, Wolfenbüttel, Hochstift Halberstadt mit Grafschaft Regenstein (seit 1648 Brandenburg), Mecklenburg-Schwerin, Mecklenburg-Güstrow, Hochstift Schwerin (Mecklenburg-Schwerin), Holstein-Glückstadt (Dänemark), Holstein-Gottorp (Gottorf) (Dänemark), Grafschaft Rantzau (Dänemark), Hochstift Hildesheim und die Reichsstädte Bremen, Goslar, Hamburg, Lübeck, Mühlhausen und Nordhausen.

L.: Gumpelzhaimer 185; Wolff 426; Schmidt, W., Geschichte des niedersächsischen Reichskreises, Niedersächs. Jb. f. Landesgesch. 7 (1930).

Nieder-Saulheim, Niedersaulheim (Ganerbschaft). In N. westlich von Oppenheim bestand eine Ganerbschaft. S. Rheinland-Pfalz.

L.: Geschichtlicher Atlas von Hessen, Inhaltsübersicht 34.

Nieder-Saulheim, Niedersaulheim, s. Wallbrunn zu N., Waldbrunn zu N.

Niederschlesien (Herzogtum, Provinz). Bei der Teilung Schlesiens 1173 kam N. an Boleslaw I. Sein Sohn musste 1202 Oppeln abtreten. 1251 wurde N. (ducatus Silesiae im Gegensatz zum ducatus Opoloniensis [Oberschlesien]) in Glogau, Breslau und Liegnitz geteilt. Von Glogau spalteten sich Sagan mit Crossen und Oels mit Wohlau und Trachenberg ab, von Breslau Brieg und das Bistumsland Neiße; aus Liegnitz entstanden Schweidnitz-Jauer und Münsterberg. Seit der zweiten Hälfte des 15. Jahrhunderts bürgerte sich für diese Gebiete der Name N. ein. Von 1919 bis 1938 war N. eine eigene Provinz Preußens. S. Schlesien, Polen.

L.: Schlesien, hg. v. Conrads, N., 1994; Menzel, J., Schlesien, LexMA 7 1995, 1481 ff.

Niederschwaben (Reichslandvogtei). Rudolf von Habsburg fasste nach 1273 das Reichsgut in Schwaben in den Reichslandvogteien N. (nördlich der schwäbischen Alb) und Oberschwaben und Augsburg zusammen. Der Zerfall war jedoch bereits so fortgeschritten, dass lediglich um Altdorf/Weingarten ein dem Reich verbundenes Herrschaftsgebiet bestehen blieb, das 1406 an Habsburg fiel.

L.: Hofacker, H., Die schwäbischen Reichslandvogteien im späten Mittelalter, 1980.

Niederstetten (reichsritterschaftlicher Ort). N. südöstlich von Mergentheim erscheint im 9. Jahrhundert in den Traditionen Fuldas (Stetine). Seit 1290 gehörte es den Herren von Hohenlohe-Brauneck. 1366 erwarb es Hohenlohe-Speckfeld, das 1412 ausstarb. Von 1415 an war es Lehen Würzburgs der Rosenberg, fiel aber 1632 heim. 1636 kam es von Würzburg an die Hatzfeld, fiel aber 1794 erneut heim. 1803 gelangte die zum Kanton Odenwald des Ritterkreises Franken zählende Herrschaft an Hohenlohe-Bartenstein, fiel 1806 aber an Württemberg und damit 1951/1952 an Baden-Württemberg.

L.: Wolff 512; Stern, M., Heimatbuch der Stadtgemeinde Niederstetten, 1930.

Niederstotzingen, Stotzingen (reichsritterschaftlicher Ort). Nach dem 1143 erwähnten Stotzingen nördlich von Günzburg nannten sich seit 1286 Ritter. Um 1336 hatten die Riedheim die Oberherrschaft. Um 1450 fiel N. (Stotzingen) an die Westernach, 1457 durch Verkauf an Puppelin von Stein (Stein zum Rechtenstein) N. und Oberstotzingen zählten zum Kanton Donau des Ritterkreises Schwaben und kamen über Bayern (1806) und Württemberg (1810) 1951/1952 an Baden-Württemberg.

L.: Wolff 509; Mangold, O., Geschichte von Niederstotzingen, 1926; Stockinger, G. G., Geschichte der Stadt Niederstotzingen, 1966.

Niederwalden, Nidwalden (Land) s. Unterwalden

L.: Großer Historischer Weltatlas II 72 b (bis 1797) E5.

Niederweiler (Reichsdorf). Am 18. 10. 1403 bestätigte König Ruprecht den Herren von Königsegg die Reichspfandschaft Hoßkirch (bei Saulgau), N. und Oberweiler.

L.: Hugo 453, 455.

Niederwesel, Wesel (Reichsstadt oder freie Stadt). Wesel (N.) am Rhein erscheint in der Reichsmatrikel von 1521.

L.: Reichsmatrikel 1521; Roelen, M., Studien zur Topographie und Bevölkerung Wesels im Spätmittelalter, Teil 1 f., 1989 f.

Niedgau (Nitagouwe)

L.: Polenz, P. v., Landschafts- und Bezirksnamen, 1961, II, 16, 24, 27, Nitagaue, Nitachowa, pagus Nedinsis, ‚Niedgau'; Puhl, R., Die Gaue und Grafschaften des frühen Mittelalters im Saar-Mosel-Raum, 1999, 242 (840 pago Netensi), benannt nach der Nied, zwischen Warndtwald und deutscher Nied (Bambiderstroff [villa Buderstorff], Berg-sur-Moselle, Burmerange, Evrange, Lisdorf, Rémilly, Saint-Martin-de-Glandière).

Niefern (Herren). 1186 begegnen Herren von N. Sie sind nach der 1276 belegten Burg (Hohen-)N. bei Pforzheim benannt. Mit der unteren Burg fiel N. nach dem Aussterben der Herren von N. um 1500 an Baden, das zunächst auch drei Viertel des Dorfes von Kloster Maulbronn und Georg von Bach und wenig später das vierte Viertel von Konrad von Wallstein kaufte. 1951/1952 kam N. zu Baden-Württemberg.

L.: Langbein, E., Bilder aus der Vergangenheit des Dorfes Niefern, 1906.

Nielitizi (Gau)

L.: Hessler, W., Mitteldeutsche Gaue des frühen und hohen Mittelalters, 1957, 138 (Havelberg, Nitzow).

Nienburg/Saale (Abtei, Reichsabtei) s. Magdeburg (Erzstift)

Nierstein (Reichsdorf). N. am Rhein bei Oppenheim war vorgeschichtlich und römisch besiedelt und erscheint bereits in einer Gabe Karlmanns an Würzburg zu Beginn des 8. Jahrhunderts. Am 16. 1. 1315 verpfändete König Ludwig der Bayer unter anderem N. an den Erzbischof von Mainz. Am 25. 12. 1356 verpfändete Kaiser Karl IV. den Ort an die Stadt Mainz. Am 12. 2. 1375 verpfändete er ihn Ruprecht von der Pfalz. König Wenzel bestätigte dies am 7. 7. 1376. Am 23. 8. 1402 verpfändete König Ruprecht den Ort seinem Sohn Ludwig von der Pfalz. 1752 gehörten die Güter neunzehn adligen Familien und mehreren Kirchen. Danach kam er an Hessen-Darmstadt und 1946 an Rheinland-Pfalz.

L.: Hugo 466 f.; Wolff 91.

Nievenheim

L.: Polenz, P. v., Landschafts- und Bezirksnamen, 1961, I, 10, IV, 10 f., Nivanheim, pagus Nivanheim, zum Ortsnamen Nievenheim.

Nievenheimergau (Gau) (Niuanheim 796)

L.: Nonn, U., Pagus und comitatus in Niederlothringen, 1983, 205.

Nievern (Herrschaft). In der Sponheimer Vogtei N. bei Ems (Bad Ems) an der Lahn am Westerwald setzten die von der Arken und ihre Ganerben zu Ende des 14. Jahrhunderts Landeshoheit durch. Später kam das zum Kanton Mittelrheinstrom des Ritterkreises Rhein zählende N. an Nassau und damit 1866 an Preußen (Hessen-Nassau) und 1946 zu Rheinland-Pfalz.

L.: Wolff 516; Gensicke, H., Landesgeschichte des Westerwaldes, 2. A. 1987, 327.

Niftarlake

L.: Polenz, P. v., Landschafts- und Bezirksnamen, 1961, II, 95, V, 2, Niftarlake, Instarlaca.

Nihtresi, Nihtersi (Nihterse, Nitherseo, Gau östlich der Eder östlich Kassels = Ittergau)

L.: Curs, O., Deutschlands Gaue im zehnten Jahrhundert. Nach den Königsurkunden, Diss. phil. Göttingen 1908, 15 (Lelbach, Rhena, Korbach), Nihtersi; Polenz, P. v., Landschafts- und Bezirksnamen, 1961, II, 24, 28, 41, III, 31, IV, 16, V, 2, Nihtresi, Nihterga, Itergowe, Niftarsi, Nistresi, ‚Ittergau'.

Nikolai-Ahausen s. Winterhausen

Nimburg (Herrschaft). 1052 erscheint die N. (Nuemburc) bei Emmendingen, nach der sich seit 1087/1094 Herren bzw. Grafen nannten. 1200 verkauften sie die zugehörige Herrschaft an das Hochstift Straßburg. 1465 wurde N. von Baden-Durlach erworben. Über Baden kam es 1951/1952 an Baden-Württemberg.

L.: Hölzle, Beiwort 37; Stolz, W., Nimburg in seiner Vergangenheit und Gegenwart, 1955.

Nimwegen (Reichsstadt), niederl. Nijmegen. Nach älteren keltischen und germanischen Siedlungen errichteten die Römer 69/70 am südlichen Waalufer die Siedlung Batavodurum. Sie erhielt etwa 104 n. Chr. den Namen (Ulpia) Noviomagus (Neumarkt). Karl der Große erbaute in Niumaga eine Pfalz, der ein umfangreicher Reichswald zugeteilt war. 1230 wurde der Ort Reichsstadt. 1247/1248 wurde N. von König Wilhelm von Holland an die Grafen von Geldern verpfändet und verlor mangels Auslösung nach und nach die Reichsstandschaft. Mit Geldern kam es 1577 an die Niederlande.

L.: Wolff 68; Blok, P. J., Geschichte der Niederlande, Bd. 1 ff. 1902 ff.; Waele, F. J. de, Noviomagus Batavorum, 1931; Seveke, I., Nimwegen, 1955; Nimwegen (Stede-atlas van Nijmegen), bearb. v. Gorissen, F., in: Niederrheinischer Städteatlas, hg. v. Kallen, G., 2, 1, 1956; Leupen, P., Nijmegen en het Rijk, Klever Archiv 4 (1983), 57 ff.; Sarfatij, H., De vroege topografie van middeleeuws Nijmegen, FS D. Blok, 1990, 321 ff., Leupen, P., Nijmegen, LexMA 6 1993, 1149; Escher, M. u. a., Die urbanen Zentren, 2005, 2, 464.

Nippenburg (Reichsritter). Die N. gehörten bereits 1488 zur Gesellschaft Sankt Jörgenschild, Teil am Neckar. Von 1548 bis etwa 1630 waren sie Mitglied des Kantons Neckar des Ritterkreises Schwaben, von 1592–1645 wegen dem halben Mühlhausen am Neckar auch im Kanton Kocher.

L.: Hellstern 210; Schulz 267.

Nisane (Niseni, Gau östlich Meißens)

L.: Curs, O., Deutschlands Gaue im zehnten Jahrhundert. Nach den Königsurkunden, Diss. phil. Göttingen 1908, 15 (Brochwitz); Hessler, W., Mitteldeutsche Gaue des frühen und hohen Mittelalters, 1957, 138 (Brockwitz, Cossebaude, Döltzschen, Gohlis, Oberhermsdorf, Leuteritz, Löbtau, Mobschatz, Naundorf, Pesterwitz, Roitzsch, Grumbach, Loschwitz).

Nitagouwe (Niedgau)

L.: Polenz, P. v., Landschafts- und Bezirksnamen, 1961, II, 16, 24, 27, Nitagouwe, Nitachowa, pagus Nedinsis, ‚Niedgau'.

Nitahgouwe (Niddagau)

L.: Polenz, P. v., Landschafts- und Bezirksnamen, 1961, II, 16, 19, 24, 26, 29, Nitahgouwe, pagus Nitensis, ‚Niddagau'.

Nivanheim s. Nievenheim

L.: Polenz, P. v., Landschafts- und Bezirksnamen, 1961, I, 10, IV, 10f., Nivanheim, pagus Nivanheim, zum Ortsnamen Nievenheim.

Nizizi (Einzugsgebiet eines Teils der Elbe) (973) s. a. Nidkiki

L.: Hessler, W., Mitteldeutsche Gaue des frühen und hohen Mittelalters, 1957, 24, 139 (Axien, Belgern, Dommitzsch, Elsnig, Eutzsch, Klöden, Pratau, Prettin, Pretzsch, Rackith, Sollnitz, Torgau, Trebitz, Wörlitz, Zwethau); Wagner, G., Die Verwaltungsgliederung im karolingischen Reich, 1963, 10.

Nizza (freie Stadt). Vielleicht als Nikaia wurde N. im fünften vorchristlichen Jahrhundert von Massalia (Marseille) aus gegründet. Seit etwa 970 gehörte es zur Grafschaft Provence, wurde aber im 12. Jahrhundert freie Stadt (1142 Konsuln). 1229/1230 kam N. wieder zur Provence. 1388 unterstellte es sich Savoyen. 1793 fielen Stadt und Grafschaft N. an Frankreich, 1814 wieder an Savoyen, 1860 auf Grund einer Volksabstimmung endgültig an Frankreich.

L.: Großer Historischer Weltatlas II 48 (1300) B2/3; Latouche, R., Histoire de Nice, Bd. 1, 2 1951ff.; Histoire de Nice et du Pays Niçois, hg. v. Bordes, M., 1976; Le comté de Nice, hg. v. Compan, A., 1980; Venturini, A., Nice et la Provence orientale à la fin du Moyen Age, 1989; Venturini, A., Nizza, LexMA 6 1993, 1240.

Nomeny (Markgrafschaft). Die Markgrafschaft N. gehörte ursprünglich zum Hochstift Metz, wurde von diesem aber zeitweilig an die Herzöge von Lothringen verpfändet und 1551 zu Lehen gegeben. Später kaufte Lothringen N. 1613 starb die Linie Mercoeur aus und vererbte N. an den Herzog von Lothringen. Frankreich verzichtete auf die ursprünglich als Nachfolger von Metz geltend gemachten Rechte. Der Herzog von Lothringen musste 1735 zugunsten Stanislaus Leszczynskis (gegen Toskana) auf seine Länder verzichten, erhielt aber 1736 das Recht, unter dem Aufruf von N. Sitz und Stimme auf Reichstagen und Kreistagen für die ihm noch verbliebenen reichsunmittelbaren Territorien (Grafschaft Falkenstein am Donnersberg) zu führen und damit trotz Verlustes des stimmbegründenden Landes Reichsstand zu bleiben. N. zählte zum oberrheinischen Reichskreis.

L.: Wolff 304; Zeumer 553. II b 44; Rolin, C., Nomeny, 1937.

Nordagoe (Nörthengau zwischen Aa und Else links der Werre)

L.: Curs, O., Deutschlands Gaue im zehnten Jahrhundert. Nach den Königsurkunden, Diss. phil. Göttingen 1908, 15 (Engern).

Norddeutscher Bund (Staatenbund) ist der im August 1866 nach der Auflösung des Deutschen Bundes von Preußen mit den 21 verbliebenen norddeutschen Staaten geschlossene Staatenbund (Preußen, Sachsen, Großherzogtum Hessen [Hessen-Darmstadt] nördlich des Mains, Braunschweig, Mecklenburg-Schwerin, Sachsen-Weimar [Sachsen Weimar-Eisenach], Sachsen-Coburg und Gotha [Sachsen-Coburg-Gotha], Sachsen-Meiningen, Sachsen-Altenburg, Mecklenburg-Strelitz, Oldenburg, Anhalt, Schwarzburg-Sondershausen, Schwarzburg-Rudolstadt, Waldeck, Reuß ältere Linie, Reuß jüngere Linie, Schaumburg-Lippe, Lippe, Lübeck, Bremen, Hamburg, 415 000 Quadratkilometer, 30 Millionen Einwohner) unter der Vorherrschaft Preußens. Nachdem sich zu Beginn des deutsch-französischen Krieges die süddeutschen Staaten (Bayern am 23. 11. 1870, Württemberg am 25. 11. 1870, Baden und Hessen-Darmstadt südlich des Mains am 15. 11. 1870) dem Norddeutschen Bund angeschlossen hatten, nahm er im Dezember 1870 den Namen Deutsches Reich an.

Zum 1. 1. 1871 wurde die Verfassung abgeändert. Am 18. 1. 1871 wurde der Kaiser im Spiegelsaal zu Versailles proklamiert.

L.: Pollmann, Parlamentarismus im Norddeutschen Bund, 1985; Willoweit, D., Deutsche Verfassungsgeschichte, 5.A. 2005.

Nordeck von Rabenau s. Rabenau

Nordedi s. Northwidu

Norden, Emden, Emisgonien (Reichsgrafschaft) s. Ostfriesland

Nordenberg, Nortenberg (Herrschaft). Die Herrschaft N. wurde 1383 von der Reichsstadt Rothenburg erworben. N. kam bei der Mediatisierung zu Bayern.

L.: Hölzle, Beiwort 90.

Nordendi s. Northwidu

Nordendorf, Norndorf (Herrschaft). Im N. am unteren Lech bei Donauwörth erscheinen seit 1264 die Herzöge von Bayern als Lehnsherren zahlreicher Rechte, die zunächst die Herren von Donnersberg, seit 1290 die verwandten Marschälle von Oberndorf, seit 1455 die Marschälle von Affing, seit 1492 Ritter Mang von Hohenreichen, seit 1498 Ehrentraut von Seyboldsdorf (Ehrentraut die Seyboltsdorferin), seit 1506 Walter von Gumppenberg, seit 1517 Ernst Marschall zu Oberndorf, seit 1528 die Pimmel von Augsburg, 1548 die Rehling von Augsburg und seit 1580 durch Kauf die Fugger in der Linie N. (Fugger-Nordendorf) innehatten. Daneben gab es im 13. Jahrhundert Herren von N. mit eigenen Rechten. Über die Fugger zählte die Herrschaft N. innerhalb Burgaus zum schwäbischen Reichskreis. N. fiel bei der Mediatisierung an Bayern.

L.: Wolff 205; Hölzle, Beiwort 45; Franken, M., Die Alemannen zwischen Iller und Lech, 1944.

Norderaland s. Northwidu

L.: Polenz, P. v., Landschafts- und Bezirksnamen, 1961, II, 38, 49, 69 f., Northwidu.

Norderdithmarschen (Land, Landschaft). Die Landschaft N. um Heide kam als Teil von Dithmarschen 1580/1581 an Holstein-Gottorp (Gottorf) und 1773 unter die Oberherrschaft Dänemarks. Über Holstein-Gottorp (Gottorf, Holstein-Gottorf) gehörte sie am Ende des 18. Jahrhunderts zum niedersächsischen Reichskreis.

L.: Wolff 446; Hadel, W. v., Die Eingliederung des Landes Dithmarschen in den Verband der Herzogtümer Schleswig und Holstein, 1963; Witt, R., Die Privilegien der Landschaft Norderdithmarschen in gottorfischer Zeit 1559–1773, 1975.

Nordfilusa

L.: Polenz, P. v., Landschafts- und Bezirksnamen, 1961, V, 2.

Nordgau (Gau, Landschaft). Im Gebiet nördlich der Donau zwischen Neuburg und Regensburg, das später bis zum oberen Main (1060 Egerland) ausgedehnt wurde, fassten nach den Karolingern, den Liutpoldingern (Luitpoldingern), den Markgrafen von Schweinfurt (939–1003), den Grafen von Sulzbach und den Diepoldingern seit Ende des 12. Jahrhunderts die Grafen von Wittelsbach Fuß, die 1255 als Herzöge von Bayern den größeren Teil des Gebiets erwerben konnten. Danach kam als Folge der wittelsbachischen Zweiteilung des Gebietes von 1329 der Name allmählich ab und seit der ersten Hälfte des 16. Jahrhunderts hierfür der Name Oberpfalz auf.

L.: Doeberl, M., Die Markgrafschaft und die Markgrafen auf dem bayerischen Nordgau, 1893; Curs, O., Deutschlands Gaue im zehnten Jahrhundert. Nach den Königsurkunden, Diss. phil. Göttingen 1908, 15 (Nortgouue, Nortgouui, Nordgeuui, Nordgouue, Norgovve, Nordgeuue, Nortgowa, Nortgowe, Norekawe, Nordgowe, Gau zwischen Regensburg und Fürth, Oberweiling, Dürn, Mantlach, Schambach, Fürth in Bayern, Beilngries, Bergen, Velden, Kirchenreinbach, Kemnath, Machendorf, Lintach, Schwarzenfeld, Weilindorf, Förrenbach, Hersbruck, Vorra, Oberkrumbach, Schnaittach, Rüsselbach, Ittling, Schierstadt, Prüfening, Gründlach, Walkersbrunn, Eltersdorf, Herpersdorf, Sickenreuth, Wenigritz, Neunburg vorm Wald, Diendorf, Gütenland, Hiltstedt, Premberg); Polenz, P. v., Landschafts- und Bezirksnamen, 1961, II, 36 f., III, 32, IV, 8, Nordgouwe I, der bayerische Nordgau; Gagel, E., Der Nordgau im Mittelalter, Oberpfälzer Heimat 13 (1969), 7 ff.; Kraus, A., Marginalien zur ältesten Geschichte des bayerischen Nordgaus, Jb. f. fränk. Landesforschung 34/35 (1974/1975), 163 ff.; Schmid, A., Nordgau, LexMA 6 1993, 1235.

Nordgo I s. Northgo I

L.: Polenz, P. v., Landschafts- und Bezirksnamen, 1961, II, 36 (an der Ijssel).

Nordgo II s. Northgo II

L.: Polenz, P. v., Landschafts- und Bezirksnamen, 1961, II, 36 f., (in Westfalen).

Nordgouwe (Nordgau, Unterelsass)

L.: Polenz, P. v., Landschafts- und Bezirksnamen, 1961, II, 36 f., 255, Nordgouwe II, Unterelsass.

Nordhausen (Reichsstadt). Bei einer um 910 an wichtigen Straßenkreuzungen errichteten Burg erscheint 927 erstmals der Ort N. als Gut König Heinrichs I., der dieses 929 seiner

Frau Mathilde als Wittum gab. 961 gründete sie in N. ein Kanonissenstift, dem der Ort gehörte. 972 gab Otto II. N. als Mitgift seiner Gemahlin Theophanu. 1220 löste Kaiser Friedrich II. N. aus der Abhängigkeit des in ein Domstift umgewandelten Stiftes. 1277 wurde der Reichsvogt vertrieben und die Reichsburg zerstört. Rudolf von Habsburg stärkte gleichwohl 1290 die Stellung der Bürger. Von 1312 bis 1594 waren die Grafen von Hohnstein, danach das Haus Wettin, seit 1697 Brandenburg Reichsvogt. 1524 wurde die Reformation eingeführt. Von 1703 bis 1714 besetzte Brandenburg N. 1716 gewann die zum niedersächsischen Reichskreis zählende Stadt das Amt des Reichsvogtes und Reichsschultheißen gegen 50000 Taler für sich. 1802 kam N. an Preußen, wurde von 1807 bis 1813 dem Harzdepartement des Königreichs Westphalen eingefügt und 1815 der Provinz Sachsen Preußens eingegliedert. Am 1. 7. 1944 wurde der Reichsstatthalter in Thüringen mit der Wahrnehmung der Aufgaben und Befugnisse des Oberpräsidenten in der staatlichen Verwaltung des Regierungsbezirks Erfurt beauftragt. Mit Thüringen kam N. 1945 zur sowjetischen Besatzungszone und fiel damit von 1949 bis 1990 an die Deutsche Demokratische Republik. S. Thüringen

L.: Wolff 458; Zeumer 554 III a 11; Wallner 707 NiedersächsRK 26; Großer Historischer Weltatlas II 66 (1378) F3, III 22 (1648) E3; Silberlath, H., Geschichte der freien Reichsstadt Nordhausen, 1927; Das tausendjährige Nordhausen, hg. v. Magistrat, Bd. 1f. 1927; Döring, O., Nordhausen, 1929; Heineck, H., Chronik der Stadt Nordhausen, 1930; Nordhausener Urkundenbuch, bearb. v. Lücke, G./Meissner, G., Bd. 1f. 1936ff.; Silberborth, H., Preußen und Hannover im Kampf um die freie Reichsstadt Nordhausen, 1936; Blaschke, K., Nordhausen, LexMA 6 1993, 1236.

Nordhausen (reichsunmittelbares Stift). Bei einer um 910 errichteten Burg erscheint 927 erstmals der Ort N. als Gut König Heinrichs I., in dem Königin Mathilde 961 ein Kanonissenstift gründete. 1220 löste Kaiser Friedrich II. den Ort aus der Abhängigkeit des Stiftes, das reichsunmittelbares Domherrenstift wurde. 1802 wurde das Stift säkularisiert und kam an Preußen (Provinz Sachsen).

L.: Großer Historischer Weltatlas II 66 (1378) F3, III 22 (1648) E3, III 38 (1789), D2; Das tausendjährige Nordhausen, hg. v. Magistrat, Bd. 1f. 1927; Wand, A., Der Dom zum Heiligen Kreuz Nordhausen, 1986.

Nördlingen (Reichsstadt). Nach römischen und alemannischen Siedlungen erscheint 898 der Königshof N. im Ries anlässlich der Übertragung an den Bischof von Regensburg. 1215 gewann Friedrich II. durch Tausch N. für das Reich zurück. Vergeblich versuchten die Grafen von Oettingen und die Herzöge von Bayern die Herrschaft zu erlangen. Spätestens 1290 (Stadtrecht) ist N. als Stadt bezeugt. In der Folge war es Reichsstadt (1323 Ammannamt). 1522/1555 schloss es sich der Reformation an. Es gehörte dem schwäbischen Reichsstädtekollegium und dem schwäbischen Reichskreis an. 1803 kam es mit 7000–8000 Einwohnern und 1,5 Quadratmeilen Gebiet (Enkingen, Teile von Nähermemmingen und Herkheim, Goldburghausen, Schweindorf u. a.) an Bayern.

L.: Wolff 213; Zeumer 554 III b 7; Wallner 689 SchwäbRK 70; Großer Historischer Weltatlas II 66 (1378) E4, III 22 (1648) F4, III 38 (1789) D3; Schroeder 210ff.; Müller, K., Nördlingen. Stadtrechte des Mittelalters, 1933; Puchner, K./Wulz, G., Die Urkunden der Stadt Nördlingen 1233–1449, Bd. 1ff. 1952ff.; Sayn-Wittgenstein, F. Prinz zu, Reichsstädte, 1965; Rabe, H., Der Rat der niederschwäbischen Reichsstädte, 1966; Berger, H., Nördlingen. Die Entwicklung einer Stadt von den Anfängen bis zum Beginn der sechziger Jahre des 20. Jahrhunderts, Diss. phil. Erlangen-Nürnberg, 1969; Kudorfer, D., Nördlingen, 1974, in: Historischer Atlas von Bayern, Teil Schwaben; Rublack, H., Eine bürgerliche Reformation: Nördlingen, 1982; Voges, D. H., Die Reichsstadt Nördlingen, 1988; Kießling, R., Die Stadt und ihr Land, 1989, 24ff.; Kießling, R., Nördlingen, LexMA 6 1993, 1236; Voges, D., Nördlingen seit der Reformation, 1998.

Nördlinger (Reichsritter). Von 1614 bis 1629 war Melchior N. mit einem 1609 als Lehen erlangten Schloss in Talheim im Kanton Kocher des Ritterkreises Schwaben immatrikuliert.

L.: Schulz 268.

Nordmark (Mark, Landschaft). N. ist der nördliche Teil der unter Otto dem Großen dem Markgrafen Gero an der mittleren Elbe übertragenen Gebiete, der nach Geros Tod (965) an Markgrafen aus den Häusern Walbeck, Haldensleben, Stade und Plötzkau gegeben wurde und 1134 an den Askanier Albrecht den Bären kam. Über ihn und seine Nachfolger wurde die inzwischen fast ausschließlich auf die linkselbischen Güter zusammengeschrumpfte Mark Ausgangspunkt der Mark Brandenburg.

L.: Schultze, J., Nordmark und Altmark, Forschungen zur brandenburgischen Geschichte, 1964.

Nordrhein-Westfalen (Land). Durch Verordnung der britischen Militärregierung vom

23. 8. 1946 wurde aus dem nördlichen Teil der Rheinprovinz (Regierungsbezirke Aachen, Köln, Düsseldorf) und der Provinz Westfalen Preußens das Land N. gebildet. Durch Verordnungen vom 21. 1. 1947 wurde ihm das Land Lippe-Detmold eingegliedert. Am 11. 7. 1950 trat die Verfassung in Kraft. Mit 34057 Quadratkilometern (1986 34068) ist N. (nach Bayern, Niedersachsen und Baden-Württemberg) das viertgrößte, jedoch nach der Zahl seiner Einwohner an der Spitze stehende Land der Bundesrepublik Deutschland. 1975 zählte es 17200000 Einwohner (1986 16665000). Hauptstadt ist Düsseldorf.

L.: Nordrhein-Westfalen-Atlas 1953 ff.; Köhler, W., Das Land aus dem Schmelztiegel. Die Entstehungegeschichte Nordrhein-Westfalens, 1961; Loschelder, W./ Salzwedel, J., Verfassungs- und Verwaltungsrecht des Landes Nordrhein-Westfalen, 1964; Petri, F., Nordrhein-Westfalen, Ergebnis geschichtlicher Entwicklung oder politische Neuschöpfung, in: Rhein. Vjbll. 31 (1966/1967); Breuer, R., Nordrhein-Westfalen, 1967; Handbuch der historischen Stätten, Bd. 3: Nordrhein-Westfalen, hg. v. Petri, F. u. a., 2. A. 1970; Först, W., Geschichte Nordrhein-Westfalens, 1970 ff.; Wisplinghoff, E. u. a., Geschichte des Landes Nordrhein-Westfalen, 1973; Rheinischer Städteatlas, hg. v. Landschaftsverband Rheinland, Amt für rheinische Landeskunde in Bonn, Lfg. 5 ff. 1979 ff.; Geschichtlicher Atlas der Rheinlande, hg. v. Irsigler, F., Lfg. 1 ff., 1982 ff.; Die Verfassung des Landes Nordrhein-Westfalen: Vorläufer-Vorbilder-Entstehung, Veröff. d. staatl. Archive des Landes Nordrhein-Westfalen Reihe D, Heft 17 (1984); Nordrhein-Westfälische Bibliographie, hg. v. d. Universitätsbibliotheken Düsseldorf und Münster, Bd. 1 ff. 1984 ff.; Neuland. Nordrhein-Westfalen und seine Anfänge 1945/1946, hg. v. Brunn, G., 1986; Först, W., Kleine Geschichte Nordrhein-Westfalens, 1986; Nordrhein-Westfalen. Kernland der Bundesrepublik. Eine Ausstellung, 1989; Nordrhein-Westfalen und der Bund, hg. v. Boldt, H., 1989; Engelbrecht, J., Landesgeschichte Nordrhein-Westfalens, 1994; NRW-Lexikon, 2000.

Nordstrand (Insel). Die eingedeichte Marschinsel N. mit 45 Quadratkilometern ist ein Rest der am 11. 11. 1634 durch eine Sturmflut zerstörten Insel Strand, die 1231 in 5 Harden eingeteilt war und über 50 Kirchen bzw. Kapellen aufwies. Sie unterstand den Grafen von Holstein. 1652 zog der Herzog von Holstein-Gottorp (Gottorf) niederländische Deichbaumeister ins Land, die weitreichende Privilegien erhielten, das ungeschützte Land neu eindeichten und die Wiedergewinnung des verlorenen Landes begannen. Bis 1867 hatte N. weitgehende Selbstverwaltung und bis 1900 ein eigenes, 1572 aufgezeichnetes Landrecht. 1864 kam N. an den Deutschen Bund, 1866 an Preußen und 1946 an Schleswig-Holstein.

L.: Boysen, K., Das Nordstrander Landrecht von 1572, 1967; Karff, F., Nordstrand. Geschichte einer nordfriesischen Insel, 1968.

Nordthüringergau s. Northuringia, Norththuringun

Nordthüringgau

L.: Hessler, W., Mitteldeutsche Gaue des frühen und hohen Mittelalters, 1957, 41, 140 (Atzendorf, Badeleben, Barby, Barleben, Biere, Bisdorf, Borne, Bornstedt, Bregenstedt, Buckau, Calbe, Diesdorf, Hohendodeleben, Niederndodeleben, Dodendorf, Domersleben, Dönstedt, Dreileben, Emden, Etgersleben, Etingen, Fermersleben, Flechtingen, Kleingermersleben, Gutenswegen, Althaldensleben, Hamersleben, Hohnsleben, Irxleben, Lemsell, Lemsdorf, Magdeburg, Mose, Nienburg, Offleben, Kleinoschersleben, Großottersleben, Peseckendorf, Remkersleben, Großrodensleben, Rothenförde, Kleinsalbke, Schwaneberg, Seehausen, Sohlen, Sülldorf, Uhrsleben, Unseburg, Üplingen, Vahldorf, Wanzleben, Altenweddingen, Osterweddingen, Wolmirsleben, Wormsdorf, Zeitz, Zielitz).

Noricum s. Nurihtal

L.: Polenz, P. v., Landschafts- und Bezirksnamen, 1961, II, 35, 64–66, III, 28 f., Nurihtal, vallis Norica, Orital.

Norital s. Brixen (Hochstift)

Norndorf s. Nordendorf

Nortenberg s. Nordenberg, Küchenmeister von N.

Northaga (Nörtengau)

L.: Polenz, P. v., Landschafts- und Bezirksnamen, 1961, II, 33, 36.

Northalbingi (Volksname Nordalbinger)

L.: Polenz, P. v., Landschafts- und Bezirksnamen, 1961, II, 13, 37, 51, III, 1, 3, 32, Northalbingi, Transalbiani, aquilonales Saxones, Nordleudi, s. a. Astfalahun.

Northgo I

L.: Polenz, P. v., Landschafts- und Bezirksnamen, 1961, II, 36 (an der Ijssel).

Northgo II

L.: Polenz, P. v., Landschafts- und Bezirksnamen, 1961, II, 36 f. (in Westfalen).

Northeim (Grafen). In N. an der Mündung der Rhume in die Leine bestand schon an der Zeitenwende und in frühmerowingischer Zeit eine Siedlung. Um 800 gab der Edle Nidhart Güter an Fulda. Ein Grafengeschlecht von N. wird im 10. Jahrhundert (982) erkennbar. Graf Otto wurde 1061 Herzog von Bayern (bis 1070). Die Güter der Grafen von N.

an der oberen Leine, Werra, Weser, Diemel, Nethe und der unteren Elbe (Boyneburg, Vogtei über Corvey, Gandersheim, Helmarshausen, Hausklöster Northeim, Bursfelde, Amelungsborn, Oldesleben) kamen nach dem Tod der Kaiserin Richenza (1141) und Siegfrieds IV. von Boyneburg (1144) bzw. Hermanns von Winzenburg (1152) auf Grund der Heirat Gertruds von Süpplingenburg, der Tochter König Lothars von Süpplingenburg und Richenzas von N., mit Heinrich dem Stolzen an die Welfen (Heinrich den Löwen).

L.: Wolff 437; Lange, K. H., Der Herrschaftsbereich der Grafen von Northeim, 1969; Pischke, G., Herrschaftsbereiche der Billunger, der Grafen von Stade, der Grafen von Northeim und Lothars von Süpplingenburg, 1984; Hindte, H. v., Northeim, LexMA 6 1993, 1253; Pischke, G., Die Grafen von Northeim, Z. d. V. f. hess. Gesch. 103 (1998), 3; Borchert, S., Herzog Otto von Northeim (um 1025–1083), 2005.

Norththuianti s. Twianta

L.: Polenz, P. v., Landschafts- und Bezirksnamen, 1961, 301.

Norththuringun, Nortthuringia (Nordthüringen)

L.: Curs, O., Deutschlands Gaue im zehnten Jahrhundert. Nach den Königsurkunden, Diss. phil. Göttingen 1908, 16 ([Nordthüringergau] Nordthuringa, Nordduringa, Nordturinga, Nordthuringia, Nordthuringi, Northuringorum pagus, Northuringa, Nordthiringo, Norturingia, Norththuringe, Northuriggia, Nordduringon, Norturinga, Northturingon, Norhtduringe, Gau westlich der Elbe, Großgermersleben, Wolmirsleben, Buckow, Magdeburg, Großrodensleben, Kleinrodensleben, Ottersleben, Suldorf, Hohendodeleben, Niederndodeleben, Frose, Prester, Bideritz, Pechau, Fermersleben, Biere, Unseburg, Schwaneberg, Borne, Bisdorf, Atzendorf, Hermsdorf, Velsdorf, Langenweddingen, Altweddingen, Wanzleben, Dönstet, Flechtingen, Ettingen, Calbe, Bornstedt, Veltheim, Hessen, Barnsdorf, Küblingen, Eggestedt, Seehausen, Dreyleben, Althaldensleben, Wahldorf, Köteritz, Barby, Nienburg, Badeleben, Großdedeleben, Kleindedeleben, Wormsdorf, Emmeringen, Heyersdorf, Algesdorf, Hamersleben, Zitz); Polenz, P. v., Landschafts- und Bezirksnamen, 1961, II, 35, 38, 41, III, 1–3, Norththuringun, Bevölkerungsname, Northuringgowe, ‚Nordthüriungen'; Wagner, G., Die Verwaltungsgliederung im karolingischen Reich, 1963, 9.

Northwidu (Nordedi, Nordendi, Norderaland)

L.: Polenz, P. v., Landschafts- und Bezirksnamen, 1961, II, 38, 49, 69 f., Northwidu, Nordedi, Nordeni, Norderaland.

Nortsuavi, Norsuavi (Volksname Nordschwaben)

L.: Polenz, P. v., Landschafts- und Bezirksnamen, 1961, II, 38, Nor(t)suavi, s. a. Swebun.

Nortwald (Gebietsname Nordwald)

L.: Polenz, P. v., Landschafts- und Bezirksnamen, 1961, II, 36, 74, Gebietsname, s. Nordgouwe I, bayerischer Nordgau.

Nörvenich (Grafschaft). Zur Grafschaft N. (1028 Noruenich) gehörte das Reichsgut um Düren. Zusammen mit der von den Pfalzgrafen lehnrührigen Waldgrafschaft mit den späteren Ämtern Nideggen und Wehrmeisterei (Wermeisterei) am Nordrand der Eifel fiel sie 1177 durch Heirat mit Alveradis von Maubach an die Grafen von Jülich und damit 1207 an die Herren von Heimbach, die sich seitdem nach Jülich benannten. Über Jülich und Preußen kam N. 1946 an Nordrhein-Westfalen.

L.: Wolff 322.

Nostitz (Grafen). Das wettinische, aus der Oberlausitz stammende Adelsgeschlecht wird 1280 erstmals erwähnt. Im 15. Jahrhundert verzweigte es sich nach Schlesien, Böhmen und Polen. Eine Linie wurde 1708 in den Reichsfreiherrenstand, drei Linien von 1641 bis 1708 in den Reichsgrafenstand erhoben. Die böhmischen Grafen von N. zu Falkenau gehörten 1792 wegen des 1673 vom Erzstift Mainz käuflich erworbenen Teils der Grafschaft Rieneck den fränkischen Grafen des Reichsfürstenrates des Reichstages an. 1803 ging die reichsständische Grafschaft Rieneck käuflich an die Grafen Colloredo-Mansfeld über und wurde 1806 durch die Rheinbundakte unter Karl Theodor von Dalberg mediatisiert. (1814/1815 kam Rieneck an Bayern.)

L.: Zeumer 552 ff. II b 62, 6; Schecher, O., Die Grafen von Rieneck, Diss. phil. Würzburg 1963.

Nostitz zu Falkenau s. Nostitz-Rieneck

Nostitz-Rieneck (Grafen). Die Grafen von N. gehörten am Ende des 18. Jahrhunderts wegen der 1673 vom Erzstift Mainz erworbenen Grafschaft Rieneck den fränkischen Grafen der weltlichen Bank des Reichsfürstenrates des Reichstages an. 1814/1815 kam Rieneck an Bayern.

Nothaft, Notthaft (Herren, Reichsritter). Die vielleicht aus dem Raum um Regensburg kommenden N. sind 1163 erstmals mit Adalbertus de Egre (1166 Adelbertus N.) im Egerland nachweisbar. Später saßen sie auf den Burgen Thierstein, Weißenstein im Steinwald (von etwa 1300 bis 1381), Wernberg, Runding, Bodenstein bei Nittenau (von etwa 1400 bis 1539), Aholming (bei Deggendorf und an vielen anderen Orten. Im frühen 16. Jahrhundert zählten die N. zum Kanton Gebirg des Ritterkreises Franken. In mehrere Linien verzweigt, standen die N. in Wien, München, Kaiserswerth und Münster in hohen Diensten. 1718 beerbte die Linie Bodenstein die 1638 zu Grafen erhobene Linie Weißenstein, 1734 die Linie Wernberg. 1881 endete ihre letzte Herrschaft. Im 20. Jahrhundert starb die Linie Bodenstein im Mannesstamm aus.

L.: Riedenauer 125; Stark, H., Die Stammlehen der Familie Nothaft im Egerland, Archiv f. d. G. v. Oberfranken 75 (1995), 39; Singer, F., Das Nothaftische Lehensbuch von 1360, 1996; Stark, H., Die Familie Nothaft, in: Der Dohlenturm 1 (1997), 1; Stark, H., Die adeligen Forstmeister im Egerer Reichsforst, Archiv f. d. G. v. Oberfranken 77 (1997), 207; Rahrbach 172

Nothaft von Hohenberg (Reichsritter). Von 1542 bis 1687 waren die N. mit Hochdorf und Hochberg im Kanton Kocher des Ritterkreises Schwaben immatrikuliert.

L.: Schulz 268.

Novara (Stadtkommune). Das aus einer ligurisch-keltischen Siedlung hervorgegangene antike N. in der westlichen Poebene wurde unter Cäsar römisches Munizipium und im vierten nachchristlichen Jahrhundert Bischofssitz. Im 11. Jahrhundert gewann es Selbständigkeit, wurde aber 1110 von Kaiser Heinrich V. zerstört. Im 14. Jahrhundert (1322) fiel es an die Visconti. Mit dem Herzogtum Mailand kam es von 1500 bis 1524 an Frankreich, 1535 an Spanien, 1714 an Österreich, 1735 an Sardinien und damit 1861 an Italien.

L.: Großer Historischer Weltatlas II 48 (1300) C2; Novara e il suo territorio, 1952; Cognasso, F., Storia di Novara, 1971; Andenna, G., Novara, LexMA 6 1993, 1300; Behrmann, T., Domkapitel und Schriftlichkeit in Novara, 1994.

Novellara (Stadt). N. wird erstmals in der ersten Hälfte des 9. Jahrhunderts erwähnt. Um 1150 kam es an Reggio. 1371 wurde es Sitz einer Linie der Gonzaga, bei deren Erlöschen es 1728/1737 an das Herzogtum Modena fiel (1861 Italien).

Novi (Lehen). Das im Genuesischen gelegene Lehen des Reiches stand um 1720 zum Verkauf.

L.: Aretin, Das alte Reich 2, 370 ff.

Nudzici (Gau westlich der Saale nördlich Halles) (961)

L.: Curs, O., Deutschlands Gaue im zehnten Jahrhundert. Nach den Königsurkunden, Diss. phil. Göttingen 1908, 16 (Rothenburg, Löbejün, Trebnitz); Hessler, W., Mitteldeutsche Gaue des frühen und hohen Mittelalters, 1957 (Beesenlaublingen, Löbejün, Rothenburg, Trebnitz, Wettin); Wagner, G., Die Verwaltungsgliederung im karolingischen Reich, 1963, 9.

Nürburg (Burg). Nach der auf dem Noreberg (mons Nore) errichteten Burg N. bei Ahrweiler nannten sich Grafen von Are-Nürburg. Ihre Burg gehörte zunächst zum Reich, seit 1254 als Lehen zum Erzstift Köln. Beim Aussterben der Grafen kam N. ganz an das Erzstift Köln, 1815 an Preußen und 1946 an Rheinland-Pfalz. S. Are-Nürburg.

Nurihtal

L.: Polenz, P. v., Landschafts- und Bezirksnamen, 1961, II, 35, 64–66, III, 28 f., Nurihtal, vallis Norica, Orital., s. a. Noricum.

Nürings (Grafen). Nach der Burg N. bei Falkenstein im Taunus nannten sich von 1103 bis 1171 nachweisbare, von der Mosel stammende Grafen (992 Graf Berthold). Sie waren im 11. Jahrhundert im Einrich (dem linken Ufer der unteren Lahn zwischen Diez und Nassau) und in der Wetterau begütert und hatten später die Grafschaft der Wetterau und der Nidda. Ihre Güter fielen teilweise an die Herren von Münzenberg.

Nurite (Reichsdorf) s. Neurod

Nürnberg (Burggrafen, Burggrafschaft). Die vermutlich um 1000 entstandene Reichsburg N. war Mittelpunkt umfangreichen Reichsgutes. Als Burggrafen wurden um 1105 die Edelfreien bzw. Grafen von Raabs (in Österreich) eingesetzt. Nach ihrem Aussterben 1191/1192 folgten ihnen die ihnen in weiblicher Linie verwandten Grafen von Zollern (Hohenzollern). Ihnen gelang trotz der allmählichen Einschränkung ihrer Rechte in N. selbst der Aufbau eines umfangreichen Herrschaftsgebietes im späteren Mittelfranken und Oberfranken (Bayreuth, Kulmbach, Arzberg [1292], Hof [1323/1373], Ansbach, Schwabach [1364], Uffenheim [1349], Erlangen [1402 Kauf des 1361 von Karl IV. vom Hochstift Bamberg erworbenen Ortes], Fürth [Geleitsrechte seit dem 14. Jahrhundert]). Nach der Belehnung Burggraf Friedrichs VI. mit der Mark Brandenburg 1417 gaben sie die Bezeichnung Burggrafschaft N. zugunsten der Benennung Markgrafschaft Ansbach bzw. Bayreuth auf. 1420 wurde die Burg in Nürnberg zerstört, nachdem die Burggrafen schon um 1350 ihren Sitz und das zwischen 1249 und 1265 gewonnene Landgericht nach Cadolzburg und 1385 nach Ansbach verlegt hatten. 1427 verkauften sie die Burg und die meisten ihrer Rechte in N. an die Reichsstadt. Sie zählten später zum fränkischen Reichskreis. Ihre fränkischen Güter kamen 1791 an Preußen.

L.: Wolff 102; Wallner 691 FränkRK 2; Großer Historischer Weltatlas II 66 (1378) F4; Monumenta Zolleriana, Bd. 1–8 1852 ff.; Meyer, C., Geschichte der Burggrafschaft Nürnberg, 1908; Schwammberger, A., Die Erwerbspolitik der Burggrafen von Nürnberg, 1932; Schnelbögl, F./Hofmann, H. H., Gelegenhait der landschaft mitsampt den furten und hellten darinnen. Eine politisch-statistische, wehr- und verkehrsgeographische Beschreibung des Großraums Nürnberg zu Beginn des 16. Jh., 1952, in: Schriftenreihe der Alten Landschaft 1; Pfeiffer, G., Comicia burcgravie in Nurenberg, Jb. f. fränk. Landesforschung 11/12 (1953), 45 ff.; Wendehorst, A., Nürnberg Burggrafschaft, LexMA 6 1993, 1322; Twellenkamp, L., Die Burggrafen von Nürnberg, 1994.

Nürnberg (Reichsstadt). An wichtigen Handelsstraßen entstand auf ursprünglich bayerischem Siedlungsboden vermutlich um 1000 (1040/1041) die anscheinend vorsalische Baureste aufweisende Reichsburg N. (Felsberg?), die 1050 anlässlich eines Hoftages erstmals erwähnt wird. Vor 1062 war N. Sitz einer Reichsmünzstätte, vor 1122 Zollstätte. Seit 1163 hatte es einen Schultheißen, seit 1200 Stadtrecht. 1219 erhielt es Privilegien Kaiser Friedrichs II. 1256 traten Ratsherren (consules) und Stadtgemeinde (universitas civium) hervor. Unter König Rudolf von Habsburg begann der Aufstieg zur Reichsstadt (1320 Hochgerichtsbarkeit). In der Goldenen Bulle belohnte Kaiser Karl IV. 1356 die Treue der Stadt mit der Verpflichtung jedes neugewählten Königs, seinen ersten Reichstag in N. abzuhalten. Von 1424 bis 1796 und von 1938 bis 1945 war N. Aufbewahrungsort der Reichsinsignien. Um 1400 war die streng patrizische Ratsverfassung voll entwickelt. Bis 1427 konnte N. durch Kauf der Burg und Kauf von Rechten den Druck seiner Burggrafen teilweise beseitigen. Durch Kauf von Hiltpoltstein mit Wildenfels und Strahlenfels (1503) sowie von Gräfenberg (1520/1548) und durch seine Eroberungen im Landshuter Erbfolgekrieg (1504–1506) gewann es das größte Herrschaftsgebiet einer Reichsstadt (Hersbruck, Lauf, Altdorf, Reicheneck, Velden, Betzenstein, Stierberg), doch blieb das Gebiet unmittelbar vor der Stadt umstritten. 1479/1484 erneuerte N. durch die römisches Recht gemäßigt rezipierende (Neue) Reformation sein Stadtrecht, das schon zuvor auf etwa 22 Orte übertragen worden war. 1524/1525 führte es die Reformation ein und erreichte im Zusammenhang mit seinem von Handwerk und Handel getragenen wirtschaftlichen Aufschwung auch eine kulturelle Blüte (Albrecht Dürer, Veit Stoß, Willibald Pirckheimer, Martin Behaim, Hans Sachs). Im Reichstag gehörte N. zum schwäbischen Reichsstädtekollegium, im fränkischen Reichskreis führte es die Ausschreibung durch. 1578/1623 gründete es in Altdorf eine Akademie bzw. Universität. Im Dreißigjährigen Krieg wurde es stark geschwächt. 1792 und 1796 musste es die Beschlagnahme eines Teils seines Landgebietes durch Bayern und Preußen dulden, blieb aber 1803 durch § 27 des Reichsdeputationshauptschlusses als Reichsstadt erhalten. Zu dieser Zeit gehörte es den Kantonen Gebirg, Steigerwald und Altmühl des Ritterkreises Franken an. Durch die Rheinbundakte von 1806 fiel es an Bayern, das es am 6./15. 9. 1806 mit rund 23 Quadratmeilen bzw. rund 1500 Quadratkilometern (Sebalder Wald, Lorenzer Wald, Pflegämter Wöhrd, Gostenhof, Altdorf, Lauf, Hersbruck, Reicheneck, Engelthal, Hohenstein, Velden, Betzenstein, Hiltpoltstein, Gräfenberg und Lichtenau) und insgesamt 80 000 Einwohnern offiziell in Besitz nahm.

L.: Wolff 127; Zeumer 555 III b 3; Wallner 691 FränkRK 5; Großer Historischer Weltatlas II 66 (1378) F4, II 78 (1450) G4, III 38 (1789) E4; Die Territorien des Reichs 1, 32; Riedenauer 129; Schroeder 93 ff.; Reicke, E., Geschichte der Reichsstadt Nürnberg, 1896; Schrötter, G., Geschichte der Stadt Nürnberg, 1909; Dannenbauer, H., Die Entstehung des Territoriums der Reichsstadt Nürnberg, 1928; Liermann, H., Nürnberg als Mittelpunkt deutschen Rechtslebens, Jb. f. fränk. Landesforschung 2 (1936), 1 ff.; Otremba, E., Nürnberg, 1949; Hofmann, H. H., Nürnberg-Fürth, 1954, Historischer Atlas von Bayern, Teil Franken, Heft 4; Gagel, E./Schnelbögl, F., Pfinzing, der Kartograph der Reichsstadt Nürnberg 1554–1599, 1957, in: Schriftenreihe der Altnürnberger Landschaft 4; Nürnberger Urkundenbuch, hg. v. Stadtrat zu Nürnberg, Bd. 1 1959; Fehring, G. P./Ress, A., Die Stadt Nürnberg, 1961; Schultheiss, W., Kleine Geschichte Nürnbergs, 2. A. 1987; Ammann, H., Die wirtschaftliche Stellung der Reichsstadt Nürnberg im Spätmittelalter, 1970; Wüllner, W., Das Landgebiet der Reichsstadt Nürnberg,

1970; Nürnberg. Geschichte einer europäischen Stadt, hg. v. Pfeiffer, G., Bd. 1f. 1971ff.; Schultheiss, W., Geschichte des Nürnberger Ortsrechts, 2. A. 1972; Schneider-Hiller, G., Das Landgebiet der Reichsstadt Nürnberg, 1976; Schnurrer, L., Das Territorium der Reichsstadt Nürnberg, Jb. d. hist. Ver. f. Mittelfranken 89 (1977–1981), 91ff.; Boener, J., Die Reichsstadt Nürnberg und ihr Umland um 1700, 1981; Reformation der Stadt Nürnberg, hg. v. Köbler, G., 1984; Tiggesbäumker, G., Die Reichsstadt Nürnberg und ihr Landgebiet im Spiegel alter Karten und Ansichten, Ausstellung der Stadtbibliothek Nürnberg, 1986; Hirschmann, G., Aus sieben Jahrhunderten Nürnberger Stadtgeschichte, 1988; Berühmte Nürnberger aus neun Jahrhunderten, hg. v. Imhoff, C. v., 1989; Wendehorst, A., Nürnberg, LexMA 6 1993, 1317; Endres, R., Grundzüge der Verfassungsgeschichte der Reichsstadt Nürnberg, ZRG GA 111 (1994), 405; Martin, H., Verbrechen und Strafe in der spätmittelalterlichen Chronistik Nürnbergs, 1997; Vogel, T., Fehderecht und Fehdepraxis im Spätmittelalter, 1998; Schieber, M., Nürnberg, 2000; Schubert, A., Der Stadt Nutz oder Notdurft?, 2003.

Nützingen, Rützingen, Rixingen (Herrschaft). Die Herrschaft N. (Rixingen) gehörte nach der Reichsmatrikel von 1776 zum oberrheinischen Reichskreis.

Nuwenreuthe, Nerreth (Reichsdorf). 1360 versprach Kaiser Karl IV. den Herren von Wendelstein vermutlich, die ihnen verpfändeten Reichdörfer, darunter N. (Nerreth) bei Wendelstein südlich von Nürnberg, nicht getrennt einzulösen.

L.: Hugo 458.

O

Obenhausen (Herrschaft). Die Herrschaft O. unterstand am Ende des 18. Jahrhunderts innerhalb Schwäbisch-Österreichs der Kartause Buxheim, die 1803 an die Grafen von Ostein kam und danach an Bayern fiel.

L.: Wolff 228.

Obenheim s. Bock von Bläsheim

Obentraut (Ganerben). Von 1544 bis vor 1732 waren die am mittleren Rhein begüterten O. in Bechtolsheim und von 1553 bis 1732 in Mommenheim Ganerben. Von ihnen kamen die Anteile an die Freiherren von Hallberg (Halberg).

L.: Zimmermann 76.

Oberargeuue s. Aargau, Aragouwe I

L.: Polenz, P. v., Landschafts- und Bezirksnamen, 1961, 301.

Oberbayern (Herzogtum). 1255 entstand durch Landesteilung innerhalb Bayerns im Raum zwischen Kufstein und Ingolstadt bzw. dem Nordgau O. 1329 wurden Gebiete im Nordgau zugunsten der Pfalz abgetrennt, doch blieben Lengenfeld (Burglengenfeld), Schwandorf, Kallmünz und die Burggrafenrechte von Regensburg bei O. 1340 gewann O. den niederbayerischen Landesteil, doch erfolgte 1349 eine erneute Teilung, die bis 1363 währte. 1392 wurde nochmals geteilt. Dabei zerfiel O. in Bayern-Ingolstadt und Bayern-München. Nach dem Aussterben der Linie Bayern-Ingolstadt 1447 fiel dieses Gebiet im Wesentlichen an (Nieder-)Bayern-Landshut, das seinerseits aber 1503/1505 weitgehend an Bayern-München (O.) kam. S. Bayern, Bayern-Ingolstadt, Bayern-München.

L.: Wolff 136; Hartmann, P., Bayerns Weg in die Gegenwart, 2. A. 1992; Oberbayerisches Landrecht von 1346, hg. v. Schlosser, H. u. a., 2000.

Oberbronn (Herrschaft). Die Herrschaft O. nordöstlich von Zabern im Elsass gehörte zur Hälfte den Grafen von Leiningen-Dagsburg-Guntersblum und zur anderen Hälfte den Grafen von Löwenhaupt. 1803 wurde Hohenlohe für den Verlust dieser Herrschaft an Frankreich durch würzburgische Güter entschädigt.

L.: Wolff 282.

Oberburgheim (Reichsdorf) s. Burgheim

Oberdischingen (reichsritterschaftlicher Ort) s. Dischingen, Schenk v. Castell

Oberehnheim (Reichsstadt), frz. Obernai. O. im Unterelsass war vermutlich schon in merowingischer Zeit Königshof. 1240 wurde es Stadt genannt. Als Reichsstadt trat es 1354 dem elsässischen Zehnstädtebund bei. Ihr Gebiet umfasste das alte Schloss Kagenfels im Klingental und das Dorf Bernhardsweiler. Nach 1648 kam es an Frankreich und gehörte bis zur französischen Revolution von 1789 zur Unterstatthalterschaft Straßburg.

L.: Wolff 296; Großer Historischer Weltatlas III 22 (1648) C4; Escher, M. u. a., Die urbanen Zentren, 2005, 2, 469.

Oberelsass (Landgrafschaft, Reichslandvogtei). Die Landgrafschaft O. mit Ensisheim, Bollweiler, Isenheim, Sennheim, Thann, Landser, Eschenzweiler (Escholzweiler), Belfort, Masmünster und Rothenberg (Rothenburg), Pfirt, Altkirch, Brunstatt (Brunnstadt), Hüningen und Landskron gelangte um die Mitte des 12. Jahrhunderts an Habsburg, musste aber 1648 an Frankreich abgetreten werden. S. Elsass.

L.: Wolff 297; Seidel, K. J., Das Oberelsass vor dem Übergang an Frankreich, 1980.

Obergeldern s. Geldern

Oberglogau (Herrschaft). O. an der Hotzenplotz in Oberschlesien wurde 1275 planmäßig angelegt. Es gehörte zum Herzogtum Oppeln. Nach dem Aussterben der Herzöge kam es 1532 mit Oppeln an Österreich, das es an Georg von Ansbach-Jägerndorf, dann an die Königin Isabella von Ungarn (1552) und danach an Otto von Zedlitz verpfändete. Von ihm gelangte es über die Erbtochter an die Oppersdorff, die 1626 in den Reichsgrafenstand aufstiegen. 1945 fiel O. unter die Verwaltung Polens und damit 1990 als politische Folge der deutschen Wiedervereinigung an Polen.

L.: Wolff 480; Schnurpfeil, H., Geschichte und Beschreibung der Stadt Oberglogau, 1860; Kosian, A., Führer durch das schöne Oberglogau, 1931.

Obergreiz s. Reuß-Greiz

L.: Wolff 420.

Obergriesheim (Reichsdorf). O. bei Wimpfen wurde vom Reich dem Burkhard Sturmfeder verpfändet. Am 4. 7. 1360 überließ Kaiser Karl IV. der Elisabeth, Schwiegertochter des Burkhard Sturmfeder, diese Reichspfandschaft. 1362 gelangte O. an das Erzstift Mainz, 1484 an den Deutschen Orden, danach an Württemberg und damit 1951/1952 an Baden-Württemberg.

L.: Hugo 459.

Oberhausen (Herrschaft). Die Herrschaft O. wurde 1732 von der Abtei Kaisheim erworben, die 1802 an Bayern fiel.

L.: Hölzle, Beiwort 4, 80.

Oberhessen ist der südliche Teil von Hessen. S. Hessen-Darmstadt.

Oberingelheim s. Ingelheim

Oberisenburg (Grafschaft). Der remboldsche Stamm (Oberisenburg) der Grafen von Isenburg beerbte um 1213/1245 (vor 1247) mit anderen (Eberhard von Breuberg, Konrad von Hohenlohe-Brauneck, Rosemann von Kempenich und Albert von Trimberg) die Herren/ Grafen von Büdingen zwischen Nidder, Kinzig, Salz und Limes (Herrschaft Büdingen [1324 fünf Achtel], Grafschaft Cleeberg) und baute im Reichsforst Büdingen eine Herrschaft auf. Sie wurde seit 1335 auf Birstein und seit 1412/1419/1486 auf Offenbach ausgedehnt. 1442 wurde wegen Büdingen von der Linie Isenburg-Birstein der Reichsgrafenstand erworben. Im 16. Jahrhundert erfolgte der Übertritt zum Calvinismus und eine Aufspaltung in zahlreiche Linien (1517 Linien Isenburg-Ronneburg, Isenburg-Birstein). Von 1601 bis 1628 wurde das Haus nochmals vereinigt (u. a. erlosch 1625 Isenburg-Marienborn). 1628 teilte es sich jedoch erneut in fünf Linien (u. a. Isenburg-Offenbach bis 1718, Isenburg-Birstein, Isenburg-Philippseich bis 1920). 1635 kam es zur vorübergehenden Sequestrierung der Grafschaft an den Landgrafen von Hessen-Darmstadt. Seit 1684 bestanden die beiden zum oberrheinischen Reichskreis zählenden Hauptlinien Isenburg-Büdingen und Isenburg-Birstein. 1815 kam die Grafschaft an Österreich, 1816 teils an das Großherzogtum Hessen (Hessen-Darmstadt), teils an das Kurfürstentum Hessen (Hessen-Kassel), 1866 an Preußen und 1945 das Gebiet an Hessen. S. Isenburg (Isenburg-Birstein, Isenburg-Büdingen).

L.: Wolff 276; Wallner 696 ff. OberrheinRK 20, 34, 42, 48; Großer Historischer Weltatlas III 2 (1648) D3, III 38 (1789) C2; Simon, G., Geschichte des reichsständischen Hauses Ysenburg, Bd. 1 ff. 1864 f.; Philippi, H., Territorialgeschichte der Grafschaft Büdingen, 1954.

Oberkamp (Reichsritter). Seit etwa 1785 zählten die O. zum Kanton Baunach des Ritterkreises Franken.

L.: Riedenauer 125.

Oberkirch (Freiherren, Reichsritter). 1773 zählten die bereits im Stichjahr 1680 angesessenen und mit ihren Gütern bei der Ritterschaft immatrikulierten Freiherren von O. zum Ritterkreis Unterelsass sowie mit einem Viertel Allmannsweier und einem Sechstel Schmieheim (später an die Freiherren von Montbrison) zum Ort (Bezirk, Kanton) Ortenau des Kantons Neckar des Ritterkreises Schwaben (1802 August Samson von O., Mitherr zu Nonnenweier). Sie erloschen männlicherseits 1882 und weiblicherseits um 1930.

L.: Roth von Schreckenstein 2, 595; Hölzle, Beiwort 66.

Oberkirch (Herrschaft). Um 1225 erscheint O. an der Rench erstmals (Obirnkirchen). 1303 verkauften die Grafen von Fürstenberg, die 1218 die Herzöge von Zähringen beerbt hatten, O. an das Hochstift Straßburg. 1316 verzichtete König Friedrich der Schöne auf die Reichsdörfer Sasbach, Renchen und das Oppenauer Tal, die zu der sich um O. bildenden Herrschaft hinzukamen. 1604–1634 und 1649–1654 wurde die Herrschaft an Württemberg verpfändet. 1802 kam sie an Baden und damit 1951/1952 an Baden-Württemberg.

L.: Wolff 236; Bader, J., Die ehemalige Straßburger Herrschaft Oberkirch, 1840; Schaz, F., Stadt O. und die Burgen des vorderen Renchtales, 1898; Heizmann, L., Der Amtsbezirk Oberkirch in Vergangenheit und Gegenwart, 1928; Escher, M. u. a., Die urbanen Zentren, 2005, 2, 472.

Oberlahngau (Oberenlogenahe, Gau um die Ohm links der Lahn) s. Lahngau

L.: Curs, O., Deutschlands Gaue im zehnten Jahrhundert. Nach den Königsurkunden, Diss. phil. Göttingen 1908, 11 (Niederohmen).

Oberländer (Reichsritter). Im späteren 18. Jahrhundert zählten die O. zum Kanton Steigerwald des Ritterkreises Franken. Vielleicht gehörten sie auch dem Kanton Gebirg sowie der vogtländischen Ritterschaft (Vogtland) an.

L.: Stieber; Bechtolsheim 15, 20; Riedenauer 125.

Oberlausitz (Markgrafschaft, Markgrafentum [ohne Reichsstandschaft]). Die O. (zu sorb. luzica, Sumpfland) um Bautzen zwischen Queis, Pulsnitz, Zittauer Bergland und Niederlausitz war von den slawischen Milcanen (Milzenern) besiedelt und wurde im 10./11. Jahrhundert von den Deutschen unterworfen. Sie wurde zunächst als Land Budissin (Bautzen) bezeichnet, das meist zur sächsischen Ostmark gehörte. 1046 gelangte sie als Reichslehen an die wettinischen Markgrafen von Meißen. 1081/1158 kam dieses Land als Reichslehen an Böhmen. 1253 wurde das Gebiet zum größten Teil an Brandenburg verpfändet. 1268 wurde es in die Länder Bautzen und Görlitz geteilt. Nach dem Aussterben der Askanier (1319) bemächtigte sich Heinrich von Jauer des Landes Görlitz und Johann von Böhmen des Landes Bautzen. Heinrich von Jauer trat seine angeblichen Rechte auf Bautzen an Johann von Böhmen ab, der 1320 vom König mit Bautzen belehnt wurde. Mit dem Tod Heinrichs von Jauer fiel auch Görlitz 1329/1346 an Böhmen. Von 1377 bis 1396 war es als böhmische Sekundogenitur nochmals selbständig. 1414 kam Zittau hinzu. Im 15. Jahrhundert kam nach der Ausdehnung des Namens Lausitz auf Bautzen und Görlitz der Name O. für die Länder Bautzen und Görlitz auf. Diese O. wurde 1620/1635/1648 von Habsburg/Österreich, das sie einschließlich Zittaus 1526 mit Böhmen erlangt hatte, als Mannlehen Böhmens an Sachsen (Kursachsen) abgetreten, genoss dort aber bis 1919 eine Sonderstellung. Das 103 Quadratmeilen große Gebiet der O. umfasste die Kreise Bautzen (mit den Städten Bautzen, Kamenz und Löbau, den Herrschaften Hoyerswerda und Königsbrück, dem Stift Sankt Peter und dem Kloster Marienstern und mehreren ritterschaftlichen Orten) und Görlitz (mit den Städten Görlitz, Zittau und Lauban, den Herrschaften Muskau und Seidenberg, zwei Klöstern und einigen ritterschaftlichen Orten). 1815 fiel der nordöstliche Teil (mit Görlitz) an Preußen und wurde mit der Provinz Schlesien vereinigt. 1835 wurde der bei Sachsen gebliebene Rest (mit dem 1845 von Österreich erlangten Schirgiswalde, 61 Quadratmeilen) unter Aufhebung seiner Provinzialverfassung dem Königreich Sachsen eingegliedert.

L.: Wolff 468 ff.; Großer Historischer Weltatlas III 22 (1648) G3, III 38 (1789) E2; Blaschke, K./Kretzschmar, H., (Ober-)Sachsen und die Lausitzen, in: Geschichte der deutschen Länder, Bd. 1; Scheltz, T., Gesamtgeschichte der Ober- und Niederlausitz, Bd. 1 f. 1847 ff.; Codex diplomaticus Lusatiae superioris, Bd. 1–6 1851 ff.; Köhler, J. E. A., Geschichte der Oberlausitz, Bd. 1 f. 1867 ff.; Knothe, H., Urkundliche Grundlagen zu einer Rechtsgeschichte der Oberlausitz, in: Lausitzisches Magazin 53 (1877); Schremmer, W., Die deutsche Besiedlung Schlesiens und der Oberlausitz, 2. A. 1927; Die preußische Oberlausitz, hg. v. Salomon, B./Stein, E., 1927; Reuther, M., Die Oberlausitz im Kartenbild des 16. bis 18. Jahrhundert. Mit besonderer Berücksichtigung der deutsch-sorbischen Sprachgrenzkarten von Scultetus bis Schreiber, 1954; Reuther, M., Die Oberlausitz als Geschichtsraum, Bll. f. dt. LG. 93 (1957/1958), 102; Eichler, E./Walther, H., Ortsnamenbuch der Oberlausitz, Bd. 1 Namenbuch, 1975.

Oberlothringen (Herzogtum) s. Lothringen (Herzogtum)

L.: Weller, T., Die Heiratspolitik, 2004.

Obermarchtal (reichsunmittelbare Abtei) s. Marchtal

Obermünster (gefürstete Abtei, Reichsstift) s. Regensburg, Obermünster

L.: Wolff 149; Wallner 713 BayRK 21.

Obernau (Herrschaft). O. bei Rottenburg erscheint erstmals 1145 anlässlich einer Übertragung an das Kloster Allerheiligen in Schaffhausen. Der Ort O. unterstand den Herren von Ow und den Grafen von Hohenlohe bzw. seit 1381 Habsburg/Österreich. 1512 kam O. an die Herren von Ehingen. Nach ihrem Aussterben wurden 1698 die Freiherren Raßler von Gamerschwang (von Rassler) mit O. belehnt. Sie hatten unter der Landeshoheit Österreichs den Ort bis 1805. Dann fiel er an Württemberg und damit 1951/1952 an Baden-Württemberg.

Obernberg (Herrschaft, freie Reichsherrschaft). O. am Inn wird um 1160 erstmals erwähnt. 1250 erhielt das Hochstift Passau, das 1199 hier eine Burg errichtete, in O. die Maut, 1407 die Blutgerichtsbarkeit. 1782 ging die Landeshoheit über die zum bayerischen Reichskreis zählende Herrschaft durch Vertrag an Österreich über. Von 1810 bis 1816 stand O. mit dem übrigen Innviertel nochmals unter der Verwaltung Bayerns.

L.: Wolff 144; Meindl, K., Geschichte der ehemals hochfürstlich-passauischen freien Reichsherrschaft des Marktes und der Pfarre Obernberg, Bd. 1, 2 1875.

Oberndorf (Herrschaft). O. bei Genderkingen erscheint 1127 als Sitz eines Geschlechtes, das seit 1150 das Marschallamt der Bischöfe von Augsburg innehatte. 1533 verkaufte der von den Herren abstammende Wolf von Donnersberg die Herrschaft für 21000 Gulden an Anton Fugger. Über die Grafen Fugger-Glött, welche die Herrschaft später bis 1785 an die Pflummern verpfändeten, gehörte O. dem schwäbischen Reichskreis an. 1806 kam es an Bayern.

L.: Wolff 205; Wallner 685 SchwäbRK 14 b; Heldwein, H., Aus vergangenen Tagen der Pfarrei Oberndorf, 1928.

Obernitz (Reichsritter). Im 16. Jahrhundert zählten die O. zum Kanton Gebirg des Ritterkreises Franken. Außerdem waren sie im Kanton Rhön-Werra und vielleicht auch in den Kantonen Baunach und Steigerwald des Ritterkreises Franken immatrikuliert.

L.: Pfeiffer 213; Bechtolsheim 15; Riedenauer 125.

Obernzell (Herrschaft) s. Hafner-Obernzell

Oberösterreich (Fürstentum, Bundesland). Das Gebiet zwischen Donau, Inn und Enns gehörte zunächst zum keltischen Königreich Noricum, seit 15 n. Chr. zur römischen Provinz Noricum ripense. Seit dem 6. Jahrhundert wurde es von Bayern besiedelt (748 Mondsee, 777 Kremsmünster). Die wichtigste Stellung errangen die Grafen von Traungau. 1058 folgten ihnen die Burggrafen (Otakare, Ottokare) von Steyr. 1156/1192 kamen die Güter an die Babenberger, die 1189 Regauer Güter mit Vöcklabruck, 1216 die Herrschaft Wels, 1224 die Herrschaft Waxenberg und 1271 die Herrschaft Linz erwarben. Seit 1254/1264 erscheint nach der Lösung der Verbindung mit der Steiermark Austria superior (O.) als politische und gerichtliche Verwaltungseinheit. Nach Übergang an die Grafen von Habsburg (1282) kam 1289 das Land westlich der Großen Mühl hinzu. In kriegerischen Auseinandersetzungen unterwarf Habsburg 1380/1390 die Grafen von Schaunburg. Seit 1453 wurden die Gebiete bzw. Güter der Hochstifte Salzburg, Regensburg, Freising, Eichstätt und Bamberg zu Landständen herabgedrückt. Von 1456 bis 1483 wurde O. eigenes Fürstentum, um 1466 auch so genannt. 1506 wurde im bayerischen Erbfolgekrieg die Herrschaft Wildeneck mit dem Land Mondsee und Wolfgangsee von Bayern für O. erworben. Das früh verbreitete Luthertum wurde durch die Gegenreformation beseitigt. 1554/1559 setzte sich das Fürstentum Österreich ob der Enns endgültig gegen Österreich unter der Enns (Niederösterreich) durch. Im Übrigen wurden in der frühen Neuzeit als (Ländergruppe) O. verschiedentlich auch Tirol und Vorderösterreich bezeichnet. 1765 kam es zu einem Gebietsaustausch zwischen O. und Passau. 1779 fiel das Innviertel an O., 1782 Obernberg und Vichtenstein. 1809 an Bayern verlorene Gebiete kamen 1816 zurück. Ab 1784/1804/1815 war O. Herzogtum, von 1849 bis 1918 selbständiges Kronland (1861 Erzherzogtum), seit 1920 Bundesland Österreichs, von 1938 bis 1945 Hauptteil des Reichsgaus Oberdonau. In der frühen Neuzeit wurden auch Tirol und die Vorlande verschiedentlich als O. bezeichnet.

L.: Wolff 26; Lechner, K., Oberösterreich, in: Geschichte der deutschen Länder, Bd. 1; Die Territorien des Reichs 1, 118; Pritz, F. X., Geschichte des Landes ob der Enns, Bd. 1 f. 1847; Urkundenbuch des Landes ob der Enns, Bd. 1 ff. 1852 ff.; Vancsa, M., Geschichte Nieder- und Oberösterreichs, Bd. 1 f. 1905 ff.; Straßmayr, E., Bibliographie zur oberösterreichischen Geschichte, Bd. 1–3 1929 ff.; Schiffmann, K., Historisches Ortsnamenlexikon des Landes Oberösterreich, 2 Bde 1935–1941; Regele, O., Beiträge zur Geschichte der staatlichen Landesaufnahme und Kartographie in Österreich bis 1918, 1955; Strnadt, J., Österreich ob der Enns, in: Erläuterungen zum Historischen Atlas der österreichischen Alpenländer 1917, 1956; Ferihumer, H., Oberösterreich, in: Erläuterungen zum Historischen Atlas der österreichischen Alpenländer 1917, 1956; Zibermayr, I., Noricum, Baiern und Österreich, 2. A. 1956; Atlas von Oberösterreich, hg. i. A. der oberösterr. Landesregierung v. Inst. für Landeskunde von Oberösterreich, Leitung Pfeffer, F./Burgstaller, E., 1958–1970; Pfeffer, F., Das Land ob der Enns, 1958; Bernleithner, E., Die Entwicklung der Kartographie in Österreich, Ber. zur dt. Landeskunde 22 (1959); Hageneder, O., Die Geschichte des „Landes" Oberösterreich, in: Österreichisches Städtebuch, hg. v. Hoffmann, A., Bd. 1 1968; Hageneder, O., Die Entstehung des Landes ob der Enns, in: Kulturzs. Oberösterreich 18/2 (1968); Österreichisches Städtebuch, hg. v. Hoffmann, A., 1968 ff.; Haider, S., Geschichte Oberösterreichs, 1987; Landtafel des Erzherzogtums Österreich ob der Enns, hg. v. Strätz, H., 1990.

Oberösterreich (Ländergruppe) s. Oberösterreich

Oberpfalz (Pfalzgrafschaft, Herzogtum). Das ursprünglich zur bayerischen Nordmark, dann zur bayerischen Markgrafschaft Nordgau gehörige Gebiet fiel 1268 als Pfand an die Herzöge von Bayern. Bei der Teilung innerhalb der Wittelsbacher von 1329 kamen diese Güter an die Pfalz (größerer Teil des Viztumamtes Burglengenfeld mit dem Hauptort

Amberg). Diese verpfändete sie 1353 weitgehend an König Karl IV., gewann sie aber seit 1373 zurück. 1410 fiel das Gebiet etwas verkleinert an König Ruprechts von der Pfalz Sohn Johann (Pfalz-Neumarkt), 1448 an Pfalz-Mosbach (und teilweise kurzfristig an Pfalz-Simmern), 1499 wieder an die Hauptlinie Pfalz. Seit der ersten Hälfte des 16. Jahrhunderts setzte sich der Name O. durch. 1621 wurde das früh lutherisch gewordene Gebiet von Bayern besetzt und seit 1625 rekatholisiert. 1628 gab es der Kaiser mit Ausnahme einiger an Pfalz-Neuburg gefallener Ämter an Bayern als Kriegsentschädigung. 1631 erhielt Bayern die Belehnung mit Gütern Böhmens. Die zum bayerischen Reichskreis zählende O. bestand aus zwei getrennten Hauptteilen, zwischen denen das Fürstentum Sulzbach, das bambergische Amt Vilseck, die Grafschaft Sternstein (Störnstein) und die Landgrafschaft Leuchtenberg lagen. Zum südlichen Hauptteil gehörten die Pfleggerichte Amberg, Pfaffenhofen, Haimburg, Rieden, Freudenberg, Hirschau, Nabburg, Neunburg vor dem Wald, Wetterfeld, Bruck, Rötz (Retz) Waldmünchen, Murach und Treswitz-Tännesberg (Treswitz-Tenesberg), zum nördlichen Teil die Pfleggerichte Bärnau (Bernau), Eschenbach, Grafenwöhr, Hollenberg (Holnberg), Kirchenthumbach (Kirchentumbach), Auerbach und Hartenstein, das Kastenamt Kemnath (Kemnat), das Landgericht Waldeck und die Herrschaft Rothenberg. Darüber hinaus befanden sich noch kleinere Teile innerhalb des nürnbergischen Gebietes. 1677 kam das 1614 abgetrennte Sulzbach wieder zur O. zurück. 1803 wurde das bambergische Amt Vilseck und das Kloster Waldsassen und 1806 Sternstein (Störnstein) (sowie 1816 das Amt Marktredwitz Böhmens angefügt). S. Bayern-Oberpfalz, Neuburg.

L.: Wolff 138; Wallner 712 BayRK 3; Großer Historischer Weltatlas II 66 (1378) F/G4; Die Territorien des Reichs 5, 8; Bosl, K., Das kurpfälzische Territorium „Obere Pfalz", in: Zs. f. bay. LG. 26 (1963); Bosl, K., Die Oberpfalz und ihre junge Hauptstadt, 1980; Emmerig, E., Die Regierung der Oberpfalz. Geschichte einer bayerischen Mittelbehörde, 1981; Ambronn, K., Landsassen und Landsassengüter des Fürstentums der oberen Pfalz im 16. Jahrhundert, 1982; Ackermann, K., Die Oberpfalz, 1987; Fuchs, A./Ambronn, K., Die Oberpfalz in alten Ansichten, 1988; Schaub, M., Geschichte der Kurpfalz, Bd. 1 1988; Ambronn, K., Oberpfalz, LexMA 6 1993, 1332; Handbuch der bayerischen Geschichte, hg. v. Spindler, M., Bd. 3, 3 Geschichte der Oberpfalz und des bayerischen Reichskreises, 3. A. 1995; Barth, T., Adelige Lebenswege im alten Reich, 2005.

Oberquartier Geldern s. Geldern

L.: Wolff 73.

Oberrheinfeld (Reichsdorf). Nach einer undatierten Urkunde König Ruprechts hatte das Reich Gefälle in dem ehemals zum Reichsvogteiamt Schweinfurt gehörigen Dorf O. bei Schweinfurt, das später zu Bayern kam.

L.: Dacheröden 178; Hugo 459.

Oberrheinischer Reichskreis. Der 1500 geschaffene O. reichte von Savoyen bis Hessen-Kassel, war aber durchsetzt mit Gebieten Habsburgs (österreichischer Reichskreis) und der rheinischen Kurfürstentümer (kurrheinischer Reichskreis). 1552 schieden die lothringischen Bistümer (Metz, Toul, Verdun), in der zweiten Hälfte des 17. Jahrhunderts die elsässischen Gebiete (Reichsstädte) tatsächlich aus. Lothringen, Savoyen und das Hochstift Basel zählten sich nur bedingt zum Kreis. Im Übrigen gehörten ihm unter dem Direktorat des Bischofs von Worms und der Pfalzgrafen die Bischöfe von Worms, Speyer (mit Weißenburg), Straßburg und Basel, die Äbte von Fulda und Prüm, der Johanniterorden (Johannitermeister) in Heitersheim, der Propst von Odenheim, die Reichsstädte Worms, Speyer, Friedberg, Frankfurt und Wetzlar, die Fürstentümer Pfalz-Simmern, Pfalz-Lautern, Pfalz-Veldenz und Pfalz-Zweibrücken, die Landgrafschaft Hessen-Darmstadt, die Markgrafschaft Nomeny, die Fürstentümer Nassau (Weilburg, Usingen, Idstein, Saarbrücken, Ottweiler) und Solms (Braunfels, Lich, Laubach, Hohensolms, Rödelheim), die Grafschaften Sponheim, Salm-Salm, Salm-Kyrburg, Waldeck, Hanau (Münzenberg, Lichtenberg), Königstein, Oberisenburg (Isenburg) (Birstein, Büdingen mit Wächtersbach, Marienborn, Meerholz, Offenbach), Leiningen (Hardenburg [Hartenburg], Westerburg), Sayn-Wittgenstein (Berleburg [Homburg], Wittgenstein), Falkenstein, Kriechingen und Wartenberg sowie die Herrschaften Reipoltskirchen, Bretzenheim und Olbrück (Ollbrück) an. Die Kreistage fanden in Frankfurt statt, das Archiv war in Worms.

L.: Gumpelzhaimer 107; Wolff 230; Süß, A., Geschichte des oberrheinischen Kreises und der Kreisassoziationen in der Zeit des spanischen Erbfolgekriegs 1697–1714, ZGO 103 (1955), 104 (1956).

Oberrheinstrom (Kanton). Der auch Gau oder Wasgau genannte Kanton O. war eine Untergliederung des Ritterkreises Rhein (am Rheinstrom) der Reichsritterschaft. Seine Kanzlei hatte ihren Sitz in Mainz.

L.: Wolff 515.

Obersächsischer Reichskreis. Der O. wurde 1512 aus Sachsen, Brandenburg, Pommern, Cammin (Kammin), Anhalt, den Abteien Quedlinburg, Gernrode und Walkenried, den Fürstentümern Querfurt und Schwarzburg, den Grafschaften Mansfeld, Stolberg und Wernigerode, Barby, Hohnstein mit Lohra und Klettenberg, Hatzfeld, Reuß und Schönburg gebildet. Zeitweise gehörten der König von Schweden für Vorpommern und der Herzog von Braunschweig-Wolfenbüttel für Walkenried dem Kreis an. Kreisausschreibende Fürsten waren die Markgrafen von Brandenburg und die Herzöge von Sachsen(-Wittenberg). 1683 traten die Mitglieder letztmals zu einem Kreistag zusammen, obwohl der Kreis formell erst 1806 erlosch.

L.: Gumpelzhaimer 169; Wolff 372.

Oberschefflenz (Reichsdorf). Am 18. 1. 1367 erlaubte Kaiser Karl IV. dem Erzbischof von Mainz, das von den Herren von Weinsberg eingelöste Reichsdorf (Richs dorff) O. bei Mosbach mit Mauern und Gräben zu umgeben und zur Stadt nach dem Recht Heilbronns und Wimpfens zu machen. Dies wurde aber nicht verwirklicht. Am 18. 3. 1378 erlaubte Karl IV. dem Pfalzgrafen Ruprecht, Schefflenz einzulösen. Später kam es an Baden und damit 1951/1952 an Baden-Württemberg.

L.: Hugo 468; Roedder, E., Das südwestdeutsche Reichsdorf dargestellt auf Grund der Geschichte von Oberschefflenz, 1928.

Oberschlesien (Herzogtum, Provinz). Bei der Teilung Schlesiens 1173 erhielt Mesko Ratibor und Teschen. Er erwarb nach 1177 die zum Großfürstentum Krakau gehörenden Gebiete Beuthen, Auschwitz, Zator, Sewerien und Pless und eroberte 1202 Oppeln. Nach 1281 zerfiel O. in Oppeln (mit Oberglogau, Falkenberg und Groß-Strehlitz [Großstrehlitz], bis 1532), Beuthen (mit Cosel, Tost und Gleiwitz, bis 1355), Ratibor (mit Rybnik, Sohrau [Sorau] und Pless, bis 1336) und Teschen mit Auschwitz (bis 1625). 1457 fiel Auschwitz an Polen, 1494 Zator, 1443 Sewerien an den Bischof von Krakau. Für die bei Schlesien verbliebenen Gebiete sowie Troppau bürgerte sich seit der zweiten Hälfte des 15. Jahrhunderts die Bezeichnung O. ein. Von 1919 bis 1938 war O. eine eigene Provinz Preußens. Nachdem sich am 20. 3. 1921 bei einer Volksabstimmung 59,6 % für den Verbleib bei Deutschland entschieden hatten, wurde O. am 20. 10. 1921 geteilt. Der größte Teil des Industriegebietes fiel an Polen. S. Schlesien.

L.: Triest, F., Topographisches Handbuch von Oberschlesien, 1864, Neudruck 1984; Karzel, O., Die Reformation in Oberschlesien, 1979; Fuchs, K., Wirtschaftsgeschichte Oberschlesiens: 1871–1945, 1981; Oberschlesien im 19. und 20. Jahrhundert, hg. v. Bein, W., 1984; Oberschlesien 1815–1945, Landschaft, Geschichte, Kultur, hg. v. Bein, W., o.J.; Oberschlesien im späten Mittelalter, hg. v. Wünsch, T., 1993; Stadtgeschichte Oberschlesiens, hg. v. Wünsch, T., 1995.

Oberschöntal (reichsritterschaftliche Herrschaft). O. zählte zum Kanton Kocher des Ritterkreises Schwaben und kam an Württemberg und damit 1951/1952 an Baden-Württemberg.

Oberschwaben (Reichslandvogtei). Rudolf von Habsburg fasste nach 1273 das Reichsgut im östlichen Schwaben – südlich der schwäbischen Alb – zu den Reichslandvogteien Augsburg und O. (Ravensburg) zusammen. 1487 erwarb Bayern die Reichslandvogtei O., die aber von Österreich wieder ausgelöst wurde.

L.: Stälin, P. F., Geschichte Württembergs, Bd. 1 1882 ff.; Vorderösterreich. Eine geschichtliche Landeskunde, hg. v. Metz, F., 3. A. 1978; Oberschwaben, Gesicht einer Landschaft, hg. v. Ott, S., 2. A. 1972; Bradler, G., Die Landschaftsnamen Allgäu und Oberschwaben in geographischer und historischer Sicht, 1973; Richter, G., Oberschwaben zwischen Donau, Iller und Bodensee, 1974; Hofacker, H., Die schwäbischen Reichslandvogteien im späten Mittelalter, 1980; Riechert, U., Oberschwäbische Reichsklöster im Beziehungsgeflecht mit Königstum, Adel und Städten, 1986; Oberschwaben, hg. v. Eitel, P., 1995; Oberschwaben, hg. v. Wehling, H., 1996; Landschaften und Landstände in Oberschwaben, hg. v. Blickle, P., 2000.

Obersontheim (Herrschaft). Seit 1541 war O. bei Schwäbisch Hall Sitz (einer jüngeren Linie) der Schenken von Limpurg (Limpurg-Sondheim). 1713 starb die Linie männlicherseits aus. 1746 wurde geteilt: Drei Sechstel des Erbes kamen an die Grafen von Löwenstein-Wertheim-Virneburg, ein Sechstel an die Grafen Pückler und zwei Sechstel wurden 1782 von Württemberg erworben. 1806 fiel

O. an Württemberg und damit 1951/1952 an Baden-Württemberg.

L.: Wolff 125; Hölzle, Beiwort 50.

Oberstadion (Herrschaft). O. südlich von Ehingen an der Donau wird 1270 erstmals erwähnt (Walter de Stadegun). Nach ihm nannten sich die zur Reichsritterschaft steuernden Herren von Stadion, die sich im 14. und 18. Jahrhundert teilten und 1686 in den Reichsfreiherrenstand und 1711 in den Grafenstand erhoben wurden. Zuletzt gehörte O. der Linie Stadion-Thannhausen. Über Württemberg kam es 1951/1952 an Baden-Württemberg.

L.: Hölzle, Beiwort 53; Lamp, H., Die Kirche in Oberstadion, Diss. phil. Tübingen 1940.

Oberstein (Reichsherrschaft, Reichsritter) (seit 1933 Idar-Oberstein). Das vielleicht 1075 als Steyn erwähnte O. (in Idar-Oberstein) war Hauptort einer kleinen Reichsherrschaft der Herren von O., die am Ende des Heiligen Römischen Reiches zu den nicht eingekreisten Reichsteilen gehörte. 1197 wurde die Herrschaft geteilt. Die Güter der 1270 erloschenen jüngeren Linie kamen an die Herren von Daun, die Güter der älteren Linie an das Erzstift Trier (als Lehnsherren) und die Linie Daun-Oberstein. Nach dem Erwerb der Grafschaft Falkenstein durch Daun-Oberstein kam O. zu Falkenstein, wurde 1554 aber wieder verselbständigt. 1642 gelangte es an Daun-Broich, 1680 an die Grafen von Leiningen-Heidesheim-Dagsburg. Im 18. Jahrhundert zählten die O. zum Ritterkreis Rhein. 1766 zogen beim Aussterben der Grafen Nassau-Saarbrücken (Nassau) und Lothringen ihre Lehnsgüter ein. Die verkleinerte Herrschaft O. wurde bis 1774 vom Erzstift Trier mit einem Drittel und den Grafen von Limburg-Styrum mit zwei Dritteln gemeinschaftlich, danach von Trier allein verwaltet. 1794 wurde sie von Frankreich erobert. 1815 kam das Gebiet der Herrschaft an Preußen. 1817 wurde es Teil des neugegründeten oldenburgischen Fürstentums Birkenfeld. 1937 fiel es wieder an Preußen. Seit 1946 gehört es zu Rheinland-Pfalz.

L.: Wolff 500 f.; Roth von Schreckenstein 2, 595; Conrad, O., Die Herren und Ritter von Oberstein, 1956; Heimatchronik des Landkreises Birkenfeld, hg. v. Becker, K., 1961; Duckwitz, G., Kleinstädte an Nahe, Glan und Alsenz, 1971; Dotzauer, W., Geschichte des Nahe-Hunsrück-Raumes, 2001.

Oberstenfeld (Kloster). Um 1016 gründete ein Graf Adalhard in dem wohl schon seit dem 7. oder 8. Jahrhundert bestehenden Dorf O. bei Ludwigsburg ein Frauenstift. Schirmvögte waren bis 1357 die Hummel von Lichtenberg, dann durch Kauf die Grafen von Württemberg. 1534/1535 wandelte der Herzog das Stift in ein evangelisches Damenstift um. Wenig später schloss sich dieses dem Kanton Kocher der Reichsritterschaft an, musste jedoch 1730 die Schirmherrschaft Württembergs, an das es 1802/1803 fiel, anerkennen. 1951/1952 kam O. an Baden-Württemberg.

Oberstotzingen (reichsritterschaftlicher Ort). O. (1286) und Niederstotzingen nördlich von Günzburg zählten zum Kanton Donau des Ritterkreises Schwaben und kamen über Württemberg 1951/1952 an Baden-Württemberg. S. Niederstotzingen.

L.: Wolff 509.

Obersulmetingen (freie Herrschaft). O. an der Riss zwischen Biberach und Memmingen wird 853 erstmals erwähnt (Sunnimuotingen). 973 hatte ein Neffe Bischof Ulrichs von Augsburg die dortige Burg inne, später wohl die Grafen des Rammachgaues, die sich zeitweise nach Sulmetingen, seit Ende des 12. Jahrhunderts aber nach Neuffen nannten und um 1240 die Grafschaft Marstetten erwarben. Neben ihnen erscheinen von 1225 bis 1528 niederadlige Herren von Sulmetingen. 1508/1555 erwarben die Schad von Mittelbiberach als Lehen des Reiches bzw. Österreichs alle Anteile der zum schwäbischen Reichskreis gehörigen Herrschaft. 1699 vererbten sie sie an das Kloster Ochsenhausen. 1805 kaufte der Fürst von Thurn und Taxis den Ort. Über Württemberg kam er 1951/1952 an Baden-Württemberg.

L.: Wolff 183; Wallner 687 SchwäbRK 33.

Oberwalden s. Unterwalden

L.: Großer Historischer Weltatlas III 72 b (bis 1797) E3.

Oberwegfurt, Wegfurt (Herrschaft) s. Schlitz

Oberweiler (Reichsdorf). Am 18. 10. 1403 bestätigte König Ruprecht den Herren von Königsegg in Oberschwaben die Verpfändung von Hoßkirch, Niederweiler und O. bei Saulgau. Über Württemberg kamen die Güter 1951/1952 zu Baden-Württemberg.

L.: Hugo 453, 455.

Oberwesel (Reichsstadt). An der Stelle von O. am Mittelrhein bestand im 3. Jahrhundert n. Chr. eine römische Herbergsstation. In karolingischer Zeit (839) war O. (Wesel, Wesalia) Königsgut, das 966 an das Moritzkloster in Magdeburg gegeben wurde, spätestens bis 1234 aber an das Reich zurückkam. 1257 bestätigte König Richard dem zu Beginn des 13. Jahrhunderts zur Stadt aufgestiegenen Ort die Reichsunmittelbarkeit. 1275 wurde Wesel an die Grafen von Jülich, 1312 an das Erzstift Trier verpfändet. 1455 wurde auf Ansuchen des Erzbischofs von Trier die Reichsstandschaft durch Kaiser Friedrich III. ausdrücklich aufgehoben. Seit dem 17. Jahrhundert setzte sich der Name O. durch. 1815 kam es zu Preußen und 1946 zu Rheinland-Pfalz.

L.: Wolff 83; Bornheim, gen. Schilling, W., Oberwesel, 1955; Escher, M. u. a., Die urbanen Zentren, 2005, 2, 475.

Ochs von Gunzendorf (Reichsritter). Im frühen 16. Jahrhundert zählten die O. zum Kanton Gebirg im Ritterkreis Franken. S. Pünzendorf, Puntzendorf.

L.: Stieber; Riedenauer 125.

Ochsenburg (reichsritterschaftlicher Ort). O. bei Zaberfeld nördlich von Vaihingen zählte zum Kanton Kraichgau des Ritterkreises Schwaben. Es gehörte den Herzögen von Württemberg und kam über dieses 1951/1952 zu Baden-Württemberg.

L.: Wolff 161, 511.

Ochsenhausen (Reichsabtei, reichsunmittelbare Abtei [Reichsfürstentum]). Um 1093 stiftete der welfische Ministeriale von Wolfertschwenden das Benediktinerkloster O. (um 1100 Ohsinhusin) bei Biberach in Oberschwaben, das vom Kloster Sankt Blasien aus besetzt und ihm als Priorat unterstellt wurde. 1388 löste es sich von Sankt Blasien, wurde 1391 Abtei, erlangte 1397 die freie Vogtwahl und 1488 den Blutbann und damit Reichsunmittelbarkeit. Es hatte Sitz und Stimme im schwäbischen Reichsprälatenkollegium und im schwäbischen Reichskreis. Sein Herrschaftsgebiet umfasste im 18. Jahrhundert das Oberamt O., die Pflegämter Sulmetingen (1699/1735), Tannheim (freie Reichsherrschaft) und Ummendorf (1565) sowie Schloss Hersberg am Bodensee mit 3,5 Quadratmeilen und 6000 bzw. 11000 Einwohnern. 1802/1803 wurde die Reichsabtei säkularisiert. Durch § 24 des Reichsdeputationshauptschlusses vom 25. 2. 1803 kam O. an den Fürsten Metternich als Fürstentum Winneburg (Metternich-Winneburg), das Amt Tannheim ohne Winterrieden an die Grafen von Schaesberg und das Dorf Winterrieden als Burggrafschaft an die Grafen von Sinzendorf(-Rheineck). 1806 fielen die Anteile Metternich und Schaesberg an Württemberg, Sinzendorf an Bayern. O. wurde 1825 an Württemberg verkauft und kam damit 1951/1952 an Baden-Württemberg.

L.: Wolff 182; Zeumer 552 II a 36, 3; Wallner 687 SchwäbRK 33; Großer Historischer Weltatlas III 22 (1648) D4, III 38 (1789) C3; Geisenhof, G., Kurze Geschichte des vormaligen Reichsstifts Ochsenhausen, 1829, Neudruck 1975; Erzberger, M., Die Säkularisation in Württemberg 1802–1810, 1902; Hölzle, E., Der deutsche Südwesten am Ende des alten Reiches, 1938; Gruber, E., Geschichte des Klosters Ochsenhausen, Diss. phil. Tübingen 1956; Ochsenhausen, 1975, in: Germania Benedictina Bd. 5 Baden-Württemberg.

Ochsenstein (Grafschaft). Nach der Reichsmatrikel von 1776 gehörte O. zum oberrheinischen Reichskreis.

L.: Gumpelzhaimer 1776, 127.

Ochtland (Üchtland)

L.: Polenz, P. v., Landschafts- und Bezirksnamen, 1961, II, 50, Ochtland.

Ockenhausen s. Fetzer von O.

Ockstadt (Reichsdorf). Am 25. 1. 1374 erlaubte Kaiser Karl IV. der Reichsstadt Friedberg, das vom Reich den Karben unter anderem verpfändete Dorf O. einzulösen. Diese Erlaubnis wurde aber nicht in die Tat umgesetzt. O. kam später an Hessen-Darmstadt und damit 1945 an Hessen.

L.: Hugo 462.

Ockstadt s. Frankenstein zu O.

Odangau (Gau) (Odene 830/831)

L.: Polenz, P. v., Landschafts- und Bezirksnamen, 1961, II, 40, 95, Odangouwe, Odene; Nonn, U., Pagus und comitatus in Niederlothringen, 1983, 205, Odangau.

Öden und Willenbach s. Bautz zu Ö.

Odenheim (Reichsdorf). Am 18. 7. 1330 verpfändete Kaiser Ludwig der Bayer dem Albrecht Hofwart von Kirchheim unter anderem die Vogtei über das Kloster O. und das Dorf O. bei Bruchsal. S. Odenheim und Bruchsal.

L.: Hugo 452, 462.

Odenheim (und Bruchsal) (Reichspropstei, rheinischer Prälat bzw. Abtei). In O. (Otenheim) bei Bruchsal war früh das Kloster Lorsch begütert. Zu Anfang des 12. Jahrhunderts stiftete der den Grafen von Lauffen zugehörige Erzbischof Bruno von Trier auf Erbgut das Kloster Wigoldisberg. Nach dem Aussterben der Grafen von Lauffen gelangte die Vogtei über das Kloster 1219 an die Staufer und danach an Speyer. 1494 wurde das Kloster in ein Kollegiatstift umgewandelt. 1507 verlegte der Konvent des Ritterstifts O. aus Sicherheitsgründen seinen Sitz nach Bruchsal. Am Ende des 18. Jahrhunderts gehörte das etwa 1 Quadratmeile mit sieben bzw. acht Dörfern (Odenheim, Eichelberg, Tiefenbach, Landshausen, Rohrbach a. G., Kondominat in Waldangelloch, Großgartach) umfassende O. (und Bruchsal) zu den rheinischen Prälaten der geistlichen Bank des Reichsfürstenrats des Reichstags und hatte Sitz und Stimme im oberrheinischen Reichskreis. 1803 fiel O. (und Bruchsal) an Baden und damit 1951/1952 an Baden-Württemberg.

L.: Wolff 242; Zeumer 552 II a 37, 4; Wallner 699 OberrheinRK 51; Rössler, A., Geschichte der Stadt Bruchsal, 2. A. 1894; Herzer, F./Maas, H., Bruchsaler Heimatgeschichte, 1955; Hodecker, F., Odenheimer Geschichte, 1962; Fetzer, R., Untertanenkonflikte im Ritterstift Odenheim, 2002.

Odenthal (Herrschaft). 1150 wird O. bei Porz erstmals erwähnt (Udindar). 1631 kam es innerhalb Bergs als Pfandherrschaft an die Inhaber von Strauweiler. Am Ende des 18. Jahrhunderts gehörte es über das Herzogtum Berg und das Herzogtum Jülich der Kurfürsten von der Pfalz zum niederrheinisch-westfälischen Reichskreis. Über Preußen fiel es 1946 an Nordrhein-Westfalen.

L.: Wolff 324; Wallner 701 WestfälRK 2; Müller, A., Odenthal bei Altenberg (o. J.).

Odenwald (Kanton). Der Kanton O. war eine Untergliederung des Ritterkreises Franken der Reichsritterschaft. Er hatte seine Kanzlei zunächst in Heilbronn und seit 1762 in dem gemeinschaftlich gekauften Ort Kochendorf. Um 1790 war die Kantonskorporation mit Teilen von Kochendorf Mitglied des Kantons O. des Ritterkreises Franken. Die inkorporierten Güter lagen etwa zwischen Würzburg, Rothenburg, Heilbronn und Frankfurt. Die Güter in Kochendorf fielen 1808 an Württemberg und damit 1951/1952 an Baden-Württemberg.

L.: Wolff 511; Winkelmann-Holzapfel 171; Stetten 184; Riedenauer 116, 122 ff.; Bauer, H., Der Ritterkanton Odenwald, Zs. f. württemberg. Franken 8, 1 (1868), 115 ff.; Polenz, P. v., Landschafts- und Bezirksnamen, 1961, II. 74, 301, Gebietsname; Neumaier, H., Dass wier khein annder Haupt ..., 2005.

Odenwald (Kantonskorporation) s. Odenwald (Kanton)

L.: Hölzle, Beiwort 57; Riedenauer 129.

Oderberg (Herrschaft). Die freie Minderherrschaft O. in Oberschlesien war ursprünglich ein Teil des Fürstentums Ratibor, den Herzog Johann von Oppeln und Ratibor an Markgraf Georg von Jägerndorf gab. 1617 verlor dieser durch Spruch der Landstände nach Beuthen auch O., das an die Grafen Henckel gelangte. 1742 wurde der nördlich der Oder und Oppa gelegene Teil an Preußen abgetreten, der Rest mit der Stadt O. an der alten Oder blieb bei Schlesiens böhmischem Anteil und damit bei Österreich. 1918 kam O. zur Tschechoslowakei.

L.: Wolff 482, 489.

Odernheim (Reichsstadt). O. (bzw. seit 1896 Gau-Odernheim [Gauodernheim]) bei Alzey kam im 9. Jahrhundert wohl vom fränkischen König an das Hochstift Metz und 1282 durch Kauf vom Hochstift Metz an das Reich. 1286 erhielt es Stadtrecht. 1315 wurde es an das Erzstift Mainz, 1407 an die Pfalz verpfändet und nicht wieder eingelöst, vielmehr 1579 nach Unruhen ganz der Pfalz eingegliedert. 1816 fiel es an Hessen-Darmstadt, 1946 an Rheinland-Pfalz.

L.: Wolff 90; Gredy, H., Geschichte der ehemaligen freien Reichsstadt Odernheim, 2. A. 1954; Geschichte von Gauodernheim, zusammengest. v. Einsfeld, C. u. a., 1957; Reifenberg, W., Die kurpfälzische Reichspfandschaft Oppenheim, Gau-Odernheim, Ingelheim 1375–1648, 1968; Escher, M. u. a., Die urbanen Zentren, 2005, 2, 477.

Odescalchi (Reichsfürst). 1689 wurde Livio O. zum Reichsfürsten erhoben. 1697 erwarb er Ilok (Illok) (2 Städte, 28 Dörfer), das zum Herzogtum erhoben wurde (Herzog von Syrmien). Wenig später bewarb er sich als Verwandter Johann Sobieskis um den Königsthron Polens.

L.: Klein 166.

Oebisfelde (Herrschaft). Neben einer Burg entstand im 13. Jahrhundert die Stadt O. an der Aller. 1369 fiel sie an das Erzstift Magdeburg. Seit 1680 gehörte sie mit dem Erzstift zu Brandenburg, von 1694 bis 1914 zu Hessen-Homburg. Von 1949 bis 1990 kam O. über die Provinz Sachsen Preußens zur Deutschen Demokratischen Republik. S. Sachsen-Anhalt.

L.: Wolff 428; Müller, T., Geschichte der Stadt und des Amtes Oebisfelde, 1914.

Oedheim s. Cappler von O.

Oeffingen (reichsritterschaftliche Herrschaft). O. zählte zum Kanton Kocher des Ritterkreises Schwaben und kam an das Domkapitel Augsburg. 1803 gelangte es an Bayern, 1810 an Württemberg und damit 1951/1952 an Baden-Württemberg.

Oefner (Reichsritter) s. Öpfner

Oehlefeld s. Buirette von O.

Oels (Fürstentum, Herzogtum). O. am Oelsbach in Niederschlesien ist im 12. Jahrhundert als Marktort bezeugt und erhielt 1255 deutsches Stadtrecht. Das Gebiet um O. gehörte ursprünglich zum Herzogtum Breslau. 1294 wurde es mit anderen Gebieten vom Fürstentum Breslau an das Fürstentum Görlitz abgetreten. 1312 wurde es nach einer Teilung der Herzöge von Glogau selbständiges Fürstentum einer piastischen Linie (zeitweise mit Wohlau und Wartenberg). 1323 gingen Namslau, Bernstadt, Konstadt, Kreuzburg, Pitschen und Landsberg verloren. 1329 geriet O. unter die Lehnshoheit Böhmens. 1355 erhielt es Cosel und die Hälfte von Beuthen (bis 1472), später auch Steinau und Raudten. 1489 wurde die freie Standesherrschaft Wartenberg (Großwartenberg), 1492 wurden Trachenberg und 1494 Militsch ausgegliedert. 1492 starb die Linie aus und O. kam als erledigtes Lehen an Böhmen (und Ungarn), von dort nach Abtrennung von (Trachenberg, Militsch und) Wohlau 1495 an die Herzöge von Münsterberg aus dem Hause Podiebrad. Diese wurden 1647/1649 über die Erbtochter von Silvius Nimrod von Württemberg beerbt, der das Haus Württemberg-Oels als habsburgisches Lehnsfürstentum begründete, das infolge des Anfalls Böhmens an Habsburg zunächst Lehnsfürstentum Habsburgs bzw. Österreichs, seit 1742 Preußens war. Es fiel 1792 mit einem Gebiet von 35,5 Quadratmeilen durch Heirat in weiblicher Erbfolge an Herzog Friedrich August von Braunschweig. Sein Neffe Friedrich Wilhelm nannte sich seit 1805 Herzog von Braunschweig-Oels. 1884 gelangte O. als erledigtes Thronlehen an Preußen und wurde als Lehen an den Kronprinzen gegeben. Einige Güter und Herrschaften kamen an den König von Sachsen. S. a. Braunschweig-Oels, Württemberg-Oels.

L.: Wolff 478; Großer Historischer Weltatlas II 66 (1378) I3; Häusler, W., Geschichte des Fürstentums Oels, 1883; Häusler, W., Urkundensammlung zur Geschichte des Fürstentums Oels, 1883; Schulenburg, W. v. d., Die staatsrechtliche Stellung des Fürstentums Oels, 1908; Olsnographia rediviva. Des Herrn Sinapius Beschreibung des Oelser Fürstentums für die heutige Zeit überarbeitet von Messerschmidt, E., 1931; Menzel, J., Öls, LexMA 6 1993, 1402; Schlesien, hg. v. Conrads, N., 1994.

Oepfersheim s. Auerochs von O.

Oepp (Reichsritter). Im 17. Jahrhundert zählten die O. zum Kanton Rhön-Werra des Ritterkreises Franken.

L.: Stieber; Seyler 377; Riedenauer 125.

Oeringer (Reichsritter). Im 18. Jahrhundert zählten die O. zeitweise zum Kanton Odenwald des Ritterkreises Franken. S. Öttinger.

L.: Riedenauer 125.

Oetinger (Reichsritter) s. Oeringer, Öttinger

Oettingen (Grafen, Fürsten). 987 wird ein Fridericus comes und 1007 dessen Sohn Sigehardus comes in pago Riezzin (Riesgau) erwähnt. Von ihnen leiten sich möglicherweise Grafen von O. ab, die 1147/1150 (um 1140) als staufische Grafen im Eichstätter Bannforst erstmals genannt wurden. Vielleicht sind sie aber auch von den Riesgaugrafen verschiedene edelfreie Amtsträger der Staufer. Sie gewannen mittels des Landgerichts im Riesgau und des Erwerbs wichtiger Regalien vom 12. bis 14. Jahrhundert das größte weltliche Herrschaftsgebiet in Ostschwaben, das sie zeitweise bis an den oberen Main auszudehnen vermochten. 1418 schwächte eine Teilung (Oettingen-Wallerstein [bis 1486], Oettingen-Flochberg [bis 1549], Oettingen-Oettingen) das politische Gewicht, doch gelang im Zuge der reformatorischen Säkularisation die vorteilhafte Abrundung der Güter. 1442 und 1485 wurde ebenfalls geteilt. 1522 erfolgte die Teilung der zum schwäbischen Reichskreis zählenden Grafen in die evangelische Linie Oettingen-Oettingen (sieben Zwölftel der Güter) und die katholische Linie

Oettingen-Wallerstein (fünf Zwölftel der Güter und das Erbe von Oettingen-Flochberg). 1623/1694 teilte sich Oettingen-Wallerstein in Oettingen-Spielberg (1734 gefürstet), Oettingen-Wallerstein (1774 gefürstet) und Oettingen-Baldern (bis 1798). Nach dem Aussterben Oettingen-Oettingens (1731) fielen dessen Güter überwiegend an Oettingen-Wallerstein sowie zu einem Drittel an Oettingen-Spielberg, das durch Heirat 1689 auch die Herrschaft Schwendi erwarb. Weitere Erwerbungen waren die Herrschaften Bissingen (1661), Burgberg, Seifridsberg (1667) und Diemantstein (1777) (Vorderösterreich, österreichischer Reichskreis, Reichsritterschaft), Hochaltingen (1764) und Altenberg (1799). 1764 verzichteten die Fürsten auf die Vogtei über Kloster Neresheim. Oettingen-Wallerstein erlangte 1798 auch die Güter der Linie Oettingen-Baldern. Oettingen-Spielberg kam 1796 zu einem Gebietsausgleich mit Preußen in Franken und erhielt 1802 fünf Klöster als Entschädigung für seine verlorenen elsässischen Güter. 1806 fiel O. mit insgesamt 17 Quadratmeilen (850 Quadratkilometern) und rund 60 000 Einwohnern an Bayern. Bayern musste 1810 den westlichen Teil (Grafschaft Baldern und weitere Teile) an Württemberg abtreten, der damit 1951/1952 an Baden-Württemberg gelangte.

L.: Wolff 176; Zeumer 553 II b 61, 4; Wallner 685 SchwäbRK 8, 11; Großer Historischer Weltatlas II 66 (1378) F4, III 22 (1648) E4; Lang, K. H., Beiträge zur Kenntnis des öttingischen Vaterlands, 1786; Löffelholz von Kolberg, Oettingiana, 1883; Hölzle, E., Der deutsche Südwesten am Ende des alten Reichs, 1938; Grünenwald, E., Oettingen, 1962; Hofmann, H. H., Territorienbildung in Franken im 14. Jahrhundert, Z. f. bay. LG. 31 (1968); Hopfenzitz, J., Kommende Öttingen Teutschen Ordens, Diss. Würzburg 1973 (masch.schr.); Grünenwald, E., Das älteste Lehenbuch der Grafschaft Oettingen, Einleitung, 1975; Kudorfer, D., Die Grafschaft Oettingen, 1985; Kudorfer, D., Die Entstehung der Grafschaft Oettingen, in: Rieser Kulturtage, Dokumentation 6, 1, 1987; Wendehorst, A., Oettingen, LexMA 6 1993, 1365; Handbuch der baden-württembergischen Geschichte, Bd. 2 1995, 395.

Oettingen-Baldern (Grafen). Nach der Burg Baldern am Westrand des Ries nannte sich seit 1153 eine Adelsfamilie. 1215 ging die Burg durch Tausch vom Hochstift Regensburg an den Abt von Ellwangen, der sie 1250 als Lehen an die Grafen Oettingen gab. Von 1602 bis 1798 war sie Sitz der Linie O. 1798 fiel sie an die Fürsten von Oettingen-Wallerstein, 1806 an Bayern, 1810 an Württemberg und kam damit 1951/1952 zu Baden-Württemberg. S. Baldern.

L.: Der Ostalbkreis, 1978.

Oettingen-Baldern-Katzenstein (Grafen). Die Grafen O. sind eine 1662 begründete Linie der Grafen von Oettingen. 1790 gehörten ihr die Herrschaft Baldern, Lippach und die Herrschaft Schenkenstein mit Aufhausen bei Bopfingen, die unter dem Oberamt Baldern zusammengefasst waren, und das Pflegamt Katzenstein. Nach dem Aussterben der Linie (1798) fielen ihre Güter an Oettingen-Wallerstein und danach an Württemberg und damit 1951/1952 zu Baden-Württemberg. S. Baldern.

L.: Hölzle, E., Der deutsche Südwesten am Ende des alten Reiches, 1938; Der Ostalbkreis, 1978.

Oettingen-Flochberg (Grafen). Die Burg Flochberg bei Bopfingen, nach der sich 1138 Herren von Flochberg nannten, wird 1145 als castrum regis erwähnt. 1188 überließ Kaiser Friedrich I. Barbarossa Bopfingen und Flochberg seinem Sohn. 1330 gab Kaiser Ludwig der Bayer die zerstörte Burg an die Grafen von Oettingen, die 1347 pfandweise die wiedererrichtete Burg von König Karl IV. erhielten. Nach ihr nannte sich später eine Linie der Grafen. 1806 kam Flochberg an Bayern, 1810 an Württemberg und damit 1951/1952 an Baden-Württemberg.

L.: Der Ostalbkreis, 1978.

Oettingen-Oettingen (Grafen). O. ist eine 1522 gebildete, evangelische Linie der Grafen von Oettingen. Ihre Güter fielen 1731 an Oettingen-Wallerstein und Oettingen-Spielberg.

Oettingen-Spielberg (Grafen, Fürsten). O. ist eine im 17. Jahrhundert von Oettingen-Wallerstein abgespaltete, dem schwäbischen Reichskreis zugehörige und 1734 gefürstete Linie der Grafen von Oettingen, die 1731 einen Teil der Güter Oettingen-Oettingens erbte. 1790 gehörten hierzu die Oberämter Aufkirchen, Dürrwangen, Mönchsroth, Oettingen und Spielberg, das Pflegamt Hochaltingen, die Herrschaft Schwendi, die der Reichsritterschaft einverleibt war, die Landeshoheit über die Johanniterkommende Kleinerdlingen und die Untertanen des Klosters Sankt Klara zu Regensburg. 1806 fiel O. mit 8 Quadratmeilen und 20 000 Einwohnern an Bayern.

L.: Wolff 177; Wallner 685 SchwäbRK 11; Hölzle, E., Der deutsche Südwesten am Ende des alten Reiches, 1938; Rehfeld, H., Die Mediatisierung des Fürstentums Oettingen-Spielberg, Diss. jur. Erlangen 1955.

Oettingen-Wallerstein (Grafen, Fürsten). O. ist eine 1522 entstandene, 1774 gefürstete katholische, dem schwäbischen Reichskreis zugezählte Linie der Grafen von Oettingen, die 1731 die meisten Güter Oettingen-Oettingens erbte. 1790 gehörten ihr die Oberämter Alerheim, Bissingen mit der Herrschaft Hohenburg und der Gemeinde Fronhofen mit Verwalteramt Diemantstein, Harburg, Hochhaus, Marktoffingen, Neresheim und Wallerstein, die Herrschaften Burgberg und Seifriedsberg und schließlich die Landeshoheit über Aufhausen bei Christgarten. Nach § 12 des Reichsdeputationshauptschlusses vom 25. 2. 1803 erhielt sie für die Herrschaft Dagstuhl die Abtei Heiligkreuz (Heiligenkreuz) zu Donauwörth, das Kapitel Sankt Magnus zu Füssen und die Klöster Kirchheim, Deggingen und Maihingen. 1806 fiel das ca. 16 Quadratmeilen große Fürstentum mit 40 000 Einwohnern an Bayern.

L.: Wolff 177; Wallner 685 SchwäbRK 8; Hölzle, E., Der deutsche Südwesten am Ende des alten Reiches, 1938.

Oeynhausen, Oyenhausen (Reichsritter). Im 18. Jahrhundert zählten die O. zum Ritterkreis Rhein.

L.: Roth von Schreckenstein 2, 595.

Offenau (Reichsdorf). Am 4. 7. 1360 überließ Kaiser Karl IV. der Elisabeth, Schwiegertochter des Burkhard Sturmfeder, das unter anderem dem Burkhard Sturmfeder verpfändete Reichsdorf O. bei Wimpfen. Später fiel das Dorf an den Deutschen Orden. Über Württemberg kam O. 1951/1952 an Baden-Württemberg.

L.: Hugo 459.

Offenbach (Burg, Herrschaft, Stadt). Das 977 erstmals erwähnte O. im Reichsforst Dreieich gelangte über die Herren von Münzenberg und Falkenstein 1418/1486 allmählich ganz an die Grafen von Isenburg. 1556 erhob es der Graf von Isenburg-Büdingen zur Residenz. 1816 fiel es an Hessen-Darmstadt und damit 1945 an Hessen. S. Isenburg, Isenburg-Offenbach.

L.: Wolff 277; Pirazzi, E., Bilder und Geschichten aus Offenbachs Vergangenheit, 1879.

Offenburg (Reichsritter). Hans Heinrich von O., württembergischer Rat und Hofgerichtsassessor sowie Obervogt zu Nagold, war von 1614 bis 1623 Mitglied des Kantons Neckar des Ritterkreises Schwaben.

L.: Hellstern 210.

Offenburg (Reichsstadt). O. an der Kinzig wird erstmals 1101 genannt. Der Ort war vermutlich eine Gründung der 1218 aussterbenden Herzöge von Zähringen (Grafen der Mortenau [Ortenau], Gerichtsvögte von Gengenbach) bei der um 1100 errichteten und seit 1148 belegten Burg an der Kreuzung der Straßen von Straßburg zur Donau und von Basel zum unteren Neckar. 1235 wurde O. von Kaiser Friedrich II. zur Reichsstadt erhoben. Im 14. Jahrhundert war sie an Baden und an den Bischof von Straßburg verpfändet, später auch an die Pfalz und Fürstenberg. 1504 erhielt sie nach dem Landshuter Erbfolgekrieg von König Maximilian ein kleines Herrschaftsgebiet aus Gütern der Pfalz. 1525 führte sie die Reformation, 1530 die Gegenreformation durch. Bei der Reichskreiseinteilung kam sie zum schwäbischen Reichskreis. Um 1550 fiel sie infolge Einzugs des Reichsgutes in der Ortenau an Österreich und wurde Sitz der kaiserlichen Landvogtei Ortenau sowie des Ritterkantons Ortenau des Ritterkreises Schwaben. Seit 1575 hatte O. zusammen mit Gengenbach und Zell am Harmersbach einen gemeinsamen Gesandten im Reichstag. 1635 wurde die Reichsstandschaft erneuert. Mit O. wurden von 1701 bis 1771 die Markgrafen von Baden-Baden belehnt. 1771 fiel O. an Österreich als Schutzherren zurück. 1803 kam sie mit etwa 0,3 Quadratmeilen Gebiet und rund 2400 Einwohnern an Baden und damit 1951/1952 an Baden-Württemberg.

L.: Wolff 226; Zeumer 555 III b 27; Wallner 690 SchwäbRK 94; Großer Historischer Weltatlas II 66 (1378) D4, III 22 (1648) C4, III 38 (1789) B3; Schroeder 310 ff.; Walter, K., Abriss der Geschichte der Reichsstadt Offenburg, 1895; Kähni, O., Offenburg. Aus der Geschichte einer Reichsstadt, 1951; Die Stadt- und Landgemeinden des Kreises Offenburg, hg. v. Hist. Verein f. Mittelbaden, 1964; Kähni, O., Offenburg und die Ortenau, 1976; Schimpf, R., Offenburg 1802–1847, 1997; Offenburg 1919–1949, hg. v. Eisele, K. u. a., 2004; Escher, M. u. a., Die urbanen Zentren, 2005, 2, 478.

Offingen (Reichsritter). Im späten 16. Jahrhundert zählten die O. zum Kanton Odenwald im Ritterkreis Franken. S. Öpfner.

L.: Riedenauer 126.

Öffingen (Oeffingen) (Herrschaft). Die Herrschaft O. zwischen Donau und Kanzach gehörte zu Schwäbisch-Österreich.

L.: Wolff 46.

Ogasgouwe s. Augustgouwe II (um Kaiseraugst)

L.: Polenz, P. v., Landschafts- und Bezirksnamen, 1961, 301.

Oggelsbeuren (Herrschaft). Das Dorf O. (Ogelspuren) bei Biberach wird 1275 erstmals genannt. 1331 kam es von den Grafen von Grüningen-Landau (Landau) über die Warthausen und Waldsee an Habsburg. Am Ende des 17. Jahrhunderts wurde die Herrschaft O. vom Stift Buchau erworben. Über Württemberg fiel O. 1951/1952 an Baden-Württemberg.

L.: Hölzle, Beiwort 79; Ströbele, H., Die Gemeinde Oggelsbeuren, 1974.

Oggenhausen (reichsritterschaftliche Herrschaft). O. zählte zum Kanton Kocher des Ritterkreises Schwaben und kam an Württemberg. Das dortige Schloss der Fetzer (Vetzer) wurde bis 1662 von Württemberg erworben. Über Württemberg gelangten die Güter 1951/1952 zu Baden-Württemberg. S. Vetzer von O.

Ohmfeld s. Onfeld

Öhringen (Stift). In der schon vorgeschichtlich besiedelten Hohenloher Ebene im oberen Ohrntal errichteten die Römer 150 n. Chr. den vicus Aurelianus mit zwei Kastellen. Im Mittelalter erscheint O. erstmals 1037 (Orengowe), als die Mutter Kaiser Konrads II. die Pfarrkirche in ein Kollegiatstift umwandeln ließ. Über die Vogtei erlangten die Herren von Hohenlohe um 1250 den 1253 als Stadt bezeichneten Ort. Nach der Reformation fiel das Stift an die Grafen. Nach 1551/1555 stand O. den beiden Hauptlinien Hohenlohe-Neuenstein und Hohenlohe-Waldenburg gemeinsam zu. 1677 wurde es Residenz einer eigenen Linie. 1782 kam es ausschließlich an Hohenlohe-Neuenstein-Öhringen. 1806 gelangte es an Württemberg und damit 1951/1952 an Baden-Württemberg. S. Hohenlohe-Öhringen.

L.: Wolff 119; Mattes, W., Öhringer Heimatbuch, 1929; Schumm, K., Geschichte der städtischen Verfassung in Öhringen, 1953; Knoblauch, E., Die Baugeschichte der Stadt Öhringen bis zum Ausgang des Mittelalters, 1970; Der Landkreis Öhringen. Amtliche Kreisbeschreibung, Bd. 1, 2 1961 ff.; Öhringer Heimatbuch, hg. v. Mattes, W., 1987 (Neudruck); Öhringen, hg. v. d. Stadt Öhringen, 1988.

Olbersdorf (Minderherrschaft). Die Minderherrschaft O. in Oberschlesien mit dem Städtchen O. gehörte dem Jesuitenkollegium zu Neiße.

L.: Wolff 489.

Olbrück, Ollbrück (Herrschaft, Reichsherrschaft). Die Burg O. im oberen Brohltal bei Ahrweiler westlich von Andernach wurde vermutlich um 1100 durch die Grafen von Wied erbaut. 1190 trugen die Grafen sie dem Erzstift Köln zu Lehen auf. Die Burg, die nach dem Aussterben der Grafen von Wied Ganerbschaft zahlreicher Familien (Eppstein, Braunsberg, Eich, Waldbott [Waldpod] von Bassenheim) war, bildete den Mittelpunkt der Reichsherrschaft O., zu der etwa zehn Dörfer der nächsten Umgebung zählten. 1555 gelangte der Wieder Anteil als Lehen Kölns an die drei Linien der Waldbott von Bassenheim. 1735 löste die Familie Waldbott von Bassenheim die Ganerbschaft auf und teilte O. unter den Linien Bassenheim und Bornheim. Die Herrschaft O. gehörte am Ende des 18. Jahrhunderts mit 1,5 Quadratmeilen Gebiet und 1600 bzw. 3000 Einwohnern zum oberrheinischen Reichskreis. 1815 fiel O. an Preußen und kam von dort 1946 zu Rheinland-Pfalz.

L.: Wolff 290; Wallner 699 OberrheinRK 50; Gerhards, H., Burg Olbrück, in: Heimatkalender für den Landkreis Ahrweiler, 1961; Pracht, H., Burg Olbrück und das Zissener Ländchen, 1981.

Oldenburg (Grafschaft, Herzogtum, Großherzogtum). Bereits um 800 bestand eine Siedlung im heutigen Stadtkern von O. 1108 wird O. (urspr. Ommeresburg, Ammerburg) erstmals erwähnt. Im Schutze der Burg entstand eine um das Jahr 1270 ummauerte Siedlung, die 1345 das Stadtrecht von Bremen erhielt. Seit der Mitte des 12. Jahrhunderts war O. Mittelpunkt der im alten Stammesherzogtum Sachsen gelegenen Grafschaft O., die sich in Kämpfen mit den Friesen allmählich erweiterte. Die Grafen selbst stammten möglicherweise von der Familie Widukinds von Sachsen ab. Viele ihrer später sichtbaren Güter lagen im Osnabrücker Nordland. Ihr erster bekannter Vertreter (Egilmar um 1091–1108) erscheint um 1100 (1108) als comes in confinio Saxoniae et Frisiae. Seit dem (frühen) 12. Jahrhundert hatten die Grafen vielleicht aus widukindischem Erbe die Vogtei ihres Hausklosters Rastede (1124) und des Stifts Wildeshausen (um 1100) inne. 1180 erhielten sie die Grafschaft als umstrittenes Reichslehen. Vielleicht schon um 1150 wurde die Linie Oldenburg-Wildeshausen mit Wildeshausen, Gütern im östlichen Lerigau und Ammerland, Friesland und der Vogtei Rastede (1388 erloschen) von der Hauptlinie (mit O., dem Land Wührden [Wurden] und Gütern im westlichen Lerigau und im Hasegau, 1180 Grafenrechte im Ammergau) abgetrennt, von der sich um 1220 Grafen von Oldenburg-Bruchhausen abspalteten. Ihre später mehrfach geteilten Güter kamen 1252 an das Hochstift Münster (Vechta), 1270/1355/1384 an das Erzstift Bremen (Wildeshausen), die Grafen von Tecklenburg (Altbruchhausen) und die Grafen von Hoya. Das im Kampf mit den Stedinger Bauern eroberte, 1247/1259 durch die Burg Delmenhorst gesicherte Land (Süderbrok [Söderbrok], Holle, Berne, Hammelwarden, Elsfleth/Weser) fiel 1278/1281 an die Seitenlinie Oldenburg-Delmenhorst, kam aber 1436/1447 beim Erlöschen der Linie trotz kurzfristiger Übertragung an das Erzstift Bremen (1421–1434) bzw. Braunschweig-Lüneburg an die Hauptlinie zurück. In dieser hinterließ Graf Dietrich 1440 aus seiner Ehe mit Herzogin Hedwig von Holstein drei Söhne, von denen der älteste (Christian) 1448 König von Dänemark, Norwegen und Schweden wurde und 1459 das Herzogtum Schleswig und die Grafschaften Schleswig und Holstein erbte, während der jüngste die Grafschaft O. erlangte. Die Linie verlor 1482 Delmenhorst an Münster (bis zur Eroberung von 1547) und 1500 Dithmarschen, gewann bis 1514/1523 Stadland-Butjadingen und 1517 die Herrschaft Jever, die aber bis 1575 wieder Ostfriesland überlassen werden musste. 1531 wurde O. geringeres Reichslehen. Graf Anton I. (1529–1573) führte die Reformation ein. 1667 kam die zum westfälischen Reichsgrafenkollegium zählende Grafschaft beim Tod des ohne erbberechtigte Nachkommen verstorbenen Grafen Anton Günther durch Erbvertrag von 1649 unter Aufgabe von O. als Residenz an Dänemark (und bis 1676 Holstein-Gottorp [Gottorf], dann Abfindung durch das Amt Traventhal [Travendahl]), doch fiel die 1575 erworbene Herrschaft Jever an Anhalt-Zerbst und über Katharina II. (1793) an Russland und gingen Delmenhorst, Varel sowie die 1623/1624 durch Kauf erlangte Herrschaft Kniphausen als Fideikommiss an den Sohn Anton Günthers, den bis dahin illegitimen Reichsgrafen von Aldenburg, 1733 durch Heirat an die Grafen von Bentinck. 1774 wurde O. (unter Holstein-Gottorp [Gottorf]) in den Reichsfürstenstand erhoben. O. umfasste zu dieser Zeit die beiden im Reichsfürstenrat vertretenen Reichsgrafschaften O. und Delmenhorst mit rund 70 000 Einwohnern. Durch Ländertausch im Hause Gottorp (Gottorf) kam die von Statthaltern Dänemarks regierte Grafschaft O. 1773/1777 von Dänemark an Holstein-Gottorp (Gottorf), das 1762 den Thron in Russland bestiegen hatte, und innerhalb dieses Hauses an (die jüngere Linie bzw.) das reformierte Fürstbistum Lübeck(-Eutin), wofür Holstein-Gottorp an Dänemark abgegeben wurde. 1774 wurde die Grafschaft Herzogtum. Von 1774 bis 1918/1919 war wieder die Stadt O. Residenz. 1802/1803 erhielt O. durch § 8 des Reichsdeputationshauptschlusses vom 25. 2. 1803 für den verlorenen, 1623 gegen Bremen eingerichteten Elsflether Weserzoll und einige Dörfer (das Erbfürstentum Lübeck) die Ämter Cloppenburg und Vechta aus dem Niederstift Münster und das seit 1700/1719 hannoversche Wildeshausen. Am 10. 12. 1810 wurde es bis auf das Fürstentum Lübeck von Frankreich annektiert (bis 1813). 1815 stieg es zum Großherzogtum auf und wurde geringfügig um die Ämter Damme und Neuenkirchen vergrößert. Mit dem ihm danach überlassenen Fürstentum Birkenfeld an der Nahe (20 000 Einwohner) trat es in Personalunion, so dass das Land nunmehr aus drei Teilen bestand. 1818/1823 erlangte es durch Abtretung die Herrschaft Jever von Russland zurück. Am 18. 2. 1849 erhielt es eine Verfassung. Am 1. 12. 1853 wurde das Gebiet um Wilhelmshaven an Preußen veräußert, umgekehrt 1854 die Herrschaft Kniphausen erworben. 1864 verzichtete O. auf seine 1866 gegen Abtretung von Ahrensbök und Zahlung von 1 Million Taler abgefundenen Erbansprüche in Holstein, 1867 beim Eintritt in den Norddeutschen Bund gegen Gebietserweiterung und Geldausgleich auf die Elbherzogtümer. 1918 wurde O. Freistaat. 1932 erhielten die Nationalsozialisten die Mehrheit. Das Fürstentum Birkenfeld kam 1937 an Preußen (Rheinprovinz). Ebenso gelangte Lübeck an Preußen, das seinerseits das 1853 erhaltene Wilhelmshaven abgab. Der Freistaat O. ging 1946 als Verwaltungsbezirk in Niedersachsen auf. S. a. Holstein-Oldenburg, Holstein-Gottorp-Oldenburg.

L.: Wolff 341 ff.; Zeumer 554 II b 63,7; Wallner 702 WestfälRK 9; Großer Historischer Weltatlas II 66 (1378) E2, II 78 (1450) F3, III 22 (1648) D2, III 38 (1789) C1; Schnath, G./Lübbing, H./Engel, F., Niedersachsen, in: Geschichte der deutschen Länder, Bd. 1; Die Territorien des Reichs 6, 130; Bauer 1, 409; Corpus constitutionum Oldenburgicarum, hg. v. Oetken, J. C. v./ Schloifer, H. H., Bd. 1 ff. 1792 ff.; Halen, G. A. v., Geschichte des Herzogtums Oldenburg, Bd. 1 ff. 1794 ff., Neudruck 1974; Rüthning, G., Oldenburger Geschichte, Bd. 1 f. 1911 ff.; Oldenburger Urkundenbuch, Bd. 1–8 1914 ff.; Sello, G., Die territoriale Entwicklung des Herzogtums Oldenburg, 1923; Kohl, D., Geschichte der Stadt Oldenburg, 1925; Kohl, D., Das Oldenburger Stadtrecht, in: Oldenburger Jahrbuch 34 (1930); Niedersachsen um 1780, Lief. 1 u. a. Emden-Oldenburg, hg. v. Prinz, J., 1938; Lübbing, H., Oldenburgische Landesgeschichte, 1953; Boy, H., Die Stadtlandschaft Oldenburg, 1954; Wietek, G., Oldenburger Land, 1956; Hannemann, M., Der Landkreis Oldenburg, 1956; Oldenburgische Städte, A1–5 Oldenburg, in: Niedersächsischer Städteatlas, hg. v. Lübbing, H./ Harms, O., 1960–1968; Hanisch, W., Südoldenburg, 1962; Knollmann, W., Das Verfassungsrecht der Stadt Oldenburg im 19. Jahrhundert, 1969; Last, M., Adel und Grafen in Oldenburg während des Mittelalters, 1969; Hülle, W., Geschichte des höchsten Landesgerichts von Oldenburg (1573–1935), 1974; Seeber, E., Die Oldenburger Bauerbriefe. Untersuchungen zur bäuerlichen Selbstverwaltung in der Grafschaft Oldenburg von 1518–1810, 1975; Historisches Gemeindeverzeichnis für das Oldenburger Land, bearb. v. Raykowski, H., 1981; Rössler, L., Die Entwicklung der kommunalen Selbstverwaltung im Großherzogtum Oldenburg, 1985; Koolman, E., Oldenburgische Bibliographie (16. Jh.–1907), 1987; Geschichte des Landes Oldenburg, hg. v. Eckhardt, A. u. a., 3. A. 1988; Hinrichs, E., Die Wirtschaft des Landes Oldenburg in vorindustrieller Zeit, 1988; Die Grafschaften Oldenburg und Delmenhorst nach der Steuererhebung von 1744, hg. v. Krüger, K., 1988; Hummerich, A., Historische Streifzüge durch das Ammerland, 1989; Schmidt, H., Oldenburg, LexMA 6 1993, 1390.

Oldenburg in Holstein (Bistum) s. Lübeck (Hochstift)

L.: Gabriel, I./Kempke, T./Prummel, W. u. a., Starigard/Oldenburg. Hauptburg der Slawen in Wagrien, Bd. 1 ff. 1984 ff.; Starigard/Oldenburg. Ein slawischer Herrschersitz des frühen Mittelalters in Ostholstein, hg. v. Müller-Wille, M., 1991.

Oldenburg-Wildeshausen (Grafen). Wildeshausen am Übergang einer Straße von Westfalen nach Bremen über die Hunte wird 851 erstmals erwähnt (Wigaldinghus). Graf Waltbert, Enkel des sächsischen Herzogs Widukind, gab den Ort 872 an das von ihm dort gegründete Alexanderstift. Im 11. Jahrhundert unterstand der Ort den Billungern, welche die Vogteirechte um 1100 den Grafen von Oldenburg übertrugen, während die Welfen dem Domkapitel von Bremen das Propsteigut überließen. Um 1150 gründete Graf Heinrich von Oldenburg die Burg Wildeshausen. Eine der Linien der Grafen wurde in Wildeshausen ansässig und verband mit ihrem Amt Wildeshausen vorübergehend die Grafschaften Vlotho und Tecklenburg. Nach dem Aussterben der Grafen 1270/1335/1384 ergriff das Erzstift Bremen 1270 Besitz von Wildeshausen, während andere Güter an die Grafen von Hoya fielen. W. zählte zum niedersächsischen Reichskreis. Im Dreißigjährigen Krieg kam es an Schweden, 1700 an Hannover, 1803 mit 2,3 Quadratmeilen Gebiet an Oldenburg und 1946 mit diesem zu Niedersachsen. S. Wildeshausen.

L.: Wallner 707 NiedersächsRK 25; Haase, C., Mittelalterliche Rechtsquellen der Stadt Wildeshausen, 1953; 1270–1970. 700 Jahre Stadt Wildeshausen, hg. v. Boning, H., 1970; Lübbing, H./Jäkel, W., Geschichte der Stadt Wildeshausen, 1970.

Oliupestale (Gau um die obere Krems rechts der Traun)

L.: Curs, O., Deutschlands Gaue im zehnten Jahrhundert. Nach den Königsurkunden, Diss. phil. Göttingen 1908, 16 (Schlierbach).

Ollbrück (Herrschaft) s. Olbrück

Olmütz (Bistum, Erzbistum). Vermutlich im Jahre 1063 wurde das seit 976 bezeugte Landesbistum Mähren nach O. an der March verlegt, wo nach älteren slawischen Siedlungsspuren des 7. Jahrhunderts in der zweiten Hälfte des 10. Jahrhunderts ein Stützpunkt der Přemysliden (Przemysliden) errichtet worden war, der seit 1019/1020 planmäßig gefördert wurde. Das Bistum unterstand wohl seit 976 dem Erzbischof von Mainz und von 1344 bis 1421 dem Erzbischof von Prag. Kaiser Karl IV. verlieh dem Bischof Fürstenrang. 1777 wurde O. zum Erzbistum erhoben, zu dem als Bistum Brünn gehörte. S. Tschechoslowakei, Tschechien.

L.: Wolff 467; d'Elvert, C., Zur Geschichte des Erzbistums Olmütz, 1895; Zemlicka, J., Olmütz, LexMA 6 1993, 1401; Metropolen im Wandel, 1995, 233; Spacil, V., Sbirka listin archivu mesta Olomouce 1261–1793, 1998.

Ommergavvi s. Amberga

L.: Polenz, P. v., Landschafts- und Bezirksnamen, 1961, 301.

Onfeld (Ohmfeld)

L.: Polenz, P. v., Landschafts- und Bezirksnamen, 1961, II, 58, 61 f., Onfeld, ‚Ohmfeld'.

Onolzbach s. Brandenburg-Ansbach, Ansbach

Onolzbach (Reichsritter) s. Ansbach

L.: Stetten 36.

Oosgau s. Ousegouwe

Oostergo s. Astrahi

L.: Polenz, P. v., Landschafts- und Bezirksnamen, 1961.

Öpfner, Opfner, Offner, Öfner (Reichsritter). Im 16. und 17. Jahrhundert zählten die O. zum Kanton Odenwald des Ritterkreises Franken. S. Offingen.

L.: Riedenauer 126; Stetten 33.

Oppeln (Herzogtum). O. an der Oder in Oberschlesien war bei der ersten Nennung um 1000 Mittelpunkt des Siedlungsgebietes der slawischen Opolanen. Seit der Eroberung durch den oberschlesischen Herzog 1202 war die im 11. und 12. Jahrhundert befestigte, 1173 zunächst an Niederschlesien gelangte Siedlung Hauptort des von Niederschlesien getrennten, nunmehr auch nach O. bezeichneten piastischen Herzogtums (O.) Oberschlesien (mit Ratibor, Teschen, 1178 Beuthen, Auschwitz). 1254 wurde die deutschrechtliche Stadt O. gegründet. Im 13. Jahrhundert splitterte sich das Herzogtum in Teilfürstentümer auf (1281 Teilung in O. mit Oberglogau, Falkenberg, Neustrehlitz [Groß Strehlitz], 1313 dreigeteilt, Beuthen mit Cosel, Tost, Gleiwitz, bis 1335, Ratibor mit Rybnik, Sohrau [Sorau], Pless, bis 1336, sowie Teschen und Auschwitz, bis 1625). 1327 wurde O. Lehen Böhmens. 1521 kam Ratibor an O. Beim Tod des letzten Oppelner Piastenherzogs (1532) fiel das zwischen 1493 und 1521 um Gleiwitz, Tost, Beuthen, Cosel und den größten Teil von Ratibor vergrößerte O. an Böhmen und damit an Habsburg bzw. Österreich. Von 1532 bis 1551 war es an die Markgrafen von Brandenburg-Ansbach, von 1645 bis 1666 an Polen verpfändet. O. umfasste ein Gebiet von 137 Quadratmeilen und war seit 1741 in die Kreise O., Falkenberg, Rosenberg, Lublinitz, Groß Strehlitz, Tost, Cosel (Kosel) und Neustadt gegliedert. 1742 kam O. von Österreich an Preußen. Seit 1945 stand es unter Verwaltung Polens (Woiwodschaft Opole). 1990 kam es als politische Folge der deutschen Wiedervereinigung an Polen.

L.: Wolff 479 f.; Idzikowski, F., Geschichte der Stadt Oppeln, 1863 ff.; Steinert, A., Oppelns Werdegang, 1924; Oppeln, hg. v. Maurer, K., 1926; Kuhn, W., Siedlungsgeschichte Oberschlesiens, 1954; Oppeln. Die grüne Brückenstadt, hg. v. Verlag Oppelner Heimatblatt, 1964; Straszewicz, L., Opola Silesia: outline of economic geography (engl. Übersetzung aus dem Polnischen), 1965; Kuhn, W., Oppeln, 1979; Kuhn, W., Geschichte Oberschlesiens, Jb. d. schles. Friedrich-Wilhelms-Universität zu Breslau 24 (1983), 1 ff.; Petry, L., Geschichte Schlesiens, Bd. 1 5. A. 1988; Menzel, J., Oppeln, LexMA 6 1993, 1415; Veldtrup, D., Prosopographische Studien zur Geschichte Oppelns, 1995; Marsch, A., Oppeln – Falkenberg – Groß Strehlitz, 1998.

Oppeln-Falkenberg (Herzogtum) s. Oppeln, Falkenberg

Oppeln-Ratibor (Herzogtum) s. Oppeln, Ratibor

Oppenheim (Reichsstadt). O. am Mittelrhein bei Mainz wird 765 erstmals erwähnt. 774 gab Karl der Große den Königshof an die Abtei Lorsch. 1147 fiel der Ort von Lorsch an das Reich zurück. 1225/1226 erhielt er Stadtrecht (Reichsstadt). 1254 war O. Mitglied des rheinischen Städtebundes. Von 1315 bis 1353 wurde O. an das Erzstift Mainz, 1375 an die Pfalz verpfändet und gehörte seit 1398 tatsächlich, seit 1648 endgültig zur Pfalz. Später fiel O. an Hessen-Darmstadt. 1946 kam es an Rheinland-Pfalz.

L.: Wolff 90; Franck, W., Geschichte der ehemaligen Reichsstadt Oppenheim am Rhein, 1859; Wernher, C., Oppenheim, 1925; Krause, P., Oppenheim unter der Verwaltung des Reichs, 1927; Neue Forschungen zur Geschichte Oppenheims und seiner Kirche, hg. v. Jungkenn, E., 1938; Leiwig, H., in: Berichte zur deutschen Landeskunde 33, 1 1964; 1200 Jahre Oppenheim am Rhein, Festschrift, hg. v. Albrecht, J./Licht, H., 1965; Reifenberg, W., Die kurpfälzische Reichspfandschaft Oppenheim, Gau-Odernheim, Ingelheim 1375–1648, 1968; Oppenheim. Geschichte einer alten Reichsstadt, hg. v. Licht, A., 1975; Rödel, V., Oppenheim als Burg und Stadt des Reiches, Beitr. z. mittelrhein. Gesch. 21 (1980), 60 ff.; Kraft, R., Das Reichsgut von Oppenheim, HJL 11 (1981), 20 ff.; Festschrift St. Katharinen zu Oppenheim, hg. v. Servatius, C./Steitz, H./Weber, F., 1989; Seibert, H., Oppenheim, LexMA 6 1993, 1417; Escher, M. u. a., Die urbanen Zentren, 2005, 2, 481.

Oppenweiler s. Sturmfeder von und zu O.

Oppurg (Herrschaft). 1074 gab Erzbischof Anno von Köln unter aus Reichsgut stammenden Ländereien O. (Opult) bei Pössneck an die Abtei Saalfeld. Über weitergegebene Vogteirechte der Grafen von Schwarzburg und der Grafen von Orlamünde über die Abteigüter erlangten die Ritter von Brandenstein die Herrschaft O. Da sie infolge zahlreicher Erbteilungen und sonstiger Umstände im 17. Jahrhundert verarmten, musste die Herrschaft 1672 an Graf Johann Albrecht von Ronow verkauft werden. 1703 kam sie an die Familie Einsiedel, 1745 an die Grafen Hoym, 1782 erbweise an die Fürsten von Hohenlohe-Ingelfingen. Sie gehörte über die Markgrafschaft Meißen Sachsens dem obersächsischen Reichskreis an. Über Thüringen (1920) fiel O. von 1949 bis 1990 an die Deutsche Demokratische Republik.

L.: Wolff 380; Wallner 708 ObersächsRK 2; Dedié, F., Oppurg und seine Besitzer im Laufe der Jahrhunderte, 1939.

Oranien (Grafschaft, Fürstentum). Im 11. Jahrhundert verselbständigte sich die in der burgundischen Rhoneebene gelegene, vielleicht bereits von Karl dem Großen errichtete Grafschaft Orange. Nach verschiedenen Teilungen wurde 1163 ein Teil (mit Orange, Jonquières und Courthezon) von Kaiser Friedrich I. Barbarossa zum Fürstentum erhoben. Dieses fiel 1174 in weiblicher Erbfolge (über die Erbtochter Tiburge) an ein anderes Geschlecht (Baux). Nach einer Unterbrechung kam Orange um 1300 (1308 über den Johanniterorden [Orden der Johanniter] und Karl von Anjou) wieder zurück. 1393 gelangte Orange beim Aussterben der Fürsten über eine Erbtochter an die Grafen von Chalon, nach dem Aussterben der Familie 1530 mit weiteren Gütern in der Provence, Burgund und Neuenburg-Valangin infolge einer Heirat von 1515 über die Erbtochter im Erbwege an Nassau-Dillenburg (O.), dessen Herrscher 1544 den Titel eines Prince d' Orange annahm und 1560 das von Frankreich besetzte Fürstentum erlangte. Wenig später wurde der Fürst von Nassau-Oranien zum Führer des Aufstandes der Niederlande gegen Spanien und 1572 zum königlichen Statthalter von Holland, Seeland und Utrecht gewählt. 1579 gründete Johann der Ältere die Utrechter Union der nördlichen niederländischen Provinzen. Im Jahre 1600 kam Moers testamentarisch an O., von 1597 bis 1605 und von 1632/1633 bis 1702 auch die Grafschaft Lingen. 1702 entstand nach Erlöschen der Linie der Prinzen von O. (König Wilhelm III. von England, 1688 als Schwiegersohn des 1672 katholisch konvertierten Königs Jakob II. von der Opposition nach England berufen) der oranische Erbfolgestreit aus den erbrechtlichen Ansprüchen der Fürsten von Nassau-Diez und Nassau-Siegen, des Enkels des mit Henriette von O. verheirateten Großen Kurfürsten von Brandenburg (bzw. Preußen) und des Fürsten von Conti. 1713 wurde das schon von 1672 bis 1679 und 1701/1702 von Frankreich besetzte O. dem Fürsten von Conti als Lehen Frankreichs zugesprochen. Frankreich erkannte auch die 1707 erfolgte Entscheidung Neuenburg-Valangins (Neuenburg-Valengins) zugunsten Preußens an. Dieses hatte bereits 1702 die Reichsgrafschaft Moers und Lingen besetzt. 1713 erhielt es als Ausgleich für O. auch den oberen Teil von Geldern (Obergeldern). 1815 gab Wilhelm I. als König der Niederlande die deutschen Güter auf. 1890 erlosch das Haus in männlicher Linie. S. Nassau-Oranien.

L.: Pontbriant, Histoire de la principauté l'Orange, 1891; Meister, R., Das Fürstentum Oranien, 1930; Geyl, P., Orange and Stuart, 1969; Dek, A.W. E., Genealogie von het vorstenhuis Nassau, 1970; Gasparri, F., Orange, LexMA 6 1993, 1424; Oranien und das deutsche Reich, hg. v. Lademacher, H., 1994; Oranien-Nassau, die Niederlande und das Reich, hg. v. Lademacher, H., 1995; Mörke, O., Stadtholder oder Staetholder?, 1997.

Oranien-Fulda (Fürstentum) s. Oranien, Nassau-Oranien, Nassau, Nassau-Dillenburg

Orlamünde (Grafen). An der Mündung der Orla in die Saale wird 1071 erstmals eine vielleicht um 900 erbaute Burg O. der Grafen von Weimar erwähnt, die von 1046 bis 1067 auch Markgrafen von Meißen waren. Beim Aussterben der Grafen 1060/1067/1112 gingen die Güter (Weimar und O.) nach längeren Auseinandersetzungen an die Askanier über, von denen Albrecht der Bär seinen zweiten Sohn Hermann, der sich Graf von O. nannte, damit ausstattete. 1248 wurde das Grafenhaus in eine thüringische und eine osterländische Linie geteilt. Die Grafschaft kam durch Kauf (1344) und Krieg allmählich an die Landgrafen von Thüringen/Markgrafen von Meißen. Die Weimarer Linie musste 1347 die Landesherrschaft der Landgrafen/Markgrafen anerkennen. Um 1373 starb die Weimarer Linie,

1486 das Geschlecht aus. Zuletzt gehörte das Gebiet bis 1920 zu Sachsen-Altenburg, das in Thüringen aufging. Andere Güter, die durch Erbe der 1248 ausgestorbenen Herzöge von Andechs-Meranien vermehrt wurden, gelangten 1341 an die Burggrafen von Nürnberg (Kulmbach, Plassenburg).

L.: Wolff 398; Posse, O., Die Markgrafen von Meißen und das Haus Wettin, 1881; Lommer, V., Beiträge zur Geschichte der Stadt Orlamünde-Naschhausen, 1906; Tille, A., Die Anfänge der Stadt Weimar und die Grafen von Weimar-Orlamünde, 1939; Schlesinger, W., Die Entstehung der Landesherrschaft, Bd. 1 1941; Helbig, H., Der wettinische Ständestaat, 2. A. 1980, 96ff.; Blaschke, K., Orlamünde, LexMA 6 1993, 1459.

Orlow (Reichsfürst). 1763 erhob Kaiser Josef II. Graf Grigorij Grigorjewitsch O., der an der Ermordung Zar Peters II. beteiligt gewesen war und 1762 zusammen mit vier Brüdern die Würde eines Reichsgrafen erlangt hatte, zum Reichsfürsten, doch scheint die diesbezügliche Urkunde erst 1772 ausgehändigt worden zu sein.

L.: Klein 177.

Orsenhausen (reichsritterschaftlicher Ort). O. an der Rot bei Laupheim zählte zum Kanton Donau des Ritterkreises Schwaben. Später kam es an Württemberg und damit 1951/1952 zu Baden-Württemberg.

L.: Wolff 508.

Orsini (Reichsfürst). 1625 wurde Paolo Giordano O. zum Reichsfürsten erhoben, 1724 Philippo Bernualdo O.

L.: Klein 165; Alleggrezza, F., Orsini, LexMA 6 1993, 1477.

Orsini von Rosenberg, Orsini-Rosenberg s. Rosenberg, Ursin

Ortenau (Landgrafschaft, Landvogtei, Reichslandvogtei). Zwischen Oos, Schwarzwald, Bleich und Rhein lag die alemannische Grafschaft Mortenau (768 Mordenaugia, Mordunowa). Sie löste sich vor allem nach dem Aussterben der Herzöge von Zähringen 1218 und der Staufer (1268) in viele kleine Herrschaftsgebiete auf (u.a. Habsburg, Geroldseck, Hochstift Straßburg). König Rudolf von Habsburg unternahm 1274 mit der Gründung der Reichslandvogtei O. (1302 Reichslandvogt erwähnt) den nur teilweise gelungenen Versuch, das entfremdete Reichsgut zurückzugewinnen. Die Reichslandvogtei (rund 30 Dörfer um Ortenberg, Griesheim, Appenweier und Achern sowie Zell am Harmersbach, Offenburg und Gengenbach) wurde von 1334 bis 1351 an Baden, von dort von 1351 bis 1405 an das Hochstift Straßburg und später an Straßburg und an die Pfalz (bis 1504) bzw. Fürstenberg (1504–1551) verpfändet. Seit dem 15. Jahrhundert setzte sich der nach Ortenberg veränderte Name O. durch. 1551/1556 löste Österreich das fürstenbergisch-straßburgische Pfand ein und fügte die O. zu Vorderösterreich hinzu. 1701 wurde die O. Lehen bzw. Pfand Baden-Badens, 1771 beim Aussterben der markgräflichen Linie aber von den Habsburgern eingezogen. 1801 kam sie an den Herzog von Modena, 1803 erbweise an Erzherzog Ferdinand von Modena/Österreich (Österreich-Este) und 1805/1806 mit rund 400 Quadratkilometern und etwa 19000 Einwohnern an Baden, wodurch die nördlichen und südlichen Teile der Markgrafschaft vereinigt wurden. Mit Baden gelangte die O. 1951/1952 an Baden-Württemberg.

L.: Wolff 165; Ruppert, P., Geschichte der Ortenau, 1878; Curs, O., Deutschlands Gaue im zehnten Jahrhundert. Nach den Königsurkunden, Diss. phil. Göttingen 1908, 16 (Mortanouua, Mortanhouua, Mordenouua, Mortenovua, Mortenoua, Mortenuua, Mortenaugensis, Mortonowa, Mortungaugensis, Mortenovua, Mortinouua, Gau rechts des Rheins zwischen Kinzig und Murr, Tenzlingen, Bohlsbach, Schuttern, Nussbach, Gengenbach, Friesenheim, Heiligenzell, Schwarzach, Allmannsweiler); Die Ortenau in Wort und Bild, in: Die Ortenau, Mitteilungen des hist. Vereins f. Mittelbaden, 16 (1929); Offenburg und die Ortenau, hg. v. Busse, H. E., Bad. Heimat 22 (1935); Bader, K. S., Der deutsche Südwesten in seiner territorialstaatlichen Entwicklung, 2. unv. A. 1978; Polenz, P. v., Landschafts- und Bezirksnamen, 1961, II, 21f., 30, 41, 44, Mortunouwa, Mordenaugia, pagus Mortinaugensis, Mortonogouuua, ‚Ortenau', s. Mortunouwa; Kähni, O., Die Landvogtei Ortenau, in: Vorderösterreich, hg. v. Metz, F., 3. A. 1978; Sick, W. D., Siedlungsgeographische Fragen in der Ortenau, Alemann. Jb. (1970); Borgolte, M., Geschichte der Grafschaften Alemanniens in fränkischer Zeit, 1984, 212; Andermann, K., Ortenau, LexMA 6 1993, 1481; Geschichte der Ortenau, hg. v. Hanss, K., 1995.

Ortenau (Ort, Bezirk [Kanton]) ist ein Bezirk (Ort) im Kanton Neckar (Neckar-Schwarzwald-Ortenau) des Ritterkreises Schwaben, der 1802 20 Geschlechter mit 42 immatrikulierten Personen umfasste, von denen 21 katholisch und 21 evangelisch waren. Seine Kanzlei hatte ihren Sitz in Kehl.

L.: Wolff 510; Hillenbrand, E., Die Ortenauer Ritterschaft auf dem Weg zur Reichsritterschaft, ZGO 137 (1989); Geschichte der Ortenau, hg. v. Hanss, K., 1995.

Ortenberg (Grafschaft). O. bei Büdingen wird 1176 erstmals als Burg erwähnt. Sie gehörte einer Linie der vor 1245 ausgestorbenen Herren von Büdingen, denen eine Ganerbschaft nachfolgte (Kempenich bis etwa 1260, Breuberg, Trimberg, Hohenlohe-Brauneck, 1357/1358 Trimberg, Weinsberg, Eppstein-Königstein, Nassau, 1460 Eppstein-Königstein, Eppstein-Münzenberg [1476 Hanau], Hanau, Isenburg [1466 Eppstein-Königstein]). 1535 traten nach dem Aussterben von Eppstein-Königstein die Grafen von Stolberg(-Königstein) an ihre Stelle. 1601 gehörte der Ort zu zwei Dritteln Stolberg (1645 Stolberg-Stolberg) und zu einem Drittel Hanau (1736 Hessen-Kassel). 1806 kam O. an Frankreich, 1810 an Hessen-Darmstadt und damit 1945 an Hessen.

L.: Wolff 270, 276; Heusohn, K., Ortenberg, Burg, Stadt und Landgericht unter der Linde, 1927; Junker, H., Die Stadt Ortenberg im Zeitalter des 30jährigen Krieges, 1936.

Ortenberg (Burg, Grafschaft) s. Ortenburg

Ortenburg (reichsunmittelbare Grafschaft). Die Familie der Grafen von O. (Ortenberg) bei Vilshofen stammte vielleicht von den Grafen von Sponheim ab, fasste am Ende des 10. Jahrhunderts in Kärnten Fuß, erweiterte die Güter durch Heiraten Graf Siegfrieds mit Richgard von Lavant und Engelberts mit der Schwester des Herzogs von Kärnten, gewann 1090 die Markgrafschaft von Istrien (1090–1096, 1103–1170), erbaute die Burg O. in Kärnten (1093 von O., 1141 Grafen von O.) und wurde 1122 in den Herzogstand erhoben (1276 Verlust des Herzogtums an König Ottokar von Böhmen bzw. der Güter an die Grafen von Görz bzw. Habsburg). Außerdem erwarb sie in Bayern Güter von Tirol bis zur Donau (u. a. der Grafen von Formbach) und stieg nach den Grafen von Andechs und Wittelsbach zum mächtigsten bayerischen Geschlecht (Herrschaft im Rottachgau und Chiemgau) auf. Nördlich der Donau wurde Murach (Murau) im Oberpfälzer Wald gewonnen. Nach 1190 erfolgte eine Teilung. Die von Rapoto I. gegründete jüngere Linie gewann das Erbe der Grafen von Frontenhausen (Markgrafschaft Kraiburg/Inn) und erbaute vor 1190 die Burg O. (Ortenberg) bei Vilshofen südwestlich von Passau. 1208/1209/1210 wurde das Amt der Pfalzgrafen von Bayern erworben. In den Erbstreitigkeiten nach Erlöschen der jüngeren Linie im Mannesstamm (1241/1248) verloren die Grafen alle Güter bis auf die vom Reich als Lehen erhaltene Grafschaft O. an Bayern. 1521 wurde O. in die Reichsmatrikel aufgenommen. Seit 1530 nannten sich die Grafen von Ortenberg, die 1456 vergeblich das Erbe der Grafen von O. in Kärnten beansprucht hatten, von O. Ihre Reichsunmittelbarkeit wurde von Bayern erfolglos bestritten und 1573 durch das Reichskammergericht anerkannt. 1563 wurde die Reformation in O. eingeführt. 1602 erkannte auch Bayern die Reichsunmittelbarkeit an. O. hatte Sitz und Stimme im bayerischen Reichskreis und gehörte seit 1698 dem wetterauischen Reichsgrafenkollegium an. 1805 setzte Bayern den Tausch der 2 Quadratmeilen mit 2000 Einwohnern umfassenden Grafschaft O. gegen das ehemals dem Kloster Langheim gehörige Amt Tambach bei Coburg und das Würzburger Amt Seßlach durch. 1806 wurde Bayern in Tambach durch Mediatisierung der Grafen von Ortenburg-Tambach Landesherr. 1807 kam Seßlach zum Großherzogtum Würzburg, 1814/1815 ebenfalls zu Bayern. In Kärnten wurden die Ortenburger neben den Erzbischöfen von Salzburg und den Grafen von Görz zu den mächtigsten Herren in der ehemaligen Grafschaft Lurn. 1417 wurde die Grafschaft als Reichslehen anerkannt. 1418/1419 starb das Geschlecht aus. Die Güter fielen an die Grafen von Cilli, die 1420 vom Kaiser belehnt wurden, nach ihrem Aussterben an Habsburg/Österreich. Nach mehrfacher Verpfändung kam die Grafschaft O. 1529 als Mannlehen an König Ferdinands aus Spanien gekommenen Schatzmeister Gabriel von Salamanca. Nach dem Aussterben der Grafen von Salamanca-Ortenburg (1639) gingen die Güter als freies Eigen an die Grafen Widmann, 1622 an die Fürsten von Portia über, die bis 1918 in Spittal an der Drau residierten.

L.: Wolff 147; Zeumer 553 II b 60, 24; Wallner 712 BayRK 14; Großer Historischer Weltatlas III 22 (1648), III 38 (1789) E3; Tangl, K., Die Grafen von Ortenburg in Kärnten, 1864 ff.; Ortenburg-Tambach, E. Graf zu, Geschichte des reichsständischen, herzoglichen und gräflichen Gesamthauses Ortenburg, Bd. 1, 2 1931 ff.; Historischer Atlas von Bayern, Teil Franken II 2, 1955; Handbuch der bayerischen Geschichte, hg. v. Spindler, M., Bd. 1 2. A. 1981; Archiv der Grafen zu Ortenburg, bearb. v. Hausmann, F., Bd. 1 1984; Hausmann, F., Wittelsbacher und Ortenburger, in: FS K. Bosl, Bd. 2 1988; Lackner, C., Zur Geschichte der Grafen von Ortenburg in Kärnten und Krain, Carinthia 181 (1991), 181ff.; Schmid, A., Der Einbau des Raumes Vilshofen in den Territorialstaat der frühen Wittelsbacher, Vilshofener Jb. 1992, 15ff.; Störmer, W., Ortenburg, LexMA 6 1993, 1481; Dopsch, H., Ortenburg, LexMA 6 1993, 1482; Hausmann, F., Die Grafen von Ortenburg und ihre Vorfahren, Ostbairische Grenzmarken 36 (1994), 9.

Orth (an der Donau) (Herrschaft). O. (865 Ortaha?) am Südrand des Marchfeldes war Mittelpunkt einer Herrschaft des Hochstifts Regensburg. 1377 zwang der Herzog von Österreich die Grafen von Schaunberg, die um 1230 O. als Lehen Regensburgs erlangt hatten, zur Aufsendung und zum Verkauf. Bis ins 18. Jahrhundert war die Herrschaft ein landfremdes Lehen Habsburgs/Österreichs, das O. stets weiterverpachtete oder weiterverpfändete.

L.: Willinger, H., Orth, ein Grenzlandschicksal, 1962.

Ösel (Bistum). 1227 eroberten deutsche Siedler von Livland aus die schon vor der Zeitenwende von ugrofinnischen Esten besiedelte Insel Ö. vor der Rigaer Bucht. 1228 gründete Bischof Albert von Buxhöveden ein zunächst exemtes, seit 1246/1255 Riga unterstelltes, auch estländische Gebiete (Wieck [Wiek]) umfassendes Bistum mit wechselndem Sitz (Alt-Pernau [Altpernau], Hapsal, Arensburg). Der Bischof wurde 1521 Reichsfürst. 1559 verkaufte er die Insel an Dänemark. Sein Bruder wurde erster protestantischer Bischof von Ö. Mit seiner Erhebung zum König in Livland durch den einen Ostseezugang anstrebenden Zaren Iwan IV. ging das Bistum in Livland bzw. Estland auf. 1654 kam Ö. an Schweden. 1710/1721 fiel Ö. an Russland (Gouvernement Livland). 1918 gelangte es an Estland.

L.: Stackelberg, F. v., Die Verwaltung des Bistums Ösel-Wiek im 16. Jahrhundert, SB Riga 1926; Wittram, R., Baltische Geschichte, 1954; Mühlen, H. v. zur, Ösel, LexMA 6 1993, 1492.

Osnabrück (Hochstift). In O. an der Hase wurde im Zuge der Christianisierung Sachsens vor 787 (780?, 785?) eine dem Bistum Lüttich unterstehende Kirche und vor 803 (?) ein der Erzdiözese Köln zugehöriges, 803 erstmals genanntes Bistum (Bischof Wiho) gegründet, das zwischen Wiehengebirge und Teutoburger Wald von der Ems bis zur Hunte und von Oldenburg bis zum Weserbergland reichte (Tecklenburg, Ravensburg, Niederstift Münster) und das besonders durch den Streit mit Corvey und Herford um den Zehnten (1068) und die hierfür erstellten Urkundenfälschungen hervortrat. 1236 gelang dem Bischof der Rückkauf der Vogtei über das Kirchengut einschließlich der Stadt O. von den Grafen von Tecklenburg, die seit etwa 1180 die Vogtei innegehabt hatten. Die weltliche Herrschaft erlangten die Bischöfe vor allem im frühen 13. Jahrhundert in der Umgebung Osnabrücks, im sog. Osnabrücker Nordland mit Fürstenau und Bersenbrück sowie um Iburg und Wiedenbrück (Amt Reckenberg). Gegenüber dem größten Umfang um 1250 traten Verluste des um 1400 in die Ämter Fürstenau, Vörden, Hunteburg, Wittlage, Grönenberg (Grönenburg), Iburg und Reckenberg gegliederten Hochstifts dadurch ein, dass das Niederstift Münster (1667) an Münster fiel und Grafschaften unabhängig wurden. Die Stadt O. löste sich teilweise aus der Herrschaft des Bischofs und konnte bis in das 17. Jahrhundert ihre Stellung einer fast reichsunmittelbaren Stadt bewahren. Im Wesentlichen verblieb dem Hochstift der südöstliche Teil der Diözese (Osnabrück, Bersenbrück, Melle, Wittlage sowie die Exklave Reckenberg). 1543 führte der Bischof eine lutherische Kirchenordnung ein, Residenz wurde Fürstenau. 1559 wurde die Diözese durch Zuweisung der Grafschaft Lingen an das Bistum Deventer und 1667 durch Abtrennung der zum Niederstift Münster gehörigen Gebiete verkleinert. Auf Grund des westfälischen Friedens wurden die Pfarreien des Hochstifts 1650 auf die lutherische (20 Pfarreien) und die katholische (30 Pfarreien und 6 Klöster) Konfession verteilt. Im Hochstift, das zum niederrheinisch-westfälischen Reichskreis zählte, regierten seit 1648 abwechselnd ein katholischer Fürstbischof und ein lutherischer Prinz aus dem Hause Braunschweig-Lüneburg. 1802/1803 fiel das Hochstift mit 56 Quadratmeilen und 116000 Einwohnern an Hannover, das Bistum wurde aufgelöst, 1824/1857 in größerem Umfang neu errichtet und 1929 Köln unterstellt. 1807 kam O. an das Königreich Westphalen und am 10. 12. 1810 zu Frankreich. 1813/1815 fiel es wieder an Hannover zurück (1823 Landdrostei O. einschließlich der ehemals münsterischen Güter im Emsland, der Grafschaft

Bentheim und der Niedergrafschaft Lingen). Mit Hannover kam O. 1866 an Preußen, das 1885 einen Regierungsbezirk O. bildete. Dieser ging 1946 im Land Niedersachsen auf. 1824 wurde erneut ein Bistum O. eingerichtet, das 1929 Köln unterstellt wurde.

L.: Wolff 329; Zeumer 552 II a 23; Wallner 702 WestfälRK 7; Großer Historischer Weltatlas II 66 (1378) E2, III 22 (1648) C/E3, III 38 (1789) B/C1; Schnath, G./Lübbing, H./Engel, F., Niedersachsen, in: Geschichte der deutschen Länder, Bd. 1; Die Territorien des Reichs 2, 130; Bauer 1, 429; Möser, H., Osnabrücksche Geschichte, fortges. v. Stüve, C., (unter dem Titel) Geschichte des Hochstifts Osnabrück, Bd. 1–3 1853 ff., Neudruck 1970; Osnabrücker Geschichtsquellen, hg. v. hist. Verein zu Osnabrück, Bd. 1–15 1891 ff.; Osnabrücker Urkundenbuch, hg. v. Philippi, F./Bär, M., Bd. 1–4 1892 ff.; Düring, A., Ortschaftsverzeichnis des ehemaligen Hochstifts Osnabrück, in: Mitt. Ver. Gesch. Osnabrück 21 (1897); Hoffmeyer, L., Chronik der Stadt Osnabrück, Bd. 1 ff. 1918 ff.; Prinz, J., Das Territorium des Bistums Osnabrück, 1934; Bär, M., Abriss einer Verwaltungsgeschichte des Regierungsbezirkes Osnabrück, 1934; Rothert, H., Geschichte der Stadt Osnabrück im Mittelalter, Bd. 1 f. 1937 ff.; Niedersachsen um 1780, Lief. 1, Prinz, J., Bentheim-Osnabrück u. a., 1938; König, J., Das fürstbischöfliche Osnabrückische Amt Reckenberg in seiner territorialen Entwicklung, 1939; Berning, W., Das Bistum Osnabrück vor Einführung der Reformation, 1940; Schröder, A., Geschichte der Stadt Fürstenau, 1951; Niedersächsischer Städteatlas, Abt. 2, Einzelne Städte, u. a. Osnabrück, 1953; Du Plat, J.W., Die Landesvermessung des Fürstentums Osnabrück 1784–1790, hg. v. Wrede, W., 1955 ff.; Das Osnabrücker Land in alten Karten, Plänen und Bildern. Katalog Städt. Museum Osnabrück, 1959; Hillebrand, W., Die Besitz- und Standesverhältnisse des Osnabrücker Adels 800–1300, 1962; Jäschke, K. U., Studien zu Quellen und Geschichte des Osnabrücker Zehntstreits unter Heinrich IV., DA 9/10 (1963/1964), 112 ff., 11/12 (1965/1966), 280 ff.; Hoffmeyer, L./Bäte, L., Chronik der Stadt Osnabrück, 4. A. 1982; Handbuch des Bistums Osnabrück, 1968; Hirschfelder, H., Herrschaftsordnung und Bauerntum im Hochstift Osnabrück im 16. und 17. Jahrhundert, 1971; Wrede, G., Fürstbistum Osnabrück, 2 Teile, in: Geschichtliches Ortsverzeichnis von Niedersachsen 1975–1977; Heuvel, Chr. van den, Beamtenschaft und Territorialstaat: Behördenentwicklung und Sozialstruktur der Beamtenschaft im Hochstift Osnabrück 1550–1800, 1984; Schindling, A., Westfälischer Frieden und Altes Reich. Zur reichspolitischen Stellung Osnabrücks in der frühen Neuzeit, Osnabrücker Mitteilungen 90 (1985); Haack, G., Das Landgericht Osnabrück, 1989; Boeselager, J. Frhr. v., Die Osnabrücker Domherren des 18. Jahrhunderts, 1990; Fahlbusch, F., Osnabrück, LexMA 6 1993, 1509; Rudolph, H., Eine gelinde Regierungsart, 2001; Steinert, M., Die alternative Sukzession im Hochstift Osnabrück, 2003.

Osnabrück (nahezu reichsunmittelbare Stadt) s. Osnabrück (Hochstift)

Osninge (Gau östlich der Quelle der Sauer links der Mosel)

L.: Curs, O., Deutschlands Gaue im zehnten Jahrhundert. Nach den Königsurkunden, Diss. phil. Göttingen 1908, 16 (Longlier); Polenz, P. v., Landschafts- und Bezirksnamen, 1961, I, 10, 12, Osniung, Oscling, Gebietsname, Ardennen, Eifel.

Ossolinski (Reichsfürst). 1634 wurde Jerzy O. zum Reichsfürsten erhoben.

L.: Klein 173.

Oßweil (reichsritterschaftlicher Ort). O. zählte zum Kanton Kocher des Ritterkreises Schwaben und kam zunächst zu einem Drittel, dann ganz an Württemberg und damit 1951/1952 an Baden-Württemberg.

Ostarbant

L.: Polenz, P. v., Landschafts- und Bezirksnamen, 1961, II, 38, 75–77, III, 32, Ostarbant, Ostrevedenses, Bevölkerungsname.

Ostarfrankun (Ostfranken)

L.: Polenz, P. v., Landschafts- und Bezirksnamen, 1961, I, 12, III, 29, 33, Ostarfrankun, Austria, Austrasia, ducatus Austrasiorum, orientales Franchi, Ostrofrancia, Ostfranken.

Ostargouwe

L.: Polenz, P. v., Landschafts- und Bezirksnamen, 1961, II, 33, 36, Ostargouue.

Ostarrichi (Ostfrankenreich)

L.: Polenz, P. v., Landschafts- und Bezirksnamen, 1961, II, 96, Ostarrichi, Landname.

Ost-Berlin (Stadtsektor) s. Berlin

Ostegau (Hogtrunga, Gau um die Oste links der Elbe)

L.: Curs, O., Deutschlands Gaue im zehnten Jahrhundert. Nach den Königsurkunden, Diss. phil. Göttingen 1908, 17 (Aue in Bülkau, Hollen, Seth); Polenz, P. v., Landschafts- und Bezirksnamen, 1961, II, 24, III, 2 f., Ostinga, Hogtrunga, ‚Ostegau'.

Ostein (Grafen). Die Grafen von O. sind ein Zweig der Familie Dalberg (Dalberg-Heßloch, Dalberg-Hassloch). Am Ende des 18. Jahrhunderts gehörten die auch zum Ritterkreis Rhein zählenden Grafen von O. wegen der Herrschaft Millendonk (Myllendonk, Mylendonk) zu den westfälischen Grafen der weltlichen Bank des Reichsfürstenrates des Reichstages. Durch § 24 des Reichsdeputationshauptschlusses vom 25. 2. 1803 erhielten sie für den Verlust der Herrschaft die Abtei Buxheim (ohne Pless und belastet mit verschiedenen Renten). Die O. waren um 1700 auch Mitglied im Kanton Odenwald des Ritterkreises Franken. 1696 war der würzburgische Domherr Johann Heinrich von O. wegen des 1694 erworbenen, 1698 aber wieder veräußerten Ebersberg im Kanton Kocher des Ritterkreises Schwaben immatrikuliert. Seit 1810 hatten die O. Güter in Böhmen.

L.: Zeumer 554 II b 63, 26; Roth von Schreckenstein 2, 595; Riedenauer 126; Schulz 268.

Osterberg (Freiherren, Reichsritter). Im 18. Jahrhundert zählten die Freiherren von O. bei Illertissen mit dem 1647 erworbenen Bühl und dem 1679/1680 erworbenen O. mit Weiler zum Kanton Donau des Ritterkreises Schwaben. Sie waren am 2. 3. 1712 zu Reichsfreiherren erhoben worden (zuvor Mayer von Röfingen auf Bühl). S. Meyer zu O.

L.: Wolff 508; Hölzle, Beiwort 59.

Osterberg (reichsritterschaftlicher Ort). O. zwischen Illereichheim und Babenhausen in Schwaben gehörte im Mittelalter zusammen mit Weiler den Herren von Rechberg (Rechberg-Hohenrechberg auf Kellmünz). Von ihnen zweigte sich eine eigene Linie Rechberg auf O. und Weißenstein (Wolfenstall) ab. 1679 kaufte Johann Michael Meyer (Mayer) von Röfingen auf Bühl, Rat und Syndikus der Reichsritterschaft in Schwaben, die Herrschaft O. und wandelte sie 1695 durch Testament in ein die Herrschaften O., Bühl und Röfingen umfassendes Fideikommiss um. Dieses zählte zum Kanton Donau des Ritterkreises Schwaben und kam 1806 an Bayern. S. Meyer zu O.

L.: Wolff 508; Hölzle, Beiwort 59.

Osterburg (Grafen). Der Burgward O. bei Magdeburg war im 12. und 13. Jahrhundert Sitz der Grafen von O. Über Brandenburg/Preußen gelangte O. zu Sachsen-Anhalt.

L.: Wolff 386; Schulze, H. K., Adelsherrschaft und Landesherrschaft, 1963.

Osterland (Landschaft, Landesteil). Seit dem (12. bzw.) 14. Jahrhundert erscheint die Bezeichnung O. für die um Leipzig an der unteren Elster und Pleiße liegenden, an Pleißenland angrenzenden Gebiete der wettinischen Mark Landsberg. 1382 trat das um das Pleißenland im Süden und Teile Thüringens im Westen vergrößerte O. als eigener Landesteil neben Thüringen und Meißen. Es fiel an die Hauptlinie der Wettiner. 1485 wurde es zwischen Thüringen und Meißen aufgeteilt. Als Folge hiervon ging die Bezeichnung auf die zum Pleißenland gehörige Gegend um Altenburg über. Seit 1547 wurde sie durch den Namen des Vorortes Leipzig abgelöst.

L.: Das Lehnbuch Friedrich des Strengen 1349/50, hg. v. Lippert, W./Beschorner, H., 1983; Blaschke, K., Osterland, LexMA 6 1993, 1517.

Osterland-Föhr (Landschaft). Die Landschaft O. an der Westküste Schleswig-Holsteins wurde innerhalb Schleswigs weitgehend genossenschaftlich regiert. Über Preußen (1866) kam sie 1946 an Schleswig-Holstein.

L.: Hansen, C. P., Chronik der friesischen Uthlande, 1856; Jensen, C., Die nordfriesischen Inseln, 1927.

Österreich (Ballei). Am Ende des 18. Jahrhunderts zählten die Balleien Österreich (und Tirol) und an der Etsch des Deutschen Ordens zum österreichischen Reichskreis.

L.: Wolff 49; Wallner 714 ÖsterreichRK 5.

Österreich (Mark, Herzogtum, Kaisertum, Republik). Das Gebiet zwischen mittlerer Donau und Alpen (sowie Inn und March bzw. Leitha) wurde zunächst von Kelten, seit 29/15 v. Chr. von Römern (Noricum), seit dem 5. Jahrhundert von durchziehenden Stämmen der Germanen, dann zumindest teilweise von Slawen und spätestens seit dem 8. Jahrhundert von den 788 unter die Herrschaft der Franken gelangten Bayern (um 660 im Wienerwald) beherrscht. Nach dem Tod des bayerischen praefectus Gerold 799 wurde der Kern des späteren Ö. (zwischen Enns und Wienerwald) als Mark eingerichtet, neben der es eine Mark Oberpannonien gab. Gegen Ende des 9. Jahrhunderts (881) wurden die karolingischen Marken im Südosten von den Ungarn angegriffen und beseitigt (907). Nach der Schlacht gegen die Ungarn auf dem Lechfeld (955) erscheint 970 erneut ein Markgraf im Südosten. 976 wird die Mark (Markgrafschaft) den Babenbergern gegeben. In einer Urkunde Kaiser Ottos III. vom 1. 11. 996 für das Hochstift Freising begegnet Ö. (Ostarrichi, 998 Ostarriche) erstmals als Name für ein um Neuhofen an der Ybbs liegendes Gebiet. Um die Mitte des 11. Jahrhunderts erreichte die Mark Thaya und Leitha. Ab 1147 wurde die Mark auch als Austria bezeichnet. Hauptort wurde zwischen 1141 und 1177 Wien. 1139 entzog der 1138 im Wettbewerb mit dem welfischen Herzog der Bayern und Sachsen zum deutschen König gewählte Staufer Konrad III. den übermächtigen Welfen das Herzogtum der Bayern mit der Begründung, dass kein Herzog zwei Herzogtümer gleichzeitig haben könne, und gab es als Lehen an seinen Stiefbruder, den babenbergischen Markgrafen Leopold IV., der damit vom Grafen einer Mark zum Herzog des gesamten Herzogtums (Stammesherzogtums) der Bayern aufstieg. Als sich der Welfe Heinrich der Löwe mit diesem Verlust nicht abfinden wollte, gab sein um Ausgleich bemühter Vetter, Friedrich I. Barbarossa, 1156 das Herzogtum Bayern an die Welfen zurück (bis 1180), löste aber im seit dem 19. Jahrhundert so genannten privilegium minus die Mark vom Herzogtum Bayern und erhob sie zum eigenen, dadurch von Bayern getrennten Herzogtum (Territorialherzogtum) Ö. (Weiberlehen), in dem der Herzog die grundsätzlich oberste Gerichtsgewalt innehatte. 1180 wurde auch die karantanische Mark ein Herzogtum (Steiermark). 1192 fiel durch Erbvertrag (Georgenberger Handfeste) von 1186 das Herzogtum Steiermark von den Traungauern (Otakaren) an die Babenberger. 1246 starben die Babenberger im Mannesstamm aus. Der mit einer Erbtochter verheiratete Ottokar II. von Böhmen und Bela IV. von Ungarn teilten sich 1254 das Erbe. Dabei gelangten Ö. und der Traungau an Böhmen. Seit etwa dieser Zeit (1252) wurde von der provincia super Anasum (Land ob der Enns) oder von der Austria superior gesprochen, von wo aus es allmählich zur Benennung des Herzogtums Ö. als Land unter der Enns kam, obwohl beide Länder bis 1806 nur ein einheitliches Reichslehen bildeten und weitgehend gemeinsame Wege gingen. Über diese beiden Länder hinaus errang Ottokar II. von Böhmen 1260 die Steiermark sowie 1269 Kärnten und Krain, nachdem schon 1192 und 1198 unter den Babenbergern eine Personalunion zwischen Ö. und Steiermark bestanden hatte. Nach dem Sieg über Ottokar 1276/1278 belehnte König Rudolf von Habsburg 1282 seine Söhne mit Ö., das während des 13. Jahrhunderts zwei eigene Landrechte erhielt, Steiermark und Krain, von denen Krain aber bis 1335/1374 als Pfandschaft an die in Friaul, Istrien und Krain sowie in Tirol (1248) begüterten Grafen von Görz kam, die auch das Herzogtum Kärnten erhalten hatten. Von diesen übernahmen die Herzöge von Ö., die 1358/1359 zwecks Angleichung ihrer minderen Rechtsstellung an diejenige der Kurfürsten das im 19. Jahrhundert sog. privilegium maius als Fälschung herstellen ließen und 1365 in Wien eine Universität gründeten, 1335 Kärnten, Teile Krains und der Windischen Mark, 1363/1364 Tirol, 1374 Istrien und weitere Teile Krains sowie 1500 schließlich die vordere und hintere Grafschaft Görz. Dazu kamen 1368 der Breisgau mit Freiburg sowie die Reichslandvogtei in Schwaben und die Reichsgrafschaft Hohenberg, 1375 Herrschaften westlich des Arlbergs (Feldkirch, Bregenz), 1382 Triest und 1471 Sankt Veit/Pflaum (Fiume). 1379 wurden diese Gebiete zwischen Herzog Albrecht III. (Ö. ob der Enns und Ö. unter der Enns, außer Pitten-Wiener Neustadt) und seinem Bruder Leopold II. (übrige Länder Steiermark, Kärnten, Krain, Tirol, Gebiete vor dem Arlberg) geteilt. Die leopoldinische Linie wurde ab 1396 mehrmals geteilt, wobei eigene Linien für Tirol (und das Gebiet westlich vor dem Arlberg, Vorderösterreich) und die schwäbisch-alemannischen Herrschaften entstanden. Albert VII. (als König [1438] Albrecht II.) erlangte als Schwiegersohn und Erbe König Sigmunds dessen Güter und den Königsthron. Unter Friedrich III. wurde infolge Anerkennung des gefälschten privilegium maius Ö. Erzherzogtum bzw. Pfalzerzherzogtum. 1457 kam das albertinische Erbe an die Leopoldiner, die aber im Westen (Schweiz), im Süden (Friaul) und vorübergehend im Osten (Böhmen, Ungarn, 1485/1487–1490 Wien und Niederösterreich) Güter verloren. Nach dem Aussterben der übrigen Linien vereinigte die leopoldinische Linie unter Maximilian I. alle Herrschaften (einschließlich Burgunds mit rund 2000 Quadratmeilen), die nunmehr in „niederösterreichische“ Länder (Ö. ob der Enns und Ö. unter der Enns, Steiermark, Kärnten, Krain) und „oberösterreichische“ Länder (Tirol, Vorderösterreich) eingeteilt wurden, mit denen Württemberg (von 1519 bis 1534) und das 1477 erworbene Burgund in Personalunion verbunden waren. Dazu kamen 1500 Görz, um 1505 als Gewinn aus dem bayerischen Erbfolgekrieg die drei unterinntalischen Gerichte Rattenberg, Kufstein, Kitzbühel, Landvogtei Hagenau und Ortenau (1551/1556 Lösung des Pfands Fürstenberg) sowie 1516 venetianische Gebiete (Ampezzo, Rovereto u. a.). 1519/1521/1522 fiel der Herrschaftskomplex dieses Hauses Ö.

(Oberösterreich und Niederösterreich, Steiermark, Kärnten, Krain, Tirol, Vorderösterreich, Württemberg), der im Wesentlichen den 1512 geschaffenen österreichischen Reichskreis bildete, vertraglich (von Karl V.) an Ferdinand I. Dieser erwarb gemäß dem Hausgrundsatz bella gerant alii, tu felix Austria nube (Mögen andere Kriege führen, du, glückliches Ö., heirate) nach dem Tod des Königs von Ungarn 1526 das Königreich Böhmen mit seinen Nebenländern sowie einen Teil Ungarns. 1564 wurde Ö. weiter aufgeteilt in eine oberösterreichische Ländergruppe (mit Tirol, Vorderösterreich) mit der Residenz Innsbruck, eine innerösterreichische Ländergruppe (Steiermark, Kärnten, Krain) mit der Residenz in Graz sowie Ö. ob der Enns und Ö. unter der Enns mit Böhmen und dem restlichen Ungarn und der Residenz in Prag bzw. Wien. 1648 gingen das Elsass an Frankreich und die Lausitz an Sachsen verloren. Mit dem Aussterben der jüngeren Tiroler Linie, die in der oberösterreichischen Ländergruppe nachgefolgt war, kamen deren Güter 1665 an die innerösterreichische Linie. Ihr gelangen in den Türkenkriegen 1683–1699 und 1715–1718 erhebliche Erweiterungen (Ungarn, Siebenbürgen, Banat, Kleine Walachei, Teile Serbiens mit Belgrad). Am Ende des um das Erbe der spanischen Habsburger (Karl II. † 1. 11. 1700) geführten spanischen Erbfolgekrieges erhielt Karl (VI.) 1713/1714 bei Verzicht auf Spanien, das an Philipp V. von Frankreich fiel, die (Reste der) spanischen Niederlande, Mailand (mit den Grafschaften Pavia und Angleria und den Markgrafschaften Castro und Malgrate), Mantua, Mirandola, Neapel und Sardinien, das er 1720 gegen Sizilien, das an Savoyen gefallen war, tauschte. 1735/1738 wurde Neapel-Sizilien gegen das 1748 zusammen mit dem 1729 eingezogenen Guastalla wieder verlorene Parma-Piacenza ausgetauscht sowie das Herzogtum Lothringen, das Franz Stefan, der Gemahl Maria Theresias, eingebracht hatte, gegen die Toskana, wobei die Niederlande, Ungarn, Siebenbürgen, die Militärgrenzbezirke sowie die ab 1713 in Italien erworbenen Gebiete (beansprucht u. a. Mailand, Generalvikariat Siena, Finale, Piombino mit Elba, Correggio) nicht dem Heiligen Römischen Reich angehörten. 1713 erhielt die sog. monarchische Union in der Pragmatischen Sanktion erstmals ein Grundgesetz, das die unteilbare Einheit (unio indivisibilis et inseparabilis), die Primogeniturnachfolge und die subsidiäre weibliche Erbfolge festschrieb. Erster gemeinsamer Landesfürst war Karls VI. Tochter Maria Theresia (1740–1780), unter der als Auswirkung des Absolutismus das Behördenwesen in der Form sachlich gegliederter Zentralbehörden reformiert wurde, zugleich aber im schlesischen Erbfolgekrieg Schlesien mit Ausnahme von Jägerndorf-Teschen an Preußen verlorenging. Unter ihren Nachfolgern, Joseph II. und Leopold II., wurde aus der monarchischen Union, die vor allem als Folge der Aufteilung Polens 1772 um Ostgalizien mit Lodomerien, 1775 um die Bukowina, 1779 um das Innviertel und 1795 um Westgalizien erweitert wurde, ein Staat im Sinne des aufgeklärten Absolutismus, in dem bisher von den Ländern ausgeübte Hoheitsrechte der Gesetzgebung, Verwaltung und Rechtsprechung auf Zentralbehörden übergingen. Folgerichtig entstanden ein einheitliches Strafgesetzbuch (1787) und ein für die deutschen Erbländer gültiges Allgemeines Bürgerliches Gesetzbuch (1811). 1804 erhielt der Staat nach dem Vorbild Frankreichs auch durch die Annahme des Titels eines erblichen Kaisers von Ö. einen einheitlichen, in seinem Umfang aber bis 1867 nicht ganz klaren Namen. Infolge der Kriege mit Frankreich gingen 1797 die (verbliebenen) österreichischen Niederlande und die Lombardei verloren, doch wurden von der 1797 durch Frankreich aufgelösten Republik Venedig Venetien, das istrianische Küstenland und Dalmatien erworben. Im § 1 des Reichsdeputationshauptschlusses vom 25. 2. 1803 erhielt Ö. für die Abtretung der Landvogtei Ortenau die Bistümer Trient und Brixen und die in beiden Bistümern gelegenen Kapitel, Abteien und Klöster. Weiteres kam an Toskana und Modena. 1805 musste auf Venetien, das istrianische Küstenland und Dalmatien bzw. Vorderösterreich und Tirol (zu Bayern) verzichtet werden, doch konnte das 1803 an Toskana gelangte Erzstift Salzburg mit Berchtesgaden eingegliedert werden. 1809 mussten Salzburg, Westgalizien, Teile Österreichs ob der Enns und Kärntens, Krain und das Küstenland mit Triest abgegeben werden. 1815 wurde dann der Stand von 1797 mit Ausnahme der Niederlande, Vorderösterreichs und Westgaliziens wiederhergestellt. Zugleich begann die Mitgliedschaft Österreichs mit seinen ehemaligen Reichsländern im Deutschen Bund als Präsidialmacht. 1816 wurde von Bayern gegen Marktredwitz Vils im Außerfern gewonnen. Im Gefolge der Unruhen von 1848 erhielt Ö. am 25. 4. 1848 eine vom Kaiser durch Oktroi in Kraft gesetzte Verfassung, die abgelehnt und am 31. 12. 1851 unter Rückkehr zum Absolutismus (Neoabsolutismus) wieder aufgehoben wurde. Nach § 1 der österreichischen oktroyierten Verfassung vom 4. 3. 1849 bestand dann das Kaisertum Ö. aus folgenden Kronländern: Erzherzogtum Ö. ob der Enns, Ö. unter der Enns, Herzogtum Salzburg, Herzogtum Steiermark, Königreich Illyrien (Herzogtum Kärnten, Herzogtum Krain, gefürstete Grafschaft Görz und Gradisca [Gradiska], Markgrafschaft Istrien und Stadt Triest mit ihrem Gebiet), gefürstete Grafschaft Tirol und Vorarlberg, Königreich Böhmen, Markgrafschaft Mähren, Herzogtum Oberschlesien und Niederschlesien (Schlesien), Deutschösterreich (Königreich Galizien und Lodomerien, mit den Herzogtümern Auschwitz und Zator und dem Großherzogtum Krakau), Herzogtum Bukowina, Königreich Dalmatien, Kroatien, Slawonien, Ungarn, Großfürstentum Siebenbürgen, Militärgrenzbezirke, lombardisch-venetianisches Königreich, wobei nach dem 5. 3. 1860 diese strikte Terminologie zugunsten von Königreichen und Ländern aufgegeben wurde. 1859 ging infolge der Niederlage gegen Sardinien und Frankreich die Lombardei an Sardinien (1861 Italien) verloren. 1861 wurde erneut eine wenig eindrucksvolle Verfassung geschaffen. 1866 fiel infolge der Niederlage gegen Preußen und Italien Venetien an das 1861 aus Sardinien neu entstandene Italien. Außerdem musste Ö. der Auflösung des Deutschen Bundes und der Begründung des Norddeutschen Bundes zustimmen. 1867 mussten im sog. Ausgleich Ungarn besondere Rechte zugestanden werden, so dass aus dem Kaisertum Ö. die österreichisch-ungarische Doppelmonarchie (Transleithanien und Zisleithanien, seit 1915 Ungarn und Ö.) erwuchs. Da Ungarn seit 1848 eine Verfassung hatte, führte dies im Dezember 1867 zugleich, in Erweiterung der Reichsverfassung von 1861, zu einer konstitutionellen Verfassung. Die weitere Entwicklung wurde von den Nationalitätenproblemen bestimmt. Die sich aus der fehlenden Übereinstimmung von Staat und Nation ergebenden Spannungen verschärften sich durch die Okkupation (1878) und die Annexion (1908) Bosniens und der Herzegowina aus dem zuvor osmanisch-türkischen Herrschaftsbereich. Sie führten schließlich in den durch das Attentat auf den österreichischen Thronfolger Franz Ferdinand (Sarajewo 18. 6. 1914) ausgelösten Ersten Weltkrieg. Nach der militärischen Niederlage und nach dem missglückten Versuch der Umwandlung Zisleithaniens in einen Nationalitätenstaat (17. 10. 1918) verzichtete der Kaiser von Ö. am 11. 11. 1918 auf jeden Anteil an den Staatsgeschäften. Schon zuvor hatten sich nichtdeutsche nationale Bestandteile von Ö. abgelöst (Tschechoslowakei, Ungarn, Jugoslawien). Neben Tschechen, Südslawen und Ukrainern begründeten am 21. 10. 1918 auch die deutschen Abgeordneten des Reichsrates als provisorische Nationalversammlung den eigenen Staat Deutschösterreich (Deutsch-Österreich), in den die deutschen Siedlungsgebiete Österreich-Ungarns einbezogen werden sollten, dem Deutsch-Böhmen, Sudetenland, Südtirol sowie kleinere Teile Kärntens und Deutsch-Westungarns aber verlorengingen und der auf Druck der nichtdeutschen Mächte auf die Verbindung mit dem Deutschen Reich verzichten und den Namen Ö. annehmen musste. Am 1. 10. 1920 erhielt die neue Republik Ö. eine Verfassung. 1933/1934 kam es in ihr zu einem schrittweisen Staatsstreich durch das Kabinett Dollfuß, das am 1. 5. 1934 eine neue Verfassung (ständischer Bundesstaat) erließ, und am 11. 3. 1938 zum 1918 von den Alliierten verwehrten, von dem in Braunau am Inn in Oberösterreich geborenen deutschen Reichskanzler Adolf Hitler ultimativ geforderten Anschluss an das Deutsche Reich, dem in einer Volksabstimmung vom 10. 4. 1938 99,73 % der Österreicher zustimmten. Durch das Ostmarkgesetz vom 14. 4. 1939 wurde Ö. bis 1945 in die sieben Reichsgaue Wien, Kärnten, Niederdonau, Oberdonau, Salzburg, Steiermark und Tirol gegliedert. Nach dem Ende des Zweiten Weltkrieges wurde Ö. wiederhergestellt und wurde durch das Verfassungsüberleitungsgesetz vom 1. 5. 1945 am 19. 12. 1945 die Verfassung von 1920 wieder in Kraft gesetzt. 1955 endete mit dem Abschluss eines Staatsvertrages (15. 5. 1955) mit den alliierten Siegermächten gegen

Zusicherung der Neutralität die Besatzungszeit. Wirtschaftlich an Deutschland orientiert, trat Ö. unter äußerlicher Wahrung der Neutralität zum 1. 1. 1995 der Europäischen Union bei. S. a. Habsburg.

L.: Wolff 23; Zeumer 552 II a 1, II b 61, 5, 61, 13; Wallner 713 ÖsterreichRK 1; Großer Historischer Weltatlas II 34 (1138–1254) H4, II 66 (1378) G/I4, II 78 (1450) H4, III 22 (1648) F-H4, III 38 (1789) E3/4; Lechner, K., Österreich, in: Geschichte der deutschen Länder, Bd. 1; Wurzbach, K. v., Biographisches Lexikon des Kaisertums Österreich, Bd. 1–60 1856 ff.; Huber, A./Redlich, O., Geschichte Österreichs (bis 1740), Bd. 1–7 1885 ff., Neudruck 1968; Werunsky, E., Österreichische Reichs- und Rechtsgeschichte, 1894–1938 (Lieferungswerk); Luschin v. Ebengreuth, A., Österreichische Reichsgeschichte. Geschichte der Staatsbildung, der Rechtsquellen und des öffentlichen Rechts, Bd. 1 f. 1895, 2. A. 1918; Beidtel, I., Geschichte der österreichischen Staatsverwaltung 1740–1848, bearb. v. Huber, A., 2 Bde 1896–1898, Neudruck 1968; Historischer Atlas der österreichischen Alpenländer, 1906 f.; Curs, O., Deutschlands Gaue im zehnten Jahrhundert. Nach den Königsurkunden, Diss. phil. Göttingen 1908, 16 (Osterriche, Ostarike, Ostarriche [Gau um die Donau], Nöchling, Neuhofen an der Ybbs, Enzersdorf?); Luschin v. Ebengreuth, A., Handbuch der österreichischen Rechtsgeschichte, Bd. 1 Österreichische Reichsgeschichte des Mittelalters, 2. A. 1914; Stolz, O., Grundriss der Verfassungs- und Verwaltungsgeschichte Österreichs, 1951; Österreichisches biographisches Lexikon 1815–1950, 1954 ff.; Polenz, P. v., Landschafts- und Bezirksnamen, 1961, I, 12, II, 22, 36, 50, 94, IV, 5, Ostarrichi, Oriens, orientales partes, orientalis plaga, terra australis; Goldinger, W., Geschichte der Republik Österreich, 1962; Mitterauer, M., Karolingische Markgrafen im Südosten, 1963; Brunner, O., Land und Herrschaft. Grundfragen der territorialen Verfassungsgeschichte Österreichs im Mittelalter, 6. A. 1973; Hohenecker, L./Otruba, G., Von Saint Germain zum Staatsvertrag. Österreich 1918–1955, 1967; Lhotsky, A., Geschichte Österreichs seit der Mitte des 13. Jahrhunderts, 1967; Grass, N., Der Wiener Dom, die Herrschaft zu Österreich und das Land Tirol, 1968; Österreich im Jahre 1918, hg. v. Neck, R., 1968; Bauer, R., Österreich. Ein Jahrtausend Geschichte im Herzen Europas, 1970; Walter, F., Österreichische Verfassungs- und Verwaltungsgeschichte von 1500–1955, 1972; Hellbling, E. C., Österreichische Verfassungs- und Verwaltungsgeschichte, 2. A. 1974; Lechner, K., Die Babenberger. Markgrafen und Herzoge von Österreich 976–1246, 1976; Weltin, M., Das österreichische Land des 13. Jahrhunderts im Spiegel der Verfassungsentwicklung, in: Vorträge und Forschungen 23, hg. v. Classen, P., 1977, 381 ff.; Sturmberger, H., Land ob der Enns und Österreich, 1979; Zöllner, E., Geschichte Österreichs. Von den Anfängen bis zur Gegenwart, 8. A. 1990; Autriche (Österreich), bearb. v. Grass, N., 1979, in: Introduction bibliographique à l'histoire du droit et à l'ethnologie juridique, hg. v. Gilissen, J., D/4; Brauneder, W., Österreichische Verfassungsgeschichte, 10. A. 2005; Simon, W. B., Österreich 1918–1938, 1984; Bibliographie zur Geschichte der Städte Österreichs, hg. v. Rausch, W., 1984; Reichert, F., Landesherrschaft, Adel und Vogtei. Zur Vorgeschichte des spätmittelalterlichen Ständestaates im Herzogtum Österreich, 1985; Österreich im Europa der Aufklärung, Bd. 1, 2 hg. v. Plaschke, R. G./Klingenstein, G., 1985; Bruckmüller, E., Sozialgeschichte Österreichs, 1985; Baltl, H., Österreichische Rechtsgeschichte, 10. A. 2004; Dieman, K., Geschichten vom „Haus Österreich", 1986; Good, D., Der wirtschaftliche Aufstieg des Habsburgerreiches 1750–1914, 1986; Glatz, F./Melville, R., Gesellschaft, Politik und Verwaltung in der Habsburgermonarchie, 1830–1918, 1987; Wolfram, H., Die Geburt Mitteleuropas, 1987; Zöllner, E., Der Österreichbegriff, 1988; Hödl, G., Habsburg und Österreich 1273–1493, 1988; Bihl, W., Von der Donaumonarchie zur Zweiten Republik, 1989; Dienst, H., Regionalgeschichte und Gesellschaft im Hochmittelalter am Beispiel Österreichs, 1990; Dienst, H., Regionalgeschichte und Gesellschaft im Hochmittelalter am Beispiel Österreichs, 1990; Österreich im Hochmittelalter, hg. v. Drabek, A., 1991; Rauchensteiner, M., Der Tod des Doppeladlers. Österreich-Ungarn und der erste Weltkrieg, 1993; Scheibelreiter, G., Österreich, LexMA 6 1993, 1520; Österreichische Geschichte in 10 Bänden, hg. v. Wolfram, H., 1994 ff.; Brunner, K., Österreichische Geschichte 907–1156, 1994; Wolfram, H., Salzburg, Bayern, Österreich, 1996; Dopsch, H., Die Länder und das Reich, 1999; Österreichische Wirtschafts- und Sozialgeschichte im 19. und 20. Jahrhundert, hg. v. Eigner, P. u. a., 1999; Wiesflecker, H., Österreich im Zeitalter Maximilians I., 1999; Scheuch, M., Österreich im 20. Jahrhundert, 2000; Brauneder, W., Deutschösterreich 1918, 2000; Urban, O., Der lange Weg zur Geschichte, 2000; Vocelka, K., Geschichte Österreichs, 2000; Kulenkampff, A., Österreich und das alte Reich, 2005.

Österreichisch-Schlesien (Herzogtum). 1526 gelangten die stark zersplitterten Fürstentümer Schlesiens mit Böhmen an Habsburg bzw. Österreich. Ihm gegenüber erhob Brandenburg auf Grund eines 1537 geschlossenen, 1546 aber für nichtig erklärten Erbvertrages Ansprüche auf Liegnitz, Brieg, Wohlau und das 1621 in Vollstreckung der Reichsacht Georg von Brandenburg entzogene Jägerndorf. 1686 wurde Brandenburg durch die Überlassung des Kreises Schwiebus zur Aufgabe seiner Ansprüche bewogen, gab den Kreis aber 1695 gegen Geldentschädigung zurück. Nach dem auf dieser Grundlage geführten ersten schlesischen Krieg erlangte Preußen 1742 Schlesien bis zur Oppa, wohingegen Österreich Troppau, Teschen und Jägerndorf behielt, die als Herzogtum (seit 1849 Kronland) durch einen Landespräsidenten in Troppau verwaltet wurden. 1919 kam Ö. zur Tschechoslowakei, 1920 der Ostteil von Teschen zu Polen. S. Schlesien, Tschechien.

L.: Zöllner, E., Geschichte Österreichs. Von den Anfängen bis zur Gegenwart, 8. A. 1990.

Österreichischer Reichskreis. 1512/1521 wurden die Erbländer Habsburgs zu einem Reichskreis zusammengefasst, um dem Haus Österreich die Teilnahme an der Exekutionsordnung des Reiches zu ermöglichen. Zu diesem Reichskreis zählten die vorderösterreichischen Enklaven im Gebiet des schwäbischen und oberrheinischen Reichskreises, nicht dagegen die Länder Böhmens. Hinzu kamen die Bischöfe von Trient und Brixen, der Deutsche Orden wegen der österreichischen Balleien, der Fürst von Dietrichstein wegen der Grafschaft Tarasp und der Bischof von Chur. Kreisausschreibender Fürst und Kreisdirektor war der Erzherzog von Österreich. Kreistage gab es nicht. Nach 1803 kamen die ehemaligen geistlichen Fürstentümer Salzburg und Berchtesgaden aus dem Bayerischen Reichskreis hinzu. Am 6. 8. 1806 endete mit der Niederlegung der Kaiserkrone durch Kaiser Franz II. der Ö.

L.: Gumpelzhaimer 1; Wolff 22; Mally, A. K., Der österreichische Kreis in der Exekutionsordnung des römisch-deutschen Reiches, 1967.

Österreich-Ungarn (Doppelmonarchie). 1867 wurde das Kaiserreich Österreich in die Doppelmonarchie Ö. umgewandelt. Zu Österreich gehörten (als die im Reichsrat vertretenen Königreiche und Länder im Gegensatz zu den Ländern der ungarischen Stephanskrone) das Königreich Böhmen, das Königreich Dalmatien, das Königreich Galizien und Lodomerien mit Auschwitz, Zator und Krakau, das Erzherzogtum Österreich unter der Enns, das Erzherzogtum Österreich ob der Enns, das Herzogtum Salzburg, das Herzogtum Steiermark, das Herzogtum Kärnten, das Herzogtum Krain, das Herzogtum Bukowina, die Markgrafschaft Mähren, das Herzogtum Oberschlesien und Niederschlesien (Schlesien, Österreichisch-Schlesien), die gefürstete Grafschaft Tirol und Vorarlberg sowie die Markgrafschaft Istrien samt der gefürsteten Grafschaft Görz und Gradiska und der Stadt Triest. 1878 kamen die zuvor türkischen Provinzen Bosnien und Herzegowina hinzu. Gemeinsam waren beiden Reichshälften der Monarchie die auswärtigen Angelegenheiten und das Militärwesen und das Finanzwesen. Ö. endete am 11. 11. 1918 durch Verzicht des Kaisers auf jeden Anteil an den Reichsgeschäften und Ausrufung der Republik.

L.: Brauneder, W./Lachmayer, F., Österreichische Verfassungsgeschichte, 7. A. 1998.

Osterspai (reichsritterschaftliche Herrschaft). In O. südöstlich von Koblenz hatte im 10. Jahrhundert das Kloster Oeren in Trier Güter, daneben das Stift Sankt Kunibert in Köln und Sankt Florian in Koblenz. 1227 hatten die Herren von Isenburg die Vogtei O. Sie kam erbweise über das Haus Bolanden an Graf Heinrich von Sponheim-Dannenfels, der 1294 und 1295 je eine Hälfte als Lehen Triers an die Sterrenberg verkaufte. Von 1470 bis 1631 hatten die Liebenstein drei Viertel und Nassau-Saarbrücken ein Viertel von O. 1637 kam das Lehen an die Waldenburg gen. Schenkern, 1793 an die ritterschaftlichen Freiherren von Preuschen. 1806 fiel O. an Nassau, 1866 an Preußen (Hessen-Nassau) und 1946 an Rheinland-Pfalz.

L.: Geschichtlicher Atlas von Hessen, Karte 18.

Osteruualde (Gau westlich der Jeetzel links der Elbe)

L.: Curs, O., Deutschlands Gaue im zehnten Jahrhundert. Nach den Königsurkunden, Diss. phil. Göttingen 1908, 17 (Lagendorf); Hessler, W., Mitteldeutsche Gaue des frühen und hohen Mittelalters, 1957, 145 Osterwalde (Lagendorf westlich Salzwedels).

Ostfalen

L.: Hessler, W., Mitteldeutsche Gaue des frühen und hohen Mittelalters, 1957, 145 (Denstorf, Döhren, Dungelbeck, Einum, Gadenstedt, Garbolzum, Garmissen, Hallendorf, Harsum, Heiningen, Heisede, Heerte, Hildesheim, Hotteln, Großilsede, Kemme, Großlafferde, Leinde, Nettlingen, Össelse, Ohlum, Poppenburg, Ruthe, Schmedenstedt, Großstöckheim, Üfingen, Vöhrum, Wendhausen, Wirringen); Polenz, P. v., Landschafts- und Bezirksnamen, 1961, 301, Ostfalen s. Astfalahun; Wagner, G., Die Verwaltungsgliederung im karolingischen Reich, 1963, 9.

Ostfriesland (Reichsgrafschaft, Fürstentum). Der Raum zwischen Dollart, Jadebusen, Oldenburg und Nordsee war schon in der Steinzeit besiedelt. Um 700 bildete sich dort ein Reich der Friesen unter Herzog Radbod. Noch vor 800 wurde dieses 785 von den Franken unterworfene Gebiet christianisiert. 843 kam es zum Mittelreich Lothars I., 870 zum ostfränkischen Reich. Nach dem Zerfall des Karolingerreiches bildeten sich in O. mehrere selbständige Länder (terrae) (Brokmerland, Emsigerland, Harlingerland u. a.), die im Hochmittelalter von consules regiert wurden und sich im sog. Upstallsboom (benannt nach einem Versammlungsplatz südlich von Aurich) in einer Art Landfriedensbund zusammenschlossen. Nach 1327 verfiel dieser

Verband der friesischen Freiheit und die einzelnen Gebiete gerieten unter die Herrschaft von Häuptlingen (u. a. das Geschlecht tom Brok auf der Oldeborg im Brokmerland, später in Aurich), die sich in zahlreichen Fehden gegenseitig bekämpften. Nachdem zunächst das Geschlecht tom Brok (1361 Keno Hilmersna) eine gewisse Führung erlangt hatte (1371 Häuptling des Brokmerlandes, 1376 ff. Norderland, Emsigerland, Harlingerland und Auricherland, 1413 Emden, westliches Friesland, Okko II. 1417–1427 Häuptling in O.), gelang es seit 1427/1430/1441 dem Häuptling Edzard Cirksena und dann seinem Bruder Ulrich Cirksena aus der seit dem 13. Jahrhundert in führender Stellung der Norder Landesgemeinde nachweisbaren Familie Cirksena, die ihren Namen und ihr Erbe in der ersten Hälfte des 15. Jahrhunderts über die Erbtochter an die Häuptlinge von Greetsiel übertragen hatte, die Fehden zu beenden und den größten Teils des Landes östlich der Ems unter einer Herrschaft zu vereinigen (1453 Emden). 1464 ließ sich Ulrich Cirksena als Ulrich I. vom Kaiser mit der Reichsgrafschaft (in) O. belehnen (Grafschaft zu Norden, Emden, Emisgonien in O., von der Westerems bis an die Weser), was zur Folge hatte, dass O. beim Reich verblieb und nicht, wie das schon früh in der Grafschaft Holland aufgegangene Gebiet von Sinkfal bei Brügge bis zur Zuidersee und später das westerlauwersche Friesland (Westfriesland) und das Groningerland, über das Herzogtum Burgund an die sich seit 1571 verselbständigenden Niederlande gelangte. Ausgenommen blieben Jever, Butjadingen östlich des Jadebusens, Harlingerland und Stadland, Hauptstadt wurde Emden, 1561 Aurich. 1511 entstand ein eigenes ostfriesisches Landrecht. Seit 1519 drang die Reformation ein. Zwischen 1568 und 1648 kam es zum achtzigjährigen Krieg, in dem sich der lutherische Landesherr und die unter Führung der calvinistischen, 1595 verlorengegangenen Stadt Emden (Genf des Nordens) stehenden Stände gegenübertraten. Die Gewinnung Jevers misslang 1529/1575. 1600 wurde durch Heirat das Harlingerland mit O. vereinigt. 1654/1662 wurde Graf Enno Ludwig in den Fürstenstand erhoben (Reichsfürstentum O., 1677 Sitz und Stimme auf dem Reichstag, Einführung in den Reichsfürstenrat 1677, Entstehung des Titels Fürstentum O. durch Observanz und Verjährung, Zugehörigkeit zum niederrheinisch-westfälischen Reichskreis, nur zeitweilige Zugehörigkeit zum westfälischen Reichsgrafenkollegium). 1682 verlegte Brandenburg Truppen in das faktisch selbständige Emden. 1744 starb das Geschlecht Cirksena aus. Friedrich der Große besetzte das an sich den Generalstaaten vermachte, von diesen aber nicht angenommene Land auf Grund einer kaiserlichen Anwartschaft von 1694 und machte es zu einer Provinz Preußens mit der Hauptstadt Aurich. Das Fürstentum enthielt die Städte und Ämter Aurich, Norden, Emden, Berum, Greetsiel, Pewsum, Leer, Stickhausen und Friedeburg und die adligen Herrschaften Dornum, Lütetsburg, Jennelt (Jindelt), Rysum (Risum), Petkum und Gödens. 1807 verlor Preußen das 60 Quadratmeilen große O. (ohne Reiderland) mit 110 000 Einwohnern an Napoleon I., der es dem Königreich Holland, 1810 Frankreich unmittelbar einverleibte (Département Ost-Ems). 1813 kam O. an Preußen, 1815 an Hannover (Landdrostei Aurich), 1866 mit diesem an Preußen. 1946 wurde es als Regierungsbezirk Aurich Teil Niedersachsens.

L.: Wolff 338 ff.; Zeumer 553 II b 54; Wallner 702 WestfälRK 5; Großer Historischer Weltatlas III 22 (1648) C2, III 38 (1789) B1; Möhlmann, G., Ostfriesland, in: Geschichte der deutschen Länder, Bd. 1; Die Territorien des Reichs 3, 162; Wiarda, T. D., Ostfriesische Geschichte, Bd. 1–10 1792 ff., Neudruck 1968; Ostfriesisches Urkundenbuch, hg. v. Friedländer, E., Bd. 1 f. 1878 ff., Neudruck 1968; Klinkenborg, M., Geschichte der tom Broks, 1895; Reimers, H., Ostfriesland bis zum Aussterben seines Fürstenhauses, 1925; Koolmann, A./Wiemann, H., Ostfriesische Geschichte, Bd. 1–4 1951; König, J., Verwaltungsgeschichte Ostfrieslands bis zum Aussterben seines Fürstenhauses, 1955; Lang, A.W., Die älteste gedruckte Seekarte der Ems, Erläuterungen zur Neudruckausgabe der Beschreibungen der ostfriesischen Küste des L. J. Waghenaer von 1584, 1957; Möhlmann, G., Geschichte Ostfrieslands, 1962; Baker, G., De grenzen van Frisia tussen 600 en 1150, 1962; Lengen, H. van, Zur Geschichte des Namens Ostfriesland im Mittelalter, Jb. d. Ges. für bildende Kunst und vaterländ. Altertümer zu Emden 42 (1962), 5 ff.; Teschke, G., Studien zur Sozial- und Verfassungsgeschichte Frieslands im Hoch- und Spätmittelalter, 1966; Wiemann, H., Die Grundlagen der landständischen Verfassung Ostfrieslands, 1974; Ostfriesland, hg. v. Möhlmann, G., 3. A. 1975; Schmidt, H., Politische Geschichte Ostfrieslands, in: Ostfriesland im Schutze des Deiches 5 (1975), 86 ff.; Wiemann, H., Materialien zur Geschichte der ostfriesischen Landschaft, 1982; Lamschus, C., Emden unter der Herrschaft der Cirksena, 1984; Burgen, Siedlungen und Klöster im Mittelalter, hg. v. Barlage, D., 1989; Deeters, W., Geschichte der Grenze zwischen Drenthe und dem Emsland und Groningen und Ostfriesland, in: Rondom Eems en Doolard, 1992, 59 ff.; Lengen, H. van, Ostfriesland, LexMA 6 1993, 1529; Ostfriesland, hg. v. Lengen, H. van, 1995.

Ostgau (Husitin)

L.: Hessler, W., Mitteldeutsche Gaue des frühen und hohen Mittelalters, 1957, 156 (Buttelstedt, Flurstedt, Gebstedt, Gernstedt, Münchengosserstädt, Hohlstedt, Niedertrebra, Utenbach, Vippach, Wormstedt).

Ostheim (Ganerbschaft). In O. vor der Rhön nordwestlich von Mellrichstadt bestand eine Ganerbschaft (u. a. Stein zum Altenstein [bis 1765], von der Tann [bis 1782], Stein zu Nordheim und Ostheim). Sie zählte zum Kanton Rhön-Werra des Ritterkreises Franken. 1797 war Dietrich Philipp August Freiherr von Stein einziger Ganerbe. Seine Güter fielen 1809 an das Großherzogtum Würzburg, 1814 an Bayern. O. selbst gehörte anfangs zur Herrschaft Lichtenberg und kam 1220 an Henneberg-Bodenlaube (Henneberg-Botenlauben), 1230 an Fulda, 1366 an Thüringen, 1409 an Mainz, 1423 an Würzburg, 1433 an Henneberg-Römhild, 1548 an Mansfeld, 1555 an Sachsen, 1741 an Sachsen-Weimar-Eisenach, 1920 an Thüringen und 1945 an Bayern.

L.: Wolff 115; Geschichtlicher Atlas von Hessen, Inhaltsübersicht 34; Binder, C., Das ehemalige Amt Lichtenberg vor der Rhön, Zs. d. Ver. f. thür. Geschichte und Altertumskunde N. F. 8–10 (1893 ff.); Ostheim vor der Rhön. Geschichte, Land und Leute, hg. v. Körner, H./Schmidt, H., 1982.

Ostheim (Herrschaft). Die aus dem Schloss Bilstein und drei Dörfern bestehende Herrschaft O. im oberen Elsass war ursprünglich ein Teil der Herrschaft Reichenweier. Mit dem Elsass fiel O. an Frankreich.

L.: Wolff 297.

Ostheim (Reichsritter). Gideon von O., württembergischer Obervogt von Tübingen, war etwa von 1598 bis 1604 Mitglied im Kanton Neckar des Ritterkreises Schwaben. Außerdem waren die O. im Kanton Baunach des Ritterkreises Franken immatrikuliert.

L.: Hellstern 210.

Ostheim s. Marschalk von O.

Ostheim s. Stein von O., Stein zu Nord- und O.

Ostinga (Ostegau)

L.: Polenz, P. v., Landschafts- und Bezirksnamen, 1961, II, 24, III, 2 f., Ostinga, Hogtruna, ‚Ostegau'.

Ostpreußen (Landschaft, [Teil des] Herzogtum[s], Gebiet, Provinz). Das Gebiet zwischen Weichsel- und Memelmündung wurde in der Jungsteinzeit von Jägern und Fischern besiedelt. Im 2. und 3. Jahrhundert n. Chr. bewohnten es die Goten, später die baltischen Pruzzen, deren im 10. Jahrhundert erstmals genannter Name (um 965 Brus) auf das Siedlungsgebiet übertragen wurde. Um 1225 bat der polnische Herzog Konrad I. von Masowien den Deutschen Orden um Hilfe gegen die heidnischen Pruzzen und übertrug ihm als Lohn das Kulmer Land (Kulmerland). Kaiser Friedrich II. gewährte 1226 dem Hochmeister Culm (Kulm, Kulmerland) und alle noch zu erobernden pruzzischen Gebiete. 1283 war die Eroberung des Landes abgeschlossen. Die Niederlage gegen Polen in der Schlacht von Tannenberg (1410) schwächte den Deutschen Orden, der zwischen 1231 und 1410 93 Städte und etwa 1400 Dörfer gegründet hatte, sehr. 1466 wurde er auf den östlichen Teil Preußens ohne das Ermland beschränkt. Der verbliebene Ordensstaat war vom Heiligen Römischen Reich getrennt und musste die Oberhoheit Polens anerkennen. 1525 wurde der Ordensstaat unter dem Hochmeister Albrecht von Brandenburg-Ansbach in das erbliche, unter Lehnshoheit Polens stehende Herzogtum Preußen, in dem 1544 die Universität Königsberg gegründet wurde, umgewandelt. Dieses wurde 1618 mit Brandenburg in Personalunion vereinigt und 1657/1660 vertraglich von der Lehnshoheit befreit. 1701 wurde es als einziges voll souveränes Land der Kurfürsten von Brandenburg zur Keimzelle des Königreichs Preußen, indem Kurfürst Friedrich sich selbst zum König in Preußen krönte. Der Name O. für das Herzogtum Preußen setzte sich amtlich erst durch, als 1772 Westpreußen (Pomerellen) bei der ersten Teilung Polens mit dem Königreich Preußen vereinigt wurde. Das Ermland kam zu O., Marienwerder zu Westpreußen. Beide Provinzen wurden 1815 getrennt, von 1824 personal und 1829 real bis 1878 zur Provinz Preußen vereinigt und dann wieder getrennt. 1919/1920 kam das Gebiet um Soldau zu Polen, das Memelgebiet an die Alliierten und 1923 faktisch an Litauen. Danzig wurde Freie Stadt. Das restliche Westpreußen wurde O. angefügt. 1939 wurde das Memelgebiet von

Litauen zurückerzwungen, wurden Westpreußen und Danzig zurückerobert und damit wurde O. wieder mit dem Reich verbunden. 1945 wurde der nördliche Teil O. unter die Verwaltung der Sowjetunion, der westliche Teil unter die Verwaltung Polens gestellt, die ansässige deutsche Bevölkerung fast vollständig ausgesiedelt. 1990 kam das Gebiet als politische Folge der deutschen Wiedervereinigung an die Sowjetunion bzw. Polen.

L.: Goldbeck, J. F., Königreich Preußen, Teil 1 1785, Neudruck 1975 ff.; Horn, A., Die Verwaltung Ostpreußens seit der Säkularisation (1525–1875), 1890; Heim, M., Geschichte der ostpreußischen Landschaft 1788–1888, 1938; Dehio, G./Gall, E., Deutschordensland Preußen, 1952; Die Vertreibung der deutschen Bevölkerung aus den Gebieten östlich der Oder-Neiße, hg. v. Schieder, T., Bd. 1f. 1953; Schumacher, B., Geschichte Ost- und Westpreußens, 7. A. 1987; Schumacher, B., Wege und Wirkungen ostpreußischer Geschichte, 4. A. 1959; Dönhoff, M. Gräfin, Namen, die keiner mehr nennt. Ostpreußen, Menschen und Geschichte, 1962; Henning, F.W., Herrschaft und Bauernuntertänigkeit, 1964; Bibliographie der Geschichte von Ost- und Westpreußen, Bd. 1 2. A. 1962, 2 1964, Ergänzungsbände; Ost- und Westpreußen. Handbuch der historischen Stätten, hg. v. Weise, E., 1966; Historisch-geographischer Atlas des Preußenlandes, hg. v. Mortensen, H. u. a., 1968 ff.; Grundriss zur deutschen Verwaltungsgeschichte 1815 bis 1945, Reihe A, Preußen I: Ost- und Westpreußen, bearb. v. Stüttgen, D., 1975; Gause, F., Geschichte des Preußenlandes, 1986; Ambrassat, A., Die Provinz Ostpreußen, 1988; Rankl, M., Bibliographie zur Literatur Ost- und Westpreußens mit Danzig 1945–1988, Bd. 1f. 1990; Neuschäffer, H., Das Königsberger Gebiet, 1991; Groeben, K. v. d., Das Land Ostpreußen, 1993; Handbuch der Geschichte Ost- und Westpreußens, hg. v. Opgenorth, E., Bd. 2, 1 1994; Kibelka, R., Ostpreußens Schicksalsjahre, 2000; Mast, P., Ost- und Westpreußen und die Deutschen in Litauen, 2000; Kulturgeschichte Ostpreußens in der frühen Neuzeit, hg. v. Garber, K. u. a., 2001; Kossert, A., Ostpreußen, 2005.

Ostrach (Herrschaft). Das 851 erstmals erwähnte O. (Hostrahum) bei Sigmaringen war im 12. Jahrhundert Reichslehen, wurde aber am Ende des 13. Jahrhunderts vom Kloster Salem erworben. Die Herrschaft O. gehörte bis 1803 Salem. Dann kam sie an Thurn und Taxis, danach an Hohenzollern-Sigmaringen und über Preußen und Württemberg-Hohenzollern 1951/1952 an Baden-Württemberg.

L.: Wolff 181.

Östringen

L.: Polenz, P. v., Landschafts- und Bezirksnamen, 1961, 302, Östringen s. Asterga.

Otakare (Geschlecht, Markgrafen, Herzöge). Das seit der Mitte des 10. Jahrhunderts im Chiemgau als Grafen bezeugte, im 11. Jahrhundert im Chiemgau und Traungau (Mittelpunkt Styraburg, Steyr) begüterte, nach dem Leitnamen Otakar als O. bezeichnete bayerische Grafengeschlecht, das sich mit karolingischen Otakaren nicht sicher verbinden lässt, hatte nach dem Aussterben der Grafen von Wels-Lambach seit 1050 die Markgrafschaft der karantanischen Mark zu Lehen. 1122 beerbte das Geschlecht die Eppenstein (Eppensteiner) in Kärnten. 1180 wurde die karantanische Mark zum Herzogtum Steiermark mit Otakar IV. als erstem Herzog erhoben. Durch Erbvertrag kam sie 1192 an die Babenberger.

L.: Posch, F., Die Entstehung des steirischen Landesfürstentums, MIÖG 59 (1951); Das Werden der Steiermark, hg. v. Pferschy, G., 1980; 800 Jahre Steiermark und Österreich 1192–1992, hg. v. Pickl, O., 1992; Ebner, H., Otakare, LexMA 6 1993, 1555; Weller, T., Die Heiratspolitik, 2004.

Ottenberg (Reichsritter). Im 16. Jahrhundert zählten die O. zum Kanton Altmühl des Ritterkreises Franken.

L.: Pfeiffer 213; Riedenauer 125.

Otterbach (Reichsdorf)

L.: Hugo 464.

Öttingen s. Oettingen

Öttinger, Oetinger (Reichsritter). Die Ö. waren Mitglied der Reichsritterschaft Schwaben und zählten seit der Mitte des 18. Jahrhunderts mit Forst, Teilen von Archshofen und Teilen von Hohlach zum Kanton Odenwald des Ritterkreises Franken. Ihre Güter fielen 1808 an Bayern. S. Oeringer.

L.: Hölzle, Beiwort 56; Winkelmann-Holzapfel 158; Kollmer 312; Stetten 36, 183; Riedenauer 126.

Ottobeuren (Abtei, Reichsstift). Das Benediktinerkloster O. südöstlich von Memmingen wurde vielleicht 764 als Familienstiftung begründet. Durch Kaiser Otto I. wurde das Stift 972 von allen Reichslasten befreit. 1152 wurde es unter den Schutz des Papstes gestellt. 1299 wurde der Abt Reichsfürst, verlor diesen Rang aber im 15. Jahrhundert, nachdem 1356 das Hochstift Augsburg die Vogtei erworben hatte. 1626 verzichtete der Bischof von Augsburg auf Grund eines Spruches des Reichskammergerichts von 1624 auf seine Ansprüche und veräußerte 1710 die noch verbliebenen Schirmgerechtigkeiten an den Abt, der zwar dem Reichsfürstenrat angehörte, aber weder beim schwäbischen Reichskreis noch im schwäbischen Reichsprälatenkollegium Sitz und Stimme hatte. 1802/1803 kam O. mit einem weitgehend geschlossenen Stiftsgebiet (3,3 Quadratmeilen, 12 000 Einwohner) und Anteilen an den Herrschaften Stein, Ronsberg und Erkheim an Bayern.

L.: Wolff 227; Wallner 687 SchwäbRK 38; Großer Historischer Weltatlas III 38 (1789) D4; Schwarzmaier, H., Königtum, Adel und Klöster im Gebiet zwischen oberer Iller und Lech, 1961; Ottobeuren 764–1964, 1964; Kolb, Ä./Tüchle, H., Ottobeuren, Festschrift, 1964; Blickle, P., Memmingen, 1967, in: Historischer Atlas von Bayern, Teil Schwaben; Ottobeuren, hg. v. Kolb, A., 1986; Die Urkunden des Reichsstiftes Ottobeuren 764–1460, bearb. v. Hoffmann, H., 1991; Sreenivasan, G., The Peasants of Ottobeuren 1487–1726, 2004; Faust, U., Zur Reichsunmittelbarkeit Ottobeurens und Buxheims (in) Suevia Sacra, hg. v. Liebhart, W. u. a., 2001.

Ottonen (Geschlecht) s. Sachsen

Ottonische Linie s. Nassau

Ottweiler (Herrschaft). In O. bei Neunkirchen an der Blies begründete 871 der Bischof von Metz ein Stift. Als dessen Obervögte wurden 1186 die Grafen von Saarbrücken genannt, welche die Burg O. erbauten. Über Saarbrücken kam O. 1381 an Nassau-Weilburg und wurde 1659 Sitz der Grafen von Nassau-Ottweiler, über die es zum oberrheinischen Reichskreis zählte. Über Preußen gelangte O. 1919/1920 sowie 1945/1946 zum Saargebiet und damit 1957 zum Saarland. S. Nassau-Ottweiler.

L.: Wolff 266; Wallner 697 OberrheinRK 25; Schmidt, W./Schmidt, F., Geschichte der Stadt und Grafschaft Ottweiler, 1909; Landkreis Ottweiler, hg. v. Landkreis 1963.

Otzberg (Oberamt, Reichsritter?). O. bei Dieburg ist als Feste 1231 belegt. 1390 wurde es von Fulda an die Pfalz verkauft. Um 1550 zählten die O. zum Kanton Odenwald des Ritterkreises Franken. S. Gans von O.

L.: Wolff 90 (Stetten 33; Riedenauer 123).

Ougiskeuue (Gau westlich des Lechs)

L.: Curs, O., Deutschlands Gaue im zehnten Jahrhundert. Nach den Königsurkunden, Diss. phil. Göttingen 1908, 17 (Holzhausen); Polenz, P. v., Landschafts- und Bezirksnamen, 1961, Ougesgouwe, Ougestgouwe s. Augustgouwe I (bei Augsburg), Augustgouwe II (um Kaiseraugst).

Ouliupestal (Ulstal)

L.: Polenz, P. v., Landschafts- und Bezirksnamen, 1961, II, 64, Ouliupestal, vallis Oliupespurk, pagus Olesburgensis, Öbleinstal, ‚Ulstal'.

Ousegouwe (Oosgau)

L.: Polenz, P. v., Landschafts- und Bezirksnamen, 1961, II, 17, 24, 27, Ousegouwe*, pagus Auciacensis, ‚Oosgau'.

Overijssel (Herrschaft). Im Gebiet östlich des Ijsselmeeres, das seit Ende des 8. Jahrhunderts fest dem karolingischen Reich eingefügt war, hatte der Bischof von Utrecht im 10. Jahrhundert Güter (das sogenannte Oberstift). Im 12. Jahrhundert nahm der Graf von Geldern die Landschaft Veluwe in Besitz, die Utrecht von diesem Gebiet, das seit der Mitte des 15. Jahrhunderts O. genannt wurde, trennte. 1527/1528 kam O. an Habsburg, wurde aber 1591–1597 durch Moritz von Oranien für die Generalstaaten der Niederlande erobert.

L.: Wolff 74; Großer Historischer Weltatlas III 2 E3; Nagge, W., Historie van Overijssel, Bd. 1, 2 1908 ff.; Overijssel, hg. v. Wiersma, H. u. a., 1965.

Ow (Freiherren, Reichsritter). Die Freiherren von O. gehörten bereits 1488 zur Gesellschaft Sankt Jörgenschild, Teil am Neckar. Von 1548 bis 1805 waren sie mit Ahldorf, Bierlingen, Felldorf, Wachendorf und dem 1722 verkauften Hirrlingen Mitglied im Kanton Neckar des Ritterkreises Schwaben. Über Württemberg kamen die Güter 1951/1952 zu Baden-Württemberg. Schlossarchive bestehen noch in Wachendorf (Ow-Wachendorf) bei Tübingen und Piesing (Ow-Felldorf) bei Altötting.

L.: Genealogischer Kalender 1753, 531; Roth von Schreckenstein 2, 592; Hölzle, Beiwort 64; Hellstern 210; Kollmer 380; Adel am oberen Neckar, hg. v. Quarthal, F. u. a., 1995; Archive der Freiherren von Ow, bearb. v. Seigel, R., 2003.

Ow-Sterneck s. Ow

Ow-Wachendorf s. Ow

P

Paar (Reichsfürst). 1769 wurde Wenzel Johann Graf von P., dessen Familie sich um den Aufbau des österreichischen Postwesens verdient gemacht hatte, zum Reichsfürsten erhoben.

L.: Klein 180.

Pach zu Hausenheim und Hoheneppan (Reichsritter). Im 18. Jahrhundert zählten die Edlen von P. mit dem 1720 erworbenen Hausen am Tann zum Kanton Neckar des Ritterkreises Schwaben.

L.: Hölzle, Beiwort 64.

Padberg (Herrschaft). P. bei Brilon wird erstmals 1030 anlässlich der Übertragung eines heimgefallenen Gutes vom Reich an das Hochstift Paderborn genannt. Es kam von dort an die Erponen. Nach 1120 entstand um P. eine eigene Herrschaft, die durch Kauf an das Erzstift Köln gelangte. 1414 musste der größte Teil der Herrschaft an Waldeck gegeben werden. Über Preußen fiel P. 1946 an Nordrhein-Westfalen.

L.: Wolff 87; Bockshammer, H., Ältere Territorialgeschichte der Grafschaft Waldeck, 1958; Padberg im Wandel der Zeiten, bearb. v. Schmidt, H., 1963; Padberg, C., Ein Jahrtausend Padberg. Ein Beitrag zur Geschichte des kurkölnischen Sauerlandes, 1979.

Paderborn (Hochstift, Fürststift). An den mehr als 200 Quellen der Pader am Eggegebirge befand sich eine sächsische Siedlung, die nach ihrer Eroberung durch Karl den Großen seit 777 Ort mehrerer Reichstage war. Um 800 (799?, 806?) wurde der ursprünglich Würzburger Missionsstützpunkt (beim Zusammentreffen von König Karl dem Großen und Papst Leo III. 799) zum Bischofssitz (Bischof Hathumar 806–815) erhoben. Das Bistum wurde der Kirchenprovinz Mainz zugeordnet. Dem bedeutenden Bischof Meinwerk (1009–1036) gelang der Erwerb fast aller Grafenrechte in der sich von der Diemel bis zur Werre längs der Weser erstreckenden Diözese (spätere Gebiete von Lippe, Waldeck, Ravensberg, Hessen und Braunschweig). Danach standen die Welfen und die Erzbischöfe von Köln weiteren Erwerbungen im Wege. Im 14. Jahrhundert wurden Teile der Grafschaften Everstein und Schwalenberg (1325/1358) sowie der Herrschaft Büren (1335/1660) gewonnen, doch blieb das (um Brakel und die Grafschaft Dringen erweiterte) weltliche Herrschaftsgebiet um P. (Büren, Warburg und Höxter) insgesamt bescheiden. Der Übergang zum Luthertum durch Bischof Erich von Braunschweig-Grubenhagen (1508/1532) wurde 1601–1604 rückgängig gemacht, doch verlor das Bistum in der Reformationszeit die Grafschaft Ravensberg und weitgehend alle Gebiete rechts der Weser. 1614 gründete der die Gegenreformation erfolgreich als Kampf um die Landesherrschaft verwendende Bischof (Dietrich von Fürstenberg) eine bis 1844 bestehende Universität in P. 1802/1803 fiel das zum niederrheinisch-westfälischen Reichskreis zählende Hochstift mit 54 Quadratmeilen, 96 000 Einwohnern, 23 Städten und 150 Dörfern (Ämter Neuhaus, Delbrück, Boke [Böke], Lichtenau, Wewelsburg [Wevelsburg], Wünnenberg [sogenannter vorwaldischer oder unterwaldischer Distrikt] und der oberwaldische Distrikt mit dem Oberamt Dringenberg, der Frei- und Gaugrafschaft Warburg, der Gaugrafschaft Brakel, der Landvogtei Peckelsheim, den Städten und Richtereien Borgentreich [Borgentrick], Borgholz [Borchholz], Nieheim [Neheim], der Vogtei Driburg, den Ämtern Steinheim, Beverungen, Lügde [Lüdge], [gemeinsam mit Lippe], die Ämter Oldenburg, Stoppelberg [Stapelberg], Schwalenberg, die Gerichte Hagendorn [Hagendorf] und Ottenhausen [Odenhausen] und die Propstei Sankt Jakobsberg, die dem Domkapitel gehörigen Städte Lippspringe und Bredenborn und das adlige Gericht Holzhausen und Erwitzen) an Preußen. Von 1807 bis 1813 wurde es vorübergehend in das Königreich Westphalen einbezogen. 1946 kam es von Preußen (Provinz Westfalen) an Nordrhein-Westfalen. Das Bistum wurde 1821 um Minden, Halberstadt, Magdeburg, Merseburg und Naumburg vergrößert und der Erzdiözese Köln unterstellt sowie 1929 zum Erzbistum mit den Diözesen Hildesheim und Fulda erhoben. 1992/1994 wurden Erfurt, Fulda und Magdeburg Diözesen.

L.: Wolff 325; Zeumer 552 II a 15; Wallner 702 WestfälRK 6; Großer Historischer Weltatlas II 66 (1378) E3,

III 22 (1648) D3, III 38 (1789) B3; Richtering, H./Kittel, F., Westfalen-Lippe, in: Geschichte der deutschen Länder, Bd. 1; Die Territorien des Reichs 3, 148; Bauer 1, 451; Bessen, G. J., Geschichte des Bistums Paderborn, Bd. 1 f. 1820; Holscher, L. A. T., Die ältere Diözese Paderborn nach ihren Grenzen, 1886; Rechter, W., Geschichte der Stadt Paderborn, 1889 ff.; Tenckhoff, F., Die Paderborner Bischöfe von Hathumar bis Rethar, 1900; Schultz, F., Beiträge zur Geschichte der Landeshoheit im Bistum Paderborn bis zur Mitte des 14. Jahrhunderts, 1903; Aubin, H., Die Verwaltungsorganisation des Fürstbistums Paderborn im Mittelalter, 1911; Deppe, H., Die Paderbornschen Besitzungen in Südhannover, Westfäl. Zs. 90/2 (1934), 171 ff.; Die Erzdiözese Paderborn, 1930; Jacobs, F., Die Paderborner Landstände im 17. und 18. Jahrhundert, 1937; Klasen, T., Die territorialen Beziehungen zwischen Paderborn und Köln im Mittelalter, Diss. phil. Münster 1940; Schoppe, K., Das karolingische Paderborn, 1967; Schoppmeyer, H., Der Bischof von Paderborn und seine Städte, 1968; Leesch, W. u. a., Heimatchronik des Kreises Paderborn, 1970; Winkelmann, W., Die Königspfalz und die Bischofspfalz des 11. und 12. Jahrhunderts in Paderborn, Frühmittelalterliche Studien 4 (1970), 398 ff.; Paderborn, hg. v. Spörhase, R. u. a., 1972; Heggen, Staat und Wirtschaft im Fürstentum Paderborn im 18. Jahrhundert, 1978; Westfälisches Urkundenbuch, Bd. (1, 2, 4, 5, 1,) 9: Die Urkunden des Bistums Paderborn 1301–1325, bearb. v. Prinz, J., Lief. 3 1982 (Veröff. der Historischen Kommission Westfalens 1); Schoppmeyer, H., Die Entstehung der Landstände im Hochstift Paderborn, Westf. Zs. 136 (1986); Meier, G., Die Bischöfe von Paderborn und ihr Bistum im Hochmittelalter, 1987; Brandt, H. u. a., Das Erzbistum Paderborn, 1989; Schoppmeyer, H., Paderborn, LexMA 6 1993, 1613; Paderborn, hg. v. Jarnut, J., 1999; Paderborn, hg. v. Göttmann, F. u. a., Bd. 1 ff. 1999; Splendor palatii, hg. v. Fenske, L. u. a., 2002; Brandt, H. u. a., Das Bistum Paderborn im Mittelalter, 2002; Lotterer, J., Gegenreformation als Kampf um die Landesherrschaft, 2003; Escher, M. u. a., Die urbanen Zentren, 2005, 1, 427, 2, 484.

Paderga

L.: Curs, O., Deutschlands Gaue im zehnten Jahrhundert. Nach den Königsurkunden, Diss. phil. Göttingen 1908, 17 ([Padergau,] Paterga, Patherga, Gau um die Pader links der Lippe); Wagner, G., Die Verwaltungsgliederung im karolingischen Reich, 1963, 9.

Padua (Stadtkommune). P. am Bacchiglione in der nördlichen Poebene, dem das 601 von den Langobarden zerstörte römische, 301 v. Chr. erstmals erwähnte Patavium (um 200 n. Chr. 50 000 Einwohner) voranging, wurde in der Mitte des 4. Jahrhunderts Sitz eines Bischofs und im 10. Jahrhundert Mittelpunkt einer von Otto I. eingerichteten Grafschaft. 1164 erlangte es Selbständigkeit. An die Stelle der 1137 erstmals genannten Konsuln traten im 13. Jahrhundert als Leitungsorgane die Podestà. 1222 erhielt es eine Universität. Im 13. und 14. Jahrhundert (1318–1405 unter der Herrschaft der Carrara, 30 000 Einwohner, 63 000 Bewohner außerhalb der Mauern) erlangte es die Herrschaft über Vicenza, Bassano und Feltre. 1405/1406 geriet es selbst unter die Herrschaft Venedigs. 1797 fiel es mit Venetien an Österreich, 1815 an das Lombardo-Venetianische Königreich Österreichs, das 1866 an das neue Königreich Italien (1861) abgetreten werden musste.

L.: Großer Historischer Weltatlas II 48 (1300) D2; Cappelletti, G., Storia di Padova, Bd. 1, 2 1874 ff.; Zorzi, E., Il territorio padovano nel periodo di traspasso da comitato a comune, 1930; Gasparotto, C., Padua, 1973; Castagnetti, A., I conti di Vincenza e di Padova dall'età ottoniana al Comune, 1981; Collodo, S., Una società in trasformazione, Padova tra XI e XV secolo, 1990; Gaffuri, L., Padua, LexMA 6 1993, 1617; Tilatti, A., Istituzioni e culto dei santi a Padova, 1997; Kohl, G., Padua unter den Carrara, 1998.

L.: Aretin, Das alte Reich 2, 370 ff.

Pallant (Reichsritter). Im 18. Jahrhundert zählten die P. zum Ritterkreis Rhein.

L.: Roth von Schreckenstein 2, 595.

Pallast (Reichsritter). Im frühen 16. Jahrhundert zählten die P. zum Kanton Gebirg des Ritterkreises Franken.

L.: Riedenauer 126.

Pallodio (Lehen). Das im Genuesischen gelegene Lehen des Reichs stand 1720 zum Verkauf.

Palm (Grafen, Fürsten, Reichsritter). Die dem Patriziat der Reichsstadt Esslingen entstammende Familie P. wurde 1711 (Reichsritterstand) geadelt. Eine katholisch gewordene Linie erwarb unter anderem die Herrschaften Illereichen (1771, von den Grafen Limburg-Styrum, 1788 Verkauf) und Hohengundelfingen (1774, von den Reichsfreiherren von Landsee) in Schwaben und wurde 1729 in den Reichsfreiherrenstand, 1750 in den Grafenstand und am 24. 7. 1783 (Carl Josef II., gegen hohe finanzielle Leistungen) in den Fürstenstand erhoben. Die evangelisch gebliebenen Linien gehörten mit dem 1728 erworbenen Mühlhausen/Neckar, dem 1740 erlangten Bodelshofen und dem 1744 erworbenen Rittergut Steinbach von 1722 bis 1805 zum Kanton Kocher des Ritterkreises Schwaben.

L.: Hölzle, Beiwort 62; Kollmer 363, 375, 379; Schulz 268.

Papenburg (Herrschaft). 1379 wird P. östlich der Ems als Grenzburg des Hochstifts Münster erstmals erwähnt. 1638 entstand hier eine bedeutende Fehnkolonie. Am Ende des

18. Jahrhunderts bildete P. eine kleine Herrschaft (freie Herrlichkeit) der Drosten von Velen. Über Hannover und Preußen (1866) kam P. 1946 an Niedersachsen.

L.: Großer Historischer Weltatlas III 38 (1789) B1; Geppert, A., Die Stadt am Kanal, 1955.

Pappenheim (Herrschaft, Grafschaft, Reichsritter). Am Beginn des 11. Jahrhunderts erscheinen die nach der Burg P. (801 Pappinheim) an der Altmühl bei Weißenburg benannten Reichsministerialen von P. Seit 1193 waren sie erbliche Träger des Reichsmarschallamtes, das nach 1214 die mit ihnen verwandten Herren von Biberbach unter dem Namen P. übernahmen und seit 1356 bei der Kaiserkrönung für den Kurfürsten von Sachsen ausübten. Im 15. Jahrhundert gewannen sie neben Eichstätt das Reichsforstmeisteramt und Reichsjägermeisteramt im bayerischen Nordgau. Neben der reichsunmittelbaren Herrschaft P. hatten die im 16. und 17. Jahrhundert der Reichsritterschaft (Kanton Altmühl bis etwa 1650, Kanton Steigerwald 17. Jahrhundert) im Ritterkreis Franken angehörigen, mehrfach in Linien aufgespaltenen P. verschiedene Güter inne (Stühlingen von 1582 bis ins 17. Jahrhundert, Biberbach nördlich Augsburgs bis 1514, Hohenreichen und Wertingen bis 1700). Nach 1539 drang die Reformation in ihren Gebieten ein. 1628/1740 wurden sie zu Reichsgrafen in der schwäbischen Grafenbank erhoben. Wegen Ramsberg (bis 1550) und Wildenstein (1549–1605) waren die P. von 1542 bis 1805 im Kanton Kocher des Ritterkreises Schwaben immatrikuliert. Ihre reichsunmittelbare Grafschaft im Altmühltal kam 1806 durch Mediatisierung an Bayern. 1815 erhielt die Familie als Entschädigung für das Reichsmarschallamt kurzzeitig Güter im ehemaligen Saardepartement, die bald danach an Preußen fielen.

L.: Wolff 510; Großer Historischer Weltatlas III 38 (1789) D3; Riedenauer 126; Schulz 268; Pappenheim, H. Graf zu, Die frühen Pappenheimer Marschälle vom 12. bis zum 16. Jahrhundert, Bd. 1 f. 1927; Kraft, W., Das Urbar der Reichsmarschälle von Pappenheim, 1929; Pappenheim, H., Graf zu, Geschichte des gräflichen Hauses zu Pappenheim 1739–1939, 1940; Hofmann, H., Gunzenhausen – Weißenburg, 1960, Historischer Atlas von Bayern; Arnold, B., Count and Bishop in Medieaval Germany, 1991; Wendehorst, A., Pappenheim, LexMA 6 1993, 1666.

Pappus von Tratzberg, Pappus von Trazberg (Freiherren, Reichsritter). Im 18. Jahrhundert zählten die Freiherren P. mit den 1647 erworbenen Herrschaften Laubenberg und Rauhenzell zum Kanton Hegau (Hegau-Allgäu-Bodensee) des Ritterkreises Schwaben.

L.: Genealogischer Kalender 1753, 530; Roth von Schreckenstein 2, 592; Hölzle, Beiwort 61.

Parchim (Herrschaft). P. an der Elde in Mecklenburg geht auf eine wendische Burg zurück. 1225/1226 erhielt der bei ihr erwachsene Ort Stadtrecht. 1229 entstand durch Teilung des Fürstentums Mecklenburg die Teilherrschaft P. Nach 1256 wurde sie unter den Nachbarn aufgeteilt. Von 1949 bis 1990 kam P. in Mecklenburg zur Deutschen Demokratischen Republik.

L.: Wolff 442; Hamann, M., Mecklenburgische Geschichte. Von den Anfängen bis zur Landständischen Union von 1523, 1968.

Parma (Stadtkommune). Die etruskische Gründung P. am Nordfuß des Apennins wurde 183 v. Chr. römisch. Seit dem 4. Jahrhundert n. Chr. geriet P. zunehmend unter die Herrschaft seiner Bischöfe, die in fränkischer Zeit Grafschaftsrechte gewannen. Im 12. Jahrhundert erlangte es eine gewisse Selbständigkeit (1140 Konsuln). Seit 1322 gehörte es rechtlich zum Kirchenstaat des Papstes, stand aber tatsächlich vielfach unter der Herrschaft Mailands (1346–1447, 1449–1500) und Frankreichs (1500–1512, 1515–1521). 1545 wurde es durch Papst Paul III. Teil des Herzogtums Parma und Piacenza, das 1860 Sardinien bzw. 1861 dem neuen Königreich Italien eingegliedert wurde. S. Parma und Piacenza.

L.: Bazzi, T./Benassi, U., Storia di Parma, Bd. 1–5 1899 ff.; Drei, G., Le carte degli archivi parmensi, Bd. 1–3 1924 ff.; Cortellini, L., Storia di Parma, 1953; Pighini, G., Storia di Parma e i suoi personaggi più illustri, 1965; Schuhmann, R., Authority and the Commune: Parma 833–1133, 1973; Fumagalli, V., Terra e società nell'Italia padana. I secoli IX e X, 1976; Chittolini, G., La formazione dello stato regionale e le istituzioni del contado. Secoli XIV e XV, 1979; Greci, R., Parma medievale, 1992; Greci, R., Parma, LexMA 6 1993, 1735.

Parma und Piacenza (Herzogtum). Papst Paul III. trennte 1545 die 1511/1512 von Papst Julius II. eroberten Gebiete P. vom Kirchenstaat ab und übertrug sie seinem natürlichen Sohn Pier Luigi Farnese, der bereits über die Herzogtümer Castro und Ronciglione herrschte, als Herzogtum zu Lehen. Nach dem Aussterben der Farnese im Mannesstamm 1731 erbte der spätere König Karl III. von Spanien als Großneffe des letzten Farnese. 1735 gab er P. gegen Neapel und Sizilien an Österreich. Dieses trat 1748 P. zusammen mit dem Herzogtum Guastalla an Karls III. Bruder Philipp ab. 1802 kamen P. und das 1806 für Napoleons Schwester Pauline abgetrennte Guastalla an Frankreich und bildeten seit 1808 das Departement Taro. 1815 wurden P. und Guastalla Napoleons Gemahlin Maria Louise von Österreich zuerkannt. Bei ihrem Tode fielen sie 1847 an Karl II. Ludwig von Bourbon-Parma, 1860 durch Volksabstimmung an Sardinien und damit 1861 an das neue Königreich Italien.

L.: Bazzi, T./Benassi, U., Storia di Parma, Bd. 1–5 1899 ff.; Bernin, F./Bourgoing, J. de, Maria Louise von Österreich, 1933; Cattelani, R., Parma nella storia, 1957; Pescatori, A., Il declino di un ducato (1839–1859), 1974.

Partenheim (Ganerbschaft). In P. bei Alzey bestand innerhalb des Erzstifts Trier eine Ganerbschaft der zum Kanton Oberrheinstrom des Ritterkreises Rhein zählenden Herren von P. und Freiherren von Wallbrunn. Über Hessen kam P. 1946 zu Rheinland-Pfalz.

L.: Geschichtlicher Atlas von Hessen, Inhaltsübersicht 34.

Partenheim s. Wallbrunn zu P.

Partenkirchen-Mittenwald (Grafschaft, Reichsgrafschaft). Partenkirchen am Fuß des Wettersteingebirges geht auf die römische Straßenstation Parthanum zurück. 1294 kam es von den Grafen von Eschenlohe an das Hochstift Freising. Am Ende des 18. Jahrhunderts gehörte es mit Mittenwald als Reichsgrafschaft mit der Grafschaft Werdenfels zum bayerischen Reichskreis und fiel 1802/1803 an Bayern.

L.: Wallner 712 BayRK 7.

Passau (Hochstift). An der Stelle einer keltischen Siedlung Boiodorum am Zusammenfluss von Donau, Inn und Ilz errichteten die Römer um 90 n. Chr. (seit 15 n. Chr.?) ein um 130 n. Chr. erstmals bezeugtes gleichnamiges Kastell. Um 150 n. Chr. gründeten sie ein zweites Lager mit dem Name Batavis für die hier stationierte 9. Bataverkohorte. 453 erbaute der heilige Severin jenseits des Inns ein Kloster. Im 7. Jahrhundert war in P. ein agilofingischer Herzogshof vorhanden, 737 ein Bischof (Vivilo), den Bonifatius 739 bestätigte. Das Bistum reichte von der Isar bis zur Enns sowie im Norden bis zum Arber und wurde 804 bis zur Raab, 874 bis zur March (907–955 wieder eingeschränkt) und 1043 bis zur Leitha erweitert, doch gingen Ungarn und Böhmen durch die Errichtung von Gran, Kálocsa, Prag und Olmütz wieder verloren. Seit 798 unterstand es Salzburg. 886 gewann es Immunität. Otto III. verlieh 999 dem Bischof Markt-, Zoll- und Bannrechte in P. 1161/1193 erwarb der Bischof die durch Gaben Heinrichs II. (1010 Nordwald zwischen Ilz, Rodl [Rottel] und Donau) reich gewordene königliche Abtei Niedernburg am Ostende der Passauer Landzunge. Durch die Belehnung mit dem Ilzgau wurde P. 1217 Fürstbistum. Güter in Sankt Pölten und Mattsee konnten nicht gehalten werden. 1298, 1367 und 1394 erhoben sich die Bürger vergeblich gegen die bischöfliche Stadtherrschaft. Durch die Abtrennung der Bistümer Wien (1468/1469), das 28 der insgesamt 835 Pfarreien Passaus erhielt, Linz (1783) und Sankt Pölten (1784/1785) wurde das zunehmend von Österreich bestimmte Bistum P., das 1728 als Gegenleistung für die Errichtung des Erzbistums Wien die Exemtion von Salzburg erreichte, erheblich verkleinert. Das Hochstift konnte allerdings die Herrschaft Neuburg am Inn erwerben und die in der Mitte des 14. Jahrhunderts erlangte, 1487/1506 an Kaiser Friedrich III. veräußerte Herrschaft Rannariedl zurückgewinnen. Außerdem gehörten ihm die Stadt P., das Landgericht Oberhaus, die Herrschaften Vichtenstein (1227), Hafnerzell oder Obernzell, Leoprechting, Wegscheid, Riedenburg (1436), Obernberg (1407), das Richteramt Waldkirchen, die Schlösser Starhemberg [Stahrenberg] und Pürnstein [Pihrenstein] und eine Anzahl Dörfer. 1803 kam das dem bayerischen Reichskreis zugehörige Hochstift mit 18 Quadratmeilen und 55 600 Einwohnern in seinen westlich von Ilz und Inn gelegenen Teilen zu Bayern, im Übrigen zunächst an Ferdinand von Salzburg-Toskana, 1805 ebenfalls an Bayern. Das Bistum P. wurde 1817/1821 unter veränderter Grenzziehung dem Erzbistum München-Freising unterstellt.

L.: Wolff 144; Zeumer 552 II a 18; Wallner 712 BayRK 6; Großer Historischer Weltatlas II 66 (1378) G4, III 22 (1648) F4, III 38 (1789) E3; Die Territorien des Reichs 6, 58; Buchinger, J. N., Geschichte des Fürstentums Passau, Bd. 1,2 1816 ff.; Heuwieser, M., Die Traditionen des Hochstifts Passau, 1930, Neudruck 1988; Maidhof, A., Passauer Urbare, Bd. 1 1933; Oswald, J., Das alte Passauer Domkapitel, 1933; Heuwieser, M., Geschichte des Bistums Passau, Bd. 1 1939; Oswald, J., Der organisatorische Aufbau des Bistums Passau im Mittelalter und in der Reformationszeit, ZRG KA 61 (1941); Schneider, R., Passau. Werden, Antlitz und Wirksamkeit der Dreiflüssestadt, 1944; Bauerreiss, R., Kirchengeschichte Bayerns, Bd. 1–5 1949 ff.; Schwaiger, G., Die altbayerischen Bistümer Freising, Passau und Regensburg, 1959; Ott, G. M., Das Bürgertum der geistlichen Residenz Passau in der Zeit des Barock und der Aufklärung, 1961; 100 Jahre Landkreis Passau. Heimatbuch, 1963; Die Passauer Bistumsmatrikeln, hg. v. Zinnhobler, R., 1972 ff.; Veit, L., Hochstift Passau, 1977, in: Historischer Atlas von Bayern, Teil Altbayern; Hartmann, P., Das Hochstift Passau und das Erzstift Salzburg, Ostbairische Grenzmarken 30 (1988); Zurstraßen, A., Die Passauer Bischöfe des 12. Jahrhunderts, 1989; Leidl, A., Kleine Passauer Bistumsgeschichte, 1989; 1250 Jahre Bistum Passau 739–1989, Symposion des Institutes für Ostbairische Heimatforschung der Universität Passau anlässlich des 1250 jährigen Bistumsjubiläums 1989, 1989; Die Regesten der Bischöfe von Passau, Bd. 1: 739–1206, bearb. v. Boshof, E., 1992; Zurstraßen, A., Passau, LexMA 6 1993, 1756.

Passau (Stadt). Vom 13. bis zum 15. Jahrhundert (1298, 1367, 1394) versuchte die Stadt P. vergeblich, die Herrschaft des Bischofs abzuschütteln und Reichsfreiheit zu erlangen. S. Passau (Hochstift).

L.: Erhard, A., Geschichte der Stadt Passau, 1862, Neudruck 1983; Schneider, R., Passau. Werden, Antlitz und Wirksamkeit der Dreiflüssestadt, 1944; Schäffer, G., Passau, 1986; Hartmann, P., Die Beziehungen der Stadt Passau zum Fürstbischof von 1298–1535, Ostbairische Grenzmarken 28 (1986); Passau in der Zeit des Nationalsozialismus, hg. v. Becker, W., 1999; Geschichte der Stadt Passau, hg. v. Boshof, E. u. a., 1999.

Paulinzella (Kloster). Vor 1106 gründete Paulina, die Tochter des Reichsministerialen Moricho im nördlichen Thüringerwald das Benediktinerkloster P., dessen erster Vogt Ludwig der Springer war (1108). 1525 wurde das Kloster aufgehoben. 1920 kam der Ort P. zu Thüringen.

L.: Wolff 397, 412; Urkundenbuch des Klosters Paulinzelle, hg. v. Anemüller, E., Bd. 1,2 1889 ff.

Paumgarten (Reichsritter). Von 1766 bis 1805 waren die P. im Kanton Kocher des Ritterkreises Schwaben immatrikuliert.

L.: Schulz 268.

Paumgartner, Baumgartner (Freiherren). Nach der Reichsmatrikel von 1776 zählten die P. als Freiherren zum schwäbischen Reichskreis.

L.: Gumpelzhaimer, 90.

Pavia (Stadtkommune). Die römische Gründung Ticinum (49 v. Chr.) am unteren Tessin wurde vermutlich im 4. Jahrhundert Sitz eines Bischofs und im ausgehenden 5. Jahrhundert (nach 493) eine der Residenzen Theoderichs des Großen. 572 fiel sie an die Langobarden, die P. zur Hauptstadt erhoben, 774 aber an die Franken verloren, unter denen sie bis 1024 Krönungsstadt für die Krönung zum König der Langobarden blieb. Bereits am Ende des 11. Jahrhunderts war sie freie Kommune (1112 Konsuln). 1359 fiel P. an Mailand. 1361 errichtete Kaiser Karl IV. auf der Grundlage der älteren Rechtsschule die Universität. 1713/1714 gelangte P. mit der Lombardei an Österreich. 1859 kam P. mit der Lombardei (Mailand) an Sardinien und damit 1861 an das neue Königreich Italien.

L.: Großer Historischer Weltatlas II 48 (1300) C2; Hoff, E., Pavia und seine Bischöfe im Mittelalter, 1943; Vaccari, P., Pavia nell'alto medioevo e nell'età comunale, 1956; Schmid, E., Pavia und Umgebung, 1958; Storia di Pavia, Bd. 2: L'alto Medioevo, 1987, Bd. 3: Dal libero comune alla fine del principato indipendente, 1992; Soldi Rondini, G., Pavia, LexMA 6 1993, 1831.

Payerne (zugewandter Ort). P. war zugewandter Ort Berns.

L.: Wolff 520.

Peißenberg (Herrschaft). P. am Fuß des Hohen Peißenbergs war Mittelpunkt einer Herrschaft, die später an Bayern kam.

L.: Fried, P., Adelige Herrschaft und früher Territorialstaat. Zur Geschichte der Herrschaft Peißenberg und Rauhenlechsberg, in: Gesellschaft und Herrschaft, FS für K. Bosl, 1969.

Peitz (Herrschaft). 1301 erscheint die Burg Peitz (Pizne) im Glogau-Baruther Urstromtal im Spreewald erstmals, als der Landgraf von Thüringen das Gebiet an den Erzbischof von Magdeburg verkaufte. Im 14. und 15. Jahrhundert kam die zugehörige Herrschaft als Lehen oder Pfand an verschiedene Herren (Mager von Ronow, Schenk von Landsberg, Waldow, Cottbus). 1462 fiel sie endgültig an Brandenburg. Zusammen mit der Herrschaft Cottbus umfasste sie ein Gebiet von 16 Quadratmeilen. 1807 wurde P. an Sachsen abgetreten, fiel aber bereits 1815 mit der gesamten Niederlausitz an Preußen (Brandenburg) zurück. Von 1949 bis 1990 kam das Gebiet der früher zum obersächsischen Reichskreis gezählten Herrschaft zur Deutschen Demokratischen Republik.

L.: Wolff 392; Groger, F., Urkundliche Geschichte der Stadt und ehemaligen Festung Peitz, Bd. 1 1913.

Pellworm (Insel). P. an der schleswigschen Nordseeküste ist ein Rest der 1634 durch eine Sturmflut zerstörten Insel Strand. Sie unterstand den Grafen von Holstein. Bis 1867 hatte sie weitgehende Selbstverwaltung. Über Preußen kam P. 1946 an Schleswig-Holstein.

L.: Hansen, K., Chronik von Pellworm, 3. A. 1954.

Penig (Herrschaft). Die Herrschaft P. mit der Stadt P. an der Zwickauer Mulde nordwestlich von Chemnitz gehörte als Lehen Sachsens den Grafen von Schönburg-Glauchau und kam 1806 zu Sachsen.

L.: Wolff 422.

Perényi (Reichsfürst). Das ungarische Adelsgeschlecht P. erschien im 13. Jahrhundert und erlangte wichtige Landesämter. 1517 wurde Emerich von P., Palatin von Ungarn, zum Reichsfürsten erhoben.

L.: Klein 175; Bak, J., Perényi, LexMA 6 1993, 1884.

Perg (Hochfreie). P. an der Naarn wird erstmals 1050 als Burg (Perga) erwähnt. Sie wurde Hauptort des Machlandes (Marchlandes) (Mühlviertel). 1191/1194 erwarben die Babenberger als Herzöge von Steiermark durch Erbvertrag die Güter der sich seit etwa 1100 nach P. nennenden Hochfreien von P.

L.: Eibensteiner, F./Eibensteiner, K., Das Heimatbuch von Perg, 1933.

Perneck, Berneck s. Zott von P., Zotter von P., Zott von Berneck

Pernstein (Herrschaft) s. Bernstein

Perrenot de Granvelle (Reichsfürst). Aus bescheidener Ausgangslage stieg Nicolaus Perrenot Seigneur de Granvelle zum Minister Karls V. empor. 1530 erwarb er den Ritterstand und den Palatinat für seine Person. Sein Enkel heiratete eine natürliche Tochter Rudolphs II. 1620 wurde er zum Reichsfürsten erhoben.

L.: Klein 147.

Persen (Herrschaft). Die Herrschaft P. gehörte am Ende des 18. Jahrhunderts über das Hochstift Trient zum österreichischen Reichskreis.

L.: Wolff 47; Wallner 714 ÖsterreichRK 2.

Petersbuch, Petersbach (Reichsdorf?)

L.: Dacheröden 234; Hugo 475.

Petershausen (reichsunmittelbare Abtei, Reichsstift). Das Benediktinerkloster P. auf dem rechten Rheinufer gegenüber Konstanz wurde (kurz vor) 983 von Bischof Gebhard II. von Konstanz gegründet. Es war seit dem 13. Jahrhundert (1214) reichsunmittelbar, gehörte seit dem 16. Jahrhundert zum schwäbischen Prälatenkollegium des Reichstages und zur Prälatenbank im schwäbischen Reichskreis und besaß die Herrschaften Hilzingen und Herdwangen, die Landeshoheit über Ebratsweiler und den Schopflocherhof (Hof Schopfloch) bei Engen. Außerdem gehörte der Abtei seit 1583 die Abtei Sankt Georgen zu Stein am Rhein mit der Propstei Klingenzell im Thurgau. 1802/1803 kam P. mit einem Gebiet von etwa 2,5 Quadratmeilen an Baden und wurde aufgehoben. Über Baden gelangten die Güter 1951/1952 zu Baden-Württemberg.

L.: Wolff 189; Zeumer 552 II a 36, 13; Wallner 688 SchwäbRK 50; Hölzle, E., Der deutsche Südwesten am Ende des alten Reiches, 1938; Miscoll-Reckert, I. J., Kloster Petershausen als bischöflich-konstanzisches Eigenkloster, 1973; Walther, H., Gründungsgeschichte und Tradition im Kloster Petershausen vor Konstanz, Schr. d. Ver. f. Gesch. des Bodensees 96 (1978), 31 ff.; St. Gebhard und sein Kloster Petershausen, 1979; Reden-Dohna, A. v., Reichsstandschaft und Klosterherrschaft. Die schwäbischen Reichsprälaten im Zeitalter des Barock, 1982; 1000 Jahre Petershausen, 1983; Maurer, H., Petershausen, LexMA 6 1993, 1941.

Peterswald, Peterswaldt (Reichsritter). Im späteren 17. Jahrhundert zählten die P. zum Kanton Rhön-Werra des Ritterkreises Franken.

L.: Stieber; Seyler 377; Riedenauer 126.

Petkum (Herrlichkeit). Die Herrlichkeit P. südöstlich von Emden gehörte als adlige Herrschaft zu Ostfriesland. Über Hannover und Preußen kam P. 1946 zu Niedersachsen.

L.: Wolff 339.

Petsch, Petzsch (Reichsritter). Um 1700 zählten die P. zum Kanton Rhön-Werra des Ritterkreises Franken.

L.: Stieber; Seyler 377; Riedenauer 126.

Pettau (Mark). Nach älteren Siedlungsspuren erscheint in römischer Zeit das Legionslager Poetovio an der Drau. Im Frühmittelalter war der Ort ein Mittelpunkt der Herrschaft Salzburgs im Draugebiet. Die Mark P. mit dem Vorort Marburg ist vielleicht im 11. Jahrhundert entstanden. Herren von P., die vergeblich Herrschaft, Burg und Stadt zu gewinnen versuchten, erloschen 1438. Nach einem Verzicht der Schaunberger (1445) unterstand

P. uneingeschränkt Salzburg. 1555 kam das Gebiet zur Steiermark, 1918 zu Jugoslawien (Ptuj), 1991 zu Slowenien.

L.: Wolff 28; Die mittelalterlichen Stiftsurbare der Steiermark, hg. v. Pirchegger, I., Bd. 1: Seckau, Pettau, hg. v. Pirchegger, I./Roth, B./Sittig, W., 1955; Saria, B., Pettau, Entstehung und Entwicklung einer Siedlung im deutsch-slowenischen Grenzraum, 1965; Pickl, O., Der Funktionswandel der Stadt Pettau, 1985; Hödl, G., Pettau, LexMA 6 1993, 1989; Kranjc, J., Die Einflüsse des römischen Rechts auf das Statut von Ptuj (Pettau), FS K. Kroeschell, 1997, 545.

Peusser von Leutershausen, Preußer von Leutershausen? (Reichsritter). Im frühen 16. Jahrhundert zählten die P. zum Kanton Altmühl des Ritterkreises Franken.

L.: Biedermann, Altmühl; Stieber; Riedenauer 126.

Pfäfers (Kloster), lat. Fabaria. Das Kloster P. am Kunkelpass bei Ragaz bzw. am Ausgang des Taminatals ins Rheintal wurde im 8. Jahrhundert als Benediktinerabtei gegründet. Die freie Reichsabtei (861 Immunität) kam 905 an das Hochstift Konstanz, 909 an Sankt Gallen, 920 an Chur und wurde 950 wieder unabhängig. 1408 erhielt P. vom König die freie Abtswahl. 1483 erlangten die sieben alten Orte der Eidgenossenschaft der Schweiz die Grafschaft Sargans und damit die Schirmherrschaft über die Abtei und ihr Gebiet. 1521 erscheint P. in der Reichsmatrikel. 1798 verzichtete es auf seine Herrschaftsrechte, wurde 1803 zum neuen Kanton Sankt Gallen geschlagen und 1838 aufgehoben.

L.: Reichsmatrikel 1521; Gmür, M., Urbare und Rödel des Klosters Pfäfers, 1910; Simon, R. H., Rechtsgeschichte der Benediktinerabtei Pfäfers, Diss. jur. Bern 1918; Perret, F., Aus der Frühzeit der Abtei Pfäfers, 1958; Vogler, W., Das Ringen um die Reform und Restauration der Fürstabtei Pfävers 1549–1637, 1972; Die Abtei Pfäfers. Geschichte und Kultur, hg. v. Vogler, W., 2. A. 1985; Vogler, W., Pfäfers, LexMA 6 1993, 1992.

Pfaffenhofen (Herrschaft). P. an der Rot (Roth) erscheint am Ende des 12. Jahrhunderts als Teil einer kleinen, nach dem nahen Holzheim benannten Grafschaft. 1303 verkaufte Graf Ulrich von Berg seine Grafschaft in Holzheim an den Herzog von Österreich. Zu dessen neuer Grafschaft P. zählten Leibi und das Rothtal (Rottal) von Kadeltshofen bis Attenhofen. Die Herrschaft blieb bis 1805 bei Habsburg/Österreich, war aber unter Vorbehalt der Landeshoheit vielfach verpfändet (1325–1370 Herren von Ellerbach, ab 1448 Ehinger). 1469 erhielt Hans Ehinger die Herrschaft von Herzog Sigmund zu eigen und verkaufte sie 1495 an Bayern-Landshut. 1505 zog sie König Maximilian nach dem bayerischen Erbfolgekrieg als Kriegsentschädigung ein, verkaufte sie aber 1507 an die Fugger, unter denen sie 1735 an die Fugger-Kirchberg-Weißenhorn (Fugger zu Kirchberg und Weißenhorn) kam. Die Landeshoheit fiel 1805 an Bayern.

L.: Wolff 45; Hölzle, Beiwort 4, 45; Gaiser. H. u. a., Kleine Kreisbeschreibung des Stadt- und Landkreises Neu-Ulm, 1959.

Pfäffingen, Pföffingen (Reichsdorf? in Württemberg).

L.: Dacheröden 182; Hugo 475.

Pfalz (Pfalzgrafschaft bei Rhein, Kurfürstentum, Regierungsbezirk, Landesteil). Die P. (Kurpfalz, Rheinpfalz, untere Pfalz) entstand durch die Verlagerung der wohl spätestens im 10. Jahrhundert entstandenen, fränkischen Pfalzgrafschaft Lothringen vom Niederrhein (Aachen, Köln, mit Gütern bei Bacharach und Vogteirechten über Trier und Jülich) über die Mosel zum Mittelrhein und Oberrhein. 1093 wird Heinrich von Laach, der dritte Gatte der Witwe (Adelheid von Orlamünde) des letzten lothringischen Pfalzgrafen aus dem Haus der Hezeliniden (Hermann), nach kaiserlicher Übertragung des Pfalzgrafenamtes (1085) als comes palatinus Rheni (Pfalzgrafschaft bei Rhein) erstmals genannt. Mit dieser an wechselnde Familien gelangten Pfalzgrafschaft belehnte 1155/1156 Kaiser Friedrich I. Barbarossa seinen Stiefbruder Konrad von Staufen und erhob ihn zum Reichsfürsten. Zur Pfalzgrafschaft kamen Hausgut, Lehnsrechte und Vogteirechte über Speyer, Worms und Lorsch sowie zunächst auch Trier. 1195 fiel die P. über Konrads Tochter Agnes vorübergehend an die Welfen. 1214 übertrug sie König Friedrich II. nach dem kinderlosen Tod des Welfen Heinrich des Jüngeren (1213) an Ludwig I. von Bayern, dessen Sohn (Otto II.) über die welfische Erbtochter Agnes auch die Eigengüter der Pfalzgrafen erwarb (Pforzheim gelangte über eine weitere Erbtochter an Baden). Schwerpunkte des Gutes waren Bacharach (12./13. Jahrhundert) und Alzey (1214 vom König erhalten). Vom Bischof von Speyer nahm der Pfalzgraf Neustadt, vom Bischof von Worms Heidelberg (1225) zu Lehen. Weiter erlangte er die Herrschaft über die Klöster Schönau und

Otterberg. Andere Güter wurden nach der Aufhebung Lorschs (1232) 1247/1344 gewonnen. 1255 kamen durch Teilung Oberbayern (westliche Teile mit München) und die P. an Herzog Ludwig von Bayern, während Niederbayern mit Landshut an Heinrich XIII. fiel. 1266/1268 wurden die staufischen Güter um Sulzbach, 1277/1289 Kaub mit dem dortigen Rheinzoll erworben. Ludwig II. war somit angesehenster Reichsfürst und wirkte bereits 1257 als Kurfürst mit. 1329 bestimmte der wittelsbachische Hausvertrag von Pavia die Trennung der (unteren) P. und der oberen P. im bayerischen Nordgau (Oberpfalz) zwischen Regensburg und Fichtelgebirge, die der älteren pfälzischen Linie zugesprochen wurden, von Bayern, das an die jüngere bayerische Hauptlinie kam, wobei die Kurwürde zwischen P. und Bayern wechseln sollte, was die Goldene Bulle 1356 zugunsten der P. aufhob. Unter Kurfürst Ruprecht I. gewann die Pfalz, die 1329 die Pfandschaft der Stadt Mosbach (1330 Mosbach, Eberbach, Sinsheim, Neckargemünd, Germersheim, Annweiler, Trifels) erlangt hatte, unter anderem 1349 Bretten, 1354 Simmern, 1375 Ingelheim, Kaiserslautern, Odernheim, Nierstein und Oppenheim sowie 1385 die Grafschaft Zweibrücken mit Bergzabern, gab aber 1355 Teile der Oberpfalz für einige Zeit an Böhmen (Neuböhmen). 1386 wurde die Universität Heidelberg gegründet. Ruprecht II. strebte in der sog. Rupertinischen Konstitution die Unteilbarkeit der Pfalz an. Nach dem Tod des 1400 zum König gewählten Ruprecht III. (1410), der die an Böhmen gegebenen Teile der Oberpfalz zurückgewann und die Grafschaften Kirchberg am Hunsrück sowie (die Vordere Grafschaft) Sponheim (zu einem Fünftel) und die Reichsvogtei im Elsass (1408) erlangte, wurde die P. in die vier Linien Kurpfalz (Heidelberg, Amberg, Nabburg), Pfalz-Neumarkt (restliche Oberpfalz), Pfalz-Simmern (bzw. Pfalz-Zweibrücken-Simmern) (bis 1685) mit der Nebenlinie Pfalz-Zweibrücken (bis 1731) und Pfalz-Mosbach geteilt. 1443 starb die Linie Pfalz-Neumarkt (Oberpfalz) aus und wurde von Pfalz-Mosbach und Pfalz-Simmern beerbt. 1499 erlosch die Linie Pfalz-Mosbach und wurde von der Kurpfalz beerbt. Unter Friedrich I. (1449–1476) wurde die Vormacht der P. am Oberrhein (Erwerb der Reichsgrafschaft Lützelstein [1492] und Rappolstein, der Reichslandvogtei Hagenau, von Bischweiler, Selz, Kleeburg und Gebieten an Nahe und Bergstraße [1462], der Grafschaft Löwenstein [1461/1464]) begründet und die Kurpfalz modern organisiert. 1503 gingen im bayerischen Erbfolgekrieg die Güter im Elsass an Habsburg, die Grafschaft Löwenstein an Württemberg und Lauf, Hersbruck und Altdorf an Nürnberg verloren, doch wurde die neue Linie Pfalz-Neuburg 1508 noch mit Gütern Bayern-Landshuts ausgestattet. 1556 führte Otto Heinrich (Ottheinrich) die Reformation in seinem sehr zersplitterten Herrschaftsgebiet ein. 1559 starb mit Ottheinrich von Pfalz-Neuburg die alte Linie Kurpfalz aus und wurde (1556) in Pfalz-Neuburg von Pfalz-Zweibrücken (Wolfgang) und in den Kurlanden von Pfalz-Simmern (Friedrich III.) als mittlerer Kurlinie beerbt. Friedrich III. führte dort sofort den Calvinismus ein. Infolge der Wahl zum König des aufständischen Böhmen (1619) verlor Friedrich V. 1623 Land und Kurwürde an Herzog Maximilian von Bayern, wobei weitere Güter an Habsburg und Hessen-Darmstadt kamen. Friedrichs Sohn erhielt 1648 die P. und eine neue achte Kurwürde, während die Oberpfalz und die alte Kurwürde bei Bayern verblieben. 1685 erlosch die Linie Pfalz-Simmern. Ihr folgte die aus Pfalz-Zweibrücken hervorgegangene katholische Linie Pfalz-Neuburg. Da auch König Ludwig XIV. von Frankreich für die Frau seines Bruders, Liselotte von der P., Erbansprüche auf Simmern, Kaiserslautern, Germersheim und Sponheim erhob, kam es zum pfälzischen Erbfolgekrieg (1688/1697) und der Verwüstung der Pfalz (1697) durch Frankreich, das Straßburg und Saarlouis behielt, Lothringen aber verlor. Pfalz-Neuburg vermochte sich – mit Ausnahme Germersheims – zu behaupten. Vorübergehend wurden die alten Kurrechte und die Oberpfalz zurückgewonnen. Zeitweise gehörte die P. dem Kanton Odenwald des Ritterkreises Franken an. 1720 wurde die Residenz von Heidelberg nach Mannheim verlegt und zwischen 1743 und 1748 eine Sommerresidenz in dem 1200 erlangten Schwetzingen eingerichtet. 1742 erlosch die Linie Pfalz-Neuburg, die Karl Theodor aus der Linie Pfalz-Sulzbach beerbte, der durch Tausch die Herrschaften Zwingenberg und Ebernburg erlangte und zur Finanzierung seiner Hofhaltung die Industrie förderte. Wegen Udenheim gehörte unter ihm die P. seit 1788 zum Kanton Oberrheinstrom des Ritterkreises Rhein. 1777 fiel ihm Bayern an, woraufhin der Hof 1778 von Mannheim nach München verlegt wurde. Der Versuch, Bayern gegen die habsburgischen Niederlande an Österreich abzugeben, scheiterte 1778/1779 und 1784/1785 an Preußen. Am Ende seines Bestehens umfasste das niemals geschlossene, in bunter Gemengelage mit anderen Herrschaften vorliegende, von Germersheim bis Bacharach und von Kaiserslautern bis Mosbach reichende Gebiet der zum kurrheinischen Reichskreis zählenden P. 8200 Quadratkilometer (bzw. 76 Quadratmeilen) mit rund 300 000 Einwohnern. 1801 musste Maximilian I. Joseph aus der 1799 erbenden Linie Pfalz-Zweibrücken-Birkenfeld die Abtretung der linksrheinischen, seit 1792 besetzten Gebiete an Frankreich (Departement Donnersberg) anerkennen. Das rechtsrheinische Gebiet wurde 1803 an Baden, Hessen-Darmstadt, Nassau-Usingen (Nassau) und Leiningen verteilt. 1815 kamen die linksrheinischen Teile von Frankreich zurück und fielen 1816 weitgehend und um Gebiete Sikkingens, Nassaus, von der Leyens, Leiningens usw. erweitert als Ersatz für Salzburg, Innviertel und Hausruckviertel an Bayern, im Übrigen an Hessen und Preußen. Der bayerische Teil bildete zunächst die königlich bayerischen Lande am Rhein, seit 1836 den bayerischen, von Speyer aus verwalteten Regierungsbezirk P. (seit 1838 Rheinpfalz). Von Dezember 1918 bis Juni 1930 war die Pfalz von Frankreich besetzt. (1919 bzw.) 1920 gelangten Teile der Westpfalz (Homburg, Sankt Ingbert, Blieskastel, insgesamt 418 Quadratkilometer mit 100 000 Einwohnern) zum Saargebiet. Bereits 1940 wurde die P. aus der Verwaltung Bayerns gelöst und kam nicht mehr zurück. 1945 gehörte die P. zur französischen Besatzungszone und wurde 1946 wie Rheinhessen und Koblenz-Trier Teil des Landes Rheinland-Pfalz, wobei sie bis 1968 eigener Regierungsbezirk war (seit 1968 Rheinhessen-Pfalz).

L.: Wolff 88; Zeumer 552 I 5; Wallner 699 KurrheinRK 4; Großer Historischer Weltatlas II 34 (1138–1254) F4, II 66 (1378) E4, III 22 (1648) D4, III 38 (1789) C3; Winkelmann-Holzapfel 158; Riedenauer 129; Haselier, G./Sante, G., Die Pfalz – Das Saarland, in: Geschichte der deutschen Länder, Bd. 1; Die Territorien des Reichs 5, 8; Tolner, C. L., Codex diplomaticus palatinus, 1700; Widder, J. G., Versuch einer vollständigen geographisch-historischen Beschreibung der kurfürstlichen Pfalz am Rheine, 1786–1788; Frey, M., Versuch einer geographisch-historisch-statistischen Beschreibung des königlich baierischen Rheinkreises, Bd. 1–4 1836 ff.; Häusser, L., Geschichte der rheinischen Pfalz, Bd. 1 f. 1845, 2. A. 1856, Neudruck 1970; Koch, A. u. a., Regesten der Pfalzgrafen am Rhein, Bd. 1 f. 1894 ff.; Haberle, D., Pfälzische Bibliographie, Bd. 1–6 1907 ff.; Schreibmüller, H., Bayern und Pfalz 1816–1916, 1916; Raumer, K. v., Die Zerstörung der Pfalz 1689, 1930; Pfälzischer Geschichtsatlas, hg. v. Winkler, W., 1935; Stamer, C., Kirchengeschichte der Pfalz, Bd. 1–3 1936 ff.; Zimmermann, F., Die Weistümer und der Ausbau der Landeshoheit in der Kurpfalz, 1937; Gerstner, R., Die Geschichte der lothringischen und rheinischen Pfalzgrafschaft von ihren Anfängen bis zur Ausbildung des Kurterritoriums Pfalz, 1941; Christmann, E., Die Siedlungsnamen der Pfalz, Bd. 1–3 1952 ff.; Schütze, C., Die territoriale Entwicklung der rheinischen Pfalz im 14. Jh., Diss. phil. Heidelberg 1955; Vogt, W., Untersuchungen zur Geschichte der Stadt Kreuznach und der benachbarten Territorien im frühen und hohen Mittelalter, 1956; Böhm, G. F., Beiträge zur Territorialgeschichte des Landkreises Alzey, 1956; Weizsäcker, W., Pfälzische Weistümer, 1957 ff.; Trautz, F., Die Pfalz am Rhein in der deutschen Geschichte, 1959; Karst, T., Das kurpfälzische Oberamt Neustadt an der Haardt, 1960; Schmidt, H., Die Kurpfalz unter den Kurfürsten der Häuser Neuburg und Sulzbach 1665–1799, in: Mannheimer Hefte 1962; Hess-Gotthold, J., Hausmacht und Politik Friedrich Barbarossas im Raume des heutigen Pfälzer Waldes, 1962; Pfalzatlas, hg. v. Alter, W., 1963 ff. (u. a. Schaab, M./Moraw, P., Territoriale Entwicklung der Kurpfalz von 1156–1792); Cohn, H., The Government of the Rhine Palatinate in the 15 th century, 1965; Territorialverhältnisse der Gemeinden in Rheinland-Pfalz von 1789 bis zur Bildung des Landes, Statistik von Rheinland-Pfalz 172 (1967); Haas, R., Die Pfalz am Rhein, 1967, 2. A. 1968; Weiden, A. v. d., Erste Landesaufnahme in unserem Landesgebiet und Veröffentlichung des danach gefertigten topographischen Kartenwerks aus den Jahren 1804–1820, Nachrichtenblatt der Vermessungs- und Katasterverwaltung Rheinland-Pfalz 12 (1969); Press, V., Calvinismus und Territorialstaat. Regierung und Zentralbehörden der Kurpfalz 1559–1619, 1970; Topographische Aufnahme pfälzischer Gebiete durch Offiziere des kgl. bayerischen Generalstabes 1836–1837, hg. v. Landesvermessungsamt des Saarlandes, 1973–1974; Spieß, K.-H., Lehnsrecht, Lehnspolitik und Lehnsverwaltung der Pfalzgrafschaft bei Rhein im Spätmittelalter, 1978; Spieß, K.-H., Das älteste Lehnsbuch der Pfalzgrafen bei Rhein vom Jahr 1401, 1981; Haas, R./Probst, H., Die Pfalz am Rhein, 4. A. 1984; Moersch, K., Geschichte der Pfalz, 1987; Schaab, M., Geschichte der Kurpfalz, Bd. 1 f. (Mittelalter) 1988 ff.; Hesse, W., Hier Wittelsbach, hier Pfalz. Die Geschichte der pfälzischen Wittelsbacher von 1214 bis 1803, 1989; Handbuch der baden-württembergischen Geschichte, hg. v. d. Komm. f. gesch. Landeskunde in Baden-Württemberg, Bd. 1 ff. 1990 ff.; Maier, F., Die baierische Unterpfalz, 1990; Heimann, H., Hausordnung und Staatsbildung, 1993; Schaab, M., Pfalzgrafschaft bei Rhein, LexMA 6 1993, 2013; Kurpfalz, hg. v. Schweickert, A., 1997; Ausgewählte Urkunden zur Territorialgeschichte der Kurpfalz 1156–1505, hg. v. Schaab, M., 1998; Repertorium der Policeyordnungen der frühen Neuzeit, hg. v. Härter, K./Stolleis, M., Bd. 3 1999; Die Pfalz im 20. Jahrhundert, hg. v. Schwarzmüller, T. u. a., 1999; ... so geht hervor' ein neue Zeit, hg. v. Kohnle, A., u. a, 2003; Kohnle, A., Kleine Geschichte der Kurpfalz, 2005; Escher, M. u. a., Die urbanen Zentren, 2005, 1, 497.

Pfalz (Regierungsbezirk, Landesteil) s. Pfalz (Pfalzgrafschaft, Kurfürstentum, Regierungsbezirk, Landesteil)

Pfalz-Birkenfeld (Pfalzgrafen, Fürstentum). 1569/1584 entstand durch Teilung von Pfalz-Zweibrücken die Linie P. (Pfalz-Zweibrücken-Birkenfeld) mit dem zweibrückischen Anteil der Grafschaft Sponheim um Birkenfeld im Nahetal. Sie zerfiel bald in zwei Zweige, deren älterer 1671 erlosch. 1671 kam P. an Pfalz-Bischweiler, zu dem seit 1673 durch Heirat auch die Grafschaft Rappoltstein im Elsass gehörte. Nach dem Anfall Zweibrückens 1731/1733 nannte sich die Linie Pfalz-Zweibrücken-Birkenfeld. Aus ihr stammte Maximilian I. Joseph, der 1799 unter Beerbung von Pfalz-Sulzbach Kurfürst und 1806 König von Bayern wurde.

L.: Häusser, L., Geschichte der rheinischen Pfalz, Bd. 1 f. 2 A. 1856, Neudruck 1970; Wild, K. E., Die Pfalz-Birkenfelder Linie des Hauses Wittelsbach, in: Heimatkalender des Landkreises Birkenfeld, 1966; Haas, R./Probst, H., Die Pfalz am Rhein, 4. A. 1984.

Pfalz-Bischweiler (Fürstentum). 1630 erhielt Christian I. von Pfalz-Birkenfeld durch Heirat Bischweiler. Sein Sohn Christian II. erbte 1671 Pfalz-Birkenfeld und gewann 1673 die Grafschaft Rappoltstein im Elsass. Nach dem Anfall Pfalz-Zweibrückens 1733 nannte sich die Linie Pfalz-Zweibrücken-Birkenfeld. 1799 erbte sie beim Aussterben von Pfalz-Sulzbach die Pfalz, Bayern und die Kurwürde.

L.: Häusser, L., Geschichte der rheinischen Pfalz, Bd. 1 f. 2. A. 1856, Neudruck 1970; Wild, K., Die Pfalz-Birkenfelder Linie des Hauses Wittelsbach, in: Heimatkalender des Landkreises Birkenfeld, 1966; Haas, R./Probst, H., Die Pfalz am Rhein, 4. A. 1984.

Pfalz-Lautern (Fürstentum, Herzogtum). 1576 wurde für den reformierten Pfalzgrafen Johann Casimir aus der in der Pfalz seit 1559 regierenden Linie Pfalz-Simmern aus den Oberämtern Lautern (Kaiserslautern) und Neustadt und dem Amt Sobernheim ein selbständiges Herzogtum gebildet. Nach seinem Tode 1592 fiel es an die Pfalz (Kurpfalz) zurück. Das zum oberrheinischen Reichskreis zählende Fürstentum umfasste das Oberamt Lautern mit der Stadt Kaiserslautern (Lautern), die Unterämter Otterberg, Rockenhausen und Wolffstein und die Gerichte Kübelberg, Ramstein, Steinwenden, Weilerbach, Morlautern (Mohrlautern), Neukirchen (Neukirch), Alsenborn und Waldfischbach.

L.: Wolff 245; Zeumer 553 II b 3; Wallner 695 OberrheinRK 7; Kuhn, M., Pfalzgraf Johann Casimir von Pfalz-Lautern 1576–83, 1961.

Pfalz-Mosbach (Fürstentum). 1410 entstand durch Erbteilung die Linie P. mit Gütern am Neckar um Mosbach, im Kraichgau um Sinsheim und an der Bergstraße. Sie erbte 1443 einen Teil der Güter der Linie (Pfalz-Neumarkt) (Pfalz-Oberpfalz). Bei ihrem Aussterben 1499 wurde sie gemäß Erbvertrag von 1479 von der Pfalz (Kurpfalz) beerbt.

L.: Häusser, L., Geschichte der rheinischen Pfalz, Bd. 1 f. 2. A. 1856, Neudruck 1970; Lang, T., Die Hauptstadt der kleinen Pfalz, 1936; Wüst, G., Pfalz-Mosbach 1410–99, Diss. phil. Heidelberg 1976.

Pfalz-Neuburg (Fürstentum, Herzogtum). Neuburg an der Donau wird 680 erstmals genannt. Es war Herzogssitz der bayerischen Agilolfinger, von 739/742 bis 801/807 auch Bischofssitz. Bei der Absetzung der Agilolfinger (788) wurde es Königsgut. 1247 fiel es an die Herzöge von Bayern, 1392 an die Linie Bayern-Ingolstadt, 1445 an Bayern-Landshut. Als Folge des Landshuter Erbfolgekrieges wurde 1505/1509 aus Gütern Bayern-Landshuts sowie Bayern-Münchens das Fürstentum P. mit Residenz in Neuburg und Gütern um Neuburg, Höchstädt, Sulzbach, Weiden und Burglengenfeld (Lengenfeld) gebildet. 1542/1552 wurde die Reformation eingeführt. 1556 kam es im Zusammenhang mit dem Erlöschen der alten Linie Kurpfalz, bei dem die Pfalz 1559 an Pfalz-Simmern gelangte, an Pfalz-Zweibrücken. 1569 entstand durch Teilung von Pfalz-Zweibrücken neben Pfalz-Zweibrücken und Pfalz-Birkenfeld die jüngere Linie P., von der sich zwei unselbständige Teilfürstentümer um Hilpoltstein und Sulzbach sowie um Floss, Vohenstrauß und Parkstein-Weiden abspalteten, die aber schon 1604 bzw. 1597 zurückfielen. 1614 erhielt P. nach Beendigung des Jülich-Klevischen Erbfolgestreites infolge der Heirat Philipp Ludwigs (†1614) mit Anna von Jülich-Kleve Berg und Jülich sowie 1670 Ravenstein und errichtete die Residenz in Düsseldorf (bis 1716). P. kam an den Sohn Wolfgang Wilhelm, der sein Land rekatholisierte, Teile davon als Pfalz-Sulzbach an Pfalzgraf August und Hilpoltstein an Pfalzgraf Johann Friedrich (1644 an P. zurück). 1685 wurde P. nach dem Aussterben der mittleren pfälzischen Kurlinie (Pfalz-Simmern) neue Kurlinie der Pfalz. 1742 wurde P., das seit etwa 1700 als Herzogtum bezeichnet wurde, bei seinem Aussterben von Pfalz-Sulzbach beerbt. 1803 erhielt P. innerhalb Bayerns eine eigene Provinzialregierung und wurde seit 1805 Provinz Neuburg genannt. 1808 kam es zum neugeschaffenen Altmühlkreis. Das insgesamt zum bayerischen Reichskreis zählende Fürstentum P. war in vier Teile getrennt: Der größte Teil lag nördlich von Regensburg zwischen dem Herzogtum Bayern, dem Hochstift Regensburg und der Oberpfalz, der zweite Teil erstreckte sich zu beiden Seiten der Donau bei der Stadt Neuburg, der dritte Teil befand sich auf dem linken Donauufer zwischen der Markgrafschaft Burgau, dem Fürstentum Oettingen und dem Ulmer Gebiet, und der vierte Teil lag zwischen der Oberpfalz und dem Fürstentum Ansbach. Das Fürstentum enthielt die Pflegämter Neuburg, Monheim, Lauingen, Gundelfingen, Heideck, Hilpoltstein, Allersberg, Hemau, Beratzhausen, Laaber und Lupburg (Luppurg), Regenstauf, Kallmünz die Landrichterämter Graisbach und Burglengenfeld, die Landvogteiämter Höchstädt und Neuburg (Letzteres mit den Pflegämtern Rennertshofen [Rennerzhofen], Reichertshofen, Velburg und Schwandorf) und das Pfleggericht Burgheim.

L.: Wolff 140 f.; Zeumer 553 II b 5; Wallner 712 BayRK 4; Großer Historischer Weltatlas III 22 (1648) E4; III 38 (1789) D3; Die Territorien des Reichs 1, 44; Häusser, L., Geschichte der rheinischen Pfalz, Bd. 1f. 2. A. 1856, Neudruck 1970; Schröder, A., Die Herrschaftsgebiete im heutigen Regierungsbezirk Schwaben und Neuburg nach dem Stand von Mitte 1801, Z. hist. Ver. Schwaben und Neuburg 32 (1906); Neuburg, die junge Pfalz und ihre Fürsten, hg. v. Heider, J., 1955; Scherl, A., Die pfalzneuburgische Landesaufnahme unter Philipp Ludwig. Zum 350. Todestag des Kartographen Christoph Vogel, Archivalische Zs. 56 (1960); Heider, F., Landvogteiamt und Landgericht Neuburg a. d. Donau. Seine Hofmarken, gefreiten Sitze und Dorfgerichte, mit bes. Berücksichtigung von Strass, Burgheim und Oggermühle, Neuburger Kollektaneenblatt 113 (1960); Press, V., Fürstentum und Fürstenhaus Pfalz-Neuburg, in: Gustl Lang, Leben für die Heimat, 1989; Handbuch der bayerischen Geschichte, hg. v. Spindler, M., Bd. 3, 3 Geschichte der Oberpfalz und des bayerischen Reichskreises, 3. A. 1995; Repertorium der Policeyordnungen der frühen Neuzeit, hg. v. Härter, K./Stolleis, M., Bd. 3 1999.

Pfalz-Neumarkt s. Pfalz-Oberpfalz

Pfalz-Oberpfalz, Pfalz-Neumarkt (Fürstentum). Nach dem Tod König Ruprechts von der Pfalz am 18. 5. 1410 erhielt sein zweitältester, ihn überlebender Sohn Johann den größten Teil der Oberpfalz und begründete die Linie P. mit Sitz in Neumarkt. Sie wurde 1443 von Pfalz-Mosbach und Pfalz-Simmern (Pfalz-Zweibrücken), das seinen Anteil für 90 000 Gulden an Pfalz-Mosbach verkaufte, beerbt. P. wurde später zum bayerischen Reichskreis gerechnet.

L.: Bosl, K., Das kurpfälzische Territorium „Obere Pfalz“, Zs. f. bay. LG. 26 (1963).

Pfalz-Simmern (Fürstentum). Simmern am Simmerbach westlich von Bingen wird 1072 erstmals erwähnt. 1140 gehörte es den Raugrafen, die 1330 von Kaiser Ludwig dem Bayern Stadtrechte erwirkten. 1359 kam es an die Pfalz, die es zum Vorort ihrer Güter im Hunsrück machte. 1410 begründete Pfalzgraf Stephan die Linie P. (Pfalz-Simmern-Zweibrücken) mit Gütern um Simmern und der Grafschaft Zweibrücken (Bergzabern, Bischweiler, Guttenberg, Hagenbach, Selz). Durch seine Heirat mit Anna von Veldenz wurde er 1444 Erbe der Grafschaft Veldenz einschließlich der Hälfte der hinteren Grafschaft Sponheim (1437). Nach der Abdankung Pfalzgraf Stephans 1453 wurde P. geteilt. Dabei erhielt Pfalzgraf Friedrich Simmern und Sponheim (P., Pfalz-Zweibrücken-Veldenz). Sein Urenkel führte die Reformation ein. 1559 erbte er die Pfalz (Kurpfalz) und überließ darauf Simmern seinen Brüdern Georg und Richard. 1598 fiel das Fürstentum P. an die Pfalz (Kurpfalz). 1611 gab Friedrich V. von der Pfalz (Kurpfalz) seinem Bruder Ludwig Philipp das Fürstentum P. 1674 gelangte das Gebiet von dieser Linie an die Pfalz (Kurpfalz) zurück. 1685 erlosch die Linie P. und wurde von Pfalz-Neuburg beerbt. Am Ende des 18. Jahrhunderts umfasste das zum oberrheinischen Reichskreis zählende P. ein Gebiet von 14 Quadratmeilen (Oberämter Simmern und Stromberg, Amt Böckelheim und pfandweise die Herrschaft Hohenfels). 1814/1815 kam Simmern zu Preußen, 1946 zu Rheinland-Pfalz.

L.: Wolff 243; Zeumer 553 II b 4; Wallner 696 OberrheinRK 11; Großer Historischer Weltatlas III 38 (1789) B3; Häusser, L., Geschichte der rheinischen Pfalz, Bd. 1f. 2. A. 1856, Neudruck 1970; Wagner, K., Simmern im Wandel der Zeiten, 1930; Haas, R., Die Pfalz am Rhein, 1967; Ammerich, H., Landesherr und Landesverwaltung. Beiträge zur Regierung von Pfalz-Zweibrücken am Ende des Alten Reiches, 1981.

Pfalz-Sulzbach (Fürstentum). Die seit 1071 nach der zu Anfang des 11. Jahrhunderts errichteten Burg Sulzbach benannten Grafen von Sulzbach vererbten 1188 Sulzbach an die Grafen von Hirschberg. Über diese kam die Grafschaft Sulzbach 1269/1305 an Bayern, 1329 an die pfälzische Linie. Von 1569 bis 1604 war P. Teilfürstentum des Pfalzgrafen Otto Heinrich unter der Landeshoheit Pfalz-Neuburgs. 1610/1614 entstand durch Teilung Pfalz-Neuburgs das Fürstentum P. mit Sulzbach, Floß und Vohenstrauß und einem Anteil an Parkstein-Weiden. 1656 verzichtete Pfalz-Neuburg auf die Landeshoheit über das 1649 endgültig reformierte Gebiet. Der Pfalzgraf von P. war beim bayerischen Reichskreis, nicht aber beim Reichstag vertreten. 1742 erbte Karl Theodor von P. die Pfalz (Kurpfalz) und Pfalz-Neuburg sowie 1777 Bayern, in das danach P. eingegliedert wurde. Das 19 Quadratmeilen große Fürstentum P., das die beiden Hauptteile der Oberpfalz voneinander trennte und selbst durch das Amt Vilseck Bambergs geteilt wurde, umfasste das Landgericht Sulzbach mit der Stadt und die sogenannten hinteren Lande mit den Pflegämtern Weiden und Floß und den Ämtern Parkstein und Floss. 1799 gelangte P. in Bayern an Maximilian I. Joseph von Pfalz-Birkenfeld.

L.: Wolff 141; Wallner 712 BayRK 5; Großer Historischer Weltatlas III 22 (1648) E/F4, III 38 (1789) D3, III 39 E3; Gack, G., Geschichte des Herzogthums Sulzbach, 1847, Neudruck 1988; Häusser, L., Geschichte der rheinischen Pfalz, Bd. 1f. 2. A. 1856, Neudruck 1970; Piendl, M., Sulzbach, 1957, in: Historischer Atlas von Bayern, hg. v. der Kommission für bay. LG., Teil Altbayern; Sturm, H., Sulzbach im Wandel der Jahrhunderte, in: Oberpfälzer Heimat 14 (1970); Handbuch der bayerischen Geschichte, hg. v. Spindler, M., Bd. 3, 3 Geschichte der Oberpfalz und des bayerischen Reichskreises, 3. A. 1995; Repertorium der Policeyordnungen der frühen Neuzeit, hg. v. Härter, K./Stolleis, M., Bd. 3 1999.

Pfalz-Veldenz (Fürstentum, Pfalzgrafschaft). 1444 fiel Veldenz bei Bernkastel an Pfalz-Zweibrücken. 1543 übertrug Pfalzgraf Wolfgang von Pfalz-Zweibrücken seinem bisherigen Vormund das Gebiet um Veldenz als zum oberrheinischen Reichskreis zählendes Fürstentum P. Zu ihm gehörten die Ämter Veldenz und Lauterecken, das Kloster Remigiusberg, seit 1559/1566 die Grafschaft Lützelstein und seit 1559 die halbe Herrschaft Guttenberg. 1694 starb die Linie aus. Das Land wurde von der Pfalz (Kurpfalz) besetzt. Zu einer Einigung über die Erbschaft zwischen Pfalz (Kurpfalz), Pfalz-Sulzbach und Pfalz-Zweibrücken (Pfalz-Bischweiler) kam es erst 1733. Die Pfalz (Kurpfalz) erhielt die Ämter Veldenz und Lauterecken, Pfalz-Sulzbach die Hälfte von Lützelstein, Pfalz-Zweibrücken (Pfalz-Birkenfeld) die andere Hälfte von Lützelstein und den Anteil an Guttenberg.

L.: Zeumer 553 II b 8; Wallner 697 OberrheinRK 23; Lehmann, J. G., Vollständige Geschichte des Herzogtums Zweibrücken, 1867; Gümbel, T., Geschichte des Fürstentums Pfalz-Veldenz, 1900; Fabricius, W., Die Grafschaft Veldenz, Mitt. d. hist. Ver. Pfalz 33 (1913); Fabricius, W., Das Oberamt Meisenheim in seiner Entwicklung unter den Grafen von Veldenz und den Pfalzgrafen von Zweibrücken, Mitt. d. hist. Ver. Pfalz 36 (1916).

Pfalz-Zweibrücken (Pfalzgrafen, Fürsten, Herzogtum). Das Fürstentum Zweibrücken, das zu zwei Dritteln aus Stücken der alten Grafschaft Veldenz (Oberämter Lichtenberg und Meisenheim) und im Übrigen aus der ehemaligen Grafschaft Zweibrücken (Oberämter Zweibrücken und Neukastel [Neukastell] oder Bergzabern) entstanden war, fiel mit dem Aussterben der Grafen von Zweibrücken 1390 an die Pfalz. 1410 entstand durch Teilung der Pfalz das Fürstentum Pfalz-Simmern (Pfalz-Simmern-Zweibrücken) mit Simmern, der Grafschaft Zweibrücken (Bergzabern, Bischweiler, Guttenberg, Hagenbach, Selz), Veldenz und Teilen der Grafschaft Sponheim. 1453/1459 spaltete sich von Pfalz-Simmern P. mit Zweibrücken und Veldenz ab. Seit 1477 war die Residenz in Zweibrücken. 1543 wurde Pfalz-Veldenz durch Abtretung verselbständigt, 1556 kam in Zusammenhang mit dem Aussterben der älteren, in der Pfalz (Kurpfalz) herrschenden Linie Pfalz-Neuburg dagegen Pfalz-Neuburg hinzu. 1569 teilte sich P. in P., Pfalz-Neuburg (jüngere Linie) und Pfalz-Birkenfeld (Grafschaft Sponheim). 1611 wurde P. in drei Linien geteilt (Zweibrücken, Moschellandsburg [Moschellandsberg], Kleeburg). 1681/1697 fiel das zum oberrheinischen Reichskreis zählende P. an die seit 1654 in Schweden regierende Linie Kleeburg (Karl X., Karl XI., Karl XII.). Von 1714 bis 1718 wurde P. von Karl XII. von Schweden Stanislaus Leszczynski, dem vertriebenen König von Polen, überlassen. 1734 fiel P. als Erbe an Pfalz-Birkenfeld. Seitdem nannte sich diese Linie Pfalz-Zweibrücken-Birkenfeld. 1793/1801 kam P. mit 36 Quadratmeilen und rund 60 000 Einwohnern unter die Herrschaft Frankreichs. 1799 erbte Pfalz-Birkenfeld die Pfalz mit Bayern. 1816 gelangte das Gebiet Pfalz-Birkenfelds an Bayern, 1919 und 1945/1946 teilweise (ohne Stadt Zweibrücken) zum Saargebiet, der Rest kam 1946 zu Rheinland-Pfalz.

L.: Wolff 247; Zeumer 553 II b 7; Wallner 695 OberrheinRK 3; Großer Historischer Weltatlas III 38 (1789) B3; Die Territorien des Reichs 6, 170; Lehmann, J. G., Vollständige Geschichte des Herzogtums Zweibrücken, 1867; Fabricius, W., Das pfälzische Oberamt Simmern, Mitt. d. hist. Ver. Pfalz 28 (1909); Fabricius, W., Das Oberamt Meisenheim in seiner Entwicklung unter den Grafen von Veldenz und den Pfalzgrafen von Zweibrücken, Mitt. d. hist. Ver. Pfalz 36 (1916); Baumann, K., Das Herzogtum Pfalz-Zweibrücken. Umrisse einer Landesgeschichte, 1960, 10 f.; Lillig, K., Rechtssetzung im Herzogtum Pfalz-Zweibrücken während des 18. Jahrhunderts, 1985; Rose, M., Das Gerichtswesen, 1994; Repertorium der Policeyordnungen der frühen Neuzeit, hg. v. Härter, K./Stolleis, M., Bd. 3 1999.

Pfalz-Zweibrücken-Birkenfeld s. Pfalz-Zweibrücken

Pfalz-Zweibrücken-Simmern (Fürstentum) s. Pfalz-Simmern

Pfalzgrafschaft am Rhein s. Pfalz

Pfaudt von Kürnberg (Reichsritter), Pfaudt von Kürnburg. Von 1661 bis 1704 waren die P. wegen des württembergischen Lehens Bittenfeld (bis 1664) und wegen Oßweil im Kanton Kocher des Ritterkreises Schwaben immatrikuliert.

L.: Schulz 268.

Pfeddersheim (Reichsstadt). P. bei Worms wird erstmals 754 erwähnt, doch war das Gebiet schon in römischer Zeit bewohnt. Nach dem König hatten das Bistum Metz, die Abtei Gorze und die Herren von Bolanden und Hohenfels Rechte an dem schon früh befestigten Dorf. Um 1304 erhob es König Albrecht von Österreich zur Reichsstadt und stattete es mit dem Recht Oppenheims aus. Wenig später wurde es an die Herren von Falkenstein, dann an den Erzbischof von Mainz und seit 1465 an die Pfalz verpfändet, an die es 1648 gänzlich fiel. Über Hessen-Darmstadt kam es 1946 an Rheinland-Pfalz.

L.: Wolff 90; 1200 Jahre Pfeddersheim, 1954; Escher, M. u. a., Die urbanen Zentren, 2005, 2, 487.

Pfedelbach (Herren, Herrschaft). Am römischen Limes wird 1037 erstmals P. im Stiftungsbrief für Kloster Öhringen erwähnt. Seit 1270 nannten sich Herren von P. nach ihm. Ihre Güter fielen 1433 durch Heirat an die Herren von Adelsheim und 1472 durch Verkauf an die Hohenlohe. 1551/1555 kam P. an Hohenlohe-Waldenburg. 1615 wurde es Sitz der Linie Hohenlohe-Pfedelbach, die 1728 bei ihrem Aussterben von Hohenlohe-Bartenstein beerbt wurde. Über Württemberg kam P. 1951/1952 an Baden-Württemberg. S. Hohenlohe-Pfedelbach.

L.: Wolff 119.

Pfeil (Freiherren, Reichsritter). Im 18. Jahrhundert zählten die Freiherren von P. mit Unterdeufstetten (1794 an die Freiherrn von Seckendorff) zum Kanton Kocher des Ritterkreises Schwaben. Unterdeufstetten kam über Württemberg 1951/1952 zu Baden-Württemberg.

L.: Hölzle, Beiwort 62.

Pferdsdorf (Reichsritter) s. Pfersdorf

Pferffelder genannt Großen (Reichsritter). Im 16. Jahrhundert gehörten die P. zum Kanton Gebirg des Ritterkreises Franken.

L.: Pfeiffer 209; Riedenauer 124.

Pfersdorf, Pferdsdorf (Reichsritter). Im frühen 16. Jahrhundert zählten die P. zum Kanton Rhön-Werra im Ritterkreis Franken. Der Ort P. kam 1920 zu Thüringen.

L.: Stieber; Riedenauer 126.

Pfersfeld s. Pferffelder

Pfirnihgau (Phirnihgouue, Gau südlich Kassels)

L.: Curs, O., Deutschlands Gaue im zehnten Jahrhundert. Nach den Königsurkunden, Diss. phil. Göttingen 1908, 17 (Dillich).

Pfirt (Grafschaft), frz. Ferrette. Die Burg P. am Elsässer Jura war vom 11. Jahrhundert bis 1324 Sitz der Grafen von P., denen das südliche Oberelsass unterstand. 1324 kam die Grafschaft (mit Thann) durch Heirat an Habsburg. 1325 wurde Habsburg vom Bischof von Basel mit der Grafschaft belehnt. 1648 fiel sie an Frankreich.

L.: Wolff 300; Escher, M. u. a., Die urbanen Zentren, 2005, 1, 505.

Pflügern auf Schrozburg, Pflügern auf Schrotzburg (Reichsritter). Im 16. Jahrhundert zählten die P. zum Kanton Hegau des Ritterkreises Schwaben.

L.: Ruch 18, Fn. 2.

Pflummern (Reichsritter). Von 1651 bis 1655 war Peter von P. wegen Helfenberg Mitglied des Kantons Kocher des Ritterkreises Schwaben.

L.: Schulz 268.

Pföffingen (Reichsdorf) s. Pfäffingen

Pförten (Herrschaft). Die Herrschaft P. mit der Stadt P. (poln. Brody) östlich von Cottbus gehörte als Standesherrschaft zur Markgrafschaft Niederlausitz. S. Brandenburg.

L.: Wolff 471.

Pforzheim (Damenstift). P. geht auf eine am Zusammenfluss von Nagold und Enz gelegene römische Siedlung (portus) zurück. Über (den König?) die Staufer und die Welfen kam es an Baden. In P. wurde 1460 ein Kollegiatstift errichtet. Das Damenstift zu P. war um 1790 wegen Bockschaft Mitglied des Kantons Kraichgau des Ritterkreises Schwaben.

L.: Winkelmann-Holzapfel 158; Becht, P., Pforzheim im Mittelalter, 1983; Schwarzmaier, H., Pforzheim, LexMA 6 1993, 2050; Kortüm, K., Portus – Pforzheim, 1995; Escher, M. u. a., Die urbanen Zentren, 2005, 2, 488.

Pfraumbd s. Pfraumheim

Pfraumheim genannt Klettenberg, Pfraumbd, Pfraunstein, Praumheim (Reichsritter). Im frühen 16. Jahrhundert zählten die P. zum Kanton Odenwald im Ritterkreis Franken.

L.: Riedenauer 126.

Pfuel (Reichsritter). Von 1714 bis 1731 war Conrad Christoph von P. als Personalist im Kanton Kocher des Ritterkreises Schwaben immatrikuliert.

L.: Schulz 268.

Pfullendorf (Reichsstadt). P. im Linzgau bei Überlingen wird 1152 erstmals erwähnt. Vor 1180 kam es als Erbe der von den udalrichingischen Grafen von Bregenz abgespalteten Grafen von P. durch Erbeinsetzung (nach 1167) an das Reich. Kaiser Friedrich II. gab dem Ort um 1220 Stadtrecht. Seit dem Interregnum, spätestens seit 1363 war die Stadt Reichsstadt und gehörte zur Städtebank des schwäbischen Reichskreises. 1803 fiel sie mit Illmensee, Stadelhofen, Waldbeuren und Zell, insgesamt 2 Quadratmeilen Gebiet, an Baden und damit 1951/1952 an Baden-Württemberg.

L.: Wolff 223; Zeumer 555 III b 26; Wallner 688 SchwäbRK 60; Schroeder 292 ff.; Walchner, K., Geschichte der Stadt Pfullendorf, 1825; Hölzle, E., Der deutsche Südwesten am Ende des alten Reiches, 1938; Schmid, K., Graf Rudolf von Pfullendorf und Kaiser Friedrich I., 1954; Sachse, J./Ruck, H./Schupp, J., Die ehemals freie Stadt Pfullendorf und ihre Geschlechter, 1964; Schupp, J., Denkwürdigkeiten der Stadt Pfullendorf, 1967; 750 Jahre Stadt Pfullendorf, 1970; Groner, J., Die Chroniken der Stadt Pfullendorf, 1982; Eberl, I., Pfullendorf, LexMA 6 1993, 2050.

Pfullichgau (Phullichgouwe, Gau um die Echatz rechts des Neckars)

L.: Curs, O., Deutschlands Gaue im zehnten Jahrhundert. Nach den Königsurkunden, Diss. phil. Göttingen 1908, 17 (Honau).

Pfullingen (Reichsdorf?). Das auf älterem Siedlungsboden gelegene P. an der Echaz wird im 10. Jahrhundert erstmals erwähnt und war vermutlich Sitz der Grafen des Pfullichgaus. Am 17. 1. 1303 erteilte König Albrecht dem Kloster Zwiefalten das Recht, den Reichsvogt zu P. abzusetzen. Im 14./15. Jahrhundert kam P. u. a. von den Remp von P. an Württemberg (1330/1487) und damit 1951/1952 an Baden-Württemberg.

L.: Dacheröden 185; Wolff 161; Hugo 476; Kuppinger, K., Pfullingen und Umgebung, 1909; Kinkelin, W., Das Pfullinger Heimatbuch, 2. A. 1956.

Philippseich (Schloss, Herrschaft). Das von Johann Philipp von Isenburg-Offenbach erbaute Schloss P. bei Dreieichenhain (südlich von Frankfurt am Main) wurde 1718 Sitz der von seinem Neffen Wilhelm Moritz begründeten Linie der Grafen von Isenburg-Philippseich. S. Isenburg, Isenburg-Philippseich.

Philippsthal (Schloss, Herrschaft). In P. an der Werra wurde vermutlich kurz vor 1191 das Benediktinerinnenkloster Kreuzberg gegründet, das im Bauernkrieg (1526/1527) zerstört wurde. Seine Güter gelangten nach Abfindung des letzten Propstes an den Landgrafen von Hessen. 1686 gab Landgraf Karl von Hessen-Kassel die aus den Gütern des zerstörten Klosters Kreuzberg an der Werra gebildete Vogtei Kreuzberg seinem Bruder Philipp, der das Kloster zum Schloss P. umbaute. Es wurde Sitz der Linie Hessen-Philippsthal. S. Hessen-Philippsthal.

Piacenza (Stadtkommune). P. nahe dem mittleren Po wurde 218 v. Chr. am nördlichen Endpunkt der römischen Via Aemilia als Colonia Placentina, Placentia, gegründet. Seit dem 4. Jahrhundert war es Sitz eines Bischofs. Im 6. Jahrhundert fiel es an die Langobarden, 724 an die Franken. 996/997 verlieh Kaiser Otto III. den Ort dem Bischof. Am Ende des 11. Jahrhunderts wurde P. Stadtkommune (Konsuln 1126). Im 12. und 13. Jahrhundert gehörte P. dem lombardischen Städtebund an. 1313/1336 kam es an die Visconti von Mailand, erlangte aber mehrfach zeitweise republikanische Selbständigkeit. 1512 fiel es an den Kirchenstaat, unter dem es 1545 dem Herzogtum Parma und Piacenza zugeteilt wurde. 1860 kam es an Sardinien, 1861 an Italien. S. Parma und Piacenza.

L.: Cerri, L., Piacenza ne'suoi monumenti, 1908; Ottolenghi, E., Storia di Piacenza dalle origini sono all' anno 1918, 1947; Panorami di Piacenza, hg. v. Nasalli Rocca, E., 1955; Storia di Piacenza, Bd. 1 f. 1984 ff.; Il registrum Magnum, hg. v. Falconi, E. u. a., Bd. 1 ff. 1984 ff.; Racine, P., Piacenza, LexMA 6 1993, 2123; Zumhagen, O., Religiöse Konflikte und kommunale Entwicklung, 2001.

Piasten (Geschlecht, Sammelbezeichnung des späten 16. Jahrhunderts?). P. sind die sich selbst auf den Bauern Piast aus Kruschwitz (um 850?) zurückführenden, geschichtlich mit dem 966/967 christianisierten Miezsko (†992) nachweisbaren, polnisch-masowisch-schlesischen, durch zahlreiche Heiraten mit vielen deutschen Häusern verschwägerten Fürsten. Miezskos Sohn Boleslaw I. Chrobry (†1025) dehnte seine Herrschaft von Kiew bis zur Mark Meißen aus. 1137/1138 wurde nach dem Tod Boleslaws III. das Reich in Schlesien, Masowien-Kujawien, Großpolen und Kleinpolen aufgeteilt. Die polnische, seit 1320 königliche Linie starb 1370 aus und wurde infolge der Heirat der Großnichte Hedwig des letzten Königs mit Jagiello von Litauen von den Jagiellonen beerbt. Die herzogliche Linie in Masowien erlosch 1526. Die schlesische Linie, die anfangs ihre Herschaft nur durch die Hilfe Kaiser Friedrichs I. Barbarossa sichern konnte, teilte sich in eine niederschlesische (Niederschlesien) und eine oberschlesische Linie (Oberschlesien). Die niederschlesischen P. spalteten sich 1248/1252 in die Linien Glogau (bis 1476/1504), mit Nebenlinien zu Oels und Sagan, Breslau (bis 1290) und Liegnitz (bis 1675), mit Nebenlinien zu Schweidnitz-Jauer, Münsterberg, Brieg und Wohlau. Die oberschlesische Linie schied sich 1281 in die Linien Oppeln (bis 1532), Beuthen und Cosel (bis 1355), Ratibor (bis 1336), Auschwitz (bis vor 1521) und Teschen (bis 1625).

L.: Wutke, K., Stamm- und Übersichtstafeln der schlesischen Piasten, 1911; Jasinski, K., Rodowód Piastów slaskich, Bd. 1 ff. 1973 ff.; Jasinski, K., Rodowód pierwszych Piastów, 1992; Strelczyk, J., Piasten, LexMA 6 1993, 2125.

Piccolomini (Fürsten). Die P. sind ein Adelsgeschlecht, das mit Enea Silvio P. (1452 Sekretär Kaiser Friedrichs III., 1458 Papst Pius II.) im Mannesstamm erlosch. Der Name ging aber auf die Nachkommen seiner Schwester Laudemia (Piccolomini-Todeschini, bis 1783) und seiner Nichte Caterina (Piccolomini-Pierri, bis 1757) über. Ottavio Piccolomini-Pierri (P. d'Arragona), seit 1648 kaiserlicher Feldmarschall, wurde 1639 Herzog von Amalfi und 1654 Reichsfürst (†1656).

Piemont (Fürstentum). Das Gebiet der westlichen Poebene und der Westalpen kam unter Kaiser Augustus zum römischen Reich (Transpadana, Liguria). Nach der Herrschaft der Ostgoten, Byzantiner, Langobarden und Franken (ab 773/774) fiel es, im 10. Jahrhundert in die Marken von Ivrea, Turin und Ligurien gegliedert, um 1046 durch Heirat mit der Erbtochter der Markgrafschaft Turin an die Grafen (ab 1416 Herzöge) von Savoyen, unter denen es ein Fürstentum bildete. Der Name P. (mlat. Pedemontium, Bergfuß) ist für einen Teil (Gebiet zwischen Alpen, Po und Sangone) des heutigen P. (Savoyen-Achaia, Montferrat, Saluzzo, Canavese, Alba, Asti, Acqui, Mortara, Novara, Vercelli) seit 1240 belegt. Zur Herrschaft der Grafen von Savoyen, neben denen vor allem die Markgrafen von Saluzzo, die Markgrafen von Montferrat und Mailand (Visconti) begütert waren, gehörten die Alpenpässe, das Waadtland (Moudon 1207, Nyon 1293), Cuneo (1382), die Grafschaft Nizza (1388), die Grafschaft Genf (1401) und seit 1418 das übrige P. sowie bald darauf Vercelli. 1526 ging Genf, 1536 das Waadtland verloren. Außerdem wurde das Herzogtum bis 1559 von Frankreich besetzt. 1587 konnte die Markgrafschaft Saluzzo, 1630/1631 ein Teil des Herzogtums Montferrat gewonnen werden. 1713/1714 erlangte Savoyen Sizilien, das es 1717/1719/1720 gegen Sardinien an Österreich geben musste. Seitdem hieß P. Königreich Sardinien. Von 1797/1801 bis 1814 gehörte P. zu Frankreich. 1815 wurde das Königreich Sardinien mit P. wiederhergestellt. In der Folge wurde es zum Kristallisationskern des 1861 entstandenen neuen Königreiches Italien.

L.: Großer Historischer Weltatlas II 78/79 a (1450) F4/5, III 12 (16./17. Jh.) B2/3; Gribaudi, D., Piemonte e Val d'Aosta, 1960; Storia del Piemonte, hg. v. Gribaudi, D. u. a., Bd. 1, 2 1960; Zürcher, R., Piemont und das Aosta-Tal, 1976; Beltrutti, G., Storia del Piemonte, 1976; Tabacco, G., Piemonte medievale, 1985 (Aufsatzsammlung); Nada Patrone, A., Il medioevo in Piemonte, 1986; Il Piemonte e la sua storia, hg. v. Bordone, R. u. a., 1991 (Katalog); Provero, L., Dai marchesi del Vasto ai primi marchesi di Saluzzo, 1992; Sergi, G., Piemont, LexMA 6 1993, 2134.

Pigantelli (Reichsfürst). 1723 wurde Antonio P. zum Reichsfürsten erhoben.

L.: Klein 169.

Pilten (Stift). Um 1330 wurde die Burg P. am Unterlauf der Windau in Kurland angelegt. 1585 erwarb Preußen das Stift P., trat es 1609/1612 aber wieder an Kurland ab.

L.: Mühlen, H. v. zur, Pilten, LexMA 6 1993, 2160.

Pinneberg (Herrschaft, Grafschaft). Das erstmals 1351 genannte P. an der Pinnau zwischen Hamburg und Itzehoe war Sitz der Herrschaft P. 1304 kam sie bei der Landesteilung der Grafen von Holstein an die Linie Schauenburg (Schaumburg), die auch die Stammgrafschaft (Schaumburg) an der Weser innehatte. Die Linie Schauenburg (Schaumburg) behauptete die Herrschaft über das Aussterben der Grafen in Holstein (1459) hinaus und verlegte die Residenz 1568 von Wedel nach P. Bei ihrem Aussterben 1640 kam P. an die Landesherren von Holstein, König Christian IV. von Dänemark und Herzog Friedrich III. von Gottorp (Gottorf). 1649 verkaufte der Herzog von Gottorp (Gottorf) das zu P. zählende Amt Barmstedt an den königlichen Statthalter Christian Rantzau. 1650 wurde das Amt zur Reichsgrafschaft Rantzau erhoben. 1726 zog Dänemark die Reichsgrafschaft ein und vereinigte deren Gebiet wieder mit dem Herzogtum Holstein. Über Preußen (1866) kam P. 1946 an Schleswig-Holstein.

L.: Wolff 446; Ehlers, W., Geschichte und Volkskunde des Kreises Pinneberg, 1922; Ehlers, W., Die Geschichte der Stadt Pinneberg, 1925; Petersen, L., Über die Verfassung und Verwaltung der Grafschaft Pinneberg, ZSHG 72 (1944), 201 ff., 73 (1949), 141 ff.; Risch, H., Die Grafschaft Holstein-Pinneberg, 1986.

Pinzgau (Grafschaft). Der P. im oberen Salzachtal und Saalachtal nördlich der Hohen Tauern war bis 1228 Reichslehen der Herzöge von Bayern. Als diese es dem Reich aufsandten, verlieh es der Kaiser an das Erzstift Salzburg. Die Erzbischöfe gaben den oberen P. an die Grafen von Mittersill, den unteren P. an die Grafen von Plain als Aftervasallen weiter. Über Salzburg kam der P. 1805 an Österreich.

Piombino (Fürstentum). P. gegenüber von Elba wurde vermutlich in der zweiten Hälfte des 11. Jahrhunderts gegründet und ist als Kastell seit dem Beginn des 12. Jahrhunderts bezeugt. Seit 1115/1135 war es von Pisa abhängig. 1399 wurde es bei der Unterstellung Pisas unter die Visconti (Mailand) mit Elba in den Händen der Familie Appiano vereinigt. 1594 wurde es zu einem besonderen Fürstentum erhoben, das mehrfach den Inhaber wechselte (18. Jahrhundert Reichslehen). 1801 kam es zu Frankreich, 1815 an Toskana, 1861 zu Italien.

L.: Großer Historischer Weltatlas II 78 (1450) G5; Aretin, Das alte Reich 2, 370 ff.; Cappelletti, L., Storia della città e stato di Piombino. Dalle origine fino all' anno 1814, 1897, Neudruck 1969; Rodriguez, E., Piombino, 1955; Ceccarelli Lemut, M., Piombino, LexMA 6 1993, 2165.

Pirihtilinpara

L.: Borgolte, M., Geschichte der Grafschaften Alemanniens in fränkischer Zeit, 1984, 128 (Holzheim, Rietheim, Deilingen, Dormettingen, Bisingen, Hechingen, Wessingen).

Pisa (Stadtkommune, Stadtstaat). Das aus einer (ligurischen?) vielleicht schon griechischen, im Übrigen etruskischen Siedlung hervorgegangene P. am Arno kam 180 v. Chr. an Rom. Seit dem 4. Jahrhundert war es Sitz eines Bischofs (1092 Erzbischofs). Durch Sarazenenanfälle veranlasst, begann es den Aufbau einer bedeutenden Flotte, mit deren Hilfe im 11. Jahrhundert Sardinien und Korsika erobert werden konnten. Im 12. Jahrhundert wurde P. (1155 etwa 50 000 Einwohner, 1156–1160 Constitutum usus, 1165–1167 Constitutum legis) freie Kommune (1080/1085 erstmals Konsuln). Nach der Niederlage von Meliora (1284) ging Korsika 1299 an Genua und wenig später (1323/1326) Sardinien an die Könige von Aragonien verloren. 1399 unterstellte sich P. den Visconti (Mailand). 1406 fiel P. an Florenz, unter dessen Herrschaft es mit Ausnahme der Jahre 1494 bis 1509 verblieb, bis es an das neue Königreich Italien (1861) kam.

L.: Großer Historischer Weltatlas II 48 (1300) D3; Borchardt, R., Pisa, 1938; Benvenuti, G., Storia della repubblica di Pisa, Bd. 1,2 2. A. 1962; Sardo, R., Cronaca di Pisa, 1963; Masetti, A. R., Pisa. Storia urbana, 1964; Guerra, G. del, Pisa attraverso i secoli, 1967; Benvenuti, G., Storia della repubblica di Pisa, 1968; Bragadin, M., Le repubbliche marinare, 1974; Banti, G., Breve storia di Pisa, 1989; Garzella, G., Pisa com'era, 1990; Redi, F., Pisa com'era, 1991; Tolaini, E., Pisa, 1992; Luzzati, M., Pisa, LexMA 6 1993, 2177; Storti Storchi, C., Intorno ai costituti pisani delle legge e dell'uso, 1998.

Pistoia (Stadtkommune). P. am Südfuß des etruskischen Apennins hieß in römischer Zeit Pistoria. Im 5. Jahrhundert war es Sitz eines zunächst exemten, 1420 Florenz unterstellten Bischofs, seit 1115 freie Kommune. 1329 geriet es unter den Einfluss, 1401 unter die Herrschaft von Florenz.

L.: Großer Historischer Weltatlas II 48 (1300) D3; Chiti, A., Pistoia, 2. A. 1956; Paolini, P., Pistoia e il suo territorio nel corso dei secoli, 1962; Savino, G., Breve storia di Pistoia, 1965; Herlihy, D., Pistoia nel Medioevo e nel Rinascimento (1200–1430), 1972; Luzzati, M., Pistoia, LexMA 6 1993, 2187.

Plain (Grafschaft). Nach der um 1000 erbauten Burg P. östlich von Salzburg nannten sich seit 1108 Grafen von P. Sie hatten als Nachfolger der Peilsteiner Vogteirechte (Frauenchiemsee, Michaelbeuern [Michaelbeuren]) und Grafschaftsrechte (Kuchltal, Chiemgau, Unterpinzgau) inne. Bei ihrem Aussterben fiel 1260 die Grafschaft an das Erzstift Salzburg und über dieses 1805 an Österreich. Ein Teil der Erbgüter kam an die Schaunberger.

L.: Thaller, C., Die Grafen von Plain und Hardeck, in: Genealogisches Handbuch zur bairisch-österreichischen Geschichte, 1931, 66 ff.; Gründler, J., Die Herkunft der Grafen von Plain, Unsere Heimat 57 (1986), 219 ff.; Dopsch, H., Plain, LexMA 6 1993, 2195.

Plankenberg (Reichsritter). Im 16. Jahrhundert zählten die P. zum Kanton Gebirg des Ritterkreises Franken.

L.: Riedenauer 126.

Plankenfels, Blankenfels (Reichsritter). Im frühen 16. Jahrhundert zählten die P. zum Kanton Gebirg des Ritterkreises Franken.

L.: Stieber; Riedenauer 126.

Plassenberg (Reichsritter). Bis zur Mitte des 17. Jahrhunderts zählten die P. zum Kanton Gebirg im Ritterkreis Franken.

L.: Riedenauer 126; Lenker, R., Herrschaft Plassenburg, Archiv f. G. v. Oberfranken 66 (1986).

Platen, Platen-Hallermunt, Platen-Hallermund (Grafen). 1704/1709 belehnte Hannover den Geheimen Rat und Erbpostmeister Franz Ernst von Platen mit der 1411 an die Welfen verkauften und 1709 wiedererrichteten Grafschaft Hallermunt an der Haller im Deister. Seit 1709 zählten daraufhin die Grafen von Platen wegen Hallermunt zu den westfälischen Grafen der weltlichen Bank des Reichsfürstenrates des Reichstages.

L.: Zeumer 554 II b 63, 32.

Plato von Janersfeld (Reichsritter), Plato von Jaunsfeld. Caspar P. war von 1612 bis 1622 Mitglied im Kanton Neckar und von 1609 bis 1620 wegen halb Mühlhausen am Neckar Mitglied im Kanton Kocher des Ritterkreises Schwaben.

L.: Hellstern 210; Schulz 269.

Plauen (Herrschaft). An dem Übergang alter Straßen über die Weiße Elster entstand neben einer slawischen Siedlung Plawe (Ort der Überschwemmung) gegen 1220 die Stadt P. sowie eine 1222/1224 bezeugte Burg der Grafen von Everstein. Nach P. nannte sich dann bald eine Linie der Herren bzw. Vögte von Weida (Reuß), die sich 1306 in die Linien P. und Plauen-Greiz teilte. 1466 fielen Stadt und Herrschaft P. an das Haus Wettin (Markgrafen von Meißen, Herzöge von Sachsen-Wittenberg). 1572 erlosch die Linie der Vögte von P. Über Sachsen kam P. 1945 an die sowjetische Besatzungszone und von 1949 bis 1990 an die Deutsche Demokratische Republik.

L.: Wolff 573; Zeumer 552 ff. II b 60, 22; Bachmann, W., Das alte Plauen, 1954; Plauen. Ein kleines Stadtbuch, 1963.

Pleißen, Pleißenland (Reichsland). Aus älterem Reichsgut um die Reichsburg Altenburg und neu erworbenen Gütern an der Mulde (Leisnig, Colditz, Laußig [Lausick]) bildete Kaiser Friedrich I. Barbarossa um 1158 ein Reichsland (terra Plisnensis) zur Stützung des Reiches im Osten, das von Reichsministerialen unter einem Landrichter verwaltet wurde. 1195 wurde ihm vorübergehend die als erledigtes Reichslehen eingezogene Mark Meißen zugeschlagen. Nach 1198 verselbständigten sich verschiedene kleine Herrschaften. Versuche Friedrichs II. und später Rudolfs von Habsburg, das Reichsland zu reorganisieren, scheiterten. Seit der Mitte des 13. Jahrhunderts hatten die Markgrafen von Meißen aus dem Hause Wettin Pfandrechte am Reichsland P. (1243 Verpfändung für die Mitgift der mit Heinrich von Meißen vermählten Tochter Friedrichs II., 1252). Im 14. Jahrhundert gliederten sie es größtenteils (Altenburg, Chemnitz, Zwickau) ihrer Herrschaft ein (Belehnung 1310, endgültiger Übergang 1372/1373). Eigene Herrschaftsgebiete schufen sich die Herren von Schönburg und einzelne Linien der Vögte von Weida (Reuß). Damit endete das Reichsland P. S. Schönburg, Reuß, Sachsen, Thüringen.

L.: Curs, O., Deutschlands Gaue im zehnten Jahrhundert. Nach den Königsurkunden, Diss. phil. Göttingen 1908, 17 (Plisina, Plisni, Gau zwischen Elster und Mulde, Zehma, Böderitz, Drescha, Großröda, Gödissa, Altenburg); Kötzschke, R./Kretzschmar, H., Sächsische Geschichte, Bd. 1 1935; Schlesinger, W., Egerland, Vogtland, Pleißenland, in: Forschungen zur Geschichte Böhmens und Sachsens, hg. v. Kötzschke, R., 1937; Bosl, K., Die Reichsministerialität der Salier und Staufer, Bd. 1f. 1950 f.; Schlesinger, W., Die Landesherrschaft der Herren von Schönburg, 1954; Hessler, W., Mitteldeutsche Gaue des frühen und hohen Mittelalters, 1957, Plisni (Altenburg, Altkirchen, Boderitz, Drescha, Gödissa, Kauritz, Leesen, Monstab, Nobitz, Großröda, Schmölln, Zehma); Rübsamen, D., Kleine Herrschaftsträger im Pleißenland, 1987; Blaschke, K., Geschichte Sachsens im Mittelalter, 1990; Blaschke, K., Pleißenland, LexMA 7 1994, 18; Billig, G., Pleißenland – Vogtland, 2002.

Pless, Pleß (Herrschaft, Fürstentum). 1517 wurde die Herrschaft P. in Schlesien aus dem Herzogtum Teschen ausgegliedert und von Bischof Johann Thurzo von Breslau käuflich erworben. 1542/1548 kam sie an die Freiherren von Promnitz, 1742 unter die Landeshoheit Preußens, 1765 mit einem Gebiet von 18 Quadratmeilen an eine Nebenlinie der Fürsten von Anhalt-Köthen und 1846 durch Verkauf an die Grafen von Hochberg zu Fürstenstein, die 1850 preußische Fürsten von P. wurden. 1918/1922 fiel der größte Teil der Herrschaft an Polen.

L.: Wolff 481; Zivier, E., Geschichte des Fürstentums Pleß, 1906; Musiol, L., Pszczyna, 1936; Musiol, L., Bilder aus der Geschichte, 1941; Vier oberschlesische Urbare des 16. Jahrhunderts, hg. v. Kuhn, W., 1973; Skibicki, K., Industrie im oberschlesischen Fürstentum Pless, 2002.

Plesse (Herrschaft). Die Burg P. (die Helle) an der oberen Leine bei Göttingen, die 1015 durch Bischof Meinwerk aus dem Hausgut der Immedinger an das Hochstift Paderborn kam, war seit 1150 Mittelpunkt der Herrschaft der Edelherren von P. Sie trugen P. zum Schutz vor den Herzögen von Braunschweig-Göttingen 1446 den Landgrafen von Hessen zu Lehen auf. Beim Aussterben der Herren 1571 fiel die zum oberrheinischen Reichskreis zählende Herrschaft zum größten Teil an Hessen. 1816 kam sie an Hannover und damit 1866 an Preußen, 1946 die Güter zu Niedersachsen.

L.: Wolff 254; Wallner 694 OberrheinRK 1; Großer Historischer Weltatlas III 22 (1648) E3; Scherwatzky, R., Die Herrschaft Plesse, 1914; Reuther, H., Land am Harz, 1966; Gauß'sche Landesaufnahme der durch Hannover erworbenen Gebiete, bearb. v. Engel, F., Herrschaft Plesse, 1977; 450 Jahre Reformation in der Herrschaft Plesse, bearb. v. Buitkamp, W., 1986; Urkundenbuch zur Geschichte der Herrschaft Plesse, bearb. v. Dolle, J., 1998.

Plettenberg (Grafen). P. an der Einmündung der Else in die Lenne im Sauerland wird 1072 erstmals genannt (Plettonbrath). Nach dem im 14. Jahrhundert an die Grafen von der Mark gelangten P. benannten sich die Grafen von P. Sie waren 1792 wegen Wittem Mitglied der westfälischen Grafen der weltlichen Bank des Reichsfürstenrates des Reichstages. Durch § 24 des Reichsdeputationshauptschlusses vom 25. 2. 1803 erhielten sie für den Verlust von Wittem und Eiß (Eyß) die zur Abtei Heggbach gehörigen Orte Mietingen und Sulmingen, den Zehnten von Baltringen und eine Rente. 1806 wurden diese Güter in Württemberg mediatisiert. Über Württemberg gelangten sie 1951/1952 an Baden-Württemberg.

L.: Wolff 319; Zeumer 554 II b 63, 22; Frommann, P. D., Beiträge zur Geschichte Plettenbergs, 1953; Plettenberg, Industriestadt im märkischen Sauerland, hg. v. Schwartzen, A. v., 1962.

Plettenberg-Mietingen s. Plettenberg

Pletz von Rottenstein, Bletz von Rotenstein (Reichsritter). Die P. zählten von 1548 bis 1789 mit Gut Eckhof (bis 1736), dem halben Gut Hausen ob Rottweil (bis 1768), einem Viertel von Wendelsheim und einigen Gütern zu Villingen zum Kanton Neckar des Ritterkreises Schwaben.

L.: Roth von Schreckenstein 2, 592; Hellstern 210; Kollmer 380.

Plieningen (Reichsritter). Von 1593 bis 1610 war Friedrich von P. Mitglied im Kanton Neckar des Ritterkreises Schwaben. Von 1542 bis zu ihrem Erlöschen 1645 gehörten die P. wegen Schaubeck, Kleinbottwar, Hohenstein und (zeitweilig) dem halben Magolsheim dem Kanton Kocher an.

L.: Hellstern 210; Schulz 269; Bührlen-Grabinger, C., Die Herren von Plieningen, 1986.

Plisni s. Pleißen

Plittersdorf, Plittersdorff, Blittersdorff (Reichsritter). Im späteren 17. Jahrhundert zählten die P. zum Kanton Rhön-Werra des Ritterkreises Franken. Außerdem waren sie zeitweilig im Ort Ortenau des Kantons Neckar des Ritterkreises Schwaben immatrikuliert.

L.: Roth von Schreckenstein 2, 592; Riedenauer 126.

Plobsheim s. Zorn von P.

Plofelden (Reichsritter). Im frühen 16. Jahrhundert zählten die P. zum Kanton Baunach des Ritterkreises Franken.

L.: Riedenauer 126.

Plön (Herrschaft, Grafschaft, Herzogtum). An der Stelle einer 1139 durch Heinrich von Badwide zerstörten wendischen Burg erbaute Graf Adolf II. von Schauenburg (Schaumburg) seit 1156/1158 die Burg P. am Plöner See südöstlich von Kiel. Von 1290 bis 1390 war P. Sitz einer Nebenlinie der Grafen von Schauenburg (Schaumburg). 1460 kam P. beim Aussterben der Schauenburger (Schaumburger) an Dänemark und 1564 von König Friedrich II. von Dänemark an Johann den Jüngeren. 1623 wurde es bei der Teilung Holstein-Sonderburgs (Schleswig-Holstein-Sonderburgs) Sitz der Linie Holstein-Sonderburg-Plön (Schleswig-Holstein-Plön) und gelangte bei deren Aussterben 1761 an Dänemark zurück. 1864/1866 fiel Holstein an Preußen, 1946 an Schleswig-Holstein. S. Holstein-Sonderburg-Plön.

L.: Wolff 445; Hanssen, P., Kurzgefasste zuverlässige Nachricht von den Holstein-Plönischen Landen, 1759; Kinder, J., Urkundenbuch zur Chronik der Stadt Plön, 1890; Klüver, W., Plön. Grundzüge und Hauptdaten einer Stadtgeschichte, 2. A. 1964; Neumann, J., Das Herzogtum Plön unter Herzog Johann Adolf 1671–1704, in: ZSHG 93 (1968), 49 ff., 94 (1969), 121 ff.; Freytag, H., Die Lage der slawischen und frühen deutschen Burg Plön, ZSHG 110 (1985), 27 ff.; Plön: 1000 Jahre Plön, 750 Jahre lübisches Stadtrecht, hg. v. d. Stadt Plön, 1986; Stender, F., Geschichte der Stadt Plön, 1986; Willert, H., Anfänge und frühe Entwicklung der Städte Kiel, Oldesloe und Plön, 1990; Gabriel, I., Plön, LexMA 7 1994, 23.

Plötzkau (Grafen). Die Burg P. bei Bernburg wird erstmals 1049 erwähnt. Sie war Sitz der Grafen von P. 1435 gehörte sie den Fürsten von Anhalt und wurde später Sitz einer ihrer Linien. S. Anhalt-Plötzkau, Sachsen-Anhalt.

L.: Wolff 407.

Plumgau, Pflaumgau (Gau im Odenwald, benannt nach dem Pflaumbach)

L.: Niemeyer, W., Der pagus des frühen Mittelalters in Hessen, 1968, 97.

Pöchlarn (Herrschaft). Um 15 v. Chr. legten die Römer an der Einmündung der Erlauf in die Donau einen Hafen sowie ein Lager an. 832 gab König Ludwig der Deutsche das Gebiet (antiquitus Herilungoburc) an das Hochstift Regensburg. Um 920 hatte dort ein bayerischer Grenzgraf im Dienste der Ungarn seinen Sitz (Rüdiger von Bichelaren), doch kam das Gut nach 955 an Regensburg zurück. 1803 wurde P. in Österreich säkularisiert. S. Regensburg (Hochstift).

L.: Wolff 26, 142; Eheim, F., Heimatbuch der Stadt Pöchlarn, 1967.

Pöhlde (Polidi im Liesgau)

L.: Curs, O., Deutschlands Gaue im zehnten Jahrhundert. Nach den Königsurkunden, Diss. phil. Göttingen 1908, 17 (Elbingerode?).

Polen (Königreich, Republik). Um 960 erscheint im von den namengebenden Polanen (zu pole, Feld, Acker) besiedelten Gebiet zwischen Karpaten und Ostsee an der mittleren Weichsel und Warthe Herzog Mieszko aus dem Hause der Piasten, der 966 Christ wurde. Sein Sohn (König) Boleslaw I. Chrobry (992–1025) dehnte das Reich erheblich aus (Mähren, Lausitz, Gebiet am oberen Bug und San). Im Jahre 1000 erhielt es mit Gnesen ein eigenes Erzbistum mit den Suffraganbistümern Breslau, Kolberg, Krakau und Posen. Nach Gebietsverlusten von 1032/1034 bildeten die Landschaften Großpolen, Masowien, Schlesien, Kleinpolen und Pommern den verbliebenen Herrschaftsbereich. 1163 wurde Schlesien von P. abgetrennt, 1181 Pommern dem Deutschen Reich eingegliedert. 1225/1226 kam auf Bitten des Teilfürsten Herzog Konrads von Masowien der Deutsche Orden ins Land und gewann das Culmer Land (Kulmer Land, Kulmerland). 1249 fiel Lebus an Brandenburg. 1295 und 1320 ließ sich der Herzog zum König krönen (Großpolen, Kleinpolen und einige mittelpolnische Gebiete). König Kasimir III. (1333–1370) verzichtete zugunsten des Deutschen Ordens auf Pommerellen (Pomerellen) sowie auf Schlesien (1348), schuf ein allgemeines polnisches Landrecht und gründete 1364 die Universität Krakau. Nach seinem Tod gelangten zunächst sein Neffe und dann 1386 infolge Heirat der Erbtochter (Hedwig) das litauische Haus der Jagiellonen, das außer Litauen auch Weißrussland und die Ukraine beherrschte, auf den Thron. 1466 musste der Deutsche Orden die Oberlehnshoheit Polens über Ostpreußen anerkennen und verlor Pomerellen, das Culmer Land (Kulmer Land, Kulmerland) und Ermland. 1561 kam Livland an P. Kurland wurde ein Lehen Polens. 1572 starben die Jagiellonen aus. 1629 verlor P. Livland an Schweden, 1657/1670 die Lehnshoheit über Ostpreußen an Brandenburg, 1654 die Ukraine an Russland. 1697 wurde der dafür zum Katholizismus übertretende Kurfürst von Sachsen durch Wahl König von Polen. 1763 endete die damit geschaffene Verbindung aber wieder. 1772, 1793 und 1795 wurde P., dessen Adel gegen den von Katharina II. von Russland protegierten neuen König Stanislaus Poniatowski seit 1768 rebellierte, zwischen Russland, Preußen und Österreich aufgeteilt. In der ersten Teilung erhielt Österreich Ostgalizien und Lodomerien und behielt die 1769 besetzte Zips (85 000 Quadratkilometer mit mehr als 2 000 000 Einwohnern). Preußen erlangte Westpreußen (ohne Danzig und Thorn) sowie Ermland und den Netzedistrikt (35 000 Quadratkilometer mit etwa 350 000 Einwohnern). Russland gewann das polnische Livland und Teile von Weißrussland, Polozk, Minsk, Witebsk und Mstislaw (84 000 Quadratkilometer mit 1 300 000 Einwohnern). Dadurch verringerten sich sowohl das Gebiet als auch seine Einwohnerzahl um 30 %. In der zweiten Teilung erhielt Russland die restlichen Teile Litauens, die Ukraine, die Hälfte von Wolhynien, Podolien, Nowogrodek (Nowgrodek) und Brest-Litowsk (Brzesk) sowie die noch polnischen Gebiete von Polozk und Minsk (228 000 Quadratkilometer). Preußen erlangte Danzig, Thorn, Posen, Kalisch, Gnesen, Lodz (Lodsch), Dobrin (Dobrzyn), Tschenstochau (Czenstochau), einen Teil von Rawa und die Hälfte von Brześć Kujawski (Brzesk) (58 000 Quadratkilometer, 1 130 000 Einwohner, „Südpreußen"). Dadurch wurde Polen auf 240 000 Quadratkilometer mit 3 400 000 Einwohnern beschränkt. Bei der dritten Teilung kamen das restliche polnische Litauen, der Großteil von Samogitien, das übrige Schwarzrussland, Podlesien und Wolhynien, ein Stück von Cholm, Kurland und Semgallen an Russland (146 000 Quadratkilometer), Sandomir, Lublin, Radom, Teile von Brest-Litowsk (Brzesk), Podlachien und Masowien an Österreich (51 000 Quadratkilometer mit 1 000 000 Einwohnern) sowie Teile Masowiens mit Warschau, das Gebiet zwischen Weichsel, Bug und Memel (Njemen) (Neuostpreußen) sowie ein Teil von Krakau (Neuschlesien) an Preußen (43 000 Quadratkilometer mit 1 000 000 Einwohnern). 1807 wurde durch Napoleon aus preußischen Gebieten das Herzogtum Warschau geschaffen, das 1815 in veränderter Gestalt als Kongresspolen mit Russland in Personalunion vereinigt wurde. Am 11. 11. 1918 wurde die Republik P. gegründet, die 1919 den größten Teil Westpreußens erhielt. 1939 wurde Polen zwischen dem Deutschen Reich und der Sowjetunion aufgeteilt, 1945/1990 aber, unter zugunsten der Sowjetunion erfolgender Verlagerung nach Westen, bis zur Oder-Neiße-Grenze wiederhergestellt. S. Brandenburg, Breslau, Cammin, Danzig, Deutscher Orden, Ermland, Galizien, Gnesen, Kulm, Kurland, Lausitz, Lebus, Memelgebiet, Pommerellen (Pomerellen), Pommern, Posen, Preußen, Schlesien, Teschen.

L.: Beer, A., Die erste Teilung Polens, 1873; Lord, H., The Second Partition of Poland, 1916; Rhode, G., Geschichte Polens, 3. A. 1980; Hoensch, J. K., Geschichte Polens, 1983; Boockmann, H., Deutsche Geschichte im Osten Europas. Ostpreußen und Westpreußen, 1992; Jasinski, K., Rodowód pierwszych Piastów, 1992; Labuda, G., Mieszko II król polski 1025–1034, 1992; Atlas historyczny miast Polskich, hg. v. Czacharowski, A., 1993; Gieysztor, A., Polen, LexMA 7 1994, 52; Zernack, K., Polen und Russland, 1994; Urban, T., Deutsche in Polen, 4. A. 2000; Bömelburg, H., Zwischen polnischer Ständegesellschaft und preußischem Obrigkeitsstaat, 1995; Normdurchsetzung in osteuropäischen Nachkriegsgesellschaften, Bd. 3 1997; Kempen, B., Die deutsch-polnische Grenze, 1997; Urban, T., Von Krakau bis Danzig, 2000; Davies, N., Im Herzen Europas, 2000; Deutsch-polnische Beziehungen in Geschichte und Gegenwart, hg. v. Lawaty, A. u. a., Bd. 1 f. 2000; Borodhiej, W., Der Warschauer Aufstand 1944, 2001; Alexander, M., Kleine Geschichte Polens, 2003; Urban, T., Polen, 2. A. 2003.

Pöllnitz, Pölnitz (Freiherren, Reichsritter). In der Mitte des 18. Jahrhunderts zählten die Freiherren von P. mit Teilen von Bullenheim, Teilen von Frankenberg und Geckenheim zum Kanton Odenwald des Ritterkreises Franken. Weiter waren sie mit Aschbach, Hohn (Hanbuch) und Wüstenbuch in dem Kanton Steigerwald (seit dem frühen 17. Jahrhundert), mit Hundshaupten und Heyda in dem Kanton Gebirg (seit dem früheren 18. Jahrhundert) und außerdem in dem Kanton Altmühl (um 1800) des Ritterkreises Franken immatrikuliert und gehörten zur vogtländischen Ritterschaft (Vogtland). (Frankenberg fiel 1806 an Bayern.)

L.: Genealogischer Kalender 1753, 534, 540; Stieber; Winkelmann-Holzapfel 158; Pfeiffer 197, 199; Stetten 36, 183; Riedenauer 126; Bechtolsheim 12, 63, 196; Rahrbach 174.

Polnisch Preußen s. Preußen

Pölnitz (Freiherren, Reichsritter) s. Pöllnitz

Pomerellen (Herzogtum) s. Pommerellen

Pomesanien (Hochstift). Das ursprünglich slawisch, zwischen dem 6. und 8. Jahrhundert pruzzisch besiedelte Gebiet zwischen Nogat, Sorge, Drewenz, Weichsel und dem Drausensee wurde zwischen 1233 und 1236 vom Deutschen Orden erobert. 1243 wurde infolge einer Verfügung Papst Innozenz' IV. P. als eines der vier Bistümer des Deutschen Ordens begründet. Das bischöfliche Herrschaftsgebiet umfasste seit 1255 etwa ein Drittel der Diözese (zwei Drittel fielen an den Deutschen Orden), zu der die alten pruzzischen Gaue P. und Pogesanien sowie das Marienburger Werder zählten. Bei der Aufteilung des Landes 1250 wählte der Bischof das Gebiet um Marienwerder. 1255 wurde P. dem Erzbistum Riga unterstellt. 1410 huldigte der Bischof dem König von Polen. 1466 fiel Marienburg an Polen, doch blieb das weltliche Herrschaftsgebiet im Ordensbereich. Der letzte katholische Bischof huldigte Albrecht von Brandenburg als Herzog, trat zum Luthertum über und verzichtete 1527 auf die weltliche Herrschaft. Aus dem Hochstiftsgebiet wurden in Preußen die Ämter Marienwerder und Riesenburg und das Erbhauptamt Schönberg (Schöneberg) gebildet. Nach 1587 wurde als Ersatz für den Bischof ein Konsistorium zu Saalfeld (Salfeld) eingesetzt, das 1751 zugunsten des Konsistoriums zu Königsberg aufgehoben wurde. Die kirchliche Aufsicht und später auch den Titel des Bischofs von P. nahm bis 1821 der katholische Bischof von Culm wahr. S. Polen.

L.: Cramer, H., Geschichte des vormaligen Bistums Pomesanien, 1884; Boockmann, H., Pomesanien, LexMA 7 1994, 82.

Pommerellen, Pomerellen (Herzogtum). Das Gebiet an der unteren Weichsel bzw. zwischen Weichsel und Leba wurde nach dem Abzug der Germanen von den westslawischen Pomoranen besiedelt. Seit Beginn der zweiten Hälfte des 10. Jahrhunderts oder seit Anfang des 11. Jahrhunderts stand es meist unter der Herrschaft Polens und trennte sich vom westlich gelegenen Pommern. Am Ende des 12. Jahrhunderts (um 1180) entstand unter Sambor I. ein eigenes Herzogtum (völlig selbständig seit 1227) mit dem Hauptort Danzig. 1271 wurde das Gebiet mit Schlawe vereinigt. Nach dem Aussterben des Herzogsgeschlechts der Samboriden 1294 kam es zwischen Polen, Brandenburg, Pommern, Böhmen (als Bewerber um die Krone Polens) und dem von Polen ins Land gerufenen Deutschen Orden zu Kämpfen um das Land. 1309/1343 (Vertrag von Soldin, Vertrag von Kalisch) setzte sich der Deutsche Orden weitgehend durch (Stolp und Schlawe blieben von 1309 bis 1317 bei Brandenburg), verlor aber 1466 das seit dem 15. Jahrhundert als P. (Pomeronia parva), Kleinpommern, bezeichnete Gebiet an Polen, das P. mit Marienburg, dem Culmer Land (Culmerland) und Ermland bis 1569 eine Sonderstellung beließ (sog. Preußen königlichen Anteils, Königspreußen im Gegensatz zum herzoglichen Preußen im Ostteil). 1772 kam P. an Preußen (Danzig 1793) und bildete 1815 den Hauptteil der Provinz Westpreußen. 1919 fiel es an Polen. Danzig wurde freie Stadt. Von 1939 bis 1945 gehörte es zum Reichsgau Danzig-Westpreußen. Seit 1945 stand es unter Verwaltung Polens, an das es 1990 als politische Folge der deutschen Wiedervereinigung gelangte.

L.: Forstreuter, K., Deutschordensland Preußen, in: Geschichte der deutschen Länder, Bd. 1; Pommerellisches Urkundenbuch, hg. v. Perlbach, M., Teil 1 f. (bis 1315) 1881 ff., Neudruck 1969; Kauder, V., Das Deutschtum in Posen und Pommerellen, 1937; Keyser, E., Geschichte des deutschen Weichsellandes, 2. A. 1940; Schumacher, B., Geschichte Ost- und Westpreußens, 7. A. 1987; Historia Pomorza (Geschichte Pommerns), Bd. 1 (bis 1466) Posen 1969; Slaski, K., Beiträge zur Geschichte Pommerns und Pommerellens, 1987; Grzegorz, M., Die territorialen Erwerbungen des Deutschen Ordens in Pommerellen, Zs. f. Ostforschung 38 (1989); Grzegorz, M., Pommerellen als Gebiet von Siedlungstätigkeit, in: Beiträge zur Geschichte des Deutschen

Ordens, 2 1993, 87; Strzelczyk, J., Pommerellen, LexMA 7 1994, 82.

Pommern (Herzogtum, Provinz). Das beiderseits der Odermündung liegende P. (seit etwa 1000 Pomorje, Land am Meer, 1046) wurde nach Abzug der Germanen im 6./7. Jahrhundert von Slawen (Liutizen im Westen, Pomoranen im Osten) besiedelt. Während im Osten (Pommerellen) am Ende des 12. Jahrhunderts (um 1180) das Geschlecht der Samboriden zur Herrschaft kam, gelang im Westen dem westslawischen, vermutlich aus den Teilfürsten um Belgard-Kolberg hervorgegangenen, seit 1214 einen Greifen im Wappen führenden und seit dem 15. Jahrhundert sich auch danach benennenden Fürstenhaus der Greifen der Aufbau eines bis Demmin, Wolgast und die Uckermark reichenden Herrschaftsgebietes mit Stettin als Mittelpunkt. Sein erster sicher bekannter Herrscher (Wartislaw I.) leitete nach einer Zeit polnischer Oberherrschaft (1121–1138) zusammen mit Bischof Otto von Bamberg die Christianisierung ein (1140 Gründung des Bistums Wollin Cammin [Kammin] [1176]). Daraufhin erfolgte der Zuzug zahlreicher deutscher Siedler. Seit etwa 1175 führten die Herrscher in Urkunden den Titel Herzog. 1181 erkannte Kaiser Friedrich I. Barbarossa Herzog Bogislaw I. als Herzog der Slawen und als Reichsfürsten an, womit die seit etwa 1000 von Polen immer wieder erneuerte Oberherrschaft über P. beendet wurde. Um 1195 wurde P. geteilt, aber 1264 wieder vereinigt. Von 1185 bis 1227 hatte Dänemark die Oberherrschaft (über Vorpommern). Beim Aussterben einer um Schlawe und Stolp herrschenden Nebenlinie 1228 gelangte deren Gebiet an die Askanier. 1231 sprach Kaiser Friedrich II. Brandenburg die Lehnshoheit über das übrige P. zu. 1236 kam das Land Stargard und 1250 die Uckermark an Brandenburg. 1295 erfolgte (bis 1478) eine Teilung in die Herzogtümer Pommern-Stettin (Stettin, Odergebiet) und Pommern-Wolgast (Wolgast, Küstengebiet) entsprechend dem Geltungsbereich des lübischen und magdeburgischen Stadtrechts. 1317 fielen die Länder Schlawe und Stolp an P. (Pommern-Wolgast), 1325 das Fürstentum Rügen. 1338 wurde Pommern-Stettin aus der Lehnshoheit Brandenburgs entlassen und zum Reichslehen gemacht. 1348 erkannte Kaiser Karl IV. die umstrittene Reichsunmittelbarkeit Pommerns, dem er das Reichsjägeramt übertrug, ausdrücklich an. Die Wolgaster Linie teilte 1368/1372 ihr Erbe (Pommern-Wolgast, Pommern-Stolp). Um 1400 bestanden vorübergehend fünf Teilherrschaften (u. a. Pommern-Barth, Pommern-Stolp, Pommern-Stargard [bis 1439]), doch blieb das Bewusstsein der Einheit vor allem unter den 1459/1463 einflussreich werdenden Ständen bestehen. 1456 wurde die Universität Greifswald gegründet. 1466 kaufte Pommern-Stolp die Länder Lauenburg und Bütow vom Deutschen Orden frei und behielt sie später als Pfand. Seit 1478 war, nachdem bereits zuvor die Linie Pommern-Barth die Linien Pommern-Stettin (1464, gegen Ansprüche Brandenburgs) und Pommern-Stargard (1459) beerbt hatte, P. in der Nebenlinie Pommern-Rügen wieder vereinigt. Herzog Bogislaw X. (1474–1523) festigte das Herzogtum durch eine geordnete Verwaltung, musste aber 1479 Brandenburg huldigen und gegen Befreiung von dieser Pflicht 1493 Brandenburg Erbrecht auf P. zugestehen. Gegen den Einspruch Brandenburgs erhielt Bogislaw X. 1521 den kaiserlichen Lehnsbrief als Grundlage der Durchsetzung der Reichsunmittelbarkeit gegenüber Brandenburg (1529). 1523/1532 und 1569 wurde das dem obersächsischen Reichskreis zugehörige P. wieder geteilt (Pommern-Stettin [bis 1600], Pommern-Wolgast [bis 1625], Pommern-Rügenwalde [bis 1603] und Pommern-Barth). Gleichzeitig fand die Reformation Eingang. 1625 kam Pommern-Wolgast wieder an Pommern-Stettin. Wenig später wurde das Land von Schweden besetzt. 1648 fielen der östlich der Oder gelegene Teil Pommerns (Hinterpommern) und das bei der Verteilung der durch das Aussterben des Herzogshauses in männlicher Linie 1637 frei gewordenen Länder seit 1556 säkularisierte Stift Cammin (Kammin) an Brandenburg, der westlich der Oder gelegene, wertvollere Teil (Vorpommern mit Stettin und dem früher zeitweilig fast unabhängigen Stralsund, Usedom, Wollin und Rügen sowie der Stadt Cammin [Kammin]) an Schweden, das für P. Sitz und Stimme im Reichstag erhielt. 1657/1658 erlangte Brandenburg (Preußen) Lauenburg und Bütow sowie die Starostei Draheim von Polen, 1679 die östlich der Oder gelegenen Teile Pommerns und 1720 Vorpommern bis zur Peene von Schweden. 1815 erwarb es schließlich – gegen Sachsen-Lauenburg – das restliche, 1813/1814 von Schweden an Dänemark gelangte pommersche Gebiet (die Distrikte Stralsund, Rügen, Franzburg-Barth, Grimmen, Tribsee, Loitz, Wolgast und Greifswald) und gliederte P. unter Einbeziehung des preußischen Anteils von P. (Vorpommern, die Kreise Randow, Anklam, Demmin und Treptow, Usedom und Wollin umfassend und Hinterpommern mit den Kreisen Greifenhagen, Pyritz, Saatzig [Satzig], Daber, Labes, Greifenberg, Belgard, Neustettin, Fürstentum Schlawe, Stolp [Stolpe] und Rummelsburg und dem flemmingschen und ostenschen Kreis) in die drei Regierungsbezirke Stettin, Köslin und Stralsund (1932 aufgehoben) ein. 1945 wurde Hinterpommern mit Stettin und Swinemünde unter Verwaltung Polens gestellt und die deutsche Bevölkerung zwangsausgesiedelt. 1990 gelangte das Gebiet als politische Folge der deutschen Wiedervereinigung an Polen. Vorpommern kam 1945 zu Mecklenburg, das von 1949 bis 1990 an die Deutsche Demokratische Republik fiel und in ihr von 1952 bis 1990 aufgelöst war (str.). Seit 1990 ist Vorpommern ein Teil des Bundeslands Mecklenburg-Vorpommern der Bundesrepublik Deutschland.

L.: Wolff 401 ff.; Zeumer 552 ff. II b 21 f.; Wallner 708 ObersächsRK 3 f.; Großer Historischer Weltatlas II 34 (1138–1254) G3, II 66 (1378) G1/2; Sandow, E., Pommern, in: Geschichte der deutschen Länder, Bd. 1; Die Territorien des Reichs 2, 182; Bauer 1, 473; Dähnert, J. C., Sammlung gemeiner und besonderer pommerscher und rügischer Landesurkunden, Bd. 1–7 1765 ff.; Brüggemann, L.W., Beschreibung des preußischen Herzogtums Vor- und Hinterpommern, 1779; Berghaus, H., Landbuch des Herzogtums Preußen, Bd. 1–13 1865 ff.; Pommersches Urkundenbuch, hg. v. Staatsarchiv Stettin und d. hist. Komm. für Pommern, Bd. 1–9 1868 ff., Neudruck 1958 ff.; Spahn, M., Verfassungs- und Wirtschaftsgeschichte des Herzogtums Pommern 1478–1625, 1896; Curschmann, F., Die Landeseinteilung Pommerns im Mittelalter und die Verwaltungseinteilung der Neuzeit, 1911; Wehrmann, M., Geschichte von Pommern, 2. A. 1919 ff., Neudruck 1986; Drolshagen, C., Landesaufnahme und Hufenmatrikel von Vorpommern als ältester deutscher Kataster, 1923; Menke, K., Das Amt Wolgast, 1931; Schulze, B., Die Reform der Verwaltungsbezirke in Brandenburg und Pommern 1809–1818, 1931; Historischer Atlas der Provinz Pommern, hg. v. d. Landeskundlichen Forschungsstelle der Provinz Pommern (Curschmann, F.), 1935 ff.; Curschmann, F., Die schwedischen Matrikelkarten von Vorpommern und ihre wissenschaftliche Auswertung, 1935; Heuer, K., Das Amt Ueckermünde, 1935; Linke, G., Die pommerschen Landesteilungen des 16. Jahrhunderts, 1935; Wehrmann, M., Genealogie des pommerschen Herzogshauses, 1937; Hofmeister, A., Genealogische Untersuchungen zur Geschichte des pommerschen Herzogshauses, 1938; Engel, F., Erläuterungen zur historischen Siedlungsformenkarte Mecklenburg und Pommern, 1953; Sandow, E., Die polnisch-pomerellische Grenze 1309–1454, 1954; Heyden, H., Kirchengeschichte Pommerns, Bd. 1 f. 2. A. 1957; Krallert, W., Atlas zur Geschichte der deutschen Ostsiedlung, 1958; Historischer Atlas von Pommern, hg. v. d. hist. Komm. für Pommern, 1959 ff.; Atlas östliches Mitteleuropa, hg. v. Kraus, T./Meynen, E./Mortensen, H./Schlenger, H., 1959; Engel, F., Pommern, 1959; Spruth, H., Landes- und familiengeschichtliche Bibliographie für Pommern, Teil 1–4 1962 ff.; Eggert, O., Geschichte Pommerns, 4. A. 1965; Eggert, W., Geschichte Pommerns, 1974; Stüttgen, D., Pommern, in: Grundriss der deutschen Verwaltungsgeschichte 1815–1945, hg. v. Hubatsch, W., 1975–1976; Petersohn, J., Der südliche Ostseeraum im kirchlich-politischen Kräftespiel des Reichs, Polens und Dänemarks vom 10. bis 13. Jahrhundert, 1979; Benl, R., Die Gestaltung der Bodenrechtsverhältnisse in Pommern vom 12. bis zum 14. Jahrhundert, 1986; Becker, O., Zur Geschichte des Fürstlich Hohenzollernschen Besitzes in Pommern, 1986; Slaski, K., Beiträge zur Geschichte Pommerns und Pommerellens, 1987; Ostdeutsche Geschichts- und Kulturlandschaften, T. 3 Pommern, hg. v. Rothe, H., 1988; Fenske, H., Die Verwaltung Pommerns 1915 bis 1945, 1993; Schmidt, R., Pommern, LexMA 7 1994, 84; Pommern, hg. v. Lucht, D., 1995; Pommern, hg. v. Wernicke, H. u. a., 1996; Pommern, hg. v. Schmidt, R., 1996; Branig, H., Geschichte Pommerns, Bd. 1 f. 1997, Veröff. d. Hist. Kommission f. Pommern; Pommern, hg. v. Buchholz, W., 1999; Tausend Jahre pommersche Geschichte, hg. v. Schmidt, R., 1999; Völker, E., Die Pommern und Ostbrandenburger, 1999; Schmidt, R., Das historische Pommern, 2006.

Pommern-Barth (Herzogtum). Das 1232 erstmals erwähnte Barth an der Ostsee gehörte seit 1325/1369 zu Pommern. Das 1295 entstandene Herzogtum Pommern-Wolgast wurde 1376, 1425, 1457 in die Herzogtümer Pommern-Wolgast und P. geteilt, 1393, 1451 und 1478 aber wieder unter Barth bzw. Wolgast vereinigt. P. zählte später zum obersächsischen Reichskreis.

L.: Wallner 708 ObersächsRK 4; Bülow, W., Chronik der Stadt Barth, 1922; Festschrift zur 700-Jahrfeier der Stadt Barth, 1955.

Pommern-Danzig s. Pommerellen

Pommern-Stettin s. Pommern

L.: Großer Historischer Weltatlas II 66 (1378) G/H2.

Pommern-Stolp s. Pommern, Stolp

Pommern-Wolgast (Herzogtum). 1295 entstand bei der Teilung Pommerns das Herzogtum P. Herzog Bogislaws IV. (†1309) mit Gütern nördlich der Peene und westlich und östlich der Odermündung. 1317 kam aus dem Erbe der Herzöge von Pommerellen durch

Brandenburg das Land Stolp und Schlawe hinzu, das aber durch das Hochstift Cammin (Kammin) von Wolgast getrennt blieb. 1325 fiel das Fürstentum Rügen erbweise an. 1348 wurde P. als Reichsfürstentum anerkannt. 1368/1372 wurde in Stargard östlich der Swine (Hinterpommern), Stralsund sowie die übrigen westlichen Gebiete mit Rügen (Vorpommern) geteilt. Nach weiteren Teilungen kam es 1478 zur Wiedervereinigung in Pommern. 1523/1569 wurde aber bis 1625 erneut geteilt. P. zählte zum obersächsischen Reichskreis. S. a. Vorpommern, Pommern.

L.: Wallner 708 ObersächsRK 4; Großer Historischer Weltatlas II 66 (1378) G-I1/2; Eggert, W., Geschichte Pommerns, 1974.

Pommersfelden s. Truchsess von P.

Pongau (Grafschaft). Das Tal der mittleren Salzach bildete den P. Bis 1243 trugen die Guetrater die Grafschaft P. vom Erzstift Salzburg zu Lehen. Über Salzburg kam der P. zu Österreich.

Poniatowski (Reichsfürst). 1765 wurde Andreas P., Bruder des 1764 gekrönten polnischen Königs, zum Reichsfürsten erhoben.

L.: Klein 175.

Popponen (Geschlecht) s. Babenberger

Porschenstein (Herrschaft) s. Purschenstein

L.: Wolff 379; Wallner 708 ObersächsRK 2.

Portensis (Teil der Ortenau)

L.: Curs, O., Deutschlands Gaue im zehnten Jahrhundert. Nach den Königsurkunden, Diss. phil. Göttingen 1908, 17 (Schuttern).

Portia (Fürsten). Die Fürsten von P. gehörten von 1665 bis 1776 als Personalisten zu den neufürstlichen, nach 1582 entstandenen deutschen Reichsfürsten. Da es ihnen nicht gelang, für ihre in Krain gelegene Grafschaft Mitterburg (Pisino) die Reichsunmittelbarkeit zu gewinnen und der Erwerb der reichsunmittelbaren Herrschaft und späteren gefürsteten Grafschaft Dettensee (Tettensee) in Schwaben zu spät kam, verloren sie Sitz und Stimme im Reichsfürstenrat wieder, nicht aber die Fürstenwürde. Sie erlangten 1622 über die Grafen Widmann die Güter der 1639 ausgestorbenen Grafen von Salamanca-Ortenburg und residierten bis 1918 in Spittal an der Drau. S. Ortenburg.

Porzig (Reichsritter). Am Ende des 18. Jahrhunderts zählten die P. zum Kanton Baunach des Ritterkreises Franken.

L.: Riedenauer 126.

Posen (Großherzogtum, Provinz). Im 10. Jahrhundert war P. an der Warthe, wo in der Mitte des 10. Jahrhunderts eine erste Burg errichtet wurde, Hauptsitz der Herzöge von Polen, die sich nach 963 für ihr Gebiet links der Warthe dem Reich als tributpflichtig unterstellt hatten, und wahrscheinlich seit 968 Bischofssitz im Erzbistum Magdeburg, seit 1000 im Erzbistum Gnesen. 1253 entstand die Neustadt nach deutschem Recht. 1779/1793 ging P. an Preußen über. 1807 wurde aus den Erwerbungen Preußens in der zweiten und dritten Teilung Polens (Westpreußen, Südpreußen, Netzedistrikt) das Herzogtum Warschau gebildet, das 1813 von Russland besetzt und 1813/1815 zwischen Russland und Preußen geteilt wurde. Preußen erhielt den Netzedistrikt und den Westteil von Südpreußen bis zur Prosna, doch gehörte dieses Gebiet nicht dem Deutschen Bund an. Das Culmer Land (Kulmerland) und Thorn wurden mit Westpreußen vereinigt. Das Restgebiet wurde mit 29 000 Quadratkilometern und etwa 847 000 Einwohnern, von denen ein Drittel Deutsche waren, als Großherzogtum P. (seit 1830 nur P.) Provinz Preußens, die vom 5. 12. 1848 bis Mai 1851 dem Deutschen Bund angehörte. 1867 wurde die Provinz dem Norddeutschen Bund angeschlossen, 1871 dem Deutschen Reich. 1919 kam P. bis auf geringe westliche Randgebiete (2200 Quadratkilometer, Provinz Grenzmark Posen-Westpreußen) ohne Volksabstimmung an Polen. Von 1939 bis 1945 war P. deutsch besetzt (Reichsgau Wartheland), fiel 1945/1990 aber wieder an Polen.

L.: Meyer, C., Geschichte des Landes Posen, 1881; Warschauer, A., Geschichte der Provinz Posen in polnischer Zeit, 1914; Schütze, H., Landeskunde der Provinz Posen, 2. A. 1914; Rauschning, H., Die Entdeutschung Westpreußens und Posens, 1930; Sappok, G., Die Anfänge des Bistums Posen und die Reiche seiner Bischöfe, Diss. phil. Breslau 1937; Stüttgen, D., Posen, in: Grundriss der deutschen Verwaltungsgeschichte 1815–1945, hg. v. Hubatsch, W., 1975–1976; Streiter, K., Die nationalen Beziehungen des Großherzogtums Posen (1815–1848), 1986; Rauschning, H., Die Abwanderung der deutschen Bevölkerung aus Westpreußen und Posen, 1930, hg. v. Kessler, W., 1988; Piskorski, J., Posen, LexMA 7 1994, 124.

Potemkin (Reichsfürst). 1776 wurde Graf Grigorij Alexandrowitsch P., Vizepräsident des Kriegskollegiums Russlands, zum Reichsfürsten erhoben.

L.: Klein 177.

Potsdam (Herrschaft). P. gegenüber der Mündung der Nuthe in die Havel erscheint 993 erstmals (Poztupimi, Ort des Postampim) in einer Urkunde Ottos III. für das Stift Quedlinburg. Seit dem 12. Jahrhundert war es eine Burg der Markgrafen von Brandenburg, die den Mittelpunkt einer vielfach verpfändeten Herrschaft in Brandenburg bildete. 1660 wurde das Städtchen kurfürstliche Residenz der Markgrafen. Von 1949 bis 1990 kam es über Preußen (Brandenburg) an die Deutsche Demokratische Republik.

L.: Wolff 387; Geschichte der Stadt Potsdam, hg. v. Haeckel, J./Boschan, R. u. a., 1912; Jänckel, R., Der Atlas der Herrschaft Potsdam (1679–1683), 1968; Potsdam, hg. v. Maassen, H., 2. A. 1972; Potsdam. Geschichte der Stadt in Wort und Bild, hg. v. Uhlemann, M., 1986; Bohm, E., Potsdam, LexMA 7 1994, 134; Potsdam, hg. v. Hahn, P. u. a., 1995; Hahn, P., Geschichte Potsdams, 2003.

Pottschach s. Ursenbeck von P.

Potzlinger (Reichsritter). Im 16. Jahrhundert zählten die P. zum Kanton Gebirg des Ritterkreises Franken.

L.: Riedenauer 126.

Prag (Hochstift, Erzstift). Die zahlreiche vorgeschichtliche und frühgeschichtliche Fundstellen aufweisende Siedlung P. (dürre Stelle) an der Moldau bestand im 9. Jahrhundert aus vierzig Höfen zwischen den Burgen Hradschin und Wyschehrad. Wohl vor 890 wurde in einer zunächst hölzernen Burg ein Sitz der Přemysliden (Przemysliden) eingerichtet. 973 (972/973) wurde dort für das von Regensburg aus christianisierte Böhmen ein Bistum gegründet (Bischof Dietmar). Die Bischöfe waren ursprünglich Fürsten des Reiches, wurden aber 1198 Lehnsleute des sie seit dem Investiturstreit ernennenden Herzogs von Böhmen. Karl IV. ließ 1344 P. unter Lösung von Mainz zum Erzbistum erheben (Suffragane Olmütz und Leitomischl). 1346 wählte er die Stadt als Mittelpunkt der böhmischen Länder zur Residenz und gründete 1348 dort die erste deutsche Universität. Der Bischof bzw. Erzbischof zählte zu den Reichsfürsten. Das Erstarken des Tschechentums führte dann zur Bewegung des Jan Hus mit dem ersten Prager Fenstersturz vom 30. 6. 1419, zu der Säkularisierung der weltlichen Güter des Erzstiftes und zum böhmischen Aufstand der Protestanten mit dem zweiten Prager Fenstersturz (23. 5. 1618), der den Dreißigjährigen Krieg einleitete. 1918 wurde die Stadt P. Hauptstadt der durch Lösung Böhmens und Mährens von Österreich entstandenen Tschechoslowakei bzw. 1993 Tschechiens.

L.: Wolff 464; Schlüter, O., Prag, 5. A. 1943; Schreiber, R., Prag, 1952; Handbuch der Geschichte der böhmischen Länder, hg. v. Bosl, K., 1966 ff.; Hilsch, P., Die Bischöfe von Prag in der frühen Stauferzeit, 1969; Rokyta, H., Die böhmischen Länder, 1970; Tausend Jahre Bistum Prag 973–1973, 1974; Die Universität zu Prag, 1986; Hlavácek, I., Prag, LexMA 7 1994, 159; Metropolen im Wandel, 1995, 185.

Prandtner (Reichsritter). Im frühen 16. Jahrhundert zählten die P. zum Kanton Gebirg des Ritterkreises Franken.

L.: Riedenauer 126.

Praßberg (Freiherren, Reichsritter). Vom 16. Jahrhundert bis etwa 1800 zählten die Freiherren von P. zu Altensummerau zum Kanton Hegau (Hegau-Allgäu-Bodensee) des Ritterkreises Schwaben.

L.: Roth von Schreckenstein 2, 592; Ruch, Anhang 77.

Praßberg (Herrschaft). Die zum Kanton Hegau (Hegau-Allgäu-Bodensee) des Ritterkreises Schwaben gehörige Herrschaft P. wurde 1749 von den Erbtruchsessen von Waldburg-Wolfegg-Wolfegg erworben.

L.: Wolff 509; Hölzle, Beiwort 54.

Prechtal (Herrschaft). Die Herrschaft P. wurde 1405 von den Fürsten zu Fürstenberg erworben. Über Baden (1806) kam P. 1951/1952 an Baden-Württemberg.

L.: Hölzle, Beiwort 44.

Preetz (Kloster). Das um 1211 von Graf Albrecht von Orlamünde gestiftete, 1233 nach Erpesfelde (Erpsfelde), 1240 nach Lutterbek und 1260 nach P. (slaw., am Fluss) bei Plön verlegte Benediktinerinnenkloster besaß am Anfang des 16. Jahrhunderts mehr als 40 Dörfer zwischen dem Lankersee und der inneren Kieler Förde sowie an der Ostsee. In der Reformation (1542) kam es als Damenstift an die schleswig-holsteinische Ritterschaft. Über Preußen (1864/1866) gelangten die Güter 1946 zu Schleswig-Holstein.

L.: Wolff 446; Dörfer, A., Chronik des Klosters und Fleckens Preetz, 1813; Messer, J., Beiträge zur Geschichte des Klosters Preetz von seiner Gründung bis zur Mitte des 16. Jahrhunderts, Diss. phil. 1926; Stoelting, W., Preetz, 1970; Hoffmann, E., Preetz, LexMA 7 1994, 183.

Pregenrot, Pregenroth s. Wendler von P.

Přemysliden (Geschlecht) s. Przemysliden

Pretlack, Prettlack (Freiherren, Reichsritter). Im Jahre 1800 zählten die Freiherren von P. mit einem Viertel Crumbach (Fränkisch-Crumbach), das 1802 an den Freiherrn von Gemmingen ging, samt Bierbach, Eberbach, Erlau, Freiheit, Hof Güttersbach, Michelbach und Hof Rodenstein mit Rodensteinschen Waldungen und Lindenfels zum Kanton Odenwald des Ritterkreises Franken, in dem sie seit dem Beginn des 18. Jahrhunderts immatrikuliert waren.

L.: Stieber; Hölzle, Beiwort 56; Winkelmann-Holzapfel 158; Stetten 36; Riedenauer 126.

Preuschen (Reichsritter). Mit dem Erwerb von Osterspai (1793) von den Freiherren zu Waldenburg, genannt Schenkern, waren die Freiherren von P. Mitglied des Kantons Mittelrheinstrom des Ritterkreises Rhein. Osterspai kam über Preußen (1866, Hessen-Nassau) 1946 zu Rheinland-Pfalz.

L.: Winkelmann-Holzapfel 158.

Preußen (Herzogtum, Königreich, Land). Im 10. Jahrhundert erscheinen erstmals die baltischen Pruzzen (um 965 Brus) bzw. Prußen, die um 1200 zwischen Litauen, Culmer Land (Kulmerland), Weichsel und Nogat die Gaue Pomesanien, Pogesanien, Warmien (Ermland), Natangen, Samland, Barten, Nadrauen, Schalauen und Sudauen bewohnten. Um 1225 bat Herzog Konrad I. von Masowien (Polen) den Deutschen Orden um Hilfe gegen die Pruzzen bzw. Prußen und übertrug ihm dafür das Culmer Land (Kulmerland). Kaiser Friedrich II. gewährte 1226 dem Hochmeister Culm (Kulmerland) und alle noch zu erobernden pruzzischen bzw. prußischen Gebiete. 1283 war die Eroberung des Landes abgeschlossen, das den Namen der Pruzzen bzw. Prußen auch unter der Herrschaft des Deutschen Ordens behielt. 1309 erweiterte der Deutsche Orden sein Herrschaftsgebiet um Pommerellen. Bald wurde das gesamte Land als P. bezeichnet, ohne dass es auf Dauer eine rechtliche Einheit darstellte. Nach der Schlacht von Tannenberg (1410) gingen 1411 geringe Gebiete verloren. 1466 musste der Deutsche Orden Pommerellen, das Culmer Land (Kulmerland), das Ermland, das Ländchen Michelau und die Gebiete von Marienburg, Elbing, Christburg und Stuhm an Polen abtreten (Preußen königlichen Anteils, Königspreußen). Für das verbliebene Gebiet wurde der Hochmeister polnischer Fürst und leistete dem König von Polen einen persönlichen Eid. 1525 vereinbarte der Hochmeister des Deutschen Ordens Albrecht von Brandenburg-Ansbach mit seinem Onkel König Sigismund von Polen in einem von Kaiser Karl V. am 14. 11. 1530 wegen mangelnder Berücksichtigung der Rechte des Reiches für nichtig erklärten Vertrag die Umwandlung des nach 1466 verbliebenen Deutschen Ordenslandes in das erbliche, unter (loser) Lehnshoheit Polens stehende Herzogtum P. (Herzog in Preußen, herzogliches, zur Reformation übertretendes P. mit Königsberg im Gegensatz zum königlich-polnischen, katholisch bleibenden Westteil [Pommerellen mit Danzig, Elbing und Thorn, späteres Westpreußen]), für das er 1544 die Universität Königsberg gründete. Er führte die Reformation durch und unterstellte die Bischöfe von Pomesanien und Samland seiner Herrschaft. Das Herzogtum wurde nach Heirat der Erbtochter (1594) 1618/1619 mit Brandenburg in Personalunion vereinigt und 1657/1660 vertraglich von der Lehnshoheit Polens befreit. Damit war es voll souveränes Land der Kurfürsten von Brandenburg, die 1694 den Kreis Schwiebus an Glogau abgaben. Am 18. 1. 1701 krönte sich Kurfürst Friedrich III. (I.) von Brandenburg (1688–1713), der 1694 die Universität Halle gegründet hatte, mit Zustimmung des Kaisers, den er im spanischen Erbfolgekrieg unterstützt hatte, in Königsberg zum König in P., womit politisch die Rangerhöhung des Kurfürsten von Sachsen durch die Krönung zum König von Polen und die Anwartschaft des Kurfürsten von Hannover auf die Königskrone in England ausgeglichen werden sollten. Mit der auf die anderen brandenburgischen Länder übertragenen Königswürde ging zugleich der Name des Herzogtums P. auf den brandenburg-preußischen Gesamtstaat über, von dem das Land P. nicht zum Heiligen Römischen Reich gehörte. Rund 20000 seit dem Edikt von Potsdam (1685) allmählich einströmende französische Hugenotten brachten zahlreiche bis dahin unbekannte Kenntnisse und Fertigkeiten in das Land. 1702 erbte Friedrich III. (I.) nach dem Aussterben der Prinzen von Oranien (König Wilhelm III. von England) die Grafschaft Lingen und das Fürstentum Moers, 1707 das Fürstentum Neuenburg (Neuchâtel) mit der Grafschaft Valangin. 1707/1729 kaufte er die Grafschaft Tecklenburg sowie die Erbpropstei über Nordhausen und Quedlinburg. Sein sparsamer und als Amtmann Gottes pflichtbewusster Sohn Friedrich Wilhelm I. erhielt 1713 am Ende des spanischen Erbfolgekrieges als Ersatz für Oranien einen Teil des Herzogtums Geldern (Obergeldern) und erwarb 1720 gegen 2 Millionen Taler von Schweden Vorpommern bis zur Peene mit Stettin, Usedom und Wollin. Im Inneren baute er als Soldatenkönig eine straffe Finanzverwaltung und Heeresverwaltung (mit Generaloberfinanz-, -kriegs- und -domänendirektorium) auf, wobei er Sparsamkeit, Pünktlichkeit, Uneigennützigkeit, Gehorsam, Ordnung und Pflichtentreue zu den obersten Geboten des preußischen Beamtentums erhob. Mit der relativ größten und absolut besten Armee Europas und in krassem Gegensatz zu seinen eigenen politisch-theoretischen Forderungen brach sein Sohn Friedrich der Große, der sich erstmals König von P. nannte, nach dem Tod Kaiser Karls VI. 1740 unter Berufung auf zweifelhafte Erbansprüche in das zu Österreich gehörende Schlesien ein, das er in den drei Schlesischen Kriegen (1740/1742, 1744/1745, 1756/1763) größtenteils eroberte. 1744 fiel auf Grund einer Anwartschaft von 1694 erbweise Ostfriesland an. 1772 erlangte Friedrich der Große bei der Teilung Polens Westpreußen, das Ermland und den Netzedistrikt, so dass P. einschließlich des jetzt als Ostpreußen bezeichneten, mit dem Stammland Brandenburg durch eine Landverbindung angeschlossenen ursprünglichen Deutschordenslandes im Jahre 1786 195 000 Quadratkilometer maß, in denen rund 5,5 Millionen Menschen lebten. Für diesen Staat, als dessen erster Diener sich der König sah, verwirklichte er die schon 1713 in Angriff genommene Rechtsvereinheitlichung auf der Grundlage aufgeklärter, naturrechtlich beeinflusster Vorstellungen, die in der Inkraftsetzung des Allgemeinen Landrechts von 1794 ihren Höhepunkt fand. 1791 erwarb P. durch Kauf die hohenzollerischen Markgrafschaften Ansbach (Brandenburg-Ansbach) und Bayreuth (Brandenburg-Bayreuth bzw. Brandenburg-Kulmbach). 1795 überließ es dem durch die Revolution von 1789 aufgerüttelten Frankreich seine gesamten linksrheinischen Gebiete, erlangte aber in der zweiten und dritten Teilung Polens (1793, 1795) Danzig, Thorn und Südpreußen (Posen, Warschau, Kalisch) sowie Neuostpreußen. Als Ausgleich für die linksrheinischen Verluste an Frankreich (Kleve, Moers, Geldern, Zevenaar [Sevenaer], Huissen, Malburgen [Malburg], 2391 Quadratkilometer bzw. 48 Quadratmeilen mit 127 070 bzw. 137 000 Einwohnern) erhielt es am 25. 2. 1803 durch § 3 des Reichsdeputationshauptschlusses die Hochstifte Hildesheim, Paderborn und Münster (teilweise, Stadt Münster und Gebiete rechts einer Linie von Olfen [Olphen], Seppenrade [Seperad], Kakesbeck [Kakelsbeck], Hiddingsel [Heddingschel], Giesking [Ghisschinck], Nottuln [Notteln], Hülfshoff [Huschhofen], Hohenholte [Nannhold], Nienberge [Nienburg], Uhlenbrock [Uttenbrock], Gimbte [Grimmel], Schöneflieth [Schönfeld], Greven sowie von dort an der Ems bis zum Einfluss der Hopstener Aa [Hoopsteraa]), aus dem Erzstift Mainz das Eichsfeld, Erfurt und Treffurt, die Reichsabteien Herford, Essen, Quedlinburg, Elten, Werden, Cappenberg sowie die Reichsstädte Mühlhausen, Nordhausen und Goslar mit 9543 Quadratkilometern (235 Quadratmeilen) und mehr als einer halben Million (600 000) Einwohnern. 1805/1806 gelang gegen Abtretung Ansbachs (an Bayern) und Kleves und mit der Annexion Hannovers kurzzeitig die geographische Vereinigung der preußischen Länder. Nach dem Ende des Heiligen Römischen Reiches kam es zur Auseinandersetzung mit Frankreich, die mit der Niederlage von Jena und Auerstedt am 14. 10. 1806 endete. Danach verlor P. im Frieden von Tilsit 1807 alle linkselbischen Länder sowie den größten Teil des Gewinnes aus den Teilungen Polens und damit mehr als die Hälfte seines Gebietes. In dieser wegen der Kontributionen und der Kontinentalsperre auch wirtschaftlich äußerst schwierigen Lage wurden unter Stein und Hardenberg aufgeklärt-liberale innenpolitische Reformmaßnahmen durchgeführt (Bauernbefreiung 1807/1811, Städteordnung 1808,

Gründung der Universität Berlin 1810, Gewerbefreiheit 1810/1811, Judenemanzipation 1812). Die Niederlage Frankreichs in Russland 1812 und die Siege bei Leipzig (1813) und Waterloo (1815) bildeten dann die Grundlage dafür, dass P. auf dem Wiener Kongress 1815 trotz gewisser Verluste in Polen seine frühere Stellung zurückgewinnen (u. a. Herzogtum Magdeburg, Altmark, Fürstentum Halberstadt, Wernigerode, Hohnstein, Mansfeld, Nordhausen, Mühlhausen, Eichsfeld, Erfurt) und sein Gebiet sogar auf 278 000 Quadratkilometer mit 10,4 Millionen Einwohnern vergrößern konnte (Jülich-Kleve-Berg [von Bayern, dafür Ansbach und Bayreuth an Bayern], Niederrhein [Rheinland], Westfalen, Sachsen [Kurkreis mit Wittenberg, Torgau, Stiftsgebiete von Merseburg und Naumburg bzw. Naumburg-Zeitz, thüringischer Kreis, Mansfeld, Stolberg, Barby, Walternienburg, Gommern, Querfurt], Posen). Mit allen Provinzen außer Posen, Ostpreußen und Westpreußen trat P. dann dem Deutschen Bund bei. Hier verhielt sich P. zunächst konservativ. Statt der vom König 1810, 1815 und 1820 versprochenen Verfassung kam es 1823 nur zu der befohlenen Errichtung von Provinzialständen und Provinziallandtagen, die vom grundbesitzenden Adel beherrscht wurden. Innerhalb Preußens wurde Ostpreußen 1824 personal und von 1829 bis 1878 real mit Westpreußen zur Provinz P. vereinigt. Am 31. 5. 1834 wurde Lichtenberg bei Birkenfeld von Sachsen-Coburg gekauft, 1849 kamen die Fürstentümer Hohenzollern (1850 Regierungsbezirk Sigmaringen der Rheinprovinz) hinzu, doch wurde 1857 endgültig auf Neuenburg und Valangin verzichtet. 1848 wurden nach schweren Straßenkämpfen zunächst einige liberale Maßnahmen ergriffen (Aufhebung der Pressezensur, Berufung eines liberalen Ministeriums), nach dem Sieg der Gegenbewegung aber die gewählte Nationalversammlung aufgelöst und eine Verfassung erlassen (oktroyiert), nach welcher der fortan verfassungsmäßig beschränkte König seine exekutiven Rechte unter Mitwirkung verantwortlicher Minister ausübte und die gesetzgebende Gewalt mit dem Landtag teilte, wobei das Herrenhaus (1854) sich aus erblichen oder vom König ernannten Mitgliedern zusammensetzte und die Mitglieder des Abgeordnetenhauses nach dem Dreiklassenwahlrecht, das die vermögenden Bevölkerungsgruppen bevorzugte, gewählt wurden. 1862 wurde Fürst Otto von Bismarck zum Ministerpräsidenten berufen. Im Verfassungskonflikt über die Finanzierung des Heeres regierte er gegen und ohne das Parlament. 1866 kam es bei der Verwaltung des 1864 von Dänemark gewonnenen Landes Schleswig-Holstein zur Konfrontation mit Österreich, die zur Exekution des Deutschen Bundes gegen P. führte. Die militärische Niederlage des Deutschen Bundes hatte dessen Auflösung zur Folge. P. annektierte Hannover, Schleswig-Holstein, Nassau, Hessen-Kassel und Frankfurt und gewann damit erstmals eine Verbindung zwischen seinen älteren östlichen und seinen seit 1614 im Nordwesten neu erlangten Gebieten. Mit den übrigen norddeutschen Ländern bildete es 1867 den Norddeutschen Bund. Nach dem Sieg über Frankreich im deutsch-französischen Krieg von 1870/1871 kam es am 18. 1. 1871 in Versailles zur Proklamation des preußischen Königs als Kaiser des neugegründeten Deutschen Reiches, in dem P. zwar nur einer von 25 Bundesstaaten war, aber etwa zwei Drittel des Reichsgebietes (mit den Industriegebieten Ruhrgebiet, Oberschlesien, Saargebiet) mit etwa drei Fünfteln der Einwohner des Reiches ausmachte und damit eindeutig eine Vormachtstellung besaß. 1878 stieg die Zahl seiner Provinzen durch die Aufteilung Preußens in Ostpreußen und Westpreußen auf zwölf. Nach der Novemberrevolution 1918 dankte Kaiser Wilhelm II. am 9. 11. 1918 als deutscher Kaiser ab und floh nach Holland. P. blieb erhalten, musste aber im Friedensvertrag Gebiete abtreten. Die Macht in P. übernahmen die Sozialdemokratische Partei und die Unabhängige Sozialdemokratische Partei. Am 30. 11. 1920 erhielt P. eine Verfassung, durch die es demokratisch-parlamentarischer Freistaat wurde. Am 1. 4. 1929 schloss sich Waldeck an P. an. 1932 errang die Nationalsozialistische Deutsche Arbeiterpartei den Wahlsieg. Die preußische Regierung wurde durch die Notverordnung Franz von Papens vom 20. 7. 1932 ihres Amtes enthoben und durch den Reichskanzler als Reichskommissar für P. ersetzt. 1933 wurde Hermann Göring zum neuen preußischen Ministerpräsidenten ernannt. Seit 1934 wurden nahezu alle preußischen Ministerien mit den entsprechenden Reichsministerien zusammengelegt. Am 1.4.1937 kam es zu einem Gebietsaustausch mit Hamburg und Oldenburg und zur Eingliederung Lübecks. 1939 umfasste P. 293938 Quadratkilometer mit 41,47 Millionen Einwohnern. 1945 wurde P. auf die vier Besatzungszonen verteilt. Das Gesetz Nr. 46 des Alliierten Kontrollrats vom 25.2.1947 löste P. als Staat formell auf. Seine Gebiete verteilen sich auf Brandenburg, Mecklenburg-Vorpommern, Sachsen-Anhalt, Thüringen, Niedersachsen, Hessen, Nordrhein-Westfalen, Rheinland-Pfalz, Baden-Württemberg, Polen und die Sowjetunion. S. Ostpreußen, Südpreußen, Westpreußen, Polen, Pommerellen.

L.: Zeumer 554 II b 63, 3; Forstreuter, K., Deutschordensland Preußen, in: Geschichte der deutschen Länder, Bd. 1; Bauer 1, 507; Die Territorien des Reichs 2, 206; Corpus constitutionum Marchicarum, hg. v. Mylius, C. O., Bd. 1–7 1737 ff.; Novum corpus constitutionum Prussico-Brandenburgensium, hg. v. d. preuß. Ak. d. Wiss. Bd. 1–12 1753 ff.; Vollständige Topographie des Königreichs Preußen, hg. v. Goldbeck, J. F., 1785 ff., Neudruck 1966 ff.; Droysen, J. G., Geschichte der preußischen Politik (bis 1756), Bd. 1 ff. 2. A. 1868 ff.; Isaacsohn, S., Geschichte des preußischen Beamtentums von den Anfängen bis auf die Gegenwart, Bd. 1–3 1874 ff.; Gesetz-Sammlung für die königlich Preußischen Staaten; Ranke, L. v., Zwölf Bücher preußischer Geschichte (bis 1745), Bd. 1–5 2. A. 1879; Schade, T., Atlas zur Geschichte des preußischen Staates, 2. A. 1881; Berner, E., Geschichte des preußischen Staates, 1891; Acta Borussica, Denkmäler der preußischen Staatsverwaltung im 18. Jahrhundert, hg. v. d. preuß. Ak. d. Wiss., Bd. 1 ff. 1892 ff.; Hupp, O., Die Wappen und Siegel der deutschen Städte, Flecken und Dörfer, Bd. 1: Königreich Preußen, 1896, 3. unv. A. 1989; Berner, E., Quellen und Untersuchungen zur Geschichte des Hauses Hohenzollern, Bd. 1–10 1901 ff.; Bornhak, K., Preußische Staats- und Rechtsgeschichte, 1903; Roedder, H., Zur Geschichte des Vermessungswesens Preußens, insbesondere Altpreußens aus den ältesten Zeiten bis in das 19. Jahrhundert, 1908; Preußisches Urkundenbuch, Bd. 1 ff. 1909 ff.; Atlas der Verwaltungsorganisation des preußischen Staates und des Deutschen Reiches, 1911; Hintze, O., Die Hohenzollern und ihr Werk, 3. A. 1916, Neudruck 1987; Schmoller, G., Preußische Verfassungs-, Verwaltungs- und Finanzgeschichte, 1921; Schmidt, E., Rechtsentwicklung in Preußen, 2. A. 1929, Neudruck 1961; Braubach, M., Der Aufstieg Brandenburg-Preußens 1640–1815, 1933; Wermke, E., Bibliographie der Geschichte von Ost- und Westpreußen, 1933; Penck, A., Die Kartographie Preußens unter Friedrich dem Großen, SB. Akad. Berlin 1933; Schulze, B., Der Urheber der Schmettauischen Karte von Preußen, Mitt. d. Reichamts für Landesaufnahme 1933/1934; Hanke, M./Degener, H., Geschichte der amtlichen Kartographie Brandenburg-Preußens bis zum Ausgang der Friderizianischen Zeit, 1935; Atlas der west- und ostpreußischen Landesgeschichte, hg. v. Keyser, E., 1937; Schumacher, B., Geschichte Ost- und Westpreußens, 7. A. 1987; Müller, G./Jurevicz, J./Warren, H., Ostlandatlas, 1942; Keyser, E., Preußenland, in: Staats- und Verwaltungsgrenzen in Ostmitteleuropa, 1955; Maschke, E., Preußen. Das Werden eines deutschen Stammesnamens, Ostdt. Wiss. 1955; Schulze, B., F. W. C. Graf v. Schmettau und seine Kartenwerke, Jb. f. Gesch. Mittel- und Ostdeutschlands 5 (1956); Schroeder-Hohenwarth, J., Die preußische Landesaufnahme 1816–1875, 1958, Nachrichten aus dem Karten- und Vermessungswesen R. I. H. 5; Peterson, J., Fürstenmacht und Ständetum in Preußen während der Regierung Herzog Georg Friedrichs 1578–1603, 1963; Atlas östliches Mitteleuropa, hg. v. Meynen, E./Kraus, T./Mortensen, H./Schlenger, H., 1963–1978; Schultze, J., Forschungen zur brandenburgischen und preußischen Geschichte, 1964; Übersicht über die Bestände des Brandenburgischen Landeshauptarchivs Potsdam, Veröff. d. Brandenburgischen Landeshauptarchivs Bd. 4 1964, Bd. 5 1967; Schoeps, H. J., Preußen. Geschichte eines Staates, 1966; Schierling, C.-A., Der westpreußische Ständestaat 1570–1586, 1966; Historisch-geographischer Atlas des Preußenlandes, hg. v. Mortensen, H. u. a., Bd. 1 ff. 1968 ff.; Krauss, G., 150 Jahre Preußische Messtischblätter, Z. f. Vermessungswesen 94 (1969); Ibbeken, R., Preußen 1807–1813, 1970; Schoeps, H. J., Preußen und Deutschland, Wandlungen seit 1763, 2. A. 1970; Knake, G., Preußen und Schaumburg-Lippe 1866–1933, 1970; Wenskus, R., Das Deutschordensland Preußen als Territorialstaat des 14. Jahrhunderts, Bd. 1 1970; Verdenhalven, F., Namensänderungen ehemals preußischer Gemeinden von 1850–1942, 1971; Bibliographie zur Geschichte von Ost- und Westpreußen 1939–70, bearb. v. Wermke, E., 2. A. 1974; Koselleck, R., Preußen zwischen Reform und Revolution. Allgemeines Landrecht, Verwaltung und soziale Bewegung 1791–1848, 2. A. 1975; Vogler, G./Vetter, K., Preußen. Von den Anfängen bis zur Reichsgründung, 4. A. 1975, Neudruck 1987; Grundriss der deutschen Verwaltungsgeschichte 1815–1945, hg. v. Hubatsch, W., 1975 f.; Preußen. Versuch einer Bilanz. Ausstellungsführer, hg. v. Korff, G., 1981; Heinrich, G., Geschichte Preußens, Staat und Dynastie, 1981; Mirow, J., Das alte Preußen im deutschen Geschichtsbild seit der Reichsgründung, 1981; Hubatsch, W., Grundlinien preußischer Geschichte. Königtum und Staatsgestaltung 1701–1871, 1983; Matzerath, H., Urbanisierung in Preußen 1815–1914, 1985; Koch, H., Geschichte Preußens (A history of Prussia), 1986; Labrenz, H., Das Bild Preußens in der polnischen Geschichtsschreibung, 1986; Wenskus, R., Ausgewählte Aufsätze zum frühen und preußischen Mittelalter, 1986; Unruh, G. v., Die verfassungsrechtliche Stellung Preußens im Norddeutschen Bund und im Deutschen Reich nach den Verfassungen von 1867/1871 und 1919, in: Preußen, Europa und das Reich, 1987; Mehring, F., Zur Geschichte Preußens, 1987; Preußen-Ploetz, hg. v. Schlenke, M., 1987; Zur Bildungs- und Schulgeschichte Preußens, hg. v. Arnold, U., 1988; Das nachfriderizianische Preußen 1786–1806, hg. v. Hattenhauer, H./Landwehr, G., 1988; Rankl, M., Bibliographie zur Literatur Ost- und Westpreußens mit Danzig 1945–1988, Bd. 1 f. 1990; Westfalen und Preußen, hg. v. Teppe, K. u. a., 1991; Dollinger, H., Preußen. Eine Kulturgeschichte in Bildern und Dokumenten, 1991; Handbuch der preußischen Geschichte, hg. v. Büsch, O., Bd. 1 ff. 1992 ff.; Die Anfänge der ständischen Vertretungen in Preußen und seinen Nachbarländern, hg. v. Boockmann, H., 1992; Boockmann, H., Deutsche Geschichte im Osten Europas. Ostpreußen und Westpreußen, 1992; Boockmann, H., Preußen, LexMA 7 1994, 194; Hannovers Übergang vom Königreich zur preußischen Provinz, hg. v. Sabelleck, R., 1995; Salmonowicz, S., Preußen, 1995; Bömelburg, H., Zwischen polnischer Ständegesellschaft und preußischem Obrigkeitsstaat, 1995; Handbuch der Geschichte Ost- und Westpreußens, hg. v. Opgenoorth, E., Bd. 3 1998; Repertorium der Policeyordnungen der frühen Neuzeit, hg. v. Härter, K./Stolleis, M., Bd. 2 1998; Stribrny, W., Die Könige von Preußen als Fürsten von Neuenburg-Neuchâtel (1707–1848), 1998; Schubert, W., Preußen im Vormärz, 1999; Preußens Herrscher, hg. v. Kroll, F., 2000; Preußen, hg. v. Schoeps, J., 2000; Straub, E., Eine kleine Geschichte Preußens, 2001; Vondenhoff, C., Hegemonie und Gleichgewicht im Bundesstaat, 2001; Preußens Weg in die politische Moderne, hg. v. Holtz, B. u. a., 2001; Neugebauer, W., Geschichte Preußens, 2002; Päsler, R., Deutschsprachige Sachliteratur im Preußenland bis 1500, 2003; Walter, D., Preußische Heeresreformen, 2003; Kittstein, L., Politik im Zeitalter der Revolution, 2003; Neugebauer, W., Geschichte Preußens 2004; Kulturgeschichte Preußens königlich polnischen Anteils, hg. v. Beckmann, S. u. a., 2005; Haas, S., Die Kultur der Verwaltung, 2005.

Preysing (Grafen, Reichsritter). Im 18. Jahrhundert zählten die dem vornehmsten bayerischen Adel angehörenden Grafen von P. mit dem 1732 erworbenen Ramsberg und dem 1746 erlangten Rechberghausen (bis 1789) zum Kanton Kocher des Ritterkreises Schwaben.

L.: Hölzle, Beiwort 62; Schulz 269.

Prichsenstadt, Prießerstatt (?) (Reichsdorf?)

L.: Dacheröden 257; Hugo 476.

Priebus (Land). P. an der Neiße kam als slawischer, auf altem Siedlungsland gelegener Ort um 1210 an Schlesien. Bis 1319 gehörte es zum Fürstentum Glogau. Danach nahm es unter Herzog Heinrich von Jauer (1320–1346), von Pack auf Sorau (um 1350) und den Herren von Hakenborn auf Triebel eine Sonderstellung ein. 1413 kam das Land P. an das Herzogtum Sagan und damit über Böhmen, Sachsen, Österreich und Preußen (1742) 1945/1990 zu Polen.

L.: Wolff 486; Heinrich, A., Geschichtliche Nachrichten über Priebus, 1898; Lehmann, R., Die Herrschaften in der Niederlausitz, 1966.

Prießerstatt (Reichsdorf) s. Prichsenstadt

Prignitz (Landschaft). Die Landschaft zwischen Elbe, Elde, Havel und Dosse wurde im 7. Jahrhundert von slawischen Liutizen besiedelt. 928/929 wurde das Gebiet dem Deutschen Reich eingegliedert und von dem 948 gegründeten Bistum Havelberg aus christianisiert, ging aber 983 wieder verloren. 1147 wurde es erneut unterworfen. Die Herrschaft fiel an die askanischen Grafen der Nordmark, den Bischof von Havelberg und einzelne Adelsfamilien (Putlitz, Plothe, Quitzow), kam aber bis etwa 1300 fast ganz an die Markgrafen von Brandenburg. Nach dem Aussterben der Askanier kämpften Mecklenburg und Wittelsbach um das 1349 erstmals nach den slawischen Brizani P. (Prygnitz) genannte Gebiet, das aber bei der Markgrafschaft Brandenburg verblieb. Der dadurch erstarkende Adel wurde im 15. Jahrhundert durch die Hohenzollern wieder zurückgedrängt. Von 1952 bis 1990 wurde das Gebiet auf die Bezirke Schwerin und Potsdam der Deutschen Demokratischen Republik aufgeteilt. S. Brandenburg.

L.: Wolff 386; Luck, W., Die Prignitz, ihre Besitzverhältnisse vom 12.–15. Jahrhundert, 1917; Schultze, J., Die Prignitz, 1956; Historisches Ortslexikon für Brandenburg, Bd. 1: Die Prignitz, bearb. v. Enders, L., 1962; Prignitz-Kataster 1686–1687, hg. v. Vogel, W., 1986; Die Ortsnamen der Prignitz, 1989; Escher, F., Prignitz, LexMA 7 1994, 209; Enders, L., Die Prignitz, Jb. f. Berlin-Brandenburgische Kirchengeschichte 60 (1995), 10; Enders, L., Die Prignitz, 2000.

Proskau (Grafen). Nach dem ihnen von 1250 bis 1769 gehörenden P. an der P. nannten sich Freiherren und seit 1678 Grafen von P., die zeitweilig mehrere Herrschaften in Oberschlesien und Mähren hatten. 1945 kam P. unter Verwaltung Polens und gelangte 1990 als politische Folge der deutschen Wiedervereinigung an Polen.

L.: Wolff 479.

Provence (Grafschaft, Landschaft). Das ursprünglich von Kelten und Ligurern bewohnte Gebiet zwischen Mittelmeer, Rhone, Var und Alpen wurde 121 v. Chr. zur römischen Provinz Gallia transalpina, Gallia Narbonensis, die als älteste römische Provinz in Gallien bald nur noch provincia hieß. 470/477 kam sie an die Westgoten (bis 507), 509 an die Ostgoten und 536/537 an die Franken. 843 gelangte sie zum Mittelreich Lothars I. Von 855 bis 863 fiel sie an Lothars I. Sohn Karl, 879 an Boso von Vienne (Königreich Niederburgund, bis 933 mit Hauptstadt Arles), 934 an Hochburgund und damit 1032 an das Deutsche Reich, dem sie trotz der noch etwa

1365 in Arles erfolgten Krönung Karls IV. immer nur lose angehörte, auf das sie aber zeitweilig einen nicht unbeträchtlichen kulturellen Einfluss ausübte. Tatsächliche Herren waren die Grafen von Arles (nach 974 Markgrafen), deren Grafschaft P. 1112 dreigeteilt wurde und in dem südlich der Durance gelegenen Teil an die Grafen von Barcelona, eine Seitenlinie des Hauses Barcelona-Aragón kam. 1246 fiel die Grafschaft durch Heirat an Karl von Anjou, 1382 an das jüngere Haus Anjou und 1481 an Frankreich, das die P. ab 1660 wie eine französische Provinz verwaltete und nach 1789 in Departements auflöste. Lediglich östliche Randgebiete um Nizza (u. a. Monaco) unterfielen anderen Herren und verblieben so beim Heiligen Römischen Reich. Die 1053/1112 verselbständigte, nördlich der Durance gelegene Grafschaft Forcalquier kam 1209 zur Grafschaft P. zurück. Die Markgrafschaft P. um Avignon gelangte von den Grafen von Toulouse im Zuge der Ketzerkreuzzüge allmählich an den Papst (1274). Hiervon verselbständigte sich im Norden das Fürstentum Orange/Oranien und kam über Nassau-Oranien durch Annexion 1713 an Frankreich. Der verbleibende, allmählich schrumpfende Rest des päpstlichen Kirchenstaates (Comtat Venaissin) fiel 1791 an Frankreich.

L.: Großer Historischer Weltatlas II 34 (1138–1254) F5; Poupardin, R., Le royaume de Provence sous les Carolingiens, 1901; Fornery, J., Histoire du Comté venaissin et de la ville d'Avignon, Bd. 1 ff. 1909; Bourilly, V./Busquet, R., La Provence au moyen âge 1112–1481, 1924; Tournadre, G. de, Histoire du comté de Forcalquier, 1930; Buchner, R., Die Provence in merowingischer Zeit, 1933; Busquet, R., Histoire de la Provence, 4. A. 1966; Histoire de la Provence, hg. v. Baratier, E., 1969; Baratier, E. u. a., Atlas historique: Provence, Comtat Venaissin, principauté de Monaco, principauté d'Orange, comté de Nice, 1969; Baratier, E., Documents de l'histoire de la Provence, 1971; Forbin, M. de, L'Union de la Provence à la France, Mem. Acad. Vaucluse 1981, 19 ff.; La Provence des origines à l'an mille, hg. v. Février, P., 1989; Schottky, M./Coulet, N., Provence, LexMA 7 1994, 275; Keck, C., Die Provence in der späteren Stauferzeit, 1996; Kiesewetter, A., Die Anfänge der Regierung König Karls II., 1999.

Prückner (Reichsritter). Im späteren 16. Jahrhundert zählten die P. zum Kanton Gebirg des Ritterkreises Franken.

L.: Riedenauer 126.

Prüm (gefürstete Abtei, Reichsabtei). 720/721 wurde das Kloster Sankt Salvator in P. in der Eifel von Bertrada und ihrem Sohn Charibert, dem späteren Grafen von Laôn, gegründet. Über die Tochter Chariberts, die Mutter Karls des Großen war, kam es bald nach 750 (bzw. vor? 751) an die Karolinger, die ihm zu umfangreichen Gütern verhalfen (893 rund 1500 Höfe und Wälder zur Mast von mehr als 8000 Schweinen in mehr als 400 Orten zwischen Ijssel, Oberrhein, Maas und Lahn, sog. Prümer Urbar). Hieraus wuchs allmählich ein reichsunmittelbares Herrschaftsgebiet der vor allem im 9. Jahrhundert auch geistesgeschichtlich bedeutsamen Abtei (Prümer Annalen, Regino von P.) im Carosgau und Ardennengau. Der Abt erhielt Reichsfürstenrang (1299 Reichsstandschaft). 1511 gingen alle Handschriften der Bibliothek verloren. 1576 erlangte der Erzbischof von Trier, der am Ende des 14. Jahrhunderts bereits die Herrschaften Schönecken und Schönberg (Schöndorf) bei Malmédy gewonnen hatte, die Verwaltung der Reichsabtei. Er gliederte P. dem Erzstift Trier als Oberamt ein und vertrat P. im Reichsfürstenrat und oberrheinischen Reichskreis. 1802/1803 wurde die Abtei mit 4 Quadratmeilen Gebiet aufgehoben und kam 1815 mit dem Erzstift an Preußen (Rheinprovinz) und damit 1946 an Rheinland-Pfalz.

L.: Wolff 241; Zeumer 552 II a 33; Wallner 697 OberrheinRK 29; Großer Historischer Weltatlas II 66 (1378) D3, III 22 (1648) C3, III 38 (1789) B2; Forst, H., Das Fürstentum Prüm, 1902; Willwersch, M., Die Grundherrschaft des Klosters Prüm, 1912, Neudruck 1989; Forst, H., Landkreis Prüm, Regierungsbezirk Trier, 1959; Neu, P., Die Abtei Prüm im Kräftespiel zwischen Rhein, Mosel und Maas vom 13. Jahrhundert bis 1576, Rhein. Vjbll. 26 (1961), 255 ff.; Faas, F. J., Berichte zur deutschen Landeskunde 33, 1 1963; Das Prümer Urbar, hg. v. Schwab, I., 1983; Neu, P., Die Abtei Prüm im Zeitalter der Reformation und Gegenreformation, 1986; Knichel, M., Geschichte des Fernbesitzes der Abtei Prüm, 1987; Wisplinghoff, E., Untersuchungen zur Gründungsgeschichte des Klosters Prüm, Jb. f. westdt. LG. 17 (1991), 1 ff.; 1100 Jahre Prümer Urbar, hg. v. Nolden, R., 1993; Seibert, H., Prüm, LexMA 7 1994, 290; Eiflia sacra, hg. v. Mötsch, J. u. a., 1994, 55; Wisplinghoff, E., Untersuchungen zur Geschichte des Klosters Prüm, DA 55 (1999), 439; Escher, M. u. a., Die urbanen Zentren, 2005, 2, 494.

Przemysliden, Přemysliden (Geschlecht). Die sich selbst auf einen Přemysl (Przemysl) zurückführende, zunächst in Levý Hradec ansässige, gegen Ende des 9. Jahrhunderts nach Prag wechselnde, mit dem um 890 (874?, 882–884?) getauften Prager Burgherren Boriwoi sichtbar werdende böhmische Adelsfamilie gewann im beginnenden 10. Jahrhundert die Herrschaft in Böhmen. 1040 erhielt Bretislaw I. Böhmen als Reichslehen und setzte 1055 eine 200 Jahre beachtete Senioratserbfolge (mit zeitweisen Nebenlinien in Olmütz, Brünn, Znaim, Lundenburg und Jamnitz) durch. Wartislaw II. erlangte 1075 die sächsische Ostmark und 1076 die Mark Meißen als Reichslehen sowie 1085/1086 für sich den Königstitel. 1198 wurde die erbliche Königswürde und 1212 wurden zusätzliche Privilegien gewonnen. Unter dem mit Margarete von Babenberg verheirateten Ottokar II. erlitten die P., die auf dem Höhepunkt ihrer Macht Böhmen, Mähren, Österreich, Steiermark, Kärnten und Krain beherrscht hatten, gegen Rudolf von Habsburg 1278 eine schwere Niederlage, erlangten aber 1300 über die Erbtochter das Königreich Polen und 1301 über Kunigunde von Ungarn das Königreich Ungarn. Mit der Ermordung Wenzels III./Ladislaus' V. erloschen sie 1306. Die von Herzog Nikolaus von Troppau abstammende uneheliche Linie starb 1521 aus.

L.: Wegener, W., Die Premysliden, 1957; Handbuch der Geschichte der böhmischen Länder, hg. v. Bosl, K., Bd. 1 1966; Zemlicka, J., Premysl Otakar I., 1990; Zemlicka, J., Premysliden, LexMA 7 1994, 186.

Pückler (Reichsfreiherren, Grafen). Das schlesische Adelsgeschlecht P. erscheint erstmals 1306. 1655 wurde es in den Reichsfreiherrenstand und 1690 in den Reichsgrafenstand erhoben. Im 17. Jahrhundert spaltete sich eine (seit 1676 in Franken ansässige) fränkische Linie ab. Diese erwarb 1737/1764 durch Heiraten Anteile an der Grafschaft Limpurg. 1740 wurde sie in das fränkische Reichsgrafenkollegium aufgenommen (Grafen Pückler-Limpurg, Grafen von P. und Limpurg). 1792 gehörten die Grafen von P. als Personalisten den fränkischen Grafen in der weltlichen Bank des Reichsfürstenrates des Reichstages an. Wegen Burgfarrnbach, Brunn und Tanzenhaid (Tantzenheid) zählten die Grafen P. seit dem frühen 18. Jahrhundert zum Kanton Altmühl des Ritterkreises Franken. Die betreffenden Güter gelangten bei der Mediatisierung zu Bayern.

L.: Biedermann, Altmühl; Stieber; Zeumer 554 II b 62, 17; Riedenauer 126.

Pückler-Limpurg (Grafen). Ein seit 1676 in Franken ansässiger Zweig der Reichsfreiherren von Pückler erwarb nach der 1690 erfolgten Erhebung in den Reichsgrafenstand 1437/1464 durch Einheiraten in Familien der Limpurgschen Allodialerben Anteile an der Grafschaft Limpurg. Seit 1740 gehörten die P. dem fränkischen Reichsgrafenkollegium an.

Pünzendorf, Puntzendorf (Reichsritter). Im frühen 16. Jahrhundert zählten die P. zum Kanton Gebirg im Ritterkreis Franken. S. Ochs von Gunzendorf.

L.: Riedenauer 126.

Puonzouua (Gau um die Elster)

L.: Curs, O., Deutschlands Gaue im zehnten Jahrhundert. Nach den Königsurkunden, Diss. phil. Göttingen 1908, 17 (Zeitz, Luckenau, Bröditz, Lonzig, Draschwitz, Gruna); Hessler, W., Mitteldeutsche Gaue des frühen und hohen Mittelalters, 1957, 147, Puonzowa (Bröditz, Crossen, Draschwitz, Grünau, Lonzig, Luckenau, Zeitz).

Pürckh (Reichsritter). Johann Adam Ernst von P., kaiserlicher Kammergerichtsassessor, war von 1691 bis etwa 1702 Mitglied des Kantons Neckar des Ritterkreises Schwaben.

L.: Hellstern 211.

Purihdinga

L.: Borgolte, M., Geschichte der Grafschaften Alemanniens in fränkischer Zeit, 1984, 128 (Dürbheim, Spaichingen).

Purschenstein, Porschenstein (Herrschaft). Der böhmische Adlige Borso von Riesenburg legte die 1289 erstmals bezeugte Burg P. bei Neuhausen an. Sie wurde im 15. Jahrhundert Mittelpunkt der Herrschaft P. Die Herrschaft P. zählte am Ende des 18. Jahrhunderts über Sachsen-Wittenberg (bzw. Sachsen) zum obersächsischen Reichskreis. Bis 1918 gehörte P. den Herren von Schönberg. S. Sachsen.

L.: Wolff 379; Wallner 708 ObersächsRK 2.

Pustertal (Grafschaft). Die Grafschaft im etwa 100 Kilometer langen Tal von Rienz und oberer Drau zwischen Hohen Tauern und Südtiroler Dolomiten bzw. Karnischen Alpen gehörte zeitweise zum Hochstift Brixen, kam aber schon früh an die Grafen von Tirol. 1919 fiel es im westlichen Teil an Italien (Südtirol).

L.: Wolff 37; Riedmann, J., Geschichte Tirols, 2. A. 1988.

Pustruzza (Pustriza, Gau)

L.: Curs, O., Deutschlands Gaue im zehnten Jahrhundert. Nach den Königsurkunden, Diss. phil. Göttingen 1908, 17.

Putbus (Land, Herren, Reichsgrafen). Das im Südwesten von Rügen liegende Land P. gehörte seit 1249 einer Nebenlinie der 1325 ausgestorbenen slawischen Fürsten von Rügen. Diese wurden 1727 Reichsgrafen. 1858 erlosch die Familie im Mannesstamm. Innerhalb Mecklenburgs gehörte P. von 1949 bis 1990 zur Deutschen Demokratischen Republik. Nach einer Entscheidung des Jahres 1998 verloren die Erben durch die Sowjetunion als Besatzungsmacht ihr Eigentum (14 500 Hektar Land bzw. ein Sechstel von Rügen) durch Enteignung. S. Pommern, Mecklenburg-Vorpommern.

L.: Loebe, V., Mitteilungen zur Genealogie und Geschichte des Hauses Putbus, 1895; Kausch, D., Geschichte des Hauses Putbus und seines Besitzes im Mittelalter, 1937, Greifswalder Abhandlungen 9; Kausch, D., Regesten und Urkunden zur Geschichte der Herren von Putbus, 1940.

Putlitz (Herren). P. an der oberen Stepenitz wurde 948 von Otto I. dem Bistum Havelberg übertragen. 983 wurde es wieder slawisch. Vermutlich 1147 eroberten die ministerialischen Herren von P. (Gans Edle zu P.) einen Teil der Prignitz (P., Perleberg, Wittenberge, Lenzen, Pritzwalk, Grabow). Sie übten hier landesherrliche Rechte aus. Sie mussten aber die Lehnshoheit der Bischöfe von Havelberg bzw. Grafen von Schwerin (Putlitz) und der Markgrafen von Brandenburg (Wittenberge) anerkennen. Grabow und Lenzen kamen an die Grafen von Schwerin, Pritzwalk an die Markgrafen von Brandenburg. Später wurde auch Perleberg nach Aussterben der dortigen Linie als erledigtes Lehen eingezogen. S. Brandenburg.

L.: Wolff 386; Wiese, H., Chronik der Stadt Putlitz, ungedruckt; Schultze, J., Die Prignitz, 1956.

Püttlingen (Herrschaft). P. bei Saarbrücken, das 1224 erstmals erwähnt wird, war im 14. Jahrhundert in den Händen der Herren von Forbach, Johanns von Heinzenberg (Hentzenberg) und Johanns von Kriechingen (Créhange). 1460 belehnte der Bischof von Metz die Herren von Sierck (Sirck) mit ihm. 1648 übertrug er die Lehnsherrschaft an die Herzöge von Lothringen, die seit 1681 die Herren von Kriechingen mit der zum oberrheinischen Reichskreis zählenden Herrschaft belehnten. Diesen folgten 1726 erbweise die Grafen von Wied-Runkel, die Püttlingen 1778 an Nassau-Saarbrücken verkauften, das bereits 1766 die Lehnsherrschaft von Frankreich als dem Inhaber Lothringens erlangt hatte. 1815 kam P. an Preußen, 1919 und 1945/1946 zum Saargebiet und damit 1957 zum Saarland.

L.: Wolff 266; Wallner 696 OberrheinRK 13; Scherer, N., Der Ortsname „Püttlinger" als persönlicher Eigenname, Zs. f. d. Geschichte d. Saargegend 1988.

Püttlingen (Herrschaft bzw. Grafschaft), frz. Puttelange-aux-Lacs, südwestlich von Saargemünd.

L.: Großer Historischer Weltatlas II 66 (1378) D4; Müller, F., Die Geschichte der Herrschaft Püttlingen bei Saarbrücken, 1990; Stockert, H., Adel im Übergang, 2000.

Pyrbaum (Reichsherrschaft). Im 12. Jahrhundert erscheinen Herren von P. (Birnbaum) bei Neumarkt. Ihre Burg kam bis zum 14. Jahrhundert an die Herren von Wolfstein. P. bildete zusammen mit Sulzbürg eine reichsunmittelbare, später dem bayerischen Reichskreis zugeordnete Herrschaft der Herren von Wolfstein, die 1561 reformiert wurde und 1740 an Bayern kam. S. Aurach, Sulzbürg.

L.: Wolff 150; Wallner 715 BayRK 15.

Pyrmont (Herrschaft, Grafschaft). Kurz nach 1180 ließ der Erzbischof von Köln zur Sicherung des Herzogtums Westfalen an der Emmer die Burg P. (Petri mons) errichten und gab sie den Grafen von Schwalenberg zu Lehen. Von ihnen spalteten sich 1194 Grafen von P. mit einer besonderen Herrschaft über rund zehn Dörfer ab. Ihre Güter fielen bei ihrem Aussterben 1494 an die Grafen von Spiegelberg (bis 1557), an Lippe (bis 1523), Gleichen (bis 1625) und die Grafen von Waldeck (bis 1918). Die zum niederrheinisch-westfälischen Reichskreis und zum westfälischen Reichsgrafenkollegium zählende Grafschaft umfasste um 1800 ein Gebiet von 1,5 Quadratmeilen und 4500 Einwohnern. 1922 kam P. von Waldeck an Preußen und damit 1946 an Niedersachsen.

L.: Wolff 359; Zeumer 554 II b 63, 15; Wallner 704 WestfälRK 42; Großer Historischer Weltatlas III 38 (1789) C1; Schwanold, H., Pyrmont, 1924; Goette, R., Pyrmonts Vergangenheit, Bd. 1 ff. 1960 ff.; Garfs, J., Begegnung mit Bad Pyrmont, 1988.

Pyrmont (Grafschaft). Wegen P. in der Eifel zählten die Eltz/Waldbott-Bassenheim und seit 1710 die Waldbott von Bassenheim (Waldbott-Bassenheim) zeitweise zum westfälischen Reichsgrafenkollegium.

L.: Arndt 220.

Q

Quadt s. Quadt-Wickrath

Quadt-Wickrath, Quadt-Wykradt (Grafen, Reichsgrafen). 1256 erscheint das jülich-geldernsche Adelsgeschlecht Quadt. Es erbte 1498/1502 die reichsständische Herrschaft Wykradt (Wickrath, heute Stadtteil Mönchengladbachs) und zählte zum Ritterkreis Rhein sowie zum Kanton Rhön-Werra (etwa 1750–1780) des Ritterkreises Franken. 1557 wurde es protestantisch. 1752 wurde die Hauptlinie Q. zu Reichsgrafen (westfälische Grafen) erhoben. Sie verlor 1801 ihre linksrheinischen Güter und erhielt durch § 24 des Reichsdeputationshauptschlusses vom 25. 2. 1803 für Wickrath und Schwanenberg (heute Stadtteil von Erkelenz) neben einer Rente von 11 000 Gulden die aus der Reichsabtei Isny und der Reichsstadt Isny gebildete standesherrliche Grafschaft Isny. Sie fiel 1806 an Württemberg. 1951/1952 kam Isny zu Baden-Württemberg.

L.: Zeumer 552 ff. II b 63, 25; Roth von Schreckenstein 2, 595; Seyler 377; Riedenauer 126; Speth, H., Die Reichsstadt Isny am Ende des alten Reiches (1775–1806), 1972.

Quadt-Wickrath und Isny, Quadt-Wykradt und Isny (Reichsgrafen). Die Reichsgrafen von Quadt-Wickrath nannten sich Q., nachdem sie 1803 als Entschädigung für ihre linksrheinischen Güter die aus der Reichsabtei Isny und der Reichsstadt Isny gebildete Grafschaft Isny erlangt hatten, die 1806 an Württemberg fiel. 1951/1952 gelangten damit die Güter zu Baden-Württemberg.

L.: Speth, H., Die Reichsstadt Isny am Ende des alten Reiches (1775–1806), 1972.

Quedlinburg (Abtei). In Q. an der Bode im nordöstlichen Harzvorland bestand schon in karolingischer Zeit neben einer vermutlich Ende des 8. Jahrhunderts entstandenen Hersfelder Missionskirche eine Burg, die König Heinrich I. zu seiner wichtigsten Pfalz ausbaute. 922 ist ein daran anschließender Ort mit Königshof (Quitilingaburg) erstmals erwähnt. 936/937 gründete die Königinwitwe Mathilde mit Zustimmung ihres Sohnes Otto des Großen auf der Burg das Kanonissenstift Sankt Servatius, das mit bedeutenden Privilegien ausgestattet wurde (994 Marktprivileg, Münzprivileg und Zollprivileg für die Kaufleute, Güter bis ins Eichsfeld, Vogtland und Havelland) und dem eine besondere Stellung als fürstliche Reichsabtei zugedacht war. Der Ort Q. stand unter der Herrschaft der Äbtissin, die nach einem Verzicht auf die Herrschaftsrechte über die Stadt (1358) im Jahr 1477 den Versuch der zu dieser Zeit etwa 5000 Einwohner zählenden Stadt vereitelte, die Reichsunmittelbarkeit zu erlangen. Die Vogtei über das Stift gewannen in der Mitte des 12. Jahrhunderts die Grafen des Harzraumes, 1273 die Grafen von Regenstein und 1477 die Wettiner, deren albertinische Linie 1485 die Schutzherrschaft erhielt. 1539 wurde Q., das zum obersächsischen Reichskreis zählte, ein evangelisches freies weltliches Stift. 1697 trat Sachsen (Kursachsen) die Rechte der Schutzvogtei an Brandenburg ab, an das 1648 das umgebende Hochstift Halberstadt gekommen war. 1803/1813 fiel das Fürstentum Q., dessen Äbtissin zu den rheinischen Prälaten zählte (mit der Stadt Q. und dem Flecken Dithfurth ein Gebiet von 2 Quadratmeilen), an Preußen. Von 1807 bis 1813 gehörte Q. zum Königreich Westphalen, nach 1815 zur preußischen Provinz Sachsen. Von 1949 bis 1990 kam es damit in Sachsen-Anhalt zur Deutschen Demokratischen Republik.

L.: Wolff 408 f.; Zeumer 552 ff. II a 37, 12; Wallner 710 ObersächsRK 24; Großer Historischer Weltatlas III 22 (1648) E3, III 38 (1789) D2; Gringmuth-Dallmer, H., Magdeburg-Wittenberg, in: Geschichte der deutschen Länder, Bd. 1; Geschichte zur Tausendjahrfeier der Stadt Quedlinburg, Bd. 1 f. 1922; Lorenz, H./Kleemann, S., Quedlinburgische Geschichte, Bd. 1 f. 1922; Lorenz, H., Werdegang der 1000 jährigen Kaiserstadt Quedlinburg, 1925; Kleemann, S., Quedlinburg, 10. A. 1927; Weirauch, H. E., Der Grundbesitz des Stiftes Quedlinburg im Mittelalter, Sachsen und Anhalt 14 (1938); Speer, E., Quedlinburg, 2. A. 1954; Speer, E., Quedlinburg und seine Kirchen, 3. A. 1972; Militzer, K./Przybilla, P., Stadtentstehung, Bürgertum und Rat. Halberstadt und Quedlinburg bis zur Mitte des 14. Jahrhunderts, 1980; Schauer, H., Quedlinburg. Das städtebauliche Denkmal und seine Fachwerkbauten, 1990; Blaschke, K., Quedlinburg, LexMA 7 1994, 359; Deutsche Königspfalzen, Bd. 4, 1996; Reuling, U., Quedlinburg, 2006.

Querfurt (Fürstentum). Q. an der Querne südwestlich von Halle wird als Burg (Curnfurdeburg) erstmals im Hersfelder Zehntverzeichnis von 880/889 erwähnt. Nach ihr nannten sich seit etwa 1000 nachweisbare Herren von Q., die seit 1136 als Lehnsleute der Erzbischöfe von Magdeburg Burggrafen waren, 1229 die jüngere Linie der Grafen von Mansfeld (1262/1264) bildeten und deren Güter 1496 nach ihrem Aussterben als erledigtes Lehen an das Erzstift Magdeburg fielen. 1635/1648 kamen Q. mit 8 Dörfern, Jüterbog mit 20 Dörfern, Dahme mit 12 Dörfern und Burg an Sachsen. 1656 gelangte Q. an Sachsen-Weißenfels, 1687 kam Burg in einem Vergleich wegen der 1648 nicht entschiedenen Landeshoheit über Q. an Brandenburg zurück. Später wurde Heldrungen an der Unstrut gewonnen. Von 1663 bis 1746 bestand innerhalb Sachsens das reichsunmittelbare Fürstentum Sachsen-Querfurt, dessen Verwaltung von Weißenfels aus geführt wurde und das beim Aussterben der Linie (1746) an Sachsen zurückfiel. Am Ende des 18. Jahrhunderts gehörte es mit etwa 15 Quadratmeilen (Ämter Q., Heldrungen, Jüterbog und Dahme) über Sachsen zum obersächsischen Reichskreis. Über die Provinz Sachsen Preußens kam Q. 1945 an Sachsen-Anhalt und von 1949 bis 1990 an die Deutsche Demokratische Republik.

L.: Wolff 400 f.; Wallner 710 ObersächsRK 16; Großer Historischer Weltatlas III 39 D2; Kretzschmar, H., Herrschaft und Fürstentum Querfurt 1496–1815, in: FS Tille, 1930; Ihle, E., Querfurt, Heimat- und Geschichtsbuch, 1938; Wäscher, H., Feudalburgen in den Bezirken Halle und Magdeburg, 1962; Glatzel, K., Burg Querfurt, 1979; Helbig, H., Der wettinische Ständestaat, 2. A. 1980, 117 ff.; Blaschke, K., Querfurt, LexMA 7 1994, 376.

Quezici (961)

L.: Curs, O., Deutschlands Gaue im zehnten Jahrhundert. Nach den Königsurkunden, Diss. phil. Göttingen 1908, 17 (Quesici, Gau östlich Merseburgs); Hessler, W., Mitteldeutsche Gaue des frühen und hohen Mittelalters, 1957, 27, 148, Quesizi (Eilenburg); Wagner, G., Die Verwaltungsgliederung im karolingischen Reich, 1963, 9 (mit Ilburg).

Quinzingouwe (Künzinggau)

L.: Polenz, P. v., Landschafts- und Bezirksnamen, 1961, 303, s. Chwinzingouwe.

Quitzow (Herren). 1261 erscheint das sich nach Q. bei Perleberg nennende brandenburgische Adelsgeschlecht Q. erstmals. Es stammte vielleicht aus Franken und war wahrscheinlich unter den Gans Edlen von Putlitz vor 1150 an der Besiedlung der Prignitz maßgeblich beteiligt. In mehrere Zweige geteilt, erwarb es in den brandenburgischen Wirren unter den wittelsbachischen und luxemburgischen Markgrafen die Burgen und Herrschaften Kletzke, Rüstadt, Quitzöbel, Stavenow und Eldenburg und zählte 1373 mit den Putlitz, Rohr und Bosel zu den Edlen (nobiles) des Prignitz. Ihre Stammburg Q. bei Perleberg kam am Ende des 14. Jahrhunderts an die Platen. Seit 1404 gewannen sie in zahlreichen Fehden die tatsächliche Herrschaft über das von den luxemburgischen Markgrafen vernachlässigte Land. Zwischen 1411 und 1417 wurden sie von Friedrich I. von Hohenzollern unterworfen. In der Mark starb die Familie 1824 im Mannesstamm aus. S. Brandenburg.

L.: Klöden, K. v., Die Quitzows und ihre Zeit, Bd. 1–3 3. A. 1890; Hoppe, W., Die Quitzows, 1930, Forschungen zur brandenburgisch-preußischen Geschichte 43; Schultze, J., Die Prignitz, 1956; Warnstedt, C. Frhr. v., Das Geschlecht von Quitzow, Zs. f. ndt. Familienkunde 45 (1970), 69 ff.; Escher, F., Quitzow, LexMA 7 1994, 376.

R

Raab von Schönwald (Reichsritter). Die R. gehörten der vogtländischen Ritterschaft an. S. Vogtland.

L.: Stieber.

Raabs (Grafen). R. (zu ahd. Ratgoz?) an der Thaya in Niederösterreich war Mittelpunkt einer im 11. Jahrhundert entstandenen (angeblich erst nachträglich dem Herzogtum Österreich angegliederten und bis zum Ende des 13. Jahrhunderts reichsunmittelbaren) Grafschaft. Die sich seit 1144 nach R. (Rachz) nennenden Herren bzw. Grafen wurden um 1150 Burggrafen von Nürnberg. Bei ihrem Aussterben 1191/1192 folgten ihnen als Burggrafen die ihnen in weiblicher Linie verwandten Grafen von Zollern (Hohenzollern). 1200 verkaufte Konrad von Zollern seinen Anteil an der Grafschaft R. an Herzog Leopold VI. von Österreich, 1297 verkauften die Grafen von Hirschberg den an sie über die jüngere Erbtochter (Litschau-Heidenreichstein) gelangten Rest ebenfalls an die habsburgischen Herzöge von Österreich.

L.: Lechner, K., Die Grafschaft R., Monatsblatt des Vereins für Landeskunde von Niederösterreich 21 (1928); Barta, K., Heimatbuch der Stadt Raabs, 1965; Tepperberg, C., Die Herren von Puchheim im Mittelalter, Diss. Wien 1978; Rigele, B., Die Maissauer, Diss. Wien 1990; Weltin, M., Raabs, LexMA 7 1994, 379.

Rabenau, Nordeck von Rabenau (Reichsritter). Im frühen 16. Jahrhundert zählten die Nordeck von R. zum Kanton Rhön-Werra des Ritterkreises Franken.

L.: Riedenauer 126.

Rabenhaupt (Reichsritter). In der zweiten Hälfte des 17. Jahrhunderts zählten die R. zum Kanton Odenwald des Ritterkreises Franken.

L.: Riedenauer 126.

Rabenstein (Reichsritter). Bis zur Mitte des 18. Jahrhunderts zählten die vom R. zum Kanton Gebirg des Ritterkreises Franken.

L.: Stieber; Pfeiffer 196, 209; Riedenauer 126; Rahrbach 176.

Rabensteiner (Reichsritter). Im 16. Jahrhundert zählten die R. zum Kanton Gebirg des Ritterkreises Franken. S. Dölau.

L.: Riedenauer 126.

Racknitz (Freiherren, Reichsritter). Im 18. Jahrhundert zählten die aus Österreich emigrierten Freiherren von R. mit dem von den Geizkofler erheirateten Haunsheim zum Kanton Kocher des Ritterkreises Schwaben. Mit Schloss Ehrenberg, zwei Dritteln Heinsheim und Zimmerhof mit Kohlhof waren sie dem Kanton Kraichgau inkorporiert. Außerdem gehörten sie mit dem 1777 von den Grafen von Muggenthal erworbenen Laibach, das 1808 an Württemberg und damit 1951/1952 an Baden-Württemberg kam, dem Kanton Odenwald des Ritterkreises Franken an.

L.: Roth von Schreckenstein 2, 592; Hölzle, Beiwort 56, 62 f.; Winkelmann-Holzapfel 158; Stetten 37, 185; Riedenauer 126; Schulz 269.

Radenzgau (Ratinzgouue, Ratintzgouui, Ratenzgouue, Ratenzgouui, Radinzguve, Ratenzgoew, Radinzgouui, Radenzegewi, Radonzgowe, Ratingowe, Ratenzgowie, Gau um die Regnitz links des Mains)

L.: Curs, O., Deutschlands Gaue im zehnten Jahrhundert. Nach den Königsurkunden, Diss. phil. Göttingen 1908, 17 (Hallstatt, Mühlhausen, Lonnerstadt, Etzelskirchen, Rothemann, Schlopp, Forchheim, Erlangen, Eggolsheim, Kersbach, Ebermannstadt, Wachenroth).

Radziwill (Reichsfürst). 1515 wurde Nikolaus R., Kanzler von Litauen, und 1547 weitere Mitglieder und Linien seines Hauses zu Reichsfürsten erhoben.

L.: Klein 172.

Raetia vgl. Rieza, Churwalahun

L.: Polenz, P. v., Landschafts- und Bezirksnamen, 1961, 303.

Raibach (Ganerbschaft). In R. östlich von Dieburg bestand eine Ganerbschaft. Über Hessen-Darmstadt kam R. 1945 zu Hessen.

L.: Geschichtlicher Atlas von Hessen, Inhaltsübersicht 33.

Raithenbach, Raitenbach (Reichsritter). Im 16. Jahrhundert zählten die R. zum Kanton Gebirg des Ritterkreises Franken.

L.: Riedenauer 126.

Ramestal (Remstal)

L.: Polenz, P. v., Landschafts- und Bezirksnamen, 1961, II, 29, 64 f., Ramestal.

Ramholz (Herrschaft). Um 1020 gab der Abt von Fulda das Kirchspiel R. im oberen Kinzigtal an das Kloster Schlüchtern. Im späten 13. Jahrhundert kam es an die Hutten, die es den Grafen von Hanau zu Lehen auftrugen. 1642 verpfändeten die Herren von Hutten das Gericht Vollmerz bei Schlüchtern mit R., Vollmerz und Hinkelhof. 1677 kam die damit entstandene reichsritterschaftliche Herrschaft R. über die Herren von Landas an die Grafen von Degenfeld. 1803 fiel sie an Hessen-Kassel und damit 1866 an Preußen und 1945 an Hessen.

L.: Wittenberg, H.W., Die Geschichte der Herrschaft Ramholz, Diss. phil. Mainz 1959.

Rammagau (Gau in Alemannien)

L.: Polenz, P. v., Landschafts- und Bezirksnamen, 1961, II, 24, 26, 31, 34, 90, Rammahgouwe; Borgolte, M., Geschichte der Grafschaften Alemanniens in fränkischer Zeit, 1984, 63, 179 (Laupheim, Schönebürg).

Rammingen (Reichsritter). Erhardt von R. zu Bauschlott, markgräflich badischer Rat, war von 1610 bis etwa 1628 Mitglied im Kanton Neckar des Ritterkreises Schwaben.

L.: Hellstern 211.

Ramsberg (Herrschaft). 1409 wurde die Herrschaft R. von der Reichsstadt Überlingen erworben, die 1803 an Baden und damit 1951/1952 an Baden-Württemberg fiel.

L.: Wolff 215; Hölzle, Beiwort 91.

Ramschwag (Freiherren, Reichsritter). 1753 zählten die Freiherren von R. zum Kanton Hegau des Ritterkreises Schwaben.

L.: Ruch, Anhang 77, 81.

Ramsenstrut (reichsritterschaftliche Herrschaft). R. zählte zum Kanton Kocher des Ritterkreises Schwaben und kam an Ellwangen und damit 1802/1803 an Württemberg bzw. 1951/1952 an Baden-Württemberg.

Randegg s. Faber von R., Fauler von R.

Randersacker, Randsacker (Reichsritter). Im frühen 16. Jahrhundert zählten die R. zum Kanton Steigerwald im Ritterkreis Franken.

L.: Riedenauer 126; Rahrbach 178.

Rangau (Rangeuue, Rangouue, Rangouui, Rangovve, Gau südlich des Radenzgaus) (benannt nach der Ranna bzw. Rannach am Oberlauf der Aisch)

L.: Curs, O., Deutschlands Gaue im zehnten Jahrhundert. Nach den Königsurkunden, Diss. phil. Göttingen 1908, 18 (Büchenbach, Herzogenaurach, Langenzenn); Polenz, P. v., Landschafts- und Bezirksnamen, 1961, I, 19, II, 24, 27; Niemeyer, W., Der pagus des frühen Mittelalters in Hessen, 1968, 120.

Ranhoff (Reichsritter). Im 16. Jahrhundert zählten die R. zum Kanton Steigerwald des Ritterkreises Franken.

L.: Pfeiffer 214; Bechtolsheim 2.

Ranis (Herren, Herrschaft). Vermutlich kam R. bei Pössneck, das 1085 unter Wiprecht von Groitzsch erscheint, als Teil des Orlalandes vom Erzstift Köln an Friedrich I. Barbarossa. 1198 gab Otto IV. das Gebiet an Köln zurück. 1199 belehnte König Philipp den Landgrafen von Thüringen mit dem Gebiet Orla und der Reichsburg R., nach der sich bereits 1194 Herren nannten. Im 13. und 14. Jahrhundert erscheint sie wiederholt in Landesteilungen der Grafen von Schwarzburg. 1418 ging sie vermutlich durch Kauf als Reichslehen auf Sachsen über, das R. 1465 den verschwägerten Herren (1495 Reichsfreiherren) von Brandenstein gab, die R. 1571 den Breitenbauch (seit 1902 Breitenbuch) verkaufte (obersächsischer Reichskreis). 1815 fiel R. an Preußen (Provinz Sachsen) und wurde am 1. 4. 1944 mit dem Regierungsbezirk Erfurt zum 1. 7. 1944 dem Reichsstatthalter von Thüringen unterstellt. Nach der Kapitulation vom 8. 5. 1945 gelangte es zu Thüringen und mit diesem 1949 zur Deutschen Demokratischen Republik. 1952 kam es zum Bezirk Gera. Bei der Wiederherstellung (str.) der Länder Sachsen-Anhalt und Thüringen blieb R. bei Thüringen.

L.: Reichsmatrikel 1521; Gumpelzhaimer, 176; Wolff 380; Schache, K., Burg Ranis, 1989.

Rankweil (Reichsdorf?)

L.: Dacheröden 189; Hugo 476; Wolff 39.

Rann (Herrschaft), slowen. Brezice. R. in der Untersteiermark war Mittelpunkt einer Herrschaft. Sie gehörte von 1043 bis 1493 dem Erzstift Salzburg. Danach kam sie an Habsburg, 1918 zu Jugoslawien und 1991 zu Slowenien.

L.: Wolff 28; Tiller, V., Brezice z okolico (Rann und Umgebung), 1938.

Rannariedl (Herrschaft). Die Burg R. bei Rohrbach war Mittelpunkt einer Herrschaft. 1258 gehörte die Burg den Falkenstein. 1358/1359 kam sie an das Hochstift Passau, 1506 über die Herzöge von Bayern an Habsburg. 1581 wurde sie an die Khevenhüller verkauft, 1590 an die Salburger. 1725 gingen Burg und Herrschaft mit 862 Untertanen an die Grafen

Clam über, 1765 ohne Landeshoheit an das Hochstift Passau und 1802/1803 an Österreich.

Rannungen (Ganerbschaft). In R. bei Bad Kissingen bzw. Münnerstadt bestand eine Ganerbschaft. Später kam R. zu Bayern.

L.: Geschichtlicher Atlas von Hessen, Inhaltsübersicht 34.

Rantzau (reichsunmittelbare Grafschaft, Reichsgrafen). R. bei Plön wird erstmals 1226 erwähnt (Rantzow). Es war Stammsitz eines 1226/1236 erstmals sicher bezeugten, in mehreren Linien im deutschen, dänischen und niederländischen Raum verbreiteten holsteinischen Adelsgeschlechts. Seine Güter lagen um Breitenburg bei Itzehoe und im Südosten von Kiel. 1649 verkaufte Herzog Friedrich III. von Holstein-Gottorp (Gottorf) den 1640 beim Aussterben der Linie Pinneberg der Grafen von Schauenburg (Schaumburg) an ihn gelangten Anteil der Herrschaft Pinneberg (Barmstedt, Elmshorn) an den königlichen Statthalter Christian R. 1650/1651 wurde die Familie in den Reichsgrafenstand erhoben. Danach hatte sie bis 1726 das Amt Barmstedt als reichsunmittelbare, zum niedersächsischen Reichskreis und zum westfälischen Reichsgrafenkollegium gehörige Grafschaft inne. Die Reichsgrafschaft wurde 1726 auf Grund eines Erbvertrages von 1669/1671 von Dänemark eingezogen, nachdem Wilhelm Adolf R. seine älteren kinderlosen Brüder hatte ermorden lassen. 1734 gelangte R. endgültig an Dänemark. Die Allodialgüter kamen 1726 an Katharina Hedwig R. 1739 begann Hans Graf zu R. in Gut Ascheberg bei Plön mit der Abschaffung der Leibeigenschaft (Bauernbefreiung, Agrarreform). Um 1800 umfasste das Gebiet der Grafschaft R. 4,5 Quadratmeilen. (1865 kam Barmstedt zu Preußen, 1946 zu Schleswig-Holstein.)

L.: Wolff 454; Wallner 707 NiedersächsRK 21; Großer Historischer Weltatlas II 22 (1648) D2, III 38 (1789) C1; Ranert, M.T., Die Grafschaft Rantzau, 1840; Barmstedt. Stadt und Kirchspiel. Eine geschichtliche Schau, hg. v. Dössel, H., Teil 1 ff. 1936 ff.; Hoffmann, E., Rantzau, LexMA 7 1994, 440.

Rapp, Rapp zu Hausen (Reichsritter). Im frühen 17. Jahrhundert zählten die R. zu Hausen zum Kanton Baunach, um 1700 zum Kanton Rhön-Werra im Ritterkreis Franken.

L.: Stieber; Seyler 377; Riedenauer 126.

Rappoltstein (Herrschaft), frz. Haut-Ribeaupierre. Nach einer im 11. Jahrhundert (1084) anlässlich des Überganges vom Familiengut der Salier an das Hochstift Basel erstmals erwähnten Burg bei Rappoltsweiler (frz. Ribeauvillé) südwestlich von Schlettstadt im Elsass nannten sich seit dem Anfang des 13. Jahrhunderts Herren von R., die 1022 erstmals erscheinen und um 1156 (1157) ausstarben, aber Namen und Güter in weiblicher Erbfolge an die Urslingen weitergaben. Außer R. gehörten der Familie die Ende des 13. Jahrhunderts vielleicht von den Grafen von Pfirt erworbene Burg und Herrschaft Hohenack sowie Gemar. 1298, 1373 und 1419 wurde kurzfristig geteilt. 1648 fiel die Herrschaft, die zwischen Landsässigkeit (1495) und Reichsstandschaft (1554) schwankte, mit der habsburgischen Landgrafschaft (Sundgau), an die R. 1547 gelangt war, an Frankreich und gehörte danach einem deutschen Reichsstand unter Oberhoheit Frankreichs. Beim Aussterben der jüngeren Herren von R. im Mannesstamm 1673 kam die Herrschaft R., die einen Teil des Markircher Tals sowie einige Orte um Rappoltsweiler (Maursmünster 1484–1665) umfasste, über die Erbtochter an Pfalz-Birkenfeld-Bischweiler, 1734 an Pfalz-Birkenfeld und 1777 an Bayern. 1789/1801 fiel sie an Frankreich.

L.: Wolff 250; Großer Historischer Weltatlas II 66 (1378) D4; Rappoltsteinisches Urkundenbuch 759–1500, hg. v. Albrecht, K., Bd. 1–5 1891 ff.; Brieger, R., Die Herrschaft Rappoltstein, 1907 (Diss. phil. Leipzig 1906); Jordan, B., La noblesse d'Alsace entre la gloire et la vertu. Les sires de Ribeaupierre 1451–1585, 1991; Spieß, K., Rappoltstein, LexMA 7 1994, 444.

Rassler, Raßler (Reichsritter). Um 1789 waren die R. mit Domeneck Mitglied des Kantons Odenwald des Ritterkreises Franken.

L.: Winkelmann-Holzapfel 158; Riedenauer 126.

Rassler von Gamerschwang (Freiherren, Reichsritter). Die Freiherren R., die seit 1661 mit Gamerschwang dem Kanton Donau des Ritterkreises Schwaben angehörten, wurden 1760 mit den Ortschaften Bittelbronn (Lehen Österreichs), Bieringen (Lehen Österreichs), Börstingen [Borstingen] (ein Viertel Lehen Österreichs, drei Viertel Eigengut) und der Herrschaft Weitenburg mit Sulzau (drei Viertel Eigengut, ein Viertel Lehen Österreichs) Mitglied des Kantons Neckar.

L.: Hölzle, Beiwort 59, 65; Hellstern 211, 218; Kollmer 375.

Ratanzwinidun (Rednitzwenden)

L.: Polenz, P. v., Landschafts- und Bezirksnamen, 1961, III, 27, 29, Ratanzwinidun, Bevölkerungsname, ‚Rednitzwenden'.

Ratenzgouwe (Regnitzgau) s. Radenzgau

L.: Polenz, P. v., Landschafts- und Bezirksnamen, 1961, II, 23 f., 27, Ratenzgouwe, ‚Regnitzgau'.

Ratershausen (Reichsdorf) s. Rottershausen

L.: Dacheröden 260; Hugo 460, 456.

Rath, Rhade (Herrschaft). Die in der Eifel gelegene Herrschaft R. bei Mechernich gehörte den Grafen von Nesselrode. Sie zählte am Ende des 18. Jahrhunderts zu den nicht eingekreisten Reichsteilen des Heiligen Römischen Reiches. Ihr Gebiet kam über Preußen (1815) 1946 an Nordrhein-Westfalen.

L. Wolff 499; Oidtman, E. v., Der ehemalige Rittersitz Rath, auch Marschallsrath genannt, bei Mechernich, Zs. d. Aachner Geschichtsvereins 80 (1898).

Rathsamhausen (Freiherren, Reichsritter). Im 18. Jahrhundert zählten die Freiherren von R. mit Nonnenweier samt Daubensand zum Ort (Bezirk) Ortenau des Kantons Neckar des Ritterkreises Schwaben (1802 Freiherr Christoph Philipp von R. zu Ehenweyer). Mit Bösenbiesen, Boozheim, Fegersheim, Künheim, Ohnheim und halb Wibolsheim waren sie Mitglied im Ritterkreis Unterelsass, wo sie bereits im Stichjahr 1680 angesessen und mit ihren Gütern bei der Ritterschaft immatrikuliert waren. 1819 erloschen sie männlicherseits, 1890 weiblicherseits.

L.: Roth von Schreckenstein 2, 592, 595; Hölzle, Beiwort 66 f.

Ratibor (Herzogtum), poln. Raciborz. An der Furt der Straße von Böhmen nach Polen über die Oder erscheint 1108 die Burg R. in Oberschlesien. Bereits im 12. Jahrhundert (1163) war sie ein Hauptsitz der piastischen Herzöge Schlesiens. 1202 kam sie zum Herzogtum Oppeln. Als dieses 1281 geteilt wurde, entstand das Herzogtum R. Seit 1327 unterstand es der Lehnshoheit Böhmens. 1336 bildete es eine Union mit dem přemyslidischen (przemyslidischen) Herzogtum Troppau, wurde aber 1365 unter einer Nebenlinie wieder selbständig. 1521 kam es an die piastischen Herzöge von Oppeln. Die Lehnsherrschaft fiel 1526 mit Böhmen an Habsburg/Österreich. 1531/1532 kam R. durch Erbvertrag an Habsburg/Österreich, das es bis 1551/1552 an Brandenburg verpfändete und dann einlöste. 1742 fiel es mit 18 Quadratmeilen Gebiet an Preußen. Aus 1810 säkularisiertem Kirchengut und Resten des Fürstentums wurde am Anfang des 19. Jahrhunderts eine neue Standesherrschaft R. gebildet. Sie kam 1822 als Ersatz für an Preußen abgetretene Güter in Hessen als Mediatfürstentum an Landgraf Viktor Amadeus von Hessen-Rotenburg, 1834 erbweise an Prinz Viktor von Hohenlohe-Schillingsfürst, der 1840 den Titel Herzog von R. erhielt. 1945 gelangte R. unter Verwaltung Polens und damit 1990 als politische Folge der deutschen Wiedervereinigung an Polen.

L.: Wolff 480; Großer Historischer Weltatlas II 66 (1378) K3; Weltzel, A., Geschichte der Stadt und Herrschaft Ratibor, 2. A. 1881; Mosler, J., Ratibor und das Ratiborer Land im Schrifttum der Jahrhunderte, 1938; Kuhn, W., Siedlungsgeschichte Oberschlesiens, 1954; Hyckel, G., Geschichte der Stadt Ratibor, 1956; Hyckel, G., Geschichte und Besiedlung des Ratiborer Landes, 3. A. 1961; Hupka, H., Ratibor, Stadt im schlesischen Winkel, 1962; Ratibor. Stadt und Land an der oberen Oder, hg. v. Kosler, A., Teil 1 1980; Menzel, J., Ratibor, LexMA 7 1994, 458.

Ratiborski von Sechzebuhs (Reichsritter). Vielleicht zählten die R. zum Kanton Gebirg im Ritterkreis Franken sowie zur vogtländischen Ritterschaft (Vogtland).

L.: Riedenauer 126.

Ratoltesbuoch

L.: Polenz, P. v., Landschafts- und Bezirksnamen, 1961, II, 72, 74, 83, 90, Ratoltesbouch (Ratolvesbuch).

Ratsberg, Rathsberg s. Hüls von R., Hülsen von R.

Rattenheim? (Reichsritter). Vielleicht zählten die R. zum Kanton Altmühl des Ritterkreises Franken. S. Rotenhan, Rodenheim?

L.: Riedenauer 126.

Ratzeburg (Fürstbistum, Fürstentum, Land). 1062 erscheint an der Stelle einer alten wendischen Befestigung die wohl im 11. Jahrhundert errichtete Burg R. auf einer Insel im Ratzeburger See anlässlich der Übertragung vom Reich an den Herzog von Sachsen. Sie war Sitz eines durch Erzbischof Adalbert von (Hamburg-)Bremen und den slawischen Fürsten Gottschalk eingerichteten Bistums zur Missionierung der slawischen Abodriten. Es entstand 1062 auf einem Teilgebiet des Bistums Oldenburg und ging im Slawenaufstand von 1066 unter. 1138/1154 wurde es unter reicher Ausstattung durch Heinrich von Badwide bzw. Heinrich den Löwen, der das westliche Mecklenburg erobert und (1143) eine Grafschaft (Polabien und) R. eingerichtet hatte, zwischen Travemündung und Elbe neu errichtet (Bischof Evermod). Seit 1170 wurde der Dom erbaut. Nach dem Sturz Heinrichs des Löwen 1180 (bzw. 1236) wurde es reichsunmittelbar und wurden die Bischöfe Reichsfürsten. Die Grafschaft kam nach dem Aussterben der Badwide (1199) 1201 unter der Oberherrschaft Dänemarks an Albrecht von Orlamünde, 1227 an Sachsen (Askanier) und wurde 1295/1296 zum Mittelpunkt Sachsen-Lauenburgs. Im 13./14. Jahrhundert erwarben die Bischöfe ein kleines geschlossenes Herrschaftsgebiet um Schönberg zwischen Ratzeburger See und Dassower See, wozu (anders als die Stadt R.) die Dominsel in R. und verstreute Güter kamen. 1551/1554 wurde das Bistum lutherisch. Der letzte Bischof überließ es dem Herzog von Mecklenburg. Von 1554 an herrschten Administratoren über das Hochstift. 1648 wurde es säkularisiert und kam als zum niedersächsischen Reichskreis zählendes Fürstentum R. 1653 an Mecklenburg-Schwerin, 1701 mit an Mecklenburg-Strelitz, jedoch ohne Anteil an der mecklenburgischen Verfassung. 1869 erhielt das 6,8 Quadratmeilen große, durch Mecklenburg-Schwerin vom übrigen Mecklenburg-Strelitz abgetrennte Fürstentum mit 10 000 Einwohnern einen eigenen Landtag, der aber erst nach einer Verfassungsänderung 1906 zusammentrat. Am 1. 10. 1937 kam der Domhof R. (Mecklenburg) durch das sog. Groß-Hamburg-Gesetz zur Stadt R. (Schleswig-Holstein). S. Sachsen-Lauenburg, Hannover, Schlewig-Holstein.

L.: Wolff 453; Zeumer 553 II b 42; Wallner 707 NiedersächsRK 19; Großer Historischer Weltatlas II 66 (1378) F2, III 22 (1648) E2; Masch, G. M. C., Geschichte des Bistums Ratzeburg, 1835; Hellwig, L., Chronik der Stadt Ratzeburg, 2. A. 1929; Jordan, K., Die Bistumsgründungen Heinrichs des Löwen, 1939; Freytag, H. J., Die Bischöfe von Ratzeburg als Landesherren im Mittelalter, in: Der Dom zu Ratzeburg, hg. v. Schreiber, H. H., 1954; Ratzeburg – 900 Jahre 1062 bis 1962, zusammengest. v. Landenheim, K./Prillwitz, K., 1962; Kaack, H., Ratzeburg, 1987; Hoffmann, E., Ratzeburg, LexMA 7 1994, 469; Ein Jahrtausend Mecklenburg und Vorpommern, 1995.

Ratzenberg, Ratz, Ratzenburg (Reichsritter). Im frühen 16. Jahrhundert zählten die R. zum Kanton Odenwald und zum Kanton Gebirg des Ritterkreises Franken.

L.: Stieber; Pfeiffer 210; Riedenauer 126.

Ratzenried (Freiherren, Reichsritter). Im 18. Jahrhundert zählten die Freiherren von und zu R. zum Kanton Hegau (Hegau-Allgäu-Bodensee, Bezirk Allgäu-Bodensee) des Ritterkreises Schwaben. S. Humpiß, genannt von R.

L.: Ruch, Anhang 82; Roth von Schreckenstein 2, 592; Genealogischer Kalender 1753, 529.

Rau von Holzhausen (Reichsritter). Im 18. Jahrhundert zählten die R. mit Beienheim zum Kanton Mittelrheinstrom des Ritterkreises Rhein. Der nach ihnen benannte Ort Rauischholzhausen wird zu Unrecht verschiedentlich mit dem Reichsdorf Holzhausen (Burgholzhausen) bei Friedberg in Hessen verwechselt.

L.: Roth von Schreckenstein 2, 595; Winkelmann-Holzapfel 159.

Rauber von Plankenstein (Reichsritter). Im frühen 18. Jahrhundert zählten die R. zum Kanton Altmühl des Ritterkreises Franken.

L.: Riedenauer 126.

Raubersried, Robesreut (Reichsdorf). Kaiser Karl IV. versprach 1360 den Gebrüdern Vogt von Wendelstein vermutlich, die in das Dorf Wendelstein gehörigen verpfändeten Dörfer Nerreth (Nuwenreuthe), Dürrenhembach (Dornhennebach) und Robesreut nur zusammen einzulösen. Später gelangte das Gebiet zu Bayern.

L.: Hugo 459 f.

Rauch von Winnenden (Reichsritter). Von 1548 bis 1737 zählten die R. zum Kanton Neckar des Ritterkreises Schwaben. Von 1542 bis 1564 war Wolf von R. als Ganerbe von Bönnigheim Mitglied im Kanton Kocher.

L.: Hellstern 211; Schulz 269.

Rauche (Reichsritter). Im frühen 16. Jahrhundert zählten die R. zum Kanton Rhön-Werra des Ritterkreises Franken.

L.: Riedenauer 126.

Rauchenkatsch-Gmünd (Herrschaft) war eine Herrschaft des Erzstifts Salzburg in Kärnten. Der Erzbischof trat R. nach dem sog. ungarischen Krieg am Ende des 15. Jahrhunderts (1490) an Österreich ab.

Rauchhaupt (Reichsritter). Im 17. Jahrhundert zählten die R. zum Kanton Odenwald des Ritterkreises Franken.

L.: Riedenauer 126.

Rauenbach (Reichsritter). Die R. zählten zum Ritterkreis Franken.

L: Riedenauer.

Raueneck (Reichsritter). Im frühen 16. Jahrhundert zählten die R. zum Kanton Baunach im Ritterkreis Franken sowie vielleicht zum Kanton Steigerwald.

L.: Riedenauer 126; Rahrbach 174.

Raugrafen (Grafen). Aus der Familie der Emichonen (Wildgraf Emich 1102–1135), die seit 960 die Grafschaft des Nahegaus innehatte, zweigte sich um 1140 das Geschlecht der R. (1148 comes hirsutus, Rügegraf?) des Nahegebietes ab. Dieses hatte seinen Stammsitz auf der 1129 erstmals erwähnten Altenbaumburg (bei Altenbamberg) bei Bad Münster am Stein-Ebernburg und war im Alsenztal begütert. Die R. waren Vasallen der Pfalzgrafen und deren Vögte im Gericht Alzey. 1253 entstanden durch Teilung die Linien Altenbamberg (Altenbaumburg, Altenbaumberg) (bis 1385) und Neu-Bamberg (Neuenbaumburg bzw. Neuenbaumberg) sowie Stolzenfels (bis 1358). Bis 1457, zuletzt durch Verkauf seitens Neu-Bambergs (Neuenbaumburgs), kamen die verstreuten Güter größtenteils an die Pfalz (Kurpfalz). Im 15. Jahrhundert gewann die Neuenbaumburger Linie über die Heirat einer Erbtochter einen neuen Herrschaftsschwerpunkt in Luxemburg. Am Anfang des 16. Jahrhunderts starb die Familie aus. 1667 erneuerte Kurfürst Karl Ludwig von der Pfalz (Kurpfalz) den Titel für seine morganatische Gattin Louise von Degenfeld und die Nachkommen aus dieser Ehe.

L.: Großer Historischer Weltatlas II 66 (1378) D4; Schneider, C., Geschichte der Raugrafen, in: Wetzlarer Beiträge, hg. v. Wiegand, P., Bd. 2 1845; Schnepp, P., Die Raugrafen, Mitt. d. hist. Ver. Pfalz 37/38 (1918); Moeller, W., Stammtafeln westdeutscher Adelsgeschlechter im Mittelalter, Bd. 1 1922; Toussaint, I., Die Grafen von Leiningen, 1982; Spieß, K., Raugrafen, LexMA 7 1994, 477.

Raunau (reichsritterschaftlicher Ort). Hohenraunau und Niederraunau an der Kammlach in Schwaben zählten zum Kanton Donau des Ritterkreises Schwaben. Bei der Mediatisierung kamen sie an Bayern. S. Niederraunau, Hohenraunau.

L.: Wolff 508.

Rauschner, Reuschel (Reichsritter). Im frühen 16. Jahrhundert zählten die R. zum Kanton Gebirg des Ritterkreises Franken.

L.: Riedenauer 126.

Ravenna (Erzstift, Exarchat), mhd. Raben. Vermutlich seit dem 2. Jahrhundert war R. an der Adria Sitz eines 344 erstmals bezeugten Bischofs (430 Erzbischofs). Am Ende Westroms erhoben Kaiser Honorius (402), Odoaker und die folgenden Gotenkönige R. zur Hauptstadt. 552 wurde es Sitz des oströmischen Statthalters (Exarchen) in Italien, 754 übertrug Pippin der Jüngere dem Papst den 751 von den Langobarden eroberten Exarchat. Otto der Große verbriefte zwar dem Papst den Exarchat erneut, unterstellte ihn mindestens zum größten Teil aber kaiserlicher Verwaltung. Erst Otto IV. gab diese Rechte auf. Rudolf von Habsburg verzichtete insgesamt auf den Kirchenstaat. 1278 unterwarf sich R. dem Papst. Von 1443 bis 1509 unterstand R. Venedig und von 1797 bis 1815 Frankreich. Mit dem Kirchenstaat kam R. 1860 zu Sardinien bzw. zu Italien (1861).

L.: Goetz, W., Ravenna, 2. A. 1913; Ravenna in età veneziana, hg. v. Bolognesi, D., 1986; Storia di Ravenna, hg. v. Susini, G. u. a., Bd. 1 ff. 1990 ff.; Vasina, A., Ravenna, LexMA 7 1994, 481; Pierpaoli, M., Cronologia Ravennate, 1999; Le carte del decimo secolo nell'archivio arcivescovile di Ravenna, Bd. 1 hg. v. Benericetti, R., 1999.

Ravensberg (Grafschaft). Die 1082 erstmals sicher bezeugten Grafen von Kalvelage (Calveslage) bei Lohne bzw. Vechta in Oldenburg setzten sich um 1100 in R. (ruwe borg) im Teutoburger Wald nordwestlich von Halle/Westfalen fest, das sie in der Mitte des 12. Jahrhunderts als Lehen der Herzöge von Sachsen innehatten. Seit 1140 nannten sie sich Grafen von R. Sie hatten Güter im Osnabrücker Nordland (um Vechta), die sie vielleicht nach 1100 (1119) von den Grafen von Zutphen ererbt hatten, die Grafschaft im Emsland (Emsgau) aus dem Erbe des ihnen verwandten Grafen Otto von Northeim (†1083), Güter und Rechte aus Tätigkeiten für Paderborn im Teutoburger Wald (um Bielefeld, Herford und Halle/Westfalen) sowie weitere verstreute Güter (etwa im Tal der Wupper). 1214 gründeten sie Bielefeld. 1226 erfolgte eine Teilung. Jutta von R. verkaufte am 18. 6. 1252 Güter um Vechta und im Emsland an das Hochstift Münster (Niederstift Münster). 1289/1309 wurden Vlotho und der Limberg (Lemberg) (wieder) erworben. Nach Aussterben des Mannesstammes 1346 kam die restliche, wohl 1180 reichsunmittelbar gewordene Grafschaft (um Bielefeld und Vlotho) über die Nichte (Margarete) des letzten Grafen, die zugleich Erbin der Grafschaft Berg war, an Jülich, wurde 1409 (pfandweise) um das zunächst lippische Amt Enger vergrößert, 1609 von Brandenburg und Pfalz-Neuburg in Besitz genommen, kam aber 1614/1647 ganz an Brandenburg (Jülich-Klevescher Erbfolgestreit). Hauptstadt war bis 1719 Bielefeld. 1719 wurde R., für das Preußen seit 1705 die Aufnahme in das westfälische Reichsgrafenkollegium beantragte, verwaltungsmäßig mit dem 1648 von Brandenburg erlangten Fürstentum Minden verbunden. 1807 wurde die bis 1806 dem niederrheinisch-westfälischen Reichskreis zugehörige, etwa 16 Quadratmeilen umfassende Grafschaft dem Königreich Westphalen einverleibt, 1811 teilweise unmittelbar zu Frankreich gebracht. 1813 kam sie an Preußen (Provinz Westfalen). 1946 fiel R. an Nordrhein-Westfalen.

L.: Wolff 320; Wallner 701 WestfälRK 3; Großer Historischer Weltatlas II 66 (1378) E2, II 78 (1450) F8, III 22 (1648) D2, III 38 (1789) C1; Richtering, H./Kittel, E., Westfalen-Lippe, in: Geschichte der deutschen Länder, Bd. 1; Weddigen, P. F., Historisch-geographisch-statistische Beschreibung der Grafschaft Ravensberg, 1790; Nitzsch, K., Die Ravensberger Territorialverfassung im Mittelalter, Diss. phil. Halle 1902; Rossberg, A., Die Entwicklung der Territorialherrlichkeit in der Grafschaft Ravensberg, Diss. phil. Leipzig 1909; Terheyden, Die Heimat und älteste Geschichte der Grafen von Calvelage-Ravensberg, Jahresber. d. hist. Ver. f. d. Grafschaft Ravensberg 41 (1927); Herberhold, H., Das Urbar der Grafschaft Ravensberg, Bd. 1 ff. 1960 ff.; Engel, G., Die Osning-Grafschaft Ravensberg, Westfalen 40 (1962); Vogelsang, R., Die Grafschaft Ravensberg, in: Köln-Westfalen 1180–1980, hg. v. Berghaus, P./Kessemeier, S., 1980, 186 ff.; Janssen, W., Ravensberg, LexMA 7 1994, 486; Zunker, D., Adel in Westfalen, 2003, 249 (mit genealogischer Übersicht).

Ravensburg (Reichsstadt). Das 1152 erstmals genannte R. an der Schussen entstand auf Altsiedelland bei einer um 1020/1080 erbauten Burg der welfischen Herzöge von Bayern. 1179/1180 kam der Ort an die Staufer. Vielleicht schon vor 1276 wurde R. Reichsstadt (1286 Recht Überlingens, 1296 Recht Ulms), jedenfalls war mit dem Erwerb des Blutbannes 1396 der Aufstieg zur Reichsstadt abgeschlossen. Die Stadt erreichte ihre höchste Blüte in der Zeit der großen Ravensburger Handelsgesellschaft der Patrizier Humpiß, Mötteli und Muntprat (1380–1530), die Leinwandhandel in ganz Südeuropa und Westeuropa betrieb. Vor 1546 wurde die Reformation eingeführt, aber bis 1649 teilweise wieder rückgängig gemacht. 1647 brannte die Burg R. ab. Die Stadt hatte Sitz und Stimme auf dem Reichstag und im schwäbischen Reichskreis. 1802/1803 kam R. mit den Ämtern Bavendorf, Bitzenhofen, Hinzistobel, Mochenwangen, Schmalegg, Winterbach und Wolpertswende, einem Gebiet von 2,5 Quadratmeilen bzw. 130 Quadratkilometern und 5000–6000 Einwohnern, an Bayern, 1810 an Württemberg, wo es Sitz eines Oberamtes wurde. 1951/1952 gelangte es mit Württemberg an Baden-Württemberg.

L.: Wolff 219; Zeumer 555 III b 18; Wallner 688 SchwäbRK 51; Großer Historischer Weltatlas III (1648) D5; Schroeder 195 ff.; Müller, K. O., Die oberschwäbischen Reichsstädte, 1912; Schulte, A., Geschichte der großen Ravensburger Handelsgesellschaft 1380–1530, Bd. 1–3 1923; Müller, K. O., Die älteren Stadtrechte der Reichsstadt Ravensburg, 1924; Hölzle, E., Der deutsche Südwesten am Ende des alten Reiches, 1938; Dreher, A., Das Patriziat der Reichsstadt Ravensburg, 1966; Eitel, P., Die oberschwäbischen Reichsstädte im Zeitalter der Zunftherrschaft, 1970; Dreher, A., Geschichte der Reichsstadt Ravensburg und ihrer Landschaft von den Anfängen bis zur Mediatisierung 1802, Bd. 1 f. 1972; Der Kreis Ravensburg, hg. v. Sailer, O., 1976; Warmbrunn, P., Zwei Konfessionen in einer Stadt. Das Zusammenleben von Katholiken und Protestanten in den paritätischen Reichsstädten Augsburg, Biberach, Ravensburg und Dinkelsbühl von 1548–1648, 1983; Gutermann, F., Die alte Rauenspurc (Ravensburg), das Stammschloss der Welfen, seine Umgebung und sein Geschlecht, 1986; Klauser, H., Ravensburg, 1987; Schuler, P., Ravensburg, LexMA 7 1994, 486; Die Zeit der Händler, hg. v. Schmauder, A., 2002.

Ravensburg s. Göler von R.

Rebecqu, Rebecque (Fürstentum). Am Ende des 18. Jahrhunderts gehörte das Fürstentum R. über die Grafschaft Hennegau zum burgundischen Reichskreis. Mit dem Hennegau kam R. 1815 an die Niederlande und 1830 zu Belgien.

L.: Wolff 62.

Rebgau, Regau (Grafen) s. Regau

Rechberg (Herrschaft, Herren, Reichsritter, Grafen). Die Burg Hohenrechberg am nordwestlichen Rand der Schwäbischen Alb wurde im 12. Jahrhundert errichtet. Nach ihr nannten sich seit 1179 (Rehperc) die vielleicht von einer Linie der Familie Pappenheim abstammenden Herren von R., die als staufische Ministeriale 1179 erstmals erscheinen, 1194 das Marschallamt im Herzogtum Schwaben erhielten und um ihren Stammsitz eine kleine reichsritterschaftliche Herrschaft (u. a. 1401 Weißenstein) behaupteten. In der Mitte des 13. Jahrhunderts entstanden die Hauptlinien Unter den Bergen (in Bargau, Bettringen, Rechberghausen, bis 1413) und Auf den Bergen. Diese teilte sich 1326 in die Linien Hohenrechberg (bis 1585) und Illereichen. Bereits 1488 waren die R. Mitglied der Rittergesellschaft St. Jörgenschild, Teil im Hegau und am Bodensee. 1607 wurde die Familie in den Grafenstand erhoben, doch blieb die namengebende Herrschaft wegen des Widerstandes der Reichsritterschaft im reichsritterschaftlichen Kanton Kocher des Ritterkreises Schwaben (R. und Rothenlöwen mit Hohenrechberg, Weißenstein, Donzdorf, Treffelhausen [Traffelhausen], Böhmenkirch [Böhmenkirchen]). Dorthin steuerten die R. auch mit dem 1789 von den Bubenhofen erworbenen Gut Mösselhof und bis 1789 mit der Herrschaft Kellmünz. Außerdem gehörten sie vielleicht bis zur Mitte des 17. Jahrhunderts zum Kanton Odenwald des Ritterkreises Franken. 1810 wurden sie endgültig als Grafen anerkannt. Die Güter (Stauffeneck, Salach, Winzingen, Donzdorf, Wäschenbeuren, Hohenrechberg, Großeislingen, Straßdorf, Wißgoldingen, Waldstetten [Unterwaldstetten], Rechberghausen, Weißenstein, Böhmenkirch [Böhmenkirchen], Degenfeld, Schnittlingen) umfassten zuletzt rund 220 Quadratkilometer und kamen 1805 an Württemberg (Rechberg) und Bayern.

L.: Wolff 510; Ruch, Anhang 3; Hölzle, Beiwort 62; Kollmer 371, 375, 380; Stetten 33; Riedenauer 126; Schulz 269; Maurer, H. M., Der Hohenstaufen, 1977; Rahrbach 180.

Rechecourt, Réchicourt (Herrschaft) s. Rixingen, Rikingen

L.: Wolff 309.

Rechenbach, Rechenpach (Reichsritter). Im frühen 16. Jahrhundert zählten die R. vielleicht zum Kanton Odenwald des Ritterkreises Franken

L.: Pfeiffer 210; Riedenauer 126.

Rechenberg (Reichsritter). Im 16. Jahrhundert zählten die R. (Rechenberg-Schwaningen) zum Kanton Altmühl des Ritterkreises Franken. S. Rechberg, Rechenbach.

L.: Biedermann, Altmühl; Stieber; Riedenauer 126.

Réchicourt (Herrschaft) s. Rechecourt

Rechnitz (Herrschaft). R. im südlichen Burgenland wird 1238 erstmals genannt. 1289 eroberte Herzog Albrecht von Österreich die Burg des Grafen von Güssing, gab sie aber 1291 an Ungarn zurück. 1441 wurde R. tatsächlich an das Reich gezogen, 1478 aber von Matthias Corvinus zurückerobert. 1527 kam die Herrschaft durch Ferdinand I. an Franz Batthyány. 1919 gelangte R. zum Burgenland.

Rechtenbach (Reichsdorf)

L.: Hugo 464.

Rechtenstein s. Stein zum R.

Rechtern-Limpurg, Rechteren-Limpurg (Grafen). Am Ende des 18. Jahrhunderts gehörten die R. zusammen mit den Pückler über die 2 Quadratmeilen umfassende Herrschaft Speckfeld (Limpurg-Speckfeld) südöstlich von Würzburg zum fränkischen Reichskreis (Hauptort Sommerhausen am Main). Um 1790 zählten sie mit Teilen von Gollachostheim und Teilen von Pfahlenheim zum Kanton Odenwald des Ritterkreises Franken.

L.: Winkelmann-Holzapfel 159; Riedenauer 126.

Reck, Reckherr (Reichsritter). Um 1550 zählten die von der R. zum Kanton Odenwald des Ritterkreises Franken sowie zum Ritterkreis Rhein.

L.: Roth von Schreckenstein 2, 595; Riedenauer 126; Stetten 33.

Reckenbach (Reichsritter). Von 1548 bis etwa 1581 war Jakob von R. zu Marschalkenzimmern mit (Wohnsitz) Oberndorf am Neckar Mitglied des Kantons Neckar des Ritterkreises Schwaben.

L.: Hellstern 211.

Reckheim, Reckum (Herrschaft, Grafschaft). Die westlich der Maas und nördlich von Maastricht gelegene Herrschaft R. im Hochstift Lüttich stand zunächst der Familie Quadt zu. 1556 kam sie an Hermann von Linden und danach erbweise an die Grafen von Aspremont/Aspermont. 1623 wurde die aus drei Kirchdörfern bestehende Herrschaft Grafschaft und zählte zum westfälischen Reichsgrafenkollegium und zum niederrheinisch-westfälischen Reichskreis. Nach der am Ende des 18. Jahrhunderts erfolgten Besetzung durch Frankreich kam die 1,5 Quadratmeilen große, 1300 Einwohner umfassende Grafschaft 1815 an die Niederlande. 1830/1839 fiel sie an die Provinz Limburg in Belgien.

L.: Wolff 360; Zeumer 552 II b 63, 17; Wallner 704 WestfälRK 43.

Recklinghausen (Vest). Das auf einen karolingischen Königshof zurückgehende R. (Ricoldinchuson) wird 1071 (vielleicht schon 965) erstmals genannt. Wohl seit der zweiten Hälfte des 12. Jahrhunderts wurde das 1228 erstmals erwähnte Gogericht (Vest) R., das sich westlich Recklinghausens und südlich der Lippe erstreckte, Grundlage einer Herrschaft des Erzstifts Köln. Das Vest wurde von 1446 bis 1576 an die Herren von Gemen und ihre Erben, die Grafen von Schaumburg, verpfändet. Ende 1802/1803 kam es an den Herzog von Arenberg, 1811 an das Großherzogtum Berg, 1815 an Preußen (Provinz Westfalen) und 1946 R. an Nordrhein-Westfalen.

L.: Wolff 86; Ritz, L., Die ältere Geschichte des Vestes und der Stadt Recklinghausen, 1903; Körner, J./Weskamp, A., Landkreis Recklinghausen, 1929; Pennings, H., Geschichte der Stadt Recklinghausen, Bd. 1f. 1930ff.; Dorider, A., Geschichte der Stadt Recklinghausen 1577–1933, 1955; Der Landkreis Recklinghausen, hg. v. Lübbersmann, H., 1966; Der Kreis Recklinghausen, hg. v. Kreis Recklinghausen, 1979; Köbler, G., Gericht und Recht in der Provinz Westfalen 1815–1945, FS G. K. Schmelzeisen, 1980, 169; 750 Jahre Stadt Recklinghausen, 1236–1986, hg. v. Burghardt, W., 1986; Koppe, W., Stadtgeschichte im Unterricht, Recklinghausen 900–1950, 1986; Escher, M. u. a., Die urbanen Zentren, 2005, 2, 501.

Reckrodt (Reichsritter). Bis ins frühe 18. Jahrhundert zählten die R. zum Kanton Rhön-Werra des Ritterkreises Franken.

L.: Stieber; Seyler 377 f.; Riedenauer 126.

Reckum s. Reckheim

Redwitz (Freiherren, Reichsritter). Von 1550 bis ins 18. Jahrhundert zählten die Freiherren von R., seit 1801 mit Allersheim, zum Kanton Odenwald des Ritterkreises Franken. Mit Küps, Redwitz, Theisenort (Theyßenorth), Schmölz und Wildenroth waren sie im Kanton Gebirg immatrikuliert, außerdem waren sie im 17. Jahrhundert Mitglied im Kanton Steigerwald und im Kanton Baunach. Allersheim fiel 1808 an Würzburg und damit 1814 an Bayern, an das auch die übrigen Güter gelangten.

L.: Genealogischer Kalender 1753, 535 f.; Stieber; Roth von Schreckenstein 2, 594; Pfeiffer 196, 209; Bechtolsheim 13; Stetten 33, 37, 188; Riedenauer 126; Rahrbach 182.

Reffier (Land) s. Riviera

Regau, Rebgau (Grafen). Nach dem um 800 erstmals erwähnten R. (Repagouui) bei Vöcklabruck nordöstlich des Attersees nannten sich im 12. Jahrhundert im Traungau begüterte Grafen. Bei ihrem Aussterben um 1188 kamen die Güter an die mit ihnen verwandten Babenberger.

Regensburg (freie Stadt, freie Reichsstadt). Nahe einer älteren vermutlich Radasbona genannten keltischen Siedlung an der Mündung von Regen (und Naab) in die Donau errichteten die Römer um 80 n. Chr. ein Kohortenkastell und 179 n. Chr. das Legionskastell Castra Regina bzw. Reginum, das sie um 400 unzerstört wieder aufgaben. Um 535 nahmen es die Bayern in Besitz. Ihre agilolfingischen Herzöge richteten dort eine Pfalz ein, die in Nachfolge von Lorch Hauptsitz wurde. 739 erneuerte Bonifatius das Bistum. 788 fiel bei der Absetzung des bayerischen Herzogs Tassilo III. die Pfalz an den König. Von 918 bis 937 kam R. nochmals an den Herzog, dann wieder an den König. Infolge seiner günstigen Verkehrslage entwickelte sich R. zu einer bedeutenden Handelsstadt. Der Bischof von R. und der Herzog von Bayern, dessen Vorort es bis in die Mitte des 13. Jahrhunderts war, bemühten sich vor allem nach dem 1185/1196 erfolgten Aussterben der Burggrafen von Regensburg aus dem Geschlecht der Babonen (Paponen) um die Erringung der Stadtherrschaft, doch blieb diesen Versuchen der Erfolg versagt. 1207, 1230 und 1245 erhielt R. von Philipp von Schwaben und Friedrich II. wichtige Privilegien, so dass es im Spätmittelalter zu einer der sieben freien Städte aufsteigen konnte, die dem Reich weder Steuern noch sonstige Abgaben noch Huldigung zu leisten hatten. 1256 trat die Stadt dem rheinischen Städtebund bei. Im 14. und 15. Jahrhundert sank im Wettbewerb mit Augsburg, Nürnberg und Wien Regensburgs wirtschaftliche Bedeutung. Von 1486 bis 1492 kam es sogar vorübergehend an Bayern (Bayern-München). Maximilian I. machte aus der freien Stadt eine kaiserliche Stadt. 1542 trat R. der Reformation bei, wurde durch Zuwanderung später aber wieder überwiegend katholisch. Seit 1663 war es der Tagungsort des immerwährenden Reichstages, seit 1748 Sitz des kaiserlichen Prinzipalkommissärs

Thurn und Taxis. R. führte die erste Stimme auf der schwäbischen Städtebank des Reichsstädtekollegiums im Reichstag und gehörte dem bayerischen Reichskreis an. 1802/1803 wurde die Reichsstadt R. mit dem Hochstift sowie den Klöstern und Reichsstiften Sankt Emmeram, Obermünster und Niedermünster unter Fürstprimas Karl Theodor von Dalberg zum Fürstentum R. vereinigt. 1810 kam sie mit 0,5 Quadratmeilen Gebiet (der Stadtmark und den Donauinseln Oberer Wörth [Oberwörth] und Unterer Wörth [Niederwörth]) an Bayern.

L.: Wolff 152; Zeumer 555 III b 1; Wallner 713 BayRK 17; Großer Historischer Weltatlas II 66 (1378) G4, III 22 (1648) F4, III 38 (1789) D3; Schroeder 417 ff.; Die Territorien des Reichs 6, 36; Gemeiner, K. T., Regensburger Chronik, Bd. 1–4 1800 ff., Neudruck 1971; Walderdorff, H. Graf v., Regensburg in seiner Vergangenheit und Gegenwart, 4. A. 1896; Regensburger Urkundenbuch, Bd. 1 (bis 1350) 1913; Hofmann, A. v., Die Stadt Regensburg, Bd. 1 f. 1922; Bastian, F., Regensburger Urkundenbuch, 1956; Bosl, K., Die Sozialstruktur der mittelalterlichen Residenz- und Fernhandelsstadt Regensburg, 1966; Ambronn, K. O., Verwaltung, Kanzlei und Urkundenwesen der Reichsstadt Regensburg im 13. Jahrhundert, 1968; Hable, H., Geschichte Regensburgs, 1970; Kreuzer, G., 2000 Jahre Regensburger Stadtentwicklung, 1972; Schmid, D., Regensburg I, 1976, in: Historischer Atlas von Bayern, Teil Altbayern; Albrecht, D., Regensburg im Wandel: Studien zur Geschichte der Stadt im 19. und 20. Jahrhundert, 1984; Regensburg. Geschichte in Bilddokumenten, hg. v. Kraus, A./Pfeiffer, W., 2. A. 1986; Bauer, K., Regensburg, 4. A. 1988; Schmid, A., Regensburg und Bayern, 1989; Kraus, A., Regensburg, ein Beispiel deutscher Stadtentwicklung, 1989; Schmid, A., Regensburg. Die Reichsstadt und die Klöster, 1994, Historischer Atlas von Bayern; Schmid, A., Regensburg, LexMA 7 1994, 563; Regensburg, hg. v. Albrecht, D., 1994; Regensburg im Mittelalter, hg. v. Wanderwitz, H. u. a., 1995; Schmid, P., Die Reichsstadt Regensburg, in: Handbuch der bayerischen Geschichte, hg. v. Spindler, M., Bd. 3, 3 3. A. 1995, 302; Schmid, A., Regensburg, 1995; Mayer, S., Das Ringen Bayerns und des Kaiserhofs um die Reichsstadt Regensburg, 1996; Schmuck, J., Ludwig der Bayer und die Reichsstadt Regensburg, 1997.

Regensburg (Fürstentum). 1802/1803 wurden Reichsstadt R., Hochstift R. und die Reichsstifte Sankt Emmeram, Obermünster und Niedermünster in R. unter Fürstprimas Karl Theodor von Dalberg zum Fürstentum R. vereinigt, wobei auch der ehemalige erzbischöfliche Sitz in Mainz nach R. übertragen wurde (1805 Bestätigung seitens des Papstes). 1810 kam dieses Fürstentum an Bayern und Dalberg erhielt die französisch verwaltete Grafschaft Hanau und das Fürstentum Fulda.

L.: Wolff 81; Schwaiger, G., Das dalbergische Fürstentum Regensburg, Zs. f. bay. LG. 23 (1960); Staber, I., Kirchengeschichte des Bistums Regensburg, 1966; Hable, H., Geschichte Regensburgs, 1970.

Regensburg (Hochstift). Vermutlich war das 179 n. Chr. an der Mündung von Regen (und Naab) in die Donau errichtete römische Castra Regina bzw. Reginum bereits Sitz eines Bischofs, der zur Erzdiözese Aquileja gehörte. In den ersten Jahrzehnten des 8. Jahrhunderts ließ sich dann in R. ein Landesbischof für Bayern nieder (Emmeram, Rupert u. a.). Bonifatius erneuerte 739 das Bistum, das 798 der Erzdiözese Salzburg zugeordnet wurde und seinen Sprengel von Niederbayern über das Egerland bis Böhmen ausdehnte, allerdings durch die Gründung des Bistums Prag 972/973 Böhmen verlor. Das Hochstift R., dessen 810 bezeugte und um die Mitte des 11. Jahrhunderts erblich gewordene Vogtei bis 1148 bei den Grafen von Bogen lag, war eines der kleinsten Bayerns. In der Stadt gehörte zu ihm nur der Dombezirk, im Land vor allem die reichsunmittelbaren Herrschaften Donaustauf (von 1481 bis 1715 an Bayern verpfändet), seit dem 10. Jahrhundert Wörth sowie Hohenburg auf dem Nordgau (1248), wozu als mittelbare Güter noch die Herrschaften Hohenburg/Inn, Pöchlarn (seit 832) und andere kamen. Durch die Reformation erlitt es Verluste, die teilweise später wieder ausgeglichen wurden. Das Hochstift hatte Sitz und Stimme im Reichsfürstenrat und beim bayerischen Reichskreis. 1802/1803 wurde es (mit 330 Quadratkilometern und 11000 Einwohnern) mit der Reichsstadt Regensburg und den Klöstern und Reichsstiften Sankt Emmeram, Obermünster und Niedermünster unter Fürstprimas Karl Theodor von Dalberg zum Fürstentum Regensburg vereinigt und das Erzbistum Mainz nach R. übertragen. 1810 kam es, nachdem 1809 der Code Napoléon eingeführt worden war, an Bayern. Das Bistum wurde 1817/1821 in neuer Umgrenzung Suffragan der Erzdiözese München-Freising.

L.: Wolff 142; Zeumer 552 II a 17; Wallner 712 BayRK 10; Großer Historischer Weltatlas II 66 (1378) G4, III 22 (1648) F4, III 38 (1789) D3; Die Territorien des Reichs 6, 36; Janner, F., Geschichte der Bischöfe von Regensburg, Bd. 1–3 1883 ff.; 1200 Jahre Bistum Regensburg, hg. v. Buchberger, M., 1939; Widemann, J., Die Traditionen des Hochstifts Regensburg und des Klosters St. Emmeram, 1943; Staber, I., Kirchengeschichte des Bistums Regensburg, 1966; Hausberger, K., Geschichte des Bistums Regensburg, Bd. 1 f. 1989; Ratisbona sacra. Das Bistum Regensburg im Mittelalter, hg. v. Morsbach, P., 1989; Schmidt, A., Regensburg, 1995.

Regensburg, Niedermünster (gefürstete Abtei, Reichsstift). An der Stelle einer vorkarolingischen Kirche wird erstmals um 890 die Abtei Niedermünster in R. genannt. Sie erhielt auf Veranlassung der Herzogin Judith von Bayern vor allem durch Kaiser Otto I. reiche Güter. Das Damenstift Niedermünster war seit 1002 reichsunmittelbar (Immunität, Königsschutz, Vogtwahlrecht) und stand seit 1229 unter dem Schutz des Papstes. Zu Beginn des 13. Jahrhunderts wurde die Äbtissin gefürstet. Nach 1654 gehörte sie den rheinischen Reichsprälaten im Reichstag an und war im bayerischen Reichskreis vertreten. 1802/1803 wurde das im Regensburger Burgfrieden gelegene reichsunmittelbare Stiftsgebiet mit der Reichsstadt R., dem Hochstift R., den Reichsstiften Sankt Emmeram und Obermünster zum Fürstentum R. vereinigt. 1810 kam es an Bayern. 1821 wurde es Residenz des Bischofs.

L.: Wolff 148; Zeumer 553 II a 37, 15; Wallner 713 BayRK 20; Die Territorien des Reichs 6, 36; Schönberger, A., Die Rechtsstellung des Reichsstifts Niedermünster zu Papst und Reich, Bischof, Land und Reichsstadt Regensburg, Diss. phil. Würzburg 1953; Schlaich, H.W., Das Ende der Regensburger Reichsstifte Sankt Emmeram, Ober- und Niedermünster, Verh. d. hist. Ver. f. Oberpfalz und Regensburg 97 (1956); Wanderwitz, H., Die Reichsstifte Nieder- und Obermünster bis ins 11. Jahrhundert, FS Kraus, A., 1992, 51.

Regensburg, Obermünster (gefürstete Abtei, Reichsstift). Das Frauenstift Obermünster in R. wurde vermutlich im 8. Jahrhundert gegründet und ist 866 erstmals sicher bezeugt. Nach 1002 erhielt es Königsschutz, 1229 päpstlichen Schutz. In der Mitte des 12. Jahrhunderts stand die Vogtei den Grafen von Scheyern-Wittelsbach zu. Nach 1654 gehörte die Fürstäbtissin zu den rheinischen Reichsprälaten und zum bayerischen Reichskreis. 1802/1803 wurde das im Burgfrieden Regensburgs gelegene reichsunmittelbare Gebiet des Reichsstifts mit der Reichsstadt R., dem Hochstift R. und den Reichsstiften Sankt Emmeram und Niedermünster zum Fürstentum R. vereinigt. 1810 kam es an Bayern.

L.: Zeumer 553 II a 37, 16; Wallner 713 BayRK 21; Die Territorien des Reichs 6, 36; Schlaich, H.W., Das Ende der Regensburger Reichsstifte Sankt Emmeram, Ober- und Niedermünster, Verh. d. hist. Ver. f. Oberpfalz und Regensburg 97 (1956); Hable, G., Geschichte Regensburgs, 1970; Hausberger, K., Geschichte des Bistums Regensburg, Bd. 1 f. 1989; Wanderwitz, H., Die Reichsstifte Nieder- und Obermünster bis ins 11. Jahrhundert, FS Kraus, A., 1992, 51.

Regensburg, Sankt Emmeram (Reichsabtei, gefürstete Abtei). Das Kloster Sankt Emmeram in R. ging aus einer Georgskirche über einer frühchristlichen Gräberstätte hervor. Im 7. Jahrhundert wurde hier der heilige Emmeram beigesetzt. Im 8. Jahrhundert entstand ein Benediktinerkloster, dessen Abt von 739 bis 975 der Bischof von Regensburg war. 972 wurde es Reichskloster. Über Chammünster trug es die Mission nach Böhmen. Im 11. Jahrhundert war es Ausgangspunkt der gorzischen Reform in Bayern. 1295 wurde es Reichsabtei, 1326 exemt. Nach 1654 nahm der Abt an der Kuriatstimme der rheinischen Reichsprälaten im Reichstag teil. 1731 bestätigte der Kaiser die Fürstenwürde. Die Abtei zählte zum bayerischen Reichskreis. Die Klostergebäude kamen 1803/1812 an die Fürsten von Thurn und Taxis, die einzelne Teile schon seit 1748 bewohnt hatten. Das Stiftsgebiet wurde mit der Reichsstadt R., dem Hochstift R. und den Reichsstiften Obermünster und Niedermünster 1802/1803 zum Fürstentum R. vereinigt. 1810 kam es an Bayern.

L.: Wolff 146; Zeumer 552 II a 37, 9; Wallner 713 BayRK 19; Die Territorien des Reichs 6, 36; Schlaich, H.W., Das Ende der Regensburger Reichsstifte Sankt Emmeram, Ober- und Niedermünster, Verh. d. hist. Ver. f. Oberpfalz und Regensburg 97 (1956); Ziegler, W., Das Benediktinerkloster St. Emmeram zu Regensburg in der Reformationszeit, 1970; Rädlinger-Prömper, C., Sankt Emmeram in Regensburg, 1987; Die Traditionen des Hochstifts Regensburg und des Klosters S. Emmeram, hg. v. Widemann, J., Neudruck 1988.

Regenstein, Reinstein, Rheinstein (Grafen). Nach der Burg R. bei Blankenburg im Harzvorland nannten sich seit dem Ende des 12. Jahrhunderts Grafen von R., welche die Burg von dem mit ihnen verwandten Lothar von Süpplingenburg erhalten hatten und nach dem Sturz Heinrichs des Löwen ihre Güter mehrten. 1599 fiel die Burg an das Hochstift Halberstadt. 1648/1662 kam sie an Brandenburg/Preußen. Am Ende des 18. Jahrhunderts zählte die Grafschaft zum niedersächsischen Reichskreis und zum westfälischen Reichsgrafenkollegium. Das mit dem Fürstentum Halberstadt zusammen 31 Quadratmeilen umfassende Gebiet um R. bildete bis 1945 eine Exklave Preußens (Provinz Sachsen) im Kreis Blankenburg Braunschweigs. 1945 kam es in Sachsen-Anhalt zur sowjetischen Besatzungszone und damit von 1949 bis 1990 zur Deutschen Demokratischen Republik.

L.: Wolff 440; Arndt 219; Gringmuth-Dallmer, H., Magdeburg-Wittenberg, in: Geschichte der deutschen Länder, Bd. 1; Stolberg, F., Befestigungsanlagen im und am Harz, 1968; Fenske, L./Schwarz, U., Das Lehnsverzeichnis Graf Heinrichs I., 1990; Casemir, K./ Ohainski, U., Das Territorium der Wolfenbütteler Herzöge um 1616, 1996.

Regnitzgau (Ratenzgouwe)

L.: Polenz, P. v., Landschafts- und Bezirksnamen, 1961, II, 23 f., 27, Ratenzgouwe, ‚Regnitzgau'.

Rehlingen (Reichsritter). Im 18. Jahrhundert zählten die R. zum Ritterkreis Schwaben.

L.: Roth von Schreckenstein 2, 592.

Reibeld, Reybeld (Freiherren, Reichsritter). Um 1800 zählten die Freiherren von R. mit Teilen von Reichartshausen bei Amorbach zum Kanton Odenwald des Ritterkreises Franken. Ihre Güter fielen 1808 an Baden und damit 1951/1952 an Baden-Württemberg.

L.: Hölzle, Beiwort 56; Winkelmann-Holzapfel 159; Stetten 37, 186; Riedenauer 126.

Reibersdorf (Herrschaft) in der Oberlausitz war eine Standesherrschaft in Sachsen. Das östlich der Neiße gelegene Dorf R. ging nach 1945 unter der Verwaltung Polens im Tagebau unter.

Reich von Baldenstein (Freiherren, Reichsritter) s. Rinck von Baldenstein

L.: Ruch, Anhang 80 f.

Reichartshausen (Reichsdorf). Am 4. 7. 1360 überließ Kaiser Karl IV. der Elisabeth, Schwiegertochter des Burkhard Sturmfeder, unter anderem das diesem verpfändete Dorf R. bei Amorbach. Dieses kam später an Bayern.

L.: Hugo 459 f.

Reichau (Herrschaft). Am Ende des 18. Jahrhunderts zählte die Herrschaft R. über die Herrschaft Babenhausen der Grafen Fugger-Babenhausen zum schwäbischen Reichskreis. R. gelangte später zu Bayern.

L.: Wallner 686 SchwäbRK 16 a.

Reichau (Reichsritter). Wegen des erheirateten Helfenberg zählte Georg von R. 1684 bis 1694 zum Kanton Kocher des Ritterkreises Schwaben.

L.: Schulz 269.

Reichelsberg, Reichelsburg (Burg, Herrschaft). 1230 war die Reichelsburg bei Aub südlich von Ochsenfurt als Lehen des Hochstifts Bamberg in den Händen der Herren von Hohenlohe-Brauneck. Im 15. Jahrhundert kam die Lehnsherrlichkeit an das Hochstift Würzburg. 1669 vereinigte Würzburg R. mit Röttingen zu einem Oberamt. 1671 übertrug der Bischof von Würzburg Johann Philipp von Schönborn seinem Bruder die Herrschaft. 1678 wurde die Familie in den Reichsgrafenstand erhoben und 1684 in das fränkische Reichsgrafenkollegium aufgenommen. 1806 fiel die 0,7 Quadratmeilen große, zum fränkischen Reichskreis zählende Herrschaft an Bayern.

L.: Wolff 126; Zeumer 554 II b 62, 9; Wallner 694 FränkRK 28.

Reichenau (königliches Kloster). Um 724 stiftete der Wanderbischof Pirmin auf der ihm von Karl Martell überlassenen Sintloozesau genannten Insel im unteren Bodensee eine Benediktinerabtei, die bald wegen ihres Reichtums R. (Augia dives) hieß. Mit Hilfe Karls des Großen gelang es dem Kloster 782, sich aus der Abhängigkeit des Bischofs von Konstanz zu lösen. 981 hatte das Kloster, das unter den Äbten Hatto (806–822), Walahfrid Strabo (839–848) und Berno (1008–1049) eines der kulturellen Zentren des Reiches (mit insgesamt 4000 Handschriften) wurde, für den Römerzug mit 60 gepanzerten Reitern höhere Leistungen zu erbringen als der Bischof von Konstanz. 1123 sind die Welfen als Vögte nachweisbar, seit 1180 die Staufer, die beträchtliche Teile der im 13. Jahrhundert zerfallenden Güter erlangten. Die Gewinnung eines weltlichen Herrschaftsgebiets gelang der gefürsteten Abtei nicht. 1535/ 1540 verzichtete der letzte Abt zugunsten des Hochstifts Konstanz auf seine Würde, die Abtei wurde dem Hochstift Konstanz eingegliedert, 1757 aufgehoben, 1803 mit Konstanz säkularisiert und Baden einverleibt. 1951/1952 gelangte R. an Baden-Württemberg.

L.: Wolff 156, 527; Großer Historischer Weltatlas II 66 (1378) E5; Brandi, K., Die Reichenauer Urkundenfälschungen, 1890; Die Kultur der Abtei Reichenau, hg. v. Beyerle, K., Bd. 1 f. 1925; Die Reichenauer Handschriften, hg. v. Holder, A., Bd. 1 f. 1971; Die Abtei

Reichenau, hg. v. Maurer, H., 1974; Borst, A., Mönche am Bodensee, 1978; Schmidt, R., Reichenau und Sankt Gallen, 1985; Erdmann, W., Die Reichenau im Bodensee, 10. A. 1988; Zettler, A., Reichenau, LexMA 7 1994, 612 f.; Richter, M., Neues zu den Anfängen des Klosters Reichenau, ZGO 144 (1996), 1; Rappmann, R./ Zettler, A., Die Reichenauer Mönchsgemeinschaft, 1998.

Reichenbach (reichsritterschaftliche Herrschaft). R. zählte zum Kanton Kocher des Ritterkreises Schwaben und kam teilweise an Ellwangen und damit 1802/1803 an Württemberg bzw. 1951/1952 an Baden-Württemberg.

Reichenbach (Reichsritter). Um 1700 zählten die R. zum Kanton Odenwald des Ritterkreises Franken.

L.: Riedenauer 126.

Reichenberg (Herrschaft) s. Erbach

Reichenberg s. Wolfskehl von R.

Reichenfels (Pflege). Am Ende des 18. Jahrhunderts gehörte R. über die Grafen Reuß-Schleiz zum obersächsischen Reichskreis. Ihre Güter gelangten 1920 zu Thüringen.

L.: Wolff 420; Wallner 709 ObersächsRK 7 c.

Reichenstein (Herrschaft). Am Ende des 18. Jahrhunderts zählte die Herrschaft R. nordöstlich von Sigmaringen über die Abtei Zwiefalten zum schwäbischen Reichskreis. Zwiefalten kam 1803 an Württemberg und damit 1951/1952 an Baden-Württemberg.

L.: Wolff 191; Wallner 687 SchwäbRK 37.

Reichenstein (Herrschaft). 1698 wurde aus der Obergrafschaft Wied nominell die von den 1511/1529 ausgestorbenen Walpoden von der Neuerburg/Herren von R., die 1331 ihre soeben erbaute Burg R. den Grafen zu Wied zu Lehen hatten auftragen müssen, 1527/1528 erworbene Burgruine R. zwischen Isenburg und Altenkirchen im Westerwald als reichsunmittelbares Allod an Franz Freiherr von Nesselrode(-Trachenfels) verkauft. Dieser wurde 1698 in den Reichsgrafenstand erhoben. Danach wurde er in den niederrheinisch-westfälischen Reichskreis und das westfälische Grafenkollegium (1698) aufgenommen. 1805 kam die Herrschaft an Nassau, 1815 an Preußen, 1946 R. an Rheinland-Pfalz.

L.: Wolff 367; Zeumer 552 ff. II b 63, 27; Wallner 705 WestfälRK 56; Gensicke, H., Landesgeschichte des Westerwaldes, 2. A. 1987, 233, 318.

Reichenwaldau, Reichwaldau (Minderherrschaft). Die nur wenige Dörfer umfassende Minderherrschaft R. in Oberschlesien gehörte den Grafen von Goschütz. S. Tschechoslowakei.

L.: Wolff 490.

Reichenweiher, Reichenweier (Herrschaft), frz. Riquewihr. R. bei Colmar im Elsass erscheint erstmals im 12. Jahrhundert. Es war Hauptort einer Herrschaft, die 1291 an die Grafen von Horburg kam. Mit dieser Grafschaft wurde sie 1324 von den Grafen von Württemberg gekauft. 1789 fiel R. an Frankreich.

L.: Wolff 297; Sittler, L., Reichenweier, 1964.

Reichersberg (Herren, Kloster). Zwischen 1080 und 1084 gründeten die Herren von R. in R. am Inn ein Augustinerchorherrenstift, das in seiner näheren Umgebung nur wenige Güter erlangte (1144 Güter in Niederösterreich).

L.: Classen, P., Gerhoch von Reichersberg, 1960; 900 Jahre Augustiner-Chorherrenstift Reichersberg, 1983; 900 Jahre Stift Reichersberg, 1984 (Katalog); Störmer, W., Reichersberg, LexMA 7 1994, 615.

Reichlin von Meldegg (Freiherren, Reichsritter). Im 18. Jahrhundert zählten die Freiherren R. mit dem 1749 erworbenen Amtzell und dem später an den Freiherren von Bodman gelangten Freudental zum Kanton Hegau (Hegau-Allgäu-Bodensee, Bezirk Allgäu-Bodensee) des Ritterkreises Schwaben. Mit Ellmannsweiler und Fellheim und dem vor 1617 erworbenen Niedergundelfingen waren sie im Kanton Donau immatrikuliert, mit Horn (1683–1746, später als Personalisten) im Kanton Kocher.

L.: Roth von Schreckenstein 2, 592; Hölzle, Beiwort 59, 61; Ruch, Anhang 81 f.; Schulz 269.

Reichskreise. Nach bereits im späten 14. Jahrhundert (1389) beginnenden Versuchen, Frieden, Gericht, Verteidigung und Steuern im Reich gebietsweise zu organisieren, wurden 1500 sechs Kreise als Herkunftsbezirke der sechs ritterlichen bzw. gelehrten Mitglieder des zwanzigköpfigen Regiments des 1495 geschaffenen Reichskammergerichts eingerichtet (Franken, Bayern, Schwaben, Oberrhein, Niederrhein-Westfalen, Niedersachsen). 1512 kamen vier weitere derartige R. hinzu (österreichischer, burgundischer, kurrheinischer und obersächsischer Kreis). S. Einzelartikel Bayerischer Reichskreis, Burgundischer Reichskreis, Fränkischer Reichskreis, Kurrheinischer Reichskreis, Niederrheinisch-westfälischer Reichskreis, Niedersächsischer Reichskreis, Oberrheinischer Reichskreis, Obersächsischer Reichskreis, Österreichischer Reichskreis, Schwäbischer Reichskreis.

L.: Dotzauer, W., Die deutschen Reichskreise in der Verfassung des Alten Reiches und ihr Eigenleben (1500–1806), 1989; Heinig, P., Reichskreise, LexMA 7 1994, 629; Hartmann, P., Zur Bedeutung der Reichskreise, FS Gerlich, A., 1995, 305.

Reichsritterschaft. Seit der Mitte des 14. Jahrhunderts schlossen sich, entgegen den Bestimmungen der Goldenen Bulle von 1356, Edelfreie und frühere Ministeriale vor allem in Schwaben, Franken und dem Rheingebiet zu Einungen zusammen. 1422 wurden sie durch Kaiser Sigmund anerkannt. 1495 wendeten sie sich gegen die Heranziehung zum gemeinen Pfennig. Seit etwa 1530 leisteten sie stattdessen freiwillige Subsidien und gewannen zunehmend an Geschlossenheit. 1577 vereinigten sich der Schwäbische Ritterkreis, der Fränkische Ritterkreis und der Rheinische Ritterkreis mit insgesamt 14 Kantonen zum Bund der freien R., zu dem von 1651 bis 1678/1681 auch die unterelsässische Ritterschaft kam. Die Reichsritter waren reichsunmittelbar, wenn sie auch keine Reichsstandschaft hatten. Voraussetzung für die Aufnahme in die Ritterschaftsmatrikel war der Besitz eines Rittergutes, doch wurden später auch Personalisten zugelassen. 1805/1806 wurden die vielfachen Fluktuationen unterworfenen Reichsritter und ihre etwa 1730 Rittergüter und 450 000 Einwohner umfassenden Territorien mediatisiert. Die Geschichte der R. ist wissenschaftlich bislang noch nicht völlig zufriedenstellend erschlossen.

L.: Wolff 15, 506; Die Territorien des Reichs 4, 182; Burgermeister, J., Graven- und Ritter-Saal, 1715; Roth von Schreckenstein, Geschichte der ehemaligen freien Ritterschaft in Schwaben, Franken und am Rheinstrome, 2. A. 1886; Müller, H., Der letzte Kampf der Reichsritterschaft 1790–1815, 1910; Press, V., Kaiser Karl V., König Ferdinand und die Entstehung der Reichsritterschaft, 2. A. 1980; Press, V., Kaiser und Reichsritterschaft, in: Adel in der Frühneuzeit, hg. v. Endres, R., 1992, 163 ff.; Andermann, K., Reichsritterschaft, LexMA 7 1994, 636.

Reichsritterschaft Franken (Reichsritter) s. Franken (Ritterkreis)

L.: Riedenauer 129.

Reichwaldau (Minderherrschaft) s. Reichenwaldau

Reifenberg, Reiffenberg (Herrschaft, Freiherren, Reichsritter). Nach der vermutlich im 12. Jahrhundert errichteten Burg R. am Feldberg im Taunus nannten sich die seit 1234 bekannten Herren von R. Sie zerfielen bald in verschiedene Linien. 1384 gehörte die Burg einem Ganerbenverband aus den R., Hatzfeld, Cleeberg/Kleeberg, Kronberg, Stockheim, den Burggrafen von Friedberg und anderen. 1665 erlosch die Wäller Linie, 1686 die Wetterauer Linie, 1745 die Linie Horchheim. Das Erbe der Wetterauer Linie fiel trotz mainzischer Besetzung an die Grafen Waldbott von Bassenheim (von Bassenheim) und kam 1802/1803 an Nassau und damit 1866 an Preußen bzw. 1945 an Hessen. Um 1790 waren die Erben der Freiherren von R. mit Teilen von Siebenborn Mitglied des Kantons Niederrheinstrom des Ritterkreises Rhein. S. Reiffenberg.

Reiffenberg (Freiherren, Reichsritter) s. Reifenberg

L.: Winkelmann-Holzapfel 159.

Reifferscheid, Reifferscheidt (Herren). Nach der Burg R. bei Schleiden nannten sich seit der Mitte des 12. Jahrhunderts die Herren von R. Sie spalteten sich möglicherweise 1128 von den Herzögen von Limburg ab. 1354 erwarben sie die Herrschaft Bedburg (an der Erft), 1394/1395 die Reichsherrschaft Dyck bei Grevenbroich, 1445 Alfter und Hackenbroich sowie 1455 die Grafschaft Salm (Niedersalm). Seitdem nannten sie sich Salm-Reifferscheid und teilten sich bald in mehrere Linien. 1790 erhielt eine jüngere Linie die Reichsfürstenwürde und die Aufnahme in den niederrheinisch-westfälischen Reichskreis, 1804 auch die ältere Linie Salm-Reifferscheid-Bedburg, die 1803 für die 1801 an Frankreich verlorenen linksrheinischen Güter die ehemals mainzischen Ämter Krautheim und Gerlachsheim (bei Mosbach) erlangt hatte (Salm-Reifferscheid-Krautheim). 1806 wurden diese Ämter von Baden annektiert. R. fiel über Preußen 1946 an Nordrhein-Westfalen. S. Salm-Reifferscheid, Salm-Reifferscheid-Krautheim.

L.: Fahne, A., Die Grafen und Fürsten zu Salm, 1866; Schaudal, L., Les comtes de Salm, 1921.

Reigersberg (Freiherren, Reichsritter). Seit 1635 zählten die Freiherren von R. mit den von den Rüdt von Collenberg ererbten Teilen von Reistenhausen und Fechenbach mit Collenberg (Kollenberg) zum Kanton Odenwald des Ritterkreises Franken. Reistenhausen und Fechenbach gelangten später zu Bayern.

L.: Stieber; Winkelmann-Holzapfel 159; Stetten 37; Riedenauer 126.

Reil (Reichsdorf). R. im Kröver Reich bei Kröv an der Mosel verpfändete König Rudolf von Habsburg 1274 an die Grafen von Sponheim. Am 11. 11. 1374 erlaubte Kaiser Karl IV. dem Erzbischof von Trier die Einlösung. Dazu kam es aber nicht. Später gelangte R. zu Preußen (Rheinprovinz) bzw. 1946 zu Rheinland-Pfalz.

L.: Hugo 461 f.

Reims (Hochstift, Erzstift) s. Remigiusland

Reinach-Werd (Freiherren, Reichsritter). Im 18. Jahrhundert zählten die Freiherren von R. mit dem 1656 erworbenen Wörth zum Ritterkreis Unterelsass.

L.: Hölzle, Beiwort 67.

Reineck s. Rheineck

Reinhardsbrunn (Kloster). 1085 gründete Graf Ludwig der Springer, der vermutlich von den Grafen von Rieneck abstammte, bei der Schauenburg in Thüringen mit Mönchen aus Hirsau das Kloster R. Dieses erwarb reiche Güter (Altenbergen, Finsterbergen, Engelsbach, Espenfeld, Güter bei Mechterstädt, Dietenborn, Sangerhausen, Zscheiplitz, Topfstedt und Ködderitzsch sowie zwei große Wälder bei Suhl). 1525 kamen nach der Zerstörung von R. im Bauernkrieg die Güter gegen eine Abfindung an Sachsen (Kursachsen), 1920 R. zu Thüringen.

L.: Wolff 397; Möller, J. H., Urkundliche Geschichte des Klosters Reinhardsbrunn, 1843; Heinemeyer, W., Die Reinhardsbrunner Fälschungen, Archiv f. Diplomatik 1966, 133 ff.; Roob, H., Kloster Reinhardsbrunn (1085–1525), Jb. f. Regionalgeschichte 13 (1986), 288 ff.; Werner, M., Reinhardsbrunn, LexMA 7 1994, 667.

Reinheim s. Mosbach

Reinidi s. Dragini

L.: Polenz, P. v., Landschafts- und Bezirksnamen, 1961, 303.

Reinihgouwe (Ringgau)

L.: Polenz, P. v., Landschafts- und Bezirksnamen, 1961, II, 9, 26, 31, 33, Reinihgouwe, Ringgau.

Reinsberg (Herrschaft). 1197 ist R. bei Freiberg und Chemnitz erstmals bezeugt. Es war Mittelpunkt einer ausgedehnten Herrschaft. Seit dem Ende des 14. Jahrhunderts gehörte die Burg den Schönberg. Über Sachsen kam R. von 1949 bis 1990 zur Deutschen Demokratischen Republik.

Reinsbronn, Reinsbrunn (Reichsritter). Im frühen 16. Jahrhundert zählten die R. zum Kanton Steigerwald im Ritterkreis Franken. Der Ort R. gelangte über Württemberg 1951/1952 zu Baden-Württemberg.

L.: Riedenauer 126.

Reinstein, Rheinstein (Reichsritter). Im 16. Jahrhundert zählten die R. zum Kanton Rhön-Werra des Ritterkreises Franken, im 17. Jahrhundert zum Kanton Odenwald.

L.: Riedenauer 126.

Reinstein s. Regenstein

Reipoltskirchen (Reichsherrschaft). Die 1276 erstmals genannte Burg R. im Pfälzer Bergland südlich von Meisenheim war Sitz der ebenfalls 1276 erstmals erwähnten Herren bzw. Grafen von Hohenfels. Sie waren eine 1199 abgespaltete Seitenlinie der Herren von Bolanden, die 1602 erlosch. Danach kamen die Güter an die Familie von Löwenhaupt und die Familie von Manderscheid, die drei Viertel an einen Grafen von Hillesheim verkaufte. Trotz mehrfachen Besitzerwechsels (u. a. Ellroth) blieb die 2 Quadratmeilen große, 15 Orte umfassende und (bis 1602 mit Sitz und Stimme) zum oberrheinischen Reichskreis gehörige Herrschaft R. mit 3000 Einwohnern bis zur Besetzung durch Frankreich 1792/1801 reichsunmittelbar. Über Bayern kam R. 1946 an Rheinland-Pfalz.

L.: Wolff 286 f.; Wallner 698 OberrheinRK 44; Großer Historischer Weltatlas III 38 (1789) B3.

Reischach (Freiherren, Reichsritter). Im 17. und 18. Jahrhundert zählten die seit 1191 bezeugten Freiherren von R. (R. bei Sigmaringen), die bereits 1488 Mitglied der Rittergesellschaft Sankt Jörgenschild, Teil im Hegau und am Bodensee gewesen waren, mit der Hälfte der Herrschaft Immendingen, dem Dorf Zimmerholz und der 1747 erworbenen Herrschaft Hohenkrähen zum Kanton Hegau (Hegau-Allgäu-Bodensee) des Ritterkreises Schwaben. Hohenkrähen fiel 1806 an Württemberg, das es 1810 an Baden abtrat. Mit dem 1469 erworbenen Eberdingen und dem 1470 erworbenen, 1796 verkauften Nussdorf waren die R. auch im Kanton Neckar immatrikuliert.

L.: Roth von Schreckenstein 2, 592; Hölzle, Beiwort 61, 65; Ruch 18, Anm. 2, 82, Anhang 3; Hellstern 211, 218; Kollmer 380; Mau, H., Die Rittergesellschaften mit St. Jörgenschild in Schwaben, 1941, 34; Danner, W., Die Reichsritterschaft im Ritterkantonsbezirk Hegau in der zweiten Hälfte des 17. und im 18. Jahrhundert, 1969.

Reiß von Reißenstein (Reichsritter). Von 1542 bis 1597 waren die R. wegen Filseck (bis 1568) und Schnaitheim (1560–1577) im Kanton Kocher des Ritterkreises Schwaben immatrikuliert. Schnaitheim gelangte 1951/1952 über Württemberg zu Baden-Württemberg.

L.: Schulz 269.

Reitzenberg? (Reichsritter). Um 1550 zählten die R. zum Kanton Odenwald des Ritterkreises Franken.

L.: Stetten 33.

Reitzenstein (Reichsritter). Die R. zählten zum Kanton Gebirg des Ritterkreises Franken, zeitweise auch zum Kanton Steigerwald (frühes 16. Jahrhundert, spätes 18. Jahrhundert), vielleicht zum Kanton Baunach sowie zur vogtländischen Ritterschaft (Vogtland).

L.: Genealogischer Kalender 1753, 535; Stieber; Roth von Schreckenstein 2, 594; Bechtolsheim 15, 20; Riedenauer 126; Rahrbach 186.

Reitzheim (Reichsritter). Im frühen 16. Jahrhundert zählten die R. zum Kanton Rhön-Werra des Ritterkreises Franken. S. Reitzenstein.

L.: Pfeiffer 211; Riedenauer 126.

Reizberg (Ganerbschaft). In R. bei Marburg bestand eine Ganerbschaft. Über Hessen-Kassel und Preußen (1866) gelangte R. 1945 zu Hessen.

L.: Wolff 255; Geschichtlicher Atlas von Hessen, Inhaltsübersicht 34.

Remagen (Reichsstadt). An der Stelle älterer Siedlungen errichteten die Römer am Rhein in Rigomagus ein Kastell, das wohl um 406 zugrunde ging. Später hatten dort 893 Prüm, 1002 Deutz sowie Siegburg und Stifter und Klöster Kölns Rechte. Danach kam R. an das Reich, doch fielen die Reichsrechte seit dem 13. Jahrhundert durch Verleihung und Verpfändung an andere Herren. 1357 bestätigte Kaiser Karl IV. den Grafen von Berg R. als Reichspfand. Seit dem 16. Jahrhundert blieb R. beim Herzogtum Jülich. Über Preußen kam es dann 1946 zu Rheinland-Pfalz.

L.: Wolff 322; Landwehr, G., Die Verpfändung der deutschen Reichsstädte im Mittelalter, 1967, 101; Escher, M. u. a., Die urbanen Zentren, 2005, 2, 504.

Remchingen (Reichsritter). Die R. zählten bereits 1488 zur Gesellschaft Sankt Jörgenschild, Teil am Neckar. Von 1548 bis etwa 1686, zuletzt Johann Wilhelm von R., waren sie Mitglied des Kantons Neckar des Ritterkreises Schwaben, von 1566 bis 1619 mit dem 1621 verkauften Kirchen an der Donau im Kanton Kocher, in dem 1666 und 1673 noch Johann Wilhelm von R. erscheint.

L.: Hellstern 211; Schulz 269.

Remigiusland (Herrschaft). Die vermutlich von Erzbischof Tilpin in der zweiten Hälfte des 8. Jahrhunderts gegründete Abtei Saint Remi in Reims erhielt nach der Aufteilung des fränkischen Reiches von 843, bei der das Erzstift Reims an das Westreich, Teile der Güter des Erzstifts aber an das Ostreich fielen, 932/952 von Erzbischof Artald die dem Erzstift Reims, das 940 auch die Grafschaft Reims von König Ludwig IV. von Frankreich erhielt, wohl am Ende des 6. Jahrhunderts übertragenen Güter an der Maas und um Kusel (nordwestlich von Kaiserslautern). Für dieses R. fungierten die Grafen von Veldenz, seit 1444 die Herzöge von Pfalz-Zweibrücken als Vögte. 1550/1552 musste die Abtei das R. für 8500 Goldgulden an das 1543 geschaffene Pfalz-Veldenz verkaufen. Von dort kam es 1694 beim Aussterben der Linie an die Pfalz und damit 1777 an Bayern. 1946 gelangte das Gebiet an Rheinland-Pfalz.

L.: Remling, F., Urkundliche Geschichte der ehemaligen Abteien und Klöster, 1836; Remling, F. X., Geschichte der Benediktinerpropstei St. Remigiberg, 1856; Doll, L., Das Kloster Remigiusberg, in: Landkreis Kusel, 1959.

Remissau, Remse (Herrschaft). Die Herrschaft R. (Remsa) gehörte als Lehen Sachsens den Grafen von Schönburg-Glauchau. S. Sachsen.

L.: Wolff 422.

Remlingen (Herrschaft). 1566 erbten die Grafen von Castell von den Grafen von Wertheim die Herrschaft R., die bei der Mediatisierung an Bayern fiel.

L.: Wolff 120 f.

Remse (Herrschaft) s. Remisau
L.: Wolff 422.

Remstal s. Ramestal
L.: Polenz, P. v., Landschafts- und Bezirksnamen, 1961, 303.

Rendsburg (Burg, Herrschaft). Um 1150 wurde unter Graf Adolf II. von Schauenburg (Schaumburg) bzw. Holstein die Burg R. (Reinholdsburg) an einem alten Übergang über die Eider errichtet. Unter Graf Heinrich I. wurde R. Sitz der Linie R. (Holstein-Rendsburg). 1386 siedelten die Grafen nach der Belehnung mit Schleswig nach Gottorp (Gottorf) um. Über Preußen (1866) kam R. 1946 an Schleswig-Holstein. S. Holstein-Rendsburg.
L.: Wolff 445; Müller, K., Rendsburg, 1961; Hemann, F., Rendsburg, LexMA 7, 1995, 727.

Renensis pagus s. Rinahgouwe, Rheingau
L.: Polenz, P. v., Landschafts- und Bezirksnamen, 1961, 303.

Rennenberg (Herrschaft). Seit 1217 war die 1250 über Mechthild von Sayn an das Erzstift Köln gelangte Burg R. im Westerwald Sitz eines nach ihr benannten Edelherrengeschlechts. Um 1560 kam die zugehörige kleine Herrschaft durch die Erbtochter an die Laleing. Sie nannten sich Grafen von R. (und Grafen von Hoogstraten [Hochstraten]). 1765 erbten die Grafen von Salm/Fürsten von Salm-Kyrburg R. 1946 kam dieses an Rheinland-Pfalz.
L.: Gensicke, H., Landesgeschichte des Westerwaldes, 2. A. 1987, 320.

Requilé (Reichsritter). Um 1790 zählten die R. mit der Hälfte von Wald-Erbach (Walderbach) zum Kanton Niederrheinstrom des Ritterkreises Rhein.
L.: Winkelmann-Holzapfel 159.

Resch von Reschenberg (Reichsritter). 1643 war Johann Jakob R. Mitglied im Kanton Kocher des Ritterkreises Schwaben.
L.: Schulz 270.

Rettenbach (Herrschaft). Die Herrschaft R. gehörte am Ende des 18. Jahrhunderts der Linie Fugger-Wasserburg (Babenhausen und Boos) der Grafen Fugger. Bei der Mediatisierung gelangte R. zu Bayern.
L.: Wolff 305; Hölzle, Beiwort 45.

Rettenberg (Herrschaft). Nach der Burg R. im Oberallgäu nannten sich seit 1130 edelfreie Herren von R., die um 1290 die Besiedlung des Walsertales und des Tannberges unternahmen. 1348 starben sie im Mannesstamme aus. 1350 teilten die beiden Erbtöchter. 1351 wurde die dabei an Waldburg gelangte obere Mark mit Burgberg an die Herren von Heimenhofen und die an die Starkenberg gelangte untere Mark um R. an das Hochstift Augsburg verkauft.
L.: Herrmann, N., Kempten und das Oberallgäu, 2. A. 1984, 72 ff.

Rettersbach (Reichsritter). Im frühen 16. Jahrhundert zählten die R. zum Kanton Rhön-Werra im Ritterkreis Franken.
L.: Riedenauer 126.

Retzstadt (Reichsritter). Vielleicht zählten die R. im frühen 16. Jahrhundert zum Ritterkreis Franken.
L.: Riedenauer 126.

Reurieth, Roßrieth (Reichsritter). Im frühen 16. Jahrhundert zählten die R. zum Kanton Baunach im Ritterkreis Franken.
L.: Riedenauer 126.

Reuß (Grafen, Fürstentum, Herrschaft). Die einst zu Thüringen gehörigen reichsministerialischen Herren von Weida, die von einem bei Mühlhausen ansässigen Geschlecht abstammten, um 1180 mit der Verwaltung von Reichsgütern an der Elster betraut wurden und vermutlich schon vor 1193, jedenfalls nachweislich seit 1209 den Titel Vogt (advocatus) führten, der die Benennung ihres Herrschaftsgebietes als Vogtland (mit Weida, Plauen, Voigtsberg [Vogtsberg], Ziegenrück, Triptis, Auma, Hof, Ronneburg u. a.) begründete, spalteten sich 1244 in die Vögte von Weida (bis 1531/1535), die Vögte von Gera (1550 erloschen) und die Vögte von Plauen. Die Vögte von Plauen teilten sich 1306 in die Linien Plauen und Reuß von Plauen. Die ältere Linie der Vögte von Plauen, die von 1426 bis 1439 als Lehen die Burggrafschaft Meißen und damit die Reichsfürstenwürde erhielt und den Titel auch nach dem Verlust der Burggrafschaft Meißen fortführte, erlosch 1572. Die jüngere Linie der Vögte von Plauen wurde von dem 1292/1294 verstorbenen Henricus Ruthenus, deutsch Heinrich R., der eine Enkelin König Daniels von Galizien in Russland geheiratet hatte und sich deswegen R. nannte, begründet. Sie erwarb unter anderem 1451 Oberkranichfeld und 1492 Zeulenroda. Insgesamt gehörten ihr Güter im Umfang von 21 Quadratmeilen, die aus einem bei weitem größeren südlichen und einem kleineren nördlichen Teil bestanden. 1535 wurde die Reformation durchgeführt. Die Linie teilte sich nach dem Verlust aller böhmischen und wettinischen Lehen 1535/1564 in eine ältere Linie Reuß-Untergreiz (mit der Hälfte von Greiz und den Ämtern Untergreiz und Burgk [Burg]), eine mittlere, 1616 ausgestorbene Linie Reuß-Obergreiz und eine jüngere Linie Reuß-Gera. 1572 fielen die Güter der älteren Linie der Vögte von Plauen an. 1616 wurden Untergreiz und Obergreiz vereint, woraus Reuß-Greiz entstand. Seit 1668 führten die R. die Bezeichnung der Heinriche mit römischen Nummern ein. Reuß-Greiz und Reuß-Gera wurden 1673 in den Grafenstand (wetterauische Reichsgrafen) erhoben und 1778 (Reuß-Greiz) bzw. 1790 (Reuß-Lobenstein) bzw. 1806 (Reuß-Schleiz) gefürstet. Reuß-Greiz unterteilte sich weiter in Reuß-Greiz (Obergreiz und Untergreiz), Reuß-Burgk (Reuß-Burg) und Reuß-Dölau und Rothenthal, doch fielen die Güter später wieder an den sich seit 1616 Reuß-Greiz nennenden ursprünglichen Zweig Untergreiz (1768). Reuß-Gera spaltete sich in Reuß-Gera (mit Gera, Langenberg [Längenberg], 78 Dörfern sowie dem Amt Saalburg) (bis 1802), (Reuß-Saalburg), Reuß-Schleiz (mit Schleiz, Tanna und Reichenfels), Reuß-Köstritz (mit Reichenfels) sowie Reuß-Lobenstein, das 1678 weiter zerfiel in Reuß-Hirschberg (bis 1711), Reuß-Lobenstein (mit Lobenstein und Hirschberg) (bis 1824) und Reuß-Ebersdorf (mit Ebersdorf) (bis 1853). Als Reuß-Gera 1802 erlosch, fielen die Güter zur einen Hälfte an Reuß-Schleiz, zur anderen Hälfte an Reuß-Lobenstein und Reuß-Ebersdorf, doch gelangten sie später überwiegend an Reuß-Schleiz. 1807 traten alle reußischen Linien dem Rheinbund bei. Reuß-Greiz (bzw. Reuß-Untergreiz) (R. ältere Linie) schloss sich nach dem Untergang des Deutschen Bundes 1866 dem Norddeutschen Bund an, erhielt 1867 eine Verfassung und trat 1871 dem Deutschen Reich bei. Reuß-Schleiz und Reuß-Ebersdorf, das 1824 Reuß-Lobenstein beerbte, vereinigten sich nach Abdankung des Fürsten von Reuß-Ebersdorf bzw. Reuß-Lobenstein am 1. 10. 1848 zu Reuß jüngere Linie mit der Hauptstadt Gera. Dieses Fürstentum erhielt 1849 eine 1852 revidierte Verfassung und schloss sich 1866 Preußen an. 1902 übernahm Reuß jüngere Linie die Vormundschaft über Reuß ältere Linie, das 1927 überhaupt ausstarb. Am 10. 11. 1918 dankte Heinrich XXVII. von R. (R. jüngere Linie, seit 1930 R.) ab. Zusammen zählten die beiden verbleibenden Fürstentümer (317 Quadratkilometer, 827 Quadratkilometer) 212 000 Einwohner. Am 4. 4. 1919 wurde die Verwaltungsgemeinschaft beider Territorien zu einem Volksstaat zusammengefasst, der am 30. 4./1. 5. 1920 im Land Thüringen aufging. Das Land Thüringen kam 1945 zur sowjetischen Besatzungszone und damit 1949 zur Deutschen Demokratischen Republik. 1952 wurde es aufgelöst (str.), 1990 aber wieder begründet.

L.: Wolff 417 ff.; Zeumer 553 II b 60, 22; Großer Historischer Weltatlas III 22 (1648) E3, III 38 (1789) D2; Schmidt, B., Geschichte des Reußenlandes, Bd. 1 f. 1923 ff.; Flach, W., Die Urkunden der Vögte von Weida, Gera und Plauen bis zur Mitte des 14. Jahrhunderts, 1930; Pasold, A., Geschichte der reußischen Landesteilungen von der Mitte des 16. Jahrhunderts bis zur Einführung der Primogenitur im Jahre 1690, 1934; Geschichte Thüringens, hg. v. Patze, H. u. a., Bd. 2,1 1974; Querfeld, W., Forschungen zur Geschichte des ehemaligen Reußenlandes, FS H. Eberhardt, 1993, 93.

Reuß ältere Linie (Fürstentum). Reuß-Greiz (bzw. Reuß-Untergreiz) war als R. mit 317 Quadratkilometern Gebiet und Greiz als Hauptstadt von 1815 bis 1866 Mitglied des Deutschen Bundes und von 1866 bis 1870 Mitglied des Norddeutschen Bundes. R. erhielt 1867 eine Verfassung und trat 1871 als kleinstes Land dem Deutschen Reich bei. Es erlosch 1918 als Fürstentum und wurde mit Reuß jüngere Linie zu einem Volksstaat zusammengefasst, der am 30. 4. 1920/1. 5. 1920 im Land Thüringen aufging. 1927 starb die Linie aus. S. Reuß.

Reuß genannt Haberkorn, Reuß-Haberkorn, Reuß (Reichsritter). Um 1760 zählten die R. zum Kanton Odenwald des Ritterkreises Franken.

L.: Riedenauer 126.

Reuß jüngere Linie (Fürstentum). R. ist das durch Vereinigung am 1. 10. 1848 aus Reuß-Schleiz und Reuß-Ebersdorf entstandene Fürstentum mit 827 Quadratkilometern Fläche und der Hauptstadt Gera. Es erhielt 1849 eine 1852 revidierte Verfassung und schloss sich 1866 politisch Preußen an. Im Deutschen Reich übernahm R. 1902 die Vormundschaft über Reuß ältere Linie. Am 10. 11. 1918 dankte Heinrich XXVII. von R. ab. Mit Reuß ältere Linie wurde R. zu einem Volksstaat zusammengefasst, der am 30. 4. 1920/1. 5. 1920 im Land Thüringen aufging. S. Reuß.

Reuß-Burgk, Reuß-Burg (Herrschaft). R. zählte zum obersächsischen Reichskreis. S. Reuß.

L.: Wallner 709 ObersächsRK 7 a.

Reuß-Dölau s. Reuß

Reuß-Ebersdorf (Fürstentum). Die Linie R. spaltete sich 1678 von Reuß-Lobenstein ab. Sie übertrug 1848 ihr Gebiet an Reuß-Schleiz und erlosch 1853. S. Reuß.

Reuß-Gera (Herrschaft, Grafen, Fürstentum). Das zum obersächsischen Reichskreis zählende R. entstand 1564 als jüngere Linie der Grafen von Reuß (Reuß jüngere Linie). Sie spaltete sich später in R., Reuß-Saalburg, Reuß-Schleiz, Reuß-Köstritz, Reuß-Lobenstein und Reuß-Ebersdorf, doch fielen die Güter später an R. zurück. 1919 wurde es mit Reuß-Greiz zu einem Volksstaat zusammengefasst, der am 30. 4./1. 5. 1920 im Land Thüringen aufging.

L.: Wallner 709 ObersächsRK 7 b; Schmidt, B., Geschichte des Reußenlandes, Bd. 1 f. 1923 ff.

Reuß-Greiz (Grafen, Fürstentum, Herrschaft). Das zum obersächsischen Reichskreis zählende R. entstand 1564 als ältere Linie der Grafen von Reuß. Sie spaltete sich später in R. (Obergreiz und Untergreiz), Reuß-Burg und Reuß-Dölau und Rothenthal, doch fielen die Güter später wieder an den Zweig Reuß-Obergreiz. Im 19. Jahrhundert umfasste Reuß ältere Linie mit Greiz als Hauptstadt 317 Quadratkilometer. Seit 1871 war es das kleinste Land des Deutschen Reiches. 1918 erlosch das Fürstentum und wurde mit Reuß-Gera zu einem Volksstaat zusammengefasst, der am 30. 4./1. 5. 1920 im Lande Thüringen aufging.

L.: Wallner 709 ObersächsRK 7 a; Schmidt, B., Geschichte des Reußenlandes, Bd. 1 f. 1923 ff.

Reuß-Haberkorn (Reichsritter) s. Reuß genannt Haberkorn

Reuß-Köstritz s. Reuß

Reuß-Kranichfeld s. Reuß, Kranichfeld

L.: Reichsmatrikel 1776, 183.

Reuß-Lobenstein (Herrschaft, Fürstentum). Die Linie R. spaltete sich von der 1564 entstandenen Linie Reuß-Gera ab. Sie teilte sich 1678 in R. (bis 1824), Reuß-Hirschberg (bis 1711) und Reuß-Ebersdorf (bis 1853). 1790 wurde R. in den Reichsfürstenstand erhoben. Es zählte zum obersächsischen Reichskreis.

L.: Wallner 709 ObersächsRK 7 d, e.

Reuß-Saalburg s. Reuß

Reuß-Schleiz (Herrschaft, Fürstentum). R. spaltete sich von Reuß-Gera ab. Es zählte zum obersächsischen Reichskreis. 1806 wurde es in den Fürstenstand erhoben. 1848 nannte es sich nach dem Zusammenschluss mit Reuß-Ebersdorf Reuß jüngere Linie (827 Quadratkilometer). Am 10. 11. 1918 dankte Heinrich XXVII. von R. ab. Der am 17. 4. 1919 aus Reuß-Greiz und R. gebildete Volksstaat ging am 30. 4./1. 5. 1920 in Thüringen auf.

L.: Wallner 709 ObersächsRK 7 c; Schmidt, B., Geschichte des Reußenlandes, Bd. 1 f. 1923 ff.

Reutlingen (Reichsstadt). Das auf altem Siedlungsland erbaute R. nahe der unter Friedrich II. beim Reich befindlichen Burg Achalm an der Echaz wird 1089/1090 erstmals erwähnt. Um 1182 wurde R. Markt. Es lag auf Reichsgut und erhielt durch Kaiser Otto IV. (um 1209) und Kaiser Friedrich II. (zwischen 1215 und 1240) Stadtrechte (1250 civitas). Zunächst ernannte der Vogt der Reichsburg Achalm den Schultheißen und verwaltete die Reichsrechte. Nach 1268 wurde R. Reichsstadt und wehrte sich erfolgreich gegen Württemberg, das von 1335 bis 1360 und von 1376 bis 1500 das Pfandrecht der Reichsburg Achalm erlangte. 1456 erhielt die Stadt, die um 1400 etwa 4000 Einwohner hatte, die Pacht und 1500 das Pfand dieser Rechte. 1519 führte R. die Reformation ein. 1726 wurde es durch Brand weitgehend zerstört. R. hatte Sitz und Stimme auf dem Reichstag und beim schwäbischen Reichskreis. 1803 fiel es mit 0,7 Quadratmeilen bzw. 44 Quadratkilometern Gebiet (Betzingen, Herrschaft Alteburg, Spitaldörfer Ohmenhausen, Stockach und Wannweil) und etwa 10 500 Einwohnern an Württemberg, innerhalb dessen es Sitz eines Oberamts wurde. Mit Württemberg kam es 1951/1952 an Baden-Württemberg.

L.: Wolff 212; Zeumer 555 III b 6; Wallner 689 SchwäbRK 83; Großer Historischer Weltatlas III 22 (1648) D4; Schroeder 350 ff.; Jäger, W., Die freie Reichsstadt Reutlingen, 1940; Schwarz, P., Die Grundherrschaft der freien Reichsstadt Reutlingen, Diss. phil. Tübingen 1953; Rommel, K., Reutlinger Heimatbuch, 6. A. 1954; Fischer, G., Die freie Reichsstadt Reutlingen. Die Verfassung ab 1500 und das Strafrecht, Diss. jur. Tübingen 1959; Kopp, H., Die Anfänge der Stadt Reutlingen, 1961; Jänichen, H., Zur Frühgeschichte der Stadt Reutlingen, Z. f. württemberg. LG. 22 (1961); Reutlingen. Aus der Geschichte einer Stadt, 1973; Der Kreis Reutlingen, hg. v. Müller, G., 1975; Stähle, S., Verfassung und Verwaltung der Reichsstadt Reutlinger, zwischen 1740 und 1770, Reutlinger Gbll. N. F. 23 (1984); Reutlingen 1930–1950, hg. v. Böttcher, K.-A. u. a., 1995; Fahlbusch, F., Reutlingen, LexMA 7 1995, 769.

Reutner von Weil (Freiherren, Reichsritter). 1752 zählten die Freiherren R. wegen Achberg zum Kanton Hegau (Hegau-Allgäu-Bodensee, Bezirk Allgäu-Bodensee) des Ritterkreises Schwaben.

L.: Ruch, Anhang 82.

Reval (Bistum, Reichsfürst). Der Bischof des 1219 von König Waldemar II. von Dänemark gegründeten Bistums Reval in Livland galt, obgleich er kein weltliches Herrschaftsgebiet hatte und dem Erzbischof von Lund unterstellt war, seit 1521 als Reichsfürst. 1561 wurde die Reformation eingeführt und das Bistum aufgelöst.

L.: Wittram, R., Baltische Geschichte 1180–1918, 1954; Mühlen, H. v. zur, Reval vom 16. bis zum 18. Jahrhundert, 1985; Mühlen, H. v. zur, Reval, LexMA 7 1995, 769 f.

Rewitz, Rebitz (Reichsritter). Im 16. Jahrhundert zählten die R. zum Kanton Gebirg des Ritterkreises Franken.

L.: Riedenauer 126.

Reybeld s. Reibeld

Rhade (Herrschaft) s. Rath

L.: Wolff 499.

Rhaunen (Hochgericht). An der Stelle von R. bei Bernkastel bestand bereits eine römische Siedlung. Im Mittelalter war R. Mittelpunkt des Hochgerichts R., zu dem 17 Ortschaften zählten. Das Hochgericht hatten bis 1797/1801 das Erzstift Trier und die Wild- und Rheingrafen (Wildgrafen und Rheingrafen) gemeinsam inne. An die Stelle der Wild- und Rheingrafen (Wildgrafen und Rheingrafen) traten später deren Erben, zuletzt die Fürsten von Salm-Salm. Am Ende des 18. Jahrhunderts gehörte die Herrschaft zum oberrheinischen Reichskreis. Über Preußen kam R. 1946 an Rheinland-Pfalz.

L.: Wolff 280; Wallner 698 OberrheinRK 43 b.

Rheda (Herrschaft). Die um R. (Burg im 11. Jahrhundert?) an der Ems südwestlich Bielefelds gebildete Herrschaft kam nach 1190 erbweise von den um 1170 erscheinenden Herren von R., die das Freigericht bei R. und die Vogtei über die Klöster Freckenhorst und Liesborn hatten, an Bernhard II. zur Lippe. 1365 fiel sie über die Erbtochter an die Grafen von Tecklenburg. Durch Heirat Everwins III. von Bentheim (1562) kam die Herrschaft R. wie Tecklenburg 1557 an die Grafen von Bentheim. 1565 gewannen die Grafen nach langem Grenzstreit die Herrschaft über das vorher fürstbischöflich-osnabrückische Gütersloh. 1606/1609 fiel R. der Linie Bentheim-Tecklenburg(-Rheda) zu. Diese erbte 1618 die Grafschaft Limburg, verlor aber um 1700 Tecklenburg. Am Ende des 18. Jahrhunderts gehörte R., für das die Inhaber 1770 die Aufnahme in das westfälische Reichsgrafenkollegium beantragten, mit einem Gebiet von 3 Quadratmeilen (160 Quadratkilometer, 1786 mit 9674 Einwohnern, Kirchspiele Rheda, Clarholz, Herzebrock, Gütersloh, Lette) zu den nicht eingekreisten Reichsteilen des Heiligen Römischen Reiches. 1808 wurde R. dem Großherzogtum Berg einverleibt. 1813/1815 kam R. an Preußen (Provinz Westfalen), 1946 zu Nordrhein-Westfalen. Das Grafenhaus gewann 1817 den Fürstenstand in Preußen.

L.: Wolff 495; Großer Historischer Weltatlas II 66 (1378) E3, III 38 (1789) B3; Eickhoff, H., Der Kreis Wiedenbrück in Vergangenheit und Gegenwart, 1921; Richter, H., Chronik der Stadt Gütersloh, 1933; Aders, G., Urkunden und Akten der Neuenahrer Herrschaften und Besitzungen Alpen, Bedburg, Hackenbroich, Helpenstein, Linnep, Wevelingshoven und Wülfrath sowie der Erbvogtei Köln, 1977; Meier, J./Ossenbrink, J., Die Herrschaft Rheda, 1999; Escher, M. u. a., Die urbanen Zentren, 2005, 2, 500.

Rhein, Rheinstrom, am Rheinstrom, rheinischer Ritterkreis (Ritterkreis). Der Ritterkreis R. war wie der Ritterkreis Schwaben und der Ritterkreis Franken eine Untergliederung der Reichsritterschaft. Er setzte sich aus den Kantonen Oberrheinstrom (Mainz), Mittelrheinstrom (Friedberg) und Niederrheinstrom (Koblenz) zusammen. Seine Verfassung stammte von 1652. Er umfasste etwa 360 Gebiete mit 90 000 Einwohnern und 60 Ritterfamilien. 1801 kamen die linksrheinischen Güter an Frankreich. 1805/1806 gingen die übrigen Güter in den umgebenden Ländern auf. Damit endete der Ritterkreis.

L.: Wolff 515.

Rheina-Wolbeck (Fürstentum). An der Furt einer wichtigen Straße über die Ems wird erstmals 838 ein Königshof genannt, zu dem eine dem heiligen Dionysius von Padua geweihte Pfarrkirche gehörte. Seit dem 13. Jahrhundert kam Rheine an das Hochstift Münster. 1327 wurde es zur Stadt erhoben. 1463 wurde in der Nähe ein Kloster gegründet. 1803 wurde das aufgegebene Kloster Residenz des aus zwei Ämtern des ehemaligen Hochstifts Münster für den Herzog Wilhelm Joseph von Looz-Corswarem gebildeten Fürstentums R. Dieses bestand aus einem 80 Kilometer langen, 10 bis 15 Kilometer breiten Streifen längs der Ems (zwischen Münster und Lingen) und kam 1806 an das Großherzogtum Berg, 1811 an Frankreich, 1813 in seinem südlichen Teil an Preußen (Provinz Westfalen), in seinem nördlichen Teil an Hannover und damit 1866 ebenfalls an Preußen. 1946 fiel das Gebiet mit Rheine bis auf einen kleinen Teil im Norden an Nordrhein-Westfalen.

L.: Führer, A., Geschichte der Stadt Rheine, 1927; Tönsmeyer, J., Das Landesfürstentum Rheina-Wolbeck, 1962.

Rheinbund (Länderbund, Konföderation). Am 12. 7. 1806 schlossen sich Bayern, Württemberg, der Kurerzkanzler (aus dem früheren Erzstift Mainz), Baden, Berg und Kleve, Hessen-Darmstadt, Nassau-Usingen, Nassau-Weilburg, Hohenzollern-Hechingen, Hohenzollern-Sigmaringen, Salm-Salm, Salm-Kyrburg, Isenburg-Birstein, Arenberg, Liechtenstein und von der Leyen unter Vergrößerung ihrer Gebiete durch Mediatisierungen und unter Lossagung vom Reich zu einer etwa ein Drittel des Reiches umfassenden Konföderation unter dem Protektorat Frankreichs zusammen. Mit Ausnahme Österreichs, Preußens, Pommerns (Schweden) und Holsteins (Dänemark) traten ihm bis 1808 alle verbliebenen deutschen Einzelstaaten bei, nämlich am 25. 9. 1806 das Großherzogtum Würzburg, am 11. 12. 1806 das Königreich Sachsen, am 15. 12. 1806 Sachsen-Weimar, Sachsen-Coburg, Sachsen-Gotha, Sachsen-Hildburghausen, Sachsen-Meiningen, am 18. 4. 1807 Anhalt-Bernburg, Anhalt-Dessau, Anhalt-Köthen, Schwarzburg-Rudolstadt, Schwarzburg-Sondershausen, Waldeck, Lippe-Detmold, Schaumburg-Lippe und vier Linien Reuß, am 15. 11./7. 12. 1807 das Königreich Westphalen, am 10. 2./22. 3. 1808 die Herzogtümer Mecklenburg-Strelitz und Mecklenburg-Schwerin und am 14. 10. 1808 Oldenburg. Damit zählte der R. 39 Einzelstaaten mit 325 800 Quadratkilometern und 14,61 Millionen Einwohnern. Ende 1810 annektierte Frankreich Hamburg, Lübeck, Bremen, Lauenburg, Oldenburg, Arenberg, Salm-Salm, Salm-Kyrburg und die nördlichen Teile von Westphalen und Berg. 1813 zerfiel der R.

L.: Joachim, E., Die Entwicklung des Rheinbundes, 1886; Bitterauf, T., Geschichte des Rheinbundes, Bd. 1 1905; Huber, E. R., Deutsche Verfassungsgeschichte, Bd. 1 2. A. 1967.

Rheindorf s. Kolb von R.

Rheineck, Reineck (Burggrafschaft, Herrschaft). Nach der ursprünglich pfalzgräflichen Burg R. zwischen Brohl und Breisig (Bad Breisig) nannte sich eine der Kölner Ministerialität entstammende Familie, die sie seit dem 12. Jahrhundert vom Erzstift Köln zu Lehen hatte. Ihre verstreuten Güter lagen hauptsächlich zwischen Koblenz und Sinzig. Als sie 1539 ausstarb, kam das Lehen an die Freiherren von Warsberg. Diese verkauften die Burggrafschaft an die Grafen von Sinzendorf aus Österreich, die mit ihr Sitz und Stimme im westfälischen Reichsgrafenkollegium des Reichsfürstenrates des Reichstages und im kurrheinischen Reichskreis erhielten. 1803 kam R. mit 165 Hektar und knapp 100 Einwohnern an Frankreich, 1815 an Preußen, 1946 an Rheinland-Pfalz.

L.: Wolff 95; Zeumer 554 II b 63, 33; Wallner 700 KurrheinRK 9; Kossin, W., Die Herrschaft Rheineck, 1995.

Rheineck (Reichsstadt?). 1276 erteilte König Rudolf von Habsburg dem im 13. Jahrhundert von den Grafen von Werdenberg gegründeten R. im Unterrheintal die Rechte einer Reichsstadt. 1415 fiel R. an das Reich. Ab 1489 ging es als Teil der Landvogtei Rheintal und als Schirmort der Abtei Sankt Gallen an die Eidgenossenschaft der Schweiz über. Dort wurde es Teil des Kantons Sankt Gallen.

L.: Wolff 527.

Rheinfelden (Reichsstadt, Herrschaft). Um 1130 gründeten die Herzöge von Zähringen als Erben älterer, von den Königen von Burgund abstammender Herren bzw. Grafen von R. im Aargau die Stadt R. Nach dem Aussterben der Herzöge von Zähringen (1218) wurde R. Reichsstadt. Später wurde es an Habsburg verpfändet. Zur Grafschaft R., die am Ende des 18. Jahrhunderts über den Breisgau Österreichs zum österreichischen Reichskreis zählte, gehörte seit dem 14. Jahrhundert auch Wyhlen. Napoleon I. vereinigte 1802 das Fricktal samt R. und Laufenburg mit dem Aargau. Am 9. 2. 1803 wurden die Gebiete dem Aargau und damit der Schweiz eingegliedert.

L.: Wolff 41; Wallner 713 ÖsterreichRK 1; Schib, K., Stadtgeschichte von Rheinfelden, 1961; Die Salier und das Reich, Bd. 1 1991; Struve, T., Rheinfeldener, LexMA 7 1995, 783; Escher, M. u. a., Die urbanen Zentren, 2005, 2, 517.

Rheinfelden s. Truchsess von R.

Rheinfels (Burg, Herrschaft). 1245 erbaute Graf Dieter V. von Katzenelnbogen zur Sicherung des Rheinzolles die Burg R. bei Sankt Goar. 1479 kam sie mit dem Erbe der Grafen von Katzenelnbogen an die Landgrafen von Hessen-Kassel (Hessen). 1567 wurde sie Sitz der Linie Hessen-Rheinfels, fiel nach deren Aussterben aber an Hessen-Kassel (1583/1648). S. Hessen-Rheinfels.

L.: Wolff 256; Grebel, A., Das Schloss und die Festung Rheinfels, 1844; Demandt, K., Rheinfels und andere Katzenelnbogener Burgen als Residenzen, Verwaltungszentren und Festungen 1350–1650, 1990.

Rheingau (Gau in Alemannien am Hochrhein)

L.: Curs, O., Deutschlands Gaue im zehnten Jahrhundert. Nach den Königsurkunden, Diss. phil. Göttingen 1908, 18 (Ringgouue, Gau südlich des Bodensees, Höchst, Dornbirn); Polenz, P. v., Landschafts- und Bezirksnamen, 1961, II, 24, 27, 29, Ringouwe, ‚Rheingau' am Hochrhein; Borgolte, M., Geschichte der Grafschaften Alemanniens in fränkischer Zeit, 1984, 189 (Lustenau, Berneck, Höchst, Altstätten, Marbach).

Rheingau (Landschaft). Das im fränkischen, seit 772 belegten R. zwischen Lorsch bzw. Niederwalluf/Eltville und Lorch rechts des Rheins liegende Reichsgut um Eltville, Geisenheim, Lorch und Rüdesheim kam im 9. und 10. Jahrhundert an das Erzstift Mainz, das 1279/1281 die von ihm abhängigen Rheingrafen (Wild- und Rheingrafen, Wildgrafen und Rheingrafen) aus dem R. verdrängte. Innerhalb des Erzstifts bildeten die Bewohner die sog. Rheingauer Bürgerfreiheit aus, deren besondere Rechte 1527 weitgehend beseitigt wurden. 1803 kam der Rheingau an Nassau-Usingen (Nassau), 1866 an Preußen (Hessen-Nassau) und damit 1945 an Hessen.

L.: Wolff 79; Curs, O., Deutschlands Gaue im zehnten Jahrhundert. Nach den Königsurkunden. Diss. phil. Göttingen 1908, 18 (Rinichgoouе, Rinichgouue, Rinecgouue, Rinihgowi superior, Riniggowe superior, Reinicgowe, Reninse, Gau südlich des Mains rechts des Rheins, Erfelden, Eberstadt, Trebur, Stein, Großgerau, Lorsch, Bessungen, Bensheim, Herleshausen); Witte, B., Herrschaft und Land im Rheingau, 1959; Polenz, P. v., Landschafts- und Bezirksnamen, 1961, II, 16, 24, 26, 29, Rinahgouwe, pagus Reni, pagus Renensis, ‚Rheingau'; Niemeyer, W., Der pagus des frühen Mittelalters in Hessen, 1968, 91, 107.

Rheingrafen (Grafen). Das vielleicht bis in das 10. Jahrhundert zurückreichende fränkische Adelsgeschlecht, das die Grafschaft im Rheingau innehatte und auf der Burg Rheinberg bei Lorch saß, im Anfang des 12. Jahrhunderts aber in Lehnsabhängigkeit vom Erzstift Mainz geraten war, wurde 1170/1196 infolge Verheiratung von den verschwägerten, linksrheinischen Herren von Rheingrafenstein (Stein) mit dem Stammsitz Stein (Rheingrafenstein) an der Nahe, die ebenfalls Lehnsleute Mainzs waren, beerbt. 1279/1281 verloren die R. infolge einer Niederlage gegen Mainz die Güter im Rheingau, behielten aber linksrheinisch Güter um Bad Kreuznach und nannten ihre Burg Rheingrafenstein. Um 1350/1409 traten sie infolge Verheiratung in den Herrschaften Dhaun (vor 1350) und Kyrburg (1409) das Erbe der aussterbenden Wildgrafen (comites silvatici), die von den Grafen des Nahegaues (Emichonen) abstammten, an und nannten sich seitdem Wild- und R. (Wildgrafen und R.). 1459/1475 erlangten sie durch Heirat das Erbe der Grafen von Salm (Obersalm) in den Vogesen und nannten sich seitdem Grafen von Salm. 1478 gewannen sie die Herrschaften Moers, Saarwerden und Finstingen an der Saar. Einzelne der in mehrfachen Teilungen gebildeten Linien (1515 Kyrburg, Dhaun) erloschen 1688 (Kyrburg) und 1750. Kyrburgs Erbe kam 1701 an Salm. 1623 wurden die Grafen in den Reichsfürstenstand erhoben. Am Ende des 18. Jahrhunderts gehörten der Wild- und Rheingraf (Wildgraf und Rheingraf) zu Grumbach und der Wild- und Rheingraf (Wildgraf und Rheingraf) zu Rheingrafenstein zu den wetterauischen Grafen der weltlichen Bank des Reichsfürstenrates sowie zum oberrheinischen Reichskreis. Das 4 Quadratmeilen große Gebiet mit etwa 11 000 Einwohnern teilte sich wie folgt auf: Die Güter der fürstlich-salmischen Linie umfasste die gefürstete Grafschaft Salm, das Oberamt Kyrburg und ein Viertel der Ämter Flonheim, Dhronecken (Tronecken), Wildenburg und (Dimringen) Diemeringen sowie ein Viertel von Wörrstadt (Wörstadt). Das Gebiet der rheingräflich grumbachischen Linie umfasste Herrschaft und Amt Grumbach, einen Teil des Eßweiler Tales, die Herrschaft Dhronekken, je ein Viertel von Wörrstadt (Wörstadt) und (Dimringen) Diemeringen und folgende bis 1792 der Linie Grumbach-Stein gehörige Güter: (die Rheingrafschaft zum Stein oder) die Grafschaft Rheingrafenstein, Herrschaft und Amt Wildenburg auf dem Hunsrück, ein Viertel der Herrschaft (Dimringen) Diemeringen und drei Achtel vom Flecken Wörrstadt (Wörstadt). Die Güter der rheingräflichen Linie Dhaun schließlich bestanden aus der Wildgrafschaft Dhaun, dem Oberamt Rhaunen, dem Ingerichtsamt Hausen, der Stadt Kirn (zur Hälfte), der Oberschultheißerei Meddersheim, dem Amt Flonheim, einem Viertel der Herrschaft (Dimringen) Diemeringen und der Herrschaft Püttlingen (frz. Puttelange-aux-Lacs) in Lothringen. 1803 erhielt der Rheingraf als Entschädigung für die 1797/1801 erfolgten linksrheinischen Verluste an Frankreich die Reste des ehemals münsterschen Amtes Horstmar und nannte sich seitdem Fürst von Salm-Horstmar. Als das linke Rheinufer 1814/1815 von Frankreich an die deutschen Staaten zurückkam, fielen Grumbach, Kyrburg, Dhronecken, Dhaun, Hausen, Meddersheim und Löllbach an Preußen. Wildenburg wurde mit dem neuen Fürstentum Birkenfeld vereinigt. Die Grafschaft Rheingrafenstein (Rheingrafschaft zum Stein) kam teils (Grehweiler) an Bayern, teils (Rheingrafenstein) an Preußen. Flonheim und Wörrstadt (Wörstadt) gelangten an Hessen-Darmstadt.

L.: Gumpelzhaimer 121; Bauer 1, 567; Wolff 278 ff.; Zeumer 553 II b 60, 16, 17; Wallner 697 OberrheinRK 33; Großer Historischer Weltatlas II 66 (1378) D 4; Schneider, C., Geschichte des Wild- und Rheingräflichen Hauses, Volkes und Landes auf dem Hundsrücken, 1854, Neudruck 1926; Fabricius, W., Güterverzeichnisse und Weistümer der Wild- und Rheingrafschaft, 1911, Trierer A. 4, Ergänzungsheft 12; Möller, W., Stammtafeln westdeutscher Adelsgeschlechter im Mittelalter, Bd. 1 1922; Dotzauer, W., Geschichte des Nahe-Hunsrück-Raumes, 2001.

Rheingrafenstein (Grafen, Grafschaft). Die Grafschaft R. mit der Residenz Grehweiler zählte am Ende des 18. Jahrhunderts zum oberrheinischen Reichskreis. 1814/1815 fiel ihr Gebiet teils an Preußen, teils an Bayern und 1946 an Rheinland-Pfalz. S. Rheingrafen, Salm.

L.: Wolff 280; Zeumer 553 II b 60, 17; Wallner 697 OberrheinRK 33.

Rheingrafschaft s. Rheingrafen

Rheingrafschaft zum Stein s. Rheingrafen

Rheinischer Ritterkreis s. Rhein (Ritterkreis)

L.: Wolff 515.

Rheinisches Reichsprälatenkollegium sind die im Reichstag des Heiligen Römischen Reiches gemeinsam eine Kuriatstimme führenden Prälaten (Reichsfürsten) von Kaisheim, (Ballei) Koblenz, (Ballei) Elsass und Burgund, Odenheim und Bruchsal, Werden, (Augsburg, Sankt Ulrich und Afra in) Augsburg, (Isny, Sankt Georg in) Isny, Kornelimünster, (Regensburg, Sankt Emmeram zu) Regensburg, Essen, Buchau, Quedlinburg, Herford, Gernrode, (Regensburg, Niedermünster in) Regensburg, (Regensburg, Obermünster in) Regensburg, Burtscheid, Gandersheim und Thorn.

L.: Zuemer 552 II a, 37; Reichsprälat. Staatsrecht, hg. v. Held, W., 1782 ff.

Rheinland (Gebiet) ist das Land am mittleren Rhein etwa zwischen Worms und Köln. Es ist in der Gegenwart hauptsächlich Teil von Rheinland-Pfalz, Hessen und Nordrhein-Westfalen. S. Rheinprovinz.

L.: Rheinische Geschichte, hg. v. Petri, F., Bd. 1 ff. 1976; Das Rheinland in zwei Nachkriegszeiten, hg. v. Koops, T. u. a., 1995; Janssen, W., Kleine rheinische Geschichte, 1997.

Rheinland-Hessen-Nassau (Provinz). Die am Anfang des Jahres 1946 entstandene Provinz R. kam am 30. 8. 1946 zu Rheinland-Pfalz. S. Hessen, Nassau, Rheinland-Pfalz.

Rheinland-Pfalz (Land). Durch Verordnung vom 30. 8. 1946 schloss die französische Militärregierung die im Juli 1945 gebildete Provinz Hessen-Pfalz und die Anfang 1946 entstandene Provinz Rheinland-Hessen-Nassau zum Land R. mit Sitz der Regierung in Mainz zusammen. Dies bedeutete die Vereinigung der linksrheinischen Pfalz Bayerns, des linksrheinischen Rheinhessen Hessen-Darmstadts mit Teilen der Rheinprovinz Preußens und Teilen der Provinz Hessen-Nassau Preußens zu einer 19 837 Quadratkilometer und (1960) 3,645 Millionen Einwohner (1976: 19 839 Quadratkilometer, 3,677 Millionen Einwohner) umfassenden Einheit. Diese erhielt am 18. 5. 1947 eine Verfassung.

L.: Deutsches Städtebuch, hg. v. Keyser, E./Stoob, H., Bd. 4, Teilband 3 1939 ff.; Handbuch der historischen Stätten, Bd. 5 Rheinland-Pfalz und Saarland, hg. v. Petry, L., 2. A. 1965; Rheinland-Pfalz. Ursprung, Gestalt und Werden eines Landes, hg. v. Götz, W., 1967; Springorum, U., Entstehung und Aufbau der Verwaltung in Rheinland-Pfalz nach dem zweiten Weltkrieg, 1982; Heyen, F.-J., Rheinland-Pfalz entsteht, 1984; Mohr, A., Die Entstehung der Verfassung für Rheinland-Pfalz, 1987; Reinirkens, L., Geschichtspunkte, Geschichte vor Ort. Rheinland-Pfalz, Bd. 1 f., 1988 f.; Dotzauer, W., Der historische Raum des Bundeslandes Rheinland-Pfalz von 1500–1815, 1993.

Rheinprovinz (Provinz). 1815 wurde nach dem Übergang des Rheinlandes (Jülich, Berg, Erzstift Köln, Erzstift Trier, Teile von Luxemburg und Limburg, Arenberg, Manderscheid, Schleiden, Malmedy, Kornelimünster, Köln, Aachen, weitere Güter der Pfalz, der Rheingrafen und Mainz' zwischen Kleve und Saarbrücken, Wetzlar) an Preußen dieses in die Provinzen Jülich-Kleve-Berg (Köln) und Großherzogtum Niederrhein (Koblenz) geteilt. 1822 wurden von den sechs Regierungsbezirken Kleve, Düsseldorf, Aachen, Köln, Koblenz und Trier der Regierungsbezirk Kleve mit Düsseldorf vereinigt und dann beide Provinzen zur R. mit Sitz des Oberpräsidenten in Koblenz zusammengeschlossen. Ausgeklammert waren Birkenfeld (bis 1937) und die Gebiete des 1819 geschaffenen Fürstentums Lichtenberg (bis zum Verkauf an Preußen am 31. 5. 1834). 1866 kam das Oberamt Meisenheim von Hessen hinzu. 1945 fielen die Regierungsbezirke Koblenz und Trier unter die Besatzungshoheit Frankreichs und gingen 1946 im Land Rheinland-Pfalz auf. Im Übrigen kam die Rheinprovinz an Nordrhein-Westfalen.

L.: Großer Historischer Weltatlas III 48 (1815–1866) D3; Bär, M., Die Behördenverfassung der Rheinprovinz seit 1815, 1919; Romeyk, H., Die leitenden staatlichen und kommunalen Verwaltungsbeamten, 1994.

Rheinstein (Grafschaft) s. Regenstein, Braunschweig, westfälisches Reichsgrafenkollegium

L.: Arndt 219.

Rheinstein (Reichsritter) s. Reinstein

Rheinstrom s. Rhein

Rheintal (Land). Das Land R. links des Rheins vor seiner Einmündung in den Bodensee wurde 1444 Herrschaft, 1490 gemeine Herrschaft der Eidgenossenschaft der Schweiz.

L.: Wolff 527; Großer Historischer Weltatlas II 72 (bis 1797) H2.

Rhinow (Land, Ländchen). Das Land R. zwischen dem Eberswalder und dem Berliner Urstromtal gehörte zwischen 1281 und 1319 Markgraf Konrad und anschließend Markgraf Waldemar von Brandenburg. 1335 verzichteten die Wildberg auf R. als Lehen der Mark Brandenburg. 1376 verzichteten die Lindow auf die Ländchen Glien und R. Seit 1386 gehörte das Ländchen vorübergehend Bischof Dietrich von Brandenburg, der es an Eckard Stechow und Arnd Friesack weiterverpfändete. Über die Wuthenow kam es an die von der Hagen und deren mühlenburgische Linie. S. Brandenburg.

L.: Wolff 387; Specht, W., Stadt und Ländchen Rhinow, 1908.

Rhodt (Herrschaft). R. bei Landau war seit dem 14. Jahrhundert eine Vogtei Württembergs. 1603 kam die Herrschaft an Baden-Durlach und nach der Herrschaft Frankreichs an Bayern (Rhodt unter Rietburg). 1946 gelangte das Gebiet zu Rheinland-Pfalz.

L.: Wolff 165; Runck, H.W.J., Geschichte Rhodts, 1889.

Rhön und Werra (Kanton) s. Rhön-Werra

Rhön-Werra, Rhön und Werra (Kanton). R. ist ein Kanton des Ritterkreises Franken der Reichsritterschaft. Die Kanzlei hatte ihren Sitz in Schweinfurt. Untergliedert war der Kanton in das hennebergische Quartier, das Saalequartier, das Mainquartier und das buchsche Quartier. Um 1800 zählte er selbst zu seinen Mitgliedern.

L.: Lünig, Reichsarchiv 12, Franken 70; Mader 2, 538; 8, 351; 10, 626; Wolff 513; Riedenauer 116, 122 ff.; Eschwege, v., Die freie Reichsritterschaft des Cantons Rhön-Werra (Franken) um das Jahr 1575, Literatur- und Intelligenzbl. des deutschen Herold 1 (1874), 1 ff.; Seyler, G., Personalmatrikel des Ritterkreises Rhön-Werra, Abh. d. hist. Ver. Unterfranken 21 (1871), 347 ff.

Riaucour (Grafen, Reichsritter). Um 1790 waren die Grafen von R. mit Binau Mitglied des Kantons Odenwald des Ritterkreises Franken. Mit der Hälfte von Hillesheim waren sie im Kanton Oberrheinstrom des Ritterkreises Rhein immatrikuliert. S. Schall-Riaucour.

L.: Winkelmann-Holzapfel 159; Riedenauer 126.

Ribuarien (Riphera)

L.: Polenz, P. v., Landschafts- und Bezirksnamen, 1961, I, 12, 21, III, 11, 18, 22, 26, 29, Riboarii, Ribuaria, Riphera, Volksname Ripuarii, Riboarii, Landname Ribuaria; Nonn, U., Pagus und Comitatus in Niederlothringen, 1983, 164.

Richen (Reichsdorf). Am 19. 8. 1332 erlaubte Kaiser Ludwig der Bayer den Pfalzgrafen Rudolf und Ruprecht bei Rhein das verpfändete Dorf R. bei Eppingen für die Pfandsumme einzulösen. Über Baden kam R. 1951/1952 an Baden-Württemberg.

L.: Hugo 468.

Richold (reichsunmittelbare Herrschaft), niederländ. Rijckholt. Anfang des 14. Jahrhunderts trennte sich von Gronsveld südöstlich von Maastricht im Herzogtum Limburg die aus Burg und Dorf R. bestehende Herrschaft R. ab. 1496 wurde sie von ihren Schöffen zum sog. Sonnenlehen erklärt. Im 16. Jahrhundert wurde sie zur Baronie erhoben. Die vielfach den Besitzer wechselnde Herrschaft gehörte am Ende des 18. Jahrhunderts zu den nicht eingekreisten Reichsteilen des Heiligen Römischen Reiches. 1806 verlor sie durch Frankreich die Selbständigkeit. 1815/1839 kam sie zur Provinz Limburg (Südlimburg) der Niederlande.

L.: Wolff 498.

Rickelshausen s. Senger zu R.

Riddagshausen (Abtei). Das 1145 von Amelungsborn aus besetzte Zisterzienserkloster R. bei Braunschweig erhielt 1146 von Heinrich dem Löwen die villa R. und in der Folge zahlreiche andere Güter um Braunschweig, Schöningen und auf dem linken Okerufer. In den Auseinandersetzungen zwischen der Stadt Braunschweig und den Herzögen von Braunschweig-Wolfenbüttel stand es auf der Seite der Herzöge. 1568 wurde die Reformation eingeführt. 1776 erscheint die Abtei in der Reichsmatrikel im niedersächsischen Reichskreis. S. Braunschweig, Niedersachsen.

L.: Gumpelzhaimer 189; Wolff 438; Pfeifer, H., Das Kloster Riddagshausen bei Braunschweig, 1896; Ehlers, J., Die Anfänge des Klosters Riddagshausen und der Zisterzienserorden, Braunschweigisches Jb. 67 (1986).

Ried (Reichsritter). Im 16. Jahrhundert zählten die R. zum Kanton Odenwald des Ritterkreises Franken.

L.: Stetten 33; Riedenauer 126.

Riedenburg (Herrschaft) s. Riedernburg

Rieder zu Kornburg, Rieter von Kornburg (Freiherren, Reichsritter). Kornburg bei Schwabach gelangte 1364 durch Verkauf von den Grafen von Nassau an die Burggrafen von Nürnberg. Die Burg der reichsministerialischen Herren von Kornburg kam nach ihrem Aussterben 1404 über die Hohenfels und Seckendorff 1447 an die Nürnberger Patrizier Rieter, die sich seitdem R. nannten. Im 17. und 18. Jahrhundert zählten die Freiherren R. von und zu Kornburg mit dem in der Mitte des 15. Jahrhunderts erworbenen Kalbensteinberg und mit Kornburg zum Kanton Altmühl des Ritterkreises Franken. 1753 fiel Kornburg erbweise an das Heiliggeistspital in Nürnberg und mit Nürnberg 1806 an Bayern.

L.: Biedermann, Altmühl; Genealogischer Kalender 1753, 541; Pfeiffer 197; Riedenauer 126; Wich, H., Geschichte Kornburgs unter Einbeziehung der zum Kirchen- und Schulsprengel gehörenden Orte, 1911; 100 Jahre Landkreis Schwabach, hg. v. Ulsamer, W., 1964.

Riedern, Rüdern, Rütter (Reichsritter). Im 16. Jahrhundert zählten die R. zum Kanton Odenwald und zum Kanton Rhön-Werra im Ritterkreis Franken.

L.: Riedenauer 126; Rahrbach 188.

Riedernburg, Riedenburg (Herrschaft). Die Herrschaft R. zählte am Ende des 18. Jahrhunderts über das Hochstift Passau zum bayerischen Reichskreis.

L.: Wolff 144; Wallner 712 BayRK 6.

Riedesel (zu Eisenbach) (Reichsfreiherren, Reichsritter). Die hessische Adelsfamilie R. wurde 1437 zu hessischen Erbmarschällen und 1680 zu Reichsfreiherren erhoben. Sie bildete im 15. Jahrhundert auf fuldischen, hersfeldischen und pfälzischen Lehen um Lauterbach und Schloss Eisenbach im nordöstlichen Vogelsberg eine Herrschaft aus (Junkernland). Durch Verträge mit Fulda 1684 und Hessen-Darmstadt 1713 gewann sie eine nahezu landesherrliche Stellung. Vom 16. bis zum 19. Jahrhundert zählten die R. mit Altenschlirf, Bannerod, Heisters, Nösberts, Schafhof, Schlechtenwegen, Steinfurt, Vaitshain, Weidmoos, Wünschen-Moos (Wünschenmoos), Zahmen, Freiensteinau, Fleschenbach, Holzmühl, Radmühl, Reichlos, Salz, Landenhausen, Lauterbach, Moos, Grunzenau, Metzlos, Metzlos-Gehag, Niedermoos (Nieder-Moos), Obermoos (Ober-Moos), Stockhausen, Rixfeld, Rudlos, Schadges, Vietmes und Wernges zum Kanton Rhön-Werra des Ritterkreises Franken, außerdem zum Ritterkreis Rhein. 1806 fiel das Gebiet durch Mediatisierung an Hessen-Darmstadt und damit 1945 an Hessen.

L.: Wolff 514; Roth von Schreckenstein 2, 595; Seyler 378 f.; Pfeiffer 198; Winkelmann-Holzapfel 159 f.; Riedenauer 126; Becker, E. E. u. a., Die Riedesel zu Eisenbach, Bd. 1–6 1923 ff.; Zschaeck, F., Die Riedesel zu Eisenbach, 1957.

Riedheim (Freiherren, Reichsritter). Im 18. Jahrhundert zählten die Freiherren von R. mit dem um 1440 erworbenen Rettenbach, dem 1570 erworbenen Harthausen und dem 1307 erworbenen Stetten samt Lontal zum Kanton Donau des Ritterkreises Schwaben. Ihren Sitz R. bei Leipheim hatten sie schon am Ende des 14. Jahrhunderts durch Verkauf aufgegeben. Über einzelne Ulmer Patrizier kam das Dorf 1502 an Ulm und 1803 an Bayern.

L.: Genealogischer Kalender 1753, 528; Roth von Schreckenstein 2, 592; Hölzle, Beiwort 59.

Riedheim (Herrschaft). Am Ende des 18. Jahrhunderts zählte die Herrschaft R. nördlich von Überlingen über die Abtei Petershausen zum schwäbischen Reichskreis. Über Württemberg gelangte R. 1951/1952 zu Baden-Württemberg.

L.: Wolff 190.

Riedigheim, Rüdigsheim, Rüdigkhe (Reichsritter). Im frühen 16. Jahrhundert zählten die R. zum Kanton Odenwald und zum Kanton Rhön-Werra des Ritterkreises Franken. S. Riedheim?

L.: Riedenauer 126.

Riedlingen (reichsstadtähnliche Stadt). Bei dem 835 erstmals genannten Dorf R. an der oberen Donau legten die Grafen von Veringen zwischen 1247 und 1255 eine Stadt an, die vor 1300 durch Kauf an Habsburg kam. 1314 war sie an die Grafen von Hohenberg, dann an die Herren von Ellerbach und 1384 an die Truchsessen von Waldburg verpfändet. 1680 löste sich die zum österreichischen Reichskreis zählende Stadt, die zu den sog. Donaustädten gerechnet wurde, selbst aus der Pfandschaft an Österreich zurück. 1805 kam sie an Württemberg und damit 1951/1952 an Baden-Württemberg.

L.: Wolff 45; Wallner 714 ÖsterreichRK 1; Heuschele, O., 1950; Rothmund, P., Die fünf Donaustädte in Schwäbisch-Österreich, Diss. phil. Tübingen 1955; Vorderösterreich, hg. v. Metz, F., 3. A. 1978; Der Kreis Saulgau, 1971; Der Kreis Biberach, 1973.

Riedsberg s. Dürn zu R.

Riegelstein s. Dürriegel von R.

Rielern (Reichsritter). Um 1550 zählten die R. zum Kanton Odenwald des Ritterkreises Franken.

L.: Stetten 33.

Rien (Gau östlich Antwerpens) (974)

L.: Curs, O., Deutschlands Gaue im zehnten Jahrhundert. Nach den Königsurkunden, Diss. phil. Göttingen 1908, 18 (Bocholt); Polenz, P. v., Landschafts- und Bezirksnamen, 1961, II, 49, V, 2, Rien, het Land van Rijen; Nonn, U., Pagus und comitatus in Niederlothringen, 1983, 205.

Rieneck (Grafschaft). Die um 1168 errichtete Burg R. im Ostspessart nördlich von Gemünden erscheint erstmals 1179 (Rienecke). Sie war Sitz der beim Aussterben der Familie der Burggrafen von Mainz einheiratenden Grafen von Loon oder Looz aus Brabant bzw. Westfalen/Grafen von R. (Linienbildung am Ende des 12. Jahrhunderts) und Mittelpunkt der aus Reichslehen und Eigengütern zusammengesetzten Grafschaft R., deren Sitz im ausgehenden 13. Jahrhundert nach Lohr verlegt wurde. 1366/1408 wurde R. Lehen Mainz'. Nach dem Aussterben der zum Kanton Odenwald der fränkischen Ritterschaft zählenden Grafen 1559 fielen die Lehen an das Hochstift Würzburg (die Ämter Rothenfels, Schönrain, Aura im Sinngrunde), die Pfalz (das Amt Wildenstein) und zum größten Teil an das Erzstift Mainz heim. Mainz verkaufte 1673 Amt, Burg und Stadt R. an die böhmischen Grafen von Nostitz zu Falkenau (Nostitz-Rieneck), die damit bis 1806 Sitz und Stimme im fränkischen Reichsgrafenkollegium des Reichstags und im fränkischen Reichskreis hatten. Nach der Mediatisierung (1806) fiel das 12 Quadratmeilen große R. zunächst an Fürstprimas Karl Theodor von Dalberg und 1814/1815 an Bayern. S. Voit von R.

L.: Wolff 122, 270; Zeumer 554 II b 62, 6; Wallner 692 f. FränkRK 15, 19; Großer Historischer Weltatlas II 66 (1378) E3, III 38 (1789) B3; Pfeiffer 197; Schecher, O., Die Grafen von Rieneck, Diss. phil. Würzburg 1963; Handbuch der bayerischen Geschichte, hg. v. Spindler, M., Bd. 3,1 3. A. 1997; Ruf, T., Die Grafen von Rieneck. Genealogie und Territorienbildung, 1984; Gerlich, A., Rieneck, LexMA 7 1995, 839 f.; Bachmann, M., Lehenhöfe von Grafen und Herren im ausgehenden Mittelalter. Das Beispiel Rieneck, Wertheim und Castell, 2000.

Rieneck s. Vogt (Voit) von R.

Rieppurr s. Rüppurr

Riesenburg (Herrschaft). Die Herrschaft R. mit Kloster Ossegg in Böhmen gehörte im 15. Jahrhundert zeitweilig zur Markgrafschaft Meißen. S. Tschechoslowakei.

Ries(gau) (Riezzin, Rhecia, Gau westlich der Wörnitz, links der Donau)

L.: Curs, O., Deutschlands Gaue im zehnten Jahrhundert. Nach den Königsurkunden, Diss. phil. Göttingen 1908 (Deggingen).

Riet s. Brandenburger zu R., Frankenberg zu R.

Rietberg, Rittberg (Grafschaft). Im Sumpf der oberen Ems nordwestlich von Paderborn errichteten die Grafen von (Werl-)Arnsberg im 12. Jahrhundert die Burg R. (Rietbike), nach der sich seit 1237 eine jüngere, mit Gütern nördlich der Lippe abgefundene Linie Grafen von R. nannte. 1353 wurde die kleine Grafschaft durch Lehnsauftragung an das Reich reichsunmittelbar. 1456 trug der Graf sie den Landgrafen von Hessen zu Lehen auf, behielt aber die Reichsstandschaft im niederrheinisch-westfälischen Reichskreis. 1533 wurde die Reformation eingeführt. Beim Aussterben der Grafen kam die Grafschaft 1562/1577 über die Erbtochter an die Grafen von Ostfriesland (Cirksena). 1600 verzichtete Enno III. zugunsten seiner Töchter auf Rietberg und erhielt dafür das mit der Grafschaft seit 1540 in Personalunion verbundene Harlingerland. R. wurde der Gegenreformation unterzogen. 1690/1702 kam es in weiblicher Erbfolge an die Grafen von Kaunitz, die damit seit 1699 zu den westfälischen Reichsgrafen der weltlichen Bank des Reichsfürstenrates des Reichstages zählten. 1807 wurde das ca. 5,5 Quadratmeilen große R. dem Königreich Westphalen einverleibt und fiel 1815 an Preußen (Standesherrschaft), 1946 an Nordrhein-Westfalen. Der letzte Graf von Kaunitz verkaufte 1820/1821 die verbliebenen Rechte an bürgerliche Käufer.

L.: Wolff 358; Zeumer 554 II b 63, 14; Wallner 703 WestfälRK 26; Großer Historischer Weltatlas II 66 (1378) E3, III 38 (1789) B3; Richtering, H./Kittel, E., Westfalen-Lippe, in: Geschichte der deutschen Länder, Bd. 1; Walter, F., Paladine der Kaiserin, 1959; Scherl, H., Die Grafschaft Rietberg unter dem Geschlecht der Kaunitz, Diss. phil. Innsbruck 1962; Leesch, W., Die Grafen von Rietberg aus den Häusern Arnsberg und Ostfriesland, in: Westfälische Zeitschrift 113 (1963), 283; Klingenstein, G., Der Aufstieg des Hauses Kaunitz, 1975; Köln-Westfalen 1180–1190, hg. v. Berghaus, P. u. a., 1980; Hanschmidt, A., 750 Jahre Grafschaft Rietberg, Heimat-Jb. Kreis Gütersloh 1987 (1986); Janssen, W., Rietberg, LexMA 7 1995, 841; Escher, M. u. a., Die urbanen Zentren, 2005, 2, 521.

Rieter s. Rieder

Rietheim (Herrschaft). Am Ende des 18. Jahrhunderts zählte die Herrschaft Riedheim nördlich von Überlingen über die Abtei Petershausen zum schwäbischen Reichskreis. Über Württemberg gelangte R. 1951/1952 zu Baden-Württemberg. S. Riedheim.

L.: Wolff 190.

Rietheim (Reichsritter). 1564, 1592 und von 1666 bis 1667 (wegen des erheirateten Ramsberg) waren die R. im Kanton Kocher des Ritterkreises Schwaben immatrikuliert. S. Riedheim.

L.: Schulz 270.

Rieza (Ries)

L.: Polenz, P. v., Landschafts- und Bezirksnamen, 1961, I, 9, II, 9, 21 f., 29, 32, 95, III, 18, 30, Rieza, Retia, Riezzin, pagus Retiensis, ‚Ries'.

Riga (Erzstift). 1180 begründete der Augustinerchorherr Meinhard aus dem Kloster Segeberg in Holstein die Mission unter den Liven an der Düna und wurde nach dem 1184 erfolgten Bau einer Kirche 1186 vom Erzbischof von Bremen zum Bischof von Uexküll bzw. Livland geweiht. Seit 1201 war R. der Bischofssitz. 1207 erhielt der Bischof das Bistum als Reichslehen und wurde 1224/1225 mit den Regalien begabt (Reichsfürst). 1246/

1255 wurde das seit 1214/1215 exemte Bistum zum Erzbistum erhoben (Bistümer Dorpat, Oesel-Wieck [Oesel-Wiek], Kurland, Samland, Pomesanien, Ermland, Kulm), nachdem 1251 bereits Selonien und Semgallen in ihm aufgegangen waren. 1332 gewann der Deutsche Orden die Landeshoheit. 1394/1451 wurde das Erzbistum, dessen Sitz 1418 nach Ronneburg verlegt wurde, dem Deutschen Orden einverleibt. Nach der Einführung der Reformation (1522) ging das Erzbistum mit dem Tod des letzten Erzbischofs, der 1551 den Dom der Stadt R. verkaufte und sich 1562 Polen unterwerfen musste, 1563 unter. 1566 hob Polen das Domkapitel auf. 1918 wurde ein neues Bistum R., 1923 ein Erzbistum R. geschaffen.

L.: Wittram, R., Baltische Geschichte, 1954; Studien über die Anfänge der Mission in Livland, hg. v. Hellmann, M., 1989; Mühlen, H. v. zur, Riga, LexMA 7 1995, 847 ff.; Riga, hg. v. Oberländer, E. u. a., 2004.

Riga (Reichsstadt). R. an der Düna wurde 1201 von Bischof Albert auf dem Gelände einer baltischen Siedlung gegründet. Übernommen wurde das Recht der Deutschen auf Gotland, später das Recht Hamburgs. 1282 trat die Stadt der Hanse bei. Von 1330 bis 1366 unterstand sie dem Deutschen Orden, danach den Erzbischöfen von R. 1561 wurde R., das zu dieser Zeit etwa 12 000 Einwohner (davon zwei Drittel Deutsche) gehabt haben dürfte, nach dem Untergang des livländischen Ordensstaates freie Reichsstadt, huldigte aber 1581/1582 Polen und schied damit aus dem Reich aus. Von 1621 bis 1710 gehörte es nach Eroberung zu Schweden, danach zu Russland, verlor die alte deutsche Verfassung aber erst 1889. Von 1918 bis 1940 war R. Hauptstadt der Republik Lettland; seit 1990 ist es wieder Hauptstadt Lettlands. S. Lettland.

L.: Mettig, C., Geschichte der Stadt Riga, Riga 1897; Wittram, Zur Geschichte Rigas, 1951; Lenz, W. jun., Riga zwischen dem Römischen Reich und Polen-Litauen in den Jahren 1558–1582, 1968; Die Hanse und der deutsche Osten, hg. v. Angermann, N., 1998; Mühlen, H. v. zur, Riga, LexMA 7 1995, 844.

Rijnland s. Rinland

Rikingen s. Rixingen

Rimbach, Rimpach (Reichsritter). Im frühen 16. Jahrhundert zählten die R. zum Kanton Steigerwald des Ritterkreises Franken.

L.: Riedenauer 126.

Rinahgouwe (Rheingau)

L.: Polenz, P. v., Landschafts- und Bezirksnamen, 1961, II, 16, 24, 26, 29, Rinachgouwe, pagus Reni, pagus Renensis, ‚Rheingau' am mittleren Rhein.

Rinck von Baldenstein, Reich von Baldenstein (Freiherren, Reichsritter). 1752 zählten die aus der Burg Prassel im Dorf Ringgenberg bei Truns in Graubünden stammenden, 1383 erwähnten, 1412 durch Heirat des Symon Ringg mit Margaretha von Stein Baldenstein erlangenden Freiherren R. zum Kanton Hegau des Ritterkreises Schwaben.

L.: Ruch, Anhang 80 f.; Adelslexikon 11 (2000), 424.

Rindal s. Rinnthal

Rinderbach (Reichsritter). Von 1542 bis 1603 war das Schwäbisch Gmünder Patriziergeschlecht R. wegen Horkheim im Kanton Kocher des Ritterkreises Schwaben immatrikuliert. Vom 16. bis ins 17. Jahrhundert zählten die R. zum Kanton Odenwald des Ritterkreises Franken.

L.: Stetten 33; Riedenauer 126; Schulz 270.

Ringgau s. Reinihgouwe

L.: Hessler, W., Mitteldeutsche Gaue des frühen und hohen Mittelalters, 1957, 148, Ringgau (Herleshausen westnordwestlich Eisenachs); Polenz, P. v., Landschafts- und Bezirksnamen, 1961, 303.

Ringouue s. Rheingau am Hochrhein

L.: Polenz, P. v., Landschafts- und Bezirksnamen, 1961, II, 17, 24, 29, Ringouwe, ‚Rheingau' am Hochrhein.

Rinhofen, Rinhofer s. Seckendorff

Rink s. Rinck

Rinland*

L.: Polenz, P. v., Landschafts- und Bezirksnamen, 1961, II, 23, 48, 55, Rinland, Rinlandia, Rienlant, comitatus circa horas Reni, Rijnland.

Rinnthal, Rindal (Reichsdorf)

L.: Hugo 464.

Riphera (Ribuarien, Ribuarier)

L.: Polenz, P. v., Landschafts- und Bezirksnamen, 1961, I, 12, 21, III, 11, 18, 22, 26, 29, Riboarii, Ribuaria, Riphera, Volksname Ripuarii, Riboarii, Landname Ribuaria.

Risstissen, Rißtissen (reichsritterschaftlicher Ort). Nach einem an der Mündung der Riss in die Donau um 50 n. Chr. errichteten Kastell erscheint 838 in einer Übertragung an Sankt Gallen der Ort R. (Tussa). Später unterstand er mehreren Herrschaften gemeinschaftlich und kam 1613 an die Freiherren

Schenk von Stauffenberg. Er zählte zum Kanton Donau des Ritterkreises Schwaben. 1806 fiel er an Württemberg und damit 1951/1952 an Baden-Württemberg.

L.: Wolff 508.

Risum, Rysum (Herrlichkeit). Die Herrlichkeit R. gehörte als adlige Herrschaft zu Ostfriesland. Über Hannover und Preußen gelangte R. 1946 zu Niedersachsen.

L.: Wolff 339.

Rittberg s. Rietberg

Rittegau (Gau an der Leine)

L.: Curs, O., Deutschlands Gaue im zehnten Jahrhundert. Nach den Königsurkunden, Diss. phil. Göttingen 1908, 18 ([Rittigau] Rietdiega, Rittiga, Gau am rechten Ufer der Leine südöstlich Einbecks, Hohnstedt, Hammenstedt); Hessler, W., Mitteldeutsche Gaue des frühen und hohen Mittelalters, 1957, 148, Rittigau (Ellierode, Hammenstedt, Hohnstedt); Polenz, P. v., Landschafts- und Bezirksnamen, 1961, II, 39, 68 f., 96, III, 30, Hrittiga, Rietdega, Hratigan, Rittiga; Wagner, G., Die Verwaltungsgliederung im karolingischen Reich, 1963, 9.

Ritter zu Grünstein (Freiherren, Reichsritter). Um 1790 zählten die Freiherren R. mit dem Hof Hasselhecke zum Kanton Mittelrheinstrom des Ritterkreises Rhein.

L.: Winkelmann-Holzapfel 160.

Ritterkreis s. Franken, Rhein, Schwaben, Unterelsass

Ritz (Reichsritter). 1802 zählte Ferdinand Maria Hermann von R. zum Ort Ortenau des Kantons Neckar des Ritterkreises Schwaben.

Ritzebüttel (Herrschaft). Um 1300 errichteten die Herren Lappe an der Einmündung der Unterelbe in die Nordsee die Feste Steenborg in R. (heute Cuxhaven). 1393 wurde R. von Hamburg erobert.

L.: Wolff 459; Reinecke, H., Das Amt Ritzebüttel, Diss. phil. Hamburg 1935.

Riustringeland s. Rüstringen, Hriustri

L.: Polenz, P. v., Landschafts- und Bezirksnamen, 1961, 303.

Riviera (Land), mhd. Reffier. 1403/1422/1500 wurde das Land R. am oberen Tessin nördlich von Bellinzona gemeine Herrschaft der Eidgenossen der Schweiz.

L.: Wolff 530; Großer Historischer Weltatlas II 72 (bis 1797) F/G4.

Rixingen, Rikingen, Rützingen (Herrschaft). Die Herrschaft R. (Réchicourt-le-Château) war ein Lehen des Hochstifts Metz, das ursprünglich den Grafen von Leiningen und seit 1669 durch Kauf den Grafen von Ahlefeld gehörte.

L.: Wolff 301.

Rizzigau, Rizzigouwe (Ritzingengau)

L.: Polenz, P. v., Landschafts- und Bezirksnamen, 1961, II, 16, 30 f., Rizzigouwe, pagus Rizogohensis, pagus Rezcensis; Puhl, R., Die Gaue und Grafschaften des frühen Mittelalters im Saar-Mosel-Raum, 1999, 249, Rizzigau (938 pago Rizogohensi), benannt nach dem vicus Ricciacum, Ausdehnung ungewiss (Aspelt, Dalheim, Diekirch, Evrange, Filsdorf, Frisange, Preisch).

Robesreut, Raubersried (Reichsdorf). Kaiser Karl IV. versprach 1360 den Gebrüdern Vogt von Wendelstein vermutlich, die in das Dorf Wendelstein gehörigen verpfändeten Dörfer Nerreth (Nuwenreuthe), Dürrenhembach (Dornhennebach) und R. nur zusammen einzulösen. Später gelangte das Gebiet zu Bayern.

L.: Hugo 459 f.

Rochefort (Herrschaft). Nach der von Ludwig III. von Löwenstein durch Heirat einer Gräfin von Stolberg erlangten Herrschaft R. nannte sich seit 1611 die Linie Löwenstein-Wertheim-Rochefort der Grafen von Löwenstein-Wertheim. Nach dem Verlust Rocheforts an Frankreich benannte sie sich nach der 1728/1730 gekauften Herrschaft Rosenberg Löwenstein-Wertheim-Rosenberg. S. Löwenstein-Wertheim-Rochefort.

L.: Wolff 57; Kienitz, O., Die Löwenstein-Wertheimischen Territorien und ihre Entwicklung, Jb. d. hist. Ver. Alt-Wertheim, 1919; Stockert, H., Adel im Übergang, 2000.

Rochsburg (Herrschaft). Die Herrschaft R. mit den Städten Lunzenau und Burgstädt (Burgstädtel) gehörte als Lehen Sachsens den Grafen von Schönburg-Glauchau. Bei der Mediatisierung kam sie an Sachsen.

L.: Wolff 422.

Rodamsdörfle (reichsritterschaftliche Herrschaft). R. zählte zum Kanton Kocher und kam zur Hälfte an Ellwangen und damit 1802/1803 an Württemberg bzw. 1951/1952 an Baden-Württemberg.

Rödelheim (Herren). 788 wird R. im Niddagau erstmals genannt (Radilnheim). Seit etwa 1150 bestand dort eine Wasserburg, die König Rudolf von Habsburg von Ganerben erwarb und zur Reichsburg erhob. 1443 veräußerten die 1442 damit belehnten Herren von Praunheim ihre Rechte an die Kronberg und an Frankfurt. Erben der Kronberg waren die Grafen von Solms, die 1569 Frankfurt durch drei Viertel von Niederrad abfanden. Innerhalb Solms' wurde R. Sitz mehrerer von Solms-Lich bzw. Solms-Laubach abgespalteten Linien Solms-Rödelheim (erloschen 1640, 1722). 1806 kam R. an Hessen-Darmstadt, 1866 an Preußen und 1945 an Hessen. S. Solms-Rödelheim.

L.: Wolff 274.

Rodemachern (Herrschaft). Die Herrschaft R. südlich von Luxemburg wurde 1492 von Baden (Baden-Baden) erworben. Im 16./17. Jahrhundert riss Frankreich die Landeshoheit an sich, obwohl die Herrschaft nur Lehen Luxemburgs war. Rechtlich wurde Frankreichs Stellung erst 1796 anerkannt.

L.: Wolff 58, 305; Hölzle, Beiwort 40.

Roden (Grafen). Die nach der Burg Lauenrode an der Leine als Grafen von R. oder nach anderen Gütern als Grafen von Limmer bzw. Grafen von Wunstorf bezeichnete, kurz nach 1100 nachweisbare Adelsfamilie hatte Vogtei- und Gerichtsrechte zwischen Hannover und der mittleren Weser. 1215 verlor sie die Grafschaft Nienburg an die Grafen von Hoya, 1241 Hannover und die Vogtei Lauenrode an die welfischen Herzöge von Braunschweig-Lüneburg, 1446 durch Verkauf Wunstorf über das Hochstift Hildesheim ebenfalls an die Welfen. 1533 erlosch das Geschlecht.

Rodenheim, Kottenheim? (Reichsritter). Um 1550 sowie im späten 17. Jahrhundert zählten die R. zum Kanton Odenwald des Ritterkreises Franken. S. Kottenheim.

L.: Riedenauer 126; Stetten 33.

Rodenstein s. Überbrick von R.

Roder? (Reichsritter). Im frühen 16. Jahrhundert zählten die R. zum Kanton Gebirg des Ritterkreises Franken. S. Rorer.

L.: Riedenauer 126.

Röder, Roeder (Reichsritter). Im 18. Jahrhundert zählten die R. mit dem 1788 von den Schertel von Burtenbach (Schertlin von Burtenbach) erworbenen Mauren zum Kanton Neckar des Ritterkreises Schwaben.

L.: Hölzle, Beiwort 65.

Röder von Diersburg (Freiherren, Reichsritter). Im 18. Jahrhundert zählten die Freiherren R. mit Diersburg zum Ort (Bezirk) Ortenau des Kantons Neckar des Ritterkreises Schwaben (1802 Philipp Ferdinand R., Philipp Friedrich Karl Ludwig August R., Georg R., Ludwig R., Egenolf Christian R., Herren zu Diersburg und Reichenbach). 1773 gehörten sie, die bereits im Stichjahr 1680 angesessen und mit ihren Gütern bei der Ritterschaft immatrikuliert waren, dem Ritterkreis Unterelsass an.

L.: Roth von Schreckenstein 2, 592; Hölzle, Beiwort 66.

Rodheim (Reichsdorf). Am 6.12.1360 erlaubte Kaiser Karl IV. dem Gottfried von Stockheim das Dorf R. zwischen Friedberg und Bad Homburg aus der Verpfändung einzulösen. Später kam es an Hanau-Münzenberg (Hessen-Darmstadt) und damit 1945 an Hessen.

L.: Wolff 270; Hugo 462.

Rodt von Bußmannshausen s. Roth von Bußmannshausen

Roergau s. Rurgau

L.: Polenz, P. v., Landschafts- und Bezirksnamen, 1961, II, 24, Rurgaue, ‚Rurgau', ‚Roergau'.

Rogendorf (Ort) s. Roggendorf

Roggenburg (reichsunmittelbare Abtei, Reichsstift). Vielleicht 1126 wurde das Prämonstratenserkloster R. bei Messhofen südöstlich von Ulm im bayerischen Schwaben von den Herren von Bibereck (bzw. Biberegg) als Doppelkloster (bis 1178) gestiftet, wohl um 1130 von Ursberg aus gegründet und mit den Orten Messhofen, Breitenthal, Ebershausen, Ingstetten und Schießen ausgestattet. Von den Stiftern kam die Vogtei als Reichslehen an die Reisensburg, dann an die Reichsstadt Ulm (1412), nach 1477 zeitweilig an Bayern und nach 1548 an Österreich. Das Kloster wurde 1444 Abtei, gewann 1406 die niedere Gerichtsbarkeit und 1513 die hohe Gerichtsbarkeit (Blutbann) und war von 1544 an reichsunmittelbar. Es gehörte den schwäbischen Reichsprälaten des Reichstages und dem schwäbischen Reichskreis an und gewann ein eigenes Herrschaftsgebiet mit vier Ämtern (R., Breitenthal, Nordholz und Wiesenbach). 1803 kam es mit 2–2,5 Quadratmeilen Gebiet im Bibertal und im Günztal und 3500–5000 Einwohnern an Bayern.

L.: Wolff 186; Zeumer 552 II a 36, 8; Wallner 688 SchwäbRK 49; Großer Historischer Weltatlas III 38 (1789) D3; Groll, E., das Prämonstratenserstift Roggenburg im Beginn der Neuzeit (1450–1600), 1944; Tuscher, F., Das Reichsstift Roggenburg im 18. Jahrhundert, 1976; Kießling, R., Roggenburg, LexMA 7 1995, 946.

Roggendorf, Rogendorf (Ort). R. in Niederösterreich erscheint in der Reichsmatrikel von 1521.

L.: Reichsmatrikel 1521.

Rohr-Waldstetten (Komturei). Am Ende des 18. Jahrhunderts gehörte die Komturei R. des Deutschen Ordens mit verstreuten Gütern in Oberschwaben über den Landkomtur der Deutschordensballei Elsass-Schwaben-Burgund (Elsass und Burgund) dem schwäbischen Reichskreis an.

L.: Wolff 195; Wallner 687 SchwäbRK 34.

Rohrau (Herrschaft). R. bei Bruck an der Leitha in Niederösterreich gehörte im 12. Jahrhundert zum Herrschaftsbereich der Markgrafen von Cham. Um 1230 erscheinen Herren von R. (Rorav) aus der Familie Liechtenstein (Lichtenstein), die 1278 über ihre Erbtochter die zugehörige Herrschaft an die Stadeck gaben. Bei deren Aussterben bis 1400 fielen die Güter bis auf die Feste R. an die Herzöge von Österreich. Die Feste wurde als Reichslehen an die Grafen von Cilli übertragen, denen 1404 die Grafen von Montfort-Bregenz folgten. 1524 kam R. als Lehen Österreichs an die Familie Harrach, die 1627 zu Reichsgrafen erhoben wurde.

L.: Harrach, O. Graf, Geschichtsskizze der Grafschaft, Bd. 1 1906.

Rohrbach (Reichsdorf). Am 25. 10. 1361 schlug Kaiser Karl IV. auf eine unter anderem das Reichsdorf R. bei Landau betreffende Pfandschaft des Pfalzgrafen Ruprecht des Älteren weitere 4000 Gulden. Über die Pfalz und Bayern kam R. 1946 an Rheinland-Pfalz.

L.: Hugo 463, 468.

Rohrdorf (Konvent). 1189 wurde der Frauenkonvent des Klosters Isny in das 1173 erstmals genannte R. bei Isny verlegt, dessen Kirche kurz zuvor von Kaiser Friedrich I. Barbarossa an Isny gegeben worden war. Der Konvent bestand bis ins 15. Jahrhundert. 1803 kam R. mit Isny an Quadt (Quadt-Wickrath), 1806 als Teil der Herrschaft Trauchburg an Württemberg und damit 1951/1952 an Baden-Württemberg. S. Isny (Reichsabtei).

Roll, Roll zu Bernau (Freiherren, Reichsritter). 1752 zählten die Freiherren von R. mit Bernau zum Kanton Hegau des Ritterkreises Schwaben.

L.: Ruch, Anhang 79, 81.

Rollshausen, Rolshausen (Reichsritter). Im 18. Jahrhundert zählten die R. zum Ritterkreis Rhein.

L.: Roth von Schreckenstein 2, 595.

Roman (Freiherren, Reichsritter). Um 1790 zählten die Freiherren von R. mit Teilen von Schernau zeitweise zum Kanton Steigerwald des Ritterkreises Franken. Bei der Mediatisierung kam Schernau zu Bayern.

L.: Winkelmann-Holzapfel 160; Bechtolsheim 16, 22; Riedenauer 126.

Romansweiler (Reichsdorf), Rumolsweiler. Am 1. 5. 1287 ermächtigte König Rudolf von Habsburg den Otto von Ochsenstein, unter anderem das Dorf R. im Elsass von den Herren von Geroldseck auszulösen. Mit dem Elsass kam R. zu Frankreich.

L.: Hugo 472.

Romberg (Herrschaft). Die Herrschaft R. wurde 1490 von den Fürsten von Fürstenberg erworben. S. Baden-Württemberg.

L.: Hölzle, Beiwort 44.

Römhild (Ort, Stadt, Herrschaft). Im Jahre 800 gab Emhilt dem von ihr gestifteten Kloster Milz Rotemulte (Altrömhild) bei Hildburghausen, 867 Adalolt einen dortigen Bifang an Fulda. Vermutlich gegen Ende des 13. Jahrhunderts gründete Graf Heinrich IV. von Henneberg-Hartenberg die Stadt R. Sie kam später an die 1274 entstandene Linie Henneberg-Aschach, die sich seitdem nach R. nannte (Henneberg-Römhild) und zahlreiche Güter erwarb (1433 Lichtenberg, 1435 Fladungen, 1435/1444 Kühndorf, 1455 ein Viertel Fischberg). 1465/1502 verlor die Linie durch Teilung an Bedeutung. 1548 kamen die Güter Graf Bertholds an die verschwägerten Grafen von Mansfeld und von diesen teilweise an Henneberg-Schleusingen (ein Viertel Henneberg), im Übrigen 1555 an die Ernestiner (Sachsen). Die Güter Graf Albrechts fielen an die verschwägerten Grafen von Stolberg, im Übrigen ebenfalls an die Wettiner.

1572 gelangte R. an Sachsen-Coburg-Eisenach (Sachsen-Coburg), 1640 an Sachsen-Altenburg, 1672 an Sachsen-Gotha. Von 1680 bis 1710 war es Sitz von Sachsen-Römhild und fiel danach zu einem Drittel an Sachsen-Coburg-Saalfeld und zu zwei Dritteln an Sachsen-Meiningen. Das Sachsen-Coburg-Saalfelder Drittel kam 1805 durch Tausch an Sachsen-Gotha, ganz R. 1826 an Sachsen-Meiningen, 1920 an Thüringen und damit von 1949 bis 1990 an die Deutsche Demokratische Republik. S. Henneberg, Sachsen-Römhild.

L.: Wolff 115.

Romrod (Reichsritter) s. Rumrodt

L.: Seyler 380.

Ronneburg (Herrschaft). 1209 wird die R. westlich von Gera als Gut der Herren von Weida erstmals genannt. Bei der Teilung der Familie kam sie mit der zugehörigen Herrschaft an die Linie Plauen. Diese musste sie 1349 von den Markgrafen von Meißen zu Lehen nehmen. Von 1358 bis 1398 war R. Sitz einer eigenen Linie. Am Ende des 18. Jahrhunderts gehörte die Herrschaft über (das Fürstentum) Sachsen-Gotha-Altenburg zum obersächsischen Reichskreis. Über Thüringen (1920) gelangte R. von 1949 bis 1990 zur Deutschen Demokratischen Republik.

L.: Wolff 398; Wallner 709 ObersächsRK 9; Dobenecker, R., Aus der Vergangenheit von Stadt und Pflege Ronneburg, 1844.

Ronsberg (Grafen). 1182/1185 gründeten die Grafen bzw. seit 1182 Markgrafen von R., die Vögte von Ottobeuren und 1199 Königswähler waren, an der östlichen Günz die Benediktinerabtei Irsee bei Kaufbeuren. Die an der Günz gelegene Herrschaft R. gehörte zu Schwäbisch-Österreich. Von dort kam sie an Bayern.

L.: Wolff 46.

Rorer, Roder?, Zerer? (Reichsritter). Im frühen 16. Jahrhundert zählten die R. zum Kanton Gebirg des Ritterkreises Franken.

L.: Riedenauer 126.

Rorschach (Reichshof). Das 850 erstmals genannte R. am Bodensee erhielt 947 Marktrecht, Münzrecht und Zollrecht. Am 29. 3. 1351 erlaubte Kaiser Karl IV. der Witwe Eberhards von Bürglen die Reichshöfe Mulach, R. und Tiefenbach an Hermann von Breitlandenburg zu verpfänden. Von diesem kamen sie an Burkhard Schenk. Am 1. 2. 1464 erlaubte Kaiser Friedrich III. dem Abt von Sankt Gallen, die Reichsvogtei über die drei Orte von Burkhard Schenk einzulösen. Über die Abtei kam R. an den Kanton Sankt Gallen.

L.: Dacheröden 213; Hugo 473; Wolff 532; Willi, F., Geschichte der Stadt Rorschach und des Rorschacher Amtes bis zur Gründung des Kantons St. Gallen, 1947.

Rösch von Gerlachshausen, Rösch von Geroldshausen, Rösch von Gerolzhausen (Reichsritter). Im frühen 16. Jahrhundert zählten die R. (Rösch von Gerolzhofen?) zum Kanton Steigerwald im Ritterkreis Franken.

L.: Riedenauer 126.

Rosenau (Reichsritter). Im frühen 16. Jahrhundert zählten die R. zum Kanton Gebirg sowie zum Kanton Baunach des Ritterkreises Franken.

L.: Pfeiffer 208; Riedenauer 126; Rahrbach 193.

Rosenbach (Freiherren, Reichsritter). Im 18. Jahrhundert zählten die Freiherren von R. mit Teilen von Gaukönigshofen, das 1808 an Würzburg fiel, zum Kanton Odenwald des Ritterkreises Franken. Mit Schackau (Schlackau), Bubenbad, Danzwiesen, Eselsbrunn, Gräbenhof, Kleinsassen, Dietges, Dörmbach, Eckweisbach, Gründcheshof, Harbach, Langenberg, Rupsroth, Ziegelhof (Ziegelhütte), Teilen von Maßbach samt einem Drittel Weichtungen, Teilen von Poppenlauer, Thundorf mit Haupertsmühle (Haupersmühle) und Teilen von Volkershausen waren sie etwa gleichzeitig im Kanton Rhön-Werra immatrikuliert. Außerdem waren sie seit der Mitte des 16. Jahrhunderts Mitglied im Kanton Baunach.

L.: Seyler 380; Hölzle, Beiwort 56; Winkelmann-Holzapfel 160; Stetten 37, 188; Riedenauer 126; Rahrbach 195.

Rosenberg (Grafen). Die in Kärnten ansässigen Herren Ursin oder Orsini von R. wurden 1634 Reichsfreiherren und 1648 Reichsgrafen. Am 31. 7. 1683 wurden sie als Personalisten in die fränkischen Reichsgrafen der weltlichen Bank des Reichsfürstenrates des Reichstags aufgenommen. Am 9. 10. 1790 erhielten sie die Reichsfürstenwürde und zählten damit zu den neufürstlichen, nach 1582 gefürsteten Häusern.

L.: Zeumer 554 II b 62, 12; Klein 182.

Rosenberg (Herrschaft, Reichsritter). R. westlich von Mergentheim wird 1251 erstmals erwähnt. Von 1270 bis 1632 war es in Händen der Herren von R. Nach ihrem Aussterben kam es 1638 an die Grafen von Hatzfeld, welche die zu den Kanton Odenwald, Rhön-Werra und Baunach des Ritterkreises Franken steuernde Herrschaft 1730 an Löwenstein-Wertheim-Rochefort verkauften, die sich seit 1801 Löwenstein-Wertheim-Rosenberg nannten. S. Löwenstein-Wertheim-Rochefort, Löwenstein-Wertheim-Rosenberg.

L.: Hölzle, Beiwort 50; Stetten 33; Rahrbach 197; Kienitz, O., Die Löwenstein-Wertheimischen Territorien und ihre Entwicklung, Jb. d. hist. Ver. Alt-Wertheim, 1919; Schweizer, H., Aus der Geschichte meines Heimatdorfes Rosenberg, 1921; Löffler, M., Rosenberg im Herzen des Baulandes, 1974; Stockert, H., Adel im Übergang, 2000.

Rosenberg s. Münch von R.

Rosenegg (Herrschaft). Die Burg R. bei Konstanz wurde von den seit der Mitte des 13. Jahrhunderts nachweisbaren Freiherren von R. erbaut. Nach ihrem Aussterben 1480 kam die zugehörige Herrschaft mit Rielasingen an die verschwägerten Grafen von Lupfen, 1583 an die Freiherren von Mörsberg-Belfort, 1608 an Württemberg, 1610 an das Hochstift Konstanz, 1803 an Baden und damit 1951/1952 an Baden-Württemberg.

L.: Hölzle, Beiwort 71; Bader, K. S., Der deutsche Südwesten in seiner territorialstaatlichen Entwicklung, 2. unv. A. 1978, 141; Schneider, E., Die Flurnamen der Gemarkung Rielasingen mit Arlen, 1963; Götz, F., Untersee und Hochrhein, 1971.

Rosenfeld (Herrschaft). R. nördlich von Rottweil wurde als Mittelpunkt einer Herrschaft um 1250 vermutlich von den Herzögen von Teck gegründet und 1255 erstmals erwähnt (Rosinvelt). 1305/1317 kam die Herrschaft durch Kauf an Württemberg und damit 1951/1952 an Baden-Württemberg.

L.: Wolff 161; Schmid, P., Beitrag zur Geschichte der Stadt Rosenfeld, 1926; Hölzle, Beiwort 27.

Rosheim (Reichsstadt, Herrschaft). Das 778 erstmals erwähnte R. südwestlich Straßburgs gehörte ursprünglich den Staufern. Im 13. Jahrhundert erhielt es Stadtrecht und wurde Reichsstadt. Im 14. Jahrhundert trat es dem elsässischen Zehnstädtebund bei. Später gehörte es dem oberrheinischen Reichskreis an und erscheint in diesem in der Reichsmatrikel von 1776. 1648 wurde es mit der zugehörigen Herrschaft von Frankreich annektiert.

L.: Gumpelzhaimer 135; Wolff 296; Großer Historischer Weltatlas II 22 (1648) C4; Escher, M. u. a., Die urbanen Zentren, 2005, 2, 524.

Roslinse (Rosselgau östlich der Nahe)

L.: Curs, O., Deutschlands Gaue im zehnten Jahrhundert. Nach den Königsurkunden, Diss. phil. Göttingen 1908, 18 (Kusel); Polenz, P. v., Landschafts- und Bezirksnamen, 1961, II, 16, 24, 26, Rosselgouwe, pagus Roslinsis.

Rosoga (Gau südlich der unteren Elbe)

L.: Polenz, P. v., Landschafts- und Bezirksnamen, 1961, II, 40, 96, Rosoga.

Rospigliosi (Reichsfürst). 1688 wurde Giovanni Battista R. aus einer aus Pistoia stammenden Familie zum Reichsfürsten erhoben.

L.: Klein 167.

Rossach, Roßbach (Reichsritter). Im frühen 16. Jahrhundert zählten die R. zum Kanton Baunach im Ritterkreis Franken.

L.: Riedenauer 126.

Rossau (Reichsritter). Bis ins frühe 17. Jahrhundert zählten die R. zum Kanton Altmühl des Ritterkreises Franken.

L.: Riedenauer 126.

Rossdorf (Ganerbschaft, Herrschaft). R. an der Rosa östlich von Hünfeld erscheint in karolingischen Zeugnissen Fuldas. Um die Mitte des 13. Jahrhunderts war es in den Händen der Grafen von Henneberg-Schleusingen, 1419 in den Händen von Henneberg und Thüringen. Die Burgmannen beider Herrschaften bildeten eine Ganerbschaft. Sie gehörte der Reichsritterschaft an und war von 1710 bis 1803 eine eigene Herrschaft in Sachsen-Meiningen. 1920 kam R. zu Thüringen.

L.: Geschichtlicher Atlas von Hessen, Inhaltsübersicht 34.

Rosselgau (Gau östlich der Nahe)

L.: Curs, O., Deutschlands Gaue im zehnten Jahrhundert. Nach den Königsurkunden, Diss. phil. Göttingen 1908, 18 (Kusel); Polenz, P. v., Landschafts- und Bezirksnamen, 1961, II, 16, 24, 26, Rosselgouwe, pagus Roslinsis; Puhl, R., Die Gaue und Grafschaften des frühen Mittelalters im Saar-Mosel-Raum, 1999, 256 (777 Rosalinse), benannt nach dem Flüsschen Rossel, vom Tal der Rossel bis zum Tal der Saar zwischen Saarbrücken und Saargemünd (Behren-lès-Forbach, Bischmisheim, Sankt Arnual).

Rossla s. Stolberg-Rossla

L.: Wolff 416.

Rosstal s. Ayrer zu R.

Rost (Reichsritter). Im 17. und 18. Jahrhundert zählten die R. mit den Rittergütern Vollmaringen und Göttelfingen zum Kanton Neckar des Ritterkreises Schwaben.

L.: Roth von Schreckenstein 2, 592; Hellstern 211 f.

Rostock (Fürstentum). Um 1160 (1161) wurde eine wendische Burg und Siedlung R. (Roztoc, Auseinanderfließen) auf dem rechten Ufer der Warnow durch Waldemar I. von Dänemark zerstört. Gegenüber entstand auf dem linken Ufer um 1200 eine deutsche Kaufleutesiedlung, die den Namen fortführte und 1218 von Heinrich Borwin I. lübisches Recht erhielt. Sie war seit der Erbteilung Mecklenburgs von 1229 Sitz des Fürstentums R. Nach 1300 geriet sie unter die Hoheit Dänemarks, musste aber 1314/1323 an Mecklenburg zurückgegeben werden. Durch den Seehandel blühte die Stadt R. rasch auf und erhielt 1419 die erste Universität Norddeutschlands mit zwölf Professoren in vier Fakultäten, blieb aber immer unter der Landesherrschaft der Herzöge von Mecklenburg bzw. Mecklenburg-Schwerin, unter der R. zum niedersächsischen Reichskreis zählte, kam in Mecklenburg-Vorpommern 1945 zur sowjetischen Besatzungszone und von 1949 bis 1990 zur Deutschen Demokratischen Republik.

L.: Wolff 442 f.; Wallner 706 NiedersächsRK 2, 5; Die Territorien des Reichs 6, 114; Koppmann, K., Geschichte der Stadt Rostock, 1887; Frankenberg, E., Rostock, 1935; Sedlmaier, R., Rostock, 2. A. 1943; Lachs, J./Raif, F. K., Rostock, 2. A. 1967; Das älteste Rostocker Stadtbuch, hg. v. Thierfelder, H., 1967; Olechnowitz, K. F., Rostock, von der Stadtrechtsbestätigung 1218 bis 1848/49, 1968; Kretschmann, P., Universität Rostock 1969; Geschichte der Universität Rostock 1419–1969, FS hg. v. Heidorn, G. u. a., Bd. 1 f. 1969; Schultz, H./Witt, H./Kleinpeter, O., Rostock, 1980; 777 Jahre Rostock, hg. v. Pelc, O., 1995; Hergemöller, P., Rostock, LexMA 7 1995, 1046 f.

Rot (an der Rot), Roth, Münchroth (Reichsstift, Reichsabtei). Um 1130 (1126?) wurde von Hemma von Wildenberg in Graubünden, die vielleicht dem oberschwäbischen Geschlecht der Herren von Wolfertschwenden entstammte, in R. (Rota) bei Biberach das älteste Prämonstratenserkloster Schwabens gegründet, das vermutlich von Anfang an dem Papst unmittelbar unterstellt und keinem Vogt untergeben war (1140 Abtei), so dass es 1179 Friedrich I. Barbarossa in seine Vogtei nehmen konnte. Es war seit 1376 reichsunmittelbar (Reichsstift) und erlangte 1619 auch die Hochgerichtsbarkeit. Es hatte Sitz und Stimme im schwäbischen Reichsprälatenkollegium des Reichstags und im schwäbischen Reichskreis. 1803 kam es mit Gütern in 15 Dörfern und Weilern und der 1604 erworbenen Herrschaft Kirchdorf (insgesamt 1,5 Quadratmeilen Gebiet und 2871 Einwohner in 456 Familien und einem geschätzten Ertrag von 58 000 Gulden jährlich) an die Grafen von Wartenberg, welche die Abtei für ihre Grafschaft in der Pfalz erhielten und das Gebiet zur Reichsgrafschaft Wartenberg-Rot (Wartenberg-Roth) erhoben, 1806 an Württemberg (und 1909 im Erbgang an die Grafen von Erbach) sowie 1951/1952 an Baden-Württemberg.

L.: Wolff 44, 187; Zeumer 552 II a 36, 9; Wallner 689 SchwäbRK 65; Großer Historischer Weltatlas III 38 (1789) D3; Erzberger, M., Die Säkularisation in Württemberg von 1802–1810, 1902; Walser, A., Das Prämonstratenserkloster Rot, 1926; Hölzle, E., Der deutsche Südwesten am Ende des alten Reiches, 1938; Nuber, W., Studien zur Besitz- und Rechtsgeschichte des Klosters Rot an der Rot, Diss. phil. Tübingen 1960; Tüchle, H./Schahl, A., 850 Jahre Rot an der Rot, Geschichte und Gestalt, 1976; Eberl, I., Rot an der Rot, LexMA 7 1995, 1048.

Rotahgouwe s. Rottgau (Rôtgouue, Rottgouui, Gau zwischen Inn und Rott)

L.: Curs, O., Deutschlands Gaue im zehnten Jahrhundert. Nach den Königsurkunden, Diss. phil. Göttingen 1908, 18 (Ering, Attenham, Meispach, Habach, Hammersbach, Tiefstadt, Zeiling, Obergrasensee, Untergrasensee, Holham, Reischach, Golderberg, Elsenbach, Aushofen, Putting); Polenz, P. v., Landschafts- und Bezirksnamen, 1961, II, 24, 26 f., Rotahgouwe, ‚Rottgau'.

Rotenburg (Burg, Herrschaft, Landgrafen). Um 1150 errichteten die Landgrafen von Thüringen und Hessen an der Grenze zum Gebiet der von ihnen bevogteten Abtei Hersfeld die Burg R. an der Fulda, der um 1200 die Stadt R. folgte. Von 1627 bis 1834 residierten hier die Landgrafen von Hessen-Rotenburg, deren Güter (Rotenburger Quart) unter der Oberhoheit Hessen-Kassels standen. Der Ort Rotenburg fiel über Preußen (1866) 1945 an Hessen.

L.: Wolff 254; Festschrift zur 700-Jahr-Feier der Stadt Rotenburg, 1948.

Rotenburg (Herrschaft). In R. an der Wümme erbaute 1195 der Bischof von Verden die Burg R. In der Folge wechselte die

Burg mit der zugehörigen Herrschaft öfter den Inhaber. Am Ende des 18. Jahrhunderts gehörte die ehemalige Herrschaft über das Fürstentum Verden des Königs von Großbritannien zum niederrheinisch-westfälischen Reichskreis. Über Hannover und Preußen (1866) kam R. 1946 an Niedersachsen.

L.: Wolff 332; Heyken, E., Rotenburg: Kirche, Burg und Bürger, 1966, Rotenburger Schriften, Sonderheft 7.

Rotenhan (Freiherren, Reichsritter). Vom 16. bis zum 18. Jahrhundert zählten die Freiherren von R. (bei Ebern) zum Kanton Baunach des Ritterkreises Franken. Im 16. Jahrhundert waren sie auch in den Kantonen Altmühl und Gebirg, im 17. Jahrhundert im Kanton Steigerwald immatrikuliert. Von etwa 1661 bis 1800 waren sie Mitglied im Kanton Neckar des Ritterkreises Schwaben. 1769 verkauften sie die Rittergüter Neuhausen und Pfauhausen an den Speyerer Bischof von Hutten.

L.: Genealogischer Kalender 1753, 542 f.; Stieber; Roth von Schreckenstein 2, 594; Pfeiffer 196, 213; Hellstern 212; Bechtolsheim 13, 18; Riedenauer 126; Rahrbach 199; Rotenhan, G. Frhr. v., Die Rotenhan. Genealogie einer fränkischen Familie von 1229 bis zum Dreißigjährigen Krieg, 1985.

Rotenstein s. Bletz von R.

Rotenstein (Herrschaft) s. Rothenstein

Roth s. Rot an der Rot

Roth von Burgschwalbach (Reichsritter). Im 18. Jahrhundert zählten die R. zum Ritterkreis Rhein.

L.: Roth von Schreckenstein 2, 595.

Roth von Bußmannshausen (Reichsritter). Im 18. Jahrhundert zählten die R. mit der 1434 erworbenen und 1791 an Freiherrn von Hornstein gelangten Herrschaft Bußmannshausen zum Kanton Donau des Ritterkreises Schwaben.

L.: Roth von Schreckenstein 2, 592; Hölzle, Beiwort 59.

Roth von Schreckenstein (Freiherren, Reichsritter). Vom 16. Jahrhundert bis um 1800 zählten die Freiherren R. mit Teilen des 1672 erworbenen Immendingen zum Kanton Hegau des Ritterkreises Schwaben. Mit dem 1684 erworbenen Billafingen waren sie im Kanton Donau immatrikuliert.

L.: Roth von Schreckenstein 2, 592; Hölzle, Beiwort 59, 61; Ruch 18, Fn 2, Anhang 78 f.

Rötheln (Herrschaft). Die Herrschaft R. südwestlich von Schaffhausen gehörte am Ende des 18. Jahrhunderts über das Hochstift Konstanz zum schwäbischen Reichskreis.

L.: Wolff 256; Wallner 686 SchwäbRK 27.

Rothenberg, (Rothenburg) (Herrschaft, Ganerben). Nach dem (Alten) R. bei Nürnberg nannten sich seit der 2. Hälfte des 13. Jahrhunderts Reichsministeriale, deren Güter um 1300 an die Herren von Wildenstein und mit dem (Neuen) R. 1360 durch Verkauf an Kaiser Karl IV. kamen. 1401 eroberte König Ruprecht von der Pfalz R. Nach Anerkennung der Lehnshoheit Böhmens (1465) verkaufte Pfalz-Mosbach R. 1478 an einige fränkische Ritter, die sog. Ganerben. 1662/1663/1698 verdrängte Bayern, das nach 1619 die Oberpfalz erworben hatte, die Ganerbschaft aus der zum bayerischen Reichskreis zählenden Herrschaft, führte die Gegenreformation durch und verlor die Herrschaft (Neunkirchen am Sand, Schnaittach, Kirchröttenbach, Bühl, R.) nur zwischen 1706 und 1714 an die Reichsstadt Nürnberg.

L.: Wolff 138; Wallner 712 BayRK 3; Schütz, M., Die Ganerbschaft von Rothenberg in ihrer politischen, juristischen und wirtschaftlichen Bedeutung, Diss. phil. Erlangen 1924; Kreuzer, L., Die Herrschaft Rothenberg im Widerstreit zwischen Kurbayern und Nürnberg, 1975.

Rothenburg (Grafschaft im Südharzraum)

L.: Mascher, K., Reichsgut und Komitat am Südharz im Hochmittelalter, 1957.

Rothenburg (Herrschaft) s. Rothenberg

Rothenburg (Herzogtum). Nach der nach dem Aussterben der Grafen von Comburg (Komburg) (1116) an die Staufer gelangten Burg R. ob der Tauber nannten sich von 1150 bis 1192 mehrere Angehörige des staufischen Hauses Herzöge von R., womit sie möglicherweise den Anspruch auf das Herzogtum Franken, das schon kurz nach seiner Vergabe durch Kaiser Heinrich V. an den späteren König Konrad III. (1116) 1120 an den Bischof von Würzburg gekommen war, betonen wollten. Im 14. Jahrhundert kamen die Güter überwiegend an die Reichsstadt R. und damit später an Bayern bzw. Baden-Württemberg.

L.: Bosl, K., Rothenburg im Stauferstaat, 1947.

Rothenburg, Rothenburg ob der Tauber (Reichsstadt). Auf der Bergnase oberhalb des

970 von den Grafen von Comburg (Komburg) mit einer Kirche versehenen Dorfes Detwang (Dettwang) im Taubertal errichteten die Grafen von Comburg (Komburg) die rothe Burg, nach der sie sich im 11. Jahrhundert ebenfalls benannten. Beim Aussterben der Grafen von Rothenburg-Comburg (Rothenburg-Komburg) 1116 fiel sie zusammen mit dem Herzogtum Franken und der Grafschaft im Kochergau an die Staufer, als deren Gut sie 1144 erstmals genannt wird (Reichsburg nach 1142?). Vor 1241 erhielt der sich anschließende Ort Stadtrecht (1172?). 1273 zog König Rudolf von Habsburg ihn an das Reich. Ab 1274 war er Reichsstadt und löste sich von der Reichslandvogtei. R. gewann trotz zeitweiliger Verpfändung an die Herren von Hohenlohe vom 14. bis zum 16. Jahrhundert ein ansehnliches, auf drei Seiten eingezäuntes und befestigtes Landgebiet (Landhege), wurde aber wegen des Widerstandes des Patriziats nie Fernhandelsstadt. 1355 gab Kaiser Karl IV. das Privileg der Unverpfändbarkeit. 1544 wurde die Reformation eingeführt. Die Herrschaft der mit Sitz und Stimme im fränkischen Reichsstädtekollegiums des Reichstags und im fränkischen Reichskreis vertretenen Stadt umfasste am Ende des 18. Jahrhunderts die Landvogtei im Gau rechts der Tauber und die kleine Landvogtei links der Tauber (Teile von Gebsattel, Herrschaft Nordenberg mit Reichsamt Detwang [Dettwang] und der Hinterburg, Bannerschaft Endsee, Burgen Gammesfeld [Gammersfeld] und Insingen [Inzingen] mit Zubehör, Burg und Herrschaft Lichtel [Liental], Burg und Vogtei Seldeneck, Burg und Herrschaft Gailnau mit Vogtei Wettringen und Gericht zu Brettheim, Oberstetten, Oestheim, Teile von Archshofen, Burg Diebach und das Deutschordenshaus Rothenburg mit Gütern). Mit Teilen von Pfahlenheim war R. im Kanton Odenwald des Ritterkreises Franken immatrikuliert. 1802/1803 kam es mit 5 Quadratmeilen bzw. 370 Quadratkilometern Gebiet, 180 Ortschaften und 24 000 Einwohnern an Bayern, 1810 der westliche Teil des Landgebiets an Württemberg und damit 1951/1952 an Baden-Württemberg.

L.: Wolff 128; Zeumer 552 III b 8; Wallner 693 FränkRK 18; Großer Historischer Weltatlas II 66 (1378) F4, II 78 (1450) G4, III 22 (1648) E4, III 38 (1789) D3; Winkelmann-Holzapfel 160; Riedenauer 129; Schroeder 241ff.; Bensen, W. H., Beschreibung und Geschichte der Stadt Rothenburg, 1856; Hölzle, E., Der deutsche Südwesten am Ende des alten Reiches, 1938; Bosl, K., Rothenburg im Stauferstaat, 1947; Holstein, K., Rothenburger Stadtgeschichte, 1953; Woltering, W., Die Reichsstadt Rothenburg ob der Tauber und ihre Herrschaft über die Landwehr, Bd. 1 1965, Bd. 2 1971; Schnelbögl, F., Die fränkischen Reichsstädte, Zs. f. bay. LG. 31 (1968); Schnurrer, L., Rothenburg im schwäbischen Städtebund, 1969, Esslinger Studien 15; Ziegler, P., Die Dorfordnungen im Gebiet der Reichsstadt Rothenburg, Diss. jur. Würzburg 1977; Fränkische Reichsstädte, hg. v. Buhl, W., 1987, 187; Borchardt, K., Die geistlichen Institutionen in der Reichsstadt Rothenburg ob der Tauber und dem zugehörigen Landgebiet von den Anfängen bis zur Reformation, 1988; Wendehorst, A., Rothenburg, LexMA 7 1995, 1050.

Rothenfels (Herrschaft, Grafschaft, Reichsgrafschaft). Die um die Burg R. liegende Herrschaft R. war ursprünglich Teil der Grafschaft im Allgäu, die Kaiser Friedrich II. 1243 durch Kauf von den Grafen von Kirchberg erwarb. 1332 kam sie von den Herren von Schellenberg, die sie als Reichslehen erlangt hatten, durch Verkauf an das Haus Montfort-Tettnang. 1471 erhob der Kaiser in Abänderung zweier Verleihungen von 1447 und 1463 die Herrschaft zur Reichsgrafschaft. 1360 wurde das Herrschaftsgebiet um Immenstadt, 1440 um Staufen und 1785 um Werdenstein erweitert. 1565 erwarben die Herren von Königsegg in Oberschwaben durch Kauf die Grafschaft (Linie Königsegg-Rothenfels). Am Ende des 18. Jahrhunderts gehörten die Grafschaft und die Herrschaft Staufen, die zusammen 13 Quadratmeilen umfassten, zum schwäbischen Reichskreis und zum schwäbischen Reichsgrafenkollegium des Reichstages. 1804 vertauschten die 1629 zu Reichsgrafen aufgestiegenen Herren von Königsegg R. gegen ungarische Krongüter an Österreich. 1805 fiel R. an Bayern.

L.: Wolff 201; Wallner 685 SchwäbRK 9; Großer Historischer Weltatlas III 22 (1648) E5, III 38 (1789) D4; Crämer, U., Das Allgäu, 1954; Heimatbuch der Stadt Immenstadt im Allgäu, 1960.

Rothenhausen (Reichsritter). Bis ins 18. Jahrhundert zählten die R. zum Kanton Odenwald des Ritterkreises Franken.

L.: Stetten 33; Riedenauer 126.

Rothenlöwen s. Rechberg (und Rothenlöwen)

Rothenstein (Herrschaft). Die Burg R. bei Memmingen war Sitz der um 1180 auftretenden Dienstmannen von R. des Stifts

Kempten, die 1384 die Herrschaft Grönenbach erwarben. Beim Aussterben der Hauptlinie 1482 kamen die Güter im Allgäu über die Schwesterkinder an die Marschälle von Pappenheim (Pappenheim-Rothenstein). 1692 fiel R. an die Fürstabtei Kempten und gehörte am Ende des 18. Jahrhunderts über diese dem schwäbischen Reichskreis an. Mit Kempten kam R. an Bayern.

L.: Wolff 158; Wallner 685 SchwäbRK 7; Sedelmeyer, Geschichte des Marktfleckens Grönenbach, 1910.

Rothenstein, Rotenstein (Herrschaft). Die Herrschaft R. wurde 1786 durch die Abtei Rottenmünster von den Freiherren Bletz von Rotenstein erworben. 1803 fiel Rottenmünster an Württemberg und damit 1951/1952 an Baden-Württemberg.

L.: Hölzle, Beiwort 82.

Rothfelth s. Lügenfeld

L.: Polenz, P. v., Landschafts- und Bezirksnamen, 1961, 304.

Rothschütz, Rotschütz (Reichsritter). Im 16. Jahrhundert waren die R. im Kanton Gebirg immatrikuliert. Im 17. Jahrhundert zählten die R. zum Kanton Steigerwald des Ritterkreises Franken.

L.: Bechtolsheim 15, 20; Riedenauer 126.

Rott (Reichsritter). Von 1609 bis 1623 war Joachim Berthold von R. wegen Winzingen im Kanton Kocher des Ritterkreises Schwaben immatrikuliert. Über Württemberg kam Winzingen 1951/1952 zu Baden-Württemberg.

L.: Schulz 270.

Rötteln (Herrschaft). Nach der im frühen 11. Jahrhundert bei der 751 erstmals erwähnten Siedlung R. (Raudinleim, roter Lehm) errichteten Burg R. bei Lörrach wurde eine Herrschaft nördlich von Basel benannt. Nach 1306 fiel sie über die Erbtochter an die Markgrafen von Hachberg (Hachberg-Sausenberg). 1503 kam sie durch Erbvertrag von 1490 an die Markgrafschaft Baden. Über Baden zählte sie zum schwäbischen Reichskreis. 1951/1952 gelangte R. zu Baden-Württemberg.

L.: Wolff 166; Wallner 685 SchwäbRK 5; Großer Historischer Weltatlas III 38 (1789) B4; Herbster, K., Die Burg Rötteln und das Dorf Lörrach, 1958; Heimgartner, H., Die Burg Rötteln, 1964.

Rottenbach (Reichsritter). Im 17. Jahrhundert zählten die R. zum Kanton Rhön-Werra des Ritterkreises Franken.

L.: Seyler 380.

Rottenbach s. Schnell von R.

Rottenbuch (Reichsstift). Am 27. 12. 1075 begründeten Herzog Welf IV. von Bayern und seine Gemahlin Judith südlich von Peiting im Ammergau an der Stelle einer wenig älteren Einsiedelei das Augustinerchorherrenstift R. 1090 wurde es dem heiligen Petrus in Rom übergeben. 1191/1192 hatten die Staufer die Vogtei. 1268 entstand hieraus eine Reichsvogtei. Ludwig der Bayer zog R. an Bayern.

L.: Rottenbuch, hg. v. Pörnbacher, H., 1980; Weinfurter, S., Rottenbuch, LexMA 7 1995, 1055.

Rottenburg (Stadt, Bistum). Auf älteren Siedlungsspuren entstand in römischer Zeit am Neckar der keltisch benannte Ort Sumelocenna, dessen Name vielleicht in dem mittelalterlichen Sülchen überliefert ist. Seit etwa 1160 drangen die Grafen von Hohenberg in das durch Reichsgut gekennzeichnete Gebiet ein und gründeten um 1280 die Stadt R., die mit Hohenberg 1381 an Österreich kam, aber Verwaltungsmittelpunkt der Grafschaft Hohenberg blieb. 1805 gelangte Hohenberg an Württemberg. 1821 wurde R. Sitz des katholischen Bischofs für die etwa 450 000 Katholiken, die in den Jahren zwischen 1802 und 1810 an Württemberg gefallen waren. 1951/1952 kam R. an Baden-Württemberg.

L.: Wolff 45; Beschreibung des Oberamtes Rottenburg, hg. v. Memminger, 1828, Neudruck 1976; Hagen, A., Geschichte der Diözese Rottenburg, 1956 ff.; Rottenburg am Neckar, hg. v. Bilger, H., 1974.

Rottenmünster, Rotenmünster (reichsunmittelbare Abtei, Reichsabtei). 1221 verlegte eine in Hochmauren bei Rottweil ansässige Schwesterngemeinschaft ihren Sitz nach R. bei Rottweil und schloss sich 1223 dem Zisterzienserorden an. 1224 kam das neue Kloster unter den Schutz des Papstes, 1237 des Kaisers. Später war es reichsunmittelbar, stand aber bis 1619 unter dem Schirm der Reichsstadt Rottweil. Am Ende des 18. Jahrhunderts umfasste das der schwäbischen Prälatenbank des Reichstags und dem schwäbischen Reichskreis angehörige Kloster nach langen, erst 1771 beigelegten Streitigkeiten ein Gebiet von 1,5 Quadratmeilen bzw. 55 Quadratkilometern mit etwa 3000 Einwohnern. Zu den Gütern gehörten die Orte Aixheim, Frittlingen, Neukirch, Zepfenhan, die Hälfte von Hausen, Gut und Schloss Rotenstein (Rothenstein), 8 Höfe und 2800 Morgen Waldungen. 1803 fiel die Abtei an Württemberg und damit R. 1951/1952 an Baden-Württemberg.

L.: Wolff 193; Zeumer 552 II a 36, 20; Wallner 689 SchwäbRK 79; Großer Historischer Weltatlas III 38 (1789) C2; Erzberger, M., Die Säkularisation in Württemberg von 1802–1810, 1902; Reichenmiller, M., Das ehemalige Reichsstift und Zisterzienserinnenkloster Rottenmünster, 1964.

Rottenstein s. Pletz von R. (Rotenstein)

Rottershausen, Ratershausen (Reichsdorf). Nach einer undatierten Urkunde König Ruprechts hatte das Reich Gefälle in dem ehemals zum Reichsvogteiamt Schweinfurt gehörigen Dorf R. bei Schweinfurt, das später zu Bayern kam.

L.: Dacheröden 260; Hugo 456, 460.

Rottgau (Rôtgouue, Rottgouui, Gau zwischen Inn und Rott), s. Rotahgouwe

L.: Curs, O., Deutschlands Gaue im zehnten Jahrhundert. Nach den Königsurkunden, Diss. phil. Göttingen 1908, 18 (Ering, Attenham, Meispach, Habach, Hammersbach, Tiefstadt, Zeiling, Obergrasensee, Untergrasensee, Holham, Reischach, Golderberg, Elsenbach, Aushofen, Putting); Polenz, P. v., Landschafts- und Bezirksnamen, 1961, II, 24, 26 f., Rotahgouwe, ‚Rottgau'.

Rottweil (Reichsstadt). R. am obersten Neckar liegt auf dem Gebiet des römischen, um 73 n. Chr. an wichtigen Straßen angelegten Ortes Arae Flaviae. 771/887 wird die vielleicht aus einem alemannischen Herzogshof bzw. merowingischen Königshof des 8. Jahrhunderts entstandene Pfalz Rotumvila (roter Hof) erwähnt, deren Vögte seit dem 11. Jahrhundert die Herzöge von Zähringen waren. Vermutlich um die Mitte des 12. Jahrhunderts (1140?) entwickelte sich daneben auf einem nordwestlich gelegenen Bergsporn eine Siedlung zum Markt, die im 14. Jahrhundert Reichsstadt (1299 Freiheit von auswärtigen Gerichten, 1358 Kauf des Königshofes, 1359 Erwerb des Blutbanns, 1383/1401 Erwerb des Reichsschultheißenamtes) wurde. Von 1463/1519 bis 1802/1803 war R., das im 15. und 16. Jahrhundert ein ansehnliches Herrschaftsgebiet mit 28 Dörfern vor allem aus den Gütern der 1594 ausgestorbenen Grafen von Zimmern gewann, zugewandter Ort der Eidgenossenschaft der Schweiz. Bis 1784 bestand das seit dem 13. Jahrhundert überlieferte kaiserliche Hofgericht zu R. Am Ende des 18. Jahrhunderts gehörten der Stadt das Obervogteiamt (Dietingen und Irslingen, Dunningen, Böhringen, Göllsdorf, Villingendorf und Talhausen, die Burg Schenkenberg mit Epfendorf, Herrenzimmern und Seedorf), das Pürschvogteiamt (Teile von Zimmern, Horgen, Hochmössingen und Winzeln, Bösingen, Stetten, Niedereschach, Fischbach, Neufra, Sinkingen und Bettlinsbad), das Bruderschaftsoberpflegamt (Deißlingen, Dauchingen, Mühlhausen und Weilersbach), das Spitaloberpflegamt (Feckenhausen) und die unmittelbar unter dem Stadtmagistrat stehenden Orte Altstadt, Bernburg, Eckhof, Harthausen (Harthaus), Hochwald, Hohenstein und Wildeck. 1802/1803 fiel das 4 Quadratmeilen bzw. 220 Quadratkilometer große und rund 13600 Einwohner umfassende R. noch vor Verkündigung des Reichsdeputationshauptschlusses an Württemberg und wurde Sitz eines Oberamts. 1951/1952 kam R. an Baden-Württemberg.

L.: Wolff 215; Zeumer 555 III b 10; Wallner 687 SchwäbRK 32; Großer Historischer Weltatlas II 66 (1378) E4, II 72 b (bis 1797) B1, II 78 (1450) F4, III 22 (1648) D4, III 38 (1789) C3; Schroeder 339 ff.; Die Territorien des Reichs 5, 214; Ruckgaber, H., Geschichte der Frei- und Reichsstadt Rottweil, 1835 ff.; Thudichum, F., Geschichte der Reichsstadt Rottweil und des kaiserlichen Hofgerichts daselbst, 1911; Merkle, J. A., Das Territorium der Reichsstadt Rottweil, 1913, Darstellungen aus der württembergischen Geschichte 11; Hölzle, E., Der deutsche Südwesten am Ende des alten Reiches, 1938; Steinhauser, A., Officina Historiae Rottwilensis, 1950; Leist, J., Reichsstadt Rottweil, 1962; Laufs, A., Die Verfassung und Verwaltung der Stadt Rottweil 1650–1806, 1963; Der Kreis Rottweil, hg. v. Theiss, K./Baumhauer, H., 1963; Grube, G., Die Verfassung des Rottweiler Hofgerichts, 1969; Planck, D., Arae Flaviae. Neue Untersuchungen zur Geschichte des römischen Rottweil, Teil 1 f. 1975; Burgstahler, F., Rottweil im 19. Jahrhundert, 1989; Weber, E., Städtische Herrschaft und bäuerliche Untertanen, 1992; Fahlbusch, F., Rottweil, LexMA 7 1995, 1055; Escher, M. u. a., Die urbanen Zentren, 2005, 2, 529.

Roy (Minderherrschaft). Die aus einigen Dörfern bestehende Minderherrschaft R. in Oberschlesien gehörte dem irländischen Lord Taaffee. S. Schlesien, Tschechoslowakei.

L.: Wolff 490.

Rozendaal (Herrlichkeit). Die Herrlichkeit R. gehörte zum Herzogtum Geldern.

L.: Wolff 68.

Ruadolteshuntari

L.: Polenz, P. v., Landschafts- und Bezirksnamen, 1961, II, 82–84.

Rubempré-Everbergh (Fürstentum). Am Ende des 18. Jahrhunderts zählte das Fürstentum R. über das Herzogtum Brabant zum burgundischen Reichskreis.

L.: Wallner 700 BurgRK 1.

Ruchesloh (Grafschaft). Die Grafschaft R. an der mittleren Lahn wurde mit Ausnahme von sechs Gerichten 1237 von den Herren von Merenberg an das Erzstift Mainz verkauft. Ihre Malstätte (Gerichtsplatz) lag bei Oberweimar südlich von Marburg an der Lahn. Ihr Umfang ist nicht sicher zu bestimmen. Später kam das Gebiet zu Hessen.

Rud (Reichsritter) s. Rüdt

L.: Pfeiffer 210.

Rüdesheim (Burg, Herrschaft). R. am Rhein erscheint 1090 erstmals. Vermutlich gehörte es seit karolingischer Zeit zum Erzstift Mainz. Mainzer Ministeriale errichteten in R. verschiedene Adelsburgen. 1803 kam es an (Nassau-Usingen) Nassau, 1866 an Preußen und 1945 an Hessen. S. Brömser von R.

L.: Schmelzeis, J. P., Rüdesheim im Rheingau von seinen Anfängen bis zur Gegenwart, 1881.

Rüdigsheim (Reichsritter) s. Riedigheim

Rüdinger von Rüdingerfels (Reichsritter). Die R. waren unter anderem bis 1742 mit dem Rittergut Unterdeufstetten Mitglied des Kantons Kocher des Ritterkreises Schwaben.

L.: Kollmer 371, 380.

Rudolstadt (Stadt). In R. an der Saale erscheinen im frühen 9. Jahrhundert von Slawen besessene Hufen des Klosters Hersfeld. Seit Anfang des 13. Jahrhunderts sind dort die Grafen von Orlamünde nachweisbar, von denen R. 1326 Stadtrecht erhielt, aber (endgültig 1340) an die Grafen von Schwarzburg kam. 1361 mussten die Grafen R. von Karl IV. als König von Böhmen zu Lehen nehmen. Innerhalb Schwarzburgs kam R. an die in Ranis sitzende Linie. 1552/1599 wurde es Sitz der Linie Schwarzburg-Rudolstadt, das 1920 in Thüringen aufging. Mit diesem kam es von 1949 bis 1990 an die Deutsche Demokratische Republik.

L.: Wolff 412; Hesse, L. F., Rudolstadt und Schwarzburg mit ihren Umgebungen, historisch und topographisch dargestellt, 1816; Renovanz, L., Chronik der fürstlich-schwarzburgischen Residenzstadt, 1859 ff.; Trinckler, H., Entstehungsgeschichte und Häuserchronik von Altrudolstadt, 1939.

Rüdt von Collenberg, Rud (Reichsritter). Im 13. Jahrhundert dürfte die Kollenburg bei Fechenbach als einer der Stammsitze der R.-Bödigheim entstanden sein, die zu den reichsten ritterschaftlichen Familien um Miltenberg und Amorbach zählten. 1342 war ihre Burg Lehen des Deutschen Ordens, 1483 des Erzstifts Mainz. Als freies Allod erwarben sie durch Kauf 1450 Fechenbach und Reistenhausen. 1635 starben die R., die zum Kanton Odenwald und im späten 16. Jahrhundert auch zum Kanton Rhön-Werra des Ritterkreises Franken zählten, aus, so dass das Erzstift die Burg einzog. Die Herrschaft über die Orte Fechenbach und Reistenhausen kam an die Grafen Reigersberg. Um 1790 gehörten Bödigheim, Eberstadt, Waldhausen, ein Viertel Hainstadt, Sennfeld, Sindolsheim, halb Untereubigheim und ein Viertel Waldstetten dazu. Fechenbach und Reistenhausen kamen 1803 unter die Oberhoheit des Fürstentums Aschaffenburg und damit 1814 an Bayern. Die übrigen Güter (außer Sennfeld) fielen 1808 an Baden und damit 1951/1952 an Baden-Württemberg.

L.: Genealogischer Kalender 1753, 536; Roth von Schreckenstein 2, 594; Pfeiffer 197, 210; Stetten 33, 37, 186; Winkelmann-Holzapfel 160 f.; Riedenauer 126; Hölzle, Beiwort 57; Rahrbach 204; Bethmann, K. M. v., Reistenhausen und Fechenbach, Archiv des hist. Vereins für Unterfranken und Aschaffenburg 30 (1887); Collenberg, R. v., Geschichte der Familie Rüdt v. Collenberg, 1937 (masch.schr.).

Rügen (Fürsten). Die 926 Quadratkilometer große Insel R. in der Ostsee war vielleicht seit 500 v. Chr. von den germanischen Rugiern besiedelt. Nach deren Abzug drangen im 7. Jahrhundert n. Chr. slawische Ranen ein. Diese wurden 1168 von König Waldemar von Dänemark unterworfen und christianisiert. Die von 1162 bis 1325 herrschenden Fürsten von R. waren Lehnsträger Dänemarks. 1325 fiel R. beim Aussterben der Fürsten an die Herzöge von Pommern und zählte später zum obersächsischen Reichskreis. 1648 kam es an Schweden, 1815 an Preußen, 1945 an Mecklenburg und damit von 1949 bis 1990 zur Deutschen Demokratischen Republik. S. Mecklenburg-Vorpommern, Putbus.

L.: Wolff 404; Wehrmann, M., Geschichte der Insel Rügen, Bd. 1 f. 2. A. 1923; Rudolph, W., Die Insel Rügen, 3. A. 1955; Polenz, P. v., Landschafts- und Bezirksnamen, 1961, II, 56; Scheil, U., Zur Genealogie der einheimischen Fürsten von Rügen, 1962; Steffen, W., Kulturgeschichte von Rügen bis 1815, 1963; Leciejewicz, L., Rügen, LexMA 7 1995, 1091 f.

Rügheim (Reichsritter), Fuchs von Rügheim. Die Fuchs von R. zählten zum Kanton Baunach im Ritterkreis Franken.

L.: Riedenauer 126.

Rügland (reichsritterschaftlicher Ort). Der im 12. Jahrhundert in einer Urkunde des Stiftes Sankt Gumbert in Ansbach erstmals genannte Ort gehörte später den Herren von Vestenberg. 1584 kam das zum Kanton Altmühl des Ritterkreises Franken zählende und dessen Kanzlei beherbergende Dorf durch Kauf an die Herren von Crailsheim, 1806 an Bayern.

L.: Wolff 513; Crailsheim, S. Frhr. v., Die Reichsfreiherren von Crailsheim, Bd. 1 1905.

Ruhrgau

L.: Polenz, P. v., Landschafts- und Bezirksnamen, 1961, II, 24, 26, 31, Ruricgo, ‚Ruhrgau'.

Rumerskirch (Reichsritter) s. Rummerskirch

Rümmelsheim (Ganerbschaft). In R. bei Burg Layen bestand eine Ganerbschaft. 1815 kam R. an Preußen (Rheinprovinz).

L.: Geschichtlicher Atlas von Hessen, Inhaltsübersicht 34.

Rummerskirch, Rumerskirch (Reichsritter). Am Ende des 18. Jahrhunderts zählten die R. zum Kanton Altmühl des Ritterkreises Franken.

L.: Riedenauer 126.

Rumolsweiler (Reichsdorf) s. Romansweiler

L.: Hugo 472.

Rumredt (Reichsritter) s. Rumrodt

Rumrodt, Rumredt, Rumroth, Romrod (Reichsritter). Nach der Wasserburg Romrod bei Alsfeld nannten sich seit 1197 Herren von R. Im 16. und 17. Jahrhundert zählten die R. zum Kanton Rhön-Werra, im 17. und 18. Jahrhundert zum Kanton Odenwald, im späteren 18. Jahrhundert zum Kanton Steigerwald des Ritterkreises Franken sowie zum Ritterkreis Rhein. Romrod selbst kam über die Erffa (Erfa) bis 1385 an die Landgrafen von Hessen, 1604 an Hessen-Darmstadt und 1945 an Hessen.

L.: Seyler 380; Roth von Schreckenstein 2, 595; Pfeiffer 211; Riedenauer 126; Bechtolsheim 15; Rahrbach 192.

Runkel (Herrschaft). Die Burg R. an einer vermutlich schon früher befestigten Furt über die Lahn wurde wahrscheinlich vor 1159 von den edelfreien Herren von R. auf Geheiß des Königs erbaut und ist seit 1159 bezeugt. Sie war Mittelpunkt einer kleinen Herrschaft, die noch im 12. Jahrhundert durch die Herrschaften zum Westerwald und Westerburg erweitert wurde. Im 13. Jahrhundert spaltete sich das Haus R. ab. Die Linie R. erbte 1454/1462 durch Heirat die Grafschaft Wied, die 1244 von den älteren, im Mannesstamm erloschenen Grafen von Wied in weiblicher Erbfolge an Graf Bruno von Isenburg und das von ihm begründete neue Haus Wied gelangt war. Die Linie Westerburg erbte 1468 die Grafschaft Leiningen. R. kam über Nassau 1866 an Preußen (Hessen-Nassau) und 1945 zu Hessen. S. Wied-Runkel.

L.: Wolff 344; Demandt, K. E., Geschichte des Landes Hessen, 2. A. 1972, Neudruck 1980.

Ruppin (Herrschaft, Grafen). Wahrscheinlich um 1214 bildete sich unter Graf Gebhard I. von Arnstein am Nordostharz durch Erwerb von Seiten der verschwägerten Askanier die Herrschaft R. mit Sitz auf Burg Altruppin nördlich des Ruppiner Sees. Mittelpunkt war das umliegende Gebiet am Rhin. Dazu kamen die Gebiete Gransee und Wusterhausen. In planmäßiger Erwerbspolitik wurde das Gebiet zwischen Dosse, Havel und den mecklenburgischen Seen bis etwa 1330 zu einer geschlossenen Herrschaft ausgebaut. Die Grafen waren reichsunmittelbar, gerieten aber allmählich unter die Lehnshoheit der Markgrafen von Brandenburg. Nach dem Aussterben der Herren von Arnstein und Grafen von Lindow-Ruppin (Arnstein-Lindow-Ruppin) 1524 fiel das zum obersächsischen Reichskreis gehörige R. durch Einzug an Brandenburg, das die Grafschaft der Mark Brandenburg als eigene Einheit eingliederte und den Titel Grafen von R. fortführte. Mit Brandenburg kam R. von 1949 bis 1990 zur Deutschen Demokratischen Republik.

L.: Wolff 387; Wallner 708 ObersächsRK 1; Großer Historischer Weltatlas II 66 (1378) G3; Heinrich, G., Die Grafen von Arnstein, 1961; Historisches Ortslexikon für Brandenburg II. Ruppin, bearb. v. Enders, L., 1970, Veröff. des Staatsarchivs Potsdam Bd. 7; Heinrich, G., Ruppin, LexMA 7 1995, 1108.

Rüpplin von Köffikon, Rüpplin von Kefikon (Freiherren, Reichsritter). 1752 zählten die

Freiherren R. zum Kanton Hegau (Hegau-Allgäu-Bodensee) des Ritterkreises Schwaben.

L.: Ruch, Anhang 80.

Rüpplin von Köffikon zu Wittenwyl, Rüpplin von Kefikon zu Wittenwil (Freiherren, Reichsritter). 1752 zählten die Freiheren R. zum Kanton Hegau (Hegau-Allgäu-Bodensee) des Ritterkreises Schwaben.

L.: Ruch, Anhang 80.

Rüppur, Rieppurr (Reichsritter). Von 1562 bis 1782 zählten die R. zum Kanton Neckar des Ritterkreises Schwaben.

L.: Roth von Schreckenstein 2, 592; Hellstern 211.

Rurgau

L.: Polenz, P. v., Landschafts- und Bezirksnamen, 1961, II, 24, Rurgouwe, ‚Rurgau', ‚Roergau'.

Ruricgo (Ruhrgau)

L.: Polenz, P. v., Landschafts- und Bezirksnamen, 1961, II, 24, 26, 31, Ruricgo, ‚Ruhrgau'.

Ruß von Sulzbach (Reichsritter). Von 1581 bis um 1628 zählten die R. zum Kanton Neckar-Schwarzwald-Ortenau des Ritterkreises Schwaben.

L.: Hellstern 211.

Rüssenbach, Rüsenbach, Rusenbach (Reichsritter). Im frühen 16. Jahrhundert zählten die R. zum Kanton Gebirg im Ritterkreis Franken.

L.: Riedenauer 126.

Rußwurm (Reichsritter). Bis ins frühe 18. Jahrhundert zählten die R. zum Kanton Rhön-Werra des Ritterkreises Franken. Im 17. Jahrhundert waren sie zeitweilig in den Kantonen Baunach, Odenwald und Gebirg (?) immatrikuliert. S. Gleichen genannt von R.

L.: Seyler 380; Pfeiffer 198; Riedenauer 126.

Rußwurm auf Greifenstein (Reichsritter). Im 17. Jahrhundert zählten die R. zum Kanton Gebirg des Ritterkreises Franken.

L.: Pfeiffer 196.

Rüstringen (Land). 782 erscheint erstmals das Gebiet am Jadebusen unter dem Namen Riustringi. 793 ist es ein fränkischer Gau Frieslands. Aus ihm erwuchs bis ins Hochmittelalter ein friesisches, zur Reichsunmittelbarkeit strebendes Land mit eigenem Recht (Rüstringer Asegabuch, um 1300?) unter der losen Oberherrschaft der Grafen von Oldenburg. Seit 1314 zerfiel es durch Landuntergang in zwei Teile östlich und westlich der Jade. Im westlichen Teil bildete sich seit dem 14. Jahrhundert die 1575 an Oldenburg fallende Herrschaft Jever. Den östlichen Teil (Butjadingen, Stadland) zogen die Grafen von Oldenburg 1499/1514 an sich. S. Niedersachsen.

L.: Wolff 496; Sello, G., Östringen und Rüstringen, 1928; Hannemann, M., Der Landkreis Wesermarsch, 1954; Polenz, P. v., Landschafts- und Bezirksnamen, 1961, II, 40, 49, 95, III, 10, 22, 31, Hriustri, Rustri, Rustringia, Riustringaland, Upriustri; Buma, W. J./Ebel, W., Das Rüstringer Recht, 1963.

Rütschel (Reichsritter). Vielleicht zählten die R. zum Kanton Gebirg im Ritterkreis Franken.

L.: Riedenauer 126.

Rütter s. Riedern

Rützingen s. Rixingen

Rysum (Herrlichkeit) s. Risum

S

Saal s. Heppenheim genannt Saal

Saalbachgau s. Salzgouwe I

L.: Polenz, P. v., Landschafts- und Bezirksnamen, 1961, I, 15, II, 24, 26 f., 266.

Saalburg (Burg, Herrschaft). Vor 1216 errichteten die Herren von Lobdeburg am Übergang der Straße von Nürnberg nach Leipzig über die Saale die Burg S. Sie kam von einer Linie Lobdeburg-Saalburg in der Mitte des 13. Jahrhunderts an Lobdeburg-Arnshaugk und 1289/1320 mit der Herrschaft Schleiz an die Vögte von Gera, 1550 an die Burggrafen von Meißen aus dem Hause Plauen und 1589 an Reuß. Bis 1647 blieb S. mit Schleiz verbunden. Von 1647 bis 1666 war es Sitz der Linie Reuß-Saalburg. Danach kam es an die Linie Gera (Reuß-Gera), 1920 an Thüringen und von 1949 bis 1990 an die Deutsche Demokratische Republik. S. Reuß-Saalburg.

L.: Wolff 420.

Saalegau

L.: Polenz, P. v., Landschafts- und Bezirksnamen, 1961, II, 16, 24, 26 f. III, 30, 32, IV, 8, Salagouwe, ‚Saalegau'; Niemeyer, W., Der pagus des frühen Mittelalters in Hessen, 1968, 122.

Saalfeld (Reichsabtei?, Stadt). 899 gab König Arnulf dem Babenberger Poppo II. von Thüringen S. an der Saale zurück. 1014 übertrug Kaiser Heinrich II. S. an Pfalzgraf Ezzo von Lothringen. 1056 kam S. von dessen Tochter Richeza (von Polen) an das Erzstift Köln, das 1074 in der ehemaligen ottonischen Reichsburg auf dem Petersberg das Benediktinerkloster Sankt Peter in S. gründete. Dessen Vogtei hatte vermutlich seit 1180 der König, seit 1208 der Graf von Schwarzburg, danach auch der Graf von Orlamünde, seit 1344/1345 Wettin. Seit 1208 war die Rechtsstellung Saalfelds unklar. 1475 und 1497 zählte der Abt zu den Reichsfürsten. 1536 wurde das im Orlaland, Frankenwald und in Coburg reich begüterte Kloster dem Grafen von Mansfeld übertragen, von dem es 1533 an Sachsen (Kursachsen) gelangte. S. selbst wurde 1361 Lehen Böhmens der Grafen von Schwarzburg. 1389 verkauften sie es an die Wettiner, innerhalb derer es 1485 an die Ernestiner, 1572 an Sachsen-Weimar, 1603 an Sachsen-Altenburg, 1673 an Sachsen-Gotha, 1680 an Sachsen-Saalfeld, 1735 an Sachsen-Coburg-Saalfeld und 1826 an Sachsen-Meiningen kam. 1920 fiel es an Thüringen und mit diesem von 1949 bis 1990 an die Deutsche Demokratische Republik. S. Sachsen-Saalfeld.

L.: Wolff 398; Schamelius, J. M., Historische Beschreibung der vormaligen Abtei und des Benediktinerklosters zu Saalfeld, 1729; Krauß, E. H., Die städtebauliche Entwicklung der Stadt Saalfeld an der Saale, 1934 (Diss. Braunschweig 1933); Heinemeyer, K., Saalfeld, LexMA 7 1995, 1209.

Saalfeld (Stadt) s. Saalfeld (Reichsabtei?, Stadt)

Saalmannsweiler, Salmannsweiler s. Salem

Saarbrücken (Grafschaft). Die im ersten nachchristlichen Jahrhundert an der Kreuzung zweier wichtiger Straßen an einem Saarübergang beginnenden Siedlungsspuren (vicus Saravus) endeten im 5. Jahrhundert. 999 wurde die Burg S. anlässlich der Übertragung durch Kaiser Otto III. an das Hochstift Metz erstmals erwähnt. Sie war seit dem 12. Jahrhundert Sitz der mit ihr durch die Bischöfe von Metz belehnten, 1080 anlässlich des Empfanges des Königshofes Wadgassen erstmals genannten Grafen (Graf Sigibert im Saargau). Sie nannten sich, nachdem 1120 die Güter im Elsass von den Gütern an Saar und Rhein getrennt worden waren, seit 1123 nach S. Sie waren mit den Staufern verschwägert, hatten zeitweise die Vogtei über das Hochstift Worms inne und waren vor allem zu beiden Seiten der Saar sowie im Elsass begütert. 1180/1190 wurden die Güter an Saar und Rhein auf die Linien S. und Zweibrücken verteilt. Von der Linie S. spaltete sich 1214 Leiningen ab, von Zweibrücken (1385/1394 an die Pfalzgrafen) 1297 die Linie Bitsch (1570 an Lothringen). Die dadurch auf Güter um S. beschränkten Grafen von S. starben 1274 aus und wurden infolge Verheiratung Mathildes von S. mit Simon von Commercy von den Grafen von Saarbrücken-Commercy beerbt. Bei deren Aussterben fiel die Grafschaft in weiblicher Erbfolge 1381 an die walramische Linie Nassau-Weilburg der Grafen von Nassau, welche die Güter an Saar und Blies mit den nassauischen Gütern an Lahn und Main verband. 1442 wurde in eine linksrheinische Linie (Nassau-Saarbrücken) und eine rechtsrheinische Linie (Neue Linie Nassau-Weilburg) geteilt. 1527 erbte Nassau-Saarbrücken die Grafschaft Saarwerden und die Herrschaft Lahr von den Grafen von Moers-Saarwerden. 1574 zog Lothringen die Grafschaft Saarwerden als wegen Einführung der Reformation (1. 1. 1574) erledigtes Lehen ein. Ebenso gingen die Lehen des Hochstifts Metz verloren. Von 1574 an war die seit 1442 abgeteilte Grafschaft wieder mit Nassau-Weilburg vereinigt. Danach kam sie an die Linie Ottweiler (Nassau-Ottweiler). 1629 wurde erneut geteilt. Nach vorübergehender Besetzung von 1681 bis 1697 und Grenzbereinigungen von 1766 kam S. 1793/1801 an Frankreich, 1815/1816 zu Preußen (Rheinprovinz), 1919 und 1945/1946 zum Saargebiet sowie 1957 zum Saarland. S. Nassau-Saarbrücken.

L.: Wolff 265; Großer Historischer Weltatlas III 22 (1648) C4; Ruppersberg, A., Geschichte der ehemaligen Grafschaft Saarbrücken, Teil 1–3 2. A. 1908 ff.; Werke, H., Die Machtstellung des Saarbrücker Hauses am Mittel- und Oberrhein im 12. Jahrhundert, Saarbrücker Hefte 5 (1957); Festschrift zur 650 jährigen Verleihung des Freiheitsbriefes an Saarbrücken und St. Johann, hg. v. Herrmann, H.W./Klein, H., 1971; Geschichtliche Landeskunde des Saarlands, Bd. 2 1977; Thomes, P., Kommunale Wirtschaft, 1995; Herrmann, H., Saarbrücken, LexMA 7 1995, 1210; Burg, P., Saarbrücken 1789–1860, 1999; Escher, M. u. a., Die urbanen Zentren, 2005, 2, 535.

Saarbrücken (Stadt, freie Stadt?, Reichsstadt?). Nach älteren unterbrochenen Siedlungsspuren erscheint 999 die vielleicht bereits um 850 bestehende Burg S., die Kaiser Otto III. dem Bischof von Metz gab. An sie lehnte sich eine spätestens im 11. Jahrhundert entstandene Siedlung an, die im 13. Jahrhundert faktisch Stadt wurde und 1321 ein Stadtrecht erhielt. Sie strebte bis zum 16. Jahrhundert die Reichsunmittelbarkeit an.

L.: Wolff 266; Ruppersberg, A., Geschichte der Stadt Saarbrücken, Bd. 1,2 2. A. 1913; Ried, H., Die Siedlungs- und Funktionsentwicklung der Stadt Saarbrücken, 1958; Herrmann, H., Saarbrücken, LexMA 7 1995, 1210 f.; Geschichte der Stadt Saarbrücken, hg. v. Wittenbrock, R., Bd. 1 f. 1999; Burg, P., Saarbrücken 1789–1860, 2000.

Saarburg (Reichsstadt), frz. Sarrebourg. Das als Kaufmanns-Saarbruck in der Reichsmatrikel von 1521 erwähnte S. löste sich vom Hochstift Metz und kam über Lothringen 1661 an Frankreich.

L.: Reichsmatrikel 1521; Wolff 305; Escher, M. u. a., Die urbanen Zentren, 2005, 2, 538.

Saargau

L.: Polenz, P. v., Landschafts- und Bezirksnamen, 1961, II, 16, 24, 26 f., Sarahgouwe, Sarachowa, pagus Sarenis, pagus Saroensis, ‚Saargau'; oberer Saargau: Puhl, R., Die Gaue und Grafschaften des frühen Mittelalters im Saar-Mosel-Raum, 1999, 261 (699 Saruinse), benannt nach der Saar, zwischen Bliesgau, Eichelgau, Albegau, Seillegau, Vogesen (Amenoncourt, Autrepierre, Barville, Berg, Berthelming, Birsingen, Cutting, Durstel, Gisselfingen, Goerlingen, Val-de-Guéblange/Geblingen, Guénestroff, Guermange/Germingen, Gungwiller, Hérange, Hesse, Hilbesheim, Imling, Lohr, Lorquin/Lörchingen, Niderviller?, Nitting, Ottwiller, Ratzwiller, Réning/Reiningen, Rimsdorf, Rorbach-lès-Dieuze, Sarrebourg, Siewiller, Vergaville, Voellerdingen, Waldhambach, Weyer, Zittersorf/Haut-Clocher), vom unteren Saargau getrennt durch Rosselgau, Bliesgau und das Saarkohlengebirge; unterer Saargau: Puhl, R., Die Gaue und Grafschaften des frühen Mittelalters im Saar-Mosel-Raum, 1999, 287 (870 Sarachouua), benannt nach der Saar, zwischen Saarbrücken und Saarburg (Eschringen, Fremersdorf, Oberleuken, Roden, Saarbrücken, Saarsburg, Wadgassen).

Saargebiet (Verwaltungsgebiet). 1815 fiel das spätere S. (mit der seit 1381 dem Hause Nassau gehörigen Grafschaft Saarbrücken) überwiegend an Preußen (Teil der Rheinprovinz), zu kleineren Teilen an Bayern, Sachsen-Coburg (Lichtenberg bis 1834) und Oldenburg (Birkenfeld bis 1937). Nach dem ersten Weltkrieg versuchte Frankreich eine Annexion dieser Gebiete, die am Widerstand Großbritanniens und der Vereinigten Staaten von Amerika scheiterte. Durch Art. 45–50 des Versailler Vertrages von 1919 wurde das mit Gebieten Preußens und der Pfalz Bayerns (Homburg, Sankt Ingbert, Blieskastel) geschaffene S. (1900 Quadratkilometer, 800 000 Einwohner) ab 10. 1. 1920 für 15 Jahre der treuhänderischen Verwaltung durch den Völkerbund unterstellt und 1925 dem Zollgebiet Frankreichs einverleibt. Nach einer zum Ablauf dieser 15 Jahre durchgeführten Volksabstimmung vom 13. 1. 1935, bei der 90,76 % der Bevölkerung für Deutschland, 8,8 % für den Status quo und weniger als 1 % für Frankreich stimmten, kam das Gebiet am 1. 3. 1935 an Deutschland zurück, wurde Saarland benannt, mit der Pfalz zum Gau Saarpfalz (1940–1945 Westmark) vereinigt und dem Gauleiter der Pfalz als Reichskommissar unterstellt. Nach dem Zweiten Weltkrieg scheiterten Annexionsversuche Frankreichs erneut am Widerstand der übrigen Alliierten. 1945/1946 wurde das Gebiet, um 142 Gemeinden vergrößert, aus der Besatzungszone Frankreichs ausgegliedert und bis 1950 in zweimal vergrößertem Umfang dem Zollgebiet Frankreichs eingefügt. Am 15.12.1947 trat eine eigene Verfassung in Kraft. Nachdem die Bevölkerung 1955 das zwischen Deutschland und Frankreich am 23.10.1954 vereinbarte, eine Europäisierung des Saargebiets vorsehende Saarstatut mit 67,7 % der Stimmen abgelehnt hatte, gab Frankreich zum 1.1.1957 das S. an Deutschland zurück.

L.: Saar-Atlas, hg. v. Overbeck, H./Sante, G.W., 2. A. 1934; Herold, M./Nissen, J./Steinbach, F., Geschichte der französischen Saarpolitik, 1934; Ecker, F./Ecker, A., Der Widerstand der Saarländer gegen die Fremdherrschaft 1792–1815, 1934; Hellwig, F., Der Kampf um die Saar 1860–70, 1934; Hölzle, E., Die Saarentscheidung der Pariser Friedenskonferenz, 1935; Fischer, P., Die Saar zwischen Deutschland und Frankreich, 1959; Freymond, J., Die Saar 1945–1955, 1961; Zenner, M., Parteien und Politik im Saargebiet unter dem Völkerbundsregime 1920–35, 1966; Hellwig, F., Zur älteren Kartographie der Saargegend, Jb.f. westdt. LG. 3 (1977); Die Saar, hg. v. Hudemann, R. u. a., 1992.

Saarland (Land). Am 1.1. 1957 kam das 1945/1946 um 142 Gemeinden vergrößerte, aus der Besatzungszone Frankreichs ausgegliederte und dem Zollgebiet Frankreichs eingefügte Saargebiet nach einer Ablehnung der Europäisierung in einer Volksabstimmung zu Deutschland zurück (Gesetz vom 23.12.1956). Seitdem bildet das S. ein 2547 Quadratkilometer und etwa 1,1 Millionen Einwohner umfassendes Land der Bundesrepublik Deutschland, dessen Hauptstadt Saarbrücken ist und dessen Verfassung vom 29.9.1960 stammt. Die wirtschaftliche Eingliederung wurde am 5.7.1959 vollzogen. S. Saargebiet.

L.: Saaratlas, hg. v. Overbeck, H./Sante, G., 1934; Gemeinde- und Ortslexikon des Saarlandes, Liefg. 1–3 (A-D) 1957; Haselier, G./Sante, G., Die Pfalz – Das Saarland, in: Geschichte der deutschen Länder, Bd. 1; Das Saarland, hg. v. Altmeyer, K. u. a., 1958; Fischer, P., Die Saar zwischen Deutschland und Frankreich, 1959; Geschichtliche Landeskunde des Saarlandes, hg. v. Hoppenstädter, K./Hermann, H., 1960; Polenz, P. v., Landschafts- und Bezirksnamen, 1961, II, 50; Deutsches Städtebuch, hg. v. Keyser, E./Stoob, H., Bd. 4 Teilband 3 1964; Geschichtlicher Atlas für das Land an der Saar, hg. v. Ammann, A./Meynen, E. u. a., 1965 ff.; Herrmann, H.W./Sante, G.W., Geschichte des Saarlandes, 1972; Hellwig, F., Zur älteren Kartographie der Saargegend, Jb.f. westdt. LG. 3 (1977); Klitscher, E., Zwischen Kaiser und französischer Krone, 1986; Saarländische Geschichte, hg. v. Klimt, R. u. a., 1995; Hahn, M., Das Saarland im doppelten Strukturwandel 1956–1970, 2003.

Saarwerden (Grafschaft), frz. Sarre-Union. Die kleine Grafschaft S. an der oberen Saar war zunächst in den Händen der 1131 erstmals nachweisbaren Grafen von S., einer Zweiglinie der Grafen von Metz-Lunéville bzw. der Grafen von Blieskastel. Sie bestand aus dem Reichslehen Kirkel, S. und Bockenheim als Lehen des Bischofs von Metz und der Vogtei über Klostergut von Weißenburg und Herbitzheim an der oberen Saar. Vom Anfang des 13. Jahrhunderts bis 1251 nannten sie sich nach der Burg Kirkel, dann nach S. 1397/1399 kam die Grafschaft über die Schwester des letzten Grafen an die Herren von Moers, welche die Linie Moers-Saarwerden (1418–1527) begründeten. Als 1527 die Grafen von Moers-Saarwerden ausstarben, fielen die Grafschaft Saarwerden und ihre Herrschaft Lahr (ohne Finstingen und die niederrheinischen Gebiete) als Erbteil aus einer Heirat des Jahres 1507 (Katharina von Moers-Saarwerden mit Johann Ludwig I. von Nassau-Saarbrücken) an Nassau-Saarbrücken. Beim Aussterben Nassau-Saarbrückens (1574) zog Lothringen S. als wegen Einführung der Reformation (zum 1.1.1574) erledigtes Lehen ein. Auf Grund eines Urteils des Reichskammergerichts erhielt Nassau-Weilburg als Erbe Nassau-Saarbrückens 1629 die Grafschaft S. (verkleinert um die bei Lothringen verbleibenden Dörfer Saarwerden und Bockenheim sowie das Schloss S.) zurück. 1745 kam das Dorf Herbitzheim dazu. Ebenfalls bereits im 18. Jahrhundert gehörten Diemeringen mit Altmatt, Neumatt und dem Eisenhammer des Dorfes Griesbach zu S. Innerhalb Nassaus erhielt 1629 die Linie Nassau-Weilburg ein Drittel, die Linie Nassau-Usingen zwei Drittel. 1793 wurde die dem oberrheinischen Reichskreis angehörige Grafschaft von Frankreich besetzt und durch Aufsplitterung ihrer Bestandteile aufgelöst. S. Moers-Saarwerden.

L.: Wolff 265; Wallner 696 OberrheinRK 12; Herrmann, H.W., Geschichte der Grafschaft Saarwerden bis 1527, 1957; Herrmann, H., Saarwerden, LexMA 7 1995, 1211.

Säben (Bistum) s. Brixen

Sachsen (Großherzogtum). Seit 1877 führte das (1910 3610 Quadratkilometer mit 417 000 Einwohnern umfassende) Großherzogtum

Sachsen-Weimar-Eisenach die amtliche Bezeichnung Großherzogtum S. 1913 schloss es einen Grenzvertrag mit Sachsen-Meiningen bezüglich Kranichfelds. Im November 1918 dankte der Großherzog ab. Der daraufhin entstehende Freistaat S. schloss sich zum 30. 4. 1920/1. 5. 1920 dem Land Thüringen an. S. Sachsen-Weimar-Eisenach.

Sachsen (Herzogtum [Kurfürstentum], Königreich, Land, Freistaat). Bei den wohl für das Gebiet nördlich der unteren Elbe um 150 n. Chr. erstmals erwähnten, danach sich nach Südosten und gemeinsam mit den Angeln auch nach Westen (Britannien) ausbreitenden, von Karl dem Großen (772–804) unterworfenen westgermanischen S. (germ. *sahsaz, Schwert, Messer) in Nordalbingien, Westfalen, Engern und Ostfalen gewannen im 9. Jahrhundert die zwischen Harz und Weser begüterten Liudolfinger (Liudolf †868) die Stellung eines Stammesherzogs der Sachsen. Nach der Wahl der Liudolfinger zum sächsischen Königshaus des Reiches (919, Heinrich I., 936 ff. Otto I., Otto II., Otto III., Heinrich II.) wurden 966 die Billunger (Hermann Billung †973) mit der Wahrnehmung des von der Elbe-Saale bis zum Rhein reichenden sächsischen Herzogtums betraut, doch beherrschten sie nur die nördlichen Teile des Herzogtums wirklich. Im südlichen Teil des Herzogtums richtete Otto I. die Pfalzgrafschaft S. ein, die 1088 bei den Grafen von Sommerschenburg und 1180 bei den Landgrafen von Thüringen lag und auch später häufig den Inhaber wechselte, bis sie 1356 zum Zubehör des Herzogtums S. bestimmt wurde. Nach dem Aussterben der Billunger 1106 kam das Herzogtum nicht an die askanischen bzw. welfischen Schwiegersöhne, sondern an Lothar von Süpplingenburg, dessen Macht auf dem ihm angefallenen Erbe der Brunonen und Ottos von Northeim (†1083) beruhte, 1137 aber an die Askanier und 1142 an Lothars Schwiegersohn Heinrich den Stolzen aus dem Hause der Welfen, neben denen jedoch vor allem der Erzbischof von Magdeburg und die Askanier eigene Herrschaftsbereiche ausbauten. Der Welfe Heinrich der Löwe erweiterte Sachsen um Mecklenburg und das westliche Pommern. Mit seinem Sturz 1180 endete das alte Herzogtum der Sachsen. An seine Stelle trat neben dem Herzogtum (Engern und) Westfalen der Erzbischöfe von Köln, dem Herzogtum Braunschweig-Lüneburg (1235) der Welfen zwischen Elbe und Weser sowie den Hochstiften Münster und Osnabrück und mehreren Grafschaften (Oldenburg, Hoya, Diepholz, Schaumburg, Bentheim u. a.) im Westen das um diese Gebiete verkleinerte, nicht aus zusammenhängenden Gebieten bestehende neue Herzogtum S. der Askanier (Bernhard von Anhalt) in Ostsachsen (Ostfalen). Dieses gründete sich auf das Land Hadeln zwischen Unterweser und Unterelbe, auf einst billungisches Gebiet an der Unterelbe (Lauenburg) und Gebiete um Neuhaus sowie altes askanisches Gut um Wittenberg an der mittleren Elbe. 1260/1296 teilte sich dieses verbleibende Herzogtum S., das 1227 die Grafschaft Ratzeburg erworben hatte, in die Linien Sachsen-Lauenburg und Sachsen-Wittenberg. Das Herzogtum Sachsen-Wittenberg erlangte 1356 durch die Goldene Bulle die sächsische Kurwürde. Nach dem Aussterben der Herzöge von Sachsen-Wittenberg fielen Land, Herzogstitel und Kurwürde 1422/1423 für ihre Hilfe im Kampf gegen die Hussiten als Lehen an die in der Markgrafschaft Meißen seit 1089/1125 herrschenden Markgrafen von Meißen (Haus Wettin), die 1247 schon die Landgrafschaft Thüringen erlangt hatten. Damit wurde der Name S. auf die wettinischen Gebiete (Meißen, Lausitz, Thüringen) übertragen (Obersachsen im Gegensatz zu dem seitdem als Niedersachsen bezeichneten, ursprünglichen sächsischen Stammesgebiet). 1423 wurde die Herrschaft Stollberg im Erzgebirge gewonnen, 1427 die Herrschaft Weida in Thüringen. 1443 und 1451 wurden die Herrschaften Hohnstein und Wildenstein gekauft. 1439 erwarb S. im meißnisch-thüringischen Raum die Burggrafschaft Meißen, 1466 von den Grafen von Reuß die Herrschaft Plauen und damit den Kern des Vogtlandes. Mit dem Kauf von Finsterwalde 1425, Senftenberg 1448, Beeskow, Storkow 1477 (Wiederkauf) und Sagan 1472 drang S. nach Osten vor. Von 1440 bis 1445 und von 1482 bis 1485 wurden die zwischenzeitlich entstandenen Teilherrschaften wieder zusammengeführt. 1485 kam es zur Teilung in die ernestinische Linie und die albertinische Linie, die nicht mehr rückgängig gemacht wurde. Kurfürst Ernst erhielt das Kurland S. (Sachsen-

Wittenberg), kleine Teile der Mark Meißen und des Osterlandes und Pleißenlandes (Eilenburg, Grimma, Borna, Leisnig, Altenburg, Zwickau, Plauen, Schwarzenberg), den größten Teil Thüringens (Weimar, Gotha, Eisenach) und die Pflege Coburg, das fränkische Königsberg, die Schutzherrschaft über das Bistum Naumburg und die Reichsgrafschaft von Gleichen, Kirchberg und Reuß sowie zum Teil Schwarzburg. Herzog Albrecht (Albertiner) erhielt die Markgrafschaft Meißen mit den Hauptorten Dresden und Freiberg, die Ämter Leipzig, Delitzsch-Landsberg, Zörbig, die Pfalzgrafschaft S. nebst Sangerhausen, Ämter im nördlichen Thüringen, die Schutzherrschaft über das Bistum Merseburg und über die Reichsgrafen und Herren von Stolberg-Hohnstein, Mansfeld, Arnstein, Beichlingen, Leisnig, Querfurt und Schönburg. Gemeinsam blieben die Herrschaft in Schlesien und den Lausitzen sowie die Schutzherrschaft über Erfurt, Nordhausen, Mühlhausen, Görlitz und das Hochstift Meißen. – Die ernestinische Linie stiftete 1502 für das verlorengegangene Leipzig die Universität Wittenberg, von der die Reformation ihren Ausgang nahm, und förderte Luther und die Reformation. 1547 unterlag Kurfürst Johann Friedrich der Großmütige Kaiser Karl V., der daraufhin das Kurland S. (Sachsen-Wittenberg) der albertinischen Linie übertrug, die seitdem die Kurwürde führte. Die ernestinische Linie behielt nur die Ämter Weimar, Jena, Saalfeld, Weida, Gotha und Eisenach sowie Coburg und erhielt 1554 noch die Ämter Sachsenburg, Altenburg, Herbsleben und Eisenberg. Das ernestinische Herzogtum teilte sich 1572 weiter auf. Die zahlreichen Erbteilungen zersplitterten es in eine Vielzahl kleiner Länder. Dabei entstanden 1572 Sachsen-Coburg-Eisenach (1572–1596) und Sachsen-Weimar (1572–1603). Sachsen-Coburg-Eisenach teilte sich 1596 in Sachsen-Coburg (1596–1633) und Sachsen-Eisenach (1596–1638). Die Linie Coburg erlosch 1633 und vererbte die Güter an Sachsen-Eisenach, die Linie Eisenach erlosch 1638. Ihre Güter fielen zu zwei Dritteln an Sachsen-Weimar und zu einem Drittel an die Linie Sachsen-Altenburg, die 1603 durch Teilung aus Sachsen-Weimar entstanden war. Sachsen-Weimar zerfiel 1640 weiter in die Linien Sachsen-Weimar (1640–1672), Sachsen-Eisenach (1640–1644) und Sachsen-Gotha (1640–1680). Hiervon starb Sachsen-Eisenach 1644 aus, wobei die Güter je zur Hälfte an Sachsen-Weimar und Sachsen-Gotha kamen. Die Güter Sachsen-Altenburgs fielen bei dessen Aussterben 1672 zu drei Vierteln (darunter Coburg) an Sachsen-Gotha, zu einem Viertel an Sachsen-Weimar. Im gleichen Jahr teilte sich Sachsen-Weimar in Sachsen-Weimar (1672–1918), Sachsen-Eisenach (1672–1741) und Sachsen-Jena (1672–1690), wovon Sachsen-Jena 1690 erlosch und seine Güter an Sachsen-Weimar und Sachsen-Eisenach vererbte. Sachsen-Eisenach wiederum fiel 1741 an Sachsen-Weimar, das bald Mittelpunkt der klassischen deutschen Literatur wurde. 1680/1681 zerfiel Sachsen-Gotha in die sieben Linien Sachsen-Gotha-Altenburg (1681–1825), Sachsen-Coburg (1681–1699), Sachsen-Meiningen (1681–1826), Sachsen-Römhild (ohne Landeshoheit) (1680–1710), Sachsen-Eisenberg (ohne Landeshoheit) (1680–1807), Sachsen-Hildburghausen (1680–1826) und Sachsen-Saalfeld (ohne Landeshoheit) (1680–1735, Sachsen-Coburg-Saalfeld). Sachsen-Coburg erlosch 1699 und fiel an Sachsen-Saalfeld und Sachsen-Meiningen, Sachsen-Eisenberg 1707 und gelangte an Sachsen-Altenburg. Sachsen-Römhild endete 1710 und fiel an Sachsen-Gotha-Altenburg, Sachsen-Coburg-Saalfeld, Sachsen-Meiningen und Sachsen-Hildburghausen. 1741 starb Sachsen-Eisenach aus und kam an Sachsen-Weimar (Sachsen-Weimar-Eisenach), wobei die beiden Landesteile verfassungsmäßig bis 1809, verwaltungsmäßig bis 1849 getrennt blieben. 1806 traten die sächsischen Herzogtümer dem Rheinbund bei. 1815 gewann Sachsen-Coburg-Saalfeld das Fürstentum Lichtenberg an der Nahe, das es am 31. 5. 1834 an Preußen verkaufte. Sachsen-Weimar-Eisenach wurde Großherzogtum, erhielt einen Teil des Erfurter Gebietes, das vorher fuldische Amt Dermbach (Dernbach) und die königlich-sächsischen Orte Weida und Neustadt an der Orla (Neustadt-Orla) und gab sich 1816 eine Verfassung. Als 1825 Sachsen-Gotha-Altenburg ausstarb, wurden die vier Herzogtümer Sachsen-Gotha-Altenburg, Sachsen-Hildburghausen, Sachsen-Coburg-Saalfeld und Sachsen-Meiningen am 12. 11. 1826 durch Schiedsspruch König Friedrich Augusts I. von S. in die Herzogtümer Sachsen-Meiningen (1826–1918), Sachsen-Altenburg

(1826–1918) sowie Sachsen-Coburg und Gotha (1826–1918) neu gegliedert, wobei der Herzog von Sachsen-Hildburghausen unter Verzicht auf dieses Sachsen-Altenburg übernahm, Sachsen-Meiningen Sachsen-Hildburghausen und das zu Sachsen-Coburg gehörige Sachsen-Saalfeld erhielt und Sachsen-Coburg mit Sachsen-Gotha in Personalunion vereinigt wurde. Die vier sächsischen Herzogtümer (Sachsen-Weimar-Eisenach, Sachsen-Meiningen, Sachsen-Altenburg, Sachsen-Coburg und Gotha), von denen Coburg 1821, Meiningen 1829 und Altenburg 1831 eine Verfassung erhielten, traten 1833/1834 dem Deutschen Zollverein, 1867 dem Norddeutschen Bund und 1871 dem Deutschen Reich bei. 1877/1903 wurde Sachsen-Weimar-Eisenach in Großherzogtum S. umbenannt. Vom 9. bis 14. 11. 1918 dankten die Fürsten ab. Aus den damit entstandenen Freistaaten bildete sich von 1918 bis 1921 das Land Thüringen (so ab 1. 5. 1920). Lediglich Coburg fiel an Bayern. – Das seit 1547 albertinische Kursachsen, das 1499 die Primogeniturerbfolge einführte, Beeskow, Storkow und Sorau (1515 an Brandenburg), Sagan (bis 1547) und Friedland (bis 1515) erwarb, 1547 einen Großteil der Gebiete der ernestinischen Linie erhielt, 1539/1541 zur Reformation übertrat und 1572 in den Kursächsischen Konstitutionen sein Recht zu vereinheitlichen versuchte, erlangte 1559/1591 die evangelisch gewordenen Hochstifte Meißen, Merseburg und Naumburg sowie 1556/1569 das Vogtland und Teile der Herrschaft Schönburg sowie 1583 Teile der Grafschaft Henneberg, näherte sich im Dreißigjährigen Krieg an Österreich/Habsburg an und erlangte dafür 1620/1635 die Niederlausitz, die Oberlausitz und das Erzstift Magdeburg, das 1648/1680 aber an Brandenburg kam. Von der Hauptlinie spalteten sich 1657 die Nebenlinien Sachsen-Weißenfels (bis 1746), Sachsen-Merseburg (bis 1738) und Sachsen-Zeitz (bis 1718, Naumburg, Zeitz, Neustadt, Schleusingen, Suhl) ab, fielen aber bis 1746 wieder zurück. Unter August dem Starken setzte sich der Absolutismus durch. Dresden wurde als Hauptstadt ein Kulturzentrum. Der Kurfürst trat zum Katholizismus über und gab die Rechte an Sachsen-Lauenburg an Hannover, die Erbvogtei über Quedlinburg, das Reichsschulzenamt über Nordhausen und die Ämter Lauenburg (Lauterberg) Seweckenberge (Sevenberg), Gersdorf (Gersdorff) und Petersberg (bei Halle) an Brandenburg, um die Königskrone von Polen zu gewinnen (1697). Danach bestand eine Personalunion mit Polen bis 1763. Am Ende des 18. Jahrhunderts umfasste S. 450 Quadratmeilen mit 1,35 Millionen Einwohnern. 1806 wurde Kurfürst Friedrich August III. Mitglied des Rheinbundes, musste Gebiete an das Königreich Westphalen abtreten, erhielt dafür den Königstitel und wurde 1807 in Personalunion Herzog des Herzogtums Warschau. Nach der an der Seite Frankreichs erlittenen Niederlage in der Völkerschlacht von Leipzig kam S. 1813 zunächst unter die Verwaltung eines russischen, dann eines preußischen Gouverneurs. Am 12. 5. 1815 musste S. seine nördlichen Gebiete (Kurkreis mit Wittenberg, Stiftsgebiete von Merseburg und Naumburg, thüringischer Kreis, Mansfeld, Stolberg, Barby, Querfurt, alles in allem 20 000 Quadratkilometer, 860 000 Einwohner, 57,5 % der Fläche und 42,2 % der Einwohner) an Preußen abtreten (Ämter Wittenberg [mit den Städten Wittenberg, Kemberg, Zahna und Schmiedeberg], Gräfenhainichen, Belzig [mit den Städten Belzig, Brück – ‹Bruch› – und Niemegk – ‹Niemeck› –], Gommern mit Elbenau [Burggrafschaft Magdeburg mit der Stadt Gommern], Seyda, Annaburg, Schweinitz [mit den Städten Schweinitz, Jessen, Schönewalde – ‹Schönwalde› –, Herzberg und Prettin], Pretzsch, Schlieben [mit der Stadt Schlieben und den Herrschaften Baruth und Sonnewalde], Liebenwerda und Bitterfeld). Dabei kam die Ostoberlausitz (Görlitz, Lauban) zur preußischen Provinz Schlesien, die Niederlausitz und der erst 1807 von Preußen übernommene Kreis Cottbus kamen zur Provinz Brandenburg und bildeten das Gebiet des ehemaligen Herzogtums Sachsen-Wittenberg mit der Grafschaft Brehna. Die Hochstifte Merseburg und Naumburg (Naumburg-Zeitz), die Grafschaft Barby, der Thüringer Kreis, ein Teil des Neustädter Kreises (Ziegenrück) sowie Teile der Grafschaft Henneberg bildeten zusammen mit Altmark, Erzstift Magdeburg, Hochstift Halberstadt (mit Aschersleben), den Grafschaften Hohnstein, Wernigerode, Stolberg, Querfurt und Mansfeld, Stift Quedlinburg, Mühlhausen, Nordhausen, Erfurt und dem Eichsfeld sowie der Ganerbschaft Treffurt die neue Provinz S.

(1.4.1816, Verordnung vom 30.4.1815) mit der Hauptstadt Magdeburg, die den Rang eines Herzogtums hatte (Gliederung in drei Regierungsbezirke Magdeburg, Merseburg und Erfurt, Sitz der Provinzialselbstverwaltung in Merseburg). 1866 kamen Schmalkalden und Ilfeld hinzu. Am 1.4. 1944 wurde zum 1.7. 1944 bezüglich dieser durch das Fürstentum Anhalt in zwei Teile geteilten und durch mehrere Exklaven und Enklaven aufgesplitterten Provinz S. mit den Regierungsbezirken Magdeburg, Merseburg und Erfurt der Reichsstatthalter in Thüringen mit der Wahrnehmung der Aufgaben und Befugnisse des Oberpräsidenten in der staatlichen Verwaltung des Regierungsbezirks Erfurt beauftragt (nach der Kapitulation vom 8.5.1945 an Thüringen) und die Provinz in die Provinzen Magdeburg und Halle-Merseburg aufgeteilt. 1945 gelangte nach dem Rückzug der Truppen Amerikas, die das Gebiet bis zur Elbe besetzt hatten, das Land Anhalt zu diesen beiden Provinzen und bildete mit ihnen vom 5.7.1945 bis 1952 (str.) das Land (Provinz) Sachsen-Anhalt, das vom 23.7.1952 bis 3.10.1990 auf die Bezirke Magdeburg und Halle aufgeteilt, mit dem Beitritt der Deutschen Demokratischen Republik zur Bundesrepublik aber wiederhergestellt wurde. – Das 1813/1815 nach der Abtretung des nördlichen Teiles an Preußen (Provinz Sachsen) verbliebene Gebiet des Königreiches S. (Riesa, Löbau, Bautzen, Kamenz, Zittau, Königstein, Marienberg, Plauen, Zwickau, Crimmitschau, Leipzig, Chemnitz, Meißen, Dresden, Großenhain, Oschatz, Grimma, Borna, Rochlitz, Glauchau, Auerbach, Oelsnitz, Schwarzenberg, Annaberg, Freiberg, Dippoldiswalde, Pirna, Döbeln, Flöha, Stollberg) umfasste etwa 15000 Quadratkilometer mit 1183000 Einwohnern und wurde rasch zum ausgeprägten Industriestaat. 1831 erhielt er eine Verfassung mit Zweikammersystem. 1848/1849 schlug S. mit Hilfe Preußens einen Aufstand blutig nieder. 1863 gab es sich ein Bürgerliches Gesetzbuch. 1866 blieb S. trotz der Niederlage des Deutschen Bundes gegen Preußen auf Betreiben Bismarcks erhalten, musste aber dem Norddeutschen Bund beitreten. 1903 errangen die Sozialdemokraten fast alle sächsischen Reichstagssitze (rotes S.). Am 10.11.1918 wurde in Dresden von den Arbeiterräten und Soldatenräten die Republik S. ausgerufen. Am 13.11.1918 verzichtete der König auf den Thron. Am 1.11.1920 wurde eine Landesverfassung des Freistaates S. in Kraft gesetzt. 1933 übernahmen die Nationalsozialisten die Macht. 1939 umfasste das Land S. 14995 Quadratkilometer mit 5230000 Einwohnern. 1945 kam auch der zuerst von amerikanischen Truppen besetzte Westen Sachsens zur sowjetischen Besatzungszone. Die westlich der Oder-Neiße liegenden Gebiete der preußischen Provinz Niederschlesien (Hoyerswerda, Görlitz) wurden dem Land S. eingegliedert. Die östlich der Neiße gelegene Hälfte des sächsischen Kreises Zittau mit Kleinschönau, Reichenau, Zittau-Poritsch, Seitendorf, Weigsdorf und den später im Tagebau untergegangenen Dörfern Reibersdorf und Friedersdorf kam unter die Verwaltung Polens und damit 1990 an Polen. Am 28.2.1947 erließ der Landtag eine Landesverfassung. 1949 wurde das Land ein Teil der Deutschen Demokratischen Republik. Am 23.7.1952 wurde es aufgelöst (str.) und auf die Bezirke Chemnitz, Dresden und Leipzig aufgeteilt, zum 3.10.1990 wiederbegründet (ohne die Kreise Altenburg und Schmölln, aber mit den Kreisen Hoyerswerda und Weißwasser). Hauptstadt des rund 4900000 Einwohner zählenden Landes wurde wieder Dresden. Am 1.4.1992 kamen zehn Gemeinden (Elsterberg, Mühltroff, Pausa, Ebersgrün, Görschnitz, Langenbach [Lengenbach], Ranspach [Ransbach], Thierbach, Unterreichenau, Cunsdorf) mit 12000 Einwohnern von Thüringen wieder an Sachsen zurück.

L.: Wolff 374ff., 392ff.; Zeumer 552ff. I 6; Großer Historischer Weltatlas II 34 F3, II 66 (1378) F3, II 78 E2, III 21 (1648) F3, III 22 F3, III 38 (1789) E2; Blaschke, K./Kretzschmar, H., (Ober-)Sachsen und die Lausitzen, in: Geschichte der deutschen Länder, Bd. 1; Die Territorien des Reichs 2, 8; Die Territorien des Reichs 4, 8; Bauer 1, 569; Historischer Atlas von Sachsen (950–1815), 1816; Süssmilch-Hörnig, M. v., Historisch-geographischer Atlas von Sachsen und Thüringen, 1861f.; Codex diplomaticus Saxoniae regiae, Bd. 1–25 1864ff.; Geschichtsquellen der Provinz Sachsen und angrenzender Gebiete, hg. v. d. hist. Komm. d. Provinz Sachsen 1870ff.; Oeder, M., Die erste Landesvermessung des Kurstaates Sachsen, hg. v. Ruge, S., 1889; Kirchhoff, A., Karte der territorialen Zusammensetzung der Provinz Sachsen, 1891; Beschorner, H., Denkschrift über die Herstellung eines historischen Ortsverzeichnisses für das Königreich Sachsen, 1903; Hantzsch, V., Die ältesten gedruckten Karten der sächsisch-thüringischen Länder 1550–1593, 1906; Beschorner, H., Geschichte der sächsischen Kartographie im Grundriss, 1907; Hänsch, E., Die wettinische Hauptteillung von 1485 und die aus ihr folgenden Streitigkeiten bis 1491, Diss. phil. Leipzig 1909; Bibliographie der sächsischen Geschichte, hg. v. Bemmann, R./Jatzwauk, J., Bd. 1–3 1918 ff.; Friedensburg, W., Die Provinz Sachsen, ihre Entstehung und Entwicklung, 1919; Treitschke, C., Die Landesaufnahmen Sachsens von 1780–1921, Beiträge zur deutschen Kartographie, hg. v. Praesent, H., 1921; Kessler, E., Die Ämter und Kreise im Gebiete des Kurfürstentums Sachsen mit Einschluss der Lausitzen von den Anfängen bis 1815, 1921; Kretzschmar, H., Historisch-statistisches Handbuch für den Regierungsbezirk Magdeburg, Bd. 1 1926; Meiche, A., Historisch-topographische Beschreibung der Amtshauptmannschaft Pirna, 1927; Beschorner, H., Der geschichtliche Atlas von Sachsen, 1931, Amt und Volk 5; Schnath, G., Hannover und Westfalen in der Raumgeschichte Nordwestdeutschlands, 1932; Mörtzsch, O., Historisch-topographische Beschreibung der Amtshauptmannschaft Großenhain, 1935; Kötzschke, R./ Kretzschmar, H., Sächsische Geschichte, Bd. 1 f., 1935, Neudruck 1965; Mitteldeutscher Heimatatlas, hg. v. d. Hist. Kommission für die Provinz Sachsen, 1935–1943; Mentz, G., Weimarische Staats- und Regentengeschichte 1648–1750, 1936; Flach, W., Die staatliche Entwicklung Thüringens in der Neuzeit, Zs. d. V. f. thür. G. N. F. 35 (1941); Freytag, H. J., Die Herrschaft der Billunger in Sachsen, 1951; Brather, H. S., Die ernestinischen Landesteilungen des 16. und 17. Jahrhunderts, 1951; Helbig, H., Der wettinische Ständestaat, 1955; Blaschke, K., Historisches Ortsnamensverzeichnis von Sachsen, 1957; Lütge, F., Die mitteldeutsche Grundherrschaft, 2. A. 1957; Hessler, W., Mitteldeutsche Gaue des frühen und hohen Mittelalters, 1957; Hömberg, A., Westfalen und das sächsische Herzogtum, 1958; Atlas des Saale- und mittleren Elbegebietes, hg. v. Schlüter, O./August, O., 1959 f.; Polenz, P. v., Landschafts- und Bezirksnamen, 1961, I, 12, II, 22, 51 f., III, 30, Sahsonolant, Saxonia, Saxones Volksname, Sachsen; Schnath, G./Lübbing, H./Möhlmann, G./Engel, F., Geschichte des Landes Niedersachsen, 1962; Schlesinger, W., Kirchengeschichte Sachsens im Mittelalter, Bd. 1 f.; Sächsische Bibliographie, hg. v. d. Sächsischen Landesbibliothek, 1962 ff.; Handbuch der historischen Stätten, Bd. 8, hg. v. Schlesinger, W., 1965; Schmidt, G., Die Staatsreform in Sachsen in der ersten Hälfte des 19. Jahrhunderts, 1966; Geschichte Thüringens, hg. v. Patze, H./Schlesinger, W., Bd. 1–4 1967 ff.; Blaschke, K., Sachsen im Zeitalter der Reformation, 1970; Klein, T., Provinz Sachsen, in: Grundriss der deutschen Verwaltungsgeschichte 1815–1945, hg. v. Hubatsch, W., 1975 f.; Klein, T., Sachsen, 1982; Geschichte Sachsens, hg. v. Czok, K., 1989; Blaschke, K., Geschichte Sachsens im Mittelalter, 1990; Sachsen. Eine politische Landeskunde, hg. v. Gerlach, S., 1993; Sachsen und Mitteldeutschland, hg. v. Hess, U. u. a., 1995; Meyn, J., Vom spätmittelalterlichen Gebietsherzogtum zum frühneuzeitlichen „Territorialstaat", 1995; Ehlers, J. u. a., Sachsen, LexMA 7 1995, 1231 ff.; Sachsen 1763–1832, hg. v. Schirmer, U., 1996; Schirmer, U., Das Amt Grimma, 1996; Becher, M., Rex, Dux und Gens, 1996; Lück, H., Die kursächsische Gerichtsverfassung 1423–1550, 1997; Landesgeschichte in Sachsen, hg. v. Aurig, S. u. a., 1997; Geschichte des sächsischen Adels, hg. v. Keller, K. u. a., 1997; Held, W., August der Starke und der sächsische Adel, 1999; Gross, R., Geschichte Sachsens, 1999; Sachsen in Deutschland, hg. v. Retallack, J., 2000; Sächsische Parlamentarier, bearb. v. Dröscher, E. u. a., 2001; Historisches Ortsnamenbuch von Sachsen, hg. v. Eichler, E. u. a., 2001; Sachsen in der NS-Zeit, hg. v. Vollnhals, C., 2002; Keller, K., Landesgeschichte Sachsen, 2002; Vötsch, J., Kursachsen, das Reich und der mitteldeutsche Raum zu Beginn des 18. Jahrhunderts, 2003; Diktaturdurchsetzung in Sachsen, hg. v. Behring, R. u. a., 2003; Die Herrscher Sachsens, hg. v. Kroll, F., 2004.

Sachsen (Pfalzgrafschaft). Im südlichen Teil des Herzogtums S. richtete König Otto I. die Pfalzgrafschaft S. ein. Sie stand 1088 den Grafen von Sommerschenburg, 1180 den Landgrafen von Thüringen, 1247/1264 dem Haus Wettin, 1291 den Markgrafen von Brandenburg und 1347 dem Haus Wettin zu. Sie umfasste zunächst das Gebiet um Lauchstädt, seit etwa 1350 auch das Gebiet um Allstedt. Die Goldene Bulle von 1356 ordnete sie als Zubehör des Herzogtums S. ein.

L.: Großer Historischer Weltatlas II 66 (1378) G3, III 22 (1648) F3; Starke, H. D., Die Pfalzgrafen von Sachsen, Diss. phil. Kiel 1953; Starke, H., Die Pfalzgrafen von Sachsen bis zum Jahre 1088, Braunschweig. Jb. 36 (1955), 24.

Sachsen (Provinz) ist die am 1. 4. 1816 aus unterschiedlichen Gebieten gebildete Provinz Preußens. Sie bestand hauptsächlich aus 1815 wiedererlangten Gebieten Preußens (Herzogtum Magdeburg, Altmark, Fürstentum Halberstadt, Wernigerode, Hohnstein, Mansfeld, Nordhausen, Mühlhausen, Eichsfeld, Erfurt), aus von Sachsen abgetretenen Gebieten (Kurkreis mit Wittenberg, Torgau, Hochstift Merseburg, Hochstift Naumburg-Zeitz, thüringischer Kreis mit Stolberg, Querfurt, Barby, Ziegenrück, Schleusingen) und aus den schwarzburgischen Ämtern Heringen und Kelbra. 1945 wurde sie erweitert und 1946 in die Provinz Sachsen-Anhalt überführt.

L.: Jacobs, E., Geschichte der in der Provinz Sachsen vereinigten Gebiete, 1883; Friedensburg, W., Die Provinz Sachsen, 1919.

Sachsen-Altenburg (Herzogtum, Freistaat). Sachsen-Wittenberg, 1260 aus dem nach der Absetzung Heinrichs des Löwen geschaffenen Herzogtum Sachsen gebildet, spaltete sich 1485 in die albertinische Linie und die ernestinische Linie. Die ernestinische Linie erhielt den größten Teil Thüringens und das Vogtland. Sie splitterte ab 1572 in zahlreiche Teilherzogtümer auf. Dabei entstand 1572 Sachsen-Weimar und hieraus 1603 das nach dem bereits 976 als Ausstattungsgut des Bistums Zeitz erwähnten, 1328 an die Wettiner gefallenen Altenburg an der Pleiße nördlich von Zwickau benannte S. Dieses erlangte 1640 aus dem Erbe Sachsen-Coburgs Coburg, Hildburghausen und Römhild, 1660 einige hennebergische Ämter (u.a. Meiningen). Seine Güter kamen beim Aussterben der Linie 1672 zu drei Vierteln an Sachsen-Gotha, zu einem Viertel an Sachsen-Weimar. 1680 zerfiel Sachsen-Gotha unter anderem in Sachsen-Gotha-Altenburg (daneben Sachsen-Meiningen, Sachsen-Coburg, Sachsen-Römhild, Sachsen-Hildburghausen). Später kamen die Ämter Altenburg und Ronneburg, die Städte und Ämter Eisenberg, Camburg (Camberg) und Stadtroda (Roda) und das Amt Kahla an Sachsen-Gotha-Altenburg und die Ämter Saalfeld, Gräfenthal und Probstzella an Coburg-Saalfeld. Am Ende des 18. Jahrhunderts gehörten S. und Sachsen-Gotha zur weltlichen Bank des Reichsfürstenrates des Reichstages und zum obersächsischen Reichskreis. 1825 erlosch das Haus. Am 12.11.1826 erfolgte durch Schiedsspruch König Friedrich Augusts I. von Sachsen eine umfassende Neuordnung in die Herzogtümer S., Sachsen-Coburg und Gotha und Sachsen-Meiningen. Herzog Friedrich von Sachsen-Hildburghausen erhielt für seinen Verzicht auf Sachsen-Hildburghausen das neue S. Es erlangte am 29.4.1831 eine Verfassung und trat 1833/1834 dem Deutschen Zollverein, 1867 dem Norddeutschen Bund und 1871 dem Deutschen Reich bei. 1910 umfasste es 1324 Quadratkilometer mit 216100 Einwohnern. Im November 1918 dankte der Herzog ab. Der Freistaat S. schloss sich dem Land Thüringen (1.5.1920) an, dessen Gebiet von 1949 bis 1990 zur Deutschen Demokratischen Republik gehörte.

L.: Wolff 398; Zeumer 553 II b 13; Wallner 709 f. ObersächsRK 9, 18; Großer Historischer Weltatlas III 38 (1789) D2; Schneider, F./Tille, A., Einführung in die thüringische Geschichte, 1931; Geschichte Thüringens, hg. v. Patze, H./Schlesinger, W., Bd. 1–4 1967 ff.; Roubitscheck, Die Altenburger Landesvermessung und die von ihr abgeleiteten Kartenwerke, Wiss. Z. der Martin-Luther-Univ. Halle-Wittenberg, Math.-nat. Reihe 7 (1958); Wolfrum, A., Die Sozialdemokratie im Herzogtum Sachsen-Altenburg zwischen 1848 und 1920, 2003.

Sachsen-Anhalt (Provinz, Land). Zum 9.7.1945 wurden aus der Provinz Sachsen Preußens (ohne Regierungsbezirk Erfurt) die am (1.4.1944 zum) 1.7.1944 gebildeten Provinzen Magdeburg und Halle-Merseburg mit dem Land Anhalt und einigen kleineren, vordem braunschweigischen und thüringischen Gebieten zur Provinz Sachsen und 1946 zur Provinz S. in der sowjetischen Besatzungszone verbunden. Nach Auflösung Preußens durch den Alliierten Kontrollrat entstand hieraus am 6.10.1947 das Land Sachsen-Anhalt mit der Hauptstadt Halle, das Teil der 1949 gebildeten Deutschen Demokratischen Republik wurde. In ihr wurde S. am 23.7.1952/8.12.1958 aufgelöst und auf die Bezirke Halle und Magdeburg aufgeteilt. Zum 3.10.1990 entstand es mit dem Beitritt der Deutschen Demokratischen Republik zur Bundesrepublik Deutschland wieder (ohne Kreis Artern [zu Thüringen], aber mit Kreis Jessen). Hauptstadt des rund 3 000 000 Einwohner zählenden Landes (20 400 Quadratkilometer) wurde Magdeburg. S. Sachsen, Anhalt.

L.: Geschichte Sachsen-Anhalts, 1993; Holtmann, E./Boll, B., Sachsen-Anhalt, 1995.

Sachsen-Coburg (Herzogtum). 1353 erlangten die Wettiner Coburg und teilten es 1485 der ernestinischen Linie zu. S. entstand als sächsisches Teilherzogtum aus Sachsen-Coburg-Eisenach 1596 und erlosch 1633. 1680/1681 teilte sich von Sachsen-Gotha erneut S. ab, das 1699 erlosch. Nach langwierigen Erbstreitigkeiten fiel Coburg 1735 an Sachsen-Saalfeld unter der Landeshoheit Sachsen-Gothas, womit Sachsen-Coburg-Saalfeld entstand. Am Ende des 18. Jahrhunderts gehörte S. der weltlichen Bank des Reichsfürstenrates des Reichstags an. Um 1800 zählte S. zum Kanton Baunach des Ritterkreises Franken. Das durch zahlreiche Prozesse und Misswirtschaft hochverschuldete Land trat 1806 dem Rheinbund und 1815 dem Deutschen Bund bei. 1826 gab der Herzog Saalfeld und das Amt Themar an Sachsen-Meiningen ab und erhielt dafür Sachsen-Gotha und die Ämter Königsberg und Sonnefeld. S. Sachsen-Coburg und Gotha.

L.: Zeumer 553 II b 11; Großer Historischer Weltatlas III 38 (1789) D2; Riedenauer 129; Nicklas, C., Das Haus Sachsen-Coburg, 2003.

Sachsen-Coburg-Eisenach (Fürstentum). 1572 entstand durch Erbteilung der ernestinischen Linie des Herzogtums Sachsen S. Dieses teilte sich 1596 in Sachsen-Coburg (1596–1633) und Sachsen-Eisenach. Sachsen-Coburg vererbte seine Güter an Sachsen-Eisenach, dieses 1638 an Sachsen-Weimar und Sachsen-Altenburg.

Sachsen-Coburg und Gotha (Herzogtum, Freistaat). Sachsen-Wittenberg, 1260 aus dem nach der Absetzung Heinrichs des Löwen geschaffenen Herzogtum Sachsen entstanden, spaltete sich 1485 in die albertinische Linie und in die ernestinische Linie, die den größten Teil Thüringens und das Vogtland erhielt. Sie zersplitterte ab 1572 in zahlreiche Teilherzogtümer. Dabei entstand 1572 Sachsen-Coburg-Eisenach und 1596 Sachsen-Coburg, das 1633 erlosch, wobei die Güter an Sachsen-Weimar und Sachsen-Altenburg fielen. Aus den Gütern Sachsen-Altenburgs kam 1672 Coburg an Sachsen-Gotha. Dieses zerfiel 1680 in Sachsen-Gotha-Altenburg und Sachsen-Coburg, das 1699 erlosch. Nach dem Erlöschen Sachsen-Eisenbergs und Sachsen-Römhilds entstanden unter anderem Sachsen-Gotha-Altenburg und Sachsen-Coburg-Saalfeld. Am Ende des 18. Jahrhunderts gehörten Sachsen-Gotha und Sachsen-Coburg der weltlichen Bank des Reichsfürstenrates des Reichtags an. Am 12.11.1826 erfolgte durch Schiedsspruch König Friedrich Augusts I. von Sachsen eine umfassende Neuordnung in die Herzogtümer Sachsen-Altenburg, S. und Sachsen-Meiningen. S. bestand unter Personalunion aus den beiden Herzogtümern Sachsen-Coburg und Sachsen-Gotha. 1833/1834 trat es dem Deutschen Zollverein bei, erhielt am 3.5.1852 eine Verfassung (Landesgrundgesetz) und wurde 1867/1871 Mitglied des Norddeutschen Bundes bzw. des Deutschen Reiches. 1893 trat die englische Linie des Hauses Coburg die Nachfolge an. Am 14.11.1918 dankte der Herzog ab. Der Freistaat Gotha ging am 1.5.1920 im Land Thüringen auf. Der Landesteil Coburg kam durch Volksabstimmung am 1.7.1920 zu Bayern. 1945 gehörte Thüringen zur sowjetischen Besatzungszone und damit von 1949 bis 1990 zur Deutschen Demokratischen Republik. Am 23.7.1952 wurde es aufgelöst (str.), am 3.10.1990 wiederbegründet.

L.: Zeumer 552ff. II b 11f.; Schneider, F./Tille, A., Einführung in die thüringische Geschichte, 1931; Geschichte Thüringens, hg. v. Patze, H./Schlesinger, W., Bd. 1–4 1967ff.

Sachsen-Coburg-Meiningen (Fürstentum) s. Sachsen-Coburg, Sachsen-Meiningen

Sachsen-Coburg-Saalfeld (Herzogtum). Seit 1690 bestand das Fürstentum Sachsen-Saalfeld der ernestinischen Linie der Herzöge von Sachsen mit dem Sitz in Saalfeld an der Saale. 1735 entstand durch den Anfall Sachsen-Coburgs an Sachsen-Saalfeld das Herzogtum S. Es gehörte am Ende des 18. Jahrhunderts zur weltlichen Bank des Reichsfürstenrats des Reichstags. Es umfasste aus dem Bestand Sachsen-Coburgs Stadt und Amt Coburg und die Gerichtsbezirke Gestungshausen, Lauter, Rodach, Neustadt an der Heide und Steinheid, aus dem Bestand Sachsen-Saalfelds die Ämter Saalfeld, Gräfenthal und Probstzella. Außerdem hatte es zwei Drittel des Amtes Themar Hennebergs. 1710 kamen Teile Sachsen-Römhilds hinzu. Um 1800 zählte S. auch zum Kanton Baunach des Ritterkreises Franken. Das durch viele Prozesse und durch Misswirtschaft hochverschuldete Land trat 1806 dem Rheinbund und 1815 dem Deutschen Bund bei. 1816 erhielt es das Fürstentum Lichtenberg an der Nahe. 1826 gab der Herzog Saalfeld und das Amt Themar an Sachsen-Meiningen ab und erlangte dafür die Ämter Königsberg und Sonnefeld. Coburg wurde Teil des neuen Herzogtums Sachsen-Coburg und Gotha.

L.: Wolff 397; Bauer 1, 607; Geschichte Thüringens, hg. v. Patze, H./Schlesinger, W., Bd. 1–4 1967ff.

Sachsen-Dresden (Fürstentum) s. Sachsen

Sachsen-Eisenach (Fürstentum). 1572 entstand durch Erbteilung der ernestinischen Linie Sachsens Sachsen-Coburg-Eisenach und daraus 1596 durch Teilung S., das 1638 erlosch, wobei zwei Drittel der Güter an Sachsen-Weimar kamen und ein Drittel an Sachsen-Altenburg fiel. 1641 spaltete sich von Sachsen-Weimar erneut eine Linie S. ab, die 1644 ausstarb. 1672 teilte Sachsen-Weimar erneut eine Linie S. ab. Sie starb 1741 aus. Ihre Güter kamen an Sachsen-Weimar (Sachsen-Weimar-Eisenach.) Am Ende des 18. Jahrhunderts gehörten Sachsen-Weimar und das 30 000 Einwohner und 8 Quadratmeilen umfassende S. der weltlichen Bank des Reichsfürstenrates des Reichstages und dem obersächsischen Reichskreis an und zählte S. zum Kanton Rhön-Werra des Ritterkreises Franken. Sachsen-Weimar-Eisenach ging am 1.5.

1920 in Thüringen, dessen Gebiet von 1949 bis 1990 zur Deutschen Demokratischen Republik gehörte, auf.

L.: Wolff 396; Zeumer 553 II b 10; Wallner 710 ObersächsRK 19; Großer Historischer Weltatlas III 38 (1789) D2; Riedenauer 129.

Sachsen-Eisenberg s. Sachsen-Gotha-Eisenberg (Herzogtum, ohne Landeshoheit)

Sachsen-Gotha (Herzogtum). 1572 entstand durch Erbteilung der ernestinischen Linie Sachsens Sachsen-Weimar. Gotha blieb mit Coburg vereint und fiel 1633 an Eisenach. Nach Abteilung von Sachsen-Altenburg spaltete Sachsen-Weimar 1640/1641 unter Ernst dem Frommen S. ab. 1645 erlangte es Teile Sachsen-Weimars, 1672/1673 Sachsen-Altenburg. 1680 zerfiel S. in sieben Linien, darunter Sachsen-Gotha-Altenburg. 1707 fiel das Herzogtum Sachsen-Gotha-Eisenberg (Sachsen-Eisenberg) an. Am Ende des 18. Jahrhunderts zählte S., das zusammen mit der Reichsgrafschaft Gleichen ein Gebiet von 28 Quadratmeilen mit 82000 Einwohnern innehatte, zur weltlichen Bank des Reichsfürstenrates des Reichstags sowie zum obersächsischen Reichskreis. Um 1800 gehörte S. den Kantonen Rhön-Werra und Baunach des Ritterkreises Franken an. 1806 trat es dem Rheinbund, 1815 dem Deutschen Bund bei. 1825 starb die regierende Linie aus. Am 12.11. 1826 entstand bei der Neuordnung der sächsischen Herzogtümer Sachsen-Coburg und Gotha, wobei Altenburg an den Herzog von Sachsen-Hildburghausen kam.

L.: Wolff 397; Zeumer 553 II b 12; Wallner 709 ObersächsRK 8; Großer Historischer Weltatlas III 38 (1789) D2; Bauer 1, 609.

Sachsen-Gotha-Altenburg (Herzogtum). 1680 entstand bei der Teilung Sachsen-Gothas unter anderem S. 1707 fiel Sachsen-Gotha-Eisenberg an. Am Ende des 18. Jahrhunderts zählte S., das zusammen mit der Reichsgrafschaft Gleichen ein Gebiet von 28 Quadratmeilen mit 82000 Einwohnern umfasste, zur weltlichen Bank des Reichsfürstenrats des Reichstags und zum obersächsischen Reichskreis. E hatte aus dem Bestand Sachsen-Gothas Stadt Gotha und Amt Gotha, die Ämter Tenneberg, Reinhardsbrunn, Georgenthal, Schwarzwald oder Zella, Wachsenburg, Volkenroda und Tonna, die obere Herrschaft Kranichfeld und den unter Sachsen-Gothas Oberhoheit stehenden Teil der Grafschaft Gleichen, aus dem Bestand Sachsen-Altenburgs die Ämter Altenburg und Ronneburg, die Städte und Ämter Eisenberg, Camburg und Stadtroda sowie das Amt Kahla. Um 1800 gehörte es den Kantonen Rhön-Werra und Baunach des Ritterkreises Franken an. 1806 trat es dem Rheinbund bei, 1815 dem Deutschen Bund. 1825 starb die Linie aus. Am 12.11. 1826 fiel Gotha an das neue Herzogtum Sachsen-Coburg und Gotha, Altenburg an das neue Herzogtum Sachsen-Altenburg unter dem Herzog von Sachsen-Hildburghausen. S. Sachsen-Gotha.

L.: Wolff 395.

Sachsen-Gotha-Eisenberg, Sachsen-Eisenberg (Herzogtum). 1680 entstand durch Aufteilung Sachsen-Gothas die Linie Sachsen-Gotha-Eisenberg, die keine Landeshoheit hatte und 1707 erlosch. Die Güter kamen an Sachsen-Gotha-Altenburg. S. Sachsen-Eisenberg.

Sachsen-Hildburghausen (Herzogtum). Hildburghausen an der Werra dürfte in fränkischer Zeit gegründet worden sein und wird 1234 erstmals erwähnt. Über die Grafen von Henneberg-Bodenlaube (Henneberg-Botenlauben) (bis 1234), das Hochstift Würzburg (bis 1304), die Markgrafen von Brandenburg, die Herrschaft Coburg, die Grafen von Henneberg-Schleusingen (1316) und die Burggrafen von Nürnberg (1353) kam es 1374 mit dem Amt Heldburg durch Heirat an die Landgrafen von Thüringen/Markgrafen von Meißen. Hier fiel es 1572 innerhalb des Hauses Wettin/Sachsen an die Linie Sachsen-Coburg, nach deren Aussterben 1638–1640 an Sachsen-Altenburg und 1672–1680 an Sachsen-Gotha. 1680 wurde es bei der Teilung nach Ernst dem Frommen Residenz des Herzogtums S. (aus dem Bestand Sachsen-Coburgs Hildburghausen, Heldburg, Eisfeld, 1683 Königsberg und die Klosterämter Veilsdorf, und 1705 Sonnefeld, aus Henneberg das Amt Behrungen [1714]), das zunächst unter der Aufsicht Sachsen-Gothas stand, aber 1702 volle Landeshoheit erhielt. Infolge übergroßen Aufwands musste 1769 die kaiserliche Zwangsschuldenverwaltung hingenommen werden. Das in weiblicher Erbfolge erlangte Cuylenburg wurde 1720 an die Generalstaaten der Niederlande verkauft. Um 1800 zählte S. zu den Kantonen Rhön-

Werra und Baunach des Ritterkreises Franken. 1826 kam bei der umfassenden Neuordnung der sächsischen Herzogtümer die Linie S. nach Sachsen-Altenburg. Die Güter Sachsen-Hildburghausens fielen bis auf die Ämter Königsberg und Sonnefeld an Sachsen-Meiningen.

L.: Wolff 397; Großer Historischer Weltatlas III 38 (1789) D2; Riedenauer 129; Human, A., Chronik der Stadt Hildburghausen, 1886; Hildburghausen 1324–1924. FS zur 600-Jahr-Feier der Stadt, 1924; Kaiser, E., Südthüringen, 2. A. 1954.

Sachsen-Lauenburg (Herzogtum). Das an der Niederelbe gelegene Land wurde nach dem Abzug der Germanen im Frühmittelalter von wendischen Polaben besiedelt, im 12. Jahrhundert aber von den Welfen erobert. 1142/1143 belehnte Heinrich der Löwe Heinrich von Badwide mit der Grafschaft Ratzeburg, die den größten Teil des späteren Lauenburg einnahm. Nach dem Sturz Heinrichs des Löwen (1180) fiel das Gebiet an Dänemark und durch Eroberung (1227) an die Askanier, die 1182 die Burg Lauenburg erbauten und nach dem Aussterben der Badewider die Grafschaft Ratzeburg einzogen. Bei der Teilung des askanischen Herzogtums Sachsen 1260/1295/1296 erhielt die ältere Linie das Herzogtum S. (verstreute Güter an der unteren Elbe) mit Hadeln. 1302/1303 wurde in drei Linien geteilt. Später gingen umfangreiche Güter an Lübeck und Hamburg verloren (1359 Mölln, 1370 Bergedorf). 1683 konnte Mölln zurückerworben werden. Bei dem Aussterben der Herzöge kam das zum niedersächsischen Reichskreis gehörige Herzogtum 1689 nach längerem Streit erbweise an Herzog Georg-Wilhelm von Lüneburg-Celle (Hannover). S. behielt aber eine eigene Verwaltung. Das Gebiet des ca. 28 Quadratmeilen umfassenden Herzogtums enthielt neben dem Land Hadeln die Städte Ratzeburg, Lauenburg (beide mit den gleichnamigen Ämtern) und Mölln, die Ämter Neuhaus, Schwarzenbek (Schwarzenbeck) und Steinhorst und 27 adlige Güter. 1803 kam es an Frankreich, dann an Preußen, Schweden und 1810 wieder an Frankreich. 1815 wurde das Land nördlich der Elbe Dänemark zugesprochen, 1864/1865 aber nach dem deutsch-dänischen Krieg an Preußen gegeben und dort 1876 der Provinz Schleswig-Holstein angegliedert. S. Lauenburg.

L.: Wolff 449 ff.; Zeumer 553 II b 33; Wallner 707 NiedersächsRK 13; Großer Historischer Weltatlas II 66 (1378) F2; Lammert, F., Die älteste Geschichte des Landes Lauenburg, 1933; Kersten, K., Vorgeschichte des Kreises Herzogtum Lauenburg, 1951; Prange, W., Siedlungsgeschichte des Landes Lauenburg im Mittelalter, 1960; Blaschke, K., Sachsen-Lauenburg, LexMA 7 1995, 1235; Kenzler, C., Die Ritter- und Landschaft im Herzogtum Sachsen-Lauenburg in der frühen Neuzeit, 1997; Hillmann, J., Territorialrechtliche Auseinandersetzungen der Herzöge von Sachsen-Lauenburg, 1999.

Sachsen-Meiningen (Herzogtum, Volksstaat). Das Dorf Meiningen an der Werra wird 982 erstmals erwähnt. Es war Mittelpunkt der dem Reich gehörigen Meiningeromark und kam zunächst an das Stift Sankt Peter und Alexander in Aschaffenburg. 1007 gab es Heinrich II. an das Hochstift Würzburg. Um die Mitte des 12. Jahrhunderts gründeten die Bischöfe von Würzburg die Stadt Meiningen. Sie kam 1434 als Pfand, 1542 als Lehen an die Grafen von Henneberg-Schleusingen. Nach deren Aussterben (1583) fiel sie an das Haus Wettin und wurde 1660 der ernestinischen Linie (Sachsen-Altenburg) zugeteilt. Ab 1680 war Meiningen Residenz des aus der Aufteilung Sachsen-Gothas entstandenen Herzogtums S. Zu ihm gehörten Meiningen und mehrere vormals hennebergische Ämter. 1699 kamen Teile Sachsen-Coburgs (Städte und Ämter Schalkau, Sonneberg, Neuhaus, Salzungen und das Amt Altenstein), 1710 Teile Sachsen-Römhilds (mit dem Amt Römhild) hinzu. Um 1790 zählte S. zum Kanton Rhön-Werra des Ritterkreises Franken. 1807 trat das im ausgehenden 18. Jahrhundert abgerundete Herzogtum dem Rheinbund, 1815 dem Deutschen Bund bei. 1823 erhielt das Land eine am 23. 8. 1829 verbesserte Verfassung. Am 12. 11. 1826 erfolgte nach dem Aussterben der Linie Sachsen-Gotha-Altenburg durch Schiedsspruch König Friedrich Augusts I. von Sachsen eine umfassende Neuordnung der zersplitterten ernestinischen Linie in die Herzogtümer Sachsen-Altenburg, Sachsen-Coburg und Gotha sowie S., zu dem von Sachsen-Coburg-Saalfeld Saalfeld und das Amt Themar sowie von Sachsen-Hildburghausen alle Güter ausgenommen Königsberg und Sonnefeld kamen. S. trat 1867/1871 dem Norddeutschen Bund bzw. dem Deutschen Reich bei. Es umfasste 1910 2468 Quadratkilometer mit 278 800 Einwohnern. Am 10. 11. 1918 dankte der Herzog ab. Der am 5. 11. 1918 gebildete Volksstaat/Freistaat ging am 1. 5. 1920 im Land

Thüringen auf. Dieses kam 1945 zur sowjetischen Besatzungszone und damit von 1949 bis 1990 zur Deutschen Demokratischen Republik. Am 25. 7. 1952 wurde es aufgehoben (str.), am 3. 10. 1990 wiederbegründet.

L.: Wolff 397; Großer Historischer Weltatlas III 38 (1789) D2; Riedenauer 129; Bauer 1, 631; Schneider, F./ Tille, A., Einführung in die thüringische Geschichte, 1931; Pusch, H., Meiningen. Aufsätze zur Stadtgeschichte, 1937; Das Meininger Heimatbuch, hg. v. Ansorg, A. u. a., 1954; Geschichte Thüringens, hg. v. Patze, H./Schlesinger, W., Bd. 1–4 1967 ff.

Sachsen-Merseburg (Herzogtum). Ab 1545/ 1561 brachte das Haus Wettin als Administrator das Gebiet des Hochstifts Merseburg in seine Gewalt und gründete unter Christian I. die von 1657 bis 1731 bestehende Nebenlinie S.

L.: Wolff 380; Schlesinger, W., Kirchengeschichte Sachsens, Bd. 1 f.

Sachsen-Römhild (Fürstentum). Römhild im südlichen Vorland des Thüringer Waldes gehörte im 9. Jahrhundert dem Kloster Fulda, später den Grafen von Henneberg (1274–1379 Henneberg-Hartenberg-Römhild). Beim Aussterben der Linie Henneberg-Aschach 1549 kam es durch Erbschaft an die Grafen von Mansfeld, die es 1555 an das Haus Wettin vertauschten. 1680 wurde es nach der Aufteilung Sachsen-Gothas Residenz des Fürstentums S. (ohne Landeshoheit), das 1710 unter Sachsen-Coburg-Saalfeld und Sachsen-Meiningen geteilt wurde, aber 1826 ganz an Sachsen-Meiningen kam. Um 1800 zählte S. zum Kanton Rhön-Werra des Ritterkreises Franken.

L.: Riedenauer 129; Siegfried, A., Aus Römhilds vergangenen Zeiten, 1906.

Sachsen-Saalfeld (Fürstentum, Herzogtum). Saalfeld an der Saale wird 899 erstmals genannt. Es war ursprünglich Königshof und wurde im 10. Jahrhundert zur Pfalz ausgebaut. 1014 kam es an Pfalzgraf Otto von Lothringen und über dessen Tochter Richenza 1056 an den Erzbischof von Köln. 1057 ist die Burg bezeugt. Sie und die zugehörige Siedlung wurden 1167/1188 von Kaiser Friedrich I. Barbarossa zurückerworben. 1208 verpfändete Otto IV. den Ort an die Grafen von Schwarzburg. 1389 kaufte ihn das Haus Wettin. Seit 1680 bestand auf Grund der Aufteilung Sachsen-Gothas das zum obersächsischen Reichskreis zählende Fürstentum S., seit 1735 das Herzogtum Sachsen-Coburg-Saalfeld. 1826 kam es an Sachsen-Meiningen.

L.: Wallner 710 ObersächsRK 18; Wagner, C./Grobe, L., Chronik der Stadt Saalfeld, 1874; Richter, R., Saalfeld und Umgebung, 1874; Krauß, E. H., Die städtebauliche Entwicklung der Stadt Saalfeld an der Saale, 1934; Geschichte Thüringens, hg. v. Patze, H./ Schlesinger, W., Bd. 1–4 1967 ff.

Sachsen-Saalfeld und Coburg (Fürstentum) s. Sachsen-Coburg-Saalfeld

Sachsen-Teschen (Herzogtum). Von 1766 bis 1822 besaß Albert Kasimir von Sachsen Teschen als Lehen Österreichs.

L.: Biermann, G., Geschichte des Herzogtums Teschen, 2. A. 1894.

Sachsen-Weimar (Fürstentum). 975 erscheint erstmals die Burg Weimar (ahd. wih heilig, mari Wasser) an der Ilm bei Erfurt. Nach ihr nannten sich Grafen von Weimar. Nach deren Aussterben kam Weimar an die Grafen von Orlamünde. Nach deren Aussterben um 1373 fiel Weimar an das Haus Wettin, 1485 an dessen ernestinische Linie. Nach Teilungen von 1572/1603, 1641 und 1672 war es Sitz des 1672 um Güter Sachsen-Altenburgs (Dornburg, Allstedt, Rossla) erweiterten Herzogtums S., 1741 nach dem Anfall Sachsen-Eisenachs Sitz des zum obersächsischen Reichskreis zählenden Herzogtums Sachsen-Weimar-Eisenach (Weimarer Klassik mit Goethe und Schiller), 1815 des Großherzogtums Sachsen-Weimar-Eisenach. Um 1800 umfasste das Gebiet des Fürstentums Weimar ein Gebiet von 24 Quadratmeilen und hatte 64 000 Einwohner. Am 1. 5. 1920 ging der freie Volksstaat Sachsen-Weimar-Eisenach im Land Thüringen auf, dessen Hauptstadt Weimar wurde. 1919 tagte die (Weimarer) Nationalversammlung im ehemaligen Hoftheater in Weimar.

L.: Wolff 396; Zeumer 552 ff. II b 9; Wallner 709 ObersächsRK 11; Großer Historischer Weltatlas III 38 (1789) D2; Bauer 1, 643; Tille, A., Die Anfänge der Stadt Weimar, FS O. Dobenecker, 1929; Beiträge zur Geschichte der Stadt Weimar, hg. v. Fink, F., Bd. 1–4 1931 ff.; Neue Beiträge zur Geschichte der Stadt Weimar, hg. v. Fink, F., Bd. 1 f. 1934 ff.; Mentz, G., Weimarische Staats- und Regentengeschichte 1648–1750, 1936; Diezel, R., die Ämterbezirke in Sachsen-Weimar seit dem 16. Jahrhundert, 1943; Patze, H., Bibliographie zur thüringischen Geschichte, 1965; Geschichte der Stadt Weimar, hg. v. Günther, G./Wallraf, L., 2. A. 1976.

Sachsen-Weimar-Eisenach (Herzogtum, Großherzogtum). 1741 entstand nach dem Anfall Sachsen-Eisenachs an Sachsen-Weimar das zum obersächsischen Reichskreis zählende Herzogtum S., innerhalb dessen Goethe und Schiller unter Herzog Karl August die Weimarer Klassik begründeten. S. hatte um 1800 ein Gebiet von 24 Quadratmeilen mit 64 000 Einwohnern. Es umfasste aus dem Bestand Sachsen-Weimars Stadt Weimar, Amt Weimar, die Ämter Oberweimar, Kromsdorf, Berka an der Ilm, Roßla, Brembach und Hardisleben, Kapellendorf, Heusdorf, Dornburg, Bürgel und Oldisleben, die adligen Pflegen Denstedt, Schwerstedt, Neumark, Synderstedt, das Amt Apolda und die Gerichte Buttelstedt, Bösleben, Tannroda, Flurstedt, Graitschen, Wormstedt, Oßmannstedt, Guthmannshausen, Stedten, Wallichen, Tromlitz und Mechelroda, aus dem Bestand Sachsen-Eisenachs die Städte und Ämter Eisenach, Creuzburg und Gerstungen, Remda und Allstedt, die Ämter Tiefenort, Großrudestedt und Jena und die Herrschaft Farnroda sowie zudem einen Anteil an der Grafschaft Henneberg. 1815 wurde S. zum Großherzogtum erhoben. Am 5. 5. 1816 erhielt es eine betont fortschrittliche Verfassung, die früheste im Deutschen Bund überhaupt. 1833/1834 trat es dem Deutschen Zollverein bei. 1850 wurde die Verfassung abgeändert. 1867/1871 trat S. dem Norddeutschen Bund bzw. dem Deutschen Reich bei. Seit 1877 führte es amtlich (auch) die Bezeichnung Großherzogtum Sachsen. 1913 wurde mit Sachsen-Meiningen ein Grenzvertrag bezüglich Kranichfelds geschlossen. 1910 umfasste S. 3610 Quadratkilometer mit 417 100 Einwohnern. Im November 1918 dankte der Großherzog ab. Der Freistaat schloss sich dem Land Thüringen an (1. 5. 1920). 1945 kam Thüringen zur sowjetischen Besatzungszone und damit von 1949 bis 1990 zur Deutschen Demokratischen Republik. Am 25. 7. 1952 wurde Thüringen aufgelöst (str.), am 3. 10. 1990 wieder begründet.

L.: Wolff 396; Zeumer 552 ff. II b 9 f.; Kronfeld, C., Landeskunde des Großherzogtums Sachsen-Weimar-Eisenach, Bd. 1 f. 1878 f., Neudruck 2004; Geschichte Thüringens, hg. v. Patze, H./Schlesinger, W., Bd. 1–4 1967 ff.; Ventzke, M., Das Herzogtum Sachsen-Weimar-Eisenach 1775–1883, 2004.

Sachsen-Weimar-Jena (Herzogtum). 1672 entstand durch Teilung Sachsen-Weimars S., das 1690 an Sachsen-Weimar und Sachsen-Eisenach zurückfiel.

Sachsen-Weißenfels (Herzogtum). Die Burg Weißenfels an der Saale kam 1136 an das Haus Wettin, das dort eine deutsche Siedlung einrichtete, die 1185 Stadtrecht erhielt. 1485 fiel Weißenfels an die albertinische Linie. Diese spaltete von 1657 bis 1746 eine Linie S. ab (Weißenfels, Freyburg, Eckartsberga, Heldrungen, Sachsenburg, Sittichenbach, Wendelstein, Weißensee, Langensalza, Tennstedt, Sangerhausen). Bei ihrem Aussterben fiel Weißenfels an Sachsen zurück, 1815 an Preußen (Provinz Sachsen). 1952 kam es in der Deutschen Demokratischen Republik zum Bezirk Halle, 1990 zu Sachsen-Anhalt zurück.

L.: Wolff 378; Gringmuth-Dallmer, H., Magdeburg-Wittenberg, in: Geschichte der deutschen Länder, Bd. 1; Großer Historischer Weltatlas III 38 (1789) D2; Gerhardt, F., Geschichte der Stadt Weißenfels an der Saale, 1907.

Sachsen-Wittenberg (Herzogtum, Kurfürstentum). 1180 erhielt der Askanier Bernhard nach dem Sturz Heinrichs des Löwen Wittenberg und Lauenburg als Herzogtum Sachsen, wodurch sich der alte Stammesname der Sachsen an die mittlere Elbe verlagerte. 1260/1296 entstanden durch Teilungen des Herzogtums Sachsen die Linien Sachsen-Lauenburg und S. (zwischen dem Hohen Fläming um Belzig und der Elbe bei Torgau, zwischen Bitterfeld an der Mulde und Schlieben und Liebenwerda). Zu S. kamen 1269 Gebiete der Burggrafschaft Magdeburg, 1288 die Pfalzgrafenwürde und 1290 der größte Teil der Grafschaft Brehna. 1319 scheiterte der Ausgriff auf die Mark Brandenburg. Das 1369 verliehene Gebiet des älteren Hauses Lüneburg konnte nicht bewahrt werden, sondern ging 1388 wieder verloren. 1356 erlangte das Herzogtum durch die Goldene Bulle die sächsische, von Sachsen-Lauenburg bestrittene Kurwürde (Erzmarschall, Reichsvikar). 1360 wurde die Herrschaft Liebenwerda erworben. 1422 starb das Haus aus. Herzogtum und Kurwürde kamen gegen Ansprüche Sachsen-Lauenburgs und Brandenburgs 1423 als Lehen des Reiches an den Wettiner Friedrich den Streitbaren von Meißen. Damit verlagerte sich der Name Sachsen elbaufwärts auf das Gebiet zwischen Erzgebirge, Thüringer Wald, Harz und Fläming. Innerhalb der Wettiner fiel S. 1485 an die ernestinische Linie, 1547 an die albertinische Linie. Es zählte zum obersächsischen Reichskreis. 1815 kam es an Preußen (Provinz Sachsen), 1945 in die sowjetische Besatzungszone (1947 Teil Sachsen-Anhalts und Brandenburgs) und damit von 1949 bis 1990 zur Deutschen Demokratischen Republik. S. Sachsen, Sachsen-Anhalt.

L.: Wallner 708 ObersächsRK 2; Blaschke, K., Sachsen-Wittenberg, LexMA 7 1995, 1235 f.; Beck, L., Herrschaft und Territorium der Herzöge von Sachsen-Wittenberg (1212–1422), 2000.

Sachsen-Zeitz (Herzogtum). Die ursprünglich slawische Burg Zeitz an einem alten Übergang über die Weiße Elster wird erstmals 967 genannt. 968 gründete Kaiser Otto I. in Zeitz ein Bistum für die Slawenmission. 1228/1230 wurde dessen Sitz nach Naumburg verlegt. 1140 kam die Vogtei über Zeitz an die Markgrafen von Meißen. 1286 nahmen die Bischöfe von Naumburg ihren Sitz in Zeitz. Von 1663 bis 1718 war Zeitz Residenz der albertinischen, zum obersächsischen Reichskreis zählenden Linie S. (1657–1718, Naumburg, Zeitz, Neustadt, Schleusingen, Suhl). 1815 fiel Zeitz an Preußen und damit innerhalb Sachsen-Anhalts (1947) von 1949 bis 1990 an die Deutsche Demokratische Republik.

L.: Wolff 381; Wallner 708 ObersächsRK 2; Gringmuth-Dallmer, H., Magdeburg-Wittenberg, in: Geschichte der deutschen Länder, Bd. 1; Wilcke, M., Zeitzer Heimatbuch, Bd. 1 f. 1925; Schlesinger, W., Kirchengeschichte Sachsens im Mittelalter, Bd. 1 f. 1962; Müller, A., Geschriebene und gedruckte Quellen zur Geschichte von Zeitz, 1967; Pappe, O., Tausend Jahre Stadt und Kirche Zeitz, 1967.

Sachsenburg (Herrschaft). Die Herrschaft S. an der Drau in Kärnten gehörte von 1149 bis 1803/1806 zum Erzstift Salzburg und kam danach an Österreich. Von 1809 bis 1813 war sie von Frankreich besetzt.

L.: Wolff 133; Kabusch, J./Moser, S., Die Chronik von Sachsenburg, 1956.

Sachsenheim (Herren). Seit dem 5. Jahrhundert bestand in S. an der Metter bei Ludwigsburg eine dörfliche Siedlung. Sie unterstand um 1100 den Herren von S. Nach ihrem Aussterben um 1561 fiel das 1495 zur Stadt erhobene Großsachsenheim an Württemberg und damit 1951/1952 an Baden-Württemberg.

L.: Wolff 161.

Sachsenheim (Reichsritter). Die Familie zählte bereits 1488 zur Gesellschaft Sankt Jörgenschild, Teil am Neckar. Bis etwa 1630 war sie Mitglied des Kantons Neckar des Ritterkreises Schwaben.

L.: Hellstern 212.

Säckingen (Abtei). 522 (?, 7. Jh.?) gründete der irische Mönch Fridolin auf einer später abgegangenen Insel des Hochrheins auf altem Siedlungsboden eine klösterliche, wohl von Poitiers beeinflusste Zelle, die älteste mönchische Niederlassung bei den Alemannen. 878 erscheint die Frauenabtei Seckinga. Ihre Laienäbte erweisen S. jetzt als Königskloster. Umfangreiche Güter bestanden in Churrätien und in Glarus. Im 11. Jahrhundert wurde S. Kanonissenstift. 1173 kam S. nach dem Aussterben der Grafen von Lenzburg unter die Oberherrschaft (Vogtei) der Grafen von Habsburg. Die 1307 gefürstete Äbtissin blieb aber Herrin des Ortes, der vor 1250 Stadtrecht erhalten hatte. Bis 1805 war S. eine der vier vorderösterreichischen Waldstädte. 1805/1806 wurde die Abtei aufgehoben und S. kam an Baden und damit 1951/1952 an Baden-Württemberg. S. Waldstädte.

L.: Wolff 41; Malzacher, J. A. C., Geschichte von Säckingen, 1911; Vorderösterreich, hg. v. Metz, F., 3. A. 1978; Jehle, F., Die Geschichte des Stiftes Säckingen, 2. A 1984; Zotz, T., Säckingen, LexMA 7 1995, 1244 f.; Escher, M. u. a., Die urbanen Zentren, 2005, 2, 542.

Saffenburg (Herren, Herrschaft, Reichsherrschaft). Um die wohl am Ende des 11. Jahrhunderts (um 1080) erbaute Burg S. an der Ahr bei Ahrweiler bildete sich eine aus wenigen Orten (u. a. Mayschoß) bestehende Reichsherrschaft der Herren von S., die sich bis in die zweite Hälfte des 11. Jahrhunderts (1081, 1094 Grafen) zurückverfolgen lassen und die bis 1172 die Vogtei über das Erzstift Köln innehatten. Nach deren Aussterben wurde die Herrschaft geteilt. Am Ende des 12. Jahrhunderts gehörte die Burg je zur Hälfte Albert II. und seiner Base Agnes. Über ihre Tochter Adelheid kam die eine Hälfte an die Grafen von Sponheim und von diesen, infolge Verheiratung, an Dietrich VI. von Kleve bzw. Mark. Die andere Hälfte gelangte infolge Verheiratung über die Herren von Heinsberg an Wilhelm von Arenberg, danach an Johann von Neuenahr. 1424 fiel die Herrschaft an die Herren bzw. Grafen von Virneburg, um 1546 an das Haus Manderscheid-Schleiden, 1593 an die Grafen von der Mark (Mark-Schleiden) und 1773 an die Herzöge von Arenberg, wobei die Burg bereits 1704 geschleift wurde. Am Ende des 18. Jahrhunderts ergriff Frankreich den Besitz der Herrschaft, wegen der die Grafen von der Mark

(Mark-Schleiden) und später Arenberg zu den westfälischen Grafen der weltlichen Bank des Reichsfürstenrates des Reichstages zählten. 1815 kam das Gebiet an Preußen (Rheinprovinz), 1946 zu Rheinland-Pfalz.

L.: Wolff 500; Zeumer 5524 II b 63, 31; Möller, W., Stammtafeln westdeutscher Adelsgeschlechter im Mittelalter, Bd. 2 1933; Walter, H., Saffenburg, LexMA 7 1995, 1250.

Sagan (Herzogtum). Durch Teilung des schlesischen Herzogtums Glogau entstand von 1273/1274 bis 1304, von 1322 bis 1394 und von 1413 bis 1472 ein selbständiges Fürstentum S. mit Sitz in dem 1252 zum Herzogtum Glogau gelangten, vor 1260 um eine deutsche Stadt erweiterten S. Dieses stand seit 1329 unter der Lehnshoheit Böhmens. 1472 kam es durch Kauf an Wettin (Sachsen). 1504 starben die Herzöge von Glogau-Sagan aus. 1549 wurde die Reformation eingeführt. 1549 gab es Moritz von Sachsen gegen böhmische Exklaven an König Ferdinand I. (Habsburg). Von 1627 bis 1634 stand es Wallenstein zu und kam 1646 an die Fürsten Lobkowitz. 1742 musste Österreich S. an Preußen abgeben. In Preußen wurde S. 1785 von Herzog Peter Biron von Kurland gekauft und 1845 an seine mit Edmund von Talleyrand-Périgord verheiratete Tochter Dorothea vererbt. 1945 kam S. unter die Verwaltung Polens und damit 1990 als politische Folge der deutschen Wiedervereinigung an Polen. S. Glogau-Sagan.

L.: Wolff 486; Heinrich, A., Geschichte des Fürstentums Sagan, 1911; Sagan und Sprottau, hg. v. Bein, W., 1992; Menzel, J., Sagan, LexMA 7 1995, 1254.

Saint-André, Saint André (Freiherren, Reichsritter). Von 1765 bis 1805 zählten die Freiherren von S. mit dem ihnen aus der Verlassenschaft von Ludwig Christoph Leutrum von Ertingen angefallenen Rittergut Wankheim mit Kreßbach und Eck zum Kanton Neckar des Ritterkreises Schwaben. Mit Teilen von Königsbach waren sie im Kanton Kraichgau immatrikuliert. Wegen des 1789 von den Rassler erworbenen Lobenbach waren sie auch Mitglied des Kantons Odenwald des Ritterkreises Franken, in dem sie seit dem späten 17. Jahrhundert auftraten.

L.: Roth von Schreckenstein 2, 592; Hölzle, Beiwort 63, 65; Hellstern 212, 219; Stetten 37; Riedenauer 126.

Saint-Maurice s. Sankt Moritz

Saint-Vincent, Saint Vincent (Reichsritter). Von 1674 bis 1749 (später als Personalisten) zählten die S. mit dem Rittergut Ballmertshofen zum Kanton Kocher im Ritterkreis Schwaben. Über Württemberg kam Ballmertshofen 1951/1952 zu Baden-Württemberg.

L.: Kollmer 380; Schulz 273.

Salagouwe s. Saalegau

L.: Polenz, P. v., Landschafts- und Bezirksnamen, 1961, II, 16, 24, 26 f., III, 30, 32, IV, 8, Salagouwe, ‚Saalegau'.

Salalant (Salo, Salon, Gau um die Mündung der Ijssel in die Zuidersee)

L.: Curs, O., Deutschlands Gaue im zehnten Jahrhundert. Nach den Königsurkunden, Diss. phil. Göttingen 1908 (Vrck, Deventer); Polenz, P. v., Landschafts- und Bezirksnamen, 1961, Salaland, 304, II, 45, 47 f., 55, 91, III, 28, V, 2, Salo, Salon, Salohom, Salaland, ‚Salland'.

Salem, Salmansweiler, Salmannsweiler, Saalmannsweiler (Abtei, Reichsstift). 1134 wurde vom Kloster Lützel im Elsass aus im Dorf Salmannsweiler im Altsiedelland der Salemer Aach bei Überlingen das Zisterzienserkloster S. gegründet und durch den Stifter Guntram von Adelsreute ausgestattet. 1142 übergab der Stifter die Abtei König Konrad III. Danach übten die Staufer eine Schutzvogtei aus. Rudolf von Habsburg beauftragte die Landvögte von Oberschwaben mit dem Schutz. 1354 sicherte König Karl IV. gegenüber den Ansprüchen der Grafen von Werdenberg-Heiligenberg S. die Stellung als Reichsstift (gefreites Stift). 1487 erhob Kaiser Friedrich III. S. zur Reichsabtei. Die volle Landeshoheit im Kerngebiet seiner Herrschaft gewann das zu den schwäbischen Prälaten des Reichstages gehörige S. aber erst 1637 durch einen Vertrag mit den Grafen von Heiligenberg. Am Ende des 18. Jahrhunderts umfassten die Güter der zum schwäbischen Reichskreis zählenden Abtei die Oberämter S., Elchingen, Ostrach und Schemmerberg, die Obervogteiämter Münchhöf (Münchhof) und Stetten am kalten Markt, das Pflegamt Ehingen sowie die Pflegen Frauenberg, Konstanz, Messkirch, Pfullendorf und Überlingen und die Propstei Birnau, insgesamt ein Gebiet von 6 Quadratmeilen. Bei der Säkularisation von 1802/1803 kam es an die Markgrafen von Baden, welche die Klostergebäude zum Wohnsitz nahmen. Das Amt Schemmerberg fiel an Thurn und Taxis. 1951/1952 gelangte S. an Baden-Württemberg.

L.: Wolff 180; Zeumer 552 II a 36, 1; Wallner 686 SchwäbRK 19; Großer Historischer Weltatlas II 66 (1378) E5, III 38 (1789) C4; Hölzle, E., Der deutsche Südwesten am Ende des alten Reiches, 1938; Günter, H., Kloster Salem, 2. A. 1973; Rösener, W., Reichsabtei Salem. Verfassungs- und Wirtschaftsgeschichte des Zisterzienserklosters von der Gründung bis zur Mitte des 14. Jahrhunderts, 1974; Salem, hg. v. Schneider, R., 1984; Schmid, H., Die ehemaligen salemischen Besitzungen Oberriedern und Gebhardsweiler, Freiburger Diözesan-Archiv 108 (1988); Morimond et son Empire, 1994, 175; Rösener, W., Salem, LexMA 7 1995, 1293.

Salingouwe s. Seillegau

L.: Polenz, P. v., Landschafts- und Bezirksnamen, 1961, II, 17 f., 24, 27, V, 2, Salingouwe, pagus Salinensis, pagus Seline, ‚Seillegau', Le Saulnois.

Salins (Grafschaft). Innerhalb der Freigrafenschaft Burgund bestand die Grafschaft S.

L.: Großer Historischer Weltatlas II 66 (1378) C/D5.

Salm (Grafen, gefürstete Grafschaft, Fürsten, Fürstentum). 1019 spaltete das an der Mosel begüterte Geschlecht der Grafen von Luxemburg die Grafen von Gleiberg (im 12. Jahrhundert erloschen) und die Grafen von S. ab, die sich nach der in den Ardennen gelegenen Burg S. bei Vielsalm in der späteren belgischen Provinz Luxemburg benannten und mit Hermann von S. 1081–1088 einen deutschen Gegenkönig zu Heinrich IV. stellten. 1163/1165/1204 teilte sich das Geschlecht in die Linien Niedersalm (Altsalm) mit Alfter und Gütern in den Ardennen und Obersalm mit der Burg S. bei Schirmeck im Unterelsass sowie der Grafschaft S. in den Vogesen, den Herrschaften Mörchingen, Püttlingen und Warsberg in Lothringen sowie Rotselaar (Rotzlar) in Brabant. Die Linie Niedersalm (Altsalm) starb 1416 aus. Ihr Gebiet kam (1455) über den Neffen des letzten Grafen an die Herren von Reifferscheid (und Dyck), die sich seitdem Salm-Reifferscheid nannten. Dieses Haus teilte sich bald in mehrere Linien (1639 Bedburg [nordwestlich von Köln], Dyck [südwestlich von Neuss], Raitz [in Böhmen]), die fast ausnahmslos im 18. Jahrhundert in den Reichsfürstenstand aufgenommen wurden. Als Personalisten hatten sie Sitz und Stimme im niederrheinisch-westfälischen Reichskreis. Salm-Reifferscheid-Bedburg erhielt 1803 als Entschädigung für den Verlust der linksrheinischen Gebiete an Frankreich das aus mainzischen und würzburgischen Ämtern gebildete Fürstentum Krautheim, das 1806/1826/1838 an Württemberg kam, und beerbte 1888 die Linie Dyck. Salm-Reifferscheid-Dyck erhielt 1816 den preußischen Fürstentitel. Obersalm kam nach dem Aussterben im Mannesstamm mit der Hälfte seiner Güter 1459/1475 durch Heirat an die Wild- und Rheingrafen (Wildgrafen und Raugrafen bzw. Rheingrafen), die auch den Namen S. übernahmen und um 1500 noch die lothringische Herrschaft Diemeringen mit Finstingen (Fénétrange) und Ogéviller (Eigenweiler) erlangten (1793 an Frankreich). Durch Teilung entstanden mehrere Linien. Die jüngere Linie Dhaun teilte sich 1574/1588 in S., Grumbach und Dhaun (bis 1750). Davon wurde die Linie S. 1623 in den Reichsfürstenstand erhoben und erhielt 1654 (immer für denjenigen, der das Land erbte) Sitz und Stimme im Reichsfürstenrat. Die Linie Salm-Kyrburg mit Gütern in den Niederlanden (Belgien) wurde 1743 reichsfürstlich. 1641 gewann S. durch Heirat mit Maria Anna von Bronckhorst die Herrschaft Anholt in Westfalen und Güter in den Niederlanden, vor 1676 das 1740 zum niederländischen Herzogtum erhobene Hoogstraten (Antwerpen) und 1700 das Fürstentum Arches-Charleville (die Fürstentümer Arches und Charleville) in den Ardennen. Der 1738 im Mannesstamm erloschenen Linie S. folgte Fürst Nikolaus Leopold mit dem Titel eines Fürsten von Salm-Salm. 1763 gewann Salm-Kyrburg die niederländischen Fürstentümer Horn (Hornes) (westlich von Roermond) und Overijse (Overisque) (in Limburg). Die zum oberrheinischen Reichskreis zählenden katholischen Linien Salm-Salm und Salm-Kyrburg erhielten für den Verlust ihrer linksrheinischen Güter an Frankreich (1793, 1801) 1803 Teile des Hochstifts Münster (Amt Ahaus [zwei Drittel für Salm-Salm, ein Drittel für Salm-Kyrburg], Amt Bocholt [zwei Drittel für Salm-Salm, ein Drittel für Salm-Kyrburg], Herrschaft Gemen, Anholt), insgesamt 39 Quadratmeilen mit 59 000 Einwohnern (als Fürstentum). Hauptstadt dieses Füstentums S. war von 1803 bis 1805 das vorher zum Hochstift Münster gehörige Borken, dann Bocholt, Hauptstadt Salm-Kyrburgs war Ahaus. 1810/1811 kam das seit 1806 souveräne Fürstentum an Frankreich, 1815 an Preußen. Die jüngere lutherische Linie der Wild- und Rheingrafen zu Grumbach (Salm-Grumbach) erhielt 1802 die ehemals münsterische Herrschaft Horstmar und nannte sich seitdem Salm-Horstmar. Horstmar kam 1806 an Berg. 1816 wurden die Grafen von Salm-Grumbach Fürsten von Salm-Horstmar in Preußen. S. a. Salm-Salm.

L.: Wolff 57, 262; Zeumer 553 II b 49 (554 II b 63, 18); Wallner 696 OberrheinRK 16; Großer Historischer Weltatlas II 66 (1378) C/D3, III 38 (1789) A/B2; Fahne, A., Die Grafen und Fürsten zu Salm, 1866; Kleinschmidt, A., Geschichte von Arenberg, Salm und Leyen 1789–1815, 1912; Schaudal, L., Les comtes de Salm, 1921; Dunkhase, H. H., Das Fürstentum Krautheim, 1968.

Salm-Anholt (Grafen, Fürsten). 1641 gewannen die Grafen von Salm durch Heirat über Maria Anna von Bronckhorst die Herrschaft Anholt in Westfalen. Nach dem Verlust ihrer linksrheinischen Güter 1793/1801 machten sie das eine Quadratmeile umfassende Anholt zum Verwaltungssitz ihrer münsterischen Entschädigungslande. 1810 gelangte Anholt mit Salm an Frankreich, 1815 an Preußen und 1946 an Nordrhein-Westfalen. S. Anholt.

Salm-Grumbach (Grafen, Fürsten). Die jüngere lutherische Linie S. der Fürsten von Salm erhielt 1802 Horstmar. S. Rheingrafen, Salm, Salm-Horstmar.

Salm-Horstmar (Fürsten). Nachdem die Wild- und Rheingrafen zu Grumbach (Wildgrafen und Rheingrafen zu Grumbach, Fürsten von Salm) 1803 für ihre linksrheinischen Verluste an Frankreich unter anderem mit Horstmar entschädigt worden waren, nannten sie sich (bzw. nannte sich eine Linie von Salm-Grumbach) Fürsten von S. 1816 wurden sie (bzw. die Grafen von Salm-Grumbach) Fürsten von Salm-Horstmar in Preußen.

L.: Fahne, A., Die Grafen und Fürsten zu Salm, 1866.

Salm-Kyrburg (Grafen, Fürsten). S. ist ein (dem Geschlecht der Wild- und Rheingrafen entstammender) Zweig der 1165 entstandenen Linie Obersalm der Grafen von Salm. Er zählte zum oberrheinischen Reichskreis. 1742 wurde er in den Reichsfürstenstand erhoben. 1763 gewannen die Fürsten die Fürstentümer Horn (Hornes) westlich von Roermond und Overijse (Overisque) in Limburg in den Niederlanden. Durch den Reichsdeputationshauptschluss vom 25. 2. 1803 erhielt der Fürst als Entschädigung für die linksrheinischen Verluste an Frankreich je ein Drittel der Ämter Ahaus und Bocholt des Hochstifts Münster als Fürstentum mit der Residenz Ahaus.

L.: Wallner 698 OberrheinRK 43 a; Großer Historischer Weltatlas III 39 (1803) B1; Fahne, A., Die Grafen und Fürsten zu Salm, 1866; Schaudal, L., Les comtes de Salm, 1921.

Salm-Neuburg s. Salm

Salm-Reifferscheid (Grafen, Fürsten). Nach dem Aussterben der Linie Niedersalm der Grafen von Salm 1416 erlangten die Herren von Reifferscheid 1455 die Erbschaft und nannten sich seitdem S. Sie teilten sich 1639 in mehrere Linien (Bedburg nordwestlich Kölns, Dyck südwestlich von Neuss, Raitz in Mähren), die fast ausnahmslos im 18. Jahrhundert in den Reichsfürstenstand aufgenommen wurden. 1792 waren die Grafen zu S. wegen der Herrschaft Dyck Mitglied der westfälischen Grafen der weltlichen Bank des Reichsfürstenrats des Reichstags. Durch den Reichsdeputationshauptschluss vom 25. 2. 1803 erhielt der Fürst von S. für die verlorene Grafschaft Niedersalm eine immerwährende Rente von 12 000 Gulden auf die Abtei Schöntal, der Graf von Salm-Reifferscheid-Dyck für die Feudalrechte seiner Grafschaft eine immerwährende Rente von 28 000 Gulden auf die Besitzungen der Frankfurter Kapitel, das Haus Salm-Reifferscheid-Bedburg von Mainz das Oberamt Krautheim, von Würzburg das Amt Grünsfeld und das Priorat Gerlachsheim als neues Fürstentum Krautheim sowie eine beständige, auf Amorbach ruhende Rente von 32 000 Gulden und nannte sich seitdem Fürst von Salm-Krautheim (Salm-Reifferscheid-Krautheim).

L.: Zeumer 552 ff. II b 63, 30; Fahne, A., Die Grafen und Fürsten zu Salm, 1866; Schaudal, L., Les comtes de Salm, 1921.

Salm-Reifferscheid-Krautheim (Fürstentum). 1803 wurde für die Linie Salm-Reifferscheid-Bedburg aus den Fürsten von Salm-Reifferscheid zur Entschädigung für linksrheinische Verluste an Frankreich (neben einer Geldrente aus Amorbach) aus Gütern des Erzstifts Mainz und des Hochstifts Würzburg (Krautheim, Grünsfeld, Gerlachsheim) das Fürstentum S. mit Sitz in Krautheim an der Jagst gebildet. 1806 fiel Krautheim an Baden und damit 1951/1952 an Baden-Württemberg. S. Krautheim.

L.: Fahne, A., Die Grafen und Fürsten zu Salm, 1866; Schandal, L., Les comtes de Salm, 1921.

Salm-Reifferscheid-Krautheim-Raitz s. Salm

Salm-Reifferscheid-Reifferscheid s. Salm

Salm-Salm (Grafen). S. ist ein dem Geschlecht der Wild- und Rheingrafen (Wildgrafen und Rheingrafen) entstammender Zweig der 1165 entstandenen Linie Obersalm der Grafen von Salm. Die Fürsten von S. folgten der 1738 erloschenen Hauptlinie der Fürsten von Salm. Durch den Reichsdeputationshauptschluss vom 25. 2. 1803 erhielt der Fürst als Entschädigung für den Verlust seiner linksrheinischen Güter an Frankreich je zwei Drittel der Ämter Ahaus und Bocholt des Hochstifts Münster als Fürstentum mit der Residenz in Anholt.

L.: Großer Historischer Weltatlas III 39 (1803) B2; Fahne, A., Die Grafen und Fürsten zu Salm, 1866; Schaudal, L., Les comtes de Salm, 1921.

Salo (Salland) s. Salalant

L.: Polenz, P. v., Landschafts- und Bezirksnamen, 1961, Salaland, 304, II, 45, 47 f., 55, 91, III, 28, V, 2, Salo, Salon, Salohom, Salaland, ‚Salland'.

Saltga (Gau zwischen Aller und Leine)

L.: Polenz, P. v., Landschafts- und Bezirksnamen, 1961, I, 15, II, 40, 96, 266.

Saluelt s. Zollfeld

L.: Polenz, P. v., Landschafts- und Bezirksnamen, 1961, 304.

Saluzzo (Markgrafschaft). S. an einem Ausläufer des Monte Viso in Piemont wird im 11. Jahrhundert als Burg der Markgrafen von Turin erstmals genannt. Von 1142 bis 1548 war es Mittelpunkt einer besonderen, von den Markgrafen Del Vasto abgespalteten Markgrafschaft. Nach dem Aussterben der Markgrafen Del Vasto wurde die Markgrafschaft 1548 von Frankreich in Besitz genommen, 1601 aber an Piemont bzw. Savoyen überlassen. Damit kam S. 1718/1720 zu Sardinien (1861 Italien).

L.: Muletti, D., Memorie, 1829 ff.; Savio, C., Saluzzo e i suoi vescovi, 1911; Provero, L., Saluzzo, LexMA 7 1995, 1321.

Salveld

L.: Polenz, P. v., Landschafts- und Bezirksnamen, 1961, II, 58, 62, IV, 10 f., Salveld, pagus, provincia, zum Ortsnamen Saalfeld.

Salzburg (Erzstift, Bundesland). Nach älteren Siedlungen errichteten die Römer im 1. Jahrhundert n. Chr. den keltisch benannten, nicht sicher deutbaren Ort Iuvavum, den sie im 5. Jahrhundert wieder aufgaben. Wenig später begann die Besiedlung durch Bayern. Um 696 gründete der heilige Rupert (von Worms) auf bayerischem Herzogsgut das Kloster Sankt Peter und (um 712/715) das Benediktinerinnenkloster Nonnberg. 739 umgrenzte Bonifatius das hier entstandene Bistum (östliche Traun, Inn, Rotttal, Tauern), das vor allem unter Bischof Virgil (749–784) rasch Aufschwung nahm und 798 zum bis zur Theiß erweiterten Erzbistum mit den Bistümern Passau, Regensburg, Freising und Säben bzw. Brixen (sowie bis 802 Neuburg/Donau) erhoben wurde, wobei der Abt von Sankt Peter bis 987 zugleich Erzbischof war. Der Name S. erscheint erstmals in der um 755 verfassten Vita sancti Bonifatii. 816 wurde die Immunität bestätigt. Im Pongau gelang der Aufbau eines geschlossenen Herrschaftsgebietes. Seit dem 11. Jahrhundert gründeten die Erzbischöfe die salzburgischen Eigenbistümer Gurk (1072), Seckau (1218), Chiemsee (1216) und Lavant (1226). Entscheidend für den Aufbau eines weltlichen Herrschaftsgebietes um S. war Erzbischof Eberhard II. von Regensberg (Schweiz) (1200–1246), dem der Erwerb von Grafschaftsrechten im Lungau, Pinzgau und Pongau gelang. Hinzu kam die Grafschaft Chiemgau und das Landgericht Lebenau. 1328 erhielt das Hochstift eine eigene Landesordnung. 1342 erscheint erstmals das Land S. 1490 gingen Pettau und Rann in der Steiermark und Gmünd in Kärnten verloren. 1535 musste auf jede Sonderstellung der Salzburger Güter in Kärnten, der Steiermark und Österreich verzichtet werden. Die um 1520 eingedrungene Reformation wurde 1731/1733 durch zwangsweise Auswanderung (Salzburger Exulanten, ca. 10 500 Personen) rückgängig gemacht. 1622 stiftete Erzbischof Paris Graf von Lodron die bis 1818 bestehende Universität. 1750 wurde der seit 1529 angenommene, vom Erzbischof von Magdeburg bis 1648 bestrittene Titel Primas Germaniae allgemein anerkannt. Das Gebiet des zum bayerischen Reichskreis zählenden Erzstiftes teilte sich in einen nördlichen (oberhalb des Gebirges) und einen südlichen (innerhalb des Gebirges) Teil auf. Das nördliche Erzstift umfasste die Stadt S. und die Pflegämter Laufen, Staufeneck, Raschenberg, Tittmoning, Mühldorf, Mattsee, Straßwalchen, Altentann

(Altenthan), Lichtentann (Lichtenthan), Neuhaus, Wartenfels (Wattenfels), Hüttenstein, Hallein, Glanegg (Glaneck) und Golling (Gölling). Das südliche Erzstift enthielt die Pflegämter Werfen, Bischofshofen (Bischofhofen), Taxenbach, Zell im Pinzgau, Lichtenberg, Lofer, Itter (Ytter), Zell im Zillertal, Windisch-Matrei, Mittersill, Rauris, Gastein, Großarl, Sankt Johann im Pongau, Radstadt, Mauterndorf, Moosham (Mosheim) und Haus (Hauß). Außerdem gehörten dazu das Pflegamt Stall am Mollfluss, die Märkte Sachsenburg an der Drau, Feldsperg, Althofen (Altenhofen), Gurk, Hüttenberg und Guttaring, die Städte Friesach, Sankt Andrä, Straßburg, die Herrschaft Rauchenkatsch (Rauchenkaitz) (im Herzogtum Kärnten), Schloss und Markt Deutschlandsberg (Deutschlandberg), die Orte Haus, Gröbming (Gröning) und Wolkenstein (in der Steiermark) und im Land unter der Enns die Städte Traismauer an der Traisen, der Markt Oberwölbling (Obergwölbing) und Unterwölbling (Untergwölbing) sowie einige andere Ortschaften. 1803 wurde das Fürstentum mit 190 Quadratmeilen bzw. 13 000 Quadratkilometern und 200 000 bis 250 000 Einwohnern säkularisiert und fiel als Kurfürstentum mit den Hochstiften Berchtesgaden, Passau und Eichstätt an Großherzog Ferdinand III. von Toskana, 1805 mit Berchtesgaden gegen Würzburg an Österreich, 1809/1810 an Bayern, am 1. 5. 1816 ohne Berchtesgaden und den westlichen Flachgau an Österreich. Die Suffraganbistümer wurden 1817 München-Freising unterstellt, doch kam 1825 Trient neu an das Erzbistum S. (bis 1920). Brixen ging 1921, Lavant 1924 verloren. 1850 wurde S. Hauptstadt des von Oberösterreich getrennten österreichischen Kronlandes S., das 1920 Bundesland Österreichs wurde.

L.: Wolff 132; Zeumer 552 II a 3; Wallner 711 BayRK 2; Lechner, K., Salzburg, in: Geschichte der deutschen Länder, Bd. 1; Großer Historischer Weltatlas II 66 (1378) G5, III 22 (1648) F5, III 38 (1789) E4; Die Territorien des Reichs 1, 72; Richter, E., Untersuchungen zur historischen Geographie des ehemaligen Hochstifts Salzburg und seiner Nachbargebiete, 1885 (MIÖG Ergbd. 1); Zillner, F., Geschichte der Stadt Salzburg, Teil 1 f. 1885 ff.; Salzburger Urkundenbuch, hg. v. Hauthaler, W./Martin, F., Bd. 1–4 1898 ff.; Arnold, C. F., Die Vertreibung der Salzburger Protestanten und ihre Aufnahme bei den Glaubensgenossen, 1900; Richter, E., Gemarkungen und Steuergemeinden im Lande Salzburg, in: Abhandlungen zum Historischen Atlas der österreichischen Alpenländer, in: Archiv für österreich. Gesch. 94 (1907); Widmann, H., Geschichte Salzburgs Bd. 1–3 1907 ff.; Martin, F., Die Regesten der Erzbischöfe von Salzburg 1247–1343, Bd. 1–3 1928 ff.; Lang, A., Die Salzburger Lehen in Steiermark, Bd. 1 f. 1937 ff.; Salzburg-Atlas. Das Bundesland Salzburg im Kartenblatt, hg. v. Lendl, E., 1956; Koller, H., Salzburg 1956; Richter, E./Mell, A., Salzburg, Hermann, K. F., Salzburg, beide in: Erläuterungen zum Historischen Atlas der österreichischen Alpenländer 1917, 1957; Klebel, E., Der Lungau. Historisch-politische Untersuchung, 1960; Beckel, L., Die Beziehungen der Stadt Salzburg zu ihrem Umland, 1966; Martin, F., Kleine Landesgeschichte von Salzburg, 4. A. 1971; Geschichte Salzburgs, hg. v. Dopsch, H./Spatzenberger, H., Bd. 1 f. 2. A. 1984 ff.; Sankt Peter in Salzburg. Das älteste Kloster im deutschen Sprachraum, 3. Landesausstellung 1982; Dopsch, H., Wandlungen und Konstanz der spätmittelalterlichen Grundherrschaft im Erzstift Salzburg, in: Die Grundherrschaft im späten Mittelalter, Bd. 2 hg. v. Patze, H., 1983; Frühes Mönchtum in Salzburg, hg. v. Zwink, E., 1983; Ortner, F., Salzburger Kirchengeschichte, 1988; Hartmann, P., Das Hochstift Passau und das Erzstift Salzburg, in: Ostbairische Grenzmarken 30 (1988); Zaisberger, F., Die Salzburger Landtafeln, 1990; Salzburg zur Gründerzeit, hg. v. Haas, H., 1994; Wolfram, H., Salzburg, Bayern und Österreich, 1995; Dopsch, H., Salzburg, LexMA 7 1995, 1331 ff.; Salzburg, hg. v. Hanisch, E. u. a., 1997; Zaisberger, F., Geschichte Salzburgs, 1998; 1200 Jahre Erzbistum Salzburg, hg. v. Domkapitel, 1998; 1200 Jahre Erzbistum Salzburg, hg. v. Dopsch, H. u. a., 1998; Ortner, F., Salzburgs Bischöfe in der Geschichte des Landes 696–2005, 2005.

Salzburg (Ganerbschaft). Die Burg S. östlich von Bad Neustadt ist erstmals 1161 bezeugt. Sie war von Lehnsleuten des Hochstifts Würzburg besetzt, die eine Ganerbschaft bildeten. Unter ihnen hatten die Voite von S. als Vögte der S. und des Salzforstes die größte Bedeutung. S. Voit von Salzburg, Vogt von und zu Salzburg.

L.: Geschichtlicher Atlas von Hessen, Inhaltsübersicht 34.

Salzburggau (Salzbarchgouue, Salzburgensis, Gau westlich der Salzach)

L.: Curs, O., Deutschlands Gaue im zehnten Jahrhundert. Nach den Königsurkunden, Diss. phil. Göttingen 1908, 18 (Salzburghofen, Reichenhall, Lauterbach); Polenz, P. v., Landschafts- und Bezirksnamen, 1961, II, 16, 23, 30, 32, III, 25, 33, Salzpurcgouwe, pagus Iuuauensis, pagus Iobaocensium, ‚Salzburggau'.

Salzgau

L.: Polenz, P. v., Landschafts- und Bezirksnamen, 1961, I, 15, II, 33, IV, 9, 14, 266, Salzgouwe II, ‚Salzgau', zum Ortsnamen Salz.

Salzgau (Teil Ostfalens)

L.: Hessler, W., Mitteldeutsche Gaue des frühen und hohen Mittelalters, 1957, 148 Salzgau (Gutstedt, Ringelheim westsüdwestlich Salzgitters).

Salzgouwe I s. Saalbachgau

L.: Polenz, P. v., Landschafts- und Bezirksnamen, 1961, I, 15, II, 24, 26 f. 266.

Salzpurcgouwe s. Salzburggau

L.: Polenz, P. v., Landschafts- und Bezirksnamen, 1961, II, 16, 23, 30, 32, III, 25, 33, Salzpurcgouwe, pagus Iuuauensis, pagus Iobaocensium, ‚Salzburggau'.

Sambregau (Gau) (Sambriensis 868/869)

L.: Polenz, P. v., Landschafts- und Bezirksnamen, 1961, II, 18, 27, pagus Sambriensis, zum Flussnamen Sambre; Nonn, U., Pagus und comitatus in Niederlothringen, 1983, 205.

Samland (Bistum). 1243 gründete der päpstliche Legat Wilhelm von Modena für die Gebiete des Deutschen Ordens nördlich des Pregel bis zur Memel das Bistum S. mit einem in drei Teile aufgeteilten Drittel des noch zu erobernden Gebietes als weltlichem Herrschaftsgebiet. Zwischen (1246 bzw.) 1252 und 1265 gelang die Eroberung durch den Deutschen Orden. 1255 wurde das Bistum nach der Unterwerfung der Pruzzen durch den Deutschen Orden dem Erzbistum Riga unterstellt. 1264 nahm der Bischof seinen Sitz in Fischhausen. 1322 wurden die Gebiete des Bischofs (um Fischhausen, nördlich von Königsberg und nördlich von Insterburg) von denen des dem Deutschen Orden inkorporierten Domkapitels dauerhaft getrennt. 1525 führte der Bischof die Reformation ein und trat die weltliche Herrschaft an Herzog Albrecht von Brandenburg ab. 1587 wurde das Bistum aufgehoben und stattdessen ein Konsistorium in Königsberg geschaffen.

L.: Urkundenbuch des Bistums Samland, hg. v. Woelky, C. P./Mendthal, H., Bd. 1–3 1891 ff.; Das westliche Samland, hg. v. Schlicht, O., 1920, Neudruck 2001; Polenz, P. v., Landschafts- und Bezirksnamen, 1961, II, 50; Der Landkreis Samland, bearb. v. Gusovius, P., 1966; Boockmann, H., Samland, LexMA 7 1995, 1342.

Sandizell (Herren, Reichsfreiherren, Reichsgrafen). S. südlich von Neuburg an der Donau wird 1007 erstmals erwähnt. Seit Ende des 11. Jahrhunderts war es Sitz der Herren von S. Diese wurden 1640 Reichsfreiherren und 1780 Reichsgrafen. S. kam zu Bayern.

L.: Schmidbauer, M., Sandizell aus Vergangenheit und Gegenwart, 1926; Reischl, G. A., Haus Sandizell 948–1948, 1948; Polenz, P. v., Landschafts- und Bezirksnamen, 1961.

Sankt Aegidien s. Sankt Egidien (Kloster)

Sankt Andrä im Lavanttal s. Lavant (Bistum)

L.: Wolff 30; Großer Historischer Weltatlas II 66 (1378) H5.

Sankt Blasien (Reichsabtei, gefürstete Abtei). Das Benediktinerkloster S. südlich des Feldbergs im Hochschwarzwald, das vermutlich von Rheinau aus im 9. Jahrhundert als Cella Alba gegründet wurde, wird 858 erstmals greifbar. Am Ende des 9. Jahrhunderts erhielt es die Reliquien des heiligen Blasius. 983 wurde es selbständig, erwarb reiche Güter bis zur Albquelle am Feldberg und zum Schluchsee (u. a. von den Herren von Krenkingen), erlangte 1065 ein Immunitätsprivileg König Heinrichs IV. und kam 1218, nach dem Aussterben der nach Lösung aus der Vogtei des Bischofs von Basel seit 1125 amtierenden zähringischen Schutzvögte, unter die Schutzherrschaft des Reiches, das sie unter Konrad IV. an Habsburg (Schutzvogtei und Kastvogtei) verpfändete. Bemühungen um die Reichsunmittelbarkeit blieben erfolglos. 1361 fiel S. unter die Landeshoheit Österreichs. Wegen der 1613 gekauften Herrschaft Bonndorf zählte der Abt zu den schwäbischen Reichsgrafen. 1729 wurden Oberried und Kappel (bei Freiburg) erworben, daneben als Lehen Österreichs die Herrschaft Staufen und Kirchhofen in der Oberrheinebene. 1746 wurde der Abt in den Reichsfürstenstand erhoben. Durch § 26 des Reichsdeputationshauptschlusses vom 25. 2. 1803 kam die Abtei an den Johanniterorden (Malteserorden). Nach der Säkularisation fiel S. 1806 an Baden und damit 1951/1952 an Baden-Württemberg. Der größte Teil der Mönche übersiedelte nach Sankt Paul in Kärnten.

L.: Wolff 41; Zeumer 553 II b 61, 15; Großer Historischer Weltatlas III 38 (1789) C4; Rieder, K., Die Aufhebung des Klosters Sankt Blasien, 1907; Schmieder, J., Das Benediktinerkloster Sankt Blasien, 2. A. 1936; Hölzle, E., Der deutsche Südwesten am Ende des alten Reiches, 1938; Büttner, H., Sankt Blasien und das Elsass, 1939; Ott, H., Studien zur Geschichte des Klosters Sankt Blasien im hohen und späten Mittelalter, 1963; Ott, H., Die Klostergrundherrschaft Sankt Blasien im Mittelalter, 1969; Ott, H., Sankt Blasien, in: Germania Benedictina V: Baden-Württemberg (1975); Ott, H., Sankt Blasien, LexMA 7 1995, 1136 f.; Urkundenbuch des Klosters St. Blasien im Schwarzwald, hg. v. Braun, J., 2003.

Sankt Egidien, Sankt Aegidien (Kloster). Das Kloster S. in Nürnberg, bei dem sich ursprünglich der Wirtschaftshof der Burg des Königs befand, erscheint in der Reichsmatrikel von 1521.

L.: Reichsmatrikel 1521.

Sankt Emmeram (Reichsabtei, gefürstete Abtei) s. Regensburg, Sankt Emmeram

Sankt Florian (Stift). Das im 8. Jahrhundert von Passau aus im Traungau entstandene Kloster (Eigenstift des Bischofs) bei Linz wurde 1071 in ein Chorherrenstift umgewandelt. Die Hauptvogtei übten nach den Herren von Perg die Herzöge von Österreich aus.

L.: Wolff 27; Kirchner-Doberer, E., Stift Sankt Florian, 1948; Erbe und Vermächtnis, 1971; Reichert, F., Landesherrschaft, Adel und Vogtei, 1985; Haider, S., Sankt Florian, LexMA 7 1995, 1151 f.

Sankt Gallen (Kanton) s. Sankt Gallen (Reichsabtei, Kanton)

Sankt Gallen (Reichsabtei, Kanton). 612/613 gründete der heilige Gallus eine Niederlassung iroschottischer Mönche im Steinachtal, die 719/720 in ein Kloster verwandelt wurde (Neugründung, 747/748 Benediktinerkloster). 818 löste Kaiser Ludwig der Fromme das Kloster vom Hochstift Konstanz (endgültige Zinsfreiheit 854) und erhob es unter Verleihung der Immunität zum königlichen Kloster. Dieses wurde eine der wichtigsten Stätten früher deutscher Kultur (Notker von S., umfassende Bibliothek), der reiche Güter zuflossen (160 000 Morgen Land). Seit 1180 hatte das Reich die Vogtei. 1206 wurde der Abt zum Reichsfürsten erhoben. In der Folge gewann die Abtei ein ansehnliches Herrschaftsgebiet mit der Stadt S., dem sog. Fürstenland und Appenzell (bis zum Anfang des 15. Jahrhunderts), wozu 1468 durch Kauf noch die Grafschaft Toggenburg kam. 1345/1379 erwarb sie die Vogtei in den Niedergerichtsbezirken des Klosters. Zwischen 1401 und 1408/1411 errangen die Untertanen in Appenzell mit Unterstützung der Eidgenossen der Schweiz ihre Unabhängigkeit. 1437 schloss der Abt ein Landrecht mit Schwyz. 1451 wurde der Fürstabt durch Vertrag mit Zürich, Luzern, Schwyz und Glarus zugewandter Ort der Eidgenossenschaft. 1457 verzichtete er auf die Herrschaft in der Stadt S. 1521 verlegte er seinen Sitz nach Rorschach. In der seit 1524 eindringenden Reformation erwarb die Stadt S. rechtswidrig (von Zürich und Glarus) alle Klosterrechte und verlor Toggenburg, doch wurde das damit säkularisierte Kloster 1531/1532 mit Toggenburg wiederhergestellt. 1798 wurde das Stift, dessen Abt an der Stellung als Reichsfürst festhielt und das wegen Mooweiler (Mohweiler) zum Kanton Hegau (Hegau-Allgäu-Bodensee, Bezirk Allgäu-Bodensee) des Ritterkreises Schwaben zählte, säkularisiert und zur Helvetischen Republik geschlagen (Kantone Säntis, Linth). Die Herrschaft Neuravensburg in Oberschwaben, über die das Kloster 1699 den Blutbann erlangt hatte, fiel 1803 als Entschädigung für Tarasp an den Fürsten Dietrichstein und kam 1806 an Württemberg und das Gebiet damit 1951/1952 zu Baden-Württemberg. Am 3. 5. 1805 wurde das Kloster vom großen Rat (Parlament) des 1803 (/1815) gebildeten Kantons S. aufgehoben. Der Kanton S. bestand aus den Herrschaftsgebieten der Abtei S., der Stadt S., den gemeinen Herrschaften bzw. Landvogteien Uznach und Gaster mit Gams (gemeine Herrschaft von Schwyz und Glarus seit 1436), Sargans (gemeine Herrschaft von Zürich, Luzern, Uri, Schwyz, Unterwalden, Zug und Glarus seit 1482/1483 sowie von Bern seit 1712), Werdenberg mit Wartau (Herrschaft von Glarus seit 1517), Sax (Herrschaft Zürichs seit 1615), Rheintal mit Rheineck (gemeine Herrschaft von Zürich, Luzern, Uri, Schwyz, Unterwalden, Zug und Glarus seit 1491 sowie von Appenzell seit 1500 und Bern seit 1712) sowie der autonomen Stadt Rapperswil, die seit 1464 unter der Schutzherrschaft von Uri, Schwyz, Unterwalden und Glarus sowie seit 1712 von Glarus, Zürich und Bern gestanden hatte.

L.: Wolff 532; Ruch, Anhang 82; Urkundenbuch der Abtei Sankt Gallen, hg. v. Wartmann, H. u. a., Bd. 1–6 1863 ff.; Die Rechtsquellen des Kantons Sankt Gallen, hg. v. Gmür, M. u. a., Bd. 1–3 1903 ff.; Ehrenzeller, W., Sankt Galler Geschichte, Spätmittelalter und Reformation, Bd. 1 f. 1931 ff.; Thürer, G., Sankt Galler Geschichte, Bd. 1 f. 1953 ff.; Duft, J., Die Stiftsbibliothek Sankt Gallen, 1961; Chartularium Sangallense, hg. v. d. Herausgeber- und Verlagsgemeinschaft Chartularium Sangallense, bearb. v. Clavadetscher, O. P., Bd. 3 1983; Duft, J./Gössi, A., Die Abtei St. Gallen, 1986; Rösener, W., Der Strukturwandel der St. Galler Grundherrschaft vom 12.–14. Jahrhundert, ZGO 137 (1989); Ziegler, E., Sitte und Moral in früheren Zeiten, 1991; Die Kultur der Abtei Sankt Gallen, hg. v. Vogler, W., 1993; Robinson, P., Die Fürstabtei St. Gallen und ihr Territorium 1463–1529, 1995; Vogler, W., Sankt Gallen, LexMA 7 1995, 1153 ff.; Das Kloster St. Gallen im Mittelalter, hg. v. Ochsenbein, P., 1999; St. Gallen, hg. v. Wunderlich, W., 1999; Schaab, R., Mönch in Sankt Gallen, 2003.

Sankt Gallen (Reichsstadt). Bei dem 612/613 gegründeten Kloster S. entstand im Frühmittelalter eine seit dem 10. Jahrhundert bedeutsamer werdende Siedlung, die im 13. Jahrhundert Stadtrechte (Handfeste von 1291) erlangte. Sie befreite sich (seit 1180) allmählich aus der klösterlichen Herrschaft. 1454 verbündete sie sich mit den Eidgenossen der Schweiz und nahm den zweiten Rang unter den zugewandten Orten ein. 1457 löste sie sich gegen 7000 Gulden ganz von der Abtei und wurde freie Reichsstadt.

L.: Wolff 532; Moser-Näf, C., Die freie Reichsstadt und Republik Sankt Gallen, Bd. 1–7 1931 ff.; Ehrenzeller, W., Kloster und Stadt Sankt Gallen im Spätmittelalter, 1931; Ehrenzeller, E., Geschichte der Stadt Sankt Gallen, 1988; Vogler, W., Sankt Gallen, LexMA 7 1995, 1155.

Sankt Georg (Reichsabtei) s. Isny (Reichsabtei)

Sankt Georgen (im Schwarzwald) (Reichskloster). Die Adligen Hezelo (Vogt von Reichenau), Hesso und Konrad gründeten 1083 ein Benediktinerkloster in Königseggwald bei Saulgau (Walda), verlegten es aber auf Verlangen des Hirsauer Abts 1084 nach S. im Quellgebiet der Brigach. Vögte des Klosters waren (nach einem päpstlichen Privileg der freien Vogtswahl von 1095) spätestens seit 1104 die Herzöge von Zähringen. Nach ihrem Aussterben war S. reichsunmittelbar. Danach wurden die Herren von Falkenstein von König Friedrich II. mit der Vogtei belehnt. Sie verkauften einen Teil ihrer Rechte 1444 an die Grafen von Württemberg und vererbten den anderen Teil an Hans von Rechberg, dessen Erben ihn 1532 an König Ferdinand, den damaligen Herren Württembergs, gaben. Ungeachtet einer Bestätigung der Reichsunmittelbarkeit durch Kaiser Karl V. von 1521 führte Württemberg 1536 die Reformation durch und wandelte die Vogtei in Landeshoheit um. Die Mönche zogen 1536 nach Rottweil und danach nach Villingen. 1548 kehrten sie zurück, zogen aber 1648 erneut nach Villingen. 1810 kam S. an Baden und damit 1951/1952 an Baden-Württemberg.

L.: Wolff 162; Kalchschmidt, K. T., Geschichte des Klosters Sankt Georgen, 1895; Heinemann, B., Geschichte von Sankt Georgen im Schwarzwald, 1939; Ruhrmann, J., Das Benediktinerkloster Sankt Georgen 1500–1655, Diss. phil. Freiburg 1961; Wollasch, H. J., Die Anfänge des Klosters Sankt Georgen im Schwarzwald, 1964; Stockburger, E., Sankt Georgen, 1972; Zettler, A., Sankt Georgen, LexMA 7 1995, 1158 f.

Sankt Gerold (reichsfreie Herrschaft). Vielleicht aus einer Übertragung Kaiser Ottos I. oder des von diesem geächteten Adligen Adam entstand die Propstei S. im Großen Walsertal. Bis 1648 unterstand sie der Landeshoheit Blumeneggs. Von 1648 bis 1802 war sie Reichspropstei der Fürstabtei Einsiedeln in der Schweiz. Von 1803 bis 1806 wurde S. mit Blumenegg an Nassau-Oranien (Nassau-Diez-Oranien) gegeben. Danach kam S. an Österreich. S. Vorarlberg.

L.: Grabherr, J., Die reichsfreie Herrschaft Sankt Gerold, 1897; Henggeler, R., Geschichte der stifteinsiedelischen Propstei Sankt Gerold, 1961.

Sankt Jakobsberg (Abtei). Bis 1791 war die Abtei S. bei Mainz wegen Planig (Planing) Mitglied des Kantons Oberrheinstrom des Ritterkreises Rhein.

L.: Winkelmann-Holzapfel 154.

Sankt Johann (Abtei). Zu der Benediktinernonnabtei S. im Elsass gehörten die Dörfer S. und Eckardsweiler bei Bergzabern.

L.: Wolff 294.

Sankt Johann (Kloster). S. im Turital bei Sankt Gallen erscheint in der Reichsmatrikel von 1521.

L.: Reichsmatrikel 1521.

Sankt Maximin (Reichsabtei). Um 660 entstand neben einer angeblich um 330 gegründeten, wenig später nach dem Bischof Maximinus (†352) umbenannten Johanneskirche etwas nördlich von Trier eine reich begüterte Benediktinerabtei. Sie war reichsunmittelbar, wurde aber 1139 dem Erzstift Trier unterstellt, wogegen die Abtei und ihre Vögte (die Grafen von Namur, das Haus Luxemburg und das Haus Habsburg) bis zur Aufhebung im Jahre 1802 vergeblich vorgingen.

L.: Wolff 83; Wisplinghoff, E., Untersuchungen zur frühen Geschichte von Sankt Maximin, 1970; Laufner, R., Geistliche Grundherren, in: Christliche Unternehmer, 1994, 67; Das Urbar der Abtei St. Maximin vor Trier, bearb. v. Nolden, T., 1999; Kuhn, H./Kuhn, H., Untersuchungen zur Säkularisation der Abtei St. Maximin, Jb. f. westdeutsche LG. 26 (2000), 99.

Sankt Moritz, Saint-Maurice (Stift), lat. Agaunum. Der burgundische König Sigismund gründete 515 am Grab des heiligen Mauritius (Ende des 3. Jahrhunderts) am Großen Sankt Bernhard eine Abtei mit reichen Gütern im Wallis, Waadtland und in Burgund. 830 wurde das Kloster in ein Chorherrenstift verwandelt. Im späten 8. Jahrhundert kam S. an Hochburgund und 1034 an Savoyen. 1128 wurden Regularkanoniker eingesetzt. Seit dem Ende des 13. Jahrhunderts wurde S. Kollegiatstift. 1457/1536 wurden die Rechte durch Bern und Freiburg im Üchtland eingeschränkt.

L.: Wolff 536; Großer Historischer Weltatlas II 66 (1378) D5; Coutaz, G., Saint Maurice d'Agaune, LexMA 7 1995, 1182 f.

Sankt Peter (Kloster). Um 1073 gründete der Herzog von Zähringen (bzw. Schwaben) in Weilheim an der Teck ein Benediktinerkloster, das 1093 nach S. im Hochschwarzwald verlegt wurde. 1361 erlangte es die Reichsunmittelbarkeit. 1521 erscheint es in der Reichsmatrikel. 1803 fiel es an den Johanniterorden, 1806 wurde es säkularisiert und kam über Baden 1951/1952 an Baden-Württemberg.

L.: Wolff 41; Mayer, J., Geschichte der Benediktinerabtei Sankt Peter, 1893; Rotulus San-Petrinus, hg. v. Fleig, E., 1908; Weber, K., Sankt Peter im Wandel der Zeit, 1992; Das Vermächtnis der Abtei, hg. v. Mühleisen, H., 1993; Zotz, T., Sankt Peter im Schwarzwald, LexMA 7 1995, 1192.

Sankt Pölten (Bistum). S. geht auf ein im Gebiet des römischen municipium Aelium Cetium (erste Hälfte des 2. Jahrhunderts) um 800 (?) von Tegernsee aus gegründetes Kloster (11. Jahrhundert Kollegiatstift, um 1081 Augustinerchorherren) zurück. Seit etwa 1120 hatten die Babenberger die Vogtei über das Eigenkloster des Bischofs von Passau. Seit 1494 galt die Stadt Sankt Pölten als den Herzögen von Österreich gehörig. Am 28. 1. 1785 wurde an Stelle des aufgehobenen Bistums Wiener Neustadt das Bistum S. errichtet.

L.: Wolff 26; Kerschbaumer, A., Geschichte des Bistums Sankt Pölten, 1875/1876; Wodka, J., Das Bistum Sankt Pölten, 1950; Schragl, F., Geschichte der Diözese St. Pölten, 1985; Beiträge zur Geschichte der Diözese Sankt Pölten, Jahrbuch für Landeskunde von Niederösterreich N. F. 52 (1986); Gutkas, K., Sankt Pölten, LexMA 7 1995, 1194 f.

Sankt Simon und Judas s. Goslar

Sankt Trudpert (Kloster). S. südlich von Freiburg wurde vermutlich 643 vom heiligen Trudpert als ältestes rechtsrheinisches Kloster gegründet. Um 900 wurde das Kloster dem Grafen des Elsass unterstellt. Die Vogtei war seit Anfang des 13. Jahrhunderts in den Händen der Herren von Staufen, die von 1277 bis zu ihrem Aussterben 1602 Untervögte der Grafen von Habsburg waren. 1806 fiel das Kloster, das durch geschicktes Vorgehen die Grundherrschaft über das ganze Münstertal erlangte, an Baden, von dem es aufgehoben wurde. 1951/1952 kamen die Gebiete zu Baden-Württemberg.

L.: Wolff 41; Großer Historischer Weltatlas III 39 (1803) B4; Mayer, T., Beiträge zur Geschichte von Sankt Trudpert, 1937.

Sankt Ulrich (Reichsstift) s. Augsburg, Sankt Ulrich und Afra

Sanngau (Seuna, Gau südlich der Mur um Graz)

L.: Curs, O., Deutschlands Gaue im zehnten Jahrhundert. Nach den Königsurkunden, Diss. phil. Göttingen 1908, 18 (Drachenburg, Friesach, Tal von Admont).

Sanntal (südlich der Drau)

L.: Polenz, P. v., Landschafts- und Bezirksnamen, 1961, II, 64–66, Sounital, Seuna, Sovuina, ‚Sanntal'.

Sarahgouwe s. Saargau

L.: Polenz, P. v., Landschafts- und Bezirksnamen, 1961, II, 16, 24, 26 f., Sarahgouwe, Sarachowa, pagus Sarenis, pagus Saroensis, ‚Saargau'.

Sardinien (Insel, Königreich). Sarden werden bereits am Ende des 13. vorchristlichen Jahrhunderts in ägyptischen Quellen erwähnt. Seit dem 9. Jahrhundert wurde die nach ihnen benannte Insel von den Phönikern bzw. Karthagern besiedelt. 238/237 v. Chr. kam sie an Rom, später an Wandalen (um 456) und Ostrom (534). Seit dem 6. Jahrhundert gewann der Papst zunehmenden Einfluss in dem zwischen 803/804 und 1014 von zahlreichen Sarazenenüberfällen heimgesuchten Land. In der Mitte des 11. Jahrhunderts erlangte Pisa mit Hilfe des Papstes die Herrschaft. 1297 belehnte der Papst das spanische Haus Aragonien mit der Insel. 1718 kam sie nach dem spanischen Erbfolgekrieg an Österreich und 1720 von Österreich im Tausch gegen Sizilien an Savoyen. Dieses bildete als Königreich S. den Kristallisationspunkt für das 1861 entstandene Königreich Italien.

L.: Carta-Raspi, E., Breve storia di Sardegna, 1950; Zeddo, T., La Sardegna nel primo medio evo, 1956; Zeddo, T., Studi sulla Sardegna medioeviale, 1958; Mori, A., Sardegna, 1966; Satta-Branca, A., La Sardegna attraverso i secoli. Leggende, storie, cronacche, 1970; Sanna, S. A., Sardinien-Bibliographie, 1974; Boscolo, A., La Sardegna bizantina e altogiudicale, 1978; Pauli, R., Sardinien. Geschichte, Kultur, Landschaft. Entdeckungsreisen auf einer der schönsten Inseln im Mittelmeer, 1986; Casula, F., La Sardegna catalano-aragonese, 1990; Simbula, P., Sardinien, LexMA 7 1995, 1378 ff.

Sardinien-Piemont (Königreich) s. Sardinien

Sargans (Land). Das ursprünglich keltisch besiedelte Alpenrheintal wurde 15 v. Chr. römisch. Um 850 entstand die Pfarrei S. in dem bis ins 13. Jahrhundert romanischsprachigen Gebiet. Von 982 bis zur Mitte des 12. Jahrhunderts unterstand S. den Grafen von Bregenz, dann den von den Grafen von Montfort abgespalteten Grafen von Werdenberg-Sargans bzw. S. 1396, 1406 und 1436 wurde S. an die Herzöge von Österreich verpfändet. Hiergegen schlossen die Einwohner 1440 ein Landrecht mit Schwyz und Glarus. 1483 wurde S. gemeine Herrschaft der sieben alten Orte der Schweiz. 1803 kam S. zum Kanton Sankt Gallen.

L.: Wolff 528; Großer Historischer Weltatlas 72 (bis 1797) G2/3; Senti, A., Sarganserland, 1962; Bischofberger, H., Sargans, LexMA 7 1995, 1381.

Sarmsheim s. Keßler von S., Kessler von S.

Sasonia

L.: Polenz, P. v., Landschafts- und Bezirksnamen, 1961, II, 22, III, 27, 29, Sasonia, Sassun* (im Elsass).

Saterland (Land). Das von Hochmooren umgebene S. südwestlich von Oldenburg war anfangs wohl von Westfalen besiedelt und stand unter der lockeren Herrschaft der Grafen von Tecklenburg. Seit dem 11. Jahrhundert bildete sich unter dem Einfluss zusiedelnder Friesen ein unter Berufung auf Karl den Großen zur Selbständigkeit strebendes Land. Nach dem Zusammenbruch der Oberherrschaft Tecklenburgs kam das S. 1400 an das Hochstift Münster, 1803 an Oldenburg und damit 1946 an Niedersachsen.

L.: Sello, G., Saterlands ältere Geschichte und Verfassung, 1896; Bröring, J., Das Saterland, Bd. 1 f. 1897 ff.; Heimatkunde des Herzogtums Oldenburg, Bd. 1 1913; Polenz, P. v., Landschafts- und Bezirksnamen, 1961, II, 49, III, 23, Sagelteraland, ‚Saterland'.

Sauergau (pagus Surensis)

L.: Polenz, P. v., Landschafts- und Bezirksnamen, 1961, II, 17 f., 27, Surense, zum Flussnamen Sauer; Puhl, R., Die Gaue und Grafschaften des frühen Mittelalters im Saar-Mosel-Raum, 1999, 297 (795/796 pago Surense), benannt nach der Sauer, entlang rechts der unteren Sauer (Gilsdorf, Osweiler).

Sauerland

L.: Polenz, P. v., Landschafts- und Bezirksnamen, 1961, II, 50, Sauerland (Surlandia, Suderland).

Saulgau (Herrschaft, reichsstadtähnliche Stadt). 819 gab Kaiser Ludwig der Fromme die Kirche von S. im oberschwäbischen Alpenvorland an das Reichsstift Buchau. Ab 1171 erscheinen Herren von S. als Reichsministeriale, deren Rechte in der ersten Hälfte des 13. Jahrhunderts an die Herren von Sießen-Strahlegg gefallen sein dürften. Vermutlich über die Staufer kam die Vogtei zu Beginn des 13. Jahrhunderts an die Truchsessen von Waldburg, die den Ort um 1230/1239 zur Stadt erhoben (1288 Stadtrecht von Lindau). 1299 fiel S., das im 14./15. Jahrhundert die Gerichtshoheit, das Ammannsamt und die Herrschaft über drei Dörfer erwarb, an Habsburg, das die Herrschaft nach mehreren Verpfändungen 1386 an die Truchsessen von Waldburg verpfändete. Mit Mengen, Munderkingen, Riedlingen und Waldsee (Donaustädte) kaufte sich das zum österreichischen Reichskreis zählende S. 1680 an Österreich zurück. 1806 kam es an Württemberg und damit 1951/1952 zu Baden-Württemberg.

L.: Wolff 45; Wallner 714 ÖsterreichRK 1; Laub, J., Geschichte der vormaligen fünf Donaustädte in Schwaben, 1894; Rothmund, P., Die fünf Donaustädte in Schwäbisch-Österreich, Diss. phil. Tübingen 1955; Vorderösterreich, hg. v. Metz, F., Bd. 1, 2 3. A. 1978; Der Kreis Saulgau, hg. v. Steuer, W./Theiss, K., 1971.

Saulheim (Ganerben). Die in die Linien Erlenhaupt, Hirte, Hund, Kreiss, Mohn und Selten (Seltin) gespaltenen S. waren Ganerben in Bechtolsheim, Mommenheim, Schornsheim und Niedersaulheim. S. Hund von S.

L.: Zimmermann 77.

Saulnois (Seillegau), s. Salingouwe

Saunien s. Windische Mark

Sausenberg (Markgrafschaft). 1306 spaltete sich von der Linie Hachberg der Markgrafen von Baden bzw. Herzöge von Zähringen die Nebenlinie S. (Baden-Sausenberg) ab. Ihre Güter kamen 1503 durch Erbfall an Baden. Nach Teilung der Markgrafschaft Baden 1535 in die Linien Baden-Baden und Baden-Durlach fielen sie an Baden-Durlach. S. zählte zum schwäbischen Reichskreis. Die Güter kamen über Baden 1951/1952 an Baden-Württemberg.

L.: Wolff 166; Wallner 685 SchwäbRK 5; Hölzle, E., Der deutsche Südwesten am Ende des alten Reiches, 1938; Merkel, R., Studien zur Territorialgeschichte der badischen Markgrafschaft in der Zeit vom Interregnum bis zum Tod Markgraf Bernhards I. (1250–1431), Diss. phil. Freiburg 1953; Sütterlin, B., Geschichte Badens, 1967; Wunder, G., Zur Geschichte der älteren Markgrafen von Baden, Württemberg. Franken 1978, 13 ff.

Savoyen (Grafen, Herzöge), frz. La Savoie. Das Gebiet zwischen Genfer See, Rhone und der Mont-Cenis-Gruppe war zunächst von den keltischen Allobrogern bewohnt, die 121 v. Chr. von den Römern unterworfen wurden, die es der Provinz Gallia Narbonensis bzw. Viennensis zuteilten. Im 4. Jahrhundert (um 390) wurde es Sapaudia (kelt., Waldland) genannt. 443 siedelten die Römer die Reste der von den Hunnen geschlagenen Burgunder dort an. 534 eroberten die Franken das Reich der Burgunder. Seit 838 gehörte das Gebiet (806 Saboia) zu Hochburgund, seit 934 zum Königreich Burgund, das 1032/1033 zum deutschen Reich kam. Das burgundische Grafengeschlecht der Humbertiner (Graf Humbert Weißhand 1003–1048) erwarb 1025 das Aostatal, um 1033 das Chablais, das obere Isèretal, das obere Wallis und um 1050 durch Heirat die Markgrafschaft Turin (1091). Seit 1125 nannte es sich nach S. 1232 erlangten die Grafen Chambéry und machten es zur Hauptstadt sowie Pignerolo. 1268/1269 drangen sie ins Waadtland vor. 1310/1313 wurden die Grafen zu Reichsfürsten erhoben. 1361 trennte Kaiser Karl IV. S. vom 1349 an Frankreich gefallenen Arelat, unterstellte es unmittelbar dem Reich und ernannte den Grafen 1365 zum Reichsvikar im Arelat. 1388 erwarben die Grafen Nizza, 1401 die Grafschaft Genf (ohne die Stadt). 1416 erhob der spätere Kaiser Sigmund die Grafen zu Herzögen und belehnte sie 1422 mit der Reichsgrafschaft Genf. Im 15. Jahrhundert waren die Herzöge von S. die mächtigsten Fürsten Norditaliens, die ihren Machtschwerpunkt zunehmend nach Piemont verlagerten. 1512/1521 wurden sie dem oberrheinischen Reichskreis eingegliedert. Von 1536 bis 1559 war S. von Frankreich besetzt, weshalb die Hauptstadt von Chambéry nach Turin verlegt wurde. 1534/1536 gingen Genf und Wallis an die Eidgenossen, Waadtland, Gex und Chablais an Bern verloren, doch kam Chablais 1564 gegen Verzicht auf Genf, Waadtland und Wallis zurück. 1601 mussten die westlichen Gebiete Bresse, Bugey (Burgey), Valromey und Gex, 1631 gegen einen Teil von Montferrat auch Pinerolo (Pignerolo) und Perosa (Perusa) (bis 1696) an Frankreich abgetreten werden. 1713 wurden Teile von Montferrat und Mailand sowie das Königreich Sizilien gewonnen, das jedoch bereits 1719/1720 unter Beibehaltung des Königstitels gegen Sardinien (an Österreich) abgegeben werden musste (Königreich Sardinien bzw. Sardinien-Piemont). 1738 wurden Novara und Tortona (Tartona), 1748 weitere Gebiete erlangt. 1801 schied S. aus dem Reich aus. 1860 wurden das Stammland S. sowie Nizza an Frankreich als Gegenleistung für die Hilfe gegen Österreich und für die Einigung Italiens, dessen Könige die Familie seit 1861 stellte, überlassen.

L.: Zeumer 553 II b 36; Großer Historischer Weltatlas II 34 (1138–1254) F4, II 66 (1378) D6, II 78 (1450) F4, III 22 (1648) C6; Berthaut, H. M. A., La carte de France 1750–1898, 1899; Hellmann, S., Die Grafen von Savoyen und das Reich bis zum Ende der staufischen Periode, 1900; Kienast, W., Die deutschen Fürsten im Dienst der Westmächte, Bd. 1 f. 1924 ff.; Just, L., Das Haus Savoyen, 1940; Bohner, T., Das Haus Savoyen, 1941; Hayward, F., Histoire de la maison de Savoie, Bd. 1 f. 1941; Avezou, R., Histoire de la Savoie, 1963; Lequin, C./Mariotte, J. Y., La Savoie du moyen âge, 1970; Histoire de la Savoie, hg. v. Gichonnet, P., 1973; Duranthon, M., La carte de France, son histoire 1678–1979, 1978; Boutier, R., Atlas historique français, 1979; Brondy, R. u. a., La Savoie, 1984; Demotz, B., Savoyen, LexMA 7 1995, 1415 ff.; Demotz, B., Le comté de Savoie du XXe au XVe siècle, 2000.

Sax (Land), Hohensax. Das Land im Alpenrheintal war seit 1615 Herrschaftsgebiet von Zürich als eines Ortes der Eidgenossenschaft der Schweiz. 1803/1815 kam S. zum Kanton Sankt Gallen.

L.: Wolff 519; Großer Historischer Weltatlas II 72 (bis 1797) G2.

Sayda (Herrschaft). Um 1200 wurde von Slauko von Riesenburg die Burg S. bei Brand-Erbisdorf an der Fernhandelsstraße aus Böhmen erbaut. Sie war Mittelpunkt der Herrschaft S. Diese kam 1352 von den Markgrafen von Meißen an die Herren von Schönberg. Über Sachsen fiel S. von 1949 bis 1990 an die Deutsche Demokratische Republik.

L.: Wolff 379; Schönberg, A. Diener v., Geschichte des Saydaer Berglandes, 1927.

Sayn (Abtei). Die Abtei S. im Brexbachtal nahe Koblenz wurde 1202 von der Abtei Steinfeld gegründet. 1803 wurde sie von Nassau bzw. Nassau-Usingen säkularisiert.

L.: Wolff 345; Kemp, F. H., Die Prämonstratenserabtei Sayn, 1952.

Sayn (Grafen, Grafschaft). Nach der im 10./11. Jahrhundert erbauten Burg S. bei Bendorf nannten sich aus dem Auelgau erwachsene, seit 1139 belegte Grafen von S. Von S. aus erwarb die Familie Güter im Westerwald, an der Sieg (Herrschaft Freusberg) und am Niederrhein (spätestens 1174 Vogtei über Bonn). Nach dem Aussterben der älteren Grafen von S. (1246) kamen die meisten Güter über Adelheid von S. 1247 an die Grafen von Sponheim, die sie teilten. Dabei erhielten die jüngeren Grafen von S. vor allem Güter im Westerwald und im bergischen Land (Homburg). 1294 wurde weiter geteilt. Eine Linie (Engelbertlinie) beerbte infolge Heirat 1357/1358/1361 die Grafschaft Wittgenstein an der oberen Lahn (Sayn-Wittgenstein). 1605/1607 teilte sich das zum niederrheinisch-westfälischen Reichskreis zählende Haus Sayn-Wittgenstein in die drei Hauptlinien Sayn-Wittgenstein-Berleburg, Sayn-Wittgenstein-Sayn und Sayn-Wittgenstein-Hohenstein (Sayn-Wittgenstein-Wittgenstein). 1606 beerbte die Engelbertlinie auch die andere Linie (Johannlinie) des Hauses S.

L.: Wolff 345 ff.; Zeumer 554 II b 60, 14 f.; Wallner 703 WestfälRK 28 a, b; Großer Historischer Weltatlas II 66 (1378) D3, III 22 (1648) C3, III 38 (1789) B2; Dahlhoff, M., Geschichte der Grafschaft Sayn, 1874, Neudruck 1972; Wrede, G., Territorialgeschichte der Grafschaft Wittgenstein, 1927; Gensicke, H., Landesgeschichte des Westerwaldes, 2. A. 1987; Sayn-Wittgenstein-Sayn, A., Fürst zu, Sayn, 1979; Spies, H., Sayn, LexMA 7 1995, 1423 f.; Halbekann, J., Die älteren Grafen von Sayn, 1997; Escher, M. u. a., Die urbanen Zentren, 2005, 1, 478.

Sayn-Altenkirchen (Grafschaft, Reichsgrafschaft). Seit dem 12. Jahrhundert gehörte Altenkirchen im Westerwald zu der aus der Grafschaft im Auelgau entstandenen Grafschaft Sayn. Seit dem frühen 17. Jahrhundert war es Amtssitz. 1662 musste Graf Christian von Sayn-Wittgenstein-Sayn (Sayn-Wittgenstein), der Altenkirchen 1642 besetzt hatte, dieses den Erbtöchtern Sayns (Sayn-Wittgenstein-Sayns) zurückgeben. Seitdem war es Sitz der zum niederrheinisch-westfälischen Reichskreis und zum westfälischen Reichsgrafenkollegium zählenden Grafschaft S., die von 1662 bis 1741 den Herzögen von Sachsen-Eisenach, bis 1791 den Markgrafen von Ansbach (Ansbach-Bayreuth), bis 1802 Preußen, bis 1815 Nassau (Nassau-Usingen) und bis 1918/1946 Preußen zugehörte. Um 1800 umfasste das Gebiet der Grafschaft zusammen mit Sayn-Hachenburg 5 Quadratmeilen und hatte 12 000 Einwohner. Das Gebiet von S. enthielt die Städte und Ämter Altenkirchen und Friedewald und die Ämter Freusburg und Bendorf. Altenkirchen kam 1946 zu Rheinland-Pfalz.

L.: Wolff 346; Zeumer 554 II b 63, 1; Wallner 703 WestfälRK 28 a; Rausch, J., Geschichte des Kreises Altenkirchen, 1921; Gensicke, H., Landesgeschichte des Westerwaldes, 2. A. 1987.

Sayn-Hachenburg ([Grafen] Grafschaft). Vermutlich am Ende des 12. Jahrhunderts errichteten die Grafen von Sayn zum Schutz einer alten Handelsstraße die 1222 erstmals genannte Burg Hachenburg im Westerwald. Sie war bald Verwaltungsmittelpunkt der Grafschaft. Nach dem Erlöschen der älteren Linie der Grafen 1606 kam Hachenburg über eine Erbtochter an die stammverwandten Grafen von Sayn-Wittgenstein-Sayn. Bei deren Aussterben im Mannesstamm 1636 fiel es nach langem Streit mit dem Erzstift Köln 1649/1652 über eine Erbtochter an die Grafen von Manderscheid-Blankenheim, von dort über eine Erbtochter 1714 an die Burggrafen von Kirchberg und 1799 über eine Erbtochter an Nassau-Weilburg. Um 1800 umfasste die zum niederrheinisch-westfälischen Reichskreis und zum westfälischen Reichsgrafenkollegium zählende Grafschaft S. zusammen mit Sayn-Altenkirchen ein Gebiet von 5 Quadratmeilen und hatte 12 000 Einwohner. Das Gebiet von S. enthielt die Stadt Hachenburg, die Vogtei Roßbach (Rossbach, Rosbach), die Kirchspiele Alpenrod, Kirburg, Altstadt, Birnbach, Kroppach, Flammersfeld, Hamm, Höchstenbach, Schöneberg, den sogenannten Bann Maxsain (Maxsayn), den mit Nassau-Siegen gemeinschaftlichen Grund Burbach (Freier Grund, Hickengrund) und die Zisterzienserabtei Marienstatt. Über Nassau kam Hachenburg 1866 an Preußen und 1946 an Rheinland-Pfalz.

L.: Wolff 346 f.; Zeumer 552 ff. II b 63, 2; Wallner 703 WestfälRK 28 b; Söhngen, W., Geschichte der Stadt Hachenburg, 1914; Gensicke, H., Landesgeschichte des Westerwaldes, 2. A. 1987; 650 Jahre Stadt Hachenburg, FS 1964; Müller, M., Gemeinden und Staat in der Reichsgrafschaft Sayn-Hachenburg 1652–1799, 2005.

Sayn-Hachenburg-Kirchberg (Grafen). Die Burggrafen von Kirchberg bei Jena erbten 1714 die Grafschaft Hachenburg der Linie Sayn-Wittgenstein-Sayn und gehörten dann den westfälischen Reichsgrafen des Reichstages an.

Sayn-Vallendar (Herren). 1052 gab Kaiser Heinrich III. seinen Königshof im 836 bereits erwähnten Vallendar bei Koblenz an das Stift Sankt Simon und Judas in Goslar. 1232 erlangte Graf Heinrich von Sayn Gerichtsbarkeit und Hoheit im Dorf Vallendar. Bei der Teilung der Saynschen Güter 1294 kam die Herrschaft Vallendar an Graf Engelbert. Dessen Enkel erhielt durch Heirat (vor 1345) der Erbtochter der Grafen von Wittgenstein diese Grafschaft. 1374 übertrug Graf Johann von Sayn die Lehnsrechte über Vallendar an das Erzstift Trier, das 1392 drei Viertel der Herrschaft käuflich erwarb, 1441 aber ein Viertel wieder zurückverkaufte. 1681 gewann das Erzstift Trier in einem Vergleich nach langwierigem Prozess vor dem Reichskammergericht die Landeshoheit über die ganze Herrschaft und belehnte die Grafen mit der Hälfte der Herrschaft, die es 1767 aber käuflich wieder erwarb. Über Nassau und Preußen (1866) kam Vallendar 1946 an Rheinland-Pfalz.

L.: Gensicke, H., Landesgeschichte des Westerwaldes, 2. A. 1987.

Sayn-Wittgenstein (Grafen, Fürsten). 1357/1358/1361 fielen die Güter der Grafen von Wittgenstein an die Grafen von Sayn, die sich seitdem Grafen von Sayn-Wittgenstein nannten. 1605/1607 wurde die Grafschaft S. in die drei Hauptlinien Sayn-Wittgenstein-Berleburg, Sayn-Wittgenstein-Sayn und Sayn-Wittgenstein-Wittgenstein (später zeitweise auch Sayn-Wittgenstein-Hohenstein) geteilt. Am Ende des 18. Jahrhunderts umfasste die zum oberrheinischen Reichskreis zählende Grafschaft 5 Quadratmeilen und 24 000 Einwohner. Nach § 23 des Reichsdeputationshauptschlusses vom 25. 2. 1803 sollten die als rechtmäßig anerkannten Ansprüche des Hauses S. auf die Grafschaften Sayn-Altenkirchen und Sayn-Hachenburg durch eine Übereinkunft zwischen den Markgrafen von Baden, den Fürsten von Nassau und den Grafen von Wittgenstein befriedigt werden. S. Sayn.

L.: Wolff 285; Wallner 697 OberrheinRK 27.

Sayn-Wittgenstein-Berleburg (Grafen, Reichsfürsten). Berleburg am südöstlichen Fuß des Rothaargebirges wird 1258 als (planmäßig angelegte) Stadt erstmals erwähnt. 1258 kam sie teilweise, 1322 gänzlich an die Grafen von Wittgenstein, deren Güter 1357/1358 überwiegend an die Grafen von Sayn fielen. 1605/1607 entstand durch Teilung der Grafschaft Sayn-Wittgenstein die Linie S. Sie gehörte mit zwei Fünfteln der Grafschaft Wittgenstein, dem Amt Berleburg und den Herrschaften Homburg und Neumagen zum wetterauischen Reichsgrafenkollegium sowie zum oberrheinischen Reichskreis. Die Grafschaft umfasste ein Gebiet von 3,5 Quadratmeilen und 16 000 Einwohner. S. wurde 1792 in den Reichsfürstenstand erhoben. Durch § 23 des Reichsdeputationshauptschlusses vom 25. 2. 1803 erhielt der Fürst von Wittgenstein-Berleburg (S.) für die Herrschaften Neumagen und Hemsbach eine Rente von 15 000 Gulden auf das Herzogtum Westfalen. 1806 kam die Grafschaft an Hessen-Darmstadt, 1816 an Preußen. S. Nordrhein-Westfalen.

L.: Wolff 285; Zeumer 553 II b 60, 14; Wallner 698 OberrheinRK 36; Hinsberg, G., Sayn-Wittgenstein-Berleburg, Bd. 1–3 1920 ff.; Wrede, G., Territorialgeschichte der Grafschaft Wittgenstein, 1927; Schunder, F., Die Entstehung Berleburgs, Westfäl. Forsch. 13 (1960), 51.

Sayn-Wittgenstein-Hohenstein (Grafen, Fürsten). 1605/1607 entstand durch Teilung der Grafschaft Sayn-Wittgenstein die Linie Sayn-Wittgenstein-Wittgenstein. Sie hatte von 1649 bis 1699 die Herrschaften Lohra und Klettenberg am Harz innerhalb der Grafschaft Hohnstein als Lehen Brandenburgs, nannte sich deswegen auch S. und gehörte mit Teilen der Reichsgrafschaft Wittgenstein zum wetterauischen Reichsgrafenkollegium und zum oberrheinischen Reichskreis. Sie wurde 1801 in den Reichsfürstenstand erhoben. 1806 wurde ihr Gebiet von Hessen-Darmstadt annektiert und 1815 an Preußen abgetreten. S. Sayn-Wittgenstein, Wittgenstein, Nordrhein-Westfalen.

L.: Dahlhoff, M., Geschichte der Grafschaft Sayn, 1874; Klein, E., Studien zur Wirtschafts- und Sozialgeschichte der Grafschaft Sayn-Wittgenstein-Hohenstein, 1936.

Sayn-Wittgenstein-Sayn (Grafen, Fürsten). 1605/1607 entstand durch Teilung der Grafschaft Sayn-Wittgenstein (neben Sayn-Wittgenstein-Berleburg und Sayn-Wittgenstein-Wittgenstein) die Linie S. Als sie 1632 ausstarb, fiel nach langwierigen Erbstreitigkeiten die Grafschaft Hachenburg (Sayn-Hachenburg) über Manderscheid-Blankenheim an die Burggrafen von Kirchberg und 1799 an Nassau-Weilburg, die Grafschaft Altenkirchen

(Sayn-Altenkirchen) an Sachsen-Weimar-Eisenach, 1741 an Brandenburg-Ansbach, 1791 mit diesem an Preußen und 1803 an Nassau-Usingen.

Sayn-Wittgenstein-Wittgenstein (Grafen, Fürsten). 1605/1607 entstand durch Teilung der Grafschaft Sayn-Wittgenstein die Linie Sayn-Wittgenstein-Wittgenstein. Wegen der von 1649 bis 1699 als Lehen Brandenburgs innegehabten Herrschaften Lohra und Klettenberg innerhalb der Grafschaft Hohnstein am Harz nannte sie sich auch Sayn-Wittgenstein-Hohenstein. Mit Teilen der Reichsgrafschaft Wittgenstein zählte sie zum wetterauischen Reichsgrafenkollegium und wurde 1801 in den Reichsfürstenstand erhoben. Das Gebiet des fürstlichen Hauses S. umfasste drei Fünftel der Grafschaft Wittgenstein mit Schloss Wittgenstein, die Stadt Laasphe, vier Viertel Banf, Faidingen, Altfelden und Vogtei Elhoff und die unter Oberhoheit Triers stehende Herrschaft Vallendar. S. Sayn-Wittgenstein, Sayn-Wittgenstein-Hohenstein.

L.: Wolff 285.

Scaflenzgouwe s. Schefflenzgau

L.: Polenz, P. v., Landschafts- und Bezirksnamen, 1961, II, 24, III, 23, Scaflenzgouwe, ‚Schefflenzgau'.

Scaldis (Schaldis, Gau südlich der Maas und der Rheinmündungen)

L.: Curs, O., Deutschlands Gaue im zehnten Jahrhundert. Nach den Königsurkunden, Diss. phil. Göttingen 1908, 18; Polenz, P. v., Landschafts- und Bezirksnamen, 1961, V, 2, Raumbezeichnung mit dem Flussnamen Schelde.

Scapefeld

L.: Polenz, P. v., Landschafts- und Bezirksnamen, 1961, II, 58, IV, 10, Scapefeld, Ortsname, pagus Scapefeld, zum Ortsnamen Schaffeld.

Scarponagau, Scarponenis (Gau westlich der Mosel südlich Metz)

L.: Curs, O., Deutschlands Gaue im zehnten Jahrhundert. Nach den Königsurkunden, Diss. phil. Göttingen 1908, 18 (Norroy, Onville, Waville, Liverdun); Polenz, P. v., Landschafts- und Bezirksnamen, 1961, II, 18, 32, IV, 18, pagus Scarponenis, comitatus Scarponensis; Puhl, R., Die Gaue und Grafschaften des frühen Mittelalters im Saar-Mosel-Raum, 1999, 298 (748 pago Scarponinse), benannt nach dem vicus Scarpona, zwischen Moselgau, Metzgau, pagus Salnensis, pagus Tullensis, pagus Bedensis, pagus Virdunensis und pagus Wabrensis (Arnaville, Ars-sur-Moselle, Auconville, Autrenville-sur-Moselle, Bayonville-sur-Mad, Belleville, Boncourt, Bouconville-sur-Mad, Buret, Bussières, Chahury?, Champey, Dampvitoux, Dieulouuard, Dambasle-sur-Meurthe, Doncourt-lès-Conflans, Essey, Fleury-lès-Jouaville, Gélamont/Gellamont, Gorze, Jaulny, Jonville, Lironville, Liverdun, Maidières, Malleloy, Mamey, Mandres-aux-Quatre-Tours, Marbache, Moivrons, Montauville?, Montenoy, Morey, Nonsard, Norroy, Novánt-sur-Moselle, Onville, Pannes, Pompey, Raulecourt, Rembercourt-sur-Mad, Rosières-en-Haye, Saint-Baussant, Saint-Julien-lès-Gorze, Saizerais, Seraincourt, Soiron, Sponville, Thiaucourt, Vandelainville, Vionville, Vittonville, Voisage, Xammes, Xonville).

Scerra s. Scherra

L.: Polenz, P. v., Landschafts- und Bezirksnamen, 1961, II, 78, 83, 95 f., III, 30, Scerra (Scerrun), ‚Scheer', s. Scherra.

Schachten, Schacht (Reichsritter). Im 16. und 17. Jahrhundert zählten die von und zu S. zum Kanton Rhön-Werra des Ritterkreises Franken.

L.: Stieber; Seyler 381; Riedenauer 126.

Schad, Schade (Reichsritter). Im 16. Jahrhundert waren die S. im Kanton Odenwald des Ritterkreises Franken immatrikuliert. Im 16. und 17. Jahrhundert zählten die S. zum Kanton Rhön-Werra des Ritterkreises Franken. S. Schadt.

L.: Seyler 381; Stetten 33; Riedenauer 126.

Schadeck (Herrschaft). Die Burg S. an der unteren Lahn wurde 1288 durch Heinrich von Westerburg als Gegenstück zur Burg Runkel errichtet. 1321 ließ sich das Erzstift Trier sie zu Lehen auftragen und behielt in der Folge die Oberhoheit. 1467 kam S. an die Grafen von Leiningen-Westerburg. Daher zählte die zugehörige Herrschaft S. am Ende des 18. Jahrhunderts über die Grafen von Leiningen (Leiningen-Grünstadt) zum oberrheinischen Reichskreis.

L.: Wolff 282; Wallner 698 OberrheinRK 40 a.

Schadt (Reichsritter). Im frühen 18. Jahrhundert zählten die S. zum Kanton Rhön-Werra des Ritterkreises Franken. S. Schad.

L.: Riedenauer 126.

Schaesberg (Schäsberg) (Grafen). 1792 waren die 1786 reichsunmittelbaren Grafen von S. wegen der Grafschaft Kerpen und Lommersum (Kerpen-Lommersum) Mitglied der westfälischen Grafen der weltlichen Bank des Reichsfürstenrates des Reichstages. Durch § 24 des Reichsdeputationshauptschlusses vom 25. 2. 1803 erhielt der Graf von S. wegen Kerpen und Lommersum (Kerpen-Lommersum) das der Abtei Ochsenhausen zugehörige Amt Tannheim (ohne Winterrieden und belastet mit verschiedenen Renten) und nannte sich seitdem Schaesberg-Tannheim.

L.: Zeumer 554 II b 63, 29; Peters, L., Geschichte des Geschlechtes von Schaesberg bis zur Mediatisierung, 1972.

Schaesberg-Tannheim (Grafen). Tannheim bei Biberach ist um 1100 bezeugt und gehörte dem Kloster Ochsenhausen. 1806 wurden die Grafen Schaesberg, die 1803 Tannheim als Entschädigung erlangten, in Württemberg mediatisiert.

Schaffalitzky, Schaffelitzky, Chavelitzky (Reichsritter). Um 1700 zählten die S. zum Kanton Odenwald des Ritterkreises Franken.

L.: Riedenauer 122.

Schaffalitzky von Mukodell, Schaffelitzky von Mukkadell (Reichsritter). Von 1590/1592 bis 1685 zählten die S. mit Gut Freudental und seit 1686 mit dem von den Schertel von Burtenbach erworbenen Oberöwisheim zum Kanton Kocher des Ritterkreises Schwaben. Von 1623 bis 1675 hatten sie auch den Freihof in Faurndau.

L.: Kollmer 380 f.; Schulz 270.

Schaffgotsch (Freiherren, Grafen). 1174 erscheint erstmals eine fränkische Adelsfamilie Scof. Sie nannte sich seit dem Ende des 14. Jahrhunderts wegen des Beinamens Gottsche (Gottschalk) S. und verzweigte sich in Süddeutschland und Österreich. 1592 wurden die S. Freiherren. 1634 wurden die Güter beschlagnahmt, danach aber ohne das 1592 erworbene Trachenberg (das an Hatzfeld kam) zurückgegeben. Eine böhmische Linie wurde 1703 in den Grafenstand erhoben, eine schlesische Linie hatte die Standesherrschaft Kynast inne und war seit 1708 reichsgräflich.

L.: Hausgeschichte und Diplomatarium der Grafen Schaffgotsch, 1927.

Schaffhausen (Kanton). Nach dem Übergang der Güter des Klosters Allerheiligen, des Klosters Sankt Agnes und des Franziskanerklosters an die Stadt S. 1529 ließ diese sie durch Landvögte verwalten. Nach der französischen Revolution wurde die Stadt der Helvetischen Republik einverleibt. 1803 wurde der aus drei nicht zusammenhängenden Teilen bestehende Kanton S. mit der Hauptstadt S. gebildet. S. Schaffhausen (Reichskloster), Schaffhausen (Reichsstadt).

L.: Wolff 526; Urkundenregister für den Kanton Schaffhausen 987–1530, Bd. 1,2 1906; Hedinger, G., Landgrafschaften und Vogteien im Gebiet des Kantons Schaffhausen, 1922; Bächtold, K., Beiträge zur Verwaltung des Stadtstaates Schaffhausen von der Reformation bis zur Revolution, 1947; Schib, K., Geschichte der Stadt und Landschaft Schaffhausen, 1972.

Schaffhausen (Reichskloster). Das 1049/1050 (22. November 1049?) von Graf Eberhard von Nellenburg auf Eigengut in S. begründete Kloster erlangte seit dem frühen 12. Jahrhundert zahlreiche königliche Schutzbriefe und damit die Stellung eines Reichsklosters. Wichtigstes Gut war der ihm 1080 vom Stifter übertragene Ort S., der sich aber seit 1190 allmählich von S. befreite. 1529 wurde S. säkularisiert. S. Schaffhausen (Kanton).

L.: Schudel, E., Der Grundbesitz des Klosters Allerheiligen, 1936; Zotz, T., Schaffhausen, LexMA 7 1995, 1434 f.; Bänteli, K./Gamper, R./Lehmann, P., Das Kloster Allerheiligen in Schaffhausen, 1999.

Schaffhausen (Reichsstadt). An wichtigen Handelswegen entstand um 1045 der Handelsplatz S. am Rhein. 1080 wurde der Ort dem 1049/1050 von Graf Eberhard von Nellenburg auf Eigengut gegründeten Benediktinerkloster Allerheiligen übertragen, dessen Vogtei seit 1198 die Herzöge von Zähringen und seit 1218, als deren Nachfolger, die Staufer innehatten. 1190 bzw. 1218 erlangte der zur Stadt gewordene Ort Reichsunmittelbarkeit, 1277 eigene Gerichtsbarkeit. Von 1330 bis 1415 war S., das 1407 vom Kloster das Schultheißenamt erwarb, an Habsburg verpfändet, kaufte sich aber nach dem Zunftaufstand von 1411 im Jahre 1415 wieder frei. 1454 schloss es sich der Eidgenossenschaft der Schweiz als zugewandter Ort an und trat ihr 1501 als zwölfter Ort bei. 1491 erwarb die Stadt von den Landgrafen im Klettgau die Blutgerichtsbarkeit über die meisten Vogteien im Mundat am Randen (Mundat von Randen) und 1525 vom Hochstift Konstanz die Herrschaft Neunkirch-Hallau. 1529 wurde die Reformation eingeführt und das Kloster Allerheiligen, das seine Herrschaftsrechte im 15. Jahrhundert an die Stadt abgetreten hatte, säkularisiert. 1656/1657 gewann S. von den Grafen von Sulz die Hochgerichtsbarkeit über den oberen Klettgau, 1651/1723 von Österreich die Hochgerichtsbarkeit über einige Vogteien im Hegau. 1798 wurde S. Teil der Helvetischen Republik, 1803/1815 Hauptstadt des neuen

Kantons S. S. Schaffhausen (Kanton), Schaffhausen (Reichskloster).

L.: Wolff 526; Großer Historischer Weltatlas II 72 b (bis 1797) F1; Früh, K., Beiträge zur Stadtgeographie Schaffhausens, Diss. phil. Zürich 1950; Schib, K., Geschichte der Stadt und Landschaft Schaffhausen, 1972; Zotz, T., Schaffhausen, LexMA 7 1995, 1434 f.; Escher, M. u. a., Die urbanen Zentren, 2005, 2, 546; Schultheiss, M., Institutionen und Ämterorganisation der Stadt Schaffhausen 1400–1550, 2006.

Schafstall (Reichsritter). Die S. zählten zum Ritterkreis Franken.

L: Riedenauer.

Schalksburg (Herrschaft). Vermutlich um 1100 wurde die Burg S. auf der schwäbischen Alb errichtet. Die zugehörige Herrschaft kam um 1250 an die Grafen von Zollern (Hohenzollern). 1403 fiel die Herrschaft Schalksburg-Balingen an Württemberg und damit ihr Gebiet 1951/1952 an Baden-Württemberg.

Schall-Riaucour (Reichsritter). Am Ende des 18. Jahrhunderts zählten die S. zum Kanton Odenwald des Ritterkreises Franken. S. Riaucour.

L.: Riedenauer 126.

Schallodenbach s. Sickingen-Schallodenbach

Schanbach (reichsritterschaftliche Herrschaft). S. zählte zum Kanton Kocher des Ritterkreises Schwaben und kam zur Hälfte an Württemberg und damit ihr Gebiet 1951/1952 an Baden-Württemberg.

Scharfeneck (reichsritterschaftliche Herrschaft). Die Herrschaft S. westlich Landaus zählte zum Kanton Niederrheinstrom des Ritterkreises Rhein. Zu ihr gehörten ein Drittel Albersweiler (1065 Albrehteswilre), Sankt Johann (früher Kanskirchen) sowie Maudach (insgesamt 8 Dörfer bzw. Dorfanteile mit einer Fläche von einer Quadratmeile und 3000 Einwohnern). Über Löwenstein-Wertheim und Bayern kam S. 1946 an Rheinland-Pfalz.

L.: Wolff 516; Biundo, G., Gefällbuch, 1940; Stockert, H., Adel im Übergang, 2000.

Scharfenstein (Burg). Um 1215 errichtete das Erzstift Trier die Burg S. bei Kiedrich. Zu den Burgmannen zählten die Craatz/Kratz von S., die 1721 ausstarben. S. Craatz von S. (Kratz von S.).

L.: Witte, B., Herrschaft und Land Rheingau, 1959.

Scharfenstein genannt Pfeil (Reichsritter). Um 1750 zählten die S. zum Kanton Odenwald des Ritterkreises Franken.

L.: Riedenauer 126.

Scharzfels (Grafen). Die 952 erstmals genannte Burg S. am Harz war Sitz der vielleicht von Lothar von Süpplingenburg (1125–1137) mit Reichsgut ausgestatteten Grafen von S. und im 13. Jahrhundert Reichsburg. Über Preußen (Provinz Hannover) kam S. 1946 zu Niedersachsen.

L.: Wolff 435; Mascher, K., Reichsgut und Komitat am Südharz, 1957.

Schäsberg s. Schaesberg

Schauen (Reichsherrschaft). Das Dorf S. am Harz wurde 1530 von dem Kloster Walkenried an die Grafen von Stolberg-Wernigerode verkauft und später wiederholt verpfändet. 1616 fiel es an das Domkapitel Halberstadt, 1648 als unmittelbares Reichslehen an die Herzöge von Braunschweig-Lüneburg und 1665/1672 an Waldeck. 1689 erwarb es der hannoverische Kammerpräsident O. Grote, der im gleichen Jahre zum Reichsfreiherren erhoben wurde. Die keinem Reichskreis zugeteilte Reichsherrschaft gelangte 1808 an das Königreich Westphalen und 1815 an Preußen. S. kam mit der Provinz Sachsen Preußens von 1949 bis 1990 zur Deutschen Demokratischen Republik.

L.: Wolff 501; Reinecke, A., Geschichte der freien Reichsherrschaft Schauen, 1889.

Schauenburg (Freiherren, Reichsritter). Im 18. Jahrhundert zählten die Freiherren von S. mit Gaisbach samt Sohlberg zum Ort (Bezirk) Ortenau des Kantons Neckar des Ritterkreises Schwaben (1802 Franz Joseph Wilhelm Eusebius S., Karl S., Johann Wilhelm Jakob S.). 1773 gehörten die bereits im Stichjahr 1680 angesessenen und mit ihren Gütern bei der Ritterschaft immatrikulierten S. zum Ritterkreis Unterelsass.

L.: Roth von Schreckenstein 2, 592; Hölzle, Beiwort 66; Schauenburg, R. Frhr. v., Familiengeschichte der Reichsfreiherren von Schauenburg, 1954.

Schauenburg (Grafschaft) s. Schaumburg

Schauenburg (Herrschaft). Die Herrschaft S. gehörte am Ende des 18. Jahrhunderts über das Fürstentum Pfalz-Zweibrücken der Pfalz zum oberrheinischen Reichskreis.

L.: Wolff 249.

Schauenburg-Gemen s. Gemen, Schauenburg

Schaumberg, Schaumburg (Herrschaft). Die Herren von S. gewannen im 13. Jahrhundert im östlichen Frankenwald eine Herrschaft. Zu ihr gehörten Schauenstein und Sonneberg (1310–1317). In der zweiten Hälfte des 14. Jahrhunderts erlangten, vermutlich durch Heirat, die Wolfstriegel die verbliebenen Güter und verkauften sie 1386/1368 an die Burggrafen von Nürnberg.

L.: Kolb, F., Herrschaft und Amt Schauenstein, in: Heimatbilder aus Oberfranken, 1913/14; Schaumberg, O. Frhr. v. u. a., Regesten des fränkischen Geschlechts von Schaumberg, 1930 ff.

Schaumberg (Reichsritter). Vom 16. bis zum 19. Jahrhundert zählten die S. mit Strössendorf, Altenkunstadt (Altenburg ob Burgkunstadt), Weidnitz und Hof an der Steinach, Kleinziegenfeld und Rauenstein zum Kanton Gebirg des Ritterkreises Franken. Vom 16. Jahrhundert bis zur Mitte des 18. Jahrhunderts waren sie im Kanton Rhön-Werra immatrikuliert, im 17. Jahrhundert im Kanton Steigerwald und im Kanton Odenwald, im 16. und 18. Jahrhundert auch im Kanton Baunach.

L.: Genealogischer Kalender 1753, 535 f.; Stieber; Roth von Schreckenstein 2, 594; Seyler 381; Pfeiffer 198, 209, 211; Bechtolsheim 13; Riedenauer 126; Rahrbach 207.

Schaumburg (Grafschaft). Die Burg S. oder Schauenburg bei Rinteln an der mittleren Weser wurde am Anfang des 12. Jahrhunderts von einem vielleicht aus dem Magdeburger Raum (Sandersleben) stammenden Grafengeschlecht erbaut, das um 1030 mit der Grafschaft zwischen Rinteln und Hameln belehnt war und sich nach der Burg nannte. 1111 wurden die Grafen von S. von dem sächsischen Herzog Lothar von Süpplingenburg mit der Grafschaft Holstein und Stormarn belehnt. Zwischen 1201/1205 und 1224/1247 mussten die Grafen zugunsten Dänemarks auf Holstein verzichten. 1241/1273 teilte sich das Haus in eine Kieler, vor allem in Holstein und Stormarn begüterte, 1315 ausgestorbene Linie und eine Itzehoer Linie. 1295/1297 wurden die Grafschaften S. und Holstein der Itzehoer Linie auf zwei Linien verteilt, neben denen noch eine 1390 ausgestorbene Linie Plön bestand. Die holsteinische bzw. Rendsburger Linie (Herzogslinie) vereinigte nach und nach alle Güter mit Ausnahme der Stammgrafschaft S. und der Herrschaft Pinneberg und erwarb zeitweilig Schleswig tatsächlich, 1375/1386 als Lehen Dänemarks. Bei ihrem Aussterben 1459 kamen Schleswig und Holstein auf Grund des Vertrages von Ripen an das Haus Oldenburg, das 1448 den Thron in Dänemark bestiegen hatte. Die Schauenburger (Schaumburger) bzw. Holstein-Schauenburger (Holstein-Schaumburger) Linie (jüngeres Haus S.), welche die zum niederrheinisch-westfälischen Reichskreis zählende, sich am Ende des 14. Jahrhunderts zwischen Steinhuder Meer, Weserbergland, Weser und Deister erstreckende Stammgrafschaft S. und 1307/1314 die holsteinische Herrschaft Pinneberg erhalten, 1377 die seit 1399 an Lippe verpfändete, im 16. Jahrhundert endgültig verlorene Grafschaft Sternberg, 1492 durch Heirat bzw. Erbfall die bis 1635 gewahrte Herrschaft Gemen mit dem Pfand am Vest Recklinghausen (bis 1573) und 1573 durch Erbfall die Herrlichkeit Bergen in Nordholland erworben hatte (1641 verkauft), starb 1622 in der Hauptlinie und 1640 in der Nebenlinie Gemen kurz nach der Gründung der Universität Rinteln (1619 Stadthagen, 1621 Rinteln, 1810 aufgehoben) und der Verlegung der Residenz nach Bückeburg aus. Ihre Ansprüche auf die Güter der 1390 ausgestorbenen Linie von Plön bzw. auf Holstein waren 1459 durch Geldleistungen und den Behalt von Pinneberg abgefunden worden. 1643 kam die Herrschaft Pinneberg an die Landesherren von Holstein, König Christian IV. von Dänemark und Herzog Friedrich III. von Holstein-Gottorp (Gottorf). Die Grafschaft S. wurde 1647/1648 aufgeteilt, wobei Braunschweig-Lüneburg einige Vogteien mit Lauenau und Bokeloh, Hessen-Kassel als S. in Personalunion verbundene Grafschaft die Ämter S., Rodenberg und das halbe Amt Sachsenhagen (insgesamt 8,5 Quadratmeilen Gebiet) sowie das Haus Lippe-Alverdissen (Lippe) über die Mutter des letzten Grafen von S. die übrigen Gebiete (Bückeburg, Stadthagen, Hagenburg, Arensburg und das halbe Amt Sachsenhagen, insgesamt 8 Quadratmeilen mit 20 000 Einwohnern) unter nomineller Oberhoheit Hessen-Kassels erhielt (Schaumburg-Lippe). Der hessische Anteil mit Rinteln, der seit 1821 als Exklave der Provinz Niederhessen zugeteilt war, kam 1866 an Preußen (Provinz Hessen-Nassau, 1932 Provinz Hannover) und 1946 an Niedersachsen. Schaumburg-Lippe bestand bis 1946. Zum 1. 11. 1946 ging das Gebiet der gesamten alten Grafschaft S., die dem westfälischen Reichsgrafenkollegium angehört hatte, über Preußen in Niedersachsen auf.

L.: Wolff 347 f.; Zeumer 554 II b 63, 6; Wallner 703 WestfälRK 19, 22; Schnath, G./Lübbing, H./Engel, F., Niedersachsen, in: Geschichte der deutschen Länder, Bd. 1; Großer Historischer Weltatlas II 66 (1378) E2, III 22 (1648) D2, III 38 (1789) C1; Die Territorien des Reichs 6, 152; Schmidt, G., Die alte Grafschaft Schaumburg, 1920; Möller, H., Studien zur Rechtsgeschichte der „Schauenburgischen Lande" in Holstein, 1939; Engel, F., Geschichte der Grafschaft Schaumburg, in: Geschichte des Landes Niedersachsen, ein Überblick, 1962; Busch, F., Schaumburgische Bibliographie, 1964; Maack, W., Die Grafschaft Schaumburg, 2. A. 1964; Wieden, H. bei der, Schaumburgische Genealogie, 1966; Maack, W., Die Geschichte der Grafschaft Schaumburg, 1986; Steinwascher, G., Die frühe Geschichte des Klosters Rinteln und ihre Bedeutung für den Aufbau der Grafschaft Schaumburg, Niedersächs. Jb. f. LG. N. F. 58 (1986); Hemann, F., Schaumburg, LexMA 7 1995, 1443.

Schaumburg (Herrschaft) s. Schaumberg

Schaumburg (Herrschaft). 1197 wird die Burg S. bei Diez an der Lahn erstmals erwähnt. 1656 erwarb die Witwe Peter Eppelmanns (Melanders), des Grafen der 1643 entstandenen Reichsgrafschaft Holzappel, Burg und Herrschaft S. von den Grafen von Leiningen-Westerburg. Später fiel sie an ihre Erben (Österreich, danach Waldeck). S. Preußen, Rheinland-Pfalz.

L.: Wolff 362, 500; Laut, R., Territorialgeschichte der Grafschaft Diez samt den Herrschaften Limburg, Schaumburg, Holzappel, 1943; Weiler, C., Nassauische Annalen 63 (1952).

Schaumburg-Lippe (Grafschaft, Fürstentum). 1640/1647 erhielt Graf Philipp von Lippe-Alverdissen (Lippe) über seine Schwester, welche die Mutter des letzten, 1640 gestorbenen Grafen von Schaumburg war, einen Teil der Grafschaft Schaumburg (Ämter Bückeburg, Stadthagen, Arensburg, Hagenburg, Steinhude und Sachsenhagen [teilweise]) und vereinigte sie unter nomineller Oberhoheit Hessen-Kassels mit seinen lippischen Besitzungen Lipperode und Alverdissen zum Fürstentum S., während Pinneberg an Dänemark, Lauenau und ein Teil von Hameln an Braunschweig-Lüneburg sowie die Reste der Grafschaft Schaumburg (Schaumburg, Rinteln, Rodenberg, Sachsenhagen [teilweise]) an Hessen-Kassel kamen. Nach seinem Tode begründeten seine Söhne die Hauptlinie Lippe-Bückeburg (Bückeburg) mit der Residenz in Bückeburg und die Nebenlinie Lippe-Alverdissen (Alverdissen). 1748 musste das Amt Blomberg an Lippe-Detmold abgetreten werden. 1777 ging die Grafschaft S. von der Bückeburger Hauptlinie an die ohne Landeshoheit abgezweigte Alverdissener Nebenlinie über. Sie musste das Amt Schieder an Lippe-Detmold abtreten, das 1812 auch Alverdissen kaufte. 1807 trat der regierende Graf dem Rheinbund bei und nahm den Fürstenrang an. 1815 schloss er sich dem Deutschen Bund an. 1816 gab er eine landständische Verfassung. Durch rechtzeitige Anlehnung an Preußen rettete das Fürstentum 1866 seinen Fortbestand. 1871 wurde es zweitkleinster Bundesstaat des Deutschen Reiches. Im lippischen Erbfolgestreit von 1895 bis 1905 vermochte der Fürst seine Ansprüche auf Lippe nicht durchzusetzen. Am 15. 9. 1918 trat er zurück. Am 16. 11. 1918 wurde S. Freistaat und erhielt am 24. 2. 1922 eine neue Verfassung. Der aus wachsenden finanziellen Schwierigkeiten sinnvolle Anschluss an Preußen scheiterte in Abstimmungen von 1926 und 1930. Von 1933 bis 1945 unterstand S. (1939 40 Quadratkilometer, 53 200 Einwohner) einem Reichsstatthalter, blieb aber verwaltungsmäßig selbständig. Am 1. 11./23. 11. 1946 kam es zu Niedersachsen. Ein Volksentscheid vom 19. 1. 1975 forderte ein selbständiges Land S., wirkte sich rechtlich aber nicht aus.

L.: Großer Historischer Weltatlas III 22 (1648) D2; Bauer 1, 665; Schmidt, G., Die alte Grafschaft Schaumburg, 1920; Maack, W., Die Grafschaft Schaumburg, 2. A. 1964; Busch, F., Schaumburgische Bibliographie, 1964; Knake, G., Preußen und Schaumburg-Lippe 1866–1933, 1970; Wiegmann, W., Heimatkunde des Fürstentums Schaumburg-Lippe, 1990.

Schaunberg (Herrschaft, Grafschaft). Um die Mitte des 12. Jahrhunderts wurde die Burg S. bei Aschach in Oberösterreich errichtet. Nach ihr nannten sich dann Herren bzw. seit 1316 Grafen, die vermutlich von den hochfreien Herren von Julbach (am Inn) abstammten oder mit ihnen identisch waren, im 13. Jahrhundert zwischen Traun und Salletwald bedeutende Güter gewannen und im 14. Jahrhundert versuchen konnten, ihr Herrschaftsgebiet in ein unabhängiges Land zu verwandeln. Sie mussten sich jedoch 1390 dem Herzog von Österreich, trotz Einräumung einer Sonderstellung, unterwerfen. Zu Beginn des 16. Jahrhunderts erhoben sie das 1367 gekaufte Eferding zur Residenz. In der Reformation wurden sie lutherisch. 1559 starb der letzte Graf. 1572 kamen die Güter in Österreich an die Grafen von Starhemberg.

L.: Großer Historischer Weltatlas II 66 (1378) G/H 4/5; Kühne, M., Die Häuser Schaunberg und Starhemberg im Zeitalter der Reformation und Gegenreformation, 1880; Stowasser, O., Zwei Studien zur österreichischen Verfassungsgeschichte, ZRG GA 44 (1924), 114; Hageneder, O., Die Grafschaft Schaunberg, Mitt. des oberösterr. Landesarchivs 5 (1957); Hageneder, O., Das Land der Abtei und der Grafschaft Schaunberg, Mitt. des oberösterr. Landesarchivs 7 (1960); Haider, S., Geschichte Oberösterreichs, 1987; Haider, S., Schaunberg, LexMA 7 1995, 1444.

Schaunberger s. Schaunberg

Schauroth (Reichsritter). Im frühen 18. Jahrhundert zählten die S. zum Kanton Rhön-Werra des Ritterkreises Franken.

L.: Stieber; Seyler 381; Riedenauer 126.

Schechs von Pleinfeld, Schechse von Pleinfeld (Reichsritter). Im frühen 16. Jahrhundert zählten die S. zum Kanton Altmühl des Ritterkreises Franken.

L.: Biedermann, Altmühl; Riedenauer 126.

Scheer (Burg, Herrschaft). Vor 1267 kam die Burg S. an der Donau bei Sigmaringen an den Grafen von Montfort, der S. 1289 an Rudolf von Habsburg verkaufte, es aber 1314 wieder als Pfand erhielt. Seit 1368 war S. mit der Grafschaft Friedberg vereinigt und kam 1452/1454 an die Truchsessen von Waldburg, unter denen es Sitz einer eigenen Linie wurde. Über Württemberg fiel S. 1951/1952 an Baden-Württemberg. S. Friedberg-Scheer, Waldburg.

L.: Wolff 180; Großer Historischer Weltatlas III 39 (1803) C3; Polenz, P. v., Landschafts- und Bezirksnamen, 1961, 305, s. Scerra; Der Kreis Saulgau, 1971.

Scheer von Schwarzenberg, Scheer von Schwarzenburg (Reichsritter). Von 1548 bis etwa 1663 waren die S. mit Schloss und Dorf Oberhausen Mitglied des Kantons Neckar des Ritterkreises Schwaben.

L.: Hellstern 212.

Schefer (Reichsritter). Im späten 17. Jahrhundert zählten die S. zum Kanton Steigerwald des Ritterkreises Franken.

L.: Riedenauer 126.

Schefflenzgau (Scaflenzgouwe)

L.: Polenz, P. v., Landschafts- und Bezirksnamen, 1961, II, 24, III, 23, Scaflenzgouwe, ‚Schefflenzgau'.

Schelklingen (Herrschaft). Kurz nach 1100 (1108) erscheinen erstmals edelfreie Herren von S. (Scalkilingen) im Aachtal. 1127 stifteten sie das Kloster Urspring. Ihre um S. liegende Herrschaft kam über die vielleicht mit ihnen verwandten Grafen von Berg, von denen sich ein Zweig Grafen von S. nannte, 1343 mit der Stadt Ehingen an Habsburg. Die Herrschaft wurde vielfach verpfändet. 1732 gelangte sie als Mannlehen an die Grafen Schenk von Castell. 1806 fiel sie an Württemberg. 1951/1952 kam S. in Württemberg an Baden-Württemberg.

L.: Wolff 46; Günter, H., Geschichte der Stadt Schelklingen, 1939.

Schell (Reichsritter). Die S. zählten im 18. Jahrhundert, davon bis 1749 mit der Herrschaft Mönchsroth, zum Kanton Kocher des Ritterkreises Schwaben. Von 1698 bis 1719 hatten sie den Freihof zu Faurndau. Später waren die S. bis 1790 Personalisten.

L.: Kollmer 365, 371, 380; Schulz 270.

Schellenberg (Herren, Reichsritter, Herrschaft). Vom 16. bis 18. Jahrhundert zählten die S., die bereits 1488 Mitglied der Rittergesellschaft Sankt Jörgenschild, Teil im Hegau und am Bodensee waren, mit Bachheim und Hausen vor Wald zum Kanton Hegau (Hegau-Allgäu-Bodensee) des Ritterkreises Schwaben sowie zum Ritterkreis Unterelsass. Die Herrschaft S. gehörte am Ende des 18. Jahrhundert zum schwäbischen Reichskreis.

L.: Roth von Schreckenstein 2, 592; Ruch, Anhang 3; Balzer, E., Die Freiherren von S. in der Baar, 1904; Mau, H., Die Rittergesellschaften mit St. Jörgenschild in Schwaben, 1941, 34.

Schellenberg (Herrschaft) im Erzgebirge war reichsministerialische Herrschaft.

Schellenberg zu Bach, Hausen vor Wald (Reichsritter) s. Schellenberg

L.: Ruch 18, Anm. 2.

Schelm von Bergen (Reichsritter). Bis ins frühe 18. Jahrhundert zählten die S. zum Kanton Odenwald des Ritterkreises Franken. Im späten 17. Jahrhundert waren sie im Kanton Rhön-Werra immatrikuliert. Im 18. Jahrhundert waren sie Mitglied des Ritterkreises Rhein.

L.: Roth von Schreckenstein 2, 595; Stetten 33; Riedenauer 126.

Schemmerberg (Herrschaft). Am Ende des 18. Jahrhunderts gehörte die Herrschaft S. nördlich von Biberach über die Abtei Salem zum schwäbischen Reichskreis. Durch den Reichsdeputationshauptschluss vom 25. 2. 1803 fiel S. an Thurn und Taxis. Über Württemberg kam S. 1951/1952 an Baden-Württemberg.

L.: Wolff 181; Wallner 686 SchwäbRK 19.

Schenck s. Schenk

Schenk von Arberg (Reichsritter). Im frühen 16. Jahrhundert zählten die S. zum Kanton Altmühl des Ritterkreises Franken.

L.: Biedermann, Altmühl; Stieber; Riedenauer 126.

Schenk von Bibert (Schenk von Bibart) (Reichsritter). Im 16. Jahrhundert gehörten die S. zum Kanton Altmühl des Ritterkreises Franken.

L.: Pfeiffer 212; Riedenauer 126.

Schenk von Castell (Reichsritter, Grafen). Die S. entstammen einer im Thurgau ansässigen, 1681 in den Reichsgrafenstand erhobenen Familie. Bis zum frühen 18. Jahrhundert zählten die S. (von Hohenberg, Schenkenstein) zum Kanton Altmühl im Ritterkreis Franken (Oberdischingen [1661], Bach [1721]), zum Kanton Donau sowie zum Kanton Hegau (Hegau-Allgäu-Bodensee) des Ritterkreises Schwaben. Franz Ludwig Graf S. baute die 1764 übernommene Herrschaft Dischingen zu einer Residenz aus und errichtete in Oberdischingen ein Zuchthaus. 1785 wurde von Kloster Urspring Wernau übernommen. 1806 wurden die S. in Württemberg mediatisiert.

L.: Roth von Schreckenstein 2, 594; Hölzle, Beiwort 58; Ruch, Anhang 78; Riedenauer 126; Arnold, E., Der Malefizschenk, 1911.

Schenk von Geyern (Reichsritter). Vom 16. bis zum 19. Jahrhundert zählten die S. mit Teilen der Herrschaft Syburg, Geyern und Wiesethbruck (Wiesenbrück) zum Kanton Altmühl des Ritterkreises Franken.

L.: Biedermann, Altmühl; Genealogischer Kalender 1753, 541; Roth von Schreckenstein 2, 594; Hölzle, Beiwort 55; Pfeiffer 197, 213; Riedenauer 126; Rahrbach 210.

Schenk von Hirschlach (Reichsritter). Im frühen 16. Jahrhundert zählten die S. zum Kanton Altmühl des Ritterkreises Franken.

L.: Biedermann, Altmühl; Stieber; Riedenauer 126.

Schenk von Hohenberg s. Schenk von Castell

Schenk von Leutershausen (Reichsritter). Im frühen 16. Jahrhundert zählten die S. zum Kanton Altmühl des Ritterkreises Franken.

L.: Biedermann, Altmühl; Stieber; Riedenauer 126.

Schenk von Limpurg s. Limpurg

Schenk von Rossberg, Schenk von Rossburg (Reichsritter). Vielleicht zählten die S. im frühen 16. Jahrhundert zum Ritterkreis Franken.

L.: Riedenauer 126; Rahrbach 212.

Schenk von Schenkenstein, Schenk von und zu Schenkenstein (Reichsritter). Im 16. Jahrhundert zählten die S. zum Kanton Altmühl des Ritterkreises Franken. Von 1562 bis 1584 war das vor 1593 erloschene Geschlecht wegen Schloss Schenkenstein und der Herrschaft Aufhausen im Kanton Kocher des Ritterkreises Schwaben immatrikuliert. S. Schenk von Castell.

L.: Biedermann, Altmühl, Stieber; Pfeiffer 213; Schulz 270.

Schenk von Schmidtburg, Schenk zu Schmidburg (Reichsritter). Um 1790 waren die Freiherren S. mit Iben Mitglied im Kanton Oberrheinstrom des Ritterkreises Rhein. 1773 zählten sie als bereits im Stichjahr 1680 angesessene und mit ihren Gütern bei der Ritterschaft immatrikulierte Familie zum Ritterkreis Unterelsass.

L.: Winkelmann-Holzapfel 161.

Schenk von Schweinsberg, Schenk zu Schweinsberg, Schenk von Warmsdorf (Freiherren, Reichsritter). Vom 16. bis ins 19. Jahrhundert zählten die nach Schweinsberg bei Kirchhain benannten Freiherren S. mit Buchenau, Bodes, Branders, Erdmannrode (Erdmannsrode), Fischbach, Giesenhain, Schwarzenborn und Soislieden zum Kanton Rhön-Werra des Ritterkreises Franken.

L.: Stieber; Seyler 381 f.; Winkelmann-Holzapfel 161; Riedenauer 126; Pfeiffer 212; Rahrbach 213.

Schenk von Simau, Schenk von Siemau, Schenk von Symau (Reichsritter). Im 16. und teilweise auch im frühen 17. Jahrhundert zählten die S. zu den Kantonen Gebirg, Steigerwald, Altmühl und Baunach des Ritterkreises Franken.

L.: Riedenauer 126.

Schenk von Stauffenberg (Reichsritter, Freiherren, Grafen). Die Schenken von Stauffenberg sind ein schwäbisches Adelsgeschlecht, das möglicherweise von den Schenken von Kirburg abstammt und seit 1317 unter dem Namen S. (bei Hechingen) auftritt (1251 Schenken von Zell, 1262–1291 Truchsessen von Stauffenberg). Sie erwarben 1471 Wilflingen. Sie wurden 1698 in den Freiherrenstand und in ihrem Wilflinger Zweig 1791 in den Grafenstand erhoben. Die Familie gehörte bereits 1488 der Rittergesellschaft Sankt Jörgenschild, Teil am Neckar, an. Von 1548 bis 1805 waren die Schenken von Stauffenberg mit Baisingen, Eutingertal, Geislingen, Lautlingen und Margrethausen Mitglied im Kanton Neckar des Ritterkreises Schwaben. Mit Rißtissen (1613) und Schatzberg, mit Egelfingen und Wilflingen waren sie im Kanton Donau, mit dem 1527/1566 durch Heirat erworbenen Amerdingen im Kanton Kocher immatrikuliert. Von 1572 bis 1589 besaßen sie infolge Heirat halb Katzenstein. Außerdem gehörten sie dem Ritterkreis Franken in den Kantonen Gebirg (ab etwa 1720), Odenwald (um 1720 bis 1750), Altmühl (um etwa 1650 bis 1680) und Steigerwald an. Wichtige weitere Güter waren Greifenstein (1691) und Jettingen (1747) in Bayern. 1833 starb die Wilflinger Linie aus und wurde von der Amerdinger Linie beerbt, die 1874 zu Grafen in Bayern erhoben wurde.

L.: Genealogischer Kalender 1753, 533; Roth von Schreckenstein 2, 592; Hölzle, Beiwort 59, 62, 65; Pfeiffer 197; Hellstern 212, 218; Bechtolsheim 13; Riedenauer 126; Schulz 270; Rahrbach 215; Wunder, G., Die Schenken von Stauffenberg, 1972.

Schenk von Symau s. Schenk von Simau

Schenk von Tautenberg (Reichsritter). Im frühen 16. Jahrhundert zählten die S. zum Kanton Gebirg des Ritterkreises Franken.

L.: Riedenauer 126.

Schenk von Warmsdorf s. Schenk von Schweinsberg

Schenk von Winterstetten (Reichsritter). Die S. waren bereits 1488 Mitglied der Gesellschaft Sankt Jörgenschild, Teil am Neckar. Von 1548 bis 1599 gehörten sie dem Ritterkreis Schwaben im Kanton Neckar an. Von 1542 bis 1584 waren die S. wegen der 1506 erworbenen Güter in Freudental im Kanton Kocher immatrikuliert, seit 1666 wegen des 1653 erworbenen, 1694 wieder veräußerten Ebersberg.

L.: Hellstern 212; Schulz 270.

Schenk zu s. Schenk von

Schenkendorf (Herrschaft). Das Johanniterordensamt S. war Standesherrschaft in der Markgrafschaft Niederlausitz. S. Brandenburg.

L.: Wolff 471.

Schenkenzell (Herrschaft). S. bei Rottweil wird erstmals um 1244 als cella pincernae erwähnt. Die Burg S. war Mittelpunkt einer Herrschaft der Herren von S. Diese kam nach dem Aussterben des Geschlechts 1327 an die Herren von Geroldseck, 1481/1498/1500 an Fürstenberg. 1806 fiel S. an Baden und damit 1951/1952 an Baden-Württemberg.

L.: Fautz, H., Die Schenkenburg und die Herrschaft Schenkenzell, 1954.

Schenkern s. Waldenburg genannt S.

Schenkherr von Waldenburg s. Waldenburg genannt Schenkern

Scheppach (Reichsritter). Von 1542 bis 1564 waren die seit dem 14. Jahrhundert in Amerdingen ansässigen S. im Kanton Kocher des Ritterkreises Schwaben immatrikuliert.

L.: Schulz 270.

Scherending (Reichsritter) s. Schirnding

Scherpenzeel (Herrlichkeit). Die Herrlichkeit S. zwischen Arnheim (Arnhem) und Utrecht gehörte am Ende des 18. Jahrhunderts zum Herzogtum Geldern. S. Niederlande.

L.: Wolff 68.

Scherra (Gau)

L.: Polenz, P. v., Landschafts- und Bezirksnamen, 1961, II, 78, 83, 95 f., III, 30, Scerra (Scerrunm), ‚Scheer'; Borgolte, M., Geschichte der Grafschaften Alemanniens in fränkischer Zeit, 1984, 128 (Straßberg, Buchheim, Fridingen an der Donau, Vilsingen, Nusplingen, Donaueschingen?), s. Scerra.

Schertel von Burtenbach, Schertlin zu Burtenbach, Schertlein zu Burtenbach (Reichsritter, Freiherren). 1532 kaufte der 1496 in Schorndorf geborene Landsknechtsführer Sebastian Schertlin das Schloss Burtenbach in der Markgrafschaft Burgau. 1532 wurde er zum Ritter und 1534 zum Freiherrn erhoben. Im 17. und 18. Jahrhundert zählten die S. zu den Kantonen Neckar und Kocher des Ritterkreises Schwaben (1560–1568 wegen des 1557 erworbenen Hohenburg, 1597–1795 wegen Zazenhausen, Stammheim und Beihingen). Ihre Güter waren bis 1669 Schlossgut Bittenfeld, bis 1682 das an die Eyb verkaufte Gut Burtenbach, bis 1686 das an die Schaffalitzky von Mukodell (Schaffelitzky von Mukkadell) gelangte Oberöwisheim, Teile von Unterriexingen, bis etwa 1700 Gut Heutingsheim, bis 1737 Stammheim und Rittergut Zazenhausen und bis 1782 Gut Geisingen (Geislingen) und halb Beihingen. Im späten 17. Jahrhundert waren die S. auch Mitglied in den Kantonen Steigerwald und Odenwald des Ritterkreises Franken.

L.: Roth von Schreckenstein 2, 592; Hellstern 212; Kollmer 372, 380 f.; Stetten 33; Riedenauer 126; Schulz 270; Rexroth, F. v., Der Landsknechtsführer Sebastian Schertlin, 1940.

Schertlein (Reichsritter) s. Schertel

Schertlin (Reichsritter) s. Schertel

Scheuerberg (Herrschaft). 1484 wurde die Herrschaft S. vom Deutschen Orden erworben und vom Neckaroberamt Horneck aus verwaltet.

L.: Hölzle, Beiwort 85.

Scheuring (Reichsritter). Im späten 16. Jahrhundert zählten die S. zum Kanton Odenwald des Ritterkreises Franken.

L.: Riedenauer 126.

Schewen (Reichsritter). Die S. zählten zum Ritterkreis Franken.

L: Riedenauer.

Scheyern (Kloster). Nach der Burg S. im Hügelland der Ilm nannten sich seit 1079 Grafen von S., die in der zweiten Hälfte des 11. Jahrhunderts die Vogtei über das Hochstift Freising erhielten. Seit 1115 gab die Burg Wittelsbach ihnen den Namen. 1119/1123 wurde S. Benediktinerkloster. Dieses wurde 1803 aufgehoben, 1838 aber wiederhergestellt.

L.: Hartig, M., Scheyern, 1939; Stephan, M., Die Traditionen des Klosters Scheyern, 1986; Stephan, M., Die Urkunden und die ältesten Urbare des Klosters Scheyern, 1988; Reichhold, A., Das Kloster Scheyern als Grundherr, in: Studien und Mitteilungen zur Geschichte des Benediktinerordens 106 (1995), 247; Störmer, W., Scheyern, LexMA 7 1995, 1452.

Schifer von Freiling, Schifer von Freling (Reichsritter). Von 1605 bis 1614 war Alexander S. mit Gärtringen Mitglied im Kanton Neckar des Ritterkreises Schwaben.

L.: Hellstern 213.

Schiffelbach (Ganerbschaft). In S. nordöstlich von Marburg bestand eine Ganerbschaft. Über Hessen-Kassel und Preußen (1866) kam S. 1945 an Hessen.

L.: Geschichtlicher Atlas von Hessen, Inhaltsübersicht 34.

Schilling von Cannstatt, Schilling von Cannstadt (Freiherren, Reichsritter). Von 1701 bis 1805 waren die Freiherren S. mit dem 1725 erworbenen Hohenwettersbach Mitglied im Kanton Neckar des Ritterkreises Schwaben, von 1542 bis 1659 und 1722 im Kanton Kocher (bis 1616 wegen Bodelshofen, in der Mitte des 17. Jahrhunderts wegen Sulzburg).

L.: Roth von Schreckenstein 2, 592; Hölzle, Beiwort 65; Hellstern 213; Schulz 271; Schilling v. Cannstadt, C. F., Geschlechtsbeschreibung derer Familien von Schilling, 1807.

Schilling von Lahnstein (Reichsritter). Im 18. Jahrhundert zählten die S. zum Ritterkreis Rhein.

L.: Roth von Schreckenstein 2, 595.

Schillingsfürst (Burg). Das im Jahre 1000 erstmals erwähnte S. an der Wörnitzquelle kam von den reichsministerialischen Herren von S. (belegt 1129–1260/1262) erbweise an die Hohenlohe. 1723 wurde es Sitz der Linie Hohenlohe-Schillingsfürst (Hohenlohe-Waldenburg). S. Hohenlohe-Schillingsfürst, Hohenlohe-Waldenburg-Schillingsfürst.

L.: Wolff 119; Hofmann, H. H., Burgen, Schlösser, Residenzen in Franken, 1961; Borchardt, K., Die Herren von Schillingsfürst, Jb. d. Ver. Alt-Rothenburg 1999, 7.

Schiltberg (Land) s. Cammin

Schirgiswalde (Herrschaft). S. am Oberlauf der Spree war schon früh eine selbständige Gutsherrschaft im Landgericht Bautzen. In der Mitte des 14. Jahrhunderts gelangte es an die Berka von der Duba (von Duba) auf Hohnstein, die es der Herrschaft Tollenstein-Schluckenau zuteilten und an die Herren von Luttitz verlehnten. 1481 ging die Herrschaft an die Herren von Schleinitz über. 1572 erwarben die Luttitz einen Teil ihres Schirgiswalder Lehens als Allod. 1628 gelangte es an das Domstift Bautzen. Als die Oberlausitz

1635 an Sachsen fiel, blieb S. bei Böhmen und wurde zur Enklave. 1702 erwarb das Domstift Bautzen weitere Teile käuflich und löste S., das 1665 vom Kaiser bzw. König von Böhmen das Stadtrecht erhalten hatte, damit von Tollenstein-Schluckenau. Die staatsrechtliche Zugehörigkeit zu Böhmen (Österreich) wurde dadurch nicht berührt. 1809 musste Österreich die böhmische Enklave in Sachsen, S. mit Neuschirgiswalde und Petersbach (mit 1834 insgesamt 1319 Einwohnern), an Sachsen abtreten, doch zog sich die Vollziehung bis zum 4. 7. 1845 hin. Erst mit der zu diesem Zeitpunkt erfolgenden Übergabe durch den Kreishauptmann von Leitmeritz an einen Vertreter des Königs von Sachsen endete das staatsrechtliche Kuriosum dieser unter geistlicher Herrschaft stehenden politischen Einheit. Bis dahin wurde S. von einem böhmischen Stadtrichter, der vom Domstift Bautzen vergütet wurde, zwei Beisitzern und 20 Repräsentanten des Gemeinwesens regiert, wobei Steuerfreiheit und Zollfreiheit herrschten.

L.: Wolff 470; Stoy, F. A., Geschichte der Stadt Schirgiswalde, 1895; Nottarp, H., Ein geistlicher Staat in Deutschland von 1809–1845, FS Heckel, 1959, 86 ff.

Schirnding, Scherending, Schürtinger (Reichsritter). Im 16. Jahrhundert und in der Mitte des 18. Jahrhunderts zählten die S. zum Kanton Gebirg des Ritterkreises Franken sowie zur vogtländischen Ritterschaft (Vogtland). Kanton als Personalist an. Seit dem späten 17. Jahrhundert waren die S. auch im Kanton Gebirg immatrikuliert.

L.: Stieber; Pfeiffer 209; Riedenauer 127.

Schlackenwerth (Herrschaft), tschech. Ostrov. S. am Fuß des Erzgebirges nordöstlich von Karlsbad war eine planmäßige deutsche Neugründung, die 1387 Stadtrecht erhielt. 1434/1437 wurde sie in Böhmen Mittelpunkt einer Herrschaft der Grafen Schick (bis 1585), die 1689/1690 durch Heirat an die Markgrafen von Baden kam. 1811 fiel die Herrschaft an die Großherzöge von Toskana, 1918 an die Tschechoslowakei.

L.: Wolff 465; Festschrift zur 600-Jahrfeier der Stadt Schlackenwerth, 1931.

Schlaitheim, Schleitheim s. Keller von S.

Schlammersdorf (Reichsritter). Von etwa 1700 bis 1778 waren die S. mit Weiler Klemmenhof und Sassanfahrt (Sassanfarth) Mitglied des Kantons Steigerwald des Ritterkreises Franken. Nach dem Verkauf der Güter gehörte Karl Ludwig Georg von S. ab 1781 dem Kanton als Personalist an. Seit dem späten 17. Jahrhundert waren die S. auch im Kanton Gebirg immatrikuliert.

L.: Bechtolsheim 13, 18, 90; Riedenauer 127.

Schlat (reichsritterschaftliche Herrschaft). S. zählte zum Kanton Kocher und kam noch vor der Mediatisierung zur Hälfte an Württemberg und damit 1951/1952 an Baden-Württemberg.

Schlatt (am Randen) (Herrschaft). Die Herrschaft S. am Randen wurde 1749 innerhalb Schwäbisch-Österreichs von den Fürsten von Fürstenberg erworben. Über Baden gelangte S. 1951/1952 zu Baden-Württemberg.

L.: Hölzle, Beiwort 44.

Schlawe (Land). S. links der Wipper entstand als deutsche Siedlung an der Straße von Wollin nach Danzig südlich der slawischen Burg und wurde Mittelpunkt eines Landes. 1347 kam es an die Herzöge von Pommern, 1945 fiel es unter die Verwaltung Polens und gelangte damit 1990 als politische Folge der deutschen Wiedervereinigung an Polen.

L.: Wolff 405; Stoebbe, A., Chronik der Stadtgemeinde Schlawe, 1897; Rosenow, K., Heimatkunde des Kreises Schlawe, Teil 1–4 1924 ff.

Schlehengäu s. Tornegouwe

L.: Polenz, P. v., Landschafts- und Bezirksnamen, 1961, 305.

Schleicher von Stötten (Reichsritter). Seit 1691 war Marx Albrecht S. Mitglied des Kantons Neckar des Ritterkreises Schwaben.

L.: Hellstern 213.

Schleiden (Herren, Grafschaft). 1121 wird die Burg S. der Edelherren von Blankenheim in der nördlichen Eifel erstmals erwähnt. Nach ihr nannten sich seit 1115 bzw. 1140 Herren von S., die von den Herren von Blankenheim abstammten, in der Mitte des 13. Jahrhunderts die Herrschaft Jünkerath durch Heirat erlangten und 1271 die Grafen von Luxemburg als Lehnsherren anerkannten. 1435 starb die Familie im Mannesstamm aus. Die Töchter des letzten Herren von S. waren mit Grafen von Nassau-Diez bzw. von Manderscheid verheiratet. S. kam 1435 über eine Erbtochter an die Herren von Manderscheid, 1488 an die Linie Manderscheid-Schleiden, die 1487 durch Heirat Kronenburg und Neuerburg, 1525 Kerpen und 1545 durch Erbfall die Grafschaft Virneburg (bis 1600/15/23) erwarb und am Ende des 16. Jahrhunderts die Reformation einführte. 1593 kam S. an die verschwägerten Grafen von der Mark (1602 Reichsgrafschaft mit Sitz und Stimme im niederrheinisch-westfälischen Reichskreis sowie später im westfälischen Reichsgrafenkollegium), wobei 1610 Luxemburg die Lehnshoheit gewann, sowie 1773 bis 1794 durch weibliche Erbfolge an die Herzöge von Arenberg. 1794 wurde es wie schon von 1682 bis 1697 von Frankreich besetzt. 1814 kam es mit 5 Quadratmeilen Gebiet an Preußen (Rheinprovinz), 1946 S. an Nordrhein-Westfalen. S. a. Manderscheid-Schleiden.

L.: Wolff 368; Zeumer 554 II b 63, 28; Wallner 704 WestfälRK 30; Virmond, Geschichte des Kreises Schleiden, 1898; Janssen, J., Das mittelalterliche Schleiden, 1927; Möller, W., Stammtafeln westdeutscher Adelsgeschlechter im Mittelalter 3, 1936; Neu, H., Der Kreis Schleiden, 1951; Heimatchronik des Kreises Schleiden, bearb. v. Neu, H. u. a., 1954; Schüttler, A., Der Landkreis Schleiden und seine geographische Struktur, Berichte zur deutschen Landeskunde 19 (1957), 111; Guthausen, K., Die Siedlungsnamen des Kreises Schleiden, 1967; Schleiden. Geschichte – Sehenswürdigkeiten – Landschaft, 1981.

Schleiffraß, Schleifraß (Reichsritter). Im frühen 18. Jahrhundert zählten die S. zum Kanton Rhön-Werra des Ritterkreises Franken.

L.: Stieber; Seyler 382; Riedenauer 127.

Schleiß (Freiherren, Reichsritter). Im 18. Jahrhundert zählten die Freiherren von der S. (von und zu S.) mit dem 1697 erworbenen Berghaupten zum Ort (Bezirk) Ortenau des Kantons Neckar des Ritterkreises Schwaben.

L.: Genealogischer Kalender 1753, 531; Roth von Schreckenstein 2, 592; Hölzle, Beiwort 66.

Schleithal, Schleythal (Reichsdorf). Am 20. 8. 1504 nahm Kaiser Maximilian I. unter anderem das Reichsdorf S. zwischen Weißenburg und Lauterburg im Elsass in seinen Schutz. Mit dem Elsass kam es an Frankreich.

L.: Hugo 470, 472.

Schleitheim s. Keller von S.

Schleiz (Herrschaft). Nach einer sorbischen Siedlung erscheint 1232 der deutsche Ort S. (Slewitz) an der Wisenta nordwestlich von Plauen, der zunächst den Herren von Lobdeburg zustand. Im Erbstreit zwischen Wettin und den Vögten von Gera kam er am Anfang des 14. Jahrhunderts an die Vögte von Gera, in der Mitte des 16. Jahrhunderts an die Burggrafen von Meißen aus dem Hause Plauen, 1590 an die Herren Reuß von Plauen und bei der Teilung von 1616 an die (jüngere) Linie Reuß-Gera (Reuß). Seit 1666 war S. Sitz der zum obersächsischen Reichskreis gehörigen Herrschaft Reuß-Schleiz, die 1806 zum Fürstentum aufstieg. Dieses wurde 1848 mit Reuß-Lobenstein-Ebersdorf zum Fürstentum Reuß jüngere Linie vereinigt, das 1919 Volksstaat wurde und 1920 in Thüringen aufging. Damit kam S., dessen Schloss mit Archiv und Bibliothek 1945 zerstört wurde, von 1945 bis 1949 zur sowjetischen Besatzungszone und von 1949 bis 1990 zur Deutschen Demokratischen Republik.

L.: Wolff 420; Wallner 709 ObersächsRK 7c; Schmidt, B., Geschichte der Stadt Schleiz, Bd. 1ff. 1908ff.; Schmidt, B., Geschichte des Reußenlandes, 1923ff.

Schlenacken (Herrschaft), niederländ. Slenaken. Die Herrschaft S. westlich von Aachen, für die ihr Inhaber (Goltstein) 1773 die Aufnahme in das westfälische Reichsgrafenkollegium beantragt hatte, zählte am Ende des 18. Jahrhunderts über die Grafen Plettenberg zum niederrheinisch-westfälischen Reichskreis. S. Niederlande.

L.: Wolff 362; Wallner 704 WestfälRK 44.

Schlesien (Herzogtum, Kronland). Das Gebiet an der mittleren und oberen Oder zwischen Sudeten, Mährischer Pforte, Beskiden, der Wasserscheide zwischen Oder und Warthe sowie der Bartsch-Obra-Niederung war zunächst von Skythen und Kelten besiedelt, wurde aber schon vor der Zeitenwende von den germanischen Vandalen eingenommen. Deren links der Oder um den Zobten ansässiger Teilstamm der Silingen wurde in allmählicher Ausdehnung namengebend für das gesamte Gebiet. Nach dem Abzug der Germanen im 5. Jahrhundert drangen Slawen ein. Im 10. Jahrhundert unterstand S. Böhmen, seit etwa 990 (bis auf das Glatzer Land) Polen, wobei Polen eine Art Oberhoheit des Reichs anerkannte, wodurch S. in eine mittelbare Verbindung zum deutschen Reich kam. Im Jahre 1000 wurde unter Mitwirkung Kaiser Ottos III. das Bistum Breslau gegründet und dem Erzbistum Gnesen unterstellt. 1138 entstand durch Erbteilung der Piasten (Polen) das piastische Teilfürstentum (Krakau mit) S. mit einem eigenen Herzog, der allerdings schon 1146 zu seinen staufischen Verwandten vertrieben wurde. Von Kaiser Friedrich I. Barbarossa zurückgeführt, teilte sich das Herzogshaus 1173/1202 in die zwei Linien Breslau (mit Liegnitz, Breslau, Oppeln, Niederschlesien, Mittelschlesien und teilweise Oberschlesien) bzw. Schlesien bzw. Niederschlesien und das unbedeutendere restliche Oberschlesien (mit Ratibor, Beuthen, Teschen und Pless, 1201 Oppeln) bzw. Oppeln, wobei beide, seit 1202 unabhängige Teile dem Reich tributpflichtig waren und Rudolf von Habsburg 1280 sogar die vasallitische Huldigung, die Schlesien unter die Reichsfürstentümer einfügte, erreichte. Zahlreiche Einwanderer aus Sachsen und Thüringen verstärkten die Beziehungen zum Reich. Seit 1249 bzw. 1251 entstanden durch Erbteilungen in Niederschlesien die Teilherzogtümer Breslau, Liegnitz und Glogau, 1278 Jauer, 1281 Schweidnitz. Glogau seinerseits zerfiel in Sagan, Steinau und Oels. Dazu kamen Brieg und Münsterberg. In Oberschlesien entstanden 1281 die Herzogtümer Oppeln, Ratibor und Teschen. Weitere Teilungen und Vereinigungen folgten ([Cosel] Kosel, Beuthen, Falkenberg, Groß Strehlitz [Strehlitz] [1313–1460], Troppau). Daneben besaß der Bischof von Breslau das Fürstentum Neiße. 1327/1329 unterstellten sich, nachdem schon Wenzel III. seit 1300 über sämtliche oberschlesische Herzogtümer hatte verfügen können, alle oberschlesischen und, bis auf Schweidnitz-Jauer, die 1353 durch Heirat Annas von Schweidnitz-Jauer an Kaiser Karl IV. kamen, alle niederschlesischen Herzöge, die insgesamt alle die deutsche Zuwanderung förderten, zum Schutz vor Polen der Lehnshoheit der zum deutschen Reich gehörigen Krone von Böhmen, die 1306/1310 an das Haus Luxemburg gekommen war (1327 Teschen, Falkenberg, Cosel-Beuthen, Auschwitz, Ratibor, Oppeln und Breslau, 1329 Sagan, Oels, Steinau, Liegnitz-Brieg, 1331 Glogau, 1336 Münsterberg [1342 das Bistumsland Neiße-Ottmachau]). Umgekehrt verzichteten die Könige von Polen 1335, 1339, 1356 und 1372 auf ihre Ansprüche auf S., das nunmehr nicht mehr über Polen, sondern – neben den Akten von 1163 und 1280 – über Böhmen dem Reich verbunden war. Im Verhältnis zu Böhmen standen dabei lehnsrührige schlesische Herzöge neben eigenen Erbfürstentümern der Krone Böhmens (1462 Troppau, Münsterberg, Oels, Glatz, 1475 Sagan, 1523 Jägerndorf, 1551 Beuthen). Im 15. Jahrhundert fielen Teile Oberschlesiens an Polen, 1482 Crossen an Brandenburg und 1472 Sagan an Sachsen (bis 1549). Dagegen wurde Troppau neu zu S. gezählt. 1526 gelangte ganz S. mit Böhmen im Erbwege an Habsburg bzw. Österreich, das seit 1570/1621 die Gegenreformation des von 1522 bis 1555 zu neun Zehnteln protestantisch gewordenen Landes durchführte. Dabei waren Schweidnitz-Jauer, Glatz, Breslau, seit 1532 Oppeln-Ratibor, Teschen, Neiße und seit 1544 Glogau Erbfürstentümer Österreichs, während die übrigen Herzogtümer nur in Lehnsabhängigkeit standen. Brandenburg erhob auf Grund eines 1537 geschlossenen, 1546 aber für nichtig erklärten Erbvertrags Ansprüche auf Liegnitz, Brieg, Wohlau und auf das 1621 in Vollstreckung der Reichsacht Georg von Brandenburg entzogene Jägerndorf, wurde 1686 durch Überlassung des Kreises Schwiebus zur Aufgabe seiner Ansprüche veranlasst, gab den Kreis aber 1695 gegen Geldentschädigung zurück. Nach dem auf dieser Grundlage zwischen Friedrich dem Großen von Preußen und Maria Theresia von Österreich geführten ersten schlesischen Krieg kamen (1742/1744) Niederschlesien, große Teile Oberschlesiens und die Grafschaft Glatz Böhmens an Preußen, während die südwestlichen Teile der Fürstentümer Neiße, Troppau und Jägerndorf und die Fürstentümer Teschen und Bielitz (etwa ein Sechstel) bei Österreich blieben und zunächst als Herzogtum Oberschlesien und Niederschlesien eingerichtet und von 1782 bis 1849 mit Mähren vereinigt wurden, aber ab 1849 als Herzogtum S. ein durch einen Landespräsidenten in Troppau verwaltetes österreichisches Konland S. (Österreichisch-Schlesien) mit der Hauptstadt Troppau bildeten. Die Teilungen Polens brachten eine Verbreiterung der Landbrücke zu den anderen preußischen Ostprovinzen. 1815 wurde die aus den 1742 erworbenen schlesischen Gebieten und der Grafschaft Glatz gebildete Provinz S. Preußens um Teile der Oberlausitz erweitert. Durch die Industrialisierung wurde sie eine der reichsten Provinzen und wurde 1919 in Oberschlesien und Niederschlesien geteilt. 1918/1919 kam das Kronland S. Österreichs (Österreichisch-Schlesien), vergrößert um das bis dahin preußische Ländchen Hultschin und verkleinert um den 1922 an Polen fallenden Ostteil des Teschener Gebietes (Ostoberschlesien), an die Tschechoslowakei, 1938 zum Gau Sudetenland. An Polen fielen Gebiete der niederschlesischen Kreise Guhrau, Militsch, Groß Wartenberg (Großwartenberg) und Namslau (512 Quadratkilometer mit 26000 Einwohnern) und Teile Oberschlesiens. 1934/1938 wurden die seit 1919 bestehenden preußischen Provinzen Oberschlesien und Niederschlesien (26981 Quadratkilometer, 3,204 Millionen Einwohner, Regierungsbezirke Breslau und Liegnitz) vereinigt. 1939 wurden Ostoberschlesien, das Olsagebiet und weitere Grenzgebiete Polens S. eingegliedert. 1941 wurde S. wieder in die Provinzen Oberschlesien und Niederschlesien geteilt. 1945 kam S. mit Ausnahme des kleinen Gebietes westlich der Lausitzer Neiße (Hoyerswerda, Görlitz, Rothenburg), das von 1949 bis 1990 an die Deutsche Demokratische Republik fiel, unter die Verwaltung Polens und damit 1990 als politische Folge der deutschen Wiedervereinigung an Polen. Die deutsche Bevölkerung wurde überwiegend vertrieben. S. a. Beuthen, Bielitz, Breslau, Brieg, Falkenberg, Glatz, Glogau, Goschütz, Hultschin (Hultschiner Ländchen), Jägerndorf, Jauer, Kosel (Cosel), Liegnitz, Militsch, Münsterberg, Neiße, Niederschlesien, Oberschlesien, Oels, Oppeln, Pless, Ratibor, Sagan, Schweidnitz, Steinau, Strelitz, Teschen, Trachenberg, Troppau, Wartenberg, Wohlau.

L.: Wolff 472 ff.; Birke, E., Schlesien, in: Geschichte der deutschen Länder, Bd. 1; Großer Historischer Weltatlas II 66 (1378) I3, III 22 (1648) H3; Die Territorien des Reichs 2, 102; Scriptores rerum Silesiacarum, Bd. 1–17 1835 ff.; Codex diplomaticus Silesiae, Bd. 1–36 1857 ff.; Triest, F., Topographisches Handbuch von Oberschlesien, 1864, Neudruck 1984; Grünhagen, C., Geschichte Schlesiens, Bd. 1 f. 1884 ff.; Schlesische Landeskunde, hg. v. Frech, F./Kampfers, F., Bd. 1 f. 1913; Kutscha, A., Die Stellung Schlesiens zum deutschen Reich im Mittelalter, 1922; Loewe, V., Bibliographie zur schlesischen Geschichte, 1927; Kartographische Denkmäler der Sudetenländer, hg. v. Brandt, B., 10 He. 1930–1936; Gierach, K./Schwarz, E., Sudetendeutsches Ortsnamenbuch, 1932–1938; Holtzmann, R., Schlesien im Mittelalter, in: Deutschland und Polen, hg. v. Brackmann, A., 1933; Geschichtlicher Atlas von Schlesien, hg. v. d. hist. Kommission für Schlesien, 1933; Geschichte Schlesiens, hg. v. Aubin, H., Bd. 1 1938; Bellée, H./Belée-Vogt, L., Oberschlesische Bibliographie, Bd. 1 f. 1938; Deutsches Städtebuch, hg. v. Keyser, E., Bd. 1 1939; Grögler, A., Das Landkartenwesen von Mähren und Schlesien seit Beginn des 16. Jahrhunderts, 1943; Kaps, J., Die Tragödie Schlesiens 1945–46, 1952; Rister, E., Schlesische Bibliographie, Bd. 1 ff. 1953 ff.; Dokumentation der Vertreibung der Deutschen aus Ost- und Mitteleuropa, hg. v. Bundesministerium für Vertriebene, Bd. 1 1953; Sudetendeutscher Atlas, hg. v. Meynen, E., 1954; Kuhn, W., Siedlungsgeschichte Oberschlesiens, 1954; Krallert, W., Atlas zur Geschichte der deutschen Ostsiedlung, 1958; Polenz, P. v., Landschafts- und Bezirksnamen, 1961, III, 27; Schlesisches Urkundenbuch, hg. v. Appelt, H., 1963 ff.; Niederschlesien unter polnischer Verwaltung, hg. v. Bahr, E./König, K., 1967; Rückert, H., Entwurf einer systematischen Darstellung der schlesischen Mundart im Mittelalter, 1971; Bahr, E. u. a., Oberschlesien nach dem Zweiten Weltkrieg. Verwaltung, Bevölkerung, Wirtschaft, 1975; Stüttgen, D., Schlesien, in: Grundriss der deutschen Verwaltungsgeschichte 1815–1945, hg. v. Hubatsch, W., 1975 f.; Schlesien im 18. Jahrhundert (Karte 1:500 000); Menzel, J. J., Formen und Wandlungen der mittelalterlichen Grundherrschaft in Schlesien, in: Die Grundherrschaft im späten Mittelalter, Bd. 1 hg. v. Patze, H., 1983; Geschichtlicher Atlas von Schlesien, hg. v. Petry, L./Menzel, J. J., 1985; Loebel, H., Schlesien, 1987; Sommer, F., Die Geschichte Schlesiens, 1987; Trux, E., Schlesien in der Biedermeierzeit, 1987; Geschichte Schlesiens, Bd. 1: Von der Urzeit bis zum Jahre 1526, hg. v. Petry, L., 5. A. 1988, Bd. 2: Die Habsburger Zeit 1526–1740, hg. v. Petry, L., 2. A. 1988, Bd. 3: Preußisch-Schlesien 1740–1945, Österreichisch-Schlesien 1740–1918/45, hg. v. Menzel, J., 1999; Weber, M., Das Verhältnis Schlesiens zum Alten Reich in der frühen Neuzeit, 1989; Kontinuität und Wandel, hg. v. Baumgart, P., 1990; Weber, M., Das Verhältnis Schlesiens zum Alten Reich, 1992; Schlesien, hg. v. Conrads, N., 1994; Schlesisches Städtebuch, hg. v. Johanek, P. u. a., 1995; Menzel, J., Schlesien, LexMA 7 1995, 1481 ff.; Schlesien und die Schlesier, hg. v. Bahlcke, J., 1996; Hofmann, A., Die Nachkriegszeit in Schlesien, 2000; Bartosz, J./Hofbauer, H., Schlesien, 2000.

Schleswig (Bistum). Um 948 wurde unter Kaiser Otto dem Großen ein Bistum S. eingerichtet, das nach zwischenzeitlicher Verwüstung vom Erzbistum Bremen (Hamburg-Bremen) gelöst und 1103 Lund unterstellt wurde. 1268 verlegte der Bischof, dem der Erwerb eines eigenen Herrschaftsgebietes nicht gelang, seinen Sitz nach Schwabstedt. Von 1541 an waren die Bischöfe lutherisch. Zu Beginn des 17. Jahrhunderts zog der König von Dänemark die Güter ein und hob 1624 das Bistum auf.

L.: Schubert, H./Feddersen, E., Kirchengeschichte Schleswig-Holsteins, 1907 ff.; Boockmann, A., Geistliche und weltliche Gerichtsbarkeit im mittelalterlichen Bistum Schleswig, 1967.

Schleswig (Herzogtum). Seit karolingischer Zeit war das Gebiet an Eider und Schlei zwischen Dänemark und dem fränkisch-deutschen Reich umstritten. Zwischen 1025 und

1035 verzichtete Konrad II. hierauf. Etwa zu dieser Zeit übernahm die nördlich der Schlei gelegene Siedlung S. die vorher dem südlich der Schlei gelegenen Handelsplatz Haithabu zugekommene Vorortstellung. Seit Ende des 11. Jahrhunderts/Anfang des 12. Jahrhunderts setzte der König von Dänemark Verwandte als Statthalter (lat. praefectus, dän. jarl) für dieses Gebiet (Südjütland) ein. Dem Statthalter Knut Laward (1115–1131) gelang es seit 1115, seine Herrschaft auch über die slawischen Abodriten im östlichen Holstein (Wagrien) auszudehnen. Schon im 12. Jahrhundert und dann seit 1232 trug der Statthalter den Titel Herzog (lat. dux) und behauptete mit Hilfe der seit 1237 verschwägerten Grafen von Holstein aus dem Haus Schauenburg (Schaumburg) die relative Selbständigkeit Schleswigs gegenüber Dänemark (1261 Erblichkeit als Fahnenlehen Dänemarks). 1326 erzwang Graf Gerhard III. von Holstein den Ausschluss der einheitlichen Herrschaft über Dänemark und S. und sicherte sich 1330 eine Anwartschaft auf das (staatsrechtlich) damit von Dänemark getrennte S. 1375 starb das dänisch-schleswigsche Herzogshaus aus. 1386 erlangte der Graf von Holstein das Herzogtum S. als Lehen Dänemarks. Seitdem blieben S. und das vom Reich lehnbare Holstein in fester staatsrechtlicher Verbindung (Schleswig-Holstein). 1440 musste der König von Dänemark den Grafen von Holstein die erbliche Belehnung mit dem Herzogtum S. Dänemarks zugestehen. 1448 veranlasste der Graf von Holstein die Wahl seines Neffen Christian von Oldenburg zum König von Dänemark (Christian I.). Als mit Adolf VIII. das Haus Schauenburg (Schaumburg) der Grafen von Holstein und Herzöge von S. 1459 ausstarb, wählten die Stände am 2. 3. 1460 König Christian I. von Dänemark, Graf von Oldenburg, zum Herzog von Schleswig (Personalunion Dänemarks mit Schleswig-Holstein). 1474 erhob Kaiser Friedrich III. Holstein, Dithmarschen, Wagrien und Stormarn zum reichsunmittelbaren Herzogtum. Nach Christians Tode 1481 wählten die Stände seine beiden Söhne (König Johann von Dänemark und Friedrich) zu Landesherren. 1490 teilten beide das Land bei ideeller Einheit in einen königlichen (Segeberger) Anteil und einen herzoglichen (Gottorper [Gottorfer]) Anteil in bunter Gemengelage. Friedrich wurde 1524 zum König von Dänemark gekrönt und vereinigte die Herzogtümer Schleswig und Holstein wieder.

L.: Sach, A., Geschichte der Stadt Schleswig nach urkundlichen Quellen, 1875; Philippsen, H., Kurzgefasste Geschichte der Stadt Schleswig, 1926; Brandt, O., Geschichte Schleswig-Holsteins, 6. A. 1966; Brandt, O./Klüver, W., Geschichte Schleswig-Holsteins, 8. A. 1981; Greve, K., Zentrale Orte im Herzogtum Schleswig, 1987; Die Stadt im westlichen Ostseeraum, Bd. 1 1995, 47.

Schleswig-Holstein (Herzogtümer, Land, Provinz). 1326 erzwang Graf Gerhard III. von Holstein den Ausschluss der einheitlichen Herrschaft über Dänemark und Schleswig. Nach Aussterben des dänisch-schleswigschen Herzogshauses 1375 kam 1386 das Herzogtum Schleswig als Lehen Dänemarks hinzu. Seitdem blieben Schleswig als Lehen Dänemarks und Holstein als Lehen des Reiches in fester staatsrechtlicher Verbindung. Nach dem Aussterben der schauenburgischen (schaumburgischen) Grafen von Holstein und der Herzöge von Schleswig kamen Schleswig und Holstein 1459/1460 auf Grund des Vertrages von Ripen an den König von Dänemark aus dem Haus Oldenburg (Christian I.), das 1448 den dänischen Thron bestiegen hatte. 1474 erhob Kaiser Friedrich III. Holstein, Dithmarschen, Wagrien und Stormarn zum reichsunmittelbaren Herzogtum, doch blieb Dithmarschen zunächst die Unabhängigkeit. Nach einer vorübergehenden Teilung (1490 königlicher Segeberger und herzoglicher Gottorper [Gottorfer] Anteil bei ideeller Einheit) der seitdem in Personalunion beherrschten Länder Schleswig und Holstein wurden diese 1524 unter Dänemark wieder vereinigt. Seit 1528 wurde die Reformation eingeführt. König Friedrichs Sohn Christian III. teilte 1544 Schleswig-Holstein in bunter Gemengelage mit seinen zwei Stiefbrüdern in drei Herrschaftsbereiche, wodurch erneut ein königlicher (und 1580 ein herzoglicher) Landesteil entstand. Zum Gottorper (Gottorfer) Anteil des jüngsten Bruders Adolf gehörten unter anderem Apenrade, Südschleswig, Stapelholm, Husum, Eiderstedt, Kiel, Neumünster, Oldenburg in Holstein, Cismar, Neustadt, Trittau und Reinbek (Reinbeck), zum Haderslebener, 1581 aufgeteilten Anteil Herzog Johanns des Älteren Hadersleben, Rendsburg (1581 königlich), Tondern, Lügumkloster, Fehmarn (1581 herzoglich), zum königlichen Sonderburger Anteil Christians und später Friedrichs II. Alsen, Aerö (Arrö), Flensburg, Bredstedt und holsteinische Gebiete um Segeberg, Oldesloe, Plön, Steinburg, Reinfeld und Ahrensbök. König und Herzog wechselten sich in der gemeinschaftlichen Regierung beider Länder ab. Gemeinsam unterwarfen die drei Brüder 1559 Dithmarschen und teilten es auf. 1581 wurde der Haderslebener Anteil Johanns des Älteren zwischen König Friedrich II. und Herzog Adolf von Gottorp (Gottorf) geteilt. König Christians III. Sohn und Nachfolger trat seinem Bruder Herzog Johann dem Jüngeren, der 1581 Reinfeld, Sundewitt und Rude-Kloster erhalten hatte, ein Drittel des Sonderburger Anteils ab (Sonderburg, Norburg, Aerö [Arrö], Plön, Ahrensbök). Diese Teilung wurde von den Ständen nicht anerkannt, sodass die sog. abgeteilten Herren, die beim Tode Johanns des Jüngeren die bis zum 18. Jahrhundert weitgehend aussterbenden Linien Schleswig-Holstein-Sonderburg (Sonderburg), Schleswig-Holstein-Norburg (Norburg), Schleswig-Holstein-Glücksburg (Glücksburg) und Schleswig-Holstein-Plön (Plön) bildeten, von denen Schleswig-Holstein-Sonderburg (Sonderburg) 1623 sich nochmals in Schleswig-Holstein-Augustenburg (Augustenburg) und Schleswig-Holstein-Beck (Beck-Glücksburg) teilte, keine Landesherrschaft in ihren Gebieten hatten. Seit 1565 begann unter Herzog Adolf von Gottorp (Gottorf) die eigenständige Politik der Herzöge von Schleswig. 1640 fiel die (schauenburgische [schaumburgische]) Grafschaft Pinneberg beiden Hauptlinien an. 1665 wurde die Universität Kiel gegründet. 1658 erzwang der Herzog von Gottorp (Gottorf) den Verzicht Dänemarks auf die Souveränität über den herzoglichen Anteil in Schleswig, wogegen Dänemark später militärisch wie politisch vorging, so dass schließlich 1721 der König von Dänemark als alleiniger Landesherr von den Ständen anerkannt und das Haus Gottorp (Gottorf) auf den zersplitterten herzoglichen Anteil in Holstein beschränkt wurde. 1767/1773 gaben die Herzöge von Gottorp (Gottorf), die 1762 die Krone Russlands gewonnen hatten, ihre Herrschaft über Holstein auf und erhielten dafür Oldenburg und Delmenhorst. Die nun wieder geeinten Herzogtümer Schleswig und Holstein gehörten zu Dänemark, waren aber verwaltungsmäßig selbständig. 1806 blieb S. bei Dänemark. Der Wiener Kongress von 1815 erklärte Holstein zum Glied des Deutschen Bundes. In der Folge begann Dänemark, Schleswig enger mit Dänemark zu verbinden und dadurch von Holstein zu trennen. 1846 erklärte der König Schleswig als zu Dänemark gehörig, so dass eine Beschränkung des Erbrechts der Linie Schleswig-Holstein-Augustenburg (Schleswig-Holstein-Sonderburg-Augustenburg) auf Holstein in Aussicht stand. 1848 fielen beide Herzogtümer von Dänemark ab. Am 12. 4. 1848 wurde Schleswig in den Deutschen Bund aufgenommen. 1850 setzte sich Dänemark aber vollständig durch und gab am 15. 2. 1854 Schleswig und am 11. 6. 1854 Holstein eine Verfassung. Nach weiteren Streitigkeiten, in deren Verlauf beim Aussterben der königlichen Linie 1863 die allein verbliebenen Linien Schleswig-Holstein-Augustenburg (Augustenburg) und Schleswig-Holstein-Sonderburg-Glücksburg (Beck-Glücksburg) der Sonderburger Linie Erbansprüche erhoben, und dem deutsch-dänischen Krieg von 1864 musste Dänemark am 30. 10. 1864 S. und Lauenburg an Preußen und Österreich abtreten, die es zunächst gemeinsam verwalteten. 1866 musste Österreich, das ein schleswig-holsteinisches Herzogtum befürwortet hatte, sein Einverständnis zur Einverleibung Schleswig-Holsteins in Preußen erklären. Die Erbansprüche des Großherzogs von Oldenburg wurden durch Geld und das holsteinische Amt Ahrensbök abgefunden. 1920 fiel Nordschleswig auf Grund einer Abstimmung, bei der sich 75 000 Stimmen für Dänemark und 25 000 für Deutschland aussprachen, an Dänemark. 1937 wurde Lübeck mit S. und Altona mit Hamburg vereinigt. 1945 kam ein der Stadt Ratzeburg gegen Osten hin vorgelagertes kleines Gebiet mit Ziethen, Bäk und Mechow von Mecklenburg an Schleswig-Holstein. 1946 wurde durch Verordnung der britischen Militärregierung aus der Provinz S. Preußens das Land S. gebildet.

L.: Scharff, A., Schleswig-Holstein, in: Geschichte der deutschen Länder, Bd. 1; Die Territorien des Reichs 2, 140; Bauer 1, 687; Geerz, F., Geschichte der geographischen Vermessungen und der Landkarten Nordalbingiens vom Ende des 15. Jahrhunderts bis zum Jahre 1859, 1859; Carstens, W., Die Landesherrschaft der Schauenburger und die Entstehung der landständischen Verfassung in Schleswig-Holstein, Zs. der ges. f.

schlesw.-holst. Gesch. 55 (1926), 287; Geschichte Schleswig-Holsteins, hg. v. Pauls, V./Klose, O., 1934 ff.; Schott, C., Beiträge zur Landeskunde von Schleswig-Holstein, 1953; Kellenbenz, H., Die Herzogtümer vom Kopenhagener Frieden bis zur Wiedervereinigung Schleswigs 1660–1721, 1960; Schleswig-Holstein, hg. v. Thiede, K., 1962; Handbuch der historischen Stätten, Schleswig-Holstein und Hamburg, hg. v. Klose, O., 3. A. 1976; Dankwerth, C., Die Landkarten von Johann Mejer Husum aus der neuen Landesbeschreibung der zwei Herzogtümer Schleswig und Holstein 1652, neu hg. v. Domeiner, K./Haak, M., 1963; Brandt, O., Geschichte Schleswig-Holstein, 6. A. 1966; Kahlfuss, H.-J., Landesaufnahme und Flurvermessungen in den Herzogtümern Schleswig, Holstein, Lauenburg vor 1864, 1969; Jürgensen, K., Die Gründung des Landes Schleswig-Holstein nach dem zweiten Weltkrieg, 1969; Klose, O., Geschichte Schleswig-Holsteins, Bd. 1 ff. 1980 ff.; Brandt, O./Klüver, W., Geschichte Schleswig-Holsteins, 8. A. 1981; Prange, W., Die Entwicklung der adligen Eigenwirtschaft in Schleswig-Holstein, in: Die Grundherrschaft im späten Mittelalter, Bd. 1, hg. v. Patze, H., 1983; Hildebrandt, F., Die Nachbarschaften in Angeln vom 17. bis 19. Jahrhundert, 1985; Koch, J., Schleswig-Holstein, 1986; Opitz, E., Schleswig-Holstein, 1988; Schleswig-Holsteins Weg in die Moderne, hg. v. Paetau, R., 1988; Fuhrmann, K., Die Auseinandersetzung zwischen königlicher und gottorfischer Linie in den Herzogtümern Schleswig und Holstein in der zweiten Hälfte des 17. Jahrhunderts, 1990; Albrechtsen, E., Über die rechtliche Stellung des Herzogstums Schleswig im Spätmittelalter, FS E. Hoffmann, 1992, 155; Schleswig-Holstein. Eine politische Landeskunde, red. v. Wenzel, R., 1992; Bremicker, S., Schleswig-Holstein als Kondominium, 1994; Hoffmann, E., Schleswig, LexMA 7 1995, 1484 ff.; Geschichte Schleswig-Holsteins, hg. v. Lange, U., 1996; Hagelstein, K., Die Erbansprüche auf die Herzogtümer Schleswig und Holstein 1863/64, 2003.

Schleswig-Holstein-Augustenburg (Herzöge). S. war im 18. Jahrhundert eine Nebenlinie der Herzöge von Schleswig-Holstein-Sonderburg (Schleswig-Holstein). Sie entstand (1623) nach Alexander, einem Sohn Johanns des Jüngeren aus der Linie Schleswig-Holstein-Sonderburg.

Schleswig-Holstein-Beck (Herzöge). S. war im 18. Jahrhundert eine Nebenlinie der Herzöge von Schlesig-Holstein-Sonderburg (Schleswig-Holstein). Sie entstand (1623) nach Alexander, einem Sohn Johanns des Jüngeren aus der Linie Schleswig-Holstein-Sonderburg.

Schleswig-Holstein-Eutin (Herzöge). S. war eine nach der Reformation des Hochstifts Lübeck gebildete Linie der Herzöge von Schleswig-Holstein, die dadurch entstand, dass seit 1586 die nunmehr weltlichen Fürstbischöfe von Lübeck aus dem Hause Schleswig-Holstein-Gottorp (Gottorf) kamen. 1773 wurde das Hochstift mit dem Herzogtum Oldenburg vereinigt, 1803 säkularisiert und Oldenburg zugeteilt. 1937 kam der oldenburgische Landesteil Eutin/Lübeck an die Provinz Schleswig-Holstein Preußens. S. Eutin, Lübeck.

L.: Kollmann, P., Statistische Beschreibung des Fürstentums Lübeck, 1901; Peters, G., Geschichte von Eutin, 1958.

Schleswig-Holstein-Glücksburg, Schleswig-Holstein-Sonderburg-Glücksburg (Herzogtum). 1210 begründeten Zisterziensermönche das Rudekloster. Dieses wurde 1538 säkularisiert. 1564 erhielt der jüngere Sohn des Königs von Dänemark (Christians III.), Johann der Jüngere, ein Drittel des königlichen Anteils von Schleswig-Holstein (Sonderburg, Aerösköbing, Norburg, Plön, Ahrensbök). Dazu kamen nach dem Tod Johanns des Älteren von Schleswig-Holstein-Hadersleben (1581) das Rudekloster, das Kloster Reinfeld, der königliche Anteil des Sundewitt und Güter auf Aerö (Aeroe). 1582 baute Johann der Jüngere an der Stelle des Rudeklosters Glücksburg. Sein Sohn Philipp machte Glücksburg zur Hauptstadt des ihm vererbten Herzogtums S. 1779 starb die Linie S. aus und wurde von Dänemark beerbt. Eine jüngere Linie Schleswig-Holstein-Sonderburg-Glücksburg wurde aus dem Hause Schleswig-Holstein-Beck 1825 begründet. S. Schleswig-Holstein-Sonderburg-Glücksburg.

L.: Kruse, H., Aus der Vergangenheit Glücksburgs, 1925.

Schleswig-Holstein-Glückstadt (Herzogtum). Bei Teilungen Schleswig-Holsteins von 1490 und 1544/1581 entstand der königliche Anteil an Schleswig-Holstein. 1616/1617 gründete König Christian IV. von Dänemark den Nordseehafen Glückstadt. 1648 verlegte der König die Regierungs- und Justizkanzlei der Herzogtümer königlichen Anteils hierher. Seitdem wurde das Herzogtum S. genannt. Um 1800 umfasste das Gebiet des zum niedersächsischen Reichskreis zählenden Herzogtums etwa 70 Quadratmeilen. Der holsteinische Teil bildete das Herzogtum Holstein-Glückstadt. 1866 kam Glückstadt zu Preußen, 1946 zu Schleswig-Holstein.

L.: Zeumer 553 II b 32; Wallner 706 NiedersächsRK 6; Großer Historischer Weltatlas III 22 (1648) D1.

Schleswig-Holstein-Gottorp(-Oldenburg), Schleswig-Holstein-Gottorf (Herzogtum). Nachdem 1460 Schleswig und Holstein aufgrund des Vertrages von Ripen an das 1448 in Dänemark an die Macht gelangte Haus Oldenburg gekommen waren und 1490 und 1544/1581 Schleswig und Holstein zwischen dem König von Dänemark und dem Herzog von Gottorp (Gottorf) in bunter Gemengelage geteilt worden waren, bildete der herzogliche Anteil das Herzogtum S. (Schleswig-Holstein-Gottorf). Ab 1721 verblieb dem Haus Gottorp (Gottorf) nur noch der holsteinische Anteil des Herzogtums als Herzogtum Holstein-Gottorp (Gottorf). 1767/1773 gaben die Herzöge von Gottorp (Gottorf), von denen 1767 Karl Peter Ulrich als Peter III. den Thron von Russland bestieg, ihre Herrschaft in Schleswig-Holstein zugunsten Dänemarks auf. Die sog. bischöfliche Linie der Gottorper (Gottorfer), die das Hochstift Lübeck mit Eutin innehatte, erhielt durch Vertrag Oldenburg. Um 1800 umfasste das Gebiet des zum niedersächsischen Reichskreis zählenden Herzogtums etwa 70 Quadratmeilen. S. Holstein, Oldenburg.

L.: Großer Historischer Weltatlas III 22 (1648) D 1.

Schleswig-Holstein-Kiel (Herzogtum). 1721 wurde das im 13. Jahrhundert (1233–1242) begründete Kiel Hauptresidenz der Herzöge von Gottorp (Gottorf). Seit 1762 wurde, nachdem Karl Peter Ulrich als Peter III. den Thron von Russland bestiegen hatte, der Gottorper (Gottorfer) Anteil Schleswig-Holsteins von Petersburg aus regiert. 1773 wurde vertraglich das gottorpsche (gottorfsche) Restland an Dänemark übertragen.

Schleswig-Holstein-Norburg (Herzöge). Herzog Johanns des Jüngeren (Linie Sonderburg) Sohn Friedrich begründete die Linie S.

Schleswig-Holstein-Oldenburg s. Schleswig-Holstein-Gottorp-Oldenburg

Schleswig-Holstein-Sonderburg (Herzogtum). Sonderburg auf der Insel Alsen erscheint 1253 als Burg und 1257 als Ort. 1461 erhielt es Stadtrecht. Bei der Teilung von 1564 kam es mit Norburg, Arrö (Aerö), Plön und Ahrensbök an Herzog Johann den Jüngeren, den Stammvater der Sonderburger Linien, dem zwar die Stände die Huldigung verweigerten, so dass er nur abgeteilter Herr und nicht an der gemeinschaftlichen Regierung Schleswig-Holsteins beteiligt war, der aber in seinem Sonderburger Herzogtum alle Rechte eines regierenden Herren wahrnahm. (Er erwarb 1581 bei der Aufteilung Schleswig-Holstein-Haderslebens Reinfeld in Holstein, den Sundewitt sowie die Güter des Rudeklosters und erbaute das Schloss Glücksburg.) Bei seinem Tod (1622) begründete sein Sohn Alexander die Sonderburger Linie (Schleswig-Holstein-Sonderburg), Friedrich die Norburger Linie (Schleswig-Holstein-Norburg), Philipp der Ältere die Glücksburger Linie (Schleswig-Holstein-Glücksburg) und Joachim Ernst die Plöner Linie (Schleswig-Holstein-Plön). Das Sonderburger Haus (Schleswig-Holstein-Sonderburg) spaltete sich weiter auf in fünf Linien, von denen nur Schleswig-Holstein-Augustenburg (Augustenburg) und Schleswig-Holstein-Beck (Beck) Bedeutung bekamen. 1667/1668 zog König Friedrich III. von Dänemark das verschuldete Herzogtum Sonderburg ein. 1866 kam Sonderburg mit Schleswig zu Preußen, 1871 zum Deutschen Reich. 1920 fiel es mit Nordschleswig an Dänemark.

L.: Sønderborg slot, hg. v. Norn, O. u. a., 1963.

Schleswig-Holstein-Sonderburg-Glücksburg (Herzogtum). An Stelle des am 6. 9. 1210 gegründeten, 1538 säkularisierten Rudeklosters erbaute Herzog Johann der Jüngere, der jüngste Sohn König Christians III. von Dänemark aus dem Hause Oldenburg, der nach dem Tode Christians III. 1564 von König Friedrich II. ein Drittel des königlichen Anteils von Schleswig-Holstein (Sonderburg, Aeroeskoebing [Aerösköbing], Norburg, Plön, Ahrensbök) erhielt, zu dem nach dem Tod Herzog Johanns des Älteren 1581 noch Rudekloster, Reinfeld, Sundewitt (königlicher Anteil) und Güter auf der Insel Arrö (Aerö) kamen, 1582–1587 das Schloss Glücksburg. Johanns Sohn, Herzog Philipp, erhob Glücksburg zur Hauptstadt seines ihm vererbten Herzogtums S. Als das Herzoghaus 1779 ausstarb, übernahm der König von Dänemark als Herzog von Schleswig-Holstein die Güter. S. Schleswig-Holstein-Glücksburg.

L.: Kruse, H., Aus der Vergangenheit Glücksburgs, 1925; Brandt, O./Klüver, W., Geschichte Schleswig-Holsteins, 8. A. 1981.

Schleswig-Holstein-Sonderburg-Plön, Schleswig-Holstein-Plön (Herzogtum). Um 1156 gründete Graf Adolf II. von Holstein bei der ehemaligen slawischen Wasserburg Plune, die wohl seit dem 9. Jahrhundert slawischer Fürstensitz gewesen war, eine deutsche Siedlung. Die 1173 errichtete landesherrliche Burg war von 1290 bis 1390 Sitz einer Linie der Grafen von Schauenburg (Schaumburg), von 1623/1636 bis 1761 Residenz des kleinen Herzogtums S., dessen Gebiet bei ihrem Aussterben 1761 an Dänemark zurückfiel, bei dem es mit Schleswig-Holstein bis 1864 blieb. 1866/1867 kam es zu Preußen, 1946 zu Schleswig-Holstein.

L.: Hanssen, P., Kurzgefasste zuverlässige Nachricht von den Holstein-Plönischen Landen, 1759; Kinder, J., Urkundenbuch zur Chronik der Stadt Plön, 1890; Der Landkreis Plön, 2. A. 1964; Klüver, W., Plön. Grundzüge und Hauptdaten einer Stadtgeschichte, 2. A. 1964.

Schleswig-Holstein-Wiesenburg (Herzöge, herzogliche Linie). S. war im 18. Jahrhundert eine Nebenlinie der Herzöge von Schleswig-Holstein.

Schletten (Reichsritter). Im 16. und 17. Jahrhundert zählten die S. zum Kanton Rhön-Werra, im frühen 18. Jahrhundert zum Kanton Baunach des Ritterkreises Franken.

L.: Stieber; Seyler 382; Riedenauer 127; Rahrbach 219.

Schlettstadt (Reichsstadt), frz. Sélestat. S. an der Ill im Unterelsass wird 735 erstmals als Königsgut erwähnt. Es kam im 11. Jahrhundert an das Kloster Sankt Fides in S., im 13. Jahrhundert an den Bischof von Straßburg. Nach dem Aussterben der Staufer wurde es 1292 eigens zur Stadt erhoben (Reichsstadt). Von 1354 bis 1648 war es Mitglied des elsässischen Zehnstädtebundes. 1634/1648 kam es mit dem Elsass an Frankreich. Von 1871 bis 1918 gehörte es zum deutschen Reichsland Elsass-Lothringen.

L.: Wolff 296; Großer Historischer Weltatlas II 66 (1378) D4, III 22 (1648) C4; Gény, J., Die Reichsstadt Schlettstadt und ihr Anteil an den sozialpolitischen und religiösen Bewegungen der Jahre 1490–1536, 1900; Gény, J., Schlettstädter Stadtrechte, 1909; Krischer, J., Die Verfassung und Verwaltung der Reichsstadt Schlettstadt im Mittelalter, 1909; Wentzke, P., Geschichte der Stadt Schlettstadt, 1910; Bronner, A., Stadt Schlettstadt, 1929; Witte, H., Schlettstadt, 1984; Rapp, F., Schlettstadt, LexMA 7 1995, 1488; Escher, M. u. a., Die urbanen Zentren, 2005, 2, 549.

Schletz (Reichsritter). Im 16. und 17. Jahrhundert zählten die S. zum Kanton Odenwald des Ritterkreises Franken. S. Schletzberg, Schrotzberg.

L.: Pfeiffer 210; Riedenauer 127.

Schletzberg (Reichsritter) s. Schrotzberg, Schrozberg

Schleusingen (Burg, Amt). Das vermutlich weit ältere S. an der oberen Schleuse erscheint erstmals 1232 (Slusungen). Bei der Landesteilung der Grafen von Henneberg wurde es Sitz der von Graf Berthold V. (†1284) begründeten Linie Henneberg-Schleusingen (mit Henneberg, Wasungen, Themar), die rasch viele Güter erwarb (Belrieth 1323, Bettenhausen, Seeba, Friedelshausen 1297, Rossdorf 1317, Tambach, Schmalkalden, Barchfeld, Maßfeld 1325, Coburg). 1310 wurden ihre Angehörigen zu gefürsteten Grafen erhoben. 1583 kam S. an das Haus Wettin (Sachsen, Kursachsen), 1920 an Thüringen und damit von 1949 bis 1990 zur Deutschen Demokratischen Republik. S. Henneberg-Schleusingen.

L.: Wolff 115; Lorentzen, T., Ursprung und Anfänge der Stadt Schleusingen, 1932; Mauersberg, H., Besiedlung und Bevölkerung des ehemaligen hennebergischen Amtes Schleusingen, 1938; Füßlein, W., Berthold VII. Graf von Henneberg. Ein Beitrag zur Reichsgeschichte des 14. Jahrhunderts, 1983.

Schleythal s. Schleithal

Schlitz (reichsritterschaftliche Herrschaft). Die reichsritterschaftliche Herrschaft S. nordwestlich Fuldas zählte zum Kanton Rhön-Werra des Ritterkreises Franken.

L.: Wolff 514; 1100 Jahre Schlitzer Geschichte, 1912; Schlitz genannt von Görtz, E. Gräfin v., Schlitz und das Schlitzer Land, 1936.

Schlitz genannt von Görtz (Herren, Reichsfreiherren, Reichsritter, Reichsgrafen). S. im Nordosten des Vogelsberges erscheint anlässlich der Weihe der Kirche im Jahre 812. Nach S. nannten sich die 1116 erstmals bezeugten ministerialischen Herren von S., die in Lehnsabhängigkeit von der Abtei Fulda um S. eine Herrschaft aufbauten. Seit 1218 führten sie den Namen S., seit 1408 in einer Linie S. genannt von Görtz (Gerisrode?). Als Anhänger der Reformation (1563) lösten sie sich vor allem seit dem Dreißigjährigen Krieg aus der Landesherrschaft Fuldas, zu dessen Erbmarschällen sie 1490 erhoben worden waren. Nach 1612 setzten sie die Aufnahme ihrer Herrschaft (mit Bernshausen, Nieder-Stoll [Niederstoll], Ützhausen, Hutzdorf, Fraurombach, Queck, Rimbach, Sandlofs, Sassen, Wehnerts, Pfordt, Hartershausen, Hemmen, Üllershausen, Schlitz, Hallenburg, Wegfurth, Berngerod, Ober-Wegfurth [Oberwegfurth],

Richthof, Unter-Schwarz [Unterschwarz], Unter-Wegfurth [Unterwegfurth] und Willofs) in den Kanton Rhön-Werra des Ritterkreises Franken und damit die Befreiung von der Landstandschaft Fuldas durch. 1677 wurden sie Reichsfreiherren, 1726 Reichsgrafen. 1804 erreichten sie nach dem Wegfall der Oberlehnsherrschaft Fuldas die Aufnahme in das wetterauische Reichsgrafenkollegium des Reichstages. Bei der Mediatisierung fiel ihr Gebiet (mit Schlitz, den Gerichten Hutzdorf, Pfordt, Bernshausen und der Herrschaft Wegfurth) 1806 an Hessen-Darmstadt und damit 1945 an Hessen.

L.: Wolff 514; Roth von Schreckenstein 2, 594; Seyler 382 f.; Pfeiffer 198; Winkelmann-Holzapfel 161; Riedenauer 127; 1100 Jahre Schlitzer Geschichte, 1912; Schlitz genannt von Görtz, E., Gräfin v., Schlitz und das Schlitzer Land, 1936.

Schlotheim (Herren). Die Burg S. an der Notter bei Mühlhausen ist 874 erstmals bezeugt. Seit dem 13. Jahrhundert war sie Sitz der seit der Mitte des 12. Jahrhunderts belegten Herren von S., der Truchsessen der Landgrafen von Thüringen. 1323/1330 kam sie durch Verkauf an die Grafen von Hohnstein, 1338/1340/1356 an Schwarzburg (1571 Schwarzburg-Frankenhausen, 1599 Schwarzburg-Rudolstadt), 1920 an Thüringen und damit von 1949 bis 1990 an die Deutsche Demokratische Republik.

L.: Wolff 412; Wagner, A., Schlotheim, Diss. math.-nat. Jena 1932.

Schlüchter von Erfenstein (Ganerben). Von 1499 bis 1603 waren die S. an der Ganerbschaft Mommenheim beteiligt.

L.: Zimmermann 78.

Schlüchtern (Kloster, Grafschaft). Vermutlich im frühen 9. Jahrhundert wurde in S. (993 Sluohderin) an der oberen Kinzig ein wohl mit Fulda verbundenes Kloster gegründet. 993 ließ sich das Hochstift Würzburg von König Otto III. Ansprüche auf S. bestätigen. Würzburgs Einfluss wurde seit dem 12. Jahrhundert durch die Vogtei der Herren von Grumbach zurückgedrängt. 1243 kam die nördliche Hälfte des Vogteigebiets an die Herren von Trimberg, die südliche Hälfte an die Herren von Steckelberg, 1307 an die Grafen von Rieneck-Rothenfels. 1316 erlangten die Herren bzw. Grafen von Hanau die südliche und 1371 auch die nördliche Hälfte (Grafschaft S.). 1656 verzichtete Würzburg auf seine Rechte, nachdem das Kloster 1539 reformiert worden war. 1609 wurde die Klosterverfassung aufgehoben. Über Hanau kam S. an Hessen-Kassel, Preußen (1866) und Hessen (1945).

L.: Wolff 270; Großer Historischer Weltatlas II 66 (1378) E3; Schiele, F. M., Die Reformation des Klosters Schlüchtern, 1907; Zimmermann, E. J., Hanau, Stadt und Land, 2. A. 1917; Nistahl, M., Studien zur Geschichte des Klosters Schlüchtern im Mittelalter, 1986; Müller, H., Geschichte und Geschichten aus Schlüchtern, 1994.

Schlüsselberg (Herrschaft). Eine edelfreie, zunächst nach Adelsdorf, Creußen (1135–1151) und Greifenstein (1172–1233) benannte, mit denen von Andechs-Meranien, Truhendingen, Zollern (Hohenzollern), Wertheim und Leuchtenberg verwandte Familie nannte sich seit 1219 nach der Burg S. bei Ebermannstadt. Sie erwarb umfangreiche Güter (Herrschaft Waischenfeld 1216, Gößweinstein 1243, Güter zu Vilseck, Auerbach, Eggolsheim, Reifenberg 1249). 1347 starb die Familie aus. S. kam zunächst an Bamberg, 1390 an Würzburg und mit diesem 1810 an Bayern, andere Güter an die Burggrafen von Nürnberg und die Bischöfe von Bamberg und Würzburg.

L.: Kraft, W., Geschichte Frankens, 1959; Hofmann, H., Territorienbildung in Franken im 14. Jahrhundert, Zs. f. bay. LG. 31 (1986), 380; Schmid, A., Schlüsselberg, LexMA 7 1995, 1493 f.

Schlüsselfelder von Kirchensittenbach (Reichsritter). Vielleicht zählten die S. mit dem Rittergut Nackendorf zum Kanton Steigerwald des Ritterkreises Franken.

L.: Stieber; Bechtolsheim 13, 414; Riedenauer 127.

Schmalegg (Herrschaft). Nach der 1171 bezeugten Burg S. (Smalunegge) bei Ravensburg nannten sich die seit etwa 1140 bekannten ministerialischen Herren von S., die das Schenkenamt des Herzogtums Schwaben erlangten. 1293/1294 verkauften sie ihre Stammburg an die Grafen von Werdenberg-Sargans, 1413 die Burg und Herrschaft an die Reichsstadt Ravensburg, die 1802/1803 an Bayern und 1810 an Württemberg und damit 1951/1952 an Baden-Württemberg kam.

L.: Hölzle, Beiwort 89; Dreher, A., Geschichte der Reichsstadt Ravensburg, 1972; Der Kreis Ravensburg, 1976.

Schmalkalden (Herrschaft). S. (Smalacalta) an der Schmalkalde in Thüringen wird 874 anlässlich der Übertragung an das Kloster

Fulda erstmals erwähnt. 1057 gehörte es zum Hochstift Würzburg, um 1100 den ludowingischen Landgrafen von Thüringen. 1247 fiel es bei deren Aussterben in weiblicher Erbfolge an die Grafen von Henneberg (Henneberg-Schmalkalden) und von dort vorübergehend (1291–1311/1317) an die Markgrafen von Brandenburg. 1353 gelangte es infolge einer Heirat über eine hennebergische Erbtochter an die Burggrafen von Nürnberg, wurde aber 1360 von Elisabeth von Henneberg und dem Landgrafen von Hessen je zur Hälfte zurückgekauft. 1544 wurde die Reformation in der real nicht in geteiltem Gesamteigentum stehenden Herrschaft eingeführt. 1583/1619 fiel beim Aussterben der Grafen von Henneberg auf Grund eines Erbvertrages die zweite Hälfte gegen den Widerstand wettinischer Miterben an Hessen-Kassel. Von 1627 bis 1648 gehörte S. zu Hessen-Darmstadt. 1866 wurde es mit Hessen-Kassel (Kurhessen) Teil Preußens (1867 Regierungsbezirk Kassel). Am 1. 4. 1944 wurde es zum 1. 7. 1944 dem Regierungsbezirk Erfurt eingegliedert und mit diesem dem Reichsstatthalter in Thüringen unterstellt. Nach der Kapitulation am 8. 5. 1945 kam es zu Thüringen und damit zur sowjetischen Besatzungszone. Am 25. 7. 1952 ging Thüringen in der 1949 gegründeten Deutschen Demokratischen Republik auf (str.), wurde aber am 3. 10. 1990 wieder begründet.

L.: Wolff 115; Wagner, J. G., Geschichte der Stadt und Herrschaft Schmalkalden, 1849; Geisthirt, J. C., Historia Schmalcaldica, 1881 ff.; Lohse, H., Schmalkalden. Die historische Konventsstadt, 1927; Heinemeyer, K., Schmalkalden, LexMA 7 1995, 1501.

Schmid (Reichsritter). Im frühen 18. Jahrhundert zählten die S. zum Kanton Odenwald des Ritterkreises Franken.

L.: Riedenauer 127.

Schmid von Brandenstein, Brandenstein (Freiherren, Reichsritter). Im 18. Jahrhundert rechneten die 1774 zu Freiherren erhobenen S. (Brandenstein) mit Orschweier (Orschwier) bei Mahlberg zum Kanton (Bezirk) Ortenau des Kantons Neckar des Ritterkreises Schwaben.

L.: Hölzle, Beiwort 65.

Schmidberg, Schmiedberg (Reichsritter). Von der Mitte des 17. bis zur Mitte des 18. Jahrhunderts zählten die S. zum Kanton Odenwald des Ritterkreises Franken. Von 1716 bis 1777 waren die S. wegen des 1694 erheirateten oberen Schlosses zu Talheim im Kanton Kocher des Ritterkreises Schwaben immatrikuliert.

L.: Riedenauer 127; Schulz 271.

Schmidburg s. Schenk zu S.

Schmidburg, Schmidtburg s. Schenk zu Schmidburg, Schenk von Schmidtburg

Schmidt (Reichsritter). Im frühen 19. Jahrhundert zählten die S. zum Kanton Steigerwald des Ritterkreises Franken.

L.: Bechtolsheim 15; Riedenauer 127.

Schmidt auf Altenstadt (Reichsritter). Die S. zählten zur vogtländischen Ritterschaft (Vogtland).

L. Stieber.

Schmidt von Eisenberg (Reichsritter). Im späten 17. Jahrhundert zählten die S. zum Kanton Baunach des Ritterkreises Franken.

L.: Riedenauer 127.

Schmidtburg zu Weiler (Freiherren, Reichsritter). Um 1790 waren die Freiherren von S. mit Teilen von Weiler Mitglied des Kantons Niederrheinstrom des Ritterkreises Rhein. S. Schenk zu Schmidburg, Schenk von Schmidtburg.

L.: Winkelmann-Holzapfel 161.

Schmiechen (Herrschaft) s. Schmüchen

Schmiedberg s. Schmidberg

Schmiedelfeld (Herrschaft). Die Herrschaft S. gehörte ursprünglich den Schenken von Limpurg-Sontheim, kam aber 1781 an Württemberg und S. damit 1951/1952 an Baden-Württemberg.

L.: Wolff 125; Hölzle, Beiwort 50.

Schmiegau

L.: Polenz, P. v., Landschafts- und Bezirksnamen, 1961, II, 24, 26, Smehgouwe, ,Schmiegau'.

Schmitz-Grollenburg (Reichsritter). Franz Edmund von S., hohenzollerischer und schwarzenbergischer Reichstagsgesandter, war von 1803 bis 1805 Mitglied des Kantons Neckar des Ritterkreises Schwaben und des Kantons Mittelrheinstrom des Ritterkreises Rhein.

L.: Hellstern 213.

Schmüchen, Schmiechen (Herrschaft). Die Herrschaft S. gehörte am Ende des 18. Jahrhunderts über die Grafen Fugger-Kirchheim zum schwäbischen Reichskreis.

L.: Wolff 205; Wallner 685 SchwäbRK 15 a.

Schneeberg (Reichsritter). Um 1550 zählten die S. zum Kanton Odenwald des Ritterkreises Franken.

L.: Stetten 33; Riedenauer 127; Rahrbach 221.

Schneider (Reichsritter). Vielleicht zählten um 1806 S. zum Ritterkreis Franken.

L.: Riedenauer 127.

Schnell von Rottenbach, Schmoll? (Reichsritter). Vielleicht zählten S. zum Kanton Rhön-Werra des Ritterkreises Franken.

L.: Riedenauer 127.

Schnodsenbach (reichsritterschaftlicher Ort). S. bei Scheinfeld zählte zum Kanton Steigerwald des Ritterkreises Franken und fiel später an Bayern.

L.: Wolff 512.

Schnorrenberg und Steinkallenfels (Freiherren, Reichsritter). Um 1790 zählten die Freiherren von S. wegen Dörrmoschel mit Teschenmoschel (nördlich von Kaiserslautern) zum Kanton Niederrheinstrom des Ritterkreises Rhein. S. Schorrenburg.

L.: Winkelmann-Holzapfel 161.

Schnürpflingen (Herrschaft). Die Herrschaft S. bei Vöhringen an der Iller wurde am Ende des 17. Jahrhunderts von den Grafen Fugger-Kirchberg-Weißenhorn (Fugger in der Linie Kirchberg und Weißenhorn) erworben und kam später zu Württemberg und damit S. 1951/1952 zu Baden-Württemberg.

L.: Hölzle, Beiwort 45.

Schoder (Reichsritter). Vielleicht zählten S. im frühen 16. Jahrhundert zum Ritterkreis Franken.

L.: Riedenauer 127.

Scholl, Schmoll? (Reichsritter). Vielleicht zählten S. im frühen 16. Jahrhundert zum Ritterkreis Franken.

L.: Riedenauer 127.

Schöller (Herrschaft). S. bei Düsseldorf erscheint erstmals 1182 (Schonlare) in einer Urkunde des Stifts Sankt Gereon in Köln. Über die Erbtochter Wolfgang Wilhelms von S. kam es um 1700 an die Grafen von Schaesberg. Am Ende des 18. Jahrhunderts gehörte die Herrschaft S. über das Herzogtum Berg der Pfalz zum niederrheinisch-westfälischen Reichskreis. 1946 gelangte S. über Preußen zu Nordrhein-Westfalen.

L.: Wolff 324; Schoeller, A.V., Geschichte der Familie Schöller, 1894; Schoeller, H., Beiträge zur Geschichte der Familie Schöller, 1910.

Schönau (Freiherren, Reichsritter). 1752 zählten die Freiherren von S. (von und zu S.) mit Wehr (Wöhr) und Zell zum Kanton Hegau (Hegau-Allgäu-Bodensee) des Ritterkreises Schwaben. Mit Saasenheim waren sie Mitglied des Ritterkreises Unterelsass. Sie erloschen in männlicher Linie 1847.

L.: Hölzle, Beiwort 67; Ruch, Anhang 78.

Schönau (Kloster). 1117/1126 gründete der Graf von Laurenburg unter Mitwirkung des Klosters Allerheiligen in Schaffhausen auf seinem Eigengut Lipporn eine Benediktinerabtei bei Strüth und übertrug 1132 das Kloster unter dem Namen S. dem Erzstift Mainz unter Vorbehalt der Vogtei. 1803 wurde das Kloster zugunsten von Nassau-Weilburg (Nassau) aufgehoben. 1866 kam S. zu Preußen, 1946 zu Rheinland-Pfalz.

L.: Heinemeyer, K., Schönau, LexMA 7 1995, 1530 f.

Schönau (reichsunmittelbare Herrschaft). Die Herrschaft S. bei Aachen war am Ende des 18. Jahrhunderts nicht eingekreister Reichsteil des Heiligen Römischen Reiches. Sie bestand nur aus einem Haus und einigen hundert Morgen Landes ohne Untertanen. 1759/1764 erzwang die Pfalz als Herzog von Jülich vom sie innehabenden Herren von Blanche die Anerkennung der Landeshoheit Jülichs. 1815 kam S. zu Preußen (Rheinprovinz), 1946 zu Nordrhein-Westfalen.

L.: Wolff 498.

Schönau zu Wöhr, Schönau zu Wehr (Freiherren, Reichsritter) s. Schönau

L.: Ruch, Anhang 78.

Schönau zu Zell, Schönau-Zell (Freiherren, Reichsritter) s. Schönau

L.: Ruch, Anhang 78.

Schönbeck (Reichsritter). Im frühen 16. und frühen 18. Jahrhundert zählten die S. zum Kanton Gebirg im Ritterkreis Franken.

L.: Riedenauer 127.

Schönberg (Burg, Herrschaft). 1303 erscheint die Burg S. bei Bensheim der Schenken von Erbach, die diese von der Pfalz zu Lehen hatten. 1510 kam das Lehnsrecht an Hessen. 1717 wurde S. Sitz der Linie Erbach-Schönberg. 1806 kam es an Hessen-Darmstadt und damit 1945 zu Hessen. S. Erbach-Schönberg.

L.: Wolff 123.

Schönberg, Schenburgk (Reichsritter). Im 16. Jahrhundert (um 1550) zählten die S. zum Kanton Odenwald im Ritterkreis Franken.

L.: Riedenauer 127; Stetten 33.

Schönberg auf Wesel (Reichsritter). Im 18. Jahrhundert zählten die S. zum Ritterkreis Rhein.

L.: Roth von Schreckenstein 2, 595.

Schönborn (Reichsritter, Freiherren, Grafen). Nach dem Ort S. bei Limburg an der unteren Lahn nannte sich ein 1284 erstmals sicher bezeugtes rheinisches, aus der Ministerialität aufgestiegenes Adelsgeschlecht. Seit dem späten Mittelalter gehörte es mit verschiedenen, bis zur ersten Hälfte des 17. Jahrhunderts mit Ausnahme eines Zweiges aussterbenden Linien zur rheinischen Reichsritterschaft (Ritterkreis Rhein). Im 17. Jahrhundert verlagerte es seinen Schwerpunkt nach Franken. 1642 wurde Johann Philipp von Schönborn Bischof von Würzburg, 1647 Erzbischof von Mainz. Als Folge hiervon erlangte das Geschlecht für längere Zeit eine hervorgehobene Stellung. 1663 wurde es in den Freiherrenstand, 1701 in den Grafenstand erhoben. Wegen der 1671 erworbenen Herrschaft Reichelsberg gehörten die Grafen von S. zu den fränkischen Grafen der weltlichen Bank des Reichsfürstenrates des Reichstages. 1701/1704 erwarben sie die reichsständische Herrschaft Wiesentheid und damit eine zweite Stimme im fränkischen Reichsgrafenkollegium. Seit der Mitte des 17. Jahrhunderts waren die Grafen von S. in den Kantonen Odenwald, Steigerwald, Gebirg (ab Mitte des 18. Jahrhunderts) und Baunach (seit etwa 1790) immatrikuliert. Die im 18. Jahrhundert entstandene Linie Schönborn-Heusenstamm erlosch 1801. Von den Grafen von Schönborn-Wiesentheid zweigten sich 1801 und 1811 die Grafen von Schönborn-Buchheim in Österreich und die Grafen von S. in Böhmen ab. Um 1800 zählten sie mit Heusenstamm, Gravenbruch (Grafenbruch), Hausen, Obertshausen, Patershäuser Hof, Schloss S., Huckelheim, Bromelbergerhof, Dörnsteinbach, Großblankenbach, Großkahl, Großlaudenbach, Hauenstein, Hauhof, Kahler Glashütte (Kahler), Königshofen, Krombach, Langenborn, Mensengesäß, Oberschur, Oberwestern, Polsterhof, Schneppenbach, Unterschur, Waag, Wesemichshof (Wesemichshofen), Schöllkrippen und Michelbach zum Kanton Odenwald des Ritterkreises Franken. Wegen Gaibach und Zeilitzheim waren sie im Kanton Steigerwald immatrikuliert. Weiter waren sie mit der Hälfte von Dorn-Assenheim (Dornassenheim) Mitglied im Kanton Mittelrheinstrom und mit Badenheim im Kanton Oberrheinstrom des Ritterkreises Rhein. Michelbach fiel 1808 an Hessen-Darmstadt und Huckelheim, Oberwestern, Schöllkrippen, Großlaudenbach und Kahl an Aschaffenburg und damit später an Bayern. Die Herrschaften Wiesentheid und Reichelsberg kamen 1806/1810 durch Mediatisierung an Bayern. Der Ort S. gelangte 1479 über Katzenelnbogen an Hessen, 1803 an Nassau-Usingen (Nassau), 1866 an Preußen und 1946 an Rheinland-Pfalz.

L.: Zeumer 554 II b 62, 9 f.; Stieber; Roth von Schreckenstein 2, 595; Winkelmann-Holzapfel 162; Bechtolsheim 22, 65 f.; Riedenauer 127; Stetten 39, 187 f.; Domarus, M., Würzburger Kirchenfürsten aus dem Hause Schönborn, 1951; Schröcker, A., Besitz und Politik des Hauses Schönborn vom 14. bis zum 18. Jahrhundert, in: Mitteilungen des österreich. Staatsarchivs 26 (1973); Die Grafen von Schönborn, hg. v. Maué, H. u. a., 1989; Bott, K., Bibliographie zur Geschichte des Hauses Schönborn, 1991; Schraut, S., Das Haus Schönborn, 2004.

Schönborn-Buchheim (Grafen) s. Schönborn

Schönborn-Wiesentheid (Grafen). 1701 erwarben die Grafen von Schönborn die reichsständische Herrschaft Wiesentheid. Sie kam 1806/1810 an Bayern. S. Schönborn.

Schönburg (Herren, Grafen, Fürsten). Im ehemaligen Reichsland an Pleiße und Mulde stieg das ursprünglich edelfreie, dann reichsministerialische, aus dem Saalegebiet um Naumburg stammende und 1166 erstmals erwähnte Geschlecht der Herren von S. zu selbständiger Stellung empor. Um 1170 begründeten sie, vermutlich auf Grund des Wild- und Forstbannes, die reichsunmittelbaren Herrschaften Glauchau, Lichtenstein und Geringswalde. Später erwarben sie die Herrschaft Meerane (um 1300), die Herrschaft Waldenburg (1375/1378) und 1406/1439 die Reichsgrafschaft Hartenstein. Um 1300/1305 trugen die Herren von S. ihre reichslehnbaren Herrschaften Glauchau und Lichtenstein zum Schutz vor Wettin als Reichsafterlehen an Böhmen auf. Die Ende des 13. Jahrhunderts erworbene Herrschaft Crimmitschau ging 1413 mit dem Aussterben der dortigen, 1301 begründeten Seitenlinie an die Markgrafen von Meißen verloren. Später beanspruchte Sachsen die Landeshoheit über die Herrschaften Glauchau, Waldenburg, Lichtenberg und Hartenstein, ohne die Reichsstandschaft der zur Reformation übergetretenen Grafen beseitigen zu können. 1543 erwarben diese nach Aufgabe ihrer verstreuten Güter im Egerland und in der Lausitz von Sachsen die Herrschaften Penig, Wechselburg, Remse (Remissau) und Rochsburg als Lehen, wodurch sie unter verstärkten Druck Sachsens gerieten. 1559 mussten sie, nachdem 1556 eine Teilung in die Linie Glauchau (1620 erloschen), die obere Linie mit den Ästen Waldenburg (1700 Reichsgrafen, 1790 Reichsfürsten) und Hartenstein sowie die untere Linie Penig (in der Hauptlinie 1900 erloschen) erfolgt war, die obere Grafschaft Hartenstein an Sachsen verkaufen. 1740 traten die Grafen die Landeshoheit (über die sog. Schönburgischen Lande) an das Kurfürstentum Sachsen ab, das 1779 über Bayern von Österreich die Oberlehnshoheit erhielt. Am Ende des 18. Jahrhunderts gehörten die Herrschaften der Grafen von S., die ein Gebiet von 25 Quadratmeilen umfassten (Schönburg-Waldenburg mit Waldenburg, Stein und Lichtenstein und der Grafschaft Hartenstein, Schönburg-Glauchau mit den Herrschaften Glauchau, Remissau [Remse], Penig, Rochsburg und Wechselburg), zum obersächsischen Reichskreis. 1792 zählten die Grafen zu den wetterauischen Grafen der weltlichen Bank des Reichsfürstenrates des Reichstages. 1806 ging mit der Auflösung des Reiches die Reichsstandschaft verloren, doch hatten die S. bis 1878 eine autonome Gerichtsbarkeit und damit eine Sonderstellung innerhalb Sachsens. Von 1949 bis 1990 kamen die Güter mit Sachsen zur Deutschen Demokratischen Republik.

L.: Wolff 421 f.; Zeumer 553 II b 60, 23; Wallner 709 ObersächsRK 10 a, b; Großer Historischer Weltatlas II 66 (1378) G3; Posse, O., Die Urahnen des fürstlichen und gräflichen Hauses Schönburg, 1914; Müller, K., Geschichte des Hauses Schönburg bis zur Reformation, 1931; Schlesinger, W., Grundzüge der Geschichte der Stadt Glauchau, 1940; Schlesinger, W., Die Landesherrschaft der Herren von Schönburg, 1954; Blaschke, K., Schönburg, LexMA 7 1995, 1531.

Schönburg-Glauchau (Grafen). 1806 wurden die Grafen von S. in Sachsen mediatisiert. S. Schönburg.

Schönburg-Waldenburg (Grafen). 1806 wurden die Grafen S. in Sachsen mediatisiert. S. Schönburg.

Schöneck (Herrschaft). Die einige Dörfer umfassende Herrschaft S. im Niederelsass zwischen Bitsch, Fleckenstein und Niederbronn (zwischen Bitsch und Hagenau) gehörte am Ende des 18. Jahrhunderts den Freiherren Eckbrecht von Dürkheim. Mit dem Elsass gelangte sie zu Frankreich.

L.: Wolff 293.

Schönegg (Herrschaft). Die Herrschaft S. an der Günz wurde um 1290 vom Hochstift Augsburg erworben und kam mit diesem an Bayern.

L.: Wolff 156; Hölzle, Beiwort 69.

Schöner von Straubenhardt (Reichsritter). Die S. zählten bereits 1488 zur Gesellschaft Sankt Jörgenschild, Teil am Neckar. Von 1548 bis 1614 waren sie Mitglied des Kantons Neckar des Ritterkreises Schwaben.

L.: Hellstern 213.

Schönfeld, Schönfeldt (Reichsritter). Im 18. Jahrhundert zählten die S. zum Kanton Rhön-Werra, zum Kanton Gebirg sowie zum Kanton Altmühl des Ritterkreises Franken. Außerdem gehörten sie mit den Rittergütern Mühlen und Egelstal zum Kanton Neckar des Ritterkreises Schwaben.

L.: Seyler 383, Riedenauer 127; Hellstern 213.

Schonneberg (Ganerbe). Von 1578 bis 1582 war Johann Valentin von S. auf Grund seiner Verwandtschaft mit den von der Leyen Ganerbe in Mommenheim.

L.: Zimmermann 78.

Schönstadt (Ganerbschaft). In S. nordöstlich von Marburg bestand eine Ganerbschaft der Familie Milchling von S., die 1344 ihre Burg dem Landgrafen von Hessen zu Lehen auftrug. Über Hessen-Kassel und Preußen (1866) kam S. 1945 an Hessen.

L.: Wolff 255; Geschichtlicher Atlas von Hessen, Inhaltsübersicht 34.

Schönstätt (Reichsritter). Im frühen 17. Jahrhundert zählten die S. zum Kanton Baunach des Ritterkreises Franken und außerdem vielleicht zum Kanton Gebirg sowie zur vogtländischen Ritterschaft (Vogtland).

L.: Riedenauer 127.

Schöntal (reichsunmittelbare Abtei, Reichsabtei). Nach der Mitte des 12. Jahrhunderts (1153?, vor 1157) gründete der fränkische Ritter Wolfram von Bebenburg auf seinem Gut Neusaß an der Jagst das Zisterzienserkloster Neusaß, das vor 1163 nach S. (Hoefelden) verlegt und dementsprechend umbenannt wurde. 1157 erhielt es die Bestätigung des Kaisers und 1176/1177 die des Papstes. 1418 erlangte es die Reichsunmittelbarkeit, wurde aber 1495 durch Übertragung der Vogtei seitens Königs Maximilian dem Erzstift Mainz unterstellt. 1671 erwarb S. die im Kanton Odenwald des Ritterkreises Franken immatrikulierte reichsritterschaftliche Herrschaft Aschhausen mit Teilen von Bieringen und Teilen von Sershof, gewann jedoch weder Reichsstandschaft noch Kreisstandschaft. Am Ende des 18. Jahrhunderts umfasste das unmittelbare Gebiet der Abtei 0,5 Quadratmeilen mit 300 Einwohnern. Sie hatte insgesamt noch folgende Güter: S., Aschhausen, Bieringen mit Weltersberg, Diebach, Oberkessach mit Hopfengarten und Weigental (Weigenthal), Westernhausen, halb Berlichingen, die Höfe Büschelhof, Eichelshof, Halberg, Halsberg, Muthof, Neuhof, Neusaß, Sershof, Schleierhof, Spitzenhof, den Propsteihof zu Mergentheim, den Schöntaler Hof in Heilbronn und über 4500 Morgen Land. Um 1800 zählte S. zum Kanton Odenwald. 1802/1803 kam es mit sieben Dörfern und etwa 3100 Einwohnern an Württemberg und wurde aufgehoben. 1951/1952 fiel S. über Württemberg an Baden-Württemberg.

L.: Wolff 101, 493; Winkelmann-Holzapfel 162; Großer Historischer Weltatlas II 66 (1378) E4; Riedenauer 129; Erzberger, M., Die Säkularisation in Württemberg von 1802–1810, 1902; Betzendörfer, W., Kloster Schöntal, 1937; Hölzle, E., Der deutsche Südwesten am Ende des alten Reiches, 1938; Die Kunstdenkmäler in Württemberg. Ehemaliges Oberamt Künzelsau, bearb. v. Himmelheber, G., 1962; Mellentin, E., Kloster Schöntal, 1964; 825 Jahre Kloster Schöntal, 1982; Eberl, I., Schöntal, LexMA 7 1995, 1539 f.

Schornsheim (Ganerbschaft). In S. westlich von Nierstein und südwestlich von Mainz bestand eine Ganerbschaft. Später kam S. an Hessen-Darmstadt, 1946 an Rheinland-Pfalz. S. Flach von Schwarzenberg, Udenheim, Wallbrunn zu Partenheim, Wilch von Alzey, Winnenberg, Wolfskehl.

L.: Geschichtlicher Atlas von Hessen, Inhaltsübersicht 34.

Schorrenburg (Freiherren, Reichsritter). Um 1790 zählten die zwischen 1717 und 1731 aufgenommenen Freiherren von S. wegen Dörrmoschel mit Teschenmoschel (nördlich Kaiserslauterns) zum Kanton Niederrheinstrom des Ritterkreises Rhein. S. Schnorrenberg und Steinkallenfels.

L.: Winkelmann-Holzapfel 161; Böhn, G., Inventar des Archivs der niederrheinischen Reichsritterschaft, 1971, 276.

Schott von Schottenstein (Freiherren, Reichsritter). Nach der Burg Schottenstein bei Staffelstein nannten sich die S. (Stein an der Itz). Vom 16. bis zum 18. Jahrhundert zählten sie zum Kanton Baunach im Ritterkreis Franken. Früh gehörten sie auch dem Kanton Rhön-Werra sowie vielleicht dem Kanton Gebirg an. Außerdem waren sie mit dem 1787 von den Hopffer (Hopfer) erworbenen Bläsiberg (Blasiberg) Mitglied im Kanton Neckar des Ritterkreises Schwaben. Schottenstein selbst war nach der Zerstörung der Burg durch Bamberg und Würzburg Ganerbendorf der Greiffenclau zu Vollrads (Greiffenclau), Lichtenstein, Hendrich und des Hochstifts Würzburg.

L.: Stieber; Roth von Schreckenstein 2, 594; Hölzle, Beiwort 65; Riedenauer 127; Rahrbach 222.

Schotzachgau

L.: Polenz, P. v., Landschafts- und Bezirksnamen, 1961, II, 24, Scuzingouwi, ‚Schotzachgau'.

Schramberg (Herrschaft). S. an der Schiltach im Schwarzwald wird 1293 als Burgsiedlung erstmals erwähnt. Von 1594 bis 1806 war es Mittelpunkt einer zum österreichischen Reichskreis zählenden Herrschaft in Vorderösterreich. Danach fiel es an Württemberg und damit 1951/1952 an Baden-Württemberg.

L.: Wolff 45; Wallner 713 ÖsterreichRK 1; Dambach, O., Ort und Herrschaft Schramberg, 1904; Stemmler, E., Die Grafschaft Hohenberg, 1905; Forderer, J., Schramberg, 1958; Vorderösterreich an oberem Neckar und oberer Donau, hg. v. Zekorn, A. u. a., 2002; Archiv der Grafen von Bissingen und Nippenburg Hohenstein, bearb. v. König, J., 2004; Schramberg, hg. v. Museums- und Geschichtsverein Schramberg e.V. u. a., 2004.

Schraplau (Herren). Im 10. Jahrhundert wird die Burg S. bei Querfurt erstmals erwähnt.

Sie war bis etwa 1200 Sitz der Herren von S. Danach fiel die Herrschaft als Lehen des Erzstifts Magdeburg an die Burggrafen von Querfurt und 1335 an die Grafen von Mansfeld. Diese verkauften sie 1732/1742 an Preußen. 1945 kam S. zur sowjetischen Besatzungszone (Sachsen-Anhalt) und damit von 1949 bis 1990 zur Deutschen Demokratischen Republik.

L.: Wolff 415; Burkhardt, F., Schraplau. Beiträge zur Geschichte der Stadt und Herrschaft Schraplau, (1935).

Schrautenbach, Weitolshausen genannt Schrautenbach, Weitelshausen genannt Schrautenbach (Reichsritter). Im 16. und 17. Jahrhundert zählten die S. zum Kanton Odenwald des Ritterkreises Franken.

L.: Stieber; Riedenauer 127; Stetten 33.

Schreckenstein s. Roth von S.

Schrems (Herrschaft). Die Burg S. (1179 Schremelize, slaw. Kieselbach) in Niederösterreich gehörte vermutlich zur Grafschaft Raabs-Litschau. 1253/1260 kam sie zur Grafschaft Hardegg (Plain-Hardegg). Seit 1471/1490 war S. eine eigene Herrschaft. Diese fiel 1515 an die Herren von Greiß und später an die Freiherren von Puchheim, von Bartenstein und die Grafen Falkenhayn und Thurn-Valsassina.

L.: Lukas, H., Der Markt Schrems und seine Geschichte, 1933.

Schriebersdorf (Reichsritter). Im frühen 18. Jahrhundert zählten die S. zum Kanton Rhön-Werra des Ritterkreises Franken.

L.: Stieber; Seyler 384; Riedenauer 127.

Schrimpf von Berg, Schrimpff von Berg (Reichsritter). Im 16. Jahrhundert zählten die S. (Berg genannt Schrimpf) zu den Kantonen Rhön-Werra, Gebirg, Steigerwald und Baunach des Ritterkreises Franken.

L.: Stieber; Seyler 384; Riedenauer 122; Rahrbach 225.

Schrottenberg (Freiherren, Reichsritter). Vom späteren 17. Jahrhundert bis 1806 zählten die Freiherren von S. mit Untermelsendorf, Obermelsendorf und Bernroth, Treppendorf, Eckersbach und dem Rittergut Reichmannsdorf zum Kanton Steigerwald des Ritterkreises Franken. Außerdem waren sie im späteren 17. Jahrhundert auch im Kanton Baunach immatrikuliert.

L.: Stieber; Pfeiffer 199; Bechtolsheim 16, 196 f.; Riedenauer 127; Rahrbach 227.

Schrotzburg, Schrozburg s. Pflügern auf S.

Schrozberg, Schrotzberg, Schletzberg (Herrschaft). Die Schrozburg (Schrotzburg) bei Schwäbisch Hall hatten anfangs die reichsministerialischen Herren von S. als Lehnsträger der Hohenlohe inne. Eine Hälfte kam 1521 an die Adelsheim und 1558 an die Hohenlohe. Die andere Hälfte gelangte über die Vorbach und Seldeneck 1347 an die Rothenburg, 1397 an die Neuenstein, 1409 an die Berlichingen und 1609 an die Hohenlohe. Diese hatten die Güter, bis auf die Zeitspanne von 1635 bis 1648, bis zur Mediatisierung in Württemberg (Hohenlohe-Neuenstein-Langenburg-Ingelfingen). S. Schrozberg (Reichsritter).

L.: Wolff 119; Hölzle, Beiwort 46; Schloss Schrozberg, hg. v. d. Stadtverwaltung, 1977.

Schrozberg, Schrotzberg, Schletzberg (Reichsritter). Die seit 1249 nachweisbaren Herren von S. bei Schwäbisch Hall saßen zunächst vermutlich auf der Burg Leineck und dann bis 1521 auf S. Im 16. Jahrhundert zählten die S. zum Kanton Altmühl, vom 16. Jahrhundert bis zur Mitte des 17. Jahrhunderts zum Kanton Odenwald des Ritterkreises Franken. S. kam 1558/1609 an die Hohenlohe und von dort an Württemberg und damit 1951/1952 an Baden-Württemberg. S. Schrozberg (Herrschaft).

L.: Biedermann, Altmühl; Stieber; Roth von Schreckenstein 2, 594; Stetten 33; Riedenauer 127, Rahrbach 228.

Schuhmacher (Reichsritter). Vielleicht zählten im früheren 18. Jahrhundert S. zum Ritterkreis Franken.

L.: Riedenauer 127.

Schuhmann (Reichsritter). Im späten 17. Jahrhundert zählten die S. zum Kanton Steigerwald des Ritterkreises Franken.

L.: Bechtolsheim 15; Riedenauer 127.

Schulenburg (Freiherren, Grafen). Das 1237 in der Altmark erstmals erwähnte, seit 1304 vielfach verzweigte, 1373 im Erbküchenmeisteramt der Mark Brandenburg bestätigte, in Brandenburg, Sachsen und den welfischen Landen in vielen Linien begüterte Geschlecht wurde 1563 in den Reichsfreiherrenstand und 1728/1790 in zwei Linien in den Reichsgrafenstand erhoben.

L.: Danneil, J., Das Geschlecht der von der Schulenburg, 1847; Schmidt, G., Das Geschlecht von der Schulenburg, 1897 ff.

Schulers (Reichsritter). Die S. zählten mit der Burg Weltersburg zum Kanton Mittelrheinstrom des Ritterkreises Rhein (Reichsritterschaft).

L.: Winkelmann-Holzapfel 162, 177.

Schüller (Herrschaft). Die Herrschaft Heistart und S. gehörte zur Grafschaft Blankenheim und Gerolstein, die 1780 an die Grafen von Sternberg fiel. Über Preußen kam S. 1946 zu Rheinland-Pfalz.

L.: Wolff 363.

Schüpfer Grund (Reichsherrschaft, Ganerbschaft). Der aus dem Marktflecken Unterschüpf und fünf Dörfern nordwestlich von Mergentheim bestehende S. gehörte ursprünglich einem namengebenden Reichsministerialengeschlecht und dann den Herren von Rosenberg. Später war er eine unmittelbare Reichsherrschaft und Ganerbschaft, an der die Grafen von Hatzfeld, die Herren von Hoheneck und einige weitere Familien beteiligt waren. Er war nicht eingekreister Reichsteil. 1803 fiel er an Baden und damit 1951/1952 an Baden-Württemberg.

L.: Wolff 504.

Schussengau

L.: Polenz, P. v., Landschafts- und Bezirksnamen, 1961, II, 24, Scuzingouwe, ‚Schussengau'.

Schussenried (Kloster, Reichsabtei) (seit 1966 Bad Schussenried). In dem bereits jungsteinzeitlich besiedelten und um 700 erstmals erwähnten Ort errichteten Konrad und Berengar von S. 1183 bei ihrer Burg ein Prämonstratenserkloster, das 1183 die Bestätigung des Kaisers und 1215 des Papstes erhielt. König Heinrich (VII.) nahm es 1227 in den Schutz des Reiches. Das 1376 reichsunmittelbar gewordene Kloster, das im 14. und 15. Jahrhundert durch Kauf und Inkorporation 14 Pfarreien gewann, wurde 1440 Abtei. 1487 gewährte Kaiser Friedrich III. Freiheit von fremden Gerichten, 1512 verlieh Kaiser Maximilian I. den Blutbann im Niedergerichtsbezirk. Die Abtei erlangte die Herrschaft über die Ortschaften S., Michelwinnaden, Otterswang, Reichenbach, Stafflangen, Winterstettendorf und Allmannsweiler, insgesamt einem Gebiet von 2,6 Quadratmeilen Größe mit rund 3400 Einwohnern. Sie hatte Sitz und Stimme im schwäbischen Reichsprälatenkollegium und beim schwäbischen Reichskreis. 1803 wurde S. säkularisiert und kam durch § 24 des Reichsdeputationshauptschlusses vom 25. 2. 1803 an die Grafen von Sternberg (Sternberg-Manderscheid), 1806 an Württemberg und damit 1951/1952 an Baden-Württemberg.

L.: Wolff 188; Zeumer 552 IIa 36,11; Erzberger, M., Die Säkularisation in Württemberg von 1802–1810, 1902; Hölzle, E., Der deutsche Südwesten am Ende des alten Reiches, 1938; Erler, B., Das Heimatbuch von Schussenried, 1950; Kasper, A., Die Bau- und Kunstgeschichte des Prämonstratenserstifts Schussenried, Teil 1 f. 1957/1960.

Schutizi (Chutizi, Gudici, Zcudici, Gau zwischen Elster und Zschoppau)

L.: Curs, O., Deutschlands Gaue im zehnten Jahrhundert. Nach den Königsurkunden, Diss. phil. Göttingen 1908, 19 (Zwenkau, Oberwiesa, Lastau, Nerchau, Költschen?).

Schuttern (Reichsabtei). Das Benediktinerkloster S. an der S. bei Lahr wurde wohl vor 753 gegründet. 817 wurde es unter den 14 reichsten Reichsabteien genannt. Kaiser Otto II. gewährte ihm 975 das Recht der freien Wahl des Abtes. 1009 kam es durch König Heinrich II. an das Hochstift Bamberg. Vögte waren zunächst die Herzöge von Zähringen, dann die Herren von Tiersburg bzw. Diersburg (1235), die Herren von Geroldseck (1377), welche die Stadt S. errichteten, sowie die Pfalzgrafen bei Rhein (1486/1495). 1805 fiel das in die Reichsmatrikel von 1521 aufgenommene, in der Ortenau, im Breisgau, im Elsass, in Schwaben und in Lothringen begüterte Kloster an Baden, das es am 31. 8. 1806 aufhob. Mit Baden kam S. 1951/1952 an Baden-Württemberg.

L.: Wolff 41; Heizmann, L., Benediktinerabtei Schuttern in der Ortenau, 1915; Andermann, K., Schuttern, LexMA 7 1995, 1593 f.

Schütz, Schüz (Freiherren, Reichsritter). Im frühen 18. Jahrhundert zählten die Freiherren von S. zum Kanton Rhön-Werra des Ritterkreises Franken.

L.: Stieber; Seyler 384; Riedenauer 127.

Schütz von Eutingertal (Reichsritter). Von 1548 – mit dem Statthalter der Herrschaft Hohenberg Gall S. von und zu Eutingertal – bis 1623 waren die S. Mitglied des Kantons Neckar des Ritterkreises Schwaben.

L.: Hellstern 213.

Schütz von Hagenbach und Uttenreut, Schütz zu Hagenbach und Uttenreut (Reichsritter).

Im frühen 16. Jahrhundert zählten die S. zum Kanton Gebirg des Ritterkreises Franken.

L.: Riedenauer 127.

Schütz von Holzhausen (Reichsritter). Das Geschlecht der S. ist seit dem 13. Jahrhundert bezeugt. Im 18. Jahrhundert zählten die S. zum Ritterkreis Rhein.

L.: Roth von Schreckenstein 2, 595; Zimmermann 78.

Schütz von Leineck (Laineck) s. Leineck (Laineck)

Schütz-Pflummern (Freiherren, Reichsritter). Im 18. Jahrhundert zählten die Freiherren von S. mit dem 1734 erworbenen Hohenstein und dem 1726 erworbenen Winzerhausen zum Kanton Kocher des Ritterkreises Schwaben. Winzerhausen kam über Württemberg 1951/1952 zu Baden-Württemberg.

L.: Hölzle, Beiwort 62.

Schutzbar genannt Milchling, Schutzbar genannt Burgmilchling (Reichsritter). Im 16. Jahrhundert waren die S. Mitglied in den Kantonen Altmühl, Rhön-Werra und Steigerwald (?) des Ritterkreises Franken. Im 18. Jahrhundert zählten sie zum Ritterkreis Rhein und nur zeitweise noch zum Kanton Rhön-Werra.

L.: Roth von Schreckenstein 2, 595; Bechtolsheim 15, 20; Riedenauer 127; Rahrbach 229.

Schüz s. Schütz

Schwab (Reichsritter). Im frühen 16. Jahrhundert zählten die S. zum Kanton Gebirg des Ritterkreises Franken.

L.: Riedenauer 127.

Schwabeck (Herrschaft) s. Schwabegg

Schwabegg, Schwabeck (Herrschaft). Nach S. südwestlich von Augsburg nannten sich Herren von S., deren Herrschaft nach ihrem Aussterben 1167 an die Staufer und 1268 an Bayern kam. Seit 1375 war sie an verschiedene Herren verpfändet. 1666 wurde sie von Bayern zurückerworben und Herzog Maximilian Philipp überlassen. Dieser ließ sich die Grafschaftsrechte als Reichslehen bestätigen. Nach seinem Tod 1705 wurde S. als erledigtes Reichslehen eingezogen und dem Hochstift Augsburg übertragen, kam aber 1714 an Bayern (Pfleggericht Türkheim) zurück. 1778/1779 entzog es der Kaiser Bayern kurzzeitig. Am Ende des 18. Jahrhunderts gehörten die Herrschaften Mindelheim und S. dem schwäbischen Reichskreis an.

L.: Wolff 136, 201; Wallner 685 SchwäbRK 13; Ruf, H., Die Herrschaft Schwabegg, in: Der Landkreis Mindelheim in Vergangenheit und Gegenwart, 1968.

Schwaben (Herzogtum, Reichslandvogtei Oberschwaben und Niederschwaben). Das nach der germanischen Völkerschaft der Sweben bezeichnete S. umfasste ursprünglich die (spätere) deutsche Schweiz, das Elsass, Südbaden, Südwürttemberg und das Gebiet bis zum Lech und wurde zunächst von den swebischen Alemannen besiedelt und nach ihnen benannt. Das ältere, seit dem 6. Jahrhundert ausgebildete Herzogtum der Alemannen wurde 746 von den Franken beseitigt. 843 kam Alemannien zum ostfränkischen Reich, in dem es zunehmend als S. bezeichnet wurde. Mehrere Geschlechter rangen miteinander um die Macht (Hunfridinger, Alaholfinger). Nach dem Aussterben der ostfränkischen Karolinger wechselte die Würde des Herzogs von S. zwischen verschiedenen Familien (Hunfridinger/Burchardinger, Konradiner, Babenberger/Liudolfinger). Heinrich IV. übertrug sie 1079 seinem Schwiegersohn Friedrich von Büren bzw. Staufen, dessen Geschlecht die durch Anfall welfischer, Pfullendorfer, Lenzburger und zähringischer Güter vermehrte Würde bis 1268 (Herzog Konradin) innehatte. Nach dessem Aussterben bereicherten sich die Großen des Landes, vor allem die Grafen von Württemberg, am Reichsgut und Herzogsgut und verhinderten die Wiederherstellung des Herzogtums S. durch Rudolf von Habsburg. Er verlieh zwar das Herzogtum seinem Sohn Rudolf (†1290), aber unter dessen Enkel Johann Parricida erlosch der Titel. Immerhin vereinigte Rudolf von Habsburg die Reste des Reichsgutes in Reichslandsvogteien. Von diesen verlor die nördlich der Donau gelegene Reichslandvogtei Niederschwaben rasch an Bedeutung. Dagegen vermochte die südlich der Donau gelegene Reichslandvogtei Oberschwaben, gestützt auf ursprünglich welfisch-staufische Rechte um Ravensburg und seit 1415 auf das Gebiet der sog. Freien auf der Leutkircher Heide, sich zu behaupten. 1378 wurde ihr die Reichslandvogtei Niederschwaben zugeschlagen. Sitz der Landvogtei (Reichslandvogtei in Oberschwaben und Niederschwaben) war die Ravensburg, seit 1647 Altdorf (Weingarten). Eine umfassende Wiedergewinnung der alten Reichsrechte gelang freilich nicht. Lediglich um Altdorf (Weingarten) blieb ein bescheidenes Herrschaftsgebiet bestehen. Die Landvogtei wurde mehrfach verpfändet. 1541 kam sie als Reichspfandschaft endgültig an Österreich (Schwäbisch-Österreich). Ihre Landeshoheit erfasste rund 25 000 Einwohner, doch bestanden Geleitsrechte, Forstrechte, Gerichtsrechte und Vogteirechte auch gegenüber vielen anderen oberschwäbischen Reichsständen. 1805 kam die zum österreichischen Reichskreis zählende Vogtei an Württemberg. Das Gebiet der Freien auf der Leutkircher Heide (Amt Gebrazhofen) fiel 1805 an Bayern und 1810 an Württemberg und damit 1951/1952 an Baden-Württemberg.

L.: Wolff 43, 136; Wallner 713 ÖsterreichRK 1; Großer Historischer Weltatlas II 34 (1138–1254) F4; Gönner, E./Zorn, W., Schwaben, in: Geschichte der deutschen Länder, Bd. 1; Stälin, P. F., Geschichte Württembergs, Bd. 1 1882 ff.; Baumann, F. L., Forschungen zur schwäbischen Geschichte, 1898; Schröder, A./Schröder, H., Die Herrschaftsgebiete im heutigen Regierungsbezirk Schwaben und Neuburg nach dem Stand von Mitte 1801, Z. hist. Ver. Schwaben und Neuburg 32 (1906); Schröder, A., Die staatsrechtlichen Verhältnisse im Bayerischen Schwaben um 1801, Jb. Hist. Ver. Dillingen 19 (1906); Weller, K., Die freien Bauern in Schwaben, ZRG 54 (1934); Ernst, F., Zur Geschichte Schwabens im ausgehenden Mittelalter, in: Festgabe Bohnenberger, 1938; Weller, K./Weller, A., Besiedlungsgeschichte Württembergs vom 3. bis 13. Jahrhundert, 1938; Bader, K. S., Der deutsche Südwesten in seiner territorialstaatlichen Entwicklung, 2. unv. A. 1978; Tüchle, H., Kirchengeschichte Schwabens, Bd. 1 f. 1950 ff.; Historisches Ortsnamenbuch von Bayern, hg. v. der Komm. f. bay. LG. (1952 ff.), Teil Schwaben; Zorn, W., Historischer Atlas von Schwaben, Schwäbische Bll. 4 (1953); Historischer Atlas von Bayerisch Schwaben, hg. v. Zorn, W., 1955; Gönner, E./Müller, M., Die Landvogtei Schwaben, in: Vorderösterreich, hg. v. Metz, F., 3. A. 1978; Polenz, P. v., Landschafts- und Bezirksnamen, 1961, II, 22, 51 f., 94, III, 27, Swabun, Volksname, Landname, Swabolant, Svavaland, Swabo richi, Suevia, Schwaben; Lautenbacher, G., Bayerisch Schwaben, 1968; Weller, K./Weller, A., Württembergische Geschichte im südwestdeutschen Raum, 8. A. 1975; Maurer, H., Der Herzog von Schwaben, 1978; Blickle, P./Blickle, R., Schwaben von 1268 bis 1803, 1979; Hofacker, H., Die schwäbischen Reichslandvogteien im späten Mittelalter, 1980; Fried, P./Lengle, P., Schwaben von den Anfängen bis 1268, 1988; Früh- und hochmittelalterlicher Adel in Schwaben und Bayern, hg. v. Eberl, I., 1988; Graf, K., Das Land Schwaben im späten Mittelalter, in: Regionale Identität und soziale Gruppen im deutschen Mittelalter, 1992, 127; Baum, W., Die Habsburger in den Vorlanden, 1993; Zotz, T., Schwaben, LexMA 7 1995, 1598 ff.; Handbuch der bayerischen Geschichte, hg. v. Spindler, M., Bd. 3, 3 3. A. 1997; Geschichte Schwabens bis zum Ausgang des 18. Jahrhunderts, hg. v. Kraus, A., 2001; Zettler, A., Geschichte des Herzogtums Schwaben, 2003; Das Reich in der Region während des Spätmittelalters und der frühen Neuzeit, hg. v. Kießling, R. u. a., 2005; Adel im Wandel, hg. v. Bumiller, C. u. a., 2006.

Schwaben (Landvogtei), Reichslandvogtei Oberschwaben und Niederschwaben s. Schwaben (Herzogtum)

Schwaben (Ritterkreis), schwäbischer Ritterkreis. Der 1541 bis 1545 entstandene, 1560 mit einer Verfassung versehene Ritterkreis S. (schwäbischer Ritterkreis) war wie der Ritterkreis Franken (fränkischer Ritterkreis) und der Ritterkreis Rhein (rheinischer Ritterkreis) eine Untergliederung der Reichsritterschaft. Er setzte sich seit 1749 aus den fünf Kantonen Donau (Ehingen), Hegau bzw. Hegau-Bodensee-Allgäu (Radolfzell [Hegau], Wangen [Allgäu-Bodensee]), Neckar bzw. Neckar-Schwarzwald-Ortenau (Tübingen), Kocher (Esslingen) und Kraichgau (Heilbronn) zusammen. Um 1790 umfasste der in Ehingen sitzende Ritterkreis etwa 670 Herrschaftsgebiete mit 160 000 Einwohnern und rund 140 Ritterfamilien. 1805/1806 löste er sich auf. Art. 25 der Rheinbundakte setzte formell die Eingliederung der ritterschaftlichen Gebiete in die umgebenden Territorien fest.

L.: Wolff 507.

Schwabengau

L.: Curs, O., Deutschlands Gaue im zehnten Jahrhundert. Nach den Königsurkunden, Diss. phil. Göttingen 1908, 19 (Sueuia, Sueuon, Suaua, Sueua, Sueuum, Svoua, Sueuun, Gau im Gebiet von Bode, Selke und Wipper, Gröningen, Kroppenstedt, Giersleben, Ritterode, Großalsleben, Roderstorf, Wedderstedt, Walbeck, Schierstedt, Schakental, Zehling, Ulzigerode); Hessler, W., Mitteldeutsche Gaue des frühen und hohen Mittelalters, 1957, 59, 148, Schwabengau (Adersleben, Aderstedt, Badeborn, Preußisch Börnecke, Bräunrode, Bründel, Cochstedt, Cölbigk, Egeln, Westeregeln, Gernrode, Giersleben, Gröningen, Hedersleben, Hettstedt, Kroppenstedt, Quenstedt, Reinstedt, Rieder, Ritterode, Ritzgerode, Rodersdorf, Sandersleben, Schackenthal, Großschierstedt, Walbeck, Wedderstedt, Welbsleben, Wiederstedt, Winningen); Polenz, P. v., Landschafts- und Bezirksnamen, 1961, II, 15, 35, 38, 41, III, 27, 29, Swebun, Suevon, Swabengowe, (Schwabengau); Wagner, G., Die Verwaltungsgliederung im karolingischen Reich, 1963, 9.

Schwäbisch Gmünd (Reichsstadt) (1805–1934 Gmünd). Bereits im 8. Jahrhundert befand sich vermutlich im Gebiet von S. an der oberen Rems eine Zelle (Gamundias) der Abtei Saint-Denis (Saint Denis) bei Paris. 1162 wird S. erstmals erwähnt. Unter Friedrich I. Barbarossa war es Verwaltungsmittelpunkt des umliegenden, aus Königsgut stammenden Hausgutes der Staufer. 1241 erschien es im Reichssteuerverzeichnis. Mit dem Aussterben der Staufer in der Mitte des 13. Jahrhunderts wurde es Reichsstadt. 1430 gewann die Stadt pfandweise das Reichsschultheißenamt. 1544 erwarb sie die Herrschaft Bargau. Mit einem 3 Quadratmeilen bzw. 160 Quadratkilometer großen und etwa 15000 Einwohner umfassenden Herrschaftsgebiet (Bettringen, Spraitbach, Bargau, Iggingen) kam die katholisch gebliebene, mit Sitz und Stimme im Reichstag und im schwäbischen Reichskreis vertretene Stadt 1802/1803 an Württemberg und wurde Sitz eines Oberamts. Mit Württemberg fiel sie 1951/1952 an Baden-Württemberg.

L.: Wolff 216; Zeumer 555 III b 13; Wallner 688 SchwäbRK 46; Schroeder 361 ff.; Grimm, M., Geschichte der ehemaligen Reichsstadt Gmünd, 1867; 800 Jahre Stadt Schwäbisch Gmünd 1162–1962, Festbuch, hg. v. Funk, E./Dietenberger, E., 1962; Urkunden und Akten der ehemaligen Reichsstadt Schwäbisch Gmünd 777–1500, bearb. v. Nitsch, A., Teil 1 f. 1966 ff.; Schwäbisch Gmünd. Beiträge zur Gegenwart und Geschichte der Stadt, hg. v. Scherer, P., 1971; Spranger, P., Schwäbisch Gmünd bis zum Aussterben der Staufer, 1977; Die Staufer und Schwäbisch Gmünd, 1977; Der Ostalbkreis, 1978; Graf, K., Gmündner Chroniken im 16. Jahrhundert, 1984; Geschichte der Stadt Schwäbisch Gmünd, hg. v. Stadtarchiv Schwäbisch Gmünd, 1984; Lorenz, S., Schwäbisch Gmünd, LexMA 7 1995, 1605.

Schwäbisch Hall (Reichsstadt). Das Gebiet von S. am Kocher war seit der mittleren Steinzeit besiedelt. Bereits die Kelten beuteten die dortige Salzquelle aus. 1037 wird der Ort erstmals erwähnt (Halle). Von den Grafen von Comburg (Komburg) kam er im 12. Jahrhundert (um 1116) erbweise an die Staufer, von denen ihm Friedrich I. Barbarossa Stadtrecht verlieh. Schon zu ihrer Zeit wurde sie eine der wichtigsten Münzprägestätten des Reiches (Heller um 1200 erstmals bezeugt). 1276 wurde die Stadt mit der Befreiung von auswärtigen Gerichten Reichsstadt. 1280 setzte sie ihre Selbständigkeit gegenüber den Schenken von Limpurg (Schüpf) durch. 1382 erwarb sie das Schultheißenamt. Die von ihr ausgehende Münze erlangte als Heller erhebliche Verbreitung. 1484 erhielt sie allgemein den seit 1191 aufkommenden Namen S. Im 14. bis 16. Jahrhundert erwarb sie ein verhältnismäßig großes, im 15. Jahrhundert mit einer Heeg umgebenes Herrschaftsgebiet (Kirchberg, Ilshofen, Teile von Künzelsau, Honhardt, Vellberg, 1541 Burg Limpurg. Seit dem 15. Jahrhundert rechnete sich S. zu Schwaben. Von 1522 bis 1534 führte es die Reformation ein. Um 1800 zählte es zum Kanton Odenwald des Ritterkreises Franken. 1802/1803 kam S. mit 6 Quadratmeilen bzw. 330 Quadratkilometer Gebiet und 21000 Einwohnern an Württemberg, das 1804 die Salzquellen verstaatlichte und 1812/1827 die Rechte der Siederfamilien gegen Rente abkaufte. In Württemberg wurde die Stadt Sitz eines Oberamtes. 1934 wurde der Name S. amtlich eingeführt. 1951/1952 kam die Stadt mit Württemberg an Baden-Württemberg.

L.: Wolff 213; Zeumer 552 ff. III b 9; Wallner 686 SchwäbRK 24; Großer Historischer Weltatlas II 66 (1378) E4, II 78 (1450) F4, III 22 (1648) D4, III 38 (1789) C4; Riedenauer 129; Schroeder 369 ff.; Gmelin, J., Die Hällische Geschichte, 1896; Swiridoff, P., Schwäbisch Hall. Die Stadt. Das Spiel auf der Treppe, 1955; Wunder, G./Lenckner, G., Die Bürgerschaft der Reichsstadt Hall von 1395 bis 1600, 1956; Die Urkunden des Archivs der Reichsstadt Schwäbisch Hall, Bd. 1 (1156–1399), bearb. v. Pietsch, F., 1967; Der Kreis Schwäbisch Hall, hg. v. Biser, R., 1968, 2. A. 1976; Wunder, G., Probleme der Haller Geschichte, 1974; Wunder, G., Die Bürger von Hall, 1980; Studien zur Geschichte der Stadt Schwäbisch Hall, hg. v. hist. Verein für Württembergisch Franken, 1980; Döring, W., Die Mediatisierung der ehemaligen Reichsstadt Hall durch Württemberg 1802/1803, 1982; Nordhoff-Behne, H., Gerichtsbarkeit und Strafrechtspflege in der Reichsstadt Schwäbisch Hall seit dem 15. Jahrhundert, 2. A. 1986; Hall in der Napoleonzeit, hg. v. Akermann, M. u. a., 1987; Dürr, R., Mägde in der Stadt, 1995; Lorenz, S., Schwäbisch Hall, LexMA 7 1995, 1605; Lau, T., Bürgerunruhen und Bürgerprozesse, 1999; Iländer, B., Verfassung und Verwaltung der Reichsstadt Hall vom Ende des Dreißigjährigen Krieges bis zum Ende der Reichsstadtzeit (1648–1806), Diss. jur. Tübingen 2000.

Schwäbisch-Österreich (Verwaltungseinheit). S. umfasste als zum österreichischen Reichskreis zählender Teil Vorderösterreichs die habsburgischen Donaustädte (1282/1331) Mengen, Munderkingen, Riedlingen, Saulgau und Waldsee, die Markgrafschaft Burgau (1301/1304), die Grafschaft Hohenberg (1381), die Landgrafschaft Nellenburg (1465) und die Landvogtei Schwaben (1486/1541), jeweils mit den ihnen unterstellten Herrschaften. Um 1750 wurde es bis 1752 in vier Oberämter eingeteilt (Günzburg, Rottenburg, Stockach, Altdorf) und 1759/1763 der neu errichteten Regierung Vorderösterreichs in Freiburg unterstellt. Nicht zugehörig waren die Stadt Konstanz (1548) und die Grafschaft Tettnang (1780). Insgesamt umfasste S. 3300 Quadratkilometer mit etwa 120 000 Einwohnern. 1805/1806 kam es zu Baden, Bayern, Württemberg und Hohenzollern-Sigmaringen.

L.: Wolff 42; Sapper, N., Die schwäbisch-österreichischen Landstände und Landtage im 16. Jahrhundert, 1965.

Schwäbischer Reichskreis. Der 1521 für das Gebiet zwischen Rhein, Lech, Wörnitz, Philippsburg-Wimpfen-Dinkelsbühl (ausgenommen die Reichsritterschaft und andere Reichsunmittelbare sowie die vorderösterreichischen Gebiete) geschaffene Schwäbische Reichskreis umfasste 1792 folgende Mitglieder: Geistliche Fürsten: Konstanz, Augsburg, Ellwangen und Kempten; Weltliche Fürsten: Württemberg, Baden (für Baden-Baden, Baden-Durlach und Baden-Hachberg), Hohenzollern-Lindau (Hohenzollern Lindau), Stift Buchau, Auersperg (für Tengen), Fürstenberg (für Heiligenberg), Oettingen, Schwarzenberg (für Klettgau), Liechtenstein und Thurn und Taxis (für Friedberg-Scheer); Prälaten: Salem, Weingarten, Ochsenhausen, Elchingen, Irsee, Ursberg, Kaisheim, Roggenburg, Rot, Weißenau, Schussenried, Obermarchtal (Marchtal), Petershausen, Wettenhausen, Zwiefalten, Gengenbach, Neresheim, Heggbach, Gutenzell, Rottenmünster, Baindt, Söflingen und Isny; Grafen und Herren: Landkomtur der Deutschordensballei Elsass und Burgund bzw. Elsass-Schwaben-Burgund (als Komtur zu Altshausen), Oettingen-Baldern-Katzenstein (Oettingen-Baldern), Oettingen-Spielberg oder Oettingen-Wallerstein, Fürstenberg (für Stühlingen, Kinzigtal, Baar, Messkirch und Gundelfingen), Königsegg-Aulendorf, Königsegg-Rothenfels, Truchsessen von Waldburg, Mindelheim (seit 1617 Bayern), Eberstein (seit 1660 Baden), Tettnang (seit 1783 Österreich), Wiesensteig (seit 1645 Bayern), Eglingen (seit 1726 Thurn und Taxis), Hans, Marx und Jakob Fugger'sche Linien, Hohenems (seit 1759 Österreich), Rechberg (von der Reichsritterschaft bestritten), Justingen (seit 1751 Württemberg), Bonndorf (seit 1582 Abtei Sankt Blasien), Eglofs, Thannhausen (Tannhausen), Geroldseck (Hohengeroldseck) (seit 1711 von der Leyen) und Sickingen; Reichsstädte: Augsburg, Ulm, Esslingen, Reutlingen, Nördlingen, Schwäbisch Hall, Überlingen, Rottweil, Heilbronn, Schwäbisch Gmünd, Memmingen, Lindau, Dinkelsbühl, Biberach, Ravensburg, Kempten, Kaufbeuren, Weil der Stadt, Wangen, Isny, Leutkirch, Wimpfen, Giengen, Pfullendorf, Buchhorn, Aalen, Bopfingen, Buchau, Offenburg, Gengenbach und Zell am Harmersbach. Durch den Reichsdeputationshauptschluss 1803 verringerte sich die Zahl der Stände von 88 auf 41. Nachfolgestaaten waren Bayern, Württemberg, Baden, Hohenzollern-Hechingen, Hohenzollern-Sigmaringen, Liechtenstein und von der Leyen. Kreisausschreibende Fürsten und Kreisdirektoren waren der Bischof von Konstanz (seit 1803 Baden) und der Herzog von Württemberg. Tagungsort war meist Ulm. Am 30. 4. 1808 erlosch der Kreisverband formal.

L.: Gumpelzhaimer 53; Wolff 153; Hünlin, D., Neue Staats- und Erdbeschreibung des Schwäbischen Kreises, 1780; Borck, H. G., Der Schwäbische Reichskreis im Zeitalter der französischen Revolutionskriege, 1970; Laufs, A., Der Schwäbische Kreis, 1971; Neipperg, R. Graf v., Kaiser und schwäbischer Kreis (1714–1733), 1991; Wüst, W., Die „gute" Policey im Reichskreis, 2001; Hölz, T., Krummstab und Schwert. Die Liga und die geistlichen Reichsstände Schwabens, 2001.

Schwäbischer Ritterkreis s. Schwaben (Ritterkreis)

Schwäbisches Reichsgrafenkollegium. Um 1530 entwickelte sich aus älteren Vereinigungen schwäbischer Herren und Grafen (z. B. 21. 11. 1407 Rittergesellschaft mit Sankt Jörgenschild, 1488 Schwäbischer Bund, Ende 15. Jahrhundert Grafenverein) ein Kollegium, das seit etwa 1540 im Reichsfürstenrat eine Kuriatstimme hatte. Mitglieder waren (um 1795) das Reichsstift Buchau, der Landkomtur der Ballei (Elsass und Burgund bzw.) Elsass-Schwaben-Burgund als Komtur zu Altshausen, Fürstenberg, Oettingen-Wallerstein, Oettingen-Spielberg, Oettingen-Baldern (Oettingen-Baldern-Katzenstein), die Truchsessen von Waldburg (Zeil-Zeil, Zeil-Wurzach, Wolfegg-Wolfegg, Wolfegg-Waldsee), Königsegg-Aulendorf, Königsegg-Rothenfels, Österreich (seit 1782 wegen Tettnang), Bayern (seit 1769 wegen Wiesensteig und Mindelheim), Baden (seit 1747 wegen Eberstein), Fugger (seit 1654/1708), Württemberg (seit 1754 wegen Justingen), Traun (seit 1654 wegen Eglofs), Sankt Blasien (seit 1662 wegen Bonndorf), Stadion (seit 1708 wegen Thannhausen [Tannhausen]), von der Leyen (seit 1710/1711 wegen Geroldseck [Hohengeroldseck]), Thurn und Taxis (seit 1727 wegen Eglingen), Sinzendorf, Khevenhüller (seit 1737), Kuefstein (seit 1737), Colloredo (seit 1653/1741), Harrach (seit 1752), Sternberg (seit 1752), Neipperg (seit 1766), Waldstein-Wartenberg (seit 1774/1775), Trauttmannsdorff (seit 1779) und Sickingen (seit 1791). Mit dem Ende des Heiligen Römischen Reiches (deutscher Nation) 1806 löste sich das schwäbische Reichsgrafenkollegium, das im Reichstag dem Corpus Catholicorum zugerechnet wurde, auf.

L.: Zeumer 553 II b 61; Hoffmann, M., Versuch einer Theorie von der inneren Collegialverfassung des schwäbischen Reichsgrafenstandes, 1788.

Schwäbisches Reichsprälatenkollegium. Seit dem Ende des 15. Jahrhunderts verbanden sich schwäbische Reichsprälaten zur gemeinsamen Beschickung des Reichstags, auf dem sie seit Mitte des 16. Jahrhunderts eine Kuriatstimme führten. Voraussetzungen der Zugehörigkeit waren unbestrittene Reichsunmittelbarkeit und Zugehörigkeit zum Schwäbischen Reichskreis. Um 1790 gehörten dem S. an: Salem, Weingarten, Ochsenhausen, Elchingen, Irsee, Ursberg, Kaisheim, Roggenburg, Rot, Weißenau, Schussenried, Obermarchtal (Marchtal), Petershausen, Wettenhausen, Zwiefalten (seit 1750), Gengenbach (seit 1751), Neresheim (seit 1764), Heggbach, Gutenzell, Rottenmünster, Baindt, Söflingen (seit 1775) und Isny (seit 1782). Mit der Säkularisierung 1802/1803 löste sich das schwäbische Reichsprälatenkollegium auf.

L.: Zeumer 552 II a 36; Reichsprälat. Staatsrecht, hg. v. Held, W., 1782 ff.

Schwabsburg (Burg, Reichsdorf [Reichsgut]). S. bei Nierstein südwestlich von Mainz erscheint als Burg erstmals 1257. Am 16. 1. 1315 verpfändete König Ludwig der Bayer dem Erzbischof von Mainz unter anderem S. Am 25. 12. 1356 verpfändete Karl IV. S. an die Stadt Mainz, am 12. 2. 1375 an Kurfürst Ruprecht von der Pfalz. Über die Pfalz und Hessen-Darmstadt kam es wie Oppenheim 1946 an Rheinland-Pfalz.

L.: Hugo 466, 468; Zimmermann, W., Zur Geschichte Schwabsburgs (ungedruckt).

Schwaich s. Dietherr von Anwanden und S.

Schwaigern (reichsritterschaftliche Herrschaft). S. bei Heilbronn erscheint erstmals 766 (Suegerheim, zu ahd. sweiga Viehhof). Neben Lorsch hatten Odenheim, Worms und das Ritterstift Wimpfen Güter in S. Die Herrschaft S. wurde 1302 von den ursprünglich staufisch-ministerialischen Reichsgrafen von Neipperg erworben. Sie zählte zum Kanton Kraichgau des Ritterkreises Schwaben. 1806 kam S. an Württemberg und damit 1951/1952 an Baden-Württemberg. S. Schweigern.

L.: Wolff 511; Schwaigern, 1994.

Schwalbach (Ganerben, Reichsritter). Die aus S. im Taunus stammende Familie war von 1463 bis nach 1516 an der Ganerbschaft Schornsheim beteiligt. Im 16. Jahrhundert zählten die S. zum Kanton Odenwald des Ritterkreises Franken. S. Karben (Carben)?

L.: Zimmermann 78; Stetten 33; Riedenauer 127.

Schwalbfeld s. Sualafeld

Schwalenberg (Grafen, Grafschaft). Nach der von Oldenburg an die obere Weser verlegten, 1225 zuerst genannten Burg S. nannte sich seit 1127 ein seit 1101 fassbares Adelsgeschlecht (Widukind I.), das vermutlich aus einem engrischen Grafengeschlecht hervorging. Es hatte Eigen und Lehen zwischen Herford und Höxter sowie um Korbach und Waldeck. Es erwarb neben anderen Rechten die Vogtei über das Hochstift Paderborn (1124–1189), die Vizevogtei über das Stift Corvey und die Vogtei über Höxter. Nach dem Sturz Heinrichs des Löwen 1180 gewann es eine beherrschende, fast reichsunmittelbare Stellung zwischen Herford und Höxter. Wenig später spaltete es die Linien Pyrmont (1194–1494), Waldeck (1219 bzw. 1228/1229 bzw. vor 1231) und Sternberg (um 1240, 1243–1377) ab. Das gegen 1300 in zwei Teile zerfallene restliche Herrschaftsgebiet (u. a. Schieder) gelangte 1365 nach dem Aussterben des Hauses an Lippe (drei Viertel) und Paderborn (ein Viertel). Bis 1762 wurde S. von lippischen Nebenlinien genutzt. 1808 kam S. an Lippe, Oldenburg und Stoppelberg an das Königreich Westphalen als Nachfolger des Hochstifts Paderborn. Mit Lippe fiel S. 1947 an Nordrhein-Westfalen.

L.: Wolff 326,349; Großer Historischer Weltatlas II 66 (1378) E3, III 38 (1789) B3; Rasch, H., Stadt und Land Schwalenberg, 1957; Forwick, F., Die staatsrechtliche Stellung der ehemaligen Grafen von Schwalenberg, 1963; Johanek, P., Schwalenberg, LexMA 7 1995, 1610; Zunker, D., Adel in Westfalen, 2003, 146 (mit genealogischer Übersicht).

Schwalenberg-Sternberg (Grafschaft) s. Schwalenberg, Sternberg, Waldeck

Schwänberg (freie Leute), Schwemberg. Am 26. 2. 1409 bestätigte König Ruprecht die Pfandschaft der freien Leute zu Swenberg (S. bei Herisau bzw. Sankt Gallen) dem Eberhard von Ramschwag. S. Schwemberg.

L.: Hugo 474.

Schwanberg (Herrschaft). Im 13. Jahrhundert entstanden Burg und Herrschaft S. in der Steiermark. Die Herrschaft stand den Pettau (bis 1438), dann den Spangstein (1501) und danach den Galler (1570) zu.

Schwandorf s. Kechler von S.

Schwanenberg (Herrschaft). Seit langem zählte die Herrschaft S. südwestlich von Düsseldorf zur freien Reichsherrschaft Wickrath, die am Ende des 18. Jahrhunderts über die Grafen Quadt zum niederrheinisch-westfälischen Reichskreis gehörte. Über Preußen kam S. 1946 an Nordrhein-Westfalen.

L.: Wolff 366; Wallner 704 WestfälRK 45; Sels, L., Beiträge zur Geschichte der Bürgermeistereien Kleingladbach, Gerderath und Schwanenberg, 1925.

Schwanfeldgau (Swanifelden, Gau am rechten Ufer des Mains nördlich Würzburgs)

L.: Curs, O., Deutschlands Gaue im zehnten Jahrhundert. Nach den Königsurkunden, Diss. phil. Göttingen 1908, 19.

Schwaningen (Reichsritter) s. Rechenberg

L.: Biedermann, Altmühl; Stieber; Riedenauer 127.

Schwarz (Ganerbschaft). In S. nördlich von Lauterbach bestand eine Ganerbschaft. Über Hessen-Darmstadt kam S. 1945 zu Hessen.

L.: Geschichtlicher Atlas von Hessen, Inhaltsübersicht 34.

Schwarzach (Herrschaft). Die Herrschaft S. wurde 1446 von den Erbtruchsessen von Waldburg erworben und fiel später an die Linie Waldburg-Wolfegg-Waldsee.

L.: Hölzle, Beiwort 54.

Schwarzach (Reichsabtei). Möglicherweise 758 gründete Graf Ruthart mit seiner Frau das Kloster S. bei Rastatt, das vielleicht ursprünglich in der Arnulfsau am Rhein lag. 961 genehmigte König Otto der Große den Tausch von Gütern in 19 Orten auf der Baar gegen Neuershausen im Breisgau und Dinglingen bei Lahr. 1032 gab Kaiser Konrad II. die Abtei dem Hochstift Speyer. Seit dem 16. Jahrhundert gab es Streitigkeiten mit den Markgrafen von Baden-Baden wegen der Landeshoheit über das Klostergebiet, doch kam ein seit 1721 deswegen vor dem Reichskammergericht geführter Prozess nicht mehr zu Ende. 1803 fiel S. an Baden und damit 1951/1952 an Baden-Württemberg.

L.: Wolff 164; Harbrecht, A., Die Reichsabtei Schwarzach, in: Die Ortenau 31–37 (1951–1957).

Schwarzach (Reichsritter). Von 1747 bis 1770 waren die S. wegen des 1746 erworbenen, beim Erlöschen an die Beroldingen vererbten Rittergutes Horn im Kanton Kocher des Ritterkreises Schwaben immatrikuliert.

L.: Schulz 271.

Schwarzbach s. Beheim von S.

Schwarzburg (Grafen, Fürsten). Vermutlich ursprünglich nach der Käfernburg bei Arnstadt, seit 1123 nach der 1071 erstmals erwähnten Burg S. an der Schwarza in der Landgrafschaft Thüringen benannten sich Grafen von S., die den seit Anfang des 11. Jahrhunderts auftretenden Sizzonen entstammten und seit 1059/1072 den Grafentitel (des thüringischen Längwitzgaues) führten. Ihre Güter lagen um Käfernburg, Remda, Ilmenau, Stadtilm und Plaue. Durch geschicktes Verhalten nach der Doppelwahl von 1198 gewannen die Grafen zu ihren älteren Reichslehen (S., Königsee, Ehrenstein) weitere Reichsgüter (1208–1389 Saalfeld, 1208/1212 Blankenburg, 1310–1383 Stadtroda). 1332 kauften sie den Anteil Hersfelds an Arnstadt, 1333 erwarben sie die Herrschaft Leuchtenburg und erlangten 1334 Rudolstadt von den Grafen von Orlamünde, 1340 Frankenhausen von den verwandten Grafen von Beichlingen sowie 1356 Sondershausen von den verwandten Grafen von Hohnstein. Seit der Zeit Karls IV. bekleideten sie das Erzstallmeisteramt und bis 1708 das Reichserbjägeramt. Allerdings kam es seit dem Ende des 12. Jahrhunderts mehrfach zu Erbteilungen (1160/1184–1385 Schwarzburg-Käfernburg, Güter dann an die Markgrafen von Meißen, an die Grafen von Weimar-Orlamünde [1302] und an S. [1315], 1276/1349 Schwarzburg-Blankenburg). Außerdem galten die Grafen von S. seit 1342/1344 als Vasallen des Hauses Wettin und waren damit von der Reichsunmittelbarkeit bzw. vom Reichsfürstenstand ausgeschlossen. Seit dem 15. Jahrhundert gliederte sich das Gebiet S. auf in die seit 1485 unter der Oberhoheit der Albertiner stehende Unterherrschaft um Sondershausen und die unter Oberhoheit der Ernestiner stehende, mit Reichsstandschaft begabte Oberherrschaft am Thüringer Wald. 1564 erlosch Schwarzburg-Schwarzburg und wurde von Schwarzburg-Blankenburg beerbt. 1571/1584/1599 entstanden nach kurzer Vereinigung der gesamten Lande unter Graf Günther XL. (†1552) und Einführung der Reformation (1535/1545) sowie dem Erwerb von Leutenberg (1564) die Hauptlinien Schwarzburg-Arnstadt bzw. Schwarzburg-Sondershausen, das ein Drittel der oberen südthüringischen Güter (Arnstadt) und zwei Drittel der unteren Grafschaft (Sondershausen) erhielt, und Schwarzburg-Rudolstadt, das unter anderem S., Rudolstadt, Blankenburg, das 1534 aufgehobene Kloster Paulinzella und Frankenhausen gewann (1571–1594 Nebenlinie Schwarzburg-Frankenhausen). Beide zählten zum obersächsischen Reichskreis. Sie wurden unter Beseitigung der Oberherrschaft Sachsens (Kursachsens) 1697 bzw. 1710 in den jüngeren Reichsfürstenstand erhoben und 1754 zum Reichsfürstenrat zugelassen. Beide Fürstentümer traten 1807 dem Rheinbund, 1815 dem Deutschen Bund, 1866/1867 dem Norddeutschen Bund und 1871 dem Deutschen Reich bei. 1816/1821 erhielt Schwarzburg-Rudolstadt, 1841 auch Schwarzburg-Sondershausen eine Verfassung. Nach dem Aussterben der Fürsten von Schwarzburg-Sondershausen 1909 wurde dieses mit Schwarzburg-Rudolstadt in Personalunion vereinigt. Am 22. 11. 1918 dankte der Fürst ab. Die danach vorhandenen beiden Freistaaten gingen am 1. 5. 1920 im Land Thüringen auf, das 1945 zur sowjetischen Besatzungszone und von 1949 bis 1990 zur Deutschen Demokratischen Republik kam und am 25. 7. 1952 in dieser aufgelöst (str.), zum 3. 10. 1990 aber wieder begründet wurde.

L.: Wolff 410; Zeumer 553II b 59; Wallner 710 ObersächsRK 14 f.; Großer Historischer Weltatlas II (1378) F3, III 22 (1648) E3, III 38 (1789) D2; Heydenreich, L.W. H., Historia des ehemals Gräf. nunmehro Fürstl. Hauses Schwarzburg, 1743; Dobenecker, O., Regesta Thuringiae, Bd. 1–4 (bis 1288) 1896 ff.; Erichsen, J., Die Anfänge des Hauses Schwarzburg, 1909; Herrmann, K., Die Erbteilungen im Hause Schwarzburg, Diss. phil. Halle 1920; Lammert, F., Verfassungsgeschichte von Schwarzburg-Sondershausen, 1920; Rein, B., Die Rudolstädter Fürsten im 19. Jahrhundert, Zs. d. Ver. f. thür. Gesch., u. Altertumskunde, 1939; Schlesinger, W., Die Entstehung der Landesherrschaft, Bd. 1 1941; Handbuch der historischen Stätten Deutschlands, Bd. 9: Thüringen, hg. v. Patze, H., 2. A. 1989; Hess, U., Geschichte der Schwarzburg-Rudolstadt, 1994; Bünz, E., Schwarzburg, LexMA 7 1995, 1620.

Schwarzburg-Arnstadt (Grafen). 1651 spaltete sich von der 1599 begründeten Linie der Grafen von Schwarzburg-Sondershausen die zum obersächsischen Reichskreis zählende Linie S. ab, die 1669 ausstarb. 1681 entstand eine weitere, 1697 in den Reichsfürstenstand erhobene, 1716 erloschene Linie.

L.: Wallner 710 ObersächsRK 15; Herrmann, K., Die Erbteilungen im Hause Schwarzburg, Diss. phil. Halle 1920.

Schwarzburg-Blankenburg (Grafen). Aus der 1274 von Schwarzburg abgespalteten Linie S. entstammte der 1349 gewählte Gegenkönig Günther (XXI.) zu Karl IV. Sie erwarb 1340 aus dem Erbe der Grafen von Orlamünde unter anderem Rudolstadt sowie 1356 von den Grafen von Hohnstein auf Grund einer Erbverbrüderung von 1325 die Herrschaft Sondershausen. 1564 vereinigte sie beim Aussterben von Schwarzburg-Schwarzburg unter dem Grafen Günther XL. die gesamten Güter in einer Hand.

L.: Herrmann, K., Die Erbteilungen im Hause Schwarzburg, Diss. phil. Halle 1920.

Schwarzburg-Ebeleben (Grafen). 1651 spaltete sich von der 1599 begründeten Linie der Grafen von Schwarzburg-Sondershausen die Linie S. ab, die 1681 ausstarb.

L.: Herrmann, K., Die Erbteilungen im Hause Schwarzburg, Diss. phil. Halle 1920.

Schwarzburg-Frankenhausen (Herrschaft, Grafen). Frankenhausen im nördlichen Thüringen zwischen der Hainleite und dem Kyffhäuser war im 9. Jahrhundert Mittelpunkt eines fränkischen Reichsgutsbezirks. Im 11. Jahrhundert unterstand es dem Haus Weimar-Orlamünde, seit Anfang des 13. Jahrhunderts den Grafen von Beichlingen. 1340 erwarb es der Graf von Schwarzburg. Von 1571 bis 1594 war es Sitz der Linie S. 1599 kam es an Schwarzburg-Rudolstadt und wurde Hauptort einer Unterherrschaft.

L.: Herrmann, K., Die Erbteilungen im Hause Schwarzburg, Diss. phil. Halle 1920.

Schwarzburg-Käfernburg (Grafen). Von 1160 bis 1385 bestand die bei Arnstadt begüterte Nebenlinie S. der Grafen von Schwarzburg. Sie unterwarf sich 1249 dem Landgrafen von

Thüringen. Teile der Güter gingen 1302 an die Grafen von Weimar-Orlamünde, weitere Teile 1315 durch Verkauf an Schwarzburg(-Schwarzburg). Der Rest wurde Lehen Wettins.

L.: Herrmann, K., Die Erbteilungen im Hause Schwarzburg, Diss. phil. Halle 1920; Wittmann, H., Zur Frühgeschichte der Grafen von Käfernburg-Schwarzburg, Zs. d. V. f. thür. Gesch. 51 (1997), 9.

Schwarzburg-Rudolstadt (Grafschaft, Fürstentum, Freistaat). Rudolstadt an der Saale wird zu Anfang des 9. Jahrhunderts erstmals erwähnt. Zu Anfang des 13. Jahrhunderts unterstand es den Grafen von Orlamünde. 1326 erhielt es Stadtrecht und kam 1340 an die Grafen von Schwarzburg. Seit 1599 war es Hauptort der Grafschaft, seit 1710 des Fürstentums S. Die Grafschaft erhielt 1571 zwei Drittel der mit Reichsstandschaft begabten Oberherrschaft Schwarzburg mit Rudolstadt und Stadtilm, Blankenburg, das 1534 aufgehobene Kloster Paulinzella und 1598 das zur Unterherrschaft gehörige Drittel Frankenhausen. Am 3. 9. 1697 und endgültig 1710 gewann S. die Reichsfürstenwürde. 1754 wurde das zum obersächsischen Reichskreis zählende S. nach Ablösung der Lehnsrechte Sachsens gegen Geldentschädigung zum Reichsfürstenrat zugelassen. 1807 trat es dem Rheinbund, 1815 dem Deutschen Bund bei. 1816/1821 erhielt es eine 1854 umgestaltete Verfassung. 1866 trat es dem Norddeutschen Bund und 1871 dem Deutschen Reich bei. S. umfasste (1910) 941 Quadratkilometer mit 100 700 Einwohnern und wurde beim Aussterben des Fürstenhauses von Schwarzburg-Sondershausen (1909) mit diesem in Personalunion vereinigt. Nach Abdankung des Fürsten am 22. 11. 1918 verselbständigte sich S. als Freistaat. Dieser ging am 1. 5. 1920 im Land Thüringen auf. Das Geschlecht der S. starb 1971 in männlicher Linie aus.

L.: Wolff 412 f.; Wallner 710 ObersächsRK 14; Großer Historischer Weltatlas III 38 (1789) D2; Bauer 1, 701; Statistisches Universal-Handbuch, Ortslexikon und Landeskunde für das Fürstenthum Schwarzburg-Rudolstadt, bearb. v. Thieme, A. F., 1880; Herrmann, K., Die Erbteilungen im Hause Schwarzburg, Diss. phil. Halle 1920; Trinckler, H., Entstehungsgeschichte und Häuserchronik von Alt-Rudolstadt, 1939; Hess, U., Geschichte der Schwarzburg-Rudolstadt, 1994.

Schwarzburg-Sondershausen (Grafen, Fürsten, Freistaat). Sondershausen an der Wipper wird 1125 erstmals erwähnt. Es war vermutlich ursprünglich Reichsgut, dann Sitz mainzischer Ministerialen. Über die Ludowinger und die Grafen von Hohnstein kam es 1356 an die Grafen von Schwarzburg. 1571/1599 entstand durch Teilung des Hauses Schwarzburg die Linie der Grafen von S. mit zwei Dritteln der Unterherrschaft im Norden Thüringens um Sondershausen und Ebeleben und einem Drittel der Oberherrschaft mit Arnstadt, Käfernburg und Gehren. 1631 gelang der Erwerb der unteren Grafschaft Gleichen. 1651 spaltete das zum obersächsischen Reichskreis gehörige S. die Linien Schwarzburg-Ebeleben (bis 1681) und Schwarzburg-Arnstadt (bis 1669) ab. Die überlebende Linie S. wurde 1681 erneut geteilt (Schwarzburg-Arnstadt bis 1716). Am 3. 9. 1697 wurde S. (und Schwarzburg-Arnstadt) in den Reichsfürstenstand erhoben. 1754 wurde S. nach Ablösung der Lehnsrechte Sachsens gegen Geldentschädigung zum Reichsfürstenrat zugelassen. 1807 trat es dem Rheinbund und 1815 dem Deutschen Bund bei. Bis 1819 bereinigte es durch Verträge mit Preußen, Sachsen-Weimar-Eisenach (Sachsen-Weimar) und Sachsen-Gotha-Altenburg (Sachsen-Gotha) sein stark zersplittertes Herrschaftsgebiet. 1819 vereinbarte es in einem Zollvertrag mit Preußen den zollrechtlichen Anschluss der von Preußen eingeschlossenen Oberherrschaft. 1841 erhielt es eine 1849 und 1857 revidierte Verfassung. 1866 trat es dem Norddeutschen Bund, 1871 dem Deutschen Reich bei. 1910 umfasste S. 862 Quadratkilometer mit 89 900 Einwohnern. Nach dem Aussterben des Hauses (1909) vereinigte der Fürst von Schwarzburg-Rudolstadt beide Fürstentümer in Personalunion. Nach seiner Abdankung am 22. 11. 1918 entstand der Freistaat S., der am 1. 5. 1920 im Land Thüringen aufging, das seinerseits 1945 zur sowjetischen Besatzungszone und von 1949 bis 1990 zur Deutschen Demokratischen Republik kam, in der es am 23. 7. 1952 aufgelöst (str.), zum 3. 10. 1990 aber wieder begründet wurde.

L.: Wolff 412; Wallner 710 ObersächsRK 15; Großer Historischer Weltatlas III 38 (1789) D2; Lammert, F., Verfassungsgeschichte von Schwarzburg-Sondershausen, 1920; Herrmann, K., Die Erbteilungen im Hause Schwarzburg, Diss. phil. Halle 1920; Eberhardt, H., Die Geschichte der Behördenorganisation in Schwarzburg-Sondershausen, 1943; Eberhardt, H., Zur Geschichte der Stadt Sondershausen im Mittelalter, FS F. Lammert, 1954.

Schwarzenberg (Grafschaft, Fürsten). Seit 1155 ist das edelfreie fränkische Geschlecht der Saunsheim/Seinsheim nachweisbar. Es erwarb 1405/1421 durch Erkinger von Seinsheim zu Stephansberg von den Castell die Burg und Herrschaft S. bei Scheinfeld am Steigerwald und benannte sich seitdem nach dieser. 1428 wurden Burg und Herrschaft durch Auftragung Reichslehen, mussten aber 1511, ohne dass dadurch die Reichsstandschaft beeinträchtigt worden wäre, an die Markgrafen von Ansbach (Brandenburg-Ansbach) zu Lehen aufgetragen werden. 1429 wurde das Geschlecht in den Freiherrenstand, 1566 bzw. 1599 (Stephansberger Linie) in den Grafenstand und 1670 in den Fürstenstand (1696 Sitz und Stimme auf der Fürstenbank des schwäbischen Reichskreises) erhoben. 1524 führte es die Reformation ein, die aber 1623 durch die Gegenreformation wieder beseitigt wurde. Die Familie zerfiel seit 1437 in zahlreiche Linien (u.a. Hohenlandsberg bis 1646, Stephansberg). Durch Erwerb von Gütern in Franken (1662/1664 reichsunmittelbare Herrschaft Erlach, zweite Stimme im fränkischen Reichsgrafenkollegium), Südböhmen (1660 Wittingau als Erbschaft der von Eggenberg, Krumau 1719 [1723 Herzogtum]), in der Obersteiermark (1617 durch Heirat Murau), in Krain, in den Niederlanden, in Westfalen (1550 Gimborn, 1621 Neustadt, beide bildeten eine reichsunmittelbare, 1782 an Wallmoden verkaufte Herrschaft, Stimme im westfälischen Reichsgrafenkollegium), durch Erwerb der Grafschaft Sulz (1687), der Landgrafschaft Klettgau (1687 Stimme im schwäbischen Reichskreis, jedoch nicht im Reichsfürstenrat, 1689 gefürstete Landgrafschaft), der am Ende des 18. Jahrhunderts zum schwäbischen Reichskreis zählenden Herrschaften Illereichen (1788) und Kellmünz (1789) am Mittellauf der Iller sowie der Hoheitsrechte in der Landgrafschaft Stühlingen und der Herrschaft Lichteneck im Breisgau stieg sie zu den führenden Familien des Reiches auf. 1654 erreichte das Haus für seine fränkischen Güter die Exemtion von allen Landgerichten. Am Ende des 18. Jahrhunderts zählte der Fürst von S. wegen der Herrschaft Seinsheim oder der gefürsteten Grafschaft S. zu den fränkischen Grafen der weltlichen Bank des Reichsfürstenrates des Reichstages. Mit Burggrub, Unterlaimbach, Appenfelden, Schnodsenbach und Burgambach mit Zeisenbronn war er im Kanton Steigerwald des Ritterkreises Franken (frühes 16. Jahrhundert, ab 1785) immatrikuliert, mit Ermetzhofen im Kanton Altmühl (16. Jahrhundert, frühes 19. Jahrhundert) und mit Teilen von Bullenheim und Gnötzheim im Kanton Odenwald (spätes 17. Jahrhundert, frühes 19. Jahrhundert). Die oberschwäbischen Güter, insgesamt 10 Quadratmeilen Gebiet, fielen 1806 an Baden (1812 Verkauf an Baden), die fränkischen Güter an Bayern. Als Rest der früheren Herrschaft blieben in Scheinfeld, Seehaus und Marktbreit bis 1848 standesherrliche schwarzenbergische Gerichte unter Staatsaufsicht Bayerns bestehen. Die Güter in Böhmen, die ursprünglich 600 000 Hektar und 230 000 Einwohner umfassten, wurden nach 1918 durch die Bodenreform verringert und gingen 1945 an die Tschechoslowakei.

L.: Wolff 116; Zeumer 553 II b 56, 61,7, 554, II b 62, 7; Wallner 692 FränkRK 13; Großer Historischer Weltatlas II 66 (1378) F4, III 22 (1648) E4, III 38 (1789) D3; Klein 157; Winkelmann-Holzapfel 162; Bechtolsheim 65, 197; Riedenauer 127; Fugger, E., Die Seinsheims und ihre Zeit, 1893; Schwarzenberg, K. zu, Geschichte des reichsständischen Hauses Schwarzenberg, 1963.

Schwarzenberg (Herrschaft). Die Herrschaft S. bei Waldkirch fiel im 14. Jahrhundert, endgültig 1567, an Habsburg bzw. Österreich.

L.: Wolff 41; Hölzle, Beiwort 2.

Schwarzenberg (Herrschaft). Im ausgehenden 12. Jahrhundert (um 1170) wurde die Burg S. am Schwarzwasser im Erzgebirge errichtet. Sie war Mittelpunkt der Herrschaft S. (mit Eibenstock, Jugel, Rittersgrün, Sosa, Crandorf, Breitenbrunn, Grünstädtel, Kleinpöhla, Bermsgrün und S.), die vielleicht von den Herren von Lobdeburg-Elsterberg errichtet wurde und 1382 Lehen der Burggrafen von Leisnig seitens der Markgrafen von Meißen und, als formeller Oberlehnsherren, der Könige von Böhmen war. 1533–1535 kam S. an Sachsen und damit von 1949 bis 1990 an die Deutsche Demokratische Republik.

L.: Wolff 379; Fröbe, W., Herrschaft und Stadt Schwarzenberg bis zum 16. Jahrhundert, 1930; Fritschen, W. v., in: Sächs. Heimatblätter 7 (1961).

Schwarzenberg (Reichsdorf), Schwertzenberg (?), Erzenberg (?). König Ruprecht bestätigte am 26. 2. 1409 dem Eberhard von

Ramschwag die Reichspfandschaft der freien Leute zu Schwartzenberg (S.) (Erzenberg bei Schwellbrunn in der Schweiz?).

L.: Hugo 473 f.

Schwarzenberg (Republik) ist das 1945 nach Kriegsende für mehrere Wochen unbesetzt gebliebene Westerzgebirge.

L.: Deutschland unter alliierter Besatzung, hg. v. Benz, W., 1999.

Schwarzenberg s. Flach von S.

Schwarzenberg s. Scheer von S.

Schwarzenholz (Herrschaft). Die aus den Dörfern S. und Labach bestehende, nordöstlich von Saarlouis gelegene freie Reichsherrschaft S. gehörte am Ende des 18. Jahrhunderts zu den nicht eingekreisten Reichsteilen. 1563 hatten die Herren von Lichtenberg ihre Rechte an der Herrschaft an Nassau-Saarbrücken verkauft, das sie 1664 an das Frauenkloster (Frauenlautern) Fraulautern bei Saarlouis abgab. 1815 kam S. an Preußen, 1919 und 1945/1946 an das Saargebiet und 1957 an das Saarland.

L.: Wolff 502.

Schwarzwasser (Herrschaft). Am schon 1293 belegten Bach Schwarzes Wasser im Plesser Hügelland legte Nikolaus Brodecki von Brodek, Marschall des Herzogtums Teschen, verschiedene Siedlungen an und erreichte 1482 die Erhebung des Dorfes S. zur Stadt im Herzogtum Teschen. Seit 1561 gehörte S. zu den Kammergütern Teschens. 1572 verkaufte der Herzog von Teschen und Pless die Herrschaft S., doch kam diese 1592 an Teschen zurück. Teschen wurde 1920 und 1945 zwischen Polen und der Tschechoslowakei geteilt.

L.: Wolff 489; Zawisza, O., Dzieje Strumienia (Geschichte von Schwarzwasser), 1909.

Schwebda s. Keudel zu S.

Schweberg (Reichsritter) s. Schweinsberg

L.: Pfeiffer 212.

Schweden (Land). Das aus Gauten und S. zusammengewachsene, bis zum 11. Jahrhundert christianisierte Volk der S. stand seit 1250 unter der Herrschaft des Hauses der Folkunger. 1389 kam es an Dänemark, von dem es sich 1523 unter Gustav Wasa wieder verselbständigte. 1561 erlangte es Estland, verlor aber 1570 Gotland an Dänemark. Von 1614 bis 1617 gewann es Karelien und Ingermanland, von 1621 bis 1629 Livland, 1645 Gotland und Ösel, 1648 Vorpommern, Wismar, Bremen und Verden. 1654 kam das Haus Pfalz-Zweibrücken auf den Thron. 1721 gingen Livland, Estland, Ingermanland und Karelien an Russland verloren, nachdem schon Bremen und Verden an Hannover und das östliche Vorpommern an Preußen hatten gegeben werden müssen. 1803 fiel Wismar an Mecklenburg, 1809 Finnland an Russland und 1815 das restliche Vorpommern an Preußen. 1905 wurde die 1814 begründete Union mit dem zuvor zu Dänemark gehörigen Norwegen gelöst. S. Bremen, Pommern, Verden, Wismar.

L.: Andersson, I., Schwedische Geschichte, 1950.

Schwedt (Herrschaft, Markgrafschaft). Im 12. Jahrhundert wurde am Rande der Uckermark zum Schutz eines Oderüberganges die Burg S. südlich von Stettin erbaut. 1464–1472 wurde sie im Stettiner Erbfolgestreit Pommern von Brandenburg abgewonnen. 1481 wurde das um S. entstandene Land Schwedt-Vierraden von den Grafen von Hohnstein gekauft. 1670 erwarb es Kurfürstin Sophie Dorothea von Brandenburg und erhob es zur Markgrafschaft. Diese Markgrafschaft S. wurde 1689 mit einigen Ämtern in Hinterpommern ohne Landeshoheit dem ältesten Sohn des Großen Kurfürsten aus dessen zweiter Ehe verliehen. Diese nicht souveräne Nebenlinie Brandenburgs hatte in S. bis zu ihrem Erlöschen 1788 ihren Sitz. S. Brandenburg-Schwedt.

L.: Wolff 389; Probst, F. P. v., Die Stadt und Herrschaft Schwedt, 2. A. 1834; Thomae, G., Geschichte der Stadt und Herrschaft Schwedt, 1873; Westermann, E., 700 Jahre Stadt und Herrschaft Schwedt, 1936; FS Schwedt 1265–1965, 1965.

Schwegerer, Schweigerer (Reichsritter). Im 16. Jahrhundert zählten die S. zum Kanton Rhön-Werra und zum Kanton Baunach des Ritterkreises Franken.

L.: Pfeiffer 212; Riedenauer 127.

Schweidnitz (Fürstentum), poln. Swidnica. S. an der Weistritz in Niederschlesien entstand in der ersten Hälfte des 13. Jahrhunderts (vor 1243 bzw. vor 1249) bei einer gleichnamigen slawischen Siedlung. 1260 erhielt es Neumarkter Recht. 1290/1291 wurde es Sitz des Fürstentums S. einer Nebenlinie der niederschlesischen Piasten, die auch das 1278 entstandene Fürstentum Jauer bis 1301 besaß. 1301 wurde in S., Jauer (1312) und Münsterberg (1322) aufgeteilt. 1346 wurde S. mit dem Fürstentum Jauer (ohne Münsterberg) vereinigt. Durch die Heirat der Erbin Anna von Schweidnitz-Jauer mit Kaiser Karl IV. kam es 1368/1369/1392 an Böhmen und 1526 an Habsburg bzw. Österreich. 1742 fiel es an Preußen. Das Fürstentum war 45 Quadratmeilen groß und in die Kreise S., Striegau, Bolkenhain-Landeshut (Bolkenhain-Landshut) und Reichenbach gegliedert. Seit 1945 stand es unter Verwaltung Polens, an das es 1990 als politische Folge der deutschen Wiedervereinigung gelangte.

L.: Wolff 476; Großer Historischer Weltatlas II 66 (1378) H3; Schirrmann, W., Chronik der Stadt Schweidnitz, 1908/1909; Heimatkunde von Schweidnitz und Umgebung, hg. v. Friedrich, G., 1925; Schweidnitz, bearb. v. Franke, 1929; Schönaich, G., Die alte Fürstentumshauptstadt Schweidnitz, 1935; Bein, W./ Schmilewski, U., Schweidnitz im Wandel der Zeiten, 1990; Gawlas, S., Schweidnitz, LexMA 7 1995, 1638.

Schweidnitz-Jauer (Fürstentum). Von 1290/ 1291 bis 1301 und von 1346 bis 1918 bildeten Schweidnitz und Jauer in Niederschlesien das Fürstentum S. S. Jauer, Schweidnitz.

Schweigen, Schweiger (Reichsdorf). Am 22.1. 1379 verpfändete König Wenzel dem Kurfürsten Ruprecht von der Pfalz unter anderem das Dorf S. südwestlich von Bergzabern bei Weißenburg im Elsass, das Ruprecht aus der Pfandschaft des Grafen Emich von Leiningen gelöst hatte. Über die Pfalz kam es 1815 an Bayern und 1946 an Rheinland-Pfalz.

L.: Hugo 472.

Schweigern (reichsritterschaftlicher Ort) s. Schwaigern

L.: Wolff 511.

Schweighausen (Herrschaft). Seit 1427 waren die vom Stein vom Gesamthaus Nassau mit Landeshoheit und Grundherrschaft zu S. im Taunus belehnt. Über Nassau (1806) kam S. 1866 an Preußen und 1946 an Rheinland-Pfalz.

L.: Gensicke, H., Landesgeschichte des Westerwaldes, 2. A. 1987, 327.

Schweinachgau (Sueinihgouui, Svveinigovve, Gau zwischen Isarmündung und Innmündung)

L.: Curs, O., Deutschlands Gaue im zehnten Jahrhundert. Nach den Königsurkunden, Diss. phil. Göttingen 1908 (Flinsbach, Windorf); Polenz, P. v., Landschafts- und Bezirksnamen, 1961, II, 24, 26 f., Sweinahgouwe, ‚Schweinachgau'.

Schweinfurt (Reichsstadt). Eine an einer Mainfurt vermutlich im 7. Jahrhundert entstandene Siedlung erscheint 791 als Suinvurde. Im 10./11. Jahrhundert tritt eine Burg S. auf, nach der sich wohl mit den älteren Babenbergern verwandte, reich begüterte (Ammerthal, Creußen, Kronach) Markgrafen von S. benannten, die 1057 ausstarben und ihre Güter vor allem (1100) dem Erzstift Magdeburg und (1112) dem Hochstift Eichstätt hinterließen. Die danach auf Reichsboden entstandene Siedlung unterhalb der Burg war am Anfang des 13. Jahrhunderts Stadt und wurde spätestens 1254 Reichsstadt. Nach einer Zerstörung wurde sie 1259 neu erbaut und von den Grafen von Henneberg und dem Hochstift Würzburg in Besitz genommen. Allerdings konnte sie sich allmählich dem Zugriff des Hochstifts Würzburg und auch der Hochstiftsvögte (Grafen von Henneberg) entziehen. 1282 befreite König Rudolf von Habsburg sie von fremder Gerichtsbarkeit. 1361 und 1386 löste sie sich aus der 1354 nach mehreren früheren Verpfändungen erfolgten Verpfändung an Würzburg. 1362 erhielt sie das Recht der freien Ammannwahl (Reichsvogtswahl), 1443 den Blutbann. 1542 schloss sie sich der Reformation an. 1554 wurde die Stadt, die Sitz und Stimme im fränkischen Reichskreis hatte und im schwäbischen Reichsstädtekollegium des Reichstags vertreten war, völlig zerstört. 1802/1803 kam sie mit 2 Quadratmeilen Gebiet und 6000 Einwohnern an Bayern, von 1810 bis 1814 zum Großherzogtum Würzburg, 1814 wieder an Bayern.

L.: Wolff 130; Zeumer 555 III b 19; Wallner 693 FränkRK 23; Großer Historischer Weltatlas II 66 (1378) F3, II 78 (1450) G3, III 22 (1648) E3, III 38 (1789) D2; Schroeder 245 ff.; Stein, F., Monumenta Suinfurtensia, 1875; Dirian, H.W., Das Schweinfurter Stadtregiment während der Reichsstadtzeit, 1954; 700 Jahre Stadt Schweinfurt 1254–1954, 1954; Holzner, L., Schweinfurt am Main, 1964; Fuchs, A., Schweinfurt. Die Entwicklung einer fränkischen villula zur Reichsstadt Schweinfurt, 1972; Reichsstädte in Franken, hg. v. Müller, R., 1987; Bundschuh, J., Beschreibung der Reichsstadt Schweinfurt, 1989; Schweinfurt im 19. Jahrhundert, 1991; Fahlbusch, F., Schweinfurt, LexMA 7 1995, 1640; Vor 1000 Jahren. Die Schweinfurter Fehde und die Landschaft am Obermain, hg. v. Schneider, E. u. a., 2004.

Schweinhausen (Herrschaft). S. bei Biberach gelangte von den bis 1185 genannten Edlen von S. (Suenhusen) an Kaiser Friedrich I. Barbarossa. 1331 wurde es mit der Herrschaft Warthausen von Habsburg erworben, kam aber 1520 als Pfand und 1530 als Allod an die Erbtruchsessen von Waldburg bzw. deren Linie Waldburg-Wolfegg-Waldsee, danach an Württemberg und damit 1951/1952 an Baden-Württemberg.

L.: Hölzle, Beiwort 54.

Schweinsberg s. Schenk von S. (Schenk zu S.)

Schweiz (Land). Nach der Aufteilung des karolingischen Reiches gehörte das Gebiet der späteren S. im westlichen Teil zu Burgund, der übrige Teil zum deutschen Reich. 1032/1033 kam das Königreich Burgund zum Reich. 1127 traten die Herzöge von Zähringen, die während des Investiturstreites Zürich als Reichslehen gewonnen hatten, als Rektoren von Burgund die Nachfolge der ausgestorbenen Grafen von Burgund an. Bei ihrem Aussterben 1218 zerfiel ihr Herrschaftsgebiet in teilweise reichsunmittelbare Teilherrschaften. 1231 kaufte König Heinrich (VII.) zur Sicherung des Gotthardpasses den Grafen von Habsburg, die über die Grafen von Kiburg (Kyburg) das Erbe der Herzöge von Zähringen erlangt hatten, die Leute von Uri ab und versprach ihnen ewige Reichsunmittelbarkeit. 1240 erlangten die Leute von Schwyz ein ähnliches Privileg von Kaiser Friedrich II., konnten sich aber gegen Habsburg nicht durchsetzen. Anfang August 1291 schlossen sich, wenige Tage nach dem Tod Rudolfs von Habsburg, die drei im ehemaligen Herzogtum Schwaben gelegenen Landschaften (Waldstätte) Uri mit Altdorf, Schwyz mit Schwyz und Unterwalden (Nidwalden mit Stans und Obwalden mit Sarnen) in einem ewigen Bündnis gegen die Grafen von Habsburg und jede andere herrschaftliche Einmischung zusammen. König Heinrich VII. dehnte am 3. 6. 1309 die Reichsunmittelbarkeit auf Unterwalden aus. Das Gebiet der drei Bündnispartner wurde ein einem Reichsvogt unterstellter Gerichtsbezirk. Als die Herzöge von Österreich aus dem Hause Habsburg auf Grund eines Überfalles von Schwyz auf Kloster Einsiedeln gegen die Schwyzer militärisch vorgingen, wurden sie am 15. 11. 1315 bei Morgarten besiegt. Als Eidgenossen bekräftigten Schwyz, Uri und Unterwalden (Waldstätte), auf die bald auch der Name der Schwyzer (Switenses, Swicenses, Anfang 14. Jahrhundert Sweizer) allgemein überging, daraufhin ihren Bund. 1318 begaben sich die Herzöge ihrer gräflichen Rechte. Bald verlor der Reichsvogt seine Bedeutung. 1332 schloss sich Luzern dem Bund an, 1351 die freie Reichsstadt Zürich, 1352 Glarus und Zug, 1353 das 1218 Reichsstadt gewordene Bern (achtörtiger Bund, Eidgenossenschaft der acht alten Orte, Bezeichnung als Orte seit 1426). 1386 und 1388 wurde Habsburg bei Sempach und Näfels erneut geschlagen. 1411 schloss sich Appenzell, das der Herrschaft Sankt Gallens entkommen wollte, an, 1415 wurde der restliche Aargau als Untertanenland einverleibt. Im Süden griff Uri nach dem Wallis, dem Urserental und dem Tessin aus. 1450 wurde nach einer durch den Streit um Toggenburg ausgelösten Entfremdung Zürich zurückgewonnen, 1460 dem habsburgischen Erzherzog von Tirol der Thurgau entrissen. 1481 wurden Freiburg und Solothurn aufgenommen, womit die Eidgenossenschaft erstmals über den deutschsprachigen Raum hinausgriff. 1495 lehnten die Eidgenossen Beschlüsse des Reichstages, die sie mit der Einführung des gemeinen Pfennigs und des Reichskammergerichts an das Reich binden wollten, ab. 1499 lösten sie sich tatsächlich vom Reich. 1501 zwangen sie Basel und Schaffhausen zum Eintritt. 1513 wurde Appenzell als 13. Ort aufgenommen. 1512/1526 wurde ein Teil der Lombardei (Tessin, Veltlin), 1563 von Bern das Waadtland gewonnen. Die durch die Reformation (Zwingli, Calvin) drohende Spaltung konnte verhindert werden, doch wurde die S. konfessionell gespalten, wobei sieben Orte katholisch blieben. 1648 schied die Eidgenossenschaft mit 13 Orten und 10 zugewandten Orten (Reichsabtei und Stadt Sankt Gallen, Biel, Rottweil, Mülhausen, Genf, Neuenburg, Hochstift Basel [1579], Wallis, Graubünden) aus dem Reich aus, dem seitdem aus dem betreffenden Gebiet nur noch der Reichsabt von Sankt Gallen und der Bischof von Basel angehörten. Die einzelnen Orte entwickelten bis zum 17. Jahrhundert überwiegend eine aristokratische Verfassung und verwalteten ihre Landgebiete wie die ihnen gemeinsam gehörenden Gebiete in deutlicher Abhängigkeit. 1798 griff auf Ruf der Anhänger der revolutionären Ideen Frankreich ein und errichtete die Helvetische

Republik. Seitdem heißen die Orte Kantone. Mülhausen, das Hochstift Basel, Biel, Neuenburg und Genf kamen zu Frankreich, das Veltlin zur Zisalpinischen Republik. Auf Grund eines Aufstandes gab Napoleon am 19. 2. 1803 eine neue Verfassung für die 13 alten und 6 neuen Kantone (Sankt Gallen, Graubünden, Aargau, Thurgau, Tessin und Waadt). Wallis wurde verselbständigt und 1810 Frankreich einverleibt, Neuenburg von 1806 bis 1813 ein Fürstentum des französischen Marschalls Berthier. 1814 kamen die von Frankreich entrissenen Gebiete mit Ausnahme des Veltlins zurück. Das Hochstift Basel fiel an Bern. Genf, Wallis und Neuenburg vermehrten die Zahl der Kantone auf 22. 1815 wurde die dauernde Neutralität des am 7. 8. 1815 errichteten lockeren Staatenbundes anerkannt. Die Verfassung vom 12. 9. 1848 machte die S. zu einem Bundesstaat. Die Verfassung vom 29. 5. 1874 verstärkte die Bundesgewalt. 1978 spaltete sich von Bern der Kanton Jura ab, so dass seitdem insgesamt 26 Kantone und Halbkantone bestehen. Da die Halbkantone bei dem für Verfassungsabstimmungen erforderlichen sog. Ständemehr (Mehrheit der Ständestimmen) nur eine halbe Stimme haben, setzt sich die S. verfassungsrechtlich aus 23 Ständen zusammen. Zum 1. 1. 2000 wurde die Verfassung überarbeitet (z. B. Streikrecht, Sozialziele, Recht des Kindes).

L.: Wolff 517; Haselier, G., Die Oberrheinlande, in: Geschichte der deutschen Länder, Bd. 1; Die Territorien des Reichs 5, 278; Dierauer, J., Geschichte der schweizerischen Eidgenossenschaft, Bd. 1–6 4. A. 1912 ff.; Heusler, A., Schweizerische Verfassungsgeschichte, Basel 1920; Gagliardi, E., Geschichte der Schweiz, Bd. 1–3 3. A. 1938; Historisch-biographisches Lexikon der Schweiz, hg. v. Turler, H. u. a., Bd. 1–8 1921 ff.; Gasser, A., Die territoriale Entwicklung der Schweizer Eidgenossenschaft 1291–1797, 1932; Quellenwerk zur Entstehung der Schweizer Eidgenossenschaft, Abt. 1–3 1933 ff.; Näf, W., Die Eidgenossenschaft und das Reich, 1940; Mayer, T., Die Entstehung der Schweizer Eidgenossenschaft und die deutsche Geschichte, DA 6 (1943); Blumer, W., Bibliographie der Gesamtkarten der Schweiz von Anfang bis 1802, hg. v. d. Schweizerischen Landesbibliothek Bern, 1957; Historischer Atlas der Schweiz, hg. v. Ammann, H./Schib, K., 2. A. 1958; Pfister, R., Kirchengeschichte der Schweiz, 1964; Handbuch der Schweizer Geschichte, Bd. 1 f. 1971 f.; Meyer, B., Die Bildung der Eidgenossenschaft im 14. Jahrhundert, 1972; Bohnenblust, E., Geschichte der Schweiz, 1974; Ruffieux, R., La Suisse de l'entre-deux-guerres, 1974; Im Hof, U., Geschichte der Schweiz, 5. A. 1991, 7. A. 2001; Peyer, H. C., Verfassungsgeschichte der alten Schweiz, 1978, Neudruck 1980; Braun, R., Das ausgehende Ancien Régime in der Schweiz, 1984; Schuler-Adler, H., Reichsprivilegien und Reichsdienste der eidgenössischen Orte unter König Sigmund 1410–1437, 1985; Mattmüller, M., Bevölkerungsgeschichte der Schweiz, Bd. 1 f. 1987; Furrer, N., Glossarium Helvetiae Historicum, Ortsnamen 1991; Greyerz, H. v. u. a., Geschichte der Schweiz, 1991; Schweizer Lexikon, Bd. 1 ff. 1991 ff.; Handbuch der historischen Stätten der Schweiz, hg. v. Reinhardt, V., 1996; Böning, H., Der Traum von Freiheit und Gleichheit, 1998; Kästli, T., Die Schweiz, 1998; Historisches Lexikon der Schweiz, hg. v. d. Stiftung Historisches Lexikon der Schweiz, Bd. 1 ff. 2002 ff.

Schweizer Eidgenossen s. Eidgenossenschaft, Schweiz

Schwemberg (freie Leute) s. Schwänberg

L.: Hugo 474.

Schwendi (Herrschaft). S. bei Biberach war Sitz der um 1128 erstmals genannten Herren von S. Durch Heirat kam die zum Kanton Donau des Ritterkreises Schwaben steuernde Herrschaft nach Aussterben der S. im Mannesstamm 1689/1700 an die Grafen von Oettingen-Spielberg. Über Württemberg gelangte S. 1951/1952 zu Baden-Württemberg.

L.: Wolff 508; Hölzle, Beiwort 51; (Stetten 32;) Hammer, M., Schwendi, 1969.

Schwenningen (reichsritterschaftliche Herrschaft). S. zählte zum Kanton Kocher des Ritterkreises Schwaben und kam an Ellwangen und damit 1802/1803 an Württemberg bzw. 1951/1952 an Baden-Württemberg.

Schweppenhausen (reichsritterschaftliche Herrschaft). Die aus mehreren Dörfern bestehende Herrschaft S. nördlich von Bad Kreuznach zählte zum Kanton Niederrheinstrom des Ritterkreises Rhein. Über die Rheinprovinz Preußens kam S. 1946 an Rheinland-Pfalz.

L.: Wolff 516.

Schwerin (Grafschaft). 1018 wird die wendische Burg S. (Zuarin) erstmals erwähnt. Nach der Eroberung durch Heinrich den Löwen 1160 wurde die Burg Sitz der mit Gunzelin von Hagen einsetzenden Grafen von S. 1167 wurde die Grafschaft S. gefestigt. 1203 konnten die Länder Wittenburg und Boizenburg als Lehen Dänemarks erworben werden. 1227 nahm der Graf sein Land wieder vom Herzog von Sachsen zu Lehen. 1230 legte eine Vereinbarung die Grenze zu Mecklenburg fest. 1279 entstand eine Linie Wittenburg, von der sich 1323 eine Linie Boizenburg abzweigte. 1344 starben die Linie S., 1349 die Linie Wittenburg und Boizenburg aus. 1358 erlagen die Grafen dem Druck der Herzöge von Mecklenburg, welche die Grafschaft durch Kauf von den ihrerseits in das durch Heirat erlangte Tecklenburg wechselnden Erben erwarben. Die lehnsrechtlichen Ansprüche der Grafen erloschen erst 1557 endgültig. Die Herzöge von Mecklenburg teilten ihr Haus 1555/1621 in die Linien Mecklenburg-Schwerin und Mecklenburg-Güstrow (bis 1695) bzw. 1701 Mecklenburg-Schwerin und Mecklenburg-Strelitz. Vom Ende des 15. Jahrhunderts bis 1764 und von 1837 bis 1918 war S. Residenz des zum niedersächsischen Reichskreis zählenden Herzogtums, von 1918 bis 1934 Hauptstadt des Freistaates Mecklenburg-Schwerin und von 1934 bis 1952 des Landes Mecklenburg. S. Mecklenburg-Schwerin.

L.: Wolff 442; Wallner 706 NiedersächsRK 2; Schwebel, O., Die Herren und Grafen von Schwerin, 1885; Witte, H., Mecklenburgische Geschichte, 1909; Jesse, W., Geschichte der Stadt Schwerin, 1960; Schwerin 1160–1960, bearb. v. Leopoldi, H. H., 1960; Krieck, M. u. a., Schwerin. Geschichte der Stadt in Wort und Bild, 1985; Sander-Berke, A., Schwerin, LexMA 7 1995, 1642 f.

Schwerin (Hochstift, Fürstentum). 1018 wird die wendische Burg S. (Zuarin) erstmals erwähnt. Das zum Erzbistum Hamburg-Bremen gehörige Bistum S. wurde, nach einem ersten Versuch in den Jahren 1062 bis 1066 (Michelenburg), für die Mission unter den Abodriten in den Jahren 1149 bis 1160 neu gegründet (Bischof Berno), 1160 nach der Eroberung Schwerins von Heinrich dem Löwen nach S. verlegt und 1171 ausgestattet (Burg und Land Bützow). Nach dem Sturz Heinrichs des Löwen 1180 waren die Bischöfe (wieder) reichsunmittelbar, doch war diese Stellung umstritten. Seit 1239 hatten sie ihren Sitz in Bützow. In der Mitte des 13. Jahrhunderts konnten sie die Reichsunmittelbarkeit sichern. Seit dem 15. Jahrhundert wurden sie von den Herzögen von Mecklenburg abhängig. 1533/1557/1568 wurde das Bistum protestantisch. Von 1627/1628 bis 1633 kam S. als erbliches Lehen an Wallenstein. 1648 wurde das Hochstift, dessen Reichsunmittelbarkeit 1561 vom Reichskammergericht bestätigt wurde, als Ausgleich für die Abtretung von Wismar an Schweden als weltliches säkularisiertes Fürstentum dem Herzogtum Mecklenburg (Mecklenburg-Schwerin) mit Sitz und Stimme im Reichsfürstenrat und im niedersächsischen Reichskreis eingegliedert. Um 1800 umfasste das Fürstentum ein Gebiet von 14 Quadratmeilen und hatte 25 000 Einwohner. 1851 wurden auch die Landstände in den Verband Mecklenburgs eingefügt.

L.: Wolff 452; Zeumer 553 II b 40; Wallner 707 NiedersächsRK 14; Großer Historischer Weltatlas II 66 (1378) F2, III 22 (1648) E2; Schildt, F., Das Bistum Schwerin in der evangelischen Zeit, Jb. d. Ver. f. meckl. Gesch. 47 (1884), 49 (1886), 51 (1888); Rische, A., Verzeichnis der Bischöfe und Domherrn von Schwerin, 1900 (Progr. Ludwigslust); Jesse, W., Geschichte der Stadt Schwerin, Bd. 1 f. 1913 ff.; Krüger, E., Die Entwicklung der Landesherrlichkeit der Bischöfe von Schwerin, 1933; Schmaltz, K., Kirchengeschichte Mecklenburgs, Bd. 1–3 1935 ff.; Schwerin 1160–1960, bearb. v. Leopoldi, H. H., 1960; Traeger, J., Die Bischöfe des mittelalterlichen Bistums Schwerin, 1984; Krieck, M., u. a., Schwerin. Geschichte der Stadt in Wort und Bild, 1985; Kaluza-Baumruker, M., Das Schweriner Domkapitel, 1987; Krieck, M., Zuarin bis Schwerin, 1990; Sander-Berke, A., Schwerin, LexMA 7 1995, 1642 f.

Schwertbrüderorden (Orden). Der 1202 von norddeutschen Rittern zur Unterstützung der Heidenmission in Livland gebildete, nach dem auf den weißen Mantel aufgenähten Schwert benannte S., dem bis zu 180 Ritter und bis zu 1600 dienende Brüder und Vasallen angehörten, erhielt 1207 von Bischof Albert von Riga die Herrschaft über ein Drittel des nördlichen Livland. Nach einer schweren Niederlage gegen die Litauer 1236 schlossen sich die verbliebenen Reste des Ordens 1237 dem Deutschen Orden an.

L.: Benninghoven, F., Der Orden der Schwertbrüder, 1965.

Schwertzenberg (?) (freie Leute, Reichsdorf), Erzenberg?, s. Schwarzenberg

L.: Hugo 473 f.

Schwetzingen (Herrschaft). 766 wird S. nahe der Mündung des Neckars in den Rhein erstmals genannt. Seit etwa 1200 hatten die Pfalzgrafen die Oberherrschaft über die Güter Lorschs in S. Die Wasserburg in S. war Lehen der Pfalz. Im 18. Jahrhundert war es Sommerresidenz der Pfalzgrafen. Über Baden (1803) kam es 1951/1952 an Baden-Württemberg.

L.: Seyfrid, E., Heimatgeschichte des Bezirks Schwetzingen, 1926; Zenkner, O., Schwetzingen. Barockes Kleinod der Kurpfalz, 1964.

Schwindegg (Herrschaft). S. bei Mühldorf kam über die Herren von Haunsberg, eine wittelsbachische Nebenlinie und die Herren Herwart von Hohenburg (von Hörwarth auf Hohenburg) an die Grafen Fugger-Mickhausen (Fugger-Mückenhausen). Es zählte zum schwäbischen Reichskreis. Zusammen mit Mickhausen (Mückenhausen) umfasste es 7 Quadratmeilen. Später gelangte S. zu Bayern.

L.: Wolff 205; Wallner 685 SchwäbRK 15 b.

Schwinghofen (Reichsdorf). Am 20. 8. 1504 nahm König Maximilian I. unter anderem das Reichsdorf S. bei Weißenburg im Elsass in seinen Schutz.

L.: Hugo 469 f.

Schwörstadt (Burg, Herrschaft). S. bei Lörrach unterstand im 14. Jahrhundert den Truchsessen von Rheinfelden als Lehnsleuten Habsburgs und den Rittern von Wieladingen. 1316 erwarb Rudolf von Schönau (im Elsass) durch Heirat Burg und Herrschaft. Seit 1608 war sie Teil der Herrschaft Wehr der Herren (seit 1668 Freiherren) von Schönau (Schönau-Wehr), die Mannlehen Österreichs wurde. 1805 fiel die Herrschaft Schönau-Schwörstadt mit der Landgrafschaft Breisgau Österreichs an Baden und kam damit 1951/1952 an Baden-Württemberg.

L.: Hölzle, Beiwort 11.

Schwyz (Gebiet, freie Leute?, Kanton). Das 972 erstmals als Suittes bezeichnete Gebiet zwischen Vierwaldstätter See, Zuger See und Zürichsee unterstand dem Kloster Einsiedeln und der Reichsvogtei Zürich. Die freien Bewohner erlangten aber unter der landgräflichen Gewalt der 1173 den Grafen von Lenzburg in der Reichsvogtei folgenden Grafen von Habsburg (Laufenburg) 1240 durch Kaiser Friedrich II. in Parallele zu den Leuten von Uri Freiheitsrechte, aus denen sie die Reichsunmittelbarkeit ableiteten, die von Habsburg stets bestritten wurde. 1273 fiel S. an Rudolf von Habsburg. Nach dessen Tod 1291 schloss die Landsgemeinde ein ewiges Bündnis mit Uri und Unterwalden. Durch den Sieg bei Morgarten gewannen diese drei Landsgemeinden politische Selbständigkeit. Im 14. und 15. Jahrhundert dehnte S. seinen Herrschaftsbereich aus (Untermarch 1386, Einsiedeln 1394/1424, Küssnacht 1402, Mittelmarch 1405, Pfäffikon und Wollerau 1440, gemeinsam mit Glarus 1436 Uznach und Gaster). Von 1798 bis 1803 gehörte es zum Kanton Waldstätte der Helvetischen Republik, wurde dann aber wiederhergestellt. 1817 erlangte es Gersau. 1831 erhielt es eine Verfassung, die 1876 und 1898 modernisiert wurde.

L.: Wolff 522; Großer Historischer Weltatlas II 72 b (bis 1797) F2; Fassbind-Rigert, T., Geschichte des Kantons Schwyz, Bd. 1–5 1832 ff.; Castell, A., Geschichte des Landes Schwyz, 1954; Walder, U., Brevier Schwyz, 1987; Schwyz – Portrait eines Kantons, 1991; Wiger, J., Schwyz, LexMA 7 1995, 1651 f.; Adler, B., Die Entstehung der direkten Demokratie, 2006.

Scitizi (Teil Nizizis)

L.: Hessler, W., Mitteldeutsche Gaue des frühen und hohen Mittelalters, 1957, Scitizi (Dommitzsch, Elsnig).

Scodingorum pagus

L.: Polenz, P. v., Landschafts- und Bezirksnamen, 1961, I, 13, Scodingorum.

Scopingon (Gau zwischen Vechte und Ems)

L.: Curs, O., Deutschlands Gaue im zehnten Jahrhundert. Nach den Königsurkunden, Diss. phil. Göttingen 1908, 19 (Wettringen, Stockum); Polenz, P. v., Landschafts- und Bezirksnamen, 1961, III, 2, 4, Scopingun, Personenverbandsname, heute Ortsname Schöppingen.

Scotilingon, Scotelingau (Gau zwischen Innerste und Leine)

L.: Curs, O., Deutschlands Gaue im zehnten Jahrhundert. Nach den Königsurkunden, Diss. phil. Göttingen 1908, 19 (Himmelstür, Heyersum); Hessler, W., Mitteldeutsche Gaue des frühen und hohen Mittelalters, 1957, Scotelingau, Teil Ostfalens (Heyersum, Himmelstür); Polenz, P. v., Landschafts- und Bezirksnamen, 1961, I, 14, III, 1, 4, 6, Scotilingon Personenverbandsname.

Scuntiza (Gau zwischen Pleiße und Mulde)

L.: Curs, O., Deutschlands Gaue im zehnten Jahrhundert. Nach den Königsurkunden, Diss. phil. Göttingen 1908, 19 (Prissnitz).

Scuzingouwe (Schussengau)

L.: Polenz, P. v., Landschafts- und Bezirksnamen, 1961, II, 24, Scuzingouwe.

Scuzingouwi (Schotzachgau)

L.: Polenz, P. v., Landschafts- und Bezirksnamen, 1961, II, 24, Scuzingouwi, ‚Schotzachgau'.

Sechsämterland (Verwaltungsgebiet, Herrschaft). Das S. im ehemaligen bayerischen Nordgau umfasste die zwischen 1285 und 1416 von den Burggrafen von Nürnberg/Grafen von Hohenzollern im Reichsland Eger erworbenen Ämter Wunsiedel, Hohenberg, Weißenstadt, Kirchenlamitz, Thierstein und Selb unter der Amtshauptmannschaft Wunsiedel (1613–1797). Über Bayreuth (bzw. Brandenburg-Bayreuth) kam es 1810 an Bayern.

L.: Stadelmann, W., Kurze Geschichte der Sechsämter, Archiv f. Gesch. und Altertumskunde von Oberfranken 8 (1860); Sturm, H., Oberpfalz und Egerland, 1964.

Seck (Reichsritter). Im frühen 16. Jahrhundert zählten die S. zum Kanton Gebirg des Ritterkreises Franken sowie zur vogtländischen Ritterschaft (Vogtland).

L.: Riedenauer 127.

Seckau (Hochstift). Das 1218 in S. am Fuße der Seckauer Alpen in der Steiermark, wo seit 1142 ein von den Edelfreien von Traisen-Feistritz ausgehendes, reich begütertes Chorherrenstift bestand, gegründete Bistum war Eigenbistum des Erzbischofs von Salzburg und wurde 1786 nach Graz verlegt. Das Stift wurde 1782 aufgehoben, 1883 aber wieder besiedelt.

L.: Roth, B., Seckauer geschichtliche Studien, 1939 ff.; Roth, B., Seckau, Geschichte und Kultur 1164–1964, 1964; Liebmann, M., Die Domherren von Graz-Seckau, 1886–1986, 1987; 850 Jahre Stift Seckau, 1990; Geschichte des Bistums Seckau, hg. v. Amon, K., 1994; Dopsch, H., Seckau, LexMA 7 1995, 1660.

Seckendorff (Herren, Reichsritter, Freiherren). Bis zur Mitte des 13. Jahrhunderts lässt sich die in Franken begüterte Familie zurückverfolgen. Sie teilte sich früh in die Zweige Aberdar, Gutend (Gudent) und Rinhofen. Von etwa 1402 bis um das Jahr 1800 gehörten die S. mit Teilen der Herrschaft Erkenbrechtshausen, neun Zehnteln Gröningen, Schainbach, Teilen von Burleswagen (Burleswangen), Teilen von Satteldorf, Elpershofen, Heinkenbusch (Hinkenbusch) und Oßhalden (Osthalten) zu den bedeutenden fränkischen Rittern bzw. zum Kanton Odenwald (18. Jahrhundert) des Ritterkreises Franken. Mit Teilen von Hüttenheim, den Rittergütern Sugenheim, Weingartsgreuth und Rockenbach waren sie außerdem noch im Kanton Steigerwald (16. bis 19. Jahrhundert) immatrikuliert. Mit Teilen der Herrschaft Obernzenn (Oberzenn), Unternzenn (Unterzenn) und Empel waren sie Mitglied im Kanton Altmühl. Am Ende des 18. Jahrhunderts gehörten sie auch noch dem Kanton Baunach (ab etwa 1760) an. Weitere ritterschaftliche Güter waren Oberaltenbernheim, Unteraltenbernheim, Egenhausen, Trautskirchen, Urphetshofen (Urphetshof) und Ermetzhofen. Vielfach standen sie im Dienst der Hohenzollern, an die sie auch Güter abgaben. 1530 führten sie die Reformation ein. 1706 wurde die Linie Aberdar in den Reichsfreiherrenstand erhoben. Ihre Güter im Kanton Odenwald fielen außer Gröningen, Schainbach und Burleswagen (Burleswangen) 1808 an Bayern.

L.: Biedermann, Altmühl; Genealogischer Kalender 1753, 540 f.; Stieber; Roth von Schreckenstein 2, 594; Hölzle, Beiwort 55, 57; Winkelmann-Holzapfel 163; Pfeiffer 196–198, 212; Bechtolsheim 12, 18, 63; Stetten 11, 22, 37, 183; Riedenauer 127; Meyer, J., Die Seckendorffer, 1907; Richter, G., Die Seckendorff, Bd. 1 ff. 1987 ff.

Sedan (Grafschaft). S. war zunächst in der Hand der Benediktinerabtei Mouzon, gelangte dann aber 1424 an Eberhard von der Mark und 1591 an die Turenne. 1642 zog Richelieu S. für Frankreich ein.

Seebach (Reichsdorf). S. Am 20. 8. 1504 nahm König Maximilian I. unter anderem das Reichsdorf S. bei Selz (Seltz im Elsass) in seinen Schutz. Mit dem Elsass kam S. zu Frankreich.

L.: Hugo 470, 473.

Seebach (Reichsritter). Im 18. Jahrhundert zählten die S. zum Ritterkreis Unterelsass.

L.: Roth von Schreckenstein 2, 595.

Seeburg (Grafen). Die S. am Süßen See bei Eisleben wird 743 als sächsische Fluchtburg erwähnt. Im Mittelalter war sie Sitz der Grafen von S. 1287 fiel sie an die Grafen von Mansfeld.

L.: Wolff 415; Wäscher, H., Feudalburgen in den Bezirken Halle und Magdeburg, Bd. 1 f. 1962.

Seefeld (Herrschaft). S. bei Hollabrunn in Niederösterreich war im Hochmittelalter Sitz des im 12. Jahrhundert erstmals erwähnten, ursprünglich hochfreien, vermutlich aus der bayerischen Oberpfalz stammenden Geschlechts der Kadolte (Kadolz), das sich seit etwa 1160 nach S. nannte. Um die neu errichtete Burg S. erwarben sie ein ansehnliches Herrschaftsgebiet, zu dem andere Güter kamen (1192 vom Hochstift Passau Feldsberg). Nach dem Tod des Letzten der Kadolte kurz nach 1268 zog König Rudolf von Habsburg die Güter größtenteils ein und übertrug sie vor 1282 – vielleicht wegen der verwandtschaftlichen Bindungen der Burggrafen von Nürnberg/Raabs – an die Burggrafen von Nürnberg und damit später an die Markgrafen von Brandenburg. Diese Reichslehen, die von den Burggrafen von Nürnberg bzw. den Markgrafen von Brandenburg von 1292 bis 1594 an die Kuenringer weiterverliehen und danach an Johann Wilhelm von Schönkirchen und 1629 an die Grafen zu Hardegg gegeben wurden, kamen innerhalb Brandenburgs später an Ansbach. Trotz gegenteiliger Bestrebungen Österreichs blieben die Güter Reichslehen. 1779 verzichtete Preußen auf die Lehnsherrlichkeit zugunsten Österreichs. 1834 umfasste die Herrschaft 2273 untertänige Objekte mit über 10 000 Personen in 29 Orten.

L.: Herold, P., Die Herren von Seefeld-Feldsberg, 2000.

Seefried (Freiherren, Reichsritter). Die Freiherren von S. zählten mit Teilen der 1697 erworbenen Herrschaft Buttenheim zum Kanton Gebirg (ab etwa 1770) des Ritterkreises Franken. Außerdem waren sie seit etwa 1760 im Kanton Rhön-Werra immatrikuliert. Seit etwa 1750 waren sie mit dem Rittergut „4 Untertanen zu Birkach" Mitglied des Kantons Steigerwald. Wilhelm Heinrich von S. gehörte ab etwa 1737, Wilhelm Christian Friedrich von S. ab 1766 dem Kanton als Personalist an.

L.: Seyler 384; Hölzle, Beiwort 55; Winkelmann-Holzapfel 163; Riedenauer 127; Bechtolsheim 16, 89 f., 197 f.

Seehausen (Grafen). S. bei Wanzleben war Mittelpunkt der Grafschaft S. Sie wurde 1052 von Kaiser Heinrich III. dem Hochstift Halberstadt übertragen. In der Mitte des 13. Jahrhunderts fiel sie an das Erzstift Magdeburg. S. Preußen (Provinz Sachsen, Sachsen-Anhalt).

L.: Wolff 386.

Seeheim (Herrschaft). 874 gab Ludwig der Deutsche seine Güter zu S. bei Darmstadt dem Kloster Lorsch. 1239 war die dort errichtete Burg in der Hand der Herren von Münzenberg. Später kauften die Grafen von Erbach die Anteile der Ganerben von Tannenberg an S. auf, mussten S. aber 1510 den Landgrafen von Hessen zu Lehen auftragen. 1711/1714 verkauften sie das Amt S. an Hessen-Darmstadt, über das S. 1945 zu Hessen kam.

L.: Hölzle, Beiwort 41.

Seeland (Grafschaft). Das Mündungsgebiet von Schelde, Rhein und Maas mit den vorgelagerten Inseln war schon in römischer Zeit besiedelt. Im späten 7. Jahrhundert verstärkte sich die Einbeziehung in das fränkische Reich. 1012 erhielten die Grafen von Flandern das Land westlich der Osterschelde als Reichslehen. Um 1090 verliehen sie die Inseln zwischen den Scheldearmen an die Grafen von Holland. 1323 verzichtete Flandern gegenüber Holland auf die Lehnshoheit. Von 1345/1358 bis 1428 war die Grafschaft S. bei Wittelsbach (Bayern). Mit Holland war S. Führer im Kampf gegen Spanien, an das Flandern 1556 über Habsburg (1477) und Burgund (1384) gekommen war. 1587 schloss sich S. der Republik der Vereinigten Niederlande an. Der festländische Teil Seelands wurde von den Niederlanden 1577 erobert, ihnen 1648 überlassen und bildete bis 1795/1796 als Staatsflandern ein Generalitätsland. Danach wurde es, 1810 auch das übrige Seeland, von Frankreich annektiert. 1814 wurden S. und Staatsflandern (Seeländisch Flandern) als Provinz S. Teil des Königreiches der Vereinigten Niederlande.

L.: Wolff 71; Großer Historischer Weltatlas II 66 (1378) B3; Empel, M. van/Pieters, H., Zeeland door de eeuwen heen, 1931 ff.; Lemmink, F. H. J., Het ontstaan van de staten van Zeeland, Diss. Nimwegen 1951; Polenz, P. v., Landschafts- und Bezirksnamen, 1961, I, 50, II, 23, 48, 55, 96, Seoland*, Zeeland; Algemene Geschiedenis der Nederlanden, Bd. 4 1980; Sicking, L., Seeland, LexMA 7 1995, 1674 f.

Segeberg (Burg, Herrschaft). 1137 errichtete Kaiser Lothar von Süpplingenburg auf einem Kalkberg an der Trave die Burg S. (Sigeberg). 1273 kam sie an die Kieler Linie des Schauenburger (Schaumburger) Grafenhauses Holstein und wurde Sitz einer besonderen Linie Holstein-Segeberg. 1316 fiel sie an die Rendsburger Linie (Holstein-Rendsburg). Bei den Landesteilungen Schleswig-Holsteins blieb sie beim königlichen Anteil.

L.: Wolff 445; Rieken, A. D., Das Amt Segeberg, innerer Aufbau und siedlungsgeschichtliche Grundlagen, Diss. 1963; 850 Jahre Bad Segeberg, hg. v. Segeberg, 1984; Erdmann-Degenhardt, A., Im Schatten des Kalkbergs. Geschichte von Burg, Kloster und Stadt Segeberg, 1988.

Segnitz (Reichsritter). Im frühen 19. Jahrhundert waren die S. im Kanton Baunach des Ritterkreises Franken immatrikuliert.

L.: Riedenauer 127.

Seibold von Horkheim, Seybold von Horkheim (Reichsritter). Von 1634 bis 1673 waren die S. wegen des 1622 erworbenen Horkheim im Kanton Kocher des Ritterkreises Schwaben immatrikuliert. Über Württemberg kam Horkheim 1951/1952 zu Baden-Württemberg.

L.: Schulz 271.

Seibolstorff (Reichsritter). Um 1550 zählten die S. vielleicht zum Kanton Odenwald des Ritterkreises Franken.

L.: Stetten 22.

Seiboth, Seyboth (Reichsritter). Die S. zählten im frühen 18. Jahrhundert zum Kanton Altmühl des Ritterkreises Franken.

L.: Riedenauer 127.

Seidenberg (Herrschaft). Die Standesherrschaft S. (poln. Zawidow) südöstlich von Görlitz gehörte zur Markgrafschaft Oberlausitz. S. Polen.

L.: Wolff 470.

Seifriedsberg (Herrschaft). 1751 wurde die zum österreichischen Reichskreis zählende Herrschaft S. südwestlich von Augsburg von den Fürsten von Oettingen-Wallerstein erworben. Später fiel sie an Bayern.

L.: Hölzle, Beiwort 51, 4.

Seillegau (Salingouue, Gau um die Seille rechts der Mosel)

L.: Curs, O., Deutschlands Gaue im zehnten Jahrhundert. Nach den Königsurkunden, Diss. phil. Göttingen 1908, 19 (Juvrecourt, Bessingen); Polenz, P. v., Landschafts- und Bezirksnamen, 1961, II, 17 f., 24, 27, V, 2, Salingouwe, pagus Salinensis, pagus Seline, ‚Seillegau', Le Saulnois; Puhl, R., Die Gaue und Grafschaften des frühen Mittelalters im Saar-Mosel-Raum, 1999, 324 (682/683 pago Salininse), Namensherkunft ungewiss, zwischen Niegau, Itongau, oberem Saargau, Kalmenzgau/Chaumontois und Scarponagau (Amelécourt, Amenoncourt, Autrepierre, Bassing/Bessingen, Bermering, Bezange-la-Petite, Bioncourt-sur-Seille, Borgaltroff, Buchy, Château-Voué, Chérisey, Cutting, Cuvry, Destry/Destrich, Dieuze, Dombasle, Domjevin, Domnom-lès-Dieuze/Dommenheim, Einvilleau-Jard, Gerbécourt, Val-de-Guéblange/Geblingen, Gisselfingen, Haboudange, Hannocourt, Liocourt?, Many/Merchen, Marsal, Marthille, Moivrons, Morville-sur-Nied, Moyenvic, Racrange/Rakringen, Salonnes, Seraincourt, Sionviller, Sotzeling, Tincry, Torcheville/Dorsweiler, Vannecourt, Vic-sur-Seille).

Seinsheim, Saunsheim (Herrschaft, Freiherren, Grafen). S. bei Kitzingen wird 1155 (Sovensheim) erstmals erwähnt. Es war Sitz der seit 1172 bezeugten ministerialischen, westlich von Ochsenfurt begüterten Herren von S., die von den Hochstiften Bamberg und Würzburg Lehen hielten und den Herren von Hohenlohe sowie den Grafen von Castell dienten. 1420 erwarb Erkinger von S. die Burg Schwarzenberg bei Scheinfeld, trug sie 1428 dem Reich zu Lehen auf und wurde 1429 in den Reichsfreiherrenstand erhoben. Ein Zweig sind die späteren Fürsten zu Schwarzenberg, denen Freiherr Ludwig von S. die Güter 1655 überlassen hatte, nachdem die 1573 gekaufte, innerhalb Bayerns landsässige Herrschaft Sünching an der Großen Laaber neuer Stammsitz geworden war. Die S. gehörten im frühen 16. Jahrhundert mit Seehaus, Hohenkottenheim, Erlach, Schwarzenberg, Hohenlandsberg, Gnötzheim und Marktbreit dem Kanton Steigerwald des Ritterkreises Franken an. Weiter waren sie im 18. Jahrhundert zeitweilig in den Kantonen Odenwald und Gebirg immatrikuliert. Sie zählten seit 1590 zur Grafenbank des fränkischen Reichskreises und seit 1598 zum fränkischen Reichsgrafenkollegium, doch gingen diese Rechte bis 1655 durch Verkauf an die Schwarzenberg über. Ohne Reichsstandschaft wurden die Freiherren von S. 1705 in den Reichsgrafenstand erhoben. Um 1800 umfasste die Herrschaft S. ein Gebiet von 3 Quadratmeilen (Verwalterämter Wässerndorf und Gnötzheim und Vogtamt Hüttenheim). 1912 starb die Familie aus. S. Bayern.

L.: Stieber; Wolff 125; Zeumer 554 II b 62, 7; Wallner 693 FränkRK 20; Pfeiffer 198, 213; Bechtolsheim 2, 14; Riedenauer 127; Fugger, E. v., Die Seinsheims und ihre Zeit, 1893; Schwarzenberg, K. Fürst zu, Geschichte des reichsständischen Hauses Schwarzenberg, 1963; Wendehorst, A., Seinsheim, LexMA 7 1995, 1721; Rahrbach 237.

Seinsheim-Schwarzenberg. Ein Zweig der Herren von Seinsheim sind die späteren Herren von Schwarzenberg. S. Seinsheim.

L.: Fugger, E. v., Die Seinsheims und ihre Zeit, 1893.

Selbitz (Reichsritter). Im 16. und frühen 17. Jahrhundert zählten die S. zum Kanton Baunach sowie zeitweilig zum Kanton Rhön-Werra des Ritterkreises Franken.

L.: Stieber; Roth von Schreckenstein 2, 594; Pfeiffer 213; Riedenauer 127.

Seldeneck s. Küchenmeister von S.

Seligenstadt (Reichsstadt). Im Bereich des heutigen S. am Untermain bestand nach vorgeschichtlichen Siedlungen ein römisches Kastell der zweiten Hälfte des 1. Jahrhunderts n. Chr. 815 erhielt Einhard, der Biograph Karls des Großen, von Ludwig dem Frommen das Königsgut Obermühlheim am Main, wo er nach 828 die Benediktinerabtei S. (842/847 Saligunstat) gründete. Diese kam 939 an das Reich, 1002 an den Bischof von Würzburg und 1063 an das Erzstift Mainz. In der Stauferzeit wurde die daneben entstandene Siedlung Reichsstadt. 1309 gelangte sie an das Erzstift Mainz. 1803 fiel sie bei der Säkularisation an Hessen-Darmstadt und damit 1945 an Hessen.

L.: Wolff 80; Seibert, L., Die Verfassung der Stadt Seligenstadt im Mittelalter, Diss. phil. Gießen 1910; Koch, J., Die Wirtschafts- und Rechtsverhältnisse der Abtei Seligenstadt im Mittelalter, 1940; Schopp, M., Die weltliche Herrschaft der Abtei Seligenstadt 1478 bis 1803, 1966; Müller, O., Die Einhard-Abtei Seligenstadt am Main, 1973; Schopp, J., Seligenstadt, 1982; Braasch-Schwersmann, U., Seligenstadt, LexMA 7 1995, 1732 ff.

Selonien (Bistum). 1218 errichtete Bischof Albert von Riga für das Gebiet südlich der Düna das Bistum S. mit Sitz in Selburg, das trotz einer päpstlichen Bestätigung des Jahres 1219 durch Verzicht des mit Semgallen und den bisherigen Einkünften abgefundenen Bischofs zugunsten Rigas 1226 wieder aufgehoben wurde.

L.: Mühlen, H. v. zur, Selonien, LexMA 7 1995, 1737.

Selpoli (Selboli, Gau zwischen Spree und Oder)

L.: Curs, O., Deutschlands Gaue im zehnten Jahrhundert. Nach den Königsurkunden, Diss. phil. Göttingen 1908, 19.

Selz (Propstei, Kloster, Reichskloster). Um 995 (991) gründete die Witwe (Adelheid) Kaiser Ottos I. in S. (Seltz) im Unterelsass ein Kloster, das bereits zwischen 1058 und 1095 Gut Clunys war und 1481 Kollegiatstift wurde. Es erscheint 1521 und 1776 in der Reichsmatrikel im kurrheinischen Reichskreis, obwohl es 1575 Friedrich III. von der Pfalz in eine evangelische Ritterakademie umgewandelt hatte, was Ludwig XIV. beseitigte.

L.: Seibert, H., Selz, LexMA 7 1995, 1738.

Selz, Seltz (Reichsstadt). Die bei dem um 995 (991) gegründeten Kloster S. im Unterelsass entstandene Stadt war von 1358 bis 1409 Mitglied des Zehnstädtebundes der elsässischen Reichsstädte. Später kam sie mit dem Elsass an Frankreich.

L.: Wolff 90, 249; Seibert, H., Selz, LexMA 7 1995, 1738; Escher, M. u. a., Die urbanen Zentren, 2005, 2, 554.

Semgallen (Bistum). 1226 weihte der Bischof von Riga den auf das Bistum Selonien zugunsten Rigas verzichtenden Bischof Lambert zum Bischof von S. für das beiderseits der Semgaller Aa liegende lettische Siedlungsgebiet. 1232 ernannte der Papst den Mönch Balduin von Alna zum Bischof und verlieh ihm Kurland. 1237 wurde nach der Resignation Balduins eine neue Abgrenzung der Bistümer Riga, S. und Kurland durchgeführt, 1251 aber das nicht existenzfähige S. Riga einverleibt und dem amtierenden Bischof Heinrich von Lützelburg (Luxemburg) das Bistum Kurland übertragen.

L.: Wittram, R., Baltische Geschichte, 1954; Mühlen, H. v. zur, Semgallen, LexMA 7 1995, 1739 f.

Senft von Suhlburg (Reichsritter), Senft von Sulburg. Vom frühen 16. Jahrhundert bis zu ihrem Aussterben 1803 zählten die S. mit dem 1802 an den Fürsten von Hohenlohe gefallenen Suhlburg mit Untermünkheim und Enslingen zum Kanton Odenwald des Ritterkreises Franken. Mit dem 1524 erworbenen Matzenbach waren sie Mitglied des Kantons Kocher des Ritterkreises Schwaben. 1808 fielen diese Güter an Württemberg.

L.: Stieber; Hölzle, Beiwort 57, 62; Winkelmann-Holzapfel 163; Kollmer 365, 372; Pfeiffer 210; Stetten 33, 37, 185; Riedenauer 127; Schulz 271.

Senftenberg (Herren). In S. an der Schwarzen Elster erscheint im 13. Jahrhundert eine Burg. Sie war Sitz der Herren von S., deren Herrschaft rund 30 Dörfer umfasste. 1448 kam sie an das Haus Wettin, später von Sachsen an Brandenburg Preußens und damit von 1949 bis 1990 an die Deutsche Demokratische Republik.

L.: Wolff 378; Lehmann, R., Bilder aus Senftenbergs Vergangenheit, 1932; Lehmann, R., Senftenberg, 1986, Jb. f. brandenburgische Geschichte 37 (1986).

Senftenberg (Reichsritter). Um 1801 zählten S. zum Kanton Gebirg im Ritterkreis Franken.

L.: Riedenauer 127.

Sengelau (Reichsritter). Vielleicht zählten die S. zum Kanton Steigerwald des Ritterkreises Franken.

L.: Bechtolsheim 15; Riedenauer 127.

Senger, Senger auf Diespeck (Reichsritter). Wegen Diespeck zählten die S. von der Mitte des 17. bis zur Mitte des 18. Jahrhunderts zum

Kanton Altmühl des Ritterkreises Franken. Außerdem waren sie um 1750 im Kanton Odenwald immatrikuliert. Im 18. Jahrhundert zählten die S. (zu Rickelshausen) wegen Rickelshausen zum Kanton Hegau (Hegau-Allgäu-Bodensee) des Ritterkreises Schwaben.

L.: Biedermann, Altmühl; Stieber; Ruch 71, Anm. 1; Riedenauer 127.

Senger zu Rickelshausen (Reichsritter) s. Senger

L.: Ruch 71, Anm. 1.

Sennfeld (Herrschaft). In S. an der Seckach nördlich von Möckmühl bestand ein Kondominat der Herren von Adelsheim und der Herren von Berlichingen. Über Baden kam S. 1951/1952 an Baden-Württemberg.

L.: Geschichtlicher Atlas von Hessen, Karte 18.

Sennfeld (Reichsdorf). Das Reichsdorf S., in dem kein Reichsgut nachgewiesen ist, gehörte mit Gochsheim in die Reichsvogtei Schweinfurt. Kaiser Ferdinand I. erteilte der Reichsstadt Schweinfurt die Schutz- und Schirmgerechtigkeit über die Reichsdörfer Gochsheim und S. Die Reichsstadt trat am 14. 4. 1572 die Reichsvogtei über die Dörfer an das Hochstift Würzburg ab. Kaiser Ferdinand III. unterstellte die Dörfer am 27. 11. 1637 dem Bischof von Würzburg als Landesherrn, doch wurde 1649 die Reichsunmittelbarkeit wiederhergestellt. 1702 erhielten S. und Gochsheim vom Reichskammergericht einen Schutzbrief. Am 8. 5. 1716 befahl Kaiser Karl VI. dem Bischof von Würzburg, die Dörfer in ihren Reichsfreiheiten nicht zu stören. 1802/1803 kam S. an Bayern.

L.: Hugo 457; Wolff 505 f.; Geschichte und Statistik der beiden Reichsdörfer Gochsheim und Sennfeld, 1802; Weber, F., Geschichte der fränkischen Reichsdörfer Gochsheim und Sennfeld, 1913; Schnurrer, L., „Verhinderte" Reichsstädte in Franken, in: Reichsstädte in Franken 1, 1987.

Sentheim (Reichsdorf?). Die Reichsmatrikel von 1776 verzeichnet im fränkischen Reichskreis S. S. Sennfeld, Gochsheim.

Serbien (Königreich, Staat, Land) s. a. Jugoslawien

Serimunt, Serimuntilante (Serimode, Sirmuntus, Serimuntus, Seremode, Zirmuti, Sirmutus, Sirimuntus, Seromuntus, Zirimuodis, Gau zwischen Saale und Mulde)

L.: Curs, O., Deutschlands Gaue im zehnten Jahrhundert. Nach den Königsurkunden, Diss. phil. Göttingen 1908, 19 (Kühnau, Rosenburg, Wieskau, Biendorf, Grimsleben, Weddegast, Roschwitz, Wispitz, Wedlitz, Dröbel, Libbersdorf, Trebbichau); Hessler, W., Mitteldeutsche Gaue des frühen und hohen Mittelalters, 1957, 32, 151 (Biendorf, Grimschleben, Pobzig, Kleinrosenburg, Weddegast, Wedlitz, Wispitz, Wahlsdorf); Polenz, P. v., Landschafts- und Bezirksnamen, 1961, I, 13, II, 50, Serimunt, Sirmuti, Serimuntilant; Wagner, G., Die Verwaltungsgliederung im karolingischen Reich, 1963, 10.

Serrey (Herrschaft). Die Herrschaften Tauroggen und S. in Litauen fielen 1688/1690 an Brandenburg, wo sie bis 1695 verblieben.

Seuna (Sanntal) s. Sounital

Seybold s. Seibold

Seyboth s. Seiboth

Seyring (Herrschaft). Am Ende des 18. Jahrhunderts stand die Herrschaft S. in Niederösterreich den Fürsten Auersperg zu.

Sicherer (Reichsritter). Die S. zählten am Ende des 18. Jahrhunderts zum Kanton Odenwald des Ritterkreises Franken.

L.: Riedenauer 127.

Sickingen (Herren, Reichsritter). Nach S. bei Karlsruhe nannten sich Herren von S. Von ihnen trat besonders der Reichsritter Franz von S. (1481–1523) hervor, der durch Fehden und Kriegszüge ansehnliche Güter am Mittelrhein erwarb und die Hoffnung der Reichsritterschaft auf eine eigenständige Stellung im Reich neben Reichsfürsten und Reichsstädten verkörperte. Seine wichtigsten Burgen waren Landstuhl und Ebernburg. Im 16. und 17. Jahrhundert zählten die S. zum Kanton Odenwald des Ritterkreises Franken, im 18. Jahrhundert mit S. zum Kanton Kraichgau, zum Kanton Rhön-Werra, mit Sauerburg, Hof Oders (Aders) und Sauerthal (Sauertal) zum Kanton Mittelrheinstrom, mit Köngernheim zum Kanton Oberrheinstrom des Ritterkreises Rhein und (die Sickingen-Schallodenbach) mit Schallodenbach, Heimkirchen, Schneckenhausen und Wörsbach zum Kanton Niederrheinstrom des Ritterkreises Rhein sowie mit einem Viertel von Obenheim zum Ritterkreis Unterelsass. S. selbst kam 1368 an die Pfalz (Kurpfalz), 1806 an Baden und damit 1951/1952 an Baden-Württemberg.

L.: Stieber; Seyler 384; Hölzle, Beiwort 63; Zimmermann 78; Winkelmann-Holzapfel 163; Stetten 23;

Riedenauer 127; Langbrandtner, H., Die sickingische Herrschaft Landstuhl, 1991.

Sickingen-Schallodenbach (Freiherren, Reichsritter). Um 1790 waren die Freiherren von S. mit Schallodenbach, Heimkirchen, Schneckenhausen und Wörsbach Mitglied des Kantons Niederrheinstrom des Ritterkreises Rhein. S. Sickingen.

L.: Winkelmann-Holzapfel 163.

Siebenbürgen (Fürstentum, Großfürstentum, Kronland). Das Gebiet im Karpatenbogen wurde 107 n. Chr. von den Römern, nach 274 von den Ostgoten und Gepiden sowie später von den Petschenegen besetzt, ehe es an Ungarn kam. König Geisa II. (1141–1161) rief (2000 bis 3000) moselfränkische Siedler ins Land. Andreas II. schenkte zunächst 1211 dem Deutschen Ritterorden das Land Burza, entriss es ihm jedoch 1225 wieder, nachdem er die deutschen, bald meist als Sachsen bezeichneten Siedler 1224 mit umfassenden Freiheiten ausgestattet hatte. Zur Abwehr der Türkengefahr wurden zahlreiche befestigte Kirchenburgen errichtet. 1520 setzte sich die Reformation durch. Nach dem Zusammenbruch Ungarns und dem teilweisen Anfall an Habsburg bzw. Österreich 1526 hielten sich die Fürsten von S. geschickt zwischen Habsburg/Österreich und den Türken und waren faktisch unabhängig, seit 1541 aber zu Tribut an die Türken verpflichtet. 1567 gewann der Fürst die Krone von Polen. 1583 gewährte er ein bis 1867 gültiges Landrecht. 1595 anerkannte er die Oberherrschaft des Reiches und übergab 1597 dem Kaiser S. 1604/1605 wurden die kaiserlichen Amtsträger vertrieben. 1622 wurde Fürst Bethlen als deutscher Reichsfürst anerkannt und erhielt bis 1624/1626 mehrere Herzogtümer in Schlesien. 1686 erkannte Kaiser Leopold die von den Türken eingesetzten Apafis als Fürsten an. 1687 besetzte Herzog Karl V. von Lothringen das Land. 1691 verzichtete der Fürst zugunsten Habsburgs auf die Herrschaft, so dass S. habsburgisches Gebiet wurde. 1765 wurde S. zum Großfürstentum erhoben. Kaiser Joseph II. vereinigte S. bis 1790 mit Ungarn. 1848 wurde S. eigenes Kronland Österreichs, 1867 aber Ungarn eingegliedert. Am 8. 1. 1919 schloss es sich Rumänien an (1920 verwirklicht), kam 1940 in seiner nördlichen Hälfte mit dem ungarisch besiedelten Szeklerland (unter Bevölkerungsumsiedlungsmaßnahmen) an Ungarn und 1944/1947 wieder an Rumänien zurück. Unter der Herrschaft des Sozialismus siedelten zahlreiche Rumäniendeutsche aus.

L.: Marienburg, L. J., Die Geographie des Großfürstentums Siebenbürgen, 1813, Neudruck 1986; Urkundenbuch zur Geschichte der Siebenbürger Sachsen, Bd. 1–3 1892 ff.; Teutsch, G. D./Teutsch, F., Geschichte der Siebenbürger Sachsen Bd. 1–4 1907 ff.; Depner, M., Das Fürstentum Siebenbürgen im Kampf gegen Habsburg, 1938; Matthiae, A., Siebenbürgen, 3. A. 1962; Teutsch, F., Kleine Geschichte der Siebenbürger Sachsen, 3. A. 1965; Kutschera, R., Landtag und Gubernium in Siebenbürgen, 1985; Verus, S., Siebenbürgen, 1986; Gündisch, G., Aus Geschichte und Kultur der Siebenbürger Sachsen, 1987; Forschungen über Siebenbürgen und seine Nachbarn, hg. v. Glassl, H./Benda, K., 1987/1988; Horedt, K., Das frühmittelalterliche Siebenbürgen, 1988; Schaser, A., Siebenbürgen unter der Habsburger Herrschaft im 18. Jahrhundert, Siebenbürgische Semesterblätter 3 (1989); Köpeczi, B., Kurze Geschichte Siebenbürgens, 1990; Schenk, A., Deutsche in Siebenbürgen, 1992; Lexikon der Siebenbürgener Sachsen, hg. v. Myß, W., 1993; Gündisch, K., Das Patriziat siebenbürgischer Städte, 1993; Siebenbürgen zur Zeit der Römer, hg. v. Schuller, W., 1994; Siebenbürgen zwischen den beiden Weltkriegen, hg. v. König, W., 1995; Göckenjan, H., Siebenbürgen, LexMA 7 1995, 1840; Arens, M., Habsburg und Siebenbürgen 1600–1605, 2001; Roth, H., Kleine Geschichte Siebenbürgens, 2. A. 2003.

Siegburg (Unterherrschaft). Die S. an der Sieg wird 1065 erstmals erwähnt (Sigeburch). Um 1064 gründete Erzbischof Anno II. von Köln dort eine Benediktinerabtei, der er die Burg, die angrenzende Siedlung und weitere Güter (u. a. Troisdorf) übertrug. König Heinrich IV. gewährte für den Ort S. Marktrecht, Münzrecht und Zollrechte. 1182 war S. Stadt unter dem Abt als Stadtherrn. 1676 wurden Abtei und Stadt eine Unterherrschaft des Herzogtums Berg. Das Kloster wurde 1803 aufgehoben, jedoch 1914 wieder Benediktinerabtei. 1815 kam S. an Preußen, 1946 an Nordrhein-Westfalen.

L.: Wolff 324; Schwaben, P., Geschichte der Stadt, Festung und Abtei Siegburg im Herzogthum Berg, 1826, Neudruck 1987; Lau, F., Quellen zur Rechts- und Wirtschaftsgeschichte der rheinischen Städte, 1907; Hottes, K., Die zentralen Orte im Oberbergischen Lande, 1954; Roggendorf, H. J., Bibliographie von Stadt und Abtei Siegburg, 1963; Heimatbuch der Stadt Siegburg, hg. v. Roggendorf, H. J., Bd. 1–3 1964 ff.; Urkunden und Quellen zur Geschichte von Stadt und Abtei Siegburg, hg. v. Wisplinghoff, E., Bd. 1 1964; Nölle, F.W., Siegburg und Troisdorf, 1975; Das Erzbistum Köln, Teil 2: Die Benediktinerabtei Siegburg, bearb. v. Wisplinghoff, E., 1975; Herborn, W., Der Besitz der Benediktinerabtei Siegburg in der Stadt Köln, in: Siegburger

Studien 25 (1995); Groten, M., Siegburg, LexMA 7 1995, 1846; Escher, M. u. a., Die urbanen Zentren, 2005, 2, 557.

Siegen (Burg, Herrschaft). Zwischen 1079 und 1089 erscheint S. an der Sieg erstmals (Sigena). 1224 gab der Graf von Nassau die Hälfte seiner 1303 mit dem Recht von Soest begabten Stadt S. an das Erzstift Köln. Die Doppelherrschaft währte bis zum Beginn des 15. Jahrhunderts (1421). Seit 1607 war S. Sitz des Hauses Nassau-Siegen, das sich 1621 weiter teilte und 1652 in den Fürstenstand erhoben wurde. Seit 1742 war S. nur noch Sitz eines Amtes. Über Nassau, Berg (1806–1813, Unterpräfektur) und Preußen (1815/1816) kam es 1946 an Nordrhein-Westfalen. S. Nassau-Siegen.

L.: Wolff 337; Achenbach, H. v., Geschichte der Stadt Siegen, Bd. 1 f. 1954, Neudruck 1978; Güthling, W., Geschichte der Stadt Siegen im Abriss, 1955; Bingener, A./ Fouquet, G., Die Stadt Siegen im Spätmittelalter, Nassauische Annalen 105 (1994), 103; Fuhrmann, B., Siegen, LexMA 7 1995, 1862; Escher, M. u. a., Die urbanen Zentren, 2005, 2, 559.

Siegenstein (Freiherren, Reichsritter). Im 18. Jahrhundert zählten die Freiherren von und zu Siegenstein zum Kanton Hegau (Hegau-Allgäu-Bodensee) des Ritterkreises Schwaben.

L.: Genealogischer Kalender 1753, 530.

Siena (Stadtkommune). Auf den Hügeln der Wasserscheide zwischen den Flüssen Elsa und Ombrone bestand schon eine etruskische Siedlung, die danach unter dem lateinischen Namen Sena (1. Jahrhundert v. Chr. Kolonie) hervortrat. Spätestens seit dem Anfang des 8. Jahrhunderts war S. Sitz eines Bischofs. Seit der Mitte des 12. Jahrhunderts drängten Konsuln der Stadtkommune die Rechte des Bischofs zurück. Die meist ghibellinische mittelalterliche Stadt, die 1357 von Kaiser Karl IV. das Privileg einer Universitätsgründung erhielt, stand in starkem Gegensatz zu Florenz. Nach der endgültigen Niederlage gegen Florenz 1555 verlor sie ihre frühere hervorragende Bedeutung. Im 18. Jahrhundert beanspruchte Österreich das Generalvikariat S. als Reichslehen.

L.: Aretin, Das alte Reich 2, 374; Richter, L. M., Siena, 1915; Kirschstein, M., Siena, 1923; Siena e il suo territorio, hg. v. Ascheri, M. u. a., 1986; L'università di Siena, hg. v. Ascheri, M., 1991; Redon, O., L'espace d'une cité, 1994; Luzzati, M., Siena, LexMA 7 1995, 1878; Nardi, P., L'insegnamento superiore, 1996.

Sigelmann von Delsberg (Reichsritter). Von 1603 bis etwa 1628 war Melchior S. Mitglied des Kantons Neckar des Ritterkreises Schwaben.

L.: Hellstern 213.

Siggen (Herrschaft). S. bei Ravensburg erscheint erstmals 1094 (ze demo Siggun) in einer Vergabung an das Kloster Allerheiligen in Schaffhausen. 1128 und 1372 begegnen Herren von S. Die vier Dörfer umfassende Herrschaft, die wohl seit Ende des 13. Jahrhunderts Lehen des Stifts Kempten war, kam am Ende des 14. Jahrhunderts an die Sürg(en) (Syrg) von Sürgenstein (Syrgenstein), dann an die Praßberg, Schellenberg, Heimenhofen, Schellenberg zu Kißlegg und 1433 an die Familie Humpiß. Nach deren Aussterben 1730 verkaufte das Stift Kempten 1764 die zum Ritterkanton Hegau (Hegau-Allgäu-Bodensee) des Ritterkreises Schwaben steuernde Herrschaft an die Grafen Traun (Traun und Abensberg). Zusammen mit deren Grafschaft Eglofs kam sie 1804 an die Fürsten Windischgrätz und 1806 an Württemberg und damit das Gebiet 1951/1952 an Baden-Württemberg.

L.: Hölzle, Beiwort 42.

Sigmaringen (Grafschaft). S. an der oberen Donau wird 1077 als Burg eines unbekannten, möglicherweise mit den Grafen von Pfullendorf und Altshausen-Sulmetingen verwandten, 1083 erstmals bezeugten Hochadelsgeschlechts erstmals erwähnt. Die am Fuße der Burg entstehende Siedlung wurde im 13. Jahrhundert Stadt und erhielt 1362 das Stadtrecht von Pfullendorf. Über die Grafen von Helfenstein (um 1272) und die Grafen von Montfort kam S. um 1290 an Rudolf von Habsburg und vor 1325 (1323?) als Pfand an die Grafen von Württemberg sowie von dort 1399 als Pfand an die Grafen von Werdenberg. Seit 1460 galt S. als reichslehnbare Grafschaft. 1482 erlangte Habsburg einen Anspruch auf S. für den Fall des Aussterbens der Grafen von Werdenberg. 1534 fiel beim Aussterben der Grafen von Werdenberg die Grafschaft S. an Habsburg bzw. Österreich und von dort 1535 als Lehen Österreichs an die schwäbische Linie der Grafen von Hohenzollern (S. und Veringen). Seitdem nannte sich die Linie Hohenzollern-Sigmaringen. Das Gebiet kam über Preußen (1849) 1951/

1952 an Baden-Württemberg. S. Hohenzollern-Sigmaringen.

L.: Wolff 46, 168; Mayer, D.W., Die Grafschaft Sigmaringen und ihre Grenzen im 16. Jahrhundert, 1959; 900 Jahre Sigmaringen, 1977; Kaufhold, W./Seigel, R., Schloss Sigmaringen und das fürstliche Haus Hohenzollern, 2. A. 1978; Richter, G. u. a., Der Landkreis Sigmaringen. Geschichte und Gestalt, 1981; Schöntag, W., Sigmaringen im 19. und 20. Jahrhundert, Blätter des Schwäbischen Albvereins 93 (1987); Sigmaringen, hg. v. Kuhn-Rehfus, M., 1989; Handbuch der baden-württembergischen Geschichte, Bd. 2 1995, 376; Lorenz, S., Sigmaringen, LexMA 7 1995, 1886 f.

Sigmaringen-Mühlingen (Grafschaft). Nach der Reichsmatrikel von 1776 zählte S. zum schwäbischen Reichskreis.

L.: Gumpelzhaimer 82.

Sigmaringen-Wöhrstein (Grafschaft). Nach der Reichsmatrikel von 1776 zählte S. zum schwäbischen Reichskreis.

L.: Gumpelzhaimer 82.

Silbachgau (Silbiki, Gau um die obere Ruhr)

L.: Curs, O., Deutschlands Gaue im zehnten Jahrhundert. Nach den Königsurkunden, Diss. phil. Göttingen 1908, 20.

Simmern (Burg, Herrschaft). S. an der Straße von Trier nach Mainz wird 840 (Simera) erstmals erwähnt. Seit Beginn des 14. Jahrhunderts war es in den Händen der 1330 von Kaiser Ludwig dem Bayern ein Stadtrecht erwirkenden Raugrafen, kam aber schon 1359 an die Pfalz. Dort war es von 1410 bis 1598 und von 1610 bis 1673 Sitz der Linie Pfalz-Simmern. Über die Pfalz und Preußen (1815) gelangte es 1946 an Rheinland-Pfalz. S. Pfalz-Simmern.

L.: Wolff 243; Wagner, K., Simmern im Wandel der Zeiten, 1930; 650 Jahre Stadt Simmern im Hunsrück, hg. v. d. Stadt Simmern, 1980; Escher, M. u. a., Die urbanen Zentren, 2005, 2, 562.

Sindfeld (Sinatfeld, Sinuthuelt, Gau zwischen Diemel und Alme)

L.: Curs, O., Deutschlands Gaue im zehnten Jahrhundert. Nach den Königsurkunden, Diss. phil. Göttingen 1908, 20; Polenz, P. v., Landschafts- und Bezirksnamen, 1961, II, 58, 60–62, 68 f., 96, III, 30, IV, 16, Sinithfeld, ‚Sindfeld'; Niemeyer, W., Der pagus des frühen Mittelalters in Hessen, 1968, 177.

Singen (Herrschaft). Der Ostfuß des Hohentwiel am Bodensee war schon vorgeschichtlich besiedelt. 787 erscheint dort erstmals in einer Sankt Gallener Urkunde S. Es war später ein reichsritterschaftliches Dorf der Enzenberg unter der Landesherrschaft Österreichs. Über Baden kam es 1951/1952 zu Baden-Württemberg.

L.: Wolff 43; Sättele, F., Geschichte der Stadt Singen am Hohentwiel, 1910; Berner, H./Finke, H., Singen/Hohentwiel, 1973.

Singer von Mossau, Sünger von Moßau (Reichsritter). Im frühen 18. Jahrhundert zählten die S. zum Kanton Rhön-Werra des Ritterkreises Franken.

L.: Seyler 387; Riedenauer 127.

Sinithfeld (Sindfeld)

L.: Polenz, P. v., Landschafts- und Bezirksnamen, 1961, II, 58, 60–62, 68 f., 96, III, 30, IV, 16, Sinithfeld, ‚Sindfeld'.

Sinithi (Senne)

L.: Polenz, P. v., Landschafts- und Bezirksnamen, 1961, II, 68, 96, Sinithi, ‚Senne'.

Sinnahgouwe (Sinngau)

L.: Polenz, P. v., Landschafts- und Bezirksnamen, 1961, II, 24, 26, Sinnahgouwe, ‚Sinngau'.

Sinsheim (Reichsstadt). S. an der Elsenz ist eine fränkische Siedlung an der Straße von Frankreich zur Donau, die 770 erstmals erwähnt wird (Sunnisheim). Im 10. Jahrhundert wurde es Sitz der Grafen des Elsenzgaues. Zwischen 1092 und 1100 wurde auf dem Michaelsberg eine Benediktinerabtei gegründet. 1192/1324 erhielt S. Stadtrecht. Die Stadt wurde vom Reich mehrfach verpfändet und kam 1338/1362 zur Pfalz (Kurpfalz). Von 1803 bis 1806 gehörte S. zum Fürstentum Leiningen, 1806 fiel es an Baden und gelangte damit 1951/1952 an Baden-Württemberg.

L.: Wilhelmi, K., Geschichte der großherzoglich-badischen Amtsstadt Sinsheim, 1856; Kirstein, E., Sinsheim an der Elsenz, Diss. phil. Heidelberg 1947; Rommel, G., Sinsheim. Ein geschichtlicher Überblick, 1954; Der Kreis Sinsheim, hg. v. Theiss, K./Baumhauer, H., 1964; Escher, M. u. a., Die urbanen Zentren, 2005, 2, 563.

Sinzendorf (Grafen). 1665 erwarben die Grafen S. das zur Reichsgrafschaft erhobene Reichslehen Thannhausen an der Mindel und erlangten nach Lösung aus der Reichsritterschaft Zugang zum schwäbischen Reichsgrafenkollegium. Zu Beginn des 18. Jahrhunderts wurde die Grafschaft von den 1705 zu Reichsgrafen erhobenen Stadion erworben. 1792 gehörten die Grafen von S. wegen der 1654 von den Freiherren von Warsberg erworbenen Burggrafschaft Rheineck bei Niederbreisig zu den westfälischen Grafen der weltlichen Bank des Reichsfürstenrates des Reichstages. Durch § 24 des Reichsdeputationshauptschlusses vom 25. 2. 1803 erhielten sie für den Verlust der 165 Hektar großen, knapp 100 Einwohner zählenden Burggrafschaft Rheineck als Burggrafschaft das Dorf Winterrieden des Amtes Tannheim der Abtei Ochsenhausen sowie eine Rente von 1500 Gulden. Hiermit war die Fürstenwürde für Graf Prosper verbunden.

L.: Zeumer 554 II b 63, 33.

Sinzig (Reichsstadt). S. im Mündungsgebiet der Aar erscheint nach älteren Siedlungen 762 als palatium Sentiacum. Die Königspfalz gab Kaiser Lothar 855 an das Marienstift Aachen, den Ort 1065 König Heinrich IV. an das Erzstift Bremen. Gleichwohl blieb S. Reichsgut. Seit dem 13. Jahrhundert wurde es von dem Erzstift Köln und der Grafschaft Jülich beansprucht und verlor im Streit infolge zahlreicher Verpfändungen die Reichsunmittelbarkeit. In der Mitte des 16. Jahrhunderts kam es an Jülich und über Preußen 1946 an Rheinland-Pfalz.

L.: Wolff 322; Bruchhäuser, K., Heimatbuch der Stadt Sinzig, 1953; Escher, M. u. a., Die urbanen Zentren, 2005, 2, 564.

Sirg von Sirgenstein s. Sürg von Sürgenstein, Syrg von Syrgenstein

Sirk (Reichsritter). Im 18. Jahrhundert zählten die S. zum Ritterkreis Rhein. S. Syrg.

L.: Roth von Schreckenstein 2, 595.

Sirmunit (973) s. Serimunt

L.: Wagner, G., Die Verwaltungsgliederung im karolingischen Reich, 1963, 10.

Sisgouwe (Sissachgau)

L.: Polenz, P. v., Landschafts- und Bezirksnamen, 1961, II, 30 f., Sisgouwe, ‚Sissachgau'.

Sitten (Hochstift), frz. Sion. Das schon am Ende des 4. Jahrhunderts in Octodurum (Martigny/Martinach) an der oberen Rhone bestehende, bis zum 8. Jahrhundert zum Erzbistum Vienne gehörige Bistum wurde im 6. Jahrhundert (vor 585?/612) nach S. (Sedunum) verlegt, das nach den von Caesar bezeugten keltischen Seduni benannt ist und im 5. Jahrhundert an die Burgunder gefallen war. 999 gab der König von Burgund (Hochburgund), wohl auf Grund einer umstrittenen Übertragung Karls des Großen, dem Bischof die Grafschaft Wallis, die der seit dem 8. Jahrhundert zum Erzbistum Tarentaise gehörigen Diözese in etwa entsprach. Mit dem Übergang Burgunds an das deutsche Reich 1032/1033 wurde der Bischof wie die Bischöfe von Lausanne und Genf mit seinem weltlichen Herrschaftsgebiet Reichsfürst. 1156 wurden die Herzöge von Zähringen Hochstiftsvögte. Nach deren Aussterben 1218 geriet das Hochstift allmählich in den Einflussbereich der Grafen von Savoyen, denen gegenüber schon Heinrich VI. 1188 die Zugehörigkeit des Hochstifts zum Reich (ad coronam imperii) besonders betont hatte. Seit 1365 führten die Grafen/Herzöge den Titel eines Reichsvikars für den Bereich S. (Genf und Lausanne). 1403 schloss der Bischof einen ewigen Bund mit Uri, Unterwalden und Luzern. 1475 erkämpfte er die Unabhängigkeit und gewann das Unterwallis zurück. 1513 wurde S. exemtes Bistum. Im 16. und 17. Jahrhundert (seit 1628) verlor der Bischof im zunehmend romanisierten Hochstift nahezu jede weltliche Herrschaft. Zugleich endete mit der Festigung der Schweiz die Verbindung zum Reich (1648) und schließlich 1798 auch die weltliche Herrschaft.

L.: Wolff 536; Großer Historischer Weltatlas II 66 (1378) D5; Besson, M., Les origines des évêches de Genève, Lausanne et Sion, 1906; Inesch, D., Das Domkapitel von Sitten, Bll. aus der Walliser Geschichte 6 (1922); Eggs, J., Geschichte des Wallis, 1930; Zermatten, M., Sion, capitale aristocratique et paysanne, 1944; Blondel, L., Les origines de Sion et son développement urbain au cours des siècles, Valesia 8 (1953); Dubois, F./Lugon, A., Sitten, LexMA 7 1995, 1940 f.; Das Bistum Sitten, bearb. v. Andenmatten, B. u. a., 2001.

Siusile (961, Siusli 973, Einzugsgebiet der niederen Mulde)

L.: Curs, O., Deutschlands Gaue im zehnten Jahrhundert. Nach den Königsurkunden, Diss. phil. Göttingen 1908, 20 (Gau an der Mulde); Hessler, W., Mitteldeutsche Gaue des frühen und hohen Mittelalters, 1957, 27, 153 Siusli (Gollma, Roitzsch, Wedelwitz); Wagner, G., Die Verwaltungsgliederung im karolingischen Reich, 1963, 9.

Sizilien (Insel). Die bis 241 v. Chr von den Puniern an die Römer gelangte, seit 664/827/902 von Arabern beherrschte Mittelmeerinsel S. (25426 Quadratkilometer) wurde 1061/1072 (Palermo) von den Normannen erobert und seit 1130 als Königreich bezeichnet. Durch die Heirat König Heinrichs VI. mit der normannischen Erbtochter Konstanze (1186) trat das Königreich (Neapel mit) S. in Verbindung zum Reich, fiel aber 1268 mit dem Aussterben der Staufer an Karl von Anjou, 1282 an Peter III. von Aragon, den Schwiegersohn des Staufers Manfred. Am Ende des Mittelalters wurde S. eine Provinz des Königreichs Spanien. 1714 gelangte S. an (den Urenkel Philipps II. von Spanien, Viktor Amadeus II. von Savoyen-)Piemont. Von 1719/1720 bis 1735 gehörte es auf Grund eines Ländertausches (gegen Sardinien) zu Österreich, kam dann aber durch Ländertausch an das Königreich Neapel und auf Grund einer Volksabstimmung vom 21.10.1860 an das Königreich Sardinien bzw. das 1861 neu entstandene Italien.

L.: Schillmann, F., Sizilien, Geschichte und Kultur, 1935; Pispisa, E., Regnum Siciliae, 1988; Finley, M./Mack Smith, D./Duggan, C., Geschichte Siziliens und der Sizilianer, 1989; Takayama, H., The Administration, 1993; Rill, B., Sizilien im Mittelalter, 1995; Wirth, G. u.a., Sizilien, LexMA 7 1995, 1950ff.; Mirto, C., Il regno dell'isola di Sicilia e delle isole adiacenti, 2000.

Skotschau (Herrschaft), poln. Skoczów. Wohl vor 1300 entstand am Austritt der Weichsel aus den Beskiden in Schlesien neben einem slawischen Dorf die deutsche Stadt S. Die zugehörige Herrschaft wurde 1573 vom Herzog von Teschen an Gottfried von Logau verkauft, kam 1592 aber zurück. 1919 fiel S. an Polen.

L.: Wolff 489; Pamietnik Skoczowski, hg. v. Brozek, L. u.a., 1967.

Slowakei (Republik). Bei der Auflösung der Tschechoslowakei zum 1.1.1993 entstand im östlichen Teil die Republik S. mit der Hauptstadt Pressburg (Bratislava).

L.: Schönfeld, R., Slowakei, 2000; Schuster, R., Im Strudel der Geschichte, 2001.

Slowenien (Republik). Das Gebiet östlich der oberen Adria wurde im 7. Jahrhundert von Slawen besiedelt. Seit dem Ende des 8. Jahrhunderts war es Teil des fränkischen Reiches bzw. des deutschen (römisch-deutschen) Reiches (Heiligen römischen Reichs) (Kärnten, Steiermark, Görz, Krain). Seit 1848 forderten die slawischsprachigen Bewohner eine besondere Verwaltungseinheit innerhalb Österreichs. 1918 löste sich der slowenische Nationalrat von Österreich. Die an das Königreich der Serben, Kroaten und Slowenen gefallenen Teile von Krain, Kärnten und Steiermark bildeten mit Teilen Ungarns (Prekmurje, Übermurgebiet) das Verwaltungsgebiet S. 1920 kam das westliche Innerkrain an Italien. 1941 wurde Oberkrain (ohne Laibach) mit den ehemals kärntnerischen und steirischen Gebieten dem Deutschen Reich, Unterkrain mit Laibach Italien und das Übermurgebiet Ungarn zugeteilt. Nach 1945 wurde S., um Teile Julisch-Venetiens vergrößert, in Jugoslawien wiederhergestellt. 1991 löste es sich von Jugoslawien ab.

L.: Vilfan, S., Rechtsgeschichte der Slowenen, 1968; Wolfram, H., Die Geburt Mitteleuropas, 1987; Steindorff, L./Stih, P., Slovenen, LexMA 7 1995, 2008f.; Griesser-Pečar, T., Das zerrissene Slowenien 1941–1946, 2003.

Smehgouwe (Schmiegau)

L.: Polenz, P. v., Landschafts- und Bezirksnamen, 1961, II, 24, 26, Smehgaouwe, ‚Schmiegau'.

Soden (Freiherren, Grafen, Reichsritter). Im späten 18. Jahrhundert zählten die Freiherren und seit 1790 Grafen von S. mit dem von den Freiherren von Ellrichshausen erworbenen Neidenfels zum Kanton Odenwald des Ritterkreises Franken. Wegen Neustädtles und Teilen von Eichenhausen waren sie im Kanton Rhön-Werra immatrikuliert und mit den Rittergütern Sassanfahrt (Sassanfarth), Köttmannsdorf und Schlammersdorf im Kanton Steigerwald. Außerdem gehörten sie den Kantonen Gebirg und Altmühl an.

L.: Hölzle, Beiwort 57; Winkelmann-Holzapfel 163; Bechtolsheim 16, 198f.; Riedenauer 127; Stetten 37.

Soden (Reichsdorf) (seit 1947 Bad Soden am Taunus). 1035 gab Konrad II. dem Kloster Limburg an der Haardt (Hardt) den königlichen Hof zu Sulzbach mit Teilen des Gebietes der später zur Vogtei Sulzbach gehörenden Dörfer Altenhain, Neuenhain, Schneidhain (Schneidenhain) und S. Die freien Bauern wurden hiervon nicht betroffen. 1191 wird S. am Taunus erstmals erwähnt. 1282 stellten sich die freien Bauern von S. und Sulzbach unter den Schutz der Stadt Frankfurt und verpflichteten sich dafür zur Heeresfolge. Die Dörfer Neuenhain, Altenhain und Schneidhain (Schneidenhain) gerieten dagegen unter die Herrschaft der Vögte des Klosters Limburg für die Güter der Vogtei Sulzbach, nämlich der Herren von Eppstein, später der Grafen von Stolberg-Königstein. 1450 gelangten S. und Sulzbach auf Grund eines Frankfurter Darlehens pfandweise ganz unter die Herrschaft Frankfurts, das zeitweilig auch den Limburger Fronhof erwarb. Als das Kloster Limburg 1561 an die Pfalz (Kurpfalz) fiel, musste Frankfurt den Fronhof an die Pfalz herausgeben und in eine Teilung der hohen Obrigkeit in den Dörfern einwilligen. 1613 gelang es S. und Sulzbach, sich durch Rückzahlung von 800 Gulden rechtlich von der Frankfurter Herrschaft zu befreien. 1650 trat die Pfalz die Vogtei Sulzbach an das Erzstift Mainz ab. 1656 einigten sich Frankfurt und das Erzstift Mainz über die Rechte der gemeinsamen Herrschaft in Sulzbach und S. 1803 fielen Sulzbach und S. an Nassau-Usingen (Nassau) und damit 1866 an Preußen und 1945 an Hessen.

L.: Hugo 462; Wolff 506; Moser, K. F. v., Die Reichsfreiheit der Gerichte und Gemeinden Sulzbach und Soden, 1753; Straub, V. G., Aktenmäßige Deduktion und rechtsgründliche Widerlegung auf das Impressum: Die Reichfreiheit deren Gerichten und Gemeinden in Sulzbach und Soden, 1754 (ungedruckt); Kaufmann, E., Geschichte und Verfassung der Reichsdörfer Soden und Sulzbach, 2. A. 1981.

Soest (freie Stadt). In S. in Westfalen ist eine Besiedlung bereits um 600 wahrscheinlich und im 8. Jahrhundert nachweisbar. An der Kreuzung des Hellweges mit einer Nord-Süd-Straße wird S. 836 erstmals genannt (Sosat). Im 10. Jahrhundert errichtete der Erzbischof von Köln in S. eine Pfalz. Um 1000 besaß die Siedlung das Münzrecht und um 1100 das Marktrecht. Sein im 12. Jahrhundert ausgebildetes Recht wurde an etwa 60 westfälische Städte weitergegeben und hat auch das Stadtrecht von Lübeck beeinflusst. Auf Grund seiner günstigen wirtschaftlichen Bedingungen (Verkehrslage, Salzquellen) wurde S. eine bedeutende Handelsstadt und einer der vier westfälischen Vororte der Hanse. 1225 zerstörten die Bürger die erzbischöflich-kölnische Burg. 1279 übernahmen sie die Stadtvogtei von den Grafen von Arnsberg. 1444 lehnte sich S., um sich von Köln zu lösen, vertraglich an den Herzog von Kleve an. Die dadurch ausgelöste Soester Fehde endete 1449 mit der Trennung der Stadt S. und ihres seit 1274 erworbenen Herrschaftsgebietes von zehn Kirchspielen (49 Dörfer, 220 Quadratkilometer) in der Soester Börde vom Erzstift Köln. Der damit erreichten Selbständigkeit folgte ein wirtschaftlicher Niedergang. 1531 wurde die Reformation eingeführt. 1645/1669 kam S. als Folge des Überganges Kleves (1609/1666) an Brandenburg bzw. Preußen, 1946 an Nordrhein-Westfalen.

L.: Wolff 319; Klocke, F. v., Studien zur Soester Geschichte, Bd. 1f. 1927ff.; Schwartz, H., Kurze Geschichte der ehemals freien Hansestadt Soest, 1949; Deus, W. H., Die Soester Fehde, 1949; Rothert, H., Das älteste Bürgerbuch der Stadt Soest, 1958; Diekmann, K., Die Herrschaft der Stadt Soest über ihre Börde, Diss. jur. Münster 1962, in: Westfäl. Zs. 115 (1965), 101; Stech, A. L., Die Soester Stadtrechtsfamilie, 1965; Deus, W., Soester Recht, 1969ff.; Soest, Stadt – Territorium – Reich, hg. v. Köhn, G., 1981; Dösseler, E., Soests auswärtige Beziehungen, T. 1f. 1988; Wenzke, B., Soest, Diss. phil. Bonn 1990; Soest, hg. v. Widder, E. u. a., 1995; Fahlbusch, F., Soest, LexMA 7 1995; 2021ff.; Schöne, T., Das Soester Stadtrecht, 1998; Escher, M. u. a., Die urbanen Zentren, 2005, 2, 568.

Soestgau

L.: Polenz, P. v., Landschafts- und Bezirksnamen, 1961, II, 17, 33, IV, 13, Sosatgo, pagus Sosaciensis, zum Ortsnamen Soest.

Soetern, Sötern (Reichsritter). Im 18. Jahrhundert zählten die S. zum Ritterkreis Rhein.

L.: Roth von Schreckenstein 2, 595.

Söflingen (Reichsabtei). 1258 verlegte ein um 1237 in Ulm gegründeter Klarissenkonvent seinen Sitz nach S. Die Vogtei über dieses vor allem von den Grafen von Dillingen rasch Güter erwerbende Kloster gab Kaiser Karl IV. 1357 an die Reichsstadt Ulm. Nach langen Auseinandersetzungen löste die Abtei 1773 durch Güterabtretungen die Rechte Ulms ab und wurde reichsunmittelbar. Seit 1775 gehörte die Äbtissin des den Bettelorden zuzurechnenden Klarissenklosters zu den schwäbischen Prälaten der geistlichen Bank des Reichsfürstenrates des Reichstages und zum schwäbischen Reichskreis. Das Gebiet der Abtei umfasste 2 Quadratmeilen bzw. rund 110 Quadratkilometer mit 4000 Einwohnern. Dazu gehörten die Orte S., Harthausen, Ermingen, Eggingen, Schaffelkingen, Burlafingen und einzeln stehende Häuser und Höfe. 1802 kam es an Bayern, 1810 (bis auf Burlafingen) an Württemberg und damit 1951/1952 an Baden-Württemberg.

L.: Zeumer 552 II a 36, 22; Großer Historischer Weltatlas III 38 (1789) C3; Erzberger, M., Die Säkularisation in Württemberg von 1802–1810, 1902; Hölzle, E., Der deutsche Südwesten am Ende des alten Reiches, 1938; Miller, M., Die Söflinger Briefe und das Klarissenkloster Söflingen bei Ulm im Spätmittelalter, 1940; Frank, K. S., Das Klarissenkloster Söflingen, 1980.

Solanzgouwe (Sulzgau)

L.: Polenz, P. v., Landschafts- und Bezirksnamen, 1961, II, 24, Solanzgouwe, ‚Sulzgau'.

Solenzgau (Solczgawe, Gau nördlich der Altmühl) s. Solanzgouwe

L.: Curs, O., Deutschlands Gaue im zehnten Jahrhundert. Nach den Königsurkunden, Diss. phil. Göttingen 1908, 20.

Solms (Herren, Grafen). 1129 wird anlässlich der Stiftung des Klosters Schiffenberg durch die Gräfin von Gleiberg das edelfreie, im Lahngau beiderseits der mittleren Lahn begüterte Geschlecht der Herren von S. (Sulmese) mit Sitz in Solms-Oberdorf, dann in Burgsolms (1160) westlich von Wetzlar erstmals erwähnt. Es erlangte vermutlich über die Herren von Merenberg, Grafen von Gleiberg und Grafen von Luxemburg Güter der Konradiner. Seit 1226 erscheinen Grafen von S., die Güter an der Lahn und in Oberhessen hatten, sich aber nur in schweren Auseinandersetzungen mit den Landgrafen von Hessen behaupten konnten. Um 1250/1260 spalteten sich die Grafen in die Linien Solms-Burgsolms (bis 1415), Solms-Königsberg (bzw. Hohensolms, bis 1363, Güter an Hessen) und das verbleibende Solms-Braunfels. 1417/1418/1420 erlangten die Grafen das von den Herren von Hagen bzw. Arnsburg bzw. Münzenberg gekommene Erbe der Herren von Falkenstein (zwei Drittel, ein Drittel an Eppstein) in der Wetterau (Münzenberg, Lich, Wölfersheim, Södel, Hungen, Laubach, Butzbach), konnten es aber nicht mit den Stammgütern vereinigen. Von Solms-Braunfels leiteten sich 1420/1436 die beiden Hauptlinien Solms-Braunfels und Solms-Lich ab, von denen Solms-Lich seit 1461 bedeutender wurde. Solms-Braunfels zerfiel 1602 in Solms-Braunfels, Solms-Greifenstein (mit Wölfersheim) und Solms-Hungen. Davon erloschen Solms-Hungen 1678 (an Solms-Greifenstein und Solms-Braunfels) und Solms-Braunfels, das 1471 die kaiserliche Befreiung von fremder Gerichtsbarkeit und 1495 das Bergregal gewann, 1693 (an Solms-Greifenstein). Solms-Greifenstein nannte sich Solms-Braunfels und wurde 1742 Reichsfürstentum. Seine Ämter Greifenstein und Braunfels kamen 1806 an Nassau, 1815 an Preußen und 1945 an Hessen, seine Ämter Hungen, Gambach und Wölfersheim, Anteile an Grüningen, Münzenberg und Trais-Münzenberg fielen 1806 an Hessen-Darmstadt. Solms-Lich teilte sich in Solms-Lich und Solms-Laubach. Hiervon spaltete sich Solms-Lich, das 1461 durch Heirat Güter Kronbergs aus der Falkensteiner Erbschaft (Rödelheim, Assenheim, Niederursel) erbte sowie 1479 Nieder-Weisel (Niederweisel) erlangte, 1494 die kaiserliche Befreiung von fremder Gerichtsbarkeit, 1507 das Bergregal und seit 1537 Herrschaften im obersächsischen Reichskreis (1537 Sonnewalde in der Niederlausitz, 1544 Pouch bei Bitterfeld an der Mulde, 1596 Baruth in Brandenburg südöstlich von Berlin sowie 1602 Wildenfels in Sachsen südöstlich von Zwickau) gewann, 1628 aber Königsberg verlor, in das 1718 erlöschende Solms-Lich und in Solms-Hohensolms, das sich nach 1718 Solms-Lich-Hohensolms (Solms-Lich und Hohensolms) nannte. Seit 1792 war es Reichsfürstentum (Solms-Hohensolms-Lich). Seine Ämter Lich und Nieder-Weisel (Niederweisel) kamen 1806 an Hessen-Darmstadt, sein Amt Hohensolms 1806 an Nassau, 1815 an Preußen und 1945 an Hessen. Solms-Laubach teilte sich 1561 in Solms-Sonnewalde (bis 1615) und Solms-Laubach. Dieses zerfiel 1607 in Solms-Rödelheim mit Assenheim (bis 1640), Solms-Laubach (bis 1676), Solms-Sonnewalde (mit Sonnewalde, Groß Leipe [Großleipa] und Schköna) und Solms-Baruth. Solms-Baruth spaltete sich in Solms-Baruth, Solms-Rödelheim und Solms-Laubach. Solms-Rödelheim zerfiel in Solms-Rödelheim (bis 1722) und Solms-Assenheim, dessen Ämter Rödelheim und Nieder-Wöllstadt (Niederwöllstadt) mit einem Anteil an Assenheim 1806 an Hessen-Darmstadt kamen. Solms-Laubach fiel mit Laubach, Utphe und Anteilen an Münzenberg und Trais-Münzenberg 1806 an Hessen-Darmstadt und durch Solms-Wildenfels (Solms-Sachsenfeld, Solms-Baruth, Solms-Wildenfels) mit Engelthal (Engeltal) und der Abtei Arnsburg 1806 ebenfalls an Hessen-Darmstadt. Am 4. 4. 1571 war als Gesetz für alle solmischen Lande die Gerichtsordnung und Landordnung der Grafschaft S. und Herrschaften Münzenberg, Wildenfels und Sonnewalde erlassen worden. Durch § 16 des Reichsdeputationshauptschlusses vom 25. 2. 1803 hatten die Fürsten und Grafen zu S., die im frühen 18. Jahrhundert auch Mitglied im Kanton Odenwald des Ritterkreises Franken gewesen waren, für die Herrschaften Rohrbach, Scharfenstein (Kratz-Scharfenstein) und Hirschfeld sowie für ihre Ansprüche auf die Abtei Arnsburg und das Amt Cleeberg/Kleeberg die Abteien Arnsburg und Altenberg (Altenburg) erhalten.

L.: Deren Graveschafften Solms unnd Herrschaft Mintzenberg Gerichtsordnung, 1571; Wolff 273; Zeumer 552 ff. II b 60, 4–8; Wallner 696 f. OberrheinRK 19, 30, 37 f.; Großer Historischer Weltatlas II 66 (1378) E3, III 22 (1648) D3, III 38 (1789) B3; Riedenauer 129; Solms-Laubach, R. Graf zu, Geschichte des Grafen- und Fürstenhauses Solms, 1865; Uhlhorn, F., Geschichte der Grafen von Solms im Mittelalter, 1931; Kissel, O. R., Neuere Territorial- und Rechtsgeschichte des Landes Hessen, 1961; Demandt, K., Geschichte des Landes Hessen, 2. A. 1972, Neudruck 1980, 505; Rupp, J. P., Kleine Geschichte des Solmser Landes, 1985; Battenberg, F., Solmser Urkunden, Bd. 5 1986; Schwind, F., Solms, LexMA 7 1995, 2036.

Solms-Assenheim (Grafen). Assenheim am Einfluss der Wetter in die Nidda erscheint 1193 anlässlich des Erwerbs Fuldaer Güter durch die Herren von Münzenberg. Nach dem Aussterben der Herren von Münzenberg war die dortige Burg Ganerbenburg zuletzt der Falkenstein und der Hanau. Der Falkensteiner Anteil fiel 1418 an die Gräfin Sayn und an Isenburg-Büdingen, danach an Isenburg und Solms (Isenburg-Wächtersbach [Isenburg-Büdingen-Wächtersbach], Solms-Rödelheim), der Hanauer Anteil 1736 an Hessen-Kassel und 1810 an Hessen-Darmstadt, dem 1815 auch der andere Teil zukam. Nach der Reichsmatrikel von 1776 zählten die S. (wegen der Herrschaft Assenheim) zum oberrheinischen Reichskreis.

L.: Reichsmatrikel 1776, 128; Wolff 270, 274, 277; Wallner 697 f. OberrheinRK 37, 42.

Solms-Braunfels (Grafen, Fürsten). Durch Teilung der Grafschaft Solms entstand 1420/1436 die Linie der Grafen von S. Sie erlangte 1471 die kaiserliche Befreiung von fremder Gerichtsbarkeit und 1495 das Bergregal. Um 1550 führte sie die Reformation ein. 1571 schuf sie das Solmser Landrecht. Sie teilte sich 1602 in die Zweige (Solms-Braunfels) Braunfels, (Solms-Greifenstein) Greifenstein (mit Wölfersheim) und (Solms-Hungen) Hungen auf. S. erlosch 1693 und fiel an Solms-Greifenstein. Dieses nannte sich S. und wurde 1742 ohne Virilstimme in den Reichsfürstenstand erhoben. Das Fürstentum S. fiel 1806 mit etwa 7 Quadratmeilen (das Amt Braunfels mit den Städten Braunfels und Leun, das Amt Greifenstein mit der gleichnamigen Stadt und einem Anteil an der ehemaligen Herrschaft Münzenberg, Städte und Ämter Hungen und Wölfersheim, Amt Gambach, Gemeinschaft Münzenberg [10/48 der Stadt Münzenberg und die Hälfte des Dorfes Trais-Münzenberg]) teilweise an Nassau und teilweise an Hessen-Darmstadt. 1815 kam Braunfels an Preußen, 1945 an Hessen.

L.: Wolff 273 f.; Zeumer 553 II b 60, 4; Wallner 696 OberrheinRK 19; Uhlhorn, F., Geschichte der Grafen von Solms im Mittelalter, 1931; Platte, H., Das fürstliche Haus Solms-Braunfels, 2002.

Solms-Braunfels-Greifenstein s. Solms-Braunfels

Solms-Hohensolms (Grafen, Fürsten). Solms-Lich spaltete sich in die Zweige Solms-Lich (1718 erloschen) und S., der sich nach 1718 Solms-Lich-Hohensolms nannte. 1792 gehörten die Grafen von S. nach ihrer Erhebung zu Reichsfürsten (1792) zu den wetterauischen Grafen der weltlichen Bank des Reichsfürstenrates des Reichstages und zum oberrheinischen Reichskreis. Ihr Herrschaftsgebiet umfasste 4 Quadratmeilen (Ämter Hohensolms mit Hohensolms, Lich, Nieder-Weisel [Niederweisel] und 5/48 von Münzenberg). S. Solms-Lich (Solms-Lich und Hohensolms).

L.: Wolff 274; Zeumer 553 II b 60, 6; Wallner 697 OberrheinRK 30.

Solms-Hungen (Grafen). Hungen bei Gießen, an der alten Straße durch die kurzen Hessen gelegen, wird 782 als Houngen/Hoingen erstmals in einer Gabe Karls des Großen an die Reichsabtei Hersfeld erwähnt. Im 14. Jahrhundert gewannen die Herren von Falkenstein als Vögte Hersfelds die Herrschaft. 1418/1419 fiel Hungen beim Aussterben der Herren von Falkenstein an die Grafen von Solms. Von 1602 bis 1678 herrschte dort die von Solms-Braunfels abgespaltete Linie S., die von Solms-Greifenstein und Solms-Braunfels beerbt wurde. 1806 kam Hungen an Hessen-Darmstadt.

L.: Das Buch der Stadt Hungen, 1961.

Solms-Laubach (Grafen). Laubach bei Gießen erscheint am Ende des 8. Jahrhunderts als Gut der Abtei Hersfeld. Seit der Mitte des 14. Jahrhunderts gehörte es den Herren von Falkenstein, unter denen es 1405 erstmals als Stadt erwähnt wurde, seit 1418 den Grafen von Solms. 1548/1561 wurde Laubach Sitz der von Solms-Lich abgespalteten Linie S., deren Gebiet außer Stadt und Amt Laubach auch das Amt Utphe und 5/48 von Münzenberg umfasste. S. teilte sich 1561 in Solms-Sonnewalde (bis 1615) und S. S. zerfiel 1607 in Solms-Rödelheim (bis 1640), S. (bis 1676), Solms-Sonnewalde und Solms-Baruth. Dieses spaltete sich in Solms-Baruth, Solms-Rödelheim und S. Sein Gebiet umfasste außer Stadt und Amt Laubach auch das Amt Utphe und 5/48 von Münzenberg und Trais-Münzenberg. 1802 erhielt diese Linie die Güter des säkularisierten Klosters Arnsburg. 1806 kam Laubach an Hessen-Darmstadt.

L.: Wolff 274; Zeumer 553 II b 60, 8; Uhlhorn, F., Geschichte der Grafen von Solms im Mittelalter, 1931; Solms, E. Graf zu, Aus dem Schloss zu Solms-Laubach, 1958.

Solms-Lich (Grafen, Fürsten). Durch Teilung der Grafschaft Solms entstand 1409/1420/1436 die Linie der Grafen von S. (die sich später S. und Hohensolms nannte). Sie erbte 1461 durch Heirat Kronberger Güter aus der Falkensteiner Erbschaft (Rödelheim, Assenheim, Niederursel), erlangte 1479 Nieder-Weisel, 1494 die kaiserliche Befreiung von fremder Gerichtsbarkeit, 1507 das Bergregal und seit 1537 Herrschaften im obersächsischen Reichskreis (1537 Sonnenwalde in der Niederlausitz, 1544 Pouch bei Bitterfeld an der Mulde, 1596 Baruth in Brandenburg südöstlich Berlins, 1602 Wildenfels in Sachsen südöstlich Zwickaus). 1628 verlor sie das Amt Königsberg. 1562/1563 führte sie die Reformation ein. Sie spaltete sich in die Linie S. (1718 erloschen) und in die Linie Solms-Hohensolms, die sich nach 1718 Solms-Lich-Hohensolms nannte. 1792 wurde sie in den Reichsfürstenstand erhoben und gehörte zu den wetterauischen Grafen der weltlichen Bank des Reichsfürstenrates des Reichstages. 1806 fiel das Fürstentum an Hessen-Darmstadt. S. Solms-Hohensolms, Solms-Lich und Hohensolms (Solms-Lich-Hohensolms).

L.: Zeumer 553 II b 60, 5; Uhlhorn, F., Geschichte der Grafen von Solms im Mittelalter, 1931.

Solms-Lich-Hohensolms (Grafen). Die Grafen von Solms-Hohensolms nannten sich nach dem Aussterben der Grafen von Solms-Lich 1718 S. Sie gehörten zu den wetterauischen Grafen der weltlichen Bank des Reichsfürstenrats des Reichstags und wurden 1792 in den Reichsfürstenstand erhoben. Ihr Herrschaftsgebiet umfasste 4 Quadratmeilen (Ämter Hohensolms mit Hohensolms, Lich, Nieder-Weisel [Niederweisel] und 5/48 von Münzenberg). Am Ende des 18. Jahrhunderts gehörte die Grafschaft S. zum oberrheinischen Reichskreis. S. Solms-Lich, Solms-Hohensolms.

Solms-Münzenberg (Grafschaft). (Nach der Reichsmatrikel von 1776 zählte die Grafschaft S. zum oberrheinischen Reichskreis.) S. Solms, Münzenberg.

L.: Reichsmatrikel 1776, 129.

Solms-Rödelheim (Grafen). Die Grafschaft S. entstand 1607 bei der Teilung Solms-Laubachs. Sie zerfiel später in S. und Solms-Assenheim mit den Ämtern Rödelheim, Assenheim und Nieder-Wöllstadt. 1806 kam die Grafschaft S., welche die Städte und Ämter Rödelheim und Assenheim umfasste, an Hessen-Darmstadt und damit das Gebiet 1945 an Hessen. S. Solms.

L.: Wolff 274; Zeumer 552 ff. II b 60, 7; Uhlhorn, F., Geschichte der Grafen von Solms im Mittelalter, 1931.

Solms-Sonnewalde (Grafen). Nach der 1537 erlangten Herrschaft S. bei Luckau (mit Sonnewalde, Groß Leipe und Schköna) nannte sich eine Linie der Grafen von Solms-Lich bzw. Solms-Laubach.

Solms-Wildenfels (Grafen). Nach der 1602 erlangten Herrschaft Wildenfels in Sachsen südöstlich von Zwickau nannte sich eine von Solms-Lich bzw. Solms-Laubach abgespaltete Linie. Das bis 1803 reichsunmittelbare Kloster Engelthal kam 1803 an Leiningen-Westerburg-Neuleiningen (Leiningen-Westerburg) und durch Kauf an Solms-Wildenfels. 1806 fiel es an Hessen-Darmstadt und damit 1945 an Hessen.

L.: Uhlhorn, F., Geschichte der Grafen von Solms im Mittelalter, 1931; Kissel, O. R., Neuere Territorial- und Rechtsgeschichte des Landes Hessen, 1961, 46.

Solothurn (Reichsstadt, Kanton). An der Stelle einer bisher archäologisch nicht erwiesenen keltischen Siedlung errichteten die Römer das keltisch bezeichnete Kastell Salodurum. Das danach im Osten von Alemannen und im Westen von Burgundern besetzte Gebiet kam 888 an das Königreich Burgund und 1032 mit diesem an das Reich. Seit 1127 unterstand es der Vogtei der Herzöge von Zähringen und wurde nach deren Aussterben 1218 Reichsstadt. Von 1295 an verbündete diese sich mit Bern und erwarb seit 1389 Gebiete im Aaretal und im Jura (Herrschaften Buchegg 1391, Falkenstein 1402/1420, Olten 1426, Gösgen [Obergösgen, Niedergösgen]

1458), nachdem sie von Ludwig dem Bayern 1344 das Stadtschultheißenwahlrecht und die Verfügung über Münze und Zoll sowie von Kaiser Karl IV. 1360 das Stadtschultheißenamt und 1365 die Hochgerichtsbarkeit erworben hatte. 1481 wurde S. in die Eidgenossenschaft der Schweiz aufgenommen, nachdem es 1353 durch den Eintritt Berns in die Eidgenossenschaft bereits zugewandter Ort geworden war. 1803 wurde das stets katholisch und aristokratisch-oligarchisch gesinnte, territorial zerrissene S. Kanton der Schweiz (791 Quadratkilometer). Verfassungsänderungen erfolgten 1814, 1830, 1856, 1875 und 1887.

L.: Wolff 525 f.; Großer Historischer Weltatlas II 72 (bis 1797) D2; Meyer, K., Solothurnische Verfassungszustände zur Zeit des Patriziates, 1921; Amiet, B., Die solothurnische Territorialpolitik von 1344 bis 1532, 1929; Amiet, B., Solothurnische Geschichte, Bd. 1–5 1952 ff.; Solothurner Urkundenbuch, bearb. v. Kocher, A., Bd. 1 f. 1952 ff.; Sigrist, H. u. a., Solothurn, 3. A. 1972; Solothurn, bearb. v. Schubinger, B., 1990; Noser, O., Solothurn, LexMA 7 1995, 2038 f.

Sommerau (Freiherren, Reichsritter). Um 1750 (1752?) zählten die Freiherren von S. zum Kanton Baunach des Ritterkreises Franken.

L.: Ruch, Anhang 79; Riedenauer 127.

Sommerhausen (Reichsdorf). Am 28. 8. 1297 verpfändete König Adolf (von Nassau) unter anderem die zwei Dörfer S. (Bartholomäi-Ahausen) und Winterhausen (Nikolai-Ahausen) an den Bischof von Würzburg.

L.: Dacheröden 220; Hugo 455.

Sommerschenburg (Pfalzgrafen). Seit 1129 nannten sich die Pfalzgrafen von Sachsen nach der Burg S. (Somerischenborg) südöstlich von Helmstedt. Sie hatten Eigengut an der oberen Aller und am Lappwald, Grafenrechte im Hassegau und um Seehausen sowie die Vogtei u. a. über Helmstedt (1145), Schöningen (1120), Quedlinburg (vor 1137–1179) und Gandersheim (nach 1152). Als Anhänger Heinrichs des Löwen verloren die Pfalzgrafen 1180 ihre Rechte an Wettin (Seehausen) und an die Landgrafen von Thüringen (Pfalzgrafschaft, Hassegaugrafschaft), bzw. verkauften sie 1179 an den Erzbischof von Magdeburg (S.).

L.: Wolff 428; Petke, W., Sommerschenburg, LexMA 7 1995, 2042.

Sonderburg (Burg, Herzogtum) s. Schleswig-Holstein-Sonderburg

Sondershausen (Burg, Stadt, Herrschaft). Das vermutlich ältere S. an der Wipper wird 1125 erstmals genannt (Sundershusen). Seit dem Ende des 13. Jahrhunderts lassen sich dort die Grafen von Hohnstein nachweisen. 1356 kam es an die Grafen von Schwarzburg und wurde 1571/1599 Sitz der Linie Schwarzburg-Sondershausen. Über diese kam S. 1920 zu Thüringen. S. Schwarzburg-Sondershausen.

L.: Wolff 378, 412; Lammert, F., Verfassungsgeschichte von Schwarzburg-Sondershausen, 1920.

Sonnenberg (Herrschaft, Grafschaft). Um die Burg S. bei Nüziders bildete sich eine Herrschaft aus, die von Frastanz bis zum Arlberg reichte. 1455 kam sie von den Werdenbergern an die Truchsessen von Waldburg, die 1463 mit Erlaubnis Kaiser Friedrichs III. den Titel Grafen von S. annahmen. 1473/1474 gewann der Herzog von Tirol im Kampf gegen die durch die Eidgenossenschaft unterstützten Truchsesse die später zum österreichischen Reichskreis zählende Herrschaft.

L.: Wolff 39; Wallner 713 ÖsterreichRK 1; Sander, H., Die Erwerbung der vorarlbergischen Grafschaft Sonnenberg durch Österreich, 1888; Bilgeri, B., Geschichte Vorarlbergs, Bd. 1 ff. 1971 ff.

Sonnewalde (Burg, Herrschaft). S. südlich von Luckau in der Niederlausitz erscheint 1255 als Herrschaft, 1301 als Burg. Von etwa 1328 an saß dort ein Zweig der Eilenburg. 1447 verkauften die Eilenburg die Herrschaft mit Schloss, Stadt und 16 Dörfern an die Herzöge von Sachsen. Seit 1477 ging sie bei der Markgrafschaft Meißen zu Lehen, später beim Kurkreis Sachsen. 1486 belehnte der Herzog von Sachsen die Minkwitz (Minckwitz) mit der Herrschaft. 1537 ging sie an die Grafen von Solms, welche die Herrschaft bis 1945 behaupteten. Mit Brandenburg kam S. 1945 an die sowjetische Besatzungszone und von 1949 bis 1990 an die Deutsche Demokratische Republik.

L.: Wolff 377, 471; Zahn, G., Chronik von Kirchhain und Dobrilugk, Grafschaft und Stadt Sonnewalde, 1926.

Sooneck (Ganerbschaft). Die Burg S. am Soonwald wurde wahrscheinlich im 11. Jahrhundert von den Vögten der Abtei Kornelimünster erbaut. 1270 erwarb das Erzstift Mainz das Gebiet von Kornelimünster und belehnte 1346 den Marschall zu Waldeck. 1444 nahmen die Waldeck die mit ihnen durch Heirat verbundenen Breidbach auf.

Am Anfang des 17. Jahrhunderts erlangten die Breidbach-Bürresheim die Güter.

L.: Geschichtlicher Atlas von Hessen, Inhaltsübersicht 34.

Sorau (Herrschaft), poln. Zary. Das 1002 erstmals erwähnte S. in der Niederlausitz wurde im 13. Jahrhundert Mittelpunkt einer Herrschaft. Diese wurde 1477 von Sachsen erworben, kam 1945 in Brandenburg unter die Verwaltung Polens und damit 1990 als politische Folge der deutschen Wiedervereinigung an Polen.

L.: Wolff 471; Engelmann, E., Die Heimatstadt Sorau, 1922; Das Landregister der Herrschaft Sorau von 1381, hg. v. Schultze, J., 1936; Rauert, K. H./Wendig, F., Siebenhundert Jahre Sorau, 1960.

Sorethfeld, Sorehtfeld (Soretfeld, Sarethuelt, Sorathueld, Gau nördlich der Diemel rechts der Weser)

L.: Curs, O., Deutschlands Gaue im zehnten Jahrhundert. Nach den Königsurkunden, Diss. phil. Göttingen 1908, Sorehtfeld; Polenz, P. v., Landschafts- und Bezirksnamen, 1961, II, 58, 60–62, 68 f., 96, Sorethfeld; Niemeyer, W., Der pagus des frühen Mittelalters in Hessen, 1968, 177, Soratfeld.

Sornegouwe (Sornegau)

L.: Polenz, P. v., Landschafts- und Bezirksnamen, 1961, II, 24, Sornegouwe.

Sosatgo* (Soestgau)

L.: Polenz, P. v., Landschafts- und Bezirksnamen, 1961, II, 17, 33, IV, 13, zum Ortsnamen Soest.

Sötern (Reichsritter) s. Soetern

Sounital (Sanntal südlich der Drau), Seuna, Sovuina

L.: Polenz, P. v., Landschafts- und Bezirksnamen, 1961, II, 55, 64 f.

Sovuina (Gau rechts der Aisch, links der Regnitz)

L.: Curs, O., Deutschlands Gaue im zehnten Jahrhundert. Nach den Königsurkunden, Diss. phil. Göttingen 1908, 20.

Soyecourt (Reichsritter). Im späten 18. Jahrhundert zählten die S. zum Kanton Rhön-Werra des Ritterkreises Franken.

L.: Riedenauer 127.

Spanheim s. Sponheim

Spanien (Land, Königreich). In der ehemaligen römischen Provinz S. gründeten nebeneinander und nacheinander Vandalen (409–429), Sweben (409–585) und Westgoten (ab 415) Reiche, bis seit 711 die Araber von Süden vordrangen. Gegen diese richtete Karl der Große seit 795 die spanische Mark ein, die bis Barcelona und Pamplona reichte und einem selbständig werdenden Markgrafen unterstand. Zugleich erhielt sich in S. ein Königreich Asturien, von dem aus später die Araber wieder zurückgedrängt wurden. Im 10./11. Jahrhundert entstanden dann als christliche Herrschaftsgebiete die Königreiche von Aragon und Kastilien. Alfons X. von Kastilien, Sohn einer Tochter Philipps von Schwaben, begehrte 1255 das Herzogtum Schwaben und 1257 die deutsche Königskrone. Peter III. von Aragon erlangte als Schwiegersohn des Staufers Manfred 1282 Sizilien. Aragon erwarb weiter 1324 Sardinien und 1442 das Königreich Neapel, Kastilien eroberte 1236 Cordoba, 1248 Sevilla und 1262 Cadiz. 1469 heiratete Isabella von Kastilien (†1504) Ferdinand II. von Aragon (†1516). Gemeinsam gewannen sie 1492 die letzte arabische Herrschaft auf spanischem Boden in Granada. 1495 heiratete der spanische Kronprinz Juan die Tochter Kaiser Maximilians, Margarete, und der Sohn Maximilians, Philipp, die spanische Prinzessin Juana (Johanna). 1504 wurde Philipp König von Kastilien. 1516 erwarb sein Sohn Karl (V.) Aragon. 1519 wurde er zum deutschen König gewählt, so dass S. mit dem Reich in Personalunion trat. 1526/1556 wurden die Güter aufgeteilt, wobei die italienischen und burgundischen Güter an S. kamen. Deutsche und spanische Habsburger blieben aber durch dauernde Wechselheiraten eng verbunden. Beim Aussterben der spanischen Habsburger 1700 kam es zum spanischen Erbfolgekrieg zwischen Frankreich und dem Reich. Im Ergebnis fielen die spanischen Güter in Italien und den Niederlanden an Österreich, während Frankreich (Philipp von Anjou) S. und, nach dem polnischen Thronfolgekrieg (1733 ff.) und dem österreichischen Erbfolgekrieg (1742 ff.), Sizilien sowie Parma und Piacenza gewann.

L.: Ballester y Castell, R., Bibliografia de la historia de Espana, 1921; Schreiber, G., Deutschland und Spanien, 1936; Maunz, T., Das Reich der spanischen Großmachtzeit, 1944; Madariaga, S. de, Spanien. Land, Volk und Geschichte, 1983; Heine, H., Geschichte Spaniens in der frühen Neuzeit (1400–1800), 1984; Schröder, T., Spanien, 5. A. 2006.

Sparneck (Reichsritter). Im 16. Jahrhundert zählten die S. zu den Kantonen Gebirg und Odenwald des Ritterkreises Franken.

L.: Riedenauer 127.

Sparr (Reichsritter). Um 1550 zählten die S. zum Kanton Odenwald des Ritterkreises Franken.

L.: Stetten 33; Riedenauer 127.

Späth (Reichsritter) s. Speth

Specht (Reichsritter). Im späten 16. Jahrhundert zählten die S. zum Kanton Rhön-Werra des Ritterkreises Franken.

L.: Riedenauer 127.

Specht von Bubenheim (Reichsritter). Von 1685, mit dem bis dahin zum Ritterkreis Rhein gehörigen Georg Wilhelm S., bis etwa 1760 waren die S. mit den Rittergütern Unterboihingen, Oberdettingen und Unterdettingen Mitglied des Kantons Neckar des Ritterkreises Schwaben. Mit der 1680 durch weibliche Erbfolge nach den Wernau zur Hälfte erworbenen und 1795/1797 an den Freiherrn von Rechberg gelangten Herrschaft Donzdorf waren sie im Kanton Kocher immatrikuliert. Wegen Lindheim waren sie Mitglied des Kantons Mittelrheinstrom des Ritterkreises Rhein.

L.: Hölzle, Beiwort 62; Winkelmann-Holzapfel 163; Hellstern 214; Schulz 271.

Speckfeld (Herrschaft). Am Ende des 18. Jahrhunderts umfasste die zum fränkischen Reichskreis zählende Herrschaft S. der Schenken von Limpurg, die zu zwei Dritteln den Grafen Rechtern (Rechteren) und zu einem Drittel dem Grafen Pückler gehörte, ein Gebiet von etwa 2 Quadratmeilen und hatte 3000 Einwohner. S. gelangte 1806 an Bayern.

L.: Wolff 125; Wallner 693 FränkRK 22 a, b.

Spehtraingau (Spehtreina, Gau zwischen Inn und Isar)

L.: Curs, O., Deutschlands Gaue im zehnten Jahrhundert. Nach den Königsurkunden, Diss. phil. Göttingen 1908, 20 (Engkofen, Loitzenkirchen, Geigin, Bach, Ofistersham, Frauensattling, Oberdießbach, Unterdießbach, Haselbach, Kirchstetten, Reit).

Spehtreino

L.: Polenz, P. v., Landschafts- und Bezirksnamen, 1961, IV, 10 f., Spehtreio, pagus Spehtreino, zum Ortsnamen Spechtrein.

Spengler von Neckarburg (Reichsritter). Etwa von 1557 bis 1581 war Jakob S. Mitglied des Kantons Neckar des Ritterkreises Schwaben.

L.: Hellstern 214.

Sperberseck (Reichsritter). Von 1681 bis 1708 war Johann Philipp von S. mit einem Anteil von Unterriexingen Mitglied des Kantons Neckar des Ritterkreises Schwaben. Von der Mitte des 16. Jahrhunderts bis 1615 waren die S. mit Schneitheim und seit 1636 bis zu ihrem Erlöschen 1708 mit dem unteren Schloss Talheim im Kanton Kocher des Ritterkreises Schwaben immatrikuliert.

L.: Hellstern 214; Schulz 271.

Speßhart, Speßhardt (Reichsritter). Vom 16. bis zum 18. Jahrhundert waren die S. mit Aschenhausen Mitglied des Kantons Rhön-Werra des Ritterkreises Franken. Außerdem waren sie im 18. Jahrhundert in den Kantonen Gebirg und Baunach immatrikuliert.

L.: Seyler 385; Winkelmann-Holzapfel 164; Riedenauer 127.

Speth (Freiherren, Reichsritter). Von 1592 bis 1623 waren die Freiherren von S. (Späth) Mitglied im Kanton Neckar des Ritterkreises Schwaben. Im 18. Jahrhundert gehörten sie mit den Herrschaften Eglingen und Ehestetten, Gammertingen, Granheim, Hettingen, Maisenburg mit Indelhausen, Schülzburg mit Anhausen und Erbstetten, Untermarchtal und Zwiefaltendorf zum Kanton Donau. Mit Höpfigheim (bis 1587) und dem Schloss zu Dettingen (bis zur Mitte des 17. Jhs.) waren die S. seit 1542 auch im Kanton Kocher immatrikuliert.

L.: Genealogischer Kalender 1753, 529; Roth von Schreckenstein 2, 592; Hölzle, Beiwort 59; Hellstern 214; Schulz 271; Rahrbach 243.

Speyer, Domkapitel (Reichsritter). Das Domkapitel zu Speyer zählte wegen Oberöwisheim zum Kanton Kraichgau des Ritterkreises Schwaben.

L.: Winkelmann-Holzapfel 164.

Speyer (freie Reichsstadt). Um 150 n. Chr. nennt Ptolemäus das ursprünglich keltische Noviomagus, das den Hauptort der (germanischen) 58 v. Chr. von Cäsar unterworfenen Nemeter (civitas Nemetum) bildete. 496 wurde der Ort von den Franken erobert und im 6. Jahrhundert erstmals als Spira bezeichnet. 614 ist S. (nach Untergang und Erneuerung?) als Bischofssitz sicher bezeugt.

843 kam es zum Ostreich. Durch ein Privileg Ottos I. von 969 erlangte der Bischof die vermutlich anfänglich königliche Stadtherrschaft. 1084 wurden aus Mainz geflohene Juden angesiedelt. Weitere Privilegien von 1104 und 1111 führten 1294 zur Befreiung der von Saliern und Staufern sehr häufig aufgesuchten Stadt von der bischöflichen Herrschaft. In der Folge war S. Reichsstadt. Bereits mit den spätmittelalterlichen Judenverfolgungen begann aber ein allmählicher Abstieg. Immerhin war S. noch seit 1471 mit Peter Drach ein hervorragender Druckort und von 1526/1527 bis 1689 Sitz des Reichskammergerichtes. 1523/1538/1540 führte es die Reformation ein. 1689 wurde S., das zum oberrheinischen Reichskreis zählte, von Frankreich fast völlig zerstört und erst 1714 zur Wiederbesiedelung freigegeben. Seit dem frühen 18. Jahrhundert war es im Kanton Odenwald des Ritterkreises Franken immatrikuliert. Von 1794 bis 1814 war es Sitz eines französischen Arrondissements im Département Mont-Tonnerre (Donnersberg). 1815/1816 fiel es mit 1 Quadratmeile Gebiet und 5000 Einwohnern an Bayern und wurde Sitz der pfälzischen (rheinpfälzischen) Bezirksregierung Bayerns. 1946 kam es zu Rheinland-Pfalz.

L.: Wolff 290; Zeumer 554 III a 5; Wallner 699 OberrheinRK 52; Großer Historischer Weltatlas II 66 (1378) E4, II 78 (1450), III 22 (1648) D4, III 38 (1789) C3; Weiß, C., Geschichte der Stadt Speyer, 1876; Doll, A., Das alte Speyer, 1950; Polenz, P. v., Landschafts- und Bezirksnamen, 1961, 306; Bohlender, R., Dom und Bistum Speyer. Eine Bibliographie, 1963; Klotz, F., Speyer. Kleine Stadtgeschichte, 1971; Roland, B., Speyer. Bilder aus der Vergangenheit, 2. A. 1976; Voltmer, E., Reichsstadt und Herrschaft: Zur Geschichte der Stadt Speyer im hohen und späten Mittelalter, 1981; Geschichte der Stadt Speyer, hg. v. d. Stadt Speyer, 2. A. 1983; Andermann, K., Speyer, LexMA 7 1995, 2096 ff.

Speyer (Hochstift). In der ursprünglich keltischen, an der Mündung des Speyerbachs in den Rhein gelegenen Siedlung Noviomagus, die den Hauptort der (germanischen) um 58 v. Chr. von Caesar unterworfenen Nemeter (civitas Nemetum) bildete, wurde vermutlich bereits im 3. oder 4. Jahrhundert ein Bischofssitz eingerichtet, der (nach Untergang und Erneuerung?) 614 mit Bischof Hulderich erstmals bezeugt ist. Zunächst gehörte er zum Erzbistum Trier, seit 748/780 bis zu seiner Auflösung 1801 zum Erzbistum Mainz. Sein ursprünglich zum alemannischen, dann zum fränkischen Stammesgebiet gezählter Sprengel reichte von der Hauptwasserscheide im Pfälzerwald bis zum Neckartal und Murrtal und von Selz und Oos bis zur Isenach und zum Kraichbach. Wichtigstes Kloster war Weißenburg im Elsass, das 1546 erworben wurde. Schon im 7. Jahrhundert erhielten die Bischöfe reiches Königsgut im Speyergau (Bienwald an der Grenze zu Frankreich, 8. Jh.?), wozu weitere Gaben Herzog Konrads des Roten wie Kaiser Ottos des Großen im 10. Jahrhundert kamen. 1030 wurde der Neubau des Domes begonnen. Zwischen 1050 und 1060 gewann der Bischof das ansehnliche Gebiet um Bruchsal (1056 Lusshardt [Lußhaardt]) und die Grafschaften des Speyergaues und Uffgaues. Von 1111 an begann sich allerdings die Stadt S. aus der Herrschaft der Bischöfe zu lösen, was ihr bis zum Ende des 13. Jahrhunderts gelang, so dass der Bischof 1371 seinen Sitz in das 784 erstmals genannte und seit 1316 zum Hochstift gehörige Udenheim an der Mündung des Saalbaches in einen Altrheinarm verlegte. Das Hochstift des späteren Mittelalters bestand aus zwei Hauptgebieten beiderseits des Rheins um Bruchsal, Deidesheim, Herxheim, Lauterburg und Weißenburg. Von 1371 bis 1723 war Udenheim, das zur Festung Philippsburg ausgebaut wurde, fast ständig Residenz des Bischofs. Danach siedelte der Bischof nach Bruchsal um. Wegen Brombach, Neckarsteinach, Darsberg, Grein und Teilen von Langenthal (Langental) war der Bischof um 1790 Mitglied des Kantons Odenwald des Ritterkreises Franken (wegen Oberöwisheim das Domkapitel im Kanton Kraichgau des Ritterkreises Schwaben). Die linksrheinischen Teile des zum oberrheinischen Reichskreis zählenden Hochstifts, das am Ende des 18. Jahrhunderts 28 Quadratmeilen mit 55 000 Einwohnern und 300 000 Gulden Einkünfte umfasste, kamen im 17. Jahrhundert (1681–1697) bzw. 1801 an Frankreich, 1816 an Bayern, die rechtsrheinischen Teile (16 Quadratkilometer) 1802/1803 an Baden. Von den ritterschaftlichen Gütern fielen Brombach 1808 an Baden und damit 1951/1952 an Baden-Württemberg, die übrigen Teile an Hessen-Darmstadt und damit 1945 an Hessen. 1817 wurde ein neues, die Pfalz (Rheinpfalz) Bayerns umfassendes Bistum S. innerhalb des Erzbistums Bamberg errichtet.

L.: Wolff 233; Zeumer 552 II a 10; Wallner 695 OberrheinRK 5; Großer Historischer Weltatlas II 66 (1378) E4, III 22 (1648) D4, III 38 (1789) C3; Winkelmann-Holzapfel 163 f.; Stetten 186 f.; Remling, F. X., Geschichte der Bischöfe zu Speyer, Bd. 1–4 1852 ff.; Remling, F. X., Neuere Geschichte der Bischöfe zu Speyer, 1867; Bühler, A., Die Landes- und Gerichtsherrschaft im rechtsrheinischen Teil des Fürstbistums Speyer vornehmlich im 18. Jahrhundert, ZGO N. F. 38 (1925); Maass, H., Verwaltungs- und Wirtschaftsgeschichte des Bistums Speyer 1743–1770, Diss. phil. Göttingen 1933; Stamer, L., Kirchengeschichte der Pfalz, Bd. 1–4 1936 ff.; Doll, A., Das alte Speyer, 1950; Handbuch des Bistums Speyer, 1961; Bohlender, R., Dom und Bistum Speyer. Eine Bibliographie, 1963; Drollinger, K., Kleine Städte Südwestdeutschlands. Studien zur Sozial- und Wirtschaftsgeschichte der Städte im rechtsrheinischen Teil des Hochstifts Speyer bis zur Mitte des 17. Jahrhunderts, 1968; Schaab, M., Territoriale Entwicklung der Hochstifte Speyer und Worms, in: Pfalzatlas, Textband, 20. H. (1972); Duggan, L. G., Bishop and Chapter, The Governance of the Bishopric of Speyer to 1552, 1978; Meller, J., Das Bistum Speyer, 1987; Fouquet, G., Das Speyerer Domkapitel im späten Mittelalter (ca. 1350–1540), 1987; Fouquet, G., Ritterschaft, Hoch- und Domstift Speyer, Kurpfalz, ZGO 137 (1989); Friedmann, A., Die Beziehungen der Bistümer Worms und Speyer zu den ottonischen und salischen Königen, 1994; Andermann, K., Speyer, LexMA 7 1995, 2095 f.; Handbuch der baden-württembergischen Geschichte, Bd. 2, hg. v. Schaab, M., 1995, 481; Krey, H., Bischöfliche Herrschaft im Schatten des Königtums, 1996; Ehlers, C., Metropolis Germaniae, 1996; Neumann, H., Sozialdisziplinierung in der Reichsstadt Speyer, 1997; Gresser, G., Das Bistum Speyer bis zum Ende des 11. Jahrhunderts, 1998; Escher, M. u. a., Die urbanen Zentren, 2005, 1, 492, 2, 572.

Speyergau (Reichslandvogtei). Zur Rückgewinnung und Verwaltung des Reichsgutes um Speyer richtete Rudolf von Habsburg die Reichslandvogtei S. ein, deren Bedeutung aber rasch schwand.

L.: Curs, O., Deutschlands Gaue im zehnten Jahrhundert. Nach den Königsurkunden, Diss. phil. Göttingen 1908, 20 ([Speiergau,] Spirihgeuue, Spyrensis, Spirehkewe, Spirehkeuui, Spirechgouue, Spirihgouue, Spirigovue, Spirichowe, Gau zwischen Lauter und Speyerbach, Deidesheim, Weißenburg, Steinweiler, Oberotterbach, Niederotterbach, Dierbach, Gleiseiler, Hochstadt, Speyerdorf, Wollmesheim); Polenz, P. v., Landschafts- und Bezirksnamen, 1961, II, 16, 23 f., 26, IV, 18, Spirahgouwe, pagus Spirensis, Nemetis, ‚Speyewrgau', zum Ortsnamen Speyer; Niemeyer, W., Der pagus des frühen Mittelalters in Hessen, 1968, 80 (Altrip, Wachenheim).

Spick (Reichsritter). Vielleicht zählten die S. zum Kanton Steigerwald des Ritterkreises Franken.

L.: Bechtolsheim 15; Riedenauer 127.

Spiegelberg (Grafschaft). Die 1217 erstmals erwähnten, mit 1132 erstmals genannten Grafen von Poppenburg identischen Grafen von S. bei Salzhemmendorf südöstlich von Hameln konnten trotz Verlustes ihrer namengebenden Burg an die Edelherren von Homburg (1238) um Coppenbrügge östlich von Hameln eine kleine Herrschaft mit fünf Dörfern einrichten. Mit dem Erlöschen des Geschlechts fiel sie 1557 an Braunschweig-Calenberg als Lehnsherrschaft heim. Das Lehen wurde unter Vorbehalt der Landeshoheit bis 1583 an eine Nebenlinie Lippes, von 1584 bis 1631 an die Grafen von Gleichen und danach an Nassau-Oranien ausgegeben. 1792 gehörte der König von England bzw. Hannover wegen der ca. 1,3 Quadratmeilen großen Grafschaft S. zu den westfälischen Grafen der weltlichen Bank des Reichsfürstenrates des Reichstages und zum niederrheinisch-westfälischen Reichskreis. 1819 verkaufte Nassau-Oranien S. an Hannover. Mit diesem kam es 1866 an Preußen und 1946 an Niedersachsen.

L.: Wolff 357 f.; Zeumer 554 II b 63, 12; Wallner 705 WestfälRK 49; Schnath, G., Die Herrschaften Everstein, Homburg und Spiegelberg, 1922; Hartmann, P., Die Grafen von Poppenburg-Spiegelberg, Nds. Jb. f. LG. 18 (1941), 117; Vogell, H., Geschichte und Beschreibung der alten Grafschaft Spiegelberg älterer und neuerer Zeit, 1976.

Spielberg (Burg, Herrschaft). Die Burg S. am Hahnenkamm kam von den Herren von Truhendingen in weiblicher Erbfolge an die Grafen von Schaunberg (Schaumburg), die sie 1360 mit Hohentrüdingen an die Grafen von Oettingen verkauften. Unter ihnen wurde sie Sitz der Linie Oettingen-Spielberg. Später kam S. zu Bayern.

L.: Wolff 177.

Spieß, Stor zu Spieß (Reichsritter). Um 1550 zählten die S. zum Kanton Odenwald des Ritterkreises Franken.

L.: Stetten 33; Riedenauer 127.

Spigno (Festung). Die zuvor einer Nebenlinie der Caretto gehörige Festung S. in den Langhen war im 18. Jahrhundert Teil des Reichsguts in Italien.

L.: Aretin, Das alte Reich 2, 370.

Spiliberch (Spielberg nördlich Würzburgs)

L.: Polenz, P. v., Landschafts- und Bezirksnamen, 1961, IV, 11, pagus Spiliberch, zum Ortsnamen Spielberg.

Spinola (Reichsfürst). 1696 erhob Kaiser Leopold I. Giambattista S. zum Reichsfürsten und sein Reichslehen Vergagni vom Marchesat zum Fürstentum.

L.: Klein 167.

Spirahgouwe (Speyergau)

L.: Polenz, P. v., Landschafts- und Bezirksnamen, 1961, II, 16, 23 f., 26 f., 30, Spirahgouwe, pagus Spirensis, Namnetis, ‚Speyergau'.

Spirensis (Speyergau)

L.: Polenz, P. v., Landschafts- und Bezirksnamen, 1961, IV, 18, Spirensis comitatus, Spirahgouwe, zum Ortsnamen Speyer.

Spitz (Herrschaft). 1148 erscheint S. in der Wachau erstmals, nachdem bereits 830 der locus Wahowa von König Ludwig dem Deutschen an das Kloster Niederaltaich gegeben worden war. Niederaltaich gab die Güter zum großen Teil an die Herzöge von Bayern zu Lehen, die sie an die Kuenringer und andere weitergaben. Nach dem bayerischen Erbfolgestreit von 1504 musste Bayern die Herrschaft an Österreich abtreten.

L.: Lechner, K., Die herzoglich bayerischen Lehen im Lande unter der Enns, 1930 (ungedruckt); Schöner, E., Abriss der Geschichte des Marktes Spitz, 1960.

Spoleto (Herzogtum). Im 6. Jahrhundert (um 575/576) gründete ein langobardisches Adelsgeschlecht in S., das in römischer Zeit municipium (Spoletium) gewesen war, an der Straße von Rom nach Ravenna ein vom König verhältnismäßig unabhängiges Herzogtum (Dukat), das allmählich fast das ganze östliche Mittelitalien umfasste. Karl der Große ließ das Herzogtum gegen Anerkennung seines Königtums bestehen, bezog das Gebiet aber organisatorisch in das fränkische Reich ein. 899 wurde (der fränkische) Herzog Wido II. König und 891 Kaiser von Italien, doch verlor danach das Herzogtum an Bedeutung. Otto der Große sah das Herzogtum als ein vom König zu vergebendes Lehen an. Seit Ende des 11. Jahrhunderts wurde es als Amt an Reichsministeriale ausgetan. Gleichzeitig erhielt der Papst Ansprüche auf das Gebiet. 1213 wurde es ihm von Friedrich II. überlassen, später aber wieder bestritten. 1274 erkannte Rudolf von Habsburg den Übergang auf den Papst an.

L.: Silchmüller, R., Die Herzöge von Spoleto 967–1268, Diss. phil. Berlin 1919 (masch.schr.); Müller, P., Topographische und genealogische Untersuchungen zur Geschichte des Herzogtums Spoleto und der Sabina von 800–1100, Diss. phil. Greifswald 1930; Il ducato di Spoleto, 1983; Gasparri, S., Spoleto, LexMA 7 1995, 2128 f.

Sponheim (Grafschaft). 1044 erscheinen erstmals Grafen von S. (ursprünglich Spanheim), die sich seit der ersten Hälfte des 12. Jahrhunderts nach der Burg S. westlich von Bad Kreuznach benannten und vermutlich mit den karolingischen Hererichen und den Saliern verwandt waren. Sie bauten im 12. Jahrhundert zwischen Nahe und Mosel ein ansehnliches Herrschaftsgebiet auf (u. a. seit Anfang des 12. Jhs. Kreuznach). Graf Meginhard (um 1118–1155) erbte infolge Heirats mit Mechthild von Mörsberg die halbe Grafschaft Nellenburg bei Schaffhausen mit Erbgütern der Grafen von Bar und der einstigen Herzöge von Lothringen. 1223/1233 (vor 1237) wurde (bis auf die Burgen Sponheim und Dill) die Grafschaft nach dem Tod des mit der Erbtochter (Adelheid) der Grafen von Sayn verheirateten Grafen Gottfried III. (1218) geteilt. Der älteste Sohn Johann I. erhielt die Hintere Grafschaft S. (Sponheim-Starkenburg, Güter an der Mosel und Birkenfeld, Sitz in Starkenburg an der Mosel, später Grevenburg an der Mosel). Der zweite Sohn Heinrich, der über seine Frau Agnes von Heinsberg die Herrschaft Heinsberg erhielt, begründete die Geschlechter der Herren von Heinsberg, Grafen von Loon und Blankenheim (bis 1469) und der Herren von Löwenburg im Siebengebirge (bis zum Ende des 14. Jahrhunderts). Der jüngste Sohn Simon erhielt die Vordere Grafschaft S. um Kreuznach. Simons Sohn Heinrich erwarb durch Heirat die Güter der Herren von Bolanden um Kirchheim und Dannenfels am Donnersberg (Kirchheim[bolanden], Seitenlinie bis 1397) und verkaufte Böckelheim an das Erzstift Mainz. Außerdem erwarben die Grafen von Sponheim-Kreuznach 1348 durch Heirat die Herrschaft Vianden. 1414 starb die Linie Vordere Grafschaft aus. Die Vordere Grafschaft S. gelangte zu vier Fünfteln an die Hintere Grafschaft S., zu einem Fünftel an die Pfalz. Beim Erlöschen der Linie Hintere Grafschaft 1437 teilten sich nach einem Vertrag von 1425 die Grafen von Veldenz und die Markgrafen von Baden in die Güter, doch blieb das Erbe real ungeteilt. Veldenz wurde 1444 von Pfalz-Zweibrücken beerbt, das 1559 auch den Anteil der Pfalz an der Vorderen Grafschaft erhielt. 1707 wurde die Vordere, 1776 die Hintere Grafschaft S. zwischen Pfalz-Zweibrü-

cken und Baden real geteilt. S. zählte zum oberrheinischen Reichskreis.
Mit den Grafen von S. verwandt waren die Spanheimer, die um 1020 über die Erbtochter der Sighardinger Lavant (Lavanttal) und andere Güter in Kärnten erheirateten und zeitweise als Herzöge von Kärnten wirkten, und deren Seitenlinie, die zur Zeit der salischen Könige (Heinrich IV. und Heinrich V.) aus Kärnten nach Bayern gekommenen Grafen von Ortenburg. Die herzogliche Linie erlosch 1279, die der Grafen von Lebenau 1229, die der Grafen von (Ortenburg-)Kraiburg 1248.

L.: Wolff 166, 259; Wallner 696 OberrheinRK 15, 17; Großer Historischer Weltatlas II 66 (1378) D4, III 22 (1648) C2, III 38 (1789) B3; Lehmann, J. G., Die Grafschaft und die Grafen von Spanheim, 1869; Fabricius, W., Erläuterungen zum geschichtlichen Atlas der Rheinprovinz, 6 1914; Dotzauer, W., Die Vordere Grafschaft Sponheim als pfälzisch-badisches Kondominium 1437–1707/1708, 1963 (Diss. phil. Mainz 1962); Zöllner, E., Geschichte Österreichs, 8. A. 1990, 81 ff.; Mötsch, J., Regesten des Archivs der Grafen von Sponheim 1065–1437, T. 1 1987; Mötsch, J., Genealogie der Grafen von Sponheim, Jb. f. westdeutsche LG. 13 (1987); Dopsch, H., Spanheimer, LexMA 7 1995, 2076; Dotzauer, W., Geschichte des Nahe-Hunsrück-Raumes, 2001; Escher, M. u. a., Die urbanen Zentren, 2005, 1, 482.

Sponheim-Starkenburg (Grafschaft). 1223/1233 entstand durch Teilung der Grafschaft S. die Hintere Grafschaft Sponheim, die nach der Starkenburg an der Mosel auch S. hieß. 1437 kam sie nach Beerbung der Vorderen Grafschaft zu vier Fünfteln (1414) an Baden und Veldenz, dem 1444 Pfalz-Zweibrücken folgte. 1776 wurde die Hintere Grafschaft Sponheim zwischen Pfalz-Zweibrücken und Baden geteilt.

L.: Fabricius, W., Erläuterungen zum geschichtlichen Atlas der Rheinprovinz, 6 1914.

Spork (Reichsritter). Um 1550 zählten die S. zum Kanton Odenwald des Ritterkreises Franken.

L.: Stetten 33; Riedenauer 127.

Sporkenburg (Herrschaft). 1332 wurde Hermann von Helfenstein von Trier mit der S. im Westerwald belehnt. 1518 verkaufte Johann von S. Schloss und Herrschaft S. an Quirin und Johann von Nassau.

L.: Gensicke, H., Landesgeschichte des Westerwaldes, 2. A. 1987, 327.

Spreegau (Sprewa, Gau um die Mündung der Spree in die Havel)

L.: Curs, O., Deutschlands Gaue im zehnten Jahrhundert. Nach den Königsurkunden, Diss. phil. Göttingen 1908, 20.

Spremberg (Herrschaft). Das 1301 erstmals erwähnte S. am Durchbruch der Spree durch den Lausitzer Grenzwall war Mittelpunkt der Standesherrschaft S. S. Brandenburg.

L.: Wolff 471; Reinhold, W., Chronik der Stadt und des Kreises Spremberg, 2. A. 1933.

Spreter von Kreidenstein (Reichsritter). Von etwa 1614 bis 1663 waren die S. Mitglied des Kantons Neckar des Ritterkreises Schwaben.

L.: Hellstern 214.

Sprottau (Herzogtum), poln. Szprotawa. An der Mündung der Sprotte in den Bober wurde neben einem slawischen Markt um 1254 die deutsche Stadt S. gegründet. Sie gehörte seit 1253 zum Fürstentum Glogau. Nach dem Tode Herzog Konrads von Glogau 1273/1274 entstand das Herzogtum S., das bald an Glogau zurückkam und 1526 mit diesem an Österreich und 1742 an Preußen fiel. 1945 gelangte S. unter die Verwaltung Polens und damit 1990 als politische Folge der deutschen Wiedervereinigung an Polen.

L.: Wolff 485; Matuszkiewicz, F., Geschichte der Stadt Sprottau, 1908; Handke, K./Steller, G., Beschreibung der schlesischen Kreise Sagan und Sprottau, 1968; Sagan und Sprottau, hg. v. Bein, W., 1992.

Stablo (Fürstabtei), frz. Stavelot. Kurz vor 650 (648?) (bzw. 650/651) gründete der heilige Remaclus unter Ausstattung durch den merowingischen Hausmeier Grimoald und König Sigibert III. die Benediktinerabtei S. bei Lüttich. Sie war von Anfang an durch Personalunion mit dem ebenfalls von Grimoald (auf Königsgut) gestifteten Malmedy verbunden. Sie wurde Hauptort eines geschlossenen Herrschaftsgebietes. Als gefürstete Reichsabtei nahm sie seit dem 12. Jahrhundert eine bedeutende Stellung im Reich ein. Sie gewann (wie Malmedy) Sitz und Stimme im Reichstag und später im niederrheinisch-westfälischen Reichskreis. Das Gebiet beider Abteien umfasste das Fürstentum Stablo mit den Klöstern und Städten Stablo und Malmedy und die Grafschaft Logne mit dem Schloss Logne und den Gebieten Xhignesse und Hamoir. 1794 verloren beide Abteien die Reichsunmittelbarkeit. Mit ihrem Gebiet (17 Quadratmeilen) kam die Abtei S. (mit Malmedy) am 1. 10. 1795 an Frankreich, das sie 1796 mit Malmedy aufhob. 1815 fiel Malmedy an Preußen, S. an die Niederlande und 1830 an Belgien. Malmedy kam am 24. 7. 1920/20. 9. 1920 nach Volksabstimmung an Belgien, war aber von 1940 bis 1945 von Deutschland besetzt.

L.: Wolff 333; Zeumer 552 II a 34; Wallner 702 WestfälRK 13; Großer Historischer Weltatlas II 66 (1378) C3, D3, III 22 (1648) B3, III 38 (1789) B2; Villiers, F. A., Histoire chronologique des abbés-princes de Stavelot, Bd. 1–3 1878 ff.; Halkin, J./Roland, C., Recueil des chartes de Stablo-Malmédy, Bd. 1 f. 1909 ff.; Boix, F., Etude sur l'abbaye et principauté de Stavelot-Malmédy (bis 1021), 1924; Legrand, W., L' eglise abbatiale de Stavelot, in: Bulletin de la Société d'art et d'histoire du diocèse de Liège 43 (1963), 183 ff.; George, P., Stablo, LexMA 7 1995, 2163.

Stablo-Malmédy, (Fürstabtei), Stablo und Malmedy (Fürstabteien). Die beiden Abteien Stablo und Malmedy waren von ihrer Gründung unter dem merowingischen Hausmeier Grimoald bis zur Aufhebung durch Frankreich 1796 durch Personalunion miteinander verbunden. Das Gebiet beider Abteien umfasste das Fürstentum Stablo mit den Klöstern und Städten Stablo und Malmédy und die Grafschaft Logne mit dem Schloss Logne und den Gebieten Xhignesse und Hamoir. S. Stablo, Malmédy.

L.: Wolff 333.

Stade (Grafschaft). Die zuerst 929 bezeugten Udonen (Luder, Liuthar) hatten umfangreiche Güter zwischen Niederelbe und Niederweser. 1017 wurde an Stelle von Harsefeld, das 1007/1010 zum Kloster umgewandelt wurde, S. (Stethu) Hauptsitz dieses mit Widukinden, Immedingern, Liudolfingern und Billungern sowie Saliern und Welfen verwandten nordsächsischen, sich seit 1063/1064 nach S. benennenden Geschlechts. 1063 musste es die Lehnsherrschaft des Erzstifts Bremen über die Grafschaft S. anerkennen. Durch Heirat Graf Udos III. mit Irmgard von Plötzkau gewann es umfangreiche Güter hinzu. 1128 verlor es die 1056 zur Verwaltung in königlichem Auftrag erhaltene Nordmark. Beim Erlöschen der Grafen 1144 gab der Bruder des letzten Grafen, der 1148 bis 1168 Erzbischof von Bremen war, die Eigengüter um Alsleben-Halle und um Magdeburg an das Erzstift Magdeburg, die Eigengüter um S. an das Erzstift Bremen, das sie aber erst 1236 nach langem Streit mit den Welfen, die sie 1145 an sich gezogen hatten, zu erlangen vermochte. Über Hannover und Preußen (1866) kam S. 1946 zu Niedersachsen.

L.: Wolff 430; Hucke, R. G., Die Grafen von Stade, 1956; Wohltmann, H., Die Geschichte der Stadt Stade an der Niederelbe, 1956; Bohmbach, J., Urkundenbuch der Stadt Stade, 1981; Pischke, G., Herrschaftsbereiche der Billunger, der Grafen von Stade, der Grafen von Northeim und Lothars von Süpplingenburg, 1984; Geschichte der Stadt Stade, hg. v. Bohmbach, J., 1994; Petke, W., Stade, LexMA 7 1995, 2167 f.; Drecktrah, V., Die Gerichtsbarkeit in den Herzogtümern Bremen und Verden, 2002.

Staden (Ganerbschaft). 1156 trug Wortwin von Büdingen die Wasserburg S. an der Nidda der Abtei Fulda zu Lehen auf. Nach dem Aussterben der Herren von Büdingen fiel S. an die Linie Isenburg-Limburg. 1404 verkaufte sie die zugehörige Herrschaft mit Florstadt und Stammheim an die Ganerbschaft der Löw von Steinfurth (Löw von Steinfurt), Wais von Fauerbach, von Kleen, von Büches und von Stockheim. Infolge Vererbung waren Ganerben der zum oberrheinischen Reichskreis zählenden Ganerbschaft später die Löw von Steinfurth (Löw von Steinfurt), Isenburg-Büdingen und die Burg Friedberg. 1806 kam der Anteil der Löw an Hessen-Darmstadt, der Isenburg-Büdingens an Isenburg-Birstein, das zugunsten Hessen-Darmstadts verzichtete. Die Burg Friedberg trat ihren Anteil 1817 an Hessen-Darmstadt ab. Über Hessen-Darmstadt fielen die Güter 1945 an Hessen.

L.: Wolff 504; Wallner 698 OberrheinRK 34; Geschichtlicher Atlas von Hessen, Inhaltsübersicht 34; Zimmermann, F., Geschichte der Ganerbschaft Staden, Archiv f. hess. Geschichte und Altertumskunde 13 (1872); Wagner, F., Geschichte der Ganerbschaft Staden, Archiv f. hess. Geschichte und Altertumskunde 13 (1872).

Stadion (Herren, Freiherren, Grafen). Nach Oberstadion (Stadegun) bei Ehingen nannten sich die aus der Reichsministerialität hervorgegangenen, aus Graubünden (Prätigau) stammenden schwäbischen Herren von S., die 1197 erstmals erschienen (1270 Walter von S.) und deren Stammsitz 1352 zerstört wurde. 1392 entstanden durch Teilung eine schwäbische und eine elsässische Linie, die um 1700 die Güter vereinigte. 1488 waren die Herren von S. Mitglied der Rittergesellschaft Sankt Jörgenschild, Teil im Hegau und am Bodensee. Von 1603 bis 1651 waren die S. wegen Magolsheim im Kanton Kocher des Ritterkreises Schwaben immatrikuliert. Sie wurden 1686 in den Reichsfreiherrenstand und 1693/1705 in den Reichsgrafenstand erhoben. 1700 erwarben sie die Herrschaft Warthausen bei Biberach. Wegen der 1708 erworbenen reichsunmittelbaren Herrschaft Thannhausen zählten sie zu den schwäbischen Grafen der weltlichen Bank des Reichsfürstenrates des Reichstages. Im 18. Jahrhundert teilte sich die wegen Hallburg zum Kanton Steigerwald und wegen weiterer Güter zum Kanton Odenwald des Ritterkreises Franken, im Übrigen zum Ritterkreis Schwaben zählende Familie. Die ältere fridericianische Linie Warthausen verkaufte ihre 1806 von Württemberg annektierten Güter an Württemberg, starb 1890 aus und wurde von der jüngeren philippinischen Linie Thannhausen beerbt, die 1908 ausstarb und von den Grafen von Schönborn-Buchheim beerbt wurde, die damit die Standesherrschaft Thannhausen in Bayern, Oberstadion, Moosbeuren, Alberweiler und Emerkingen in Württemberg (etwa 8000 Einwohner) und große Gebiete in Böhmen um Kauth bei Taus erhielten. S. Baden-Württemberg.

L.: Stieber; Zeumer 553 II b 61, 16; Roth von Schreckenstein 2, 592; Winkelmann-Holzapfel 164; Bechtolsheim 16, 196; Schulz 271; Riedenauer 127; Rössler, H., Graf Johann Philipp Stadion, Bd. 1 f. 1966.

Stadtlengsfeld (reichsritterschaftlicher Ort, reichsfreies Gericht) s. Lengsfeld

Staffelfelden s. Merz von S.

Stain (Reichsritter) s. Stein

Stainz (Herrschaft). Vermutlich 1229 gründete Leutold von Wildon in S. bei Deutschlandsberg in der Weststeiermark ein Chorherrenstift. Während der Gegenreformation kaufte es unter Jakob Rosolenz mehrere Herrschaften in der Steiermark. Die Herrschaft S. erwarb 1840 Erzherzog Johann.

L.: Wilfinger, H., Erzherzog Johann und Stainz, 1959.

Stammheim (Reichsritter). Von 1542 bis zu ihrem Erlöschen 1588 waren die S. wegen S., Zazenhausen und Beihingen Mitglied im Kanton Kocher des Ritterkreises Schwaben. S. kam später an Württemberg und damit 1951/1952 zu Baden-Württemberg.

L.: Schulz 271.

Stammler (Reichsritter). Im Jahre 1800 zählten vielleicht die S. zum Kanton Odenwald des Ritterkreises Franken.

L.: Stetten 38.

Stapelholm (Landschaft). In der Landschaft zwischen der unteren Eider, Treene und Alten Sorge in Schleswig entstand im Mittelalter eine kleine Landschaft, die weitgehende Selbstverwaltung unter einem Landvogt im Vorort Süderstapel hatte (Stapelholmer Konstitution 1623). 1866 kam S. an Preußen, 1946 an Schleswig-Holstein.

L.: Bolten, J., Beschreibung und Nachrichten von der im Herzogthume Schleswig belegenen Landschaft Stapelholm nebst einer Landkarte von derselben, 1777, Neudruck 1979; Jessen, W., Chronik der Landschaft Stapelholm, 1950; Stegmann, D., Die Stapelholmer Konstitution von 1623, 1967.

Stargard (Herrschaft, Land). Die Burg S. bei Neubrandenburg war Mittelpunkt des nach ihr benannten umliegenden Landes S., das von slawischen Redariern besiedelt war und zunächst zu Pommern gehörte. 1236 wurde es vom Herzog von Pommern-Stettin an die Markgrafen von Brandenburg abgetreten. 1298/1299/1304 kam es vergrößert im Wege der Mitgift als Lehen Brandenburgs an die Fürsten von Mecklenburg. 1347 erhob König Karl IV. zum Dank für Unterstützung das Land S. unter Lösung der Lehnsverhältnisse Mecklenburgs zu Sachsen und Brandenburg zum erblichen Reichslehen Mecklenburgs, woraufhin dieses 1348 die Herzogswürde erlangte. Von 1352 bis 1471 gehörte es zur Linie Mecklenburg-Stargard, die außerdem die Länder Sternberg und Eldenburg sowie zeitweise brandenburgisches Pfandgut innehatte, von 1701 bis 1934 zur Linie Mecklenburg-Strelitz. Über diese zählte es zum niedersächsischen Reichskreis. Mit Mecklenburg kam es 1945 in die sowjetische Besatzungszone und damit von 1949 bis 1990 zur Deutschen Demokratischen Republik. S. a. Mecklenburg-Stargard (Mecklenburg-Vorpommern).

L.: Wolff 443; Wallner 706 NiedersächsRK 10; Witte, H., Mecklenburgische Geschichte, 1909.

Starhemberg (Grafen, Fürsten). Seit 1236/1240 nannte sich ein oberösterreichisches, seit dem 12. Jahrhundert als Dienstmannen der steirischen Otakare begegnendes Adelsgeschlecht nach der um 1170 erbauten Burg S. (Storchenberg) bei Haag am Hausruck. Zu reichen Gütern in Oberösterreich und Niederösterreich erbte es 1559/1572 von den Grafen von Schaunberg deren Güter um Eferding. 1643 wurde die 1560 in drei Linien aufgeteilte, der Reformation folgende Familie in den zwei weiblichen Linien in den Reichsgrafenstand, 1765 in einer Linie (Georg Adam von S., Erzieher Josephs II.) in den jüngeren Reichsfürstenstand erhoben.

L.: Wolff 144; Zeumer 554 II b 62, 13; Kühne, M. J., Die Häuser Schaunberg und Starhemberg im Zeitalter der Reformation und Gegenreformation, 1880.

Starkenburg (Burg, Herrschaft). Seit 1190 hatten die Grafen von Sponheim die S. bei Zell zu Lehen von Trier und Corvey. Nach der um 1237 abgeschlossenen Teilung wurde sie Sitz der Hinteren Grafschaft Sponheim. 1437 starben die Grafen aus. S. Sponheim-Starkenburg.

Starkenburg (Fürstentum, Provinz). 1065 erbaute die Abtei Lorsch auf einem Bergvorsprung über Heppenheim die Burg S. Im 13. Jahrhundert kam sie an das Erzstift Mainz, 1803 als Ruine an Hessen-Darmstadt. Dieses benannte sein Gebiet zwischen Rhein und Main als Fürstentum bzw. Provinz S. Über Hessen-Darmstadt gelangte S. 1945 an Hessen.

L.: Wolff 80; 900 Jahre Starkenburg, hg. v. Koob, F., 1965.

Starkh, Storck, Stöckh, Stünk, Stürgkh (Reichsritter). Im 16. Jahrhundert zählten die S. zum Kanton Odenwald des Ritterkreises Franken.

L.: Riedenauer 127.

Starschedel (Reichsritter). Von 1607 bis 1623 war Heinrich von S., markgräflich-badischer Geheimer Rat und Haushofmeister, Mitglied des Kantons Neckar des Ritterkreises Schwaben.

L.: Hellstern 214.

Stauf (Herrschaft). S. bei Kirchheimbolanden kam noch in merowingischer Zeit vom König an die Erzbischöfe von Trier, von denen es als Lehen an die Herren von S. gelangte. Von ihnen fiel die Herrschaft im 13. Jahrhundert an die Grafen von Eberstein, dann an die Grafen von Sponheim und über die Herren von Dannenfels 1393/1394 an Nassau-Saarbrücken und Nassau-Weilburg. S. zählte zum oberrheinischen Reichskreis. 1815 kam es an Bayern, 1946 an Rheinland-Pfalz.

L.: Wolff 265; Schreibmüller, H., Burg und Herrschaft Stauf in der Pfalz, 1913 f.

Stauf, Stauff (Reichsritter). Wegen Adlitz zählten die S. im früheren 18. Jahrhundert zum Kanton Altmühl des Ritterkreises Franken.

L.: Biedermann, Altmühl; Stieber; Riedenauer 127.

Staufen (Herrschaft). Am Ende des 18. Jahrhunderts zählte die Herrschaft S., die zusammen mit der Grafschaft Rothenfels 13 Quadratmeilen umfasste, unter den Grafen Königsegg-Rothenfels zum schwäbischen Reichskreis.

L.: Wolff 201; Wallner 685 SchwäbRK 9.

Staufen (Herrschaft). S. im Breisgau wird 770 erstmals genannt (Stoufen). 1248 wird erstmals die aus dem 12. Jahrhundert stammende Burg S. der Herren von S. erwähnt, die den Mittelpunkt der aus Lehen der Üsenberg und der Grafen von Freiburg bzw. Habsburgs gebildeten Herrschaft S. mit Silbergruben im Münstertal bildete. 1602 kam S. beim Aussterben der Herren an Österreich, 1806 an Baden und damit 1951/1952 an Baden-Württemberg.

L.: Wolff 41; Noack, W., Die mittelalterlichen Städte im Breisgau, 1941; Geiges, L. u. a., Staufen und der obere Breisgau, 1967; Staufen im Breisgau. Geschichte und Gegenwart, hg. v. Erdmann, E., 1989.

Staufenberg (Herrschaft). Die Herrschaft S. bei Rastatt wurde 1611, endgültig 1700/1719 von Baden-Baden erworben, über das S. 1951/1952 zu Baden-Württemberg kam.

L.: Wolff 164; Hölzle, Beiwort 39.

Staufer (Geschlecht). Die Anfänge der vielleicht im Ries beheimateten und zeitweilig mit der Würde der Pfalzgrafen von Schwaben bekleideten S. reichen bis in die erste Hälfte des 11. Jahrhunderts zurück. Stammsitz war zunächst Büren (Wäschenbeuren), nach dem sich Friedrich von Büren (†1055) benannte, der durch seine Heirat mit Hildegard von Egisheim Güter im Elsass (Schlettstadt, Teile des Hagenauer Forstes) gewann. Sein Sohn Friedrich (†1105) erhielt als Schwiegersohn König Heinrichs IV. 1079 im Gefolge des Investiturstreites das Herzogtum Schwaben und erbaute die namengebende Burg Stauf auf dem Hohenstaufen bei Göppingen. 1125/1138 erlangten die S., die auch die 1108 letztmals genannten Grafen von Comburg (Komburg) beerbten, das Erbe der Salier, 1138 mit Konrad III. den deutschen Thron. Unter Friedrich I. Barbarossa wurden Schwaben, Elsass, das Rhein-Main-Gebiet, Ostfranken, Oberpfalz, Egerland (Aussterben der Diepoldinger 1146), Vogtland, Pleißenland, das nördliche Thüringen und der Harzraum um Goslar Königslandschaften. In Schwaben fielen zusätzlich die Güter Welfs VI. (1179/1191) und der Grafen von Pfullendorf (1180) an. 1184/1186 gelang die Eheverbindung Heinrichs VI. mit Konstanze von Sizilien, das 1189/1194 gewonnen wurde. Der frühe Tod Heinrichs VI. (1197) und der Thronstreit Philipps von Schwaben mit dem Welfen Otto IV. nach der Doppelwahl von 1198 erschütterten die staufische Herrschaft dann allerdings zutiefst. Hinzu kam, dass Friedrich II. zwar sein normannisches Erbgut in einen zentralistischen Beamtenstaat umwandelte, in Deutschland aber durch die Fürstengesetze von 1220 (Confoederatio cum principibus ecclesiasticis) bzw. 1231/1232 (Statutum in favorem principum) die Rechte der Landesherren festigte. Nach Friedrichs II. Tod (1250) sowie seines Sohnes Konrad IV. Tod (1254) zerfiel die Herrschaft der Staufer in Deutschland. Bei ihrem Aussterben 1268 (Enthauptung Konradins, des Sohnes Konrads IV., in Neapel) fielen die Güter in verschiedene Hände.

L.: Weller, K., Die staufische Städtegründung in Schwaben, Württemberg. Vjh. N. F. 1930; Diederich, A., Staufer und Welfen, 1938; Steuermann, H., Die Hausmachtpolitik der Staufer von Herzog Friedrich I. bis König Konrad III. 1079–1152, 1939; Maschke, E., Das Geschlecht der Staufer, 1943; Bosl, K., Die Reichsministerialität der Salier und Staufer, 1950/1951, Neudruck 1968/1969; Engels, O., Die Staufer, 6. A. 1994; Schwarzmaier, H., Die Heimat der Staufer, 1976; Engels, O., Stauferstudien, 1988; Die Staufer im Süden, hg. v. Kölzer, T., 1996; Hechberger, W., Staufer und Welfen, 1996; Engels, O., Staufer, LexMA 8 1996, 76; Staufische Stadtgründungen am Oberrhein, hg. v. Reinhardt, E. u. a., 1998; Weller, T., Die Heiratspolitik, 2004; Escher, M. u. a., Die urbanen Zentren, 2005, 1, 505.

Stauffenberg s. Schenk von S.

Stavenhagen (Land). Das Land S. in Ostmecklenburg wurde 1282 von Pommern an Mecklenburg-Werle verpfändet.

L.: Wolff 443; Klose, F., Zu Hause bei Fritz Reuter. Stavenhagen. Ein Heimatbuch, 1956.

Stayn s. Stein

Stechinelli-Wieckenberg (Reichsgrafen). Von Herzog Georg Wilhelm von Celle (1665–1705) soll der Bettlerjunge Francesco Capellini, genannt Stechinelli, in Venedig aufgegriffen worden sein. 1678 wurde er Generalpostmeister von Braunschweig-Lüneburg, verkaufte dieses Amt jedoch 1682 an den Rat Franz Ernst von Platen. 1688 wurde er mit dem Namen des Dorfes Wieckenberg vom Kaiser zum Freiherrn erhoben. Nach dem Verkauf Wieckenbergs an die Spörcken wurden die Stechinelli-Wieckenberg 1790 Reichsgrafen.

L.: Handbuch der historischen Stätten 2 (Wieckenberg).

Steckelberg (Herren). Die seit 1131 nachweisbaren Herren von S. errichteten um die Burg S. bei Vollmerz eine stattliche Herrschaft, die seit 1276 an die Hanau sowie die Hutten und Thüngen kam. 1383 starben die Herren aus.

Stedesdorf (Herrschaft). Nach der Reichsmatrikel von 1776 zählte die Herrschaft S. zum niederrheinisch-westfälischen Reichskreis.

L.: Gumpelzhaimer 151; Wolff 339.

Stedingen (Landschaft, freie Bauerngemeinde). Die im 12. Jahrhundert in den Weserniederungen nordwestlich Bremens sowie nördlich und südlich der unteren Hunte angesiedelten, persönlich freien, dem Erzstift Bremen aber grundzinspflichtigen und zehntpflichtigen friesischen und niedersächsischen Bauern (Leute am Gestade?) leisteten (seit 1204?) gegen die Versuche des Erzbischof von Bremen und der Grafen von Oldenburg, sie leibeigen zu machen, Widerstand, wurden aber 1234 im Stedingerkreuzzug vernichtend geschlagen. Das Land wurde zwischen dem Erzbistum Bremen und den Grafen von Oldenburg als den erzbischöflichen Vögten geteilt, wobei Oldenburg den größeren, nördlich der Hunte gelegenen Teil erhielt. Die Stedinger mussten künftig Zins und Zehnt entrichten, behielten aber eine genossenschaftliche Selbständigkeit im Deichwesen. 1547 fiel auch der südlich der Hunte gelegene Teil an Oldenburg. Über Oldenburg kam S. 1946 an Niedersachsen.

L.: Probst, W., Die weltliche Regierung des Erzbischofs Gerhard II. von Bremen, Diss. phil. Jena 1922 (masch.schr.); Goens, H./Ramsauer, B., Stedingen beiderseits der Hunte in alter und neuer Zeit, Oldenburg. Jb. 28 (1924); Stephan, H., Zur Geschichte der Stedinger, Oldenburg Jb. 46/47 (1942/1943); Deike, L., Die Entstehung der Grundherrschaft in den Hollerkolonien an der Niederweser, 1959; Polenz, P. v., Landschafts- und Bezirksnamen, 1961, II, 49, III, 10, Stedingen, Stade, Statland, Stedingerland; Meiners, G., Stedingen und die Stedinger, 1987; Schmid, H., Stedingen, LexMA 8 1996, 83.

Steenhuysen, Steenhuize (Fürstentum). Am Ende des 18. Jahrhunderts zählte das Fürstentum S. über die Grafschaft Flandern zum burgundischen Reichskreis.

L.: Wallner 701 BurgRK 1.

Stegon

L.: Polenz, P. v., Landschafts- und Bezirksnamen, 1961, IV, 12, Stegon, pagus, zum Ortsnamen Stegen.

Steiermark (Herzogtum, Bundesland). In das Gebiet zwischen den nördlichen Kalkalpen, dem oststeirischen Hügelland und dem pannonischen Tiefland, das schon in der Altsteinzeit besiedelt war, wanderten im 1. Jahrtausend v. Chr. die Noriker ein, mit denen sich später die keltischen Taurisker vermischten. 15 v. Chr./45 n. Chr. wurde das Land von den Römern erobert und als römische Provinz Noricum eingegliedert. Nach dem Durchzug verschiedener Germanenstämme während der Völkerwanderung wurde es seit 582 weitgehend von Slawen (Slowenen) besiedelt. 772 wurde es von Bayern besetzt und 788 dem fränkischen Reich einverleibt. Nach zeitweiliger Herrschaft der Ungarn wurde nach der Schlacht auf dem Lechfeld (955) 976 das Herzogtum Kärnten gebildet. Die zu Kärnten gehörige Kärntnermark (Mark an der Mur 970, marchia Carantana, karantanische Mark mit dem Mittelpunkt Hengistburg bei Wildon) unterstand zunächst bis 1035 den Grafen von Eppenstein, dann den Grafen von Wels-Lambach und seit etwa 1050/1056 den Markgrafen aus dem Geschlecht der Grafen von Traungau (Otakare) mit dem Sitz Steyr (Styraburg). 1122 wurde sie mit der Obersteiermark verbunden. Die Markgrafen Leopold (1122–1129) und Ottokar III. (1129–1164) setzten unter Beerbung der Grafen von Eppenstein (1122), Sponheim (1147, u. a. Mark an der Drau) und Formbach-Pitten (1158) ihre Herrschaft durch und schufen die nun nach der Burg Steyr benannte Markgrafschaft S. 1180 wurden beim Sturz Heinrichs des Löwen Obersteiermark und Mittelsteiermark zum Herzogtum erhoben und damit lehnsrechtlich von Bayern, zu dem sie zwischenzeitlich gelangt waren, gelöst. 1186/1192 fiel dieses Herzogtum nach dem Aussterben der Traungauer auf Grund eines Erbvertrages von 1186 (Georgenberger Handfeste) an die verwandten Babenberger. Nach deren Aussterben 1246 kam die 1236 als Reichsland bezeichnete S. 1251 an Ottokar II. von Böhmen, 1254 nach Aufteilung durch Vereinbarung an Ungarn (Gebiete zwischen Enns und Hausruck sowie um Pitten-Wiener Neustadt an Österreich), von 1260 bis 1276 an Böhmen und 1282 durch König Rudolf von Habsburg an Habsburg. Etwa zu dieser Zeit war auch der innere Ausbau durch deutsche Siedler vollendet. 1311 kam das Sanntal hinzu. 1379 gelangte die S. an die leopoldinische Nebenlinie Habsburgs, 1411 an den steirischen Zweig mit Sitz in Graz (S., Kärnten, Krain, Inneristrien, Triest). Dieser gewann bis 1493 alle habsburgischen Länder, von denen die 1456 um die Grafschaft Cilli und 1482 um das Gebiet von Windischgraz vermehrte S. durch zahlreiche Einfälle der Türken (seit 1471) und Ungarn verwüstet wurde. Von 1564 bis 1619 gehörte die S. zu den innerösterreichischen Ländern (Innerösterreich) mit weitgehender Selbständigkeit. 1585 gründete Erzherzog Karl die Universität Graz. Im 18. Jahrhundert wurden die Reste der innerösterreichischen Sonderstellung beseitigt. 1919/1920 kam das südliche, zu 86 % von Slowenen besiedelte Drittel der S. (Untersteiermark) an Jugoslawien, während die übrige S. als Bundesland bei der Republik Österreich verblieb. Von 1941 bis 1945 war die Untersteiermark wieder der S. eingegliedert.

L.: Wolff 27; Wallner 713 ÖsterreichRK 1; Großer Historischer Weltatlas II 34 (1138–1254) G4, II 66 (1378) H5, II 78 (1450) G4, III 22 (1648) F5; Lechner, K., Steiermark (Karantanische Mark), in: Geschichte der deutschen Länder, Bd. 1; Schmutz, K., Historisch-topographisches Lexikon von Steiermark, Bd. 1–4 1822 f.; Urkundenbuch des Herzogthums Steiermark, hg. v. Zahn, J. v., Bd. 1–3 1875 ff.; Zahn, J. v., Ortsnamenbuch der Steiermark im Mittelalter, 1893; Pirchegger, H., Die Pfarren als Grundlage der politisch-militärischen Einteilung der Steiermark, in: Abhandlungen zum Historischen Atlas der österreichischen Alpenländer, in: Archiv für österr. Gesch. 102 (1913); Mell, A./Pirchegger, H., Steirische Geschichtsbeschreibungen als Quellen zum historischen Atlas der österreichischen Alpenländer, Beitr. z. Erforschung steirischer Geschichtsquellen 37–40 (1914); Pirchegger, H., Steiermark, in: Erläuterungen zum Historischen Atlas der österreichischen Alpenländer, 1917, 1957; Mell, A., Grundriss der Verfassungs- und Verwaltungsgeschichte des Landes Steiermark, Bd. 1 f. 1929; Heimatatlas der Steiermark, hg. v. hist. Ver. d. Steiermark, 1946–1949; Mayer, F. M./Kaindl, R./Pirchegger, H., Geschichte der Steiermark, Bd. 1–3 4./5. A. 1958 ff.; Atlas der Steiermark, hg. v. d. steiermärkischen Landesregierung, Redaktion Morawetz, S./Straka, M., 1949–1970, Erläuterungen 1973; Polenz, P. v., Landschafts- und Bezirksnamen, 1961, II, 50, III, 25, 31, Steiermark, Landname, Stirlant; Pirchegger, H., Die Untersteiermark in der Geschichte ihrer Herrschaften und Gülten, Städte und Märkte, 1962; Stock, K. F., Bibliographien, Sammelbibliographien und andere geographische Hilfsmittel der Steiermark, 1969; Die Steiermark. Land, Leute, Leistung, hg. v. Sutter, B., 1971; Paschinger, H., Steiermark, 1974; Das

Werden der Steiermark, hg. v. Pferschy, G., 1980; Woisetschläger, K., Steiermark, 1982; 800 Jahre Steiermark und Österreich, hg. v. Pickl, O., 1992; Amon, K./Liebmann, M., Kirchengeschichte der Steiermark, 1993; Obersteiner, G., Theresianische Verwaltungsreformen im Herzogtum Steiermark, 1993; Ebner, H., Steiermark, LexMA 8 1996, 95 ff.; Karner, S., Die Steiermark im 20. Jahrhundert, 2000; Binder, D./Ableitinger, A., Steiermark, 2001; Baltl, H., Die Steiermark im Frühmittelalter, 2004.

Steigerwald (Kanton). Der Kanton S. gehörte zum Ritterkreis Franken der Reichsritterschaft.

L.: Mader 6, 606 ff.; Wolff 512; Riedenauer 116, 122 ff.; Das Land zwischen Main und Steigerwald, hg. v. Wendehorst, A., 1998.

Stein (Freiherren, Reichsritter) s. Stein zum Altenstein, Stein zu Lobelbach, Stein zu Nord- und Ostheim, Stein von Lichtenberg, Stein zu Trendel

L.: Roth von Schreckenstein 2, 592; Seyler 385 f.; Pfeiffer 213; Winkelmann-Holzapfel 164; Kollmer 372; Stetten 22.

Stein (Herrschaft). Seit 1233 nannten sich Herren von S. nach der vermutlich noch im 12. Jahrhundert erbauten Burg S. an der Zwickauer Mulde. Als Lehen der Grafen von Hartenstein/Burggrafen von Meißen hatten sie Beierfeld, Sachsenfeld, Grünhain, Holzenhain (Holzenheim) und Westerfeld. 1406/1439 ging S. mit Hartenstein an die Schönburg über. Am Ende des 18. Jahrhunderts zählte die Herrschaft über die Fürsten Schönburg-Waldenburg zum obersächsischen Reichskreis. Über Sachsen kam S. von 1949 bis 1990 zur Deutschen Demokratischen Republik.

L.: Wolff 422; Wallner 709 ObersächsRK 10 a.

Stein (Herrschaft). Die Herrschaft S. im Hochstift Lüttich war ein Lehen des Bischofs von Lüttich als Grafen von Looz und gehörte dem Marquis von Waterloo. Am Ende des 18. Jahrhundert zählte sie zu den nicht eingekreisten Reichsteilen. Später kam sie an Frankreich und 1815/1839 zur Provinz Limburg der Niederlande.

L.: Wolff 498.

Stein (reichsritterschaftliche Herrschaft). Die reichsritterschaftliche Herrschaft S. an der Günz (südöstlich Ottobeurens) zählte zum Kanton Donau des Ritterkreises Schwaben.

L.: Wolff 508.

Stein, Stein zu Nassau (reichsunmittelbare Herrschaft). Seit 1234 nannte sich eine als Burgmannen im Dienste der Grafen von Nassau stehende Freiherrenfamilie nach ihrer Burg S. (im Stadtgebiet von Nassau) an der unteren Lahn. Sie bildete aus den südwestlich und westlich von Nassau gelegenen Dörfern Schweighausen (belegt mit Landeshoheit vor 1361, seit 1427 Lehen Nassaus mit Landeshoheit und Grundherrlichkeit) und Frücht (1613 von Nassau-Diez und Nassau-Saarbrücken erworben) eine kleine Herrschaft mit Gütern in fast 50 Orten. Sie war reichsritterschaftliches Gebiet im Kanton Mittelrheinstrom des Ritterkreises Rhein. 1806 fiel sie an Nassau-Usingen und damit S. 1866 an Preußen und 1946 an Rheinland-Pfalz. 1831 starb die Familie mit Friedrich Karl Freiherr vom und zum S. aus.

L.: Winkelmann-Holzapfel 164.

Stein (am Rhein) (Kloster). In der Reichsmatrikel von 1521 erscheint das Kloster S. Nach S. am Ausfluss des Rheins aus dem Bodensee hatte Kaiser Heinrich II. 1015 das Benediktinerkloster Sankt Georgen vom Hohentwiel verlegt.

L.: Reichsmatrikel 1521; Urner-Astholz, H./Stiefel, O./Rippmann, E./Rippmann, F., Geschichte der Stadt Stein am Rhein, 1957.

Stein (am Rhein) (Reichsstadt). Die Benediktinerabtei Sankt Georgen, die Kaiser Heinrich II. 1015 vom Hohentwiel an den Ausfluss des Rheins aus dem Bodensee verlegt hatte, erhielt zwischen 1009 und 1024 das Marktrecht und Münzrecht in S. 1457 wurde der Ort reichsfrei. 1484 schloss er sich Zürich an und kam 1803 zum Kanton Schaffhausen.

L.: Wolff 519; Urner-Astholz, H./Stiefel, O./Rippmann, E./Rippmann, F., Geschichte der Stadt Stein am Rhein, 1957.

Stein von Lichtenberg? s. Stein zu Nord- und Ostheim

Stein von Ostheim (Reichsritter) s. Stein zu Nord- und Ostheim

Stein zu Bosenstein (Reichsritter). Von 1689 bis zum Erlöschen 1774 waren die S. wegen des von den Hohenfeld in weiblicher Erbfolge erlangten Mühlhausen an der Enz im Kanton Kocher des Ritterkreises Schwaben immatrikuliert.

L.: Schulz 272.

Stein zu Lobelbach (Reichsritter). Im frühen 18. Jahrhundert zählten die S. zum Kanton Odenwald des Ritterkreises Franken.

L.: Riedenauer 127.

Stein zu Nord- und Ostheim, Stein von Lichtenberg? (Freiherren, Reichsritter). Die S. zählten vom 16. bis 19. Jahrhundert mit Bahra, Filke, Sands, Völkershausen und Teilen von Willmars zum Kanton Rhön-Werra des Ritterkreises Franken, im 18. Jahrhundert zum Kanton Gebirg und daneben vielleicht auch zum Kanton Baunach im Ritterkreis Franken.

L.: Roth von Schreckenstein 2, 594; Seyler 385 f.; Winkelmann-Holzapfel 164; Pfeiffer 213; Riedenauer 127; Rahrbach 248.

Stein zu Trendel (Reichsritter). Um 1700 zählten die S. zum Kanton Altmühl im Ritterkreis Franken.

L.: Riedenauer 127; Rahrbach 245.

Stein zum Altenstein (Reichsritter). Vom 16. bis zum 18. Jahrhundert zählten die S. zu den Kantonen Baunach, Rhön-Werra (17. und 18. Jahrhundert), Gebirg (?) und Steigerwald (17. Jahrhundert) des Ritterkreises Franken.

L.: Roth von Schreckenstein 2, 594; Seyler 386 f.; Bechtolsheim 13, 18; Riedenauer 127.

Stein zum Rechtenstein (Freiherren, Grafen, Reichsritter). Vom 16. bis zu Beginn des 19. Jahrhunderts zählten die Freiherren und Grafen von S., die bereits 1488 zur Rittergesellschaft Sankt Jörgenschild, Teil am Neckar gehörten, mit den Herrschaften Bergenweiler, Teilen von Emerkingen, Ichenhausen und Teilen von Niederstotzingen mit Riedhausen zum Kanton Donau des Ritterkreises Schwaben. Wegen des 1549 erworbenen Harthausen waren sie im Kanton Neckar immatrikuliert. Seit 1597 zählten sie wegen des 1595 von den Westernach erlangten, bis 1790 bewahrten Bächingen zum Kanton Kocher der Ritterkreises Schwaben,

L.: Roth von Schreckenstein 2, 592; Hölzle, Beiwort 59, 65; Hellstern 214, 218; Kollmer 372; Schulz 271.

Stein-Kallenfels (Reichsritter). Im 18. Jahrhundert zählten die S. zum Ritterkreis Rhein. S. Steinkallenfels.

L.: Roth von Schreckenstein 2, 595.

Steinach s. Landschad von S.

Steinach s. Neckarsteinach

Steinau (Herzogtum). 1202 wird das auf altem Siedlungsland gelegene S. an der Oder in einer Urkunde für Kloster Trebnitz erstmals genannt (Stinay). Es gehörte zum Herzogtum Glogau, war aber im ausgehenden 13. und beginnenden 14. Jahrhundert selbständig. Nach 1365 kam es zu Oels und seit dem Ende des 15. Jahrhunderts zu Wohlau. Mit diesem fiel es 1675 an Österreich, 1742 an Preußen und 1945 unter die Verwaltung Polens und damit 1990 als politische Folge der deutschen Wiedervereinigung an Polen. S. Glogau-Steinau.

L.: Wolff 484; Schubert, H., Urkundliche Geschichte der Stadt S. an der Oder, 1885; Böer, L., Kleinere Chronik der Stadt Steinau (Oder), 1940.

Steinau genannt Steinrück (Reichsritter). Vom 16. bis ins frühere 18. Jahrhundert zählten die S. zum Kanton Rhön-Werra des Ritterkreises Franken. Außerdem waren sie im 17. Jahrhundert im Kanton Steigerwald und vielleicht auch im Kanton Baunach immatrikuliert.

L.: Stieber; Roth von Schreckenstein 2, 594; Seyler 387; Pfeiffer 198, 211; Bechtolsheim 14, 17; Riedenauer 127; Rahrbach 250.

Steinbach (zu Gräventhal?) (Reichsritter). Im frühen 16. Jahrhundert zählten die S. zum Kanton Odenwald des Ritterkreises Franken.

L.: Pfeiffer 211; Riedenauer 127; Stetten 33.

Steineck (Herrschaft) s. Steinegg

Steinegg (Herrschaft), Steineck. Herren von Stein erscheinen in der Mitte des 12. Jahrhunderts. Ihre Burg mit zugehöriger Herrschaft bei Pforzheim gelangte über die Gemmingen an die Markgrafen von Baden, die die Gemmingen seit 1448 mit S. belehnten. Hinzu kam die Herrschaft Hagenschieß. Das sog. Gemmingensche Gebiet gehörte zum Ritterkanton Neckar des Ritterkreises Schwaben. Innerhalb Badens war es bei Baden-Durlach. 1839 verkauften die Freiherren das Gebiet an Baden, mit dem es 1951/1952 zu Baden-Württemberg kam.

L.: Roemer, H., Steinegg, ein Familienbuch, 1934; Hölzle, Beiwort 38.

Steinfeld (Kloster). Das um 1070 von Sigebodo von Are gegründete Kloster S. bei Schleiden gehörte mit S., Marmagen, Urft, Wahlen und Wehr zum Erzstift Köln. 1121 wurde es vom Benediktinerkloster in ein Regularkanonikerstift umgewandelt, das sich 1138 den Prämonstratensern anschloss. 1715 kaufte es die Herrschaft Wildenburg. 1802 wurde es durch Frankreich aufgehoben und kam über Preußen (1815) 1946 an Nordrhein-Westfalen.

L.: Rick, P., Das Kloster Steinfeld in seiner geschichtlichen Bedeutung, 1949; Schmidt, J. H., Die ehemalige Prämonstratenserabtei Steinfeld, 1951; Urkundenbuch der Abtei Steinfeld, bearb. v. Joester, J., 1976; Eiflia sacra, 1994, 175; Joester, J., Steinfeld, LexMA 8 1996, 98 f.

Steinfels s. Mendel von S.

Steinfurt (Herrschaft, Grafschaft). Nach der 1129 erwähnten Burg S. (Stenvorde, Burgsteinfurt) an der Aa im Norden der Münsterschen Bucht nannten sich Edelherren von S., die eine aus Grundrechten, Vogteirechten und Gerichtsrechten bestehende Herrschaft aufbauten (Kirchspiel Steinfurt, Vogtei über Borghorst ab 1270, Freigrafschaft Laer, Amt Rüschau ab 1279, Gronau 1365). 1357 wurde Laer an das Reich aufgetragen. Nach dem Aussterben der Herren fiel die Herrschaft S. über die Erbtochter 1421 an Everwin von Götterswick, der im gleichen Jahr die Grafschaft Bentheim erbte, und damit an die Grafen von Bentheim. 1454 wurden Bentheim und S. in zwei Linien verselbständigt. 1495 wurde S. zum Schutz vor dem Hochstift Münster dem Reich als Lehen aufgetragen und zur Reichsgrafschaft erhoben. Sie zählte, vermindert um das im 16. Jahrhundert an das Hochstift Münster gelangte Amt Rüschau, zum niederrheinisch-westfälischen Reichskreis und zum westfälischen Reichsgrafenkollegium. 1716 wurde sie nach einem 1547 eingeleiteten Prozess auf Stadt und Kirchspiel Burgsteinfurt beschränkt. 1804 wurde Bentheim durch die Linie S. (Bentheim-Steinfurt) wieder mit ihr vereinigt. 1806 kam sie mit 1,5 Quadratmeilen Gebiet zum Großherzogtum Berg, 1811 an Frankreich, 1815 an Preußen. 1946 gelangte Burgsteinfurt an Nordrhein-Westfalen. S. Bentheim-Steinfurt.

L.: Wolff 312, 351 f.; Wallner 704 WestfälRK 41; Großer Historischer Weltatlas III 22 (1648) C2, III 38 (1789) B1; Die Territorien des Reichs 3, 182; Castelle, F., Unse stat to Stenvorde, 1947; Köbler, G., Gericht und Recht in der Provinz Westfalen (1815–1945), FS G. K. Schmelzeisen, 1981, 171; Steinfurt. Bibliographie, hg. v. Pries, H., 1989; Hemann, F., Steinfurt, LexMA 8 1996, 99.

Steinfurt-Bentheim (Grafschaft). 1421/1432 fiel die Herrschaft Steinfurt an die Grafen von Bentheim. S. Steinfurt, Bentheim.

L.: Gumpelzhaimer 157.

Steinfurth s. Löw von und zu S.

Steingaden (reichsunmittelbares Kloster). 1147 gründete Herzog Welf VI. von Bayern das Kloster S. bei Schongau, das bald reichsunmittelbar wurde und reiche Güter im südlichen Tirol erhielt. 1425 verzichtete Propst Johann Sürg von Sürgenstein (Syrg von Syrgenstein) auf die Reichsfreiheit. S. kam an Bayern.

L.: Hofmann, S., Stift Steingaden 1147–1803, 1947.

Steinhäußer (Reichsritter), Steinheuser. Im 17. Jahrhundert zählten die S. zum Kanton Odenwald im Ritterkreis Franken.

L.: Riedenauer 127.

Steinhäußer von Neidenfels, Steinheuser von Neidenfels (Reichsritter). Von 1542 bis zu ihrem Erlöschen 1611 zählten die S. mit dem 1532 erworbenen Rechenberg zum Kanton Kocher des Ritterkreises Schwaben.

L.: Schulz 272.

Steinheim (Reichsritter). Im 17. Jahrhundert zählten die S. zum Kanton Steigerwald des Ritterkreises Franken.

L.: Bechtolsheim 15, 20; Riedenauer 127.

Steinheringa (Steinhöring)

L.: Polenz, P. v., Landschafts- und Bezirksnamen, 1961, IV, 19, Steinheringa, comitatus, zum Ortsnamen Steinhöring.

Steinheuser s. Steinhäußer

Steinkallenfels (Burgen, Ganerbschaft, Reichsritter). Die im Hahnenbachtal bei Kirn an der Nahe gelegenen Burgen Stein und Kallenfels erscheinen erstmals 1211. Im 14. Jahrhundert gehörten sie zusammen mit der Burg Stock ritterschaftlichen Ganerben. Im 18. Jahrhundert zählte die Familie wegen Dörrmoschel mit Teschenmoschel zum Kanton Niederrheinstrom des Ritterkreises Rhein. Der letzte Freiherr von und zu S. starb 1778. (S. Schnorrenberg und S., Stein-Kallenfels.)

L.: Roth von Schreckenstein 2, 595; Ohlmann, M., Die Ganerbenburg Steinkallenfels, 1930, Beiträge zur Geschichte des Nahegaues Nr. 2.

Steinkallenfels s. Vogt von Hunoltstein genannt von S.

Steinreut (Reichsritter). Im frühen 16. Jahrhundert zählten die S. zum Kanton Gebirg des Ritterkreises Franken.

L.: Riedenauer 127.

Steinrück (Reichsritter) s. Steinau genannt S.

Steinweiler (Reichsdorf). Am 25.10.1361 erweiterte Kaiser Karl IV. die unter anderem S. bei Germersheim umfassende Verpfändung an die Pfalzgrafen. Später kam S. über die Pfalz an Bayern und 1946 an Rheinland-Pfalz.

L.: Hugo 463, 469.

Stellingwerf (friesisch)

L.: Polenz, P. v., Landschafts- und Bezirksnamen, 1961, III, 4, 10.

Stepfferts, Sterbfritz? (Reichsritter). Im 16. Jahrhundert zählten die S. zum Kanton Rhön-Werra des Ritterkreises Franken.

L.: Riedenauer 127.

Sternau s. Bentzel zu S.

Sternberg (Grafschaft). Nach der spätestens um 1240 erbauten Burg S. im Extertal östlich von Lemgo bei Lippe nannte sich von 1243 bis 1377 eine Nebenlinie der Grafen von Schwalenberg, die um 1240 die Güter im Nordwesten der Grafschaft Schwalenberg zwischen Rinteln und Detmold, Herford und Pyrmont einschließlich der Klostervogteien über Herford und Möllenbeck sowie Kölner Lehen und Pfänder übernommen hatte. Die Grafschaft S. mit dem Hauptort Bösingfeld wurde 1370 von den letzten Grafen von S. an die verwandten Grafen von Schaumburg veräußert und von diesen 1400 teilweise (Barntrup, Salzuflen) und 1405 ganz an Lippe verpfändet. 1640 starb das Haus Schaumburg aus. Oberlehnsherrliche Rechte, die das Hochstift Paderborn in Anspruch nahm, konnten erst nach einem langwierigen Prozess 1788 durch Vergleich von Lippe abgefunden werden. Lippe selbst hatte das Amt S. von 1733 bis 1771 an Hannover verpfändet. Innerhalb Lippes gehörte S. zu Lippe-Detmold. S. a. Schwalenberg.

L.: Wolff 349; Weber, W., Die Grafschaft Sternberg, 1928; Forwick, F., Die staatsrechtliche Stellung der ehemaligen Grafen von Schwalenberg, 1963.

Sternberg (Land). Nach 1250 erbaute das Erzstift Magdeburg am Schnittpunkt alter Straßen im Land Lebus die 1300 erstmals erwähnte Burg S. Das umliegende Gebiet kam 1287 pfandweise an Brandenburg und von dort um 1450 bis 1724 an die Winning. Am Ende des 18. Jahrhunderts gehörte das 42 Quadratmeilen umfassende Land S., zu dem die unmittelbaren Städte Drossen und Reppen, die Ämter Frauendorf, Bischofsee und Neuendorf, das Johanniterritterordensherrenmeistertum Sonnenburg, die Kommenturei Lagow und die Lehnstädte S. und Königswalde gehörten, über die Markgrafen von Brandenburg zum obersächsischen Reichskreis. Über Brandenburg kam S. 1945 (Verwaltung) bzw. 1990 (vollständig) an Polen. S. Polen.

L.: Wolff 390 f.; Wallner 708 ObersächsRK 1; Freier, W., Das Land Sternberg, 1892.

Sternberg (Reichsritter). Im 16. Jahrhundert zählten die S. zum Kanton Rhön-Werra und zum Kanton Baunach im Ritterkreis Franken.

L.: Riedenauer 127.

Sternberg (in Mähren) (Reichsgrafen). Die seit dem Anfang des 12. Jahrhunderts belegte Familie teilte sich im 13. Jahrhundert in eine böhmische und eine im 16. Jahrhundert aussterbende mährische Linie. Seit 1752 waren die Grafen Mitglied im schwäbischen Reichsgrafenkollegium. Die böhmische Linie erbte 1780 von den Grafen von Manderscheid die Grafschaften Blankenheim und Gerolstein (Sternberg-Manderscheid). 1792 waren die Grafen Mitglied im westfälischen Reichsgrafenkollegium.

L.: Zeumer 554 II b 61, 22, 63, 21; Palacky, F., Die Grafen von Sternberg, 1842; Polivka, M., Sternberg, LexMA 8 1996, 131.

Sternberg-Manderscheid (Grafen). Als Entschädigung für den Verlust von Blankenheim, Jünkerath, Gerolstein und Dollendorf erhielt der Graf von S. durch § 24 des Reichsdeputationshauptschlusses vom 25.2.1803 die Abteien Schussenried und Weißenau. 1806 wurden die Grafen in Österreich und Württemberg mediatisiert.

Sterneck (Herrschaft). Bald nach 1250 erbauten die Herren von Brandeck die Burg S. bei Freudenstadt. Sie wurde Mittelpunkt einer zum schwäbischen Reichskreis gehörigen Herrschaft. Diese kam 1750 an Württemberg und damit 1951/1952 an Baden-Württemberg.

L.: Wolff 161; Wallner 684 SchwäbRK 1; Schlumpberger, E., Die Geschichte der Herrschaft Sterneck von ihren Anfängen bis 1806, 1952.

Sternenfels (Reichsritter). Nach S. (1232 Sterrenvils) bei Maulbronn nannte sich ein Zweig der edelfreien Herren von Kürnbach. Die Familie war bereits 1488 Mitglied der Gesellschaft Sankt Jörgenschild, Teil am Neckar. Von 1548 bis 1663 und im 18. Jahrhundert zählte sie zum Kanton Neckar des Ritterkreises Schwaben. Im späteren 17. Jahrhundert gehörte sie zum Kanton Odenwald des Ritterkreises Franken. Der Ort S. kam 1391 an Württemberg, wurde an Adelsfamilien ausgegeben und fiel 1749 erneut an Württemberg und damit 1951/1952 an Baden-Württemberg.

L.: Roth von Schreckenstein 2, 592; Hellstern 214; Riedenauer 127.

Sternstein, Störnstein (gefürstete Reichsgrafschaft). Um das Schloss Störnstein bei Neustadt an der Waldnaab nördlich von Weiden bildete sich eine Herrschaft. Als unmittelbare Reichsherrschaft ursprünglich den Herren von Pflug, dann den Freiherren von Heideck (Heydeck) gehörig, erhielt sie 1575 Popel von Lobkowitz vom Kaiser bzw. der Krone von Böhmen zu Lehen. 1641 wurde S. mit Neustadt, Waldau, Waldthurn, Schönsee und einer Reihe von Dörfern zu einer gefürsteten Grafschaft erhoben. Seit 1653 hatten die Lobkowitz Sitz und Stimme im Reichsfürstenrat und seit 1742 im bayerischen Reichskreis. 1806 wurde S. in Bayern mediatisiert und 1807 an Bayern verkauft.

L.: Wolff 144; Wallner 712 BayRK 13.

Stetten (Freiherren, Reichsritter). Von etwa 1550 bis etwa 1800 zählten die Freiherren von S. mit der Herrschaft Kocherstetten, Berndshofen, Bodenhof, Buchenbach, Buchenmühle (Buchenmühl), Heimhausen (Heimbach), Laßbach, Mausdorf, Morsbach, Rappoldsweiler Hof (Rappoldsweilerhof) und Schlothof, Schloss S., Vogelsberg und Zottishofen zum Kanton Odenwald des Ritterkreises Franken. Kocherstetten und Buchenbach fielen 1808 an Württemberg und damit 1951/1952 an Baden-Württemberg.

L.: Stieber; Roth von Schreckenstein 2, 594; Hölzle, Beiwort 57; Winkelmann-Holzapfel 164; Pfeiffer 210; Riedenauer 127; Stetten 33, 37, 185; Rahrbach 253; Beschreibung des Oberamts Künzelsau, hg. v. d. kgl. statist.-topograph. Bureau, Bd. 1 f. 1883, Neudruck 1968; Herrmann, M., Geschichte von Dorf und Schloss Stetten, 1931; Der Kreis Künzelsau, hg. v. Theiss, K./Baumhauer, H., 1965; Rauser, J., Die Mediatisierung des Baronats Stetten, 1968; Rauser, J., Die Reichsfreiherrschaft Stetten in der Endphase ihrer Unmittelbarkeit 1794–1809, 1969.

Stetten (im Remstal) (Herrschaft). Das seit der Merowingerzeit besiedelte, 1299 erstmals genannte S. liegt in einem Seitental der Rems. Es war Mittelpunkt einer von Württemberg zu Lehen gewonnenen Herrschaft der Herren von S. Diese kam 1507/1508 durch Kauf an Konrad Thumb von Neuburg, 1646 an Württemberg und damit 1951/1952 an Baden-Württemberg.

L.: Wolff 161; Beschreibung des Oberamts Künzelsau, hg. v. d. kgl. Statist.-topograph. Bureau, Bd. 1 f. 1883, Neudruck 1968; Herrmann, M., Geschichte von Dorf und Schloss Stetten, 1931; Der Kreis Künzelsau, hg. v. Theiss, K./Baumhauer, H., 1965; Rauser, J., Die Mediatisierung des Baronats Stetten, 1968; Rauser, J., Die Reichsfreiherrschaft Stetten in der Endphase ihrer Unmittelbarkeit 1794–1809, 1969.

Stettenberg (Reichsritter). Im 16. und 17. Jahrhundert zählten die S. zum Kanton Odenwald des Ritterkreises Franken.

L.: Stieber; Riedenauer 127; Stetten 33; Rahrbach 255.

Stettenfels (Herrschaft). Die Burg S. bei Heilbronn war Mittelpunkt einer Herrschaft der Grafen von Calw, die nach 1140 an Weinsberg kam. 1277 wurden die Güter der Pfalz zu Lehen aufgetragen. Über die Hirschhorn, Sturmfeder, Helmstadt, Adelsheim, Thumb von Neuburg und Hürnheim gelangte sie 1351 durch Kauf an die Grafen Fugger, denen gegenüber nach 1504 wieder 1556 Württemberg als Lehnsherr auftrat. 1747 wurde die zum schwäbischen Reichskreis gehörige Herrschaft (mit Obergruppenbach, Untergruppenbach, Donnbronn, Wüstenhausen) an Württemberg verkauft, über das die Güter 1951/1952 an Baden-Württemberg kamen.

L.: Wolff 161; Wallner 684 SchwäbRK 1; Frank, J. R., Burg Stettenfels, 1958.

Stettenfels-Gruppenbach (Herrschaft) s. Stettenfels

Stettin (Herzogtum). In S. an der Odermündung reichen slawische Siedlungsspuren bis in die zweite Hälfte des 8. Jahrhunderts zurück. Im 11. Jahrhundert entwickelte sich der Ort mit Burg und Markt zur größten Siedlung Pommerns, in der die Herzöge aus dem Haus der Greifen ihren Sitz nahmen. Ab 1124/1128 wurde das zu dieser Zeit erstmals auch in der Überlieferung genannte S. christianisiert. Dem folgte der Zuzug zahlreicher deutscher Siedler. 1237/1243 erhielt S. Magdeburger Stadtrecht. 1295 entstand durch

Erbteilungen Pommerns das Herzogtum S. (1478 war Pommern wieder vereinigt, wurde aber 1523 wieder geteilt.) 1529 wurde in S. die Reformation eingeführt. Im Dreißigjährigen Krieg fiel S. an Schweden, 1720 mit Vorpommern, das 1815 den Regierungsbezirk S. bildete, an Preußen. 1945 wurde es stark zerstört und kam unter Verwaltung Polens, an das S. 1990 als politische Folge der deutschen Wiedervereinigung gelangte. S. a. Pommern-Stettin.

L.: Wolff 404; Wehrmann, M., Geschichte der Stadt Stettin, 1911; Wehrmann, M., Geschichte von Pommern, 2. A. 1921; Eggert, O., Geschichte Pommerns, 4. A. 1965; Kunkel, O./Reichow, H. B., Stettin, so wie es war, 1975; Völker, E., Stettin, 1986; Zilm, F., Geschichte der Festung und Garnison Stettin, 1988; Piskorski, J., Stettin, 1994; Piskorski, J./Wachowiak, B./Wlodarczyk, S., Stettin, LexMA 8 1996, 140.

Stettner von Grabenhof, Stettner zu Wiesethbruck, Stettner zu Wiesenbruck (Reichsritter). Im 18. Jahrhundert zählten die S. wegen Neuenbürg (Neuenburg) und Reinersdorf zum Kanton Altmühl des Ritterkreises Franken sowie zum Kanton Odenwald.

L.: Genealogischer Kalender 1753, 541; Biedermann, Altmühl; Stieber; Riedenauer 127.

Steußlingen (Herrschaft). Am Ende des 18. Jahrhunderts gehörte die Herrschaft S. über den Herzog von Württemberg zum schwäbischen Reichskreis. Über Württemberg kam S. 1951/1952 an Baden-Württemberg.

L.: Reichsmatrikel 1776, 70; Wolff 161f.; Wallner 684 SchwäbRK 1.

Steyr (Herrschaft). An der Mündung der S. in die Enns wurde auf altem Siedlungsboden zur Sicherung des Reiches gegen die Ungarn eine um 972/985 erstmals genannte Burg (Stirapurhc) errichtet. Sie unterstand den Grafen von Traungau und wurde zusammen mit der Herrschaft S. 1180 von Bayern gelöst und als Reichslehen mit dem Herzogtum Steiermark verbunden, das 1186/1192 auf die babenbergischen Herzöge von Österreich überging.

L.: Wolff 27; Pritz, F., Beschreibung und Geschichte der Stadt Steyer, 1837; Ofner, J., Die Eisenstadt Steyr, 1956; Ennsthaler, W., Steyr, 1966; Doppler, C., Reformation und Gegenreformation in ihrer Auswirkung auf das Steyrer Bürgertum, 1977; Brandl, M., Neue Geschichte von Steyr vom Biedermeier bis heute, 1980; Ofner, J., Steyr. Kurzer geschichtlicher und kultureller Überblick, 1980.

Stibar von Buttenheim, Stibar von und zu Buttenheim, Stiebar (Reichsritter). Vom 16. bis ins 18. Jahrhundert zählten die S. mit Pretzfeld, Wolkenstein und Hagenbach zum Kanton Gebirg des Ritterkreises Franken. Außerdem waren sie mit Adelsdorf, Aisch, Förtschwind und Sassanfahrt (Sassanfarth) im Kanton Steigerwald immatrikuliert. Im frühen 16. Jahrhundert gehörten sie auch dem Kanton Altmühl an. Ihre Güter fielen später an Bayern.

L.: Genealogischer Kalender 1753, 536; Stieber; Roth von Schreckenstein 2, 594; Pfeiffer 196, 208; Bechtolsheim 14, 18, 63; Riedenauer 127; Rahrbach 256.

Stiffe (Grafschaft). 1234/1238 überließen die Grafen von Wittgenstein dem Erzstift Mainz die Grafschaft S. an der oberen Eder.

Stimpfach (reichsritterschaftliche Herrschaft). S. zählte zum Kanton Kocher des Ritterkreises Schwaben und kam an Ellwangen und damit über Württemberg (1802/1803) 1951/1952 an Baden-Württemberg.

Stingelheim (Reichsritter). Um 1780 zählten die S. zum Kanton Odenwald des Ritterkreises Franken.

L.: Riedenauer 127.

Stirland s. Steiermark

L.: Polenz, P. v., Landschafts- und Bezirksnamen, 1961, 306.

Stivarnafildi (Steverfeld)

L.: Polenz, P. v., Landschafts- und Bezirksnamen, 1961, II, 58 f., 61, 70, III, 31, IV, 13, Stibarnafildi, Stivarnafildi, Stiarnun, Gifaron, ‚Steverfeld'.

Stockerau (Herrschaft). S. (1012 Stockerowe) an der Donau bei Wien kam vom König an das Hochstift Regensburg, von diesem als Lehen an die Kreuzenstein bzw. Grafen von Formbach und nach deren Aussterben im 13. Jahrhundert an Österreich. 1748 kaufte es sich frei und wurde eine eigene Herrschaft. Diese ging in Niederösterreich auf.

L.: Starzer, A., Geschichte der Stadt Stockerau, 1911; Brückner, J., Sozial- und Wirtschaftsgeschichte des Marktes Stockerau, Diss. Wien 1953; Nikel, H., Pfarre und Kirche Stockerau, 1893–1914, 1983.

Stockhammer (Reichsritter). Von 1735 bis 1743 zählte Josef Anton von S. als Personalist zum Kanton Kocher des Ritterkreises Schwaben.

L.: Schulz 272.

Stockheim (Reichsritter). Im 17. Jahrhundert zählten die S. zum Kanton Neckar des Ritterkreises Schwaben. Außerdem waren sie vielleicht im Kanton Steigerwald des Ritterkreises Franken immatrikuliert.

L.: Bechtolsheim 15; Hellstern 214; Riedenauer 127.

Stoddenstadt (Gau an der Mündung der Gersprenz in den Main, im Maingau)

L.: Curs, O., Deutschlands Gaue im zehnten Jahrhundert. Nach den Königsurkunden, Diss. phil. Göttingen 1908, 20; Polenz, P. v., Landschafts- und Bezirksnamen, 1961, IV, 19, Stoddenstat, comitatus, zum Ortsnamen Stockstadt (am Main).

Stolberg (Grafen, Grafschaft [Fürsten]). In S. am Südharz bei Sangerhausen wurde vermutlich im 10./11. Jahrhundert eine Burg und im 12. Jahrhundert eine Bergbausiedlung begründet. Nach S. benannten sich seit 1210 (Stalberg) die von den Grafen von Hohnstein oder den Grafen von Kirchberg abstammenden Grafen von S., die um 1200 erstmals bezeugt sind. Ihre Güter lagen vornehmlich östlich des Harzes (S., Hayn, 1341 Rossla, Bennungen, 1417 untere Grafschaft Hohnstein, 1413/1417 Kelbra und Heringen gemeinsam mit Schwarzburg, 1443 Heringen, 1465 Questenberg). 1548 teilte sich das Haus nach der 1539 eingeführten Reformation in eine rheinische, 1631 erloschene Linie und eine Harzer Linie. Diese zerfiel 1645 in die sich nach dem von ihnen 1429 erlangten Wernigerode nennende Linie Stolberg-Wernigerode und in die Linie Stolberg-Stolberg. Von Stolberg-Wernigerode zweigte sich 1677 die 1742 zu Reichsfürsten erhobene, 1804 erloschene Linie Stolberg-Gedern ab, von Stolberg-Stolberg 1706 Stolberg-Rossla, das 1893 gefürstet wurde. Das Gebiet der etwa 5,5 Quadratmeilen großen Grafschaft S. teilten sich im 18. Jahrhundert die Linien Stolberg-Stolberg (Stadt und Amt S., Amt Hayn) und Stolberg-Rossla (Ämter Rossla, Questenberg, Ebersburg, Bärenrode [Berenrode] und Wolfsberg). Die Grafen von S. (Stolberg-Stolberg) waren im Wetterauer Reichsgrafenkollegium und im obersächsischen Reichskreis. 1738 mussten sie eine Oberhoheit und Lehnshoheit Sachsens anerkennen. Nach § 17 des Reichsdeputationshauptschlusses vom 25. 2. 1803 erhielten sie für die Grafschaft Rochefort und ihre Ansprüche auf Königstein eine Rente von 30 000 Gulden. 1803 wurden die Grafen von S. mediatisiert. Ihre Güter kamen an Sachsen (Kursachsen), 1807 an das Königreich Westphalen, (Stolberg-Stolberg) 1815 zu Preußen (Provinz Sachsen) und 1945 (sowie erneut 1990) zu Sachsen-Anhalt.

L.: Wolff 416; Wallner 710 ObersächsRK 17 a, b; Gringmuth-Dallmer, H., Magdeburg-Wittenberg, in: Geschichte der deutschen Länder, Bd. 1; Großer Historischer Weltatlas II 66 (1378) F3, III 38 (1789) D2; Stolberg-Wernigerode, B. Graf zu, Geschichte des Hauses Stolberg, hg. v. Mülverstedt, G. v., 1883; Regesta Stolbergica, hg. v. Mülverstedt, G. v., 1885; Katalog der fürstlich Stolberg-Stolbergischen Leichenpredigtsammlungen, hg. v. Wecken, F., Bd. 1–4 1927 ff.; Grosse, W., Geschichte der Stadt und Grafschaft Wernigerode, 1929; Oelsner, M., u. a., Wernigerode, 2. A. 1964; Zöllner, W., Stolberg, LexMA 8 1996, 190.

Stolberg-Gedern (Grafen, Fürsten, Reichsfürsten). Gedern bei Büdingen kam 780 an Lorsch. Die Burg Gedern wurde von den von den Herren von Büdingen abstammenden Herren von Ortenberg errichtet. Ihre Güter fielen an die Herren von Breuberg, die 1316 dem Erzstift Trier die Hälfte Gederns zu Lehen auftrugen, 1323 an die Trimberg, 1376 an die Eppstein-Königstein und 1535 an Stolberg. Seit 1677 war Gedern Sitz der 1742 gefürsteten Linie S., die 1804 von Stolberg-Wernigerode beerbt wurde. 1806 kam Gedern zu Hessen-Darmstadt und von dort zu Isenburg, 1816 wieder zu Hessen-Darmstadt und damit 1945 an Hessen. S. Stolberg.

L.: Zeumer 553 II b 60, 11; Thomée, H., Chronik der Stadt Gedern, 1956.

Stolberg-Ortenberg (Grafen, Fürsten). Nach Ortenberg bei Büdingen nannte sich eine Linie der Grafen Stolberg, die 1806 in Hessen-Darmstadt mediatisiert wurde. S. Stolberg, Ortenberg, Hessen.

Stolberg-Rossla (Grafen, Fürsten, Grafschaft), Stollberg-Roßla. Von der 1645 gebildeten Linie Stolberg-Stolberg zweigte sich 1706 das nach Rossla (Roßla) bei Sangerhausen benannte S. ab. Am Ende des 18. Jahrhunderts umfasste die Grafschaft zusammen mit Stolberg-Stolberg und Stolberg-Wernigerode ein Gebiet von etwa 11 Quadratmeilen. Rossla kam über die Provinz Sachsen Preußens von 1949 bis 1990 an die Deutsche Demokratische Republik.

L.: Wolff 378, 416.

Stolberg-Stolberg (Grafen, Grafschaft). 1645 bildete sich die Linie S. der Grafen von Stolberg. Von ihr teilte sich 1706 Stolberg-Rossla ab. Am Ende des 18. Jahrhunderts umfasste die Grafschaft ein Gebiet von etwa 1 Quadratmeile. Stolberg kam über die Provinz Sachsen Preußens von 1949 bis 1990 zur Deutschen Demokratischen Republik. S. Stolberg, Sachsen-Anhalt.

L.: Wolff 378, 416; Zeumer 553 II b 60, 12.

Stolberg-Wernigerode (Grafen, Grafschaft). Aus der Harzer Linie der Grafen von Stolberg bildete sich 1645 S., das sich nach dem 1429 erlangten Wernigerode benannte. Von 1677 bis 1804 zweigte sich hiervon Stolberg-Gedern ab. S. umfasste mit Stolberg-Stolberg und Stolberg-Rossla etwa 11 Quadratmeilen. Wernigerode kam über die Provinz Sachsen Preußens von 1949 bis 1990 zur Deutschen Demokratischen Republik. S. Sachsen-Anhalt.

L.: Zeumer 553 II b 60, 13; Heffter, H., Otto Fürst zu Stolberg-Wernigerode Teil 1, hg. v. Pöls, W., 1980.

Stollberg (Herrschaft). Um die am Ende des 12. Jahrhunderts errichtete Burg Hoheneck am Erzgebirge entstand die Herrschaft S. südlich von Chemnitz. Nach 1300 gelangte sie von den Herren von Tegkwitz/Burggrafen von Starkenberg an die Herren von Schönburg, 1367 an Böhmen, 1397 an Schwarzburg und 1423 an die Markgrafen von Meißen, die sie von 1437 bis 1564 in fremde Hände gaben. Über Sachsen kam S. von 1949 bis 1990 zur Deutschen Demokratischen Republik.

L.: Wolff 379; Löscher, H./Voigt, J., Heimatgeschichte der Pflege Stollberg, 1931 ff.

Stollberg (Reichsritter) s. Stolberg

Stolp (Land, Herzogtum). Das Gebiet zwischen Stolpe und Leba wurde am Anfang des 13. Jahrhunderts von den Ratiboriden, einer Nebenlinie der Herzöge von Pommern, beherrscht und kam nach deren Aussterben 1228 an die Fürsten von Danzig. Burg und Siedlung S. an der Stolpe wurden erstmals 1236/1269 erwähnt. Das Land fiel 1307/1309 an Markgraf Waldemar von Brandenburg, der dem Ort S. 1310 Stadtrecht Lübecks verlieh. 1317 kam das Land an Pommern, das die Stadt S. mehrfach an den Deutschen Orden verpfändete und das zeitweilig unter einer Teillinie Pommern-Wolgasts verselbständigte Land 1459/1463 zwischen Pommern-Wolgast und Pommern-Stettin aufteilte. 1648 fiel S. an Brandenburg. Seit 1945 stand es unter Verwaltung Polens, an das es 1990 als politische Folge der deutschen Wiedervereinigung gelangte.

L.: Wolff 406; Bonin, R., Geschichte der Stadt Stolp, Bd. 1 (bis 1550), 1910; Laudan, O., Geschichte des Grundbesitzes der Stadt Stolp, 1925; Kuschfeldt, W., Herzogthum zur Stolpe, 1960; Pagel, K., Stolp in Pommern – eine ostdeutsche Stadt, 1977; Schmidt, R., Stolp, LexMA 8 1996, 192.

Stoltzenroder (Reichsritter). Vielleicht zählten die S. im frühen 16. Jahrhundert zum Kanton Gebirg des Ritterkreises Franken.

L.: Riedenauer 127.

Stolzenberg s. Hutten von S., Hutten zum S.

Stör, Ster (Reichsritter). Im frühen 16. Jahrhundert zählten die S. zum Kanton Gebirg des Ritterkreises Franken.

L.: Riedenauer 127.

Storkow (Herrschaft). 1209 wird der Burgward Sturkuowe am Storkower See südlich von Fürstenwalde erstmals erwähnt. Er wurde bald ein Mittelpunkt der Herrschaft S. der Ministerialen von Strehla an der Elbe, die 1382 an die Herren von Biberstein kam, die auch die Herrschaft Beeskow hatten. 1490 wurde sie an die Herzöge von Sachsen verpfändet, 1518 für 45 000 Gulden an das Hochstift Lebus verkauft. 1556/1557 verkaufte der Administrator des Hochstifts sie an den verwandten Markgrafen Johann von Küstrin. 1575 kam sie an Brandenburg. Sie gehörte dem obersächsischen Reichskreis an. Über Brandenburg fiel S. von 1949 bis 1990 an die Deutsche Demokratische Republik.

L.: Wolff 388; Wallner 708 ObersächsRK 1; Schultze, W., Chronik der Stadt Storkow, 1897; Petersen, C., Geschichte des Kreises Beeskow-Storkow, 1922.

Stormarn (Landschaft). S. in Nordalbingien war das Gebiet der zu den Sachsen zählenden Sturmarii zwischen Holstein im Westen und Wenden im Osten. Im Mittelalter gehörte das hinter Holstein zurücktretende S. teils den Grafen von Schauenburg (Schaumburg), teils der Plöner Herzogslinie, im 16. und 17. Jahrhundert teils zum königlichen Anteil, teils zum Gottorper (Gottorfer) Anteil Schleswig-Holsteins. 1864/1866 kam es an Preußen und 1946 an Schleswig-Holstein.

L.: Wülfingen, C. Bock v./Frahm, W., Stormarn, 1938; Nordstormarnsches Heimatbuch, 1952; Sahrhage, H., Südstormarn, 1960; Polenz, P. v., Landschafts- und Bezirksnamen, 1961, 306, s. Sturmariun; Carsten, R., Das alte Stormerland. Kultur- und Siedlungsgeschichte, 1979; Wulf, M., Heimatkundliche Aufsätze, 1987; Hoffmann, E., Stormarn, LexMA 8 1996, 194; Bock, G., Studien zur Geschichte Stormarns im Mittelalter, 1996.

Störnstein s. Sternstein

Storzeln-Freudenach s. Gripp auf S.

Stotel (Grafen). Die Burg S. an der Lune war Sitz der Grafen von S. Nach deren Aussterben um 1350 fiel S. an das Hochstift Bremen, wurde aber häufig verpfändet. Über Hannover und Preußen (1866) kam S. an Niedersachsen.

L.: Wolff 431.

Stötten s. Schleicher von S.

Stotzingen (Freiherren, Reichsritter). Vom 16. bis 19. Jahrhundert zählten die Freiherren von S. mit Geislingen, Dotternhausen und Rosswangen zum Kanton Neckar des Ritterkreises Schwaben, mit Steißlingen und Wiechs seit 1790/1791 zum Kanton Hegau (1791 Stotzingen zu Wiechs). Mit dem 1471 erworbenen, 1790 an Fürst von Thurn und Taxis gelangten Heudorf waren sie im Kanton Donau immatrikuliert. Geislingen fiel 1806 an Württemberg und wurde 1810 an Baden abgetreten, über das es 1951/1952 an Baden-Württemberg kamen. S. a. Niederstotzingen.

L.: Roth von Schreckenstein 2, 592; Hölzle, Beiwort 59; Ruch 71, Anm. 1, 82; Hellstern 215.

Stralsund (fast unabhängige Stadt). Das 1209 gegründete S. am Strelasund gegenüber von Rügen erhielt 1234 deutsches Stadtrecht (von Rostock bzw. Lübeck). Es war Mitglied der Hanse und gehörte unter Wahrung weitgehender Selbständigkeit zu Pommern. 1648 kam es mit Pommern an Schweden, 1815 an Preußen und von 1949 bis 1990 (in Mecklenburg) zur Deutschen Demokratischen Republik.

L.: Wolff 404; Die Territorien des Reichs 6, 114; Geschichte der Stadt Stralsund, hg. v. Ewe, H., 1984; Ewe, R., Das alte Stralsund, 1994.

Straßberg (Herrschaft). Seit 1253 erscheint neben dem älteren Burc (844) im Scherragau S. bei Sigmaringen, das als Lehen des Reichsstifts Buchau im 13./14. Jahrhundert in der Hand der Grafen von Hohenberg war. Von 1345 bis 1420 hatten die Herren von Reischach das Lehen, das um Kaiseringen und Frohnstetten erweitert wurde. 1511 erlangte Wolf von Homburg den Blutbann für die zum schwäbischen Reichskreis zählende Herrschaft, die 1532 an die Westerstetten verkauft wurde und 1625 an Buchau zurückfiel. 1803 kam Buchau an Thurn und Taxis, 1806 an Württemberg. 1837 wurde S. von Hohenzollern-Sigmaringen angekauft und blieb bis 1854 Amt. Über Preußen (1849) gelangte es 1945 zu Württemberg-Hohenzollern und 1951/1952 an Baden-Württemberg.

L.: Wolff 170; Wallner 688 SchwäbRK 53.

Straßburg (Hochstift). Die Römer errichteten um 16 n. Chr. an der Mündung der Ill in den Rhein das Lager Argentorate, aus dem sich ein bedeutender Handelsort entwickelte, in dem seit dem 4. Jahrhundert, urkundlich seit 614, ein Bischofssitz bezeugt ist. In fränkischer Zeit kam das Bistum, welches das Unterelsass ohne Weißenburg, ein kleines Stück des Oberelsass um Rufach sowie rechtsrheinisch das Gebiet zwischen Elz und Baden-Baden bis zum Schwarzwaldkamm umfasste, zur Erzdiözese Mainz, bei der es bis 1801 verblieb (1822 Besançon, 1871 exemt). Zwischen 1223 und 1260 gelang den Bischöfen die Ausbildung eines weltlichen, freilich sehr zersplitterten Herrschaftsgebietes zwischen Landau in der Pfalz und dem Bieler See (Rufach, Zabern, Ettenheim [810 erstmals erwähnt, bald Mittelpunkt der oberen bischöflichen Herrschaft rechts des Rheins], Oberkirch [1303]), das in der Mitte des 14. Jahrhunderts etwa 1400 Quadratkilometer umfasste. 1262 verloren sie allerdings die 974/982 gewonnene Herrschaft über die Stadt S. 1359 erhielt der Bischof, der seit 1444 meist in Zabern, von 1789 bis 1803 in Ettenheim, das schon länger Sitz des bischöflichen Amts gewesen war, residierte, infolge Ankaufs der Landgrafschaft Unterelsass den Titel Landgraf des Elsass. Zu Beginn des 17. Jahrhunderts standen nach einer Aufteilung von 1595 dem Domkapitel das Gebiet um die Burg Frankenburg mit neun Dörfern, das Amt Börsch mit vier und das Amt Erstein mit drei Dörfern zu, dem Bischof die Ämter Benfeld, Dachstein, Kochersberg, Markolsheim, Schirmeck, Wanzenau (Wengenau) und Zabern im Unterelsass, das Amt Rufach, die Vogtei Obersulz und die Lehen Freundstein (Freudstein) und Herlisheim im Oberelsass sowie rechtsrheinisch die Ämter Ettenheim, Oberkirch und die Herrschaft in der Oppenau. 1648 musste der Bischof die Lehnshoheit Frankreichs über die linksrheinischen Gebiete des zum oberrheinischen Reichskreis zählenden Hochstifts anerkennen, blieb aber Reichsfürst. 1680 kamen die linksrheinischen Gebiete an Frankreich und wurden 1789/1792 säkularisiert. Die rechtsrheinischen Gebiete fielen 1803 an Baden (Fürstentum Ettenheim mit 6,5 Quadratmeilen und 60 000 Einwohnern) und von dort 1951/1952 an Baden-Württemberg.

L.: Wolff 235; Zeumer 552 II a 11; Wallner 697 OberrheinRK 21; Großer Historischer Weltatlas II 66 (1378) D4, III 22 (1648) C4, III 38 (1789) C3; Die Territorien des Reichs 5, 72; Fritz, J., Das Territorium des Bistums Straßburg, 1885; Kiener, F., Studien zur Verfassungsgeschichte des Territoriums des Bistums Straßburg, 1912; Meyer, O., La régence épiscopale de Saverne, 1935; Burg, A. M., Histoire de l'Eglise d'Alsace, 1946; Wunder, G., Das Straßburger Landgebiet, 1967; Strasbourg, hg. v. Rapp, F., 1982; Rapp, F., Straßburg, LexMA 8 1996, 213 ff.; Bauer, T., Lotharingien als historischer Raum, 1997; Escher, M. u. a., Die urbanen Zentren, 2005, 1, 494.

Straßburg (freie Reichsstadt). Die Römer errichteten um 16 n. Chr. an der Mündung der Ill in den Rhein das 74 n. Chr. erstmals auf einem Meilenstein genannte Lager Argentorate, aus dem sich ein bedeutender Handelsort entwickelte. Im 4. Jahrhundert kam er an die Alemannen und wurde mit diesen 496/506 dem fränkischen Reich einverleibt. Seit Ende des 6. Jahrhunderts erscheint der Name Strateburgum, Stratisburgo. 843 kam der Ort, an dem 842 Ludwig der Deutsche und Karl der Kahle die Straßburger Eide geschworen hatten, zu Lotharingien, 870 zu Ostfranken und entwickelte sich zu einem wichtigen Handelsplatz, über den der Bischof 974/982 die Herrschaft gewann. Um 1150 wurde das Stadtrecht aufgezeichnet. 1262 konnte sich die Stadt gewaltsam von der Herrschaft der Bischöfe befreien und wurde Reichsstadt (1358 freie Stadt). Sie zählte etwa 10 000 Einwohner und gewann allmählich ein ansehnliches Herrschaftsgebiet. 1332 erlangten die Zünfte die Teilnahme an der Stadtherrschaft. 1350 schloss sich S. dem elsässischen Zehnstädtebund an. Bis zur zweiten Hälfte des 15. Jahrhunderts stieg die Zahl der Einwohner auf 25 000–30 000. 1529/1531 nahm die Stadt die Reformation an. 1621 wandelte sie das 1538 gegründete Gymnasium zur Universität um, an der später Goethe studierte, die aber 1793 aufgelöst wurde. 1681 wurde S. von Frankreich besetzt und in Form einer Realunion eingegliedert, seit 1780 zunehmend französisiert. Am Ende des 18. Jahrhunderts gehörten der Stadt das Amt Illkirch (Illkirch-Grafenstaden [Illkirch-Grafenstadten], Illwickersheim, Niederhausbergen, Schiltigheim und Ittenheim), das Dorf Eckbolsheim des Stiftes Sankt Thomas und die Herrschaften Barr, Marlenheim und Wasselnheim. Von 1871 bis 1918 war sie Hauptstadt des deutschen Reichslandes Elsass-Lothringen (mit 1905 nur noch 3 % französischsprachigen Bürgern), von 1940 bis 1944 deutsch besetzt.

L.: Wolff 295; Großer Historischer Weltatlas II 66 (1378) D4, II 78 (1450) F4, III 22 (1648) C4; Die Territorien des Reichs 5, 72; Urkunden und Akten der Stadt Straßburg, bearb. v. Wiegand, M. u. a., Bd. 1–14 1879 ff.; Seyboth, A., Das alte Straßburg vom 13. Jahrhundert bis zum Jahre 1870, 1890; Borries, E. v., Geschichte der Stadt Straßburg, 1909; Polaczek, E., Straßburg, 1926; Crämer, U., Die Verfassung und Verwaltung Straßburgs 1521–1681, 1931; Hölzle, E., Der deutsche Südwesten am Ende des alten Reiches, 1938; Alexander, A./Wentzcke, P., Straßburg. Bibliographie, Dt. Archiv für Landes- und Volksforschung 7 (1944); Streitberger, I., Der königliche Prätor von Straßburg, 1685 bis 1789, 1961; Dollinger, P., Strasbourg. Du passé au présent, 1962; Wunder, G., Das Straßburger Gebiet, Diss. jur. Münster 1965; Wunder, G., Das Straßburger Landgebiet, Territorialgeschichte der einzelnen Teile des städtischen Herrschaftsbereiches vom 13. bis 18. Jahrhundert, Diss. phil. Straßburg 1967; Hertner, P., Stadtwirtschaft zwischen Reich und Frankreich. Wirtschaft und Gesellschaft Straßburgs 1650–1714, 1973; Histoire de Strasbourg, hg. v. Livet, G. u. a., 1980 ff.; Forstmann, W./Haug, E./Pfaehler, D./Thiel, G., Der Fall der Reichsstadt Straßburg und seine Folgen. Zur Stellung des 30. September 1681 in der Geschichte, 1981; Stadtsprachenforschung unter besonderer Berücksichtigung der Verhältnisse der Stadt Straßburg im Spätmittelalter und der frühen Neuzeit, hg. v. Bauer, G., 1988; Histoire de Strasbourg, hg. v. Livet, G. u. a., 1988; Strasbourg, Schoepflin et l'Europa, hg. v. Vogler, B. u. a., 1996; Rapp, F., Straßburg, LexMA 8 1996, 213 ff.; Cornelissen, C. u. a., Grenzstadt Straßburg, 1997; Bauer, T., Lotharingien als historischer Raum, 1997; Escher, M. u. a., Die urbanen Zentren, 2005, 2, 595.

Straubenhardt s. Schöner von S.

Straubing (Burg, Dorf, Stadt, Herrschaft). Auf älterem Siedlungsland am römischen Limes wurde im früheren keltorömischen Sorviodurum vermutlich um 550 eine neue Siedlung der Bayern errichtet, die über den Herzog von Bayern 788 an den König der Franken fiel. 1029 kam der Königshof von Bischof Bruno von Augsburg an das Hochstift Augsburg. Dessen ungeachtet erhob der Herzog von Bayern 1218 den Ort zur Stadt. 1353 wurde diese Sitz des Herzogtums Straubing-Holland (bis 1425/1429, tatsächlicher Sitz in S. nur von 1353 bis 1358 und von 1387/

1389 bis 1397). Danach kam S. an Bayern-München, in dem Herzog Ernst 1435 die dem jüngeren Herzog Albrecht heimlich angetraute Augsburger Baderstochter Agnes Bernauer ertränken ließ. 1535 löste S. die letzten grundherrschaftlichen Rechte Augsburgs ab. S. Bayern-Straubing.

L.: Wolff 137; Urkundenbuch der Stadt Straubing, hg. v. Solleder, F., 1911 ff.; Keim, J., Heimatkundliche Geschichte von Straubing, 1958; Walke, N., Das römische Donaukastell Straubing, Sorviodurum, 1965; Straubing. Das neue und alte Gesicht einer Stadt im altbayerischen Kernland, hg. v. Bosl, K., 1968; Straubing. Landgericht, Rentkastenamt und Stadt, bearb. v. Fraundorfer, W., 1974; Störmer, W., Straubing, LexMA 8 1996, 230; Forster, M., Die Gerichtsverfassung und Zivilgerichtsbarkeit in Straubing, Diss. jur. Regensburg 1999.

Straubing-Holland (Herzöge). Von 1353 bis 1425 (bzw. tatsächlich von 1353 bis 1358 und von 1387/1389 bis 1397) war Straubing Sitz der bayerischen Herzöge (Wilhelm I., Albrecht I.) von S. 1425/1429 kam Straubing an Bayern-München. S. Bayern-Straubing, Holland-Straubing.

L.: Walke, N., Das römische Donaukastell Straubing, Sorviodurum, 1965; Straubing. Das neue und alte Gesicht einer Stadt im altbayerischen Kernland, hg. v. Bosl, K., 1968; Straubing. Landgericht, Rentkastenamt und Stadt, bearb. v. Freundorfer, W., 1974.

Straupitz (Herrschaft). Die Standesherrschaft S. östlich von Lübben gehörte am Ende des 18. Jahrhunderts zur Markgrafschaft Niederlausitz. S. Brandenburg.

L.: Wolff 471.

Strehlitz, Groß Strehlitz (Fürstentum) s. Oppeln, Schlesien

L.: Großer Historischer Weltatlas II 66 (1378) K3.

Streit von Immendingen, Streitt von Immendingen (Reichsritter). Von 1654 bis 1686 war der österreichische Rat Jacob Rudolph (Rudolf) S. zu Vollmaringen und Göttelfingen (Göttingen) Mitglied des Kantons Neckar des Ritterkreises Schwaben. 1773 zählten die bereits im Stichjahr 1680 angesessenen und mit ihren Gütern bei der Ritterschaft immatrikulierten S. zum Ritterkreis Unterelsass. Sie erloschen männlicherseits 1858.

L.: Hellstern 215.

Streitberg (Reichsritter). Im 16. Jahrhundert zählten die S. zum Kanton Gebirg des Ritterkreises Franken. Außerdem waren sie im 17. Jahrhundert im Kanton Baunach und im Kanton Steigerwald immatrikuliert. Die vor 1124 errichtete Burg S. bei Ebermannstadt war 1285 in Händen der Schlüsselberg, 1347/1360 bei Bamberg und Würzburg, doch hatten die Ritter von S. 1350 bereits wieder einen Anteil erlangt. 1460 kam ein Teil als Lehen an Kloster Saalfeld, ein weiterer an die Markgrafen von Ansbach und Bayreuth. Später fiel S. an Bayern.

L.: Stieber; Wolff 109; Rahrbach 259; Pfeiffer 196, 209; Bechtolsheim 14; Riedenauer 127.

Strelitz (Burg, Herrschaft) s. Mecklenburg-Strelitz

L.: Wolff 443.

Stria

L.: Polenz, P. v., Landschafts- und Bezirksnamen, 1961, II, 49, III, 32, V, 2, Stria, het Land van Strien, s. Strya.

Stromberg s. Faust von S.

Strya (Gau südlich der Maasmündung) (967/968)

L.: Curs, O., Deutschlands Gaue im zehnten Jahrhundert. Nach den Königsurkunden, Diss. phil. Göttingen 1908, 30 (Gertruidenberg, Tremalle, Sturnahem); Polenz, P. v., Landschafts- und Bezirksnamen, 1961, II, 49, III, 32, V, 2; Nonn, U., Pagus und comitatus in Niederlothringen, 1983, 205.

Stuben (Reichsritter). Von 1640 bis 1737 (zuletzt mit dem württembergischen Geheimen Rat Johann Joseph Anton von S., Herrn zu Zimmern unter der Burg und Hausen am Tann) waren die S. Mitglied des Kantons Neckar des Ritterkreises Schwaben.

L.: Hellstern 215.

Stuben zu Dauberg (Reichsritter). Im 16. Jahrhundert zählten die S., die bereits 1488 Mitglied der Rittergesellschaft Sankt Jörgenschild, Teil im Hegau und am Bodensee waren, zum Kanton Hegau (Hegau-Allgäu-Bodensee) des Ritterkreises Schwaben.

L.: Ruch 18, Anm. 2, Anhang 3, 5.

Stubenberg (Grafen). Nach der um 1160 angelegten Burg S. bei Hartberg in Österreich nannten sich die Grafen von S., die im 16. Jahrhundert als Feinde des Kaisers ihre Güter verloren. 1632 kam S. an die Herberstein, im 19. Jahrhundert an die Wurmbrand.

Stühlingen (Herren, Landgrafschaft). S. bei Waldshut wird 1093 erstmals erwähnt (Stulinga). Die nach der Burg S. benannte Herrschaft der Herren bzw. Grafen von S. kam mit der Burg um 1150 an die Herren von Küssaberg, nach deren Aussterben (1250) 1251 erbweise als Lehen des Bischofs von Konstanz an die Herren von Lupfen, welche die Burg Hohenlupfen nannten. 1261 erscheint eine Grafschaft S. Seit 1296 war S. Hauptort der seit dem ausgehenden 14. Jahrhundert so bezeichneten Landgrafschaft S., in der 1524 der Bauernkrieg begann. 1582 fiel die Landgrafschaft, die Sitz und Stimme im schwäbischen Reichsgrafenkollegium und beim schwäbischen Reichskreis hatte, an die Marschälle von Pappenheim und 1639 über die Erbtochter des letzten Pappenheim aus der Linie S. zusammen mit der Herrschaft Hewen an die Grafen von Fürstenberg. 1805 fiel sie mit 6 Quadratmeilen bzw. 330 Quadratkilometern Gebiet, das die eigentliche Landgrafschaft S. mit Stadt und Schloss S. und die Herrschaft Hewen mit dem Schloss Hohenhewen und Engen umfasste, an Baden und damit 1951/1952 das Gebiet an Baden-Württemberg.

L.: Wolff 173; Wallner 686 SchwäbRK 2; Großer Historischer Weltatlas II 66 (1378) E5; Brandeck, H., Geschichte der Stadt und der ehemaligen Landgrafschaft Stühlingen, 1927; Lorenz, S., Stühlingen, LexMA 8 1996, 257 f.

Sturmariun (Stormarn)

L.: Polenz, P. v., Landschafts- und Bezirksnamen, 1961, III, 18 f., 24, 26, Sturmariun (Stormere), Stormarn.

Stürmer s. Neustetter genannt S.

Sturmfeder (Freiherren, Reichsritter). Im 18. Jahrhundert zählten die S. zum Kanton Neckar des Ritterkreises Schwaben. Wegen Großaspach mit Oppenweiler und Schozach waren die S. von Oppenweiler von 1542 bis 1805 im Kanton Kocher immatrikuliert. Um 1790 waren die Freiherren S. (von und zu Oppenweiler) mit einem Zehntel der Ganerbschaft Bechtolsheim Mitglied des Kantons Oberrheinstrom des Ritterkreises Rhein.

L.: Roth von Schreckenstein 2, 592; Hölzle, Beiwort 62; Zimmermann 79; Winkelmann-Holzapfel 164; Kollmer 372; Schulz 272.

Sturmfeder von und zu Oppenweiler (Freiherren, Reichsritter) s. Sturmfeder

L.: Zimmermann 79; Winkelmann-Holzapfel 164.

Sturmi (Gau an der Mündung der Aller in die Weser)

L.: Curs, O., Deutschlands Gaue im zehnten Jahrhundert. Nach den Königsurkunden, Diss. phil. Göttingen 1908, 20 (Verden); Polenz, P. v., Landschafts- und Bezirksnamen, 1961, II, 41, III, 18, 27, Sturmiun, Sturmi, Sturmego.

Stuttgart (Ort, Stadt, Herrschaft). Vielleicht um 950 legte der Herzog von Schwaben am Neckar unweit des schon um 700 erwähnten Cannstatt ein Gestüt (stuot-gart) an, in dem bald mehrere umliegende Siedlungen (Frankenbach, Immenhofen, Weißenburg, Tunzhofen) aufgingen. Die Herrschaft über den 1160 bzw. urkundlich 1229 erstmals erwähnten Ort (Stukarten) hatten die Grafen von Calw, im frühen 13. Jahrhundert durch Erbfolge die Grafen von Baden, von denen er um 1245 durch Heirat an die Grafen von Württemberg kam. Zu Beginn des 14. Jahrhunderts wurde S. Verwaltungsmittelpunkt Württembergs und wuchs bis 1850 auf etwa 50 000 und bis 1942 auf knapp 500 000 Einwohner. In Baden-Württemberg (1951/1952) wurde S. Hauptstadt.

L.: Wolff 161; Pfaff, K., Geschichte der Stadt Stuttgart, Bd. 1 ff. 1845 ff.; Schneider, E., Geschichte der Stadt Stuttgart, 1927; Decker-Hauff, H. M., Geschichte der Stadt Stuttgart, 1966; Borst, O., Stuttgart. Die Geschichte der Stadt, 1973; Leipner, K., Stuttgart, 1987; Lorenz, S., Stuttgart auf dem Weg zur Landeshauptstadt, in: FS O. Borst, 1989; Lorenz, S., Stuttgart, LexMA 8 1996, 270 f.

Styrum s. Limburg-Styrum

Sualafeld (Sualaueldun, Sualaueldensis, Gau südlich der Altmühl links der Donau)

L.: Curs, O., Deutschlands Gaue im zehnten Jahrhundert. Nach den Königsurkunden, Diss. phil. Göttingen 1908, 19 (Heidenheim, Auhausen, Westheim, Dollenstein); Polenz, P. v., Landschafts- und Bezirksnamen, 1961, II, 27, 58, 61 f., III, 30 f., Swalafeld (Sualafeld), ‚Schwalbfeld'.

Süderdithmarschen (Land). S. ist der südliche, 1580/1581 an Dänemark gelangte Teil von Dithmarschen. Er gehörte über Holstein-Glückstadt Dänemarks am Ende des 18. Jahrhunderts zum niedersächsischen Reichskreis.

L.: Wolff 445; Wallner 706 NiedersächsRK 6; Hadel, W. v., Die Eingliederung des Landes Dithmarschen in den Verband der Herzogtümer Schleswig und Holstein, 1963.

Sudetenland (Gau). Seit 1912 wurden unter Verwendung des Gebirgsnamens Sudeten die Bewohner von Deutsch-Böhmen, Deutsch-Mähren und Österreichisch-Schlesien als Sudetendeutsche bezeichnet, nachdem wenige Jahre zuvor das Wort sudetendeutsch erstmals geprägt worden war. Seit 1919, als durch den Frieden von St. Germain, entgegen dem

Grundsatz der Selbstbestimmung, von Deutschen bewohnte Gebiete Westmährens, in denen 1919 etwa 3,1 Millionen Deutsche und rund 200 000 Tschechen (durch Zuwanderung 1930 690 000) gelebt haben dürften, der Tschechoslowakei eingegliedert worden waren, wurde dieser Name allgemein für die innerhalb der neu gegründeten Tschechoslowakei wohnenden etwa 3,5 Millionen Deutschen verwandt, die vor allem um Eger, Karlsbad, Aussig, Reichenberg und Troppau in geschlossenen deutschen Sprachgebieten lebten und 28 % der Stadtbevölkerung (1930 Karlsbad 87, Eger 80, Reichenberg 78, Aussig 75, Toppau 61 %) ausmachten. Innerhalb der Tschechoslowakei wurden ihre Rechte immer stärker eingeschränkt und 840 000 Hektar Land enteignet und fast ausschließlich Tschechen übertragen. 1933 wurde die Deutsche Nationalpartei in der Tschechoslowakei verboten. Danach bildete sich die sudetendeutsche Heimatfront unter Konrad Henlein. Sie wurde 1935 mit 66 % aller deutschen Stimmen die stärkste Partei der Tschechoslowakei (1938 92 % aller deutschen Stimmen). Am 29. 9. 1938 wurde das von der Tschechoslowakei angenommene Münchener Abkommen beschlossen, das die Abtretung der sudetendeutschen Gebiete an das Deutsche Reich vorsah. Am 1. 10. 1938 besetzten deutsche Truppen das Land (29 000 Quadratkilometer mit 3,4 Millionen Einwohnern). Aus dem Kern des sudetendeutschen Gebietes wurde der Reichsgau S. (Hauptstadt Reichenberg) unter dem Reichsstatthalter Konrad Henlein gebildet. 1945 kam das Gebiet an die Tschechoslowakei zurück. Allen Deutschen wurde die Staatsangehörigkeit aberkannt. Ihr Vermögen wurde entschädigungslos enteignet. Bei der anschließenden Vertreibung kamen etwa 400 000 Menschen um. 1,9 Millionen gelangten in die westlichen Besatzungszonen (Bayern, Hessen), 800 000 in die sowjetische Besatzungszone und 140 000 nach Österreich, etwa 250 000 blieben zurück.

L.: Pfitzner, J., Sudetendeutsche Geschichte, 2. A. 1937; Das Sudetendeutschtum, hg. v. Pirchan, G., 2. A. 1939; Aubin, H., Geschichtliche Kräfte im Sudetenraum, 1941; Sudetenland. Ein Hand- und Nachschlagebuch, hg. v. Kurth, K. O., 1954; Polenz, P. v., Landschafts- und Bezirksnamen, 1961, II, 50; Urban, R., Die sudetendeutschen Gebiete nach 1945, 1964; Brügel, J.W., Tschechen und Deutsche 1918–1938, 1967; Sudetenland in Europas Mitte, hg. v. Loebel, H. v., 1987; Franzel, E., Sudetendeutsche Geschichte, 1990; Ermacora, F., Die sudetendeutschen Fragen, Rechtsgutachten, 1992; Dokumente zur Austreibung der Sudetendeutschen, hg. v. d. Arbeitsgemeinschaft zur Wahrung sudetendeutscher Interessen, 1992; Habel, F., Eine politische Legende. Die Massenvertreibung von Tschechen aus dem Sudetengebiet 1938/39, 1996; Gebel, R., Heim ins Reich, 1998; Zimmermann, V., Die Sudetendeutschen im NS-Staat, 1999; Odsun, bearb. v. Hoffmann, R. u. a., 2000.

Südpreußen (Provinz). 1793 wurden die in der zweiten Teilung Polens an Preußen gefallenen Gebiete Großpolens im Umfang von rund 58 000 Quadratkilometern mit 1 130 000 meist polnischen Einwohnern (Posen, Gnesen, Kalisch, Lodz) als Provinz S. in Preußen zusammengefasst. 1795 kam aus der dritten Teilung Polens Warschau hinzu. 1807 musste Preußen die Provinz an das Herzogtum Warschau abgeben. 1815 erhielt es den westlichen Teil als Großherzogtum Posen (später Provinz Posen) zurück. 1945 kamen die Gebiete unter die Verwaltung Polens und gelangten damit 1990 als politische Folge der deutschen Wiedervereinigung an Polen. S. Posen.

L.: Bussenius, I., Die preußische Verwaltung in Südpreußen und Neuostpreußen 1793–1806, 1960.

Südthüringgau (Suthuringa, Sudthuringia, Gau zwischen Wipper und Unstrut)

L.: Curs, O., Deutschlands Gaue im zehnten Jahrhundert. Nach den Königsurkunden, Diss. phil. Göttingen 1908, 20 ([Südthüringergau] Suthuringa, Sudthuringia, Tennstedt, Bliederstedt).

Südtirol (Gebiet, Landschaft). Seit dem 6. Jahrhundert wurde das südlich an den Brennerpass angrenzende Gebiet durch Bayern besiedelt. Seit dem 12. Jahrhundert setzten sich hier die Grafen von Tirol durch. Die Sprachgrenze festigte sich bei Salurn (Salurner Klause). Ab 1866 verlangten italienische Politiker (Irredentisten, zu [1877] Italia irredenta, unerlöstes Italien) die Angliederung des Gebietes (von Dalmatien, Görz, Istrien, Triest, Tessin, Nizza, Malta, Korsika sowie) um Trient an das neue, 1861 entstandene Königreich Italien, teilweise auch die Ausdehnung bis zum Brenner. 1910 lebten in S. knapp 7000 Italiener (3 % der Bevölkerung). 1919 wurde im Frieden von St. Germain in Erfüllung eines Italien 1915 für seinen Kriegseintritt gegebenen Versprechens sowohl das italienischsprachige Trentino als auch, entgegen dem Grundsatz der Selbstbestimmung, das deutschsprachige S. auf der südlichen Seite des Brenners Italien angeschlossen, als Provinz Trentino-Alto Adige organisiert und seit 1922 intensiv italienisiert (Ettore Tolomei), was von Adolf Hitler seit 1923 als Preis für die Unterstützung seiner Bewegung durch den italienischen Faschismus anerkannt wurde. Am 21. 10. 1939 wurde zwischen Hitler und Mussolini ein umfassender Umsiedlungsplan vereinbart. Daraufhin entschieden sich etwa 86 % der deutschen und ladinischen Bewohner für eine Umsiedlung ins Deutsche Reich (Option, wahrgenommen von 74 500 Südtirolern), doch verhinderte der Krieg eine (vollständige) Verwirklichung dieses Planes. 1943 wurde S. (nach dem Wechsel Italiens auf die Seite der Alliierten) der deutschen Verwaltung unterstellt. Nach 1945 beanspruchte Österreich vergeblich das Gebiet, dessen Teilautonomie innerhalb Italiens in ihrem Umfang umstritten ist. Durch die Erstreckung des vereinbarten Autonomiestatutes über die Region Bozen hinaus auf die gesamte Region Trentino-Alto Adige erreichte Italien, dass die in S. überwiegende deutschsprachige Bevölkerung (1910 97 %, 1939 76 %, 1961 66 %, 1981 71 %) im Autonomiegebiet nur eine durch besondere geldliche Förderung zunehmend in Italien eingefügte Minderheit bildet. S. Tirol.

L.: Ritschel, H., Diplomatie um Südtirol, 1962; Handbuch der Südtiroler Ortsnamen, 1966; Steurer, L., Südtirol zwischen Rom und Berlin 1919–1939, Diss. phil. Wien 1975; Schober, R., Die Tiroler Frage auf der Friedenskonferenz von Saint Germain, 1982; Mittermaier, K., Südtirol, 1986; Riedmann, J., Geschichte Tirols, 2. A. 1988; Ermacora, F., Südtirol: Die verhinderte Selbstbestimmung, 1991; Südtirol von A–Z, 1996; Steininger, R., Südtirol im 20. Jahrhundert, 1997; Egen, A. v., Die Südtirol-Frage, 1997; Grigolli, S., Sprachliche Minderheiten, 1997; Steininger, R., Südtirol im 20. Jahrhundert, Dokumente, 1999; Steininger, R., Südtirol 1918–1999, 1999; Steininger, R., Südtirol, 2000; Südtirol Chronik, koord. v. Thaler, B., 2000; Lill, R., Südtirol in der Zeit des Nationalismus, 2002; Durnwalder, M., Die Reform des Südtiroler Autonomiestatuts, 2005.

Suduodi (südlich des Mains)

L.: Polenz, P. v., Landschafts- und Bezirksnamen, 1961, II, 38, 50, Suduodi; Wagner, G., Die Verwaltungsgliederung im karolingischen Reich, 1963, 12, Suduodis.

Sudveno

L.: Polenz, P. v., Landschafts- und Bezirksnamen, 1961, IV, 20, Sudveno, comes de, zum Ortsnamen Zutphen.

Suerzza (Gau am Oberlauf der Donau)

L.: Curs, O., Deutschlands Gaue im zehnten Jahrhundert. Nach den Königsurkunden, Diss. phil. Göttingen 1908, 20 (Allmendingen).

Sufflenheim, Suffelheim (Reichsdorf im Unterelsass)

L.: Jeniche, 11; Hugo 476.

Sugenheim (Herrschaft, reichsritterschaftliche Herrschaft). Im Hochmittelalter erwarben die Seckendorff von den Castell, Hohenlohe und anderen um S. bei Scheinfeld ein weitgehend geschlossenes Gut, das vermutlich ursprünglich aus Reichsvogteigut der Staufer kam. Mit ihm zählten sie zum Kanton Steigerwald des Ritterkreises Franken. 1796 fiel S. gewaltsam an Preußen, danach an Bayern.

L.: Wolff 512.

Suhlburg s. Senft von Sulburg

Suilbergi (Sülberggau)

L.: Polenz, P. v., Landschafts- und Bezirksnamen, 1961, II, 15, III, 31, 33, IV, 6, 9, 13 f., Suilbergi, Suilbergiga, Suilbergimarca, Sulbirgowe, ‚Sülberggau'.

Sulau (Minderherrschaft). Die freie Minderherrschaft S. in Niederschlesien war ursprünglich ein Teil von Militsch. 1595 gelangte sie an die Burggrafen zu Dohna, dann über die Freiherren von Maltzan und die Grafen Burghaus an die Troschke. 1742 fiel sie an Preußen (Provinz Niederschlesien). 1945/1990 kam Sulau zu Polen.

L.: Wolff 487.

Sulburg, Suhlburg s. Senft von S., Senft von Suhlburg

Sülchgau, Sülchengau (Gau)

L.: Curs, O., Deutschlands Gaue im zehnten Jahrhundert. Nach den Königsurkunden, Diss. phil. Göttingen 1908, 20 ([Sülchengau] Sulichgouue, Gau am Oberlauf des Neckars [Kirchtellinsfurt]); Polenz, P. v., Landschafts- und Bezirksnamen, 1961, II, 30–32, Suligouwe, ‚Sülchengau'; Borgolte, M., Geschichte der Grafschaften Alemanniens in fränkischer Zeit, 1984, 129.

Sulferino (Lehen) s. Castiglione

Sulihgouwe (Sülchengau, Sülchgau) s. Sülchgau

L.: Polenz, P. v., Landschafts- und Bezirksnamen, 1961, II, 30–32, Sulihgouwe, ‚Sülchengau'.

Sulkowski (Reichsfürst). 1752 wurde der polnische Kabinettsminister Alexander Josef S., der seit 1733 Reichsgraf war, nach dem Recht der Primogenitur, 1754 unbeschränkt zum Reichsfürsten erhoben.

L.: Klein 174.

Sulmanahgouwe (Sulmgau)

L.: Polenz, P. v., Landschafts- und Bezirksnamen, 1961, II, 24, 26, Sulmanahgouwe, ‚Sulmgau'.

Sulmetingen s. Obersulmetingen

Sultzel, Sützel, Sintzell, Süntzell, Suzel von Mergentheim (Reichsritter). Im 16. Jahrhundert gehörten die S. zum Kanton Odenwald des Ritterkreises Franken. S. a. Süntzel.

L.: Pfeiffer 210; Stetten 33; Riedenauer 127.

Sulz (Grafen). Das nach einer Salzquelle benannte S. am Neckar wurde 790 in einer Gabe an Sankt Gallen erstmals erwähnt. 1095 wurden Grafen von S. genannt, die auf der Burg Albeck oberhalb Sulz' saßen, die 1688 zerstört wurde. Sie verloren rasch einen großen Teil ihrer Güter. 1408 erwarb Graf Rudolf von S. als Schwiegersohn des letzten Grafen von Habsburg-Laufenburg die Landgrafschaft im Klettgau an der unteren Wutach. 1482/1497 erlangten die Grafen vom Hochstift Konstanz Schloss und Stadt Tiengen und die Küssaburg, 1510 durch Kauf die Herrschaften Vaduz, Schellenberg und Blumenegg. 1687 fiel die aus den Ämtern Jestetten und Tiengen bestehende Landgrafschaft über die Erbtochter an die Fürsten von Schwarzenberg, 1805/1806 an Baden und damit 1951/1952 an Baden-Württemberg. S. selbst stand schon 1251 infolge Erbanfalls den Herren von Geroldseck zu, von denen es bis 1473 an Württemberg und damit 1951/1952 an Baden-Württemberg kam.

L.: Wolff 161; Zeumer 553 II b 61, 7; Schöpfer, K., Solbad und Luftkurort Sulz im württembergischen Schwarzwald, 1928; Schäfer, V., Die Grafen von Sulz, Diss. phil. Tübingen 1969; Sulz, 1984; Eberl, I., Sulz, LexMA 8 1996, 304.

Sulz s. Gut von S.

Sulzbach (Grafen, Grafschaft). Zu Anfang des 11. Jahrhunderts entstand auf einem felsigen Kalkberg die Burg S., nach der sich seit 1071 Grafen von S. nannten, die von dem Babenberger Herzog Ernst I. von Schwaben (†1015) und der Konradinerin Gisela abstammten und deren Stammvater Berengar 1003 Graf im Nordgau war. Neben Eigen hatten sie Lehen Bambergs im westlichen Nordgau und in Österreich sowie die Vogtei über das Hochstift Bamberg. 1057 gewannen sie weitere Güter aus dem Erbe der ausgestorbenen Grafen von Schweinfurt. 1071 wurden sie erstmals als Grafen genannt. 1188 erlosch das Geschlecht. Seine Güter fielen an die Staufer und verwandte bayerische Adelsgeschlechter, vor allem die Grafen von Hirschberg. Die Grafschaft S. kam 1269 teilweise, nach dem Aussterben der Grafen von Hirschberg 1305 vollständig an die wittelsbachischen Herzöge von Bayern, 1329 an deren pfälzische Linie. Von 1349/1353 bis 1373 war S. unter Karl IV. Hauptort der luxemburgischen Güter der Krone Böhmens in der Oberpfalz (Neuböhmen), kam dann aber wieder an Bayern zurück. 1505 wurde es nach dem Landshuter Erbfolgekrieg Teil von Pfalz-Neuburg, von 1610/1616/1656 bis 1742 Sitz des Fürstentums Pfalz-Sulzbach. Danach fiel das zum bayerischen Reichskreis zählende S. infolge (der Beerbung der Pfalz bzw. Pfalz-Neuburgs durch Pfalz-Sulzbach 1742 und) der Beerbung Bayerns durch die Pfalz 1777 (Pfalz-Sulzbach) wieder mit Bayern zusammen. S. Pfalz-Sulzbach.

L.: Wolff 141; Wallner 712 BayRK 5; Gack, G., Geschichte des Herzogthums Sulzbach, Neudruck 1988; Pfeiffer, R./Wiedemann, H., Sulzbach in der deutschen Geschichte, 1965; Piendl, M., Herzogtum Sulzbach, Landrichteramt Sulzbach, Oberpfälzer Heimat 14 (1970); Sturm, H., Das wittelsbachische Herzogtum Sulzbach, 1980; Schmid, A., Sulzbach, LexMA 8 1996, 304; Dendorfer, J., Adelige Gruppenbildung und Königsherrschaft, 2004.

Sulzbach (Reichsdorf). 1035 gab Konrad II. dem Kloster Limburg an der Haardt (Hardt) bei Dürkheim (Bad Dürkheim) an der Weinstraße den königlichen Hof zu S. mit Teilen des Gebietes der später zur Vogtei S. gehörigen Dörfer Altenhain, Neuenhain, Schneidhain und Soden im Taunus. Die freien Bauern wurden hiervon nicht betroffen. 1282 stellten sich die freien Bauern von Soden und S. unter den Schutz der Stadt Frankfurt und verpflichteten sich dafür zur Heeresfolge. 1450 gerieten Soden und S. auf Grund eines Frankfurter Darlehens pfandweise ganz unter die Herrschaft Frankfurts. Als das Kloster Limburg 1561 an die Pfalz (Kurpfalz) fiel, musste Frankfurt in eine Teilung der hohen Obrigkeit einwilligen. 1613 gelang es Soden und S., sich durch Rückzahlung rechtlich von der Frankfurter Herrschaft zu befreien. 1650 trat die Pfalz die Vogtei S. an das Erzstift Mainz ab. 1656 einigten sich Frankfurt und das Erzstift Mainz über die Rechte der gemeinsamen Herrschaft in S. und Soden. 1803 fielen S. und Soden an Nassau-Usingen (Nassau) und damit 1866 an Preußen und 1945 an Hessen.

L.: Hugo 463; Wolff 506; Kaufmann, E., Geschichte und Verfassung der Reichsdörfer Soden und Sulzbach, 2. A. 1981.

Sulzbach s. Ruß von S.

Sulzberg (Herrschaft). 1059 erscheint erstmals der S. (Sulceberch) südlich von Kempten als Grenzmarke zwischen Hochstift Augsburg und Kloster Kempten. Die Herrschaft S. hatten als Lehen Kemptens von 1176 bis 1358 Herren von S. inne, denen über die Erbtochter die Herren von Schellenberg folgten. Bei der Erbteilung von 1381 wurde S. Sitz einer eigenen Linie. In dieser kam sie 1525 an Veronika von Schellenberg, die sie an ihren Bruder verkaufte. Dieser veräußerte die zum schwäbischen Reichskreis zählende Herrschaft 1526 an die Abtei Kempten, über die S. 1802/1803 an Bayern gelangte.

L.: Wolff 158; Wallner 685 SchwäbRK 7; Hölzle, Beiwort 80; Becherer, J., Chronik der Marktgemeinde Sulzberg, 1931.

Sulzbürg (Reichsherrschaft). Nach S. bei Neumarkt in der Oberpfalz nannte sich seit 1217 ein Reichsministerialengeschlecht, das vielleicht auf den in der Umgebung König Konrads III. erscheinenden Gottfried von Wettenhofen zurückgeht, sich seit dem Ende des 13. Jahrhunderts nach den von ihnen beerbten, schon um 1120 bezeugten Edelfreien von Wolfstein nannte und das Kloster Seligenporten gründete. Niedersulzbürg kam vor 1291 an die verschwägerten Reichsministerialen von Stein (Hilpoltstein), später an die Gundelfingen und Hohenfels, 1403/1404 zusammen mit dem 1397 verliehenen Hochgericht an die (S. bzw.) Wolfstein. Obersulzbürg fiel Ende des 13. Jahrhunderts an die Grafen von Hirschberg, danach an Bayern und 1330 als Lehen an die Herren von Dürnwang und wurde um 1350 von den Wolfstein gekauft. Das um 1130 urkundlich fassbare Reichsgut Pyrbaum gelangte vor 1346 von den verschwägerten Reichsministerialen Rindsmaul an die von Wolfstein. 1353 wurde die Reichsunmittelbarkeit des um S. und Pyrbaum liegenden Gebietes ausdrücklich anerkannt. 1354 wurden die Wolfstein vom kaiserlichen Landgericht befreit. 1496 nahmen sie Niedersulzbürg zu Lehen. 1523 wurden sie in den Reichsfreiherrenstand, 1673 in den Reichsgrafenstand erhoben. S., das aus dem Bergschloss und Markt Obersulzbürg und einer Anzahl Dörfer bestand, und Pyrbaum mit Schloss und Markt Pyrbaum bildeten zunächst eine einzige Herrschaft, doch wurde seit 1480 Pyrbaum in den kaiserlichen Lehnsbriefen als einzelne Herrschaft angesehen. 1561 wurde die Reformation eingeführt. 1740 kamen die zum bayerischen Reichskreis zählenden Herrschaften nach Aussterben der Wolfstein, die seit 1668 Mitglieder des fränkischen Reichsgrafenkollegiums waren, auf Grund einer Lehnsanwartschaft von 1562 an Bayern. Nach dem Tod Maximilians III. Josef, der 1769 auch die Allode der Wolfstein erlangt hatte, fielen S. und Pyrbaum mit 2 Quadratmeilen an das Reich, das sie 1779 der Regierung Bayerns unterstellte. S. Wolfstein zu S.

L.: Wolff 150; Wallner 712 BayRK 15; Böhm, J., Die ehemalige Wolfsteinische Reichsgrafschaft Sulzbürg-Pyrbaum, in: Das Bayerland 8 (1897), 280; Wappler, K., Das Sulzbürger Landl, 1957; Heinloth, B., Neumarkt, 1967, in: Historischer Atlas von Bayern, Teil Altbayern.

Sulzfeld (Herren, reichsritterschaftlicher Ort). 1077 wird S. (Sultzfeld) bei Karlsruhe erstmals erwähnt. Nach ihm nannten sich Herren von S., die Lehnsleute Speyers waren. Im 14. Jahrhundert kam S. von ihnen an die Göler von Ravensburg, die Lehnsleute der Grafen von Oettingen waren. Der reichsritterschaftliche Ort zählte zum Kanton Kraichgau des Ritterkreises Schwaben. 1805 gelangte er an Baden und damit 1951/1952 an Baden-Württemberg.

L.: Pfefferle, T., Sulzfeld mit Ravensburg, 1969.

Sulzfeld (Reichsdorf). Das 915 bezeugte S. bei Kitzingen gehörte vermutlich ursprünglich zur Reichsvogtei Schweinfurt. Über das Hochstift Würzburg fiel es an Bayern.

L.: Hugo 457, 460.

Sulzgau s. Solanzgouwe

L.: Polenz, P. v., Landschafts- und Bezirksnamen, 1961, 306.

Summerau (Freiherren). Vom 16. Jahrhundert bis etwa 1800 zählten die Freiherren von S. zum Kanton Hegau-Allgäu-Bodensee des Ritterkreises Schwaben. S. Praßberg zu S.

L.: Roth von Schreckenstein 2, 592; Hölzle, Beiwort 61; Ruch, Anhang 79.

Sundergau (Sundergeuue, Sundergouue, Sundargouwe, Gau zwischen Inn und Isar)

L.: Curs, O., Deutschlands Gaue im zehnten Jahrhundert. Nach den Königsurkunden, Diss. phil. Göttingen 1908, 21 (Oberhaching, Unterhaching, Huppenberg, Hechenberg, Königsdorf, Karpfsee, Weidfitze, Wolfratshausen, Vogtareuth, Neuching, Tegernsee); Polenz, P. v., Landschafts- und Bezirksnamen, 1961, II, 36f., Sundargouwe.

Sunderscas (Gau südwestlich Kölns)

L.: Curs, O., Deutschlands Gaue im zehnten Jahrhundert. Nach den Königsurkunden, Diss. phil. Göttingen 1908, 20 (Düren); Polenz, P. v., Landschafts- und Bezirksnamen, 1961, II, 95, 255, Sunderscas.

Sundgau (Grafschaft). Vermutlich schon in merowingischer Zeit wurde zwischen Vogesenkamm, Rhein, Thur und Birs der 899 erstmals genannte S. (Südgau, im Gegensatz zum Nordgau, Grenze bei Schlettstadt, seit dem 8. Jahrhundert Landgraben nördlich von Colmar) gebildet, in dem wahrscheinlich zu Beginn des 9. Jahrhunderts eine Grafschaft entstand. Diese Grafschaft S. (Grafschaft Oberelsass im Gegensatz zur nördlich der Thur gelegenen Landgrafschaft Oberelsass) war vielleicht schon im 11. Jahrhundert bei den Vorfahren der Grafen von Habsburg. 1135 erwarben die Grafen von Habsburg die Landgrafschaft, 1324 die Grafschaft Pfirt. Später blieben nur Horburg, Reichenweier (1324 durch Kauf an Württemberg), die Rufacher Mundat (Hochstift Straßburg), Mülhausen und die Abtei Murbach außerhalb der Herrschaft Habsburgs, die seit 1250 ihren Sitz in Ensisheim hatte. Danach wurde S. die Bezeichnung für die Güter Habsburgs im Elsass. Von 1469 bis 1474 ließ sich das Herzogtum Burgund die Grafschaft S. von Habsburg verpfänden, 1648 kam sie an Frankreich.

L.: Wolff 297; Großer Historischer Weltatlas II 66 (1378) D5; Die alten Territorien des Elsass (Statistische Mitteilungen über Elsass-Lothringen, 27 [1896]); Das Reichsland Elsass-Lothringen, Bd. 3 1901ff.; Müller, C., Mittelalterliche Städte im Sundgau und Elsgau, Alemann. Jb. 1958; Polenz, P. v., Landschafts- und Bezirksnamen, 1961, II, 9, 36f., 255, Sundgouwe, Sundgau, Oberelsass; Reinhard, E., Die Siedlungen im Sundgau, 1965; Stintzi, P., Die habsburgischen Güter im Elsass, in: Vorderösterreich, hg. v. Metz, F., 3. A. 1978; Baum, W., Die Habsburger in den Vorlanden, 1993; Schuler, P., Sundgau, LexMA 8 1996, 323 f.

Sundgouwe (Sundgau)

L.: Polenz, P. v., Landschafts- und Bezirksnamen, 1961, II, 9, 36f., 255, Sundgouwe, Sundgau, Oberelsass.

Sundheim, Sundtheim, Suntheim (Reichsritter). Von 1562 bis 1601 war Hans Conrad von S. zu Wendelsheim und Nellingsheim Mitglied des Kantons Neckar des Ritterkreises Schwaben.

L.: Hellstern 215.

Sünger (von Moßau) s. Singer

Suntheim (Reichsritter) s. Sundheim

Süntzel, Süntzell (Reichsritter) s. Sultzel

Surense (Sauergau?)

L.: Polenz, P. v., Landschafts- und Bezirksnamen, 1961, II, 17f., 27, Surense, pagus Surensis, Sauergau?, zum Flussnamen Sauer.

Sürg von Sürgenstein, Syrg von Syrgenstein (Freiherren, Reichsritter). Die Freiherren S., die bereits 1488 der Rittergesellschaft Sankt Jörgenschild, Teil im Hegau und am Bodensee, angehörten, waren im 18. Jahrhundert mit Altenberg Mitglied des Kantons Kocher des Ritterkreises Schwaben, in dem sie im 17. Jahrhundert aus dem Erbe der Westerstetten Ballhausen und Dunstelkingen (bis 1786) erhalten hatten. Wegen des 1265 erwähnten Sürgenstein (Syrgenstein) an der Oberen Argen bei Isny im Allgäu waren sie auch im Kanton Hegau (Hegau-Allgäu-Bodensee) immatrikuliert. Außerdem zählten sie zum Kanton Neckar, beide Kantone ebenfalls im Ritterkreis Schwaben.

L.: Roth von Schreckenstein 2, 592; Hölzle, Beiwort 61f.; Ruch, Anhang 4; Kollmer 372; Hellstern 213; Schulz 272; Mau, H., Die Rittergesellschaften mit Sankt Jörgenschild in Schwaben, 1941, 34.

Susa (Markgrafschaft). Vielleicht noch im 1. Jahrhundert v. Chr. entstand am Fuß des Mont Cenis die römische Siedlung Segusio. Im frühen 6. Jahrhundert bildete S. den Mittelpunkt einer Herrschaft der Goten. Seit der Mitte des 10. Jahrhunderts unterstand S. der Herrschaft der Markgrafen von Turin, kam aber am Ende des 11. Jahrhunderts an Savoyen und damit 1861 an Italien.

L.: Sergi, G., Potere e territorio, 1981; Sergi, G., I confini del potere, 1995; Sergi, G., Susa, LexMA 8 1996, 330.

Sutherbergi

L.: Polenz, P. v., Landschafts- und Bezirksnamen, 1961, II, 38, 95, III, 3, 31, Sutherbergi.

Suthergo

L.: Polenz, P. v., Landschafts- und Bezirksnamen, 1961, II, 36f., Suthergo.

Suthrahi (Gau östlich der mittleren Zuidersee)

L.: Polenz, P. v., Landschafts- und Bezirksnamen, 1961, II, 38, 46 f., Suthrahi.

Suththuringa

L.: Polenz, P. v., Landschafts- und Bezirksnamen, 1961, 306, Suththuringa, s. Thuringun.

Sützel s. Sultzel

Svilberigavvi (Gau an der mittleren Leine östlich von Korvei)

L.: Curs, O., Deutschlands Gaue im zehnten Jahrhundert. Nach den Königsurkunden, Diss. phil. Göttingen 1908, 21.

Swabun (Schwaben)

L.: Polenz, P. v., Landschafts- und Bezirksnamen, 1961, II, 22, 51 f., 94, III, 27, Swabun, Volksname, Landname, Swabolant, Svavaland, Swabo richi, Suevia, Schwaben.

Swalafeld (Schwalbfeld) s. Sualafeld

L.: Polenz, P. v., Landschafts- und Bezirksnamen, 1961, II, 27, 58, 61 f., III, 30 f., Swalafeld (Sualafeld), ‚Schwalbfeld'.

Sweinahgouwe (Sueinihgouui, Svveinigovve, Gau zwischen Isarmündung und Innmündung)

L.: Curs, O., Deutschlands Gaue im zehnten Jahrhundert. Nach den Königsurkunden, Diss. phil. Göttingen 1908, (Flinsbach, Windorf); Polenz, P. v., Landschafts- und Bezirksnamen, 1961, II, 24, 26 f., Sweinahgouwe, ‚Schweinachgau'.

Swenberg, Schwemberg (freie Leute). Am 26. 2. 1409 bestätigte König Ruprecht dem Eberhard von Ramschwag die freien Leute zu S. (Schwemberg bei Sankt Gallen?) als Reichspfandschaft.

L.: Hugo 473 f.

Swerts von Landas zu Weinheim (Reichsritter). Um 1750 zählten die S. zum Kanton Odenwald im Ritterkreis Franken.

L.: Riedenauer 127.

Swerzenhuntari

L.: Polenz, P. v., Landschafts- und Bezirksnamen, 1961, II, 78, 82, 95 f., Swerzza, Swerzenhuntari; Borgolte, M., Geschichte der Grafschaften Alemanniens in fränkischer Zeit, 1984, 133.

Swerzza s. Swerzenhuntari

Swiggerstal (Schweikerstal)

L.: Polenz, P. v., Landschafts- und Bezirksnamen, 1961, I, 14, II, 64, 67, 90, Swiggerstal (Schweikerstal).

Swistgau (Untergau des Bonngaus)

L.: Polenz, P. v., Landschafts- und Bezirksnamen, 1961, 307, s. Zustahgouwe; Nonn, U., Pagus und comitatus in Niederlothringen, 1983, 248.

Sylt (Harde, Landschaft). Die Insel S. wurde im Frühmittelalter von Nordfriesen besiedelt. Sie bildete eine der 13 Harden der nordfriesischen Uthlande. Seit dem 13. Jahrhundert stand der Norden der Insel (Listland) unter der Herrschaft des Stifts Ripen. Von 1386 teilten sich der König von Dänemark und der Herzog von Schleswig den Besitz der Insel. 1435 kam S. zum Herzogtum Schleswig, doch blieb List bis 1864 bei Dänemark. Innerhalb Schleswig-Holsteins hatte S. weitgehende Selbstverwaltung. Mit Schleswig-Holstein gelangte es 1866 zu Preußen und damit 1946 zu Schleswig-Holstein.

L.: Sylt. Geschichte und Gestalt einer Insel, hg. v. Hansen, M./Hansen, N., 1967.

Symau, Siemau s. Schenk von S.

Syrg von Syrgenstein (Freiherren, Reichsritter) s. Sürg von Sürgenstein

T

Talheim (Reichsritter). Von 1542 bis zu ihrem Erlöschen zählten die seit Anfang des 16. Jahrhunderts in T. ansässigen T. zum Kanton Kocher des Ritterkreises Schwaben. S. a. Leiher von T.

L.: Schulz 272.

Talheim (reichsritterschaftliche Herrschaft). T. zählte zum Kanton Kocher des Ritterkreises Schwaben und kam vor der Mediatisierung an den Deutschen Orden und über Württemberg 1951/1952 zu Baden-Württemberg.

Talou s. Tellaus

L.: Polenz, P. v., Landschafts- und Bezirksnamen, 1961, 307.

Tann (reichsritterschaftliche Herrschaft). T. an der Ulster erscheint erstmals 1197 in der Überlieferung Fuldas als civitas. Seit 1647 gehörte T. über die von und zu T. zum buchischen Quartier des Kantons Rhön-Werra des Ritterkreises Franken. 1803 kam T. an Bayern und 1866 mit Gersfeld an Preußen und damit 1945 an Hessen.

L.: Wolff 514; Abel, A., Heimatbuch des Kreises Gersfeld, 1924.

Tann, Thann (Reichsritter). Vom 16. bis ins 18. Jahrhundert waren die nach T. an der Ulster benannten von und zu der T. mit T., Altschwambach (Altschwammbach) und Aura, Dietgeshof, Dippach, Esbachsgraben (Esbachgraben), Friedrichshof, Günthers, Habel, Herdathurm (Herdaturm), Hundsbach, Kleinfischbach, Knottenhof, Lahrbach, Meerswinden, Neuschwambach (Neuschwammbach), Neustädges, Oberrückersbach, Schlitzenhausen, Schwarzenborn, Sinswinden, Theobaldshof, Unterrückersbach, Wendershausen, Huflar, Teilen von Nordheim/Rhön und Oberwaldbehrungen Mitglied im Kanton Rhön-Werra des Ritterkreises Franken. Im 16. Jahrhundert waren sie auch im Kanton Steigerwald (?) und im Kanton Odenwald immatrikuliert.

L.: Genealogischer Kalender 1753, 538 f.; Stieber; Wolff 514; Roth von Schreckenstein 2, 594; Seyler 387; Winkelmann-Holzapfel 165; Pfeiffer 198; Riedenauer 127; Stetten 33; Rahrbach 261; Eckhardt, K., Fuldaer Vasallengeschlechter im Mittelalter, 1968.

Tanner von Reichersdorf (Reichsritter). Im frühen 18. Jahrhundert zählten die T. zum Kanton Gebirg des Ritterkreises Franken.

L.: Riedenauer 127.

Tannhausen (Freiherren, Reichsritter). Seit 1542 (aber mit Ausnahme der Unterbrechung von 1570 bis 1657) zählten die Freiherren von T. mit einem Drittel T. und Rühlingstetten (seit dem 13. Jh.) zum Kanton Kocher des Ritterkreises Schwaben. S. Thannhausen.

L.: Roth von Schreckenstein 2, 592; Hölzle, Beiwort 62; Schulz 272.

Tannheim (freie Herrschaft). In T. zwischen Biberach und Memmingen ist um 1100 eine Martinskirche bezeugt, die 1351 dem Kloster Ochsenhausen inkorporiert war. Die freie Herrschaft T. gehörte über Ochsenhausen dem schwäbischen Reichskreis an. 1803 fiel T. an die Grafen von Schaesberg, die sich danach Schaesberg-Tannheim nannten und 1806 in Württemberg mediatisiert wurden. Über Württemberg kam T. 1951/1952 an Baden-Württemberg.

L.: Wolff 183; Wallner 687 SchwäbRK 33.

Tänzl von Tratzberg, Tenzel, Tandlin (Freiherren, Reichsritter). Die aus dem Innsbrucker Bürgertum stammenden Tänzl waren spätestens seit 1441 Gewerken im Silberbergbau von Schwaz. Um 1500 erwarben sie die schon am Ende des 13. Jahrhunderts urkundlich erwähnte, 1490/1491 abgebrannte Burg Tratzberg bei Schwaz, gaben die Burg nach eindrucksvollem Wiederaufbau 1554 aber an die Augsburger Patrizier Ilsung. Im 18. Jahrhundert zählten die Freiherren T. mit halb Bissingen zum Kanton Donau des Ritterkreises Schwaben. Vorübergehend gehörten sie auch dem Kanton Odenwald des Ritterkreises Franken an.

L.: Hölzle, Beiwort 59; Riedenauer 127; Enzenberg, S. Graf, Tratzberg, 2000.

Tarasp, Trasp, Trafft (Herrschaft). Die Burg T. im Unterengadin stammt aus dem 12. Jahrhundert. Sie war Mittelpunkt der im 13. Jahrhundert den Grafen von Tirol zugeordneten Herrschaft T. Sie gehörte nach mehrfachem Herrschaftswechsel seit 1464 zu Tirol bzw.

Österreich und kam mit diesem zum österreichischen Reichskreis. 1684 erwarben die Fürsten von Dietrichstein die 1,5 Quadratmeilen große, als reichsunmittelbar geltende, katholisch gebliebene Herrschaft und erlangten für sie 1686 Sitz und Stimme auf dem Reichstag. 1803 fiel T. von Österreich an Graubünden in der Schweiz.

L.: Gumpelzhaimer 5; Wolff 49; Wallner 714 ÖsterreichRK 4; Großer Historischer Weltatlas III 22 (1648) E5; Poeschel, E., Das Burgenbuch von Graubünden, 1929.

Taschendorf (reichsritterschaftlicher Ort). T. bei Scheinfeld zählte zum Kanton Steigerwald des Ritterkreises Franken. Es kam später zu Bayern.

L.: Wolff 512.

Tastungen (Freiherren, Reichsritter). Im frühen 18. Jahrhundert zählten die Freiherren von T. zum Kanton Rhön-Werra des Ritterkreises Franken.

L.: Stieber; Seyler 389; Riedenauer 127.

Taubergau (Tubargouue, Tubergouue, Dubargeuue, Duuerehgouue, Tufercgoew, Gau um die Tauber links des Mains)

L.: Curs, O., Deutschlands Gaue im zehnten Jahrhundert. Nach den Königsurkunden, Diss. phil. Göttingen 1908, 21 (Sonderhofen, Distelhausen, Bolzhausen, Oellingen, Baldersheim, Tauberbischofsheim); Polenz, P. v., Landschafts- und Bezirksnamen, 1961, II, 24, 26 f., Tubargouwe, ‚Taubergau'; Niemeyer, W., Der pagus des frühen Mittelalters in Hessen, 1968, 119.

Tauroggen (Herrschaft). Die Herrschaften T. und Serrey in Litauen fielen 1688/1690 an Brandenburg, wo sie bis 1695 verblieben. 1793 kamen sie an Russland.

Tautenberg s. Schenk von T.

Tautenburg (Herrschaft). Wohl im 12. Jahrhundert wurde inmitten ausgedehnter Wälder die Burg T. bei Jena angelegt. 1243 belehnte Kaiser Friedrich II. die Schenken von Vargula mit T. Seitdem nannte sich eine ihrer Linien wegen des thüringischen Erbschenkenamtes Schenken von T. Sie erwarb im 13. und beginnenden 14. Jahrhundert ansehnliche Güter an der mittleren Saale und der unteren Unstrut. 1343 musste T. von den Grafen von Schwarzburg, 1345 von den Markgrafen von Meißen zu Lehen genommen werden. Nach dem Erlöschen der in T. verbliebenen Linie 1640 zogen die albertinischen Wettiner die Herrschaft als erledigtes Lehen ein. Nach der Reichsmatrikel von 1776 gehörte die Grafschaft T. zum obersächsischen Reichskreis. 1815 kam die Herrschaft T. an Sachsen-Weimar. 1920 gelangte T. an Thüringen und damit von 1949 bis 1990 zur Deutschen Demokratischen Republik.

L.: Gumpelzhaimer 171; Wolff 377; Berg, A., Zur Genealogie der Schenken von Tautenburg im Mittelalter, in: Archiv für Sippenforschung 12 (1935).

Taxis s. Thurn und Taxis

Teck (Herzöge). Die Burg T. in der Schwäbischen Alb ist erstmals 1152 bezeugt. Sie war Sitz einer vor 1187 entstandenen Nebenlinie der Herzöge von Zähringen, die sich seit (etwa 1186 bzw.) 1187 Herzöge von T. nannte, sich 1218 beim Aussterben der Herzöge von Zähringen mit einer Geldabfindung zufriedengab und sich am Ende des 13. Jahrhunderts in die Linien Oberndorf mit Gütern im Neckargau und Owen mit Gütern um T. teilte. Schon früh musste die Vogtei über das Reichsgut Rottweil an den König zurückgegeben werden. 1303 verkaufte die Linie Oberndorf ihre Hälfte der Herrschaft an Habsburg bzw. Österreich. Im Wettstreit mit Habsburg kauften die Grafen von Württemberg 1317 die Herrschaft Rosenfeld von der Linie Oberndorf, die 1363 verarmt ausstarb, und gewannen von 1319 bis 1323 pfandweise und 1381/1386 endgültig das Gebiet um T. (T., Kirchheim, Verkauf der Hälfte der Herrschaft T. durch die jüngere Linie 1381/1385). Die Linie Owen erwarb 1365 die Herrschaft Mindelheim und veräußerte 1374 die 1363 ererbte Herrschaft Oberndorf an die Grafen von Hohenberg. Mit Ludwig von T., Patriarch von Aquileja, starb das Geschlecht 1439 aus. 1495 verlieh König Maximilian I. wegen der von den T. stammenden Güter den Grafen von Württemberg den Titel Herzog von T. Das Herzogtum Württemberg und T. gehörte am Ende des 18. Jahrhunderts zum schwäbischen Reichskreis. Der Sohn Alexanders von Württemberg, Graf Franz von Hohenstein (1837–1900) erhielt 1863 den Titel Fürst von T., 1871 Herzog von T.

L.: Wolff 159; Großer Historischer Weltatlas II 66 (1378) E4; Die schwäbische Alb, hg. v. Wagner, G., 1958; Gründer, I., Studien zur Geschichte der Herrschaft Teck, 1963; Wolf, A., König für einen Tag, 2. A. 1995; Wolf, A., Teck, LexMA 8 1996, 517 f.

Tecklenburg (Grafschaft). Die Burg T. südwestlich von Osnabrück im westlichen Teutoburger Wald wurde um 1100 vermutlich von den Grafen von Zutphen erbaut. 1129 ist der vielleicht aus dem Mittelrheingebiet stammende, aus der Familie der die Grafen von Zutphen beerbenden Grafen von Saarbrücken kommende Graf Ekbert bzw. Egbert, 1184 der Name T. bezeugt. 1184 wurde die Burg T. an das Erzstift Köln verkauft und als Lehen zurückgenommen. Obwohl 1173 die Vogtei über das Hochstift Münster und 1236 die seit etwa 1180 gehaltene Vogtei über das Hochstift Osnabrück aufgegeben werden mussten, gewannen die Grafen eine ansehnliche Herrschaft zwischen Hunte und Ems (1189 Ibbenbüren). 1248 wurden Güter um Vechta und im Emsland an das Hochstift Münster verkauft. 1263 starben die ekbertinischen Grafen von T. aus. Ihre Güter fielen über eine Erbtochter (Heilwig) an die jüngere Linie der Grafen von Holland, die sich seit dem Erwerb der Obergrafschaft Bentheim 1154/1165 Grafen von Bentheim nannte und vor 1309 das Recht ihrer Dienstmannen besonders aufzeichnete. 1327/1328 kam T. an die landfremden verwandten Grafen von Schwerin, die (zwischen 1343 und) 1358 Schwerin an Mecklenburg verkauften und den Namen T. fortführten. Um 1375 umfasste das Herrschaftsgebiet neben der an der oberen Ems gesondert liegenden, 1365 erworbenen Grafschaft Rheda südwestlich Bielefelds einen breiten Streifen auf dem rechten Emsufer zwischen Münster und Lingen und Gebiete des südlichen Oldenburg mit Cloppenburg, Friesoythe einschließlich des Saterlandes und des Hümmlings. 1385 wurde Iburg gewonnen. Um 1400 verlor T. in Auseinandersetzungen mit den Hochstiften Münster und Osnabrück und dem Erzstift Köln mit Cloppenburg, Friesoythe und Bevergern bei Rheine etwa die Hälfte seines Gebietes an Münster und wurde auf zwei nur durch einen schmalen Landstreifen verbundene Teile um Lingen und um T. beschränkt. 1493 wurde in T. (mit Rheda) und Lingen geteilt. 1548 wurde wegen der Zugehörigkeit des letzten Grafen der Schweriner Linie zum Schmalkaldischen Bund Lingen entzogen und an Kaiser Karl V. als Herzog von Geldern gegeben (1632/1633 an Oranien, 1702 an Brandenburg). 1557 kam das zum niederrheinisch-westfälischen Reichskreis zählende T. (mit Rheda) über eine Erbtochter wieder an Bentheim. Dieses wurde 1606/1610 in die Linien Bentheim-Tecklenburg mit T., Rheda und Limburg (Hohenlimburg) und Bentheim und Steinfurt geteilt. 1696 kam es zur Wiederaufnahme von bereits 1576 vor dem Reichskammergericht begonnenen Erbstreitigkeiten mit den Grafen von Solms-Braunfels, die durch Urteil den größten Teil der Grafschaft T. erhielten. 1707/1729 fiel das zum westfälischen Reichsgrafenkollegium zählende T. (Bentheim-Tecklenburg) unter Abfindung der Grafen von Solms-Braunfels und der Grafen von Bentheim-Tecklenburg, denen die Herrschaft Rheda verblieb, an Preußen. 1807/1808 kam T., das mit der Reichsgrafschaft Lingen ein Gebiet von 14 Quadratmeilen mit 45 000 Einwohnern umfasste (die Städte T., Lengerich und Kappeln und die Kirchspiele Lengerich, Kappeln, Lienen [Linen], Ladbergen, Wersen, Lotte, Leeden, Ledde und Schale), zum Großherzogtum Berg, 1810 bis 1813 zu Frankreich. Danach fiel es mit der Obergrafschaft Lingen an Preußen (Provinz Westfalen) zurück und damit 1946 an Nordrhein-Westfalen. Die Niedergrafschaft Lingen gelangte über Hannover 1866 an Preußen (Provinz Hannover) und damit 1946 zu Niedersachsen.

L.: Wolff 352 f.; Zeumer 554 II b 63, 3; Wallner 703 WestfälRK 16; Großer Historischer Weltatlas II 66 (1378) D2, III 22 (1648) C2, III 38 (1789) B1; Die Territorien des Reichs 3, 182; Holsche, A. K., Historisch-topographisch-statistische Beschreibung der Grafschaft Tecklenburg, 1788; Reismann-Grone, T., Geschichte der Grafschaft Tecklenburg bis zum Untergang der Egbertiner 1263, 1894; Fressel, R., Das Ministerialenrecht der Grafen von Tecklenburg, Diss. jur. Münster 1907; Gertzen, B., Die alte Grafschaft Tecklenburg 1400, Diss. phil. Münster 1939; Hunsche, F., 250 Jahre Landkreis Tecklenburg, 1957; Hillebrand, W., Besitz- und Standesverhältnisse des Osnabrücker Adels, 1961; Gladen, A., Der Kreis Tecklenburg an der Schwelle des Zeitalters der Industrialisierung, 1970; Köbler, G., Gericht und Recht in der Provinz Westfalen (1815–1945), FS G. K. Schmelzeisen, 1980, 169; Köln Westfalen 1180–1980, 1980; Mersiowsky, M., Tecklenburg, LexMA 8 1996, 518; 850 Jahre Ibbenbüren, 1996; Zunker, D., Adel in Westfalen, 2003, 198 (mit genealogischer Übersicht).

Tegernau, Degernau (Reichsritter). Von 1609 (Johann Friedrich von T., württembergischer Rat und Obervogt zu Balingen) bis 1702 waren die T. Mitglied des Kantons Neckar des Ritterkreises Schwaben.

L.: Roth von Schreckenstein 2, 592; Hellstern 215.

Tegernsee (Reichsabtei). 746 (oder um 760) gründete das bayerische Adelsgeschlecht der Huosi die Benediktinerabtei T. (Tegarinseo) am Tegernsee, von der aus das Alpenvorland christianisiert wurde. 788 kam T. an den fränkischen König. Nach dem Verlust vieler Güter an Herzog und Adel und dem Verfall infolge der Ungarneinfälle kam es unter Kaiser Otto II. 978 zur Neugründung, die sich den Ideen der Gorzer Reform anschloss und eine eindrucksvolle Blütezeit erlebte (Ruodlieb, Ende des 11. Jahrhunderts). Unter Heinrich IV. wurde T. Reichsabtei. Im 13./14. Jahrhundert sank T. zu einem Adelskloster herab. Im 15. Jahrhundert ging die Reichsunmittelbarkeit durch Verzicht zugunsten Bayerns verloren. 1803 wurde T. säkularisiert und die Bibliothek nach München gebracht.

L.: Geiger, S., Tegernsee, ein Kulturbild, 1936; Hartig, M., Die Benediktinerabtei Tegernsee 746–1803, 1946; Die Traditionen des Klosters Tegernsee 1003–1242, hg. v. Acht, P., 1952; Ruppert, K., Das Tegernseer Tal, 1962; Angerer, J., Die Bräuche der Abtei Tegernsee, 1968; Flohrschütz, G., Die Dienstmannen des Klosters Tegernsee, Oberbayerisches Archiv 112 (1988); Störmer, W., Tegernsee, LexMA 8 1996, 524; Die Tegernseer Briefsammlung des 12. Jahrhunderts, hg. v. Plechl, H., 2002.

Tegrinwac

L.: Polenz, P. v., Landschafts- und Bezirksnamen, 1961, Tegrinwac, pagus Tegrinwac, IV, 12, zum Ortsnamen Tegernbach.

Tehsandrun

L.: Polenz, P. v., Landschafts- und Bezirksnamen, 1961, I, 26, II, 22, III, 27, 32, Tehsandrun (Texuandri, Toxandria).

Teisselberg, Theinselberg (Herrschaft). Die Herrschaft T. zählte am Ende des 18. Jahrhunderts über die Fürstabtei Kempten zum schwäbischen Reichskreis.

L.: Wolff 158.

Teisterbant (Gau) (Testerventis 709)

L.: Curs, O., Deutschlands Gaue im zehnten Jahrhundert. Nach den Königsurkunden, Diss. phil. Göttingen 1908, 21 ([Testerbant] Testrebantensis, Testerbantia, Gau zwischen Niederrhein und Waal, Bommel, Tiel); Polenz, P. v., Landschafts- und Bezirksnamen, 1961, II, 21, 75–77, III, 30 f., Testarbant, Testrebenti, pagus Testrebatensis, Destarbenzon; Nonn, U., Pagus und comitatus in Niederlothringen, 1983, 59.

Tellau

L.: Polenz, P. v., Landschafts- und Bezirksnamen, 1961, I, 13, II, 45, Tellau, Tellaus, Talou.

Teltow (Land). Das slawisch besiedelte, ab 1200 von Deutschen stärker besiedelte Gebiet zwischen Spree, Dahme, Notte, Nuthe und Havel, das seit dem 13. Jahrhundert unter dem slawischen, unerklärten Namen Teltow erscheint, kam vermutlich um 1225 an die Markgrafen von Brandenburg und über Brandenburg bzw. (1701) Preußen von 1949 bis 1990 an die Deutsche Demokratische Republik.

L.: Wolff 388; Spatz, W., Bilder aus der Vergangenheit des Kreises Teltow, 3 Teile 1905 ff.; Hannemann, A., Der Kreis Teltow, seine Geschichte, seine Verwaltung, seine Entwicklung und seine Einrichtungen, 1931; Assing, H., Die Eigentums- und Herrschaftsverhältnisse in den Dörfern des Teltow in der Zeit um 1375, Diss. phil. Ostberlin 1965 (masch.schr.); Historisches Ortslexikon für Brandenburg, Teil 4 Teltow, bearb. v. Enders, L., 1976; Bohm, E., Teltow und Barnim, 1979.

Templerorden (Orden). Um 1120 gründete der aus der Champagne stammende Ritter Hugo von Payens (bzw. Payns) zum Schutz der nach dem ersten Kreuzzug zuströmenden Pilger in Jerusalem, nahe dem ehemaligen Tempel Salomons, den Templerorden als ersten geistlichen Ritterorden. Dieser zog sich 1291 nach Zypern und 1306 nach Frankreich zurück, hatte aber schon früher auch bedeutenden Anteil an der deutschen Ostsiedlung vor allem in der Neumark (1232 Küstrin). Am 13. 10. 1307 beschlagnahmte der König von Frankreich alle Güter des Ordens und ließ alle Tempelritter verhaften. Am 3. 4. 1312 hob das Konzil von Vienne den T. auf. Seine Güter in Deutschland fielen an den Deutschen Orden und den Johanniterorden.

L.: Campbell, G. A., Die Templerritter, 1938; Melville, M., La vie des Templiers, 8. A. 1951; Neu, H., Bibliographie des Templerordens 1927–1965, 1965; Prutz, H., Entwicklung und Untergang des Templerordens, 1972; Demurger, A., Vie et mort de l'ordre du Temple, 1985; Demurger, A., Die Templer. Aufstieg und Untergang 1118 bis 1314, 1991; Barber, M., The New Knighthood, 1994; Demurger, A., Templer, LexMA 8 1996, 534 ff.

Tenda (Grafschaft). Um 1300 war die Grafschaft T. nordöstlich von Nizza mit der Grafschaft Nizza verbunden.

L.: Großer Historischer Weltatlas II 48 (1300) B2.

Tengen (Herren, Herrschaft, gefürstete Grafschaft). T. bei Konstanz wird 1112 erstmals erwähnt. Es wurde Mittelpunkt der vorderen und hinteren Herrschaft der Herren, seit 1422 Grafen von T. Die hintere Herrschaft T. kam 1305 an Habsburg, 1488 an die Kommende Mainau des Deutschen Ordens und 1806 an Baden. Die vordere Herrschaft mit Vorderstadt und der Burg des 12. Jahrhunderts wurde 1522 von Österreich gekauft und 1534 mit der zu Österreich gehörigen Landgrafschaft Nellenburg, die 1422 an die Herren von T. und 1465 durch Kauf an Habsburg bzw. Österreich gekommen war, vereinigt. 1663 erhielt sie Weikhard von Auersperg als Mannlehenpfand von Österreich. 1664 wurde sie gefürstete Grafschaft, wodurch die Auersperg Sitz und Stimme auf dem Reichstag und beim schwäbischen Reichskreis erhielten. Da die Landeshoheit weiter bei Nellenburg blieb, war die Grafschaft zugleich reichsunmittelbar und landsässig. Um 1800 umfasste sie ein Gebiet von 1,5 Quadratmeilen bzw. 70 Quadratkilometern. 1806/1811 kam sie an Baden und damit T. 1951/1952 an Baden-Württemberg.

L.: Wolff 170; Baumann, F. L., Die Territorien des Seekreises 1800, Bad. Neujahrsbl. 4 (1894).

Tennenbach (Kloster). Das Zisterzienserkloster T. nördlich von Freiburg wurde 1160 von den Herzögen von Zähringen gegründet. Herrschaftsgebiet war das Dorf Kiechlinsbergen. 1806 wurde T. in Baden säkularisiert. 1807 wurde es aufgehoben. Über Baden kam T. 1951/1952 an Baden-Württemberg.

L.: Wolff 41; Großer Historischer Weltatlas III 39 (1803) B3; Weber, M., Das Tennenbacher Güterbuch, ZGO 40 (1927), 34 ff.; Moser, J., Das Ende des Klosters Tennenbach, 1982.

Tennengau

L.: Polenz, P. v., Landschafts- und Bezirksnamen, 1961, II, 96, Tennengau.

Teschen (Herzogtum). T. an der Olsa in Oberschlesien ist 1155 erstmals als Kastellanei bzw. Burg erwähnt. Vor 1284 (um 1260) wurde dort eine Stadt zu deutschem Recht angelegt. 1281 entstand durch Teilung des piastischen Herzogtums Oppeln das Herzogtum T. mit Ratibor und Auschwitz, von dem bis 1454/1457 eine Teillinie in Auschwitz bestand. 1290 wurde T. selbständiges Herzogtum. 1327 unterstellte es sich der Oberhoheit Böhmens und wurde Lehen Böhmens. Um 1550 wurde die Reformation eingeführt, durch Gegenreformation später aber wieder beseitigt. 1625/1653 fiel es nach dem Aussterben der Teschener Piasten als erledigtes Lehen in der Nachfolge Böhmens an Habsburg bzw. Österreich. Seit 1742 war es mit einem Flächeninhalt von etwa 26 Quadratmeilen Teil des bei Österreich verbliebenen Kronlandes Schlesien (Österreichisch-Schlesien). Von 1766 bis 1822 besaß Sachsen auf Grund einer Mitgift T. als Lehen Habsburgs. 1920 wurde das Gebiet um T. ohne Befragung der Bevölkerung entlang der Olsa zwischen Polen und der Tschechoslowakei aufgeteilt. T. wurde zu Cieszyn bzw. Čerbý Těšin.

L.: Wolff 488 f.; Großer Historischer Weltatlas II 66 (1378) I/K4; Biermann, G., Geschichte des Herzogtums Teschen, 2. A. 1894; Witt, K., Die Teschener Frage, 1935; Landwehr von Pragenau, M./Kuhn, W., Geschichte der Stadt Teschen, 1976; Conrads, N., Der Übergang des Fürstentums Teschen an das Haus Lothringen, Oberschlesisches Jb. 1 (1985); Wedzki, A., Teschen, LexMA 8 1996, 563.

Teschen-Auschwitz (Herzogtum) s. Teschen, Auschwitz

Tessandria (Gau) s. Toxandria

Tessin (Kanton). Das vom Fluss Tessin (ital. Ticino) durchflossene Alpengebiet unterstand nacheinander den Rätern, Römern, Ostgoten, Langobarden und Franken. Größter Grundherr war danach der Bischof von Como. Vom deutschen Reich kam das T. bis 1335 an das Herzogtum Mailand, dem es zwischen 1403 und 1516 die Eidgenossen der Schweiz abgewannen. Sie gliederten das Untertanenland in acht Landvogteien (Leventina [Uri], Bellinzona, Blenio, Riviera [Uri, Schwyz, Nidwalden], Mendrisio, Locarno, Lugano, Val Maggia [Gut der zwölf Orte]) und unterdrückten die Reformation. 1798 wurde das bis 1755 ziemlich lose Untertanenverhältnis beseitigt (Anschluss an die Eidgenossenschaft der Schweiz, Kantone Lugano und Bellinzona der Helvetischen Republik, 1801 vereinigt) und 1803 der Kanton T. (2811 Quadratkilometer) mit der Hauptstadt Bellinzona eingerichtet.

L.: Rossi, G./Pometta, E., Geschichte des Kantons Tessin, 1944; Monumenti storici ed artistici del Ticino, 1948; Calgari, G., Idea di una storia del Ticino, 1966; Vismara, G./Cavanna, A./Vismara, P., Ticino medievale, 2. A. 1990.

Tessin (Reichsritter). Von 1711 (Erwerb des Rittergutes Hochdorf durch den württembergischen Kammerpräsidenten Philipp Heinrich von T.) bis 1804 (Tod Ferdinands von T. zu Hochdorf und Kilchberg) war die Familie T. Mitglied des Kantons Neckar des Ritterkreises Schwaben und übte die Herrschaft über die Orte Hochdorf (Lehen Württembergs) und Kilchberg (sieben Achtel Eigengut, ein Achtel Lehen Württembergs) aus. Über

Württemberg kamen die Güter 1951/1952 zu Baden-Württemberg.

L.: Roth von Schreckenstein 2, 592; Hölzle, Beiwort 65; Hellstern 215, 218.

Testerbant (Gau) s. Teisterbant

L.: Polenz, P. v., Landschafts- und Bezirksnamen, 1961, II, 21, 75–77, III, 30 f., Testarbant, Testrebenti, pagus Testrebatensis, Destarbenzon.

Tettau (Reichsritter). Im 16. und 18. Jahrhundert zählten die T. zum Kanton Gebirg des Ritterkreises Franken.

L.: Riedenauer 127.

Tettnang (Herrschaft, Grafschaft). T. nahe dem Bodensee wird 882 erstmals erwähnt. Von der Bregenzer Linie der Udalrichinger kam der Ort über die Pfalzgrafen von Tübingen an die Grafen von Montfort. Die um 1250/1260 entstandene Linie Montfort-Tettnang erlosch 1787. 1779/1780 verkauften die überschuldeten Grafen die Herrschaften T., Argen und Schomburg an Österreich, das sie mit dem seit 1755 zu Österreich gehörigen Wasserburg zur reichsunmittelbaren, rund 10 000 Einwohner zählenden Grafschaft T. mit Sitz und Stimme im schwäbischen Reichsgrafenkollegium vereinigte. Am Ende des 18. Jahrhunderts gehörten die zusammen 6 Quadratmeilen großen Herrschaften T. und Argen zum schwäbischen Reichskreis. 1805 kam die Grafschaft T. an Bayern, 1810 ohne das bei Bayern verbleibende Wasserburg an Württemberg und damit 1951/1952 an Baden-Württemberg. S. a. Montfort-Tettnang.

L.: Wolff 198; Wallner 686 SchwäbRK 21; Vanotti, J. N. v., Geschichte der Grafen von Montfort und Werdenberg, 1845; Kastner, A., Die Grafen von Montfort-Tettnang, 1957; Gönner, E., Die Grafschaft Tettnang, in: Vorderösterreich, hg. v. Metz, F., 3. A. 1978; Frick, A., Tettnang am Bodensee, 1974.

Tetzel (Reichsritter). Vielleicht zählten die T. zum Kanton Gebirg des Ritterkreises Franken.

L.: Riedenauer 127.

Teucher, Deucher (Reichsritter). Vielleicht zählten die T. zum Ritterkreis Franken.

L.: Riedenauer 127.

Teufel von Birkensee, Teufel von Pirkensee (Reichsritter). Vielleicht zählten die T. zum Kanton Gebirg des Ritterkreises Franken und zur vogtländischen Ritterschaft (Vogtland).

L.: Riedenauer 127.

Teupitz (Herrschaft). T. bei Potsdam war Mittelpunkt der kleinen, bei der ersten Erwähnung 1307 den vom Plotzick (?) in der Lausitz gehörigen, etwa 20 Ortschaften umfassenden Herrschaft T. Sie unterstand seit 1350 innerhalb Meißens den Schenken von Landsberg. 1432 erkannten diese die Lehnshoheit Brandenburgs an, doch blieb T. im Verband der Lausitz ein Lehen Böhmens bis 1742. Kurz vor dem Aussterben verkauften die Schenken das Gebiet an Preußen. Mit Brandenburg kam T. von 1949 bis 1990 zur Deutschen Demokratischen Republik. S. Wusterhausen-Teupitz.

L.: Wolff 388; Hoffmann, F., Geschichte von Schloss und Stadt Teupitz, 1902; Biedermann, R., Geschichte der Herrschaft Teupitz und ihres Herrschaftsgeschlechts der Schenken von Landsberg, in: Der deutsche Herold 64 (1933), 65 (1934).

Texel (Insel in der Nordsee)

L.: Curs, O., Deutschlands Gaue im zehnten Jahrhundert. Nach den Königsurkunden, Diss. phil. Göttingen 1908, 21; Polenz, P. v., Landschafts- und Bezirksnamen, 1961, II, 95, Texla, ‚Texel'.

Texuandri s. Tehsandrun

L.: Polenz, P. v., Landschafts- und Bezirksnamen, 1961, I, 26, II, 22, III, 27, 32, Tehsandrun (Texuandri, Toxandria).

Thann, Dann (Reichsdorf). Am 1. 5. 1287 erlaubte Rudolf von Habsburg Otto von Ochsenstein, die den Geroldseck verpfändeten Reichsdörfer Koßweiler (Botzweiler [?]), Romansweiler (Rumolsweiler [?]) und T. im Elsass einzulösen. Mit dem Elsass kam T. zu Frankreich.

L.: Hugo 472 f.

Thann s. Tann

Thannhausen, Tannhausen (reichsunmittelbare Herrschaft). T. (1109 Taginhusen) an der Mindel bei Krumbach war ursprünglich staufisches Reichsgut. Die nach ihm benannten Herren waren Reichsministeriale. 1560 ging es mit dem Blutbann an die Augsburger Patrizierfamilie Baumgartner über. Nach mehrfachem Besitzerwechsel erwarben 1665 die Grafen von Sinzendorf das zur Reichsgrafschaft erhobene Reichslehen. Nach Lösung Thannhausens aus der Reichsritterschaft gehörten die Sinzendorf über die Grafschaft dem schwäbischen Reichsgrafenkollegium und dem schwäbischen Reichskreis an. Zu Beginn des 18. Jahrhunderts erwarben die 1693/1705 in den Grafenstand erhobenen

Grafen von Stadion die Grafschaft und gewannen 1708 Reichsstandschaft und Kreisstandschaft. 1806 wurde die etwa 0,1 Quadratmeile große Grafschaft in Bayern mediatisiert, blieb aber bis 1906 Sitz der Standesherrschaft Stadion.

L.: Wolff 208; Zeumer 553 II b 61, 16; Wallner 690 SchwäbRK 95; Bronnenmaier, H., Thannhauser Heimatbuch, 1960.

Theinselberg (Herrschaft) s. Teisselberg

Theler, Thelein, Tewrlein, Deuerlein (Reichsritter). Die T. zählten im 16. Jahrhundert zum Kanton Gebirg im Ritterkreis Franken.

L.: Riedenauer 127.

Themar (Reichsritter). Von etwa 1562 bis 1663, zuletzt mit Georg Adam von T. zu Schadenweiler und Baisingen, waren die T. Mitglied des Kantons Neckar des Ritterkreises Schwaben.

L.: Hellstern 215.

Theres, Kloster (Reichsritter). Um 1800 zählte das Kloster T. zum Kanton Baunach des Ritterkreises Franken.

L.: Wolff 101; Riedenauer 129.

Thetton

L.: Polenz, P. v., Landschafts- und Bezirksnamen, 1961, IV, 12, Thetton, pagus Thetton, zum Ortsnamen Schapdetten.

Thiadmariska (Dithmarschen)

L.: Polenz, P. v., Landschafts- und Bezirksnamen, 1961, II, 15, 34, 41, 49, 95 f., III, 10, 31, 33, Thiadmariska, Thiadmaresgaho, Tedmarsgoi, Ditmarticorum terra, Ditmarcos, Dietmaringenses, ‚Dithmarschen'.

Thiatmalli (Tietmelle, Thiadmalli) (Gau um Detmold)

L.: Curs, O., Deutschlands Gaue im zehnten Jahrhundert. Nach den Königsurkunden, Diss. phil. Göttingen 1908, 21 (Schider); Polenz, P. v., Landschafts- und Bezirksnamen, 1961, III, 31, IV, 13, 16, Thiadmalli, heute Ortsname Detmold.

Thinheim (Reichsritter). Im 16. Jahrhundert zählten die T. zum Kanton Gebirg im Ritterkreis Franken. S. Dienheim?

L.: Riedenauer 127.

Thoire-Villars (Herrschaft). Die Herrschaft T. westlich von Genf lag zwischen der Freigrafschaft Burgund und der Grafschaft Savoyen.

L.: Großer Historischer Weltatlas II 66 C5.

Tholesanus (Gau nördlich der Havelquelle)

L.: Curs, O., Deutschlands Gaue im zehnten Jahrhundert. Nach den Königsurkunden, Diss. phil. Göttingen 1908, 21.

Thon (Reichsritter). Um 1790 zählte die Familie T. mit Hinterweimarschmieden zum Kanton Rhön-Werra des Ritterkreises Franken.

L.: Winkelmann-Holzapfel 165.

Thonecken (Herrschaft) s. Dhronecken

L.: Wallner 697 OberrheinRK 22.

Thorn (Abtei, Frauenstift). 902 (bzw. vor 992) gründete die Gräfin Hilswind von Stryen auf ihrem von König Zwentibold gegebenen Eigengut in T. (in der Diözese Lüttich) an der Maas ein Stift. 1292 bestätigte König Adolf von Nassau die Freiheit dieses Stifts. 1494 nahm es König Maximilian in seinen Schutz. 1521 wurde T. als reichsunmittelbares Stift in die Reichsmatrikel aufgenommen, doch übernahmen seit 1602 die Grafen von Lippe die Matrikularbeiträge. Seit 1665 versuchten die spanischen Niederlande, die Reichsfreiheit einzuschränken. 1792 gehörte das etwa 1,5 Quadratmeilen große, rund 3400 Einwohner zählende Stift zu den rheinischen Prälaten der geistlichen Bank des Reichsfürstenrates des Reichstages. Am Ende des 18. Jahrhunderts war es dem niederrheinisch-westfälischen Reichskreis zugeordnet, zählte nach der Reichsmatrikel von 1776 mit Echternach zu den ungangbaren Posten und wurde mit 1 zu Pferd bzw. 12 Gulden in Anschlag gebracht. Die beiden letzten Äbtissinnen waren zugleich Äbtissinnen von Essen und führten den Fürstentitel. Im Gefolge der Revolution in Frankreich wurde das Stift aufgehoben.

L.: Gumpelzhaimer 150; Wolff 335; Zeumer 553 II a 37, 19; Wallner 704 WestfälRK 40; Escher, M. u. a., Die urbanen Zentren, 2005, 2, 608.

Threcwidi (Gau zwischen mittlerer Ems und mittlerer Weser)

L.: Polenz, P. v., Landschafts- und Bezirksnamen, 1961, II, 70, 72, 96, III, 31, Threcwidi.

Threveresga

L.: Polenz, P. v., Landschafts- und Bezirksnamen, 1961, II, 33, IV, 16, Threveresga.

Thrianta (Drentland)

L.: Polenz, P. v., Landschafts- und Bezirksnamen, 1961, II, 49, 76, III, 27, Thrianta (Drentland), ‚Drente', s. Thrient.

Thrient (Thrente, Gau westlich der Ems)

L.: Curs, O., Deutschlands Gaue im zehnten Jahrhundert. Nach den Königsurkunden, Diss. phil. Göttingen 1908, 21, s. Thrianta.

Thronie

L.: Polenz, P. v., Landschafts- und Bezirksnamen, 1961, IV, 12, 20, Thronie, comitatus, pagus Troningorum, zum Ortsnamen Tränheim.

Thumb von Neuburg (Freiherren, Reichsritter). Von 1548 bis 1805 (zuletzt Friedrich T. zu Unterboihingen und Hammetweil) zählten die Freiherren T. mit Unterboihingen und Hammetweil sowie von 1514 bis 1648 mit Mühlhausen an der Enz zum Kanton Neckar des Ritterkreises Schwaben, von 1560 bis 1781 mit Stetten und Schanbach (Anfang des 16. Jahrhunderts–1645), Mühlhausen an der Enz (1514–1648) und Aichelberg (1507–1663) zum Kanton Kocher.

L.: Roth von Schreckenstein 2, 592; Hölzle, Beiwort 65; Hellstern 215, 219; Schulz 272.

Thumbshirn (Reichsritter). Um 1700 zählten die T. zum Kanton Rhön-Werra des Ritterkreises Franken.

L.: Stieber; Seyler 389; Riedenauer 127.

Thüna, Thun (Reichsritter). Seit 1789 zählten die T. mit Messbach zum Kanton Odenwald des Ritterkreises Franken. 1808 fiel Messbach an Württemberg und damit 1951 an Baden-Württemberg. Im 16. Jahrhundert waren die T. auch im Kanton Gebirg, im 17. Jahrhundert auch im Kanton Steigerwald und im 18. Jahrhundert auch im Kanton Baunach des Ritterkreises Franken immatrikuliert.

L.: Stieber; Hölzle, Beiwort 57; Winkelmann-Holzapfel 165; Bechtolsheim 18; Riedenauer 127; Stetten 37, 185.

Thünfeld, Thüngfeld (Reichsritter) s. Thüngfeld

L.: Stieber; Roth von Schreckenstein 2, 594; Riedenauer 127.

Thüngen, Tüngen (Reichsritter, Freiherren, Grafen). T. kam schon früh als Reichsgut (788 Tungide) an Fulda. Seit 1100 bzw. 1159 sind Ritter von T. nachweisbar. Seit 1333 erscheinen erneut Ritter von T., und zwar als Ministeriale Hennebergs. Zum Schutz vor dem Hochstift Würzburg trugen sie ihre Güter um T. Böhmen, an anderen Orten Brandenburg zu Lehen auf. Die in mehrere Linien aufgespaltete Familie nahm in der fränkischen Reichsritterschaft eine bedeutsame Stellung ein. Vom Ende des 15. bis ins 18. Jahrhundert zählte sie mit Burgsinn, Dittlofsroda, der Hälfte von Gräfendorf, Hessdorf mit Höllrich, drei Vierteln T. mit einem Viertel Hesslar, der Hälfte von Völkersleier, Weißenbach mit Detter, Eckarts, Heiligkreuz, Rossbach, Rupboden, Trübenbrunn und Zeitlofs zum Kanton Rhön-Werra des Ritterkreises Franken. Außerdem war sie im 16. Jahrhundert im Kanton Steigerwald und im frühen 19. Jahrhundert im Kanton Baunach des Ritterkreises Franken immatrikuliert. Mehrere Angehörige wurden zu Reichsfreiherren und Reichsgrafen erhoben. Von 1697 bis 1709 zählte Hans Karl von T., der 1708 die Reichsgrafenwürde gewann, wegen des 1696 erworbenen Freudental zum Kanton Kocher des Ritterkreises Schwaben.

L.: Genealogischer Kalender 1753, 538; Großer Historischer Weltatlas III 39 (1803) C2; Stieber; Roth von Schreckenstein 2, 594; Seyler 389 ff.; Winkelmann-Holzapfel 165 f.; Pfeiffer 198, 211; Bechtolsheim 15; Riedenauer 127; Schulz 272; Thüngen, R. Frhr. v., Das reichsritterliche Geschlecht der Freiherren von Thüngen, Lutzische Linie, 1926; Thüngen, H. Frhr. v., Das Haus Thüngen 788–1988, 1988; Morsel, J., La noblesse contre le prince, 2000; Rahrbach 265.

Thüngfeld, Thünfeld (Reichsritter). Im 16. Jahrhundert zählten die T. zum Kanton Steigerwald im Ritterkreis Franken.

L.: Stieber; Roth von Schreckenstein 2, 594; Riedenauer 127.

Thuregum

L.: Polenz, P. v., Landschafts- und Bezirksnamen, 1961, 307, s. Zurihgouwe.

Thurgau (Landgrafschaft, Herrschaft, Kanton). Das Gebiet zwischen Reuß, Aare, Rhein, Bodensee und Rätien wurde 58 v. Chr. von den Römern erobert. 455 n. Chr. fiel es an die Alemannen, wurde um 700 christianisiert und wenig später dem fränkischen Reich eingegliedert, in dem es den seit 741 in Urkunden Sankt Gallens erwähnten T. (Durgauia) bildete. 861 wurde hiervon der westliche Teil als Zürichgau abgetrennt, weitere Teile gingen an das Hochstift Konstanz und die Klöster Rheinau, Sankt Gallen und Reichenau. Der übrige T. entwickelte sich unter Verselbständigung der Grafschaften Toggenburg, Kiburg und Andelfingen zur Landgrafschaft T., die von den Herzögen von Zähringen (1094) über die Grafen von Kiburg (Kyburg) (Dillingen-Kiburg, Dillingen-Kyburg) 1264 an die Grafen von Habsburg kam. 1415 zog Kaiser Sigmund den T. von Herzog Friedrich von Österreich ein, gab ihn aber in verringertem Umfang 1418 wieder an Habsburg zurück. 1460/1461 eroberten die Eidgenossen der Schweiz den ganzen T. und verwalteten ihn als gemeine Herrschaft. 1499 gewannen sie das bis dahin vom Reichsvogt in Konstanz beanspruchte Landgericht. Im T. setzte sich von Zürich her in einer Reihe von Gemeinden die Reformation durch. Im März 1792 erlangte der T. Unabhängigkeit von den Eidgenossen der Schweiz. 1798 wurde T. ein Kanton der Helvetischen Republik, 1803 ein selbständiger Kanton (Hauptstadt Frauenfeld) der Schweiz, der sich 1814 eine Verfassung gab, die 1869 vollständig überarbeitet wurde.

L.: Wolff 527; Großer Historischer Weltatlas II 72 (bis 1797) G1; Curs, O., Deutschlands Gaue im zehnten Jahrhundert. Nach den Königsurkunden, Diss. phil. Göttingen 1908, 21 (Zurrega, Turgouue, Zuriggauui, Durgeuue, Zurihkeuue, Turgeuue, Zurichgeuue, Duricgouue, Zurichgevua, Thuregum [Gau um den Zürichsee], Weiern, Eschenz, Pfeffikon, Verikon, Meilen, Zella, Säckingen, Oetwil am See, Kaltbrunn, Stäfa, Lindau, Reuthe, Männedorf, Esslingen, Freienbach, Altrappersweil, Siebnen, Wagen, Wangen, Schwyz, Rifers, Ufnau); Hasenfratz, H., Die Landgrafschaft Thurgau vor der Revolution von 1798, 1908; Meyer, W., Die Verwaltungsorganisation, Diss. jur. Zürich 1933; Herdi, E., Geschichte des Thurgaus, 1943; Leisi, E., Chronik des Kantons Thurgau, 1950; Schoop, A., Der Kanton Thurgau 1803–1953, 1953; Polenz, P. v., Landschafts- und Bezirksnamen, 1961, II, 22, 24, 26 f., III, 30, 266, Durgouwe; Thurgau gestern, heute, morgen, hg. v. Vischer, M., 1966; Borgolte, M., Geschichte der Grafschaften Alemanniens in fränkischer Zeit, 1984, 51, 99, 101 (Egg, Rüeggshausen); Schoop, A., Geschichte des Kantons Thurgau, 1987; Eugster, E., Thurgau, LexMA 8 1996, 746.

Thüringen (Landgrafschaft, Land, Freistaat). Das Gebiet zwischen Harz, Thüringer Wald, (Unstrut) Werra und Saale wurde in der Nachfolge anderer germanischer Völkerschaften im 5. Jahrhundert n. Chr. von den vielleicht im Namen an die Hermunduren anknüpfenden Thüringern eingenommen, die erstmals im letzten Drittel des 4. Jahrhunderts (um 400 bei Vegetius) als (von Grahn-Hoek auf die gotischen Terwinger zurückgeführte) Toringi erscheinen. Ihr sich noch darüber hinaus erstreckendes Reich zwischen Donau, Main, Werra und Elbe wurde 531/533/534 von den Franken und Sachsen vernichtet und seine Angehörigen unter fränkische Herrschaft gebracht (634–717/719 Herzogtum) und christianisiert. Die Klöster Fulda und Hersfeld sowie das Erzstift Mainz (Erfurt) erwarben umfangreiche Güter. Mit dem Übergang des deutschen Königtums auf die sächsischen Liudolfinger und mit der Bildung weiter östlich gelegener Marken wurde T. vom Grenzland zu einem Kerngebiet des Reiches mit Pfalzen in Nordhausen, Merseburg, Arnstadt, Ohrdruf, Wechmar, Heiligenstadt, Mühlhausen?, Gebesee, Saalfeld, Dornburg, Kirchberg (bei Jena), Erfurt, Tilleda, Wallhausen und Allstedt. Unter den gräflichen Geschlechtern gewannen die aus einer Seitenlinie der Grafen von Rieneck in Mainfranken stammenden, auf der 1044 erbauten Schauenburg bei Friedrichroda ansässigen, am Pass der Hohen Sonne des Thüringerwaldes sowie um Sangerhausen begüterten Ludowinger (1039 Ludwig der Bärtige) die Vorherrschaft und wurden von König Lothar III. um 1130 (1130/1131) mit dem Titel Landgrafen ausgezeichnet. 1122/1137 erlangten sie aus der Heirat mit der Erbtochter (Hedwig) der Gisonen (Grafen von Gudensberg) Güter in Hessen um Marburg und Gudensberg südwestlich von Kassel. 1180 erwarben sie beim Sturz Heinrichs des Löwen zu ihren thüringischen und hessischen Gütern die Pfalzgrafschaft Sachsen (Hassegau) als Reichslehen und Güter an der Werra, oberen Weser und Leine (bis 1247). Sie erbauten schon vor 1080 auf fuldisch-hersfeldischem Gut die Wartburg, später die Neuenburg (Neuburg) an der unteren Unstrut, die Runneburg (Weißensee) und die Marburg an der Lahn, doch gelang ihnen die Zusammenfassung ihrer Güter nicht. 1247 starben sie mit Heinrich Raspe im Mannesstamm aus. T. fiel (endgültig 1263/1264) über eine Schwester Heinrich Raspes auf Grund einer Eventualbelehnung von 1243 an die in weiblicher Linie mit den Ludowingern verwandten wettinischen Markgrafen von Meißen, Hessen über eine Erbtochter (Sophie) an die Grafen von Brabant (Landgrafen von Hessen), womit einerseits die Trennung von Thüringen und Hessen und andererseits die Aufgabe der selbständigen Einheit T. eingeleitet wurde. 1265 überließ der Wettiner Heinrich der Erlauchte T. seinem Sohn Albrecht dem Entarteten. 1293/1294 verkaufte Markgraf Albrecht der Entartete von Meißen T. an König Adolf von Nassau, doch konnten die Markgrafen von Meißen 1307 in der Schlacht bei Lucka die Mark Meißen und T. zurückgewinnen. Seitdem erweiterten sie ihre Herrschaft in T. zu Lasten der Grafen und des Reichs (Vogtei über die Reichsstädte Mühlhausen und Nordhausen, Erwerb der Herrschaft Coburg 1347/1353 sowie von fünf hennebergischen Ämtern mit Hildburghausen 1374 und des Pleißenlandes mit Altenburg 1310/1372/1373), doch blieben die Herrschaftsgebiete von Schwarzburg, Henneberg, Gleichen und Reuß (Vögte von Weida, Gera und Plauen), Erfurt, Mühlhausen und Nordhausen sowie die Güter des Deutschen Ordens bestehen. Dementsprechend hatten die Markgrafen von Meißen, die von 1379 bis 1440 einen eigenen landgräflich-thüringischen Zweig abteilten, im Norden einen langen Streifen von der Elster über Weißenfels und Freyburg bis Langensalza, weiter ein Gebiet um Eisenach, Salzungen, Gotha und Zella-Mehlis und schließlich fast den gesamten Süden des Landes. 1423 gewann die Meißener Linie der Wettiner das Herzogtum Sachsen-Wittenberg und die damit verbundene Kurfürstenwürde. Seitdem nannten sich alle Wettiner Herzöge (von Sachsen), wie dies auch Herzog Wilhelm tat, unter dem T. nochmals von 1445 bis 1482 eigenständig wurde. 1485 teilte sich das Haus Wettin in die Kurlinie der Ernestiner, die das südliche Gebiet zwischen Eisenach, Sonnewalde, Zwickau, Coburg und Wittenberg bzw. Buttstädt erhielt, und die Linie der Albertiner, an die das nördliche Gebiet von Groitzsch bis Treffurt (Weißensee, Freyburg, Sangerhausen, Langensalza, Tennstedt, Thamsbrück, Laucha, Nebra) fiel. 1547 verlor die ernestinische Linie die Kurwürde an die albertinische Linie und wurde auf das inzwischen zur Reformation übergetretene Gebiet von T. beschränkt, für das sie 1548 die Universität Jena gründete. Seit 1572 wurde T. bzw. Sachsen immer weiter aufgeteilt und zersplitterte allmählich vollständig. Nach dem Aussterben der verschuldeten Grafen von Henneberg verwalteten die Albertiner und Ernestiner deren Gebiete zunächst gemeinsam, teilten sie aber 1660 auf. Von 1657 bis 1746 bildete der sog. Thüringer Kreis um Weißenfels den Hauptbestandteil von Sachsen-Weißenfels, von 1657 bis 1718 das 1564 gewonnene Hochstift Naumburg mit den ehemals hennebergischen Gütern (Schleusingen, Suhl) den Hauptbestandteil von Sachsen-Zeitz. Am Ende des 17. Jahrhunderts bestanden im Rahmen des obersächsischen Reichskreises zehn Linien der Ernestiner, neun der Reuß und drei der Schwarzburg in T. Außerdem hatte das Erzstift Mainz die Herrschaft über Erfurt und einen Teil des Eichsfeldes gewonnen und war Brandenburg mit dem Saalkreis nach T. vorgedrungen. 1803 fielen Erfurt, das Eichsfeld, Nordhausen und Mühlhausen, 1806 die albertinischen Teile an Preußen. 1807 verlor Preußen alle linkselbischen Gebiete. Von 1807 bis 1813 gehörten Mühlhausen, Nordhausen und das Eichsfeld zum Königreich Westphalen, Erfurt mit seinem Gebiet zu Frankreich. 1815 erlangte Preußen die verlorenen Gebiete zurück und gewann die albertinischen Teile Thüringens, die es 1816 auf die Bezirke der Regierung in Thüringen zu Erfurt (Weißensee, Langensalza, Tennstedt) und der Regierung des Herzogtums Sachsen zu Merseburg (Weißenfels, Freyburg, Eckartsberga, Heldrungen, Sachsenburg, Sittichenbach, Wendelstein, Sangerhausen) aufteilte (1. 4. 1816 preußische Provinz Sachsen mit Herzogtum Magdeburg, Altmark, Fürstentum Halberstadt, Wernigerode, Hohnstein, Mansfeld, Nordhausen, Mühlhausen, Eichsfeld, Erfurt, Wittenberg, Torgau, Merseburg, Naumburg-Zeitz, Stolberg, Querfurt, Barby, Ziegenrück, Schleusingen, Heringen, Kelbra, Hauptstadt Magdeburg, Sitz der Provinzialselbstverwaltung in Merseburg, Gliederung in die Regierungsbezirke Magdeburg, Merseburg und Erfurt). Insgesamt bestanden 1815 im thüringischen Raum neben umfangreichen Gütern Preußens und Exklaven und Enklaven die zwölf kleinen Staaten Sachsen-Weimar-Eisenach, Sachsen-Gotha-Altenburg, Sachsen-Meiningen, Sachsen-Hildburghausen, Sachsen-Coburg-Saalfeld, Schwarzburg-Rudolstadt, Schwarzburg-Sondershausen, Reuß ältere Linie, Reuß jüngere Linie zu Gera (Reuß-Gera), Ebersdorf (Reuß-Ebersdorf), Schleiz (Reuß-Schleiz) und Lobenstein (Reuß-Lobenstein). Am 13. 11. 1826 erfolgte, nachdem Sachsen-Weimar-Eisenach bereits 1815 zum Großherzogtum erhoben worden war (seit 1877 Großherzogtum Sachsen), durch Schiedsspruch König Friedrich Augusts I. von Sachsen die Neugliederung in die sächsischen Herzogtümer Sachsen-Meiningen, Sachsen-Altenburg sowie Sachsen-Coburg und Gotha. Nach Abdankung der Fürsten im November 1918 entstanden acht Freistaaten (vier der Ernestiner, zwei der Schwarzburg, zwei der Reuß). Sie schlossen sich mit Ausnahme Coburgs, das zu Bayern kam, am 30. 4./1. 5. 1920, entgegen den Wünschen Preußens, zum Land T. mit der Hauptstadt Weimar zusammen, das sich am 11. 2. 1921 eine Verfassung gab. Der Name T. begann nunmehr über das ursprüngliche Gebiet zwischen Werra, Saale, Harz und Thüringer Wald hinaus Gebiete östlich der Saale und südlich des Thüringer Waldes zu umfassen (Herrschaftsgebiete der ernestinischen Wettiner). 1933 wurde die Landesregierung einem Reichsstatthalter unterstellt. Am 1. 7. 1944 wurde der bisher zur Provinz Hessen-Nassau (Preußens) gehörige Kreis Schmalkalden in den Regierungsbezirk Erfurt umgegliedert und der Reichsstatthalter in Thüringen mit der Wahrnehmung der Aufgaben und Befugnisse des Oberpräsidenten in der staatlichen Verwaltung des Regierungsbezirks Erfurt beauftragt. In diesem Umfang fiel T. im April 1945 unter amerikanische, am 1. 7. 1945 unter sowjetische Besatzungsverwaltung. Am 17. 9. 1945 kamen auf Grund des sog. Wanfrieder Abkommens zur Sicherung von Transporten auf der Eisenbahnlinie Göttingen-Bebra die hessischen Dörfer Sickenberg, Asbach, Vatterode, Weidenbach und Hennigerode östlich der Bahnlinie an die sowjetische Besatzungszone (Thüringen), Werleshausen und Neuseesen westlich der Bahnlinie samt einem östlich der Bahnlinie verlaufenden Geländestreifen an die amerikanische Besatzungszone (Hessen). Am 20. 12. 1946 erhielt T. eine Verfassung. 1948 wurde der Regierungssitz von Weimar nach Erfurt verlegt. Von 1949 bis 1990 war T. Teil der Deutschen Demokratischen Republik. Am 23. 7. 1952 ging es in den Bezirken Erfurt, Gera und Suhl auf (str.), wurde aber am 3. 10. 1990 (mit rund 2 700 000 Einwohnern) wiederhergestellt (einschließlich der Kreise Altenburg, Artern und Schmölln). Hauptstadt wurde Erfurt.

L.: Wallner 708 ObersächsRK 2; Großer Historischer Weltatlas II 34 (1138–1254) G3, II 66 (1378) F3; Eberhardt, H., Thüringen, in: Geschichte der deutschen Länder, Bd. 1; Die Territorien des Reichs 4, 8; Thüringische Geschichtsquellen, Bd. 1–10 1854 ff.; Cassel, P., Thüringische Ortsnamen, 1856 und 1858, Neudruck 1983, in: Mitteldeutsche Forschungen Sonderreihe Bd. 5; Süssmilch-Hörnig, M. v., Historisch-geographischer Atlas von Sachsen und Thüringen, 1861/1862; Werneburg, A., Die Namen der Ortschaften und Wüstungen Thüringens, 1884, Neudruck 1983, in: Mitteldeutsche Forschungen Sonderreihe Bd. 2; Regesta diplomatica necnon epistolaria historiae Thuringiae, bearb. v. Dobenecker, O., Bd. 1–4 1896 ff.; Hantzsch, V., Die ältesten gedruckten Karten der sächsisch-thüringischen Länder 1550–1593, 1906; Curs, O., Deutschlands Gaue im zehnten Jahrhundert. Nach den Königsurkunden, Diss. phil. Göttingen 1908, 21 (Thuringensis, Turinga, Turingia, Turingiê, Gau um die Unstrut, Grüningen, Schlotheim?, Mühlhausen?, Gräfentonna, Dachwig, Waschleben, Trebra, Eschwege, Frieda?, Holzhausen, Liebstedt, Ossmannstedt); Beschorner, H., Oeder und Thüringen, Beitr. Thür.-sächs. Gesch., FS O. Dobenecker, 1929; Schneider, F./Tille, A., Einführung in die thüringische Geschichte, 1931; Kaiser, E., Landeskunde von Thüringen, 1933; Pasold, A., Geschichte der reußischen Landesteilungen von der Mitte des 16. Jh. bis zur Einführung der Primogenitur im Jahre 1690, 1934; Mentz, G., Ein Jahrhundert thüringischer Geschichtsforschung, 1937; Maschke, E., Thüringen in der Reichsgeschichte, Zs. d. Ver. f. thür. Gesch. u. Altertumskunde 32 (1937); Lauter, K. T., Die Entstehung der Exklave Ostheim vor der Rhön, 1941; Lehmann, J., Beiträge zu einer Geschichte der thüringischen Kartographie bis zur Mitte des 19. Jahrhunderts, Diss. Greifswald 1932 und Jb. der Kartographie 1941 (1942); Brather, H. S., Die ernestinischen Landesteilungen des 16. und 17. Jahrhunderts, 1951; Hessler, W., Mitteldeutsche Gaue des frühen und hohen Mittelalters, 1957; Atlas des Saale- und mittleren Elbegebietes, hg. v. Schlüter, O./ August, O., Teil 1–3 2. A. 1959 ff.; Koerner, F., Die Lage und die Besitzstetigkeit der Machtkerne in Thüringen während des ausgehenden Mittelalters, 1960; Polenz, P. v., Landschafts- und Bezirksnamen, 1961, I, 12, 27, II, 22, 38, III, 1, 3, 23, 25, 27, Thuringun, Suththuringa, Norththuringun; Patze, H., Die Entstehung der Landesherrschaft in Thüringen, 1962; Patze, H., Bibliographie zur thüringischen Geschichte, Bd. 1 f. 1965 ff.; Geschichte Thüringens, hg. v. Patze, H./Schlesinger, W., Bd. 1–4 1967 ff.; Handbuch der historischen Stätten: Thüringen, hg. v. Patze, H., 1968; Klein, T., Thüringen, 1983; Geschichte Thüringens. Politische Geschichte der Neuzeit, hg. v. Patze, H., 1984, Mitteldeutsche Forschungen 48; Hess, U., Geschichte Thüringens 1866–1914, hg. v. Wahl, V., 1991; Historische Landeskunde Mitteldeutschlands – Thüringen, hg. v. Heckmann, H., 3. A. 1991; Bühner, P., Kurzer Abriss über die Geschichte des albertinischen Thüringen, Mühlhäuser Beiträge 14 (1991), 31; Petersohn, J., De ortu principum Thuringie, DA 48 (1992), 585; Hessen und Thüringen, 1992; Hess, U., Geschiche der Behördenorganisation der thüringischen Staaten, 1993; Kleinstaaten und Kultur in Thüringen, hg. v. John, J., 1994; Werner, M., Thüringen, LexMA 8 1996, 747 ff.; Schildt, B., Bauer – Gemeinde – Nachbarschaft, 1996; Assing, H., Brandenburg, Anhalt und Thüringen im Mittelalter, 1997, Thüringen-Handbuch, hg. v. Post, B. u. a., 1999; Grahn-Hoek, H., Stamm und Reich der frühen Thüringer, Zs. d. Ver. f. thür. Geschichte 56 (2002), 7; Müller, C., Landgräfliche Städte in Thüringen, 2003; Wittmann, H., Im Schatten der Landgrafen, 2005.

Thurn (Reichsritter) s. Gottesmann zum T.

Thurn und Taxis (Fürsten), Tour et Tassis. Die ursprünglich aus der Lombardei stammende, de la Torre benannte, dann nach der Vertreibung aus Mailand durch die Visconti am Berg Tasso (Taxis) bei Bergamo angesiedelte

Adelsfamilie Taxis (1251 Omodeo de Tassis aus Cornello bei Bergamo), die 1489/1490 mit der Errichtung einer Botenlinie von Innsbruck nach Brüssel beauftragt worden war, aus der Franz von Taxis 1500 maitre der Posten Erzherzogs Philipps des Schönen von Österreich (1478–1506, 1481 Regent Burgunds, 1505 Regent Aragons) geworden war, Johann Baptista von Taxis 1518 von Karl V. das Postmonopol in Spanien erlangt hatte und Leonhard von Taxis 1595 den Titel eines Reichsgeneralpostmeisters bekommen hatte und die 1615 mit dem erblichen Reichspostgeneralat betraut worden war, erhielt von König Philipp IV. von Spanien 1635 das Recht der Führung des Titels und Wappens der Grafen de la Tour et Valsassina und 1649 in Spanien sowie 1650 im Reich die Genehmigung zur Führung des Doppelnamens T. 1512 wurde sie geadelt, 1515 erlangte sie erblichen Adel. 1597 wurde die von ihr als Lehen innegehabte Post zum Regal erklärt. 1608 wurde sie in den Reichsfreiherrenstand, 1624 in den Reichsgrafenstand und 1695 in den Reichsfürstenstand erhoben (Virilstimme 1754). 1701 verlor sie Gut und Amt in den spanischen Niederlanden und siedelte 1702 nach Frankfurt über, nach Erhalt des Prinzipalkommissariats beim Reichstag nach Regensburg (1748). Neben reichsritterschaftlichen Gebieten (1647 wegen des erheirateten und später an die Reichlin von Meldegg [Meldegg] vererbten Horn im Kanton Kocher des Ritterkreises Schwaben, 1648 ein Viertel Wäschenbeuren) kaufte sie 1723 die reichsständische Herrschaft Eglingen. Im kurrheinischen Reichskreis hatte sie seit 1724 Sitz und Stimme auf Grund eines Darlehens von 80 000 Reichstalern. 1785/1786 wurde sie Inhaber der 1787 gefürsteten Reichsgrafschaft Friedberg-Scheer. 1797 kam sie auf die Fürstenbank des schwäbischen Reichskreises. 1802 verlor sie alle linksrheinischen Posten, erhielt dafür aber am 25. 2. 1803 durch § 13 des Reichsdeputationshauptschlusses die Reichsstadt Buchau, die Reichsabteien Buchau, Obermarchtal (Marchtal), Neresheim, das zu Salem gehörige Amt Ostrach mit der Herrschaft Schemmerberg und den Weilern Tiefenhülen (Tiefental), Frankenhofen und Stetten und die Dominikanerinnenklöster in Ennetach und Sießen mit insgesamt 530 Quadratkilometern und etwa 17 000 Einwohnern als Reichsfürstentum Buchau mit Virilstimme im Reichsfürstenrat. 1806 wurde sie zugunsten Bayerns, Württembergs und Hohenzollern-Sigmaringens mediatisiert, erhielt jedoch 1815 durch die Deutsche Bundesakte eine reichsunmittelbare Stellung. Am 1. 7. 1867 musste sie die gesamte Postorganisation gegen 3 Millionen Taler an Preußen abtreten. 1899 erhielt sie den bayerischen Titel eines Herzogs zu Wörth und Donaustauf. Sitz der fürstlichen Hauptlinie blieb Regensburg. 2000 erfolgte eine Verlegung von Sankt Emmeram in Regensburg nach Prüfening.

L.: Wolff 92; Zeumer 553 II b 58; Wallner 701 BurgRK 1; Großer Historischer Weltatlas II 39 (1803) C3; Klein 161; Schulz 273; Lohner, B., Geschichte und Rechtsverhältnisse des Fürstenhauses Thurn und Taxis, 1895; Ohmann, F., Die Anfänge des Postwesens unter den Taxis, 1909; Hölzle, E., Der deutsche Südwesten am Ende des alten Reiches, 1938; Herberhold, F., Das fürstliche Haus Thurn und Taxis in Oberschwaben, in: Zs. f. württemb. LG. 13 (1954); Thurn und Taxis-Studien, hg. v. Piendl, M., 1961 ff.; Gollwitzer, H., Die Standesherren, 2. A. 1964; Piendl, M., Thurn und Taxis 1517–1867, Archiv für dt. Postgeschichte 1 (1967); Dallmeier, M., Quellen zur Geschichte des europäischen Postwesens, 1977; Piendl, M., Das fürstliche Haus Thurn und Taxis, 1980; Behringer, W., Thurn und Taxis, 1990; Szabo, T., Taxis, LexMA 8 1996, 515 f.; Reiser, R., Die Thurn und Taxis, 1998; Ruhnau, R., Die fürstlich Thurn und Taxissche Privatgerichtsbarkeit, 1998; Schröck, R., Gloria von Thurn und Taxis, 2003.

Thurn, Valsassina und Taxis (Grafen) s. Thurn und Taxis

Thurnau (reichsritterschaftliche Herrschaft). In T. am roten Main saßen als Ministeriale der Herzöge von Andechs-Meranien die Förtsch, die sich seit 1239 nach T. benannten. 1292 trugen sie T. dem Hochstift Bamberg zu Lehen auf. 1565 starben sie aus. Das Hochstift Bamberg belehnte als Erben die Giech und Künsberg (Künßberg) gemeinsam. 1731 verkauften die Künsberg (Künßberg) ihren Anteil am Schloss. 1796 kam T., das zum Kanton Gebirg des Ritterkreises Franken zählte, an Preußen, 1810 an Bayern. S. Förtsch von T.

L.: Wolff 513; Pezold, U. v., Die Herrschaft Thurnau im 18. Jahrhundert, 1968.

Tiefenbach (Reichsdorf). Am 18. 7. 1330 verpfändete Kaiser Ludwig der Bayer unter anderem die Vogtei über T. bei Bruchsal an Albrecht Hofwart von Kirchheim. Später kam T. an Baden und damit 1951/1952 an Baden-Württemberg.

L.: Hugo 452, 463; Wolff 243.

Tiefenbach (Reichshof). Am 29.3.1351 erlaubte König Karl IV. der Witwe Eberhards von Bürglen unter anderem den Reichshof T. im Thurgau an Herrmann von Breitlandenburg zu verpfänden. Am 1.2.1464 erlaubte Kaiser Friedrich III. dem Abt von Sankt Gallen die Reichsvogtei über T. von Burkhard Schenk einzulösen.

L.: Dacheröden 217; Hugo 473 f.

Tietsjerksatere (friesisch)

L.: Polenz, P. v., Landschafts- und Bezirksnamen, 1961, III, 17, Tietsjerksatere, Tietsjerksteradeel.

Tilithi, Tilgithi (Gau zwischen mittlerer Leine und mittlerer Weser)

L.: Curs, O., Deutschlands Gaue im zehnten Jahrhundert. Nach den Königsurkunden, Diss. phil. Göttingen 1908, 22 (Thilethe, Tilitte, Gau an der mittleren Weser, Fischbeck, Hajen, Börrie, Kemnade, Tündern, Ohr, Schieder, Draspe, Heinsen, Wenzen, Bödesen, Eilensen?, Oldendorf, Dassel, Relliehausen, Lüerdissen); Polenz, P. v., Landschafts- und Bezirksnamen, 1961, II, 68 f., 72, 77, 96, Tilgithi (Tilithi, Tilgidae, Zilgide, Cigilde); Wagner, G., Die Verwaltungsgliederung im karolingischen Reich, 1963, 9.

Tirol (Grafschaft, Bundesland). Das Einzugsgebiet von Lech, Inn, Drau und Etsch in den Alpen war zunächst von Kelten bewohnt. Seit 16/15 v. Chr. gliederten es die Römer den Provinzen Rätien, Noricum (östlich des Ziller) und Venetia et Histria ein. Später drangen Alemannen, Langobarden und Slawen ein, die aber im 6. bis 8. Jahrhundert von den Bayern verdrängt wurden. 788 kam das Gebiet bis Bozen und ins Pustertal mit Bayern an die Franken und wurde eingedeutscht. 952 schuf Otto der Große die Mark Verona und unterstellte sie dem Herzog von Bayern, der sie 976 an das Herzogtum Kärnten verlor. Cadore fiel an das Hochstift Freising (973–1510), das Unterinntal an das Hochstift Regensburg. 1004/1027/1091 kamen die Grafschaften um den Brennerpass an die Hochstifte Brixen (oberes Eisacktal, Inntal, Pustertal, vorderes Zillertal) und Trient (Etschtal, Vinschgau, unteres Eisacktal). Die Bischöfe von Brixen und Trient galten im 13. Jahrhundert als Reichsfürsten, doch verloren sie zahlreiche Rechte an ihre Vögte. Von den miteinander konkurrierenden Adelsgeschlechtern der Grafen von Eppan, Andechs und T. (ab 1141) setzten sich die nach der Burg T. bei Meran benannten, zunächst mit der Grafschaft im Vinschgau belehnten Grafen von T. durch und erlangten in der Mitte des 12. Jahrhunderts (um 1150) die Vogtei des Hochstifts Trient und damit seit dem 13. Jahrhundert allmählich Bozen, 1210 nach den Grafen von Andechs die Vogtei des Hochstifts Brixen sowie 1248 die Grafenrechte der Grafen bzw. Herzöge von Andechs-Meranien und nach 1250 der Grafen von Eppan. 1253 starben sie aus und vererbten über die Tochter Albrechts III. von T. die Grafschaft T. an die Grafen von Görz. Diese teilten 1267/1271 ihre Güter in eine Görzer und eine Tiroler Linie. In der Tiroler Linie sicherte Graf Meinhard II. (1249–1295) mit Gewalt, Geschick, Geld und Glück eine vergrößerte Grafschaft T. zwischen Ziller, Arlberg, Avisio und Mühlbacher Klause. 1363 gab Margarete Maultasch trotz je einer Heiratsverbindung mit den Luxemburgern und Wittelsbachern das vielerseits begehrte T., das seit 1330 als Reichslehen galt, an ihren Vetter Herzog Rudolf IV. von Österreich, der zugleich die Vogtei über das Hochstift Trient gewann. 1379 kam T., das durch Salzburg und Görz von den anderen habsburgischen Ländern getrennt war, an die leopoldinische Linie der Habsburger. 1373 wurde Primiero, 1396 Lodron, 1412 Valsugana und 1440 Arco gewonnen. Bereits 1379 bzw. von 1400 ab war Schloss Tirol Sitz einer Tiroler Nebenlinie Habsburgs. 1420 verlegte Herzog Friedrich IV. von Tirol bzw. Österreich die Residenz von Meran nach Innsbruck. König Maximilian (I.), der 1490 T. von der Seitenlinie zurückerlangt hatte, erwarb 1500 das Erbe der Grafen von Görz (vordere Grafschaft Görz, Osttirol), 1504/1505 von Bayern nach dem Landshuter Erbfolgekrieg die Landgerichte Kitzbühel, Kufstein und Rattenberg sowie 1509/1511 und 1521/1523 von Venedig Ampezzo, Ala, Mori, Riva und Rovereto. Seit dem 16. Jahrhundert wurde T. vielleicht wegen des Alters seiner Grafschaften als gefürstete Grafschaft bezeichnet. 1564 bildete sich erneut eine tirolische Linie des Hauses Habsburg, die 1648 das Elsass an Frankreich verlor und bis zu ihrem Aussterben 1665, bei dem das zum österreichischen Reichskreis zählende T. wieder an die Hauptlinie Österreich bzw. Habsburg zurückfiel, in Innsbruck, das 1669 eine gegenreformatorische Universität erhielt, residierte. Im 17. Jahrhundert gab der Bischof von Chur seine Leute im Vinschgau an T. ab. Tarasp blieb bei T. (1684

Fürsten von Dietrichstein). 1803 wurden die Hochstifte Trient und Brixen säkularisiert und mit T. vereinigt. 1805 fiel T. an Bayern. Nach dem erfolglosen, in Absprache mit Habsburg erfolgten Freiheitskampf Andreas Hofers gegen Bayern und Frankreich 1809 wurde T. geteilt, wobei der Norden bis Meran und Klausen an Bayern kam, der Süden an das Königreich Italien, der Osten (östliches Pustertal, Lienz) zu den Illyrischen Provinzen. 1814 fiel ganz T. wieder an Österreich. 1815 erhielt es die ehemaligen Gerichte Salzburgs im Zillertal, Brixental und Iseltal (mit Windisch-Matrei) (Matrei in Osttirol), wurde 1919 aber wieder geteilt, wobei Nordtirol und Osttirol (Lienz) zum österreichischen Bundesland T. wurden, das zu 97 % deutschsprachige Südtirol bis zum Brenner dagegen an Italien kam. Von 1938 bis 1945 umfasste der Reichsgau Tirol auch Vorarlberg und seit 1943 Bozen, Trient und Belluno, der Reichsgau Kärnten auch Osttirol.

L.: Wolff 36; Wallner 713 ÖsterreichRK 1; Großer Historischer Weltatlas II 34 (1138–1254) G4, II 48 (1300) D1, II 66 (1378) F5, II 78 (1450) G4, III 22 (1648) E5, III 38 (1789) D4; Die Territorien des Reichs 1, 86; Lechner, K., Tirol, in: Geschichte der deutschen Länder, Bd. 1; Voltelini, H. v., Immunität, grund- und leibherrliche Gerichtsbarkeit in Südtirol, in: Abhandlungen zum Historischen Atlas der österreichischen Alpenländer, Archiv f. österr. Geschichte 94 (1907); Stolz, O., Deutschtirol, in: Erläuterungen zum historischen Atlas der österreichischen Alpenländer, 1910; Stolz, O., Geschichte der Gerichte Südtirols, Archiv f. österr. Geschichte 102 (1913); Voltelini, H. v., Welsch-Tirol, in: Erläuterungen zum historischen Atlas der österreichischen Alpenländer, 1919; Stolz, O., Politisch-historische Landesbeschreibung von Tirol, 1. Teil: Nordtirol, Archiv f. österr. Geschichte 107 (1923/1926); Stolz, O., Die Ausbreitung des Deutschtums in Südtirol im Lichte der Urkunden, Bd. 1–4 1927 ff.; Battisti, C., Dizionario toponomastico Atesino (Oberetscher Namensbuch), 1936–1941; Tiroler Urkundenbuch, hg. v. Huter, F., 1937 ff.; Stolz, O., Politisch-historische Landesbeschreibung von Südtirol, 1937 (Schlern-Schriften, Bd. 40); Wiesflecker, H., Die Regesten der Grafen von Tirol, 1949 ff.; Wopfner, H., Bergbauernbuch, 1951 ff.; Sterner-Rainer, S., Tirol, in: Erläuterungen zum historischen Atlas der österreichischen Alpenländer, 1954; Stolz, O., Geschichte des Landes Tirol, Bd. 1 1955; Hochholzer, H., Das geschichtliche Raumgefüge der Kulturlandschaft Oberitaliens, 1956; Polenz, P. v., Landschafts- und Bezirksnamen, 1961, I, 9, Territorialname; Tirol-Atlas, hg. v. Troger, E./Leidlmair, A., 1969 ff.; Rambold, J., Vinschgau. Landschaft, Geschichte und Gegenwart am Oberlauf der Etsch, 4. A. 1980; Riedmann, J., Die Beziehungen der Grafen und Landesfürsten von Tirol zu Italien bis zum Jahre 1335, 1977; Grass, N., Zur Stellung Tirols in der Rechtsgeschichte, FS H. Baltl, 1978, 229; Köfler, W., Land, Landschaft, Landtag. Geschichte der Tiroler Landtage von den Anfängen bis zur Aufhebung der landständischen Verfassung 1808, 1985; Geschichte des Landes Tirol, hg. v. Fontana, J., Bd. 1 f. 1985 f.; Tirol im Jahrhundert nach anno neun, hg. v. Kühebacher, E., 1986; Gelmi, J., Kirchengeschichte Tirols, 1986; Riedmann, J., Geschichte Tirols, 3. A. 2001; Forcher, M., Tirols Geschichte in Wort und Bild, 3. A. 1988; Tirol und der Anschluss, hg. v. Albrich, T., 1988; Laich, M., Zwei Jahrhunderte Justiz in Tirol und Vorarlberg, 1990; Grass, N., Tirol, HRG 4, 1991, 244; Baum, W., Margarete Maultasch, 1994; Das Elsass und Tirol, hg. v. Thurnher, E., 1994; Riedmann, J., Tirol, LexMA 8 1996, 800 ff.; Tirol, hg. v. Gehler, M., 1999; Schober, R., Von der Revolution zur Konstitution, 2000.

Tittmoning (Grafschaft). T. an der Salzach kam um 700 (Titamaninga) durch den Herzog von Bayern an den Bischof von Salzburg. Im 13. Jahrhundert gehörte es zur Grafschaft T. westlich der unteren Salzach. Nach dem Aussterben dieser mit den Grafen von Peilstein verbundenen Familie (Grafen von Lebenau) 1227 fiel die Grafschaft an das Erzstift Salzburg (endgültig 1254). Dieses kam 1803 an den Großherzog von Toskana, 1805 an Österreich, 1809/1810 an Bayern. 1816 gelangte Salzburg an Österreich zurück, T. blieb aber wie Waging, Laufen und Teisendorf bei Bayern.

L.: Wolff 133; Widmann, H., Geschichte Salzburgs, Bd. 1–3 1907 ff.; Martin, F., Tittmoning und Umgebung, 1922.

Tiuzihgouwe (Deutzgau)

L.: Polenz, P. v., Landschafts- und Bezirksnamen, 1961, II, 30 f., Tiuzihgouwe, ‚Deutzgau'.

Tochingen

L.: Polenz, P. v., Landschafts- und Bezirksnamen, 1961, III, 4, IV, 13, Tochingen, pagus Tochingen, zum Ortsnamen Dokkum.

Toggenburg (Grafschaft). Nach der T. im Tal der oberen Thur nannten sich seit 1044 Herren, seit 1209 Grafen, die am Ende des 12. Jahrhunderts Uznach erwarben. Sie erlangten durch Aneignung von Gütern der Abtei Sankt Gallen und durch Heirat der Erbtöchter der Herren von Vaz (1323) und der Vögte von Matsch (1391) bedeutende Güter im Gasterland, Rheintal, Vorarlberg, Sankt Galler Oberland und Prättigau. Bei ihrem Aussterben 1436 fiel das Stammgut an die Freiherren von Raron, die es 1468 an die Abtei Sankt Gallen verkauften. Die Güter in Graubünden und im Alpenrheintal gelangten an die Grafen von Montfort sowie die Herren von Sax, von Brandis und Thüring von Aarburg. Um die Herrschaften Uznach, Gaster und Obermarch entstand der Toggenburger Erbfolgekrieg. Danach wurden sie 1437/1438 gemeine Herrschaft mehrerer Orte der Eidgenossenschaft der Schweiz. 1802/1803 kam T. zum Kanton Sankt Gallen.

L.: Wolff 532; Großer Historischer Weltatlas II 72 (bis 1797) G2; Rothenflue, E., Toggenburger Chronik, 1887; Kläui, P., Die Entstehung der Grafschaft Toggenburg, ZGO 90 (1937); Edelmann, H., Geschichte der Landschaft Toggenburg, 1956; Büchler, H., Das Toggenburg, 1992; Bischofberger, H., Toggenburg, LexMA 8 1996, 840 f.

Tollfeld s. Tullifeld

L.: Polenz, P. v., Landschafts- und Bezirksnamen, 1961, 307.

Tölz (Herren). 1182 erscheinen Herren von T. (Tolnze) an der hier über die Isar führenden Salzstraße. Nach dem Aussterben des Geschlechtes 1265 nahm der Herzog von Bayern das Gebiet zu Lehen.

L.: Wolff 136; Westermayer, G., Chronik der Burg und des Marktes Tölz, 2. A. 1893.

Tonahgouwe (Donaugau)

L.: Polenz, P. v., Landschafts- und Bezirksnamen, 1961, II, 16, 24, 26 f., 29, Tonahgouwe, pagus Danubiicensis, ‚Donaugau'.

Tongrinse

L.: Polenz, P. v., Landschafts- und Bezirksnamen, 1961, II, 61, Tongrinse, Tongrense territorium, zum Ortsnamen Tongern (Escher, M. u. a., Die urbanen Zentren, 2005, 2, 612).

Tonna, Gräfentonna (Herrschaft) s. Gleichen, Waldeck

L.: Wolff 397; Wallner 709 ObersächsRK 8.

Torgau (Grafschaft). In T. („Marktort") an der mittleren Elbe wird 973 wohl eine zur Sicherung des Elbübergangs angelegte deutsche Burg (Turguo) erwähnt. Die zugehörige Grafschaft T. gehörte seit dem Ausgreifen der Wettiner in die Niederlausitz zum Herrschaftsbereich der Markgrafen von Meißen. 1485 kam T. zur ernestinischen, 1547 zur albertinischen Linie Sachsens. 1815 fiel es an Preußen (Provinz Sachsen), über das es in Sachsen von 1949 bis 1990 zur Deutschen Demokratischen Republik kam.

L.: Wolff 378; Urkundenbuch von Torgau, hg. v. Knabe, C., 1902; Henze, E., Geschichte der ehemaligen Kur- und Residenzstadt Torgau, 1925; Blaschke, K., Torgau, 1979; Blaschke, K., Torgau, LexMA 8 1996, 875.

Tornegouwe (Dorngau)

L.: Polenz, P. v., Landschafts- und Bezirksnamen, 1961, II, 39, 96, Tornegouwe, ‚Dorngau'.

Törring (Graf, Reichsgraf). Durch § 24 des Reichsdeputationshauptschlusses vom 25. 2. 1803 erhielt der zum vornehmsten bayerischen Adel zählende Graf von T. wegen Gronsfeld (Gronsveld) die Abtei Gutenzell und nannte sich seitdem Törring-Gutenzell. 1806 wurde er in Württemberg mediatisiert. 1951/1952 kam Gutenzell zu Baden-Württemberg.

L.: Törring 554 II b 63, 16; Ksoll, M., Die wirtschaftlichen Verhältnisse des bayerischen Adels zwischen 1600 und 1679, 1986.

Törring-Gutenzell (Graf) s. Törring

Torringer (Reichsritter). Im 16. Jahrhundert zählten die T. zum Kanton Odenwald des Ritterkreises Franken.

L.: Stetten 22.

Torringun

L.: Polenz, P. v., Landschafts- und Bezirksnamen, 1961, IV, 19, Torringun, comitatus, zum Ortsnamen Törring.

Tortona (Stadtkommune). Das antike Dertona an der Scrivia kam um 120 v. Chr. von den Ligurern an die Römer und am Anfang des 7. Jahrhunderts an die Langobarden. Die mittelalterliche Stadt T. (Konsuln 1122) wurde 1155 von Kaiser Friedrich I. Barbarossa im Kampf gegen den Städtebund der Lombardei zerstört. Seit der Mitte des 14. Jahrhunderts (1347) gehörte sie zum Herrschaftsbereich der Visconti von Mailand. 1738 fiel T. an Sardinien und kam damit 1861 an das neue Königreich Italien.

L.: Großer Historischer Weltatlas II 48 (1300) C2; Sisto, A., I feudi imperiali del Tortonese, 1956; Goggi, C., Notizie per la storia di Tortona, 2. A. 1963; Goggi, C., Storia dei comuni e delle parrocchie della diocesi di Tortona, 2. A. 1966; Rozzo, U., Tortona, 1971; Oppl, F., Stadt und Reich, 1986; Bordone, R., Tortona, LexMA 8 1996, 883 f.

Toscana s. Toskana

Toskana (Markgrafschaft, Großherzogtum), Toscana. Die ursprünglich etruskische T. zwischen Tiber, Apennin und Mittelmeer wurde nach dem Zusammenbruch des weströmischen Reiches von den Ostgoten besetzt und ging dann an die Langobarden (568–774) über. Karl der Große fasste nach seiner Eroberung die langobardischen Herzogtümer

Lucca, Chiusi und Florenz in der Markgrafschaft Tuszien mit Sitz in Lucca zusammen. Sie kam nach 1000 an die Herren von Canossa. Seit dem späten 11. Jahrhundert strebten die Städte nach Selbständigkeit (Florenz, Pisa, Lucca, Siena u. a.). Friedrich I. Barbarossa ließ 1162 durch Reinald von Dassel als Legaten für Tuszien auf Grund der Markgrafenrechte eine neue Herrschaft aufbauen, doch bildete sich bereits 1181 ein tuszischer Städtebund gegen ihn. 1197 wandten sich die Städte erneut gegen den König. Erst Kaiser Friedrich II. vermochte die daraus sich ergebenden Unruhen zu beenden. Mit dem Tod des Stauferkönigs Manfred (1266) begann dann der Übergang an Florenz (Medici). 1530 kam Florenz und damit die T. durch Karl V. wieder unter die Herrschaft des Reiches. Als der letzte Medici 1737 die Reichslehenszugehörigkeit Toskanas bestritt, wurde T. 1738 an Franz I. von Lothringen übergeben. 1801 musste Ferdinand III. T. abtreten. Er erhielt durch den Reichsdeputationshauptschluss vom 25. 2. 1803 das Erzstift Salzburg, die Propstei Berchtesgaden, den jenseits von Ilz und Inn auf österreichischer Seite gelegenen Teil des Hochstifts Passau (mit Ausnahme der Ilzstadt und Innstadt) sowie die in den Bistümern Salzburg und Passau gelegenen Kapitel, Abteien und Klöster. Dazu kam das Bistum Eichstätt mit Ausnahme der Ämter Sandsee, Wernfels bzw. Spalt, Abenberg, Arberg/Ornbau und Wahrberg (Vahrnberg) bzw. Herrieden, die an Bayern fielen. 1805 gelangten Salzburg und Berchtesgaden an Österreich und musste Ferdinand III. Würzburg an Napoleon abtreten, womit die Reichszugehörigkeit endete. 1815 kam T. mit Piombino und Elba an Ferdinand III. zurück. 1860 wurde durch Beschluss einer Landesversammlung Habsburg-Lothringen abgesetzt und T. dem Königreich Italien (1861) einverleibt.

L.: Reumont, A. v., Geschichte Toskanas seit dem Ende des florentinischen Freistaates, Bd. 1 f. 1876 f.; Schneider, F., Die Reichsverwaltung Toskanas, Bd. 1 1914; Luzzati, M., Firenze e la Toscana, 1986; Pesendorfer, F., Die Habsburger in der Toskana, 1988; Weiquet, J., Le grand-duché de Toscane sous les derniers Medicis, 1990; Etruria, Tuscia, Toscana, hg. v. Luzzati, M., 1992; Luzzati, M., Toskana, LexMA 8 1996, 886.

Tost (Herrschaft). T. in Oberschlesien ist erstmals 1201 bezeugt. Um die spätestens im 13. Jahrhundert errichtete Burg entstand eine Herrschaft. Sie gehörte von 1791 bis 1797 den Freiherren von Eichendorff. 1945 kam T., das 1202 mit Oppeln an Ratibor, dann an Cosel-Beuthen, Teschen (1355/1357), Auschwitz (1414) und 1532 wieder von Oppeln an Böhmen gefallen war, unter Verwaltung Polens und gelangte damit 1990 als politische Folge der deutschen Wiedervereinigung an Polen.

L.: Wolff 479 f.; Chrzaszcz, J., Geschichte der Städte Peiskretscham und Tost sowie des Kreises Tost-Gleiwitz, 1937; Stutzer, D., Die Güter der Herren von Eichendorff in Oberschlesien und Mähren, 1974.

Tottenheim (Reichsritter). Vielleicht zählten die T. zum Ritterkreis Franken. S. Vogt von Rieneck, Voit von Rieneck, Kottenheim.

L.: Riedenauer 127.

Toul (Hochstift). Vielleicht im späten 4. Jahrhundert wurde in T. (Tullum Leucorum) an der oberen Mosel ein Bistum, das dem Erzbistum Trier unterstand, gegründet. 879/925 kam T. zum ostfränkischen Reich. Die Bischöfe wurden vielfach privilegiert (927, 974). Das Bistum T. reichte von den Vogesen und Sichelbergen bis in die Nähe der Marne. 1261 ging die Grafschaft T. an den Bischof über. 1286 erlangten die Herzöge von Lothringen durch den Bischof die Schirmvogtei über das Bistum und beherrschten damit das weltliche Herrschaftsgebiet weitgehend. Zugleich fiel das Besetzungsrecht des Bischofsstuhles bis zum Ende des Mittelalters an den Papst. Nachdem sich die Stadt T. aus der bischöflichen Herrschaft gelöst hatte, verlegte der Bischof seine Residenz nach Liverdun (Liverdon). Unter Kaiser Maximilian I. leistete das Hochstift dann wieder Abgaben an das Reich. 1552 besetzte der König von Frankreich T. als Reichsvikar. 1648 trat das Reich das Hochstift an Frankreich ab. Das Bistum bestand aus sechs Vogteien (u. a. mit Liverdun [Liverdon] an der Mosel und Vicherey). 1801 wurde das Bistum aufgehoben, 1817 als neues Bistum mit dem 1777 abgetrennten Nancy vereinigt.

L.: Wolff 301 f.; Die Territorien des Reichs 5, 96; Pimodan, G. de, La réunion de Toul à la France et les derniers évêques-comtes souverains, 1885; Martin, E., Histoire des diocèses de Toul, Nancy et St. Dié, Bd. 1–3 1900 ff.; Morret, B., Stand und Herkunft der Bischöfe von Metz, Toul und Verdun im Mittelalter, 1911; Choux, J., Recherches sur le diocèse de Toul, 1952; Bönnen, G., Toul, LexMA 8 1996, 906 f.; Bauer, T., Lotharingien als politischer Raum, 1997; Escher, M. u. a., Die urbanen Zentren, 2005, 1, 466.

Toul (Reichsstadt). An der Kreuzung wichtiger Straßen entstand Tullum Leucorum, der Hauptort der keltischen Leuker. 879/925 kam T. mit Lothringen zum ostfränkischen Reich. Im 13. Jahrhundert erkämpfte sich die Stadt T. die Reichsfreiheit (1367 Privileg Kaiser Karls IV.) gegenüber dem bischöflichen Stadtherrn. 1552 besetzte Frankreich die Stadt als Reichsvikar. 1648 kam sie endgültig an Frankreich.

L.: Wolff 308 f.; Daulnoy, N. J., Histoire de la ville et cité de Toul, Bd. 1 1881; Büttner, H., Toul im Vogesenraum während des Früh- und Hochmittelalters, in: Schicksalswege am Oberrhein, hg. v. Wentzke, P., 1952; Polenz, P. v., Landschafts- und Bezirksnamen, 1961, II, 18, 32, IV, 18, comitatus Tullensis, pagus Tullensis, zum Ortsnamen Toul; Bönnen, G., Die Bischofsstadt Toul und ihr Umland, 1995; Bönnen, G., Toul, LexMA 8 1996, 904 ff.; Escher, M. u. a., Die urbanen Zentren, 2005, 2, 615.

Tournai (Herrschaft), fläm. Doornik. Im 2. Jahrhundert n. Chr. wird das durch die Römer von den Kelten übernommene Turris Nerviorum an der Schelde erwähnt. Nach dem Vordringen der Franken um 430 wurde es bis 486 Vorort eines salischen Reiches und zu Beginn des 6. Jahrhunderts Bischofssitz (626/638–1146 Personalunion mit Noyon). Seit dem 9. Jahrhundert gehörte es mit seinem Umland zur Grafschaft Flandern. 1188 konnte sich die Stadt von ihrem bischöflichen Stadtherrn befreien und damit zur freien Stadt aufsteigen. 1477 kam sie wie Burgund an Habsburg und wurde 1521 den habsburgischen, seit 1526 spanischen Niederlanden angeschlossen. 1667 wurde sie von Frankreich erobert und bis 1709 besetzt, kam 1714 aber wieder zu Österreich. 1794 wurde sie wieder von Frankreich besetzt, gehörte aber noch zum burgundischen Reichskreis Österreichs. 1814 fiel sie an die Vereinigten Niederlande und gelangte 1830 an Belgien.

L.: Wolff 60; Wallner 701 BurgRK 1; Hymans, H., Gent und Tournai, 1902; Rolland, P., Les origines de la commune de Tournai, 1931; Vercauteren, F., Etude sur les civitates de la Belgique Seconde, 1934; Rolland, P., Histoire de Tournai, 1956; Deschamps, H., Tournai. Renaissance d'une ville, 1963; Tournai, hg. v. Thomas, F. u. a., 1995; Nazet, J. Tournai, LexMA 8 1996, 917 ff.

Toxandrien (Gau) (Texandria 709) s. Tessandria

L.: Curs, O., Deutschlands Gaue im zehnten Jahrhundert. Nach den Königsurkunden, Diss. phil. Göttingen 1908, 21 ([Tessandria] Tessandriê, Bergon, Norderwyk); Polenz, P. v., Landschafts- und Bezirksnamen, 1961, 307, Toxandria s. Tehsandrun, Nonn, U., Pagus und comitatus in Niederlothringen, 1983, 65.

Träbes (Ganerbschaft). In T. bei Aschenhausen östlich von Fulda bestand eine Ganerbschaft. 1920 kam T. an Thüringen und damit von 1949 bis 1990 an die Deutsche Demokratische Republik.

L.: Geschichtlicher Atlas von Hessen, Inhaltsübersicht 34.

Trachenberg, Drachenberg (Herrschaft, Fürstentum), poln. Zmigrod. T. an der Bartsch in Niederschlesien wird erstmals 1155 erwähnt (slawisches Dorf Zunigrod, Drachenburg, Otternburg). Mit Urkunde vom 15. 5. 1253 gründete Herzog Heinrich III. von Schlesien eine Stadt nach deutschem Recht, die 1287 als Trachinburg erscheint. Über die Herzöge von Breslau, Glogau (1290) und Oels (1312) kam die freie Standesherrschaft beim Heimfall von Oels unter Abtrennung von Oels 1492 an die Freiherren von Kurzbach, von 1592 bis 1635 an die 1174 erstmals als Scof erwähnten Freiherren von Schaffgotsch und 1641 nach Konfiskation an die Grafen von Hatzfeld, die 1741 in den preußischen Fürstenstand erhoben wurden. 1937 umfasste die Herrschaft, über die 1742 Preußen die Hoheit gewann, 15941 Hektar. 1945 fiel T. unter die Verwaltung Polens und gelangte damit 1990 als politische Folge der deutschen Wiedervereinigung an Polen. S. a. Hatzfeld-Trachenberg.

L.: Wolff 486; Trachenberg in Schlesien, 700 Jahre deutsche Stadt, zusammengestellt v. Samulski, R., 1962; Der Kreis Militsch-Trachenberg an der Bartsch, zusammengest. v. Glatz, W., 1965.

Trachgouwe (Drachgau)

L.: Polenz, P. v., Landschafts- und Bezirksnamen, 1961, II, 40 (Trachgouwe).

Trafft (Herrschaft) s. Tarasp

L.: Reichsmatrikel 1776, 5.

Transleithanien (Gebiet, Ländergruppe). T. ist die seit dem österreich-ungarischen Ausgleich von 1867 entstehende inoffizielle Bezeichnung für die Länder Ungarn, Siebenbürgen, Kroatien, Slawonien und Fiume, die jenseits der Leitha lagen.

Tratzberg s. Tänzl von T., Pappus von T.

L.: Enzenberg, S. Graf, Tratzberg, 2000.

Trauchburg (Herrschaft, Grafschaft). Die Herrschaft T. nördlich von Isny kam zu Beginn des 13. Jahrhunderts von den Herren von

T., einer Nebenlinie der Freiherren von Rettenberg, an die Grafen von Veringen, die sie den Truchsessen von Waldburg zu Lehen gaben und 1306 zusammen mit Stadt und Kloster Isny verkauften. 1429 fiel die Herrschaft an die jakobische Linie Waldburg-Trauchburg (T.) der Truchsessen, 1772 an Waldburg-Zeil-Zeil aus der georgischen Linie. Die über Waldburg-Zeil-Trauchburg am Ende des 18. Jahrhunderts zum schwäbischen Reichskreis zählende Grafschaft wurde 1806 von Württemberg mediatisiert. 1810 trat Württemberg den südöstlichen Teil mit der Burg T. an Bayern ab.

L.: Wolff 200; Wallner 686 SchwäbRK 26 a; Vochezer, J., Geschichte des Hauses Waldburg, 1888; Rauh, R., Inventar des Archivs Trauchburg, 1968.

Traun (Reichsritter, Grafen). 1792 gehörten die Grafen von (Abensberg und) T. wegen der Herrschaft Eglofs zu den schwäbischen Grafen der weltlichen Bank des Reichsfürstenrats des Reichstags. Wegen der 1764 vom Stift Kempten gekauften Herrschaft Siggen zählten sie zum Bezirk Allgäu-Bodensee des Kantons Hegau-Allgäu-Bodensee des Ritterkreises Schwaben.

L.: Zeumer 553 II b 61, 14; Ruch, Anhang 82; Thürheim, A. v., Feldmarschall Otto Ferdinand Graf von Abensperg-Traun, 1877.

Traun-Abensberg s. Traun, Abensberg

Traungau (Grafschaft). Vermutlich aus dem Chiemgau stammt ein Adelsgeschlecht, das auf der um 972/985 erstmals genannten Stirapurhc (Steyr) saß und wohl über die Grafen von Lambach Güter und Grafschaftsrechte im Traungau, Hausruck und an der Donau erlangte und damit das mittlere Ennstal und das obere Trauntal in Händen hatte. Seit der Mitte des 11. Jahrhunderts leitete es die Karantanische Mark, die 1180 zum Herzogtum Steiermark erhoben wurde. 1186/1192 fiel die Steiermark nach dem Aussterben der Herzöge (Otakare) an die verwandten Babenberger (Herzöge von Österreich). 1254 wurde der T. als Teil Oberösterreichs mit dem Herzogtum Österreich verbunden.

L.: Curs, O., Deutschlands Gaue im zehnten Jahrhundert. Nach den Königsurkunden, Diss. phil. Göttingen 1908, 22 (Trungovue, Gau zwischen Traun und Donau, Ennsburg); Polenz, P. v., Landschafts- und Bezirksnamen, 1961, 307, s. Trungouwe, II, 16, 24, Trungouwe, ‚Traungau'.

Traungauer s. Otakare, Traungau

Trauschwitz (Reichsritter). Von 1603 bis 1619 zählte Joachim von T. wegen einiger von den Speth erworbener Güter zum Kanton Kocher des Ritterkreises Schwaben.

L.: Schulz 273.

Trautenberg (Reichsritter). Im 16. Jahrhundert zählten die T. zum Kanton Gebirg und daneben vielleicht im 17. Jahrhundert zum Kanton Steigerwald des Ritterkreises Franken sowie zur vogtländischen Ritterschaft (Vogtland).

L.: Stieber; Bechtolsheim 15, 20; Riedenauer 127.

Trautson (Reichsfürst). 1711 wurde der Obersthofmeister des Kaisers, Graf Leopold Donat von T. gefürstet, aber nicht zum Reichsfürstenrat zugelassen.

L.: Klein 162.

Trauttmannsdorff-Weinsberg (Reichsfürst). 1623 gewann Obersthofmeister Maximilian von Trauttmannsdorff die Reichsgrafenwürde. 1805 wurde Reichsgraf Ferdinand von T. mit dem Recht der Nachfolge nach der Primogenitur zum Reichsfürsten erhoben. Gleichzeitig wurde die neu erworbene reichsunmittelbare Herrschaft Umpfenbach bei Miltenberg am Main zur gefürsteten Grafschaft aufgestuft.

L.: Klein 183.

Traxdorff (Reichsritter). Im 18. Jahrhundert zählten die T. zum Ritterkreis Unterelsass. S. Drachsdorff.

L.: Roth von Schreckenstein 2, 595.

Trazberg s. Tratzberg, Pappus von Tratzberg, Tänzl von Tratzberg

Trebra (Reichsritter). Um 1550 zählten die T. zum Kanton Odenwald des Ritterkreises Franken.

L.: Stieber; Riedenauer 127; Stetten 33.

Trechere

L.: Polenz, P. v., Landschafts- und Bezirksnamen, 1961, III, 10, Trechere (Trechiron, Triheri, Trigorium, Drikeringon).

Treffen (Herrschaft). Die Gegend von T. (878 Trebina) bei Villach in Kärnten war schon in keltisch-römischer Zeit besiedelt. In karolingischer Zeit bestand dort Königsgut. Auf dieses gründete sich vermutlich die Herrschaft T. Seit 1125 erscheinen Grafen von T. Vielleicht 1163 kam T. an Aquileja, 1361 an den Herzog von Österreich.

L.: Kohla, F. X., Kärntens Burgen, 1953.

Treffurt (Herrschaft, Ganerbschaft). T. (drei Furten) an der Werra ist vermutlich spätestens im 11. Jahrhundert entstanden. Wenig später errichteten die seit 1104 nachweisbaren Herren von T. eine Burg. Später wurde T. von Sachsen, Mainz und Hessen erobert und war danach eine Ganerbschaft, wobei jeder der drei Ganerben nach der Eroberung der Burg einen Turm besaß und später je einen Bürgermeister und Kämmerer bestellte. Die Landeshoheitsrechte Sachsens und Hessens gingen im 18. Jahrhundert an Mainz über und kamen mit diesem 1802 an Preußen. 1815 fiel die gesamte Ganerbschaft an Preußen. Über die Provinz Sachsen Preußens kam T. von 1949 bis 1990 (in Sachsen-Anhalt) an die Deutsche Demokratische Republik.

L.: Wolff 80, 254, 377; Höppner, A., Chronik der Stadt Treffurt (Werra), 1927.

Treismafeld (Traisenfeld)

L.: Polenz, P. v., Landschafts- und Bezirksnamen, 1961, II, 58, 61, Treismafeld, ‚Traisenfeld'.

Trepievi (Land). T. am Comer See war von 1512 bis 1524 Herrschaft der Gemeinen drei Bünde (Graubünden).

L.: Großer Historischer Weltatlas II 72 (bis 1797) G4.

Treuchtlingen, Treuchlingen (Reichsritter). Die T. zählten im frühen 16. Jahrhundert zum Kanton Altmühl des Ritterkreises Franken.

L.: Biedermann, Altmühl; Stieber; Riedenauer 127.

Treuenfels s. Bidembach von T.

Trevirensis (Trevirorum, Gau östlich Triers), s. Triergau

L.: Curs, O., Deutschlands Gaue im zehnten Jahrhundert. Nach den Königsurkunden, Diss. phil. Göttingen 1908, 22; Polenz, P. v., Landschafts- und Bezirksnamen, 1961, II, 17 f., 32, IV, 18, pagus Treverensis, comitatus, zum Ortsnamen Trier.

Treviso (Stadtkommune). Nördlich von T. bestand seit dem 1. Jahrhundert n. Chr. das alte Tarvisium. Es ist seit 396 als Sitz eines Bischofs bezeugt und war spätestens 602 Mittelpunkt eines langobardischen Herzogtums, spätestens seit 829 einer fränkischen Grafschaft. Seit dem 12. Jahrhundert war T. freie, seit 1167 dem Städtebund der Lombardei angeschlossene Kommune (1162 Konsuln). 1339 fiel es an Venedig, 1797 mit diesem an Österreich und 1866 an das 1861 neu entstandene Italien. S. Verona.

L.: Michieli, A., Storia di Treviso, 2. A. 1958; Furlanetto, A., Guido di Treviso e la Marca Trevigiana, 1963; Castagnetti, A., La Marca veronese-trevigniana, 1986; Sommerlechner, A., Stadt, Partei und Fürst, 1988; Del Torre, G., Il Trevigiano, 1990; Storia di Treviso, hg. v. Rando, D. u. a., 1991; Varanini, G., Treviso, LexMA 8 1996, 981 f.; Gli acta comunitatis Tarvisii del secolo XIII, hg. v. Michielin, A., 1998.

Triberg (Herrschaft). Das zwischen drei Bergen liegende T. an der Gutach nordöstlich von Freiburg wird erstmals 1239 bezeugt. Es gehörte anfangs zur Herrschaft Hornberg, kam aber 1325 nach Aussterben der Triberger Linie an die Grafen von Hohenberg. 1355 wurde die Herrschaft von Habsburg gekauft und fiel 1654 endgültig an Österreich (Vorderösterreich). In der Zwischenzeit war sie unter anderem 1372 an die Markgrafen von Baden, 1493 an die Grafen von Fürstenberg und im 16. Jahrhundert an den Freiburger Juristen Zasius und den Feldhauptmann Lazarus von Schwendi verpfändet. 1805/1807 kam die Herrschaft vom Breisgau Österreichs zum größeren Teil an Baden, im Übrigen an Württemberg und damit 1951/1952 an Baden-Württemberg.

L.: Wolff 41; Hölzle, Beiwort 2; Maier, W./Lienhard, K., Geschichte der Stadt Triberg im Schwarzwald, 1964; Hohkamp, M., Herrschaft in der Herrschaft, 1998.

Tridentinum

L.: Polenz, P. v., Landschafts- und Bezirksnamen, 1961, IV, 18, comitatus Tridentinum, zum Ortsnamen Trient.

Triebel (Herrschaft). Die Standesherrschaft T. mit der Stadt T. (poln. Trzebiel) südöstlich von Cottbus gehörte zur Markgrafschaft Niederlausitz und kam über Preußen 1945 verwaltungsmäßig und 1990 ganz an Polen.

L.: Wolff 471.

Trient (Hochstift). An der mittleren Etsch gründeten Räter oder Kelten eine Siedlung, die 24 v. Chr. an die Römer überging (Tridentum) und von diesen im 2. Jahrhundert n. Chr. zur colonia erhoben wurde. Seit dem 4. Jahrhundert (um 350) war sie Bischofssitz (um 400 Bischof Vigilius, seit dem 5. Jahrhundert Suffragan von Aquileja). Später wurde sie Mittelpunkt eines langobardischen Herzogtums und einer fränkischen Grafschaft. 952 kam T. als Teil der Mark

Verona an Bayern. 1004/1027 entstand durch kaiserliche Übertragungen (1004 Grafschaft T., 1027 Grafschaft Bozen [von der Grafschaft Norital abgetrennt], Grafschaft Vinschgau) das reichsunmittelbare, über die Diözese ausgreifende Hochstift T. Seine Vögte waren seit etwa 1150 die Grafen von Tirol, die im Norden des Herrschaftsgebietes Güter an sich zogen und die Rechte der Grafen von Eppan erlangten, seit 1363 (die Grafen von) Habsburg. Trotz erheblicher Einschränkungen (seit dem 13. Jahrhundert allmählicher Verlust Bozens, endgültig 1462/1531, seit etwa 1300 Grenze zu Tirol an der Einmündung des Avisio in die Etsch) durch die Vögte und gewisser Verluste im Süden an Venedig (4 Vikariate, Rovereto, Riva 1411, 1416, 1440) blieb das Hochstift bis 1803 selbständig. Um 1800 umfasste das Hochstift ein Gebiet von 75 Quadratmeilen und hatte 155 000 Einwohner. 1803 fiel es an Tirol und damit von 1805 bis 1809 an Bayern und von 1810 bis 1813 an das Königreich Italien, 1814 an Österreich, 1919 mit Südtirol an Italien. Das Bistum war von 1772 bis 1825 exemt, bis es Salzburg unterstellt wurde (1929 exemt).

L.: Wolff 46; Zeumer 552 II a 19; Wallner 714 ÖsterreichRK 2; Großer Historischer Weltatlas II 48 (1300) D1, II 66 (1378) F5/6, II 78 (1450) G4, III 22 (1648) E5, III 38 (1789) D4; Die Territorien des Reichs 1, 86; Huber, A., Die Entstehung der weltlichen Territorien der Hochstifte von Trient und Brixen, Archiv f. österr. Gesch. 63 (1882); Atz, K./Schatz, A., Der deutsche Anteil des Bistums Trient, Bd. 1–5 1902 ff.; Voltelini, H. v., Die ältesten Statuten von Trient, Archiv für Kunde österreichischer Geschichtsquellen 92 (1903), 83; Voltelini, H., Das welsche Südtirol, 1919, Erläuterungen zum historischen Atlas der österreichischen Alpenländer I 3; Cucchetti, G., Storia del Trentino, 1939; Hochholzer, H., Das geschichtliche Raumgefüge Oberitaliens, 1956; Bertoldi, F., Vecchia Trento, 1958; Rinaudo, C., Atlante storico, 1959; Polenz, P. v., Landschafts- und Bezirksnamen, 1961, IV, 18, Tridentinum; Kögl, J., La sovranità dei vescovi di Trento e di Bressanone, 1964; Sayn-Wittgenstein, F. Prinz zu, Südtirol und das Trentino, 2. A. 1965; Hootz, R., Südtirol, Trentino, 1973; Il Trentino nel Settecento fra Sacro Romano Impero e antichi stati italiani, hg. v. Mozzarelli, C./Olmi, G., 1985; Riedmann, J., Trient, LexMA 8 1996, 989 f.; Bellabarba, M., La giustizia ai confini, 1996; Santifaller, L., Das Trientner Domkapitel, 2000; Curzel, E., I canonici e il Capitolo della cattedrale di Trento, 2001.

Trier (Erzstift, Kurfürstentum). 16–13 v. Chr. gründete Augustus an wichtigen Straßen im Gebiet der keltisch-germanischen Treverer an der mittleren Mosel die Stadt Augusta Treverorum. Sie blühte rasch auf und wurde Hauptort der Provinz Belgica. 275 n. Chr. wurde sie durch die Franken zerstört, wurde aber danach vor allem von Konstantin zur mit 60 000–70 000 Einwohnern größten römischen Stadt nördlich der Alpen wiederaufgebaut (Sitz der Praefectura Galliarum) und in der zweiten Hälfte des 3. Jahrhunderts Sitz eines Bistums (314 Bischof Agricius). 475 wurde sie von den Franken erobert, die den römischen Palast zur Pfalz umwandelten. 843 kam sie zum Reich Lothars, 870/879 zum ostfränkischen Reich. 897 wurde T. vom König mit dem Bannforst im Hunsrück ausgestattet. 902 erlangte der im 6. Jahrhundert und kurz vor 800 zum Erzbischof (Suffragane Metz, Toul, Verdun) erhobene Bischof die Herrschaft über die 882/892 von Normannen verwüstete Stadt, 936 das Recht der Königskrönung. 973 gewann er einen Bannforst in der Eifel. 1018 erhielt er den Königshof Koblenz und Güter im Westerwald, 1139 die Reichsabtei Sankt Maximin vor T. 1197 verzichtete der Pfalzgraf zugunsten des Erzbischofs auf die Hochstiftsvogtei. Im 13. Jahrhundert wurde der Erzbischof in die Gruppe der Kurfürsten aufgenommen. Am Ende des 13. und Anfang des 14. Jahrhunderts gelang es, eine Landverbindung zwischen den Gütern an der mittleren Mosel um Trier und dem mittleren Rhein um Koblenz herzustellen und die Reichspfandschaften Boppard und Oberwesel zu gewinnen. 1427 wurden Teile der Reichsgrafschaft Daun, 1452 Manderscheid, 1545 die Grafschaft Virneburg und 1576 Prüm (Personalunion) erlangt. 1473 gründete der Erzbischof eine bis 1798 bestehende Universität in T. 1669 wurde ein Landrecht erlassen. Zuletzt umfasste das zum kurrheinischen Reichskreis zählende Hochstift 151 Quadratmeilen mit 280 000 Einwohnern. 1794/1801 fielen die linksrheinischen Güter an Frankreich, 1803 wurden die rechtsrheinischen Güter säkularisiert und an Nassau-Weilburg gegeben. 1806 kam hiervon einiges an das Großherzogtum Berg. Das Erzbistum wurde 1801 Mecheln, 1815 Köln unterstellt. Die meisten Trierer Güter kamen 1815 unmittelbar oder 1866 über Nassau an Preußen, das Koblenz zum Verwaltungsmittelpunkt erhob, und damit 1946 an Rheinland-Pfalz.

L.: Wolff 82 ff.; Zeumer 552 ff. I 2; Wallner 700 KurrheinRK 2; Großer Historischer Weltatlas II 34 (1138–

1254) F4, II 66 (1378) D3, III 22 (1648) C3, III 38 (1789) B2; Die Territorien des Reichs 5, 50; Hontheim, J. N. v., Historia Trevirensis diplomatica, Bd. 1–3 1750; Marx, J., Geschichte des Erzbistums Trier, Bd. 1–5 1858 ff.; Goerz, A., Regesten der Erzbischöfe zu Trier 814–1503, Bd. 1 f. 1859 ff., Neudruck 1969; Knetsch, G., Die landständische Verfassung und reichsritterschaftliche Bewegung im Kurstaat Trier, 1909; Just, L., Das Erzbistum Trier und die Luxemburger Kirchenpolitik von Philipp II. bis Joseph II., 1931; Michel, F., Handbuch des Bistums Trier, bearb. v. Bistums-Archiv 1952; Zur Geschichte der geistlichen Gerichtsbarkeit und Verwaltung der Trierer Erzbischöfe im Mittelalter, 1953; Ewig, E., Trier im Merowingerreich, 1954; Gensicke, H., Landesgeschichte des Westerwaldes, 2. A. 1987; Geschichte des Trierer Landes, hg. v. Laufner, R., Bd. 1 (bis 925), 1964; Pauly, F., Aus der Geschichte des Bistums Trier, Teil 1: Von der spätrömischen Zeit bis zum 12. Jahrhundert, 1968; Weber, H., Frankreich, Kurtrier, der Rhein und das Reich 1623–1635, 1969; Laufner, R., Die Ausbildung des Territorialstaates der Kurfürsten von Trier, in: Vortr. und Forsch. 14 1970; Sperling, W., Der Trierer Raum in der voramtlichen topographischen Kartographie, Mitteilungsblatt des dt. Vereins für Vermessungswesen. Landesverein Rheinland-Pfalz 21 (1971); Holbach, R., Stiftsgeistlichkeit im Spannungsfeld von Kirche und Welt, 1982; Janck, D., Das Erzbistum Trier während des Großen Abendländischen Schismas (1378–1417), 1983; Janssen, F. R., Kurtrier in seinen Ämtern, vornehmlich im 16. Jahrhundert, 1985; Aufklärung und Tradition, Kurfürstentum und Stadt Trier im 18. Jh., hg. v. Franz, G., 1988; Bodsch, J., Burg und Herrschaft. Zur Territorial- und Burgenpolitik der Erzbischöfe von Trier im Hochmittelalter bis zum Tod Dieters von Nassau (†1307), 1989; Kerber, D., Herrschaftsmittelpunkte im Erzstift Trier, 1995; Schieffer, C., Trier, LexMA 8 1996, 997 ff.; Repertorium der Policeyordnungen der frühen Neuzeit, hg. v. Härter, K./Stolleis, M., Bd. 1 1997; Pundt, M., Metz und Trier, 1998; Escher, M. u. a., Die urbanen Zentren, 2005, 1, 474.

Trier (freie Reichsstadt). 16–13 v. Chr. gründete Augustus an wichtigen Straßen im Gebiet der keltisch-germanischen Treverer an der mittleren Mosel die Stadt Augusta Treverorum. Sie blühte rasch auf (um 180 n. Chr. 288 Hektar, 20 000? Einwohner, Stadtmauer) und wurde Hauptort der Provinz Belgica sowie in der zweiten Hälfte des 3. Jahrhunderts Bischofssitz. 275 n. Chr. wurde sie von den Franken zerstört, vor allem von Konstantin aber mit 60 000 bis 70 000 Einwohnern wieder zur größten römischen Stadt nördlich der Alpen aufgebaut. 475 wurde sie von den Franken erobert und danach vielleicht zu 15 % der Bauten fortbenutzt. 902 erlangte der Erzbischof die Stadtherrschaft über die 882/892 von Normannen verwüstete Stadt (wieder). 1212 gewährte Kaiser Otto IV. der Stadt Freiheiten, die aber zu Beginn des 14. Jahrhunderts wieder verfielen. Im 15. Jahrhundert gelang es der Stadt, die erzbischöfliche Stadtherrschaft so weit zu lockern, dass sie als freie Reichsstadt angesehen werden konnte. Um 1580 wurde ihr allerdings die Reichsunmittelbarkeit abgesprochen und sie zur kurfürstlichen Landstadt erklärt. Von 1794 bis 1814 war T. unter der Herrschaft Frankreichs, 1815 fiel es an Preußen, 1946 an Rheinland-Pfalz.

L.: Wolff 83; Wisplinghoff, E./Dahm, H., Die Rheinlande, in: Geschichte der deutschen Länder, Bd. 1; Gesta Treverorum, hg. v. Waitz, G., MGH SS 8 (1848), 24 (1879); Urkundenbuch zur Geschichte der mittelrheinischen Territorien, bearb. v. Beyer, H./Eltester, L./Goerz, A., Bd. 1–3 1860 ff.; Quellen zur Rechts- und Wirtschaftsgeschichte der rheinischen Städte. Kurtrierische Städte, Bd. 1 Trier, hg. v. Rudolph, F./Kentenich, G., 1915; Kentenich, G., Geschichte der Stadt Trier von ihrer Gründung bis zur Gegenwart, 1915; Zenz, E., Die Trierer Universität 1473–1798, 1949; Eichler, H., Trier, 1952; Ewig, E., Trier im Merowingerreich, 1954; Eichler, H./Laufner, R., Hauptmarkt und Marktkreuz zu Trier, 1958; Polenz, P. v., Landschafts- und Bezirksnamen, 1961, 308 Treverense; Geschichte des Trierer Landes, hg. v. Laufner, R., 1964 ff.; Sperling, W., Der Trierer Raum in der voramtlichen topographischen Kartographie, Mitteilungen des dt. Ver. für Vermessungswesen, Landesverein Rheinland-Pfalz 21 (1971); Augusta Treverorum, Trier, hg. v. Bracht, W., 1972; Matheus, M., Trier am Ende des Mittelalters, 1984; Anton, H., Trier im frühen Mittelalter, 1987; Trier in der Neuzeit, hg. v. Düwell, K., 1988; Aufklärung und Tradition. Kurfürstentum und Stadt Trier im 18. Jahrhundert, hg. v. Franz, G., 1988; Clemens, L., Trier, 1993; Trier im Mittelalter, hg. v. Anton, H. u. a., 1996; Clemens, C., Trier, LexMA 8 1996, 991 ff.; Brommer, P., Die Ämter Kurtriers, 2003; Escher, M. u. a., Die urbanen Zentren, 2005, 2, 619.

Trier, Sankt Maximin (Reichsabtei) s. Sankt Maximin

Triergau (pagus Treverensis)

L.: Curs, O., Deutschlands Gaue im zehnten Jahrhundert. Nach den Königsurkunden, Diss. phil. Göttingen 1908, 22; Polenz, P. v., Landschafts- und Bezirksnamen, 1961, II, 17 f., 32, IV, 18, pagus Treverensis, comitatus, zum Ortsnamen Trier; Puhl, R., Die Gaue und Grafschaften des frühen Mittelalters im Saar-Mosel-Raum, 1999, 351 (um 575 Treverici termini territurio), benannt nach Trier, spät, zwischen Trier, Klüsserath und der First des Schwarzwälder Hochwalds (Fell, Klüsserath, Mülheim, Niederemmel?, Tawern?).

Triest (Stadt, reichsunmittelbare Stadt Österreichs, Kronland). Die seit dem 2. vorchristlichen Jahrhundert römische Stadt Tergeste wurde 178 v. Chr. mit dem römischen Istrien verbunden. Seit dem 6. Jahrhundert war sie Bischofssitz. 787/788 kam sie zum fränkischen Reich. Im Mittelalter gewann sie Selbständigkeit gegenüber dem Bischof, der die Stadtherrschaft im 10. Jahrhundert (948) erlangt hatte, kam aber 1202 durch Vertrag an Venedig. 1382 schloss sie sich nach wechselnden Herrschaftsverhältnissen Habsburg an. 1809 musste die lutherisch gewordene Stadt an die illyrischen Provinzen Frankreichs, das es 1797, 1805 und 1809 besetzte, abgetreten werden, kam aber 1814 an Österreich zurück, das es 1815 seinem Königreich Illyrien zuteilte, 1818 in den Deutschen Bund aufnehmen ließ, 1849 – um der italienischen Unabhängigkeitsbewegung entgegenzukommen – zur reichsunmittelbaren Stadt erklärte und 1867 mit seinem Umland zu einem eigenen Kronland erhob. Am 31. 10. 1918 wurde es von Italien besetzt und ihm 1919 abgetreten. Nach dem Zweiten Weltkrieg wurde es von den Alliierten besetzt. 1945 sollte es internationaler Freistaat werden (1947 Territorio Libero di Trieste, mit 831 Quadratkilometern und 371000 Einwohnern), wurde aber 1954 an Italien zurückgegeben. Sein zugehöriges Hinterland wurde zwischen Italien ([Zone A] im Norden und Westen) und Jugoslawien ([Zone B] im Süden) aufgeteilt.

L.: Wolff 35; Wallner 713 ÖsterreichRK 1; Tamaro, A., Storia di Trieste, Bd. 1 f. 1924; Nepitello, S., Storia di Trieste, 1934; Zahorsky, A., Triest. Schicksal einer Stadt, 1962; Bloise, D., u. a., La magistrature cittadine, 1982; Cammarosano, P., Triest, LexMA 8 1996, 1003 f.; Fogar, G., Trieste in guerra, 1999; Valdevit, G., Il dilemma Trieste, 1999; Sluga, G., The Problem of Trieste and the Italo-Yugoslav Border, 2001.

Trifels (Reichsburg). Die Burg T. bei Landau in der Pfalz wird 1081 erstmals genannt. Seit Heinrich V. (1113) war sie die festeste Reichsburg. Friedrich I. Barbarossa erhob sie zu einem Verwaltungsmittelpunkt staufischen Reichsgutes, nach dem sich ein Geschlecht von Reichsministerialen benannte. 1330 kam T. vom Reich an die Pfalz (Kurpfalz), 1410 an Pfalz-Zweibrücken und 1946 über Bayern zu Rheinland-Pfalz. 1602 verbrannte die Burg teilweise und wurde bis zur Mitte des 19. Jahrhunderts abgebrochen.

L.: Biundo, G., Zur Bibliographie der Reichsfeste Trifels, 1939; Sprater, F., Der Trifels, die deutsche Gralsburg, 9. A. 1971; Gerlich, A., Trifels, LexMA 8 1996, 1004.

Triheri (Trechiron, Trichire, Trihchira, Drikeringon, Drechere, Drechari, Gau um die Mündung der Mosel in den Rhein)

L.: Curs, O., Deutschlands Gaue im zehnten Jahrhundert. Nach den Königsurkunden, Diss. phil. Göttingen 1908, 22 (Kratzenburg, Boppard, Koblenz, Lay, Waldesch, Winningen, Bisholder, Trimbs, Niedergondershausen, Obergondershausen, Werlau, Hungenroth).

Trimberg (Herrschaft). Nach der Burg T. an der fränkischen Saale nannten sich seit dem 12. Jahrhundert vielleicht mit den Grafen von Henneberg verbundene, im Saaletal und im Werntal begüterte Herren von T. 1226 trugen sie ihre Burg dem Hochstift Würzburg auf. 1279 gaben sie Burg und Amt – bis auf Arnstein – an das Hochstift. Nach längerem Streit wurde der Sohn des Gebers mit dem Lehen an Bischofsheim vor der Rhön abgefunden. 1376 erlosch das Geschlecht. 1803 fiel T. von Würzburg an Bayern.

L.: Stieber; Schultes, J. A., Diplomatische Geschichte der Reichsdynasten von Trimberg, 1792.

Trimberg (Reichsritter). Im frühen 16. Jahrhundert zählten T. zum Kanton Rhön-Werra des Ritterkreises Franken.

L.: Wolff 100; Riedenauer 127.

Trivulzio (Reichsfürst). 1622 wurde Gian Giacomo T., Staatsmann und Heerführer in verschiedenen habsburgisch-spanischen Staaten, zum Reichsfürsten erhoben.

L.: Klein 165.

Trochtelfingen (Herrschaft). 1161 erscheint erstmals T. südlich von Reutlingen, das gegen Ende des 13. Jahrhunderts Mittelpunkt einer Herrschaft wurde. Sie kam nach dem Aussterben der Grafen von Gammertingen im 13. Jahrhundert an die Pfalzgrafen von Tübingen, dann an die Grafen von Württemberg und als Aussteuer an die Grafen von Werdenberg, die 1349 eine eigene Linie Werdenberg-Trochtelfingen gründeten, die bis 1534 in T. saß. 1534/1535 fiel die Herrschaft T. erbweise an die Grafen von Fürstenberg. Am Ende des 18. Jahrhunderts gehörte sie über die Fürsten von Fürstenberg zum schwäbischen Reichskreis. 1806 kam T. an Bayern, 1810 an Württemberg und damit 1951/1952 an Baden-Württemberg.

L.: Wolff 173; Wallner 687 SchwäbRK 28; Eisele, F., Zur Geschichte von Trochtelfingen, Teil 1 f. 1903 ff.

Trochtelfingen (reichsritterschaftliche Herrschaft). T. zählte zum Kanton Kocher des Ritterkreises Schwaben und kam an Nördlingen. Über Württemberg fiel T. 1951/1952 an Baden-Württemberg.

L.: Der Ostalbkreis, 1978.

Trockau s. Groß von T.

Trohe (Reichsritter). Nach T. bei Gießen nannten sich Reichsritter. Sie zählten im 18. Jahrhundert zum Ritterkreis Rhein.

L.: Roth von Schreckenstein 2, 595.

Tronecken (Herrschaft) s. Dhronecken

L.: Wolff 279.

Troningorum

L.: Polenz, P. v., Landschafts- und Bezirksnamen, 1961, 308, pagus Troningorum, s. Thronie.

Troppau (Fürstentum, Herzogtum). T. an der Oppa in Oberschlesien entstand im 11. Jahrhundert. Um 1200 trat im Zuge der deutschen Ostsiedlung eine Stadt hinzu. Um 1269 übertrug Ottokar II. von Böhmen einem seiner natürlichen Söhne die sog. Troppauer Provinz um T. 1318 wurde dieses zu Mähren zählende Oppaland selbständiges Fürstentum (Herzogtum) unter einer přemyslidischen (przemyslidischen) Nebenlinie. Von 1336 bis 1365 stand es in Personalunion mit dem Herzogtum Ratibor, womit der Anschluss an Schlesien eingeleitet wurde. 1377 wurde es in die Fürstentümer Jägerndorf und T. geteilt, wovon Jägerndorf 1384 an Oppeln fiel. 1460 kam T., das nunmehr zu Schlesien gezählt wurde, durch Kauf an die Familie Podiebrad, 1485 durch Tausch an Matthias Corvinus, von 1490 bis 1501 an dessen Sohn Johann, von 1501 bis 1511 durch Kauf an Sigismund von Polen und 1526 mit Böhmen unter die Oberhoheit von Habsburg bzw. Österreich. Von 1614 bis 1781 hatten es Herzöge aus dem Haus Liechtenstein als Lehen Österreichs. 1742 kam es entlang der Oppa zur Teilung. Der nördliche Teil fiel an Preußen, der südliche Teil bildete bis 1918 einen Teil des Kronlands Schlesien Österreichs (Österreichisch-Schlesiens) und kam 1918/1919 an die Tschechoslowakei. Das Gebiet Preußens gelangte 1945/1990 an Polen.

L.: Wolff 480, 488; Großer Historischer Weltatlas II 66 (1378) I3; Biermann, G., Geschichte der Herzogtümer Troppau und Jägerndorf, 1874; Troppau. Schlesische Hauptstadt zwischen Völkern und Grenzen, hg. v. Schremmer, E., 1984; Seidl, E., Das Troppauer Land, 1992; Menzel, J., Troppau, LexMA 8 1996, 1045.

Troppau-Jägerndorf (Fürstentum) s. Troppau, Jägerndorf

Trott zu Heusenberg (Reichsritter). Im späteren 16. Jahrhundert zählten die T. zum Kanton Rhön-Werra des Ritterkreises Franken.

L.: Riedenauer 127.

Trübenbach s. Trümbach

Truchsess (Reichsritter). Um 1550 gehörten die T. zum Kanton Odenwald des Ritterkreises Franken. Im 16. und 17. Jahrhundert waren sie auch im Kanton Baunach immatrikuliert (Truchsess zu Brennhausen, Eishausen [Eißhausen], Holnstein, Langheim, Rieneck, Werneck).

L.: Pfeiffer 196, 213; Stetten 33; Riedenauer 127.

Truchsess von Baldersheim (Reichsritter). Im 16. und frühen 17. Jahrhundert zählten die T. zum Kanton Odenwald sowie im frühen 16. Jahrhundert auch zum Kanton Altmühl im Ritterkreis Franken.

L.: Riedenauer 127; Rahrbach 270.

Truchsess von Henneberg (Reichsritter). Im 16. und 17. Jahrhundert zählten die T. zum Kanton Steigerwald und zeitweise zum Kanton Baunach des Ritterkreises Franken.

L.: Stieber; Bechtolsheim 13, 18, 193; Riedenauer 127; Rahrbach 271.

Truchsess von Höfingen (Reichsritter) s. Höfingen

Truchsess von Pommersfelden (Reichsritter). Im 17. und 18. Jahrhundert zählten die T. mit Frenshof, Hirschbrunn, Mühlhausen, Pommersfelden, Oberköst, Weiher, Steppach, Reichmannsdorf und Röttenbach zum Kanton Steigerwald sowie etwas früher auch zum Kanton Altmühl im Ritterkreis Franken.

L.: Stieber; Roth von Schreckenstein 2, 594; Bechtolsheim 13, 19, 64; Riedenauer 127; Rahrbach 272.

Truchsess von Rheinfelden (Reichsritter). Im 18. Jahrhundert zählten die T. zum Ritterkreis Unterelsass.

L.: Roth von Schreckenstein 2, 595.

Truchsess von Waldburg s. Waldburg

Truchsess von Wetzhausen (Reichsritter). Die T. errichteten um die Bettenburg nördlich von Hassfurt, die sie 1343 erlangt hatten, ein Rittergut mit ausschließlicher Landeshoheit in Manau und Birkach und konkurrierender Landeshoheit in weiteren Orten. Lehnsherr war das Hochstift Bamberg. 1249 war die Bettenburg anlässlich des Erbfolgekrieges nach dem Aussterben der Grafen von Andechs-Meranien als Pfand an die Grafen von Henneberg und nach deren Aussterben (1583) an Sachsen gelangt. Vom 16. bis 18. Jahrhundert waren die T. (T. von Sternberg, Unsleben) im

Kanton Baunach und im Kanton Rhön-Werra des Ritterkreises Franken immatrikuliert, im frühen 16. Jahrhundert außerdem im Kanton Altmühl.

L.: Stieber; Roth von Schreckenstein 2, 594; Seyler 391; Riedenauer 127; Rahrbach 275; Butz, P., Der Ritter von der Bettenburg (Christian Truchsess), 1906.

Trüdingen (Grafen) s. Truhendingen

Trudpert (Kloster) s. Sankt Trudpert

Truhendingen (Grafen), Trüdingen. 1248/1260 erlangten die im Schwäbischen begüterten Grafen (seit 1264) von T. (Altentrüdingen), die möglicherweise am Ende des 11. Jahrhunderts auf Grund des Hochstifts Eichstätt die Stammburg Hohentrüdingen bei Gunzenhausen erbauten und seit 1129 in Eichstätter und Würzburger Urkunden häufig auftraten, beim Aussterben der ihnen verschwägerten Herzöge von Andechs-Meranien das Gebiet um Scheßlitz und Baunach am oberen Main (Giech, Staffelstein). 1390 wurden diese Güter an das Hochstift Bamberg verkauft. Die Stammgüter an Altmühl und Wörnitz (Altentrüdingen, Hohentrüdingen, Pfäfflingen, Dürrenzimmern, Wechingen), zu denen noch die Vogtei über Solnhofen, über Heidenheim und über Güter des Hochstifts Eichstätt und des Klosters Ellwangen gekommen waren, wurden von den Burggrafen von Nürnberg gekauft, die schon Markt Bergel und Burg Colmberg an sich gebracht hatten. Im 15. Jahrhundert (1458) starb das Geschlecht aus. Die Güter kamen später zu Bayern.

L.: Großer Historischer Weltatlas II 66 (1378) F3/4; Scherzer, C., Franken, 1959; Ruß, H., Die Edelfreien und Grafen von Truhendingen, 1992; Wendehorst, A., Truhendingen, LexMA 8 1996, 1071.

Trümbach, Trübenbach, Trubenbach (Reichsritter). Die T. waren mit Wehrda, Schloss Hohenwehrda (Hohenwerda), Rhina, Schletzenrod und Wetzlos im 17. und 18. Jahrhundert Mitglied des Kantons Rhön-Werra des Ritterkreises Franken.

L.: Stieber; Seyler 392; Winkelmann-Holzapfel 166; Pfeiffer 198; Riedenauer 127.

Trungouwe (Traungau)

L.: Polenz, P. v., Landschafts- und Bezirksnamen, 1961, II, 16, 24, Trungouwe, ‚Traungau'.

Truppach (Reichsritter). Im 16. Jahrhundert zählten die T. zum Kanton Gebirg im Ritterkreis Franken.

L.: Riedenauer 127.

Trütschler (Reichsritter). Vielleicht zählten die T. zum Kanton Gebirg im Ritterkreis Franken und zur vogtländischen Ritterschaft (Vogtland).

L.: Riedenauer 127.

Trutpert (Kloster) s. Sankt Trudpert

Tschechien (Republik). Bei der zwischen Tschechen und Slowaken vereinbarten Auflösung der 1918 unter Verselbständigung Böhmens und Mährens von Österreich gegründeten Tschechoslowakei entstand zum 1. 1. 1993 in deren westlichem Teil die Republik T. mit der Hauptstadt Prag. S. Tschechoslowakei.

Tschechoslowakei (Land). Das Gebiet zwischen Erzgebirge und Waldkarpaten verselbständigte sich als Folge des seit 1848 erstarkten tschechischen Nationalgedankens am 28. 10. 1918 von Österreich. Die Tschechen, die 1938 43 % der Bevölkerung des Landes bildeten (23 % Deutsche, 22 % Slowaken), nahmen entgegen dem Selbstbestimmungsrecht der Völker die Herrschaft über ganz Böhmen, Mähren und das Kronland Schlesien Österreichs (Österreichisch-Schlesien) in Anspruch und besetzten das ganze sudetendeutsche Gebiet. 1919/1920 kamen vom Deutschen Reich das Hultschiner Ländchen, von Österreich Gebiete bei Gmünd und um Feldsberg, von Ungarn die Slowakei und Karpatenrussland hinzu. Das Gebiet um Teschen wurde mit Polen geteilt. Am 29. 9. 1938 wurden die sudetendeutschen Gebiete auf Druck Adolf Hitlers an das Deutsche Reich abgetreten. Weitere Teile kamen am 2. 11. 1938 an Polen und Ungarn. 1939 erklärte die Slowakei als deutscher Schutzstaat ihre Unabhängigkeit. Am 14./15. 3. 1939 gliederte Hitler das Restgebiet als Protektorat Böhmen und Mähren dem Deutschen Reich an. 1945 wurde aber die T. unter Austreibung von 2,83 Millionen Deutschen bis auf die an die Sowjetunion gelangte Karpatenukraine im alten Umfang wieder hergestellt. Zum 1. 1. 1993 löste sich die T. in Tschechien (Tschechische Republik, Tschechei) (mit Eger, Karlsbad, Pilsen, Budweis, Aussig und Prag im früher böhmischen und Olmütz und Brünn im früher mährischen Gebiet) und in die Slowakei auf. S. Böhmen, Hultschin (Hultschiner Ländchen), Jägerndorf, Mähren, Österreich, Schlesien, Sudetenland, Teschen.

L.: Bretholz, B., Geschichte Böhmens und Mährens, Bd. 1 ff. 1921 ff.; Kuhn, H., Handbuch der Tschechoslowakei, 1966; Hoensch, J. K., Geschichte der Tschechoslowakischen Republik 1918–1965, 1966; Koralka, J., Tschechen im Habsburgerreich, 1991; Lenk, R., La Tchéchoslovaquie de Masaryk à Havel/Geschichte der Tschechoslowakei 1918 bis 1992, 1996; Erzwungene Trennung. Vertreibungen und Aussiedlungen in und aus der Tschechoslowakei 1938–1947 im Vergleich mit Polen, Ungarn und Jugoslawien, hg. v. Brandes D. u. a., 2000.

Tubalgouue (Gau zwischen Rhein und Waal)

L.: Curs, O., Deutschlands Gaue im zehnten Jahrhundert. Nach den Königsurkunden, Diss. phil. Göttingen 1908, (Rindern); Polenz, P. v., Landschafts- und Bezirksnamen, 1961, 308, Tubalgouwe s. Dubla, Duvla.

Tubargouwe (Taubergau)

L.: Polenz, P. v., Landschafts- und Bezirksnamen, 1961, II, 24, 26 f., Tubargouwe, ‚Taubergau'.

Tübingen (Grafen, Pfalzgrafen). In der ersten Hälfte des 7. Jahrhunderts bestand an der Stelle von T. ein alemannisches Dorf. Ihm folgte ein Herrenhof mit Pfarrkirche. Um die Mitte des 11. Jahrhunderts wurde eine 1078 Castrum Twingia genannte Burg errichtet, nach der sich die Grafen im Nagoldgau und Sülchgau am Ende des 11. Jahrhunderts Grafen von T. nannten. Sie waren um T., im Nagoldgau und um Blaubeuren begütert. Spätestens seit 1146 waren diese Grafen an Stelle der Grafen von Dillingen Pfalzgrafen von Schwaben. Um 1150/1167 beerbten sie die Grafen von Bregenz (Bregenzer Linie der Udalrichinger), von denen sie die Grafschaften Bregenz (überwiegend) und Churrätien (bis 1167?) erlangten, die aber am Beginn des 13. Jahrhunderts durch die Teilung in eine pfalzgräfliche Linie und eine Linie Montfort wieder getrennt wurden. Zu ihren weiteren Gütern zählten außer T. Herrenberg, Böblingen, Sindelfingen sowie der alte Reichsforst Schönbuch, die Vogtei über Blaubeuren (bis 1277) und außerdem, auf Grund weiblicher Erbfolge, Gießen, das 1265 an die Landgrafen von Hessen verkauft wurde. Mit weiteren Teilungen nach 1219 (Linien Horb bis 1293 [um 1294], Herrenberg bis um 1391 bzw. 1667, Asperg bis nach 1357, Böblingen bis 1377) kamen diese Güter an das Kloster Bebenhausen und vor allem an die Grafen von Württemberg (Asperg 1308, Beilstein 1340). 1342 fiel T. durch Kauf für 20 000 Pfund Heller an Württemberg, das 1477 die Eberhard-Karls-Universität in T. gründete. 1381 wurde die Letzte der alten Herrschaften (Herrenberg) veräußert. 1634 starb die letzte Linie auf der in der Mitte des 14. Jahrhunderts erheirateten Burg Lichteneck im Breisgau aus. Von 1945 bis 1952 war T. Hauptstadt des Landes Württemberg-Hohenzollern, mit dem es 1951/1952 an Baden-Württemberg kam.

L.: Wolff 161; Großer Historischer Weltatlas II 66 (1378) E4; Schmid, L., Geschichte der Pfalzgrafen von Tübingen, 1853; Beschreibung des Oberamts Tübingen, 1867; Stälin, P. F., Geschichte Württembergs, Bd. 1 1882; Haller, J., Die Anfänge der Universität Tübingen 1477–1537, 1927 ff.; Eimer, M., Tübingen. Burg und Stadt bis 1600, 1945; Herding, O./Zeller, B., Grundherrn, Gerichte und Pfarreien im Tübinger Raum zu Beginn der Neuzeit, 1954; Seigel, R., Gericht und Rat in Tübingen, 1960; Huber, R., Die Universitätsstadt Tübingen, 3. A. 1968; Jänichen, H., Herrschafts- und Territorialverhältnisse um Tübingen und Rottenburg im 11. und 12. Jahrhundert, 1964; Der Landkreis Tübingen, Bd. 1–3 1967 ff.; Sydow, J., Geschichte der Stadt Tübingen, Bd. 1 ff. 1974 ff.; Festschrift 500 Jahre Eberhard-Karls-Universität Tübingen 1477–1977, hg. v. Decker-Hauff, H. M. u. a., Bd. 1–3 1977 ff.; Sydow, J., Bilder zur Geschichte der Stadt Tübingen, 1980; Die Pfalzgrafen von Tübingen. Städtepolitik, Pfalzgrafenamt, Adelsherrschaft im Breisgau, hg. v. Decker-Hauff, H. M. u. a., 1981; Tübingen, 1995; Eberl, I., Tübingen, LexMA 8 1996, 1075 ff.; Das älteste Tübinger Ehebuch (1553–1614), hg. v. Schieck, S. u. a., 2000.

Tübingen (Reichsritter). Von 1640 bis etwa 1654 war Johann Georg von T. Mitglied des Kantons Neckar des Ritterkreises Schwaben.

L.: Hellstern 215.

Tucharin (Gau um Teuchern)

L.: Hessler, W., Mitteldeutsche Gaue des frühen und hohen Mittelalters, 1957, 153, Tucharin (Gladitz, Groitzschen, Köpsen, Kretzschau, Krössuln, Lagnitz, Priesen, Streckau, Teuchern, Wernsdorf).

Tucher (Reichsritter). Die T. zählten seit dem späten 16. Jahrhundert zum Kanton Gebirg im Ritterkreis Franken.

L.: Riedenauer 127.

Tüngen s. Thüngen

Tullensis (Gau westlich der Mündung der Meurthe in die Maas)

L.: Curs, O., Deutschlands Gaue im zehnten Jahrhundert. Nach den Königsurkunden, Diss. phil. Göttingen 1908, 22 (Gondreville); Polenz, P. v., Landschafts- und Bezirksnamen, 1961, II, 18, 32, IV, 18, comitatus Tullensis, pagus Tillensis, zum Ortsnamen Toul.

Tullifeld, Tulliueld (Gau rechts der Werra, um Kaltennordheim)

L.: Curs, O., Deutschlands Gaue im zehnten Jahrhundert. Nach den Königsurkunden, Diss. phil. Göttingen 1908, 22; Polenz, P. v., Landschafts- und Bezirksnamen, 1961, II, 58, 62, 96, III, 30, Tullifeld (Tollfeld); Niemeyer, W., Der pagus des frühen Mittelalters in Hessen, 1968, 137.

Tulpiacensis

L.: Polenz, P. v., Landschafts- und Bezirksnamen, 1961, IV, 18 f., comitatus Tulpiacensis, comitatus Tulpiacensis, zum Ortsnamen Zülpich, Zülpichgouwe.

Türckh (Reichsritter). Von 1646 bis 1723 (zuletzt Carl Friedrich von T. zu Debingen [Täbingen] und Ramstein) waren die T. Mitglied des Kantons Neckar des Ritterkreises Schwaben.

L.: Hellstern 215.

Turegie

L.: Polenz, P. v., Landschafts- und Bezirksnamen, 1961, 308, Turegie, provincia Turegie, Turicinus pagus, s. Zurihgouwe, Zürichgau.

Turin (Markgrafschaft). Die am Zusammenfluss von Dora Riparia und Po angelegte römische Siedlung colonia Iulia Augusta Taurinorum wurde im späten 4. Jahrhundert Sitz eines im frühen 5. Jahrhundert von Vercelli verselbständigten Bischofs. Über Goten und Burgunder kam es 568 an die Langobarden und 773/774 an die Franken. 827 und 880 sind fränkische Grafen von T. nachgewiesen. Zunächst unter den Markgrafen von Ivrea wurde T. um 950 Mittelpunkt einer bis zum Tod des letzten Markgrafen (1091) bestehenden Mark. Danach traten Bischof und Stadt hervor (1147/1149 consules). 1280 kam T. an Savoyen (1418 endgültig eingegliedert). Nach 1418 wurde es Sitz der Hauptlinie der Grafen (1536 Vorherrschaft Frankreichs). 1861 gelangte es in Sardinien-Piemont zum neuen Königreich Italien.

L.: Sergi, G., Potere e territorio, 1981; Storia di Torino, hg. v. Comba, R. u. a., Bd. 1 ff. 1993 ff.; Sergi, G., I confini del potere, 1995; Sergi, G., Turin, LexMA 8 1996, 1100; Sergi, G., Storia di Torino, 1997; Storia di Torino 2 (1280–1536), hg. v. Comba, R., 1997.

Türkenfeld (Herrschaft). Die Herrschaft T. gehörte am Ende des 18. Jahrhunderts über die Grafen Fugger-Kirchheim zum schwäbischen Reichskreis und kam danach an Bayern.

L.: Wolff 205; Wallner 685 SchwäbRK 15 a.

Türkheim (Freiherren, Reichsritter). Im 18. Jahrhundert zählten die Freiherren von T. mit dem 1783 erworbenen Altdorf, dem 1773 gewonnenen und 1795 an das Hochstift Straßburg gelangten Bosenstein und der Rohrburger Mühle zum Ort (Bezirk) Ortenau des Kantons Neckar des Ritterkreises Schwaben.

L.: Hölzle, Beiwort 66.

Türkheim (Reichsstadt), frz. Turckheim. 1312 wurde T. an der Fecht bei Colmar Reichsstadt. 1354 schloss diese sich dem elsässischen Zehnstädtebund an. 1648 fiel sie an Frankreich. Die Stadt wurde noch in der Reichsmatrikel von 1776 zum oberrheinischen Reichskreis gezählt.

L.: Gumpelzhaimer 135; Wolff 298; Scherlen, A., Geschichte der Stadt Türkheim, 1925; Billich, A., Turckheim. Histoire d'un vignoble, 1949; Escher, M. u. a., Die urbanen Zentren, 2005, 2, 623.

Türkstein (Herrschaft). Die Herrschaft T. gehörte dem Hochstift Metz, das 1789 in Frankreich säkularisiert wurde.

L.: Wolff 301.

Turnhout (Herzogtum). Das Herzogtum T. (Turnhout im Kemperland erstmals 1021 erwähnt) gehörte am Ende des 18. Jahrhunderts über das Herzogtum Brabant Österreichs zum burgundischen Reichskreis.

L.: Wolff 54; Wallner 710 BurgRK 1; Escher, M. u. a., Die urbanen Zentren, 2005, 2, 624.

Tustense

L.: Polenz, P. v., Landschafts- und Bezirksnamen, 1961, 308, Tustense, pagus Tustensis, Zustahgouwe.

Tuszien, Tuscien (Markgrafschaft). T. ist der mittelalterliche Name für bzw. Vorläufer von Toskana.

L.: Großer Historischer Weltatlas II 34 (1138–1254) G5.

Tutemburg? (Reichsdorf). Am 4. 7. 1360 überließ Kaiser Karl IV. der Elisabeth, Schwiegertochter des Burkhard Sturmfeder, unter anderem das diesem verpfändete Dorf Duttenberg (Tutemburg) bei Wimpfen.

L.: Hugo 459 f.

Tutzing (Herren). T. am Starnberger See gehörte 753 dem Kloster Benediktbeuern. Später unterstand es unter anderem den Herren von T. und fiel zuletzt an Bayern.

L.: Hubert, W., Schloss Tutzing und der Starnberger See (o. J.).

Twente s. Twianta

L.: Polenz, P. v., Landschafts- und Bezirksnamen, 1961, 308.

Twianta (Gau zwischen Zuidersee und Ems)

L.: Polenz, P. v., Landschafts- und Bezirksnamen, 1961, II, 38, 76, III, 27, Twianta (Norththuianti), Twente.

U

Ualothungon s. Waledungun

Uatergau, Uatergouwe s. Natergau

Übel s. Ebenheim genannt Ü.

Überbrück (von Rodenstein), Überbrick von Rodenstein, Überbruk von Rothenstein (Freiherren, Reichsritter). Im 18. Jahrhundert zählten die Freiherren Ü. mit Tairnbach, das 1808 an Baden fiel, zum Kanton Odenwald des Ritterkreises Franken.

L.: Stieber; Hölzle, Beiwort 57; Winkelmann-Holzapfel 166; Riedenauer 127; Stetten 37, 186.

Überlingen (Reichsstadt). Vielleicht schon am Anfang des 7. Jahrhunderts, jedenfalls aber 770 erscheint Ü. (Iburingia) am Nordrand des Bodensees im Linzgau als Sitz eines alemannischen Großen aus dem Geschlecht der Udalrichinger. 918 fiel es an das Herzogtum Schwaben. Um 1200 wurde Ü., das wohl von den Grafen von Bregenz in der Mitte des 12. Jahrhunderts an die Grafen von Pfullendorf und um 1180 von den Grafen von Pfullendorf an Kaiser Friedrich I. Barbarossa kam, zur Stadt erhoben. 1241/1268 war es Reichsstadt und gehörte später zur schwäbischen Städtebank des Reichstages und zum schwäbischen Reichskreis. Bis zum Ende des Mittelalters erwarb Ü. Güter in nahezu 100 Orten. Im späten 14. und frühen 15. Jahrhundert erlangte Ü. pfandweise das Ammannamt und lehnweise den Blutbann sowie Münze und Zoll. Am Ende des 18. Jahrhunderts umfasste sein etwa 4,6 Quadratmeilen großes Gebiet die städtischen Vogteien Hohenbodman und Ramsberg, die spitalischen Ämter Bambergen, Deisendorf, Denkingen, Ebratsweiler, Ernatsreute, Rickenbach und Sohl, Bonndorf mit Mahlspüren, Nesselwangen, Seelfingen und Sernatingen. 1803 fiel Ü. an Baden und kam damit 1951/1952 zu Baden-Württemberg.

L.: Wolff 214; Zeumer 555 III b 11; Wallner 687 SchwäbRK 31; Großer Historischer Weltatlas II 78 (1450) F4, III 22 (1648) D5, III 38 (1789) C4; Schroeder 288 ff.; Staiger, X., Die Stadt Überlingen, 1859; Schäfer, F., Wirtschafts- und Finanzgeschichte der Stadt Überlingen am Bodensee, 1893; Hölzle, E., Der deutsche Südwesten am Ende des alten Reiches, 1938; Semler, A., Bilder aus der Geschichte einer kleinen Reichsstadt, 1949; Ginter, H., Überlingen am Bodensee, 1950; Semler, A., Abriss der Geschichte der Stadt Überlingen, 1953; Harzendorf, F., Überlinger Einwohnerbuch 1444–1800, Bd. 1–6 1954 ff.; Eitel, P., Die oberschwäbischen Reichsstädte im Zeitalter der Zunftherrschaft, 1970; Überlingen und der Linzgau am Bodensee, 1972; Zotz, T., Überlingen, LexMA 8 1996, 1147.

Üchtland s. Ochtland

L.: Polenz, P. v., Landschafts- und Bezirksnamen, 1961, 308.

Uckermark (Landschaft, Verwaltungseinheit). Das Gebiet zu beiden Seiten der Ucker (zu slaw. vikru, schnell) war ursprünglich von slawischen Ukranen bewohnt. Um 1172 überließ es Herzog Heinrich der Löwe von Sachsen den Fürsten von Pommern. Um 1230 brachten die Markgrafen von Brandenburg den Barnim und das Flussgebiet der Finow unter ihre Herrschaft. 1250 trat ihnen der Herzog von Pommern das übrige Gebiet (terra Ukera) ab. Seit dem 14. Jahrhundert wurde von U. gesprochen. Von 1354 bis 1472 fiel der Nordteil um Pasewalk wieder an Pommern zurück. Über Brandenburg zählte die U. zum obersächsischen Reichskreis. Sie blieb bis 1816 Verwaltungseinheit in Preußen. 1950 wurde in der Deutschen Demokratischen Republik ein Teil der U. mit Teilen Pommerns und Mecklenburgs im Kreis Strasburg (Straßburg) und in Neubrandenburg vereinigt. 1990 wurden die 1952/1958 aufgelösten (str.) Länder Brandenburg und Mecklenburg-Vorpommern wiederhergestellt.

L.: Wolff 388; Wallner 708 ObersächsRK 1; Bruhns-Wüstefeld, Die Uckermark in slawischer Zeit, ihre Kolonisation und Germanisierung, 1919; Lippert, W., Geschichte der 110 Bauerndörfer in der nördlichen Uckermark, hg. v. Heinrich, G., 1968; Historisches Ortslexikon von Brandenburg, hg. v. Enders, L., 1986; Enders, L., Die Uckermark, 1992; Escher, F., Uckermark, LexMA 8 1996, 1172.

Udalrichinger (Geschlecht). Die nach dem Leitnamen Udalrich benannten, mit Karl dem Großen verschwägerten U. waren seit karolingischer Zeit Grafen in Gauen am Bodensee (Linzgau, Argengau, Hegau, Thurgau), im Breisgau, im Alpgau und im Nibelgau sowie nach 926 auch in Churrätien (bis 1167?). Vor 1043 (um 1040) teilten sie sich in die Linien Buchhorn (bis 1089), Bregenz (bis vor 1152) und Pfullendorf (bis um 1180). Die Güter der

Linie Buchhorn fielen größtenteils an die Welfen, die der Bregenzer Linie an die Grafen von Pfullendorf und die Pfalzgrafen von Tübingen, die sich am Beginn des 13. Jahrhunderts in eine pfalzgräfliche Linie und eine Linie Montfort teilten.

L.: Knapp, E., Die Ulriche, ein frühmittelalterliches Grafengeschlecht am Bodensee, Schriften des Vereins für Geschichte des Bodensees 36 (1907); Borgolte, M., Die Grafen Alemanniens, 1986; Seibert, H., Udalrichinger, LexMA 8 1996, 1174 f.

Udenheim (Ganerben). Die nach U. bei Alzey benannte Familie war von 1370 bis 1464 an der Ganerbschaft Schornsheim und 1366 an der Ganerbschaft Nieder-Saulheim (Niedersaulheim) beteiligt.

L.: Zimmermann 79.

Uelversheim (Ganerben) s. Ülversheim

Uetagau (Gau zwischen Saale und Elster)

L.: Curs, O., Deutschlands Gaue im zehnten Jahrhundert. Nach den Königsurkunden, Diss. phil. Göttingen 1908, 22 (Großgörschen, Unterkaka, Oberkaka, Kauerwitz, Seislitz, Zelchen).

Uffgau (Gau zwischen Donau und Enns) s. Weta

L.: Polenz, P. v., Landschafts- und Bezirksnamen, 1961, II, 40, 96, Ufgouwe I.

Uffgau (Ufgovve, Ufgouue, Gau zwischen Murg und Kraichbach)

L.: Curs, O., Deutschlands Gaue im zehnten Jahrhundert. Nach den Königsurkunden, Diss. phil. Göttingen 1908, 22 (Mörsch, Baden-Baden, Liedolsheim); Polenz, P. v., Landschafts- und Bezirksnamen, 1961, II, 27, 40, 96, Ufgouwe II.

Uhl (Reichsritter). Seit 1789 zählte der Kantonskonsulent U. mit Domeneck zum Kanton Odenwald des Ritterkreises Franken.

L.: Hölzle, Beiwort 57; Winkelmann-Holzapfel 166; Riedenauer 127; Stetten 38.

Uissigheim (Reichsritter) s. Usigheim

Uldrickheim? (Reichsritter) s. Usigheim

L.: Seyler 392.

Ulm (Freiherren, Reichsritter). Im 17. und 18. Jahrhundert zählten die Freiherren von U. mit Grießenberg, Langenrain, Marbach und Wangen zum Kanton Hegau (Hegau-Allgäu-Bodensee) des Ritterkreises Schwaben. Mit zwei Dritteln Oberndorf-Poltringen (1722) waren sie auch im Kanton Neckar und mit der Herrschaft Mittelbiberach (1648) im Kanton Donau immatrikuliert.

L.: Roth von Schreckenstein 2, 592; Hölzle, Beiwort 59, 61, 65; Ruch 18, Anm. 2; Ruch, Anhang 80; Hellstern 216.

Ulm (Reichsstadt). An einem wichtigen Donauübergang nahe der Einmündung von Blau und Iller errichtete, neben älteren Besiedlungsspuren, vermutlich in der zweiten Hälfte des 8. Jahrhunderts (768–782) das Kloster Reichenau auf von Karl dem Großen gegebenem Königsgut einen Stützpunkt, der 854 erstmals als Königspfalz Ulma erwähnt wird. 1096/1098 gelangte U. an die Staufer. 1134 wurde es von den Welfen und vom König zerstört. Zwischen 1163 und 1181 erhielt es von Kaiser Friedrich I. Barbarossa Stadtrecht und gab später sein Recht an zahlreiche andere Städte (Memmingen, Saulgau, Biberach, Meersburg, Langenau, Dinkelsbühl, Leipheim, Kempten, Schwäbisch Gmünd) weiter. Im 13. Jahrhundert (1258? Aussterben der mit der Reichsvogtei begabten Grafen von Dillingen, 1274?) wurde U. Reichsstadt. Im Spätmittelalter gewann es mit Hilfe der im Leinenhandel und Barchenthandel erzielten Erlöse mit rund 830 Quadratkilometern eines der größten reichsstädtischen Herrschaftsgebiete, das bis ins obere Filstal reichte (1377/1385 Herrschaften Langenau und Albeck von den Grafen von Werdenberg, 1396 Geislingen von den Grafen von Helfenstein und 1453 Leipheim von Württemberg). Zwischen 1357 und 1361 erlosch die Reichsvogtei. 1397 gewann U. den Blutbann. 1377 begann es mit dem Bau des Münsters. 1384/1395 kaufte es der Abtei Reichenau ihre alten Pfarrrechte ab. 1530 bekannte die Stadt sich zur Reformation und trat dann dem Schmalkaldischen Bund bei. U. hatte Sitz und Stimme auf dem Reichstag und im schwäbischen Reichskreis. Seit dem 17. Jahrhundert war es ständiger Tagungsort des schwäbischen Reichskreises. Am Ende des 18. Jahrhunderts bestanden seine Güter aus der oberen Herrschaft (Herrschaft Albeck und Teile der Grafschaft Helfenstein) mit den Oberämtern Albeck, Langenau und Leipheim, den Ämtern Bermaringen, Böhringen, Lonsee, Nellingen, Stötten, Stubersheim und Süßen und den Orten Lehr und Mähringen. Außerdem hatte U. noch die Orte Ersingen, Grimmelfingen und Gögglingen, ferner Anteile an den Orten Markbronn, Ringingen und Wippingen. 1802/1803 fiel U. mit 17 Quadratmeilen bzw. 1260 Quadratkilometern und insgesamt 50 000 Einwohnern an Bayern, 1810 mit dem nördlich der Donau und westlich der Iller gelegenen Teil ihres Gebietes an Württemberg. Danach wurde es Sitz der württembergischen Landvogtei an der Donau. Über Württemberg kam es 1951/1952 an Baden-Württemberg.

L.: Wolff 211; Zeumer 555 III b 4; Wallner 685 SchwäbRK 6; Großer Historischer Weltatlas II 66 (1378) E4, II 78 (1450) F4, III 22 (1648) E4, III 38 (1789) D3; Schroeder 203 ff.; Die Territorien des Reichs 5, 194; Ulmisches Urkundenbuch, Bd. 1 ff. 1873 ff.; Hohenstatt, O., Die Entwicklung des Territoriums der Reichsstadt Ulm, 1911, Darstellungen aus der württemberg. Gesch. 6; Lübke, K., Die Verfassung der freien Reichsstadt Ulm am Ende des alten Reichs, Diss. jur. Tübingen 1935; Hölzle, E., Der deutsche Südwesten am Ende des alten Reiches, 1938; Neusser, G., Das Territorium der Reichsstadt Ulm im 18. Jahrhundert, 1964; Pee, H., Ulm, 2. A. 1967; Geiger, G., Die Reichsstadt Ulm vor der Reformation, 1971; Der Stadt- und Landkreis Ulm, 1972; Schmitt, U., Villa regalis Ulm und Kloster Reichenau, 1974; Schmolz, H., Herrschaft und Dorf im Gebiet der Reichsstadt Ulm, in: Stadt und Umland, hg. v. Maschke, E./Sydow, J., 1974; Wiegandt, H., Ulm, 1977; Der Stadtkreis Ulm. Amtliche Kreisbeschreibung, 1977; Specker, H. E., Ulm. Stadtgeschichte, 1977; Pfeifer, U., Die Geschichtsschreibung der Reichsstadt Ulm von der Reformation bis zum Untergang des Alten Reiches, 1981; Göggelmann, H. E., Das Strafrecht der Reichsstadt Ulm bis zur Carolina, 1984; Poh, M., Territorialgeschichte des Alb-Donau-Kreises und der Stadt Ulm, 1988; Wiegandt, H., Ulm, 1989; Handbuch der baden-württembergischen Geschichte, Bd. 2 1995, 731 ff.; Lorenz, S., Ulm, LexMA 8 1996, 1190 ff.

Ulm zu Erbach (Reichsritter). 1773 zählten die bereits im Stichjahr 1680 angesessenen und mit ihren Gütern bei der Ritterschaft immatrikulierten U. zum Ritterkreis Unterelsass.

Ulm zu Marspach, Griessenberg, Langenrein (Freiherren, Reichsritter) s. Ulm (Freiherren, Reichsritter)

L.: Ruch 18, Anm. 2.

Ulm zu Wangen (Freiherren, Reichsritter) s. Ulm (Freiherren, Reichsritter)

L.: Ruch, Anhang 80.

Ulmenstein (Reichsritter). Von 1738 bis 1785 zählten die U. zum Kanton Kocher des Ritterkreises Schwaben.

L.: Schulz 273.

Ulner, Eulner, Eyllner, Euler (Reichsritter). Vom 16. bis zum 18. Jahrhundert zählten die Reichsritter U. mit Gumpen und Teilen von Winterkasten zum Kanton Odenwald des Ritterkreises Franken. S. Ulner von Dieburg.

L.: Stetten 38; Pfeiffer 211; Riedenauer 127.

Ulner von Dieburg, Ulmer (Reichsritter). Um 1550 zählten die U. zum Kanton Odenwald des Ritterkreises Franken. Im 18. Jahrhundert gehörten sie dem Ritterkreis Rhein an.

L.: Stieber; Roth von Schreckenstein 2, 595; Riedenauer 127; Stetten 33.

Ulstal s. Ouliupestal

L.: Polenz, P. v., Landschafts- und Bezirksnamen, 1961, 308.

Ülversheim, Uelversheim (Ganerben). Von 1276 bis vor 1499 waren die Ü. an der Ganerbschaft Mommenheim beteiligt.

L.: Zimmermann 79.

Umendorf s. Ummendorf

Ummendorf, Umendorf (freie Herrschaft). 1128 erscheinen auf altem Siedlungsland zwischen Biberach und Memmingen Herren von U. Von ihnen kam U. über die Essendorf, Steußlingen und Schellenberg 1373 an das Kloster Weißenau. Dieses verkaufte es 1554 an den Augsburger Bürger Matthias Manlich, dessen Erben es 1565 an das Kloster Ochsenhausen veräußerten. Von dort kam es an Württemberg und damit 1951/1952 an Baden-Württemberg.

L.: Wolff 183; Wallner 687 SchwäbRK 33; Angele, A., Ummendorf, 1954.

Umpfenbach (reichsunmittelbare Herrschaft, gefürstete Grafschaft). Für Ferdinand von Trauttmannsdorff (Trauttmannsdorff-Weinsberg) wurde 1805 die reichsunmittelbare Herrschaft U. bei Miltenberg am Main zur gefürsteten Grafschaft erhoben. Später fiel U. an Bayern.

L.: Klein 183.

Umstadt s. Curtius zu U., Wambolt von und zu U.

L.: Polenz, P. v., Landschafts- und Bezirksnamen, 1961, IV, 5, Umstadt, Ortsname, Mark.

Undresinsi

L.: Polenz, P. v., Landschafts- und Bezirksnamen, 1961, 308, I 7 f., II, 21, 23, 95, V, 1, Untarsewe, pagus Undresinsis, Interlacus.

Undrimatal (Ingeringtal)

L.: Polenz, P. v., Landschafts- und Bezirksnamen, 1961, II, 64 f., Undrimatal, ‚Ingeringtal'.

Unegcze? (freie Leute). Am 26. 2. 1409 bestätigte König Ruprecht unter anderem dem Eberhard von Ramschwag die Reichspfandschaft über die freien Leute zu Neunegg bei Herisau in der Schweiz.

L.: Hugo 473 f.

Ungarn (Land). Die von Donau und Theiß durchflossene, von den Karpaten umschlossene Tiefebene wurde zunächst von Illyrern, Jazygen, Thrakern und Kelten bewohnt. 29 v. Chr. besetzte der römische Prinzeps Augustus Mösien, 11 bis 8 v. Chr. Tiberius Pannonien. Nach zwischenzeitlichem Zustrom von Germanen wurde das gesamte Gebiet am Ende des 4. Jahrhunderts von den Hunnen erobert. An ihre Stelle traten bald wieder Germanen und danach Awaren und Südslawen, die unter Karl dem Großen in eine gewisse Abhängigkeit vom fränkischen Reich kamen. In den Jahren nach 881 besetzten Magyaren (Ungarn) aus dem von ihnen spätestens seit dem 5. Jahrhundert besiedelten Raum zwischen Ural, mittlerer Wolga und Kama die gesamte Donauebene (895/896 Landnahme im Karpatenbecken). Unter dem sie einenden Arpaden Geisa (Geza 970/972–997) als Großfürsten wurde das vielleicht 500 000 Köpfe zählende Volk christianisiert. Geisas Sohn Wajk (Stephan der Heilige, 1001 König) heiratete die Tochter des Herzogs von Bayern und begründete mit Hilfe Bayerns eine strenge Alleinherrschaft. 1001 wurde das Erzbistum Gran (Észtergom) eingerichtet. Die zwischen 1044 und 1100 entstandene Lehnshoheit des Kaisers wurde wieder abgeschüttelt. Im 12. Jahrhundert wurden nacheinander Kroatien, Dalmatien, Galizien und weitere Gebiete im Osten unterworfen. König Andreas III. heiratete Gertrud von Andechs-Meranien und sicherte Siebenbürgen mit Hilfe des Deutschen Ordens und herbeigerufener deutscher Bauern. König Bela IV. (1235–1270) nahm U. zum Schutz gegen die Mongolen wieder vom Reich zu Lehen. Nach dem Aussterben der Arpaden (1301) gewann Karl I. Robert von Anjou (1308) den Thron. 1358 wurde die Küste Dalmatiens von Venedig erworben, 1370 Polen gewonnen (bis 1386). Ludwig der Große vermählte seine Tochter mit dem Luxemburger Sigismund (1368–1437), den U. nach schweren Kämpfen 1387 als König anerkannte. Er verlor 1396 an die Türken die Walachei, Bosnien und Serbien, 1412 an Polen die Moldau und andere Gebiete. Ihm folgte der mit seiner Tochter Elisabeth vermählte Habsburger Albrecht V. (1437–1439), dann der nachgeborene Wladislaw (Ladislaus) I. Postumus (1440–1457) und später der Sohn des zum Reichsverweser gewählten Johann Hunyády, Matthias Corvinus (1458–1490). Er gewann 1479 Mähren, Schlesien und die Lausitz von Böhmen, 1485 Niederösterreich, Oststeiermark und Wien von Österreich. Nach seinem Tod folgten auf Grund einer Gegenbewegung des Adels Wladislaw II. (Ladislaus) von Böhmen und dessen Sohn Ludwig. Nach dessen Niederlage bei Mohacs am 29. 8. 1526 gegen die Türken fiel U. östlich der Linie Plattensee-Adria (Mitte und Süden) an das Osmanische Reich, im Übrigen auf Grund Erbrechts und Wahl an Habsburg bzw. Österreich (Westen und Norden). Gleichzeitig verselbständigte sich (im Osten) Siebenbürgen bis 1687. 1699 kam ganz U. an Österreich. 1782 wurde Siebenbürgen mit U. vereinigt. Das 1804 errichtete Kaisertum Österreich schloss U. ein. Nach einem Aufstand 1849 wurde U. einer harten Militärdiktatur unterworfen, die 1867 nach der Niederlage Österreichs gegen Preußen (1866) durch einen Dualismus Österreich-Ungarn abgelöst wurde. Am 11. 11. 1918 wurde U. Republik. 1945 verließ etwa die Hälfte der (1941) 500 000 in Ungarn lebenden Deutschen das Land.

L.: Timon, A., Ungarische Verfassungs- und Rechtsgeschichte, 2. A. 1909; Szekfü, J., Der Staat Ungarn, 1918; Domanovsky, S., Geschichte Ungarns, 1923; Hóman, B., Ungarns Mittelalter, Bd. 1 f. 1940 f.; Dokumentation der Vertreibung der Deutschen aus Ostmitteleuropa Bd. 2: Das Schicksal der Deutschen in Ungarn, 1956; Polenz, P. v., Landschafts- und Bezirksnamen, 1961, II, 51, Ungerland, Landname, Ungarn, Pannonien; Bogyay, T., Grundzüge der Geschichte Ungarns, 1967; Die Geschichte Ungarns, hg. v. Planényi, E. (ins Deutsche übersetzt von Alpári, T./Alpári, P.), 1971; Székely, A., Kleine ungarische Geschichte (ins Deutsche übersetzt von Alpári, T./Alpári, P.), 1974; Halász, Z., Kurze Geschichte Ungarns (ins Deutsche übersetzt von Köster, G.), 1974; Bogyay, T. v., Grundzüge der Geschichte Ungarns, 3. A. 1977; Hoensch, J., Geschichte Ungarns 1867–1983, 1984; Boshof, E., Das Reich und Ungarn in der Zeit der Salier, Ostbairische Grenzmarken 28 (1986); Adrianyi, G., Beiträge zur Kirchengeschichte Ungarns, 1986; Südosteuropa-Handbuch, Bd. 5: Ungarn, hg. v. Grothusen, K., 1987; Die Geschichte Ungarns von den Anfängen bis zur Gegenwart, hg. v. Hanák, P., 1988; Sugar, P./Hanak, P., History of Hungary, 1990; Hoensch, J., Ungarn-Handbuch, 1991; Bak, J., Ungarn, LexMA 8 1996, 1224 ff.; Fata, M., Ungarn, 2000; Molnár, M., A Concise History of Hungary, 2001; Krauss, K., Deutsche Auswanderer in Ungarn, 2003; Varga, G., Ungarn und das Reich, 2003; Dalos, G., Ungarn, 2004.

Ungelter (Freiherren, Reichsritter). Im 18. Jahrhundert zählten die Freiherren von U. mit dem 1661 erworbenen Oberstotzingen zum Kanton Donau des Ritterkreises Schwaben.

L.: Hölzle, Beiwort 59.

Unspunnen (Land). Das Land U. lag an der mittleren Are (bei Interlaken).

L.: Großer Historischer Weltatlas II 66 (1378) D/E5.

Untarsewe s. Untersee

L.: Polenz, P. v., Landschafts- und Bezirksnamen, 1961, I, 7 f., II, 21, 23, 95, V, 1, Untarsewe, pagus Undresinse, Interlacus.

Unterböbingen (reichsritterschaftliche Herrschaft). U. zählte zum Kanton Kocher des Ritterkreises Schwaben und kam teilweise an Ellwangen und dann über Württemberg (1802/1803) 1951/1952 an Baden-Württemberg. S. Böbingen.

Unterdeufstetten (reichsritterschaftliche Herrschaft). U. zählte zum Kanton Kocher und kam an nichtritterschaftlichen Adel, danach an Württemberg und damit 1951/1952 zu Baden-Württemberg.

Unterelsass (Kanton). Von 1651 bis 1678/1681 war auch Unterelsass (die elsässische Ritterschaft) der Reichsritterschaft angeschlossen, ehe sie 1680 unter die Herrschaft Frankreichs geriet. 1773 zählten zum Kanton U. (der Reichsritterschaft) 40 Familien (Andlau, Berkheim [Berckheim], Bernhold von Eschau [1775/1816], Berstett [1893/1970], Bettendorf [Bettendorff], Birkenwald [Birckenwald] [1783], Bock von Bläsheim und Gerstheim [1791/1792], Bodeck von Ellgau [1907], Böcklin von Böcklinsau, Dettlingen, Eckbrecht von Dürckheim, Flachslanden [Ende 18. Jh.], Gail, Gailing [Gayling von Altheim] [1940/1987], Glaubitz, Gohr zu Nahrstett [1936], Grempp von Freudenstein [Gremp von Freudenstein] [20. Jahrhundert], Haffner von Wasselnheim [Wasslenheim] [1800], Albertini von Ichtratzheim [1808], Joham von Mundolsheim [1820], Kageneck, Landsberg [Landsperg] [1837/1842], Müllenheim, Neuenstein, Oberkirch [1882/um 1930], Rathsamhausen [1819/1890], Röder von Diersburg, Schauenburg, Schenk zu [von] Schmidtburg, Schönau [Schönau-Zell] [1847], Streit von Immendingen [1858], Ulm zu Erbach, Volz von Altenau [Voltz von Altenau] [1757/1807], Wangen [zu Geroldseck am Wasichen], Weitersheim [1839], Wetzel von Marsilien [1797/1810], Wurmser von Vendenheim [1844/1851], Zorn von Bulach, Zorn von Plobsheim [nach 1860], Zuckmantel von Brumath [1781/1789]).

L.: Wolff 296; Kageneck, A. Graf v., Über die Anerkennung des Freiherrenstandes elsässisch-deutscher Familien durch König Ludwig XV. im Jahre 1773, Deutsches Adelsarchiv 1963/1964 (1965), 15 ff.

Unterelsass (Landgrafschaft) s. Elsass

Untereßfeld, Pfarrei (Reichsritter). Um 1800 zählte die Pfarrei U. zum Kanton Baunach des Ritterkreises Franken.

L.: Riedenauer 129.

Untergreiz s. Reuß-Greiz, Thüringen

Untergriesheim (Reichsdorf). Am 4. 7. 1360 überließ Kaiser Karl IV. der Elisabeth, Schwiegertochter des Burkhard Sturmfeder, unter anderem das diesem verpfändete Reichsdorf U. bei Wimpfen. Dieses kam später an den Deutschen Orden und von dort an Württemberg und 1951/1952 an Baden-Württemberg.

L.: Hugo 459 f.

Untermeitingen, Untermeithingen s. Imhof zu U.

Unterriexingen (reichsritterschaftlicher Ort). U. an der Enz war Sitz der von 1190 bis 1560 nachweisbaren Herren von Riexingen. Er zählte zum Kanton Neckar des Ritterkreises Schwaben. 1806 kam er an Württemberg, 1951/1952 an Baden-Württemberg.

L.: Wolff 509.

Untersee (Gau) s. Untarsewe

L.: Curs, O., Deutschlands Gaue im zehnten Jahrhundert. Nach den Königsurkunden, Diss. phil. Göttingen 1908, 22 ([Unterseegau,] Vnderseuue, nordwestlich des Bodeness, Litzelstetten); Borgolte, M., Geschichte der Grafschaften Alemanniens in fränkischer Zeit, 1984, 198 (Reichenau, Dettingen, Mögingen).

Untersulmetingen (freie Herrschaft). Die freie Herrschaft U. zwischen Biberach und Memmingen gehörte am Ende des 18. Jahrhunderts über die Abtei Ochsenhausen zum schwäbischen Reichskreis. Später kam sie an Württemberg und damit 1951/1952 an Baden-Württemberg.

L.: Wolff 183; Wallner 687 SchwäbRK 33.

Unterwalden (Kanton). Im Mittelalter bestanden in den schon vorgeschichtlich besiedelten Gebieten südlich des Vierwaldstätter Sees Grundherrschaften der Klöster Beromünster,

Luzern, Muri und Sankt Blasien, über die seit 1173 die Grafen von Lenzburg die Vogtei innehatten. 1240 schloss das Gebiet nid dem Wald ([Kernwald] U./Nidwalden) ein Bündnis mit Luzern, 1291 ein Bündnis (Bund der Waldstätte) mit Uri und Schwyz, dem auch das Gebiet ob dem Wald (U./Obwalden) beitrat, gegen die Grafen von Habsburg als Nachfolger der Grafen von Lenzburg. 1309/1324 erhielt ganz U. die Anerkennung der Reichsunmittelbarkeit, trennte sich aber wieder in Nidwalden und Obwalden, die in der Eidgenossenschaft allerdings einheitlich auftreten mussten. 1432 löste Nidwalden alle weltlichen Rechte auswärtiger Herren ab. Im 15. Jahrhundert nahm U. an der Eroberung des Tessin durch Uri teil und gewann Mitherrschaft in einigen Vogteien im Süden des Sankt Gotthard. 1798 wurden Uri, Schwyz, Zug und U. zum Kanton Waldstätte der Helvetischen Republik vereinigt. 1803/1815 wurden Nidwalden und Obwalden als Halbkantone wiederhergestellt. Dabei erhielt Nidwalden 1803 das Gebiet der Abtei Engelberg südlich von Nidwalden, das aber 1815 an Obwalden gelangte. 1845 trat U. dem katholischen Sonderbund bei. 1850 erlangten die Halbkantone neue Verfassungen, die mehrfach geändert wurden (u. a. 1965/1968).

L.: Wolff 522 f.; Großer Historischer Weltatlas II 72 (bis 1797) E3; Amrein, W., Urgeschichte des Vierwaldstätter Sees und der Innerschweiz, 1939; Vokinger, K., Nidwalden, Land und Leute, 1958; Innerschweiz und frühe Eidgenossenschaft, Bd. 2 1990; Hitz, F., Unterwalden, LexMA 8 1996, 1273; Garovi, A., Obwaldner Geschichte, 2000.

Unterwaldstetten (reichsritterschaftliche Herrschaft). U. zählte zum Kanton Kocher des Ritterkreises Schwaben und kam an Ellwangen und dann über Württemberg (1802/1803) 1951/1952 an Baden-Württemberg. S. Waldstetten.

Unterwallis (Land). Das Land U. an der oberen Rhone vor dem Einfluss in den Genfer See war seit 1475 Herrschaft des der Eidgenossenschaft der Schweiz zugewandten Ortes Wallis.

L.: Wolff 536; Großer Historischer Weltatlas II 72 (bis 1797) C4.

Uparacha

L.: Polenz, P. v., Landschafts- und Bezirksnamen, 1961, IV, 10 f., Uparacha, pagus Uparacha, zum Ortsnamen Überackern.

Upgo

L.: Polenz, P. v., Landschafts- und Bezirksnamen, 1961, II, 40, 49, 96, Upgo.

Upsater, Upsaterland (Opsterland)

L.: Polenz, P. v., Landschafts- und Bezirksnamen, 1961, II, 40, 49, III, 17.

Urach (Grafen, Grafschaft, Herrschaft). U. an der Elsach bei Reutlingen wird im 11. Jahrhundert erstmals erwähnt. Es wurde um 1225 von den am Anfang des 12. Jahrhunderts erscheinenden Grafen von U., die durch Heirat Eginos IV. mit Agnes von Zähringen die Güter der 1218 ausgestorbenen Herzöge von Zähringen im Breisgau und Schwarzwald erbten und sich auf dieser neuen Grundlage 1248 in die Linien (U.-)Freiburg und Fürstenberg teilten, oder um 1265 von den Grafen von Württemberg, an die es nach dem Aussterben der Linie Urach (1261) spätestens 1264 gelangte, bei einer Burg planmäßig neu als Stadt angelegt. Von 1442 bis 1482/1484 war es Sitz der Linie Württemberg-Urach. Über Württemberg kam U. 1951/1952 zu Baden-Württemberg.

L.: Wolff 161; Beschreibung des Oberamtes Urach, 2. A. 1909; Schwenkel, H., Heimatbuch des Bezirks Urach, 1933; Büttner, H., Egino von Urach-Freiburg, der Erbe der Zähringer, 1939; Bader, K. S., Der deutsche Südwesten in seiner territorialstaatlichen Entwicklung, 2. unv. A. 1978; Lorenz, S., Urach, LexMA 8 1996, 1279 f.; Kittelberger, G., Urach, 1997.

Urach-Freiburg (Grafen). Bei der Aufspaltung der Grafen von Urach 1248 erhielt die Linie Freiburg den Breisgau mit Freiburg und der Herrschaft Hausach im Kinzigtal. Die Grafen von U. gaben 1328 Hausach an Fürstenberg und 1368 gegen Entschädigung Freiburg an Habsburg. 1395 erbten sie die Grafschaft Neuenburg (Neuchâtel). Beim Aussterben der Linie 1457 kamen die verbliebenen Güter im Wesentlichen an die Markgrafen von Hachberg, von denen die Grafen von 1318 bis 1395 die Landgrafschaft Breisgau als Pfand innegehabt hatten.

L.: Büttner, H., Egino von Urach-Freiburg, der Erbe der Zähringer, 1939.

Urbach, Aurbach (Reichsritter). Von 1581 bis 1593 zählten die U. zum Kanton Neckar des Ritterkreises Schwaben, 1542 bis 1607 wegen Hohenstein (bis 1564) und Bönnigheim (bis 1607) auch zum Kanton Kocher.

L.: Hellstern 215; Schulz 273; Regesten zur Geschichte der Herren von Urbach, bearb. v. Uhland, R., 1958;

(Böhringer, W.) Aus der Vergangenheit von Urbach, hg. v. Familienarchiv Hornschuch (1959).

Urfersheim (Reichsdorf). Am 24. 9. 1300 verlieh König Albrecht dem Albert von Hohenlohe 200 Mark als Burglehen und verpfändete ihm dafür unter anderem das Reichsdorf U. Dieses kam später an Bayern.

L.: Hugo 460.

Uri (Kanton). Das seit dem 7. Jahrhundert von Alemannen besiedelte Gebiet zwischen Sankt Gotthard und Vierwaldstätter See war im 8. Jahrhundert, in dem U. 732 erstmals erwähnt wird, Herzogsgut, das durch die Karolinger Königsgut wurde. 853 gab König Ludwig der Deutsche Königsgut im Land an das Kloster Fraumünster (Frauenmünster) in Zürich. Danach gehörte es zur Reichsvogtei Zürich, die seit dem 10. Jahrhundert die Grafen von Lenzburg, seit 1173 die Herzöge von Zähringen und von 1218 bis 1226 pfandweise die Grafen von Habsburg innehatten, die danach aber an das Reich zurückkam. 1231 bestätigte König Heinrich (VII.) die Reichsunmittelbarkeit (Reichsvögte Grafen von Rapperswil?), die 1274 auch König Rudolf von Habsburg anerkannte, nachdem U. im Interregnum infolge seiner Abgelegenheit tatsächlich weitgehende Selbständigkeit erlangt hatte. 1291 schloss sich U. mit Schwyz und Unterwalden gegen Habsburg im Bund der Waldstätte zusammen. Seit 1335 ist kein Reichsvogt in U. mehr nachweisbar. 1359 kaufte U. die Güter des von den Grafen von Rapperswil begünstigten Klosters Wettingen und löste danach auch die Rechte des Fraumünsters (Frauenmünsters) in Zürich ab. Darüber hinaus dehnte es sich auf Kosten von Glarus, der Abtei Engelberg und von Schwyz aus. 1410 nahm U. die Reichsvogtei Urseren in ein ewiges Landrecht auf und errang so die Herrschaft über die seit dem 13. Jahrhundert erschlossene Straße über den Sankt Gotthard. 1441 erlangte es von Mailand das Pfand an der Levantina, 1479/1480 diese selbst. Zusammen mit Unterwalden und Schwyz gewann U. Blenio, Riviera und Bellinzona. 1516 wurde in der Eidgenossenschaft der südliche und westliche Teil des Tessins erworben. 1798 kam der katholisch gebliebene Kanton mit Schwyz und Unterwalden zum Kanton Waldstätte der Helvetischen Republik, wurde aber 1803 mit rund 1075 Quadratkilometern wiederhergestellt. 1928 wurde die Landsgemeinde durch Urwahlen ersetzt.

L.: Wolff 521; Großer Historischer Weltatlas II 72 (bis 1797) F3; Matt, L. v. u. a., Uri, 1946; Oechslin, M./Dahinden, H., Land am Gotthard, 1965; Innerschweiz und frühe Eidgenossenschaft, Bd. 2 1995; Hitz, F., Uri, LexMA 8 1996, 1297.

Ursberg, Ursperg (Abtei, Reichsstift, Kloster). Zwischen 1119 und 1125 gab Werner IV. von Schwabegg U. an der Mindel bei Bayersried dem Prämonstratenserorden, der dort (als Doppelstift) sein erstes, bereits 1143 in den Schutz des Königs aufgenommenes Kloster in Deutschland gründete, in dem 1229/1230 Burchard von U. seine Chronik verfasste und das um 1350 zur Abtei erhoben wurde. Die Vogtei war seit dem 13. Jahrhundert Reichslehen. Seit 1301 gehörte U. zur Markgrafschaft Burgau. 1792 zählte U., das ein geschlossenes Herrschaftsgebiet mit zehn Dörfern (1775 Tiefenried) mit etwa 17,5 Quadratmeilen und 3500 Einwohnern hatte, zu den schwäbischen Prälaten der geistlichen Bank des Reichsfürstenrates des Reichstages und zum schwäbischen Reichskreis. 1802/1803 wurde U. von Bayern säkularisiert.

L.: Wolff 185; Zeumer 552 II a 36, 6; Prim, F. X., Das Reichsgotteshaus Ursberg, 1960; Peters, W., Die Gründung des Prämonstratenserstifts Ursberg, Zs. f. bay. LG. 43 (1980), 575; Lohmüller, A., Das Reichsstift Ursberg, 1987; Seibert, U., Ursberg, LexMA 8 1996, 1329 f.; Kreuzer, G., Das Prämonstratenserstift Ursberg (in) Suevia Sacra, hg. v. Liebhart, W. u. a., 2001.

Ursenbeck von Pottschach (Reichsritter). Von 1614 bis 1629 zählte Jörg Christoph von U. wegen Leinzell zum Kanton Kocher des Ritterkreises Schwaben.

L.: Schulz 273.

Urseren (Reichsvogtei, Land). Das Gebiet an der obersten Reuß gehörte um 800 dem Kloster Disentis. Von etwa 1230 an erscheint dort die Reichsvogtei U. Sie wurde 1317 zugewandter Ort der Eidgenossenschaft der Schweiz. 1410 kam sie durch ein ewiges Landrecht unter die Herrschaft Uris.

L.: Wolff 521; Großer Historischer Weltatlas II 72 (bis 1797) F3; Christen, A., Urseren, 1960; Arnold, G., Die Korporation Ursern, 1990.

Ursin von Rosenberg (Grafen) s. Rosenberg

L.: Zeumer 552 ff. II b 62, 12.

Urslingen (Herrschaft). 1420 zählte die Herrschaft U. mit dem um 1250 auf einem Bergsporn gegründeten, 1255 erstmals erwähnten,

1317 durch Kauf von Württemberg erworbenen Städtchen Rosenfeld zu den Gütern Württembergs, über welches das Gebiet 1951/1952 zu Baden-Württemberg gelangte.

L.: Schmid, P., Beiträge zur Geschichte der Stadt Rosenfeld, 1926; Bader, K. S., Der deutsche Südwesten in seiner territorialstaatlichen Entwicklung, 2. unv. A. 1978, 100.

Urspring (Kloster). Das Benediktinerinnenkloster U. bei Schelklingen südwestlich Ulms wurde 1127 gegründet. 1343 fiel es mit der Herrschaft Berg an Habsburg. Dem österreichischen Mediatkloster gehörten am Ende des 18. Jahrhunderts die Orte und Weiler U., Hausen, Schmiechen, Sotzenhausen, Muschelwang und Oberschelklingen mit etwa 100 Höfen. 1806 fiel das Kloster Württemberg zu und kam damit 1951/1952 an Baden-Württemberg.

L.: Wolff 45; Erzberger, M., Die Säkularisation in Württemberg von 1802–1810, 1902; Eberl, I., Geschichte des Benediktinerinnenklosters Urspring bei Schelklingen, 1978.

Urspringen s. Vogt von Rieneck zu U.

Üsenberg (Herrschaft). Die Herrschaft Ü. gelangte 1392 an Hachberg und damit 1415 an Baden (später Baden-Durlach), und damit Ü. 1951/1952 an Baden-Württemberg.

L.: Hölzle, Beiwort 37; Treffeisen, J., Das Abgabenverzeichnis der Markgrafschaft Hachberg und der Herrschaft Üsenberg, in: Jb. des Landkreises Emmendingen 1994, 147.

Usigheim, Uissigheim, Ussigheim, Uldrickheim (Reichsritter). Im 16., 17. und 18. Jahrhundert zählten die U. zum Kanton Rhön-Werra im Ritterkreis Franken.

L.: Stieber; Seyler 392; Riedenauer 127.

Usingen (Burg, Stadt, Herrschaft). An alten Handelswegen im Taunus erscheint zwischen 750 und 802 in Urkunden Fuldas U. an der Usa. 1207 kam es an die Grafen von Diez, 1302 an deren Linie Neuweilnau, 1326 an die Grafen von Nassau. Dort wurde es Sitz der Linie Nassau-Usingen, deren nach 1651 geschaffene Residenz 1744 nach Wiesbaden und Biebrich verlegt wurde. Das Residenzgebäude brannte 1873 ab. U. kam über Nassau und Preußen (1866) 1945 zu Hessen.

L.: Wolff 265.

Usiti (Gau zwischen Ilm und Saale)

L.: Curs, O., Deutschlands Gaue im zehnten Jahrhundert. Nach den Königsurkunden, Diss. phil. Göttingen 1908, 22 (Wormstedt, Utenbach, Münchengosserstedt).

Utingeradeel (friesisch)

L.: Polenz, P. v., Landschafts- und Bezirksnamen, 1961, III, 10, Utingeradeel.

Utrecht (Herrschaft, Niederstift). Am Ort einer ehemaligen römischen Militärstation Traiectum (Übergang) ad Rhenum entstand nach einer wahrscheinlich bereits am Ende des 6. Jahrhunderts bezeugten Kirche spätestens in der zweiten Hälfte des 8. Jahrhunderts das Köln unterstellte Bistum U. Der Sitz des Bischofs wurde zugleich Mittelpunkt einer Herrschaft U., die dem Bischof zustand (Niederstift U.). 1528/1529 trat Bischof Heinrich von Bayern das Hochstift U. an Kaiser Karl V. ab. Dieser vereinigte das Niederstift 1536 verwaltungsmäßig mit Holland. 1579 trat das Niederstift als Provinz U. mit rund 25 Quadratmeilen (U., Amersfoort, Rhenen, Wijk-bij-Duurstede [Wyk by Duurstede], Montfoort, Oberquartier, Niederquartier, Eemland, Quartier Montfoort) der Union der Niederlande (Generalstaaten) bei. Unter der Herrschaft Frankreichs bildete es mit einem Teil Hollands das Département Zuiderzee, kam 1815 aber wieder als eigene Provinz an das Königreich der Niederlande.

L.: Wolff 72; Oppermann, O., Untersuchungen zur Geschichte von Stadt und Stift Utrecht, vornehmlich im 12. und 13. Jahrhundert, Westdt. Zs. 27/28 (1908/1909); Reese, W., Die Niederlande und das Reich, Bd. 1 (bis 14. Jh.) 3. A. 1943.

Utrecht (Hochstift, Herrschaft, Oberstift). Am Ort einer ehemaligen römischen Militärstation Traiectum (Übergang) ad Rhenum entstand nach mehreren erfolglosen Versuchen (1. Hälfte 7. Jh., 690 Willibrord) erst in der zweiten Hälfte des 8. Jahrhunderts ein (friesisches) Bistum, das dem Erzbischof von Köln untergeordnet war und das Gebiet der heutigen Niederlande nördlich der Waal bis fast zur Ems umfasste. Unter Bischof Adalbold (1010–1026) wurde 1024 die Grafschaft Drente südlich von Groningen gewonnen, danach weitere Güter und Rechte (Teisterbant 1026, Grafschaft am Ostufer der Zuiderzee 1042, Grafschaft im Hamaland 1046, Westfriesland 1064, Staveren 1077, Ostergau, Westergau 1086, Ijsselgau 1086). Später entzogen sich die reichsfürstlichen Bischöfe zunehmend dem königlichen Einfluss und verfolgten eigene herrschaftliche Interessen, zu denen allerdings die Grafen von Holland, die Stadt Utrecht sowie die Grafen von Geldern in Wettbewerb traten. Ihr Herrschaftsgebiet zerfiel in die nach 1108 durch Geldern getrennten Teile um U. im Westen (später sog. Niederstift mit U. zwischen Rhein und Zuiderzee) sowie das Land zwischen Deventer und Groningen im Osten (später sog. Oberstift bzw. Overijssel, zwischen Ijssel, Bentheim und Münster). Seit 1439 beanspruchte Burgund die Schutzherrschaft über U. (sowie Lüttich und Cambrai). 1528/1529 übertrug Bischof Heinrich von Bayern, der sich mit Geldern in Krieg befand und einem Aufruhr im eigenen Herrschaftsgebiet gegenüberstand, das Hochstift an Kaiser Karl V. als Nachfolger Burgunds. In der Folge annektierte Habsburg das Herrschaftsgebiet. Das Niederstift wurde 1536 verwaltungsmäßig mit Holland vereinigt und damit vom Oberstift (Overijssel) getrennt. Es trat 1579 als Provinz U. mit rund 25 Quadratmeilen (U., Amersfoort, Rhenen, Wijk-bij-Duurstedt, Montfoort, Oberquartier, Niederquartier, Eemland, Quartier Montfoort) der Union der Niederlande (Generalstaaten) bei. (1579/) 1648 löste sich U. (Overijssel mit Drenthe) mit der Union der Niederlande (Generalstaaten) vom Reich. Am Ende des 18. Jahrhunderts bildete U. unter der Herrschaft Frankreichs mit einem Teil Hollands das Département Zuidersee (Zuiderzee), kam 1815 aber wieder zum Königreich Niederlande.

L.: Wolff 72 f.; Großer Historischer Weltatlas II 74 (1363–1477) E1; Oppermann, O., Untersuchungen zur Geschichte von Stadt und Stift Utrecht, vornehmlich im 12. und 13. Jahrhundert, Westdt. Zs. 27/28 (1908/1909); Oorkondenboek van het sticht Utrecht tot 1301, hg. v. Muller, S. u. a., Bd. 1–4 1920 ff.; Berkelbach van der Sprenkel, J. W., Geschiedenis van het bisdom Utrecht van 1281–1305, 1923; Reese, W., Die Niederlande und das Reich, Bd. 1 (bis 14. Jh.) 3. A. 1943; Blijstra, R., 2000 jaar Utrecht, 1968; Große, R., Das Bistum Utrecht und seine Bischöfe im 10. und frühen 11. Jahrhundert, 1987; Utrecht, 1988; Vlierden, M. van, Utrecht, 1988; Utrecht tussen kerk en staat, hg. v. Stuip, R., u. a., 1991; Große, R., Utrecht, LexMA 8 1996, 1351; Bauer, T., Lotharingien als historischer Raum, 1997; Kuys, J., Kerkelijke organisatie in het middeleeuwse bisdom Utrecht, 2004.

Uttenheim (Reichsritter). Im 18. Jahrhundert zählten die U. zum Ritterkreis Unterelsass.

L.: Roth von Schreckenstein 2, 595.

Utterod (Reichsritter). Im frühen 18. Jahrhundert zählten die U. zum Kanton Odenwald im Ritterkreis Franken.

L.: Riedenauer 127.

Utzmemmingen (reichsritterschaftliche Herrschaft). U. zählte zum Kanton Kocher und kam an Oettingen, danach an Württemberg und damit 1951/1952 an Baden-Württemberg.

Utzwingen (reichsritterschaftliche Herrschaft). U. zählte zum Kanton Kocher des Ritterkreises Schwaben und kam an Oettingen, danach an Bayern.

Uznach (Herrschaft). U. am Rand der Linthebene östlich des Zürichsees wird 741 erstmals erwähnt. Um 1200 gründeten dort die Grafen von Toggenburg eine Stadt. Nach dem Aussterben der Grafen von Toggenburg wurde U. 1437/1469 gemeine Herrschaft von Glarus und Schwyz. Nach 1798/1803 kam es an den Kanton Sankt Gallen.

L.: Wolff 528; Großer Historischer Weltatlas II 72 (bis 1797) F/G2; Oberholzer, P., Geschichte der Stadt Uznach, 1969.

Uzwil, Uezwil, Uezwile, Urzwile (freie Leute). Am 26. 2. 1409 bestätigte König Ru precht dem Eberhard von Ramschwag die freien Leute zu U. bei Sankt Gallen als Reichspfandschaft.

L.: Hugo 473 f.

V

Vaduz (Grafschaft). V. am oberen Rhein wird 1150 erstmals erwähnt. Seit der Mitte des 14. Jahrhunderts war das Schloss V. Sitz der Grafen von V. Bis 1392 stand die Grafschaft den Grafen von Werdenberg zu. 1396 erlangte die Grafschaft Reichsunmittelbarkeit. Bis 1507 kam sie an die Freiherren von Brandis, bis 1613 mit Schellenberg und Blumenegg an die Grafen von Sulz. 1613 fielen Grafschaft V. und Herrschaft Schellenberg an die Grafen von Hohenems, 1699/1712 an die Fürsten von Liechtenstein. 1719 wurden V. und Schellenberg unter dem Namen Liechtenstein zu einem reichsunmittelbaren Fürstentum erhoben, das 1723 Sitz und Stimme im Reichstag erhielt.

L.: Wolff 179; Umlauft, F., Das Fürstentum Liechtenstein, 1891; Kaiser, P., Geschichte von Liechtenstein-Vaduz, 2. A. 1923; Liechtenstein – Fürstliches Haus und staatliche Ordnung, 1987; Der ganzen Welt ein Lob und Spiegel, hg. v. Oberhammer, E., 1990.

Vaihingen (Grafen). 779 wird V. an der Enz (Feinga) in Fuldaer Überlieferung erstmals erwähnt. Die Burg V. war Sitz der Grafen von V. (ältere Linie bis 1175, jüngere, den Grafen von Calw-Löwenstein verwandte Linie ab 1189), die zu Beginn des 13. Jahrhunderts die Stadt V. gründeten. 1339 fiel V. durch Verkauf an Württemberg. Die Grafen starben 1364 aus. Mit Württemberg kam V. 1951/1952 an Baden-Württemberg. S. a. Calw.

L.: Wolff 161; Feil, W., Geschichte der Oberamtsstadt Vaihingen im Rahmen der Landesgeschichte, Bd. 1 f. 1933 ff.; Der Kreis Vaihingen, 1962; Rombach, O., Vaihingen an der Enz. Stadt aus vielen Orten, 1979; Elias, O., Vaihingen/Enz als Oberamtsstadt (1806–1938), in: 750 Jahre Stadtrecht Vaihingen an der Enz, 1989.

Val di Taro (Lehen). Das 1578 den Doria Landi gewaltsam abgenommene V. d. T. umfasste im 18. Jahrhundert als Reichslehen rund 50 Dörfer.

L.: Aretin, Das alte Reich 2, 370 ff.

Valais s. Wallis

Valangin, Valengin (Grafschaft). Die Grafen von V. waren eine 1584 zurückkehrende Nebenlinie der Grafen von Neuenburg/Neuchâtel. Deren Fürstentum kam nach dem Aussterben des Hauses Orléans-Longueville 1707 durch Wahl der Stände an König Friedrich I. in Preußen als testamentarischen Erben des 1702 mit Wilhelm III. von England ausgestorbenen Hauses Oranien. 1805 überließ König Friedrich Wilhelm III. Neuenburg/Neuchâtel gegen Hannover an Napoleon und dieser es 1806 an seinen Marschall Berthier. 1814 kam es an Preußen zurück und wurde als 21. Kanton in die Eidgenossenschaft der Schweiz aufgenommen. Am 1. 3. 1848 sagte es sich von Preußen los. Am 20. 4. 1857 verzichtete Preußen endgültig auf seine Rechte. 1861 gab der König von Preußen auch den Titel Graf von V. auf.

L.: Wolff 538; Thévenaz, L., Histoire du pays de Neuchâtel, 1948; Stribrny, W., Die Könige von Preußen als Fürsten von Neuenburg-Neuchâtel, 1998.

Valentia

L.: Polenz, P. v., Landschafts- und Bezirksnamen, 1961, IV, 3 f., 7, marcha, zum Ortsnamen Valenciennes.

Valkenburg (Grafschaft). Die Grafschaft V. gehörte am Ende des 18. Jahrhunderts über das Herzogtum Limburg zum burgundischen Reichskreis.

L.: Wolff 56.

Vallendar (Herrschaft). V. am unteren Mittelrhein gegenüber von Koblenz wird anlässlich der Kirchenweihe 836 erstmals genannt. 1052 gab Kaiser Heinrich III. seinen Königshof zu V. an das Stift Sankt Simon und Judas in Goslar. Am Ende des 13. Jahrhunderts war der Hof in den Händen der Herren von Tomburg, im 15. Jahrhundert kam er durch Heirat an die Burggrafen von Rheineck und die Waldbott von Bassenheim. Im Dorf V. erlangte 1232 der Graf von Sayn die Herrschaft. Bei der Teilung Sayns 1294 fiel die Herrschaft V. an Graf Engelbert, dessen Enkel durch Heirat vor 1345 die Grafschaft Wittgenstein erbte. Durch Verkauf und Rückkauf 1392/1441 kam es zur gemeinsamen Herrschaft von Sayn-Wittgenstein mit dem Erzstift Trier. In dem daraus erwachsenden Rechtsstreit erlangte Trier 1681 durch Vergleich die Landeshoheit über die gesamte Herrschaft und belehnte die Grafen von Sayn mit der Hälfte, die es 1767 durch Kauf aber wieder erwarb. Über Trier gehörte V. zum kurrheinischen Reichskreis. Über Nassau und Preußen kam es 1946 an Rheinland-Pfalz. S. a. Sayn-Vallendar.

L.: Wolff 83, 285; Graafen, R., Vallendar, in: Berichte zur Deutschen Landeskunde 33/1 (1964); Gensicke, H., Landesgeschichte des Westerwaldes, 2. A. 1987; Escher, M. u. a., Die urbanen Zentren, 2005, 2, 629.

Valley (Grafschaft). Vor 1125 wechselte ein Zweig der Wittelsbacher infolge Heirat Graf Ottos von Dachau mit einer Verwandten der hochadligen Herren von Sachsenkam (Sachsenkamm) in die Mangfallgegend. Ihre Güter fielen in der Mitte des 13. Jahrhunderts an die Herzöge von Bayern, die sie seit 1328 als Lehen vergaben (u. a. an die Herren von Aham, die Grafen von Taufkirchen, die Grafen von Arco-Valley). Über Bayern zählte die Grafschaft zum bayerischen Reichskreis.

L.: Wallner 711 BayRK 1.

Valothungau (Teil Flenithis) s. Waledungen

Valothungen s. Waledungen

Valtellina s. Veltlin

Varasci

L.: Polenz, P. v., Landschafts- und Bezirksnamen, 1961, I, 13, II, 93, Varasci, pagus Varascorum.

Varel (Häuptlinge, Herrschaft). 1124 wird V. am Jadebusen erstmals erwähnt. Es war Hauptort des friesischen Rüstringer Landesviertels Bovenjadingen, später selbständiger Häuptlingssitz. 1386 unterwarf sich V. den Grafen von Oldenburg. Bis 1465 konnte es eine gewisse Selbständigkeit wahren. Von 1577 bis 1647 kam es an die Linie Delmenhorst. 1651 ließ Graf Anton Günther von Oldenburg seinen unehelichen Sohn Anton zum Freiherren von Aldenburg und edlen Herren von V. erheben. 1663 wurde die edle Herrschaft V. mit Kniphausen zu einem Fideikommiss vereinigt. 1667 wurde Anton von Aldenburg Statthalter Dänemarks in Oldenburg und Delmenhorst, weswegen Dänemark nach seinem Tode von 1680 bis 1693 V. beschlagnahmte. 1693 wurde V., das zum niederrheinisch-westfälischen Reichskreis zählte, der Landeshoheit Oldenburgs unterstellt. 1733 kam V. über die Erbtochter der Grafen von Aldenburg an die Reichsgrafen von Bentinck, 1815 wieder unter die Oberhoheit von Oldenburg und damit 1946 zu Niedersachsen.

L.: Wolff 342; Wallner 702 WestfälRK 9; Jürgens, A., Wirtschafts- und Verwaltungsgeschichte der Stadt Varel, 1908; Henk, P., Allgemeine und gemeindepolitische Geschichte der Stadt Varel, 1920; Janssen, W., Burg und Schloss Varel, 1989.

Varell (Reichsritter). Im 17. und 18. Jahrhundert zählten die V. zum Kanton Gebirg im Ritterkreis Franken.

L.: Stieber; Riedenauer 128.

Varna

L.: Polenz, P. v., Landschafts- und Bezirksnamen, 1961, IV, 12, Varna, pagus Varna, zum Ortsnamen Vahrn.

Varnbüler von Hemmingen, Varnbühler von und zu Hemmingen (Freiherren, Reichsritter). Von 1649 (Erwerb des Rittergutes Hemmingen durch Johann Conrad Varnbüler [Varnbühler]) bis 1805 gehörten die V. zum Kanton Neckar des Ritterkreises Schwaben.

L.: Roth von Schreckenstein 2, 592; Hölzle, Beiwort 65; Hellstern 216.

Varrenbach (Reichsritter). Im 16. Jahrhundert zählten die V. zum Kanton Odenwald des Ritterkreises Franken.

L.: Riedenauer 128.

Vasolt (Reichsritter). Im 16. Jahrhundert zählten die V. zum Kanton Rhön-Werra des Ritterkreises Franken.

L.: Riedenauer 128.

Vaßmann (Reichsritter). Im frühen 16. Jahrhundert zählten die V. zum Kanton Gebirg im Ritterkreis Franken.

L.: Riedenauer 128.

Vatergau s. Natergouwe

L.: Hessler, W., Mitteldeutsche Gaue des frühen und hohen Mittelalters, 1957, 154, Vatergau, Teil des Altgaues.

Vaud s. Waadt (Kanton)

Vaudémont (Grafen). Die schon vor 1000 erbaute Burg V. südlich von Nancy war seit dem 11. Jahrhundert (von 1070 bis 1314) und seit dem 14. Jahrhundert (bis 1473) Sitz einer Zweiglinie der Herzöge von Lothringen. Unter René II. erlangten diese Grafen von V. (1473) erbweise die Herrschaft in Lothringen und vereinigten V. mit Lothringen.

L.: Wolff 304; Großer Historischer Weltatlas II 66 (1378) C/D4; François, M., Histoire des comtes et du comté de Vaudémont, 1934; Parisse, M., Vaudémont, LexMA 8 1996, 1436.

Vechta (Herrschaft). V. am Moorbach bzw. Mühlbach (Vechte) bei Oldenburg wird erstmals 1189 erwähnt. Spätestens um 1150 hatten die Grafen von Kalvelage (Calveslage), die sich später nach V. oder Ravensberg nannten, die Burg V. an der Straße von Bremen bis Westfalen errichtet. 1252 gelangte die zugehörige Herrschaft durch Kauf seitens des Bischofs an das Hochstift und bildete den Grundstein zur Entstehung des späteren Niederstifts Münster. 1803 fiel V. an Oldenburg und damit 1946 an Niedersachsen.

L.: Wolff 312; Festschrift zur Heimatwoche des Landkreises Vechta, 1954; Hanisch, W., Südoldenburg, 1962; Der Landkreis Vechta. Geschichte, Landschaft, Wirtschaft, hg. v. Bitter, W., 1969; Vechta. Beiträge zur Geschichte der Stadt Vechta, hg. v. Hanisch, W., 1974 ff.; Driver, F., Beschreibung und Geschichte der vormaligen „Graffschaft", nun des Amts Vechte im Niederstift Münster, 1979; Hellbernd, F./Kuropka, J., Geschichte der Stadt Vechta, 1993; Hucker, B., Vechta, LexMA 8 1996, 1440 f.

Vechta-Fresenburg s. Vechta

Veen (Herrlichkeit). Die adlige Herrschaft westlich von Wesel mit der Freiheit Winnenthal gehörte zum Herzogtum Kleve (weselscher landrätlicher Kreis). Über Preußen gelangte V. 1946 zu Nordrhein-Westfalen.

L.: Wolff 317.

Veldenz (Grafen, Fürstentum). Nach V. bei Bernkastel, einem Lehen des Hochstifts Verdun, nannte sich seit 1115 (1134?) ein um 1113/1134 gegründeter Zweig der Grafen des Nahegaus (bzw. Wildgrafen, Emichonen). Ihm standen die Vogtei über die Güter des Klosters Tholey und als Lehen der Pfalzgrafen bei Rhein die Vogtei über die Güter des Klosters Saint Remi in Reims (Remigiusland bei Kusel) und über das Hochstift Verdun sowie Lehen des Erzstifts Mainz und des Hochstifts Worms zu. Herrschaftsmittelpunkte waren die Burg Lichtenberg bei Kusel und Meisenheim am Glan. Die Grafen von V. starben 1259 im Mannesstamm aus. Die Grafschaft V., die sich bis zu Nahe und Glan erstreckte, fiel durch Heirat der Erbtochter Agnes 1268/1270 gegen Ansprüche der Wildgrafen an die Herren von Geroldseck (Hohengeroldseck) (jüngere, 1343/1377, 1387/1393 mehrfach geteilte und wieder vereinte Linie der Grafen von V.), die ihr Lehen zur Landesherrschaft erweitern und außerdem 1425/1437 noch Anteile an der hinteren Grafschaft Sponheim gewinnen konnten, und 1419/1438/1444 über die Erbtochter Anna an Pfalz-Simmern bzw. 1444/1459 Pfalz-Zweibrücken. Von 1543 bis 1694 bestand die Linie Pfalz-Veldenz, deren Burg V. 1680 von Frankreich, das alte Rechte Verduns aufgriff, zerstört wurde. Die Güter von Pfalz-Veldenz kamen 1733 größtenteils an die Pfalz (Kurpfalz). Um 1800 war das Fürstentum etwa 5 Quadratmeilen groß. Über Bayern kam V. 1946 zu Rheinland-Pfalz.

L.: Wolff 246; Wallner 697 OberrheinRK 23; Großer Historischer Weltatlas II 66 (1378) D4, III 38 (1789) B3; Fabricius, W., Die Grafschaft Veldenz, ein Beitrag zur geschichtlichen Landeskunde des ehemaligen Nahegaus, Mitt. d. hist. Ver. d. Pfalz 33 (1913); Pöhlmann, C., Regesten der Lehensurkunden der Grafen von Veldenz, 1928; Hübinger, P. E., Die weltlichen Beziehungen der Kirche von Verdun zu den Rheinlanden, 1935; Geschichtliche Landeskunde des Saarlandes, Bd. 2 1977, 332; Andermann, K., Veldenz, LexMA 8 1996, 1450; Dotzauer, W., Geschichte des Nahe-Hunsrück-Raumes, 2001.

Velen (Herren). Im 13. Jahrhundert entstand die Burg V. bei Borken. Den am Ende des 13. Jahrhunderts ausgestorbenen Edelherren von V. folgte eine von Simon von Bermentfelde begründete jüngere Linie, die 1371 V. Münster zu Lehen auftragen musste. Später wurden Papenburg (1630), Ahlde (Ahlen) (1676), Engelrading (1698), Rölinghoff (Röhlinghof) (1729), Botzlar (1739), Barnsfeld und Dücking (1748) erworben. 1756 fiel V. über die Erbtochter an die Landsberg. Mit Münster kam V. 1802/1803 an Preußen und 1946 an Nordrhein-Westfalen.

Vellberg (Herren, Reichsritter). V. bei Schwäbisch Hall wird 1102 erstmals erwähnt. Nach ihm benannten sich die Herren von V., die im frühen 16. Jahrhundert dem Kanton Odenwald des Ritterkreises Franken angehörten. Nach deren Aussterben 1592 kam V. an die Reichsstadt Schwäbisch Hall, 1803 an Württemberg und damit 1951/1952 an Baden-Württemberg.

L.: Stieber; Roth von Schreckenstein 2, 594; Wolff 214; Riedenauer 128; Stetten 33; Vellberg in Geschichte und Gegenwart, hg. v. Decker-Hauff, H., 1984; Bd. 2, hg. v. Mack, C. u. a., 1994.

Veltheim (Grafen). Nach der Burg V. am Elm nannten sich die Grafen von V. 1494 ging die Burg V. an die Honrodt über. 1832 kauften sie die V. innerhalb Braunschweigs zurück. Über Braunschweig kam V. 1946 an Niedersachsen.

L.: Kempen, W. van, Schlösser und Herrensitze in Niedersachsen, 1960.

Veltlin (Tal, Landschaft, Untertanenland), ital. Valtellina. Das Tal der oberen Adda war nach königlichen Übertragungen im 10. und 11. Jahrhundert zum großen Teil in den Händen der Bischöfe von Como, Pavia und Chur. Im Streit zwischen Como und Mailand geriet es im 14. Jahrhundert unter die Herrschaft der Visconti bzw. Mailands. 1500 fiel es an Frankreich und 1512 infolge Eroberung als Untertanenland an Graubünden. Reformationsversuche wurden 1620 unterdrückt. 1799 wurde das V. Teil der Zisalpinischen Republik. 1814/1815 kam es mit der Lombardei an Österreich, 1859 an Sardinien und damit an das neue Königreich Italien (1861).

L.: Wolff 535; Großer Historischer Weltatlas II 72 (bis 1797) H4; Camenisch, E., Geschichte der Reformation und Gegenreformation in den italienischen Südtälern Graubündens und den ehemaligen Untertanenländern Chiavenna, Veltlin und Bormio, 1950; Besta, E., Storia della Valtellina e della Val Chiavenna, Bd. 1, 2 1955/1964.

Veluwe (Grafschaft). Die Grafschaft V. (zu fahl i. S. v. unfruchtbar) südlich des Ijsselmeeres gehörte zum Herzogtum Geldern, das 1377/1379 an Jülich kam, 1423 aber wieder selbständig wurde, bis es 1472/1473 an Burgund und damit später (1477) an Habsburg fiel. 1578/1579 löste sich der größte Teil Gelderns von Habsburg bzw. Spanien und schloss sich den Generalstaaten der Niederlande an.

L.: Wolff 68; Großer Historischer Weltatlas II 78 (1450) F3; Curs, O., Deutschlands Gaue im zehnten Jahrhundert. Nach den Königsurkunden, Diss. phil. Göttingen 1908, 22 (Uelue) südlich der Zuidersee; Polenz, P. v., Landschafts- und Bezirksnamen, 1961, II, 45, 47, 96 Feluwa; Jappe Alberts, W., Geschiedenis van Gelderland, 1966.

Venaissin (Grafschaft). 1229 trat Graf Raimund VII. von Toulouse das V. in der Provence links der unteren Rhone (Carpentras, Venasque, Avignon) im Königreich Burgund an den Papst ab. 1234 erhielt er es als Lehen der Kirche zurück. Nach dem Aussterben der Grafen beanspruchte Frankreich die Grafschaft. Dem Papst gelang es aber 1274, die Ansprüche abzuwehren. 1791 annektierte Frankreich die Grafschaft. 1797 erklärte sich der Papst mit der Entziehung einverstanden.

L.: Großer Historischer Weltatlas II 34 (1138–1254) F5.

Vendenheim s. Wurmser von V.

Venedig (Herzog, Stadtstaat). Seit dem Einbruch der Langobarden in Oberitalien (568) entstanden in dem in römischer Zeit als Venetia et Istria bezeichneten Gebiet innerhalb vorgelagerter Lagunen am Nordende der Adria feste Siedlungen, die der Herrschaft von Byzanz unterfielen. Nach der Beseitigung des Exarchats von Ravenna (751) verselbständigte sich der Ort trotz Fortbestandes der byzantinischen Oberhoheit unter einem dux (Dogen). Bald wurde er zum Haupthandelsplatz zwischen Ostrom und dem fränkischen Reich. Unter Otto dem Großen wurde eine gewisse Oberhoheit des Reiches anerkannt. Otto III. verlieh dem Dogen Peter Orseolo II. den Titel dux Venetiae et Dalmatiae bzw. dux Veneticorum et Dalmaticorum. In der zweiten Hälfte des 12. Jahrhunderts begründete V., das eben den alten Namen Rialto (ripa alta, hohes Ufer) abgelegt hatte, den Veroneser Bund gegen den Kaiser von 1164, doch lenkten seine Auseinandersetzungen mit Byzanz es ab. 1338 könnten rund 160 000 Einwohner die Lagunenorte bewohnt haben. 1339 begann, nach dem Erwerb zahlreicher Güter im Mittelmeer, mit dem Gewinn der Mark Treviso die Bildung eines festländischen Herrschaftsgebietes, das 1404/1405 über Padua, Vicenza, Verona, Brescia und später fast bis Mailand, Cividale, Alpen, Adda und Po reichte (Feltre, Belluno, Friaul). 1435 erklärte sich der Doge Francesco Foscari bereit, die festländischen Erwerbungen, die altes Reichsgut waren, vom Kaiser zu Lehen zu nehmen. Seit der zweiten Hälfte des 15. Jahrhunderts verlor V. wichtige Positionen im Mittelmeer (1462 Lesbos, 1470 Euböa, 1503 Lepanto, Koron, Navarino und Ägina) und mit der Entdeckung des Seeweges nach Ostindien (1498) auch sein Monopol im Südosthandel. Seit 1477 gewann es zwar Teile des Herzogtums Mailand und des Hochstifts Trient, erlitt aber 1509 eine schwere Niederlage gegen Reich, Papst, Spanien und Frankreich und verlor die neapolitanischen Häfen an Spanien, die Romagna an den Papst und Riva, Rovereto und Ala an Österreich. 1510 annektierte es die 973 an das Hochstift Freising gelangte Grafschaft Cadore im Osten der Dolomiten. 1566 kam Naxos, 1570 Zypern (Cypern) und 1669 Kreta an die Türken. Seit dem 18. Jahrhundert wurde V. zunehmend Protektorat Österreichs. 1797 besetzte Frankreich V. Österreich erhielt das Gebiet östlich der Etsch und Dalmatien, das übrige Land wurde der Zisalpinischen Republik und 1805 dem Königreich Italien Frankreichs angegliedert, zu dem 1805 auch noch der östliche Teil und Dalmatien kamen. 1809 wurden die Departements Passerino (Udine) und Istrien (Capo d'Istria) mit Frankreichs Illyrischen Provinzen vereinigt. 1815 gelangten Venedigs Gebiete zusammen mit der Lombardei als Lombardo-Venezianisches Königreich an Österreich, das sie 1866 an das neue Königreich Italien (1861) abtreten musste.

L.: Kretschmayr, H., Geschichte von Venedig, Bd. 1–3 1905 ff.; Romanin, S., Storia documentale di Venezia, Bd. 1–4 2. A. 1912 f.; Battistella, A., La Repubblica di Venezia, 1921; Pölnitz, G. v., Venedig, 1951; Hochholzer, H., Das geschichtliche Raumgefüge Oberitaliens, 1956; Storia di Venezia, hg. v. Centro internaz. delle arti e del costume, 1957; Stato, società e giustizia, hg. v. Cozzi, G., 1980; Cozzi, G., Repubblica di Venezia e stati italiani, 1982; Zorzi, A., Venedig. Geschichte der Löwenrepublik, 1987; Fees, I., Reichtum und Macht im mittelalterlichen Venedig, 1988; Ventura, P., Venedig. Geschichte einer Stadt, 1988; Calimani, R., Die Kaufleute von Venedig. Die Geschichte der Juden in der Löwenrepublik, 1988; Rösch, G., Der venezianische Adel bis zur Schließung des großen Rats. Zur Genese einer Führungsschicht, 1989; Castagnetti, A., Il Veneto, 1990; Storia di Venezia, Bd. 1 ff. 1992 ff.; Ortalli, G., Venedig, LexMA 8 1996, 1459 ff.; Venetien Istituto regionale per la storia del movimento di liberazione nel Friuli-Venezia Giulia, Friuli e Venezia Giulia, 1997; Heller, K., Venedig, 1999; Rösch, G., Venedig, 2000; Venice Reconsidered, hg. v. Martin, J. u. a., 2000; Fees, I., Eine Stadt lernt schreiben, 2002.

Venetien s. Venedig, Österreich

Venningen (Freiherren, Reichsritter). Die V. waren mit Dühren, Eichtersheim, Grombach, Neidenstein, Rohrbach und Weiler Mitglied des Kantons Kraichgau des Ritterkreises Schwaben. Seit 1518 hatten sie sieben Zwölftel von Königsbach bei Pforzheim als Lehen Brandenburgs, die sie 1650 an Daniel Rollin de Saint-André (Saint André) verkauften. Von 1614 bis 1629 waren sie wegen eines Schlosses zu Talheim auch im Kanton Kocher immatrikuliert. Im 18. Jahrhundert gehörten sie zum Ritterkreis Rhein.

L.: Roth von Schreckenstein 2, 595; Hölzle, Beiwort 63; Winkelmann-Holzapfel 166; Schulz 273.

Veppo (Herrschaft). 1714 zog das Reich die den Doria gehörende Herrschaft V. ein und verkaufte sie an die Malaspina.

L.: Aretin, Das alte Reich 3, 369.

Vercelli (Stadtkommune). Bei dem von den Ligurern an die Römer gelangten V. (Vercellae) an der Sesia wurden 101 v. Chr. die Kimbern geschlagen. Seit etwa 340 war der Ort Sitz eines Bischofs, später Mittelpunkt eines Herzogtums der Langobarden und einer fränkischen Grafschaft. Seit dem 12. Jahrhundert (1141) sind consules in der durch Handel reich werdenden Stadt bezeugt. Nach inneren Parteikämpfen fiel V. 1335 an die Visconti bzw. Mailand, 1427 an Savoyen und kam über Sardinien mit diesem zum Königreich Italien (1861).

L.: Großer Historischer Weltatlas II 48 (1300) C2; Maragnoni, G., Vercelli, 1931; Brizio, A. M., Vercelli, 1935; Keller, H., Adelsherrschaft und städtische Gesellschaft in Oberitalien, 1979; Ordano, R., Storia di Vercelli, 1982; Andenna, G., Vercelli, LexMA 8 1996, 1495 ff.

Verden (Hochstift, Fürstentum, Herzogtum). V. an der Aller wird 810 erstmals als Ferdi (Furt) erwähnt. Vielleicht wurde um 785 oder etwas später von Karl dem Großen dort ein Bistum gegründet. 985 erhielt der Mainz unterstellte und seit 849 nachweisbare Bischof die Grafenrechte im Sturmigau und das Marktrecht und Münzrecht für V., das 1192 erstmals Stadt genannt wird. Die erst im 12. Jahrhundert erkennbare Diözese reichte von V. bis in die Altmark. Das im 12. und 13. Jahrhundert entstandene weltliche Herrschaftsgebiet der seit dem Ende des 12. Jahrhunderts in Rotenburg residierenden Bischöfe war sehr klein und umfasste an geschlossenem Gut nur V., einige Dörfer der Umgebung (1283/1288 Dörverden, Schneverdingen, Visselhövede, Scheeßel, Freibann in Neuenkirchen und Hellwege) und die Herrschaft Rotenburg an der Wümme. 1566 wurde das Bistum reformiert. Das Hochstift, das seit 1512 zum niederrheinisch-westfälischen Reichskreis gehörte, kam unter lutherische Administration erst Braunschweig-Wolfenbüttels, später Dänemarks und Schwedens (1632). 1648 fiel es als säkularisiertes, später mit Bremen verbundenes Herzogtum an Schweden, wurde 1712/1714 nach hannoverscher Eroberung von Dänemark an Hannover verkauft und 1719 von Schweden abgetreten. 1806 wurde es (mit 24 Quadratmeilen mit 20 000 Einwohnern) von Preußen besetzt, 1807 von Frankreich, das es 1810 annektierte. 1813/1815 kam es wieder an Hannover und damit 1866 an Preußen und 1946 an Niedersachsen.

L.: Wolff 331 f.; Zeumer 553 II b 23; Wallner 702 WestfälRK 10; Großer Historischer Weltatlas II 66 (1378) E2, III 22 (1648) D2, III 38 (1789) C1; Schnath, G./Lübbing, H./Engel, F., Niedersachsen, in: Geschichte der deutschen Länder, Bd. 1; Wichmann, F., Untersuchungen zur ältesten Geschichte des Bistums Verden, Diss. phil. Göttingen 1905; Siedel, A., Untersuchungen über die Entwicklung der Landeshoheit und der Landesgrenzen des ehemaligen Fürstbistums Verden bis 1586, 1915; Müller, E., Die Entstehungsgeschichte der sächsischen Bistümer unter Karl dem Großen, Diss. phil. Göttingen 1938; Engelke, B., Die Grenzen und Gaue der älteren Diözese Verden, Niedersächs. Jb. f. LG. 21 (1948); Der Landkreis Verden, hg. v. Seedorf, H., 1962; Drögereit, R., Dom und Bistum Verden, 1970; Dom und Bistum Verden an der Aller. Ergebnisse neuer Forschung, bearb. v. Stellmann, M., 1970; Der Landkreis Verden, bearb. v. Berner, F., 1972; Geschichte Niedersachsens, hg. v. Patze, H., Bd. 1 1977; Nerger, K., Verden unter schwedischer Hoheit, 1986; Fiedler, B. C., Die Verwaltung der Herzogtümer Bremen und Verden in der Schwedenzeit 1652–1712, 1987; Vogtherr, D., Bistum und Hochstift Verden, in: Geschichte des Landes zwischen Elbe und Weser, Bd. 2 1995, 279; Schubert, E., Verden, LexMA 8 1996, 1499 f.; Geschichte Niedersachsens, hg. v. Schubert, E., Bd. 2,1 1997; Urkundenbuch der Bischöfe und des Domkapitels von Verden, Bd. 1, hg. v. Mindermann, A., 2001; Immunität und Landesherrschaft, hg. v. Kappelhoff, B. u. a., 2002; Drecktrah, V., Die Gerichtsbarkeit in den Herzogtümern Bremen und Verden, 2002.

Verden (Reichsstadt). Das erstmals 810 genannte V. an der Aller erscheint 1192 als Stadt. Diese löste sich allmählich von der Herrschaft des Bischofs und wurde seit 1405 als Reichsstadt behandelt. Da sie bei der Aufstellung der Reichsmatrikel 1521 mit einem angeblich zu hohen Ansatz von 60 Gulden monatlich belastet wurde, schwankte sie zwischen Reichsstandschaft und Landstandschaft. 1554 bat der Rat um Exemtion von der Reichsmatrikel.

L.: Wolff 332; Hodenberg, W. v., Verdener Geschichtsquellen, Bd. 1 f. 1856 ff.; Meyer, C., Stadtgeschichte von Verden, 1913; Weise, E., Stadt und Bistum Verden im Mittelalter, Mitt. d. Stader Geschichtsvereins 30 (1955), 35 ff.; Der Landkreis Verden, bearb. v. Berner, F., 1972; Schünemann, D., Vor- und Frühgeschichte der Stadt Verden, 1986; Schöttler, W., Die Stadt Verden im Kurfürstentum und Königreich Hannover, 1986; Siemers, J., Verden, 1986; Nerger, K., Geschichte der Stadt Verden, 1992.

Verdun (Hochstift), mhd. Virten. Um 350 gründete Sanctinus das stets klein bleibende (ca. 3000 Quadratkilometer) Bistum V. an der Maas. Unter dem merowingischen König Dagobert I. erhielt es reiche Güter. In der Mitte des 9. Jahrhunderts wurde es dem Erzbistum Trier unterstellt. 879 kam es zu Ostfranken. 997 bestätigte Kaiser Otto III. dem Hochstift die Übertragung der Grafschaft V. durch die bisherigen Grafen (Reichsunmittelbarkeit). Die Vogtei fiel in der Mitte des 12. Jahrhunderts von den Grafen von Bar an die Stadt V. bzw. an das Patriziat. Das Bistum geriet danach aber in starke Abhängigkeit vom Papst. Nach dem Aufstieg Verduns zur Reichsstadt wählte der Bischof Hattonchâtel zum Verwaltungssitz seines nicht sehr großen, im Kern der Diözese an der oberen Maas gelegenen weltlichen Herrschaftsgebiets, das bald deutlich von Lothringen abhängig wurde. 1552 besetzte Frankreich, dem Moritz von Sachsen ohne Legitimation die Schutzherrschaft über das Hochstift eingeräumt hatte, als Reichsvikar die calvinistisch gewordene Stadt und später das Hochstift. 1648 kamen beide an Frankreich. Bis 1711 blieb V. als Bistum Trier unterstellt.

L.: Wolff 302; Großer Historischer Weltatlas II 66 (1378) C4; Die Territorien des Reichs 5, 96; Roussel, N., Histoire ecclésiastique et civile de Verdun, Bd. 1 f. 2. A. 1864/1865; Clouet, M., Histoire de Verdun et du pays Verdunois, Bd. 1–3 1867 ff.; Morret, B., Stand und Herkunft der Bischöfe von Metz, Toul und Verdun, 1911; Hübinger, P. E., Die weltlichen Beziehungen der Kirche von Verdun zu den Rheinlanden, 1935; Polenz, P. v., Landschafts- und Bezirksnamen, 1961, 309, Virdunensis, comitatus, pagus, territorium; Histoire de Verdun, hg. v. Girardot, 1982; Hirschmann, F., Verdun, LexMA 8 1996, 1505 ff.; Bauer, T., Lotharingien als historischer Raum, 1997; Puhl, R., Die Gaue und Grafschaften des frühen Mittelalters im Saar-Mosel-Raum, 1999, 369 (Verdungau); Escher, M. u. a., Die urbanen Zentren, 2005, 1, 465.

Verdun (Reichsstadt), mhd. Virten. Bereits in keltischer Zeit bestand eine Siedlung Verodunum (starke Festung) an der Maas. Der Ort kam 880/925 an das ostfränkische Reich. V. stand zunächst unter der Herrschaft des Bischofs von V. In der Mitte des 12. Jahrhunderts wurde die Vogtei des Hochstifts nach schweren Kämpfen in der Stadt dem Patriziat übertragen, womit der Anfang des Aufstiegs zur Reichsfreiheit gelegt war. 1552 besetzte Frankreich die Reichsstadt. 1648 gliederte es sie sich ein.

L.: Wolff 309; Großer Historischer Weltatlas II 66 (1378) C4; Clouet, M., Histoire de Verdun et du pays Verdunois, Bd. 1–3 1867 ff.; Hirschmann, F., Verdun im hohen Mittelalter, 1995; Escher, M. u. a., Die urbanen Zentren, 2005, 2, 633.

Verdungau

L.: Puhl, R., Die Gaue und Grafschaften des frühen Mittelalters im Saar-Mosel-Raum, 1999, 369 (634 territorio Virdunensi), benannt nach Verdun (= feste Veste), pagus zwischen Methingau, Scarponagau, Blois, Barrois, Astenois und Dormois (Amel, Auréville, Autrécourt, Auzéville, Bannoncourt, Beney-en-Woëvre, Béthelainville, Bislée, Brauville, Butgnéville, Buxières, Chaillon, Chauvoncourt, Conflans-en-Jarnisy,

Dombasle-en-Argonne, Doncourt-aux-Templiers, Eix, Esnes-en-Argonne, Gerbeuville/Spada, Gremilly, Jeandelize, Joudreville, Jubécourt, Koeur, Lacroix-sur-Meuse, Lamorville, Lixières, Mairy, Maizeray, Manciezlles, Marsoupe, Ménonville, Nixéville, Norroy-le-Sec, Rampont, Rarécourt, Ruugecourt, Saint-Mihiel, Thillot-sous-les-Côtes, Tigéville, Heudicourt, Vaux-les-Palameix, Woinville).

Vergagni (Markgrafschaft, Fürstentum). 1696 erhob Kaiser Leopold I. das Reichslehen V. vom Marchesat zum Fürstentum.

L.: Klein 167.

Veringen (Grafschaft). Veringendorf bei Sigmaringen war Sitz eines Adelsgeschlechts, das später die Burg über Veringenstadt erbaute. Die Grafschaft V. kam am Ende des 13. Jahrhunderts (1280) an Habsburg. 1534/1535 fiel sie lehnsweise an die schwäbischen Hohenzollern, 1575/1576 an Hohenzollern-Sigmaringen. 1805 erlosch die Lehnshoheit Österreichs. Über Preußen (1849) kamen V. und Veringenstadt 1951/1952 an Baden-Württemberg.

L.: Gumpelzhaimer 73; Wolff 46; Zillenbiller, E., Stadt Veringen, 1963; Kerkhoff, J., Die Grafen von Altshausen-Veringen, 1964; Genitz, F., Dorf und Stadt Veringen, 1972; Stadtwerdung im Landkreis Sigmaringen, Burg und Stadt Veringen, hg. v. Zillenbiller, E., 1985; Handbuch der baden-württembergischen Geschichte, Bd. 2 1995, 376.

Vernagau s. Firnihgouwe

L.: Polenz, P. v., Landschafts- und Bezirksnamen, 1961, II, 15, 26, 31, 33, Firnihgouwe, Vernika, Vernagau.

Verona (Markgrafschaft, Stadtkommune, Stadtstaat). V. an der mittleren Etsch kam vielleicht von den Rätern 89 v. Chr. an die Römer. Wahrscheinlich war es seit dem 3. Jahrhundert Sitz eines Bischofs. Nach dem Sieg über Odoaker 489 errichtete in dem deutsch Bern genannten Ort Theoderich der Große (Dietrich von Bern) seine Residenz. Unter den Langobarden war Verona Sitz des Königs Alboin, ab 572 eines langobardischen Herzogs, ab 774 eines fränkischen Grafen. 952 trennte König Otto I. zur Sicherung des Brennerübergangs das Gebiet an der Etsch als Mark Verona vom Reich Berengars von Ivrea ab und belehnte damit den Herzog von Bayern. 976 kam diese Mark zum neuen Herzogtum Kärnten, war aber seit dem Aussterben der Eppenstein (Eppensteiner) 1122 nur noch durch Personalunion mit ihm verbunden, wurde später als Mark Treviso bezeichnet und verlor im Interregnum (1254–1273) ihre sachliche Bedeutung. Am Anfang des 12. Jahrhunderts erlangte die Stadt Selbständigkeit (1136 Konsuln). 1164/1167 war sie maßgeblich an der Gründung des lombardischen Städtebundes beteiligt. 1193 erwarb sie Garda und erweiterte damit ihr Herrschaftsgebiet erheblich. Nach einer Blütezeit unter Ezzelino da Romana (1222–1259, 1254 rund 30 000 Einwohner) und den della Scala (Scaliger 1262–1387, 1263 Signorie) fiel V. 1387/1389 an die Visconti von Mailand und 1405 an Venedig. Mit Venetien kam es 1797 an Österreich, 1805 zum Königreich Italien Frankreichs, 1814 wieder an Österreich und 1866 mit Venetien an das neue Königreich Italien (1861).

L.: Großer Historischer Weltatlas II 18 (919–1056) G4, 66 (1378) F6; Cipolla, C., La storia politica di Verona, 1954; Verona e il suo territorio, hg. v. Istituto per gli studi storici veronesi, 1960 ff.; Mor, C. G., Verona e il suo territorio, 1964; Cipolla, C., Compendio della storia politica di Verona, 1976; Castagnetti, A., La Marca veronese-trevigniana, 1986; Varanini, G., Verona, LexMA 8 1996, 1546 ff.

Vestenberg (Reichsritter). Im 16. Jahrhundert zählten die V. (bei Ansbach) zum Kanton Odenwald, Kanton Altmühl und Kanton Steigerwald des Ritterkreises Franken. Im 17. Jahrhundert waren sie mit Burghaslach und Breitenlohe im Kanton Steigerwald immatrikuliert. V. kam 1288 von den Ansbacher Vögten von Dornberg erbweise an die Herren von Heideck (Heydeck), 1435 an die Eyb, die es 1724 an die Markgrafen von Ansbach verkauften. S. Preußen, Bayern.

L.: Stieber; Bechtolsheim 13, 18, 194; Riedenauer 128; Stetten 33; Rahrbach 279.

Vetzberg (Ganerbschaft). Die Burg V. (d. h. Vogtsberg) bei Gießen wird 1152 erstmals erwähnt. Im 13. Jahrhundert verbanden sich die Burgmannen von V. zu einer großen Ganerbschaft. 1765 bestand diese nur noch aus vier adligen Familien. Sie verkaufte ihre Rechte an Nassau-Weilburg und löste sich auf. Über Nassau kam V. 1866 an Preußen und 1945 an Hessen.

L.: Kellner, W. E., Der Vetzberg, in: Heimatkalender des Kreises Wetzlar, 1952; Geschichtlicher Atlas von Hessen, Inhaltsübersicht 34.

Vetzer s. Fetzer

Vianden (Grafen). Nach der Burg V. an der Our nannten sich von den Grafen von Sponheim abstammende, seit 1090 bezeugte Grafen (seit der Mitte des 12. Jahrhunderts). 1264 wurden sie nach zahlreichen Fehden Vasallen der Grafen von Luxemburg. 1331 heiratete Adelheid von V. Graf Otto II. von Nassau (Nassau-Dillenburg) und vererbte die Hälfte des Gutes an ihren Sohn Johann. Die andere Hälfte gelangte 1417/1420 von Simon von Sponheim an Johanns Sohn Engelbert I. von Nassau in Breda. Die nassauische Grafschaft umfasste die Herrschaften Bütgenbach und Sankt Vith (Vith) (im heutigen Belgien), die Herrschaft Dasburg (mit zeitweise Pronsfeld) und V. Nach der Besetzung durch Frankreich kam 1815 der größte Teil Viandens an Preußen. V. fiel an Luxemburg.

L.: Wolff 57; Großer Historischer Weltatlas II 66 (1378) D4; Schuppener, U., Die Grafschaft Vianden und ihre Zugehörigkeit zu Nassau, Nassauische Annalen 107 (1996), 7 ff.; Herborn, W., Vianden, LexMA 8 1996, 1611 ff.

Vianen (Herrschaft). Die Herrschaft V. in den späteren Niederlanden gehörte zu Brederode, dann zu Dohna. 1687 wurde sie von den Grafen von Lippe erheiratet. 1725 fiel sie durch Abtretung an die Generalstaaten der Niederlande zurück.

Vicenza (Stadtkommune). V. am Bacchiglione wurde 49 n. Chr. römisches Munizipium (Vicetia). Im 6. Jahrhundert wurde es Sitz eines Bischofs und eines langobardischen Herzogs (568/569), nach 774 eines fränkischen Grafen. Seit 952 gehörte es der Mark Verona an. Stadtherr wurde der Bischof. Im 12. Jahrhundert entwickelte sich V. zur freien Gemeinde (1147 consules). 1167 schloss es sich dem Städtebund der Lombardei (Lombardenbund) an. 1236 und 1311 wurde es von Verona erobert und kam dann 1404 mit Verona zu Venedig, 1797 an Österreich, 1805 an das Königreich Italien Frankreichs, 1814 wieder an Österreich und 1866 mit Venetien zum neuen Königreich Italien (1861).

L.: Großer Historischer Weltatlas II 48 (1300) D2; Rumor, S., Bibliografica storia della città e provincia di Vicenza, Bd. 1,2 1916 ff.; Mori, C., Vicenza e la sua provincia, 1932; Bognetti, G. u. a., Vicenza nell'alto Medio Evo, 1959; Storia di Vicenca, hg. v. Cracco, G., Bd. 2 1988; Varanini, G., Vicenca, LexMA 8 1996, 1624 f.

Vichtenstein, Viechtenstein (Herrschaft). Nach der Burg V. an der Donau nannten sich um 1097 erstmals erwähnte, wohl mit den Grafen von Formbach verwandte Grafen. 1144 kam V. erbweise an den Hallgrafen von Wasserburg, der die zugehörige Herrschaft 1218 dem Hochstift Passau verpfändete. 1254 erlangte Passau sie endgültig und gewann 1410 von Bayern die Landesherrschaft hierfür. V. kam durch Vertrag 1782 an Österreich, das 1803 bei der Säkularisation des Hochstifts Passau die zum bayerischen Reichskreis zählende Herrschaft V. einzog.

L.: Wolff 144; Wallner 712 BayRK 6.

Viechtenstein (Herrschaft) s. Vichtenstein

Vienne (Erzstift). V. an der Rhone kam als Hauptort der keltischen Allobroger 121 v. Chr. an die Römer (Vienna). 314 war es Vorort der diokletianischen Diözese Viennensis und Sitz eines Bischofs (Ende des 3. Jahrhunderts?), seit 430 eines Erzbischofs. Um 468 wurde es Hauptort der Burgunder. 534 fiel es an die Franken. 879 bestimmte Graf Boso von V. es zum Hauptort des von ihm gegründeten Königreiches Niederburgund, das 928 in Hochburgund aufging. 1023 wurden die Erzbischöfe Grafen, verloren aber die Grafschaft im 12. Jahrhundert an die Grafen der Dauphiné. 1448 erreichte Frankreich in der Nachfolge der Grafen der Dauphiné die Anerkennung als Lehnsherr. 1730/1801 wurde das Erzstift aufgehoben.

L.: Großer Historischer Weltatlas II 6 c (7./8. Jh.) A1; Faure, C., Histoire de la réunion de Vienne à la France, 1907; Clément, P., Vienne sur le Rhône. La ville et les habitants, 1955; Cavard, P., Vienne, 1975; Chomel, V., Vienne, LexMA 8 1996, 1646 ff.

Vienne (Grafschaft). Das 534 an die Franken gefallene V. an der Rhone war Mittelpunkt einer Grafschaft, die 1023 an die Erzbischöfe von V. kam. Diese verloren die Grafschaft im 12. Jahrhundert an die Grafen der Dauphiné und mit dieser kam es 1349 an Frankreich.

L.: Großer Historischer Weltatlas II 73 a (Spätmittelalter) E5; Faure, C., Histoire de la réunion de Vienne à la France, 1907; Chomel, V., Vienne, LexMA 8 1996, 1645 ff.

Vierraden (Herrschaft). V. am Übergang einer wichtigen Straße von Brandenburg nach Pommern über die Welse erscheint erstmals 1265. Die zugehörige Herrschaft wechselte oft zwischen Pommern, Brandenburg und Mecklenburg. 1469 kam sie an Brandenburg und wurde 1471 den Grafen von Hohnstein-Vierraden verliehen. Nach der Reichsmatrikel von 1776 zählte die Herrschaft V. zum obersächsischen Reichskreis. Mit Brandenburg kam V. von 1949 bis 1990 zur Deutschen Demokratischen Republik.

L.: Gumpelzhaimer 174; Wolff 389; Menschell, P., Geschichte der Stadt und des Schlosses Vierraden, 1929.

Vilbel (Reichsritter). Im 18. Jahrhundert zählten die V. zum Ritterkreis Rhein. Das 774 in Lorscher Quellen erwähnte V. selbst gehörte zuerst den Herren von Münzenberg. 1255 fiel es zur Hälfte an Falkenstein, 1419 an Eppstein, 1581 an Mainz, 1803 an Hessen-Darmstadt, zur anderen Hälfte an Hanau, Hessen-Kassel (1736), Großherzogtum Frankfurt (1810) und Hessen-Darmstadt (1816). Über Hessen-Darmstadt kam V. 1945 an Hessen. Die Rechte an der Burg waren nach den Herren von Falkenstein sehr zersplittert.

L.: Roth von Schreckenstein 2, 595; Wolff 270, 275; Usener, Beiträge zur Geschichte der Ritter und Bergschlösser in der Umgegend von Frankfurt, 1952; Giegerich, W., Bad Vilbel. Landschaft, Geschichte, Kultur, 1986.

Vils (Herrschaft). Das Tal V. mit dem Ort V. (1200 Filis) bildeten eine aus der Grafschaft Keltenstein ausgeschiedene Hofmark der Reichsabtei Kempten. Diese belehnte um 1270 die Herren von Hohenegg. 1408 ging die Lehnshoheit von Kempten an Habsburg über. 1594/1671 starben die Herren von Hohenegg aus. Von 1805/1806 bis 1816 kam V. vorübergehend zu Bayern, dann wieder an Österreich.

L.: Wolff 37; Stolz, O., Geschichte der Stadt Vils, 1927; Bitschnau, M. u. a., Vilseck, Tiroler Burgenbuch, Bd. 7 1986, 307–316.

Vilsgau

L.: Polenz, P. v., Landschafts- und Bezirksnamen, 1961, II, 24, III, 22, Filusgouwe.

Viluesgau (Viluesgeuui, Gau westlich der Reuß)

L.: Curs, O., Deutschlands Gaue im zehnten Jahrhundert. Nach den Königsurkunden, Diss. phil. Göttingen 1908, 23 (Wohlshusen); Polenz, P. v., Landschafts- und Bezirksnamen, 1961, II, 24, Filwisgouwe, ‚Filsgau'.

Viminau

L.: Polenz, P. v., Landschafts- und Bezirksnamen, 1961, I, 13, II, 45, Viminau, Viminaus, Vimeu.

Vinschgau (Uenusta, Gau an der oberen Etsch), Vintschgau

L.: Curs, O., Deutschlands Gaue im zehnten Jahrhundert. Nach den Königsurkunden, Diss. phil. Göttingen 1908, 23; Polenz, P. v., Landschafts- und Bezirksnamen, 1961, II, 9, 35, 64, 66, III, 25, 28 f., 257 (Finsgouwe, Val Venusta, Vinschgewertal, zum Volksnamen Venustes, das Vintschgau.

Vinsterlohe (Reichsritter) s. Finsterlohe

Viohbach

L.: Polenz, P. v., Landschafts- und Bezirksnamen, 1961, IV, 10 f., Viohbach, pagus Viohbach, zum Ortsnamen Viehbach.

Virdunensis (Verdungau)

L.: Polenz, P. v., Landschafts- und Bezirksnamen, 1961, I, 8, II, 18, 32, 61, IV, 18, Virdunensis, comitatus, pagus, territorium.

Virneburg (Grafen, Grafschaft). Die nach der Burg V. am Nitzbach benannte Grafschaft V. in der Eifel gehörte den Pfalzgrafen. Die Pfalzgrafen gaben die Grafschaft den Grafen von Sayn zu Lehen. Als Afterlehen übertrugen die Grafen von Sayn die Güter den seit der Mitte des 11. Jahrhunderts belegten Herren und späteren Grafen (um 1100) von V., welche die Herrschaft im 13. Jahrhundert durch den Erwerb zahlreicher Vogteien erweiterten. 1445 kam es zu einer Teilung. Nach dem Aussterben der Grafen von V. 1545 fiel die Grafschaft in weiblicher Erbfolge an die Grafen von Manderscheid-Schleiden, die 1554 Monreal an der Eltz und die sog. große und kleine Pallenz bzw. Pellenz um Mayen an das Erzstift Trier abgeben und das restliche Herrschaftsgebiet in der Eifel westlich von Mainz als Lehen Triers nehmen mussten. 1600/1615/1623 kam die Grafschaft erbweise an die Grafen von Löwenstein-Wertheim. Um 1790 war die im westfälischen Reichsgrafenkollegium des Reichstages und im niederrheinisch-westfälischen Reichskreis vertretene Grafschaft 1,3 Quadratmeilen groß und hatte 2600 Einwohner. Mit der Besetzung durch Frankreich ging sie 1794 unter. Die 1684 zerstörte Burg fiel 1815 an Preußen und 1946 an Rheinland-Pfalz. S. a. Löwenstein-Wertheim-Virneburg.

L.: Wolff 356; Zeumer 554 II b 63, 13; Wallner 705 WestfälRK 48; Großer Historischer Weltatlas III 38 (1789) B2; Iwanski, W., Geschichte der Grafen von Virneburg, Diss. phil. Bonn 1912; Klapperich, K., Die Geschichte des Grafengeschlechtes der Virneburger, Diss. phil. Bonn 1920; Herborn, W., Virneburg, LexMA 8 1996, 1713; Stockert, H., Adel im Übergang, 2000; Löwenstein-Wertheim-Freudenbergsches Archiv, Grafschaft Virneburg, Inventar des Bestands F US 6, bearb. v. Eder-Stein, I. u. a., 2000.

Virten (Hochstift, Reichsstadt) s. Verdun

L.: Großer Historischer Weltatlas II 66 (1378) C4.

Vitzehagen (Reichsritter). Im 16. Jahrhundert zählten die V. zum Kanton Rhön-Werra des Ritterkreises Franken.

L.: Riedenauer 128.

Vlotho (Herrschaft). Auf der Wasserburg Scure bei V. an der Weser saßen seit 1180 nachweisbare Edelherren von V. 1219 kam das 1198 erstmals genannte V. an die Grafen von Ravensberg, die am Anfang des 14. Jahrhunderts die Herrschaft endgültig gewinnen konnten. Ihnen folgten 1346 Jülich und 1609/1614/1647 Brandenburg. Am Ende des 18. Jahrhunderts zählte die Herrschaft V. über die Grafschaft Ravensberg zum niederrheinisch-westfälischen Reichskreis. 1946 kam V. zu Nordrhein-Westfalen.

L.: Wolff 320; Wallner 702 WestfälRK 3; Großmann, K., Geschichte des Amtes Vlotho, 1963.

Voerde (Herrlichkeit). Die adlige Herrlichkeit V. südlich von Wesel gehörte zum Herzogtum Kleve (weselscher landrätlicher Kreis).

L.: Wolff 317.

Vogelius (Reichsritter). Um 1750 zählten die V. zum Kanton Rhön-Werra des Ritterkreises Franken.

L.: Riedenauer 128.

Vogesen

L.: Puhl, R., Die Gaue und Grafschaften des frühen Mittelalters im Saar-Mosel-Raum, 1999, 396 (634 Vosago), (keltisch, zur Wurzel *ues-, feuchten, nass), ursprünglich größeres Waldgebiet, (Altenglan, Bitche/Bitsch, Bonmoutier, Hornbach, Kaiserslautern, Kusel, Lauberhof, Lockweiler, Pfeffelbach, Pirmasens, Remigiusberg, Saint-Quirin, Saint-Sauveur, Theisberg, Tholey, Waldhambach).

Vogt, Voytt (Reichsritter). Im 16. Jahrhundert gehörten die Voytt zum Kanton Rhön-Werra des Ritterkreises Franken. S. Voit, Woyde.

L.: Pfeiffer 211.

Vogt von Coburg (Reichsritter). Im frühen 16. Jahrhundert zählten die V. zum Kanton Baunach des Ritterkreises Franken.

L.: Riedenauer 122.

Vogt von Hunolstein, Vogt von Hunoltstein genannt von Steinkallenfels (Freiherren, Reichsritter). Der V. ist 1239 erstmals belegt, doch ging die bis zum Ende des 13. Jahrhunderts gewonnenen Güter um die Burg Hunolstein durch Fehden mit den Grafen von Salm, Sponheim und der Reichsstadt Speyer wieder verloren. Im 18. Jahrhundert zählten die Freiherren V. mit Abtweiler, drei Achteln von Boos, Teilen von Staudernheim, Merxheim und Teilen von Weiler sowie Dörrmoschel mit Teschenmoschel zum Kanton Niederrheinstrom des Ritterkreises Rhein. Mit Nack und Nieder-Wiesen (Niederwiesen) waren sie im Kanton Oberrheinstrom immatrikuliert. Außerdem gehörten sie im späteren 17. Jahrhundert zum Kanton Odenwald des Ritterkreises Franken sowie 1802 zum Ort (Bezirk) Ortenau des Kantons Neckar des Ritterkreises Schwaben.

L.: Genealogischer Kalender 1753, 544; Roth von Schreckenstein 2, 595; Winkelmann-Holzapfel 166; Uhrmacher, M., dilecti fideles nostri?, in: Landesgeschichte als multidisziplinäre Wissenschaft, hg. v. Henn, V. u. a., 2001; Grimbach, J., Zur Territorialpolitik der Vögte von Hunolstein im Spätmittelalter, in: Landesgeschichte als multidisziplinäre Wissenschaft, 2001.

Vogt von Kallstadt, Vogt zu Kallstadt (Reichsritter). Im 16. und 17. Jahrhundert zählten die V. zum Kanton Odenwald des Ritterkreises Franken.

L.: Stetten 33.

Vogt von Rieneck, Voit von Rieneck (Freiherren, Grafen, Reichsritter). Im 16. und 17. Jahrhundert zählten die V. zum Kanton Odenwald des Ritterkreises Franken. Vom 16. bis 18. Jahrhundert waren sie mit Urspringen Mitglied des Kantons Rhön-Werra. Im 17. und 18. Jahrhundert waren sie mit Trunstadt, Traustadt und Fatschenbrunn im Kanton Steigerwald immatrikuliert. Außerdem erscheinen sie im 18. Jahrhundert im Kanton Gebirg und gegen Ende dieses Jahrhunderts im Kanton Baunach. S. Vogt von Rieneck zu Urspringen.

L.: Stieber; Roth von Schreckenstein 2, 594; Seyler 392; Pfeiffer 211; Riedenauer 128; Stetten 33; Bechtolsheim 16, 196; Rahrbach 281.

Vogt von Rieneck zu Urspringen, Voit von Rieneck zu Erspringen (Reichsritter). Im 16. Jahrhundert zählten die V. zum Kanton Rhön-Werra des Ritterkreises Franken. S. Vogt von Rieneck.

L.: Pfeiffer 211.

Vogt von und zu Hunoltstein (Reichsritter) s. Vogt von Hunolstein

L.: Roth von Schreckenstein 2, 595; Winkelmann-Holzapfel 166; Riedenauer 124; Landesgeschichte als multidisziplinäre Wissenschaft, hg. v. Henn, V. u. a., 2001.

Vogt von und zu Salzburg, Voit von Salzburg (Freiherren, Reichsritter). Bis ins ausgehende 18. Jahrhundert zählten die Freiherren V. mit Nenzenheim und Ippesheim samt Reusch zum Kanton Odenwald des Ritterkreises Franken. Außerdem waren sie seit dem frühen 16. Jahrhundert im Kanton Rhön-Werra und am Ende des 18. Jahrhunderts im Kanton

Baunach sowie vielleicht im Kanton Steigerwald immatrikuliert. Ippesheim fiel 1808 an Bayern.

L.: Stieber; Roth von Schreckenstein 2, 594; Seyler 392 f.; Winkelmann-Holzapfel 166; Pfeiffer 211; Riedenauer 128; Stetten 38, 183; Rahrbach 284.

Vogt zu Wallstadt (Reichsritter). Im frühen 16. Jahrhundert zählten die V. zum Kanton Odenwald des Ritterkreises Franken. S. Horckheim.

L.: Riedenauer 128.

Vogtland (Reichsland). Das Gebiet an der oberen Weißen Elster zwischen oberer Saale und dem Quellgebiet der Zwickauer Mulde, das nach dem Abrücken der Germanen vom 6. bis 9. Jahrhundert von Sorben besetzt wurde, wurde seit dem 10. Jahrhundert als Teil des Reiches angesehen. 1122 wurde Plauen kirchlicher Mittelpunkt. Vermutlich setzte bereits Kaiser Friedrich I. Barbarossa Vögte (Vogtei über Kirchengut Quedlinburgs um Gera?) als Verwalter ein. Seit 1209 nannte sich ein Geschlecht Vögte (advocati) von Weida, das vielleicht aus der Gegend von Mühlhausen stammte (oder aus der Gegend von Zeitz), ursprünglich zur Ministerialität der Welfen gehörte und bereits seit 1122 in Weida die Reichsrechte verwaltete. Die von den Vögten geleitete Ansiedlung ostfränkischer, bayerischer und thüringischer Bauern nahm die slawische Vorbevölkerung in sich auf. Den Vögten gelang die allmähliche Umwandlung ihres Reichsamtes in Reichslehen. Ihr Herrschaftsgebiet um Pausa, Voigtsberg (Vogtsberg), Weida, Gera und Plauen erhielt den Namen V. (1317 woyte lande, 1343 terra advocatorum). Es erstreckte sich zwischen der oberen Saale (Ziegenrück, Saalburg, Lobenstein), der Regnitz (Hof), dem Egerland (Asch, Selb, Adorf), der Pleiße (Werdau, Schmölln), Gera und Ronneburg. In ihm lagen auch Güter etwa der Grafen von Everstein, der Grafen von Lobdeburg, der Grafen von Orlamünde und der Markgrafen von Meißen. Seit der zweiten Hälfte des 13. Jahrhunderts strebten sowohl die Markgrafen von Meißen wie auch die Könige von Böhmen nach der Herrschaft über das Gebiet. Seit der Mitte des 14. Jahrhunderts gingen die Güter dem durch häufige Erbteilungen geschwächten Geschlecht zunehmend verloren (Voigtsberg [Vogtsberg] 1357, Mylau 1367, Wiesenburg bis 1394, Schönfels-Werdau bis 1398, Weida 1404–1427). 1373 wurden Hof und das Regnitzland an die Burggrafen von Nürnberg verkauft, 1459/1466 nahmen die Wettiner (Kursachsen) das V. vom König von Böhmen zu erblichem Lehen. 1466 zogen sie die Herrschaft Plauen von einer als Burggrafen von Meißen titulierten Linie der Vögte an sich. 1485 kam das V. an die ernestinische Linie der Wettiner. Nur Güter um Greiz, Schleiz und Lobenstein blieben in der Hand der von den Vögten abstammenden Grafen von Reuß. 1547 musste Plauen von der ernestinischen Linie mit anderen böhmischen Lehen an Burggraf Heinrich V. von Meißen aus dem Hause Plauen (Heinrich V. von Plauen, Kanzler von Böhmen) zurückgegeben werden, fiel aber 1559 als Pfand, 1575 endgültig beim Aussterben der Burggrafen an Sachsen (seit 1602 vogtländischer Kreis) und kam damit von 1949 bis 1990 an die Deutsche Demokratische Republik.

L.: Großer Historischer Weltatlas II 34 (1138–1254) G3, II 66 (1378) F/G3; Biedermann, J. G., Geschlechts-Register der loeblichen Ritterschafft im Voigtlande, 1752, Neudruck 1989; Vogel, W., Über den Titel „Advocatus" der Herren von Weida, Gera und Plauen, Diss. phil. Jena 1905; Schmid, B., Geschichte des Reußenlandes, Bd. 1 f. 1923 ff.; Leipoldt, J., Die Geschichte der ostdeutschen Kolonisation im Vogtland, Diss. phil. Leipzig 1927, Mitt. d. Ver. f. vogtländ. Gesch. und Altertumskunde 26 (1928); Flach, W., Die Urkunden der Vögte von Weida, Gera und Plauen bis zur Mitte des 14. Jahrhunderts, 1930; Schlesinger, W., Egerland, Vogtland, Pleißenland, in: Forschungen zur Geschichte Sachsens und Böhmens, hg. v. Kötzschke, R., 1937; Kötzschke, R., Das Vogtland als Grenzraum in der deutschen Geschichte, 1940; Wille, H. H./Pritsche, W., Vogtland, 1961; Werner, M., Vogtland, LexMA 8 1996, 1815; Neumeister, P., Beobachtungen und Überlegungen zur Herkunft der Vögte, N. A. f. sächs. Gesch. 68 (1997), 1; Billig, G., Pleißenland – Vogtland, 2002.

Vogtland (Ritterschaft), vogtländische Ritterschaft. Seit 1615 stand die vogtländische Ritterschaft (Ritterschaft im Vogtland) teilweise unter Landesherrschaft der Markgrafen von Brandenburg-Bayreuth (Bayreuth), bekam aber von diesen gewisse Privilegien zugesichert. Seit 1626 war sie nach dem Vorbild der Ritterkantone (Franken, Schwaben, Rheinstrom) organisiert. Ihre Mitglieder gehörten auch dem Ritterkreis Franken an.

L.: May, H. Die vogtländische Ritterschaft. Eine verfassungsgeschichtliche Studie, Diss. jur. Erlangen 1951 (masch.schriftl.).

Vohburg (Grafen). V. an der Donau wird 805 zusammen mit dem Grafen von V. erstmals erwähnt. Seit dem späten 11. Jahrhundert nannten sich die Grafen von Cham nach V. Von ihnen war Adela von V. mit Kaiser Friedrich I. Barbarossa verheiratet (bis um 1153). Mit dem Aussterben der Grafen 1204 fiel V. an die Herzöge von Bayern.

L.: Wolff 136.

Vohenstein (Reichsritter). Die 1737 ausgestorbenen V. zählten im frühen 17. Jahrhundert zum Kanton Odenwald des Ritterkreises Franken und weiter wegen Gütern in Talheim, Utzmemmingen und Adelmannsfelden zum Kanton Kocher des Ritterkreises Schwaben.

L.: Hölzle, Beiwort 62; Riedenauer 128; Schulz 273.

Vöhlin von Frickenhausen (Freiherren, Reichsritter). Bis zu ihrem Aussterben 1786 zählten die Freiherren V. mit der 1521 erworbenen Herrschaft Neuburg zum Kanton Donau des Ritterkreises Schwaben sowie mit Harteneck von 1652 bis 1666 zum Kanton Kocher.

L.: Hölzle, Beiwort 59; Schulz 273.

Vöhlin von Illertissen (Reichsritter). Im 18. Jahrhundert zählten die V. zum Kanton Donau des Ritterkreises Schwaben.

L.: Roth von Schreckenstein 2, 592.

Vöhlin von Neuburg (Freiherr, Reichsritter). Um 1663 war Freiherr Johann Albrecht V. Mitglied im Kanton Neckar des Ritterkreises Schwaben.

L.: Hellstern 216.

Voit s. Vogt

Vol von Wildenau (Reichsritter). Die V. zählten bereits 1488 zur Gesellschaft Sankt Jörgenschild, Teil am Neckar. Von 1548 bis etwa 1623 waren sie Mitglied des Kantons Neckar des Ritterkreises Schwaben.

L.: Hellstern 216.

Völderndorff, Völderndorf (Reichsritter). Die V. zählten im 18. Jahrhundert vielleicht zum Kanton Altmühl des Ritterkreises Franken.

L.: Biedermann, Altmühl; Stieber; Riedenauer 128.

Völkershausen (Reichsritter). Bis zum frühen 18. Jahrhundert zählten die V. zum Kanton Rhön-Werra des Ritterkreises Franken.

L.: Stieber; Seyler 393 f.; Pfeiffer 198; Riedenauer 128.

Volkfeld, Volcfeldgau (Uolcfeldon, Volcveld, Volcfelt, Vuoltefelt, Folchfelda, Folcuelt, Gau westlich Bambergs)

L.: Curs, O., Deutschlands Gaue im zehnten Jahrhundert. Nach den Königsurkunden, Diss. phil. Göttingen 1908, 23 (Wonfurt, Bamberg, Aurach, Obertheres, Untertheres); Polenz, P. v., Landschafts- und Bezirksnamen, 1961, II, 27, 29, 58, 61 f., III, 25, 30, Folcfeld; Niemeyer, W., Der pagus des frühen Mittelalters in Hessen, 1968, 121.

Volland von Vollandseck (Reichsritter). Von 1581 bis 1593 war Hans Jörg V. Mitglied des Kantons Neckar des Ritterkreises Schwaben.

L.: Hellstern 216.

Vollrads s. Greifenclau-Dehrn, Greiffenclau zu V., Greiffenclau-Dehrn zu V.

Volmar, Vollmar (Freiherren, Reichsritter). Im 18. Jahrhundert zählten die Freiherren von V. mit dem 1656 erworbenen und 1791 an das Hochstift Augsburg gelangten Rieden zum Kanton Donau des Ritterkreises Schwaben. Im 17. Jahrhundert gehörten V. auch dem Kanton Odenwald des Ritterkreises Franken an.

L.: Hölzle, Beiwort 59; Riedenauer 128.

Volmarstein (Herren). 1100 wurde die Burg V. (1050 Folmudestede) an der Ruhr von Köln erbaut. Sie war 1288 Sitz der Herren von V. 1324 fiel die Burg durch Eroberung an die Grafen von der Mark. Über Preußen (Provinz Westfalen) gelangte V. 1946 zu Nordrhein-Westfalen.

L.: Wolff 319; Schnettler, O., Alt-Volmarstein, 1961.

Volterra (Stadtkommune). Im 7./6. Jh. v. Chr. entstand das etruskische Velathri, das später zum römischen V. wurde. Seit der zweiten Hälfte des 5. Jahrhunderts hatte dort ein Bischof seinen Sitz. Nach 774 n. Chr. wurde es Sitz eines Grafen. Im 11. und 12. Jahrhundert erhielt V. zahlreiche kaiserliche Privilegien und erlangte im 13. Jahrhundert die Freiheit von der Stadtherrschaft des Bischofs. 1361, endgültig 1472, fiel es an Florenz, das als Herzogtum 1737 an Österreich, 1801 zum Königreich Etrurien Frankreichs, 1808 zu Frankreich, 1814 an Österreich und schließlich 1859 zu Sardinien bzw. (1861) zu Italien kam.

L.: Großer Historischer Weltatlas II 48 (um 1300) D3; Fiumi, E., Statuti di Volterra, 1951; Ferrini, P., Volterra, 1954; Volpe, G., Toscana medievale, 1964; Luzzati, M., Volterra, LexMA 8 1996, 1844.

Volz von Altenau, Voltz von Altenau (Reichsritter, Freiherren). 1773 zählten die bereits im Stichjahr 1680 angesessenen und mit ihren

Gütern bei der Reichsritterschaft immatrikulierten V. zum Ritterkreis Unterelsass. Sie erloschen männlicherseits 1757 und weiblicherseits 1807.

Volz von Weitingen (Reichsritter). Die V. gehörten bereits 1488 zur Gesellschaft Sankt Jörgenschild, Teil am Neckar. Von 1562 an waren sie Mitglied des Kantons Neckar des Ritterkreises Schwaben.

L.: Hellstern 217.

Vorarlberg (Landvogtei, Bundesland). Das Gebiet zwischen Bodensee und Arlberg wurde 15 v. Chr. von den Römern unterworfen und der Provinz Raetia eingegliedert. Seit 500 wurde es von Alemannen beherrscht und kam 536 zum fränkischen Reich (um 610 Christianisierung), 843 zu dessen ostfränkischem Teil. Seit 917 war Bregenz Sitz der mit Grafenrechten begabten Udalrichinger. 1160 ging das Erbe der ausgestorbenen Udalrichinger an die Grafen von Pfullendorf und Pfalzgrafen von Tübingen über, deren einer Zweig sich nach der um 1200 erbauten Burg Montfort Grafen von Montfort nannte. 1258/1260 spaltete er sich in die Linien Montfort und Werdenberg. Sie lösten sich mit Bludenz (Werdenberg), Bregenz und Feldkirch (Montfort) vom Herzogtum Schwaben. 1363 gewannen die Habsburger Neuburg. 1375/1379/1390 erwarb Herzog Leopold III. von Österreich die Herrschaft Feldkirch, 1394/1418/1420 die Grafschaft Bludenz mit dem Tal Montafon, 1473/1474 Erzherzog Sigmund von Tirol von dem Truchsess von Waldburg die 1463 zur Reichsgrafschaft erhobene Herrschaft Sonnenberg mit Nüziders, 1451/1523 Erzherzog Sigmund von Tirol bzw. Ferdinand I. je eine Hälfte der Grafschaft Bregenz. Damit war seit dem ausgehenden 15. Jahrhundert die Landesbildung weitgehend abgeschlossen. Kaiser Maximilian I. unterstellte diese Erwerbungen (bis 1752 und nach 1782 [dazwischen Freiburg]) der Verwaltung der Regierung in Innsbruck. 1765 erwarb Österreich die Grafschaft Hohenems der 1560 zu Reichsgrafen aufgestiegenen Ritter von Ems (Hohenems) und erlangte auch das politische Protektorat über deren 1719 an Liechtenstein veräußerte reichsunmittelbare Herrschaft Vaduz und Schellenberg. Maria Theresia fasste sämtliche Herrschaften mit 78 000 Einwohnern unter der neuen Landvogtei V., zu der 1780 noch Tettnang kam, zusammen. 1782 wurde sie von Vorderösterreich gelöst und Tirol angegliedert. 1804 kam noch die Herrschaft Blumenegg, welche die Grafen von Montfort an die Grafen von Sulz und diese an das Kloster Weingarten gegeben hatten, hinzu. Von 1805/1806 bis 1816 fiel V. an Bayern, kam dann aber bis auf die Westallgäuer Teile (jedoch mit Vils) an Österreich zurück. 1861 erhielt V. einen eigenen Landtag. Nach 1918 verblieb V. bei Österreich, obwohl sich am 11. 5. 1919 80 % der Bevölkerung für einen Anschluss an die Schweiz aussprachen. Immerhin wurde V. aber von Tirol gelöst und als Bundesland verselbständigt. Dieses erhielt am 17. 9. 1923 eine Verfassung. Von 1938 bis 1945 war V. ein Teil des Reichsgaues Tirol.

L.: Wolff 38; Großer Historischer Weltatlas III 38 (1789) C4; Lechner, K., Vorarlberg, in: Geschichte der deutschen Länder, Bd. 1; Quellen zur Geschichte Vorarlbergs und Liechtensteins, hg. v. Helbok, A., Bd. 1 1920 ff.; Helbok, A., Geschichte Vorarlbergs, 1925; Schwarz, A., Heimatkunde von Vorarlberg, 1948; Stolz, O., Verfassungsgeschichte des Landes Vorarlberg, Montfort 78 (1950); Bilgeri, B., Geschichte Vorarlbergs, Bd. 1–4,1 2. A. 1971 ff.; Burmeister, K. H., Grundlinien der Rechtsgeschichte Vorarlbergs, Montfort 39 (1987); Bilgeri, B., Geschichte Vorarlbergs, Bd. 2: Bayern, Habsburg, Schweiz – Selbstbehauptung, 1987; Niederstätter, A., Beiträge zur Verfassungs- und Verwaltungsgeschichte Vorarlbergs (14.–16. Jh.), Montfort 39 (1987); Held, H., Vorarlberg und Liechtenstein, 1988; Burmeister, K. H., Geschichte Vorarlbergs, 4. A. 1998; Burmeister, K., Vorarlberg, LexMA 8 1996, 1846.

Vorburg (Ganerben). Nach dem vom Stift Säckingen als Lehen erhaltenen Schloss V. zu Oberurnen (Oberurna) nannte sich ein schwäbisches Geschlecht, das von 1553 bis 1625 an der Ganerbschaft Mommenheim beteiligt war. S. Vorburger zu Bödigheim.

L.: Zimmermann 79.

Vorburger zu Bödigheim (Reichsritter). Die V. zählten im späten 17. Jahrhundert zum Kanton Odenwald des Ritterkreises Franken. S. Vorburg.

L.: Riedenauer 128.

Vorderösterreich (Herrschaftsgruppe, Güterkomplex). Zu dem ursprünglichen Hausgut der Grafen von Habsburg (in der Schweiz und) im Elsass erwarben die Habsburger, von denen sich schon Rudolf I. um eine Erneuerung des 1268 erloschenen Herzogtums Schwaben bemüht hatte, 1368 Freiburg im Breisgau und die Landgrafschaft Breisgau, 1381 die Landvogtei in Schwaben und die Gebiete der Grafen von Hohenberg, 1398 Sargans, 1403 von Habsburg-Laufenburg Laufenburg und Säckingen, 1504/1505 die Landvogtei Hagenau im Elsass (1551/1556/1771) und die Ortenau (1551/1556) sowie verschiedene 1369 an Wittelsbach verlorene Gebiete. 1379 fielen diese Güter an die leopoldinische Linie Habsburgs (bis 1490). Seit dem 15. Jahrhundert (1444) kam für sie der Name vordere Lande (vor dem Arlberg) auf, später die Bezeichnung V. Bis 1499 gingen die südwestlichen Güter an die Eidgenossenschaft der Schweiz verloren. Seit 1536 wurden aus dem Elsass die Landgrafschaft Oberelsass mit Sitz in Ensisheim und die Reichslandvogtei im Elsass mit der Schutzvogtei über 40 Reichsdörfer und die elsässischen Reichsstädte außer Straßburg, aus dem Breisgau die Grafschaft Hauenstein und Herrschaft Laufenburg sowie die Herrschaften Kastelberg und Schwarzenberg, Kürnberg (Kirnberg), Rheinfelden und Triberg, aus Schwäbisch-Österreich die Markgrafschaft Burgau, die Reichsgrafschaft Hohenberg, die Landgrafschaft Nellenburg (Stockach) und die Landvogtei in Oberschwaben und Niederschwaben, die Stadt Konstanz (1548), aus Vorarlberg die Herrschaft Hohenems (1765) und die Grafschaft Feldkirch sowie von sonstigen Gütern die Landvogtei Ortenau (Offenburg), die Reichsgrafschaft Tettnang (1780) mit der Herrschaft Argen und Wasserburg und die Reichsgrafschaft Falkenstein in der Pfalz (1745/1765) sowie Lindau (1804) und Rothenfels (1804) als V. bezeichnet. Dieses gehörte größtenteils dem österreichischen Reichskreis an. Von 1564 bis 1665 standen die Güter innerhalb Habsburgs der Tiroler Linie zu. 1648 ging das Gebiet im Elsass und Breisach an Frankreich über, 1679 auch Freiburg. 1697 kamen Breisach und Freiburg zurück. Zuletzt umfasste V. 9000 bzw. 25000 Quadratkilometer mit 400000 bzw. 670000 Einwohnern und 161000 Gulden Einkünften. Die Verwaltung erfolgte zunächst in Innsbruck und für Elsass und Breisgau in Ensisheim (seit 1651 Freiburg), seit 1752/1759 in Freiburg, seit 1782 aber wieder (für Vorarlberg) in Innsbruck. 1803 musste der Breisgau an den Herzog von Modena abgetreten werden. 1804 kam er, verkleinert um das an die Schweiz gefallene Fricktal, an seinen Schwiegersohn Ferdinand von Österreich-Este. 1805 fielen Breisgau und Ortenau an Baden, die übrigen Teile Vorderösterreichs an Württemberg (Hohenzollern) und Bayern, die auch die 1804 erworbenen Gebiete von Lindau und die Reichsgrafschaft Königsegg-Rothenfels erhielten. 1810 tauschten Baden, Württemberg und Bayern untereinander Gebiete aus. 1814/1816 fiel Vorarlberg außer einigen Teilen der Reichsgrafschaft Bregenz und Hohenems an Österreich zurück.

L.: Wolff 40; Großer Historischer Weltatlas III 22 (1648) D5; Haselier, G., Die Oberrheinlande, in: Geschichte der deutschen Länder, Bd. 1; Die Territorien des Reichs 4, 256; Hölzle, E., Der deutsche Südwesten am Ende des alten Reiches, 1938; Stolz, O., Geschichtliche Beschreibung der ober- und vorderösterreichischen Länder, 1943; Feine, H. E., Die Territorialbildung der Habsburger im deutschen Südwesten, ZRG GA 67 (1950); Bader, K. S., Der deutsche Südwesten in seiner territorialstaatlichen Entwicklung, 2. unv. A. 1978; Vorderösterreich, hg. v. Metz, F., 1959, 3. A. 1978, 4. A. 2000; Vorderösterreich in der frühen Neuzeit, hg. v. Maier, H./Press, V., 1989; Speck, D., Die vorderösterreichischen Landstände im 15. und 16. Jahrhundert, 1989; Baum, W., Die Habsburger in den Vorlanden, 1993; Scheibelreiter, G., Vorderösterreich, LexMA 8 1996, 1848; Die Habsburger im deutschen Südwesten, hg. v. Quarthal, F. u. a., 1999; Vorderösterreich am oberen Neckar und oberer Donau, hg. v. Zekorn, A. u. a., 2002.

Vorechheim (comitatus)

L.: Polenz, P. v., Landschafts- und Bezirksnamen, 1961, IV, 17, Vorechheim, zum Ortsnamen Forchheim.

Vorlande (Gebiet) s. Habsburg, Vorderösterreich

Vornbach (Grafen) s. Formbach

Vorpommern (Landesteil). V. war der westlich der Oder gelegene Teil Pommerns, der Stettin, Stralsund, Usedom, Wollin, Rügen und die Stadt Cammin (Kammin) umfasste. Er wurde 1532 in einer Landesteilung abgeteilt, von 1625 bis 1637 aber nochmals zusammen mit Hinterpommern regiert. 1648 kam V. an Schweden, das Pommern seit 1630 besetzt hielt und sich weigerte, das 1529 begründete Erbrecht Brandenburgs nach den 1637 erloschenen Herzögen von Pommern anzuerkennen. 1720 musste Schweden V. mit Ausnahme des nördlichen Teils (Stralsund, Greifswald, Rügen) an Preußen abtreten. 1814 fiel der Schweden verbliebene Teil Vorpommerns, das 1792 im deutschen Reichstag zur weltlichen Bank des Reichsfürstenrates gehörte, an Dänemark, das ihn letztlich 1815 Preußen überließ (Provinz Pommern). 1945 wurde V. abgetrennt und mit Mecklenburg vereinigt. 1952/1958 wurde das Land Mecklenburg innerhalb der Deutschen Demokratischen Republik (1949) beseitigt (str.), 1990 aber als Mecklenburg-Vorpommern in der Bundesrepublik Deutschland wiederbegründet. S. Pommern.

L.: Wolff 404; Zeumer 553 II b 21; Backhaus, H., Reichsterritorium und schwedische Provinz, 1969; Wagner, W., Vorpommern und die Konsolidierung des schwedischen Rechts in der Gesetzessammlung von 1807, in: Das schwedische Reichsgesetzbuch (Sveriges Rikes Lag), 1986; Buchholz, W., Öffentliche Finanzen, 1992; Ein Jahrtausend Mecklenburg und Vorpommern, 1995; Handbuch der historischen Stätten, Bd. 12: Mecklenburg-Vorpommern, hg. v. Bei der Wieden, H., 1995.

Vorster s. Forster

Voytt s. Vogt, Voit

W

Waadt, Waadtland (Herrschaft, Kanton), franz. Vaud. Das Gebiet zwischen Jura, Neuenburger See, Genfer See, Alpen und Saane gehörte in römischer Zeit zur Provinz Helvetia und wurde um 470 von den Burgundern besetzt. 515 heißt es pagus Juranensis, 756 pagus Valdensis (Waldgau). 839 gab Kaiser Ludwig der Fromme das Gebiet als Grafschaft W. seinem Sohn Lothar. Danach fiel es an Hochburgund und mit diesem 1032 an das Deutsche Reich. Um 1100 wurden Greyerz (Gruyères) und Neuenburg abgetrennt. Seit 1207 und vor allem nach dem Aussterben der Herzöge von Zähringen 1218 drangen die Grafen von Savoyen vor und eroberten im 13. und 14. Jahrhundert fast das gesamte Gebiet (Baronie de Vaud). 1475 erlangten Bern und Freiburg im Üchtland durch Eroberung Grandson, Murten, Orbe und Echallens und machten sie zu gemeinen Herrschaften beider Orte. 1530 wurde die Reformation eingeführt. 1536 besetzte Bern die W. und das Hochstift Lausanne und verwaltete sie nach Abtretung einiger Teile an Freiburg und Wallis als Herrschaft. 1555 erwarb es Greyerz, 1701 Aubonne. 1564 verzichtete Savoyen auf die W., die 1616 ein eigenes Landrecht erhielt. Am 23./24. 1. 1798 löste sich W. als République Lémanique von Bern und wurde am 30. 3. 1798 als Kanton Léman der Helvetischen Republik eingegliedert. 1803 wurde es Kanton der Schweiz (3219 bzw. 1996 3212 Quadratkilometer). Seine Verfassung stammt vom 1. 3. 1885.

L.: Großer Historischer Weltatlas II 72 (bis 1797) B3; Mottaz, E., Dictionnaire historique et statistique du Canton de Vaud, Bd. 1,2 1914 ff.; Olivier, J., Le Canton du Vaud, sa vie et son histoire, Bd. 1,2 2. A. 1938; Paquier, R., Le pays de Vaud des origines à la conquête bernoise, Bd. 1,2 1942; Polenz, P. v., Landschafts- und Bezirksnamen, 1961, I, 13, Waldensis, comitatus, Waadt, Vaud; Bercher, J., Approche systématique de l'ancien droit privé vaudois, 888–1250, 1963; Encyclopédie illustrée du Pays de Vaud, hg. v. Galland, B., Bd. 1,2 1970 ff.; La maison de Savoie en Pays de Vaud, hg. v. Andenmatten, B., u. a., 1990; Durussel, V./Morerod, J., Le Pays de Vaud, 1990; Hubler, L., Histoire du Pays de Vaud, 1991; Le Pays de Vaud, hg. v. Paravicini Bagliani, A., 1992; Coutaz, G., Vaud, LexMA 8 1996, 1435 f.

Waadtland s. Waadt

Waas s. Wasa

L.: Polenz, P. v., Landschafts- und Bezirksnamen, 1961, II, 22, 49, 95 f., III, 32.

Wabrense (Gau)

L.: Polenz, P. v., Landschafts- und Bezirksnamen, 1961, I, 13, 18, 95, Wavra, Wapra, pagus Wabrensis, Woëvre; Puhl, R., Die Gaue und Grafschaften des frühen Mittelalters im Saar-Mosel-Raum, 1999, 412 (pagus Wabrensis), (587 pago Vabrense), Großlandschaft zwischen Ardennen, Maas und Mosel bzw. Diekirch, Sedan und Toul, Gau zwischen pagus Ardenensis, Bedensis, Moslensis, Scarponenis und Virdunenis (Ardennengau, Bitgau, Moselgau, Scarponagau und Verdungau) (Amel, Arlon, Arrancy-sur-Crusnes, Baslieux, Beaumont-en-Verdunois, Beringen, Bettembourg, Bièvres, Boncourt, Brauville, Butgnéville, Châtillon-sous-les-Côtes?, Charbeaux, Charey, Christnach, Conflans-en-Jarnisy, Corniéville, Cruchten, Cutry, Dahlem?, Dampvitoux, Dippach?, Dommartin-la-Montagne, Dompierre-aux-Bois, Doncourt-aux-Templiers, Étain, Fleury-lès-Jouaville, Frisange, Ginvry, Gonderange/Gonderingen, Grémilly, Haller, Hellange, Hemstal, Herbeuville, Hespérange, Hüncheringen, Hünsdorf, Itzig, Yvois/Carignan, Jeandelize, Joudreville, Jouy-sous-les-Côtes, Juvigny-sur-Loison, Lamouilly, Latour-en-Woëvre, Lellingen, Linster, Lorentzweiler, Mercy-le-Bas, Mersch, Monderçange/Monnerich, Montlibert, Norroy-le-Sec, Oetrange/Ötringen, Ornes, Peppange, Pierreville, Praucourt, Pure, Quincy, Roeser, Rollingen, Russange, Saint-Benoit-en-Woëvre, Schifflange, Signy, Sponville, Thil, Villers-lès-Mangiennes, Zolwer/Soleuvre).

Wachau (Tal). 823/830 ist der Name Wahowa für die Gegend um Spitz in Niederösterreich bezeugt, die durch Ludwig den Deutschen an Niederaltaich kam. Von dort ging sie an die Herzöge von Bayern, welche die Herren von Kuenring und im 14. und 15. Jahrhundert die Herren von Maissau belehnten. Später bildete unter allmählicher Ausdehnung des Inhalts der Bezeichnung das Tal W. einen Selbstverwaltungsbezirk, dessen besondere Rechte im 18. Jahrhundert bezeugt wurden. Im 19. Jahrhundert wurde der Name auf das Donautal zwischen Krems, Emmersdorf, Mautern und Melk erstreckt.

L.: Stowasser, O., Das Tal Wachau und seine Herren von Kuenring, 1927; Lechner, K., Die herzoglich bayrischen Lehen im Lande unter der Enns, 1930 (ungedr.); Polenz, P. v., Landschafts- und Bezirksnamen, 1961, II, 44; Eppel, F., Die Wachau, 1964.

Wächter (Reichsritter). Im 18. Jahrhundert zählten die W. mit dem 1789/1790 von den Grafen von Attems erworbenen Hirrlingen zum Kanton Neckar des Ritterkreises Schwaben. Um 1800 waren sie auch im Kanton Odenwald des Ritterkreises Franken immatrikuliert.

L.: Hölzle, Beiwort 65; Kollmer 375; Riedenauer 128.

Wächtersbach (Burg, Herrschaft). Vielleicht schon am Ende des 12. Jahrhunderts, jedenfalls aber vor 1236 wurde zur Überwachung des Büdinger Waldes die Wasserburg W. im mittleren Kinzigtal erbaut. Seit 1324 war sie als Reichslehen aus dem Erbe der Herren von Büdingen nebeneinander und nacheinander in den Händen der Ganerben Brauneck, Trimberg und Isenburg, die bis 1458 alle Rechte gewannen. Seit 1685 war W. Sitz der Linie Isenburg-Büdingen-Wächtersbach. Über Hessen-Kassel und Hessen-Nassau Preußens (1866) kam es 1945 an Hessen. S. Isenburg-Büdingen-Wächtersbach.

L.: Wolff 277.

Wagegg (Herrschaft). Nach der Burg W. bei Kempten nannten sich Edle von W., die um 1170 erstmals erwähnt werden. Um 1350 mussten sie die Burg verpfänden, 1374 starben sie aus. Ihre damit als erledigtes Lehen an das Stift Kempten zurückfallende Herrschaft kam nach verschiedenen anderen Verleihungen 1469 an die zuletzt stark verschuldeten Herren von Laubenberg, von denen sie nach Befriedigung des Hauptgläubigers 1581 wieder an das auslösende Stift Kempten fiel, über das es zum schwäbischen Reichskreis zählte. 1803 gelangte die Herrschaft an Bayern.

L.: Wolff 158; Wallner 685 SchwäbRK 7.

Wagrien (Landschaft). Die Landschaft zwischen Kieler Förde und Neustädter Bucht wurde nach dem Abzug der Germanen von den slawischen wendischen (abodritischen) Wagriern (Buchtleuten) besiedelt. Fürstensitz war Starigard/Oldenburg. Die unter Kaiser Otto I. begonnene Christianisierung und Germanisierung Wagriens erlitt bis ins 12. Jahrhundert zahlreiche Rückschläge. 1138/1139 gewann Heinrich von Badwide (Bodwide), den der Askanier Albrecht der Bär mit Stormarn-Holstein belehnt hatte, die slawischen Gebiete. 1142 musste er die Grafschaft wieder an die Grafen von Schauenburg (Schaumburg) zurückgeben. Seit 1143 begann unter Graf Adolf II. von Schauenburg (Schaumburg) die deutsche Besiedlung des meist in die Bereiche Oldenburg, Lütjenburg und Plön geteilten Gebietes. Seitdem wurde W. unter Holstein miterfasst. Bis zum frühen 15. Jahrhundert gingen die Wagrier in der deutschen Bevölkerung auf. S. Holstein.

L.: Ohnsorge, W., Der Umfang Wagriens, Zs. f. lüb. Geschichte 10 (1908); Boettger, F., Heimatkunde des Kreises Oldenburg, 1950; Polenz, P. v., Landschafts- und Bezirksnamen, 1961, III, 18 f., Wagira, Volksname (Waghere, Waigiri, *Wagwarjoz), Wagrier; Geschichte Schleswig-Holsteins, hg. v. Lange, U., 1996; Bünz, E., Wagrien, LexMA 8 1996, 1908.

Waibstadt (Reichsstadt). W. am Schwarzbach bei Sinsheim wird 795 (Weibestat) erstmals erwähnt. Es war bereits 1200 ummauert und wurde im 13. Jahrhundert reichsunmittelbar (Reichsstadt im Reichssteuerverzeichnis von 1241). Spätestens 1339 war es Reichspfandschaft des Hochstifts Speyer, die 1615 bestätigt wurde. Nach dem dreißigjährigen Krieg betrieb die Stadt die Selbstauslösung. 1803 kam sie an Baden und damit 1951/1952 an Baden-Württemberg.

L.: Wolff 234; Gleim, F., Die Städte des Kraichgaus, Diss. phil. Heidelberg 1950.

Waischenfeld, Weischenfeld (Reichsritter). Im frühen 16. Jahrhundert zählten die W. zum Kanton Gebirg des Ritterkreises Franken.

L.: Riedenauer 128.

Waizagawi

L.: Polenz, P. v., Landschafts- und Bezirksnamen, 1961, 309, Waizzagawi s. Hwetiga; Wagner, G., Die Verwaltungsgliederung im karolingischen Reich, 1963, 9.

Waizenbach, Damenstift (Reichsritterschaft). Das evangelische Damenstift W. zählte um 1790 wegen W. bei Hammelburg zum Kanton Rhön-Werra des Ritterkreises Franken. S. Bayern.

L.: Winkelmann-Holzapfel 167; Riedenauer 129.

Walchengau (Walhogouwe)

L.: Polenz, P. v., Landschafts- und Bezirksnamen, 1961, II, 2, 34 f., III, 28 f., Walhogouwe, heute Ortsname Walgau.

Walcherun (Walcheren)

L.: Polenz, P. v., Landschafts- und Bezirksnamen, 1961, III, 11, 22, 32, Walcherun (Walachra, Walacras, Walichrenses), ‚Walcheren'.

Wald (Herrschaft). Die Herrschaft W. gehörte innerhalb Schwäbisch-Österreichs der Linie Fugger-Babenhausen (Babenhausen und Boos) der Grafen Fugger und gelangte später an Bayern.

L.: Wolff 204; Hölzle, Beiwort 45, 5.

Wald (Reichsritter). Um 1600 zählten die W. zum Kanton Altmühl des Ritterkreises Franken. S. Wallert?

L.: Riedenauer 128.

Waldahi

L.: Polenz, P. v., Landschafts- und Bezirksnamen, 1961, II, 46 f., 71, 74, 96, Waldahi, pagus forestensis.

Waldbott (Herren). Die Familie W. nannte sich seit dem Erwerb der Herrschaft Bassenheim Waldbott von Bassenheim (Waldbott-Bassenheim).

Waldbott von Bassenheim, Waldbott-Bassenheim (Reichsgrafen). Die Familie Waldbott war Afterlehnsträger der Grafen von Isenburg-Braunsberg. Durch Erbschaft und Kauf erlangte sie allmählich die Herrschaft Bassenheim bei Koblenz von ihren Lehnsherren. Diese war seit 1729 reichsunmittelbar. Um 1790 zählten die Grafen mit Arnoldshain und Schmitten, Kransberg (Kronsberg), Friedrichsthal (Friedrichstal), Pfaffenwiesbach und Wernborn zum Kanton Mittelrheinstrom des Ritterkreises Rhein. Durch § 24 des Reichsdeputationshauptschlusses vom 25. 2. 1803 wurde der Graf W. wegen Pyrmont und Olbrück durch die Abtei Heggbach (ohne Mietingen und Sulmingen und den Zehnten von Baltringen) und eine Rente von 1300 Gulden von Buxheim entschädigt. 1806 wurden die W. in Bayern und Württemberg mediatisiert.

L.: Roth von Schreckenstein 2, 595; Winkelmann-Holzapfel 167.

Waldburg (Herren, Truchsessen, Grafen), Truchsess von Waldburg. Die Burg W. (1152 Walpurch) östlich von Ravensburg auf der höchsten Erhebung Oberschwabens war seit der Mitte des 12. Jahrhunderts in den Händen eines welfischen, später staufischen Ministerialengeschlechts, das um 1210 ausstarb. Ihnen folgten wohl spätestens 1214 im Amt und in den Gütern die 1179 erstmals erwähnten Herren von Tanne an der schwäbischen Ach bei Wolfegg, die sich seit 1219 nach dem Lehen W. nannten und zunächst Schenken des Herzogtums Schwaben gewesen waren. Sie waren Ministeriale der Staufer, die ihnen 1214 das Amt des Reichstruchsessen übertrugen. Im Laufe der Zeit erwarben die zu Reichsministerialen aufgestiegenen W. ein ansehnliches Herrschaftsgebiet (um 1200 Wolfegg, um 1240 Waldsee, 1306 Stadt Isny und Herrschaft Trauchburg, 1337 Herrschaft Zeil, von 1384/1386 bis 1680 Pfandschaft der sog. 5 Donaustädte, 1386 Pfand der Herrschaft Waldsee, 1387 der Herrschaft Bussen, 1401–1695 der Herrschaft Kallenberg, 1415–1416 Landvogtei in Oberschwaben, 1452 Friedberg-Scheer [bis 1786], 1455–1474 Grafschaft Sonnenberg). Seit 1429 zerfiel die Familie in mehrere Linien. Die jakobische (Trauchburger) Linie mit Trauchburg und später auch Scheer erlosch 1772, die eberhardische (Sonnenberger) Linie mit Scheer und Wolfegg wurde 1463 mit der Grafschaft Sonnenberg in den Grafenstand erhoben und erlosch 1511. Die georgische (Zeiler) Linie mit Zeil erlangte 1508 von der eberhardischen Linie Wolfegg und teilte sich 1595 in die Linien Waldburg-Wolfegg (Wolfegg) und Waldburg-Zeil (Zeil). Hiervon spaltete sich Waldburg-Wolfegg 1672 in Waldburg-Wolfegg-Wolfegg (1798 erloschen) und Waldburg-Wolfegg-Waldsee, Waldburg-Zeil 1674 in Waldburg-Zeil-Zeil und Waldburg-Zeil-Wurzach (1903 erloschen). 1525 wurden die Truchsessen als Anhänger Habsburgs zu Reichserbtruchsessen und 1628 in den Linien Waldburg-Wolfegg (Waldburg-Wolfegg-Waldsee), Waldburg-Zeil und Waldburg-Friedberg-Scheer (Waldburg-Wurzach) wegen der reichsständischen Territorien Wolfegg, Zeil, Trauchburg und Friedberg-Scheer zu Reichsgrafen im schwäbischen Reichsgrafenkollegium erhoben. Ihr Herrschaftsgebiet, in dem der Verlust der Donaustädte (1680) und Friedberg-Scheers (1786) durch den Gewinn kleinerer Herrschaften im Allgäu ausgeglichen wurde, umfasste 475 Quadratkilometer mit 28 000 Einwohnern. 1803 wurden die Linien Waldburg-Wolfegg-Waldsee und Waldburg-Zeil-Zeil zu Reichsfürsten erhoben. 1806 wurde bei der Gründung des Rheinbundes ihr zum schwäbischen Reichskreis zählendes Fürstentum mit rund 750 Quadratkilometern unter Baden, Württemberg und Bayern aufgeteilt.

L.: Wolff 198; Zeumer 553 II b 61, 9; Wallner 685 SchwäbRK 12; Großer Historischer Weltatlas II 66 (1378) E5, III 22 (1648) D/E5, III 38 (1789) C4; Vochezer, J., Geschichte des fürstlichen Hauses Waldburg in Schwaben, Bd. 1–3 1888 ff.; Hölzle, E., Der deutsche Südwesten am Ende des alten Reiches, 1938; Rauh, R., Das Hausrecht der Reichserbtruchsessen von Waldburg, Bd. 1 1971; Der Kreis Ravensburg 1976; Handbuch der baden-württembergischen Geschichte, Bd. 2, 1995, 350.

Waldburg-Scheer (Grafen, Truchsessen), Waldburg-Friedberg-Scheer. Scheer an der Donau bei Sigmaringen kam 1267 an den Grafen von Montfort, der es 1289 an König Rudolf von Habsburg verkaufte. 1314 verpfändete Habsburg Scheer an die Grafen von Montfort, seit 1369 vereinigt mit der Grafschaft Friedberg. Beide kamen 1452–1454 an die Truchsessen von Waldburg. Scheer wurde bald Sitz einer eberhardischen, später einer jakobischen Linie. 1786 wurde Friedberg-Scheer, das über die Truchsessen zum schwäbischen Reichskreis zählte und seit 1680 nur noch Mannlehen Österreichs war, durch die Erben der 1772 ausgestorbenen Linie Waldburg-Trauchburg an die Fürsten von Thurn und Taxis verkauft. Deren 1787 geschaffene reichsunmittelbare gefürstete Grafschaft kam 1806 an Württemberg und damit das Gebiet 1951/1952 an Baden-Württemberg.

L.: Gumpelzhaimer 85; Mayer, D.W., Die Grafschaft Sigmaringen und ihre Grenzen im 16. Jahrhundert, 1959; Der Kreis Saulgau, 1971.

Waldburg-Scheer-Scheer (Erbtruchsessen). Nach dem vor 1267 an den Grafen von Montfort, 1289 an Habsburg und 1452/1454 an die Truchsessen von Waldburg gelangten Scheer an der Donau bei Sigmaringen nannte sich eine eigene Linie der Truchsessen. Am Ende des 18. Jahrhunderts gehörten die Lande der Erbtruchsessen zu W. und Trauchburg zum schwäbischen Reichskreis. S. Waldburg-Scheer.

L.: Wallner 688 SchwäbRK 44.

Waldburg-Trauchburg (Grafen, Truchsessen, Fürsten). Trauchburg nördlich von Isny fiel von den Herren von Trauchburg, einer Nebenlinie der Freiherren von Rettenberg, an die Grafen von Veringen und 1306 durch Verkauf an Waldburg. 1429 kam Trauchburg an die 1772 erloschene jakobische Linie W. der Truchsessen von Waldburg, von diesen an Waldburg-Zeil-Zeil. 1806 wurde Waldburg-Zeil-Trauchburg (Waldburg-Zeil-Zeil) in Württemberg mediatisiert. Trauchburg kam 1810 an Bayern. Wegen einer Hälfte von Kisslegg zählten die Truchsessen zum Kanton (Bezirk) Allgäu-Bodensee (Hegau-Allgäu-Bodensee) des Ritterkreises Schwaben. S. Waldburg-Zeil-Trauchburg (Waldburg-Zeil-Zeil).

L.: Ruch, Anhang 82; Vochezer, J., Geschichte des fürstlichen Hauses Waldburg in Schwaben, Bd. 1–3 1888 ff.

Waldburg-Wolfegg-Waldsee (Grafen, Truchsessen, Fürsten). Die seit 1100 erscheinenden Herren von Tanne nannten sich seit 1170 nach ihrer Burg Waldburg östlich von Ravensburg. Um 1200 erwarben sie Wolfegg, um 1240 Waldsee. 1429 erhielt die jakobische Linie Wolfegg, die eberhardische Linie, die 1511 erlosch, Waldsee. Wolfegg kam später an die georgische Linie, die sich 1595 in die Linien Waldburg-Wolfegg (Wolfegg) und Waldburg-Zeil (Zeil) teilte. Waldburg-Wolfegg (Wolfegg) zerfiel 1672 in das 1798 erloschene Waldburg-Wolfegg-Wolfegg und in W. 1790 hatte W. die Herrschaft bzw. Grafschaft Waldsee, die Herrschaften Winterstetten, Schwarzach, Eberhardzell und Schweinhausen und das Gericht Reute. 1798 beerbte sie Waldburg-Wolfegg-Wolfegg. 1803 wurde W. in den Reichsfürstenstand erhoben, 1806 aber mediatisiert.

L.: Vochezer, J., Geschichte des fürstlichen Hauses Waldburg in Schwaben, Bd. 1–3 1888 ff.; Hölzle, E., Der deutsche Südwesten am Ende des alten Reiches, 1938; Klocker, H., 650 Jahre Stadt Waldsee, 1978.

Waldburg-Wolfegg-Wolfegg (Truchsessen, Grafen). Die Truchsessen von Waldburg, die um 1200 Wolfegg erwarben, teilten sich 1429 in mehrere Linien. Wolfegg kam an die 1511 erloschene eberhardische Linie und von dort an die georgische Linie. Sie spaltete sich 1595 in die Linien Waldburg-Wolfegg (Wolfegg) und Waldburg-Zeil (Zeil). Waldburg-Wolfegg zerfiel 1672 in Waldburg-Wolfegg-Waldsee und das 1798 erloschene W. Diese Linie hatte 1790 die Grafschaft Wolfegg und die Herrschaften Waldburg, Kisslegg zur Hälfte, Leupolz, Praßberg und Waltershofen. Wegen des Teils von Kisslegg zählte sie zum Kanton Hegau (Hegau-Allgäu-Bodensee) des Ritterkreises Schwaben. Nach ihrem Aussterben fielen ihre Güter an Waldburg-Wolfegg-Waldsee.

L.: Ruch, Anhang 82; Hölzle, E., Der deutsche Südwesten am Ende des alten Reiches, 1938.

Waldburg-Zeil (Grafen, Truchsessen, Fürsten). Die Burg Zeil bei Leutkirch war 1123 ein Sitz der Grafen von Bregenz, im 13. Jahrhundert Reichsburg. 1337 fiel sie an die Truchsessen von Waldburg und kam 1595 an die Linie W. Wegen Altmannshofen und Vogelsang zählte sie zum Kanton Hegau (Hegau-Allgäu-Bodensee) des Ritterkreises Schwaben. 1792 gehörten die Lande der Erbtruchsessen zu Waldburg-Zeil-Zeil und zu Waldburg-Zeil-Wurzach zum schwäbischen Reichskreis. 1803 wurden die Truchsessen von Waldburg in den Fürstenstand erhoben, 1806 mediatisiert.

L.: Wallner 686 SchwäbRK 26a; Ruch, Anhang 82; Vochezer, J., Geschichte des fürstlichen Hauses Waldburg in Schwaben, Bd. 1–3 1888 ff.

Waldburg-Zeil-Trauchburg (Truchsessen, Grafen). Trauchburg nördlich von Isny kam von den Herren von Trauchburg, einer Nebenlinie der Freiherren von Rettenberg, an die Grafen von Veringen und 1306 durch Verkauf an Waldburg. 1429 fiel es an die jakobische Linie, 1772 bei deren Erlöschen an Waldburg-Zeil-Zeil. Am Ende des 18. Jahrhunderts hatten die Grafen von W. (bzw. Waldburg-Zeil-Zeil) die Grafschaft Zeil und Trauchburg und die Herrschaften Herrot (Herroth) und Kisslegg. 1805 fiel ihnen das Kollegiatstift Zeil zu. 1806 wurden sie in Württemberg mediatisiert. Trauchburg kam 1810 an Bayern.

L.: Wallner 686 SchwäbRK 26a; Vochezer, J., Geschichte des fürstlichen Hauses Waldburg in Schwaben, Bd. 1–3 1888 ff.

Waldburg-Zeil-Wurzach (Truchsessen, Grafen, Fürsten). Wurzach am Südrand des Wurzacher Rieds in Oberschwaben wird 810/819 erstmals genannt. 1218 kam es an das Geschlecht Tanne/Waldburg. Die Truchsessen von Waldburg teilten sich 1429 in mehrere Linien. Die georgische Linie erhielt Waldsee und Zeil. 1595 teilte sie sich in die Linien Waldburg-Wolfegg (Wolfegg) und Waldburg-Zeil (Zeil). Die Linie Zeil spaltete sich 1674/1675 in Zeil-Zeil und Zeil-Wurzach. Am Ende des 18. Jahrhunderts hatten die Grafen von W. die Herrschaft Wurzach zusammen mit der Herrschaft Marstetten und der Grafschaft Zeil, ein Gebiet von 5,5 Quadratmeilen mit 10000 Einwohnern. 1806 erhielten die Truchsessen im Zuge der Säkularisation die Franziskanerinnenklöster Kisslegg und Wurzach und das Paulanerbruderkloster in Wurzach. Die Grafen von W. wurden 1806 mediatisiert, wobei Wurzach an Württemberg und damit 1951/1952 an Baden-Württemberg fiel. Die Linie erlosch 1903.

L.: Wallner SchwäbRK 26b; Vochezer, J., Geschichte des fürstlichen Hauses Waldburg in Schwaben, Bd. 1–3 1888 ff.; Vogel, A. O., Bad Wurzach. Seine Geschichte und sein Recht, 1959.

Waldburg-Zeil-Zeil (Truchsessen, Grafen, Fürsten). Die Truchsessen von Waldburg teilten sich 1429 in mehrere Linien. Die georgische Linie erhielt Waldsee und Zeil. 1595 teilte sie sich in die Linien Waldburg-Wolfegg (Wolfegg) und Waldburg-Zeil (Zeil). Die Linie Waldburg-Zeil (Zeil) spaltete sich 1674/1676 in Waldburg-Zeil-Wurzach (Zeil-Wurzach) und W. (Zeil-Zeil). Am Ende des 18. Jahrhunderts hatten die Grafen von W. die Grafschaften Zeil und Trauchburg und die Herrschaften Herrot, Kisslegg (teilweise) und Aichstetten. Wegen Trauchburg nannten sie sich auch Waldburg-Zeil-Trauchburg. Wegen Altmannshofen zählten sie zum Kanton Hegau (Hegau-Allgäu-Bodensee) des Ritterkreises Schwaben, 1803 wurde die Linie W. in den Reichsfürstenstand erhoben. 1805 fiel ihr das Kollegiatstift Zeil zu. 1806 wurde sie in Württemberg mediatisiert. Trauchburg wurde 1810 von Württemberg an Bayern abgegeben.

L.: Vochezer, R., Geschichte des fürstlichen Hauses Waldburg in Schwaben, Bd. 1–3 1888 ff.; Hölzle, E., Der deutsche Südwesten am Ende des alten Reiches, 1938.

Waldeck (Grafschaft, Fürstentum, Freistaat). Die Burg W. (1120 Waldekke) über der Eder im alten Stammesherzogtum Sachsen kam vor 1180 vermutlich von den Grafen von Ziegenhain an die seit Anfang des 11. Jahrhunderts nachweisbaren Grafen von Schwalenberg (südöstlich von Detmold). Sie wurde Mittelpunkt von Gütern um Arolsen, die durch Heirat von den Herren von Itter angefallen oder aus der Vogtei des Hochstifts Paderborn gewonnen worden waren. Nach dem Sturz des Lehnsherren Heinrich des Löwen 1180 nannten sich die Grafen auch Grafen von W. Für eine Linie wurde 1219 bzw. 1228/1229 das Gebiet an der mittleren Eder um W. und Korbach von der Grafschaft Schwalenberg (Schwalenberg-Sternberg) abgetrennt. Umgeben von den Erzstiften Köln und Mainz sowie der Landgrafschaft Hessen gelang den zum wetterauischen Reichsgrafenkollegium zugeordneten Grafen bis zur Mitte des 14. Jahrhunderts der Ausbau der Herrschaft (1263/1294 Gericht Wildungen, 1288 Burg Lichtenfels mit Fürstenberg und Sachsenberg, 1414/1415 Gogericht Flechtdorf von den Padberg). 1349 wurde W. Reichslehen und damit als reichsunmittelbar anerkannt. 1431/1438 kam es in den 1397 entstandenen Linien Landau (südöstlich von Arolsen) und W. unter Landeshoheit und Lehnshoheit Hessens (später Hessen-Kassels). 1495 beerbte die Linie W. die Linie Landau. Danach wurde das seit 1525 allmählich lutherische W. mehrfach (1507 drei Linien, 1607 zwei Linien) (Eisenberg, Wildungen) geteilt, errang aber 1625 durch Erbvertrag die zum westfälischen Reichsgrafenkollegium gehörige, ursprünglich schwalenbergische Grafschaft Pyrmont an der mittleren Weser und 1639/1648 die Herrschaften Cuylenburg (Kuilenburg, niederl. Culemborg) und Tonna sowie 1648 die Landeshoheit und 1682 (Georg Friedrich v. W.)/1711 (Hauptlinie) die Reichsfürstenwürde (1719 Virilstimme im Reichsfürstenrat) und wurde beim Aussterben der Linie Eisenberg unter der Linie Wildungen 1692 vereinigt (seit 1728 Residenz in Arolsen). Das Haus kam nicht in den Reichsfürstenrat. Es zählte zum oberrheinischen Reichskreis (Fürstenbank). Durch den Beitritt zum Rheinbund erhielt es, ebenso wie das für die Zeit von 1805/1806 bis 1813 für einen Bruder des Fürsten geschaffene Fürstentum Waldeck-Pyrmont, 1807 die Souveränität. Im Januar 1814 gab Fürst Friedrich dem Land eine Verfassung, die jedoch infolge des Widerspruchs der Stände nicht in Kraft trat. Nach Beitritt zum Deutschen Bund am 8. 6. 1815 erhielt W. am 19. 4. 1816 eine neue Verfassung. Das Fürstentum umfasste die 13 Städte Korbach, Niederwildungen, Mengeringhausen, Sachsenhausen, Rhoden, Sachsenberg, Landau, Freienhagen, Waldeck, Züschen, Fürstenberg, Altwildungen und Arolsen und die Ämter Eisenberg, Arolsen, Waldeck, Wildungen und Lichtenfels. 1847 wurde durch Schiedsspruch des Deutschen Bundes endgültig Hessen-Kassels Lehnshoheit aufgehoben. Im Krieg von 1866 unterstützte W. Preußen, auf das es 1867 zum 1. 1. 1868 auch die Verwaltung des Landes übertrug, so dass neben einem preußischen Landesdirektor der Fürst nur den Ertrag der Domänen, das Begnadigungsrecht, das Kirchenregiment und ein Zustimmungsrecht zu Gesetzen behielt. Prinzessin Emma von W. heiratete den letzten König der Niederlande aus dem Hause Oranien. Am 13. 11. 1918 wurde W. Freistaat (Waldeck-Pyrmont) mit einer vorläufigen Verfassung vom 15. 4. 1919. 1922 wurde Pyrmont mit der Provinz Hannover Preußens vereinigt, am 1. 4. 1929 auf Grund einer Volksabstimmung auch Hauptland W. in die Provinz Hessen-Nassau Preußens eingegliedert. 1945 kam W. als Kreis zu Hessen.

L.: Wolff 268; Zeumer 554 II b 63, 15; Wallner 695 OberrheinRK 9; Großer Historischer Weltatlas II 66 (1378) E3, III 22 (1648) D3, III 38 (1789) B3; Klein 160; Curtze, C., Geschichte und Beschreibung des Fürstentums Waldeck, 1850; Schultze, V., Waldeckische Landeskunde, 2. A. 1929; Bockshammer, U., Ältere Territorialgeschichte der Grafschaft Waldeck, 1958; Kissel, R. O., Neuere Territorial- und Rechtsgeschichte des Landes Hessen, 1961; Engelhard, K., Die Entwicklung der Kulturlandschaft des nördlichen Waldeck seit dem späten Mittelalter, 1967, Gießener Geograph. Schriften 40; Waldeckische Landeskunde, hg. v. Martin, B./Wetekam, R., 1971; Klein, T., Waldeck, in: Mitteldeutschland, hg. v. Klein, T., 1981; Menk, G., Grundzüge der Geschichte Waldecks in der Neuzeit, Perspektiven und Perseveranz kleinstaatlicher Politik, Hess. Jb. für LG. 37 (1987); Murk, K., Vom Reichsterritorium zum Rheinbundstaat, 1995; Murk, K., Waldeck, LexMA 8 1996, 1946; Escher, M. u. a., Die urbanen Zentren, 2005, 1, 433.

Waldeck (reichsritterschaftliche Herrschaft). Der aus den Dörfern Korweiler, Dorweiler und Mannebach bestehende Burgfriede W. (der Freiherren Boos von Waldeck) im Hunsrück zählte zum Kanton Niederrheinstrom des Ritterkreises Rhein.

L.: Wolff 515; Hoppstädter, K., Burg und Schloss Waldeck im Hunsrück, 1957; Böhn, G., Inventar des Archivs der niederrheinischen Reichsritterschaft, 1971, 110.

Waldeck-Pyrmont (Fürstentum, Freistaat). Von 1805 bis 1813 wurde in Waldeck für Georg von Waldeck ein eigenes Fürstentum W. geschaffen. 1919 entstand der Freistaat W., von dem 1922 Pyrmont zur Provinz Hannover Preußens kam. S. Waldeck.

Waldeck-Wildungen (Grafen). Die Burg Wildungen gehörte seit etwa 1270 als Mainzer Lehen den Grafen von Waldeck. Im 16. Jahrhundert wurde Wildungen Residenz einer Linie der Grafen. 1692 beerbte W. Waldeck-Eisenberg.

L.: Reichard, C., Geschichte von Stadt und Bad Wildungen, 1949.

Waldecker zu Keimpt, Waldecker zu Kaimt (Freiherren, Reichsritter). Im 18. Jahrhundert zählten die Freiherren W. mit Altenbamberg, Hohlenfels (Hollenfels) und Wassenbach zum Kanton Oberrheinstrom des Ritterkreises Rhein.

L.: Genealogischer Kalender 1753, 543.

Waldeleuinga

L.: Polenz, P. v., Landschafts- und Bezirksnamen, 1961, IV, 18 f., Waldeleuinga (Waldrauingensis, comitatus, zum Ortsnamen Wallerfangen).

Walden (reichsritterschaftlicher Ort) s. Welden

L.: Wolff 509.

Waldenburg (Burg, Herrschaft). Vermutlich als Reichsburg entstand in der Zeit der Staufer an einer Fernstraße vom Rhein zur Donau die Burg W. 1253 war sie Lehen des Hochstifts Regensburg an die Herren von Hohenlohe. 1551/1555 wurde sie Sitz der Linie Hohenlohe-Waldenburg. S. Hohenlohe-Waldenburg, Hohenlohe-Waldenburg-Bartenstein, Hohenlohe-Waldenburg-Schillingsfürst.

L.: Wolff 119; Schumm, K., 700 Jahre Stadt Waldenburg, 1954.

Waldenburg (Herrschaft). Gegen 1165/1172 wurde von den Reichsministerialen Hugo von Wartha und Rudolf von Brand an einem Übergang über die Zwickauer Mulde die Burg W. errichtet. Sie war Mittelpunkt der Herrschaft W. der von Hugo von Wartha abstammenden Herren von W. Sie kam 1375/1378 durch Verkauf an die Herren von Schönburg. Mit Sachsen fiel W. von 1949 bis 1990 an die Deutsche Demokratische Republik.

L.: Wolff 422; Wallner 709 ObersächsRK 10 a; Großer Historischer Weltatlas II 66 (1378) G3; 700 Jahre Töpferstadt Waldenburg, hg. v. Rat der Stadt, 1954.

Waldenburg genannt Schenkern, Schenkherr von Waldenburg, Schenkherr von Walderburg (Freiherren, Reichsritter). Im späten 17. Jahrhundert waren die W. im Kanton Odenwald des Ritterkreises Franken immatrikuliert. Um 1790 zählten die W. mit Liebenstein und bis 1793 auch mit Osterspai samt Liebeneck zum Kanton Mittelrheinstrom des Ritterkreises Rhein.

L.: Winkelmann-Holzapfel 167; Riedenauer 126.

Waldenfels (Reichsritter), Wallenfels. Vom 16. bis zum 19. Jahrhundert zählten die W. (bei Kronach), mit Ausnahme des späteren 18. Jahrhunderts, zum Kanton Gebirg des Ritterkreises Franken. S. Wallenfels.

L.: Stieber; Roth von Schreckenstein 2, 594; Pfeiffer 209; Riedenauer 128; Rahrbach 285.

Waldenrod (Reichsritter) s. Wallenrod

Waldensis (Waadt)

L.: Polenz, P. v., Landschafts- und Bezirksnamen, 1961, I, 13, Waldensis, comitatus, Waadt, Vaud.

Waldenstein (Herrschaft). Die Herrschaft W. bei Schorndorf gehörte aus ehemaligen Gütern der Staufer stammend zu Württemberg, das sie nach 1246 erhielt und ab 1442 als Pfand oder Lehen ausgab.

L.: Hölzle, Beiwort 28.

Waldenstein (Reichsritter) s. Wallenstein

Waldenstetten (Herrschaft) s. Wullenstetten

L.: Wolff 45.

Walderburg s. Waldenburg

Walderdorff, Walderdorf, Waldendorf, Walderndorf, Wallendorf, Wallerdorf (Reichsritter). Bis ins frühe 18. Jahrhundert zählten die 1211 erstmals erwähnten, 1660 mit dem Reichsfreiherrenstand und 1767 mit dem Reichsgrafenstand begabten W. zum Kanton Odenwald im Ritterkreis Franken.

L.: Riedenauer 128; Gensicke, H., Die von Walderdorff, Nassauische Annalen 106 (1995), 241; Die von Walderdorff, hg. v. Jürgensmeier, F., 1998.

Waldershub (Reichsritter) s. Berlin von W.

Waldgau (Gau)

L.: Polenz, P. v., Landschafts- und Bezirksnamen, 1961, II, 40, 71, 74, 96, Waldgouwe; Borgolte, M., Geschichte der Grafschaften Alemanniens in fränkischer Zeit, 1984, 129 (Dornstetten, Glatten).

Waldgouwe (Waldgau)

L.: Polenz, P. v., Landschafts- und Bezirksnamen, 1961, II, 40, 71, 74, 96, Waldgouwe, s. Waldgau.

Waldhilbersheim (Ganerbschaft). In W. südwestlich von Bingen bestand eine Ganerbschaft. Später kam W. an die Rheinprovinz Preußens und 1946 an Rheinland-Pfalz.

L.: Geschichtlicher Atlas von Hessen, Inhaltsübersicht 34.

Waldkappel (Ganerbschaft). Das Dorf Kappel an der Kreuzung mehrerer Fernstraßen bei Eschwege erscheint 1226 erstmals, seit 1379 als W. Lehnsherren der Herren von Kappel waren die Grafen von Bilstein, seit 1301 die Landgrafen von Hessen. 1358 schlossen mehrere berechtigte Adelsfamilien eine Ganerbschaft bezüglich des Dorfes. 1449 kaufte Hessen den Anteil der bis 1451 bezeugten Herren von Kappel, später weitere Anteile. Über Hessen-Kassel und Preußen (1866) kam W. 1945 an Hessen.

L.: Wolff 254; Landau, G., Die Stadt Waldkappel, Zs. des Vereins für hess. Geschichte und Landeskunde 7 (1958); Geschichtlicher Atlas von Hessen, Inhaltsübersicht 34.

Waldkirch (Grafen, Reichsritter). Um 1806 zählten die 1790 zu Grafen erhobenen W. mit Kleineicholzheim (Kleineichholzheim), Binau (Neckarbienau) und Schlossburg Sindolsheim zum Kanton Odenwald des Ritterkreises Franken. Binau (Neckarbienau) und Kleineicholzheim fielen 1808 an Baden und damit 1951/1952 an Baden-Württemberg.

L.: Hölzle, Beiwort 57; Winkelmann-Holzapfel 167; Stetten 38, 186; Riedenauer 128.

Waldkirch (Reichskloster). Zwischen 918 und 926 gründete Herzog Burchard I. von Schwaben im Elztal auf altem alemannischem Herzogsgut das adlige Frauenkloster Sankt Margarethen in W. Dieses wurde Reichskloster und hatte seit 994 das Recht der freien Vogtwahl. Bis 1212 waren die Herren von Schwarzenberg Vögte, dann die ihren Namen übernehmenden Herren von Schnabelburg-Eschenbach. Sie entzogen bis 1431 dem Kloster die Güter fast gänzlich. 1459 starben sie aus. Ihre Güter kamen über die Rechberg und Ehingen 1567 an Österreich.

L.: Wolff 41; Hummel, P., Historisch-politische und kirchliche Beschreibung des Amtsbezirks Waldkirch, 1878; Jörger, F., Aus Waldkirchs Vergangenheit und Gegenwart, 1936; Rambach, H., Waldkirch und das Elztal, Geschichte in Daten, Bildern und Dokumenten, o. J.; Rambach, H., Die Stadtgründungen der Herren von Schwarzenberg, Waldkirch und Elzach, 1976; Escher, M. u. a., Die urbanen Zentren, 2005, 2, 653.

Waldmannshofen (reichsritterschaftlicher Ort). W. (807 Uualtmannisoua) bei Creglingen zählte zum Kanton Odenwald des Ritterkreises Franken. In W. saßen zunächst die Schenken von Limpurg, dann die Hohenlohe. Die Lehnsherrlichkeit hatte Hohenlohe-Brauneck, seit dem 15. Jahrhundert Brandenburg bzw. Ansbach. Sie belehnten zunächst die Truchsessen von Baldersheim und die Herren von Rosenberg, nach deren Aussterben 1603/1632 die Grafen von Hatzfeld mit W. Später kam es zu Württemberg und damit 1951/1952 zu Baden-Württemberg.

L.: Wolff 512.

Waldner von Freundstein (Freiherren, Grafen, Reichsritter). Im 18. Jahrhundert zählten die Grafen W. mit dem halben Schmieheim zum Ort (Bezirk, Kanton) Ortenau des Kantons Neckar des Ritterkreises Schwaben.

L.: Hölzle, Beiwort 66.

Waldpott-Bassenheim s. Waldbott-Bassenheim

Waldrammeshuntari

L.: Polenz, P. v., Landschafts- und Bezirksnamen, 1961, II, 82 f., Waldrammeshuntari.

Waldrauingensis s. Waldeleuinga

L.: Polenz, P. v., Landschafts- und Bezirksnamen, 1961, IV, 18 f., Waldeleuinga (Waldrauingensis), comitatus, zum Ortsnamen Wallerfangen.

Waldsassen (reichsunmittelbares Kloster). Das Zisterzienserkloster W. bei Marktredwitz wurde (um) 1133 von Markgraf Diepold III. von Vohburg auf ehemaligem Reichsland gegründet. Beim Tod des Stifters kam es 1146 an den König. 1147 wurde es bei freier Vogtwahl unter königlichen Schutz gestellt und jedenfalls 1214 reichsunmittelbar. Im Interregnum (1254–1273) ging die Schirmherrschaft auf die Přemysliden (Przemysliden) über, 1414 auf die Wittelsbacher (Pfalz). Das Kloster konnte seine Güter rasch vermehren und hatte in der Mitte des 14. Jahrhunderts die Herrschaft über das sog. Stiftland (Stiftsland). Um die Mitte des 16. Jahrhunderts gelang es der Pfalz, die das Kloster am Anfang des 15. Jahrhunderts (1414) statt Böhmen zur Schutzmacht gewählt hatte, W. die Reichsunmittelbarkeit zu entziehen. 1571 wurde es säkularisiert und kam 1623/1628/1648 mit der Oberpfalz an Bayern. 1661/1669 wurde es nach der Gegenreformation wiederhergestellt. Bei seiner Auflösung (1803) fiel es mit 1050 Quadratkilometern Güter und 19 000 Einwohnern an Bayern.

L.: Großer Historischer Weltatlas III 38 (1789) E3; Krausen, E., Die Klöster des Zisterzienserordens in Bayern, 1953; Sturm, H., Eger. Geschichte einer Reichsstadt, Bd. 1 2. A. 1960, Bd. 2 1952; Schmid, A., Waldsassen, LexMA 8 1996, 1959.

Waldsassen(gau) (Uualdsazzi, Waltsazin, Waltschin, Gau im Spessart)

L.: Curs, O., Deutschlands Gaue im zehnten Jahrhundert. Nach den Königsurkunden, Diss. phil. Göttingen 1908, 23 (Treuenfeld); Niemeyer, W., Der pagus des frühen Mittelalters in Hessen, 1968, 119.

Waldsazun (Bevölkerungsname Waldsassen)

L.: Polenz, P. v., Landschafts- und Bezirksnamen, 1961, II, 22, 29, 40, 71, 74, III, 11, 14, Waldsazun, Waltsaze, Waltsazzi, Walsatia.

Waldsberg (Herrschaft). Die Herrschaft W. wurde 1656 von den Fürsten zu Fürstenberg erworben und zählte über sie zum schwäbischen Reichskreis.

L.: Wolff 175; Wallner 687 SchwäbRK 29.

Waldsee (Herrschaft, Grafschaft). Schon im 9. Jahrhundert war in W. das Kloster Weißenburg begütert. Seit 1171 erscheinen die ministerialischen Herren von W., die 1331 ihre Herrschaft an Habsburg verkauften. Nach früheren Verpfändungen an die Grafen von Hohenberg (1352–1375) und die Grafen von Lupfen wurde die Herrschaft W. mit der Stadt W. 1384/1386 von Habsburg an die Truchsessen von Waldburg verpfändet. Als Grafschaft der Linie Waldburg-Wolfegg-Waldsee gehörte sie dem schwäbischen Reichskreis an. W. kam über Württemberg 1951/1952 an Baden-Württemberg. S. Waldburg-Wolfegg-Waldsee, Wallsee.

L.: Wolff 200; Wallner 685 SchwäbRK 12.

Waldsee (seit 1956 Bad Waldsee) (reichsstadtähnliche Stadt). Die Stadt W. bei Ravensburg wurde von den Herren von W. gegründet und erhielt 1298 das Stadtrecht Ravensburgs. 1331 wurde sie mit der Herrschaft W. an Habsburg verkauft. 1384/1386 verpfändete Habsburg die mit reichsstadtähnlichen Rechten ausgestattete Stadt als eine der fünf vorderösterreichischen Donaustädte an die Truchsessen von Waldburg. 1680 löste sie sich an Österreich zurück. 1806 wurde sie von Österreich an Württemberg abgetreten und kam damit 1951/1952 an Baden-Württemberg.

L.: Wolff 45; Wallner 714 ÖsterreichRK 1; Klocker, H., 650 Jahre Stadt Waldsee, 1948; Rothmund, P., Die fünf Donaustädte in Schwäbisch-Österreich, Diss. phil. Tübingen 1955; Der Kreis Ravensburg, 1976; Hochdorfer, H., Das Stadtrecht von Bad Waldsee aus dem 14. Jahrhundert, 1980.

Waldseton (Bevölkerungsname)

L.: Polenz, P. v., Landschafts- und Bezirksnamen, 1961, II, 40, 71, III, 11, 14, Waldseton, Waldsati.

Waldstädte (Städtegruppe, Verwaltungseinheit). W. ist die aus Laufenburg, Säckingen, Waldshut und dem bis 1449 zeitweise reichsunmittelbaren Rheinfelden (sowie den Kameralherrschaften Laufenburg und Rheinfelden) gebildete Verwaltungseinheit im Breisgau Österreichs, die 1801 an Frankreich und 1802 an die Schweiz (Laufenburg, Rheinfelden) bzw. 1805 an Baden (Säckingen, Waldshut) und damit 1951/1952 an Baden-Württemberg fiel.

L.: Wolff 41; Schib, K., Die vier Waldstädte, in: Vorderösterreich, hg. v. Metz, F., 3. A. 1978.

Waldstätte (Bund, Kanton). Am 1. 8. 1291 schlossen Uri, Schwyz und Unterwalden einen, den früheren Bund von etwa 1241 bestätigenden Landfriedensbund gegen Habsburg, aus dem sich die Eidgenossenschaft der Schweiz entwickelte. 1309 wurden Uri, Schwyz und Unterwalden erstmals als W. bezeichnet. 1433 wurde Luzern hinzugezählt. Von 1798 bis 1803 wurden Uri, Schwyz, Unterwalden und Zug im Kanton W. der Helvetischen Republik zusammengeschlossen.

Waldstein s. Wallenstein

Waldstetten (Herrschaft), Unterwaldstetten. W. bei Heidenheim, das 1275 als Walhsteten erwähnt wird, gehörte den Herren von Rechberg, die es an die Grafen von Grafeneck veräußerten, von denen es 1699 die Propstei Ellwangen erwarb. Von dort kam der zum Kanton Kocher des Ritterkreises Schwaben zählende Ort an Württemberg und damit 1951/1952 an Baden-Württemberg.

L.: Hölzle, Beiwort 80.

Waledungun, Valothungon (Gau an der mittleren Leine)

L.: Curs, O., Deutschlands Gaue im zehnten Jahrhundert. Nach den Königsurkunden, Diss. phil. Göttingen 1908, 23 ([Valothungon], Barfelde, Betheln, Wallenstedt); Hessler, W., Mitteldeutsche Gaue des frühen und hohen Mittelalters, 1957, 153, Valothungau, Teil Flenithis (Barfelde, Betheln, Elze, Wallenstedt); Polenz, P. v., Landschafts- und Bezirksnamen, 1961, III, 1 f., 4, Waledungun, Personenverbandsname, Valothungun.

Walem (Grafen) s. Walheim

Walheim, Walem (Grafen). Die Grafen von W. zählten nach der Reichsmatrikel von 1776 zum burgundischen Reichskreis.

L.: Gumpolzhaimer 15.

Walhogouwe (Walchengau)

L.: Polenz, P. v., Landschafts- und Bezirksnamen, 1961, II, 2, 34 f., III, 28 f., Walhogouwe, heute Ortsname Walgau.

Walkenried (Stift, Reichsstift). Um 1127 (1129?) gründete die Gräfin Adelheid von Klettenberg am Südrand des Harzes die Zisterzienserabtei W. Sie wurde rasch zum reichsten Zisterzienserkloster Norddeutschlands (mit Gütern vor allem in der Goldenen Aue bei Nordhausen und in der Mark Brandenburg [seit 1236]) und beanspruchte wegen ihres geschlossenen Herrschaftsgebiets (u. a. mit Mönchpfiffel, Schauen bei Osterwieck) Stimmrecht im obersächsischen Reichskreis, war aber nicht im Reichstag vertreten. Sie wurde 1525 im Bauernkrieg zerstört. 1546 wurde die Reformation eingeführt. Die Vogtei über das Kloster war Lehen Sachsens an die Grafen von Hohnstein, von denen sie auf Grund eines Vertrages von 1574 an das Hochstift Halberstadt überging. Nach dem Aussterben der älteren Grafen von Hohnstein 1593 belehnte Halberstadt die Herzöge von Braunschweig-Lüneburg. 1648 wurde das Kloster säkularisiert und kam 1648/1673/1694 an die Linie Braunschweig-Wolfenbüttel. Um 1800 umfasste sein Gebiet etwa 3 Quadratmeilen. Über Braunschweig kam W. 1946 an Niedersachsen.

L.: Wolff 410; Wallner 710 ObersächsRK 21; Großer Historischer Weltatlas II 66 (1378) F3; Niebelschütz, E. v., Kloster Walkenried, 1924; Kirchner, J. G., Das Reichsstift Walkenried, 1971; Heutger, N., 850 Jahre Kloster Walkenried, 1977; Germania Benedictina, Bd. 12, hg. v. Faust, U., 1994; Petke, W., Walkenried, LexMA 8 1996, 1976; Urkundenbuch des Klosters Walkenried, Bd. 1 bearb. v. Dolle, J., 2002.

Wallbrunn (Freiherren, Reichsritter). Von etwa 1550 bis um 1800 zählten die Freiherren von W. zum Kanton Oberrheinstrom des Ritterkreises Rhein. Um 1550 waren sie Mitglied im Kanton Odenwald des Ritterkreises Franken. S. Wallbrunn zu Gauersheim, Wallbrunn zu Nieder-Saulheim (Niedersaulheim), Wallbrunn zu Partenheim.

L.: Roth von Schreckenstein 2, 592; Hölzle, Beiwort 58; Zimmermann 80; Hellstern 216; Stetten 33, 38; Kollmer 382.

Wallbrunn zu Gauersheim (Freiherren, Reichsritter). Im 18. Jahrhundert zählten die Freiherren von W. mit einem Zehntel der Ganerbschaft Bechtolsheim, Gauersheim und Teilen von Hochspeyer samt Teilen von Frankenstein zum Kanton Oberrheinstrom des Ritterkreises Rhein und zum Kanton Odenwald des Ritterkreises Franken. 1705 erlangte der aus der rheinischen Ritterschaft stammende Johann Christoph von W., markgräflich-badischer Geheimer Rat und Kammermeister, durch Heirat das Rittergut Schwieberdingen. Danach gehörten die W. bis zum Verkauf des Gutes (1771/1773) zum Kanton Neckar (Neckar-Schwarzwald-Ortenau) des Ritterkreises Schwaben.

L.: Genealogischer Kalender 1753, 544; Roth von Schreckenstein 2, 592; Hölzle, Beiwort 58; Hellstern 216; Kollmer 382; Winkelmann-Holzapfel 167.

Wallbrunn zu Nieder-Saulheim (Niedersaulheim) (Freiherren, Reichsritter). Um 1790 zählten die Freiherren von W. mit einem Zehntel der Ganerbschaft Bechtolsheim, einem Achtel der Ganerbschaft Mommenheim und zwei Siebteln der Ganerbschaft Niedersaulheim zum Kanton Oberrheinstrom des Ritterkreises Rhein.

L.: Winkelmann-Holzapfel 167.

Wallbrunn zu Partenheim (Freiherren, Reichsritter). Um 1790 zählten die Freiherren von W. mit einem Zehntel der Ganerbschaft Bechtolsheim, einem Drittel von Partenheim und zwei Fünfteln der Ganerbschaft Schornsheim zum Kanton Oberrheinstrom des Ritterkreises Rhein.

L.: Winkelmann-Holzapfel 168.

Walldorf (Ganerbschaft). 982 gab Kaiser Otto II. Gut in Meiningen und W. (Walachdorf) bei Meiningen an das Petersstift in Aschaffenburg, 1009 König Heinrich II. an das Hochstift Würzburg. Nach W. benannte sich eine 1176 erstmals bezeugte Familie. Am Anfang des 15. Jahrhunderts kam W. als Lehen an die Marschalk. 1920 fiel W. an Thüringen und damit von 1949 bis 1990 an die Deutsche Demokratische Republik.

L.: Geschichtlicher Atlas von Hessen, Inhaltsübersicht 34.

Walldorf (Reichsdorf). W. bei Heidelberg ist seit 770 in Vergabungen an das Kloster Lorsch bezeugt. Am 17. 6. 1230 überließ es König Heinrich dem Pfalzgrafen Otto. Bis 1803 stand es unter der Herrschaft der Pfalz und kam dann an Baden, 1951/1952 an Baden-Württemberg.

L.: Hugo 469; Stocker, C. W. F., Chronik von Walldorf, 1888; Hess, M., Unser Walldorf, 1950.

Walldürn, Walthurn (Stadt [Reichsritter]). 795 wird in einer Übertragung an Lorsch das sprachlich aus dem Keltischen kommende Turniu im Wald (Odenwald) erwähnt. Um 1170 übertrug Kaiser Friedrich I. Barbarossa an Ruprecht von Ahelfingen (Alfingen) die Schirmvogtei über das Kloster Amorbach und W. (Dürn) als Lehen Würzburgs. (Seit 1172 nannten sich die Edelherren nach Dürn. Über eine Erbtochter der Grafen von Lauffen erlangten sie deren Güter, verloren aber danach rasch an Bedeutung und erloschen 1324 im Mannesstamm. Nur im Lehnsverhältnis zu ihnen standen die Ritter von Dürn/W., die im frühen 16. Jahrhundert zum Kanton Odenwald des Ritterkreises Franken zählten.) 1803 kam W. von Mainz, an das es durch Verkauf von den Herren von W. über die verschwägerten Grafen von Wertheim gelangt war, an Leiningen, 1806 an Baden und damit 1951/1952 an Baden-Württemberg. S. a. Dürn.

L.: Wolff 80 (Pfeiffer 210; Stetten 33; Riedenauer 128).

Wallenfels, Waldenfels (Reichsritter). Vom 16. bis zum 19. Jahrhundert zählten die W. (bei Kronach), mit Ausnahme des späteren 18. Jahrhunderts, zum Kanton Gebirg des Ritterkreises Franken.

L.: Stieber; Roth von Schreckenstein 2, 594; Pfeiffer 209; Riedenauer 128; Rahrbach 285.

Wallenrod, Waldenrod (Reichsritter). Bis zur Mitte des 18. Jahrhunderts zählten die W. zum Kanton Gebirg im Ritterkreis Franken und zur vogtländischen Ritterschaft (Vogtland).

L.: Stieber; Roth von Schreckenstein 2, 594.

Wallenstein (Reichsfürst). 1617 wurde Albrecht von W., der vom Angehörigen eines kleineren alten böhmischen Adelshauses (Waldstein) zum kaiserlichen Heerführer aufstieg, Reichsgraf, 1623 Reichsfürst. Seine Güter wurden 1624 zu dem Fürstentum Friedland in Böhmen zusammengefasst, dessen erblicher Herzog er 1625 wurde. 1627 erhielt er das Herzogtum Sagan, 1627/1629 das unmittelbare Reichslehen Mecklenburg. Nach seinem Sturz und der Ermordung am 25. 2. 1634 blieben seine Familienangehörigen Grafen von Waldstein und fanden 1654 im schwäbischen Reichsgrafenkollegium Aufnahme.

L.: Klein 150.

Wallenstein, Waldstein (Reichsritter). Im 16. und 17. Jahrhundert zählten die W. zeitweise zum Kanton Rhön-Werra des Ritterkreises Franken.

L.: Stieber; Seyler 394; Riedenauer 128.

Wallerfangen (comitatus, Grafschaft)

L.: Puhl, R., Die Gaue und Grafschaften des frühen Mittelalters im Saar-Mosel-Raum, 1999, 457 (962 comitatu Waldervinga), benannt nach Wallerfangen, zwischen mittlerer Saar und Rizzigau (Burmerange, Dalheim bei Remich, Moutfort, Eoden bei Saarlouis, Wallerfangen).

Wallerstein (Burg, Herrschaft). Auf einer schon in römischer Zeit befestigten Felsrippe im Ries wurde eine Burg errichtet, die 1188 den Staufern und 1261 den Grafen von Oettingen gehörte. Seit 1550 residierte hier die katholisch gebliebene, 1774 gefürstete Linie Oettingen-Wallerstein. 1806 kam W. an Bayern. S. Oettingen-Wallerstein.

L.: Wolff 177.

Wallert, Wallhardt (Reichsritter). Im frühen 16. Jahrhundert zählten die W. zum Kanton Odenwald des Ritterkreises Franken. S. Wald?

L.: Pfeiffer 211; Stetten 33; Riedenauer 128.

Wallhardt (Reichsritter) s. Wallert

Wallis (Kanton), frz. Valais. Das von Kelten bewohnte Tal der obersten Rhone (vallis poenina) wurde 25 v. Chr. von den Römern erobert und später in die Provinz Rätien eingefügt. In der Mitte des 5. Jahrhunderts drangen Burgunder in den unteren Teil (Unterwallis), später Alemannen in den oberen Teil (Oberwallis) ein. 534 kam das Gebiet an die Franken, 843 an Lotharingien, 888 an das Königreich Hochburgund, in dem König Rudolf II. dem Bischof von Sitten Grafschaftsrechte verlieh, und mit diesem 1032 an das Deutsche Reich. 1403 schloss der Bischof von Sitten, der damit als Graf von W. reichsunmittelbar geworden war, zusammen mit den ihn im Kampf gegen die bis 1260 das Unterwallis erobernden Grafen von Savoyen unterstützenden oberwallisischen Bauern einen Bund mit den Eidgenossen der Schweiz (Luzern, Uri, Unterwalden). Seit 1475 war das W. zugewandter Ort der Eidgenossenschaft. 1475/1476 eroberten Bischof und Oberwallis Unterwallis und verwalteten es als gemeine Herrschaft. 1528 verzichtete Savoyen auf dieses Gebiet. Die Reformation wurde unterdrückt. 1613/1634 verzichtete der Bischof unter Druck auf seine Rechte als Landesherr. 1798 wurde das W. von Frankreich besetzt (Kanton der Helvetischen Republik), 1802 zur unabhängigen Republik erhoben und 1810 wegen der Alpenübergänge mit Frankreich vereinigt (Departement Simplon). 1814 wurde es als Kanton in die Schweiz aufgenommen (5226 Quadratkilometer). 1815 erhielt es eine Oberwallis bevorzugende Verfassung, die mehrfach geändert wurde (1839, 1848, 1907).

L.: Wolff 535 f.; Großer Historischer Weltatlas II 72 (bis 1797) D4; Documents relatifs à l'histoire du Valais, Bd. 1–8 1875 ff.; Heusler, A., Rechtsquellen des Cantons Wallis, 1890; Grenat, P. A., Histoire moderne du Valais de 1536 à 1815, 1904; Die Walliser Landratsabschiede, Bd. 1 ff. 1916 ff.; Eggs, J., Walliser Geschichte, Bd. 1 1930; Biffiger, K./Ruppen, O., Wallis. Erbe und Zukunft, 1975; Carlen, L., Kultur des Wallis im Mittelalter, Brig 1981; Fibicher, A., Walliser Geschichte, Bd. 1 ff. 1983 ff.; Carlen, L., Kultur des Wallis 1500–1800, Brig 1984; Rouiller, J., Le Valais, 1995; Coutaz, G., Wallis, LexMA 8 1996, 1985 ff.; Schnyder, C., Reformation und Demokratie im Wallis (1524–1613), 2002.

Wallmoden (Grafen). Am Ende des 18. Jahrhunderts gehörten die Grafen von W. wegen der 1782 von den Fürsten von Schwarzenberg erworbenen Herrschaft Gimborn-Neustadt zu den westfälischen Grafen der weltlichen Bank des Reichsfürstenrates des Reichstages und nannten sich Wallmoden-Gimborn. S. Gimborn, Gimborn-Neustadt, Neustadt.

L.: Zeumer 554 II b 63, 24.

Wallmoden-Gimborn (Grafen). 1782 erwarben die Grafen von Wallmoden von den Fürsten von Schwarzenberg die reichsunmittelbare Herrschaft Gimborn-Neustadt und nannten sich W. S. Wallmoden.

Wallsee (Herren). Die ursprünglich dem Kloster Weißenburg, den Welfen und den Staufern dienenden, zwischen Donau und Iller begüterten ministerialischen Herren von W. (Waldsee, Bad Waldsee in Oberschwaben) kamen vermutlich mit König Rudolf von Habsburg oder Albrecht I. aus Schwaben in das Ennstal (W. bei Amstetten). 1331 verkauften sie ihre Stammherrschaft an Habsburg bzw. Österreich. Sie erwarben in verschiedenen Linien (Linz bis 1400, Enns bis 1483, Graz bis 1363, Drosendorf) Herrschaften in Oberösterreich, wo sie das Amt der Hauptmannschaft innehatten, Niederösterreich und der Steiermark. 1383–1388 errichteten sie die Burg Neuen Wallsee. 1471 erkauften sie Fiume. 1483 starb das Geschlecht mit der Ennser Linie im Mannesstamm aus. Nach dem Tod der letzten, mit Siegmund von Schaunberg verheirateten Wallseerin kam W. 1506 an die Grafen von Reichenberg, danach an die Weltzer-Spiegelfeld (1570), Kölnpöck (1576), Weiß (1614), Saint-Julien (Saint Julien) (1630), Daun (1757) und Grafen von Wickenburg (1810). S. Waldsee.

L.: Samwer, C., Geschichte von Wallsee, 1889; Doblinger, M., Die Herren von Wallsee, Arch. f. österr. Geschichte 95 (1906); Hruza, K., Die Herren von Wallsee, 1995.

Wallstadt (Reichsritter) s. Horckheim, Vogt von W.

Wallstein (Reichsritter). Von 1548 bis 1581 zählten die W. zum Kanton Neckar des Ritterkreises Schwaben.

L.: Hellstern 216.

Walpoten (Herren). Das nördlich von Hollfeld und am Obermain begüterte Geschlecht starb nach 1266 aus.

L.: Voigt, G., Die Walpoten, 1996; Stark, H., Die Walpoten zwischen Radenzgau und Nordgau, in: Wir am Steinwald, 6 (1998), 63.

Walramische Linie s. Nassau

Waltenhausen (Herrschaft). Die 1541 erworbene Herrschaft W. südlich von Krumbach war gemeinsamer Besitz der alle Linien der Fugger umschließenden Familienstiftung. 1806 kam sie an Bayern.

L.: Hölzle, Beiwort 45; Bader, K. S., Der deutsche Südwesten, 2. unv. A. 1978, 135.

Waltershofen (Herrschaft). 1708 wurde die Herrschaft W. von den Erbtruchsessen von Waldburg erworben. Sie fiel später an die Linie Waldburg-Wolfegg-Wolfegg. Über Württemberg kam W. 1951/1952 an Baden-Württemberg.

L.: Hölzle, Beiwort 54.

Waltrams s. Humpiß von Waltrams zu Wellendingen

Wambolt von Umstadt (Freiherren, Reichsritter), Wambolt von und zu Umstadt. Vom frühen 16. Jahrhundert bis um 1800 zählten die Freiherren W., die ursprünglich aus dem Niddagau stammten, mit der 1721 erworbenen Herrschaft Birkenau, Hasselhof (Hasselhöfe), Kallstadt und Rohrbach zum Kanton Odenwald des Ritterkreises Franken. Mit zwei Dritteln Partenheim und Weitersweiler waren sie auch Mitglied des Kantons Oberrheinstrom des Ritterkreises Rhein. Birkenau und Kallstadt fielen 1808 an Hessen-Darmstadt und damit 1945 an Hessen.

L.: Stieber; Roth von Schreckenstein 2, 595; Hölzle, Beiwort 57; Zimmermann 80; Winkelmann-Holzapfel 168; Stetten 33, 38, 187; Riedenauer 128.

Wampach, Wanbach, Wannbach (Reichsritter). Im frühen 16. Jahrhundert zählten die W. zum Kanton Gebirg des Ritterkreises Franken.

L.: Pfeiffer 208; Riedenauer 128.

Wanga (Wangeroog)

L.: Polenz, P. v., Landschafts- und Bezirksnamen, 1961, II, 49, 93, 95 f., III, 10, 23 f., Wanga (Waningland, Wangerland, Wangeringe, Wangaron, Wangaria, Winingaland).

Wangen (Freiherren, Reichsritter). Im 18. Jahrhundert zählten die bereits im Stichjahr 1680 angesessenen und mit ihren Gütern bei der Ritterschaft immatrikulierten Freiherren von W. (1773 Wangen zu Geroldseck am Wasichen) mit dem 1717 erworbenen Achenheim und halb Oberschäffolsheim zum Ritterkreis Unterelsass.

L.: Roth von Schreckenstein 2, 595; Hölzle, Beiwort 67.

Wangen (Herrschaft). Wangen an der Aare wurde 1250 von den Grafen von Kiburg gegründet und gelangte bei deren Aussterben an die Freiherren von Grünenberg, später an Bern.

Wangen (Reichsstadt). W. im Allgäu ist 815 in einer Gabe an Sankt Gallen erstmals bezeugt. Wahrscheinlich im 12. Jahrhundert gründete das Kloster Sankt Gallen am Schnittpunkt zweier Fernstraßen hier einen Markt. Vermutlich 1216/1217 wurde W. durch Kaiser Friedrich II. als Vogt Sankt Gallens zur Stadt erhoben. 1273 zog König Rudolf von Habsburg Wangen, dessen Vogtei nach 1251 mehrfach verpfändet wurde, an sich und verlieh ihm 1286 das Stadtrecht von Überlingen. Aus erneuten Verpfändungen an Sankt Gallen (1298) und die Grafen von Montfort (1330) löste sich die zu dieser Zeit auf 700 Einwohner geschätzte Stadt (1347). 1394 erwarb sie das Ammannamt und 1402 den Blutbann und war damit trotz bis 1608 bestehender grundherrlicher Rechte Sankt Gallens Reichsstadt. Diese hatte Sitz und Stimme auf dem Reichstag und beim schwäbischen Reichskreis. Die Stadt war Sitz der Kanzlei des Kantons Hegau (Hegau-Allgäu-Bodensee) des Ritterkreises Schwaben. 1802/1803 fiel sie mit 1,5 Quadratmeilen bzw. 50 Quadratkilometern (Deuchelried mit Haldenberg und Oflings, Wohmbrechts-Thann, Niederwangen, Eglofs [1516–1582], Neuravensburg [1586–1608]) und 4500 Einwohnern an Bayern, 1810 mit einem Teil des Gebietes an Württemberg, wo sie Sitz eines Oberamts wurde, und gelangte so 1951/1952 an Baden-Württemberg.

L.: Wolff 221; Zeumer 555 III b 24; Wallner 689 SchwäbRK 72; Schroeder 233 ff.; Scheurle, A., Wangen im Allgäu. Das Werden und Wachsen der Stadt, 2. A. 1975; Walchner, K., Alt Wangener Erinnerungen, 1955, 1960; Der Kreis Wangen 1962; Handbuch der baden-württembergischen Geschichte, Bd. 2 1995; Lorenz, S., Wangen, LexMA 8 1996, 2030.

Wangen s. Ulm zu W.

Wangenheim (Reichsritter). Um 1700 zählten die W. zum Kanton Rhön-Werra im Ritterkreis Franken.

L.: Riedenauer 128.

Wangeroog (Insel Wangeroog)

L.: Polenz, P. v., Landschafts- und Bezirksnamen, 1961, II, 46, s. Wangia.

Waninctal (Wehntal)

L.: Polenz, P. v., Landschafts- und Bezirksnamen, 1961, II, 64, 67, 90, III, 8, 28 f., Waninctal, ‚Wehntal'.

Wannbach (Reichsritter) s. Wampach

Wanscheid s. Köth von W.

Warburg (Reichsstadt?, freie Stadt?). Die Burg W. (Wartberghi) an der Diemel unterstand 1018 dem Grafen des Hessengaues, Ittergaues und Nethegaues und kam bei seinem Tod 1020 an das Hochstift Paderborn. Bei dieser Burg entstand bis zum Ende des 12. Jahrhunderts eine Stadt. 1521 erscheint sie in der Reichsmatrikel. 1802 fiel sie mit dem Hochstift Paderborn an Preußen, 1946 an Nordrhein-Westfalen.

L.: Reichsmatrikel 1521; Wolff 326; Gottlob, A., Geschichte der Stadt Warburg, 1936; Der Landkreis Warburg, 1966; Schoppmeyer, H., Warburg im Mittelalter und Neuzeit, Herrschaftssitz, Doppelstadt, territorialer Vorort, in: Geschichte der Stadt Warburg, 1986; 950 Jahre Warburg, hg. v. Heimat- und Verkehrsverein Warburg, 1986; Die Stadt Warburg, 1036–1986, hg. v. Mürmann, F., Bd. 1 f. 1986.

Warmazgouwe s. Wormazfeld

L.: Polenz, P. v., Landschafts- und Bezirksnamen, 1961, 309.

Warmsdorf (Grafschaft). Die Grafschaft W. gehörte am Ende des 18. Jahrhunderts über Anhalt zum obersächsischen Reichskreis. Über Anhalt kam W. von 1949 bis 1990 (in Sachsen-Anhalt) zur Deutschen Demokratischen Republik.

L.: Wolff 408; Wallner 709 ObersächsRK 5 c.

Warnenfeld

L.: Polenz, P. v., Landschafts- und Bezirksnamen, 1961, 309, s. Werenafeld.

Warnsdorf (Reichsritter). Um 1790 zählten die W. mit Buchenau, Bodes, Branders, Erdmannrode (Erdmannsrode), Fischbach, Giesenhain, Schwarzenborn und Soislieden zum Kanton Rhön-Werra des Ritterkreises Franken.

L.: Winkelmann-Holzapfel 168.

Warrenbach (Reichsritter). Um 1550 zählten die W. zum Kanton Odenwald des Ritterkreises Franken. S. Wehrenbach?

L.: Stetten 33.

Warsberg (Freiherren, Reichsritter). Im 18. Jahrhundert zählten die Freiherren von W. mit W. und Wartenstein (Wartelstein) zum Kanton Niederrheinstrom des Ritterkreises Rhein.

L.: Genealogischer Kalender 1753, 546.

Warspach (Reichsdorf). Am 20. 8. 1504 nahm König Maximilian unter anderem das Reichsdorf W. bei Weißenburg in seinen Schutz auf. Es kam mit dem Elsass zu Frankreich.

L.: Hugo 470, 473.

Warstatt (Reichsritter). Im 18. Jahrhundert zählten die W. mit dem 1750 erworbenen Schirrhofen zum Ritterkreis Unterelsass.

L.: Hölzle, Beiwort 67.

Wartenberg (freie Herrschaft). Die freie Standesherrschaft W. in Niederschlesien mit den Städten W. und Bralin gehörte ursprünglich zum Fürstentum Oels, wurde aber nach dem Aussterben der Fürsten durch Verkauf (1492) seitens Böhmens verselbständigt. 1606 erwarb sie der Burggraf zu Dohna, 1734 Herzog Biron von Kurland. Sie umfasste 8 Quadratmeilen. 1945/1990 gelangte Groß Wartenberg (Deutsch-Wartenberg) zu Polen.

L.: Wolff 478.

Wartenberg (Ganerben, Grafen). Die schon im 12. Jahrhundert bestehende Burg W. bei Kaiserslautern war 1382 in den Händen mehrerer ritterschaftlicher Ganerben. 1522 wurde die Burg zerstört. Die Wartenberger saßen später in Wachenheim, Kaiserslautern und Mettenheim. 1699 erlangte Johann Casimir II. die Grafenwürde und fasste seine Güter in der Pfalz und in Rheinhessen 1707 in der Grafschaft W. zusammen (Mettenheim, Ellerstadt, Kastenvogtei Marienthal, Grafschaft Falkenstein und eine Anzahl Dörfer in der Gegend von Kaiserslautern). Am Ende des 18. Jahrhunderts gehörte die Grafschaft W. zum oberrheinischen Reichskreis. Durch § 24 des Reichsdeputationshauptschlusses erhielt der Graf von W. für W. die Abtei Rot sowie eine Rente von 8150 Gulden, für Sickingen wegen Ellerstadt, Aschbach (Aspach) und Oranienhof das Dorf Pless der Abtei Buxheim. 1818 starb das Geschlecht aus. Von 1801 bis 1814 gehörte die Grafschaft zu Frankreich (Departement Donnersberg) und wurde nach ihrer Rückkehr unter deutsche Herrschaft größtenteils zur Pfalz (Rheinpfalz) Bayerns geschlagen. Geringe Teile (Mettenheim) gelangten zu Rheinhessen. 1946 kamen die Güter über Bayern zu Rheinland-Pfalz. S. Kolb von Wartenberg.

L.: Wolff 287 f.; Wallner 698 OberrheinRK 39; Hölzle, E., Der deutsche Südwesten am Ende des alten Reiches, 1938; Weber, F., Graf Ludwig, der letzte Kolb von Wartenberg, 1988.

Wartenberg (Grafen). 1602 erhielten die Nachkommen des Bruders Ferdinand des Herzogs Wilhelm V. von Bayern und der Münchener Beamtentochter Maria Pettenbeck den Titel Grafen von W., nach dem 1045 beim Aussterben der Grafen von Ebersberg von den Wittelsbachern (Bayern) erlangten W. bei Erding. 1736 erlosch die Linie.

L.: Im Zeichen des Pferdes. Ein Buch vom Landkreis Erding, 1963.

Wartenberg (Herrschaft). Die Herrschaft W. wurde 1307 von den Fürsten zu Fürstenberg erworben.

L.: Hölzle, Beiwort 44.

Wartenberg-Rot (Reichsgrafschaft). Das Herrschaftsgebiet der Abtei Rot an der Rot fiel 1803 an die Grafen von Wartenberg und wurde zur Reichsgrafschaft W. erhoben, 1806 aber in Württemberg mediatisiert. 1951/1952 gelangte es an Baden-Württemberg.

L.: Wolff 187.

Wartenrode s. Klinckhart von W.

Wartensee s. Blarer von W.

Wartenstein (Herrschaft). Um 1357 erbaute Tilmann aus dem Ganerbengeschlecht der Ritter von Stein und Kallenfels/Steinkallenfels bei Hennweiler die Burg W. und trug sie dem Erzstift Trier zu Lehen auf. Später kam die Herrschaft W. mit Weiden, Hahnenbach, Herborn und Anteilen an Niederhosenbach (alle an bzw. bei der Nahe) durch Vererbung, Kauf und Übertragung an die Löwenstein, Manderscheid, Nassau-Saarbrücken,

Schwarzenberg, Daun-Falkenstein-Oberstein (Dhaun-Falkenstein-Oberstein) u. a. 1583 musste das Erzstift Trier Johann von Warsberg, den Schwiegersohn Ludwig Flachs von Schwarzenberg (Ludwigs von Schwarzenberg), der den letzten Anteil gehalten hatte, mit der gesamten zum Kanton Niederrheinstrom des Ritterkreises Rhein zählenden Herrschaft belehnen. 1946 kamen die Güter an Rheinland-Pfalz.

L.: Wolff 516.

Warthausen (Herrschaft). Die erstmals 1120 genannten Herren von W. an der oberen Donau (Warthusen) veräußerten ihre Herrschaft um 1167 an Kaiser Friedrich I. Barbarossa. Von den Staufern kam sie vor 1234 an die Truchsessen von Waldburg in der Linie der Truchsessen von W., nach deren Aussterben über die Herren von Waldsee mit Waldsee 1331 an Habsburg, das sie mehrfach verpfändete. Über Österreich zählte sie in Schwäbisch-Österreich zum österreichischen Reichskreis. 1696 gelangte sie mit zuletzt noch 13 Dörfern und Weilern an die Stadion. Über Württemberg kam W. 1951/1952 an Baden-Württemberg.

L.: Wolff 46; Wallner 714 ÖsterreichRK 1; Schuster, A., Aus Warthausens Vergangenheit, 1935; Koenig-Warthausen, W. v., Schloss Warthausen, 1964; Press, V., Im Banne Österreichs, Herrschaftsgeschichte der heutigen Gemeinde Warthausen, in: Warthausen-Birkenhard-Höfen, 1985; Liske, T., Warthausen, 1985.

Wasa (Land van Waas)

L.: Polenz, P. v., Landschafts- und Bezirksnamen, 1961, II, 22, 49, 95 f., III, 32, Wasa (Wasia, Wasiani, ‚Land van Waas').

Wasdorf (Reichsritter). Vielleicht zählten die W. zum Kanton Gebirg des Ritterkreises Franken und zur vogtländischen Ritterschaft (Vogtland).

L.: Riedenauer 128.

Wasen (Reichsritter). Im 16. und frühen 17. Jahrhundert zählten die vom W. zum Kanton Odenwald des Ritterkreises Franken.

L.: Pfeiffer 211; Stetten 33; Riedenauer 128.

Wasgau s. Oberrheinstrom

L.: Curs, O., Deutschlands Gaue im zehnten Jahrhundert. Nach den Königsurkunden, Diss. phil. Göttingen 1908, 23 (Vosagiensis, Vosagus, Gau nordwestlich Straßburgs).

Wassaga (Wessaga, Gau südlich der Aa, links der Werre, links der Weser)

L.: Curs, O., Deutschlands Gaue im zehnten Jahrhundert. Nach den Königsurkunden, Diss. phil. Göttingen 1908, 23 (Schildesche).

Wasselnheim (Herrschaft). Die Herrschaft W. bei Straßburg wurde von der Reichsstadt Straßburg erworben und kam mit ihr an Frankreich. S. Haffner von W.

L.: Wolff 295; Hölzle, Beiwort 91.

Wasseralfingen (Herrschaft). Um 1200 erscheinen Herren von Ahelfingen in W. im oberen Kochertal, die Dienstleute des Klosters Ellwangen waren. Beim Aussterben der Herren im Mannesstamm 1545 zog das Stift Ellwangen die Güter ein. 1802 kam W. an Württemberg und damit 1951/1952 an Baden-Württemberg.

L.: Wolff 157; Hegele, A., Heimatbuch der Gemeinden Wasseralfingen, Hofen und Hüttlingen, Bd. 1 f. 1939 ff.; Höcker, O., Auf den Spuren der Ahelfinger, 1958; Der Ostalbkreis, 1978.

Wasserburg (Herrschaft). W. am Bodensee erscheint 784 als Gut Sankt Gallens. Im Mittelalter war es als Lehen an die Herren von Kisslegg vergeben und kam im 14. Jahrhundert durch Heirat an die Herren von Schellenberg. 1358 wurde W. durch den schwäbischen Städtebund zerstört und danach an die Grafen von Montfort verpfändet und um 1525 zu Eigentum übertragen. 1592 verkauften die Grafen von Montfort die nicht in die Reichskreiseinteilung einbezogene Herrschaft an die Grafen Fugger, deren Linie Fugger-Wasserburg (Wellenberg) sie 1755 an Österreich überließ. 1803/1805 kam W. von dort an Bayern.

L.: Wolff 493; Wolfart, K., Geschichte der Stadt Lindau, 1909; Gruber, A., Der Landkreis Lindau, 1956.

Wasserlos s. Buches von W.

Wasslenheim s. Haffner von W., Haffner von Wasselnheim, Wasselnheim

Wauarensis?, Uuauerensis (Gau westlich der Mosel) s. Wavra

L.: Curs, O., Deutschlands Gaue im zehnten Jahrhundert. Nach den Königsurkunden, Diss. phil. Göttingen 1908, 23.

Waudricia (Gau östlich der Ourthe rechts der Maas)

L.: Curs, O., Deutschlands Gaue im zehnten Jahrhundert. Nach den Königsurkunden, Diss. phil. Göttingen 1908, 23 (Teil des pagus Ardenna).

Wavra (Woëvre) s. Wauarensis

L.: Polenz, P. v., Landschafts- und Bezirksnamen, 1961, I, 13, 18, 95, Wavra (Wapra, pagus Wabrensis),

Woëvre (Escher, M. u.a., Die urbanen Zentren, 2005, 2,659).

Waxenberg, Waxenberg-Ottensheim (Herrschaft). Um 1110 erbauten die Wilhering-Waxenberg die Burg W. bei Stamering im oberen Mühlviertel. Nach ihr nannten sich seit 1150 ihre Erben, die Herren von Griesbach. Um 1220/1224 erwarben die babenbergischen Herzöge von den Hochfreien von Schleunz die Herrschaft W. Nach dem Aussterben der Babenberger zogen die mit den Herren von Griesbach verwandten Schaunberger die Herrschaft an sich, doch wurden sie 1291 gezwungen, sie an die Herzöge von Österreich herauszugeben. Diese verpfändeten sie vielfach. 1614 verkaufte Österreich W., das als Burg neu erbaut worden war, an die Gera, die sie 1644 an die Starhemberg veräußerten. Um 1750 zählte die Grafschaft 745 Untertanen.

Wealland s. Walholand
L.: Polenz, P. v., Landschafts- und Bezirksnamen, 1961, 309.

Wechinger, Wechaimer, Wechanner (Reichsritter). Bis zum frühen 17. Jahrhundert zählten die W. zum Kanton Odenwald des Ritterkreises Franken. S. Wechmar?
L.: Riedenauer 128.

Wechmar (Freiherren, Reichsritter). Vom 16. bis zum frühen 19. Jahrhundert zählten die Freiherren von W. mit der Hälfte von Rossdorf zum Kanton Rhön-Werra des Ritterkreises Franken. Früh waren sie auch im Kanton Odenwald (Wechinger?), im Kanton Gebirg, im Kanton Baunach (?) und im 17. Jahrhundert im Kanton Steigerwald immatrikuliert. Von 1799 bis 1805 waren sie Mitglied des Kantons Neckar des Ritterkreises Schwaben.
L.: Genealogischer Kalender 1753, 538; Stieber; Seyler 394 f.; Winkelmann-Holzapfel 168; Pfeiffer 198; Hellstern 216; Bechtolsheim 14, 17; Riedenauer 128; Stetten 33; Rahrbach 288.

Wechselburg (Herrschaft). Die Herrschaft W. mit der Stadt W. nördlich von Chemnitz gehörte als Lehen Sachsens den Grafen von Schönburg-Glauchau. Über Sachsen kam W. von 1949 bis 1990 zur Deutschen Demokratischen Republik.
L.: Wolff 422.

Weerdt (Herrschaft) s. Werth
L.: Wolff 312.

Wees, Weeze (Herrlichkeit). Die adlige Herrlichkeit W. gehörte zum Herzogtum Kleve (klevescher landrätlicher Kreis).
L.: Wolff 317.

Weesenstein (Herrschaft). Vermutlich um 1200 entstand an der Straße von der Elbe nach Böhmen die Burg W. an der Müglitz. 1318 war sie in den Händen der Burggrafen von Meißen, von denen sie 1402 an die Markgrafen von Meißen fiel. Diese verlehnten sie an die Herren von Bünau, die später die Herrschaften Lauenstein und Tetschen hinzuerwarben. Über Sachsen kam W. von 1949 bis 1990 zur Deutschen Demokratischen Republik.

Weeze (Herrlichkeit) s. Wees

Wegscheid (Herrschaft). Die Herrschaft Wegscheid im südlichen Bayerischen Wald gehörte über das Hochstift Passau zum bayerischen Reichskreis. 1803 kam W. an Bayern.
L.: Wolff 144; Wallner 712 BayRK 6.

Wehntal s. Waninctal
L.: Polenz, P. v., Landschafts- und Bezirksnamen, 1961, II, 64, 67, 90, III, 8, 28 f.

Wehr (Herrschaft). Vor 1100 wurde die Burg Werrach bei Waldshut erbaut. 1272 wurde sie in einem Streit zwischen dem Bischof von Basel, dem das mit dem Ort begabte Kloster Klingental unterstand, und Rudolf von Habsburg zerstört. Durch Verkauf erwarb Habsburg die Güter und gab sie zu Lehen aus. Über die Herren von Stein (Altenstein bei Schönau) gelangten sie durch Heirat an die Herren von Schönau im Elsass. 1806 fiel die Herrschaft der Freiherren von Schönau-Wehr an Baden und damit 1951/1952 an Baden-Württemberg.
L.: Hölzle, Beiwort 11; Allgeier, Wehr, in: Geschichte und Gegenwart, 1918.

Wehr (Reichsritter) s. Wehrn

Wehrenbach (Reichsritter). Im frühen 16. Jahrhundert zählten die W. zum Kanton Odenwald des Ritterkreises Franken. S. Wehrn.
L.: Stetten 33; Riedenauer 128.

Wehrheim (Herrschaft). W. (Wirena) in der Wetterau gab Kaiser Heinrich III. 1046 seiner Gemahlin. Zu Beginn des 13. Jahrhunderts hatten die Grafen von Diez das Reichsgut in und um W. inne. Nach ihrem Aussterben kam die Herrschaft an die Grafen von Nassau und die Herren von Eppstein. Rechte der Grafen von Katzenelnbogen fielen 1587 an Nassau-Dillenburg. Den Anteil der Herren von Eppstein zog das Erzstift Trier an sich, so dass in W. eine zum kurrheinischen Reichskreis zählende Gemeinschaft von Trier und Nassau entstand, die bis 1806 dauerte. 1866 kam W. mit Nassau an Preußen, 1945 an Hessen.

L.: Wolff 84, 337.

Wehrn (Reichsritter), Wehr. Die W. zählten im 16. Jahrhundert zu den Kantonen Rhön-Werra, Baunach und vielleicht Odenwald des Ritterkreises Franken. S. Wehrenbach.

L.: Riedenauer 128.

Wehrstein (Herrschaft). 1552 erwarben die Grafen von Hohenzollern die Herrschaft W. 1575/1576 fiel W. an Hohenzollern-Sigmaringen und damit über Preußen (1849) und Württemberg-Hohenzollern (1945) 1951/1952 an Baden-Württemberg.

L.: Wolff 168.

Wehrwag, Werenwag (Herrschaft). Die Herrschaft W. der Freiherren von Ulm zu Erbach zählte am Ende des 18. Jahrhunderts über die Grafschaft Hohenberg Österreichs zum österreichischen Reichskreis.

L.: Wolff 45; Wallner 713 ÖsterreichRK 1; Hölzle, Beiwort 11.

Wehsinga (Werregau)

L.: Polenz, P. v., Landschafts- und Bezirksnamen, 1961, II, 24, Wehsinga, ‚Werregau'.

Weibenum, Weiblinger? (Reichsritter). Im späten 17. Jahrhundert zählten die W. zum Kanton Rhön-Werra des Ritterkreises Franken.

L.: Stieber; Seyler 395; Riedenauer 128.

Weida (Vögte, Herrschaft). 1122 wird die Burg W. (Withaa) an der Weida bei Gera erstmals erwähnt. Sie war Sitz der von W. im Unstrutgebiet kommenden, bald aber an die mittlere und obere Elster wechselnden, zunächst herzoglich-sächsisch-ministerialischen, seit 1220 reichsministerialischen Herren von W., die sich seit 1209 wohl nach Quedlinburger Vogteirechten um Gera als Vögte benannten, sich (1209 sowie) 1244 in die Vögte von W. mit Sitz in W. (bis 1531/5), die Vögte von Gera (bis 1550) und die Vögte von Plauen teilten und deren sämtliche männliche Abkömmlinge zu Ehren Kaiser Heinrichs VI. ausschließlich den Namen Heinrich erhielten. 1329 bestätigte ihnen Kaiser Ludwig der Bayer Reichsunmittelbarkeit und fürstengleichen Rang. Seit der zweiten Hälfte des 14. Jahrhunderts begann ein unaufhaltsamer Niedergang der Vögte von W. Dabei ging das Gebiet um Hof an die Burggrafen von Nürnberg verloren (1373 Verkauf des nach 1193 erworbenen Landes an der Regnitz). 1354 mussten die Vögte von W. die Lehnshoheit des Hauses Wettin, an das dann Triptis, Ronneburg, Werdau, Schmölln und andere Güter gelangten, für das Stammland anerkennen. 1427 kam die Herrschaft W. durch Verkauf an das Haus Wettin, 1485 an dessen ernestinische Linie, 1567/1571 an die albertinische Linie, 1815 an Preußen, 1816 an Sachsen-Weimar-Eisenach und 1920 an das Land Thüringen. Dieses gehörte 1945 zur sowjetischen Besatzungszone und wurde am 23. 7. 1952 innerhalb der 1949 entstandenen Deutschen Demokratischen Republik aufgelöst (str.), zum 3. 10. 1990 mit dem Beitritt der DDR zur Bundesrepublik Deutschland aber wiederbegründet. Die übrigen Güter der Vögte von W. fielen 1531 bei ihrem Aussterben an die Vögte von Gera und die Vögte von Plauen.

L.: Wolff 380; Geschichte der Stadt Weida in Einzeldarstellungen, Bd. 1–4 1926 ff.; Flach, W., Die Urkunden der Vögte von Weida, Gera und Plauen bis zur Mitte des 14. Jahrhunderts, 1930; Helbig, H., Der wettinische Ständestaat, 1955; Geschichte Thüringens, hg. v. Patze, H. u. a., Bd. 2,1 1974; Blaschke, K., Geschiche Sachsens, 1990.

Weiden, Weidenberg? (Reichsritter). Im späten 17. Jahrhundert zählten die W. zum Kanton Steigerwald des Ritterkreises Franken.

L.: Bechtolsheim 15; Riedenauer 128.

Weidenhofen s. Wiederhold von W.

Weier, Weyer, Weirich (Reichsritter). Im 16. Jahrhundert zählten die W. zum Kanton Gebirg des Ritterkreises Franken.

L.: Riedenauer 128.

Weikersheim (Burg, Herrschaft). Nach dem im 9. Jahrhundert in der Überliefung Fuldas bezeugten Reichsgut W. an der mittleren Tauber nannten sich seit 1153 Herren von W., die seit 1178 nach Hohenlohe hießen. Sie teilten sich im 13. Jahrhundert in die Linien Hohenlohe-Hohenlohe (bis 1412), Hohenlohe-Brauneck (bis 1434) und die allein verbliebene Linie Hohenlohe-Weikersheim. Beim Erlöschen der letzten in W. residierenden Familie 1756 kamen die Güter an Hohenlohe-Neuenstein-Öhringen. W. selbst war im

14. und 15. Jahrhundert vielfach verpfändet, erhielt zwischen 1595 und 1603 ein Renaissanceschloss und wurde später zu einer glanzvollen Barockresidenz ausgestaltet. Über Württemberg kam es 1951/1952 an Baden-Württemberg. S. Hohenlohe-Weikersheim.

L.: Wolff 119; Dürr, E., Weikersheim im Laufe der Zeiten, 1950; Merten, K., Schloss Weikersheim, 1976.

Weil s. Reutner von W.

Weil der Stadt, Weil (Reichsstadt). W. (bei der villa) bei Böblingen kam wohl über Welf VI. an die Staufer und wurde vermutlich zwischen 1223 und 1235 durch die Staufer zur Stadt erhoben. Seit etwa 1275 war es Reichsstadt, die zuerst unter dem Schutz der Pfalz, dann Badens stand. 1374 verlieh Kaiser Karl IV. ihr das Nichtevokationsrecht. 1398 gewann sie Blutbann und Vogtei, 1404 pfandweise das Schultheißenamt. Der Erwerb eines eigenen Herrschaftsgebiets gelang infolge der Umschließung durch Württemberg nicht. Die Stadt hatte Sitz und Stimme auf dem Reichstag und beim schwäbischen Reichskreis. Die Reformation wurde von 1590 an wieder rückgängig gemacht. 1802/1803 kam die Stadt mit 0,4 Quadratmeilen Gebiet und rund 1800 Einwohnern an Württemberg, wo W. bis 1808 Sitz eines Oberamts war, 1951/1952 zu Baden-Württemberg.

L.: Wolff 220; Zeumer 555 III b 23; Wallner 690 SchwäbRK 92; Großer Historischer Weltatlas III 22 (1648) D4, III 38 (1789) C3; Schroeder 366ff.; Beschreibung des Oberamts Leonberg, 2. A. 1930; Grieger, S., Weil der Stadts Werdegang bis zur Erhebung zur freien Reichsstadt, in: Mitt. d. Heimatvereins Weil der Stadt 1950/1951; Press, V., Weil der Stadt, Zs. f. württemberg. LG. 54 (1995), 11; Lorenz, S., Weil der Stadt, LexMA 8 1996, 2115.

Weilburg (Burg, Herrschaft). In W. an der Lahn lag vermutlich schon in merowingischer Zeit Königsgut. Die Konradiner, die Grafen des Lahngaues waren, erbauten eine 906 erstmals genannte Burg. Nach ihnen kam das Gebiet 993/1002 als Reichslehen an das Hochstift Worms. Dieses verlor seine Güter 1195/1294 an die Grafen von Nassau, die seit 1124 Vögte des Hochstifts waren. 1355 wurde W. Sitz der Linie Nassau-Weilburg. 1816 wurde die Residenz Nassaus nach Wiesbaden verlegt. W. kam 1866 an Preußen, 1945 an Hessen. S. Nassau-Weilburg.

L.: Wolff 265; Schaal, K., Weilburg, LexMA 8 1996, 2115; Escher, M. u. a., Die urbanen Zentren, 2005, 2, 661.

Weiler (Reichsritter). Vom 16. bis zum frühen 19. Jahrhundert zählten die von und zu W. mit der Herrschaft Weiler, Eichelberg mit Friedrichshof (Friedrichsdorf) und einem Drittel der Herrschaft Maienfels zum Kanton Odenwald des Ritterkreises Franken. Von 1483 an hatten sie auch das Gut Lichtenberg (Lichtenburg), mit dem sie seit 1542 im Kanton Kocher des Ritterkreises Schwaben immatrikuliert waren. Um 1628 war Ludwig von W. (Weyler) zu Liechtenburg (Liechtenberg) Mitglied des Kantons Neckar des Ritterkreises Schwaben. Ihre Güter fielen 1808 an Württemberg und damit 1951/1952 an Baden-Württemberg.

L.: Genealogischer Kalender 1753, 537; Stieber; Roth von Schreckenstein 2, 592, 594; Hölzle, Beiwort 57; Riedenauer 128; Hellstern 217; Stetten 33, 38, 184f.; Schulz 273.

Weiler s. Schmidtburg zu W.

Weilertal (Herrschaft). Die Herrschaft im W. nordwestlich von Schlettstadt kam von den Grafen von Ortenberg über die Grafen von Hohenberg im 13. Jahrhundert an die Grafen von Habsburg, die sie 1314 mit der Stadt Bergheim an Heinrich von Müllenheim verkauften. 1551 gelangte sie an die Freiherren von Bollweiler und dann erbweise an die Grafen Fugger. Ludwig XIV. erhob sie innerhalb Frankreichs 1681 zur Baronie und 1692 zu einer Grafschaft. Diese kam mit Weiler und 21 Dörfern schließlich an die Markgrafen von Meuse.

L.: Wolff 295.

Weilnau (Herrschaft). W. bei Usingen wird 1208 erstmals erwähnt. Die Herrschaft W. (Altweilnau) gehörte im 13. Jahrhundert den Grafen von Diez, die 1302 die Burg Neuweilnau erbauten und die Herrschaft teilten. Neuweilnau wurde 1326 von den Grafen von Nassau erworben. Altweilnau kam 1370 zur Hälfte als Pfand an Kronberg, im Übrigen nach dem Aussterben der Grafen von Diez (1386) 1388 im Erbwege an Nassau-Dillenburg. Dort wurde W. 1561 Sitz einer eigenen Linie Nassau-Weilnau (bis 1602). Am Ende des 18. Jahrhunderts zählte die Herrschaft über Nassau-Weilburg (Nassau-Usingen) zum oberrheinischen Reichskreis. Über Nassau und Preußen (1866) gelangte W. 1945 zu Hessen. S. Nassau-Weilnau.

L.: Wallner 695 OberrheinRK 10.

Weimar (Grafen, Fürstentum). Die Burg W. an der Ilm ist erstmals (899 Viugmara? oder) 975 erwähnt. Sie war Sitz von nach ihr benannten Grafen im Dreieck zwischen Ilm und Saale, die 949 im Thüringgau erschienen, 1043 die Pfalzgrafschaft in Sachsen, 1046 die Mark Meißen und das Osterland erhielten und auch die Markgrafschaft in Krain verwalteten. Sie starben 1112 in männlicher Linie aus. Ihnen folgten über die Erbtochter Adelheid die askanischen Grafen von Orlamünde, die nach 1247 die inzwischen durch Heirat um Güter der Grafen von Andechs erweiterten Güter teilten (osterländische Linie um Orlamünde, thüringische Linie um Weimar, Rudolstadt und Kulmbach) und ihrerseits 1373 ausstarben. Damit kam W. (1346) an das Haus Wettin und wurde 1382 Sitz einer Linie. Seit 1485 gehörte es zur ernestinischen Linie und wurde 1552 wieder Residenz. Das Fürstentum bestand aus Stadt und Amt W., den Ämtern Oberweimar, Kromsdorf (Kramsdorf), Berka an der Ilm, Rossla, Brembach und Hardisleben, Kapellendorf, Heusdorf (Häußdorf), Dornburg, Bürgel und Oldisleben, den adligen Pflegen Denstedt, Schwerstedt, Neumark, Synderstedt, dem Amt Apolda und den Gerichten Buttelstedt, Bösleben (Bößleben), Tannroda, Flurstedt (Fluhrstedt), Graitschen (Groitschen), Wormstedt, Oßmannstedt (Ossmanstedt, Osmanstedt), Guthmannshausen, Stedten, Wallichen (Walichen), Tromlitz und Mechelroda (Michelroda). 1920 kam W. zu Thüringen. S. Orlamünde, Sachsen-Weimar, Sachsen-Weimar-Eisenach.

L.: Wolff 396; Tille, A., Die Anfänge der Stadt Weimar, FS O. Dobenecker 1929; Schneider, F./Tille, A., Einführung in die Geschichte Thüringens, 1931; Beiträge zur Geschichte der Stadt Weimar, hg. v. Fink, F., Bd. 1–4 1931 ff.; Neue Beiträge zur Geschichte der Stadt Weimar, hg. v. Fink, F., Bd. 1 f. 1934 ff.; Tille, A., Die Anfänge der Stadt Weimar und die Grafen von Weimar und Orlamünde, 1939; Geschichte der Stadt Weimar, hg. v. Günther, G./Wallraf, L., 2. A. 1976; Bibliographie zur Geschichte der Stadt Weimar, hg. v. Günter, G./Wallraf, L., 1982; Gräbner, K., Die großherzogliche Haupt- und Residenzstadt Weimar, 1988; Pretzsch, A./Hecht, W., Das alte Weimar skizziert und zitiert, 4. A. 1990; Lange, P., Zur Geschichte der Grafschaft Weimar-Orlamünde, in: Thüringen im Mittelalter, 1995, 183; Bünz, E., Weimar, LexMA 8 1996, 2115 f.

Weingarten (Reichsritter). Im 16. Jahrhundert zählten die W. zum Kanton Rhön-Werra des Ritterkreises Franken.

L.: Pfeiffer 211; Riedenauer 128.

Weingarten (Reichsstift, Reichsabtei). In der ersten Hälfte des 10. Jahrhunderts (nach? 934, um 1000?) gründeten die Welfen ein Frauenkloster neben dem 1053 erstmals erwähnten Dorf Altdorf. Nach dem Brand von 1053 wurde die Benediktinerinnenabtei von den Welfen als Hauskloster auf den Martinsberg verlegt und W. genannt. 1056 wurden die Nonnen durch Mönche aus dem oberbayerischen Altomünster ersetzt. Spätestens 1191 kamen Dorf und Kloster an die Staufer. 1268 wurde das von Welfen, Staufern und anderen reich begabte Kloster reichsunmittelbar (1274 bezeugt). Das Dorf Altdorf wurde unter Rudolf von Habsburg Sitz der Verwaltung der Landvogtei Oberschwaben, die den Schirm über das Kloster ausübte. In Verträgen von 1531 und 1533 mit Österreich, das 1486 pfandweise die Landvogtei erlangt hatte, konnte W. seine Reichsunmittelbarkeit behaupten, verblieb aber mit dem größten Teil seines Gebietes unter der Landeshoheit der Landvogtei. 1802 wurde W., das Sitz und Stimme im schwäbischen Reichsprälatenkollegium und beim schwäbischen Reichskreis hatte und dem die freie Reichsritterherrschaft Blumenegg, die Herrschaften Brochenzell und Liebenau, die Gerichte Ausnang (Auswang) und Waldhausen, die Ämter Hagnau, Hasenweiler, Esenhausen, Frohnhofen, Blönried, Blitzenreute, Aichach, Bergatreute, Schlier, Bodnegg, Karsee, die Zehntämter jenseits und diesseits der Schussen und das Priorat Hofen am Bodensee mit 1227 Gütern und Höfen in verschiedenen Ämtern, insgesamt 6 Quadratmeilen bzw. 320 Quadratkilometer Gebiet mit 14 000 bzw. 11 000 Einwohnern und 120 000 Gulden Einkünften, gehörte, von Nassau-Oranien-Dillenburg säkularisiert und fiel 1806/1808 mit einem Teil seines früheren Gebietes an Württemberg. 1865 wurde der Name W. auf den Ort Altdorf übertragen. Über Württemberg gelangte W. 1951/1952 an Baden-Württemberg.

L.: Wolff 181; Zeumer 552 II a 36, 2; Wallner 686 SchwäbRK 20; Die Territorien des Reichs 5, 232; Erzberger, M., Die Säkularisation in Württemberg 1802–1810, 1902; König, E., Die süddeutschen Welfen als Klostergründer, Vorgeschichte und Anfänge der Abtei Weingarten, 1934; Festschrift zur 900-Jahr-Feier des Klosters Weingarten 1056–1956, hg. v. Spahr, G., 1956; Reinhardt, R., Restauration, Visitation, Inspiration. Die Reformbestrebungen der Benediktinerabtei Weingarten von 1567 bis 1627, 1960; Scherer, P., Reichsstift und Gotteshaus Weingarten im 18. Jahrhundert, 1969;

Spahr, G., Die Basilika Weingarten, 1974; Weingarten, 1975, Germania Benedictina V: Baden-Württemberg; Riechert, U., Oberschwäbische Reichsklöster im Beziehungsgeflecht mit Königtum, Adel und Städten (12.–15. Jahrhundert). Dargestellt am Beispiel von Weingarten, Weißenau und Baindt, 1986; Weingarten, 1992; Zotz, T., Weingarten, LexMA 8 1996, 2132 f.

Weinheim s. Horneck zu W., Swerts von Landas zu W.

Weinsberg (Herrschaft). Die bei dem 1147 erstmals erwähnten W. im nördlichen Neckarbecken gelegene Burg war vor 1000 Reichsgut. Über die Grafen von Calw kam sie in weiblicher Erbfolge an die Welfen und danach an die Staufer (Schlacht von W. 1140). Die zugehörige Herrschaft war unter den Staufern Lehen der Herren von W. 1450 kam sie an die Pfalz, 1504 an Württemberg und damit 1951/1952 an Baden-Württemberg.

L.: Wolff 161; Weismann, E., Zur Geschichte der Stadt Weinsberg, 1960.

Weinsberg (Reichsstadt). Das Gebiet um W. bei Heilbronn war altes Reichsgut, auf dem wohl im 10. Jahrhundert die Reichsburg W. errichtet wurde. 1140 wurde die damals calwisch-welfische Burg von Konrad III. erobert (Bericht von den Weibern von W.). Nach der staufischen Burg nannten sich ministerialische Herren von W., denen aber nach dem Untergang der Staufer die Ausbildung eines eigenen Herrschaftsgebiets nicht gelang. 1428 erreichte die Stadt W. ihr Ziel, als Reichsstadt anerkannt zu werden. 1440 wurde W. nach gewaltsamer Einnahme an die Pfalz verpfändet. 1450 kam die Burg mit der Stadt an die Pfalz, 1504 durch Eroberung mit der Stadt, die in jahrelangem, vergeblichem Kampf mit den Herren von W. die Reichsunmittelbarkeit wiederzugewinnen versuchte, an Württemberg. 1525 wurde sie niedergebrannt. Über Württemberg fiel sie 1951/1952 an Baden-Württemberg.

L.: Wolff 161; Weismann, E., Zur Geschichte der Stadt Weinsberg, 1960; Burg und Stadt Weinsberg, Quellen und Zeugnisse ihrer Geschichte im Mittelalter, hg. v. d. Stadt Weinsberg, 1977; Schuler, P., Weinsberg, LexMA 8 1996, 2133 f.

Weischenfeld (Reichsritter) s. Waischenfeld

Weiskirchen s. Zandt von Merl zu W.

Weiß s. Müffling genannt Weiß

Weiß von Feuerbach (Reichsritter). Im 18. Jahrhundert zählten die W. zum Ritterkreis Rhein.

L.: Roth von Schreckenstein 2, 595.

Weißenau (Weissenau) (Reichsabtei). Die seit 990 bestehende Einsiedelei W. wurde 1145 unter Mitwirkung des welfischen Ministerialen Gebizo von Bisenberg zu einer Prämonstratenserpropstei und 1257 zur Abtei erhoben. 1164 nahm Kaiser Friedrich I. Barbarossa das Kloster unter seinen Schutz und legte damit den Grund für die Reichsunmittelbarkeit. Die hohe Gerichtsbarkeit übte die Landvogtei Schwaben Österreichs aus. 1760 erwarb die dem schwäbischen Prälatenkollegium des Reichstages und dem schwäbischen Reichskreis angehörige Reichsabtei die hohe Obrigkeit über das Kloster und drei Dörfer. 1802/1803 kam W. durch § 24 des Reichsdeputationshauptschlusses vom 25. 2. 1803 mit 0,5 Quadratmeilen Gebiet an die Grafen von Sternberg (Sternberg-Manderscheid), 1806 an Württemberg. 1835 wurde es von Württemberg durch Kauf erworben. 1951/1952 fiel es mit Württemberg an Baden-Württemberg.

L.: Wolff 188; Zeumer 552 II a 36, 10; Wallner 689 SchwäbRK 85; Großer Historischer Weltatlas III 38 (1789) C4; Erzberger, M., Die Säkularisation in Württemberg 1802–1810, 1902; Reden-Dohna, A. v., Reichsstandschaft und Klosterherrschaft. Die schwäbischen Reichsprälaten im Zeitalter des Barock, 1982; Riechert, U., Oberschwäbische Reichsklöster im Beziehungsgeflecht mit Königtum, Adel und Städten (12.–15. Jahrhundert). Dargestellt am Beispiel von Weingarten, Weißenau und Baindt, 1986.

Weißenbach (Reichsritter). Im frühen 18. Jahrhundert zählten die W. zum Kanton Odenwald des Ritterkreises Franken.

L.: Riedenauer 128.

Weißenburg, Weißenburg in Bayern (Reichsstadt). Vom 1. bis 3. Jahrhundert bestand an der schwäbischen Rezat das römische Kastell Biriciana, das 253 n. Chr. von den Alemannen zerstört wurde. 867 wird in unmittelbarer Nähe hierzu der vielleicht in der Mitte des 8. Jahrhunderts geschaffene fränkische Königshof Uuizinburc bezeugt, der an das Kloster Metten gegeben wurde. 889 kam ein Teil des königlichen Forstes an das Hochstift Eichstätt. 1188 wird W. burgus, 1241 im Reichssteuerverzeichnis Stadt genannt. Vermutlich seit dem Ende des 13. Jahrhunderts, jedenfalls 1339, war W. Reichsstadt. 1525 wurde die Reformation in der zum fränkischen Reichskreis zählenden Stadt eingeführt. 1802 fiel W., 1 Quadratmeile groß mit 6000 bis 6500 Einwohnern, an Bayern, 1804 an Preußen und 1806 mit Ansbach wieder an Bayern.

L.: Wolff 130; Zeumer 555 III b 30; Wallner 693 FränkRK 27; Großer Historischer Weltatlas II 66 (1378) F4, II 78 (1450) F4, III 22 (1648) C4, III 38 (1789) D3; Schroeder 254 ff.; Hofmann, H. H., Gunzenhausen-Weißenburg, 1960; Strassner, E., Land- und Stadtkreis Weißenburg in Bayern, 1966; Strassner, E., Weißenburg, in: Historisches Ortsnamenbuch von Bayern, hg. v. d. Komm. für bay. Landesgeschichte, 1966; Uuizinburg-Weißenburg 867–1967, Beiträge zur Stadtgeschichte, 1967; Fahlbusch, F., Weißenburg – Werden und Wachsen einer fränkischen Kleinstadt, Jb. für fränkische Landesforschung 48 (1988); Fahlbusch, F., Weißenburg, LexMA 8 1996, 2139; Haberkorn, P., Weißenburg in Bayern, 1996; Die Regesten der Reichsstadt Weißenburg, hg. v. Jäger, U., 2002.

Weißenburg, Weißenburg im Elsass (gefürstete Propstei). In der zweiten Hälfte des 7. Jahrhunderts wurde in W. eine 661 erstmals urkundlich erwähnte Benediktinerabtei gegründet, die wohl nach der Mitte des 8. Jahrhunderts Königskloster wurde. Sie wurde von Karl dem Großen sehr gefördert und war einer der kulturellen Mittelpunkte des fränkischen Reichs (Weißenburger Katechismus 789, Otfrids Krist 870). Seit Otto dem Großen galt sie als reichsunmittelbar und wurde 973 Fulda, Reichenau und Prüm gleichgestellt. Seit dem 13. Jahrhundert nahm der Abt eine reichsfürstliche Stellung ein. Im 14. und 15. Jahrhundert wurde die Abtei von der Reichsstadt W. und dem umliegenden Adel schwer bedrängt. 1524 wurde sie in ein weltliches Kollegiatstift umgewandelt. Dieses wurde 1546 mit dem Hochstift Speyer vereinigt und, nachdem W. 1672 an Frankreich gefallen war, 1789 aufgelöst.

L.: Wolff 296; Zeumer 552 II a 32, Traditiones Wizenburgenses. Die Urkunden des Klosters Weißenburg 661–864, hg. v. Doll, A., 1979; Dette, C., Liber possessionum Wizenburgensis, Edition mit Kommentierung, 1987; Ludwig, U., Weißenburg, LexMA 8 1996, 2138 f.

Weißenburg, Weißenburg im Elsass (Reichsstadt), frz. Wissembourg. Neben der in der zweiten Hälfte des 7. Jahrhunderts gegründeten Benediktinerabtei W. im Elsass entstand ein 1187 erstmals genannter Ort. Er löste sich langsam aus der Herrschaft des Abts. Bereits 1354 schloss er sich dem Zehnstädtebund der elsässischen Reichsstädte an, obwohl der Kaiser erst 1442 den Treueid an den Abt aufhob. 1672 wurde die Reichsstadt von Frankreich annektiert, das ihr aber bis 1789 eine Sonderstellung als königliche Freistadt beließ.

L.: Wolff 296; Ludwig, U., Weißenburg, LexMA 8 1996, 2138; Escher, M. u. a., Die urbanen Zentren, 2005, 2, 664.

Weißenhorn (Herrschaft). W. (1215/1220 Wizenhorn) an der Rot wird 1160 als Gut der Herren von Neuffen erstmals genannt. Mit der Grafschaft Marstetten kam die zugehörige Herrschaft an die Herzöge von Bayern. 1505 erhielt König Maximilian für seine Beteiligung an dem beim Aussterben der Herzöge von Bayern-Landshut ausbrechenden Erbfolgekrieg das zuvor von Bayern-Landshut mehrfach verpfändete W. und die Grafschaft Marstetten. 1507 verpfändete er W. zusammen mit den Herrschaften Kirchberg (Oberkirchberg), Pfaffenhofen und Wullenstetten an die Grafen Fugger (Fugger-Kirchberg-Weißenhorn, Linie Kirchberg und W.). 1805/1806 kam die innerhalb Schwäbisch-Österreichs zum österreichischen Reichskreis zählende Herrschaft zu Bayern. S. Neuffen.

L.: Wolff 45; Wallner 714 ÖsterreichRK 1; Hölzle, Beiwort 4; Holl, J., Geschichte der Stadt Weißenhorn, 1904; Wylicil, E., Bilder aus der Vergangenheit von Weißenhorn, 1958.

Weißenstein (Herrschaft). Die Herrschaft W. bei Pforzheim wurde 1338 von Baden erworben. Über Baden kam W. 1951/1952 zu Baden-Württemberg.

L.: Hölzle, Beiwort 38.

Weißenstein (Herrschaft). Die 1241 erstmals erwähnte Burg W. bei Göppingen bildete den Mittelpunkt einer Herrschaft, die bis 1401 Ministerialen der Grafen von Helfenstein unterstand. Danach kam sie an verschiedene Linien der Herren von Rechberg. 1806 wurde sie in Bayern mediatisiert, 1810 aber an Württemberg abgetreten, mit dem W. 1951/1952 an Baden-Württemberg gelangte.

L.: Wolff 510; Fischer, I., Heimatbuch für Weißenstein und Umgebung, 1927/1928.

Weiterdingen s. Hornstein zu W.

Weitersheim (Reichsritter, Freiherren). 1802 war Franz Karl von W. Mitglied des Ortes Ortenau des Kantons Neckar des Ritterkreises Schwaben der Reichsritterschaft. 1773 zählten die bereits im Stichjahr 1680 angesessenen und mit ihren Gütern bei der Ritterschaft immatrikulierten W. zum Ritterkreis Unterelsass. Sie erloschen männlicherseits 1839.

Weitingen s. Volz von W.

Weitoltshausen genannt Schrautenbach, Weitelshausen (Reichsritter) s. Schrautenbach

Weitra (Herrschaft). 1208 gründeten die Kuenringer neben dem 1185 erstmals erwähnten Dorf W. an der Lainsitz in Niederösterreich eine Burg. Sie wurde Mittelpunkt eines Herrschaftsgebietes. 1278/1295 kam W. an Habsburg. Dieses gab W. nacheinander an die Wallsee, Oettingen, Schaunberg, Maissau, Sternberg, Hardegg, Prag, Breuner und Greiß. Über die Witwe des Oberstkämmerers Wolf Rumpf von Willross kam W. an Fürstenberg-Heiligenberg. Seit 1755 gehörte es der Linie Fürstenberg-Weitra. S. Fürstenberg-Weitra.

L.: Wolff 26; Knittler, H./Bichler, F., 100 Jahre Sparkasse der Stadt Weitra 1869–1969, 1969.

Weittershausen (Reichsritter). Von 1560 bis 1651 waren die W. wegen Altburg und Weltenschwann (Weltenschwan) (16. Jahrhundert–1619), Bromberg (1500–1651), Freudental (1580–1587) und Talheim (bis 1580) im Kanton Kocher des Ritterkreises Schwaben immatrikuliert.

L.: Schulz 273.

Welden (reichsritterschaftliche Herrschaft, Freiherren, Reichsritter), Walden. Das wohl im 9. Jahrhundert durch Rodung entstandene, 1156 genannte Dorf W. (Waeldiu) bei Augsburg war Lehen der Markgrafen von Burgau an die Herren von W., die 1402 die Blutgerichtsbarkeit erlangten. 1597 verkauften sie die reichsritterschaftliche Herrschaft an die Grafen Fugger. 1764 kam W. ganz an Österreich (Schwäbisch-Österreich), 1805/1806 an Bayern. 1582 erwarben die W. das 778 erstmals erwähnte, über Staufer, die Truchsessen von Waldburg und die Herren von Waldsee 1331 an Habsburg gelangte Laupheim von den Ellerbach, die es 1362 (Pfand) bzw. 1407 (Lehen) von Habsburg erhalten hatten. Im 18. Jahrhundert zählten die Freiherren von W. außer mit Laupheim mit den 1765 erworbenen und 1796 an den Freiherren Reuttner von Weyl gelangten Teilen von Achstetten zum Kanton Donau des Ritterkreises Schwaben. Außerdem waren sie wegen des 1585 von den Hürnheim erheirateten und 1764 an Oettingen verkauften Hochaltingen und wegen Großeislingen (1765–1776) von 1588 bis 1805 im Kanton Kocher des Ritterkreises Schwaben immatrikuliert. Vielleicht zählten die W. auch zum Kanton Odenwald im Ritterkreis Franken. 1806 fielen W. und Laupheim an Württemberg und damit 1951/1952 an Baden-Württemberg.

L.: Genealogischer Kalender 1753, 529, 533; Wolff 509; Roth von Schreckenstein 2, 592; Hölzle, Beiwort 5, 59; Riedenauer 128; Schulz 273; Auch, J. A., Laupheim 1570–1870, 3./4. A. 1921; Schenk, G., Laupheim, 1976; Diemer, K., Laupheim, 1979.

Welfen (Geschlecht). Die W. sind ein fränkisches (bayerisches, Wurzeln am Lech aufweisendes?, schwäbisches?), in karolingischer Zeit um Maas und Mosel bzw. Metz begütertes, seit dem 12. Jahrhundert als W. bezeichnetes Adelsgeschlecht, das seit der Mitte des 8. Jahrhunderts nördlich des Bodensees um Altdorf/Weingarten Güter erlangte. Mit Graf Welf I. (†820/825) beginnt die gesicherte Stammreihe des bald in verschiedene (westfränkische [bis 887/888], burgundische, alemannische) Linien aufgeteilten Geschlechts. Seine Tochter Judith (†843) war mit Kaiser Ludwig dem Frommen, seine Tochter Emma (†876) mit König Ludwig dem Deutschen verheiratet. Von seinem Sohn Konrad (†863) stammen über Konrad den Jüngeren die burgundische, 1032 ausgestorbene Linie der Rudolfinger, die 888 die Herrschaft über das Königreich Burgund (Hochburgund) erlangte, und über Welf II. die schwäbische Linie ab, die seit König Konrad I. umfangreiche Allodialgüter und Lehnsgüter in Schwaben, Rätien und Bayern (u. a. der Grafen von Bregenz) erlangte. Sie erlosch mit Welf III., 1047 Herzog von Kärnten, 1055 im Mannesstamm. Das Erbe ging über auf den Sohn seiner (nach Italien verheirateten) Schwester Kunigunde (Kunizza) und des aus langobardisch-oberitalienischem Haus stammenden Markgrafen Albrecht (Azzo) II. von Este, Welf IV. (1030/1040–1107), den Heinrich IV. 1070 mit dem Herzogtum Bayern (Welf I.) belehnte. Sein Sohn Heinrich der Schwarze (um 1074–1126) heiratete Wulfhild, eine der beiden Erbtöchter des 1106 ausgestorbenen sächsischen Herzogshauses der Billunger. 1137 erlangten die W. unter Heinrich X. dem Stolzen (um 1100–1139), der Gertrud, die Tochter Kaiser Lothars III., ehelichte, auch die Würde des Herzogs von Sachsen. 1180 verlor deren mit Mathilde von England verheirateter Sohn Heinrich der Löwe (1129–1191) die Herzogtümer Bayern und Sachsen, nicht aber das Eigengut Braunschweig-Lüneburg, das – nach dem glücklosen Zwischenspiel Ottos IV. als deutscher König und Kaiser – 1235 zum Herzogtum (Ottos des Kinds) erhoben wurde, aber durch zahlreiche Erbteilungen seit 1267 zersplitterte (Grubenhagen, Wolfenbüttel, Göttingen, Calenberg, Lüneburg, Dannenberg). Der Linie Calenberg des Neuen Hauses Lüneburg gelang 1692 der Aufstieg zum Kurfürstentum Hannover (1714–1837 Personalunion mit England), das 1866 von Preußen einverleibt wurde. 1918 verlor das älteste noch bestehende europäische Adelsgeschlecht auch Braunschweig.

L.: Krüger, E., Der Ursprung des Welfenhauses und seiner Verzweigungen in Süddeutschland, 1898; Diederich, A., Staufer und Welfen, 1938; Bader, K. S., Der deutsche Südwesten in seiner territorialstaatlichen Entwicklung, 2. unv. A. 1978; Fleckenstein, J., Die Herkunft der Welfen und ihre Anfänge in Süddeutschland, in: Studien und Vorarbeiten zur Geschichte des großfränkischen und frühdeutschen Adels, hg. v. Tellenbach, G., 1957; Schnath, G., Das Welfenhaus als europäische Dynastie, in: Schnath, G., Streifzüge durch Niedersachsens Vergangenheit, 1968; Schmid, K., Welfisches Selbstverständnis, in: FS G. Tellenbach, 1968; Zillmann, S., Die welfische Territorialpolitik im 13. Jahrhundert, 1975; Geschichte der Welfen, hg. v. Heine, A., 1986; Pischke, G., Die Landesteilungen der Welfen, 1987; Heinrich der Löwe und seine Zeit, hg. v. Luckhardt, J. u. a., Bd. 1 ff. 1995; Die Welfen und ihr Braunschweiger Hof, hg. v. Schneidmüller, B., 1995; Hechberger, W., Staufer und Welfen, 1996; Schneidmüller, B., Welfen, LexMA 8 1996, 2147 ff.; Seibert, H., Heinrich der Löwe und die Welfen, HZ 268 (1998), 375; Die Welfen, hg. v. Ay, K. u. a., 1998; Schneidmüller, B., Die Welfen, 2000; Weller, T., Die Heiratspolitik, 2004; Welf IV., hg. v. Bauer, D. u. a., 2004.

Wellenburg, Wöllenburg (Herrschaft). Um 1200 wird die W. südwestlich von Augsburg erstmals erwähnt. Sie war Amtssitz des Kämmerers des Hochstifts Augsburg und kam am Ende des 13. Jahrhunderts an die ritterliche Augsburger Familie Portner, danach an die Familie Onsorg und dann durch Vererbung teilweise an den Augsburger Patriziersohn und Erzbischof von Salzburg Matthäus Lang und durch Kauf teilweise an Kaiser Maximilian. 1595 ging die Herrschaft W. an die Grafen Fugger-Babenhausen (Fugger in ihrer Linie Babenhausen) über. Am Ende des 18. Jahrhunderts gehörte sie über die Fugger-Wasserburg zum schwäbischen Reichskreis. 1806 fiel sie an Bayern.

L.: Wolff 205; Wallner 686 SchwäbRK 16 b.

Wellendingen (reichsritterschaftlicher Ort). Von 1264 bis 1299 sind Herren von W. bei Rottweil bezeugt. Unter der Oberherrschaft der Grafschaft Hohenberg hatten 1384 die Pfuser, dann die Ifflinger, 1543 die Gräter, die Stotzingen, 1548 die Humpiß von Waltrams den zum Kanton Neckar des Ritterkreises Schwaben zählenden Ort. 1806 kam er an Baden und damit 1951/1952 an Baden-Württemberg. S. Humpiß von Waltrams zu W.

L.: Chronik von Wellendingen bei Rottweil, 1926.

Wellenstein (Reichsritter). Von 1718 bis etwa 1737 war Anton von W. Mitglied des Kantons Neckar des Ritterkreises Schwaben.

L.: Hellstern 216.

Wellwarth (Reichsritter). Im 16. Jahrhundert zählten die W. zum Kanton Odenwald des Ritterkreises Franken.

L.: Stetten 22.

Wels-Lambach (Grafen). Nach der bei dem römischen Ovilava entstandenen, 776 belegten, ursprünglich königlichen Burg Wels nannten sich Grafen, die 1091 mit Bischof Adalbero von Würzburg ausstarben. Ihre Güter, darunter das Kloster Lambach (1056), fielen an die Grafen von Formbach, die Grafen von Regau, die Otakare und das Hochstift Würzburg und um 1220 durch Kauf an die Babenberger. 1653 gab König Ferdinand IV. die Burgvogtei Wels an die Fürsten von Auersperg.

L.: Wolff 27; Meindl, K., Geschichte der Stadt Wels, 1878; Dungern, O. v., Genealogisches Handbuch zur bairisch-österreichischen Geschichte, 1931; Tyroller, F., Die Grafen von Wels-Lambach, in: Wegener, W., Genealogische Tafeln zur mitteleuropäischen Geschichte, 1962 ff.; Ebner, H., Wels-Lambacher, LexMA 8 1996, 2155.

Welsberg, Welschberg zu Langenstein (Grafen, Reichsritter). 1752 zählten die Grafen W. mit der Herrschaft Langenstein zum Kanton Hegau (Hegau-Allgäu-Bodensee) des Ritterkreises Schwaben.

L.: Hölzle, Beiwort 61 (Welsperg); Ruch, Anhang 80; Götz, F./Beck, A., Schloss und Herrschaft Langenstein im Hegau, 1972.

Welsche Konfinen (Gebiete). Als W. wurden die im 14. Jahrhundert an der Grenze von Tirol/Trient zum Herrschaftsgebiet Venedigs gelegenen Gebiete bezeichnet.

L.: Wolff 37; Großer Historischer Weltatlas II 48 D1.

Welser (Reichsritter). Im 18. Jahrhundert zählten die W. zum Kanton Gebirg des Ritterkreises Franken.

L.: Riedenauer 128.

Weltersburg (Herrschaft). Die Burg W. im Westerwald wird 1220 erstmals genannt. Sie gehörte gemeinsam den Herren von Isenburg und den Grafen von Sayn. Der Anteil Sayns kam 1356 durch Heirat an die Grafen von Wied. 1488 erlangten die Grafen von Leiningen-Westerburg den Anteil der Grafen Wied. Mit der Herrschaft Westerburg kam die Herrschaft W., die am Ende des 18. Jahrhunderts über die Grafen von Leiningen-Westerburg zum oberrheinischen Reichskreis zählte, 1806 an das Großherzogtum Berg, 1815 an Nassau, 1866 an Preußen und 1946 an Rheinland-Pfalz.

L.: Wallner 698 OberrheinRK 40a; Gensicke, H., Landesgeschichte des Westerwaldes, 2. A. 1987.

Welzheim (Herrschaft). In und bei W. an der Lein bei Backnang bestanden zwei römische Kastelle. 1181 wird der Ort (Wallenzin) erstmals erwähnt. Die zugehörige Herrschaft kam nach dem Untergang der Staufer an die Herren von Rechberg, 1335 an die Schenken von Limpurg, die sie bis zu ihrem Aussterben 1713 als Lehen Württembergs innehatten. 1718 gab sie der Herzog von Württemberg an seine Mätresse Graevenitz und deren Bruder, den württembergischen Minister F.W. von Graevenitz. Dieser erlangte 1726 wegen dieser etwa 1 Quadratmeile großen Herrschaft Sitz und Stimme im fränkischen Reichskreis und im fränkischen Reichsgrafenkollegium des Reichstages. 1734 wurde W. nach dem Sturz der Graevenitz zum Kammerschreibergut Württembergs geschlagen. Über Württemberg kam W. 1951/1952 an Baden-Württemberg.

L.: Wolff 126; Wallner 693 FränkRK 25; Welzheim und der Welzheimer Wald, 1965; Weller, F., Geschichte der Stadt Welzheim und des Welzheimer Waldes, 1878.

Wemding (Herrschaft). 798 gab Karl der Große den Hof W. (Uemodinga) an das Kloster Sankt Emmeram in Regensburg. Im 11./12. Jahrhundert war W. Lehen der von Werd (Donauwörth). Später gelangte es an die Grafen von Hirschberg, 1306 durch Kauf an die Grafen von Oettingen. 1467 erwarb der Herzog von Bayern-Landshut den Ort mit zugehöriger Herrschaft. 1503 kam W. an Bayern-München. S. Bayern.

L.: Wolff 136.

Wemding, Wemdingen (Reichsritter). Im frühen 16. Jahrhundert zählten die W. zum Kanton Altmühl des Ritterkreises Franken.

L.: Riedenauer 128.

Wenden (Fürstentum). Das aus der Herrschaft der Herren von Werle seit 1418 erwachsene Fürstentum W. gehörte am Ende des 18. Jahrhunderts über die Herzöge von Mecklenburg-Schwerin und Mecklenburg-Güstrow zum niedersächsischen Reichskreis. S. Werle.

L.: Wallner 706 NiedersächsRK 2, 5.

Wendler von Pregenrot, Wendler von Pregenroth (Reichsritter). Von 1548 bis etwa 1623 waren die W. Mitglied des Kantons Neckar des Ritterkreises Schwaben.

L.: Hellstern 216 f.

Wengen (Reichsdorf?)

L.: Dacheröden 234; Hugo 476.

Wenk, Wenger (Reichsritter). Im 17. Jahrhundert zählten die W. zum Kanton Odenwald des Ritterkreises Franken.

L.: Riedenauer 128.

Wenkheim, Wenckheim (Reichsritter). Im 16. Jahrhundert zählten die wohl 1217 erstmals erwähnten W. (aus Großwenkheim bei Münnerstadt) zu den Kantonen Steigerwald und Rhön-Werra des Ritterkreises Franken. W. gelangte über Baden 1951/1952 an Baden-Württemberg.

L.: Stieber; Roth von Schreckenstein 2, 594; Pfeiffer 214; Bechtolsheim 2; Stetten 33; Rahrbach 290.

Wentsiga (Wenzengau)

L.: Curs, O., Deutschlands Gaue im zehnten Jahrhundert. Nach den Königsurkunden, Diss. phil. Göttingen 1908, 23 (Lutter am Barenberg, Dahlum?); Polenz, P. v., Landschafts- und Bezirksnamen, 1961, II, 33, 40, Wentsiga, Venzigavvi, Wentsgoi, Densiga.

Wenzengau (Ventsgoi, Venzigavvi, Gau westlich der mittleren Leine)

L.: Curs, O., Deutschlands Gaue im zehnten Jahrhundert. Nach den Königsurkunden, Diss. phil. Göttingen 1908, 23 (Lutter am Barenberg, Dahlum?); Polenz, P. v., Landschafts- und Bezirksnamen, 1961, II, 33, 40, Wentsiga, Venzigavvi, Wentsgoi, Densiga.

Werd (Herrschaft). Die Herrschaft W. wurde 1325 vom Hochstift Straßburg erworben und kam mit diesem an Frankreich. S. Reinach-Werd.

L.: Hölzle, Beiwort 76; Wunder, G., Das Straßburger Landgebiet, 1967.

Werden (Reichsabtei). Um (791 bzw.) 800 gründete der heilige Liudger in Nachfolge des angelsächsischen Missionars Suitbert (um 700) in W. (loco Werithina) an der Ruhr auf Eigengut eine Kirche. Wenig später entstand hier ein bedeutendes Benediktinerkloster, das in der zweiten Hälfte des 9. Jahrhunderts (877) durch Übertragung an das Reich überging (877 Immunität). 931 gewann es das Recht der freien Abtwahl, 974 Marktrecht und Münzrecht. 1198 wurde der Abt Fürst (princeps) genannt. Die Abtei bildete auf der Grundlage reicher Güter und Nutzungen am Rhein, in Sachsen und Friesland (aufgezeichnet in den Werdener Urbaren), deren Vögte im 11. Jahrhundert die Grafen von Berg, seit 1334 die Grafen von der Mark, seit 1401 die Herzöge von Kleve-Mark und seit 1648 die Markgrafen von Brandenburg waren, allmählich ein kleines Herrschaftsgebiet um W. aus. Vom 16. Jahrhundert an gehörte sie zum niederrheinisch-westfälischen Reichskreis. 1803 wurde sie mit 2,5 Quadratmeilen Gebiet säkularisiert und kam an Preußen, 1946 zu Nordrhein-Westfalen.

L.: Wolff 334; Zeumer 552 II a 37, 5; Wallner 794 WestfälRK 36; Großer Historischer Weltatlas II 66 (1378) D3, III 22 (1648) C3, III 38 (1789) B2; Kötzschke, R., Studien zur Verwaltungsgeschichte der Großgrundherrschaft Werden, 1900; Die Urbare der Abtei Werden, hg. v. Kötzschke, R./Körholz, F., Bd. 1–3 1902 ff.; Körholz, F., Abriss der Geschichte des Stifts Werden, 1925; Elbern, V. H., St. Liudger und die Abtei Werden, 1962; Brand, J., Geschichte der ehemaligen Stifter Essen und Werden während der Übergangszeit von 1806–1813 unter besonderer Berücksichtigung der großherzoglich-bergischen Justiz und Verwaltung, 1971; Köbler, G., Gericht und Recht in der Provinz Westfalen (1815–1945), FS G. K. Schmelzeisen, 1980, 177; Stüwer, W., Die Reichsabtei Werden an der Ruhr, 1980; Seibert, H., Werden, LexMA 8 1996, 2196 f.; Das Jahrtausend der Mönche, hg. v. Gerchow, J., 1999; Escher, M. u. a., Die urbanen Zentren, 2005, 2, 666.

Werdenau, Wernau (Reichsritter). Im 17. Jahrhundert zählten die W. (Wernau) zum Kanton Odenwald und vielleicht zum Kanton Rhön-Werra im Ritterkreis Franken. S. Wernau.

L.: Riedenauer 128.

Werdenberg (Grafschaft). Nach W. bei Sankt Gallen nannten sich seit 1264 Grafen von W. Ihre Burg stammt bereits aus dem 12. Jahrhundert. Sie beerbten als (um 1258 entstandener) Zweig der Grafen von Montfort über die Pfalzgrafen von Tübingen die Grafen von Bregenz (Bregenzer Linie der Udalrichinger) und hatten Güter um den Alpenrhein und im südlichen Teil des späteren Vorarlberg. 1277 erwarben sie die Grafschaft Heiligenberg und begründeten die Linie Werdenberg-Heiligenberg (bis 1428), die 1394 Bludenz an Habsburg verkaufte und 1404 W. an Montfort verpfändete. Daneben entstand die Linie Werdenberg-Sargans, die sich später in Werdenberg-Sargans-Vaduz (bis 1416), Werdenberg-Sargans-Vaz (bis 1504) und Werdenberg-Sargans-Trochtelfingen teilte. Diese erhielt 1399 von Württemberg die Grafschaft Sigmaringen mit den Herrschaften Trochtelfingen, Jungnau und Veringen, beerbte 1434 Werdenberg-Heiligenberg und starb 1534 aus. Die Eigengüter und Heiligenberg kamen an Fürstenberg, Sigmaringen als erledigtes Reichslehen an das Reich und von dort an die Grafen von Hohenzollern. Bereits 1396/1398 waren Blumenegg und Vaduz von Werdenberg-Sargans an die Herren von Brandis verpfändet und 1455 Sonnenberg an Waldburg und 1482 Sargans an die Eidgenossen der Schweiz verkauft worden. 1792 war der Fürst zu Fürstenberg als Graf zu Heiligenberg und W. Mitglied der schwäbischen Grafen der weltlichen Bank des Reichsfürstenrates des Reichstages.

L.: Wolff 172, 524; Zeumer 553 II b 61, 1; Großer Historischer Weltatlas II 66 (1378) E5, II 72 b (bis 1797) G2; Krüger, F., Die Grafen von Werdenberg-Heiligenberg und von Werdenberg-Sargans, Mitt. zur vaterländ. Gesch., hg. v. hist. Ver. Sankt Gallen 21 (1887); Beusch, H., Rechtsgeschichte der Grafschaft Werdenberg, 1918; Litscher, M., Die Alpkorporationen des Bezirkes Werdenberg, 1919; Broder, L., Schloss und Städtchen Werdenberg, 1957; Schindler, D., Werdenberg als Glarner Landvogtei, 1986; Eberl, I., Werdenberg, LexMA 8 1996, 2197.

Werdenfels (Grafschaft). Im Loisachbecken bei Garmisch wurde angeblich von Herzog Otto I. von Bayern die Burg W. errichtet. Sie wurde Mittelpunkt eines Herrschaftsgebietes des Hochstifts Freising, das 1249 die Burg sowie unter anderem Garmisch mit Burg Falkenstein und dem Eibsee sowie 1294 von Berthold von Eschenlohe Partenkirchen und Mittenwald erlangte. Die Grafschaft verlor an Bayern und Tirol Güter und war im 15. Jahrhundert zeitweise verpfändet. Nach 1632 verfiel die Burg. Seit der Mitte des 18. Jahrhunderts erhob Bayern Ansprüche auf die Grafschaft, die 1768 vom Reichshofrat zurückgewiesen wurden. Die zum bayerischen Reichskreis zählende, im 18. Jahrhundert in die Untergerichte Garmisch, Partenkirchen und Mittenwald gegliederte Grafschaft Freisings kam 1802 an Bayern.

L.: Wolff 139; Wallner 712 BayRK 7; Großer Historischer Weltatlas II 66 (1378) F5, III 22 (1648) E5, III 38

(1789) D4; Prechtl, J., Chronik der ehemals bischöflich freisingischen Grafschaft Werdenfels, 1850; Hibler, J., Geschichte des oberen Loisachtales, 1908; Albrecht, D., Grafschaft Werdenfels, 1955 in: Historischer Atlas von Bayern, Teil Altbayern; Landeshoheit, hg. v. Riedenauer, E., 1994; Störmer, W., Werdenfels, LexMA 8 1996, 2197 f.

Werdenstein (Freiherren, Reichsritter). Im 18. Jahrhundert zählten die nach der Burg W. bei Sonthofen benannten, seit 1239 nachweisbaren Freiherren von W. zum Kanton Hegau (Hegau-Allgäu-Bodensee, Bezirk Allgäu-Bodensee) des Ritterkreises Schwaben.

L.: Roth von Schreckenstein 2, 592; Ruch, Anhang 82.

Werdenstein (reichsritterschaftliche Herrschaft). Die Burg W. bei Sonthofen war Allod der 1239 erscheinenden Herren von W., die später Erbkämmerer des Stifts Kempten waren. Sie nahmen in der früheren Neuzeit ihre Güter von Habsburg zu Lehen. 1659 erwarben sie die Herrschaft Dellmensingen bei Ulm. 1785 verkaufte der letzte Baron von W. die Herrschaft W. an die Grafen von Königsegg-Rothenfels. Von ihnen kam sie an Bayern.

L.: Hölzle, Beiwort 47; Ullrich, A./Rottenkolber, J., Geschichte der Reichsritter von Werdenstein, Allgäuer Heimatbücher 3 (1927).

Werenafeld (Warnenfeld)

L.: Polenz, P. v., Landschafts- und Bezirksnamen, 1961, II, 35, 58, 61 f., III, 28 f., Werenafeld, 'Warnenfeld'.

Werenwag (Herrschaft) s. Wehrwag

Weringouwe (Werngau)

L.: Polenz, P. v., Landschafts- und Bezirksnamen, 1961, II, 24, III, 25, Weringouwe, 'Werngau'.

Werl (Grafen). Die reichsunmittelbaren, aus dem Raum Meschede stammenden Grafen von W. (spätestens 1024 Sitz in W., 1116 Werle) in Westfalen hatten im 10. und 11. Jahrhundert Grafschaftsrechte vom Sauerland bis nach Friesland sowie Vogteirechte über das Hochstift Paderborn und das Stift Werden an der Ruhr inne. Seit der Mitte des 11. Jahrhunderts wurden sie auf Westfalen beschränkt. Dort errichteten sie um 1060 die Burg Arnsberg an der Ruhr. 1102 verloren sie im engeren Gebiet um Werl, am Hellweg und im Sauerland die halbe Grafschaft an das Erzstift Köln. Beim Erlöschen der Grafen 1124 kam Arnsberg in weiblicher Erbfolge an die Grafen von Arnsberg. W. selbst gelangte 1802 an Hessen-Darmstadt, 1816 an Preußen und 1946 an Nordrhein-Westfalen.

L.: Wolff 86; Mehler, F. J., Geschichte der Stadt Werl, 1891, Neudruck 1983, 1988; Hömberg, A. K., Geschichte der Comitate des Werler Grafenhauses, Westfäl. Zs. 100 (1950); Leidinger, P., Untersuchungen zur Geschichte der Grafen von Werl, 1965; Wouters, S., Bibliographie zur Werler Stadtgeschichte, 1981; Halekotte, W., Stadt und Kreuz, 1987; Werl, hg. v. Roher, A. u. a., 1994; Janssen, W., Werl, LexMA 8 1996, 2208; Escher, M. u. a., Die urbanen Zentren, 2005, 2, 668.

Werle (Herren, Fürstentum). Die Burg W. der Abodriten in Mecklenburg wurde bei der Teilung Mecklenburgs um 1230 Sitz einer Herrschaft. 1236 wurde diese durch Teile des Landes Zirzipanien, 1256 durch Teile der Herrschaft Parchim, 1273 durch Parchim selbst erweitert. Seit 1316 war W. seinerseits in Teilherrschaften (Güstrow, Goldberg, Parchim [1316–1374] und Waren [1347–1426]) aufgeteilt. Werle-Waren trug 1415 sein Land dem Markgrafen von Brandenburg zu Lehen auf. Seit 1418 nannten sich die Herren von W. Fürsten von Wenden und bereiteten durch einen Erbvertrag die Vereinigung der Güter vor. 1426 fielen die werlischen Güter an Werle-Güstrow, 1436 beim Aussterben dieser Linie an Mecklenburg-Schwerin und Mecklenburg-Stargard. Brandenburg wurde 1442 durch Geldleistungen, Pfandrückgabe und Einräumung eines Eventualerbrechts in Mecklenburg abgefunden. S. Mecklenburg.

L.: Witte, H., Mecklenburgische Geschichte, 1909.

Wernau, Werdenau (Reichsritter). Von 1548 bis 1696 waren die W. (bei Erbach an der Donau) Mitglied des Kantons Neckar des Ritterkreises Schwaben. Sie hatten seit 1400 etwa ein Drittel von Pfauhausen (bei Esslingen am Neckar) erworben. 1696 kam bei ihrem Aussterben Pfauhausen an die Rotenhan in Neuhausen, 1769 durch Verkauf an das Hochstift Speyer. Im Kanton Kocher war 1542 Wolf Heinrich von W. zu Bodelshofen Mitglied, 1578 Veit von W. zu Unterboihingen. 1599 erbte die Familie halb Donzdorf, 1639 erhielt sie das Würzburger Lehen Großeislingen und 1666 erwarb sie Steinbach. 1684 erlosch die im Kanton Kocher immatrikulierte Linie. Im 17. Jahrhundert zählten die W. zum Kanton Odenwald und vielleicht zum Kanton Rhön-Werra des Ritterkreises Franken.

L.: Riedenauer 128; Hellstern 217; Schulz 273 f.; Reichardt, L., Ortsnamenbuch des Alb-Donau-Kreises, 1986, 328

Werneck (Freiherren, Reichsritter). Seit 1805 zählten die Freiherren von W. mit dem halben, 1762 in weiblicher Erbfolge von den Wöllwarth erlangten Neubronn zum Kanton Kocher des Ritterkreises Schwaben.

L.: Hölzle, Beiwort 62; Schulz 274.

Werngau (Weringowe, Gau um die Wern rechts des Mains)

L.: Curs, O., Deutschlands Gaue im zehnten Jahrhundert. Nach den Königsurkunden, Diss. phil. Göttingen 1908, 23 (Schnackenwerth); Polenz, P. v., Landschafts- und Bezirksnamen, 1961, II, 24, III, 25, Weringouwe, ‚Werngau'; Niemeyer, W., Der pagus des frühen Mittelalters in Hessen, 1968, 122.

Wernheim (Reichsritter). Im frühen 16. Jahrhundert zählten die W. zum Kanton Steigerwald des Ritterkreises Franken.

L.: Pfeiffer 214; Riedenauer 128.

Wernigerode (Grafschaft). 1121 verlegten die aus dem Süden stammenden Grafen von Haymar/Haimar bei Hildesheim, die neben Grafschaftsrechten auch die Verwaltung des Reichsforstes am Nordostharz innehatten, ihren Sitz auf die 1213 erstmals genannte, einer bedeutsamen Straßenkreuzung benachbarte Burg W. am nördlichen Harz. Sie erlangten die Vogtei über die Klöster Drübeck und Ilsenburg und 1343 von den Grafen von Regenstein die Grafschaftsrechte um W. 1268 trugen sie W. den Markgrafen von Brandenburg zu Lehen auf, 1381 dem Erzstift Magdeburg. 1429 ging die Grafschaft nach dem Aussterben des Geschlechts an die Grafen von Stolberg über. 1449 kam die Lehnsherrschaft von Magdeburg wieder an Brandenburg. Seit 1645 nannte sich eine der Linien der früh der Reformation angeschlossenen Grafen von Stolberg Stolberg-Wernigerode. Nach 1680 kamen die landesherrlichen Rechte mehr und mehr an Brandenburg/Preußen. 1714 wurden die zum obersächsischen Reichskreis zählenden Grafen durch Übergang der Militär- und Steuerhoheit zugunsten Preußens mediatisiert, behielten aber zunächst noch einige Hoheitsrechte. 1807 kam die Grafschaft an das Königreich Westphalen, 1814/1822 wieder an Preußen. Bis 1876/1869/1931 behielten die 1890 in den Fürstenstand erhobenen Grafen, deren Grafschaft 1876 Preußen gänzlich inkorporiert wurde, standesherrliche Vorrechte. W. fiel über die Provinz Sachsen Preußens von 1949 bis 1990 (in Sachsen-Anhalt) an die Deutsche Demokratische Republik. S. a. Stolberg-Wernigerode.

L.: Wolff 415 ff.; Wallner 710 ObersächsRK 17 c; Großer Historischer Weltatlas II 66 (1378) F3, III 22 (1648) E3, III 38 (1789) D2; Drees, H., Geschichte der Grafschaft Wernigerode, 1916; Grosse, W., Geschichte der Stadt und Grafschaft Wernigerode, 1929; Oelsner, M. u. a., Wernigerode, 2. A. 1964; Blaschke, K., Wernigerode, LexMA 9 1998, 11.

Wernstein (Herrschaft). Am Ende des 13. Jahrhunderts erwarb Albrecht I. von Habsburg die Herrschaften Neuburg und W. zu beiden Seiten des unteren Inn. 1731 kam W. mit Neuburg durch Kauf an das Hochstift Passau, bei dessen Säkularisierung W. 1803 an Österreich.

L.: Erhard, A., Geschichte der Stadt Passau, Bd. 2 1864.

Werra s. Rhön und Werra, Rhön-Werra

Werregau s. Wehsiga

L.: Polenz, P. v., Landschafts- und Bezirksnamen, 1961, II, 24, Wehsiga, ‚Werregau'.

Werth, Werth (Herrschaft). Um 1300 erhielt Peter von der Lecke vom Bischof von Münster das Haus W. bei Borken sowie einen schmalen Streifen Landes an der Issel für rückständigen Sold als Lehen. 1316 hatte sich das Haus zu einer Burg entwickelt, die 1344 durch Heirat an die Kuilenburg (Kalenburg, Cuylenburg) fiel. 1504 kam W. über eine Erbtochter an die Pallant (Palant), die 1639 ausstarben. Danach fiel die 1567 reformierte Herrschaft an die Grafen von Waldeck und durch Heirat an Sachsen-Hildburghausen, das W. 1709 für 80 000 Reichstaler an das Hochstift Münster verkaufte, das die Gegenreformation durchführte. Die Herrschaft W. gehörte am Ende des 18. Jahrhunderts über das Hochstift Münster zum niederrheinisch-westfälischen Reichskreis. Über Preußen (1802/1803) kam es 1946 an Nordrhein-Westfalen.

L.: Wolff 312.

Wertheim (Grafschaft). 779/795 erscheint das rechtsmainische Dorf Kreuzwertheim (W.) am Main, das 1009 ein Marktprivileg erhielt. Die in ihrer Herkunft ungewissen, 1132 erstmals bezeugten Grafen von W., die sich (ursprünglich vielleicht nach einer Burg Walm am Untermain? und) seit 1132 nach der linksmainischen Höhenburg W. nannten und nach der Niederlage der Grafen von Henneberg gegen das Hochstift Würzburg von diesem die zuvor in den Händen der Henneberger befindliche Grafschaft als Lehen erhielten, bauten, auf Zehntrechte und Vogteirechte gegründet, eine ansehnliche Herrschaft beiderseits des Mains und an der unteren Tauber auf und legten zwischen 1192 und 1244 die Stadt W. an. 1327 gewannen sie Teile der Herrschaft Breuberg, die 1407 einer 1497 die Hauptlinie beerbenden Nebenlinie zugeteilt wurde. Unter Karl IV. nahmen die Grafen 1362 ihre Güter von Böhmen zu Lehen. Unter Georg II. (1521–1530) führten sie die Reformation ein. Nach dem Aussterben des zum fränkischen Reichsgrafenkollegium gehörigen Geschlechts 1556/1574 fielen die Güter zum kleineren Teil an die verwandten Erbach, zum größeren Teil an die verschwägerten Grafen von Stolberg(-Königstein-Rochefort). Über deren jüngste Erbtochter Anna kam die Grafschaft 1598/1600 großenteils an die nach Jahren gemeinsamer Herrschaft (seit 1574) ihre Mitregenten ausschaltenden Grafen von Löwenstein, die sich seitdem Grafen von Löwenstein-Wertheim nannten, aber in schweren Kämpfen mit dem Hochstift Würzburg bis 1670/1667 fast alle wertheimischen Güter außerhalb der Grafschaft verloren. Sie besaßen in der Grafschaft die Stadt W., jeweils einen Teil der Ämter Remlingen und Schwanberg, die Ämter Königheim, Laudenbach, Kleinheubach und die Herrschaft Breuberg. 1806 kam die Grafschaft, die Sitz und Stimme beim fränkischen Reichsgrafenkollegium und beim fränkischen Reichskreis hatte und etwa 12 Quadratmeilen (abzüglich umstrittener Gebiete 5 Quadratmeilen oder 282 Quadratkilometer) und 13739 Einwohner (1803) in der Stadt Wertheim und knapp 30 Dörfern und Flecken umfasste, mit den Gütern links des Mains (W.) an Baden, im Übrigen an das Fürstentum Aschaffenburg, 1810 an das Großherzogtum Frankfurt und 1814 an Bayern. S. a. Löwenstein-Wertheim.

L.: Wolff 121; Zeumer 554 II b 62, 4; Wallner 692 FränkRK 10; Großer Historischer Weltatlas II 66 (1378) E4, III 38 (1789) C3; Die Territorien des Reichs 4, 214; Ortmann, W., Die Stadt Wertheim am Main, Diss. Darmstadt 1950; Mader, K., Entstehung und Entwicklung der Stadt Wertheim, Mainfrk. Jb. 4 (1952); Friese, A., Der Lehenhof der Grafen von Wertheim im späten Mittelalter, Mainfränk. Hefte 21 (1955); Ehmer, H., Wertheim im Großherzogtum Baden, 1979; Ehmer, H., Geschichte der Grafschaft Wertheim, 1989; Wendehorst, A., Wertheim, LexMA 9 1998, 12; Stockert, H., Adel im Übergang, 2000; Bachmann, M., Lehenhöfe von Grafen und Herren im ausgehenden Mittelalter. Das Beispiel Rieneck, Wertheim und Castell, 2000.

Wertingen (reichsritterschaftliche Herrschaft). Das 1208 als Wertung urkundlich greifbare W. an der Zusam gehörte den Staufern. 1269 gelangte es erbweise an die Wittelsbacher, welche die Truchsessen zu Hohenreichen belehnten. Sie verkauften W. 1348 an die Augsburger Patrizier Langenmantel, von denen es 1469 mit eigener Hochgerichtsbarkeit an die Marschälle von Pappenheim zu Hohenreichen kam. Nach ihrem Erlöschen fielen W. und Hohenreichen als reichsritterschaftliche Lehnsherrschaft im Kanton Donau des Ritterkreises Schwaben an Bayern zurück. 1705 zog sie der Kaiser ans Reich, verlieh sie 1710 den Fürsten Lobkowitz, gab sie aber 1714 wieder an Bayern.

L.: Wolff 509; Gerblinger, A., Geschichte der Stadt Wertingen, 1910.

Wesel s. Schönberg auf W.

Wesenberg (Land). Kurz nach 1300 erhielt Mecklenburg von den Markgrafen von Brandenburg das Land W. am Ausfluss der Havel aus der Woblitz zu Lehen, das bis 1276 zu Werle/Mecklenburg-Werle gehört hatte.

L.: Wolff 443.

Wessenberg (Freiherren, Reichsritter). 1752 zählten die Freiherren von W. mit Aulfingen zum Kanton Hegau (Hegau-Allgäu-Bodensee) des Ritterkreises Schwaben.

L.: Ruch, Anhang 79.

Wessenberg zu Aulfingen (Freiherren, Reichsritter) s. Wessenberg

L.: Ruch, Anhang 77.

Wessobrunn (Kloster). Das nach 740 (nach 750?, 753?) südwestlich des Ammersees von der Familie der Huosi gegründete Benediktinerkloster wurde nach dem Sturz des vielleicht an der Gründung mitbeteiligten Herzogs Tassilo III. (788) 817 Reichskloster, im 10. Jahrhundert aber vom Herzog vieler Güter beraubtes, 955 von den Ungarn zerstörtes Eigenkloster des Hochstifts Augsburg. 1065 wurde es den Benediktinern zurückgegeben (7–14 Mönche). 1302 wurde es landsässig. 1803 wurde es in Bayern aufgehoben.

L.: Höppl, R., Die Traditionen des Klosters Wessobrunn, 1984; Winhard, W., Die Benediktinerabtei Wessobrunn im 18. Jahrhundert, 1988; Prinz, F., Wessobrunn, LexMA 9 1998, 21; Die Benediktinerabtei Wessobrunn, bearb. v. Andrian-Werburg, I. v., 2001.

West-Berlin (Land) s. Berlin

Westargouwe I (Westergau in Bayern)

L.: Polenz, P. v., Landschafts- und Bezirksnamen, 1961, II, 36, Westargouwe I, in Bayern.

Westargouwe II (Westergau im Schwarzwald)

L.: Polenz, P. v., Landschafts- und Bezirksnamen, 1961, II, 26, Westargouwe II, im Schwarzwald.

Westargouwe III (Westergau in Franken)

L.: Polenz, P. v., Landschafts- und Bezirksnamen, 1961, II, 36.

Westargouwe IV (Westergau in Thüringen) s. Westgau

L.: Polenz, P. v., Landschafts- und Bezirksnamen, 1961, II, 23, 33, 36, IV, 13, Westargouwe IV, pagus Uuesterunann.

Westarmannomarcha

L.: Polenz, P. v., Landschafts- und Bezirksnamen, 1961, IV, 5, 8, Westarmannomarcha (pagus Uuestarmann).

Westarwald

L.: Polenz, P. v., Landschafts- und Bezirksnamen, 1961, II, 38, 49, 71, 74, III, 10, Westarwald (Westwoldingerland), Westerwoude.

Westerburg (Herrschaft). 1209 wird W. im Westerwald erstmals genannt. Es war Stammburg der Herren von W. und bereits im 12. Jahrhundert Sitz der Vögte des Stiftes Gemünden. Durch Heirat einer Gräfin von Leiningen erlangte Siegfried von Runkel W. und die Vogtei Gemünden. Eine aus der Stammburg Runkel im 13. Jahrhundert verdrängte Linie, der 1288 W. bestätigt wurde, nannte sich fortan W. Zur Herrschaft W., die im 14. und 15. Jahrhundert durch das Hochstift Trier und die Grafen von Nassau und Katzenelnbogen bedrängt wurde, kam 1467 über eine Erbtochter die Grafschaft Leiningen. Von der Herrschaft W. hatten am Ende des 18. Jahrhunderts die gräflichen Linien Leiningen-Westerburg-Altleiningen und Leiningen-Westerburg-Neuleiningen gemeinsam die Stadt W. und die Herrschaften Schadeck und Weltersburg. Innerhalb Westerburg-Leiningens zählte W. zum oberrheinischen Reichskreis. W. kam 1806 an das Großherzogtum Berg, 1813/1815 an Nassau, 1866 an Preußen und 1946 an Rheinland-Pfalz. S. Leiningen-Westerburg.

L.: Wolff 282; Zeumer 552 ff. II b 60, 20, 60, 21; Wallner 698 OberrheinRK 40 a, b; Gensicke, H., Landesgeschichte des Westerwaldes, 2. A. 1987; Wagner, E., Westerburg, in: Berichte zur deutsche Landeskunde 33, 1 (1964), 134; Mehr, W., Kleine Stadtgeschichte, 1985; Gensicke, H., Westerburg, Nassauische Annalen 99 (1988).

Westerburg, christophische Linie (Grafen). Die christophische Linie der Grafen von W. gehörte im deutschen Reichstag 1792 zu den wetterauischen Grafen der weltlichen Bank des Reichsfürstenrates. S. Leiningen-Westerburg, Leiningen-Westerburg-Altleiningen.

L.: Zeumer 552 ff. II b 60, 20.

Westerburg, georgische Linie (Grafen). Die georgische Linie der Grafen von W. gehörte im deutschen Reichstag 1792 zu den wetterauischen Grafen der weltlichen Bank des Reichsfürstenrates. S. Leiningen-Westerburg, Leiningen-Westerburg-Neuleiningen.

L.: Zeumer 552 ff. II b 60, 21.

Westergau (Gau)

L.: Polenz, P. v., Landschafts- und Bezirksnamen, 1961, II, 36, Westargouwe II, im Schwarzwald; Borgolte, M., Geschichte der Grafschaften Alemanniens in fränkischer Zeit, 1984, 129 (Dornstetten, Ergenzingen, Rohrdorf).

Westergau

L.: Niemeyer, W., Der pagus des frühen Mittelalters in Hessen, 1968, 133 (zwischen Neustadt und Mellrichstadt).

Westergoo

L.: Polenz, P. v., Landschafts- und Bezirksnamen, 1961, II, 15, 36, 38, 46 f., 51, 94, III, 31, Westrahi (Westeraeche, Westroche, Westeriche, Westerriche, friesisch Westergoo).

Westernach (Freiherren, Reichsritter). Im 16. und frühen 17. Jahrhundert waren W. im Kanton Altmühl des Ritterkreises Franken immatrikuliert. Im 18. Jahrhundert zählten die Freiherren von W. zum Kanton Hegau (Hegau-Allgäu-Bodensee, Bezirk Allgäu-Bodensee) des Ritterkreises Schwaben. Mit dem 1619 erworbenen Kronburg waren sie im Kanton Donau immatrikuliert. Außerdem gehörten sie dem Kanton Neckar und wegen Bächingen von 1560 bis 1576 auch dem Kanton Kocher an.

L.: Roth von Schreckenstein 2, 592; Hölzle, Beiwort 59; Ruch, Anhang 82; Hellstern 217; Riedenauer 128; Schulz 274.

Westerried (Herrschaft). Die Herrschaft W. bei Kempten zählte am Ende des 18. Jahrhunderts über die Fürstabtei Kempten zum schwäbischen Reichskreis. Über Kempten gelangte W. 1803 zu Bayern.

L.: Wolff 158; Wallner 685 SchwäbRK 7.

Westerstetten (Reichsritter). Seit 1264 erscheinen Herren von W., die vom 13. bis zum 15. Jahrhundert W. innehatten, sich im 14. Jahrhundert in mehrere Linien teilten und unter anderem um Drackenstein, Dunstelkingen, Dillingen und Ellwangen Güter erwarben. Von etwa 1562 (Ulrich Dietdegen von W. zu Lautlingen und Margrethausen) bis etwa 1624 waren die W. Mitglied des Kantons Neckar des Ritterkreises Schwaben und von 1542 bis 1637 wegen Ballhausen, Dunstelkingen und Katzenstein Mitglied des Kantons Kocher. 1637 starb die Familie aus. Das Dorf W. wurde 1432 vom Kloster Elchingen erworben und fiel über ein Kondominat mit Ulm (bis 1773) 1803 an Bayern und 1810 an Württemberg und damit 1951/1952 an Baden-Württemberg.

L.: Hellstern 217; Schulz 274; Heisler, E., Westerstetten, Chronik eines Dorfes der Ulmer Alb, 1974.

Westerun s. Westargoue IV

L.: Polenz, P. v., Landschafts- und Bezirksnamen, 1961, II, 23, 33, 36, IV, 13, Westerun, pagus, s. Westargouwe IV.

Westfalahun s. Westfalen

L.: Polenz, P. v., Landschafts- und Bezirksnamen, 1961, I, 10, 12, III, 10, s. Astfalahun.

Westfalen (Herzogtum, Provinz, Landesteil). 775 werden die W. (Westfalai) als Teil der Sachsen neben Engern und Ostfalen erstmals erwähnt. Nach ihnen wurde das seit Beginn des letzten Jahrtausends v. Chr. von Germanen und seit dem Abzug der in den Franken aufgehenden Stämme nach Westen von Sachsen besetzte Gebiet zwischen unterer Hunte und Ruhr, Senne und Issel benannt. Im 12. Jahrhundert wurde der Name W. wiederbelebt und auf das Land zwischen Weser und Rhein ausgedehnt, wobei gleichzeitig Engern als Gebietsbezeichnung schwand. Beim Sturz Heinrichs des Löwen 1180 wurde aus dem südwestlichen Teil Sachsens (östliches Sauerland mit nördlich angrenzenden Gebieten südlich der Lippe) das Herzogtum W. mit dem Mittelpunkt Arnsberg gebildet, das (als Herzogtum in W. und Engern) an das Erzstift Köln kam, das bereits Arnsberg, Werl, Rüthen und die Grafschaft Volmarstein innegehabt hatte. Das kölnische Herrschaftsgebiet umfasste später nur den Kern des heutigen W. Im Übrigen kam dieser Raum zu den Landesherrschaften der Bischöfe von Minden, Münster, Osnabrück und Paderborn sowie der Grafen zur Lippe, von der Mark und Ravensberg (daneben Tecklenburg, Limburg, Steinfurt, Gemen, Hoya, Schaumburg, Pyrmont, Waldeck, Rietberg, Everstein, Schwalenberg, Sternberg, Spiegelberg). 1368 wurde von Köln die restliche Grafschaft Arnsberg erworben. 1444/1449 ging Soest an Kleve verloren und Arnsberg bzw. Brilon wurde Vorort. Das kölnische, seit 1512 dem kurrheinischen Reichskreis angehörige Westfalen, ohne Vest Recklinghausen, kam 1803 mit rund 3965 Quadratkilometern und 195 000 Einwohnern, mit Ausnahme des an Hessen-Kassel gefallenen Volkmarsen, an die Landgrafen von Hessen-Darmstadt. Andere Teile Westfalens fielen an Preußen, Arenberg, Croy und Salm, während Lippe und Waldeck fortbestanden. Außer Hessen-Darmstadt, Lippe und Waldeck wurden diese Staaten 1807/1810 beseitigt, wobei westfälisches Gebiet im Norden an das Großherzogtum Berg und im Süden an Hessen-Darmstadt kam und Napoleon unter anderem aus Braunschweig, dem größten Teil Hessen-Kassels, hannoverschen und sächsischen Gebieten sowie den preußischen Stücken Paderborn, Minden, Ravensberg, Münster, Hildesheim, Goslar, Altmark, Magdeburg, Halberstadt, Hohnstein, Quedlinburg, Eichsfeld, Mühlhausen, Nordhausen und Stolberg-Wernigerode das Königreich Westphalen mit der Hauptstadt Kassel bildete. Dieses wurde 1810 um Gebiete Hannovers vergrößert, zugleich aber durch Abtrennung des Nordwestens (westlich der Linie Bielefeld-Lauenburg) an Frankreich verkleinert. 1813 zerbrach es. 1815/1816 fiel das heutige W. (westfälische Güter Preußens außer Kleve und Nieder-Lingen [Niederlingen], Herzogtum W. mit Wittgenstein, weiter Korvei [Corvey, Corvei], Dortmund [durch Tausch mit Hannover], Amt Reckenberg, Arenberg, Salm, Steinfurt, Gemen, Gronau, Rietberg, Rheda, Limburg, durch Tausch mit Nassau-Weilburg Kreis Siegen) mit Ausnahme von Osnabrück, Lippe und Waldeck an Preußen (30. 4. 1815 Provinz W. [auch mit Oberstift Münster, Vest Recklinghausen, Anholt, Bentheim, Dülmen, Rheine, Bocholt, Horstmar, Neunkirchen, ohne Niederstift Münster], seit 1816 mit Herzogtum W. und Grafschaften Wittgenstein, seit 1851 mit Lippstadt, zuletzt 20 214 Quadratkilometer), am 23. 8. 1946 – zusammen mit (Teilen) der preußischen Rheinprovinz und Lippe – an das neugebildete Land Nordrhein-Westfalen.

L.: Wolff 86; Wallner 700 KurrheinRK 3; Großer Historischer Weltatlas II 34 (1138–1254) F3, II 66 (1378) E3, III 22 (1648) D3, III 38 (1789) B3; Richtering, H./Kittel, E., Westfalen-Lippe, in: Geschichte der deutschen Länder, Bd. 1; Seibertz, J. S., Landes- und Rechtsgeschichte des Herzogtums Westfalen, Bd. 1 f. 1839; Seibertz, J. S., Urkundenbuch zur Landes- und Rechtsgeschichte des Herzogtums Westfalen, Bd. 1–3 1839 ff. (Kleinschmidt, A., Geschichte des Königreichs Westphalen, 1893); Curs, O., Deutschlands Gaue im zehnten Jahrhundert. Nach den Königsurkunden, Diss. phil. Göttingen 1908, 23 (Vuestfala, Westfalo, Westfalon, Vuestfalon, pagus Wesualorum, Saxonicus Westfala, Gau rechts des Rheins, Brakel, Dortmund, Stiepel, Gemmen, Herbede, Drebber, Steinen); Hammerschmidt, W., Die provinziale Selbstverwaltung Westphalens, 1909; Hartmann, J., Geschichte der Provinz Westfalen, 1912; Der Raum Westfalen, hg. v. Aubin, H./Philippi, F., Bd. 1–3 1931 ff.; Trende, A., Aus der Werdezeit der Provinz Westfalen (1933); Braubach, M./Schulte, E., Die politische Neugestaltung Westfalens 1795–1815, 1934; Keyser, E./Stoob, H., Deutsches Städtebuch 1939–1974, Bd. 3, Teilband 2; Wrede, G., Die westfälischen Länder im Jahre 1801, Politische Gliederung, Übersichtskarte, 1953; Westfälische Bibliographie, bearb. v. d. Stadt- und Landesbibliothek Dortmund, Bd. 1 ff. 1952 ff.; Engel, J., Karten des westfälischen Raums aus dem 16. Jahrhundert, 1957, Westfäl. Forschungen 10; Polenz, P. v., Landschafts- und Bezirksnamen, 1961, I, 10, 12, III, 10, Westfalahun, Volksname, Landname (Westfala); Le Coq, Topographische Karte von Westfalen im Jahre 1805, 1957; Rothert, H., Westfälische Geschichte, Bd. 1–3 1949 ff., 2. A. 1962; Krauss, G., Geschichtliche Entwicklung der topographischen Landesaufnahme in den Rheinlanden und Westfalen, Rhein. Vjbll. 29 (1964); Gemeindestatistik des Landes Nordrhein-Westfalen. Bevölkerungsentwicklung 1816–1871 und 1871–1961, Beitr. zur Statistik des Landes Nordrhein-Westfalen, Sonderreihe Volkszählung 1961, 3 c u. d, 1966; Hömberg, A. K., Westfälische Landesgeschichte, 1967; Engel, G., Politische Geschichte Westfalens, 3. A. 1970; Kunst und Kultur im Weserraum 800–1600, Ostwestfäl. weserländische Forschungen zur gesch. Landeskunde, hg. v. Stoob, H., 3 (1971); Zur Karte „Gemeindegrenzen 1965", Westfäl. Forschungen 24 (1972); (Berding, G., Herrschafts- und Gesellschaftspolitik im Königreich Westphalen, 1973); Leesch, W., Quellen und Erläuterungen zur Karte „Politische und administrative Gliederung um 1590" im geschichtlichen Handatlas von Westfalen, Westfäl. Forschungen 26 (1974); zur Karte „Gemeindegrenzen 1897", Westfäl. Forschungen 26 (1974); Geschichtlicher Handatlas von Westfalen, hg. v. Hartlieb, A. v./Wallthor, U./Kohl, W., 1. Lief. 1975; Westfälischer Städteatlas, hg. und bearb. v. Stoob, H., 1. Lief. 1975; Köbler, G., Gericht und Recht in der Provinz Westfalen (1815–1945), FS G. K. Schmelzeisen, 1980, 166 ff.; Klueting, H., Die Säkularisation im Herzogtum Westfalen 1802–1834, 1980; Engel, G., Politische Geschichte Westfalens, 4. A. 1980; Geschichtlicher Handatlas von Westfalen, hg. v. Provinzialinstitut für Westfälische Landes- und Volksforschung des Landschaftsverbandes Westfalen-Lippe, 2. Lief. 1982; Westfälische Geschichte, hg. v. Kohl, W., 1983 f.; Klein, H., Kartographische Quellen zur westfälischen Landeskunde, Zusammenstellung der in Berlin vorhandenen Bestände des 16. bis 19. Jahrhunderts, T. 2, Spezialkarten und Register zu den Teilen 1 und 2, Westfälische Forschungen 35 (1985); Engel, G., Die Westfalen. Volk, Geschichte, Kultur, 1987; Keinemann, F., Westfalen im Zeitalter der Restauration und der Julirevolution 1815–1833. Quellen zur Entwicklung der Wirtschaft, zur materiellen Lage der Bevölkerung und zum Erscheinungsbild der Volksabstimmung, 1987; Rösener, W., Grundherrschaft und Bauerntum im hochmittelalterlichen Westfalen, Westfälische Zs. 139 (1989); Bockhorst, W., Westfalen. Ein Gang durch die Geschichte, 1991; Westfalen und Preußen, hg. v. Teppe, K. u. a., 1991; Kohl, W., Kleine westfälische Geschichte, 1994; Engelbrecht, J., Landesgeschichte Nordrhein-Westfalens, 1994; Janssen, W., Territorialbildung und Territorialorganisation niederrheinisch-westfälischer Grafschaften, in: Hochmittelalterliche Territorialstrukturen in Deutschland und Italien, 1996, 71; Johanek, P., Westfalen, LexMA 9 1998, 22 ff.; Klueting, H., Geschichte Westfalens, 1998; Escher, M. u. a., Die urbanen Zentren, 2005, 1, 411.

Westfälischer Reichskreis s. Niederrheinisch-westfälischer Reichskreis

L.: Wolff 310.

Westfälisches Reichsgrafenkollegium (Grafenkollegium). Zu dem 1653 aus dem wetterauischen Reichsgrafenkollegium mit Genehmigung des Fürstenrats entstehenden W. gehörten schließlich Sayn-Altenkirchen (1741 Ansbach bzw. 1791 Preußen), Sayn-Hachenburg (Burggraf von Kirchberg, danach [1799] Nassau-Weilburg), Tecklenburg (Preußen), Wied, Schaumburg (Hessen-Kassel und Schaumburg-Lippe), Oldenburg (Gottorp, Gottorf) (Delmenhorst [Gottorp, Gottorf]), Lippe, Bentheim (Steinfurt), Hoya (Hannover), Diepholz, Spiegelberg, Virneburg (Löwenstein-Wertheim), Rietberg (Kaunitz), Pyrmont (Waldeck), (Gronsfeld) Gronsveld (Törring-Jettenbach), Reckheim (Aspremont), Anholt (Salm-Salm), Winneburg und Beilstein (Metternich), Holzappel (Anhalt-Bernburg), Blankenheim und Gerolstein (Sternberg [Sternberg-Manderscheid]), Wittem (Plettenberg), Gemen (Limburg-Styrum, 1801 Bömelberg), Gimborn-Neustadt (Wallmoden), Wickrath (Quadt), Millendonk (Myllendonk) (Ostein), Reichenstein (Nesselrode), Schleiden (Mark, 1773 Arenberg), Kerpen und Lommersum (Schaesberg), Dyck (Salm-Reifferscheid), Saffenburg (Mark, 1773 Arenberg), Hallermunt (Platen), Rheineck (Sinzendorf) sowie Bretzenheim und Regenstein (Rheinstein).

L.: Zeumer 553 II b 63; Kesting, H., Geschichte und Verfassung des niedersächsisch-westfälischen Reichsgrafenkollegiums, Westfäl. Zs. 106 (1956); Arndt, J., Hochadel in Nordwestdeutschland. Die Mitglieder des niederrheinisch-westfälischen Reichsgrafenkollegiums zwischen individuellem Aufstieg und korporativer Selbstbehauptung (1653–1806), Bll. f. dt. LG. 126 (1990), 185 ff.; Arndt, J., Das niederrheinisch-westfälische Reichsgrafenkollegium und seine Mitglieder 1653–1806, 1991.

Westflinge (Bevölkerungsname)

L.: Polenz, P. v., Landschafts- und Bezirksnamen, 1961, II, 38, 49, 55, III, 1–3, Westflinge (Westlingi, Westlingland).

Westgau (Uestgeuue, Westergowi, Uuesterun, Vuestergouue, Gau zwischen Werra und Unstrut)

L.: Curs, O., Deutschlands Gaue im zehnten Jahrhundert. Nach den Königsurkunden, Diss. phil. Göttingen 1908, 23 (Tennstadt, Großberingen, Wolfsberingen, Osterberingen, Beurenfeld, Hörschel, Aschbach, Eckartsleben, Aschara, Langensalza, Oberdorla, Niederdorla, Germar, Barchfeld, Frauenbreitungen); Hessler, W., Mitteldeutsche Gaue des frühen und hohen Mittelalters, 1957, 154 (Aschara, Aspach, Großenbehringen, Osterbehringen, Wolfsbehringen, Oberdorla, Eckardtsleben, Görmar, Heroldishausen, Hörschel, Langensalza, Zimmern); Polenz, P. v., Landschafts- und Bezirksnamen, 1961, II, 23, 33, Westargouwe IV (pagus Uuesterun) in Thüringen.

Westheim (Reichsdorf). Am 24. 9. 1300 verlieh König Albrecht dem Albrecht von Hohenlohe 200 Mark als Burglehen und verpfändete ihm dafür unter anderem die königlichen Dörfer W., Urfersheim und Dachstetten. Später kam W. an Bayern.

L.: Hugo 460.

Westhofen (Reichshof [Reichsdorf, Freiheit]). Vermutlich aus sächsischer Zeit stammt der 1255 erstmals erwähnte, aber noch nicht genau ermittelte Reichshof W. an der Ruhr bei Dortmund. 1255 kam der Hof, neben Brackel (Brakel), Elmenhorst und Dortmund einer von vier Königshöfen um die Reichsstadt Dortmund, als Pfand von König Wilhelm von Holland an die Grafen von der Mark. 1401 wurden die Rechte der Freiheit W. bestätigt. Über Preußen fiel W. 1946 an Nordrhein-Westfalen.

L.: Wolff 319; Hugo 469 f.; Nieland, L., Der Reichshof Westhofen im Mittelalter, in: Beiträge zur Geschichte Dortmunds und der Grafschaft Mark 50 (1953).

Westkroatien (Land). W. war nach dem Tode Kaiser Ferdinands I. (1564) bis 1619 ein Land der Ländergruppe Innerösterreich.

Westphalen (Königreich). Durch Dekret vom 18. 8. 1807 bildete Napoleon nach dem Frieden von Tilsit, in dem Preußen alle linkselbischen Gebiete aufgeben musste, für seinen Bruder Jerôme ein Königreich W. mit 688 Quadratmeilen bzw. fast 40 000 Quadratkilometern und fast 2 Millionen Einwohnern. Es bestand nach Ausweis des Art. 1 der Konstitution vom 15. 11. 1807 aus dem bisherigen Herzogtum Braunschweig (Braunschweig-Wolfenbüttel), aus Hessen-Kassel (ohne Hanau, [Schmalkalden und] Niederkatzenelnbogen [Niedergrafschaft Katzenelnbogen]) nebst Rinteln und Schaumburg, aus den hannoverschen Gebieten Göttingen, Grubenhagen nebst den Zubehörungen von Elbingerode, Osnabrück und im Harz, aus den linkselbischen preußischen Gebieten Altmark, Magdeburg, aus dem Gebiet von Halle (an der Saale), aus Halberstadt, Stolberg, Wernigerode (Stolberg-Wernigerode), Hohnstein, Hildesheim, Quedlinburg, Goslar, Eichsfeld, Mühlhausen, Nordhausen, Minden, Ravensberg, Paderborn und Münster, aus den sächsischen Ämtern Gommern, Barby und Treffurt sowie dem sächsischen Anteil an der Grafschaft Mansfeld, aus Corvey-Höxter (Corvey) und aus der Reichsgrafschaft Kaunitz-Rietberg (Rietberg). Es war Mitglied des Rheinbundes. Hauptstadt war Kassel. Am 15. 10. 1807 erhielt das als aufgeklärter Modellstaat gedachte Königreich eine von liberalen Grundsätzen beherrschte Verfassung (Volksvertretung mit 70 Vertretern des Grundeigentums, 15 der Kaufleute und Fabrikanten sowie 15 der Gelehrten), mit der auch der Code Napoléon als Gesetzbuch eingeführt wurde. Politische Ziele waren die Beseitigung der Standesvorrechte, die Befreiung von der Leibeigenschaft und die Einführung der Gewerbefreiheit. Faktisch wurde das in die Departements Elbe, Saale, Harz, Oker, Leine, Werra, Fulda und Weser eingeteilte Land diktatorisch regiert. Die Universitäten Helmstedt, Rinteln und Paderborn wurden aufgelöst, die Klöster und Stifte aufgehoben. 1809 kam es zu Aufständen. Am 14. 10. 1810 erhielt das Königreich aus der Auflösung Hannovers 468 Quadratmeilen mit 647 000 Einwohnern (Hannover ohne Lauenburg). Am 12. 10. 1810 musste es Abtretungen im Nordwesten an Frankreich zulassen. Am 1. 10. 1813/26. 10. 1813 zerfiel das scheinkonstitutionelle Königreich. Hessen-Kassel lebte sofort wieder auf, die übrigen Gebiete wurden zunächst von einem Zentralverwaltungsrat geführt und 1815 meist an die früheren Herren zurückgegeben.

L.: Kleinschmidt, A., Geschichte des Königreichs Westphalen, 1893; Weidemann, J., Neubau eines Staates. Das Königreich Westphalen, 1936; Kohl, W., Die Verwaltung der östlichen Departements des Königreichs Westphalen 1807–1814, 1937; Berding, G., Herrschafts- und Gesellschaftspolitik im Königreich Westphalen, 1973; Regierungsakte des Königreiches Westphalen, hg. v. Rob, K., 1992; Nedden, C. zur, Die Strafrechtspflege im Königreich Westphalen, 2003.

Westpreußen (Landschaft, Gebiet, Provinz). 1466 trat der Deutsche Orden im zweiten Thorner Frieden Pommerellen (Danzig), Kulm (mit Thorn) (Kulmerland), Elbing, Christburg und Marienburg samt den Hochstiften Ermland und Kulm an Polen ab (Polnisch Preußen, Königlich Preußen). Dieses versuchte die seitdem W. genannten Gebiete einzugliedern und zu polonisieren. 1659 wurde W. Polen angegliedert. Das im Dreißigjährigen Krieg und im Nordischen Krieg schwer verwüstete Land wurde mit Ausnahme der Städte, des Ermlandes und Marienwerders in der Folge im Wesentlichen polnisch. 1772 fiel in der ersten Teilung Polens Preußens königlich-polnischer Anteil mit Pommerellen, Culm (Kulm, Kulmerland) ohne Thorn, Westpomesanien, Ermland und den Kreisen Deutsch Krone (Deutschkrone) und Flatow, insgesamt rund 36000 Quadratkilometer mit 600000 Einwohnern, an Preußen, wodurch eine Landverbindung zwischen der Mark Brandenburg und Ostpreußen entstand, jedoch Polen von der Ostsee abgeschnitten wurde. 1773 erhielt dieses sog. Neupreußen (ohne Ermland und Deutschkrone) die Bezeichnung W. In der zweiten Teilung Polens (1793) kamen Danzig und Thorn hinzu. Preußen förderte das Land in kurzer Zeit erheblich. Von 1807 bis 1813 war Danzig Freie Stadt. 1815 wurde die preußische Provinz W. neu errichtet und 1824 personal, 1828 real mit Ostpreußen vereinigt (Provinz Preußen). Seit 1878 bildete es wieder eine eigene Provinz Preußens. 1919 kam deren größter Teil entgegen dem Grundsatz der Selbstbestimmung ohne Abstimmung als polnischer Korridor zur Ostsee an Polen, Danzig wurde freie Stadt. Die östlich der Weichsel gelegenen Gebiete (Marienburg, Marienwerder, Rosenberg, Stuhm) blieben auf Grund einer Volksabstimmung vom 11.7.1920, bei der sich 93 % der Einwohner für Deutschland entschieden, beim Reich und bildeten zusammen mit Elbing den Regierungsbezirk W. der Provinz Ostpreußen. Die nicht an Polen gefallenen südwestlichen Gebiete wurden mit dem Rest Posens zur preußischen Provinz Grenzmark Posen-Westpreußen verbunden. 1939 wurden die ostpreußischen Kreise Elbing, Marienburg, Marienwerder, Rosenberg und Stuhm mit Danzig und den zurückeroberten Gebieten Polens zum Reichsgau Danzig-Westpreußen zusammengefasst. 1945 kam das Gebiet unter die Verwaltung Polens und gelangte 1990 als politische Folge der deutschen Wiedervereinigung an Polen.

L.: Forstreuter, K., Deutschordensland Preußen, in: Geschichte der deutschen Länder, Bd. 1; Bär, M., Die Behördenverfassung in Westpreußen seit der Ordenszeit, 1912; Schumacher, B., Geschichte Ost- und Westpreußens, 7. A. 1987; Wermke, E., Bibliographie der Geschichte von Ost- und Westpreußen, 1933; Schierling, C., Der westpreußische Ständestaat 1570–1586, 1966; Bibliographie zur Geschichte von Ost- und Westpreußen 1939–1970, bearb. v. Wermke, E., 2. A. 1974; Rauschning, H., Die Abwanderung der deutschen Bevölkerung aus Westpreußen und Posen, hg. v. Kessler, W., 1988; Westpreußen im Wandel der Zeit, hg. v. Heimatkreis Stuhm/Westpreußen, 1989; Rankl, M., Bibliographie zur Literatur Ost- und Westpreußens mit Danzig, Bd. 1f. 1990; Boockmann, H., Deutsche Geschichte im Osten Europas. Ostpreußen und Westpreußen, 1992; Handbuch der Geschichte Ost- und Westpreußens, hg. v. Opgenoorth, E., 2,1 1994; Bömelburg, H., Zwischen polnischer Ständegesellschaft und preußischem Obrigkeitsstaat, 1995; Handbuch der Geschichte Ost- und Westpreußens, hg. v. Opgenoorth, E., Bd. 3 1998; Allgemeine Kartensammlung Westpreußen, bearb. v. Bliß, W., 2000; Mast, P., Ost- und Westpreußen und die Deutschen in Litauen, 2000.

Westrahi (friesisch Westergoo)

L.: Polenz, P. v., Landschafts- und Bezirksnamen, 1961, II, 15, 36, 38, 51, 46f., 94, III, 31, Westrahi (Westeraeche, Westroche, Westeriche, Westerriche, friesisch Westergoo).

Westrich, Westerreich (Landschaft) ist eine heute rein geographische Bezeichnung für erhebliche Teile des Herzogtums Lothringen.

L.: Polenz, P. v., Landschafts- und Bezirksnamen, 1961, II, 11, 94, Westrich.

Weta, Weitao s. Uetagau

L.: Hessler, W., Mitteldeutsche Gaue des frühen und hohen Mittelalters, 1957, 155 Weta (Beuditz, Casekirchen, Cauerwitz, Großgestewitz, Görschen, Graitschen, Oberkaka, Unterkaka, Punkwitz, Seiselitz); Polenz, P. v., Landschafts- und Bezirksnamen, 1961, I, 13, Weta, Weitao.

Wetereiba (Wetterau)

L.: Polenz, P. v., Landschafts- und Bezirksnamen, 1961, II, 21, 29, 44, 92, III, 16, 25, 30 f., Wetereiba (pagus Wedrebensis), Wedrecii, ‚Wetterau'.

Wetigau s. Hwetiga

L.: Polenz, P. v., Landschafts- und Bezirksnamen, 1961, 310.

Wetrehen

L.: Polenz, P. v., Landschafts- und Bezirksnamen, 1961, IV, 3 f., 6, Wetrehen, marcha zum Ortsnamen Wetter.

Wettenhausen (Reichsstift, Propstei). 1130 wurde in Verbindung mit der cluniazensischen Reform das Augustinerchorherrenstift W. an der Kammel, das 982 entstanden, aber später eingegangen war, von Gertrud von Roggenstein neu gegründet. 1412 erkaufte die Abtei freie Vogtwahl. Vögte waren die Burgau, die Grafen von Berg, Habsburg als Herr von Burgau, nach der 1412 gewährten freien Vogtwahl die Herren von Knöringen (bis 1469), 1471 Ulm und 1531 der Bischof von Augsburg. 1566 wurde W. reichsunmittelbar und erhielt Sitz und Stimme im schwäbischen Prälatenkollegium und im schwäbischen Reichskreis. Von 1671 bis 1776 hatte der Propst die hohe Gerichtsbarkeit in W. 1803 fiel das geschlossene Herrschaftsgebiet mit 2 Quadratmeilen und 5000–5400 Einwohnern innerhalb der Markgrafschaft Burgau an Bayern.

L.: Wolff 190; Zeumer 552 II a 36, 14; Wallner 688 SchwäbRK 55; Reden-Dohna, A. v., Reichsstandschaft und Klosterherrschaft. Die schwäbischen Reichsprälaten im Zeitalter des Barock, 1982.

Wetter (Grafschaft). Die Grafschaft W. gehörte am Ende des 18. Jahrhunderts als Amt der Landgrafen von Hessen-Kassel dem oberrheinischen Reichskreis an.

L.: Wolff 255; Wallner 694 OberrheinRK 1.

Wetterau (Landvogtei, Reichslandvogtei). Das Gebiet zwischen Taunus, Vogelsberg, Lahn und Main kam seit 15 n. Chr. unter römischen Einfluss und wurde um 85 in die Provinz Germania superior einbezogen. In der Mitte des 3. Jahrhunderts gaben die Römer es an Germanen (Alemannen, am Ende des 5. Jahrhunderts Franken) preis. Seit karolingischer Zeit erscheint dann die vom Fluss Wetter ausgehende Bezeichnung Wetter-eiba (zweite Hälfte des 8. Jahrhunderts, Grafschaft gegen Ende des 9. Jahrhunderts, nach 840 bis 1036 in der Hand der Konradiner), die im 13. Jahrhundert durch W. ersetzt wurde. Nach 1036 zog der König die W. an sich. 1043 gab er einen Teil an Fulda. Anderes gelangte an die Ministerialen von Arnsburg bzw. Münzenberg. Daneben traten Grafen bzw. Herren von Nidda, Büdingen, Buchen-Hanau, Selbold-Gelnhausen, Solms, Nürings, Diez, Nassau, Katzenelnbogen und Eppstein hervor. Bereits Kaiser Friedrich I. Barbarossa versuchte unter Nutzung alter Rechte, das Gebiet als Reichsland zu gewinnen. Friedrich II. bildete eine von Rudolf von Habsburg erneut aufgegriffene Reichslandvogtei, welche die Reichsgrafschaften Isenburg, Hanau, Eppstein, Katzenelnbogen, Nassau, Solms, Leiningen, Ziegenhain, Wertheim und Wied, die Reichsganerbschaften Friedberg, Gelnhausen, Kalsmunt, Staden, Lindheim, Dorheim und Reifenberg (Reiffenberg) sowie die Reichsstädte Frankfurt, Friedberg, Gelnhausen und Wetzlar in einem losen Rahmen zusammenschloss. Seit 1419 wurde das Amt des Reichslandvogtes nicht mehr besetzt. Seine Aufgaben wurden teilweise von dem wetterauischen Reichsgrafenkollegium wahrgenommen, das im 16. Jahrhundert Stimmrecht im Reichsfürstenrat gewann. 1803 kamen die einzelnen Herrschaften im Westen an Nassau und damit 1866 an Preußen und 1945 an Hessen, im Osten an Hessen-Darmstadt und damit 1945 ebenfalls an Hessen.

L.: Demandt, K., Die Mittelrheinlande, in: Geschichte der deutschen Länder, Bd. 1; Alber, E., Kurze Beschreibung der Wetterau, 1550; Wettermann, O., Bericht von der Wetterau, 1608; Arnoldi, J., Aufklärungen in der Geschichte des deutschen Reichsgrafenstandes, 1802; Landau, G., Beschreibung des Gaues Wettereiba, 1855; Curs, O., Deutschlands Gaue im zehnten Jahrhundert. Nach den Königsurkunden, Diss. phil. Göttingen 1908, 23 (Wedereiba, Wettereiba, Gau um die Wetter, Erlenbach, Sahlburg, Traishorloff, Ostheim, Büdesheim); Uhlhorn, F., Grundzüge der Wetterauer Territorialgeschichte, Friedberger Geschichtsblätter 8 (1927); Mittermaier, F. P., Studien zur Territorialgeschichte der südlichen Wetterau, Mitt. d. oberhess. Geschichtsvereins N. F. 31 (1933); Glöckner, K., Das Reichsgut im Rhein-Maingebiet, Archiv f. hess. Geschichte N. F. 18 (1934); Polenz, P. v., Landschafts- und Bezirksnamen, 1961, II, 21, 29, 44, 92, III, 16, 25, 30 f.; Kropat, W., Reich, Adel und Kirche in der Wetterau, 1965; Niemeyer, W., Der pagus des frühen Mittelalters in Hessen, 1968, 112; Schwind, F., Die Landvogtei in der Wetterau, 1972; Herrmann, F., Von der Vorzeit zum Mittelalter, 1989; Schmidt, G., Der Wetterauer Grafenverein, 1989; Schwind, F., Wetterau, LexMA 9 1998, 46; Geschichte von Wetterau und Vogelsberg, hg. v. Stobbe, R., Bd. 1 1999; Escher, M. u. a., Die urbanen Zentren, 2005, 1, 525.

Wetterauisches Reichsgrafenkollegium (Grafenkollegium). Das seit dem 15. Jahrhundert allmählich entstandene wetterauische Reichsgrafenkollegium umfasste ursprünglich nur die (wetterauischen) Grafen von Nassau, Hanau, Solms, Stolberg, Isenburg (linksrheinisch), die Rheingrafen, die Grafen von Leiningen und Falkenstein sowie die Grafen von Sayn, Wied und Waldeck. Nach 1579 wurden weiter entfernt aufgenommen die Grafen Bergen-op-Zoom (Bergen op Zoom), Schaumburg, Bentheim, Oldenburg, Lippe, Ostfriesland, Hohenlohe, Erbach, Schenk von Limpurg, Löwenstein-Wertheim und Castell, doch wurden die westfälischen Grafen 1653 im westfälischen Reichsgrafenkollegium verselbständigt. Das Direktorium stand bis 1754 Hanau, danach Isenburg und Solms-Laubach zu. Am Ende des alten Reiches waren außer den alten Wetterauer Grafen noch Hessen-Kassel und Hessen-Darmstadt als Erben von Hanau, die Grafen von Reuß, von Schönburg, von Ortenburg und von Wied-Runkel als Nachfolger der Grafen von Kriechingen Mitglied des wetterauischen Reichsgrafenkollegiums. Dieses erlosch 1806.

L.: Zeumer 553 II b 60; Schmidt, G., Der Wetterauer Grafenverein. Organisation und Politik einer Reichskorporation zwischen Reformation und Westfälischem Frieden, 1989.

Wettiner (Geschlecht). Die W. stammen vielleicht von einem 822 genannten Grafen Rikbert in Sachsen oder von Herzog Burchard von Schwaben ab. Sie waren vermutlich zuerst im Liesgau und im Harzgau begütert, wechselten bis zur Jahrtausendwende aber in den Hosgau an der Saale. Danach wurden Eilenburg an der Mulde, um 1030 als Lehen die Ostmark (Niederlausitz) und um 1050 Camburg erlangt. Noch vor 1100 nannten sie sich nach der Burg Wettin bei Halle an der Saale. 1089 erhielt Heinrich I. von Eilenburg die Markgrafschaft Meißen als Lehen. Seit 1123 kam das Erbe des Hauses Groitzsch hinzu (Grafschaft Groitzsch 1143). Nach der Teilung von 1156 in die fünf Teilherrschaften Niederlausitz (bis 1185), Wettin (bis 1217), Groitzsch (bis 1210), Brehna (bis 1290) und Meißen wurden die meisten Güter bis 1290 in der Linie Meißen wieder vereinigt, wobei die Grafschaft Brehna aber an Sachsen, die Grafschaft Wettin 1217 an Brehna, 1288 an das Erzstift Magdeburg und damit 1680 an Brandenburg und die Grafschaft Groitzsch durch Verkauf an das Hochstift Merseburg kamen. Heinrich III. gewann im thüringisch-hessischen Erbfolgekrieg 1247/1264 Thüringen. 1307 konnte das gesamte noch vorhandene Gebiet in der Schlacht bei Lucka gegen König Albrecht von Habsburg verteidigt werden. 1344 wurde die Grafschaft Orlamünde erworben. 1379/1382 wurde vorübergehend in drei Teile geteilt (Osterland [dazu 1353 Coburg], Thüringen [dazu 1385 Grafschaft Käfernburg sowie durch Heirat Hildburghausen und Heldburg], Meißen [dazu der größte Teil des Vogtlands]). Hinzu kamen Gebiete in Böhmen und die Vogtei über Quedlinburg. Friedrich (IV. bzw.) I. der Streitbare erhielt 1423 nach dem Aussterben der Askanier als Lohn für seine Hilfe gegen die Hussiten das Herzogtum Sachsen-Wittenberg mit der Kurwürde. 1446 kam es zu einer weiteren Teilung. 1485 wurde in die ernestinische Linie und die albertinische Linie geteilt.

L.: (Wolff 429;) Blaschke, K./Kretzschmar, H., (Ober-)Sachsen und die Lausitzen, in: Geschichte der deutschen Länder, Bd. 1; Eberhardt, H., Thüringen, in: Geschichte der deutschen Länder, Bd. 1; Hofmeister, G. E., Das Haus Wettin, 1889; Posse, O., Die Wettiner, 1897; Helbig, H., Der Wettinische Ständestaat, 1980; Streich, B., Zwischen Reiseherrschaft und Residenzbildung. Der Wettinische Hof im späten Mittelalter, 1989; Sachsen, A. Herzog zu, Die Albertinischen Wettiner, Geschichte des sächsischen Königshauses, 1763–1932, 1989; 900-Jahr-Feier des Hauses Wettin, Regensburg 26. 4.–1. 5. 1989, 1089–1989. FS des Vereins zur Vorbereitung der 900-Jahr-Feier des Hauses Wettin, hg. v. Polenz, H. A. v./Seydewitz, G. v., 1989; Philippi, H., Die Wettiner in Sachsen und Thüringen, 1989; Blaschke, K., Geschichte Sachsens im Mittelalter, 1990; Posse, O., Die Wettiner Genealogie, erg. v. Kobuch, M., 1994; Pätzold, S., Die frühen Wettiner, Diss. phil. Göttingen 1996; Pätzold, S., Die frühen Wettiner, 1997; Blascke, K., Wettiner, LexMA 9 1998, 50; Marquis, B., Meißnische Geschichtsschreibung des späten Mittelalters, 1998; Leisering, E., Die Rechte der Wettiner als Reichsfürsten, N. A. f. sächs. Gesch. 69 (1999), 233; Weller, T., Die Heiratspolitik, 2004.

Wettingen (Kloster). Um 1227 stiftete Heinrich von Rapperswil das Zisterzienserkloster W. an der Limmat. Neben Gütern in W. und in Uri wurden Güter im Limmattal zwischen Baden und Zürich erlangt. Seit dem 14. Jahrhundert stand W. unter der Schirmherrschaft Habsburgs, seit 1415 unter dem Schirm der acht alten Orte der Eidgenossenschaft. 1841 wurde es in der Schweiz aufgehoben.

L.: Wolff 529; Mittler, O., Kirche und Kloster, 1935; Kottmann, A., Die Cistercienserabtei Wettingen 1768–

1803, 1959; Hess, L., Wettingen, Dorf, Kloster, Stadt, 1972; 750 Jahre Kloster Wettingen 1227–1977, hg. v. Organisationskomitee des Klosterjubiläums, 1977; (Wettingen. Geschichte der Gemeinde Wettingen, hg. v. d. Ortsbürgergemeinde Wettingen, 1978); Kottmann, A./Hämmerle, M., Die Zisterzienserabtei Wettingen, 1996; Gilomen-Schenkel, E., Wettingen, LexMA 9 1998, 52.

Wetzel genannt von Karben, Wetzel genannt von Carben (Freiherren, Reichsritter). Um 1790 zählte der Freiherr von W. mit Melbach zum Kanton Mittelrheinstrom des Ritterkreises Rhein.

L.: Winkelmann-Holzapfel 168.

Wetzel von Marsilien (Reichsritter). 1773 zählten die bereits im Stichjahr 1680 angesessenen und mit ihren Gütern bei der Ritterschaft immatrikulierten W. zum Ritterkreis Unterelsass. Sie erloschen männlicherseits 1797 und weiblicherseits 1810.

L.: Roth von Schreckenstein 2, 595.

Wetzhausen (Herrschaft). W. bei Hofheim war der Stammsitz der von den Grafen von Henneberg mit dem Truchsessenamt ausgestatteten ministerialischen Truchsessen von W., die im ausgehenden Mittelalter mehrere adlige Familien (Flieger, Zollner) beerbten und die Güter meist dem Hochstift Würzburg zu Lehen auftrugen. In W. hatten sie seit dem 15. Jahrhundert die Hochgerichtsbarkeit. 1806 kamen die verschiedenen Linien (Bettenburg, Bundorf, Oberlauringen) an Bayern. S. Truchsess von W.

L.: Zeißner, S., Hassbergland in vergangenen Tagen, 1924; Hessberg, H. v., Wie Wetzhausen an die Truchsesse kam, Frankenwarte 1938 Nr. 42.

Wetzlar (Reichsstadt, Grafschaft). Die Konradiner, die Grafen des Lahngaues waren, errichteten um 914/915 (?) am Zusammenfluss von Wetzbach und Lahn sowie am Lahnübergang der Straße von Frankfurt nach Köln auf ehemaligem Reichsgut eine Kirche und ein Marienstift. Nach dem Aussterben der Konradiner um die Mitte des 10. Jahrhunderts fiel der Ort W. (1142 Witflaria) an den König. Dieser fügte ihn im 12. Jahrhundert in das Reichsland der Wetterau ein. Zwischen 1165 und 1180 (Privileg Friedrichs I. Barbarossa) wurde W. Stadt. Diese erhielt Frankfurter Recht und wurde Reichsstadt (1288 Brücke über die Lahn). Die günstige Verkehrslage zwischen Frankfurt und Köln sowie die Eisenerzverarbeitung und die Wollweberei führten zu beachtlicher wirtschaftlicher Blüte (mit etwa 6000 Einwohnern), ehe es seit der Mitte des 14. Jahrhunderts zum Niedergang (1370 Stadtbankrott) kam. Reichsvögte der Reichsvogtei W. waren nach den Herren bzw. Grafen von Merenberg von 1328 bis 1536 die Grafen von Nassau-Weilburg/Nassau-Saarbrücken, von 1536 bis 1802/1803 die Landgrafen von Hessen bzw. Hessen-Darmstadt. 1373 wurde zur Abwehr der Grafen von Solms ein Schutzverhältnis mit Hessen begründet. 1542 wurde die Reformation eingeführt. Von 1693 bis 1806 war W., das zum oberrheinischen Reichskreis zählte, Sitz des Reichskammergerichts. 1802/1803 (1,4 Quadratmeilen, 6000 Einwohner) verlor es die Reichsfreiheit, gehörte von 1803 bis 1813 als Grafschaft W. zum Staat des Fürstprimas von Dalberg (1810 Großherzogtum Frankfurt) und kam 1815 zu Preußen (Rheinprovinz, seit 1932 Provinz Hessen-Nassau). 1945 fiel es an Hessen.

L.: Wolff 292; Zeumer 554 III a 14; Wallner 699 OberrheinRK 54; Großer Historischer Weltatlas II 66 (1378) E3, II 78 (1450), III 22 (1648) D3, III 38 (1789) B3; Die Territorien des Reichs 4, 40; Schroeder 423 ff.; Urkundenbuch der Stadt Wetzlar, Bd. 1–3 1911 ff.; Rau, H., Geschichte der Reichsstadt Wetzlar, 1928; Regel, F., Wetzlar, Herborn, Dillenburg, 1931; Schönwerk, A., Geschichte von Stadt und Kreis Wetzlar, 2. A. 1975; Uhlhorn, F., Wetzlar und Limburg. Untersuchungen zur territorialgeschichtlichen Dynamik der Landschaft an der unteren Lahn, FS T. Mayer, Bd. 2 1955; Kissel, O. R., Neuere Territorial- und Rechtsgeschichte des Landes Hessen, 1961; Heitzenröder, W., Reichsstädte und Kirche in der Wetterau, 1982, Studien zur Frankfurter Geschichte 16; Hahn, H., Untersuchungen zur Geschichte der Reichsstadt Wetzlar im Mittelalter, 1984; Felschow, E. M., Wetzlar in der Krise des Spätmittelalters, Diss. phil. Gießen, 1984; Moraw, P., Die Städtepolitik Kaiser Karls IV. (1346–1378) unter besonderer Berücksichtigung von Wetzlar, in: Mitteilungen des Wetzlarer Geschichtsvereins 31 (1985); Felschow, E., Betrachtungen zur spätmittelalterlichen Stadtverfassung am Beispiel der Städte Gießen und Wetzlar, Hess. Jb. für LG. 39 (1989); Hahn, H., Altständisches Bürgertum zwischen Beharrung und Wandel. Wetzlar 1689–1870, 1991; Fahlbusch, F., Wetzlar, LexMA 9 1998, 52; Escher, M. u. a., Die urbanen Zentren, 2005, 2, 673.

Weyhers (Gericht [Reichsritter]). 1368 verpfändete der Abt von Fulda die Hälfte des fuldischen Gerichtes W. an die Ebersberg, die sich auch nach W. nannten und im 17./18. Jahrhundert zum Kanton Rhön-Werra des Ritterkreises Franken zählten. 1777 kam die an die Ebersberg verpfändete Hälfte von W. durch Kauf an Fulda, mit diesem 1802/1803 an Hessen-Kassel, 1816 an Bayern und über Preußen (1866) 1945 an Hessen. S. Ebersberg genannt von W.

L.: Wolff 239; Seyler 395; Riedenauer 128; Abel, A., Heimatbuch des Kreises Gersfeld, 1924.

Wibital (Wipptal)

L.: Polenz, P. v., Landschafts- und Bezirksnamen, 1961, II, 30, 64–66, Wipital, ‚Wipptal', zum Ortsnamen Vipitenum (Sterzing).

Wiblingen (Kloster, Herrschaft). 1093 gründeten die Grafen von Kirchberg das Benediktinerkloster W. bei Ulm. Im 15. Jahrhundert versuchte W. vergeblich, die Vogteirechte zurückzugewinnen. 1701 kam W. mit seinem kleinen Herrschaftsgebiet unter die Landeshoheit Österreichs, über das die Herrschaft W. dem österreichischen Reichskreis angehörte. 1806 fiel es nach seiner Aufhebung (1803) an Württemberg und damit 1951/1952 an Baden-Württemberg.

L.: Wolff 45; Wallner 714 ÖsterreichRK 1; Der Stadtkreis Ulm, 1977, 392 ff.; Breitenbruch, B., Schule, Studium und Wissenschaft, in: Studien und Mitteilungen zur Geschichte des Benediktinerordens 106 (1995), 175; Eberl, I., Wiblingen, LexMA 9 1998, 59.

Wichsenstein (Reichsritter). Im 16. Jahrhundert zählten die W. zum Kanton Odenwald, zum Kanton Gebirg und zum Kanton Altmühl des Ritterkreises Franken.

L.: Stieber; Pfeiffer 210; Stetten 33; Riedenauer 128; Rahrbach 292.

Wickisau (Grafschaft) Willisau

Wickrath, Wickradt, Wickerad, Wykradt (Herrschaft, freie Reichsherrschaft). 1068 wird in einer gefälschten Urkunde die Burg W. an der oberen Niers südlich von Mönchengladbach bzw. südwestlich von Düsseldorf erstmals genannt. Um sie entstand eine kleine Herrschaft der Herren von W., zu der noch die Herrschaft Schwanenberg nordwestlich von Erkelenz zählte. 1310 war sie Lehen Gelderns. König Maximilian verlieh das Reichslehen W. seinem Rat Heinrich von Hompesch. 1502 fiel es an die Freiherren von Quadt, die 1752 in den Reichsgrafenstand erhoben wurden. Die Reformation drang nicht völlig durch. 1792 gehörte der Graf von Quadt wegen der Herrschaft W. (1,5 Quadratmeilen, 3000 Einwohner) zu den westfälischen Grafen der weltlichen Bank des Reichsfürstenrates des Reichstages und zum niederrheinisch-westfälischen Reichskreis. 1794 wurde die Herrschaft von Frankreich besetzt. 1813/1815 kam sie an Preußen, 1946 W. an Nordrhein-Westfalen. S. Are-Wickrath.

L.: Wolff 365 f.; Zeumer 554 II b 63, 25; Wallner 704 WestfälRK 45; Husmann-Trippel, J., Geschichte von Wickrath, 1909 ff.

Wickrath-Schwanenberg, Wickradt-Schwanenberg s. Wickrath

Widdern (Ganerbschaft). In W. bei Heilbronn (Witterheim) hatte 774 Lorsch Güter. Im 13. Jahrhundert belehnten die Bischöfe von Würzburg die Herren von Dürn (Walldürn?), die Grafen von Wertheim und 1307 die Grafen von Eberstein mit dem Ort. 1362 kamen Burg und Stadt je zur Hälfte an das Hochstift Würzburg und Hohenlohe. Im 18. Jahrhundert waren Würzburg, Württemberg, Gemmingen und Züllenhard Ganerben. 1805/1806 kam das zum Kanton Odenwald des Ritterkreises Franken zählende W. an Württemberg und Baden, 1846 durch Tausch an Württemberg und mit diesem 1951/1952 an Baden-Württemberg.

L.: Wolff 512; 1200 Jahre Widdern, Festbuch, 1977.

Widehr, Wideho (Reichsdorf). Am 22. 1. 1379 verpfändete König Wenzel dem Kurfürsten von der Pfalz unter anderem das Reichsdorf W., das dieser von Graf Emich von Leiningen ausgelöst hatte.

L.: Hugo 464, 469.

Widmann von Mühringen (Reichsritter). Von 1548 bis etwa 1614 (zuletzt Hans Christoff W.) waren die W. Mitglied des Kantons Neckar des Ritterkreises Schwaben.

L.: Hellstern 217.

Wied (Grafschaft, Fürstentum). Vor 1129 gründete Graf Meffried die 1129 erstmals genannte Burg (Alt-)W. nördlich von Koblenz im Engersgau. Sie wurde Mittelpunkt einer nördlich der Lahn wie links des Rheins begüterten Herrschaft aus Reichsgut. 1244 starb das nach W. benannte Grafengeschlecht aus. Ein Teil der Güter fiel über die Erbtochter an die Grafen von Isenburg (Isenburg-Braunsberg), der andere Teil an die Herren von Eppstein (1306 an die Grafen von Virneburg, dann an die Grafen von Jülich). Die Grafen von Isenburg (Wilhelm von Braunsberg) vereinigten 1338 die gesamte Grafschaft W. erneut und nannten sich seitdem Grafen von W. 1462 erlosch auch dieses Haus W. Die

Grafschaft fiel in weiblicher Erbfolge an eine Linie der im Lahngau begüterten Herren von Runkel, die sich danach Grafen von W. nannten und in der Linie Westerburg 1468 die Grafschaft Leiningen erbten. 1595 wurde das seit 1581 unter Erben umstrittene Gebiet geteilt. Die obere Grafschaft W. mit Runkel und der Residenz in Dierdorf blieb nach neuen Erbstreitigkeiten seit 1698 bei der älteren Linie Wied-Runkel. Die untere Grafschaft W. mit W. und der Residenz in Neuwied (1648/1653) fiel an die jüngere Linie Wied-Neuwied. Wied-Neuwied wurde 1785, Wied-Runkel 1791 in den Reichsfürstenstand erhoben. Um 1800 umfassten die obere und untere Grafschaft, die beide zum westfälischen Reichsgrafenkollegium und zum niederrheinisch-westfälischen Reichskreis gehörten, zusammen ein Gebiet von 6 Quadratmeilen. Wied-Runkel erhielt 1803 die kölnischen Ämter Altenwied und Neuerburg sowie die trierische Kellerei Villmar. 1806 kamen beide Grafschaften an Nassau, 1815 an die Rheinprovinz Preußens. 1824 erlosch die Linie Wied-Runkel und wurde von Wied-Neuwied beerbt. 1945/1946 kam das Gebiet der alten Grafschaften zu Rheinland-Pfalz, Runkel zu Hessen.

L.: Wolff 343 ff.; Zeumer 554 II b 63, 4 (5); Wallner 703 WestfälRK 25 a, b; Großer Historischer Weltatlas III 22 (1648) C3, III 38 (1789) B2; Klein 185; Wirtz, L., Die Grafen von Wied, Nassauische Annalen 48 (1927), 65; Gensicke, H., Landesgeschichte des Westerwaldes, 2. A. 1987; Holbach, R., Wied, LexMA 9 1998, 78.

Wied-Neuwied (Grafschaft). W. ist die jüngere Linie des Hauses Wied. Ihr unterstand die untere Grafschaft Wied mit der Residenz in Neuwied. Sie zählte zum niederrheinisch-westfälischen Reichskreis und zum westfälischen Reichsgrafenkollegium. 1784 wurde sie in den Reichsfürstenstand erhoben. Ihre Güter, die außer der Stadt Neuwied den Distrikt mit den Kirchspielen Heddesdorf, Feldkirchen, Bieber, (Altwied) Wied, Rengsdorf, Honnefeld und Anhausen, den Distrikt mit den Kirchspielen Rückeroth, Dreifelden und Nordhofen und den Distrikt mit den Kirchspielen Grenzhausen und Alsbach enthielt, fielen 1806 an Nassau und 1815 an Preußen. Beim Aussterben der Linie Wied-Runkel (1824) trat W. deren Erbe an.

L.: Wolff 345; Zeumer 554 II b 63, 5; Wallner 703 WestfälRK 25 b; Klein 185; Wirtz, L., Die Grafen von Wied, Nassauische Annalen 48 (1927), 65; Gensicke, H., Landesgeschichte des Westerwaldes, 2. A. 1987; Troßbach, W., „Im Kleinen ein ganz wohl eingerichteter Staat". Aufgeklärter Absolutismus in der Grafschaft Wied-Neuwied, in: Journal für Geschichte, 1985, H. 5; Troßbach, W., Der Schatten der Aufklärung, 1991.

Wied-Runkel (Grafschaft, Fürstentum). W. ist die ältere Linie des Hauses Wied. Ihr unterstand seit 1698 die obere Grafschaft Wied mit der Residenz Dierdorf und der Herrschaft Runkel. Sie zählte zum niederrheinisch-westfälischen Reichskreis und zum westfälischen Reichsgrafenkollegium. 1791 wurde sie in den Reichsfürstenstand erhoben. Durch § 24 des Reichsdeputationshauptschlusses vom 25. 2. 1803 erhielt der Fürst von W. für die Grafschaft Kriechingen (Créhange) von Köln die Ämter Neuerburg und Altenwied (Altwied) und von Trier die Kellerei Villmar. 1806 kam die Grafschaft an Nassau, 1815 an Preußen. 1824 wurde die Linie von Wied-Neuwied beerbt.

L.: Wolff 344; Zeumer 554 II b 63, 4; Wallner 703 WestfälRK 25 a; Wirtz, L., Die Grafen von Wied, Nassauische Annalen 48 (1927), 65; Gensicke, H., Landesgeschichte des Westerwaldes, 2. A. 1987.

Wiederhold von Weidenhofen (Reichsritter). Von 1718 bis zu seinem Ausschluss 1740 (wegen unanständiger, schimpflicher und pflichtwidriger Aufführung) war Carl W. zu Rietheim und Karpfen (Karpffen) Mitglied des Kantons Neckar des Ritterkreises Schwaben.

L.: Hellstern 217.

Wiehe (Herrschaft). Die Herrschaft W. westlich von Halle zählte am Ende des 18. Jahrhunderts über Sachsen-Wittenberg zum obersächsischen Reichskreis. Über die Provinz Sachsen Preußens kam W. von 1949 bis 1990 zur Deutschen Demokratischen Republik.

L.: Wolff 377; Wallner 708 ObersächsRK 2.

Wiek, Wieck (Landschaft) s. Ösel

Wien (Bistum, Erzbistum). Am 18. 1. 1469 errichtete auf Wunsch Kaiser Friedrichs III. Papst Paul II. im Gebiet der Diözese Passau das exemte Bistum W. mit insgesamt 17 Pfarreien. (Nach 9 Administratoren wurde im frühen 16. Jahrhundert Georg Slatkonia zum ersten Bischof ernannt.) Ein eigenes weltliches Herrschaftsgebiet gewann das 1722 als Erzbistum aus dem Erzbistum Salzburg verselbständigte W. nicht. Untergeordnet war ihm seit 1772 das ebenfalls 1469 geschaffene Bistum Wiener Neustadt (später Sankt Pölten). Unter Kaiser Joseph II. wurde es erweitert.

Wien (Reichsstadt). Nach einer keltischen Siedlung Vindobona an der Donau gründeten die Römer um 100 n. Chr. ein gleichnamiges, um 130 n. Chr. erstmals erwähntes Lager (im Bereich Freyung/Herrengasse). Dieses wurde 166 und 400 von Germanen zerstört und zuletzt 493/550 erwähnt. 881 erscheint dann die Siedlung W. (Wenia). Diese fiel 1130/1135 an die Babenberger. Spätestens 1156 wurde sie zum Hauptsitz ausgebaut. Um 1200 war sie vielleicht die größte deutsche Stadt nach Köln. 1221 erhielt sie Stadtrecht. 1237 bis 1238 und 1246 bis 1250 wurde sie reichsunmittelbar, verlor diese Stellung aber mit dem Aussterben der Babenberger. 1251 kam sie an König Ottokar II. von Böhmen, 1276 an Rudolf von Habsburg. 1365 erhielt sie eine Universität. 1469 wurde sie Bischofssitz innerhalb der Erzdiözese Salzburg, 1722/1723 Erzbischofssitz. Seit 1438/1439 wurde sie trotz des kurzen Überganges an Ungarn (1485–1490) allmählich Residenz des Kaisers des Heiligen Römischen Reiches (1800 etwa 231000 Einwohner), 1806 Hauptstadt des Kaiserreiches Österreich und 1918 Hauptstadt der Republik Österreich.

L.: Wolff 25; Quellen zur Geschichte der Stadt Wien, 1845 ff.; Tietze, H., Wien, 1931; Walter, F., Wien, Bd. 1–3 1940 ff.; Gugitz, G., Bibliographie zur Geschichte und Stadtkunde von Wien, Bd. 1–5 1947 ff.; Gall, F., Alma Mater Rudolphina 1365–1965, 1965; Neumann, A., Vindobona. Die römische Vergangenheit Wiens, 1971; Endler, F., Das k. und k. Wien, 1977; Historischer Atlas von Wien, hg. v. Wiener Stadt- und Landesarchiv, 1981; Csendes, P., Das Wiener Stadtrechtsprivileg von 1221, 1986; Czeike, F., Wien und Umgebung, 1988; Die Wiener Stadtbücher, 1395–1430, Bd. 1, 1395–1400, hg. v. Brauneder, W. u. a., 1989; Csendes, P., Geschichte Wiens, 2. A. 1990; Europas Städte zwischen Zwang und Freiheit, 1995, 233; Metropolen im Wandel, 1995, 263; Csendes, P., Wien, LexMA 9 1998, 85; Opll, F., Das große Wiener Stadtbuch, 1999; Wien, hg. v. Csendes, P. u. a., Bd. 2 f. 2003 ff.

Wiener (Reichsritter). Im 16. Jahrhundert zählten die W. zum Kanton Rhön-Werra des Ritterkreises Franken.

L.: Pfeiffer 211; Riedenauer 128.

Wiener Neustadt (Bistum) s. Wiener Neustadt (Stadt, Bistum)

Wiener Neustadt (Stadt, Bistum). W. N. wurde kurz nach der Belehnung der Babenberger mit der Steiermark als Neustadt begründet (seit 1358 Wiener Neustadt). 1469 wurde es Sitz eines Bistums, das 1785 nach Sankt Pölten verlegt wurde. Zeitweilig war W. N. Residenz des Kaisers des Heiligen Römischen Reiches (zweite Hälfte des 15. Jahrhunderts).

L.: Wolff 26; Mayer, J., Geschichte von Wiener Neustadt, Bd. 1 ff. 1924 ff.; Reidinger, E., Wiener Neustadt, 1995; Csendes, P., Wiener Neustadt, LexMA 9 1998, 89.

Wiesbaden (Herrschaft, Reichsstadt). Im Bereich von W. wurden auf älteren Siedlungsspuren seit etwa 14 n. Chr. römische Lager und Siedlungen errichtet. Die durch ihre Thermen gekennzeichnete Zivilsiedlung Aquae Mattiacae wurde von der Mitte des ersten nachchristlichen Jahrhunderts an Vorort der Mattiaker. Um 400 wurde der Ort alemannisch, um 500 fränkisch. 829 erscheint W. als Mittelpunkt des Königssondergaues zwischen Walluf und Kriftel. Zu Beginn des 13. Jahrhunderts war W., dessen Badebetrieb 1233/1234 erneut hervortrat, vorübergehend Reichsstadt. Zwischen 1242 und 1281 kam es als Reichslehen an die walramische Linie der Grafen von Nassau. Die Burg wurde Nebenresidenz der Grafen von Nassau-Idstein. 1744 wurde W. Hauptstadt des Fürstentums Nassau-Usingen, 1806 Hauptstadt des Herzogtums Nassau. 1866 fiel es an Preußen, 1945 an Hessen, dessen Hauptstadt es wurde.

L.: Wolff 265; Heymach, F., Geschichte der Stadt Wiesbaden, 1925; Henche, A., Chronik der Stadt Wiesbaden, 1937; Quetsch, J., Wiesbaden. Stadt und Landschaft in Vergangenheit und Gegenwart, 1957; Müller, K., Preußischer Adler und Hessischer Löwe. 100 Jahre Wiesbadener Regierung 1866–1966, 1967; Schaefer, A. W., Von der Römersiedlung zur Landeshauptstadt, 2. A. 1973; Schoppa, H., Aquae Mattiacae. Wiesbadens römische und alamannisch-merowingische Vergangenheit, 1974; Geschichte der Stadt Wiesbaden, hg. v. Magistrat der Stadt Wiesbaden, Bd. 2 1980; Weichel, T., Die Bürger von Wiesbaden, 1997; Escher, M. u. a., Die urbanen Zentren, 2005, 2, 677.

Wieselbeck (Reichsritter) s. Wiselbeck

L.: Riedenauer 128.

Wiesenfeld (Reichsritter). Im frühen 16. Jahrhundert zählten die W. zum Kanton Rhön-Werra im Ritterkreis Franken.

L.: Riedenauer 128.

Wiesensteig (reichsunmittelbare Herrschaft). 861 wird das Benediktinerkloster Sankt Cyriacus in W. (Wisontesteiga) an der Fils bei Göppingen erstmals erwähnt. Die zugehörige Siedlung unterstand ursprünglich den Herzögen von Teck, seit dem 12. Jahrhundert den Grafen von Helfenstein. Seit 1396 war sie Hauptort der helfensteinischen Grafschaft W. Die Herrschaft hatte Sitz und Stimme im schwäbischen Reichsgrafenkollegium und beim schwäbischen Reichskreis. Sie fiel 1627 über die drei Erbtöchter an Bayern (Kauf von zwei Dritteln) und Fürstenberg (ein Drittel), 1752 durch Erwerb des Anteils Fürstenbergs ganz an Bayern, 1806 mit 3 Quadratmeilen und 6000 Einwohnern (Stadt W., Marktflecken Deggingen [Deggringen] und einige Dörfer) an Württemberg und damit W. 1951/1952 an Baden-Württemberg.

L.: Wolff 136, 197; Wallner 687 SchwäbRK 43; Großer Historischer Weltatlas III 38 (1789) C3; Wurm, T., Chronik der Stadt Wiesensteig 1953/1954; Klaiber, G., Kloster und Stift St. Cyriacus von Wiesensteig, Diss. phil. Tübingen 1954.

Wiesenthau (Reichsritter). Im 16. Jahrhundert zählten die W. zu den Kantonen Gebirg (bis etwa 1806), Baunach und Steigerwald des Ritterkreises Franken.

L.: Stieber; Roth von Schreckenstein 2, 594; Pfeiffer 208, 213 f.; Bechtolsheim 2; Riedenauer 128; Rahrbach 294.

Wiesentheid (reichsunmittelbare Herrschaft). Das 892 erstmals erwähnte W. bei Kitzingen war Mittelpunkt einer Herrschaft. Sie unterstand seit 1452 den Fuchs von Dornheim. Valentin Fuchs kaufte 1547 das Schloss mit Zubehör von den Grafen von Castell als Erblehen. Durch Heirat der Witwe des Georg Adolf Fuchs von Dornheim mit Johann Otto von Dernbach (1678) kam die zum Kanton Steigerwald des Ritterkreises Franken steuernde Herrschaft an die Herren von Dernbach. 1675 wurden die Inhaber in den Reichsfreiherrenstand, 1678 in den Reichsgrafenstand erhoben. 1681 erlangte der Graf Sitz und Stimme beim fränkischen Reichskreis und beim fränkischen Reichsgrafenkollegium. 1692 gab der Ritterkreis die Herrschaft frei. 1701/1704 fiel sie durch Heirat an die Grafen von Schönborn (W., Atzhausen, Geesdorf [Goesdorf], Wald von Obersambach), während Järkendorf, Abtswind, Schwarzenau und Kirchschönbach durch Abtretung an Würzburg und Heimfall verlorengingen. Um 1800 umfasste die Herrschaft mit 9 Dörfern ein Gebiet von 1 Quadratmeile mit etwa 1300 Bauern. 1806 fiel sie zunächst an Bayern, das sie 1810 an das Großherzogtum Würzburg abtrat und sie mit diesem 1814/1815 zurückerhielt.

L.: Wolff 126; Zeumer 554 II b 62, 10; Wallner 693 FränkRK 24; Domarus, M., Wiesentheid. Seine Bedeutung und seine Geschichte, 1953; Domarus, M., Territorium Wiesentheid, 1956.

Wiesentheid s. Fuchs von W.

Wigoltingen (Herrschaft). Die Herrschaft W. gehörte seit langem teilweise zum Hochstift Konstanz.

L.: Hölzle, Beiwort 71.

Wigsezi, Uuigsezi (Gau südlich der Unstrut)

L.: Curs, O., Deutschlands Gaue im zehnten Jahrhundert. Nach den Königsurkunden, Diss. phil. Göttingen 1908 (Wiehe, Hochendorf?, Allerstedt, Wolmirstedt, Harras, Ebeleben, Großmehlra?); Hessler, W., Mitteldeutsche Gaue des frühen und hohen Mittelalters, 1957, 155 (Wigsezi, Allerstedt, Hechendorf, Wiehe, Wolmirstedt); Polenz, P. v., Landschafts- und Bezirksnamen, 1961, III, 11 Wihseton (Wigsezi).

Wihmodi

L.: Polenz, P. v., Landschafts- und Bezirksnamen, 1961, III, 4, 257, Wihmodi (Wihmodinga, Wigmodia).

Wihseton (Gau) s. Wigsezi

L.: Polenz, P. v., Landschafts- und Bezirksnamen, 1961, III, 11, Wihseton (Wigsezi).

Wijlre, Wylre (reichsunmittelbare Herrschaft). W. an der Geul im Herzogtum Limburg östlich von Maastricht wird erstmals 1040 erwähnt. Um 1150 nannten sich die Scavedries nach ihm. Die aus Burg und Dorf W. und einigen Höfen bestehende reichsunmittelbare Herrschaft wechselte vielfach den Inhaber. Sie gehörte am Ende des 18. Jahrhunderts zu den nicht eingekreisten Reichsteilen. Von 1794 bis 1814 stand sie unter der Herrschaft Frankreichs. 1815/1839 kam sie zur Provinz Limburg (Südlimburg) der Niederlande.

L.: Wolff 498.

Wikanafeld, Wikanauelde, Uikanauelde (Gau nordöstlich Korveis)

L.: Curs, O., Deutschlands Gaue im zehnten Jahrhundert. Nach den Königsurkunden, Diss. phil. Göttingen 1908, 23, Wikanauelde; Polenz, P. v., Landschafts- und Bezirksnamen, 1961, II, 58, 61, Wikanafeld.

Wilch von Alzey (Ganerben). Von 1473 bis 1477 waren die W. Ganerben in Schornsheim.

L.: Zimmermann 80.

Wild s. Wildsen

Wildberg (Herrschaft). 1237 wird der an die Burg W. an der Nagold im Schwarzwald anschließende, von den Grafen von Calw gegründete Ort W. erstmals erwähnt. W. war Mittelpunkt der 1318 durch Erbschaft entstandenen Herrschaft W., zu der ursprünglich auch Altensteig und Neubulach gehörten. Nach verschiedenen Teilungen der Herrschaft kam W. zwischen 1364 und 1377 durch Kauf an die Pfalz und 1440 durch Kauf an Württemberg und damit 1951/1952 an Baden-Württemberg.

L.: Wolff 161; Neef, K., Das Bergstädtchen Wildberg an der Nagold, 1950; Mantel, J., Wildberg: Eine Studie zur wirtschaftlichen und sozialen Entwicklung der Stadt von der Mitte des 16. Jahrhunderts bis zur Mitte des 18. Jahrhunderts, 1974.

Wildeck s. Gaist von W.

Wildenau s. Vol von W.

Wildenberg, Wildberg, Wiltberg (Freiherren, Reichsritter). Im 18. Jahrhundert zählten die Freiherren von W. mit Lütz, Ulmen, Hasborn (Hassborn) und Faitzberg zum Kanton Niederrheinstrom des Ritterkreises Rhein.

L.: Genealogischer Kalender 1753, 546.

Wildenberg (reichsunmittelbare Herrschaft) s. Wildenburg

Wildenburg, Wildenberg (reichsunmittelbare Herrschaft). Nach der Burg W. bei Siegen (bzw. im Kreis Altenkirchen) nannten sich seit 1239 Herren von W., die von den Herren von Arenberg abstammten, die Vögte der Abtei Werden waren. Ihre innerhalb der Reichsritterschaft als reichsunmittelbar geltende, zwischen Westfalen, Siegen, Sayn und Berg gelegene Herrschaft kam bei ihrem Aussterben 1418 über eine Erbtochter an die Grafen von Hatzfeld. 1792 gehorte die Herrschaft W. mit Schloss W. und einigen Dörfern zu den nicht eingekreisten Reichsteilen. 1806 kam sie an das Großherzogtum Berg (Departement Sieg), 1813/1815 an Preußen und 1946 an Rheinland-Pfalz.

L.: Wolff 347, 503; Gensicke, H., Landesgeschichte des Westerwaldes, 2. A. 1987.

Wildeneck, Wildenegg (Burg, Landgericht). 1505 fielen nach dem bayerischen Erbfolgestreit Landgericht und Burg W. mit dem Mondseer Ländchen von Bayern an Österreich.

Wildenfels (Reichsritter). Im frühen 16. Jahrhundert zählten die W. zum Kanton Gebirg des Ritterkreises Franken.

L.: Riedenauer 128.

Wildenfels (reichsunmittelbare Herrschaft). Vor 1200 wurde die Burg W. bei Zwickau errichtet. Sie war Mittelpunkt einer Herrschaft der erstmals 1222 genannten, wahrscheinlich edelfreien Herren von W., die Reichsunmittelbarkeit erlangten und 1521 in der Reichsmatrikel erschienen. Nach ihrem Aussterben 1602 fiel sie mit 150 Hufen in zwei Orten und sechs Dorfanteilen an die Grafen von Solms-Wildenfels. Diese mussten 1706 nach langwierigen Prozessen die Landeshoheit Sachsens über die zum obersächsischen Reichskreis zählende Herrschaft anerkennen, doch behielt W. erst 1846 beseitigte Steuervorrechte und Zollvorrechte. Über Sachsen kam W. von 1949 bis 1990 an die Deutsche Demokratische Republik. S. Solms-Wildenfels.

L.: Wolff 379; Wallner 708 ObersächsRK 2.

Wildenstein (Herrschaft). Um W. im oberen Trauntal bildete sich im 12. Jahrhundert eine Herrschaft der Babenberger aus, die zum Traungau und damit seit 1180 zum Herzogtum Steiermark gehörte (Ischlland).

Wildenstein (Reichsritter). Vom 16. bis zum 18. Jahrhundert zählten die W. zum Kanton Gebirg des Ritterkreises Franken. Im späten 17. Jahrhundert waren sie im Kanton Steigerwald, im späten 18. Jahrhundert im Kanton Baunach immatrikuliert. Mit Birnbaum gehörten sie von etwa 1560 bis etwa 1770 auch dem Kanton Altmühl an.

L.: Biedermann, Altmühl; Stieber; Roth von Schreckenstein 2, 594; Pfeiffer 209; Riedenauer 128; Bechtolsheim 14, 18.

Wildenstein (Reichsritter). Im 18. Jahrhundert zählten die W. zum Ritterkreis Unterelsass.

L.: Roth von Schreckenstein 2, 595.

Wildeshausen (Stift, Herrschaft). W. an der Hunte südöstlich von Oldenburg wird anlässlich der Gründung des Alexanderstifts W. durch Graf Waltpert, einen Enkel Herzog Widukinds von Sachsen, erstmals erwähnt (Wigaldinghus). 855 gewährte Ludwig der Deutsche Immunität und königlichen Schutz. 872 gab Graf Waltpert den Ort W. an das Stift. Im 11. Jahrhundert unterstand der Ort den Billungern, die um 1100 die Vogteirechte einem Zweig der Grafen von Oldenburg übertrugen, während die Welfen dem Domkapitel von Bremen das Propsteigut überließen. Um

1150 erbaute Graf Heinrich von Oldenburg die Burg W. Eine Linie der Grafen von Oldenburg wurde in W. ansässig (Oldenburg-Wildeshausen) und verband mit ihrem Amt vorübergehend die Grafschaften Vlotho und Tecklenburg. 1270 kam W. beim Aussterben der Grafen als erledigtes Lehen an das Erzstift Bremen, während andere Güter an die Grafen von Hoya fielen. Um 1500 gelangte W. infolge mehrfacher Verpfändungen (1429–1465 Münster, 1493 Wilhelm von dem Busche) unter den Einfluss des Hochstifts Münster (im niedersächsischen Reichskreis), 1634 an Schweden, 1649 zum Herzogtum Bremen und Verden Schwedens, 1675 an das Hochstift Münster, 1699 nach Ablösung erneut an Schweden, 1700 als Pfand und 1714 zu Eigentum an Hannover sowie 1803 vorübergehend, 1813/1826 endgültig an Oldenburg und damit 1946 an Niedersachsen. S. Oldenburg-Wildeshausen.

L.: Wolff 431; Wallner 706 NiedersächsRK 25; Großer Historischer Weltatlas III 38 (1789) C1; Haase, C., Mittelalterliche Rechtsquellen der Stadt Wildeshausen, 1953; Lübbing, H./Jäkel, W., Geschichte der Stadt Wildeshausen, 1970; 1270–1970. 700 Jahre Stadt Wildeshausen, hg. v. Boning, H., 1970; Streich, G., Klöster, Stifte und Kommenden, 1986; Eckhardt, A., Beiträge zur Geschichte der Stadt Wildeshausen, 1995; Schindler, R., Wildeshausen, LexMA 9 1998, 115; Eckhardt, W., Wildeshausen, 1999.

Wild- und Rheingraf zu Stein und Grehweiler. Nach der Reichsmatrikel von 1776 gehörte der W. zum oberrheinischen Reichskreis. S. Rheingrafen, Wild- und Rheingrafen.

L.: Reichsmatrikel 1776, 120.

Wildgrafen (Grafen). Um 1113 begründete eine Teilung im Hause des Nahegaugrafen Emich die W. (comites silvestres, comites silvatici [1103]), von denen sich in der Mitte des 12. Jahrhunderts die Raugrafen abtrennten. Die W. spalteten sich 1258 in die Linien Dhaun und Kyrburg. Von Kyrburg trennte sich um 1284 die Linie Schmidtburg, deren Erbe bei ihrem Erlöschen 1330 von Trier eingezogen wurde. 1409 fiel beim Aussterben der Linie Kyrburg das noch vorhandene Gut an die Rheingrafen (seitdem Wild- und Rheingrafen), die bereits vor 1350 infolge Heirat der Erbtochter der Linie Dhaun Rechte der Linie Dhaun erlangt hatten. Einzelne Güter kamen an die Pfalz. Bei ihrem Aussterben folgten den W. die Wild- und Rheingrafen (Wildgrafen und Rheingrafen).

L.: Wolff 278 ff.; Schneider, C., Geschichte des Wild- und Rheingräflichen Hauses, Volkes und Landes auf dem Hundesrücken, 1854; Fabricius, W., Die Herrschaften des unteren Nahegebietes, 1914; Klafki, E., Die kurpfälzischen Erbhofämter, 1966; Toussaint, I., Die Grafen von Leiningen, 1982; Spieß, K., Wildgrafen, LexMA 9 1998, 119; Dotzauer, W., Geschichte des Nahe-Hunsrück-Raumes, 2001.

Wild- und Rheingrafen, Wildgrafen und Rheingrafen (Grafen). Die Rheingrafen nannten sich nach Antritt des Erbes der ausgestorbenen Wildgrafen 1350/1409 W. 1479/1475 erheirateten sie das Erbe der Grafen von Salm (Obersalm) in den Vogesen und nannten sich seitdem Grafen von Salm. 1478 gewannen sie die Herrschaften Moers, Saarwerden und Finstingen an der Saar. 1499 entstanden eine jüngere Linie Dhaun und eine jüngere Linie Kyrburg (1688 erloschen). Die Linie Dhaun teilte sich in die Linien Salm, Grumbach und Dhaun (1750 erloschen). Die Linie Grumbach spaltete sich in die Äste Grumbach und Rheingrafenstein (oder Grehweiler, 1793 erloschen und von dem Ast Grumbach beerbt). Am Ende des 18. Jahrhunderts zählten die W. zu Grumbach und die W. zu Rheingrafenstein zu den wetterauischen Grafen der weltlichen Bank des Reichsfürstenrats und zum oberrheinischen Reichskreis. Von ihrem 4 Quadratmeilen großen Gebiet (mit etwa 11000 Einwohnern) gehörten der fürstlich salmischen Linie die gefürstete Grafschaft Salm, das Oberamt Kyrburg und ein Viertel der Ämter Flonheim, Dhronecken, Wildenburg, Diemeringen und Wörrstadt, der rheingräflich-grumbachischen Linie Herrschaft und Amt Grumbach, ein Teil des Eßweiler Tales, die Herrschaft Dhronecken, je ein Viertel von Wörrstadt und Diemeringen sowie aus den bis 1793 der Linie Rheingrafenstein gehörigen Gütern die Grafschaft Rheingrafenstein mit Grehweiler, Herrschaft und Amt Wildenburg im Hunsrück, ein Viertel der Herrschaft Diemeringen und fünf Achtel vom Flecken Wörrstadt und der 1750 erloschenen Linie Dhaun die Wildgrafschaft Dhaun, das Hochgericht Rhaunen, das Ingerichtsamt Hausen, die Stadt Kirn (zur Hälfte), die Oberschultheißerei Meddersheim, das Amt Flonheim, ein Viertel der Herrschaft Diemeringen und die Herrschaft Püttlingen in Lothringen. 1803 erhielt der Rheingraf als Entschädigung für die 1797/1801 erfolgten linksrheinischen Verluste an

Frankreich das Amt Horstmar des Hochstifts Münster und nannte sich seitdem Fürst von Salm-Horstmar. 1814/1815 fielen linksrheinisch Grumbach, Kyrburg, Dhronecken, Dhaun, Hausen, Meddersheim, Löllbach und Wildenburg an Preußen, von der Grafschaft Rheingrafenstein Rheingrafenstein an Preußen, Grehweiler an Bayern und Wörrstadt an Hessen-Darmstadt.

Wildgrafschaft s. Wildgrafen, Wild- und Rheingrafen, Rheingrafschaft

Wild- und Rheingrafschaft s. Wild- und Rheingrafen, Rheingrafschaft, Salm-Grumbach, Dhaun

L.: Großer Historischer Weltatlas II 66 (1378) D4.

Wild- und Rheingrafschaft von Dhaun s. Wild- und Rheingrafen, Rheingrafschaft, Dhaun

Wildsen, Wild (Reichsritter). Im frühen 16. Jahrhundert zählten die W. zum Kanton Gebirg im Ritterkreis Franken.

L.: Riedenauer 128.

Wildungen (Burg). Am Anfang des 9. Jahrhunderts war das Kloster Hersfeld im W. nahe der Eder begütert. Seit dem Ende des 12. Jahrhunderts erscheint die Burg W., die 1247 von den Landgrafen von Thüringen an das Erzstift Mainz bzw. den ihm angeschlossenen Grafen von Waldeck kam. Seit der Mitte des 16. Jahrhunderts wurde sie Sitz der Linie Waldeck-Wildungen. Über Waldeck und Preußen fiel W. 1945 an Hessen. S. Waldeck-Wildungen.

L.: Wolff 268; Reichardt, C., Geschichte von Stadt und Bad Wildungen, 1949.

Wildungen (Reichsritter). Vom 16. bis zum frühen 19. Jahrhundert zählten die W. mit Vorderweimarschmieden und Teilen von Willmars zum Kanton Rhön-Werra des Ritterkreises Franken.

L.: Stieber; Seyler 395; Winkelmann-Holzapfel 168; Riedenauer 128.

Wilgartswiesen (Reichsdorf). 828 gab Wiligart den Hof W. (Wiligartawisa) bei Annweiler und Bergzabern an das Kloster Hornbach. Die Vogteirechte standen der Herrschaft Falkenburg zu. Falkenburg wird 1246 als Reichsburg erwähnt. Am 22. 1. 1379 verpfändete König Wenzel dem Kurfürsten Ruprecht von der Pfalz unter anderem das Reichsdorf W. bei Annweiler, das dieser von Graf Emich von Leiningen ausgelöst hatte. Später war die Pflege Falkenburg Leiningen und Pfalz bzw. Pfalz-Zweibrücken gemeinsam. Der Anteil Leiningens kam an Leiningen-Dagsburg-Falkenburg, 1774 an Leiningen-Hartenburg, 1785 Zweibrücken. Über Bayern gelangte W. 1946 an Rheinland-Pfalz.

L.: Hugo 465, 469; Munzinger, H., Wilgartswiesen und Falkenburg, 1928.

Wilhering (Herren). Die edelfreien Herren von W., die 1146 das Kloster W. zwischen der Donau und dem Westende des Kürnbergerwaldes gründeten, kamen mit den Babenbergern nach Österreich.

L.: Wolff 27; Stülz, J., Geschichte des Cistercienserklosters Wilhering, 1840.

Wilhermsdorf (Herrschaft). Die Herrschaft W. an der Zenn zählte am Ende des 18. Jahrhunderts zum Kanton Altmühl des Ritterkreises Franken. S. Bayern.

L.: Wolff 513.

Wilhermsdorf, Wilhelmsdorf, Wilmersdorff (Reichsritter). Im 16. Jahrhundert zählten die W. zum Kanton Altmühl des Ritterkreises Franken.

L.: Stieber; Pfeiffer 212; Riedenauer 128.

Willisau, Wickisau (Grafschaft). Die Grafschaft W. mit der Stadt Reichenweier im Elsass gehörte 1420 zu Württemberg. Mit dem Elsass kam W. zu Frankreich.

L.: Bader, K. S., Der deutsche Südwesten, 2. unv. A. 1978, 100.

Willstätt (Herrschaft). 1254 erscheint W. (Willestetten) bei Kehl in der Ortenau. 1288 kam es von den Herren von Geroldseck an die Grafen von Lichtenberg, 1480 an Hanau-Lichtenberg und Zweibrücken-Bitsch und 1736 von Hanau-Lichtenberg an Hessen-Darmstadt. Durch den Reichsdeputationshauptschluss vom 25. 2. 1803 fiel es von Hessen-Darmstadt an Baden. Mit diesem gelangte es 1951/1952 an Baden-Württemberg.

L.: Wolff 272.

Wilmersdorff (Reichsritter) s. Wilhermsdorf

Wimpfen (Bad Wimpfen) (Reichsstadt). An der Mündung der Jagst in den Neckar bestand in römischer Zeit ein 85–90 n. Chr. erbautes Kastell. Die zugehörige Siedlung (vicus Alisinensium) war Hauptort des Umlandes. Vermutlich im 7. Jahrhundert (um 670) kam der Ort an den Bischof von Worms. Neben diesem W. im Tal, das um das 1068 erstmals genannte Ritterstift St. Peter angelegt wurde, entstand W. am Berg, das vor 1200 (vom Bischof von Worms) an die Staufer gelangte. Sie erbauten dort um 1200 eine Pfalz, neben der sich eine Stadt entwickelte, die nach dem Erlöschen der Staufer 1274/1278 Sitz der Reichslandvogtei in Schwaben bzw. Niederschwaben wurde. Vom 13. (1224?) oder 14. Jahrhundert (bis 1802) war sie Reichsstadt. Im 15. Jahrhundert ging W. im Tal allmählich in W. am Berg auf. 1523 drang die Reformation ein, ohne sich vollständig durchzusetzen. 1552 wurden W. im Tal und W. am Berg endgültig vereinigt. 1649/1650 musste W., das seit dem 14. Jahrhundert einen bedeutenden Oberhof beherbergte und Sitz und Stimme auf dem Reichstag und beim schwäbischen Reichskreis hatte, sein kleines Herrschaftsgebiet größtenteils verkaufen. 1802 fiel das 0,6 Quadratmeilen große W. an Baden. Seit 1803 war W. Enklave Hessen-Darmstadts, welches das Ritterstift 1802 säkularisiert hatte. 1952 kam W. durch Volksabstimmung an Baden-Württemberg.

L.: Wolff 222; Zeumer 555 III b 29; Wallner 689 SchwäbRK 84; Großer Historischer Weltatlas II 66 (1378) E4, III 22 (1648) D4, III 38 (1789) C3; Schroeder 401 ff.; Frohnhäuser, L., Geschichte der Reichsstadt Wimpfen, 1870; Arens, F.V., Die Königspfalz Wimpfen, 1967; Schroeder, K., Wimpfen. Verfassungsgeschichte einer Stadt und ihres Verhältnisses zum Reich, 1973; Schroeder, K., Das alte Reich und seine Städte. Untergang und Neubeginn, 1991; Seibert, H., Wimpfen, LexMA 9 1998, 223.

Wimpfen (im Tal) (Ritterstift). Um 1790 zählte das Ritterstift W. mit Finkenhof zum Kanton Kraichgau des Ritterkreises Schwaben.

L.: Winkelmann-Holzapfel 168.

Winckler von Mohrenfels, Winkler (Reichsritter). Von 1726 bis 1806 zählten die W. mit den Rittergütern Hemhofen, Zeckern und Buch (Bach) zum Kanton Steigerwald des Ritterkreises Franken. Vielleicht waren sie auch in den Kantonen Altmühl, Steigerwald und Odenwald (?) immatrikuliert.

L.: Biedermann, Altmühl; Stieber; Bechtolsheim 16, 22, 414; Riedenauer 128.

Windeck (Herrschaft). Nach der Burg W. (Kappelwindeck bei Bühl) nannten sich vermutlich seit dem 13. Jahrhundert Herren von W., die Ministeriale des Bischofs von Straßburg waren. 1309 mussten sie Stollhofen mit Söllingen und Hügelsheim an Baden verkaufen. 1592 starb die wohl zeitweise in die Linien Altwindeck und Neuwindeck gespaltete Familie im Mannesstamm aus. Die Herrschaft W. wurde im 17. Jahrhundert von Baden-Baden erworben. S. Baden-Württemberg.

L.: Hölzle, Beiwort 39; Glaubitz, T. v., Die Burgen Alt- und Neuwindeck mit den Bühler Edelhöfen, 1960.

Windeln zu Lautenbach (Reichsritter). Im späteren 16. Jahrhundert zählten die W. zum Kanton Rhön-Werra des Ritterkreises Franken.

L.: Riedenauer 128.

Winden (reichsunmittelbares Kirchspiel, Ganerbschaft). Das an der unteren Lahn nördlich von Nassau gelegene W. wurde 1250 durch das Prämonstratenser(innen)kloster Arnstein von der Gräfin von Sayn erworben. Es bildete den Mittelpunkt eines kleinen Herrschaftsgebiets (W., Weinähr) mit voller Landeshoheit, an dem auch adlige Ganerben beteiligt waren. Der Abt von Arnstein war ohne Reichsstandschaft oder Kreisstandschaft reichsunmittelbar, geriet aber 1756 unter die Oberhoheit des Erzstifts Trier. 1792 gehörte das Kirchspiel W. zu den nicht eingekreisten Reichsteilen. 1803 wurde das Kloster aufgehoben und Nassau-Weilburg überlassen. Damit endete die Reichsunmittelbarkeit von W. Über Nassau kam es 1866 an Preußen und 1946 an Rheinland-Pfalz.

L.: Wolff 493.

Windhausen (Reichsritter). Im frühen 16. Jahrhundert zählten die W. zum Kanton Rhön-Werra des Ritterkreises Franken.

L.: Riedenauer 128.

Windisch-Matrei (Herrschaft), Matrei in Osttirol. Matrei bei Lienz wird erstmals 1160 genannt. Um 1200 ging die Herrschaft W. (so seit 1334 wegen der einstigen Zugehörigkeit zu Kärnten) an das Erzstift Salzburg über. Seit 1648 war sie an die Lasser verpfändet. 1810 kam sie an das Königreich Illyrien Frankreichs, 1813 an Tirol.

L.: Wolff 133.

Windische Mark (Mark, Markgrafschaft). Am Ende des 10. Jahrhunderts entstand auf dem Gebiet des karantanischen Herzogtums im Sanntal und Sotlatal im Osten Krains eine zweite ottonische Mark, die zuerst Saunien, später W. genannt wurde. Markgrafen waren die Grafen von Friesach. Bei ihrem Aussterben 1036 fiel die Mark an die Markgrafen von Krain. Später war sie Kernland der Grafen von Ortenburg (bis 1421) und der Grafen von Cilli und kam bei deren Erlöschen 1556 an Habsburg, das es an der Save zwischen Steiermark und Krain aufteilte, in der Titulatur aber bis 1918 fortführte.

Windischgrätz (Herren, Grafen, Reichsfürsten). 1218 erscheinen die aus Oberbayern stammenden und als Ministerialen der Grafen von Andechs in die Steiermark gelangten Herren von W. 1551 wurden sie in den Freiherrenstand, 1557 und 1658 in zwei Linien in den Reichsgrafenstand erhoben. Die erste Linie erlangte 1804/1805 für das von den Grafen von (Abensberg und) Traun gekaufte Reichsfürstentum Eglofs und Siggen in Oberschwaben den Reichsfürstenstand. (1806 kam Eglofs mit rund 35 Quadratkilometern und etwa 2000 Einwohnern an Württemberg und damit 1951/1952 an Baden-Württemberg.)

L.: Wolff 28; Zeumer 554 II b 62, 11.

Windsheim (Bad Windsheim) (Reichsstadt). W. bei Uffenheim kam 791 (Kopie des 12. Jahrhunderts, Winedesheim) vom König an den Bischof von Würzburg. Die um 1200 planmäßig angelegte Marktsiedlung fiel um 1235 (1235/1237) an das Reich zurück und wurde um 1280 Stadt. Trotz wiederholter Verpfändungen an Würzburg und an die Hohenzollern erlangte W. 1295 die Befreiung von den benachbarten Landgerichten, 1433 die Bestätigung der Gerichtshoheit, 1464 die Bestätigung des Blutbannes und 1496 die Anerkennung der vollen Gerichtsbarkeit des Rates innerhalb der Mauern. Damit war sie vom 15. Jahrhundert bis 1802 Reichsstadt. Am Ende des 14. Jahrhunderts hatte sie zwischen 2500 und 3000 Einwohner. Von 1521 bis 1555 wurde die Reformation in der Stadt eingeführt. Sie zählte zum fränkischen Reichskreis und gehörte um 1800 den Kantonen Odenwald und Steigerwald des Ritterkreises Franken an. 1796 unterstellte sie sich vorübergehend dem Schutz Preußens. Danach fiel sie mit 1 Quadratmeile Gebiet und 4000 Einwohnern 1802 an Bayern, 1804 an Preußen, 1806 an das von Frankreich besetzte Bayreuth und 1810 endgültig an Bayern. Seit 1961 trägt W. den Namen Bad Windsheim.

L.: Wolff 129; Zeumer 555 III b 21; Wallner 693 FränkRK 26; Großer Historischer Weltatlas II 66 (1378) F4, III 22 (1648) E4, III 38 (1789) D3; Riedenauer 129; Schroeder 248 ff.; Pastorius, M., Kurze Beschreibung der Reichsstadt Windsheim 1692, 1692, Neudruck 1980; Schultheiß, W., Die Entwicklung Windsheims vom Markt des Hochstifts zur Reichsstadt im 13. Jahrhundert, Jb. d. hist. Ver. f. Mittelfranken 73 (1953), 17; Hofmann, H. H., Neustadt-Windsheim, 1953, in: Historischer Atlas von Bayern, Teil Franken R I 2; Rößler, H., Die Reichsstadt Windsheim von der Reformation bis zum Übergang an Bayern, Zs. f. bay. LG. 19 (1956); Schultheiß, W., Urkundenbuch der Reichsstadt Windsheim 741–1400, 1963; Estermann, A., Bad Windsheim. Geschichte einer Stadt in Bildern, 1967; Schnelbögl, F., Die fränkischen Reichsstädte, Zs. f. bay. LG. 31 (1968), 421; Korndörfer, W., Studien zur Geschichte der Reichsstadt Windsheim vornehmlich im 17. Jahrhundert, Diss. phil. Erlangen-Nürnberg 1971; Rabiger, S., Bad Windsheim. Geschichte – Zeugnisse – Informationen, 1983; Reichsstädte in Franken, hg. v. Müller, R., Bd. 1 ff. 1987; Fahlbusch, F., Windsheim, LexMA 9 1998, 235.

Wingarteiba (Wingartuneiba, Wingarteiba, Gau nördlich der Jagst zwischen Neckar und Tauber)

L.: Curs, O., Deutschlands Gaue im zehnten Jahrhundert. Nach den Königsurkunden, Diss. phil. Göttingen 1908, 24 (Mosbach, Binau, Jagstfeld, Sulzbach, Dallau, Schefflenz, Lohrbach, Obrigheim, Hassmersheim, Schweigern, Mühlhausen, Malsch, Babstadt); Polenz, P. v., Landschafts- und Bezirksnamen, 1961, II, 92, 96, III, 16, 30, Wingartuneiba (Wingartuueiba).

Winingaland s. Wanga

L.: Polenz, P. v., Landschafts- und Bezirksnamen, 1961, 310.

Winkler s. Winckler

Winneburg (reichsunmittelbare Herrschaft [Fürstentum]). Nach der bei Cochem an der Mosel gelegenen Burg nannten sich die Herren von W., die um die Burg eine kleine Herrschaft errangen. Sie erbten 1362 in weiblicher Erbfolge die Herrschaft Beilstein nördlich von Zell an der Mosel. 1637 zog das Erzstift Trier nach Auseinandersetzungen mit der Pfalz (1488 Beilsteiner Krieg) und dem Aussterben der Herren W. und Beilstein an sich. 1652 übertrug es sie mit 17 Orten als Reichsafterlehen an die Freiherren von Metternich, die 1679 in den Grafenstand erhoben wurden und sich deswegen von Metternich-Winneburg und Beilstein nannten. Sie besaßen bis 1780 den größten Teil ihrer Herrschaft als sog. Dreiherrisches auf dem Hunsrück zusammen mit dem Erzstift Trier und der Grafschaft Sponheim. 1792 gehörten die Grafen von Metternich wegen W. und Beilstein (Winneburg-Beilstein) zu den westfälischen Grafen der weltlichen Bank des Reichsfürstenrates des Reichstages. Die Herrschaften W. und Beilstein zählten mit 3 Quadratmeilen Gebiet und 6500 Einwohnern zum niederrheinisch-westfälischen Reichskreis. Nach der Besetzung durch Frankreich wurden sie 1801 an Frankreich angegliedert. 1815 kamen sie an Preußen, 1946 an Rheinland-Pfalz. (S. a. Ochsenhausen.)

L.: Wolff 361; Zeumer 554 II b 63, 19; Wallner 704 WestfälRK 34.

Winneburg-Beilstein s. Winneburg, Beilstein

Winnenberg (Ganerben). Die nach W. bei dem Dorf Weinheim bei Alzey benannte Familie hatte 1440 bzw. 1354 Anteile an den Ganerbschaften Schornsheim und Nieder-Saulheim (Niedersaulheim).

L.: Zimmermann 80 f.

Winnenden s. Rauch von W.

Winnenthal (Freiheit). Die Freiheit W. gehörte mit der Herrschaft Veen zum Herzogtum Kleve (weselscher landrätlicher Kreis). Veen kam über Preußen (Rheinprovinz) zu Nordrhein-Westfalen.

L.: Wolff 317.

Winterbach (Reichsgut). Das 1080 anlässlich der Übertragung an Speyer bezeugte Reichsgut W. an der mittleren Rems kam um 1250 von den Staufern an Württemberg und damit 1951/1952 an Baden-Württemberg.

L.: Heimatbuch Winterbach, 1972.

Winterhausen (Reichsdorf). Am 28. 8. 1297 verpfändete König Adolf (von Nassau) unter anderem die beiden Dörfer Sommerhausen (Bartholomäi-Ahausen) und W. (Nikolai-Ahausen) an den Bischof von Würzburg.

L.: Dacheröden 220; Hugo 455.

Winternheim (Reichsdorf). Am 25. 12. 1356 verpfändete Kaiser Karl IV. unter anderem W. (Groß-Winternheim) bei Mainz an die Stadt Mainz. 1375 kam der Ort zusammen mit Ingelheim als Reichspfandschaft an Kurfürst Ruprecht von der Pfalz. Später fiel er an Hessen-Darmstadt und 1946 an Rheinland-Pfalz.

L.: Hugo 467, 469.

Winterrieden (Burggrafschaft). Durch § 24 des Reichsdeputationshauptschlusses vom 25. 2. 1803 erhielt der Graf von Sinzendorf für die Burggrafschaft Rheineck unter der Benennung einer Burggrafschaft das Dorf Winterrieden des Amtes Tannheim der Abtei Ochsenhausen. 1806 fiel W. an Bayern. S. Ochsenhausen.

L.: Wolff 183.

Winterstetten (Winterstettenstadt) (Herrschaft). Nach W. südlich von Biberach nannten sich zwischen 1181 und 1187 Herren von W. (Winthersteden). 1214 kam W. an Konrad von Tanne, danach an Eberhard von W. (†1230), dann an Konrad von Schmalegg. Vor 1331 fiel die Herrschaft an Österreich. 1438/1442 wurde sie von den Truchsessen von Waldburg erworben. Später fiel sie an die Linie Waldburg-Wolfegg-Waldsee. Über sie gehörte sie am Ende des 18. Jahrhunderts zum schwäbischen Reichskreis. Über Württemberg gelangte W. 1951/1952 zu Baden-Württemberg.

L.: Wolff 200; Wallner 685 SchwäbRK 12.

Winterstetten s. Schenk von W.

Winterthur (Reichsstadt). An einer wichtigen Straßenverbindung zum Bodensee lag der gallorömische Ort Vitudurum, der 294 ein Kastell erhielt. 1180 gewannen die Grafen von Kiburg (Kyburg) die Kirche in W. 1264 gewährte als Erbe Graf Rudolf von Habsburg das Stadtrecht. Von 1415/1417 bis 1442 war W. Reichsstadt. 1467 gelangte W. mit vielleicht 400 Haushalten als Pfand an die Stadt Zürich.

L.: Wolff 519; Ganz, W., Winterthur, 1960; Gamper, G./Gamper, R., Winterthur, LexMA 9 1998, 241; Escher, M. u. a., Die urbanen Zentren, 2005, 2, 682.

Winzenburg (Grafen). Nach der Burg W. südöstlich Alfelds benannte sich seit 1109 ein Geschlecht, das die Grafschaft im Leinegau hatte und in Reinhausen und auf den Gleichen saß. Nach 1130 wurde W. zerstört. 1144 erwarben die Grafen die Güter der Boyneburg (Bomeneburg). 1150 kam die W. an sie zurück. Nach der Ermordung des letzten, von der mittleren Leine bis ins Eichsfeld begüterten Grafen fiel das Erbe an Heinrich den Löwen aus dem Geschlecht der Welfen.

L.: Wolff 448; Patze, H., Die Entstehung der Landesherrschaft in Thüringen, 1962; Schubert, E., Geschichte Niedersachsens, 2, 1, 1997; Schoppmeyer, H., Winzenburg, LexMA 9 1998, 242.

Winzerhausen (reichsritterschaftliche Herrschaft). W. zählte zum Kanton Kocher des

Ritterkreises Schwaben und kam an Württemberg und damit 1951/1952 an Baden-Württemberg.

Wipfeld (Reichsritter). Vielleicht zählten die W. zum Ritterkreis Franken.

L.: Riedenauer 128.

Wippergouwe

L.: Polenz, P. v., Landschafts- und Bezirksnamen, 1961, II, 24, Wippergouwe.

Wirah

L.: Polenz, P. v., Landschafts- und Bezirksnamen, 1961, II, 46, Wirah, Wisaha.

Wiringouwe (Würmgau)

L.: Polenz, P. v., Landschafts- und Bezirksnamen, 1961, II, 24.

Wiron (Wieringen)

L.: Polenz, P. v., Landschafts- und Bezirksnamen, 1961, II, 49, 95, III, 10, Wiron (Wieringehland), Insel Wieringen.

Wirsberg (Reichsritter). Im 16. und 17. Jahrhundert waren die W. im Kanton Gebirg und vielleicht im Kanton Steigerwald des Ritterkreises Franken immatrikuliert.

L.: Stieber; Roth von Schreckenstein 2, 594; Pfeiffer 196, 198; Bechtolsheim 15, 20; Riedenauer 128; Rahrbach 296.

Wirziburgo marcha

L.: Polenz, P. v., Landschafts- und Bezirksnamen, 1961, IV, 3 f., 6 f., Wirziburgo marcha, zum Ortsnamen Würzburg.

Wisaha s. Wirah

L.: Polenz, P. v., Landschafts- und Bezirksnamen, 1961, 310.

Wiselbeck, Wieselbeck (Reichsritter). Im 16. Jahrhundert zählten die W. zum Kanton Gebirg des Ritterkreises Franken.

L.: Pfeiffer 209; Riedenauer 128.

Wisichgau (Wisichgaw, Gau zwischen Ilm und Unstrut)

L.: Curs, O., Deutschlands Gaue im zehnten Jahrhundert. Nach den Königsurkunden, Diss. phil. Göttingen 1908, 24 (Vogelsberg); Hessler, W., Mitteldeutsche Gaue des frühen und hohen Mittelalters, 1957, 156, Wisichgau (Vogelsberg südöstlich Kölledas); Polenz, P. v., Landschafts- und Bezirksnamen, 1961, II, 40, III, 30, Wisichgouwe (Wischgowen).

Wismar (Herrschaft). W. (1167 aqua Wissemara) geht in seinen städtischen Anfängen auf eine flandrisch-sächsische Siedlung am Ende des 12. Jahrhunderts zurück. 1211 ist ein Hafen belegt. 1229 wird W. an der Ostsee als Stadt lübischen Rechts erstmals erwähnt. Sie unterstand trotz großer Selbständigkeit (1229 burgenses, 1241 Rat, 1308/1373 Erwerb der Vogtei) der Herrschaft Mecklenburgs. Von 1256/1257 bis 1358 war sie Residenz. Von 1555 bis 1621 gehörte sie zu Mecklenburg-Schwerin. 1648 kam sie als Reichslehen an Schweden, wobei die Mitgliedschaft für W. (3,3 Quadratmeilen mit 9600 Einwohnern) im niedersächsischen Reichskreis zwischenzeitlich ruhte, wurde aber 1803 von Mecklenburg-Schwerin pfandweise und 1903 infolge Verzichts auf das Einlösungsrecht seitens Schwedens endgültig zurückgewonnen. Mit Mecklenburg kam W. 1945 zur sowjetischen Besatzungszone. In dieser gelangte es in Mecklenburg von 1949 bis 1990 zur Deutschen Demokratischen Republik (Bezirk Rostock).

L.: Wolff 443; Wallner 707 NiedersächsRK 24; Die Territorien des Reichs 6, 114; Witte, H., Wismar unter dem Pfandvertrage 1803–1903, 1903; Techen, F., Geschichte der Seestadt Wismar, 1929; Kleiminger, R., Das Heiligengeisthospital von Wismar, 1962; Nitsche, K./Düsing, A., Wismar. Geschichte und Gesicht einer Stadt, 2. A. 1971; Bandis, K. u. a., Wismar 1229–1979, 1979; Fahlbusch, F., Wismar, LexMA 9 1998, 258.

Wissen (Herrlichkeit). Die adlige Herrlichkeit W. gehörte zum Herzogtum Kleve (klevescher landrätlicher Kreis).

L.: Wolff 317.

Withirothun

L.: Polenz, P. v., Landschafts- und Bezirksnamen, 1961, IV, 10 f., Withirothun, pagus Withirotun, zum Orstnamen Weddern.

Wittelsbach (Grafen). Vielleicht von den Aribonen, die von 976 bis 1055 Pfalzgrafen von Bayern waren, und den Liutpoldingern (Luitpoldingern) stammten die wahrscheinlich aus der gräflichen Edelfreienschicht hervorgegangenen, mit Otto I. (Vogt des Hochstifts Freising) sichtbaren, in der zweiten Hälfte des 11. Jahrhunderts urkundlich fassbaren, wohl auch mit Welfen, Huosi, Fagana und den Grafen von Ebersberg zu verbindenden Grafen von Scheyern (Skyrun, 1039/1047?, 1073) bei Pfaffenhofen an der Ilm. Sie beerbten vermutlich die Grafen von Hörzhausen. Seit 1115/1116 nannten sie sich nach der Burg W. (Witilinesbac) bei Aichach. Zwischen 1111/1116 und 1120 erhielten sie das Pfalzgrafenamt für Bayern, 1180 die Heinrich dem Löwen abgesprochene Herzogswürde von

Bayern und nach Erlöschen des bayerischen Pfalzgrafenamtes (1208) 1214 die Pfalzgrafschaft bei Rhein. Auf der Grundlage der Eigengüter ursprünglich zwischen Paar und Ilm, dann zwischen Lech und Isar, und begünstigt durch das Aussterben von Nebenlinien der Grafen von Scheyern (Grafen von Dachau 1180 bzw. 1182, Grafen von Valley 13. Jahrhundert [1238]) und anderer Geschlechter (Grafen von Bogen 1242, Grafen von Andechs 1248, Staufer 1268) errichteten sie bis zur Mitte des 13. Jahrhunderts das mächtige Territorialherzogtum Bayern, das durch Landesteilungen von 1294/1329 bis 1799 von der Pfalz getrennt und mehrfach in verschiedene Teile (Oberbayern, Niederbayern) aufgespaltet war. Am 15. 5. 1724 vereinbarten die Linien in der Wittelsbacher Hausunion die wechselseitige Erbfolge der beiden katholischen Häuser, die sich 1799 verwirklichte. In Bayern dankten die Wittelsbacher 1918 ab.

L.: Faden, E., Brandenburg, in: Geschichte der deutschen Länder, Bd. 1; Böhmer, J. F., Wittelsbachische Regesten, 1854; Wittmann, F. M., Monumenta Wittelsbacensia, Bd. 1 f. 1857 ff., Neudruck 1969; Haeutle, C., Genealogie des erlauchten Hauses Wittelsbach, 1870; Heigel, K. T., Die Wittelsbacher, 1880; Doering, O., Das Haus Wittelsbach, 1924; Tyroller, R., Genealogie des altbayerischen Adels im Hochmittelalter, 1962; Handbuch der bayerischen Geschichte, hg. v. Spindler, M., Bd. 1–6 1./2. A. 1969 ff.; Wittelsbach und Bayern, hg. v. Glaser, H., 1980; Das Haus Wittelsbach und die europäischen Dynastien, 1981 (Zs. f. bay. LG. 44, [1981] 1); Boehm, L., Das Haus Wittelsbach in den Niederlanden, Zs. f. bay. LG. 44 (1981), 93; Rall, H./Rall, M., Die Wittelsbacher in Lebensbildern, 1986; Wittelsbacher Hausverträge des späten Mittelalters. Die haus- und staatsrechtlichen Urkunden der Wittelsbacher von 1310, 1329, 1392/93, 1410 und 1472, 1987; Hesse, W., Hier Wittelsbach, hier Pfalz. Die Geschichte der pfälzischen Wittelsbacher von 1214–1803, 1989; Heimann, H., Hausordnung und Staatsbildung, 1993; Straub, E., Die Wittelsbacher, 1994; Schwertl, G., Wittelsbacher, LexMA 9 1998, 270; Weller, T., Die Heiratspolitik, 2004; Menzel, M., Die Wittelsbacher Hausmachterweiterungen in Brandenburg, Tirol und Holland, DA 61 (2005), 103; Holzfurtner, L., Die Wittelsbacher, 2005.

Wittem (Herrschaft). W. westlich von Aachen wurde zusammen mit sechs Kirchdörfern von Herzog Johann III. von Brabant (1312–1355) seinem unehelichen Sohn Johann von W. gegeben. Dessen Urenkel verkaufte es 1466 als Lehen Brabants an Dietrich von Pallant (Palant). 1520 erhob Kaiser Karl V. W. zur Reichsherrschaft. 1685 wurden die Herrschaften Eiß und Schlenacken, deren Besitz oft gewechselt hatte, aus dem Hause Waldeck als wittemsches Lehen eingezogen und mit W. vereinigt. 1689 beendete Spanien das Lehnsverhältnis Brabants. Inhaber der Herrschaft, die 1732 Grafschaft wurde, waren seit 1720 die Grafen von Giech, später die Grafen von Plettenberg, die wegen der Herrschaft W. zu den westfälischen Grafen der weltlichen Bank des Reichsfürstenrates des Reichstages gehörten. Die Herrschaft zählte zum niederrheinisch-westfälischen Reichskreis. Zusammen mit den Herrschaften Eiß und Schlenacken umfasste sie ein Gebiet von 1,5 Quadratmeilen mit 2700 Einwohnern. 1794 endete mit dem Einmarsch Frankreichs die Selbständigkeit. Seit 1815/1839 gehörte W. zur Provinz Limburg (Südlimburg) der Niederlande.

L.: Gumpelzhaimer 164; Wolff 362 f.; Zeumer 554 II b 63, 22; Wallner 704 WestfälRK 44.

Wittem-Eiß-Schlenacken s. Wittem

Witten (Herrschaft). W. an der Ruhr erscheint 1214 erstmals. Möglicherweise aus einem Königshof ging der Schultenhof der Ritter von W. hervor, den diese den Grafen von Isenberg-Limburg zu Lehen auftrugen. Seit dem 15./16. Jahrhundert bis 1806 war die daraus entstandene Herrschaft innerhalb der Grafschaft Mark bzw. seit dem 17. Jahrhundert Brandenburgs (bzw. Preußens) kaiserliches Lehen. Über Preußen kam W. 1946 an Nordrhein-Westfalen.

L.: Wolff 319; Witten. Werden und Weg einer Stadt, 1961; Wüstenfeld, G. A./Wüstenfeld, W., Witten – Stadt an der Ruhr, 1971; Zemter, W., Witten. Aus alter Zeit, 1981; Schoppmeyer, H., Zur Siedlungsgeschichte des Raumes Witten im Mittelalter, Jb. des Vereins für Orts- und Heimatkunde in der Grafschaft Mark 86, 1988; Schoppmeyer, H., Zur Siedlungsgeschichte Wittens, 1988.

Wittenberg (Burg, Herrschaft, Stadt). Wittenberg an der Elbe erscheint 1180 erstmals. Um 1200 kam es an die Askanier, von denen Albrecht II. (†1298) 1260 die Linie Sachsen-Wittenberg mit Sitz in W. begründete. Spätestens 1293 wurde es Stadt. Bis 1422 war es Sitz der Askanier, dann der Wettiner als Herzöge von Sachsen-Wittenberg. 1485 kam es an die ernestinische Linie. 1502 gründete Kurfürst Friedrich der Weise die Universität W. 1547 musste die ernestinische Linie der Wettiner die östliche Hälfte ihres Landes an die albertinische Linie abgeben, womit W. seine Stellung als Residenz zugunsten Dresdens verlor.

1815 fiel W. an Preußen (Provinz Sachsen) und von 1949 bis 1990 in Sachsen-Anhalt an die Deutsche Demokratische Republik. Die Universität wurde 1817 mit der Universität Halle vereinigt. S. Sachsen-Wittenberg.

L.: Wolff 377; Erfurth, R., Geschichte der Stadt Wittenberg, 1910; Junghans, H., Wittenberg als Lutherstadt, (1979); Blaschke, K., Wittenberg, 4. A. 1983; Blaschke, K., Geschichte Sachsens im Mittelalter, 1990; 700 Jahre Wittenberg, hg. v. Oehmig, S., 1996; Rogge, J., Wittenberg, LexMA 9 1998, 273; Beck, L., Herrschaft und Territorium der Herzöge von Sachsen-Wittenberg (1212–1422), 2000.

Wittenburg (Land). König Waldemar von Dänemark teilte die Grafschaft Ratzeburg auf und gab die Länder W. und Boizenburg an die Grafschaft Schwerin.

L.: Wolff 443.

Wittenwil, Wittenwyl s. Rüpplin von Kefikon zu W., Rüpplin von Köffikon zu Wittenwyl

Wittgenstein (Grafen, Grafschaft, Fürsten). 1174 erscheint die Burg Widechinstein bei Laasphe an der oberen Lahn. Nach ihr nannten sich die Grafen von W., denen ab 1258 teilweise, ab 1322 gänzlich auch Berleburg gehörte. 1234/1238 erwarb das Erzstift Mainz die Hälfte der Güter der kurz zuvor abgeteilten Linie Battenberg, die es aber 1461/1463 an Hessen verlor. Die Linie W. unterstellte sich 1295 der Lehnshoheit des Erzbischofs von Köln. Nach dem Erlöschen der Hauptlinie im Mannesstamm 1357 fiel der größte Teil der Grafschaft mit der Burg W. an die Grafen von Sponheim, die sich Grafen von Sayn und seitdem Grafen von Sayn-Wittgenstein (Sayn und W.) nannten. Sie mussten ihre Güter den Grafen von Nassau-Dillenburg zu Lehen auftragen und schlossen deshalb 1436 eine Erbverbrüderung mit den Landgrafen von Hessen, denen sie 1439 ihre Güter zu Lehen auftrugen. Schon früh wurde die Reformation eingeführt und in der zweiten Hälfte des 16. Jahrhunderts in das reformierte Bekenntnis überführt. 1603 wurde die zum oberrheinischen Reichskreis und zum wetterauischen Reichsgrafenkollegium zählende Grafschaft in das nördliche Sayn-Wittgenstein-Berleburg (zwei Fünftel der Grafschaft W. mit Berleburg, der unter Oberhoheit Triers stehenden Herrschaft Neumagen und der Herrschaft Homburg) und das südliche Sayn-Wittgenstein-Wittgenstein (drei Fünftel der Grafschaft W. mit Schloss W., Stadt Laasphe, drei Vierteln Banfe, Feudingen, Arfeld und Elsoff sowie der unter Oberhoheit Triers stehenden Herrschaft Vallendar) geteilt. 1792 wurden die Grafen zu Reichsfürsten erhoben. 1806 fielen beide Fürstentümer an das Großherzogtum Hessen-Darmstadt, 1816 an Preußen (Provinz Westfalen) und damit ihr Gebiet 1946 überwiegend an Nordrhein-Westfalen (Neumagen und Vallendar an Rheinland-Pfalz). S. Sayn-Wittgenstein-Berleburg, Sayn-Wittgenstein-Hohenstein, Sayn-Wittgenstein-Sayn.

L.: Wolff 284; Wallner 697 f. OberrheinRK 27, 36; Großer Historischer Weltatlas III 22 (1648) D2, III 38 (1789) C2; Wrede, G., Territorialgeschichte der Grafschaft Wittgenstein, 1927; Gensicke, H., Landesgeschichte des Westerwaldes, 2. A. 1987; Hartnack, W., Das Wittgensteiner Landrecht, 1960; Wittgenstein, hg. v. Krämer, F., Bd. 1 f., 1965.

Wittislingen (Grafschaft, Herrschaft). In fränkischer Zeit war das schon früher besiedelte W. nordwestlich von Dillingen Mittelpunkt des Gebietes zwischen Jura und Donau. Nach ihm wurde eine Grafschaft benannt, die am Ende des 18. Jahrhunderts als Rentamt über das Hochstift Augsburg zum schwäbischen Reichskreis zählte. Bereits im 10. Jahrhundert verlegten aber die Grafen ihren Sitz nach Dillingen und vererbten als Grafen von Dillingen im 13. Jahrhundert ihre Güter an das Hochstift Augsburg. Von dort gelangten sie bei der Mediatisierung an Bayern.

L.: Wolff 156; Wallner 684 SchwäbRK.

Wittmund (Herrschaft). W. in Ostfriesland wird im 12. Jahrhundert in Fuldaer Aufzeichnungen genannt (Witmuntheim). Um 1400 war es in den Händen des friesischen Geschlechts tom Brok, 1420 kam es an die Kankena, 1457 an Sibet Attena von Esens, der Esens, Stedesdorf und Wittmund zum Harlingerland vereinigte, das 1600 durch Vertrag an Ostfriesland fiel. Nach der Reichsmatrikel von 1776 gehörte die Herrschaft W. zum niederrheinisch-westfälischen Reichskreis. Über Hannover und Preußen (1866) gelangte W. 1946 an Niedersachsen.

L.: Gumpelzhaimer 151; Wolff 339; Onnen, J., Wittmund im Laufe der Jahrhunderte, 1968.

Wittstadt genannt Hagenbach, Wittstatt genannt Hagenbach (Reichsritter). Von 1563 bis 1584 waren die zu Helfenberg begüterten W. im Kanton Kocher des Ritterkreises Schwaben immatrikuliert. Im frühen 16. Jahrhundert gehörten sie den Kantonen Odenwald und Rhön-Werra des Ritterkreises Franken an.

L.: Stieber, Schulz 274; Riedenauer 124.

Witzenhausen (Reichslehen). Um 743 legte Bischof Witta von Büraburg an der Werra an der Grenze zu Sachsen einen befestigten Hof an. Im 12. Jahrhundert war W. wahrscheinlich Reichslehen Heinrichs des Löwen, seit 1180 der Landgrafen von Thüringen. Von ihnen kam W. 1247 erbweise an die Landgrafen von Hessen. Von 1627 bis 1834 gehörte W. innerhalb Hessen-Kassels zur Rotenburger Quart. 1866 kam es zu Preußen und 1945 zu Hessen. S. Hessen.

L.: Wolff 254; Eckhardt, K. A., Quellen zur Rechtsgeschichte der Stadt Witzenhausen, 1954; Eckhardt, A., Witzenhausen 1745, 2.A. 1965; Witzenhausen und Umgebung, hg. v. Künzel, A., 1983; Reyer, H./Stephan, H., Witzenhausen im späten Mittelalter und in der frühen Neuzeit, 1985.

Witzleben (Reichsritter). Von 1592 bis 1597 zählte Beppo von W. zu Freudental zum Kanton Neckar des Ritterkreises Schwaben. Von 1592 bis 1633 wurden die W. wegen drei Vierteln Freudental auch im Kanton Kocher geführt. Außerdem waren die W. im 16. Jahrhundert im Kanton Gebirg des Ritterkreises Franken, im 17. Jahrhundert im Kanton Baunach und im 18. Jahrhundert im Kanton Rhön-Werra immatrikuliert.

L.: Stieber; Hellstern 217; Schulz 274; Riedenauer 128.

Wlaschim, Wlaschitz (Herrschaft). Die Herrschaft W. in Böhmen gehörte den Fürsten Auersperg. S. Tschechoslowakei.

Wobidezgi (Reichsritter). 1603 und 1604 war Eberhardt von W. wegen des adligen Gutes Gärtringen Mitglied des Kantons Neckar des Ritterkreises Schwaben.

L.: Hellstern 217.

Woellwarth (Reichsritter) s. Wöllwarth

Woëvre (Gau)

L.: Puhl, R., Die Gaue und Grafschaften des frühen Mittelalters im Saar-Mosel-Raum, 1999, 412 (pagus Wabrensis), 587 (pago Vabrense), Großlandschaft zwischen Ardennen, Maas und Mosel bzw. Diekirch, Sedan und Toul, Gau zwischen pagus Ardenensis, Bedensis, Moslensis, Scarponensis und Virdunensis (Ardennengau, Bitgau, Moselgau, Scarponagau und Verdungau) (Amel, Arlon, Arrancy-sur-Crusnes, Baslieux, Beaumont-en-Verdunois, Beringen, Bettembourg, Bièvres, Boncourt, Brauville, Butgnéville, Châtillon-sous-les-Côtes?, Charbeaux, Charey, Christnach, Conflans-en-Jarnisy, Cornièville, Cruchten, Cutry, Dahlem?, Dampvitoux, Dippach?, Dommartin-la-Montagne, Dompierre-aux-Bois, Doncourt-aux-Templiers, Étain, Fleury-lès-Jouaville, Frisange, Ginvry, Gonderange/Gonderingen, Grémilly, Haller, Hellange, Hemstal, Herbeuville, Hespérange, Hüncheringen, Hünsdorf, Itzig, Yvois/Carignan, Jeandelize, Joudreville, Jouy-sous-les-Côtes, Juvigny-sur-Loison, Lamouilly, Latour-en-Woëvre, Lellingen, Linster, Lorentzweiler, Mercy-le-Bas, Mersch, Monderçange/Monnerich, Montlibert, Norroy-le-Sec, Oetrange/Ötringen, Ornes, Peppange, Pierreville, Praucourt, Pure, Quincy, Roeser, Rollingen, Russange, Saint-Benoit-en-Woëvre, Schifflange, Signy, Sponville, Thil, Villers-lès-Mangiennes, Zolwer/Soleuvre).

Wohlau (Fürstentum, Herzogtum). W. in Niederschlesien wurde um 1285 neben einem slawischen Dorf als Stadt zu deutschem Recht gegründet. Bis 1248 war das Gebiet mit dem Fürstentum Breslau, von 1248 bis 1312 mit Glogau und von 1312 bis 1471 mit Oels verbunden. Von 1495 bis 1504 war W. selbständiges Herzogtum, das 1504 an Münsterberg fiel und 1517 mit Steinau an die Familie Thurzo, die nach ihrer Übersiedelung von Ungarn nach Krakau zusammen mit den Fuggern im Bergbau reich geworden war, verkauft wurde, die es 1523 an die Herzöge von Liegnitz weiterveräußerte. Von 1653/1654 bis 1664 war es erneut selbständiges Herzogtum, wurde dann aber wieder mit Liegnitz und Brieg vereinigt. 1675 fiel es nach dem Aussterben der Liegnitzer Piasten, als seit 1329 zur Krone Böhmens gehörig, an Habsburg/Österreich, 1742 an Preußen. W. hatte einen Flächeninhalt von 23 Quadratmeilen und war in die Kreise W. und Steinau-Raudten gegliedert. Seit 1945 stand es unter Verwaltung Polens und gelangte 1990 als politische Folge der deutschen Wiedervereinigung an Polen.

L.: Wolff 484; Heyne, J., Urkundliche Geschichte der Stadt und des Fürstentums Wohlau, 1867; Juhnke, R., Wohlau, 1965; Chroniken aus dem Kreise Wohlau (Niederschlesien), hg. v. Hoppe, R., (1983); Velsen, D. v., Die Gegenreformation in den Fürstentümern Liegnitz-Brieg-Wohlau, 1971.

Wohldenberg (Grafen). Nach der um 1150 erbauten Höhenburg W. südöstlich Hildesheims nannten sich seit 1109 erkennbare Grafen an der oberen Oker. 1275 verkauften sie Grafschaft und Burg W. an das Hochstift Hildesheim, andere Grafenrechte zwischen oberer Oker und Nette an den Herzog von Braunschweig. 1383 starb das Geschlecht aus.

L.: Wolff 448; Petke, W., Die Grafen von Wöltingerode-Wohldenberg, 1971; Petke, W., Wohldenberg, LexMA 9 1998, 292.

Wöhr s. Schönau zu W.

Wöhrstein s. Sigmaringen-Wehrstein, Sigmaringen-Wöhrstein

L.: Gumpelzhaimer 82.

Wolauki (Uulauki in quo Broto) (973)

L.: Hessler, W., Mitteldeutsche Gaue des frühen und hohen Mittelalters, 1957, 156, Wolauki, Teil Nizizis (Pratau südlich Wittenbergs); Wagner, G., Die Verwaltungsgliederung im karolingischen Reich, 1963, 10.

Wolbeck (Burg). An dem 1185 erstmals erwähnten Ort W. (Walbeke, Waldbach) legte der Bischof von Münster vor der Mitte des 13. Jahrhunderts an wichtigen Straßen eine Burg (castrum 1242) an, der eine Stadt folgte. Seit 1275 wurde W. ein bevorzugter Aufenthaltsort der Bischöfe. Das zugehörige, von der Lippe bei Dolberg bis Hembergen nördlich von Greven reichende Amt bildete zusammen mit dem Amt Rheine 1803 das Fürstentum Rheina-Wolbeck des Herzogs Wilhelm Joseph von Looz-Corswarem. 1806 kam es zum Großherzogtum Berg, 1811 an Frankreich, 1815 an Preußen (Provinz Westfalen) und W. damit 1946 an Nordrhein-Westfalen. S. Rheina-Wolbeck.

L.: Wolff 312; Casser, P., Aus Wolbecks Vergangenheit, 1926; Tönsmeyer, J., Das Landesfürstentum Rheina-Wolbeck, 1962; Escher, M. u. a., Die urbanen Zentren, 2005, 2, 686.

Woldenseradeel (Friesisch)

L.: Polenz, P. v., Landschafts- und Bezirksnamen, 1961, III, 23 Woldenseradeel.

Wolf von Guttenberg (Reichsritter). Um 1700 zählten die W. zum Kanton Rhön-Werra des Ritterkreises Franken.

L.: Riedenauer 128.

Wolf von Karsbach (Reichsritter). Im 16. und 17. Jahrhundert zählten die W. zum Kanton Rhön-Werra im Ritterkreis Franken.

L.: Riedenauer 128.

Wolf von Wolfsthal (Reichsritter). Vom späten 16. bis zum frühen 18. Jahrhundert zählten die 1717 ausgestorbenen W. zu den Kantonen Altmühl, Steigerwald und Baunach des Ritterkreises Franken.

L.: Stieber; Pfeiffer 199; Bechtolsheim 13, 194; Riedenauer 128; Rahrbach 297.

Wolfach (Herrschaft). W. an der Kinzig wird 1030 erstmals erwähnt. Nach der Burg W. nannten sich Herren von W. Graf Friedrich I. von Fürstenberg (†1296) erwarb die Herrschaft, zu der kaum mehr als das Tal der W. gehörte, durch Heirat. 1806 fiel W. an Baden und damit 1951/1952 an Baden-Württemberg.

L.: Wolff 174; Disch, F., Chronik der Stadt Wolfach, 1920; Veltzke, G., Der gebundene bäuerliche Besitz in der fürstenbergischen Gesetzgebung, 1938; Der Kreis Wolfach, hg. v. Theiss, K./Baumhauer, H., 1966; Escher, M., u. a., Die urbanen Zentren, 2005, 2, 687.

Wolfegg (Grafschaft [Lande der Erbtruchsessen]). W. (1219 Wolfegge) bei Ravensburg kam vermutlich von den am Ende des 12. Jahrhunderts nachweisbaren Herren von W. zu Beginn des 13. Jahrhunderts an die Herren von Tanne (seit 1219 von Waldburg). Die aus Wolfegger und Tanner Gütern und der Stadt Wurzach gebildete Herrschaft erhielt 1444 den Blutbann, war seit 1489 Reichslehen und wurde 1628 Reichsgrafschaft. Bei der Teilung von 1429 fiel sie an die eberhardische (Sonnenberger) Linie, bei der Teilung von 1508 an die georgische (Zeiler) Linie. Am Ende des 18. Jahrhunderts gehörte die Grafschaft W. als Lande der Erbtruchsessen zu Waldburg-Wolfegg-Wolfegg und Waldburg-Wolfegg-Waldsee (etwa 7,5 Quadratmeilen bzw. 400 Quadratkilometer Gebiet mit 14 000 Einwohnern) zum schwäbischen Reichskreis. 1806 fiel im Rahmen der Säkularisation das Kollegiatstift W. an. W. selbst kam 1806 an Württemberg und damit 1951/1952 an Baden-Württemberg. S. Waldburg-Wolfegg.

L.: Wolff 200; Wallner 685 SchwäbRK 12; Hölzle, E., Der deutsche Südwesten am Ende des alten Reiches, 1938; Der Kreis Ravensburg, 1975; Chronik des Kreises Ravensburg, 1976.

Wolfegg-Waldsee s. Wolfegg

Wolfegg-Wolfegg s. Wolfegg

Wolfenbüttel (Fürstentum). W. an der Oker im nördlichen Harzvorland, der südlichste aller -büttel-Orte, wird 1118 erstmals erwähnt (Wulferesbutle), ist aber vermutlich erheblich älter (7./8.?, 10./11. Jahrhundert). Die Burg W. unterstand zunächst den brunonisch-welfischen, später reichsministerialischen Herren von Asseburg (Gunzelin von W.) und wurde nach der Zerstörung der Herrschaft durch die Welfen (1255) 1283 von diesen wieder aufgebaut. 1267 erhielt Herzog Heinrich der Lange bei der Teilung Braunschweig-Lüneburgs (Braunschweig-Wolfenbüttels) die Gebiete um Braunschweig-Wolfenbüttel, Einbeck-Grubenhagen und Göttingen. Von 1279 bis 1292 gehörte W. zusammen mit Gütern um Gandersheim und Seesen einer eigenen Linie. 1345 kam W. an Herzog Magnus I. Seit 1432 war W. Hauptsitz der Herzöge von Braunschweig-Wolfenbüttel. 1495 gelangte es zum Fürstentum Braunschweig-Wolfenbüttel, das 1635 an die Linie Lüneburg-Dannenberg (Braunschweig, Wolfenbüttel, Helmstedt, Gandersheim, Holzminden, Blankenburg in drei getrennten Landesteilen) und 1735 an die Linie Braunschweig-Bevern fiel. 1753/1754 wurde die Residenz des Fürstentums von W. nach Braunschweig verlegt. 1946 kam W. mit Braunschweig an Niedersachsen. S. Braunschweig-Wolfenbüttel.

L.: Wolff 438 f.; Schnath, G./Lübbing, H./Engel, F., Niedersachsen, in: Geschichte der deutschen Länder, Bd. 1; Meier, P., Untersuchungen zur Geschichte der Stadt Wolfenbüttel, Jb. d. Geschichtsvereins für das Herzogtum Braunschweig 1 (1902), 1; Karpa, O., Wolfenbüttel, 2. A. 1965; Thöne, F., Wolfenbüttel, Geist und Glanz einer alten Residenz, 2. A. 1968; Busch, S., Hannover, Wolfenbüttel und Celle, 1969; Beiträge zur Geschichte der Stadt Wolfenbüttel, hg. v. König, J., 1970; Ohnesorge, K., Wolfenbüttel, 1974; Zur Stadtgeschichte Wolfenbüttels, hg. v. Reuter, H., 1988; Casemir, K./Ohainski, U., Das Territorium der Wolfenbütteler Herzöge um 1616, 1996; Ohainski, U., Wolfenbüttel, LexMA 9 1998, 304; Medefind, H., Die Kopfsteuerbeschreibung des Fürstentums Braunschweig-Wolfenbüttel von 1678, 2001; Klingebiel, T., Ein Stand für sich? Lokale Amtsträger in der frühen Neuzeit, 2002; Auf dem Weg zur herzoglichen Residenz, hg. v. Schwarz, U., 2003.

Wolfskehl, Wolfskeel (Reichsritter). 1475 waren die reich begüterten ministerialischen, nach ihrer rechtsrheinischen Stammburg Wolfskehlen benannten W. wohl auf Grund einer Erbschaft an der Ganerbschaft Schornsheim beteiligt. S. Wolfskehl von Reichenberg.

L.: Stetten 38, 188.

Wolfskehl von Reichenberg (Reichsritter). Im 18. Jahrhundert zählten die W. mit Allersheim, Burg Reichenberg mit Zent Albertshausen, Fuchsstadt, Lindflur, Rottenbauer, Uengershausen (Ungershausen), Uettingen (Üttingen) und Geroldshausen zum Kanton Odenwald des Ritterkreises Franken. Im 17. und 18. Jahrhundert waren sie außerdem im Kanton Rhön-Werra immatrikuliert. Ihre Güter fielen 1808 außer Allersheim an Würzburg. S. Bayern, Wolfskehl.

L.: Genealogischer Kalender 1753, 537; Stieber; Roth von Schreckenstein 2, 594; Seyler 396; Hölzle, Beiwort 57; Winkelmann-Holzapfel 168; Pfeiffer 197, 210; Riedenauer 128; Stetten 11, 33, Rahrbach 299.

Wolfstein (Herren, Freiherren, Grafen, Reichsgrafschaft). Seit 1291 nannten sich die Reichsministerialen von Sulzbürg nach der Burg W. bei Neumarkt, deren ältere Herren seit etwa 1120 nachweisbar sind. Sie gewannen am Anfang des 14. Jahrhunderts Allersberg (bis 1455/1470), vor 1346 Pyrbaum, im 14. und 15. Jahrhundert ein geschlossenes Herrschaftsgebiet um B., um 1350 Obersulzbürg und 1403/1404 Untersulzbürg. 1460 trugen sie die Burg und Herrschaft W. Böhmen zu Lehen auf. 1465/1466 ging W. als Lehen Böhmens durch Kauf an Pfalzgraf Otto II. zu Neumarkt über und kam von der Pfalz 1628 an Bayern. Seit 1607 war die Burg W. bereits verfallen. 1522 wurden die Herren von W. in den Freiherrenstand, 1673 in den Reichsgrafenstand erhoben. Als solche waren sie Mitglied des fränkischen Reichsgrafenkollegiums. Ihre Erben waren die Grafen von Hohenlohe-Kirchberg und die Grafen von Giech. S. Wolfstein zu Sulzbürg.

L.: Zeumer 554 II b 62, 8; Wappler, K., Das Sulzbürger Landl, 1957.

Wolfstein (Herrschaft). Um 1200 errichtete der Bischof von Passau an einer wichtigen Straße nach Böhmen die Burg W. in der Nähe von Freyung. Am Ende des 18. Jahrhunderts gehörte die Herrschaft W. über das Hochstift Passau zum bayerischen Reichskreis. 1802/1803/1805 kam sie an Bayern.

L.: Wallner 712 BayRK 6.

Wolfstein (Reichsstadt). Wahrscheinlich unter Kaiser Friedrich I. Barbarossa entstand zur Sicherung des Reichslandes bei Kaiserslautern die Burg Altwolfstein bei Kassel. Daneben gründete Rudolf von Habsburg 1275 auf Reichsgut die reichsunmittelbare Stadt W. Nach verschiedenen Verpfändungen kam sie an die Pfalz und von 1605 bis 1673 an Pfalz-Simmern. 1815 gelangte W. zu Bayern, 1946 zu Rheinland-Pfalz.

L.: Wolff 245; Jung, O., Das alte Wolfstein (1275–1950), (1950).

Wolfstein zu Sulzbürg (Reichsritter). Im frühen 16. Jahrhundert zählten die W. zum Kanton Altmühl des Ritterkreises Franken. S. Wolfstein.

L.: Riedenauer 128.

Wolfsthal (Reichsritter) s. Wolf von Wolfsthal

L.: Stieber; Pfeiffer 199; Bechtolsheim 13, 194; Rahrbach 297.

Wolgast (Stadt [Herzogtum]). W. an der Peene erscheint erstmals im 12. Jahrhundert. 1282 erhielt es Stadtrecht Lübecks. Von 1295 bis 1625 war es Sitz der Herzöge von Pommern-Wolgast (Wolgast mit den Gebieten nördlich der Peene und östlich der Odermündung zwischen Peene, Haff und Ihna). 1815 kam es zu Preußen, 1945 mit Vorpommern zu Mecklenburg und damit von 1949 bis 1990 zur Deutschen Demokratischen Republik. S. Pommern-Wolgast, Mecklenburg-Vorpommern.

L.: Wolff 404; Eggert, W., Geschichte Pommerns, 1974; Schmidt, R., Wolgast, LexMA 9 1998, 317.

Wolin s. Wollin

Wolkenburg (Herrlichkeit). Die Burg W. (1125 Wolkenburh) wurde von Erzbischof Friedrich von Köln als Grenzfeste gegenüber der Grafschaft Sayn errichtet. Um 1340 wurde sie Sitz eines Amtes des Erzstifts Köln. Die Herrlichkeit W. gelangte (1799 vom Herzogtum Westfalen des Erzstifts Köln) 1803 an Nassau-Usingen, 1806 an das Großherzogtum Berg, 1815 an Preußen und damit W. 1946 an Nordrhein-Westfalen.

L.: Wolff 87.

Wolkenstein (Herrschaft). An der Furt der Straße von Altenburg über die Zschopau gründeten um 1200 die Reichsministerialen von Waldenburg die Burg W., die sie samt der zugehörigen Herrschaft (mit Scharfenstein, mindestens einem Dutzend Dörfern, einem halben Dutzend Rittergütern mit weiteren Dörfern und Dorfanteilen sowie den Städten Ehrenfriedersdorf, Geyer, Thum und später noch Marienberg, Jöhstadt und Lengefeld) als Lehen der Markgrafen von Meißen innehatten. 1438/1444 kam Scharfenstein, 1479 mit dem Aussterben der Herren von Waldenburg auch W. an die Markgrafen von Meißen bzw. Sachsen und damit von 1949 bis 1990 an die Deutsche Demokratische Republik.

L.: Wolff 379.

Wölkern (Reichsritter). Im späten 18. Jahrhundert zählten die W. zum Kanton Steigerwald des Ritterkreises Franken.

L.: Riedenauer 128.

Wöllenburg (Herrschaft) s. Wellenburg

Wollin, Wolin (Bistum). Das vom Bischof von Bamberg und den Herzögen von Pommern 1140 eingerichtete Bistum W. (Bischof Adelbert), das Pommern bis zur Leba umfasste, wurde 1176 nach Cammin (Kammin) verlegt.

L.: Wolff 405; Heyden, H., Kirchengeschichte Pommerns, Bd. 1 1957; Herrmann, J., Wolin, LexMA 1998, 318.

Wollmarshausen, Wolmarshausen (Reichsritter) s. Wollmershausen

L.: Riedenauer 128.

Wollmerath (Herrschaft). Die Herrschaft W. bei Cochem zählte zum Kanton Niederrheinstrom des Ritterkreises Rhein.

L.: Wolff 516.

Wollmershausen (Reichsritter), Wollmarshausen, Wolmarshausen. Im 16. Jahrhundert zählten die W. zum Kanton Altmühl und zum Kanton Odenwald (bis nach 1700) des Ritterkreises Franken. Von 1682 bis 1708 waren die W. wegen Bartholomä (Bartholomäi-Ahausen, Sommerhausen) im Kanton Kocher des Ritterkreises Schwaben immatrikuliert.

L.: Stieber; Pfeiffer 211; Riedenauer 128; Stetten 33; Schulz 274; Rahrbach 302.

Wöllstein (Herrschaft). Die Herrschaft W. bei Ellwangen wurde 1585 von der Propstei Ellwangen erworben und kam über Württemberg 1951/1952 zu Baden-Württemberg.

L.: Hölzle, Beiwort 80.

Wöllwarth, Woellwarth (Freiherren, Reichsritter). Im 17. und 18. Jahrhundert zählten die Freiherren von W. mit Essingen, Fachsenfeld, Laubach, Lauterburg und Lautern zum Kanton Kocher des Ritterkreises Schwaben und mit Polsingen zum Kanton Altmühl des Ritterkreises Franken sowie mit anderen Gütern zeitweise zum Kanton Baunach. 1805 gehörte Georg von W. dem Kanton Odenwald als Personalist an.

L.: Biedermann, Altmühl; Stieber; Roth von Schreckenstein 2, 592; Hölzle, Beiwort 62; Kollmer 366, 372, 382; Stetten 39; Riedenauer 128; Schulz 274; Archiv der Freiherren von Woellwarth. Urkundenregesten 1359–1840, bearb. v. Hofmann, N, 1991.

Wöllwarth-Fachsenfeld s. Wöllwarth

Wöllwarth-Laubach s. Wöllwarth

Wöllwarth-Lauterberg s. Wöllwarth

Wolmarshausen, Wollmershausen (Reichsritter). Im 16. Jahrhundert zählten die W. zum

Kanton Odenwald des Ritterkreises Franken.

L.: Stieber; Pfeiffer 211; Stetten 33; Schulz 274.

Wölpe (Grafen). Im frühen 12. Jahrhundert erscheinen nach der W., einem Zufluss der Aller, benannte Grafen, die das Gericht Nöpke als Lehen der Welfen hatten. In der zweiten Hälfte des 13. Jahrhunderts gelang aus Gütern des Hochstifts Minden die Bildung einer Herrschaft. 1302 verkaufte der Graf von Oldenburg-Altbruchhausen das Erbe des ausgestorbenen Geschlechts an den Herzog von Braunschweig.

L.: Wolff 346; Scriverius, D., Die weltliche Regierung des Mindener Stifts, Bd. 1 f. 1966 f.; Hemann, F., Wölpe, LexMA 9 1998, 325; Die Grafschaften Bruchhausen, Diepholz, Hoya und Wölpe, 2000.

Wolzogen (Freiherren, Reichsritter). Im 18. Jahrhundert zählten die Freiherren von W. zum Kanton Rhön-Werra des Ritterkreises Franken.

L.: Stieber; Seyler 396; Riedenauer 128.

Worblingen s. Dankenschweil zu W.

Wormatiensis pagus (Wormsgau)

L.: Polenz, P. v., Landschafts- und Bezirksnamen, 1961, IV, 18, Wormatiensis, comitatus, zum Ortsnamen Worms.

Wormazfeld (Wormsfeld, Wormsgau) s. Wormsfeldgau

L.: Polenz, P. v., Landschafts- und Bezirksnamen, 1961, II, 16, 18, 30, 32, 41, 58, 61 f., III, 30, 33, Wormazfeld (pagus Wormaciensis, pagus Vangionensium, Wormazgouwe), ‚Wormsfeld', ‚Wormsgau'.

Worms (Hochstift). Seit 346 (?), sicher bezeugt seit 614, ist die ursprünglich keltische, dann germanische, dann römische Siedlung Borbetomagus/Vormatia Sitz eines Bischofs, der im 8. Jahrhundert dem Erzbistum Mainz eingegliedert war. Seine Diözese zog sich sichelförmig vom Saargebiet bzw. Kaiserslautern nach Guntersblum/Oppenheim und dem unteren Neckar (Ladenburg, Wimpfen). Die Vogtei lag bis 1156 bei den Grafen von Saarbrücken, danach bei den Pfalzgrafen bei Rhein. Dem Bischof gelang trotz erheblicher Bedeutung in der Stauferzeit nur der Erwerb eines kleinen Herrschaftsgebietes im Westen. Seit etwa 1330 stieg der Einfluss der Pfalzgrafen auf das Hochstift. Residenz wurde bald Ladenburg. In der Reformation ging mehr als die Hälfte der Pfarreien der Diözese verloren. Seit 1648 war das Bistum meist in Personalunion mit Mainz oder Trier verbunden. Um 1790 war der Bischof von W. wegen Neckarsteinach, Darsberg, Grein und Teilen von Langenthal (Langental) Mitglied des Kantons Odenwald des Ritterkreises Franken. 1797/1801 fielen die linksrheinischen Güter des zuletzt 8 Quadratmeilen mit 20 000 Einwohnern und 85 000 Gulden Einkünften umfassenden, zum oberrheinischen Reichskreis zählenden Hochstifts an Frankreich, 1803 die rechtsrheinischen Teile an Baden und Hessen-Darmstadt. 1805 wurde das Bistum aufgelöst und 1817/1821 sein Sprengel auf Mainz, Speyer, Freiburg und Rottenburg aufgeteilt. 1814 kamen die linksrheinischen Teile an Bayern und Hessen-Darmstadt.

L.: Wolff 232; Zeumer 552 ff. II a 8; Wallner 696 OberrheinRK 14; Großer Historischer Weltatlas II 34 (1138–1254) F4, III 22 (1648) D4, III 38 (1789) C3; Winkelmann-Holzapfel 169; Schannat, J. F., Historia episcopatus Wormatiensis, Bd. 1 f. 1734; Wormatia Sacra, 1925; Seiler, A., Das Hochstift Worms im Mittelalter, Diss. phil. Gießen 1936; Sofsky, G., Die verfassungsrechtliche Lage des Hochstifts Worms, 1955; Schaab, M., Die Diözese Worms im Mittelalter, Freiburger Diözesanarchiv 86 (1966); Friedmann, A., Die Beziehungen der Bistümer Worms und Speyer zu den ottonischen und salischen Königen, 1994; Das Bistum Worms, hg. v. Jürgensmeier, F., 1997; Bönnen, G., Worms, LexMA 9 1998, 330; Escher, M. u. a., Die urbanen Zentren, 2005, 1, 491.

Worms (Reichsstadt, freie Stadt). Im 2. Jahrhundert n. Chr. erscheint der Name Borbetomagus für eine im alten Siedlungsland errichtete keltische Siedlung, die im 1. Jahrhundert v. Chr. an die germanischen Vangionen und 50 v. Chr. an die Römer gefallen war. Seit 346 (?), sicher bezeugt seit 614, ist dieser Ort Sitz eines Bischofs. 413 wurde er Mittelpunkt des Reiches der 436 von den Hunnen besiegten und danach umgesiedelten Burgunder, 436 alemannisch und 496 fränkisches Königsgut. Seit dem 7. Jahrhundert erscheint der Name Warmatia. Dorthin verlegten die fränkischen Könige ihre zunächst in Neuhausen errichtete, 790/803 (?) abgebrannte Pfalz. 898/979 gingen königliche Rechte auf den Bischof über. Bischof Burchard I. von Worms (1000–1025) verdrängte den König aus der Stadt. Im Investiturstreit standen die Bürger auf der Seite der Könige und erhielten dafür 1074 Zollfreiheit und andere eigenständige Rechte. Weitere Freiheitsbriefe gewährte Kaiser Friedrich I. Barbarossa 1156 und 1184. 1273 wurde die Reichsfreiheit der Stadt durch König Rudolf von Habsburg anerkannt, doch bestanden weiter bischöfliche Rechte. 1498/1499 erneuerte die Stadt in weitgehender Romanisierung ihr Recht in einer Reformation. Sehr früh ging sie zum Luthertum über. 1659 lehnte W., das nur sein unmittelbares linksrheinisches Umland (ca. 2000 Hektar) unter seine Herrschaft bringen konnte, das Angebot des Kurfürsten der Pfalz ab, Residenz zu werden. 1689 wurde die dem oberrheinischen Reichskreis angehörige Stadt von Frankreich fast völlig zerstört. 1797/1801 fiel sie als Landstadt von 6000 Einwohnern, die im Kanton Odenwald des Ritterkreises Franken inkorporiert war, an Frankreich (Ende der Reichsunmittelbarkeit), 1814/1816 unter die Verwaltung Bayerns und Österreichs, 1816 an Hessen-Darmstadt und 1946 an Rheinland-Pfalz.

L.: Wolff 290; Zeumer 554 III a 4; Wallner 699 OberrheinRK 55; Großer Historischer Weltatlas II 66 (1378) E4, III 38 (1789) C3; Riedenauer 129; Quellen zur Geschichte der Stadt Worms, hg. v. Boos, H., Bd. 1–3 1886 ff.; Boos, H., Geschichte der rheinischen Städtekultur mit besonderer Berücksichtigung der Stadt Worms, Bd. 1–4 2. A. 1897 ff.; Illert, F. M., Alt-Worms, 1925; Müller, W., Die Verfassung der freien Reichsstadt Worms am Ende des 18. Jahrhunderts, 1937; Illert, F. M., Die alte Stadt, 1953; Illert, F. M., Worms im wechselnden Spiel der Jahrtausende, 1958; Polenz, P. v., Landschafts- und Bezirksnamen, 1961, II, 61; Hüttmann, H. D., Untersuchungen zur Verfassungs-, Verwaltungs- und Sozialgeschichte der freien Reichsstadt Worms 1659–1789, 1970; Illert, G., Worms, so wie es war, 1976; Der Statt Wormbs Reformation, hg. v. Köbler, G., 1985; Keilmann, B., Der Kampf um die Stadtherrschaft in Worms während des 13. Jahrhunderts, 1985; Grünewald, M., Die Römer in Worms, 1986; Friedmann, A., Die Beziehungen der Bistümer Worms und Speyer zu den ottonischen und salischen Königen, 1994; Breuer, H., Die politische Orientierung von Ministerialität und Niederadel im Wormser Raum, 1997; Bönnen, G., Worms, LexMA 9 1998, 330; Escher, M. u. a., Die urbanen Zentren, 2005, 2, 688.

Worms s. Bormio

Wormsfeldgau, Worms(gau) (Vuormacensis, Uurmacensis, Vuormazuelde, Uuormaciensis, Wormazgowe, Wormazweld, Wormacensis, Wormesveld, Wormazuelt, Gau westlich Worms')

L.: Curs, O., Deutschlands Gaue im zehnten Jahrhundert. Nach den Königsurkunden, Diss. phil. Göttingen 1908, 24 (Abenheim, Dürkheim, Osthofen, Maudach, Freinsheim, Rodenbach, Susenheim, Westheim, Dammheim, Straßfeld, Bornheim, Reichenbach, Wachenheim, Dannstadt, Kaiserslautern, Alsheim, Nierstein, Oppenheim, Gimbsheim); Polenz, P. v., Landschafts- und Bezirksnamen, 1961, II, 16, 18, 30, 32, 41, 58, 61 f., III, 30, 33, Wormazfeld (pagus Wormaciensis, pagus Vangionensium, Wormazgouwe), ‚Wormsfeld', ‚Wormsgau'; Niemeyer, W., Der pagus des frühen Mittelalters in Hessen, 1968, 83 (Bossweiler, Eppstein, Ebertsheim, Bretzenheim, Bodenheim, Bingen, Grolsheim, Grolsheim); Puhl, R., Die Gaue und Grafschaften des frühen Mittelalters im Saar-Mosel-Raum, 1999, 455 (976 Wormazvelde), benannt nach Worms (u. a. Queidersbach, Reichenbach?).

Wörth (Herrschaft). W. an der Donau bei Regensburg, in dessen Peterskirche um 765/788 eine Übertragung an den Bischof von Regensburg bzw. das Kloster Sankt Emmeram erfolgte, gehörte schon sehr früh zum Hochstift Regensburg. Dieses verpfändete W. 1347 an Kaiser Ludwig den Bayern. Das Pfand wurde 1433 eingelöst. 1803 kam die zum bayerischen Reichskreis zählende Herrschaft W. an das Fürstentum Regensburg, 1810 fiel sie an Bayern. 1812 erwarb Thurn und Taxis W. und richtete ein bis 1848 bestehendes fürstliches Herrschaftsgebiet ein.

L.: Wolff 142; Wallner 712 BayRK 10; Janner, F., Geschichte der Bischöfe von Regensburg, 1883/1884.

Woyda, Woyde (Reichsritter). Im 17./18. Jahrhundert zählten die W. zum Kanton Rhön-Werra des Ritterkreises Franken. S. Vogt?

L.: Stieber; Seyler 397.

Wrede (Freiherren, Reichsritter). Um 1790 zählten die Freiherren von W. mit Mühlenbach, Arenberg und Immendorf zum Kanton Mittelrheinstrom des Ritterkreises Rhein. Außerdem waren sie um 1750 im Kanton Odenwald des Ritterkreises Franken immatrikuliert.

L.: Stieber; Winkelmann-Holzapfel 169; Riedenauer 128.

Wredenhagen (Land). 1317 übertrug Markgraf Waldemar von Brandenburg Heinrich II. von Mecklenburg die Anwartschaft auf das früher zu Werle gehörige Land W. bei Waren. Nach dem Aussterben der askanischen Markgrafen (1319) ging das Land über. Über Mecklenburg kam W. von 1949 bis 1990 zur Deutschen Demokratischen Republik.

L.: Wolff 443.

Wucherer von Huldenfeld (Reichsritter). Von 1732 bis 1749 war Heinrich Bernhard von W. als Personalist im Kanton Kocher des Ritterkreises Schwaben immatrikuliert.

L.: Schulz 274.

Wullenstetten (Herrschaft), Waldenstetten. Die Herrschaft W. an der Iller (bei Kirchberg und Weißenhorn) gehörte (am Ende des 18. Jahrhunderts) innerhalb Schwäbisch-Österreichs den Grafen Fugger (Fugger-Babenhausen, Babenhausen und Boos, Fugger-Kirchberg-Weißenhorn, Kirchberg und Weißenhorn). Später fiel W. an Bayern.

L.: Wolff 45; Hölzle, Beiwort 4, 45.

Wunschel (Reichsritter). Um 1700 zählten die W. zum Kanton Steigerwald des Ritterkreises Franken.

L.: Riedenauer 128.

Wunstorf (Reichsstadt?). Um 865 gründete der Bischof von Minden auf seinem Eigengut Uonheresthorp ein Kanonissenstift, das König Ludwig der Deutsche 871 seinem Schutz unterstellte. Im 12. Jahrhundert belehnte der Bischof von Minden die Grafen von Roden mit der Vogtei über das Stift und die 1181 als civitas erwähnte bürgerliche Siedlung, welche die Vögte allmählich so weit aus der Stiftsherrschaft lösten, dass 1247 eine Gesamtherrschaft vereinbart wurde. 1261 wurde W. Stadt mit Mindener Recht (1290 Rat). 1446 verkauften die Grafen von Roden ihren Anteil an das Hochstift Hildesheim. 1447 ging er an die Herzöge von Braunschweig-Lüneburg (1494 Calenberg). Insgesamt nahm W. eine eigentümliche Stellung zwischen Landstandschaft und Amtsässigkeit ein. 1521 und 1776 erscheint es in der Reichsmatrikel. Seit dem 17. Jahrhundert bezog der Landesherr die Stadt immer stärker in das Land ein. Über Hannover und Preußen (1866) kam sie 1946 an Niedersachsen. Das Stift W. blieb stets vom Bischof abhängig.

L.: Gumpelzhaimer 190; Wolff 436; Leyser, P., Historia comitum Wunstorpiensium, 2. A. 1726, hg. v. Kaus, E./Krause, R., 2000; Geschichte der Grafen von Wunstorf; Ohlendorf, H., Geschichte der Stadt Wunstorf, hg. v. Hartmann, W., 1957; Gercke, A., Die Altstadt Wunstorf, 1965; Simon, H., Wunstorf, 1969; Eickels, K. van, Wunstorf, LexMA 9 1998, 369.

Wurdenaland (Wührden)

L.: Polenz, P. v., Landschafts- und Bezirksnamen, 1961, II, 49, Wurdenaland, Land Wührden.

Wurm (Reichsritter). Im früheren 18. Jahrhundert zählten die W. zum Kanton Odenwald im Ritterkreis Franken.

L.: Stieber; Riedenauer 128.

Wurmbrand (Grafen). 1265 hatten Herren von W. Stuppach in Kärnten, das sie 1659 veräußerten. Die Grafen von W. (Wurmbrand-Stuppach) zählten 1792 zu den fränkischen Grafen der weltlichen Bank des Reichsfürstenrates des Reichstags. 1806 wurden die Grafen Wurmbrand-Stuppach in Österreich mediatisiert.

L.: Zeumer 554 II b 62, 14.

Wurmbrand-Stuppach (Grafen) s. Wurmbrand

Würmgau s. Wirigouwe

L.: Polenz, P. v., Landschafts- und Bezirksnamen, 1961, 311.

Wurmser von Vendenheim (Freiherren, Grafen, Reichsritter). 1773 zählten die im Stichjahr 1680 angesessenen und mit ihren Gütern bei der Ritterschaft immatrikulierten Grafen W. mit dem 1612 erworbenen Sundhausen und dem 1456 erworbenen Vendenheim zum Ritterkreis Unterelsass. Mit Meißenheim (Meisenheim) waren sie außerdem Mitglied des Ortes (Bezirks) Ortenau des Kantons Neckar des Ritterkreises Schwaben. Sie erloschen männlicherseits 1844 und weiblicherseits 1851.

L.: Roth von Schreckenstein 2, 595; Hölzle, Beiwort 66 f.; Wolf, J., Familienarchiv v. Wurmser, Urkunden und Akten (Abt. B 23 und F 26) 1398–1843, 1988.

Wursten (Land). Das Gebiet rechts der Weser nördlich von Bremerhaven wurde seit dem 7./8. Jahrhundert durch auf Wurten (Erdhügeln) sitzende (wurtseten, wortsacia, 1202, terra Wortsacia 1238) Friesen aus Butjadingen links der Weser besiedelt. Sie entwickelten allmählich eine Bauernrepublik mit genossenschaftlicher Verfassung, die seit dem 11. Jahrhundert nur geringe Abgaben an das die Oberherrschaft beanspruchende Erzstift Bremen entrichtete. Unterstützt von Hamburg und Bremen behaupteten sie sich gegen das Erzstift Bremen und die Herzöge von Lauenburg. 1517/1524/1525 unterlagen sie dem Erzstift, das einen Obervogt in Dorum einsetzte. Über Hannover und Preußen (1866) kam das Gebiet 1946 an Niedersachsen.

L.: Wolff 431; Osten, G. v. d., Geschichte des Landes Wursten, 2. A. 1932; Polenz, P. v., Landschafts- und Bezirksnamen, 1961, II, 49, III, 17, Wurtsetenaland (Wursatia), Land Wursten; Lehe, E. v., Die Geschichte des Landes Wursten, 1973; Geschichte des Landes zwischen Elbe und Weser, hg. v. Dannenberg, H./Schulze, H., Bd. 1 f. 1995; Schmidt, H., Wursten, LexMA 9 1998, 373.

Wurster von Kreuzberg, Creuzberg, Kreutzberg (Reichsritter). Die W. waren Mitglied des Ritterkreises Schwaben. Außerdem gehörten sie im 18. Jahrhundert dem Kanton Altmühl und dem Kanton Steigerwald des Ritterkreises Franken an.

L.: Kollmer 312; Bechtolsheim 15, 21; Riedenauer 128.

Württemberg (Grafen, Herzogtum, Königreich, Land, Landesteil). 1081/1083/1092 erscheint die neu errichtete Burg Wirtinisberc auf dem Rotenberg zwischen Esslingen und Cannstatt im alten Stammesherzogtum Schwaben. Nach ihr nannten sich (fränkische?, von dem salischen Herzog Konrad von Kärnten abstammende?) Herren von W. (1081/1083 Konrad, 1089/1092 Conradus de Wirtineberc), die seit 1135/1139 als Grafen (Grafschaft im Remstal) auftraten, zunächst im mittleren Neckartal und Remstal begütert waren und – vielleicht nach einer Unterbrechung um 1150 – zu Beginn des 13. Jahrhunderts das ganze mittlere und untere Remstal mit Waiblingen und Schorndorf erlangt hatten. Wichtigste Grundlagen der Herrschaftsbildung wurden Leibeigenschaft, Mannsteuer, Ortsherrschaft und Steuer. Durch Heirat erwarben sie um 1245 von den Markgrafen von Baden Stuttgart (stuot-gart), das im 14. Jahrhundert (1321) Sitz des Hofes und Mittelpunkt der Grafschaft und ab 1482 offiziell Hauptstadt und Residenzstadt wurde. Dazu kamen Zollrechte und Geleitsrechte an wichtigen Straßen wie der Fernstraße von Speyer nach Ulm. Nach dem Zusammenbruch der Staufer rissen sie Reichsgut in erheblichem Umfang an sich (Waiblingen). 1259 wurde Graf Ulrich I. Marschall des Reiches über ganz Schwaben und kaufte die Grafschaft Urach (Urach, Münsingen, Pfullingen, Nürtingen). Eberhard I. gewann 1298 die Landvogtei Schwaben und vergrößerte das Herrschaftsgebiet um fast die Hälfte (Backnang, Calw [1308], Göppingen [1319], Hohenstaufen [1319], Dornstetten [1320], Neuffen, Rosenfeld, Neuenbürg, Glemsgaugrafschaft mit Hohenasperg). 1324/1325 kamen durch Kauf Reichenweier und Horburg im Elsass, 1330 Landvogtei Wimpfen, 1336 Markgröningen, 1339 Vaihingen, 1343 Tübingen mit dem Reichsforst Schönbuch, die halbe Herrschaft Teck mit Kirchheim, Winnenden, die Grafschaft Aichelberg, Grötzingen und 1381 von den Herzögen von Teck (Verkauf der zweiten Hälfte) Kirchheim hinzu. Eberhard III. erhielt die Herrschaft Schalksburg mit Balingen und Onstmettingen sowie dem Rest von Bietigheim. Eberhard IV. erwarb durch Heirat 1397/1409 die Grafschaft Mömpelgard (bis 1796/1802). 1420 umfasste W. als die größte Grafschaft des Reiches nach einem Verzeichnis der württembergischen Lehen und Eigengüter als Reichslehen die Grafschaft W. mit den Städten Stuttgart, Canstatt (Cannstadt), Leonberg, Waiblingen und Schorndorf, den Zoll zu Göppingen, die Grafschaft Aichelberg mit der Stadt Weilheim und die Vogtei zu Jesingen, das Herzogtum Teck mit den Städten und Schlössern Kirchheim, Gutenberg, Wielandstein und Hahnenkamm, die Grafschaft Neuffen, die Grafschaft Urach mit den Städten Urach, Wittlingen und Münsingen, die Pfalzgrafschaft Tübingen mit den Städten Tübingen, Herrenberg, Böblingen, Sindelfingen und dem Forst Schönbuch, die Grafschaft Calw mit Stadt Calw, Wildbad und Zavelstein, die Grafschaft Vaihingen mit den Städten Vaihingen, Riexingen, Horrheim und Haslach, die Herrschaft Magenheim mit der Stadt Brackenheim, die Stadt Markgröningen als ein Fahnlehen, die Grafschaft Asperg, die Herrschaft Horburg und die Grafschaft Wickisau (Willisau) mit der Stadt Reichenweier im Elsass, die auf der rechten Rheinseite oberhalb Breisach gelegene Burgfeste Sponeck, die Herrschaft Waldhausen bei Welzheim, die Herrschaft Nagold mit den Städten Nagold und Haiterbach (Haitersbach), die Herrschaft Urslingen mit dem Städtchen Rosenfeld, zeitweise die Grafschaft Sigmaringen mit der gleichnamigen Stadt und die Feste und die Hälfte von Herrschaft und Stadt Hornberg. Eigengüter lagen zu Tuttlingen (Wittlingen), Nürtingen, Grötzingen, Waldenbuch, Lichtenstein, Leofels, Schiltach, Dornhan, Fautsberg (Vogtsberg), Gartach, Güglingen, Lauffen (Laufen), Backnang, Winnenden, Marbach, Göppingen, Schülzburg (Schilzburg), Hundersingen, Sternenfels, Bilstein bei Reichenweier, Ramstein, Ebersberg, Reichenberg, Waldenstein, Bittenfeld, Hoheneck, Schalksburg, Balingen, Blankenhorn, Bietigheim, Blankenstein, halb Rechtenstein, Ingersheim, Ebingen, Veringen, Achalm, Hohenstaufen, Lauterburg, Rosenstein, Gundelfingen, Oberndorf und Wasseneck. Dazu kamen als Lehen von der Krone Böhmens: Burg und Stadt Neuenbürg

(Neuenburg), Burg und Stadt Beilstein, Lichtenberg und Großbottwar (Bottwar) und als ein Lehen des Hochstifts Bamberg Dornstetten. 1441/1442 wurde das damit bereits große, aber in sich noch recht uneinheitliche Land geteilt. Ludwig I. begründete die Linie Urach, Ulrich V. die Linie Neuffen bzw. Stuttgart (mit Nebenlinie Württemberg-Mömpelgard ab 1498, die 1593 die Hauptlinie beerbte). 1471/1473 wurde der Erwerb der Grafschaft Sulz abgeschlossen. 1482 stellte Eberhard V. im Bart von der Uracher Linie (1450–1496), der Gründer der Universität Tübingen (1477), die Einheit des Landes wieder her (Vertrag von Münsingen), erließ eine Landesordnung (1495) und erreichte 1495 vom Kaiser für die größte Grafschaft des Reichs die Erhebung zum Herzog und die Einordnung des Landes als Reichslehen, womit zugleich eine Vereinheitlichung der unterschiedlichen Besitzrechte gegeben war. Nach seinem Tode gewann zwar W. 1504 noch das Maulbronner Klostergut, die Reichsgrafschaft Löwenstein und die Ämter Besigheim, Weinsberg, Neuenstadt, Möckmühl und Heidenheim, doch erlangte der Landtag wachsenden Einfluss (1514), fiel W. wegen der Annexion Reutlingens von 1520 bis 1534 überhaupt an das Reich (1520–1522) bzw. Österreich und musste danach bis 1599 die Lehnshoheit Österreichs (Reichsafterlehen) anerkennen. Um 1535 wurde die Reformation eingeführt, 1555 ein romanistisch geprägtes Landrecht erlassen. Im Dreißigjährigen Krieg wurde das zum schwäbischen Reichskreis zählende Land zweimal besetzt, verlor (zeitweilig ein Drittel seines Gebietes und) zwei Drittel seiner ursprünglich 450 000 Einwohner und geriet danach in einen allgemeinen Niedergang. 1617 wurde in eine Hauptlinie und die Nebenlinien Württemberg-Mömpelgard (bis 1723) und Württemberg-Weiltingen (bis 1705) geteilt. 1649 spaltete sich Württemberg-Neuenstadt, 1674 Württemberg-Winnental ab. Im 18. Jahrhundert gelang die weitgehende Entmachtung des Landtages. 1733 übernahm die 1674 entstandene Nebenlinie Württemberg-Winnental die Nachfolge der ausgestorbenen Hauptlinie. Territorial kamen Justingen (1751), Bönnigheim und Sterneck sowie die halbe Reichsgrafschaft Limpurg (nach 1781) hinzu, so dass das Land nunmehr 9400 Quadratkilometer mit 620 000 Einwohnern umfasste. Wegen Untereisesheim war der Herzog Mitglied des Kantons Kraichgau des Ritterkreises Schwaben, wegen weiterer Güter auch Mitglied des Kantons Odenwald des Ritterkreises Franken. 1803 wurde der Herzog Kurfürst. Als Entschädigung für den Verlust linksrheinischer Güter an Frankreich 1796/1801 (Mömpelgard, Gebiete im Elsass [Horburg, Reichenweier], Freigrafschaft Burgund, 7 Quadratmeilen mit 14 000 Einwohnern) bekam er 1803 durch § 6 des Reichsdeputationshauptschlusses unter der Auflage verschiedener Renten die Propstei Ellwangen, die Abteien Schöntal und Zwiefalten, fünf Klöster und Stifte (Comburg, Rottenmünster, Heiligenkreuztal, Oberstenfeld, Margarethausen) sowie die neun Reichsstädte Reutlingen, Esslingen, Rottweil, Heilbronn, Giengen, Aalen, Weil der Stadt, Schwäbisch Hall und Schwäbisch Gmünd nebst dem Dorf Dürrenmettstetten, insgesamt 29 Quadratmeilen mit 120 000 Einwohnern). Außerdem erhielt W. an geistlichen Gütern: Im Jahre 1803 vier Klöster in Schwäbisch Gmünd, Kloster Gotteszell, das Karmeliterkloster in Heilbronn und das Benediktinerinnenkloster Mariaberg, drei Klöster in Rottweil und das Augustinerkloster in Weil der Stadt. Im Jahre 1804 fielen das Kapuzinerkloster in Rottweil und 1805 die Johanniterkommenden Affaltrach, Hemmendorf, Rottweil und Dätzingen und die Deutschordenskommende Heilbronn an W. 1806 folgten die Deutschordenskommenden Altshausen und Kapfenburg, das Kapuzinerkloster Bartenstein, das Bruderhaus in Bernstein, das Dominikanerinnenkloster Binsdorf, das Chorherrenstift Ehingen-Rottenburg, das Kollegiatstift und das Dominikanerinnenkloster in Horb, die Dominikanerinnenklöster Kirchberg, Löwental (Löwenthal) bei Friedrichshafen und Oberndorf, das Wilhemiten- bzw. Benediktinerkloster in Mengen, die Kapuzinerklöster Michaelsberg (Michelsberg), Pfedelbach und Rottenburg, das Karmelitenkloster in Rottenburg, die Franziskanerklöster Oeffingen und Waldsee, das Benediktinerkloster Wiblingen und das Benediktinerinnenkloster Urspring. 1807 gelangte das Franziskanerinnenkloster Neuhausen, 1809 das gleiche Ordenskloster in Schwäbisch Gmünd und Mergentheim an W., es folgten die Kapuzinerklöster in Mergentheim und Wurmlingen. 1810 erhielt es die Kapuzinerklöster in Biberach, Schwäbisch Gmünd und Weil der Stadt, das Klarissinnenkloster in Heilbronn und das Franziskanerkloster Saulgau, 1811 die Kapuzinerklöster in Langenargen und Neckarsulm und das Franziskanerinnenkloster in Wiesensteig und schließlich 1830 die Kapuzinerklöster in Ellwangen, Riedlingen und Wangen. Mit der Anlehnung an Frankreich wurden 1805/1806 die Königswürde (30. 12. 1805), die österreichischen Güter in Oberschwaben (Landvogtei mit Sitz in Altdorf) und mehrere Grafschaften gewonnen. Der König trat dem Rheinbund bei und verheiratete seine Tochter 1807 an Jerôme Bonaparte. 1809 erhielt er das Deutschmeistergebiet von Mergentheim, 1810 Ulm und andere Reichsstädte, so dass das Land nach verschiedenen Grenzausgleichsverträgen mit Baden, Bayern und Hohenzollern-Hechingen (1806–1813) 19 511 Quadratkilometer mit 1,1 Millionen Einwohnern umfasste. Eine im März 1815 erlassene Verfassung scheiterte. 1816 trat der König dem Deutschen Bund bei. Sein Nachfolger gewährte am 25. 9. 1819 eine Verfassung. Durch Vereinbarung vom 25. 11. 1870 wurde der Beitritt zum Deutschen Reich unter Wahrung von Sonderrechten für Post, Eisenbahn, Biersteuer und Branntweinsteuer vorbereitet und bald vollzogen. Am 30. 11. 1918 legte der König die Krone nieder (Erlöschen der Hauptlinie 1921). Am 26. 4./25. 9. 1919 trat eine neue Verfassung in Kraft. Im März 1933 übernahmen die Nationalsozialisten die Regierung. Im September/Oktober 1945 wurde W. in die Länder Württemberg Hohenzollern (französische Besatzungszone) und Württemberg-Baden (amerikanische Besatzungszone) aufgeteilt. Nach der Volksabstimmung vom 9. 12. 1951 gingen beide Länder in Baden-Württemberg auf. S. a. Neuwürttemberg.

L.: Wolff 159; Zeumer 553 II b 26; Wallner 684 SchwäbRK 1; Winkelmann-Holzapfel 169; Großer Historischer Weltatlas II 66 (1378) E4, II 78 (1450) F4, III 22 (1648) D4, III 38 (1789) C3; Riedenauer 129; Gönner, E./Zorn, W., Schwaben, in: Geschichte der deutschen Länder, Bd. 1; Die Territorien des Reichs 5, 168; Sattler, C. F., Geschichte des Herzogtums Würtenberg unter der Regierung der Graven und Herzöge, 1777; Stälin, C. F., Wirtembergische Geschichte, Bd. 1–4 1841 ff.; Die württembergischen Oberamtsbeschreibungen, 1844 ff.; Wirtembergisches Urkundenbuch, hg. v. königlichen Staatsarchiv in Stuttgart, Bd. 1–11 1849 ff.; Stälin, P. F., Geschichte Wirtembergs, Bd. 1 1882 ff.; Württembergische Geschichtsquellen, hg. v. d. Komm. f. Landesgeschichte, Bd. 1–15 1894 ff.; Bibliographie der württembergischen Geschichte, hg. v. Heyd, W., Bd. 1–6 1895 ff.; Gaisberg-Schöckingen, F. v., Das Königshaus und der Adel von Württemberg, 1910; Mock, A., Die Entstehung der Landeshoheit der Grafen von Wirtemberg, 1927; Hertlein, F. u. a., Die Römer in Württemberg, Bd. 1–3 1928 ff.; Veeck, W., Die Alamannen in Württemberg, 1931; Weller, K., Die Grafschaft Württemberg und das Reich bis zum Ende des 14. Jahrhunderts, Württemberg. Vierteljahreshefte für Landesgeschichte 38 (1932); Hölzle, E., Württemberg im Zeitalter Napoleons, 1937; Hölzle, E., Der deutsche Südwesten am Ende des alten Reichs, 1938; Bader, K. S., Der deutsche Südwesten, 2. unv. A. 1978; Dehlinger, A., Württembergs Staatswesen in seiner geschichtlichen Entwicklung bis heute, Bd. 1 f. 1950 ff.; Deutsches Städtebuch, hg. v. Keyser, E./Stoob, H., 1939–1974, Bd. 4 Teilbd. 2; Müller, E., Kleine Geschichte Württembergs, 1963; Miller, M./Sauer, P., Die württembergische Geschichte. Von der Reichsgründung bis heute, 1971; Jänichen, H./Schröder, K. H., 150 Jahre amtliche Landesbeschreibung in Baden-Württemberg, Zs. für württemberg. LG. 38 (1974); Weller, K./Weller, A., Württembergische Geschichte im südwestdeutschen Raum, 10. A. 1989; Philippe, R., Württemberg und der westfälische Friede, 1976; Kann, J. A., The Making of a State: Württemberg 1593–1793, 1984; Wicki, H., Das Königreich Württemberg im ersten Weltkrieg, 1984; 900 Jahre Haus Württemberg, hg. v. Uhland, R., 3. A. 1985; Vann, J., Die Entwicklung eines Staates, Württemberg 1593–1793 (Aus d. Engl. übers. v. Nicolai, K./Nicolai, H.), 1986; Barth, C. G., Geschichte von Württemberg, 1986; Haas, E., Württemberg, oh deine Herren! Ein Streifzug durch die württembergische Geschichte, 1986; Buszello, H., Der Oberrhein in Geschichte und Gegenwart, Von der Römerzeit bis zur Gründung des Landes Baden-Württemberg, 1986; Beiträge zur Geschichte der Landkreise in Baden und Württemberg, hg. v. Landkreis Baden-Württemberg, 1987; Saurer, P., Napoleons Adler über Württemberg, Baden und Hohenzollern, 1987; Gerner, J., Vorgeschichte und Entstehung der württembergischen Verfassung im Spiegel der Quellen (1815–1819), 1989; Frey, S., Das württembergische Hofgericht (1460–1618), 1989; Stievermann, D., Landesherrschaft und Klosterwesen im spätmittelalterlichen Württemberg, 1989; Handbuch der baden-württembergischen Geschichte, hg. v. d. Komm. f. geschichtliche Landeskunde in Baden-Württemberg, Bd. 1 ff. 1990 ff.; Holzgerlingen, 1995; Molitor, S., 1495: Württemberg wird Herzogtum, 1995; Eberl, I., Württemberg, LexMA 9 1998, 375; Regesten zur Geschichte von Württemberg 1325–1392, 1998; Repertorium der Policeyordnungen der frühen Neuzeit, hg. v. Härter, K./Stolleis, M., Bd. 3 1999; Keitel, C., Herrschaft über Land und Leute, 2000; Schnabel, T., Geschichte von Baden und Württemberg 1900–1952, 2001; Biographisches Handbuch der württembergischen Landtagsabgeordneten 1815–1933, bearb. v. Raberg, F., 2001; Württembergisches Klosterbuch, hg. v. Zimmermann, W., 2003; Württemberg 1797–1816/19, bearb. v. Paul, I., 2004.

Württemberg-Baden (Land). Nach der Besetzung Deutschlands wurde Württemberg im September/Oktober 1945 in die Länder

Württemberg-Hohenzollern und W. geteilt. W. umfasste den amerikanisch besetzten Nordwesten Württembergs. Nach der Volksabstimmung vom 9.12.1951 gingen beide Länder 1951/1952 in Baden-Württemberg auf.

L.: Metz, F., Ländergrenzen im Südwesten, 1951 (FDLVK 60); Grube, W., Vogteien, Ämter, Landkreise in der Geschichte Südwestdeutschlands, hg. v. Landkreistag Baden-Württemberg, 1960, Neuauflage 1975; Historischer Atlas von Baden-Württemberg, hg. v. d. Kommission für gesch. Landeskunde, Gesamtleitung Miller, M./Schröder, K. H., 1972 ff.

Württemberg-Hohenzollern (Land). Nach der Besetzung Deutschlands wurde Württemberg im September/Oktober 1945 in die Länder W. und Württemberg-Baden geteilt. W. umfasste den französisch besetzten Süden Württembergs sowie den Regierungsbezirk Hohenzollern Preußens. Nach der Volksabstimmung vom 5.12.1951 gingen beide Länder 1952 in Baden-Württemberg auf.

L.: Das Land Württemberg-Hohenzollern 1945–1952, hg. v. Gögler, M./Richter, G., 1982.

Württemberg-Mömpelgard (Grafen). Die 1397/1409 durch Heirat von Württemberg erworbene Grafschaft Mömpelgard im Elsass bildete die Grundlage für die Nebenlinie W. (ab 1498, erneut 1617–1723).

Württemberg-Oels (Fürsten [Fürstentum]). Über die Erbtochter des letzten Herzogs von Oels aus der Linie Münsterberg des Hauses Podiebrad fiel Oels als Lehnsfürstentum Österreichs 1647/1649 an eine Nebenlinie des Hauses Württemberg (Württemberg-Weiltingen), die sich daraufhin W. nannte. Sie gelangte 1742 unter die Landeshoheit Preußens. 1792 erlosch sie. Ihre Güter kamen 1792 in weiblicher Erbfolge an die Herzöge von Braunschweig und bei deren Aussterben an Sachsen. Die Lehen wurden als an Preußen heimgefallen erklärt und dem jeweiligen deutschen Kronprinzen zugeordnet. S. Oels.

L.: Häusler, W., Geschichte des Fürstentums Oels, 1883.

Würtzburg, Würzburg (Freiherren, Reichsritter). Vom 16. bis zum frühen 19. Jahrhundert zählten die Freiherren von W. mit Teilen von Röttingen samt Teilen von Tauberrettersheim zum Kanton Gebirg sowie am Ende des 18. Jahrhunderts zum Kanton Rhön-Werra des Ritterkreises Franken.

L.: Stieber; Roth von Schreckenstein 2, 594; Seyler 397; Hölzle, Beiwort 55; Winkelmann-Holzapfel 169; Riedenauer 128; Rahrbach 303.

Wurzach (Grafschaft). Vermutlich erscheint W. bei Ravensburg bereits 819. Dort gründeten die reichsministerialischen Herren von Tanne bzw. Waldburg das 1273 erwähnte oppidum Wrzun. 1333 erhielt es Stadtrecht von Memmingen. 1429 kam W. an die georgische (Zeiler) Linie Waldburgs, 1601/1605 an die Linie Waldburg-Zeil (Zeil), 1675 als Grafschaft an die eigene, 1803 gefürstete Linie Waldburg-Zeil-Wurzach der Truchsessen von Waldburg, 1806 an Württemberg und damit 1951/1952 an Baden-Württemberg.

L.: Wolff 199; Kempter, R., Wurzach, 1949; Vogel, A. O., Bad Wurzach, 1959; Der Kreis Wangen, 1962.

Würzburg (Hochstift, Großherzogtum). 704 wird linksmainisch W. (Virteburh, um 700 Uburzis), dem bereits in vorchristlicher Zeit bedeutende keltische Siedlungen vorangehen, als Mittelpunkt eines fränkischen (thüringischen) Herzogtums bezeugt. 741/742 richtete Bonifatius einen in die rechtsmainische Talsiedlung gelegten Bischofssitz (Bischof Burchard) für Ostfranken ein, der Mainz unterstellt wurde. Die Diözese reichte vom Thüringer Wald (bzw. südlich von Hersfeld) bis zur Hohenloher Ebene (bzw. südlich von Schwäbisch Hall) und von Böhmen bis an Neckar und Spessart. Die Grundlage weltlicher Herrschaft bildeten reiche Schenkungen Karlmanns und Pippins (752/753 Immunität). Um 800 ist W. als Königspfalz belegt. Vor allem von Kaiser Otto II. erhielt W. weitere Güter. 1007 wurde W. durch die Gründung des Bistums Bamberg beschnitten. 1030 war der Bischof Stadtherr, gegen den sich Stadt (1069 urbani cives, 1147 Juden bezeugt) und Zünfte von 1248 bis etwa 1400 vergeblich wendeten. 1168 bestätigte Kaiser Friedrich I. Barbarossa den Bischöfen die herzogliche Gewalt in Franken, doch kam das Herzogtum nicht zur tatsächlichen Entfaltung. Der Ausbau des zwischen Eltmann und Gemünden beiderseits des Mains und bis Marktheidenfeld linksmainisch sowie im Grabfeld, in der Rhön, im Bauland, in Markt Bibart und (bis 1542) Meiningen begüterten Hochstifts (u. a. 1297 Kissingen) erfolgte in heftigen Auseinandersetzungen mit den Grafen von Henneberg als Hochstiftsvögten. 1400 wurden bürgerliche Befreiungsversuche endgültig unterdrückt. Der Bischof hatte Sitz und Stimme im Reichsfürstenrat und beim fränkischen

Reichskreis. Durch die Reformation erlitt das Bistum bedeutende Verluste, die Julius Echter von Mespelbrunn (1573–1617), der Erneuerer der 1410 erstmals gegründeten Universität (1582), wieder wettmachte. 1633 wurde W. mit Bamberg als Herzogtum Franken an Herzog Bernhard von Weimar als Lehen Schwedens gegeben, aber bereits 1634 wieder verselbständigt. Im späteren 17. Jahrhundert zählte der Bischof zum Kanton Steigerwald des Ritterkreises Franken. Um 1790 war der Bischof Mitglied des Ritterkreises Franken und zwar außer in den Kantonen Steigerwald und Baunach im Kanton Odenwald wegen Teilen von Gollachostheim, Haltenbergstetten, Eichhof, Ermershausen, Eulenhof, Neubronn, Niederstetten, Oberndorf, Rinderfeld, Streichental, Wermutshausen und Teilen von Pfahlenheim und im Kanton Rhön-Werra wegen Teilen von Nordheim/Rhön, Büchold, Teilen von Elfershausen, Mittelsinn mit Aura, Teilen von Obersinn, Teilen von jeweils Burglauer, Eichenhausen, Leutershausen, Maßbach samt zwei Dritteln Weichtungen, Poppenlauer und Unsleben. 1802/1803 fiel das 90 Quadratmeilen umfassende Hochstift mit 262000 Einwohnern und 3 Millionen Gulden Einkünften mit 54 Ämtern an Bayern (72 Quadratmeilen), Württemberg, Hessen-Darmstadt und Leiningen. 1805 kam es von Bayern gegen Tirol, Brixen und Trient an den Habsburger Ferdinand von Toskana. Unter ihm gehörte es vom 30. 9. 1806 bis 1814 als Großherzogtum W. zum Rheinbund. Durch Grenzbereinigungsverträge mit den Nachbarländern wurde der Umfang des Gebietes seit 1807 verändert. 1810 kam Schweinfurt hinzu. Am 3. 6. 1814 gelangte W. erneut an Bayern. Das Bistum W. wurde 1817 erneuert und dem Erzbistum Bamberg unterstellt.

L.: Wolff 99; Zeumer 552 II a 7; Wallner 691 FränkRK 1; Großer Historischer Weltatlas II 66 (1378) F4, II 22 (1648) E3, III 38 (1789) D4; Riedenauer 129; Winkelmann-Holzapfel 169 f.; Zimmermann, G., Franken, in: Geschichte der deutschen Länder, Bd. 1; Die Territorien des Reichs 4, 98; Monumenta Boica, Bd. 37 ff. 1864 ff.; Chroust, A., Geschichte des Großherzogtums Würzburg. Die äußere Politik des Großherzogtums Würzburg, 1932; Beck, M./Büttner, H., Die Bistümer Würzburg und Bamberg in ihrer politischen und wirtschaftlichen Bedeutung für die Geschichte des deutschen Ostens, 1937; Endrich, P./Dinklage, K., Vor- und Frühgeschichte der Stadt Würzburg, 1951; Herbipolis iubilans, 1200 Jahre Bistum Würzburg, 1952; Bosl, K., Würzburg als Reichsbistum, FS T. Mayer, 1954; Hofmann, H. H., Die Würzburger Hochstiftskarte des Oberleutnants von Fackenhofen 1791, Mainfränk. Hefte 24 (1956); Scherzer, W., Georg Conrad Jung (1612–1691) und die Entwicklung der Kartographie im Hochstift Würzburg, Ber. zur dt. Landeskunde 25 (1960); Wendehorst, A., Das Bistum Würzburg, Bd. 1 f. 1962 ff.; Wendehorst, A., Das Bistum Würzburg, Freiburger Diözesanarchiv 86 (1966); Schubert, E., Die Landstände des Hochstifts Würzburg, 1967; Bilz, W., Die Großherzogtümer Würzburg und Frankfurt, Diss. phil. Würzburg 1968; Bosl, K., Franken um 800, 2. A. 1969; Lindner, K., Untersuchungen zur Frühgeschichte des Bistums Würzburg und des Würzburger Raumes, 1972; Schich, W., Würzburg im Mittelalter, 1977; Trüdinger, K., Stadt und Kirche im spätmittelalterlichen Würzburg, 1978; Würzburg, hg. v. Wendehorst, A., 1981; Hoffmann, H., Das Lehenbuch des Fürstbischofs Albrecht von Hohenlohe 1345–1372, 1982, Quellen und Forschungen zur Geschichte des Bistums und Hochstifts Würzburg 33; Götz, H., Würzburg im 16. Jahrhundert. Bürgerliches Vermögen und städtische Führungsschichten zwischen Bauernkrieg und fürstbischöflichem Absolutismus, 1986; Wendehorst, A., Das Bistum Würzburg, 4: Das Stift Neumünster in Würzburg, 1989; Veith, P. A., Regesten aus Würzburger Urkunden, 1990; Chronik der Bischöfe von Würzburg, Bd. 1 ff., hg. v. Wagner, U. u. a., 1992 ff.; 1200 Jahre Bistum Würzburg, hg. v. Lenssen, J./Wamser, L., 1992; Link, T., Die Reichspolitik des Hochstifts Würzburg, 1995; Wendehorst, A., Würzburg, LexMA 9 1998, 377; Geschichte der Stadt Würzburg, hg. v. Wagner, U., Bd. 1 2001; Schäfer, D., Geschichte Würzburgs, 2003.

Würzburg, Domkapitel (Reichsritterschaft). Das Domkapitel zu W. zählte zum Kanton Baunach und wegen Braunsbach zum Kanton Odenwald des Ritterkreises Franken.

L.: Winkelmann-Holzapfel 170; Riedenauer 129.

Würzburg, Jesuiten-Administration (Reichsritter). Um 1800 zählte die Jesuiten-Administration W. zum Kanton Steigerwald des Ritterkreises Franken.

L.: Riedenauer 129.

Würzburg, Julius-Hospital, Juliusspital (Reichsritterschaft). Seit dem frühen 18. Jahrhundert zählte das Juliusspital (Julius-Hospital) W. wegen Geroldshausen zum Kanton Odenwald des Ritterkreises Franken. Im Kanton Rhön-Werra war es um 1790 wegen Platz, der Hälfte von Gräfendorf, Morlesau, Teilen von Ochsenthal (Ochsental), einem Viertel von Thüngen mit drei Vierteln Heßlar, der Hälfte von Völkersleier, einem Drittel Windheim und Wolfsmünster mit Aschenroth immatrikuliert. Zeitweise gehörte es auch dem Kanton Steigerwald an.

L.: Winkelmann-Holzapfel 170; Riedenauer 129.

Würzburg, Julius-Universität, Universität (Reichsritterschaft). Um 1780 gehörte die

(Julius-)Universität W. wegen Wüstensachsen und Teilen von Ochsenthal (Ochsental) zum Kanton Rhön-Werra des Ritterkreises Franken. Etwas später zählte sie zum Kanton Steigerwald.

L.: Winkelmann-Holzapfel 170 f.; Riedenauer 129.

Würzburg, Sankt Stephan (Reichsritterschaft). Um 1790 war das Kloster Sankt Stephan zu W. wegen Teilen von Burglauer und Teilen von Poppenlauer Mitglied des Kantons Rhön-Werra des Ritterkreises Franken.

L.: Winkelmann-Holzapfel 171; Riedenauer 129.

Würzburg, Stift Haug (Reichsritter). Um 1800 zählte das Stift Haug in W. zum Kanton Steigerwald des Ritterkreises Franken.

L.: Riedenauer 129.

Wurzen (Land). An dem Übergang zweier Straßen von Magdeburg und Halle nach Böhmen und Polen über die Mulde wird 961 eine civitas Vurcine erstmals erwähnt. Seit 1017 gehörte der östlich von Leipzig gelegene Ort zum Einflussbereich der Bischöfe von Meißen, die ihn zunehmend ausbauten. 1114 wurde auf der Burg ein Dom geweiht und ein Kollegiatstift eingerichtet. Seit der Mitte des 12. Jahrhunderts waren die Bischöfe Stadtherren in W. In Auseinandersetzung mit den Markgrafen von Meißen gewann das Hochstift 1252/1284 das Land W., das sich westlich der Mulde in Merseburger Diözesangebiet hinein erstreckte (56 Dörfer mit 275 Quadratkilometern). Seit dem Ende des 15. Jahrhunderts verstärkten die Markgrafen von Meißen bzw. Kurfürsten von Sachsen ihren vorher auf Münzrecht und Militärhoheit beschränkten Einfluss. 1581 übernahmen sie durch Vertrag die Verwaltung, für die sie bis 1818 eine eigene weltliche Regierung des Stiftsamtes W. im obersächsischen Reichskreis einsetzten. 1818 kam das Land W. mit dem Hochstift Meißen endgültig an Sachsen und damit von 1949 bis 1990 an die Deutsche Demokratische Republik.

L.: Wolff 379.

Wurzen (Stift). 1114 errichtete der Bischof von Meißen in dem zu seinem Einflussbereich zählenden, 961 erstmals genannten Ort W. an der Mulde ein Kollegiatstift. 1581 wurde das Bistum Meißen aufgehoben, das Hochstift kam an Sachsen. Das schlecht ausgestattete Kollegiatstift blieb als evangelisches Domstift erhalten. Das Stift hatte eine eigene Regierung und war unmittelbar dem geheimen Rat zu Dresden untergeben.

L.: Wolff 379; Wallner ObersächsRK 2.

Wusterhausen s. Königswusterhausen

Wustrow (Land). 1236 fiel das 1217 erstmals erwähnte pommersche Land W. (Penzlin) an Werle bzw. Mecklenburg-Werle. Von 1949 bis 1990 kam das Gebiet in Mecklenburg an die Deutsche Demokratische Republik.

Wykradt s. Quadt-Wickrath

Wylre (reichsunmittelbare Herrschaft) s. Wijlre

Y

Yberg (Reichsritter). Um 1562 waren die Y. Mitglied des Kantons Neckar des Ritterkreises Schwaben.

L.: Hellstern 217.

Ylsgouwe (Ilzgau)

L.: Polenz, P. v., Landschafts- und Bezirksnamen, 1961, II, 24, Ylsgowe, ‚Ilzgau'.

Ysenburg (Grafschaft, Fürstentum) s. Isenburg

Z

Zabergau (Zaberngouui, Gau um die Zaber, links des Neckar)

L.: Curs, O., Deutschlands Gaue im zehnten Jahrhundert. Nach den Königsurkunden, Diss. phil. Göttingen 1908, 24 (Kirchheim); Polenz, P. v., Landschafts- und Bezirksnamen, 1961, II, 9, Zabergäu, s. II, 24, 26, Zabernahgouwe (Escher, M. u. a., Die urbanen Zentren, 2005, 2, 695).

Zabernahgouwe

L.: Polenz, P. v., Landschafts- und Bezirksnamen, 1961, II, 24, 26, Zabernahgouwe.

Zähringen (Herzog). Möglicherweise von den bis 746 als alemannische Herzöge auftretenden Alaholfingern (Bertholden) stammt das alemannische Geschlecht der Berthölde (um 1000 Berthold Graf im Thurgau, 999 Marktrecht, Münzrecht und Zollrecht für Villingen, unter Kaiser Heinrich II. Graf im Breisgau) ab, das einen Teil der Baar und Grafschaften im Oberrheingebiet innehatte. Vermutlich war es in weiblicher Linie auch mit den Staufern verwandt. Der um 1037/1038 in Italien in königlichem Auftrag tätige Berthold erwarb wohl durch Heirat der Tochter (Richwara) des Herzogs von Schwaben Güter um Weilheim/Limburg im Neckargau. Berthold I. wurde von 1061 bis 1077 Herzog von Kärnten mit der Mark Verona. 1078 spaltete sich bei seinem Tod unter seinem Sohn Hermann die Linie (der Markgrafen von) Baden ab. Berthold II. (†1111) war von 1092 bis 1097/1098 Gegenherzog von Schwaben gegen den Staufer Friedrich II. Er behielt auch nach dem 1098 gegen Überlassung Zürichs als Reichslehen erfolgten Verzicht auf Schwaben den Titel eines Herzogs bei, nannte sich aber nach der Übernahme des Erbes der Grafen von Rheinfelden (vor allem in Burgund) nach der wohl nach 1078 erbauten Burg Z. bei Gundelfingen nahe Freiburg im Breisgau. Nach der Aussöhnung mit dem Kaiser (1098) bauten die Herzöge durch den Erwerb von Klostervogteien (Sankt Peter, Sankt Georgen, Sankt Blasien, Hochstift Bamberg), des Rektorats über Burgund (1127, danach Herzogstitel) (1156 Vogteien über die Hochstifte Genf, Lausanne und Sitten), der Reichsvogtei über Zürich, durch Rodung im südlichen Schwarzwald und Gründung von Städten (Freiburg im Breisgau 1120?, Freiburg im Üchtland 1157, Bern 1160/1191) ein von Offenburg bis in die spätere Westschweiz reichendes, durch Städtegründungen und Klosterstiftungen verdichtetes Herrschaftsgebiet auf (1173 Teile des Erbes der Grafen von Lenzburg). 1187 spaltete sich die Linie der Herzöge von Teck ab. 1198 wurden die Vogtei über Schaffhausen und die Hälfte von Breisach gewonnen. Nach dem Aussterben im Mannesstamm 1218 fielen die Güter an die Grafen von Urach (Grafen von Freiburg, Grafen von Fürstenberg), die Grafen von Kiburg (Kyburg) und die Herzöge von Teck. Andere Teile wurden Reichsgut. Wichtigste Nachfolgeherrschaften waren danach Fürstenberg, Baden, Vorderösterreich und die Eidgenossenschaft der Schweiz.

L.: Haselier, G., Die Oberrheinlande, in: Geschichte der deutschen Länder, Bd. 1; Caspart, J., Die Urheimat der Zähringer auf der schwäbischen Alb, in: Württemberg. Vjh. 3 (1880); Heyck, E., Geschichte der Herzöge von Zähringen, 1891, Neudruck 1980; Krüger, E., Zur Herkunft der Zähringer, ZGO N. F. 6 (1891), 7 (1892); Heyck, E., Urkunden, Siegel und Wappen der Herzöge von Zähringen, 1892; Flamm, H., Der Titel Herzog von Zähringen, ZGO N. F. 30 (1915); Hamm, E., Die Städtegründungen der Herzöge von Zähringen in Südwestdeutschland, 1932; Hölzle, E., Der deutsche Südwesten am Ende des alten Reiches, 1938; Mayer, T., Der Staat der Herzöge von Zähringen (1935), in: Mayer, T., Mittelalterliche Studien, 1959; Sütterlin, B., Geschichte Badens, Bd. 1 1965; Die Zähringer, hg. v. Schmid, K./Schadek, H., 1986; Die Zähringer. Eine Tradition und ihre Erforschung, hg. v. Schmid, K., 1986; Die Zähringer. Anstoß und Wirkung, hg. v. Schadek, H./Schmid, K., 1990; Die Zähringer, Schweizer Vorträge und neue Forschungen, hg. v. Schmid, K., 1990; Zotz, T., Zähringer, LexMA 9 1998, 466; Parlow, U., Die Zähringer, 1999; Weller, T., Die Heiratspolitik, 2004; Escher, M. u. a., Die urbanen Zentren, 2005, 1, 505.

Zandt von Merl (zu Weiskirchen) (Reichsritter). Im 18. Jahrhundert zählten die Z. mit Münchweiler und Weiskirchen zum Kanton Niederrheinstrom des Ritterkreises Rhein.

L.: Roth von Schreckenstein 2, 595; Winkelmann-Holzapfel 171.

Zator (Herzogtum). Z. gehörte ursprünglich zu Polen. 1163/1173 wurde es Schlesien zugeteilt und fiel bei der Aufteilung Schlesiens an die jüngere Linie, die Ratibor, Teschen, Beuthen, Pless, Auschwitz und Sewerien erhielt. 1447 kam Z. an Polen zurück. 1521 starben die Herzöge von Auschwitz-Zator aus. S. Auschwitz.

Zavelstein (Burg, Herrschaft). Die 1284 erstmals genannte Burg Z. bei Calw war Mittelpunkt einer Herrschaft der Grafen von Vaihingen. Diese kam im 14. Jahrhundert an Württemberg. Damit fiel Z. 1951/1952 an Baden-Württemberg.

Zazenhausen (reichsritterschaftliche Herrschaft). Z. zählte zum Kanton Kocher des Ritterkreises Schwaben und kam an Württemberg und damit 1951/1952 an Baden-Württemberg.

Zedtwitz, Zettwitz (Reichsritter). Vom 16. bis zum 18. Jahrhundert gehörten die Z. zum Kanton Gebirg des Ritterkreises Franken, vom 16. bis zum 17. Jahrhundert zum Kanton Altmühl und zur vogtländischen Ritterschaft (Vogtland).

L.: Stieber; Roth von Schreckenstein 2, 594; Pfeiffer 209; Riedenauer 128.

Zeeland s. Seoland

L.: Polenz, P. v., Landschafts- und Bezirksnamen, 1961, 311.

Zehngerichtenbund (Bund). Am 8. 6. 1436 schlossen sich nach dem Tod des Grafen von Toggenburg elf (später zehn) Gerichte (Davos, Prättigau, Schanfigg u. a.) zu einem Bund zusammen, dessen Gebiet 1477/1496 an Habsburg bzw. Österreich kam (Auskauf 1649–1652), der aber 1497/1498 zugewandter Ort der eidgenössischen Orte Zürich, Bern und Glarus wurde. S. Graubünden.

L.: Gillardon, P., Geschichte des Zehngerichtenbundes, 1936; Jenny, R., Der traditionelle Vazeroler Bund, 1969; Bischofberger, H., Zehngerichtenbund, LexMA 9 1998, 498.

Zeil (Herrschaft, Grafschaft). Als Teil der Grafschaft Nibelgau kam die Herrschaft Z. mit der späteren Reichsstadt Leutkirch von den Udalrichingern in der Linie Bregenz an die Grafen von Montfort. Diese veräußerten die Güter um 1291 an das Reich. Die Grafschaft Z. wurde 1337 als Pfand von den Truchsessen von Waldburg erworben. 1526 wurde sie in ein Reichslehen der georgischen (Zeiler) Linie des Hauses Waldburg umgewandelt und 1628 zur Reichsgrafschaft erhoben. 1806 fiel sie von der Linie Waldburg-Zeil-Zeil (und Trauchburg) mit rund 3000 Einwohnern an Württemberg. Damit kam Z. 1951/1952 an Baden-Württemberg.

L.: Wolff 199; Hölzle, Beiwort 54.

Zeil-Wurzach (Erbtruchsessen) s. Waldburg-Zeil-Wurzach

Zeil-Zeil (Erbtruchsessen) s. Waldburg-Zeil-Zeil

Zeiskam (Reichsritter). Im 18. Jahrhundert zählten die Z. zum Ritterkreis Rhein.

L.: Roth von Schreckenstein 2, 595.

Zeitlarngau s. Zidelaregouwe

L.: Polenz, P. v., Landschafts- und Bezirksnamen, 1961, II, 33, 35, Zidelaregouwe.

Zeitlofs (Amt). Das Amt Z. an der Sinn zählte mit Rupboden (Ruckboden) zum Kanton Rhön-Werra des Ritterkreises Franken.

L.: Wolff 515.

Zeitz (Burg, Bistum). Das 968 von Kaiser Otto dem Großen an der Stelle einer alten slawischen Siedlung (967 Cici) an der weißen Elster errichtete, Magdeburg unterstellte Bistum Z. mit Gütern um Altenburg, Z., Weida und Naumburg wurde 1028 zum Schutz vor Wenden und Böhmen nach Naumburg verlegt (seit 1285 Sitz des Bischofs in Z.). Von 1542 bis 1547 kam die Stiftsregierung von Naumburg nach Z. Von 1653 bis 1716 diente das Gebiet um Z. zur Ausstattung einer Nebenlinie Sachsen-Zeitz Sachsens. Über die Provinz Sachsen Preußens kam Z. von 1949 bis 1990 (in Sachsen-Anhalt) an die Deutsche Demokratische Republik. S. Naumburg, Sachsen-Zeitz.

L.: Wolff 381; Gringmuth-Dallmer, H., Magdeburg-Wittenberg, in: Geschichte der deutschen Länder, Bd. 1; Poppe, O., 1000 Jahre Stadt und Kirche Zeitz, 1967; Bünz, E., Zeitz, LexMA 9 1998, 518.

Zell (Herrschaft). Die Herrschaft Z. im Breisgau stand den Freiherren von Schönau (Schönau-Wehr) zu.

L.: Hölzle, Beiwort 11.

Zell s. Schönau zu Z.

Zell (am Harmersbach) (Reichsstadt). Z. im Schwarzwald wird 1139 (Cella) erstmals erwähnt. Es war eine Zelle des Klosters Gengenbach, der dieses Stadtrecht verlieh. Nach der Mitte des 13. Jahrhunderts wurde Z., das als Lehen Bambergs der Zähringer bei deren Aussterben 1218 an Kaiser Friedrich II. gekommen war und das König Rudolf von

Habsburg nach einem 1265 durch König Konradin erfolgten Verkauf an die Herren von Geroldseck wieder an das Reich gezogen hatte, reichsunmittelbar. Es war stets die kleinste aller Reichsstädte, hatte Sitz und Stimme auf dem Reichstag und beim schwäbischen Reichskreis und wurde zusammen mit Offenburg und Gengenbach mehrfach verpfändet. Mit ihnen schloss es sich 1575 im Bund der sog. Vereinsstädte zur Abwehr der Eingliederungsbestrebungen der seit 1556 zu Österreich gehörenden Ortenau zusammen. 1718 musste es die Unabhängigkeit des Reichstales Harmersbach anerkennen. 1803 fiel es mit etwa 2 Quadratmeilen Gebiet (Nordrach, Biberach, Oberentersbach und Unterentersbach) und rund 2900 Einwohnern an Baden und kam damit 1951/1952 an Baden-Württemberg.

L.: Wolff 227; Zeumer 555 III b 33; Wallner 688 SchwäbRK 62; Schroeder 307 ff.; Disch, F., Chronik der Stadt Zell am Harmersbach, 1937.

Zemzizi (Gau)

L.: Hessler, W., Mitteldeutsche Gaue des frühen und hohen Mittelalters, 1957, 38, 156, Zemzizi (Orte unbekannt).

Zerbst (Burg, Stadt). Z. (948 provintia Cieruisti, 1007 urbs Zirwisti) an der Nuthe wurde vor 1200 als deutsche Stadt gegründet. 1307/1319 kam es an die Askanier. Von 1603 bis 1793 war es Sitz der Linie Anhalt-Zerbst Anhalts. Mit Anhalt gelangte es in Sachsen-Anhalt von 1949 bis 1990 zur Deutschen Demokratischen Republik.

L.: Wolff 408; Neumeister, P., Zerbst, LexMA 9 1998, 545; Specht, R., Geschichte der Stadt Zerbst, hg. v. d. Stadt Zerbst, 1998.

Zerer (Reichsritter). Im frühen 16. Jahrhundert zählten die Z. zum Kanton Gebirg des Ritterkreises Franken. S. Rorer?

L.: Riedenauer 128.

Zerwisti (Gau bei Zerbst)

L.: Hessler, W., Mitteldeutsche Gaue des frühen und hohen Mittelalters, 1957, 33, 156, Zerwisti (Bias, Leps).

Zevenbergen (Herrlichkeit). Die Herrlichkeit Z. gehörte zur Grafschaft Holland.

L.: Wolff 70.

Zeyern (Reichsritter). Im 16. Jahrhundert zählten die Z. zum Kanton Gebirg des Ritterkreises Franken.

L.: Riedenauer 128.

Zidelaregouwe (Zeitlarngau)

L.: Polenz, P. v., Landschafts- und Bezirksnamen, 1961, II, 33, 35, Zidelaregouwe, ‚Zeitlarngau'.

Ziegenhain (Grafschaft). An einem Übergang über die mittlere Schwalm zwischen Burgwald und Knüll entstand im 10. oder 11. Jahrhundert die Burg Z. Nach ihr nannte sich seit 1144 ein seit dem 9. Jahrhundert nachweisbares, ab 1090 sicher bezeugtes Geschlecht (Grafen von Reichenbach und Wegebach, 1062 Gozmar, 1101 Graf Rudolf). Im 12. Jahrhundert bauten die Grafen von Z. auf der Grundlage einer Stiftsvogtei Fuldas sowie von Allod, Reichsgut und Mainzer, Fuldaer und Hersfelder Lehen ein geschlossenes Herrschaftsgebiet zwischen Burgwald und Knüll auf, das Niederhessen (um Kassel) fast völlig von Oberhessen (um Marburg) trennte. Um 1200 (vor 1206) erbten sie die Grafschaft Nidda in der Wetterau. Von 1258 bis 1311 war die Grafschaft geteilt. 1279 ging die Vogtei über Fulda an Fulda und 1294 das Amt Neustadt östlich von Marburg an das Erzstift Mainz verloren. Nach dem Sieg Hessens über Mainz 1427 musste der Graf 1437 die Grafschaft von Hessen zu Lehen nehmen. Nach seinem erbenlosen Tod fiel die Grafschaft 1450 an Hessen heim und verband Niederhessen mit Oberhessen. Bis 1495 war Hessen allerdings in Auseinandersetzungen mit den Grafen von Hohenlohe verstrickt, denen Kaiser Friedrich III. Z. als Reichslehen verliehen hatte. Über Hessen-Kassel und Preußen (1866) kam das zum oberrheinischen Reichskreis zählende Z. 1945 an Hessen.

L.: Wolff 254; Wallner 694 OberrheinRK 1; Großer Historischer Weltatlas II 66 (1378) E3; Demandt, K., Die Mittelrheinlande, in: Geschichte der deutschen Länder, Bd. 1; Heußner, R., Geschichte der Stadt und Festung Ziegenhain, 1888; Wolff, W., Zur Geschichte der Stadt Ziegenhain in Hessen, 1907; Brauer, F., Die Grafschaft Ziegenhain, 1934; Heinemeyer, K., Ziegenhain, LexMA 9 (1998), 603.

Zilaristal (Zillertal)

L.: Polenz, P. v., Landschafts- und Bezirksnamen, 1961, I, 7, II, 64 f., Zilaristal, ‚Zillertal'.

Zilgide s. Tilgithi

L.: Polenz, P. v., Landschafts- und Bezirksnamen, 1961, 311.

Zilhart (Reichsritter). Von 1562 bis etwa 1623 (seit Anfang des 17. Jahrhunderts wegen der graneckischen Güter) waren die Z. Mitglied des Kantons Neckar des Ritterkreises Schwaben. S. Züllenhard.

L.: Hellstern 217.

Zimmern (Freiherren, Grafen). Die um 1080 erstmals genannten Herren von Z. (Herrenzimmern) bei Rottweil bildeten um die Burg Z. eine Herrschaft aus. Dazu erwarben sie nach Heirat (1319) 1354 von einer Nebenlinie der Truchsessen von Waldburg die Herrschaft Messkirch, um 1400/1462 Wildenstein sowie 1462 von Habsburg Oberndorf als Pfand. 1538 wurden sie zu Grafen erhoben. Die Grafen von Z., über deren ältere Geschichte die Zimmerische Chronik des gelehrten Grafen Froben Christoph (1519–1566) von 1564/1566 berichtet, gehörten dem schwäbischen Reichskreis sowie mit der 1581 erworbenen Herrschaft Schramberg dem Kanton Neckar des Ritterkreises Schwaben an, starben aber 1594 aus. Ihre Güter wurden von den Erben 1595 an die Stadt Rottweil verkauft. Messkirch kam über eine Schwester des letzten Grafen an die Grafen von Helfenstein. Über Rottweil gelangten die Güter zuletzt 1951/1952 zu Baden-Württemberg.

L.: Hellstern 148; Franklin, O., Die freien Herren und Grafen von Zimmern, 1884; Jenny, B., Graf Froben Christoph von Zimmern, 1959; Kruse, H., Zimmern, LexMA 9 1998, 616.

Zink, Zinck, Zingel (Reichsritter). Um 1700 zählten die Z. zum Kanton Rhön-Werra des Ritterkreises Franken.

L.: Seyler 397; Riedenauer 128.

Zinzendorf s. Baudissin-Zinzendorf

Zips (Landschaft), ungar. Szepes, slowak. Spis. Seit etwa 1150 siedelten Deutsche auf der südlich der Hohen Tatra gelegenen Hochebene der Z. (Zipser Sachsen). 1271 erhielten die Einwohner der dortigen Städte vom König von Ungarn eine gewisse Selbstverwaltung. 1412 wurden von König Sigmund 13 Städte an Polen verpfändet. Das durch die Hussitenkriege verwüstete Land kam schließlich an Habsburg. Während hier die von Ferdinand I. tolerierte Reformation den Erhalt des Deutschtums begünstigte, ging seit der Gegenreformation (1674) der Anteil der Deutschen zurück. 1772 kamen die an Polen verpfändeten Städte an Österreich zurück. Nach dem österreichisch-ungarischen Ausgleich des Jahres 1867 geriet das Deutschtum unter verstärkten Druck. 1876 wurde die Selbstverwaltung aufgehoben. 1919 fiel Z. an die Tschechoslowakei, aus der die meisten deutschstämmigen Einwohner 1945 vertrieben wurden. 1993 kam Z. zur Slowakei.

L.: Fausel, E., Das Zipser Deutschtum, 1927; Spis v kontinuite casu, hg. v. Svorc, P., 1995; Marsina, R., Zips, LexMA 9 1998, 626.

Zisleithanien (Gebiet, Ländergruppe). Z. ist seit dem österreichisch-ungarischen Ausgleich von 1867 die inoffizielle Bezeichnung für die diesseits der Leitha gelegenen Teile der Doppelmonarchie Österreich-Ungarn.

Zitdinesfeld (Gau zwischen Zschoppau und Elbe) s. Zitilinesfeld

L.: Curs, O., Deutschlands Gaue im zehnten Jahrhundert. Nach den Königsurkunden, Diss. phil. Göttingen 1908, 24 (Rosswein).

Zitice (mit Zurbici) (961, 973 Citice)

L.: Curs, O., Deutschlands Gaue im zehnten Jahrhundert. Nach den Königsurkunden, Diss. phil. Göttingen 1908, 24 (Scitice, im Gau Niccici, Elsnig, Dommitzsch, Zwethau); Wagner, G., Die Verwaltungsgliederung im karolingischen Reich, 1963, 9.

Zitice (Gau südwestlich der Mündung der Saale in die Elbe)

L.: Curs, O., Deutschlands Gaue im zehnten Jahrhundert. Nach den Königsurkunden, Diss. phil. Göttingen 1908, 24 (Zuchau); Hessler, W., Mitteldeutsche Gaue des frühen und hohen Mittelalters, 1957, 32, 156, Zitici, Teil Serimunts (Trabitz östlich Calbes, Zuchau östlich Wedlitzs).

Zitilinesfeld (Gau zwischen Zschoppau und Elbe)

L.: Curs, O., Deutschlands Gaue im zehnten Jahrhundert. Nach den Königsurkunden, Diss. phil. Göttingen 1908, 24 (Rosswein), Zitdinesfeld; Polenz, P. v., Landschafts- und Bezirksnamen, 1961, II, 58, 61, 90, 262, Zitilinesfeld (Zitdinesfeld, Zistanesfeld).

Zitizi (Gau)

L.: Hessler, W., Mitteldeutsche Gaue des frühen und hohen Mittelalters, 1957, 156 Zitizi (Zörbig).

Zobel (Reichsritter) s. Zobel von Giebelstadt, Z. zu Giebelstadt

L.: Pfeiffer 210; Stetten 33; Riedenauer 128.

Zobel von Giebelstadt, Zobel zu Giebelstadt, Zobel (Reichsritter). Im 18. und zu Beginn des 19. Jahrhunderts zählten die Z. mit Teilen von Baiertal (Baierthal) bei Tauberbischofsheim, Teilen von Balbach, Darstadt, Teilen von Giebelstadt, der Hälfte von Goßmannsdorf, Schloss und Gut Guttenberg, Herchsheim, Messelhausen, Osthausen und Teilen von Segnitz, Lipprichhausen (Lipprichshausen) und Teilen von Rütschdorf zum Kanton Odenwald des Ritterkreises Franken. Weiter waren sie anfangs in den Kantonen Altmühl und Baunach sowie im frühen 18. Jahrhundert im Kanton Rhön-Werra immatrikuliert. Von 1717 bis 1727 gehörten sie wegen von den Thüngen ererbter Anteile an Freudental und von 1727 bis 1770 als Personalisten dem Kanton Kocher des Ritterkreises Schwaben an. Messelhausen, Balbach und Rütschdorf fielen 1808 an Baden, Giebelstadt an Würzburg und Lipprichshausen an Bayern. S. Baden-Württemberg.

L.: Stieber; Seyler 397; Roth von Schreckenstein 2, 594; Hölzle, Beiwort 57; Winkelmann-Holzapfel 171; Pfeiffer 210; Riedenauer 128; Stetten 33, 38, 183, 186, 188; Schulz 274; Rahrbach 305.

Zöbing (Herren). Der wohl im 10./11. Jahrhundert gegründete, vom Personennamen Ebo abzuleitende Ort bei Krems in Österreich erscheint zuerst am Anfang des 12. Jahrhunderts. Zu diesem Zeitpunkt saßen die Kuenringer dort. 1130 erscheint der mit ihnen verwandte Heinrich von Cebingen. Nach der Ermordung des letzten Zöbingers 1232 fielen über die Nichte die Güter (Senftenberg) an Karl von Gutrat. 1314 kauften die Wallsee der Linie Wallsee-Linz die Herrschaft Senftenberg-Droß-Zöbing. Von ihnen ging sie 1400 auf die Linie Wallsee-Enns über, bei ihrem Aussterben 1483 auf die Grafen von Schaunberg.

Zocha (Reichsritter). Die Z. zählten im 17. und frühen 18. Jahrhundert wegen Wald und Laufenbürg (Lauffenburg) zum Kanton Altmühl des Ritterkreises Franken.

L.: Biedermann, Altmühl; Stieber; Riedenauer 128.

Zollern (Grafen) s. Hohenzollern

L.: Eisele, K., Studien zur Geschichte der Grafschaft Zollern, 1956; Bernhardt, W./Seigel, R., Bibliographie der hohenzollerischen Geschichte, 1975; Kiel, R., Die Hauschronik der Grafen Zollern. Eine Prachthandschrift im Bestand der Kanzleibibliothek Bayreuth, 1988; Bumiller, C., Studien zur Sozialgeschichte der Grafschaft Zollern im Spätmittelalter, 1989.

Zollfeld (Saluelt)

L.: Polenz, P. v., Landschafts- und Bezirksnamen, 1961, II, 63, 72, Zollfeld (Saluelt).

Zollner von Brand, Zollner genannt Brandt, Zollner von Brand von Kirchschletten (Reichsritter). Vom 16. bis zum frühen 19. Jahrhundert zählten die Z. zum Kanton Gebirg des Ritterkreises Franken. Zeitweilig gehörten sie auch den Kantonen Baunach und Steigerwald an.

L.: Stieber; Pfeiffer 214; Bechtolsheim 15, 20; Riedenauer 128.

Zollner von Hallburg, Zollner von der Hallburg (Reichsritter). Vom 16. Jahrhundert bis zu ihrem Aussterben um 1640 zählten die Z. mit Gaibach, Hallburg, Kleinlangheim, Krautheim mit Rimbach, Lülsfeld mit Strehlhof und Zeilitzheim zum Kanton Steigerwald des Ritterkreises Franken.

L.: Stieber; Bechtolsheim 2, 13, 19, 63; Riedenauer 128; Rahrbach 307.

Zollner von Rothenstein, Zollner von Birkenfeld von Rotenstein (Reichsritter). Im frühen 16. Jahrhundert zählten die Z. zum Kanton Baunach des Ritterkreises Franken.

L.: Stieber; Riedenauer 128; Rahrbach 309.

Zorgegau (Teil des Helmegaus) s. Zurrega

L.: Hessler, W., Mitteldeutsche Gaue des frühen und hohen Mittelalters, 1957, 156, Zorgegau (Gudersleben südsüdöstlich Ellrichs, Woffleben); Polenz, P. v., Landschafts- und Bezirksnamen, 1961, II, 24.

Zorn (Reichsritter). Im 16. und 17. Jahrhundert zählten die Z. zum Kanton Odenwald des Ritterkreises Franken. S. Zorn von Bulach.

L.: Riedenauer 128; Stetten 33.

Zorn von Bulach (Freiherren, Reichsritter). Die Z. sind eines der ältesten Adelsgeschlechter des Elsass. Im 18. Jahrhundert und frühen 19. Jahrhundert zählten die Freiherren Z. zum Ort (Bezirk) Ortenau des Kantons Neckar des Ritterkreises Schwaben (1802 Anton Joseph Z., Herr zu Grol [Groll]) sowie als bereits im Stichjahr 1680 angesessene und mit ihren Gütern bei der Ritterschaft immatrikulierte Familie mit der Hälfte Enzheim, der Hälfte Gerstheim und Osthausen zum Ritterkreis Unterelsass. S. Zorn.

L.: Roth von Schreckenstein 2, 595; Hölzle, Beiwort 67.

Zorn von Plobsheim (Freiherren, Reichsritter). 1773 zählten die bereits im Stichjahr 1680 angesessenen und mit ihren Gütern bei der Ritterschaft immatrikulierten Z. zum Ritterkreis Unterelsass.

L.: Roth von Schreckenstein 2, 595; Hölzle, Beiwort 67.

Zossen (Herrschaft). Im 13. Jahrhundert wurde die Burg Z. (slaw. sosna, Föhre) an der

Notte bei Potsdam errichtet. Sie wurde Mittelpunkt der kleinen Herrschaft Z. Diese kam in der Mitte des 14. Jahrhunderts als Lehen der Markgrafen von Meißen an die Herren von Torgow, 1370 mit der Lausitz an Böhmen und 1478/1490 von Georg von Stein als Nachfolger der Torgow 1490 an Brandenburg/Preußen und damit von 1949 bis 1990 an die Deutsche Demokratische Republik.

L.: Wolff 388; Spatz, W., Der Teltow, Bd. 3 1912, 344 ff.

Zotter von Berneck, Zott von Perneck (Reichsritter). Von etwa 1581 bis 1587 war Gottfried Z., der um 1570 die Herrschaft Schramberg hatte, Mitglied des Kantons Neckar des Ritterkreises Schwaben.

L.: Hellstern 148, 218.

Zuckmantel von Brumath (Freiherren, Reichsritter). 1773 zählten die bereits im Stichjahr 1680 angesessenen und bei der Ritterschaft immatrikulierten Z. zum Ritterkreis Unterelsass. Sie erloschen männlicherseits 1781 und weiblicherseits 1789.

Zucstachgouue (Gau = Swistgau) (771)

L.: Nonn, U., Pagus und Comitatus in Niederlothringen, 1983, 248.

Zufraß (Reichsritter). Im frühen 16. Jahrhundert zählten die Z. zum Kanton Rhön-Werra des Ritterkreises Franken.

L.: Riedenauer 128.

Zug (Stadt, Kanton). Z. am Zuger See wurde um 1200 von den Grafen von Kiburg (Kyburg) gegründet. 1273 kaufte Rudolf von Habsburg die dortigen Kiburger (Kyburger) Rechte. 1352 wurde die Stadt von den sie umgebenden Orten der Eidgenossenschaft der Schweiz zum Eintritt in diese gezwungen und 1368 von Habsburg aus seiner Herrschaft entlassen. 1400 erwarb sie den Blutbann. 1415 wurde sie reichsunmittelbar. Im 15. Jahrhundert gewann sie Anteile an der Verwaltung einzelner gemeiner Herrschaften. Im Jahre 1604 wurden Spannungen zwischen der Stadt Z. und ihrem Umland durch Vertrag beigelegt. 1798 wurde Z. dem Kanton Waldstätte einverleibt, 1803/1815 aber in den alten Grenzen als kleinster Kanton der Schweiz (239 Quadratkilometer) wiederhergestellt. Die Verfassung von 1814 wurde 1848, 1876 und 1894 verändert.

L.: Wolff 523; Großer Historischer Weltatlas II 72 (bis 1797) F2; Chronik der Innerschweiz, hg. v. Koch, H. u. a., Bd. 1, 2 1947; Gruber, E., Die Geschichte des Kantons Zug, 1968; Die Rechtsquellen des Kantons Zug, bearb. v. Gruber, E., Bd. 1 1971; Meyer, T., Zug, LexMA 9 1998, 683.

Zugewandte Orte (verbündete Städte und Landschaften). Z. waren die mit der Eidgenossenschaft der Schweiz oder einem ihrer Orte verbündeten Städte und Landschaften, die nicht die Rechte eines Ortes hatten. Allen 13 Orten zugewandt waren die Bünde in Graubünden, das Wallis, das Hochstift Basel, Rottweil und Mülhausen im Elsass. Mehreren Orten zugewandt waren Stadt und Stift Sankt Gallen, Abtei Engelberg, Biel, Rapperswil, Genf und Neuenburg/Neuchâtel. Einem einzelnen Ort zugewandt waren Gersau (Schwyz), die Freiherren von Sax (Zürich), Payerne und das Münstertal (Bern). Die zugewandten Orte gingen mit Ausnahme Rottweils und Mülhausens seit 1798 in den Kantonen der Schweiz auf.

L.: Oechsli, W., Orte und Zugewandte Orte, Jb. f. schweizer. Gesch. 13 (1888).

Züllenhard, Züllnhorst, Zyllnhard, Zillert (Reichsritter). Vom frühen 16. Jahrhundert bis etwa 1650 und von etwa 1750 bis ins frühe 19. Jahrhundert waren die Z. (Zyllnhardt) mit Teilen von Widdern und Rhodt (Roth) Mitglied des Kantons Odenwald des Ritterkreises Franken. Außerdem zählten sie zum Ritterkreis Rhein sowie wegen Gütern in Dürnau, Gammelshausen und Geradstetten von 1542 bis 1687 zum Kanton Kocher des Ritterkreises Schwaben. S. Zilhart.

L.: Genealogischer Kalender 1753, 537; Roth von Schreckenstein 2, 595; Hölzle, Beiwort 57; Winkelmann-Holzapfel 171; Riedenauer 128; Stetten 33, 38.

Zülpichgau (Gau) (Tulpiacensis 699)

L.: Curs, O., Deutschlands Gaue im zehnten Jahrhundert. Nach den Königsurkunden, Diss. phil. Göttingen 1908, 24 (Zulpihgoue, Zulpiki, Gau südwestlich Kölns); Polenz, P. v., Landschafts- und Bezirksnamen, 1961, IV, 18 f., Tulpiacensis, Zulpihgouwe, II, 15 f., 23, 30–32, 61, Zulpihgouwe, pagus Tulpiacensis, pratum Tulpiacense, Zulpiaco, Zulpike, ‚Zülpichgau'; Nonn, U., Pagus und comitatus in Niederlothringen, 1983, 175 (Escher, M. u. a., Die urbanen Zentren, 2005, 2, 700).

Zulpihgouwe s. Zülpichgau

L.: Polenz, P. v., Landschafts- und Bezirksnamen, 1961, IV, 18 f., Tulpiacensis, Zulpihgouwe, II, 15 f., 23, 30–32, 61, Zulpihgouwe, pagus Tulpiacensis, pratum Tulpiacense, Zulpiaco, Zulpike, ‚Zülpichgau'.

Zurhein, Zurheim (Reichsritter). Um 1800 zählten die Z. zum Kanton Rhön-Werra des Ritterkreises Franken.

L.: Riedenauer 128.

Zürich (Kanton). 1798 wurde das aus der Reichsstadt Z. erwachsene Herrschaftsgebiet Zürichs als Kanton in die Helvetische Republik eingegliedert. 1803/1815 wurde Z. als Kanton der Eidgenossenschaft der Schweiz wiederhergestellt.

L.: Wolff 518; Geschichte des Kantons Zürich, Bd. 1 1995.

Zürich (Reichsstadt). Am Ort des römischen Turicum (am Lindenhof) gründete Karl der Große neben einem Königshof das Chorherrenstift Großmünster Z. (810/820 Zurih), Ludwig der Deutsche 853 die Reichsabtei Fraumünster (Frauenmünster). Die Reichsvogtei (Kastvogtei) hierüber kam 1098/1173 als Erbe der Grafen von Lenzburg (10. Jahrhundert) an die Herzöge von Zähringen. Mit deren Aussterben 1218 erlangte Z. Reichsunmittelbarkeit. Mit Hilfe Rudolfs von Habsburg unterwarf Z. den umwohnenden Adel. Am Ende des 13. Jahrhunderts brachte es das Fraumünster (Frauenmünster) und das Großmünster unter seine Herrschaft. 1291 schloss es ein erstes Bündnis mit Uri und Schwyz. Von 1313 bis 1336 verband es sich mit den Habsburgern. 1351 schloss es sich der Eidgenossenschaft der Waldstätte an. Bald wurde es, begünstigt durch die Lage an der Straße vom Sankt Gotthard nach Basel, Mittelpunkt der Eidgenossenschaft der Schweiz. Bereits im 14. Jahrhundert erlangte es ein ansehnliches Herrschaftsgebiet am Zürichsee (Wädenswil 1342, Zollikon 1358, Küsnacht am Zürichsee 1384, Thalwil [Talwil] 1385). Zwischen 1400 und 1415 erwarb es die Herrschaften am See Greifensee (1402), Grüningen (1408), Regensberg (1409), die Reichsgrafschaft Kiburg (Kyburg) (1424/1452) und ein Stück des östlichen Aargaus (Freiamt, Kelleramt, Steinhausen [1415], Andelfingen [1434]). In der Reichsmatrikel von 1521 wurde es nicht mehr geführt. Unter Zwingli setzte sich seit 1523 die Reformation durch. 1648 erlosch die Reichszugehörigkeit mit der übrigen Eidgenossenschaft der Schweiz. Seit 1712 übernahm es zusammen mit Bern wieder die 1531 verlorene Führung der Eidgenossenschaft. S. Zürich (Kanton).

L.: Wolff 518 f.; Großer Historischer Weltatlas II 72 (bis 1797) F2; Bluntschli, J. C., Staats- und Rechtsgeschichte der Stadt und Landschaft Zürich, 2 Teile 2. A. 1856; Urkundenbuch der Stadt und Landschaft Zürich, Bd. 1 ff. 1888 ff.; Dändliker, K., Geschichte der Stadt und des Kantons Zürich, Bd. 1–3 1908 ff.; Largiadèr, A., Die Anfänge der zürcherischen Landschaftsverwaltung, 1932; Weiss, L., Verfassung und Stände des alten Zürich, 1938; Largiadèr, G., Geschichte von Stadt und Landschaft Zürich, Bd. 1 f. 1943 ff.; Kunz, E.W., Die lokale Selbstverwaltung in den zürcherischen Landgemeinden im 18. Jahrhundert, 1948; Kläui, P./Imhof, E., Atlas zur Geschichte des Kantons Zürich, 1951; Polenz, P. v., Landschafts- und Bezirksnamen, 1961, II, 16, 23, 30–32, Zurihgouwe, pagus Thuregum, Duricinum, Turegia provincia, ‚Zürichgau'; Karte des Kantons Zürich aus dem Jahre 1667 in 56 Messtischblättern von Gugger, H. C., hg. v. Imhof, E./Winkler, E., 1967; Raiser, E., Städtische Territorialpolitik im Mittelalter, Diss. phil. Hamburg 1969; Plattner, A., Die Herrschaft Weinfelden, 1969; Vogt, E./Meyer, E./Peyer, H. C., Zürich von der Urzeit zum Mittelalter, 1971; Dietrich, C., Die Stadt Zürich und ihre Landgemeinden während der Bauernunruhen von 1489 bis 1525, 1985; Zürich. Geschichte einer Stadt, hg. v. Schneebeli, R., 1986; Geschichte des Kantons Zürich, Bd. 1 1995; Hürlimann, K., Zürich, LexMA 9 1998, 790; Kleine Zürcher Verfassungsgeschichte 1218–2000, hg. v. Staatsarchiv des Kantons Zürich 2000; Koch, B., Neubürger in Zürich, 2002; Vonrufs, U., Die politische Führungsgruppe Zürich (1450–1489), 2002; Müller, M., Gesellschaftlicher Wandel und Rechtsordnung, 2005; Die Entstehung der neuen Zürcher Kantonsverfassung, 2006.

Zürich, Fraumünster, Frauenmünster (Reichsabtei). Am Ort des römischen Turicum gründete Ludwig der Deutsche 853 die Reichsabtei Fraumünster (Frauenmünster). Sie stand später bis 1218 unter der Vogtei der Herzöge von Zähringen. Danach wurde die Äbtissin Reichsfürstin. Am Ende des 13. Jahrhunderts geriet die Abtei unter die Herrschaft der Reichsstadt Zürich.

L.: Escher, K., Die beiden Zürcher Münster, 1928; Gabathuler, M., Die Kanoniker am Großmünster und Frauenmünster, 1998.

Zürich, Großmünster (Reichsstift). Am Ort des römischen Turicum gründete Karl der Große um 800 das Chorherrenstift Großmünster. Dieses stand später bis 1218 unter der Vogtei der Herzöge von Zähringen. Am Ende des 13. Jahrhunderts geriet es unter die Herrschaft der Reichsstadt Zürich.

L.: Escher, K., Die beiden Zürcher Münster, 1928; Gabathuler, M., Die Kanoniker am Großmünster und Frauenmünster, 1998.

Zürichgau (im Thurgau) (Gau)

L.: Polenz, P. v., Landschafts- und Bezirksnamen, 1961, 308, Turegie, provincia Turegie, pagus Turicinus, Zurihgouwe; Borgolte, M., Geschichte der Grafschaften Alemanniens in fränkischer Zeit, 1984, 78 (Dürnten, Hadlikon, Eschenbach, Fägswil, Dattikon).

Zurrega (Zorgegau)

L.: Hessler, W., Mitteldeutsche Gaue des frühen und hohen Mittelalters, 1957, 156, Zorgegau (Gudersleben südsüdöstlich Ellrichs, Woffleben); Polenz, P. v., Landschafts- und Bezirksnamen, 1961, II, 24, Zurrega, ‚Zorgegau'.

Züschen (Herrschaft). Z. bei Fritzlar unterstand anfangs den Grafen von Waldeck. 1382 gelangte es an den örtlichen Adel. Bis 1810 bildete es eine kleine Herrschaft, die danach an Waldeck zurückfiel. Über Preußen (1929 zur Provinz Hessen-Nassau) kam Z. 1946 an Hessen.

L.: Wolff 268.

Zustahgouwe (Swistgau)

L.: Polenz, P. v., Landschafts- und Bezirksnamen, 1961, II, 16, 24, 26, Zustahgouwe, pagus Tustense.

Zutphen, Zütphen (Grafschaft). Z. an der Mündung der Berkel in das Ijsselmeer war (1064 Immunität des Bischofs von Utrecht? und danach) Allod der Herren von Z. und Mittelpunkt einer Grafschaft mit zeitweiliger Vogtei über Corvey. Die Grafschaft kam im 12. Jahrhundert (1138) an die Grafen von Geldern. Ihre Güter fielen 1371 an die Grafen von Jülich, 1423 an Egmond und im gelderischen Erbfolgestreit von 1538–1543 an Habsburg. Innerhalb der spanischen Niederlande wurde Z. 1591 von der Republik Niederlande erobert.

L.: Wolff 68; Großer Historischer Weltatlas II 78 (1450) F3; Kries, W. de, De opkomst van Zutphen, 1960; Doornink-Hoogenrad, M., Kleine Historie von Zutphen, 1962; Brand, H., Zutphen, LexMA 8 (1998), 713.

Zweibrücken (Grafschaft [Herzogtum]). An der Fernstraße von Lothringen zum Rhein erscheint um 1170 die Burg Z. am Schwarzbach der Grafen von Saarbrücken. Sie war ab 1182/1188/1190 Sitz der von Saarbrücken abgeteilten Grafschaft Z. (u. a. mit Bergzabern, Pirmasens [1182–1570], Vogtei über Hornbach und Altenmünster in Mainz). Hinzu kam aus dem Erbe der Grafen von Eberstein Stauf am Donnersberg und die sog. Rheindörfer. Allod in Lothringen (Linder, Mörsberg, Saargemünd) wurde 1297/1302 gegen das Lehen Bitsch an die Herzöge von Lothringen gegeben. 1333 wurde geteilt (Zweibrücken-Zweibrücken [mit Grafschaft Z. und Amt Bergzabern] und Zweibrücken-Bitsch). Die Güter von Zweibrücken-Zweibrücken fielen 1385 vom letzten Grafen durch Verkauf zur Hälfte und 1394 ganz an die Pfalz (Kurpfalz), Allode an das bis 1570 bestehende Zweibrücken-Bitsch. 1410 wurde in der Pfalz durch Erbteilung das Fürstentum Pfalz-Simmern geschaffen, das 1416 das 1393 verpfändete Z. auslöste. 1477 wurde Z. Residenz. 1523/1533 drang die Reformation ein. Von 1676/1677 bis 1697 war Z. von Frankreich besetzt. 1681/1697 fiel Pfalz-Zweibrücken an die seit 1654 in Schweden regierende Zweibrücken-Kleeburger Linie der Pfalz. Von 1714 bis 1718 unterstand es seitens Schwedens dem vertriebenen König von Polen Stanislaus Leszczynski. 1734 fiel es an Pfalz-Birkenfeld, das 1799 Bayern erbte. 1793/1801 kam das zum oberrheinischen Reichskreis zählende Pfalz-Zweibrücken mit 36 Quadratmeilen Gebiet und 60 000 Einwohnern an Frankreich, 1816 an Bayern, 1919 und 1945/1946 teilweise (ohne Stadt Zweibrücken) zum Saargebiet und im Übrigen 1946 zu Rheinland-Pfalz. S. a. Pfalz-Zweibrücken, Saargebiet.

L.: Wolff 247 ff.; Wallner 695 OberrheinRK 3; Großer Historischer Weltatlas II 66 (1378) D4, III 22 (1648) C4; Die Territorien des Reichs 6, 170; Molitor, L., Geschichte einer deutschen Fürstenstadt, 1885; Zweibrücken. 600 Jahre Stadt 1352–1952, 1952; Das barocke Zweibrücken und seine Meister, hg. v. Dahl, J./Lohmeyer, K., 2. A. 1957; Pöhlmann, C., Regesten der Grafen von Zweibrücken, bearb. v. Doll, A., 1962; Geschichtliche Landeskunde des Saarlandes Bd. 2 1977; Rose, M., Das Gerichtswesen, 1994; Herrmann, H., Zweibrücken, LexMA 9 1998, 717; Escher, M. u. a., Die urbanen Zentren, 2005, 1, 484, 2, 702.

Zweibrücken-Bitsch s. Bitsch

Zweifel, Zweiffel (Reichsritter). Vom späteren 16. bis zum früheren 18. Jahrhundert zählten die Z. zum Kanton Rhön-Werra des Ritterkreises Franken. Von 1735 bis etwa 1747 waren die vorher zum Kanton Oberrheinstrom des Ritterkreises Rhein gehörigen Z. Mitglied des Kantons Neckar des Ritterkreises Schwaben.

L.: Stieber; Hellstern 218; Seyler 397; Riedenauer 128.

Zwickau (Reichsstadt [?]). Z. am Übergang der Straße von Böhmen nach Goslar über die Zwickauer Mulde ist erstmals 1118 (Zwiccowe) als Gut der Gräfin von Groitzsch bezeugt. Die vor 1145 (bzw. vor 1150) entstandene deutsche Siedlung (nach 1170? Stadt) erlebte unter den Staufern einen deutlichen Aufschwung (Reichsstadt) und kam um 1200 (1206?) an die Markgrafen von Meißen. Unter Rudolf von Habsburg wurde Z. dem Reich wieder angenähert (vor 1290–1362), doch wurde 1308 Z. bereits wieder Pfandgut bzw. musste Schutzherrschaft anerkennen. Innerhalb der Markgrafschaft Meißen kam das etwa 4000 Einwohner zählende Z. 1485 an die ernestinische Linie, 1547 an die albertinische Linie und über Sachsen von 1949 bis 1990 an die Deutsche Demokratische Republik.

L.: Wolff 379; Herzog, E., Chronik der Kreisstadt Zwickau, Bd. 1 f. 1839 ff.; Fritzsch, E./Busies, R., Zwickau, 3. A. 1968; Blaschke, K., Zwickau, LexMA 9 1998, 732.

Zwiefalten (Abtei, Reichsabtei). 1089 wurde die zunächst für Altenburg am Neckar geplante Benediktinerabtei Z. bei Reutlingen unter Hirsauer Einfluss von den Grafen Kuno und Luitold von Achalm gegründet. Die Vogtei kam von den Stiftern über mehrere Inhaber (1093 Welfen, Staufer, Grafen von Hohenberg, Herren von Emerkingen und von Stein) 1303 an Österreich, 1365 als Lehen sowie 1491 endgültig an Württemberg. Durch zahlreiche Gaben gewann Z. viele Güter einschließlich der Herrschaft über 26 Dörfer. 1751 erlangte die Abtei nach erfolgreicher Abwehr (1491, 1535, 1570) der Eingliederungsversuche Württembergs und Zahlung von 210 000 Gulden sowie Abtretung dreier Dörfer an Württemberg die Reichsunmittelbarkeit. Sie war Mitglied im schwäbischen Prälatenkollegium und beim schwäbischen Reichskreis. Bis zur Säkularisation gehörten ihr die Dörfer Aichelau, Aichstetten, Attenhöfen (Attenhofen), Baach, Bechingen, Daugendorf, Dürrenwaldstetten, Emeringen, Gauingen, Geisingen, Gossenzugen, Hochberg, Huldstetten, Ittenhausen, Kirchen (Kirchheim), Lauterach, Mörsingen, Neuburg, Oberstetten, Oberwilzingen, Offingen, Pfronstetten, Reichenstein, Sonderbuch, Tigerfeld, Upflamör, Wilsingen, Zell, die Schlösser Mochental (Mochenthal) und Ehrenfels sowie viele einzelne Höfe, Häuser und Gefälle in fremden Gebieten und das Benediktinerinnenkloster Mariaberg bei Gammertingen. 1803 fiel sie mit 3,3 Quadratmeilen bzw. 38 Quadratkilometern und 8000 bzw. 4800 Einwohnern an Württemberg und wurde aufgehoben. Über Württemberg gelangten die Güter 1951/1952 an Baden-Württemberg.

L.: Wolff 191; Zeumer 552 II a 36, 15; Großer Historischer Weltatlas II 66 (1378) E4, III 22 (1648) D4, III 38 (1789) C3; Erzberger, M., Die Säkularisation in Württemberg von 1802–1810, 1902; Hölzle, E., Der deutsche Südwesten am Ende des alten Reiches, 1938; Zürcher, R./Hell, H., Zwiefalten, 1967; Germania Benedictina V: Baden-Württemberg, 1975; Setzler, W., Kloster Zwiefalten. Eine schwäbische Benediktinerabtei zwischen Reichsfreiheit und Landsässigkeit, 1979; Quarthal, F., Kloster Zwiefalten zwischen Dreißigjährigem Krieg und Säkularisation, Monastisches Leben und Selbstverständnis im 6. und 7. Saeculum der Abtei, 900 Jahre Benediktinerabtei Zwiefalten, hg. v. Pretsch, H. J., 1990; Eberl, I., Zwiefalten, LexMA 9 1998, 733.

Zwierlein (Freiherren, Reichsritter). Die 1790 in den Freiherrenstand erhobenen Z. zählten mit den 1787 von den Hopffer erworbenen sieben Zweiunddreißigstel Unterriexingen zum Kanton Neckar des Ritterkreises Schwaben.

L.: Hölzle, Beiwort 65.

Zwingenberg (am Neckar) (Herrschaft). Die Herrschaft Z. am Neckar mit zehn Dörfern und einigen Weilern zählte zum Kanton Odenwald des Ritterkreises Franken. 1746 kaufte sie der Kurfüst von der Pfalz. 1779 gab er sie seinem natürlichen Sohn als Fürsten von Bretzenheim. Später kam sie an Baden und damit Z. 1951/1952 an Baden-Württemberg.

L.: Wolff 512.

Zyfflich-Wyler (Herrlichkeit). Die adlige Herrlichkeit Z. nordwestlich von Kleve gehörte zum Herzogtum Kleve (klevescher landrätlicher Kreis). Über Preußen (Rheinprovinz) kam das Gebiet 1946 zu Nordrhein-Westfalen.

L.: Wolff 317.

Register

Das Register enthält alle wesentlichen Ortsnamen einschließlich der Stichwörter. Es verweist jeweils auf den oder die Artikel, in denen das Registerwort erscheint (z. B. begegnet die Reichsstadt Aachen in den Artikeln Aachen, Eschweiler, Jülich, Jülich-Kleve-Berg, Köln usw.). Durch * am Ende gekennzeichnet sind die Stichwörter (z. B. Aach*, Aachen*, Aalen* usw.).

Sehr zu danken habe ich Willy Langer und Max Mühlbauer für freundliche selbstlose Hilfe bei der Verbesserung und Ergänzung des Registers, Veronika Schönegger für die maschinenlesbare Umsetzung und Eva Tiefenbrunner für die umfassende Betreuung.

Aus dem Verlagsprogramm